Collected Works of Meletij Smotryc'kyj

HARVARD LIBRARY OF EARLY UKRAINIAN LITERATURE

Texts Volume I

ГАРВАРДСЬКА БІБЛІОТЕКА ДАВНЬОГО УКРАЇНСЬКОГО ПИСЬМЕНСТВА

Корпус текстів Том I

HARVARD LIBRARY OF EARLY UKRAINIAN LITERATURE

Texts Volume I

Collected Works of Meletij Smotryc'kyj

With an Introduction by David A. Frick

Millennium Rus'-Ucrainae Sacrum

Distributed by the Harvard University Press
for the
Ukrainian Research Institute of Harvard University

ISBN 0-916458-20-2
Library of Congress Catalog Number 87-80685
Printed in the United States of America

The Harvard Ukrainian Research Institute was established in 1973 as an integral part of Harvard University. It supports research associates and visiting scholars who are engaged in projects concerned with all aspects of Ukrainian studies. The Institute also works in close cooperation with the Committee on Ukrainian Studies, which supervises and coordinates the teaching of Ukrainian history, language, and literature at Harvard University.

Printed by
Harvard University
Cambridge, Massachusetts
Office of the University Publisher

Publication of this volume was made possible through the generous support of the Self-Reliance (N.Y.) Federal Credit Union

Цей том появляється завдяки щедрій підтримці Федеральної Кредитової Кооперативи "Самопоміч" в Ню Йорку

Contents

Volume I

Collected Works of Meletij Smotryc'kyj

Volume II

The *Jevanhelije učytelnoje* of Meletij Smotryc'kyj

Editorial Statement

The *Harvard Library of Early Ukrainian Literature* is one portion of the Harvard Project in Commemoration of the Millennium of Christianity in Rus'-Ukraine, which is being carried out by the Ukrainian Research Institute of Harvard University with the financial support of the Ukrainian community.

The *Library* encompasses literary activity in Rus'-Ukraine from its beginning in the mid-eleventh century through the end of the eighteenth century, and primarily contains original works, although exceptions are made for such seminally important translations as the Ostroh Bible of 1581. Included are ecclesiastical and secular works written in a variety of languages, such as Church Slavonic, Old Rus', Ruthenian (Middle Ukrainian), Polish, and Latin. This linguistic diversity reflects the cultural pluralism of Ukrainian intellectual activity in the medieval and early-modern periods.

The *Library* consists of three parts. The *Texts* series publishes the original works, in facsimile whenever appropriate. Texts from the medieval period are offered either in the best available scholarly edition or in one specially prepared for the *Library*, while those from the later periods are reproduced from manuscripts or early printed editions. Two other series—*English Translations* and *Ukrainian Translations*—contain translations of the original works.

Each volume begins with an introductory essay by a specialist. The two translation series also include indices, as well as a concordance table to the companion volume in the texts series. A cumulative index to the entire *Library* will be issued.

Forty volumes are planned for each of the series, although the total may be greater as additional works are accommodated. Volumes within each series are numbered and published in the order in which they are prepared.

The introductions and translations reflect the linguistic and terminological diversity of the original works. Thus, for example, appellations such as Rus', Rusija, Rossija, Mala Rossija, Malaja Rossija, Malorussija, Ruthenia, Malorussijskaja Ukrajina, Ukrajina, and so on, are presented according to their actual use in the given text. All of these terms have historically been used to designate "Ukraine" and "Ukrainian." In addition, the word Ruthenian is employed to translate early-modern nomenclature for "Ukraine" and "Ukrainian" and early-modern terminology describing common Ukrainian and Belorussian culture, language, and identity. For much of the period covered by the *Library* Ukrainian and Belorussian cultural figures were active in a shared social, intellectual, and religious milieu. Since the *Library* selects authors and works important to the Ukrainian part of this sphere, their names are rendered in Ukrainian form, even though at times they may also have been of significance in Belorussian territory.

Use of the definite article with "Ukraine" is left to the discretion of the author or translator of each volume.

With the exception of toponyms with already-established English forms, place-names are usually given in accordance with the official language of the state or, in the case of the Soviet Union, of the republic that holds the territory; pre-modern or alternative modern forms are indicated in the indices.

The *Library* uses the International System of transliteration for Church Slavonic, Old Rus', and the modern languages using the Cyrillic alphabet; this system has been adapted to transliterate Ruthenian (Middle Ukrainian) texts as well.

INTRODUCTION

David A. Frick

1. *Biography*

Meletij Smotryc'kyj (ca. 1577–1633) was one of the outstanding figures of the Orthodox Slavic cultural revival that took place in the Ukrainian and Belorussian lands of the Polish-Lithuanian Commonwealth in the late sixteenth and early seventeenth centuries. As an author of polemical tracts, sermons, and a grammar of Church Slavonic he played a role of great significance in the life of the ''Ruthenian nation'' (as Ukrainians and Belorussians were collectively called at the time) in the turbulent period following the Union of Brest (1596). A man of wide cultural horizons, Smotryc'kyj nonetheless devoted his writings and activities almost exclusively to the problems facing the Rus' people during a period of intense confessional and cultural competition with the Catholics and Protestants of the Commonwealth.

Unfortunately, relatively little is known with certainty about the details of Smotryc'kyj's life. The most important sources for his biography include his printed works and manuscripts, correspondence within the Ruthenian Church and between Rus' and Rome, a eulogy pronounced at his funeral by Wojciech Kortycki, S.J.,[1] as well as polemical works directed against him, both during and shortly after his lifetime.

The earliest complete biography of Smotryc'kyj drew on some of these sources and was published in Rome in 1666 by the Uniate Bishop Jakiv Suša under the title *The Saul and Paul of the Ruthenian Union Transformed by the Blood of Blessed Josafat, or Meletij Smotryc'kyj, Archbishop of Polack.*[2] Nearly all subsequent biographers have drawn on Suša to some extent, amending and augmenting his account at certain points by enlisting other seventeenth-century documents. On the basis of these early sources it is possible to outline some of the major events in Smotryc'kyj's life.

According to Suša, Smotryc'kyj was born in Podillja. Later biographers have assumed the exact place of birth to be the village of Smotryč. Smotryc'kyj was the younger of two sons of the writer, philologist, and educator, Herasym Smotryc'kyj, and was given the name Maksym at birth. He was later to place special emphasis on his noble parentage.

1 Wojciech Kortycki, *Widok potyczki wygraney, zawodu dopędzonego, wiary dotrzymaney*, Vilnius, 1634.

2 Jakiv Suša, *Saulus et Paulus Ruthenae unionis sanguine B. Josaphat transformatus. Sive Meletius Smotriscius archiepiscopus polocensis*, Rome, 1666.

The precise year of his birth remains a matter of controversy. Suša provides no information on this matter. A short Latin *vita* written during Smotryc'kyj's lifetime gives a date "circa annum Domini 1580mum."[3] On the basis of two pieces of evidence, however, most biographers assume that he was born somewhat earlier. Many scholars suggest a date ca. 1577, generally citing a letter written by Smotryc'kyj to Pope Urban VIII dated 6 July 1627, which, as quoted by Suša, contains the statement: *in schismate velut ex necessitate natus, in eodem per annos 50 ex voluntate volutatus* ("as I was born in the schism by necessity, so I continued in it for 50 years by my own free will").[4] M. M. Solovij uses this same passage to support his hypothesis of an earlier date of birth. In his view, the opposition of *ex necessitate* ("by necessity") and *ex voluntate* ("by free will") suggests that Smotryc'kyj was a few years old before making his conscious choice to live in the schism, and therefore a birth ca. 1575 would be more likely.[5] However, a recent printed edition of the original letter to Urban VIII lacks the alliterative pun *ex voluntate volutatus*, giving the reading *ex ignorantia* ("out of ignorance") instead of *ex voluntate*.[6] This evidence weakens Solovij's argument and calls into question Suša's reliability as an objective biographer, for it raises the possibility that he reshaped his material in other more crucial places.

E. S. Prokošina cites an inscription on a portrait of Smotryc'kyj stating that he died in 1630 at the age of 58. On this basis she argues that he was born in 1572.[7] V. V. Nimčuk, in turn, questions the reliability of this evidence, since 1633 is the generally accepted year of death.[8] Solovij accepts the age at death given in the inscription, but rejects the year of death. Thus, reckoning from 1633, Solovij is able to add this inscription as further evidence for his claim that Smotryc'kyj was born in 1575.[9]

Although somewhat more is known about the general outline of Smotryc'kyj's studies, here again contradictory evidence poses problems. One of his first teachers was Cyril Lukaris, the future patriarch of Constantinople (1621–38). His first contact with Lukaris may have been at the Orthodox School in Ostroh. It is often claimed that Herasym Smotryc'kyj was the director of this school and among his sons' first instructors.

3 A. Welykyj, ed., *Litterae episcoporum historiam Ucrainae illustrantes*, vol. 1, Rome, 1972, pp. 218–19.
4 Suša, op. cit., p. 65.
5 M. M. Solovij, *Meletij Smotryc'kyj jak pys'mennyk*, vol. 1, Toronto and Rome, 1977, p. 136.
6 Welykyj, op. cit., p. 218–19.
7 E. S. Prokošina, *Meletij Smotrickij*, Minsk, 1966, p. 36.
8 V. V. Nimčuk, *Hramatyka M. Smotryc'koho*, Kiev, 1979, p. 22.
9 Solovij, op. cit., p. 136.

All sources agree that Maksym-Meletij received his subsequent training at the famous Jesuit Academy of Vilnius. Most biographers accept Suša's date of 1601 for the beginning of his work there.[10] Nimčuk places the date somewhat earlier on the basis of evidence that Smotryc'kyj was hired as early as 1600 to be a tutor to the sons of the Solomirec'kyj family and presumably left soon thereafter for further studies at German universities with his charge, Bohdan Solomirec'kyj.[11] Prokošina claims, unfortunately without citing any sources, that he first went to Vilnius in 1594.[12] A date earlier than 1601 certainly would seem likely, for by this time Smotryc'kyj was probably at least 21 years old (24 if we use the often accepted date of birth in 1577) and thus rather old to be just beginning his studies at the Academy.

According to Suša, Smotryc'kyj spent several years in Vilnius, completing studies of ''philosophy and higher disciplines.''[13] Solovij estimates that such studies would have lasted four years.[14] If Smotryc'kyj was hired by the Solomirec'kyj family immediately on completion of his studies in Vilnius, he likely first went to Vilnius ca. 1596. Although most biographers claim he completed his studies there, S. S. Sabol has presented evidence that he was expelled from the Academy.[15]

Smotryc'kyj's subsequent studies took him to Wrocław, Leipzig, Nuremberg, and to ''other cities and academies of Protestant Germany.''[16] It is not known how long these travels lasted or when Smotryc'kyj returned home. The entire study tour must have taken place between 1600, when Bohdan Solomirec'kyj was entrusted to his tutorship, and 1610, when the first work definitely attributable to Smotryc'kyj appeared in print.

In 1610 Smotryc'kyj published in Vilnius his famous *Thrēnos, That is the Lament of the One Holy Universal Apostolic Eastern Church*. The work, which begins with the complaint of a personification of the Orthodox Church against her faithless sons, was such a rhetorical success that King Sigismund III Vasa ordered it destroyed and its printer jailed, while Orthodox notables passed the book on as an

10 Suša, op. cit., p. 16.
11 Nimčuk, op. cit., p. 10.
12 Prokošina, op. cit., p. 38.
13 Suša, op. cit., p. 16.
14 Solovij, op. cit., p. 141.
15 S. Sabol, *De Meletio Smotryckyj Polemista Anticatholico*, Rome, 1951, p. 2. Sabol cites a letter written in 1628 to Cardinal Ludovisi by the nuncio to Warsaw (Archivum Prop. Fide, *Lettere di Polonia* 1628, vol. 69, fol. 254): ''Melezio Smotricio scismatico. . .chiamato prima Massimo, havendo studiato nell'accademia di Vilna in Lithuania, fu poi per causa dello scisma escluso da quella.'' Sabol assumes that there must have been some additional reason for Smotryc'kyj's expulsion, since confessional allegiance was not a sufficient cause.
16 Suša, op. cit., p. 16.

heirloom, and one requested to be buried with it.[17]

During the following decade Smotryc'kyj devoted much of his attention to pedagogical and philological work. In 1616 he published in Vievis, at the printing house of the Orthodox Brotherhood of Vilnius, his *Homilary Gospel*, a translation from Greek and Church Slavonic of sermons attributed to Patriarch Kallistos (1355–1363). In 1619 he published *A Body of Correct Rules of Slavonic Grammar*, again at the printing house in Vievis. We may assume that Smotryc'kyj was closely connected with the Vilnius Orthodox Brotherhood of the Holy Spirit at this time and probably taught at the school there. Evidence has been cited showing that he was at one time rector of the Brotherhood School in Kiev. Nimčuk argues plausibly that he occupied this position ca. 1615–1618.[18]

Smotryc'kyj took holy orders in the Holy Spirit Monastery of Vilnius in 1617, according to Suša,[19] at which time he adopted the monastic name Meletij. In 1620 Theophanes, the patriarch of Jerusalem, came to Kiev from Moscow and consecrated several Orthodox bishops, Smotryc'kyj being named archbishop of Polack. Soon thereafter he was chosen to replace the recently deceased Leontij Karpovyč as archimandrite of the Holy Spirit Monastery. Thus, within three years of taking orders, he achieved one of the highest positions in the contemporary Ruthenian Orthodox Church, second in the hierarchy only to Jov Borec'kyj, the newly elected metropolitan of Kiev. Smotryc'kyj pronounced a eulogy for his predecessor in November 1620, which he soon published in Ruthenian (Vilnius, 1620) and also in Polish (Vilnius, 1621) under the title *A Sermon on the Honorable Funeral of the Most Honorable and Reverend Man, Lord, and Father. . .Leontij Karpovyč.*

Since the bishoprics filled by Theophanes' appointments were already occupied by Uniate bishops, a controversy ensued as to which set of clergy had been rightfully and lawfully elected. In the first exchange of polemical tracts between 1621 to 1623, Smotryc'kyj acted as chief, and perhaps sole, spokesman for the Orthodox side, publishing at least four works in the course of a little more than two years. In

17 See Solovij, op. cit., pp. 151–53. *Thrēnos* drew direct responses from the Polish Jesuit, Piotr Skarga (*Na Threny y Lament Theophila Orthologa, Do Rusi Greckiego Nabożeństwa, Przestroga*, Cracow, 1610) and Heliasz Morochowski (*Parēgoria Albo Vtulenie vszczypliwego Lamentu mniemaney Cerkwie Świętey wschodniey zmyślonego Theophila Orthologa*, Cracow, 1612).

For convenient charts listing many of the works in the polemic over the union of the churches in the Ruthenian lands, see Antoine Martel, *La langue polonaise dans les pays ruthènes, Ukraine et Russie Blanche 1569–1667*, Travaux et Mémoires de l'Université de Lille, Nouvelle Serie: Droits et Lettres 20, Lille, 1938, pp. 132–41, and Myxajlo Voznjak, *Istorija ukrajins'koji literatury*, vol. 2, L'viv, 1921, pp. 356–76. Martel's chart is organized according to the language of the given work, Voznjak's according to the confessional allegiance of the author.

18 Nimčuk, op. cit., pp. 13–14.

19 Suša, op. cit., p. 18.

1621 he published *A Verification of Innocence* (two editions)[20] and *A Defense of Innocence*.[21] In 1622 he published *A Refutation of Acrimonious Writings* and in 1623 *A Justification of Innocence*. In all these works Smotryc'kyj attempted to justify the appointments made by Theophanes and to defend the innocence of the Orthodox against charges of collusion with the Turks or Muscovites to destroy the "Golden Peace" of the Commonwealth.

The literary polemic gave way to physical violence when late in 1623 Josafat Kuncevyč, Smotryc'kyj's Uniate counterpart as archbishop of Polack, was murdered in Vitsebsk. Soon thereafter Smotryc'kyj left for the Near East. According to the title page of his *Apology* (L'viv, 1628), the trip took place in 1623–24. Smotryc'kyj's travels took him to Constantinople and Palestine. While in Constantinople he met with his former teacher, Patriarch Cyril Lukaris, in the hope that Lukaris would read and pass judgment on an Orthodox catechism he had composed. Instead, Smotryc'kyj writes, he found Lukaris' own catechism to be heretical, containing many Calvinist doctrines.[22]

It was most likely in this period that Smotryc'kyj made his final decision to convert to the Uniate Church. Some Orthodox scholars have argued that he was, at least in spirit if not in letter, a proponent of the Union long before he made his allegiance clear.[23] However this may be, the official petitions to the Roman Church bear the date 6 July 1627.[24]

In 1628 Smotryc'kyj wrote an *Apology for the Peregrination to Eastern Lands* in which he discussed six points of contention between the eastern and western churches.[25] With the help of Borec'kyj and Peter Mohyla, a synod of the Ruthenian church was called for August 1628 in Kiev, where Smotryc'kyj's ideas for a new union of the Ruthenian churches were to be discussed by the Orthodox hierarchy. As it turned out, no discussion of the *Apology* was allowed. Instead Smotryc'kyj was forced to renounce his work and to take part in a solemn ceremony in the Caves

20 The Uniate metropolitan of Kiev, Josyf Ruts'kyj, responded to *Verificatia* with a work entitled *Sowita wina, to jest odpis na skrypt, majestat krola jego mości honor i reputacją ludzi zacnych duchownych i świeckich obrażający nazwany, Weryfikacja niewinności*, Vilnius, 1621. Voznjak, op. cit., p. 364, lists two other responses printed in 1621: the *Proba Weryfikacjej omylnej* by Tymotej Symonovyč, and an anonymous *List do zakonnikow monastera cerkwie św. Ducha wileńskiego*.

21 Ruts'kyj answered again with *Examen Obrony, to jest odpis na skrypt Obrona Weryfikacji, wydany od zakonnikow monasteru wileńskiego ś. Trojcy*, Vilnius, 1621.

22 Smotryc'kyj, *Apologia*, L'viv, 1628, pp. 106–07.

23 See, for example, A. Dejmanovič, "Iezuity v Zapadnoj Rossii," *Žurnal Ministerstva narodnogo prosveščenija* 156, 157, 158 (1871), pp. 187, 207–13.

24 Welykyj, op. cit., pp. 125–29.

25 The Apology drew two major responses: Andrij Mužilovs'kyj, *Antidotum przezacnemu narodowi Ruskiemu abo warunek przeciw Apologiej, jadem napełnioney, ktorą wydał Melety Smotrzycki. . .* (1629) and "Gelazjus Diplic" [Ostafij Kysil'], *Antapologja abo Apologiej, ktorą. . .ociec Melecjusz Smotrycki. . .napisał, zniesienie. . .* (1632).

Monastery at which it was condemned and pages from it burned.[26]

Smotryc'kyj then retreated to Derman' in Volhynia, where he had been given care over the Uniate monastery. From his new position he went ahead with the publication of the *Apology*. This work was immediately followed by his *Protest Against the Synod in this Year 1628* (L'viv, 1628).[27] In 1629 he published in Cracow a sort of open letter to the Ruthenian nation entitled *Paraenesis or an Admonition. . .to the Most Honorable Vilnius Brotherhood of the Church of the Holy Spirit, and in its Person to the Entire Ruthenian Nation of that Side*. Smotryc'kyj's last published work was the *Exęthesis or Expostulation, That is, a Dissertation Between the Apology and the Antidote about the Remainder of the Errors, Heresies, and Lies of Zyzanij, Filalet, Ortholog, and Klyryk* (L'viv, 1629).

Smotryc'kyj placed great hopes in a general Ruthenian synod to be held later in 1629 in L'viv. The Orthodox side refused to attend, however, and Rome forbade the Uniates to participate. He returned to Derman', and although he was to publish no more works, his letters of the period to Rome and Constantinople show that he continued to be active.[28] He died at Derman' on 27 December 1633.[29]

2. *Historiography*

Investigations of Smotryc'kyj's life and works can be divided into two large groups. The first examines the place of his grammar of Church Slavonic in the history of Slavic philology. Smotryc'kyj's work has long been recognized as the culmination of Ruthenian grammatical studies in the late sixteenth and early seventeenth centuries. It served as the authority for "the Slavonic language" in the period before the appearance of Josef Dobrovský's *Institutiones* in 1822. Moreover, it was employed as the norm wherever the Slavonic liturgy was in use. Thus it was important not only in Rus', but also among all the Orthodox Slavs and Romanians; the authority of the Uniate clergy facilitated the acceptance of the grammar in Rome as well, where it was to play a key role in the revision of the glagolitic Church books in the seventeenth and eighteenth centuries.[30]

26 For official documents from the Kiev Synod of 1628, see Аполлеіа Апологіи, Kiev, 1628. For Smotryc'kyj's own description, see his *Protestatia*, L'viv, 1628.

27 Smotryc'kyj's *Protestatia* was answered by a *Reprotestacja*, to which Feliks Kožen'ovs'kyj responded with his *Odpowiedź na Reprotestację*.

28 See Welykyj, op. cit., pp. 186–87, 204–11.

29 This is the date usually accepted. It appears in an inscription on an early woodcut of Smotryc'kyj. See Suša, op. cit., p. 11.

30 Major studies of Smotryc'kyj's grammar and its influence outside the Ukrainian and Belorussian lands include: I. Zasadkevič, *Meletij Smotrickij kak filolog*, Odessa, 1883; M. Weingart, "Dobrovského *Institutiones*: Část I. Církevněslovanské mluvnice před Dobrovským." *Sborník Filosofické fakulty University Komenského v Bratislavě* 1, no. 16 (1923), pp. 637–95; N. M. Dylevskij, "Grammatika Meletija Smotrickogo u bolgar v èpoxu ix vozroždenija," *Trudy Otdela*

While it is possible to speak of a general consensus of opinion on Smotryc'kyj's place in the history of Slavic philology, such is not the case with a second group of studies devoted to a more general evaluation of his life and works. These investigations have concentrated on his role in the polemics over the Union of Brest (1596) and have placed major emphasis on his conversion, dividing his life and works into two segments: pre- and post-conversion or Orthodox and Uniate. Moreover, since many scholars have written from a particular national or confessional point of view, we can also speak of two major historiographic traditions: Catholic/Uniate and Orthodox.

Catholic interpretations of Smotryc'kyj's life and works have been offered by Ukrainian (Uniate) and Polish scholars since his death[31] and have become accepted in nineteenth- and twentieth-century Polish reference works. In this view of Smotryc'kyj's conversion, the activities of his later years are sometimes seen as a defense of Ukrainian nationhood or of the Polish Commonwealth, depending on the national orientation of the individual scholar. The most influential formula of this historiographic tradition is the analogy drawn between Smotryc'kyj's conversion from Orthodoxy to the Uniate Church and St. Paul's conversion from a persecutor of the church to its foremost Apostle. Another analogy often made is between the

---

drevnerusskoj literatury 14 (1958):461–73; D. Strungaru, ''Gramatica lui Smotriţki şi prima gramatică romînească,'' *Romanoslavica* 4 (1960):289–307; Olexa Horbatsch, *Die vier Ausgaben der kirchenslavischen Grammatik von M. Smotryc'kyj*, Wiesbaden, 1964; A Sjöberg, ''Two Unknown Translations of Smotrickij's Slavonic Grammar,'' *Scando-Slavica* 12 (1966); V. V. Aničenko, ''Moskovskoe izdanie grammatiki M. Smotrickogo,'' *Russkaja reč'* 5 (1973):104–10; Olexa Horbatsch, ed., *Hrammatiki Slavenskija Pravilnoe Syntagma*, Specimena Philologiae Slavicae 4, Munich, 1974; Ostap Kociuba, ''The Grammatical Sources of Meletij Smotryc'kyj's Church Slavonic Grammar of 1619,'' Ph.D. diss., Columbia University, 1975; V. V. Nimčuk, ed., *Hramatyka M. Smotryc'koho*, Kiev, 1979.

On the use of Smotryc'kyj's grammar in the revision of the glagolitic Church books, see I. Milčetić, ''Matije Sovića predgovor Slavenskoj gramatici,'' *Starine Jazu* 35 (1916); Sante Graciotti, ''Il problema della lingua letteraria nell'antica letteratura croata,'' in: *Studi sulla questione della lingua presso gli Slavi*, ed. R. Picchio, Rome, 1972, pp. 121–62; Micaela S. Iovine, ''The 'Illyrian Language' and the Language Question among the Southern Slavs in the Seventeenth and Eighteenth Centuries,'' in: *Aspects of the Slavic Language Question*, vol. 1, ed. R. Picchio and H. Goldblatt, New Haven, 1984, pp. 101–56.

31 Among the major works in the Uniate and Catholic historiographic traditions are: Kortycki, op. cit.; Suša, op. cit.; J. Tretiak, *Piotr Skarga w dziejach i literaturze unii brzeskiej*, Cracow, 1912; T. Grabowski, ''Ostatnie lata Melecjusza Smotryckiego: Szkic z dziejów literatury unickoprawosławney wieku XVII,'' *Księga pamiątkowa ku czci Bolesława Orzechowicza*, vol. 1, L'viv, 1916, pp. 297–327; M. Čubatyj, ed., *Zbirnyk prysvjačenyj svitlij pam''jati Meletija Smotryc'koho z nahody trysotnyx rokovyn smerty*, Arxiv Seminara istoriji cerkvy pry Hrekokatolyc'kij bohoslovs'kij akademiji u Lvovi, 1, L'viv, 1934; W. Urban, ''Konwersja Melecjusza Smotrzyckiego, polemisty i dizunickiego arcybiskupa połockiego w latach 1620–27,'' *Nasza Przeszłość* 5 (1957):133–216; B. Kurylas, *Z''jedynennja arxyjepyskopa Meletija Smotryc'koho v istoryčnomu i psyxolohičnomu nasvitlenni*, Winnipeg, 1962; Solovij, op. cit.

function of St. Stephen's martyrdom in the life of St. Paul and the martyrdom of St. Josafat Kuncevyč in Smotryc'kyj's life. This formula was given its most complete elaboration in Suša's *vita*.

Orthodox interpretations of Smotryc'kyj have been offered by Ukrainian, Belorussian, and Russian scholars.[32] Smotryc'kyj's conversion received an immediate and negative evaluation in contemporary Orthodox polemical literature, but it seems that thereafter no Orthodox treatments were produced until 1805. This is in marked opposition to the considerable fame and appreciation which Smotryc'kyj enjoyed in the seventeenth and eighteenth centuries throughout the Orthodox Slavic world as a grammarian of Church Slavonic.

Orthodox scholarship of the nineteenth and twentieth centuries has viewed the Union of Brest as an attempt to Polonize and Catholicize the Orthodox. Hence it treats Smotryc'kyj's conversion as a betrayal of the Ukrainian, Belorussian, or even Russian nation, depending on the scholar's national orientation. Most scholars blame Smotryc'kyj's lack of steadfastness on his varied educational experience and especially on the Jesuit upbringing which he received in the Academy at Vilnius. Many also argue that he was motivated throughout his life by an interest in personal gain.

In general, Soviet scholars have adopted the Orthodox interpretation, although they have minimized the significance of religious issues. Their interpretations carry an anti-Catholic, and in particular anti-Roman, bias. With the increasingly Russian nationalistic coloring of Soviet historiography, these interpretations have become more similar to nineteenth-century Russian views.[33]

In spite of this use of the "Smotryc'kyj affair" to carry on the polemics of the seventeenth century in modern scholarly literature, many of these studies have provided new materials and insights for a less passionate evaluation of Smotryc'kyj's attitude toward the culture within which he lived and worked and which he attempted to reshape. It is now possible to view Smotryc'kyj's dilemma in a more

[32] The following works belong to the Orthodox historiographic tradition: N. Bantyš-Kamenskij (Bantyš-Kamins'kyj), *Istoričeskoe izvestie o voznikšej v Pol'še Unii*, Vilnius, 1805; V. I. Askočenskij, *Kiev s drevnejšim ego učiliščem akademieju*, Kiev, 1856; M. I. Kojalovič, *Litovskaja cerkovnaja unija*, St. Petersburg, 1859 and 1861; K. Elenevskij, "Meletij Smotrickij, Arxiepiskop polockij," *Pravoslavnoe obozrenie* 5, nos. 6–8 (1861); Demjanovič, op. cit.; S. Golubev, *Kievskij mitropolit Petr Mogila i ego spodvižniki (Opyt cerkovno-istoričeskogo issledovanija)* 2 vols., Kiev, 1883; A. Osinskij, "Meletij Smotrickij, arxiepiskop polockij," *Trudy Kievskoj duxovnoj akademii*, 1911, vols. 2–3; I. Korowicki (Korovyc'kyj), review of Čubatyj, op. cit., *Elpis* 9 (1935).

[33] See, for example, Prokošina, op. cit., and A. I. Anuškin, *Vo slavnom meste Vilenskom. Očerki iz istorii knigopečatanija*, Moscow, 1962.

sympathetic light and to come to a better understanding of the motivations of his actions.[34]

3. *Works*

Major obstacles to a study of Smotryc'kyj's life and works have been the lack of consensus on the corpus of his works and the general unavailability of many of the texts. Scholars have often been forced to draw their information on Smotryc'kyj from investigations whose reliability could not be verified or, in the case of a few works from his Orthodox period, from late nineteenth- and early twentieth-century reprints, noted for their inaccuracies.[35]

There are thirteen extant printed works, along with one manuscript and fifteen letters, that can be attributed to Smotryc'kyj with certainty. The present edition contains facsimiles of ten of the original printed works. One printed polemical tract, a sermon in Ruthenian, the manuscript, and the grammar of Church Slavonic have been omitted; they are available in reprints, or in the case of the grammar, in a good facsimile.

The precise list of Smotryc'kyj's works has yet to be established. Thus the following paragraphs will serve the dual purpose of providing a treatment of his corpus of works (i.e., descriptions of those extant works that can be attributed to him with certainty, a discussion of the reasons for rejecting the attribution of other extant works, and a survey of the attribution of non-extant works) and of furnishing bibliographic information on the works included in this edition.

A. Extant Works Attributable to Smotryc'kyj

1. ΘΡΗΝΟΣ To iest Lament iedyney ś. Powszechney Apostolskiey Wschodniey Cerkwie, z obiaśnieniem Dogmat Wiary. Pierwey z Graeckiego na Słowieński, a teraz z Słowieńskiego na

[34] The prefatory study by Nimčuk that accompanies his recent facsimile edition of the grammar, for example, provides many useful observations on Smotryc'kyj's general cultural program. The collection of essays entitled *Sxidno-slov''jans'ki gramatyky XVI–XVII st.*, ed. V. V. Nimčuk, Kiev 1982, contains, among other things, studies devoted to Smotryc'kyj's notions of pedagogy, versification, and style. See also S. D. Abramovyč, ''Meletij Smotryc'kyj ta problemy filolohičnoji kultury barokko,'' in: *Ukrajins'ka literatura XVI–XVIII st. ta inši slov'jans'ki literatury*, Kiev, 1984, pp. 137–160; P. K. Jaremenko, ''Do pytannja pro evoljuciju svitohljadu Meletija Smotryc'koho,'' in: *Ukrajins'ka literatura*, pp. 96–116; V. H. Korotkyj, ''Literaturna polemika Meletija Smotryc'koho v 20-ti roki XVII st.,'' in: *Ukrajins'ka literatura*, pp. 117–126; and P. K. Jaremenko, *Meletij Smotryc'kyj: Žytjja i tvorčist'*, Kiev, 1986. For a more general attempt to characterize Smotryc'kyj's approach to the cultural and linguistic problems facing the Ruthenian nation, see David A. Frick, ''Meletij Smotryc'kyj and the Ruthenian Question in the Early Seventeenth Century,'' *Harvard Ukrainian Studies* 8 (1984):351–75, and ''Meletij Smotryc'kyj and the Ruthenian Language Question,'' *Harvard Ukrainian Studies* 9 (1985):25–52.

[35] Alexander Brückner called attention to the problems with the reprints as early as 1896 in ''Spory o Unię ww dawnej literaturze,'' *Kwartalnik historyczny* 10 (1896):580–81.

Polski przełożony. Przez Theophila Orthologa, Teyże świętey Wschodniey Cerkwie Syna. W Wilnie. Roku Pańskiego 1610.

The work was printed *in quarto* and contains 16 unnumbered folia, 218 numbered, and 1 unnumbered. As indicated by the title page, it was published in Vilnius in 1610. Smotryc'kyj published the work under the pseudonym Theophil Ortholog, but he acknowledged his authorship on at least three occasions: in *Apologia* (pp. 105–06), *Protestatia* (f. 9r–v) and *Paraenesis* (pp. 89–90). For most of the work a copy in the Library of the University of Warsaw (BUW 28.19.11.3) was used. As that volume contains a few defects, folia () () () () iii^v–iv^r and 72^r–80^r were drawn from a copy in the National Library in Warsaw (BN XVII.3.4804).

2. Єvангєлıє ȣѵителноє албо Каζана, на кождȣю нєделю и Свѧта ȣроѵистыи, преζъ Свѧтаго Ѡтца нашєго Калиста, Архїєпископа Константинополского, и Всєлєнского Патрїархȣ, прєд двѣма сты лѣт По кгрєцкȣ написаныи, а тєпєръ ново ζ Кгрєцкого и Словєнского ꙗζыка на Рȣскїй пєрєложєныи.

Працєю и старанємъ Инокѡв Ѡбщого житїа Монастырѧ Братского Виленского, Същєствїѧ Свѧтаго и Животворѧщого Дȣха, Выдрȣкованы.

В Євю Рокȣ ҂аху҃ѕі [1616].

The work was published in folio format with 4 or 5 unnumbered folia (depending on which of the several prefaces the given edition contains), folia numbered 1–173, and folia numbered 1–351. As indicated by the title page, the work was published in Vievis in 1616. Copies were printed with one of at least six different prefaces. The work is reasonably well known and appears in the standard bibliographies. It has seldom been attributed to Smotryc'kyj, however, perhaps because he placed his name after only one version of the preface.[36] It is now available in this series in a facsimile reprint with three different prefaces:[37]

a) One copy from the Lenin Library in Moscow bears the title page as cited above ('r), the coat of arms of the Solomirec'kyj family and six lines of verse in Ruthenian on that device ('v), and a dedicatory preface to that family (''r-''''r).

In this preface Smotryc'kyj takes credit for the translation of the work. He states that he offered it to the Solomirec'kyj family in gratitude (as an *antipelargēsis*) for the schooling with which they had provided him in Germany: "ȣчитєлноє Євангєлїє, або Казанѧ Нєдєлных и оурочистых Свѧтъ Євангєлїй ζ Словєнского ꙗзыка працєю моєю (ζа ласкою и помочю Божєю) на ꙗζыкъ Рȣскїй

[36] It appears as an anonymous work, for example, in I. Karataev, *Opisanie slavjano-russkix knig napečatannyx kirillovskimi bukvami, I: s 1591 po 1652*, in *Sbornik Otdelenija russkogo jazyka i slovesnosti Imperatorskoj Akademii nauk* 34:2 (1883). An exception to the general rule is V. Lastouski, *Historyja Belaruskaj (Kryuskaj) Knihi*, Kaunas 1926, pp. 518–19, whose attribution of the work seems to have escaped the attention of most Smotryc'kyj scholars.

[37] *The Jevanhelije učytelnoje of Meletij Smotryc'kyj*, Harvard Library of Early Ukrainian Literature, Texts, Vol. II, Cambridge, Mass., 1987.

перєведєноє в αντιπελαργησιν В. Кнѧж. М. приношꙋ." The preface is signed: "Вшє. Кнѧж. Милости ꙋпрїймє ζычливый поволный Слꙋга Маѯєнтїй Смотрискїй."[38]

b) The copy in the Library of the Czapski Family in Cracow (XVII 54) was once lacking the preface, and a facsimile has been inserted. I am unaware of the origin of the facsimile. This version of the preface bears the same title page as in (a), followed by the coat of arms of the Volovyč family and six lines of verse on that coat of arms ('v), and a dedicatory epistle to that family (''r-''''r). The preface is signed by the monks of the Orthodox Brotherhood in Vilnius at the Monastery of the Church of the Holy Spirit.

c) The copy in the National Library in Warsaw (BN Cyr. 363) bears the same title page as (a) up to the phrase "на Рꙋскїй пєрєложєный." The rest of the page reads: "Коштом Вєлможного Пана, Єго М. Кнѧζѧ Богдана Ѡкгинского, Подкоморого Троцкого, Державцы Дорсꙋниского и Кормѧловского: И Малжонки Єго М., Єи М. Панєи Раины Воловичовны: А Працєю и старанємъ Иноков Ѡбщого житїа Монастырѧ Братского Виленского, Съшествїа С. Дꙋха, Выдрꙋкованы. В Євю Рокꙋ ҂axsı [1616]." There follows: the coats of arms of the Ogins'kyj and Volovyč families and fourteen lines of verse on those coats of arms ('v), and a dedicatory epistle to those families (''r-'''''r). The preface is signed essentially as in (b).

Though prefaces (b) and (c) do not bear Smotryc'kyj's name, several considerations make it highly probable that he was their author. First, all three dedicatory epistles share a considerable amount of textual material, especially at the beginning. This does not mean that any long passages are identical in all respects. Rather the same phrases and topoi are rearranged and adapted to suit the recipient. Second, prefaces (b) and (c) both contain about one folio side devoted to a discussion of the reasons for the translation of the work. It would seem likely that such a discussion was written by the translator, and Smotryc'kyj acknowledges his role as translator in preface (a). Third, Polish polemical works written in the period from 1621 to 1623, which are definitely attributable to Smotryc'kyj (see below), were also signed in the name of the monks of the Holy Spirit Brotherhood. Fourth, it was fitting for Smotryc'kyj to sign his own name to preface (a), since that epistle expressed thanks to the Solomirec'kyj family for a gift given to Smotryc'kyj alone. The other prefaces were signed in the name of the entire Brotherhood in thanks for gifts given to

[38] Nimčuk (op. cit., p. 15) explains the form "Maksentij" as a contamination of Smotryc'kyj's given name Maksym and his monastic name Meletij ("Melentij" in the colloquial pronunciation). It should be noted that a contemporary polemical pamphlet against Smotryc'kyj gives his name as "Мєксєнтий или Максим (сицє бо сам нарицашєсѧ)." See "Pamflet na Meletija Smotrickago," *Kievskija Eparxialn'nye Vedomosti*, no. 17, pt. 2 (1875):556–67.

the Brotherhood and the Orthodox community in general.

Nimčuk notes the existence of copies with prefaces other than the three described above.[39] These are the prefaces dedicated to: (d) Anna Xodkevyčivna Ostroz'ka and (e) Fedor Masal's'kyj. According to Nimčuk, prefaces (d) and (e) also share textual material with preface (a) and again are signed as in (b) and (c), and therefore in all probability may be attributed to Smotryc'kyj. Xv. Titov notes yet a sixth version, signed by the Brotherhood and dedicated to: (f) ''Sokolova Voinyc'ka'' and ''Pelagija Volovyčivna.''[40]

3. Title page A: ГРАММАТІКИ Славєнскиѧ правилноє Сѵнтаѓма, Потщанїєм Многогрѣшнагѡ Мнıха Мєлєтїѧ Смотрискогѡ, в Коıновїи Братства Церковнагѡ Виленскагѡ, при храмѣ сошествїа прєсвѧтагѡ и животворѧщагѡ Дꙋха наꙁданном странствꙋющагѡ снисканоє и прижитоє: Лѣта ѿт воплощенїѧ Бога Слова ҂ахиı [1618]. Правѧщꙋ Апостолскїй прєстолъ вєликиѧ Божиѧ Константїнополскиѧ Цєрквє Всєлєнскомꙋ Патрїарсѣ Г: ѿтцꙋ Тїмоѳею: Вилєнскомꙋжє Коıновїю прєдстатєлствꙋющꙋ Г: ѿтцꙋ Леонтїю Карповичꙋ Архїмандрıтꙋ.

Title page B: ГРАММАТІКИ Славєнскиѧ правилноє Сѵнтаѓма, Потщанїєм Многогрѣшнагѡ Мнıха Мєлєтїѧ Смотрискогѡ, в Коıновїи Братства Церковнагѡ Вилєнскагѡ, при храмѣ сошествїа прєсвѧтагѡ и животворѧщагѡ Дꙋха наꙁданномъ странствꙋющагѡ снисканноє и прижитоє: Лѣта ѿт воплощенїѧ Бога Слова ҂ахѳı [1619]. Правѧщꙋ Апостолскїй прєстол вєликиѧ Божиѧ Константїнополскиѧ Цєрквє Всєлєнскомꙋ Патрїарсѣ Г: ѿтцꙋ Тїмоѳею: Вилєнскомꙋжє Коıновїю прєдстатєлствꙋющꙋ Г: ѿтцꙋ Леонтїю Карповичꙋ Архїмандрıтꙋ. в ЄВЮ.

The work was printed *in octavo* with a combination of 1, 2, 4, or 5 unnumbered folia, the text of 247 unnumbered folia, plus, in at least one extant copy, 1 folio with corrigenda. As H. Baumann has convincingly shown, the printing was begun in 1618 and completed in 1619 in Vievis.[41] Variations in the unnumbered folia preceding the actual text of the grammar derive from the presence or absence and the order of title pages A and B and a preface of three folia. The existence of several combinations has been noted.[42] As the grammar is available in a reprint by Horbatsch and a facsimile edition by Nimčuk, it is omitted in the present edition.[43]

39 See Nimčuk, op. cit., pp. 14–15.

40 See Xv. Titov, *Materijaly dlja istoriji knyžnoji spravy na Vkrajini v XVI–XVIII vv. Vsezbirka peredmov do ukrajins'kyx starodrukiv*, Ukrajins'ka akademija nauk, Zbirnyk istoryčno-filolohičnoho viddilu 17, Kiev, 1924, pp. 328–29.

41 See H. Baumann, ''Das Erscheinungsjahr der 'Slawischen Grammatik' Meletij Smotryc'kyj's,'' *Zeitschrift für Slawistik* 3 (1958):682–85.

42 See Horbatsch, *Hrammatiki*, pp. I–II, Nimčuk, *Hramatyka*, pp. 22–26, and Robert C. Mathiesen, ''Two Contributions to the Bibliography of Meletij Smotryc'kyj,'' *Harvard Ukrainian Studies* 5 (1981):230–44.

43 Horbatsch, op. cit., Nimčuk, op. cit. Title page A, which is lacking in the two reprints, has been cited here according to the facsimile found in Prokošina, op. cit., p. 90. The corrigenda, also missing in the two reprints, will be published in David A. Frick, ''The Beinecke Copy of Smotricky's *Grammatiki Slavenskije Pravilnoe Suntagma*,'' in: *Studia Slavica Mediaevalia et Humanistica Riccardo Picchio Dicata*, eds. M. Colucci, G. Dell'Agata, and H. Goldblatt (forthcoming).

4. Казанъє: На ѵєстный Погрєбъ прєѵєстногѡ и прєвєлєбногѡ Мѹжа Господина и Ѿтца: Господина Ѿтца Лєонтїя Карповиѵа, Номїната Єпископа Володимєрскогѡ и Бєрєстиского: Архимандрита Вилєнскогѡ. Прєзъ Мєлєтїя Смотрискогѡ, См: Архїєпископа Полоцкогѡ, Владыкѹ Витєпскогѡ и Мстиславскогѡ: єлєкта Архїмандрита Вилєнскогѡ, ѡтправованоє: в Вилни. Рокѹ ѡт воплощєнѧ Бога Слова ҂ахк [1620]. Ноємврїѧ в [2] днѧ.

The work was printed *in quarto* with 4 unnumbered folia (dedicatory epistle), and 24 unnumbered folia (the actual text of the sermon). It was published probably in Vilnius and certainly after 8 November 1620, as indicated by the final words of the preface: ''з Вилни. Рокѹ ѡт воплощєнѧ Бога Слова, ахк. Мєсца Ноємврѧ, и: днѧ.'' It is available in a modern reprint done by S. Maslov in 1907[44] and is omitted in this volume.

5. Kazanie: Na znamienity Pogrzeb przezacnego y przewielebnego Męża, Pana y oyca Leontego Karpowicza, Nominata episkopa włodzimirskiego y brzeskiego, Archimandrita Wileńskiego. Przez Melecivsza Smotriskiego, pokornego archiepiskopa połockiego, Władykę Witepskiego y Mścisławskiego: Electa Archimandritę Wileńskiego, odprawowane: w Wilnie. Roku od wcielenia Boga Słowa, 1620. Nouemb. 2. Dnia.

This Polish version of the sermon was issued *in quarto* with 4 unnumbered folia (dedicatory epistle) and 28 unnumbered folia (text of the sermon). It was printed, probably in Vilnius, certainly after 17 February 1621, as indicated by the final words of the preface: ''Z Wilna. Roku od Wcielenia Pana y Zbawiciela, 1621. Miesiąca Februarij 17. dnia.'' The Polish version of the work is less well known than the Ruthenian.[45] P. Popov saw and described a copy, later lost or destroyed, which was in the library of the Smolensk Theological Seminary. That copy was defective and contained 4 (preface) plus 23 unnumbered folia.[46] The facsimile printed here is based on a copy found in the National Library in Warsaw (BN XVII.3.1269), apparently the only one in Polish collections. This copy has a gap after the end of the preface. Two facts would seem to indicate that the gap corresponds to signature A: (1) the text of the sermon itself in the Ruthenian version begins with the word Помози, presumably the equivalent to the Polish

44 S. Maslov, ''Kazan'e M. Smotrickogo na čestnyj pogreb o. Leontija Karpoviča,'' *Čtenie v Istoričeskom obščestve Nestora-letopisca* 20, no. 11, Kiev, 1908.

45 There is no reference to the Polish version of this work in Polish bibliographies such as Estreicher's *Bibliografia polska* or *Nowy Korbut*. I find the first reference to its existence in Maslov's preface to his edition of the Ruthenian version. For details, see David A. Frick, ''*Kazanie* Melecjusza Smotryckiego z lat 1620–21: wersja ruska i polska,'' *Studia z filologii polskiej i słowiańskiej* 23 (1985):153–61.

46 P. Popov, ''Zamitky do istoriji ukrajins'koho pys'menstva XVII–XVIII st.,'' *Zapysky Istoryčno-filolohičnoho viddilu UAN* 4 (1923), p. 215. The *Ukrajins'ki pys'mennyky. Bio-Bibliohrafičnyj slovnyk*, ed. O. I. Bilec'kyj, vol. 1, Kiev, 1960, p. 548, does list the Polish version and gives the same description provided by Popov of the defective copy. The mistaken implication here, however, is that the description refers to a complete version.

Wspomož given as the catchword on the bottom of the last side of the preface, indicating that this would be the first word of the following page; (2) the first page after the gap bears the signature marker "B." Therefore, a complete copy probably would contain one unlettered signature plus seven signatures lettered A through G, or 4 plus 28 unnumbered folia.

6. Verificatia niewinności y omylnych po wszytkiey Litwie y Białey Rusi rozsianych, żywot y vczciwe cnego Narodu Ruskiego o vpad przyprawić zrządzonych Nowin, pod Miłościwą Pańską y Oycowską nawyższey y pierwszey po Panu Bogu Narodu tego zacnego Zwierzchności, y brzegu wszelkiey Sprawiedliwości obroną, poddane Chrześciańskie vprzątnienie.

a) This work was published in two editions. The first edition was printed *in quarto* and contains 47 unnumbered folia. The final side bears the words: "W Wilnie, roku 1621, kwietnia dnia 5." On this basis we may suppose that the work was published in Vilnius, certainly after 5 April 1621. This work (both editions), as well as the *Obrona verificaciey* (1621), and *Elenchus pism vszczypliwych* (1622), were signed in the name of the monks of the Monastery of the Orthodox Brotherhood in Vilnius at the Church of the Holy Spirit. Smotryc'kyj acknowledged his authorship of *Verificatia niewinności* in *Apologia* (pp. 105–06) and *Paraenesis* (p. 22). The facsimile printed here is based on a microfilm from the National Library in Warsaw of a copy which belongs to the Library of the City of Gdańsk (Gd. BM. Nl.82.32). There is a reprint in the *Arxiv jugo-zapadnoj Rossii* (1887).[47] Estreicher's *Bibliografia polska* and the *Ukrajins'ki pys'mennyky. Bio-Bibliohrafičnyj slovnyk* list the date of publication as 1620 and claim that the work contains 90 pages.[48]

b) The second edition of the work was also printed *in quarto* and contains a title folio (presumably assigned number 1 in this edition), 5 unnumbered folia, folia numbered 2–28, 6 unnumbered folia, and folia numbered 29–73. As indicated on f. 68v, the work was published, probably in Vilnius, and certainly after 16 June 1621. The copy used here is that of the Ossolineum in Wrocław (XVII-366-III). Estreicher again gives 1620 as the date of publication. This second edition is a more fundamental reworking of the first than a simple insertion of six unnumbered folia after 28v, as Estreicher would seem to indicate. The reprint is of the first edition, not the second as implied by Estreicher.[49]

7. Obrona Verificaciey od obrazy maiestatv Krola Iego Miłości czystey: Honor y Reputację ludzi zacnych, Duchownych y Świetskich zachowuiącey: przez script Sowita Wina nazwany: Od Zgromadzenia Cerkwie Ś. Troyce wydany: o obrazę Maiestatu Krola Iego M. Honor y Reputaciey

[47] *Arxiv jugo-zapadnoj Rossii, izdavaemyj Kommissieju dlja razbora drevnix aktov*, vol. 7, pt. 1, Kiev, 1887, pp. 279–344.

[48] Estreicher, *Bibliografia polska*, part 3, vol. 17, Cracow, 1930, p. 332–33; Bilec'kyj, op. cit., p. 548.

[49] Estreicher, op. cit., p. 333.

ludzi zacnych Duchownych y Świetskich pomowioney.
Wydana przez Zakonniki Monastera Bratstwa Wileńskiego Cerkwie Ś. Ducha. w Wilnie: Roku Pańskiego 1621.

The work was printed *in quarto* and contains 127 numbered pages and 1 blank page. Judging by the title page we may assume that the work was published in Vilnius in 1621, after the publication of *Sowita wina*. (The fact that *Sowita wina* refers to both editions of *Verificatia*[50] indicates that *Obrona* was published after the second edition of *Verificatia*, and thus after 16 June 1621.) Smotryc'kyj acknowledged his authorship of the work in *Apologia* (pp. 105–06) and *Paraenesis* (p. 22). The facsimile is from a copy in the Library of the Czapski Family in Cracow (Kr. M.N. 995). There is a reprint in the *Arxiv jugo-zapadnoj Rossii* (1887).[51]

8. Elenchus pism vszczypliwych: Przez Zakonniki Zgromadzenia Wileńskiego świętey Troyce wydanych. Napisany przez Zakonniki monastera bratstwa Cerkiewnego Wileńskiego, Cerkwie Zeyścia Ś. Dvcha. w Wilnie Roku Pańskiego, 1622.
Salomon Prouerb. Cap. 18.
Cum obseruationibus loquitur pauper, et diues effabitur rigide.
Vbogi pokornie mowi, a Bogacz przykro odpowiada.

The work was published *in quarto* and contains 50 unnumbered folia. The last side bears the text: "z Wilna. Febr. 4 die." On this basis we may assume that it was published in Vilnius after 4 February 1622. Smotryc'kyj acknowledged his authorship of the work in *Apologia* (pp. 105–06), *Protestatia* (f. 9r), and *Paraenesis* (p. 22). A copy from the National Library in Warsaw (BN XVII.3.3230) is the basis for this edition. There is a reprint in the *Arxiv jugo-zapadnoj Rossii* (1914).[52]

9. Ivstificacia niewinności: Do nawyższey y pierwszey po Panu Bogv swey Zwierzchności: Zrządzona Od Nowo legitime podniesioney Hierarchiey Ś. Cerkwie Ruskiey: Ś. Apostol: Konstantinopolskiey stolice Patriarchom posłuszney.
David Psal: 102. Niechay cię koronuie P. Bog litością y miłosierdziem: y niech napełni w dobrach pożądanie twoie. Roku Pańskiego. 1623.

According to Estreicher, the work was published *in quarto* and contains 22 numbered folia.[53] It was signed: "Z Kiiowa, monastera św. Michaela Archanioła. Roku 1622. Decembris 6 dnia. Waszey Krol. M. Pana swego M. wierny poddany, ustawiczny bogomodlca y sługa naniższy, Iow Borecki metropolit ze wszystkiemi Episkopami Ruskiemi nizko czołem biie." Most bibliographers nonetheless give Vilnius as thc place of publication. Smotryc'kyj acknowledged his authorship of the

50 See Ruts'kyj, *Sowita wina*, pp. 92–95, for an addendum devoted to the second edition of *Verificatia*.

51 *Arxiv*, 1887, pp. 345–442.

52 *Arxiv*, vol. 8, pt. 1, Kiev, 1914, pp. 597–673.

53 Estreicher, op. cit., p. 329.

work in *Paraenesis* (p. 22). I was unable to locate a copy of the first edition, and thus the work is omitted here. The reprint found in the *Arxiv jugo-zapadnoj Rossii* (1887) lacks the title folio.[54] The text of the title page has been supplied here from the facsimile given by Prokošina.[55] According to Estreicher, the verso side of the title page contains sentences in Latin and Polish from Xenophon (*The Education of Cyrus*, Book 8) and Aristotle (*Ethics*, Book 8).[56] The editor of the reprint gives 1622 as the year of publication, presumably on the basis of the date given on the final page. The title page indicates, however, that the work was actually published in 1623.

10. Apologia peregrinatiey do Kraiow Wschodnych, Przez mię Meletivsza Smotrzyskiego, M. D. Archiepiskopa Połockiego, Episkopa Witepskiego y Mścisławskiego, Archimandrytę Wileńskiego y Dermańskiego. Roku P. 1623. y 24. obchodzoney, do przezacnego Narodu Ruskiego, oboiego stanu, Duchownego y Świetskiego sporządzona y podana. A. 1628. Augusti, Die 25. ww Monasteru Dermaniu. Ecce quam bonum, et quam iucundum, habitare fratres in vnum. Psal. 132. Pater Sancte, serua eos in nomine tuo quos dedisti mihi, vt sint VNVM, sicut et nos VNVM sumus. Ioan. 17. Meae vitae vnica Spes, IEsus ChristuS. Cum Licentia Superiorum.

The work was published *in quarto* and contains 1 unnumbered folio (title page), plus either 2 (dedicatory epistle to Thomasz Zamoyski) or 4 (dedicatory epistle to Alexander Zasławski) unnumbered folia, 1 unnumbered folio (a preface to the reader), 201 numbered pages, and 3 unnumbered pages. The final words on the last side are: "WE LWOWIE, W Drukarniey Iana Szeligi, I.M.X. Arcybiskupa Lwowsk. Typographa, R.P. 1628." On the basis of the title page and the last page, we may assume that the work was published in L'viv after 25 August 1628. The facsimile presented here is based on a copy from the Library of the Polish Academy of Sciences in Kórnik (13065) which contains the preface to Zasławski. A copy from the National Library in Warsaw (BN XVII.3.4461) was enlisted for the preface to Zamoyski. Estreicher saw a copy of *Apologia* in the Ossolineum that had both prefaces, one of which had been glued in place.[57] It would seem that the work was published with one or the other preface, but not both. There is an edition of the work, apparently in Russian translation, by I. M. Martinov.[58]

11. Protestatia Przeciwo Soborowi ww tym Roku 1628. we dni Augusta Miesiąca, ww Kiiowie Monasteru Pieczerskim obchodzonemu, vczyniona przez vkrzywdzonego na nim. Meletivsza Smotrziskiego, Nuncupowanego Archiepiskopa Połockiego, Episkopa Witepskiego y Mścisławskiego, Archimandritę Wileńskiego y Dermańskiego: do Przezacnego Narodu Ruskiego.

[54] *Arxiv*, 1887, pp. 511–532.
[55] Prokošina, op. cit., p. 124.
[56] Estreicher, op. cit., p. 329.
[57] Estreicher, op. cit., pp. 325–26.
[58] I. M. Martinov, ed., *Apologia moemu stranstvovaniju na vostok: Sočinenie Meletija Smotrickogo*, Kirilo-Metodievskij Sbornik 1, Leipzig, 1863.

Rom. Cap. 14, ver. 4.
Tu qui es, qui iudicas alienum seruum? Domino suo stat, aut cadit: stabit autem: potens est enim DEVS statuere illum.
Matth: c. 26.
Et egressus foras, fleuit amare.
Meę vitę vnica et sola spes, IESVS CHRISTVS
Cum Licentia Superiorum.
We Lwowie, W Drukarniey Iana Szeligi, I.M.X. Arcybiskupa Lwowsk. Typograph. Roku Pańskiego 1628.

The work was printed *in quarto* and contains 16 unnumbered folia. It was signed on the final side: "W Dermaniu Roku Bożego 1628. Sept: 7. Dnia." On the basis of the title page and the final side, we may assume that the work was published in L'viv after 7 September 1628. A copy from the National Library in Warsaw (BN XVII.3.1504) was used in this facsimile edition. It should be noted that the illegible words on page Biiir read: *Bo nie ww twey*. The name corrected on page Ciiv originally read *Stephan*. There is a reprint of the work by Golubev (1883).[59]

12. Paraenesis, abo Napomnienie, od ww Bogv wielebnego Meletivsza Smotrzyskiego, Rzeczonego Archiepiskopa Połockiego, Episkopa Witepskiego y Mśćisławskiego, Archimandrytę Wileńskiego y Dermańskiego: Do Przezacnego Bractwa Wileńskiego, Cerkwie Ś. Ducha; A ww osobie iego, do wszystkiego tey strony Narodu Ruskiego vczynione; Anno 1628. Decembr: 12. Cum Licentia Superiorum. W Krakowie, W Druk: Andrz: Piotrk: I.K.M. Roku 1629.

The work was published *in quarto* and contains a title folio, pages numbered 1–2, one unnumbered folio, pages numbered 3–96, and 1 unnumbered folio. The imprimatur (found on the unnumbered folio between pages 2 and 3) bears the date 19 January 1629. As indicated by the title page, the work was published in Cracow. The facsimile is based on a copy from the National Library in Warsaw (BN XVII.3.2557). Estreicher describes the work as containing 2 unnumbered folia, 96 numbered pages, and 1 unnumbered folio.[60] I have not seen such a combination. Page number 1 in the copies I have seen bears the signature marker "A2." This suggests that the order of pages in the first signature was originally as I have described above.

13. Exęthesis abo Expostvlatia to iest, rosprawa miedzy Apologią y Antidotem o Ostanek błędow Haereziy y kłamstw Zyzaniowych, Philaletowych, Orthologowych y Klerykowych: vczyniona. Przez ww Bogv wielebnego Meletivsza Smotrzyskiego, Rzeczonego Archiepiskopa Połockiego Episkopa Witepskiego y Mścisławskiego: Archimandrytę Wileńskiego y Dermańskiego: do oboiey Strony Narodu Ruskiego.

Anno Domini 1629, Aprilis 3. W Monasteru Dermaniu. Cum Licentia Superiorum.
Mego żywota iedyna nadzieia IEzvs ChristuS.

[59] Golubev, op. cit., p. 323–51.
[60] Estreicher, op. cit., p. 330.

We Lwowie w Druk: Iana Szeligi I.M.X. Arcybiskvpa Typ:

The work was pubished *in quarto* and contains 6 unnumbered plus 102 numbered folia. As indicated by the title page, it was published in L'viv after 3 April 1629. A copy from the National Library in Warsaw (BN XVII.3.1505) was used in this edition. Estreicher lists one unnumbered folio at the end of the work with corrigenda.[61] This page is missing in the copies I have seen and is therefore lacking in this edition.

These, then, are the works printed during Smotryc'kyj's lifetime that can be attributed to him with certainty. All but the grammar (entry 3), the Ruthenian version of the *Kazanъe* (entry 4), and the *Iustificacia niewinności* (entry 9) are included in facsimiles from the original editions in Volumes I and II of the *Harvard Library of Early Ukrainian Literature, Texts* series. Missing from this volume, in addition to the works noted above, are three prefaces to the *Jevanhelije učytelnoje*, the existence of which was noted by Nimčuk and Titov, one signature from *Kazanie* (entry 5), and the corrigenda to *Exaethesis* seen by Estreicher.

*

There is a printed edition of one of Smotryc'kyj's manuscripts. This is a set of theses in Polish and Latin arguing that the pope is the Antichrist. The existence of the manuscript was first noted by Antoni Moszyński in 1874. At that time the manuscript was in the Imperial Library in St. Petersburg.[62] The work was edited for publication by K. Studyns'kyj in 1906.[63] After 1920, in accordance with the return of Polish cultural goods called for by the Treaty of Riga, the manuscript came to the National Library in Warsaw. I was informed by a librarian of the National Library in 1981 that the work is no longer to be found, apparently having been lost during World War II.

Authorship was first established on the basis of a marginal note on folio lr: *Codex hic scriptus est manu Meletij Smotryckij archiep. Poloc. ex schismatico unionis promotoris.* Comparing this manuscript with letters written by Smotryc'kyj himself, B. Waczyński was able to prove that the manuscript did indeed represent

61 Estreicher, op. cit. p. 328.

62 Antoni Moszyński, ''Wiadomość o rękopisach polskich oddziału teologicznego w Cesarskiej bibljotece w Petersburgu,'' *Rozprawy i Sprawozdanie z posiedzeń wydziału filologicznego Akademii Umiejętności*, Cracow, 1874.

63 K. Studyns'kyj, *Pam''jatky polemičnoho pys'menstva kincja XVI i poč. XVII v.*, vol. 1, Pam''jatky ukrajins'ko-ruskoji movy i literatury, Arxeohrafična komisyja Naukovoho tovarystva im. Ševčenka, 5, L'viv, 1906.

an autograph.[64] On the basis of two works cited in the manuscript, Studyns'kyj established that the work was written no earlier than 1609.[65]

*

Listed below in approximate chronological order are fifteen of Smotryc'kyj's letters that are to be found in printed editions of the nineteenth and twentieth centuries. For the date and location of composition I have followed the editors.

1. 29 August 1626. Letter to the abbot and nuns of the Vilnius convent. In Ruthenian.[66]

2. Dubno, 6 July 1627. Letter offering obedience to Pope Urban VIII, in which Smotryc'kyj asks to be received by the Catholic Church. In Latin.[67]

3. Dubno, 6 July 1627. Letter to Cardinal Bandini concerning Smotryc'kyj's acceptance of the Catholic faith. In Latin.[68]

4. 6 July 1627. Petition to the Holy Office to be converted to the Catholic faith. In Latin.[69]

5. Derman', 21 August 1627. Letter to Cyril Lukaris, Patriarch of Constantinople, concerning the errors of the heretics. In Latin.[70]

6. Before 5 November 1627. Letter to Rome requesting permission to write against the false doctrines of Cyril Lukaris. In Latin.[71]

7. 30 August 1628. Letter to Jov Borec'kyj in which Smotryc'kyj justifies himself and the works for which he was censured at the Kiev Synod of 1628. In Ruthenian.[72]

8. 28 September 1628. Letter to the cupbearer of Volhynia, Lavrentij Drevyns'kyj, concerning the Kiev Synod of 1628. In Ruthenian.[73]

9. Before 10 November 1628. Letter concerning a proposed mission to Mount Athos. In Latin.[74]

64 B. Waczyński, "Codex autographus Maximi Smotrycki," *Orientalia Christiana Periodica* 3 (1937).

65 Studyns'kyj, op. cit., pp. LV–LVI.

66 Golubev, op. cit., pp. 285–87.

67 Welykyj, op. cit., pp. 125–26.

68 Welykyj, op. cit., pp. 126–27.

69 Welykyj, op. cit., pp. 127–29.

70 Welykyj, op. cit., pp. 130–45.

71 A. Šeptyc'kyj, ed., *Monumenta Ucrainae historica*, vols. 9–10, Rome, 1971, p. 632.

72 *Akty otnosjaščiesja k istorii južnoj i zapadnoj Rossii*, vol. 2, St. Petersburg, 1865, pp. 76–77

73 Golubev, op. cit., pp. 317–22.

74 Welykyj, op. cit., pp. 172–73.

10. 28 August 1629. Letter to the Mohilev Brotherhood. In Ruthenian.[75]

11. After 20 October 1627–29. Letter to the Orthodox Brotherhood of Vilnius inviting them to a council to discuss the foundation of an independent Ruthenian patriarchate. In Ruthenian.[76]

12. 30 October 1629. Letter to Cyril Lukaris concerning the division of the churches. In Latin.[77]

13. Derman', 16 November 1630. Letter concerning the method for effecting a general union of the Ruthenians. In Latin.[78]

14. Derman', 12 July 1631. Letter to Cardinal Ludovisi concerning the collection of Smotryc'kyj's works in Latin translation in Castel S. Angelo. In Latin.[79]

15. Volodymyr, 16 July 1631. Letter concerning a miracle that took place in Kiev in 1629. In Latin.[80]

B. Nonextant Works Attributable to Smotryc'kyj

On the basis of a passage from *Apologia* (pp. 105–06) it is also possible to assign to Smotryc'kyj a series of works that appear not to have survived. He says there that he wrote polemical tracts *against* works identified in the following terms: (1) "Unia";[81] (2) "Rozmowa Brześcianina z Bratczykiem"; (3) "Zmartwychwstały Nalewayko";[82] (4) "Politika, Ignorantia y nabożeństwo nowo Cerkwian Wileńskich."[83] It is unclear from the passage whether he wrote separate tracts against each work. Judging by the chronology implied in the passage from *Apologia*, it appears that the works were written after *Thrēnos* (1610) and before *Verificatia niewinności* (1621).

The same passage from *Apologia* gives evidence for three more works by Smotryc'kyj. They are identified as: (1) "Traktat o pochodzeniu Ducha Ś."; (2) "Palinodia na Lament"; and (3) "Katechism." It is unclear from the passage whether Smotryc'kyj actually wrote the "Palinodia" (i.e. a refutation of his *Thrēnos*) or only considered doing so. The "Traktat" must have been written before 1621, since *Sowita Wina*, a polemical response to Smotryc'kyj's *Verificatia*

[75] *Akty*, pp. 77–78.
[76] *Arxiv jugo-zapadnoj Rossii*, vol. 6, pt. 1, Kiev, 1887, pp. 605–07.
[77] Welykyj, op. cit., pp. 186–97.
[78] Welykyj, op. cit., pp. 204–11.
[79] Welykyj, op. cit., pp. 222–24.
[80] Welykyj, op. cit., pp. 224–25.
[81] There is a work in Ruthenian from 1595 attributed to the Uniate Metropolitan of Kiev, Ipatij Potij (1541–1613), entitled Унія алъбо выкладъ прєднєйшыхъ арътыкуловъ, ку ζъодноѵєнью грєковъ съ костєломъ рымскимъ налєжащыхъ (Vilnius).
[82] Potij published a work under this title in Polish in 1607.
[83] Perhaps this is a reference to a work attributed to Potij entitled *Herezje, ignorancje i polityka popow i mieszczan bractwa wileńskiego* (1608).

niewinności, carries a reference to this work.[84] The catechism is mentioned in the *Apologia*; it was begun after 1621 and completed in 1623.

C. Works of Questionable Authorship

Among the extant works which have been attributed to Smotryc'kyj are the two polemical tracts signed by a certain ''Klyryk Ostroz'kyj'':

a) Отписъ на листъ въ Боꙁѣ вєлєбного отца Ипатіа, etc., published along with Исторіа о листрикійскомъ, то єсть, о раꙁбойничєскомъ, Фєрарскомъ або Флорєнъскомъ синодѣ, etc.[85]

b) На дрѹгїй листъ вєлєбного ѡтца ипатїа, etc.[86]

The identification of Klyryk Ostroz'kyj with Smotryc'kyj was apparently first made by Jernej Kopitar in 1843 in a letter to D. Zubryc'kyj.[87] Studyns'kyj argues for Kopitar's hypothesis on the basis of textual coincidences between the Klyryk's *Otpis* and Smotryc'kyj's *Thrēnos*, as well as a general agreement between the two in the ''method of polemic against Rome'' and in the arguments used.[88] Other scholars argue against this attribution. Studyns'kyj himself would seem to have changed his mind in a later work where he listed the *Antigraphē* of 1608 as Smotryc'kyj's first printed work.[89] However this may be, no concrete evidence has been presented linking Smotryc'kyj with Klyryk Ostrozkyj.

Another extant work is very often attributed to Smotryc'kyj, and its omission in this edition may cause some surprise. It bears the title:

c) ANTIΓΡΑΦΗ albo ODPOWIEDŹ na script vszczypliwy, przeciwko ludziom starożytney religiey Graeckiey od apostatow cerkwie Wschodniey wydany, ktoremu tituł: ''Heresiae, ignoranciae y Politika popow y mieszczan bractwa Wileńskiego,'' tak też y na książkę, rychło potym ku obiaśnieniu tegoż scriptu wydana, nazwiskiem ''Harmonia.'' Przez iednego brata bractwa cerkiewnego Wileńskiego religiey Graeckiey w porywczą dana. W WILNIE Roku 1608.[90]

Arguments for this attribution are generally based on the same passage from *Apologia* drawn on above. According to this line of reasoning, *Antigraphē* is to be identified with Smotryc'kyj's ''lucubracie. . .naprzeciw Politice Ignorantiam y nabożeństwu nowo Cerkwian Wileńskich.''[91] Waczyński has demonstrated convincingly, however, that this passage from *Apologia* proves just the opposite, since

84 Ruts'kyj, *Sowita wina*, pp. 69–71.
85 Published in *Russkaja istoričeskaja biblioteka*, vol. 19, St. Petersburg, 1903, pp. 377–476.
86 Published in Studyns'kyj, op. cit., pp. 201–29.
87 Studyns'kyj, op. cit., pp. XXXVII–XXXVIII.
88 Studyns'kyj, op. cit., pp. XXXVIII–L.
89 K. Studyns'kyj, ''*Antigraphē*, polemičnyj tvir Maksima (Meletija) Smotryc'koho z 1608 r.,'' *Zapysky naukovoho tovarystva imeni Ševčenka* 141–43 (1925).
90 Published in *Russkaja istoričeskaja biblioteka*, vol. 19, St. Petersburg, 1903, pp. 1149–1300.
91 Smotryc'kyj, *Apologia*, pp. 105–06.

these "lucubracie" were supposedly written after *Thrēnos*, i.e., after 1610. On the basis of other polemical works of the period he has further shown that Smotryc'kyj did not identify himself with the author of *Antigraphē*, nor did his contemporaries.[92]

A fourth extant work is occasionally attributed to Smotryc'kyj. It bears the title:

> d) Supplicatia do przeoświeconego i jaśnie wielmożnego przezacney korony Polskiey y W.X. Lit. oboiego stanu duchownego i świeckiego senatu: w tym roku teraźnieyszym 1623 do Warszawy na seym walny przybyłego. Od obywatelow koronnych y W.X. Lit. wszystkich w obec i każdego z osobna ludzi zawołania szlacheckiego, relligiei starożytney graeckiey, posłuszeństwa wschodniego.[93]

According to Maslov, A. Petruševič was the first to make this attribution.[94] The work follows the series of Orthodox polemical tracts defending the Orthodox bishops appointed in 1620 by Patriarch Theophanes. While it would not be surprising to discover that Smotryc'kyj was also the author of the *Supplicatia*, no concrete evidence has been found for such an attribution.

V. P. Kolosova and V. I. Krekoten' attribute to Smotryc'kyj the following anonymous work published in Vilnius in 1620:

> e) ЛѦМЕНТЪ ȣ свѣта оубогихъ, На Жалосноє прєставлєнїє Свѧтобливого: а в обои Добродѣтєли богатого Мȣжа, в Боꙁѣ Вєлєбного, Господина Ѡтца Леонтиѧ Карповиѵа, Архїмандрїта ѡбщїа обитєли, при Цєркви сошєствїѧ Свѧтого Дȣха, Братства цєрковного Вїлєнского. Прав: Грєѵ.[95]

The attribution of this poetic lament on the death of Leontij Karpovyč has been justified on account of "the close ties which existed between Karpovyč and Smotryc'kyj and the high level of literary ability and talent of the latter."[96] This is insufficient evidence for a definite attribution, and I am unaware of any other evidence. It is interesting to note, however, that the *Ljament* makes use of an epigraph in a manner characteristic of works attributable to Smotryc'kyj. Smotryc'kyj often used the following mottos containing his initials. They occur in works from before and after his conversion, signed and unsigned:

92 B. Waczyński, "Czy Antigrafē jest dziełem Maksyma (Melecjusza) Smotryckiego?", *Roczniki Teologiczno-Kanoniczne* (1949).

93 Published in M. I. Kojalovič, *Documents servant a eclaircir l'histoire des provinces occidentales de la Russie ainsi que leurs rapports avec la Russie et la Pologne*, St. Petersburg, 1865, pp. 230–311, and V. Lypyns'ky [W. Lipiński], *Z dziejów Ukrainy. Księga pamiątkowa ku czci Włodzimierza Antonowicza, Paulina Święcickiego i Tadeusza Rylskiego*, Kiev–Cracow, 1912, pp. 99–111.

94 See Maslov, op. cit., p. 109. Maslov cites A. Petruševič, *Svodnaja galicko-russkaja letopis' 1600–1700 gg.*, L'viv, 1874, p. 445.

95 Published in V. P. Kolosova and V. I. Krekoten', ed., *Ukrajins'ka poezija, Kinec' XVI počatok XVII st.*, Kiev, 1978, pp. 166–79.

96 Kolosova, op. cit., p. 384.

Meae vitae vnica Spes, IEsvs ChristvS (*Apologia*);
Mego żywota iedyna nadzieia IEzvs ChristuS (*Exęthesis*);
Μία ζωῆς μοῦ ἐλπὶς Ἰησοῦς ὁ ΧριστόΣ (*Grammar of Church Slavonic*).

The same initials may be found in one of the epigraphs to the *Ljament*:

Μενανδ[ρου] Στοβ[ατος]· ὄν οἱ θεοί φιλοῦσιν, ἀποθνήσκει νέος.

Filaret attributed to Smotryc'kyj the authorship of *Novyj kalendar' rimskij* (Ostroh, 1597) and *Virši na otstupnikov* (Ostroh, 1598), both supposedly written in Polish.[97] The first may most likely be identified with the Каленъдар римский новый (Ostroh, 1587) published in Cyrillic letters and usually attributed to Meletij's father Herasym.[98] The second work may belong to one of the anonymous cycles of Ukrainian Slavonic *virši* produced at the end of the sixteenth century. Perhaps it is to be identified with the verse ''Объ отступных отъ церкви''[99] from the so-called *Zahorovs'kyj zbirnyk*.

Finally, there are several other works that have been attributed to Smotryc'kyj, but have not yet been identified with any extant works. Most of these attributions follow Suša and pertain to a period in Smotryc'kyj's life which may be termed a ''period of philological activity'' (ca. 1615–1620). Suša claims that at the same time Smotryc'kyj was working on the grammar of Church Slavonic he was also busy with a translation of the Psalter and New Testament from Greek to Church Slavonic, a Slavonic edition of the Horologion, and a Slavonic lexicon.[100]

The attribution to Smotryc'kyj of a Greek grammar, on the other hand, does not stem from Suša. I find the first mention of this work in Siarczyński's *Obraz wieku panowanie Zygmunta III*: ''While still a monk he [Smotryc'kyj] elaborated for the young students of Greek the *Institutionum linguae graecae libri duo* (Coloniae 1615).''[101] Wiszniewski and others have repeated the attribution,[102] but the work does not seem to be in evidence, and it is questionable whether Smotryc'kyj was the author of such a grammar.

* * *

97 Archbishop Filaret [Gumilevskij], *Obzor russkoj duxovnoj literatury*, vol. 1, St. Petersburg, 1884, p. 185.
98 The work has been reprinted in *Arxiv* 1887, pp. 250–65.
99 The work has been reprinted in Kolosova, op. cit., pp. 115–16.
100 Suša, op. cit., p. 19.
101 F. Siarczyński, *Obraz wieku panowania Zygmunta III*, vol. 2, L'viv, 1828, p. 207.
102 M. Wiszniewski, *Historya literatury polskiej*, vol. 6, Cracow, 1844, p. 215. The attribution may also be found in Filaret, op. cit., p. 185.

I would like to express my gratitude to the National Library in Warsaw, the Library of the University of Warsaw, the Library of the Czapski Family in Cracow, the Library of the Polish Academy of Sciences in Kórnik, the Ossolineum in Wrocław, the Library of the City of Gdańsk, and the Lenin Library in Moscow. Their help and cooperation have greatly facilitated the production of this volume.

I would also like to acknowledge the assistance of the International Research and Exchanges Board and the Fulbright-Hays program. Their generous support made possible an extended period of research in Polish libraries and archives.

University of California, Berkeley

SELECT BIBLIOGRAPHY

Abramovyč, S. D. ''Meletij Smotryc'kyj ta problemy filolohičnoji kul'tury barokko.'' In: *Ukrajins'ka literatura XVI–XVIII st. ta inši slov'jans'ki literatury*. Kiev, 1984, pp. 137–60.

Aničenko, V. V. ''Moskovskoe izdanie grammatiki M. Smotrickogo.'' *Russkaja reč'* 5 (1973):104–10.

Anuškin, A. I. *Vo slavnom meste Vilenskom. Očerki iz istorii knigopečatanija*. Moscow, 1962.

Askočenskij, V. I. *Kiev s drevnejšim ego učiliščem akademieju*. Kiev, 1856.

Bantyš-Kamenskij [Bantyš-Kamins'kyj], N. *Istoričeskoe izvestie o voznikšej v Pol'še Unii*. Vilnius, 1805.

Baumann, H. ''Das Erscheinungsjahr der 'Slawischen Grammatik' Meletij Smotrickijs.'' *Zeitschrift für Slawistik* 3 (1958):682–85.

______, ''Slavica in der Universitätsbibliothek Jena: Die 'Slavische Grammatik' des Meletij Smotrickij vom Jahre 1619.'' *Wissenschaftliche Zeitschrift der Friedrich Schiller Universität Jena* 6 (1956–57).

Brückner, Aleksander. ''Spory o unię w dawnej literaturze.'' *Kwartalnik historyczny* 10 (1896):578–644.

Čexovyč, Konstantyn. ''Meletij Smotryc'kyj jak hramatyk.'' In: *Zbirnyk prysvjačenyj svitlij pamjati Meletija Smotryc'koho z nahody trysotnix rokovyn smerty*. Ed. Mykola Čubatyj. Arxiv Seminara Istoriji Cerkvy pry Hrekokatolyc'kij Bohoslovs'kij Akademiji u L'vovi. Vol. 1. L'viv, 1934, pp. 49–63.

Chodynicki, I. *Dykcyonarz uczonych Polaków*, vol. 3, L'viv, 1833.

Čubatyj, Mikola. ''Slovo po Meletija Smotryckoho.'' In: *Zbirnyk prysvjačenyj svitlij pamjati Meletija Smotryc'koho z nahody trysotnix rokovyn smerty*. Ed. Mykola Čubatyj. Arxiv Seminara Istoriji Cerkvy pry Hrekokatolyc'kij Bohoslovs'kij Akademiji u L'vovi. Vol. 1. L'viv, 1934, pp. 3–8.

Demjanovič, A. ''Iezuity v zapadnoj Rossii.'' *Žurnal Ministerstva narodnogo prosveščenija* 156, 157, 158 (1871).

Dietze, J. ''Eine gekürzte bearbeitete Fassung der Grammatik von Smotrickij aus dem Jahre 1638.'' *Zeitschrift für Slawistik* 19 (1974).

Dylevskij, N. M. ''Grammatika Meletija Smotrickogo u bolgar v epoxu ix vozroždenija.'' *Trudy Otdela drevnerusskoj literatury* 14 (1958):461–73.

Elenevskij, K. S. ''Meletij Smotrickij, Arxiepiskop polockij.'' *Pravoslavnoe obozrenie* 5 (1861) no. 6, pp. 111–50; no. 7, pp. 172–98; no. 8, pp. 422–54.

Evgenij [Bolxovitinov]. *Slovar' istoričeskij o byvšix v Rossii pisateljax duxovnogo čina greko-rossijskoj Cerkvi*. Vol. 2. St. Petersburg, 1827, pp. 44–54.

Fedyšyn, Ivan. ''Meletij Smotryc'kyj ta joho unijna dijal'nist'.'' In: *Zbirnyk prysvjačenyj svitlij pamjati Meletija Smotryc'koho z nahody trysotnix rokovyn smerty*. Ed. Mykola Čubatyj. Arxiv Seminara Istoriji Cerkvy pry Hrekokatolyc'kij Bohoslovs'kij Akademiji u L'vovi. Vol. 1. L'viv, 1934, pp. 8–37.

Frick, David A. "The Beinecke Copy of Smotricky's *Grammatiki Slavenskije Pravilnoe Suntagma*," In: *Studia Slavica Mediaevalia et Humanistica Riccardo Picchio Dicata*. Ed. M. Colucci, G. Dell'Agata, and H. Goldblatt (forthcoming).

———, "*Kazanie* Melecjusza Smotryckiego z lat 1620–21: wersja ruska i polska." *Studia z filologii polskiej i słowiańskiej* 23 (1985):153–61.

———, "Meletij Smotryc'kyj and the Ruthenian Question in the Early Seventeenth Century." *Harvard Ukrainian Studies* 8 (1984):351–75.

———, "Meletij Smotryc'kyj and the Ruthenian Language Question." *Harvard Ukrainian Studies* 9 (1985):25–52.

———, "Meletij Smotryc'kyj's Critical Use of Biblical Citations." In: *Formal Techniques and Cultural Models in Orthodox Slavic Literature*. Ed. R. Picchio and H. Goldblatt (forthcoming).

Golubev, S. T. *Kievskij mitropolit Petr Mogila i ego spodvižniki*. Kiev, 1883.

Grabowski, T. "Ostatnie lata Melecjusza Smotryckiego: Szkic z dziejów literatury unicko-prawosławnej wieku XVII." In: *Księga pamiątkowa ku czci Bolesława Orzechowicza*. Vol. 1. L'viv, 1916, pp. 297–327.

Hajuk, Semen. *Unijna dijal'nist' Meletija Smotryc'koho. Istoryčnyj narys*. New York, 1970.

Hering, Gunnar. *Oekumenisches Patriarchat und Europäische Politik 1620–1638*. Wiesbaden, 1968.

Hofmann, Georg. "Griechische Patriarchen und römische Päpste. Patriarch Kyrillos Lukaris und die römische Kirche." *Orientalia Christiana* (1929).

Horbatsch, Olexa. *Hrammatiki Slavenskija pravilnoe Syntagma*. Specimena Philologiae Slavicae 4. Munich, 1974.

———, *Die vier Ausgaben der kirchenslavischen Grammatik von M. Smotryc'kyj*. Wiesbaden, 1964.

Jaremenko, P. K. "Do pytannja pro evoljuciju svitohljadu Meletija Smotryc'koho." In: *Ukrajins'ka literatura XVI–XVIII st. ta inši slov'janski literatury*. Kiev, 1984, pp. 96–116.

———, *Meletij Smotryc'kyj: Žyttja i tvorčist'*. Kiev, 1986.

Kociuba, Ostap. "The Grammatical Sources of Meletij Smotryc'kyj's Church Slavonic Grammar of 1619." Ph.D. diss. Columbia University, 1975.

Kojalovič, M. I. *Litovskaja cerkovnaja unija*. St. Petersburg, 1859 and 1861.

Korotkyj, V. H. "Literaturna polemika Meletija Smotryc'koho v 20-ti roki XVII st." In: *Ukrajins'ka literatura XVI–XVIII st. ta inši slov'janski literatury*. Kiev, 1984, pp. 117–26.

Korowicki [Korovyc'kyj], I. Review of *Zbirnyk* (see Čubatyj above). *Elpis* 9

(1935).

Kurylas, Bohdan. *Z''jedynennja arxyjepyskopa Meletija Smotryc'koho v istoryčnomu i psyxolohičnomu nasvitlenni.* Louvain-Winnipeg, 1962.

Makaruška, Ostap. *Hramatyka Meletija Smotryc'koho, Krytyčno-istoryčna studija.* L'viv, 1908.

Martel, Antoine. *La langue polonaise dans les pays ruthènes, Ukraine et Russie Blanche 1569–1667.* Travaux et Mémoires de l'Université de Lille, Nouvelle serie: Droits et Lettres, no. 20. Lille, 1938.

Maslov, S. ''Kazan'e M. Smotrickogo na čestnyj pogreb o. Leontija Karpoviča.'' *Čtenija v Istoričeskom obščestve Nestora-letopisca.* Vol. 20:2, pt. 3 (1908), pp. 101–55.

Mathiesen, Robert C. ''Two Contributions to the Bibliography of Meletij Smotryc'kyj.'' *Harvard Ukrainian Studies* 5 (1981):230–44.

Nimčuk, V. V., ed. *Hramatyka M. Smotryc'koho.* Kiev, 1979.

______, ed. *Sxidno-slov''jans'ki hramatyky XVI–XVII st.* Kiev, 1982.

Osinskij, A. ''Meletij Smotrickij, Arxiepiskop polockij.'' *Trudy Kievskoj duxovnoj akademii* (1911), no. 7–8, pp. 425–66; no. 9, pp. 40–86; no. 10, pp. 275–300; no. 11, pp. 405–32; no. 12, pp. 605–19.

Peretc, V. N. *Istoriko-literaturnye issledovania i materialy.* Vol. 1. St. Petersburg, 1900, pp. 12–35.

Pobihuščyj, Bohdan. ''Meletij Smotryc'kyj jak poljemist.'' *Zbirnyk prysvjačenyj svitlij pamjati Meletija Smotryc'koho z nahody trysotnix rokovyn smerty.* Ed. Mykola Čubatyj. Arxiv Seminara Istoriji Cerkvy pry Hrekokatolyc'kij Bohoslovs'kij Akademiji u L'vovi. Vol. 1. L'viv, 1934, pp. 38–48.

Popov, Pavlo. ''Zamitky do istoriji ukrains'koho pys'menstva XVII–XVIII vv.'' *Zapysky istoryčno-filolohičnoho viddilu Vseukrajins'koji Akademiji nauk* 4 (1924):213–33.

Prokošina, E. S. *Meletij Smotrickij.* Minsk, 1966.

Pugh, Stefan M., ''Omega in the East Slavonic Orthographic Tradition,'' *Slavonic and East European Review* 65 (1987):1–12.

______, ''The Ruthenian Language of Meletij Smotryc'kyj: Phonology.'' *Harvard Ukrainian Studies* 9 (1985):53–60.

Sabol, S. S. *De Meletij Smotryckyj Polemista Anticatholico*, Rome, 1951.

Siarczyński, F. *Obraz wieku panowania Zygmunta III.* Vol. 2. L'viv, 1828.

Sjöberg, A. ''Two Unknown Translations of Smotrickij's Slavonic Grammar.'' *Scando-Slavica* 12 (1966).

Solovij, Meletij M. *Meletij Smotryc'kyj jak pys'mennyk.* 2 vols. Rome-Toronto, 1977–78.

Studyns'kyj, Kyrylo. ''*Antigraphē*, polemičnyj tvir Maksyma (Meletija) Smotryc'koho z 1608 r.'' *Zapysky Naukovoho tovarystva im. Ševčenka* 141–43 (1925), pp. 1–40.

———, *Pam''jatky polemičnoho pys'menstva kincja XVI i poč. XVII v*. Vol. 1. Pam'jatky ukrajins'ko-ruskoji movy i literatury. Arxeohrafična komisija Naukovoho tovarystva im. Ševčenka. Vol. 5. L'viv, 1906.

Suša, Jakiv. *Saulus et Paulus Ruthenae unionis sanguine B. Josaphat transformatus. Sive Meletius Smotriscius archiepiscopus polocensis*. Rome, 1666.

Tretiak, J. *Piotr Skarga ww dziejach i literaturze unii brzeskiej*. Cracow, 1912.

Urban, Wincenty. ''Konwersja Melecjusza Smotrzyckiego, polemisty i dizunickiego arcybiskupa połockiego ww latach 1620–27.'' *Nasza Przeszłość* 5 (1957):133–216.

Waczyński, Bogusław. ''Codex autographus Maximi Smotrycki.'' *Orientalia Christiana Periodica* 3 (1937).

———, ''Czy Antigrafē jest dziełem Maksyma (Melecjusza) Smotryckiego?'' *Roczniki Teologiczno-Kanoniczne* (1949):183–210.

Weingart, M. ''Dobrovského *Institutiones*: Část 1. Církevněslovanské mluvnice před Dobrovským.'' *Sborník filosofické fakulty University Komenského v Bratislavě* 1, no. 16 (1923):637–95.

Zahajko, P. *Ukrajins'ki pys'mennyky-polemisty kincja XVI-počatku XVII st. v borot'bi proty Vatikanu i uniji*. Kiev, 1957.

Zasadkevič, N. *Meletij Smotrickij kak filolog*. Odessa, 1883.

Žukovič, Platon. ''Arxiepiskop Meletij Smotrickij v Vil'ne v pervye mesjacy posle svoej xirotinii.'' *Xristianskoe Čtenie* (1906), nos. 5–6.

Collected Works of Meletij Smotryc'kyj

ΘΡΗΝΟΣ

To iest

Lament iedyney ś. Powszechney Apostolskiey Wschodniey Cerkwie, z obiaśnieniem Dogmat Wiary.

Pierwey z Greckiego na Słowienski, á teraz z Słowienskiego na Polski przełożony.

Przez Theophilá Orthologá, Teyże świetey Wschodniey Cerkwie Syná.

W WILNIE

Roku Páńskiego 1610.

NA HERB STARODAWNY

Jáśnie Oświeconych Kśiążąt Ich Mośći/ Wiśniowieckich.

Swieci Miesiąc ná niebie wespoł y z Gwiazdámi/
Ták ci Korybutowie dzielnymi spráwámi
Słyną ná wszystek okrąg szerokiego świátá/
Ich sławy nie zágłádzą y naydłuższe látá.
Sławy ktorey nábyli zacni ich Przodkowie/
A w niey teraz dziedziczą mężni Potomkowie.
Ich wzorem idąc miłey Oyczyznie státecznie/
Dla niey ważąc máiętność y zdrowie bespiecznie.
Zá drogi kleynot Wiárę Oyczystą chowáło/
A ná znák pewny tego/ Krzyże w Herbie máło.

Jáśnie Oświeconemu Pánu/ Jego Mośći Pánu

Michálowi Korybutowi Kśiążęćiu Wiśniowieckiemu/ Stárośćie Owruckiemu/ etc. etc. Pánu/ Pánu swemu Miłośćiwemu.

Theophil Oribolog Z. D. Z.

Dawni oni Pogáńscy Philosophowie/ Wielmożny á mnie Miłośćiwy Pánie/ wielkie y dosc subtelne de summo bono, to iest/ o naywyższym Dobrym/ y nayw ietszey szczęśliwośći y Błogosłáwieństwie żywotá ludzkiego/ spory y controuersie wiodąc/ w pożądány prawdy cel doskonále vgodźić nie mogli. Ci iednák z nich naylepiey ku temu zmierzáli/ ktorzy w sámey cnoćie y z niey pochodzącey poczćiwey sławie te naywyższą szczęśliwość położoną być twierdźili. Sámá bowiem Cnotá (mowi Senecá) rádość wieczna/ y bespieczna w człowieku spráwuie/ ktora y rzeczy pod czás przećiwnych ćięzáry znosząc

() ij nie vpada

nie vpada w nich /áni sie pochyla/ ále prosta
y by naniniey nieporuszona stoi. To ták ma-
dre y známienite o Cnoćie diszcurowánie po
żytku im żadnego vczynić nie mogło / ále
martwe y niepotrzebne zostáło/ A to dla cze
go ? że sámo ono źrzodło/ z ktorego wszelákich cnot zdroie obfitym záwsze strumieniem
płyna/ to iest/ poznánie prawdziwego w
Troycy iedynego Bogá/y poznánie nas wiet
szey woley iego/ owszeki im niewiádome było. Tá bowiem prawdziwá y zbáwienna
świátłość / komukolwiek serdeczne iego o-
czy oświeći/ ten nátych miást (mowi głos
Matt. 7. Pánski w Ewánieliey) stáie sie podobnym
człowiekowi ktory dom swoy nie ná piásku
ále ná twárdym skálistym grunćie zbudowa
wszy/ żadnego od przećiwnych wiátrow y
gwáltownie wylanych dżdżow obálenia
sie onego nie boi. To własnie y zácni á wieczney sławy y pámięci godni Przodkowie
W. X. M. czynili/ że záłożywszy wprzod
fundáment mocny y nieporuszony / to iest/
prawdziwa / áni w czym nie podeyrzána
w Bogá w Troycy iedynego/ wiáre/ ktora

od mátki

od mátki swey Cerkwie ś. Wschodniey/ zá
odrodzeniem sie od wody y Duchá/przyieli/
Budowáli dom wielkich onych á známienitych Cnot y dźielnosći swoich/ nie ná piásku/
nie ná glinie/ áni ná żadney inszey skáźie y ze
psowániu podległey máteriey / ále ná tey
sámey wierze y wyznániu ktorego iest
gruntem y węgielnym kámieniem sam krol
wieczney chwały/oprocz ktore°/ mowi Pá
wel ś. Fundámentu inszego nikt záłożyć 1-Cor. 3.
nie może. Záczym iáko temu ich budowániu
siedzacy ná Syonie błogosłáwił / Jákie o-
nemu zmocnienie y pomnożenie dáć raczył/
sam to rzeczy skutek / nie tylko w Ksiegach
Historikow dawnych y świeżych/ áley w po
spolitey wszystkich ludźi / successu temporis
wśietey/ wiádomośći conterfetowány wyświádcza. Látorośla bowiem do tey pra- Iam. 15.
wdziwey winney mácice Chrystá Páná
wszczepiona bedac/nie mogli ku inszemu celu spraw y postepkow swych dirigowáć / iedno wprzod ku cżći á chwale Bogá wszech-
mogacego/ á potym ku pożytku y podporze
miley Oyczyzny swoiey. stad ták częste á ge

stez nie

Przedmowá.

ſie z nieprzyiacioły krzyżá świetego/z odwá-
żeniem nie tylko máietnośći / ále y sámego
zdrowia swego/bitwy y poiedynki/ ſczeſli-
wie ſtaczáli/ nie dla czego innego / iedno á-
by nie tylko oni sámi/ ále y drudzy Oyczy-
ſtey ich kráiny obywátele / iáko innych tey
K.P. ozdob y pożytkow práwy/y swiebodá-
mi obwárowánych/ták osobliwie dobrowol-
ney imienia Páńſkiego chwały/ſpokoynie záżywáć / y ſtego ſie według zwykłego ſpoſobu ćieſzyć mogli. A krotko mowiąc/ wiáre
Bogu/wiáre Oyczyznie/wiáre Krolom Pánom swoim/w cále y nienáruſzenie do oſtátniego żywotá terminu dochowawſzy/y po
śmierći vmrzeć nie mogli. Tu bowiem ná
ziemi żyią w vſtáwiczney wſzyſtkich ludzi
pámięći y ſławie nieśmiertelney / tám zásie (o czym wątpić nie trzebá) w rádośći
y roſkoſzach przećiwnym odmiánam nie pod-
leglych/ doſkonáley oney wiecżnych dobr
remunerátiey y nie zwiedley żywotá Ko-
rony/ z pewną y beſpieczną nádźieią oczé-
kawáią. Tych to świetobliwych przodá-
kow swoich/ iż W. X. M. náſz Miłośćiwy
Pan

Przedmowá.

Pan/ Jáko w dźielnych y przeważnych Oyczyznie posługach (ktore nietylko tych ſzero-
kich Páńſtw K. J. M. obywátelom ſą
dobrze wiádome/ ále y wſzyſtkiemu niemal
ziemie okregowi ogłoſzone) Ták nie mniey
w ſtátecżnym ſtárożytney zá naydroższy
kleynot od nich zoſtáwioney wiáry/ y oyczy-
ſtego nabożeńſtwá swe° záżywániu/ ſercem
w miłośći Bożey pałáiącym/ náśládowáć
raczyſz/ćieſzy ſie z tego nie pomáłu w ninie-
ſzym vtrapieniu swym Cerkiew ś. Wſchodnia przećiwnemi nawáłnośćiámi obtoczo-
na/ ćieſzą ſie y wſzyſcy wierni iey ſynowie/ á
ſerdecżnie ráduią/ bez przeſtánku oto wſzego dobrá dawce y pomnożyćielá proſząc/ á-
by on im daley tym wiecey W. X. M. Duchá
rády/ Duchá mądrośći/ Duchá męſtwá/ Duchá boiáźni swoiey dodawáć/ á w przyietey
ná chrzcie/ poznáney/ y vlubioney prawdźie
do końcá zmocniwſzy/ tu ná ziemi w długo-
wiecżnym pomieſzkániu z cnoty y ſławy v-
wity wieniec potomſtwu zoſtáwić / á tám
Corone żywotá/ z wybránemi iego/ odnieść
zdárzyć raczył/ ktorey pewnie káżdy tákowy od-

wy oddalony nie będźie/ ktory tych opłaká-
nych ostátecznych czásow/ w ták wielkiey
wielu ludźi miłośći do Bogá/ w tym zepso-
Matt. 24. wánym wieku/ oźiębłośći/ w ták znácznym
zámnożeniu nieprawośći / w ták roznych á
dźiwnych oszukánia sposobach vbogiego pá-
sterzá/ vbogiey owczárnie nieporzući / á do
Ibidem. kosztownych á temu świátu vlubionych gmá-
chow (w ktorych fałeszni Prorocy Chrystusá być twierdzą) nie pobieży. Ale záwoła z
Psal. 83. Psálmistą / Obrałem sobie być wzgárdzony
w domu Bogá me°/ á niżli mieszkáć w przy-
bytkách ludźi grzesznych. Wiem ábowiem do-
brze/ wiem onę złotosłownego Theologá sen-
Chrysost. de verb. Esaie Prophet. vidi minum Saba. Homil. 4. tentia. Nie powiáday mi (práwi) że miásto
Rzymskie iest wielkie/ ále pokaż mi támták
pilne słowá Boże° słuchánie/ ponieważ y miásto Sodomskie słupy miáło wielkie/ á máłą
chálupkę Abrahám/ ále Anieli minąwszy So-
dome/ do oney máłey chálupki przyszli/ nie ná
budowánie bowiem/ ále ná wnetrzną Cnot
ozdobę wzgląd mieli. Poty są słowá Chrysostomá ś. ktore iesli kiedy/ tedy naybárźiey
teraz mieysce v káżdego mieć máią. Ostá-

tecżny

tecżny bowiem Cerkwie status correspondo-
wáć ma pierwszemu. Iáko tedy máła bárzo
pod Annaszem y Cáiphaszem Zydowskiemi
Arcykápłany wybránych Bożych/ y to vbo-
ga/ á od świátá wzgárdzona kupá byłá/ ták
sie właśnie ma dźiać y czásow ostátecżnych/
w ktore (mowi pismo ś.) będźie sie kusił duszny nieprzyiaćiel zwieść / możnali rzecz y
naywybornieyszych/ á kto tey subtelney po-
kusy/ dźiwnymi miłośierdźiem Bogá wszechmogącego wspárty y ochroniony vydźie/
ten żadną miárą od śmierći wtorey obrá-
żony niebędźie/ dodźierży tego co ma / á nie
wydrze mu z rąk nikt Corony iego. Tey sta-
łośći w wierze/ iż po łásce Bożey nie ledáiá-
kiego posiłku dodáie/ pilne bádánie sie w piśmie ś. niżey sie o tym w Przedmowie do
Czytelniká dostátecżnie da Pan Bog powie/
gdźie sie to iáśnie y dowodnie pokaże/ iż czásow ostátecżnych ni przez co innego prawdźiwa Cerkiew Boża poznána być nie może/
iedno przez pismo ś. ktore iey w znoszeniu
krzyżá dotrzymánie cáłośći y szczerośći E-
wánielskiey náuki/ obiecuie/ czego też po-

() ()

świadczą

świádczą y oná známienita Báſyliuſzá wielkiego ſententia: Piſmo (mowi) Bogiem nátchnione ſedźią od nas niechay bedźie poſtánowione / y v kogo ſie naydźie náuká z ſłowem Bożym zgodna / tego zdánie zá práw-
dźiwe vznáne być ma. Náwet Probus ie-
den zacny Senátor / náſłuchánie ś. Athánáſiuſzá z Ariuſzem diſputáciey / od Ceſárzá wyſádzony / ácz bedac Pogáninem tákie do nich nápomnienie czyni / Si hoc totum eſt in quo á vobis inuicem diſſentire videmini, id nunc diſputationis ratio poſcit, vt aſſertiones veſtras non ſubtilitate argumentorum, ſed ſimplicibus & puris diuinę ſcripturę documẽtis robuſtius fulciatis. Jeśli to (práwi) wſzytko ieſt / w czym ſie miedzy ſobą nie zgadzaćie / tego teraz ſpoſob diſputáciey wáſzey potrzebuie / ábyśćie dowody wáſze nie ſubtelnośćia árgumentow / ále proſtemi á práwemi Boſkiego piſmá náukámi mocnie podpárli / Z tychto potężnych y nieprzewyćiężonych piſmá świetego dowodow wſzyſtká tá kśiąſzká ieſt złożoná / gdźie Cerkiew ś. Wſchodnia po vczynieniu żáłoſnego temu práwie czáſowi przyzwoitego

lámentu

Baſil. Epiſt. 80.

In libr. Athanaſ.

lámentu / ſámá o ſobie y o ſzczyrey / á namniey ſza przyſádą nie zeſzpeconey w wyznániu wiáry y záżywániu Czeremoniy náuce ſwoiey / pewną á gruntowną ſpráwe dáie. Ktora to Kśiąſzke ia namnieyſzy y niegodny Cerkwie Bożey ſługá / dla ſnádnieyſzego wſzech ludźi poięćia ná Polſki iezyk przełożywſzy / vmyśliłem ia W. X. M. iáko práwdźiwemu y wiernemu tey Cerkwie świetey Wſchodniey ſynowi / y nie mnieyſzemu w te opłákáne czáſy oney filarowi / przypiſáć / y pod záſłoną zacnego imienia W. X. M. ná świátło puśćić / ktora W. X. M. moy Miłośćiwy Pan / gdy łáſkáwie (o co vniżenie proſze y w czym namniey nie wątpie) przyiąwſzy pilnie ią á vważnie przeczytác raczyſz / mam zá to że nie ládá pożytek y ſerdeczną vćieche ztąd odnieśieſz / y do dźwigánia nínieyſzych tey vtrapioney Mátki ſwoiey ćiężarow / ieſzcze tym ochotnieyſzym y goretſzym (z nieśmierteľną ſławą ſwoią y pewną wiekuiſtey odpłáty nádźieią) ſtáwić ſie bedźieſz raczył. Ktoremu y powto-

 re dłu-

re długo fortunnego w hoyney łásce y Bło
gosłáwieństwie Bożym ze wßystká zacna y
wysoce słáwna Fámilia W. X. M. pánowánia vprzeymie życząc/ oddawam się
iáko naypilniey w M. łáskę W. X. M.
niego Miłościwego Páná.

Przedmowá do Czytelniká.

Rzeczy wßelákiey ktora człowiek przed
się bierze sposob y náture (to iest z iákiey się
co przyczyny/powodu y *occásiey*/ku iákiemu celu y końcowi/á przez iákie srzodki y *media*, dźiele álbo
dźiało(wedlug pospolitego modrych ludźi zdánia)v-
pátrowáć iest powinien. Co y tobie Czytelniku łá-
skáwy/ná pierwßym tych kśiążek weyrzeniu/vczynić/
áte wyżßey pomienione rzeczy z pilnośćią vważyć /
y considerowáć przystusza.

Co się bowiem pierwßego tey considerátiey punctu
dotycze/niewiem ktoryby z prawdźiwych Cerkwi Chry
stusowey synow/ ták dálece oczy rozumu swego miał
záślepione/ żeby widźieć tego ná oko nie mogł / iż to
niczyiá inßa iedno sámego niebá y źiemie rzodzcy
spráwá/ że się świátłość prawdy iego świetey/w ten
czás gdy ią naybárziey áduersárze mgłámi rozmái-
tych/á dźiwnym przemysłem ku záwiedźieniu duß lu-
dzkich/ á vćiśnieniu y osłálowániu niewinney/nie-
winnego Báránká owieczki Cerkwi ś. Wschodniey
nákierowánych sposobow/ záćmić vsiłuią: tym iás-
nieyßemi/niepokaláney czystości swey w wierze nádźiei y miłośći (ktora wßystko dla vmiłowánego
ćierpliwie y z ochoto znośić roskázuie)promieńmi/ ná
wßystek práwie świát świeći/ y im dáley tym więcey
zágrzebiono przed niewiádomemi / práwosłáwnego
wyznánia swego istote okázuie/ y skárbnice kleynotow onych (ktoremi od naymożnieyßego Oblubieńcá
swego wewnątrz / *gloria enim filie Regis intus*, známienie
cie iest przyozdobiona/ przed tymi ktorzy pozwierz-
chowno

Przedmowá.

Cantic. Cántici. cap. 1. Nigra ſum ſed formoſa.

chowno podług Sálomoná/ czarno poſtácią iey gár-
dzą) otwieráiąc/ onemi ſie chlubi/ y w te słowá mowi: Nie gardźcie mną ſynowie ludzcy/ pátrząc ná o-
czerniáło twarzy mey poſtáć/ nie gardźcie/ ále ſie
wnetrzney niebieſkich dobr/ ktoremi mie Krol moy y
Bog moy z niewymowney łáſki ſwoiey hoynie obdárzyć ráczył/ krásie y ochedożnośći mey przypátrzćie/
czarne ieſt przyznawam) oblicze moie/ Bo nie ieſt fárbiczkámi bogactw/ pompy y vmieietnośći tego świetney vpſtrzone/ ále ráczey ſtrápione/ poſtem/ praca/ vra-
gániem/ y prześládowániem ktore vſtáwicznie zá dni
pielgrzymſtwá mego ćierpie/ á krzyż boleśći/ y vći-
ſkow/ zá vbogim y od tego świátá wzgárdzonym O-
blubieńcem moim/ ćiáſna/ á ćiernia oſtrego pełna
drogo/ do gorniego Ieruzalem idąc/ ná ſobie dźwi-
gam/ czarne ieſt oblicze moie/ bo ćieleſney roſkoſzy
y vćiechy w tey wedrowce/ álbo ráczey/ wywołániu doczeſnego żywotá/ niezáżywam: ále ſie gruntowno nie-
ſkończonych dobr onych nádzieią pośiláiąc/ y w oney
wieczney/ gdźie y nieśmiertelna głowá moiá ieſt oy-
czyznie/ ſerce y vmyſły moie wſzyſtkie záwieráiąc/
zbyt wielko oney żądośćią y prágnieniem/ á tego doczeſnego pomieſzkánia/ teſknicą/ vſtáwicznie ſie
drecze/ y one z Błogoſłáwionym Auguſtynem słowá mowie: O Oyczyzno náſzá wdźieczna y
ſpokoyna/ z dáleká ćie ná tym burzliwym morzu żeg-
luiąc/ vyźrzawſzy pozdrawiamy/ do ćiebie z tego pá-
dołu oczy podnoſząc wzdychamy/ y ze łzámi ku tobie
przyść vśiłuiemy. O nádźieio rodzáiu ludzkiego Chryſte Boże z Bogá/ o czy náſze w tych geſtych docześne-
go żywotá mgłách y ćiemnośćiách twoią świátłośćią/
oświeć

Do Czytelniká.

oświeć/ ábyſmy przypłynęli do portu/ rządź y ſpráwuy okret náſz twoią práwicą/ Przyćiągni nas z tych
niebeſpiecznych nawáłnośći morſkich/ do ćiebie vćiechy náſzey/ ktorego teraz iáko gwiazdę ránną z dáleká ledwo płáczącemi oczymá/ ná brzegu niebieſkiey oyczyzny nas czekáiącego widźimy. Czarne ieſt y po trzećie rzekę oblicze moie/ bo ſie nigdy od ſerdecznego bolu y krwáwego płácżu vtulić nie może/ pátrząc á ono
ták wielka á práwie niezliczona liczbá ludźi naydroż-
ſzą niepokalánego Báránká krwią odkupionych/ ták
hoyne dáry/ ták drogie kleynoty/ y ták nie oſzácowáne dobrá/ ktore im ſzczodrobliwa ſzczodrobliwego Páná reká/ *gratis* dáwáć raczy/ ná czáczek błyſzczącego
ſie ſzkłá bogactw/ roſkoſzy/ pompy y pokoiu ná tym
świećie krotkiego y nie pewnego przefrymárczywſzy/
ſzeroko y przeſtronno do wiecznego zátrácenia wiodącą drogą/ z weſelem y z ochotą ieden drugiego vprze-
dzáiąc/ bieżą. A ieſzcze co dźiwnieyſza/ ći ſámi ktorzy
by ich (zá powierzeniem ſobie nád nimi rządu y Páſterſtwá) od tego nieſzczeſnego przedśiewźięćia odwo-
dźić y hámowáć mieli/ Authorámi ich zginienia y wo-
dzániu w tey zátrácenia drodze ſie im ſtáli. Kręi dá-
z Prorokiem rzekę/ *Głowie moiey wody, a oczom moim ſtudnice łez, ábym płákáł we dnie y w nocy pobitych* ná duſzy corki
ludu moiego. Z tych to miar czarne/ á ſynom świátá
tego nie chedogie ſie zda być oblicze moie/ Odmienili bowiem w prawdźie poniekąd pozwierzchowną ozdobę moię/ nie tylko obcych/ ále y włáſnych/ ktorzy ſie
ze mnie porodźiwſzy/ przećiwko mnie wſzyſtkimi śiłámi ſwemi vſtáwicznie boiuią/ ſynow moich złośći/
prześládowánie/ á przed odpádnieniem grube/ ſzko-
dliwe

dliwe o powierzoney ,im trzodzie / niedbálstwo. Ale weyrzyćie iedno serdecżnymi ocżymá co wewnątrz w sobie mam. A nátychmiast zádziwowawszy się z Psalmistą / rzeczećie / *O iák wielka wielkość słodkośći twey Pánie, ktoraś záchował tym ktorzy się ćiebie boią.* (Psal. 30.) A zá bowiem nie mam ieszcze v siebie w nienáruszoney cáłośći dochowánych ozdob y kleynotow onych / ktorem od nieśmiertelnego y niezwyćiężonego Krolá / ná znák y pámiątkę poślubienia y wiecżnego z nim ziednoczenia mego przyięłá ? A zá / száty oney ktora nie reką ludzką iest zrobioná / ále od naywyższey Theologiey vtkána / y ktorey żaden z zboycow Chrystá Páná mego w członkach iego krzyżuiących / ná szmáty heretyckich náuk rostárgáć nie mogł / nie może / y náporym (gdyż się ziśćić ma nieodmienna obietnicá Páńska) nie będźie mogł / ná sobie y po dziś dźień nie noszę ? A zam ia kiedy z siebie złożyłá / álbo ludzkich wymysłow y odmián pstrociznámi zmázáłá ? Nikt mi tym / nikt záiste ocżu zárzućić nie może / nie może mowie nikt dobrym sumnieniem tego rzec o mnie / co o swoiey Mátce Cassander Rzymski Doctor nápisał. Præsens hæc Ecclesia (Romana) non parum in morum & disciplinæ integritate, adde etiam in doctrinæ synceritate, ab antiqua illa vnde orta & deriuata est, dissidet. (Cassan. in Consult. art. 7. pag 43.) To iest / *Niniejszy Kośćioł (Rzymski) nie pomálu w obycżáiach y w karnośći, przyday tey w szczerośći náuki od oney dawney Cerkwie skąd wrosł, rożny iest.* Ale ia czegom się raz od Páná mego náucżyłá / w tym y po dziś dźień dźisieyszy stale y nieporuszenie zá pomocą iego trwam / com raz od niego przyięłá / to / bez żadney vymu / przydátku / y odmiány / według náuki Apostol-

skiey

skiey / wykładu Doctorow ś. y obiásnienia siedmiu Conciliow głownych Duchem ś. zebránych dźierżę y w przystoyney cáłośći záchowywam. A owe Chálcedońskiego Synodu sententią / *Ieśli kto retráctuie, przeklęty niech będźie, ieśli kto inquiruie, przeklęty niech będźie, przeklęty ktory przydáie przeklęty ktory vymuie, przeklęty ktory wznawia.* (Synod. Chalcedo. Acti. 1.) Ćieszo y gęsto powtarzáiąc / synom moim ná pámięć przywodzę.

Tymi y tym podobnymi słowy Cerkiew ś. *Orientalna* káżdemu w niewiádomośći błądzącemu o sobie spráwę dáie / ktore to dánie spráwy / tu w tych pod titulem iey pisánych Księżkach / ile według czásu y innych circumstantiy być mogło / dosyć się zá pomocą Bożą dostátecżnie y dowodnie tráctuie. A práwie nád południową świátłość iásniey / nieodmienna y nie podeyrzána wiáry y obrzędow iey szczyrość się vkázuie.

A ku iákiemu się to celu álbo końcowi dźieie / y co zá pożytek z pilnego / á vważnego tych ksiąg przeczytánia odnieść bacżny Czytelnik może / słow siła o tym płodźić nie potrzebá: wie ábowiem dobrze / iáko wiele ná tym káżdemu człowiekowi należy / poznáć prawdźiwą á nie zmyśloną Cerkiew / iedyną / niebieskiego oblubieńcá / czystą y niepokaláną oblubienicę. Bo kto iey nie pozna / iáko się w niey y przy niey (w ták wielkim zwłaszczá záburzeniu) ostoi ? A kto przy niey nie wytrwa / y w niey nie zostánie / iáko wiecżnego onego y Błogosłáwionego / po tym docżesnym mieszkániu / żywotá dźiedźicem się stáć może ? Kto záś onego przyszłego błogosłáwieństwá / y z gotowánych wybránym Páńskim rádośći y roskoszy vcżestnikiem się nie

( ) ( ) ( )

stánie

Przedmowá

stánie/ Jákie nád to gorße nießczeście/ y ktora wietßa nád te nieoßácowáno vtráte/ ßkodá potkáć go mo-
Matt. 16. że: Jesli bowiem (woła głos Boży) pożyßcze człowiek wßystek swiát/ á zátráci Duße swoie/ co z tego zá pożytek odniesie? od ták wielkiey á niewypowiedziáney ßkody/ y ze wßech miár doskonálego nie-
ßczescia/ żebys sie ty Czytelniku láskáwy vwárował/
wßystkie swoie o doczesnym pokoiu y roskoßach dumy
ná strone odłożywßy/ o tym sie tylko sámym stáray/ o
tym dniem y noca rozmyslay/ o to z płáczem y skru-
cha serdeczna do Bogá woláy: Okaż mi/ mowiąc/ moy
Pánie droge práwa/ po ktoreybym idąc nie zábładził/
ále ná wieczne z toba Pánem moim życie y obcowánie tráfił/ okaż ßczyra one y niefalßowána (wiáry w
cie) monete/ bez ktorey sie nic do zbáwienia należącego kupić nie może/ okaż táiemna ona Noego Arche/
w ktoreybym sie od srogiego onego ognistego potopu
zá pomoca twoia mogł vchronić. Szczesliwy bowiem ten iest y nádder ßczesliwy/ kogo Pan nicbá y ziemie do tey Boskq práwica swoia wßczepioney winnicy
powoła/ á powoławßy wiernie wniey prácowáć/ y z o-
chota ciężkość dzienney roboty y vpalenie słoneczne
znosić z dárzy/ ktory przychodzi rychło/ á zapłátá
Apoc. 21 iego z nim iest/ *Prágnącemu da z studnice wody żywey,*
Apoc. 2. *dármo.* A łáknącego owocem *Drzewá żywotnego, ktore
iest w Raiu,* nákarmi. Szczesliwy ten iest y po wtore-
mowie/ ktory tych ostatecznych y płáczu godnych czá-
sow/ gdy iuż práwie wßystkie te ktore dzien sadny/ y
chwalebne ná obłokách niebieskich spráwiedliwego sedziego przyiscie/ vprzedzić mieli/ znáki iáwnie sie wy-
pełniáia/ w ták dziwnych y rozmáitych/ oßukánia/ sposobach

do Czytelniká.

sobach/ prawde Boża prawdziwie pozna/ á poznawßy státecznie przy niey do ostátecznego żywotá terminu wytrwa. Ten bowiem onych nádder vcießnych
Pánskich obietnic bez pochyby sie ma spodziewáć:
Kto zwycięży ten bedzie przyodzian w białe odzienie, y niewyma- Apoc. 3.
że imienia iego z Księg żywota, á wyznam imię iego przed Oycem Apoc. 2.
moim. R. 3.28. *Badź wiernym áż do smierci, a dam ci korone żywotá.* Aza bowiem iedna sie teraz do zwiedzienia y o-
derwánia od Chrystusowey owczárni owieczek iego
drogá vkázuie? Aza one słowá Pánskie teraz sie nie
wypełniáia? *Ná ten czás zgorßy sie ich wiele, beda sie zobo-* Matt. 24
*polnie wydawáć, y w nienawiści beda sie mieli zobopolnie. Wiele
fałßywych Prorokow náſtánie, y zwioda ich niemało. A iż sie zá-
mnoży nieprawość, oziebnie miłość wielu, A kto bedzie trwał áż do
końcá, ten bedzie zbawiony.* Aza sie nie nayduia teraz fałeßni Chrystusowie/ y fałeßni Prorocy/ áza nie powia-
dáia być tu y owdzie Chrystusá/ áza nie vkázuia w
w kosztownych gmáchách/ w swietnym vbierze/ w ob-
fitości bogactw y roskoßy doczesnych/ titulu prawdziwey Cerkwie? Aza ná koniec nie przychodza ná roz-
ßárpánie y rozpedzenie máley trzody Chrystusowey/
wilcy drapieżni/ pokornego zwierzchu Báránká odzieniem pokryci/ ktorzy też rzkomo/ co y práwowierni zá-
chowywáia obrzedy/ tymże Duchowienstwá chlubia
sie stanem/ Też zmyslaia sobie Zakonniczego żywotá
y odzienia postáć. A co wietßa/ y tegoż Cerkwie s.
Wschodniey titułu/ w ták wielkiey wyznánia rozno-
ści/ przywłaßczáć sobie sie nie wstydza. Jáko sie tedy
tey ták ßtuczney pokusy człowiek ma vwárowáć? Jáko w tey ták wielkiey wßystkich rzeczy confusiey/ prawdziwa naywyżßego Pásterzá owczárnia może po-
()() () ij znáć?

znác: Jeśli często będzie miałná pámięci one prze-
strogę y nápomnienie Páńskie: ktory o czásiech ostátecznych mowiąc tych słow dokłada. W ten czás ktorzy
Matt. 24. będą w Zydostwie niech vćiekáią ná gory. Ná ktore to E-
wánielskie mieysce Chryzostom s. wykład czyni temi
Chrysosto. in Matth. homil. 49. słowy: Ktorzy są w Chrześćiáństwie, niech sie vdáią do pismá,
ábowiem od tego czásu gdy heresie Cerkiew turbowáć poczęły, żá-
dney mszey prawdziwego Chrześćiáństwa probáciey, ani vćieczki ći
ktorzy prawość wiáry chcą poznáć mieć nie mogą, oprocz sámego
pismá s. przed tym bowiem wiele było sposobow do poznánia prawdziwey Chrystusowey Cerkwie, y Pogáńskiey Synagogi. A teraz
żadnym inszym sposobem poznáć niemożemy, ktoraby byłá prawdziwa Chrystusowa Cerkiew, iedno tylko przez pismo. A to dla
czego? Poniewaz te wszystkie rzeczy ktore są własnie y prawdziwie Chrystusowe, y Kácerze máią w rozerwániu, podobne máią
Cerkwie, tákże pismá s. podobne Episcopy y inne w duchownym
porządku Cleryki. Podobny chrzest, podobne Sacrámentá, y inne
rzeczy wszystkie, náwet sámego Chrystusá. Chcąc tedy kto poznáć
ktoraby byłá prawdziwa Chrystusowá Cerkiew skąd ią pozna w
tákiey podobieństwá confusiey, iedno tylko przez pismo. Ku temu z obyczáiow y postępkow przed tym Chrystusowa Cerkiew byłá poznawána, gdy obcowánie lub wszystkich, lub wielu Chrześćian
było świętobliwe ktore sie v niezbożnych nie naydowáło, á teraz
tákimiż niko Kácerze y Pogánie álbo y gorszemi stáli sie Chrześćiánie. Rá teszcze y więtsza v nich nayduie sie wstrzemięźliwość, choćia w rozerwániu, á niżli v Chrześćian. Kto tedy chce poznáć,
ktoraby byłá prawdziwa Chrystusowá Cerkiew, skąd ią pozna, ieżeli
nie z pismá s. Wiedząc tedy Pan że táka będzie zá dniow ostátecznych confusio, roskázuie áby ći ktorzy są Chrześćiánmi, chcąc sie
w prawdziwey chrześćiáńskiey wierze zmocnić, do żadney sie inszey
rzeczy nie vćiekáli, iedno do pismá. Bo ieśli ná co innego oglądáć sie
będą,

będą, zgorszą sie y poginą, nierozumieiąc ktoraby byłá prawdziwa
Cerkiew. Przy ktorych słowach Chryzostomá s. ktorenił wizerunk ninieyszych czásow prawie ad viuum wyconter-
fetowáwszy / iáwnie o tym wiedzieć dáie / iż w nich
wybráni Páńscy/ po łásce iego s. więtszey vćiechy y
podpory mieć nie mogą/ nád te ktora z pismá s. y pilnego w nim bádánia sie pochodzi. Co sámo y tych
kśiąg Authorá do tego pobudziło/ że chcąc pewnie á
gruntownie o tym wiedzieć/ ktoreyby wierze álbo religiey titul prawdziwey Chrystusowey Cerkwie słu-
żył/ vćiekł sie/ według rády Zbáwićielowey/ do tych
mocnych á wysokich gor Pismá s. y ná nich czás niemáły nie paproznicy sie zábáwiwszy/ przyniosł/ stámtąd ten ták wielki á zná nienity vpominek / ktory sie
á to tobie Czytelniku łáskáwy w tych kśiążeczkach po-
dáie/ przyimi ie z wdźięcznie/ y przeczytay/ á przeczytay nie perfunctorie iákoby do czego innego sie śpiesząc/
ále z pilnym y dobrym rozmysłem y vważeniem. Vpewniam ćię iż stąd pożytek/ á pożytek nie ledá/ ále iáki
może być ná świećie nawiętszy/ odniesiesz. Tu ábowiem prawie iáko we zwierćiedle wizerunk prawdziwey Cerkwie Chrystusowey obaczysz/ gdźie sie wszystkie
niemal prawowiernego wyznánia ieyczłonki wyrażá-
ią/ á wyrażáią z pewnym y gruntownym obiáśnie-
niem/ y dowodnym pismá s. potwierdzeniem. Tu oczy-
mes pierwey nie wiedźiał/ tego sie náuczysz/ á o czymes
nie doskonále wiedźiał/ pewną w tym á dostáteczną
resolucią odniesiesz. wątpliwość wszelką (ieśliś ią kiedy o ktorym wiáry Artykule w sobie miał) z sercá wy-
korzenisz/ á o czymeś by namnieey nie wątpiąc/ stáтym
sercem one sie trzymał/ tesz że sie bárziey y doskonáley

Przedmowá.

ley w tym przedsiewzięciu ſwoim zmocniß. Vznaß
przytym/ iáko ieſt wielce omylna y nieſpráwiedliwa
powieść/ y udánie tych ktorzy to ná nas mowić y piſáć zwykli / Jákobyſmy nie máiąc żadney ſłußney
przyczyny/ ále dla ſámego tylko złośliwego uporu do
tey wielebney przez náße odſtępne Páſtyrze ſkleconey
z Kościołem Rzymſkim Uniey / nie pochopnymi bę-
dąc/ widomey ich głowie/ y ſámowładcy Kościelne-
mu/ mimo zwykłe náße Páſterze Pátryárchy Orien-
tálne/ poſłußeńſtwá oddawáć niechcieli. Weź przeto do rąk/ czytay/ rozſądzay/ znoś/ y z tey y z owey ſtrony wydáne ſcriptá, á ſnádnie y doſtátecznie porozu-
mieß/ ktora tu ſtroná w pewne y gruntowne zdánia
ſwego podpory ieſt niedoſtáteczna / że czego prawdą
y piſmem nie może / tego uporem y przewrotnośćią
nádſtawiáć muſi. Czego ieſt pewnym á nieomylnym
świádkiem y teráźnieyßy Authorow bezimiennych poſtępek / ktorzy nie dawno ſcriptá iákies dziwney á práwie nieſłycháney niewſtydliwośći pełne/ pod titułem
Nieiákiegos Nálewáyká tákże też *Relátiey álbo uważenia
ſpraw ktore ſię Roku 1609. dźiały w Wilnie*, ná świát z
Druku wydáli. Gdźie ták śiłá ſzkárádych/ á z iáwney
kálumniey złożonych powieśći nákłádli/ iż káżdy ktokolwiek w nie weyźrzy , tym bez imiennym Authorom
wßyſtkich zgołá boiázni Bożey/ cnoty przyrodzoney/ y
wſtydu ludzkiego gránic przeſtocżenie przyczytáć muśi. Nie przepuśćili oni tám żadnemu od wyżßey do
niżßey conditiey Duchownego y świetſkiego ſtanu człowiekowi / ále wßyſtkich ogułem w niewinnośći ich
Bogu y ludźiom iáwney/ pomázáli/ y oſzkálowáli: zebránia do domu ná chwałę Bożą wyſtáwionego/ nazwiſkámi

do Czytelniká.

zwiſkámi wßeteczynymi ochrzćiwßy) Zádáli im bun-
ty/ ſedicije/ ſwowoleńſtwo z grubą niezbożnośćią zło-
czone/ nieposłußeńſtwo zwierzchnośći od Bogá dáney/
Co ießcże więtßa/ Rzeczypoſpolitey ßkodliwe/ z iáwnemi Oyczyzny náßey y Krolá Je° M. Páná nam
ßcżeśliwie pánuiącego nieprzyiaćioły/ Práktyki / á
zgołá co iádowita śliná do niewypárzoney gęby ich
przyniosłá/ ná niewinnych/ y w poczćiwey z cnotliwych poſtępkow nábytey ſławie námnieyßey mákuły
niemáiących owieczek Chryſtuſowych wnoßąc/ á práwie iáko on ſam mowić raczy / *Omne verbum malum,
wßelkie złe słowo, dla imienia iego s.* ná nich *klamliwie mowiąc*,
Ták iżby áni ſam on wßelkiego kłamſtwá Author y
Oćiec nieprzyiaćiel duſzny/ więtßych y ßkodliwßych
ná niewinne ludźie potwarzy zmyślić nie mogł/ iáko
to wybráne naczynie tego/ ku ohydźie y oßkálowániu
wiernych Bożych/ w záwichrzonym łbie ſwoim ukno-
wáło. O niezbożny / á ze wßech miar niewſtydliwy człowiecze/ Jákoś ſie tego nie obawiał/ żeby ćię źiemiá żywo/ w ten czás gdyś ták iáwne á grubie kłamliwe potwarzy zmyślał y piſał/ iáko Dathá-
ná y Abironá/ nie połknełá: wyćierpiałci záprawdę/
wyćierpiał ten ktory podobnym tobie niezbożnikom/
gdy go Sámáritanem y Dyabelſtwo máiącym názy-
wáli/ ták też potwarzą zepſowániu Kośćiołá/ y zábro-
nieniu Ceſárzowi dani dáwáć/ nań niewſtydliwie (iáko y ty teraz ná członki iego) wnośili/ wyćierpieć raczył: Ale niechći tá ták wielka ćierpliwość iego ná
złe otuchy nie dáie/ ćierpi on długo / ále ſrogo karze
tych ktorzy ćierpliwośći iego złe záżywáią/ Sträßli-
wać ieſt rzecz / Apoſtoł mowi / wpáść w ręce Bogá *Hebr. 10.*
żywe-

Przedmowá

Pſalm.5. żywego/ nienawidzącego wßyſtkich ktorzy niepráwość płodzą/ y zátráćić obiecáiącego tych ktorzy mowią kłamſtwo/ Bo ieſt ſam prawda/ w prawdźie ſie kocha/ y ſpráwiedliwi obaczą oblicże iego. Coż tu ſobie ma obiecowáć ten ktory zoſtrzył iezyk ſwoy iáko brzytwę/ iad wężowy ná cnotliwych wylewáiąc/ ktorego vſtá pełne ſą przeklectwá y gorzkośći y zdrády / á

Pſalm.9. pod iezykiem iego praca y boleść / ktorego słowá ſą

Pſal.119 ſtrzały nápuſzczone iádem/ ktoremi ná niewinne ſtrzela. Ale te ſtrzały wnidą dá Bog w ſerce iego ſámego/ gdy piekielny iezyk piekielnymi ogniem (ieśli ſie nie opámięta) hámowány będźie. A zbáwienie

Pſalm.36 ſpráwiedliwych od Páná/ y obroná ich czáſu vciſkow ich/ rátuie ich Pan/ wybáwi/ wyrwie/ wywiedźie iáko świátłość ſpráwiedliwośći ich/ á niewinność ich iáko południe. Temi ſie tedy wybráni Boży obietnicámi/ tą ſpráwiedliwośćią y niewinnośćią ſwoią ćieſząc/ zyw twoim piekielnym iádem obráženi być nie mogą. Ale beſpiecżnie do ćiebie wołáią. Jeśli ieſzcże iáka w tobie boiázni Bożey/ Cnoty y wſtydu przyrodzonego iſkierká zoſtáłá/ wynidź ná iáwią/ zrzuć te máſzkáre z twarzy/ obiaw imię ſwoie/ vyrzyſz ieśli tego ze wſtydem y wiecżną ſwoią háńbą nie záżyieſz? Sumnienie czyſte niewinność ich z prawdą złączoná/ dobrey im otuchy dodáie/ iż ten ktory przyprawdźie

2.Petr.2 záwſze ſtoi/ ktory vmie pobożne ludźie(Piotr ś. mowi) z pokuſy wybáwiáć / vmie ich iáko źrzenice oká ſwego ſtrzec y bronić/ ktory nie wimia one od rownych tobie w Cnoćie ſtárcow ſpotwarzoną Zuzánne od wiadomey á zdániem ich pewney śmierći cudownie wyrwáć/ y w dolicy zgotowány ſámych zdrádliwych po

twarcow

Do Czytelniká.

twarcow wepchnąć raczył/ ten y teraz (w miłośierdźiu y ſpráwiedliwośći iego wątpić nie trzebá) zdárzyć raczy/ że ſie one Pſálmiſty słowá nád tobą wypełnią. *Oto rodzi nieſpráwiedliwość, począł boleść, y porodził niepráwość, otworzył iámę, á wykopał ią, y wpadł ſam w on doł ktory náſtroił, obroći ſie boleść iego ná iegoż głowę, y wſtąpi niepráwość iego ná wierzch głowy iego.* (Pſalm.7.) Okaże ſie to bowiem / iákoż y teraz Bogu y wßyſtkim ludźiom ieſt iáwno/ iż wierna Chryſtuſowá trzodá záchowáwßy wprzod ſumnienie czyſte y wiárę niepodeyrzáną onemu ſámemu Krolowi nád Krolmi/ y Pánu nád Pány/ Zwierzchnośći też od niego poſtánowioney/ to ieſt/ Krolowi Jego M. Pánu ſwemu Miłośćiwemu ſzczęśliwie nam pánuiącemu/ Cnotę/ wierność/ poddáńſtwo y poſłuſzeńſtwo/ ze wßyſtkim co ku temu przynależy w cáłe y nienáruſzenie záchowuie/ y prawdźiwie záwſze oddáie. Máiąc ná dobrey pámięći/ y one Apoſtolá ś. słowá. *Proſzę áby ſie napierwey przed wßyſtkiemi rzecżámi dźiały proźby, modlitwy, przycżyny, dźięki zá wßyſtkie ludźie zá Krolá, y zá wßyſtkie ktorzy ſą zwierzchnośćią, ábyſmy ćichy y ſpokoyny żywot wiedli* (1.Tim.2) Ktora bowiem Religio ták czeſto y geſto te Apoſtolſkie słowá wykonywa iáko Cerkiew ś. Wſchodnia/ gdźie żadne nabożeńſtwo/ żadná porządku Cerkiewnego Ceremonia/ áni ſie záczńie áni dokończy/ bez oddánia proźby do Bogá wßechmogącego/ zá dobre zdrowie y ſzczęśliwe (z zwyćięſtwem nád nieprzyiaćioły) pomnożenie/ pánowánia Krolá J. M. Nie Cerkwie tedy ś. Wſchodniey wierni ſynowie/ Ale ty ráczey ſam niewſtydliwy iezyku z gránic tey oboiey powinnośći ſwey wyſtkakuieſz/ wykraczaſz (mowię) y przećiw Bogu/ że iáwno wßyſtkim prawde

()()()() y niewin-

Przedmowa.

y niewinność niezbożnie oppugnuieß / wykraczaß y
przeciw Krolowi J. M. Pánu náßemu N. że wiernych á niwczym nie podeyzrzánych / práwem żadnym
nie przekonánych Poddánych iego ná vczciwey z cnotliwych postepkow nábytey sławie ich niewstydliwie
szczypieß / y one przed wßystkim świátem przez te swoie z Druku wydáno cálumnia / ostáwuieß. A ießcże
w rzeczách iákich? Ktore ták dobrze práwo pospolite obwárowáne mieć chciáło / iż gdzieby kto obráże-
nie Máiestatu Krolá J. M. ná kogo wiodł / á nie dowiodł / sam tym karány być miał / áby sie ták vczciwe
iego (o ktore niekomu innemu iedno sámemu Krolowi J. M. y to ná Seymie walnym rozsądek czynić
przynależy) nágrodziło. Azá nie wießi tego że y sam
Krol J. M. Pomázániec Boży / ná zá oczne oskárże-
nie / y zá márnemi á słábemi dowodámi / nikogo karáć
nie obiecuie. A ciebie kto ták niewstydliwym y niespra-
wiedliwym sedzią vczynił / żebys ciei ludzi vczciwych
(ále da Bog swoiey wprzod możeß pozbyć) odsądzał / łá-
iał / złorzeczył / y zbyt wßetecznemi nazwiskámi krzcił /
nie tylko człowieká pospolitego mieyskiego / ále też Duchownych y wielu zacnych stanu ślacheckiego osob / ktorzy w tey Cerkwi stárożytnego nabożenstwá swego zwykłym przystoynym / y Bogu miłym sposobem záżywáłá / gdzieteś nie przepuściłeś y JchM. Pánom sedziom
głownym Trybunálskim. A wiedząc żeś osobliwey
zá to pochwały y podziękow ináa godzien / nie chciałeś y
oczu ná świát przy tym niewstydliwym scripcie swoim pokázáć / áleś se lárwą / żeby cie nikt poznáć nie
mogł / zásłonił. Sumnienie áczkolwiek / párzo przez cie ot pu-
gnowáne / ná ták iáwną niewstydliwość / zdobyć sie

nie dopu-

Do Czytelniká.

nie dopuściło / żebyś z to fałßywą powieścią swoią /
ná iáwią wystąpił / ále iáko chytrzy y dobrze wyćwi-
czeni zboyce czynią / zá ścianą vkrycia sie stoiąc / temi
iádowitemi wściekłych słow swoich strzałámi ná cno-
tliwe strzelaß. Ale w iáki to powiedz mi koniec
czyniß / czy dla tego żeby sie iedność z Roaciolem
Rzymskim (ktorego sie ty *adhaerentem* być okázuieß)
splećić y vgruntowáć mogłá / Ale vważ iáko sie tym
sámym zá niezbożnego vdáieß / że chceß áby chwałá
(iáko ty rozumieß) Boża / twoim kłamstwem pomno-
żona być mogłá. Azá kiedy prawdá do obiáśnienia
siebie fałßu y kłamstwá potrzebowáłá / snádniey
záiste ogień z wodą / y ciemność z świátłością / á niż te
dwie rzeczy przećiwne z sobą sie zgodzić mogą / Azá
nie więtßą raczey tym sámym hańbę á niepożytek swemu Roaciolowi czyniß / że nie mogąc nic prawdą y pismem nád owcezkámi Chrystusowemi wygráć / do
tych wßetecznych baiek y niezbożnych potwarzy sie
vciekł. Azá nie vkázuieß przez to sámo żeś nie iest z
Bogá / ktory będąc sam prawdą / w prawdzie sie kochá
á tych synámi swemi názywa / tych świátłością oycá swego ná wieki vweseláć y násycáć obiecuie. O
tych záś ie ktorzy nieprawdą nárabiáią / co mowi / posłuchay. *Wy iesteście práwi z Oycá wáßego Diabla.* A — *Ian 8.*
to dla czego / támże niżey dokłáda: *Bo on práwi w
prawdzie nie stał, bo niemáß w nim prawdy, gdy mowi kłamstwo z
swego własnego mowi, bo kłamcą iest, y oćiec tego.* Tego sie y
ty wiernym być okázuieß synem / y dobrze záslużo-
nym sługą / á przytym náśládowcą onych dawnych
Pogan y przeklętey Ariuszowey sekty heretykow / ktorzy ná niewinne y niepokaláne Chrystusowe stadko /

()()()() ij

dziwne

Przedmowá.

dźiwne á rozmáite (tym twoim teráźnieyszym bárzo
podobne) potwarzy y cálumnie zmyśláli. Swiádec-
kiem tego iest przy inszych y oná (iáko ią sam X. Skárgá zowie) złota Tertulliánowa / imieniem wszystkich
Chrześcian / ná żadáiąc im w niewinności potwarzy / o-
broná álbo *iustificatio*. Swiádkiem y on wielce przykłádny żywot potężnego prawdźiwey wiáry Defensorá y
In vita S. Athanas. wielkiego Cerkiewnego Filará Athánásiuszá ś. ktorego áni scriptámi / áni disputáciámi niezbożni Ariu-
szowi sektarze przezwyciężyć nie mogąc / rozne á szká-
rade / ku ohydźie y obelżeniu ie° / potwarzy zmyśláli /
miedzy ktoremi były y te / iákoby niewiáste iedno / bedąc v niey gośćiem / zmyśli swey plugáwey zniewolić.
A iákoby swemu Clerikowi Arseniusowi rękę / ná czynienie Czárnoksięstwá / vćiąć miał / á ná podpárćie tego swego vdánia ręki gdźieś ludzkiey dostáwszy / vkázowáli ią tym ktorzy widźieć chćieli. Te y tym podobne w sámey piekielney kaźni vkowáne potwarzy wielki on żołnierz Chrystusow y dobrze przykłádny ćierpliwośći wzor w niewinności swey ponosząc / ćieszył się
onemi słodkiemi Zbáwićielá swego słowy. *Błogosłáwie-*
Matth. 5. *ni iesteśćie gdy was będą przeklinác ludźie, y będą was prześlá-*
dowáć, y wszystko złe mowić przećiwko wam, kłamáiąc dla mnie.
Ráduyćie się á weselćie się, ábowiem zapłátá wászá hoyna iest w
niebie. A drugich tego vćisku y vtrápienia ćierpiec mu
dopomagáiących temi słowy ćieszy: *Nubecula est transi-*
bit. Burzká práwi mała, álbo obłoczek iest, przeydźie. Wie-
dźiáł to bowiem dobrze / iż ten ma zdawna prawdá
Przywiley / że ćisniona być może / lecz do końcá potłumioná być nie może / ále się sámá przez się (by y żádnego ná tym świećie promotorá nie miáłá) wysławia
Jákoż

do Czytelniká.

Jákoż by námniey go tá nádźieiá nie omyliłá / Bo niewinność iego z prawdą złączona / á sász y zdrádá
przećiwnikow ieszcze zá żywota iego iáwnie się okázá-
łá / y teraz po wszystkim źiemie okręgu słynie / y słynąć / bez pochyby / poki świátá / będźie. Lecz
o tym ná ten czás dosyć. A co się porządku w pisániu
tych Xiążek záchowánego y rzeczy w niey záwártych
dotycze / o tym mi wiele mowić nie potrzebá / Bo ná
titul káżdego Rozdźiału (ktorych iest dźiesięć) wey-
rzawszy / snádnie káżdy / co się w nich zámyká / poro-
zumiec może / gdyż y Annotácie álbo poznáczenie rzeczy co głownieyszych / przy boku położone / nie pomału
ku temu pomogą. Swiádectwá też ták nászych Græckich Oycow ss. iáko y roznych Láćinskich Authorow przy boku náznáczyć / á niektorych y sámy text
ięzykiem Láćinskim (dla tego y z Láćinnikámi spor
iest) przytoczyć się zdáło. Dla czego też y do obiásnienia terminow Theologom przyzwoitych / ktore się
z Słowieńskiego ná Polski włásnie przełożyć nie mogły / siłá się słow Láćinskich (z włászczá w onym głownym O Pochodzeniu świętego y żywotdáiącego Duchá / Artykule) záżywa. W tym iednák wszystkim do
poięćia y zrozumienia twego iáko náylepiey być mogło / accommodowáło się / Tylko ty vprzeymey
pilności swey / w dobrze vważnym tych kśiąg
przeczytániu / dla dusznego pożytku
swego / przyłożyć nie zániechay / Miey się
dobrze.

Authorowie ktorych sie świádectwá tu w tey Kśiążce cytowáły.

Abenazram.	Celsus Mantuanus.	Gabriel Baraletus.
Abulensis.	Conradus Abbas Vsperg.	Garanza Monachus.
Adrianus PP.	Cornelius Iansenius Epi-scop. Gandaust.	Gelasius PP.
Agathon PP.		Gerson Cardinalis.
Albertus Magnus.	Clemens PP.	Gregorius Nyssenus.
Albertus Crantius.	Costerus.	Gregorius Nazianzen.
Alexander de Ales.	Cherimon.	Gregorius PP.
Alexius Carenus.	Chrysostomus.	Gulielmus Vuidefort.
Alexius Pataumus.	Cyrillus Alexandrin.	
Alphonsus Abbas Vsper.	Cyrillus Hierosolymit.	Helias.
Ambrosius Mediolan.	Cyprianus.	Hesichius,
Anastasius.		Hieronymus.
Antonius.	Damascenus.	Hilarion.
Andreas Episc. Cretæ.	Damasus.	Hieronymus de Aleastro
Anselmus.	Decius.	Hioronymus Sauanorola
Arnolphus Aurelian.	Dionysius Areopagita.	Monachus.
Athanasius.	Dionysius Carthusianus	Hilarion.
Augustinus Steuchus.	Durandus.	Hostiensis.
Augustinus.		Hosius Cordubensis.
Auentinus.	Eberhardus Salizburg.	Hudarlus Augustan.
	Ephrem,	Hulcor.
Basilius Magnus.	Epiphanius.	
Baptista Mantuanus.	Erasmus,	Ieuerias Patriar. Con-stantinop.
Beda.	Eupsichius.	
Bellarminus.	Eusebius.	Ignatius.
Bernardus abbas.		Innocentius,
Bonauentura.	Franciscus Costerus.	Ioannes Syrius.
	Franciscus Petrarcha.	Ioachimus Abbas.
Caietanus.	Francolinus.	Ioannes Monachus.
Carolus Ruinus.	Fulcor Lundinensis.	Ioannes Fab.
Cælestinus PP.	Gabriel Biel.	Iosephus Flauius.

Ireneus

Ireneus.	Origenes.	Spiridon.
Isidorus Pelusiota,		Stephanus.
Iulius PP.	Paulus Burgensis.	Syluester PP.
Iulianus.	Paulus Middelburgen.	Synesius.
Iustinus Martyr.	Petrus de Aliaco.	
Iustinianus.	Petrus de Palude.	Theodoretus.
	Platina.	Theodorus.
Leo Archidiaconus.	Pontius Paulinus.	Theophilactus.
Leo PP.	Polydorus Vergilius.	Theophilus.
Lyranus.	Polygonius.	Tertulianus.
	Potho Sacerdos.	Thomas de Aquino.
Marcus Ephesinus.	Probus Tullensis.	Thomas Rhedouius Car-melita.
Maximus,		
Metaphrastus.	Rauannus.	
Michaël Patria. Constan	Rheynerus.	Valentinus.
Michaël Hey.	Rodermus Zamonensis.	Volateranus.
Munsterus.	Rosella.	Vincenti.
	Rupertus Abbas Tuitič.	Vigilius PP.
Nicephorus Confess. & martyr.	Ruffinus.	Vrbanus PP.
Nicephorus Histor.	Sabellicus.	Zosemus.
Nicetas Studeorū Mona.	Sacrarius.	
Nicolaus Clemangus Ar-cydia. Boracin.	Sigebertus.	
	Socrates.	
Nilus Thesalonicensis.	Sozomenus.	

Rozdział I.

W ktorym ſie zámyka Lament/ álbo narzekánie Cerkwie S. Wſchodniey/ ná Syny wyrodne.

NIeſtetyſz mnie nędzney/ nieſtetyſz nieſzczeſney/ Ach że wſzech ſtron z dobr złupioney/ nieſtetyſz ná świecko ciáłá mego háńbe/ z ſzat zwleczoney/ biádá mi nieznośnemi brzemiony obciążoney. Ręce w okowách/ iárzmo ná ſzyi/ petá ná nogách/ łáncuch ná biodrách/ miecz nád głową oboiętny / wodá pod nogámi głęboka / ogień po ſtronách niugáſzony / że wſzod wołánia / że wſzod ſtrách/ że wſzod prześládowánia/ Biádá w mieściech y we wśiách/ biádá w polách y dąbrowách / biádá w gorách y przepáściách ziemie. 1. Cor: 11. Niemáſz żadnego mieyſcá ſpokoynego/ áni pomieſzkánia beſpiecznego. Dźień w boleściách y ránách/ noc w ſtękániu y wzdychániu. Láto znoyne ku zemdleniu/ Zimá mroźna ku śmierći: Mizernie bowiem nágość ćierpię/ y áż ná śmierć prześládowána bywam. Przedtym ślicżna y bogáta/ teraz zeſzpecona y vboga: Niegdy Krolowa wſzyſtkiemu świátu vlubiona/ teraz od wſzyſtkich wzgárdzona y ſtrapiona. Sám do mnie co żywo wſzelkie narody/ wſzyſcy obywátele ziemſcy przyſtąpćie/ poſłuchaycie głoſu mego/ á poznaćie com byłá

przed láty/ y zádziwuyce sie. Naśmiewiskiem te-
Pierwsza ozdoba Wschodniey Cerkwie. raz świátu iestem / á przedtym ludziom y Aniołom
podziwienie. Ozdobnam byłá przed wszystkimi/
wdzieczna y miłá / ślicznà iáko iutrzenká ná wscho-
dzie/ piekna iáko Miesiąc/ wyborna iáko Słońce / ie-
dynaczká v matki swey/ wybrána rodzicielce moiey i-
Ep' es 5 Ca ii. Cantic. cu. 1. 2. 4. 5. y 7. dyna czystą gołebicá/ niepokaláná y żadney zmázy y
zmarszku/ abo cze° tákowego niemáiąca. Oley wyla-
ny imie moie: studnia wod żywych nazwisko: mnie vy-
rzawszy Corki Siońskie/ nabłogosłáwieńszą Krolową
być głosiły. A w krotce mowiąc/ Tom byłá miedzy
Corkámi Siońskimi/ co Jeruzalem miedzy wszystkimi miásty Zydowskimi: y co Lilia miedzy ćierniem/
tom ia byłá miedzy Dziewicámi. Dla ktorey piekno-
Psal. 44 ści/ pożądał Krol śliczności moiey / pieknieyszy nád
syny ludzkie/ á vlubiwszy mie wiecznym Małżeńst-
Cerkiew Wschodnia od wszelkich synow swoich cierpi. wá zwiąskiem/ z sobą ziednoczył. Dziatkim rodziłá
y wychowáłá/ á te sie mie wyrzekły: y zstáły mi sie
naśmiewiskiem y vrągániem. Abowiem zwlekli
mie z szat moich/ y nágo mie z domu mego wygnáli:
odieli ozdobe ćiáłá mego / y głowy mey wdzieczność wzieli. Co wietszá? Dniem y nocą stáráią sie
o biedną dusze moie/ y o zgubie moiey vstáwicznie myślą. O wy ktorzy przedemną stoićie/ wy ktorzy pá-
trzyćie ná mie / posłuchaycie á vważćie / gdzie iest
boleść/ iáko boleść moiá: gdzie frásunek y żal/ iáko vtrapienie moie: Dziatkim rodziłá y wychowá-
łá/ á one sie mie wyrzekły / y zstáły mi sie ku vpad-
Lament Jerem. 1 cap. ku. Dla czego siedze teraz/ iáko iedná z lámentuiá-
cych Wdow: Páni niegdy Wschodu słońcá y Zá-
chodu/ Południowi y Pułnocnym kráiom. Dniem

y nocą

y nocą płácze/ á łzy po iágodách moich/ iáko potoki rze-
czne ćieką/ á niemász ktoby mie poćieszył: wszyscy mie
odbiezeli/ wszyscy mną wzgárdzili: Krewni moi dále-
Psal 37 ko odemnie/ Przyiaćiele moi nieprzyiaćiołmi sie zstá-
li/ synowie moi, iászczorcze° pozayrzawszy plemienin/
żywot moy záráźliwemi żądły vsiekáią. Słuchayćie
żáłosney mey powieśći wszelkie narody/ bierzćie w v-
szy wszyscy/ ktorzy w okregu świátá mieszkaćie. Synowie y Corki moie/ ktorem rodziłá y wychowáłá/ o-
puśćiwszy mie/ szły zá to/ ktora imi nie boláłá: áby
Ezech. 24 Jerem. 23. y Lam. 1. 2. 5. sie z zbytkiem tłustośći iey násyćili. Kápłani moi ol-
śnieli/ Pásterze moi (niechcąc wiedzieć że o dusze idzie)
oniemieli: Stárcy moi zgłupieli/ Młodziency moi
zdziczeli/ Corki moie ná wszeteczność sie vdáły/ y wszyscy iednym zamysłem/ Bogá y prawdy iego zániedba-
wszy/ ná dusze sie moie sprzysiegli. Rozwárli pászczeki swoie/ y gwiżdżąc zgrzytáią ná mie zebámi swemi
mowiąc. Oto iuż dzień ten przyszedł/ ktoregochmy
oczekawáli/ podźmy á zátráćim ią/ y wykorzenim z
ziemie pámiątke iey: miásto miłośći/ vwłaczáią mi/
á dobroć moie złośćią mi oddáią: y nienawiśćią mi-
Psal. 58. łość mi moie nágradzáią. Położyli mi miásto kosztto-
wnych szat moich zbotwiáłe płáty: y zstáłám sie im
w przysłowie. O boleśći dusze moiey/ niesterysz mnie
oszárpáney/ biádá mnie wzgárdzoney / przytepiłá sie
od vstáwicznych łez bystrość oczu moich/ zátrwożyły
sie wnetrzności moie: vstał w boleśći żywot moy / á
Psal. 101 látá moie w wzdychániu/ vstáły iáko dym dni moie/
á kośći moie iáko skwárki wyschły/ pośieczonám iáko
śiáno/ y vwiedło serce moie: od głośnego płáczu me-
go/ przyschłá kość moiá do ćiáłá mego. Rozdár-

A ij li ná mie

li ná mie pászczeki swoie/ iáko pászczeki nieprzyiaciel
skie/ słowy zdrádliwemi/ y przewrotnemi nápełnio-
ne. Wzieli siekiery w rece swoie/ y szukáią dusze mo-
iey/ áby ią zágubili. Zewszod sieci/ wszedzie pádo-
ły/ zewszod zárázliwe zodłá. Owdzie wilcy drapie-
zni/ á támi lwy ryczące. Z owod smocy iádowici/ á
z tąd Bázyliki srogie. Nie náyduie ktoredy sie o-
brocę: nie wiem gdzie sie mam vdáć? do kogo głowe
moie skłonie: komu mie w obrone podam. Nie iestli
to/ o niebo y ziemiá/ nowa boleść y niesłychány zal/
zem syny rodziłá y wychowáłá/ á oni sie mie wyrze-
kli. Jednemu mezowi Pánno poślubiona/ iednemu
Ephes. 5. w małzeństwo oddána: z iednegom poczełá/ w iednym
zywocie nosiłá/ iednym mlekiem kármiłá/ rozmáitych iednák obyczáiow (niestetysz) Syny/ ná wstyd y
boleść moie widze. Niemász nikogo ktoryby Oycá
násládował/ Niemász zadnego ktoryby szedł zá Mátko. Co wietsza? Wyrodkom y podeyrzánym záyrzá-
wszy iezyki swe náprzeciw rodzicom náostrzyli. Oycá sromoco/ Mátke lzo. Oycowsko náuko wzgár-
dzili/ Máciérzyńskie stáránie zlekważyli/ wszyscy
psal. 13. wespoł odpádli/ y niepotrzebnymi sie zstáli. Niemász
z ták wielu zadnego/ ktoryby czynił dobre. Biádá
niepłodney/ biádá bez potomney/ iáko Zakon mowi:
Przeklety wszelki ktory potomstwá w Izráelu nie zostáwi. O ták wietsza biádá/ y sowite złe/ z tych obyczáiow z przewrotnością y swey woley z nieposłuszeń-
stwem potomstwo zostáwić/ z ktorego Oycu sromotá
mátth. 5. y Mátce vragánie bywa. Ták bowiem/ mowi/ świe-
1. Pet. 2. bedziecie/ áby ludzie widząc wásze dobre vczynki/
chwalili Oycá wászego. Co rzeke widząc złe/ ni-

z háńbioli

zháńbioli Rodzicá wespoł y Rodziczki/ podług rzeczonego: Syn mądry á posłuszny vczćiwość iest Oy-
cowi/ á zás głupi y krnąbrny o háńbe Mátke
swo przypráwuie. Wielekroć iáko zyie rozmáite od
Prypowieść Sálomon. 10.
synow vtrapienia znosiłám/ wiela sposobow od Corek nieuszánowánia przed Zakonem y w Zakonie vcier-
piáłám/ terázniéyszemu iednák vtrápieniu y háńbie
porownáne/ niczym sie być zdádzą. Abowiem pod
Stározakonney y nowozakonney Cerkwie roznośc 2 Cor. 3 Jerem. 24. y 31.
Zakonem grzechu zyiąc/ zasłony ná sercách swych no-
sili/ dla ktorych nie mogli áni o woli Bozey dostátecznie wiedzieć/ áni iey doskonále wypełnić. A teraz
zá przysciem łáski/ ktora im zasłony one odieła/ y
wszelkie ich nieprawości ná sie przyieła/ pomiosła/ y
Bogu Oycu swemu dosyć zá nie vczyniła/ wybráłá ich
wezwáłá/ vspráwiedliwiłá y poświeciłá/ zadne ták
wielkich dobrodzieystw dawcy/ dzieki nie bywáią
oddawáne/ y zadna wdzieczność nie bywa pokázowá-
na. Ale co? Miásto wdziecznośći y dzieki/ niewdzie-
czność y wzgárdá. Coz w tym poczne? co o tym rzec
mam? Co inszego nád to ze lepiey mi záiste vmrzeć
bez potomney było/ nizli dzieci niekárne y niezbozne
widzieć. Ktore im wietszych dárow godnymi sie stá-
ły/ tym wietszo wdziecznością świátu one wystáwić
mieli/ y im doskonálsze przymierze sie im spráwiło/
tym stalsze w nim trwánie záchowáć sie miáło. Coz
sie zstáło? ktoredy sie obrocili? ktoro sie drogo vdáli?
Báálowo ráczey wolo pełnić/ nizli Bozo zezwolili.
Báláámowo drogo spieszniey/ niz wiernego Proro-
2. Cor. 3. ká Bozego iść pozwolili/ odiete od serc zasłony powtore ná sie wzieli/ nieprawość vlubili/ y od czásu w
gorsze sie złości wpráwili. Wzywánia nie słucháią:

wybrá-

wybranemi gardzą/ vſpráwiedliwienie y poświęcenie odrzucáią: y w krotce powieść/ źle zá dobre oddáią. Tákiey cnoty ſyny w domu moim kármiłá/
tákiey ludzkośći dziatki ná łonie moim piáſtowáłám/
ktorzy po wßyſtek teráźnieyßy czás wnętrzności moie gryzą/ á o śmierć mię przyprawić uśiłuią. Pod
Galat. 3. opiekuny y ſprawcámi niegdy będąc/ ná przykazánie
Iere. 5. nie dbáli/ y nie dziw/ ták bowiem ſerce ich zátwár-
dziáło było/ że widząc/ nie widźieli/ y ſłyßąc nie ſłyßeli. Teraz ſam opiekunow onych dawcá ſtoi/ czynić
ſtáránie/ wzywa/ y rękę pomocy dáie/ ſłuch ku ſłyße-
niu otwiera/ y źrzenicy ku widzeniu roświeca/ Nietylko mu iednák ſą niepoſłußnymi y niepowolnymi/
Ioan. 6. ále y dobrowolnie odwróciwßy oczy y vßy zátkawßy/
przed dobrocią Páná ſwego ſię chronią/ y w nieod-
wrotne przepáśći vćiekáią. Ach ćięßkoż mi záprá-
Math. 3. wdę z tym nie vkorzonym potomſtwem/ z tym iádowitym iáßczorczym plemieniem ćięſko: Ktoż boleśći tey zárowno ze mną nie podeymie? Kto mi płákáć
nie dopomoże? Synym rodziłá y wychowáłá/ á oni
ſię mię wyrzekli/ y iádowite ięzykow ſwoich żądłá ná
mię wyrzućili. Pierwßy oni/ Poſłáńcow y ſług
ſłucháć niechćieli: A teraz ſam Pan przyßedł/ ſam
Math. 11. wzywa y vczy/ áby brzemieniem grzechow obćiążeni/
w nim ochłody ßukáli y w nim przemießkiwáli.
Ktoremu tym chętliwße poſłußeńſtwo oddáne być
miáło/ im Páńſki głos/ nád ſłużny ieſt ważnieyßy.
Coż ná to wyrodkowie? Zá Egipſkimi kotłámi y
czoſnkiem vgániáć ſię woleli ráczey/ niż ná kośtow-
ną wieczerzą wzywáiącego Páná ſwoiego ſię ſtá-
Pierworodni wy- wić. Gdźie teraz one czáſy/ w ktorym męczenniki

rodziłá.

rodziłá? Gdźie te látá/ w ktorem ſpráwiedliwe y Nie w chodzi-
pobożne w domu moim chowáłá? Gdźie błogoſłá- niey Cer-
wieni oni wßyſtkiego świátá Doktorowie/ Apoſtoło- kwie.
wie? Gdźie ich nie obłudni náſládowce/ Páſterze
y náuczyćiele? Was teraz potrzebuie mili y wierni
Synowie moi: Was wyſławiam: wámi ſię chlubię/
miłośnikámi Oycá wáßego/ wámi ſię ćießę/ ktorzyśćie duße ſwoie zá mię wydáli. Spráwiedliwie do
Oycá przyſtąpiliśćie/ y ſtátecznie ećie przy nim trwáli: Poználiśćie że látorośl nie może ſámá z śiebie Ian 15.
owocu dáwáć/ ieśli nie będźie trwáć w winney má- Rzym. 8
ćicy. Was áni śmierć/ áni żywot/ áni Aniołowie/
áni Przełożeńſtwá/ áni mocárſtwá/ áni miecz/ áni o-
gień/ áni teráźnieyße rzeczy/ áni przyßłe/ áni wyſo-
kośći/ áni głębokośći/ áni inße iákiekolwiek ſtworze-
nie/ od miłośći Bożey odłączyć nie mogły. Wy gdyby
można rzec/ Heliáßowo gorliwość przećiw Báálo-
wym ofiárownikom/ brzuchu ſwe Bogu/ y Mámmo-
nie ſłużącym/ y wilkom miáſto Páſterzow nád owcámi przełożonym pokazálibyśćie. Wybyśćie dzikie
owce vſkromili/ wy opárßywiáłe baràny od owiec od-
łączylibyśćie: wy zránione iáko Sámárytan oliwą Luk. 10.
y winem pokrapiáiąc/ rány ich opátrzylibyśćie. Y
was ná Stany y Przełożeńſtwá w ſtrofowániu w-
zglądu ni ieden. V was niewolnik y wolny w Chryſtuśie Odkupićielu/ w iedney co y do náuki/ y do ná- Colos. 3.
práwy/ y do ćwiczenia w ſpráwiedliwośći wadze. Zá
wáßego żywotá Cerkiew Bogá żywego/ lud wybrá- 1. Piot. 2.
ny/ Krolewſkie Kápláńſtwo niepokaláne y nienáru-
ßone zoſtáło. Wáße Bogiem nátchnione piſmá/ nie
zwiędłá Duchowney mądrośći lilia/ y podźiś o was pá-

miątke

miekke czynia coście byli y gdzieście odeßli. Wy Heresiárchow z poerzod ku wiernych Bożych wypedzili/ wy kakol bledow z miedzy pßenice wyplelí. Wyście swiat ten y wßystko co ná nim zwyciezyli / wy pobożnego życia przykladni náuczyciele/ wy niezłożnego mießkánia gorliwi Káznicíele: wy slowem y vczynkiem Pásterze/ wiedząc że świetscy nieták dálece slowy iáko vczynkámi Przełożonych ku dobremu zápráwowáni bywáią. Począł ábowiem/ Lukaß s. mowi. Chrystus Pan czynic y vczyc/ ktorego stop torem y wy idąc czyniliście y náuczáli/ Gdyż dla tego do was Chrystus przyßedl/ ábyście náśládowáli stop iego. O godney pochwały wiáry wáßey/ o wielomyslnego w milości serca. Gdzie teraz Básilius on dla osobliwego o trzodzie Chrystusowey stárania y pilnosci/ wielki nazywány. Gdzie Ambrozius Medioláński Biskup/ y Jan s. od złotoroczných struy niebieskiey iego do pokuty náuki Złotousty miánowány. Gdzie Hieronym Bogiem podánych pism tłumacz wyborny. Gdzie Cyprian/ gdzie Augustyn gorliwi Heretyckich plew rozproßyciele. Ten bowiem niezbożnego Nouatá/ A ow obłudnego Pelagiußá Rácerze Pismá s. strzalámi zbodzione/ przeklestwu oddáli. Gdzie Athánázius y Cyrillus Alexándryiscy Pátriárchowie/ y Grzegorz Názianzeński Biskup/ meżni Oycá swego Rycerze / y czuli moi zastepcy/ trzech onych pierwßych świetych powßechnych Synodow iásnoswiecące lámpy: ktorzy Ariußá / Mácedoniußá/ y Nestoriußá wyrterne Heresiárchy z ich sektárormi Ewánielskim mieczem posiekli dla Rácerskiego ich bluźnierstwá wyklętych/ Szátánowi w

moc

moc podáli: Aby káżdy z nich nie lekáiąc sie oblicza człowieczego / y krom wßelkiego ná Osoby y Stany wzgledu dźisieyßym Heretykom mátke ich dla ktorey oni duße swoie meżnie wydáli / dzień y noc trwożącym / śmiele sie zástánowiwßy/ rzekli: Przykázuie wam Duch s. przeklęci Ariußowi sektarze Nowochrzczency/ ábyście wiecey Synowi Bożemu ná práwicy Bogá Oycá siedzącemu przedwieczney iednoistnosci sławy nienwlaczáli/ klámliwie nań mowiąc/ był ten czás kiedy nie był: żebyście do strásliwego podług zásług wypłynienia wnetrzności z Ariußem Patronem waßym nie przyßli/ y ná tych miast w dočzesnym ćiálá wáßego smrodzie/ niezbożne duße wáße w wiecznie trwáiący smrod nie wrzućili. Przykázuie y wam Chrystus Pan Cerinthowi náśládowcy/ y Mácedoniußowi zastepcy/ ktorzy dobrowolnie y widomie Duchowi sie Bożemu sprzećiwiáiąc/ zupelnosc iemu w Pismie s. władzą vymuiećie/ y powáżność wiáry odiawßy do wątpliwośći y lekkośći/ stało y wiecznie trwáiącą iego náuke przywodźićie/ názywáiąc bowiem Pismo s. nosem woskowym/ trádićie y mándatá śmiertelne y Kościolá wáße° głowy/ nád nie/ przekládaćie. Gdźież do owych ießcze y inne przesławne Chrystusowe żolnierstwo / ktore sie oń ná wßystkich powßechnych y pártykulárnych Synodách zástáwiáiąc/ stale przy prawdźie świetey duße swe pokłádáło. prawdźiwi/ mowie/ prawdźiwego Pismá Bożego wykłádácze: áby dźisieyßym swego Duchá pelnym medrellom/ Nestoriáńskiego mowie Rácerstwá náśládowcom/ táktże Stoicam fatalem euentum necessitatem w Cerkiew Bożą w prowadzáiącym / y

B przyczy

Lament.

przyczyną grzechu y zginienia ludzkiego Bogá być
bluźnierzko twierdzącymi/ z Ewánielskim mieczem od
owiec Chrystusowych droge zástepowáli. Gdźież
nád to ieszcze y one iásnogoráiące/ Zachodniey Cer-
kwie/ Lámpy/ Gelázius y Lew świątobliwi Rzymscy Biskupowie / áby wysokośćią Máiestatu swego
w Cerkiewnych spráwach uwielbieni/ dźisieyszym E-
piscopom ktorzy stolice ich osiadszy Chrystusowe Zá-
kony y Przykazania podług szumney dumy swoiey ta-
mią/ strofuiąc przykazáli. Niech wam usta zám-
knie JEZVS Pan/ ludźie grzechu / synowie zátrá-
cenia/ ktorzy sie sprzećiwiaćie Bogu/ y wynośićie sie
1. Thes. 2 nád to wszystko co zowią Bogiem/ álbo co zá Bogá
chwalą/ ktorzy śiadszy w Kośćiele Bożym / iáko Bo-
gowie/ ná świątość táiemney Wieczerzy Pańskiey
Jan 6. niezbożnie sie tárgnowszy / Kielich przenadroższey
Krwie iego/ á zátym wiecznego żywotá dźiedźictwo
niewinnym duszom ludzkim odeymuiećie/ y Aristote-
Math. 25 lesowego wászego wykretnego rozumu duchem Chry-
1. Cor. 11. stusowi sie Pánu sprzećiwiaćie / ktory w podániu
chlebá rzekł: To iest Ciáło moie/ á w podániu Kie-
lichá/ To iest Krew moiá/ iákoby nie mądrze uczy-
nił/ sámi głupi będąc/ sam ieden chleb do rąk wziąw-
szy/ przećiwnym sposobem náuczáćie/ to iest y Ciáło y Krew moiá. Izali nie wiećie/ że w tey spráwie/
nie wásze płoche rozumienie/ ále Chrystusowe nieod-
Gelasius Papa de conser. distinct. 2 cap. Comperimus. mienne przykazánie záchowywáne być ma: y iż iedney
y teyże świątośći rozerwánie krom wielkiego y znácz-
nego świętokradźstwá być nie może: y iż tym znákiem
Kácerze y Zwodźićiele od wiernych Bożych rozezná-
wáni bywáią/ w czym ieśliże sie nie upámietaćie/ wie-

cznego

Cerkwie ś. Wschodniey.

Leo Papa serm. 4. de quadragesima. cznego ogniá karánie do upámiętánia was przywie-
dźie. Gdźie nákoniec y ostátniego wieku mego sy-
nowie/ ktorzy zárowno z drugimi dusze swoie dla
mnie ná śmierć wydawáli Máxim świątobliwy/ Ian
z Dámászku/ y Theophiláct Biskup Bulgárski/ Márek Ephesski/ y Nilus Thessáloniceński/ áby ze wszytkim powszechnym zacnych onych stárych Theologow
chorem stánąwszy/ dźisieyszym Máteologom rozdár-
te ná prawdę paszczeki záwárli/ mowiąc: Niech wam
przykaże Bog Oćiec przez iednorodzonego Syná swe-
go/ Sábelliuszowego przeklętego bluźnierstwá roz-
śiewácze/ y Mánicheuszowey niezbożnośći krzewićie-
le/ ktorzy Duchá ś. od Oycowskiey y od Synowskiey
Persony/ iáko od iedney Osoby pochodźić nád náukę
pismá Bożego náuczaćie/ á z tąd iedne cáuse ὑπο-
σατικῶσ Oycá y Syná / Duchowi ś. introducuiąc/
dwom Osobom istotnie od śiebie oddźielonym gwałtownie w iedne Persone zlanie czynićie: Lub też záchowuiąc w cále Personálne Osob rozdźielenie/ (ie-
dnie cáuse Bostwá Oycá sámego wiedząc/ ktory sine
communicatione drugim Personom własność swoię
w sobie ma) dwie w Bostwo causy wnaszaćie. Od ktorego bluźnierstwá ieśliże od tąd bez przygány mnie
Mátki wászey Wschodniey Cerkwie niezostaniećie/
Czyscowemu ogniu/ Dyabłu y Aniołom iego zgoto-
wánemu w przyszły wiek dla czyszczenia ná wieki wy-
dáni będźiećie. Tákich teráźnieyszego czásu potrze- *Tákich synow Cerkiew Wschodnia potrzebuie*
buie ta Synow/ ktorzyby krom wszelkiego ná Osoby
względu/ niezbożnie ná Bogá bluźniących strofowá-
li. A ktorzyby do rodzoney swey Bráći poważno twarz

 swą

ſwa obroćiwßy nieporządne ich pomießkánie śmiele
karali. Nieprzyſtoi ßa wam mowiąc / O rozumney
trzody Chryſtuſowey Páſterze y Vczyćiele / ktorych
cżułośći y wiernośći Syná Bożego Oblubienicá ieſt
powierzona / imieniem Páſterzánu być / á rzecżą
drapieżcámi / ktorzy ſámi zły żywot prowádźićie / y
powierzonym wam nierządnie żyć pozwaláćie / Oy-
cżyzną vkrzyżowánego vrywßy y rozgrubiawßy / nie-
ßczęśćie nießczęſnego po wßech Sektách rozproße-
nia ſynow Bożych / dla czego Miley ieſteśćie a nie Páſterze, Chryſtuſ[illegible]m ſie tytułuiećie / A rzecżą ſámą An-
tychryſtá ná źiemi vrząd wykonywaćie. Day to Bo-
że ábyśćie ná mleku przeſtáli / przegmiećie bowiem
krwie. Tákich mowie potrzebuię [illegible] / ná tákie ſie pod ten vtrapienia mego cżás / dźiatki [illegible]
wam / ktorzyby nie tylko bluźniercom wßetecżne vſtá
zámknęli / ále teź y ſirotch od naywyżßego do
naniżßego / od Arcykápłanow do wßyſtkich pod władzą ich nayduiących ſie Kápłanow / weſpoł y z powierzonemi rządu ich ludźmi / doſtátecżnie y podług godności zaſług ich / ſtroſowáli / karáli y naprawiáli.
Lecż gdźie tákich naydę? Cży z niebá triumphuią-
cych iuż z zowę? To rzecż niepodobna. Cżyli w oy-
cżyſtych kráinách poßukam? Nie máß żadnego.
Wßyſcy náprzećiw mnie / iáko náprzećiw tey / ktoraby nimi nigdy nie boláłá / powſtáli. Wßyſcy wzbro-
ieni iáko ná głownego ſie nieprzyiaćielá zbuntowáli /
y ſkaźáia duße mey ná wygnánie. Nießczęſliwa ia
Mátká / com tákowego vczyniłá? Ze nieznośne prześládowánie od włáſnych moich Synow ćierpię / Cożem śmierći godnego zbroiłá? że zdrowia mego nie-
ieſtem.

ieſtem beſpiecżna. Iedni mi ſą prze niedbálſtwo
niepożytecżni. Drudzy prze vrągánie ćięzcy. Owi
dla przeſládowánia nieznośni / á owi záś dla wyrze-
cżenia ſie nieprzyiáźliwi. Ktorzy gdy w głębokość
złości przyßli (iáko złości nátura nieśie) zániedbáli.
Ale ponieważ wßelkiey ſpráwy pocżątkiem ieſt ſłowo / y pierwey niż ſie co pocżnie / rádá przodkuie.
Przyſtoi ßa mi záiſte ábym opátrznie w zácżętey żáło-
bie poſtępowáłá. Godna rzecż ábym nie popędliwie
w przełożoney z ſynámi moimi ſpráwie ſie obeßłá.
Spráwiedliwość wyciąga: y ſámi moy tego po mnie
żal potrzebuie / ábym z pilnośćią rzecży ſie przypá-
trzyłá y rozſądnie vważyłá / ſtąd ták wielkie złych o-
bycżáiow przykłády w ſyniech ſie moich náyduią: Dla
ktorey przycżyny ták nie vśmierzona náprzećiw Rodźićielki nienawiść / dźieći opánowáłá: o tym záiſte godźi mi ſie pomyślić pierwey niżli lub owßeki ſie ich
wyrzekßy Máćierzyńſką boleśćią w ſerdecżnym żá-
lu zięta / w gorzkośći ſercá niego przeklnę / y Oyco-
wſkiemu karániu wydam: lub teź ießcże raz do niektorych przednieyßych / ná ktorych ſie młodßa Bráćia ogląda / zſtąpię / y o náwroceniu z nimi rozmowię /
ázali ſie wſtydu oblicża Mátki ſwey záwſtydzą / á po-
boleią o boleśći tey ktora imi boláłá: y łzámi iey /
ſercá ſwe zmiękcżywßy w pokorze / nogi iey obłápią /
wiedząc że lepßa ſie im rzecż byłá nie rodźić / niż w
potężno wiecżnego karánia rękę / wßechmocnego Oycá ſie doſtáć. Ktory ácżkolwiek wie dolegliwośći
moie / miłośierdźiem iednák do tego cżáſu záſtrzymá-
ny cżeka / ázali ſie kiedy obacżą y pokutowáć będą:
Ale ſkoro namnieyße ſłowko z vſt wypußcże / álbo co
tylko

Cerkiew Wſchod-nia [illegible] ſynow ſwych.

tylko vćiożąc ná nie pomyśle / w ocemgnieniu złych źle zátráći / y pámiątke ich wichrem po powietrzu rozwieie / że y mieyscá ná ktorym mießkáli znáć nie będźie. Straßliwá ábowiem rzecz iest mowi Apostoł. wpáść w rece Bogá żywego. Niechże w nievkorzoney złośći ich przyczyne weyźrze: Od Oycáłone przyrodzenia práwem / czyli z Mátki wychowánia względem wźieli? Ponieważ iáko owoc dobry o dobrym drzewie świádczy / ták y dobre dźiatek obyczáie / dobry rodźicow żywot opowiádáło. Tákież y przećiwnym sposobem złośći rodźicow niegdy to przypisuią / co w potomkach gániono bywa. Lecz żadnasie to miárą nie naydźie w Rodźicach / Oćiec bowiem iest dobry / ćichy / skromny / łágodny / łáskáwy / pokorny / y áż do śmierći posłußny. A Mátká czysta / święta / niepokalána dobrotliwa y obyczáyna. Oćiec mądry / spráwiedliwy / ßczodry / miłośierny / ná gniew nie prędki / á do łáski chćiwy / nie do końca srogi / áni ná wieki gniewliwy. Mátká dźiatki miłuiąca / ćwicząca / przemyślna o swoich / posłußna áż do krwie / y wßelákimi cnotámi przez tego ktory ią sobie poślubił przyozdobiona y vbogácona. Dla czego áni Oycowskiego przyrodzenia práwo / áni Máćierzyńskie mleko do ták wielkiey złośći dźiatek nászych przyczyną nie były. Niech ták będźie / że my rodźice przyrodzenia práwem / przyczyną ich złośći nie iesteśmy / iednák dobrego wychowánia zániedbániem będźiemy: Zadnym sposobem. Oćiec bowiem bez przestánku wołáiąc wzywa / Podźćie do mnie náśláduyćie mię: czyńćie wolą moię / zmyićie się y oczyśćie się / odeymićie złość od duß wászych / y bądźćie świeći / iáko ia święty iestem

Zebr. 10.

Rodźice synow Cerkiewnych nie są przyczyną ich złośći práwem przyrodzonem

A ni práwem wychow. nie y ćwiczenia

1. Petr. 1.

stem / á znaydźiećie pokoy / dostąpićie błogosławieństwá / odnieśiećie Korone żywotá. A Mátká co: Słuchayćie dźiatki głosu Oycowskiego / przypuśććie do vßu słowá Rodźićielki wászey / trwayćie z námi / y wßelkich dobr hoynośćią obfitowáć będźiećie. A wy ktorzyśćie iuż grzechem zránieni będąc od nas odpádli / náwroććie się do Oycá / á on was przyimie / czyńćie owoce godne pokuty / bo iuż śiekiere do korzeniá drzewá przyłożono / áby wßelkie drzewo owocu dobrego nie rodzące / wyćięte było y do ogniá wrzucone. Już też nádchodźi y Oćiec ktorego łopátá w ręku iego / á wychędoży boiowisko swoie / y zgromádźi pßenicę do śpichlerzá swego / á plewy ogniem nie vgáßonym spáli. Tákiemi vstáwicznego ćwiczenia słowy / wßytkie pospolićie dźiatki násze náuczamy / tákie buyney ich młodośći / wychowánie dáiemy. Przewrotne iednák ich serce namniey się ná to poruszyć nie chce. A toć iest pospolita do wßystkich w obec náuká. Z osobná záś do káżdego Stanu dźień y noc nápominánia czynimy. Wy Kśiążetá y przełożeni / Bożym sądem powierzone wam poddáne sądźćie / postrzegáiąc tego / ábyśćie tymże sądem osądzeni nie byli. Nie wkłádayćie ná nie wielkiey dániny / wiedząc że y wam Pan wász wßystek dług odpuśćił / y czynß zá was zapłáćił. A cokolwiek w skrytośći czynićie / nie mowćie ktoż nas widźi / ábowiem Oćiec wász iest ná niebie / ktory wßystko widźi / y wßystko co chce czyni: Wy Arcykápłani y Kápłani / Pásterze y Náuczyćiele / owiec rozumney trzody Chrystusowey. Stoyćie nie chwieiąc się w dárowáney wam od Bogá wierze / czuyćie z pilnośćią o powierzonych wam owieczkách. Mężnie

Náuká Cerkwie Wschodniey do wßech w obec.

Mat. 3.

Támże

Náuká do Przełożonych świeckich: Ephes. 6 Coloss. 4.

Náuká Cerkwie Wschod.

Nie[illegible]ie się zástáwiaycie tym ktorzy prawdę burzyć vsiluią. Niespokoynych karzcie / pociesżaycie lękliwe / nieukow náuczaycie / swowolnych y niepokornych vskramiaycie y hámuycie: Niedołężnych vzdrawiaycie: sprzeciwiáiących się strofuycie. Bądźcie przykłądem wiernych w mowie / w obcowániu / w miłości / w wierze / w czystości. Pilnuycie czytánia / nápominánia / náuki: Przepowiádaycie słowo / nálegaycie w czás y bez czásu / karzcie / fukaycie / proście ze wszelaką cierpliwością y náuką / broncie nieporzężnych / á nieporządnych nápráwiaycie. Wy bowiem iesteście Solą ziemie / y swiátłością świátá. Was postánowił Duch ś. ábyście pásli trzodę Chrystusową / ktorą on nabył Krwią swoią. Bądźcieszredy bez wády / trzeźwi / rostropni / vcżciwi / czyści / goście ochotnie przyimuiący / ku náuczániu sposobni / nie opili / nie biiący / ále skromni / nie swarliwi / nie chciwi / w domu swoim porządni. Wy iesteście ślepym oko / chromym nogą / ręką wodzą potrzebuiącym. Wy odźwierni y klucżnicy Krolestwá niebieskiego. Wászym rękom wiązánia y rozwiązywánia moc iest powierzona. Wy iesteście Kápłani Bogá naywyższego / siebie y innych poświącáć Dar máiący. A przeto z pilnością czuycie / ábyście niedbalstwá ślepotą / y snem lenistwá pogrążeni / y sámych was / y powierzonych wam w nieprzebytą przepáść wrzućiwszy / wiecznym piekielnego błotá smrodem / nie oszkárádzili / ktorych wszystkich niewinna Krew / z rąk wászych będzie requirowána. A do pospolitego narodu w te słowá nápomnienie y náukę czynimy: Wszelka Duszá mocam wyższym niechay będzie poddána. Abowiem Przełożeni

niey do Przełożo... / Math. 5. / Dzie. Apost. 20. / 1. Tim. 3. / Math 18. / Náuka Cerkwie Wschodniey do / 1. Piotr 5 / 1. Thes. 5 / 2. Timo. 4

łożeni nie są strachem dobremu vczynkowi / ále złemu. A chcesz się nie bać Przełożeństwá: czyń dobrze / á będziesz miał cześć od niego, boć on iest sługą Bożym ná twe dobro. Ale będzieszli źle czynił / boy się boć nie bez przyczyny miecz nosi. Oddawaycie tedy wszystkim coście powinni / co iest Bożego Bogu / A co Krolewskiego Krolowi / ęc. Komu dań / temu dań / komu cło / temu cło / komu boiaźń / boiaźń / komu cześć cześć / nikomu nic nie bądźcie dłużni / tylko żebyście się zobopolnie miłowáli: we wszystkim się przełożonym swym podobaycie / nie obmawiaycie / nie oszukiwaycie / ále we wszech spráwách dobrą wierność pokázuycie. Przełożonym wászym Duchownym ktorzy ná Chrystusowym stolcu vsiadszy / tegoż was / czego y Chrystus / vczą / bądźcie posłuszni / ábowiem oni czuią / iáko ci ktorzy o was liczbę dáć máią / żeby to czynili z rádością / á nie wzdycháiąc. Znaycie y szánuycie ich tym więcey w miłości / prze ich robotę. Gdyż to iest wola Boża / ábyście dobrze czyniąc zátkáli gębę niewiádomości ludzi niemądrych / iáko wolni á nie iákoby máiąc wolność zasłoną złości / ále iáko sługi Boży / wszystkich czcicie / Bráctwo miłuycie / Bogá się boycie / Krolowi cześć wyrządzaycie. Sługi bądźcie poddáni Pánom we wszystkiey boiáźni / nie tylko dobrym á skromnym / ále też y przykrym. Bo też to iest łáská / ieśli kto dla sumnienia Bożego odnosi frásunki / cierpiąc bez winnie. Abowiem co zá chwałá ieśli grzesząc á winni będąc cierpicie / ále ieśli dobrze czyniąc prześládowánie cierpliwie znosicie / toć iest łáská v Bogá. Abowiem ná to y wezwáni iesteście. Boć y Chrystus cierpiał dla nas / zostáwuiąc

Pospolitego ludu / Rzym. 13. / Math. 22. / Rzym. 13. / Hebr. 13. / 1. Thes. 5 / 1. Piot. 2.

ſtáwuioc wam przykład/ ábyśćie náſládowáli ſtop-
iego/ ktory grzechu nie vczynił/ áni ieſt náleziona o-
mylność w vśćiechiego. Tákie ſą powſzechne y vſtáwiczne náſze do Synow náuki y nápomnienia / z ktorych iáśnie káżdy obaczyć może/ że my Rodzice iáko
przyrodzenia práwem do złego potomſtwu náſzemu
przyczyną nie byli/ ták też áni ćwiczenia y dobrego
wychowánia zániedbywániem do tego powodem ieſteſmy. Abowiem y wſzyſtkich poſpolicie krom wſzelkiego ná oſoby względu/ y káżdego z oſobná/ krom żadnego pochlebſtwá/ ſztrofulem/ karzem/ nápominamy
y náuczamy: Lecz iáko ſie widzieć dáie/ oni zátyká-
Iſaie. 6. ioc zátkáli vſzy ſwoie/ áby nie ſłyſzeli głoſu náſzego.
Kogoż to więc barziey dolega? Komu to więcey boleśći dodáie? Kogo ſrożey trápi? A komu niebeſpie-
cznieyſzy żywot gotuie? Jam ſtrapiona/ ia mizerna/
y nád wſzyſtkie mátki nieſzczeſliwſza. Ktora gdzie-
ziekolwiek obroce/ wſzedy ſyny moie ná zdrádzie mnie
náyduie. Tu nieprzebyte iámy kopáło / tám droto-
we śieći zárzucáło: zowąd iádowite żądłá wypuſz-
czáło/ á z tąd śmiertelne trucizny leio: iedni iáwnie/
drudzy táiemnie/ niektorzy pochlebſtwem/ á niektorzy grozbo/ wſzyſtkim iednák iednoſtáynie o żywot moy
idzie: wſzyſtkim iedna Mátká w nienawiśći. A mamże ſie bać? Mamże ſie lękáć? By námniey. Oto ſto-
ie/ niech przyidzie ktory/ á z oſtrzone żelázo w zemdlo-
ne ſerce moie wráżi: Niech przyſtąpi / á zboláły żywot Mátki ſwey otworzy/ Niech ſie páſtwi/ nád ćiáłem ſtrapioney rodźićielki. Lepſza bowiem ieſt śmierć
nád żywot mizerny/ y miley mi raz znagłá vmrzeć/ á
niż prze niezbożność ſynow moich co dźień troſkliwie

vmieráć.

vmieráć. Ach nieſzczeſnyż opłákánemu memu żywotowi. Biádá nieznośnym ćiáłá mego boleśćiom. Ale
ábym teſzcze plugáwey ſtudnice / z ktorey záráźliwa
tá ſynow moich złość wypłynełá/ poſzukáłá/ vciążá-
nie ná chwilę pohánowáć mi ſie godzi/ ábym w zápálczywośći przed pewney wiádomośći wzięćiem/
przeklectwá ná nich nie wyrzekłá. A iż áni przyro-
dzenie/ áni wychowánie Rodzicow przyczyną ſą/ tegom doſzłá. Przyſtoi ábym ich ſámych w ná-
ſládowániu pokazáney im od Oycá drogi nikczemne
niedbálſtwo y roſpuſtne ku ſłuchániu podánego w náuce Mátczyney przykazánia nieposłuſzeńſtwo w pośrzodek wniosłá: ktore nie inſze co być rozumiem/ tylko duſzno weſpoł y ćieleſno zgniłość/ dla ktorey áni
duſzá do posłuſzeńſtwá ſpoſobna/ áni ćiáło ku wypełnieniu ieſt swiebodne. Ponieważ ſłyſząc nie ſłyſzeć/
Duſzne ieſt zgnićie: á ſłyſząc nie wypełniáć/ ćieleſne.
Zá powodem bowiem niedbálſtwá w posłuſzeńſtwie/
wynikłá gnuśność w ćwiczeniu: z tego vrodziłá ſie
oćiętna niekárność/ od owey wyćiekło do wypełnienia leniſtwo: To przyczyną było mierzioney wzgárdy: Od tego korzenia wyroſłá nieprzyiaźń: Tá byłá źrzodłem prześládowánia/ ktore ia teraz vſtáwicznie we dnie y w nocy ćierpie. A záś prześládowánie
tey ták wielkiey ich złośći powodem było/ ktora tym
więcey gore wyniosłá/ im nagłębiey vpáść miáłá/ inſzey záiſte nád te przyczyny ſzukáć nie potrzebá/ gdyż
niedbálſtwo y niekárność/ Mátko ieſt krnąbrnośći/
leniſtwá/ gnuśnośći/ oziębłośći y wſzelkiey grubey nie-
wiádomośći/ z ktorey iáko z ſtudnice wſzelka złość wypływa. O zágniłego/ gnuśney wody źrzodłá/ O iá-

C ij dowitey

Niedbálſtwo ieſt przyczyną złego.

dowitey trucizną nápełnionych wod ſtudnice. To tedy wynálazſzy przyſiużą mi záiſte nátychmiaſt wiedzieć: do ktorego napierwey z ſynow moich niezbedny
ten gość záwitał? Ktorego do powolnośći ſwey ná-
pierwey záciągnął/ w ktorym ſobie mieſzkánie obrał/
y dom Duchá Bożego w dom duchá świátá tego przemienił? wſzyſtkichli rázem opánował/ álbo poiedynkiem pod ſwą władzą podbiiał? Izali napierwey iárzmo ſwe ná kárki Xiążąt y Przełożonych włożył? czyli
nád ich poddánymi początek vczynił? Lecz wſzelki w
Przełożeńſtwá nie ieſt rzecz przyſtoyna/ tęyże proſtoty náśládowáć/ w ktorey poddáne ſwe widzą/ ponieważ wſzelka nieopátrzność y vrodzenie ich y wychowánie omiia/ y áby ći ktorzy Wodzámi/ záſtepcámi
y obrońcámi poſpolitego gminu być ſie czuią/ y ktorzy do wſzelkiego ochedoſtwá/ cżułośći y wielkomyśl-
nośći z dźiecinnych ſie lat przyzwyczáili żywotá y o-
byczáiow poddánych ſwych náśládowáć mieli. A ponieważ nie poddánych/ pewnie tedy ſámych przełożonych napierwey tá okrutna iedzá ośięgłá. A przy nich
y tych ktorzy ſie władzą ich ſzczyćili zágárnełá/ podo-
bnać poniękąd rzecz. Lecz widzę ieſzcże iedne prze-
pone y niemnieyſzą/ gdyż Kśiążętá y Przełożeni nie
ſą tákiey władzey/ áby y powierzchowne y wnetrzne/
to ieſt / świeckie y Duchowne ſpráwy podług woley
ſwoiey kierowáć mogli. Co ſie bowiem świeckiey
władzey tycże/ Pánowie ſą y roſkázuią: á co záś Du-
chowney/ Synowie ſą y ſłucháć powinni: á ten vraz
niedbálſtwá/ nie ieſt (iáko bacżę) ćieleſny/ ále Ducho-
wny/ przetoż nie v nich/ ále gdźie indźiey ma być ſzukány. Kroż mi więc zbywa nákimby ſie to niekoio-

ne złe

ne złe napierwey opárło/ kogom ieſzcze przebaczyłá.
Płáć/ kto ná płácu (iáko mowią) ten nieprzyiaciel/
O kim namnieyſze podeyrzenie/ ten ſnać złoczyńce
przechowywa? Gdzie ſie namniey ſpodziewam/ támi
w trawie wężá náyduie. Ci podobno napierwey piekielnym tym śidłem dáli ſie vśidlić/ ktorzy wſzyſtkiego poſpolſtwá wodzámi ſie być chlubią/ że ſie tá chorobá iáko Cancer po wſzyſtkim ćiele rozſzerzyłá: y ktorym nád duſzámi ludzkiemi moc ieſt podána: ktorym
ſługá y Pan/ wolny y niewolnik poſłuſzeńſtwo oddá-
wác powinien/ y ktorym klucże Kroleſtwá niebieſkiego ſą powierzone: Z ktorych iedni ſą Kápłani/ á
drudzy Arcykápłani/ wſzyſcy zárowno rozumnych
Oycá ſwego owiec Páſterze/ y náucżyciele młodſzey
Bráćiey ſwoiey/ Synow moich Wodzowie/ y Opie-
kunowie. Abowiem tym Kśiążętá y Przełożeni/
Bogáci y vbodzy/ Młodzi y ſtárzy w rzecżách Duchownych pierwſze po Pánu Bogu poſłuſzeńſtwo od-
áwáć powinni. Ci ſą ktorym rzecżono: Cokolwiek *Math. 18*
zwiążećie ná ziemi/ bedźie związano ná Niebie. Ci
iáko ſie i iawnie widzieć dáie/ niedbáłym władzey kluczow vżywániem/ nie tylko inſzych/ ále y ſámych śiebie pierwey powiązáli/ y przed młodſzą Bráćią niebo
zámknąwſzy/ ſámi ná podworzu zoſtáli: Ze powiązá *Math. 23*
wſzy brzemioná ćiężkie/ y trudne ku noſzeniu ná rámio-
ná ludzkie włożyli/ á ſámi ich áni pálcem ruſzyć nie
chćieli. Co widząc powierzone owcżątká/ w rowne ſie
z nimi niedbálſtwo vdáły/ á włożone brzemioná z rámion ſwych zrzućiwſzy/ leniſtwo vmiłowáły/ w ktorym teraz y z páſterzmi ſwemi ſromotnie gniią/ y
ninie Mátkę ſwą/ ktora ich do pierwſzego ſtáránia

y pil-

Duchowni przyczyna złego.

y pilności wiodę/ prześláduią/ y zátráćić usiłuią.
Przetoż biádá im/ iż zámknęli Krolestwo Niebieskie
Math.23 przed ludźmi/ w ktore áni sámi wchodzą/ áni drugim wniść dopuszczáią. Biádá im iż pożyráią
dusze owiec Oycá swego/ y roszerzáią száty swoie/
rozpuszczáią kráie płaszczow swoich / á przecedzáiąc
komory Wielbłądy połykáią / ći są wodzowie ślepi/
y ktorzy ná stolicy Moyzeszowey usiadszy/ źle uczą/
y źle czynią / á iżby ie Rabbinámi zwano/ prágną.
Nie iestli to prze Bog rzecz dziwna y żáłosna? iż
y ći sámi ktorym lekárstwo do rąk iest podáne/ y powierzone im owce popárszywiały/ á ktorym o drugich piecza y pilność iest zlecona/ tych sámych nie-
Nárzekánie ná Kápłany y Arcykáplan. dbálstwo napierwey opánowáło. O Cerkiewne
Lámpy/ o Filarze domu Bożego/ o Pásterze owiec
Chrystusowych/ o Náuczyćiele y Mistrzowie młod-
szey wászey Bráciey/ tákżeśćie wyli y rozgrubieli/ y
zápomnieliśćie Bogá Zbáwićielá wászego. Biádá
Deut. 32 wam Pásterze/ ktorzyśćie rozpłoszyli y rozpędzili trzo-
Ierě. 23 de owiec moich/ á niedbálstwá chorobaśćie ich zárá-
Ezech.34 źili/ gdyż sroższy sąd y sowite karánie odniesiećie.
Math. 5. Sol ábowiem iesliby zwietrzáłá/ czymże będą solić
niczemu sie iuż dáley nie godźi/ iedno żeby ią precz
wyrzucono ná podeptánie od ludźi. Zwietrzáłáś
Soli/ poćiemniáłaś świátłośći/ zgásnęłyśćie Lám-
py/ rozdźieżeliśćie Mistrzowie/ olsnęliśćie Wodzo-
wie/ y w doł niedbálstwá wpádli/ dokąd y powierzone wam owczárká ćiągniećie. Co odpowiećie
ná ten czás/ kiedy przyidźie Oćiec wász y Pan dla
wysłuchánia liczby was synow y sług swoich? Kie-
Math.25 dy zopyta o powierzonych wam tálánćiech? O ćięż-
koż

koż mnie Mátce będźie w dźień ten/ ná zgubę synow
moich pátrzącey. Biádá mnie w te godźinę/ kiedy
syny moie y syny Boże/ ktorzy Ewánielskiey świátłośći iásność dobrowolnie zgásili/ do piekielnego
ogniá odsyłáni będą. Kto mie ná ten czás poćieszy? Kto potoki łez moich pohámuie? Biádá
mnie nieszczęsney/ żem syny rodźiłá ná boleść moię/
y Corki ná zránienie moie. Lepiey mi záiste było
bez potomney mieszkáć/ niż ná ták gęste niezbożnych
synow huffy pátrzyć. Lepiey w prawdźie y onym
sie było nie rodźić/ niżli sie národźiwszy wiecżno zgube odźiedźiczyć/ w ktorey lżey będźie Sodomie y Go-
morze niż onym. Abowiem sługá ktory zna wo- Math. 10
lą Páná swego/ á nie czyni podług niey / niemáło Luc. 12.
plagá będźie karan. O Arcykápłani y Kápłani/
Náuczyćiele y Pásterze owiec Oycá wászego dokąd
niememi być chcećie/ dokąd nieoszczędnie owce poły-
káć będźiećie. Nie maćie dosyć ná mleku y wełnie/
ktory łupićie/ krew pijećie/ á mięso ná zjedzenie kru-
kom y wilkom wyrzucaćie. Sámiśćie poniemieli/
á drugim mowić zábraniaćie. A zali ták wiele trzody owiec w Cerkiewney owczárni niedawno prześ-
łych czásow było? A tylkoli Bożego rodzáiu w rząd
y spráwowánie wam podano? Spićie Pásterze á
nieprzyiaćiel czuie. Chrapiećie strożowie/ á Szátan
iáko Lew owce Boże chwyta/ y iednych ná wieczną
zgubę odwodźi/ á drugich w sromotne námiętnośći
podawa / áby czynili te rzeczy ktore nie przystoią.
Wásze owczárnie zniszczáły/ á nieprzyiaćioł Bożych
y wászych szerzą sie. Zátykaćie uszy niechcąc słyszeć
Oycá mowiącego/ Synu człowieczy dałem ćie stro- Ezech.33
żem

żem domowi Izráelſkiemu / á ty ſłyßąc z vſt moich co
mowię zwiáſtuieß im odemnie. Gdy ia będę mowił
do niepobożnego / niepobożny ty śmiercią vmrzeß / á
tyby mu nie mowił / żeby niepobożny porzucił drogi
ſwoie / on niepobożnik w nieprawości ſwey v-
mrze / ále krwie iego z ręki twoiey będę pożądał. Groźne záprawdę słowo y ſtráßliwy wyrok. Czyli nie-
boicie ſie áni ſie lękácie ſtráßnego dniá onego / w ktory z powierzoney wam trzody máćie dáć liczbę: Nie
ſtráßy was oná ſpráwiedliwego Páná mowá / Zły
Math. 25 ſługo y leniwy miałeś pieniądze moie / polećić ie było tym co pieniądzmi hándluią / á ia przyßedßy wziął-
bym był co ieſt mego y z przyrobkiem. Weźmićież tedy
od niego ten tálent / á nievżytecznego ſługę wrzuććie
do ćiemności zewnętrzney / tám będźie płácz y zgrzytánie zębow. Gdźie teraz Kápłani bez nágány / ktorzyby
nie ſobie dogadzáli / Ale o powierzoney im trzodźie /
tákową iákiey nawyżßy on Arcykápłan po nich potrzebuie / y iákom wyżßey w náuce do nich wſpomniá-
łá / pieczą y ſtáránie mieli. Ci ſą teraz vczyćiele / kto-
2.Tim 4 rych według pożądliwości ſwoich przyſpoſobili ſobie
ſynowie moi / máiąc świerzbiące vßy / ktorzy od práwdy ſłuch odwrocili / á ku báśniom ſie ſkłonili. Sámych śiebie świát / ſławę / bogáctwá / y roſkoßy więcey niż Bogá y zbáwienie ludzkie miłuiący / máiący
poniekąd wzor pobożności / lecz ſie mocy iey zápierá-
iący y prawdźie ſie ſprzećiwiáiący / ludźie rozumu
ſkáżonego y podeyrzáney wiáry. Álec więcey nie
wſkuráią / Abowiem ßáleńſtwo ich iáwne będźie
wßyſtkim / że nie ná niebieſkich / ále ná ziemſkich myślách zálęgły. Zá ktorych przyczyną przyßedł ne-

mi

nie nie głod chlebá / ále głod słowá Bożego / nie prá-
gnienie wody / ále łáknienie Ewánielſkiey przepowiedźi. Odięty mi ieſt Prorok y Miſtrz / odięty
Wodz y Páſterz / wiele teraz nazwiſkiem Páſterzow /
ále máło rzeczą Abowiem niektorzy z dźiśiey-
Kápłanow teraznieyſzych ſwoy odżywia.
ßych rozumiey trzody Chryſtuſowey Páſterzow / zá-
ledwieby ſie nád bezrozumnem ośłow ſtádem Páſte-
rzámi być godnemi náleźli. Co więtßa: Nie
Páſterze ſą / ále wilcy drapieżni / nie Wodzowie / á-
le Lwy zgłodniáłe / ktorzy iedne owieczki ſámi nie-
ßczęśnie pożyráią. A drugiemi Smocze páßczęki
bez litości zátykáią / O nießczęſna trzodo / izali ten
Páſterzem y miſtrzem być może / ktory ſie ſam nigdy
nie vczył: ktory nie wie co Bogu powinien / áni też
co bliźniemu ſwemu: Coż bárziey powierzonym
owieczkom: Ktory z dźiećinnych lat ſwoich nie ćwi-
czeniem ſie w náuce Pismá ś. ále inßą iáko ſtanowi
Duchownemu niepotrzebną zabáwą ſie báwił / álbo
w prożnowániu niedośćigły czás trácił. A gdy
pożywienia y odźienia niedoſtátkiem ściśniony był / y
gdy mu nędzá ßyie kurczyć poczęłá: zwiáſtowáć ſie
podiął / áni co ieſt zwiáſtowánie wiedząc: áni iáko
ie wykonywáć przyſtoi / rozumieiąc. Ále iedni
z kárczem / drudzy z dworu / owi z żołnierſtwá / á niektorzy z Poborow krom żadnego obránia / y krom
wßelkiego dobrego świádectwá / złotá y śrebra powodem do domu ſie Bożego wdárli. Przeto też
nie dźiw że ſromotnie z niego (iáko niegodni) powy-
padáli / y Apoſtátámi ście prawdy Bożey / á wydá-
wcámi trzody im powierzoney / ſtáli. Biádaż v-
bogim owczątkom tákie Páſterze máiącym. Biádá

D takich

Math. 23 takich Wodzow násláduiącym/ ktorzy sámi slepi bę-
dąc/ onych w tenże pádol przepáśći zepchnąć vsiłuią.
Biádá y wam zá ktorych niedbálstwem ćmy w dom Boży weszli. Biádá y wam ktorzy pustoszyćie domy
Boże/ ábowiem y sámi od niego zátráceni będźiećie.
Biádá wam Oycowie/ ktorzy synámi sie być nienáu-
czywszy: Oycowskim titułem dźiatki moie zwodźi-
ćie: Biádá wam Oycowie ktorzy domowego swego potomstwá nie wychowawszy dobrze / Bożym synom złego pomieszkánia przykłády z śiebie podáiećie.
Biádá y przeklętym wászym Symonom/ od ktorych ześćie ná te vrzędy Duchowne poświęcenie wźięli/ ktorzy
wiem że nie dla godnośći wászey/ áni też zá vsilewá-
niem prośby Bráciey/ ręce ná was włożyli/ ále nie-
zbędnego łákomstwá powodem/ dla chćiwey pienię-
dzy miłośći ktorych prágnąc pobłądźili od prawdźi-
1. Tim. 6. wey wiáry/ y vwikłáli śiebie w wiele boleśći. A-
Służebne Ro- postołowie święći w posługowánie powszednie stołom
bienie i nie w przepowiádánie słowá Bożego/ dla szemrá-
obieránie nia Grekow przećiw Zydom/ Diákonow chcąc vstá-
wić/ Mężowie Bráćia/ mowią/ vpátrzćie miedzy
Dźiele 6. sobą mężow dobre świádectwo máiących/ pełnych
Duchá ś. y mądrośći / ktorychbyśmy nád tą spráwą
przełożyli. A teraz ná Modlitwe/ ná służbe Bo-
żą/ ná száfowánie żywot dáiących świątośći/ krom
vpátrzenia/ y wszelkiego doświádczenia / y krom żádnego dobrego świádectwá/ (nápełnienia Duchá ś. y
mądrośći nie wspominam) przyimowáni y w słowá
Bożego przepowiádánie posyłáni bywáią. Otoż mam
Pásterze y Náuczyćiele. Oto mam Wodze y Mistrze. Sámi od głodu zdycháią/ á drugich karmić

sie po-

sie podeymuią. Sámi olśnęli/ á drugich wodzámi
być sie kuszą: Sámi ná obie nodze chramią / á drugim w podpárćie sie stáwią: Sámi będąc nieukámi
á drugich náucżáć sie ważą. O nieporządnego/
o przewrotnego/ o niezbożnego rąk wkłádánia oby-
czáiu. Ręki ni nákogo nie wkładay rychło/ Apostoł 1. Tim. 5.
mowi/ áni bądź vczestnikiem grzechow cudzych. A
ná drugim mieyscu. Przetom ćię Tyte zostáwił w Tit. 1.
Krećie/ ábyś/ czego ieszcze niedostawa/ popráwił y
postánowił Kápłany po Miástách/ iákom y ia tobie
przykazał: Jeśli kto iest beznágány/ Mąż iedney
żony/ syny wierne máiący/ nie obwinione áni poddáne zbytkowi. Abowiem Biskup ma być bez przygá- 1. Tim. 3.
ny/ iáko száfarz Boży/ nie pyszny/ nie gniewliwy/ nie
opiły/ nie bijący / nie chćiwy zysku szkárádego: ále
wdźięcznie gośćie przyimuiący/ dobrotliwy/ trzeźe-
wy/ spráwiedliwy/ święty/ powśćiągliwy/ ktoryby
sie trzymał wiernych słow/ ktore są wedle náuki/ iżby
mogł nápomináć przez zdrową náukę/ y przekonáć
tych ktorzy sie sprzećiwiáią. Dźiśieyszy záś moi
Biskupowie y Arcybiskupowie / wszystkę te Apostolską náukę zá się zárzućiwszy/ nogámi tey nieporządo-
ku/ chćiwośćią srebrá záślepieni/ podeptáli. Ten
tego czásu mądry Kápłan y dowćipny/ ktory to ma/ Obyczay
z czego mogłby y Biskupowi swe⁰ od spraw Cerkiew- rąk wkłá-
nych oddalony/ vdźielić/ áby był znowu przywroco- dánia te-
ny. Nieszczęsnym mnie niedbáłym robotnikom po- ráźnieysz-
wierzoney: Ach mnie nienásyconym łákomcom w ych od ślepych
opiekę podáney: Biádá y wam/ ktorzy przedáiećie/ Bisku-
y wam ktorzy kupuiećie dar Duchá ś. srebro wásze pow.
będźie wam ná zgubę. Niechcećie wiedźieć praw- Dźiele 8

D ij dy/ nie

dy/ nie chcecie widzieć y nieprawdy. Niechcecie rozumieć ſkad ći ktorzy ie wam dáią/ nábywáią/ iákim
przemyſłem bogácieią. Mleko doią z owiec/ wełne ſtrzygą/ ſkory łupią y przedáią/ ſámi ſie mieſem
ich karmią/ y krwią nápawáią. A wam obfitośći mieſo tych/ y zbytku niewinney krwie vdzieláią. O
wykroczyćiele á nie Vczyćiele: o tálpy á nie Lámpy: Impoſtores á nie Paſtores: Epiſcoti á nie Epiſcopi:
wykroczyliśćie z Zakonu woley Bożey: omamiliśćie duſze ſwoie przekletą tego świetną Mámmoną: Oblaźniliśćie przyprawną máſzkárą niewinne Chryſtuſowe owiecżki / záćmiliśćie zárázliwym ſwym nie
dbálſtwem Ewánielſkiey świátłośći iáſność. Co
Math. 21 vczynićie ná ten czás/ gdy odieta bedzie od was winnicá/ á innym robotnikom oddána / á wy źli źle zátráceni bedźiećie? Co rzeczećie/ gdy odpowiedźiáno wam bedźie?
Ioan. 8. Wy Oycá wáſzego Dyábłá ſynowie ieſteśćie/ idźcie przekleći odemnie/ nie znam was.
Math. 22 Co odpowiećie? gdy rzeczono bedźie/ zwiozawſzy im rece y nogi/ wrzuććie do ćiemnice zewnetrzney/ gdźie bedźie płácz y zgrzytánie zebow. Biádá wam ná ten czás bedźie o ſynowie moi/ biádá y mnie: Wam nieznośne meki ćierpiącym/ á mnie ná wieczną wáſzę zgube pátrzącey. O Biſkupowie Biſkupowie/ O ſynowie ktorzyśćie Oycem y Mátką wzgárdzili. Dźiátki w pálacach Krolewſkich porodzone y wychowáne/ á teraz do kárczem y ſáłáſzow ſwą wolą przewabione. Dokąd ſnem lenſtwá ſpáć bedźiećie: dokąd gnuśn niedbálſtwá od oczu ſerc wáſzych nie oetrzećie? Przyidźćie do wod czworotocznych Ewánielſkich potokow / á omyićie błoto proſtoty rozumu wáſzego.

wáſzego. Izali ieſzcze nie maćie ná tey nieoszacowáney vtráćie doſyć/ ktorą ią zá wáſzym niedbálſtwem ponośi/ ták wielka złotá / śrebrá/ perel y kámieni drogich ktoremim ią od Oycá wáſzego przed kilkądźieśiąt lat iáko nayzacnieyſza Krolowa przyozdobiona byłá/ zgubá? Gdźie teraz nie oſzácowány on kámuſzek/ iáko Lámpá iſnąca ſie Cárbunculus/ ktoregom ia miedzy innemi perłámi/ iáko ſłonce miedzy gwiazdámi w Koronie głowy mey nośiłá / Dom Kśiążąt Oſtrozſkich/ ktory bláſkiem świátłośći ſtárożytney wiáry ſwoiey przed innemi świećił. Gdźie y inſze drogie y rownie nieoſzácowáne teyże Korony kámyki/ zacne Ruſkich Kśiążąt domy/ nie ocenione Száphiry/ y bez cenne Diámenty/ Kśiążętá Słuccy/ Záſłáwſcy/ Zbárázſcy/ Wiśniewiecćy/ Sánguſzkowie/ Czortoryſcy/ Proniſcy/ Rużenſcy/ Sołomierecżcy/ Hołowczyńſcy/ Kroſzyńſcy/ Máſálſcy/ Horſcy/ Sokolińſcy/ Łukomſcy/ Puzynowie/ y inne bez liczby/ ktorych po iedynkiem wyliczáć/ rzeczby długa byłá. Gdźie przy tych y drugie nie oſzácowáne moie kleynoty. Rodowite (mowie) ſławne/ wielkomyślne/ śilne y dawne/ po wſzem świećie w dobrey ſławie/ potężnośći y meſtwie ſłynącego narodu Rośieyſkiego/ Domy/ Chodkiewiczowie/ Hlebowiczowie/ Kiſzkowie/ Sápiehowie/ Dorohoſtáyſcy/ Woynowie/ Wołowiczowie/ Zienowiczowie/ Pacowie / Chálecćy / Tyſzkiewiczowie/ Korſákowie / Chrebtowiczowie/ Tryzny / Hornoſtáiowie/ Bokiiowie / Myſzkowie / Hoſcy / Siemáſzkowie/ Hulewiczowie/ Iármolinſcy/ Czołháńſcy / Kálinowſcy/ Kyrdeiowie/ Záborowſcy/ Meleſzkowie / Bohowitinowie/

tinowie/ Páwłowiczowie/ Soſnowſcy/ Skáminowie/ Pocieiowie/ y drugie. Nie wſpominam tu ßerokiey w Gránicách Roſieyſkiey Ziemie/ Kośćiołow/ y Powiátow/ koſztowney oney ßáty moiey/ niepoliczonemi perły/ y rozney fárby kámykámi vpſtrzoney/ ktora ſie ia vſtáwicznie zdobiłá. A toliśćie mie złoczyńcy z ták ozdobney ßáty moiey złupili/ y nád nędznym ćiáłem moim z ktoregośćie wßyscy wyßli/ náśmiewiſkiem y vrągániem ſie páſtwićie: álec przeklety wßelki ktory ná wzgárde nágość Mátki ſwey odkrywa/ przeklęći y wy/ ktorzy ſie z nágośći mey náśmiewaćie y ćießyćie. Przyidźie ten czás/ że ſie wßyſtkiego tego wſtydáć bedźiećie. Lepieyby w prawdźie wam było nie poznáć świátłośći prawdy/ niżli poznáną odrzućić/ zgáśić y záćmić.

Ezech. 34 A tyżeś to Páſterz/ ktory Páſterſtwem ſie chlubiß/ á zgubę owieczek Bogá liyß? Tyżeś Kápłan/ ktory poświęceniem ſie wynośiß/ á zmázą świętośći Bogá ſie wyrzekaß. Áni żyćie/ áni obyczáie/ áni chodzenie/ áni odźienie wás Miſtrzámi być pokázuią: Ni mądrość/ ni ćwiczenie/ áni rozmowá o poświęceniu y Páſterſtwie wáßym świádczą: W żyćiu ieſteśćie Kárczmarze y Kupcy/ w obyczáiách domolegowie: w rozmowie nieukowie/ w chodzeniu obłudne liſy: á w odźieniu drapieżni wilcy. Coż więc y o rozumu wáßego przymiotách rzekę? Mądrość wáßá/ vmiejętność/ rozmowá/ ſą głupie/ nádáremne y wßeteczne/ y zabáwy ſproſne/ w ktorych y ſámi/ y ktorzy was náśláduią/ gniećie. A dla czegoż prze Bog ieſteś Kápłanem? Dla czegoś Páſterzem? Drugich poświęcáć posłány ieſteś/ á

Iákich kápłanow teráźnieyßy odſtępni páſterze máią.

ty ſam

ty ſam od nog do głowy ośkárádzony leżyß? Pilność Páſterſtwá tobie ieſt powierzona/ á ty ſam głodem zemdlony zdychaß? O świećićielu ze wſząd ośkárádzony. O Páſterzu głodem z truchláły. Tyżeś to Świecznik w ciemnośći proſtory będącym? Tyżeś to oko prze niepoznánie Ewángelſkiey świátłośći ślepieiącym? Tyżeś ręką ku wydźwignieniu w przepáść Szátáńſkiey włádzy vpádłym? Jeżeli ſie Bogá niebáczni ſynowie/ nie boićie/ wſtydam ſie ludźi záwſtydaycie. Tknićie ſie w ſerce/ á wytoczćie ſumnienie/ y przyidźćie w czułość/ á obacżywßy ſie pokutuyćie. Człowieczey ábowiem krewkośći przyzwoitá páść/ ále pádwßy nie powſtáć/ ieſt ſámey Szátáńſkiey zátwárdźiáłośći. Chociá w iedenáſtą godźinę/ godnie w winnicy Páná ſwego posłużćie/ ábyśćie z temi ktorzy od pierwßey godźiny prácowáć poczęli/ y cáły dźień gorącość słoneczną znośili/ zapłátę wźięli. Pohámuyćie ſerdecżnie wzdychánia widząc przy końcu żywotá Mátki wáßey: Otrzyćie płáczące oczy Rodźićielki ſwoiey/ áby kiedy krwáwemi łzy ná was nie pádły. A lament Mátki wáßey/ was nie zátráćił. Nie titułem ále ſámą rzeczą chćieyćie być Kápłanámi/ nie słowkiem ále vczynkiem Miſtrzámi być ſtáraycie ſie. Komuż ia to powiádam? do kogoż te słowá moie? Do żeláżney śćiány álbo ráczey ná wiátr puſzczam? A bowiem gdy ia im to powiádam/ ták obym ze śpiącemi rozmáwiáli/ ktorzy ná końcu powieśći pytáią/ coś rzekł: Lżeyby mi záiſte ſol y Rude żeláżną zánádry nośić było/ á niżli z niewſtydliwemi złośliwemi y niekárnemi ſyny rozmáwiáć. Komuż zrego blá-

Syrach 22.

Math. 20

Syrach 22.

go blá-

go biadá? Mnie. Komu niestety? Mnie. Komu ciężko? mnie. komu nędzá? mnie. Wzgárdzona iestem: zniewazona iestem: wygnána iestem:
obelżona iestem. Biádá y wam ktorzyście mną
wzgárdzili: Niestety y wam ktorzyście mie zniewa-
żyli. Ciężko y wam/ ktorzyście mie wygnáli.
Nędzá y wam/ ktorzyście mie obelżyli. Syno-
wská bowiem niezbożność rodzicom iest nieucżci-
wość. A Mátczyne przeklectwo synom iest zátrácenie. Rostropny syn ieden raz mądre słowo v-
słyszawszy/ pochwala ie y przyimuie: A wy głupi v-
stáwicżnie słow moich słuchacie/ á że sie wam niepo-
dobáią/ w tył ie zárzucacie. Powiádam wam
mądre słowo/ co dźień w Prorokách: Powiádam
wam w Apostolách. Náostátek y zbáwienno Páná
nászego y Bogá/ Ewánielską náukę záwżdy przed
wás kłádę: Sáme one Mądrość ktora świátá tego
rozumy w głupstwo obrociłá / y bez ktorey nikt mądrym áni był/ áni sie názwáć kiedy mogł: ktorey
Przypo. 3. lepsze iest nábycie/ niżli kupcżenie złotem y srebrem.
Droższa bowiem iest nád Perły/ kámienie drogie/ y
świátá tego máiętności wszystkie. Długość dni ná
práwicy iey/ á po lewey stronie bogáctwo y sławá.
Drogi iey drogi piękne/ á wszystkie ścieszki iey spokoyne. Tym ktorzy ią záchwycą/ iest drzewem żywotá/
á ktorzyby ią otrzymáli/ błogosłáwieni będą. To
wam ná káżdy dźień przekłádam. Dźień y nocą tym
Przypo. 9. do wás wołam. Kto iest miedzy wámi máluczki/
niech przyidzie do mnie/ y ktorzy chcecie rozumu/
chodźcie sám/ iedźcież moy chleb/ á pijcie wino ktorem wam zmieszáłá: Opuśćcie dźiecińskie y żywi
bądź-

bądźcie: chodźcie po drogách opátrzności á ná wieki krolowáć będźiecie. Ale rzecże ktory z synow
moich. Przecższe sie srogim gniewem zápaliło serce
Mátki nászey? Czemu ták zápálcżywie dźiatkom
swym przymawia? Dla cżego ták zárázliwymi
przeklectwem siebie y nas syny swe obciąża? Nie
iest to Máćierzyńskiey miłości przystoyno/ gdyż wie
dobrze/ że nie można iest rzecż miedzy ludźmi bez
grzechu człowieká náleść/ wszyscy ten niedostátek cier-
piemy/ wszyscy tey niewoley tárzniowániey. A ponieważ żaden nie iest bez grzechu/ tylko sam Bog.
Łżeyby z dźiatkámi swemi postępowáć miáłá/ y łá-
godnieyszyby sposob do strofowánia synow swoich náleść mogłá. Gdyż nie iest Mácochą/ ále Mátką:
y my nie iesteśmy pásierbowie/ ále syny. Rozgi záżyć było do karánia/ á nie żeláznego pálcatu: domowego strofowánia/ á nie wszemu świátu ogłoszonego
przeklectwá/ ktoraż kiedy Mátká wzeciwości dźiatki swe odsądzáłá? Ktora Rodźicżká syny swe przeklectwem Szátánowi ná potępienie duszę y ciáłá od-
dawáłá? Co nie tylko Mátce/ ále y Mácosze nie
przystusza. Coż ia ná to odpowiem? Skąd sie ná
słowá zdobędę? Dałby to Bog żebym nie miáłá czego odpowiedźieć: Wolálábym záiste klamliwą w
tym com tu wyrzekłá być ználeziona / á niżli prawdziwą. Ale ciężkoż mnie że to wszystko prawdá
co mowię: że nie omylna powieść / ktorámem tu
przyrocżyłá: o cżym/bym dobrze milcżáłá/ sámo ich
sumnienie prawdą zwyćiężone świádcżyć musi. A
iż sam tylko Bog bez grzechu/ á ludźie wszyscy grzechowi podlegli/ Ktoż tego nie wie? ponieważ stwo- Gen. 5.
E rzeni są

rzeni ſą ná wyobráżenie y podobieńſtwo tego ktory
ſie poſliznął Adámá: y ponieważ w przeſtepſtwie po-
Pſal. 50. częći ſą/ y w grzechách ſie porodzili. Jednákże was/ ktorzyśćie byli vmárłemi w wyſtepkách y w
Epheſ. 2. grzechach wáßych/ w ktorycheśćie niekiedy chodzili
wedle wieku świátá tego y według Kśiążećiá mocy
powietrza tego/ Duchá ktory teraz moc pokázuie w
ſynách niedowiárſtwá/ miedzy ktorymi y wy wßyſcy
obieráliśćie ſie niekiedy w pożądliwośćiách ćiáłá wá-
ßego/ czyniąc wolą ćiáłá y myśli wáßych/ y byliśćie
z przyrodzenia ſynowie gniewu/ iáko y drudzy. Ale
Bog (ktory ieſt bogatym w miłośierdziu) dla wielkiey miłośći ſwoiey / ktorą was vmiłował/ gdyśćie
byli vmárli w grzechách/ ożywił was ſpołem w Chryſtuśie (ktorego łáſką ieſteśćie zbáwieni) y p: ſpołu z
nimi wſkrześił/ y poſpołu poſádził ná niebieśiech w
Chryſtuśie Jezuśie. A przetoż nie godziło ſie wam
Epheſ. 4. wiecey ták chodzić/ iáko chodzą Pogánie w márnośći
zmyſłu ſwego/ máiąc vmiechłány ćiemnośćiámi ro-
zum/ oddaleni od żywotá Bożego przez nieumieiet-
ność/ ktora w nich ieſt / y dla záślepienia ſercá ich:
ktorzy rozpaczáiąc w dáli ſie ſami ná niewſtydliwość
ná czynienie nieczyſtośći y łákomſtwá. Ale wy
nie tákeśćie ſie náuczyli od Chryſtuſá / ieśliżeśćie go
ſłucháli/ y ieśliśćie w nim náuczeni/ ábyśćie z śiebie złożyli według pierwßego poſtepku ſtárego człe-
wieká/ ktory ſie pſuie według obłedliwych pożądli-
wośći y ábyśćie ſie odnowili duchem vmyſłu wáße-
go/ y oblekli ſie w nowego człowieká/ ktory wedle
Bogá ſtworzony ieſt w ſpráwiedliwośći y świątośći
1. Cor. 15 prawdy. Abowiem iáko iednego człowieká Adámá

ná przeſtepſtwem ná wßyſtkie ludzie przyßło oſądze-
nie śmierći/ ták też iednego człowieká Jezuſá ſpra-
wiedliwośćią/ ná wßyſtkie ludzie przyßło vſpráwiedliwienie żywotá. Jam tedy was rodziłá ná
wyobráżenie y podobieńſtwo wtorego Adámá Jezu- Epheſ. 5.
ſá/ ktory mie Oblubienicą ſobie obrał/ y wydał śiebie zá mie/ áby mie ośwwiećił oczyśćiwßy omyćiem
wody w słowie żywotá. A przetoż iá będąc czyſtą
y święta/ iákom was nieczyſtych y kletych porodziłá:
tymże was oczyßcżáiąc y oświecáiąc/ czymem ſámá
ieſt oczyßczona y oświecona/ wodą mowię y Duchem/ Jan 4.
ktorymi ieśliże kto odrodzony nie będzie/ Synem moim nie ieſt/ y do Kroleſtwá Bogá Oycá nie wnidzie/
ále przeydzie od śmierći pierwßey/ do śmierći wto-
rey/ nád pierwßą gorßey. Nie ieſteśćie iuż wie- Rzym. 6
cey pod Zakonem/ ále pod łáſką: Ktorzy ſie pod zákonem rodzą / Oycowſki grzech zá ſobą ćiągną/ ále
ktorzy ſie pod łáſką rodzą / nie wiecey iuż iárzmem
grzechu obćiążeni bywáią. Jam was pod łáſką
porodziłá / á nie pod zakonem. Ná świebodziem
was wychowáłá/ á nie w niewoli: świátłośćiom
was ośwwiećiłá / á nie w ćiemnośći zoſtáwiłá. A dla
tego godziło ſie wam iáko ſynom świátłośći ſpráwo- Epheſ. 5.
wáć/ we wßeláktiey dobrotliwośći/ w ſpráwiedliwośći y w prawdzie doświadczáiąc co ieſt wdzięcznego
Bogu/ á nie ſpołkowáć z vczynkámi nieprzyſtoynymi
ćiemnośći/ ále ie ráczey kárác. Y mowićie/ Zaden
człowiek bez grzechu oprocż ſámego tego ktory świátá grzechy zgłádził/ być nie może/ ponieważ y ſpráwiedliwy nie rzkąc grzeßny/ śiedm kroć ná dzień v-
pada/ dobrze/ przyznawam to y ia: Ale też y to

opowiá-

opowiádam/ że ſie ſpráwiedliwy prędko z poślizgnie-
nia porywa/ nie ták iáko wy dopiero o podnieśieniu
głowy y powſtániu námniey nie myślicie. Opá-
nował grzech w śmiertelnym ćiele wáßym/ żebyśćie
posłußni byli żądośćiam iego/ y wydáliaćie członki
wáße orężem nieſpráwiedliwośći grzechowi/ powinni będąc żyć według Duchá á nie według ćiáłá/ żyiąc
Galat. 5. bowiem według ćiáłá/ pomrzećie : A ktorzy ſą
Chryſtuſowi/ y ktorzy ćiáło ſwe vkrzyżowáli z námię-
tnośćiámi y pożądliwośćiámi/ Duchem żyiąc/ Duchem y poſtępowáć ſą powinni. Czyli niewiećie iż
ktorzyśćiekolwiek okrzczeni w Chryſtuśie Jezuśie/
ieſteśćie okrzczeni w śmierći iego : Abowiem ieſte-
Rzym: 6. śćie z nim poſpołu pogrzebieni przez Krzeſt ná
śmierć/ áby iáko Chryſtus wſtał zmartwych przez
chwałę Oycowſką/ ták żebyśćie też y wy w odnowie-
niu żywotá chodźili/ to wiedząc iż ſtáry człowiek nász
poſpołu z nim vkrzyżowan ieſt/ áby było zepſowáne
ćiáło grzechu/ ábyśmy więcey nie służyli grzechowi.
A ieżeliby ſie komu y w grzech wpáść przydáło/ bedźiećieli ſie ſpowiádáć grzechow ſwoich/ wierny ieſt
y ſpráwiedliwy Pan/ że odpuśći grzechy wáße/ y o-
czyśći was od wßelkiey nieprawośći. Skąd ſie
dáie wiedźieć/ że nie grzech/ ále vſtáwiczne w nim
Hebr. 10 trwánie/ wktorey śmierći ieſt przyczyna. Gdyż vmyślnie grzeßącym/ po wźięćiu vznánia prawdy/ iużći
nie ieſt zoſtáwiona ofiárá zá grzechy/ Ale niejákie
ſtráßliwe oczekawánie ſądu/ y przykrość ogniá/ ktory ma pożrzeć przećiwniki. A przetoż y mnie ne-
dzno/ nie grzechy wáße ná táki ſtroſowánia ſpoſob
porußyły/ ále vſtáwiczne w grzechách trwánie wá-

ße/

ße/ á nie ták dálece w grzechách trwánie/ iáko więc
co dźień w gorße ſie złośći wpráwowánie/ zá co nie żeláżney karánia rozgi/ ále wyrzeczenia ſie y przeklectwá ná zátrácenie duße y ćiáłá godniśćie pálcatá.
Wiem żem ieſt Mátká/ y wyśćie dźiatkámi moimi
byli. Ale gdy ſie zá wyrzeczeniem y odrzuceniem
mnie od was/ w gorzkośći ſercá poruße/ pogárdzę wá-
mi/ wyrzekę ſie was/ wyklnę/ á wßyſtkim narodom
dam was w vrągánie. w ten czás ániia więcey Mátką ſie wáßą miánowáć/ áni też być záchce. A
co więtßa kiedy záwołam do Oblubieńcá ſwego/ á
do Oycá wáßego/ y ten was odrzući/ wyrzecze ſie/ y
wiecznemu zewnętrzney ćiemnośći zátrácenia wydá/
gdźie męki wieczne y zebow zgrzytánie vſtáwiczne będźie. Ná ten czás rzeczećie. Biádá tey ktora
nas ſpłodźiłá/ biádá tey ktora nas karmiłá/ lepiey
nam nie rodźić ſie było/ niżli ná to mieyſce wiecznego vdręczenia ſie doſtáć. Ach dniowi temu w
ktorymśmy ſie porodźili : Nieſzczeſny źiemi po ktoreyeś-
my chodźili/ niebu ktore nas oświecáło. Biádá y
nam/ żeśmy opuśćili Mátkę náße. Ciężko y nam/
żeśmy przykazánia Oycá náßego zániedbáli/ y w
ſzodzey woley náßey chodźili. Wołáć będźiećie/ á
Przypow. Salom. 1. nikt was nie wysłucha : wzywáć będźiećie/ á nikt ſie
nie ozowie. Krzyczeć będźiećie/ á żaden do was nie
Ierem. 7. zſtąpi. Abowiem iákośćie wy Oycá wáßego y Mátkę opuśćili/ ták też y od nich opuszczeni/ y w wiecznego zápomnienia niepámięć zárzuceni będźiećie. Jzá-
lim po iedenkroć domá priwatnie was ſtroſowáłá/
á nie publicè ná rynku? Jzalim ieden raz ſámá przytomnie was prośiłá/ ábyśćie ſie do mnie náwroćili?

Jzalim

Izalim tesz przed nie wielo lat Bráciey wáshey
do was nie posyłáłá/ ábyscie mie przeprosili/ y pilno-
scio wásho szkody moie nágrodziwszy/ przy mnie zostá-
li/ á o zżym moim wiecey nie myslili: Nie opowie-
działámli wam przestepstw wászych / ktoremiscie y
mnie y sámych siebie oszpecili / y nie rzekłámli wam
że sie prożno z záostrzonemi iezyki wiedząc o niezwy-
ciężeniu moim/ ná mie rzucacie. Coż mi sie od
was zá te vstáwiczne moie o was stáránie przydáło:
Co: to záiste co gdzies Medrzec wyrzekł/ Sam sobie krzywde czyni/ kto násmiewce vczy. A kto
Przyp. 9. gromi złowy niepoboznego/ sam sobie zmazę rodzi.
Syrach 5 Mowilisćie bowiem/ zgrzeszylismy/ á coż sie nam złego zá to stáło: Abowiem Pan iest cierpliwym. A
iam rzekłá: Nie mowcie tego/ wielkie iest miłosierdzie Páńskie / zmiłuie sie nád wielkoscio grzechow
nászych. Miłosc bowiem iest v niego / Ale y
gniew z zápálczywoscio ná grzeszne/ á to ieśli znά-
głá przypádnie/ rozmiecie was czásu pomsty zápewnie. Przetoż nie przykładaycie grzechu ná grzech/
ále dobrocio dobroc wspomagaycie. Coszem strofowániem mym spráwiłá: Com słownym karániem
moim v was zbudowáłá: Widze że nie tylko o pole-
pszeniu nie myslicie/ ále ieszcze co raz w gorsze złosci
wpadacie: Dokad sciány dusz wászych podwyláć bedzie-
cie: po ktorych nieszczesnym vpadku / rozumiecie że
ie podniesiecie. Lecz prożne wásze nimiemánie/ márne wásze rozmysły / poniewasz nárych miast miedzy
wámi ktorzy vpadacie/ y miedzy stoiacemi wielka
odchłań vtwierdzona bedzie/ że áni im do was/ áni
wam do nich przeyscie sposobne być może. A ná ten

czás

czás skonczy sie dzieło wásze zapłáto. A ia wierze
temu ktory mie vmiłował/ y ktory siebie zá mie wy-
dał/ że mie on sam możno práwico swoio wydzwignie
y pilnieyszym robotnikom winnice swoie zleci/ Zdarz
że to wszechmogacy Boże. Przed ktorego naswiet-
szym Máiestatem z strachem vpadam y skruszonym
sercem á płáczliwym głosem niewymowno dobroc
twoie wzywam:

Ty sám Krolu wieczney chwały/ niebá y ziemie Modlitwá do Bogá.
wláyco/ ktorego Thron iest myslo nieogárniony/ y
sławá niepoieta. Przed ktorym stoi z boiáznio y
drżeniem woysko Aniołow/ y wszystkich gornych mo- 3. Esdr. 8
carstw: ktorego słowo prawdziwe/ y powieści trwáłe: Ktorego roskazánie mocne/ á rozpráwienie strá-
szne: ktorego poyzrzenie wysusza przepáści/ á zágnie-
wánie czyni zwiedniáłe gory/ y prawdá swiadectwo
wydawa. Ty mowie ktory ze wszystkich lásow zie- 3. Esdr. 5
mie/ y ze wszech drzew iego/ obrałes iedyno Winnice/
y ze wszystkich kwiátow swiátá obrałes sobie lilio iedne: A ze wszystkich przechlin Morskich nápełniłes
sobie potok ieden/ y ze wszystkich budowánych miast/
poswieciłes sobie sam Sion. A ze wszech powietrz-
nych ptakow miánowałes sobie gołebice iedne/ y ze
wszystkiego stworzonego bydłá/ obrałes sobie owce ie-
dne/ á ze wszystkich rozmnożonych narodow/ zdobiłes
sobie lud ieden nowego Izráelá / to iest mnie Cerkiew swoio/ ktoras ty od poczatku y podzis dziwnym
przeyzrzeniem/ y niedoscignionio głebokoscio sadow
twoich záchowywáć zwykł w pośrzod iáwnych y tá-
iemnych/ wnetrznych y pozwierzchownych nieprzyiacioł cále nienáruszono/ y tyniés mie zdawná á wiecz-

nie

nie Przywileiem obdárzyć raczył/ ábym ſie krzewiłá
w prześládowániu/ pomnażáłá w vćiſkach/ wywyż-
ßáłá w vboſtwie/ y wzgárdzie świátá tego/ zwyćie-
żáłá/ ćierpiąc/ triumphowáłá krzywdy y vrągánia
odnoßąc/ rosłá y buyno kwitnełá/ zá pokropieniem
krwie Męczeńſkiey/ y w ten czas náybárziey ſie twoiá
pomocą zmacniáłá/gdy naypewnieyßym/ſynowie
świátá tego z pozwierzchnych coniectur vpadkiem mi
grozić zwykli. Ty ſam y teraz weyrzy miłośiernymi o-
kiemná niewysłowiony żal/vćiſk/y vtrapienie moie/y
rácz vlżyć ieśli wolá twoiá krzyżá włożone° ná mię/v-
tul płácz/ vśmirz ſerdeczną boleść moię/ ktorey mi
przyczyną ſą właſni moi ſynowie. Przyidz z Libá-
Psal. 69. 63. nu/ przyidz mi ná pomoc/ niech ſie záwſtydzą/ y
niech ſie wſtecz obrocą/ći ktorzy ßukáią duße moiey/
y zoſtrzáią ná mię niewſtydliwie iezyki ſwoie/ wßák-
ża w tobie ſámym vfność y nádzieię pokłádam/ do ćiebie ſie ſámego we wßelákich troſkách y doległiwo-
śćiách moich vćiekam. Rácz wiele do tąd vćiſkow
y prześládowánia/ nie tylko od obcych/ ále y od tych
ktorzy wyßli ze wnetrzności moich/ vćierpiáłam y po
dziś dzień ćierpię/ iednákże ćiebiem nie odſtąpiłá/ á-
ni podniosłá rąk moich do Bogá cudzego/ nieporuße-
Math. 16 niem zá pomocą twoią ſtałá y ſtoię ná tey mocney ná-
ktoreś mię vgruntowáć raczył/ opoce: nie vtráćiłá-
ſam/ y żadnego błedu y hæreſiey zmázą nie pokaláłá
ßáty tey ktorąś mi ty ſam dárowáć raczył/ z naywyżßey Theologiey vtkáną wiáry/ w ćię/ nie podeyzrzá-
ney/ nie zeßpećiłam iey ludzkich wymyſłow y nowych
á cożás to odmiennych vſtaw/ y trádicyi pſtroćiná-
mi. A chociaż ſie wiele niezbożnych y wyrodnych
dźieći

dźieći moich náśláduie/ iednákże to nie z moiey przyczyny. Ale z ich pochodzi przewrotnego vmyſłu z ich
niedowiárſtwá/ z ich pychy/ z ich ámbiciey/ z ich ſkło-
nionego do Bogactw y roſkoßy tego świetnych ſercá/
ktorzy ćiáſną drogą y ćiernia oſtrego nápełnioną do
żywotá wiecznego iść nie vlubiwßy: ná ßeroką y Math. 7.
przeſtronną (ktorą wiele ich idzie) drogę ſie vdáli/ A
vdawßy rádziby wßyſtkich zá ſobą potárgneli/ a
mnie Mátkę ſwoię o wſtyd/ hánbę/ y zgubę wieczną
przyprawili. Niedopußczay że niezbożnym Sy-
nom/ aby ſie z vpadku mnie Mátki ſwoiey vweſelili.
Iednák wßechmogący Pánie/ nie záraz náwiedzay
pálcatem zátrácenia nieprawośći ich/ ále pohámuy Psal. 88.
ná czás mały dla mnie/ wyćiągnioney ku pomśćie práwice twoiey/ że ießcże poydę raz do nich/ y nápomnę
nie ich/ ázáli ſie ku końcowi żywotá ſwego obaczą/ á
przydą y pokłon mi winny oddádzą/ z ktorymi będąc
iuż w zgodźie y zobopolney miłośći/ przed oblićzem
twoim ſtánę/ y z nowu w rádośći y weſelu imię twe
święte ſłáwić y wielbić poſpołu z onemi będę. Oto
iuż idę/ y twey niewypowiedziáney dobroći proßę/
zeßli im Dar Láſki y Miłośierdzia ſwego/ á ſercá ich
prawdziwym rozumem nápełni. Rozniec w nich o-
gień miłośći twey: áby ſłyßąc rozumieli/ wyrozumia-
wßy przyieli/ przyiawßy pokutowáli/ á przez pokutę/
áby niebieſkim twoim mießkáńcom rádość y weſele Lukaß 15
ſpráwili. A ponieważem iść do nich vmyśliłá/
trzebá ſie rozmyślić/ do kogo w przod poydę/ ábym
nádáremney prace nie podięłá. Ieśli bowiem
do poſpolitego gminu poydę/ obawiam ſie/ áby vy-
źrzawßy mię/ z proſtoty á płochego rozumu ſwego/
ná mię

S

ná nie nie násłoczyli/ y rąk swoich we krwi Mácie- Przyp. 29 rzyńskiey nie omoczyli. Serce bowiem służebnicze iest twárde/ y słowy náuczone być nie może/ chociá by co zrozumiáło/ żadną miárą nie przyimie. Poydli tesz do Kśiążąt/ Przełożonych y Pánow/ ná tych/ by też dobrze y chćieli mie vsłucháć/ á przy mnie sie zástáwić/ nie do końcá należy/ gdyż poddáni ich/ nie w rzeczách Duchownych posłuszni im być powinni/ ále tylko w świeckich.. Do tych (iáko bacżę) iść mi przystuszá / ktorzy duszo rządzą / poniewasz y rzecz sámá o ktorą mi idźie/ iest Duchowna: Co y słusznie z tey miáry vczynię / że przez kogo zepsowánie przyszło/ áby sie przez tegoż y naprawá zstáłá: y ktorzy początkiem y przyczyną do złego drugim byli/ áby przez nie wszyscy do dobrego náwroceni być mogli. Bo ći są ktorych stárániu Dusze wszystkich są powierzone: Ci są ktorzy się drogę prawdy ná iezyku nosić podieli/ y ktorych sie oczy o wiecżek strzec obiecáli. Do tych mi sie iść godźi/ z tymi mi rozmowić przystuszá. Raczże tedy Pocieszycielu Duchu ś. wprzod do nich záwitáć/ á ich zátwárdźiáłe serce zmiękczyć/ áby mie wdźięcznie przyieli/ y spilnością wysłucháli. A ia stáwie sie przed temi / ktorzy sie Oyczystego mego dźiedźictwá Rosseyskiey źiemie Biskupámi miánuią/ y do Stárszego z nich rzekę.

Rozdział ij.

W ktorym sie zámyka nápomnienie Cerkwie Wschodniey do Syná/ ktory ią opuścił z drugimi pospołu.

Synu/ oto Mátka ze wszelkim błogosłáwieństwá Bożego winszowániem/ stáwie sie przed cie/ Oto przed obliczem twoim stoię/ á z pokorą pozwolenie łágodney z tobą rozmowy proszę. Podnieś wielebną twą głowę/ á wesołym okiem ná Mátkę twą weyrzy/ weyrzy synu á poznay mie/ okaż ludzkość y pokorę dźiatkom przyzwoitą; przypuść mie do śiebie/ á śćiągnowszy rece przyimi mie/ niech sie nie zátwárdza serce twoie: podnieś oczy swoie ná zbolálą Mátkę twoię/ y łáskáwym weyrzeniem zezwol ieszcze áby z raz z nim ná spokoynie rozmowić: gdyżem nie dla tego do ćiebie przyszłá/ ábym tobie vrágáłá/ ále ábym náuczyłá: nie przyszłám dla tego/ ábym ćie w zápalczywość gniewu pobudźiłá/ ále ábym ćie skłonnym y pokornym vczyniłá: Nie przyszłám / dla rozerwánia Synowskiey do Mátki miłośći/ ále dla porownánia raczey. Zádziwny sie Synu pátrząc ná niesłycháne Mátki twey zniżenie. A vżal sie niezmiernego płáczu / żá-

lu/ boleśći/ y vtrapienia moiego/ ktorego ty ſam y z
drugą Bráćią twoią/ á młodſzymi Synámi moimi
3. Eſdr. 2 przyczyną ieſteście / Wychowáłam bowiem was z
rádośćią/ á potráciłá z płáczem y z boleśćią / poro-
dźiłam was ná vćiechę y podporę ſtárośći moiey/ á
doznáłem po was gorſzey niż po iáwnych przećiwni-
kach moich/ nieprzyiáźni/ goretſzey nienawiśći/ ſroż-
ſzego vćisku/ okrutnieyſzego prześládowánia/ y ſzkod-
liwſzego vpadku/ Dla was y przez was/ ia nieſzczęſna
Mátká wáſzá/ ſtáłám ſie vbogą/ vtrapioną/ oſiero-
ćiáłą/ y wzgárdzoną práwie od wſzyſtkiego świátá/
ktora teraz/ ách nieſtetyſz/ śiedząc nád przykrym ſło-
ney Bábilońſkiey wody brzegiem/ y widząc was ſá-
Pſalm. 136. mych y drugich wielu/ zá wáſzym powodem ſynow
moich/ nużernie w niey tonących/ płácze rzewnym/ á
nie vtulonym płáczem/ y żáłobliwe boleśći pełnych lá-
mentow moich głoſy pod ſáme obłoki wynoſze / ták iż
ſłuſznie ná ten czás ono Prorockie słowo o mnie ſie
rzec może. Głos w Rámie ſłyſzan ieſt/ płácz y
Iere. 31. krzyk bárzo wielki/ Ráchele płáczącey ſynow ſwoich
á niechcącą ſie dáć vtulić/ że ich niemáſz. Niechże
ćie ruſzy Synowſki przećiw Mátce twoiey áffekt /
niech przeráźi ſerce twoie ten ták gorzki y ſáme niebioſá przenikáiący płácz/ wzdychánie y wołánie mo-
ie/ poćieſz mie prze Bog/ proſzę Synu poćieſz w tym
vtrapieniu moim/ gdyżem ia ćiebie z młodośći twoiey ćieſzyć nie przeſtawáłá/ Otrzy łzy od oczu moich/
vpámiętániem y náwroceniem twoim/ Bom ia tobie w lećiech dźiećińſtwá twego płákáć niedopuſzczá-
łá. Záſtáwiay ſie Synu przy Mátce twey w ſtárośći iey. bo przeklęty ieſt wſzelki od Páná ktory ią v-

czynkiem

czynkiem y słowem opuſzcza/ chceiy mie poczćić/ á będźieſz miał błogosłáwieńſtwo od naywyżſzego / Nie
daway przyczyny áby ćie przeklináłá Mátká twoiá/ Syrach 3
gdyż przeklectwo Mátczyne z fundámentu wywrá-
ca domy ſynowſkie. Coż bowiem tobie zá słáwá Támże.
z zelżenia mego? á co zá vćiechá z mego zhánbienia?
Posłuchay przeto Synu z pilnośćią nauki moiey/ y
nápominánie moie przyimi/ chceiy wolą twoię z po-
myśleniem Oycá twego ſtoſowáć/ á dobrze ſie z tobą
ſtánie: Posłuchay mie ſynu á nie odrzucay słow Przypo.
moich/ dobry podárek dáię tobie/ niechceiy nim gár- Salom. 3.
dźić. Weźmi ſie zá náukę rácżey niż zá srebro: Vgá- y 4.
niay ſie zá mądrośćią/ nie zá złotem: wiádomośći
woley Bożey ſzukay/ á nie pereł y kámykow drogich/
wſzyſtkie bowiem te rzeczy mądrość przewyżſza/ y nic
nie ieſt ná świećie coby iey zrownáło. Tey gdy ſie
rozmiłuieſz/ błogosłáwion będźieſz y wieczną słáwę
pozyſkieſz. Strzeż przykazánia mego / á doy-
dźieſz mądrośći. Boy ſie Bogá/ á niechćiey mu ſie
ſprzećiwiáć / poniewáż iáko gliná w ręku gárncżá-
rzowych/ ták y wſzyſcy ludźie w ręku tego ktory ie
ſtworzył. Weyzrzy Synu ná ſtárożytne narody/ Syrach 2
á ſądź kto z nich wierzył Pánu/ y był záwſtydzony/ y
kto trwał w boiáźni iego/ á był opuſzczony: ábo kto
wzywał go y nie był wyſłucháný. Zgotuyże y ty Támże.
ſynu duſze twoie ná ſłużbę Pánu twemu: Wypole-
ruy ſerce ná przyięćie mądrośći/ ktora w przewrotne
duſze nie wchodźi. Pozayrzy świętym onym
przodkom twoim pierwſzym Páſterzom y Náuczyćie-
lom/ á otrzy od ſercá twego rdzę niedbálſtwá: odrzuć
kámień leniſtwá: vmyi oczy rozumu twego. Ná-

bądź

bądź boiáźni Bożey/ á tkni ſie w ſumnienie/ y poznay ſámego śiebie. Vczyń ſtáránie o powierzonych to-bie. Toż pilnośćią weyrzy w niedbálſtwo ſpół-páſterzow twoich/ ktorym ty ieſteś Wodzem/ A z tymi iednym poczuwánia ſie vmyſłem/ weyzrzy-ćie y ná poſłáne od was Káplany/ ktorymeśćie wy przed trzodą owiec wáſzych chodźić rozkazáli/ ieżeli ſie przyſtoynie záchowuią/ pilnoli o powierzoney trzodźie czuią. Ty ſam napierwey powſtań co naprędzey/ á vczyń podług woley moiey/ y podług woley Oycá mego/ Vczyń rozmowę z ſpół Páſte-rzámi twoiemi/ zopytay ich o podánym im Przeło-żeńſtwá vrzędźie/ tákli ſie w nim ſpráwuią/ iáko ſie godźi: zopytay y o powierzoney Ewányelſkiey przepo-wiedźi/ pilnoli tey przeſtrzegáią: ſąli Páſterze o owcách czuli/ á nie/ niedbáli naiemnicy: ſąli Cerkwie Chryſtuſowey ſłudzy wierni/ á nie niewierni naymi-towie: dowiedz ſie porządnieli Cerkiew Bożą ktorey ſą Przełożonemi/ rządzą. Sąli ſczyremi Apoſtołow-ſkiemi y Błogoſłáwionych ich namieſtnikow náśládow-cámi/ nie naydźieli ſie miedzy nimi Symon: ábo Iu-dáſz: ktoryby nie budował/ ále pſował y wydawał Cerkiew Bożą. A pewną wźiąwſzy wiádomość/ ied-nym vmyſłe o dobrym y o pożyteczinym Mátki wá-ſzey ſtáráiąc ſie/ znieśćie ſie wſzyſcy/ á mieyſco świád-kow ſámo ſumnienie wźiąwſzy w miłośći Bráterſkiey do námowy ſie vdayćie/ á ſpilnośćią niedoſtátki wá-ſze vważyć chćieyćie. Poznáyćie ſámych śiebie co ieſteśćie/ A wyrozumiawſzy co ieſt wezwánie wáſze/ ieden drugiego ſztrofuyćie. że ták wſzyſcy ná-karáni bez przygány będźiećie. Ruſz ſie ty ſynu

w miło-

w miłośći Bożey/ ná bądź gorliwey śmiáłośći/ á mow do Bráćiey twoiey: Bráćia/ My ieſteſmy ro-zumney trzody owiec Chryſtuſowych Páſterze. My domu Bożego ſtroże/ przyſtuſza ábyſmy ſámych nas z powierzoney nam páſtwy oſądźili/ wiedząc że má-my w dźień ſądny liczbę z tego Pánu czynić/ ieśliże ſie godnie w powierzonym vrzędźie y bez nágánienia ſpráwuiemy/ ieśliże doſtátkow pokármu y napoiu Ewányelſkiego chlebá y wody owieczkom náſzym do-dáiemy: ieżeli w cále y bez vmnieyſzenia podáne nam trzody záchowuiemy: Weyzrzym przytym y ná po-świecone od nas Káplány/ weyzrzym y ná powie-rzone im owieczki. Vczyńmy z ſobą y z nimi ro-zmowę/ poki czás mamy/ ábyſmy nápotym niedbál-ſtwá náſzego ſromoty od Oycá nie odnieśli/ y Korony żywotá odſądzeni/ ná wieczne zátrácenie wydáni nie byli. A poniewaſz káżdemu wiernemu y ſprá-wiedliwemu miedzy Bráćią Sędźiemu/ z ſwoim ſie pierwey ſumnieniem poráchowáć przyſtuſza/ nim do drugich przyſtąpi: áby mu nie rzeczono/ Leká-rzu vlecz śiebie ſámego/ Miſtrzu náucz ſie ſam pier-wey. (Lukaſz 4.) Przetoż y ty ſynu ſámego śiebie w począ-tek ſztrofowánia przywiedź. Z ſámym ſobą pierwey opyt vczyń/ ſámego śiebie pierwey oſądź/ powſtań śmiele/ á krom wſzelkiey obłudnośći/ Oycá twego przejednay/ otworz przed nim rány ſercá twego/ á on ćie vleczy. Ruſz ſie conaprędzey/ á do Brá-ćiey ſwoiey łágodną twarzą z gorącośći ſercá ták rzekni. Nie wſtydźę ſie Bráćia przed wámi/ w czy-mem ſie kolwiek Bogu memu zniewierzył/ obiáwić. Nie ſromam ſie ſpołpáſterze moi przeſtępſtw ktore-

mim

mim Oycá mego rozgniewał/ przed wámi wyznáć/
Wiedząc że lepiey mi ieſt przed niewielo was/ á niż
przed wßyſtkim świátem/ y przed Aniołámi Bożymi
być záwſtydzonym/ y wiecznego żywotá oddalo-
Math. 5. Ian 16. nym. Ja ieſtem ſol ſkáżona/ iam ieſt świátłość
zgáßona. Vczyciel niedbáły/ Naymitá nie Páſterz.
Owiec Oycá mego do niezwykley owczárniey wydá-
wcá/ á nie czuły od drapieżnych wilkow obrońcá. Roz-
grodźić płot Winnice Páńſkiey y wykopáć z niey prá-
Math. 21. ſe dopuśćiłem/ prze niedbálſtwo moie/ wywrociłem
wieże iey niewczeſnym milczeniem/ przedałem ią nie-
Math. 25 wiernym robotnikom zá ſrebro. Zákopałem powierzony mi tálent w ziemie/ potráćiłem niezliczone
duſſy owiec/ zá ktore Krol moy y Bog vmárł.
Gdźie moie duchowne pokármy z Ewánielſkiey ro-
ley zebráne/ y powierzoney trzodźie podáne: áby wßytkie owieczki iednym pokármem ſie karmiły/ y iednym ſie napoiem poiláły/ á po cudzych rożnych pá-
ſtwiſkach nie chodźili. Gdźie náuki/ ktoremiby ſie
duchácze w bojaźni Bożo/ y w miłość bliźniego ſwego záprawowáli. Gdźie y inße z Vrzędu y Przełożeńſtwá mego pochodzące dobroczynnośći: świe-
tobliwe Monáſterzow ſporządzenie: Przyſtoyna
Cerkwiey ozdobá: Bo ćo ſie ná to z Páſterſkiey powinnośći mey wydáć y nałożyć miáło/ tomem ná
ſwoy tylko pożytek álbo ráczey zbytek (nie duſznemu
powierzoney mi trzody pożytkowi dogadzáiąc/ ále
ſwoie tylko ſkárbny/ ſkrzynie/ y ſklepy nápełniáiąc)
obroćił/ zábráwßy zá śiebie mimo zwyczay y Canony ś. Oycow/ kilká Duchownych Vrzędow/ y wydźie-
ráiąc Cerkwiom y Monáſterzom ſtárodawne nádá-
nia/ A-

nia/ Ażeby mie w tym nie było komu ſtrofowáć nie-
godnych/ y nieukow/ á co wietßa dwożeńcow/ trze-
żeńcow/ y w dziwne około wiáry y obyczáiow błedy zá-
wiedzionych ná Włádyctwá y inne Cerkiewne Vrzę-
dy/ zá świádectwem nieſkąpego dátku/ ſtánowiąc.
A przetoż ieſtem rozproßyćiel ſkárbu Páná mego/
ieſtem łupieżcá dobr Oycá moiego: ieſtem roſkoßnik w obfitośćiách Cerkwie Chryſtuſowey: ieſtem
márnotráwcá w Oyczyſtym dźiedźictwie Krolá mego. Coż rzekę ießcze y o Monáſterzách włádzy mey
podległych: w ktorych Czernce/ świete przodkow
ſwych vſtáwy/ ſwowolnie połamáli/ podeptáli y wniwecz obroćili/ ták iż áni ślad ſtárożytnego onego pobożnego w Modlitwách y Pośćie/ w pracy y náuce
Piſmá ś. pomieſzkánia w nich nie zoſtał. Biádá
mnie ktory ſie miániąc Páſterzem o wßyſtkim tym
niedbáł: rządźie/ liczbe Pánu ſwemu w dźień ſądny mam
oddáć. Tym ſpoſobem luby moy ſynu/ śiebie ſámego oſądźiwßy/ y przed ſpráwiedliwym ſędźią nieprawośći twe z pokutą wyznawßy/ śmiele y krom wßelkiego ná oſoby względu/ Bráćią twoie ſtrofuiąc zopytay. Przyznaycie y wy/ mowiąc/ Oycowie y
Bráćia/ nie toż li ſie z wámi co y ze mną dźieie: Izali
nie tymiż złymi poſtepkámi/ w powierzonym vrzedźie
wáßym/ o nieſławe ſie przyßli: Ktoż z was powierzony tálent vdwoiony Pánu ſwemu przynieśie: wßyſcy zárowno w iednym niedbálſtwá iárzmie ßyie náſze powlezliſmy: wßyſcy w tymże błoćie potoneliś-
my. Pokarzmyż śiebie Bráćia ſámi/ y ſtrofuymy
pierwey niż ná ſąd pozwáni bedźiemy: pierwey vbłá-
gaymy ſędźiego/ niż ſpráwiedliwym iego dekretem
G podług

podług spraw nászych wieczne zelżenie odniesiemy.
A osądziwszy nás sámych weyzrzymy y ná postáne
przez násze ręk wkłádánie Kápłany/ ktorycheśmy po
wszystkiey Koscieyskiey ziemi iáko molu niewinne
dusze gryzącego násiáli/ niedozrzáłych chłopiąt/. y
nieukow/ natretow/ nieobyczáynych grubiánow/
mierziónych żártokow/ niewstydliwych Báydow:
o sobie mądrych medrelow: niekárnych bácchántow:
ociętnych Rybáłdow: krnąbrnych sámopásow/ wi-
chrowátych niestátkow: bojázliwych trzmielow:
náderych klekotow: oboietnych pochlebcow: niezbożnych swietokupcow: przeklętych swietoprzeda-
wcow: nienásyconych łákomcow: slepych wodzow:
niedbáłych Oycow: nieczułych Pásterzow: rospust-
nych Kápłanow: nieumieietnych Mistrzow: podeyzrzánych Káznodzieiow: niespráwiedliwych Se-
dziow: obłudnych Phárizeuszow: lisowátych Ju-
daszow: piekielnych bluźnierzow: ktorzy niedosz-
łych lát swoich niestátkiem/ nie do pismá Bożego czy-
tánia/ ále do dziecinnych igrzysk/ y do inszych lekko-
sci są powabnieyszy. Nie do náuki/ále do swey woley pochopnieyszy. Nie do porządnego spraw Cerkiewnych odpráwowánia/ ále do kárczemnych ku-
flow y tuzow wytrząsánia sposobnieyszy. Ktorych
błogosłáwionych Oycow niedoszłego lat trzydziestu
w poczet Kápłanow Bożych nieprzyimują. A my
swowolnicy Symonowie/ledwie drugiego do piętná-
stu dopuscim. Wiádomo to káżdemu/ że niektorym ieszcze Máćierzyńskie mleko w vściech nie v-
schło/ á iuż Oycámiśmy ie nád przystoynosć poczynili: ieszcze sie sámi syllábizowáć nie náuczyli/ á my

ich ná

ich ná powa Bożego przepowiedź posłáli/ ieszcze swoimi domámi nigdy nie spráwowáli/ á my im Cerkiewny rząd zlecili. A tużli my Brácia nierozsąd-
nymi nászym (zá márnego złotá przyczyną) ręk wkła-
dániem/ cudzych grzechow nie iestesmy vczestnika-
mi? Bez wątpienia. O niezbedne łákomstwo/ iákże y nád temi ktorzy sie vbostwá náslądowáć podieli/
pánuiesz? Nie pożyte srebro/ iákże ty y Duchownych ludzi kárki osiadasz? Ciebie niezbyta chćiwo-
sciąná ták ostry wielkiego niebespieczeństwá hak má-
rkę násze przywiedlismy/do ták znácznego zniewa-
żenia y swietskiey hánby Oblubienice Chrystusowe
záprowádzilismy/podáiąc ią lekkomyślnym chłopie-
tom w dozor/ á w opiekę niestátecznym dzieciom po-
ruczáiąc/ ktorzy prze niedostátek smysłu/ áni co sobie są powinni/ wiedzą: áni co Mátce/coż wiecey
powierzonemu Vrzedowi? A dla wzięcia pewniey-
szey o tym wiádomośći/ Rozkażmy tym niedorosłym
Pástuszkom/ áby nam iáki te pokazáli ná ktore Chrystusowe owieczki wyganiáią. Niech przed námi pokarm y napoy położą/ ktoremi ie karmią y poią. Pewienem tego Brácia/ że tácy są Pánowie/ tácy y słu-
dzy/ Jákowi my ręk wkłádácze/ tákowi y ći ktorzy
ręk wkłádánie od nas przyimuią. A ieśliże my pod
ćieniem niedbálstwá drzemiem/ á oni prze lenistwo
y posnęli. Jeśli my swiátłością słoneczną będąc/ mgłą
nieumieietnośći poćiemnieli/ ták iż niektorzy z nas
y swego własnego iezyká pism dobrze czytáć nie vmie-
my: swiátłość Księżycá iáka będzie? ponieważ nász i swiátłość y w nich y w powierzoney im rozumney
trzodzie swiećić sie miáłá? gdzież nie mrok/ gdzie

G ij nie

Nápomnienie

nie ciemność: Dla ktorey wielkie wielu błedy/ wielkie pogorszenia/ wielkie y niepohámowáne od Cerkwie Bożey odszczepieństwá vrosły/ gdźie bowiem z
nich ieden Káznodźieiá; ktoryby swoim zwykłym
Duchownym á nie cudzym Ewánielskiey náuki chle-
bem/ owieczki swe karmił? Te są moie do ciebie
Synu słowá. Tá z tobą moiá rozmowá/ ktorą od
Rodźicżki twoiey wysłuchawszy wdźięcżnie przyimi/
á z pilnośćią wiecżnymi cżásy w sercu twoim záchowa-
way/ y ruszywszy sie owoce pokuty godne / y z temi
ktorzy cie násládowáli vczyń / wspomnićie ná Zákon Boży / o Pásterze y Náucżyćiele/ náwroćcie
sie do mnie Mátki swoiey/ ktorąśćie niezbożnie opuśćili y wydáli. Nákarmćie siebie y swoich dusze kár-
miącym wesołego zwiastowánia chlebem y winem
nápoyćie náuk zbáwiennych. Stoyćie nie chwieiąc
sie przy Rodźicielce swoiey/ á o iey vczćiwe y sławne
wszelkim sie sposobem stáraycie. Otworzćie serdeczne oczy wásze/ á poznayćie sámych wás/ poznayćie
Rodźicá y Rodźicżkę wásze/ porozumieyćie w czyim
1. Petr. 2 y iákim domu sćie sie vrodźili. Rodzáiem wybrá-
nym/ narodem świętym/ Krolewskim Kápłáń-
stwem/ á synámi Bogá naywyższego byliśćie. Poznayćie siebie mowie/ y mnie Mátkę wászę/ ná ktorą teraz niewinnie powstawszy/ [illegible] wszystkimi siłámi
swemi szturmuiećie. Iżalim iesżcze máło lat nie dá-
wno przeszłych vćierpiáłá potwarzy y cálumnij od iáwnych ádwersarzow/ ktoremi oni świátu/ y niepodey-
rzáno w Bogá w Troycy iedynego wiárę moię y prawdźiwych moich synow sławnego narodu Rosieyskie-
go ku ohydźie wszystkiemu świátu podáć vsiłuiąc

Miásto

Potwarzy

Miásto Kánonow lub Práwidł/ álbo Artykułow
Religiey Cerkwie Rosieyskiey wszystkiemu świátu do czytánia podáło. Czego świádkiem są
scripta Láćińskim ięzykiem z Druku wydáne / nieiákiego *Ioannis Sacrani* Krákowskiego Kośćiołá Kánoni-
ká: X X. Piotrá Skárgi: X List *incerti Autoris
ad Dauidem Chytreum.* Iákoby o Wierze/ o Obrzędách/ y
Ceremoniách ludźi Religiey Ruskiey. Gdźie miedzy
innemi niewymownego podźiwienia godnemi *calumniami*/ y te *summatim* zebráne rzeczy zádáią. Iákoby
Synowie moi Rosieyskiey Cerkwie Kápłani y Náu-
cżyćiele/ że wszystkim opiece ich powierzonem ludem
niebieskiego słowá prawdy iesżcze niepoználi/ iákoby
ich zbáwienna świátłość Ewánielska iesżcze nie o-
świećiłá: iákoby v nich Ewánielium święte nigdy
czytáne nie było: iákoby oni w Cerkwiách miásto E-
wánielium szczyre bayki záwodząc lud prosty/ powiádáć mieli: iákoby [illegible] wielkie grzechow odpusty temu mieli dawáć/ ktoryby nieprzyiaćielá swego álbo
Rzymskiego Cátholiká zabił: iákoby oni krzywo-
przysięgáć roskazywáli: iákoby oni náucżáć mieli/
że żywy człowiek śmiertelnie grzeszyć nie może: iákoby oni to twierdźili/ że modlitwy Cerkiewne y *oblationes* tym/ ktorzy są w piekle/ á nie inszym pomagáią:
iákoby oni powiádáli/ że porubstwo y lichwá nie są
grzechy śmiertelne: iákoby oni iednym rázem dwie
żony iednemu mieć pozwaláli: iákoby oni cudzoło-
stwo nie być grzechem náucżáli: iákoby oni z vpodobánia swego/ krom żadney słuszney przyczyny Małżeństwá rozwody czynili: iákoby oni gruby y głu-
narod wielu niezbożnych Ceremoniy przy od práwowá-
niu

Ioannis Sacrani Canonici Cracouien. cap. 2.
Scargae c. 2. partis 3 lib. Pol. Anno 1577. de uno pastore & de verit Ecclesiae.
Et Epist. incerti authoris ad Dauidem Chytreū.
Proch calumnia.

Pátrz iá-
ká potwarz

niu błogosłáwieństwá Małżeńskiego y przy pogrze-
bach ciał zmarłych zażywáli: iákoby oni listy świá-
deczne zmarłym do Piotrá ś. Apostołá dawáli: iákoby oni Spowiedź świętą zá nic mieli: Jákoby oni
do vrzędu Kápláńskiego nikogo bezżennego niedopuſzczáli. Jákoby oni Symoniey zá grzech nie mieli. Jákoby oni Krzcili nie w imie ále przez imie Oycá y
Syná y ś. Duchá. Jákoby oni táiemnicy Páńskiey
Wieczerzy miásto Winá/ wkwáśie y w ſycie/poświę-
cáli. Jákoby im Ciáło y Krew Páńsko niezwyczáy-
nie po obiedzie/ ábo názáiutrz vpiwszy ſie iáko świniam pożywáć wolno być miáło. Jákoby oni inszo
Ciáłá y Krwie Páńskiey táiemnice zdrowym do pożywánia dawáli/ á insze chorym/ y owo onym/ á o-
no owym niepożyteczno być powiádáli. Tey y
tym podobne *calumnie*/ te wszeteczne bayki/ te Bogu
mierzłone bluźnierstwá ná [illegible] zmyśliwszy świátu
wszystkiemu publikowáć [illegible] zá pewno niewiádomym
powieść vdawáć Adwersárze moi nie wstydzili ſie.
Przydáiąc do tych y świeże co czás potwarzy/ y stá-
ráde złorzeczeństwá/ nie tylko słowy ále y scriptámi
rozmáitymi/ ktorych teyże *farmy* ludźie czásow niedawno przeszłych/ ku oświádczeniu śmiertelnego iádu nápełnioney przećiwko wiernym Bożym/ złości y
nieprzyiáźni / á nie mniey głupstwá y száleństwá
swego z Druku wydáć nie wzdrygáli ſie/ zmyśláiąc
niewstydliwie ná niewinne y nic w czym niepodobny rzá-
ne Syny moie/ rzeczy nie tylko *in rerum natura* nigdy
nie byłe/ ále y owszeki niepodobne/ á práwie od Oycá wszelkiego kłamstwá/ ktory iáko mowi Pismo w
prawdźie nigdy nie trwał/ wynikłe/ ktorych dostáteczá-

niey-

nieyszey wiádomości prágnącego do sámych tych scriptow odsyłáiąc. Do ciebie o słáwny Rosiyski náro-
dzie/ ktorzyście iescze mnie Mátki swey nie odbieżeli
y odszczepieństwá zmázą śiebie nie pokaláli/ rzecz moie obracáiąc. Pytam dla czego ná ták wielkie y niesłychane *calumnie* milczyćie: dla czego obełgáni nie v-
spráwiedliwiaćie ſie: czemu obelżeni niedbaćie:
Potwarzcy/ czći y wiáry o włos ná was nie zostáwili/
á wyśćie ták záráźliwemu złemu ná odpor y obrotne-
go ięzyká nie dźwignęli. Wilcy wyią ná owce/ á
dzikim y stráśliwym swym głosem po puszczy roznych myśli rosproszywszy/ chwytáią ie powoli/ y do
legowisk swoich záwlokszy/ krom żadney przeszkody
pożyráią. A wy co: Słysząc nie słyszyćie/ widząc
nie widźićie/ y iákoby to was námniey nie dolegáło/
mimo śiebie puszczáćie. Niewiernemi záiste Páńskiey Winnice robotnikámi/ niememi rozumnych o-
wiec Pásterzámi/ á głucho domu Bożego stáliście
ſie strażą. O zelżywośći nád wszystkie inne zesro-
mocenia gorsza/ sławe bez ktorey żywot człowieczy
nie żywotem/ w niesławe zmienioną widźieć/ á milczeć: Wiárę bez ktorey człowiek nie człowiekiem/
niewiárą obelżoną słyszeć á nie odpowiádáć. Powiedźćież mi proszę was/ dla czego ięzykiem nátur
was nádárzyłá: Dla czego rozumem nádźieliłá: y
mową nád insze stworzenie przyozdobiłá: Bezrozumne bydło y nieme skrzywdzone y záiątrzone/ tego/
ktory ie krzywdźi y iątrzy iáko mogąc odpędza/ y czułość w sobie pokázuie. Ogień z Niebá zstąpił y popalił kurzących prawdę. Ziemiá vstá otworzyłá y
połknęłá tłumiących prawdę: Wody ſie zeszły/ y

Digreſsio
do ſynow
nie odſte-
pnych.

zámknę-

zámknęły w sobie prześláduiących prawdę: Powietrze trucizną rozetworzyło się/ y záráziło bluźniących prawdę: Ściány/ mury/ gory/ kámienie/ y
drzewá pádły ná tych ktorzy prawdę Bożą wywra-
cáli: A wy będąc rozumni y mową obdárzeni/
ná obraz y podobieństwo Boże stworzeni/ widźićie y
słyszyćie prawdę ś. zpotwárzoną/ obelgáną/ zbluźnio-
ną y zelżoną/ á przedsię milczyćie: Niemego y bez-
rozumnego stworzenia niedbálszymi w powinności
swey/ y niewdzięczniey szemi náprzećiw stworzyćielá wászego Bogá pokázuiąc się/ o ktorego się wszelkie prawdy zelżenie: iáko o sáme sámobytną prawdę/
opiera. Niechćieyćie tedy dłużey ták srogiego zhań-
bienia ćierpieć. Niechćieyćie wszystkiego świátá
urągánia ná sobie ponośić. Pokażćie się/ dayćie o-
sobie wiedzieć/ że ludem Bożym wybránym iesteś-
ćie/ że Cerkwią iego oświecono: Niech o was y o
prawdźiwey wászey wierze co do iednego wiedzą.
Wszelkim narodom czystość wyznánia wászego pokażćie. Potwárcom ktorzy czystey wiáry wászey áli-
cznosć potłumić vsiłuią/ vstá záhámuyćie áby nie
dłużey y oni o was y o wierze wászey kłákáć mogli/ y
ći ktorymeśćie zá ich nieprawdźiwym vdániem w su-
spićią niezbożności popádli/ áby iáko o wiernych Bożych o was rozumieli. Zátym ábowiem was do wszytkiego świátá podániem/ ták o was á nie ináczey
wszyscy Narodowie ktorzy się imieniem Chrystusowym chlubią/ rozumieią/ ták dźierżą o was á nie iná-
czey/ Hiszpani/ Włosy/ Fráncuzowie/ Náwárrowie/
Angielczycy/ Norwegowie/ Duńczycy/ Hiberno-
wie/ Szkoći/ y wszystkie Rzymskiego Cesárstwá
Kśięstwá/

Kśięstwá/ y niektorzy z spol obywatelow wászych Po-
lakow y Litwy/ ták o was rozumieią. Proszę was
dla żywego Bogá miłe dźiatki moie/ dayćie rozumowi mieysce/ á sądźćie z baczeniem. Co dáią wam
te słowá ich wiedźieć. Załosna w prawdźie rzecz iest/
że do tych czásow iescze Ewánielska świátłość Ruśi
nie oświećiłá: Azaliśćie iescze nie poználi Bogá w
Troycy iedynego/ Oycá nierodzonego/ Syná rodzone°
á Duchá ś. pochodzącego. Czy iescześćie nie poználi iednorodzonego Syná Bożego (ktory dla człowieká
y dlá zbáwienia iego zstąpił z niebá/ y wćielił się z Duchá świetego/ y z Máriey Dziewice) prawdźiwego
y doskonálego Bogá/ y prawdźiwego y doskonálego
człowieká/ w dwoiey istności/ á w iedney Personie
chwalebnego. Izaliśćie się iescze nie okrzćili w
imie Oycá/ y Syná/ y ś. Duchá/ ná odpuszczenie
grzechow? Izaliśćie się iescze nie stáli vczestnikámi żywot dáiących táiemnic Ciáłá/ y Krwie Syná
Bożego/ ná drzewie krzyżowym zá grzechy wszytkiego świátá wylaney. Iescześćie nie vwierzyli iedne ś. Powszechną Apostolską Cerkiew/ w ktorey dá-
remne grzechow odpuszczenie śmierćią Syná Bożego
dawáne/ y wstánie zmartwych z wiecznym żywotem/
Przez zmartwychwstánie Chrystusowe ktory ná wieki żyie/ opowiádáne bywa. Tey mowie zbáwienney niebieskiey náuki/ á zaliśćie nie poználi/ że wásze niezbożni ći wiástonosze Ewánielskiey prawdy
świátłość márnemi plonney powieśći swey mgłámi
záćmić vsiłuią. Widzę v was synowie moi nie-
vmieietność iednák nie bluźnierstwo: Widzę leni-
stwo/ dále oczekawam pilności: Widzę niedbálstwo/

h ále

ále sie spodziewam stáránia: Widze oziebłość/ ále nie ostátnią rospácz. A przetoż bez pochyby infernie/ że wiástonoße owi ták przeklętym kácerstwom/ y niezbożnym báłwochwalstwom/ nie w Wilnie/ nie we Lwowie/ nie w Ostrogu/ áni w żadney práwowierney y nieodstępney Ruskiey Cerkwi/ ále w Krimie/ Oczakowie/ álbo w Przekopie sie przypátrzyli/ że was bez wstydu y krom boiáźni Bożey pomawiáią. Co bowiem ma prostotá y nieumieiętność z niezbożnością? Co nieporządny y swowolny żywot do wiáry práwośći? Niech przywiodą sobie ná pámięć że ich przed niedawnemi czásy Rzymskie dworu Kápłani niewiele stay zá sobą/ z wáßemi Popámi we wßystkich y przyrodzenia y obyczáiow przymiotách chodzili. Niech wspomnią/ że y oni prostotą/ ále nie Duchá/ máło nie po dziś dzień głupieli.

Auentinus lib. 3. Analium

Swiádkiem tego iest *Controuersia* Biskupá Sálecburskiego/ y Arcybiskupá Moguńckiego/ ktora sie z Formuły Krztu ś. przez prostotę y nieumieiętność iednego Kápłaná w Báwáriey byłá wznieciłá/ ktory Krzest ś. w te słowa záwße odpráwował/ *in nomine Patria, & Filia, & Spiritus sancta*, to iest/ w imie Oyczyzna/ y Corká/ y ś. Duch/ ktory to grubey nieumieiętności Kápłáńskiey w niektorych stronách y podziś dzień znáczny ślad zostáie. Swiádek powieśći Fráncuská/ Włoska/ Hißpáńska/ Rákuska/ Báwárska/ Styrska/ y Kárwácká ziemiá/ gdzie y teraz przepowiádáć grzech iest śmiertelny/ z ktorych wiele tego nie tylko co czytáło/ nierozumiało/ ále zá ledwie y czytáć vmiało. A w Oyczystey twey stronie/ pátrz iák w rychle ná lepßość sie zdoby-

li/ iák prętko grubi trutniowie w prácowite sie pßoły przetworzyli. Powstańćie tedy y po wtore proße/ ze snu śmiertelnego Synowie moi/ powstańćie/ A wnętrznemi źrzenicámi ná proponowáne powieśći weyźrzawßy odtrząśnićie proch obełgánia od ßat wáßych/ ná tych głowy/ ktorzy was potwarzą obelżyli/ Záwrzyćie im przystoynym ná to responsem vstá/ áby iuż więcey nie mogli ná niepodeyźrzáney wáßey wiáry práwość/ mowić nieprawdy/ Rußćie tylko wárgi/ y ięzyk dźwignićie/ á sam Duch Oycá wáßego/ spráwowáć imi będzie/ Wáße ábowiem tylko iest chćieć/ przy Bogu stáć/ á Boże będzie w pomyślny skutek/ to coby sie po woli iego záczęło przywodźić/ czego ia strapiona Rodźićielká wáßá sobie y wam życząc/ znowu sie z mowieniem mym/ do tego ktory mie odbieżał syná wracam.

Rozdział iij.

Przećiw Sámowładney Zwierzchności Biskupá Rzymskiego.

Jeßcześ mi ná iedno pytánie odpowiedźieć chćiey Synu/ skąd ták wielká swiywoley hárdość serce twe y społ Pásterzow twoich opánowáłá/ żeśćie sie ná wieczne Oycow wá-

ßych gránice rzucili. á one przekopawßy władzy zá-
konney z przeyrzenia Bożego nád wámi przełożoney
ſprzeciwiliśćie ſie? Skąd ták ſurowa krnąbrność
ſmyßy wáße ogárnęłá/ żeśćie y dom zbáwienia wáßego opuśćili/ y ſtárßym wáßym porządną Cerkiewną powágą nośćią wam podánym Rządzcą/ Páſterzem
y Náucżycielem pogárdzili? Skąd ták okrutna ßká-
rádey lekkomyślnośći śmiáłość/ rozum wáß zniewo-
lilá? Żeśćie ſie krzywoprzyśięſtwem ſámych was o-
bełżyć nie wſtydzili/ Wſchodowi ná imie żywego Bogá do śmierći ſwey w ſpráwách duchownych poſłußeńſtwo (Konſtántinopolſkiemu mowię Pátriárße)
oddáwáć przyśięgßy. Zachodowi nieodpowiednie/
y iego Páſterzowi Biſkupowi Rzymſkiemu kárkiśćie
wáße náchylili? Powiedz mi Synu co ćię y twoich do
odſtępſtwá przywiodło? Zniewolenieli twego Pátriárchy álbo vboſtwo? Ale ſie to od Bogá w vcżeſ-
nictwo krzyżá iednorodzonego Syná iego ſtáło/ ktorym wierni vſtáwicżnie doświádcżáni być mieli. A
owo záś od tegoż Bogá w náśládowánie Chryſtuſowey pokory/ ku pohámowániu wyſokolotney hárdo-
śći/ ktora w niebie cżęść ſtráciwßy w piekielne niſko-
śći przepádłá/ áby wiernych nie drecżyłá? Cżyli
táka ſrogość w roſkázowániu iego/ álbo dálekość drogi? ále owey zgołá żadney niemáß/ á drogá dálekoó
niż do Rzymu bliżßa. Niebeſpiecżnyli y trudny przeiazd? Wierz mi ſynu/ że ták ieſt ſtráßna rzecż w-
páść w ręce Bánditow Włoſkich/ iáko y w ręce zboycow Tureckich. Porządekli Cerkiewny y iey w Hymnách ozdobá? Lecż tego wßyſtkiego ze Wſchodniey
Cerkwie/ Rzymſki Kośćioł przedtym nábywßy/ ied-

no mi-

no minął/ drugie odrzućił/ A ſám dopiero przy bárzo máłey cząſtce zoſtał. Cżyli Succeſſia ſtolice Biſkup-
ſkiey: Ale owá ná Wſchodzie záwżdy nie odmienna/
przez Chryſtuſá Páná/ Piotrá/ Márká y Andrzeiá
Apoſtoły w Jeruzalem/ w Antiochiey/ w Alexándri-
ey/ y w Conſtántinopolu vfundowána/ y práwym ich
námieſtnikom/ Jákobowi/ Euodiußowi/ Aniáno-
wi/ y Stáchiußowi powierzoná. Coż ćię zá po
żytek do tego dworu záćiągnął? pokaż mi ſłuszność/
ktorą vwiedźiony/ śiebie w tę niewolą podałeś/ y drugich gwałtem záćiągnąć uśiłuieß/ z ktorey niezliczone narodow mnoſtwo kárki ſwe wyrwawßy/ z ſwobody ſie ſwey weſelą. Anglia/ Nortwegia/ Hun-
garia/ Bohemia/ Szkocia/ Dania/ Hibernia/ y po nie
máłey cżęśći Gállia y Náwárrá ꝛc. ták wiele známienitych Europy Kroleſtw/ vſtáwicżnie dniem y
nocą wołáią/ náßym ſie złym kárzćie/ O wybráni
Boży narodowie/ náßá zgubá niech was vſtráßy/ O
wy ktorzy ná Chryſtuſowey ſwobodźie żyiećie/ nie
wdawayćie śiebie w niewolą/ z ktorey my ßcżeśliwie wybáwieni/ dźiś ná ſwobodźie będąc weſelimy
ſie. A z nimi weſpoł/ y Rzymſkiego Ceſárſtwá známienite Kśięſtwá/ Sáxonia/ Haſsia/ Pálatinat
wyżßy y niżßy. Brándemburg/ Witemberg/ Szwa-
bia/ Myſnia/ Turingia/ Luſácia/ Brunßwig/ Li-
neburg/ Sileſia/ Morania/ Meklinburg/ Pomerá-
nia/ y innych wiele wyſokie ſwe głoſy z Helwetſkim y
Niderlándſkim narodámi/ ziednocżywßy wßyſtkiemu ziemi okręgowi nędzne ſwoie niegdy w tym dworze (w ktorym ſie ty teraz dobrowolnie ále niebácżnie
przeprowádźił) pomießkánie głoßą/ y że z śiebie to

Clemens lib. 7. ca. 2.

ták

Przećiw ſámow. zwierzchnośći

ák ćiężkie Papieſkiey nauki iárzmo zrzućili/ vſtáwl-
żnie ſie ćieſzo. Aczkolwiek y oni ná droge zbáwien-
iey prawdy nie tráfili. A to/ iż mnie iedyney
powſzechney Apoſtolſkiey Wſchodniey Cerkwie (*extra quam non eſt ſalus*) nie vználi. Ale niechćie iuż dłu-
zey Synu miły o tym/ co ćie w te niewolo wpráwiło/
nie pytam/ niech ſie pewnie dowiem y drugim opo-
wiem/ zeby twoio y twoich drogo idoc/ w tenże doł
przepáśći/ nie wpádli/ w ktorym ty y z twoimi mizernie giniesz. Záczni a wyliczay przyczyny álbo
mnie/ ieśli te ſo poſłuchay. Ze Rzymſki Kośćioł y
tego Rzodzcá/ (iáko twierdzo iego pochlebcy) w
wiáry Artykułách błodzić nie może/ Ze ſámá Rzymſka Stolicá/ Apoſtolſko ſie názywa. Ze Rzymſki Biſkup nád wſzyſtkie inne Biſkupy ieſt więtſzym. Ze
Rzymſki Biſkup ieſt Chryſtuſow Namieſtnik. Ze
ſam Rzymſki Biſkup ieſt naywyżſzo głowo Kośćioła
Bożego/ y tego Oblubieniec. Ze on ieſt nie miáſta
iákiego Biſkup/ Rzymá mowie áll' o inſzego ktorego/
iáko drudzy Biſkupowie/ ále *ſimpliciter* Biſkup/ y wſzytkiego świátá Biſkup. Ze Rzymſki Biſkup doſko-
nálo/ nieográniczono y odmiánie niepodległo ma
włádzo w Kośćiele roſkázowáć/ y ſtánowić cokolwiek záchce według woli y myśli ſwoiey nád wſzyſtkie Concilia. Ze Rzymſki Biſkup Duchownych kluczow władzo w świeckie pánowánie przemieniwſzy
wſzyſtek Chrześćiáńſki świátá okrog poddány ſobie
być mniemi/ y nád wſzelko tego świátá władzo śiebie
wynośi/ iákobym ſam ieden nad wſzyſtkie był/ od ktorego Kroleſtw y Ceſarſtw dignitárſtwá iáko właſne
rocznego dániny podawáne bywáio. Ze ſam Rzymſki Bi-

Biſkupá Rzymſkiego.

ſki Biſkup zupełność władzey od Chryſtuſá Páná ma
á drudzy Biſkupowie poczęśći y wſzyſcy od niego. Ze
Rzymſki Biſkup ſam wſzyſtkich ſądzić władzo ma/ á
iego nikt ná świećie. Teli ſo przyczyny ſynu/ ktore
ćie do odſtepſtwá tego powabiły? Poſłuchay proſze
y dáley z pilnośćio/ gdyż nie o tym co ſámá wiem py-
tam/ ále co z ſámych Rzymſkiego dworu/ pewnych
Rzymſkich Catholikow wiedzieć ſie dáie/ w czym co
z śiebie podam/ niech wagi v ćiebie Synu nie ma/ á
co z nich prawdziwego wyczerpne/ niech vporu po tobie nie doznawam. Izali tedy ſzkodliwemu temu
twoiemu odſtepſtwu troiſta Rzymſkiego Biſkupá Ko-
roná powodem byłá? y ſzárłatowe odźienie? śreb-
rá/ złotá/ y kámieni drogich niezliczone mnoſtwo?
Miaſt/ Zamkow/ y Wśi bez liczby? w przod idocych
y ná zádźie ſtrzegocych wielmożna ozdobá? w okrog/
y oboſtronnie zbroyno ſtoiocych Drábántow gotowość? Stráſznego wſzechmocnego głoſu/ Ták chce/
ták roſkázuie/ gromy? Toli ćie Synu w niewolo do
tego dworu záćiogneło? y nie dźiw/ Abowiem ći
ktorzy ſie podług świátá tego Elementow ſpráwuio
świecki rozum máio. A ktorzy podług Duchá ſie
rzodzo/ ná oko widzo y wiedzo/ że wſzyſtko to/ nic in-
ſzego/ iedno márność ieſt nad márnośćiámi/ w kto- *Eccleſ. I.*
rych wynioſłość y ty ſynu wnetrznemi oczymá wey-
rzawſzy/ wſzyſtkie ze czczym Orzechem porownaſz.
Máio oni iezyk w chlubę ſwey nádetey wielkośći/
niech y tobie rozum bedzie/ w roſſodku przykazáney
ſkromnośći. Niemáſz im wſtydu y boiázni Bożey
w wyſtáwieniu ſwey hárdey władzey/ niemiey y ty
pochlebcy ſercá w podpore y pochwale tey ich niewſtydliwośći.

oliwosci. Wnetrzne otworz oczy/ á czyſtym ſmyſlem/ y dobrym ſumnieniem w przełożone rzeczy weyrzy á doznay ieżeli prawdziwy Duch ieſt álbo kłamca/ ieżeli od Bogá / álbo od kogo inſzego. Rzymski (Rzymſkiego dworu/ powiádáią pochlebcy) Arcybiskup, wſzyſtkich Kośćiołow, wſelkich narodow vniuerſalnym zezwoleniem ieſt głowá, ták że żadne przećiw temu ſzemrániu mieyſce niezbożnym kácerzom nie zoſtáie: Troiſtey korony liczbą doskonáłość w ſobie Kośćielney władzey pokázuiąc, ktorą Chryſtuſow Namieſtnik nád inſze Kośćielne Biskupy ieſt wywyżſzony. Ktoryby dobrze ſam y Heretykiem był, żadnego iednák Kácerſtwá kośćiołowi ku wierzeniu podáć nie może. Ktorego władza ieſt nád wſzyſtkie inſze ſtworzone władzy nawietſza: á po władzy Chryſtuſowey od cześći rozćiąga ſie, ku niebieskim, ziemskim y podziemnym. Ze o nim prawdźiwie to co o Chryſtuſie Pánu rzeczono ieſt, rzec ſie może, wſzyſtko poddałeś pod nogi iego, owce y woły wſzyſtki, ktemu y bydło polne, ptaſtwo niebieſkie y ryby morskie. A słuſznie, ponieważ on ieſt namieſtnikiem Chriſtuſowym, co ku władzy ziemskiey mowi, Owce y woły wſzyſtkie y bydło polne, á co ku niebieskiey mowi, Ptaſtwo niebieskie co záś ku podziemnym Ryby morskie wſpomina. On ábowiem noſząc ná ſobie figurę prawdziwego Oblubieńcá we wſzytkim Kośćiele, powſzechnym kośćiołá Oblubieńcem, y názywa ſie y ieſt. Iego wſzyſtkie vſtáwy nie ináczey przyimowáne być máią, tylko iákoby ſámego Boſkim głoſem Piotrá Apoſtolá ztwierdzone. O nim powſzechnym wſzyſtkich narodow zezwoleniem, táki Dekret ieſt ferowány. Ze przeklęty káżdy, y vſtáwicznie przed Bogiem iáko powſzechney wiáry gwałtownik nieprawy, ktoby lub Krol, lub Ceſarz, bądź też z Biskupow, albo z wielmożnych kto, Rzymſkiego Biskupa Decretom w czymkolwiek wiáry nie dodawał, álbo naruſzáć one dopuſzczał. Okrom iego władzey, áni Oycowie

ſś. ktorzy

Polydor. Vergilius lib. 4. ca. 10.
Enchirid: Coſteri cō trouer. de ſummo Pō tif. pag. 169.
Alexius Carerius Patauinus de poteſta te Roma: Pontif. lib 5. cap 23.
Archiep. Florentr. parte 3. ſumme ti tulo 22. cap. 5.
Ibid: ca. 6
Diſti. 59. cāa. Si Ro manorum
Cāa. 25. queſt. 5.
Ibid. para grap. 20.

ſś. ktorzyby ſie ná Synod powſzechny zebráli ſtánowić co mogą, ani záśiadáć: On ſam ieſt, ktory wſzyſtkie vſtáwy poiedynkiem z kośćiołá wyrzućić może. On ſam o wiáry Artikułach ſądźić władzą ma. On ſam nieporządnego y przećiwko zakonnego wyſtąpku napráwę y rozgrzeſzenie ma. w krzywoprzyśięſtwie, w Cudzołoſtwie, w Symoniey w ſwowolnie powtorzonym Krzćie y w Mężoboyſtwie &c. Sam on ſądzi krom wſzelkiey od niego Apppellaciey: Sam on wybránego Ceſarzá álbo ztwierdza, álbo odrzuca, álbo iuż koronowánego z vrzędu składa. On ſam słábe mocnym czyni, á mocne słábem. On ſam ſwym Decretem wſzelki ſąd kończy: On ſam nowe Religie wnośić y podawáć może. On ſam ieſt naywyżſzy ktory zupełność władzey ma, á drudzy cząſtke nieiáką ſtaránia. On ſam owſzeki od ślubu Bogu vczynionego kogo chce iáko ſam Pan Bog wyzwolić może. On ſam z Bogiem w rádzie záśiada: Záczym niemal wſzyſtko co Bog czyni, y on może. On ſam przećiw poſpolitemu práwu Cerkiewnemu ſtánowić co chce może. On ſam miáſto prawdziwego Bogá ieſt ná ziemi. On ſam niebieską wolą ma, ktorą wſzelákim rzeczom náturę przemienia, y z niczego nie co czynić może, przećiw práwu z folgowáć, á z nieſpráwiedliwośći vczynić ſpráwiedliwość. On ſam ieſt ktorego władzy podlec wſzyſcy ludzie pod duſznego zbáwienia ſtrácenien ſą powinni. On ſam ieſt ktorego vſtáwom nie być posłuſznym, dźieło ieſt Kácerskie. On ſam Przywiley ten od Chryſtuſá Páná ma, áby ſie wſzyſcy przed nim korzyli. On ſam ieſt przed ktorym wſzyſcy Krolowie Chrześćiáńſcy, iák przed ſámym Pánem Iezuſem kłániáć ſie máią. On ſam ieſt w ktorym wſzytkiego świátá Páńſtwo ieſt y Boskie y człowiecze iáko y w Chryſtuſie było. On ſam ieſt wielki Kápłan y Arcykápłan naywyżſze Kśiąże Biskupow.

I Succeſſor

& Thomas in Prikliz con. impugnas Rellig.
Ibidem 22. paragr. & Carolus Ruinus volum. 5. Conſili. 509.
Ibidem cap. 7.
Ex 55. caſu numero.
Roſella caſuum in voce PP.
Hoſtien. in c. Quanto de Trāslat. Prælat.
De vſu Pallij & autoritate, Canon. Quanto, Thomas in lib. de Error. Græca. 72.
Idem, contra impugna. Rellig.
Idem in Decr. Diſtin. 22.
Idem in Tract. de regen. regni ad Regē Cypri.
Alexi: Patauin

Succeſſor Apoſtolſki, pierwſzoćią Abel, Rządem Noe. Pátriárchowſtwem Abrahám, Porządkiem Melchiſedek, Doſtoienſtwem Aaron, Przełożenſtwem Moyżeſz, Sądem Sámuel, władzą Piotr, Pomázániem Chryſtus. On ſam ieſt ktorego władza nie ma końcá, poniewaž wielki ieſt Pan y wielka moc iego, y wielkośći iego niemáſz końca, y ktorego wielmożnośći žaden ſtworzony rozumiec nie może. On ſam ieſt ktory iáko y ſam Pan Chryſtus ono proroctwo o ſobie powiedźieć może. Mnie ſię cudzoziemcy pokorzyli. On ſam ieſt z ktorego władze žaden człowiek wyięty nie ieſt, poniewaž nápiſano ieſt o nim, Dána mi ieſt wſzelka władza ná niebie y ná ziemi, Y indźie, Wſzyſcy narodowie będą mu robić, y opánuie od morzá aż do morzá, y záś, wſzytká ziemiá opánowánie iego. On ſam ieſt ktoremu dána ieſt władza, y cześć, y krolestwo, y wſzyſcy narodowie, y Pogáni będą mu służyć: y w nim ieſt zrzodło y początek wſzelkiey władzey, y od niego wſzyſtkie inne przełożenſtwá pochodzą. On ſam ieſt ktory ſię ſprawiedliwie powſzechnym Arcykápłanem mianuie. On ſam ieſt ktorego Kośćioł przez ſámego Bogá ieſt záłożony. On zupełną władzą ma degradowáć Biſkupy, y záś przywracáć. On ſam ieſt ktorego Legat by y namnieyſzego był Przełożenſtwá wſzyſtkie Biſkupy ná Synodach pośiada, y degradowánia ſentencią ná nie ferwie. On ſam nieprzytomne ſądźić y wyklináć może. On ſam ieſt ktoremu wolno czáſu potrzeby, nowe práwá ſtánowić. On ſam ieſt ktorego nogi wſzelki Przełożony cáłuie. On ſam ieſt ktoremu gdy ná koń wśiada, Ceſarz koniá y ſtrzemie dźierżeć powinien. On ſam ieſt ktorego Decret ni przez kogo káſſowány być nie może: á przez niego wſzyſtkich. On ſam ieſt, ktorego Kośćioł w wiáry Artykułách, nigdy nie błądźił, áni też zbłądźić kiedy może. On ſam ieſt, ktory gdy

według

de poteſt. Rom. Pont. libr. 2. cap. 5. Num. 6.
Bernard: ad Eugeni. Papam lib. 2.
Auguſt. Steuchus in Trium. ſui Principi de poteſta. Eccleſ.
Roderimus Sancti: Epiſc. Zamorenſ. lib: de Origi. & diffa. Princip. par. 5.
Idem, ibidem, Num. 5.
Ioſeph. Stepha. Valentin. de adorat. pedum, Rom: Pontif. ad Gregorij 13. ca 8. fol. 43. Venet. An. 1578

według praw kośćielnych ná Papieskim ſtolcu vśiedźie, záſługámi Błogoſłáwionego Piotrá Apoſtołá krom wſzelkiey wątpliwośći, świętym zoſtawa. On ſam ieſt z ktorego kośćiołem gdy ſię kto nie zgadza, Catholikiem być nie może. On ſam ieſt o ktorym to rzec żono być może, co Plato w Timaeum rzekł o Bogu, ktory gdy był zopytány, co ieſt Bog, odpowiedźiał, nie ieſt człowiek, nie niebo, nie dobre, ále coś wybornieyſzego. Ták zopytány kto, co ieſt naywyżſzy Arcykápłan, czyli wodz, álbo Krol, álbo Ceſarz, álbo Kśiąże, odpowie że nic z tych, ále coś więtſzego y wyżſzego. Lecz dla czego niezliczone márnego rozumu vchwáły wyliczáć przed tobą voſtuie / w ktorych wyliczániu nádniowymby mi predzey biegu / niżli ná proponowáney powieśći słowách zeſzło / w ktorych zámknienie y to przynoſze. Ze on ſam ieſt, ktory ieśliby o ſwoim y o brátnim zbáwieniu niedbáły będąc, niepotrzebny y niepożyteczny w ſprawách ſwoich, y w dobrych milczący coby zbyt y ſámemu y wielom było ſzkodno y niezliczone narody huſámi z ſobą do pierwſzego onego niewolnika piekielnego, ná wieczne potępienie odwodźił z tákowego wyſtepku nikt go z ludźi ſztrofowáć śmieć nie ma, gdyż on wſzyſtkich ieſt ſędzią, á ſądzony ni od kogo nie ma być. Pan Bog ábowiem ták zrządźił, aby wſzych ludźi ſądy przez ludźie były kończone, á iego ſámego ſwemu decretowi zoſtáwił. Ná ktorym Prorockie ſię one słowá wypełniáią. Oto przełożyłem ćię dźiś nád narodámi y kroleſtwy &c. A przetoż ieśli zbłądźi, świecka władza, ſądzona bywa przez Duchowną: á ieśli Duchowna zbłądźi, mnieyſza przez więtſzą: á ieśliże naywyżſza Duchowna władza zbłądźi przez ſámego Bogá, á nie przez człowieká ſądzona być może. Te ſą márne oprocz inných bez liczby pſtro

J ij

Celſus Mant. in Tract. de Fitrib. Principa. lib. 3. I. & 2.
Diſtinct. 40.
Can 9. queſt. 3. Cau. Ep.
Ibidem.

by pstrociny/ ktoreniś dźisieyszy twoy Sámowlaycá
przez purpuratnych y rogátych dworzan swoich v-
pstrzony/ iáko cząćżek dźieciom świátá tego miłośnikom wystawiány bywa/ ktore iák nie z Bogá są/ ták
iego świetemu Máiestatowi przećiwne y mierźione
v wszystkich tych/ ktorzy Duchownemi w nie oczymá
wglądáło. Izali tedy te dźiećinne frászeczki ćiebie
synu do tego dworu záćiągnęły? Izali te wiáry niegodne z głupiey mądrośći człowieczey wyczerpnione
bayki do odszczepieństwá ćiebie pobudźiły? Dźiwuię
się záprawdę synu/ iáko ty w pokornym domu vrodzony y wychowány/ chwalámi y wystawiániem ktoremiś Zbáwićielá twego y Bogá zwykł był czćić y
chwalić/ dźiś w przehárdym onym dworze sámo-
wlayce twego/ wielbić śmiesz y wynośić. Iáko v-
stá twoie w Bogu mierźione/ Boskich o Chrystusie
Pánie Prorockich świádectw/ bluźnierstwo/ dźisiey-
szemu ie twemu Wielkorządźcy przypisuiąc/ otwie-
rasz? Iáko niesczęsnymi twoim iezykiem władzą
Chrystusowę tárgáiąc nędznemu y tobie rownemu
oney przyczytáć się nie boisz? Czego świádkiem on
List do *Sixta IV.* Papieżá/ iákoby od Rusi po Flo-
renckiego Synodu vniey pisány/ á zá twoiey Wielebnośći známienitym stáraniem w miásteczku ná-
zwánym Krewie/ náleziony: y z prochu niewiádomośći ludzkiey (iáko się ty sam chlubisz) wydźwig-
niony á w Roku 1605. w Wilnie z Druku wydány.
Iesliż tedy ono coni w przod pomieniłá/ od dawnego Pásterzá odszczepstwu twemu przyczyną było/ á o-
we zás pokazáne pstrociny/ do nowego rządźce przy-
kázáły? Owszeki błáhi twoy rozum/ nędzny/ már-

ny/ á

ny/ á co wietsza y niezbożny. Chciey iedno synu sam
y społ Biskupowie twoi w proponowáne świátá tego
márnośći nie ćielesnymi oczymá/ ále duchownymi
weyźrzeć/ y z pilnośćią vwáżyć duchem mądrośći/
á nie duchem pochlebstwá przez ktore tchnienie frász-
ki owe ná świát się pokazáły/ y nátychmiast obaczysz
páieczynne owe ploteczki miásto nieprzebytych ná
wszystkiego świátá vłowienie sieći rozmiotane/ lekkim Duchá szczerośći tchnieniem potárgáne/ y ná szyie sámychże tych myśliwcow włożone. Nie iestli to
prze Bog żywy/ niezbożny y Bogu przećiwny głos/
mdłemu y śmiertelnemu stworzeniu przyczytáć.
*Władza twoia iest, władza wieczna, ábowiem wielki iesteś Pan, y
wielka moc twoia, á wielkośći twey niemász końcá?* Nie iestli
to przećiwniká Bożego nád wszystko to co się Bog ná-
zywa/ wynoszącego się/ hárda chlubá? *Dána mi iest
wszelka władza, ná niebie y ná ziemi: Mnie się cudzoziemcy po-
kłonili.* Abo owo/ *Wszyscy narodowie będą mu robić, popá-
mie od morzá do morzá, y wszyscy narodowie y pokolenia będą mu
służyć, ábowiem dána mu iest władza, y cześć y krolestwo.* Powiedz mi prze miłość Chrystusowę/ pytam/ powiedz
synu/ Sámowlaycá twoy Rzymski/ synemli iest
Bożym iednorodzonym: stworzyćielemli wszystkiego
świátá/ y Zbáwićielem narodu ludzkiego? Owszeki ni iednoz tych/ Ale synem iest człowieczym/ stworzeniem Syná Bożego/ błędna iáko y drudzy owcá/
nie bez grzechu/ nie nieśmiertelny/ nie wszechmogą-
cy/ ále grzeszny/ śmiertelny/ y łokćiá wzrostowi swemu przydáć nie mogący. Nie bezgrzeszny mowię/
ábowiem według ich zálecánia *Wszechmogąc*, może y
to co wszystkim ludźiom iest pospolite/ to iest zbłądźić *Archiepi. Florent.*

y zgrze-

y zgrzeßyć/ podług ſłow Błogoſłáwionego Dawidá/ wßelki człowiek kłamcá/ y podług nie omylnego świádectwá Zbáwiciela náßego/ ſam Bog ieſt prawdá/ Może ábowiem y w Symonię wpáść/ iáko *Bonifacius dziewiąty*, y dźiśieyßy wßyſcy: Może ſie y w Hæreſią wdáć/ iáko *Liberius, Honorius*, y dźiśieyßy wßyſcy. Może y drapieżcą być/ iáko *Benedictus*. Może y wßetecznikiem być/ iáko *Ian iedenaſty*, y dźiśieyßych wiele. Może y Báłwochwalcą być/ iáko *Marcellinus*. Może y dźieći rodźić/ iáko *Ian oſmy Angielczyk*. Może y wßyſtko to czynić/ co káżdy z ludźi czyni/ á nie to co ſam Pan Bog/ ktory ſam ieſt bez grzechu. Chćieyże iedno rozumieć Synu/ y z baczeniem vważyć/ á poznay chytrość obłudę y bluźnierſtwo tych záráźliwych plotek wiáſtonoſow y Piſárzow/ ktorym bedźie zapłátá według záſług ich. *Abowiem poznawßy Bogá, nie chwalili iáko Bogá, owßem prożnemi ſie ſtáli w myślách ſwych, y záćmione ieſt bezrozumne ſerce ich, mieniąc ſie być mądremi, zgłupieli, y odmienili chwałę nieskáżytelnego Bogá w podobieńſtwo człowieká ſkáżitelnego.* Ale przyidźie ten czás w ktory rzeczono im bedźie. Ja ieſtem ktory ſławy mey nikomu nie dáję/ á wyśćie ią ſwowolnie zemnie zdźieráiąc/ ná ſtworzenie włożyć vśiłowáli/ przetoż wieczney chwały mey odpádniećie. Przypátrzże ſie ſynu proße/ kto tych hárdych Rzymſkiego Kośćiołá chlub náśiał? Jego dworzánie. Kto tegoż Kośćiołá Biſkupá nieogránicżonemi prærogátiwámi zdobi? Jego niewolnicy. Ktorych opuśći-

wßy/

par. 3. titul. 22. cap. 7.

Alphon. contra hæret. lib: 1. cap. 4.

Abbas Vrſper. in Chron.

Hulcor. in lib. c. lect. 189.

Diſtin. 59. & 40.

Enchirid. Franciſ. Coſteri pag. 537.

Faſcicu. Temp. ad An. Chriſti 864. qui collectus eſt circa annum Chriſti 1490. à Deuoto Pontificio.

Rzym. 1.

wßy/ poſłuchay z pilnośćią dáwnych onych świętych Páſterzow y náuczyćielow/ iákie oni zdánia ſwoie o Rzymſkim Kośćiele y o iego Biſkupie/ potomkom ſwym zoſtáwili/ poſłuchay y nie bądź vpártym. Z tych zrozumiey wielkość ie° y władzą/ ktorzy áni pochlebſtwem ſie vnośili/ áni dla poſtráchow prawdy odſtepowáli. Tych posłuchay Duchem Bożym mowiących Páſterzow/ á nie Brzuchá tuczących drapieżnych wilkow. *Pierwßey stolice* (Rzymſką rozumiey) Cárthágińſkiego Synodu Biſkupowie mowią. *Biſkup niech ſie nie nazywa Pánem, áni Kśiążęćiem kápłanow áni naywyżßym Biſkupem, álbo czym inßym tákowym, ále tylko pierwßey ſtolice Biſkupem.* A to dla czego? Pierwßy powßechny Synod náucza/ y czwarty. *Abowiem iáko inßy Biſkupi, ták y Rzymſki temi tylko miáſtámi władnie, ktore ſą około Rzymu. Alexandriyſki temi, ktore ſą około Alexandriey. Antiocheńſki wßyſtką ſtroną ktora ieſt około Antiochiey. Ieruzálmſki, miáſty y Powiáty ktore ſą około Ieruzalem. Cárogrodzki, okolicznemi ſtronámi, Pontem, Aſią, Thrácią y Bárbárią.* Poniewáż Hieronym Biſkup mowi/ *gdźiekolwiek bedźie, lub w Rzymie, lub w Eugubie, lub w Rodu, lub w Conſtantinopolu, lub w Alexándriey, teyże godności ieſt, y tegoż kápłáńſtwá, wyſokość ábowiem bogáctwá, áni vboſtwá niskość nizßego ábo wyżßego Biſkupá nieczyni.* Jáko y o Apoſtołách Cyprian ś. mowi: *Iż tymże byli drudzy Zwolennicy, co był y Piotr rownemy cżći y władzey godnośćią przyozdobieni. Abowiem Pior* według Błogoſłáwionego Auguſtiná/ *w Apoſtolskim porządku pierwßy, w Chryſtuſowey miłośći gorętßy, wiele kroć ieden odpowiedział*

Zá wßyſt-

Concil. 3. Carthagin. Can. 26 & Concil. African. 1. Can. 6.

1. Synod. Nycen. Can. 8.

Eiuſdem Can. 10. Concil. 4. Can. 28.

Hieron. ad Euagri. Tom. 3.

Cyprian. de vnitat. Eccleſiæ.

Auguſt. Serm. 13. in Math.

zá wszystkich. Tenże y gdy Chrystus Pan zopytał, kogoby go być powiádáli, odpowiedział. Ty iesteś Chrystus Syn Bogá żywego: ieden zá wielu odpowiedział, iedność w wielu. Ná ktorego wyznánia wierze. Złotousty powiáda / *zbudowána iest* (nie Rzymska) ále powszechna *Chrystusowá Cerkiew.* Ani ná Pietrze człowieku / ále ná tego wyznániu / Mowi ábowiem Chrystus Pan. Ty iesteś Piotr / y ná tey opoce zbuduię Cerkiew moię (nie Rzymską mowi ále moię) ktorey y brámy piekielne nie przemogą. *Ná tey Opoce rzekł, nie rzekł ná Pietrze, nie ná człowieku bowiem, ále ná wierze zbudował Cerkiew swoię. A coż byłá zá wiárá? Tá: Ty iesteś Chrystus syn Bogá żywego: Kámieniem názwał Cerkiew ktora nawálności podeymuie, á niechwieie sie: gdyż ták wielkie prześládowánia ćierpi Cerkiew Chrystusowá, iednák niezwyćiężona zostawa. Co iest ná opoce? To, ná wyznániu, ná słowach pobożności. Piotr,* Bázilius wielki mowi / *áczkolwiek y Opoką názwány iest, iednák nie iak Chrystus Opoką iest, ále iáko Piotr, poniewaz Chrystus iest prawdziwie nieporuszoną Opoką, á Piotr dla opoki: dostoienstwá bowiem swoie Iezus Pan dáruie inszym, sam iednák nie bez nich zostawa. Swiátłośćią iest, á mowi, wy iesteśćie świátłość świátu. Kápłanem iest, á Kápłany czyni. Owieczką iest, á mowi, oto was posyłam, iáko owce miedzy wilki. Opoką iest y opoką uczynił: to co iest iego, y sługom swoim dáruie.* Ták o tym Błogosłáwieni Oycowie. A co *indifferenter* y ná Pietrze y ná Opoce zbudowáno być Cerkiew Chrystusowe / niektorzy z stárodawnych Doktorow pisáli / że dobrze pisáli rozumiey tylko głosy ich do głosu Chrystusowego / y do práwidłá wiáry stosuy / mowiąc / ábowiem ná opoce /

Chrysost. in cap 16. Math. Homil. 55.

Chrisost. serm. mon. in Pentecost. de spiritu sancto.

Basilius Magnus sermon. de Poenitentia.

Chrystá

Chrystá Páná rozumieią / ktory iest fundámentem y kámieniem węgielnym / ná ktorym nienáruszenie Cerkiew iego polega / ktorey y brámy piekielne nie przemogą. A gdy mowią ná Pietrze / iedność Cerkiewną ná wyznániu przez Piotrá imieniem wszystkich wiernych áż do skończenia świátá uczynionym zbudowáney rozumieią. Co Błogosłáwiony Theophiláktus bárzo snádnie wyrozumiewáć dáie / mowiąc: *Dar zá dar oddáie Piotrowi Pan, wielką mu zapłáte dáiąc, iż ná nim zbudował Cerkiew. Poniewaz bowiem Syná Bożego być wyznał go Piotr, rzekł że to wyznánie ktoreś ty wyznał, będzie fundámentem w mię wierzących, ták iż wszelki człowiek, ktory záchce dom wiáry budowáć, ten fundáment záłożyć powinien będzie.* Ai bowiem byśmy y niezliczoną liczbę cnot budowáli / á práwego wyznánia fundámentu nie záłożyli / prożno buduiemy. Gdy bowiem ten Błogosłáwiony mąż mowi / iż ná nim / to iest ná Pietrze / zbudował Cerkiew swoię Chrystus / tudźież iáko to rozumieć / wykłáda mowiąc: *iż to wyznánie ktoreś ty wyznał, będzie fundámentem w mię wierzących.* A iesli to wyznánie iest fundámentem / tedy nie Piotr. Y dáley / *Wszelki człowiek, ktory záchce dom wiáry budowáć ten fundáment záłoży.* A iesli wyznánie zá fundáment położyć powinien / tedy nie Piotrá. A przez Cerkiew co rozumie / tuż záraz opowiáda / Że nie mury Rzymskiego miástá / nie śćiány Rzymskich Kośćiołow / mniey też Włoskiey źiemie gránice. Ale coż: *wszelkiego człowieka w Chrystusá wierzyć chcącego, y dom wiáry zakładáć w nim prágnącego, ktorego domu, to iest Cerkwie* (bo iáko dom w iednym człowieku / á Cerkiew w wielu / ták też y Cerkiew w iednym / á dom w wielu rozumieć sie może) *Budowánie,* iáko Zło-

Theophilact. super illa Christi verba.

K

tousty

Ibidem.

touśty s. mowi: á ni cegły, áni kamieni, áni wapna, áni drzewa, áni żelaza potrzebuie, bo te rzeczy nie są wieczne, ále potrzebuie sámego prawego wyznánia, ktore wiecznie trwa, y ktorego áni szatan, áni żadne stworzenie zwyciężyć może. Toż zárowno rozumiał y Błogosłáwiony Augustyn y s. Theophilaktus gdyż mowi. Rzekłem ná niektorym mieyscu o Apostole Pietrze, że ná nim iákoby ná Opoce vfundowána byłá Cerkiew, ále znam sie do tego, żem potym częstokroć, taki wykład tym słowom Páńskim czynił. Ty iesteś Piotr, y ná tey opoce zbuduię Cerkiew moię, áby ná tey rozumiano było, ktorą wyznał Piotr mowiąc: Ty iesteś Chrystus Syn Bogá żywego. Iákoby Piotr od tey Opoki názwany, Personą Cerkwie znáczył, ktora sie ná tey opoce buduie, y wziął klucze Krolestwa Niebieskiego. Abowiem nie iest mu rzeczono, ty iesteś opoká, ále ty iesteś Piotr, á Opoká byłá Chrystus, ktorego gdy wyznał Simon, iáko go wszystká Cerkiew wyznawa, nazwany iest Piotrem. To tedy mowi Piotr, táko teyże indziey mowi. Włożone nam było, áby tym sposobem wszystkę Cerkiew figurował, gdyż Chrystus iest Opoka, á Piotr iest narod chrześćiański. A poniewaś πέτρα iest imie principálne, przetoż πέτρος iest ἀπὸ τῆς πέτρας á nie πέτρα ἀπὸ τῦ πέτρου. iak nie od chrześćianina Chrystus, ále od Chrystá chrześćianin. Na tey ábowiem rzekł opoce, ktorąś ty wyznał, ná tey opoce, ktorąś ty poznał mowiąc, Ty iesteś Chrystus Syn Bogá żywego, zbuduię Cerkiew moię, to iest ná mnie sámym Synie żywego Bogá, zbuduię Cerkiew moię, ná mnie zbuduię ćiebie, á nie mnie ná tobie. Coż tedy Synu miły ztąd / onieográniczoney Monárchy twego Rzymskiego władzy concluduiesz? y co o fundámencie Rzymskiego Kośćiołá? Nic inszego záprawdę / tylko że Rzymski Biskup inszym Biskupom we wszystkim iest rowny. Tákże y Kośćioł Rzymski ie-

August. lib. 4. retractat cap. 25.

Idem, sermon. 3. de verbis Domini in Matth.

ski ie-

ski ieśliże iest Chrystusow z inszemi wszystkiemi Cerkwiámi iest rowny. Ale ponieważem przedsie wziął ábym rowno władzą wszystkich Biskupow z Biskupámi Rzymskiemi láwnie pokazáłá. Pokładam (nie chcąc iedney rzeczy / á tey prawdziwey drugiemi dowodámi obiáśniáć) przed tobą Synu prawdziwy porządnego rządzenia Cerkiewnego spisek / z dźiećiow świętych powszechnych Synodow przez Nilá Rábásillę / Arcybiskupá Thesálonickiego prawdźiwie zebrány: z ktorego obaczysz ná oko co był niegdy w Chrystusowey Cerkwi Rzymski Biskup / y co dziś w dźisieyszym Kośćiele Papieskim Papież / y stąd ták strásznego ná wszystek świát słowne pioruny: ktorych z rozsądkiem wysłuchawszy zrozumiesz y poznasz / czego wszystkie hárde nádetych tego dworzan záloty są godne / y w łákiey wadze máło być miáne. Abowiem skoro sie to pokaże / że pierwszość władzey Biskupá Rzymskiego iest nie od Bogá / ále od ludźi: y że ták wiele / on ma mocy roskázowáć inszym Biskupom, ták wiele onych słucháć powinien / nácychmiast mnieyszą dáleko tego władzą / á niżli ią on sobie przywłaszcza / wznasz. Mowi tedy on Błogosłáwiony moy syn.

Dwie rzeczy są ktore w Rzymskim Biskupie considerowáne być máią / to iest / że on iest Rzymskim Biskupem / y iż on iest pierwszym miedzy Biskupámi. A to pierwsze że on iest Rzymskim Biskupem / od Piotrá (á słuszniey / według pewnych y prawdźiwych historikow / y potężnych dowodow od Páwłá) Apostołá ma. A drugie / to iest / że on iest miedzy wszystkiemi Biskupámi pierwszy / z podánia to Błogosłáwionych Oycow y Bogoboynych Cesárzow wielo set lat po-

Script. s. Nila Arcybiskupa Thessalonic. przeciw stárszenstwu Rzymski. Biskupá.

K ij w niebo

Wniebowſtąpieniu Páná Chryſtuſowym / dla porządnego w Cerkwi Bożey wſzelkich rzeczy odpráwowánia otrzymał. A że prawdę mowię / oto przywodzę w porządek nie dwu / nie trzech / nie kilku / ále ſześćſet y trzydźieśćiu godnych wiáry świádkow / świętych Oycow ták mowiących. *We wſzyſtkim błogoſławionych Oycow gránic náśláduiąc, y dziś czytany Canon 25 o Bogá miłuiących oycow, zá pánowánia pobożnego Ceſarzá wielkiego Theodoſiuſzá w Konſtantinopolu nowym Rzymie zebranych wyrozumiawſzy. Toż y my poſtanowiamy y ſtwierdzamy, o przełożenſtwie y powáżności naświętſzey Konſtantinopolskiey nowego Rzymu Cerkwie. Abowiem ſtolec ſtárego Rzymu, poniewasz Ceſarską ſtolicą był, miáſto ono Błogosławieni Oycowie przełożenſtwy y powáżnośćią ſłuſznie przyozdobili. Też tedy przyczyną ſto pięćdźieśiąt Bogá miłuiący Oycowie poruſzeni, rowne przełożenſtwá y powáżności świętemu nowego Rzymá ſtolcu, y Ceſárſtwá ſtolicą y Senatem poczczonemu miáſtu y rownemi dignitarſtwy y vrzędami, iáko y ſtary Rzym przyozdobionemu przyſądźili, y aby y w Cerkiewnych ſprawach rowną powagę miał iáko y ſtáro Rzymski, drugi po nim będąc, godnie poſtanowili.* Coż tedy z tąd wyrozumiewaſz: Co inſzego / tylko że nie od Bogá / áni od Apoſtołow / ále od świętych Oycow pierwſzość Rzymſkiemu Biſkupowi ieſt dána: dla tego / Iż to miáſto było ſtolicą Ceſárſką. A poniewasz od Oycow (zá świádectwem Canonow) przełożenſtwá godność Rzymſki Biſkup odźierżał dla przerzeczoney przyczyny: przeto ź dla onego miáſtá Ceſárſkiego prerogátiwy czćią ieſt przyozdobiony / á nie dla Piotrá / ktorego śię *Succeſſorem* być chlubi. A ieśli ż od Oycow / tedy nie od Apoſtołow. A iż y tu prawdę powiádam, poſłuchay Bogoboynego Iuſtiniana Ceſárzá mowiącego.

4. Synodus, Can. 28.

Stwierdzamy świętych Zborow prawne vſtawy, aby naświętſzy ſtárego Rzymu Biskup pierwſzym był miedzy wſzyſtkimi Kapłanami. A nabłogosławieńſzy Konſtantinopolski nowego Rzymu Biskup, aby wtory porządek po ſtárego Rzymu ſtolcu miał, y nad inſze był poważany. A ſłyſzyſz iż to że Rzymſki Biſkup pierwſzy ieſt miedzy inſzemi Kápłanámi / poſtánowienie / ieſt świętych Zborow. Jákowym tedy ſpoſobem od Piotrá Apoſtołá Rzymſki Biſkup pierwſzego mieyſcá doſtąpił: Ale rzeczeſz inferuiąc. Tedy Papież nie ieſt Piotrowym *Succeſſorem*: ieſt / pozwalam dla zgody / ieſt / ále iáko Biſkup / iáko káżdy Biſkup ſwoie ma *Succeſſory* od śiebie poświęcone. Wiele Biſkupow táſke te przez rąk wkłádánie Błogosłáwionego Piotrá przyięli / y ſą iego *Succeſſorámi*, y káżdy Kápłan *Succeſſorem* ieſt tego Apoſtoła / od ktorego *Succeſſią* Kápłáńſtwá odźierżał. Względem tedy tego / wiele ieſt y Piotrowych y drugich Apoſtołow *Succeſſorow* / á względem inſzego cżego / żadnym ſpoſobem. Abowiem Piotr ieſt y Apoſtołem / y miedzy Apoſtołámi pierwſzym. A Papież / áni Apoſtoł ieſt / (ábowiem Apoſtołowie / nie Apoſtoły / ále Páſterze y Vczyćiele ſtanowili) á pogotowiu áni pierwſzy ieſt miedzy Apoſtołámi. Piotr wſzyſtkiego świátá Vczyćiel / z inſzemi Apoſtołámi ſłyſzał Przepowiádayćie Ewánieliu(m) wſzyſtkiemu ſtworzeniu. A Papież Rzymſkim Biſkupem ieſt y nazywa śię. Piotr iednego w Antiochiey poświęćił / á drugiego w Alexándriey / á inſzego indźiey / czego Rzymſkiemu czynić nie pozwolono. Piotr Rzymſkiego Biſkupá poświąca / á Papież drugiego Rzymſkiego Biſkupá poświącáć nie może. Piotrowi *ſimpliciter* rzeczono / cokolwiek zwiążeſz ál-

bo roz-

Nouella 103. Iuſtiniana.

O Succeſſiey Piotra ś.

Succeſſia ś. Piotra w Greciey.

bo rozwiążesz ná ziemi/ będźie związano albo rozwiązano ná niebie. A on łáskę Kápłáństwá Papieżowi
podáiąc rzekł im *conditionaliter*, To zwiążesz/ co przy-
słuszá wiązáć/ y podług przystoyności rozwiążesz.
Piotr cokolwiek rzekł/ Duchá Bożego są słowá/ á
Papież gdźie y to z Piotrem ma pospolite? A przetoż nie względem wszystkich prerogátiw Piotrá ś.
Papież iest iego Successorem/ ále względem tego
tylko/ czego względem y drudzy od niego poświęceni:
to iest wiązánia/ rozwiązywánia/ Krztu świętego/
ocżcinia niewiernych/ odszczepców náwracánia/ y inszych spraw/ które Kápłanowi przysłuszáią/ odpráwowánia. A co powiádáią że nie można rzecz/ áby
Papież w dobrey wiáry náuce pobłądźić miał/ toby
iuż y nád sámego Piotrá świętego było/ który wszystkiemi siłámi o to sie stáráiąc/ izby nań nic tákiego
nie przypádło/ potknął sie. Pytam tedy was/ mo-
żeli Papież w kłamstwo/ w łakomstwo/ w pychę/ y
w insze tym podobne złości wpáść/ álbo nie? Á o-
wszem rzekło/ bo przećiw prawdy trudno/ która wiedźieć dáie/ że żaden człowiek bez iákieykolwiek sumnienia zmázy być nie może. A kto w tym wystąpi/ y
wiáry odstąpić może/ podług słow Apostolskich: Máiąc wiárę/ y dobre sumnienie/ które niektorzy odrzu-
ćiwszy/ wiáry odpádli. Widźisz że kto ná sumnieniu záchorzeie/ y ná wierze chorym być musi. Tákże y Papież nie owszeki ná sumnieniu zdrowy/ y n
wierze chorym naydnie sie. A z tąd sie iáwnie
fałsz pokázuie/ żeby Pápież w Artykułách dobrey wiáry pobłądźić nie mogł. Izali nie iest niezbożności występek/ grzech przećiwko sumnieniu? Bogá

I.Tim. I

słowy

słowy wyznáwáć/ á vczynkámi sie go wyrzekáć? Á
iákoż to stać może/ że Papież vczynkámi Bogá sie wy-
rzeka/ á iezykiem nie? Przykład powieści prawdźiwy Honorius Papież Rzymski/ którego Szosty powszechny Synod z inszemi Kácerzámi iemu podobne-
mi/ temi słowy wyklina. *Nowe wymysły, y tych wyná-
lazce, dáleko od Cerkiewnych gránic odrzucamy, y przeklectwu
spráwiedliwie oddáiemy. Miánowićie Theodorá z Tharranu
Sergiuszá, Páwła, Pyrrá wespoł y Piotrá Konstántinopolskie Biskupy z nimi y Cyrusá Alexándryiskiego Arcykápłaná: przy
nich y Honoriuszá Rzymskiego Papieżá.* A ieśliż Honorius

Honorius Papież Heretyk. Concil. 6. sermon. Prosphonetico ad imperatorem.

Rzymskim Papieżem będąc/ był Heretykiem/ tedyć
rzecz można Papieżowi w Artykułách práwey wiáry
pobłądźić. Który chociaż od Cerkwie odpadł/ Páńskie
iednák słowá o Cerkwi rzeczone/ żadney odmiány nie
poniosły/ gdźie mowi/ ktorey y bramy piekielne nie
przemogą. Byłá bowiem w inszych Biskupach práwey wiáry náśládowániem cále záchowána. Z kąd
iáśnie wiedźieć sie dáie/ że one Chrystusowe słowá/
y ná tey opoce zbuduię Cerkiew moię/ Rzymskiemu
Kośćiołowi nie przysłuszáią. Boby to byłá rzecz ćie-
sna/ y Żydowskiemu ściśnieniu podobna/ do Rzymu
przywiązywáć powszechną Cerkiew/ y Rzymem sámym Chrystusowe oblubienice/ ktorey y bramy piekielne przemoc nie mieli/ ográniczáć. Zbudowałci
Cerkiew swoię Chrystus/ ále zbudował ią ná Theologiey Piotrowey/ y ná wszystkich ktorzy wyznánie
ono w cále záchowuią. A co mowią/ że Błogosłáwiony Agáthon o swey Cerkwi pisze/ iż nigdy z drogi prawdźiwey nie zstąpiłá. Nie iest rzecz dźiwna/
ábowiem on nie o przyszłych dźieiach/ ále o przeszłych

mowi/

mowi/ y nie dziećie śćiąga do ſłow/ ále ſłowá ſtoſuie do dzieiow. Ktory żył przed ßoſtym Powßechnym Synodem. A czáſu ßoſtego onego Synodu / ták Lew Papież zgadzáiąc ſie z świętymi Zboru ßoſtego Oycámi do Ceſárzá piße. *Zárowno wyklinamy y wymyślaiące nowego z oorſenia, to ieſt Theodorá Thárraińskiego Biskupá, Cyrá Alexándryiskiego, Sergiuſzá, Pyrrá, Páwłá y Piotrá Konſtántinopolskie Biskupy, więcey niżli Káplany. A nie tylko tych ále y Honoriuſzá, ktory te Apoſtolską Cerkiew nie Apoſtolskiego podánia náuką zdobił, ále przewrotną zdrádą niepokaláną wiárę wywroćić vśiłował.* Jeßcze żądáią przećiwnicy mowiąc Tákową władzą ma Papież nád Arcybiſkupem Konſtántinopolſkim / iákową Konſtántinopolſki ma nád Ceſáreyſkim/albo nád ktorymkolwiek z podległych ſobie Káplanow. Pátrz iáko y tu prawde mowią/ Abowiem Rzymſki przećiw Konſtántinopolſkiemu pierwßym bywa nazywány/iáko wtory porządek po nim máiącemu/ ktorym ſpoſobem Konſtántinopolſki przećiw Ceſáreyſkiemu pierwßym żadnym obyczáiem nie ieſt. Abowiem Konſtántinopolſki ták ieſt pierwßy tym/ ktorzy pod nim ſą/ iáko ſam ieden/ á z inßemi nie porownywány. A Ceſáreyſki/ nie nazywa ſie wtorym/ ále y ten pierwßy ieſt/ z porownánia iednák y z ſpolnego liczenia drugiego y trzećiego/ktorzy ſą pod nim. A iż tedy pierwßość Papieſka/nie o ſobie ſtoi ále z drugiemi ſkłádána bywa/ Canon 3.6. Szoſtego Synodu świádczy. *Ponieważ to, co przez ſto pięćdzieśiąt świętych Oyców w tym krolewſkim mieśćie, y ßeśćſet trzydzieśći w Chalcedonie zebránych, poſtánowiono ieſt, ſtwierdzamy áby ſtolicá Konſtántinopolska rowne przywileiá z ſtolicą ſtárego Rzymu miáłá, y w Cerkiewnych*

Leo Papa Epiſt. ad Conſtant. imperato. pag. 373.

Papież nád Pátriarchámi władze żadney nie ma.

Concil. 6. Can. 3.6.

nych ſprawach, iáko y tá niech będzie wywyżßona, wtora będąc po oney, po ktorey ſtolicá wielkiego miáſtá Alexándryiskiego, potym Antiochiey. A po oney Hierozolimskiego miáſtá. Jeśliż tedy dla tego/ że pierwßym ieſt w liczbie Przełożeńſtwá/ ſtárßeńſtwo ſobie przywłaßcza. Niechże toż y Konſtántinopolſkiemu przyzna/ ábowiem y ów przed Alexándryiſkim pierwße mieyſce ma/ tymże ſpoſobem y Alexándryiſki niech we władzy ſwey ma Antiocheyſkiego/ á ów niech Hierozolimſkiemu roſkázuie: A iákoż nie iáwne to ieſt ßaleńſtwo? Jeßcze nád to Konſtántinopolſki Ceſáreyſkiego/ y tych co pod nim poświęca. A Rzymſki áni Konſtántinopolſkiego/ áni inßego ktorego ze Wſchodnich Káplanow. Jákoż ſie tedy to z prawdą zgodzi co mowią: ták ieſt Rzymſki pierwßym przećiwko Konſtántinopolſkiemu/ iáko on przećiwko powierzonym iemu Arcykáplanom. Czytay Canon ßoſty świętego pierwßego powßechnego Zboru/ á obaczyß/ ano część świátá Alexándryiſkiemu/ część Rzymſkiemu/ á część Antiocheńſkiemu/ w porządne ſpráwowánie z tym wárunkiem ieſt podána/ áby ieden w drugiego Epárchią ſie nie wćiſkał. Mowią ábowiem zebráni Oycowie śś. *Dawne zwyczáie niech ſie záchowuią, áby we wßyſtkich kráinách tych ktore ſą około Egiptu, Libiey y Pentapola, Alexándryiski Pátriarchá miał władzą. Ponieważ tenże zwyczay ieſt y Rzymskiemu w Zachodnich ſtronách. Zárowno y Antiocheński władzą niech ma nád ſwoią kráiną. Toż y w inſzych Dioeceſiach záchowáć ſie ma, co pierwey iuż poſtánowiono ieſt.* Słyßyß iáko Canon vczy / áby ſtárodawne zwyczáie były mocno trzymáne/ y áby káżdy tylko w ſobie podáney Páreciey władze ſwą roſpośćierał.

L   Alexán

Concil. I. canon 6.

Papieska władzá ográniczona.

Alexándryiſki w Pogániech: Antiochenſki w Syriey oboiey/ w Ciliciey/ y w Mesopotámiey. Rzymſki w ſtronách zachodnich/ Jerozolimſkiemu tegoż Synodu Canon 7. w Páleſtynie/ Phœniciey y Arábiey ſpráwowánia moc podáie. A Konſtántinopolſkiemu/ czwartego Synodu Canon 28. nád Aſio/ Pontem/ Thrácio y Bárbário ſpráwowánia rzad powierza. Jeśli tedy káżdy z nich ná ſobie zleconych kráinach przeſtawa/ vſtánowiony y ſtwierdzony záchowuie ſie porzadek/ á ieśli kto y ſwoie po wiáry dzierży/ y w drugiego Párecilo zazdrośćiwemi oczymá náglada/ nie ieſt to ſtárodawnych Oycow zwyczáiow ſtrzec/ ále ie narußáć/ Canon mowi/ Stárodawne zwyczáie Oycow niech ſie záchowuio/ ábowiem gdyby miedzy inße Biſkupy wßyſtek świát był podzielony/ á Rzymſkiemu żadna cześć vdzielona nie byłá/ ále żeby mu tylko nád inßych wßyſtkich cześćiámi ſtárßeńſtwo było zlecone/ y gdyby o tym ſs. Oycow vſtáwy świádczyły/ ſłußnie byśmy temu wierzyć mieli/ że wßyſtkiego świátá władza iemu ieſt powierzona/ y iż on tákim nád Generálnymi Biſkupámi rzadźco y ſprawco ieſt/ iákiemi oni ſo nád ſobie powierzonemi Káplanámi. Aiż iedná cześć zleconá ieſt Alexándryiſkiemu/ Druga Rzymſkiemu/ Trzećia Antiocheńſkiemu/ Cżwarta Jerozolimſkiemu/ á Piata Konſtántinopolſkiemu/ záprawde niemnieyßym zwyczáiem/ áni inákßym ſpoſobem ſo inßy Biſkupowie pod Rzymſkim y w tego poſłußeńſtwie/ iáko on pod káżdym z nich/ y w káżdego z nich poſłußeńſtwie. Lecż mowio/ iż áppellácio/ od wßytkich inßych ſtolic/ do iedney Rzymſkiey ſtolice ſs.

Appellacia do Pa

Oyco-

Oycowie vkazáli. O niewſtydliwośći: Przywiodßy bowiem w pośrzodek ßoſty Cárthágińſki Synod/ nátych miaſt vſtá im zámknieny/ ná ktory Boniſácius I. legaty ſwoie z pokázowániem dáwney iemu władzey w Appell.ɩciach przez ſs. Oyce pierwßego Powßechnego Concilium dáney wypráwiwßy o ſtwierdzenie tey prerogátiwy prośił. Od ktorych táki reſpons odnioſł. *My nic tákiego ile wiedzieć możemy w Kanonach Niceńskiego Synodu nie nayduiemy. Ale ábyśmy o tym pewną wiádomość wźięli, posławßy do Alexándryiskiey y do Cárogrodskiey Cerkwie, nábyliśmy prawdziwego ſpiſánia Ksiąg dźieiow świętego pierwßego Niceńskiego Synodu, w ktorych nicześmy o prawie, władze Appellaciey tey, o ktorey ſtwierdzenie nas twoiá pobożność prosi, náleść nie mogli, ále y owßem rzeczy przećiwne czytáliśmy, to iest, áby káżda kráina swoie ſpráwy ſądźiłá, y áby appellácia od Biskupow nie indźiey gdźie. iedno do Synodu Particulárnego álbo do Generalnego byłá.* A po śmierci Boniſáciußá/ Celeſtin Papież tegoż ſie od Oycow ná Synodźie domagał/ ktoremu támże według przyſtoynośći/ odpowiedźiano. A to pokazawßy/ chce y to pokazáć/ że do Konſtántinopolſkiey Cerkwie Pátriárchy/ raczey áppellácie prawo przynáleży, niż do Rzymſkiego Papieżá. Mowi ɩowien Canon 9. Powßechnego Chálcedońſkiego Synodu. *Ieśliż ktory Klerik bedźie miał ſpráwę z drugim Klerikiem, Biskupá ſwego niech nie odstępuie, y do świeckich Sędźiow niech ſie nie vdáie, ále niech ſie pierwey przed swoim właſnym Biskupem, álbo przed kim oni zá pozwoleniem Biskupim záchcą, ſpráwą toczy.* A ktoby nád to

L ij vczynił.

pieża Rzyms. nie idzie.

Tomo I. Concil. in actis concil. Carthagin. 6. Epistre responsoria Patrum ca. 101. pag. 518.

Concil. Aphric. cap. 105. pag. 520.

Appellaciia raciey idzie do Konstantinopolskiego Patriarchy.

Concil. Chalcedon. Canon 9. y Canon 17.

vczynił. Canonnym pœnam podlega. A iesli Klerik z swoim álbo z drugim Biskupem spráwe bedzie miał, Sądem Synodu Prowincialnego sądżony ma być. A ieżeli z sámem tey Prowinciey Metropolitánem Biskup albo Klerik spráwe iáka bedzie miał, do Exarchy Dœcesiey oney, álbo do stolice Konstantinopolskiey króluiącego miástá niech idźie, á przed nią niech sie sądzi.

To żę 57. tegoż Synodu opowiáda. A 28. tegoż Concylium y 36. szostego Zboru rowne Przełożeństwá godności Konstántynopolskiemu z Rzymskim w spráwách Cerkiewnych oddawa. A przetoż ieśliże Rzymskiemu ápelacya iest przysądzona / rownie dla rowności władzy też ápelácyey prerogátiwe y Cárogrodzki mieć bedźie.

Papież nie iest sądźią wszystkich.

A iż powiádáią że Rzymski Biskup iest wszytkich sędźią / á sam ni od kogo sądzony być nie może: to y prawdźie ś. y Apostolskim obyczáiom iest przećiwno.

Galat. 2.

Jesli bowiem Páweł z inszemi znośi swoie przepowiádánie / áby nienádaremnie prácował / y Piotr vlegá Páwłowi który go strofuie. A tákoż on nie ma podlegáć strofowániu w żyćiu y naprawie / ponieważ sie chełpi / że y w tym Piotrá náśláduie. A iż to iest rzecż omylna / świádek pewny Honorius Papież / który sądzony był / ná 6 zborze powszechnym y degrádowány / y wyklety. A strony inszych spraw Cerkiewnych / tákże on Biskupem bedąc wszytkim práwom y Canonom oycow podlega iáko y inszy Biskupowie. O czym czytay Synodu 6. Canon 53. w którym oycowie śś. Biskupowi Rzymskiemu w te słowá przykázuią.

Concil. 6. Canon 53

Poniewaź dowiedźieliśmy sie iż w Rzymskim Kośćiele, zá Práwo położono iest, áby ći którzyby vrzedu Diaconskiego y Káplanskiego godnemi byli, przy Ordinaciey swey zrzekáli sie stanu Małżenskiego. My stárożytny

żytny Canon Apostolski w doskonáłośći y porządku záchowuiąc ludźi poświeconych, Małżeństwá od czásu teráźnieyszego mocne y trwáłe áby były chcemy: Zadnym sposobem złączenia im nie broniąc, áni ich od wzaiemney społeczności przystoynego czásu oddalaiąc. A ku końcu tegoż Canonu. A iesliby kto przećiwko Apostolskim Canonom powstawszy Kápłaná iákiego álbo Diaconá, álbo, Hypodiakoná od społeczności Małżenskiey oddalił, niech bedźie z vrzedu swego zrzucony.

Ibidem.

Rzás tegoż świetego powszechnego Synodu Canon 55. mowi.

Concil. 6. Can. 55.

Ponieważ iesmy sie dowiedźieli, iż w Rzymskim mieśćie w święty, Quadragesimæ post, dni Sobotnie nád zákaz Cerkiewny poszczą. Zdáło sie ś. Synodowi, áby też w Rzymskim Kośćiele przy mocy swey został Canon Apostolski który mowi. Ieśliby który Kleryk w Niedźielny dźień, álbo w Sobotte (procz iedney) pośćił niech bedźie degrádowány, á świecki niech bedźie odłączony.

6. Concil. Rzymskie kośćiołá zwyczay strofuie

A stąd iáwnie sie pokázuie / iż Rzymski Biskup iáko w Artykułách wiáry / ták y w Trádicyach Kośćielnych / ieśliby co z nich wykráczał / Sztrofowániu / sądowi / napráwie / y karániu podlega. Ni iż áni iest nád insze Biskupy władzą pierwszy / áni też Kápłáństwá porządkiem wietszy. Abowiem ieśliby wietszym według porządku był / tákożby od mnieyszych náprawowány być miał: y tákoby Oycowie śś. do nie° pisząc Rzymskim go Biskupem názywáli: nád to y poświecenie od Biskupow przyymuie: coby żadnym obyczáiem być nie mogło / kiedyby nád Biskupá wietszym był. Abowie° żáden te° drugiemu dáć nie może czego sam nie ma. Nie máiąc tedy ten Biskup który Papieżá poświeca stárszeństwá / ták stárszego z nieográniczoną władzą Papieżá poświeca: Co iest oczywiście rzecz

Ordiná-

Ordinácia psuloca. Bo y Dionyzius ś. Apostolski on spolmieszkániec y vczeń / Pásterz y Vczyciel od nich postánowiony / Cerkiewna Hierárchia ná trzy częśći dzieli / ná Diákony / Kápłany y Biskupy / á nád Biskupski vrząd nie wietszego nie pokłada. Ten tedy ktory o wszystkiey Hierárchiey Cerkiewney dostátecznie pisał / álboli przepomniał Papieskiey władze stárszeństwá / álbo o nim nie wiedział / álbo wiedząc zámilczał. A iż te Canony ktorem tu przytoczył / y názywáło sie y są Szostego Generálnego Synodu / káżdy o tym y máło w pismie bádáiący sie dobrze wie. Poniewaź ná piątym y ná szostym Synodach / żadna zmianká o Canonach nie byłá / ále tylko o práwey Wiáry Artykułach bádáli sie śś. Oycowie / y o wykorzenieniu nowo wznikłych bledow. Aby tedy w zupełność szosty Synod przywiedli / zebrawszy sie śś. Oycowie / ná pálac názwány Trullum / żadney zmianki iuż o wiáry rozdziałách nie czyniąc / o sámym tylko sprawnym rządzie Cerkiewnym / Canony spisawszy / szostemu powszechnemu Synodowi przyłączyli / y te dwoie śś. Oycow zebránia / iednym powszechnym szostym Zborem názwáli. A iż ten Synod y názywa sie y iest Generálnym / Historia Básiliusá Biskupá Gortinskiego świádczy / ktory ná tym Zborze mieysce Biskupá Rzymskiego zásiadał. A y stąd toż sie wiedzieć dáie / iż to Concilium częstokroć gdy o sobie wzmiankę czyni / Powszechnym śiebie názywa / Czym ieślby nie był / śś. Oycowie nigdyby ták iáwnego ná się kłamstwá nie wkładáli. Posłuchay tesz o tymże y siodmego Generálnego Concilium / w pierwszym Cánonie ták mowiącego: Wdzięcznie / świąto-

świątobliwe Canony przyimuiemy y onych postánowienie cáłe y nienáruszone záchowuiemy / ktore wydáne są przez Duchá ś. tromby / Błogosłáwione Apostoły y przez sześć świete Generálne Concilia / y przez one ktorzy do tákich Decretow wydánia / ná Particulárne Concilia sie zbieráli / y przez śś. Oyce násze / iednym ábowiem y tymże oświeceni Duchem wszyscy / co było pożytecznego postánowili. A ktorych oni wyklęli / y my wyklinámy: Ktorych oni degradowáli / y my degráduiemy. Kogo odłączyli / y my odłączamy. Kogo też pod karánie dáli / y my zárowno. Obyczáie niech będą oddalone od łákomstwá / przestawszy ná teráźnieyszych rzeczach / ten ktory był záchwycony do trzećiego niebá / y słyszał niewymowne słowá Błogosłáwiony Apostoł woła. A iż tedy świete owo Concilium / y o Apostolskich / y o sześciu śś. powszechnych Synodow Canonach zmiankę czyni / łácwa rzecz że Canonow szostego Synodu nie oddziela / ále y owszem kto by ie w czym náruszył / tákowego wyklina. Też Canony y Rzymski Biskup w iedności tesz będąc / mocne y nienáruszone być opowiáda. Adrian bowiem Rzymski Biskup do Tárásiusá Konstántinopolskiego pisząc ták mowi. *Należyśmy w przeczytanym synodálnym wászey świątobliwości liście, iák dobre iest wyznánie wásze, y iák práwa wiárá wászá, y záchowánie śś. powszechnych sześciu synodow, y czci godnych á świętych obrázow obroná, w czym wszystkim, dziwna iest czyste wiárá wászá y pochwały godna.* W tymże Liśćie iáwnie iest wyráżono. *Ze w szostego Synodu z Bożkiego natchnienia y według zakonu ogłoszonych Canonach przyięte iest málowánie ono poczciwe ná ktorym Báránek pálcem precursorowym pokázany bywał málowány:*

Ktory

Concil. 7. Can. 1.

Ibidem.

Ktory ná znák láski przyietey, prawdziwego nam przez zakon Báránká, to iest, Chrystá Bogá pokázuie. Dawne tedy obrázy, figury y ćienie iáko znáki prawdy Cerkwi podáne przyimuiąc, láske y prawde poznawamy, iákoby zakonu wypełnieniem one być rozumiejąc, áby tedy doskonáłość wszystkim wyráżona byłá, przykázuiemy áby od tego czásu ná obráziech miásto stározakonnego Báránká Chrystus Bog nász Báránek, ktory wszystkiego świátá grzechy zgłádził, w człowieczey postáći był malowány, przezeń pokory wielkość Bogá słowá ná pámięć sobie przywodząc. y ná pámiątkę ćielesnego iego z ludźmi pomieszkánia, Męki y zbáwienney śmierći, przez co iákoby ręką do zbáwienia, ktore się przezeń wszystkiemu świátu stáło, przywodzeni bywamy. A iż ten Canon Błogosłáw. Adrian listem swoim pochwalił y stwierdził / y iż Canon ten o ktorym mowimy / iest szostego Synodu / Powszechnego w liczbie 82. Canon Księgi Conciliorum świádczą. Záprawdę iest rzecz nie przystoyna / że Rzymiánie nie tylko z powszechnymi Synodámi / ná ktorych sámi przodek miewáli / y ktorych sławá áż pod niebiosá iest wyniesiona / nie zdzierżą / ále ie nieprzystoynie odrzucáią. Co bowiem teraz Adrian Papież pochwalił y stwierdził / toż záraz Nocentius / álbo drugi ktory / gáni y odrzucá. A ieśli kto rzecze / że Rzymski Papież práwom śś. Oycow nie podlega: Owszeki nie prawdziwie rzecze / Gdyż on Przełożeństwá swego godność od Oycow śś. odzierżał / á przetoż co zá słuszność / áby przez ktorych podniesiony iest / tych zá nic sobie ważył: nádto / y sámi Papieżowie tych Canonow z inszemi świętemi Authorámi byli / ktore gdy zniewáżáią y odrzucáią / śiebie sámych sromocą y potępiáią. Bo y Páweł ś. Apostoł przestępcą názywa śiebie / ieśliby to co

zbudo

zbudował / záś psował. A ieśliż się pokázáło że Papież ták w wiáry Artykułách / iáko y w inszych ustáwach przez śś. Oyce / strofowány / karány / y náprawowány bywa / iákoż tedy śś. Oycow práwom nie podlega? Albo iák spráwiedliwa to iest / áby ktorych on Oycámi świętymi názywa / iemu iáko synowie posłuszni byli. A co mowią / iż Papież nie iest z ográniczeniem miástá iákiego Biskup / ále *simpliciter* Biskup: przećiw iásney prawdzie mowią. Abowiem iuż się pokázáło / że rowney władze z inszemi Biskupámi iest / y temuż iárzmu podlega. A ponieważ ná wszystkich Conciliach / kiedykolwiek zmianká o nim byłá / Rzymskim go Biskupem śś. Oycowie názywáią: iákoż tedy on nie ográniczonego miástá / iákiego iest Biskupem / to iest Rzymu / ále *simpliciter* Biskupem. A ieśli też dla tego / że on śiebie w liśćiech swych Rzymskim Biskupem nie miánuie / ále *simpliciter* Biskupem / tedy to nie potężna rácia. Gdyż miánowáć się Biskupem (ktore nazwisko wszystkim Biskupom iest pospolite) á nie Papieżem powszechnym y Kśiążęćiem Arcykápłanow / y inácżey iáko od swego dworu sług wielbiony bywa / pokory iest imię / przećiw ktoremu y mowićby szerzey nie przystáło / gdyby się pokorá tá hárdośći płaszczem nie byłá przyodziáłá. Sądź tedy ieśliż dla tego wielki iest Papież / y nieográniczone Biskupstwá imię nośi / że *simpliciter* Biskupem śiebie názywa. Niechże dla tey przyczyny / y Błogosłáwiony Cyrillus Alexándryiski Biskup przy nie ográniczonym Biskupstwie zostánie y w wielkośći z Papieżem porowna? Do ktorego Theodosius wielki pisząc / ták mowi: *Theodosius sławny Triumphator*

M *semper*

Papież ma władzą ográniczoną.

Semper Augustus, Cyrillusowi Biskupowi. Widźiß że mu nie przydał ktorego miástá być Biskupem. Tráfia sie też y to częstokroć/ że y Biskupowie / w liśćiech swoich Biskupskiego imieniá nie pokladáią/ ále tylko włásne imię nápisawßy/ inße opußczáią/ y dla tegoż oni Biskupstwo tráca? A ten ktory Biskupskie imię nápisawßy/ miásto Biskupstwá swego opußcza/ dla tego powßechnym Biskupem zostáie? Niechże nád tego ießcże wietßym ten będźie / ktory y Biskupiego imieniá nie pokláda. Co mowić/ nie inßego w prawdźie co czynić/ tylko iáko mowią/ ßnury z piasku kręćić. A iż tákowych nápisow wiele iest/ snádnie wiedźieć możeß. Piße ábowiem Cyrillus: *Błogosłáwionemu y Bogá miłuiącemu Oycu Celestinowi, Cyrillus w Pánie sie rádowáć.* A záś: *Pobożnemu y Bogá miłuiącemu spół służebnikowi Nestoriußowi. Cyrillus w Pánie się rádowáć.* Ani siebie / áni drugiego Biskupem nienázywáiąc. A przetoż według ich rozsądku álbo wßyscy ći y ten ktory piße/ y ten do ktorego pißą Powßechny będźie/ álbo ießcże wietßy niżli powßechny/ co owßeki rozumieć iest nie mądrego y dźiećinnego rozumu. Jeßcże do owych przydáią mowiąc/ że tylko sámá Rzymska stolicá Apostolską stolicą sie názywa. Nád to co iest nieprawdźiwßego y gorßego/ pospolite imię wßystkich społne Bráćiey / iednemu przypisowáć? Coż sáth iest z dźiejow Synodálnych iáwnie sie pokáżuie. Ná Szostym Synodźie mowią ták. Oycowie: *Constantinus Bogiem vczczony Arcidiakon tuteyßey świętey Bożey Powßechney y Apostolskiey Cerkwie. Piotr Praesbyter y Namiestnik Apostolskiey stolice wielkiego miástá Alexándriey. Georgius pokorny Praesbyter Namiestnik Theodorá Bogiem vmiłowánego Biskupa.*

Nie sámá Rzymska stolica Apostolską się názywa.

In actis concilij 6

Biskupá, y Namiestniká Apostolskiey stolice, świętego, Chrystusá Bogá nászego, miastá Ierozolimskiego. A záś z spráwy pierwßey świętego siodmego Powßechnego Synodu/ ktorey początek w imię Páná y Włodárzá JEzu Chrystá / prawdźiwego Bogá nászego/ zá pánowánia pobożnych y Chrystá Páná miłuiących nászych Pánow / etc. A záraz po przeczytániu Rzymskiey Cerkwie Legatow y Konstántinopolskiego / czytáło Jáná y Thomaßá pobożne Hieromonárchy / y Namiestniki Apostolskich stolic wschodniego rządzenia: A záś w podpisiech tegoż Synodu. *Ian z łaski Bożey Presbyter, y Patriárßy consiliarius, Namiestnik trzech Apostolskich Stolic, Alexandriyskiey, Antiochenskiey y Hierosolimskiey Oycowskich Dekretow y Trádiciy powßechney Cerkwie náśláduiąc, podpisałem.* Tenże podpis y indźiey náydźieß. Widźiß iż káżdy powßechny stolec/ Apostolską sie stolicą miánuie/ á stąd wßelki/ ktory spráwiedliwie sądźi/ álbo wßystkie stolice z Rzymską rowney y iedney powáżnośći vczyniwßy/ pierwßośći władzey te odsądźi: álbo przy podáney ią władzey zostáwiwßy / teyże czći dostoynośc y inßym stolicom przyzna. Błogosłáwiony Chryzostom powiáda / że káżdy Arcykápłan ná Chrystusowey stolicy vśiadł / iák Zakonne Kápłany ná Moyzeßowey śiedźieli/ y iż wietßą godnośćią nád Anioły y Archánioły są przyozdobieni. Ná drugim mieyscu piße. A przetoż nie iest rzecz wielka / że sie Rzymska stolicá Apostolską názywa/ ponieważ káżdy Biskup nád Anioły godnośćią przyozdobiony/ ná Chrystusowey stolicy śiedźi. A co powiádáią/ że nikomu inßemu/ tylko sámemu Papieżowi Rzymskiemu wolno Concilia zbieráć y skłádáć.

In Actis 7. Synodi

Concilia zbieráć nie náleży

 Jákoż

Sámemu Papieżowi.

Jákoż to nie iest rzecż/ sáwnie prawdźie przećiwna: y ták nie wielce sromotna/ tym sie y Kápłanowi dowodźić/ co y Cesárzowi sobie przyczytác iest przyzwoitá: Co gdy mowie nie lekkomyślności iákiey Cesárskiey vragam. Wiem że wielkie y ich iest dobre/ ále dobre Cerkiewne tego świetnemi wysokośćiámi pogárdza/ á ná niebieskie pilne ma oko. Ale ábyś poznał że Cesárzom/ ánie Biskupom to we władzy iest/ czytay z dźieiow pierwszego powszechnego Synodu śś. Oycow słowá.

In Actis I. concilij

Swięty y wielki Synod, swiętey y wielkiey z łáski Bożey Alexandriyskiey Cerkwi, y wszytkim ktorzy są w Ægipćie, Pentapolu, Lybiey y pod niebem namilszym Bráćiam, Clerykom, y práwey wiáry ludźiom, Biskupowie ktorzy w Nicenie zebrawszy sie Synod skonczyli, w Pánie sie rádowáć. Poniewaz łásko Chrystusową, y Bogiem strzeżony Cesarz Konstántyn, zebrał nas z rożnych kráin y miast &c. Rowniez y z dźieiow powszechnego trzećiego Synodu.

In Actis 3. concilij.

Pobożnym y Boga miłuiącym, Theodosiuszowi y Walentinianowi, zwyćięzcom y Triumphatorom semper Augustis, święty Synod łáską Bożą y zezwoleniem wászey władzey zebrany w stołecznym mieśćie Epheskim. A ná końcu dźieiow świętego powszechnego Synodu czwártego/ Napis Listu tegoż ś. Synodu táki.

In Actis 4. concilij

Swięty y wielki Powszechny Synod, zá łáską Bożą y zá Przywileiem pobożnych Chrystá miłuiących nászych Cesárzow zebrany w stołecznym mieśćie Chalcedońskim, Bithyniénskiey kráiny. Nászemu wielce y nabłogosłáwienszemu Rzymskiemu Arcybiskupowi Lwowi. A iż Synody powszechne skłádáć iest we władzey Cesárskiey z przerzeczonych iáwnie widźieć sie dáie. A Błogosłáwiony Lew Rzymski Biskup/ do Theodozyusza Cesárzá pisząc/ vsilnie o pozwolenie Cesárzá prośi/ áby mu pozwolił swoy Synod we Włoszech zwołáć

zwołáć. Co ieśliby w swey władzey Papież miał/ nie miałby o co Cesárzá prośić/ z ktorego Listu też słowá do czytánia z Dźieiow czwartego Synodu przekłádam.

Literæ ordin. 9. tomo 2. pag. 32.

Ieśli pobożność wászá ná przypomnienie, y prośbe nászę pozwolić będźie raczyłá, y roskázáć, áby we Włoszech Biskupskie Concilium było miáne, prędko (zá pomocą Bożą) mogą sie wszystkie pogorszenia, ktore w zaburzenie wszytkiey Cerkwi są wzniecone, odiąć, &c. A po zezwoleniu Cesárskim ná Concilium Biskupskie/ przez drugi List tegoż Cesárzá tuż wespoł y z zebránymi Biskupámi o powszechny Synod w te słowá prośi.

Litteræ ord. 13. Leon. Pap. tom. 2. pag. 40

A ieśli sie ktorzy z czystośćią wiáry nászey, y z pomnożnośćią Oycow śś. nie zgadzáią. Concilium powszechne we Włoszech, Synod ktory sie dla tey przyczyny w Rzymie zebrał, Zewnątrz prośi/ áby łágodność twoiá mieć pozwoliłá. áby sie wszyscy wespoł zebrawszy/ tym/ ktorzy álbo prze niewiádomość/ álbo prze strách odpádli/ naprawo mogli zábieżeć. A ieśliż dla tego ták wielce poważny y wyniosły Rzymski stolec być powiádáią/ że w Rzymie Piotr ś. Apostoł śmierć podiął. Nie rowno zacnieyszy y poważnieyszy Hierozolimski będźie dla tego iż w nim Zbáwićiel nász Iezus Chrystus żywot dáiąc śmierć vćierpiał. Albo ieśli go wielkość czći nádyma/ ktorey od śś. Oycow Rzymská stolicá dostąpiłá. Wiedz że tá czći wysokość nic inszego nie iest/ tylko straż Cerkiewnego porządku. Bowiem v śś. Oycow iest wielka rzecz porządek/ ktory y niebieskie y ziemskie stworzenia strzeże. Do czego ich y Apostolski pobudźił Zakon/ roskázuiąc áby ieden drugiego czćią wprzedzał. A pokory też przykład/ ktory Vczniom swoim Pan pokázał/ w służebniczey postáći nogi ich vmywáiąc. A insze rzeczy ktorekolwiek on ob

Papieżowi dla czego pierwszé mieysce śś. Oycowie mieć pozwolili.

on obficie dla zbáwienia náßego czynił/ ſą dostáreczonena pociągnienie do pokory. A co mowią / iż bez Papieżá Cerkiewne ſpráwy kończyć ſię nie mogą/ áni Canony przy ſwey mocy ſtać : dobrze mowią/ Bo też áni Papież bez drugich ſpoł Biſkupow ſwoich co w Cerkiew wnośić/ tákże Canonow tworzyć y ſtwierdzáć nie może. O czym czytay Canon Apoſtolſki 34. w te ſłowá. *Biskupom kázdego narodu potrzebá znáć ſwego pierwßego y rozumieć go iáko głowę, y nic nie czynić coby było wyſokiego y wielkiego bez niego, ále to tylko ma kázdy czynić, co do iego Párochiey przysłußa, y we wśiach ktore ſą pod nim. Ále też áni on bez wßystkich zdánia co ma czynić. Ták ábowiem będzie zgodá, y wysławiony będzie Bog przez Páná Ieſu Chryſtá w Duchu świętym, Oćiec, y Syn, y Duch ś.* A ieśli kto przećiw Canonom Błogosłáwionych Apoſtołow mowić záchce podrzutnemi ie y nie Apoſtolſkiemi názywáiąc/ śą. Oycowie pierwßego Concilium/ trzećiego/ czwartego/ ßoſtego y śiodmego/ vſtá im zámykáią / ábowiem Pierwßy Synod w piątym ſwoim Canonie dwá Apoſtolſkie Canony przypomina / dwunaſty y trzydzieſty wtory/ á w piętnaſtym ſwoim/ o piętnaſtym Apoſtolſkim zmiankę czyni. Trzećie Concilium do Theodozyußá piſząc 74. Apoſtolſki Canon przypomina/ ktorego záżywßy Neſtoriußá zrzućili. Tymże Canonem y czwarty Synod Dioſkorá oſądził. Tenże 4. Synod w piątym ſwym Canonie o 12. 13.

Concil. 4. Can. 5. 14. y 15. Apoſtolſkim Canonie ták mowi. *O Biskupach y Klerikach ktorzy z miáſtá do miáſtá przechodzą, áby śś. Apoſtołow Canony przy mocy zoſtáli święći Oycowie przykázuią.* A ßoſtego Concilium Canon y liczbę Apoſtolſkich Canonow pokázuie mowiąc.

Concil. 6. Canon 2. *Y to też temu ś. Synodowi nado-*

bnie

bnie y vczćiwie ſię podobáło, áby iuż od tego czáſu dla lekárſtwá duſznego, y dla trwog vskromienia w mocy y w ſtáłośći ſwey zoſtáli, ktore od śś. Oycow prædeceſſorow náßych przyięte y ſtwierdzone ſą, y nam podáne, śś. y sławnych Apoſtołow imieniem Canony ośmdzieśiąt pięć. Siodmy też w pierwßym ſwoim Canonie Cerkiewne Zakony wyliczáiąc/ ná pierwßym mieyſcu przed inßemi śą. Apoſtołow Canony pokłáda Moyżeßowe ono we wßyſtkich áby było dzierżáno ſądząc/ to ieſt/ áby nic od nich nie było odeymowano/ áni też áby co było do nich przykłádano. Ieżli Canony zá ták znácznemi Oycow świádectwy/ podeyzrzáne v kogo z práwey wiáry ludzi będą: y będźie ich kto śmiał odrzucáć/ kto ſię we wßem práwym náśládowcą śą. Synodow być chlubi. Tento vczyni/ ktory iáko mowią/ w świátłośći/ ćiemnośći zwykł ßukáć. Poty ś. Cábáſyllas.

A iż te rzeczy y ták ſię w ſobie máią y ták ſię náydują. Ktoż co nowego ſynu y nieſłychánego w porządek przynieść będzie śmiał / nád to co ten tu Błogosłáwiony mąż przynioſł y iáwnie pokazał: Pewna tego ieſtem/ że nie święty / nie Błogosłáwiony/ nie ſpráwiedliwy/ ále duſzy trácący pochlebcá/ nádęty tego świetney słáwy miłośnik y hárdy roſkoßnik: ktory w mocy ſwey z zapádniego niebá podáney te plenipotencią ma. Aby y ſtárodáwne śś. Oycow Canony y vſtáwy nicował/ y álbo one ż w inße ſukienki przeodziane/ álbo nowo zmyślone/ y miáſto tych y nád te/ dla proſtych ludzi zmamienia ná świát podawał. Komuż tedy proße ćie / lepiey wiárę dáć przyſłußa: Niezliczonymli śiedmiu powßechnych Synodow Duchem Bożym rządzonym

Bogá

Bogámilulocym Oycom. álbo márnym/onemu blogosłáwionemu Chorowi niewiádomych y niesłychánych rzeczy áuthorom? Czyli Sylwestrá onego ś. Juliuszá/ Dámásá/ Lwá/ Vigiliuszá / Agáthoná/ Adriáná/ Atháńásiuszá/ Cyrillow dwu/ Grzegorzá Nisseńá/ Táráśiuszá/ y inszych śś. Oycow/ śiedmiu onych powszechnych Synodow nie obłudnych directorow záprawdę dusze swoie położyć gotowych Biskupow/ w práwey drodze náśládowáć ráczey tobie przystoi/ álbo nowowznikłych Báłestowcow niewstydliwych/ niebieskiey Theologiey w niewolą ziemskiey Philosophiey podawcow/ Bellárminow mowię Cáreriow/ Costerow/ Polidorow/ Roderow/ Mánćinow/ y inszych tym podobnych/ świetey prawdy oppressorow y Bogu przećiwney hárdośći w Politią oblubienicy iednorodzonego syná tego Páná y Zbáwićielá nászego Jezu Chrystá introductorow/ y iednomyślney iey zgody káźićielow krzywym nogom wnáśládowánie sie vdáć? Coż iest v ćiebie wiáry godnieyszego synu/ Boskie pismá świádectwá nieomylne/ ktore Błogosłáwionym onym Oycom pewnym przewodnictwá práwidłem były/ álbo owych świátá tego mądrośćią zmyślone ráćie/ ktoremi oni wszytke swoie náuke rzadzą? Czemu bespiecżniey ćiebie y niepokaláno twoie wiáre w záchowánie powierzyć woliß? Canonomli przez wszytkiego świátá Biskupy / *Catholicè* vtworzonym / vchwalonym / stwierdzonym / przyietym y ná wieczne świetey Apostolskiey Cerkwi záchowánie/ dlá zgodney chwały imienia Bogá w Troycy iedynego / po wszytkim świećie podánym. Czyli Watykáńskim de

kretem

kretom w kąćie zmyślonym / od żadnego Synodu nie czytánym / áni przyietym/ ktore iák w kąćie hárdośći są złożone ták y po dziś dźień / tám sromotnie giną. O ktorych y sam chytry Cerkiewnych Canonow y błogosłáwionych Oycow pism *innouator* Gratiánus / tákie zdánie z inszemi niektorymi tegoż poczetu *coadiutorami seruiąc* mowi. Listy Dekretálne ktore sie pierwszym Rzymskiey Cerkwie ś. Biskupom/ y zwyćięstwo noszącym męczennikom przypisuią/ żadnym sposobem onych nie są. Abowiem wiele w sobie *inconuenientia* y *absurda* zámykáią/ y bárzo iáwnie pismu Bożemu sie sprzećiwiáią. Ani sie też z postánowieniem czásow onych zgadzáią. Konstántinli on wielki y pierwszy Chrześćiáńskiey práwey wiáry łásią ośćia oświecony / pobożny Cesarz przerzeczonym powieśćiom godnieyszy wiáry/ świádek iest/ á z nim Theodozius on wielki/ y Márcian *Triumphator*. Justinian Błogosłáwiony/ y inszy sławni y Bogá miłuiący Cesárzowie Rzymscy? Czyli ieden sam ten/ ktory niewinną Páná swego krwią meżoboyskie swe rece zmázawszy iáko zboycá Cesársko stolice posiadł *Parricida* Focás? Ktory rozerwánie miedzy Bráćią vczynił y niesnaske miedzy rodzone áby ie z sobą rozłączył/ wrzućił/ ktora mu y po dziś dźień podług godnośći zasług iego owoce przynosi. Z pilnośćią przeto syna w przerzeczone weyźrzy/ y spráwiedliwie rozsądź/ á day pospolitemu zdániu w sobie mieysce/ że wszelka prawdá práwego sądu przy dwu prawdźiwych nie obłudnych y nie podeyźrzánych świádkach bárziey / niż przy trzech y dźieśiąćiu kłamliwych/ nie słownych y podeyźrzáney wiáry pochlebcach zostáie. A tu

Ll

nie

nie trzy/áni dziesięć wiáry godni świádkowie Blogo-
sláwieni Oycowie/ale sto naprzeciw iednemu fałszy-
wemu/ tarczo dobrey wiáry dzierżąc y miecz słowá Bożego/ nádorzedziu máiąc przed tol'o stoia. Duchowi tedy Bożemu ráczey wierz synu/ niżli Duchowi przeciwnemu. Swietych Oycow prawdziwych statutow náśláduy/á nie klętych Pátrow zmy-
slonych powieści. Ponieważ wiárr iest wszystko cokolwiek mowią/ktorym záwichrzony po wszystkim świecie niezbożności swey proch rozwiewáią. Skłoń vszy
3 Reg. 19 swoie ná szum wiátru ciché synu y rzeczonoć będzie:
Pan, ktory potężną/wszechmocney swey práwice mocą/
ony niezbożności proch ze wszystkie świátá zebrany/
ná rozwieiáczow głowy ná wieczne zesromocenie ich
wysypie: y w ten czás w swym pádole przepáści/
ktory ná wszystkiego świátá sámolowkę wykopáli/
wysoko latáiącey hárdości smrodem zemdleni zgino.

Ale przywodzo ieszcze ná podpárcie swego przed-
O Przywi- sięwzięcia żadno contrádictio (iáko rozumieią) nie-
leiu od Cō- zwyciężony wielkiego Konstántego przywiley/ kto-
stántego Ce- rym mowio Rzymsko Cerkiew Constánty nád insze y
sárzá. wywyższył y Biskupá tey Cesárskiey władzy wielmo-
żnością przyozdobił/ á nád wszystkiemi Pátryárchámi przełożył. Biádá nie wstydliwey tey chlubie y tey
ich niezbedney hárdości/ przez ktoro rozruch w Cerkiew Chrystusowo wniesiony y podżiodzien/ z wielkim Chrześciáńskiemu imieniowi vrągániem pánuie. Otworz y tu sercá twego oczy synu á nátychmiast iáwnie obaczysz zmyślony ten przywiley nie prawdziwie w stárożytności száte vbrány/ o ktorym áni
sie kiedy Konstántynowi wielkiemu sniło/ áni go też
Sylwester

Sylwester Biskup nie mowie ná iawie/ ale áni
przez sen kiedy od niego przyimowáł/ baczeniem
tylko vważyć á rozumem sodzić chciey/ nátychmiast kłamstwo wszystkiemu złemu źrzodło/ z ktorego y ten przywiley wespoł z inszymi dekretámi nieszczesliwie sie wynurzył obaczysz/ vyrzysz przy tym y to/ iż iuż od dawnych czásow
ten zmyslony przywiley sił pozbywszy vpadł y
szyie złámał. Słuchay nie tedy z pilnością á
zbaczeniem vważay. Pismo Boże vczy iż Chry- Ephes: 14. 15.
stus sam iest głowo Cerkwie: y toż pismo sáme- Habr. 5. 7. 9.
go Chrystusá Arcypásterzem y Arcykápłanem Colos. 1.
názywa. A Papież przeciw temu pismu tákie ro- 1. Cor. 3.
gi stáwi. *Wszystká po wszem ziemie okręgu, Cerkiew wie-* 1. Piot. 2. 25.
ż naświętszey Rzymskiey Cerkwi przysłusza wszystkich są- Clem. Pap. de
dzić, á nikomu sie nie godzi iey sądow przesądzać. Item, sent. & re iu-
wszystká po wszystkim świecie wie Cerkiew, iż wselákich są- di. cap. 1. ex-
dow Biskupskich związki, Stolicá ś. Piotrá ma práwo roz- trauagant. &
wiązywác. Item/ *Pásterskiego stáránia pieczá nam* de empt. &
od Bogá nád wszystkimi chrześciáńskimi narodámi iest zle- vendit.
cona. Item/ *Do rządzenia powszechney Cerkwie niebie-* Cap. ad regimē
skim rozporządzeniem wezwáni. Item/ *S. Rzymska Cer-* extrauagan. de
kiew, ktora nad wszystkimi inszemi ma pánowánie od Bogá, praebend.
iest mátka wszystkich wiernych y Mistrzyni. Item/ Ca. 1. de treug.
Dla tego wszystkie insze Cerkwie Rzymskiey stolice máią & pac.
być posłuszne. *Iż stolicá ś. Piotrá z Antiochiey do Rzy-* Cap. 1. de con-
mu była przeniesiona. Item/ *Rzymska Cerkiew iest* suet.
głowa y zawiásá wszystkich Cerkwiey, y iak zawiásą drzwi rzą- Cap. 3. de E-
dzone bywáią, ták oney stolicy porządkiem wszystkie Cer- lect.
kwie rządzone być máią. Te są Papieskie słowá. Iá- 24. quest. 1.
kim tedy práwem y iáko mocą/ ták wielko powa- cap. Rogamus

 żność/

sność/ y pánowánie sobie przywłaszcza/ chcieymy z pilnośćią vważyć. Dwoiáki tedy widzę od niego titul/ y pretext tego Páństwá y stárszeństwá podány. Pierwszy z Decretu Páná Chrystusowego/ *Páś owce moie, y ty iesteś Piotr, á ná tey opoce, zbuduię Kośćioł moy.* Abowiem gdy mowi Pan/ páś owce moie/ wykłada Papież *generaliter mowi moie, á nie singulariter, te álbo owe, skąd się znáczy, że mu wszystkie są zlecone.* Drugą przyczynę przywodźi Papież z dániny Cesárzá Konstántiná. Gdźie piszą iż Konstántyn dał stárszeństwo Papieżowi nád wszystkiemi wszego świátá Cerkwiámi. Ale obaczmy ieżeli Papież w on błąd nie wpada / ktorego w práwie pospolitym y w sądźiech ćierpieć nie zwykli. Ani też żadnym sposobem ćierpiány być może / áby Actor ná podpárćie przedśięwźięćia swego przyczyny przywodźił sobie przećiwne. A te rzeczy o ktorych gadká / wielce sobie są przećiwne/ iż Papieżowi nád wszystkiemi Cerkwiámi stárszeństwo Chrystus dał/ y iż toż stárszeństwo przez Konstántiná Cesárzá iest Papieżowi dáne. Abowiem co czyie iest/ z wielu przyczyn á zwłaszczá sobie przećiwnych tego właśnie być nie może. Ani też wymysły Papieskich Kánonistow ćierpiáne być máią/ ktorzy disputuią / że stárszeństwo to od Chrystusá Papieżowi Rzymskiemu było dáne / á przez Konstántiná nie dáne / álé stwierdzone. Náprzod iż *Pseudoconstantinus* ten wyráźnie o sobie pisze / iż dwu bárzo wielkich rzeczy dániny dáie Cerkiewnego stárszeństwá ná wszystkie co w okrę-

gu chrze-

enim sacrosanctam. d. cap. Sacrosanctam.

Cap. vnam sanctam Extrauagan. de maiori. & obedient. Distinct. 66. ca. Constatinus

Papież rzeczy sobie przećiwne ná świádectwo przywodźi, lege si quid, 7. dig. de Pet. hered. & leg. 1. cap. de fur. & leg. Titius 99. dig. de cod. & demonstrat.

Leg. et, an eadē 14. paragr. penult. dig. de except. recludit, leg. non ve ex pluribus 159. de Reg. iur.

gu Chrześćiáńskim są Kápłany/ ktore Papieżowie Duchownym stárszeństwem názywáią. Y nád wszystkim zachodnym Cesárstwem pánowánia/ ktore ćiż doczesnym stárszeństwem miánuią. O pierwszym ták mowią/ iż Konstántyn Przywiley Rzymskiego Kośćiołá Papieżowi dał/ áby we wszystkim okręgu Rzymskim Kápłani ták go zá głowę mieli/ iáko sędźiowie Królá/ gdźie się y te słowá nayduią. *Vstáwiemy, áby stárszeństwo dźierżał, ták nád cztermá Stolicámi, Alexándryiską, Antiocheńską, Hierosolimską, y Konstantinopolską, iáko też y nád wszystkiemi wszystkiego świátá Bożemi Cerkwiámi.* Coż iáśnieyszego nápisáć mogł ku pokazániu tego/ że nowe iákieś práwo Papieżowi dáie? Ktoż nie wie/ że Przywiley opponowány bywa práwu pospolitemu? y ieśli Konstántyn przywiley Papieżowi dáie/ toć Papież rownego y tegoż práwá przed tym był/ ktorego wszyscy insi Biskupowie vżywáli. Jeśli tedy powszechne stárszeństwo Kośćielne Konstántyn dárowáć mogł/ zdáliż nie potrzebá było/ áby on zupełnym práwem tego stárszeństwá był Pánem/ co iż iest *absurdissimum*, wszyscy sámi Kánonistowie przyznawáią/ áby świeckie Książę Duchowne Księstwo to iest powszechne Biskupstwo nád wszystkimi Cerkwiámi miáł/ ktory y iedney Cerkwie Kápłáństwá álbo Biskupstwá ná sobie nie ma. A ponieważ żadnego owszeki Biskupstwá Konstántyn nie miał / iákowym sposobem powszechne wszystkiego świátá Biskupstwo dárowáć Sylwestrowi mogł? Gdyż nikt więcey práwá ná drugiego wlać nie może/

tylko

Constantin duchowney władze y stárszeństwá Papieżowi dárowáć nie mogł.

tylko iáko go sam wiele ma. A ten árgument widzimy że przed dwiema sty lat Papieżowi przez Marsiliuszá Páráwiná był zádány / gdzie ták pisze. [*In defensione pacis cap. II.*] *W Decretach naydwie sie przywiley iákiś Cesárzá Konstántiná, przez Papieże vchwalony, ktorym Blogosław. Sylwestrowi Rzymskiemu Biskupowi dal iurisdictią y władzą nád wszystkiemi wszego swiátá Cerkwiami y nád wszytkimi wszemi Káplany álbo Biskupy. A gdy twierdzi Rzymski Papież y wszyscy z nim iego Káplani y Biskupi, że dánina oná iest mocna y stała, muszą consequenter pozwolić, że też owszeki iurisdictią álbo władzę nád nimi on miał.* Ale wrocimy sie do proponowánego Argumentu. Abowiem Papież choć od Bogá sobie to stárszeństwo być mieni / choć z dániny wielkiego Konstántiná / oboie nieprawdziwe być ná oko pokaże. Naprzod z tey repugnánciey ktorosmy dopiero przełożyli. Potym z tego że on sie sam swoim mieczem zábiła / gdy one Złotoustego w swoich Dekretach słowa sententią przywodzi. [*Distinctione 4 cap. Multi & quicunq.*] *Ktokolwiek pożada stárszeństwá ná ziemi, ná niebie zawstydzenie bedzie miał, y miedzy sługi Boże nie bedzie policzony, kto sie pierwszości, álbo stárszeństwá bedzie domagał.* Item / [*Cap. Primæ sedis distinct. 99*] *Pierwszey stolice Biskup, niech sie nie názywa Książęciem Káplanow, áni naywyższym Káplanem, áni czym inszym temu podobnym, ále tylko pierwszey stolice Biskupem. A powszechnym, Rzymski Biskup niech sie nie názywa.* A ieśliż z pospolitego práwá disputowáć bedziemy / [*O trzech rodzáiach successorow leg. vlt. D. de except. rei vend. & leg.*] iáwnie trzy Successorow rodzáie w práwie być obaczymy. Są ábowiem iedni *Successores iuris* / iákowi są dziedzicy / ktorzy sie vniwersálnymi successorámi názywáią. Drudzy *Successores rei*,

iákowi

iákowi są ci ktorym co testámentem álbo iákimżekolwiek wárunkiem zápisano bywa / y ci ktorzy kupuią álbo dániną iáko czego nabywáią / ktorzy sie successorámi singularnemi miánuią. [*l. in locum D. quod legat. & leg. 7. de iureiurando.*] Trzeci y ostátni successorowie *muneris personalis* / vrzedu personálnego / ktorych *functionis successores* vrzedu successorámi názywany. [*In leg. prnolc. 27. cod de decur. lib: 50.*] Pierwszego tedy rodzáiu y drugiego successorowie / práwo y przyczyne od tych máią / ná ktorych násstepuią choć są *vniuersales* choć *singulares*. [*Leg. qui in ius, 177. D. de reg. iur. cum simili*] A trzeciego nie od Antecessorow swoich ná ktorych mieysce nástepuią / práwo y przyczyne máią / ále od tych przez ktorych bywáią wybieráni / y ná onych mieysce wsadzáni / iákowi są successorowie przełożeństw sądowych / opiek / y vrzedow / [*Leg. I. paragr. I. leg. 9. parag. vlt: leg. vlt. D. de muner.*] Personálny ábowiem vrząd iest ten / ktory pieczołowániem vmysłu y czułością bywa od práwowány. A ták po śmierci Vrzedniká álbo sedziego álbo opiekuná inszy iest dziedzictwá onego successorem / á inszy vrzedu. [*Leg. I. par. sciendum, leg. 4 leg. 9. D. de Magistr. conue.*] To ták záłożywszy / Ponieważ Papież vsiluie to pokázáć / że iest successorem Chrystusowym / zapytáć go możem / ktoregoś tebie rodzáiu successorem być powiáda. Abowiem dziedzicem y wszystkiego práwá successorem názywáć sie nie może / gdyż o dziedzictwie żywego áni sie pomyślić godzi. A Chrystus Pan śmiercią nie iest zwyciężony / ále żyie ná wieki / bedąc sam wiekuistym żywotem. [*Papież nie iest successor Generalis leg. I. de hered. vend.*] Ani też rzeczy singulárney successorem miánowáć sie może / gdyż krolestwo Chrystusowe / áni vczestnictwá / áni też rozdzielenia cierpieć mo- [*Ani singularis*]

że / áni

że/ áni mieozy Anioły/ *Poniewaj go Bog postánowil dziedzicem wßystkich rzeczy* (iáko Páwel mowi) *nád wßystkie Krolestwá, y zwierzchnośći y mocy, y wßystkie rzeczy poddal pod nogi jego, y postánowil go glowa nád wßystkie rzeczy Cerkwi,* A powßechnego vrzędu swego.

Hebr. 1. Ephes. 1.

Ani successor muneris, álbo vrzędu,

1. Piotr. 2. Psalm: 10. Hebr: 2.4.7.9

Jákim sposobem successorá/ álbo namiestniká bedzie miał ten/ ktory y nigdy nie vmiera/ y ná wieki żyie/ y vstáwicznie Cerkwi swoiey iest przytomnym/ naywyżßym Pásterzem y Kápla nem wiecznym. To też krom wßelkiey wątpliwośći przydáć możemy/ że żaden Biskup/ áni Piotrowym/ áni drugiego ktorego Apostolá successorem názywáć sie może tym sposobem/ ktorym Papież od swoich Kanonistow Piotrowym successorem bywa názywány. V Decius/ gdźie *Iurisconsulti* mowić zwykli. *Hæredem hæredis testatoris, esse hæredem testatoris, quamuis per successionẽ longissimam sit.* Kanonistowie mozguią/ iż káżdy Papież iest successorem Piotrowym/ choćiaż wiele ich árzodkuią. Abowiem żaden Biskup od Piotrá/ álbo od inßego ktorego Apostolá przyczyny nie ma/ ále z wybránia zwierzchnośćią Chrystusową vczynionego. Ani successia czyni mieysce álbo stolicá/ ále Chrześćiańskiey náuki nie odmienne záchowywánie: gdy náuká od Chrystusá Páná wźięta vstáwicznie przez káżdego successorá iákoby przez rece narodowi Chrześćiáńskiemu bywa podawána. A przetoż námniey nam nie wádzą wykręty niektorych pochlebcow Papieskich/ ktorzy w nádźiei iákiey prerogátiwy Kośćielney ták disputuią. Papież Rzymski nie

Decius in leg. qui per successi on: de reg: iur.

ski nie Duchowna iest głowá Katholickiego Kośćiołá/ ále posługuioca/ ták bowiem Chrystus particularne Cerkwie/ álbo káżdo párochio przez párticulárne Biskupy swoie rządźi/ ták y powßechno Cerkiew swoie przez iednego ktorego namiestniká swego Papieża Rzymskiego sprawuie. Abowiem tey ich obiectiey/ troiáka odpowiedź nádoredźiu. Naprzod że to służebney głowy/ stárßeństwo od Chrystá Páná nietylko vstánowione nie iest/ ále też náprzećiw iáwnego Chrystusowego postánowienia/ sprosną ambićią/ y pożądliwośćią pánowánia/ przez Rzymskiego Biskupá zmyślone. Abowiem Chrystus dwunastu Apostołow ná przepowiedź Ewánieliey swey posyłáiac/ nie dał z nich iednemu ktoremu osobliwego nád inße y wyborniejßego przykazánia/ ále rowne y iedne wßystkim tym sposobem. *Idźcie ná wßystek świát y przepowiádayćie w narodźiech y krainach wßystkich Ewangelium.* A dla tego w Zjáwieniu niebieskie Hieruzalem/ nie ná iedney y osobliwey/ álbo ná iedney miedzy wßystkimi nábárźiey/ ále zárowno ná dwunastu Columnach vfundowány czytamy/ y gdy w dźień *Pentecostes* Duch ś. ná dwunastu Apostołow wylany iest/ nie ná iednego z nich ktorego wyborniey/ álbo osobliwiey wylany iest/ ále zárowno na wßystkich. Przytym gdy Páwel ś. pásterzow Cerkiewnych piecżołowánia y vrzędy opisuie/ nikomu iednemu stárßeństwá nád inßemi nie przypisuie. ále tymi to iáwnie słowy wykłáda. *Chrystus wstąpiwßy* [illegible] *wysokość miał* [illegible] *poimánie, y dał dáry ludźiom.* T

Przeciw temu co mowią, Papież est caput ministeriale, głową posługuiąca.

Pierwßa odpowiedź.

Mar. 16. Apocal: 21,

Dźieie 2.

Ephes. 4.

0 temże

tenże dał iedne Apostoły, drugie záś Proroki, á drugie E-
wánielisty, inne záś Pásterze y Náuczyćiele, ku zjednoczeniu świętych, do spráwy posługowánia y ku budowániu ćiáłá
Chrystusowego.

Druga odpowiedź.

Druga odpowiedź iest/ iesliby
Chrystus/ álbo Piotr stárszeństwo iákie/ y iedne
postuguiącą głowę w Kośćiele był vstánowił/ bez
wątpienia/ Cerkiew oná nowo szczepiona zá świeżey swey pámięći postánowienie ono podáne dzier-
żáłá by byłá. Ale widźimy że bárzo przećiwną
rzecz stárodáwne one powszechne Synody/ to iest
Niceński/ Konstántinopolski/ Ephe[ski]/ y Chálcedoński postánowili/ áby káżde miásto iednego
swego Biskupá miáło/ á káżda Prowincia iednego swego Arcybiskupá álbo Pátriárchę/ ktorzy to (Arcybiskupowie) rowney byli wszyscy y
teyże godnośći/ poważnośći/ władzey/ zwierzchnośći y stopniá: oprocz tego iż Rzymskiemu
Arcybiskupowi/ dla stárożytnośći y zacnośći miá-
stá/ práwo było dáne/ áby ná Synodach pierw-

Concil. Floren.

sze przed wszystkiemi/ á nie wyższe (iáko teraz
czynią) mieysce zásiadał. A podle niego Con-
stántinopolski/ Arcybiskup/ áby śiedźiał/ dla teyże przyczyny/ iż nowego Rzymá krolującego miástá był przełożonym. Co iesliby ná stárożytność
Cerkwie był wzgląd miány/ záiste pierwszeby
mieysce Hierozolimskiemu/ Antiocheńskiemu/ y
Alexándryiskiemu Arcybiskupowi należáło. A
po owych Rzymskiemu y Constántinopolskiemu.

Trzećia odpowiedź.

Trzećia odpowiedź. Iż gdy Pan Chrystus po-
stánawiał Apostoły/ áby byli oznaymićiele y
przepowiádacze przykazánia iego/ po rożnych

świátá

świátá kráinách biegáiąc/ nie czytamy áby ktorego z nich vczynił *Archimandritam*, to iest przodkuiącego opowiádáczá. Biskupowie bowiem nic
inszego nie są tylko Chrystusowi postáńcy y opo-
wiádácze przykazánia iego/ w káżdym mieśćie
postánowieni porządku Cerkiewnego postrzegá-
cze. A przetoż kto z przyrodzenia álbo dobrowolnie iest niemy/ to iest ktory milczy/ á vrzędu
przepowiádáczá nie vżywa/ ten nie tylko práwá
Biskupiego/ álbo Arcybiskupiego/ nie iest go-
dźien/ ále ániná zwiská. Ale ponieważ Papieżowie w káżdym rzećim słowku swoich Decretá-
łow te piosnkę śpiewáć zwykli. Iż Piotrowi
rzeczono/ pás owce moie. O czym iżem iuż máło wyższey nieco tak ie Synu przełożyłá/ krotiuchno iescze tych Ewánielskich słow z Błogosłáwionych Oycow wykłády do wiádomośći twey
donoszę. A przy owiec zleceniu/ y trzykrotnym

O tym słowie Chryst. Pás owce moie.

pytániu/ *Pietrze miłuiesz mię*. Tudźież y o słowiech
Páńskich/ *A iam prosił Pietrze zá tobą, áby nie v-
stáłá wiárá twoiá. Y tobie dam klucze Krolestwá niebieskiego. y. A ty náwrocony potwierdzay Bráćią twą*: *y po-
wiedźie vczniom y Piotrowi*. Z ktorych o pierwszym

Luce 22.

Błogosłáwionego Augustiná mowiącego posłu-
chay. *Polecił Chrystus Piotrowi Báránki swoie, ktory pásł
y Piotrá*, *A przetoż Bráćia z posłuszeństwem słuchaycie.
Jesteśćie są owieczki Chrystusowe, bo y my z bożnych słucha-
my, Pás owce moie*. Słyszysz że Augustyn s. nie tylko
to Piotrowi/ ále y sobie od Chrystá Páná polecone owce być przyznawa. A iesli Augustyno-
wi/ to wszystkim Biskupom y Kápłanom. O

August. Serm. 62. de verbis Domini.

O ij

drugim

O słowie Chr. Pietrze miłuieſz mię.
Iſidorus Pelusiota Epiſt. 103.
O słowie Chry. Iam prośił (Pietrze) áby nie vſtáłá wiárá twoiá.
Chriſoſt. in ca. Math. 26. Homil. 83.
Zach. 13.
Idem, ibidem.

drugim Iſidorus Peluſiotá mężá. y w Cerkwi Chryſtuſowey známienity náucżá / mowiąc. Trzykrotne Páńskie Piotrá o miłośći pytánie, áby z wiádomośći Páńskiey pochodźiło rozumieć nie mamy (żeby śie ktory nie zgorſzył) ále trzykrotnym pytániem, trzykrotne záprzenie dobry lekarz vlecżył. Trzećie Chryſoſtom ś. ták obiáśniá mowiąc. Rzekł Pan, Symon, Symon, oto Szátan pilnie pożądał, áby was odwiewał iáko pſzenicę, Odpowiedźiał Piotr: Pánie by śie wſzyſcy zgorſzyli tobą, ia śie nie zgorſzę. Co mowiſz Pietrze? Prorok powiedźiał, vderzę páſterzá, y będą rozproſzone owce trzody, y Chryſtus powieść śtwierdźił, á ty przyſz? Nie doſyć ná tym maſz, że kiedyś przed tym rzekł, zlituy śie ſam nad ſobą Pánie, zgáiony byłeś? Dla tego tedy dopuśćił mu páść, áby śie we wſzyſtkim Chryſtuſowi być posłuſznym náucżył, y áby wierzył prawdźiwſze być słowá iego, niż ſwoie. Támże. Y co mowić mieli Apoſtołowie. Pánie wſpomoż nas ábyſmy śie nie zgorſzyli. Piotr przećiwnym ſpoſobem wiele w ſobie dufáiąc mowi, By śie wſzyſcy zgorſzyli tobą, ia śie nie zgorſzę, choć wſzyſcy to vćierpią, ia ieden ſam nie vćierpię. Ták tá rzecż z lekka go do ſzkárádego ſwey woley wyſtępku przywiodłá, ktory pohámowáć Chryſtus chcąc, ponieważ ani Proroká ani iego ſłucháć nie chćiał, áby śie záparł dopuśćił, dla tego bowiem y Proroká ná świádectwo przywiodł, áby śie był nie śmiał przećiwić. A iż Piotr słowam nie wierzył, z ſámey rzecży doznał. Abyć tedy wierzył, że dla tey przycżyny Chryſtus dopuśćił. ſłuchay ćo w nim náprawił, Słuchay co mowi. Alem ia prośił zá tobą, áby nie vſtáłá wiárá twoiá. To bowiem áby go bárźiey tknął, mowił, ognaymuiąc iego vpadek, że miał być dáleko gorſzy, niżli drugich vczniow, á przetoż y więtſzey opieki potrzebował. Dwoiáki bo-

iáki bowiem był wyſtępek, iż śie y ſprzećiwił y nád inſze wyniosł. Záiſte nie mowiąc y trzeći wyſtępek mu przypiſáć, iż ná śie wſzyſtko zágárnął. Tym tedy wſzyſtkim Pan zábieżeć chcąc, dopuśćił áby padł, iż dla tego opuśćiwſzy drugich, do niego rzecż obraca mowiąc: Symon, Symon, oto ſzátan pożądał pilnie, áby was odwiewał iáko pſzenicę, to ieſt kuſił, trwożył, trapił: álem ia prośił zá tobą, áby nie vſtáłá wiárá twoiá. Przecżże ponieważ ſzátan wſzyſtkich pożądał, nie rzekł Pan zá wſzyſtkimi prośiłem? Dam śie wiedźieć z tąd, com mało wyżſzey rzekł, iż vſilniey go tykáiąc y poſkáruiąc, że iego vpadek dáleko gorſzy, á niżli inſzych miał być, do niego mowę ſwą obraca. O cżwartym / nád to co śie niżey pomieni / ſłuchay Błogosłáwionego Theophilaktá mowiącego. Choćiaż tedy Piotrowi ſámemu rzecżono ieſt, Tobie dam klucże Krolestwá niebieſkiego, wſzyſtkim iednák Apoſtołom pozwolone ſą. Pytaſz kiedy? Gdy mowił Pan, ktorym odpuśćićie grzechy, ſą im odpuſzcżone, á ktorym zátrzymaćie, ſą zátrzymáne. O piątym y ſzoſtym / Tegoż Błogosław. mężá cżytay / w krotce ále prawdźiwie mowiącego. Abowiem ty Pietrze náwroćiwſzy śie, dobrym pokuty przykłádem bądźieſz wſzyſtkim, áby żaden z wiernych, pátrząc ná ćię nie rozpacżał. Y indźiey Piotrá od inſzych vcżniow dla tego odłącża, iż śie Piotr ieden ſam záparł. Z tych tedy Ewánielſkich słow coż wyſokiego wyczerpnąć bądźieſz mogł ſynu? Cżymbyś Piotrá ś. Apoſtołá nád inſze coápoſtoły wyſtáwił? Záiſte nic / ále bárzo przećiwnego coś náydźieſz / to ieſt słowa te / krorenie inſzego co w Błogosł. Pietrze notuią / tylko on tego nieſzcżeſny záprzenia vpadek / w ktory áby wpadł / dla wyſoko mysl-

O słowie Chriſt. (Pietrze) tobie dam klucże K. n. Theophilact. ſuper illa Euangel. verba. Ian 20.
O słowie Chry. P. náwroćiwſzy potwierdzay Bráćią, y powiedźćie vcżniom y Piotrowi. Theophilact. ſuper illa Euang. verba.

oliey

olney tego chluby/ Pan dopuscil. A dla tego za nim sámym proeil/ áby nie ow szeki vstal / ábowiem drudzy nie ták dálece tego potrzebowáli. Dla tego y trzykroć byl pytány / *Milujesz mie*, y trzykroć *pás owce moie* slyszal/ áby trzykrotne abnegowánie bylo vleczone/ y áby nie rozumial/ że iuż przez srogi ten wystepek z poczetu Pásterskiego w ktorym inszy Apostolowie byli / wypásć miál/ y áby o lásce Pánskiey nie desperowal / *powiedzćie Vczniom y Piotrowi*, rzeczono iest. A że miał być dobrym przykladem pokuty wszelkiemu grzesznikowi. *A ty náwrocony potwierdzay Bráciey twey*, slyszal/ to iest/ áby wszelki grzesznik ná twoy vpadek y pokute pátrząc/ nie rozpaczal. Klucze iemu obiecáne/ á wszystkim dáne / coby byl slyszales/ y iescze sluchay. O ktorych Blogoslaw. Augustyn w te slowá wyráźnie mowi. *Kiedy rzeczono iest Piotrowi, Tobie dam klucze Krolestwa niebieskiego, y cokolwiek zwiążesz ná ziemi: powszechną ná ten czás Piotr znáczyl Cerkiew, ktora zbudowána iest ná opoce, skąd imienia tego Piotr nábyl. Abowiem nie od Piotrá opoká, ále od opoki Piotr. Iáko nie od chrześćiánina Chrystus, ále od Chrystusá chrześćiánin. A dla tegoż mowi Pan, ná tey opoce zbuduię Cerkiew moię. iż mowil Piotr, Ty iesteś Chrystus Syn Bogá żywego. Ná tey tedy Opoce, ktorą wyználeś, zbuduię Cerkiew moię. Opoká bowiem byl Chrystus, ná ktorym fundámenćie y sam też zbudowány iest Piotr. Gdyż fundámentu inszego nikt záłożyć nie może, okrom tego ktory záłożony iest, ktory iest Chrystus Iezus. Przetoż Cerkiew ktora sie funduie ná Chrystusie, klucze od niego Krolestwá niebieskiego wziela w Pietrze,*

to iest,

August: tract. in Ioan. 124.

1. Cor. 3.

to iest, wladze máiąc y rozwiązywáć grzechy. Co bowiem przez wlasność Chrystus iest w Cerkwi, to przez znáczenie iest Piotr w opoce: ktorym znáczeniem rozumie sie Chrystus Opoká: á Piotr Cerkiew. Te slowá Ewánielskie/ tákże á nie ináczey/ Ambrosius/ Zlotousty/ y Hieronymus. rozumieią. Toż y sámi Kánonistowie/ że ἐπὶ τῇ πίστει τῆς ὁμολογίας: to iest ná wierze wyznánia Piotrowego Chrystus Cerkiew swoię zbudowal. A iż w personie Piotrowey wszyscy Apostolowie/ to iest wszystká Cerkiew klucze wzielá. Czegoż tedy bez rozumne slow tych Ewánielskich ná nieográniczoną wladzą Papiesko náciągánie v pobożnych ludzi sobie nábylo? W iákiey v zdrowego rozsądku Theologow cenie zostálo? Nábylo strofowánia/ á zostálo w przeklectwie. O czym nie vkroconey Papieskiey hárdośći czuty burzyćiel Bernhárdus on s. do Papieżá pisze/ mowiąc/ *I, niegdy żadne sprzećiwialiśćie sie Apostolowi Piotrowi, pánuiąc nád Krolem, y przećiw spolápostolowi iego Páwlu, wládnaliśćie miárą wszystkiego świátá. A teraz nowegośćie coś przydáli, rzucáiąc sie nád zamiar y ná sámę pobożność, coż zbywa? tylko żebyśćie sobie y nád Aniolámi Pánowánie przywlaszczyli.* A Grzegorz on wielki názwány/ Papież Rzymski/ ták te dzisieysze hárdość Papiesko zdobi. *Ia śmiele mowię, że kto sie kolwiek powszechnym Kápłanem názywa, álbo názwány być prágnie, hárdośćią swoią, Antichrystá vprzedza, poniewaz pychą nádety, nád insze sie stáwi. Tego imienia żaden z Antecessorow moich Papieżow Rzymskich sobie nie przywlaszczal. A iesli przywlaszczy, przyklad powádam być hárdośći, slowo*

pyszne,

Ambrosius in Epist. ad Eph. cap. 2.

Chrisost. hom. 55. in Matth. can. Omnibus, cap. 9.

Bernard. Epi. 230.

Greg. Pap. Ep. 30. ad Mauric. imper. lib. 6.

Idem lib. 4. et 60. Epistol.

pyſzne, wawe, butne, przewrotne, głupie, vporne, Bogu przećiwne, obłudne, y niezbożne. Imie tárgánia iednośći, imie błedu, imie obłudnośći, imie márnośći, imie bluźnierſtwá, ná to słowo zezwáláć nic nie ieſt inſzego, tylko wiáre tráćić.

Oroż máß nieográniczoney władze Biſkupá Rzymſkiego ozdobe. Ale wiem co rzeczeſz/ że Rzymſki Biſkup/ ſługá ſług Bożych/ á Cárogrodſki powſzechnym Pátriárcho ſie názywá. O czym poniewaź iáwnie wiedźieć ſie dáie/ że tu Błogoſłáwionym onym Oycom/ nie o imie gołe/ álbo názwiſko tſzcze/ ále o władzo zwierzchnośći/ y iedynoctwá/ álbo oddźiału/ idźie/ niżey ſie doſtátecznie de Pan Bog mowić bedźie. A tu pierwſzey mego Argumentu cześći koniec. Do drugiey przyſtepuie/ to ieſt do Orgánum dániny Conſtántiná Wielkiego/ ktorey chytrośći iż

Distinct. 26. cap: Constātin.

wiele świádectw zewſząd naydnie/ z Dekretu iednák nabárźiey Pontificálnego Grátianowego/ ſkázámi y kłamſtwy zewſząd miár obfituiącego/ Ktorym Pápież pokázáć vſiłuie że mu przez tego Ceſárzá dárowáne ieſt miáſto Rzym/ ziemiá Włoſka/ Sycilijſka wyſpá/ y Sárdyńſka. Kroleſtwo Hiſzpáńſkie/ Niemieckie/ y Brytáńſkie. Tego Orgánum ſummá tá ieſt. Ceſarz

Summa Organum, albo daniny Constant.

Conſtántyn Chrześćiáńſki nieprzyiaćiel/ trądem záráżony we śnie od Piotrá y Páwłá Apoſtołow nápomniony/ áby ſie Sylweſtrowi Pápieżowi Rzymſkiemu do vleczenia podał/ nátychmiáſt ſkoro był okrzczony vzdrowion. W nagrode tág wielkiego dobrodźieyſtwá/ temuż Sylweſtrowi y ie° ſucceſſorom dárował miáſto Rzym/

y wſzy-

y wſzytko zachodnie Ceſárſtwo/ przytym y Korone ſwoie złotą/ y Sceptrum/ y inſze Ceſárſkie inſignia, áby wietſzą powagę Pápież Rzymſki miał/ niż ſam Ceſarz. Nákoniec zákliná ſwoie ſucceſſory/ áż do ſkończenia świátá/ wiecznym ogniem piekielnym/ ieśliby ktory z nich dániny te w czym náruſzył. Dány w Rzymie 30. dniá Márcá.

Organ. zmyślone być pokazuje

Tedy Orgánum/ ná ktorym ſámym Pápieſka Monárchia polega/ zmyślone/ wſzytkie kłamliwe/ y od Pápieżá niewiem ktorego/ iáko y Kſiegi Conformitatum, podrzucone/ wiele Argumentow pokaże/ z ktorych ten Pierwſzy:

Argument 1.

Ták wiele hiſtorikow náydniemy ktorzy ſpráwy Conſtántiná Wielkiego opiſowáli/ żadnego iednák pewney wiáry Authorá niemáſz/ ktoryby o niezmiernym tym niepotrzebnym y nieſłuſznym márnotráwſtwie námnieyſzą wzmiánke vczynił. Miánowićie Euſebiuſz/ ktory pieć kſiąg o iego żywoćie nápiſał: Socrátes/ Theodoritus/ Euágrius/ Ruffinus/ Eutropius/ Paulus Diáconus/ Oroſius/ Bedá/ Zonáras/ Nicephorus/ ktorzy niepodobna rzecz/ ieśliby dániná tá prawdźiwa byłá/ áby to wielce wiádomośći godnego pocżyrecżno milczeniem przemilceli. Nád to y ſámi Pápieżowie czeſto y wiele o zwierzchnośći władzey y przełożeńſtwá ſwego z inſzemi Biſkupámi ſporow wiodąc/ żadnego iednák ſłowká z tego Orgánum áni w Decretiech

Argum. 2.

ſwych ná podpárćie práwá ſwego nigdy nie przywodźili. Wtora. Iż mnodzy Pápieſkiego ſámowładztwá Pátronowie y defenſorowie

świádczą/

świádczą / że tego cáłego rozdziału w stárych
Grátianowych Decretow Kśięgách niemász.
Miedzy tymi Antonius Florentski Biskup / y Vo-
láterran. *Rozdział ten* (mowi Antonius) *nie*
nayduie sie w stárych Decretách. Co tedy y iák wiele Con-
stántin dárował, pewney o tym wiádomośći niemász. A
Nicolaus Cusánus o tym ták mowi. *Bez wąt-*
pienia, iesliby ono dictamen nie było apocryphum, Gratianus
w stárych Kśięgách. y w zbierániu Canonow nálazłby to
był, á iż nie nálazł. nie położył. Nádto *Æneas Sylvius*
(ktory potym Papieżem zostawszy *Papa Pius* názwány był) w Diálogu / ktorego jeszcze Kárdi-
nałem bedąc nápisał / táwnie Orgánu temu sątz-
żądáie / y ćiástochámi legisty álbo Práwniki /
názywa / ktorzy głupie ták wiele prácowáli di-
sputuiąc / ieoliże tá dániná ma wágę / ktora nigdy nie byłá. Trzećia. Iż Eusebius w
czwartych Kśięgách żywotá Constantinowego
pisze / że on bárzo w krotkim przed przyśćiem z
tego świátá czáśie / táki dział Cesárstwá miedzy
syny swemi sporządził. Stárszemu náznáczył
Zachodnie kráiny. Srzedniemu Wschodnią
strone. á Trzećiemu tych dwu Państw śrzodek.
Ale y Socrátes o tymże / *Poniewaź mowi / trzy syny*
miał, káżdego z nich Cesárstwá swego uczestnikiem uczynił.
Pierwszego Syná, swego imienia Constantiná zachodniey stro-
ny. Wtoremu, Dziádowego imienia Constantiusá Wscho-
dnie państwo. Młodszemu Constantemu, średnie kráiny
zápisał. O tymże Sextus Aurelius Victorinus
Ná trzech, mowi / okręgu Rzymskiego, pánowánie spádło.
ná Constántina, Constantiusza, y Constántego, syny Consta-
tinowe.

Anton. cap. 1. tit. 8, primae part. Chron.

3. Argum. Eusebius in vita Constant. li. 4.

Socrat. libr. 3. capi. vltim.

tinowe. Zarowno y Zosemus o tym ták mowi:
Iego synowie successorey ná Cesárstwo dostąpiwszy, narody
miedzy sie podzielili. Constántin stárszy z młodszym Con-
stantem wszystkie kráiny ktore są po tám tey stronie gor
Alpiyskich, y Włoską ziemię, y Illiricum posiedli. Wy-
rzymyś ieszcze y w poslednich czásow historią.
Abowiem iáko ze wszystkich historikow wiedzieć
sie dáie / nie tylko Włoskiey ziemie / ále też y sámego miástá Rzymá pánowánie / przy Constántiná Wielkiego potomkach y successorach prze-
lat czterdzieśći trwáło / áż do Roku Páńskiego
401. ktorego czásu ono Zachodnie Cesárstwo od
Gottow / Frankow / Alanow / Burgundow / y
Wándálow tárgáć sie poczęło / záwsze iednák
we władzy Cesárzow Rzymskich było / áż do Cesárzá Augustulá / ktorego Otto Gotski Krol,
miástá Rzymá dostawszy Roku 476. ze Włoch
wygnał. A tego czásu Rzymskie Cesárstwo ná
Zachodzie vstáło / gdy Bárbári y Rzymiany / y
Włosko ziemią roskázowáli. Abowiem Krolow Rzymskich imie przy Odoakrowych poton-
kach y successorach przez lat 325. trwáło / to iest
pod Gottámi przez lat 119. á pod Longobárdá-
mi przez lat 206. Z kąd náyduiemy wiele listow / Theodoriká Krolá / v Cassiodorá / częśćią
do Senatu Miástá Rzymu / częśćią do ludu
Rzymskiego (Hic Theodoricus Ioan. 1. PP.
Tuscum natione, Constantinopolim cum lega-
tione ad Imperatorem Iustinum in negotio
quodam cum nonnullis Patritijs miserat, qui
vbi primum Romam rediit in carcerem à The-

 odorico

Zosemus 2. part. histor.

Tomo 2. concil. Pagin. 132.

odorico iniectus, in eo vitam finiuit Anno 523.) Krolewskim imieniem y powagą nośćią pisánych/ z ktorych káżdy iáśnie obaczyć y wyrozumieć może/ że y Włoska ziemiá y sáme miásto Rzym pod Gotskich Krolow władzą/ á nie pod Papieskim pánowániem były / áż do wygnánia Gottow przez Cesárzá Rzymskiego Iustinianá ze Włoch spráwą Hetmáná iego Belissáriuszá / po ktorych namiestnicy álbo stárostowie do oney kráiny pod Titulem exárchow posyláć sie poczęły / ktorzy w Ráwennie mieszkáiąc/ wszystko Włoską ziemią przez niemáło lat spráwowáli / áż do powstánia Krolestwá Longobárdow/ ktore sie záczęło Roku Páńskiego 568. á trwáło przez lat 206. áż do roku 774. krom zniewolenia iednák sámego miástá Rzymá: Co wszystko z Prokopiuszá / Iorwándá / Márcellinà / Páwłá Diákoná/ y z inszych pism snádnie káżdy zrozumie y ná oko obaczy/ że to ták nie iest/ co Papież usilnie pokázáć/ áby kiedy Antecessorowie iego álbo we Włoszech/ álbo w miéście Rzymie pánowánie z Constántinowey dániny mieli: Gdyż to Pánowánie áż w roku 800. napierwszy począțek z szczodrobliwośći Pipiná y Carolá Wielkiego wźięło/ ktorzy wyrwawszy Exarchát wespoł y z Rzymem miástem z rąk Longobárdow/ Papieżowi ie Stephanu wtoremu darowáli / iáko Plátiná/ Voláterran/ y inszy wszyscy świádczą / á osobliwiey Sábellicus ktory nád insze to przypisuie/ iż Constántin 4. Wschodni Cesárz/ posły swe do Włoch do Pipiná posyłał/ prosząc áby Ráwenne y ine-

Sabellicus lib. 8.

ie/ y insze Exárcháty tey kráiny swemu Cesárzowi przywrocić kazał / iáko te ktore Cesárstwu (mowi Sábellicus) á nie Papieżowi należeli. Ktorym odpowiedział Pipinus / że on nie kwoli Constántinowi/ áni kwoli żadnemu człowiekowi/ ále kwoli sámemu Rzymskiemu Kośćiołowi woynę podniosł/ y z tym umysłem zbroię ná śię wźiął/ áby Apostolską stolicę od wszystkich ludźi ukrzywdzenia oswiebodził / y áby Ráwenne y to cokolwiek Longobárdowie byli zágárnęli/ y Rzymskiemu poddał Kośćiołowi. A ták Greccy Orátorowie nic nie spráwiwszy nic do Constántinopolá odiecháli: to Sabellicus. Plátiná przydáie/ iż roku 756. Exarchát z mocy Astulphá Longobárdá wyrwány był/ y Papieżowi Stephanowi oddány. Tegoż czásu y Cesárskie imię Carolowi Wielkiemu Synowi Pipinowemu nádáne/ ktore Cesárzowie Wschodni zaledwie tych czásow ochronić mogli/ to iest roku 805. O czym Albertus Cránțius ták pisze. *Przypisuią niektorzy dáninę onę Włoskiey Ziemie y Niemieckiey, y inszych niemiecz [illegible] kráin przez Constántiná wielkiego Kośćiołowi Rzymskiemu uczynioną, o ktorey niech sámi wiedzą co mowią. Carolus był ktory z zwyćięstwá Longobárdow Rzymski Kośćioł zbogáćił, gdyż przed tym y Gotski swego czásu. á potym Longobárdscy Krolowie, byli mu [illegible] nádáli.*

Alb. Crã. lib. 2. cap. 1. histor. Saxon.

Czwarta. Iż Papieżowie sámi miedzy sobo przećiwne rzeczy o tey dáninie powiádáią y bárzo rozne. Abowiem indziey (iáko w tey dáninie / o ktorey powiedź) Constántinowi Wielk. te dáninę pánowánia Zachodniego Rzymskiemu Papieżowi Roku 338. nádáno przypisuią. Indziey záś teyże dániny w Roku 835. uczynioney Ludwiká Pobożnego Carolá Wiel.

Argũ. 4.

Syná

Syná authorem byc powiádáło. Ktorego kłamstwá niewstydliwość áby sie jáśniey pokazáłá/ dwoiáke tey ostátniey dániny instrumentum/ ktore Papieżowie y Kanonistowie nam wydáli/ z soba znieśiemy. Voláterránus abowiem ták mowi. *O pobożności onego Ludwiká pobożnego náprzećiw Rzymskim Biskupom, wiele rzeczy Bibliothecarius powiáda, miástá ktore im dał wyliczájac,* *Ja też z Antigraphu stárey Kśiegi, ktora sie y teraz w Bibliothece Vaticanskiey nayduie, gdzie sie iego dániná opisuie, przepis wyiąłem,*

Volaterr. lib. 3. Georg.

Instrumenti Volaterana editio.

JA Ludwik Cesarz/ dáie tobie Błogosłáwionemu Piotrowi Kśiażećiu Apostolskiemu / y Vicáriemu twemu Páschálinszowi naywyższemu Rzymskiemu Biskupowi/ y iego potomkom ná wieki/ miásto Rzym ze wszystkim práwem/ y ze wszystkimi ziemiámi/ miásty/ porty/ y morskimi mieyscámi Hetruriyskimi/ támże w pośrzodku ziemie stáre miásto Bálneolegium/ Viterbum/ Saonám / Populoniam/ Rosellás/ Porusium/ Máthuránum/ Sutrium/ Nepe náprzećiwko Campániey/ Ananiam Sygniam / Ferentinum/ Alanum/ Patricum/ Frusinonum/ ze wszystkimi miásteczki/ y zameczkámi/ y Kśiestwo Ráwen-

skie zu-

skie zupełne/ iáko pobożney pámięci Carol Oćiec y też Pipinus Dziad nász/ (Notuy czytelniku/ że tu żadney o Constántinie wzmiánki nie, máß) Błogosłáwionemu Piotrowi przed tym dawno dáli/ to iest/ Ráuennám/ Bonicum/ Æmilium/ Forum populi/ Forum Julij/ Fonentium/ Jmolam/ Romaniam/ Ferrariam/ Comadum/ Adriam/ Seruiam. A w Márgrábstwie/ Pisaurum/ Fanum/ Senogálliam/ Anconam/ Oximum/ Numanam/ Esium/ Forum Sempronij/ Feretrum/ Vrbinum/ Territorium/ Valnense Callium/ Luceolos/ Eugubium. W Campániey Sorum/ Aquinum/ Arpinum/ Theanum/ Cápuam/ y Oyczyzny też ku nászemu imieniu należace/ Beneuentanum/ Sarmenitanum. Cálábryey niższey/ y Neapolitáńskie Kśiestwo. Nád to Spoletanum/ Tuderotreculum/ Hárniam/ y insze tegoż Páństwá miástá. Tákże y wyspy niższego morzá/ Corsicám/ Sárdiniam/ Siciliam/ ktore wszystkie pobożney pámięci Pipinus Dziad potym Carol Cesarz Rodzic nász/ przez Athenińszá/ y Máynárdusá Opáty/

páty/dobrowolnie ná to postáne/ Błogo-
sławionemu Piotrowi/ y iego Potomkom
na pismie podáli. Co my też potwierdzo-
my y dáiemy. Nád to Papieżá obieráć
Rzymskiemu zebrániu moc dáiemy/ by sie
tylko działo bez rosterkow/ á po poświąceniu posły do nas y do nászych potomkow
Krolow Fráncuskich/ dla záchowánia mi-
łości/ y przyiáźni máią być posyłáne. Jáko
był/ czásu Páná Carola Prádziádá y Pipiná Dziádá/ á náostátek y Carolá Oycá ná-
szego/obyczáy. Te tedy wola násze pismem
y przysięga potwierdzamy/ y przez Legatá
świętego Rzymskiego Kościołá Theodorá
Pánu Páschálińszowi posłálismy/ y ręką
własną podpisałem Ja Ludowikus.
Podpisáli też y trzey Synowie iego/ Dziesięć Bi-
skupow/ osm Opátow/ Grabiow piętnaście: Bi-
bliotecárius/ Mánsionárius/ y Ostiárius ieden.
Czytany był Rok od Wcielenia Páńskiego 835.

Instrumenti Decretalis editio.

JA Ludowik Cesarz Rzymski Augustus. Postánawiam y podáie przez te
stwier-

stwierdzenia nászego vmowe Błogosłáwionemu Piotrowi Kśiążęciu Apostolskiemu/
A przez cie Namiestnikowi twemu Pánu
Páschálińszowi naywyższemu Biskupowi/ y
Potomkom iego ná wieki. Jákośćie od
prædecessorow nászych áż po ten czás w
wászey zwierzchnośći y władzey dzierżeli
y rozgrániczyli/ Miásto Rzym z iego Kśię-
stwem y Folwárkámi/ y z wśiámi wszystki-
mi/ z Powiátámi iego gornymi y z Morskimi brzegámi y portámi/ tákże ze wszystkimi
Miásty y Zámki/ Miásteczkámi y Wśiámi
ktore leżą w Toskáńskiey kráinie. Też kiedy z Bożego powołánia tey oświeconey
stolice Biskup z tego świátá zeydzie/ nikt z
krolestwá nászego lub Fráncuz/ lub Lon-
gobárdus ná iákimkolwiek vrzędzie od
zwierzchnośći nászey Przełożony/ niech nie
ma władzey przećiw Rzymian álbo publice álbo priuatim zchadzek y obieránia czy-
nić/ y niech sie żaden w Mieśćiech álbo powiátach Kośćiołá Błogosłáwionego Piotrá Apostołá zwierzchnośći podległych nic
złego czynić nie waży/ ále niech [illegible]olno bedzie

dźie Rzymiánom/ że wszelákim vszánowániem y krom wszelkich trwog pocżćiwy swemu Biskupowi pogrzeb odpráwić / y onego ktorego zá Bożym nátchnieniem y zá
przyczyną Blogosłáwionego Piotrá/ wszyscy Rzymiánie zgodnie y iednomyślnie be-
żadnych obietnic ná Biskupski stolec obiorą/
krom wszelkiey wątpliwośći y listownego
sprzećiwieństwá podług práwá Kośćielnego poświęćić / á gdy poświęcony będźie/
Legaty do nas álbo do successorow nászych
Krolow Fráncuskich máią być posłáne/ ktorzy miedzy námi y onym/ przyiaźni miłość/
y pokoy ziednáią.

Z tego oboygá Dániny listow znoszenia / dáie sie
znáć/ iákich sztuk/ przemysłow/ y dźiwnych fortelow
Papieżowie do zagárnienia nawyższego onego Włoskiey ziemie pánowánia vżywáli. Abowiem iáko
prawdźiwy Constántyn v Iustiniáná mowi/ *Pismá* — Leg. scri. 14. cap. de fid. instrument.
*rożne y wiárą w sobie sobie vymuiące, żadney wagi mieć nie mo-
gą. Poniewaz dwie mowy przećiwne rzeczy w sobie zámykáiące,
prawdźiwe być nie mogą. A przetoż dokroć iedney sprawy wiele instrumentow czyniono bywa, potrzebá áby sie z sobą y tylko-
śćią slow zgadzáli,* Acżkolwiek w iedney literze/ omył- — Leg. Si is qui 13. paragr. vtrū, leg. de reb. dub.
ká podczás znosną być może. Iáko gdyby li: zá ći po-
łożono. Ale insza iest pomyłká w literze / á insza roznośc w sámych rzeczách/ iáko tu ná tym mieyscu/

gdźie w

gdźie w iednym instrumencie sáme tylko Rzymskie Przedmieśćia álbo Folwárki niektore są pomienione. A w drugim (procż wielkiey częśći
Włoskiey ziemie) Sicilia/ Sárdinia/ y Corcyrá
są położone. W ktorym przypadku iż *rożne są
dániny, rożnych też y instrumentow było potrzebá.* Nad — Leg. vbi pugna 188. dig. de reg. iur. Leg. Sempron. 47. dig. de leg 2.
to ieżeli iuż dawno przedtym Rzymskie Zachod-
nie Cesárstwo Papiestwu Constántin był dárował / iákiego tedy nowego prawá Papież z nowey tey Ludowikowey dániny mogł dostąpić:
Piotra/ Iż y ná inszym niektorym mieyscu — Leg. Sancimus 36. paragr: & si quis aut. cap. de donat. Argumen. 5.
Papieżowie przećiwne sobie rzeczy o teyże Dáni-
nie pokładáią. Nayduie sie ábowiem w tymże
Grácianowym Decrecie Melchiádesá Papieżá
świádectwo/ ktory ná Papieskim stolcu przed
Sylwestrem siedźiał/ gdźie iuż w ten czás przed
Sylwestrowym y swoim Papieżowániem tey
dániny teszcze przez Constántiná vczynioney ták
ko wzmiánkę vczyni. *Dáry dał niezmierne, y budowánia Kośćiolá pierwszey stolicy Blogosłáwionego Piotrá záłożył, ták iż Máiestat Cesárski opuśćił, á blogosłáwionemu
Piotrowi y potomkom iego w pożytek postąpił.* Abowiem — Quest. 1. cap. Futuri.
ieśli przed czásy Melchiádesá Constántyn Wiel-
ki dánine te vczynił/ iákaż pewność wiáry tá
bayká mieć będźie/ w ktorey twierdzą/ że po o-
krzczeniu Constántiná wielkiego przez Sylwestrá PP. ták wielką od niego władzą był obdá-
rzony. Poniewasz stárodawni y powáżni Au-
thorowie/ á wiáry godni Kronikarze świádczą/ — Eusebius lib. 4 in vita Constā. Hieronimi in Chron.
że Constántyn máło co przed śmierćią swoią/ to
iest/ 65. roku wieku swego był okrzczony / y nie

w czy

w Rzymie/ ani też od Sylweſtrá Papieżá: Ale w Nicomediey/ od Euzebiuſzá/ przy wielkiey Biſkupow frequentiey/ o czym piſze Euzebiuſz y Hieronym á Ruffinus/ Socrátes/ Theodoretus/ y Ambroſius: procz iednego Nicephorá/ ktory iednák nie pewność powieśći ſwey ná pámięći máiąc/ gdy w Rzymie okrzczonym Conſtántyná być powiedźiał/ te zdánia ſwego obmowe kłádźie/ żem to/ pry/ piſał náśláduiąc w tym Authorow Rzymſkiego Kośćiołá: Przećiw ktoremu y Vincentius według ś. Hieronymá/ niewątpił nápiſáć. Ze Conſtánty po okrutnym od ſiebie Fauſty żony ſwey y Cryſpá ſyná ſwego zámordowániu/ iuż przy końcu wieku ſwego od Euzebiuſzá Nicomedyiſkiego Biſkupá był okrzczony. Szoſta. Dźiwna to y owſzeki nie przyſtoyna co powiádáią/ iż Conſtántyn iáko nád ſwą Ceſárſką zwierzchność więtſzą władzą/ ták y nád czterma przedniey ſzemi ſtolicámi/ nád Antiocheńſką/ mowię/ Alexándryiſką/ Conſtántinopolſką y Hieroſolimſką/ stárſzeńſtwo Papieżowi Rzymſkiemu dáie. W czym nie tylko łáwnie/ ále też y śmieſzne kłamſtwo ſie naydowáie: Poniewaź tego czáſu leſzcze y Conſtántinopol nie był/ ktory áż 10. roku pánowánia Ceſárzá Conſtántiná/ iáko Nicephorus piſze/ nowo ſie budowáć/ y z onego stárego Bizántium/ Conſtántinopol (iuż po zbudowániu) názywáć począł/ w ktorym tych czáſow y mieſzczánie niemal wſzyſcy Báłwochwalcy byli/ pogotowiu tedy żadna tám Cerkiew/ ániż Cerkwie Metropolis/ álbo prerogátiwá iáka

Cerkiew

Marginal notes: Ruffinus lib. 2 cap. 1. Socrates lib. 1 cap. 31. Theodoretus lib. 1. cap. 31. Ambroſ. lib. 1 de morte Theodor. Nicepho. lib. 7. cap. 35. Vincenti. lib. 14. Hiſtori.

Argument. 6.

Cerkiewna nie byłá. Pokázuie ſie też ſtąd/ wielka á práwie nieznośna Papieſka ambicia/ ktora ſie nád wſzelką y Duchowną y świecką władzą wynośi/ o ktorey to nadobnie Bernárdus/ ták iáko y o ſkárbiech iákomie nábytych do Eugeniuſzá Papieżá piſząc tymi ſłowy/ mowi: Diſce exemplo Prophetarum præſidere, non tam ad imperitandum, quam ad factitandum quod tempus requirit. Diſce ſarcalo tibi opus eſſe non ſceptro, vt opus facias Prophetæ. Item, eſto vt alia quâcunque ratione hæc tibi vindices, ſed non Apoſtolico iure. Nec tibi Petrus dare potuit, quod non habuit, quod habuit hoc dedit, ſollicitudinē ſuper Eccleſias, nunquid dominationem? Audi ipſum non dominantes inquit Clero, ſed forma facti gregis. Et ne dictum ſola humilitate putes non etiam veritate, vox Domini eſt in Euangelio, Reges gentium dominantur eorum, vos autem non ſic. Planum eſt quod Apoſtolis interdicitur dominatus, I ergo tu, & tibi vſurpare auidè, aut dominans Apoſtolatum, aut Apoſtolicus dominatum, plane ab vtroque prohiberis, ſi vtrumque ſimul habere voles, perdes vtrumque. *Vcz ſie mowi przykłádem Prorokow być Przełożonym, nie ták dla roskázowánia, iáko do czynienia tego czego czás potrzebuie, náucz ſie, żeć rydli potrzebá, á nie ſceptru, ábyś dźieło vczynił Prorockie. Item, Bądź ták że to ſobie iákimżekolwiek ſpoſobem przywłaſzczaſz, ále nie práwem Apoſtolſkim. Ani tobie mogł dáć Piotr, czego ſam niemiał, co miał toć dał,*

precz

Marginal note: Bernar. lib. 2. de conſid.

1. Piotr. 5.

precjolowánie o Cerkwiach, ijáli pánowánie? Sluchay go, nie pánuiąc mowi nád Clerem, ále przykłádem bywáyćie trzodźie. Y ábyś nie rozumiał, że to tylko z pokory, á nie po prawdźie rzeczono. Glos Páński w Ewánieliey świádcży, Krolowie narodow pánuią nád nimi, ále wy nie tak. Iáwna rzecż że Apoſtolom zákazáne ieſt pánowánie. A przetoż y ty gdy ſobie łákomie przywłaſzczaſz álbo pánuiąc Apoſtolſtwo, álbo Apoſtolskim bedąc pánowánie: Owſzeki do oboygá przypuſzczony nie bedźieſz, A ieśli oboie rázem mieć záchceſz, oboie vtráćiſz.

Argumen: 7.

Dáleko od ſłuſzności y to/ że Rzymſki Papież przekłádány bywa nád wſzyſtkiemi wſzyſtkiego świátá Cerkwiámi. Opuſzczam bowiem/ com ná inſzym mieyſcu pokazáłá/ iż to ieſt naprawdźiwſzy y napewnieyſzy Antychryſtow znák/ gdy kto ſobie ſtárſzeńſtwo nád wſzyſtkiemi Cerkwiámi przywłaſzcza. Ale nieznośne tu tych Scribentow głupſtwo ſie wynurza/ czegom y ná inſzym mieyſcu dotknełá/ gdy z tego inſtrumentu to pokázáć vśiłuią/ że z dobrodźieyſtwá Conſtántinowego nád inſzemi wſzyſtkiego świátá Cerkwiámi Papież ſtárſzeńſtwo ma/ z ktorego iednák ná wielu inſzych mieyſcách hárdźie ſie chlubią/ że ie *immediaté* od ſámego Chryſtuſá przyieli. Abowiem (co wſzyſtkim ieſt wiádomo) to co czyie ieſt (iákom wyżſzey rzekłá) z wielu Cauſ iego właſnym być nie może/ ponieważ pánowánie nie z wielu tákich przyczyn/ ále z iedney pochodźi.

Leg. 3. paragr. ex plurib. de Acquiſit. poſs.

Argumen: 8.

Oſma. Smieſzna y to że Conſtántiná Wielkie° ták o ſobie mowiącego przywodzą/ *w budowániu,* práwi, *Rzymskiego Kośćiołá dwánaśćie koſzow ziemie, właſnemi moimi rámiony wynoslem*

wynoslem, ná rowną cześć dwunáſtu Apoſtolow. A ponieważ cżeſtokroć wietſzą cześć ſámemu Piotrowi niżli wſzyſtkim ſpolnie Apoſtołom wyrządza/ izali iż nie przyſtało/ áby y koſzow ziemie więcey ná iednego Piotrá cześć/ niż ná wſzyſtkich inſzych był wyniosł? Coż rzekę o owym dźieśięći dárow ſigmenćie? ktoremi (mowią) Papież od Conſtántiná był vczczony. 1. Pálacem Láteráńſkim. 2. Koroną złotą. 3. Biſkupią czapką. 4. Obreczem álbo kołnierzem Ceſárſkim. 5. Purpureą chlamidą. 6. Szárłatną ſzátą. 7. Ceſárſkim odźieniem. 8. Buty w przod idących. 9. Ceſárſkim ſceptrem. 10. Wſzyſtkiemi znáki/ władzą wymoływánia y chorągwiámi.

Argumen: 9.

Dáry Papieżowi od Pſeud. Conſtant. dáne.

Coż zá porownánie Anteceſsorá y ſucceſsorá? Piotr ábowiem Apoſtoł niegdy vbogi/ chudy/ ſtrudzony/ płaſzczykiem tylko rybáckim przyodźiany. A ſucceſſor iego teraz od złotá/ pereł y kámieni drogich/ lśnącemi ſie ſzátámi przyodźiany: Krolewſkiego vbioru ozdobą vpſtrzony: konnych y pieſzych gromádą obtoczony/ cżworográniſtym huffem okrążony/ pompą y ápparátem koſztownym vwielbiony. Leżąc w Rzymie po wſzyſtkim okręgu ziemie hárdźie triumphuie. Iáko dáleko lepſza condicia ieſt ſucceſſorá/ ániżli ſámego Kśiążećiá przodká iego? O wſzechmocny Boże/ ták wielka ieſt táſká y ćierpliwość twoiá/ że ták długo te ták wyſoko wyniosło bute y hárdość ćierpiſz? O dobry Jezu/ ták wielka miedzy twoią y one° pokorą/ rożność? Chryſtus Pan (świádczy Eſáiaſz) niemiał áni kráſy, áni

Porownánie ſucceſſora z Anteceſſorem.

Eſái. 53.

Przećiw sámow. zwierzchnośći

ani piękności, y widźieliśmy go, á nie było nacż poyrzeć, á
pożądáliśmy go, wzgárdzonego y naposlednieyszego z mężow,
męża boleśći, y znáiącego niemoc: á iákoby záslonioną y
wzgárdzoną twarz iego. Ktoż śie tedy tey niepohá-
mowáney śmiáłośći Papieskiey nie zádźiwi:
ktora śie on przed wszystkimi chlubi / że od Constántiná Bogiem iest názwány: Ták bowiem w
96. Distinctiey o tym pisze. Dosyć śie iáwnie pokázuie, że Papież świecką władzą, áni wiązány, áni rozwiązy-
wány być nie może, ktorego Kśiążę Constántyn wyráźnie Bogiem náźwał, gdyż iáwna rzecz iest, że Bog od ludźi sądzony
być nie może. Ale o wszystkim tych Papieskich
pomp rodzáiu / Doktorá Bernárdá słuchay / ktory do Eugeniuszá Papieżá pisząc / temi go słowy
tyka. Niesłychána rzecz, mowi / áby kiedy Piotr, álbo
drogiemi kámieniámi, álbo iedwabnicámi ozdobiony, álbo złotem okryty chodźił: nie ieźdźił ná koniu białym, nie był
żołnierzem obtoczony, áni bez liczby służebnikow okrążony,
y bez tych vwierzył, że śie dostátecznie ono zbáwienne Páńskie przykazánie wypełnić mogło. Iesli miłuiesz mię, páś Owce moie. A ná drugim mieyscu: Rozmyśl wprzod
że S. Rzymska Cerkiew, ktorey zá wolą Bożą Przełożonym
iesteś, Mátką iest Cerkwiey á nie Pánią. A ty nie Pánem
Biskupow iesteś, ále iednym z nich. To Bernárdus.
Coż proszę y o nástępuiącey clausule rzekę / w ktorey Constántin wielki po oney Krolewskiey Papieżá Sylwestrá inwestiturze / zeznawa / żem v zde-
koniá Papieskiego rękę swą dźierżał / ná vczćiwość Błogosłáwionego mowi Piotrá / y vrzedo-
wego posługácżá powinność przed nim wykonał
[illegible]. Otoż masz Cesárzá / wszystkiego świátá
Monár-

Bernard. lib. 4 consider.

Idem.

Biskupá Rzymskiego. 65

Monárche / ktorego Papież y Másztálerzem swoim y stępáczem albo klitunem / á nicyskim pá-
robkiem vczynił. Tákową też właśnie vczćiwość
Papież Stephan 2. od Krolá Pipiná sobie pod
Lutetio Párysko vczynioną źćierpiał. Toż y
Alexánder 3. od Cesárzá Fryderyká mieć chćiał /
że nie bez przyczyny Błogosł. on mąż Hieronym
Duchem á. te nieznośną tyránnią Papieską miánowićie Rzym Bábilonem názywa / y purpuráta-
ną oną wszetecżnicą / ktora w Apocálipsim iest
opisána. O czym wszystkim tegoż wzwyż miánowánego Bernárdá tákowy iest sąd / ktory in
Canticis Canticorum pisze. Chodzą vczczeni z
dobr Páńskich, ktorzy Pánu vczćiwośći nie wyrządzáią, ztąd
ten ktorego co dzień widźisz kurewski blásk, mászkárski v-
bior, Krolewskie przygotowánie, ztąd złoto ná vzdách, sio-
dłach y ostrogach, y bárziey śie ostrogi niż Ołtarze połyskuią
ztąd kosztowne stoły, potráwy y kubki, ztąd bieśiády y pi-
iánstwá, ztąd y muzyká wszelka, ztąd obfitość w piwnicach,
ktore z iedney w drugą zbytki swe przelewáią. Stąd z fárbiczkámi szągiewki, ztąd pełne kálety: tákiemi chcą być y
są Kośćielni Prepositi, Decanowie, Arcydecanowie, Biskupowie, y Arcybiskupowie, áni bowiem ći vstępuią spráwie tey ktora śie w ćiemnośćiach przechadza. Coż tedy wyráźniey inszy ktorykolwiek tego wieku gor-
liwy pokory miłośnik wyrzec może / czymby
Rzymskiego Papieżá hárdość znácżniey wycon-
terfetowáć: Podźmyż dáley. Iesżcze
bowiem nie dosyć ná tym máiąc / dáley ták mowiącego Constántiná przywodzą. Clerikom Rzymskiemu Kośćiołowi służącym, tey słáwe y władzą, y pámię-
R ćność

Hierom. Praefat. in lib. Didym.

Bernard. serm 33. in Cant. Canticor.

Argumen. 10

mność dáiemy, ktorą y wielebny Senat nasz ma, y iáko Cesárskiemu woysku, ták y Clerowi Rzymskiego Kośćiołá áby sie kłániano przykázuiemy. Na tey tedy swobodźie Kárdinałowie y inszy Clerikowie polegszy/ potym páncerzámi/ przyłbicámi/ tarczámi/ mieczámi y inszą bronią vzbroieni/ gotowcem y do Ewánielskiey przepowiedźi/ y do odpráwowánia nabożeństwá swego przystępowáć będą. Tylkożli: Y owszem (mowi dáley) iák Cesárska wielmożność rozmáitemi vrzędámi, Łożnicżych, Odźwiernych y wachtarzow, iest obwárowána, ták áby y Rzymski Kośćioł przyozdobiony był, chcemy. Y áby ná koniách bieluchney fárby ieźdźili: y iák Senat nasz obowiu cum vdonibus vżywa, ták y oni w bie-

Argumen. 11. luchne płotno niech się vbieráią. Przydáie ieszcże y owo. Że ieśliby kogo Papież z Senatorow Constántinowych do porządku Clerickiego poćiągnąć chćiał, áby żaden dla pychy dignitárstwá tego odrzekáć, y z onego wymawiáć sie nie śmiał. Coż to prze Bog zá gwałt/ mocą kogo z známienitego poczetu Senatorskiego wźiąć/ á do porządku Clerickiego przyłączyć/ álbo nád wolą iego Clerikiem y Mnichem vczynić:

Argumen. 12. Postępuie dáley. A iáko Iurisconsulti mowią/ Powtorzoney mowy, moc iest większa. Powtarza y on/ że y Páłac swoy y miásto Rzym y wszystkiey Włoskiey ziemie/ y Zachodnych kráin Powiáty/ mieyscá/ miástá/ wszystkim Papieżom Rzymskim/ áż do skończenia świátá dáruie. Tudźiesz y postąpienia á podánia formułę przekłada/ że iuż zostáwiwszy Zachodnie Cesárstwo we władzy Papieżowey/ sam ná Wschodnie kráie vstępuie/ y w Powiećie Bizántskiey stolicę Cesárstwá

swego

swego założył/ przydawszy vstąpienia swego bárzo słuszną przyczynę/ Ponieważ niegodna iest rzecz áby Krol źiemski w tym kráiu władzą swą miał, gdźie Chrześćiáńskiey wiáry głowá y Kápłańskie Księstwo, od niebieskiego Krolá iest postánowione. Známienićie śiebie tey sentenciey Constántyn początkiem być powiáda. Abowiem zá wieku iego/ to iest/ dwienaśćie przed Iustiniánem lat/ potrzebá było trzećiey dźierżáwy podánia/ áby sie zupełnie w potomkách Constántinowych wykonáłá dánina: ále to być nie mogło. Naprzod ieśliż Constántyn trzećią tey kráiny dźierżáwę Sylwestrowi podał/ nie mogł potym teyże w Testámenćie swoim Synowi swemu Constántinusowi legowáć. Gdyż oddalenie rzeczy iákiey miedzy żywemi vczynione, nie dopuszcza, áby w Testamencie tedy byłá mieniona. A ieżeli sie dánina po onym miedzy syny podźieleniu stáłá/ owszeki żárt był. Abowiem przez Oycá miedzy dźiećmi vczyniony dźiał Testámentowy, ostátniey woley moc ma. Po wtore/ Iáko pobożnośćią mogł Constántyn/ ktory trzy syny y dwie corce miał/ ták wielkie swoim dźiećiom bezpráwie czynić/ áby ich połowice własnego dźiedźictwá oddaliwszy/ obcemu ią człowiekowi oddał: Gdyż wiádomo iest ono Augustina ś. zdánie. Ktokolwiek chce oddaliwszy Syná od dźiedźictwá, Cerkiew dźiedźicem vczynić, niech inszego szuká, ktoryby ie przyiął, á nie Augustiná. Gdźie też y Biskupá niektorego vczynek godney pochwały dostąpił/ ktory Testámentatorowi bez potomstwá/ gdy nád nádźieię dźieći spłodźił/ wszystkie záś máiętność Testámentem

Leg. 6. Codi. de Testam. lege. sequen. 52. dig. de leg. 2. Leg. penult. & leg. vlt. cod. Fam.

August. quaest. 17. cap. vltim.

K ij Kośćio-

Kośćiołowi opisano/ przywrocił. Lecz niemász nic ták śmiesznego / iáko tá / ktorą Pseudo Constántin kłádźie / kłády iego przyczyną: *Niegodna rzecz mowiąc, áby w ktorym mieśćie nawyższy Kápłan Przełożonym iest, w tymże y Cesarz swą stolicę miał.* Coż tedy o Solomonie/ o Azie/ o Iozaphacie/ y o inszych pobożnych Krolach Izráelskich rzeczemy: ktorzy mieszkánia swego y Krolestwá stolicę w Hieruzalem mieli. Co o Theodosiuszu/ ktory w Mediolánie: Ale nie zdala przykłádow szukaymy: Co o Constántinie/ Constántiná wielkiego Synie/ ktory z Testámentu Oycowskiego w Rzymie nawyższe Cesárskiey powagi iurisdictio rospośćierał/ y iáko sie z Liberiuszem Papieżem/ haeretykiem obchodźił/ dostátecznie o tym Theodoricus/ Sozomenus/ y Ammonius/ Márcellinus w pismách swych wiádomość zostáwili. Wracam sie do przed

Argũ. 13 wziętey powieśći/ w ktorey ku koncu tákie straszliwe poprzysiężenie ten Pseudo Constántin kłádźie mowiąc. *Iesli kto z nászych successorow tey nászey dániny gwałtownikiem, álbo wzruszyćielem bedźie, wiecznemu potępieniu niech podlega, y w przepáśćistym piekle z Szátánem y ze wszystkimi niezbożnikámi niech gźinie.* Tym tedy poprzysiężeniem sámego siebie ten Constántyn potępia / ktory iákom rzekł á Testámentem swoim/ Zachodnie Cesárstwo synowi swemu stárszemu opisał. Temuż poprzysiężeniu podlegał wszelki/ ktory álbo Zachod/ álbo część iáką ná Zachodźie/ Krolewskim / Kśiążęcym / lub też iákimkolwiek imieniem w posessyey swey dźierżał.

Argũ. 14 Nikoniec. Ktoż sie ták Láćińskiego ięzyká nieświádomy naydźie/ ktoryby obaczywszy sposob mowienia/ ktorego Pisarz instrumentu/ záżył niezrozumiał ná-

tychmiast

tychmiast/ że sie od onego czásu vżywánia wielce oddalił. Ktorego szrosowánia części Plátiná w Sylwestrze onym nie zániechał. Ale szerzey o tym Laurentius Vallá/ człowiek bystrego w tákowych rzeczách rozsądku tráktował/ ktoremu iedno to przydamy. Ieśliktko rodzay mowienia vpátruie / ktorym Constántinowe práwá/ w Theodosiánowych y Iustiniánowych Kśięgach pisáne są/ łatwie obaczy że ten Instrument z teyże kuźni wyszedł/ z ktorey y *Franciscanae conformitates* / żywoty Dominikowe/ Hyácintowe/ y insze tym podobne phántázmátá. Ani też milczkiem przeminąć sie godźi / drugo Papieżá niektoregoś świeższego(iáko sie zda Leoná dźieśiątego) chytrość práwie zástárzáło/ ktory áby niedostátek onwymowy y nie ćwiczoney łáćiny/ iákoby bárwiczkiem nieiáko przykrył/ fałsz fałszem vfárbował. Abowiem Greká nietákiego/ imieniem Bártholomeum Picerne náprawił / á potym Augustina Steuchá / ktorzy by powiádáli/ że w Bibliotece Papieskiey nie wiem ktorey/ instrument on Greckim ięzykiem pisány nálezli/ y w ten czás máło przystoyniey ná Łáćinski ięzyk przełożyli/ ktore Commentum Grzegorz 13. PP. teraz nie dawno w świeżym wydániu/ Decretu Gráćianowego potwierdźił. A wżdy sie wszystkie Constántinowe práwá wzwysz pomienionych Kśięgách Łáćińskim ięzykiem pisáne nayduią/ choćiaż y w Constántinopolu y w Greckim mieśćie y v Grekow były wydawáne. Nád to Euzebiusz oznaymuie/ że Con- *Euseb. in*
stántyn wielki y ná Synodźie Niceńskim po Łáćinie *vit. Const.*
mowił: y ná drugim mieyscu tenże powiáda o sobie *lib. 3.*
że Constántynowe listy y Decretá po Łáćinie wydáne *Et lib. 2.*

ná Grecki

ná Grecki ięzyk przełożył / iáko podeyzrzenie káżdy
mieć może / iż álbo inſtrument ten nigdy po Grecku
nie był piſány / álbo iesli go po Grecku y po Láćinie
piſał / záiſte nie tey Bkotickiey grubiáńſkiey mowy
w piſániu vżywał. Otoż masz Synu Wielkiego Conſtántiná dáninę / ná ktorey y ty ſam / y adherentowie
twoi hániebnie ſie oſzukawſzy / od prawdziwey Chryſtá Páná dániny dobrowolnie áćie ſie oddalili. Ktora
to Pſeudo Conſtántinowá dániná / ácz máley wági / v
niektorych z náſzey Ruśi byłá / omylnie iednák v nich
ſtolec prawdy przez ſáme proſtotę y Greckiego álbo
Láćińſkiego ięzyká nieumiejętność ośiadáłá. Teraz
iáwnie káżdy obaczyć może / iáko chytrośćią y kiedy
nieſzczęſny ten niezmierney hárdośći Inſtrument
był ſklecony / ktory iáko nieſłuszny y ze wſzech miar
niepodobny odrzućiwſzy / otworzą nápotym ſerdeczne ſwe oczy / że ſnádniey miedzy inſzemi kłámſtwy / y
owe twoie piekielnego dymu záráze obaczą / ktoreś
ty pod twym imieniem w Roku 1605 z Wilná / ná o-
ſzukánie y zmamienie biednego narodu Rośieyſkiego
wydáć ſie nie wſtydził / z tákim napiſem. Poſelſtwo
do Papieżá Rzymſkiego Syxtá 4. od Duchowieńſtwá / y od Kśiążąt y Pánow Ruſkich w roku 1476.
o ktorym ty w Przedmowie twoiey Ruſkiey to zezna-
wasz / że wſzyſtkie piſmá Doktorow ſtárych y nowych
Rzymſkiego nábożeńſtwá zbiegawſzy / v żadnego náleść nie możesz ták wielkiey y przedziwney Rzymſkiego Papieżá pochwały / iáka mu ſie w tym liśćie przypiſuie. Niechże to káżdy vważy / ták wielkie á práwie
nieſłycháne bluźnierſtwo w ſobie ma ten twoy ſcript /
ktory ieſliże y nád owe wyżſzey odemnie położone o

Papie-

Papieżu ſcriptá y Encomiá przez pochlebce iego ná
świát wydáne / coś więtſzego y oſobliwſzego w ſobie
zámyka / ktore dla krotkośći opuſzczáiąc ſáme tylko
tego liſtu concluſio (w te słowá) przytoczę.

Przeto my o tákowych y ták wielkich twoich niebieſkich dárach / chwalimy ćię / ktorego chwala wſzyſcy ludźie / Błogosłáwimy
ćię / Błogosłáwionego od náywyżſzego Bogá / kłániámy ſie tobie / ktoremu ſie kłánia
wſzyſtek zbor Chrześćiáńſki / słáwnie słáwi-
my ćię głoſy nabożnemi / wielbiąc ćiebie dla
wielkiey chwały twoiey / ktorą maſz z wy-
ſokośći od Bogá / wielki Arcykápłanie /
Melchiſedeku niebieſki / Oycze Duchownych dárow / wſzyſtkich dźierżyćielu / ſyná
iednorodzonego iedynotowny iemu ſłuży-
ćielu święty / ktory odpuſzczaſz grzechy
świátu / zmiłuy ſie nad námi / ktory roz-
więzuieſz grzechy wſzyſtkiego świátá / przyimi oto te modlitwy náſze / ktory siedźiſz ná
práwicy Máieſtatu wielmożnośći w Cerkwi świętey / iáko ná niebieśiech / po wtore
mowimy / zmiłuy ſie nád námi / y bądź nam
miłośćiw / boś ty ieden święty / ty ieden
Pan / náywyżſzy Oćiec / przenáświętſzy / y

prze-

Poſelſtwo zmyślone do Sixta 4. PP.

przebłogosłáwiony Synćie. A trochę niżey/ Niechże ná nas będźie błogosłáwieńſtwo od ćiebie przenaświetſzy Oycze/ ninie y záwżdy y ná wieki wieczne/ Amen. Abowiem okazałeś nam miłosierdźie twoie/ y zbáwienie twoie day nam/ od tąd áż ná wieki/ Po wtore y po trzećie Amen.

Tych/ y tym podobnych tylko sámemu Bogu należących/ á przećie bluźnierſki ſtworzeniu przypiſánych słow y Tytułow/ oná twoiá záwołána Księgá ieſt pełna/ ktorych teraz iákom rzekłá wyliczániem ſie nie báwiąc/ temu o ſámowładney Zwierzchnośći Biſkupá Rzymſkiego tráktatowi koniec czynię/ á do drugiego przyſtępuię.

Rozdźiał IIII.

Ktory w pierwſzey częśći zámyka Tráktat o teráźnieyſzym Rzymſkim Kośćiele/ A w drugiey/ o Cerkwi ś. Wſchodniey/ krzyżowi podległey. Gdźie też będźie o dwunaſtu Odſzczepieńſtwach/ ktore nie ſłuſznie Adwerſarze iey przypiſuią.

Co ſie

CO ſie tedy pierwſzey tego Tráktatu częśći dotycze/ krotćiuchno przełożę to/ co o ſámym mieśćie Rzymie/ tákże Duchownych obywátelach y przełożonych tego pewni Authorowie przez piſmo ná świát podáli/ á authorowie ći ktorzy tegoż Kośćiołá y wiáry Rzymſkiey náśládowcámi/ bá y záſtępcámi byli/ z ktorych iedni niemogąc Bogu mierźionego nierządu dłużey ćierpieć/ prawdę niechcąc wyználi. A ſtáło ſie (według onego przyſłowia) że też ſyt ich zbłądziwſzy prawdę wyrzekł. Niektorzy záśie z Doktorow y przełożonych tegoż Kośćiołá/ nieiáko wrodzoną gorliwośćią będąc poruſzeni/ do ſtrofowánia ták wielkich y iáwnych exceſsow/ á nápominánia ku naprawie/ byli ſie událi. Z ktorych pierwſzy Konradus Opát Vſpergeńſki táko ku Rzymowi w gorzkośći ſercá słowá czyni. Gaude mater noſtra Roma, quoniam aperiuntur Catarractæ theſaurorum in terra, vt ad te confluant riui & aggeres nummorum in magna copia. Lætare ſuper iniquitate filiorum hominum, quoniam in recompenſationem tantorum malorum datur tibi pretium. Iocondare ſuper adiutrice tua diſcordia, quia erupit de puteo infernalis abyſsi, vt accumulentur tibi multa pecuniarum præmia. Habes quod ſemper ſitiſti, decanta Canticum, quia per malitiam hominum non per tuam religionem orbem viciſti. Ad te trahit homines non ipſorum deuotio, aut pura conſcientia, ſed ſcelerum multiplicium perpetratio, & litium deciſio Precio comparata. To ieſt/

Conradus Abbas Vſperg. in ſuo Chron.

ſ Weſel

Weſel ſie matko náſzá Rzymie, gdyż ſie otwieráią támowánia ſkárbnic ná ziemi, áby do ciebie ściekáły potoki, y wielka pieniądzy gromádá. Ráduy ſie z nieprawośći ſynow ludzkich, ponieważ w nagrode ták wielkiey złośći dáie ſie tobie zapłátá. Ciesz ſie z pomocnice twey niezgody, gdyż ſie z ſtudnie piekielney otchłani wymoryłá, ábyć ſie wielkie pieniężne żołdy zgromadziły. Masz czego ś záwſze pożądáłá, záśpiewáy pioſnkę, iżeś złośćią ludzką, á nie twey wiáry pobożnośćią świát zwyćiężyłá. Do ćiebie śćiąga ludzi, nie ich nabożność, álbo czyſte ſumnienie, ále rozmáitych złośći popełnienie, y hadrunków rozſpránd pieniądzmi nábyta. Podobnym ſpoſobem y Fránciſcus Petrárchá Włoch / ták o tym w ſwoich Włoſkich wierszach śpiewa. Roma

Franc. Petrar. Epig 3. ex Itaо li. in lib. Marij, cuius titulus eſt, Euſebius capti uus.

Fons ærumnarum, domus iræ, plena furoris,
Errorum ludus, ſectarum mobile templum.
Roma quidem fueras, nunc es Babylonia fallax,
Ex qua tot luctus, gemitusq; feruntur in orbem,
O fraudum mater, carcerq; teterrimus iræ.
Carnificina boni, ſed iniqui ſedula nutrix.
Viuorum infernus, miraclum inſigne futurum.
Si nunquam contra te Chriſti ſæuiat ira,
Caſta in pauperie tua ſunt fundamina iacta,
Sed modo fundantes oppugnas cornibus alsis.

To ieſt/

Rzymie źrzodło nieſzczęśćia / domie gniewu pełny /
Szkoło błędow / hærezyy kośćiele odmienny.
Rzymem byłeś / á teraz ieſteś Bábylonem :
Skąd ták wiele kłopotow płynie / w káżdą ſtronę.
O mátko zdrad / o dobrych okrutne więzienie /
A złych tarczo / y wdźięczne nádder opátrzenie.

Zywych

Zywych piekło / dźiw będźie wielki nieſłycháný
Jeśli ćie w ſwym nie zetrze gniewie / Pan nád pány
W vboſtwieś fundowáne / w pokorze / w czyſtośći /
Teraz wszyſtko to tłumisz rogiem ſwey hárdośći.

Teńże przyiaćielowi ſwemu / ktory od niego rády żądał / ieśliże do Rzymu iecháć / á tám iáki czás ſtráwić miał / tymi ſłowy odpowiáda : Libet ex te quærere, quid viro optimo cum peſsimis locis? Quid ibi cum Babylone? Quis oro non fugiat Babylonem? & vitiorum ſimul omnium & laboris ac totius miſeriæ mœſtam domum? Viſa loquor non audita. Nulla ibi pietas, nulla reuerentia, de veritate ſileo. Nam quis vnquam vero locus, vbi omnia mendacijs plena ſunt? Adiuro te Pater per temet ipſum, ne illuc eas, vnde nemo vnquam exẽplo melior factus, peſsimi autem innumerabiles redîere. To ieſt/ Lubo mi ćie ſpytáć, co dobremu mężowi z wielce złemi mieyſcami? Cóż z Bábylonem? Ktoż proszę nie vchodźi Bábylonu? y wyſtępkow weſpół wszelákich, prace á wszelkiey nędze troſkliwego domu? Widziane rzeczy á nieſłychane powiádam. Niemász tám żadney pobożnośći, żadney ini rewerencyey Bożego reuerencyey, o prawdźie milczę. Abowiem co zá mieyſce tám prawdźie, gdźie łákomſtwo wszyſtko nápełnia? poprzyſięgam ćie przez ćie ſámego Oycze, ábyś nie ieźdźił tám, skąd niki z przykłádu lepszym nie zoſtał, á złych bez liczby ſpoſobſenia wyszło. A Mántuánus Bápteiſtá Mnich / z miáſtem weſpol y wiáry pobożność / iuż ná śmiertelnym łożku leżąco / ták żáłoſnym wierszem opisuie.

Idem Fráncisc. Epiſt ad amicũ, tale habet initiũ dn diſtuliſti.

Roma quid inſanis toties? quid ſanguine gaudes?
Quid geris imbelli ſpicula tanta manu?

Baptiſta Mantuan. lib. I. ſylu.

S ij Quo

...m Romã bellis tumultus.

Quo vesana ruis? studioq; armaris inani?
  Iam senio lassas debilitante manus:
Nec potes antiquos belli nescire tumultus,
  Nec solitam rabiem longa senecta domat.
Si foris arma tacent, tu bella domestica tentas:
  Nec feritas requiem ferre superba potest.
Tu similis colubro, quoties grauis ira venenum
  Suscitat, & mota lumina bile rubent.
Sic furis, vt spumis ex ore cadentibus atrox.
  Fulmineo quoties dente minatur Aper.
Sic fremis vt frendens, cum ferrea vincula mandit
  Cerberus, & stygias, murmure turbat, aquas.
Tu fratres in bella vocas, in pignora Patres,
  Et scelus omne audes, & paris omne nefas.
Fas & iura negas, homines & numina fallis,
  Nec Iouis imperium nec Phlegetonta times.
Singula texentem conuicia deseret ætas,
  Tantum ac tale tuæ est improbitatis onus.
Romanis Pater est Mauors, lupa Martia nutrix,
  Hæc hominum mores ingeniúq; docet.
Viuere qui sanctè cupitis, discedite Romã,
  Omnia cum liceant non licet esse bonum.

To iest/

Rzymie czemu szalejesz y z krwie sie raduiesz/
  A ná niewinne strzáły szkodliwe gotuiesz:
Czemu twą płochą głowę wśćiekła myśl kieruie/
  Czemu twa iuż zgrzybiała stárość nie prożnuie:
Czemu ná skutki twych walk nie pámiętasz przeszłych:
  Czemu nie vspokoisz lat stárośćią zeszłych:

Jeśli

Jeśli woyny z Narody nie mász postronnemi/
  Ty wnetrzną woynę toczysz z mieszkáncy twoiemi:
Twoy wśćiekły gniew z niezmierney pychy pochodzą-
  Jest iáko iad weżowy káżdemu szkodzący. (cy/
Ták sie srożysz iáko wieprz leśny rozdrażniony/
  Gdy kto przypádnie ná zob iego piorunowy.
Ták ryczysz/ ják Cerberus y Pluto zgrzytáią
  Zębomá/ gdy piekielne łáncuchy kosáią.
Ty miedzy bráty woyne wzniecasz rodzonymi/
  Ty często oycow zwádzasz z dziatkámi właśnymi.
Ty o práwo/ o słuszność niedbasz/ ty ni Bogá /
  Ni Phlegetontowego obáwiasz sie progá.
Bym wszystko chćiał wyliczyć/ czásu by nie stáło/
  Tyło sie przez ćie w tobie złego zbudowáło/
Rzymowi Mars iest oycem á dzika wilczycá/
  Wychowáłá swym mlekiem swoiego dziedzicá.
Ktokolwiek świetobliwie żywot chce prowádźić/
  Musi sie z wielebnego Rzymu wyprowádźić.
Wszystko wolno/ wszystko tám przystuszá káżdemu/
  Jedno tylko być dobrym niewolno żadnemu.

Idem.

I, pudor in villas, si non patiuntur easdem,
Et villæ vomicas, vrbs est iam tota lupanar.

Idem Baptist. lib. 2 Fastorum.

To iest/

Niech wstyd sobie gdźie ná wsi mieysce vpátruie/
  W mieśćie iuż wszeteczeństwo nád wszemi pánuie.

Idem.

Si quid Roma dabit, nugas dabit accipit aurum,
Verba dat: heu Romæ nunc sola pecunia regnat.
Exilium virtus patitur.

Idem Eclog. 5.

To iest.

To iest/

Bierze złoto/ á słowy Rzym golemi płáci/
Pieniądze tám krolują/ á Cnotá Dánk tráci.

Idem.

Idem lib. 4. Fastor.

Est aliud Romana graui maculata veneno
Curia, quæ spargit terras contagia in omnes.
Postremum est oppressa fides, exposta rapinis,
Vndiq; & in prædam populis proiecta cruentis.
A te hæc subsidium magnis clamoribus orans.
Sancte pater, succurre Leo, Respublica Christi
Labitur, ægrotatq; fides, iam proxima morti.

To iest/

A nád to iest trucizną ciesko záráżony
Rzymski dwor/ skąd wylewa iad ná wszytkie strony.
Wiárá święta ściśniona y stámtąd wygnána/
A ná łup krwie prágnącym narodom podána.
Do ciebie głos te rzeczy płácżliwy podnoszą/
O święty Oycze Leo/ á o pomoc proszą.
Rátuy Rzeczpospolitą iuż vpádáiącą/
Y wiárę ná śmiertelney pościeli leżącą.

Ioan. Monachus in de 6. libr. Decreta. lib. 5. titu. 5. Canon Fundamẽ. Michaël Hey in

A Joánnes Mnich/ y Michael Hey/ tákże go pięknie z vczynkow tego vczćiwych/ y spraw pobożnych záleca.

Roma manus rodit, quas rodere non valet, odit.
Dantes exaudit, non dantibus ostia claudit.
Curia curarum genitrix, nutrixq; malorum,
Ignotos, notis, inhonestos æquat honestis,
Si dederis marcas, & eis impleueris arcas,
Culpa solueris, quaq; ligatus eris.

Intus

explic. Prophe. Method.

Intus quis? tu quis? ego sum: quid quæris? vt intrẽ.
Fers aliquid? Non. esto foris. fero, quid? satis: intra.

To iest/

Rzym ludzkie rece gryzie/ á tych nienawidzi/
Od ktorych vpominkow pieniężnych nie widzi.
Kto dał ten wysłuchány/ kto nie dał zámknione
Drzwi przed nim/ bo sumnienie ma grzechem zráż-
(nione.
Wiedney wadze zły z dobrym/ z vczćiwym niecnotá/
Z znáiomym nieznáiomy/ gdy wiele da złotá.
Kto tám iest przede drzwiámi? co niesiesz? czy wiele?
Prożne rece nie máią mieyscá w tym Kośćiele.

Mantuanus lib. 3. calamita.

Rzás Mántuánus Báptistá o tymże kroluiącym mieśćie to potomkom swoim do wiádomośći donośi.

Venalia nobis
Templa, Sacerdotes, altaria, Sacra, Coronæ,
Ignes, Thura, preces, cœlum est venale, Deusq;.

To iest/

Przedáyne są Kośćioły / Kápłany przedáyne/
Mszy/ Corony/ kádźidłá/ y modły zwyczáyne.
Przedáią święte ognie/ przedáią Ołtarze/
Nawet niebo y Bogá ći dobrzy száfárze.

Idem, ibidem.

Hi quoq; qui Nomen de Religione superbum
Vsurpant, quanquam sanctis à Patribus ortos
Se iactent, ouium molli sub vellere fraudes
Mente Lycaoniasq; seruant, & crimine sordent,
Quod speciem virtutis habens, scelus omne coronat

To iest/

Ci wszel-

Ci wszelákę pobożność sobie przypisuią/
Swiętych sie potomkámi Oycow być miánuią.
Zwierzchu owce pokorney wełną obleczeni/
A wewnątrz Lykáonskiey zdrady nápełnieni.
Ktora ksztalt pobożności máiąc/ to spráwuie/
Iż wszelkiey niezbożności rodzay koronuie.

O tymże y Gáránzá Mnich pisze. Abusus & peruersæ opiniones irrepserunt in Ecclesiam Dei. To iest/ *Wymysły y przewrotne opinie w Kościoł B. wpełzły.* Posłuchay przy nich Synu y wiáry godnego Kronikarzá Platiny/ ktory wespoł y z przod pomienionemi Authorámi/ ten swego czásu opłákány Rzymskiego Kośćiołá ksztáłt w te słowá opowiáda. Sed quid futurum nostra ætate arbitramur? quâ vitia nostra eo creuêre, vt vix apud Deum misericordiæ locum nobis reliquerint. Quanta sit auaritia Sacerdotum, & eorum maximè qui rerum potiuntur, quanta libido vndiq; conquisita, quanta ambitio & pompa, quanta superbia & desidia, quanta ignoratio tum sui ipsius, tum doctrinæ Christianæ, quam parua relligio, & simulata potius, quam vera, quam corrupti mores, vel in prophanis etiam hominibus (quos seculares vocant) detestandi, non attinet dicere, dum ipsi ita apertè & palam peccent, acsi inde laudem quærerent. To iest. *Ale co sie zá nászego wieku stánie rozumiemy? zá ktorego złości násze ták sie rozkrzewiły, że zá ledwie miłosierdzia nam mieysce v Bogá zostáwiły. Iák wielkie iest łákomstwo Kápłanskie, á nabárziey tych ktorzy są ná naywyższym rządzie. Iák wielka nieczystość zewsząd nábyta, iák wielka ná vrzędy przewagá y butá. iák wielka pychá y gnuśność*

iák wiel-

Garanza Mona. in summa cōcil.

Platina in vita Marcellini.

iák wielkie sámych śiebie niepoznánie. y náuki Chrześćiánskiey nieumiejętność, iák małe nabożeństwo y zmyślone ráczey á nieprawdziwe: o iák zepsowáne obyczáie, y w świeckich ludziach mierziane. nie trzebá powiádáć ktorzy ták iáwnie y odkrycie grzeszą, iákoby stąd sławy szukáli. Z tym Rzymskiego Kośćiołá historykiem/ y Błogosłáwiony Opát Bernhárdus/ nie vleczoną Pápieskiego Duchowieństwá chorobę widząc/ że wszystko v nich ná łákomstwie / wszystko ná obłudzie/ wszystko ná kupi/ wszystko ná przedáży/ tákie o nim y do niego vważenia godne/ słowá czyni. Ipsa quoq; Ecclesiasticæ dignitatis officia, in turpem quæstum, & tenebrarum negotium transiêre: nec in his salus animarum, sed luxus quæritur diuitiarum, propter hoc tondentur, propter hoc frequẽtant Ecclesias, Missas celebrant, Psalmos decantant. Pro Episcopatibus, Archidiaconatibus, Abbatiis, aliisq; dignitatibus impudenter hodie decertatur, vt Ecclesiarum reditus insuperfluitatis, & vanitatis vsus dissipentur. Superest vt reueletur homo peccati, filius perditionis, dæmonium non modo diurnum, sed & meridianum, quod non solùm transfiguratur in Angelum lucis, sed extollitur super omne quod dicitur Deus, aut quod colitur. To iest/ *Y sáme tey Kośćielnego dostoieństwá vrzędy, w sromotny kupi y przedáży, zysk sie przenieśli, áni w nich dusznę zbáwienie, ále zbytek bogáctwá bywa szukány. Dla tego sie strzygą, dla tego do kośćiołow vczęszczáią: Msze celebruią, Psalmy śpiewáią. O Biskupstwach, Arcydiakonstwach, Opátstwach, y o inszych Przełożeństwach niewstydliwie dziś zá pásy chodzą. Aby sie kośćielne dochody ná zbytki y márności obracały, zbywa, żeby sie*

T obiáwił

Bernard. Abbas in Psalmum Quis habitabit, Ser. 6.

obiáwił człowiek grzechu, syn zátrácenia, Diabeł nie tylko dzienny, ále y południowy, ktory przemienia sie w Anioła świátłości, y wynosi sie nád wszystko co sie Bog náżywa, álbo co chwálono bywa. A indziey / ná też nie vleczono Kościołá chorobe ten świątobliwy mąż vskarżáiąc sie ták mowi. Serpit hodie putida tabes per omne corpus Ecclesiæ, & quo latius, eo desperatius, eoq́ periculosiùs, quo interius. Ministri Christi sunt, & seruiunt Antichristo. To iest/ Szerzy sie dziś smrodliwy wrzod po wszystkim ćiele Kośćielnym, y im szerzey, tym gorzey, y tym niebespieczniey im głębiey, Chrystusowi są sludzy, á służą Antichrystowi. A indziey tenże. Plaga Ecclesiæ nostræ magna est, & multa eget cura. To iest/ Zárázá kośćiołá nászego wielka iest, y mnogiego potrzebuie lekárstwa. A opłákawszy nieszczęśne Kośćiołá postánowienie/ z temi sie do iey Przełożonych y do wiernego ludu Bożego słowy vdáie. Ecclesia Dei vobis commissa est, & dicimini Pastores, cum sitis raptores, & paucos habemus heu Pastores, multos autem excommunicatores, & vtinā sufficeret vobis lana & lac, sititis enim sanguinem. To iest/ O Káplani, Cerkiew Boża wam iest polecona, y názywaćie sie pásterzámi, á iesteśćie drapieżce, y máło mamy ách niestetyż Pásterzow, ále wiele wyklináczow, ô bodayeśćie ná wełnie przestáli y ná mleku, ábowiem krwie prágniećie. Tenże do tychże. De Patrimonio crucis Christi, non facitis codices in Ecclesijs, sed pascitis pellices in Thalamis vestris, inpinguatis canes, adornatis equos phalerātes pectora, & capita deaurando. To iest/ Z oyczystych dobr krzyżá Chrystusowego, niecżynićie ksiąg w Kośćiele, ále karmićie podłożnice w łożnicach wászych, tuczyćie psy, zdobićie

Idē super Cantica cā tic. serm. 33.

Idē Epist. ad Falconem 165

Idē serm. 1. ad Clerū in Cōcil Remensi.

Idem, ibidem.

bićie konie, vzbroiáiąc pierśi, y głowy pozłacáiąc. To do Przełożonych Duchownych Pásterzow. Posłuchay proszę co tenże Błogosłáwiony Opát y do powierzonych im owiec żeł mowi. Propterea relinquamus istos, quia non sunt Pastores, sed traditores, & immitemur illos qui viuentes in carne plantauerunt Ecclesiam sanguine suo, successores omnes cupiunt esse, imitatores pauci. To iest/ A przetoż opuśćmy tych gdyż nie są Pásterze, ále zdrayce, á náśladuymy tych ktorzy żyiąc w ćiele, sczepili Cerkiew krwią swoią. Bowiem successorámi wszyscy być prágną, á náśladowcámi nie wiele. A indziey do tychże. In labore hominum non sunt positi, sed heu sunt iam Præsbyteri, qui nec benefaciunt, nec benedicunt, imo benefacientibus aut benedicentibus contra dicunt. Et vltra hoc persequūtur eos, subsannant & derident: Ideò multo deteriores sunt illis Pharisæis & hypocritis, quos Christus illo tempore peiores omnibus indicauit. Fælix igitur qui effugit & disrumpit vincula consuetudinis Clericorum, & Sacerdotum moderni temporis, & proijcit à se iugum eorum, quin, qui in cœlis habitat irridebit eos, & Dominus subsannabit eos. Et quid necesse est Clericorum Omnia vitia quasi minus nota publicare? cum de his experientia luce clarior mundum repleuerit vniuersum. Ideo propter multitudinem luxuriæ, cætera vitia, auaritia atq́ symonia, imo hæresis & perfidia quasi in peccatum non reputantur. To iest/ w pracy ludzkiey nie są położeni. Ale ách niestetyż są iuż Kapłanámi, ktorzy áni dobrze czynią, áni dobrze rzeczą, owszem dobrze czyniącym y dobrze rzeczącym sie sprzećiwiáią. Y nád to przesláduią ich,

Idem ibidem.

Idem in Psal. Verba mea.

vrągáią, y náśmiewáią się. A przetoż dáleko gorszy są, niźli Pháryzeuszowie y hypocritae, ktorych Chrystus czásu onego nád wszy tkie gorszemi osądźił. Błogosłáwieni tedy ktorzy vchodzą y rozrywáią z wiąski przyiáźni z Clerikámi y Kápłanámi tego czásu, y zrzucáią z siebie iárzmo ich, áby y ten ktory ná niebie żyie náśmiał się z nich. Ale co zá potrzebá wszystkie złośći Kápłanow iákoby nie wiádome opowiádáć, gdyż sámo doświádczenie nád słońcá świátłość iáśnieysze wszystek świát nápełniło, iż nuż dla niezliczonego mnostwá zbytkow insze wystepki, łákomstwo y Symonia, haeresia y krzywo przysiestwo zá grzech poczytáne nie bywáią. Strapione tedy Kośćiołá wászego Błogosłáwiony ten moz oblicze żáłośl.ie opłákáwszy/ y nieczysty żywot Przełożonych Kośćielnych dostáteczńym strofowániem wynurzywszy náiáwią/ tákie po oddániu rády swey pospolitemu ludowi/ coby z zdraycámi y wszetecznikámi temi czynić mieli/ sercá swego pożądánie w gorliwey miłośći Bożey opiewa. Quis mihi det antequam moriar, videre Ecclesiam Dei sicut in diebus antiquis, quando Apostoli laxabant retia in capturam, non in capturam argenti vel auri, sed in capturam animarum. To iest/ *Y ktoż mi da, pierwey niźli vmrę widźieć Cerkiew Bożą, iáko zá onych dawnych czásow, kiedy Apostołowie śieći swe ná łowienie rozpośćieráli, nie ná łowienie srebrá álbo złotá: ále ná pozyskánie dusz ludzkich.* Otoś ći się Synu w słowie viáciłá/ że/ com Rzymskiego Kośćiołá błedy y niezbożność nie skąd inąd tylko z niego sámego pokázáć przed tobą przyrzekłá/ tom y istotą wypełniłá. W ktorych iesliś ieszcze ná czym zbywa/ nie leń się przeczytáć tych/ ktoreć przekłádam wiáry godnych authorow/ to iest dwuch/ Petrum de Aliaco/ y Gersoná Cárdinałow. Biskupow piąciu/ Hu-

Idc Bern. Epistol. 237.

Epis

dárlia

Autorowie

dárlia Augustáńskiego/ Arnolphá Aurelianskiego/ Eberhárdá Sálzburskiego/ Fulconá Lándinskiego/ Probusá Tulleńskiego/ Joáchimá Opátá/ Thomászá Rhedoniuszá Cármelitę/ Hieronymá Sáuánorole Mnichá/ Pothoná Kápłaná/ y inszych bez liczby/ ták Duchownych iáko y świeckich / wielce vczonych mężow/ z ktorych częgo się tu nie dołożyło bez pracy dobierzesz. Tych mowię przeczytay / á vyrzysz nie to tylko com tu pomieniłá / ále y tysiącámi więcey Rzymskiego Kośćiołá błędow y nierządow/ tudźiesz miásto z kwiátu swego złupione / y mieszkáńcow ták świeckich iáko y Duchownych z Bogomyślney cnoty obnáżonych. Z tey tedy mey krotkiey powieśći czyś iuż obaczył synu/ że mieszkánie masz w Bábilonie? Nie iać ći to zádáie/ ále właśni twoi teráźnieyszego dworu społsłużebnicy y rodzeni mácochy twey / á swey mátki synowie. Ktegożeś ty synu dotąd ieszcze nie wiedźiał/ żeś niemáiąc ná vbogim/ ále vczćiwym twey mátki domie dosyć/ do bogáte° się y pysznego mácochy twey gmáchu przeprowádźił. Pożytecznieyći záiste było przed tym (iáko Psálmistá mowi) od świátá wzgárdzonym/ żyć w domu Bożym niźli mieszkáć w przybytkach przestępcow zakonu Bożego/ chćiey tylko pomienioną powieść z baczeniem vważyć/ á iey słowá rozsądźić/ obaczysz nátychmiast/ że te teráźnieysze páłace twoie są przysionkiem zginienia/ ná ktore się sámi dźiedźiczni posessorowie obćiążliwie vskarżáią/ y áby się nikt dobry w nich nie fundował/ táko iákoś słyszał przestrogę/ dáiąc głoszą. Jesli tym powiádaczom nie wierzysz/ komuż więc synu wierzyć będźiesz. Syn ná przećiwko mátce świádczy/

Psal. 84.

syn

ſyn rodzicżke opußcza/ ſyn ſie mátki wyrzeká / á ty
obcy do niey przyſtáieß zá ſyná/zá mátke cudzoziemkę
przyznawaß/ y wßyſtkich iey bledow y nierządu vczeſt
nikiem ſie ſtáieß. Nálazłeś ſynu dom obfity w śre-
1.Timo.6 bro y złoto/ Ku ktoremu niektorzy chuć máiąc, pobłądzili od wiáry. y oddáli ſie w wiele boleśći. Niechćiałeś zdrowey rády
błogoſłáwionego Apoſtołá mowiącego ſłucháć. Ale ty
Tamże. o człowiecże Boży, tych ſie rzeczy ſtrzeż, á náśláduy
ſpráwiedliwośći, pobożnośći, wiáry, miłośći, ćierpliwośći,
Math.16. ćichośći. Co bowiem zá pożytek bys wßyſtek świát pozyſkał / á duße twą zágubił: iáko odmiáne daß zá nie: nád ktorą nic droższego áni we
wßyſtkim świećie znácznieyßego nie máß / dla ktorey
ſtworzyćiel twoy vpokorzony z niebá ná źiemie zſtą-
pił/ ták wiele niewczáſow y śmierć ſrogą podiął.
Wroć ſie przeto o Synu/ wroć ſie do zboláłey mátki
twoiey/ktora ćie porodziłá y wychowáłá. Opuść má-
cochę/ktora o zgubie duße twoiey vſtáwicżnie ſie ſtá-
ra/ wyrzuć z pierśi twoich zárázliwe iey mleko/ á
zwlecż z śiebie te/ktora ćie ná wieczne twoie zháńbie-
nie przyodziáłá ßáte. Porzuć przed nogámi iey wßytkie ktoremi ćie zwiodłá márnośći. Vćiekay od niey
by y nágo iáko Joſeph od niewiáſty/ námniey ſie názad nie oglądáiąc/ áby ćie łágodnośćią mowy ſwoiey
powtore nie zbłaźniłá/ y śiećiámi vſt ſwoich znowu
nie owikłáła. Lepiey tobie nágiemu w świátłośći/
niżli koßtownie vbránemu w ćiemnośći vſtáwicżnych
bledow ſie naydowáć. Nie wſtyday ſie ná czás máły bieżeć nágo/ ábyś y przed ludźmi y przed Anioły
Bożemi w ßáte wiecżnego weſela vbránym ſie być o-
kazał. Wſpomni ſynu co ſie nád bráćią twoią máło

przed

przed tym ſtało / ktorzy ná teyże z tobą drodze byli.
Nád przodkiem mowię twoim ktorego ſie ty ſucceſſo- Anteſsignanus wielebny
rem Metropolſkiego ſtolcá być miánuieß/ y inßemi
iego y twemi ſpoł Biſkupámi/ ktorzy wáo/ y wiárą y Unij
vczynkámi náſládowáli. Jáko po wßytek czás żywotá ſwego vſtáwicżnym ſumnienia ßczypániem zwy- Smierć :d
ćiężeni/ iáwnie przed niektoremi że ſą záwiedźieni wy- Repnikow
znawáli/ y w głębokość złośći przyßedßy deſperowáli. iáka.
Ow ábowiem ießcże żywym będąc/ iáko vmárły cho- Michael
dził/ y śmierć nagłą/ deſperáckie głoſy wypußcżáiąc Rahoza.
podiął. Drugiego záś máło nie przednieyßego Połocki
tey wáßey vniey forytarzá / ſpráwiedliwym ſą- Herman.
dem Páńſkim ießcże zá żywotá / zły duch cżeſtokroć y przy ſámym nabożeńſtwá przezeń odpráwowániu z niezmiernym wßytkich tám będących
ludźi poſtráchem po Cerkwi tám y ſám ſrodze ſtrá-
ßliwie rzucał/ y záczętey przezeń Liturgiey / áż
y do ſámey śmierći ſkończyć nigdy nie dopuśćił:
Trzeći iáko oculati teſtes powiádáią/ ożárßy ſię Pinski
gorzałki z dobrą pokutą y popráwą żywotá ſwego Hohol.
ßyie złamał. Czwarty ießcże przed tą Apoſtá-
zyą (zá to/ że iuż zoſtawßy Włádyką przećiw Chelmski
ſwey Zakonnicżey Regule z żoną ále nie iák z śioſtrą
mießkał) w klątwę álbo excommunicatią od zwierzchniego Páſterzá ſwego będąc włożony/ z tákowąż
iáko y wzwyż mienieni pokutą żywotá ſwego doko-
nał. Piąty á ten nabliżßy twoy Collegá/ktory z to- Lucki władyká Terlecki Cyrillus
bą w tym záwołánym poſelſtwie do Rzymu iezdźił/
mężoboyſtwem / wßeteczeńſtwem / y innemi temu
podobnemi cnotámi/ o ktorych wßyſtek Łucki Po-
wiát bárzo dobrze wie/ nie po iednokroć śiebie przy-

ozdobi-

ozdobiwszy, y ieszcze zá żywotá nosá ná twarzy z dworskiey choroby pozbywszy/ zá drugimi sie pospieszył/ Zá czym iuż z tego pożosne° tey wászey Vniiey cugu/ ty tylko sam zostałes/ ktoremu P. Bog wszechmogący sinácoczekiwáiąc vpámietániay náwrocenia/ iesz-cze do tąd folgowáć y lat żywotá przedłużáć raczy. Porzuć te dy dla Bogá cie prosze porzuć/ te twoie przeciwo zákonna robe.../ ktorey pierwszy oni w prostoćie Duchá żyiący Ruskiey Cerkwie Biskupowie/ nigdy nie ználi. Ale y owszem wysokomyslnych dworu tego Prálatow/ po żáłosnym ich z Cerkiewnego niebá z strąceniu, iáko mogąc obiegáli. Záprawde nie tey-

Apoca, 12 to w słonce oblecżoney niewiásty, ktora pod nogámi swemi Kśiężycá, á ná głowie Korone z gwiazd dwunastu miáłá. Ale oney wiel-

Apoc. 17 kiey nierządnice robota/ siedzącey nád wodámi, á w purpure y kármázyn oblecżoney, złotem, drogim kámieniem, y perłámi ozdobioney, kubek złoty w rece swey pełny brzydliwośći, y nieczystoty, wszetecżeństwá swego máiącey, pijáney krwią świetych, y krwią męczenników Iezusowych, ktorey imie ná czele Táiemnicá Bábylon wielkie. Wiec ábys tym rychley o swiebodzie swey pomyslił/ posłuchay iesżcże społ Duchownych twoich pásterzow nierządzie/ iednego tegoż pocżtu wielce

Nicolaus Clemangus vcżonego człowieká/ Nicolaum Clemangum Archidiacomum Boracensem, ktory teráźnieyszych nowo wzniktych Mnichow/ tysiąco chytrych Esauitskich Duchow/ postepki y obycżáie ták znácżnie y prawdziwie wyconterfetował/ że szczyra á nie omylna tey iego powieśći prawde/ wszystkich teycney Korony Polskiey y W. X. Lit. y Ruskiego obywátelow/ pewna wiádomość y vstáwicżne á práwie codzienne doświádczenie potwierdza y ápprobnie. Swiádomo to bowiem iest

iest wszystkim/ y dobrze sie sámym niektorym z nich znáć dáło. Iák dziwnemi y rozmáitemi sposoby ći wielebni Patres máietności ich/ częścią łákomie wyłudzáią/ częścią y gwałtem (pod prætextem iednák práwá) wydzieráią/ y wrzeczy to swiebodna y wolna szlachte z káżdey miáry dziwnie opprimuią/ á krwáwym potem nábytego chlebá ich pozbáwiáią. Pełno iest wszedzie płácżliwych ná nie skarg/ pełne ziemstwá/ pełne Grody/ pełne nákoniec y dworne sądy y Seymowe námowy/ Trybunału nie wspominam. Swiádczą z domow wyćiśnieni szláchćice/ swiádczą wyzute z dobr wdowy/ swiádczą oszukáne w dziedzictwie swym sieroty. To ná Kośćioł/ á ty Synu y Corko zá mántykę/ to ná Collegium/ á ty Oycże y Mátko sámi o sobie rádzćie/ To ná wyzuity (Jezuitymowie) á wy brácia/ siostry y krewni v obcych chlebá żebrzyćie/ to ná Oyce świete/ á ty sam z żoną y z dziatkámi/ domowego pozbywszy chlebá/ cudze psy drażni. Ták ći przemyślni tátkowie wszystko záśiegáią/ ták wszystko zábieráią/ ták wszystko pożyráią/ y bespiecżnie/ bo w Rzymie z nimi sąd/ w Rzymie rospráwa/ w Rzymie dekret. Przedayże szláchćicu kmiotki/ záprzeday żone y dziatki/ á do Rzymu iedź ná rospráwe/ gdźie ieśli nie własney ćiáłá twego pewnie mieszkowey dusze pozbedźiesz/ á inácżem osiedźiesz. Abowiem Rzym caput quod omnia capit, á Iezuitá wyzuitá/ co z dobr ludzi wyzuwa. A ty bedąc niegdy wolnym szláchćicem iuż kmiotkowáć muśisz. Ale coż czynie synu? co powiádam: Nic mi záiste po tey mowie/ nie o tym rzecż. Pátrz iednák/ żem sie od przedśiewźietey powieśći vniosszy/ prawde

V

chociay

chociay tom nie wsinák, wyrzekłá. lecz *ad propositum*,
Mowi tedy Arcydiácon w te słowá. Ait itaq; de
Nicolaus Clemang. de corrupto statu Ecclesiæ. Monachis saluator (ipsorum fontes patefaciens ne
quitiæ) attendite à fermento Phariseorum, quod
est hypocrisis, Et rursum, attendite à falsis Prophe
tis, qui veniunt ad vos in vestimentis ouium, intrin
secus autem sunt lupi rapaces. An non lupi rapaces sunt, velamina ouium gestantes, qui omnia quæ
huius mundi sunt verbo suo se deseruisse asseuerant,
facto tamen ipso temporalia incredibili ardore con
cupiscentiæ, insidijs, fraudibus, atq; mēdacijs vndiq;
exquirunt? An non lupi rapaces sunt, ouicularum
vellere amicti qui vitæ austeritatem, castitatem, hu
militatem, sanctam simplicitatem exteriori specie
simulant, intus vero exquisitissimis delicijs, & va-
riarum copia voluptatum, vltra omnem mundano-
rum luxuriam exuberant? An non lupi rapaces
sunt, sub ouili imagine latitantes, qui more Sacerdotum Belis, in suis penetralibus oblata deuorant,
mero se ac lautis epulis cum non suis vxoribus, licet
sæpe cum suis paruulis auidè satiantes, cunctaq; li-
bidinibus, quarum torrentur ardore, polluentes?
An non lupi rapaces sunt, ouium similitudinem fal-
sò prætendentes, qui cum Angeli lucis primo aspe-
ctu appareant non Sathanæ. Tamen (vt Pauli
verba sunt) non Christo Domino, sed suo ventri ser
uiunt, & per dulces sermones & benedictiones se-
ducunt corda innocentium. Sed audi adhuc, quid
de illis ad propositum Saluator dicat. Væ vobis

ô Scri-

ô Scribæ, & Pharisæi hypocritæ, qui mundatis, quæ
de foris sunt calicis & paropsydis, intus autē pleni
estis rapina & immunditia, qui similes estis sepul-
chris dealbatis. quæ à foris apparent hominibus spe
ciosa, intus vero plena sunt ossibus mortuorum, &
omni spurcitia. Quid de eis verius dici potest.
quid aptius? quid lucidius? quam quod cœlesti o-
re dictum audis. Sed & Paulus gentium Doctor
prænoscens in Spiritu, talium, circa extrema tempora, subuersorum ingressum, & Ecclesiam per
eos multa tandem vulnera sensuram, ad Timothe- *2. Tim. 3*
um suum scribens, illos summo studio declinandos
hortatur. Nam postquam dixerat, Hoc autem
scito quod in nouissimis diebus, instabunt tempora periculosa, & erunt homines seipsos amantes,
cupidi, elati, superbi, blasphemi, & multa quæ his
addit, ab his seductoribus non abhorrentia: Tandem quod eis proprium est subtexuit, habentes qui
dem speciem pietatis, virtutem autē eius abnegan
tes, hos deuita: ex his enim sunt qui penetrant do-
mos, & captiuas ducunt mulierculas, oneratas peccatis, quæ ducuntur varijs desiderijs. Semper di-
scentes, & nunquam ad scientiam virtutis perue-
nientes, homines corrupti mente, reprobi circa fidē.
To iest / *Mowi tedy o Mnichach Zbáwiciel (onych zrzodło
vkázuiąc złości) Strzeżćie sie od kwásu Pháryzáyskiego, przez
ktory sie znáczy obludá, y záś, ostrzegayćie sie od fałszywych
Prorokow, ktorzy przychodzą w owczym odzieniu á we wnątrz są
wilki drapieżnemi. Izali nie wilcy są drapieżni w odzieniu owczym,*

 ći kto-

O teráźnieyſzym

ći ktorzy ſlowy y świát ten, y wſzyſtko co ná nim ieſt opuſzczáią, A vczynkiem ſámym rzeczy docżeſnych nádder lákomie przez fortele, zdrády y klamſtwá zewſząd nábywáią. Izali nie wilcy ſą drápieżni owczą welną przyodziani, ći ktorzy żywotá ſurowość, czyſtość, pokorę y świątobliwą proſtotę, powierzchowną poſtáwą zmyſláią, á we wnątrz wybornemi deliciámi y rozmáitych roskoſzy obfitośćią wſzelaki świeckich ludzi zbytek przewyżſzáią. Izali nie wilcy ſą drápieżni w poſtáći owczey, ći ktorzy ná kſztalt Belowych ofiárowników, to wſzyſtko co drudzy do nich przynoſzą w ſwoich pokoiach pożeráią, wná ſie y roskoſznych potraw z nie ſwoimi żonámi, áczkolwiek częſtokroć z ſwoiemi dziateczkámi, náſycáiąc, y wſzyſtko nierządnemi pożądliwośćiámi, ktorych ogniem ſą zápaleni, ſzkarádząc. Izali nie wilcy ſą drápieżni owczą poſtáć klamliwie zmyſláiący, ktorzy o tym co czynić przynależy mowią, ále nie czynią, y gdy drugim przepowiadáią, ſámi przez ſwoie włáſną przepowiedź złemi ſie zſtáwáią. Izali nie wilcy ſą drápieżni, w owczym odzieniu falſzywie ſie okázuiący, ktorzy gdy ſie Aniolámi świátłośći ná pierwſzym weyrzeniu być zdádzą, Iednák (ábym Páwłowych słow záżył) nie Chryſtuſowi Pánu, ale ſwoiemu brzuchowi służą, y słodkiemi słowy á dobrorzeczeniem zwodzą y oſzukawáią ſerca ludzi niewinnych. Ale ſluchay ieſzcze, co o nich Zbáwićiel ku podporze tey náſzey powieśći, mowi. Biádá wam Doktorowie y Pháryzeuſzowie pokryći, ktorzy vmywaćie kielich y miſę zwierzchu á we wnątrz pełniśćie drápieſtwá y nieczyſtośći, ktorzy ieſteśćie podobni grobom pobielonym, ktore z wierzchu pokázuią ſie być ludziom piękne, áno we wnątrz pełno w nich ieſt kośći vmárłych, y wſzelákiey plugáwośći. Coż ſie o nich prawdziwſzego rzec mogło, co ſłuſznieyſzego, co znácznieyſzego nad to, co niebieſkie vſtá wyrzekły: Ale y Páwel náuczyćiel narodow, przeyźrzawſzy Duchem, że tácy oſtátecznych czáſow przewrotnicy ná świát przyść mieli, y to że przez nie Cerkiew ſrodze zrániona być miáłá, do Timotheuſzá ſwego piſząc, áby ſie onych iáko naybárzey chronił,

Matt. 22

chronił, nápomina. Abowiem gdy rzekł. To wiedz, iż w oſtáteczne dni náſtáną czáſy niebeſpieczne, będą ludźie ſámi ſiebie miłuiący, chćiwi, hárdzi, pyſzni, bluźnierce, y inſzych wiele rzeczy ktore przydáie tym zwodźićielom, przyzwoitych, nakoniec to co im włáſnie należy przytoczył, máiąc wzor pobożnośći, ale ſie prząc mocy iey, á tych ſie ſtrzeż, boć z tych ſą niektorzy, ktorzy ſie do domow wdzieráią, y poymuią w niewolą niewiáſty obćiążone grzechámi, ktore bywáią vwodzone rozmáitemi żądzámi, záwżdy ſie vcząc, á nigdy ku wiádomośći prawdy nie przychodząc. ludźie ná vmyśle ſkáżeni, błędni około wiáry. Tu Synu iák we zwierciedle ná oko obaczyć (ieśli zechceſz) możeſz / y rad nie rad ſumnieniem zniewolony przyznáć muśiſz / że ſie ná włos od prawdy ten człowiek nie vnioſł / Ktoremu ieślibyś (iáko mnieyſzey wáſzey Duchowney condiciey człowiekowi) nie do końcá chćiał wierzyć: Poſłuchayże co ſam nawyżſzy tego Kośćiołá rządźcá / Adrianus (mowię) Papież do zebránia Norimberſkiego poſyłáiąc / o zepſowánym ſwego wieku Kośćiołá poſtánowieniu mowi. Scimus in hac ſancta ſede aliquot iam annis, multa abominanda fuiſſe, abuſus in ſpiritualibus exceſſus in mandatis, & omnia denique in peruerſum mutata. Nec mirum ſi ægritudo á capite in membra à ſummis Pontificibus in alios inferiores prælatos deſcenderit. Omnes nos (id eſt prælati & Ecclaſiaſtici) declinauimus vnus quiſque in vias ſuas, nec fuit iam diu qui faceret bonū, non fuit vſque ad vnum. Quamobrem neceſſe eſt vt demus gloriam Deo, & humiliemus animas noſtras ei, videatque vnuſquiſque noſtrum vnde ceciderit. & ſe potiùs quili-

2. Tim. 3

Adriano VI PP. ad Con. Norimb. Anno 1522.

ùs quilibet iudicet, quam à Deo in virga furoris ſui iudicari velit. Qua in re, quod ad nos attinet pollicemur nos omnem operam adhibituros, vt primum curia hæc, vnde forte omne hoc malum proceſsit reformetur, vt ſicut inde corruptio in omnes inferiores emanauit, ita etiam ab eadem ſanitas & reformatio omnium emanet, ad quod procurandũ nos tanto arctius obligatos reputamus, quanto vniuerſum mundum huiuſmodi reformationem auidiùs deſiderare videmus. Quanquam nemo mirari debebit, ſi non ſtatim omnia errata, & abuſus omnes per nos emendatos viderit. Inueteratus nimium morbus eſt, nec ſimplex, ſed varius & multiplex. Pedetentim in eius cura procedendum eſt, & prius grauioribus magisq; periculoſis occurrendum, ne omnia pariter reformari volentes, omnia perturbemus. Omnes ſubitæ mutationes (inquit Ariſtoteles) in Republica periculoſæ ſunt, qui nimis emungit, elicit ſanguinem: **To ieſt/ Wiemy** *że ná tey świętey Stolicy iuż od dawnego cżáſu wiele obrzydliwych rzeczy było, źle vżywánie w rzeczách duchownych, wyſtępki w zápowiedziach, y wſzyſtkie rzeczy nakoniec w złe obrocone, á nie dziw, Bo tá chorobá z głowy námi ſe członki od naywyżſzych mowię Papieżow ná drugich niżſzych Prałatow ſpádłá. wſzyſcy (Prełáci y ſłudzy Kośćielni) vdáliſmy ſie ná drogi ſwoie, y nie było iuż od dawnego cżáſu tego ktoryby cżynił co dobrego, nie było áż do iednego. Przeto potrzebá, ábyſmy dáli chwałę Pánu, y vpokorzyli przed nim duſze náſze, á niech káżdy z nas obaczy, skąd mu ſie ſtał vpadek, y ſam śiebie ráczey káżdy niech oſądźi, á niżliby od Páná w zapálczywośći iego miał by ć ſądzony, w cżym co do nas nale-*

leży, obiecuiemy ſie o to wſzelkim ſpoſobem ſtáráć, aby naprzod dwor ten z ktorego podobno wſzyſtka tá złość wypłynełá, mogł być reformowány, álbo nápráwiony, áby skąd zepſowánie ná wſzytkie niżſze ſtany wyſzło, ſtąd zdrowie y nápráwá wſzyſtkim ſtáć ſie mogłá, O co tym więcey ſtáráć ſie ſmy ſie powinni, im bárzey wſzyſtek świát takowey nápráwy prágnie. Acżkolwiek żaden ſie temu dziwowáć nie ma, ieśli nie nátychmiaſt wſzyſtkie błędy y złe vżywánia przez nas nápráwione obaczy. Záſtarzała bárzo chorobá ieſt, á nie proſta, ale rożna y wieloraka, pomału do vleczenia iey przyſtępowáć potrzeba, y wprzod ćiężſzym y ſzkodliwſzym rzeczom zábiegáć, abyſmy chcąc wſzyſtko rázem nápráwić, wſzyſtkiego nie zepſowáli, wſzelakie prędkie y nagłe odmiany (mowi Ariſtoteles) w Rzeczypoſpolitey ſą niebeſpieczne, kto mocno y cżęſto nos vćiera, krew wyćiska. Coż ieſzcże nád to iáśnieyſzego potrzebowáć będźieſz? Co prawdźiwſzego ſłyſzeć żácheſz: Ieśli Doktorom nie wierzyſz / wierzże nawyżſzemu ich Páſterzowi y Doktorowi głownieyſzemu / ktory y śiebie ſámego / y wſzyſtkie ſwoie z nieprawośći y nierządu ſtrofuie /, y nápráwę błędow obiecuie. Ale ſnadź rzecżeſz : obiecał y wykonał. Obiecał mowię dobrey woley mąż / ále śmiertelnymi przewrotnych iedz / żadny zábroniony zá ledwie zezwoleniem zácżął. A Succeſsorowie iego / nie tylko / obietnicy oney nie ſpełnili: ále ieſzcże więtſzymi y ſrożſzymi nierządámi one zárázliwe choroby y gniiące ſtrupy roziątrzyli / y práwą wiárę zpobożnośćią o śmierć przypráwili. Swiádek powieśći owe niezbożne zborzyſká / Florentſkie / Conſtántyſkie y Trydentſkie / ná ktorych ſtokroć gorſzemi bluźnierſtwy Kośćioł ſwoy niżli zá cżáſow Adryianá ßoſtego obćiążyli. A ieśli nie obłudnymi ſzcże-

rego

Zborzyska Flor. Kon. y Tryden.

rego duchá oczymá / y wdzisieyszych fałszywych Prorokow Zab ktore z paszczeki smoká onego wychodzą / ksiąszki y kártellusze weyrzysz / naydziesz w nich
bluznierstwá y swietokradzstwá niezmierne / á doznasz że tám żadnego respectu ná prawdę Bożą nie
masz / iáko w tákowych ktore z oycá kłamstwá poszły /
y w nim / pełniąc wolą iego / przemieszkawáią. Záwżdy kłamliwi / záwżdy obłudni / záwżdy dobremu przeciwni / y Chrystusowey Cerkwie niewstydliwi potwarce / á nielutosciwi przesládowce. Ktorzy w ciem-
nosciách ludzkiey mądrosci ślepieiąc / wszelkimi ią
sposobámi zmázáć y oszpecić / A swoy Kościoł czystym y niepokalánym wystáwić usiłuią. Chociay to
iáwnie widzą / że oná nie tylko Boże ustáwy nieodmienne w cále ustáwicznie záchowywa : ále y Oycowskich gránic ná sprawnym rządzie Cerkiewnym
záłożonych przestkoczyć / pomyslić sie nie waży. W ich
zás wiele chcącym y wszystko mogącym Kościele / nie
tylko Oycowskie ustáwy odmiáne ucierpieli / ále y
Boże Przykazania / żadney odmiennośći niepodległe /
szyie tam źć musiáły. Wszystkie sie w nim Cerkwie Chrystusowey dogmata zániedbáły / wniwecz o-
brociły / y prochem niepámięci zápádły. Ták / że sie
y slad pierwszey pobożnosci dopiero w nim nie nayduie / przeminęły stáre y gruntowne rzeczy / á nowo wy-
myslne y łatwo odmienne nastąpiły / ktoremi iuż nowinkámi niezliczone narody od śiebie odtrącił / y nie
oszácowáną szkodę poniosł.

Część wtorá, o Cerkwi ś.

Ci iednák nowozakonni ostátniego wieku obłudni Phárizeuszowie / Wschodniey Cerkwi / swoim iey
obcym do ohydzenia przywodząc / one wyższey poło-

zone

Wschodniey, krzyżowi podległey.

zone niesłychane / nieprawdziwe / y nigdy w Cerkwi
niebywałe błędy y zabobony nád wolą sumienia swego bez wstydu przypisuią. A áby złością złość zbogá-
cili / á fałsz kłamstwem pomnożyli / nie máiąc ná po
mienionych o Wschodniey Cerkwi (ktora w Rosieyskich kráinách odkupuiąc czásy Bogá chwali) zmyślonych powieściach dosyć / ná więtszą hánbę iey odszczepieństwá imieniem tytułuią / y dwánaście Wschodniey Cerkwie / od Zachodniey rozerwánia zebrawszy /
tymi iey y członkom oney niestáteczność y lekkomyśl-
ność niewstydliwie zádáią. A co więtsza przepomniawszy boiázni Bożey y ludzki wstyd zárzuciwszy / práwey
wiáry zgwałcenie iey przyczytáią / iákoby dla niektorych z niey wynikłych Kácerzow / y oná sámá po dziś
dzień w Kácerskim błędzie leżeć miáłá / w ktorey to
potwarzy sámi y z Kościołem swoim spráwiedliwym
sądem zostáną. Prawdá bowiem by nadłużey fałszem deptána byłá / zártłumiona być nie może. Ktore
odszczepieństwá / ponieważ wiele kłamstw w sobie máią tu położyć zá słuszną sie zdáło / máiąc zá to /
że zá przyczyną fałszywych tych odstępstw / práwdá święta gore wynieść może / y oná niespráwiedliwie ná Cerkiew Bożą włożona cálumnia ná ich
głowy spádnie. Liczbę tedy Odszczepieństw tym
porządkiem przekładáią. Pierwsze mowią odstępstwo wykonáłá Wschodnia Cerkiew od Rzymskiey /
zá czásow niezbożnego Ariuszá. Drugie / zá przeklętego Nestoriuszá. Trzecie / zá Bogá bluźniące-
go Eutychesá. Czwarte / zá szkárádego Mácedoniuszá. Piąte / zá czásow Grzegorzá I. Papieżá
Rzymskiego dla Tytułu. Szoste / czásu nieczystych

Liczbá od szczepieństw zmyślonych: Sacrarius Canonic. Cracouie.
1. 2. 3.
4. 5.
6.

X Monotheli

7. 8. Monothelitow. Siodme y Oſme / zá bezbożnych
9. Iconomáchow. Dziewiąte / zá czáſow Phociuſzá
Konſtántinopolſkiego Pátryárchy / ktory pochodzenie Duchá świętego y od Syná / hęrezyą być ſądził.
10. Dzieſiąte / zá pánowánia Konſtántiná Ceſárzá / zá
ktorego poświęcenie táiemney Wieczerzy Páńſkiey
w Przáśniku zá herezyą vznano. Jedenaſte / zá pá-
11. nowánia Andronika Ceſárzá ſyná Michálá Páleologá znowu o pochodzenie Duchá świętego y od Sy-
12. ná. Dwánaſte / po Florentſkim Synodzie / áż po
dzień dziſieyſzy. Przeto (mowią) Pan Bog nie
cierpiąc dáley ták wielkiey złości / y niechcąc áby powſzechna iego Cerkiew do ták iáwney wzgárdy przy-
chodziłá / po lećiech czternaſtu oſtátniego odſtępſtwá podał ią w ręce Pogáńſkie w niewolą / y ſpráwiedliwie záiſte / Niechćiáłá ſię ábowiem Rzymſkiemu Papieżowi namieſtnikowi Chryſtuſowemu vpo-
korzyć y pod władzą iego być. Pátrz ſynu co to zá
przewrotny rozum / iáka ocżu niewſtydliwość / y iákie niepohámowánie bluźnierſkiego ich ięzyká ktory
nic inſzego ſię nienáuczył krom potwarzy y fałſzow.
Nie onáżli to ieſt zárážliwa ſzáráńczá, ktora z dymu, z
Apoc. 9. ſtudniey przepáśći ná źiemię wyſzłá, y záćmiłá słońce y powietrze,
ktorey podobieńſtwo podobne było koniom ku bitwie gotowym, y
twarzy ich iákoby twarzy człowiecze, á zęby v nich były iáko v
Lwow, ogony miáły podobne niedźwiadkowym, żądłá były w ogo-
niech ich, á moc ich byłá ſzkodźić ludziom przez pięć mieśięcy, y
miáły nád ſobą Krolá Anioła przepáśći. Nie onáliżto ieſt
Apoc. 13 śiedmiogłowna Beſtia, ktora z morzá wyſzłá, y od Smoká moc
wźiełá, ktorey dáne ſą vſtá mowiące wielkie rzeczy, y bluźnierſtwá,
á otworzyłá vſtá ſwe ku bluźnierſtwu przećiw Bogu, bluźnić imię ie-

go y przybytek iego, y tych ktorzy w niebie mieſzkáią, y dopuſzczono iey walczyć z świętymi y zwyćiężić ie. Ktorey kłániáią
ſię wſzyſcy ktorzy mieſzkáli ná źiemi, ktorych imioná nie ſą nápiſáne w Kśięgach żywotá, Báránká zábitego od początku świátá.
Dla tego mowią / Pan Bog wydał ią w niewolą Pogánom / iż Rzymſkiemu Papieżowi poſłuſzna być nie
chćiáłá. Nieprawdá ſynu nieprawdá / Ale owſzem fałſz y obłudá iáwna. Dla tego Pan ktory
wſzyſtko widzi / Wſchodnią Cerkiew w niewolą podał / áby nie piłá z kubká nierządu Bábilonu wielkiego. Dla tego ſię w ręce Pogáńſkie doſtáłá / áby vſtáwicznie krzyżowi podlegáiąc / ſzkárádemi y duſze gu-
biącemi roſkoſzámi nie zniſzczemniáłá. Dla tego w niewolą wydána ieſt / áby będąc tu ćiáłem zniewolona /
duſze wolną w dźień ſądny miáłá. Powiedzcieżmi o-
áż náderhárdźi Bábilońſcy dworzanie / co pożyteczniey
Wſchodniey Cerkwi vćierpieć było / dziſieyſzáli Tu-
recka niewola / czyli władze Papieſka nád ſobą: Od-
powiecie / Rzymſkiemu Papieżowi pokorzyć ſię y po-
ſłuſzney być / lepiey było. O y bárzo máſzym omá-
mionym á nie Bożym ſpráwiedliwym ſądem / choćiay tego y owego władza iáko żywo z ſobą ſię zrow-
náć niemoże. Oproćz że obádwá Tyrani / y iedna / á
nie iednáka niewola. Turczyn ktory drogi zbáwienney nie poznał / y záwſzdy w ćiemnośćiách niewiádomośći chodźi / ćiáło y powierzchowne dobrá zniewolił.
A Papież by / ktory poznáną y przyiętą świátłość E-
wánielſką hárdym duchá ſwego wichrem zgáśił /
ćiáło y duſze / wnętrzne y zewnętrzne dobrá / zniewolić miał: Turczyn ſam niewiernym będąc / niewolnikom ſwoim czyſtey y niepokaláney wiáry Chrze-

ściáńſkiey záżywáć w wolnośći ſumnienia dozwala/ A Papież ie y z wiárą poſpołu zniewolić chćiał. Turczyn świátá tego márnośći pośiadł. A Papież przy tego świeckich dobrách/ y duchowne bogáctwá cnoty/ mowię/ w niewolą záćiągnąć pożądał. Turczyn ſam bluźniercá y niezbożnik/ niewolnikom do prawdziwey wiáry y Bogomyślnośći nie przeſzkadza. A Papież bluźnierſtwá wynálazcá/ y niezbożnośći promotor/ temiż y podległych ſobie oſzkárádźić uſiłuie. Turczyn w świeckiey Policiey/ A Papież w Cerkwi Bożey tyran. Swiádczą o tym przerzeczone wiáry godne powieśći/ y powſzechne narodow doświádczenie. W Tureckiey niewoli kráie Wſchodnie zbáwienie Chryſtá Páná Ewánieliium y błogosłáwionych Oycow świątobliwe vſtáwy krom wſzelkiey odmiány dzierżą. W Rzymſkiey záśie ſwobodźie/ nie tylko świętych Oycow porządne trádicie połamáć/ ále y sámey Ewánielſkiey przepowiedźi gwałt vczynić by muśiał. Nie wie dziś Wſchodnia święta niepokaláná Cerkiew nic o Pythágorowym Cżyścowym ogniu. Nie ieſt vczeſtnicą świętokrádzſtwá żywot dáiącey krwie Chryſtuſowey. Nie liie Bogá ſwego Sábelliáńſko/ áni Chryſtuſá iego Neſtoriáńſko. Nie poświęca świec/ Agnuſkow/ áni miotłow/ nie krzći dzwonow ná vrągánie zbáwienney táiemnice. Nie rozſyła po wſzyſtkim świećie ſkrzyń przedáynych odpuſtow áni indulgenciy/ ktore śmierći Chryſtuſowey záſługi tłumią. Nie korzyści w miłośćiwym álbo ráczey złotym lećie/ w ktore ze wſzyſtkiego okręgu źiemie Rzym/ álbo ráczey Papież złoto ſobie ná świádectwo w dźień ſądny zbiera. Nie kłánia ſię

pánto-

pántoflom/ trzewikom/ y żadnym ſzáráwárom/ áni ich cáłuie. Nádto/ iáko piſzczałek/ multianek/ bebnow/ trąb y inſzych tegoż rodzáiu kárczemnych dud/ dział y rac/ ták też obłudnego biczowánia/ popiołu y ogniá/ ziół y rożę poświącánia/ y inſzych wymyſłow/ przez ktore imię Boże bluźnione bywa/ vżywánie/ áni ná prog Wſchodniey świętey Cerkwie nie wſtąpiło. Ktore to Kośćiołá Rzymſkiego ſpráwy Duch święty ktory wſzyſtko widźi/ przeyrzawſzy/ przez Błogosłáwionego Janá Ewánieliſtę/ do Cerkwie Wſchodniey mowi: *Przeto jeś záchowáłá słowá ćierpliwośći moiey, y ia ćię záchowam od godżiny pokuſzenia ktore ma przyść ná wſzyſtek świát, kuſić te ktorży mieſzkáią ná źiemi.* Apocal. 3.

Nie od inſzey záiſte ktorey pokuſy záchował Pan wſchodnią Cerkiew ſwoię/ y chowáć ią obiecuie/ tylko od tey ktora ná wſzyſtek świát przyść miáłá. Coż to tedy zá pokuſá? Tureckáli Pogáńſka? Nie tuſzę/ mowi álbowiem. *Oto ia dam z bożnice ſzatáńſkiey, te ktorży ſię mienią być Żydy, á nie ſą, ale kłamáią. Oto ia każę im, żeby modlę vczynili przed nogámi twoimi, y poznáią żem ia ćiebie umiłował. Przeto jeś záchowáłá słowá moie y nieprzáłáś ſię imienia mego.* Tu żadney o wſzego świátá pokuśie wzmiánki niemáſz. Ale rzekſzy/ Przeto iżeś záchowáłá słowá moie/ y nieprzáłáś ſię imienia mego/ przydáie/ oto káżę im przyść y pokłonić ſię przed nogámi twymi. Coż tedy/ izáli ſię tá obietnicá Páńſka nieſpełniłá? Rozumiem. Ale iákoż ſię mowią zwyćięzcy niewolnikom kłániáią? Tu rozum ábyś wiedział/ że to Duch święty nie o władzy świátá áni do świeckiey Policyey/ ále Duchowney y Cerkiewney mowi. *Anjołowi mowiąc Cerkwie Philádelſkiey nápiſz.* Dla czego chociá Turcy ze-

wnątrz:

wnętrz pánuie / wewnętrz sie iednák kłániáło / y nie
tylko uczynkiem / ále ániżowem gwałtu iey niecżyniło.
Abowiem iáko niegdy zá Chrześciáńskich Cesárzow pánowánia / Boskie przykazánia y świętych oycow vstáwy / wszystek wschod nieodmiennie záchowywał / ták y teraz / zá pánowánia teráznieyszych przeciwnikow Bożych / Cerkiew Constántynopolska / Alexándriyska / y Hierozolimska / mocno y krom nárusżenia od nie dzierży / y ich vżywa. Azali tedy nie iest z tąd iáwno / że sie Pogáńscy Tyránowie przed wschodniey Cerkwie nogámi kłániáią / ktorey nigdy zniewolić nie mogli / áni im tego Bog dopuśćił. Potym znowu mowi / Przeto żeś záchowáłá słowo ćierpliwośći moiey. To iest / Poniewaześ ty záchowáłá niepokaláno twą wiárę / ktoreś w mey ćierpliwośći nábyłá: y ia ćie w czás pokusy záchowam / ktora ma przyść ná wszytek świát. Tu o wszystkiego świátá pokuśie mowi / od ktorey ią záchowáć obiecuie. Ktoraż tedy tá iest / nie insza záiste iedno pokusá Papieska. Turczyn ábowiem w Asiyey tylko sámey / á nie indźiey władze swo rospośćiera. A papież wszystkiego świátá Pánem y rządźcą być śiebie miánuie: Papież sie Cesárzem nád Cesárzmi y Pánem nád Pány być powiáda: Papież niebieskich y ziemskich / y podźiemnych Rządźcą sie być miánuie: Papież o sobie że mu wszelka włádza ná niebie y ná źiemi iest dána / á że od morzá do morzá władnie / głosi. Od tey pokusy ktorą ná wszytek świát przyść miáłá / oblubienice swoie wschodnią Cerkiew Chrystus Pan záchował / y dopiero záchowywa. A przetoż dáleko pożyteczniejsza iest rzecz zewnętrz zniewoloney / á duchem swobodney pod Tu-

reckimi

reckimi Pány żyć / á niżli ćiáłem y duszą Rzymskiemu Papieżowi służyć / y to zniewolenie ćierpieć lekcey / ktorego nieszcżęsny koniec iuż nástepuie / á niżeli to / ktorego w ostátnie dni Chrystus Pan známienitym przyśćiem swoim zniszczy. Z tąd sie tedy pokázuie że pokusá Tureckiego Pánowánia nie ná wszytek świát weszłá: A Papieska wszystkiem ziemie okręgiem wichrzy / wszędźie iego pánowánie / wszędźie władza / wszędźie roskázowánie lecż nie powolí Bożey. Ale ibym o tym / co wszystkiemu świátu iest wiádomo / więcey słow przed tobą nie płodźił / do rozstrząsánia wyższey pomienionych odszczepieństw przystępuię / z ktorych snádnie będźiesz mogł obacżyć / że Wschodnia święta Cerkiew od Papieżá nigdy nie odstępowáłá / ále go od śiebie odrzućiłá / y zárowno iáko Ariuszá / Nestoriuszá / Eutichesá / Sabelliuszá / Mácedoniuszá / Honoriuszá / y insze niezbożne y przeklęte heretyki / ták y iego od społkowánia swego świętego odłącżyłá.

Napierwey sie mowi Schizmographus (ták odszczepieństw tych pisárzá názywam) Wschodnia Cerkiew od Rzymskiey zá czásow niezbożnego Ariuszá oderwáłá / O przewrotny Schizmographie / ktoś ćie pánem y niespráwiedliwym sędźią nád Cerkwią Chrystusową postánowił: Błogosłáwieni Oycowie Wschodniey y Zachodniey Cerkwie Pásterze / zárowno iáko iednemi vsty opowiádáiąc mowią. Ariusz niezbożny kácerz / Cerkwią Chrystusową zátrwożył / y tey roskoszny á złoty pokoy zámieszał. A ty mowisz / Wschodnia Cerkiew od Zachodniey odstąpiłá / ieśliż tedy podług słow Oycow Błogosłáwionych Cerkiew Chrystusową Ariusz turbował / Idźie zá tym / że Rzymska w

1. Odszczepieństwo calumnia.

ska w ten czás Chrystusowá Cerkwią nie byłá / co y fałszem iáwnym pachnie/ y iedność Cerkwie Chrystusowey znácznie targa. Jedna bowiem Cerkiew po wszystkim świecie rozszerzyłá / iedno ciáło Chrystá Páná głowy/ Wschod y Zachod/ Pólnocne y Południowe kráie zágárneło/ ktorego ciáłá/ gdy ieden członek boleie/ y inne członki toż zárowno cierpieć muszą. Jedna powszechna Apostolska w on czás Cerkiew(póki ieszcze w niey Rzymskiego Biskupá hárdość nie szumiáłá) prze iedność wiáry byłá. Ktora/ gdy ią Áriusz rostárgnąć pożądał/ iednostaynie sie onemu sprzeciwiłá/ y niezbożne iego bluźnierstwá odrzućiłá. A sámego od społeczności swey oddaliwszy/ przeklectwu wespół z náuką iego oddáłá. Rzeczesz inácz nie o powszechney Cerkwi/ ktora iedna we wszystkim świecie iest/ ále o pártikulárney iest mowá. O márna obłudo y niezbedna ślepoto/ ná cudzy w oku proszek ostrowidzowe (iáko mowią) oczy wytrzeszczasz/ á ná twego bielmá y bierzmo pomnieć niechcesz. Jeśli bowiem w ten czás kiedy przez Áriuszá Cerkiew Wschodnia záburzona byłá/ od Zachodniey odstąpiłá. Nierownali y iedi áká consequentia będzie/ że gdy Kościoł zachodni przez niezbożnego Nouatá był turbowány/ od Wschodniey odstąpił/ ktorego odszczepieństwo podług twego sądu dla uprzedzenia czásu pierwsze będzie. Ále to nie słuszna/ (*à particulari enim ad universale non valet Argumentum*) áby iedney persony występek wszystkiey Cerkwi przypisowány był/ y dla iednego człowieká grzechu wszystek lud Boży karánie miał ponosić. Gdyż nie iest owdzie przez Adámá ná wszystek ludzki narod wniesiony przestępstwá grzech. Ále

Chry-

Chrystusowe wszelkiego człowieká wybránie y wezwánie/ w ktorym y herezyie bywáć mieli/ áby sie przez nie wybráni/ y wierni Boży okázáli. Wzniecił niezbożny Áriusz Bogu przeciwną herezyią / ále ná tych miast przez Wschodnią Cerkiew był sztrofowány/ y gdy po sztrofowániu w przedsiewziętym swym kácerstwie trwał/ od społkowánia wiernych odłączony/ y w przeklectwo włożony był/ á Cerkiew Chrystusowá niepokalána zostáłá/ y Bogu mierzionych iego wymysłow náśládowáć niechciáłá/ ále áni chcieć kiedy pomyśliłá. Jáko tedy oná święta Apostolska Cerkiew przez przeklętego Judaszá odszczepstwo/ á potym przez Nikolaiá iednego z siedmi Dyákonow niegdy/ żadney zmázy áni iákowego w mocney wierze swoiey uszczerbku nie poniosłá / owszem będąc czysta y niepodeyrzána tych szátánowi oddáłá / á drugich ná ich mieysce wybrałá : Ták y tá Wschodnia nienágániona Cerkiew Chrystusowá/ wszystkie Herezyiárchy y odszczepniki swoie/ od siebie oddaliłá/ y Biskupstwo onych drugim powierzyłá. Wieleć w prawdzie heretykow o nie sie ocierálo/ wszákoż żaden w bluźnierstwie swym pobłażenia nie odniosł/ wiele zdrad chytrych od przewrotnych odszczepcow prześládowána byłá/ ále żadnemu sie osidlić niedáłá. Zá co wyborną y wierną od Oblubieńcá swego Jezu Chrystá Zbáwiciela iest názwána/ iáko tá ktora ná nieporuszonym Fundámencie/ ná ktorym sie raz dobrze ugruntowáłá/ zostawszy/ wiáry ś. y Ewánielskiego zwiástowánia cáłość dochowáłá. Do ktorey mowi / Otoście rychło/ trzymay co masz/ áby żaden korony twey nie wziął. Pátrzże kłamliwy ięzyku/ iáko słusznie od-

R szczepień-

szczepienstwá tytułem Wschodnia Cerkiew máżeß/
ktora nigdy do Rzymskiego Kościołá twego nie przy-
stepowáłá/ áni od niego kiedy odstopić mogłá. Ale
przez sámego Chrystusá Páná/ ná nim sámym węgielnym kámieniu fundowáná/ głosy wesołego zwiástowánia swego ná wßystek świát wypuściłá/ y ná
Ewánielsko wieczerzą wezwáłá. Ze wschodu ná zá-
chod/ á nie od Zachodu ná Wschod zániesiona iest

Pirwszosc Cerkwi wschodn.

Ewánieliey przepowiedź. Wschod napierwey Chrystá Páná poznał y umiłował/ á nie Zachod: Ná
Wschodzie pierwey Cerkiew Chrystusowá iest zbudo-
wána/ á nie ná Zachodzie: Wschod napierwey imieniem iego świętym tytułowáć sie począł/ á nie Zá-
chod. A przetoż pierwßo będąc czásem/ od Zachodniey
(ktora iescze nie byłá) wiáry przyimowáć nie mogłá.
Ale oná Rzymsko zwłásczá swoim/ w vczestnic-
stwo przyßłych dobr/ do siebie wezwáłá/ przyięłá ią/
y prze miłość Chrystusową do iedności ciáłá swego
przyłączyłá/ y spolnie z nią náprzećiw nieprzyiacioł
Bożych y Chrystusowych wáleczyłá/ obiedwie zá iedno wrázách niebespiecznych/ vstáwicznie z sobą orá-
mie stawáły/ społem Ariußá/ Nestoriußá/ Eutiche-
sá/ Sábelliußá/ Mácedoniußá/ Honoriußá/ Dio-
scorá/ y drugich Kácerzow zwyćiężyli/ y przeklectwu
oddáli. Ale iáko skoro Wschodniey Cerkwie dobrodzieystwá zniewáżáć/ y życzliwo iey chętliwe-
go w miłości przyięcia społecznością/ nie wiem iákim duchem pogárdzáć/ á pánowánie y władzę
nieográniczoną sobie przywłasczáć poczęłá stáwiąc hárdzie wyniosłe przećiwko niey rogi. Błogosłáwionych Oycow vstáwy chytrym vmysłem

powário-

powáriowáłá/ snać áby dobrodzieykę y Mátkę
swą przez nogę rzućiłá. Sztrofowána byłá z tego od Wschodniey Cerkwie/ nápominána y od
swoich Synodownie/ w czym gdy sie w rzkomo trochę
obaczyłá/ rozżarzony hárdośći swey płomień obłudą poniekąd przytłuszyłá/ á nie owßem zgáśiłá/ áby
tym snádniey znagłá wznieconego ogniá dymem
oczy rozumu dobrodzieycę swey záćmiwßy/ w sámo
władney władze swey niewolą pospołu z zásłády zá-

In 6. Concil. Cartagin.

wieść ią mogłá. Lecz głupiemu przedsięwzięćiu oney
Oycow błogosłáwionych powaznosć prętko zábiegłá/
ktorzy áby w swych gránicách trwáłá/ ieśli Chrystusá Páná nawyższey głowy członkiem y miánowáć sie
y być prágnie/ roskazáli/ oná iednák rozżarzonego w sobie hárdośći płomienia vgáśić nie mogąc/ ktorym
iuż y wysoko y szeroko páláłá/ á ile codzień mu bu-
tney máteriey dodáiąc/ w ták wielką nádętość przy-
szłá/ iż ogniá swego płomieniem Ewánielskiego wę-
gla świátłość pożrzeć/ á tym wßystek ziemie okrąg
zápalić y pod się podbić/ pilnie sie stáráłá. Lecz nie
mogąc/ iáko mowią/ Przećiw słońcá z motyką co począć. Ná przeklętą wzgárdę Ewánielskiey zbáwienney náuki sie vdáłá. A nie zwyćiężono niebieskiego
promienia świátłość we wschodnich kráiach być wi-
dząc/ Zachodnie strony y ktore iedno mogłá
ogniem przećiwnośći zápaliłá/ gdzie podług wolney
myśli swoiey/ iáko chce ták roskázuie/ co iey lubo/ to
mowić y czynić przymußa. Co widząc święta wschodnia Cerkiew/ iż prożno w nápomnieniu y sztrofowániu oney prácowáłá/ oświádczywßy sie Bogiem y lu-
dźmi/ od siebie ią/ iáko nieposłußną y krnąbrną/ odrzu-

X ij

ćiłá/

ćiłá. Izáli mogłá/pytam ćię/święta Chrystusowá O-
blubienicá chwały Páńskiey vyme ćierpieć? Mogłáli
ták sżká-ádę Chrystusowych mándatow zgwałcenie
dáley znośić? Przystáłoli iey Páná y Zbáwićielá swe-
go/ktory ią przenádroższą krwią swoią z wieczne° potę-
pienia wybáwił opuśćić? A nędznemu człowiekowi/
ktory władzę ie° sobie hárdźie przypisuie pod regimet
podlec, żadnym sposobem wierney oney Bożey służe-
bnice / áni ogień / áni miecz / ani śmierć / áni żywot áni wysokośći/áni głębokośći/áni teráźnieysze rze-
czy/áni przyszłe od miłośći Chrystusá Páná oblubien-
cá iey odłączyć nie mogli/niemogą y dopiero/áni kiedy mocbędą. Oná bowiem o vpodobánie y dogodzenie
ludzkie niestrwa: Ale Bogá chwali / iemu służy/ y
nim sie iedynym chlubi. Nie náludzkich vstáwách/
ále ná Bożych przykazániach polega. Nie Papieskich nowo zmyślonych Trádicyi/ále Chrystusowey y
ie° Zwolenników świętych náuki zbáwienney słucha.
Nieodsądza y teraz powierzonych sobie ludźi żywotá
wiecznego w świętokrádzstwie Krwie naświętszey
Zbáwićielá Jezusá. Chwały sáme° Bogu nieśmier-
telnemu przysłuszáiącey/ludźiom skáźitelnym nie dáie. Nie wyczyszcza po śmierći w nieczystym żywoćie
zmárłego onego/ Bogu ktoremu sie z młodośći swoiey w moc y obronę oddáłá/ nigdy sie nie sprzećiwi-
łá. Krotko mowiąc/ Swięta/ niepomázána/á ze
wszech miar czysta y niwczym nie podeyzrzána iest
przed Bogiem/ choć ią prawdy Bożey przećiwnicy
kárszych niektorych odszczepieństwem zárzucáiąc/zá-
émać (pro re vires) iednák po prożnicy váitnią. Coż
mi ná to iezyk przeráźliwy powie? Jáki/teyto mądrey

drey głowy rozumek ná to da respons: możeć co wy-
myślić y wynieść záiste/tylkoż one wszemu świátu
ogłoszono nieprawdę/ ktora sie pismu Bożemu vstáwicznie sprzećiwia. Otoż mász pierwszego Wschodniey Cerkwie od Zachodniey odstępstwá pomowisko.

Coż rzekę o Wtorym/ Trzećim/ y Czwartym? Nie inszego co záiste/ tylko to com y o pierwszym rze- | Odszczepieństwá 2.3.4. calumnia.
kłá. Abowiem iáko zá czásow przeklętego Ariuszá/
czysto y niepokaláno od tego bluźnierstwá świeta
Wschodnia Cerkiew śiebie záchowáłá/ ták też y zá
czásow niezbożnego Nestoriuszá/ Eutichesá/ Máce-
doniuszá/ ktorzy Kácerstwá wichrem Cerkiew Bożą
turbowáli/będąc czysta y niepodeyźrzána/korone zwyćięstwá nád nieprzyiaćioły Chrystusowemi otrzymá-
łá. Nie onolito wielebne Wschodniey Cerkwie Sy-
nów zebránie/ wespoł z Zachodniego Kośćiołá Leoná
Papieżá posłáńcámi/ Eutichesá/y Dioscorá zwyćię-
żyło/ Anátolius Cárogrodzki/ Máximus Antiocheń-
ski/ y Juvenális Hierosolimski/ Pásterze y Náuczyciele: Nie onli to chwały godny / wschodniey Cerkwie poczet / Nestoriuszá y iego mierźione bluźnierstwá pogrążił: Cyrillus on Błogosłáwiony Alexán-
dryski/ Juvenalis Hierosolimski/ Memnon Ephezki
Pásterze y Vczyćiele/ y inszych bez liczby. Czyli
Mácedoniusz nie zwyćiężony został? y bárzo zwyćiężony. Jáko bowiem pierwey Alexánder Konstántinopolski mąż y stárośćią y mądrośćią vczczony/y A-
lexánder Alexándryski / z Athánásiuszem onym
wielkim / Eustáchius Antiocheńskiey Cerkwie ozdo-
dobá. Mákáriusz Hierozolimski pospołu z błogosłáwionego Sylwestrá y Juliuszá P P. posłáńcámi/Ari-
uszá

ussá niezbożnego y Bogu przećiwnego iego Herezią zwy-
ćiężyli/ y przeklectwu oddáli. Ták y Timo-
theus Alexándriyski / Meletius Antiochenski /
Cyrillus Hierozolimski / Nectárius Constántinopolski z Grzegorzem onym Nyssenskim Biskupem/ z
zezwoleniem Blogosláwionego Dámásá Papieżá
bluźnierce Mácedoniussá/ zwyćiężyli/ y przeklectwu
oddáli. Izali tedy nie iáwna to iest niezbożność synu/
wschodnią Cerkiew/ ktora ták wiele náprzećiwnie przyiaćioł Bożych y prawdy iego prácowáłá/ sromotnym
odszczepienstwá tytułem hánbić? Izali nie káżdy stąd
iáwnie obáczyć może/ że temu Schismográphowi nie
o co tu idźie áby prawdę wystáwił/ ále áby swego Kośćiołá niepráwość vkáił. Prawdá kole ich w oczy/
iezyk iednák kłamliwy niechce z nią do zgody/ Historycy opowiádáią y świádczą/ że wschodnia Chrystusowá Cerkiew wszelkie kácerstwá zwyćiężyłá/ y
wszystkiemu świátu práwey wiáry wyznánie do v-
żywánia podáłá. A ow sam ieden z dźisieyszych
swoią kokolską ręką/ odszczepienicą ią názywa,
Bladá niewstydliwym ich oczom/ y kłamliwemu
iezykowi. Izali nie Wschodnia Cerkiew y Rzymskiey tęż práwey wiáry swey wyznánie podáłá. Izali nie przez tęż blogosláwionych Oycow symbo-
lá y zachod/ pierwey niż ie sromotnie zprophánowal/
swoie Heretiki zwyćiężał/ y Bogá bluźniące ich v-
stá zámykał? Od wschodu zachod wiárę przyiął/ y
tey wyznánie. Ze wschodu wszelką/ ktorąkolwiek przedtym porządną/ świętą y poważną ozdobę Cerkiewną
miał. Ze wschodu Hymnow/ y sprawnego porządku
Cerkiewnego wizerunkiem Rzymska Cerkiew byłá

przyoz-

przyozdobiona. A wżdam tych nieoszácowánych dobrodźieystw niewdźięczna będąc/ odszczepienstwá názwi-
skiem wschodnią Cerkiew/ łáskáwą y hoyną dobro-
dźieykę swoię szkáluie/ sámá hárdośći wichrem w niestátek zánieśiona/ y odstępstwá y bluźnierstwá hánbę
ná sobie nosząc/ stáłą w miłośći oblubienice syná Bo-
żego/ tąż swoią zmázą szkárádźi.

Ktore odszczepienstwo mowią/ stáło sie zá Grzegorzá I. Biskupá Rzymskiego dla tytułu/ *Powszechny*.
O tym co mam rzec nád to/ co sam tenże Grzegorz mowi/ że imie ono (á to nie o gołym nazwisku /
ále z ambicyą władze sámowładney złączonym rozumiey) iest nowe/ imie nieslychane/ ktore hárdośći schiśmie w Cerkiew Bożą wprowadza/ Imie niezbożne/
ktorym sie Antychrystusow poseł będźie titulował/
ktorego wszelki/ ktokolwiek (z pychy y hárdośći) w Cerkwi Bożey szuka/ niebieską Oyczyznę (według złotosłownego Theologá) tráći/ ná to zezwalam y ia/ tych
mężow zdánia y ią pieczętuię. Godźien záiste Ian
on Konstántinopolski był nápominánia/ áby w Cerkiew Chrystusowę pychy y hárdośći nie wnośił/ y áby
tyráńską ono sententią/ *Sic volo sic iubeo, Stet pro ratione
voluntas*, nie potrząsywał. Coż tedy miáłoli wagę stro-
fowánie ono bráterskie v Janá Cárogrodzkiego? Y
owszem. Przestrogá oná Grzegorzá Rzymskiego/
Izali pożytek iáki Bráciey vczyniłá? y wielki. Aczkolwiek y po dźiś dźień dźisieyszy Cárogrodzcy Pátry-
archowie nazwiskiem sie tym tytułuią/ ále władze/ y
prerogatiwy tego imienia iáko Cerkwie Chrystusowey iedność ćiáłá tárgáiącego / y głowę istnego
Chrystusá/ od Oblubienice iego oddaláiącego/ odrzu-

ćiłá

5. Odszczepienstwa calumnia.

citá y odrzuca. Jáko bowiem przed tym Rzymſcy Biſkupowie od niektorych názywáni bywáli powßech nemi Papieżámi/ ták y Conſtántinopolſkiemu dla rownośći powagi przełożeńſtwá / y wßyſtkich przywileiow nádánia y przyſądzenia powßechnego Pátryárchy tytuł/ był przypiſowány. Jednák on/ nie Bogu y Zakonowi iego/ á Canonom Oycow śś. przećiwnego w Cerkiew hárdźie wnośić ſie nieważył. Názywány był/ y názywá ſie Powßechnym Pátryárcho/ ále nie wkłada troiſtey Korony ná głowe ſwo ie/ áni odźieniem Purpuratnym pokorno ſwoie poſtáć zdobi/ áni ná ßárlatem okryte nogi ſwo ie krzyżá świętego známie (ná wzgárdę zbáwienney męki Syná Bożego) kłádźie/ Ani ie Kśiążętom/ Krolom y Ceſárzom cáłowáć każe. Ani liſty / álbo Bulámi ſwemi/ Niebu/ źiemi/ y podźiemnym grozi / áni też woyſká zwodźi/ bitw nie toczy/ Pomp y Triumphow nie ſtroi. Ale iáko wierny y prawdźiwy Chryſtá Páná Głowy członek/ Pokorny/ ćichy/ ſkromny/ vbogi ktory ſie y świátá y wßyſtkiego co ná nim wyrzekł/ ktory vmárł świátu/ á żyie tylko ſámemu Bogu/ ktory nie świecſkimi mieczem ßermuie/ ále ſámym Duchownym/ ſwey woley zábiega/ wßyſtek Duchowny/ wßyſtek Bogu oddány / wßyſtek ná náuce/ wßyſtek ná ſłowá Bożego przepowiedźi/ y ná ſpráwnym Cerkiewnego porządku dozorze/ Záwżdy miedzy cztermá pierwßy/ záwżdy káżdemu z pięći rowny/ záwżdy Biſkup/ Arcybiſkup/ Pátryárchá/ y powßechny Pátryárchá/ we wßyſtkim iednák tym (procz prerogatiwy Błogoſłáwieńſtw)iáko ieden z miedzy Kápłánow. Tákowego go znáiąc Błogoſłáwieni niektorzy

Patriár-chá Conſtátinopolski iáki.

Powßechnego Pátryarchy titul dlaczego Conſtantinopol. dány.

rzy Oycowie powßechnym miánowáli. Tákim go ználi y Papieżowie Rzymſcy/ y powßechnym názywáli. Z czego go ieden Papież gromi y ßtrofuie/ tym go drugi czći y tituluie. Obádwá iednák do iednego celu zmierzáią. Pierwßy/ áby pychy ßkodliwey w Cerkiew Bożą nie wprowádźił/ Drugi áby nie wprowádzono to być pokazał. Ale ponieważ tegoż czáſu ſkoro ſie Cárogrodzki Biſkup powßechnym Pátryárcho miánowáć/ Rzymſki Biſkup ſługo ſług Bożych názywáć pocżął: Weyzrzymyż tedy w ich tytułow prerogátiwy / á ſpráwiedliwie ſądźmy ſynu/ nie ná ſłowá gołe/ ále ná ſkutki ich/ pilne oko máiąc: gdyż iáko nie ſámo ſłowo Krol/ Krolá: áni nazwiſko Kápłan/ Kápłaná: ták áni powßechnego Pátryárchy tytuł/ ſámowładnego y oddźielnego nád inßymi pánowánia powßechnym Pátryárcho czyni. Conſtántinopolſki mowi: Ja ieſtem powßechny Pátryárchá/ A Rzymſki Ja ieſtem Sługá ſług Bożych. On powßechnym ſie miánuiąc/ żadney tytułu ſwego powáżnośći nie záżywa nád to/ że w Alexándryſkiey/ Antiocheńſkiey y Hierozolimſkiey Cerkwi/ Páſterſki páłcat y dwie pochodnie zápalone przed ſobą nośić roſkazawßy/ Ewánielſko przepowiedźią lud náuczáć ma władzą/ inßym tego/ lub iednemu komu w drugiego/ álbo wßyſtkim w Conſtántinopolſkiey Cerkwie Párochiey/ krom Páſterzá mieyſcá onego pozwolenia/ czynić nie wolno. A oprocz tego ták wielce wynioſłe y wźięte ono imię/ więtßey w porządnym Cerkwie Chryſtuſowey poſpolitowaniu prerogátiwy nie ma. Ten záś/ Rzymſki mowie/ ktory ſie ſługo ſług Bożych názywa/ pátrz iáko ſługom Bożym

Adrianus PP. Taraſium vniuerſal. Patriarcham vocat. Tomo Conci. 3. pag. 478.

Patryárchy Conſtantinopolskiego prerogatiwá.

Papieżá Rzymſkiego Sługi

O Cerkwi Wschodniey

slug Bożych pokorá.

żym sługi. Ja iestem mowi Slugá slug Bożych. Ale wszystkich onych slug Bożych Rządzcá/ Mistrz/ y Pásterz. Ja iestem slugá slug Bożych/ iednák Pan wszystkiego świátá/ ná ktorego roskazánie wszyscy ruszáć sie muszą. Ja iestem slugá slug Bożych/ iednák wszystkiego świátá/ nikiemu sądu nie podległy/ Sedzia. Ja iestem slugá slug Bożych/ iednák Kśiążę y Wodz/ Arcykápłanow Kośćielnych. Ja iestem slugá slug Bożych/ ále wszystkim slugom Bożym roskázuie/ y nikiemu roskázániu nie podlegam. Ja iestem slugá slug Bożych/ ále pánowánia mego władza/ nie iest ogránicżona. Ja iestem slugá slug Bożych/ ále w ręku swoich wszelkiego przełożeństwá Duchownego y świeckiego dostoieństwá trzymam. Ja iestem slugá slug Bożych/ ále wszystkim onym slugom Bożym nogi moie cáłowáć roskázuie. Ja iestem slugá slug Bożych/ ále nieográniczona władza moia/ wszystkie onych slug Bożych Trádicie y vstáwy łamie/ y według woli moiey iedne odrzucam/ á drugie odmieniam. Ja iestem slugá slug Bożych/ iednák sam ieden nád wolą wszystkich slug Bożych/ co chce to stánowie. Ja iestem slugá slug Bożych/ iednák wszyscy słudzy Boży/ mnie ták sámemu Jezusowi posłuszni być máią. Ja iestem slugá slug Bożych/ ále władza moiá od morzá áż do morzá nád slugámi Bożemi. Ja iestem slugá slug Bożych/ ále moie nád slugámi Bożemi Boskie y człowiecze/ iáko Chrystusowe iest pánowánie. Ja iestem slugá slug Bożych/ ále mi wszyscy narodowie y pokolenia służą. Te y tym podobne tytułu onego/ slugá slug Bożych dostoieństwá są/ ktoremi sie Papież/ iáko

Bog

Krzyżowi podległey. 50

Bog wynosi/ o ktorym słusznie y prawdziwie ktoś nápisał: Papa in verbis dicit se seruum seruorum, de facto tamen se adorari permittit. To iest/ *Papież mowiąc sługą sie slug Bożych názywa, á sámą rzeczą służyć sobie roskázuie.* Słuchayże pilno synu á vważay/ przy ktorey stronie y owego płatego odszczepieństwá przyczyna zostáie. Constántinopolski ábowiem z ográniczeniem Powszechnym sie názywa/ á żadnym sposobem dla titulu tego/ áni zwierzchności władze/ áni dostoieństwá vrzędu nád insze trzy społ Biskupy swoie sobie nie przywłaszcza. Ale rowney władze w Cerkiewnym rządzie z inszymi będąc/ dla wyż miánowáney przyczyny/ y dla stołecznego miástá Cesárskiego powagi/ iáko inszemi dostoieństwy/ ták y titulu tego praeminentia/ nie dla przypisowánia sobie sámowładney nád wszystkiemi zwierzchności/ áni w rozerwánie Cerkiewney iedności/ był przyozdobiony/ ále w pokazánie Duchowney władze Cerkwie oney/ ktorey pásterze Cesárzom Chrześćiáńskim oycámi duchownymi byli. Rzymski Slugá slug Bożych z nieográniczoną władzą powszechnym sie názywa/ ktora kogo chce milnie y żywi/ á kogo nienawidzi gubi. Przypátrz że sie synu tey ták fortelney ambitiy/ ktora pod płaszczem pokory/ hárdość nie znośną w Cerkiew Chrystusową wniosłá. Jeśli bowiem Pan wszystkich/ iákoż slugá? Jeśli włayca wszystkiego świátá/ iákoż slugá? Jeśli wszystkiego świátá sprawcá/ iákoż slugá? Jeśli wszystkiego okręgu ziemie sedzia/ y wszystkim roskázuie/ iákoż slugá? Wszyscy záprawdę Kśiążętá y Krolowie ták z tym poddánym służą: Nie zwycżáyny záiste ten slugá/ z niesłycháney

Ioan. Fabr. praefat. in Aluus.

Z ij

cháney

chaney Dialektiki/ nietrefno te correlacio wyczerpnoł. Ale co ná ten czás odpowiedzą/ gdy im rzeczono będzie/ *Fallacia infernalis non capitur nisi inferno.* oni vyrzą. O wykrętny rozumie/ iáko rozmáitemi sposoby niezwyciężoną świátłość/ mrokiem obłudy záćmić vsiłuieſz/ á widam światłość/ iest y będzie światłością. Jáko bowiem ty wiele sztuk y chytrości do oszukiwánia wynayduieſz/ ták wiele Cerkiew Boża ma Ewánieliskiey mądrości ku przestrodze.

Szostego Odszczepienstwá calumnia. Concil. 6. in Trullo Cano-1.

Szoste odstępstwo/ zá czásow Monothelitow pokładáią. Tu iáwna potwárz/ ktorey Honoriuſz Rzymski Papież Herezyey oney obrońcá/ pewny świádek. Jesli bowiem dla Biskupow niektorych tą Herezią zárázonych/ odszczepieństwá hánbe/ Cerkiew Chrystusowá Wschodnia/ ná sobie ponośi/ bez pochyby przez Honoriuſzá Rzymskiego Papieżá tey Herezyey Authorá/ y oná odszczepieństwa hánbá/ ná Rzymskim Kośćiele zostánie. Záczym álbo obiedwie/ Wschodnia mowie y Zachodnia Cerkwie/ szostego tego odszczepieństwá hánbe ná sobie poniosą/ álbo ni iedna.

7. y 8. odszczepieństwá potwarz o dzie y o Obrázech będzie,

Coż ieszcze ná Siodme y Osme/ ktore mowią zá czásow Iconomáchow sie stáło powiem: nic inszego/ iedno rádzęć sie przypátrzyć pilno/ á sprawiedliwie sądzić/ ieżeli słusznie y ná tym mieyscu świeta Wschodnia Cerkiew/ odszczepieństwá tytułem bywa szkálowána/ ktora ile siły miáłá/ tyle sie bezrozumnym obrázoborcom zástáwiáłá/ y przewodźiłá ná nich to/ co y przewrotnemu temu calumniatorowi w odpor podáie. To zrozumiawszy chćieyże z pilnośćią y w Cżeść/ ktora z oboiey strony obrázom czyniona by-

wá/ weyzrzeć. A to odszczepieństwo tey rácżey przypisáć/ ktora z zámierzonych gránic wyskoczyłá. Mowi bowiem świeta Wschodnia Cerkiew kłániam sie obrázom/ nie drzewu áni fárbom/ ále temu ktorego tá Figurá znáczy. Abowiem czcżenie obrázu εἰς τὸ πρωτότυπον μεταβαίνει to iest/ ná pierwszą Figure y naistote tego przechodźi. A Rzymska mowi/ Kłániam sie obrázom y one czcze/ nie zewnętrznym tylko pokłonem y czcżeniem/ ále cultu λατρείας to iest/ tym pokłonem/ y tą cżćią/ ktorą Chrystá Páná czcze/ y ktorą sie sámemu Bogu kłániam. o czym zacny tey Doctor Thomas de Aquino świádczy/ ktory iáwnie tego náucza/ iż sie *Obrázowi mamy kłániáć pokłonem* λατρείας *iáko sámemu Pánu Chrystusowi.* Temu swe zdánie podpisuie y drugi Rzymski Doctor *Bonauentura*, mowiąc w te słowá. *Obrázu Christusowemu, cultus latriae, ma być oddawány.* A nie máiąc ieszcze ná tym Rzymski Kośćioł dosyć/ że *cultu latriae* obrázom sie kłániáć roskázuie/ moc im grzechow odpuszczánia przypisuie: Abowiem Sixtus cżwárty PP. modlitwe nieiákąś złożywszy/ przed Obrázem Pánny Máriey w słońcu málowáney z odpustámi ná lat iedenaśćie tyśięcy/ mowić przykazał. Rownie y Alexánder szosty PP. drugą tey podobną/ w Roku 1494. nápisawszy ku vżywániu ludzkiemu podáł/ obiecuiąc y zápewne to twierdząc. *Iż gdy ią kto trzykroć przed obrázem świetey Anny, y pánny Máryey, y iey pierworodnego syná będźie czytał, ná dźieśięć tyśięcy lat śmiertelnych grzechow, á ná dwádźieśćiá tyśięcy lat venialium peccatorum odpustu dostąpie.* Lecz moi prawdźiwi y wierni

synowie

synowie / tákowych náoſzukánie ludzkie figmentow niewynáyduiąc / ále ſie we wſzyſtkim z Canonnym w tey mierze ſiodmego Generalnego Synodu poſtánowieniem zgadzáiąc / klániáią ſie / ále przyſtoynie y pobożnie obrázom: ćieleſnemi oczymá ná nie pátrząc á ſ.rdecznemi tego / czyy ieſt obraz vważáiąc. cáluiąc / prze miłość tego co ſie przez nie znáczy / tym vmyſłem ktorym Błogosłáwiony on Jákob Pátryárchá Syná ſwego miłego Jozephá / okrwáwioną ſukienkę cáłowáł. Czcząc ie ták y veneruią / iáko niegdy nábożni ſtárego Zakonu ludźie / ſkrzynię przymierza cześćili / nie drzewo wielbiąc ánI fárby / ále tego ſámego / ná ktorego to cześć y chwałe vczyniono było. Otoż máſz Siodme y Oſme przez tego Schiſmográphá zmyślone odſzczepieńſtwo.

Rozdział V.

W ktorym ſie zámyka Tráktát o pochodzeniu Duchá świętego.

Przekłádam tobie ſynu Dzieśiąte / ktore ſie zá czáſow Pátryárchy Cárogrodzkiego Phocyuſá dla przydátku w Symbolum Niceńſkim Duchá świętego pochodzenia y od Syná (iáko oni mowią) ſtáło / ná ktore zdrowe° rozſądku y pilnego vważenia twego potrzebá / zwłaſzczá że ſie tá ná wierne y prawdziwe ſyny moie przymowká od rozznych

znych Religiy y Opiniy / Sectarzow po wſzytkim práwie świećie noſi / ktorzy to práwowierne ich wyznánie / raz błedem / drugdy Schyzmą / á podczás kácerſtwem z proſtoty y vporu wynikłym miánuią. W tym ſie ábowiem zbáwienia náſzego początek funduie / żechmy w Troycy iedynego Bogá doſkonále poználi / y ná tym fundámenćie wiárá náſzá záłożona / nienáruſzona wiecznie trwáć będźie / kiedy y teráznieyſzemu wykretnemu wiekowi / o práwdziwym wyznániu náſzym wiedźieć dámy / y że trzech perſon iedność y iedney iſtności troyce z ich własnośćiámi / nie ináczey iedno iáko świeta Apoſtolſka Cerkiew vczy / Błogosłáwieni Apoſtolſcy náśládowcy Wſchodniey y Zachodniey Cerkwie Páſterze y Náuczyćiele vchwalili y poſtánowili wyznawamy. O ktorym fundámenćie álbo li práwidle / áczkolwiek niektorzy z ſynow moich dość iuż ſzeroko piſáli / iednák y ia / chcąc zbáwienne one prawdę / iáwnie y znácznie wſzyſtkiemu świátu okázáć / krotko otym ále prawdźiwo / y ták doſtáteczna ile słáby rozum człowieczy zobiáwienia Páńſkiego poiąć może / z ſzczerego piſmá Bożego / zebráno powieść przekłádam / wczym ábyś y ćiebie ktory ſłuchaſz / y mnie ktorać otym práwie / Duch świety o ktorym nám rozmowa cáłym Ewánielſkiey mądrośći rozumem nádchnoł / proſze.

Naprzod tedy wiedźieć otym potrzebá / iż tá nie wymowna y niedoścignioná Páńſkiey táiemnice głebokość nádder bádáiącym ſie ieſt niebeſpieczna / iáko tá ktora duſze z ćiáłem poſpołu zálewa. Ani bowiem Oycowſtwo / ni Synowſtwo / áni inſzego co tákowego w Bodze zrozumiano być może: ni niedościgłonego

Przeſtrogá y ná[illegible]pomnienie.

O pochodzeniu Duchá ś.

ścignionego Boſtwá iednosc chwálebna / áni nieo-
gárnionych perſon Troycá przenaświetſza od ludzi
doſkonále poznáne być mogą / dla czego Bogiem nátchnieni dawni oni Theologowie / niepoięta y nie-
zmierna te táiemnice / milczeniem wielbić náuczáia.
Gdyż táiemnicy tey wielkość / niezmierne niezmier-
nych porownánie / y niedościgniona niedoścignionych
roznosc / wſzelki rozum człowieczy przewyżſza. Iż
bowiem Bog ieſt bez pocżątku y bez końcá, y cokolwiek o nim mowiemy, Piſmo ś. tego nas náucza. mowi Błogosłáwiony
Dámáſcenus / Ale co ieſt Iſtność Boska y iákowym ſpoſobem
wſzedzie ieſt, álbo iáko ſie Bog z Bogá vrodził, álbo pochodzi, y nie
wiemy, y mowić o tym nie możemy. Rownie o tym y Dyony-
ſius z Areopágu piſze. Boſtwá ieſt zrzodło Oćiec, á Syn y
Duch Boskiego rodzáiu Bogiem ſczepione roſczki, y świátłość iſá,
z piſmá tego dochodzimy, á iákowym ſpoſobem, áni mowić, áni pomyślić rzecz można. Ponieważ ſpolne ieſt Oycu y Synowi, y
świetemu Duchowi być, y iedno Boſtwo mieć. Oycowi ſámemu
przez ſie bedącemu, á Synowi y Duchowi ś. od Oycá bytność
ſwey pocżątek máiącym. Własność tedy Oycowska, że ieſt nierodzony, Synowska rodzenie, á Duchá ś. pochodzenie. A ieśli ſpoſobu ſzukaſz, mowi on Theolog wielki / Nie náydzieſz.
Powiedz ty mnie o Oycowskim nierodzeniu, á iać o Synowskim
rodzeniu, y Duchá ś. pochodzeniu powiem. A ták obádwá w
Boskich táiemnicách ſpyráiąc, rozumu pozbedziem. Słyſzyſz,
mowi, Rodzenie, ále iáko ſie Syn rodził nie baday ſie. Słyſzyſz
pochodzenie, Lecz iáko Duch ś. pochodzi, nie wiele pytay, gdyżby to
niewielkie rodzenie było, ieśliby go człowiek rozumem poiąć mogł,
ktory y o ſwoim nie wie. A iáko nie ogárnionego Bogá, ták y
przedwiecznego Syná iego rodzenia, człowiek śmiertelny myślą
doścignąć nie może. Wielkie ono wſchodniego niebá
ſłońce

Damaſce. lib. 1. Orthodo. fidei cap. 2.

Dionyſius de Diuinis nominib.

Gregori. Nanzian. oratione de Spiritu ſancto.

O pochodzeniu Duchá ś. 93

ſłońce Báſiliuſz święty / temu podobne rzeczy przywodząc náucza / Chryſtuſowe mowiąc przedwieczne Boskie národzenie milczeniem venerowáne niech będzie, áni rozumem náſzym tego dochodźmy, áni ſie o tym długo pytaymy. Abowiem
gdźie áni czás srzodkuie, áni ſpoſob wynáleziony być może, áni ſie
ten ktoryby o tym ſpráwe dał, náyduie: iákoż o tym rozum ludzki
imaginowáć, álbo iezyk myślam służyć będzie. Oćiec był, á Syn
ſie národził, nie mow kiedy, ále puść mimo ſie tákie pytanie, nie
mow iáko? Odpowiedź trudna, ſpoſob uſty ludzkimi niewymowny.
A zbytnie o tym bádánie niezbożną nierozſądnych
śmiáłośćią Błogosłáwiony Athánáſiuſz názywa.
Boſtwo bowiem nie słownym pokazániem / ále wiárą
y bogomyślnośćią chwalone być ma. Ponieważ człowiekowi o niedoścignionych doſtátecznie powiedzieć
rzecz niepodobna / áni też nowego co / dla pokazánia
tey ták wielkiey rzeczy nád piſmo Boże wymyślác
beſpieczna / gdyż w rzeczách tákowych y ten ktory pyta /
y ten ktory odpowiáda / zá głupie rozumiáne bywáią.
Przymowie / chce áby wiedział ſynu / iáko nieprze-
byta ieſt tey táiemnice głebokość / y iáko nieprzyſtepna
świátłość / ná ktorą wſzelki wyſokomyślnemi tego wieku oczymá pátrząiący wzrok trácić muśi.
Wiárá tu pierwſzość mieyſcá podáda / á niepytánie.
Wiárá mowie / ktora w ſercu fundámentá ſwoie zá-
kłádáć zwykłá / ktora wſzelkim narodom podług przykazánia Páńſkiego przez Zwolenniki iego święte ieſt
opowiádána / ktora nie od ludzi áni przez ludzie / ále
ſámym Zbáwićielem náſzym Jezu Chryſtem ieſt podána. Dla czego y ia (poważne owe przeſtrogi ná
pámięci máiąc) nie nowo zmyślone co / w pokazánie
y obiáśnienie prawowiernego o Bogu wyznania to-
A a bie ſynu

Baſyl. in natiu. Chriſti Hom. 53.

Athanaſ. queſt. 1. ad Antiochen.

bez symu, przekładani/ ale Błogosławionych Apostołow Chrystusowych / y ich świętobliwych Successorow Wschodniey zárowno y Zachodniey Cerkwie Doktorow, zdánia y náukę od Chrystá Páná przyięta/ ktory iedney istnośći z Oycem będąc/ o nim y o sobie/ y o świętym á żywot dáiącym Duchu opowiedział y náuczył.

Dwá tedy zbáwienia ludzkiego są pocżątki/ Bog/ y Bozkie iego obiáwienie / przez ktore siebie narodowi ludzkiemu okazał y obiáwił.

Quid sit Deus.

Ten Bog iest Duch bez pocżątku y bez końcá niedościgniony y nie ogárniony / nie poięty/ y niezmierny/ w ktorym dwie rzecży wiádomośći cżłowieczey (ile sie mu przez tegoż Duchá s. dá wiedzieć) należą / *Essentia & proprietates.* to iest/ Istność y właśnośći / ktore wyborniey-ßym nieiákimś rozdzielenia sposobem/ nád stworzenie rozdzielane bywáią / poniewasz wßystko cokolwiek iest w Bogu/ Bog iest / ktory nic z przywłaßczenia nie ma/ ále wßystko z przyrodzenia.

Quid sit Essentia Divina? *Damasc. lib. 1. Ortho. fid. cap. 12.*

Essentia tedy/ to iest Istność oná Boska doskonále wzięta/ iest niedościgniona y niepoięta/ spráwy cżysta y iednostáyna / ktoro Bog krom wßelkiey mocy przysposobienia/ y krom wßelkiego zła[...]enia/ iest Bogiem/ z ktorego wßystkie rzecży pochodzą/ y do niego sie wracáią/ według Apostołá Páwłá/ ktory mowi / w Bogu wßystkie rzecży polegáią y rußáią sie. Tá Istność doskonáła y sámá w sobie zupełna/ iedyna iest w doskonáłey iedności liczbie/ y iedná

w nie

w nieucżestney liczbie iedności/ sławna/ chwalebna/ wßechmocna/ y wßystkich rzecży stworzyciel.

Modus existentiae.

Tey przydány bywa *Modus existentiae.* sposob Istności/ ktory nie inßego co iest/ tylko *Relatio* do istności Bożey przystępuiąca / ktora sie *Hypostasis*, álbo Persona mianuie. Jest abowiem w Bogu nieco / co záprawdę nie iest od Bogá rzecżą rożną/ y co nie iest drugim álbo inßym Bogiem. A iednák sámo to istnością Boską nie iest / ále tey istności iáko święty Justinus Męczennik mowi sposobem / ktory sie od niey/ iáko *proprium à communi*, to iest/ właśnie od pospolitego/ *non realiter*, nie rzecżą/ ále słowem/ álbo *formaliter*, rożni. Poniewasz iest coś w Bogu/ według pospolitego zdánia Theologow/ áni rodzącego/ áni rodzącego sie / áni pochodzącego. Jest też w nim y to wßystko. A te bytnośći/ álbo istności sposoby/ pospolicie *Hypostases*, álbo Personámi názywáne bywáią/ ktore w iedney niedoścignioney nawyżßey Boskiey istności/ są trzy/ Oćiec/ Syn/ y Duch święty.

Nazian. orat. de Spiritu S. Damasc. lib. 1. orat. F. cap. 2. & cap. 11.

Quid sit Hypostasis

Jest tedy *Hypostasis* według błogosławionego Dámáscená w Troycy świętey/ ἄναρχος τρόπος τῆς ἀϊδίου ὑπάρξεως. to iest/ pocżątku nie máiący sposob wiekuistey bytności/ ktorym oná bytność álbo istność Boska w káżdey z tych trzech przemießkawa. A fundámentem z ktorego te bytnośći sposoby pochodzą/ iest sámá oná Boża istność/ álbo iestestwo / do ktorey sámey podług názwánzenia od niey pochodzące

 persony

Definitio personę seu Hypostase.os.

personi/ chociay y trzy są / *Relationem* albo odezwánie swoie máią. Ktorey to káżdey z nich *Hypostasi* álboli Personie/ iáko pismo Boże definicio czyni. Persona est Substantia Diuinitatis indiuidua, intelligens, incommunicabilis, per se subsistens à cæteris eiusdem naturæ Hypostasibus numero, & Characteristica seu peculiari proprietate discreta. To iest/ *Personá iest istność Boska nie rozdźielna, rozumna, nie rozdźielna, sámá przez się stoiąca, od inszych tegoż przyrodzenia Person liczbą, y Characterystiká, albo osobliwą własnością oddźielona.*

Hypostasis Patris. Athanas. in fidei exposi. & Damasc. lib. 1. cap. 10. Idem lib. 1. Orthod. fidei ca. 9

Pierwszy tedy bytności sposob. Pierwsza mowię Boskich Person *Hypostasis* / od siebie sámey / To iest / procz wszelkiego pocżątku y *Causy*, y podług istności/ y podług sposobu bytności będocá mens super substantialis, To iest / *rozumem nád istotnym*, Spiritus semper existens, To iest / *Duchem záwżdy bytnym.* Oycem y Productorem náżywa się.

Hypostasis Filij.

Ktory przed wieki sposobem iemu sámemu wiádomym / rodźił w sobie sámym doskonáły obraz swoy/ druga Boskiey liczby (*Character Patris, Filius & verbum Dei,*) Obrázem synem y słowem Bożym mianuiące się persone / ktory rodźiło álbo odezwániem się do pierwszego obrázu Oycá / dwie bytności persony wiecżney Boskiey istności pokázuią się/ Oćiec y Syn.

Hypostasis Spiritus S. Idem, ibidem.

Zárowno też przed wieki/ y niewymownym sposobem á nieporytym tenże Oćiec y *Productor* przyrodzoną istności swey spráwą/ doskonáły obraz

swoy

swoy w sobie sámym záczęty, non mediante personarum actione, *nie sprzyiáiące Person sprawą*, áni przyrodzeniu przećiwnym porządkiem / ále *proximo*, naybliższym / & *secundo*, y drugim / iáko y syná. Drugi według porządku obraz swoy / á według liczby trzećią Personę / doskonáły / doskonáłey swoiey y Synowskiey istności obraz / Duchem świętym názwány / wywiodł y wypuśćił / ktorego *relatione ad productorem*, Trzećia personá w teyże y iedney Boskiey istności okázuie się / y doskonáła *person* Troycá w iedney istności poznáwána bywa. Oćiec mowię y Syn y Duch święty Bog/ rowney chwały / iedney istności y iedney mocy.

Damasc. lib. 1. cap. 10.

Cur vocetur Spiritus?

A Duchem się miánuie nie iżby ku tchnącemu *Relatio* miał/ poniewáż y on z Oycem y Synem zárowno gdźie chce tchnie / ále záwżdy bytney bytności swey/ w doskonáłość bezimienney Boskiey istności / w ktorey bycia swego fundáment ma / to *Persondo* imie przyimuie. Bogiem bedąc y Boskie *productum*, tchnąć podług swey woli gdźiekolwiek chce/ Duchem bedąc / y Ducha máiąc od swego imienia *Productura*, z *personalnego* swego imienia / dáiąc mu iáko y synowi po polite nazwisko. Bog ábowiem Oćiec y Bog Syn / od imienia Duchá świętego Duchem są názwáni/ według Bázylego wielkiego/ ktory dla istnostnego ziednoczenia / w ocżeście niewywiesion bywa poznawány. A sam on Duch/ poniewáż od Oycá nie przez vrodzenie/ ále przez pochodzenie wyszedł. Jákowym

Basilius lib. 3. contra Apologet. Eunomij.

sposobem

ſpoſobem nie pytay/ ale wierz/ á inżeś poznał/ nie wypowiedziány bowiem tego pochodzenia/ iáko y Synowſkiego rodzenia ieſt ſpoſob. A ieżeli przykłádu álbo podobieńſtwá iákiego o tym żądaſz/ wiedz/ że przykłádow y podobieńſtw podawánie/ y w początnych/ nie tylko w Boſkich ſpráwách/ nie záwſze przyſtoynie przykłádne bywa. Jáko bowiem Boſtwo/ wſzyſtkie inſze rzeczy przewyzſze/ ták áni mowić onim álbo pomyślić ſie co może. Ná coć z Nánziánzenem odpowiádáiąc ták mowie. Day mi drugiego Bogá ieſteſtwo Boże/ á damci podobieńſtwo/ tez własne Troyce/ z temiż imiony y rzeczámi. A ponieważ ieden Bog/ iedno wyżſnie ieſteſtwo/ z kąd ci mam podobieńſtwá ſzuká być? Czyli ná ziemi y od siebie ſzukáć? *iest to rzecz marna*, y trudno z przymierzenia niſkich ziemnych rzeczy ſpraw Páńſkim podobieńſtwo dáć/ y nie poruſzonym od ſkáżitelnego przyrodzenia bráć przykłády/ coby własnie według poſpolitey mowy żywych rzeczy miedzy vmárłymi ſzukáć było. O Bogu bowiem/ mowi Dámáſcenus świety/ co ieſt według iſtnośći rzecz nie można powiedzieć/ á przeto y práwiąc onim/ nie co ieſt/ ále co nie ieſt opowiádamy/ y temi go słowy opiſuiemy y do poznánia podáiemy/ ktore nie iſtnosć iego do poięcia rozumowi náſzemu dáią/ ále to co o iſtnośći. R indziey. Iż bowiem rozne rzeczy ſą rodzenie y pochodzenie/ tegośmy doſzli/ ále iákim ſpoſobem tá roznosć bywá/ żadno miáro. Oczym *curiose* pytáć ieſt rzecz bárzo głupia/ gdyż żadnego reſ-

Gregor. Nazi. orat. de Spiritu ſancto.

Damaſc. lib. 1. Ortho. fid. cap. 12.

go reſponſu nie ma. Jeſt bowiem w iedynym Boſtwie nieiákie mnoſtwo/ á mnoſtwo nie iſtnośći/ áni *accidentium*, ále Perſon/ y tych nie bez liczby/ ále tylko trzech/ ktore ſie perſonálnymi własnośćiámi rozdzieláią/ á ſpolnemi iednoczą. Wiec ieśli ſie ieſzcze ták vśilnie o podobieńſtwo ſtáraſz/ ábyś tym snádniey niepoięto ſpráwe podług śił rozumu twego poiął/ nie *de qualitate* owſzeki ſpoſobow bytnośći/ o ktorey człowiek nic mowić nie może/ Ale o tym iż ieſt/ á nieiáko ieſt/ iednosć mnoſtwem/ á mnoſtwo iednośćią. Przekłádamći Zrzodło/ Rzekę/ y Wode. Błogosłáw. onych pierwſzego Synodu Oycow podobieńſtwo/ w poznánie niedośćignioney tey táiemnicy Philoſophowi podáne. Dáie y drugie iáśnieyſze przez tegoż wieku Pobożne ludzi wynálezione. Jednák cie w tym oſtrzegam/ ábyś w tákowych rzeczach przykłády y podobieńſtwá/ nie ze wſzech miar przyimowáł/ ále to tylko ſámo/ dla czego ſą wynálezione/ wyiąwſzy oſtátek opuſzczał. Niechże będzie podobieńſtwem Duſzá. Duſzá bowiem człowiecza/ y iedná ieſt w káżdym człowieku y mnoga/ iedná względem iſtnośći/ á mnoga względem śił iſtnoſtnie z ſobą ſie rożniących. Aláká *inter vegetatiuam & ſenſitiuam & rationalem animam*, roznosć ieſt/ kto nie wie? Ponieważ żadna z tych śił o drugiey/ á Duſzá o káżdey z nich *prædicatur*, Tym ſpoſobem y iedná ieſt iſtnosć Boſtwá/ á iedney tey iſtnośći trzy ſą perſony/ z ktorych iedná o drugiey/ á o káżdey iſtnośći to słowo *Bog prædicatur*, gdyż O-

ciec

Damaſ. lib. 1. Ortho. fid. cap. 11.

Prima ſimilitudo vnitatis in Trinitate, & Trinitatis in vnitate.

2. Similitu.

ćiec ieſt Bog/ Syn ieſt Bog/ Duch ś. ieſt Bog:
iednák áni Ociec ieſt Synem/ álbo Duchem ś.
áni Syn Oycem/ álbo Duchem ś. Tákże y Duch
ś. nie ieſt Oycem/ áni Synem. Ale iáko Duſzá
ieſt w iey trzy śiły/ y trzy śiły ſo duſzá: ták ieden Bog ieſt trzy Perſony/ y trzy Perſony iedeń
Bog. A to podobieńſtwo naiáśnieyſze y naprzy-
ſtoynieyſze Błogoſłáwieni Oycowie być vká-
zuio/ przez ktore pocżośći nieiákiey iedność w
Troycy/ á Troycá w iednośći pokazána być mo
że. Iednák y w tym wielkie ieſt niepodobieńſtwo.
Ani bowiem ná niebie/ áni ná ziemi/ co tákowego ieſt/ coby niedośćignionego Bogá ieſteſtwo
wyrázić mogło. A przetoż ná tym co ſie w piśmie ś. náyduie/ doſyć máioc/ niezbyt ſie o nie-
ogránionych bádaymy/ wiedzoc że *Scrutator Maieſtatis opprimetur à gloria.*

Te tedy trzy Boſkiey *eſſentiey* bytnośći
ſpoſoby/ Oycá/ y Syná/ y Duchá świętego/
iedney y teyże iſtnośći z przerzeczonych okaza-
wſzy/ zbywá ábym y to z piſmá Bożego powie-
dźiáłá/ Iáko ſie iſtność Boſka ma ku Perſonam
y iáko trzem im ieſt poſpolita/ y iáko ſie perſoná
od perſony dźieli. Ieſt tedy Boſka iſtność Per-
ſonom poſpolita/ nie iáko rzecz rzeczy/ ále iáko
rzecz ſwemu ſpoſobowi/ ktory ieſt w rzeczy. A
dla ſnádnieyſzego poiećia/ świátłość słoneczna
táż y iedná poſpolitá ſwoim/ ktore przyimuie
ſtopniom/ to ieſt ná Wſchodźie ráno mniey świe
coca/ á w Południe iáśnieyſza. Iednák ſtop-
nie te/ áczkolwiek y teyże świátłośći ſpoſoby ſo/
nie ſo ſámo ono świátłośćio/ ále rozniá od niey/
nie iáko

nie iáko rzecz od rzeczy/ ále iáko ſpoſob rzeczy/ od
ſámey rzeczy/ poſpolita ſpoł bytnośći ſwoiey
rzecz/ świátłość máioc. Ták poſpolitey perſon iſtnośći bedocey/ nie inſzym rozdźieleniem y
perſony/ od iſtnośći ſie dźielo/ iedno tym ktorzy dźie
li ſpoſob rzeczy/ od ſámey rzeczy ktorey ieſt ſpoſob. A dźielo ſie nie myślo tylko/ ábo dźieleniem
rozumu: ále y procz rozumu/ y krom wſzelkiey
myśli: áni też dźieleniem rzeczewiſtym/ ále *formaliter* álbo dźieleniem ſpoſobu/ ktore ieſt miedzy iſtnośćio/ y miedzy porzodkiem álbo ſpoſobem iſtnośći. Poniewaz co ſie myślo dźieli/
bez myśli rozdźielne nie ieſt/ á co ſie *realiter* álbo
rzeczewiśćie dźieli/ iáko rzecz od rzeczy odłocza
ſie: Lecz iſtność Boſka od *perſon*/ y procz myśli
ieſt rozdźielná/ áni też od nich rzeczewiśćie ſie
odłocza: Ale iákom rzekłá/ dźieleniem ſie ſpoſobu dźieli/ á nie rozłocza ſie.

A perſoná od Perſony dźieli ſie/ iáko ſpoſob
iſtnośći od ſpoſobu iſtnośći/ á nie iáko ſpoſob iſtno
śći od ſámey iſtnośći/ to ieſt *realiter* á nie *formaliter*.
Abowiem iákowe co ieſt/ ták ſie też y dźieli.

Te tedy Perſony máio dwoiáko rozność/ zewne
trzno/ y wnetrzno: Wnetrzna rozność ieſt właſność perſonálna z ſpoſobu bytnośći pochodzoca:
á zewnetrzna rozność ſo ſpráwy perſonálne/ ktore káżda perſoná przez ſtworzenie y w ſtworzeniu wykonywa.

Spráwnie Oćiec z śiebie ſámego/ Syn z
Oycá/ Duch ś. z Oycá przez Syná. A dla tegoż
Oćiec *Prima & Principalis cauſa*, od Theologow

Bb byws

Damaſc. lib. I Orthod. fidei cap. 9.

Differentia eſſentiæ ab Hypoſtaſi.

Differentia Hypoſtaſeon ab inuicem.

Proprietates Hypoſtaticæ externæ.

Patris externa proprietas.

bywa názywány/ nie względem *personalis productionis* Duchá ś. (iáko niektorzy źle rozumieio) ále względem *creationis creaturæ*. Duchá bowiem ś. *productio*, y Syná Bożego *generatio*, *ad vnam principalem causam Patrem*, do iedney pierwszey przyczyny Oycá/ iáko *ad nomen generale*, ktore w sobie & *generationem* & *productionem*, y rodzenie y wypuszczánie zámyka/ bywa *referowane*: á nieba y ziemie y cokolwiek ná nich *creatio*, zárowno stworzycielowi Synowi y stworzycielowi Duchowi świetemu/ iáko y stworzycielowi Oycowi/ przyczytána bywa/ tá bowiem sprawá wszystkim trzem iest pospolita. *Principalis* tedy *causa* Ociec/ poniewasz Syn od niego ἀγέννητος á Duch święty ἐκπορευτῶς, one względem person swych bytności bioro: Aczkolwiek to istności względem/ rownie iáko y Ociec máio; dla czego y Syn *causa* y Duch święty *causa* & *principium* wyznawáne bywáio. A *personalis* Duchá świetego *productionis* áni Ociec *Princeps*, *vel Principalis* iest *causa*, ále *simpliciter causa*, áni Syn *causa*, áni też Duch święty *causa*, gdyż iedná ich Bostwá iest *causa*. Pierwsza *Persona*, przez spráwe iestestwá/ y przez własność Persony: á nie przez spráwe iedney woley y przez własność iestestwá. A iáko *causa* stworzenia Ociec/ y Syn/ y Duch ś. iedná prze iedność władzy iest/ ták też y ieden Zbáwiciel prze iedność woley/ y ieden Oświeciciel prze iedność spráwy/ y iest y wyznawány bywa.

Abowiem

Filij proprietas externa.

Abowiem/ ile ku istności/ ktora iest *primum operationis principium*, wszystkie persony od siebie spráwuio/ gdyż owszeki rowno istność máio: á ile ku porządku spráwy/ nie wszystkie od siebie spráwuio/ poniewasz nie wszytkie bytności sposob od siebie sámych máio. Dla czego mowi Zbáwiciel: *Nie może Syn od siebie nic vczynić, iedno coby Oycá spráwuiącego vyzrzał.* Może spráwowáć Syn od siebie sámego, ile ku pierwszemu spráwy początku/ to iest istności: z ktorey *principaliter* spráwy pochodzo/ y ktore z Oycem ma pospolite. Nie może od siebie sámego nic Syn spráwowáć/ ile ku porządkowi y ográniczeniu spráwy/ ktora od tego bywa od ktorego y sam Syn iest.

Ian. c. 5.

Spiritus S. externa proprietas.

Ian 14. & 15.

Rownym obyczáiem y o Duchu ś. toż rozumieć przystoi/ gdy bowiem mowi Zbáwiciel/ *Ociec go pośle w imie moie, y ia go wam pośle od Oycá.* Porządno y ográniczono Duchá ś. spráwe/ á nie istnostno/ ktoro pospolito z Oycem y z Synem ma/ znáczy.

Troiákiey tedy tey zewnetrzney Personálney spráwy/ troiáki iest y *effectus*. Pierwszey bowiem Persony iest *creatio*, y stworzenia záchowánie y rządzenie. Wtorey Persony Odkupienie y zbáwienie. Trzeciey Oczyszczenie y Oświecenie. A ták Bog przez wierne swoie/ iáko Stworzyciel/ iáko Zbáwiciel/ y iáko Oświeciciel bywa poznawány y chwalony.

De proprietatibus Hy

To w krotce pomieniwszy do Wnetrzney person rozności pokazánia przystepuie/ ktoram

Bb ij persō

postaticis internis.

Gregor. Nanzianz. Serm. in Epiph.

perſonálną właſnośćią z ſpoſobu bytnośći pochodzącą názwáłá: o ktorey on wielki Theolog Grzegorz Nánziánzeńſki mowi: Proprietas communicabilis non eſt, ſi nam eſſet communicabilis proprietas, non eſſet proprietas. To ieſt/ *właſność vdźielna nie ieſt, gdyż ieśliby vdźielną właſnośćią byłá, nie byłáby właſnośćią.* Jeſt tedy wnętrzna właſność/ álbo Oycowſka / álbo Synowſka / álbo Duchá ś.

Proprietas interna Patris, duplex

Damaſc. lib. 1. Ortho. fid. cap. 10.

Nanzian. ſer. 3. de rect. doctri. ſent.

1. Propriet.

Damaſc. lib. 1. cap. 3.

2. Propriet.

Ibidem.

Oycowſka ieſt tá/ iż Oćiec nie tylko względem iſtnośći/ ále y względem ſpoſobu bytnośći ieſt od ſámego śiebie. A ponieważ z ſámego śiebie bytnośći ſwey ſpoſob ma / Dwoiákie przeto y wnętrzne perſonálne właſnośći ma: ku ſobie mowię ſámemu y ku drugim dwom perſonam Syná y Duchá/ z niego bytnośći ſwey ſpoſob máiącym. Ku ſobie iego właſność ieſt/ iż ieſt ἄναρχος ἀναίτιος καὶ ἀγέννητος. To ieſt/ Bez początku / bez przyczyny / y nie rodzony: Ku Synowi / y ku Duchowi ś. właſność iego ieſt/ iż ieſt ἀρχὴ, αἰτία, πηγὴ καὶ ῥίζα: to ieſt/ Początek/ przyczyná/ źrzodło/ y korzeń perſonálney ich bytnośći. A przetoż dźieli ſię Oćiec od Syná/ y Duchá/ nie tylko iż owi ſą Syn y Duch/ á on Oćiec y *Productor*, ále iż on ieſt *ſine cauſa, ſine principio, Cauſa, Principium, Fons & Radix*. á oni *cauſati, y á principio, á cauſa, ex Fonte & Radice*, Syn przez rodzenie / á Duch ś. przez pochodzenie.

Distinctio Patris á Filio & Spiritu ſancto.

Patris propriet. cōſtitutiua.

A ſwoiá iemu ku ſobie właſność ieſt/ właſney

iego perſony *proprietas conſtitutiua*.

Właſność záśie ku Synowi y Duchowi ś. *proprietas* názywa ſię *ſignificatiua*. Rodźić bowiem Syná y wypuſzczáć Duchá/ nie czyni Oycowſkiey *Perſony*/ ále tylko ſpoſob bytnośći/ Syná y Duchá od Oycá oznáymuie/ to ieſt/ iż ow przez pochodzenie á on przez rodzenie z Oycá poſzedł. Ponieważ ſpoſob bytnośći wtorey y trzećiey perſony pierwſzey perſonie bytnośći nie dáie/ ále ſámy ſpoſob ſámey tey pierwſzey perſony bytnośći. To ieſt / Rodźi Oćiec Syná/ á Duchá świętego wypuſzcza ſpráwą Boſkiey ſwey iſtnośći ὑποστατικῶς á ieſt bez przyczyny y bez początku/ nie ſpráwą/ ále *exiſtentią* ſwoią y iſtnoſtną y *perſonalną*. Oná tedy Oycowſka *conſtitutiua* właſność *ſimpliciter* właſnośćią z poſtánowieniem tey perſony názywa ſię/ á właſnośći *ſignificatiuę, cum relatione* to ieſt z odnoſzeniem właſnośći ſię miánuią.

Propriet. ſignificatiua vel Relatiua Patris.

Relatio Patris ad Filiũ, rodźić/ *Relatio ad ſpiritum S.* wypuſzczáć. Ktore właſnośći y ſpolnie y poiedynkiem/ nigdy ieſteſtwienne/ ále záwſze perſonálne y názywáią ſię y ſą. Rodźić ábowiem/ Rodźić ſię y pochodźić/ nie iſtnośći Boſkiey właſnośći ſą/ ále perſon. Ktore miáſto iſtnoſtnych/ iáko y owe miáſto perſonalnych záćiągáć/ ieſt porządek Boſkich perſon mieſzáć/ y iſtność z perſonámi zlewáć. Abowiem w Boſkich ináczey ſię máią ieſteſtwienne álbo iſtnoſtne/ á ináczey *perſonalne*. Iż owemi trześwięte perſony/ iedná od drugiey dźielone bywáią. A owemi iednoczo-

Relatio Patris ad Filium & Spiritum S.

Confuſio Perſonarũ vnde 5

Damaſc. lib. 3. orth. fide. cap. 5.

ne. A

Diſtinctio perſonarū ab inuicem
Vnio perſonarū ad inuicem.
Filij proprietas interna vnica, quæ & conſtitutiua & ſignificatiua ſeu Relatiua.
Damaſ. lib. 1. Ortho. cap. 6. & 11.
Idem ibidem, cap. 8.
Diſtinctio Filij â Patre & Spirit. S.
Spiritus S. propriet. vnica, quæ eſt conſtitutiua & Relatiua.
Idē ibid. ca. 8.
Damaſc. lib. 1. Ortho. fid. cap. 8. & 11.

ne. A czym perſony iedná od drugiey rozeznawáne bywáią / to im ieſt perſonálną y nierozdzielną własnoſcią. Jeſt tedy Synowſka perſonálna wnetrzna *Conſtitutiua & ſignificatiua* własnoſć rodzić ſie. Ktory niema dwoiákiey iáko Oćiec właſnoſci / y początku iednego iákom rzekł ku ſwoiey / á drugiego ku Duchá świetego perſonie / to ieſt / áby miał być y bez początku y początkiem: Ale Syn ile ku doſkonáley iſtnoſći ieſt od ſiebie ſámego y ſłuſznie ἄναρχος ἀναίτιος ἀγέννητος καὶ αὐτόθεος. To ieſt / Bez początku bez przyczyny / nie rodzony y ſam z ſiebie Bog / iáko y Oćiec ſie ná zywa: á wzgledem perſonálney bytnoſći ſwoiey z Oycá / ktory ieſt bez początku / początek ſwoy przez rodzenie wźiął / dla czego y iedną ma własnoſć / ktorą od Oycá y od Duchá świetego rozeznawány bywa.

Toż y o Duchu świetym wyznawąy / ktorego perſonálna *ſignificatiua, & conſtitutiua* własnoſć ieſt *pochodźić*. Ktora perſoná ieſt liczbo trzecia ále porządkiem y poważnoſcią iáko y Syn / á *cauſa* wtora / od tegoż mowie Oycá / od ktorego y Syn / iednák nie iáko od Oycá / ále iáko od *Productora*, y ile Boſkiey iſtnoſći ſwey wzgledem / ktorą ſpolnie z Oycem y z Synem ma / *ſine cauſa, ſine principio, non procedens & ex ſe ipſo Deus*, iáko Oćiec y Syn / y on ieſt: á wzgledem bytnoſći ſpoſobu od Oyca wyznawány bywa.

Ku iednemu bowiem y ſámemu Oycu / Syn y Duch świety *Relatią* ſwoie máią. Ponie-

waż on ſam ieden ieſt / nie odzielna perſonálney Syná y Duchá bytnoſći *cauſa & vtrique immediatè & proximè*. Jáko bowiem Synowſtwá wzgledem Syn *immediate* ma relatią ku Oycu / á wzgledem *præ ſuppoſitionis mediatè, ad productorem*: ták y Duch świety wzgledem *productionis immediatè ad productorem*, á wzgledem *præſuppoſitionis mediatè ad Patrem*. Ponieważ iáko Duch świety *præſuppoſito, & mediante Filio ad Patrem refertur, ſecundum proximam ſui nominis Relationem*. Ták y Syn *ad Productorem, præcogitato & mediante Spiritu ſancto refertur, æquè ſecundum proximam ſui nominis relationem. Nomen enim Patris Filium immediatè reſpicit*, á słowko *productor proximè* Duchá okázuie. Ponieważ Oćiec / nie iż ieſt Oćiec / álbo Duch / wypuſzcza Duchá świetego / ále iż ieſt *productor*. Rowniež áni Syná rodzi wzgledem tego iż ieſt Bog / álbo *Productor*. Ale iż ieſt Oćiec. *Medietas* iednák tá & *immedietas* rożnym ſpoſobem bywa / to ieſt owa podług *cauſy* bytnoſći / á tá *ſecundum præſuppoſitionem proximè relatiui nominis*, że ták miedzy Boſkiemi perſonámi / y porządek *Relatiuorum nominum* bedźie záchowány / y iedná prze iednoſć początku *cauſa* bedźie / ktorych zniešieniem álbo odmienieniem / y wiárá Chrześćiáńſka tákowa mieſzániną w Polytheiią (oddal Boże) odmienićby ſie muśiáłá. Podług Błogosłáwionego Theologá mowiącego. Retinebimus Deum vnum, ſi Filius & Spiritus ad vnam cauſam referẽtur. to ieſt / *Iednego Bogá chwalić bedźiemy, ieśli Syn y Duch do iedney przyczyny bedźie referowány*. Ktorych

Relatio Filij & Spiritus S. ad Patrē.
Damaſc. ibid. cap. 11.
Ratione exiſtentiæ perſonarū nulla medietas eſt in SS. Trinitate.
Baſil. Epiſt. 43 ad Fratr. & Nyſſe. aduer. Eunom. lib. 1. Nanzianz. in ἐπιος cap. 2. Nanzian. Orat. de Filio, & Damaſc. lib. 1. cap. 16.
Nanzia. ferm. de recta doct. ſententia.

mediata Relatio iż nie bywa prze *cauſę* bytnośći/ poſłuchay Nyſſeńſkiego Grzegorza náuczáiącego. Humanæ inquit perſonæ omnes non ab eadē proximè habent eſſe, tanquam multis & varijs cauſantibus & cauſatis exiſtentibus. In Sanctiſsima vero Trinitate non ſic, vna enim perſona ac ſola Patris, à qua Filius generatur, & Spiritus ſanctus procedit. To ieſt / *Ludzkie Perſony nie od iedney y teyże perſony podług bliskośći máią bytność wszyſtkie, ponieważ ile rozných cauſ, tyle cauſatorum. A w świętey Troycy, mowi nie ták. Iedná bowiem Perſoná y ſamá Oycowská z ktorey ſie Syn rodzi, á Duch święty pochodźi.* Dla czego *unam cauſam cum eius cauſatis*, iednego Bogá śmiele wyznawámy. A ták względem przyśćia *cauſy* Syn y Duch *ad Patrem referuntur*. względem zásie *cauſy* podánia/ Syn y Duch *diſtinguuntur à Patre*.

Nyſſenus ſer. qui inſcribitur Quomodo tres perſonas in diuinitate dicentes, non dicimus tres Deos

Syn y Duch *adinuicem referuntur* rownośćią z iedney *cauſy* wyśćia. A ieden od drugiego bywa dziwnie/ y rozeznawáne bywáią/ przez rożne wyśćia ſwego ſpoſoby/ Co ták w trzech Perſon rozeznánie/ iáko y w tychże *identitatis* iſtnośći ziednoczenie/ Doktorowie ſą. doſtáteczne być powiádáią. Ták ábowiem Bog Oćiec śiebie/ y iednorodzonego Syná ſwego/ á żywot dawiącego ich Duchá poznáć/ w zwyż opiſánym ziednoczenia y rozdźielenia ſpoſobie przez piſmo święte zezwolił y náuczył. Nád ktore nowe rozeznawánia y ziednoczenia wymyśláć/ ieſt rzecz y nie przyſtoyna y Bogu mierżiona.

Relatio Filij & Spiritus S. ad inuicem.

Nanzia. oratio. in laud. Heron.

Diſtinct. eorundem ab inuicem.

Damaſ. lib. 1. Ortho. ſid. cap. 9. & 10.

Ieſt tedy w Bogu iſtność / ále iedná á nie

mnoga:

mnoga: ſą y perſony/ ále tylko trzy nie mniey áni wiecey.

Liczbá do trzech á nie dáley/ ktoro mowimy/ Oćiec ieſt pierwszy/ Syn wtory/ Duch á. trzeći. Ktora nie iſtnośći względem bywa/ áni też bytnośći ſpoſoby ordinuie/ ále ſie *ſimpliciter* z przyſtoynym y porządnym iedney po drugiey Perſon w liczeniu przemienieniem liczy.

Numerus perſonarū.

Nanzi. in Ægy. ptr: Epiſco. Appulſum.

Porządek ieden/ á nie rozmáity/ y ten nie według iſtnośći/ ále podług Perſonálnego Perſon rozeznawánia/ od Oycá ku Synowi y Duchowi ś. á od nich obudwu ku Oycu nierozdźielnie ni *confuſe*. Syn wtory od Oycá/ Duch świety wtory od tegoż Oycá iáko od *productora*, áni zadnym ſpoſobem trzeći/ iesli nie z niezbożnym Eunomiuszem trzymáć chcemy/ ktory go trzećim podług bytnośći ſpoſobu miánuie. Ani też od Syná wtory/ ále rownie z nim od Oycá wtory/ Prze rowność ku niemu *ſecundum cauſam relationis ſue*. Porządek ábowiem Boſkich Perſon (iáko y to cokolwiek ſie o nich mowi) nie od ludzi zmyślány / ále z obiáwienia Bożego w piśmie świetym podánego bywa przyimowány/ y nie táki ieſt iákiego ludźie być rozumieią / ále iákowego go ſam Bog w ſobie być pokazał. Ktory w Boſkich nie odmienność dźierżeć/ nie inszego co ieſt poſtrzegáć/ tylko áby ziednoczone odłączáne/ á rozdźielone mieſzáne álbo confundowáne nie były. Co bowiem w Boſkich Perſonach porządkiem názowieſz / ieśli nie káżdey Perſony Perſonálnych własnośći záchowánie? Ktore

Ordo perſonarum.

Baſil. contra Eunomi. 1.

Damaſc. lib. 1. Ortho. ſid. cap. 10.

gdy

gdy pomieſzáne bedą/ *neceſſario*, y perſony mieſzáć ſie muſzą/ y żaden porządek w nich nie zoſtánie.

De nominibus Attributis diuinis perſonis
Damaſc. lib. 1. Ortho. fide. cap. 12.

Nád to tenże ieden Bog w trzech Perſonách chwalebny/ iedną iſtność y operátią máiący/ y inne rozmáite imioná ma/ Nie ſamę iſtność (ktora owſzeki niepoięta ieſt) wyrażáiące/ ále czym ſie oná ſłáwi y wielbi ogłáſzáiące/ ktore ſie rozmáicie dzielą. Ponieważ bowiem Bog ieſt niedoścignony/ owſzeki y imię iego ieſt niepoścignione ktorego iſtności nie poiowſzy/ iáko imię iego poymiemy? *Nomina ſiquidem rerum Significatiua eſſe debent.* Dzielą ſie tedy imioná one álbo ráczey *attributa* Boſkiey iſtności/ naprzod *ſecundum negationem*, to ieſt gdy to o niey powiádamy/ czym oná nie ieſt/ iáko gdy mowimy: *Niedościgniona, nieogárniona, nieźmierna, niepoięta, niewypowiedźiána, nie wysławiona, nie widoma, nie ſtworzona, nie cielesna, Bez początku, bez końcá, bez imienia, nieśmiertelna, &c.* Po wtore *ſecundum affirmationem* / to ieſt/ gdy o niey powiádamy zwyczáiem ludzkich przymiotow ktore iey náſláduią: iáko gdy mowimy/ *Bog, Pan* ὁ ὤν, *ten ktory ieſt*, *Iſtność, Mądrość y Mądry, Rozum y rozumny, Żywot y żywy, Moc y mocny, Krolestwo y Krol, Władza y władcá. Duch wszechmocny, stworzyciel, święty, dobry, przyrodzenie, y Bóstwo, &c.* Ku temu *ſecundum vtriuſq; complexionem*, to ieſt/ gdy ią złączonym w zwyſz miánowánych imion imieniem wielbimy/ iáko gdy mowimy *ſuper ſubſtantialis ſubſtantia, ſuper diuina diuinitas.*

Damaſc. lib. 1. Ortho. fid. cap. 8.

ὑπεράρχιος ἀρχή / z ktorych wſzyſtkich y inſzych tym podobnych/ żadne iſtnością Boża nie

ieſt/

ieſt/ ále tym czym ſie iedná w trzech Boſkich perſonach Boſka iſtność ſławi/ y wielbi. Ponieważ nie inſzym przemyſłem Oćiec y Syn y Duch świety ſpráwuie/ ále iedną y toż eſſentiálną iedney iſtności ſpráwą.

A przetoż nie ſłuſznie y nád prawdziwy ſpoſob Theologickiey náuki/ ten czyni/ ktory álbo z tych imion Perſonálne właſności ſtánowi/ álbo powiáda że imioná owe/ ſą właſną oną niedoścignioną Boſką iſtnością/ ktora żadnym ſpoſobem y żadnym rozumem ludzkim poięta być niemoże. A iſtnoſtne te imioná y wſzyſtko co iſtności należy/ wſzyſtkim trzem Boſkim Perſonam/ prze iedność iſtności ſą poſpolite. O czym Błogosłáwiony *Ioannes Damaſcenus* w te słowá náucza. Omnia attributa & quæ de Deo dicuntur communiter in tota diuinitate ſunt ſuſcipienda, & (vt ita dicam) identiter & ſimpliciter, & indiuiduè, & vnialiter. Diſcretè autem Pater & Filius & Spiritus ſanctus, & cauſa, & cauſatum, Ingenitum & genitum, & procedens: quæ non ſubſtantiæ ſunt indicatiua, ſed habitudinis adinuicem, & modi ſubſiſtendi &c. Verus autem ſermo docet ſimplicem eſſe Deum, & vnam ſimplicem habere operationem bona omnibus omnia operantem inſtar Solis radij.

Damaſc. lib. 1. Ortho. fid. cap. 4.

W tey tedy krotkiey mey powieśći/ ſynu/ tużemći podług [illegible] y twoich śił pokázáłá/ y do wiádomości twey donioſłá. Jednego Bogá iſtnością/ á Troyce Perſonámi/ iáko on ſiebie ſam

 obiáwił

obiáwił y pokazał/ y iáko go święta Wschodnia
Cerkiew ustáwicznie chwáli/czci y wielbi. A czego
człowieczy rozum doścignąć y iezyk opowiedzieć
nie może/to iest/iáko trzey iedno są/y iedno trzey/
y iákowym sposobem ow sie rodzi/ á ow pochodzi/
milczenie niedoścignioney táiemnice głębokość
wielbićiem tobie przykazałá. Głupia bowiem rze
cza Athánásius wielki názwał / pytáć iáko iest
Bog : Niech tedy wiedzą wierni/ że sie y o Synie iego/ y o świetym Duchu curiose bádáć głupia rzecz iest. A ile człowiekowi dano iest otey ták
wielkiey táiemnicy iáko we zwierćiedle widzieć/
Błogosłáwionych onych błogosłáwionego wieku
mężow náśláduiąc/ Duszę człowieczey táiemnice
ná wyráženie podobieństwem niewyrážonego o-
nego Duchá przełożyłám : áczkolwiek y nic / iákom rzekłá/ w stworzeniu podobnego ználeziono
być nie może / czymby stworzyćiel w podobień-
stwie był pokazány / przeto iż stworzenie od stwo
rzyćielá niezmierną dálekośćią odległo : iednák
podług Bogiem dáney człowiekowi/ w poznánie
y wysławiánie ie° wielmożności/ siły/ nie zábronio
no mu w niebo rozumem swym látáć/ y támeczże
nie (podług poleciá swego sił) wyrażáć/ y iák w
ćieniu Boskich person z iednoczenie y rozdzielenie
(ponieważ Quomodo fit, żadnym przykładem / áni
podobieństwem wyrážone być nie może) pozna-
wáć/ poki go w twarz widzieć godnym sie stánie.

De proprietatum obseruatione,

Iż tedy te rzeczy w iedney Boskich trzech per
son istności rozumieiąc/ y w trzech niezgmiennie
iedynego Bostwá personách wyznawáiąc nieodmiennie

& de causa Diuinitatis Filij & Spiritus S.

miennie obserwowáć przystoi Synu iżby z wielkim vważeniem doskonáła Boska istność/ z swoiemi własnośćiámi od tey persony bytności ktora przez sposob byćia / z swoiemi kázdey persony własnośćiámi sie stáie/dzielona álbo distinguo-
wana byłá. Abowiem rozdzielenia owego przystoyne rozeznánie/ rzecz te o ktorą nam teraz po-
wieść/ dostátecznie y wyráźnie pokázuie : Iż O-
ćiec ni od kogo/ ále sam od śiebie podług oboiego
sposobu / á syn sam od śiebie podług iednego/á po
dług drugiego od oycá : Rownie y Duch świety podług pierwszego sposobu od śiebie sámego/
á podług wtorego od Oycá: Z tych mowie zro-
zumiesz/ y ná oko obaczysz/ iedne/ iednego y sámego Oycá Bostwu cause, sobie αὐτοαρχῆ, Synowi συνναΐσ á Duchowi świetemu συμ-
βολβ́εκχῶσ.

Causæ nomen vt & Patris est generale.

Iest tedy causy imie/w personálney Oycow
skiey własności wzięte generalne / ktore sie dzieli in
causam generantem, & causam producentem : iáko y perso
nalne imie Oycá dzieli sie in genitorem, & productorem : świádki słow mych/ wiáry y ostánowánia
godni/ Bogosłowni mężowie / Dionysius oświecony z Areopágu/ y Nicephorus błogosłáwiony
Confessor & Martyr, ktorzy powieśći swoiey z Apo
stołow Pánskich/ Iakubá Piotrá y Páwłá/ przykład wzięli.

Nazanz. orat. 1. de Filio. Niceph. mart. in sue fid. cōf.

Tá causa żádney drugiey Boskiey personie zá
personálną własność nie bywa przyczytána/ tylko sámey iedney sámobytney personie/ ktorá sáma z

Testim. patrū. Filij & Spiritus S. personalis

existēt. Patrē esse causam.

Dionys. de diuinit, cap. 2.
Nanzian. ora. 3 de rec. doct. se
Dionis. de diuinis nominib.
Basil. serm. cōtra Sab. et Ar.
Athan. symb.
Nyssen. in Eunom. lib. 3.
Iustin. in expo. fidei Christ.
Athanas. de Patre, filio & Spiritu S.
Basil. epist. 43 ad fratrem.
Idem in Eunō.
Nanzian. orat. de filio I.
Basi. ser. cont. Sabel. & Ar.
Nanzi. in laud. Her.
Nyssen. aduer. Eunom. lib. I.

ma z siebie iest/ y ktora drugim personam personalney ich bytności/ bytność podáie / y ktora to własnością od drugich person rozeznawána bywa. A iż są prawdziwe ktore mowie słowá/ posłuchay błogosłáwionych onych błogosłáwionego wieku Oycow/ Pásterzow/ y náucżycielow w te słowá zgodnie o tym mowiących. Vnicus fons super substantialis diuinitatis Pater, & diuinitatis, quæ in Filio & Spiritu sancto existit, Pater est auctor, & Pater est Fons diuinitatis Filij & Spiritus S. & solus Pater Causa & Fons est Spiritus S. & solus Pater ingenitus, & solus Fons diuinitatis, Pater est Radix ac Fons Filij, & Spiritus S. Et Deus Pater Filij est genitor, Spiritus vero S. productor vel emissor. Et Filius & Spiritus S. ex Patre eluxerunt: & quemadmodum Filius à Patre, sic & Spiritus S. vario tamen existentiæ modo. Et Spiritus S. sic est à Patre, sicut & Filius. Et vnus Pater, ex quo omnia, Verbum enim ex illo per generationē, Spiritus vero ex illo per processionem. Spiritus S. esse ex Patris causa appensum habet. Spiritus ex Patre & non aliunde. Et in supersubstantiali Trinitate, vna & sola Patris persona est, ex qua Filius nascitur & Spiritus S. procedit. Hoc commune Filius & Spiritus S. habent, quod vterq; eorum ex Patre est, & Spiritus S. causam suæ personæ habet à principe luce, & Spiritus S. ex Patre procedit, non per

genera-

generationem sed per processionem. Et Spiritus S. ex Patris persona procedit: Et Filius non habet causam Diuinitatis, & hac diiudicatur à Patre. Et non dicimus Filium Spiritui esse causam, nam solus Pater est causa. Et non dicimus ex Filio Spiritum, sicut & ex Spiritu Filium. Sólus enim Pater causa. Et quæcunq; cōgruunt vt causæ, Patri, Fonti, Genitori, ea soli Patri tribuenda sunt: Et Filius non dicitur causa neq; Pater. Et omnia Patris habet Filius præter causam: Et diiudicatur Pater à Filio nomine Fontis, & distinguitur Pater à Filio nomine causæ. Maior Pater Filio dicitur, ratione causæ, & Spiritus S. à Patre secundus, vt & Filius. Et Spiritus S. à Filio non est secundus. Et Spiritus S. existentiâ suâ non est posterior Filio. Et distinctionem Diuinarum in solis tribus proprietatibus cognoscimus in non causato & Patre, in causato Filio, in causato Spiritu S. To iest/ Iedno Zrzodło nád istnością Bostwá Ociec, y Bostwá ktore iest w synie y w Duchu świętym Ociec iest przyczyną, y ociec iest zrzodło Bostwá Syná y duchá; y sam Ociec korzeń y zrzodło iest ś. Duchá. y sam Ociec nierodzony, y sam Bostwá zrzodło. Y Bog ociec Syná iest genitor, á Duchá ś. Productor, álbo emissor, y syn y duch od Oycá iáko świátłość z świátłości wyszli, y iáko Syn od Oycá, ták y Duch święty. Y ták iest Duch ś. od Oycá iáko y Syn, y ieden Ociec z ktorego wszystko, słowo bowiem od niego przez rodzenie, á duch ś. przez pochodzenie, y duch ś. bytność swoie od Oycá causy ma. Od oycá duch święty, á nie z niad: y

w prze-

Nanzian. orat in sancta lumi.
Maximus.
Hieron. lib. I. cap. 11. & 16.
Idē, ibid: ca. 15
Damasc. lib. I. cap. 15.
Nanzia. serm. in Ægypt. Ep. appulsum.
Athanas. serm. de Spiritu S. ad Serap.
Damasc. lib. I. cap. 15. & 16

w przenajświętszey Troycy iedna y sama Oycowska Persona iest, z ktorey się Syn rodzi, a Duch ś. pochodzi. To społne Syn y Duch ś. maią, że obadwa są od Oyca. Y Duch ś. przyczynę Persony ma, od pierwszego obrazu światłości: y Duch ś. od Oyca pochodzi, nie przez rodzenie, ale przez pochodzenie. y Duch ś. od Oycowskiey pochodzi Persony: y nie ma Syn przyczyny Bostwa, y tą się rozeznawa od Oyca: y nie powiadamy aby Syn był Duchowi ś. przyczyną, abowiem sam Ociec iest przyczyną: y nie mowimy od Syna ducha, iako y od ducha Syna: ieden abowiem Ociec iest causą. y wszystkie imiona ktore causę albo przyczynę znaczą, samemu Oycowi przysłuszaią: a Syn ani Oycem, ani causą nazywa się, y wszystko Oycowskie ma Syn, procz causy: y rozeznawany bywa Ociec od Syna zrzodłem: y distinguowany bywa Ociec od Syna causą. y więtszy iest Ociec nad Syna względem causy. y Duch iest od Oyca wtory iako y Syn. y Duch ś. od Syna nie iest wtory: y Duch ś. bytnością swoią nie iest poślednim od Syna, y rozdzielenie Boskich Person nie inaczey tylko w trzech personalnych własnościach poznawany, w Oycu, ktory iest bez przyczyny albo causy, w Synie ktory z przyczyny, y w duchu ś. ktory iest z przyczyny, &c. Ktoż iest ten / co o tym tak mowi / Poczet on zacnych synow moich / Cerkiew żywa żywego Boga. Rodzay Bogiem wybrany ktorych sława o niebo się opiera / ktorych imiona są y będą w wieczney pamięci / prawdy zastępcy potężni / wiary straż czuła / a wierni Chrystusowey oblubiencey Pasterze / Dionysius Oświecony: Iustynus Męczennik: Basilius wielki: Athanasius błogosławiony: Grzegorz Theolog: Cyrillus wielebny: Grzegorz Nysseński: Maxim

święty

święty: y ono wybrane Ducha świętego naczynie Ioannes Syrius / ktory to po sobie nam obiecał / że nic w pieśniach swoich powiadać nie miał / coby przed nim przez święte Oyce nie było powiedziano / vchwalono y przyięto: y inszych bez liczby / ktorzy dusze swoie za prawdę Bożą wydali. z ktoremi y dwa tysiąca Oycow świętych ktorzy na siedmiu powszechnych Concyliach do krwawego potu o prawey Chrześciańskiey wierze pracowali / z ktoremi tegoż poważni świadkowie są / świętey pamięci Biskupowie Rzymscy / Sylwester / Iulius / Damasus / Caelestynus / Leo / Vigilius / Agathon y Adrianus / ktorzy się wespoł z nimi podpisali / y wszystkiemu światu wiedzieć o tym dali / że powszechnego pierwszego Concilium Niceńskiego wyznania / wiernymi y pilnymi strożami byli. Wierzymy mowiąc w Oyca, wierzymy y w Syna od Oyca rodzonego, wierzymy y w Ducha s. ktory od Oyca pochodzi, a tych ktorzy tak nie dzierżą albo inaczey wierzą, przeklinamy. Z ktorych się wiarą y wyznaniem ś. Wschodnia Cerkiew / aż po dziś dzień zgadzaiąc iednoczy się z nimi / tych ktorzy albo inaczey wierzą / albo inaczey wierzyć vczą / iako swoich wymysłow rozsiewaczow / a nie Boskiey nauki strożow od siebie odrzuca. Raz ona iednego Boga poznała / raz iedne Bostwa causę Oyca / z Pisma ś. przyięła / ktorą wiarę z pilnością zachowuie / y aż do dnia żadnego trzymać będzie.

Te / dla czego ci ktorzy inaczey wierzą / przeglądnią / sami obaczą / poniewasz niezbożnie dwie causy

Do

Spiritus S. à solo patre procedit.

causy, y *duo principia*, to iest dwá początki w iedność Boskich person wprowádźili / y Oycowską Personę z Synowską / ktore sie *realiter* álbo rzeczywiście od śiebie dźielą / w iedno personę zmieszáli: z ktorych ono Sábelliuszowe / á owo Mánicheyskie bluźnierstwo iest.

Ale ábyś o przełożoney Bostwá *causie* dostáteczniey wyrozumiał / ktorą podług pismá Bożego sámey iedney Oycowskiey personie święta Wschodnia Cerkiew przyczyta. Rzekłám máło wyższey / iż Oćiec z śiebie sámego y względem istności / y względem sposobu bytności iest: á Syn y Duch święty / względem sámo bytney istności / sámi od śiebie iáko y Oćiec / á względem sposobu bytności od persony Oycowskiey. To iest / Syn od Oycá sie rodźi / á Duch święty od tegoż Oycá pochodźi.

Duplex est in Sacra Scriptura processio.

Wiedz iż pochodzenie Duchá świętego dwoiákie w pismie sie náyduie. Wieczne / ktore y pierwszym y Personálnym / y podług bytności sposobu bywáiącym sie náżywa: á iest niedośćignione / niepoięte / y nie wypowiedźiáne. Drugie doczesne / ktore y wtorym y podług spráwy Boskiey bywáiącym y podawániem sie miánuie. Ono tedy pierwsze / ni dla żadney przyczyny / áni gwoli komu / krom wszelkiego względu z záwżdy będącey bytności sie stáło / iáka bowiem Boskiey bytności *causa*? A owo wtore / bywa zá przyczyną y gwoli komu / to iest gwoli ludźiom y do nich. Krámto iest Personálne / y ku sámey Oycowskiey personie / z rozeznániem ich person-*Relatiuum* / przez

przez ktore od Oycá pochodźi: A owo wszystkiey ś. Troycy iáko istnostne / iest pospolite. Iáko bym rzekłá. Podług personalnego pochodzenia Duchá ś. pochodzenie iest od sámey Oycowskiey persony / á podług istnostne pochodzenia Duchá ś. pochodzenie iest y od Oycá y od Syná / ktore sie podawániem y posyłániem názywa / y od sámego tego ś. Duchá. Abowiem wieczne iego pochodzenie / iest spráwá Boskiey Persono ográniczoney nátury. A doczesne / iest dobroći Bożey y świętey iego woley spráwá / ktora ku narodowi ludzkiemu z Bogá pochodźi / y nań sie wylewa / y iest Dar / ktory nie bez woley dáiącego bywa: Co Theologowie w pismie Bożym biegli οἰκονομικὴν ἐργασίαν to iest / *Dispensariuam operationem* názywáią.

Damas. lib. 1. cap. 9.

August. Serm. 5. de Trinitate

Serm: de Poenitentia.

Basil. Serm. de fide.

Duplicis processionis triplex proprietas.

Z dwoiákiego tedy tego pochodzenia / troiákie *proprietates* álbo własności wychodzą / káżdemu pochodzeniu swoiá własna *proprietas*, y spolna obudwum. Wiecznego pochodzenia własność iest ἐκπορεύεσθαι *procedere*, pochodźić, ktore sie *particula praepositionis* ἐκ · *ex*, *od*, *tanquam ex causa*, iáko od przyczyny nowie / dla ktorey rzecz niemożna / áby słusznie to Pochodzenie / tey Personie przypisáne było / od ktorey pochodząca Persona bytności swey nie bierze. Doczesnego pochodzenia własność iest δίδοσθαι *DARI* / *być dawánym*. ktore sie niegdy / tei *praepositionis* cząstką *od*, *tanquam ex causa*, podług bytności sposobu náznácza: drugdy *cum eadem praepositionis particula* Pochodzenie / nie iáko od *causy* podług persony / ale iáko od *causy* podług

tug podánia vżywáne bywa: dla czego y od tey persony οἰκονομικῶς pochodzi/ od ktorey podług sposobu bytności swey nie pochodzi. A pospolite Pochodzeniam tym własności są/ πέμπεσθαι, ἐκχεῖσθαι, ἐκρέειν, ἐκλάμπειν, ἐξέρχεσθαι, mitti, effundi, scaturire, elucere, exire, &c. to iest/ *być posłánym, wylánym, wypływáć, wyświecáć się, wychodźić*. y co się kolwiek nád to w piśmie Bożym y świetych iego náyduie. Oycowi tedy/ wszystkie te/ troiákie własności/ iáko temu ktory iest *personaliter causa*, z praepositia *od*/ y w wiecznym Duchá ś. pochodzeniu/ y w doczesnym podawániu/ *indifferenter* przynależą. A Synowi y Duchowi ś. żadnym sposobem wiecznego pochodzenia własność (*od*) przyczytána być nie może/ ále tylko doczesnego z pospolitemi/ przez ktore y sam Duch ś. od siebie sámego pochodzi/ iáko y od Oycá y od Syná. A przetoż y Oćiec iest *causa* álbo przyczyną/ y Syn przyczyną/ y Duch ś. przyczyną Duchá pochodzeniu/ rożnym względem/ podług rozmáitego pochodzenia rozmáitych własności/ y są y názywáią się. Ono bowiem wieczne pochodzenie/ Personálną Duchá ś. bytność stánowi. A owo doczesne / niepersonálney Duchá ś. bytności pochodzenie opowiáda/ ále darow podawánie/ ktore *naturaliter & communiter* od Oycá/ y Syná/ y ś. Duchá do ludźi bywáią/ znaczy.

Differentia inter proprietates.

Dla ktorey przyczyny y rożność miedzy sobą pochodzenie y onych własności/ tákowo máią.

iż wie-

iż wiecznego pochodzenia własność / nigdy doczesnego pochodzenia nie znáczy: A doczesnego pochodzenia własność y pospolite/ pod czás włásną swoię *significatię* záchowuią / á podczás miásto wiecznego pochodzenia własności / przy sámey tylko iedney Oycowskiey Personie się kłádą. Dla czego żaden z Wschodniey Cerkwie Theologow/ iż Duch świety od Syná pochodźi/ rzec nie śmiał.

Quomodo & quare Pater & Filius & Spiritus S. dicuntur & sunt causa Spiritus S. processionis.

A com rzekłá iż pochodzeniu Duchá świetego/ iest y Oćiec/ y Syn/ y sam Duch świety przyczyną/ dáry mocy rozumiey/ miásto ktorych Duchá świetego imienia pismo ś. częstokroć vżywa. Ktore są/ Miłość/ rádość/ vćiechá/ pokoy/ ćierpliwość/ dobroć/ mądrość/ rozum/ rádá/ siłá/ pobożność/ oświecenie/ zbáwienie/ cudow czynienie / chorob leczenie / y inne tym podobne / ktore Duch świety/ y Syn/ nie *acquisitè*/ to iest / z nabyćia/ ále z przyrodzenia *naturaliter* z Oycem máią/ ktorych y sam Duch świety iest przyczyną iáko tych dobr dawcá y źrzodło/ ktory ie z siebie wydáie. Dla tego się też y Syn przyczyną/ źrzodłem/ y dawcą Duchá świetego názywa / iáko ten ktory go wylewa/ posyła / y podáie z własney swey istności/ będąc y on wespoł z Oycem y z świetym Duchem przerzeczonych dárow źrzodłem/ *propter identitatem essentiae*, dla iedności istności/ *& non propter identitatem causae*, á nie dla iedności / álbo tożstwá przyczyny w personálnym Duchá świetego pochodzeniu/ ktorą sam Oćiec *incommunicabiliter* iáko *Auctor & princeps causa*, ma.

Basil. ad Amphilochi. ca. 18. Damasc. lib. 1. Ortho. fid. cap. 10.

A iż

Aiż Duchá świetego dáry Duchem sie názywáia/ słuchay Proroká mowiącego. *Wynidzie rośćiżká z korzenia Iesse. A kwiat z korzenia iego wynikníe, á odpoczywie nád nim Duch Páński.* (o persone Duchá świetego mowi. A co dáley następuią dáry iego rozumie) *Duch mądrośći y rozumu. Duch widdomośći y pobożnośći, Duch rády y mocy, Duch boiáźni Bożey.* Rownie y Duch czystośći/ Duch pokory/ Duch gorzliwośći/ Duch wiáry / Duch Synowstwá. etc. Ktore dawáć y bráć/ nie iest Persone Duchá s. dawáć y bráć / ále dáry: łáske á nie *naturo.* Ani bowiem ná świete Apostoły w dźień *Pentecostes* ten ktory łáske daruie śiebie *personaliter* wylał: ále dar łáski wylał ná nich/ łáski dawcá. *Insza bowiem iest Persona Duchá świetego á insze sprawy y mocy iego,* według Chrysostomá/ áni też Bostwo wylane bydź może/ ále sie dáry wylewáią. A przeto ż/ insze iest moc nádchodząca/ á insze mocy oney dawcá. Co bowiem Pan Duchá świetego posłáć obiecuie/ nie według Bostwá to rozumiec tenże błogosłáwiony Doctor náucza. *Bog mowiąc nie bywa posyłány. Nazwiská to, ktore spráwy známinuią, á nie istność.* A záś/ *Gdy mowi Pan: Poszle wam Duchá s. to iest, dar Duchá s. A żebyśćie wierzyli że dar posyła sie, á Duch sie nie posyła, mowi Zbawiciel z uczniom swoim. Siedźćie w Ieruzalem, áż bedźiećie przyobleczeni mocą z wysokośći, y weźmiećie moc Duchá świetego przychodzącego ná was. Dlaczego insze iest moc ktora sie dáie, á insze duch ktory ią dáie: Wszystko to iednák spráwuie ieden y tenże duch. rozdzielaiąc z osobna káżdemu iako chce.* I dlatego (Tenże Theolog powiáda) *Mowi pismo,*

Bog wy-

Dona & virtutes Spiritus S. vocatur Spirit. S.
Esaie cap. II.

Apostoli acceperunt & nunc fideles accipiunt non hypostalim, sed Dona Spiritus S. Aliud est Spiritus S. persona, & aliud Dona Spiritus S.
Luc. 24.
Actor. I.

Bog wylał dar duchá s. ná nas, poniewaś Bostwo sie nie wylewa ále dar.. I áby sie iáśnie pokazáło, iż to co sie wylewa nie iest duch s. ále duchá Bożego łáská. Mowi Dawid Prorok y Krol: Rozpłynęła sie łáská w uśćiech twoich, łáská sie wylewa á nie dawcá łáski, ábowiem insza iest duch s. á insza iest dar, insza Krol, á insza dar Krolá. Poty błogosłáwiony on mąż.

Te iednák Duchá świetego ná Apostoły wylane dáry / y ktore sie dźiało wiernym Bożym iáko y onym dáruią / nie są stworzeniem/ ále sámym onym prawdźiwym Duchem podług błogosłáwionego Apostołá głosu/ *Obietnice duchá s. wziąwszy od Oycá wylał ná nas, ktorego wy widźićie y słyszyćie.* A indźiey/ *zbáwił nas przez omyćie odrodzenia y odnowienia Duchá s. ktorego ná nas obfićie wylał.* To tedy wylanie nie iest zaiste stworzenie / ále sámy on stworzyćiel Duch/ podług rzeczonego y byli nápełnieni wszyscy Duchem świetym. A podług błogosłáwionego Piotrá mowiącego/ *zstąpił ná nie duch s. iáko y ná nas spoczątku.* Ani też są z nábyćia y zewnetrz/ ále z sámey záwżdy bytney istnośći iego bedące/ y przed wszystkiemi wieki z Duchá s. pochodzące/ według Básiliusá wielkiego/ przeto ż y z Duchá pochodzenie iest według istnośći iego/ y to co pochodźi sámy iest Duch s. podług niedościgniónych y wszelkie przyrodzenie przewyższáiących spraw iego.

Ten ábowiem ktory z Bogá wypływa, mowi Doctor tenże/ *Persona iest, A to co z duchá pochodźi, sprawy iego są rozlicznemi imiony názwáne, niewypowiedźiáne prze wielkość, á nie poiete prze mnostwo.* Nákoniec táktie

Psal: 44.

Dona illa Spiritus S. non sunt creatura, neque possessiua sed essentialia.
Act: 2.
Ad Tit. 3.

Actor. II.

Differentia inter personam Spiritus S. & inter dona illius.

ćie z Blogosłáwio. Dámáscená opisánia/ wiádomym czynie/ iż insze iest spráwá/ á insze ten ktory spráwuie/ y insze to co sie spráwuie / á insze skąd to co sie spráwuie. To bowiem ostátnie náture z ktorey spráwá pochodzi/ znáczy : á pierwsze istnośćne nátury ruszánie pokázuie : á pierwsze urzędnie/ Persone ktora spráwuie przekłada : Wtore zás dokonánie spráwy opowiáda.

A toć iest ś. Wschodniey Cerkwie wiáry/ o Oycu/ Synie/ y Duchu ś. o iednym Bogu według istnośći/ á o Troycy ś. według Person/ sámym Zbáwićielem Pánem podáne/ y krwią pieczętowane wyznánie / ktore ś. Wschodnia Cerkiew przez lát tyśiąc y kilká nád sześć set/ mocno y nieodmiennie dźierży/ y áż do wtorego przyśćia niepokálánego Báránká Páná Jezu Chrystá Oblubienicá swego nienáruszenie da Pan Bog záchowa / áby dla wykroczenia z zámierzonych gránic/ wieczney chwały nie odpádłá/ y dla náruszenia nieporuszonych Filarow/ niebieskiego wesela zapláty nie vtráćiłá.

De variis SS. Patrum de Spiritus S. processione dictis.

Przytym Pismá Bożego/ y pismá Blogosłáwionych Oycow ku proponowáney powieśći przytuszáiące sententie/ ktore są/ *Duch święty iest duch Synowski Duch Chrystusow, y duch ktory iest z istności Synowskiey y naturaliter od Syná/ y własny synowski y w nim , y od niego duch, iako sie y o sámym Bogu Oycu rozumie : y Duch ktory w Synie odpoczywa : y ktory od Oyca przez Syná pochodzi : y duch nie cudzy od Syná : y Duch obudwu y od obudwu.* Te mowie y Bożego y ss. Oycow pismi *Sententie* ták wyrozumiewáy/ y ták

ták przyimuy/ iáko ie ći/ ktorych tu są słowá rozumieli y przyięli. Temu bowiem ktory prawdę miłuie/ intentią powiádáczá zrozumiewáć/ y do ktorego celu zdániem swoim zmierza/ z pilnośćią vpátrowáć przysłusza. Ponieważ nie záwżdy/ áni wszystkie słowá y sententie iednáko wyrzeczone/ ieden y tenże *sens* álbo rozum w sobie zámykáią/ ále wszelka powieść *ad contextum & ad normam* pismá Bożego referowána być ma/ á zwłaszczá kto rozum rzeczonych spráwiedliwie wyczerpnąć chce/ mowi Blogosłáwiony Máximus. A iákoż ie spráwiedliwie wyrozumiesz? Nie ináczey záiste/ tylko ieśli ták wykłádáć będźiesz/ iáko ći sámi authorowie ich wykłádáli. *Gdyż unusquisque verborum suorum locuples interpres esse debet.*

Intentia Authorá trzebá zrozumiewáć.

A ponieważ tym/ ktorzy pismo Boże czytáią/ y o wyrozumienie onego sie stáráią/ y osobę/ y czás y mieysce/ y przyczynę dla ktorey co rzeczono iest/ nád to vważáć przysłusza/ iáko Cyrillus Alexándryski vczy/ áby ták káżdego słowá y káżdey sententiey wyrozumienie zá Bożą pomocą doskonále przyiąć mogł/ przystoi y tobie Synu/ pilny ná przerzeczone zdánia wzgląd mieć y one podług czásu/ mieyscá/ cáusy y person rozsądźáć. Persony tedy/ ktore te sententie pisáli : są práwowierni Oycowie/ Blogosłáwieni Biskupowie. A náprzećiw temu pisáli : są Káceřze niezbożni/ y przewrotni pismá Bożego wykłádáćze. Czás iest on, ktorego ś. powszechna Chrystusowá Cerkiew w doskonáłey oney wiáry swoiey ozdobie kwitnęłá. Mieysce/ poważne Biskupskie

Scripta Oycow podług czásu, mieyscá, cáusy y Person, mamy rozsądzáć.

stolice.

stolice. Przyczyná/ iż Synowi Bożemu y Duchowi iego świętemu w rowności Bostkiey/ y iedności istności Bogá Oycá / niezbożni bluźniercy uwłaczáli. A iż tá iest przerzeczonych sentenciy przyczyná/ wiedzieć należy / iż w Blogosłáwionych Oycow pismách/ bárzo rzadka o Pocżątku y o causie Bostwá/ zmiánká sie nayduie/ przetoż wszyscy iednostáynie iedne causę / iedno źrzodło/ y ieden pocżątek Bostwá/ iákom trochę wyższey rzekł/ Oycá być wiedzieli. Ale ponieważ wiele było Kácerzow ktorzy ná Bostwo Syná y Duchá ś. szturmowáli/ y nie iedney istności ich z Oycem być bluźnili/ mnieyszymi twierdzili / y stworzeniem á nie stworzycielem być powiádáli. Blogosłáwieni Oycowie záłożywszy Bostwá causę Oycá: Syná y Duchá ś. we wszystkich swoich pismách/ rownemi Oycowi iáko causie bytności onych/ y iedney istności/ y iedney cżci y mocy pokázáć usiłowáli/ (referowánie Syná do Oycá/ ktory go z swoiey á nie z cudzey iákiey nowo nábytey/ álbo stworzoney istności rodził/ á Duchá ś. do tegoż Oycá tanquam ad Productorem/ ktory go rownie wiecznie tedy y Syná z własney Bostwá swe[go] Persony niepoięcie tym sposobem wypuścił.) y o tym sie iednym sadząc pracowáli. Ponieważ o causie Bostwá/ nigdy żaden Heretyk nowey opiniey nie wnosił/ ále zá rowno y oni/ iáko y Práwowierni/ Bogá Oycá iedne causę ználi. A że prawdę szczyrą powiádam / słuchay z pilnośćią sámych Theologow onych/ iáko te wzwyż pomienione zdánia swoie wykłádáli.

Duch

Duch święty (mowi Bázilius wielki) Duchem świętym y duchem Chrystusowym náżywa sie, iż iego iest własnym według nátury. A Cyrillus/ Duch święty duchem Oycowskim y Duchem Synowskim sie názywa, iż iest nie oddalony od nich. A iáko nie iest od Oycá y od Syná Duch ś. oddalony/ Tenże opowiáda, względem [?] mowi istności. Y indziey. Duch święty, duchem Synowskim, iáko y Oycowskim, dla iedności istności. Y Blogosłáwiony Máximus / Duch ś. iáko podług istności iest Boży y Oycowski, ták y Synowski podług teyże istności iest. Y Anástásius / Duch ś. Duchem Bożym y duchem Synowskim, y duchem Chrystusowym názywa sie, we wszystkim sie tym iedna istność Boska, á nie causa pokázuie, gdyż commune & causa, iedno nie ś[?]. Y záś/ Dla tego, mowi/ Duch ś. názywa sie duchem Bożym y duchem Chrystusowym, iż iest ὁμοούσιος καὶ ὁμόθεος, iedney istności y iednego Bostwá. O tymże Cyrillus Blogosłáw. Záiste, mowi/ práwego o Duchu ś. rozumu, áby go Oycowskiey istności y od iednego Bostwá nie oddalonego być poimał. Náwet go Duchem Bożym, ále go y duchem Chrystusowym názywa, pokázuiąc iż wszystko cokolwiek iest Oycowskiego, względem iedney istności ma iednorodzony Syn iego. Tuż záraz[?] y Chrystusem Duchá ś. názywa mowiąc. A ieśli Chrystus w was, nie oddalonym go pokázuiąc oycowskiey istności. Otoż masz wiáry godnych/ własney swey powieśći y swych sentenciy tłumáczow/ ktorzy to iáwnie y iáwnie powiádáią / że sie Duchem Synowskim y Duchem Chrystusowym Duch ś. názywa/ dla iedności istności.

Toż rozumiey y o tym / Duch ś. Duch iest

Ee ij obudwu

Quomodo intelligitur Spiritus filij & Spiritus Christi.

Basil. ad Amphil. ca. 18. & Cyril. in verba Ioan. Omnia quaecunque habet Pater mea sunt.

Cyril. in respons. ad Theod.

Cyril. ad Ioan. Antioch. epist.

Maximus comment. in Zachar. Prophet.

Anastas. serm. qui inscribitur de recti dogmat. veritat.

Idem, ibidem.

Cyril. comment. in Epist. ad Roman.

Cyril. in 5. ad Herm.

obudwu/ y iego własny/ iáko y Oycowski/ dla
iedney istnośći z Bogiem Oycem y Synem iest.

Ani sie tym trwoż/ że niektorzy wichrzyibo-
wie y przewrotni wykretácże/ ktorzy záwżdy w
świátle ćiemnośći/ á w szczyrey prawdźie zmy-
słonego fałszu szukáć zwykli. Náprzećiw temu

Obiectio.

tych ś. mężow y zacnych Doktorow wykłádowi
hárde rogi wystáwiáło y mowiło. Niewierzymy
my tych Błogosłáwionych Oycow powieśći. A-
bowiem iesliby dla iednośći istnośći Duch ś.
Duchem sie Synowskim názywał/ dla czegożby
ná od niánie w zaiemnym sposobem teyże iedney
istnośći względem/ y Syn Duchowym názywáć
sie nie miał? To słysząc/ y Oycow śś. náuko (kto-

Solutio.

rym sie oni sprzećiwiáło) upewniony będąc/ o-
puść chytre zwodźićiele/ y ich záráźliwe głosy/ á
z onemi ktorzy świát y te wszystkie herezyie władzą y potęgą Duchá ś. zwyćiężyli/ zostawszy.
Odpowiedz. Aczkolwiek y iedność istnośći/ Oćiec
y Syn/ y Duch ś. máią/ iednák nie można rzecz
áby wzaiemno odmiáno siebie swoiemi opowiá-
dáli/ dla wielce ważnych przyczyn/ to iest/ żeby
kto słysząc syná być Duchowego/ nie rozumiał
że Duch ś. iest Oćiec/ & correlatiuum Filij, gdyż
imie Syná/ Oycá pokázuie: dla ktorey też przyczyny áni Oycá Duchowego nazywamy/ áby
kto Duchá świętego Synem być nie rozumiał.
Abowiem Relatiua nomina ieśli nie ku swoim/ y nie
ku własnym Correlatiuom referowane będo/ wielko
w rzeczách mieszáninę uczynią. Dla ktorey też
przyczyny/ áczkolwiek słowo Boże y Duch Bo-

żymowi-

ży mowimy: ná przemiáne Bog słowow/ y Bog
Duchow nie obracamy. Iáko też y w rzeczách
Chrystusowemu człowieczeństwu należących chc-
ćia mowimy duszá y ćiáło iest Synowskie/ nie możemy iednák obroćić y mowić/ Syn iest dusze/ y
Syn ćiáłá. A przetoż słusznie z oświeconym
Dyonizyuszem odpowiesz im mowiąc. *Ieśli sie kto
sie prawdźiwym powieśćiam, to iest, postánowieniam sprzećiwia, tákowy y odnáyszey pokory odrzucony będźie.*

A otym iż Cyryllus świety od istnośći Synowskiey Duchá świetego być nápisał/ iegoż sámego wykładu/ posłuchay gdy mowi. *Prawdá iż
Bogárodźicá ś. dźiewicá byłá, ktora cudownie iedynego
Chrystusá porodźiłá. Ktory sie ćiáłá y krwie y iedney istno
śći z nią y z námi podług człowieczeństwá prawdźiwym stał
uczestnikiem, máiąc ćiáło z Bogárodźićielki Maryey, ábowiem nie inszey (iáko niektorzy z Heretykow rozumieli) ále
iedney, to iest, z niższey istnośći był.* Rownie y ty z

Iákosie ma ro-
zumieć od ist-
nośći Synow-
skiey Duch ś.

nim/ w zwysz rzeczone wykładay/ Z istnośći Synowskiey iest Duch ś. to iest iedney istnośći iest
Syn/ y Duch ś. Aby tedy iedność istnośći Duchá ś. z Oycem y z Synem pokazał/ wiele innych
ten Błogosłáwiony Biskup pomienionym senten-
ćiam podobnych/ przywodźi/ gdy mowi: *Duch
świety iest z istnośći Synowskiey, y Duch S. iest Boskiey
nátury, y Boskiey istnośći, iest nie rodzony, iedney istnośći.*
Ktore wszystkie wylicza/ nie żeby causę Duchá ś.
bytnośći/ pokazał/ ále żeby w istnośći z Oycem
y Synem Duchá ś porownał y zjednoczył. Abowiem kto zás błáhego rozsądku będźie/ ktory to
zás colligowáć niezrozsądnie zachce: Duch ś. iest z

istnośći

iſtnoſci Synowſkiey / Ergo od niego pochodzi.
Wiedząc iż inſze ieſt iſtność ſynowſka / á inſze Perſoná Synowſka / y iż Duch ś. podług ſpoſobu bytności ſwoiey / nie ieſt z iſtnośći (ktora ma rowy-
nie bez początku y bez cauſy z Oycem y Synem)
ále z Perſony Oycowſkiey á nie Synowſkiey. Ale
rzecze przekomowny ięzyk. Przecżże tedy nie
mowimy dla iedności iſtnośći / że Syn y Oćiec
ieſt z iſtnośći Duchá ś. Odpowiedz mu / Práwey wiáry y zdrowey náuki ludźiom / Duchá ś.
rowney cżći / chwały / y mocy / z Oycem y z Synem wyznawáć przyſtuſza / ktorego Kácerze Boſkiey y Synowſkiey iſtności odſądzáli. Nie bronią iednák y w zaiemnicy słow tych przemiány / z
zdrowym pobożnego vmyſłu rozſądkiem.

Aco tenże Błogoſł. Cyrillus indziey mowi.
Duch ś. ieſt Synow / y w nim y od niego / iáko y
o ſámym Bogu Oycu rozumie ſie / y naturaliter od
niego. A drugi. Od obu dwu Duch świety, to ieſt
od Oycá y Syná. To áby ś łatwiey wyrozumieć / mogł / przekłádamći cżworákie cząſteczki

Cżworákie tey particule od álbo ex w Theologiey vżywá-nie.

owey ớa, ex, od, w Theologiey vżywánie. ktore
ſie niegdy Boſkim Perſonam / względem cauſy zewnętrznego ſpráwowánia przydáie / iáko gdy
mowimy / wſzyſtko ſtworzenie ieſt od Bogá / nie
iáko z iſtnośći Boſkiey / ále iáko od ſpráwuiącey
cauſy / ponieważ ſtworzenie nie ieſt z iſtnośći
ſtworzycielowey / Wielki Báſiliuſz náucza. Czáſem względem cauſy náturálnego ſpráwowánia /
iáko gdy mowimy / z káżdey iſtnośći y nátury
Jezu Chryſtuſowey ſwoiá własna y nierozdźiel-

na ſprá-

ná ſpráwá wychodźi. Drugdy względem cauſy
perſonálney bytnośći / iáko gdy mowimy / Syn
ſie od Oycá rodźił / á Duch ś. od tegoż Oycá pochodźi. Duch bowiem / mowi Dámáſcenus / od
Oycowſkiey Perſony pochodźi. Czáſem też nie
względem cauſy. ále względem ziednocżenia / iáko
gdy mowimy / Ten ktory od Bogá ieſt / słowá
Bożego ſłucha. A przetoż Duch ś. nie ieſt od Syná podług pierwſzey cauſy będąc ſtworzyćielem á
nie ſtworzeniem / Ni podług wtorey / ktory toż co
y Syn według Boſkiey iſtnośći ſpráwuie / áni
podług trzećiey. Syn bowiem áni cauſą ieſt / áni
też ią ma / ále y rozeznawány bywa od Oycá
względem cauſy / iáko Theologowie vczą / ktorzy
mowią / Iż Syn wſzyſtko to co y Oćiec ma, oprocż cauſy.
Skąd ſie pokázuie / że ſie te słowá względem ziednocżenia / to ieſt / względem iedney iſtnośći rzeczy / Kiedy bowiem Duchá ś. od Syná / iáko y
od Oyca / álbo od obudwu zárowno powiádáią /
ták to rozumieią / iż Duch ś. iedney iſtnośći / y
iednego Boſtwá z Oycem y Synem ieſt.

A to / co Oycowie śś. mowią / Duch świety w
Synie odpocżywa / ták Andrzey Błogoſłáwion Biſkup Kretu wykłáda / Niewáżeny, mowiąc / ini-
cżey álbo Syná w Oycu, álbo w Synie Oyca widźieć. álbo Syná w Duchu, ktory od Oycá pochodźi, á w Synie podług iſtnośći odpocżywa y trwa, będąc iedney iſtnośći, y iedney chwały z nim. Odpocżywa mowi mąż świety w Sy-
nie Duch świety / prze iedność iſtnośći.

Duch ś. od Oycá pochodźi, á w Synie odpocżywa.

S. Andreas ſerm. in feſtum tranſ.

Náſtępuie zátym y to / Duch ś. pochodźi od Oycá (δι' ὑιοῦ) przez Syná, o ktorey to cząſtce /

Iáko ſie to ma rozumieć, że duch ś. pocho-

Przez

dzi od Oycá przez Syná.

przez. wielko á nádáremno prace podieli ći/ ktorzy im iedne Duchá ś. *causę* sámego Oycá/ cżwo-
rákiey w *causie* vżywánie/ podług cżworákiego
Philosophskich *caus* rozdźielenia twierdząc)
ßtukowáli. A náprácowawßy śie do woley/
wykład rozumienia swego ná piasku Mądrośći
świátá tego vfundowáli/ ktory prętko potym/
wiátrem Duchá świętego y Ewánielskich wod
wáłámi wywrocony/ *funditus* vpadł. W Błogosłáwioney bowiem Boskich Person *causie*, nie
Philosophskich *caus* wybádywánie/ ale Bogosło-
wne Pismá świętego objáwienie pierwßość
mieyscá miewa. Coż bowiem iest *causa efficiens in
productione*, świętego y ożywiáiącego Duchá? A-
zali go stworzeniem á nie stworzyćielem być wie-
rzą/ że śie ná wielmożność chwały iego ták niebácżnie y dość śmiele tárgáią? Duch ś. mowią/
przez Syná pochodźi/ *Ergo* Syn *efficiens causa* Duchá ś. iest/ ponieważ w Argumentácyach Philosophskich rowną wagę te Sentencie máią/
Duch ś. przez Syná pochodźi/ y świát przez Syná iest stworzony. O głupstwá y dobrowolne-
go ßaleństwá/ Theologia/ ktora ludzkim *rationibus* nie
podlega/ Philosophskimi árgumenty obiáśniáć/
ktorą głupstwem Błogosłáwiony Doctor *gentium*
przed Bogiem być powiedźiał/ iákoby rzekł/ Bogá Philosophskiemi *rationibus* nie naydźieß/ ieśli
Theologickiey wiáry nie nábędźieß/ gdyż nie
przez tego świetnią mądrość świát Bogá poznał/
ále przez prostotę wiáry/ ktorą gdy kto stráći/ y
Philosophia będźie mu ku zgubie/ przez niedostá-
tek/

tek swoy. Z pilnośćią tedy posłuchay y zrozumiey dobrze/ co iest y iáko śie rozumieć ma/ *wßystko śie przez Syná stało*. *Causa* záiste y pierwßa y wtora opowiáda. To iest pierwßa/ y ktora od pier-
wßey/ álbo ktora śrzodkuie. Pierwßa stworzeniu *causa* Syn/ kiedy o istnośći iego pomyślisz.
Druga/ y śrzodkuiąca stworzeniu *causa* Syn/ gdy
Persone iego *causą* być námienisz. Według pierwßego tedy sposobu/ Syn iest iedną y ráż z Oycem y z Duchem ś. stworzenia *causa*. A według
wtorego *causa* od *causy realiter* od pierwßey oddźielona (iesliże stworzenie pod personálną *causę*, á
nie pod iedną Boskiey istnośći wolą ráczey záciá-
gáć/ przysłuśa) dla rzecżywistego *ab inuicem* Oycowskiey Persony y Synowskiey rozdźielenia.
Dla ktorey przycżyny y *principalis causa* Ociec śie
názywa/ á Syn y Duch *à principali causa* álbo od
pierwostney przycżyny. A wßákże iedną *causą*
stworzeniu Przenaświętßa Troycá/ nie personálnych swych własnośći względem/ ále względem iedney istnośći y iedney woley Oycá y Syná y świętego Duchá/ podług Bázyliusza wielkie-
go/ ponieważ iedná y táż świętey Troyce spráwa
y wola *in productione* stworzenia pokázuie śie/ á *in
productione* Duchá ś. persony iuż nie ták. Abowiem gdy mowimy Duch święty przez Syná po-
chodźi/ pierwßali/ álbo te ktora od pierwßey álboli śrzodkuiącą Duchá ś. *causę* Syná/ będźieß rozumiał? Jákowymże prośże sposobem iednego
Bostwá *causą* Ociec będźie? Cżyli ku istnośći
Synowskiey Duchá ś. bytność referowáć záchceß?

Ff

O causie pierwßey y wtorey

Nazian. & Helias comment. Greg. Nazian. Orat. de Theolog.

Basili. lib. de Spiritu S. cap. 8. & 16.

chcesz: gdziesz Duchá ś. iedne istnośc podzielisz. Dla ktorey y on/ ἄναρχος καὶ ἀναίτιος bez początku y bez przyczyny/ iáko Oćiec y Syn wyznawány bywa. Nie day sie przeto synu duchom przewrotnym w tey mierze do końca zwodzić/ nie day. Ale ták wierz y ták wyznaway/ iż in productione Spiritus S. Personálna sprawá álbo ráczey włásność iest á nie istnostna/ poniewaz nie z istnośći Oycowskiey syn sie rodzit/ á Duch ś. pochodzi/ ále z persony Oycowskiey. Personálne zás włásnośći / z istnostnemi mieszáć / nie Theologica, ále Matheologica rzecz iest. Swiątłosc mowiemy Syn / od swiátłosci Oycá/ y Bog Syn od Bogá Oycá / prze iednosc istnośći názywa sie/ iedná swiátłość/ y ieden Bog/ y z Duchem ś. zárowno. Czyli ták y tu rzec możemy: Causa Syn od causy Oycá/ y zrzodło Syn od zrzodłá Oycá/ z ktorego Duch ś. Personálnie pochodzi. Oćiec przeto/ y syn iedná causa, y iedno Duchá ś. zrzodło/ z tymże Duchem prze iednosć istnośći bedą. A ták Duchá ś. podług personálney swey bytnośći sámemu sobie causy vczynimy / oddal Boże bluznierstwá tákiego/ iż bowiem Oćiec Bogiem y swiátłośćio sie názywa/ to istnostney własnośći iego iest/ á być y názywáć sie Bostwá przyczyno/ personálney/ y te pierwsze własnośći/ iákom wyższey powiedziálá/ wszystkiey swietey Troycy so spolne/ A owe drugie / przy káżdey personie nieodmiennie trwáio. A przetoż nie Philosophio/ ále Theologio tákowe rzeczy roztrząsáć mamy/ ieśliże

szczyro

szczyro prawde postignąć chcemy / ktora podług Ewánielskiey náuki ták sie w tey rzeczy rozumieć ma/ Duch ś. pochodzi od Oycá przez Syná/ Praepositio tá przez w pismie Bożym czásem cause, á czásem iednosć istnosći znáczy. Cause w ten czás/ kiedy od stworzyćielá do stworzenia mowá bywa / iáko Acquisiui hominem per Deum, nábyłem człowieká przez Bogá. Swiádek memu obiásnieniu Básiliusz wielki / y Złotousty Błogosłáwiony / gdzie pisze / Pismo mowić zwykło przez ktorego, iákoby od ktorego, iáko gdy mowi, pozyskałem, nábyłem człowieká, przez Bogá / nie wtoro ále pierwszo cause rozumiećiąc. Co y Błogosłáwionego Theodoretá poruszyło. Zárowno y gdy mowi / przez Syná stworzone so wszystkie rzeczy/ cause tu stworzeniu znáczy Syná/ od causy Oycá. Aczkolwiek y sam od siebie Syn Boży podług istnośći iest stworzyćielem/ podług personálney iednák Oycowskiey poważnośći y porządku / causa stworzeniu iest od causy Oycá / y stworzyćiel od stworzyćielá Oycá. Przetoż gdy stworzenie pod cause Bogu według istnośći poddáiesz (według tey ábowiem Theologowie Bogá wszystkich rzeczy cause názywáć zwykli) iedne wolo y iedno myśl Troycy ś. rozumiey/ zezwoleniem ábowiem Oycá/ y Syná/ y ś. Duchá/ stworzone so rzeczy wszystkie: A gdy zaś stworzenie pod personálno cause podkłádasz, cause Syná / y cause Duchá ś. stworzeniu / od causy Oycá bedące / to cząsteczko przez rozumiey podług słow Dawidowych. Słowem Pańskim niebiosá vtwierdzone sę, y duchem vst iego wszystká moc ich. A ták

Ff ij

prepos

O cząstce przez.

Psalm: 22.

praepositio (*przez*) praepositio (*od*) porownaſz.
A gdy taż praepositio iedność iſtności znaczy/ żadnym ſpoſobem pod *cauſe* poddána być nie może.
To ieſt áby cauſe znaczyć miáłá/ ponieważ iedná Syná/ y Duchá ś. perſonálney bytności ieſt *cauſa*, ktora ſie cząſteczką (*od*) wyraża/ á nie dwie.
Abowiem ieśliby y ná tym mieyſcu praepoſitio tá (*przez*) *cauſe* znáczyłá/ y rowność/ z cząſteczką *praepoſitionis* (*od*) miáłá/ iákowoby śmiáło ácz to Theologowie przećiwne rzeczy w piſmách ſwoich nie z omyłki iákiey/ ále umyślnie wążyli ſie wnośić.
Damasc. *Duch mowiąc S. pochodzi przez Syná, á od Syná nie pochodzi*/ dáląc záraz ſwych dowodow przyczyne/ *Ponieważ ſam Oćiec Boſtwá cauſą ieſt.* Tu ſą przećiwne głoſy/ *Pochodzi przez Syná, á nie pochodzi od Syná*, ktore znácznie y iáwnie pokázuią/ iż inſze *in productione* perſon Boſkich (*przez*) á inſze (*od*) znáczy.
owo *cauſe*, á ono iedność iſtności podług ſłow Theologá/ Duch ś. duch ieſt Synowſki/ nie iáko od niego/ ále iáko od Oycá/ przez niego pochodzący/ Oćiec bowiem ſam ieſt *cauſa*/ przetoż (*przez*) praepoſitio nie znáczy *cauſy*. Nád to/ iáko nigdzie w błogosłáwionych oycow piśmiech/ nie náyduie ſie tego/ áby kiedy Duchá ś. od Syná bytność máiącego/ álbo od Syná pochodzącego mowiono. Ták też to nigdzie ni od kogo *ſimpliciter* ták rzeczono nie było. *Duch ś. pochodzi przez Syná*, żeby nie pierwey Oycá imie wſpominano. *Duch ś.* mowiąc/ *od Oycá przez Syná pochodzi.* Ták iż pierwſza praepoſitio *cauſe* bytności/ á druga iedność iſtności podług Błogosłáwionego Máximá znácząłá/

co ſie w *operacij* ſtworzenia nie zachowuie ále *ſimpliciter*/ *przez którego ſie wſzyſtko ſtáło*, mowią/ *y przez którego wieki ſtworzył*, á nie *od Oycá przez Syná ſtworzone ſą wſzyſtkie rzeczy.* to ieſt oprocz przedłożenia/ álboli wſpomnienia Oycowſkiego imienia z praepoſitią (*od*) ktora *cauſe* znáczy. Gdyż ieśliby obie dwie praepoſitie toż znáczyły/ y iednáką moc wyrozumienia mieli/ ktoby Greckim ięzykiem bez urogánia y śmiechu grubiáńſkiego ſwego Syllogiſmu mogł ták mowić/ τὸ πνεῦμα τὸ ἅγιον ἐκ τοῦ πατρὸς, ἐκ τοῦ υἱοῦ ἐκπορεύεται Spiritus Sanctus ex Patre, ex Filio procedit. to ieſt/ *Duch świety od Oycá, od Syná pochodzi*, á nie ráczey podług ſpoſobu właſności Dialektu/ ἐκ τοῦ πατρὸς καὶ ἐκ τοῦ υἱοῦ, álbo/ ἐκ τοῦ πατρὸς καὶ υἱοῦ, Ex Patre & ex Filio, vel ex Patre, & Filio, to ieſt/ *od Oycá y od Syná*, álbo/ *od Oycá y Syná Duch ś. pochodzi.* To iáko w ſámym mowieniu śmiechu y ſzyderſtwá godno/ ták y w ſignificaciey námniey nie przyſtoyno. A co ſie o tych ſententiách tu w krotce powiedziáło/ niech to y o inſzych tym podobnych rozumiáno będzie. Ponieważ według práwosłáwnego wyznánia/ Troycá przenaświetſza (iáko ſam wieſz) iedná y nierozdzielna ieſt iſtnośćią/ iedná Boſtwem/ iedná władzą/ iedná kroleſtwem/ iedná ſławą/ iedná wyobráżeniem/ y iedná duchem/ Abowiem ſie Duch ś. nie dzieli. A ták wierząc y wyznawáiąc/ ty ſam y ktorzy ćie náśláduią/ zbáwieni będziećie/ á w oyczyźnie niebieſkiego dziedzictwá

z márne

z wiárnosci świátá tego przeszedszy / Syná Bożego wszystko to cokolwiek Oycowskiego iest / táktież Duchá ś. rownie y spolnie z nim máiącego / vyźrzyćie.

Ktorego czásu y dla iákiey przyczyny to słowko y Od Syná do wyznánia wiáry przez Kościoł Rzymski iest przydáne.

Zdami sie zátym synu / że to nic od rzeczy / y nie bez pożytku twego będzie / ieśli ć y czás sámy / y przyczynę / to iest / kiedy / y dla czego Rzymscy Biskupowie ten *y od Syná* przydátek / w Kościoł swoy wnieśli / y ták wierzyć *Affectom* swym przykázáli / w krotce przełożę. O czásie tedy pewney wiádomośći niemász. Acżkolwiek sie obmawiáią / że sie to *Synodice* w Rzymie stáło / wszákże Synodu onego *extra margines* ksiąg *Conciliorum*, szukáć vkázuią. Abowiem áni sámi tey *correptiele*, zástępcy pewnie wiedzą / zá ktorego Cesárzá y zá ktorego Papieżá ten sie przydátek stał. Dla czego też rożni rożnie o tym powiádáią / Niektorzy mowią / iż zá czásow Błogosłáwionego Dámásá Papieżá Rzymskiego / ále krom świádectwá powieść / o ktorey áni przez sen w dziełach Dámásowych. Niektorzy Formosowi P. P. przypisuią / lecz y tám słába pewnośći podporá. Ale niech ták będźie / ponieważ nam nie ták o to idźie kiedy sie to złe ná świát wynurzyło / y przez kogo / iáko bárźiey o to / iż sie wynurzyło. Acżkolwiek przez długi czás ten wrzod przed Wschodnią Cer-

Concil. Ferrar Sessio. 7.

kwią był táiony / á około ńostego powszechnego Concilium bárźiey sie szyrzyć począł / wszákże kiedy sie ná ćiele ziáwił / pewnośći nie mamy. Chytry ábowiem złośnik / á obłudny przewrotnik / y ćiáło záráźił / y czás vtáił. Aby ták ten wrzod álbo nieuleczonym został / álbo zá wrzod rozumiány nie był / co łátwie odźierżał / gdy czás wieczną niepámięćią zágłádźił.

Przyczyny tedy tey cząstki / *y od Syná*, przydánia / rożni rożne przynoszą. Pierwsza / Iż mpádli, mowią *niegdy ná Rzymski Kośćioł, Ariusowey niezbożnośći Kácerze, ktorzy y Syná Bożego Oycowskiey istnośći odsądźáli, y vczestnictwá nátury Boskiey oddaláli, áby Duch ś. od Syná pochodźił nie wierzyli. Druga iż Boskie Persony iedná od drugiey żadnym inszym sposobem rozeznane być nie mogą, tylko secundum causam & causatum.* Tá pierwsza przyczyná kiedy podána byłá / iáko y sáme przydánie / kiedy sie stáło / nie iest wiádomo. Co bowiem zá fundáment wymysłom / y co zá pewność złośći skrytey: w kąćie zmyślona / á w padole iest zákopána / áby Ewánielskiego słońcá iásnośćią oświecona / y rozumnemi promieniámi zemdlona / ludźiom y Anyołom ná pośmiech wystáwiona nie byłá. Pytam ieśli to dla Ariuszowego kácerstwá náśládowcow Rzymski Kośćioł przyłożył. Przecisz wszystkiego świátá Cerkiew dla sámego ich przodká przeklętego Ariuszá / tego przydáć (czego w piśmie nie náydowáłá) nie śmiáłá. Y dla czego ieden raz osądzonego / álbo tym że wiáry wyznániem nie potępił / álbo iuż osądzonego krom wszelkiey contrádictiy / iáko nie przyiáćielá Bożego/ y Ewánielſkiey prawdy gwałtowniká nie odrzućilá.

Obiectio. Lecż nie o tym mowię tylko ſpor był, że iednorodzonego Syná Bożego Oycowſkiey iſtnośći oddalano, ále y to, iż Duch S. od Syná nie pochodzi, twierdzono.

Solutio. Pytámi ich po wtore/ ieśli wßyſtkie słowá ktore z vſt kłamliwych Heretykow wychodzą / Czyli tylko te/ ktore w ſobie bluźnierſtwo zámykáią/ ſą Bogá bluźniące/ Pewnie ześmy przyznáć muſzą/ że te tylko ſáme/ Rzáá/ Przyſtoili przećiw temu/ co ſie ſłuſznie od Heretykow kiedy rzecze/ niezbożno odpowiedź zmyśláć/ álbo nie? Pewnie nie przyſtoi odpowiedzą / wziowßy rowny ná przykład ſpoſob/ Neſtoriuſzowo wyznánie/ ktore błogosłáwieni y Bogiem wybráni trzećiego powßechnego Synodu Biſkupowie ná dwie częśći rozdźielili/ ná wyznánie o Bogu/ y ná wyznánie wćielenia Syná Bożego táiemnicy/ z ktorych owo czáſtkę drugą/ iáko niezbożną / y piſmu Bożemu przećiwną odrzućili/ y przeklectwu oddáli. A onę pierwßą iáko świątobliwą y Cátholicką nienáruszoną bez wßelkiey odmiány zoſtáwiwßy/ (że y oni wßyſcy z Neſtoriuſzem iednáko w tey mierze dźierżą) wyználi. Swiádek powieśći Cyrillus y Theodoretus Błogosłáwieni Biſkupowie z Powßechnym trzećiego powßechnego Synodu wyznániem/ przez Bogomyślne Oyce złożonym. Przetoż y Rzymſkiemu Kośćiołowi onych Ariuſzowey niezbożnośći záſtepcow głoſy/ rozdźielić/ y ono/ co iedno rodzonego Syná Bożego iedney z Oycem iſtnośći vwłaczáło / iáko nie-

zbożne

zbożne odrzućić. A owo co mowili/ iż Duch ś. od Syná nie pochodzi/ iáko pobożne y z piſmem świętym zgodne/ dla záchowánia iednego w Boſtwie początku y iedney *cauſy* pochwalić/ y ſámemu z nimi ták wierzyć przyſtało. Co bowiem zá pożytek iedno bluźnierſtwo odrzućić/ á drugie przyłączyć. Iednego mowię bluźnierce wykląć y do przepáśći poſłáć/ á drugiego z támtąd ná zgubę Kośćielną wywlec y ná ſtolcu poſádźić. To właśnie Rzymſki Kośćioł vczynił. Ariuſzá w przepáść przeklectwá ſtrącił/ á z teyże Sábelliuſzá ná świát wynioſł / y Mánicheuſzowemu błędowi pozwyzrzał. Izali to nie Sábelliáńſkie bluźnierſtwo/ Oycá y Syná w iedne perſone zlewáć. Izali nie Mánicheyſkie ßáleńſtwo dwie Boſtwu *cauſy* wnośić. Acżkolwiek roznym ſpoſobem/ iednák dwie/ Twierdząc bowiem/ Iż *Oćiec y Syn iedną ieſt Duchá ś. bytnośći cauſą*, co inßego mowią/ tylko *Iż Oćiec y Syn ieſt iedną Perſoną, z ktorey Duch ś. pochodzi.* Poniewaź gdy właſnośći Perſonálne zlane álbo zmießáne będą/ *neceſſario* y ſáme Perſony mießáć ſie muſzą. Przez te bowiem ſáme rozeznawáne/ y przez teź ſáme zlane álbo zmießáne Perſony bywáią. A iż *producere* álbo wypußczáć/ Duchá ś. ieſt perſonálna właſność Oycowſka/ iáko y rodźić Syná/ doſtáteczniem wyżßey pokazáłá. Záś gdy mowią/ Oćiec y Syn ieſt *cauſa* Duchá ś. perſonálnego pochodzenia/ ázali nie dwie *cauſy* Duchowi ś. *realiter* od śiebie rozdźielone (gdyż Perſoná od perſony *realiter* śie dźieli) czynią.

Sábelliuſzow y Mánicheyſki błąd.

Baſili. contra Sabell. & Arium orat.

Auguſt. de fide & ſymbol. ca. 9. & Theoph. cap. 3. in Ioan.

Gg Ani

Obiectio & Solutio.

Ani tu co zzwykło swoią vciecżką cżynić miáło/ *Bog od Bogá* mowiąc *ieden Bog, Swiátłość z swiátłości iedná swiátłość*, według wzwyß pomienionego mego obiáśnienia/ poniewaź *á communibus ad personalia argumentatio* nie idzie/ ktore miedzy sobą ták sie dzieło/ iáko sie persóná dzieli od istności/ to iest/ *distinctione formali*, Kto abowiem z Catholików rzekł kiedy/ álbo rzec śmie: *Oćiec iest persóná, Syn iest persóná, Duch ś. iest persóná, wßákże nie trzy persony, ale iedná.* Argumentáciey swoiey z tych słow przykład wziąwßy: *Oćiec iest swiátłość y Syn swiátłość, y Duch ś. swiátłość, nie trzy iednák swiátłości, ale iedná.* Tákowegoż bluźnierstwá y ten záprawnie nie vydzie/ ktory ták Argumentuie. *Oćiec iest causa Bostwá, y Syn iest Bostwá causa, iedná wßákże causa, á nie dwie,* Ktoby też rzekł/ *Nierodzone y rodzone iedne Persone stánowią*, álbo, *Oćiec y Syn iedney persony są imioná.* Co iż Sábelliáńskie bluźnierstwo iest/ kto tego nie widzi/ tylko ten záiste/ ktory prawdziwego rozsądku nie ma/ poniewaź w Boskich person rozdzieleniu/ nie iest inßa rzecz. *Bostwá przyczyną być á być pierwßą Bostwá persóną. Przyczyná Bostwá Oćiec, Pierwßa Bostwá Persóná Oćiec, & é cóuerso, Pierwßa Bostwa Persóná, iest przyczyną Bostwá, y przyczyná Bostwá, iest pierwßą persóną Bostwá.* Obroć mu ták rodzone y nierodzone/ Syná y Oycá. Persone pierwßą y persone drugą/ *causam & causatū*, á zgodzą sie z tobą y ná twym zdániu przestánie. A ieśli to żádnym sposobem być nie może/ niechże iuż Rzymski Kościoł ná Bogá nieprawdy nie mowi/ ináczey go rozeznawáiąc / ániż sie on sam obiáwił/

y iná-

y inaczey iednocząc/ ániżeli on o zjednoczeniu swym náucżył/ Ktory siebie *Oycá nierodzonego, Syná od Oycá rodzonego, á Duchá ś. od tegoż oycá pochodzącego* opowiedział. A przetoż áni pierwßá ich przyczyná ważna áni druga / poniewaź doskonáłe Boskich Person rozeznawánie w tych sie własnościach/ *Nierodzeniu, Rodzeniu, y Pochodzeniu* náyduie/ á nie *in causa & causato*, Ono bowiem Błogosłáwieni oycowie z Pismá Bożego wziąwßy podáli, A ono Thomas Aquinus z Aristotelesá wyczerpnąwßy powiedział. Oni áby iedno Bostwo w trzech Personach pokazáli / á ow áby trzećią Persone od pierwßych dwu być opowiedział.

Trzećia y Cżwarta przydánia tego przyczyná/ w dziejách Concilium Ferráriskiego/ w te sie słowá opisuie. Idcircó autem Symbolum declaratam, ac diiudicatam á maioribus nostris fuisse dicimus, nè quisquam ambigens, An Filius Spiritus Sancti Causa sit, in aliquam incideret hæresim, Nam credentes Spiritum S. ex Filio nequaquam procedere, necesse est vt intelligant Spiritum ex solo Patre procedere: ac consequenter non esse Filium. Qui autem proferunt Spiritum ex sola Patris persona procedere, hi proculdubio substantiam ab hypostasi separant, & partitionem imaginantur diuinæ substantiæ, quod á ratione fideq; alienum piè creditur esse. *Et post pauca.* Ne quispiam credendo Spiritum S. ex solo Patre procedere, *Florentiæ Sess. 25.*

tres

tres in Partes vnicam illam diuinam substantiam diuidi mente concipiat: Idcircò Verbum Ex Filioq; necessarium in Symbolo esse duximus. To iest / A dla tego Symbolum obiaśnione y wyłożone od przodkow naszych być mowiemy, aby kto wątpiąc ieśliże Syn Duchá ś. przyczyną iest, w heresią iáką nie wpadł. Wierząc bowiem, iż Duch ś. żadnym sposobem od Syná nie pochodzi, musi rozumieć, że od sámego Oycá pochodzi, y consequenter Syná nie będzie. A ktorzy mowią że Duch święty z sámey persony Oycowskiey pochodzi, ci bez wątpienia istność od persony odłączáią, y Boskiey istności rozdzielenie imaginuią, co iż nád słuszność y nád wiárę Chrześciáńską iest, przyznawamy pobożnie. A máło niżey / Aby kto wierząc, iż Duch ś. z Oycá sámego pochodzi, ná trzy części onej iedney Boskiey istności, w vmyśle swym nie dzielił, dla tego to słowko, y od Syná / w symbolum przydáć się musiáło.

Nád te dwie iesżcże coś inszego ktoś według phántásiey swoiey árgumentuiąc / w pośrzodek przynosi / co miásto Boskiey przyczyny przydánia potrzebuie. Qui Spiritum Sanctum ex solo Patre procedere diceret, is plane & SS. Patrum sententiæ, ac veræ fidei contradiceret. Duorum enim alterum in commodum necesse est incurrat, vt vel in diuinis Personis non naturalem ordinem esse credat, aut Filium, sanctumq; Spiritum Patris creaturas esse. To iest / Ktoby Duchá ś. z sámego Oycá pochodzącego twierdził, iáwnieby się y śś. Oycow zdániu, y práwey wierze przećiwił, skąd y w iedno z dwu niebespieczeństw wpáść musi, iż álbo w Boskich personach o przyrodzonym porządku nie wierzyć, álbo Syná y duchá ś. Oycowskim stworzeniem musi przyznáć.

Co się tedy pierwszey Ferráriskiego Concilium przyczyny dotycże / tá ná części rozłożoná / iáko słuszna y gruntowna będzie / wszelki prawdy miłośnik łátwiuchno zrozumie / y ná oko obaczy / iż prożno z Aristotelesem przećiw Duchowi Bożemu Rzymski Kośćioł powstáie. Aby kto / mowi Concilium / wątpiąc, ieśliże Syn Duchá ś. przyczyną iest, w heresim iáką nie wpadł. Pytam / godzili się Kośćiołowi złym złemu zábiegáć / á nieráczey dobrym złe tłumić / heresim heresyą vprzedzáć / á nie ráczey prawdę przećiw fałszu wystawiáć przystało: Ale że kácerstwem kácerstwo iest vprzedzone / y bluźnierstwo bluźnierstwem zátrzymáne iásniem wyższey pokazáłá.

Odpowiedź ná Ratie Ferrarskiego Synodu,

Jákiegoż się prze Bog herezyiey sprzećiwił. (Odpowiáda) Iż Duch ś. żadnym sposobem od Syná nie pochodzi, muszą rozumieć że od sámego Oycá pochodzi. O wielka záprawdę heresia / ále v heretykow / á nie v Cátholikow / wielki záiste błąd ále v krzywowiernych / á nie v práwowiernych. Swiádkiem prawdy Cátholiccy Doctorowie / święći Biskupowie / ktorych pámiątká w świętey powszechney Cerkwi / y podziśdzień corocżnym obchodem kwitnie. Heretykiemli Błogosłáwionego Dionysiusá z Areopágu názowiesz: ktory te herezim (iáko ią Concilium zowie) pobożnym wyznániem názywa. Jedno źrzodło, mowiąc / nád istnośćnego Bostwá, Syná y Duchá ś. iest ociec. Drugi tegoż wielebnego pocztu známienity Biskup Athánásius ś. toż opiewa. Sam oćiec iest Bostwá źrzodłem.

Obiectio.

Solutio.

Dionysi. de Diuini. cap. 2.

Athan. serm. de Spirit. s. ad Serap.

Ibidem.

zrzodlem. Z tymi (opuſzczam drugie niemal wßyſtkie) y Trzeci oſtátniego Blogoſlawionego wieku Cerkwi ś. znáiomy / y od niey vwielbiony y przyiety Jan z Dámáßku Theolog tez o tych Doktorách Cerkiewnych / ktorzy przed nim żyli / iáko y o ſobie wiedzieć dáie głoßoc / *Sam oćiec Duchá ś. przyczyną, y zrzodlem ieſt.* A ieśliż ſam Oćiec ieſt zrzodlem y przyczyno perſonálnego Boſtwá / ktore ieſt w Synie y w Duchu ś. iákoż nie ſam y ieden bedzie od ktorego ſie Syn rodzi / á Duch ś. pochodzi. Rdla czego Duch ś. od ſámego Oycá nie pochodzi / iáko y ſyn od ſámego ſie Oycá rodzi. Niechże (ieśli co ma) ná przećiw świetym Bożym mowi / á prawdziwego wyznánia hereziio nie krzći / y niech ich tym niezbożnym bluźnierſtwem nie máże.

Ale rzecże / *Toć ieſt Hæreſiey cumulus, wierzyć że Duch ś. od ſámego oycá pochodzi, y zá tym neceſſario ſequitur, iż Syná pozbedziem.* Przewrotna to záiſte przewrotnego mozgu *conſequentia*, gdzieß tu dla Bogá rozum / gdzie rozſądek / záprawde Concilium to / álbo owßeki ślepe / álbo pozbywßy Bożego Duchá / duchem klamſtwá rzodzone było. Jeśli Oycá ſámego / mowi / przyczyno Duchu ś. vczynimy / ſyná nam nie ſtánie / to ieſt / vtrácim Troyce / á przy dwoycy zoſtániemy. Jákimże to ſpoſobem proße? Jáko ſyllogiſmu formo? Jákim Argumentu śrzodkiem? Dziwny to záiſte tákis conſequentley ſpoſob / że ſie nań Blogoſláwieni oni Philozofowie namniey nie oglodáli / nowa formá y nieſłychane *medium* / przez ktore

zwoye á

Damaſ. lib. I. cap. 16.

obiectio.

ſolutio.

dwoycá *perſon* Boſkich v heretykow powſtáie / á v Cátholikow Troycá świeta w ſwych gránicách nienáruſzona ſtoi. Abowiem kto powiáda iż od ſámego Oycá Duch świety pochodzi / nie od nátury Boſkiey / ktora iemu z Oycem y z Duchem ś. iedna ieſt / Syná odłacza / ále tylko Boſtwá przyczyne (ktora y w nim / y w Duchu ś. ieſt / podług piſmá Bożego / y podług práwey náuki Doktorow ś.) przy ſámym Oycu zoſtáwuie. Poniewaz ſam Oćiec ieſt przyczyno / á Syn áni Oycem ieſt áni przyczyno / ktory od Oycá wßyſtko cokolwiek Oćiec ma / wziął / oprocz tego áby był przyczyno. Zácżym *neceſſario* w Troycy ś. poydzie / że Boſtwá odłaczona Perſoná nie ieſt Bogiem / á odłaczoná od perſony przyczyná / nie Bogu nie vwlacza / áni perſone wylacza / ále nieodmiennie y gruntownie trwa Troycá Perſon ieden Bog.

Lecz ießcze y nie ná tym ſámym funduie ſie tá heresis / ze, mowi Concilium / *Syna nie bedzie, ále przydáie y to / Iż ći ktorzy mowią, że Duch ś. od ſámego Oycá álbo od ſámey oycowskiey Perſony pochodzi, y iſtność od perſony odłaczáią, y iedne iſtność Boską, ná trzy części rozdzieráią, Co iż ieſt nád práwoslawney wiáry wyznánie, Hæreſis ieſt.* Odpowiádam / że áni pierwßa / áni druga *illatio* zá tym idzie. Poniewaz gdy od ſámey Oycowſkiey perſony Wſchodnia ś. Cerkiew Duchá ś. pochodzić wyznawa / nie odłacza perſony od iſtnośći *realiter*, ále dzieli iſtność od perſony *formaliter*, (iáko ſie wyżßey doſtátecznie rzekło) *ſecundum proprietatem* Perſonálnych y eſſentiálnych własności / to ieſt dzieleniem ſpoſobu

dzieli /

Damaſ. lib. I. cap. 1. & 15. & 16.

Nanzi. in Ægyp. Epiſ. App[?]ul.

Obiectio.

Solutio.

dzieli/ á nierozłącza. Przytym Rodzenie, Rodzenie ſie, y Pochodzenie, iż ſą perſonálne włáſnosci á nie eſſentiálne/ żadnym ſpoſobem iedyney Boſkiey iſtnosci ná trzy cząsci (iáko zárzucáią) nie rozdzieráią: Ale ią w Oycu y w Synie y w Duchu świetym iedyną záchowuiąc/ Duchá świetego pochodzenie/ iáko y Synowſkie rodzenieſie do perſony, á nie do iſtnośći Bogá Oycá y productora refemują. Ponieważ Oćiec y Syn y Duch ś. nie iſtnośći Bożey/ Ale Perſon ſą imioná. Rownie y onych Perſonálney bytnośći ſpoſoby nie do eſſentiey, ktora wßyſtkim ieſt iedná/ nierozdzielna/ y rownie bytna/ ále do Perſon ktore ſą trzy y Realiter iedná od drugiey ſie dzieli referowane bywáią.

Przez co iedynoſtna iſtnosć Boſka żadnemu rostárgnieniu nie podlega/ iáko y gdy ſpoſob bytnośći Boſtwá iednego ná trzy ſie perſony dzieli/ iſtnosć iednák Boſtwá żadnego dzielenia nie ćierpi. Jnaczeyby prze iednosc iſtnośći/ Duch ś. podług Concilium tego concluſiey/ ſam ſobie przyczyną/ álbo od ſiebie ſámego/ secundum perſonalem ſuam exiſtentiam był. Co/ iáko ſie z Cátholicką wiárą zgadza/ mądry widzieć może. A prze iednosć cauſy Oycá z Synem Duchowi ś. ktoryż ſie realiter od ſiebie dzieło/ iáko Sábelliáńſkiey Perſon confuſiey wydzie/ zdrowym rozſądkiem obaczy. Abowiem iáko iſtnosć wßyſtkim trzem Perſonam/ ktora áni począrkowi w exiſtentiey áni liczbie w liczeniu podlega/ ieſt ſpolna y iedná/ że áni rodzi/ áni ſie rodzi/ áni też pochodzi/ ále ſámobytna w ſobie iedná doſkonále/ A w trzech perſonach iedyna/ ták y rozne bytnośći ſpoſoby/ w iedney tey iſtnośći ſą trzy/ y ſámym perſonam poſpolite/ iż/ co iedney ieſt/ drugiey krom mießániny żadnym ſpoſobem być nie może. Przez nie bowiem Wſchodnia Cerkiew/ Troyce ś. w iedney iſtnośći poznawa/ wyznawa y wierzy. Rzymſkiey záśie podług tego Concilium rozſądku/ y Syn y Oćiec iednym Duchá świetego ſą począrkiem/ ſkąd y iedná Perſoná obiedwie/ álbo we dwu rozdzielonych Perſonach/ neceſſario dwá rozdzielne począrki bedą/ poſpolite bowiem Theologow Reguły immobiles ſtać máią. Jż Confuſis proprietatibus perſonalibus, confunduntur perſonæ, & perſonalia Idiomata, perſonas realiter abinuicem diuidunt. A iż być począrkiem y cauſą, ieſt Oycowſkie proprium perſonale, z miedzy inßych Cerkiewnych Doctorow Areopágitá y Náńziáńzenus świádczą/ z ktorych pierwßy Oycá od Syná imieniem cauſy, drugi imieniem zrzodłá/ dzieli. O czym poſpolity Theologow głos náucza/ żeiáko proprium perſonale eſt incommunicabile, ták też/ id perſonale, perſonarum proprium eſſe, quod eas abinuicem diuidit.

A o tym Ferrárſkie Concilium/ ktore iednosć cauſy we dwu perſonach gruntownie zámyká/ co rzecze? co Rzymſkiego Kośćiołá w zeſzłym wieku niemal pierwßy wielce poważny Doctor Thomas z Aquinu mowi: Filij proceſsio à Spiritus S. proceſsione differt principio. Filij enim à ſolo Patre, Spiritus vero ſancti à Patre & Filio. To ieſt/ Synowſkie

Odpowiedź ná zdánie Thomae de Aquino.

Thom. cap. de Spiritu ſancto.

pochodzenie od pochodzenia Duchá ś. początkiem iest rozne
poniewaź Synowskie od sámego Oycá, á Duchá ś. od Oycá y
od Syná. Pytam iáko Conclusia temu Argumen
towi iego Concilium uczyni? Jeśli bowiem roz-
znosc w pochodzeniu względem y powodem początku iest/ tedyć tá rozność początkowi bárziey
podług zwykley Philosophow *affirmatiey*, przystu-
ßa/ gdy *propter quod unum quodq; tale, & illud magis*
tale est/ mowią. *Ergo.* Dwá rozne początki/ O-
ciec sam Synowi ieden/ á drugi początek wespoł z Synem Duchowi ś. co w świętey Wschodniey Cerkwi iáko *blasphemum* ćierpiano być nie może. Záczym y owo przy Rzymskiego Kośćiołá
wyznániu *consequenter* zostáć musi/ że ieśli tenże y
ieden Bostwá początek iest Syn / co y Oćiec y
táż y iedná przyczyná Oćiec iest y Synowi y
Duchowi świętemu przyczyną/ Tá urośćie stąd
Consequentia, áby Syn y swoiey y duchá świętego
Personálney bytnośći był przyczyną. A ieśliby
Syn Bostwá był przyczyną y swoiey y Oycowskiey rownie y ś. Duchá personálney bytnośći /
lub to sam ieden/ lub też z Oycem *personaliter* (co
u Cátholikow iest niezbożne) ziednoczony byćby
musiał. A ieśliże Syn przyczyną iest / Duchowi ś. á sobie nie/ inßa Oćiec y Syná y Duchá ś.
A inßa Syn sámego tylko ś. Duchá *causa* będzie/
dla czego iedną być y názwać się iáko żywo nie
może. Rownie ieśli Oćiec y Syn iednym *produ-*
ctorem, á Oćiec syná rodźićielem iest/ toć iuż
dwá początki. Być ábowiem *solum Patrem, & non*
solum productorem distinguit principia. Jeśli tedy
Oćiec

Oćiecy Syn Duchowi ś. przyczyną są/ iákowym
sposobem włásność te sámey oycowi oddamy:
A ieśli Syn przyczyną nie iest/ *consequenter* ánt
productorem będzie/ ktore ʒnie *causę* podług Blogosłáwionego Máximá znáczy. Nád to ieśli rze-
cze/ iż y syn iest przyczyną/ *consequenter causa* oycowską włásnośćią nie będzie / Co przećiw wßytkich Doctorow Cerkiewnych zdánia y rozumu
iest. *Solus enim diuinitatis causa Pater est.* mowi Blogosłáwiony Dámáscenus/ y *distinguitur Pater á Fi-*
lio nomine causæ, Nánzyánzeński Theolog náucza.
W ktorych personálnych Troycy ś. włásnośćiách
albo stárodáwni oni Theologowie/ álboli świeżo
wynikli Philologowie pobłądzili. Ale że nie stárodáwni / powßechna scriptow ich vchwałá iáwnie wiedźieć dáie/ owßem ći teráznieyßy/ ktorzy przećiw ośćieniowi wierzgáią/ y w ziemskich
doczesnych rzeczách ślepymi będąc / niebieskie
niedośćignione *lippis oculis* iáko mowią / hárdzie
obeyrzeć vsiłuią. Ale o tym dosyć.

Ná ßostą tego przydánia przyczynę/ ták
odpowiádam/ Iż prawdziwe Wschodniey Cerkwie o Duchá ś. pochodzeniu wyznánie/ nie tylko powßechney Apostolskiey wierze/ przećiwne
nie iest/ ále się y Błogosłáwionych Oycow pismem y świádectwy ze wßech miar broni/ wyią-
wßy/ ieśliby imo bełázn Boso z profánowáne ich
contumeliis/ gwałtem (iáko zwykł) Rzymski Ko-
śćioł/ w odpor przywodźić chćiał/ W czym iáko iego Cánonistowie niewstydliwi byli / y ießcze
są/ przez mię y przez inßych wielu przedemną dostátecznie

Odpowiedź ná ßostą przyczynę.

ſtátecznie ſie wiedzieć dáło. Więc co ſie pierwſzego w tym Argumenćie / *incommodum* dotycze / z
Nánzyánzeńſkim Grzegorzem ſoluuie. Naprzod /
iż iákyey *w świętey Troycy iednośćią ogárnioney był porzą-*
dek ſamá oná wſzyſtkowiedząca wie, álbo ſie ten komu go
oná teraz, álboli nápotym okázáć zezwoli, dowie. Ktory
áczkolwiek ſie y w perſon Boſkich (*ſecundum cau-*
ſam & cauſatum) *exiſtentiey* być náyduie / inákſzym
iednák ſpoſobem / niż go Thomas Aquinas opiſuie / á podług Błogoſłá. Dionyſiuſzá nieindziey
polegay ſzukány ma być / tylko w nieodmienności
y ſtáłości Perſonálnych właſności / ktore gdy z
mieyſcá ſwego ruſzone bedą pewnie áni *perſony*
w eſſentialnym ſwym porządku ſie oſtoią / zá czym
y Troycá perſon / rozum ludzki opuśćić muśi. Iu-
żeſz tedy / ktoraby ktorey perſony bytnośći *ſecun-*
dum cauſam & cauſatum ordinária właſność byłá /
wyższey ſzerſzymi słowy z niebá obiáwioney bogoboynych mężow mądrośći opiſáłám. *A iákowym ſie*
ſpoſobem ten porządek ſtał, y dopiro ſtoi, iż cauſe pierwey
áni ſortad cauſa wſzákoż rownobytnie ; namyſl przywodzimy,
y iż Syn y Duch ś. od iedney cauſy, iednak nie bráćia, áni
Duch ś. Synem Oycowskim, áni Syn duchem productoris,
żeg żaden (z Nánzyánzenem mowię) *ludzki rozum po-*
iąć niemoże Okrom ſámey przenaświetſzey Troycy.
Ponieważ tedy iáko tenże Theolog vczy Diuinitatis quę in Filio & Spiritu S. exiſtit Pater eſt Auctor: Oćiec ieſt (podług tegoż y podług błogoſłáwionego *Confeſſora* y męczenniká Nicephorá)
cauſa, iáko Oćiec y iáko *productor* ſkąd poſpolita o-
ná / y pobożna Chrześćiáńſkiego wyznánia v Theologow

Gregor. Nanzian. orat. I. de pace.
Idem orat. 2. de pace.

Nanzi. orat. de rect. doct. ſen.

Niceph. in ſue fide. Confeſſi.

ologow Regula vroſłá / Retinebitur Deus vnus
ſi Filius & Spiritus S. ad vnam cauſam refe-
rentur / Tey ná pomoc y drugie rownie pobożne
y Cátholickie ieſt zdánie. Eſſentiales proprietates transferre ad perſonales & è contra, eſt
ordinem in diuinis confundere. A to dla tego iż
in diuinis inácżey *Eſſentialia,* á inácżey ſie *Perſonalia*
máią / owenii ſie ábowiem perſony dźiełą / á te-
mi iednoczą. Ten porządek á nie inſzy náyduie ſie w Troycy ś. ktory świetobliwym mężom /
bogoboynym náucżyćielom Cerkiewnym przez
Duchá ś. ieſt obiáwiony. Zácżym oni będąc Duchem Bożym rządzeni Oycá śrzrzodkiem álboli
źwiáſkiem Synowi y Duchowi świetemu położyć /
iáko y Syná miedzy Oycem y Duchem śrzodku-
iącego / á Duchá świetego / miedzy Oycem / y Synem / nie liczby tylko / ále y porządku wzgledem /
ſecundum cauſam & cauſatum opowiádáć zezwolili.
O Synie poſpolita wiádomość / A o Oycu y o ś.
Duchu / Błogoſłáwiony Nanzyánzenus opiſuie /
ſłowy mowiąc *trzech iedná á ziednocżeniem ieſt Ociec.*
Tákież Dámáſcenus / *Duch ś. iż miedzy nie rodzonym*
y rodzonym śrzodkuie, Bog ieſt. Ociec Nowi tenże
Nánzyánzenus *ieſt ziednocżeniem, ponieważ od nie-*
go y ku niemu Syn y Duch ś. referuią ſie. A Duch s. śrzod-
kuie, ponieważ nie ieſt rodzony, á od Oycá pochodzi. obu-
dwum iednák to ieſt poſpolite, iż y Syn y Duch s. od Oycá
ſą immediatè, iedná ábowiem y ſámá Oycowska perſoná, od
ktorey ſie Syn rodzi, á Duch s. pochodzi.

Drugie *incommodum*, iż nie z słowá Bożego /
świádectwá / ále z nierozſądnego vporu / á z wielce ſzkod-

Nanzi. ibidem

Nanzi. orat. in exit. iturus ad Epiſco.
Damaſ. lib. I. cap. 18.
Ibidem Nanz.
Idem Nanz. in laud. Her. ora.
Nyſſen. lib. I. adu. eun.

ce ſzkodliwego podług myśli ſwoich dowodow
náciągánia pochodzi/ inſzey odpowiedzi nie ma
nád te ktora ſie z piſmá Bożego/ przez Błogoſłáwionego Athánáſiuſzá zebránych świádectw po-
dáłá/ Aby tym ſpoſobem ſkąd to nierozmyślne
incommodum wtárgnęło/ ſtámtąd też z dobrym v-
ważeniem y ſtrácone było. Duchá tedy ś. świątobliwy on Doctor Boſtwá dowodząc/ y iednoiſtność iego z Synem pokázuiąc/ z eſſentiálnych/
á nie z Perſonálnych własności (ktoremu nie ták
dálece o bytności Perſony pokázánie/ iáko o Boſtwá obiáśnienie ſzło) tego dowodzi. Ten iednák pierwey nienáruſzony fundáment záłożywſzy /

Athanaſius de Spiritu ſancto

Iż niewysłowionego Boſtwá iſtność ieſt iedná, y iż Syná Bożego y Duchá ś. perſonálney bytności Oćiec ieſt źrzodłem, iże Duch ś. iáko y Syn z Bogá oycá ieſt, y iż Oćiec od
Syná imieniem zrzodłá y imieniem nierodzonego ſie dzieli. Y
iż ieden Oćiec z ktorego wſzyſtko. Słowo abowiem z niego
przez Rodzenie, á Duch ś. przez pochodzenie, y od tegoż
oycá rownie z Synem y Duch ś. áczkolwiek rożnym ſpoſobem pochodzi, y iż choćiay z tego Oycá pochodzi, z ktorego
ſie y Syn rodzi, nie ſynem oycowſkim, ány brátem ſynowſkim
ſie názywa, ále Duchem, y nie proſto duchem, ále świętym,
Bożym, Oycowſkim, Synowſkim, y własnym oboygu. Co
wſzyſtko temi vważenia godnymi słowy zámyka.
Poniewaź/ mowiąc/ tákże ieſt złączenie, ſprzężenie, y ziednoczenie w Troycy, ktoż więc Syná od Oycá, álbo Duchá od
Syná, lub od tegoż oycá odłączy. Albo kto ták krnąbrnym
y vpornie śmiáłym będzie, ktoryby nierowną. y nie iedno iſt-
ną Troyce ś. w ſobie ſámey pomyślić, A Syná od Oycowſkiey iſtności oddálić. lub też Duchá ś. od Syná odłączyć
chćiał.

chćiał. Te tedy Troycy ś. iednoiſtność nie zwy-
ćiężonemi piſmá Bożego dowodámi pokázawſzy/
toż ſpráwy y woley iednośćią/ ktore ſą wſzyſtkiey
ś. Troycy ſpolne/ y obiáśnia y ſtwierdza. Ackolwiek iednemu Duchowi ś. ktory nas poświąca, poświącánie
przyczytáne bywa, wſzákże oycá y Syná y Duchá ś. iedno
á nie rożne y nie rozdzielne nawięcey dla porządku tego ieſt
poświącánie, iż Syn od Oycá bywa poſyłány, á Duch ś. od
Syná. Syn oycá wielbi, á Duch Syná, Syn co od Oycá
słyſzał opowiedział, á duch od Syná bierze y opowiada nam.
Syn w imie Oycá przyſzedł, A Duch poſyła ſie w imie Syná.
ktory iż od oycá pochodzi, á od Syná ſie rozświeca, y poſyła
ſie y daie ſie twierdzimy. Ten iednoiſtności Duchá
ś. z Synem/ Syna z Oycem/ z niezwiędłych piſmá Bożego kwiátecżkow Błogosłáwiony Athánáſiuſz wiánecżek vplotſzy / to go nieprzerwáno
wzáiemnego w ſobie byćia nićią związuie/ mowiąc. Poniewaź táki porządek y náturę ma Duch ś. ku Synowi, iáką Syn ma do oycá, iákim ſpoſobem być może, áby
kto Duchá ś. ſtworzeniem nazywáiąc, nie toż właśnie y o Synie rozumieć miał. Ieśli bowiem Duch Synowſki ſtworzeniem ieſt, conſequenter rzec mogę, iż y słowo oycowſkie ieſt
ſtworzeniem. A iż to o iedności iſtności Duchá ś. z
Synem/ á nie o cauſie Perſonálney duchá święte°
bytności/ ten święty mąż mowi / ſam to znácznie tuż opowiádáiąc wyráża. Iáko ábowiem mowi
Syn ktory w Oycu ieſt, y Oćiec wzáiem ktory w nim ieſt,
ſtworzeniem nie ieſt, ále z własney oycowſkiey iſtności. Ták
też Duchá ś. Ktory ieſt w Synie, y Syn w nim wzáiem, nie
godzi ſie z ſtworzeniem złączáć, álbo od słowá odłączáć, y nie
doſkonáłą Troyce w wodzić. Poty święty / A iedno
iſtność

iſtnoſc y Perſonálna Boſkich Perſon bytnosć
iáko nie iedno ſą/ wiádomo to ieſt y máło w piſmie
Bożym ćwiczonym. Záczym áni tá ládáiáko y
fálſzywie ná przećiw Wſchodniey Cerkwi ſkleco-
na kálumnia ná nogách ſwych zoſtánie/ Ani też
Wſchodnia Cerkiew Duchá świetego ſpołeczności iednego z Oycem y z Synem Boſtwá/ y iedney iſtnosći oddala (czego nigdy nie czyniłá y
czynić da Pan Bog nie bedzie) ále rownie iáko
Bogá Oycá/ ták Bogá Syná/ ták y Bogá Duchá ś. iednym Bogiem y iednym ſtworzyćielem / á nie ſtworzeniem wyznawa/ ábowiem / co
z iſtnosći ieſt Bożey/ Bog ieſt/ á nie ſtworzenie.
Dla czego y w żadne *in commodum* nie wpada/ ponieważ y przyrodzony w Boſkich Perſon *exiſtentiey*
porządek przyznawa / y od ſtworzyćielá Oycá
ſtworzyćielá duchá świetego opowiáda.

Obiectio.

Nad to co mi zá ſłuſznosć Conſequentiey/
*Syn duchá poſyła. Ergo od niego duch s. pochodzi: Syná
duch wielbi. Ergo od niego pochodzi: Duch od Syná bierze:
Ergo od niego pochodzi. Duch w imie Syná bywa poſyłány. Ergo od Syná pochodzi.* V Ariſtotelesá záiſte/ á

Solutio.

nie w Bogu mądrych tá *conſequentia* wagę miewa/ y
v miſterkow á nieſnáſek ſzukáiących wichrzyćielow
á niepokoiu y prawdy Chryſtuſowey miłośnikom
mieyſce záśiadywa. Co bowiem ſpolna włáſnosć
do cauſy bytnosći ma/ co zgodzie y iedney ſpráwie y iedney trzech Perſon woley do tey że/ co ma
iedynáki madrosći ſkarb w *eſſentiey* zámkniony / z
rożnym y troiákim bytnosći oſob ſpoſobem. Od
ktorych do perſonálney *exiſtentiey illationem* dedu-
cowáć

cowáć/ co inſzego ieſt tylko Bogá w trzech perſo
nách chwalebnego/ pod iednosć oſoby záciągáć/ y
Troyce w iedney Perſonie zámykáć/ .Co iáko ſie
z Cátholickim powſzechney Cerkwie wyznániem
zgadza/ wſzelki bogomyślny iáśnie widzieć może.

Obiectio.

Ale rzecze wielosłowny iezyk / to mowiąc y nam/ y wſzyſtkiey Wſchodniey y Zachodniey Cerkwie/ Błogosłáwionym Oycom/ ss .Do-
ctorom/ czułym Páſterzom/ ſpráwiedliwym Kápłanom / oświeconym Arcykápłanom przygá-
niaſz / y ſwe włáſne ſyny ktoremiś ſie przed tym
chlubiłá/ ſromociſz/ bluźniercámi názywaſz/ y
tych ktorzy piſáli/ y owych ktorzy piſmá ich milczkiem przeminęli ſtrofuieſz.

Solutio.

Potwarz to ieſt
ná mie ſynu/ wiem co mowie/ iednosłowna ie-
ſtem/ y prawdomowna / ktora ſie żadnego człe-
wieká perſony nie obawiam/ káżdyby to z zbytku złosći ſerca ſwego / á nie z moiey powieśći wy
czerpnawſzy mowił: Ja bowiem chwały godne pochwalam/ á ktorzy ſie przeklectwu oddáli/
iáko bluźnierce y wyrodki gánie/ y ich ſie wyrze-
kam. Wiem iż (iáko ty rozumieſz) o Cyril-
luſá czułego Alexándriyſkiego Páſterzá/ o błogoſłáwionego Auguſtyná/ o oświeconego Am-
brożego/ o Hieronymá świetego/ o wielebno wielkiego Bazylego głowe/ Grzegorzá Theologá/
Jana Złotouſtego/ Athánáſiuſzá świetobliwego
y o poważnego Epiphániuſzá/ z wielu inſzych Bło
gosłá. Oycow/ Páſterzow y Náuczyćielow idzie/
ktorym ieśliby teraz w ſwoie piſmá przez Rzymſkiego Kośćiołá náśládowce / á zwłaſzczá nowo
wydáne

O wyſpoceniu przez Rzymá-

Ii

ny pism Doktorskich.

wydáne weyzrzeć/ á z nami rozmowić / można
rzecz byłá / wieleby/ przewrotnych ludźi/ chytrych przysad w nich nálezli / o ktorych im á-
ni sie kiedy śniło/ áni też o nich kiedy pisáć zámyśláli. Lecz krotkośći dogadzáiąc opuszczam ná
ten czás przewrotną w Wielkiego Basilego trzećim ná Eunomiuszá Kazániu/ w świeżey Láciń-
skiey *editiey* (ktora sie z dawnieyszą nie zgadza)
skáżę. A v Brátá iego Nysseńskiego Biskupá
Grzegorzá/ w Páńskiey Modlitwy obiáśnieniu
drugo/ y ná inszych iego pism rożnych mieyscách.
Nie wspominam Metáphrástá w Błogosł. Dionyzego z Areopágu/ żywoćie/ y Epiphániuszá w
Ancoráćie/ ktorzy znácznie/ gwałtowną w pis-
mách swoich skáżę podieli/ o czym pewne sámego y zwykłego ich wyznánia / y własnego pism
contextu świádectwá/ ktorym w podpárćie no-
we z stárodawnymi ich/ ták pisánemi iáko y dru-
kowánymi Kśiegámi Tomy pokłádamy / ktorych znieśieniem y pilnym textu vważeniem/ chy-
trą kradźież wszelki człowiek łatwie obaczyć może. O czym da Bog indziey dostáteczną wiádomość vczynię: tego iednák ná sobie przewieść
nie mogę/ ábym owszeki *Pythagorico* (iáko mowią)
silentio, te vszczerbki y sprophánowánia pism ś.
minąć miáłá/ żebym przez niewcześne milczenie
godney w gniewie zápálczywośći Oblubieńcá y
Zbáwićielá mego pomsty nie odniosłá. Nie
zmyślony áni fałszywy/ ále pewny y niepodey-
rzány zá własnym ich sámych przyznániem y
oświádczeniem/ skáży y świętokrádztwá dowod

ći prze-

ći przekładam/ ktore/ nieszczęśliwie/ oświeconego Athánázego *symbolum*, y trzech set ośmnastu
pierwszego: á stu pięćdźiesiąt wtorego/ powszech-
nych Synodow/ Błogosłáwionych Oycow/ rownie świete/ y wiecznemi przeklectwá gránicá-
mi/ ná gwałtowniki obwárowáne *symbolum* vćier-
piáło. Przydawszy tym dawnego á niemal pierwszego Didymusá/ o Duchu ś. *ex professo* Pisárzá/
o ktorych Symbolách pewnośći/ procz *contradictij*
wszelákiey/ prawdá gore wyniosłá. Jáśnie ie-
wiem to y iáwnie sam ná sie Rzymski Kośćioł
wyznawa/ iż *symbolum* Niceńskie/ y *symbolum* A-
thánásij/ przez ṅ dźiećiczą szkodliwą *corruptele*
wźięły. Swiádkiem okrom *Concilium Ferrarskiego*,
y inszych Scribentow wielu/ Iezuitskiey roty
Wodz y hetman niepośledni Skárgá / y ow
wielki w Philosophiey mąż *Erasmus Rotherodamus*:
ten w Kátechismie swoim w Niceńskie° Synodu
wykłádźie/ ow záś w Kśiążce/ ná oszukánie Ro-
syiskiego narodu wydáney. A o Didymo-
wym o Duchu ś. piśmie/ co Błogosłáwiony
Hieronym do Pauliná pisze/ posłuchay. Legi
dudum de Spiritu sancto cuiusdam libellos, &
iuxta Comici sententiam, ex Græcis bonis, La-
tina vidi non bona. Trochenizey/ Certè qui
hunc legerit, Latinorum furta cognoscet, &
contemnet riuulos, cum cœperit haurire de fon
tibus. to iest/ *Czytałem*, mowi/ *dawno o Duchu ś.*
czyiey Kśięgi, y według Comikowego zdánia, z Greckich do-
brych, Láćińskie widźiałem nie dobre. Dáley mowi/
Záiste kto to mieysce będźie czytał. Láćinnikow kradźież

Ii ij   zoczy.

...asm. Roth. in sua Cathe.
Petrus Skarga w obrocie ś. Damasa PP. żywotá, I. 2. Gr. editij.
Hierony. Prefat. in lib. Didym. Tom. 7. fol. 397.

zncij, y pogárdzi potoczkámi/ gdy z sámego zrzodlá czer-
páć sicznie. Coż mieśzcze wiecey o tym mowić:
sánia prawdy świetey istorá (Rzymskiego Ko-
sciolá świetokrádzstwá okázuiac) poświádcza/
o ktore y ná Carthaginskim *Concilium* przez Blogosłáw. Biskupy gromiony/ karány/ y iáko przewrotny Ksiag pismá Bożego *prophanator* wszystkiemu świátu wystáwiony był/ ktory y po dziś
dzień w teyże złości trwáiac/ vstáwicznie gdzie
iedno może w Greckich y w Láciństich authorách
toż czyni. A co mowie o Wschodnich Ksiag z
prophánowániu/ toż y o Zachodnich rozumiey/
cudzym bowiem zelżywość vczyniwszy/ iáko mogł
swoie w czystości zostáwić: áby tą niewstydli-
wości máśzkárą oboiey Cerkwie Doctory sobie
zgodne być vkazał/ O czym oná dostáteczna y
wiáry godna przemowá ná Blogosł. Augustiná
w Weneciey drukowáne Ksiegi ták miedzy inszemi głosi / *Augustinowe Ksiegi popráwione sa, z ktorych sie nieco na roznych mieyscach wyiać musiało, z czegoby
álbo Kácerstwo iákie powstáć, álbo iákimże kolwiek sposobem
wiernych sercá zwatlone być mogly.* A co sie o vszczerbku
mowi/ toż sadz y o przydániu/ y co widzisz ná Au-
gustinie/ toż y o inszych Zachodniego Kościołá Doktorach rozumiey/ o Ambrosiusu mowie/ *Hiero-*
nymie/ y o Grzegorzu/ (*quis enim malnie terminus?*)

Liber Venetiis in Pres. fol. 1.

Ale day to choćby o pochodzeniu Du-
chá świetego/ własne ich słowá (iáko oni twierdzą) á nie żadne podrzuty były/ tedyby te-
dnák teráznieśzy Rzymski Kościoł nágány záto nie vszedł / iż odrzuciwszy rozsadek y zdro-

we vwá

we vważeniu/ ná gołych sie słowách zásadza. Gdyż
choćiaby sie gdzie w ich scriptách to słowko (*y od
Syná*) náláżło / żadna miárą oni tego ták nie ro-
zumieli/ áby Syn Duchá świetego bytnośći by-
przyczyna / ále to praepositio (*od*) toż co
Wschodni Doktorowie *praepositio* (*przez*) zná-
czyli/ to iest / iedność istnośći Duchá świetego
z Synem pokázowáli. W czym y on blogosłáwiony Máxym wielkie świetey Wschodniey Cerkwie słonce (ktory ná szostym powszechnym Synodzie był) do Máriná Cypryskiego Presbyterá
o nowowznikłym słowku Duchá świetego y od
Syná pochodzenia/ piszac obćicia/ y Rzymian sobie odpowiádáiacych (że sie w tym z Zachodnie-
mi Doktorámi y Cyryllus świety zgadza) przy-
wodzac/ w te słowá mowi. Synodalium actorũ
Sanctissimi Papæ nostri, non in tot quot scripsi-
stis capitibus, Regiæ vrbis homines compre-
henderunt, sed duobus tantum, quorum alterum
est de Theologia, quia dicit etiam ex Filio
Spiritum Sanctum procedere. alterum de diuina incarnatione, vbi scripsit Dominum sine
originali peccato esse vt hominem, & in hoc
Romanorum Patrum expositiones consentire
demonstrarunt, quin etiam & Cyrillum Ale-
xandriæ Episcopum, ex eius sacro tractatu
Composito in S. Ioannem Euangelistam: Ex
quibus se non principium Filium Spiritus facere ostenderunt. Nam vnum tantum Filij &
Spiritus Principium nouerunt Patrem, huius

Maximus Epistol. ad Marin. Episc. Cyp.

secundum

ſecundum generationem, illius ſecundum Proceſsionem, ſed vt proceſsionem per eum declararent, & hac ratione coniunctionem & identitatem eſſentiæ comprobarent. To ieſt.

I jście Synodalne naświętſzego Papieżá náſzego, nie w ták wielu rozdziałach iákoście piſali, ludzie Cárogrodſcy zámknęli, ále tylko we dwuch. z ktorych ieden ieſt o Theologiey. iż mowi, że też y od Syná Duch ś. pochodzi, drugi o wćieleniu Boskim, gdzie iż Chryſtuſá Páná, krom pierworodnego grzechu iáko człowieká być nápiſał, y w tym Rzymſkich oycow wykłády zgodne być pokazáli. Ták też Cyrillum Alexandriyskiego Biſkupá z świątobliwego iego Tractatu ná ś. Iana Ewánielisſe złożonego. z ktorych o ſobie wiedzieć dáli, iż Syná Duchowi ś. początkiem nie czynią, (ábowiem ieden tylko początek Synowi y Duchowi ś. Oycá wiedzieli, onemu podług rodzenia, á temu podług pochodzenia) Ale áby pochodzenie przez niego obiáśnili, y tym ſpoſobem złączenie y iedność iſtności pokazáli.

Te ſą stárodáwney oney Rzymſkiey Cerkwie Doktorow głoſy / ktoremi oni wßyſtkiemu świátu wyznánie ſwoie opowiádáią / iż przydániem tey cząſteczki / od / przyczyną álbo początkiem Syná Bożego Duchowi ś. nie czynią / ále nią / drugą præpoſitiey cząſteczką / przez / ktora w vżywániu Wſchodniey Cerkwie byłá / obiáśniáią. Nád to przyznawáią / iż y oni ieden początek y iedne przyczynę Boſtwá Oycá ſámego czynią. Mowiąc przeto *od Syná*, toż co y Wſchodnia Cerkiew / *przez Syná*, to ieſt / *vnitatem & identitatem*, iedność y toſamość iſtności Duchá ś. z Synem / á nie *cauſam & cauſatum*, rozumieli / Coż dzi-

sieyßy

sieyßy nowo wzniknli *Doctores colligunt* ſkąd / kiedy Duchá ś. od Syná pochodzić / á Syná / Duchá ś. bytności początkiem y przyczyną być twierdzą. Nic inßego záiſte / tylko iż oni ſtárzy Doctorowie / Bogá w ſercách ſwych nie mieli / iż tego nie pzieli / á łáſki Bożey prożni będąc / co prawdziwego rzec mogli: Nie ládámi głową onych pierwßych przodkow ſwoich / nieśmiertelney pámięci godną chwałe tłumić / á ſwoie Ariſtotelesowym duchem nádętą myśl wyſtáwiáć / Niziuchno oni záiſte latáli / ále wyſoko wlećieli / O was ſtrách / byśćie niezwyczáyną gorę wynioßy / butnych ſkrzydeł nieopalili / á w śiárczyſte iezioro nie wpádli / y tám gdzie dawni oni Heresiárchowie Sabellinß y Mánicheuß nie ośiedli / z ktoremi álbo obiemá / álbo *neceſſario* z iednym ktorymkolwiek z nich / to wáße nowo wynikłe o Duchu ś. wyznánie y rozumienie ſie zgadza / ktore powßechna Chryſtuſowá Cerkiew iednoſtáynym wßyſtkich zezwoleniem / dawno zgániła / y potępiłá / A przy ſtárożytnym onym Apoſtolſkim ná ſiedmiu powßechnych Synodách confirmowánym wiáry wyznániu zoſtáłá. Nie obáwiáiąc ſie żadnego niebeſpieczeńſtwa z podáney ná Florentſkim *Concilium* przyczyny / áby zátym iey wyznániem Duch ś. Synem názwány nie był / y żeby kto wierząc iż Duch ś. od ſámego Oycá pochodzi / iedney Boſkiey iſtności ná trzy częśći w vmyśle ſwym nie dzielił. Wiedziáłá bowiem iż Syn przez Rodzenie / á Duch ś. przez Pochodzenie od Oycá wyßli. Perſonálne ſwe

własno-

włáſności/ Rodzićſie y Pochodźić/ cále y nieodmiennie záchowuiąc/ y ten ktory ſie rodzi ieſt Syn/ á ktory pochodźi ieſt Duch ś. á nie Syn Oycowſki/ áni też Brát Synowſki/ y ten ktory pochodźi/ nie iáko od Oycá/ ále iáko od *Productora* pochodźi/ ktorym imieniem Syn nigdy m odkogo názwány nie był/ ponieważ ſámemu Oycowi *perſonaliter* należy. A do ziednoczenia tychże trzech perſon/ iedność y tożſtwo iſtnośći/ Błogoſłáwiona ná Cerkiew doſtáteczne pokazánie być ſądźiłá/ á nie *cauſam & cauſatum*. ktore ſkoro *effect* ſwoy bráć poczęło/ nátychmiaſt perſonálnych włáſnośći mieſzánina náſtąpiłá/ zá czym y perſon zlánie/ álbo li pomieſzánie w prowádzone było/ y Sábeliáńſka niezbożność ná nogi powſtáłá; nie to co Duch świety uczy rozumieiąc/ ále to/ co z Ariſtotelesowey ták iáko y ſwoiey mądrey głowy wyczerpnął. Pytam/ coby rzekł ná to/ ieśliby kto powſtáł y mowił/ że ſie Boſka iſtność ponieważ wolnie ná częśći dźielić muśi/ ieśliże y od Duchá świętego Syn rodzony nie będźie? Azáliby liczbę przenáświętſzych Perſon w odpowiedźi przyniosł? Ale wie iż Duch świety/ Trzeći ieſt liczbą/ á Perſonálney ſwey bytnośći pochodzeniem/ nie trzeći/ ále wtory iáko y Syn. Czyliby proſtotę ſwą/ doſkonáley (od Ariſtotelesá pomocy w odpowiedźi nie nábywſzy) z ich głupſtwem zjednoczył/ y do ich niezbożnośći przyſtał? á drugiego ſtrofuiąc ſam rozumu pozbył/ co iuż y ucierpiał/ Duchowi ś. Syná przyczyne być twierdząc/ y áby iſtność dźielona nie byłá po-

ſtrzegáiąc

ſtrzegáiąc/ zmieſzánie perſon uczynił/ y práwie/ według poſpolitey przypowieśći/ że z dżdżá pod rynnę tráfił/ Zabiegáiąc bowiem/ nigdy nieſłychánemu bluźnierſtwu/ rownie nieſłychane bluźnierſtwo ſpłodźił/ y ták zdrowemu ćiáłu niepotrzebną lekárſtwá preparatią/ chorobę zádał. Ten abowiem zámyślony wrzod nie wywinił/ á miáſto emplauſtru przynieśiony/ ćiáło zápalił/ zgnoił/ y ſtoczył. Od ktorego záráżenia/ Wſzechmocny/ Bogá Oycá y Páná náſzego Jezu Chryſtá od Oycá przez Syná pochodzący Duch/ święta Wſchodnia Cerkiew ſwoie záchowáł/ y da Bog wiecznymi czáſy záchowa.

To tedy ieſt dźiewiąte Wſchodniey Cerkwie od Zachodniego Kośćiołá (przewrotnym ich zdániem) odſzczepieńſtwo/ ktore ſie mowią/ zá czáſow Phociuſzá Pátryárchy Conſtántinopolſkiego ſtáło/ o czym pilnie uważay. Wſchodnia ś. Cerkiew *ab incunabulis*, iáko mowią/ áż po dźiśieyſzy dźień iedno y toż o Duchá ś. pochodzeniu wyznánie dźierży/ á przedśię odſzczepieńſtwá titułem od Apoſtátow háńbiona bywa. A Rzymſki Kośćioł ktory powſzechne/ práwey wiáry wyznánie zgwałćił/ y odſzczepieńſtwo gwáłtem w Cerkiew Bożą wprowádźił/ zá niepodeyźrzány y niewinny od nich bywa poczytány. Ale gdźie ſą powſzechne Synody/ ktore ſie mocno przy Wſchodniey Cerkwi záſtáwiáią? y ktore przeklectwem Niceńſkiego *Symbolum* gwałtowniki noſzą/ á Szátánowi/ y iego Aniołom wydáią. Gdźie y ten oſmy Generálny Synod/ przy tym

K ij Phociu-

Phociusu w Constantinopolu zebrany / na ktorym trzy sta y osmdziesiat Blogosławionych Oycow było / ktore Concilium Canonistowie (dawszy o nim w przedmowie wiedzieć) opuszczaią umyslnie / a na iego mieysce to / co im miło wkładaią: y to iako sami przyznawaią niezupełnie. Z Greckiego tedy (poniewasz w Łacinskich *Conciliorum* tomach opuszczono) o tym to Synodzie takoć pewną wiadomość daie.

O Synodzie za czasow Phociusza P. w Greciey zebranym

Gdy blogosławiony Phocius Constantinopolskim Patryarcha był obrany / niemogła swieta Wschodnia Cerkiew dłużey *Symbolu* Niceinskie zgwałcenia cierpieć / y iedno powszechno Chrystusowa Oblubienica bedąc z Rzymską w tak wielkiey wyznania roznosci przestawać niechciała / Ducha s. powodem / a Michaela Cesarza zezwoleniem / był Synod w Carogrodzie / za sprawowania Rzymskim Kosciołem Joanna osmego ktorego *Legati Paulus* y *Eugenius* Biskupowie / y Piotr Presbyter y Cardinał z inszymi / na namowach zasiadaiąc wszyscy zgodnie / iako iednemi usty tako declaratią uczynili. *Nie przystoi nam abyśmy nowe Symbolum tworzyli, ale ono dawne s. y niezgwałcone Niceńskie Symbolum, niech czyste y stwierdzone będzie.* Po ktorego przeczytaniu po wtore wszyscy głosy swe wyniosszy rzekli. *Wszyscy tak rozumiemy, y tak wierzymy, w tym wyznaniu okrzczeni iesteśmy, y Kapłańskiego dostoienstwa dostąpilismy. A kto inaczey, nad to rozumie, nieprzyiacielami ich Bozymi y prawdy iego być wierzymy. I ieśli kto nad to swiatobliwe Symbolum drugie będzie smiał w wieść; lub ieśli co od niego oderzuci,*

albo co przyda, y Symboli imieniem nazowie, Niech będzie osądzony, degradowany, a od wszelkiego Chrześciańskiego wyznania odrzucony, y przeklęty. To w krotce z samych Synodowych dzieiow.

Podzmysz do Jana 8. Rzymskiego Papieża listu / za ktorego czasu ten Synod był / iako do Phociusza Constantinopolskiego Patriarchy pisze / *Wie, mowiąc / twoie Braterstwo, iż gdy mało przed tym przyieżdżał do nas Legat Braterstwa twego, y o swietym Symbolum od nas sie wywiadywał, doznał iż ie w całe iako nam z dawna podane było, zachowuiemy, anismy nic co przydali, ani też odieli, wiedząc o tym pewnie, iż cięszkie takich ktorzyby to czynić smieli, potępienie czeka.* Y daley. *Iawno tedy czynimy wielebności twoiey, abyś w rzeczach tych ktore wielkie pogorszenia w Cerkiew Bożą wprowadziły, pewną wiadomość od nas miał, iż nietylko tego nie mowimy, ale y tych ktorzy to hardością swą wnieść śmieli, za przestępce słow Pańskich, a za wywrociciele Chrystusa Pana y Oycow ss. Theologiey, ktorzy sie zebrawszy, to swięte Symbolum wydali, sądzimy, y z Iudaszem pospołu policzamy, poniewasz tenże co y on, nie wydaniem na smierć ciała Pańskiego, ale rozerwaniem y rozdarganiem wiernych Bożych, ab in vicem (ktorzy ciała iego są członkami) uczynili, wydawszy onych na wieczną śmierć, a barziey samych siebie (co y przeklęty ten zwolennik uczynił) udawiwszy, etc.*

Niechże tedy ten niesprawiedliwy odszczepienstw Pisarz obaczy / iako złość swoie na inszego wkłada / y temu sie ktory żadney przygany nie ma / urąga. Co sie bez pochyby na tego prześmierdło głowe obali / kiedy przed sprawiedliwym sędzią czasu Generalnego sądu stanie.

Rozdział VI.

O Przáśniku / y o Kwáśnym Sákrámentu Wieczerzy Páń- skiey Chlebie.

Dziesiąte / mowią / odszczepień- stwo / vczyniłá Wschodnia Cerkiew od Rzymskiey / zá pánowánia Constántino- ná śiodmego / kiedy Sácrámentu Wie- czerzey Páńskiey poświącenie / w Przáśniku / hae- resią być osądziłá. O tym / iżemći nie raz ániś dwá przez wybornecżłonki moie dostáteczny re- spons vczyniłá / y dowodnie pokazáłá / iż Wscho- dniey Cerkwie Sákrámentu Páńskiego vżywá- nie / iest prawdziwe y Chrystusowe: y / że Chry- stus w Kwáśnym á nie w Przáśnym Chlebie / táiemnice Wieczerzey swoiey odpráwował / y Zwolennikom podał. Niechcąc sámá / o ták iá- wney rzeczy poprożniey prácowáć y słow dármo płodzić / sámych przećiwnikow mych zdánia / dla iáśnieyszego prawdy okazánia / (ábyś wiedział iż Prawdá nigdy potłumioná być nie może / ktoro- kolwiek y niechcąc nád wolą zamysłu swego lu- dzie wyiawiáią) przełożę / z ktorych ieden nie po- ślednie dowćipu człowiek / o tey máteriey tráctu- ie / w te słowá. Wschod-

Wschodnia Cerkiew mowi / iż Chrystus Pan / zá grzechy ludzkie vkrzyżowan był w Pio- tek / álbo w Vigilią Pászchy / ktora dnia Piątko- wego byłá / A swoie Pásche y táiemną Wiecze- rzą / w Vigilią męki swoiey odpráwił y vstá- nowił / y Zydowską Pásche vprzedził. Rzym- ski záśię Kośćioł / częśćią się z Wschodnią Cer- kwią zgadza / iż w piątek vćierpiał: A częśćią (dzień on piątkowy / dniem Pászchy być powiádá- iąc) od niey się rożni / y ták *affirmuie*, iż Chry- stus w Vigilią Pászchy ostátnią Pásche pożywał / y táiemną Wieczerzą vstánowił / y przeto nie w Kwáśnym ią chlebie ále w Przáśnym odpráwo- wał. Abowiem według Wschodniey Cerkwie rozumienia / iescze przáśniki nie były / ponieważ iescze dni przáśnikow nienástáły były. A dla te- go w Kwáśnym chlebie táiemną Wieczerzą od- práwowáć przysłuszáło. A według Rzymskie- go Kośćiołá powieśći / w ten sámy czás táiem- ną swą Wieczerzą Chrystus vstánowił / ktorego według Zakonu od wszystkiego Izráelá kwás był wyrzucány / ábowiem był dzień pierwszego Mieśiącá czternasty / ktorego podwieczor poczy- náły się dni Przáśnikow / y dzień po nim nástępu- iący / piętnasty dzień przáśnikow był.

Zdánie tedy Wschodniey Cerkwie prawdziwe być (Naprzod pismá Bożego dowodámi. Po- tym świętych *Primitiuae Ecclesiae* Doktorow świá- dectwy: Náostátek słusznymi ratiámi) po- każę.

Pierwszy pismá świętego z trzynástey Ca- pituły — Pierwszy dowod.

Ioan. cap. 13. pituły Janá Ewánielisty dowod położę. *Przed świętem Wielkonocnym* (mowi) *wiedząc Iezus, iż przyszłá godźiná iego, áby odszedł z tego świátá do Oycá, gdyż miłował swoie ktorzy byli ná świećie, aż do koncá vmiłował ie. A odpráwiwszy Wieczerzą.* &c. Jáwna rzecz iest/ iż Ewánielistá o oney Wieczerzy álbo nocy / w ktorą Chrystus Páschę swą odpráwił/ y táiemnice vstánowił/ mowi: Abowiem iesliby z Zydy Chrystus Páschę swoię odpráwował/ nie mowiłby Ewánielistá przed świętem wielkonocnym. Ponieważ Báránek Wielkonocny

Leuit. ca. 23. zábiiány y pożywány miał być dniá czternástego pierwszego miesiącá pod wieczor / kiedy sie dźień Páschálny záczynał/ ktory sie podług przykázánia Páńskiego dniá pietnástego odpráwował. *Od wieczorá* (mowi) *áż do wieczorá odpráwowáć będźiećie soboty wásze.* A przetoż y w Vigilią Páschy Chrystus swoią wieczerzą/ Báránká pożywánie vprzedźił/ á nie w dźień Wielkonocny był vkrzyżowány.

Obiectio. Ná to Rzymski Kośćioł odpowiáda/ iż tu Ewánielistá o *artificialnym* dniu mowi.

Solutio. Ktorzy skąd to máią/ pytam? Gdyż słuszniey temu wierzyć trzebá/ iż iesliby Chrystus z Zydy Páschę odpráwował/ nie rzekłby/ Ewánielistá/ *przed świętem Wielkonocnym*, áleby tym sposobem mowił/ ktorym Zakon Boży o vroczystośćiách mowić zwykł/ licząc dni vroczystośći od wieczorá do wieczorá.

Wtory dowod. Wtory pismá świętego dowod/ z Capituły 26. Mátthaeuszá / gdźie Ewánielistá Kápłáńskie y w pismie vczone zebráne/ y o śmierći Chry-

ci Chrystusowey ná mowę czyniące/ przywodźi gdy mowią/ Nie w święto/ áby sie nie stáło zamieszánie miedzy ludźmi. Oto czynią zmowę o poimániu iego/ ále áby nie w święto. Jákoż tedy Rzymski Kośćioł/ iż Chrystus w święto vkrzyżowan był/ mowi?

Obiectio. Ale on przedśię/ Były mowi/ niektorych tákowe w tey rádźie zdánia/ ále nic nie wskuráli/ Abowiem tych votá przemogły/ ktorzy rádźili/ áby żadna *occasia* y czás/ iećia y zámordowánia Chrystusowego opuszczony nie był.

Solutio. Ale skąd es tego doszedł/ czyli y ty w teyże z nimi w przećiw Chrystusá rádźie był es/ iż ták śmiele/ to/ co sie w żadnym Ewánieliśćie nie náyduie/ wnosisz. Przetoż tá twoiá powieść tymże sposobem odrzucona być może / iáko y od ćiebie iest przyięta. To záiste nie inszego co rozumieć mamy/ tylko iż ona spolna ráda/ Ewánielistá przypomina/ ktora iednostáynie od wszystkich námowiona y vchwalona byłá.

Obiectio. Zás on/ Zborzysko ono Zydowskie zá przyśćiem Judászowym / dla vczynioney od niego obietnicy/ rádę swą odmienić musiáło.

Solutio. Ale to iedney wagi z pierwszym/ Ewánielistowie bowiem iáwnie/ y *simpliciter* Judászowe do rády Zydowskiey opowiádáią słowá/ to iest. *Co mi dáćie á ia go wam wydam.* Ale żeby ich ná prędkie Chrystusowe zámordowánie/ by też y w święto pobudźić miał nigdźiey sie nie náyduie.

Trzeći dowod. Trzeći dowod pismá Bożego z ośmnástey Cápituły/ Janá Ewánielisty/ gdźie o Kápłanách y o stárszych ludu/ ktorzy Piłatowi Chrystusá oddawáli pisze/ mowiąc. *Nie weszli sámi ná Ratusz áby* tuß áby ſie nie ſplugáwili áleiżby pożywáli Báránká Wielkonocnego. Z tąd iáwna iż dzień ten w ktory Chryſtus wydány był Piłatowi/ y vkrzyżowány / nie był dzień Páſchy: ábowiem/ dla czegoby ſie obawiáli/ áby przed pożywániem Báránka ſplugáwieni nie byli / ieśliby go iuż dniá przeſzłego wwieczor ziedli.

Obiectio. Odpowiáda. Páſcho ſie tu nie Báránek Wielkonocny/ ktory czternaſtego dniá odwieczorá bywał zábijány názywa / ále offiáry Páſchy/ ktore z owiec y wołow ná káżdy dzień Páſchy offiárowáne bywáły. A to zdánie ſwoie 16. rozdziałem wtorego Zakonu podpiera. *Będzieſz mowi, ofiarował Páſche Pánu Bogu twemu z owiec y wołow na mieyſcu ktore ſobie Pan obierze.* Y w rozdziale 35. ksiąg wtorych Paralipomenon/ te ſie słowá náyduią. *Dáli Kápłanom do czynienia Páſchy bydłá 2000. y wołow 600.*

Solutio. Lecż to rzecż niemożna/ áby imie Páſchy Jan 6. ná tym mieyſcu zá offiáry Páſchy rozumiał. Ponieważ żadney wzmiánki we wſzyſtkich piſmiech ſwoich / o tákowey Páſce/ álbo offiárach Páſchy/ nie czyni.

Czwarty dowod. Czwarty dowod piſmá Bożego z 13. Cápitu tegoż Ewánieliſty. *A był dzień przygotowánia wielkonocnego, iákoby o ſzoſtey godzinie.* Powiáda tu Jan 6. o dniu męki y śmierci Chryſtuſowey / y mowi / iż było przygotowánie Wielkonocne / przetoż nie był ſámy dzień wielkonocny.

Obiectio. Odpowiáda/ iż przygotowánie v Zydow/ dla Soboty tylko/ á nie y dla vrocżyſtośći Wielkonocney bywáć zwykło/ y 15. rozdziałem Márká Ewánieliſty dowodzi. *Był dzień przygotowánia ktory ieſt przed*

Szábat

Szábatem. Y 23. rozdziałem Łukaſzá Ewánieliſty gdzie mowi/ *Był dzień przygotowánia, y Szábat náſtawał.*

Solutio. Wiedzieć tedy przyſtoi/ iż ſzoſty dzień tydniowy ktory ieſt Piątek / tygodniowym przygotowániem názywáli Zydowie/ tymże imieniem y Vigiliæ káżdego święta záwowno miánowáli: wſzákże przygotowánie vrocżyſtośći/ y przygotowánie Szábátu/ w zaiem z ſobą obrocone być nie mogą/ ponieważ káżdy dzień piątkowy ieſt przygotowániem/ á nie káżde przygotowánie piątkiem/ to ieſt dzień ten ktory vprzedza Szábát. Ponieważ przygotowánie ieſt imie *generale*, ktore nie tylko piąty dzień (podług liczenia náſzego / od pierwſzego dniá Poniedziałku) álbo ſzoſty (podług liczenia Zydowſkiego od pierwſzego dniá Niedziele) tydniowy / w ktory wſzyſtkie potrzeby gotowáne były / znáczy / ále niegdy y Vigiliá ktoreykolwiek inſzey vrocżyſtośći/ w ktorą od wſzelákiey niewolniczey roboty vdaláć ſie godziło.

Jeśli bowiem w ἔτυμον tego słowká weyrzyſz/ nie naydzieſz áby co inſzego znáczyć miáło / tylko dzień Przygotowánia z Greckiego słowká παρασκευάζω, to ieſt przygotowywam/ gdyż w ten dzień wſzyſtkie ſie potrzeby ná vrocżyſtość gotowáli/ wktorybykolwiek tydniowy dzień vrocżyſtość przypádał/ ſkąd παρασκευὴ καὶ σάββατον *ſunt relatiua.* A gdy Jan 6. mowi/ Był dzień przygotowánia Páſchy/ nie inſzego co rozumiał/ iáko ſie z słow iego *colligowáć* może/ tylko przygotowánie Páſchy/ mowi bowiem ἦν δὲ παρασκευὴ τοῦ

Ll

πάσχα;

πάσχα, to iest / *Bylo przygotowánie tey Páschy*. z cząsteczką τῦ tey. á stąd iáwna rzecz / iż przygotowánie tu nie tygodniowe° Szábátu względem / ále względem sámey vroczystości Páschy rzeczone iest. Ták prawdziwie y ten ktory *Thesaurū* Láćinskiego iezyká pod Kálepinowym imie niemwydał otym słowie παρασκευὴ mowi: παρασκευὴ *pochodzi od* παρασκευάζω, *co sie Oyczystym náſzym iezykiem wykláda, przygotowywam*. stąd y dzień ktorego Pan nász Jezus Chrystus dla zbáwienia narodu ludzkiego ná krzyżu był przybity / παρασκευὴ sie názywa / iż w ten dzień Zydowie potrzeby swe gotowáli / áby dzień Páschy krom wszelkiey służebney roboty był odpráwiony. Nád to y stąd colligujemy iż Piątek on niebył vroczystością Páschy / ále przygotowániem / iż by go *in nominatiuo casu* κυριακῆς Błogosławiony Ewánieliſtá położył / á nie *in genitiuo* mowiąc / ἦν ἡ παρασκευὴ τὸ πάσχα, á nie τῦ πάσχα. to iest / A było przygotowánie wielkanoc / á nie wielkonocne. A co sie onego mieyscá Márká Ewánielsky dotycze / látwa ná to solucia. Abowiem sam Ewánieliſtá παρασκευὴν, wykláda προσάββατον. to iest / przygotowánie názywa dniem przed Szábátowym / ktory Rzymiánie Vigilio miánowáć zwykli. Pokazałem tedy iż co Jan ś. przez imie przygotowánia rozumie / toż y Márek ś. przez imie προσάββατον. to iest / dzień

dzień Vigiliey. A przetoż imie soboty ni w czym zdánia strony przeciwney nie wspomaga.

Gdyż w piśmie Bożym ná wielu mieyscach náyduiemy / iż imieniem Szábátu nie tylko sie tydniowa subotá názywa / ále y insze vroczystości / w ktore wszelkiey niewolniczey roboty / (iáko y w dzień Szábátu) poniechác sie godziło. — *Ezech. 20. 21. 22.* *1. Machab. 1.* *2. Machab. 6.* *Lewit. 23. 25.* *2. Paralip. 36.*

Piąty pismá Bożego dowod z rozdziału tegoż / gdzie mowi Ewánieliſtá. *Gdy Zydowie Piláta prosili, áby vkrzyżowánych golenie były przebite y zięte, ponieważ było przygotowánie, áby nie zostáły ná krzyżu ciáła w Szábát, bo był to dzień wielki Sobotni.* Ponieważ tedy niechcieli áby zostáły ciáłá ná krzyżu w Szábát / pogotowiu niezezwoliliby áby sie to w dzień Wielkonocny działo / ktory miedzy inszemi vroczystościámi naprzedniey szy był / *& consequenter.* áni by go zámordowáć w dzień Wielkonocny zezwolili / chcieli ábowiem ná ten czás sie pokazáć / iż są pilnymi Zakonu Bożego strożámi. — *Piąty dowod.*

Przeciwnemu Zachodni kościoł przygotowánie to / mowi / było nie ná Pásche / ále ná Szábát. — *Obiectio.*

Odpowiádam że sie tu tygodniowá Sobotá rozumie / ná ktoratego roku / ktorego Chrystus Pan vćierpiał / z Piątká odłożone było święto Páschy / według trádiciey Zydowskich / o ktorych niżey. A ponieważ dwoie święt iednego dniá przypadáło / to iest / Wielkanoc y Szábát / dla tego ták rzeczone iest / iż był wielki dzień tey Soboty. A nie dla tego / iáko Rzymski mowi / iż tydniowá Sobotá w dzień Páschy álbo Wielkiey nocy przypádłá / ábowiem to y káżdego roku przypádáć — *Solutio.*

 wáć

wáć zwykło/ á iednák nigdźiey nie czytamy/áby
ták dźień Soboty był nazywány. Stąd przygotowánie według oboiego sposobu y dniowi Pá-
ſchy/ y dniowi Soboty ná tym mieyscu iáko y
indźiey przydáć ſie może. Toż rozumiey y o
rzeczonym przez Błogosłáwionego Łukaſzá / w
rozdźiale 23. *A był dźień przygotowánia, y Szábát nástawał.*

Szósty dowod. — Szósty pismá Bożego dowod/ 315. Rozdz.
Márka Ewánieliſty mowiącego/ *iż Ioseph kupił
prześcieradło, y ciáło Chrystusowe z krzyżá zdiął, zwinął ie w
prześcieradło, y położył w grobie, y przywálił kámień ná
drzwi grobowe.* Rzás 323. rozdźiału Błogosłáw.
Łukaſzá gdźie mowi/ *[illegible]
[illegible].* Nád to y sámi Żydowie ſąd Kápitálny
zásiadáli/ Chrystá Páná poimáli/ pytáli / ob-
winili/ świádki ſtáwili/ y ná śmierć oſądźili.
Czego ſie im wſzyſtkiego ná święto wielkonocne
czynić z zákazánia Zákonnego nie godźiło/ przetoż nie w dźień Páſchy vkrzyżowány ieſt Chryſtus.

Obiectio. — Lecż mowi ieſzcze Zachodni Kośćioł/
w dźień Páſchy zákazána ieſt niewolnicza robo-
tá/ á nie miłośći y dobroczynnośći vczynek/ále
zmárłe pogrzebáć ieſt vczynek miłoſierny/ á nie
służebnicza robotá.

Solutio. — Kremu wonnych źioł y ná-
ſći kupowáć zákazáno nie było. Ale co o
tym Pan w 12. Exodi rozdźiale / *Zákazuiemowi/
vczynku ábyśćie w nie nie dźiáłáli, oprocz tego coby do iedze-
nia należáło.* Gdźie iáwnie wſzelkie y roboty zákázuie/wyiąwſzy tylko to/ coby do iedzenia przyſtáło.
Ale pogrzeb zmárłych do iedzenia nie nie-
ma.

Obiectio. — ma. Ná to on. Tyle mieli ták czyſtego ſumie-
nienia Żydowie ná ten czás/áby to zá grzech ro-
zumieli/ Ale dosyć mieli ná tym w vczćiwośći
Wielkonocnego święta/ iż nie swoimi własne-
mi rękomá zámordowáli Jezuſá.

Solutio. — Odpo-
wiádam/ iż pilnie ſie ſtáráli o to/ áby y w ten
czás ſumnienie ſwoie w poſtrzeżeniu Zákoná czyſte być pokazáli/ ponieważ y ná Chryſtá Páná
zá to zá złe mieli/ iż Szábátow nie obſerwował/
ále w nie chorych vzdrawiał. Jeśli bowiem
Zwolennikom Páná Chryſtuſowym vrogáli/ iż
w Szábát kłosy rwáli/ y rękomá rozćieráli / táko bárźiey niegodno rzecż być rozumieli/ poimáć
kogo w dźień świętey/obwinić/ y ná śmierć wy-
dáć: á iż vſpráwiedliwienia ſwego w doſkonáłym Zákoná wypełnieniu ſzukáli/y prágnęli/ á-
by od wſzyſtkich widźiáni byli / że ſie Zákonowi
Bożemu przez żnie dosyć dźieie/nic nie rzekę.

Dowody z pisma Doktorow ss. — Temu tedy Błogosłáwionych Ewángeli-
ſtow pokazániu y świeći Doktorowie Cerkiewni
ſententiye ſwoie podpiſáli / y ieden o ſobie przez
ſwe piſánia wiedźieć dáli / iż nie ináczey o tym
dźierżą y wierzą/ iedno iáko od Ewánieliſtow
Páńſkich máią.

Irene. lib. 4. cap. 23. — Pierwſzy Ireneuſz. *Mojżeſz mowi w piſ-
[illegible]
[illegible]. [illegible]
[illegible]
to ieſt, w Ieruzalem. Dźień [illegible]
[illegible]* Stąd po-
znawamy/ iż Ireneus błogosłáwiony rozumiał
że Chry-

że Chrystus uprzedźił z swoią Páschą / iże w ten czás umęczon był / w ktory zábiiány był Báránek Księżycá czternastego á nie piętnastego ná świeto Pászchy. Odpowieda ná to: Zdánie Ireneuszá świetego iest tákie: Iż Chrystus piętnástego á nie czternastego dniá Księżycá był zámordowány: Pierwszy bowiem dźień Pászchy czternastego dniá podwieczor sie poczynał. Ale to swoią powieśćią / cudze wyrozumienie znácznie Ireneuszowi zádáią. Ten ábowiem mowi / iż Moyżesz opowiedźieć chćiał / że Chrystus w ten czás będźie offiárowány w ktory z roskazánia Bożego Báránek offiárowány álboli zábiiány był. Przećiw czemu áni imie Pászchy wstrzymáć może / wiemy bowiem iż y sámego Báránká offiárowánie y dźień 14. pierwszego Mieśiącá ku wieczorowi w Nowym y Stárym Zakonie Pászchą sie názywa / á nie sámy tylko dźień piętnásty uroczysty. Ani iż Alexánder de Ales / y Rheynerus / y Abulensis wielką miedzy dniem Pászchy / y dniem świetá Pászchy rożność pokázuią. Znowu iż Ireneusz mowiąc / w wieczor / wieczorny czás rozumiał / twierdzą. Odpowiádam / Ten czás wieczorny w ktory Báránek offiárowány był rozumie. Iesliże y sám y tám wćieczki szukáiąc zárzucáią: Kiedy Ireneus w wieczor mowi / nie dniá wieczor / ále wieczor świátá rozumie. Ale to fałsz znáczny / ábowiem o tym że właśnym wieczoru Ireneus práwi / o ktorym y Moyżesz: co sie z słow iego iásnie pokázuie. Moyżesz tedy mowi / nie o wieczoru świátá / ále

o onym

Obiectio.

Leuit. 23. Alexan. de Ales quae. 32. 4. partis membr. 3. ad 2. Rheyner. summa Panthed, cap. 3. Titulo de Euchar. Abulensis 2. parte defens. cap. 8.

obiectio.

Solutio.

onym w ktory Báránek Wielkonocny był offiárowány.

Drugi Tertulliánus / Iześćie to ná pocżątku pierwszego Mieśiącá ná nowiu vczynić, (to iest, Báránká Chrystusá offiárowáć,) mieli, y Moyżesz o was przepowiedźiał, Kiedy wszystek narod synow Izraelskich, Báránká ku wieczorowi offiárowáć mieli. | To Tertulian mowi / Moyżesz o męce Chrystusowey przepowiedźiał / iż Chrystus w ten czás miał być zábity / w ktory Báránek był offiárowány / tedyć to nie w świeto Pászchy / ále w Vigilią Pászchy / Księżycá / 14. było. Odpowiádáią Rzymiánie / iż Tertulliánus ná tym mieyscu / o onym sámym dniu / w ktory Báránek był offiárowány / mowi / Iż tego dniá y Chrystus Pan vkrzyżowány miał być / co sie y wypełniło. Pátrzćież iáko mi sie z tych śiateczek wyplatywáią / Pierwszy / mowią / dźień Pászchy trwał áż do wieczorá Piątkowego (iákoby rzekli / Báránká z wieczorá we Czwartek offiárowáli ná pocżątku piątku. A Chrystusá Páná pod wieczor vkrzyżowáli / tegoż piątkowego dniá ná schodźie.) Ale iáko to powieśćią sámi sobie przećiwne rzeczy wnoszą / obaczysz. Ná iednym bowiem mieyscu wyższey cytowánym / iż Chrystus w sámy on czás vćierpiał / w ktory Báránek był offiárowány / co sie 14. Księżycá w wieczor dźiało. A ná drugim / iż Chrystus w pierwszy dźień Pászchy (kiedy dźień 15. á nie 14. Księżycá był) vćierpiał / powiádáią.

Poświádcża nam tego y Epiphániusz s.

Przysta-

Tertul. in lib. contr. Iudae.

Obiectio.

Solutio.

Epiph. haere. 5

Przystało, mowiąc/ *Chrystusowi* 14. *dnia offiarowánemu być wedlug Zakonu*, Przetoż Chrystus Paschę swoię uprzedził Zydy/ ponieważ ią w Vigilią niedźieli swoiey odpráwił/ y dnia 14. Xiężycá vczer-piał; przetoż nie w święto Paschy. Která-czuie Kościoł Rzymski: Epiphániusz tu o offiá-rowániu Chrystusowym nie sámą rzeczą wypeł-nionym/ ále w figurze y cieniu/ mowi/ Iáko-by rzekł. Przystało áby Báránek ktory był fi-gurą Chrystusową/ offiárowány był 14. dniá Xiężycá ku wieczorowi. Znácżny w prawdźie ląśnym y iáwnym Epiphániuszá świete słowom gwałt czyni. *Przystało bowiem mowi/ áby Chrystus* (á nie Báránek) 14. *dnia Xiężycá podług Zakonu był offiárowány*. Nákoniec/ chcąc pokázáć iż to tákbyć miáło/ przydáie y to: *Aby ták istota podobieństwu álboli figurze corrependowáła.*

Obiectio.

Solutio.

Toż y Jan Złotousty mowi. *Chrystus dniem wprzod iadł Paschę swoię, á myśli iż Zydowie iedli.* Tákież Theophilactus przy nim. Odpowie Rzymiánin/ iż ci Oycowie nie to pokázáć chcą/ iż dniem przed Zydy/ ále tylko dniem przed Xiężey Kápłańskimi/ y w piśmie vczonymi (ktorzy przez noc o zábiciu Chrystusowym prácowáli) Chrystus swoie Paschę odpráwowáł/ przetoż ią w ten czás/ kiedy y wszytek narod pożywał. R te swoie odpowiedź druga Chrysostomá powieśćią podpiera: ktory *Homil.* 85. ná Máthuszá ták mowi. Xiężętá Kápłáńskie/ cáłą noc prácowáli/ áby zdżęta śmierci Chrystusowey spráwą skutek wźięłá. R dla tego nie mogli w porządny álbo w przystoy-

Chrysost. Homil. 52. in Ioa. Theophila. in cap. Ioan. 10.
Obiectio.

przystoyny czás/ iość Pásch/ ále śmierci Chrystusowey chćiwośćią vwiedźieni / w inszy ią czás iedli. Odpowiádam. Złotousty w pierwszym mieyscu *generaliter* o Zydách mowi/ á nie o Xiążętách Kápłáńskich tylko/ Ani sie może z niego mieysce tákie pokázáć/ w ktorymby przez názwisko to (Zydowie) Arcykápłany tylko rozumiał/ ále záwżdy rozdźielnie o nich mowi. A co sie ostátniego mieyscá tycze/ iż Arcykápłani Pásche swoie ná dźień nástepuiący przełożyli/ znácznie przećiw sobie bije. Ponieważ w Arcykápłańskiey władzy nie było/ áby ná dźień inszy Pásche pożywánie odłożyć mogli / ktora czternástego dniá Xiężycá koniecżnie pożywána być miáłá. Albo ieśliby to dla przeszkody tákiey tego dniá być nie mogło/ tedyby to pożywánie Báránká nie ná nástepuiący / áni ná inszy ktory dźień tegoż miesiącá/ ále ná dźień czternásty wtorego miesiącá/ odłożyć sie musiáło. Ták bowiem Bog przykazał. Człowiek ktoryby był nieczystym od vmárłego/ álbo ná drodze kedy dáleko z ludu wászego / niechay spráwuie Pásche Pánu/ wtorego Xiężycá czternástego dniá ku wieczorowi etc. W tey że *Homiliey* ná Janá Chryzostom mowi. *Iż Chrystus iednym dniem Zydy w odpráwowániu swey Paschy vprzedził áby záchowal śmierć swoię ná Piątek, kiedy y zdáwná odpráwowána byłá.* Rozmáite tu/ lecz bárzo nie trefnie Kośćioł záchodni ná ostátnią cząstkę/ *Kiedy y zdáwná byłá odpráwowána* wykłády czyni. Ale prawdźiwe tey powieśći wyrozumienie / iż Chrystus iednym dniem vprzedził Zy-

Solutio.

Num. cap. 9.

Nm dy w poży-

by w pożywániu Páßchy/ nie nád Zakon/ ále wedlug Zakonu. Abowiem zdawná/ to iest/ przed trádycyámi Oycow ich w tenże dzień byłá odpráwowána. Poniewaz dzień on w ktory Chrystus Páßche swoie dniem przed vmęczeniem swoim odpráwił/ był podlug Zakonu czternastym/ á podlug vstaw trzynastym. Tenże Złotoust. Dčiec. *Gdy iuż czásem ścisnieni byli, ábowiem dziewiątey godźiny vmarł, y gdy on prosili Piłatá, y gdy obmyli, iuż wieczor nádchodźił, w ktory czás robić nie wolno było, w grob ktory blisko był, włożyli.* Przez co wßystko oznáymuie/ że sie z pogrzebem Chrystusowym/ dla nádchodzącego wieczorá (w ktory sie nie robić nie godźiło) spießyli. Ani też kto rzec może/ iż sie tu wieczor Szábátu rozumie. Ale wieczor Páßchy/ w ktory tákże nic okrom co do iedzenia/ robić sie nie godźiło.

Chrysost. Hom. 84. in cap. Ioan 13.

Nástępuie Theophiláctus (ktory we wßystkich swoich wykłádách Złotoustego náśládował) twierdząc/ iż Chrystus 14. Xiężycá vćierpiał/ á nie w święto Páßchy/ ktory był 15. iże Zydow w obchodzeniu Páßchy vprzedźił/ ták bowiem mowi. *Nie byłá to ćiemność podlug porządku ná[illegible], ktora sie z záćmienia słoncá stáłá, 14. bowiem dniá Xiężycá słoncá ἐκλειψις nie bywa, ále kiedy Chrystus był vkrzyżowány, owßem 14. dzień Xiężycá był, gdyż tego czásu Páschá Zydowská bywáłá.*

Theophi. in 27 cap. Matth.

Przy nich śćisły Augustyn temi słowy/ *Mowią, práwi/ niektorzy, iż tego roku ktorego Chrystus vmárł, Páschá Zydowská byłá w ten dzień, po ktorym Sobotá nástąpiłá, y dlatego dzień on názywány był przygotowániem Páschy.*

August. lib. 3. de concor. Euangeli, ca. 13

Páschy. Odpowiáda Rzymski Kośćioł/ iż Augustyn ó. zdánia tego tylko wzmiánkę czyni/ ále nie affirmuie/ To sie słowy znácznymi tegoż Augustiná solwuie/ ktory to zdánie ápprobuiąc mowi. *że sie przygotowánie ku offiárowániu Chrystusowemu o godźinie 9. w noc záczęło.* Záczym trzećia dniá godźina/ godźiną śćisłą piątku/ álbo przygotowánia byłá. Ale niech ták będźie/ iáko on mowi/ że zdánia tego wyráznemi słowy nie pochwalił: Ale go też y nie zgánił/ czegoby żadnym sposobem nie vczynił/ ieśliby przećiwne być widźiał.

Obiectio.

Solutio.

Iednak tenże z Bedą społem mowią/ *Pośpieszony był przez Iosephá z Arimáthiey, y przez Nicodemá pogrzeb Páński, dla przygotowánia Zydowskiego, ktore v nas Láćinskim ięzykiem czysta wieczerza názywáią Zydowie. A z tąd rozumiem, iż dzień śmierći Chrystusowey nie sámo ono święto Páschy, ále przygotowánie iego, było.* Poniewaz tedy pospieszony był pogrzeb dla przygotowánia Sobotniego/ iáko go Rzymski Kośćioł mieć chce w ten dzień ktorego zgołá nie godźiło sie robić: záwżdyby [illegible] y to wßystko w święto Páßchy/ w ktory wßelkiey prácy zániechác kazano/ okrom sámego pokarmu. Tenże/ *Ciáłá, mowi/ vkrzyżowánych przez były z drzewá, áby nie wisiáły ná krzyżach długiey męki swoiey vdręczeniem, wielkiey vroczystośći nießplugawili.* Gdźie przez dzień vroczystośći wielki/ nie sámą tylko przez się Sobotę rozumie (ábowiem nigdźiey ták názywána nie bywa) ále y dzień 6. Páßchy/ ktory w ten czás ná Sobotę był odłożony. A *per consequens.*

Idem 120. tract.

Beda in 19. cap. Ioan.

Idem, ibidem.

Nnn ij Chrystus

Chrystus nie w dźień święta Páschy/ ále w Vigilią iego vćierpiał.

Nicephorus li. 1. cap. 28. histor. Ecclesia.

Toż y Nicephorus Historyk Cerkiewny pi-
sze. *W dźień Piątku ku wieczorowi podług Zakonnego przykazánia przyszło áby Báránek był offiárowány, y w tenże dźień
áby prawdźiwy Báránek ná krzyżu był ofiárowány.* Przetoż
Chrystusowi vprzedźić/ y we czwartek ku nieczo-
rowi Zakonną Pászche/ odpráwić potrzebá było.

Anselmus in 27. cap. Math.

Anselmus też/ ktory około Roku Páńskiego 1090. żył. Tákże o tym wiedźieć dáie/ mowiąc:
*Chrystus 21 dniá Marcá,, w sáme wiosenne aequinoctium
w piątek kśiężycá czternástego w ktory żydowska Pászchá była, vkrzyżowan był. Aby w ten dźień Báránek Boży dla
zbawienia ludzkiego ná krzyżu záwisł, w ktory według roskazánia Báránek dla wybawienia ludzkiego był ofiárowány.*
Ktoremu świętemu zdániu owe Ewánielskie słowá
zgodne być powiáda. *Żydowie nie weszli ná Ratusz do*
Piłatá *áby sie nie splugáwili, ále áby przyiwali, Báránka wielkonocnego.*

Obiectio.

A ieśliby kto przecząc pytał/ czemuż Pan
w ten czás Pászchy nie odpráwował? odpowiádá/

Solutio.

iż Chrystus pod Zakonem nie był/ y chćiał pierwey Zwolennikom swoim táiemnice ćiáłá y
krwie swoiey podáć/ toż sámo ćiáło swoie ná drzewie krzyżowym offiárowáć. Náto/ gdy iuż Kośćiołowi Rzymskiemu odpowiedźi nie stáie/ do zwy-

Obiectio.

kłego sie portu swego vdáie/ mowiąc/ podobna
iest rzecz do wierzenia/ iż to mieysce cáłkiem ktoś
z Grekow/ Anselmowi przypisał. Kłádąc własno
swoie mászkáre ná Greki: A ná podporę mowienia swego/ tegoż Anselmá w 26. Máttheuszo-
wey Capitule w te słowá mowiącego przywodzą/

Chrystus

Chrystus w dźień czternasty iadł Báránká/ á
w piętnasty był zámordowány. Odpowiádam.

Solutio.

Anselmus nie iest sobie przećiwnym/ Ponieważ
tu ná tym mieyscu/ Zakon Boży z Ewánielistą v-
pátruie/ podług ktore°/ dniá czternastego Kśię-
życá/ Chrystus Pászche odpráwowáł/ á piętnastego vmárł. A tám/ zwyczay ktorego ná ten
czás Żydowie obserwowáli/ opisuie: według
ktorego 14. dniá Kśiężycá był vkrzyżowány y
dniem przed vmęczeniem Báránká pożywał.

Do tych pismá Bożego dowodow/ y Doctorow świętych świádectw/ wielkiego vważenia
godnych/ Rácyy kilká przydam/ á tá bedźie
pierwsza.

Pierwsza ratia.

Podług Zakonu/ Dźień *Pentecostes* odpráwo-
wány miał być/ w dźień pięćdźieśiątny/ licząc
od dniá wtorego przáśnikow/ Mowi bowiem

Levit. 23.

P. Bog/ liczyć bedźiećie od wtorego dniá Szába-
tu/ w ktory przynieśliśćie snopy *primitiarum*, śiedm
tygodniow zupełnych/ áż do drugiego dniá wypełnienia śiodmego tygodniá/ to iest/ pięćiudźie-
śiąt dni. Ale Roku tego/ ktorego Chrystus v-
ćierpiał/ dźień *Pentecostes* dniá Niedźielnego był/
w ktory Duch ś. ná Apostoły zstąpił. Skąd y
dźiś wszystká Cerkiew/ w dźień niedźielny pámiątkę *Pentecostes* celebruie. *Ergo.* Wtory dźień
Przáśnikow/ w ten czás/ w dźień Niedźielny
przypadał. Abowiem gdy bedźiemy liczyć
pięćdźieśiąt dniy/ od drugiego dniá Przáśni-
kow/ *inclusiue*, to iest/ y sámy drugi dźień przáśnikow do wypełnienia pięćdźieśiątney liczby/

iiiPo

iáko Zakon roskázuie / przymuiąc/ *necessario* tegoż dniá y *Pentecoste* przypáść muśi/ ktore drugi dzień przáśnikow przypadał. Tá Rácia ták iest pewna y prawdziwa/ iż y gdyby Rzymski Kośćioł ze wszystkiemi swemi wszystkich Ord Połkowinkámi przećiw niey otworzyć nie może. A ieśliże Roku tego/ ktorego Chrystus vćierpiał/ dzień Niedźielny wtory dzień przáśnikow był/ idźie zá tym iż dzień Sobotny był pierwszym dniem przáśnikow/ y dniem świętá Páschy/ skąd iáwna/ iż przed pierwszym dniem przáśnikow / y przed dniem świętá Páschy/ dzień męki Chrystusowey był/ y iż Chrystus z [illegible] wieczerzą vprzedził.

Obiectio.

Ale iżby iuż ták *pro finali, confuse* / nie został/ zniy oliwszy bayke łákoć/ w odpor dáie/ mowiąc. Dni *Pentecostes* od pierwszego dniá powszedniego po świętách/ pierwszego dniá przáśnikow liczone być máią / á dla tego gdy wtory dzień przáśnikow w powszedni dzień będźie / od niego śię dni *Pentecostes* liczyć záczynáć máią. Ale gdy drugi dzień przáśnikow/ świety dzień będźie (iáko kiedyby dzień wtory przáśnikow ná Sobotę przypadał) tedy iuż nie od wtorego/ ále od trzećiego dniá przáśnikow/ dni *Pentecostes* liczone być máią.

Solutio.
Francolin. de Tempo, Hora. Canon. cap. 74.
Bellarm. tom. 1. disput. de homo. sancto, lib. 3. cap. 3.

Ktorego/ gdy/ skądby to miał pytamy? Odpowiáda Francolinus temi słowy/ *wypomnieć iż w iadnym z Doctorow tegom nie czytał.* Tákież Bellárminus mowiąc/ *Swiádká y Authora* [illegible] *nie mam.*

Druga Rácia / Offiárowánie Báránká Páschálnego členiem y figurą męki Chrystusowey było. Ale ten Báránek dniá 14. Księżycá offiárо-

fiáro-

fiárowány być miał. Przetoż aby y Chrystus w tenże dzień był offiárowány/ przysłuszáło / & *per consequens*, w dzień przeszły wieczerzą swoię vstanowił.

Obiectio.

Odpowiáda / Báránek Páschálny figurą był Chrystusowi/ względem tego/ iż nam w táiemnicy do pokármu miał być podány/ y ono Báránká offiárowánie/ więcey táiemną Chrystusową w wieczerzy offiárę/ á niżli krwáwą/ ktora śię ná krzyżu stáłá znaczyło.

Solutio.

Ale to dáleko od prawdy. Iż bowiem offiárowánie Báránká/ krwáwey Chrystusowey ofiáry/ á nie táiemney wieczerzy figurą było. Ireneus/ y Tertulliánus Błogosłáw. ktorychem słowá wyższey pomienił / powiádáią.

Obiectio.

A gdy ná to odpowiedźi nie nayduie/ drugiey śię tákże słábey podpory chwyta/ mowiąc. Chrystus vćierpiał w ten dzień/ w ktory Báránek był offiárowány / choćiay nie iednego y tegoż czásu/ ponieważ wieczor dniá 14. kiedy Báránká zábiiáli/ do nástępuiącego dniá przynależał/ y ták śię zbyło/ że y Eucháristiá w tenże dzień y w tenże czás vstáwiona byłá/ ktorego dniá Báránek był offiárowány.

Solutio.

Odpowiádam. Wieczory do nástępuiących dniow *exclusiue*/ nie właśnie należą/ ponieważ dni nástępuiące od wprzod idących wieczorow liczone bywáią. *Alias*by w pierwszy dzień przáśnikow y ná sáme święto Páschy Báránek offiárowány był. Co iest przećiw Zakonu w dwudźiestym trzećim rozdźiale Xiąg *Leuiticorum* opisánego. Ieśli bowiem wieczor 14. dniá/ w ktory Báránek bywał offiárowány / do nástępuiącego

cego

cego pietnastego dniá przystuszał/ tedyć wieczor
dnia pietnastego/ ktorego iż Chrystus zámordowány był/ powiádáią/ necessario do nástepuiącego
dnia szesnastego należał: zá czym poydzie/ iż
Chrystus nie w ten dzień/ dáleko mniey w tę go-
dzinę w ktorą Báránek był ofiárowány / vkrzyżowan był/ y tákby istotá nie correspondowała figurze.

Trzecia ratio. Trzecia Rácia / z vstaw y trádiciy Oycowskich / ktore sie zá czásow Chrystusowych w
odpráwowániu Paschy záchowywáły. Zakon-
Exod. 12. nie bowiem według roskazánia Bożego/ Páschá
celebrowána być miáłá 15. dniá miesiącá Nisan,
Miesiącá mowię Xiężycznego/ dla tego iż y Rok/
y káżdy Miesiąc/ w ten sámy Nowiluny dzień
poczatek swoy bráli/ podług tego roskázánia Báránek Wielkonocny dniá 14. ku wieczorowi był
offiarowány / ktorą Pásche Złotousty/ stáro-
názywa. A drugiey Páschy záchowánie/ ktore sie
κριτικὴ τήρησις, iudicialis obseruatio, názywa / w
zakonie Zydowskim vczeni / przy wtorym Ko-
scioła zbudowániu/ vchwała y moderátio nieiáką z Zakonu/ vstánowili y do vżywánia podáli.
Poniewaž bowiem Szábáty y vroczystości Zakonne iuxta cursum lunae, podług dniow Miesięcz-
nych/ záchowywáć sie mieli/ nie mogli záwżdy
iednego dniá w tydniu przypádáć / ále káżdego
Roku odmiennie/ owego w ten dzień/ á drugiego w drugi / celebrácya ich przypádywáłá/ y dla
tego sie częstokroć trafiáło/ iż dwoie świąt w ie-

den

den dzień bywáło/ to iest święto Szábátu tygo-
dniowe/ y święto z vroczystości przez Moyzeszá podánych/ skąd Zydowscy Doctorowie wielką
niewczesność y szkodę być rozumieli. Iáko ná
przykład/ Ieśliby święto pálmow ná Sobotę
tygodniową przypádło/ nielzáby bez náruszenia
Zakonu Szábátu odpráwowáć było/ nie mogąc
bez pracey roszczek y gáłązek od pálm rzezáć/ zbieráć y nosić/ w zákazáną Sobotę. Záś iesliby v-
roczystość Páschy álbo expiationis ná dzień Sobocie nabliższy przypádły / musieliby cáłe dwa
dni w Bożnicach swych trwáć ná modlitwách y
poście/ nie mogąc w nie/ áni ieść robić/ áni v-
márłych pogrzebáć/ á te potráwy ktore sie w po-
wszedne dni nágotowáły/ zá ledwieby przez dwá
álbo trzy dni od smrodu/ á ile w tám tych cie-
płych kráiach vchronione być mogły. Co im bárzo przykro y ciężko cierpieć y znośić sie zdáło.
Dla tey tedy przyczyny/ áby ták świętá ich in-
commode nie przypadáły/ ná dzień nástepuiący odłożyć vmyślili. Niechcieli iednák w insze dni ile
ku liczbie Miesięcey / vroczystości swych odprá-
wowáć/ przeciw zakonnemu roskazániu/ ále tylko w inszy dzień ile ku porządku dni tygodnio-
wych / á dla tegoż pierwszy dzień Roku/ álbo
Nowilunium pierwszego Miesiącá ná táki dzień
odkładáli/ przez ktoryby ciężkości onych z przypá-
dywánia dwoiey vroczystości/ vyść mogli. V-
stánowił to tedy Eliázar mąż miedzy inszemi y
vczeńszy y wybornieyszy tym porządkiem. Pá-
scha áby nigdy nie przypadáłá ná poniedziałek

Nn śrzodę/

śrzodę y piątek. *Pentecoste* nigdy ná wtorek/ czwartek y sobotę. Swięto Kuczek/ nigdy ná Niedzielą/ wtorek y piątek. Początek Roku nigdy ná Niedzielą/ śrzodę y piątek. Ktore to postánowienie powiádáią Żydowie/ iż po wyściu z niewoley Bábylońskiey/ y po wtorym (iákom rzekł) Kośćiołá zbudowániu przed 350. lat Páná Chrystusowego národzenia/ stáło. A náyduie sie w Kięgách Gámálielá Chrystusowego zwolenniká/ á Páwłowego w zakonie Mistrzá/ ktore o Słonecznym y Księżycá biegu/ y o schodzie roku złożył/ iáko o tym *Paulus Burgensis, Paulus Middelburgensis*, Biskup *Forosempronski*, y *Munsterus* dostátecznie piszą. Przypadło tedy podług wszystkich zdánia tego roku/ ktorego Chrystus ucierpiał święto Pászchy w Piątek. A Żydowie Canon ustáwy swey záchowuiąc/ prawdziwe [illegible] Miesiącá *Nisan* opuścili/ y święta Pászchy nie odpráwowáli w piątek/ áby święto pálmow/ ná dzień Soboty nie przypádło/ y áby nárusżeniem Soboty/ zakon gwałtu nie ucierpiał. Ale prawdziwe [illegible] ná dzień nástępuiący przenieśli/ y Pászchę z piątku ná Sobotę odłożyli. A Chrystus wiedząc iż przez śmierć iego wszystkie zakonne uroczystości ustáć miáły/ Niedbał ná pálmowe święto/ ni ná insze w záchowániu Pászchy ustáwy/ oprocz Zakonu Bożego áby mu we wszystkim dosyć czynił/ y podług Zakonnego przykázánia prawdziwe [illegible] záchował czternastego dniá Księżycá pierwszego miesiącá/ podług Zakonu/ ktory według ustáwy był trzymá-

Margin notes:

Paulus Burgen. in additi. ad Lyra. in 26. cap. Math.

Paulus Middelburg. Episco. Forosempronii. lib. passio. Chri.

Munsterus calend: Hebrai. & in explica. in Euang. Mat. Habr. 8. cap.

kym z Zwolenikámi swymi odpráwił: y w Piątek/ w ktory podług Zakonu święto Pászchy celebrowáne być miáło: A według Trádycyiey Παρασκευή álbo przygotowánie Pászchy było/ ucierpiał. To rożne swoiey y Żydowskiey Pászchy odpráwowánie y sam Chrystus opowiedział mowiąc/ Zwolennikom swoim/ Idźcie do miástá niektorego/ á rzeczcie mu/ Mistrz mowi/ czás moy blisko iest/ v ciebie Wielkanoc spráwię z Uczniámi moimi. Iákoby rzekł/ Ieśli was kto spyta/ dla czego Mistrz wász uprzedza Pászchę/ á nie wespoł z inszemi obchodzi. Rzeczcie mu/ czás iego iest blisko/ áby uczynił Pászchę z uczniámi swemi. Rzekł czás moy/ to iest/ czás prawdziwy y Zakonny iest blisko/ chcąc tym sámym Żydy iáko zakonu przestępce confutowáć/ ktorzy nie dla żadney inszey przyczyny odkłádáli Pászchę/ tylko áby zwykley roskoszy w iedzeniu y w piciu/ w święto pálmow záżyć mogli: ktora w dzień Soboty zákazána byłá. Ná ktore to dwoiákie Pászchy obserwowánie/ y Ewánielistowie wzgląd mieli: Ná Żydowskie ileKroć Arcykápłany o święcie Pászchy mowiące przywodzą/ ukázuiąc iáwnie/ iż Chrystus w ten dzień własnie/ w ktory Żydowie Báránká Wielkonocnego pożywáli. To iest w Vigilio Pászchy/ ucierpiał. Ian 18. ták rzekł/ Żydowie mowili nie weszli ná ratusz, áby sie nie splugáwili, ále áby pożywáli Pászchę, to iest/ Báránká wielkonocnego. Záczie/ iż dzień ukrzyżowánia był Παρασκευή, to iest/

dzień w ktory Zydowie gotowáli potrzeby ná obchodzenie Páßchy/ y Márek s. Dzień męki Chrystusowey προσάββατον, to iest/ Vigilią náżywa. A zakonne przykazánie opisuiąc / dáło wiedzieć/ iż Chrystus w sámy dzień Páßchy był vkrzyżowány/ y dniem przed vmęczeniem swoim Báránká wielkonocnego z zwolennikámi w pierwßy dzień przáśnikow pożywał. A dla snádnieyßego pięćidziesiąt dni/ od Páßchy do *Pentecostes* liczenia/ y dla sposobnieyßego vstaw Zydowskich w przełożeniu święta Páßchy ná dzień nástępuiący pokazánia/ wiedzieć należy/ Iż podług roskazánia Bożego w święto Páßchy zwyczay był Zydom/ názáiutrz Páßchy *Gomer*, początki żniw do Kápłaná/ ktory to Pánu Bogu oddawał/ y Báránká czystego z inßemi offiárámi/ y z mąką pßeniczną ná offiárę zápalną/ przynośić. Ták bowiem Pan przykázuie: *Gdy wnidźiecie do ziemie ktorą ia wam dam, á bedźiecie żąć zboże, przyniesiecie snopy z kłosámi do Kápłaná pierwiaśnki żniwá wáßego: á on podnieśie snopek przed Pánem, áby wdźięcżny Gomer był zá was, drugiego dniá Sobotnego, y poświęcić go. A tegoż dniá ktorego bedźie święcił snopek, zábijecie też iágnię roczne, á niepokaláne ná palony offiárę Pánu, suche też przytym á chlebowe offiáry bedą offiárowáne dwie dźiesiąte częśći białey mąki zácżynioney oleiem ná zapal Pański, á kwárteny nowdźięcżnieyßey, offiára też napoyna, bedźie wiec mieć kwárterkę miary Hin, Chlebá przáżna y krup. nie bedźiecie pierwey iesć z nowego zbożá, áż offiárowiećie to Pánu wáßemu.* Przykázuie Pan ábymu przynieśiony był *Gomer*, to iest/ miárá wymłoconego/ álbo snop niemłoconego

Lewitic. 23.

Exod. 16.
Deuter. 14.

nego zbożá. Tu śię *wßytko* wßczyna / Coby pan przez to słowo/ Názáiutrz álbo ná drugi dzień Szábátu/ w ktory *Gomer* przynośić roskazał/ rozumiał. Niektorzy mnimáią/ iż snop ná sámy dzień święta Páßchy w piętnasty dzień Xieżycá miał być przynoßony / ktorego mnimánia zda śię być y Theodoretus: Co ieśliby ták było/ tedyby/ to Zakonne przykazánie ták śię rozumieć miáło: Drugiego dniá po celebrowániu Páßchy snop przynoßony być ma / iż ten dzień iest drugiem dniem Szábátu/ to iest/ dniem świętym. Ale to mniemánie/ prawdźiwego słow wykłádu nie czyni. Názáiutrz (mowiąc) dniá Szábátu/ to iest / w ten dzień ktory po sobocie nástępuie. Dzień czternásty/ ábowiem nie był Szábátem/ to iest/ vroczystym / iáko śię to słowko ná tym mieyscu bierze/ ále Piątkiem y tylko przygotowániem ná Páßche. A niektorzy záśádziwßy śię ná literze/ przez imię Szábátu / tegodniowe Sobotę rozumieło/ ktora śię we dni przáśnikow przytrafiáłá. Według ktorey opinii. musiałby śię ten dzień ktorego my dźiśiá Niedźielą zowiemy/ rozumieć. Tey intencyey był Raumnus: Hesichius: Rupertus Abbas Tuitiensis: y Durándus. Ale iáko śię z tego ich rozumienia *Paulus Middelburgensis* námienia / gdy mowi: *Ze Sobotá w zákonie tym Rozdźiale 23. Lewit: Nie o osobnym dniu tygodniowym, ktory śię włáśnie Sobotą mianuie, ále o pierwßym świętym dniu Páßchy ma być rozumiano, Twierdząc że to ták wßyscy Theologie Láćinscy, Grecy, Zydowscy, y Bárbarscy rozumieią y wykłádáią.* Niektorzy

Theodor. 32.
Questi. Lewit.

Raumnus lib. 2. Deuteron.
Hesichi. lib. 6. in 23. ca. Leuit.
Rupert. lib. 3. in 24. ca. Exo. & lib. 2. in Leuit. cap. 35. & in lib. de Deutor. diui. c. 12

Duran. in Logic. lib. 6. cap. 108. Numer. 10.
Paulus in 2. parte Paulin. lib. 1. cap. 2.

ktorzy záś/imie ſoboty miáſto wßyſtkiego świe-
tá/to ieſt miáſto wßyſtkich dni Páſchy/ y wßyſtkich śiedmi dni prázników biorą. A imieniem
drugiey ſoboty/ pierwßy tydźień po Wielkonocnym tydniu miánuią. Ale ten wykład/ liczenia
pięćdźieśiąt dni od świętá Páſchy/ do świętá
Pentecostes łáwnie *repugnuie*. Są też niektorzy/
co przez imie Szábatu/ pierwßy dźień Páſchy/ to
ieſt/ piętnaſty dźień pierwßego mieśiącá rozumie-
ią/ ná ktorego początku z wieczorá/ Báránek
wielkonocny był pożywány/ á przez to słowo/ ná
záiutrz/ álbo ná drugi dźień Szábátu/ pierwßy
dźień po świętych Páſchy / ktory ieſt ßesnaſ-
ty dźień Mieśiącá wykłádáią: A to rozumienie
z Zákonem Bożym ieſt zgodne/ do ktorego ſię wßyſcy Rábinowie Lyranus/ Caietanus/ *Dionisius*

Abulensis cap. 3. Defens.
Hieron. de Aleastro in 23. cap. Leuit.
Paulus Middelburg. in Proœ. 2. part.
Iosephus Flauius lib. 3. vetus. Re. cap. 13.

Cartusiensis, Abulensis, Hieronymus de Aleastro: y Pau-
lus Middelburgensis/ przywiązuią. Ták też y *Iosephus* rozumie/ ktorego wielka w tym wiáry god-
ność/ ponieważ bez wątpienia w ſpráwách zákon-
nych/ biegłym y wiádomym być muśiał/ będąc
Kápłanem wielkim/ y w Jeruzalem/ poki ieſzcze Zákon álbo vſtáwá ta w vżywániu byłá/
żyiąc/ ktorego słowá te ſą. *W drugi dźień przáſników
ktory mieśiąca tego ßesnaſtym ieſt, pożytych żyt, y do tá-
nie dochowánych zażywáć poczynáią. Pobożną rzecz być rozumieiąc. áby Bogá, ták wielkiey obfitośći dawcę, ...
mieniem y udziecznośćią ſwoią wielbili. Iecżmienne ...
tie w ten ſpoſob przynoſzą, kłoſy w ſnopek przy ogniu ſuſzą ...
potym iecżmien ... á ták ogniem ... álbo ...
do ofiárownika podáią.* To wyrozumienie ták ſię przyſtoynie

ſtoynie z zákonem Bożym zgadza/ y świádectwem Jozephowym podpárte/ ták prawdźiwe
y iſtotne ieſt/ iż y Sam Rzymſki Kośćioł ná
nie zezwala. Wßákże widząc żeby ſię ſtąd vporne ſprzećiwieńſtwo iego wynurzyło/ nie przyymu-
ie/ *alias* by/ álbo/ iż Páſchá z piątku ná ſobotę tego roku/ ktorego Chryſtus Pan vkrzyżowan
był podług vſtáwy/ po drugim Kośćiołá zbudowániu podáney/ byłá przenieśioná/ przyznáć
(co Wſchodniey Cerkwi nápomoc/ iż Chryſtus
w kwáſnym/ á nie w przáſnym chlebie táiemnice *Eucharistiey*/ vczniom ſwym podał.) Albo też
to koniecznie rzec muśiał/ iż vroczyſtość *Pentecostes* / ktora od dniá przynieśionego ſnopká do
dniá pięćdźieśiątego liczena być ma/ y dźień ten
w ktory Chryſtus Zwolennikom ſwoim Duchá
ſwego ś. zeſłał/ Sobotą á nie Niedźielą był. A
przetoż y teraz pámiątká tego nie w Niedźielą/
ále w Sobotę w Cerkwi Chryſtuſowey obchodzona być ma/ y z tych przyczyn słowam zákonu y
Jozephowey powieśći/ nowe iákieś/ dźiwne y nieſłycháne wykłády / Rzymſki Kośćioł mozguie/
ktorem wyżßey przy Bellárminowym/ y Francoſ-
linowym świádectwie pomieniłá / ktorzy to ſámi ná ſię/ iż tego wyrozumienia y wykłádu ich/ á-
ni pewnego Authorá/ áni wiáry godnego/ á owſzeki żadnego świádká nie máią/ wyznawáią. A
przetoż *eadem facilitate contemnitur, qua probatur.* A
zwłaſzcżá że Jozephus/ iż drugiego dniá *przáſnikow,
ten ſnopek miał być przynoſzony, pro certo affirmat.* Wiá- *Obiectio.*
doma przy tym Rzymſkiego Kośćiołá niewſtyd-
liwość

liwość/ ktory onego czáſu odmiáne tákież Páſchy
odkład z inßemi vroczyſtośćiámi precż odrzuca/
(co/ nie tylko w Tálmudzie/ y we wßyſtkich Rá-
binow piſmách niemal/ ile ſie czáſu Authorá/ y
inßych *circumſtantiy* dotycże/ ále y w dźiśieyßych Zydow vſtáwicżnym zwyczáiu/ godną wiáre mie-
wa/ y wßelką wątpliwość oddala) A nowe y nieſłychane ſnopku przynoßenie/ krom wßelkiego
świádectwá/ y nád ſámą ſłußność zmyśla. Dáiąc táką przyczynę/ że ſie w pierwßy dźień przáſnikow tego offiárowánia álbo przynoßenia czynić nie godźiło/ ále w drugi/ dla tego iż to offiárowánie ſnopku/ wielkiey ſłużebnicżey roboty po-
trzebowáło/ Jáko to/ żęcie/ ſußenie/ odnaßenie do
Kápłaná/ co wßyſtko bárziey w tygodniową So-
botę/ á niżeli w pierwßy dźień przáſnikow robić
zákazano było/ á przetoż nie godźiło ſie im tego w
drugi dźień przáſnikow/ kiedy ná Sobotę przy-
pádywał/ czynić. Odpowiádam/ iż to co mo-
wi/ ſcáliże prawdźiwe ieſt/ dla nas á nie przećiwko nam ieſt. Dla tych bowiem/ y dla inßych
tym podobnych przeßkod y robot/ (iákom pierw-
wey powiedźiał) ono Páſchy z piątku ná ſobotę
przenieśienie zda ſie być vſtáwione. Co on ſobie
krom wßelkiey wątpliwośći/ miáſto niezburzoney
twierdze dźierży/ nie wiedząc iż tá vpewnioney
iego nádźieie wieżá/ lekkim prawdy wiárzy-
kiem z fundámentu wywrocona być muśi. Ale
ſkąd to maß/ że ſie Zydom pierwßego dniá ſnopkow przynośić/ iáko mowiß nie godźiło. Pytam ćie: Stąd podobno iż to ich offiárowánie

wiele

Solutio.

wiele ſłużebnicżey pracey w ſobie miáło. Jáko
tedy támte wymyßły/ ták y ten iego zakonu
Bożego wykład (żeby drugiego dniá przáſnikow
ſnopkow ſußyć/ gdyby dźień on w tygodniową Sobotę przypadał zákazano było) ieſt obłudny. Náprzećiw ktoremu iego wytłumáczę-
niu/ iegoż włáſny/ wierny/ y poſłußny Syn ſie
opponuie y mowi. *Nie wßelka zgoła praca Zy-
dom, we dni vroczyſte zákazana byłá, ále tylko ich właſna ro-
bota, A ſprawy Páńskie, ktore z roſkazánia Bożego, álbo
ku czći Bożey odpráwowáne bywáły, nie były zákazáne, ále
wolne owßem y przykazáne,* Ktory ábowiem władzą
dał Kápłanom w Soboty y w inße vroczyſtośći/
rzezáć y łupić offiáry/ tákież dźiátki obrzezowáć
y inße podobne ſprawy odpráwowáć: Ten y
Zydowſkiemu narodowi/ w drugi dźień przáſni-
kow/ zboże żąć/ ſußyć y nośić/ by też y w ſámą
Sobotę przypádło/ dał władzą/ y roſkazał/ iáko
w 23. rozdźiale cżwartych Kśiąg Moyżeßowych
czytamy. Aby w pierwßy dźień święta *Taberna-
culorum*, to ieſt/ Kucżek/ ktory miedzy inßemi ná-
przednieyßy był/ támi y zbieráli rośczki y gá-
łąſki pálmowe/ á z nich ſobie chłodniki/ álbo iáko ie dźiś zowią Kuczki/ budowáli. Co wßyſtko
nie mniey ſłużebnicżą pracą y robotą ſądzono być
może/ á niżeli żąć y ſußyć zboże. Nie od rzeczy
tu y Błogoſł. Chryzoſtomá/ o robocie/ ſpráwie y
pracy/ ktorą Bog przykázuie/ zdánie wnieść
przyidźie/ ktory w pierwßey Homiliey ná Zydy
temi ſłowy mowi: *Cokolwiek po woli Bożey bywa,
choćby ſie nam y źle być zdáło, wdźięcżne ieſt y przyiemne*

O o Pánu.

Franceli, tract. de temp. hora, Canon. cap. 66 Num. 23.

Obiectio.

Pánu. Et e contra, *Cokolwiek sie nád wolą Bożą dzieie, y nie ták iáko on chce bywa, by też y przyiemne być sie zdáło, nádewszystko gorsze y mierziensze będzie.* Jeszcze przeciw temu swiąt przemienieniu/ y przeciw odkłádowi Pászchy/ ná dzien ná stepuiący rozmáitych wiátrow duchem Rzymski Kościoł żagle swe nádymá / ktorymi iásność vstaw Zydowskich záćmić vsiluie. Mowiąc że to nigdy v Zydow nie było. A w podpárcie tego / Rabbi Abenázram przywodzi/ iákoby ten w wykłádzie swym ná 23 Rozdział *Leuiticorum* miał pisáć: Iż tá *traditia* álbo li vstáwá / nie tylko ná początku drugiey *restaurátij* Kościołá nie byłá / ále ani w ten czás kiedy Tálmut iest złożony.

Solutio.

Odpowiádam/ Że to falsz iest co Abenázram powiáda. Oprocz bowiem wyż pomienionych wiáry godnych swiádkow/

Paulus Burgẽ. Rabinus in 26 cap. Matt.

Páwel Burgenski / ktory sam czásu Zydowstwá swego/ Rábinem był: znácznymi o tey trádycyey słowy mowi, *Iż vchwalona y od Zydow obserwowana byłá.* Opuszczam Munsterá / y drugich Zydowskich Rábinow/ ktorzy iásnie w pismách swoich o niey wiedzieć dáią/ y iż w vżywániu byłá zeznawáią.

Obiectio.

Potym Epiphániusza zárzucá/ ktory mowiąc nieodmienne swiąt Zydowskich obserwowánie pokázuie / gdy [illegible] pisze. *Vroczystość przasnikow y swięto Pászchy v Zydow káżdego y ktoregokolwiek dniá w tygodniu zá czásow Páná Chrystusowych zwykło było przypádáć.*

Solutio.

Odpowiádam / iż Epiphániusz *Computu* Zydowskiego nierozumiał/ o czym wszystkie iego pismá swiádczą/ przetoż sie w tey powieści/ iáko człowiek człowieczym niedostát-

kiem

kiem vniosł: (co gdy o swiątobliwym mężu mowię/ niech mie z tego Rzymski Kościoł nie strofuie/ ponieważ y sam zdánia ie° nie we wszytkim przymuie. O czym swiádczy Fráncolinus/ *Iż w wielu rzeczách zdánia swe niezwyczáyne y niesporządzone ma.*) W swiádkach tedy vstawszy/ do Rácy sie vdáie / y nimi przeciw niezburzoney Trádicyey tych prawdzie szturmuie / gdy mowi: Cerkwie Asyátyckie *in primitiua Ecclesia* w tenże dzień Pászche/ w ktory y Zydowie czásu swego obchodzili/ ále Cerkwie one/ Pászche Księżycá 14. pierwszego Miesiącá/ ná ktory bykolwiek dzień w tydniu oná przypadáłá/ odpráwowáli. Przetoż y Zydowie ná ten czás/ nieodmiennie obchodzili Pászche/ ktoregokolwiek dniá w tydniu przypádłá.

Francolin. tract. de temp. Horar. Canon. cap 67.

Obiectio.

Co y *Epiphanius, Theophilus, Ambrosius,* y *Beda,* w opisániu rożności miedzy Pászchą Zydowską y Chrześciánską/ y tych ktorzy żydowskim sposobem żyli/ vkázuią/ iż Zydowie y *iudaizantes* z nimi/ w sámy 14. Miesiącá dzień Pászche obchodzili/ by też y Niedzielny dzień był/ A stąd *colligunt* / iż Pászchá Zydowská czásu Dycowonych/ podczás ná Niedzielę przypádywáłá/ á dzień przasnikow ná poniedziáłek/ *&* [illegible] *consequens traditia* oná iescze podána nie byłá / [illegible] aby swięto przásnikow w poniedziáłek/ śrzodę/ y piątek obchodzone nie było/ stánowi.

Solutio.

Ná ktoro ich rácyę z Epiphániuszem odpowiádam / ktory ták o Zydách mowi. *Iż cokolwiek do záchowánia y obchodzenia Pászchy należało, vpádło, y wszystko sie w nich pomieszáło.* A przetoż nie

Epiph. heres. 70.

Oo ij

dziw

…dziw ieśli w te czásy Páschę w poniedźiáłek/ orzo… ie y piątek obchodźili.

Argumenta strony przećiwney.

Zbywa/ ábym Rzymskiego Kośćiołá Argumentá w porzodek przyniosł/ ktorymi to pokázáć usiluie/ iż Chrystus w sámy dźień Páschy ućierpiał/ á Wieczerzą swoię w Vigilią Páschy ustáwił/ y nie uprzedźił z nią Zydow/ kłádąc tákie ku zmocnienie dowodu świádectwá.

Pierwsze/ z 26. rozdźiału Máttheuszá ś. *Pierwszego*, práwi/ *dniá przáśnikow, przystąpili uczniowie do Iezusá mowiąc mu, gdźie chcesz żebyśmy ćię nágotowáli, ábyś iadł wielkonocnego Báránká.* Drugie/ z 14. rozdźiału Márká ś. *Pierwszego dniá przáśnikow, gdy offiárowáli wielkonocnego Báránká.* Trzećie/ z 22. rozdźiału Łukaszá ś. w ktorym mowi. *Przyszedł dźień przáśnikow, w ktory było potrzebá offiárowáć Báránká wielkonocnego.* Stąd colligunt iż Chrystus táiemnice *Eucharistiey* 14. dniá ustánowił/ ktorego ku wieczorowi poczynáły się dni przáśnikow/ á w nástępuiący dźień (ktory był świętem przáśnikow) ukrzyżowány był.

Odpowiedź ná te świadectwá.

Odpowiádam/ Ewánielistowie tu respectem zakonu Bożego/ á nie ustaw y zwyczáiow Zydowskich względem/ mowią (Jáko y my teraz w liczeniu lat y dniow Miesięcy/ nowego Kálend[árzá] obchodu nieprzymuiąc/ stárego się trzymamy) chcąc pokázáć/ iż Chrystus z zwolennikámi swemi Báránká wielkonocnego dniem przed tym niżli ućierpiał pierwszego dniá przáśnikow/ 14. Xiężycá ku wieczorowi pożywał/ iednák podług zakonu/ ktoremu Chrystus we wszem dosyć uczynił/ zaczym

idźie

idźie iż w sámy dźień święta Páschy/ był ukrzyżowány/ to iest w ten dźień ktorego podług zakonu święto Páschy celebrowáne być miáło/ wszákże ten sámy dźień/ wieczorem álbo Vigilia był Wielkiey nocy/ podług trádiciey Zydowskiey/ ktorzy tego dniá ku wieczorowi/ ktorego Chrystus był ukrzyżowan/ Báránká Wielkonocnego pożywáli według Oycow swych ustáwy. A iż to ták święći Ewánielistowie rozumieli/ y ná to/ w tym piśmá swego mieyscu wzgląd mieli/ znáczenie z tych słow wyrozumiano być może. Mowi Łukasz święty. *Przyszedł dźień Przáśnikow w ktory było potrzebá offiárowáć Báránká wielkonocnego:* To iest/ Podług Zakonu ktorym Zydowie wzgárdźili potrzebá było. U tegoż Ewángielisty Chrystus Uczniom swoim mowi/ *Szedszy nágotuyćie nam Pásche.* Jákoby rzekł/ My podług zakonnego przykazánia (wzgárdźiwszy Zydowsko ustáwo) Pásche obchodźić będźiemy. Toż rozumieć y o Márku ś. iż *Gdy offiárowáli Pasche*, według zakonu mowi.

Czwarte świádectw.

Czwarte świádectwo przywodźi/ z 13. rozdźiału Janá ś. gdźie mowi. *Przed świętem wielkonocnym, wiedząc Iezus iż przyszłá godźiná iego, &c.* Temi słowy práwi/ pokázuie Jan ś. Iż dźień męki Chrystusowey tego Roku/ święty y uroczysty był/ zá czym *necessario* iáć musi/ iż w przeszły dźień Báránká pożywáli.

Odpowiedź ná to.

Odpowiádam náprzod/ iż był dźień ś. podług zakonu/ á nie podług ustáwy Zydowskiey/ przetoż nie przećiwko nam/ owszem námná pomoc ten dowod/ iż Judaszowi rzekł

Pan/

Pan / *Co czynisz czyn co rychley.* Rozumieli abowiem Apostolowie / iż mu Pan potrzeb ná świeto nákupić kazał / ktore dnia przyszłego podług zakonu obchodzić mieli. Po wtore / iż Jan o nástepuiącym świetym dniu Soboty mowi / ktory *non immediate*, po oney czwartkowey nocy nástepował. Ták bowiem y Moyzesz słowá tego *Przed*, vżywał. *v márl mowiąc. Aram przed Thara Oycem swoim*, Nie iżby to pokázować / iż *immediate* w przeszły dzień Aram przed Thara / vmarł.

Obiectio.

Jeszcze / Jákoż mowi / Apostołowie rozumieć mogli / áby ták pilnego stárania dla nágotowánia potrzeb ná świeto / trzebá było / ieśli ieszcze cáły dzień zbywał? Ale y ia cie wzaiem pytam: skądbyś to miał iż to Apostołowie (iáko mowisz) o pilnym w nágotowániu potrzeb ná świeto stárániu rozumieli? Ponieważ tego Jan ś. nie oznaymuie.

Solutio.

Ale mowi / niektorzy rozumieli / iż Pan Judaszowi mowił / *Kup co potrzebá ná świeto, álbo, áby co vbogim dał.* Ażeby mieli rozumieć Apostołowie / áby to Judasz rychło álbo nierychło czynił / nie powiáda tego Jan świety.

Piąte świade.

Piąte świádectwo z 18. rozdziału tegoż Ewánielisty przywodzi / gdzie Zydowie do Piłatá mowią: *Nam sie nie godzi zábijáć nikogo.* Temi słowy dáło mowi / wiedząc o sobie Zydowie / iż sie im nie godziło dla świetá / ktore iuż obchodzili zámordowáć Jezusá. Ponieważ sie im przed tym bluźnierce zábijáć godziło / co y nád Stephanem gdy go kámieniem osądzonego pobili / wykonáli / y w 24. Dziejow rozdziale / przed Felixem Stárostą Sy-

ryyskim / przeciw Lysiaszowi Rotmistrzowi skárge czynią / iż im Páwłá z rąk ich ktorego oni podług zakonu swego zábić chcieli / wyrwał.

Odpowiedź.

Ná to z Złotoustym odpowiádam / ktory te Janá świetego słowá / *Nam sie niegodzi zábijáć nikogo*, ták wykłada. Albo, *Iż nie dla Zydow tylko, ále y dla pogan vmrzeć miał, álbo iż vkrzyżowáć im nie godziło sie nikogo Ewánielistá mowi, Leśbie mowią, iż nie godziło sie nam zábić, pod ten czás, ma sie rozumieć. Ale iż y inszego zábili, świádek Stephan kámienowány od nich, Ale vkrzyżowáć go prágneli, áby z rodzáiu śmierci vrągáli.*

Chrisost. homi. 82. in Joan.

Z ktorych słow niamniey te° ten to złotosłowny mąż nie wyczerpnął / áby sie im dla świetá Páschy ktore obchodzili / Jezusá zábić nie godziło. Ale tego czásu / gdy pod Rzymską władzą byli / nie godziło sie im nikogo vkrzyżowáć / y áby sie zdał Jezus iż y przeciw Zydow y przeciw Rzymian wykroczył. Tymże sposobem te Zydow słowá / y Cornelius Jánsenius Biskup Gándawenski wykłada. Pięknie sie záiste z tym wykłádem y te Janá ś. słowá zgadzáią: *A to sie mowi / stało, áby sie słowá Jezusowe spełniły, ktore powiedział oznaymuiąc iáką śmiercią vmrzeć miał.*

Obiectio.

Neguie Rzymski Kościoł / áby táż moc w tych sie słowách zámykáłá / żeby Chrystus oznaymował iáko śmiercią miał vmrzeć. Ale iż od Zydow miał być ná śmierć wydány Pogánom / ktorzy go od nich wydánego swemu rekoma zábić mieli á nie Zydowie. Ale sie w tym iáwnie słowom Ewánielisty świetego przeciwi / ktory mowi. Chrystus oznamić chcąc ktoią

Jaką

θανάτῳ *iáko śmiercią*, to iest/ ktorym śmierci rodzáiem á nie od kogo/ zábity być miáł. W czym Ewánielistá święty one Chrystusowe słowá ktore sie w 20. Rozdźiale Máttheuszowym náyduią/ opátruie. *Podádzą go Pogánom ku nagráwániu y biczowániu, y vkrzyżowániu.* Aby sie to co Zydowie mowili spełniło. *Niegodźi sie nam nikogo zábijáć.* Gdyż nikogo krzyżową śmiercią zábić iáko Rzymiánie zábijáli/ nie mogli y áby tą śmiercią / Chrystus był zábity / prágnęli. Niemniey áby sie y Chrystusowe słowá ktore o Rodzáiu śmierci swey przepowiedźiał/ wypełniły.

Szoste z słow Piłatowych w 18 Rozdźiale Jana świętego opisánych/ gdźie mowi/ *Iest v was ten zwyczay, ábym wam iednego ná Wielkąnoc wypuśćił.* Z tych słow iáwno iest mowi/ że sie to w dźień Wielkonocny dźiáło. Odpowiádam. Iż Pascha álbo dni Páschy dwoiákim sie sposobem rozumieią/ *stricte & proprie, Late & improprie,* to iest/ ściśle y właśnie/ szeroko y nie właśnie. Sciśle o siedmiu dniách przáśnikow: szeroko/ o dniách onych w ktore Báránek y przáśniki gotowáne były/ ktorymi sposobem y dźień dźiesiąty pierwszego miesiącá miedzy dniámi Pászchálnemi liczony być może. A iż ná tym mieyscu ono Páschy słowo/ dniá Wielkonocnego nie znáczyło/ z drugich Ewánielistow łatwie sie dowiemy / ktorzy iákoby wykłádáiąc te Jana ś. słowá/ nie mowią/ ἐν τῷ πάσχα, *ná Pásche.* ále κατὰ τὴν ἑορτὴν,

to iest/

Szoste świádec.

Odpowiedź.

to iest/ *Około święta Pászchy.* Mátthеusz święty/ κατὰ δὲ ἑορτὴν εἰώθει ὁ ἡγεμὼν ἀπολύειν ἕνα τῷ ὄχλῳ δέσμιον· to iest/ *A około święta zwykł był Stárosta wypuszczáć narodowi iednego więźnia.* Márek ś. κατὰ ἑορτὴν ἀπέλυεν αὐτοῖς ἕνα δέσμιον· to iest/ *Około święta wypuszczał im iednego więźnia.* Wtasz y Łukasz święty/ ἀνάγκην δὲ εἶχεν ἀπολύειν αὐτοῖς κατὰ ἑορτὴν ἕνα. *A byłá tego potrzebá, żeby im wypuśćił około święta iednego.* Stąd sie zrzetelnie rozumie/ iż nie w sámy świętá dźień/ ále około świętá / to iest/ przed świętem to bywáło.

A co Oyce święte czynie / iż Chrystus 14. dniá Xiężycá Pászche obchodźił. Ná to odpowiádam/ Iż wiele z świętych Oycow mowią / iż Chrystus w ten dźień Pászche odpráwował/ ktory podług zakonu á nie podług trádiciey 14. był. A tá odpowiedź ná wszystkie Oycow ss. oney rzeczy pismá/ dáć sie może/ ktorych on ná podpárcie słábych swoich wymysłow vżywa / iż Chrystus mowi/ w sámy święty dźień Páschy / był zámordowány/ gdyż tego dniá/ ktorego Chrystus vćierpiał / podług zakonu Pászchá obchodzona być miáłá/ ktora dla Oycowskiey vstáwy odrzucona y ná drugi dźień odłożona byłá. Gdy tedy ss. Oycowie mowią/ iż Chrystus ná święto Páschy Zydowskiey vćierpiał/ To sie o święćie zakonney Páschy/ ktorą Chrystus z Vczniámi swemi obchodźił/ rozumieć ma / y ták to będźie/

Obiectio.

Solutio.

iż Chry-

O Przáśnym y kwáśnym

iż Chrystus/ y vcierpiał w dzień Paśchy y nie-
cierpiał. vcierpiał podług zakonu/ á nie vcierpiał podług Tradiciey Zydowskiey/ ktora zá czásow Chrystusowych w vżywániu byłá. O czym
dosyć.

Oto żemći sie Synu w obietnicy viśćiłá/
żem ná refutácią dźiesiátey odszczepieństwá potwarzy podáłá te dostáteczną y zburzeniu nie podległo powieść. Co bowiem kto kiedy z Rzymskie°
dworu pisárzow przećiwko temu ná odpor podał? Nie podał záiste nic táko przećiw temu ták
y przećiw inszym o tey máteriey wydánym scri-
ptom/ ktore nie tylko synom mojm/ ále y inszych nabożeństw ludźiom są dobrze wiádome.
Swiádkiem tego iest Sigebertus/ ktory contro-
uersią o tym Cerkwie Greckiey z Leonem 9. Pa-
Sigebertus de defensis. pieżem (Argumentá z obu stron krotuchno zebrawszy) wypisuje w te słowá. Gdy sie iuż (prá-
wi) názbyt z brzegow/ tyránnia Papieska wylewáć poczęłá/ chcąc/ y niechcącym Grekom iárzmo przáśnikow náłożyć/ wziął sie oto Michael
Constántinopolski Pátriárchá/ z Archidiáconem
Leonem. Naprzod.

1. Iż Przáśniki Zydom Moyżesz/ pożywáć przy-
2. kazał/ á nászá Páschá iest Chrystus. Iż
Chrystus ná wieczerzy swey Nowy Testáment
spráwił/ przeto te stáre Ceremonie koniecznie v-
2. stáć máią. Poniewasz text Grecki słowá
ἄρτον vżywa/ á Artos to ś sie właśnie/ co wscho-
dżący y wzgore sie od kwásu y soli podnoszą-
cy wykłada. Przáśnik tedy iest bez duszy y
niczym

Sákrámentu chlebie. 150

niczym od kámienia rożny. Iż przáśniki vdre- 4.
czenia y nędze są znákiem/ A nászá Páschá pełna
rádości y wesela / y podwyższa nas od ziemie w
sposob vwesielenia do niebá/ iáko y kwás ciepłem
swym przyrodzonym chleb wzgore podnosi. Chry- 5.
stus mowi: Wy iesteście solą ziemie. A też
Moyżesz Exod. 25. przykazał/ Wszelki dar ofiar
wászych/ niech sie solą / mowi/ osoli/ y niech sie
nie ostawa sol przykazánia páńskie°/ we wszelkim Cap. 9.
przynoszeniu niech sie sol przynosi. Márek 9.
rozdźiesz/ wszelká ofiárá niech sie solą osoli. Item Luc. 11.
Podobne iest krolestwo niebieskie kwásowi. Ale
przáśnik soli áni kwásu nie ma. Zá przenie- 6.
śieniem Kápłáństwá/ y zakonowi odmiáná sie stáłá. *Ergo*, Przáśniki Zydom zlecone być máią. A
Chrześciánie ich pożywáć nie będą. Chry- 7.
stus chleb wźiowszy/ rzekł/ Bierzcie/ etc. A to czyńcie ná pámiątkę moię. Ale przáśnik nie iest chlebem / ni pámiątki Páńskiey/ áni obwieszczenia
śmierći iego niema/ poniewasz do Moyżeszowych
vstaw należy.

Temu sie Leo 9. imieniem / srodze przećiwił mowiąc. Iże Przáśnik lepszy y potrze-
bnieyszy w Kośćiele / y że Kośćioł nigdy ni w
czym nie błądził / *Ergo* y w tym dobrze wierzy.
Támże śiłá pochwałek z prypomnieniem wykle-
ćia / gdźieby mu w tym consentowáć nie chćieli/
dosyć grubie nákładł. Wysádziwszy nieiákie go
Candide Sylue Humberta, ná odpor. A ten/ ná- 1.
przod Przáśnikow/ Zydowskim zwyczáiem pożywáć sie zá párł (ktory iáko Exod. Leuit. y Deut.

Pp ij widzimy)

O prząśnym y kwásnym

widzimy) pierwßego Miesiącá 14. dniá / y po
nim idących siedmi / Przáśniki iadáli / á my ich
(práwi) záwße przy Wieczerzy Páńskiey pożywamy / krom rzezánia Báránká y obrzedow
2. drugich. Od nazwiská chlebá nie dobry Argument być powiáda / Chlebá bowiem Etymo-
logio álbo słowko / *indifferenter* Pismo ś. zá prząś-
3. śnik y kwásny chleb poczyta. Chleb ktorego
Chrystus przy Wieczerzy dawał był prząśny / poniewaz czásu Páschy / gdzie niewolno było mieć
chlebow kwáśnych / wieczerze swą odpráwował / Wtora / Iż Chrystus mowi / nieprzyßed-
łem zakonu psowáć / álbo nißczyć / ále go wypełnić. Trzecia / Iż Chrystus mowił Zydom / ktory mie z was z grzechu ßtrofowáć może? Czwarta / Nie skárżą nań Zydowie o chleb kwásny / boby tege przed Piłatem nie opuścili / ieśliby to v-
czynił. Piąta / Iáśnie text opiewa / iż był dzień
4. prząśnikow. Kwás iest zepsowániem / bo
sie z drożdży piwnych dziáłá / y ná przeciwną sie
stronę bierze / Strzeżcie sie / mowi / od Pháryzáyskiego kwásu: Item / Wyczyśćcie kwás zá-
5. *nie iest* stárzáły. Hierosolimitáński Kościoł też prząś-
6. *ták.* śnikámi ofiáruie. Nie może tego protowáć /
áby Chrystus kiedy złorzeczyć miał prząśnikom.
7. Stáry zakon iest fundámentem Nowemu / iż sie
w nim wypełniło co w tám tym opowiedziáno
było.
Ná co mu Mnich Nicetas Mánásterzá Stu-
deyskiego w Constántinopolu / tymi ráciámi od-
1. powiáda. Ktorzy vczestnikámi są prząśnikow /

Sácrámentu chlebie. 151

kow / są pod cieniem zakonu / y od stołu Zydowskiego iedzą. Chrystus każe w światłości 2.
chodzić: Przeto ciemność álbo mgłá zakonu
vstáie. Prząśnik nie iest chlebem / ni złożo- 3.
nym / ni sam przez sie doskonáłym: Item / W
prząśniku żadney żywey mocy nie máß. No- 4.
wym stworzeniem iesteśmy w Chrystusie / *Ergo*
stáre rzeczy minęły / á wßystko iuż nowe. A- 5.
postoł mowi / Wyczyśćcie kwás stáry / ábyście sie nowym zámießániem stáli (to iest z zło-
śćiwych dobremi.) Páweł do Corynthow prząś- 6.
śnikow nie stánowi. Item / Często chleb wspo-
miná nie prząśnik. Nie były prząśniki ná 7.
ten czás / gdy Nowego Testámentu táiemnice
Zwolennikom swym Pan dawał / ponieważ 13.
dniá Miesiącá według ich ładł Páschę.
Przez siedm dni tylko kazał Bog vżywáć prząś- 8.
śnikow / á nie przez rok cáły. Do tych Ni-
cety ś. Kárty / przydam ießcze świádectwá dwu
zacnych Doctorow Cerkiewnych / ábyś wiedział
iż kwás chlebá / nigdy sie ná złą stronę w pismie ś. nie bierze y zepsowániem (iáko ten PP.
Leo twierdził) nie rozumie / Ale one Ewánieli-
ckie słowá (iáko sam Pan wykłada) o kwásie o-
błudy Pháryzáyskiey / á Apostolskie (iáko sie
wßyscy Doctorowie zgadzáią) o zástárzáłym
złych vczynkow nałogu (á nie o kwásie chlebá)
rozumieią / á o kwásie chlebá posłuchay co
piße on wielki y zacny Doctor Ambroży ś. ná o-
ne Ewánielskie słowá / *Simile est regnum caelorum*
fermento.

O przáśnym y kwáśnym

Ambros. ser. 5 super 13. ca. Luce.

fermento. Kwáśu, mowi/ zacność y powagę, (niechce ćie tu zábawiáć Láćino/ wßák sam czytáć álbo drugiemu dáć możeß) iż iest wßyſtkim wiádoma, wątpić nie potrzebá, choćia bowiem Máterią iest máły, wßákże ſok iego wßyſtko zádziáłanie kwáſem czyni. Y dáley. A to czynią Niewiáſty, áby mąkom ſwoim chleb zdrowßy, y vżyteczniejßy pokarm ſpráwiły. Ale iż zakon ieſt Duchowny, y Ewánielia ſie duchownie w ſpoſob przypowieśći przytacza, obaczmy co kwás ieſt. Kto Niewiáſtá, y co mąka. Czytamy w Ewányeliey ſ. co mowi Chryſtus ſam o ſobie. Ieſli ziárno pßenice padßy ná ziemie nie obumrze, ſámo o ſobie zoſtánie, á ieſli obumrze, mnogi pożytek przynośi, Ieſli tedy Pßenicą ieſt Chryſtus, Chryſtus ieſt y kwáſem. (pátrz Schiſmátiku) A ponieważ kwás ze pßenice, ſłuſznie Chryſtus kwáſu przyrownywan bywa, ktory iż był poſtáćią człowiek, pokorą zniżony, á w ćichośći opuſzczony, ták wielkimi wnętrzney Philoſophiey świećił ſie Cudámi, iż świat náuk iego nie mogł ogárnąć, Iż bowiem człowiek Iezus, ieden y ſam tylko był ná świećie. Iákoby kwás záchowány w mące (álbo ćieśćie) wßyſtkich ludzi poczynił, czym ſam był. Ktokolwiek tedy do tego kwáſu Chryſtuſá przyſtánie, ſtánie ſie y ſam kwáſem, ták ſam ſobie pożytecznym, iáko y wßyſtkim potrzebnym, ſwego zbawienia pewien, y o drugich przyſpoſobieniu beſpieczen. Iáko tedy kwás kiedy w gromádę mąki bywa wlány, rośćiera ſie, rozdrabia ſie, rozpraſza ſie, y wßyſtek ſie roſpuſzcza, áby rozrożnione one v[...]ki mnoſtwo, iedną mocą ogárnął, y w ćiáło doskonáłe złą[...] (Co przed tym ſámym ná xztałt prochu rozdrobieniem iednej mocy nie miáło.) y złączeniem ſwym zádziáłánie, álbo ćiáſto pożyteczne ſpráwił: Tákież y Pan naß Iezus Chryſtus, będąc wßyſtkiego świátá kwáſem rozmáitym vdręczeniem zmordo-

Sákrámentu chlebie.

zmordowány, poßárpany y rozdrgniony był, y ſok iego, co ieſt krew nádrożßa, wylana ieſt zá zbáwienie náſze, áby przyzádziáłaniu ſwoim Narod ludzki, ktory po rozmáitych iáskiniach był roſproſzony, zgromádził, nas, mowię, ktorzychmy po wßyſtkim świećie w Pogáńſtwie roſproſzeni byli. Zonę zásię ktora w mące kwás skryłá, kto ieſt ieſliże nie Cerkiew świeta, ktora náukę Chryſtuſową w ſercách náßych záchowáć ſie ſtára. Ta mowię zoná, ktora indziey mleć ſie piße. Miele bowiem Cerkiew Boża przez zakon, Apoſtoły y Proroki, á ſrogość Pogáńſtwa roſpraſza, áby zmlewßy ná mąkę ſpoſobnych do przyłączenia ſie kwáſu ćiáłá y krwie Chryſtuſowey ſpráwiłá. Kwáſembym mogł nazwáć, y wßyſtkę Paſſią álbo vmęczenie Páńskie, kwás bowiem zbawienia náßego ſymbolum ieſt, álbo znamię, oprocz ktorego kwáſu y znamienia żaden wiecznego żywotá dziedzictwá doſtąpić nie może. Widziß Schiſmátyku błędny/ iż nie złośćią y ſproſnośćią iáko Wnięk/ Leo y ty z nimi bájeß/ ále ſámego Chryſtuſá kwáſem názywa/ drugdy Sákrámentem Páńſkim/ A indziey náukę miánuie. Iáko tenże Ambroſius ná drugim mieyſcu: *Mnie ſie/ práwi/ czego Chryſtus ſam náuczył náśládowáć godzi, iż kwás duchowny Cerkwie Bożey náuką ieſt, ále inßy kwás kąkolu, á inßy pßenice,* Wiec y ná dobrych Authorach polegámy wyznawáiąc, iż Cerkiew odrodzonego człowieká, ktory w ćiele duchu y duſzy ieſt, kwáſem poświąca duchownym, poświąca ſie ábowiem ćiáło y duſza przez łáskę duchowną, y bierze świątośći pomnożenie, iákoby przez niewiki vrząd kwás czyniącey Cerkwie y piſm ſ. náukę. Dobrze ſie bowiem kwáſem náuká Chryſtuſowa nazywa, iż Chryſtus ieſt chlebem. Chryzoſtom záś ná ono Apoſtolſkie ſłowo: *Ieden chleb, iedno ćiáło, nas wiele ieſteſmy,*

Ambros. in 13 cap. Luce.

1. Cor. 10.

O przáśnym y kwáśnym

Chrisost. in 1. ad Cor.

ſteſmy, wykład czyniąc mowi. *Coż tu przeſſe potwierceniem Duſſe y ćiała rozumieć będzieſſ: ieśli nie naySwiętſſego Sákramentu Páńskiego Ciáłá y krwie iego. nadrzkſſey communię.* Tenże ná drugim mieyſcu o wyrzucániu kwáſu w ſtárym zakonie/ temi ſłowy mowi:

Idem in Epiſt. 1. ad Corinth. Homil. 15.

Pierwey tedy powiemy, czemu ze wſzyſtkich ſtrony kąkow kwás wyrzucány bywał. Coli to zá Gadká: Trzebá áby wſzelki wierny człowiek złość odrzućił. Iáko bowiem ten Zyd gniał, gdy v niego kwas zóſtano. Ták też v nas w ktorymby ſię złość znalazła. Ale to v nich pierwſzych czáſow bywało, A teraz by nawiecey, poniewaz gdzie kolwiek ſą Zydowie, kwas wſzędy, Iuz też y prawda naſtąpiła, nie máią więcey mieyſca figury, Przeto tym przykładem, iako napelniey wſzeteczniká od Cerkwie odpędza. A trochę wyżſzey/ *A nie tylko z tey ſámey przyczyny* / mowi / *wzmiánki o przáſnikach Paweł s. czyni,* to ieſt / áby złość oddalił/ *Ale aby pokazał bliskość ſtarego zakonu z nowym, Ani ſię nam znowu za przaſnikami do Aegyptu vdawáć każe, dokąd ieśliby ſię kto chćiał wroćić, tymże karániem co y on karan będzie.* A coſwy dopiero miłe ſámowolárzowie krom wędrowki w niewolą czynićie/ y co Zydowie przed tym z gorzkośćią y przykrośćią duſſe/ poniewoli czynili/ y dopiero wrzkomo ieſſcze czynią/ to wy z wielkim pożądániem y gorącą chćiwośćią przyimuiećie/ chcąc im we wſſyſtkim ſię zrownáć/ iáko y częſtokroć poſpołu z Zydy Páſſchę odpráwuiąc/ nie wiem ieśliśćie ſię do vkrzyżowánia nie przyłożyli/ przáſniki bowiem iedząc/ y z nimi wielkonocne świętą obchodząc/ czym ſię od Anaſtaurotow rożnićie? Tu iuż Rzymſkiemu Kośćiołowi nie zoſtáłe nic

więcey

Sákrámentu chlebie. 153

więcey Racy y obron ná wyſtáwienie Przáſnego w Sákrámenćie chlebá/ nád te ſámo z ktorą częſto y gęſto/ ná plác wylátuią/ A one zá naymocnieyſzą zbroię á nie przebitą tarcz poczytáią/ to ieſt / o łamániu chlebá w Emmaus/ ktory oni Sákrámentem Ciáłá Páńſkiego być miánuią. A iż/ mowią w ten czás dni Prąſnikow były/ przeto y Sákráment w przáſnym á nie kwáſnym chlebie ma być offiárowány. Nie chce mi ſię wierzyć temu/ bo też niemáſz czemu: gdyż żaden z náſſych Greckich Doktorow tego mieyſcá ták nie wykłádał/ áby Wieczerza oná w Emmaus/ táiemna Wieczerza Chryſtuſowá/ á chleb tám łámány Sákramentem Ciáłá Páńſkiego być miał. Ale przypátrzmy ſię y właſnym łáćińſkim Doktorom iáko to mieyſce rozumieli y wykłádáli. Piſſe o tym Grzegorz ś. ſtol, mowi *[illegible] á chleb y poznáwy [illegible], y Bogá o ktorym z opowiadánia piſmá nie wiedźieli, w przełomieniu chleba poznawáią.* Chleb tedy/ pałáczny y ſtołu przygotowánie w Emmaus/ nie były Sácrámentem wieczerzey Páńſkiey. Swiádczy o tym y drugi wáſſe Doctor Bedá/ y Lyránus tákież/ ktory przed wiele lat Conſtántienſkiego Synodu te hiſtorią nie o Sácrámenćie/ ále o powſzednim chlebá łamániu wykłada. Guilielmus Vuldeford. o tey Máteriey Roku 1395. piſząc / iáwnie mowi / *Ani z textu, ni z wykładu, áni z ſtarych Doctorow może tego kto dowieść, Aby ſię przez Lamánie chleba, Euchariſtia rozumieć miała.* Dionyſius Cárthuſiánus/ *Wziął chleb,* mowi / *y Błogosławił, iednak w ſwoie ćiało nie przemienił, iáko przy oſtatniey*

Q 9 więczerzy

Gregor. Hom. 3. in Evang.

Guilielm. Vuideford.

Luc. 24.

Dionyſius Carthuſianus in 24. cap. Lucae.

Iulian⁹ in Maiori Poſtilla.

wieczerzy. Ale iáko zwyczay ieſt przed iedzeniem błogoſłáwiáć pokarmy. Iulianus in Maiori Poſtilla / mowi / Wziął chleb, błogoſłáwił, łamał y dawał im, iáko przed vmęczeniem pſpolićie zwykł był czynić. Aże te dowody ſą prawdziwe / ſtąd colligowáć możemy / iż Pan przy wieczerzey Emáuntſkiey nie vżywał tego ſpoſobu / ktorego vżywał przy ſwoiey táiemney wieczerzy / ktorą mieć chćiał do ſkończenia świátá nieodmienną / y onych słow do tych Vczniow / Bierzćie y iedzćie / to ieſt ćiáło moie nie rzekł.

Náſtępuie potym iedenaſte odſzczepieńſtwo / ktore ſię (mowią) zá pánowánia Andronikà Ceſárzá ſyná Michaelá Páleologá ſtáło: Po wtore zá wyznániem pochodzenia Duchá ś. y od Syná. O tym iż ſię doſtátecznie (iáko rozumiem) ná dźiewiątego odſzczepieńſtwá potwárz rzekło / nie chcąc ćię bez potrzebnym powtarzániem báwić / dáley poſtępuię.

Rozdział vij.

O Czyścu.

Dwánaſte nákoniec y oſtátnie odſzczepieńſtwo w pośrzodek przynoſzą / ktore / mowią / po Florentſkim

Concilio

Concilium ſię ſtáło / y áż po dźiś dźień trwa. Przypátrzże ſię tu ſynu / iákowym ſumnieniem Kośćioł Rzymſki / tym to Odſzczepieńſtwem Wſchodnią Cerkiew pomáwia / y niewſtydliwie háńbi / ktorą ſię cáłunnią ſam zá pomocą Bożą / w predce zmáże / chćiey iedno pilno wyſłucháć / y z bacżeniem vważyć / záraz coby to zá práwdá byłá doznaſz. Pięć rzeczy (mowią) ná tym Concilium vważane y námawiáne były. A od ktoreyże z nich Wſchodnia Cerkiew po tym Zborzyſku / od Rzymſkiego Kośćiołá / odſtąpiłá? Iżali w wyznániu nie wypowiedźiánego y niedoścignionego Duchá świętego pochodzenia. Ale o tym / iáko przed Zborzyſkiem / ták po ním ode práwowánia tego nie mniey teſz y po nim áż po dźiś dźień dźielniey pobożnie wierzyłá / wierzy y w tey wierze zá Bożą pomocą do ſkończenia świátá tu militans / w przyſzłym záś wieku triumphans zoſtánie. Wyznawa Bogá Oycá widomych y niewidomych rzeczy ſtworzyćielá / zna Bogá Syná vpádłego rodzáiu ludzkiego odkupićielá / wyznawá Bogá Duchá świętego / rodzáiu ludzkiego oświećićielá / ktory od Oycá pochodzi / y w Synie odpocżywa. Te trzech Perſon iedność / y iedney iſtnośći Troyce / iednáką wielmożnośćią / y iednáką chwałą wyſławia / czći y wielbi iedne° Bogá w trzech / iedney iſtnośći / iedney mocy / y iedney władzy / y w tym wyznániu zmartwychwſtánia oczekawa / y po ſądzie żywotá wiecżnego ſpodźiewa ſię.

Ale rzecżeſz ſnadź / poświęcenie Przáſnikow

Q q ij kow

kow przy Wieczerzy Páńskiey/ Wschodnia Cerkiew ná Florentskim Synodzie przyiętá byłá/ y zás odrzuciłá/ A przeto w odszczepieństwo wpádłá. Nie było to ták żywo/ y nie będzie dáli Bog. Raz ábowiem oná chleb kwáśny przy ostátniey wieczerzy zbáwicielem podány przyięłá/ y raz go w ten czás/ kiedy twarzą w twarz tegoż Páná swego vyźrzy/ y nim się obecnie násycáć będzie / odmieni. To o Duszách świętych/ ktore z nędznego pomieszkánia tego do Błogosłáwionego żywotá przeszły/ przedtym Wschodnia Cerkiew źle dzierżáłá/ A ná Florentskim Zborze práwego rozumienia náuczona/ prędko potym odrzuciwszy znowu się do swey opiniey wrociłá / á przetoż odszczepieństwá hánbę ponosi. O niezbożna calumnio: powiedz kiedy święta Wschodnia Cerkiew/ ináczey o duszách świętych rozumiáłá/ á nie ták iáko y dziśia rozumie/ wierzy y náucza/ iż są w ręce Bożey/ ktorych niedotykáia się męki. Kiedy oná ináksze o niezbożnych duszách rozumienie miáłá/ á nie że są w ciemnościách ostátnich/ ná mieyscu vtrapienia/ w drżeniu/ w strachu/ y w frásunku/ nieszczęsnego y sromotnego ciał swych powstánia oczekawáiąc/ y doskonáłych wiecznego zátrácenia mąk spodziewáiąc się. Wierne w ręku Bożych będąc/ sławnego ciał swych zmartwychwstánia y wiecznego błogosłáwieństwá doskonáłego odziedziczenia z rádością y weselem czekáią: Podług rzeczonego: *Náwroci się proch do ziemie swey skąd był, á duch náwroci się do Bogá, ktory go dał.* Abowiem od dniá y godziny śmierci swoiey nátychmiast

Eccles. 12.

miast w Ráiu się nayduie/ y tám w weselu/ rádości/ y roskoszách doskonáłego swego wespoł z ciáłem po zmartwychwstániu vwielbienia oczekawáią. A niewierne/ ktore się iesżcze w ciele będąc w szátáńską władzę oddáły/ támże są/ gdzie Diabli/ ná sąd wielkiego dniá zwiozkámi wiecznemi pod ciemnością záchowáni. Jáko Sodomá y Gomorá/ y tym przyległe miástá/ tymże sposobem y oni nieczystości popełniwszy/ y vdawszy się zá roskoszą ciáłá położeni są ná przykład ogniá wiekuistego karánie cierpiąc. Ták o tym Artykule Wschodnia Cerkiew záwsze przed tym rozumiáłá / y teraz rozumie/ y w przyszłe dáli Bog czásy tákże rozumieć będzie/. w czym áni twego Lutrikyskiego Zborzyská náśládowáłá/ áni od niego od stępowáłá. Rzeczesz ná to/ iesli w przerzeczonych nie odstąpiłá/ ále odstąpiłá w nástępuiących/ to iest w wierzeniu y wyznawániu Czyscowego ogniá/ y w przyznawániu Páná y włodárzá nieográniczoney władzy Rzymskiego Papieżá. Prożno sobą wichrzysz Schizmográphie/ nádáremnie ięzyk náprzećiw/ wszystkiemu świátu okazáłey prawdzie ostrzysz. Z tych cie słow poznawam kto iest/ nienásycony łakomco / odeymi tylko srebro / nátychmiast ogień twoy zgáśnie. Dobrze mowisz/ iż czyszczący ogień Rzymiá/ ná ktorego wieczne záchowánie/ że wszystkiego świátá przez *Indulgentie* srebro/ złoto/ y kámienie drogie przynoszone bywáło/ przez ktory/ miesci/ skárbi / skrzynie/ nákoniec y podziemne złotych y srebrnych kruszcow skárbnice nieoszczędnie

nie czyszczone bywáło. O nędzny Czyscowego
ogniá przedawco/ czemu niewstydliwe twoie má-
rzáre przeciw Wschodniey Cerkwi obracasz /
czemu szkodliwe twego ogniá plomieniem wschodnią Cerkiew opalić vsiłuiesz. Wierz mi/ iż sam
w nim pierwey áż do oddánia ostátecznego pie-
niążká/ bez litości czyszczony będziesz/ áni żli choć
iedná z niego iskierká ná wschod nieugászona
przeleci. Otworzże nieprawością zátáráſowá-
ne vszy twoie. A posłuchay co w członkach ſwoich Wschodnia Cerkiew przeciw temu Czyscowemu ogniu mowi/ posłuchay/ á nie kądź iuż więcey nieprawdziwym/ fałszywych odstępstw pisá-
rzem. Táko abowiem oná w Apologiey swey
ná Concilium Básileńskie posłáncy/ tobie y twoim
(ábyście iey dłużey nie turbowáli) kupuiąc sobie
pokoy/ o zmyślonym tym Czyscowym ogniu odpowiedź dáłá/ mowiąc.

Jeśli w owey *controversiey* ktora teraz vważamy
Wielebni Miłości y Oycowie sámi zwy-
cięstwo *propositum*, násze rozumielibyśmy/ áni też
cokolwiek pierwszego vpátrowáli/ tylko iákimby sposobem
pálmę odzierżeć/ rzecz niesłuszną y nam nieprzy-
stoyną czynilibyśmy. Ale ponieważ nam (ktorych wiele przypadkow ták dáleką *peregrinatio*
strápiłá) z wámi/ ktorzy máło przed tym ták wielką *causę* pilnością ná to mieysce zgromádziliście
się/ nie żadna insza *ratio* námowy iest / tylko áby
iáwniey prawdy zá gorącym pożądániem w miłości dostąpiwszy (tego abowiem sámego pożytku
prágnąć mamy) pewney nádzieie byli/ iż w kro-

tkim

o Czyscu.

tkim czásie/ nie tylko w tey *questiey*, ále też y w
inszych zgodni będąc/ iedni od drugich rozeydzie-
my się. Ktora rzecz ácżkolwiek poniekąd przy-
trudnieysza y niemożna iest nam/ by namniey iednák temu/ ktory nam *oracula* swoie polecone mieć
chciał. A przetoż niemáiąc się dla czego zbytnie
trosk ać / ále wszechmocnemu Bogu ná ktorego
pieczy z *perfectius* polegamy poruczmy / ten żadnym sposobem niedopuści/ áby to stáránie násze
(ponieważ sám ták się w pokoiu kocha / iż y imie
od pokoiu mieć zezwolił) w pośmiech się obroci-
ło/ y nas oszukáło. Ale ráczey ponieważ iest zwię-
zkiem y kámieniem węgielnym/ nas swoie członki niezgodne/ y rozdzielone/ w práwy ciáłá stan/
to iest w iedno ciáło/ ktoregoon iest głową/ ku cáłości przywroci/ y wiecznie zjednoczy. A o ktorey causie tráctowáć vmyślilismy byli/ te teraz
zá powodem y pomocą Chrystusá Páná zácznie-
my. Ogień czyszczący áby był/ y karánie przez
ogień doczesny áby koniec miáło / z Doctorow
nászych o tym wiádomości nie mamy. Modlitwy
sámey Cerkwie o zmárłych/ nád te/ ktore śmierć
vprzedźili) iż nieiáka pomoc y wagę máło dosyć
się to dostátecznie pokazáło. Wierząc temu co
tey rzeczy Oycom nászym iest podáno. Aiż pobożnych dusze/. ktore się w żadney złości nie ćwiło /
wiecznego żywotá są godne/ y zás ktore bieg teráźnieyszego żywotá w roskoszách cielesnych stráwili/
nie máiąc nic w sobie dobrego/ rozumiemy
y twierdzimy iż wiecznego zátrácenia nie vydą/ y
kto ták vczy/ nie tylko go chwalimy/ y wdzięcznie

przyi-

przyimuiemy/ále też y Bogu dźięki zań czynimy.
Iż ſie to przydáło/że niektore rzeczenia fałßywe/y
z prawdą niezgodne przez was diſtinguowáne ſą/
z ktorych liczby owo po nas ieſt co mowićie / iż
duße ktore niedokończą niedbáły y ćieleſnymi złośćiámi obćiążony (tu ná świećie) żywot prowá-
dźiły/ ále niejáki miedzy złym y dobrym ſrzo-
dek záchowywáły/ Choć iáko zmázę/ byle nieśmiertelną miáły/zátráceniu wiecznemu (choby
to Boſkiego miłośierdźia ßczodrobliwośći prze-
ćiwono było) nie podlegáią. A w tym co w Apologiey wáßey pißećie / że ſie nie drzewiey łáſki
Bożey uczeſtnicámi ſtáią/ áżby zmázę y nieczyſtość ſwoie przez Czyścowy ogień znieśli/niezga-
dzamy ſie z wámi. Iż bowiem wiecznego karánia nie záſługuią/dobrze ieſt rzeczono. Ale że
Czyścowego ogniá potrzebuią/o tym miedzy námi ſpor ieſt / y o tym tu diſputowáć będźiemy.
Co ná dwoie rozdźieliáć/ tákież y drugą część ſub-
diuidowáć ſię nam zdáło. Pierwßa tedy queſtio o
tym ieſt / ieśliże grzechy po śmierći odpußczáne
bywáią álbo nie/ potym ieśli przez męki/ álbo z
miłośierdźia Bożego ſimpliciter, czyli też przez
modlitwy Cerkiewne. Nákoniec/ ieśli
że przez karánie/ álbo męki/ czy przez inße iákie
oczyßczenie/więzienia(mowię) y ćiemnośći/ czyli też przez pálenie ogniá docżeſnego/ktorego wy
zmyśláćie/ ludzkie nieprawośći gładzone bywáią. A ták te queſtie rozdźieliwßy/ o oſtátniey ktora byłá trzećia / mowić będźiemy / to ieſt/ O
oczyßczeniu przez ogień doczeſny/ ktorym iákoby

duße

duße oczyßczone/ żywotá wiecznego doſtępowáć
miáły powiádaćie/ tegochmy ſie od żadnego Doctorá náßego nie náuczyli. Gdyżby wielkie niebeſpieczeńſtwo ſtąd urosło / ieśliby ten czyśćzą-
cy y grzechy zgładzáiący ogień w Cerkiew Bożą
wprowádzony był / ku vymie y vßczerbku ludźi
pobożnych doſkonáłośći. Iákiż tedy ten ogień
ma być/ ponieważ Pan y Zbáwiciel náß opowiáda / iż niezbożnicy w wieczny ogień poydą.
Rozumieią wierni/y ſą tego pewni/że ieſt ogień/
ále ow ſrogi y ſtráßliwy / ktorego ná pámięć
máiąc lękáią ſie y drżą od boiáźni/ áby tym bá-
czniey y opátrzniey/ták mowięnie/iáko y wßytkie
ſwe ſpráwy ſporządzáli. Stąd ieślibychmy iáki nowotny/doczeſny ogień ſtánowili/ obawiam
ſie/ áby wierni Boży záſądźiwßy ſie ná tym/ iż y
wieczny ogień doczeſnym ieſt/ nie rozumieli/
y w błąd Origenow wpadßy/ wiekuiſtego ogniá
ſtráchu/koniec mękom przekłádáiąc/nie odrzucie-
li. Stąd iákaby abſurditas powſtáłá/iáká do gnu-
śności anſa/y iák ßerokie do zániedbánia diſciplinæ
wrotá/otworzyćby ſie muśiáły/ z occaſiey doczeſnych á nie wiekuiſtych mąk mnimánia/każdy widźieć może. Przetoż y po dźień dźiſieyßy tego
Czyścowego ogniá nie przyznawáliſmy/ áni go
też kiedy przyznawáć będźiemy/ ále iż odpußczenia grzechow po śmierći / ći ktorzy w godnych
odpußczenia wyſtępkach/ z tego świátá ſchodzą/
od Bogá doſtępuią/z náuk Doctorow ss. wierzymy y wyznawamy. A ten ieſt nápomienionę
queſtiey cząſtkę reſpons. Náſtępuie druga/kto-

Kr rate

ra te wątpliwość w sobie ma. Jeśli przez karánie / álboli więźienia / lub ćiemności iákie/
Czyli *simpliciter* τῇ θεία φιλανθρωπίᾳ álbo też
Modlitwámi Cerkiewnymi/ Bog błagány bywa
zá grzechy. Ale iż to *extra propositum* iest/ o tey po-
tym/ Teraz do záczętey rozprawy przystępuiąc to
pokázuiemy/ iż Doctorowie Cerkwie nászey nigdy o żadnym Czyścu wiedźieć niechćieli/ y o-
dźierżáne z Argumentow ich πανόπλια zá Bożą pomocą według sił nászych rozprozimy. Nád
świádectwy tedy z ksiąg Máchabeyskich y z E-
wánieliey Mátthewszá świętego/ ktore też/ cośmy
wyższey rzekli obiáśniáią/ zábáwiáć sie nie bę-
dźiemy/ ponieważ to káżdemu iáwno/ iż odpuszczenie niektorych grzechow tráfiá sie po śmierći.
Ale iákowym sposobem/ álbo teżli przez palenie
ogniá/ namniey nie iest wiádomo. A przetoż/ iż
te świadectwá niwczym ogniá Czyścowego nie
podpieráią/ iest rzecz iásna nád słońce. Co to-
wiem zá bliskość / karániu z łáski Boża ktora
gratis bywa dawána. Kiedy gdźie álbo karánia
álbo odpuszczenia potrzebá/ iedno záiste z nich/ á
nie oboie pospołu być musi. Coż tákiego: to/ co
Matth. 13. Ewánieliium ma / *Iż bluźnierstwo przećiwko Duchowi*
ś. áni ná tym áni ná przyszłym świećie, odpuszczono nie bę-
dźie, Nád to támi nic więcey. Skąd ono Má-
chábeyskie. *Dobra iest rzecz y zbáwienna zá umárłymi*
się modlić, áby od grzechow oswobodzeni byli, nic owszeki
znácznie o karániu nie mowi/ ále ráczey o nádźiei
odpuszczenia grzechow/ kiedy áby Bogá zá umár-

łe prosi-

łe prosili/ napomina/ o tym mowiąc. Postępuiąc
na ono dźiwnie známienite y wszytkim wiádome
Páwła świętego mieysce. A ná prawdźiwym
świętobliwych mężow wykłádźie polegszy / ná
tym co przez Apostołá rzeczono iest/ ták długo się
báwić będźiemy/ dokąd własny Apostolski ro-
zumu słychego słow dá Bog wyczerpniemy. *Fun-* 1. Corint. 3.
dámentu, mowi/ *innego żaden nie może założyć, oprocz te-*
go ktory założon iest, ktory iest Iesus Chrystus. A ieśli
kto buduie ná tym gruncie, złoto, srebro, kámienie drogie,
drwá, siano, słomę. káżdego zbudowánie iáwne będźie. A-
bowiem dźień Páński ukaże, bo w ogniu będźie objáwiono. A
zbudowánie káżdego iákie będźie ogień sprobuie. Zostánieli
czyie budowánie, ktore ná gruncie zbudował, ten zapłátę we-
źmie, ieśli czyie budowánie zgore, szkodę podeymie. A sam
będźie zbáwiony, wszákże iák tákoby przez ogień.
Naprzod tedy wiedźieć mamy/ iż złotey mowy/ y
złotego rozumu Jan święty / godna prace być
rozumiał / áby Błogosłáwionego Páwłá li-
sty/ iáko y inne/ Stárego y Nowego Zákonu pismá wytłumáczył y objáśnił/ ktorego *Homi-*
lie iáko Duchá świętego łáskę y iáko słow y *senten-*
cyi wyborność máią / iáko nádostátek stárożytno-
ścią/ subtylnośćią/ y powagą wszytkich Doktorow przechodźi / wiedzą to ći sámi / ktorzy pismá
iego czytáiąc rozumieią. Ten tedy (nie prze-
dłużáiąc rzeczy mowię) ácz kolwiek wiele ná
tym mieyscu prácował / y chociaż w wykłádźie-
iego wszytek był/ nic iednák tákiego nie wyráźił/
áni o tym co wy twierdźićie myślił: z tych bo-ście
wy słow ábowiem czyśćie y docześny sąd y ogień

Kr ij wygá-

wygarnieli/ ktore on prawdziwie owiecznym y karcá nie máiącym karániu wykłáda. Przez drwá bowiem / siáno / słome / iż wiecznego ogniá podżoge Apostoł rozumiał / twierdzi: A przez zbáwienie álbo záchowánie w ogniu wiecżne (według iego zdánia) potepionych karánie sie znáczy. Aby tedy kto o zgorzeniu vczynkow słysząc/ nie pobłażał sobie y nie mniemał/ iż po zmartwychwstániu ciáło to/ogniowi y skáżitelności podległo materyą bedąc/ zá czásem z płomieniem y wniwecz sie obrocić pospołu z vczynkámi miáło. Błogosłáwiony Złotousty temu zábiega. Nie bedzie to (mowiąc) nie bedzie. Poniewaź ktorych ten ogień raz ogárnie/ ná wieki ie w sobie zatrzyma / y nie bedzie stámtąd wybáwienia. Jeśli bowiem vczynki ich zgorzeniu podległe nie zgásną / záiste y sámi záchowáni/ w ogniu trwáć bedą. Tym sposobem rzeczenie ono Páwłowe Chryzostom s. *explicowal*. A z nim wiele inszych Doktorow/ ktorych wyrozumienia odstąpić głupia rzecz iest. Przywodzicie ná świádectwo błogosłáwionego Augustyná/ álbo inszego kogo z Rzymskich tego wieku Doktorow/ ktorzy ináczey te Páwłowe słowá rozumieli / á mieyscá tego/ miásto fundámentu Czyścowego ogniá vżywáli. Ktorym/ ták odpowiádamy/ Jeśli słuszna rzecz iest/ áby Greckie pismá Grekowie wykłádáli / gdyż przeciw temu niemász co rzec/ iż Grekowie lepiey pospolity swoy iezyk vmieią z przyrodzenia/ áni ludzie inszey nácyey znáuki / poniewáż tedy to po Grecku Apostoł

pisał/

pisał/ nikt záiste z Łácinnikow tego mieysca własniey wyrozumieć y przystoyniey wyłożyć nie mogł nád Chryzostomá świetego / dla czego słuszniey ná owych/ ktorych iest wiecey/ *sententią* przyzwolić/ á niżli ná Łácińskich Doktorow zdánie / ktorzy táki wykład vczynili/ álbo prze niedostátek iezyká Łácińskiego w wyrázeniu własności słow Greckich / álbo sie też wietszemu złemu opponuiąc / mnieyszemu złemu mieysce podáli. Co sie z tego sámego słow poká że. Byli bowiem tácy/ ktorzy rzeczenie ono Páwłowe do wszelkiego przestepstwá rodzáiu záciągáli/ iákoby żadnego nie było ktoryby od puszczenia dostąpić nie mogł/ zácżym szło/ iż y wieczne meki vstáć niegdy miáły/ co chcąc Augustin z sercy vmysłu ludzkiego wykorzenić/ śrzedniá tákie meki rodzay ogniá Czyścowego podáie. Acz y to być może/ iż słowá Greckiego wątpliwością w ten sens był záwiedziony/ σωθῆναι, ábowiem y σώζεσθαι, tákież σωτηρία. *simpliciter* v Grekow nic inszego nie znácza, tylko trwáć y być/ co sámego Apostolskiego rzeczenia wyrozumienie stwierdza/ Nátura ábowiem y własność ogniá/ iest pálić/ á ci iednák co w wiekuistych mekách są/ nie zgoráią do szczętku / gdyż ich zátrzymánie/ iest wieczne/ bedą przeto mowi zbáwieni/ chociaż goráią y pieką sie w ogniu. Ná to táki respons. Nádostátek/ ácżkolwiek ták Chrysostom/ y inszy Graecy Doctorowie / y niektorzy śrzedni/ ktorzy miedzy Augustinem y Łácinni.

cinnikámi ſą wykładáią/ wziąwſzy iednák przed
ſię z początku one Apoſtolſkie ſłowá / coby zá rozum w ſobie miáły (nic inſzego oprocz prawdy a.
nie vpátruiąc) vważáć będziemy. A te ſą/ Fun-
dáment(práwi)záłożony ieſt / áni ſię innego zá-
kłádáć/áni tez wątpić godzi/ieden ábowiem ieſt
y tenże Iezus Chryſtus/ dotąd o Przykazániach.
Potym o Philoſophiey Moralney / do wiernych ábowiem mowę ſwą obrácáiąc / áby ſię
ſpoſobu wiáry á nawięcey fundámentu iey/kto
ry ieſt Bog wćielony/ odmieniáć nie ważyli/ná-
uczá. A ktoby to vczynić śmiał vpadkiem mu
wespoł z budowániem ták też kolwiek będzie/gro
zi: iákoby rzekł. Ná tym Fundámenćie nikt
ſię budowáć nie może bez wiáry. A kto ſię z wiáro zbudowawſzy/ potknie/ prędko od fundámentu tego odpádnie/ A to/ że vczynki bez wiáry ſą
martwe / wraz y wiárá bez vczynkow nic nie
waży. O wierze tedy/ Vczynkách / y o budowánie zych mowiąc/ żadnego modum nie zoſtáwi-
wſzy/ ná dwoie dźieli/ y przez złoto/ srebro/ kámienie drogie/ dobre vczynki rozumie/ á przez
drwá/ śiáno y słomę przećiwne/ to ieſt/ wſzelákq
złość pokázuie / Wáſze tedy to wyrozumienie
miáłoby záiſte nieiáko wiáry ſłuſzność / ieáliby
Apoſtoł złość ná dwoie rozdźielił/ to ieſt żeby tá
od puſzczenia godna byłá/á owá wiecżnym mękam
podlegáłá. Lecz o tym y namnieyſzey wzmiań-
ki nie czyni/ oprocz tego / iż cnotá do wiecżnego
żywotá. A złość do wiecżnego zátrácenia ieſt dro
ga. Ktemu przydáie/ *Káżdego ſpráwy iáwne będą.*

z dokłá-

z dokłádem (*kiedy*) oſtátni dźień rozumieiąc/ w
ktory káżdemu podług záſług płácono będźie.
Dźień bowiem okáże, gdyż w ogniu będźie obiáwion. Drugie záśie zbáwienne przyśćie Páńſkie/ y ow wiek
przyſzły/ dniem ſię Páńſkim názywa/álbo dla te-
go/że iuż z tym dniem/ktorego noc przerywa/dla
vſtáwicżney iwey świátłośći porownány być nie
może/ álboli dźiśieyſzego wieku dniowi przyro-
wnány/ tákie zrownánie ma / iákie dźień z nocą
dopiro/ iáko tenże Apoſtoł indźiey mowi/ Noc
przeminęłá/ á dźień ſię przybliżył. Ten tedy
dźień ieſt/ w ktory zá przyśćiem Páńſkim w wiel
możnośći chwały iego/ Rzeká ogniſta pociecze/
o ktorey Dániel Prorok mowi. *Rzeká ogniſta pły-* Daniel. 7.
nęłá A Dawid. *Ogień przed oblicznośćią iego bę-* Pſalm 49.
dźie gorzał, á około niego burza gwałtowna. A indźiey.
Ogień go vprzedźi y popali około niego nieprzyiaćioły iego. Pſal. 96.
O ktorym y Piotr ś. *Przyidźieć Páński dźień, iáko* 2. Petr. 3.
złodźiey w nocy. w ktory niebioſa wielkim pędem przeydą, á
żywioły rozpłyną ſię od ogniá. A záś. *Oczekawáiąc y po-*
śpieſzáiąc ſię ku przyśćiu dniá Páńſkiego przez ktore niebio-
ſá rozpuſzczą ſię, żywioły od gorącośći ogniá ſtopnieią, á źiemiá
y te rzeczy ktore ſą ná niey będą wypalone, iáko y namilſzy
Brat náſz Páwel według dáney iemu mądrośći piſał wam.
Z ktorych iáwno káżdemu / co tu o dniu oſtátecz-
nym/ y ná wieki trwáiącym ogniu Páwel mowi. *Ogień bowiem / mowi / iákie kożdego zbudowánie*
będźie okáże. Owe oświecáiąc /á one z robotnikámi
pospołu páląc. Ogień tedy ten wſzyſtky Doctorowie ná dwoiáki być powiádáią. A oſobliwie Báſilius wielki/ w wykłádźie tego Dawido-

wego

Psalm. 28.

wego słowá. *Glos Páná siekącego plomien ogniá, Ogień ten / mowi / głosem Páńskim rozsiekány bywa, áby był dwoiákiey mocy, iedney ná strászliwe palenie tych ktorzy go zásłużyli, Drugiey, ná wwesełenie y ná oświecenie spráwiedliwym, á tu ná tym świećie vtrapionym, Ták glos Páná rozsiekáiącego, y rozdzieláiącego plomienie, aby ogień męki, ćiemny y paląćy był, á świátłość krom palenia áby była, ku vwesełeniu wiernym. A przetoż ogień ten mocą oświecenia y vwesełenia ogárnąwszy spráwiedliwe, nád wszelkie złoto wyborniejszy vczyni. Drugi záśie, paleniem y vstáwicznym dręczeniem niezbożne pożera, y dla tego mowi, iáka ktorego robotá będźie, spróbuie, ktorych bowiem spráwy álbo vczynki ogień on álbo własnie sámą moc oświecáiącą przechodźić będą, ći ziednoczywszy spraw swoich mocy, y mile milym, rowne rownym, á świátle świátłym oddawszy, zapłáte odźierżą. A ktorych sie vczynki palenia godne być pokáżą, iáko: drwá, śiáno y słomá, z podobną sobie máteria [illegible] wiecznymi czásy gorzeć będą. Wszákże ták rozumieć nie mamy, áby iáko vczynki spalone y wni wecz obrocone będą, ták y sámi robotnicy spłonąć y koniecznie zginąć mieli, muszą bowiem ná wieki trwáć y bez przestanku sie męczyć.* Z tego tedy / iż ná śmiertelne y tym przećiwne / to iest / *in mortalia & venialia peccata*, złości nie rozdźielił / ále *simpliciter*, ná dobre y ná złe vczynki / y / że pokazał / kiedy to ma być / to iest w ostátni dźień / Czego nákoniec y Piotr ś. poświádcza. co powiedźiał / że tenże ogień y paleniu nie podległe vczynki ogárnie / iáwnie sie to z tąd poznawa / iż to Páweł święty nie o Czyśćowym ogniu ná tym mieyscu mowi (iákowy / o lekkim / á nie *generaliter* o wszeláćim wystepku / y to przed sądem sądźiećie / to

iest /

iest / że ći tylko iedni ktorzy *venialia peccata* popełnili gorzeć będą / á spráwiedliwi ktorychby vczynki / srebro / złoto / y kámienie drogie były / by namniey) ále o wiecznym onym y końcá nie máiącym karániu práwi. Ale iż sáme słowko

ζημιωθήσεται nic inszego nie znáczy / tylko iż ći ktorych vczynki palenia są godne / od świátłości Boskiey y od sędźie / iásnośći oddaleni / męczyć sie będą ná wieki / co podług was tym ktorzy sie ogniem Czyśću oczyszczáło / żadnym sposobem nie przysłusza / ponieważ oni ieszcze nád to iż żadney szkody nie vznáią / y wielkie pożytki / to iest miásto przestępstwá vspráwiedliwienie, odźierżą. A tym sposobem to Páwłá ś. mieysce iáko słusznie rozumiáne być máwykładamy. A ktoby ináczey to iest

σωθήσεται wyswobodzenie z męki / á przez ogień przeyśćie / Czyśćie: chćiał rozumieć / iáwnie sie w tym iż prawdziwego Apostolskich słow sensu nie zrozumiewa wyda. Ani też to dźiwna / że sie Doktorowie niektorzy w wykłádach pismá świętego nie zgadzáią / nie wszyscy bowiem prawdźiwego Apostolskiego rozumienia / sensu dostąpić mogli. Zwłaszczá że to nie podobna / áby to słowo rozne od roznych wyłożone / wszystkich vmysłowi dogodźiło / y dosyć vczyniło. Dla czego słuszna áby tylko te *expositie* / ktore sie z vstáwámi y Cerkiewną náuką á w głowách z pismem Bożym zgadzáią / przyimowáne / insze iáko obce y postronne zániechawáne były. A iż też y mieyscá z niektorych Oycow świętych cytuiećie / ktore

Sō zwá-

z wászym zdániem zgodne być powiádacie/ iáko
nakrocey vchodząc okoliczności słow/odpowiemy.
Co sie dotycże Bázyliuszá wielkiego w orátiach
ná pentecostia/ Epiphániuszá / Dámáscená / y
Dionyziuszá świetych. Ci wszyscy nie inszego
nie pokázuią/tylko iż vmárłe niektorych grzechow odpuszczenia/ przez modlitwy y prosby(ktore wielce ważne y pożyteczne są) dostępuią. O-
czym iż ták wy iáko y my iednáko wierzymy y
ták wyznawamy dálszego discursu nie potrzebá. Potym przydáiecie/że ták zwámi/y błogosłáwiony Theodoretus człowiek wielkiey wymowy rozumiał. Záprawde ieśliby v was co
tákiego było/ nie byłoby czego to Apologią detra-
ktowáć. Aly iż we wszystkich iego pismách / ktorych on wiele zostáwił/ nic tákiego nie naydźie-
my/odpowiedzi poniechamy. Zbywa Grzegorz
Nisseński/ ácz by wam w tey mierze wiecey niż
kto inszy mogł być ná pomocy/wszákże wolelismy
zdánie iego milczeniem zwatlić/ niżli o tey rzeczy
ktora sám i przez sie iáwna/ osobliwa Apologią
skłádáć/ choćby sie y to (naymniey poważności
iego nie vymuiąc)iż człowiekiem był/słusznie rzec
mogło/ A iż człowiek by nawięcey sie zbłądzić mo-
że/ pospolite iest zdánie/ w tych ć zwłaszcza rze-
czách/ w ktorych áni Oycow ss. pospolita ná-
mowá áni Cerkwie powszechney Decret/ áby ták
wierzono/ niezákłedł. Lepiey bowiem dwá y álboli kilká y wielcich / w dowcipie y bacżeniu sobie rowni/o prawdzie sądźić mogą/ ániżeli ieden
ktory. Zda sie przeto iż y koniec mekam wtey nie v-

chwáloney

chwáloney rzeczy (będąc tákiey o wiekuistych
mekách opiniey ktora o odkupieniu grzesznikow
iest) z tákowych słow zbierał / wierząc iż męki
one nic inszego nie są / tylko czyszczenie nieiákie
y piec/w ktorych do Bogá przez boleści y dręcze-
nia przychodzimy/ tákoby też generálne wszystkich y sámych Diabłow odkupienie być miáło /
ponieważ Bog wszystko/y we wszystkich iest/ iáko
Apostoł mowi. Ale(cochmy od Oycow nászych
wźieli iáko słusza) odpowiemy że to iáwne żárty
igrzyská / y podmiotry niektorych Origenesso-
wych náśládowcow/ ktorych czásu te° w Egyp-
cie y około Pálestyny pełno było / pod imieniem
tego zacnego męża/áby tym wietszą/ przewiet-
szość powagi / wiáre mieli/ wydáne y Cerkwi
Bożey są podrzucone. wszákoż/ dato choćby to
iego własnie o tym zdánie było/ tedyć tá iego náuká iesżcże w ten czás niedeterminowána/ ále in-
certa, to iest/ oboietna byłá / poki iey ná piątym
powszechnym Synodzie nie potępiono y nie od-
cięto. Skod choćby sie y od prawdziwego rozumienia ten ták wielki mąż vniosł / to niedziwna/
gdyż człowiek. Jákoż sie to y inszym wielum przed
nim przydáło / z ktorego poczetu są Jrenæus
Lugduński/ y Dionysius Alexándryski Biskupi/
y drudzy. A iż o tey náuce iesżcże áni námawiá-
no/ áni dostátecżnie wyłożono nie było / świádec-
ká tegoż Grzegorzá mamy. Nád to Błogosłáwionego Augustiná / Ambrożego y Grzegorzá
przywodźićie. Niech ták będzie / nieprzemy: Ale
ći Łácinnikámi byli/y po Łácinie pisáli / z kto-

Gg ij rych

Gregor. serm. de Baptism.

rych iedne świádectwá ſą tákie/ iż ſie nic táwnie
o tym Czyścowym ogniu z nich wyrozumieć nie
może/ dla Modlitw y Liturgij zá umárłe / ktore
ważne być powiádamy. Drugie/ áczkolwiek
iáwnie pokłádáio y mowio / wſzákże áż po dzień
dziſieyſzy rok náſzych / gdziebyſmy o tey queſtiey y
o inſzych czytáć mieli/ / nie doſzło: wyiąwſzy ſá-
niy o świętey Troycy Auguſtynow Tráktát y
Grzegorzá P P. z Łácińſkiego ná náſz ięzyk przełożone Diálogi. Mniey ſię przeto tež dziwowáć
potrzebá/ iż o tym czegochmy nie czytáli/ áni tež
widzieli/ nie wiemy/ żaden bowiem z náſzych ktorzykolwiek po Łácinie umieli / nie o tym nie podał. A po Łácinie piſáne kśięgi niepolete y
zákryte ſo przed námi. A iż zdánia świętych
Oycow miárkowáć pozwolono/ z ſámego Auguſtyná / y Grzegorzá Theologá znácznie ſie pokázuie / iż áni oni/ áni inſzy/ (ktorzykolwiek o
tym wzmiánkę czynili) myślili/ áby kiedy zbyt
ták wielkim uśilowániem do ſwey opiniey/ iákoby do naprawdziwſzey mediciny przywoływáć mieli. Ale iż rácżey dowodow iáſnośćio ukroje-
ni y uwikłáni/ wietſzeiżie (ktore było że wſzelki
wy lepek ieſt peccatum veniale) iáko niektorym ſie
zdáło/ mnieyſzym odćioć potrzebę być rozumie-
li/ ábowiem wielu zdániam ſprzećiwić ſie trudne y prácowita rzecz byłá / nád to obawiáli ſie
áby (ſkoro onych ſententio burzyć pocżno) w przećiwne niebeſpieczeńſtwo nie wpádli/ iákoby ták
rozumieć/ y drugich náucżáć mieli / iż żadnego
lekkiego/ y ocżyſzczeniu podległego grzechu nie-

máß.

máß. Porwawſzy ten orzodek (było bowiem to
wdzięcżnieyſze) uchodząc więtſzego złego ná obu
ſtronách mieyſce ucżynili. A ták bądź to tym
wnyſzem oni piſáli poblażáioc/ áby więtſzego zła
go uſzli/ bądź też y ſámi nie ináczey rozumieli/ nie
mamy ich zdánia zá oracula Boſkie przyimowáć/ á-
ni ná nich polegáć. Jeśli bowiem ich Błogosłáwionego Páwłá mieyſce uwiodło/ ktore ſie względem broniąc/ iákoby o tymże y Apoſtoł rozumiał/
mniemáli / Pilnie o tym powiedáć/ ktory iákoby
o tym rozumiał doſyć ſię doſtátecżnie rzekło. Tákież Złotouſtego z tegoż mieyſcá wyczerpnione
zdánie/ iáko z Páwłá ś. rozumieni zgodne ták y
wykłádom Zachodnich Doctorow ieſt przećiwne.
Ktore my zdánia (żadnego ſtąd w Cerkwi Chry-
ſtuſowey/ áni deſperatiey/ áni roſpuſtnego pomieſzkánia wzgledem/ nie obáwiáiąc ſie pogorſzenia)
náśládowáć wolimy. Náſtepuie y to co mo-
wię/ iż Grzegorz P P. w czwartych Xięgách Di-
álogow ſwoich wiele árgumentow/ y wiele re-
weláciy/ Czyśćiec być pokazał. Wiemy záiſte/ iż
on ogień Czyścowy (lub ἀλληγορικῶς, lub to prawdziwie rozumieiąc) przed powſzechnym ſądem
po śmierći mieć chce. Ale cżego do podpárćia zdánia ſwego używa/ ták nie treſne/ nie potrzebne/
y o ſiebie ieſt/ że zaledwie ták wielkiego mężá ieſt
godno. Exempla záś przykłády Revelatie álbo obiá-
wienia/ ktore w tegoż ogniá probe kłádzie/ ták
śmieſzne á Chrześćiáńſkiego człowieká nieprzy-
ſtoyne/ bá y ſámey niezbożności ſmrod z śiebie wydáiące ſo. Stąd o tym ták wielkim y zacnym

mężu

O Czyścu.

nieżu rozumiemy / iż on cokolwiek o tym piſał y
náucżał/ nie wzgledem Czyścowey náuki to/áby
ogien docżeſny wprowadzáć miał/cżynił/ ále áby
przez te poſtráchy ludzie od wiecżnego ogniá o-
ſtrzegł/ y odpłoßył. Piße bowiem iż po ßyie/
drudzy po pás w ogniu goráią / á niektorzy iuż
wychodzą z niego. Inße duße mowi w ciepli-
cách álbo w łáźniách tym ktorzy ſie w nich my
ią poſługuią/co táko abſurdiſſimum & homine Chri-
ſtiano indigniſſimum ieſt/ ſam vważay. Miedzy inßymi y tego przebacżáć nie mamy / iż ći ktorzy
Czyścowego ogniá bronią/ bárziey go gáßą niżli podniecáią/ kiedy ták mowiącego Grzegorzá
przywodzą / iż niektore wyſtepki w pobożnych
drugich dobrych vcżynkow fundámentem/álboli
nagrodą w tym żywocie/ á niektore mowi przez
ſamy ſtrách/ álbo przez rozſtánie/ kiedy ſie dußá
z ćiáłem rozłącża / niektore záś po śmierći dla
dobrodzieyſtw ktore zá nich cżynią / przez Mßą
głádzone y exterminowane bywáią. Nád to co z
powáżnośći wáßego Rzymſkiego Kośćiołá obrony záciągaćie/y iuż to płoty raz cżynićie/á od nas
odkázu nie maćie. Niechćieliśmy was iuż dopiero w niewiádomośći zoſtáwić/ iż gdybyſmy was
tey opiniey być twierdzili/ áby to co w wáßym
Kośćiele ieſt/y v nas ze wßech miar ważne y pewne być miáło / żadnym bychmy ſie ſpoſobem nie
ziechháli/ ániby ſmy ſie ná te rozmowe vdáli/ á
zwłaßcżá iż naprzedniey ßa y nawáżniey ßa zebránia náßego przycżyná ieſt/ ábyſmy wßyſtkie zwy-
cżáie y vżywánie ſámych nas chłuby opuśćiw-

ßy rze

O Czyścu.

ßy rzecży ſáme ná tychże ßálách ważyli/ záßywa-
iąc Boſkich reuelatij y oycowſkich Doctorow Cerkiewnych Canonow. A ieśliż z zwycżáiu y vżywánia káżdy z nas ſwoią ſtrone bronić bedziemy/
á nie diiudicatij Páńſkiey rácżey ſie polećimy /
ſtrudná ſie zgodzimy. Przetoż áni ſtąd/ áni z
przerzecżonych opinij zdánie wáße ſtać może. Ná
koniec wiedzieć maćie/ ponieważeśćie tey opiniey
wáßey/ y w poſpolitych mniemániach pomocy (
Argumentuiąc od Boſkiey ſpráwiedliwośći) ßukáli / toż y nam poſpolite y wolne być może/ do
podpárćia náßego rozumienia árgumentuiąc ſpo
ſobem przećiwnym. Pocżąwßy tedy ἀπὸ τῆς
φιλανθρωπίας, toż á neceſſitate manſionum diuerſa-
rum, v Bogá/ Trzećie od doſtąpienia ſtopniow we
zwánia Páńſkie°/ ná ktore kto pozwala / neceſſario
wćirpić muśi áby wßyſcy zarowno y iednáko
cżyśćić ſie mieli. Moglibyſmy ná to mieyſce y inßych racij y dowodow / gdyby cżás
z folgował/ dobyć/wßákoż nieco krotiuchno przy-
pomniawßy / drugiemu cżáſowi oſtátká zwie-
rzamy. Naprzod tego zdánia ieſteſmy/iż bárziey Boſkiey dobroći máłym dobrym nie pogar
dzáć/ á máłe złe karáć przyſłuſza. Ale máłe
dobre w onych ktorzy nádder zgrzeßyli / niema
prze wielkość wyſtepkow potegę nagrody/áni máłe
złe w tych/ ktorzy dobrze cżynili (według rownego rozſądku) doſtepnie karánia. Cum enim id,
quod maius eſſe videtur non eſt, multò magis id quod minus eſt
non erit. Dla cżego áby purgatorium było wierzyć/
abſurdū ieſt. Jákiey wagi bowiem ieſt máłe dobre

w onych

O Czyścu.

w onych ktorzy márnie żyli / y omnino źli byli / ták
máłe złe w tych ktorzy dobremi byli. Lecż máłe
dobrenie może doſkonáłoſci dobrá w tych vrodźić / ále ſámá tylko wiekuiſtey zapłáty rożność /
przetoż áby Purgatorium było owßeki rozumieć nie
mamy. Spráwiedliwość wiecżnego karánia przez
nieodmienną y vſtáwicżnie trwáiącą złość grzeßenia naybárziey ſie pokázuie / vſtáwicżnie á-
bowiem złey woli y męká vſtáwicżna dána będźie. A ieśli kto bez przeſtánia grzeßy / vſtáwicżnie też y bez przeſtánia karány bywa / y ktory nie wiecżnie karány bywa / nieuſtáwicż-
ny też y do grzeßenia vmyſł ma. Jeśli bowiem nie odmienne będźie miał karánie / y to od
złego / wiecżnemu karániu przyſądza ſie / á ieśli
od dobrego / dla cżegoż tego karáć / ktory ſie ko-
rzniącemu go doſtáie. Ále ći ktorzy ſie ogniem
Cżyśćżá / mowićie / y wy iż táko wolą máią / á
przetoż nie potrzebá ſie tákim cżyśćić. Jeśli doſkonáła cżyſtego zapłátá ieſt rowná / y ſercem y
vmyſłem Bogá widźieć / ále tey nie wßyſcy w
rownym ſtopniu doſtępuią / y nie tegoż cżyßcżenia ſą wßyſcy / Cżyścowemu ogniu mieyſcá nie
będźie / ieśli w niektorych cżyßcżenie prożne: ináć-
cżey byliby wßyſcy zárowno ocżyßcżeni ogniem y
do widzenia Bogá też zárowno ſpoſobni / co ná go-
rzegdy Zakon dawány był figuraliter y ἀλληγορικῶς
widźieć ſie dáło / w ten cżás / ábowiem nie wßyſcy godnemi byli / ile ſtanu y porządku należáło / áby widźieli Bogá / ále inßy ináko: wßelki (iáko rozumiem) podług miáry ſwego ocżyßcżánia
według Grzegorzá ś. Nád to Grzegorz wiel-

ki Theo-

O Czyścu.

165

ki Theolog / gdy ná to mieyſce przyßedł / gdźie
cżytamy / nie mamy nic wynieść / áni zoſtáwiáć
názáiutrz: iáwnie świádcży / y iáśnie powiáda iż
Nad przytomną noc niemáß wiecey cżyßcżenia. Noc o káżdego teráźnieyßy żywot názywáiąc / y żadnego
ocżyßcżenia po tym żywoćie nie náyduiąc. Tenże
náucżáiąc mowi. *Opuſzczam Támeyße Trybunały, ktorym skąpſtwo tego wiecżne wydáią, iż ſłuſzniey ieſt tu być
karánym y ocżyßczonym, niżli tám mękam być podánym, kiedy karánia á nie cżyßczenia cżás.* Cżym znácżnie wiedźieć dáie / że żadnego potym żywoćie niemáß
cżyßcżenia / ále tylko ſáme wiekuiſte karánie.
Toż y Pan Jezus w Ewánieliium Lukaßá ś. o
Bogacżu y o Lázárzu / ſtan obudwu / po tym żywoćie okázuiąc / mowi / Iż Lázarz po śmierći
przez Anioły ná łono Abráhámowe nieſiony był /
á bogacż pogrzebiony / y duſzá iego w piekle ználeziona / y mękam podána byłá. Ták przez łono Abráhámowe nawyżßy ſtopień tych / ktoremi
ſie Bog opiekawa / ktorzy w ßcżeśliwym pokoiu
ſą / rozumiejąc / á przez piekło y karánie / oſtát-
ny ſąd y męki grzeßnych opiſuiąc. A miedzy temi y inßemi drugiego mieyſcá nie zoſtáwił / ktoreby docżeſną w ſobie mękę zámykáło / ále wielką
y prześćiu niepodobną otchłań / miedzy niemi /
Przez ktorą iednego mieyſcá od drugiego nie
przebyte odłącżenie oznaymuie. Przydał / iż dußá po rozłącżeniu od ćiáłá owßeki nie ćieleſna y
nie máterialna zoſtawßy / nie ieſt podobna áby
tym widomym ogniem męcżona być mogłá /
gdyż ogień zepſowánia duße ogárnąć nie może.

T t Ale áż

Gregor. de cōtemplat. & τροπικῶς πάσχα.

Sermon de Plag. Grādinis.

Ale aż po zmartwychwstániu kiedy niesḱażone ciáło przyimie/ oddalona od wszystkiego stworzenia igne διαιρεζιχῷ (iákosmy sie náuczyli) rzecz podobna że tym ogniem męczona być może/ y nie sámá tylko oná/ ále y Diabli/ ktorzy mgliste/ y kromi wszelkiey máteriey ciáłá/ powietrzne y ogniowe są/ podług Wielkiego Bázylego/ á nim własnie ciáło przyimie/ sámá species żadnemu zmieszániu niepodległa będąc/ iákowym sposobem cielesnym ogniem męczona być może? Co iż Oycowie naszy (ktorzy Aniołō podobny tu ná ziemi/ żywot prowádzili) wszędzie y często przez widzenia/ sny/ y przez insze cudá/ o wiecznych mękach/ y o niezbożnych á grzesznych nikomi przysądzonych wspominaią/ á nie tylko ci/ ále y oni/ ktorzy drugich vczą/ y od nich są náuczeni/ to práwią/ iż iákoby przytomne y iuż będące męki pokázuią/ nie inácżey/ tylko iáko Ewánielista v Lukasza ś. przypowieść wyraża. A o Czyścu owszeki nic nie oznáymuią. Ostátnią oną náukę o wypełnieniu y skończeniu mąk wiecznych od Origená iákosmy rzekli/ y od inszych/ z ktorych liczby Didimus y Euágrius/ wszeteto (ktora do zbyt wielkiey περὶ τῆς θείας φιλανθρωπίας presumpciey á do wszelkiey zátym złości swowolnikom/ iáko mowi χλίμαχουργὸς, wrotá otworzyłá) z Cerkwie Bożey przez powszechne Concilium wyrzucono. Jáko te ktora przez rozmyślánie o doczesnych á nie wiekuistych mękach/ y przez nádzieię przyszłego wybáwienia/ y z świe-

temi Bożemi pomieszkánia/ do oziebłości y do zgorszenia sercá ludzkie przywodziłá. Z tych tedy przyczyn/ y dla tego iż niemáte w czułości zamysłow ludzkich niedbálstwo krzewi/ y áby niezbyt o doskonáłości ná tym świecie pieczołowáli/ ále ná insze oczyszczenie po śmierci czekáli/ rádzi: ogniá Czyścowego náuká mieysca w Cerkwi Bożey owszeki mieć nie może.

To iest świętey Wschodniey Cerkwie o Pogáńskim Plátońskim Czyścowym tworm ogniu zdánie/ Rozum y odpowiedź/ ktora iż nie przez ogień/ ale przez niewymowną hoynego Páná łáske ἀμισθὶ προῖκα δωρεάν, z łáski/ dármo/ y kromi zapług grzechy oczyszczone bywáią/ wierzy wyznawa y náucza. Słuchay przeto y rozumiey/ á nie waż sie o tym powtore iey turbowáć/ y tą świeżo od niey wzgárdzoną/ y z dáwna potępioną opinią zárzucáć. Nie wie oná tylko o dwu mieyscách/ o Piekle/ mowię/ Diabłu y Aniołom iego zgotowánym/ y o Krolestwie niebieskim/ w dziedzictwo wiernym obiecánym/ o ktore sie Chrystusowa łáską wspomożona dniem y nocą stára/ słyszáłá głos Duchá ś. w wybránym Chrystusowego Ewánielium naczyniu/ vsłyszáłá záiste y wyrozumiáłá/ wyrozumiáłá y przyięłá/ przyięłá y po dziś dzień w niesḱażoney wiáry skárbnicy pobożnie trzyma y spelnością chowa. Słyszáłá zbáwienne iego słowá ná wszystek ziemski okrąg brzmiące. *Spráwiedliwość Boża, przez wiárę Jesusá Chrystusá wszytkim y ná wszystkie ktorzy wen wierzą, wszyscy bowiem zgrzeszyli, y potrzebuią chwały Bożey. Wspra-*

[spra]wiedliwieni ſą dármo, przez łáſkę iego, przez odkupienie ktore ieſt w Ieſuſie Chryſtuſie, ktorego Bog wyſtáwił vbłagálnikiem, przez wiárę we krwi iego, ku okázániu ſpráwiedliwośći ſwoiey, dla odpuſzczenia przeſzłych grzechow. Y indźiey. Chryſtus Iezus ſtał ſie nam mądrośćia, od Bogá ſpráwiedliwośćią, poświęceniem y odkupieniem. Ná tym rzeczeniu Wſchodnia Cerkiew polega/ y bez Czyśccá czyſta/ czyſto iednorodzonego Syná Bożego krwią oczyſzczona/ do łożnice krolá niebieſkiego z źiemie ná niebo przeydźie. Wierzy vſpráwiedliwieniu ſwemu Pánu/ ktory ią wezwał/ zbáwił/ poświęćił/ y wiekuiſtey świátłośći vczeſtnicą vczynił/ w tey wierze żyie/ w tey vmiera/ z tą y do niebieſkiey oyczyzny przeydźie. Ale opuśćiwſzy tego Schiſmographá ná czás/ do ćiebie ſynu słowá moie obrácam/ ábyś to pilno co ſię rzekło y co ieſzcze powiem vważał. A od tego Origeneſowego ogniá ile śiły vćiekał. Ieſt bowiem to nadobrowolnie wſzytkim wiernym przez Iezuſá Chryſtá wſzego świátá zbáwićielá dárowáno ſpráwiedliwość nieznośnym bluźnierſtwem/ y zbáwienney męki iego vrągániem y exinanitią/ w ktorey ieśćie wy/ y wiáry y zbáwienia ſwego ſzukáć winni/ w iáki koniec pytam/ máteryálny Czyścowy ogień temu/ ktory ieſt przez niewinno nie pokalánego Báránká krew dla zbáwienia świátá wylano/ dármo oczyśćiony? W iáki koniec męká doczeſna? ponieważ łáſká Boża grzechy odpuſzczá/ z mąk wiecznych wyzwala/ Dárem dále wiecznie/ izali doczeſnego nie poda? y owſzem. Dobry zá iſte ſynu zbáwienia wáſzego

wáſzego wiárę fundáment macie/ ktorey ktokolwiek doſtąpi/ ſądzony dáleko mniey potępiony nie będźie. Ioan: 3.

Ale wy ktorzyśćie ſię/ do dworu Rzymſkiego przedáli/ nie wiem ieśli z niewiádomośći/ czyli z ſzczerey nie vmieiętnośći/ ták to niewſtydliwie mowićie/ iż ieśli Czyścowy ogień odrzućimy/ Prożna y nádáremna pámiątká zmárłych/ ták też modlitwy y ofiáry zá nich będą/ y ieśli duſze ſpráwiedliwych ſą zbáwione/ nie trzebá ſię modlić zá nie/ á ieśliże potępione/ prożna y námniey niepożyteczna o nich modlitwa/ ták to rozumieiąc iákoby pámięći y modlitwy o zbáwienia tych duſz/ ktore bez miłośierdźia y łáſki Bożey zmárli/ czynione być miáły. O tym/ ábyś doſtáteczno prawdźiwey náuki wiádomość wźiął/ iż veritas paucis ieſt contenta. krotkoc ále prawdźiwo powieść przełożę/ z ktorey łatwie obaczyſz y doſkonále wyrozumieſz/ co ſą zmárłych pámięći/ co modlitwy o nich/ co wielbienia/ álbo wyſtawiánia/ y co ψυχομιδίαι, oblationes, to ieſt offiáry/ ktore ſię ná pámiątkach odpráwowáć zwykły/ ktorych nie poiąwſzy o tym Czyścowym ogniu/ z grubego o ſobie rozumienia tám ći Apoſtatæ twierdzą/ y prędzey ſwemu rozumowi tudźiesz ludzkim bayko m/ á niżli piſmu Bożemu/ y prawdźiwemu niepokaláney Cerkwie wyrozumieniu wiáry dodawáią. Ale ponieważ y to do Czyścowego ogniá wykorzenienia należy/ vmyśliłam do pomienioney o Czyścowym ogniu/ powieśći/ o pámiątkách ktore zárowno Czyścowy ogień

O Modlitwach zá vmárłe.

ogień Rzymskiemu Kościołowi záleċáią/ cudzą powieść przyłączyć / áby tym łátwiey prawdá tey rzeczy wystáwiona byłá / gdy y swoich po sobie/ y cudzych nie przećiwnych sobie obaczy/ ktora to powieść/ ták śie w sobie ma. Dawni oni Chrześciánie / iáko Tertuliánus w Księgách swych do męczenników świádczy nie tylko powierzchownie około ćiał męczenniczych stáránie czynili/ pocieszáiąc ich/ y pokarmy do więzienia posyłáiąc/ á nie mogąc z nimi do ustney prze straż rozmowy przyść/ listy swe pocieszliwe do nich posyłáli / ále y Duch ich / y czyste rozumu przedsięwzięcie modlitwámi podczas wszyscy pospolicie przy odpráwowániu offiar/ czásem poiedynkiem/ osobno Bogá prosząc wspomagáli. O czym Błogosłáwiony Cyprianus do Spowiedników / y Męczenników poimánych z do ćiemnicy wrzuconych / pisząc mowi. *My dniem y nocą pámiątkę o was czyniąc, y gdy przy offiarowániu, z wielą modlitwy odpráwuiemy, y kiedy osobno poiedynkiem śię modlimy, ábyc wam Pan Bog zupełną pomoc w otrzymániu y dostąpieniu koron y sławy wászey dárowáć raczył, prosimy.* A ná inszym mieyscu pisząc do Kápłanow y Diákonow Rzymskiego Kośćiołá nápomina/ áby zá Chrystusá Páná związánym y do więzienia oddánym chętliwie w miłości służyli/ iż by śie o iákie niedostátki nie frásowáli/ y mowi. *O by mi mieyscá y urzędu mego conditio dopuszczáłá, ábym tám teraz sam przytomnym być mogł, chętnie bym y z rádośćią zwykłą posługę, y wszelaką około námnieyszey Bráći nászey miłości powolność wypełnił. ále moie powinność wászá pilność niech nágrodzi, tym wszytkim*

Memoriæ mortuorum.

Cura in Martyres adhuc viventes exhibita.

Oratio pro vivis martyribus.

Cyprianus Epist. el. 6.

czegoby im potrzebá było, ktorych w tákich zasługach wiáry y cnoty Boże zezwolenie obiáśniło. ćiałom też wszystkich ktorzy áczkolwiek męczenni nie są, w więzieniu iednák chwálebnym śmierći ześciem przechodzą, niech będzie przychylnieysza czułość y stáránie. Jáko tedy wierni oni dáwni Chrześciánie o męczennikách ieszcze w ciele będących, pieczą mieli / ták po ześciu ich do wiekuistego mieszkánia/ ćiał ich nie przebaczáły / we dniu ich ozwieni w ktore ucierpieli y przeszli/ pámiątkę y przypominánie onych/ do grobow śie ich schodząc/ odpráwowáli. A nie ieden rázto tylko/ ále ná káżdy rok/ gdy dźień umęczenia ich przychodził/ czyniwáli. O czym tenże błogosłáwiony Cyprianus w zwyż pomienionym liśćie pisząc ták powiáda. *Ták też y dni ich w ktore przechodzą z tego żyćie, ábyśmy przypominánia ich miedzy pámiątkámi drugich Męczennikow obchodźić mogli. Aczkolwiek Tertullus nawiernieyszy y napobożnieyszy brát nász, ktoremu oprocz inszych prac dla bráciey ze wszelką uprzeymośćią podiętych, y na tey pieczy około ćiał nie schodźi, pisał, y pisze, oznáymuiąc mnie o dniách, ktorych w więzieniu błogosłáwieni Brácia do nieśmiertelnośći sławnym śmierci ześciem przechodzą, áby tu od nas oblationes & sacrificia dla przypominánia ich czynione były, ktore w rychle z wámi da Bog obchodźić będziemy.* Tenże *Offiáry* mowi *záwsze záwżdy iáko pámietaćie offiáruiemy, ilekroć męczenskie ćierpliwośći y dni coroczným przypominániem obchodźimy.* Toż y Zmirneńska Cerkiew w liśćie swym do Philomilenow (ktorego czástká u Eusebiusá śie náyduie) obiecuią błogosłáwionego Polikárpá męczeństwá dźień w rádośći/ y weselu / z wielkim pobożnych Chrześcian

Memoriæ post mortem martyrum.

Cura corporum Martyrum.

Epist. 5. lib. 4. Sacrificia pro Martyribus.

Euseb. lib. 4. cap. 14.

Anniversaria commemoratio

ścia z zebrániem/ obchodzić pisze. Przytym wiedzieć sie godzi/ iż oney pierwszey Cerkwie Chrześciánie / nie dzień národzenia męczennikow iáko Pogánie ále umęczenia y śmierci ich dni uroczyście mieć zezwolili/ podług błogosłáwionego Ambrożusza mowiącego. *I my sami dni narodzenia Męczennikow w niepámięci mamy, á dzien męki y śmierci, znamienitą uroczystością odnawiamy.* Wszákoż te dni w ktore śmiele y ochotnie dla Chrystusá ucierpieli / γενέθλια to iest dniem národzenia / ich názwáli / Jako Tertulianus y Zmirneński list świadczą. A to dla tego iż dawni oni Chrześciánie ták zápewne wierzyli/ iż Męczennicy Pánscy / y inszy ktorzy pobożnie ten mizerny á płáczu y trosk pełny żywot prowádzili / ná dáleko lepszy go zmienili y z doczesnego niedostátku w wieczne roskoszy przeszli/ y nieśmiertelnego żywotá dostąpili/ á práwdziwie sie odrodzili podług Zbáwiennego Chrystá Páná głosu. *Ten kto w mie wierzy, by też y umarl, będzie żył.* A záś. *Ktory słucha słowa mego, á wierzy onemu ktory mie posłał, ma żywot wieczny, y ná sąd nie przydzie, ále przydzie z śmierci do żywotá.* Teomęż ná pomoc *sermone*, ktore sie Euzebiuszowi Emiseńskiemu przypisuie/ *de S. Genesio*, ták pisáno czytamy/ Błogosław. męczennikow umęczenia/ národzenia dniámi názywamy. Kiedy bowiem ich męczeństwá żywot / y sławá wiáry / śmierci sie oddáie/ w ten sie czás wieczności rodzi/ y zá doczesne męki/ wieczney rádości dostępuie. A słusznie záiste dniámi národzenia názywáią/ w ktore oni/ ná ten człowieczey nędzy żywot porodzeni/

Ambros. serm. de fide Resur.

Tertul. lib. de Coro. mili. Origen. li. 3. super Iob.

Ioan. 11.

Ioan. 5.

dzeni/ nátychmiast w sławę bioroc wiecznego żywotá początek przez śmierci koniec odrodzeni bywáią. Polydorus Vergilius / świętem sie/ mowi/ káżdego z świętych dzień názywa/ y iest temu poświęcony/ iáko bowiem tych/ ktorzy z żywotá mátek ná ten świát wychodzą / że sie rodzą/ mowimy. Ták záiste rownym sposobem rzec sie może/ że sie rodzi ten/ ktorego duszá z związku ciáłá rozwiązána/ do wiekuistego odchodzi żywotá. Z tąd to y w zwyczay weszło/ że ostátnie Błogosłáwionego ich żywotá dni / y im poświącona uroczystość/ nie śmierci ále národzenia dniámi są názwáne. Zmirneńska Cerkiew o tákich pámiątkách wzmiankę czyni/ y skąd sie coś podobnego colliguie/ iż Błogosłáwiony Polycárpus pierwszym tám był męczennikiem / ktorego pámiątká uroczystym dniem prze wielką ku niemu miłość Zmirneńczykow / ktorych Pásterzem był/ obchodzona byłá/ w wielkiey bowiem Błogosłáw. on mąż był powadze/ nie tylko swoiey/ ále y u obcych bliskich y dálekich Cerkwiey/ wielce wziętym/ żywotá pobożnego/ y tudzież ucznióm Apostolskim/ ktorzy Chrystá Páná widzieli y słucháli będąc. Stąd Hieronym Polycárpá wszystkiey Asiey wodzem y spráwcą być powiáda/ A tá cześć y uwielbienie iuż po śmierci iego urosło/ nie tylko dla głosu/ ktory gdy ná męki szedł/ co wiele z przytomnych słyszeli/ był do niego/ ále y dla wielkiego cudá/ ktory sie stał czásu męki iego/ o czym wszystkim pilnie y oważnie Euzebiusz w liście Zmirneńskim rospowiáda. Przetoż niedziw iż

Polydor. lib. 6. cap. 3.

Hieronym. in Cathalog.

Vv ták

O Czyścu.

tak zacnego y sobie/ takiez Bogu miłego męża pámiątkę Zmiernenczycy ochotnie obchodzili/ ktory Roku 170. po Chrystusowym národzeniu podług Euzebiusza Latopiscu vcierpiał. Po tym liście Zmiernenczykow / Tertulianus o tych vroczystościach taka powieść czyni. *Vroczyste świetá,* mowiąc / *miásto národzenia dniow bywáć zwykły.* Pisze Durandus. Iż gdy Constantyn wielki/ Miásta y kráiny Pomorskie obieżdżał / nálazł Błogosłáwiło. Euzebiusza Biskupá Cesáryskiego męża pobożnego/ ktoremu rzekł/ *Pros odemnie czym bys Cerkiew twoie vbogácił,* Do ktorego Euzebiusz *Cesárzu Cerkiew moiá obficie iest vbogácona, ále oto cię proszę ábyś na wszystkie świátá częsci posłał dla zebrania y spisánia S. męczennikow, y dniow ich, w ktore y zá ktorego, ktory, Cesárza, y iakim sposobem, y w ktorym mieście, y ná ktorym mieyscu vcierpieli.* Tenże Euzebiusz pisze / iż ná káżdy w roku dzień / więcey niż pięć tysięcy świętych vroczystości pámiątek/ przypada/ procz iednego dnia / pierwszego *Ianuarij,* w ktory Pogánscy oni/ Cesárzowie/ Kśiążętá y Potentáći / biesiády y bánkiety czyniwáli, męczenniki w więzieniu trzymáiąc. A Grzegorz Theolog/ oznáymuie/ iż y Máchábeyczykow stárego Zakonu męczennikow dzień ná káżdy rok był obchodzony/ ktory tak mowi. *Máchabeyczykom vroczystość nádchodzi ktorzy ácżkolwiek od niektorych y niebywáią, wysławiáni, iż nie dla Chrystusowego imienia vcierpieli, wszákże od wszystkich vczczenia są godni, że z Oycowskich gránic wystąpić nie chcieli.* A nietylko Męczennikom/ ále y inszych świętych pobożnych/ y Bogá miłuiących mężow

pámiątki

Tertulian. in lib. de corona milit.

Durand. lib. 7 cap. 1.

Gregor. serm. de Machabeis.

o Czyścu. 170

pámiątki vrocznie celebrowáne były. O Pálestinczykách Sozomenus/ y Nicephorus świádczy/ iż podług tego zwyczáiu Pálestyńczycy pámiątkę Hilárioná/ Abrillá/ Alexorná/ y Alaphiusza Mnichow społnie obchodzili. Zgromádzenia tedy one Cerkiewne przy grobách Męczennikow *primitiuæ Ecclesiæ* ludzie słowá Bożego przepowiádániem/ y bez krwawey offiáry służbą/ to iest/ ciáłá y Krwie Syná Bożego społecznością/ modlitwámi y iálmużną obchodzili. A że y Páwłá ś. listy/ przy zebrániu ná pámiątkách męczennikow śś. czytáne bywáły/ Chryzostomem dowodzę. To też z Pism Oycow śś. colliguiemy/ iż Chrześciánie ná pámiątki vmárłych pokármy y insze podárki dla pokarmienia vbogich y Klerikow przynośili. Swiádczy o tym Augustyn ś. mowiąc/ Wszyscy ktorzykolwiek pokármy swe ná pámiątki męczennikow przynoszą, postáwiwszy modlą się / A potym wziąwszy iedzą álbo vbogim rozdawáią/ y w Kśięgách *Confessionum* powiáda/ iż Matká iego ná pámiątki świętych do Mediolanu krupy/ chleb y wino przynośiłá. Przypomina o tym y Ephrem ś. *Gdy mowi świętych pámiątki obchodzimy, pomnieć mamy ná wszystkie chore, wdowy, siroty, pielgrzymy y vbogie.* O tym tedy przynoszenia álbo iálmużny między vbogie rozdzielániu/ Tertulliánus / Augustinus / y Złotousty/ wzmiankę czynią. Co się y z Cárthágińskiego Concilium znácznie pokázuie. Ktory pokármow przynoszenia zwyczay/ że się prędko potym w rozkoszne biesiády y bánkiety odmienił/

Vv ij dáie

Sozomenus lib. 3. cap. 14.

Nicephor. lib. 9. cap. 15.

In memoria sanctor. Martyr. Quid agebatur.

Chrysos. in Proœm. in Epist. ad Rom.

Quod ad memoriam ferebant cibi. et quo sine

August. lib. 8. de ciuit. Dei. cap. vltimo.

Idem lib. confes. 6. cap. 2.

Ephrem lib. de Pœniten. ca. 2

Tertul. de Monogam. & de corona milit.

August. epist. 64.

Chrysos. serm. de martyr.

Concil. Cartha. Can. 93. & 95 art. 7.

Theodor. lib. 8 de martyrib.

dáć wiedzieć Theodoritus oznáymuiąc/ Iż iuż zá tego wieków pámiątki świętych wielkim godowániem obchodzone bywáły. A Pontius Paulinus o tymże / Poſpolſtwo / ktore ſię ná pámiątkę świętego Fęlixá w Nole ſchadzáło w Cerkwi godowánie ſpráwowáli / dla ktorey przyczyny on ſam ściány Cerkiewne figurámi hiſtoriy z ſtárego Zakonu wybránych przyozdobił / áby ktorzy przy poſpolitym ſtole śiedźieli / pogladániem y uważeniem onych wściągnieni pobożnie y uczćiwie bieśiádowáli. Ktorego zwyczáiu wybornieyſzy w pobożności záchowywáć niechcieli. Ták ábowiem otym Auguſtyn święty piſze. *Wſzyſcy ktorzykolwiek pokármy ſwe ná pámiątki świętych prynoſzą, czego wybornieyſzy Chrześćianie nie czynią, y w wielu świátá kráinách nie náyduie ſię táki zwyczay, gdy ie poſtáwią modlą ſię. potym odnoſzą y iedzą álbo ubogim rozdáią, y rozumieią że ſię záświęcili iż. Męczenników potwięcáią.* Indźiey powiáda/ iż Ambroży ś. w Mediolanie / áby tego Chrześćiánie / zwłaſzczá pobożnieyſzy/ nieczynili zakazał/ iżby ſię żadna piánicom *occaſio* do upiánia ſię nie dáłá/ iż to ſtypom Pogáńſkim podobno było. Dla czego y mátká Auguſtinowá / gdy w Mediolánie krupy/ chleb/ y wino ná pámiątki ś. męczenników / według zwyczáiu przynieść chćiáłá / niedopuſzczona byłá od Odźwiernego Cerkiewnego/ o czym tenże Auguſtyn námieyſcu wyż pomienionym świádczy. A w táki koniec tym ſpoſobem pámięci męczenników obchodzone bywáły / iáſnie y znácznie powieśćio Zmir-

August. lib. 8. cap. 27. de ciuitat. Dei.

Idem in lib. Confeſſ. ca. 27

Quo ſiue memoriae hoc modo peragebantur.

neńſki

n Euſeb. lib. 4 cap. 15.

neńſki liſt opowiáda/ iż Zydowie z Pogány poſpołu ſzedſzy do Stároſty Zmirneńſkiego/ proſili go/ áby Ciáłá Polykárpá ś. o ktore pilno proſili/ Chrześćiánom nie wydawał/ iżby opuśćiwſzy ukrzyżowánego/ Polycárpá miáſto niego zá Bogá nie chwalili / ktorey ich bluźnierſkiey potwarzy Zmirneńſka Cerkiew w te ſłowá odpowiáda / *Niewiedzą nieſczęſni, mowiąc, iż my áni Chryſtá Páná opuśćić kiedy, ktory dla wſzyſtkiego świátá zbáwienia, śmierć podiął, áni też kogo inſzego zá Bogá mieć możemy, gdyż prawdźiwego Bogá, ktory ſam chwalony być ma, znamy. A męczenniki iáko ucznie Páńſkie ſłáwiemy y wielbimy, iż niepokalána wiáre Pánu y Vczyćielowi ſwemu záchowáli, ktorych miłości, y my w wierze y ćierpliwości uczeſtnikámi być prágniemy.* A trochę niżey. *My, práwi/ opalone kośći nád drogie kámienie koſztownieyſze, y nád wſzelkie złoto ogniem doświádczone, czyſtſze zebráliśmy, y iáko ſię godźiło, według zwyczáiu pogrzebliśmy, ná ktorym mieyſcu y teraz z zeſwolenia Bożego ſolennes feſtiuitates odpráwuiemy. zwłaſzczá ná dźień męki iego, ktorych bowiem ktorzy pierwey ućierpieli, pámiątki obchodząc tych zámysły ktorzy ſie zá nimi ſpieſzą, pieknemi przykłádámi pobudzamy.* Temi ſłowy ś. Aſiátycka Cerkiew/ iáko Bogá ſámego czći y chwali/ á iáko świętych iego wielbi y czći/ uczy. Mowi ábowiem/ iż Chryſtá Páná nigdy opuśćić nie możemy/ dla tego/ iż on dla wſzyſtkiego świátá śmierć podiął/ y krwią ſwoią nas okupił/ y ſwoim ludem uczynił. Ieſzcze/ mowi/ nikogo inſzego zá Bogá mieć nie możemy/ przeto/ iż prawdźiwego Bogá/ ktory ſam chwalony ma być/ znamy. Ze tedy w ten koniec pámiątki męczen-

ników/

nikow/ iáko sie pomieniło/ bywáły / świádczy
Origen lib. 3. supra Hiob. Origenes mowiąc. Dla tego y pámiątki ss. czynimy, y Oyce náße álbo towárzyße, ktorzy w wierze záſnęli, pobożnie pomínamy, ták sie z ich vćieſzenia weſeląc, iáko y ſobie ſámym Blogosłáwionego záśnienia w wierze życząc. A záś. Obchodzimy, práwi, pámiątki tych ktorzy od nas przeßli, wzywáiąc Kápłany pobożne, zgromadzáiąc wierne, wdowy vbogie y sieroty kármiąc, áby to zgromádzenie náße, ná pámiątkę pokoiu, ſkąd odeßłych duß było, ktorych my pámiątkę obchodzimy. Te słowá iáwnie pokázuią, iż w primitiua illa Ecclesia pámiątki we dni śmierci świętych/ w modlitwách/ iáłmużnách/ y w Wieczerzy Páńskiey społeczności obchodzone bywáły/ nie dla wyswobodzenia duß z Czyscowego ogniá/ ále áby sie społnie stąd vćießyli/ iż dusze tych ktorzy w Pánu záśnęli/ wszelkich trosk pozbywßy wieczne w Blogosłáwieństwie pokoiu dostąpili. Támże/ Tegoż czásu bywáły do Bogá modlitwy / áby tu ná tym świećie boiuiąca Cerkiew męczennikow społeczniczą / á wiáry y cnot ich náśládowcą vczynił / ktorzy mienie z tego świátá do wieczney oyczyzny szczęśliwie przeßli. Wtáki koniec pámiątki świętych zá czásow Bázylego wielkiego / y zá czásow Augustiná świętego obchodzone bywáły / Jáko mowi.
Basil. 4. cap. Asceticon. Nie dla żadney inßey przyczyny ná pámiątki ss. Męczennikow, ſchodzić sie máią Chrześćiánie tylko áby sie modlili, y áby ss. ſtałośćią nápomnieni ták iáko y oni mężnie áż do śmierći w pobożności trwáli. Y indziey.
Idem Homil. 19. Dla náßego tylko pożytku godzi sie nam pámiątki ss. obchodzić, oni bowiem náßego wysławiánia nie prágną, ále my ich Historie y pámiątki dla przykłádu

kłádu y náśládowánia żywotá potrzebuiemy. Iáko bowiem z ogniá naturaliter iásność wynika, y z kosztownego oleyku, wdzięczny zapách wychodzi, ták z przypominánia świętych spraw, wielki wßystkim pożytek wypływa. A Augustyn s. náprzećiw Fausta Heretyká piszac mowi.
Augustin. contra Faustum Hæreticum. Narod Chrześćiáński pámiątki męczennikow pobożnym obchodzi świeceniem, y dla pobudzenia w ſobie chuci ku náśládowániu, y áby sie zasług ich vczestnikiem stał, á przez modlitwy wspomożony był. Ták iednák ábyſmy żadnemu Męczennikowi, by też ná pámiątkę Męczennikow, ołtarzow nie budowáli. Ktory abowiem z Kápłanow ná mieyscách ćiał s. mowił kiedy offiáruiemy tobie Pietrze, álbo Páwle, álbo tobie Cypryanie. Ale cokolwiek offiárowano bywa, Bogu ktory Męczenniki koronuie w dzień pámiątki ich, bywa offiárowano: Aby sie ſamych mieysc nápomnieniem więtßa do pomnożenia miłośći gorliwość wzbudziłá, y do onych ktorych náśládowáć możemy: y do onego ktorego pomocą możemy. A przetoż Męczenniki tą miłośći y przyiáźni czćią wielbimy, ktorą y w tym żywoćie święći Boży máią, ktorych serce do tákowey męki dla Ewánielskiey prawdy gotowe być wiemy, więcey iednák one dla zwyćięstwá świátá y ćiáłá wysławiamy, á niżeli tych, ktorzy sie ießcze o toż biedzą. Oną czćią, ktora po Grecku λατρεία sie názywa (co sie po Láćinie iednem słowem wymowić nie może) ponieważ własnie ſámemu Bogu należąca służba iest, ány czćimy, áni czćić vczymy, oprocz ſámego iednego Bogá. A ponieważ do tey czći Oblationes y offiáry należą, (skąd sie to coby báłwanom czyniono było, báłwochwalstwem názywa) żadnym sposobem nic tákowego, lub męczennikowi iákiemu, lubo z świętych komu, álbo więc z Aniołow ktoremu nie offiáruiemy, áni offiárowáć każemy, á wßelki ktory w ten błąd wpada zdrowe nau-

wą náuką karány bywa, álbo áby ſie poprawił, álbo áby ſie go
ſtrzeżono. Oni ábowiem bądź to ludźie, bądź teź Aniołowie
świeći niechcą, áby to co ſámemu Bogu przyſłuſza, im przy-
czytano było. Co Oćiec ten Błogosłáwiony wprzod
Aniołow/ potym Páwłá/ y Bárnabaſzá przykłádem obiáśnia. Z ktorych iáko wielce poważnych
słow iego/ to w przod vważyć przyſtoi/ co mowi. Narod Chrześćiáński Męczennikow pámiątki dla pobudki w náśládowánie/ y áby ich zá-
ſług/ to ieſt wiecznego żywotá po zwyćięſtwie v-
częſtnikiem był/ obchodźi/ przydáie/ y áby modlitwámi był wſpomożony/ Wiec/ Niebudutc-
my/ mowi/ Ołtarzow męczennikom/ ántim o-
fiár offiáruiemy. Co indźiey iáśniey wykłada.

Lib. 22. de Ciuitate Dei.

Pogánie, mowiąc/ Bogom ſwoim y Kośćioły budowáli, y
Ołtarze ſtáwiáli, y Kápłanow ſubordinowáli, y offiary czynili, my záś męczennikom náſzym, nie Kośćioły iáko Bogom,
ále pámiątki iáko ludźiom zmárłym, ktorych duchy v Bogá

Quod Christiani ædificant tēpla non martyribus ſed Deo.

żyią, budujemy, áni teź wyſtáwiamy Ołtarzow dla offiary męczennikom, ále iednemu y Męczennikow y ſwoiemu Bogu offiáruiemy offiarę, przy ktorey offierze męźowie Boży, ktorzy
świát w iego wyznániu zwyćiężyli, ná ſwoich mieyſcach porządkiem bywáią mianowáni. Y trochę niżey. A
offiárá tá, ćiáło ieſt Chryſtuſowe, ktore im offiárowáne nie

Et nomine incitulant martyris in eius memoriam.

byłá. A w rozdźiale 27. Kśiąg 8. de Ciuitat. Dei,
mowi/ Obchodźimy pámiątki męczennikow, ábyſmy zá
tem obchodzeniem y Bogu prawdźiwemu zá ich zwyćięſtwá
dźięki czynili, y ſámych śiebie ku náśládowániu tákich Palm
y Koron tegoź Bogá pomocą z ich pámiątki odnowienia pobu-
dźili. A iákiekolwiek pobożnych vſługowánia
ná mieyſcách Męczennikow/ czynione bywáią/
ozdoby

Cur ordine recitentur nomina mortuorum ad Sacrificiū.

In memorijs ſſ. martyr. celebramus memoriam Christi.

ozdoby ſą pámiątek/ á nie poſługi y offiárowánia zmárłym iáko Bogom. W ten koniec/ iákom rzekł/ y Fábian Rzymſki Biſkup/ śiedmiu
Diákonom powiáty Rzymſkiego miáſtá rozdźie-
lił/ żeby od piſárzow dźieie męczennickie zebrawſzy
ynſzym ná przykład/ ktorzy Chrześćiáńſko wiárę wyználi/ podáli. W ten koniec y modlitwy/
ktore ná pámiątkę świętych Męczennikow w Cerkwi ſie dźieią/ odpráwowáne bywáią/ poniewaź nie w inſzy ále w ten koniec ſą złożone. Z pilnośćią czytay y z rozſądkiem vważay wſzelki

Cur memorias celebramus.

Quo fine orationes in memorijs fiant.

Chrześćiáńſki człowiecze/ iź przy offiárách onych
żadne cultu latriæ chwalenie tych ktorych pámiątki
obchodzono/ y indulgentiy álbo odpuſtow przedawá-
nie nie náydowáło ſie/ y nienáyduie/ iáko teraz v
grobow Męczennikow Papieſkich/ nikt odpuſzczenia grzechow nie kupował: żadne wyſwobodze-
nie z ogniá Czyśćowego duſz zmárłych nie bywáło. Przychodźi tu w zapytánie/ co mamy o rze-
czeniach/ ktore ſie w piſmách Doktorſkich náydu-
ią/ rozumieć/ offerre pro mortuis vel ſacrificium pro
dormitione alicuius celebrare. To ieſt/ Offiárowáć
zá vmárłe álbo offiárę dla śmierći czyiey obchodźić. Odpowiádam/ Iź ſłow tákich máło nie
napierwey Cypryanus/ y Tertulliánus w piſmách ſwych záżyli. Y ták piſze: Anteceſſorowie
náſzy Biſkupowie pobożnie vpátruiąc y zdrowym rozſądkiem
vważáiąc poſtánowili. Aby żaden brát vmieráiąc nie mianował opiekunem Klerika, a ieſliby to ktory vczynił, áby zań
nie ofiárowano, y ofiara pro obdormitione eius, áby obchodzona nie byłá. Indźiey/ Offiary, mowi/ zá nich záwżdy,

Quid ſit offerre pro mortuis et quid de morte ipſorum oblationes celebrare.

Cyprianus epiſtol. 9. lib. 1.

Idem lib. 4. Epiſt. 5.

Tertulian. de Corona milit.

wżdy, iáko pámiętáćie *offiaruiemy, ilekroć męczennikow mę*
ki y dni corocżnym przypominaniem obchodzimy. Toż y
Tertulliánus / *Offiarowanie* mowi / *za odrodzonych*
przez vśnienie na każdy Rok czynimy w ich dni. Ktore
to ich rzeczenia iáko sie rozumieć máią / dáie znáć
tenże Cyprian s. ktory sam swoie słowá w tymże
liśćie tłumáczy / iż przez przyrzeczenie o záśnie-
niu álbo śmierci czyiey / *Sportularum* / to iest / dárow / álbo vpominkow takich / chlebá álbo
inszego czego rozdawánie rozumie (ktory zwyczay y podziś dzień w wyższey y niższey Ros-
skiey Cerkwiách przy pogrzebie vmarłych zá-
chowuiesie.) A offiare o śmierci czyiey offiárowáć / támże wykłádá / imie czyie w modlitwách Káplańskich / ktore w przygotowániu
Eucháristiey bywáły mianowáć. (y ten zwyczay wszytkie trzy Cerkwiách y dziś przy offiárowániu ktore z Greckiego *Proskomidia* názywa sie nád przyniesionymi pominánymi Prosphorámi /
Corrupte Proskurámi zá zmárłych w dni
pominálne iest w vżywániu.) A offiárowáć
zá kogo co iest / wykłáda támże / prosby iákie
imieniem iego w Cerkwi czynić / co w liśćie 14.
lib. 3. imię czyie offiárowáć názywa. Y ten trzeći zwyczay po dziś dzień wszytkie Cerkwiách
záchowuie sie przy Liturgiey S. obchodzeniu
miedzy Ewánielium / y miedzy Hymnem / ktory
názywáią Pieśń Cherubińska / kiedy Káplan cicho zmárłych w modlitwie swey przy Ołtarzu
mi imie / á ludzie głosem κύριε ἐλέησον, Pánie zmi-

nie zmiłuy sie / śpiewáią / áż kiedy kończąc mo-
dlitwę głośnie rzecze / *Ponieważeś iest zmartwychwstaniem, żywotem, y pokoiem, tych ktorzy zasnęli, sług*
twoich Chryste Boże nasz, y tobie chwałę wsyłamy, wespół z
początku niemáiącym Oycem twoim, y z świętym, dobrotliwym
á ożywiáiącym twym Duchem, nynie y zawżdy, y na
wieki wieczne, Amen. Záttedy powie Cypriano-
wie. *Ten sie teraz zwyczay y sposob zachowuie in Clero*
aby w Cerkwi Pańskiey, ći ktorzy do porządku Clericznego są
wezwani, żadnym sposobem od służby Bożey odzywani, áni
pieczołowaniem y sprawami świeckiemi obowiązywani nie by-
li. Ale we czci Sportulantium fratrum Dary przyimuiąc
czy też bracey, iakoby dźiesięćiny z owocow biorąc od
ołtarza y offiar niech nie odstępuią, ale dniem y nocą niebie-
skim y Duchownym rzeczom, niechay służą. co An-
tecessorowie nasi y Biskupowie pobożnie z prawym rozsąd-
kiem rozważaiąc, postanowili, aby żaden brat, opiekunem Cle-
ryka nie mianował. A ieśliby ktory to vczynił, aby zań
nie było offiarowano, y offiara, za vśnienie iego obchodzo-
na nie była. Ani bowiem ten godzien iest, aby przy oł-
tarzu w Kaplańskiey modlitwie był mianowany, ktory od
Ołtarza Kapłany y sługi odezwać chćiał. A dla tego Vi-
ctor, gdy naprzećiw sposobu nie dawno na Concilium przez
Kapłany danego, Geminnusa Faustina Kapłana, opieku-
nem postanowić śmiał. Nie był godzien, aby o vśnieniu ie-
go v was offiarowanie, albo prosba iaka imieniem iego w Cer-
kwi czyniona być miała. Te są Błogosłáwo. onego
Doctorá słowá / przez ktore iż sie żadna zá nie-
Czyscowe *satisfactio* nie znáyduie / świádkiem tego
iest drugie iego *testimonium* ktore sie náyduie w
liśćie piątym ksiąg czwartych o męczennikách

O Czyścu.

z domu Celerinowego/ o ktorych pewnie nie rozumiał / áby w Czyscowego ogniá mękach byli owszem w ręku Bożych. *Offiary o nich,* mowi / *záwżdy, iáko pámiętaćie offiaruiemy, ilekroć męczennikow cierpliwości, y dni vrocznim przypominániem obchodzimy.* Dla teyże też przyczyny / niechce áby o tego śmierci offiárowano/ y imie iego v Oltarzá miánowano/ ktory Presbyterá opiekunem vczynił/ nie iżby go wiecznie zátráconym być rozumiał/ ále/ żeby Cerkiewnym obchodzeniem po śmierci czczony nie był. Tákże y zá żywe mowi Cyprianus / offiárowano / gdy w modlitwách / przy odpráwowániu Eucháristiey/ bywáły dziękczynienia zá nie / álbo gdy oco prośili/ bywáło/ Jáko w liśćie pisze. *Tu też przy offiarach, y w modlitwach naszych nie przestaiemy Bogu Oycu, y Chrystusowi Synowi iego Panu naszemu, dzięki czynić, modlić się y prosić, aby ten ktory doskonały iest, y doskonale czyni, zachowal, y dokonal w nas chwalebną wyznánia naszego koronę.* Rownie y zá te ktorzy vpádli byli/ á potym się záś náwrocili/ offiárowano było/ ktorzy po wyznániu grzechu/ po wypełnieniu pokuty/ y po wkłádániu rąk Biskupá y Cleru (spráwiwszy zá nich offiárowánie y modlitwy) Eucháristiey ciáłá y Krwie Syná Bożego vczestnikámi się stawáli. Co się z tegoż 15. y 16. trzecich kśiąg listu/ wiedzieć dáie. (Poświádcza y dzisieysze Wschodniey Cerkwie Modlitw vżywánie/ o chorych/ vtrapionych pielgrzymuiących/ ná kupi álbo w poselstwie będących/ o woiuiących/ żegluiących/ y o Kátechumenách/ to iest/ ogłoszonych/

y zno-

Cyprian. lib. 4. Epist. 9.

Idem lib. 3. Epist. 4. ad Lucium ab exilio cum suis reuersum.

O Czyścu.

y znowu zá pokutą do społku Bráciey przyiętych etc.) To com opowiedział / y on *primitiuæ Ecclesiæ,* zwyczay stwierdza/ w ktorey po przeczytániu Symbolum/ y po modlitwach ieden zá drugich w offiárách álbo w odpráwowániu Eucháristiey, imioná w pobożności zmárłych ná kárcie nápisáne/ y ná Oltarzu położone / nie bez pochwały y wysłáwowánia cnot/ ktoremi się w żywoćie tym świecili/ czytáne bywáły (Ten zwyczay y dopiro w Wschodniey Cerkwi widzimy/ gdy Kápłan po wymowieniu onych słow Wieczerzy Páńskiey/ cicho/ modlitwy o żywych/ á dzięki o zmárłych są Bożych czyni/ po ktorych skończeniu głosem mowi. A osobliwie offiáruiemy tobie Pánie/ o naświętszey czystey y Błogosław. Pániey nászey Bogorodzicielce/ y záwżdy dziewicy Máryey. A gdy ná chorách hymn chwały álbo pieśń Bogárodzice śpiewáią. Clerycy cicho (rownie iáko y Kápłan ná kártelách / ktore oni zránionymi miánnuią) nápisáne zmárłych imioná/ czytáią: Przed káżdym imieniem mowiąc/ wspomni Pánie.) A tá rzecz potym byłá przyczyną wielbieniu y *oratiam* / ktore ná pámiątkách świętych czynione były / ktore się y po dziś dzień záchowuią. Tudzież *Lapsorum nomina* ná oltarzu pokłádáne y przypominániu pospolitych Cerkwie modlitw czytáne były. O tym zwyczáiu Cyprianus / á o drugim Dyonizyus y Augustyn przypomináią. A toć to pierwszych onych wiekow Doktorowie śmie czyste offiárowáć názywáli/ co z wyż pomienionego Cypryanowego listu snádnie

stu snádnie

Cyprian. lib. 3. Epist. 14. Dionysius. lib. 3. Eccles. Histor. August. de virginitat.

stu snádnie káżdy wyrozumie / á przytym obaczy y to / iż podług Błogosłáwionego Dionizyuszá / y podług ś. Doktorow / Męczennikow y ss. Bożych przypominánia dla tych przyczyn bywáią. Pierwsza / Aby / żywi ku náśladowániu pobudzeni byli / á przykładem ich pobożnie żyć y świątobliwie w Pánu vmieráć sie náuczyli. Druga / Aby to ogłoszono y opowiedziano było / iż święci żywemi á nie martwymi / przez śmierć prawdziwie do wiecznego onego pomieszkánia przeniesionymi są / obywátelmi. Trzecia / Aby sie to pokazáło / iż spr[illegible] duszen [illegible] wie[illegible] v Bogá pámięci są. Czwarta / Ab[illegible], nie rozdzielnie żywych y zmárłych społkowánie y świątobliwe z Chrystusem Pánem zjednoczenie [illegible] wie y zná[illegible]. W t[illegible] słowa [illegible] pisze. *Iż dlatego z [illegible] imioná v ołtárza czytane bywáły* pominánia słowmi podług twego [illegible]) *abyś niewierzyli, iż ci ktorzy stąd przeszli, nie wniwecz sie obrocili, ale są [illegible] v Bogá, y iż nadzieie máią, że sie oni zá Bráciá modlą, ktorzy tey peregrinaciey iescze nie skończyli.* Ktemu y te pokármy / ktore sie ná pámiątkách rozdawáły y pożywáły / Augustyn / Tertulian y Chryzostom ś. offiárámi názywáią / ktory wspomniawszy pokármy / te słowá. A iż to nie są męczennikow offiáry / ále Bogá wie ten ktory iedno wie zć. mowią / Stąd sie iáwnie to pokázuie / iż y pokármy ná pámiątki Męczennikow przynoszono / y one vbogim przy przypominániu śmierci ich rozdzielano. To teraz Wschodnia w Rosieyskich kráinach Cerkiew ma / zwła-

Aug. l. lib. 8. cap. 27. de Ciuit. Dei & Epist. 64. Tertul. lib. de Monogam. & de coro. milit. Chrysost. serm. de coro. milit.

szczá

szczá w Podolskiey / Lwowskiey / Przemyskiey ziemi) iż ná wszystkie vroczyste Páńskie święta, tákież y ná Sobory y Niedziele y ná pámiątki świętych Bożych / zwyczay on záchowuiąc niemal z káżdego domu czásem dwá chleby / ktore oni Proskurámi miánuią / czásem trzy offiáruią / Z ktorych iedna Prosphorá przy Kápłánie miásto iálmużny álbo sportuły cáłey zostáie. Druga o zdrowiu tego ktory ią przyniosł / álbo zá wszytek dom z ktorego przyniesioná iest / Trzecia / ná pámiątkę zmárłego álbo zmárłych domu tego dla w zwysz pomienionych przyczyn offiárowána bywa / Z ktorych śrzodku Kápłan cząstkę wyiąwszy / zás temu ktory ią przyniosł oddáie / ktore oni do domu odniesione iákoby poświęcony chleb pożywáią. A cząstki wyięte (ktore owe sportuły álbo cząstki / ktore sobie Kápłani z pokármow y inszych rzeczy offiárowánych odłączáli / y miedzy Clerki rozdzielali znáczą.) po skończeniu Liturgiey / z Prosphora tá z ktorey część ná offiárow [illegible] Syná Bożego iest wzięta / Clerikom y sługom Cerkiewnym / tákież ludowi pospolitemu / ktory ná ten czás w Cerkwi iest / rozdawáne bywáią. Co sie z Greckiego Dora (á Δῶρα Dona, to iest sportuły ábo podárki názywa) Widzieć potrzebáy to / iż w ten czás kiedy corocznymi chwałámi Chrystusowych żołnierzow wysłáwiowáno známienite ná káżdy rok ziázdy y *concursy* do grobow Męczennikow świętych dla pámiątkowych bywáły. O czym Błogosłáw.

Cyryl

Cyril lib. 6. ad uers. Iulian. Serm. de honore martyr.

Cyrillus świádczy. Agdy (mowi) widzieli, iż sie wiele od męczenskiey Korony odrywáło, y w prześládowániu, boiáźnią mąk od prawdziwey wiáry odstępowáli, uroczystości męczennikom obchodzić vstánowili, w ktore ćierpliwości ich godnemi pochwałámi, wysławiáne, pámiątká ich wdzięcznym przepowiádániem obchodzona, Korony y zwyćięstwá, ktoremi się męczennicy koronują, známienićie ogłoszone były, áby tym sposobem żywi ná przyszłe y przytomne zá wiárę męki gotowi byli, y zmacniáli sie, á dla boiáźni mąk, w biegu nie vstawáli, y wiáry nie odstępowáli. Z tych tedy w krotce tu zebránych świádectw mam zá to/ żeś wyrozumiał synu/ iż te wszystkie modlitwy y pámiątki ktore sie w Cerkwi Bożey o vmárłych odpráwuią / nie tym ktorzyby mieli być w Czyśću/ áni tym ktorzy w śmiertelnych grzechach/ ále tym ktorzy w dobrey wiekuistego żywota nádziei bieg swoy skończyli/ przynależą/ iáko o tym wszystkie Cerkiewne Modlitwy y Hymny świádczą. Wspomni, mowiąc/ Pánie ná tych ktorzy w nádziei Zmartwychwstánia y żywota wiekuistego zeszli Oycow y Brácią násze y wszystkich ktorzy w prawosławney wierze żywot swoy skończyli, &c. A co támże przypominá o odpuszczeniu grzechow Bogá prosząc tedy sie to nie o śmiertelnych/ ále o venialnych człowieczey krewkości przyzwoitych grzechách rozumie/ ktore nie przez ogień Czyśćowy / ále gratia boyną dobrotliwego Páná miłośćią/ iáko sie rzekło/ głádzone bywáią. Ku czemu y Cerkiewne modlitwy z miłości tey ktorey miedzy członkámi ciáłá Páńskiego y śmierć doczesna rozerwáć nie może/ zá vmárłe czynione / bynamniey nie záwádzą.

wádzą

Iż bowiem w przod z Ewánielską y Apostolską náuką/ á potym z Athánásiuszem/ Chrysostomem / Náziánzenem / Iustinem / Ambrosiuszem / y innemi Greckiey y Láćińskiey Cerkwie Doctorámi sie zgadzáiąc / wyznawamy / że iáko Dusze niezbożnych doskonáłego zá vczynki swe/ ogniem wiekuistym karánia/ ták y spráwiedliwych doskonáłey krolestwá niebieskiego zapláty ieszcze nie wzięli / ále sie to oboie áż po zmartwychwstániu y onym Generálnym naywyższego sędziego dekrecie wykona/ gdy duszá z ćiáłem pospołu/ lub do wiecznych niebieskiego Krolestwá rádośći / lub do wiekuistego piekielnych mąk karánia odesłána będźie: słusznie Modlitw Cerkiewnych zá venialnych grzechow ludziom zeszłym odpuszczenie/ miedzy innemi y tá sie rácia dáć może / aby przed sądem y decretem sędzia był vblagany. A sąd gdy mowię / generálny on (o párticulárnym nic nie wiedząc) rozumiem. Ku czemu y oná Chryzostomá ś. sententia czyśćie quádruie. Dla czego, práwi/ Kapłanow, żeby sie zan modlili prosisz: nie wątpię że ták odpowiesz, áby vmarły odpoczynienia dostąpił. áby liskawego sędziego nalazł.

Chrisost. in Matth. Hom. 32.

A tu iuż o pámiątkách zá vmárłe koniec powieśći czynię/ z ktorych wszystkich Czyśćowy ogień colligowáć/ właśnie iest (iáko mowią) w wodźie ogniá szukáć. A iżem się w tey powieśći dłużey niż czás mieć chćiał / zábáwiłá: że to z pożytkiem wiernych było nie żáłuię. Pokázáło sie iuż to bowiem/ w iáki koniec o zmárłych modlitwy bywáią/ y dla czego sie imioná ich przy

X y Oltarzu

Ołtarzu czytáią/ ná co Hrámoty máią/ co ſą po-
minki/ y przez kogo kiedy/ ſkąd/ y dla czego po-
wſtáli/ y dla czego pokármy/ y pieniądze przy po-
grzebách dawáne bywáią/ w iáki koniec ná imie
świetych Cerkwi budowáne bywáią/ y co ieſt offiárowáć zá vmárłe/ A co o śmierci ich offiárowánia obchodzić. Pokazáło ſie też iż Czyscowy
ogień nic inſzego nie ieſt iedno ſzczera Platońſka
y Virgiliáńſka Rzymſkiego Kościołá w tey mierze Doctorow y obrońcow bayká/ ktorey ponie-
cháwſzy/ y ten Czyscowy ogień ná piáſzczyſtym
morzá háku zoſtáwiwſzy/ znowu ſie do Calum-
niátorá z táką interrogátią wracam/ w czym
świetá wſchodnia Cerkiew po onym Florentſkim
Zborzyſku twoim od Zachodniego Kościołá odſtąpiłá?

A iżem iuż czterzy rzeczy *in antecedenti* poło-
żyłá/ y iáwnym fałſzem á potwarzą być dowodnie pokazáłá/ Zbywa piąta y oſtátnia/ ktora
ieſt iákoby Wſchodniey Cerkwie Pátryárchowie
Rzymſkiego Papieżá/ Pánem wſzyſtkim Cer-
kwiam/ y wſzyſtkim iey Przełożonym/ Sedzią/
y rozkażcą nayzwyżſzym Páſterzem/ y powſzechnym Miſtrzem być wyznawſzy y przyiąwſzy/
znowu go odrzucili/ y ſkąd w odſzczepieńſtwo wpádli/ o tym ſzkodáby co od śiebie mo-
wić/ ponieważ prawdá w pomoc y w obrone nigdy głodna nie byłá. Ale iżby ten Kłamliwy iezyk nie rozumiał/ że ſie prawdá bez podpory chwieie/ y ſámá przez ſie nie ſtoi/ tym com
troche powiedziáłá/ fałſzywe vſtá iego zátykam/

zámy-

O tym iż Pátriárchowie Graccy pod poſłuſzeńſtwem Papieżá Rzymſkiego nigdy nie byli.

zámykam/ zágradzam/ y tám go odſyłam/ gdzie
ná oko obaczy/ czym Rzymſki iego Biſkup ná początku był/ czym dopiro ieſt/ y czym w przyſzłe
czáſy v świetey wſchodniey Cerkwie Páſterzow
będzie: nie przyoná tego/ iż on ſpoł Biſkupem/
ſpoł Páſterzem/ ſpoł Sedzią/ y ſpoł Arcykápla-
nem/ był kiedys. A że teraz dosyć hárdzie y ſurowie ná kárki nie posłuſznych náſtępuie/ y że
Chryſtuſowey pokory odſtąpił/ widzi. Co ſie ná potym ſtánie/ Bogu ná ſąd oddáie/ ktory przyſzłe
rzeczy má ná pieczy. Rzeczeſz ták wielką hárdość iego vpátruieſz? W czem że: w nim ſámym
odpowiadam/ w iáki ſpoſob? Prze nienáſycone
dobr doczeſnych łákomſtwo/ á Páńſtwá y tego
świetney sławy chciwość. Dla chytrego y
ſztucznego nowych liſtow y Decretow zamyſłu
Oycowſkich vſtáw y Kanonow deprawatcy. Tákową on chytrością wſzyſtkie Zachodnie Kroleſtwá pod władzę ſwą podbił. Tenit on ſztukámi
wſzyſtkich Ceſárzow poddánymi y hołdownikámi
ſwemi/ ktorym Ceſárſką władzę podáie/ poczynił. y ktoż ták *inexpertus* rzeczy będzie/ ktoryby o
tym nie wiedział/ Iż tym ſpoſobem Papież Krolá Angielſkiego z iego Angielſkim y Hyberniey
Kroleſtwy/ hołdownikiem ſwym názywa. Tym
ſpoſobem y Francuſkiego/ Arrágońſkiego/ Kár-
wátſkiego/ Dálmárſkiego/ Duńſkiego/ Hiſzpáń-
ſkiego/ Węgierſkiego/ y drugich/ Sycilijſkiego/
Szkotſkiego/ á Chrześciáńſkiego Ceſárzá/ ze wſzyſtkimi Rzymſkiego Ceſárſtwá Kurfirſtámi Kſią-
żęty/ y Grabiámi poddánemi ſwemi miánuie/ y

Ry ÿ . tym ſie

Auguſti. Steuchus Bibliothecar. Papæ, lib. 2. Priuil. Conſtan.

tym ſie ná wßyſtek świát wynośi. Stąd one wy-
ſokolotne Papieſkie głoſy. *Papież Ceſárzá z doſtoieńſtwá zrzućić może, y gdy Ceſárſtwa ſedes vacuie, Papież
ieſt Ceſarzem.* Stąd y oná Innocenciuſzá 2. Papieżá Rzymſkiego śmiáłość/ ktory w Rzymie w
Láterańſkim Káthedrálnym Kośćiele Lotáriu-
ßá Ceſárzá/ iáko hołdowniká v nog ſwoich leżą-
cego/ y Ceſárſką Koronę biorącego z tych wier-
ßow nadpiſem námálowáć kazał.

Rex venit ante fores, iurans prius vrbis honores,
Post homo fit Papae, sumit quo dante Coronam:

Toż á Bogoboynym Pobożnym á zdrowego rozumu mężom y tobie do rozſądku podáię/ Jesliż to ieſt/ Sługą Sług Bożych być/ y ieśli to
oney Chryſtuſowey ſkromnośći y pokory/ *imitatio*.
A nie onego ßalonego Cyclopá / *furiey* ráczey:
Izali nie tymże hárdośći duchem one Papie-
ſkich wymyſłow pyßne słowá wyßły/ ktoremi
ſie ſrogiego onego okrutniká Neroná záiſte wyrzygnieniu rowną. Ktory/ *Iam ſie mowi-*
nád wßyſtkie ludźie podobał, y ábym Boską władzę y
cześć ná ziemi miał, ſtałem ſie wybránym. W ręku moich
wßyſtkich narodow śmierć, y żywot. Wßelki iákiey kol-
wiek condiciey ſtan moią ſie wolą kieruie. cokolwiek komu
ßczęśćie dáć chce, przez moie vſtá oznaymie, Z vſt moich
narodowie y miáſtá rádośći y weſela przyczyne biorą. Za-
dna kráiná bez woli y zezwolenia mego niekwitnie, ták wiele
tyśięcy zbroynych, ktorych władza moiá rządźi, zgromádza
ſie ná kiwnienie moie. ktore narody ná wywyżßczenie álbo ná
zgubienie ſkonie, ktore ná ſwobodę álboli w niewolą dáć záchce,
ktorych krolow niewolnikámi poczynić, á ktorym krolowáć,
miáſtá

miáſtá zburzyć, á inße záłożyć, w mocy to władzy. Toć tedy ták przemyślną y ßtuczną chytrośćią/ władzą
y potęgę kroleſtw świeckich ná piaſku vfundo-
wawßy/ dźwignął ſie ná Politią Cerkiewną/
y one Oycowſkich Canonow corruptelą vymuiąc y przydáiąc *ad libitum* pod ſie podbić vsiłował/
co y vczynił (iáko on rozumiał) mocą żeláznego
go nie cześciey złotego słowá. Kiedy bowiem o-
nych czáſow prożney słáwy chćiwość niektore Biſkupy omámiłá/ Synod Nyceńſki w Roku Pań-
ſkim 325. ná Ariußá zebrány/ poſtánowił / áby
w káżdey kráinie ieden ktory z Duchownych láty
y náuką nád inße poważnieyßy obrány był zá
Páſterzá/ ktoremuby czáſu potrzeby ſpoł Biſkupy ſwoie zzywáć/ y z nimi o dobrym y pożytecznym Cerkwie Chryſtuſowey rádźić/ władza dána byłá: ták iednák áby młodßy Biſkupowie bez
żego/ áni też on bez woley ich nic nie ſtánowił/
áni ſtwierdzał / o czym iákom pomieniłá pierwßego Synodu Rozdźiał ßoſty świádczy/ ktory
Decret ták Ruffinus wykłada. *W Alexandriey y*
w mieśćie Rzymie, ten obyczay niech ſie záchowuie, áby on
Ægiptskich. A ten pomieſtnych, to ieſt Párticularnych Cer-
kwiey opiekę miał, y o nie ſie ſtárał. Stąd widźimy iż
Rzymſkiego Biſkupſtwá gránicá nád párticu-
lárnymi tylko Cerkwiámi Decretem Oycow/ pierwßego Synodu ieſt záłożona/ Ktory iáko o nawyżßey zwierzchnośći nie wſpomina/ ták o Conſtántinowey dániu nie/ czym ſie PP. ßczycą/ żadney wzmianki nie czyni. Roku 56. w Conſtántinopolu ná przećiw Mácedoniußá zebrány
Synod

Ruffinus li. 10 Eccleſ. Hiſtor.

Przeciw zwierzchności PP.

Synod Constántinopol. cap. 2.

Synod o tey rzeczy vchwala. *Biskupowie ktorym swoiá osobna Paræcyia zwierzona iest, áby sie w drugie Cerkwie z gránic swoich nie wtrącáli, y Cerkwiey áby nie mieszáli, ále podlug Canonow Alexandryjski Biskup tylko temi niech spráwuie, ktore są w Ægipćie, A Wschodni Biskupowie ná Wschodzie niechay rządzą. Nich sie tez y Cerkwi Antiochenskiey dostoienstwo záchowuie, ktore sie ná Synodzie Nicenskim okazalo. A Biskupowie Asiatickiey Paræciey temi tylko ktore są w Asiey niech spráwuią. Pontiskie Biskupy temi co okolo Pontu, Thrackie, co okolo Thraciey. Biskupowie tedy (wyiąwszy ieżeli wezwani będą) w cudzą Paræcią y pastwę ani w vota, áni tez w iakikolwiek inszy rząd Cerkiewny niech sie nie wćibiáią.* Jeśli tedy przerzeczony Canon o Párochiách y Diœcesiach postrzegány będzie/ iáwna/ iż káżdey kráiny sędy/ káżdy Prouinciálny Synod sądźić będzie/ podlug Nicenskiego Synodu vstáwy. To i Socrátes opisuie. *Po wtore (práwi) wiáre Nicenskim Synodem podáną stwierdźili, y Pátriárchow, sporządziwszy kráiny vstánowili, áby Biskupowie nád pewnymi powiáty przełożeni, w cudze sie Cerkwie nie wdawali. Záchowuiąc iednák pierwszeństwá czći y dostoieństwá stopien Antiochenskiey Cerkwi, ktory ná ten czas przytomnemu Meletiuszowi dali, postánowili tez, iż gdzie bykolwiek potrzebá vkazálá, áby káżdey Prouinciey Concilium Prouinciálne sądy swoie odpráwowálo y konczylo.* Poty Socrátes. Tákie tez Cerkwiey opisánie náyduie sie/ przez Cesárzow/ Grátianá/ Válentiniáná/ y Theodosianá podáne y stwierdzone. Gdzież tu o powszechnym sędźim Rzymskim Biskupie/ álbo gdźie wżdy chociá iedno słowećko o tey dániinie ktora sie od Constántiná Wielkiego

vczyniona

Przeciw zwierzchności Papie.

180

vczyniony/ y nád wszystkiego świátá Cerkwiámi przełożonymi być powiáda/ nád Antiocheńską/ Hierozolimską/ y Alexandryiską stolicą á zwłasczá. Jeszcze sie coś więtszego w Canonie 5. náyduie/ gdzie mowią Oycowie święci. *Konstantinopolski Biskup, pierwszość czći po Rzymskim Biskupie niech ma, poniewaz to Miásto, nowym Rzymem iest.* O tym Canonie Grzegorz Trzynasty PP. mowi/ iż od Rzymskiey stolice nie był przyięty/ czemu dźiwu niemász/ dla tego bowiem tego Canonu Papiestwo nie przyięło/ iż prawdy ktora ich zwyćięża/ nie przyimuią. Apostolicy Antiocheńskiey ktoremu złotosłowny Doctor/ posłuchay. *Nad wszystkie insze miástá,* mowi/ *Antiochia miástá iest, Chrystusowi nawybornieysza, y iáko Piotr miedzy Apostolámi, pierwszy Chrystá Páná wyznał, ták ona miedzy inszemi miásty, iákoby Korone iáką chwalebne Chrześciánskie nazwisko ma.* Y indziey. Jakaż tedy miástá násze iest godność/ iż sie napierwey vczniowi/ Chrześciánámi w Antiochiey náźwać przydáło. Czego ná wszystkim świećie żadne miásto/ áni ono Romulusowe nie ma/ Przetoż przećiw wszystkiemu świátá okręgu Antiochia oczy podnieść może. A ná Ephezkim powszechnym Synodźie/ ktory po wtorym/ roku 5... zgromádzony był/ to postánowienie do czytánia sie podáie. *Zdálo sie świętemu y powszechnemu Synodowi, záchowáć káżdey kráinie mocne y nie nárusżone práwá, ktore z początku przysłusżáią, podlug dawno odwierżonego zwyczáiu.* Gdzie y tu naywyższe Rzymskiego Biskupá nád wszystkiego świátá Cerkwiámi przełożeństwo/

Ephes: Synod anno : 0. post primum.

łożeńſtwo / ktore z dániny Conſtántinowey być
mieniećie: Poſłuchaymy co y Cżwarty powſzechny Synod/ ktory 20. Roku po trzećim w Chálcedonie był zebrány / mowi. *Biskupowie Aſiey,*
Pontu, Thraciey y Barbáriey, niech od Conſtántinopolskie-
go poświęcenie biorą, ktory rowney cźći z Rzymskim doſtą-
pił, dla przenieśienia Ceſárskiey ſtolice. Z rozdziału
zás 36. wtorego Conſtántinopolſkiego powſzechnego Synodu to ſie pokázuie/ iż Alexándriy-
ſkiemu ieſt przypiſána Afriká / Rzymſkiemu zá-
chod / Conſtántinopolſkiemu cżeść Europy / y
wſzytká Aſia niemal. Hierozolimſkiemu też przyległe prouincie dla ſámey ſtárożytnośći y poważnośći miáſtá / ná ktorym Synodzie ſtolicá Conſtán-
tynopolſká z Rzymſką we wſzelkiey Przełożeńſtwá poważnośći byłá porownána/ co ſie z Rozdziału 28. tego Synodu pokázuie / w te ſłowá /
We wſzyſtkim vſław Błog. Oycow náſzych náſláduiąc &c.
O cżym wyżſzey. A gdzież ſie w ten cżás Rzymſkiego Pápieżá Páńſtwo y ſtárſzeńſtwo/ przez
wielkiego Conſtántiná podáne tułáło/ iż o nim
żadnego ſłowká/ Błogosłáwieni Oycowie nie rzekli: Podobno tá wielebna przez Conſtántiná wielkiego vcżyniona dánina ná ten cżás pod łáwą byłá.
Albo (co pewnieyſza) *in rerum natura* nie naydowá-
łá ſie. Ale ſie oná/ cżterzech Arcybiſkupow liczbá przed tym y po tym ſzyrzyłá/ y mnożyłá.
Iuſtynianus bowiem Ceſarz oycżyſtemu miáſtu
ſwemu táką vcżćiwość cżyni/ *wiele mowiąc / y*
roznáitemi ſpoſoby Oycżyzne náſze ſzerzyć prágnąc, w kto-
rey nam Bog ták wielkiemu być darował, vſtáwuiemy, áby

náświet-

4. *Synodus Ca-non. 28. Chalcedonie.*

---

náświetſzy iego Páſterz, nie tylko Metropolitanem ále y Ar-
cybiskupem był, y áby pewne kráiny pod ſwoią władzą miał,
to ieſt, Dacyą trzodiemną, Dacyą nádbrzeżną, Myſią
drugą, Bárdnią y Prenálitone &c. Tamże. *A Ar-*
cybiskup miáſtá tego, przez wielebnych Metropolitanow Con-
cilium poświącány ma być. Były y inſze tegoż nazwi-
ſká miáſtá Iuſtiniany názwáne w Affrice Iu-
ſtinián Kártágińſki/ ktore tenże Ceſarz Rzymſkiemu Ceſárſtwu przyłącżył / W Cyprze wy-
ſpie Iuſtinian miáſto Theodory żony iego Oy-
cżyzná/ ktorym wſzyſtkim rowność práwá/ cżći
y doſtoieńſtwá známienitość Iuſtinianus nádał/
ták vſtáwuiąc: *Roskázuiemy, áby Błogosław. Pátri-*
árchowie, to ieſt Papież Rzymski, y Conſtantinopolski, y A-
lexandryiski y Theopolski, to ieſt Antiochenski, poniewaź
tákiż zwycżay ieſt, &c. A Metropolitanowie albo páſterzo-
wie przez pomieſtne Concilium, álbo przez Błogosław. Pá-
triárchy, álbo przez Metropolitany byli poświącani, &c.
Papież Rzymski pierwſzy miedzy Biskupámi y Pátryárcha-
mi niech śiedzi, A po nim Conſtántinopolski Biskup. Arcy-
biskup pierwſzego miáſtá Iuſtiniana, niech ma pod władzą ſwo-
ią Biskupy Daciey trzodziemney, Daciey nád brzeżney, Pre-
nalitanow, Dárdaniey, Miſyiey wyżſzey y Pannoniey. A
on od tychże poświącány niech będźie. Y toż do nich práwo
niech ma, ktore Papież Rzymski nád Biskupami ſobie pod-
ległymi ma. Z ktorych wſzyſtkich wyſz pomienionych
ſześći powſzechnych Synodow/ Canonow y Ceſár-
ſkich Decretow iáwnie ſie to widzieć dáie/ iż pier-
ſzych onych Chrześćiáńſkiey ſwobody cżáſow/ cżty-
rzey tylko Pátryárchow było. Alexándriyſki /
Rzymſki / Antiocheńſki / y Hierozolimſki / ro-

 wney

wney części dostoleństwá / spráwowánia / roskázywánia / przełożeństwá / zwierzchności y vrzędu / oprocz tego / iż ná Synodach powszechnych zá roskazániem Cesárskim Rzymski prze dawność miástá Rzymskiego dostoleństwá pierwszy siedział / potym liczbá Pátryárchow nie z Papieżow Rzymskich roskazánia / Ale z Cesárzow Rzymskich zezwolenia vroślá / że było ich pięć / (gdy sie Constántynopolski do pierwszych czterech ná drugim powszechnym Synodzie Konstántynopolskim przyłączył.) Stąd wszelki bacżyć może / iáko prawdziwie odszczepieństwá háńbá / Wschodnia święta Cerkiew łżona bywa / ktora nie od Papieżow Rzymskich / Pátriárchow swych preeminentią odzierżáłá / ále zá spolnym zezwoleniem Oycow ss. władzą Rzymskich Cesárzow. Lecz temu dawszy pokoy (gdyż teżby więcey czego ten innouator żądał / do pierwszey dijudicatiey stárszeństwá niech idzie.) Przystoi to weyrzeć / iákowo prostoty szczerości / ten wyniosły zwierzchności stolec / Rzymski Biskup osiadł / y po dziś dzień w rzeczy te ieszcze siedząc hárdzie każe / y náprzeciw ś. Wschodniey Cerkwi / omnipotenter powstáie. Czego / że sie połamániem vstaw przodkow swoich / á skázą przez Oyce święte stwierdzonych Canonow (iáko mi rzekłá) dostápić kusił / tym dowodze.

O sprophanowániu przez Rzymski Kościół Canonow Synodowych.

Iż trzydziesty szosty powszechnego szostego Konstántynopolskiego Synodu Canon / áby sie nád insze Arcybiskupy wyniosł / tákim przydátkiem zgwałcił v Grátianá. Renouantes sancti Con-

stantino-

stantinopolitani Decreta Concilij, petimus vt Constantinopolitana Sedes similia priuilegia, quæ superior Roma habet, accipiat. Non tamen in Ecclesiasticis rebus magnificetur, vt illa, sed hæc secunda post illam existens, prius quam Alexandrina sedes numeretur, deinde Antiochena, & posteà Hierosolymitana.

Ponawiáiąc mowi / ś. Constántinopolskiego Synodu Decretá, Prosimy, áby Constántinopolska Stolicá rownych Przywileiow, ktoremi sie y stáry Rzym zdobi dostąpiłá, wszákże w Cerkiewnych sprawách niech sie ták nie wielbi iáko on. Ale wtorym po nim będąc, w przod niż Alexándryiski stolec niech sie liczy, Potym Antiocheński, Nástátek Hierosolimski. O ktorym sprophánowániu / áby kto nie wątpił kłáde Greckiego textu słowá.

ὁρίζομεν ὥστε Κωνσταντινουπόλεως θρόνον τῶν ἴσων ἀπολαβεῖν πρεσβείων, τοῦ τῆς πρεσβυτέρας ῥώμης θρόνου, καὶ ἐν τοῖς ἐκκλησιαστικοῖς, ὡς ἐκεῖνον μεγαλύνεσθαι πράγμασι, To iest / ὁρίζομεν, *decernimus, vstáwuiemy*, á nie ἀξιούμεθα *petimus, prosimy.* Y dáley / καὶ ἐν τοῖς ἐκκλησιαστικοῖς ὡς ἐκεῖνον μεγαλύνεσθαι πράγμασι, *Et in Ecclesiasticis, vt illa (sedes Romana) magnificetur negotiis,* Y w Cerkiewnych iáko on (stolec Rzymski) *niech sie wielbi sprawach.* Ale rzecze snadz Scrimograph że sie tá skázá przez Grzegorzá XIII. świeżo popráwiłá / y miásto *non tamen*, nie *sed*, *nec non*, y t. d. położono. Tać iest prawdá. Ale iáko przez to sámo w táwney

 pismie

piſmá corruptiey ieſtes/ y iákoś w niey wiecey niż
przez trzy ſtá lat trwał/ przyznáć muśiſz. O ktoo
rey iednák ſkázy naprawie/ nigdyby był Oćiec
Papież nie pomyślił/ iesliby od wielu mądrych/
y vczonych ludźi/ częſtokroć ſztrofowány nie był.
Ale to ták/ pytam dáley co zá reſpons da teraz/ lub
to Grzegorz 13. lub też inſzy kto z teráznieyo
ſzych ſucceſſorow iego/ o odnowionym po wtore tym
falſzu in Canone antiqua extra de Priuilegijs, gdźie dáo
leko wietſza niż ta corruptella niewſtydliwie/ w te
ſłowá vnieśioná. Antiqua Patriarchalium ſeo
dium Priuilegia renouantes, ſancimus, vt poſt
Romanam Eccleſiam (quæ diſponente Domio
no ſuper omnes alias ordinariæ poteſtatis obo
tinet principatum, vtpote mater vniuerſorum
fidelium & magiſtra,) Conſtantinopolitana prio
mum, Alexandrina ſecundum, Antiochena tero
tium, Hieroſolymitana quartum locum obtio
neat ſeruata cuilibet propria dignitate: ita,
quod poſtquam antiſtites eorum, à Romano
Pontifice receperint pallium (quod eſt plenitu
dinis officij Pontificialis inſigne) præſtito ſibi
fidelitatis & obedientiæ iuramēto, licenter, &c.
Starodawne Pátriárſkich ſtolic, Przywilegia odnawiájąc, vo
ſtanowimy, áby po Rzymſkiey Cerkwi (ktora z zrządzenia
Páńſkiego nád wſzyſtkie inſze porządkowey zwierzchnośći
ſtárſzeńſtwo dzierży, iáko Mátká y Miſtrzyni wſzyſtkich
wiernych). Conſtantinopolska pierwſze, Alexándryska druo
gie, Antiocheńska trzećie, Hieroſolimska czwarte mieyſce,
dźierżáłá, záchowując káżdey ſwoie własne doſtoieńſtwo, ták,
ij skoro

ij skoro Biskupi ich Pallium (álbo pleſzcz) (ktory zupełnoo
śći Biskupiego vrzędu ieſt cechą) od Rzymskiego Papieżá
wezmą, wykonawſzy mu wierność, y poſłuſzeńſtwá przyśięgę,
ſwobodnie, &c. Ktoż tedy prze Bog ták zatwaro
dźiáłego á práwie ſtáliſtego ſercá/ álbo ták ſroo
dze záwiedźionego vmyſłu będźie/ kogoby to ták
iáwne świetey Chryſtuſowey Cerkwie ſtárożyo
tnośći zgwałcenie nie ruſzyło? Druga ſkázá
świetobliwych vſtaw/ z ktorychby potomni ludźie
o przeſzłych rzeczách pewną wiádomość bráli/ po
kázuie ſie z zepſowánia Canonu 22. Concilium Milewio
táńſkiego zá czáſow Arkádyuſzá y Honoriuſzá Ceo
ſárzow zgromadzonego / ná ktorym / czemu
Błogosłáwieni Oycowie nabárźiey zábiegáli /
y w ktory ſpoſob po wietſzey częśći ono prawidło
nápiſáli/ to w nim y Rzymſki Papież zepſowáł/
podług ſwoiey vpártey myśli/ y czego w nim nie
doſtawáło przydátkiem nádſtáwił. Mowią bo
wiem Błogosłáwieni Oycowie. Si Præſbite
ri Diaconi, & cæteri Clerici de iudicijs Epiſcoo
porum ſuorum quæſti fuerint, vicini Epiſcopi
res audiant, & inter eos quidquid eſt, finio
ant, adhibiti ab eis ex conſenſu Epiſcoporum
ſuorum. Quod ſi & ab ijs prouocandum puta
uerint, non prouocent, niſi ad Affricana cono
cilia vel ad primates Prouinciarum ſuarum. Ad
transmarina autem qui putauerit appellandum
à nullo intra Affricam in communionem reci
piatur. To ieſt/ ieſli Kápłani Diakonowie, y inſzy
Clerykowie, ná ſądy Biskupow ſwoich vskarżáć ſie bedą, ſa
ſiedni

siedni Biskupowie niech ich sluchaią, y cokolwiek iest miedzy
nimi, niech koncżą ktorych oni z zezwolenia Biskupow swoich wysadzą. A ieśliże od nich appellowáć chćieć będą niech
nie odzywaią się tylko do Affricanskich Concilium, albo do
stárszych prowinciey swoiey. Ale ieśli kto do Pomor-
skich (Concilium) áppellowáć záchce, od zadnego w
Affrice, do społkowánia przyięty nie będzie. Do
tego Oycow świetych decretu / ták stáże
Rzymski Biskup przyszteniplowal. Nisi forte
ad Romanam sedem appellauerit. To iest /
Wyiąwszy ieśliby do Rzymskiey stolice appellował. A coż
mu to zá słuszność / co nabárzey znieść y exter-
minowáć Blogosłáw. Oycowie się stárali iáko y
uczynili / to ták ἀναισχυντῶς reformowáć y
mordicus podpieráć. Nástepuie y inszá tymże
podobna procax Papieska deprauatio; ktora się znácznie y oczywiście ná piątym Kárthágińskim
Concilium pokazálá / że się nád przyzwoitą dobrego człowieká powinność z Cerkwią Chrystusową obchodził / y one pod władzą niewoley swoiey podbić callidè usilował. Ktory ukowawszy
sobie z trzeciego Cánonu Sárdiceńskiego Synodu adminiculum. O Appellaciey ze wszystkich wszego świátá Cerkwiey do Rzymskiego Biskupánie
bylice / miásto Canonu ná pierwszym powszechnym Synodzie Niceńskim nápisánego /
Oycom śś. miedzy ktoremi y Blogosłáw. Augustyn był ná Concilium Cárthágińskie zgromá-
dzonym odesłał / ktorego to Sárdiceńskiego Conc-
cylium Canon / ták się w sobie ma. Si quis

Episco-

Episcopus in aliqua Causa condemnatus fuerit,
& existimet se non malam sed bonam causam
habere, Vt iterum iudicium renouetur, propter charitatem honoremus memoriam Petri
Apostoli, vt scribatur ab ijs qui iudicarunt, Iu-
lio Episcopo Romano, vt per vicinos Episcopos illius prouinciæ, si iudicium retractari
oporteat, retractetur, & ipse iudices det:
To iest / Ieśli ktory Biskup w spráwie iákiey zdány bedzie á będzie rozumiał że nie złą ále dobrą ma spráwę, aby
się po wtore sąd wznowił. Iezeli się wam zda dla miłości,
Poczćiemy pámięć Piotrá Apostolá, aby od tych ktorzy są-
dzili do Iuliuszá Biskupá Rzymskiego pisano było, żeby przez
sąsiednie oney prowinciey Biskupy, ieśliby sąd odnowić potrzebá było, wznowiony był, a on niech da sędzie. To
Concilium Sárdiceńskie. A Papież opuściwszy
te słowá / Poczćiemy pámięć Piotrá Apostolá
dla miłości / y do Iuliuszá Rzymskiego Biskupá
niech będzie pisano. Ogoliwszy ten Canon / y z-
nowu go ná swoy kopył przerobiwszy / Oycom śś.
w te słowá pisány posyła. Si Episcopus accu-
satus fuerit, & propriæ eius Prouinciæ qui conuenerunt Episcopi, eum condemnauerint, &
visum sit appellare, & ad Beatissimum Romæ
Episcopum confugere, & ipse eum audire voluerit & æquum existimauerit, vt renouetur
examinatio, scribere dignabitur ad Episcopos,
qui sunt in finitima prouincia, vt ipsi diligenter
& inquirant, & ex vero & æquo peragant, Et
ideò si quis velit negotium suum rursus audiri,

& Episco-

& Episcopum Romanum sua supplicatione mo-
uerit, vt à latere suo legatum mittat, in sua sit
potestate, quod vult, & quod melius existimat.
To iest/ *Iesliby Biskup oskárżony był, y oneyby go włásney Prowinciey zgromádzeni Biskupowie żdáli, á iemuby appellowáć y do Błogosłáwio: Rzymskiego Biskupá śie vćiec żdá-
ło, ktory áby go przesłuchano, y to wywiádowánie álbo E-
xamen iby odnowione było zá słuszną rzecż vznał, bedźie ráczył pisác do Biskupow, ktorzy są w pogránicżney Prowinciey, áby oni z pilnośćią ji wywiedźieli álbo inquirowáli, y
prawdźiwie á spráwiedliwie osądźili. A przetoż ieśli kto żá-
chce, áby spráwá iego powtore przesłuchána byłá, y Biskupá Rzymskiego supplicatią swoią poruszy, żiby w osobie swiętey
Legatá posłał, w iego władzy niech bedźie co chce, y co lepiey
rozumie.* Ták Pápież/ skąd śie widźieć dáie/ iákowo prostotą w Cerkiewną Chrystá Páná Po-
liticą/ władzą swoie Pápież wprowádźić pożądał. Co widząc Błogosłáw. Oycowie ktorzy śie
tám zgromádźili/ y przez pięć lat/ doszągszy ksiąg
pierwszego powszechnego Synodu z Alexándriey
z Constántinopolu y z Rzymu/ o tey rzeczy tráctu-
iąc/ á tego Canonu w nich zgołá náleść niemo-
gąc/ list do Pápieżá Zosimá przez Legaty odpi-
sawszy/ áby z zámierzonych ienu gránic niewy-
stępował/ Przykázuiący ony wyż pomienióny
Milewitáński Dekret przećiw zamysłom tego
seruię, miedzy inszymi ták mowiąc. Ad transmarina autem qui putauerit appellandū à nullo
intra Africam in communionem recipiatur.
To iest/ A ktokolwiek do zamorskich Appelowáć
bedźie rozumiał/ od żadnego w Africe do społkowánia

wánia przyimowány być niema. Ktoremu niewstydliwie przez te *exceptią* (Nisi forte Romanam sedem Appellauerit. To iest/
wyiąwszy ieśliże do Rzymskiey stolice Appelowáć záchce.)
Zgwałconemu y zepsowánemu Canonowi P P.
Grzegorz trzynasty/ niezwyćiężonym sztrofowá-
niem zgromiony/ táko obmowe czyni/ Hæc in
antiquis Codicibus scribuntur, tanquam Gra-
tiani verba. To iest/ *Te śię w dawnych y stárych
kśiegach iákoby Gracianowe słowá piszą.* Po wtore ten
Pápież o sobie: w czym śie znácznie niechcąc sam
wydał/ że szkodliwe stárodawnośći gwałcenia
przy Kośćiele Rzymskim y przy iego Directo-
rach zostáły. Widźisz Synu/ iż ieszcze w one
czásy Rzymskiego Pápieżá niewstydliwość/ przez
ták zacne Concilium iáwnie okazána/ zwyćiężona/
podeptána/ y klątwie wydána byłá. A ieśliże w
ten czás/ coż rozumiesz po vstąpieniu wszystkich z
Afryki y Asiey/ ktorzy tego oczymá zrzenicámi
postrzegáli? Pełne *Conciliorum* kśiegi/ ktorych puśćiwszy ná wagę/ więcey záiste *commentow*, á niżli prawdy w nich naydźiemy/ w ktorych wszedźie
temu przedśiewźiętemu iego zamysłowi przez
Decretá/ przez Canony/ y przez listy drogá śie to-
ruie/ áby zágárnione w Zachodnich stronách państwo przy Pápieżu zostáło/ y Cerkwi Chrystusowey powszechni Pásterze/ z iego skrzyni/ sądow/
spraw/ vstaw/ rządu/ kázni/ miłowánia/ odmiá-
ny/ popráwy y skázy/ áby nábywáli. Godźiło śie
było ná tym mieyscu y insze gránic Pismá y Bożego y świętych Bożych nárușenie/ obiáwić/ y ná

ſko pokázáć / przez ktore on Monárchią Chryſtuſową ſobie przypiſuiąc/zakonowi ſie iego ſprze-
ciwia. Ale ábym iáwnych rzeczy pokázowániem
niepotrzebnie czáſu nie trácilá/ z tymi weſpol y
dwánaſtey odßczepienſtwá potwarzy/koniec czy-
nię/ktorą/iáko ſpráwiedliwie ten *Calumniator* Cerkiew świetą Wſchodnią ſromoci/ wßelki zdrowego rozſądku człowiek łatwie obaczyć może/ iż
mu nie oto ßło/ áby prawdę pokazał / ale áby
ſwoie Exorbitántią vtáił / y ná Wſchodnią
Cerkiew złożył. Słyßałeś ſynu iáko ſie ten
klamliwy Schiſmográph z Cerkwią Wſchodnią nieſpráwiedliwie ob ßedł / zrozumiałeś y to/
iáko tento práwdzie ſwoie vpſtrzoną prawdę nánie wywárł. Poſłuchayże ießcże y przypilnuy coć
ſie z tym począc przyidzie/ ſpráwá tá ábowiem
odwłoki nie ćierpi/ dźień żywotá krotki / á rzecz
ku napráwie niemáłą/robotá wielká/ á robotnikow nie wiele/ nie trwoż iednák ſobą / ruß ſie
ſedno/á Pan ći ſam dopomoże/ktory ná żadną o-
ſobę y żadnego człowieká potęgę/*reſpectu* niema.
A ten ſie opponuie przy tobie / Nie rozmyślay z
ſobą/że dźiś prawdá w nienawiśći/ wiedząc/ Iż
2. Timoth. 3. *wßyſcy, ktorzy chcą pobożnie żyć w Chryſtuſie Ieſuſie prze-*
ślądowanie będą ćierpieć. Ale ſie Pan przy nich zá-
ſtáwi. Pozayrzy dawnym Błogoſłáwionym Bi-
ſkupom/ ktorzy ſie nigdy nikogo gdźie o prawdę ßło/nie lękáli. Dźiećinna to rzecz ieſt ábowiem á nie wielkomyślnego meżá/tám ſie lękáć
ſtráchu/ gdźie go niemáß znáku / Máß Tarczą
wiáry/ máß ßelm zbáwienia /máß miecz ſłowá
Bożego

Bożego/tym ſie broń/ tym ſie vczyßć. A zbáwiona będzie dußá twoiá. O tenći ſkarb idzie y o te
perle. Vważ /á poznay ſie gdźie ieſteś / y dokąd
ćię tá drogá ná ktorey dopiro ſtoiß/wiedźie. Nie
świetſko áni ćieleſnie/ ale Duchownie/ niebieſką
formą árgumentuy. Nie mow że Kśiążetá y
wielmożę/á zgołá więtßa część świátá/tą drogą
idźie/wiedz/że chude/nędzne/vbogie/ y tym świátem wzgárdzone wybrał Bog / ktorym drogę
ſwoie pokazał/ktorzy ſie iey y po dźiś dźień w vci-
ſkach/w nędzy/w kłopoćie/y w prześládowániu
kupuiąc ſobie czás y pokoy/dźierżą. Lázárowá
to drogá á nie purpurátnego onego roſkoßniká.
Zá tákim ábowiem Syllogiſmem twoim lepiey
było niegdy Anny/Caiphaßá y innych v świátá
tego zácnych Arcykápłanow/ á niżli vbogiego /
wzgárdzonego/ ktory niemiał gdźie głowy ſkło-
nić/ Iezuſá: náśládowáć. Tego świetniey Phi-
loſophiey/ á nie przyßłego wieku Theoriey ten
Syllogiſm ieſt/ktory niegdźie indźiey tey niepra-
wey formy ſwoiey/ tylko v ſánnych márnie modrych y bez rozumnych ma cenę/ktorzy w ßárla-
ćie Bogá/ á w złoćie Chryſtuſá ßukáć/y dla lá-
komſtwá á vrzędow y dignitarſtw ambitiey/wiá-
ry odſtępowáć/ y to wedkę (*EN tibi*) márnie ło-
wić ſie zwykli: iáko o tym ſamże Skárgá/ iż iedni tymi/drudzy inßemi ſpoſoby do wiáry przywodzeni być máią/ świádczy. *Korony Polskiey*
obywatele (mowiąc) do Rzymskiego Kośćiołá wiáry, iedni
prosbą, drudzy grozbą, niektorzy podarkámi, a niektorzy v-
rzędámi, y dignitarstwy zaciągáni być máią. Ale pono

rzeczeß/

rzeczeß / że ná Cerkiewney drodze ſtoiß/ po ktorey Bázyliuß wielki/ Grzegorz Theolog / Cyrillus/ Auguſtyn/ Ambroſius/ Hieronym / Złotouſty/ Athánáſiuß y inße bez liczby/ ś. Páſterze y náuczyćiele idąc/ przed máieſtat Boży przyßli. O/ toć rozum/ ná ktory pilnego baczenia potrzebá/ ieſliże śie ty tey ćiáſney drogi/ ktora pomienieni Páſterze ßli/ dzierżyß. Ale Rzymſki Kośćioł rzeczeß/ do ktorego śie ty przenioſł/ prawdźiwym/ świetym powßechnym Apoſtolſkim kośćiołem śie nazywa. Niechże śie przez ćie/ y tobie podobnych názywa. Nienazywá śie odpowieß/ ále y ieſt: Może to być zdániem twoim / ále nie prawdy iſtotą / oczymemći wyżßey w Artykułách wiáry doſtátecżna *resolutia* vczyniłá/ do ktorych teßcże y te/ Cerkwie mátki / á kośćiołá Mácochy twey Antithezá przydáie.

1. Wſchodnia Cerkiew z Chryſtuſem Pánem náucza / iż piſmá Boſkiego rozum żadnym ſpoſobem nád właſne ſwe ktorym rzeczone ieſt wyrozumienie odmienić śie nie może. Zachodni Kośćioł z Papieżem / gdy śie Rzymſkiey Cerkwie wyrozumienie odmieni / *necessario* y Duch ś. ſwoy rozum w piſmie odmienia.

2. Wſchodnia z Chryſtuſem/ Piſmá świete czytánie wßyſtkim ludźiom/ dla náuki świetſkim y Duchownym ieſt wolne/ Zachodni z Papieżem/ Piſmá Bożego świeccy ludźie czytáć niech śie nie ważą. Wſchodnia z Chryſtuſem/ Piſmá Bożego wykład wßelkiemu komu Duch świety w ktorey kolwiek Prouinciálney Cerkwi odkryie/ ieſt

wolny

wolny. Zachodnia z Papieżem/ żadna Prouinciálna Cerkiew piſmá Bożego wykłádáć władzy nie ma/ tylko ſam Rzymſki Kośćioł.

3. Wſchodnia z Chryſtuſem dwie mieyſcá po zeyśćiu z tego świátá człowiekowi/ niebo álbo piekło vznawa. Zachodni z Papieżem/ nie dwie ále trzy/ niebo / piekło y Czyśćiec.

4. Wſchodnia mowi/ świeći Boży świádectwem wiáry będąc doświádczeni nie wźięli obietnice/ iż Bog o nas coś lepßego przeyrzał / áby bez nas doſkonáłośći ſwey nie wźięli. *Ad Hebr.* 11 Zachodni z Papieżem/ świeći Boży doſkonáłey obietnice niebieſkiego Kroleſtwá iuż doſtąpili. Te ſą dźiśieyßego od świetey Wſchodniey Cerkwie y dawnego Rzymſkiego Kośćiołá w wierze rożnośći/ ktore pilnemu twemu vważeniu polecam. Nogłábymći y więcey tego złego názbieráć / ále ie/ ná rożnych mieyſcách położone śnádnie ieśli záchceß notowáć możeß/ tylko ieślibyś y onego miedzy inßemi zá rożność prawdźiwey Cerkwie y nieprawdźiwey przyznáć niechćiał/ co mowićie/ iż
5. Kośćioł Rzymſki błądźić nie może. Iż Papież
6. ma *dominatum fidei.* Iż trzy Perſony Bogá ied-
7. nego być żadne nam piſmo wyráźnie nie podáie.
Y w piſmie nie nayduie śie / imie Perſony o Bogu rzeczone/ áni imie Troycá. Y ſłowo to ὁμοούσιος, Boſtwo Duchá ś./ wieczne Páńienſtwo Pánny Máryey/ Krzeſt dźiecinny/ z piſmá Bożego probowáne być nie mogą. Te y inße tym podobne ſententie/ ktore oblubienicy iego świetey ſą ßkodliwe/ Wſchodnia Cerkiew

Hoſius Cardinalis lib. 4. *de traditio. Idem lib. de vtraq; ſpecie.*

odrzuca

odrzuca/ y nic takowego do niepokaláney myśli swoiey nie przypuszcza. Owszem co raz vchwaliła/ y przyjęła/ to wiecznemi czásy záchowuie. A co raz zgániła y przeklęła/ to odrzuca y potępia/ nie podpiera niezbożnego Ariusza zdániem/ głosu swego/ nie dáie occásiey do pogorszenia/ chroni się sámá tego/ y swoich postrzega/ áby się iuż więcey ni oczym niebádáiąc/ ná tym co przyięli/ y co im powszechnym zezwoleniem y vchwáłą podano iest/ dosyć mieli.

9. A o owym niezbożnym głośie co rzekę/ ktorym dźiśieyszy twoy Kośćioł z Papieżem/ z pomocnikámi/ y że wszystkiemi obrońcami swemi dysze/ Ackolwiek mowią/ Małżeństwo Sácrámentem iest/ wszákże czyste nie iest/ y w doskonáłość wzrostu Chrystusowego człowiekowi przyść nie dopuszcza/ y w nim żyiący Bogu się podobáć nie mogą. R z…s/ Nie iest rzecz przystoyna / áby Kápłani w stanie Małżeńskim żyli / iáko bowiem będąc nieczystymi/ przed Ołtarzem stánąć y táiemnice Páńskie odpráwowáć mogą? Dla czego znośnieysza iest rzecz Kápłanom w nierządźie y nieczystośći żyć y wszetecznice w domiech swoich chowáć/ á niżeli się żenić/ A náwet Hosius Cordubeński Biskup pisze/ Iż lepsza iest rzecz Kśiędzowi mieć sto podłożnic/ á niżli iedne ślubną żonę. *Libro de impedimentis.* A święta Wschodnia z Chrystusem Cerkiew náucza/ *Małżeństwo iest miedzy wszystkimi poczćiwe, y łoże niepokaláne.* Y iest święta od Bogá dla rozmnożenia plemienia ludzkiego postánowiona sprawa/ przez ktorą sam Bog Męża y żonę w iedno ćiáło złącza/

podług

podług rzeczonego/ y będą dwá w iednym ćiele. Iest tedy Małżeństwo dobre zá świádectwem Bożym/ gdźie mowi/ Nie dobrze człowiekowi być iednemu/ w ktorym żyiący Bogu się podobáć mogą/ y od niego w modlitwách swych wysłuchiwáni bywáią/ iáko Abráhám/ Isáák/ Iákub Pátriárchowie / Prorokowie/ y Krolowie pobożni w stárym zakonie. A w nowym Piotr święty/ Páweł/ Philip/ Apostołowie/ y drudzy/ Adolphus Oćiec Básilego wielkiego/ Grzegorz Nisseński/ Grzegorz ś. Oćiec Grzegorzá Náziánzená/ Hilárion/ Spiridon/ Cherimon/ Polygonius/ Synesius y Eupsichius. Ci wszyscy ták świątobliwie y pobożnie Cerkiew Bożą rządźili/ choćiay z żonámi żyli/ iż y ná wieczną pámiątkę Cerkwi Chrystusowey są podáni/ y podźiśieyszy dźień w niey wielbieni bywáią.

Rozdźiał viij.

O odrzuceniu przez Kośćioł Rzymski Kielichá Nowego Testámentu.

Ad to / Wschodnia Cerkiew z Chrystusem / dáiąc wiernym Synom swoim naydroższe ćiáłá y Krwie Zbáwićielá swego táiemnice / mowi. *Piyćie z tego Kielichá wszyscy.* A Zachodni Kośćioł z Papieżem mowi. *Nie piyćie z tego Kielichá wszyscy.*. A iżem o táiemnicy wieczerzy Páńskiey rzecż záczełá od przedśięwźięćia mego nie odstępuiąc ábym odrzucenie Nowego Testámentu Kielichá przez twoy Rzymski Kośćioł y Papieżá vczynione pokazáłá / pobożności powinność zemnie wyćiągá. Ktore sie tymi słowy w sobie zámyka. Acżkolwiek y wnowo szczepioney (mowi Papież) oney Cerkwi / táiemnicá tá pod dwiemá osobámi chlebá y winá od wszytkich wiernych przymowána byłá. Wszákże zwyczay on dla vchronienia sie niektorych przypadkow y pogorszenia potrzebnie iest przyięty / áby od tych ktorzy offiáruią pod obiemá osobámi / á od świedzkich ludźi pod iedną tylko osobą chlebá byłá przyymowána / mocno wierząc. Y żadnym sposobem nie wątpiąc / że ták

Przyczyny dla ktorych Rzymski kośćioł Kielich zbáwienia ludziom świetskim odiął.

pod oso-

pod osobą chlebá / iáko y pod osobą winá prawdźiwie cáłe y zupełne Chrystusowe ćiáło sie zámyka. Abowiem ieśliby y świetskiemu człowiekowi społeczność Kielichá pozwolona byłá / byłoby wielkie niebespieczeństwo naypierwsze w rozlániu / drugie w przenoszeniu z mieyscá ná mieysce. Trzećie w záplugáwieniu naczynia / ktore świetne być ma / y przez świetskich niedotykáne. Czwarte w długich brodách mężczyzn. Piąte / w chowániu dla chorych / boby przez długi czás chowánia / wino w ocet / przemienić sie mogło / mogłoby sie y zágnić / y muchy y motyle z śiebie zrodźić. Szoste byłáby rzecz mierźiona y brzydka / iednemu po drugim z Kielichá pić. Siodme / iżby sie ták wielkie naczynie náleść nie mogło w ktoryimby sie dla kilká tyśiecy ludźi wino poświećiło ná wielki dźień Páschy. Osme w wielkim winá rozchodźie szkodá / ktore sie indźiey záledwie y kupić naydźie / á indźiey drogie. Dźiewiąte / byłoby niebespieczeństwo y w zámárznieniu. Dźieśiąte wwiodłoby sie pogorszenie wielkie / ábowiem rozumiáłby kto / iż w przyimowániu ćiáłá y krwie Syná Bożego rowna iest z Káplánámi świetskich ludźi godność. Iedenaste / iż rozumianoby było / że Kielichá społeczność záwżdy potrzebna y byłá y iest / záczym zgrzeszyliby wszyscy Duchowni vczyćiele y przełożeni / ktorzy sie temu zwyczáiowi y słownie y pismem nie sprzećiwili / tudźież wierzanoby było / iż wszyscy ktorzy kielichá społeczności nie záżywáli żywotá wiecznego odpádli. Dwánaste / iż moc y

Bbb ćięż-

ćiężſza tey táiemnicy w przyimowániu wietſza niż w poámieszániu byłáby rozumiána. Trzy-
naſte/ ſżłoby zá tym/ iż Rzymſki Kośćioł / áż po
teráżnieyſzy czás o táiemnicach źle rozumiał/ á
zátym by wzgárdzony był. Czternaſte/ ſżłoby zá-
tym/ iż Conſtántſkie Concilium ná ktorym ſie
to ſtáło/ y w wierze y w dobrych obyczáiách pobłą-
dziło. Pietnaſte/ byłáby przyczyná rożnego
mniemánia y ſciſm w Chrześciáńſtwie. To
ieſt wielkie ono świetokrádztwo ktoregom miło-
ćiwie przed tobą ominąć niechćiáłá/ ktorym ſie
Zachodni twoy Kośćioł z Papieżem obelżył. To
ſo przyczyny/ dla ktorych wiecżnemu Syná Bożego Teſtámentowi gwałt vczyniono. Co
rozumieſz iżaliby dziwna rzecż v ćiebie ſyna y
v wiernych Bożych byłá gdyby ſie *Concilium* ono
niezbożne gromem y piorunámi rozerwáło było y
roſproſżyło/ ná ktorym wiecżny ſyná Bożego Teſtáment y oſtátnia wſżego świátá Zbáwićielá wo-
la/ dla niepotrzebnych márnych y mkczemnych
przyczyn/ ieſt odmieniona połamána y wniwecż
obrocona. Przećiw ktorey świetá Wſchodnia
Cerkiew wiecżne Páná y Zbáwićielá ſwego poſtá-
nowienie/ y wiecżny Teſtáment / nienáruſżenie
y cáłe chowáiąc / zá Chryſtuſá y zá świetą iego
prawdę wſzytkiemi śiłámi boiuiąc / mowi / Pićie
z tego Kielichá wſżyſcy/ Kápłani y świeccy/ mę-
czyzny y niewiáſty / ſtárzy y młodzi. Kielich á-
bowiem ten/ ieſt kielichem nowego krwie Syná
Bożego pieczetowánego Teſtámentu/ z ktorego
pijąc

pijąc śmierć Zbáwićielá ſwego opowiádaćie poki áż przyidźie/ á weźmie was do śiebie/ y wiecżnych dobr vcżeſtnikámi vczyni / gdyż nie ná ná-
ſżey mądrośći/ ktora głupſtwem ieſt przed Bogiem / ále ná Zbáwićielá náſżego Chryſtá Páná
poſtánowieniu y przykazániu táiemnicy owey
ſpráwá y pożywánie ſunduie ſie. Chryſtus Pan
twoy w żywym ćiele ſwoim/ żywą krew być wie-
dząc/ podániu chlebá / podał y kubek. *Pijćie z niego wſżyſcy*, mowiąc / *to ieſt Krew máiá nowego Teſtámentu.* A ieśli wſżyſcy/ to nie ſámi tylko Kápłani
*quod enim omnibus eſt commune, exceptum in aliquibus eſſe
non poteſt*, mowi Ambroży święty. Ale to rzecżeſż
in ſuper abundanti Chryſtus vczynił: Mądrośćią
(głupcże) Oycowſką Zbáwićiel bedąc wſżyſtko
mądrośćią y w potrzebe zbáwienia ſpráwił/ nie
ták iáko ty y z twoiego Kośćiołá ſprawcą/ bez rozumnie báieſż/ ktorzy gdźie ieſt ćiáło tám y krew
być okázuiećie/ y ieść ánie pić Krew Chryſtuſową roſkázuiećie/ dwie ſwoie/ z iedney Chryſtuſowey táiemnicy czyniąc/ iedne dla świeckich
á drugą dla Duchownych. A poniewaź to ták
mocno w twym Kośćiele dźiśieyſżym ſtoi / cżemuż *ſeparatim* czáſem w ſámym winie/ á czáſem
w ſámym chlebie nie offiáruie? Wierzę że to
kiedykolwiek/ niewiem ieśli ſłuſżnie/ vczyni. R
coż mi to zá rozum/ dla długich brod meſkich/ táiemnice Chryſtuſową wiecżnymi gránicámi wá-
rowáną zgwałćić? Słuſżniey było záiſte/ ſłu-
ſżniey wſżyſtkim meſżcżyznom brody y z ſkora po-
wrzynáć / á niżeli wiecżny Chryſtá Páná Teſtá-

Bbb ij meṅt gwałt

ment gwałćić y rozdzierać. Więc ieśli mężowie/ prze długie brody swoie/ krwi Páńskiey communiey godni nie są/ przecz że iey młodzieniaszkom/ Pánienkam/ y niewiástom bez brod pić nie dopuszczacie? Ale iest coś więtszego mowićie/ co nie dopuszcza: To nam vpátrowáć potrzebá/ áby kiedy przez vżywánie Kielichá Swietscy z Duchownymi w tym porownáni nie byli. O niezbożna hárdośći/ czemuż sie Chrystusowey pokorze przećiwisz/ y iego święte vstáwy tłumisz/ Boisz sie/ iżby świetscy zrownawszy sie tu z wámi y w przyszłym wieku niebieskiego Krolestwá społecznikámi nie byli. A gdzież one groźne y strászliwe Páńskie słowá dzieiesz. *Ieśli nie będziecie ieść ćiáłá Syná człowieczego, y pić krwie iego, nie maćie żywotá w sobie.* Wierz mi iż ieśli sie nie náwroćisz/ y Syná człowieczego krwie pić nie będziesz/ tákież tobie powierzonych owieczek poić nio nie poczniesz/ żywotá wiecznego/ podług prawdziwych Zbáwićielowych słow/ niedostąpisz. Gdzie owe záráźliwe/ płáczu godne słowá/ ieśliby mowićie znowu Kielich pospolitemu ludowi był przywrocony/ sztoby zá tym *necessario* iż po dziś dzień Rzymski kośćioł błądził/ y wszyscy ktorzy społeczności Kielichá nie vżywáli/ niebieskiego Krolestwá są odsądzeni. Biádá ná was/ nie tá tego świetnia márność/ izali nie wiećie/ iż w grzech wpáść iest rzecz człowiecza/ ále vstáwicznie w nim trwáć/ czyia? wstydáiąc sie ludzkich słow y obmowy/ ábyśćie sie kiedy błędnemi z kośćiołem wászym być nie pokazáli/ vstáwicznie w błedzie

Ioan. 6.

błedzie trwaćie. Coż ná ten czás vczynićie/ gdy przed spráwiedliwym Sędzią stánąć wam każą/ gdzie przed wszystkimi ludźmi y przed Anioły Bożemi byśćie też y niechćieli/ czym iesteśćie okáżećie sie/ y tego świetnego strofowánia vsżedszy/ wiecznego obelżenia nie vydźiećie/ gdzie płácz nieutulony/ y zebow zgrzytánie wieczne/ A to bez pomocy. O iákoż tyśiąckroć żnośnieysza rzecz iest ná tym świećie strofowánia hánbe/ niżli ieden przyszłego wieku z karánia wstyd/ ktory ná wieki záwstydzą podiąć. Ná drugie twe plotki/ to iest/ że sie o rozlanie y zdrádzenie Krwie Páńskiey frásuiesz/ powiádam ći/ że sie dármo y dość głupie troszczesz/ y ták wiele stąd niebespieczeństwá vpátruiesz/ iáko w ziemi Chánáańskiey Moyżeszowi szpiegowie. A tám sie boisz stráchu/ gdzie go niemász by znáku. Bo coż mi to zá rzecz? Przeleie bo ktory/ *Ergo.* dla tego wszytkim nie dawáć. Ale dusze potráćisz/ á oto nic niedbáć. Wszák ieśli ty/ co ná ćie przystoi/ że wszystko vczćiwośćią y przystoynym vszánowániem spráwuiesz y rozrządzasz/ by też drugi z nienacká y z niechcenia przelał/ *quid ad te, haud peccat qui invitus peccare videtur.* Ktoby záśie z niedowiárstwá álbo z szczyrey niecnoty Sákrámentá Páńskie záżywał/ namniey táiemnicom Páńskim áni twoiey dispensáciey przystoyney nieszkodzi. świątość bowiem świetym sie dawa/ á przewrotnych tráći/ dobrych y pobożnych ożywia/ wiárá we wszystkim tym fundáment/ ćiebie to nie wiąże y winnym nie czyni/ poniewáż nie z twoiey przyczyny/

czyny/ sa też ná to Oycow świetych vstáwy/ coż z tym czynic kiedy sie to przyda.

A gdźie winá niemász / z inszych kráiow dostáć (wszák sie y w Litwie nie rodźi) Iáko czyni w Astáráchániu y Kázáni Moskwá/ gdźie (chociay sámi chlebá máło prze niedostátek iedzą/ y tylko sie rybámi/ A Tátárowie/ lisim/ kunim/ y sobolim & id genus mięsem żywią. Iednák przedsie chleb y wino w Sácrámencie miewáło/ A ták dáleko stámtad do Rhenu rozumiesz? ták wiele podobno iáko do Nortuegiey od nas / gdźie też winá zgołá niemász. Ale ci wżdam miodu w osobie winá vżywáio / to iuż podobno nád słuszność. Ale im tego kośćioł wász dozwolił. Przypomnie y to nákoniec/ co wy sámi iesli prawdźiwie czyli fabulose, o tym sie niezbyt bádam / twierdźićie/ że przed trzemi albo kilkądźiesiat lat/ kiedy w oney nowego świátá Prouinciey co są tymi czásy według wászey powieśći wysocżyli Ieschytá/ chlebá znáiomość nierzkąc vżywánie iescze nie było/ z przykrośćioli im to przyzwycżáienie/ ponieważ go z przyrodzenia nie iadáli przychodźiło. A przedáie sie zá postepkiem czásu ná tożyli/ y lepiey go nisli swoie lesne zioła y owoce dopiero iadáio/ á cożby ci/ winá dla swego zbáwienia kiedy Bog / kośćioł/ y sumnienie każe pożywáć niechćieli.

Mnostwo Chrześćiáńskiego narodu niechćie z tych miar nie trapi / day ich Pánie swiátpełny/ śmieszęc sie w Cerkwi wszyscy/ y chociay by wszystko Pogáństwo ile ich iest ná ziemi chrześ-

świe-

^aTeste Volatera o, Innocentius 89.

świety y wiáre przyiowszy w iedne sie gromáde zkupili/ może sie im od sług Bożych dogodźić/ wszák dla tego spolem ćiáło y krew Páńska w kielichu bywa/ y iednym rázem Łyżko/ iuż nie w rece áby nie przelewáli / y nie zátáiwáli / iáko plećiesz/ ále w vstá/ przez ludźie duchowne z onemi pieknemi słowy ćiáło y krew Páná y Zbáwićielá nászego/ temu y temu ná imie sługe Bożemu/ ná odkupienie duszey ćiáłá sie dáie. Przeto z tych námienionych dowodow/ te wiátrem szyte powieśći vstác y wniwecż obroćić sie muszą/ ábyś nimi druga Sácrámentu osobe/ Kielich mowie krwie Páńskiey od człowieká świeckie^a miał odeymowáć/ y iego duszne go zbáwienia odsądzáć. Ale wy máło coś rozniey od onych robotnich czyniéie/ ci tám bili zábili/ y kániemi pozábiiáli nácie/ A wy co dźień iesli Ambrożemu wierzyć mamy/ wiernych Páńskich trácicie ná duszy. Tám Pan rzekł/ podźie weźcie przyplodki/ owoce/ á tu mowi/ Wziawszy chleb/ bierzcie y iedźcie/ tákież y kielich/ Piycie z niego wszyscy. Owi/ chodźcie zábiymy ich/ á dźiedźicżmy sámi. A wy co? Nie daymy pospolstwu Kielichá krwie Páńskiey ále piymy my Xieża z niego sámi. Czemu brácie zayzrzysz mu zbáwienia / nie tám po zazdrośći/ gdźie rowność tásk i dáru/ y osoby wszeláckiey. Obacżcie sie przeto dla Bogá po wtore mowie obacżcie / co czynićie / y dokąd ten niewinny lud záwodźićie. Záś sie nie boicie / áby kiedy ná was z ćiećiwy nie pchnął strzały Bog żywy/ zły postrzał z wysoká / á w piekło droga szeroka/

roka / z támtąd wierzyms nie wynidzieß / áni w
Czyściec co go báieß przeydzieß. Nie mylay się
rozmyślay się. Lecz ſkąd tá Sácrámentu vymá
poßlá / wiedzieć należy / o ktorey nie odrzeczy
mym zdániem ći powiádáią / ktorzy twierdzą że
pierwßemi tey haeresiey authorámi byli Mánicheu
ßowie. Roku 449. zá czáſu Leoná pierwßeo / kto
ry tych zárázliwą náukę Decretem swoim zgánił
y potępił. Po wtore czáſu Geláſiußá pierwßego /
około 596. roku / nietylko od Haeretykow iáko
przed tym / Ale y od swoich / ktorzy się rádzi ob
łudą báwili / wnośić się poczęłá / czego chociay
dużo Papieżowie Leo / Geláſius y drudzy / ták ſá
mi przez się / iáko y Decretámi y Canony Brácá
reńskiego y Turonenskiego Synodu / (Co czym pie
ße Cáſsánder) bronili. Przedćię się to z niektorych
obłudnego sercá ludzi przedáiewzięćia do końcá
wykorzenić niemogło / owßem czym dáley tym
więcey ßerząc się tá záráza / máło w nieodmien
ne (ich zdániem) pod iedną osobą vżywánie w nie
ktorych Niemieckiego y Láćińskiego ięzyká ná
ćiach po 1220. lećiech od Chrystá Páná weßłá.
Dał Bog iednák iż nie wßyscy Chrześćiánie przy
ięli / y nie wßystkie nárie tego bárdego Nábu
zárdaná vſłucháli. Grekowie bowiem / Bulgá
rowie / Serbowie / Ruś / Węgrzy / Prusowie /
y dopiero pod obiemá osobámi Sácrámentá /
wßyscy krom wßelkiego bráku vżywáli. A Cze
chowie niedawnemi czáſy gwáłtem przymußeni /
ná ich persuáſiey przestáli.

Oto poniewolne do ich rozumienia przymu ßenie /

Ex institutis Chamacensium lib. 4. Cap. 35.

ßenie / y żáłosne od kielichá człowieka pospolite
go odłączenie / vſtáwiczne Kśiążąt y Pánow nie
ktorych pobożnych (świádkiem *Alexander de Ales*) áby znowu im przywrocony był / prosby y stá
ránia bywáły / iákoto z przedáży Trydentskiego
Synodu widziemy / ktory się przez cáłe 62. roku lá
to / ieśliże dopuśćić Láikom pod obiemá osobámi
Sácrámentá przyimowáć álbo nie / ná tym báwił. Po wielkich (mowi) altercatiach y sporach y
tákich Constántieńskie° y Básilieńskiego Synodu
Decretach / z ktorych pierwßy / roku 1414. czáſu
23. álbo 24. Janá y Zygmuntá Cesárzá złożony
Sessiey 13. *Ten teráźnieyßy świety powßechny w Duchu ś. zebrány Constántienski Synod declaruie, vſtáwuie, y vznawa. Aby od tego czásu (chociay Chrystus pod obiemá osobámi Chleba y winá wieczerzą swą spráwował, y zwolennikom dawał, y chociay ták w pierwßym kośćiele wierni Boży przyimowáli, nie to iednák do nas nie ma,) dla vwárowánia się niebeßpieczeństw y zgorßenia niektorych, sámi sácrámentu offiárowmicy pod obiemá, á Láikowie prośći tylko pod osobą chlebá przyimowáli, ponieważ ten zwyczay Kośćiol y Oycowie przyięli, y przez ták długie czásy już trwa, ma być v nas zá zakon trzymány. A ktoby go zgánił y temu się sprzećiwił, ma być iáko Heretyk odłączony y karány.*
A dáley. *Ten święty Synod vchwala, áby ći ktorzy ludziom pospolitym pod obiemá osobámi Communią dáią, iże się ták godzi, wmiejáią, surowie karani byli, z czego ieśliby się káiáć chćieli, będą do Kośćiołá przyięći, ktorzy záśię w zátwárdzeniu dußey trwáć będą, przez Kośćielne Censury, záwßy nawet z kázáni tego potrzebá świeckiego rámienia, pomocą* (mieczá) *powściągnieni być máią.*

Synod Tridenski.

Párrzciesz tego przeklętego Sýnodu/ Jáko cnić ſie z ſwemi Decretámi / zniewáżáiąc vſtáwy Páńſkie/ popiſuie. Chociay mowi ták Pan czynił/ y roſkázał/ y Cerkiew ták przez wſzyſtkie czáſy dźierżáłá. przedśie to nas nie wiąże. A ktoż ma moc dáć ćie komuś / y czym inſzym związáć: ponieważ ćie ſłowo Boże y iego vſtáwy świete nie wiążą/ Czemuſz ſie ták niewſtydliwie Bogu ſámemu y Zakonowi iego świetemu przećiwiſz: záż pod twoy y twego kámiennego Kośćiołá rozſądek Chryſtus Pan podlega:

Concil. Baſilien. Seſsion. 51

Drugi Synod/ otoż/ chociay troche łágodniey á nie ták bluźnierſki Roku 1437. w Bázylíey zágrzmiał. *Swiety (mowią) w Duchu ś. przyſtoynie zebrány* SYNOD. *vſtáwuie y obiaśnia iż wierni Láikowie albo Clerikowie, Sákrámentem nie ſpráwuiący, nieſą Páńskim przykazániem do przyymowánia Sácrámentu pod obiemá oſobámi obowiązáni. Ale im Kośćioł ktory ſie Duchem prawdy rządźi, iákowym ſpoſobem vżywáć máią według zdánia ſwego ma ſporządźáć.* Tym tedy/ iż ſie lud poſpolity *contentowáć* niechćiał/ były vſtáwiczne *Querele*/ á máło nie płácżliwe proźby o to/ czego ſie y Biſkupowie niektorzy (á oſobliwie Pánowie pobożni) vżáliwſzy/ bulli náń tym áby ich od Sácrámentu krwie Páńſkiey nieoddalano: Wiec że wielkie *altercacye* były/ á tá ſpráwá z iedney *ſeſsiy* ná drugą ſie odkłádáłá/ puśćili to pod 4. Pinſá Papieżá rozſądek/ nápiſáwſzy Condicie tákie. *Pierwſza, áby ći ktorzy pod obiemá oſobámi Sácrámentá mieć chcą, we wſzytkich inſzych rzeczach, ták w tych, ktore ſie tego Sacramentu, iáko y w inſzych, ktore ſie*

re ſie drugich Sácramentow tykáią, tákież w iákieykolwiek Máteriey, wiary, náuki y obrzędow Kośćiołá náſzego, ſercem y uſt wyznániem ze wſzytkim tym co ſie od Kośćiołá Rzymskiego przyięło, tudzież tego ś. Synodu, już ogłoſzone Decreta, y ktore ieſzcze wyniesione będą, pobożnie ſie zachowały. *Druga, Aby przerzeczonych Naiy. (to ieſt Czechowie y Niemcy, tym bowiem gwałtem kielich Krwie Páńſkiey w ten czás odeymowáć poczęto) Káznodźieie y Páſterze ták wierzyli y nauczáli, iż zwyczay ten pod iedną oſobą Sácrámentu Páńskiego zażywánia z ſtárodawná przyięty y Kośćiołem ápprobowány nie ieſt od przykazánia Panskiego rożny, owſzem z wielką pochwałą, ieśliże Kośćioł nie odmieni y nie poſtánowi indácżey, ma być poſtrzegány. A ktoby rożniey temu, z vporu ſwego dźierżał y wierzył, táki káżdy zá Heretyká ma być poczytány. Y niech tylko tym pod obiemá oſobámi dáią, ktorzy to záiſtotnie y ſzczyrze prawdę wierzą y wyznawáią.* Ale ná co ſwe prawá y ſtátutá Oycże ś. kłećiſz: támá zwłaſzczá gdźie ich nie potrzebá: Chryſtuſowe woli káżdy/ ktore ſie z twoiemi iáko żywo zgodźić nie mogą. Nie ſą rády y vſtáwy twoie/ iáko rády moie/ mowi Pán Bog przez Proroká/ á ty *per fas & nefas* że ſą rowne wierzyć kázeſz. Nowe to ſą y nowo zmyſlone rzeczy/ Niechce ich Cerkiew Boża/ iáko Tertulliánus *de Praeſcrip. ad Haret. lib. 4. contra Marcion.* piſze. *Wſzelkie nowe poſtánowienia zá poſlednie wierzyć mamy, y to ſą prawdźiwſze, ktore pierwey podáne.* A co naprzod to z pocżątku/ co z pocżątku/ to od Apoſtołow ſą. Ale odćięćie kielichá dopiero niedawnemi czáſy/ to ieſt od Innocentiuſzá trzećiego z rożnych figmentow powſtáło. *Ergo,*

Vrban. quest. 15. Sunt quidam.

10. Ergo, Posłednie y sámowolnie vtworzone te rzeczy/ gdyż Chrystus nie ták czynił y Apostołowie/ A po nich Oycowie święci ináczey vczyli/ czego mu zgoni Papieskim odmieniáć nie wolno było/ Jáko tegoż stolcá rowiennicy/ Vrbanus y Zosimus mowią. Pierwszy / *Wiedzieć pewnie o tym mamy, iż sám Rzymski Biskup nowego co stánowić może, gdzie o iákowey rzeczy Ewánielistowie y Prorocy nic nie mowili. Ale gdzie co wyráźnie sam Pan, Apostołowie, y ich náśládowcy Oycowie śś. vchwalą swą stwierdzili, nie nowe iákie prawá y vstáwy dawáć, ále ráczey to, co opowiedziano iest do krwie y do sámey duszę potwierdzáć ma Rzymski Papież.* Drugi / támże. *Przeciw postánowieniu Oycow świętych tworzyć álbo odmieniáć co, tey stolicy przewodzi nie może.* Trzecia / *Iż naświętszemu Oycowi naszemu Papie iáko własnemu powszechnego Kośćiołá Biskupowi y Pásterzowi szczyrym y vprzeymem sercem, iáko posłuszni Synowie wszeláką poczćiwość wyrządzáć mamy. Czwarta, áby Arcybiskupom, Biskupom, y drugim ich Prałatom, tákież przystoyną vczćiwość oddawáli, &c. A w tym wszystkim sumnienie ich obciążone bedzie.* Przedsię Bog co tu od tych kupcow słysze? Zá coż Krew Páńską ktorą raz ná krzyżu zá wydániem Judászowym dla wszytkich nas wylał / przedáć obiecuią: zá málo rzecz / iuż nie zá 30. pieniedzy / nie zá złoto álbo śrebro. A zá coż wżdy? zá czcze posłuszeństwá álbo obediencyey swoiey. A zaś máła rzecz to piętno twym zdániem? Piętno to iest/ w przod sámego śiebie wyrzeczenia/ zá tym wiáry y religiey prawdźiwey záprzenia. A sumnienia y duszę swey iedyney záwiedzienia.

Pan

Pan sam przyidźcie do mnie á pijcie dármo nic kupuiąc wszyscy/ woła. A ná coż ty to przedáiesz/ czegoś y sam (tylko niewiem ieśli godnie) zá dar táski Chrystusowey dostał? Nie trzebá śię tárgowáć o to co z chęci y dáru bywa/ bicżem wybił niegdy tákie przedawce Pan z Kośćiołá / A coż dopiero kupcá z przedawcą pospołu nie pocierpi? Co ty wszystko vważáiąc/ ták Argumentuy/ cżás docżesnego żyćia tego iest biegiem álbo w práwo/ álbo w lewo/ podług káżdego woley/ y ow wiedźie do zguby/ á ten do żywotá wiecżnego/ sam tedy bieg moy lewą drogą áż po dźiśieyszy dźień vpráwowáł/ Ale twoią Jezu Chryste pomocą/ oto śię ná práwey náyduię/ á ná mászy cżás záwstydzony / wiecżney cżći v ćiebie szukam/ gdyż wiem iż ty iesteś miłośierny/ y moie głupstwo przebacżysz. A ták y docżesnego y wiecżnego wstydu pozbędźiesz/ y zbáwiona będźie duszá twoiá. Co ábyś tym snádniey mogł vczynić przekładam ći świádectwá o tey máteriey Doctorow śś. y stárey Cerkwie vżywánie.

Że tedy Oycowie śś. z stárodáwná zupełne Sácrámentá w Cerkwi Bożey miewáli/ y wiernym Chrześćiánom/ ták świeckim iáko y Duchownym zárowno dawáć vstáwili/ te so świádectwá istotne / z ktorych pierwsze Jgnátiuszá ś. ktory będąc Janá Ewánielisty vcżniem / ták o tym pisze. *Nápominam was, ábyśćie iedney wiáry iednego przepowiádánia y iedney Eucharistiey, to iest Sácrámentu Páńskiego, vżywáli. Iedno bowiem Páná y Zbáwićielá nászego iest ćiáło, y iedna krew tego zá nas wylána,*

Swiádectwá Oycow śś. y stárey Cerkwie vżywánie.

Ignat. ad Philadelph. Eccle

Iedna

ieden chleb tákież zá wßyſtkich łamány, y iedem Kielich wßyſtkim ieſt rozdźielony. Coż nám to iáśnieyßego być może, w czym abyśmy nie controuertowáli śiłá / Conſtituciámi Apoſtolſkimi dowodźe / ktore áby Wieczerza Páńſká pod obiemá oſobámi ták meżczyznom iáko y niewiáſtom podawána byłá. Tákież z Dionyſiuſá ś. ktory iż iednośc Kielichá wßyſtkim vdźielana być ma / vczy. Iuſtynianus / zá ktorego czáſow w Rzymie pod obiemá oſobámi Sákrámentá przyimowano. Apoſtołowie mowi / z Ewánieliſtámi ták nam podáli, iáko nam Chryſtus roskazał. Cyprianus / Iákożmy náuczamy, y iáko ich w wyznániu imienia Pánskiego ná wylanie krwie wyzywamy, ieśliże im bronącym krwie Chryſtuſowey bronimy. A teżbyśmy to nie iáwna. Tenże / Niektorzy mowi, albo z proſtoty Kielich Páński poświącáiąc narodowi vsługuiąc, nie to czynią, co Chryſtus czynił y náuczył. A tego co Pan czynił nie czynić co inßego ieſt, iedno słowá iego odrzucać, y náuke Páńską znieważáć. Iuż nie świecka ale Duchowna kradźież y cudzołoſtwo popełnić, gdy kto słowá y ſpráwy z Ewánielſkiey prawdy Páná náßego vkrada, tákież kázi y fálſuie vſtáwy Páńſkie, iáko przez Hieremiaſzá wola. Coż ieſt plewom przećiwko pßenicy. Przeto ia mowi Pan ná te Proroki, ktorzy słowá moie káżdy przed bliżnim ſwym kradną. A w fálſzach y błędach ſwych lud moy zwodźą. Tenże ſerm. de Cœna Domini. Zakon iedzenia krwie broni, Ewánielia roskázuie, iżby piło, iáśnie bowiem Leuit. 7. mowi. Krwie wßelkiego bydlęcia nie będźiećie pożywáć w potráwách, Chryſtus záſie o krwi ſwoiey mowi, Piyćie z niego wßyſcy. (Ieſt tu rozność w iedzeniu y piciu. w ktorym zákonie zákazano, á pić iey też bezpiecżno było, w nowym

Lib. 2, cap. 6. (margin, beside "śiłá / Conſtituciámi Apoſtolſkimi dowodźe")

Dionyſ. Hier. Eccl. cap. 3. (margin, beside "Kielichá wßyſtkim vdźielana")

Cypr. lib. 1. Ep. 2. (margin, beside "Chryſtus roskazał. Cyprianus")

Idem lib. 2. Ep. 3. (margin, beside "Tenże / Niektorzy mowi")

nowym záś ie z ochotą ią Zbáwićiel pić káże. A kiedyż to álbo gdźie pić káże? Káże ią pić kiedy mowi. Piyćie z niego wßyſcy, to ieſt kubek nowego teſtámentu. Przyznawa Gábriel Biel iż Kośćioł ſtáry pod obiemá oſobámi Sácrámentow vżywał / Leuit. 84. lit. R. Cyprianus toż według zwyczáiu Cerkwie świętey nád ktorą przełożonym był / mowi / w ktorym zá iego czáſow Communia (álbo ſtołu Páńſkiego ſpołecżność) pod obiemá oſobámi kwitnęłá. Hieronym święty / Páńska wiecżerza mowi / wßytkim ma być pospolita, iż on wßytkim zwolennikom ſwoim ktorzy przy nim byli zárowno Sácrament Ciáłá y krwie ſwoiey dawał. Tenże ná drugim mieyſcu. Kápłani porzą dą / ktorzy Sácrámentom wiecżerzey Páńſkiey vsługuią, y krew Páńska narodowi rozdźieláią. Ambroſius de initiandis Myſteriis, mowi / Tám tym wodá z kámienia ćiekłá, tobie krew z Chryſtuſá. A do Theodoſiuſzá Ceſárzá. Iáko mowi / śmiáłość ná drożßey krwie vczeſtnikiem być chceß. Tenże dla czegoby pod obiemá á nie pod iedno oſobą Sácrámentá vżywáć przyſtało / vkázuiąc piße / Ze pod obiemá oſobámi ſie bierze / dla tego / Iż do zbáwienia oboygá / to ieſt duße y ćiáłá należy. Ponieważ ćiáło Chryſtuſowe dla odkupienia náßego ćiáłá / A krew dla zbáwienia duße náßey offiárowána byłá. Przeto tedy co do oboygá przyſtußa / pod obiemá ſie przyimuie / Ináczey ieśliby ſie pod iedną tylko oſobą bráło / tedyby też do iednego ktorego to ieſt dußey álbo ćiáłá tylko / á nie do oboygá zárowno záſcżycenia y ochronienia ſłużyło. Chryzoſtom ś. św. mowi / niektore rzeczy w ktorych Kápłan

Hieron. 1. Cor. 11. (margin, beside "Hieronym święty")

Idem in cap. 2 Malach. (margin, beside "Tenże ná drugim mieyſcu")

Ambroſ. ca. 9 (margin, beside "Ambroſius")

Idem in 1. Cor. 11. (margin, beside "vżywáć przyſtało")

Chryſoſt. Hom. 18. in Ep. 2. ad Cor. (margin, beside "Chryzoſtom")

Kaplan od swieckich w czym nie iest roznym. Iáko do pożywánia táiemnic strászliwych godni bywamy wszyscy, ábyśmy ich zárowno vżywáli. A w Liturgiach tegoż Chryzostomá y Bázylego świętego co dzień Presbyterowie w Modlitwach mawiáią. Vczyn nas Pánie godnymi ciáłá y krwie twoiey, y narod twoy przez nas.

August. quest supra Leuit. cap. 27.

Augustinus/ Co to mowi/ znaczy Iż od krwie ofiar ktore sie przynaszały za grzechy, tak dużo hámowan był narod, ieśliże tám te offiáry, iedno te offiára w ktorey ustonie grzechow odpuszczenie, bywa, znáczyła, ktorey to krwie offiáry, by iąná posilek bráli, nie tylko jednemu broniono nie było, ale y owszem wszyscy ktorzy iedno zbáwienia prágną, nápominani y do tego przywodzeni bywáią.

Cyril. 4. Cathe- ches. Mystage.

Cyrillus Hierosolimitanus/ Pod osobą Chlebá mowi/ dáie sie tobie ciáło Chrystusowe, A w osobie winá, krew Chrystusowá, áby sie mu sie po vczestnictwie ciáłá y krwie iego stał σύσσωμος καὶ σύναιμος, to iest/ Iednego ciáłá y iedney krwie z Chrystusem. Podźże do Scholástickich Doctorow/ Iáko sie w tey mierze wászysz z wámi zgádzáią/ z ktorych pierwszy Alexánder Alenski/ quest. 32. memb. 1. cap. 2. Tego Sacramentu mowi/ godnie pod obiemá osobami vżywáć więtsza moc iest iednego táiemnego ciáłá z głową, niżli tylko pod iedną. Tenże, Quest. 53. Choćia mowi/ w tym vżywániu, ktore iest pod iedną osobą dosyć bywa (Quasi) To iednak ktore pod obiemá więtszey iest zasługi, tak w sposob przymnożenia łáski iako y w sposob sprawnego rozszerzenia wiary y w sposob vżywania doskonalszego. Znowu/ Przyimowánie mowi/ Sacramentu pod obiemá osobámi, iáko Pan wstáwił, więtszey mocy y doskonáłości iest. A 31. Quest. wyráźniey. Ten ktory pod osobą chlebá Sacrament bierze, nie bierzego zupełnie.

Albertus Magnus in 4. Senten. dist. 8. Art. 13. Dwoiáka doskonáłość w tym Sácrámenćie vkázuie/ to iest/ Chrystusá sámego: y Sákrámentu według sposobu vżywánia wiernych. A pierwszym sposobem Chrystusá prawdziwego y doskonáłego pod oboią osobą wyznawa. Drugim zá błąd to policza/ że sie wiernych vżywánie y iedność ciáłá táiemnego przez znák dwoiáki (rozumiey chlebá y winá) doskonále nie wyrażá/ moco tedy Sácrámentu oboie mieć potrzebá. Thomas. 3. Sume. Quest. 66. Artic. 2. Aczkolwiek mowi/ Chrystus zupełny pod oboią osobą iest, iednak nie nadaremnie obiedwie bierzemy, gdyż to do wyobrażenia męki Chrystusowey służy, przez ktorą krew iego od ciała odłączona była, Tenże/ contra Gentiles lib. 4. cap. 6. Iż powiádá/ wypełnienie zbawienia naszego przez śmierć y mękę Chrystusową stało, ktora, krew iego od ciała oddzielona była, Rozdzielnie sie y nam podawa, ciáłá iego Sacrament, w osobie chlebá, A krew iego nadrozna pod osobą winá, áby tak w tym Sacramencie męki Pańskiey pamiątka, y śmierci przytomności, wyrażenie było, y żeby sie te słowa ktore Pan mowił spełniły, Ciało moie prawdziwie iest pokarm, A krew moia prawdziwie iest napoy. Petrus de Palude/ Distin. 11. Arti. 1. Dwoiákiey práwi/ Materiey Sacrament (Ołtarza) ma być. To iest Pokarmu y Napoiu, iżby moc y sprawa Sacramentu doskonale przez Materią wyrażona była, gdyż Sacramenta to sprawuią, co y znamionuią. Bonaventura Dist. 8. que. 2. W tym Sacramencie mowi/ że dwu znakow ieden doskonały Sacrament staie sie, ktorego całości sposob pochodzi z natury rozprawnie, gdyż ani chleb,

Dispositiue.

chleb, ani wino sámo przez sie dosyć czyni, ale z oboygá iedná zupełna doskonáłość wypływa, á w skutek wypełnienia y postánowienia Páńskiego przychodzi, ktore to postánowienie, te dwa znaki do obiásnienia iedney doskonáłey ochłody sporządziło. A te wßystkie Oycow śś. y wáßych Doctorow pismá / iednym Páwłá ś. I. do Corinth. II. Párágráphem concluduie. Ia abowiem mowi wziąłem od Páná, com też wam podał, iż Pan Iezus tey nocy ktorey był wydan, wziął chleb, y podźiękowawszy, łamał, y rzekł: To iest ciáło moie, ktore zá was łamáne bywa, to czyńcie na pámiątkę moie. Tákże y Kubek po wieczerzey, mowiąc, Ten Kielich iest nowy Testáment we krwi moiey, to czyńcie ilekroć będźiećie pić na pámiątkę moie.

Rozdźiał IX.

O Wzywániu Swiętych.

Zbywa ießcze iedná ktora Cerkwi świętey Adwersarze zádáią Calumnia / to iest / iákoby w wzywániu świętych z zámierzonych Pismá świętego gránic występowáć miáłá. O czym Piotr Skárgá Iezuitskiey roty nie poślední żołnierz / Rus mowi / w Ceremoniach y Tradiciach więcey niż potrzebá dufáią y na nich polegáią, Ktemu w obrázach, wzywániu śś. y w inszych Cerkiewnych sprawach wielkie grubiáństwo

biáństwo záchowuią. Lecz iáko sie tá iego powieść z prawdą zgadza / snádnie káżdy z tego co sie tu niżey pomieni / resolwowáć sie w tym może / Umyśliłám tu bowiem wprzod swoie práwowierne / á potym Rzymskiego Kośćiołá w tey mierze zdánie / náukę y professią położyć. Co oboie gdy kto rozsądnie y z pilnym uważeniem przeczyta / uzna to bez pochyby / iż nie słusznie ten dobry Pan w swoie sukienkę drugich ubiera. Obaczy tu mowie ná oko káżdy baczny człowiek / Iż nie Wschodnia Cerkiew / ále Záchodny Kośćioł iáko w innych wielu rzeczách / ták y w tey sámey / o ktorey tu mowá / z gránic náuki Pismá ś. wyskoczył. Co sie tedy Cerkwie Wschodniey zdánia dotycze / pokłádam tu włásnie o tey máteriey słowá / świętey pámięći Ieremiaszá Pátryárchy Constántinopolskiego / z listu iego do kráin Niemieckich / á osobliwie do Iácobá Theologiey Doctorá / y Márćiná Crusiusá pisánego / ktoremu Titul *Censura Ecclesiae Orientalis*, A pokłádam iezykiem Láćińskim / ták iáko sie w sámym / przez Rzymiány w roku 1581. z Druku Krákowskiego wydánym Exemplarzu naydue. Nos autem dicimus (mowi Pátriárchá) inuocationem quidem verè & propriè soli Deo conuenire, illique primo & propriissimè deberi, eam autem quae sanctorum est, inuocationem, non propriè dici, sed ex accidenti, vt ita dicam, quodammodo, & ex gratia, & priuilegio quodam. Neque enim aut Petrus, aut Paulus ipse exaudit

eorum quenquam, qui illum inuocant, sed gratia & donum, quod habent, iuxtà illud pro-
Matth. 28. missum: *Ego, inquit, vobiscum sum, vsq; ad consumationem seculi.* Et de ea quidem inuocatione, quæ
Rom. 10. ipsi Deo debetur, Paulus ad Romanos scribit. *Quomodo, inquit, inuocabunt in quem non crediderunt?* Deum, inquam, sine omni dubio intelligens. Quod autem & nos soli Deo propriè inuocationem tribuimus, patet ex ipsa sacra arcanorum celebratione, vbi sic Deum compellamus: *Dignare nos Domine, liberè & cum bona venia audere te cœlestem Deum Patrem inuocare, dicentes: Pater noster, qui es in cœlis.* Et rursum. *Domine Deus virtutum, sis nobiscum, alium enim præter te, in anxietatibus & tribulationibus nostris adiutorem, non habemus.* Et iterum. *Alium, inquit, præter te Deum non agnoscimus.* Mediatores autem facimus omnes sanctos. In primis autem & excellenter ante alios omnes, ipsam Dei genitricem virginem Mariam matrem Dei. Secundùm hanc autem, atq; secundùm Angelorum atq; aliorum Sanctorum choros, templis, donarijs, supplicationibus, sacris imaginibus, eorum: non proprio Dei cultu, sed relatè & consideratione quadam ad ipsa exemplaria, honorem facimus, illisq; aduoluimur. Scimus enim eum honorem, qui λατρεία dicitur soli Deo deferri, neque alium extrà illum Deum agnoscimus, neq; adoramus deos alienos, neq; in sanctis, eorumq; imaginibus veneran-
dis

dis nimij sumus, sed intra modum, metuentes scilicet, ne eum honorem qui Déi proprius est, illis deferamus: quod absit. Res enim est impia, & à Christi Ecclesia, eiusq; alumnis alienissima, verè, & non ad aliud relatè, sacras imagines adorare, quarum omnis honor, ad prima eorum exemplaria, inquit D. Basilius, referri debet. Cæterum, & alios sanctos omnes Mediatores nobis, & aduocatos constituimus, nec in præsenti tantùm hac vita, sed etiam in futura. Nam & hæc mediatio quædam est, cum Angeli alijq; sancti, atq; adeò non minus ipsa mundi domina, pro nobis exorat. Neq; tamen simpliciter pro omnibus, neq; pro aliquo qui in lethali peccato mortuus est, illi deprecantur. Nequaquam enim hoc dicendum est. Iam enim vna sententia hos tales à sua exclusit misericordia Deus. ac tale quid contra illos pronunciauit.
Si steterit Noe, aut Iob, aut Daniel, filios eorum & filias non liberabunt. Ezech. 14.
Sed pro illis solis exorant, pro quibus preces suas gratas & acceptas Deo esse arbitratur, pro his scilicet, qui in medio pœnitentiæ cursu ex hac vita sunt rapti: nondum tamen peccatorum suorum sordes, planè emundare potuerunt, idq; profectò stante adhuc iudicio, necdumq; lata sententia. Nam vbi semel solutum fuerit theatrum: vbi quisq; ad sibi designatum locum pœnæ abductus fuerit, ibi iam mediatio nulla est, neq; omnino vnquam fiet. Hæc enim
mediatio

mediatio nunc, dum in hac vita ſumus, in Eccleſia ſuſcipitur, atq; prædicatur: dum, nunc quidem ſanctos, nunc ipſam dominam, & matrem
Dei, nunc angelos, menteſq; beatas compellamus, ac illorum ſacris precibus nos commen-
damus. Et dominam quidē noſtram hoc modo.
Sanctiſſima, inquit, Domina noſtra, Dei mater, interce de
pro nobis peccatoribus. Sanctos verò Angelos.
Omnes cœleſtes virtutes, ſanctorumq; Angelorum, & Ar-
changelorum chori, orate pro nobis. Sed & Prophetam
illum atq; præcurſorem, Baptiſtamq; domini:
glorioſos item Apoſtolos, Prophetas, Martyres, ſanctoſq; Paſtores, ac Doctores, ſanctarum
item mulierum cœtus, omneſq; ſanctos oramus
vt intercedant pro nobis peccatoribus, quo
gratia Dei ipſius inſuperabili, item diuina, ac
incomprehenſibili virtute ſanctæ Crucis, Pro-
picius nobis peccatoribus fiat. Nobis, inquam,
eum ſolum verum Deum colentibus, illiq; ſoli
confitentibus, in veraq; pœnitentia perſeueran-
tibus. Rogamus item, vt oculos animæ noſtræ illuminet: ne aliquando onere peccatorum
depreſsi, obdormiamus in morte, inimicuſq;
noſter prævaleat aduerſus nos. Precibus igitur
& interpellationibus eorum omnium, quos ſupra memorauimus, Petimus clementiſsimum
Deum, vt ipſe ſuſceptor & liberator noſter eſſe
velit: noſq; à laqueis inimicorum noſtrorum
benigna ſua miſericordia liberare dignetur.

Ktore

Ktore to ſłowá Polſkim iezykiem ták ſie w ſobie
máią. Ale myták powiádamy/ iż wzywánie
prawdziwie y właſnie ſámemu Bogu należy / y
onemu w przod y naywłaſniey oddawáne być ma.
A ono ktore świetych ieſt wzywánie/ nie właſnie
ſie miánuie/ ále *ex accidenti*, to ieſt / ztrefunku /
y złáſki álbo przywileiu tákiego: ábowiem áni
Piotr / áni Páwel ſam wyſłuchiwa ktorego z
tych co go wzywáią/ ále łáſká y dar ktory máią
według oney obietnice / ia mowi *z wámi ie-*
ſtem áż do ſkończenia wieku. O tym tedy wzywániu
ktore ſámemu Bogu należy Páwel do Rzymian
piſząc mowi: *Iako będą wzywáć tego w ktorego nie vwie-*
rzyli: Bogá mowie bez wſzelákiey wątpliwośći
rozumieiąc. A iż y my ſámemu Bogu właśnie
wzywánie przywłaſzczamy/ dáie ſie znáć z ſámego świątośći *celebrowania*, gdzie ták do Bogá mowimy. *Zdarz nam Pánie dobrowolnie y bez nagany*
wzywáć ćiebie niebieskiego Bogá Oycá mowiąc. Oycże náſz
ktoryś ieſt w niebieſiech. &c. Y ná inſzym mieyſcu.
Pánie Boże mocarſtw, racż być z námi, inſzego bowiem oprocż
ćiebie w úćiſkách y vtrapieniu náſzym pomocniká nie mamy.
Y záś/ *Innego oprocż ćiebie nie znamy.* A mediatora-
mi czynimy wſzyſtkich świetych / á naypierwey
y nawybornley ſámo Bogárodzice Pánne Má-
rya mátkę Bożą. Potym Anielſkim y inſzych śś.
chorom Cerkwiámi/ modlámi/ obrázámi świety-
mi/ nie właſną cżćią y chwałą Bogu należącą.
Ale *relatie* y z *conſideratiey* nieiákiey ſámych exem-
plárzow vcżćiwość wyrządzáiąc / kłániamy ſie.
Wiemy bowiem iż tá cżeść / ktora ſie λατρεία

názywa

nazywa sámemu Bogu przynależy / oprocz kto-
re° innego Bogá nie znamy / áni chwalimy Be-
gow cudzych / áni w wielbieniu świetych y ich
obrázow zámierzone gránice przestępuiemy /
ále miáre w tym záchowuiemy / boiąc sie ábysmy
tey częśći ktora Bogu właśnie należy / onym (o-
broń Boże) nie przypisáli. Rzecz bowiem iest
niezbożna / á Chrystusowey Cerkwi y iey wycho-
wáńcom nie przyzwoita / prawdziwie á nie wzgledem czego innego / obrázom sie kłániáć / ktorych
wszelka cześć ná πρωτότυπα, To iest / Ná tego
sámego / czyy iest obraz. Mowi Bázyliusz /
Ma być referowána / wszákże y innych wszytkich świetych *mediatormi* nam y przyczyńcámi
być rozumiemy / á nie tylko w teráznieyszym ále
y w przyszłym żywocie. Abowiem y to iest iákie
mediatorstwo, gdy Anieli y wszyscy święći á dáleko
więcey Mátka Boża zá námi sie modli. Nie
prosto iednák zá wszystkie / áni zá te ktorzy w
śmiertelnych grzechách vmieráią Swięći Boży sie modlą / tego żádną miárą rzec nie możemy.
Już bowiem iednym wyrokiem tákowych Bog
od swego miłosierdzia oddalił / mowiąc. *Iesliby*
stáns l Noe, albo Iob, albo Daniel, Synow y corek ich nie
wybáwią. Ale zá te sáme modlą sie / zá ktoremi modły swoie wdzieczne y przyiemne Bogu być rozumieią / záte mowie / ktorzy pośrzod sámego
pokuty biegu / ten żywot skończyli / iednák zmázy grzechow swoich do końcá nie oczyśćili / y to
wtenczás gdy ieszcze sąd nie minął / y dekret nie
wyszedł. Abowiem skoro sie on sąd generálny zá-

wrze / á

Ezech. 14.

wrze / á káżdy ná náznáczone sobie karánia nie-
sce bedzie odprowádzony / tám iuż przyczyny y
mediátorstwá żadnego nie bedzie. To bowiem
mediátorstwo / teraz gdy ná tym świećie iestesmy
w Cerkwi Bożey opowiádáno bywa / gdy raz świetych / drugdy przeczystą Mátkę Bożą / tudzież Aniołow y Duchow Błogosłáwionych / o przyczyne do
Bogá prosimy / y onych sie modlitwami polecamy. Do Przeczystey tedy Dziewice tákim sposobem. *Naświetsza Panno Matko Boza, przyczyn sie za nami*
grzesznymi. Do świetych záśie Aniołow. *Wszyt-*
kie niebieskie mocarstwa świetych Aniolow y Archaniolow cho-
ry modlćie sie za nami. Ale teź y Proroká onego y
precursora Krzćiciela Páńskiego / chwalebnych tesz
Apostołow / Prorokow / Męczennikow / y świetych Pásterzow y Doctorow / tudzież świetych
Niewiast zebránia / y wszystkich śś. prosimy / á-
by sie przyczynili zá námi grzesznymi / aby łáską
swoią Boską / niezmierzoną y niepoietą Krzyżá s.
mocą / nam grzesznikom miłośiernym być raczył /
nam mowie ktorzy iego sámego prawdziwego Bogá chwalimy / y onemu sie sámemu spowiádamy
y w prawdziwey pokućie trwamy. Prosimy tesz
áby oczy zmysłow nászych rozświećił / żebysmy
kiedy ćieżarem grzechow potłoczeni bedąc / snem
śmiertelnym nie zásnęli / y nieprzyiaciel nász / nas
nie przezwyćiężył. Tych tedy wszytkich wysz pomienionych przyczyną y modlitwámi / Prośimy miłośiernego Bogá / áby on sam nászym
zastepcą y wybáwićielem był / y nas od śieći nieprzyiaćioł nászych z szczodrobliwey łáski swoiey

Eee wybáwić

wybáwić raczył. Poty ſą słowá onego zacnego y świetobliwego zá nąßych wiekow mężá Jeremiaßá Pátryárchy Conſtántinopolſkiego/ z ktoryches (mam zá to) doſtátecznie wyrozumiał/ iż Wſchodnia ś. Cerkiew/ iáko słáwy y *honoru* tego/ ktorym śś. Boży od ſtworzyćielá ſwego hoynie obdárzeni ſą/ námniey im nie vwłaczá/ ták z drugiey ſtrony czći y chwały ſámemu tylko Bogu należącey/ onym nie przywłaßczá. Ale ták wierzy/ y ták wyznawa/ iż duße świetych (ktore dopiero w nieodmienney zupełnego niebieſkich dobr odziedziczenia nádziei/ bez ćiáłá żyią.) Chryſtuſowi Pánu/ zá ktorego imie krew ſwoie wylały/ wielce ſą przyiemne y miłe. y iż on chce/ áby świątobliwa świetych ludzi pámiatká wiecznie ná tym świećie byłá/ y áby z nieśmiertelności/ ktorą przyozdobieni ſą vſtáwicznie wyſłáwiáni byli/ y iż Pan Bog poniekąd liſtke ſwa w wypełnienie doſkonálego wzroſtu ćiáłá Chryſtuſowego wiernym dawáć zezwala/ dla modlitw tych/ przez ktorych wßyſtek świát do poznánia ſwego przywiodł/ ktorym (żadnego słáwy ſwey vßczerbku prze słáwe świetych iego nie máiąc) nieodmiennym słowem ſwoim/ że wietße cudá czynic mieli/ niż kiedy on ſam czynił/ dáć obiecał/ A przez ktorych nie tylko ludzi/ ále y Aniołow ſądzić chce. Ponieważ ſie ták woli iego świetey podobáło/ áby tych słáwy ſwoiey vczeſtnikámi vczynił/ ktorych y w ſpołeczność ſynowſkiego ſwego tytułowánia przyiał/ y niebieſkiego Kroleſtwá ſwego wiecznym dziedzictwá/ nie oddalił/ y kto-

rym ſam w służney poſtáci poſłużyć zezwolił. Pewno tez wiádomością y obrázy czći/ referuiąc czczenie onych ná pierwßy/ to ieſt ná tego/ czyi ieſt obraz. Práwowiernie wyznawa/ iż świeci/ ſámi przez ſie ludzie ſą/ ále gdy Bog przez nie ſpráwuie/ ſą Bogowie y ſynowie naywyżßego wßyſcy. Tym tedy ſpoſobem práwowierni ich wzywáią: náśláduiąc pobożnego ich w Bogu żyćia: wyſtawiáią/ dla práwey wiáry wyznánia/ prácy/ boleści y ćierpliwości ich/ podięte: chwałą w nich przenaświetßey y ożywiáiącey Troycy wiecżne pomießkánie: A przez vſtáwiczne ich/ ktore do śiedzącego ná Máieſtáćie Chierubinow bywáią modlitwy/ w kłopoćiech tego nedznego żywotá wſpomożeni być prágną. A zbáwienia ſwego nádzieie y przytomnych y przyßłych dobr oczekiwánie/ ná iedynym y ſámym Jezuśie Chryſtuśie Synu Bożym/ y ná iedynym ſámym początku nie máiącym Oycu y ná iedynym ſámym obovgu żywotdáiącym duchu pokłádáią/ y ták zbáwieni bywáią. Ták y ty Bogá y świetych iego pochwalay/ venervy/ wielb/ y wzyway. Bogá iáko ſtworzyćielá y Páná z przyrodzenia chwały y wzywánia cześć máiącego/ A świete Boże/ iáko ſtworzenie świetey ożywiáiącey Troycy w pomießkánie poświecone. Bogu ſie modl/ iáko z przyrodzenia Modlitw/ y zbáwienia chwałe máiącemu/ A świete iż od Bogá wybáwienia dar przyięli/ y wßyſtko cokolwiek mogą/ od tego mogą. Do Bogá mowiąc/ Zbaw y wyrwi nie Pánie/ z łáſki twoiey świetey/

wßechmocną twoią práwicą/ z rąk widomych y
niewidomych nieprzyiaciół moich/ Omyi niezli-
czonych grzechow moich mnostwo/ żywemi nie-
ogárnioney ßczodrobliwośći twoiey wodámi.
Vstrom vstáwiczne suminienia mego ßczypánie/
Abowiem ty sam ieden myśli moich skrytośći
wieß / y wßystko sam iáko ieden wßechmogący
możeß. A do świetych / Wysławiamy was /
wielbimy y chwalimy / Błogosłáw. Apostolowie / oświeceni Prorokowie/ sławni Męczenni-
cy/ y wßyscy świeći/ iż wy wßechmocnemu Bogu ktorego oblicza świátłość was náwiedza / v-
stáwicznie sie Modlicie/ áby nas od wßelkich nie-
bespieczeństw/ y doległości tego świetnych wy-
báwił/ y teyże ßczęśliwośći ktorey wy dostąpili/
domieścił. Was ábowiem wiernych y spráwie-
dliwych/ zastępcow/ obroncow/ opiekunow/ po-
mocnikow/ y przyczyńcow do Chrystusá Páná/
widzim y przezen nábylismy. A przez tákie świetych Bożych wzywánie/ iáko y przez náśládowánie pobożnego ich żywotá/ y przez wysłáwowánie
w nich dárow Bożych/ iż sie namniey chwały Bożey wielmożności nie derognie/ przyznawam y
opowiádam. Iáko bowiem iáwnie w Chrystuśie Pánie doskonáły pobożnego żywotá przykład/
wßystkim weń wierzącym wyrázony wyznawány bywa / ták y świetych náśládowánia przykład po ktorym chwalebne Boskie dáry Cerkwi
świetey záktwitły/ odrzucány nie bywa. A iáko
nie bywa przeczono/ iż náwyższa cżći y wßelkiey
chwały pierwßość/ iednemu Bogu należy/ ták y
Cerkwie

Cerkwie Chrystusowey zwyczay/ w budowániu
domow ná imie świetych gániony nie bywa/ w
ktorych sie Bog sławi y w dedicátiey vroczystych
dniow/ w ktore sie dobrodzieystwá Boże opiewá-
ią/ y w vżywániu świątobliwych Hymnow ná
wieczną świetych Bożych pámiątkę złożonych/kto-
rymi sie sam Chrystus w członkach swych wielbi
y sławi/ przeznie bowiem wysłáwione iest w ná-
rodziech imie iego święte/ od morzá do morzá/ y
ná wßystek Okrąg ziemie. Ieśli bowiem dla
náśládowánia świetych doskonáłemu pobożnego
żywotá w Chrystusie Pánie wyrázonemu przy-
kłádowi/ namniey sie nie vymuie/ podług rzeczo-
nego/ náśládowcámi moiemi bądźcie/ iáko y ia
Chrystusow/ y ieśli przez pochwałę świetych /
cżći y chwale Bożey nic sie nie vwłacza / owßem
sie bárziey ßerzy y mnoży / w świetych bowiem
Bożych nic inßego co sławiono y chwalono bywá/
tylko dáry tego od ktorego wßelki dátek dobry y
wßelki dár doskonáły wychodzi. To przystoyne y
z pismem (á z wolą Bożą zgodne) świetych Pańskich wzywánie/ áni gwałtem wyciągano / áni
też heretycki (*absit*) odrzucano ma być/ w ktorym wierni Boży y po dziś dzień nie odmiennie y
pobożnie trwáło/ Bogu w Troycy iedynemu/
Oycu/ Synowi/ y Duchowi ś. modły swe oddá-
iąc/ áby przyczyną świetych / ktorych pámiątkę
w chwale iego obchodzą / y śládem stop ich iść
prágną / łáskáwego Páná ná sie mieli/ proßą. Ty mowiąc/ wßechmogący Pánie/ á nie
ś. Fránćißku zmiłuy sie nádemną/ y zbáwionym
mie

mie vczyn / wiedząc iż żaden z świetych tego nie
rzekł nigdy: Wßystko o co kolwiek Oycá w imie
moie prosić bedziecie/ otrzymacie/ álbo o cokolwiek
nie prosicie/ vczynie. Vzdrawiáli chorych Apostołowie / wzbudzáli vmártych/ wypedzáli Diabel-
stwo/ ále w imie Jezusowe/ wzywániem Oycá/ á
Duchá s. spráwą. O tákowym tedy świato-
bliwym y pobożnym wzywánia SS. zwyczáiu /
Hieronym Blogosłáwiony temi słowy mowi.

Hieron. ad Vigilanti.

*Jesli bowiem spráwiedliwi ktorzy iescze w tym żywocie nedz-
nym náprzeciw grzechowi w ktorym są, bonus, y innych o
przyczyne modlitw potrzebuią, gdy sie zá bráćią swą modlą,
wysłucháni bywáią. Jáko więcey wierzyć mamy, iż oni iuż po
bliżu bedący, nieśmiertelnośćią przyozdobieni, y od wselkiey
zmázy grzechowey oczyśczeni v Bogá, iłá mogą, zwłasczá, iedni miłość onych do bliźnich, ani o nas pieczołowánie, z ciáły
ich pogrzebione być, winniśmy wierzyć.* Nie ma być tedy záiste rzecz tá w wątpliwość przywodzona/ że
sie ći/ ktorzy z ziemie przeßli/ vstáwicznemi modlitwámi o zbáwieniu wßystkich imie Chrystusowe wyznawáiących/ modlą. Jeśli bowiem ci ktorzy
ktorzy od Bogá oddaleni byli/ ktorzy ie w nienawiści mieli/ ktorzy ie prześládowáli y zábiáli/ bedąc ná ziemi modlili sie. To iák podobna rzecz
áby sie teraz/ áni zá bráćią/ ktorzy iescze w na-
wálnościách tego świetnego morzá są/ wßechmocnemu Bogu/ przed ktorego obliczem vstáwicznie stoią/ nie modlili/ áni też v Bogá co mogli/
prze ktorego miłość duße swoie ná śmierć wydáli.
Ieśli pobożna rzecz byłá do żywych mowić. Páwle Apostole / álbo Oycze Básyli pomodl sie zá
mną

mną do Páná (iáko y dziś do Bliźnich mowimy)
To iáko niezbożną rzeczą bedzie/ temiż słowy do
tychże iuż w reku Bożych bedących duchow mo-
wić/ ty sie modliß zá námi / álbo prze wielką y
gorącą ku bliźniemu miłość iákoby do przytomnego. Pomodl sie zá mną Apostole Jezusow Pá-
wle/ álbo Blogosłáw. Biskupie Básyli. Nie ná
golocie przeto słow zásadzay sie/ ále moc y wagę
á nawiecey intentią mowiących vważay/ kiedy
pomodl sie álbo vbłagay Zbáwićielá o nie/ mowią / twierdząc/ iż Przyczyńcámi/ modlićielá-
mi y intercessorámi są świeći / á Bog dawcą.
Acz y święći Boży wzgledem modlitw / á nie
wzgledem dánia/ dawcámi są/ Ale o tym discur-
rowáć álbo spor wieść v doskonáłego w Chrystusie rozumu człowieká/ dziecinna. Jużbym máiąc ná tym wyrozumienia mego obiáśnieniu do-
syć/ przedsiewzietą powieść skończyłá/ ále al ym
máley rzeczy opußczeniem wielkiemu pogorße-
niu przyczyny nie zostáwiłá w tych ktorzy y duße z ćiáłem pospołu/ iáko bez rozumne y nieczu-
łe pogrzebáć zwykli. Toć iedno synu opowia-
dam / iż sam Pan Bog iest χαρδιωγνώσης,
ktory skrytośći serdeczne káżdego człowieká wi-
doskonále/ A duße świetych bedąc z przyrodzenia
rozumne y smysłne/ po rozłączeniu od ćiáłá dla
vstáwicznie trwáiącey ná nich/ od oblicza Bożego świátłości/ y dla mießkáiącego w nich świetego Duchá/ słyßą y widzą bárziey niż kiedy w ćiá-
le słyßáły y widziáły. Gdyż nie ćiáło duszy ruszáć sie y czuć dáie/ ále duszá ćiáłu / ktore

truf

krwi po wyściu iey nieczuły y ſtretwiały zoſtáie/ áż poki z woli wßechmogącego Bogá z nowu w też ciáło táż duſzá nawroci ſie/ ktorey iáko ściány / mury y żadne inße impedimentá do náznáczonego iey ochłody y weſela mieyſcá przeyść nie zátroniły / ták y tych przytomnych rzeczy ſłyßeć y widzieć nic iey nie zábrániá. A ſłyßą y widzą duße ſpráwiedliwych podług Wielkiego onego wſchodniego ſłońcá Błogosłáwo. Báſylego/ nie iáko ziemſkie/ ále iáko niebieskie/ nie iáko cieleſne/ ále iáko Duchy y Aniołowie/ ktorzy Chryſtuſowey łáſki promieniem będąc oświeceni/ nie cieleſnymi oczymá/ ále bez cieleſnym widzeniem wßyſtkie rzeczy widzie widząc/ w wiádomości máią.

Ex Miſſali Cracouien. Anno 1532. Venetiis impreſſum.

Przypátrzże ſie y tu wykretnego Jezuitskiego mozgu chytrości/ iáko Wſchodnią ś. Cerkiew/ ſwoią ſuperſtitią máże / á iey wielkie w wzywániu świętych grubiáńſtwo zádáwßy/ z ſwoim iákoby nie winnym/ y namniey złego ſtwaru dymem nieokopciáłym kościołem západa. A ono gdy pilnie w rzeczy weyrzeć záchcemy/ ná tychmiaſt wielkie *inconveniencia* w nim naydziemy. Jáko piſzą/ mowią/ uczą/ y śpiewáią w modłách. O Stániſłáwie gwiazdo Polſka / proſi cie lud twoy Polſki/ zmiłuy ſie nád nimi wespołek z Synem Bożym/ fol.226.) Wincenty Męczenniku/ twoią krwią omyi grzechy náße 203.) S. Eulogi bądź náßym pocieſzycielem/ 235.) Te y inße brzednie/ y drogiemu czáſowi/ y pobożnym vßem folguiąc/ opuściwßy: tákież bábie one bayki/ ktore Rzymſki kościoł o Fránciſzku Mnichu náplotł

Folio 229.

náplotł/ Jezuſem go názywáiąc/ y we wßem podobnego y rownego Chryſtuſowi Synowi Bożemu być opowiádáiąc/ powieść moię kroce/ w ktorey pierweyby mi záiſte dzień zßedł/ niżliby ná tey máteriey zbyło/ ktorey pełne Diaryki/ pełne Diurnały/ pełne Mßały/ pełne Zoltarze/ pełne Conformitatum księgi/ y innych bez liczby/ w ktorych nic inßego záprawde wßelki Boży człowiek nie naydzie tylko ſzczyre y iáwne ná Bogá y ná ś. iego łáſke bluźnierſtwá. Miiam y bálamutá (Báráletá chce rzec) przepyßne kazánie/ w ktorym báie/ że ſie Dominik ś. bez grzechu pierworodnego vrodził/ ktoremu Pánná Máriá Kápice vßyłá/ y z niebá ná świát do niego przyniosłá y oddáłá. Opußczam v drugie zábobony/ ktorych Kościoł Rzymſki czeſto y gęſto záżywa / Jáko ná przykład/ we Fránciey nieiákiego Thomaßá Biſkupá Canthuarienſkie° z wielkim nabożeńſtwem przez Mnichy Pántofel bywa wynoßony/ y poſpolitemu ludu do cáłowánia poda wány. Niełádámi báczenie rozumnemu ſtworzeniu przed ſkurátem ná koláná pádáć y onego cáłowáć. To ſą ſynu Cerkwie Wſchodniey y Zochodniego Kościołá wzywánia świętych formułe / ſądzże ſpráwiedliwie/ iákim duchem ten to Jſáwitá zádáwßy Cerkwi Wſchodniey grubiáńſtwo/ ſam ſie pod táwe ſkrył y zátáił.

Folio 240.

Gabriel Baraleius Concionator.

Tu iuż głownieyßym Wſchodniey Cerkwie z Zachodnim Kościołem/ miáry rozności am koniec czynię/ z ktorych ná oko báczyć możeß/ iáko wielkiemu w Cerkwi Chryſtuſowey rozerwániu/

 y nigdy

y nigdy nieporownánym roznościam one niezbożne Concilia Constántiyſkie/ Florentſkie/ Trident-
ſkiey inſze przyczyną były/ ták/ iż ieśli nie ſam
Bog/ człowiek temu żadnym ſpoſobem nie podo-
ła / áby kiedy Kośćioł Rzymſki do pierwſzego
ſwego świętego powſzechnego y Apoſtolſkiego
prawdziwego/ á nie iáko teraz zmyślonego titu-
łowánia ſtanu przyść mogł. Ponieważ przenie-
znośne przeciw Duchowi świętemu ſprzećiwień-
ſtwá/ ktore ſie ná tych Conciliach porodziły/ miáſto nieoſzácowánych onych perel/ ktore niegdy ná-
czele(iedney świętey powſzechney y Apoſtolſkiey
Cerkwie titulem ſie zdobiąc) nośiłá/ teraz fuco-
wymi fárbiczkámi á z roznych Ariſtotelesowego
duchá lekkośći zebránymi pſtroćinkámi ſie máłu-
ie y krááſi. A iuż od tąd iedná nie ieſt/ ponieważ
ſie z oną dawną nie zgadza/ ále wſpiawſzy ſie nánie z gránic iedney wyſkoczyłá/ y drugą zoſtáłá.
nie iſt świętą/ ponieważ ná ſwey świątobliwośći
polega/ nie ieſt powſzechną/ ponieważ powſzech-
ną wiárę zgwałćiłá / á ſwoię nową ſobie k woli
ſplećiłá. Nie ieſt y Apoſtolſką/ ponieważ ſie Apoſtolſkiey náuce *ex Diametro* ſprzećiwia. świádek
powieśći/ świeżo wyżſzey pomienione rożności/
gdyż áni z ſtárodáwnemi Doctorámi ſie zgadza/
áni Apoſtołow náśláduie/ áni też ſámego Chryſtuſá ſłucha/ ále podług żądze woley ſwoiey bło-
dzi/ Piotrem pierwſzym páſterzem y Miſtrzem ſie chlubi / dáleko iednák / od prá-
wdziwey Apoſtołá Piotrá Miſtrzá ſwego náuki ſą náuczyćiele iego dziśieyſzy/ ktorzy ták dáleko

leko od Rzymu náukę Piotrową odegnáli / iáko
dálekie ſą ich duſze od Błogoſłáwioney duſze Piotrowey. Miedzy ktorymi ták wielka wymyſłow
y zabobonow otchłań ſie ſtáłá / iáko kiedy miedzy
náśládowcą y miedzy przećiwnikiem Chryſtuſowym iuż ſie byłá pokazáłá. Ktorych piſmá ze
wſzech miar ſobie ſą przećiwne y w niczem niezgodne. Cokolwiek Piotr ś. buduie/ to Papieżowie
pſuią/ A to Papieżowie funduią/ co Piotr ś. kázi y zgruntu wywraca. Piotr ábowiem ś. Zwolennik Páńſki/ y wſzyſtkiemu świátu Ewánieliey Chryſtuſowey przepowiádácz/ Páſterz y ná-
uczyćiel/ nie ze krwi/ áni z ćiáłá/ ále od niebieſkiego Oycá / y od iednorodzonego iego Syná/
Duchá świętego obiáwieniem náuczony vczy i-
me ieſt inſze imie pod niebem ludziom dáne/ prze
ktorebyſmy mieli być zbáwieni/ procz Chryſtuſá
Jezuſá. A Papież dziśieyſzy twoy páſterz y vczyćiel ktory y Chryſtuſową náukę odrzućił/ y Piotrowe zwiáſtowánie podeptał/ podług zdánia ſwe-
go/ vczy iż przez záſługi/ Dominiká / Fránćiſzká/
y drugich/ ludzie duſznego zbáwienia doſtępuią.
Piotr ieden Fundáment Cerkwie węgielny kámień Chryſtá páná wyznawa/ Papież ſámego
siebie zá grunt y węgielny Kośćiołá kámienkla-
dzie. Piotr bądźćie poddáni wſzelkiemu ludzkiemu ſtworzeniu dla Bogá / to ieſt/ Krolowi y
przełożonym. Papież roſkázuie y chce / áby mu
Kśiążetá / Krolowie / y Ceſárzowie poſłuſzni
byli. Piotr ſámemu Chryſtuſowi/ iż páſterzem
duſz/ y Kśiążećiem páſterzow ieſt / przyczyta/

 papież

Papież dusz ludzkich Pásterzem y Pásterzow Kśiążęćiem śiebie być powiáda. Piotr: Chrzest iest sumnienia dobrego przypytánie. Papież: Chrześciánie ktorzy w grzech po chrzcie wpadáią/ choćia sie y náwrocą/ przez Chrzest dusz swych pocieszyć nie mogą. Piotr/ ieśli kto mowi/ niechay mowi / z słowá Bożego. Papież/ ieśli kto mowi / *tradicie* nász e niech mowi. Piotr / pásćie trzodę nie dla nieuczćiwego zysku. V Papieżá Ołtarz y niebo przedáyne. Piotr/ pásćie trzodę nie ták iákobyśćie byli pány nád Clerem. Papież/ nád Aniołámi y nád wszystkiemi narody pánowáć chce. Piotr/ Sprzećiwiaycie sie dyabłowi wiárą. Papież / Sprzećiwiaycie sie dyabłowi / świecą / pásem Fránciszkánow paciorkámi/ y Miłośćiwym lárem. Piotr/ nie záplonnymi á nikczemnymi báśniámi sie wodawszy/ oznaymiliśmy wam moc/ y przeyrzenie Páná nászego Jezu Chrystá. Papież/ kśięgi Fránciszkowych y Dominikanowych báśni Canonizował / y stwierdził. To iest Piotrowey y Papieskiey náuki porownánie / ktore czytay y uważay / á nie wiecey go iuż Piotrowym w náuce *Successorem* być powiáday. Zniesmysz leżeże y pobożność żywotá obudwu/ á obaczysz iáko piekna miedzy nimi zgodá. Piotr żył w pokorze. Papież żyie w hárdośći. Piotr sługą śiebie być pokázał. Papież pánem nád pány śiebie czyni. Piotr Zonę z sobą wodził. Papież Małżeństwem Kápłáńskim brzydźi sie. Piotr Symonią wyklął. Papież Biskupstwá/ Kápłáństwá/ Bulle/

pálliusze

pálliusze/ odpusty zá srebro przedáie. Piotr pobożnym/ świetym/ poczćiwym/ czystym był. Papież w porządku Successiey swoiey ma zboyce / czárnoksiężniki/ czárowniki/ wszeteczniki/ cudzołożniki/ pokoiu pospolitego gwałtowniki/ buntowniki/ y insze złoczyńce. A toż mi iest Piotrá świetego z dźiśieyszego twego pásterzá żywotem zgodliwe znieśienie/ zá czym słusznie Antipiotr y w náuce y w żywocie názwány być może.

Z tey wszytkiey dość obszyrney rozmowy moiey z tobą zbiegło y odłączona owieczko/ mniemam żeś sie náuczył y poznał synu/ co iest teráznieyszy twoy Kośćioł z Papieżem pospołu/ Ktorego iedni ziemskim/ drudzy y niebieskim Bogiem czynią/ ieśli słusznie/ ó ii uyrzo:/ gdy podług zasług zá nagrodą płácono będźie / dożna y sam tego/ że sie temu oprzeć / á niemilczeć/ áni chwalić/ áni sie też z tego vżywánia ćieszyć álbo li podnośić słuszniey było. Juże mći też podług miáry poiecia twego/ iáko przyszło/ ile czásu stáło/ co przed láty Kośćioł Zachodni był/ y co teráz iest / pokazáłá. A przytym y to / w iákieieś y w iák wielkiey záłości/ mátkę twą/ ktora ćie z wody y duchá odrodźiłá/ odbiegł/ y do dworu niácochy/ ktorać o gardźiel stoi zbiegłeś. Tá záiste o spłodzonych z śiebie potomkach máło álbo zgołá żadnego stáránia nie ma/ czy sie tobą opiekáć będźie? pewna iśta/ ieśli sie ty iey pierwey opuśćić nie pospieszysz / wzgárdźi tobą/ y wypchnie ćie z vlá. Jeśli bowiem Czechowie y Niemcy/ Węgrowie y Anglikowie/ Dunczycy y Szkoći/ Hybernowie/ Norwegowie/

wegowie/

wegowie / y po niemáłey częśći Fráncuzowie y Nawárrowie / niektorzy dla sámego tylko odpustow przedawánia / á niektorzy z nich dla odrzucenia Kielichá nowego Testámentu / opuśćili. Jáko bárziey tobie dla ták wielkich wyższey opisánych przyczyn / opuśćić ią przystoi : Dźwigni sie przeto dla Bogá Synu dźwigni / y nie oglądáiąc sie ná zad / záś do domu Mátki twey z ktoregoś wyszedł náwroć sie / náwroć sie á mieszczáską Mácochę porzuć / wypuść z myśli iey zabobony / á Bogiem nátchnioney twoiey wiáry czyste vstáwy / znowu przyimi / y tymi sie zdobić pocżni. Otworz vstá twoie / á wolnym ięzykiem one dáwne y prawdziwe práwosławney wiáry twoiey Bogásłowne wyznánie świátu dla poznánia wysław / ktorego bramy piekielne / podług nie omylnych słow Páńskich zwyćiężyć nie mogły / áni kiedy moc będą. Podnieś głos twoy iáko trąbę á śmiele przed wszystkimi świátem záwołay / O plemioná y narodowie / ktorych przestronnymi swemi skrzydłámi niebo obeymuie / wszystkie wobec y káżde z osobna / do mnie błędnego y márnotrawnego Syná przystąpćie / y posłuchayćie mie / á słucháiąc świádkámi mi bądźćie. Iż ia od tąd dom nieprzyiáźliwey y nieszcżęśliwey mácochy swoiey opuszczam. Y wszytkie błędy Heresie y zabobony iey / ktorymim sie od dniá y godźiny od prawdźiwey mátki mey odszczepstwá / áż po dźień dźisieyszy szkárádźił / odrzucam. A do własney sie mátki moiey / ktora mną boláłá / kármiłá y wychowáłá / wracam. Te przeiedny-

wam

wam / y iey ożywiáiącą naukę przyimuie. To gdy wyrzeczesz / á nogi mátki swoiey z pokorą y z pokutą (do niey sie wrácáiąc) oblápisz / nie tylko ziemskim / ále y niebieskim mieszkáncom z náwrocenia iedney błędney dusze niewymownie sie cieszącym y triumphuiącym rádość y wesele / á sobie wieczne doskonáłych onych dobr y roskoszy niebieskich odźiedźicżenie (co zdarz Pánie) spráwisz.

Rozdział X.

W ktorym Cátechism / to iest / Sumáriusz / álbo krotkie zebránie wiáry y Ceremoniy Cerkwie świetey Wschodniey.

Wierzę w iednego Bogá Oycá wszechmogące° stworzyćielá niebá y źiemie / widomych wszytkich y niewidomych. Wierzę y w iednorodzonego syná Boże° Páná nászego Iezusá Chrystusá z Oycá przed wieki vrodzonego. Wierzę y w ożywiáiącego Duchá świętego od Oycá pochodzącego y w Synie istnosnie (iáko Syná w Oycu y Oycá w Synie / y Duchu świętym) pocżywáiącego. wy-

De Symbolo fidei.

znawam

znawam nie zmieſzáną w trzech Perſonach iedność y nierozdzielną w iedney iſtności Troyce/ Bogá Oycá/ Bogá Syná/ Bogá Duchá ś. iednego
wſzákże Bogá/ á nie trzech. Oycá nierodzonego/
Syná rodzonego/ Duchá świętego pochodzące-
go/ Oycá y Syná y Duchá świętego / wſzyſtkie wespół y káżdego z osobná / iednego nieſtwo-
rzonego/ iednego nieuczynionego/ iednego przed
wiecznego / iednego wſzechmocnego / iednego
Páná/ iednego Duchá/ iednego świętego/ iednego niepoiętego / niewysłowionego/ y nicogár-
nionego. Ktorym wſzytkim trzem / iedna ieſt
iſtność/ iedno Boſtwo/ iedno przyrodzenie / iedná wola/ iedná ſpráwá/ iedná moc/ iedno kro-
leſtwo/ ieden kſztałt/ iedna chwałá/ iedná cześć
y ieden pokłon. Oycá/ y podług iſtnoſtney y podług perſonálney iego bytności/ niodkogo / Syná
y Duchá świętego/ względem bytności/ iſtno-
ści/ też niodkogo/ á względem perſonálney bytności ſpoſobu/ od Oycá/ Syná przez porodzenie/
á Duchá ś. przez pochodzenie. Oycá dwoiákie
wnętrzne własności máiącego/ ku ſobie/ ku Synowi y Duchowi ś. Syná y Duchá ś. po iedney
własności máiące/ y obojgu ku Oycu. Oycá ku
ſobie/ iż ieſt bez początku/ bez przyczyny/ y nie-
rodzony/ A ku Synowi y ś. Duchowi/ iż rodzi y
wypuſzcza / Syná ku Oycu/ iż ſie národził / á
Duchá ś. ku temuż Oycu iż pochodzi. Syná y
Duchá ś. ku iednemu y ſámemu Oycu *relationem*
álbo odnoſzenie máiących / ktory ſam ieden ieſt
uczeſtnik Perſonálney ich bytności/ y nieſzod-
kuiącą

kuiącą/ ále osobną y naybliżſzą *causę* álbo przyczyną. A iednego z drugimi rownością / iedney przyczyny odnoſzenie ſwe máiących. Rozdzielonych
od siebie roznemi ich bytności ſpoſobami. A od
Oycá iż od tego/ iſtność Boſka nie poięta y niewy
powiedziána być przyznawam. A od Perſon roz
dzielona/ iáko ſie dzieli/ poſpolite od własnego
opowiádam. Ták ia o iedney trzech Perſon iſtności rozumiem/ y o trzech niedoścignionego iednego Boſtwá Perſonách wyznáwam/ y niewąt
pliwą krztu mego wiárą pieczętuię.

A o Wcieleniu iednorodzonego Syná Boże- De incarnatione Christi.
go táiemnicy/ ták wierzę y wyznawam/ iż prze
wdziwy o iedno iſtnoſtny/ y záwżdy bytny przed
wieki národzony Syn y słowo Boże pod czáſem/
zá zezwoleniem/ Oycá dla nas ludzi/ y dla náſzego zbáwienia/ z niebios zſtąpił/ Duchá ś. ſpráwą/
z niepokaláney y przeczyſtey dziewicy Máryey/
ciáło ná ſie przyiął/ będąc doſkonálym Bogiem/
stał ſie doſkonálym człowiekiem/ Bog z iſtności
Bogá Oycá / człowiek z iſtności Máryey czło-
wieká/ Rowny Oycu podług Boſtwá / mnieyſzy
od tego podług człowieczeńſtwá. Rowny y człowiekowi podług człowieczeńſtwá/ wierſzy nádeń/
y z Bogiem y ſam ieden bez grzechu ieſt. Aczkolwiek Bog y człowiek ieſt/ wſzákże ieden Chry-
ſtus/ á nie dwá/ ieden nie przemienieniem Boſtwá w człowieczeńſtwo/ álbo człowieczeńſtwá w
Boſtwo/ ále przyięciem człowieká w Bogá/ ieden nie zmieſzániem álbo zlaniem przyrodzenia/
ále iednością perſony/ dla ktorey Perſony iedno-

 ści/ y

ści y przyrodzenia rożnośc nąmniey nie ginie/ o-
wßem oboygu y w iedne perſone złożonych
przyrodzeń własność záchowuie/ nie iżby ſie iedná
przyrodzenia Perſoná ná dwie dzielić miáłá/
ále żeby dla iedności perſony/ ieden y tenże iednorodzony Syn Boży/ Bogiem słowem y Pánem
náßym Jezu Chryſtem wyznawány był / ktory
zá grzechy ludzkie śmierć krzyżowe vcierpiał/ v-
márł/ y trzeciego dniá zmartwych wſtał / á po
dniách czterdzieſtu wſtąpił ná niebo/ y ná práwicy Bogá Oycá vśiádł/ to ieſt/ wyżßey wßyſtkich
niebios wſtąpił/ á ná máieſtácie Boſkim/ to ieſt
w ſłáwie y wielebności Bogá Oycá/ po práwicy/
to ieſt/ w rowney władzy y w rowney chwalebno-
ści/ Bogoczłowieczey oſoby ſpráwą/ z Oycem v-
śiadł/ ktorego oczekiwam ná pospolite zmartwychwſtánie przyiáchaiacego/ żywe y vmárłe
ſądzić / y oddác káżdemu podług záſługi iego/
ſpráwiedliwym w niewypowiedziánych rado-
ściach żywot wieczny/ á grzeßnikom w mękach
nieznośnych wieczna śmierć.

A ktorzy ſie mowić nie wſtydzą / iż Chryſtus człowiek ieſt Θεόφορος, *Deifer*, A nie práwdziwie Bog. Ktoż ponád Bogá Oycá / ieſt Bogiem y Pánem Chryſtuſowym/ ktory iákoby nie
ſam przez ſie/ále zá pomocą ſpráwuiacego słowá
Bożego czynił wßyſtko cokolwiek czynił / ſłáwe
iednorodzonego iákoby drugiemu komu/ oprocz
niego bedacemu oddáiac/ potepiam y przeklinam.

Tákież y tych ktorzy bluźnią iż przyiety człowiek ma być z Bogiem słowem chwalony/ z nim

ſłáwiony

ſłáwiony / z nim y Bogiem názywány / iákoby
drugi z drugim/ á nie ráczey iedna chwała/ y iednym pokłonem Emmánuel on chwalony / ſłá-
wiony/ y czczony.

Przeklinam tych ktorzy nie wyznawáia/ iż iednorodzony Syn Boży vkrzyżowan w ciele/ vcierpiał w ciele/ vmárł w ciele/ y pogrzebion w ciele. A trzeciego dniá mocą Boſtwá ſwego iáko
Bog zmartwych wſtał/ y żywot ſobie iáko żywotá
dawcá/ przywrocił.

Przeklinam y trzeklete Heretyki/ Ebioná/
Cerintá/ Photiná/ Ariußá/ Serueta/ y dziśiey-
ße niezbożne ich ſectarze Nowokrzczeńce/ ktorzy
Boſkiey nátury/ Chryſtá Páná odſądzáia.

Przeklinam Cerdoná/ Válentiná/ Mário-
ná/ Mániußá/ y wßytkie ich náśládowce/ ktorzy prawdziwey człowieczey nátury w Chryſtuśie nie przyznawáia / ále mu *Phantaſticum corpus*
przyczytáia.

Przeklinam Sámoſátená y Neſtoriußá /
mierziione Kácerze / ktorzy dwie przyrodzenia
perſonálnie z iednoczone nieprzyſtoynie rozdzierá-
ia/ y dwie Perſony/ niezbożnie w iednym Chryſtuśie czynia.

Z tymi Eutychesá/ y Monophyſity/ Mono-
thelity/ v inße bez liczby / ktorych Błogosław.
Oycowie y Bogiem nátchnieni Biſkupowie náßy/
ná czwartym y piatym powßechnym Synodźie
wyklęli/ *anatheme edictem* záłożywßy/ Prawdzi-
wemu práwosłáwney wiáry moiey/ O táiemnicy wcielenia Syná Bożego wyznániu koniec czy-

Ggg ij niè

nie. Iżebyście mię z tąż pilnośćią / dla ſpólnego / ták wáßego iáko y moiego dobrá / dáley poſłuchác chćieli.

Mundi creatio & prouidentia.

Swiát y wßyſtko co ná nim / iż Bogiem ſtworzony / ſtrzeżony / y rządzony ieſt / wierzę.

Prudentia vel præcognitio.

Przeyźrzenie Boże w ſpráwách / ktore ná ſámey woli Bożey wißą / ſtále y nieodmienne być powiádam.

Contingentia.

Spráwy przyrodzone / y ſpráwy ktore ná woli ludzkiey záwiſły / że z tráfunku przypádáią / przyznawam. A tych ktorzy *Stoicam Euentuum neceßitatem*, w Cerkiew wprowadzáią y przyczyno grzechu y zginienia ludzkiego Bogá być bluźnierſko twierdzą zdánie / y náukę gánię y potępiam.

Prædeſtinatio.

O przeznáczeniu nie podług człowieczego wyrozumienia / ále z Blogosłáw. Hilárjußem / podług Bogiem podánego piſmá wyrok czynię / ktore (iż ieſt *generalne* ábo powßechne) ieden y sámy dobry koniec oddawßy / nie odmiennym ie y wiecznym woley Bożey wyrokiem náżywam. Przez ktory Bog dla wielkiego miłośierdźia ſwego / przed záłożeniem świátá w Synie ſwoim / ktory ná świát przyść miał / wybrał ſobie ná wieczny niebieſkiego kroleſtwá żywot / wßytkie w przyſzłego Syná iego wierzące / y w poznáney prawdźie trwáiące / áby byli święći y niepokaláni / przed nim / chwaląc y wielbiąc niewysłáwiona iego do-

broć y łáſkę / w tym doczeſnym y w przyßłym wiekuiſtym żywoćie / ktorego przeznáczenia Boſko wolą / z blogosłáw. Ianem Dámáſcenem / *in antecedentem & conſequentem*, rozdźielam / A te oſtátnio *in agentem & permittentem*, z ktorych pierwßa o dobrych / druga o złych ludziach bywa / A z tymże Dámáſcenem opußczenie / ktorym Bog człowieká opußcza / dwoiákie być náuczam / *Eruditiuam*, ku zbáwieniu / *& Deſperatiuam*, ku wiecznemu zátráceniu / ktore oboie Duchá Bożego oddaláią / Pierwße do czáſu / to ieſt / do pokuty. Drugie owßeki / wiecznymi czáſy.

Fides, *Wiárá*.

Wiárę / dárem Bożym być náuczam / ktora / náuki Ewánielſkiey / ze wßytkimi Chryſtuſá Páná dobrodźieyſtwy pewnosć / nie wątpliwym w nie dufániem / przy ſtáley wiecznego żywotá nádźiei / pieczętuie.

Charitas, *Miłość*.

Z ktorey dobre vczynki pochodzą / iáko dobry owoc z dobrego drzewá / ktoremi oná ſpráwnie / y pobudza ie / á bez nich martwa y niepożyteczna ieſt.

Spes, *Nádźieiá*.

Wßelki ktory te żywą wiárę ma / áby ſie nie wątpliwo wiecznego żywotá nádźieią poſilał / przykázuie.

Iuſtificatio, *Vſpráwiedliwienie*.

Ktorym grzechow odpußczenia doſtępuiemy y z Bogiem poiednáni ſpráwiedliwemi ſie przed nim náyduiemy. Iż przez wiárę w Syná Bożego bywa / náuczam.

Lex, Zakon.

Lex moralis. Iż iest wieczny/ wiárą y miłością stoiący/ w dziesięciorgu przykazániu od Bogá Moyżeszowi dány / wyznawam iż przezeń żaden bez wiáry w Mesiaszá/ ktory miał przyść/ zbáwion nie był/ nie iest/ áni będźie.

Zakony álbo práwá sądowe Moyżeszowe / w sądźiech práwá pospolitego świetskiego y duchownego záchowywam.

A Zakony tegoż Ceremoniálne/ iáko odmienności y czásowi podległe (zá przemienieniem cieniu w sáme istotę) w porządku Cerkiewnym dźierże.

Euangelium.

Ewánieliam táiemnice one z wiekow w Bogu skryta/ Pokuty/ grzechow odpuszczenia y niebieskiego krolestwá odźiedźiczenia / w przytomnego Mesiaszá wierzyć chcącym / wesołe zwiástowánie być náuczam/ w ktorym dáremna wszelákiego dobrá káżdemu człowiekowi / y pewna obietnicá/ ták doczesnego iáko y wiecznego żywotá bywa opowiádána.

Peccatum,

Grzech z Janem Ewánielistą przestępstwem názywam/ ktory podług wielkiego Bázylego/ własney swey istnoscinie ma/ ále do slepory duszę człowieczey przystępuie/ w woley pánuie/ y śmierć spráwuie.

Peccatum originale.

Ten grzech dźieli się ná pierworodny wszelkiemu człowiekowi wrodzony/ omyciu krztu ś. podległy.

Peccatum

Peccatum actuale.

A ná *Peccatum actuale*, káżdemu człowiekowi osobny/ ktorego dwoiákim być przyznawam/ śmiertelnym / ktory y łáskę y wiárę y Duchá ś. odpędza/ y nieśmielnym/ ktory nic z tego nie tráci. Wszákże iż obádwá dáremno Chrystá Páná łásko bywáło głádzone / w tych ktorzy szczyrze y prawdźiwie pokutuią/ z Básiliuszem wyznawam.

Liberum arbitrium.

Dobrowolność/ z tymże Theologiem dobroczynności zewnętrznych / człowieczego przyrodzenia sprawą być powiádam / y wszytkim ludźiom odrodzonym y nie odrodzonym pospolitą. á dobroczynności wnetrznych / áczkolwiek owszeki prożne wiem być człowiecze przyrodzenie/ y że tákowa iest sprawa/ ktora áni począć áni kończyć się krom łáski Duchá ś. nie może/ z Błogosłáw. Páwłem náuczam / Ták iednák podług Złotoustego/ iż Bog ktory spráwuie / spráwuie w chcącym/ á nie w sprzećiwiáiącym się.

Bona opera,

Vczynki w tym żywocie świętych dobre/ z Błogosłáw. Augustinem dáry Boże być powiádam/ á nie człowieczego przyrodzenia dobroći/ ktore z sámych siebie áni dobre/ áni wieczney zapłáty są godne/ ále dla spráwuiącey w miłośći wiáry / są Bogu przyiemne / y nagrody oczekiwáiące. Tym wszákże sposobem / iż nie násze co dobre/ ále swoie własne v nas Pan Bog koronuie/ nie násze dobroczynności/ ále swoie dáry.

Gratia, łáská.

Ktora

Ktoro podług Wielkiego Báſylego / Boża ludzkiemu rodzáiowi/ łáſką być powiádam/ y te z Auguſtinem s. dla wypełnienia Zakonu od Bogá dáną być náucżam/ bez ktorey żaden zbáwion być nie może/ ponieważ nie podług zasług/ ále dárem dárowána bywa / przez co ſie łáſką názywa. Ta iednak miárą / áczkolwiek y łáſka ieſt/ iednákże nie niezezwaláiącym/ ále chcącym y ſzukáiącym/ iáko Chryzoſtom mowi/ oną Bog dáruie.

Homo, Cżłowiek.

Po wſzyſtkiego świátá y co/ człwiek ná nim ſtworzeniu/ cżłowieká z prochu ziemie od Bogá vczynionego tchnieniem Bożym w duſze rozumną ożywionego / y tworzyſą álbo pomocnicżką z żebrá boku iego wywiedzioną z Moyżeſzem być powiádam. A z Błogoſłáw. Złotouſtym/ wſzytkie ná świecie rzeczy dla niego ſtworzone/ á iego sámego dla Bogá vczynionego być náucżam / ktorego y sámego / y potomkow iego żywotá / cżworáki ſtan być opowiádam / przed przeſtepſtwem/ po przeſtepſtwie/ po odnowieniu/ y przyſzłym powſzechnym zmartwychwſtániu.

Cżworáki ſtan cżłowieczy.

W pierwſzym tedy ſtánie / doſkonáły wolnego y doſkonáłego rozumu obraz Boży w Adámie był/ ktorego siłámi mogłby iáko dobrowolny y swobodny / y nie wpáść w przeſtępſtwo/ gdyby był chciał.

Wtory ſtan przez ktorego przerzeczony pierwſzy/ swobodnego rozumu ſtan był z hołdowány y dobrowolność zniewolona / że ſie iuż świebode vkráćiwſzy/ niewolnikámi ſtáli. Acżkolwiek ro-

zum

zum w ziemſkich ſpráwach zoſtał rozſądny/ y wola wolna/ wſzákże w duchownych owſzeki mdłe/ niedołężne/ rozum ślepy/ á wola przewrotna.

Trzeći wtorego zniewoleniem ziety biedzi ſie/ w ktorym przez Ewánielſkie zwiáſtowánie náwrocenie doſtępowáne/ y przez świątośći pieczętowáne bywa. A po cżęśći/ przedobrotliwego Bogá łáſkę / rozum y wola odnowione / o boiáźni Bożey y o miłośći bliźniego (áby nie iák drzewá iákie álbo kámienie/ podług Złotouſtego Theologá gnuśni y leżniowie zbáwienia doſtępowáli) wołuiąc z ćiáłem/ dbáło pilność mieć podług dáney káżdemu łáſki pocżynáią.

Cżwarty ſtan doſkonáły swobodnego rozumu Boży obraz będzie / w ktorym y Rozum y wola ták wielkiey doſkonáłośći przez łáſkę tego ktory ie ſtworzył/ doſtąpią/ że iuż żadną miárą przeſtępſtwu nie będą mogli podlec.

Anima, Duſzá.

Duſze ludzkie Boże w pierwſzym cżłowieku Adámie w tchnione ſtworzenie/ duchowne y nieśmiertelne być powiádam/ A z Błogosłáw. Grzegorzem Nyſſeńſkim/ oderwáne od żyiącego ćiáłá/ naśienie ku żywiącego przyrodzenia y nátury wárſztatowi powierzone nie bez duſzne być náucżam/ ktorey śiły z ćieleſnym orgánem w pierwſzym iego formowániu zácżęte zá cżáſu poſtępkiem podług *subiecti capacitatem* y roſtą y pomnożenie biorą / W tey obraz y podobieńſtwo Boże/ nieśmiertelność rozumiem/ przed vpadkiem doſkonáło w rozumie y w woley / teraz pocżęśći odnowie-

 niu

niu podległo/ y podług Błogosłáw. Złotoustego spráwuiąco cáłość/ á w przyszłym wieku doskonáłey oczekiwam.

A káždey Duše z Bernárdem trzy stany być wyznawam. Pierwszy w ciele/ ktore podległym/ wtory krom ciáłá / trzeci w ciele uwielbionym. To iest pierwszy ná woynie/ drugi w pokoiu/ trzeci w doskonáłym błogosłáwienstwie.

Ecclesia, *Cerkiew.*

Cerkiew / widome/ niepokaláney Ewánielskiey náuki słucháiących y prawdziwie táiemnic Chrystusowych używáiących/ zebránie być wyznawam / ktorey węgielnym fundámentem kámieniem sámego y iednego Chrystá Páná przyznawam / ná ktorym sie Prorokowie / Apostołowie/ Ewánielistowie/ Doctorowie/ y inszy Cerkiewnicy/ y wszyscy wierni buduią/ ktora iedno święto powszechno Apostolsko będąc/ *indifferenter*, iáko Złotousty Błogosłáw. mowi, dobrych y złych przyimuie.

Angeli & Dæmones.

Anioły/ Duchy dobre y rozumne/ od Bogá ná iego chwałe/ ná usługowánie ludziom y ná wieczne roskoszowánie stworzone/ posyłáne/ y sporządzone być powiádam. A po stráceniu Luciperá (ktorego Aniołem przepáści z iego hordámi miánuie) wiecznym mekam z náwrocenia sie niepodobieństwem záchowánego być przyznawam.

Magistratus.

Mágistrat álbo Zwierzchność w świetskiey

Chrze-

Chrześciáńskiey Rzeczypospolitey ktora sie spráwiedliwie podług praw y uchwał záchowuie/ pochwalam y przyimuie.

Crux piorum.

Krzyż w Cerkwi Chrystusowey od Bogá dla grzechow nászych ná nas dopuszczány/ iż go cierpiec y skromnie znosić mamy náuczam / ktory w cierpliwości/ przez modlitwy zá ták rozgniewánego y záś ubłagánego Bogá / oddalony bywa. A iż iest powszechney Chrystusowey Cerkwi przyzwoity przyznawam / áby sie przezeń wybráni Boży okázáli.

AntiChristus.

Przed chwalebnym wtorym Chrystusowym przyiściem/ iż on głowny AntyChristus podług spráwy szátáńskiey ma przyść/ y w Cerkwi Bożey usieść/ z Błogosłáw. Páwłem Apostołem oznáymuie.

Confidentia.

Dufánie Błogosłáwieństwá / z świętym Augustinem opiewam / Nie mowie święty iestem od siebie sámego/ ábym nie był zá hárdego miány/ áni też mowię/ nie iestem święty/ ábym w poczet niewdzięcznikow policzony nie był/ ále ábym y pokorę y wdzięczność záchował/ śmiele y w dufności do Bogá mego mowię / święty iestem/ żeś mie ty poświecił / żem wziął á nie iżem miał/ iżeś ty mi nie dał/ á nie/ żem ia zásłużył.

Sacrámenta.

Sácrámentu imie ktore wiele rzeczy rozmái-

rych

tych znáczy/ czásem sie *latißime* przyimuie. O wßytkich/ mowie/ wcielenia Páńskiego / áż do w Niebowstąpienia y do przyßłego dniá sądnego spráwach.

Niegdy *minus latè*, to iest o siedmiorákich w piśmie świętym powieściach/ ktorych wzgledem/ z differentia/ y siedm táiemnic być twierdze.

A inegdy *strictè*, o dwuch przez Chrystusá Páná podánych Táiemnicach ktorym χαρακτῆρ świątości y imie oddawßy / ták ie ogránicząm: *Sacramenta* świątości nowego Zakonu / przez Chrystá Páná postánowione/ z słowá y Elementu złożone / wieczne/ nie nádobrowolnym zezwoleniu / ále ná przykazánym vżywániu trwáiące/ wßystkim wobec y káżdemu z osobná wiernemu pospolite/ ktore grzechow odpußczenie y niewątpliwey spráwiedliwości obietnice przyłączono sobie máiąc/ z wiárą vżywáiących odnawiáią/ wyznawam/ Chrzest/ y Eucháristia/ to iest społeczność nayświętßego ciáłá/ y naydroższey Krwie Páná y Zbáwiciela náßego Jezu Chrystá.

Baptismus.

Przez táiemnice tedy Chrztu ś. w imie Oycá y Syná y Duchá ś. trzykrotnym w wodzie pogrążeniem / omywamy grzech pierworodny/ y Synámi sie Bożemi po łásce iego ś. stawamy.

Eucharistia.

Z przez godne tych naydroższych táiemnic/ to iest Ciáłá y Krwie Syná Bożego przyimowánie/ śmierć Páńską przypomináiąc opowiádamy/ y wiáre

wiáre

wiáre náßą o dáremney grzechow odpußczenia łásce pieczetuiąc y stwierdzáiąc/ á pochop do lepßego y świetobliwßego ná tym świecie żywota biorąc/ oświecenie duß y ciał náßych/ y wieczne z Bogiem zieduoczenie sobie iednamy.

Pœdobaptismus.

Chrzest dziatek pochwalam. Chrztu świetego nie powtarzam.

Communio sub vtraq; specie.

Ostátniey woley y wiecznego Testámentu Páná náßego Jezu Chrystá zgwałcenie/ ktore sie w odrzuceniu y odcięciu Kielichá nowego Testámentu przez Rzymski Kościoł stáło/ z Błogosłáwionym Geláziußem Papieżem świetokradztwem názywam/ á ták wierze y ták wyznawam/ iż pod osobą chlebá prawdziwe żywot dáiące ciáło Chrystusowe z Dziewice Máryey przyięte y vkrzyżowáne/ á pod osobą winá/ prawdziwą y żywot dáiącą krew Chrystusową/ ktora z boku iego ná krzyżu wyciekłá/ prawdziwie y istotnie przymuie. A tákim to sposobem bywa/ wiárą táiemnice wielbie/ á nie słowy o niepoietych sie wybádywam. Sam wie prawdziwy on dáwcá/ v ktorego nic nie iest niepodobnego/ ktory rzekł. *To iest Ciáło moie, y to iest Krew moia.* Jeżeli cáłego Chrystusá Páná/ álbo ktory ciáłá iego członek/ pożywamy nie pytam/ ále prosto wierze/ iż rozdrabia sie nierozdzielny/ y bierze sie niepożyty/ y piie sie nie wyczerpány/ ktorego ia ciáło z wiárą vsty memi pożywam/ y krew iego piie nieprzyrodzonym y ziemskim zwyczáiem/ ále nád przyro-

przyro-

przyrodzonym y niebieſkim prawdziwie iákom rzekłá y iſtotnie / á nie figurownie / áni też myślą / duchownie iednák (to ieſt niedoścignionym / y od wßelkiego cieleſnego rozumienia oddalonym ſpoſobem) Wiedząc iż to ieſt nie człowiecża ſpráwá / ále ſámego tego / ktory ſie vſtáwicżnie z námi mießkáć przyobiecał Chryſtá Páná.

Liturgia.

Liturgia / to ieſt ſłużbę Bożą / w ktorey ſie táiemnicá Wiecżerzy Páńſkiey odpráwuie / ſpráwą świętą być przyznawam / y modlitw á dziekcżynienia bezkrewną ofiárą názywam / w ktorey myſlicé bywa Báránek Boży offiárowány / ktorey czyſte porządne y pobożne odpráwowánie przez Jákubá Apoſtolá / Brátá Páńſkiego podług ćiáłá Biſkupá Hierozolymſkiego / przez Báſyliußá wielkiego / y przez Jáná Złotouſtego podáne / pochwalam y przyimuie y áby co dzień byłá / pilnie potrzebną być powiádam.

Pœnitentia.

Pokutę / nie obłudnym pokutuiącégo do Bogá náwroceniem / być opowiádam / y z Błogosłáw. Złotouſtym w ten czás ią prawdziwą y pożyteczną być náucżam / kiedy pokutuiącemu w ſercu ſkruchá / w vśćiech wyznánie / á we wßelákich ſpráwách ieſt pokorá / to ieſt / w ſercu przyſtoyne zá grzechy żáłowánie / przez wiárę odpußczenia grzechow / y záczęte y piecżętowane: w vśćiech śiebie ſámego przed Bogiem oſkárżenie y obwinienie. W vcżynkách / odnowienie / ktore ieſt nowym Bogu posłußeńſtwem / przez ktore / wyzná-

na poku-

na pokutá / áby ſie iáwnie przed Bogiem y ludźmi okazáłá / nie tylko przeſtáć złego (gdyż ná tym nie doſyć) ále y czynić dobrze przykázuie.

Contritio.

Skruchę / nie obłudnym / w grzechow ßtrofowániu / ſerdecżnym żáłowániem / y w poznániu gniewu Bożego / powinnym ſumnienia gryzieniem być náucżam / ktore Chryſtá Páná łáſką przez grzechow odpußczenie mitigowane y vſpokoione bywa.

Confeſsio.

Grzechow wyznánie ták te / ktore co dzień immediate do ſámego Bogá bywa / iáko y owo ſpowiedz / ktora mediante Sacerdote, przedwiecżerzey Páńſkiey ſpołecżnośćią / do tegoż ſámego Bogá bywá / przyimuie / y ſpráwą świątobliwą y pokućie przykłádną być náucżam / do ktorey y władze kluczow Cerkiewnych vrzędowi Kápłáńſkiemu od Chryſtuſá Páná (ktory rzekł / Co wy związećie ná ziemi / będzie związano ná niebie / á co rozwiążećie ná ziemi / będzie rozwiązano y ná niebieśiech) dánych łácże / y Epitemie pochwalam.

Ieiunium vel abſtinentia.

A dla ſnádnieyßey do Pokuty pobudki / y vmartwienia ćiáłá / Poſt álbo powśćiągnienie od pokármow y napojow roſkoßnieyßych / z modlitwą / y iáłmużną złącżony / zálecam y pochwalam. A oſobliwie cżtery generalne / ktoremi ſie káżdą roku część coronuie poſty / przyſtoynie wßyſtkim záchowáć roſkázuie.

Ordo Sacer.

Stan

Stan Kápłáńſki z siedmiu ſtopniow/ dla porządku Cerkiewnego ſporządzony we wſzyſtkim vczćiwy przyznawam. Kápłany / Arcykápłany/ y inſze Kleriki/ podług Cerkiewney vchwały wybráne y poſtáne poważam y czćzę / od náyvboſzego Kápłáná/ áż do náywyżſzego / w Duchownym ſtánie/ ſtopniá/ rowno Kápłáńſkiego vrzędu wiązánia y rozwiązywánia władzę być opowiádam. A władzę błogoſłáwieńſtwá / álbo rąk wkłádánia nie rowną / ále dla Cerkiewnego porządku rozną/ to ieſt/ że niektorzy y dáią y biorą Błogoſłáwieńſtwo/ á niektorzy biorą/ ále nie dáią.

Matrimonium.

Małżeńſtwo/ ták w świetſkich / ják y Duchownych ludźiách/ dobre/ poczćiwe/ y łoże niepokaláne być náuczam: Jednákże Pánieńſtwo (według Apoſtołá Páwłá) nád nie przekłádam/ y pobożne w nim Zákonnikow mieſzkánie/ pochwalam. A tym ktorzy iuż raz w ſtanie Pánieńſkim Bogu ſłużyć poślubili/ do ſtanu ſie małżeńſkie vddáwáć nie pozwalam. Ku temu/ dla poważności Kápłáńſkiego doſtojeńſtwá/ dwożeńce ktorych iuż w Zakonie Chrześćiáńſkim nie naydowie/ ále drugiey żony męże/ ktore wtorożeńcámi miánuli/ od władzy Kápłáńſkiey odłączam/ y z świetſkimi policzam.

Chryſma, vel vnctio.

Pomázánie przy chrzćie ś. mirrem.

Chryſmá/ od ktorego y Chryſtus Pomázániec oleykiem rádośći/ nád vczeſtniki ſwoie pomázány/ y my Chrześćiánie pomázáńcámi ſie názywamy/ świąto-

świątobliwe Chrztu ś. Táiemnicy wćielone pomázánie być náuczam/ ktorym ſie Chrześćiáńſtwo odrodzone przez Duchá świetego ná chrzćie pieczętuie.

Communio ſeu obſignatio infantulorum.

Społeczność Ciáłá y Krwie Syná Bożego oná dawna ktorey nátychmiaſt po chrzćie ś. w doſkonáłych leciech ochrzczeni vczeſtnikámi bywáć zwykli/ w niemowiątkách dźiśieyſzych czáſow/ prze nieſpoſobność przyrodzoney diſpoſitiey/ ſámey tylko żywotdáiącey krwie Syná Bożego ná zbáwienie y odkupienie náſze wylaney/ ośt ochrzczonego pomázániem pieczętowánie Chrześćiáńſtwá/ ják oleyku pomázánie/ Chrztu świetego pieczęć być náuczam.

Vnctio infirmorum.

Chorych oleykiem pomázánie / świątobliwą ſpráwą być powiádam. Ktorą żywy á nie martwy bywa pomázywány. A modlitwą wiáry podług Błogoſłáw. Jakubá Apoſtołá y chorego vzdrawia/ y grzechy mu w dáremney łáſce Bożey odpuſzcza.

Adoratio in Orientem.

Wſchodowi/ Chryſtuſowi ná wſchod ſłońcá kłániáć ſie roſkázuie.

Crucis ſignum.

Przed wſzelkiey ſpráwy y roboty/ y przed modlitw odpráwowániem/ krzyżowym znákiem vczćiwe czołá pieczętowánie ná wieczną zbáwienney krzyżowey męki Chryſtuſowey/ z przyſtoynymi

Ii i znákiá

imienia Bożego ná pomoc wzywániem / pámiątke pochwalam y przyimuie.

Ecclesia & Scriptura Sacra.

Wierze iedne świętą powßechną Apoſtolſką Cerkiew/ A w niey Bogiem podáne piſmá ſtárego y nowego Zakonu y przymierza.

Sancti eorumq; honoratio.

Wierze y świetych obcowánie/w tym y w przyßłym wieku/ ktorych pochwalam/wyſławiam/ y wielbie/ iáko záſtępce prawdy y vſtáwicznie zá bráciá ſwoie modlące ſie/ iáko mile Chryſtuſowe towárzyſtwo / ktorzy duße ſwoie zań ná śmierć wydáli.

Jeden chrzeſt ná odpußczenie grzechow wyznawam.

Oczekiwam zmartwychwſtánia / y przyßłego Sądu.

Oczekiwam y żywotá wiecznego/w niewyſławionych roſkoßách.

Czyścowy ogień bayką być powiádam.

Przyznawam y męki wieczne / Diablom zgotowáne/w ktorych y niewierniey/y niezbożniey/ y przewrotni Chrześciánie wiecznymi czáſy z temi ktorzy ſtanu ſwego nie záchowáli/ Anioł ámi/ trapieni/ męczeni/ y dręczeni będą.

Nákoniec to wßyſtko / cokolwiek álbo dla dobrego porządku Cerkiewnego / álbo dla vciechy wiernych przez święte y Bogomyślne Oycy náſze/ á zwłaſzczá ná ſiedmiu powßechnych tákże Duchá świetego zebránych Synodách vchwalono y podáno ieſt z pokorą przyimuie. A to wßyſtko cokolwiek

kolwiek przez złośnieyßych wiekow nierząd y pochlebſtwá / wymyślono y ſkażono / lub też dla márney tego świetney ſławy/y ßkárádego pożytku nowo niepotrzebnie/ y przeciw dáwnych Apoſtolſkich y Synodálnych vſtaw y Canonow zmyślono/ A przez teráznieyße Apoſtáty/ cześcią przyięte/ cześcią ápprobowáne ieſt/ wßyſtko hurmem odrzucam/ potępiam y przeklinam.

Tak tedy iá á nie ináczey ſercem wierze ku vſpráwiedliwieniu/ á vſty wyznawam y nauczam ku zbáwieniu / w tey y przy tey wierze/náuce y wyznániu od początku y dotąd mocną nieśmiertelney głowy moiey prawicą będąc zmocniona / ſtále á żadno przeciwnych wiátrow nawálnością nieporuſzeniem ſtałá/ſtoie/y ſtać ná tym węgielnym w Syonie położonym kámieniu Zbáwiciela moim/zá łáſką/pomocą/ y dziwnym przeyrzeniem iego/ áż do wtorego chwalebnego ná obłokách niebieſkich przyścia iego/będe/gdzie ſie niezwiedłey żywotá Korony/ y doſkonálego wiecznie trwáiących dobr y roſkoßy/w oney niebieſkiey Oyczyznie odziedziczenia/ z niewymowney łáſki y dobroći/ Páná mego doſtąpić ſpodziewam/ y to ſie nádzieią vſtáwicznie ćießąc y posiláiąc krzyż boleści/vćiſkow y prześládowánia/ ktoremu vſtáwicznie ieſtem podległa / ſkromnie y ćierpliwie znoße/ one Apoſtolſkie ſłowá ná dobrey záwße pámięci maiąc. *Iż nie ſą godne vtrapienia ninieyßego cżáſu do przyßſey chwały, ktora w nas* Rzym. 8.

 bedzie,

Cátechiſm.

Coloſ. 3. bedzie obiáśniona, *Vmárliſmy bowiem, á żywot náß skryty ieſt z Chryſtuſem w Bogu. A gdy ſie vkáże Chryſtus ktory ieſt żywotem náßym, tedy ſie y my vkáżemy z nim w chwale.* Temu niech bedźie cześć chwałá y dobrorzeczenie weſpoł z Bogiem Oycem y z świętym á ożywiáiącym iego Duchem/ ninie / záwżdy / y ná wieki wieczne / Amen.

Errata.

Liſt 1. zádziwuyce ſie czytay zádziwuycie ſie. Liſt 2. Bazyliki/ czyt: Báziliſzki. Liſt 4. hereſiarchow czytay heresiarchow. Támże/ ſtop czytay ſtopy. Liſt 7. vwożyká czytay vważyłá. támże milniáca czyt. miluiáca. Liſt 8 przy boku do przełożonych świeckich czytay duchownych. Liſt 15. in margine páſtorze czy: páſterze. Liſt 19. orzeiem czyt. oręzem. Liſt 21. náśládnie czytay naydnie. Liſt 27. powierzonem czy powierzonym Liſt. 28. calumnie cz: calumnia. Liſt 29. opowiádane czy. opowiádano. Liſt 32. iákobym czy. iákoby. Liſt 36. miáſtámi czy. miáſty. támże Redu czy: Rhedu, támże wielc czytay wiele. Liſt 37. mnie czyt: siebie. Liſt 42. podożność czyt. pobożność. támże Biſkopim czyt: Biſkupim. Liſt 43. terázneyßego czyt: terázniejßego. Liſt 44. niezdzierza czy: niedzierżo/ támże *in margine Math.* czyt. *Matth.* Liſt 45. *Arcidiakon* czy. *Arcydiakon*. Liſt 46. Chryzoſtom czytay Chryzoſtom. Liſt 53. Rzymá czyt: Rzymu. Liſt 56. rzucáła ſie czyt: rzucáłoc ſie. Liſt 57. wirutnie czytay wierutnie. Liſt 66. Ludowik czyt: Ludowik. Liſt 64. okrycy czyt. okryty. Liſt 67. Bibliotece czyt: Bibliothece. Liſt 78. wßyſtko co czytay wßytko/ co. Liſt 93. w rzecách czy. w rzeczách. Liſt 111. ieśli ſie kto ſie czyt. ieśli ſie kto. Liſt 126. Rzynſki czytay Rzymſki Liſt 134. po nim idzie 115. ále czytay 135. Liſt 145. zprotku czyt. zprotku. Liſt. 148. Mátheßewyni czytay Mátheußowym. Liſt 156. nietylko czyt. nietylko. Liſt 161. zdodne czytay zgodne. Liſt 164. ocżyßczánia czy. ocżyßczenia. liſt 166. 69 czyt. 166. Liſt 168. poprześcin czyt: po prześciu. Liſt 169 Zmiernienſka czytay Zmirneńſka. támże toż. Liſt 170. Alerorná czyt. Alexiona. liſt 173. ktory czyt. ktory. Liſt miáſto 166. czy. 186. támże vczyßć czyt. ßczyć. Liſt 191. Rhenu czyt do Renu. támże *in margine, Volaterao* czy. *Volaterano*. liſt 192. robotnich czyt: robotnikow. liſt 194. ná zgoni czytay mozgom. Liſt 195. *in margine Egnat.* czytay *Ignacius*.

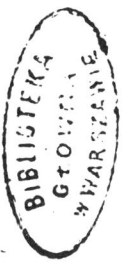

Kazánie:
Ná známienity Pogrzeb przezacne-
go y przewielebnego Męzá/ Páná
y OYCA:
LEONTEGO
KARPOWICZA, NO-
MINATA EPISKOPA WLO-
DZIMIRSKIE° Y BRZESKIE°,
Archimandrity Wileńskiego.
Przez
MELECIVSZA SMO-
TRISKIEGO, POKORNE°
ARCHIEPISKOPA POŁOCKIE°,
Władyke Witepskie° y Mścisławskie°: Ele-
cta Archimandryte Wileńskie°, odprá-
wowáne: w Wilnie,

Roku od wcielenia Bogá Słowá
16[illegible] Novemb. 2. Dniá.

Nazacnieyſzemu y Nawielebnieyſzemu Pánu y Oycu / PANV OYCOWI

IOWOWI BORECKIEMV, Z ŁASKI BOZEY METROPOLITOWI KIIEWSKIEMV Y HALICKIEMV

y wſzytkiey ROSSII: Archimándrytowi Monáſterzá S. Archányołá Michaelá Zł: w Kijewie ſpołSłużyćielowi y Brátu w CHRYSTVSIE vmiłowáney,

MELECIVSZ SMOTRISKY,

z łáſki Bożey / Pokorny Archiepiſkop Połocky / Włádyká Witepſky y Mśćiſłáwſky: Archimándritá Wilenſki.

Łáſki / pokoiu / zdrowia y wſzelákich w duſzewnych y ćieleſnych dobrách pomyślnośći od Bogá Oycá / y od Páná náſze° Jezuſá Chryſtuſá / y od S.á ożywiáiącego Duchá / w látá mnogie proſi / życzy / y winſzuie.

Wcze-

WCzeſnie / zdami ſie / w otto z Błogosłáwionym Pogan Apoſtołem / mnie (pod ten náſz nie nie pomyſlny / z łáſki Bożey / w ſpráwach Duchownych / z Bogá / y z Bogiem zrządzoney przyczyny zbáwiennie wyniklý ſkutek /) Boſkiemi wiádomośćiámi niedoſzłemi Sądami zdumiálemu zádziwienie przyſzedſzy / záwołáć / O głębokośći bogáctwá / y Mądrośći / y wiádomośći Bożey! Jáko niewybádáne ſą Sądy iego / y niedośćignione drogi iego. Bo ktoż poznał vmyſł Páńſki: ábo kto był porádnikiem iego: Kto znas / nierzkąc vczynkiem ábo rádą / ále myślą ták dálekó / ták głęboko / ták wyſoko záyść / zſtąpić y wzeyść mogł: czego wſzechmocny Pan Bog niedośćignioną przedwiecżney woli ſwoiey Rádą / Sądem / y wyrokiem nád myśl náſze / nád przemyſł / y ſtáránie sámą rzeczą / vczynkiem / y ſkutkiem nam / y wſzytkiemu pobożnemu Narodowi náſzemu / świętey mowie / Cerkwi náſzey Ruſkiey prędko / łatwie / y świątobliwie doyść / wziąć / y otrzymáć zrządził / ſpráwił / y wykonał.

Roma. 11. 1. Cor. 2. Sapien cap. 9. Esa. 40

Kto opowie Abráámowi / iż Sárrá ſyná kármi: iż w ſtárośći ſwey Syná porodziłá: Kto po wſzytkich Ruſkich / Kráinách / Powiátách / y Miáſtach oznaymi / opowie / y ogłosi / iż zá wyrodnym zſtąpieniem dobrym zwiáſtowániem rodzic we mnie máiących towárzyſzow Oblubienicá / yiáko zniepłodniáła Cerkiew Ruſka / vtrobe poczęcia / y żywot rodzenia brzemienny noſie. Śmiech mi vczynił Pan:

Genes. cap. 21. Ibid. cap. 18.

Pan: ktokolwiek ábowiem ocżymi popyßy / káżdy ze
mną weſpoł rádośći z tego záżywáć będźie.
Luc. 1. Poczęłá Helżbietá y krytá ſie przez pięć mieśięcy / mowiąc / iż ták mi Pan vczynił wedni / w ktore
weyzrzał / áby odiął vrągánie moie miedzy ludźmi.
Záczą́c zá łáſką Swiętego y ożywiáiącego Duchá poſtąpiwßy / krytám ſie: ták bowiem zenną v-
czynić zezwolił Pan Bog w te dni / w ktore weyzrzał / áby odiął vrągánie moie miedzy ludźmi. Ale
gdy ſie iuż cżás porodzenia ſpełnił: gdym iuż Zwiá-
1. Cor. 4. ſtowánia / według Apoſtolſkiego głoſu / Bożym po-
rodem płodowitą zoſtáłá / ſławię ſie / chwale ſie /
Lucæ 21. weſołą ieſtem / y ćieße ſie. To vſłyßawßy Sąśiedźi
y powinowáći moi / iż wielkie miłośierdźie ſwoie v-
czynił Pan Bog nádenną / ſpołecżnie ſie zemną
rádują / weſelą / y ćießą.
Rom. 11. Ten niedomyſlnych Sądow Wßechmocny ſpo-
rządźićiel / ktory nikogo do rády ſwey niewzywáiąc /
Pſalm. 134. czyni co chce / ná niebie y ná źiemi / teyże niepoię-
tey woli ſwoiey nie doſćigniona rádą / y tey náßey
Sap. 9. ninieyßey rádośći vczeſtnikiem niekáżdego iednáko /
lecż owego bliżey / owego opodal mieć zezwoliwßy:
iednym / mowię / pobliżu śiebie będącym wiekßey /
drugim dáleko od niego będącym / mnieyßey rádośći záżywáć ztego poſtánowiwßy: nas ná pracy
rádośći tey zoſtáwić / á Páná mego y Oycá / Wielebnośći twoiey Towárzyßá y Brátá / Oycá Leontego Kárpowicżá / Archimándryte Wileńſkiego /
ná ſámą tylko tey rádośći vćiechę / pod ten włáſny cżás / chcąc go y śiebie y rádośći tey mieć bliżey / z źiemie ná niebo śmierći przeyśćiem przeto-
żyć rá-

żyć racżył. Ktory człowiecżą myśli náßych / ábo
nic / ábo máło co przed ſobą widzącą rádą / pierwßym potym / w cżym ſie zá łáſką Páná Chryſtuſową / Wielebność twa náyduie / iednomyſlnym wßytkich głoſem náydowáć ſie był rokowan.
To iego nam ácżkolwiek iáko ludźiom ſmutne /
ále iáko Błáhocżeſtywym vćießne vśnienie / [wielka bowiem vtrapionym vćiechá / Towárzyßá / Brátá / Oycá przed Obliczem Krolewſkim záwße przyy-
tomnego w potrzebách mieć przyycżynce] że y po
mnie miedzy inßemi oſtátniey poſługi / według zwycżáiu Chrześćiánſkiego potrzebowáło / z tymem śiebie do niey / z cżynem y powinien był / y zá łáſką
Chryſtá Bogá moiego mogł / ſtáwił. A iż Spráwiedliwy w Wiekuiſtey pámiątce / według Błogo-
Pſalm. 111. ſłáwionego Dawydá zoſtáwáć ma: Zácżym aby y
tego zacnego y Spráwiedliwego Mężá pámiątká
w tym / w cżym iey on wiekuiſtey być przed Bogiem /
zá Wßechmocną iego pomocą ſpráwił / w wiekuiſtey pámiątce zoſtáwáłá / zá rzecż świętobliwą rozumieiąc / nieśmiertelney Cnoty iego / ſłowy w nie
pámieć prędko przychodźić zwykłemi / wiernie á
Spráwiedliwie pod cżás známienitego pogrzebu iego / przez mie niegodnego w Duchu Syná iego
ogłoßone / piſmem wyrážone być / y Wielebnośći
twoiey / iáko wßelákich Cnot Mężowi / á ná ten
cżás / zwłáſzcża świętego y ożywiáiącego Duchá Oku /
áże iáſniey rzekę / Głowie (ktorey o cżłonkách ſwych /
Cnot y pobożnośći Mężách / wiádomość należna /)
Ciáłá świętey Cerkwie Ruſkiey / pod obronę poddáć ſądźiłem. A przy Bráterſkich powinnośćiách
moich /

moich / z wiekuista od nas przenieceionego Mężá tego Swietego pámiatko / ofiarnie y oddáie. Wielebnosc Twoiá / że iey prze twą do Cnot wrodzoną skłonność / y prze cáłą do nas obu Oycowską miłość / twarz wesołą y wdzięczną okázáć / y pod obronę swą Pásterską przyiąć będzie raczyłá / On / y Ja pewni iesteśmy.

Jacob. cap. I. Cæterum: Bogá / od ktorego wszelki datek dobry / y wszelki dar doskonáty: áby Wielebność twoie / Cerkwi swoiey świętey w ziemi nászey Ruskiey będącey / w gruntowne Bogu brzydkiey / bydleco do dziśia v niey gnąpiáley Apostásii podeptánie y wyniszczenie / ná wiele lat w Pokoiu cáłą / zacną / zdrową / wielodzienną / y dobrze siewo prawdy Chrystusowey prawiącą dárowáć raczył / serdecznie proszę. Ták sie abowiem Narodowi nászemu Ruskiemu / y wszytkiey Rzeczypospo: Koronney y Litewskiey złoty Pokoy przywroci / gdy sie z niey wszytko złe wylęgáiący duch Apostátski wynie sie: ktory nas / y wszytek Narod nász Ruski [sam sie z niego wyrodziwszy] bez żadney ná boiázn Bożą y ná wstyd ludzki pámięci vdáie / y z Káthedr publikuie zá Niezbożniki / zá Bluźnierze / zá Nieposłuszne y niezyczliwe Krolowi Pomázáńcowi Bożemu / Pánu nászemu M: y wszytkiey Rzeczypospo: miłey Oyczyznie nászey / zá Zdraycy y Tureckie szpiegi. Czego nigdy ná vczciwy w zrodzeniu / w Wierze Práwosławny / w miłość do Oyczyzny gorący / w posłuszeństwo y w wierność Krolom Pánom swoim záwżdy powolny y szczyry / Zacny narod nász Ruski y nam mieyszy Joto niepokaże. Ach: ieden nieszczesny

szczęsny czterk / z szescią sobie powobnymi / piánego piwá tego o ieden rok náwárzył: á wszytká Rzeczpos: iuż to dwudziesty szosty rok pochmielna od niego chodzi / y poki swednych tych drożdży z gránic swych niewyleie / chodzić musi. Po wszytkie te látá / Seymiki kożde w Hálásach y Záwieruchách: Sądy wszelkie w zawikłách y gonionách: Ludzie niewinni w pociągách práwnych / w ciężarách Pœn / w Báńiczach / w więzieniach y mordách: skąd płácze / narzekania / niepzyiázni / krwie rozlánia / mężoboystwá / v in że nieznośne w Oyczyznie nędzy. Seymy sie zawżdy trudnia: Krol Pan często molestowan bywa. A dla kogo? dla siedmiu Apostatow / ták w nászádowce bogátych / że żaden z nich we wszytkiey swey Diœcesii po ták wielu / iák ich sámych wiele / Apostásii swey Sequakow nienaydzie. Tu to nászę miásto twey Metropolitáńskiey Diœcesii naglownieysze / y w te Leść rzkomo nabogátsze / ták wielu [te / ktore bogáta w chleb Ławicá Ratuszna actu lub spe, iákoby z naymu / zátrzymywa: y owe głodne qui quadras, iáko mowią / alienas sequi musza / ktore táż odrobinkámi swoiemi karmi / wyiowszy:] szczerego sercá Násládowcow swych niema. A iák sie ná oko widzieć dáie / nád tákowy wyiątek / we wszytkiey Ruskiey ziemi y ták wielu Apostatowie nászi / od sercá násládowcow sobie nienaydą / iák wiele lat Apostatskie to ich złe wniey sie koi. A gdzieby im vrzędy y chleb vmknione były / y tá trochá natychmiast by ie odbiegłá. Yndzie też mimo vrzędy y chleb (bo wszytke Ruś temi odzielić trudno) y ták do swey lści przywieść vsiłuią / iák dziś w Mohi-

w Mohylewie y w Orßi: w ktorych obudwu známienitych Dioecesii mey Połockiey Miástách/ Cerkwie Práwosłáwnych iuz od dwu lat popieczetowáne: że nedzny lud Chrześciáński bez nabożeństwá/ y w dni niedzielne y w naznámienitße Vroczystości/ iák w dni powßedne żyć muśi. Jácie Wiel: Oycze powiádam/ że wtey pomienioney/ z woli Bożey ná Dozor y Rząd moy Duchowny/ losem Duchá świetego pádłey Dioecesii/ ná trzy Woiewodztwá/ á pieć Powiátow ßyrokiey / siedmiu ni tu (czegom iuż zá łáską Bożą doßedł/) ktorzyby zá Apostatą śli: Láwicy chciwe/ álbo w chleb głodne/ iákom rzekł/ wyiowßy: y ći iednák ćiáłem tylko z nim: Drudzy wßyscy we wßem/ z łáski Bożey/ pobożnie powolnymi są y posłußnymi iák Oycu synowie/ y owce Pásterzowi. Ktorzy ze wßytkich przednieyßych/ y z wielu mnieyßych Dioecesii tey Miast pokłon y posłußeństwo pierwey mnie gorliwie oddáli/ niż odemnie ná to zwáni byli/ płácząc przez rádość y Páná Bogá chwaląc/ że ie godne być sądził/ potłoczoną przez Apostaty Swiątość w świetey Cerkwi Ruskiey/ oglądáć podniesioną. Ktorey rácz y wprzod błogosłáwić Pánie z Syonu. Amen. Zátym Bog pokoiu y miłośći niech bedźie z Wielebr: Wáßą. Z Wilná. Roku od Wćielenia Páná y Zbáwićielá/ 1621. Mieśiącá Februarij [illegible] dniá.

Wspomo-

Pogrzebne.

świetemi/ kocháńymi domownikámi iego vczynić raczył / bez żadney ia wątpliwośći wierze/ zá czym y do przekłádánia przed tobą postepku zleconey mnie od ćiebie / á mną / spráwioney posługi nie postepuie: ále ráczey według miáłkiego rozumu mego/ do Cnot wiecznych ozdob twoich/ przez ktore ty ná tym ziemnym świećie podniosłym / okazáłym / zacnym y słáwnym / á ná onym Niebieskim spráwiedliwym y Swietym / zá łáską dobrotliwego Bogá zostáłeś/ ogłoßenia przystepuie. Bedac pewien pozáwártey twey do mnie miłośći / że to w czymby sie względem godnośći wysokich Cnot twoich / odemnie tobie nie dosyć stáło/ niezdolnośći moiey á nie niechęći odniey przypisano bedźie. Co gdy czynić przedsie biore/ nayczystßey y naybłogosłáwieńßey záwße Pánny Bogárodźice / chwalebney Pániey náßey / vstáwiczney niesytego w miłośći iey sercá twego/ vćiechy / do Chrystá przedwiecznego Bogá o przyczyne proße / áby on odobfićie mießkáiącey w tobie / Swietego y ożywiá-

 iacego

Num. 11. iácego Duchá łáſki / iáko od Moyzeszowe Duchá wziawszy / ná mnie Cerkwie ie° świe- tey poślednim ſłudze położył. A wzgledem dálszych / władza Duchowna nałożonych námie poſług Cerkiewnych / rzeke smieley: (smieć ábowiem od tego czáſu w Bogu mym / zá wszechmocna iego pomoca y nie- chcacemu mi przychodzi:) iáko ná Heliżeu- szá z płaszczem Heliaszowym / ták námie nie-

4. Reg: 2. godnego z temi twemi przy nas zoſtáłemi zacnemi reliquiámi / ſowitego / ktory w to- bie był Duchá / ieſli nie o trudna rzecz pro- sze / wylać áby raczył. Tylko / zá ta Occáſia / mimo was Bráćia moie y towárzysze / do Páná moiego y Oycá / ktorego zá miłość moie / ktoramem mu winien / naprzod w Conterfekćie żywotá y smierći poſpolitý: potym w właściwym iego żywey dusze o- bráżie: ná koniec w żywych od ożywiáiá- ce° Duchá / przybyłych iemu Cnotách żywa poſtáć / zá pomoca Chryſtuſá Bogá moie° / przed wámi poſtáwić zamyſł wziawszy: Ro- zumiem / że miłość wászá zá ſwoie ku niemu vprzeymość / prágnac go ieszcze żywe° ogla-

dáć /

dáć / y mnie do przywiedźienia w ſkutek dźiełá tego známienitego / czáſu ná go- dźinke chetnie vżyczyćie / y ſámi ſie do tego / przez tákiże krotki czás / obiema ſmy- słámi wászemi przyłożyć ochotnie zezwolićie.

Sapien. 4. Sprawiedliwy człowiek gdy mu vmrzeć przyidzie, w odpocznieniu bedźie.

WSzytkie ſwe concepta, w rzeczy wy- ſokich vważeniu / okragło sporza- dzáć zwyczay máiacy ludźie / gdy miedzy inszemi y to łácno obaczyć chca / coby zá ko- niec biegu w tego świetnym żywoćie kto- rego człowieká był / miáſto szal ſpráwiedli- wey rozwagi / żywot ludzki zwykli vwa- żáć pieciorako. A żeby to / czego szukáia / łatwie náleść mogli: w tymże żywotá ludz- kiego biegu pieciorákiego vważenia y smierć náyduia: tym porzadkiem / Dwa- żáia naprzod y żywot y smierć Przyrodze- nia: zátym żywot Łáſki / á smierć Grzechu: kte° żywot Smysłow / á smierć Cnoty: po- tym żywot márnośći / á smierć záchwycenia:

ná

iákoniec żywot Chwały / á śmierć Gehenny. Przez ktore żywotá y Smierći vważenia / iák po sznurze iákim doyść sie może káżdego człowieká koniec / ná ktory pokończeniu zámierzonego sobie żywotá przychodźi: ná zły / lubo ná dobry: ná żywot mowie wieczny / lub ná śmierć wieczną. Niektore ábowiem żywotá y śmierći stany / są drogą do żywotá wiecznego / á niektore do wieczney śmierći.

Coby był żywot Przyrodzenia / z ográniczenia śmierći Przyrodzenia wiedźieć sie dáie. Jeśli bowiem śmierć Przyrodzenia iest / duße od ćiáłá rozłączenie: tedyć żywot Przyrodzenia / duße z ćiáłem ziednoczenie będźie. Ják bowiem słońce dáie świátłość dniowi / ták dußá dáie żywot ćiáłu. Y iáko zá zaśćiem słońcá z stáie sie noc dniowi / ták zá wyśćiem duße z stáie sie śmierć ćiáłu. Tento żywot w pierwszym człowieku błogosłáwiąc Pan Bog mowił / Rośććie
Gen: I. á mnożćie sie / y nápełniayćie ziemię / y opánuyćie ią. Y tá to śmierćią temuż pierwszemu człowiekowi tenże Pan Bog grożąc rzekł: kto-

rego

rego kolwiek dniá będźiećie iedli od owocu drzewá wiádomośći złego y dobrego / śmierćią vmrzećie. Ibid:2.
Ztąd B. Apostoł Páweł / Obroki / mowi / grzechu / śmierć. Jest tedy żywot Przyrodze- Rom:8
nia / pospolite wszytkim ludźiom w duszy y ćiele rodzenie: á śmierć Przyrodzenia / iest pospolite wszytkim ludźiom duße od ćiáłá rozłączenie.

Żywot Łáski / iest żywot poiednánia sie człowieká z Bogiem / przez táiemnice Chrztu poczynáiący sie y powstáiący. O ktorym żywoćie sam Zbáwićiel nász Jezus Chrystus /
Jeśli sie kto / mowi / nie odrodźi znowu / nie może Ioan.3.
widźieć Krolestwá Bożego. O tymże żywoćie v. 3.
y Błogosłá: Apostoł Páweł / Ktorzy kolwiek / Rom:6
mowi / w Christusie Jezusie iesteśmy ochrzczeni / w śmierći iego ochrzczeni iesteśmy / ábowiem iesteśmy z nim pospołu pogrzebieni w śmierć przez chrzest: áby iáko Chrystus wstał z martwych / przez chwałę Oycowską / ták y my żebyśmy w nowośći żywotá chodźili. Po przyięćiu Chrztu / nowego żywotá po káżdym człowieku Pan Bog potrzebuie: ktory to nowy żywot żywotem Łáski y iest /
y názywa sie / Káżdemu z nas dána iest łáská Eph.4.
według miáry dáru Christusowego: Błogosłá: Apostoł Páweł do Efezow mowi. Y

indźie /

Eph.4. indźiey tenże/Gdźie obfitowáło przestępstwo/támże
łáská więcey obfitowáłá. Aby iáko grzech krolowáł
w Smierći: ták też łáská Krolowáłá przez spráwiedliwość ku żywotowi wiecznemu / przez Chrystusá Páná nászego. Zywot tedy Łáski ten człowiek
żywie/ktory sámemu Bogu y żywie y
Rom:6 vmiera / Zaden z nas sobie nie żywie/ mowi /
Ibid. B. Apostoł Páweł / Bo choćiaż żywiemy/Pá-
14. nu żywiemy/ Choćiaż vmieramy/Pánu vmieramy:
choć tedy żywiemy / choć też vmieramy / Páńscy
iesteśmy. Zywie y ten żywot łáski/ktory Bogu á nie sobie żywie: według tymże Apostołem Páwłem rzeczonego. Zá wszytkie v-
2.Cor. márł Christus / áby y ktorzy żyią iuż nie sámi sobie
5. żyli / ále temu ktory zá nie vmárł y zmártwych w-
stał. Smierć zásie Grzechu/iest śmierć rozłączenia sie człowieká od Bogá/z ktorey wstáiąca sie
y powstáiąca przez grzech. Grzech gdy wykona-
Cap. 2. ny będźie/ mowi Błog. Jákob Apostoł / rodźi
śmierć. Człowiek bowiem káżdy będąc od
Bogá opuszczonym dla grzechow / vmiera
ná duszy. Nieprawośći wásze rozdźieliły miedzy
wámi á miedzy Bogiem wászym. Prorok Boży
Cap.59 Ezáiasz mowi do ludu Zydowskie. Y Bło:
Rom. 8 Ap: Páw: Jeśli mowi podług ćiáłá żyć będźiećie/

pomrze-

pomrzećie. Bo iáko ćiáłu żywot dáie dusza /
ták duszy żywot dáie Bog /ktorym oná iák
ćiáło duszą żywie. Ztąd Błogosłáwiony Lib. 9.
Grzegorz Wielki. Jáko/ mowi/ śmierć ze Moral.
wnętrzna ćiáło od dusze dźieli / ták śmierć cap: II. in cap.
wnętrzna dusze od Bogá odłącza. Smierć Iob. 56
tá Grzechu / nád śmierć Przyrodzenia ták
dáleko gorsza / iáko dáleko lepszym iest Bog
nád dusze : y iáko szkodliwsze iest Boskie od
dusze odłączenie / nád rozłączenie dusze
od ćiáłá. W Smierći bowiem Przyrodzenia iest nieco dobroći / á w tey Grzechu
śmierći / zgołá żadnego dobrá nie mász.
Przyrodzona śmierć vtrácone dobro człowiekowi przywraca : á śmierć Grzechu /
wszytko dobro człowiecze wniwecz obraca. Przyrodzona śmierć wszytkim bie-
dam / nędzom / kłopotom / y wszytkiemu
owszeki tegoświetnemu doczesnemu złemu
koniec czyni : á śmierć Grzechu wszytkiemu złemu / wszytkim mowie / wiecznym
mekam Piekielnym początek czyni. Smierći przyrodzoney bydź/Pan Bog sporządźił: Gen.2.
á śmierć grzechu / żeby sie nie dźiałá grozi /

y pod-

y pod srogim gniewu swego karániem zákázuie. Przyrodzona raz tylko obchodzi-
my/ á śmierć grzechowa bárzo często: ktora vmárszy/ imie tylko to żesmy żywi/ na
sobie nosimy / á sáma istota vmárłemi
iesteśmy. Ztad Błogosłáwiony Augustyn.
In cōment. In Apocal. Wiele sie ich / mowi/ náyduie/ ktorzy w żywych ćiáłách martwe dusze noszą. O gdy-
by sie komu przypátrzyć y widźieć dáło
Práw: Chrześ: iáko nas dáleko wiecey tu
w tey nászey wewnatrz domu Boże° náy-
duiacey sie gromadce / to grzechu śmierćią żywo pomárłych / ná ksztalt oney v
Błogo: Apostołá Páwłá roskosznie żyiá-
1. Tim. 5. cey / żywo bedacey vmárłey wdowy/ nálazłby stoiacych / ániżeli zewnatrz Cerkwie
ná Cmyntarzu z śmierći przyrodzenia po-
grzebionych leżacych.

Żywot śmysłow coby był / dáie wie-
Gal. 5. dźieć Błogo: Apostoł Páweł / gdźie mowi:
Jáwne są vczynki cielesne: ktore są Porubstwo /
Nieczystość / Niewstydliwość / Wszeteczeństwo :
Bálwochwálstwo / Czárowánia / Nieprzyiaźń /
Swary Zazdrości/ Gniewy / Niesnaski/ Kosterki/
Kácerstwá / Zazdrości / Mężoboystwá / Piian-
stwá / Biesiády / y tym podobne. Jest te-

dy ży-

dy żywot Smysłow/ gdy kto vmárszy Bogu / gdy mowie kto odstąpiwszy Bogá
sobie żywie y świátu / we wszelákich ciáła
y świátá namietnośćiách y pożądliwo-
śćiách. Żywot ten żyią synowie nie posłuszni/ Já- Col. 3.
ko Błogo: Apostoł mowi / ná ktorych trwa Gal. 5.
gniew Boży : y ktorzy Krolestwá niebieskiego odźiedźiczyć nie mogą. A Smierć
Cnoty iest / gdy kto Bogu we wszelákiey
świątobliwośći y spráwiedliwośći y prawdźie żyie / y stawa sie ofiára Duchowna
przyiemna Bogu / á vmiera sobie / to 1. Pet. 2
iest ćiáłu y świátu / stawszy sie iemu ślepym / głuchym/ niemym/ chromym/ y insze. Vstá máiacym / á niemowiacym: oczy
máiacym / á nie widzacym: vchá máiacym / á niesłyszacym: nozdrzá máiacym/
á nie wonáiacym : rece máiacym / á nie
dotykáiacym sie: nogi máiacym/ á niecho-
dzacym: ále vstáwicznie wednie y w no- Psalm. 118.
cy do Páná Bogá swego wołáiacym.
Odwroć oczy moie áby nie pátrzáły ná prozność : Psalm. 140.
Pánie postaw straż vstom moim : Ogrodź cier- Syr. 28.
niem vszy moie : Postempki moie prostuy wedlug Psalm. 118.
słowá twego : Tákże y owszytkich inszych dusze

C

y ćiáłá

y ćiáłá ſmyſłách. Iáko tedy ten żywot Smysłow żywie / ktory grzechowi żyie / á Spráwiedliwośći vmiera: Ták ten śmierćią Cnoty vmiera / ktory Grzechowi vmiera / á Spráwiedliwośći żywie: według rzeczonê. Rozumieyćie iżeśćie ſą vmárłemi grzechowi á

Rom. 6 żywymi Bogu / w Chryſtuśie Iezuśie Pánie náſzym.

Ibid. 8 Y záś. Powinni ieſteſmy nie ćiáłu / ábyſmy podług ćiáłá żyli [ále Duchowi:] Abowiem ieśli podług ćiáłá żyć będźiećie / pomrzećie: á ieśli Duchem ſpráwy ćiáłá vmartwićie / żyć będźiećie. Smierć Przyrodzenia rzekłem bydź duſze od ćiáłá rozłączenie: á śmierć Cnoty / duſze od ćieleſnych Affektow y námietnośći odłączenie być powiádam: ktora śmierć Cnoty / poſpolićie ćiáłá vmártwieniẽ zwykliſmy názywáć / według rzeczonê: Vmar-

Col. 3. twiayćie członki wáſze / ktore ſą ná źiemi / Porubſtwo / nieczyſtotę / wſzeteczeńſtwo / złą pożądliwość / y łákomſtwo / ktore ieſt Báłwochwalſtwem: dla ktorych przychodźi gniew Boży ná ſyny niewiernośći. Zła Cnoty śmierćią / śmierć Grzechu żadnê porownánia niema / iáko z świátłośćią ćiemność.

Zywot márnośći ieſt żywot człowieká troſkámi świátá tego zewſząd ogárnionê / y opáno-

pánowánego. Zywot ten niedáleki ieſt od żywotá Smysłow: o obudwu ábowiem tych żywotách owo Błog: Apoſtołá Ia-

1. Io. 2. ná rzecz śie może. Wſzytko co ieſt ná świećie / ieſt pożądliwość ćiáłá / y pożądliwość oczu / y Pychá żywotá. A tákowy żywot porownány ieſt od Chryſtuſá Páná / ná śieniu onemu kto-

Luc. 8. re pádło miedzy ćiernie. Tákiego ábowiem żywotá ludźie / troſkámi / bogáctwy / y roſkoſzámi żywotá doczeſnê vduſzeni będąc / owocu żywotá wiecznego wydáwáć nie mogą. A iáko żywot Smysłow żyią Sárdánápalowie / y Epikurowie / roſpuſtnicy świátá tego / y ćieleśnicy: Ták ten márnośći żywot żyią delikáći y woluptuárii / kochánkowie świátá tego / y roſkoſznicy. Tẽ żywotowi ſprzećiwia śię śmierć Záchwycenia / ktora Bogomyślniki / meże żywotá Angelſkiego / od wſzelákich tego świetnych troſk oddalone: ktorzy w káżdey ſwey ſpráwie śiebie Bogu / á Bogá ſobie przytomnym mieć chcą / rodźić zwykłá. Skąd ſtawa śie im / iż zbliżywſzy śie do Bogá / ſámych śiebie częſtokroć odchodźić

nużą: z Bogiem sie náyduiąc/ sámym sobie przytomnemi niebywáią. Z tąd Cerkiew Chrystusowá w Pieśniách Pieśni mi-
Cap:5. le o sobie śpiewa / Ja śpie / á serce moie czuie.
Ták vmieráli Prorokowie Boży / gdy w
rozmáite widzenia przychodźili. W tey
śmierći był Błog. Jan Apostoł/ gdy ono
strászliwe ná Wyspie Pathmos/ Obiáwie-
Apoc. nie widźiał. Tey Zachwycenia śmier-
I. ći známienićie godnym sie zstał y Błogost.
Apostoł Páweł / iáko sam o sobie wiedźieć
dáie/ gdźie mowi / Znam człowieká w Chry-
2.Cor. stusie przed czternastą lat / (ieśli w ćiele / ieśli
12. procz ćiáłá niewiem/ Bog wie:) ktory był záchwycony áż do trzećiego niebá. Y dáley: Gdźie
mowiąc o sobie ten Błogosł. Apostoł/ ieśli
w ćiele/ ieśli procz ćiáłá był porwány y ná
trzećie niebo zániesiony / niewiem: Owa
Zachwycenia/ śmierć wyraża. O ktorey
y Błog. Łukasz w Dźieiách wzmiankę vczyniwszy. Y wstał / mowi/ Sawel z ziemie /á otwo-
Cap:9. rzywszy oczy nic nie widźiał. Aprowadząc go zá rękę/
wwiedli do Dámászku / y był tám trzy dni nie widząc: y nie iadł áni pił. Skąd colliguią niektorzy iż przez wszytkie te dni w tey Za-
chwy-

chwycenia śmierći Błogosłáwiony ten A-
postoł był z ćiáłá wyięty.

Żywot nákoniec Chwały/ á śmierć Ge-
henny/ są sobie przećiwni. Żywot Chwały / iest żywot wieczny: o ktorym Zbá-
wićiel nász Jezus Chrystus. Tá/ mowi/ iest wola Ioa. 6.
Oycá ktory mie posłał/ iżby káżdy ktory widźi Syná/
á wierzy weń / miał żywot wieczny.
Tego to wiecznego żywotá roskoszy Błogosłáw. Apostoł Páweł opisuiąc / mowi: I.Cor.2.
Oko nie widźiáło / y vcho nie słyszáło / áni w serce Esa.46
człowiecze nie wstąpiło/ co nágotował Bog tym ktorzy go miłuią. Smierć záśie Gehenny/ iest
męká wieczna: o ktorey tenże Zbáwićiel
nász Jezus Christus. Y poydą / mowi/ ći (to Matt.
iest grzesznicy) ná mękę wieczną. Te to śmierć 25.
Gehenny Błogosłá. Jan Apostoł/ wzglę-
dem śmierći przyrodzenia / ktora iest pierwszą śmierćią/ w Obiáwieniu swoim wtorą śmierćią názywa / gdy mowi/ Boiáźli- Cap.21.
wym y niewiernym/ y obmierzłym/ y mężoboycom/
y porubnikom/ y czárownikom/ y bałwochwalcom/
y wszytkim kłamcom/ część ich będźie w iezierze gorá-
iącym ogniem y śiárką/ co iest śmierć wtora.
A to iest pięćiorákie śmierći y żywotá
ludzkie-

ludzkiego w krotce przełożone vważenie. Skad wiádomo nám być ma Práwowierni Chrześćiánie / iż pomienione żywotá y śmierći rożnice/przećiwnym nieiáko ſpoſobem do śiebie ſie máiace / chca mieć po nas ábyſmy pilnie oſtrożne oko nánie mieli. Zywot ábowiem Przyrodzenia rodza cemu ſie człowiekowi / ieſt lekki/ á śmierć vmieráiacemu temuż ćieżka. Zywot Láſki ieſt wdzieczny/ śmierć Grzechu ieſt ſmutna: Zywot Smiſłow y żywot márnośći/náczáś vćieche rodza / á ná czás ſmeca: á śmierć Cnoty y Záchwycenia ſie/ná czás ſmeca/ á ná czás vćieche czynia: Zywot Chwały ná wieki vweſela/ á śmierć Gehenny ná wieki meczy. Záczym z tego tákowego przełożonego żywotow y śmierći przećiwnego z ſoba vważenia/ oſtrożnie ſie do nich/ iákom rzekł/ człowiek mieć ma. Zywot ábowiem Przyrodzenia wdzięcznie / iáko od Bogá dány przyimowáć mamy: á śmierć Przyrodzenia ſkromnie znośić/ iáko te ktora nas minać niemoże. Zywotá Láſki pożadáć mamy / iáko duszy zbáwiennego: á śmierći

Grzechu

Grzechu / iáko duſze zatrácáiacey / wyſtrzegáć śie. Zywotá Smyſłow iáko Bogu brzydkiego y duſzam náſzym ſzkodliwego vchodźić y obiegáć mamy: śmierći Cnoty iáko Bogu miłey y duſzam zbáwienney ſzukáć powinniſmy y naydowáć. Zywotem Márnośći/ iáko wielce ſzkodliwym / y do zguby wieczney pretko y mizernie prowádzacym brzydźić śie mamy: śmierć záśie Záchwycenia iáko wdzięczno vćieſzna / á żywot ludzki do doſkonáłośći ſpieſznie y lekko prowádzaca/w pożadániu mieć mámy. Zá żywotem Chwały wſzytka duſza vganiáć śie mamy/ y doganiáć go / iáko te° ktory ná wieki vćieſza: á od śmierći Gehenny wſzytkiemi duſze śiłámi vćiekáć y vchodźić / iáko od tey ktora ná wieki okrutnie meczy.

To ták w krotce nákſztalt Conterfektu żywey świetego tego Meżá poſtáći przełożywſzy / ieślibym w sámym Meżá tego zacnego żywoćie doſtáteczney máterii do rozmowy z wámi Práw: Chrze: niemiał / mogłbym śie z miłośćia wáſza ná przerze-

czonych

czonych żywotá y śmierći vważeniách / nie bez duszezbáwiennego pożytku zábáwić: Gdybym oboigátego / to iest / káżdego z osobná żywotá y káżdey śmierći náleżne okolicznośći vważyć chćiał. Lecz dostátniey / iákom rzekł / máteryi żywotá Nężá tego świętego mieysce dáiąc / to co sie przełożyło bez okolicznośći / iáko Conterfekt bez farb zostáwuie.

Żywotá y śmierći piąćiorákie vważenie Práw: Chrześ: nátom przełożył / ábym z niego to / com nápoczątku zá fundáment tey biesiádi mey Duchowney położył / widocznie wychodzące obiaśnił / y ná oko okazał: y ná tey przed námi w cżći godnym ćiele leżącey osobie opocżyłe / spráwiedliwie dowiodł y prawdźiwie pokazał. Miedzy piąćia przełożonych żywotá ludzkiego vważeni. Trzy Bogu miłe y duszam ludzkim zbáwienne Żywoty nayduiemy / Żywot Przyrodzenia / Żywot Láski / y Żywot Chwały. Drugie dwá żywotá sposoby / Żywot Smysłow / y żywot Márnośći / Bogu brzydkie są / y duszam zginienie przynoszą.

Rownie

Rownie y z miedzy policżonych piąći vważeni śmierći ludzkiey / trzy Smierći y Bogu przyiemne y człowiekowi zbáwienne nayduiemy. Smierć Przyrodzenia / śmierć Cnoty / á śmierć Záchwycenia: Smierć zá sie Grzechu y śmierć Gehenny / y szkodliwe są bárzo / y nád wszeláką nędzę ludzką naynędznieysze: á zwłaszcżá śmierć Gehenny. Ktożkolwiek tedy z ludźi / troiáki ten chwáły godny żywot nátym świećie prowádząc / troiáką chwalebną śmierćią z niego zchodźi / Sententia owá / zá fundáment teráźnieyszey Biesiedźie mey przez
mie przełożona / Spráwiedliwy człowiek / gdy Sap: 4.
mu vmrzeć przyidźie / w odpocżnieniu będźie: krom wszelkiey wątpliwośći / ná tákim / z łáski Bożey / iśći sie / wypełnia sie / y odpocżywa. Żywotá tego y śmierći rożnic / y sam przedwiecżny Syn Boży ná niskośćiách świátá tego z ludźmi żyiąc / przykłádem być zezwolić raczył. Częstokrotne 1. Pet. 2
Chrystá zbáwićielá nászego cáłonocne / áż y do krwáwego potu prácowite modły / były mu iákoby śmierćią Záchwycenia. Bie-

D

dy / v-

dy / vtyſki / przeſládowánia / naśmiewiſká / vrągánia / y wßelákie inße ćierpliwie
znoßone krzywdy: Poſty y káżde ćiáłá
trudzenia / były śmierćią Cnoty. Smierć
krzyżowa / iákoby śmierćią Przyrodzenia.
śmierći Grzechu / y śmierći Gehenny nie
doznał / iáko bezgrzeßny y niepokalány. Jle
záśie do troiákiey chwalebnego żywotá rożnicy / we wßytkim ſie znaydował zacnym /
y nazacnieyßym: chwalebnym / y nachwa-
lebnieyßym: świetym / y naświetßym.

To ták przełożywßy: Przypátrzmy ſie
Práw. Chrze. w tey świetey przed námi w
cżći godnym ſwym ćiele leżacey Oſobie /
naprzod tey troiákiey chwalebne° żywotá
roznicy: potym przypátrzym ſie y troiákiey
roznicy chwalebney śmierći: żywotá / mowie / Przyrodzenia / Láſki / y Chwały. Aczkolwiek y żywot y śmierć Przyrodzenia do
wiecżnego Błogoſłáwienſtwá álbo nic /
álbo máło co przynoßa. Dla cżego miáſto
żywotá Przyrodzenia / ktáde vrodzenie
zacnego Meżá tego z Rodźicow / y według
Bogá / y według świátá / zacnych y zná-

mieni-

mienitych. Aczkolwiek w Oſobie tey / ktora wßytkiemi świátá tego známienitośćiá-
mi dobrowolnie pogárdźiwßy / iedną one°
gorniego świátá zácnośćią ſiebie przyozdo-
bić / po wßytek wiek ſwoy vśiłowálá / zacnośći y známienitośći świátá tego ßukáć /
y temi ią zdobić y wyſtawiáć / rzecz ieſt
zdrożna: wßákże ſámo sie to nam wßytkim / bym ia otym y milcżał / wiedźieć dáie /
iż według Bogá vrodzony ieſt zacnie y
známienićie z Rodźicow pobożnych / y
Bogoboynych: Syn ieſt Presbiterſky:
Synowie bowiem Lewitow náßych / y Bożym y ludzkim práwem ſą nád ſyny wßytkich inßey condiciey ludźi vcżćieni. Ate y
według świátá z Rodźicá ßláchćicá zacnie y ßláchetnie ieſt vrodzony: Pinſki Po-
wiát (ktorego on w Przodkách ſwych / y w
ich dopiero żyiacych Potomkach Kárpowi-
cżach / znácżnym był Obywátelem) z ná-
mienite o nim świádectwo / przed naywyż-
ßa Páńſtw náßych Zwierzchnośćią wydał
ná on cżás / gdy przed lat kilka dla Wiáry
prawdźiwej / zá inſtinctem y inſtáncią nie-

zbedney

zbedney Vnitskiey Apostásii / y ná vczciwym y ná żywoćie obelżonym y pożytym być ßláchetny ten Mąż / wßeláko był ßukan.

Ide do Zywotá Láski: tego zacny ten Mąż nábył przez táiemnice Chrztu w świetey powßechney Apostolskiey Cerkwi: y nieodmiennie krom żadnego podeyźrzenia dochował go / żyiac w nim Bogu / áż do przeyścia swego z źiemie ná niebo.

Zywot Chwały / o ktorym nam rzecz / áczkolwiek áż ná onym niebieskim świećie zupełnie y doskonále poznawány bywa: wßákże w osobách wiernie nań záslugiiacych / znácznie y z pobożney sławy żywotá świátá tego ziemnego colligowan bywa. A że żywot Sławy świátá tego zacny / sławny / y świety iest temu Mężowi / sámo dostoieństwo iego Presbiterskie / y Archimándritskie przełożeństwo / ktorymi od Bogá vczczony iest / świádczą. W tych Dostoieństwách sławy doczesney / ná wieczną niebieskiego żywotá chwałe prácowićie zásługuiac / iáko żywot swoy prowá-

dźił /

dźił / trochę niżey Práwowier. Chrześćiá. w śmierći Cnoty iego posłyßyćie.

Troiáki tedy ten pochwalny żywot przed oczymá wßytkich nas / á osobliwie przed wßytkowidzącemi oczymá Bożemi ná tym świećie świątobliwie prowádźiwßy świety ten Mąż / bez wątpienia wyrokow / Spráwiedliwy człowiek / gdy mu vmrzeć przyidźie / w odpocznieniu będźie: ná onym / gdźie teraz iest / niebieskim świećie ná sobie ziśczony / spełniony / y opczyty mieć ostał sie godnym. W żywoćie ábowiem Przyrodzenia zacnym sie náyduie: w Zywoćie Láski / nienáganionym: w Zywoćie Sławy doczesney / ile z przymierzenia iey do chwały wieczney / świetym. Co wßytko w nim iáśniey y okazáley dáie widźieć śmierć Cnoty: do ktorey nim mu wnißych niż trzydźiestu lećiech przyßło / y Wyznawcow / y Meczennikow zacnośći Korona był koronowány: Wyznawcą sámą istotą / á Meczennikiem zezwoleniem zostawßy: gdy mu przez cáłe dwie lećie / srogim y otrutnym ciemnicznym Sap. 4

cżnym więzieniem trápionemu / ná káżdy dźień dla Ewángelskiey prawdy ćiężko vmieráć przychodźiło : Wiádomy wam Práw: Chrześciánie spráwy tey postępek / wiádoma przyczyná: wiádom y skutek. Jákie ná on czás Dyabelskie pokusy świetemu Mężowi znosić przychodźiło : Jákie táin przed nim przewrotny Szátán przez swoie instrumentá sochy stroił / to w obietnicách nád spodźiewánie rychleyszego z turmy wyzwolenia z owá Condycyá / ieśli mi dasz pokłon vpadszy: to wstráchách nád oczekiwánie mąk okrutnych y niezwyczáyney śmierći / gdźieby tego nie vczynił. Ale twárdszy niż Dyámentowy / ná kámieniu wiáry mocno vtwierdzony Filar ten / wszytkie te dusze gubiące Piekielnego morzá nawálnośći Męczeńska dusza / bez záchwiánia sie znosząc / sercem Wyznawce odrażał stále. Wodzony był przed Sędźie y Wielmoże dla prawdy Ewángelskiey / y wyznał ią státecznie: był násmiewány dla Wiáry práwosłáwney / lżony / sromocony / szárpány / od Sadu do Sadu / z Turmy do

Math. 4.

Tur-

Turmy / przez dwie cáłe lećie iák złocżyńcá iáki powłokány / (czego wszytkiego nápátrzáły sie ná on czás Práw. Chrześciánie / łzámi oćiekłe oczy wásze: gdy sie wam y wesołe świetych dni Vroczytośći wásze / żołćia nielitośćiwey źwierzynney przez Apostáty bestwiącey sie nád wámi Vnitskiey Schyzmy / w smutek y płácz obracáły /) nie zápárł sie iednák prawdy Ewángelskiey. Wszytko to ochotnie wesoła dusza znosił / byle tylko prawdá z iego Osoby ná ten czás w swoiey poważnośći byłá zostáłá / iákoż z łáski dobrotliwego Bogá / zostáłá. Ná sámym onym niemal vstáwicżnym dwoletniego więzienia iego / pod źiemnym ćiemnicżnym mroku / lekkiemu w Wierze / álbo wiátrem świátá tego nádetemu sercu dosyć było názrzecżenie sie powszechney Prawdy / czego sámego ná on czás potym stáłey Wiáry Młodźieńcu potrzebowano. Po roznych onych ćiemnicách / y turmách / wodzonemu / co zá wcżesność mieyscá / powietrza / towárzystwá ? sáme od pet y táńcuchow nátárte czarne blizny czći godnego

dnego

dne° ciáłá tego (iuż oto ßeśćioniedźielne° namniey iednák/ z łáski pożytego w nim ożywiáiącego Duchá/ niepsuiącego sie ni swéduiącego/) Swiádkámi są tego świętego Męczenniká y Wyznawce ćierpliwośći. Wßytko to iednák chutliwą/ iákom rzekł/ duszą święty ten Mąż przez cáłe dwie lećie znosił/ byle tylko Ewángelskiey prawdźie poważne świádectwo był wydał: iákoż zá łáską dobrotliwego Bogá wydał tákie/ ktore nie zmieśćiwßy sie w gránice Páństw náßych/ w Cudzoziemskie sie kráiny/ y w pogránicżne nam Krolestwá rozlálo/ á w nich Kátholickiey Práwosławney Wiáry náßey pobożność/ niepokalána być oświádczyło. A to iest Práw: Chrześ: tego świętego Mężá Obraz fárbámi Cnot w Conterfekćie Illuminowány.

Do vpátrowánia iuż w świętym tym Mężu vważoney troiákiey śmierći postępnie/ ktora nam żywą w żywych ożywiáiące° Duchá Cnotách/ Páná y Oycá náßego postáć/ według obietnice moiey/ wystáwi.

Na-

Napierwey tedy ile do śmierći Cnoty/ ktora w nim okazáłá Zakonniczy/ Mniski stan czyni: gdźie vmieráiąc śmierćią Cnoty/ cnotę ćiáłá swego/ Pánnę y duszą y ćiáłem czystą siebie Bogu swemu Chrystusowi Pánu ofiárował/ á v przeświętych nog iego siebie niewolniczo porzućiwßy/ Apostolskim sercem do Zbáwićielá swego/ zá sobą go iść wzywáiącego wołał/ Oto wßytko moie dla ćiebie Chryste moy zostáwiłem/ y zá tobą w tropy ßedłem. (Matth. cap. 19.) Prawdźiwie záiste Apostolsky ten Mąż ßedł zá Chrystusem/ troiáko iemu siebie ná wierną służbę iego obowiązawßy: dwiemá publicznemi vsługámi/ iáko Presbyter/ y Archimándrytá: iedną prywatną/ á tą pierwßą/ iáko Mnich.

W służbie Zakonniká/ ktora iemu byłá śmierćią Cnoty/ ták sie záchował/ że bespiecznie o sobie ono Błog. Apost: Páwłá mowić mogł/ Mnie świát iest vkrzyżowan/ á ia świátu. (Gal. 6.) Nowo drugie/ Już nie ia żywię/ ále żywie we mnie Chrystus. (Ibid. 2.) Ták sie affektom y namiętnośćiam swym pánem być stá-

E

wił/

wił/ że ſię onim ſłuſznie owo tegoż Błog. Apoſtołá rzec może/ Ktorzy ſą Chryſtuſowi/ ćiáło ſwe vkrzyżowáli z námietnośćiámi y z pożądliwośćiámi. Mierność we wßytkim byłá mu iákoby przyrodna: pokarm y napoy ſkromny y wſtrzemięźliwy/ ſen miárkowny/ czućie káżdonocne/ officium Zakonnicze codźienne/ płácz pokutny záwße/ śmiech roſpuſtny nigdy/ vśmiechnienie ledwie kiedy/ gniew bezpotrzebny nigdy/ żárty lekkomyślne ni w myśli: słowo nierzkoc ſromotne/ ále áni wſtydliwe: czás we wßem ſporządzony. W krotce mowiąc/ vczynkiem y mową ochoczoprácowity Zakonnik/ á w náturze bárzo słábey/ w zdrowiu wielce płochym/ w śiłách ćiáłá wßytkiego pomienionym dwoletnim więźieniem bárzo zemdlonych. Kłamſtwá/ fałßu/ zdrády/ podſłepku/ potwarzy/ pychi/ ſámolubſtwá/ łákomſtwá/ zazrośći/ rzeczy dobrych nienawiśći owßeki nieznał: Skromność záśie/ trzeźwość/ pokorá/ ludzkość/ vkłádność/ ſkłonność/ litość/ miłośierdźie/ á naoſobliwiey ſczerość/ prawdá/

Galat. cap. 5.

y mi

y miłość w dußy ie° wieczne ſobie mießkánie vſtáły. Owá/ wßelkiey cnoty Mąż ten wizerunkiem iſtotnym: v ktore°(co záiſte dźiwna) y to wßytko/ co raz vpußczone (Łáćinnicy irreuocabile názywáć zwykli/) żadnym ſpoſobem názád wroćić ſie nie może/ w zupełnie cáłym poſtrzeżeniu y záchowániu było: Czás mowie/ Słowo/ y Pánieńſtwo. Przed wámi Prá: Chrz: o tym świetym Mężu mowie/ przed ktorych oczymá on wßytek żywot ſwoy świetſki/ y ten tákowy Zakonniczy prácowity bieg prowádźił. Nie rowno záprawdę świątobliwey zacny ten Mąż żył/ ániżeli ia onim mowić moge: czuley Reguły ſwoiey zakon obchodźił/ niż ia onim wypráwuie. Ták ábowiem ten wßytkiey/ iákom rzekł/ Cnoty wizerunek pobożnie y świątobliwie żył/ że do świętey duße iego/ iákoby do ſkárbnice iákowey wßytkie Zakonnicze cnoty zebráły ſie były: ktore nie mogąc ſie w nim pomieśćić/ wßytkim przy nim y około niego mießkáiącym náżywy przykład hoynie ſie wylewáły. A nie tylko Zakonnikom ied-

E 2 nym ná

nym ná przykład / ále y káżdemu nawyżßego y nanizßego ſtanu pobożne Chrze-
śćiáninowi. Bo choć kto ná poſtrogę Zá-
konniczey Reguły w nim poyźrzał/ Puſtel-
nikom rownym go być obaczył: Choć ſie
poſpolitym świetſkiego żywotá Cnotom
w nim przypátrował / przodkuiącym go
w nich przed wßytkiemi y napobożnieyßé-
mi naydował. Ņácz zazrzośćiá (ktora
ná káżdą pożyteczną rzecz ślepa) ten kogo
żadna zła ſławá niedotyká/ tłumiony zwykł
bywáć / iednák y tá tu mieyſcá mieć nie
może: ſam wſtyd świetſki y ná niewſtydli-
wßemu ożuwcy vſtá zátámuie. Pośrzod
ábowiem białego dniá/ iáko mowia / Máż
ten bieg żywotá ſwego prowádźił. Znáia
to w nim wßytko Bráćia/ ktorzy z nim żyli / ktorym on był wodzem: znaćie y wy
Práwosławni / ktorzyśćie ſie temu przypátrzyli / ktorym on był Náuczyćielem: zna
nákoniec y wßytko Wilno / ktore tych Cnot
iego pełne: w ktorym on po wßytkie látá
ſwoie był mießkáńcem.

Presbyterſtwá ſłużbe iáko obchodźił /

Bogu

Bogu to ſámemu nalepiey wiádomo: ále y
náße oczy bárzo ſie dobrze tego nápátrzá-
ły. Kápłani przyſtepuiący do Páná Bogá: mo- Exod. cap. 19
wi piſmo świete: niech ſie poświecą/ żeby nieod-
ſtąpił odnich Pan. Roſkazánie to Boże / czći
godnemu Presbyterowi temu / ták dobrze
pámietno było / że nie pierwey ná Vrząd
doſtoieńſtwá tego wezwány Pánu Bogu
śiebie oddáć zezwolił / áżby od świetſkich
zabaw owßeki śiebie oddalił. Temu ſámemu / ktory go ná te świetą ſłużbe ſobie o-
brał / wezwał/ y posłał/ áby ſie podobał/
oney Bło: Apoſtołá Páwłá zdrowey rádźie doſyć z śiebie vczynił / mowiącego /
Zaden ktory woiuie niewikle ſie ſpráwámi świetſkie- 2. Tim. 2.
mi. Náuczyćielſka powinność iáko czule /
iáko dbále/ vſtnie y ſcriptem odpráwował/
nie tylko wam Práwosławnym náuk iego
przytomnym ſłuchaczom/ále y ſámym Inowiercom nieieſt nie wiádomo. Presbytero- 1. Tim. 5.
wie ktorzy dobrze rządzą/dwoiákiey czći godni bedą.
mowi tenże Bło: Apoſtoł: y znał to do
śiebie ten dobry Náuczyćiel/ iż ná ſtraży
Bożey był poſtáwiony: Y że piekne nogi tē Abac. cap. 2.
ktory n.i gorách pokoy zwiáſtuie y opowiá- Esa. 52

da /

da/ mieć ma. Podnosił głos swoy iáko trą-
be. Trzeźwym był we wszystkim / czuł /
prácował / czynił vczynek Ewángelisty /
posługe swą wypełniał: przepowiádał
słowo / nálegał pogodnie y niepogodnie /
2.Tim. 4. strofował / gromił / prosił / we wszelákiey
ćierpliwośći y náuce. Ná źielonych łąkách /
y ná buynych pástwách / wegług słow Pro-
Psal.22 roká Bożego / dobry ten Pásterz rozumne
owce Chrystusowe pástwie swey powierzone páśł: zgromadzał rosproszone / zbierał
Ezech. 34. rozbiegłe: wywodził ie z ludow odszczep-
nych / z źiem Heretyckich / y z zapłotkow
Schysmátyckich: á w wodźił ie zásię do ich
włásney źiemie / do iedyney S. Cátholickiey y Apostolskiey Cerkwie: ze wnątrz
ktorey błąkáiąc sie / od wilkow y od inszych
Ibid. krwie żądliwych Bestiy będąc pożárte / po-
Psal.22 ginąćby musiáły. Páśł ie po gorách y zdro-
iách paszy żywotdáiących wod Ewángelskich. Tego co było zginęło / szukał:
co było zárzucono / náydował: co było
połamano / obwiązywał: á co było tłu-
ste y duże / tego strzegł: Dusze swoie ná koniec do-

niec dobry ten Pásterz zá owce Chrystusowe położyć záwsze był gotow / owe Bło-
Ioan. 10. Apostołá Páwłá do Pásterzow rzeczone słowá w vstáwiczney pámięći máiąc. Czuyćie
pilnie o sobie / y o wszytkiey trzodźie / w ktorey was Actor. cap. 20
Duch święty postánowił Biskupy / ábyśćie páśli
Cerkiew Páná y Bogá / ktorey on nábył Krwią
swoią. Od służby go Bożey ták w bezkrewney S. Ofiáry codźiennym Ofiárowániu / iáko y w częstym przepowiádániu
zbáwienney Ewángelskiey náuki / żadne
trudnośći / ni słábość zdrowia / ni powietrza niewczesność / ni naćięższe źimno / ni
násłutieysza niepogodá nie odstrászyły: y o-
wszem / im naćięższey sobie w tych Boskich
służbách czynił / tym sie bárźiey z te° ćieszył.

Archimándritskiego dostoieństwá V-
rząd / iż pobożnie / Bogoboynie / dbále / y
y ostrożnie sprawował / znákiem są oto ći
częći godni Brácia iego / (z miedzy ktorych
y siebie niewyłączam /) ktorzy ná vkłá-
dność obyczáiow iego / ná przykłádność
pobożnośći / ná żywotá miárkowność poglądáiąc / do niego sie zewsząd iáko do Oycá kupili. Znákiem y záłożone / zá tąską
Boża /

Boża / y ſporządzone przezeń po rożnych
miáſtách y mieyſcách Monáſterze / á w bár
zo krotkim żywotá y dozoru iego czáſie.
Był ábowiem wßytek Mąż duchowny /
przykłádny / roſtropny: w náucząniu Brá
ćiey opátrzny / w ſtrofowániu bácżny /
w karániu vważny / w náprawie ſumnienia rozſądny: godny zaiſte mieyſcá tego
świętego y miáſtá Archymándritá.

Stąpię iuż do vpátrowánia w nim /
vważoney Záchwycenia śmierći: w tey iáko częſty z częſtego o Bogu rozmyśłánia
zacny ten Mąż bywał / świádomi ſą tego
w Duchu prawdy ći / ktorym ſie blißßemi
pod tákowe rázy przy nim być zdarzáło.
Luc. 18 Szedł do Cerkwie / ná modlitwie był:
1. The. przyßedł z Cerkwie / ná modlitwie ſtánał:
cap. 5. iadł álbo pił / śiedźiał / chodźił / ſtał / vſtá-
Rom. wicżnie śie w dußopożytecżnych Bogo-
12. wyſtnośći vćiechách naydował. Sćiá-
Ephes. ny mießkánia iego zápytáne przyznáły by /
6. iż niebyło minuty v tego świete° Mężá / w
ktoraby cokolwiek cżynił / żeby álbo Bog
znim / álbo on z Bogiem nierozmawiał.

Wßyt-

Wßytek ſwoy czás trawił / álbo ná czytá-
niu / gdźie Bog znim rozmawiał: álbo ná
modlitwie / gdźie on z Bogiem miał rozmowe: niewyimuie z tego y zábaw iego w ná-
mowách ſpraw Cerkiewnych y Moná-
ſtyrſkich / (ktore ponieważ / w cześć y
chwałę Bożą ſą ſporządzone /) y wtych ſie
on z Bogiem naydował / á Bog znim. Cżeſtokroć wdźięczna temu świętemu Mężowi o Bogu y o iego dobrodźieyſtwách me-
ditácya / w owe Záchwycenia śmierć pory-
wáiac go / iákoby odeßłym iego od śiebie
cżyniłá. Częſtokroć trzebá było niegdy
huknienia / cżáſem miánowánia / inegdy
porußenia / przez co by do ſiebie był przycho
dźił. Wiedzą o tym ći / iákom rzekł / ktorym publicżne y prywatne modły znim
odpráwowáć ſie przydawáło. Wiem y
Ja nędzny po cżęśći / á z poſadzeniem ſwe°
do ſłużby Bożey leniwſtwá / pobożnym
świętego tego Mężá pracom ſie dźiwuie.
Wierzćie mi namilßi / Angelſka záprawdę
ludźiom niezwycżáyna / nieiákaś wdźięcz-
nośc w twárzy tego świętego Mężá częſto

F krocć

kroć widząc było: á osobliwie po bezkrwawey S. ofiáry przezeń przynieśieniu / y po zbáwienney Ewángelskiey nauki przepowiedźi. Dał by to Pan Bog/ ábym táką moc wymowy w krotkim moim mowieniu mieć mogł/ żebym nią Męża tego świętego dźielność áby troche wyráźił/ y wam Práwosławnym Chrze. y wszystkiemu świátu do wiádomośći podał: ktorey nierzkąc miáłkiego dowćipu mego záieckliwy iezyk/ w zálecenju dostáteczznym stáwić śie niemoże/ ále y naprzestrzeńszy iezyká obrot / y naybystrzeyszy głebokie° rozumu słow wstręt/ w doskonáłey włásnośći postáwić ią z wielu miar niezdoła: niebochodna ábowiem iest y od ludzkie° zmysłu nieiáko wyietna. Ten przezacny Náucżyćiel Cerkiew násze Wileńska/ w pobożnośći owocy poczęśći záźiebła/ do zwykłey Pobożnym (oney świętey z pierwá szczepioney Cerkwie/ święte obycżáie w niey odnowiwszy/) płodowitośći / rozgrzewáiąc ią częstym Ewángelskich wod dżdżem / spráwił z łáski Páná Chrystusowey sposobną / y vrodzáy-

ną á płodowitą wydał/ iáko w chutliwym Ewángelskiey przepowiedźi słucháńiu / ták w ochotnym codźiennego nabożeństwá vczęszczániu: w hoynośći iáłmużny Cerkwi/ Szpitalom/ niedostátnim/ vbogim swoim y obcym krom wszelkiego osob bráku. W pobożnym świąt Páńskich vroczystych/ y naświętszey á nabłogosłáwieńszey záwsze Pánny Bogárodźice/ y Apostolskich obchodźie. A osobliwie w częstym zbáwiennych y ożywiáiących ćiáłá y krwie P. Chrystusowey táiemnic/ po godnie powinnym przez post y spowiedź przygotowániu śie y sporządzeniu Communii.

Ale dźień by mie predzey Práw: Chrze. vszedł / niżliby mi ná máterii pobożnych świętego tego Męża zábaw/przymiotow/ obycżáiow/postępkow/ y wszytkie° żywotá iego zeszło: gdy bym wszytkie naydniące śie w nim pobożnośći Cnoty podrobnu wylicżáć miał.

Do trzećiey śmierći / ktora iest Przyrodzenia/ z vpátrowániem moim postępuię: ná ktorey y przedśiewźiętey mey Bie-

śiedźie koniec vczynie. Ná śmierć Przyrodzenia zacny ten Mąż iáko był goto-
wym/ miedzy inszemi owe pod czás śmier-
ćiiego/ od niego do iednego z Hieromoná-
chow (ktory mu coś o nieśtrásowániu śie
o śmierć przypomniał/) rzeczone słowá
wiedźieć dáią: Czego śie/ mowi/ śtráso-
Psal. 38 wáć mam/ z gośćiny do oyczyzny odchodząc. O wiáry sercá pobożnego: przycho-
Phil. 3. dniámi/ práwi/ iesteśmy ná źiemi/ á nie dźie-
dźicámi. Mieszkánie násze Błogosłá: Apostoł
2 Cor. 5 Páwel w niebieśiech być powiáda/ skąd y Zbáwićielá oczekiwamy Páná Jezu Chrystá: wiemy
bowiem/ iż bedźieli źiemny ćiáłá nászego dom zepso-
wány/ mamy budowánie od Bogá dom nie rękomá
robiony wieczny w niebieśiech. A iáko śie ná te
Przyrodzenia śmierć gotował / owe drugie pod tenże śmierći iego czás/ do wszytkiey około nie° stoiącey duchowney Bráći/
wyrzeczone słowá vwiádomiáią: do ktorych po nápomnieniu y Błogosłáwieństwie
Oycowskim/ (oczy swe ná Obraz Vkrzyżowánia Jezu Chrystá Páná y Bogá nászego / ktory mu był vstáwicznie przytom-
nym/ podniosszy) rzekł/ prosćie Bráćia Pá-

ná Bogá / áby mię dárował iescze Cerkwi. O głosu świetego! O głosu Pásterskiego! O wieczney pámięći godnych słow!
Ná coż áby ćię Cerkwi Pan Bog dárował/
Pánie moy prosić każesz: Zaż ći świát ten
mił: Azaż ći niebieska Oyczyzná nie miła:
Náuczyćiele cerkiewni/ Archyereowie/ Sprá-
wiedliwi/ Swięći/ Wyznawcy/ Męczen-
nicy/ Apostołowie / Prorocy / Pátryár-
chowie/ niepokaláni w Pánieństwie: y krotko mowiąc/ Wszyscy ći / ktorych źiemiá
niezátáiłá/ ále ie niebo przyięło: przed ktoremi otworzyły śie drzwi Niebieskiego Ráiu / á oni we wnątrz iego bedąc/ z drzewá
Zywotá/ ktorym iest Pan nász Jezus Chrystus / roskoszuią/ ná niebie z rádośćią ćiebie
czekáią: á ty ná tym mizernym świećie o-
dászy sobie Zywot Páná Bogá prosić Bráći swoiey każesz: Czekáią ná ćię támże w
niebie Angeli y Archángeli / Cherubinowie / y Seráphinowie / y wszytkie insze
Niebieskich mocy chory. Co większa: czeka
y oná nád Cheruby zacnieysza/ y nád Se-
ráphiny sławnieysza/ sercá twego nienásy-

cona rćieçhą / naświetßa y nabłogosłá-
wieńßa záwße Pánná Bogá Rodźićielká.
Ná koniec / y iednorodzony iey Syn Pan
twoy y Bog przewieczny ćiebie wiernego
sługi swe° / z pozyskánemi przez ćie tálentá-
Mat. 25 mi czeká / żeby ćie nád więkßemi dobry swemi przełożonym vczynił / y do wieczney ćie
rádośći swoiey wprowádźił: á ty o márny
ny docześny / y o ten w płochym zdrowiu
twoim zemdlony żywot prosić roskázuieß:
Każe / powiáda / y proße prosić: y sam / ieśli
ná to wola Bogá moiego iest / proße: ále
nie sobie o siebie proße: áby mie Cerkwi
swey dárowął á nie mnie / proße. Mnie
ábowiem żyć Chrystus / á vmrzeć zysk. Z
Phil. I. Błogosłáwionym ia Apostołem Páwłem /
ták mowiącym mowię: Chcę mam żebym był
Ibid. rozwiązan / y był z Chrystusem / co dáleko lepiey:
ále zostáć w ćiele potrzebnieyßa iest dla was.
Prágnę ia dáleko bárźiey rozstáć się z ćiáłem
á z Chrystusem Bogiem moim być / niżeli
tuta ná tym márnym świećie żyć: ále dla
was / dla powierzoney mnie w Cerkwi Chry-
rystusowey Ewángelskiey vsługi / żywot
moy

moy iest pożytecznieyßym. Wola iednák
Bogá mego w tym á nie moiá niech się
pełni. O godnych słow wielkiego tego Náuczyćielá pobożnośći! Nie rzekę ia záiste
Mistrzu y Oycze moy święty / nie rzekę áby
ty vmárł / y niedoyźrzáłey twey śmierći
opłákiwáć nie będę: żywieß ábowiem sła-
wą świątobliwego żywotá y żywey náuki
twoiey / żywieß: y poki słońce źiemie widźieć
będźie / żyć będźieß. Czegoć bowiem látá
dźiećinne pozáyźrzáły / ábo co niedoyźrzá-
ła śmierć vięłá / toś ty wßytko zákonni-
czego żywotá Cnotámi nápełnił: ktore w
tobie nie my tylko / ktorzyśmy obecnemi ich
názorcámi byli / y po śile náßey náśládowcámi być vsiłowáli / spodźiwieniem vene-
ruiemy: ále y wßyscy ktorych znáiomość
ćiebie záchodźiłá / Práwosławni y Jno-
wiercy / Odßczepieńczy y Apostátowie /
ktorzy ná kształt oboiętnego miecza sku-
teczna twá Ewángelskiey prawdy náukę /
serce y wßytkie wnętrznośći / áż do rozdźielenia Duße y duchá / y do stáwow y
mozgow w kośćiách przenikáiąca / niebem
y źie-

y ziemia w Oycżyznie náßey wichrzacey
Apoſtázyey ſwoiey/ śmierć być y pogrzeb
ominowáć muſieli / y mußa : ná dźiedźi-
cách ábowiem / z łáſki Bożey / niezbywa
Syniech. Czego káżdy Práwoſławny
goraco ma prágnać. Nie rownie ábowiem pomyślnieyße Cerkwi Chryſtuſowey
zewßad z miłym Rz: Poſpolitey pokoiem/
Succeſsá náſtapia/ gdy omierzłe y niená-
wiſne Odßczepieńcow y Apoſtatow imie z
niey wyſtapi / y wniepámięći zágrzebione
zginie. Ná to ſámo wßytka ſwoia dußa z
pożadániem pogladáiac świety ten Maż/
áby go Pan Bog ießcże Cerkwi ſwey świetey dárował był / prágnał. O zdárzyłby
to był dobrotliwy Pan Bog / Oycże náß
zacny / gdyby ćie był ießcże Cerkwi ſwoiey S. dárował: luby by nam był Zywot
twoy / y w nazeßłeyßey ßedźiwośći / iáko w mnogie Enoty bogátego / Pánień-
ſkiey cżyſtośći kochánie/ Wyznawce/ ſłowem y dźiełem Náucżyćielá/ pokuty prawdźiwey wielkiego opowiádácżá.
Sap. 4. Ale ponieważ ßedźiwość ieſt Madrość cżło-

wieká

wieká/ á wiek ſtárośći żywot niepokalány : iużeś
przez to dwoie kreſu wieku ſwego doßedł
zupełnie / y ßedźiwośći Mádrośći / y ſtárośći Zywotá niepokalánego zupełnie do-
ßedßy : zá co ſie dußá twoiá Pánu Bogu
podobáłá : ktory dlategoſie y poſpießył /
áby ćie z poſrzodku nieprawośći wywiodł.
Acżkolwiek nieſpráwiedliwi niezrozumia- Sap. 4.
wßy co by o tobie Bog myślił / że ćie rychło od nas powołał / moga pogárdźić toba : ále ſie znich Pan Bog náśmiać obiecu- Psal. 2.
ie / y ná bezecny vpadek wydáć ie ná wieki.
Czynitá teº S. Meżá ná śmierć Przyrodzenia gotowym y codźienna cżáſu zdrowia / á cżeſta w cżás choroby zbáwiennych
y żywotdáiacych ćiáłá y krwie Chryſtuſowey Táiemnic communia. Byłá mu v-
ſnośćia gotowośći / y iedyna iteº pierwßa
po Bogu vćießna vćieczká przecżyſta y prze
błogoſłáwiona záwße Pánná Bogárodźicá : A pierwßym y oſobliwßym ſpoſobem/
w doſkonáłey gotowośći iego vſność/ ná
ktorey on wßytka ſwoia dußa polegał/ był
mu niepokalány ony Báránek Boży/ ktory

G wßy-

Ioan.1. wßytkie wßytkiego świátá grzechy zgłádźił. Ták przygotowány ná śmierć Przy
rodzenia ten S. Mąż/ z źiemie ná niebo/ od
ludźi do Bogá iest przeniesiony: gdźie iuż
nie Vcżyćielską służbe o nas Praw: Chrze.
lecż pośrzednicżą obchodźi: ile mu Pośrzednikiem do siebie/ iedyny ony Bogu y lu-
1.Tim. dźiom Pośrzednik/ człowiek Jezus Chry-
cap. 2. stus/ ze wßemi świetemi być dárował.

O tym ták pobożnie pożyłym / y ták
Swietobliwie zeßłym Mężu / ná pocżątku tey Biesiády mey bespiecżnie rzekłem/
Sap. 4. Spráwiedliwy człowiek gdy mu vmrzeć przyidźie /
w odpocżnieniu bedźie: Bespiecżnie záiste y w
zámknieniu iey mowie/ Spráwiedliwy Le
onty/ gdy tobie vmrzeć przyßło / w odpocżnieniu zostałeś. W odpocżnieniu pokoiu
Bogá twe°: w ktorym/ że y powtore to rze
Act.17 ke/ żywieß/ ruszaß sie/ y iesteś: y ćießyß sie w
nim/ ráduieß sie y weseliß/ roskoßuieß/ y widzeniem iego ták wiele sie násycaß/ ile zmieśćić możeß: iák wiele tobie Pan Bog twoy
zezwala/ y ty znieść możeß/ ták wiele zpier-
wiastek wiekuistey sczesliwośći oney iuż
záżywaß. W odpocżnieniu Niebieskich

onych

onych/ rádośći y wesela pełnych/ świátło-
śćia przytomnego Oblicża Bożego oświeconych Pałácow: w ktorych ty społecżnie Psal. 83
zewßytkiemi świetemi stoiac przed Chrystusem Bogiem / y z námi w Modlitwách
swych świetych/ ktorym sie my wiernie po-
rucżamy / spominánie cżyniac / ná Korone spráwiedliwośći mile ocżekiwaß. Ná
onego Krolestwá Korone / ktorego dobr
oko niewidźiáło / y vcho niesłyßáło / y do Isai.64.
sercá człowiecżego niewstapiło: ktorać má 1.Cor.2
oddáć Pan twoy / w dźień on / w dźień
mowie / stráßliwego Sadu swego / spráwiedliwy Sedźia: á nie tylko iednemu to- Matth. 25.
bie ná on czás/ ále tegoż cżásu y wßytkim
ktorzy vmiłowáli przyśćie ie°. Ná on cżás/
gdy według obietnice swoiey przewiecżny
Syn Boży/ Pan náß y Bog Jezus Chry- Ioã.14
stus/ zgotowawßy tobie y wßytkim/ z ktorymi iesteś / świetym mieysce / powtore
przyidźie/ y weźmie ie y ćiebie do siebie/ 2.Tim. cap. 4.
áby gdźie on iest/ y ty był/ y wßyscy
przed toba y po tobie wybráni iego. W
on cżás gdy ony niepokalány wyżßey
wßytkich niebios w Máiestaćie siedzacy

 Báránek

Apoc. cap. 7. Báránek Boży z wybránemi ſie oſádźi/ rządźić niemi pocżnie/ y do źrzodeł ie wod żywych dowiedźie. Won cżás/ gdy doſkonáłość przyima y ći/ ktorzy świádectwem wiáry doświádcżeni bywſzy/ nieprzyieli
Heb. 11 obietnice/ iż Bog coś lepſzego y o tobie przeyźrzał/ áby oni bez ćiebie/ á ty bez nich/ y bez będących po tobie/ doſkonáłośći ſwey nie wźiął. Won cżás/ gdy przed ſtráſzliwym ná oſoby nie reſpektuiącego Sędźiego Trybunałem w duſzy y ćiele perſonálnie doſkonáłym człowiekiem ſtánieſz:
Apoc. 20. gdy káżdemu według vcżynkow będźie od
Rom. 2 dawano: gdy rzecżono będźie/ przydźćie
Matth. 25. Błogosłáwieni Oycá mego/ odźiedźicżćie zgotowáne wam Króleſtwo od záłożenia świátá: wnidźćie wierni ſłudzy do rádośći Páná ſwego: Zyćie żywot Błogosłáwiony/ Zywot wiecżny. A to ieſt w żywych ożywiáiącego Duchá Cnotách/ ktoremi wam Práw: Chrześ: przełożyć obiecał/ Páná náſzego y Oycá poſtáć żywa.

Ták tedy wyſokich y ták okazáłych cnot Męża/ Przełożone° y Oycá/ Páſterzá y Náucżyćielá miawſzy/ Bogu náſzemu/ ktory

go nam był dał/ y ktory go od nas wźiął/
Iob. 1. dźieki cżyniąc/ ráduymy ſie Práw: Chrześ: ćieſzmy: Gdy bowiem Spráwiedliwy vmrze/ y chwalony bywa/ mowi Mędrzec/ vrádniá ſie ludźie. A żechmy ſie dálſzey známi żywey iego przytomnośći/ dla dálſzego duchownego pożytku náſze°/ w ktorym on z dáru Duchá S. obfitował/ godnemi nie ſtáli/ żáłuymy y płácżmy. A Páná Bogá wſzyſcy iedna duſzą/ iáko Páná żniwá proſimy/ áby on ná żniwo ſwoie temu podo-
Mat. 9. bnego Robotniká poſłáć nam racżył. Coż v Bogá niezmożne? Acżkolwiek y ten zácny y święty Oćiec niebezpłodny żył/ nie bez potomny zſzedł: Oto iego cżći godni Synowie około niego ſtoią: zdárzy wſzechmogący Pan Bog/ zdarzy niewątpliwie/ iż miáſto Oycá będą ſynowie.

Zdarz że to dobrotliwy Pánie Boże náſz/ dla cżći y chwały Imienia twego S. á dla Duchowney vćiechy teſkliwego ſercá z śmierći zacnego y świętego tego Męża/ záſmuconych Práwowiernych ludźi tych/ ktorych ocży do ćiebie Páná ſwego/ iáko ocży ſług do rąk Pánow ſwoich/ iáko ocży

Psalm. ſłużebnic do rąk Pań ſwoich / áż ſie zlituieß /
122. áż ſie zmiłuieß nád niemi / á według ſercá
Ezech. twego poſleß im wodzá / Páſterzá y Náu-
34. czyćielá : ktoryby ie ná dußezbáwiennych
Ewángelſkich páſtwiſkách twoich / paßá
tłuſtych y nigdy nie wiednieiących traw y
kwiátow / przywdzięcznych żywey wody
Pſal. 22 źrzodłách / iáko rozumne twe Owce páſł /
vſpráwiedliwieni twych vczył ie / y ná w-
ßelaką prawdę náwodził ie czule / dbále /
y oſtrożnie : pod ten czás zwłaßczá / gdyś
iuż łáſkáwym Oycowſkim ſwym okiem ná
vtrapiony narod náß weyźrzeć raczył: gdy
ſie záufániem ſił náßych moc twoiá nie-
przemożona / w ſłáboſći náßey wypełniłá : gdyś przez przeklęte Odſtępſtwo vpá-
dłą świętey Cerkwie náßey Ruſkiey Hie-
rárchyię / ßczęśliwie podnieść zezwolił. Teraz znáni zoſtaway / teraz ſie w nas nay-
duy / teraz nas nieodſtępuy : teraz nas y
wßytkę świętą Cerkiew náßę czułemi /
Iere. 3. dbáłemi / y dobremi Páſterzmi nádarz /
obwárny / y opátrz. Sroższym ábowiem
teraz okrutny duß ludzkich Pożercá być zechce : Chytrzeyßym przewrotny Piekiel-

nik w

nik w tyśiącoprzechytrych ſwoich Myſte-
ryách / przećiwko nam ſtáwić ſie będzie zá-
myślał. Ale gdźie ty ſam ieden przy nas Rom. 8
zoſtáwáć będźieß / czegoſmy krom żadney
wątpliwośći zvfnośćią pewni / kto przećiw
nam zmoże: Ty náßym Obrońcą y vćiechą: Pſal. 31
Tyś Pánem y Bogiem náßym / ná ktorym
my cáłą duſzą náßą zupełnie polegamy. Pſal. 56
Tyś nas wyſwobodźił z táiemnych ná zkę
chytrych Łowcow / sieći : y od przykrych á Pſ. 123.
ćięßkich słow ponurych Naśmiewcow tyś
nas rátowáł. Rácz że nas zaſłániáć Obroń-
co y Pánie náß wßechmocnemi rámionámi Pſal. 90
ſwemi / á my pod ſkrzydłámi twemi beſpiecznie vſáć będźiemy. Prawdá twoiá S.
niech nas tarczą záſłáda / á my y nawiętße-
nocne ſtráchu báć ſie nie będźiemy. Ni ſtrzá-
ły wednie latáiącey / áni ſpráwy w ćiemnośći chodzącey : ni naiázdu widome y niewidomego Diabelſtwá południowego. Owßem zá twoią nas obroną / tyśiąc pole-
wym / á dźieśięć tyśiecy po práwym bo- Ibid.
ku náßym pádnie; á do nas żaden nieprzy-
ſtąpi. Przeto mamy w tobie nádźieię mieli / wybáwiłeś nas : żeśmy imię twe ználi /

obro-

Iudit. cap. 3. obroniłeś nas: żeśmy do ciebie wołali/ wysłuchałeś nas: byłeś z nami w vtisku / áleś nas z niego wyrwał y vwielbiłeś nas / iáko sie twoiey Swietey woli podobáło / známienicie. Długością tedy dniow nas nápełniáiac / okázuy nam zbáwienie twoie: Podniesiona y odnowiona / łáska twoia swieta / vćiśnioney Cerkwie nászey Ruskiey Swiatość iáko Oćiec piástuy / chow[illegible]rz / y mnoż. Porucz ią Anyołom [illegible] áby ią ná reku swoich nosili / Psal. 90. [illegible]ey we wszytkich iey drogach: żeby znowu o tenże / lubo temu podobny kámień nogi swey nie obráziłá. Day iey po tych wyrzuconych z niey Pádálcách y Bázyliszkách bespiecznie chodźić / á podeptáć Lwá y Smoká. Tobie ábowiem sámemu o nas przemysł: Tobie o duszách nászych iednemu pieczołowánie. A my ciebie Bogá nászego Bogá w Troycy iedynego / Oycá y Syná y swietego Duchá / záto y zá wszytkie insze niezliczone dobrodźieystwá twoie wysłáwiamy y chwalimy / teraz / y záwżdy / y ná wieki wiekow: Amen.

VERIFICATIA NIEWINNOŚCI:

Zomylnych po wſzytkiey Litwie y Białey Rusi rozśiánych/ żywot y vczćiwe onego Narodu Ruſkiego o vpad przypráwić zrza- dzonych Nowin/ pod Mśćiwa Páńſka y Oycowſka nawyżſzey y pierwſzey po Pánu Bogu Narodu tego zacneg° Zwierzchno- śći/ y brzegu wſzelkiey Spráwie- dliwośći obrone/ poddáne

CHRZEŚCIANSKIE VPRZATNIENIE.

LIPSIVS.

Nihil quidquam tàm probè aut prouidè dici poteſt, quod non vellicare malignitas poſsit.

Nic nigdy ták oſtrożnie y cále wyrzec śie niemo- że/ czegoby złość ſczypáć niemogłá.

Leuit: cap. 19.

Non facies calumniam proximo tuo, nec vi opprimes eum.

Nie bedźieß Potwarzy kłádł ná bliźniego swego: áni go gwałtownie vtiskáć bedźieß.

Támże:

Non eris Criminator, nec Susurro in populo.

Nie bedźieß Potwarcá/ áni Podßczuwáczem miedzy ludźmi.

Hierem: cap. 22.

Hæc dicit Dñus: Facite judicium & justitiam, & liberate vi oppressum de manu Calumniatoris.

To mowi Pan: Czyńcie sąd y spráwiedliwość/ y wyzwolayćie gwałtownie vćiśnionego z ręki Potwarce.

D: Chryſ: Hom: 43. in Matth.

Non iniuriam pati, sed iniuriam facere, malum est.

Nie ćierpieć krzywdy/ ále czynić krzywdę/ zła rzecz iest.

Czytelniku Mśćiwy y Láskáwy:

POtwarz/ ktora iest fałßywe z nienawiśći pośle záocżne vdánie/ poniewaz tey własnośći iest/ iż y dobremu a niewczynnym niepodeyzrzánemu człowiekowi ná wzśćiwym vynie czyni/ y do ludźi fałß zá prawde vdawßy/ ták że áni inácżey o spotwarzonym (niedáiąc mu do okazánia swey niewinnośći mieyscá y czásu powinnego) rozumieć vpewnia. To też ma z natury/ że y namocnieyßego y naniewinnieyßego trwożyć zwykła: záczym/ by też naobłudnieyßa była/ lekce ważona być niema: poniewaz nic iadowitßego niemáß coby nád nie rzecżone ludzkie bárziey kąsało/ sromociło/ y mázáło: y coby wietßą nienawiść w ludźiach y naprzećiw niewczynnemu niewinnemu pobudzáło. Kámieniem vderzony/ mowi Athánázyuß S. kuka lekárzá: lecz Potwarz ßkodliwße niż kámienie rány zádáie. Jest ábowiem Potwarz iákoby strzałá zádány raz/ nievleczony. Ale temu wßytkiemu sámá prawdá zábiec może/ y rány te zleczyć/ ktora gdy bywa zániedbywána/ rány im dáley tym bárziey sie ßerzą/ y bolesnieyße stawáią sie. Potwarce ábowiem ktorzy ią vdawáć y ßerzyć vmieią/ nád wßelką ią prawde wynoßą/ y mimo Bogá/ ktory być temu dopußcża/ Oycowi kłámstwá/ y z wiekow Mężoboycy/ ktoremu imie Diabeł/ to iest Potwarcá/ nád niewinnośćią z vmysłu bestwić sie dopußczáią. Dla czego z powinnośći czućia sie o sobie/ káżdy y naobłudniey/ iákośmy rzekli/ spo-

Eccl. 4

Apol: I.

Ioan: Cap. 8.

twarzony/ rácżić o niewinności swey iest powinien áby w oczy postáwiona niewinność/ przynamniey báczných ludźi po sobie zdánie pociągszy/ intentowánemu przez nie złemu wstręt uczynić mogłá. Bywáć ábowiem to niegdy zwykło/ że y prawdę po sobie máiący á milczący/ przegrawa/ á wielomowny y iáwnym fałszem wygrawa.

Rácześmy rzecz te/ iáko iáwnie fałszywą/ niechcąc iey z nászey strony głośić/ mimo się puśćić byli vmyślili: gdyż y pod czás Moskiewskiey Expediciey tąż nas od tychże nináć dobre niepámietnych ludźi fałszywie potykáło/ y zámilczáne iák niebyte zniknęło. Wiedząc to dobrze że niecierpieć potwarz/ iest rzecz zła/ ále cżynić/ y też ćierpieć iey nie vmieć: według Złotoustego S. Bo iáż gdy by kto vbogiego człowiek i bogátym nazywał/ y chwálił go z tego/ chwała tá do niego by nániey nie należy/ tylko śmiech stroi: równie y gdy o nim nie potwarzány kto bywa/ do śiebie te potwarz należeć rozumieć niema.

Homi. 43. in Matth. Hom. 12. in Ioan.

Ale iż się iuż áż názbyt szeroko/ y nádder wysoko ná wszytek zacny narod nász Ruski to złe rozliało y wyniosło/ tu zwłaszcza w Wilnie/ gdźie iuż z stárożytney Religiey/ Ruśią y obcowáć / y hándlowáć / y gádáć Przełożeni Ratuszni y Apostatscy z swych mieysc y Kathedr zákázuią: á co trzecie słowo to nas Zdraycámi Oyczyzny y Szpiegámi Tureckiemi szkáluią/ y bezecnią: y iuż kilkunastu vczćiwych teyż stárożytney Religiey Mieszczan Wileńskich / ludźi nigdy niwczym niepodeyzrzánych/ bez żadnego Delatora / (gdyż kożda potwarz to troie mieć z potrzeby powinna/ Delatorem, Delatum, & Auditorem, to iest/ Potwarce/ Spotwarzonego/ y Słuchácza) bez żadney práwney obrony / y bez żadnego dowodu zá surowa / nagła / y niesłycháná inquisitia, ie-

dnych

dnych ná Ratuszu posádzono/ drugich pod Ratusz do okrutnego więzienia ćiemnego podźiemnego wrzucono. Pánow Rády Ratuszney od ráwice suspendowano/ á drugim y z Ratuszá schodźić niekázano. Rzemieśnikom klucze od ich Przywileiow y skłádanek po odbierano/ á ktorzy dawáć ich niechćieli / ćiągnieniem ich ná kole wymeczono/ y z schadzek Cechowych iák Zdraycow wyłączono. Że się/ mowiemy/ ták iuż názbyt to złe wyniosło y rozjątrzyło/ mimo się milczeniem puśćić go nie zdáło śie nam: nie dla tego śie temu/ iáko mowi Bázylius W: mową nászą sprzećiwiáiąc / ábyśmy śie nád Potwarcą mśćić chćieli/ ále żebyśmy kłamstwu ná niewinne ludźie omylnie nárzuconemu szerzyć śie / ile ná nas/ niedopuśćili: y tych/ ktorzy vdánemu temu kłamstwu vwierzyli/ ábyśmy od zátrácenia duszne go odwiedli/ (Potwarcá ábowiem iednym y tymże zachodem/ troiákim osobam szkodźi / Spotwarzonych krzywdźi/ Słuchácżow oszukawa/ Sumnienie swe obraża:) W krotce do wiádomośći donieść káżdemu Pánstw Krolá Je° M. Páná nászego Mśćiwego° obywátelowi zdáło śie nam to/ co śie niżey pokłáda.

Epist. 05.

Eccl. 4

Zápomniawszy ktoś boiáźni Bożey/ (Ktośiem go zowiemy/ bo śie tái) ktoro mowi/ Non facies calumniam proximo tuo, nec vi opprimes eum: Nie bedźiesz kładł potwarzy ná bliźniego twego/ áni go gwałtownie vtyskowáć bedźiesz. Mimo dobre sumnienie / z sámey lekkośći vmysłu/ ná zámieszánie wnetrznego Rzeczypospokoiu/ pod czás woienney Expediciey z nieprzyiacielem Chrześćiáńskim/ Pogáninem Cesárzem Tureckim / do Krolá Je° M. Páná nászego M. do ktorego poważnych vszu/ mowi Medrzec/ nic fałszywego donoszono bydź niema/ około dniá śiodmego Lutego w Roku terázniey-

Leuit: cap. 29 Ezech. cap. 18 Luc. 3. 1. Cor. cap. 9. Zach. cap. 7. Prou: cap. 24

A iij

szym

szym 1621. [ták bowiem Jeo Kr. M. zá opácznym záocznym w prywatnych listách swych do Vrzedow y do Osob niektorych / pod Data pomienionego Roku Miesiącá y dnia pisác raczy / Doszło nas wiedzieć] donieść y vdáć niewstydał sie / áni sie obawiał: iákoby Przewielebny Ociec Pátryárchá Hierosolymski / ktory w Páństwách Kr: Jeo M. przez cáły niemal przeszły 1620. Rok był / y zá wiádomością Jeo Kr: M. w nich mieszkał / y wyiáchał / miał być Impostorem ná szpiegi do Páństw Jeo Kr: M. od Cesárzá Tureckiego wysłánym / á Borecky y Smotrzisky / przez tegoż Impostora Pátryárche Hierosolymskiego z Cesárzem Tureckim zrozumiawszy sie / pod pretextem Relligiey y Nabożeństwá / bunty y rozterki miedzy ludzmi szkodliwe czynili y rozszerzáli: Zá ktorym tákim do Królá Jeo M. opácznym vdániem / Jeo Kr: M. z zwierzchności y powinności swey Krolewskiey w czás temu złemu zábiegáiąc / iáko w ták nagłych zapałách dziać sie zwykło / chce mieć y roskázuie / áby Vrzedy do ktorych było od Królá Jeo M. pisano / o tákich zdraycách / buntownikách z rámienia Impostora Tureckiego wysłánych wiedząc / iáko Zdraycow łápáli y do vrzedow Grodzkich y Maydeburskich / Miast Páństw Jeo Kr: M. odsyłáli. A to to iest opáczne vdánie / omylna / y fałszywa ná ludzi niewinnych potwarz.

Ná przeciw ktorey / co sie wszytkich trzech zá Impostory / szpiegi / y zdraycy do Kr: Jeo M. Páná nászego M. niespráwiedliwie y niesłusznie vdánych Osob dotycze / Czytelniku Mściwy y łáskáwy / do wiádomości twey krotce á prawdziwie donosimy: Iż Szláchtá / Rycerstwo / Obywátele Korony Polskiey y W: X: Litew: y Ruskiego: Oboiego stanu Duchownego y Swietskie /

Reli-

Religiey Stárożytney Græckiey pod Błogosłáwieństwem Naswietszeo Oycá Pátryárchi Konstantynopolskieo stále y nieodstepnie trwáiące / wziąwszy wiádomość o przybyciu do Páństw Jeo Kr: M. Meżá niektoreo Duchownego / imieniem THEOPHANA, ktory Pátryárchą Jerozolimskiem być głoszony był: Z ktorego głoszenia niesłychaney tey w kráiách nászych sławy / z Záwitánia ták dálekiego y známienitego / á wszytkiemu Chrześcijánstwu / wzgledem mieysc tych świetych / ná ktorych sie zbáwienie násze stáło / ktorych on iest z łáski Bożey Strażnikiem / y Przełożonym Chrześcijáństwu: y w ktorego reku Żywotdáiący Jezu Chrystá Páná nászego y Bogá grob / ná káżdy Rok / z vciechą wszytkiego Chrześcijáństwá / á z podziwieniem Pogan támeyszych / przez schodzący z niebá w káżdą Wielką Sobote ogień cudodzieią á nam y z sámey w Wierze iednomyślności lubego y wdzięcznego gościá zádziwowáni / chociażesmy o nim / iák o ták známienitey Swietey Apostolskiey stolicy / tytułuiącym sie Pátryársze nic złego w podeyzrzeniu mieć nie mogli. Dla sámego iednák / pod czás nieprzyiázni / y záciągu woiennego z Cesárzem Bisurmáńskim poroku / postánowiliśmy v siebie sámych byli / niewidzieć sie z nim / ni pisáć do niego / áżby sie o nim / co by zacz był / skąd wiedzieć dáło / skąd o ludziách tákowych z Cudzych ziem / do Páństw Koronnych y Wiel: X: Lit. przybywáiących vznánie w Oyczyznie nászey wychodzić zwykło. Y ták sie działo: Począwszy niemal od Srzodopoście w Roku przeszłym Tysiąc sześćsetnym dwudziestym: o ktorym czásie ten Mąż do Páństw Jeo Kr: M. przybył / áż niemal do Swietá záśnienia Pánny naswietszey / wtymże Roku / to przedsiewzięte postánowienie w swym zawárciu v nas zostawáło. Przed ktorym máło co czá-

 sem/

sem Naprzod dwá listy były pisáne / o tym Pátryárchá Jerozolymskim ogłoszonym Mężu / od godney pámięci Jáśnie Wielmożne° Stánisłáwá Zołkiewskiego Káncle- rzá y Hetmáná Koronnego / ieden do wszech w obec Oby- wátelow Vkráinnych / Drugi do Woytá / Burmistrzow y Rádziec miástá Kijowskiego / w ktorych obudwu li- stách czyniąc wzmiánkę o przybyciu do Pánstw Kr: Je° M. pomienionego Mężá tego / miánuie go być Pátriár- chą Jerozolimskim / Człowiekiem wielkim / Gościem zacnym / vczciwym / swobodnym / y bespiecznego prze- iázdu przez Páństwá Je° Kr: M. godnym. A wry- chle potym pisáne były dwá listy od sámego Krolá Je° M. Páná nászego Miłościwego / ieden prywatny do sá- mego tego przerzeczone° Mężá / á drugi Vniwersálny do wszytkich Obywátelow Woiewodztwá Wołyńskiego y Vkráinnych: w ktorych obudwu listách / Krol Je° M. z poważnym / y oboiey Osoby godnym poszánowániem / pomienionego Mężá tego Wielebnym w Chrystusie Oy- cem y pobożnie miłym / Pátriárchą Jerozolimskim / y wszytkiey Pálestyny miánowáć / ná záwitánie do dworu Máiestatu swe° (ieśliby sie to iemu zá słuszną rzecz być zdáło) inuitowáć go / á wszytkim przerzeczonych Woie- wodztw Dignitarom / Vrzędnikom / Stárostam / y wszyt- kim w obec Obywátelom roskázywáć raczy / áby tego Mężá iák człowieká zacnego y niepodeyzrzáne° / w przy- stoynym poszánowániu / bez żadnego náprzykrzenia sie / bespiecznie / przez Páństwá Je° Kr: M. przeprowádzi- li: pod łáską w swoią po nich mieć chcąc. Przy ktorych Kr: Je° M. y Hetmáńskich listách / wyszły listy y inszych ludzi zacnych do tegoż Mężá poważnie / z wielkim po- szánowániem pisáne. Wielebnego w Bogu Je° M. Xie- dzá Biskupá Łuckiego / Podkánclerzego / ná ten czás

Káncle-

Kánclerza Koronnego Andrzeiá Lipskiego: Y od Xiążę- ciá Je° Mści Zbáraskiego Krzysztophá / Kásztellaná Krákowskiego: ná on czás Koniuszego Koronnego / Stárosty Krzemienieckiego.

Z tych tedy / mowiemy / wszytkich listow wziąwszy my pewną wiádomość / że y Krol Je° M. y pomienieni Jch M: Pánowie Senatorowie / Mężá tego człowie- kiem / miánuią być zacnym / vczciwym / niepodeyzrzá- nym / wielkiego poszánowánia y czći godnym: á przytym záraz Wielebnym y Pobożnie miłym Oycem w Chry- stusie / y Przewielebnym z łáski Bożey Pátryárchą Jero- zolimskim y wszytkiey Palestyny titulują go: Pisánia nam do niego / iák do Patriárchi Jerozolimskiego / po- syłánia / y iázdy / iák do Mężá zacnego / z świętey ziemie Jerozolimskiey / od grobu Bożego / y Strażniká świętych mieysc / do nas záwitátego / Náuczyciela Práwosłá- wnego / y Naświętszemu nászemu Pátryársie Konstán- tynopolskiemu w Duchu Brátá / społ Pásterzá / y społ Pátriárchy / iák z otwártych nam do niego przez listy Je° Kr: M. y Jch M. PP. Senatorow drzwi przyczynę wzieliśmy. Do ktore° z przyczyny tey / wiele z nás sámi Osobámi swemi bespiecznie ziáchawszy: wiele przez listy y posłánce swoie iego iák zacne° y vczciwe° Mężá / y Pá- tryárche Jerozolimskie° náwiedziwszy / gdyśmy przyto- mni z listow iego świádecznych obaczyli / á odlegli wiá- domość pewną wzieli / że iákim był od wielu głoszony / y iákim od K. Je° M. y Jch M. PP. Senátorow był titu- łowány / tákim sie náydował / y prawdziwym Pátryárchą Jerozolimskim był: zá tákie° my y vználiśmy go: y iák nászey wiáry Pásterzowi Błogosłáwione° Jákubá Brá- tá Páńskiego według ciáłá / pierwsze° od sámego Chry- stá Páná ná Episkopstwo Jerozolimskie poświęconego

Chrys. Hom: 38. in Epist. I. ad Cor.

B Archie-

Niewinnoſć

Archiereá Succeſſorowi/ pokłon náß Duchowny oddáli-
ſmy: y o Oycowſkie ieg° y Páſterſkie Błogosłowieńſtwo
proſiliſmy iego: ktore zdáney iemu od Duchá S. wła-
dzy/ y z wláney nániego od żywotdáiącego Grobu Páná Chryſtuſowe° łáſki/ przez mnogie iego do wielu z nas
Oſob/ Bráctw/ y Miaſt piſáne Błogosłáwione liſty
odzierżeliſmy.

A że tegdyż záraz y otym pewną wiádomość wzie-
liſmy/ że y liſt od Naświetßé° Oycá TIMOTHEA Pátriárchi náßego Konſtántinopolſkiego poważny/ z podpiſem przy rece iego ſáme° kilkunaſtu Metropolitow/ był
iemu dány/ ná zupełny dozor y ſporządzenie w iego Diœ-
ceſiach wßelkich ſpraw y niedoſtátkow Duchownych/ w
ktorychkolwiek by sie iemu tym przeiázdem być zdárzyło: y iż przy tym ták wyſokiego doſtoieńſtwá zacnyni Pá-
tryárśie był/ od tegoż Oycá náßego Pátryárchi Konſtántynopolſkiego Legat álbo Exarcha/ mąż wielkich cnot
y doſtoieńſtwá Arſenius wielki Archimándrytá Wielkiey
Cerkwie: Zá łáſką y nátchnieniem prześwietego á ożywiáiącego Duchá/ v niego / iák Boſkim zezwoleniem w
czás pogodny do kráin náßych záwitálego/ ſtáráć ſie zezwoliliſmy oto / náczym nam Duchownym w świetey
Cerkwi náßey Roſsyſkiey ſchodziło: y co on nam Canoni-
cé, zá zezwaláiącym náto przez liſt ſwoy/ y przez Exarchę/
y przytomnym Oycá Pátryárchi Konſtántynopolſtiego
Duchem dáć mogł/ máiąc iuż záſtą ná to Krolá Je° M.
Páná náßego M. obietnice w Roku 1607. ná Seymie
wálnym vczyniona / á nátym blisko przeßłym rownie
wálnym Seymie Reaſumowána / ſtwierdzona / y do
Konſtitucij ná obudwu tych Seymách włożona / że
nam według praw y wolności náßych Metropolitá y
Władyki / pod poſłußeńſtwem duchownym nam zwy-

kłym

ná Potwarz od Apoſtatow.

kłym Pátryárßym mieć pozwolić/ y wßytkie dobrá ná
te Doſtoieńſtwá przynależące/ im przywrocić Miłościwie przyobiecáć raczył. A widząc że to nam Pan Bog
ſam ſwym Boſkim przemyſłem w dom bez żadnych náßych zábiegow/ nákłádow / y trudności posłáć raczył/
czegobyſmy zá gránicą z trudnością nábywáć mieli:
To ieſt/ o podnieśienie vpádłey przez Metropolitá y niektore Epiſkopy/ od zwykłego im świetey Konſtántinopolſkiey Stolice poſłußeńſtwá Odſtepniki: Od ktorey y
porodzeni w Duchu / y wychowáni/ y wßelkim Duße-
wnym dobrem przyozdobieni byli: O podnieśienie /
mowiemy/vpádłey w świetey Cerkwi náßey Roſsiyſkiey
Hierárchij ſtáráć ſie zezwoliliſmy. Iżeby nam Metropolitá według Praw/ Swebod/ y Przywileiow nam y
Przodkom náßym od Swietey pamięci Krolow Polſkich
Przodkow Je° Kr: M. nádánych/ Przysięgą y nowemi
Przywileiami od Krolá Je° M. Páná nam ſcześliwie
pánuiącego ſtwierdzonych: Rownie y według wiecznych praw Cerkiewnych / władzą Duchá S. ktoremu
ták sie ſtáć podobáło/ przed wielu lát ná Swietych powßechnych Synodách námowionych / y do wiecznego nie
poruſnego záchowánia wßytkiemu po wßem świecie
Práwosłáwne° Chrześciáńſtw°: wßytkiey/mowiemy/S.
Kátholickiey Apoſtolſkiey Cerkwi podánych/ y wyłączeniem od Cerkwie y przeklectwem ná Praw tych przeſtepcy y Gwáłtowniki obwárowánych. Aby mowiemy
nam/ według tych Praw poważności / Metropolitę y
Epiſkopy ná mieyſce odpádłych od S. Cerkwie náßey
Roſsiyſkiey chirotonizował y poświecił / pomienioną
Krolá Je° M. Páná náßego M. obietnicą vbeſpiecze-
ni/ prośić go oto v siebie ſámych poſtánowiliſmy/ ztym
iednák ſpráwy ſporządzeniem y obwárowániem / iż ile

B ij do Indo Inueſtitury Duchowney/ ktora / iáko Práwá duchowne o niey vczą/ z práwá Boſkiego Epiſkopi ſtánowi te/ ná známienite/ wyſokie y święte Metropolitáńſkie y Epiſkopſkie przełożeńſtwi/ y proſby nászey do Naświetszego Oycá Pátryárchi Jerozolimſkiego donieśienie/ tym zacnym oboiego Stanu/ Duchownym y Swiecſkim wszelákiego do kośćielſtwá y powołánia Mężom w zupełney władzy/ wszytkich nas imieniem/ y duchem nászym zniemi przytomnym zleciliſmy/ dáli / y zoſtawili/ ktorzyby ſie pod ten czás przy Oycu Pátryárſze Jerozolimſkim náydowáli: ktorych ni ten czás wielu być rozumieliſmy z dwu przyczyn: częśćią/ z occáſij bytnośći támná ten czás tego S. Męża: częśćią zás z occáſij pod ten ſámy czás przypádłey známienitey vroczyſtośći Záſnienia przenaświetszey Pánny/ przeblogoſłáwioney Mátki Bożey: ná ktorey vroczyſty Obchod wiele Wiáry y nabożeńſtwá nászego oboie° Stánu duchowne° y świecſkiego ludźi/ z ſtárodawne° pobożne° zwyczáiu Monáſterz Pieczerſki w Kijowie/ y Cerkiew w nim Pánny naświetszey Záſnienia ex voto náwiedzić zwykli. Jle zás do Inueſtitury świecſkiey/ ktora/ iáko też Duchowne práwá vczą/ z práwá Ludzkiego Epiſkopi podáie / broni / y karmi: te wszytkich Oſob do podnieśienia tey Swiątnice należących względem/ to ieſt/ wzgledem Electorow, Blectow, y Duchownego Inueſtitora, cáłą/ zupełną / naymniey niwczym nienáruszoną we władzy Królá Je° M. Páná nászego M. iáko Podáwcy y Obrońcy właſnego zoſtáwiliſmy: chcąc wszyſcy/ iák po wszytkie przeszłe/ od lat dwudzieſtu ſześćiu / ták y ná tym bliſko przeszłym Seymie Je° Kr: M. prośić/ áby nas przy Práwách / Swobodách y Przywileiách nászych/ nam od Je° Kr: M. ſámego/ y od Przodkow Je° Kr: M. nádánych / y przy-

śiego ſtwierdzonych záchowawszy/ Miłośćiwą obietnicę ſwoię Páńſką ná wszytkich Seymách czynioną/ á w Roku tyśiąc szeſćſetnym śiodmym przyrzeczoną/ wárowaną/ y ogłoszoną, y w Roku przeszłym 1620. Reaſſumowána / odnowioną y ſtwierdzoną, w tych náponienione Doſtoieńſtwá poświeconych Oſobách ziśćić / y wykonáć Miłośćiwie raczył: áby zá tym Miłośćiwym Królá Je° M. w ocżyſtości tey nam obietnicy z Narodem nászym obeśćiem śię/ wszytkie wnętrzne/ ile do Religiey nászey Ruſkiey/ nieprzyiáźni y niepokoie/ nieſnáſki y ciężary prawne vſtąpiły/ Seymy zátrudniáne bywáć przeſtáły/ y ſam Krol Je° M. Pan nász Miłośćiwy w ſpráwie tey moleſtowan dáley niebył.

Te tedy náprzećiw tey Potwarzy obmowe przełożywszy/ ábyſmy to co ſie powiedziáło iſtotnie káżdemu wiedzieć chcącemu/ á oſobliwie komu by wiedzieć o tym należáło pokazáli/ liſty Krolá Je° M. y Jch M. P P. Senátorow do tego święte° Męża/ Oycá THEOPHANA Pátryárchi Jerozolimſkiego piſáne ſłowo w ſłowo przekłádamy: á przy nich y liſty Jch M: P P. Senatorow. Pokłádamy przy tym liſt przenawielebnieyszego Pátryárchi TIMOTHEA Konſtántinopolſkiego / z ktorego śię wyráźnie wiedzieć dáie / iż ten święty Pátryárchá Jerozolimſky/ prawdźiwy ieſt Pátryárchá/ á niezmyślony: y że temu świętemu Pátryárſze Jerozolimſkiemu od Oycá Pátryárchi nászego Konſtántynopolſkie°/ ná vżywánie zupełney Iuriſdictiey w ſpráwách Duchownych/ po wszytkich Dioeceſiách ſtolicy Konſtántinopolſkiey podległych władza ieſt pozwolona. Ná koniec/ pokłádamy y Obmowe Bogiem vmiłowánego Oycá Meletiusza Archiepiſkopá Połockiego ꝛc. Archimándrytá nászego Wileńſkiego vczyniona do Je° M:

R: Ogińſkiego Podkomorzego Trockiego/ zá occaſią liſtow od Kr: Je° M. y Je° M. P. Káncle rzá W: X: Lit.
do niego piſánych. Z czego wſzytkiego łácno káżdy zdrowego rozſądku człowiek obaczyć może / iák ſpráwiedliwie ći pomienieni/ zacni/ vczćiwi/ y niwczym niepodey-
rzáni Mężowie zá ſzpiegi y zdrayce Tureckie do Krolá
Je° M. vdáni/ ná vczćiwym ſwoim zmáze ponoſzą.

A że pierwey (iákom wyſzey pomienił) były do tego świetego Mężá Pátryárchi Jerozolimſkiego piſáne
liſty od godney pámieći Je° M. Páná Káncle rzá y
Hetmáná Koronnego/ Stániſłáwá Zołkiewſkiego/ niż od
Krolá Je° M: te naprzod pokłádamy.

KOPIA LISTV GODNEY PAMIECI
Iáſnie Wielmożnego P. Stániſłáwá Zołkiewskie°
Káncle rzá y Hetmaná W: Koronne°, do PP.
Mieſzczán Kiiowskich piſánego.

Sláwetny Pánie Woyćie /
y Pánowie Raycy Kiiowſcy.

Iſákem do Je° Kr: Mśći. Páná náſzego Miłśćiwe°/ oczem dáłem wam
przed tym znáć/ oznáymuiąc o przy-
iezdźie S. Pátryárchi Jerozolymſkie°
do Kiiowá: dobrześćie vczynili/ żeśćie ták wielkiego człowieká/ y zacnego Gośćiá z przyſtoyna vczćiwośćiá przyieli. A to Je° Kr: M.
dla tym przeſpiecznieyſzego przeiázdu Jego /
y áby był ná káżdym mieyſcu tym wiecey ſzánowány

nowány w drodze/ poſyłáć raczy P: Pacza-
nowſkiego Komorniká ſwego/ iżby go ná Kámieniec do Choćinia przeprowádźił/ y Wm:
możećie kogo kolwiek ſwego poſłáć coby przy
nim iáchał do gránicy Wołoſkiey. Zálecam
ſie zátym łáſkawey dawney przyiáźni Wm:
z Zołkwie dniá 5. Maiá. Roku 1620.

Wm. wſzego gobrá życzliwy Przyia:

STANISŁAW Zołkiewsky,
Cánclerz y Hetman Koronny.

Kopia Liſtu tegoż Je° M. Páná Hetmáná
Otwártego/ do Jch M. PP. Obywátelow Vkráinnych Wołyńſkich y Podolſkich piſánego.

Stániſław Zołkiewski Káncle rz y Hetman W: Koronny: Barski, Iaworowski, Kamieniecki, &c. Stároſtá.

Wiádomo czynię / Ty.

Znáymuie komu wiedźieć należy / iż
Je° Kr: M. poſyłáć raczy P. Pacza-
nowſkiego Komorniká ſwego / dla
przeprowádzenia Pátryárchi Jerozolymſkiego / że by go do Kámieńcá álbo gdźiekolwiek przeprowádźił: Przeto wiedząc
otym / kedykolwiek by Pátryárche tego prze-
śćignał / żebyśćie Wm. pomocnemi byli do
wczeſnego

wcześnego przeprowadzenia onego / y iáko wczćiwego y zacnego człowieká / w pszánowániu przystoynym wszędźie mieli / gdyż niemáło ná tym Rzeczyp: pod tym: włászczá czásem / kiedy ktorey Woyne przećiw Páństwam Rzeczyp: obracáią / należy / áby Pátryárchá ten Zacny człowiek swobodny / y przespieczny przez Páństwá Rzeczyp. miał przeiazd. Dátá w Zołkwie. dniá 5. Máiá. Roku. 1620.

Stánisław Zołkiewski Káncler y Hetman Koronny.

Kopia Listu Krolá Je^o M. do Swietego Oycá Pátryárchi Jerozolimskiego / pisánego.

SIGISMVNDVS III. DEI GRATIA, REX POLONIÆ, MAGNVS Dux Litvaniæ, Russiæ, Prussiæ, Mazouiæ, Samogitiæ, Liuoniæ. Necnon Svecorum, Gottorum, Vandalorumq; hæreditarius REX.

Venerabilis in CHRISTO Pater deuotè nobis dilecte, postquam nuncium de aduentu Reu: vestræ in Regni nostri ditiones accepimus, non alio proposito Reu: vestram huc aduenisse existimauimus, nisi vt pacatè tranquillèq; ea quæ erant ipsius propositi peragéret. Etsi verò diuersæ diuersorum

uersorum voces de eo aduentu Reu: V: ad nos perferrentur, ea tamen tanti momenti apud nos non fuêre, vt aliquã de Reu: vestra suspicionem sinistram apud nos possent parere, potiusq; expectandum tam diu censuimus, donec certius aliquid de instituto Reu: V. cognosceremus. Quod cum nunc ex literis Reu: V: Nobis, vti arbitrabamur, haud obscurè pateat, non egrè patimur Reu: V. in ditionibus nostris huc vsq; commoratam esse. Existimamus autem omnia Reu: V. acta, quod ipsius quoq; professio requirere videtur, nihil aliud nisi pacem, tranquillitatemq; spectare. Quamobrẽ ea omnia quæ à nobis Reu: V. petit, benignè illi concedimus, Cubiculárioq; nostro per literas mandamus, vt Reu: V. per ea loca, quo iter suum susceptura est, securitatis causa deducat. Quanquam non abs re factura Reu: V. videretur, si in aulam quoq; nostram deflecteret, suiq; nobis copiam faceret: sed num id rationes ipsius permittant, secum ipsa accuratiùs considerabit. Quod reliquum est, benè feliciterq; valeat Reu: V. Data Varsauiæ, die I. Mensis Augusti. Anno Dñi MDCXX. Regnorum nostrorum Poloniæ XXXIII. Sueciæ XXVII. anno.

SIGISMVNDVS REX.

Inscriptio:

Venerabili in CHRISTO Patri THEOPHANO, Hierololymitano totiusq; Palestinæ Patriarchæ, deuotè nobis dilecto.

Ktory ná iezyk Polski przełożony / ták sie w sobie ma.

C Zygmunt

Zygmunt III. z Łáski Bożey Krol Polski / Wielkie Xiąże Litewskie / Ruskie / Pruskie / Mázowieckie / Liflántskiey i Szwedzki / Gottski / Wándalski dziedziczny Krol, &c.

Wielebny w Chrystusie Oycze / Pobożnie Nam miły: Gdysmy wzięli wiádomosć o przybyćiu Wiel: Wászey do Pánstw Krolewstwá nászego / nie inszym przedsięwzięćiem przybyłá owdzie Wiel: Wásze rozumielismy / tylko áby skromnie y spokoynie to co było Jey przedsięwzięćia odpráwowáłá. Aczkolwiek rożnych rożne głosy o tym Wiel: Wászey przybyćiu do Nas donoszone były: teiednák wagi tákiey v nas nie były / áby iákie o Wiel: Wászey podeyrzenie przećiwne v Nas mogły vrodźić / ále ráczey ták długo czekáć postánowilismy / ázbysmy co pewnieyszego o przedsięwzięćiu Wiel: Wászey poználi. Coiż iuż z listu Wiel: Wászey / iáko smy y mniemáli / rάwno wiedźieć sie dáie: łágodnie to znosimy / że Wiel: Wászá pod ten czás w Pánstwách Nászych mieszkáłá. A rozumiemy że wszytkie Wiel: Wászey spráwy / co też y sáme iey powołánie wyćiągáć zda sie / do niczego sie inszego / tylko do spokornośći y pokoiu sciagáią. Dla czego wszytko to / o co Nas Wiel: Wászá prosi / łáskáwie iey pozwalamy / y Komornikowi nászemu przez List roskázuiemy / áby Wiel: Wásze przez te mieysca / ktoremi oná droge záwźiećma / dla bespieczenstwá prowádźił. Aczkolwiek nie od rzeczy Wiel: Wászá vczynić zdałáby sie / iesliby też do dworu nászego stapiłá / y nas przytomnośćią swą náwiedźiłá. Ale iesli sie to Wiel: Wászey vczynić będźie zdáło / Sámá to pilniey niech vwáży. Zátym dobrze y szczesliwie niech sie ma Wiel: Wászá. Dan z Wárszáwy dniá 1. Miesiącá Augustá / Roku 1620. Krolestw nászych Polskiego 33. Szwedzkiego 27.

SIGISMVNDVS REX.

Nadpis Listu tego.

Wielebnemu w Chrystusie Oycu THEOPHANOWI Jerozolimskiemu / y wszytkiey Palestyny Patryárse / pobożnie Nam milemu. &c.

Kopia Listu drugie° K: Ie° M. pisánego do P. Faczanowskiego Komornika K. Ie° M. dla przeprowadzenia S. Oycá Patryárchi zesłánego.

Zygmunt III. z Bożey łáski Krol Polski Wielkie Xiąże Litewskie / Ruskie / Pruskie / Mázowieckie / Zmudskie Inflántskie: y Szwedzski / Gottski / Wándalski dziedziczny Krol / &c.

Wysłamy do rąk Wierności twey otwárty Vniwersał ábo pászport / dla tym bespiecznieyszego przeprowádzenia Pátriárchi tego Jerozolimskiego / ktoregosmy Wier: twey z Kijowa do Kámieńcá / á z támtąd dáley gdźie będźie potrzebá przeprowádźić roskazáli. Przeto pilnie nápominamy Wier: twoię / ábyś Wier: z Twoią pomienionego Pátriárche Jerozolimskiego / nie mieszkáiąc z Kijowá do Kámieńcá prowádźił / postánáwiáiąc w to pilnie / iákoby żadney przykrośći przy Wier: Twey w drodze nie odniosł / y owszem wszędźie przystoyne poszánowánie iáko człowiek zacny miał. Co vczynisz Wier: Twoiá dogadzáiąc woli nászey. Dan w Wárszáwie dniá xxvi. Lipcá / Roku Pánskiego M. DC. XX. Pánowánia nászego Polskiego 33. Szwedzkiego 27. Roku.

SIGISMVNDVS REX.

Kopie

Kopia Listu trzećiego álbo Vniwersał otwárty Królá Je° M. do Obywátelow Vkráinnych y Wołyńskich pisánego.

ZYGMVNT III. z BOŻEY ŁASKI KROL Polski, Wielkie Xiążę Litewskie, Ruskie, Pruskie, Mazowieckie, Zmudzkie, Inflantskie y Szwedski, Gottski, Wándalski dźiedziczny Krol.

Wszem wobec y káżdem z osobná komu to wiedźieć należy / á miánowićie Dignitárzom / Stárostom / Vrzędnikom / y wszystkim Woiewodstw Wołyńskich y Vkráinnych obywátelom. Oznaymuiemy iż posyłamy Szláchetnego Sczęsnego Pacżanowskiego Komorniká nászego / áby Pátriárche Jerozolimskiego y Pálestinskiego Wielebnego Theophaná z Kijowá do Kámieńcá / á z támtąd gdźie będźie potrzebá / dáley zaprowádźił: dla czego nápominámy pilnie vprzey: y wier: wásze / żebyśćie pomienionemu Komornikowi nászemu / dla pretszego y sposobnego przeprowádzenia pomienionego Wiel: Pátriárchi pomocnemi byli. Sámego záś iáko człeká zacnego w poszánowániu przystoynym mieli / y żadney mu przykrośći w drodze czynić nie dopuśćili. Należy bowiem ná tym siła

 Rzeczy-

Rzeczypo)p: z właßcza pod ten czas niebespie- czeństw od Pogáństwá nástepuiacych/ áby ten Pátryárchá człowiek zacny przez Páństwá náße był przeprowádzony. Co vczynia Vprzey: y Wier: Wáße dla łáski náßey y z powinnośći swey. Dan w Wárßáwie dniá trzydźiestego Miesiacá Lipcá/ Roku Páńskiego 1620. Pánowánia náßego Polskiego 33. Szwedz- kiego 27. Roku.

SIGISMVNDVS REX.

Petrus Gembicki Secret:

Kopia listu przewielebnego Je° M. Xiedzá Biskupá Łuckiego/ Podkánclerzego Koronnego do S. Oycá Pátryárchi pisánego.

Przewielebny w Bogu Oycze Pátriárcho Ierozolimski.

Wziawßy wiádomość z pisánia do mnie dánego/ o bytnośći Wiele- bnośći Wáßey w Páństwách Je° K. M. cieße sie z tego/zycząc áby to było ku dobremu wßystkiego Chrześćiáństwá. Czerncow ktoryches Wielebność Wáßá do Krolá Je° M. wypráwił/ y Miłośćiwy przy-

stęp/ y prędka v Je° K. M. ziednałem odpráwe/ iáko to Wielebność Wáßá z nichże sámych wyrozumieß. A iż w tey mierze Komornikowi Je° Kr. M. P. Paczánowskiemu dáná iest dostáteczna od Je° K. M. informátia/ dla tego náten czás ná one referuiac sie/ Zálecám sie Modlitwom Wielebnośći Wáßey y chećiom przyiaćielskim/ Páná Bogá przy tym proßac/ áby on sam łáską y Błogosłáwieństwem swym wspierał pias intentiones Wieleb: Wáßey/ y dobrym zdrowiem posiłał/ z Wárßáwy/ dniá 1. Augustá. 1620.

Wielebnośći Wáßey Przyiaćiel życzliwy.

ANDREAS Lipski Epis: Luceoriens:
Vicecancellarius Regni. &c.

Napis tego Listu táki.

Przewielebnieyßemu w Bogu/ Oycu Theophanowi Pátryárße Ierozolimskiemu y wßytkiey Pálestyny należy.

Kopia liſtu piſánego do S. Oycá Pátryárchy Jerozolimſkiego od X: Je° M. Zbáráſkiego ná ten czás Káſtellaná Krákowſkie° / Stároſte Krzemienieckiego / y Sokalſkiego / etc.

Illuſtriſsime & Reuerendiſsime Domine.

TO coś mi Wm: moy Mśćiwy Pan w liśćie ſwym roſkázáć ráczył / przez poſłánniki ſwoie / vczyniłem rad. Jeśli od Je° Kr: M. dozwolenie weźmą ná odiazd Wm. á przyśle kogo do mnie / dam do Vrzędnikow ſwoich liſt áby Wm. dobrowolnie wſzedy przepuśćili / y poſzánowánie wſzelákie vczynili. Oddáie przy tym moie poſługi łáſce Wm. mego Mśćiwego Páná / Dan w Końſkiey Woley / etc. 22. Julij.

Wm. Mc° M. páná

Zyczliwy Przyiaciel.

Krzyſztof Zbáráſki / Koniuſzy.

Napis tego Liſtu táki.

Illuſtriſsimo & Reuerendiſsimo, Dño THEOPHANO DEI Gratia Patriarchæ Hieroſolymitano, Dño & amico obſeruantiſsimo.

Obmowá

Obmowá ktora vczynił Wielebny w Bogu Oćiec MELETIVS Archiepiſkop Połocky / etc. do Je° M. P. Podkomorzego Trockiego / ná liſt Królá Je° Mśći.

JA cále wiernym / y námniey ni wtym wczym ieſtem tráduktowány / ni w inſzym czym y námnieyſzym niepodeyzrzánym być poddánym Je° Kr. Mśći przed Bogiem oświadczywſzy ſie / powiádam / że gdźieby nas liſt Królá Je° Mśći dość poczęnie do tego mężá / według doſtoieńſtwá ktorym ſie on tytułował / piſány był nie záſzedł / widźieć ſie nam z nim nie przyſzłoby było. Ale zá tego / y przytym drugiego do Obywátelow Wołyńſkich y Vkráinnych piſánego / do nas przeſłániem y vbeſpieczeniem / od Stárſzego nego / iáko poſłuſznik w náwiedzenie iego zeſłány byłem: Zá tákiego gi máiąc y rozumieiąc / iákim go Je° Kr: Mść w liśćiech ſwych miánowáć y tytułowáć rácży. A żeśmy nie my tylko dwá / ále y inſzi Kráiow Wołyńſkich y Ruſkich poświecenie od niego wźiąc / Obrázę Máieſtatu Kr: Je° Mśći być nie rozumieli / vpewniáło nas wielu inſzych poſtronnych Epiſkopow y Archiepiſkopow w Páńſtwách Je° Kr: Mśći ſwiebodne mieſzkánie / y w Cerkwi

D

náſzey

náßey po wßytkie te czásy vsługowánie: Ktorym y namnieysza litera to / co by sie z obrázą o Máiestat Je° Kr: Mści opierało nie było nigdy żądáno: ni im sámym / áni tym ktorzy ie w Máietnośćiách swych mieli y máią. Gdyżesmy nuda officia odzierżawßy / ná łáske Kr: Je° Mści ktoremu Ius Patronatus należy / we wßystkim inßym / iák ná obronce y podáwce tych Stolic y dobr / ieśliby ná to wolá Boża / y wola Je° Kr: Mści byłá / czekáć w pokoiu z soba postánowili pierwey / niżesmy sie poświećic pozwolili. Záczym áby sie od Osob náßych / ná co z pomienionego złego zánośić miáło / nie náyduie.

Obmowá druga tegoż ná list Jáśnie Wielmożnego Je° M. P. Kánclerzá / do tegoż Je° M. P. Podkomorzego Trockiego pisány.

STárßy náßego Monásterzá / pobożnie zeßły Przodek moy Archimandrit Wileński / znánni Bráćia swa w záwártey rádźie to miał / nic do tego Meżá ktory Pátryárcha Jerozolimskim był głoßony nie pisáć / áni sie komu z Náßych z nim widźiec / áżby sie o nim / coby zacz był / stad wiedźiec

dáło / skad o ludźiách tákich vznánie w Oyczyznie náßey pochodźić zwykło: y ták sie dźiáło / że od Srzodopośćia Roku przeßłego / o ktorym czáśie ten Mąż do Páństw Królá Je° M. przybył / aż do Pánny Máriey Zielney niemal / námowiona rzecz w swym záwárćiu zostáwáłá: o ktorym czáśie listy Królá Je° M. do tego Meżá / y do Obywátelow Wołyńskich y Vkráinnych pisáne Aktikowáne nas doßły: ktore nam iáko poßánowne z wyráżnym Jerozolimskie° Pátriárchowstwá otytułowániem / iázdy do niego bespieczność otworzyły / y przyczyne dáły. (Ktorych Autographa przy Oycu Boreckim y teraz zostawáć rozumiem) Gdźie żesmy y o poświecenie zá wielką wielu Duchownych y Swietskich / ná známienitá Zásnieniá Pánny Naświetßey Vroczystość do Kijowá zewßad przybyłych ludźi / instántia ważyli sie. Jle do osoby iego / zá tákiegośmy rozumieiąc / iákim go K. Je° M: Pan nasz M: y inßi wielcy Senatorowie Koronni / Duchowni y Swietscy rozumieć przez listy swe nam podáli / vczyniliśmy to: ile zás do osob náßych / vpewniało nas pokłádánie ná osoby Duchowne / Episkopy / y Archiepiskopy / ktorzy z cudzych ſtron do Páńſtw Krolá Je° M. przybyli / w Cerkwi náßey to / co ich doſtoieńſtwo nośiło / obchodźili po wßyſtkie te czáſy beſpiecznie / bez żadnych głoſow obrázy Máieſtatu Krolá Je° M. ták od nich / iák y od tych / wcżyich máietnośćiách żyli : y po dźiś dźień żyią. Gdyżeſmy y my od Oycá Pátryárchy to tylko wźieli / co on nam dáć mogł: ná ius Patronatus, podawánia ſtolic y dobr / ktore w zupełney Krolá Je° M. władzy zoſtáią / nie tylko dźiękiem / ále y myślą tárgnąć śie niewážyć śie z ſobą poſtánowiwßy y przyrzekßy : Czekáć chcąc cierpliwie ná łáſkę Bogá Wßechmogącego / y ná Mśćiwą łáſkę y obietnice Kr: Je° M. ná Seymie Roku 1607. vczynioną / y ná tym przeßłym Reáſumowáną w pokoiu bez żadnych buntow y Sedicij / ná iáwi nie pokątnie w Páńſtwách Je° Kr. M. żyiąc. A co śie tknie praw Cerkiewnych / y te ſą wſwey cáłośći záchowáne / ktore tegdy gwałt y łamánine w tey ſpráwie odnośiły by / gdyby śie to nád wiádomość y wolę zwierzchniego náßego Páſterzá Pátriárchy Konſtántynopolſkiego było vczyniło. Ale ten vmyślnie iemu w tym zupełną władzę ſwą zlećiwßy / y Legátá ſwego álbo Exarchę może

wiel-

wielkiego przy nim zeſłoł / áby z oſoby iego w tey tu iego Roſsijſkiey z Kanonow Cerkiewnych (iáko to y Wm. moy Mśćiwy Pan w liśćie ſwym do mnie przyznawáć ráczyß) y z ſtárożytnych práw y Przywileiow od Krolow ich Mśći Polſkich przodkow Je° Kr. M. y od ſámego ßczęśliwie nam teraz pánuiącego Krolá Páná náßego nadánych / iemu należącey Dioeceſiey beſpieczniey / ile do praw Duchownych / y ſwiebodniey / y z więtßym od nas temu wiáry dániem ſpráwowáł to / coby ná vrzad ie° należáło. Co że śie zá tákim Konſtántynopolſkiego Pátriárchy zezwoleniem przez Pátriárchę Jerozolimſkiego Práwilnie ſtáć mogło : poświącenie teraznieyßego Wielebnego w Bogu Oycá Władyki Lwowſkiego świeżym przykłádem / ktory zá zezwoleniem Pátryárchy Konſtántynopolſkiego / od Metropolitá Wołoſkiego (ktory do Páńſtw tuteyßych ták wiele práwá ma / iáko y Pátriárchá Jerozolimſky) poświecenie wźiąwßy / Zakonnie poſtániowionym Epiſkopem zoſtáwa.

LIST PRZEWIELEBNEGO OYCA PAtriárchy Konstántinopolskiego, dany Przewielebnemu Pátriársie Ierozolimskiemu, gdy do Moskwy iachał.

ΤΙΜΟΘΕΟΣ ΕΛΕΩ ΘΕΟΥ ΑΡΧΙΕπίσκοπος Κωνσταντινουπόλεως, νέας Ῥώμης καὶ οἰκουμενικὸς Πατριάρχης.

Ἱερώτατοι Μητροπολῖται καὶ ὑπέρτιμοι: θεοφιλέστατοι ἀρχιεπίσκοποι, καὶ ἐπίσκοποι, ἐν ἁγίῳ πνεύματι ἀδελφοὶ καὶ συλλειτουργοὶ τῆς ἡμῶν Μετριότητος, οἱ ἐντυγχάνοντες τῷ παρόντι γράμματι, χάρις εἴη ὑμῖν καὶ εἰρήνη καὶ ἔλεος, ἀπὸ Θεοῦ παντοκράτορος.

ὁ μακαριώτατος, καὶ ἁγιώτατος Πατριάρχης Ἱεροσολύμων κύριος Θεοφάνης ὁ ἐν ἁγίῳ πνεύματι ποθεινότατος ἀδελφὸς καὶ συλλειτουργὸς τῆς ἡμῶν Μετριότητος ἀνάγκην ἔχει παραγενέσθαι ἄχρι τῶν ὁρίων Μοσχοβίας, καὶ οἱ κατὰ τόπον εὐσεβεῖς, ὑπὸ εὐλαβείας πάντως μετακαλέσαι ἔχουσιν αὐτὸν λειτουργῆσαι, καὶ πάντα τὰ ἀρχιερατικὰ ἐκτελέσαι, εἰς τὸ εὐλογῆσαι καὶ ἁγιάσαι αὐτούς. διὰ τοῦτο ὀφείλετε μετὰ

ἡμῆς

ἡμῆς καὶ εὐνοίας ἀποδεχθῆναι αὐτὸν, καὶ ἄδειαν παρασχεῖν ἀπαραιτήτως, ὡς κανονικῶς τε, καὶ δίκαιον ἱερουργεῖν καὶ πάντα τὰ ἀρχιερατικὰ ἐκτελεῖν ἐν ταῖς ἐπαρχίαις ἡμῶν. εἰ δέ τις ἄλλως ποιήσει, καὶ ἀπεχθὴς φανῇ ὁπωσδήποτε, οὐκ ἀμέτοχος ἔσται τῆς προσηκούσης ἐκκλησιαστικῆς ποινῆς. οὕτως οὖν, δηλοποιοῦμεν ὑμῖν, καὶ μὴ ἄλλως γένοιτο ἐξαπάντως. ἡ χάρις δὲ τοῦ κυρίου ἡμῶν Ἰησοῦ Χριστοῦ εἴη μεθ' ὑμῶν, ἀμήν. ἐν ἔτει ἀπὸ κτίσεως κόσμου. ζς κς: Ἰνδικτιῶνος, α. μηνὶ ἀπριλλίῳ.

Ktory Polskim iezykiem ták sie w sobie ma.

TIMOTHEVS Z MILOSIERDZIA BOŻEGO ARCHIEPIskop Konstantinopolá nowego Rzymu y Oecumenicus Pátriárcha.

WPrzeoświeconym Metropolitom y Hypertimom / Bogá miłuiącym Archiepiskopom y Episkopom / w Duchu Swiętym vmiłowáney Bráci y ktorych ten list nász doydźie / łáská Wam pokoy y miłość od Bogá wszechmogącego.

Przebłogosłáwieńszy y Nayświętszy Pátryárchá Ierozolimsky Kyr Theophan w

świe-

Niewinnośc/

świetym Duchu miły Brát / y Społſłużyciel pokornośći náßey / máiąc potrzebę iedźie do Ziemi Mcſkiewſkiey / záczym do ktoregokolwiek z wás Błahoczeſtiwych przeiáżdem tym przybedźie / wzywáć Wielebność iego y vżywáć bedźiećie do odpráwowánia Bozſkiey Liturgiey / do błogoſłáwienia wás y oświecenia: powinni bedąc z wßelką chućią y vczćiwośćią Wiel: iego przyimowáć/ y wßeláкими doſtátkámi opátrywáć nieodmownie/ iák temu ktoremu/ iáko po nas Kanony Cerkiewne y sámá przyſtoynosć mieć chćiáłá / świątośći Cerkiewne y wßelkie Archiereyſkie spráwy w nászych Epárchiách odpráwowáć pozwolilismy / y gdźieby sie kto przećiwnym y nieposłußnym temu okázał iákimże kolwiek ſpoſobem / káżdy tákowy pod należne karánie Cerkiewne podpáda. Co áby ſie ináczey nie dźiało oznáymuiemy wam. Zátym łáſká Páná nászego Jezu Chryſtá niech bedźie z wámi/ Amen. Z Konſtantynopolá. Roku od Stworzenia Swiátá 7126. Indicta I. Mieſiącá Kwietniá.

Wamy

ná Potwarz od Apoſtatow.

Przeczetßy tedy to wßytko á vważywßy Mśćiwy y łáſkáwy Czytelniku / rozumiemy że sie łácno ſpráwić możeß/ iák dobrym ſumnieniem ten záoczny á opáczny Delator obżáłowánych tych Osob vczćiwe/ przed pomázáńcem Bożym/ ktorego iákoſmy rzekli/ poważnych vßu nic fałßywe° dochodźic niema/ zmázał y zhezcćił. Ktoż by sie z tym z cudzych kraiow do nas záwitáłym mężem widzieć vchylał/ nierzkąc żadnego zákázu niemiawßy / ále tákie Królá Je° M. y wielu Oświeconych Senatorow poważne do niego piſáne liſty widziawßy: Krol Je° M. y prześwietny iego Senat ma go zá człowieká zacnego / vczćiwego/ niepodeyzrzánego/ wßelkiey czći y poßanowánia godnego: zá Oycá w Chryſtuśie pobożnie mite°/ y zá Przewielebnego w Bogu Pátryárche Jerozolimſkiego y wßytkiey Paleſtyny: y do dworu ſwego ná záwitánie wzywa go: Ktory pewnie vczyniłby to był / by sie był ná Biſurmiáńſkie pod ten zaćiągowy czás podeyzrzenie oglądáć niebył powinien: gdźie nic ſpráwiedliwosci y miłośierdźia/ tylko ſámy gwałt y okrucieńſtwo: gdźie ſámá wolá / práwem. Ná co ſnać y Krol Je° M. poglądáiąc/ y Męża ták wielkiego przez te do dworu Je° Kr: M. záwitánie w podeyzrzenie okrutnikowi popáść ßczędząc / przytym ſwym inuitowániu bácżne / y Chrześćiáńſkiego Páná godne w liśćie ſwym do nie° słowá pokłádáć raczył owe/ Sed num id rationes ipſius permittant, ſecum ipſa accuratius conſiderabit: Ale ieśli sie to Wiel: Wáßey vczynić bedźie zdáło: ſámá to pilno niech vważy. Krol tedy Je° M. iákoſmy rzekli / y Przeoświeceni iego Senatorowie/ zá zacne° gi/ wielkiego/ niepodeyzránego y wßelkiey czći godnego człowieká maia/ á my go mieć mieli zá Szpiegá y Zdraycę: Pewnie ſámi tákiemi/ y według Bożego y według ludzkie°

E

práwá/

Niewinność/

práwá/ zostáwáć musielibyśmy: iáko y ten niewstydliwy Delator. Jesliż wszyscy ktorzy z tákiemi Krolá
Je° Mśći / y Jch M. P P. Senatorow listámi tego
świetego Meżá sámi Osobámi swemi/ lub przez listy y
postáńce swoie náwiedzáli / iemu pokłon swoy duchowny oddawáli / y o Błogosłáwieństwo prosili/ mieli być
Szpiegámi y Zdraycámi Tureckiemi / nie tylko wszytká Ruś musiáłáby być tą bezecna zmázą pokropiona /
ile y wiele zacnych ludźi z Polski y z Litwy. Jáśnie
Oświecone Xiąże Zbáráskie / Kásztellan Krákowski/ y
Przewielebny w Bogu Je° M. Xiądz Biskup Kiiowski / iuż w przeieźdźie tego świetego Meżá z Pánstw
Krolá Je° M. zá gránicy/ wielkiemi Commeaty, suppeditowali, y sustentowáli: y w máietnośćiách swych táská-
wie ták członwieká wielkie° y zacne° przyimowáli/ czćili/
y błogowili: y wiele iney zacney y známienitey Szláchty to czynili. Coż o tych wszelkiey czći godnych Sena-
torách/ y o inszych vczćiwych ludźiách ten niewstydliwy
Delator rzecze? Jeden że tylko Borecky y Smotrziski/ mimo niezliczone insze duchowne y świetskie osoby/ z conuer-
sáciey tego vczćiwego y niepodeyzránego Meżá ná nie-
vczćiwe y podeyrzáne zádźiáłáli: ieśli on vczćiwy y nie
podeyzrány/ zá iákiego gi ma Krol Je° M. y Jch P P.
Senatorowie/ wczym ich nievczćiwemi y podeyzráne-
mi mogł vczynić? Záż tákiemi wysokiemi tytulámi ten
świety Mąż ná Boreckiego y Smotrzyskiego oszukánie
był zdobiony/ ktorzy by przez nie zmamieni/ zá Zdraycy
sądzeni y karáni być mogli? By był ten S. mąż choć iedna litera/ od tego komu należáło/ tákim/ zá iákiego gi
teraz vdáią/ notowány/ lub conuersatia z nim zákazána:
Ktoby sie nád ten zákaz/ lub nád to ocechowánie z nim
conuersowáć ważył? Ale widźi sam Pan Bog y obwinionych

ná Potwarz od Apostatow.

nionych niewinne sumnienie/ y tego niewstydliwego Delatora potwarzliwy vmysł / ná co zmierzáiąc y świetego
Meżá Pátryárche Jerozolimskiego / te przynim zacne
Osoby nád boiazń Bożą ták sromotnie zmázáć śmiał.
Ono sie to/ co sie wposolitey Fabułce obnośi / zstey ták
przykrey gory toczy: Báran wilkowi wode mąci / choć
w niż rzeki stoi. Jesliż co swego przez te potwarz wes-
sprzeć chćiał/ iákoż ták iest: tym sámym oswiadczył/ że
spráwiedliwey niema: Prawdy ábowiem fałszem nikt
dobry niebroni / y potwárza rzeczy spráwiedliwych nikt
vczćiwy niewspiera. Jesli Bożey spráwy broni/ czemu
obronę iey nie od P: Bogá począł/ ále od przećiwniká Bo- Ioa. 8.
żego/ ktoremu imie Diabeł / to iest/ Potwarcá: iesli
vfa swey spráwiedliwośći czemu potwarzą oczy Sedziom prószy? Co bowiem ciemnośći z świátłośćią/ y
Beliálowi z Chrystusem? Wy/ mowi/ Chrystus Pan/
z oycá Diabłá iesteśćie ktory dla czego? Dla tego mo- Ibid.
wi/ iż żądze Oycá wászego chcećie czynić: On mężoboycą był od początku/ á w prawdźie niestał/ bo niemász
wnim prawdy: Gdy mowi kłamstwo/ z swego włásnego mowi/ bo Kłamcą iest / y Oćiec kłamstwá. Jesli
sie mu tey troche krwie Boreckiego y Smotrziskiego
záprágnelo / czemu sie iey brudem Potwarzy zámęco-
ney/ nie ráczey czystey nápić postąpił? Niechćiał nieć ná
tym dosyć/ zábić niewinnego ná ćiele / ieśli niezáraz y
ná vczćiwym: kuśiłby sie snać złośliwiec y o Duszę/ by
do niey mogł mieć przystep y namnieyszy. Ale Bog nie- Ps. 63.
winnośći obroncá miedzy nim y temi niewinnemi rozsądźi / á sam spráwe te rozezna: Od mężow krwie wy- Psa. 42
báwi / ktorzy zmyślili niepráwość w sercách swych /
záostrzyli iezyki swe iáko wężowie / á pod wárgámi ich
iad żmiiowy. Da sąd swoy Krolowi/ á spráwiedliwość Psa. 71.
swoie

swoie synowi Krolewskiemu/ áby sądził lud iego wspráwiedliwości / á ubostwo iego w sądzie.

O Dostoieństwách y Beneficiách Cerkiewnych.

Ale głos się nosi/ bez podánia Królá Je° M. podawcy tych Dostoieństw: y bez Błogosłáwienia Metropolity miánowáć się ważą/ow Metropolitem/ á drugi Archiepiskopem / y ná tákie Dostoieństwá nástąpili/ ktore nie iá żywe Pásterze/ z porządnego ná to poświącenia/ y z podánia Królá Je° M. záczym w nieuszánowánie Máiestatu Królá Je° M. popádli.

Jeśli ták iest: Czemuż lekkomyślny człowiek potwarz do tego przydawa: Czemu uczciwe Ludzie przed swoim dowodem/ á Sędzie° wyrokiem/ ná dobrey ich sławie/ y ná uczciwym ... aż ná sámym/ iáko powiáda/ nieuszánowániu Máiestatu Królá Je° M. z pomienionych przyczyn/ bez opácznie zmyśloney zdrády nie dosyć: Nie to záiste Czytelniku Miciwy/ co w słowách prætenduie/ ná umyśle ten Calumniator knuie/ iż z pomienionych od nie° przyczyn intentowánie Máiestatu Królá Je° M. nieuszánowánie stáć nie mogło/ przyszył do nich potwarz: áby iedne° o drugie° uderzeniem skry zámyślone° przez się w Oyczyźnie pożogu wykrzesił: Ludzi niewinnych / łapániem / więzieniem / y morderstwem podżarzył/ po wszytkich Koronnych y Litewskich Páństwách y Ruskich rospłomienił/ á potym krwią niewinną tuszył y gásił.

W spráwie ábowiem tey/ co słusznie Królá Je° M. záchodzić miáło/ nie się z łáski Bożey nie stáło. Wiedzieli to iáko Indigenę: iáko Obywátele Koronni / Praw y Duchownych y Swietskich: ktoremi się Oyczyzna nászá rządzi y spráwuie/ dobrze świádomi/ co w tey spráwie nie poruszne y niwczym nietknione przy władzy Kr. Je° M. iáko

podawcy

podawcy Beneficiorum y prælatury Cerkiewney/ względem Iuris Patronatus Regij zostáwić/ á co od duchowney władzy bez nieuszánowánia Máiestatu K. Je° M. wziąć mogli.

Dwie rzeczy w spráwie tey ná Osoby swoie bráne być náydowáli: Pierwsza y przodkuiąca rzecz/ Dostoieństwo Duchowne: Druga y zá tą z potrzeby nástępuiąca/ Beneficia tych dostoieństw: Niedostoieństwo ábowiem dlá Beneficij / ále Beneficia dla dostoieństwá są uczynione / nadáne/ y sporządzone. Dostoieństwo/ ktore w spráwie tey náydowáli/ było Metropolitáńskie/ Archiepiskopskie / y Episkopskie: Beneficia ktore tym dostoieństwom należały/ były máietności/ z ktorych/ Metropolit/ Archiepiskop/ y Episkopowie żyią / y z swoim się Klerem sustentuią. Rzecz spráwy tey pierwsza: to iest/ Dostoieństwo/ te według oboiego práwá Duchowne° y Swietskiego/ widzieli być w ręku przełożonych Duchownych: miánowicie/ Metropolitowi w ręku Pátryárchy Konstántynopolskiego: Episkopom w ręku tegoż Pátriárchy / y w ręku Metropolity wszytkiey Rossij. Rzecz teyże spráwy Druga: to iest/ beneficia / te według práwá Swietskiego Koronnego y Litewskiego/ widzieli być w ręku Królá Je° M. iáko właśnego Beneficij tych podawcy/ y obroncy. Ze dostoieństwo Metropolitáńskie / y Episkopskie w Páństwách Królá Páná nászego iest w ręku Przełożanych Duchownych: to iest/ Metropolitáńskie/ w ręku iákośmy rzekli/ Pátriárchy Konstántynopolskiego: á Episkopskie/ w ręku tegoż Pátryárchy/ y w ręku Metropolity wszytkiey Rossij: widzieli to z Kanonu 28. praw Duchownych Czwartego Powszechnego Synodu: Ktory Thrácię / Pont/ Asię / y Bárbarę / pod rząd y władzę Konstántynopolskiemu Pátriársze przysądza: y z Kanonu Osmego/ Trzeciego po wszechnego Synodu/ ktory temu Pátryár-

4. powszechne: Syn. Canon 28.

3. Pow. Synod. Can. 8.

sze wtey

Niewinność /

że w tey Kráinie rząd Duchowny y władze zostáwuie/ przez ktorego do wiáry Páná Chrystusowey iest przywiedziona y ochrzczona. Z praw Swietskich / widzieli sámy vstáwiczny zwyczay/ y Przywileia Krolow Ich M. Polskich: Ktorzy rząd y władzę Duchowną w Pánstwách swych w Narodzie nászym Ruskim Pátryárse Konstántynopolskiemu przyznawáią y pozwaláią. A że Beneficia Cerkiewne są w ręku y we władzy Krolá Je° M. Widzieli to z práwá Iuris Patronatus włásnie Krolowi Je° M. należącego. Ktore dwie rzeczy/ to iest/ dostoienstwo y beneficia: Kanonistowie pospolicie názywáć zwykli Inuestitura Duchowna y Swietska: Inuestitury Duchowney włásność być powiedáią/ Biskupá z práwá Bożego stánowić: Inuestitury zás Swietskiey własność / Biskupá z práwá Swietskiego kármić. Insza/ mowią / Inuestitura iest ktora Episkopá czyni: á insza ktora Episkopá kármi: oná z Boskiego práwá nábywána bywa/ á owá z práwá Ludzkiego. Vymi práwo Bozkie/ Duchownie Episkop nie stáie sie: vymi práwo Ludzkie/ máietności tráci / przez ktore cielesnie kármiony bywa. Nie miałaby ábowiem máietności Cerkiew/ by nie były iey od Krolow dárowáne: od ktorych ácz nie Bozkiemi táiemnicámi/ ále Ziemskiemi máietnościámi iest nádárzona.

Z ktorych przełożonych dwu rzeczy/ Pierwszo: to iest / Práwo o dostoienstwách Duchownych/ tych słow powáżnością Ich M. Krolowie Polscy / Pánowie nászy w przysiedze swey stwierdzáć zwykli / Obiecuiemy y Powinni będziemy dostoienstw Duchownych wielkich y máłych Græckiego Zakonu będących nie vmnieyszáć/ áni zátłumiáć / y owszem w cále záchowáć. Rzecz zás Druga / to iest/ Beneficia tym dostoienstwom nale-

Iuret: ad Iuonem Carna. Epist: 239.

z Przywileiu K: Ie° Zyg: Augu. ná Seym: wáln: Lubelskim, w Ro: 1569. dáne°. z Confe-

nale-

ná Potwarz od Apostatow.

náleżące / Owych słow powáżnością w teyże przysiedze swey confirmuią. Beneficia Iuris Patronatus Regij prælaturarum Ecclesiasticarum w Kościołách Græckich / Ludziom Gręckiey wiáry dawáć mamy.

Z ktorych Praw owo ná oko widziec sie dáie / że Ich M. Krolowie Polscy dostoienstwá Duchowne nie vmnieyszáć y nie zátłumiáć/ y owszem w cále záchowáć przyrzekáią: Beneficia zás tych dostoienstw Iure Patronatus / we władzy swey máiąc/ ludziom Religiey Gręckiey dawáć ie obiecuią. Stąd iáko y że wszytkiego przełożonego wiedziec sie rzeczywiście dáie / że wyższey pomienione Osoby / iedná Metropolitánskie / á druga Archiepiskopskie dostoienstwo od należnego sobie Duchownego Przełożonego/ według Praw stárodáwnych Cerkiewnych wziąwszy / ná Beneficia ktore iure Patronatus/ są w ręku Krolá Je° M. z rąk Krolá Je° M. czekáć są powinne.

Obtruduią wątpliwość præsentatiey / ktora mowią poświecenie vprzedzáć zwykłá: y tá áby przed poświeceniem necessario w nászey Relligiey Græckiey być miáłá nie nayduiemy: y owszem w kilkudziesiątu ieśli nie we wszytkich Metropolitách to práwo zostáwione w przykłádzie mamy / że pierwey zá wieku swego Xiążetá Ruscy/ (ktorych Duchowne zwyczáie y práwá narodowi nászemu Ruskiemu są poprzysiężone) Potym sámi Ich M. Krolowie Polscy/ W. Xiążetá Litewscy od Pátryárchy posłáne/ iuż poświecone Metropolity/ bez żadney przed poświeceniem ich præsentáciey łáskáwie przyimowáli/ y Beneficia im / iákoby z potrzeby Miłościwie conferowáli / żadney w tym Máiestatu swego nieuszánowánia/ nierzkąc obrázy nie nayduiąc.

deracij w Ro: 1575. ná Sey: wáln: Wársz. pod czás Interregni vczynionej

Mowią

Niewinność

Mowią y wtey spráwie Kanonistowie / z práwá Ludzkiego ták wiele Krolom Duchowni winni zostáią / iák wiele máietności miłuią / ktoremi od nich álbo od Rodzicow ich Cerkiew obogácona y przyozdobiona bywa znána. Mogą tedy Krolowie bez obrázy swey po Elekciey práwidłney / y po wolnym poświęceniu / przez Inuestiturę Krolewską w dobrách Cerkiewnych pozwolenie / pomoc / y obronę Episkopowi podáć. Ktorego zwykłego stárożytnego Duchowney Inuestitury sposobu zwyczáiem / y teráznieyszą rázą dzisieyszy błáhoczestiwy Metropolit poświęcony iest pierwey / niżeli Krolowi Je^o M. præsentowány: y inszy Episkopowie. Ná co iednák ci Jch M. Krolowie Polscy / w Rzymskich Arcybiskupách y Biskupách mimo wiádomość y wolę ich poświęconych nie pozwaláli: á to z tey przyczyny / iż Biskupowie [illegible] Rzymskiey Religiey w Páństwách Krolow Jch M. Polskich / nie tylko Biskupi / ále y Senatorski Stolec zásiadáią: Z ktorych náiedeń pierwszy / to iest / ná Biskupi / wsadzány bywa władzą Biskupá Rzymskiego: y dostoieństwá swego nie tráci / by dobrze Krol Je^o M. Beneficij conferowáć mu nie zezwolił. Priuatione iednák bonorum / to iest / nie podániem dobr / y nie pozwoleniem rozpościerânia Biskupiey władzy / skárany być może. Stolcá zás Senatorskiego / mimo wiádomość y wolę Krolá Je^o M. nigdy żaden Biskup osieść / y beneficij obiąć nie może. Ono bowiem pierwsze / to iest / poświącenie / ma Rzymski Biskup w zupełney władzy swey / iáko absolutus Inuestitor Duchowny: Owo zás drugie / to iest / podniesienie ná Senatorstwo / y Beneficij conferowánie ma Krol Polsky w zupełney władzy swey iáko absolutus Inuestitor Swiecki. Záczym (ponieważ Gręckiey Relligiey Metropolit / y Episkopowie

Senator-

Iuret: Ibid.

ná Potwarz od Apostatow.

Senatorskiego Stolcá nie zásiadáią) y bez præsentatiey / przed poświęceniem vczynioney / iuż poświeceni y præsentowáni przez Pátriárchi Konstántinopolskie Metropolitowie / iáko ab Absoluto Jch Inuestitore spirituali Pátriárchy Konstántynopolskiego ná Metropolitánstwo poświeceni / od Krolow Jch M. łáskáwie przyimowáni / y do Beneficij M^ościwie przypuszczáni bywáć zwykli.

Z tey to dostoieństw y Beneficij rozności idzie / że w niektorych Woiewodztwách / wolność obierânia sobie Duchownych Przełożonych / Przywileiem iest wárowána: y że Beneficia ktore Iuris Patronatus Regij nie są / odiete od tych dostoieństw być mogą: iákowe są te Beneficia / ktore Xiążętá / Pánowie / y Szláchtá z własnych swych dobr pod swoią y potomkow swych opieką czynią. Stąd się to stáć mogło / że po Odstępstwie duchownych Ruskich / od Xiążąt nádáne máietności są im odiete. Względem tákowych Beneficiy Xiążąt / Pániąt / y Szláchty Krolé Jch M^ość / y dostoieństw w pomnożániu / lub vmnieyszániu ich / władzy vżywáć niezwykli / ále to przy władzy tych Beneficiy Fundatorow y Pánow / iák Patronow zostáie: stąd Archimándrytstwá w máietnościách Xiążąt Słuckich / y Ostrozkich: Tákże w máietnościách inszych Xiążąt / Pániąt y Szláchty / iákowe iest y Archimándrytstwo Wileńskie / Brátstwá Cerkiewne^o Wileńskiego / y tym podobne od Xiążąt / Pániąt / y Szláchty ná swych Beneficiach / zá Błogosłáwieństwem władzy duchowney Metropolitáńskiey / lub Pátriárszey vfundowáne / Krolowie Jch M^ość w podáwániu Fundatorow duchownych y Swietskich zostáwuią. Stąd y to Xiążętá / Pániętá / y Szláchtá we władzy swey / bez żadnego nievszánowánia Máiestatu Krolá Je^o M. maią / że ná swych dobrách / ktore się Beneficia zowią / Episko-

§ py

Niewinność /

py y Metropolity chowáią y sustentuią: Co po wszytkie czásy odstepstwá duchownych nászych Ruskich / czynili Xiążętá Ostrozscy / Wiszniowieccy / Koreccy / y inszy Panietá y Szlichtá / y teraz czynią. Zá czym y teráznieyszi przez Przewielebnego Oycá Pátryárche Jerozolimskiego Legitimè y Canonicè poświęceni Przełożeni duchowni / Metropolit y Episkopowie / wiedząc iż Krol Je° M. tych Beneficij / ktore ich dostoieństwom w Ruskiey Cerkwi práwnie należą / iest podáwcą y obrońcą / nie wrywáią sie do nich / nie rzucáią sie do żadnego gwałtu / iáko ie niezbożnie potwarcy udáią: nie wydzieráią tych máietności / teráznieyszych Possessorow z tych Beneficij mocą nie wypycháią / ále ná Beneficiach inszych swych dostoieństw / y ná Beneficiach Szláchty / Paniąt / y Xiążąt żyią / á ná łáskę y ná obietnice Krolá Je° M. w pokoiu czekáią. A Obywátele ták Koronni iáko y Wiel. X. Lit: Ludzie merè Relligiey Graeckiey / zá niemi y zá sobą Krolá Je° M. iáko podáwcy Beneficij tych / y naywyższego po Pánu Bogu praw y swiebod nászych obrońcy proszą y z skwierkiem zebrzą / áby według Przywileiow Narodowi Ruskiemu y Litewskiemu / z dáwna od Przodkow K. J. M. nadánych / á od Je° Kr: M. sámego przysięgą y Przywileymi stwierdzonych / te Beneficia dostoieństw Cerkwie Ruskiey / od iáwnych Apostatow nászych im nienależące wziąwszy / tym podáć raczył. Przez co wszystko nie tylko przeciw zwierzchności Krolá Je° M. Páná swego M. nic nie czynimy / ále ráczey znależną przystoynością uszánowánie Máiestatu Je° K. M. tákie / iákie wiernym y Páná miłuiącym Poddanym przystoi / záchowuiemy.

Jeśliby też kto ná nas te winę wkłádał / iáko by wprzod / nim prosbá o tym do Krolá Je° M. byłá uczy-

niona /

ná Potwarz od Apostatow.

niona / y doniesiona / dostoieństwá ná te beneficia były wzięte: tedy nie słusznie by nas y w tym winował / iáko sie máło wyższey pokázáło. Bo / że po wszytkie látá odstepstwá Duchownych nászych Krolá Je° M. o to prosiliśmy / y prosimy: á iákośmy rzekli / skwierkiem zebrzelismy y zebrzemy / świádkiem iest Solennis owá Krolá Je° M. obietnicá / zá instantią prosby nászey o tym / ná Seymie w Roku 1607. zá zgodną wszytkich stanow uchwałą uczyniona / á ná teráznieyszym blisko przeszłym Seymie Reassumowána y ponowiona / że nam Krol Je° M. obiecowáć raczy / wedle fundácij y dawnego zwyczáiu od Przodkow swych nam nadánych / nászego nabożeństwá merè Relligiey Graeckiey ludziom / dostoieństwá / y Beneficia dostoieństw tych conferowáć y dawáć. Ktorą to Krolá Je° M. obietnicą iáko Boskiemu wyrokowi podobnym słowem upewnieni y ubespieczeni / Osoby ná dostoieństwá te y Beneficia godne / zá occasią przybycia Przewielebnego Oycá Pátryárchy Jerozolymskiego wybráne y poświecone / Krolowi Je° M. ná tym że Seymie przeszłym przez list do kołá Poselskiego od nas pisány / podány / y publicè z roskázánia Je° M. P. Márszałká kołá tego w głos czytány / praesentowáliśmy / y o podánie im Beneficij dostoieństwu ich włásnie należących prosiliśmy / y teraz prosimy. Bo ieśli zá tą K. Je° M. pewną obietnicą zágránicy te Osoby dla wzięcia poświecenia wysyłáć nam przychodziło: nierowno słuszniey domá to mieć mogąc stáráć sie nam o to należało. A ieśli K. Je° M. obietnice swoie Krolewską nam wypełniáiąc / zá gránicy do Pátryárchy násze° dla otrzymánia poświecenia Osobom pozwolić wolę miał (inaczey ábowiem obietnicá K. Je° M. ziścić sie y stáć nie mogłá:) przec by to w gránicach państw Je° K: M. otrzymáne / y zupełnie ná włá-

dzy

dzy y ná táſce K: Je° M. záwieſzone oſtáć sie niemoglo-
Lecż y nagwaltowney náſzey duſzezbáwienney po-
trzebie/ y ná tey pewney v nas y nieodmienney / á iákoſmy rzekli/ w pewności Bozſkiemu wyrokowi podobney
Krolá Je° M. obietnicy beſpiecżnie polegſzy / Day to/
iák mowićie/ że Narod náſz Ruſky ná to/ áby Metropolit y Epiſkopowie pod poſłuſzeńſtwem Oycá Pátriárchy
Konſtántynopolſkiego w Ruſkiey Cerkwi poświeceni by-
li/ zez volłwáży/ wyſtąpił: niebárzzey iednák/ kto ſzcże-
rym ſercem według Bogá ſądzić będzie / wyſtąpił nád
1. Reg. Dáwydá/ ktory gdy łáknął/ y ći wſzyſcy ktorzy przy nim
cap. 21 byli/ wſzedł do domu Bozego / y iádł chleby pokłádne /
Matt: ktorych mu sie ieść niegodziło: áni onym ktorzy przy nim
cap. 12 byli/ iedno tylko ſámym Kápłanom. Wyſtąpily y
te Oſoby/ ktore od Przewielebnego Pátryárchy Jerozolimſkiego poświecenia Blogoſłáwieńſtwo wzięły: mniey
iednák/ według wyroku prawdy/niż wyſtąpił wielki ony
Pátryárchá Jákob v Oycá y Brátá ſwego ſtárſzego Blo-
Genes. goſłáwieńſtwo podchwyciwſzy. Tám ácżkolwiek zrzą-
ca. 27. dzenie Boſkie było/ ále woli Oycowſkiey/ nierzkąc obie-
tnicy/ niebyło: Tu záś y zrządzenie ieſt Boże/ bo ták ſie
Duchowi świętemu/ y świętym Synodom powſzechnym
podobáło: Jeſt y wola Krolá Je° M. y obietnicá / po
dwá wálne Seymy Solenniter vcżyniona/ y ogłoſzona.

Vyiiac tedy świętey ſpráwiedliwości/ y oycowſkiey
K. Je° M. do wiernych poddánych ſwych miłośćiu/ cále widzimy/ że y poświecone Oſoby przed Pomázáńcem
Bożym Krolem Pánem ſwym Miłośćiwym niewyſtąpily/
niewyſtąpił y wſzytek Narod náſz Ruſky/ ktory to po nich
zgodnie ták iedynym ſercem/ y iedynemi vſtámi mieć
chćiał. Cożwiec: Wſzyſcy o raz Duchowni y Swietſcy
Koronni y Wielkie° X: Lit: y Ruſkiego Obywátele /
Szláchtá

Szláchtá/ Rycerſtwo / y wſzytek Lud poſpolity / pod
prześwietne Krolá Je° M. Páná ſwego Miłościwego nogi siebie ſłużebnicżo podeſławſzy / łzámi ie náſzemi oble-
wamy/ á iák świętey ſpráwiedliwości / praw náſzych y
ſwiebod Opiekuná/ Strożá/ y Obrońce vniżonym ſercem/
w słowách wſzelkiey powolności / wierności y poddáńſtwá prosimy: áby według Krolewſkiey ſwey vcżynio-
ney nam obietnicy / Páńſko y Oycowſko / miłościwie y
łáſkáwie známi obſzedſzy sie / Forme Duchowieńſtwá
náſzego / w Przełożonych Duchownych Cerkwie náſzey
Ruſkiey/ te nam záchowáć racżył/ ktorą w Páńſtwách
tych ſwoich / pod cżás ſzcżeśliwey ſwey Koronáciey
záſtał/ wolą ſwą Páńſką y przysięgą ſtwierdził. Pod
tego Przełożonego Duchownym Blogoſłáwieńſtwem y
poſłuſzeńſtwem Metropolity/ y Epiſkopy áby nam mieć
pozwolić racżył/ ktoremu ſam zá ſzcżeśliwego Pánowánia ſwe° przez Vniuerſalny liſt ſwoy / według Stárożyt-
tnych praw y ſwiebod náſzych/ w Oſobie świętey pámięći Jeremiaſzá Pátryárchy Konſtántynopolſkiego / w
Roku 1589. Tu w Wilnie bytego/ władze y dozor w
Duchowieńſtwie od dawnych cżáſow iemu należący
przyznawſzy/ wſzelkie ſpráwy Cerkiewne duchowieńſtwu ie° przyſłużaiące odpráwowáć / ſądzić/ rządzić /
ſpráwowáć/ wyſtępne karáć / y wſzytkie Duchowne
Zakonu Graeckiego od naſtárſzego áż do naniżſzego
Stanu/ w władzy y w poſłuſzeńſtwie ſwym mieć mu pozwaláć racży. To vſpokoienie w Religiey náſzey Graeckiey poſtánowić y do ſkutku przywieść áby racżył / ktore
w rozdawániu Doſtoieńſtw y dobr duchownych według
náſzey Fundáciey / y dawnego zwycżáiu od Przodkow
ſwoich Przodkom náſzym y nam nádánych przyrzekáć /
y iuż to po dwá wálne Seymy obietnicą ſwą Páńſką /

F iij niechcąc

niechcąc nam Przeiudicium w ſumnieniu y w práwách náßych czynić/ vpewniáć nas raczy.

Mowić też tego nikt ſłußnie niemoże / że śie to nád práwo Cerkiewne od Pátryárchy ſtáło/ ktory pod żywym Metropolitem y Włádykámi/ z porządnego ná to poświecenia podnieśionemi / inße ná te Doſtoieńſtwá Oſoby podniosł y poświecił. Ktoż abowiem inßy zá godne te Doſtoieńſtwá ſądzić może/ lub kto inßy ná Ruſką Metropolię y Epiſkopſtwá duchowne Przełożone podnośić y poświecáć práwo ma / procz ſámego Pátryárchy Konſtántynopolſkiego / ktory w kráiách náßych Ruſkich od czáſu okrzczenia śie wßytkiey Ruśi z ſtárożytnych zwyczáiow/ práwem Duchownym y świetſkim od Krolow Ich Mśći Polſkich/ y Wiel: Xiążąt Lit: Przywileiámi obwárowánych/ y przyśięgámi ſtwierdzonych ieſt abſolutus Duchowny Inueſtitor. On ie oſądził zá niegodne tych Doſtoieńſtw/ on ie wyklął: y ma ie Cerkiew święta Wſchodnia/ ktorey oni iáko Synowie od niey z Wody y Duchá odrodzeni/ posłußnemi być powinni byli: ma ie/ mowiemy/ prze złość ich Apoſtáśiey/ zá Apoſtáty/ zá wyklęte/ y zá nieżywe. Ktoż o tym mimo włáſnego ich Páſterzá/ mimo Pátryárche mowiemy Konſtántynopolſkiego o ich godnośći y niegodnośći zdánie ma ferowáć? Ten ie á nie kto inßy zá godne y zá niegodne tego Doſtoieńſtwá vznawáć ma: Ten á nie kto inßy / ná te Doſtoieńſtwá podnieść ie miał y poświęćić: On o ich porządnym ná te Stolicy y nieporządnym wſtąpieniu wyrok dawáć zupełną władzę ma / á nie kto inßy. Jákaby poważność miał w Rzymſkim Kośćiele Arcibiſkup Gnieznieńſki / lub Biſkup Wileńſki/ y inßi od Pátryárchy Konſtántynopolſkiego/ mimo wiádomość y wolę Papieżá Rzymſkiego poświeceni: táka záiſte á nie ináksza poważność w

Cerkwi

Cerkwi Wſchodniey ma Metropolit Ruſki / y wßyſcy inßy Włádykowie od Biſkupá Rzymſkiego mimo wiádomość y wolę Pátryárchy Konſtántynopolſkiego/ poświeceni. Ták bowiem wiele práwá ma Biſkup Rzymſki do świecenia Ruſkiego Metropolity y Włádyk/ iák wiele práwá ma Pátryárchá Konſtántynopolſki do świecenia Arcibiſkupá Gnieznieńſkiego / y inßych Biſkupow. Niech kto co chce/ ſpokátnych Látopiſcow wydziera / y ná oßukánie niewiádomych podáie: My ſámy vſtáwicżnych zwyczáiow: Práwá przyrodzone/ Przywileia/ liſty Krolow Ich M. Polſkich y Wiel: Xiążąt Lit: Vniuerſálne y Prywatne: y Kroniki nie zpodłáwia wydárte/ ale piſmá ludźi w Vrodzeniu zacnych / w Nauce biegłych / w Doſtoieńſtwie poważnych pokázuiemy / y przekładámy: ktorzy przy wßytkim pomienionym wyráznymi słowy wiedźieć dáią y o tym / że Ruś od ſámego czáſu okrzczenia ſię od Pátryárchy Konſtántynopolſkiego / nigdy ni pod czyim inßym posłußeńſtwem Duchownym niebyłá/ tylko pod tegoż władzą/ Iurisdictią, y Rządem Duchownym po wßytkie przeßłe Chrześćiáńſtwá ſwego wieki zoſtawáłá/ y zoſtáwa: od nich á nie od kogo inßego Przełożone ſwoie Metropolity/ á przez nie Epiſkopy miewáłá y miewa. Ten tedy właſny przyrodny Duchownym y Swietſkim práwem vznány nåß Páſterz Pátryárchá Konſtántynopolſki / pocżąwßy od Michałá Rágozy pierwßego odſtepcy Metropolity oſądził / iego ſámego y wßytkie ták náśládowce iego w Apoſtáſiey/ iák y ſucceſſory zá Apoſtáty/ zá wyklęte/ y zá nie żywe. Zacżym teráznieyßego Metropolitá / y wßytkich odſtepnych Włádykow zá ináksze mieć nie mogßy / tylko zá iákie nam ſą od zwierzchnego Páſterzá náßego w Duchu ogłoßeni/ zá włáſnego nam Metropolite nieználiſmy go

Stryko wsky pagin: 141. Gwágwin, Rerum Polonica. Tom. I pa. 213 Krom: de Rebus Polonorū. lib 3. pagin: 31.

y nie

y nie známy. Przetoż zá pozwoleniem Praw Duchownych/ Przełożone od Pátriárchy Jerozolimſkiego Duchowne Oſoby / ná owdowiáłe Diœceſie náſtąpiły : záczym żadne^o y z tey miáry gwałtu Duchownego nie vczyniły : y Legitimè ná Diœceſij tych doſtoieńſtwá á legitimo Paſtore & Inveſtitore ſą podnieſione y poświecone.

Cożby te byłá zá poważność práwá Duchownego / gdyby Rzymſkiego w Polßcże y w Wielkim Xięſtwie Lit: Kośćiołá Arcybiſkupowi y Biſkupowi ſwego zwykłego Páſterzá Biſkupá Rzymſkiego / od ktorego ſą ochrzczeni / y ktoremu práwem przyrodnym/ iák náß Ruſky Metropolit y Epiſkopowie Konſtántynopolſkiemu / pod rządy władze iák Synowie Oycowi podlegáć powinni/ wolno było impunè odſtąpić? A tych/ ktorzyby ich w tym ich odſtepſtwie nie náśládowáli / muſiem zá ſobą ćiągnąć / y bez práwnie turbowáć / y opprymowáć.

Zadnego záiſte pod słońcem drugiego tákiego Narodu niemáß / iákowy náßi Apoſtatowie chcą mieć narod náß Ruſky/ áby w Wierze był zá Niewolniká. Co v człowieká bácżnego ma być naſwiebodnieyße / to oni v nas chcą mieć zá zniewoleńße. Nie ták wierzyß iákoć roſkázuie Od ſzczepcá Metropolit/toś Buntownik/ Turbator pokoiu poſpolitego/ Obrazcá Máieſtatu Krolá Je^o M. Zdraycá Oycżyzny/ byś był naſkromnieyßy/naſpokoynieyßy/ nawiernieyßy/ y nauczćiwßy. A pokłonißże ſię Xiedzu Rackiemu/ toś nie Zdraycá.

Práwo Duchowne/ ktore nam Odſzczepcy Metropolitá y Władyk niepozwaláią mieć zá Duchowne.

Powiedzieliſmy máło wyßey/ że my Odſzczepcow náßych/ Metropolitá y iego náśládowcow Władyk zá Epiſkopy nigdy nie ználi y nie mieli/ mieć y znáć niemo-

gli

gli/ po onych wyßey położonych przyczynách/ y temi oto Swietych powßechnych Synodow / y Błogosłáwionych Oycow vchwałámi y wyrokámi vpewnieni/ náuczeni / y od Swietych náßych Páſterzow / Pátryárchow Konſtántynopolſkich oſtrzeżeni czyniliſmy / to y czynimy/ ktore przekłádámy.

Mowią Błogosłá: Apoſtołowie w Kanonie praw ſwych trzydzieſtym ßoſtym/ iż w cudzey Diœceſij/ mimo wiádomość właſnego iey Epiſkopá poświecáiący Epiſkop/ y ſam doſtoieńſtwá odpáda/ y ći ktorych poświecá / poświecenia nie doſtepuią. Záczym według poważnośći tego Błog: Apoſtołow Kanonu Odſzczepcy náßi zá Epiſkopy znáni od nas być nie mogą. Kano: Apoſt: 36.

Pierwßego Powßechnego Synodu Swięći Oycowie / w ßoſtym ſwym Kanonie mowią / iż ieśliby kto nad wiádomość ſwego Pátryárchy/ od inßego Pátryárchy był poświecon/ áby káżdy tákowy zá Epiſkopá nie był miány. Dla czego my náßych Apoſtatow/ według poważnośći tego Swietego Synodu/ ktorzy nád wiádomość właſnego ſwe^o Pátryárchy Konſtántynopolſkiego od inßego Diœceſij Ruſkiey nienależnego Epiſkopá ſą poświeceni / zá Epiſkopy nie mieli/ nie mamy/ y mieć nie możemy. 1. Syn: Powſz: Kan. 6.

Wtorego Powßechnego Synodu Swięći Oycowie w Kanonie wtorym y czwartym/ reaſſumuiąc ßoſty pierwßego Powßechnego Synodu Kanon/ mowią/ áby żaden Epiſkop w nienależną ſobie Diœceſię pod drugim Epiſkopem będącą nie wſtępował : Gránic ſobie założonych áby nie przechodził : Cerkwiey mimo vchwalone práwá áby nie mieſzał/ y nie turbował. Iż tedy Apoſtatowie náßi nienależnemu Epiſkopowi poſłußeńſtwo oddawßy y założone Gránicy przeßli / y Cerkwie mimo 2. Syn: Powſz. Kano: 2. y 4.

uchwały Synodálne pomieszáli y poturbowáli / zá Episkopy od nas miáni nie byli / y być nie mogą.

3. Syn: Powsz. Kan. 8. Trzećiego Powszechnego Synodu Swięći Oycowie w Kanonie swym Osmym mowią / iż ieśliby ktory Episkop (lub Metropolit / lub Pátryárchá) ζnąbną pychą nadęty / w cudzey Diœcesii poświecenia odpráwował / káżdego tákiego poświecenie nie ma być ważne: A że tákim postępkiem náßi Odstępcy w Cerkiew náße są wtráceni / poświecenie ich v nas ważne nie było / y być nie mogło.

Ibid: Dáley ciż Trzećiego powszechnego Synodu Swięći Oycowie / w tymże osmym Kanonie mowią / áby káżdey kráiny práwá nieporuszne záchowáne były: A ieśliby kto inßą praw Forme wprowádzał / wáżna być nie ma: A że Apostatowie náßi y práwá Kráiny náßey Ruskiey náruszyli / y inßą Duchownych praw narodowi náßemu nie zwykłą Formę do Cerkwie Ruskiey wprowádźili: Záczym y oni sámi / y nie zwykła tá Forma v nas ważna nie byłá / y być nie może.

Ibid: Tegoż Trzećiego powszechnego Synodu świeci Oycowie w tymże Kanonie y to stánowią / áby te krainy / ktoreby przez krzest y przepowiedniki od ktorego Pátryárchy do wiáry Chrześćiáńskiey przywiedzione były / przy nim wiecznie zostáwáły / á od inßego ktorego Biskupi áby nástępu żadnego nie ćierpiały. A ieśliby ktory y nástąpił / y gwaltownie ie pod władze swoie podbił / ná ich koniecznie vstąpić / áby sie przez to vchwałam Oycow Swiętych gwalt niedział / y żeby w postáci Cerkiewnego rządu potężności nádętość nie pánowáłá.

4. Syn. Powsz: Nád to / Czwártego powszechnego Synodu świeci Oycowie w Kanonie swym 28. Thracię / Pont / Azię / y Bárbárię / w ktorey częśći náße sie kraie Ruskie zámy-

káią

káią / Pátryárße Konstántynopolskiemu pod rząd Duchowny y władze poddáli. Z ktorey władzy y rządu Duchowni náßi iż vpornie wystąpili / y od tego Pásterzá y Oycá / ktory ie w Przodkách ich przez Antecessory swoie do wiáry Chrześćiáńskiey przywiodł y ochrzćił apostatowáli / słusznie od nas iák Apostatowie opuszczeni zostáli / y zostáwáć muszą / iáko nie náßi / ále cudzi / przez gwałt ná rząd Cerkwie Ruskiey wtrąceni. Kano: 28.

Dlaczego Błog: Cyrillus Trzećiego powszechnego Synodu Præses / w wtorym praw swoich / ßostym y siodmym powszechnymi Synodámi przyiętych Kanonie / Ieśliby / mowi / kto co z tych vchwał / ktore Bogonośni Oycowie vchwálili y postánowili znieważył y náruszył / nie ma to dispensatią być názywano / ále racżey præuaricatią / z gwałceniem vchwał / y niezbożnośćią ná Bogá. S. Cyri. Alexá. Can. 2.

Y v nas przeto śmiáná od Duchownych náßych ná przećiw vchwałam Bogonośnych Oycow spráwá / według Błog: tego náucżyćielá zdánia / præuaricatią iest / iest Zakonoprzestępstwo / gwałt vchwał y niezbożność ná Bogá.

Przytym y sámego Rzymskiego Kośćiołá Biskup Zosemus / Ná przećiw vchwałam / mowi / świętych Oycow stánowić co / álbo odmieniáć / y Stolice Rzymskiey poważność niemoże: y my przeto ná przećiw Oycow świętych vchwałam / przez Duchowne náße sprawiony postępek / zá nieprzystoyny máiąc / poważnośći iemu nie dáiemy / y dáć niemożemy. A z Sosemem y Błogosłá: Lew pierwszy Biskup Rzymsky / Zadnym / mowi / sposobem zá Episkopy poczytáni być ći niemogą / ktorzy nie są od Cleru wybrani / od Narodu pożądáni. Rząs / Ci / ktorzy ná przećiw Kanonow świętych Oycow poświecenia dostępuią / kto to im przywłaszczyć záchce czego oni niedostąpili: Náßi tedy Apostatowie y od Cleru Cer- Zosem. Episco. Rom: Tom: Conci. I. pag: 811. Episto: 95.

kwie

kwie nászey Wſchodniey niebyli wybieráni / y od poſpolitego ludu Ruſkiego nie ſą pożądáni / y przećiwo Kanonom poświecenia doſtąpili / przetoż my ich zá Episkopy niemieli / y mieć niemogli: y tego czego oni doſtąpić niemogli / przyznawáć y przywłaſzczáć im niemożemy.

S. Grzegorz W. — A to wßytko przełożone / ieſt vchwalá y Kanony / tych cztyrech powßechnych Synodow / ktore Błog: Grzegorz W: Biſkup Rzymſki przyimuie ták cztyry Ewángelia. A my tedy mężá tego świetego przykłádem / Cztyry powßechne / od inßych trzech po nich obchodzonych pochwalone y przyiete Concilia, ták cztyry Ewángelia przyimuiąc Apoſtatow náßych zá Episkopy mieć niemoglismy / y poki práwá Cerkiewne ſtoią / mieć niemożemy.

Homil. II. in cap. 4. Epiſto. ad Eph. — Błogoſłáwiony ná koniec Złotouſty / zwykłego Kanonnego porządku poświącánia Episkopow / ták poſtrzegáć y bronić rádzi y návcza / iáko y ſámey wiáry: ináczey ábowiem / ieśli káżdemu / mowi / Episkopowi w nienáleżney ſobie Diœcezii rząd y ſpráwowánie porywáć wolno bedzie: A ieśli káżdemu inßego ſobie zágránicámi Diœcezij Poświećićielá ßukáć niebedzie bronno: wßytko ſie mießáć bedzie. Nápráſno y Ołtarz podnoßony bywa: Nádáremne ieſt y zupełne Cerkiewnego ćiáłá poſtánowienie: Prożna y Swießczenikow liczbá. Co ieśli kto z Práwosłáwnych zá rzecz lekką być powáży / y mimo śiebie puśći / on vyzrzy: ia lekce niewáżę / ále czuć o tym y dbáć chce.

Kr. Ie° Mść Ste: w Liśćie — Ná ktore to práwá Cerkiewne / á przy nich ná práwá Swiebod y wolnośći Narodu náßego Ruſkiego. Przeßli Ich M. Krolowie Polſcy poglądáiąc / wyroki o nas dawáć zwykli / że Ruś bez przyzwolenia Stárßego ſwego

ſwego / Pátryárchy Konſtántynopolſkiego w ſpráwách Duchownych nic ſtánowić nie mogą: Dlaczego mimo wiádomość iego / do żadnych tákowych ſpraw ni od kogo w Pánſtwách náßych poćiągáni być nie máią. A że się do tychże Duchownych náßych nieporußnych wiecznych ſpraw y do praw przodkow ſwoich Krolow Polſkich / y Krol Ie° M. Pan náß teráznieyßy wolą ſwoią y wyrokámi przychyláiąc / y nas przy nich ná wieczne potomne czáſy nieporußnie záchowuiąc / [ábyśmy od tych Przełożonych Duchownych / ktorzy od poſłußeńſtwá Pátryárchy Konſtántynopolſkiego odſtąpili / wolnemi byli / y żadnym ich nád námi Rządom / Iurisdictij, Práwom / Sądom y Dekretom podlegáć nie byli powinni /] wyiąć nas według oboich pomienionych praw náßych / Duchownych y Swietſkich / y wolnymi od nich vczynić raczył: przekładamy Przywileie y Dekretá Trybunálſkie y conſtitutie: z ktorych łácno káżdy praw / ſwiebod / y wolnośći poſtrożeca báczny obaczyć może / iákim práwem ſtárßi náßi od Apoſtatow náßych Zapozwámi turbowáni bywáią: ktorzy / by ſie ná ſwoie nágość obeyzrzeć chćieli / á obaczyć / w iákim ſą w Cerkwi náßey położeniu: zá práwidlnym Ruſkiey Diœceſiey Metropolitowi należnego Konſtántynopolſkiego Pátryárchy wyrokiem / widźieli by to ná oko / że ták wiele vmárty / ták wiele y oni w ſpráwách Cerkwie Ruſkiey mogą / od należnego ſobie Páná w Duchu Páſterzá y Oycá z Cerkwi náßey Ruſkiey elimitowáni zoſtawßy.

ſwym Vniuerſalnym w Rok: 1584. — Rzecze ſnać kto / zaż od Rzymſkiego Biſkupá poświąceni Biſkupowie Biſkupſkiego doſtoieńſtwá y władzy niedoſtepuią? Mowiemy. Nam ná ten czás nie o tym rzecz / ábyśmy vważáli ieśliże od Rzymſkiego Biſkupá w właſney iego Diœceſij poświeceni Biſkupowie /

ſą zupełney władzy Biſkupowie: ále o tym/ ieśliże nád wiádomość y wolę właſnego náſzego Episkopá / to ieſt/ Pátryárchy Konſtántinopolſkiego wtrąceni od Biſkupá Rzymſkiego w ie^o Diæceſie Rękopołożeńcy/ ſą zupełney władzy Biſkupowie: Tákowych my (iákowi ſą y náſzi przez mus y gwałt/ pace eius dixerim9, ná kárki náſze od niego wſádzeni/ y do Cerkwie náſzey Ruſkiey mimo práwá Cerkiewne wtrąceni/) powáżnością Przełożonych praw Duchownych vpewnieni/ zá Episkopy nieznamy/ y znáć niemożemy.

A ſkąd by Pátriárchá Konſtántinopolſky náleżny nam był Páſterz/ y Ociec w Duchu: Byśmy nic innego ná to niemieli / tylko owo/ że on nas odrodził w Chryſtuſie Pánie: że on Przodki náſze przez Wielkiego Włodzimirzá do poznánia prawdziwego Bogá/ z pogáńſtwá przywiodł/ okrzcił/ y wſzytkim dobrem Duchownym opátrzył: Xięgámi rozmáitey Pſálmodiey/ Hymnow Cáłorocznych y Codziennych: Liturgią święta/ Poſtillámi/ y wſzelkim inſzym zbáwiennym sporządzeniē Cerkiewnym opátrzył/ y przyozdobił: Doſyćby nam ná pokazánie náleżności ie^o do nas było. Ale mamy ná to práwá Synodow Powſzechnych: Mamy práwá Pánow náſzych Krolow Polſkich: one przekleſtwem ná Przeſtępniki obwárowáne: A owe przyśięgą ná gwałtowniki ſtwierdzone. Duchowne Práwá ktoreby były / ácz w krotce/ prawdziwie iednák y dowodnie iuż śię przełożyły: A żeby y Swietſkie temu/ komu by o nich wiedzieć należáło práwá náſze niektore / Narodowi Ruſkiemu względem wolności Religiey / pod poſłuſzeńſtwem Pátriárchy Konſtántynopolſkiego/ od Krolow Polſkich nádáne wiádome były/ y tych Summáriuſz przekłádamy.

á Práw

Práwá Swietſkie / ktore nas z władzy Odſzczepcy Metropolitá y Władyk wyymuią.

Pierwszy Przywiley.

Swietey pámięci Krolá Stephaná/ pod Datą 1585. Roku / Iż bez pozwolenia Pátriárchy Konſtántynopolſkiego/ do żadney w Kálendárzu Ceremoniách y Nabożeńſtwie ſwym odmiány/ ludźie Stárożytney Religiey Greckiey przyſtąpić niemogą.

Drugi.

Przywiley tegoż S. pámięci Krolá Stephaná/ pod Datą 1586. Roku/ o wolnym świąt Ruſkich vżywániu y nie vćiężeniu/ áni przymuſzániu nas do poſłuſzeńſtwá Rzymſkiego Kośćiołá/ nád stárowieczne náſze práwá y zwyczáie.

Trzeći.

Przywiley teráznieyſzego Krolá Páná náſze^o/ pod Datą 1589. Roku / dány Pátriárſze Konſtántinopolſkiemu / Przewielebnemu Hieremiaſzowi / ná wolne w Páńſtwách Je^o K. M. rządy Duchowne, ſądy/ y nieposłuſznych karánie / z gruntownym Iurisdictiey iego potwierdzeniem.

Przy-

Czwarty.

Tegoż Królá Ie° M. Páná náßego M. Przywiley / pod data tegoż 1589. Roku / dány temuż S. Oycu Pátryárße Konstántynopolskiemu ná porządki Bráctwá náßego Cerkiewnego Wileńskiego / ktorym y grunty Bráckie z Iurisdictiey / płatow / podatkow / y powinności mieyskich wyymowáć raczy.

Piaty.

Przywiley Seymowy tegoż szczęśliwie nam pánuiacego Królá Páná / pod Data 1592. Roku / ktorym Ie° Kr: M. Pan náß Miłościwy wßytkie porządki Bráckie / od Pátryárchy Konstántynopolskiego postánowione / stwierdza / pozwaláiac Cerkiew ná gruńciech náßych Murem y drzewem budowáć / domy skupowáć / Szkoły y Drukárnia mieć / ludzi Duchownych dla nauki narodu Chrześciáńskiego / y innych spraw Cerkiewnych odpráwowánia / według potrzeby chowáć / wyymuiac od podatkow y Iurisdictij Mieyskich / ták te iuż kupione domy y placy / iáko y ktoreby sie ná potym przykupili.

Consti-

CONSTITVTIA ROKV PANSKIEGO 1607. O RELIGIEY GRAECKIEY.

Vspokaiáiac Religie Grecka / ktora zdáwna ma swoie práwá / wáruiemy: iż dostoieństw y dobr duchownych inákßym práwem nie mamy rozdawáć / iedno wedle ich fundaciey y dawnego zwyczáiu przodkow náßych im nádanych: to iest / ludziom Szláchecktim narodu Ruskiego / y merè Religiey Graeckiey / nie czyniac im praeiudicium w sumnieniu y práwie ich / áni wolnego odpráwowánia nabożeństw / według dawnych obrzędow ich zábraniáiac y przeßkadzaiac: Beneficij też Cerkiewnych dwoygá Osobie iedney conferowáć nie mamy. Ale Metropolia Metropolitowi / Władyctwá Władykom / Archimándrytstwá / Archymándritom: y ták subsequenter o drugich rozumieć sie ma / iáko ßerzey o tym Przywiley od nas ná tym Seymie dány obmawia. A ktoby dwoie Beneficia ná ten czas trzymał / tákowy nadaley do Roku iedno puśćić ma / pod zápłaceniem winy tysiącá grzywien Delatorowi / o co forum ná Seymie ad instantiam Postow ziemskich. A dobr Cerkiewnych od Cerkwi alienowánych / według Constituciey Anni 88. o tym opisáney /

h ktora

ktora teraz Reaſsumuiemy. dochodźić máia. Dźierżawcy iednák Kwáſowá/Tárnkow/Jániewicż/Liplan/Buremcża/Woderády/Teremne przy prawie ſwym zoſtáć maia. Bráctwá też Cerkiewne Religiey Græckiey przy Práwách y Przywileiách ich zoſtáwuiemy. A nápiſámi przy Ewángeliách dobr Ziemſkich Szláchecckich dochodźić y pozyſkiwáć nie máia te Cerkwie / ktore teraz nie máia w tych dobrách poſseſsiey. Proceſsy przy tym y poſtepki práwne y bannicye / ktore ná Oſobách Duchownych w ktorymkolwiek ſadźie záßły y otrzymáne ſa / ták w Koronie iáko y w Wielkim X. Litewſkim kaſsuiemy / y pozwánych od nich wolnemi czynimy.

Ná tymże záraz Seymie ná vſpokoienia náßego w Religiey vpewnienie wárownieyße / táki Narodowi náßemu Ruſkiemu/Ludźiom mere Religiey Græckiey Krol Je° M. Pan náß M. Przywiley dáć raczył.

ZYGMVNT III. Z LASKI BOŻEY KROL POLSKI, WIELKIE XIĄŻE, LITEWSKIE, RVSKIE, PRVSKIE, Mazowieckie, Zmudzkie, Inflantskie, á Szwedski Gottski, Wándalski, dźiedziczny Krol.

Oznaymuiemy tym liſtem náßym wßem wobec y káżde^n z osobná/ komu by ieno o tym wiedźieć náleżało / ninieyßym y ná potym bedacym: Iż donośili nam ná Seymie teráznieyßym walnym Wárßáwſkim / Poſłowie ziemie Kijowſkiey / Wołyńſkiey/ y Bráſłáwſkiey imieniem Bráci ſwey ludźi Relligiey Græckiey / iákoby ná ſtárodawne práwá Przywileia od Przodkow náßych świetobliwey pámieci Krolow Ich M. Polſkich/ Wielkich Xiażat Litewſkich y Ruſkich / Przodkom ich Obywátelom Páńſtw náßych / wßem ſtanom Relligiey Græckiey / Ruſkiey nádáne/ vbliżenie y bezpráwie w wolnym vżywániu wiáry ſwey ponośić: Cerkwie Ruſkie bez porzadnych Páſterzow ná chwale Bożey y ná zwykłym porzadku ſwym ſchodźić y vmnieyßenie bráć: Slubow Małżeńſkich / krzczenia dźiátek / y inych Chrześciáńſkich Sákrámentow y nabożeńſtwá według zwyczáiu/porzadku/y obrzedow Græckich/á Kanonow Oycow Swietych ná Synodách poſtánowionych mieć nie mieli / proßac nas ábyſmy w tym im krzywdy y vciſku y vbliżenia ponośić nie dopuśćili / ále przy dawnych zwyczaiách práwách y wolnośćiách Cerkwi Zakonu Graeckiego / y ludźie tey wiáry w Páństwách náßych zachowáli. Páſterzow y Przełożonych ich Duchownych Archiepiſkopá Metropolite / Władykow / Archimándrytow y innych Swießczenikow według tych że praw y przywileiow ná potym záwżdy podáwáli. A w tey wiáry ſtárożytney Chrześćiáńſkiey Graeckiey / we wßem wolnie cále ſpokoynie y beſpiecżnie im vżywáć dopuśćili / wárowáli / y vpewnili. My prosby ich w tym wyſłuchawßy / á chcąc áby pod ßcżeśliwym pánowániem náßym / iáko káżdy weſelit ſie z wolnośći / ſwobod y práwá ſwego / ták oſobliwie wßytkie ſtány y ludźie tych páńſtw náßych / ktorzy ſą Relligiey Chrześćiáńſkiey Kátholickiey Graeckiey / áby żadnego vbliżenia krzywdy y bez práwiá nie ponosili / ále ſpokoynie wolnie y beſpiecżnie wiáry y nábożeńſtwá / według Zakonu Graeckiego y obrzędow ſwych vżywáli / wßech ludźi tey Wiáry Obywátelow Páńſtw náßych / według praw Przywileiow y wolnośći / od przodkow náßych Cerkwiam y wierze Graeckiey / tákże ſtanom y ludźiom tey Relligiey Duchownym y Swietſkim z dawná nádánych / we wßem cále y zupełnie záchowá-

wßy /

wßy / tym liſtem Przywileiem teráznieyßym wáruiemy / iż wßelákie Stany / y Oſoby ludźie Relligiey Graeckiey Duchowne y Swieckie wiáry ſwey według ſtárodawnego zwyczáiu / porządkow / obrzędow / y ceremoniy Cerkwie Graeckiey Orientalney / wolnie beſpiecżnie y ſpokoynie vżywáć / y nabożeńſtwá ſwe odpráwowáć maią y wolni będą. A iáko z dawná tá wiárá y ſtárodawne porządki Cerkiewne nauki y piſmá od Oycow Swiętych ná Synodách podáne maiąc / przez długie látá trwáłá: ták y teraz ni wcżym nienáruszenie trwáć y záchowána być ma. Páſterzow też ábo Przełożonych Duchownych Władykow / Archimándritow / Jhumenow / y innych Cerkiewnych náucżyćielow y Przełożonych / według tychże praw Przywileiow y wolnośći z dawná nádánych podáwáć y przekładáć mamy / y do żadney odmiány obrzędow przymußáć ich nie każemy / ále iák z dawná bywáło / y iáko ſtáre Kanony y Przywileia ich opiſuią / gwałtu w tym y przymußenia żadnego mieć nie máią / y owßem wolnośći y dobrey woli ſwey w tym wßytkim zażywáć máią / według Kanonow ŚS. Oycow / y dawnych praw Przywileiow /

H iij ſwie-

ſwiebod/ wolnośći y zwyczáiow ſwych. Y ná to dáliſmy ten náß Przywiley z podpiſem ręki náßey Krolewſkiey / y pieczęćią Koronną. Piſan w Wárßáwie ná Seymie wálnym Ko-ronnym Roku 1607. Mieśiącá Iunia 18. dniá : Pánowánia Kroleſtw náßych Polſkiego dwudźieſtego : á Szwedſkiego 14. Roku.

SIGISMVNDVS REX.

Zácháriaß Jełowicki Sekre-
tarzy Piſarz.

Oteyże Gręckiey Relligiey Conſtitutia, Roku 1609.

Iż Ludźie Relligiey Græckiey grunto-wnieyßego vſpokoienia Relligiey ſwey/ y obiáśnienia Artykułu ná przeßłym Seymie o tym vczynioneg° potrzebowáli. Te-dy teraz prze náwalność ſpraw przyść do tego niemogąc/odkłádamy to w teyże mocy do dru-gie° Seymu bliſko przyßłego. A interim zacho-wawßy w cále Conſtitucyą przeßłego Seymu wáruiemy / áby ći Przełożeni Duchowni/ kto-rzy vnią z Kośćiołem Rzymſkim przyieli / tym ktorzy przeſtawáć z niemi niechcą / wzaiem z drugiey ſtrony tym co w niey ſą / żadnym ſpo-ſobem y prętextem oppreſsiey y przenagabánia ieden drugiemu nie czynili. Ale wpokoiu we

Włá-

Włádictwách/ Monáſterzách/ Cerkwiach/ y dobrách Cerkiewnych ták w Koronie iáko y w Wiel : Xieſtwie Litew : záchowáni być máią/ pod winą dźieśięći tyśiecy złotych/ ktoby co ná potym przećiw temu vczynił: o co forum ná Try-bunał/ niewkłádáiąc w to Sędźiow Ducho-wnych/ vkázuiemy . Táka byłá námowiona Conſtitutia : Lecz potym Seymie owy punct wyrzući-wßy / Niewkłádáiąc w to Sędźiow Ducho-wnych/ włożono ná to mieyſce ieſt/

Tego dokłádáiąc/ iż ieśliby co ktora ſtroná gwałtem/ álbo iákimkolwiek ſpoſobem od Sey-mu przeßłego drugiey ſtronie odiełá : tedy o to wolne práwem czynienie przed Trybunałem compoſiti Iudicij zoſtáwuiemy. przećiw ktorey odmiá-nie vchwały Seymowey/ zárazt egdyß Proteſtacie záßły.

O TEYZE RELIGIEY GRÆCKIEY
Conſtitucia Roku 1618.

Iż dla náwalnych ſpraw Rzeczypoſpoli-tey/ nie przyßło do vſpokoienia dokoná-łego Religiey Græckiey ná teraznieyßym Seymie / tedy to odkłádamy do przyßłego bliżßego Seymu : pod ktory czás ludźie Reli-giey Græckiey/ Duchowne y Swietſkie zácho-wuiemy w pokoiu y w wolnym y zwykłym ná-bożeńſtwie/ do ktore° nie máią być przymußá-ni/ áni práwem pociągáni.

O teyże

O TEYZE RELIGIEY GRÆCKIEY,
Conſtitucia Roku 1620.

VSpokáiaiąc Religie Græcka/ Conſtitucye Roku 1607. Reaſſumuiemy/ y według niey w rozdawániu Beneficij Cerkiewnych/ in futurum záchowáć ſie mamy.

Decretá Trybunalſkie zmácniaiące degradátie odſtepnego Metropolitá y Władykow od S. pámięci Meletiuſzá Pátriárchy Alexándryſkiego: Topotyritę Pátryárchiey Konſtántynopolſkiey/ przez liſtowne Decretá wydáne.

Pierwſzy Decret Roku 1605. w ktorym ſąd głowny Trybunalſky Poćieia Metropolitę odſtepnego/ zá ſtárſzego w rosćiagániu Iuriſdictiey nád ludźmi Religiey Græckiey/ pod błogoſłáwienſtwem Pátryárchy Konſtántynopolſkiego trwáiącemi/ nieuznawa: y Metropoliey go (accomoduiąc ſie decretu Exárſzynemu) Kijowſkiey y wſzytkiey Roſsij oddálá.

Drugi tegoż Roku/ w ktorym tenże ſąd głowny Trybunalſky Bráctwo náſze Duchownych y Swietſkich/ wolne czyni od odſtepcy Metropolitá wiecznymi czáſy: zá zwierzchniego nam nieuznawa go/ y od przyſądu iego nas wyłacza: á nákazuie mu ukrzywdzenia ſwego u Pátryárchy

tryárchy Konſtántynopolſkiego/ przyrodnego w tym Páńſtwie Páſterzá Ruſkiey Cerkwie/ lub u Exárchy iego ná nas dochodźić.

Trzeći Roku 1609. w ktorym forum ſąd głowny Trybunalſky przed ſobą uznawá Poćieiowi odſtepnemu Metropolićie: y to słowko/ Cumpoſiti Iudicij odćina: do tego Monáſterz S. Troycy Bráctwu náſzemu ná wieczne czáſy przyſądza.

Czwarty tegoż Roku/ w ktorym tenże głowny ſąd Trybunalſky/ tákże forum przed ſobą temuż uznawa: á Decretá kołá Duchownego kaſsuie/ y wſzytkie zádworne Proceſsa znosi.

Piaty tegoż Roku/ w ktorym tenże głowny ſąd Trybunalſki/ tákże forum przed ſobą odſtepcy Metropolitowi Poćieiowi uznawa: ſámego ná upad w rzeczy zdáwa: Cerkwie wſzytkie Wilenſkie Protopopie/ Popom/ Láwicy Ruſkiey/ y wſzytkiemu Bráctwu Cerkiewnemu/ ludźiom Religiey Greckiey przyſądza: á pozwy do kołá Duchownego zápozywaiące wyniesione/ kaſsuie/ y annihiluie.

Krzywdy y Dolegliwośći / ktore nas od Odſtepcow náſzych obchodzą.

Te tedy ſą práwá Duchowne y Swietſkie / Swiebody y Przywilegia (dawnieyſzych Przywileiow ná ten czas wteyże Mátery nieprzywiodſzy /) narodowi náſzemu Ruſkiemu w Nabożeńſtwie ie° ludziom wiáry Religiey Greckiey ſłużące. Ktore Mśćiwy y łáſkáwy Czytelniku przeczytawſzy vważáć racz / iák nas ſłuſznie Apoſtatowie náſzi / pod iárzmo poſłuſzeńſtwá ſwego nam niezwykłe y nieznośne zaciągáią / y záprząc vśiłuią: iák nas ſłuſznie Mándatámi y ſwemi Zapozwy turbuią: Vniuerſałámi czći odſądzáią: fałſzywie zmyſloney zdrády Tureckiey potwarzą / vczćiwe / zacne / y niwczym niepodeyzráne Oſoby máżą / łżą / bezecnią. Nas Zakonniki Duchowne / y wſzytek poſpolity miáſtá Wileńſkiego nabożeńſtwá náſzego lud / ſłowámi vſzczypliwemi po domách / ná Ratuſzu / z Kátedr / ná Rynku / y po Vlicách iák naźmiewcy ſromocą / y łáią: iák dźiki iáki zwierz ćwáią ſie nami y obiegáią: rozmow z námi / y wſzelkiey zwykłey przed tym conuerſáciey / iákoby nie Chrześciánie / známi zákázuią. Przykrośći iákie ná wietſze mogą ſłowem y dźiełem wyrządzáią: ná Monáſterz náſz kámieńmi z proc rzucáią: ſtrzały z łukow ná grunty y domy / á ná Cerkiew z knotem śiárczyſtym zápalonym nápuſzczáią: Ná placy tegoż Monáſterzá zápalone głownie przez Mur wrzucáią: Miedzy węgły ścian Cerkiewnych / ogniem zátleione ſukná vwoſzczone / z inſzemi ogniem zarzącemi przyprawámi v Knotámi wtykáią: Ná Ratuſzu / y po wielu Grodách Proteſtácyi od nas nieprzyimuią: z Xiąg Spraw nam do práwá potrzebnych nie wydáią: Woźnym w ſpráwách náſzych ſłużyć zákázuią / á kto-

á ktorzyby ſłużyli / pœnuią y więzią: Liſty náſze po drogách v Kurſorow odeymuią: á inſze pod náſzym imieniem / ná oſzukánie ludzi niewiádomych zmyſláią / piſzą / y przeſyłáią: Juſz záćie podſtępne fałſzu y kłamſtwá z poprzyśięgániem śie pełne / po mieyſcách ludnych podmiatáią.

Ażeby ták czyſte zacnośći náſzey złoto záćmiwſzy / y piękną dobrey ſławy wſzytkiego Narodu náſzego barwę odmieniwſzy / owſzeki nas wnetrzney vćiechy náſzey pozbáwili / Wiárę náſze świętą z pierśi náſzych wyrwáli / y od zwykłego nam zbáwiennego poſłuſzeńſtwá Wſchodniego oderwáli / zmyſlili y vdáią / iákoby trzey Pátriárchowie Wſchodni przyſłáli rozgrzeſzenie Mośćiwie ná podnieśienie woyny z Litwą: Vdáiąc przytym y to / iż przez te nowo naświecone Duchowne / wſzytkę wiádomość z Páńſtw Je° Kr: miewa Pogánin. Nád to / vdáią y to / iákoby Przewielebny náſz Oćiec Archimándrit / dla zbuntowánia y zámieſzánia w ludziách przez rozne prátktiki / to / że ieſt Archiepiſkopem Połockim / w Wilnie y w kráiu Połockim rozſzerzáć y vdawáć miał / iákoby śie to z wolą Krolá Je° M. dziać miáło. O niewſtydliwośći: iáko ná wſzelkiey czći y vſzánowánia godne Męże / Krzyż ſobie od Chryſtá Páná zadány w pokorze y w pokoiu noſić lubiące / Krolewſtwu temu iáko Chrześciáńſkiemu záwżdy ſprzyiázliwe / po ktorym iákoby z Chrematiſmu iákiego / zá pomocą Bożą wyzwolenia ſwego z tey ćięſzkiey niewoli oczekiwáią / mimo wſzelki wſtyd ſromotnie śie rzucaſz? Jáko śie ná Sługi Boże wierne / ná grzechnikogo rozgrzeſzáć niezwykłe / y z pokoiu Chrześciáńſkich Páńſtw ćieſzące śie / mimo wſzelką boiaźń Bożą złośliwie tárgaſz? Przez te wſzytkie tey świętych Pátryárchow náſzych niewoli lárá / záż kiedy y namnieyſze ku Oyczyźnie náſzey nieżyczliwośći /

J ij nierzkąc

mierżączo zdrády podeyźrzenie pokazáło śie? Iák y ná te
nowo poświęcone dobrego ſumnienia Duchowne Oſoby /
Oyczyźnie ſwoie miłe / iák Duſze ſwoie miłuiące / Rodzice / Brácia / Sioſtry / y inſze krewne y powinowáte w
támtych tem nieprzyiacielowi bliżſzych kráinách /
ná Wołyniu / ná Vkráinie / ná Podolu / y ná Podgorzu
mieſzkáiące / mimo wſzelką prawdę / niebeśpiecznie ſie mieczeſz?
Aby śie też vdána Oſobá / wolą ná to Królá Ie° Mći
dla zbuntowánia ludzi ſczycić miáłá / opácznie y w tym
iák we wſzem inym ieſt vdána: y owſzem przeciwna
rzecż ná widoku. Zaż ſpi ná tákie Calumniatory byſtra /
nievſypiáiące° oká wemśćiwym rámieniu Bożym / pomſty
zrzenicá? Táka to twoiá prawdá / iáka y owá / ktorąśćie
wſzytki Litewſkie niemal iuż y Korenne Páńſtwá
zádusili / vdáiąc / że śie tu w Wilnie Mieſzczánie o zdráde przekonáni / po domách y po wiezieniách ſámi truią.
Ze we Lwowie o też zdráde przekonánych kilkudzieśiąt
Mieſzczan ſtrácono. Ze ludziom wielkim / zacnym / y
Rodowitym w záciągu tym teráznieyſzym Oyczyznie / y
Krolowi Ie° M. Pánu ſwemu Miłośćiwemu ſłużącym /
Rotmiſtrzom / y Połkownikom chorągwie / prze teyż zdrády pokazáne śie poodbierano / y ſámych ná gárdle poká-
rano. ó złośći. Gdzież tu ſumnienie? Gdzie zbożność?
Gdy by kto twoim codziennym piekelney kuźnie nowi-
nam wiárę dáwáć chciał / żywo duſzę puśćić by śie muśiał.
Iuż liſty zdrádzieckie przeięte: Iuż ciągnieni przyználi
śie: iuż wielu z Ruśi ná Szpiegierſtwie potápano.

Ale troiákie mowią kłamſtwo / (bo ták śie ſtro-
fowáni z tey złośći Teologowie Apoſtárſcy obmawiáią) Officioſum, Iocoſum, Pernicioſum. Zaż ná vczćiwe
y ná krew Bliźniego kłamáć ktore z tych trzech po- Exo. 23
zwala? Zaż Zártowne y Sprzyiáźliwe kłamſtwo tey ſa- Iob 13

wiaſności

własności / áby ſzkodziły? Szkodliwe to ieſt Kłamſtwo / o
ktorym Bog mowi / Niebędzieſz kłamał. Zaż nie káżde° Leu. 19
prożnego / nie rzkąc kłamliwego y ná krew ſtoiącego ſło- Matt: Cap. 12
wá / liczbe oddamy w dzień ſądny Pánu? Zaż czynić ma-
my złe rzeczy / áby przyſzły dobre? Od káżdey rzeczy złe- Rom. 3
mu podobney / mowi Błog: Apoſtoł Páwel / wściągay- I. The. cap. 5.
ćie śie. Krol záś y Prorok Dáwid o Bogu / ktory nienawidzi Kłamſtwá / świádectwá wydáiąc / Nienawidziſz /
mowi / wſzytkich ktorzy nieprawość płodzą: Wytráciſz Psal 5.
wſzytkie ktorzy mowią Kłamſtwo. Człowiekiem krwáwym y zdrádliwym będzie śie brzydził Pan. Niechże
ná záſtęge nienawiśći Bożey mierziączki y wytrácenia
mowią kłamſtwo [czego my im niezyczymy / ále ráczey
vpámiętánia śie.] poniewáż im Teologia ich tego pozwala: My y Cerkiew Boża tego zwyczáiu niemamy.

Ale zaż tylko tego złego z tey przepáſtney Kuźni ná
nas / y ná wſzytek Narod náſz? Ná pápieru záiſte pierwey by nam / niż ná codziennych nieznośnych / ktore od A-
poſtatow náſzych ponośimy / y vſzczypliwych przykrośći
przekładániu zeſzło. Co trzecie ábowiem słowko / ná o-
hyde niepokaláney Wiáry náſzey Schiſmatikámi / á ná
háńbe czyſtey Narodu náſzego sławy Náleważykámi nas
łżą y ſromocą. Wczym śie nam wielka od nich nieſpráwiedliwość dzieie: Nas Krolowie Ich Mść Polſcy / Pánowie náſzi / świętey pámięći Przodkowie Krolá
Ie° M. Páná náſzego Miłośćiwego / y ſam Ie° Kr: M.
we wſzytkich Práwách náſzych Wárunkách / Przyśię-
gách / Stattutách / Konſtituciách / w Przywilejách / Vni-
werſałách / y w priuatnych ſwych Liſtách nieinaczey názywáć raczą / tylko ludźmi Greckiey Religiey: A to ad
differentiam ludzi Religiey Rzymſkiey: Względem záś
Apoſtatow náſzych / názywáć nas ráczy Krol Ie° M.

I iij Pan

Niewinność/

Pan nász Miłościwy/ w przełożoney Roku 1607. Constitutiey Ludzmi mere Religiey Græckiey: á w przełożonym Przywileiu pod tenże czás nam dánym miánowáć nas raczy/ ludźmi Religiey Chrześciáńskiey Kátholickiey Græckiey: Lud iednák ten Bezimienny/ mimo wszelką spráwiedliwość y słuszność Odszczepieńcámi nas potrząsywa/ niechcąc swey Hermaphroditskiey sromoty widzieć/ że to y owo są/ álbo ni to ni owo: ni ptak ni źwierzę: to iest/ ni Græckiey Relligiey ludzie/ ni Rzymskiey: My Ruś Wschodniego posłuszeństwá y wyznánia/ iesteśmy Ludźie mere Relligiey Græckiey Kátholickiey: Pánowie Polacy y Litwá Záchodniego posłuszeństwá y wyznánia/ są mere Relligiey Rzymskiey Kátholickiey: Oni miedzy námi y Rzymiány coś non merum/ nieszczere coś/ ále fictum/ coś zmyślone/ ni to ni owo. Ich to tedy raczey názwisko własne/ nie násze: ktorzy Apostotowawszy od z wykłego y przyrodnego sobie Pásterzá Pátriárchy Konstántynopolskiego/ Apostatow imienia nabyli: odszczepiwszy się od Swiętey Cátholickiey Apostolskiey ktora ná Wschodzie Cerkwie/ nábyli nazwiská Odszczepieńcow.

Ale ieśliże y Málewáykowskie nazwisko nie im własnie służy/ Miłościwy y łáskáwy Czytelniku uważyć racz: ktorzy własnemu swemu w Duchu Pánu/ Pátryárze/ mowiemy/ Konstántinopolskiemu (ktorego Ruskiey nászey Cerkwie Przełożeni/ y z Duchownego y z Swieckiego práwá poważności znáć powinni są zá Páná w Duchu y Pásterzá) wierności niedotrzymawszy/ przysięgę mimo wszelką słuszność/ nierzkąc mimo wszelkie práwo złamáli/ poddáństwo Duchowne wypowiedźieli/ inszemu się w Duchu Pánu poddáli/ á náprzeciw pierwszemu woyne podniozszy/ w Duchu poddáne iego gnabią/ utiskuia

ná Potwarz od Apostatow.

kuią/ biedzą/ y wszeláką náá upad przesláduią: Sáme też tego pierwszego przyrodnego Páná swego lżą/ sromocą/ czći y wiáry odsądzáią. Zaż nie tym tákowym ráczey to Máliwáykowskie nazwisko służy: My przy zwykłym nászym od Przodkow nászych/ przy wźięciu Chrześciáństwá nábytym/ y nam Potomkom ich zostáwionym. Pánie w Duchu y Pásterzu zostáiąc/ z iákiey słuszności tym nazwiskiem lżeni bywamy: Gdyby Woiewodá ktory swemu własnemu Krolowi przysięgę złamawszy/ poddáństwo mu wykázał/ á inszemu się pogránicznemu Krolowi poddał: woyne przeciw pierwszemu podniosł/ y lud ten ktory w iego Woiewodztwie iemu práwem dozoru/ á Krolowi práwem przyrodzonym należał/ musem y gwałtem przez rozmáite przykrości/ y utiskowánia od Krolá oddalał/ y gwałtem odwodził. Co rozumieć mamy: Niewiernikiem Krolewskim/ że właśniey nierzecżemy/ tenli lud znány y zwány miał być/ ktory opuściwszy Woiewode wiernie przy zwykłym przyrodnym sobie Krolu y Pánie stoi: czyli też Woiewodá/ y ci ktorzyby go wtym násládowáli: Toż y tu sądź: Metropolitá w ziemi Ruskiey iest ná ksztalt Woiewody/ á Pánem iego w Duchu y ná ksztalt Krolá/ iest Pátriárchá Konstántinopolski: Ktoż tu winnieyszy: kto Náleważko: My ktorzy Pátriárchy Páná swego w Duchu przyrodnego/ wierność mu cáłą záchowuiąc/ nieodstępuiemy: czyli Metropolitá/ ktory mu wiáry niedotrzymawszy/ y sámego odstąpił/ y w Duchu poddáne iego niektore z sobą odwiodł/ á niektore odwieść usiłuiąc gnábi/ utiskuie/ krzywdzi/ y rozmáitemi przykrościámi obiedzá/ áby własnego swego w Duchu Páná odstąpili/ á temu do ktorego się on mimo wszelkie práwo krzywoprzysiężnie przedał/ posłuszeństwo oddáli.

Uważay

Niewinność /

Vważay przeto Miłościwy y łáskáwy Czytelniku/ á sądź iákoć Bog twoy y Sumnienie mile iest / prosimy/ komu to oboie/ y Odßczepieńcem zwánym być/ y Nálewáykiem słußnie y spráwiedliwie należy.

Trágœdia ktora sie dźiáłá w Mieśćie Wileńskim nád Wiernymi/ zá Instantią Apostatow.

To/ mowiemy/ známi pod ten/ y po wßytkie inße czásy Apostatowie náßi czynili y czynią / zá dźiwowisko nas świátu y ná urągánie podáiąc : nieobawiáiąc sie wtym ni boiáźni Bożey/ ni ná wstyd ludzki nieoglądáiąc sie : ni ná sámego náwet przyrodzenia/ nierzkąc ná ludzkośći powinność / srogośći práwá pospolitego niespominámy/ nierespektuiąc. Ktorzy/ (że wam żáłosną teráźnieyßą Tragœdię/ ktora sie známi w Wilnie toczyłá/ w krotce przełożemy) pod ten práwie sámy czás/ gdy wßytkiemu Chrześćiáństwu zbáwienną Krzyżowey Chrystá Páná náßego śmierći pámiątkę obchodźić przypádło : pod tydźień ktory my Strásnym/ to iest/ Hebdomadam Pasionis, męki Páńskiey tygodniem názywamy : w ktory Judaß / Kaipbaß / y Annaß z swemi iedynomyślnymi zdrady knuiąc/ potwarz zmyślálí/ ktoraby niewinnego Chrystá Páná spotwarzonego o śmierć byli przyprawili. Pod ten/ mowiemy/ tydźień w ktory nabożeństwá náßego w Mieśćie Wileńskim ludźie pobożni/ sercá swe przed Pánem Bogiem korząc/ do gorętßey Pokuty/ y płáczliwego męki Páná Chrystusowey rozpámiętywánia gotowáli sie : á Sumnienie swe prostuiąc / do Spowiedźi grzechow swoich sporządzáli sie : ná przyięćie żywot dáiących Ciáłá y Krwie Syná Bożego Táiemnic/ sposobnymi sie stáć zámislali: Alić w Sobotę Kwietną wßytkie sie

ná Potwarz od Apostatow.

kie sie te ich pobożne zamysły pomießáły. Gdźie ábowiem ktore z nich słudzy Mieyscy potkáli/ tám mu stáwienia sie ná Ratußu nágły zákaz dáli: gdźie bez żadnego Delatora, zá Instigatią Rzecznika Mieyskiego / do żadnych obmow y dobrodźieystw práwnych niedopußczeni, á ostátniey Condiciey Prokuratorowi w obronę podáni/ wodzeni byli z sądu Gáynego/ do sądu Rádźieckiego: Potym záraz o iedným y tymże dniu/ po iedynkiem z postráchem katowanie ná Inquisiciey pytáni/ do więźienia Ratußnego byli podáni. Z miedzy ktorych w Poniedźiałek wielki wyłączeni trzey/ do podźiemney Ciemnice po odbieráwßy im Pásy y Noże/ sprowádzeni byli/ do ktorey nábezecnieyßi iáwni Złoczyńcy podawáni bywáią : Drudzy w pierwßym Więźieniu zostáli. Wesrzode tegoż tydniá z Ratußá schodźić nie kázano/ Raycy tegoż Miástá Wileńskiego zá to/ że prosił Pisárzá Mieyskiego o Wypisy z Xiąg spráwy tey. We czwartek zákazano y z Ratußá schodźić niekázano drugiemu tegoż Miástá Wileńskiego Raycy / zá to że był ná Pogrzebie Collegi swego Burmistrzá Wileńskiego / w Cerkwi náßey chowánego. Tychże dni Szewcá iednego posádzono do Ciemnice zá to/ że pod czás świetá Zásnienia Pánny Náświętßey do Kiiowá w obroce chodźił : inßych zá inße pobożne winy zákázowano/ łápano / y pod Ratuß bez żadnego práwá y sądu/ przez wßytek ten Męki Páńskiey tydźień / y przez dni święte Wielkodźienne trapiono y mordowano:

K

NáRatuszu posádzeni PP.
Semen Iwánowicz.
Jan Kotowicz.
Fedor Kußelicz.
Bogdan Borisowicz.
Wasyly Báránowicz.
Wásyly Kulakowsky.
Wásyly Druhowiná.
Krzyßtoph Wasylewicz.
Stephan Zahorsky.
Pod Ratuszem posádzeni, PP.
Semen Krásowsky.
Bogdan Symonowicz.
Isáak Wolkowicz.
P: Ierzemu Choćieiewiczu.
P. Philippu Sienczyłowiczu.
P. Łukaszá Sobolá.

dowano: Pod tenże czás Rzemieśnikom od Wolnośći ich Cechowey klucże poodbierano.

Táki to gorący y nagły opał był / ták náwalnie ßumiący wicher/ ták ſtráßliwa burza / iákoby pod dzienny ſtráßny/ áni w naokrutnieyßym iákim oblężeniu/ y iuż tuż nád ßyią wiß ącego zwyćieſtwá ßturmie. Biedny lud zdumiáły/ á coby ſie z nim dziáło niewiádomy/ to ſám to tám/ iák nieprzyßty biega/ á coby to było/ pyta: ſkądby tákie nieſłycháne głoſy / ſkąd niebywáła tá zniewagá/ ſkąd te niezwykłe naśmiewiſká y vrągánia práwie nieprzyiaćielſkie/ od ſąſiádow od Spolkupcow y Spolrzemieśnikow: ták nagłe á ſurowe śćiśnienie y nie Chrześćiáńſkie opprimowánie / że ſłuß nie o ſobie w te ſwoie ćięßkie dni/ w gorzkośći ſercá ſwego owe Prorockie słowá głośić byli mogli.

Vćiechá niewinnośći Zacne° narodu Ruſkie°.

Płácząc płáczemy / á łzy náße ná policzkách náßych: niemáß boleśći iáko ieſt boleść náßá/ á niemamy poćießyćielá: Bráćia náßi wzgárdzili námi/ á ſtáli śię nam Rozbráćią / y iárzmo niepráwośći ſwych ſtoczyć y włożyć chcą ná ßyie náße. Mießkamy miedzy Chrześćiány á nienáyduiemy odpocżynku / dla wielkiego ná ćiele vtrapienia / y dla ćięßkiey w Sumnieniu niewoli. Łkamy śćiśnieni gorzkośćią od Odſtepney bráći: ktorzy odieli nam wßelką ochedożność náße. Wywroćili ſerce náße w nas/ y pełni ieſteſmy odnich gorzkośći: Wzdychamy/ á niemáß ktoby nas ćießył: Płáczemy / á niemáß ktoby łzy oczy náßych otárł: Mnogie ſą wzdychánia náße/ á ſerce náße żáłoſne: bo zápalili śię Odſtepcy náßi iáko ogień pałáiący/ y pożyraiący: wyćiągneli zdrádliwe łuki ſwoie/ á poſtáwili nas ſobie iáko cel przećiwko ſtrza-

kom ſtrzale: Wyćiągneli / y vmocnili práwice ſwoie/ áby pobili wßytko/ coby iedno pięknego ná pożrzeniu w S. Cerkwi náßey Ruſkiey widzieli: otworzyli ná nas Potwarliwe vſtá ſwoie/ wydáli rzeczy fałeßne á głupie: Karmią nas popiołem złey Sławy / á poią piołunem martwey Zdrady: klaſkáią nád námi rękomá / pogwizdáią/ á kiwáią głową ſwoią: kßykáią ná nas/ y zgrzytáią zebámi/ á mowią połkniemy ie/ pożrzemy ie. Oto dziś iuż ten dzień ktoregoſmy czekáli/ otoſmy go iuż náleźli / obaczyliſmy go: Vczyniliſmy cośmy myślili: Wypełniliſmy coſmy w ſercách náßych vknowáli. Przetoż ſkáżimy ie/ á nieprzepuśćimy dobremu ich: Vweſelimy śię ze złego ich / ná głowy ich od nas rzuconego/ á podwyßymy rog dumy náßey/ y wykrzykniemy w mocy fałßu náßego / zoy/ iuż pánuiemy.

Przez co rázone od nich ſerce náße woła do Páná/ wywodzy łzy iáko rzekę: niedáie ſobie odpocżynku / y nieprzeſtawa zrzenicá oczu náßych. Wylewamy iák wodę ſerce ſwe przed oblicznośćią Páńſką: podnośimy k niemu ręce náße/ y w gorzkośći ſercá náßego wołamy. Wſpomni Pánie ná to/ co śię nam przydáło/ weyzrzy á oglądáy zelżywość náße: Dziedzictwo náße Apoſtatcwie náßi obroćić chcą do obcych / Cerkwie náße do cudzych: chleb náß włáſny iemy v nich zá naiem: wodę náße włáſną pić muśiemy zá pieniądze: więżią nas/ vśiłuią/ y żeną zá ſobą ná zábłądzenie: ſprácowánym niedáią odpocżynku. Sámi zgrzeßyli/ á nam ſwoie niepráwośći znośić kážą: z niebeſpiecżnośćią duß náßych pánowáć chcą nádnámi/ rozumieiąc/ że niemáß ktoby nas z ręki ich wyzwolił.

Obacż przeto Pánie/ obacż prośimy pilnie/ á przypátrz śię boleśći náßey: przypátrz śię / iák Odſtepcy náßi przyzwáli iák ná vroczyſty dzień tych / ktorzyby nas ſtrąßyli w koło / áby śie ktory im wydał / lub to vczynił / co wiec y niewinnego winnym czynić zwykło: iák budzią około nas / obráczáią nas żołcią ſwoią: Stáli śie nam Niedzwiedziámi ná zdrádzie leżącemi / Lwámi w mieyſcách ſkrytych / Zmiiámi w rozpádlinách ziemie / Pádálcámi ná drodze / Smokámi po śćieżkách / á iáden zápálczywośći ſwey złamáć nas y ſpuſtoßonemi vczynić vſiłuią. Co my nędzni od nich zádáne czuiąc / á w ſercách náßych rozpomináiąc / w tobie Bogu náßym mamy nádzieię / ktoremu zlitowánia nie vſtáły / y miłośierdzia ſą cáłe: Ty czáſtká náßá / ná ćiebie ſáme ſtrápiona dußá náßá czeka. Abowiem dobry ieſteś tym / ktorzy w tobie nádzieie máią: dobry ieſteś dußy tey / ktora ćie ßuka: ſyćiſmy iuż vrągánia / ále śie zlituieß Pánie według mnoſtwá litośći ſwoich. Chylą ludzie złośliwi ſąd podług ſwey żądze / áby przewroćili ludzi niewinne ná ſądzie ſwoim: Ale ktoż ieſt tákowym / ktoryby rzekł áby śie ſtáło / gdy Bog nie roſkázuie? Rozdárlić ná nas vſtá ſwoie Odſzczepcy náßi / ſtráchem y śidłem / y cogodzinnemi fałßywemi nowinkámi: Ale da śie P. Bog náß vprośić / poyrzy y obaczy z niebá / á obłokiem záſtáwi nas / áby do nas śidłá ich y ſtráchi nie doßły. Łowiąc łowią nas iáko ptaki / iámy ná żywot náß kopáią / y kámienie ktoremi by nas przytłoczyli / gotuią: y wołáią iuż zginęli / iuż zginęli.

Ale ty niebá y ziemie Pánie / ktoregomy święte imię wzywamy / wysłuchay głos náß: nie odwrácay vchá twego od wzdychánia y wołánia náßego: weyrzy ná vtrapienie náße / bo śie zbeſtwili nieprzyiaciele náßi: Weyrzy ná wßytek lud wzdycháiący y pokoiu ßukáiący: Przybliż śie w dzień / w ktory ćie wzywamy: Rzekni do nas / nie boycie śie: Sam oſądź rzecz duße náßey / Odkupićielu żywotá náßego. Obacz niepráwość

wość Przećiwnikow náßych ná przećiwko nam / á oſądź ſąd náß: Bacz ich wßytkę zápálczywość / wßytkie myśli ich przećiwko nam obacz. Słyßyß Pánie vrągánia ich / y wßytkie myśli ich przećiwko nam widziß: Pioſnką ich ieſteſmy / ktorym ty oddaß wzaiem Pánie według vczynkow vſt y ſerc ich.

Słußnie / mowiemy / o ſobie w te ſwoie ćięzkie dni w gorzkośći ſercá ſwe° te Pror: Boże° słowá głośić byli mogli / iákoż y głośili: ryczeli w boleśći ſmutney duße ſwoiey.

O byś był mogł Zacny narodzie Ruſky / tey nędzney á bezlitoſney náßey Trágœdiey spectatorem być przytomnym. Obaczył byś był vczćiwe Mátrony ledwie co żywe z dziatkámi po rynku biegáiące / á coby śię z miłemi ich Małżonkámi ták nieſpodźiánie dziáło y z nagła ſtáło / nie wiedzące: Mátki śie o ſynách / żony o meżách dziátki o Oycách pytáią / á gdzieby śie náydowáli / y coby śie z niemi ſtáło wywiaduią śie. Płacz / wrzaſk / nárzekánie / lámenty ſerdeczne niebioſá przerażáią / wzdychánia ćięßkie obłoki ochmurzáią: łzy krwią ociekłych oczu iák deßcz twarzy y pierśi oblewáią. Wßedzie ábowie po domách / po vlicách / y ná rynku ieden owy nie Chrześćiáńſki głos zdraycy / zdraycy. Ruś niezbożnicy zdraycy / ßpiegierze.

O zacny / że y powtore rzekę / narodzie Ruſky / do iákieyś zá twe wierne y krwáwe / Krolom Pomázáńcom Bożym Pánom ſwoim Miłośćiwym pokázowáne / y dziś pokázuiące śie przez ćie poſługi: do iákieyś / mowiemy / zniewagi / pod te nießczeſney á náwczćiwe y pobożne twe ſtoiącey Apoſtaſiey ćięßkie ná ćie czáſy przyßedł: że ćie iuż lekkiey condiciey Lud mieyſki / ſąd Ratußny nievważny / bez żadnego práwá y dowodu / bez żadne° ſądu y wyroku zá inſtancyą ſurowieiącego Apoſtaty / zdraycą być publice głosi y wyrokuie. Wßytko to y ſłyßałbyś

Niewinność /

byt y obaczył sam przez sie / bys przez te niedziel kilká w Wilnie był nam przytomny.

W Cerkwi Bożey Zimny o męce słyßał bys Páná Chrystusowey : á w domach ludzi pobożnych łkánia z Mordow wybránych Páná Chrystusowych. W Cerkwi Bożey śpiewano / Dziś czuie Judaß / iák by wydał Páná : á ná Ratußu gaiono / iák by y słudzy iego byli wydáni. Cáły ten ostátni Wielkiego Postu tydzien od wßelkich Sadow wolny / y Ratuß zámkniony bywác zwykł / teraz y temu nievfolgowano : ó czuł ci áż y nád der czuł : iákby był wydał Páná. Czuł áby w domie Bożym kámien ná kámieniu niezostał : áby z niego y Stárßi y Młodßi byli rosploßeni. Tentował o gwałt /
[Rom. 8] odważał ná to wielu żywot. Ale skim Bog / człowiek co temu vczynić może? Co oczy ludskie przeciwo Słońcu?

Ták nam w smutku smutny męki Páńskiey tydzien przeminął. Przyßedł dzien chwalebny Wielkodzienny : Co zá vciechá biednym Więzniom / ktorzy po wßytkie przeßłe látá / iák ná inße / ták osobliwie ná ten známienity Zmártwychwstánia Páńskiego dzien / żywot dáiącemi / Ciáłá y Krwie Páná Chrystusowey Taiemnicámi Duße swoie karmić w zwyczáiu miawßy : Ná ten czás tego y zá wielkiemi / do Rády Mieyskiey czynionemi prosbámi dostąpić nie mogli : ktorzy ná te ludzkość / nie rzeczemy / ná pobożność w sercu swym sposobić sie nie mogli / áby tym vczćiwym y Bogá sie boiącym mężom tego byli nie bronili / czego żadnemu w swey Religiey człowiekowi od żadnego sadu broniono nie bywa : Nie puścili im tey Duchowney vciechi ná ten známienity dzien zażyć.

Byli tácy / ktorzy Mátki / żony / y dźiatki wzákład ná swe mieyscá do więzienia dawáli / byle im tylko ná

kilká

ná Potwarz od Apostatow.

kilká godzin do Cerkwie stąpić pozwolono było / áby sie w sumnieniu swym przez Swięta spowiedz / pod tákie chwalebne Swięto / przed P. Bogiem spráwiwßy / żywot dáiących Ciáłá y Krwie Syná Bożego Táiemnic vczestnikámi godni stáć sie byli mogli : ni ták dopußczeni byli. ó zbożności. Coż tám ciáłu zá vciechá / gdzie Duch smutny?

Ták ci błogosłáwieni / fałßywym Zdrády płaßczem od złośliwych Potwarcow pokryci / dla Religiey swey Stárożytney y od Cielesnych y od Dußewnych vciech prze ociętność nielitościwych Sędziow oddaleni strádalcy / dni chwalebne w smutku Duchá swego w tym okrutnym więzieniu przeprowádzili / w ktorym ciemniczne niewczásy cierpliwie w lubey wdzięczności znoßąc / P. Bogá / że ie dla prawdy swey S. według zdolności sił ich / cokolwiek vcierpieć godnemi vczynić raczył / chwałą.

Ktore / y sáme wyzwolenie ich wßelki Miłościwy y Łáskáwy Czytelniku Modlitwie twey do Páná Bogá / y pieczołowániu / ile człowiek o człowieku pieczołowáć może / polecamy. Twey iednák Spolwyznawco osobliwym sposobem / ábysmy ták ieden drugiego ciężary no- [Gala. 6]
ßąc / Zakon Páná Chrystusow wypełnili.

Krotkie do swoich Nápomnienie.

A przy Modlitwie zá niemi y zá námi / y o owo dwoie ciebie vmiłowány Bogu Spolwyznawco / Zacny narodzie Ruski prosimy / ábys ná P. Bogá Stworzyćielá twego pomniąc vstáwicznie / pámiętał y ná Wiárę twoię świętą / y ná sławę twoię zacną : Pánu Bogu twemu służ / miłuiąc go ze wßytkich sił duße twoiey : á Wiáry strzeż pilniey niż zdrowia / y niż żywotá twego. Tey ábowiem świętey Wiáry iesteś nasládowcą y miłośnikiem /

ktora

Niewinność/

Non: lib. 3. in Imper. Bas. Maced: Dlug. lib. 2. in An. 593.

ktora w tobie známienitemi od Bogá cudámi prawdziwą y práwosławną być oświadczona iest. Te to twoie wiárę przez wrzucone w ogień Ewangelium zá Przodkow twoich á niezgorzáłe/ Pan Bog prawdziwą y Duszę/ zbáwienną być oświadczył. Te wiárę twoie tenże wszechmocny Bog ? w olśnietym Wiel: Włodzimirzu / iák w drugim Páwle Apostole/ przez otworzenie oczu iego / y wzroku przywrocenie/ pod cząs przyimowánia w świętey Cerkwi twoiey Krztu świętego/ niepokalána y prawdziwą być okázał. Te twoie/ Wiárę/ być wiárę P. Chrystusową/ przez Apostoły święte przepowiadáną/ y nieskázitelne ciáłá y Mirotoczywe kości w świętych Monasterzách Kijowskich wyświadczáią. Może się kto cudzym tákowym dobrem chlubić/ álbo y tym czego niema: á ty wszytko to v siebie w domu masz. Kto vszymá o tym wszytkim wiádomość chce wziąć / niech Kroniki wiáry godne czyta: á kto oczymá widziec prágnie/ do Pieczur Kijowskich niech wstąpi: á tám wiernym sercem ná oko obaczy vwielbione° w Swiętych swoich P. Bogá nászego.

Królá też Páná twego M. Pomázáńcá Bo[...]go/ do ktorego Máiestatu iolczem nácie ociekłe sercá / y niepohámowáne wychełznionych pászczek iezyki vdáią cię/ zá niezyczliwego/ zá niewiernego/ zá zdraycę / y zá nieprzyiaciela/ według zwyczáiu twego vstáwiczne° y przyrodnego/ czci iáko Królá: szanuy iáko Pomázáńcá Bożego: boy się iáko Páná: wierność zachoway iáko Obrońcy: poddáństwo oddáway iáko Przełożonemu: Páná Bogá proś iáko o Stroźu pokoiu twego. A ná sławę zacnych Przodkow twoich pomniąc/ y tą teráznieyszą raio chciey okázáć / żeś iest potomek ich dzielności y wierności ku Pánom swoim.

Niech się záwstydzą nieprzyiaciele twoi/ niech fałszy-

we swoie

ná Potwarz od Apostatow.

we swoie vstá zatámuią/ y potwarliwe słowá zás weśniech połykáią/ ktorzy cię bezecnie przed Pánem twoim Miłościwym Krolem Je° M. pod ktorego prześwietny Máiestat/ ty powolną swoię szyię / we wszelkiey wierności pokorności y zyczliwości záwżdy skłániałeś/ skłániasz y skłániáć chcesz/ potwarzą traducuią.

Znáczne zá łáską Bożą y okazáłe/ w tey teráznieyszey szczęśliwey/ dá Bog ná przeciw przysięgłemu nieprzyiacielowi Chrześciáńskie° Bisurmianinowi expediciey, skrzydło być cię może/ w Porucznikách/ w Rotmistrzách/ w Półkownikách: w Towárzystwie/ we wszytkich cáłych Rotách y Półkách: y w zupełnym woysku Záporozskim. Stáwćieśie przeto należy iáko narodowi dobrey sławy/ cáłey wierności / vprzeymey zyczliwości / powolnego poddáństwá / we wszelkim pokoiu/ wzgodzie / w miłości/ w Boiazni Bożey/ y winnym posłuszeństwie nawyzszey Zwierzchności/ y zwierzchnemu Regimentowi: á Bog wszechmogący niech ci błogosłáwi / niech cię prowádzi/ niech ci pomága: nieprzyiaciela tego Chrześciáńskiego w hárdym kárku iego/ y we wszytkich iego łupieżem nábytych Chrześciáńskich włościách/ przez Spotrámienne tobie zacnych narodow Polskiego y Litewskiego/ y twoie siły pod prześwietne nogi Krolá Páná nászego M. niech rzući y podściele: ktoremu rácz Pánie błogosłáwić z Syonu.

Epilog do Potwarcy.

ALE iuż pod skończenie tey przedsiewziętey niewinności nászey/ Pytálibyśmy nielitościwie nád námi surowiejącego Sprawcy tey złości/ w iáki się koniec z ták hrubą potwarzą ná vczciwy Narod nász rzucił? w iáki vmysł tą brzydką zmázą / czyste w sławie oblicze násze

L

nátrzeć

nátrzeć vsiluie? Rzecz záiste niedoznána / áby co ná człowieká dobrego ciężße być mogło / nád gwałt w sumnieniu / á zmáze w vczćiwym. Jedno ábowiem z tych / doczesnie żyć nie dopußcza: drugie / żywot wieczny wydziera: y by to rzecz možna / wiele raz náciężßą śmiercią vmrzec tákowy zezwoliłby ráczey / niż iednym z tych być lub z niewolonym / lub zmázánym. Co znáć tén tylko może / ktory w vczćiwym lepiey niż w zdrowiu / w sumnieniu miley niż w żywocie lubuie y kocha sie. Ták wiele Męczenńikow narodziło sumnienie dobre / że káżdy niemal w Roku dźień piąciatysiący zá wiáre położonych Duß obfituie. Vczćiwego postrogá / zdrowiu y sámemu żywotowi z folgowáć częstokroc nie postąpiwßy / známienite po sobie przykłády y w Pogáńskich narodách y w ludu Bożym zostáwiłá. Miecze / ognie / piły / bestye / kołá / y tym podobne do mordow instrumentá rozmáite zá nic by śie zdáły / byle tylko Sumnienie czyste / á vczćiwe niezmázáne było zostáwáło. Nie rowno ábowiem dobremu milßa iest rzecz dobrze vmrzeć /
2. Cor: cap. 1. niżeli źle żyć / lub źle słynąć. Stąd Błog. Apostoł / Chwáłá / mowi / náßá tá iest / świádectwo sumnienia
1. Cor: cap. 9. náßego. y záś: Lepiey mi iest dáleko vmrzec / niżliby kto chwałe moie miał wynißczyć. Coż tedy ná Sumnienie ciężßego być może / nád owo / Ták wierz / iáko ia chce: á ná vczćiwe / nád potwarz co ßkárádßego?

Pytálibyśmy tedy tego potwarzą dyßącego / y śmiercią grożącego złośći Sprawcy / w iáki to koniec czyni? Jeśli pod prætextem Calumniey swe złe rozßerzyć / á náße dobre zátłumić: y iákoby w Ruśi być nie miáło Ruśi vczynić. Może zamyśł táki w ręku być iego / ále skutek przy woli Bożey. Jeśliż y Ruś zostáwiáć w Ruśi / y Ruskie że wschodu z przeyrzenia Bożego

żego záwitałe dobro wystáwić: przeć táką złośćią? Lecz iuż to Rok dwudziesty ßosty / nic iednák ni Cerkwi Bożey dobrego / ni Narodowi náßemu pożytecznego / nierzkąc Dußam ludzkim zbáwiennego.

Co zá pożytek nam Duchowny z nieporządnego tego wielce ßkodliwego przedśiewzięćia? Cerkwie Ruskie po máietnośćiách PP. Rzymian ná Kośćioły: Vnitowie w Rzymiány: Mieyscá Ołtarzowe po miástách / ná kuchnie / ná Kárczmy / y ná Bisurmiańskie Meczyty: Nierząd sromotny w obrzędách Cerkiewnych: Duchowieństwo w hrubiáńskiey prostocie: Szkoły zániedbáne: Jezyk Słáwieński wzgárdzony / Ruski náśmiany: Ostrość Zakonnicza zniewážona: Práwá Duchowne podeptáne: Wiárá obhæretyczona: Sumnienie zdumiáne: Miłość wymißczona: Nienawiść gore wyniosłá: fałß pánuie: przyßłá do rządu potwarz: zbywa niewinna krew do rozlania. Co to tákie zá dźiwne dobro Duchowne? Vmie to záiste w sprawách wiekuistych Bozkich nierozmyślny postępek. Diu delibera, cito fac, rádźi ktoś: Mniey ći / co to stroili deliberowali / niż rychło czynią. Deliberowali ledwie Rok / á iuż to dwudźiesty ßosty robią: á iednák ták oto wnętrznego z roboty ich dobra wiele.

Nuż do Incommod zewnętrznych: Stąd Seymiki w hałásách / y zawieruchách: Sądy wßelkie w záwikłách y gomonách / Seymy w zátrudnieniu: Pomázániec Boży w molestowániu: Ludźie niewinni w Práwnych poćiągách / w Bannićiách / w pœnowaniu / w Więźieniu / w Mordách / w Potwarzy. Stąd Cerkwi pieczętowánie / nabożeństwá zábrona: Dźiátek bez krztu / doßłych bez zbáwienney Ciáłá y Krwie Syná Bożego świątośći z tego świátá ześćia: Stąd excessá nieslycháne: ſtąd mowy y ſcripta vſzczypliwe: A że iednym ſłowem rzeczemy / ſtąd Ruſka náſzá Cerkiew zewnątrz y wewnątrz / by nie Pan miłosierdzia wſpierał / w náwpad goniącym opale: nas gubić uśiłuią / ſámi też giną.

By nie to mniey vważáne niż robiące się przedsięwziecie / zaby były ná świećie tákie Apologij, Parigorij, Przeſtrogi / Zmártwychwſtáłe Nálewayki: Tákie Kreriki / Apocriſy, Antigraphij, Lamentá / y tym podobne? W ktorych ile do nowo / to ſie dziáć cżęſto muśiáło / co primi w człowieku / iáko mowią / motus cżynić zwykły: Cżego w ludziách iednego wedle Duchá zrodzenia / z obrázą ſumnienia / żał się Boże.

Zaś by y teráźnieyſzy podnieſienia Swiatyni mus / á mus ták gwałtowny / żeſmy iuż dłużey bez niey żywi w Duchu zoſtáwáć nie mogli / w wyſtepek był Criminalny podáwány / by ſie o tym dłużey / temu máło vrażnemu złych dziſieyſzych rzeczy Sprawcy / było pomyslito / niż rychło vcżynito? Bezczeniącym publicatiam, nienáleżnym zápozwom / bezzakonnym wyklinániam / Mordom okrutnym / co w tey ſpráwie zá mieyſce? Zaś Bozſkie dzieło świátu podległo? y Służebnicy Páná Chryſtuſowi o świátá tego zniewagę / y o potwarz záś co trwáć máią?

Mar.14 Sámáritan ieſt / Dyabelſtwo w ſobie ma /

Ioan. 8 Krolem śiebie cżyni / Kośćioł Salomonow chce zepſo-

Mat.25 wáć / Arcykápłanowie Chryſtá Páná bezcenią y po-

Luc.22 twarzáią: á zátym y o śmierć gi przyprawuią. W cżym

Ioá. 15 máſſ co ſługi mieć nád Páná? Z niozſzy Oycá Smotrzyſkiego / (cże° mu Bog / vffamy / y władza w ſpráwiedliwośći Swietey Pomázáncá Bożego Páná náſzego M. rownie y nam iáko y onym miłosierdnego nád práwo y prawdę niepozwoli /) rozumie że zaraz wſzytkiey Rusi? Nic z tego: poſtáremu teyż Vniſkiey garſtki.

Oćiec Smotrzyſky w Cerkwi Bożey / z przeyzrzenia tego świetego / Sługá ácz niepogárdzony / ále miedzy wybránymi Bożymi poſledni: Mieyſce iego y doſtoienſtwo wákowáć nie bedzie: Nie ieden w Izraelu Heliaſz. Nie 3.Reg. Cap.19

przeſzkodca tedy / ieśli rzecz widzi / ſpráwy tey zbáwienney być mu náleżało: ieśli tym legitime v nas ſtynąc Rom. cap. 11

chciał / cżym ſłynie illegitime, ale promotorem: miáłá tu Priuata Publicę vſtąpić. O titułynic: ktore y w tey świetey nowo podnieśioney Swiatyni nie náv pád / zá łáſką Bożą / gonią: byle tylko powinność tytułow / zdárzyły to Bog / zoſtáwáłá w zwykley Duchownych y Swietſkich S. Cerkwie Ruſkiey praw powazności. Ma przyſtoyny Cerkiew S. ſpoſob / z ſześnáſtu / dla pokoiu / wydzielić w potrzebe oſmiu.

Zda sie nam záiſte / że ſie to y w gwałt naturze ie° dzieie / co ſie dziś ſurowie / z nagłey á nievważney ie° Instantiey, w Doſtoienſtwá iego / ktorym ſie ſłyſzy / zniewagę / y w niemáłą poſpolitego náſzego Duchownego dobrá Leu.19

ſzkode / dzieie. Niebedzieſz potwárzał: y niebedzieſz ſtał Eph.4.

o gárdło bliźniemu twemu / mowi zakon Boży: Z tey zwłaſzczá przycżyny / ktora ku dobremu z Bogá / y od wſzytkich Chrześćiánſkich wſzytkie° świátá Cerkwi Mátki / podáną być náydnie śie. W cżym ieśli żadzy ſwey nieporządney, y rádzie / mimo zdrową / nievważney doſyć cżynić w przedśiewźięciu? mowiemy / Tá świeta z woli y przeyzrzenia Bozſkiego podnieśiona Swiatyni / (z ktorą on mimo boiázń Bożą / y mimo wſzelką Spráwiedliwość / iáko y ze wſzytkim Narodem náſzym to vcżynić vśiłuie / co cżáſu ſwego Hámán z Márdocheem y ze wſzyt Eſter cap: 7.

kim narodem Zydowſkim vcżynić był poſtąpił: á Achitophel z Dawidem y ze wſzytkim ludem Bożym.) Nowo 2.Reg. cap.17

podnieśiona / mowiemy / Swiatyni / v my wſzyſcy zá pomocą łáſki Bożey/ cierpliwie y wdźięcznie znośić gotowi ieſteſmy to/ co nas dla prawdy ſwey świętey/ z obrzydłey iego potwarzy/ Chryſtus Pan znośić godnemi być zezwoli.

Bacżyć mu należy / y teráźnieyſzym nieuważnym / bo nagłym / poſtępkiem ſwym / do iákiego zámieſzánia wſzytko Oyczyzne przywiodł: po ktorey wſzytkich kątách zmyśloną przezeń potwarz rozśiána / wſzędźie Niebo z Ziemią mieſza / iákoby iuż nie było Bogá Zuzanninego/ Dawidowego / Trzech Młodźieńcow / Mardocheuſzowego/ Danielowego/ y tym podobnych. W czym/ ták y w ſámey od należnego iemu Páſterzá Apoſtaſiey / (co nas w oſobie iego niepoiednánie obraża) zdarz mu święty Pánie wczeſne obacżenie ſie. Znałby zátym iego tákowym poſtępkiem Swięta Cerkiew Wſchodnia/ á w niey náſzá Ruſka / otchłań ták wielu wiekow / ktora Wſchodem y Záchodem dźieli / iákiego nieprzyſtępu y wági. Vexatio dat intellectum, mowi Prorok Boży. Y ſam nie iákim teraz od nas/ z żalem nas ſámych/ według muſu na nas oboich praw náſzych/ ále iákim śię od ſwoich ſłyſzy / ſłyſzány byłby: Qui intrat per oſtium, paIoã. 10 ſtor eſt ouium, & oues vocem eius audiunt, Syn Boży Pan náſz y Páſterz mowi.

Ale záż y to przyſtoyna/ co przez ſwe vdáie/ iákoby prześwietny Krolá P. náſzé° M. Máieſtat kunam ſłuſznie obrażáć miáło to/ że ſtárſzy náſz w Duchu Páſterz Pátryárchá/ mowiemy/ Konſtántinopolſky/ pod okrutnym Otomáńczykiem ieſt w niewoli: nierozumiemy. Co ábowiem nie obraża Bogá/ iák to Chrześćiáńſkiego Krolá ma obrażáć: Pod ſrogimi okrutnikámi Pogáńſkiemi przez cále pierwſze trzy ſtá lat wſzytko Chrześćiáńſtwo było: nie obrażáło to/ z cżęśći Chrześćiáńſkiey/ P. Bogá. Przez cá-

le drugie

le drugie lat trzyſtá/ w rychle potym/ wſzytká Záchodnia Cerkiew w ſrogiey okrutnych Gottow/ Gelurow/ y Longobardow niewoli iecżáłá / nie obrażáło y to do Chrześćian/ pobożnych Ceſárzow Chrześćiáńſkich/ w Konſtántinopolu Máieſtuiących.

Oſkárżony Syluerius Biſkup Rzymſky o podeyzrzenie wydánia Miáſtá Rzymu Gottom/ owy iednák łágodny od Iuſtinianá Ceſárzá wyrok odnośi: Ieśli śię to pokaże że ten liſt Syluerius piſał / Stolice ſwey niech odpada / á inſzego ktorego Miáſtá Epiſkopem niech zoſtánie: Ieśli śię niepokaże / przy ſwey ſtolicy Rzymſkiey niech zoſtáwa.

Pátryárchowie Konſtántinopolſcy záſz kiedy ſą w nieżycżliwośći iákiey ku Páńſtwam Krolá Ie° M. P. náſzé° M. poſzlákowáni/ áby owſzeki właſney ſwey/ ſpráwą y władzą Duchá S. im dáney y przyſądzoney Dyaceſiey/ wyrokiem Krolá Ie° M. Páná náſzego M. odśądzáni/ y oddaláni być mieli: Nigdy zá łáſką Bożą. Záczym iáſne oko/ y wolny przyiazd do Páńſtw Krolá Ie° M. wſzyſcy Pátryárchowie náſzi Wſchodni máiąc/ w Roku 1586. Był w Koronie Polſkiey y w Wielkim Xiſtewie Lit: Ioachim Pátriárchá Antiocheńſky: w Roku 1589. Był Ieremiaſz Pátriárchá Konſtántinopolſky: w Roku 1596. Był Pátriárchá dźiśieyſzy Alexándriyſky Cyrillus: ná on czás teyże S. Apoſtolſkiey ſtolice Exárchá: w Roku przeſzłym 1620. był Theophan Pátryárchá Ierozolimſky. Zá to to ſwoią cále vprzeymą ku Páńſtwam tym życżliwośćią/ y z ſzczyrego ku Ie° K. M. Pánu náſzemu Miłośćiwemu ſercá/ S. pámięći Pátriárchá Alexándriyſky MELECIVS w liſtách ſwych/ Synem w Duchu vmiłowánym Ie° K. M. miánuie: Krol też Ie° M. z Chrześćiáńſkiey ſwey ku nim

ſkłon-

ſkłonności/ Przewielebne° THEOPHANA Pátryárchę
Jerozolimſkie°/ Oycem w Chryſtuſie Wielebnym názywáć raczy. Záß ták źle : nierzecże te° żadna Bogá miłuiąca duſzá. Wßyſcy cztyrech Wſchodnich świętych A-
poſtolſkich Stolic Pátriárchowie ſą przyiaciele ſerdeczni
Páńſtwom K. Je° M. Páná náßego N. y vſtáwiczni
Bogomodlcy : á wyſłuchywa ich Pan Bog : ſą ábowiem
Sludzy iego/ y vcżnowie iego w okowách. Nie ſą Schi-
ſmaticy/ (zá iákie ie márni ludźie márnie vdáią) mniey
Heretycy: ále ſą Kátholicy/ świętey Kátholickiey Cerkwie Páſterze/ ktorzi dniem y nocą Błogoſłáwią Kro-
lewſtwom Chrześciáńſkim/ á oſobliwie temu náßemu/
do ktore° wewßytkich ſwych od Okrutniká nápádłych im
biedách/ beſpieczna vciecżká. Lepiey nierowno życzą
wßelkiey ßcżeśliwości temu Páńſtwu/ Oyczyznie náßey/
niż własney ſwey Oyczyznie pod Tyránem bieduiącey.
Záwzdy milße im Woienne Succeſsy tego Páńſtwá nád
ich własnym Tyránem/ ktoremu hołdnią/ niż kiedy ten
Okrutnik zwyćiężcą odchodźi.

Z iákim ſerdecżnym ſtękániem y tą rázą święty Pátriárchá Jerozolimſky P. Bogá o ßcżęśliwe Succeſsy temu Páńſtwu prośił/ kiedy pod czás przybyćia ſwego do
Páńſtw Krolá Je° M. Páná náßego M. Woyſku Zaporozkiemu ná tego Okrutniká błogoſłáwił : przed kto-
rym/ gdy w kilku tyśiącách Hetman ná ten czás woyſka
Zaporozkiego Piotr Kunáßewicż Sáydacżny ſtánął / á
imieniem wßytkiego Woyſká o abſolutią, z wyznánego
grzechu rozláney krwie Chrześciáńſkiey w Moſkwie prośił / odpowiedźiał Oycowſko zoblániá łzámi twarzą:
Cokolwiek w tey expediciey Moſkiewſkiey práwem poddáńſtwá zá roſkazániem Krolá Páná ſwego czyniliście/
czynić to z powinności poſłuſzeńſtwá muśieliście : ktore-

go v-

go vcżynku wáßego ſłußność y nieſłußność nie byłá w
wáßey władzy / ále w tey / ktoreyście ſą z woli Bożey
pod rząd poddáni : záczym y wyſtępek ten iesli ktory ieſt/ mniey was obchodźi. Lecż w czymbyście kolwiek z roziątrzone° (co wiec iákoby z nieiákie° nálogu w
żołnierzu bywáć zwykło) á ná krew chćiwego ſercá nád
roſkazánie y nád przyſtoyność w mordźie ludźi / y w be-
ſtwieniu ſię nád biáłą płćią y dźiatkámi ſurowiełi/ y
páſtwili ſię/ wáße to ieſt właſnie złe : Dla czego Páná
Bogá/ ktorego miłośierdźie y naćięższe wßytkie grzechi
przewyżßą przeprosząc / żáłuycie / korzćie śię przed nim / w
łáſce iego iednáć śię vnywaycie/ y zbáwienia ſwego nie
oczáiwaycie : á bywáiąc niepamiętni/ ktorą Oyczyznie ſwey z Przodkow ſwych wiernie (iákośmy ſłyßeli) y potężnie ſłużyćie/
ná Biſurmánina przyśięgłego Chrześciáńſkiego nieprzyiaćielá obroććie : w czym ku ſkutecżney vſłudze
Przezacnemu y Przenaiáśnieyßemu Krolowi P. wáße-
mu/ Wßechmocna práwicá Boża niech was wſpomaga:
y mey pokorności od Cudotwornego grobu Boże° błogoſłáwieńſtwo / y modlitwy wam niech pośpießáią : áby
náße Pogáńſką mocą z niewolone oczy / przeoświecona
iego prześwietność/ ná wielkiey wielkiego Konſtántyna
Stolicy Máieſtuiącą widźieć godne śię ſtáły. Ták/
mowiemy/ święći Pátryárchowie Wſchodni zacney Koronie Polſkiey / Oyczyznie náßey ſą dobrze affecti.

Ale pytalibyſmy ná tym mieyſcu wierni Społwyznawcy náßi/ złośćią oćiekłego ku nam ſercá Apoſtatow
náßych/ Zá oddaleniem od nas Pátriárchy Konſtántynopolſkiego Duchowney władzy / y náßego ku niemu po-
słußeńſtwá/ coby nam w Práwách náßych y Swiebodách
Conſtituciámi y Przywileymi od Jch M. Krolow Pol-
ſkich/ y Wiel : X. Lit. y Ruſkich P P. náßych Mśći

M nádá-

nádánych / wárowanych y poprzyśiężonych / zoſtáwáć widźieli: my nic zgołá zoſtáwáć nie nayduiemy / ále wßytko oraz vpádáć widźimy. Gdźie ábowiem choć iedno práwo/ choć iedna Conſtitucya / choć ieden Przywiley / ktoryby Narodowi Ruſkiemu ná poſłußeńſtwo Zachodnie/ y ku obronie w nas Relligiey Rzymſkiey ſłużył: ni iedno: ále wßytkie ſłużą ludźiom Relligiey Graeckiey/ poſłußeńſtwá Wſchodniego. Dla czego zá odmianą Relligiey Graeckiey / w Rzymſką: á poſłußeńſtwá wſchodniego/ w zachodnie: nie tylko Duchownych praw y wolnośći / ále y Swietſkich pozbyć muśielibyſmy. Y ſłußnie: bo zá odmianą Relligiey y poſłußeńſtwá/ y práwá náße odmiánie podlec muśiałyby. Zá czym praw y wolnośći náßych ſámi Gwałtownikámi zoſtáć muśielibyſmy/ gdybyſmy Wſchodniego poſłußeńſtwá odſtąpili. Gdybyſmy to / co Krolowie Ich Mść PP. náßy M. pod przyśięgą nám ſwoią ſtwierdzáią / ſámi gwałćili / zoſtálibyſmy owßeki ni przyczyny: ſámibyſmy śię zewßytkich wolnośći náßych wyzuli.

Bywáią nam vkázowáne niektore liſty Pátryárße/ pozwolenia do zgody y miłośći z PP. Rzymiány/ ále ná odmiáne Relligiey Graeckiey w Rzymſką y poſłußeńſtwá Wſchodniego w Zachodnie nigdy żaden liſt pokázány być niemoże. Wiáry náßey Wſchodniey/ y ſwego poſłußeńſtwá odſtąpić/ żaden Pátryárchá nam Ruſkiemu narodowi niepozwalał/ y poki praw Synodálnych y náßych Swietſkich y Duchownych bedźie Poſtrożcą/ [iákoż z łáſki Bożey ieſt wiecznym/] pozwolić niemoże: Wiedząc/ iż zgodá y miłość w tych dwu álbo trzech Narodách/ y bez odmiány Relligiey y Poſłußeńſtwá / przyſtoynie y poważnie doſkonála záchowáć śię może. Ktorzy ſámi/ że śię nánich wiecey/ niż im práwá ich Du-

chowne pozwaláią/ w niektorym poſłußeńſtwie wyciąga/ chylic śię w oraz wiecznych Praw Cerkiewnych/ wzniewage Doſtoieńſtwá/ ktore noßą/ y mimo powinność poważnośći ſwey niezezwaláią: Ale żeby miłośći Chrześćiáńſkiey Kátholickiey do wßytkich Kátholikow iáko Kátholici/ y świetey Kátholickiey Cerkwie Páſterze niemieli/ káżdy ktoby o nich ták rozumiał / krzywde by im wielką/ z obrázą duße ſwey czynił.

Proſimy tedy Zacny Narodźie Ruſky Páná ſwego Miłośćiwego/ Krolá Pomázáńcá Bożego / áby w tych Pánowánia ſwego nád námi látach / y wdálßych/ miłośćiwie á Oycowſko w nas znośić to raczył / Co miłośćiwie y Oycowſko w pierwßych po ßczęśliwym ná te Páńſtwá náſtąpieniu ſwym/ przez lat ośm znośić zezwolił: y co Przodkowie Je° K. M. Krolowie Polſcy PP. náßi Miłośćiwi/ narodowi náßemu Ruſkiemu / bez żadney ſwey obrázy/ iuż to przez lát pułtoráſtá y coś w niewoli bedącym kráiom Wſchodnim/ y Pátriárße Konſtántinopolſkiemu/ nietylko znośić łágodnie / ále y przy obránych ná Metropolią Ruſką Oſobách / Dworzány ſwe z przyczynnemi ſwemi ná poświecenie ich liſtámi do Konſtántinopolá poſyłáć raczyli. On narodu náße° Ruſkiego w Páńſtwách Je° K. M. Páná náßego M. ieſt Oycem / ktory nas z wody odrodźił y Duchá: Cnotliwemu Synowi záś Oycá odbiegáć godźi śie: On ieſt y dobrodźieiem náßym/ ktory nas w ßelkim dobrem Duchownym nadárzył: Záś ná vczćiwego człowieká należy/ dobrodźieiowi ſwemu złe zá dobre oddáwáć: Oboie to wyrodkowie czynić zwykli/ y niewdźięcznicy.

Stąd narod náß Ruſky/ ſtárożytney Relligiey titulem od wßytkich ſect Chrześćiáńſkich/ y od Krolow Ich M. Pánow náßych Miłośćiwych/ w Práwách nam od

Niewinność ná Potwarz od Apostatow.

Ich M. nadánych zdobieni bywamy: że y namnieyßą stopą vchwał Cerkiewnych y Wiáry Artykułow świętey Stárożytnośći vstąpić/ grzech być sądzimy. Ten náß stárowieczny Kleynot y w pospolitey dźiś rozmowie dźieli nas od Apostatow náßych. Co abowiem inße° Relligiey stárożytność iest/ tylko wiáry P. Chrystusowey od Apostołow przepowiedáney nieodmienność. Nád ktory nieoßácowány Narodu náßego Kleynot / Co może być ná świećie znáćnieyße/ okazálße/ y zacnieyße?

Dáley pod ten tákowy czás y raz coby nam czynić należáło/ nienáyduiemy: tylko z dobr náßych wnętrznych/ ktore ná nas dobrotliwy Pan Bog zá podnieśieniem Swiątyni nádárzyć raczył/ że wßytkich duße náßey sił dźięki iemu y chwałę codźienną y cogodźinną czynić/ á iesli y nápozwierzchnym / w sámym przynáymniey wnętrznym pożądánym pokoiu z dobrá tego Duchowne° ćießąc się/ Królá Je° M. Páná náßego Miłośćiwego wßyscy iednostáynie prośić winni zostáiemy / áby nád biednym náßym od Apostatow náßych bez litośći vtrapionym Narodem zmiłowáć się/ y ták długiego niepokoiu náßego wnętrznego y zewnętrznego vlitowáć się raczył: á podnieśioney według praw náßych Cerkiewnych Swiątyni / z władzy y Iurisdictij Dostoieństwá iey / ćießyć się iey dopuśćił: procz sámey ábowiem tey naywyżßey naßey po P. Bogu zwierzchnośći/ ni do kogo inßego vdawáć się wtym z płácźliwą prosbą naßą niezostáie nam. Prosimy od lat dwudźiestu ßeśćiu/ y obietnice zá łáską Bożą od Je° K: M. w Roku 1607. vczynioną / á przeßłym Seymem powtorzoną otrzymáliśmy: ktora áby do skutku ßcześliwie przywiedźiona byłá/ prośić nam należy. Máią Apostatowie náßi wielu fauor, zá ktorym ták długo nas biedzą/ wßytke Rzeczp: turbuią y molestuią: ale my mamy/ zá łáską Bożą/ spráwiedliwą. Widźi to sam Pomázániec Boży: záczym y przywrocenie/ niespráwiedliwie z rąk náßych przez Apostaty náße wydártego dobrá náße°/ obiecowáć nam raczy/ y że wßytkiemi stany Senatem y Rzecząposp: przywrocić to nam chcąc/ vpewnia nas. Nie zbywáło Páństwu temu Zacnemu ná świętey Spráwiedliwośći/ pewni iesteśmy że y w tey náßey iák słonce iásney spráwie niezbędźie. To zás koniec iest S. Spráwiedliwośći/ áby się káżdy z swey własnośći ćießył. A że my swey własnośći dochodźimy/ wßytek Koronny y Litewski świát widźi: wßytkie Seymy wálne / y wßelkie sądy Głowne vznawáią: Krol Je° M. Pan náß M: przywrocenie obiecuie: y my tego po Je° Kr: M. iák słowá Krolewskie°/ pewni. Zyliśmy my y Przodkowie náßi w tych náßych Práwach y Swiebodách/ zá Przodkow K. Je° M. przez lat kilká set / vfamy że y zá swe° ßcześliwego nád námi Pánowánia Krol Je° M. Pan náß Miłośćiwy/ iák y w pierwßych ośmiu Pánowánia swego nád námi látách/ praeiudicium wnich nam vczynić niedopuśći/ á to co iest náße własne / według Stárożytnych Praw náßych/ przywrocić nam roskaże. Co áby się wrychle stáć mogło płácźliwą Instantią po miłośierdźiu Bożym/ miłośierdźie nád námi Królá Je° M. Páná náßego Miłośćiwe° obiedzaymy. A Pan Bog/ w ktorym wßytká vfność náßá/ ktory iák rozdziały wod/ ták y serce Krolewskie w ręku swoich ma / y gdźie chce támie skłánia/ spráwi to w sercu Pomázáńcá swego / że się on y nam vtrapionym łáskáwą Oycowską twarz postáwi. Ktoremu áby Pan Bog dáć raczył wieloletne/ ßcześliwe / bezbolesne / y we wßem pomyślne nád námi pánowánie/ Nowopodnieśioná Cerkwie náßey

M i ij Swiątyni

Swiatyni ze wßytkim Ruskim narodem/ prosi/ modli/ zyczy/ y winßuie. Amen. w Wilnie Roku 1621. Kwietniá/ dniá 5.

Wmsciam swym Mlsciwym y łáskáwym Pánom wße° dobrá zyczliwi/ Słudzy y Bogomodlcy.

Zakonnicy Monásterzá Brátskiego Wileńskiego, Cerkwie Zeyscia Swiętego Duchá.

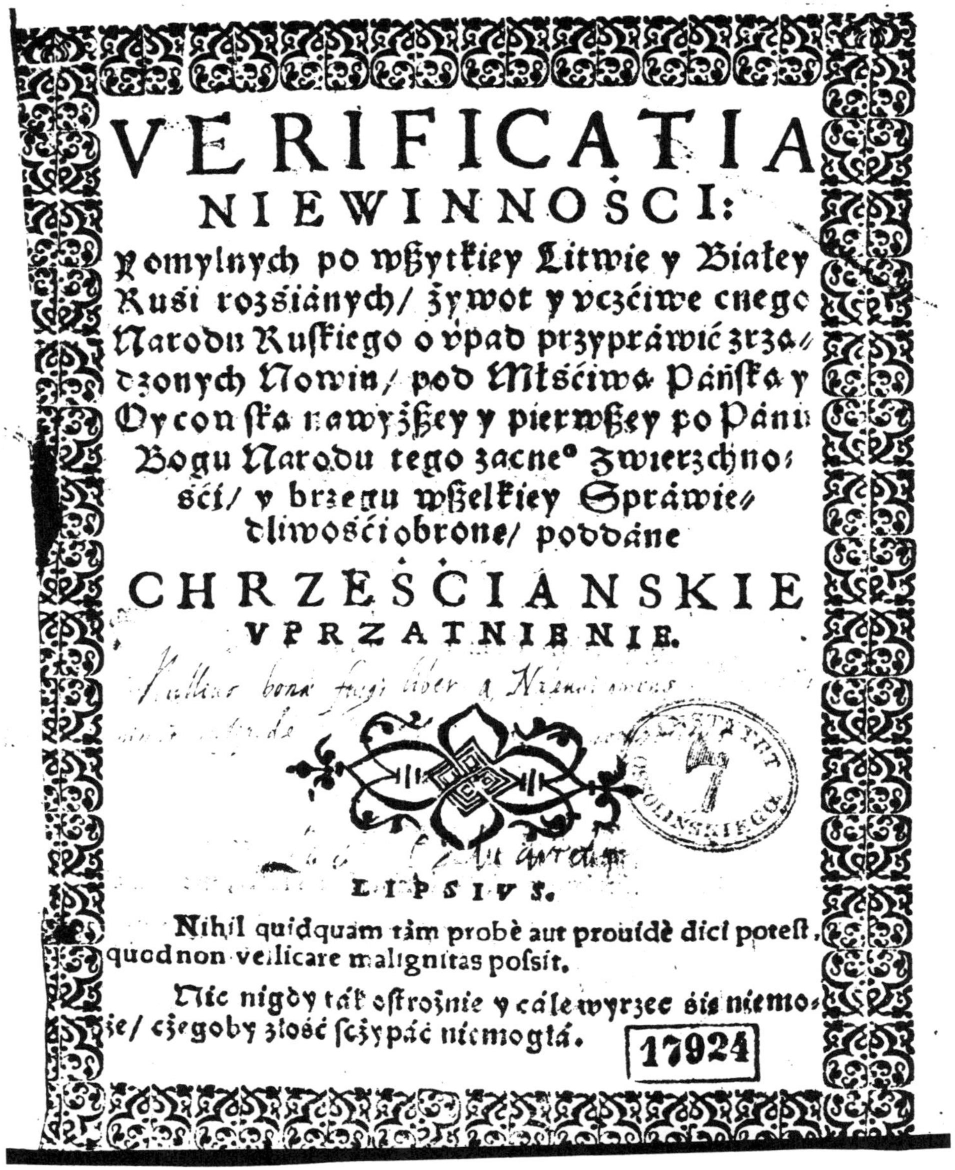

VERIFICATIA NIEWINNOSCI:

Y omylnych po wßytkiey Litwie y Białey Rusi rozśianych/ żywot y vczćiwe cnego Narodu Ruskiego o vpad przypráwić zrza=dzonych Nowin/ pod Mśćiwą Pańską y Oyconską nawyższey y pierwßey po Pánu Bogu Narodu tego zacne° zwierzchno=śći/ y brzegu wßelkiey Spráwie=dliwośći obrone/ poddane

CHRZEŚCIANSKIE VPRZATNIENIE.

LIPSIVS.

Nihil quidquam tàm probè aut prouidè dici potest, quod non vellicare malignitas possit.

Nie nigdy ták ostrożnie y cále wyrzec się niemo=że/ czegoby złość scżypáć niemogłá.

Leuit: Cap. 19.

Non facies calumniam proximo tuo, nec vi opprimes eum.

Nie bedźieß Potwarzy kłaDł ná bliźniego swego: áni go gwałtownie vtiſkáć bedźieß.

Támże:

Non eris Criminator, nec Susurro in populo

Nie bedźieß Potwarcą/ áni Podßczuwáczem miedzy ludźmi.

Hierem: Cap. 22.

Hæc dicit Dñus: Facite judicium & justitiam, & liberate vi oppressum de manu Calumniatoris.

To mowi Pan: Czyńcie ſąd y ſpráwiedliwość/ y wyzwolaycie gwałtownie vciśnionego z reki Potwarce.

D. Chryſoſt. Hom. 43. in Matth.

Non iniuriam pati, Sed iniuriam facere, malum eſt.

Nie ćierpieć krzywdy/ ále czynić krzywde/ ta rzecz ieſt.

XVII - 366 III

Czytelniku

VERIFICACIA NIEWINNOŚCI.

POWTORE WYDANA.

Wielmożnym Mśćiwym PP. ICH Mśći.

PANV IANVSZOWI SKVMINOWI TISZKIEWICZOWI:
Piſárzowi Wiel: Xieſtwá Litew: Stárośćie Brásłáwskiemu, Iurborskiemu, y Nowowolskiemu.

PANV ADAMOWI CHREPTOWICZOWI.

PANV MIKOŁAIOWI TRIZNIE, PODKOMORZEMV Słonimskiemu.

PANV IERZEMV MIELESZKOWI, CHORAŻEMV Słonimskiemu.

Láſki Bożey/ zbáwienia duße/ y zdrowia ćiáłá/ przy wßelkich błogoſłáwionych pomyślnośćiách od Páná Bogá ná wiele potomne látá záżywáć.

):(

Słußno

Przedmowá.

Słuszna do powtornego tey nászey VERIFICACIEY wydánia przyczyne mieć musiawszy, ſtąd/ że nam to niey należne niektore Liſty / o ktorych my ácz ſłyszeli/ mieć ich iednák prze odległość mieyſcá nie mogli/ iuż po wyściu iey były przyſłáne. Liſt drugi Kr: Je° M. Páná nászego Miłościwego: Liſt przytym Przewielebnego w Bogu Xiedzá Biſkupá Krákowſkie°/ do S. Oycá Pátriárchi Jerozolimſkiego piſáne. Liſt też od tego S. Mezá/ piſány do Woyſká Krolá Je° M. Zaporozkiego. Ktore te násze Verificacie iáśnieyſzá czyniá/ gdy to w ſobie pokázuią/ że ten Przezacny y świety Mąż/ Pátriárchá Jerozolimſky/ á przy nim inſze vczciwe Osoby: z ktorych reflexiná wszyret Zacny Narod nász Ruſki ták ſmáże/ ktora o raz y zdrowie y vczćiwe iego rázi/ tłumi/ y gubi: iáko ſie z głoſow Mágiſtratu Wileńſkiego/ y z Kátedr Apoſtatow nászych / tudzież y z Proteſtácy po niektorych Grodách náczynionych ſłyszeć dawáło/ y teraz dáie widzieć, bezwinnie ponośi/ y ćierpi: od Sąsiádow zwłaszczá y Bráći / ktorych iedná Oyczyzná, iedná wielu y táż Ruſka krew/ y Cerkiew porodźiłá.

Zá ktorą Verificaciey tey nászey / słuszną iákośmy rzekli/ powtornego wydánia przyczyną/ doszło nas y to wiedźieć, że w pierwey wydáney / pod bytność M. ści. Wászych tu w Wilnie / tákiego coś / iákoby od Osob W. M. poglośiło ſie było/ coby nániechęć W. M. zá dźiáływáło / y ánſz do dálszey nieprzyiáźni ku nam w iedney Oyczyznie / z iedney krwie / z iedney Mátki w Duchu od iedného Oycá Bogá z W. M. porodzonym Społobywátelom/ Społkrewnym / y Bráći podawáło.

Do cze

Przedmowá.

Do czego my/ Zakon przyrodzony/ y Zakon piſány po ſobie máiąc/ znáć ſie ſłusznie nie mogli: z ktorych ieden tego Mat. 7.
Bliźniemu czynić zákázuie/ coby iemu od niego vczy- Tob. 4.
nione nie było miło: to zás inszym czynić roſkázuie/ Luc. 6.
coby ſobie od nich czynione być chćiał. Drugi/ táż miárą/ Exo. 21
ktorą bywa námierzono/ odmierzáć pozwala, oko zá oko/ Mat. 5.
ząb zá ząb: to ieſt/ obá wet zá wet oddawáć/ y gwałtowi Leu. 24
gwałtem w przećiw iść nie bronią. Ku temu: w otwe- Deu. 19
towániu tym/ nád nám zádáne rázy/ nie rowno ſkromnieyszymi byliśmy: co ſie ná ſwych tey nászey/ wnieczym tego wzgledem rozszerzoney Verificaciey mieyſcách/ widocznie pokázuie. Lecz iż Zakon táſki/ w ktorym teraz z miłośierdźia Bożego żyiemy/ tego nas vczy, ábyśmy ráczey ćierpieli/ niż krzywdźili: ráczey znośili/ niż zádáwáli: ráczey szkodowáli/ niż szkodźili: ábyśmy miłowá- Mat. 5.
li nieprzyiaćioły násze, czynili dobrze tym/ ktorzy nas nienawidzą, modlili ſie zá Prześládowniki y Potwarce násze, dobrze mowili tym/ co nam źle mowią. A gdybyśmy dar nász do Ołtarzá poniesli/ á tám wſpomnieli/ Ibid.
że Brát nász ma nieco przećiwko nam, żebyśmy zostáwili tám dar nász przed Ołtarzem á wroćili ſie/ y przeiednáli ſobie pierwey Brátá ſwe°/ á potym przyszli offiárowáli dar nász.

Z tego táſki Zakonu/ ktoremu podlegáć ácz wszyſcy zá rowno/ voto iednák obſtricti bárziey powinni/ náuczeni, odwetow y odrázow niechálismy: vſſáiąc/ że iák dálsze zádátki y rázy od tych/ ktorzy nas vciſkuią/ zádáwáne nam niebedą, ták y te pierwsze w niepámięći zágrzebione bedą. W ktorych iednák nászych / iákośmy rzekli/ odrázách y odwetách/ nic złe°/ co ſie tu głośiło: co Nieprzyiaćiel ku ohydźie nászey náćiągnąć vśiłował: przez co nas do niechęći y nieprzyiáźni/ iák wielom inszym/ ták

):(ij osobli-

osobliwie W. Mm. nászym Mm. P P. podáć kusił się.
Mizernego záiste człowieká / w zdrowey zrzenicy skázy,
mizernieyszego/ w iásnym słońcu zakału, áż nádder már-
nego/ w czystym vczćiwym zmázy szukáć. Powagá y
wysokość vrodzenia W. Mm. Szláchecki(e)° / ktore wielkie mężnych dźieł remuneracie w Przodkách/ y w sámych
Osobách W. Mm. odniosło/ w czym komu przodkowáć
pozwoli: Prácowitym trudem Rycerskim ná służbie Rzeczypospol: z pochwałą wyborowáne Vczćiwe / wielkich
Cnot y zasług Mężow, ktorzy ná sławe Domowstw swych
zacnych/ y ná dobro Oyczyzny/ po wszytkie ná tey służbie przepędzone látá/ okazále cnych Przodkow swych przykłádem robili y robią: wczym komu podeyrzáne być może: Dobrze postánowiony nász ku W. Mm. nászym Mm.
PP. ánimusz/ widzi w Zacnych Domowstwách W. Mm.
ten nieoceniony Kleynot/ y nierzkąc niezayzrzy/ y nietlu-
mi go, y owszem cieszy się nim/ y iákoby własnym swoim zdobi się. Bo iák iednego ciáłá członkom wzaiemnie
z ozdoby swey cieszyć się / iest przystęp przyrodny: ták y
z iedney Przezacney krwi Ruskiey vrodzonym/ iednemu
z drugiego wielkiey ceny Kleynotow vćiechá/ iest káżdemu z nich przyrodna. Widźieliśmy tedy y wiemy/ co
wysokim Cnotam W. Mm. y co Zakonniczey skromnośći
nászey/ wtym przed Bogiem y przed Pomázáńcem Bożym Krolem Je° M. P. nászym M. verificowániu się
nászym/ y wszytki(e)° Narodu nászego/ ktorego W. Mm.
známienita częśc iesteśćie/ byliśmy y iesteśmy powinni.

2 Bzd: cap. 4. Nie to tedy w Scripćie tym nászym/ ktory iákoby
w ciężkim á okrutnym oblężeniu iákim/ ná ksztalt budowánych przy Nehemiaszu murow miástá Bożego / zránione serce násze w zbolálych wnętrznośćiách vrodziło /
náyduie się, co Nieprzyiaćiel nász w niechęć ku nam/ do

ludzi wielkich podáie: nie to/ coby ozdobe czyię mázáło:
coby się wielko/ iákośmy rzekli/ ceną dokupionego wielkiego Kleynotu czyiego tykáło: ále to się w nim sámo
náyduie/ co tego wszytkiego pilnie strzeże: co wszytkiemu temu żadnego vrázu ponieść niedopuszcza: co to
wszytko w swey cenie y wadze zostawáć vbiedza. A owo
przy tym/ ná co immediatus teráznieyszych nászych bied
y vtyskow Authora Przodek/ częstokroć głośno wołáć był
zwykł, Záwiedliśmy sumnienie / stráćiliśmy Wiáre:
ná cośmy się sądzili/ tegośmy niedopieli, á to/ cośmy mieli, vtráćiliśmy. A gdy mu czásu iednego tym się con-
tentowáć/ y ná tym dosyć mieć kazáno, że go/ y drugich
z nim/ Wiáry dobrey náuczono: Jáki krzyk/ iáki wrzask/
iákie włosow ná sobie tárgánie/ iákie słowá/ iákie ná ten
czás klątwy spráwił/ skutek to sámy oświadczył/ gdy go
wrychle ná ten czás Swiąszczennicy Wileńscy/ tey iego
w nim sámym dźiwney Tragœdiey przytomni z Cerkwiámi odstąpili. Ktorym w słuch z imieniá Bożego wzy-
wániem/ y z sumnienia swego oświádczeniem w owe słowá ná swoy niestátek vciązał / Zaż my kiedy Wiáry v-
czeni być potrzebowáli zá domem, w domu ią/ z dáru
Duchá S. záwżdy z Przodkow nászych czystą máiąc y nie-
náganioną: Zaż Cerkiew násza Ruska w Práwosławnym swym Wiáry wyznániu/ popráwy iákiey szukáłá w
gośćinie, ná ktorym iey zupełnym y ze wszech miar doskonáłym nigdy/ zá łáską Bożą/ z wieczney iey Stárożytnośći domá nieschodziło: Czego wszytkiego/ y dálszych
iego ná on czás głosow/ y sámi Odstępcy nászi iáko gło-
śnych/ y ledwie z trudnośćią vkoionych/ dobrze są wiádomi.
y táić ich dobrym sumnieniem niemogą: ći zwłaszczá /
ktorzy temu wszytkiemu byli przytomni / y ktorym z
świeżey pámięći spełznąć to niemogło.

Przedmowá.

To śie tedy Wielmożni Mśćiwi. PP. w tey náßey verificaciey náyduie/ co y ſámi Apoſtatowie náßi w Sumnieniach ſwych/ iák iádowity mol/ gryzące czuią: co ſámi ná oko widzą, y czáſu ſwego/ rádzi nie rádzi przyznawáć muſzą: nas iednák/ ktorzy ich wtym bezdzielnym dziele nie náśláduiemy/ dziwnie turbuią y vtyſkuią: á rzec możemy/ nie Chrześciáńſko prześláduią. Było od nich ná nas rozmych [?] bied y vtyſkow/ po rożnych Miáſtách: było to wiele nędz y trudnośći/ po wielu Powiátách: było pociągow práwnych: było Bánnicyi: á wßytko/ że y przećiwo práwu y S. ſpráwiedliwośći/ y przećiwko dobremu Sumnieniu było/ to ſámo wyświádcza, że wßytkie te ich krzywe przewody/ ſpráwiedliwy Krolá Je° M. P. náßego M. wyrok caſſował y annihilował. Náczym doſyć niemiawßy: iuż śie tego ważyli/ co w Rzeczypoſpolitey pokoy domowy wzruſzáć/ y oſtátnie infortunium ná Oyczyzne obaláć zwykło: do tego śie rzućili/ oco człowiek vczćiwy vmieráć powinien. Tárgneli śie ná Vczćiwe/ ktore káżdemu człowiekowi milße ma być niż zdrowie: á ták hrubie y ßkodliwie/ że w kilku nácelonych Oſobách/ wßytek Narod náß Ruſki z tego nieocenionego Kleynotu o raz wyzuć poſtąpili. Jákie ábowiem protesta ſproſne/ nie tylko ná cáłe Miáſtá ludzi condiciey Mieyſkiey: ále y ná cáłe Powiáty/ ludzi záwołánia Szláchetskiego/ Domowſtw wyſoce známienitych.

Nie dawno przeßłych wieku náße° czáſow/ Swiete y Przezacne Brátſtwo náße Wileńſkie/ Diámentowymi/ rzec możemy/ práwy od Krolá Je° M. Páná ßcześliwie nam pánuiącego/ ná wieczne potomne czáſy vfundowáne/ y obwárowáne/ miáſto do ſiebie wßelkich Doſtoieńſtw ſtany, Xiążetá/ Woiewody/ Kásztellany/ Stároſty/ y inße dwornych Krolá Je° M. y Ziemſkich

Doſto-

Przedmowá.

Doſtoieńſtw przełożone, ſercem y ręką wpiſáne. Domowſtw/ iákoſmy rzekli/ wyſoce zacnych: Jch M. PP. Sápihow/ Wołowiczow/ Skuminow/ Tißkiewiczow/ Chreptowiczow/ Woynow/ Trznow/ Mieleßkow/ Kmitow/ y innych wielu: Rownie y Fámiliy Xiążąt/ Wiśniowieckich/ Koſzyrſkich [?]/ Oginſkich/ Sołomireckich [?]/ Sokolinſkich/ Horſkich [?]/ Połubieńſkich/ Maſálſkich: y innych. Ma y teraz tychże Przezacnych y wielu innych Domowſtw y Fámiliy bez liczby, ták Koronnych/ iáko y Wiel: Xięſtwá Lit: Obywátelow.

Chcieyćież Mśći. W. Wielmożni M. PP. bá y wßytkie inße przewyſokie/ do te° Swiętego y przezacnego Brátſtwá wpiſáne Domowſtwá weyzrzeć/ iákie o was po Grodách Proteſty: czym śie ná was y ná Vczćiwe wáße tárgniono. A vważyćie/ iák tá verificacia náßá Mśći. wáße obráżá/ ktora Vczćiwego wáßego/ y Vczćiwego wßytkiego Narodu Ruſkiego ſtrzeże/ vbiiá śie zá nie/ y do tego was pobudzá/ ábyśćie temu złemu dáley śie ßerzyć niedáli: áby to złe tám márnie zginęło/ gdzie śie płonnie wylęgło: Sczęśliwe to złe/ ktoremu rychło poſtrzeżonemu wczás śie zábiec może.

Temu tedy złemu zábiegáiąc/ y nienágánioney ſławy Narodu náßego/ y ſławy M. M: W. W. y inßych zacnych Fámiliy ſtrzegąc: á omylnie záocznie vdánych do Krolá Je° M. Oſob/ niewinność przed Je° K. M. Pánem náßym M. verificuiąc/ te náße verificacie ná świát podáliſmy: y teraz dla wyßey pomienioney ſłußney przyczyny/ powtore wydáiemy: złożywßy wtym Zákonowi kaſki [?]/ coby pogorßáło bliźniego, y czymby śie obrážał Brát. Rozumiemy że W. M. náßi M. P P. poważnośćią rzeczy/ y aequiſsimis rationibus vpomnieni/ miáſto niechęći/ o ktorą nas v W. Mćiey Záßkodcy náßi

):(iv przypráwić

Przedmowá.

przypráwić vsiluią/ miłość ku nam swoie obróćić beż dźiećie raczyli. Amantium enim iras, amoris esse redintegrationem / niektos powiedźiał.

Terentius.

Nie iest też y to nikomu táyno/ że Qui nec defendit nec obsistit iniuriæ si potest, tàm est iniuitio/ quàm si Parentes, aut amicos, aut Patriam deserat: Ták ten iest winien/ ktory beżpráwia y krzywdźie / mogąc/ nie sprzećiwi sie, iákoby też Rodźice / álbo przyiáćiele / álbo Oyczyzne we złey toni odbiegał: winniśmy tedy to było vczynić. Wiádomo rozumiemy y owo/ że Nemo malus est, qui peccauerit inuitus: ieśli w czym kto wystąpi/ á z musu, zá złego sądzony nie bywa: Sæpe enim læsa Patientia fit furor. Ciérpieliśmy y cierpiemy: y zdarz Chryste Pánie y w dálszą cierpliwość pośilenie/ bo iuż niemal nád siły násze dźiśieysze poszły: w ćiele zás zbolátym/wszelka y namnieysza/ nierzka: ták luta obraza/ iest teskliwa.

Cicer: lib. Offic: — *Sophocles.* — *Laberius.*

Rozumiemy tedy/ że ná tych pewnych słusznośćiách/ W. M. nászi M. PP. supersedowáć/ v nam Bogomodlcom swoim łáskáwą twarzą/y tey verificaciey nászey wesołym okiem stáwić sie chcieć bedźiećie raczyli: o co pilnie prosimy. Naydą M. W. w nas ku sobie serce otwarte/ miłość szczyrą/ powolność vprzeymą/ przyiaźń życzliwą. A w tey nászey verificaciey to W. M. nászi M. PP. naydą/ co sie w dobrym nászym/ ná złe násze táí.

Iákich głosow záwżdy: Vchoway Boże/ áby kiedy zá to odstępstwá sprawą S. Wschodniey Cerkwie Wiárá / ritus, y obyczáie v nas Rusi do vpadku przyść miáły: poki iuż iednák ten czás/ gdy sie vpadek ten dźieie: mowi sie/ Vchoway Boże: y gdy sie to ták głośi/ vpadek sie iey ten dźieie: Oby widźieć chćieli/ ktorym w Narodźie [illegible] widźieć to należy. Náćiekáć sie wilk przed owiecźką/ ále áby ią pożył. Nie zádnu° iśćie dźiałoby sie było

to toż

Przedmowá.

to toż od ich im/ co dźiś nam od nich: by/ náczym po wszytkie te látá byli/ ták było pádło. Ktoż zdrowego oká/ dźiećinney tey mátáczynki nie widźi? Obracay sie ktorędy wola / tylko zewsząd tobie prykre stośki / zewsząd tobie sromotne pogebki / zewsząd tobie szkodliwy vpadek. Gdyż iuż do tego niemal przyszło/ Co twoie to moie, (iáko pospolićie mowią) á co moie/ty do tego niemiey nic: nimby rzeczono/ nie miey nic y dowego. Co sie práwie in meditullio niemal iuż káżdey Ruskiey Kráiny dźieie/ nászi iednák nimiemáni/ ktorym czuć należáło/ oboim ná to vchem nieprzebudzenie śpią. Wszedźie wnetrzne y zewnetrzne násze dobro/ po wietszey częśći iuż nie násze. Widzą/ ieśli widźieć to mogą: ći ktorzy ná zniewage w domu zárobili/ iákiey powagi zá domem dostąpili. Máło sie z nich nie tráfiło ktoremu y przycześćiey/ (niech sie no w sámych sobie porachuią) v tych y tegdy z háńbą przededrzwiámi postać/ v ktorych y kiedy y nanizszy Clerik nie miałby stać. A inegdy y z tym odeyść, zátrudniony Je° M: lub/ Niemász Páná w Gospodźie. Inszych zniewag/ y przy mowek/ łá y obelg nie wspominamy.

Ták mnogiego/ gestego/ y niezliczonego ludu Chrześćiáńskiego Wołyńcow/ Podgorzan/ Podlászan/ Polesian/ Podolan/ Nizowcow/ Vkráincow/ Litwy/ Białey Rusi y Czarney/ od Tatrow Beskidskich do Morzá Báltyskiego ná Wschod słońcá y południe / w Koronie/ y w Wiel: Xiestwie Litew: szeroko rospośćieráiacych sie Chrześćiáńskich Ruskich Narodow: w szesnastu ludnych Episkopskich Diœcesiách / sześć Episkopow/ siodmego Archiepiskopá pod władzą Iurisdictiey swoiey máiacemu Metropolitowi/ przy priwátnych consultaciach stáć zá rámionámi Biskupow/ pod tymże y iednym Pásterzem bedących. Przy obchodách spraw Kośćielnych/

y przy

y przy Inauguraciach Biſkupſkich vpoſledzenie od tychże ponośić: W wielu raziech / niżey wſzelká Metropolitánſkiey Doſtoynośći powáżność y Chorepiſkopowi cedowáć: gdźie áni ſámemu Biſkupowi vſtąpić nie był powinien. Nie zniewagáż to: nie háńbá: y nieobelgá:

W ktorym tákowym lekkośći tych znoſzeniu nieprzyſtoynym/ cżáſu niektore Teráźnieyſzy (pomnieć może od kogo y gdźie,) zápytany o przyczynę/ gdy prætendowáne Senatorſkie doſtoieńſtwo/ priwatnych conſultácij y Kośćielnych ſpraw/ gdźie Senator nic tylko Biſkup/ obchodem ſłuſznie zrážone ſłyſzał, Simpliciter odpowiedźiał: Wy náprzećiw temu mowćie / My iuż temu zábiec nie możemy. Otoż tobie zacny Narodźie Ruſki z Vniey cżeść / y Duchownym twoim podwyżſzenie. Niech widzą/ ieśli y tego niezwykłego ná wolnośći ſwe ćiężaru nie wnieśli, czego/ iáko ſie ſłyſzeć dáie/ nigdy przed tym niebywáło: że pożytki Cerkiewne/ ktore z Brátſtw Cechowych dochodźić ie miáły / nád zwycżay cżymśi obćiążyć dopuśćili. Owo zgołá/ ktoredy ſie ieno obroć/ zewſząd te nierozmyſlne ich Odſzepſtwo/ S. Wierze náſzey vpádek/ Prawom vſzczerbek/ Swobodom vblige / Doſtoieńſtwom zniewage/ Narodowi wſzytkiemu háńbe / á Cerkwi Ruſkiey zniſzczenie ſpráwowáć obacżyſz. Gdźie nákoniec Szołki ich Senatorſkie: Kto y z tych vroſł / ktorym rość, zdániem náſzym/ przyſtáło: Tym ſie oto (iáko bacżymy) contentowáć obołm vkázano/ że ſą Wiáry dobrey náucżeni.

Zá wieku iuż náſzego/ á zá ſzcżeſliwego Pánowánia Krolá Je° M. Páná náſzego M. Stárożytney Relligiey/ poſłuſzeńſtwá Wſchodniego / przy boku Krolá Jego Mśći. ocżyma náſzymi widźieliſmy Senatory. Jch M.M: Páná Konſtántiná Xiążęćia Oſtrozſkiego/ Woiewode

Kiiowſkie°. Páná Alexándrá Xiążęćia Oſtrozſkiego Woiewode Wołyńſkie°. Páná Bogdána Sápiehe/ Woiewode Minſkie°. Páná Theodora Skumina/ Woiewode Nowogrodzkie°: godney pámięći Oycá W. M. Mśćiwy Pánie Stárośto. Páná Márciná Tyſzkiewicżá/ Woiewode Brzeſkie°. Páná Philoná Kmite/ Woiewode Smoleńſkie°. Páná Symeoná Woyne / Kaſztelláná Brzeſkie°. Kniáźia Jwáná Sołomirickie°/ Káſztelláná Mśćiſłáwſkie°. Páná Piotrá Hárábourde / Káſztelláná Minſkie°. Nie wſpominaiąc wielu innych tegdyż y bliſko przed niemi pożyłych. Páná Wáſilá Tyſzkiewicżá/ Woiewody Podláſkiego. Páná Jwáná Sápihi/ Woiewody Witepſkie°. Páná Symeoná Xiążęćia Prońſkie°/ Woiewody Kiiowſkie°. Páná Hlebá Wiáżewicżá / Woiewody Smoleńſkie°. Páná Jwáná Xiążęćia Dubrowickie°/ Woiewody Kiiowſkie°. A oſobliwie trzech owych Przedźábrych Herkuleſow Ruſkich/ Hannibalow/ y Scipionow/ Xiążęćia Románá Sánguſzká / Woiewody Brácłáwſkie°: Hetmáná Polnego W. X. Lit. Páná Hrehorá Alexándrowicżá Chodkiewicżá, Káſztelláná Wileńſkie°: á máło przed nim/ Páná Konſtántyná Xiążęćia Oſtrozſkiego/ Woiewody Trockiego/ Hetmánow Nawyżſzych Wiel: X. Lit. Mężow świętey pámięći/ y trudno wyſłáwioney dźielnośći. Ktorzy Stárożytney Relligiey Græckiey wyznáwcámi/ w poſłuſzeńſtwie S. Konſtántinopolſkiey Stolicy bedąc/ ták wyſoce známienitemi Senatorſkiemi doſtoieńſtwy byli ozdobieni/ y ten nie oceniony Oycżyzny Kleynot/ Buławe, w powierzeniu ſwym noſili. Nie zá Wiárą ábowiem w Oycżyźnie náſzey/ obok Páńſki Honor w tych trzech zacnych Narodách/ Polſkim/ Litewſkim/ y Ruſkim chodźić zwykł / ále zá dźielnośćią: Wiáry odmiáná z narodu náſzego Ruſkie-

go/ nigo/ nigdy sie go nikt nie dokupował: Poki náßi Przełożeni Duchowni pod przyrodnego im Pásterza posłußeństwem trwáli/ poty więtßey ceny y wagi y sámi y ich náśládowce/ v swoich/ y v obcych bywáli: poty wßelkim wiáry náßey Stanom/ do wßelkich w Oyczyznie ozdob plác był wolnieyßy.

W iákiże sie to koniec Wielmożni M. M. P P. od nas przypomniáło? Przyczyná ná widoku: áby sie to náprawiło/ co sie zepsowáło: áby mowiemy/ zás sie tám wrociło/ skąd sie mimo Bożkie y Ludzkie práwo/ z obrázą sumnienia/ z vstáwicznym turbowániem Oyczyzny/ z rozerwániem iedney Cerkwie/ z rozroznieniem iedney wiáry/ z powárcholeniem bráci iedne° y tegoż narodu/ krzywoprzysieżnie wyßło. Do czego pogodny czás máią/ ni siebie dáley/ ni wßytkiey Oyczyzny nie turbuiąc: y nawięcey Cerkwie náßey Ruskiey nierząd/ ktory sie w niewuce/ y w hrubey prostocie náyduie/ niezádziátywáiąc. A coby czynić mieli/ máią látá y rozum. My czego serdecznie prágniemy/ to od zbytku sercá náßego mowiemy: Day Boże ábysmy ie w domu własnym oglądáli. Dom ich własny/ w ktorym własny ich Ociec mießka. Coż nie z rádością iedni z nas bráciá ich/ drudzy Synámi? A dobrze w ten czás, gdy w lubym sercu/ rospostártemi rekomá ná nie ochotnie czekamy. Co zdarz święty Pánie iáko narychley. Zátym Bog Pokoiu y Miłości niech zostáie z W. W. M. M. náßemi M: P P. Ktorych sie my Miłościwey łásce pilnie zálecamy.

Ww. Mm. swym M. PP: wße° dobrá życzliwi Sludzy/ y Bogomodlcy vstáwiczni.

Zakonnicy Monásterá Brátskiego Wileńskiego, Cerkwie zesćia Swietego Duchá.

Czytelniku Miłościwy y Łáskáwy.

Potwarz/ ktora iest fałßywé z nienawiści pośle záocżne vdánie/ ponieważ tey własności iest/ iż y dobremu á niwczym niepodeyrzánemu człowiekowi ná vczciwym vymie czyni/ y do ludzi fałß zá prawde vdawßy/ ták ie á nie ináczey o spotwarzonym (niedáiąc mu do okázánia swey niewinności mieyscá y czásu powinnego) rozumieć vpewnia. To też ma z natury/ że y namędrßego y naniewinnieyßego trwożyć zwykłá: zaczym/ by też ná obłudnieyßa byłá/ lekce ważona być niema: Ponieważ nic iádowitßego nimáß co by nád nie vczciwe ludzkie bárziey lżyło, sromočiło/ y mázało: A co by więtßa nienawiść w ludziach y náprzeciw niwczym niewinnemu pobudzáło. Kámieniem vderzony/ mowi Athánázyuß S. Łuká Lekárzá: lecż Potwarz ßkodliwße niż kámienie rány zádáie. Iest ábowiem Potwarz iákoby strzałá zádány raz/ nievleczony. Ale temu wßytkiemu sámá prawdá zábiec może/ y rány te zleczyć/ ktora gdy ływa zániedbywána/ rány im dáley tym bárziey sie ßerzą/ y bolesnieyße stawáią sie. Potwarce ábowiem ktorzy ią vdawáć y ßerzyć vmieią/ nád wßelką ią prawde wynoßą/ y mimo Bogá/ ktory być temu dopußcza/ Oycowi kłamstwá/ y z wiekow Mężoboycy/ ktoremu imie Diabeł/ to iest Potwarcá/ nád niewinnością z vmysłu bestwić sie dopuβcząią. Dla czego z powinności czucia o sobie/ káżdy y naobłudnicy/ iákosmy rzekli/ spo-

Eccl. 4

Apol. 1.

Ioan: Cap. 8

twarzony/rádźić o niewinności swey iest powinien áby w oczy postáwiona niewinność / przynamniey báczńych ludźi po sobie zdánie pociągszy/ intentowánemu przez nie złemu wstręt vczynić mogłá. Bywáć abowiem to niegdy zwykło / że v prawdę po sobie máiący á milczący / przegráwa: á nielomowny y iáwnym fałszem wygráwa.

Ráczćie my rzecz te/ iáko i iáwnie fałszywą/ niechcąc iey z náßey strony głosić / mimo sie puśćić byli vmyślili: Gdyż y pod czás Moskiewskiey Expediciey toż nas od tychże ninác dobre niepámiętnych ludźi fałszywie potykáło/ y zámilczáne iák ni byle zniknęło. Wiedząc to dobrze/ że niecierpieć Potwarz/ iest rzecz zła: ále czynić/ y
Homi. 43. in Matth. też ćierpieć iey nieumieć: według Złotoustego S. Bo iák gdy by kto vbogiego człowieká bogátym názwał / y chwalił go z tego/ chwalá tá do niego by namniey nie-
Homi. 12. in Ioan. należy / tylko śmiech stroi: rownie y gdy omylnie potwarzány kto bywa/ do siebie te Potwarz należeć rozumieć niema.

Ale iż sie iuż áż názbyt szeroko/ y nádder wysoko ná wszytek zacny Národ náß Ruski to złe rozláło y wyniosło/ tu zwłaßczá w Wilnie/ gdźie iuż z stárożytney Relligiey/ Rusią y obcowáć/ y hándlowáć / y gadáć Przełożeni Ratuszni y Apostatscy z swych mieysc y Káthedr zákázuią: á co trzećie słowko/ to nas Zdraycámi Oyczyzny y Szpiegámi Tureckiemi [illegible] / y iuż kilkunastu vczćiwych tey stárożytney Relligiey Mieszczan Wileńskich/ ludźi nigdy [illegible] niepodeyzrzánych / bez żadnego Delatora/ [gdyż każda Potwarz to troie mieć z potrzeby powinna/ Delatorem, Delatum, & Auditorem, to iest / Potwarce/ Spotwarzonego/ y Słucháczá] bez żadney práwney obrony/ y bez żadnego dowodu, zá surowa/ nagłą/ y niesłycháną inquisitią / ie-

dnych

dnych ná Ratuszu posádzono/ drugich pod Ratusz do okrutnego Więzienia ćiemnego podźiemnego wrzucono. Pánow Rády Ratuszney od Láwice suspendowano, á drugim z Ratuszá schodźić nieká zano. Rzemieśnikom klucze od ich Przywileiow y skłádanek poodbierano/ á ktorzy dawáć ich niechćieli/ ćiągnieniem ich ná kole wymęczono/ y z Schadzek Cechowych iák Zdraycow wyłączono. Że sie mowiemy/ ták iuż názbyt to złe wyniosło y rozia trzyło / mimo sie milczeniem puśćić gonie zdało sie nam : nie dla tego sie iemu/ iáko mowi Bázy- Epist: 65.
liusz W: mową náßą sprzećiwiáiąc/ ábyśmy sie nád Potwarcą mśćić chćieli/ ále żebyśmy kłamstwu ná niewinne ludźie omylnie nárzuconemu szerzyć sie / ile ná nas/ niedopuśćili: Z tych/ ktorzy vdánemu temu kłamstwu vwierzyli/ ábyśmy od zátrácenia duszne go odwiedli/ [Potwarcá abowiem iednym y tymże záchodem / troiákim Osobam szkodźi / Spotwarzonych krzywdźi / Eccl. 4.
Słucháczow oszukáwa / Sumnienie swe obraża:] w krotce do wiádomośći donieść káżdemu Pánstw Krolá Je° M. Páná náßego Miłośćiwego Obywátelowi zdáło sie nam to/ co sie niżey pokłada.

Zápomniawszy ktoś boiáźni Bożey / (Ktośiem go Leuit.
zowiemy/ bo sie tái:) ktora mowi/ Non facies Calumni- ca. 29.
am proximo tuo, nec vi opprimes eum: Nie będźiesz Ezech.
kládł potwarzy ná Bliźniego twego/ áni go gwałtownie cap. 18
vtyskowáć będźiesz. Mimo dobre sumnienie/ z samey Luc. 3.
lekkośći vmysłu/ ná zámieszánie wnętrznego Rzeczyp. 1. Cor.
pokoiu/ pod czás woienney Expediciey z nieprzyiaćielem cap. 9.
Chrześćiáńskim/ Pogáninem Cesárzem Tureckim/ do Zach.
Krolá Je° M. Páná náßego M. do ktorego powáżnych cap. 7.
vßu/ mowi Mędrzec/ nic fałszywego donoßono być nie- Prou.
ma/ około dniá siodmego Lutego/ w Roku teráźniey- cap. 24.

szyn.

Verificátia

ßym 1621. (ták bowiem Je° Kr. M. zá opácżnym y záocżnym vdániem w priuatnych liſtách ſwych do Vrzedow y do Oſob niektorych / pod Dato pomienionego Roku Mieſiacá y dniá piſáć raczy/ Doßło nas wiedźieć) donieść y vdáć niewſtydał ſie/ áni ſie obáwiał: ákoby Przewielebny Oćiec Pátryárchá Jerozolimſki / ktory w Páńſtwách R. Je° M. przez cáły niemal przeßły 1620. Rok był/ y zá wiádomośćią Je° Kr. M. w nich mießkał y wyiáchał/ miał być Impoſtorem ná ßpiegi do Páńſtw Je° K. M. od Ceſárzá Tureckiego wyſłánym: á Borecky y Smotrzißky / przez tegoż Impoſtorá Pátryárche Jerozolimſkiego z Ceſárzem Tureckim zrozumiawßy ſie / pod prætextem Relligiey y Nabożeńſtwá / bunty y roſtyrki miedzy ludźmi ßkodliwe czynili y rozßerzáli: Zá ktorym tákim do K. J. M. opácżnym vdániem / Je° Kr: M. z Zwierzchności y powinności ſwey Krolewſkiey w czás temu złemu zábiegáiąc / iáko w ták nagłych zapáłách dźiać ſie zwykło / chce mieć y roſkázuie/ áby Vrzedy do ktorych było od Krolá Je° M. piſano / o tákich Zdraycách/ Buntownikách z rámieniá Impoſtora Tureckiego wyſłánych wiedząc / iáko Zdraycow łapáli y do vrzedow Grodzkich y Maydeburſkich / Miaſt Páńſtw Je° Kr: M. odſyłáli. A to to ieſt opácżne vdánie / omylna y falßywa ná ludźi niewinne Potwarz.

Ná Przećiw ktorey/ co ſie wßytkich trzech zá Impoſtory/ Szpiegi/ Zdraycy do K. Je° M. Páná náßego M. nieſpráwiedliwie y nieſłußnie vdánych Oſob dotycże Czytelniku Miłćiwy y łáſkáwy/ do wiádomośći twey krotce á prawdźiwie donoſimy: Iż Szláchtá/ Rycerſtwo/ Obywátele Korony Polſkiey y W: X: Litew: y Ruſkiego: Oboiego ſtanu Duchownego y Swietſkiego/

Relli-

Niewinnośći.

4.

Relligiey Stárożytney Greckiey / pod Błogoſłáwienſtwem Naswietße° Oycá Pátryárchy Konſtántinopolſkie° ſtale y nieodſtepnie trwáiące/ wźiąwßy wiádomość o przybyćiu do Páńſtw Je° K. M. Meżá nieiákie° Duchowne° / imieniem THEOPHANA, ktory Pátryárchą Jerozolimſkim być/ głoßony był: Z ktorego głoßenia nieſłycháney tey w Kráiách nászych ſławy / z záwitánia ták dálekiego y známienitego / á wßytkiemu Chrześciáńſtwu/ wzgledem mieyſc tych świetych/ ná ktorych ſie Zbáwienie náße ſtáło / ktorych on ieſt z łáſki Bożey Strażnikiem / y Przełożonym Chrześciáńſkim: y w ktorego reku Zywodáiący Jezu Chryſtá Páná nászego y Bogá grob/ ná káżdy Rok/ z vćiechą wßytkiego Chrześciáńſtwá/ á z podźiwieniem Pogan támeyßych / przez ſchodzący z Niebá w káżdą Wielką Sobotę ogień cudowdźięi: á nam y z ſámey w Wierze iednomyślności lube° y wdźięcżnego Gośćiá zádźiwowáni/ chćiążeſmy o nim/ ták o ták známienitey świetey Apoſtolſkiey Stolicy/ tytułuiącym ſie Pátryárße nic złe° w podeyzrzeniu mieć nie mogli: dla ſámego iednák/ pod czás nieprzyiáźni y zaćiągu woiennego z Ceſárzem Biſurmáńſkim poroku/ poſtánowiliſmy v śiebie ſámych byli / niewidźieć ſie z nim/ ni piſáć do niego/ áżby ſie o nim / co by zacż był/ ſtąd wiedźieć dáło/ ſkąd o ludźiách tákowych z Cudzych źiem/ do Páńſtw Koronnych y Wiel: X: Lit. przybywáiących vznánie w Oyczyźnie nászey wychodźić zwykło. Y ták ſie dźiáło: Pocżąwßy niemal od Srzodopośćia w Roku przeßłym Tyśiąc ßeśćſetnym dwudźieſtym o ktorym czáśie ten Mąż do Páńſtw Je° Kr: M. przybył/ áż niemal do Swiętá Záśnienia Pánny naświetßey/ w tymże Roku/ to przedśiewźiete poſtánowienie w ſwym zawárćiu v nas zoſtawáło. Przed ktorymi málo co czá-

ſem/

ſem/ Náprzod dwá liſty były piſáne/ o tym Pátryárchą Jerozolimſkim ogłoßonym Mężu/ od godney pámięci Jáſnie Wielmożne° Stániſławá Zołkiewſkiego Káncle-rzá y Hetmáná Koronnego: Jeden do wßech w obec O-bywátelow vkráinnych: drugi do Woytá/ Burmiſtrzow/ y Rádziec miáſtá Kiiowſkiego: W ktorych obudwu li-ſtách czyniąc wzmiankę o przybyciu do Páńſtw Kr: Je° M. pomienionego Męzá te°/ miánuie go być Pátryár-chą Jerozolimſkim/ Człowiekiem wielkim/ Gościem zacnym/ vczciwym/ ſwiebodnym/ y beſpiecznego prze-iázdu przez Páńſtwá Je° Kr: M. godnym. A w ry-chle potym piſáne były dwá Liſty od ſámego Krolá Je° M. Páná náßego Miłościwe°: Jeden priuatny/ do ſá-me° tego przerzeczone° Męzá: A drugi Vniuerſalny/ do wßytkich Obywátelow Woiewodztwá Wołyńſkiego y Vkráinnych: w ktorych obudwu liſtách Krol Je° M. z poważnym/ y oboiey Oſoby godnym poßánowániem/ pomienionego Męzá tego Wielebnym w Chryſtuſie Oy-cem y pobożnie miłym/ Pátryárchą Jerozolimſkim/ y wßytkiey Páleſtyny miánowáć/ ná záwitánie do dworu Máieſtatu ſwe° (ieſliby ſie to iemu zá ſłußną rzecz być zdáło) inuitowáć go/ á wßytkich przerzeczonych Woie-wodztw Dignitárzom/ Vrzednikom/ Stároſtam/ y wßyt-kim w obec Obywátelom roſkázywáć raczy/ áby tego Męzá iák człowieká zacnego y niepodeyrzáne°/ w przy-ſtoynym poßánowániu/ bez żadnego náprzykrzenia ſie/ beſpiecznie/ przez Páńſtwá Je° K. M. przeprowádzi-li: pod łáſką to ſwoię po nich mieć chcąc. Przy ktorych K. Je° M. y Hetmáńſkich liſtách/ wßyſtkie Liſty y inßych ludzi zacnych do tegoż Męzá poważnie/ z wielkim po-ßánowániem piſane. Wielebnego w Bogu Je° M. Xię-dzá Biſkupá Łuckiego/ Podkánclerzego/ ná ten czás

Kánclerzá Koronnego Andrzeiá Lipſkiego: Y od Xiążę-ciá Je° Mści Zbáráſkiego Krzyßtophá/ Koniußego Koronnego/ Stároſty Pińſkiego.

Z tych tedy/ mowiemy/ wßytkich Liſtow wziowßy my pewną wiádomość/ że y Krol Je° M. y pomienieni Jch M. Pánowie Senatorowie Męzá tego człowie-kiem miánuią być zacnym/ vczciwym/ niepodeyzrá-nym/ wielkiego poßánowánia y czći godnym: á przytym záraz/ Wielebnym y pobożnie miłym Oycem w Chry-ſtuſie/ y Przewielebnym z łáſki Bożey Pátryárchą Jero-zolimſkim y wßytkiey Páleſtyny titułuią go: Piſánia nam do niego/ iák do Pátryárchy Jerozolimſkiego/ po-ſyłánia/ y iázdy/ iák do Męzá zacnego/ z świętey ziemie Jerozolimſkiey/ od grobu Boże°/ y Strażniká świętych mieyſc/ do nas záwitáłego/ Náuczyciela Práwoſłá-wnego/ y Náświętßemu náßemu Pátryárße Konſtán-tynopolſkiemu w Duchu Brátá/ Spolpáſterzá/ y Spol-pátryárchy/ iák z otwártych nam do nie° przez liſty Je° Kr: M. y Jch M. P P. Senatorow drzwi przyczyny wzielliſmy. Do ktore° z przyczyny tey/ wiele z nas ſámi Oſobámi ſwemi beſpiecznie ziáchawßy: wiele przez liſty y poſłáńce ſwoie ie° iák zacne° y vczciwe° Męzá/ y Pá-tryárchę Jerozolimſkie° náwiedziwßy/ gdyſmy przyto-mni z liſtow iego świádecznych obaczyli/ á odległi wiá-domość pewną wzięli/ że tákim był od wielu głoßony/ y tákim od K. Je° M. y Jch M. PP. Senatorow był titu-łowány/ tákim ſie náydował/ y prawdziwym Pátryár-chą Jerozolimſkim był: zá tákie° my y vználiſmy go/ y iák náßey wiáry Páſterzowi/ Błogoſłáw: Jákubá Brá-tá Páńſkiego według ciáłá/ pierwßego od ſáme° Chry-ſtá Páná ná Episkopſtwo Jerozolimſkie poświeconego Archiereá Succeſſorowi/ pokłon náß Duchowny oddáli,

Chryſ. Hom: 38. in Epiſto. I. ad Cor.

ſny: y o Oycowſkie iego y Paſterſkie Blogoſłáwienſtwo prosiliſmy iego: ktore z dáney iemu od Duchá S. władzy/ y z właſney ná niego od żywotdáiącego Grobu Páná Chryſtuſowego łáſki/ przez mnogie iego do wielu z nas Osob/ Bráctw/ y Miaſt pisáne Blogoſłáwione liſty odzierżeliſmy.

Aże tedyſz záraz y o tym pewną wiádomość wzieliſmy/ że y liſt od Naswietſze° Oycá TIMOTHEA Pátryárchy náſzego Konſtántinopolſkiego poważny / z podpiſem przy rece iego ſáme° kiltunaſtu Metropolitow/ był iemu dány/ ná zupełny dozor y ſporządzenie w iego Diœceſiách wſzelkich ſpraw y niedoſtátkow Duchownych/ w ktorychkolwiek by sie iemu tym przeiázdem być zdárzyło. A iż przytym ták wyſokiego Doſtoienſtwá zacnym Pátryárſze/ był od tegoż Oycá náſze° Pátryárchy Konſtántynopolſkie° Legat álbo Exárchá/ Mąż wielkich cnot y Doſtoienſtwá Arſenius wielki Archimándrytá wielkiey Cerkwie: Zá łáſką y nátchnieniem prześwietego á ożywiáiącego Duchá/ v niego / iák Boſkim zezwoleniem w czás pogodny do kráin náſzych záwitáiego / ſtáráć ſie zezwoliliſmy o to/ ná czym nam Duchownym w świetey Cerkwi náſzey Roſsyſkiey ſchodziło: y co on nam Canonice, zá zezwaláiącym ná to przez liſt ſwoy/ y przez Exarchę, y przytomnym Oycá Pátryárchy Konſtántynopolſkie° Duchem dáć mogł: máiąc iuż záſzłą ná to Kro: Je° M. Páná náſzego M. obietnice w Roku 1 6 0 7. ná Seymie wálnym vczynioną / á ná tym bliſko przeſzłym rownie wálnym Seymie reaſumowáną / ſtwierdzoną / y do Konſtitutiey ná obudwu tych Seymách włożoną: że nam według praw y wolnośći náſzych Metropolitá y Władyki/ pod poſłuſzeńſtwem Duchownym nam zwykłym Pátryárſzym mieć pozwolić/ y wſzytkie dobrá ná-

te Do-

te Doſtoieńſtwá przynależące/ im przywrocić Miłościwie przyobiecáć raczył. A widząc że to nam Pan Bog ſam ſwym Boſkim przemyſłem w dom bez żadnych náſzych zabiegow/ nákłádow/ y trudności poſłáć raczył / czegobyſmy zá gránicą z trudnością nabywáć mieli: To ieſt/ o podnieśienie vpádłey przez Metropolitá y niektore Episkopy/ od zwykłego im świetey Konſtántynopolſkiey Stolice poſłuſzeńſtwá Odſtępniki: Od ktorey y porodzeni w Duchu / y wychowáni / y wſzełkim duſzewnym dobrém przyozdobieni byli: O podnieśienie/ mowiemy/ vpádłey w świetey Cerkwi náſzey Roſsiyſkiey Hierárchij ſtáráć sie zezwoliliſmy. Iżeby nam Metropolitá według Praw/ Swiebod/ y Przywileiow/ nam y Przodkom náſzym od świetey pámięći Krolow Polſkich/ Przodkem Je° K. M. nádánych/ Przysięgą y nowemi Przywileiámi od Krolá Je° M. Páná nam ſzcześliwie pánuiącego ſtwierdzonych: Rownie y według wiecznych praw Cerkiewnych/ władzą Duchá S. ktoremu ták sie ſtáć podobáło/ przed wielu lat ná Swietych powſzechnych Synodách námowionych/ y do wieczne° nieporuſznego záchowánia wſzytkie° po wſzem świecie Práwoſłáwnemu Chrześcijáńſtwu: wſzytkiey/ mowiemy/ S. Kátholickiey Apoſtolſkiey Cerkwi podánych/ y wyłączeniem od Cerkwie y przeklectwem ná Praw tych przeſtepcy y gwáltowniki obwárowánych. Aby mowiemy nam/ według tych Praw poważności/ Metropolite y Episkopy ná mieyſce odpádłych od świetey Cerkwie náſzey Roſsiyſkiey chirotonizował y poświecił/ pomienioną Krolá Je° M. Páná náſzego M. obietnicą vbeſpieczeni/ prosić go o to v siebie ſámych poſtánowiliſmy: z tym iednák ſpráwy ſporządzeniem y obwárowániem, iż ile do Inueſtitury Duchowney, ktora / iáko Práwá ducho-

B ij

wne

Iuret: ad Iuonem. Corno. Episto. 229.

wne o niey vczą/ z práwá Boskiego Episkopá stánowi:
Osob ná te známienite/ wysokie y świete Metropolitań-
skie y Episkopskie przełożeństwá Electis/ y prosby nászey
do Naświetszego Oycá Pátryárchy Jerozolymskie° do-
niesienie/ tym zacnym oboiego Stanu/ Duchownym y
Swietskim wszelákiego Dostoieństwá y powołánia Me-
żom w zupełney władzy/ wszytkich nas imieniem/ y duchem nászym z niemi przytomnym zlecilismy/ dáli/ y zostáwili: ktorzyby sie pod ten czás przy Oycu Pátryársze
Jerozolimskim náydowáli: Ktorych ná ten czás wielu
być rozumielismy z dwu przyczyn: cześcią/ z occásiy bytności tám ná ten czás tego S. Meżá: cześcią zás z occásiy pod ten sámy czás przypádłey známienitey vroczystości Wniebowzięcia przenaświetszey Pánny/ przebłogo-
sławioney Mátki Bożey: ná ktorey vroczyty Obchod/
wiele Wiáry y nabożeństwá násze° oboiego Stanu/ Duchownego y Swietskie° ludzi/ z stárodawnego pobożnego zwyczáiu/ Monáster Pieczerski w Kiiowie/ y Cerkiew w niey Pánny naświetszey Zásnienia ex voto ná-
wiedzáć zwykli.

Iuretus ibid.

Jle zás do Inuestitury świetskiey, ktora/ iáko też Duchowne práwá vczą/ z práwá ludzkiego Episkopá po-
dáie/ broni y karmi: te wszytkich Osob do podniesienia
tey Swiatnice należących względem/ to iest/ względem
Electorow, Electow, y Duchownego Inuestitora/ cáła/ zu-
pełna/ namniey niwczym nienáruszona we władzy Krolá Je° M. Páná nászego M. iáko Podáwcy y obrońcy
własnego zostáwilismy: chcąc wszyscy/ iák po wszytkie
przeszłe/ od lát dwudziestu sześciu/ ták y ná tym blisko
przeszłym Seymie Je° Kro: M. prosić/ áby nas przy
Práwách/ Swobodách y Przywileiách nászych/ nam
od Je° Kr. M. sámego/ y od Przodkow Je° Kro. M.

nádánych/ y przysięgą stwierdzonych záchowawszy/ Miłościwą obietnice swoie Páńską ná wszytkich Seymách
czynioną/ á w Roku 1607. przyrzeczoną/ wárowáną/ y
ogłoszoną: y w Roku przeszłym 1620. reassumowana/ odnowioną y stwierdzona/ w tych ná pomienione Dostoieństwá poświeconych Osobách ziścić/ y wykonáć Miłościwie raczył: áby zá tym Miłościwym Krolá Je° M. w
vczynioney nam obietnicy z Narodem nászym obesciem
sie/ wszytkie wnetrzne/ ile do Religiey nászey Ruskiey/
nieprzyiázni y niepokoie/ niesnaski y ciężary práwne vsta-
piły/ Seymy zátrudniáne bywáć przestały/ y sam Krol
Je° M. Pan nász Miłościwy w spráwie tey molestowan
dáley nie był.

Te tedy náprzeciw tey Potwarzy obmowe przełożywszy, ábysmy to co sie powiedziáło/ istotnie káżdemu wiedzieć chcącemu/ á osobliwie komuby wiedzieć o tym na-
leżáło/ pokazáli/ Listy Krolá Je° M. Páná nászego
M. y Jch M. PP. Senatorow do tego świetego Meżá
Oycá THEOPHANA Pátryárchy Jerozolimskiego pisá-
ne/ słowo w słowo prekłádamy: á przy nich y Listy Jch
M. PP. Senátorow. Pokłádamy przy tym List przenawielebnieyszego Oycá TIMOTHEA Pátryárchy Kon-
stántinopolskiego/ z ktorego sie wyráźnie wiedzieć dáie/
iż ten świety Pátryárchá Jerozolimski/ prawdziwy iest
Pátryárchá/ á nie zmyslony: y że temu świetemu Pátryársze Jerozolimskiemu od Oycá Pátryárchy nászego Konstántynopolskiego/ ná vżywánie zupełney Iurisdictiey w spráwách Duchownych/ po wszytkich Diœcesiách
stolicy Konstántynopolskiey podległych władza iest pozwolona. Ná koniec/ pokłádamy y obmowe Bogiem v-
miłowánego Oycá Melecyuszá Smotrzyskiego Archiepiskopá Połockiego ꝛc. Archymándrytá nászego Wileń-

ſkiego/ vczyniona do Je° M. K. Oginſkiego Podkomorzego Trockiego/ zá occaſią Liſtow od Krolá Je° M. y Je° M. Páná Kánclerzá W. X. Litew. do niego piſánych. Z czego wſzytkiego łácno káżdy zdrowego rozſądku człowiek obaczyć może/ ták ſpráwiedliwie ći pomienieni/ zacni/ vczćiwi/ y niwczym nie podeyrzáni Mężowie zá ſzpiegi y zdrayce Tureckie do Krolá Je° M. Páná náſzego M. vdáni/ ná vczćiwym ſwoim zmáze ponoſzą.

A że pierwey (iákom wyżſzey pomienił) były do tego świetego Męzá Pátryárchy Jerozolimſkiego piſáne Liſty od godney pámięci Je° M. Páná Kánclerzá y Hetmáná Koronnego/ Stániſłáwá Zołkiewſkiego / niż od Krolá Je° M. te naprzod pokładamy.

KOPIA LISTV GODNEY PAMIECI
Iáśnie Wielmożnego P. Stánisłáwá Zołkiewskie°
Kánclerzá y Hetmáná W. Koronne°, do PP.
Mielzczan Kiiowskich piſánego.

Sláwetny Pánie Woyćie / y
PP. Ráycy Kiiowſcy.

Piſałem do Je° Kr. Mośći Páná náſzego Mśćiwe° / o czym dałem wam przed tym znáć/ oznáymuiąc o przyieźdźie S. Pátryárchy Jerozolimſkiego do Kiiowá: dobrześćie vczynili/ żeśćie ták wielkiego człowieká/ y zacnego Gośćia z przyſtoyną vczćiwośćią przyieli. A to Je° Kr. M. dla tym przeſpiecznieyſzego przeiázdu iego/ y áby był ná káżdym mieyſcu tym wiecey ſzánowány

wány w drodze / poſyłáć raczy P. Páczánowſkiego Komorniká ſwego/ izby go ná Kámieniec do Choćiniá przeprowádźił/ y W. M. możećie kogokolwiek ſwego poſłáć/ coby przy nim iáchał do gránice Wołoſkiey. Zálecam ſie zá tym łáſkáwey dawney przyiaźni W. M.
Z Zołkwie: dniá 5. Máiá. Roku 1620.

Wm. wſzego dobrá życzliwy Przyia.

Stanisław Zołkiewski,
Kánclerz y Hetman Koronny.

Kopia Liſtu otwártego/ tegoż Je° M. Páná Hetmáná/ do Jch M. PP. Obywátelow Vkráinnych Wołyńſkich y Podolſkich piſánego.

Stánisław Zołkiewski Kánclerz y Hetman W. Koronny, Barski, Iáworowski, Kámieniecki, &c. Stároſtá.

Oznáymuie komu wiedźieć należy/ iż Je° Kr. M. poſyłáć raczy P. Páczánowſkiego Komorniká ſwego / dla przeprowádzenia Pátryarchy Jerozolimſkiego / żeby go do Kámieńcá álbo gdźiekolwiek przeprowádźił: Przeto wiedząc o tym / kedykolwiekby Pátryárche tego prześcignął / żebyśćie W. M. pomocnemi byli do wczesne-

wcześnego przeprowádzenia onego / y iáko v- cżćiwego y zacnego człowieká / w poszánowániu przystoynym wszedźie mieli / gdyż niemáło ná tym Rzeczyp. pod tym zwłasżczá czásem / kiedy ktorzy woyne przećiw Páństwam Rzeczyp. obracáią / należy: áby Pátryárchá ten zacny człowiek / swobodny y przespieczny przez Páństwá Rzeczyp. miał przeiázd. Datá z Zołkwie / dniá 5. Máiá. Roku 1620.

Stánisław Zołkiewski Káncler z
y Hetman Koronny.

Kopia Listu Królá Je° M. do Swiętego Oycá Pátryárchy Jerozolimskiego / pisánego.

SIGISMVNDVS III. DEI GRATIA, REX POLONIÆ, MAGNVS Dux Litvaniæ, Russiæ, Prussiæ, Mazouiæ, Samogitiæ, Liuoniæ: Necnon Svecorum, Gottorum Vandalorumq; hereditarius REX.

VEnerabilis in CHRISTO Pater deuotè nobis dilecte, Postquam nuncium de aduentu Reu: Vestræ in Regni nostri ditiones accepimus, non alio proposito Reu: vestram huc aduenisse existimauimus, nisi vt pacatè tranquilleq; ea, quæ erant ipsius propositi, perageret. Etsi verò diuersæ diuerso-

uersorum voces de eo aduentu Reu: Vestræ ad nos perferrentur, ea tamen tanti momenti apud nos non fuêre, vt aliquam de Reu: Vestra suspitionem sinistram apud nos possent parare, potiusq; expectandum tam diu censuimus, donec certius aliquid de instituto Reu: Vestræ cognosceremus. Quod cum nunc ex literis Reu: Vestræ nobis, vti arbitrabamur, haud obscurè pateat, non egrè patimur Reu: V. in ditionibus nostris huc vsq; commoratam esse. Existimamus autem omnia Reu: Vestræ acta, quod ipsius quoq; professio requirere videtur, nihil aliud nisi pacem, tranquillitatemq; spectare. Quamobrem ea omnia quæ à nobis Reu: Vestra petit, benignè illi concedimus, Cubicularioq; nostro per literas mandamus, vt Reu: Vestram per ea loca, quo iter suum susceptura est, securitatis causa deducat. Quanquam non abs re factura Reu: Vestra videretur, si in aulam quoq; nostram deflecteret, suiq; nobis copiam faceret: sed num id rationes ipsius permittant, secum ipsa accuratiùs considerabit. Quod reliquum est, benè fœliciterq; valeat Reu: Vestra. Data Varsauiæ. die I. Mensis Augusti. Anno Dni MDCXX. Regnorum nostrorum, Poloniæ XXXIII. Sveciæ XXVII. anno.

SIGISMVNDVS REX.

Inscriptio.

Venerabili in CHRISTO Patri THEOPHANO, Hierosolymitano totiusq; Palæstinæ Patriarchæ, deuotè nobis dilecto.

Ktory ná iezyk Polski przełożony / ták śię w sobie ma.

Zygmunt III. z łáski Bożey Krol Polski / Wielkie Xiąże Litewskie / Ruskie / Pruskie / Mázowieckie / Liflántskie: y Szwedski / Gotski / Wándalski dziedziczny Krol, &c.

Wielebny w Chrystusie Oycze / Pobożnie nam miły: Gdyśmy wźieli wiádomość o przybyćiu Wiel: Wáßey do Páństw Krolestwá náßego / nie inßym przedśiewźięciem przybyłá owdźie Wiel: Wáße rozumieliśmy / tylko áby skromnie y spokoynie to co było Je° przedśiewźięćia odpráwowáł. Acżkolwiek rożnych rożne głosy o tym Wieleb: Wáßey przybyćiu do nas donoßone były te iednák wagi ták iey v nas niebyły / áby iákie o Wiel: Wáßey podeyźrzenie przećiwne v Nas mogły vrodźić / ále ráczey ták długo czekáć postánowiliśmy / áżbyśmy co pewnieyße° o przedśiewźięćiu Wiel: Wáßey poználi. Co iż iuż z listu Wiel: Wáßey / iákośmy y mniemáli / iáwno wiedźieć śie dáie: tágodnie toznośimy / że Wiel: Wáßá pod ten czás v Páństwách náßych mießkał. A rozumiemy że wßytkie Wiel: Wáßey spráwy / co też y áme ie° powołánie wyćiągáć zda śie / do niczego śie inßego / tylko do spokornośći y po-

kom

koiu śćiągáią. Dla czego wßytko to / o co nas Wieleb: W. prośi / łáskáwie Wie: W. pozwalamy / y Komornikowi náßemu przez List roskázuiemy / áby Wiel: Wáße przez te mieyscá / ktoremi oná droge wźiąć ma / dla bespieczeństwá prowádźił. Acżkolwiek nie od rzeczy Wiel: Wáßá vczynić zdałby śie / ieśliby też do Dworu náßego wstąpił / y nas przytomnośćią swą náwiedźił. Ale ieśli śie to Wielbnośći Wáßey vczynić będźie zdáło / Sam to pilniey niech vważy. Zátym dobrze y ßczęśliwie niech śie ma Wiel: Wáßá. Dan z Wárßáwy dniá 1. Mieśiącá Augustá / Roku 1620. Krolestw náßych / Polskiego 33. Szwedskiego 27.

SIGISMVNDVS REX.

Nadpis Listu tego.

Wielebnemu w Chrystuśie Oycu THEOPHANOWI, Jerozolimskiemu / y wßytkiey Palestyny Pátryárße / pobożnie nam miłemu ić.

Kopia Listu drugiego K. Je° M. pisánego do P. Pacżanowskiego Komorniká K. Je° M. dla przeprowádzenia S. Oycá Pátryárchy zesłánego.

Cij

Zygmunt

Zygmunt III. z Bożey łáſki Krol Polſki/ Wielkie Xiąże Litewſkie/ Ruſkie/ Pruſkie/ Mázowieckie/ Zmudzkie/ Inflántſkie: y Szwedſki/ Gottſki/ Wándalſki/ dźiedźiczny Krol/ zc.

Wosyłamy do rąk Wiernośći twey otwárty Vniuerſał álbo Páßport/ dla tym beſpiecznieyßego przeprowádzenia Pátryárchy tego Jerozolimſkiego/ ktoregoſmy Wier: twey z Kijowá do Kámieńcá/ á ztámtąd dáley gdźie będźie potrzebá przeprowádźić roſkazáli. Przeto pilnie nápominamy Wier: twoie/ ábyś Wier: twoiá pomienionego Pátryárche Jerozolimſkiego/ nie mießkáiąc z Kijowá do Kámieńcá prowádźił/ potráfiáiąc w to pilnie/ iákoby żadney przykrośći przy Wier: twey w drodze nieodnioſł/ y owßem wßędźie przyſtoyne poßánowánie iáko człowiek zacny miał. Co vczyniß Wier: twoiá dogadzáiąc woli náßey. Dan w Wárßáwie dniá XXXI. Lipcá/ Roku Páńſkiego M. DC. XX. Pánowánia náßego Polſkiego 33. Szwedſkiego 27. Roku.

SIGISMVNDVS REX.

Kopia Liſtu trzeciego/ álbo Vniuerſał otwárty Krolá Je° M. do Obywátelow Vkráinnych/ y Wołyńſkich piſánego.

ZYGMVNT III. Z BOZEY ŁASKI KROL POLSKI, WIELKIE XIążę Litewskie, Ruskie, Pruskie, Mázowieckie, zmudzkie, Inflantskie: y Szwedski, Gottski, Wandalski dźiedźiczny Krol.

Wszem wobec y káżdemu z oſobná komu to wiedźieć należy/ á miánowićie Dignitárzom/ Stároſtom/ Vrzędnikom/ y wßytkim Woiewodztw Wołyńſkich y Vkráinnych Obywátelom. Oznáymuiemy/ iż poſyłamy Szláchetne° Sczęſnego Páczánowſkiego Komorniká náßego/ áby Pátryárche Jerozolimſkiego y Páleſtyńſkiego Wielebne° Theophaná z Kijowá do Kámieńcá/ á ſtámtąd gdźie będźie potrzebá/ dáley záprowádźił: Dla czeº nápominamy pilnie vprzey: y Wier: wáße/ żebyśćie pomienionemu Komornikowi náßemu/ dla pretßego y ſpoſobne° przeprowádzenia pomienionego Wiel: Pátryárchy pomocnemi byli. Sámeº záś iák człeká zacnego w poßánowániu przyſtoynym mieli/ y żadney mu przykrośći w drodze czyninić niedopuszczáli. Należy bowiem náto tym się Rzeczyp: z wlaszczá pod ten czás niebespieczeństw od Pogáństwá nástepuiących/ áby ten Pátryárchá człowiek zacny przez Páństwá náße był przeprowádzony. Co vczyniá Vprzey y Mier: Wáße dla łáski nászey y z powinnośći swey. Dan w Wárßáwie dniá trzydźiestego Miesiacá Lipcá/ Roku Páńskiego 1620. Pánowánia nászego/ Polskiego XXXIII. Szwedskiego XXVII. Roku.

SIGISMVNDVS REX.

Petrus Gembicki Secretarius.

Kopia Listu Przewielebnego Je° M. Xiedzá Biskupá Łuckiego/ Podkánclerzego Koronnego do S. Oycá Pátryárchy pisánego.

Przewielebny w Bogu Oycże
Pátriarcho Ierozolimski,

Wziawszy wiádomość z pisánia do mnie dánego/ o bytnośći Wielebnośći Wászey w Páństwách Je° K. M. ciesze sie z tego/ życząc áby to było ku dobremu wszytkiego Chrześćiáństwá. Czerńcow ktorycheś Wielebność Wászá do Krolá

Je° M. wyprawił/ y Miłosciwy przystęp/ y predka v Je° K. M. ziednałem odpráwe/ iáko to Wielebność Wászá z nichże sámych wyrozumiesz. A iż w tey mierze Komornikowi Jego Kr. M. P. Pacżánowskiemu dáná iest dostáteczna od Je° K. M. informácia/ dlatego náten czás ná one referuiac sie/ Zálecam sie Modlitwom Wielebnośći Wászey y chećiom przyiaćielskim/ Páná Bogá przy tym prosząc/ áby on sam łáską y Błogosłáwieństwem swym wspierał pias intentiones Wielebn: Wászey/ y dobrym zdrowiem posilał: z Wárszáwy/ dniá 1. Augustá. 1620.

Wielebnośći Wászey Przyiaćiel życzliwy.

ANDREAS Lipski Episc. Luceoriensis, Vicecancellarius Regn. &c.

Napis tego Listu táki.

Przewielebnieyszemu w Bogu/ Oycu Theophanowi Pátryárße Jerozolimskiemu/ y wszytkiey Pálestyny należy.

Jego Kopia

Kopia liſtu piſánego do S. Oycá Pátryárchy Jerozolimſkiego od X. Je° M. Zbáráſkiego/ Stároſty Pinſkiego/ Koniußego Koronnego / ꝛc.

Illuſtriſsime & Reuerendiſsime Domine.

TO coś mi W.m. moy Mśćiwy Pan w liśćie ſwym roſkazáć raczył / przez poſłánniki ſwoie / vczyniłem rad. Jeźli od Je° Krol. M. dozwolenie weźmá ná odiazd W. m. á przyſła kogo do mnie/ dam do Vrzednikow ſwoich liſt áby W. m. dobrowolnie wßedy przepuśćili/ y poßánowánie wßelákie vczynili. Oddáie przy tym moie posługi łáſce W. M. mego Mśćiwego Páná/ Dan w Końſkiey woley. 22. Julij.

W. M. Me° M. Páná

Życzliwy Przyiáciel /

Krzyßtof Zbáráſki/ Koniußy.

Napis tego Liſtu táki.

Illuſtriſsimo & Reuerendiſsimo Dño THEOPHANO/ DEI Gratia, Patriarchæ Hieroſolymitano, Dño & amico obſeruantiſsimo.

Obmowá

Obmowá ktora vczynił Wielebny w Bogu Oćiec MELETIVS Archiepiſkop Połocki / ꝛc. do Je° M. P. Podkomorzego Trockiego / ná liſt Krolá Je° M.

JA cále wiernym / y namniey ni w tym wczym ieſtem tráduKowány / ni w inßym czym y namnieyßym niepodeyzrzánym być poddánym Je° Kr. Mśći przed Bogiem oświadczywßy ſie, powiádam / że gdźieby nas liſt Krolá Je° Mśći dość poczeſnie do tego meżá/ według Doſtoieńſtwá ktorym ſie on tytułował / piſány był nie záßedł / widźieć ſie nam z nim nie przyßłoby było. Ale zá tego/ y przytym drugiego do Obywátelow Wołyńſkich y Vkráinnych piſánego/ do nas przeſłániem y vbeſpieczeniem: od Stárßego nego / iáko poſłußnik w náwiedzenie iego zeſłány byłem: Zá tákiego gi máiac y rozumieiac / iákim go Je° Kr: Mśc w liśćiech ſwych miánowáć y tytułowáć ráczy. A żeśmy / nie my tylko dwá / ále y inßi Kráiow Wołyńſkich y Ruſkich poświecenie od niego wziąc / obráże Máieſtatu Kr: Je° Mśći być nie rozumieli / vpewniáło nas wielu inßych poſtronnych Epiſkopow y Archiepiſkopow w Páńſtwách Je°

D Kro.

Kr: Mści swiebodne mieszkánie/ y w Cerkwi- násey po wszytkie te czásy vsługowánie: Kto- rym y namnieysza litera to/ coby sie z obrázą Máiestat Je° Kr. Mści opieráło nie było ni- gdy żądano: ni im sámym/ áni tym ktorzy ie w Máietnośćiách swych mieli y máią. Gdyżeśmy nuda officia otrzymawszy/ ná táske Kr. Je° M: ktoremu Ius Patronatûs należy/ we wszytkim inszym/ iák ná obrońce y podawce tych Stolic y dobr/ ieśliby ná to wola Boża/ y wola Je° Kr. Mśći byłá/ czekáć w pokoiu z sobą postánowili pierwey/ niżeśmy sie poswiećić pozwolili. Záczym áby sie od Osob nászych/ ná co z pomienionego w liśćie K. Je° M. Páná nászego M. złego zánośić miáło/ nie náyduie.

Obmowá druga tegoż ná list Jáśnie Wielmożnego Je° M. P. Káncierzá W. X. L. do tegoż Je° M. P. Podkomorzego Trockiego pisány.

STárszy nászego Monásterzá/ pobożnie zeszły Przodek moy Archimándrit Wileński/ z námi Bráćią swą wzáwártey rádźie to miał/ nic do tego Meżá ktory Pátryárchą Jerozolimskim był głoszony nie pisáć/ áni sie komu z nászych z nim widźieć/

ázby

ázby sie o nim/ coby zacz był/ skąd wiedźieć dáło/ skąd o ludźiách tákich vznánie w Oyczyznie nászey pochodźić zwykło: y ták sie dźiało/ że od Srzodopośćia Roku przeszłego/ o ktorym czáśie ten Mąż/ do Páństw Krolá Je° M. przybył/ áż do Pánny Máriey Zielney niemal/ námowiona rzecz w swym zawárćiu zostawáłá: o ktorym czáśie listy Krolá Je° M. do tego Meżá/ y do Obywátelow Wołyńskich y vkráinnych pisáne Aktykowáne nas doszły: ktore nam iáko poszánowne z wyráżnym Jerozolimskie° Pátryárchowstwá otytułowániem/ iázdy do niego bespiecznośc otworzyły/ y przyczyne dáły. (Ktorych Autographe przy Oycu Boreckim y teraz zostawáć rozumiem.) Gdźie żeśmy y o poswiecenie zá wielkiemu wielu Duchownych y Swietskich/ ná známienitá Záśnienia Pánny Naswietszey vroczystośc do Kijowá zewsząd przybyłych ludźi/ instántie ważyli sie. Jle do osoby iego/ zá tákiego go rozumieiąc/ iákim go K. J. M. Pan nász M. y insży wielcy Senatorowie Koronni/ Duchowni y Swietscy rozumieć przez listy swe nam podáli/ vczynilismy to: ile záś do Osob nászych/ vpewniáło nas pogladánie ná Osoby Duchowne/

 Epi-

Episkopy y Archiepiskopy / ktorzy z cudzych
kron do Pánstw Kroлá Je° M. przybyli / w
Cerkwi nászey to / co ich Dostoieństwo nosiło /
obchodźili po wszytkie te czásy bespiecznie / bez
żadnych głosow obrázy Máiestatu Kroлá Je°
M. ták od nich / iáko y od tych / w czyich máierno
śćiách żyli: y po dźiś dźień żyią. Gdyżeśmy y
my od Oycá Pátryárchy to tylko wźięli / co on
nam dáć mogł: ná Ius Patronatûs, podawánia
Beneficij / ktore w zupełney Kroлá Jego M.
władzy zostáią / nie tylko dźiełem / ále y mysłą
tárgnąć ie nie ważyć sie / z sobą postánowi⸗
wszy y przyrzekszy: Czekáć chcąc ćierpliwie ná
łáske Bogá wszechmogącego / y ná Miłośćiwą
łáske y obietnice Kr. Je° M. ná Seymie Ro⸗
ku 1607. vczynioną / y nátym przeszłym Re⸗
asumowáną w pokoiu / bez żadnych buntow
y Sedicij / ná iáwi nie pokatnie w Pánstwách
Je° Kr. M. żyiąc. A co sie tknie praw Cer⸗
kiewnych / y te są w swey cáłośći záchowáne /
ktore tegdy gwałt y łamánine w tey spráwie
odnosiłyby / gdyby sie to nád wiádomość y
wolą zwierzchniego nász° Pásterzá / Pátryár⸗
chy Konstántinopolskiego było vczyniło. Ale
ten vmyślnie iemu w tym zupełną władze zra⸗

zleciwszy / y Legatá swego álbo Exarche meżá
wielkiego przy nim zesłał / áby z osoby iego w
tey tu iego Rossÿskiey z Kanonow Cerkie⸗
wnych / (iáko to y Wm. moy Mśćiwy Pan w
liśćie swym do mnie przyznawáć ráczyłś:) y z
stárożytnych práw y Przywileiow od Krolow
ich Mśći Polskich / przodkow Je° Kr. M. y od
sámego szczęśliwie nam teraz pánuiącego
Kroлá Páná nász° M. nádánych / iemu należą⸗
cey Diœcesiey bespieczniey / ile do praw Ducho⸗
wnych / y swiebodniey / y z wietszym od nas
temu wiáry dániem spráwowáł to / coby ná
vrzędie° należáło. Co że sie zá tákim Konstán⸗
tynopolskiego Pátriárchy zezwoleniem przez
Pátryárche Jerozolimskiego Práwidlnie stáć
mogło: poświącenie teráznieyszego Wiele⸗
bnego w Bogu Oycá Włádyki Lwowskiego
świeżym przykłádem: ktory zá zezwoleniem
Pátryárchy Konstántynopolskiego / od Me⸗
tropolitá Wołoskiego (ktory do Pánstw tutey⸗
szych ták wiele práwá ma / iáko y Pátriárchá
Jerozolimski) poświecenie wźiąwszy /
Zakonnie postánowionym Epi⸗
skopem zostawa.

List Przewielebnego Oycá Timothea Pátryárchy Konstántynopolskie° / dány Przewielebnemu Oycu Theophanowi Pátryárse Jerozolimskiemu / gdy do Moskwy iáchał.

ΤΙΜΟΘΕΟΣ ΕΛΕΩ ΘΕΟΥ ΑΡΧΙΕπίσκοπος Κωνσταντινουπόλεως, νέας Ρώμης καὶ οἰκουμενικὸς Πατριάρχης.

Ιερώτατοι Μητροπολῖται καὶ ὑπέρτιμοι: θεοφιλέστατοι ἀρχιεπίσκοποι, καὶ ἐπίσκοποι, ἐν ἁγίῳ πνεύματι ἀδελφοὶ καὶ συλλειτουργοὶ τῆς ἡμῶν Μετριότητος, οἱ ἐντευξόμενοι τῷ παρόντι γράμματι, χάρις εἴη ὑμῖν καὶ εἰρήνη καὶ ἔλεος, ἀπὸ Θεοῦ παντοκράτορος.

Ὁ μακαριώτατος, καὶ ἁγιώτατος Πατριάρχης Ἱεροσολύμων κύριος Θεοφάνης ὁ ἐν ἁγίῳ πνεύματι ποθεινότατος ἀδελφὸς καὶ συλλειτουργὸς τῆς ἡμῶν Μετριότητος ἀνάγκην ἔχει παραγενέσθαι ἄχρι τῶν ὁρίων Μοσχοβίας, καὶ οἱ κατὰ πάροδον εὐσεβεῖς, ὑπὸ εὐλαβείας πάντως μετακαλέσαι ἔχουσιν αὐτὸν λειτουργῆσαι, καὶ πάντα τὰ ἀρχιερατικὰ ἐκτελέσαι, εἰς τὸ εὐλογῆσαι καὶ ἁγιάσαι αὐτούς. Διὰ τοῦτο ὀφείλετε μετ'

ὑμῆς

ὑμῆς καὶ εὐνοίας ἀποδεχθῆναι αὐτὸν, καὶ ἄδειαν παρέχειν ἀπαραιτήτως, ὡς κανονίζοντε, καὶ δίκαιον ἱερουργεῖν καὶ πάντα τὰ ἀρχιερατικὰ ἐκτελεῖν ἐν ταῖς ἐπαρχίαις ἡμῶν. εἴδε τὶς ἄλλως ποιήσει, καὶ παρήκοος φανῇ ὅπως δήποτε, οὐχ ἀμέτοχος ἔσται τῆς παρεσηκούσης ἐκκλησιαστικῆς ποινῆς. οὕτως οὖν, δηλοποιοῦμεν ὑμῖν, καὶ μὴ ἄλλως γένοιτο ἐξαπάντως. ἡ χάρις τε τοῦ κυρίου ἡμῶν Ἰησοῦ Χριστοῦ εἴη μεθ' ὑμῶν, ἀμήν. ἐν ἔτη ἀπὸ κτίσεως κόσμου. ζρκϛ: Ινδικτιόνος, ά. μηνὶ ἀπριλλίῳ.

Ktory Polskim iezykiem ták sie w sobie ma.

TIMOTHEVS Z MIŁOSIERDZIA BOŻEGO ARCHIEPISKOP Konstantinopola nowego Rzymu y Oecumenicus Patryarchá.

WRzeoświeconym Metropolitom y Hypertimom / Bogá miłuiącym Archiepiskopom y Episkopom / w Duchu świetym vmiłowáney Bráci / ktorych ten list nász doydzie / łáská Wam pokoy y miłość od Bogá wszechmogącego.

Przebłogosłáwieńszy y Naświetszy Pátryárchá Jerozolimski Kyr Theophan w

świeświętym Duchu miły Brát / y Społsłużyćiel pokornośći nászey / máiąc potrzebę iedźie do źiemi Moskiewskiey: Záczym do ktoregokolwiek z nas Błahoczestiwych przeiázdem tym przybedźie / wzywáć Wielebność iego y vżywáć bedźiećie do odpráwowánia Bozkiey Liturgiey: do błogosłáwienia was y oświecenia: powinni będąc z wszelką chućią y vczćiwośćią Wiel: iego przyimowáć / y wszeláktimi dostátkámi opátrywáć nieodmownie, iák tego / ktoremu, iáko po nas Kanony Cerkiewne y sámą przystoyność mieć chćiáłá / świątośći Cerkiewne y wszelkie Archiereyskie spráwy / w nászych Epárchiách odpráwowáć pozwolilismy: y gdźieby sie kto przećiwnym y nieposłusznym temu okázał iákimże kolwiek sposobem / káżdy tákowy pod należne karánie Cerkiewne podpáda. Co áby sie inaczey nie dźiáło oznáymuiemy wam. Zátym łáská Páná nászego Jezu Chrystá niech będźie z wámi / Amen. Z Konstantynopolá. Roku od Stworzenia Swiátá 7126. Indicta I. Mieśiącá Kwietniá.

Przeczetszy tedy to wszytko á vważywszy Miłośćiwy y łáskáwy Czytelniku / rozumiemy że sie łácno spráwić możesz / iák dobrym sumnieniem ten záoczny á opáczny Delator obżáłowánych tych Osob vczćiwe / przed Pomázáńcem Bożym / ktorego iákosmy rzekli / poważnych vszu nic fałszywego dochodźić niema / zmázał y obezecnił. Ktożby sie z tym z cudzych kráiow do nas záwitálym Mieżem widźieć vchylał / nierzkąc żadne° zákázu niemiawszy / ále tákie Kr: Je° M. y wielu Oświeconych Senatorow poważne do niego pisáne Listy widźiawszy: Krol Je° M. y Prześwietny Je° Senat / ma go zá człowieká zacnego / vczćiwego / niepodeyzrzánego / wszelkiey czci y poszánowánia godnego: zá Oycá w Chrystusie pobożnie miłego / y zá Przewielebnego w Bogu Pátryárche Jerozolimskiego y wszytkiey Pálestyny: y do Dworu swego ná záwitánie wzywa go. Ktory pewnie vczyniłby to był / by sie był ná Bisurmiáńskie pod ten záciągowy czás podeyzrzenie ogladáć niebył powinien: gdźie nic spráwiedliwośći y miłośierdźia / tylko sámy gwałt y okrućieństwo: gdźie sámá wola / práwem. Ná co snác y Krol Je° M. Pan nász M. pogladáiąc / y Mężá ták wielkiego przez te do Dworu Je° Kr: M. záwitánie w podeyzrzenie Okrutnikowi popáść strzedząc / przy tym swym inuitowániu bácżne / y Chrześćiáńskiego Páná godne w Liśćie swym do niego słowá pokładáć raczy owe / Sed num id rationes ipsius permittant, secum ipsa accuratiûs considerabit: A ieśli sie to Wiel: Wászey vczynić będźie zdáło / Sam to pilnie niech vważy.

Krol tedy Je° M. iákosmy rzekli / y Przeoświeceni iego Senatorowie / zá zacnego gi / wielkiego / niepodeyzrzánego y wszelkiey czci godnego człowieká máią / á my go mieć mieli zá Szpiegá y Zdraycę? Pewnie sámi takiemi/ y według Bożego y według Ludzkiego prawa / zostać musielibyśmy: iako y ten niewstydliwy Delator. Jesliż wszyscy ktorzy za takiemi Krola Je° M. y Jch M. PP. Senatorow listami tego świetego Męża sami Osobami swemi/ lub przez listy y posłańce swoie nawiedzali/ iemu pokłon swoy Duchowny oddawali / y o Blogosławieństwo prosili / mieli być Szpiegami y Zdraycami Tureckiemi/ nietylko wszytka Ruś musiałaby być tą bezecną zmazą pokropiona/ ale y wiele zacnych ludzi z Polski y z Litwy. Co wierszą/ iuż pod samy tego świete° Męża z Państw tych wyiazd: po wykonanym iuż poświeceniu Duchownych/ (ktore sie pod bytność na ten czas przy S. Oycu Patryarsze Komornika Je° Kr: M. P. Paczanowskiego obeszło/) Krol Je° M. Pan nasz Miłościwy/ po przybyciu do Je° Kr: M. P. Paczanowskiego / drugi do tego świetego Męża pierwszemu w powagności podobny List pisać raczył: A przy liście Krola Je° M: tegdyż zaraz pisał do tegoż świetego Męża rowno powagnością y Przewielebny w Bogu Je° Mść Xiądz Biskup Krakowsky Marcin Szyszkowsky. Jaśnie Oświecone Xiąże Zbaraskie/ y Przewielebny w Bogu I.M. Xiądz Biskup Kiiowski/ iuż w przeiezdzie tego S: Męża z Państw Krola Je° M. za granice / wielkiemi Commeaty suppeditowali, y sustentowali: y w maiętnościach swych łaskawie iak człowiek i wielkiego y zacnego przimowali/ czcili / y szanowali: y wiele iney zacney y znamienitey Szlachty toż czynili. Coż o tych wszelkiey czci godnych Senatorach/ y o inszych uczciwych ludziach ten niewstydliwy Delator rzecze? Jedenże tylko Borecky y Smotrzysky/ mimo niezliczone insze Duchowne y świeckie osoby/ z conuersaciey tego uczciwego y niepodeyzrzanego Męża na nieucz-

ciwe y podeyzrzane zadziałali? ieśli on uczciwy y niepodeyzrzany/ za iakiego gi ma Krol Je° M. Pan nasz y Jch m. PP. Senatorowie/ w czym ich nieuczciwemi/ y podeyzrzanemi mogł uczynić? Zaż takiemi wszelkiemi tytułami ten świety Mąż na Boreckie° y Smotrzyskiego oszukanie był zdobiony / ktorzyby przez nie zmazmieni/ za Zdraycę sadzeni y karani być mogli?

By był ten świety mąż choć iedną litero od tego/ komu należało takim/ za iakiego gi teraz udaią/ notowany/ lub conuersatia z nim zakazana: Ktoby sie nad ten zakaz / lub nad to ostrzeżenie z nim conuersować ważył? Ale widzi sam Pan Bog / y obwinionych niewinne sumnienie/ y tego niewstydliwego Delatora potwarliwy umysł / na co zmierzaiac y świetego Męża Patryarche Jerozolimskiego/ y te przy nim zacne Osoby nad boiazń Bożą tak sromotnie zmazać śmiał. Ono sie to/ co sie w pospolitey Fabulce obnosi / z tey tak przykrey gory toczy: Baran wilkowi wode maci / choć w niż rzeki stoi. Jeśliż co swego przez te potwarz wesprzeć chciał / iakoż tak iest: tym samym oświadczył / że sprawiedliwey nie ma: Prawdy abowiem fałszem nikt dobry nie broni / y potwarzą rzeczy sprawiedliwych nikt uczciwi nie wspiera. Jeśli Bożey sprawy broni/ czemu obrone iey nie od Pana Boga poczoł, ale od przeciwnika Bożego/ ktoremu imie Diabeł: to iest / Potwarcą? ieśli usa swey sprawiedliwości / czemu potwarzą czczy Sedziem presży? Cobowiem ciemności z światłością / y Beliałowi z Chrystusem? Wy/ mowi/ Chrystus Pan / z Oyca Diabła iesteście: a toby dla czego? Dla tego mowi / iż żądze Oyca waszego chcecie czynić: On meżoboycą był od początku / a w prawdzie nie stał / bo nie masz w nim prawdy: Gdy mowi kłamstwo/ z swego własnego

Ioan: cap. 8.

Ibid: mowi / bo kłamcą iest / y Ociec kłamstwá. Jeśli
się mu tey troche krwie Boreckiego y Smotrzyskiego
záprágnęło / cżemu się iey brudem potwarzy zámeco-
ney / nieráczey czystey nápić postąpił: Niechciał mieć ná
Psal. 9. tym dosyć / zábić niewinnego ná ciele / ieśli nie záraz y
ná uczćiwym: kusiłby się snáć złośliwiec y o Duszę / by
Psal. 63 doniey mogł mieć przystęp y náwnieyszy. Ale Bog niewinności obronca / miedzy nim y temi niewinnemi rozsądzi / á sam spráwę te rozezna: Od mężow krwie wy-
Psl. 42. báwi / ktorzy zmyślili nieprawość w sercách swych /
záostrzyli ięzyki swe iáko węzowie / á pod wárgámi ich
iad żmiiowy. Da sąd swoy Krolowi / á spráwiedliwość
Psa. 71 swoię synowi Krolewskiemu / áby sądził lud iego w spráwiedliwośći / á ubostwo iego w sądzie.

O Dostoieństwách y Beneficiach Cerkiewnych.

ALe głos się nosi / bez podánia Krolá Je° M. podawcy tych Dostoieństw: y bez Błogosłáwienia Metropolity miánowáć się ważą / ow Metropolitem / á
drugi Archiepiskopem: y ná tákie Dostoieństwá nástąpi-
li / ktore máią żywe Pásterze / z porządnego ná to poświęcenia / y z podánia Krolá Je° M. zá czym w nieuszánowánie Máiestátu Krolá Jego M. popádli.
Jeśli táż iest: Czemuż lekkomyślny człowiek potwarz
do tego przyszywa: Czemu uczćiwe Ludzie przed swoim
dowodem / á Sędziego wyrokiem / ná dobrey ich sławie /
y ná uczćiwym lży: záżná sámym / iáko powiáda / nieuszánowánia Máiestátu Krolá Jego M. z pomienionych
przyczyn / bez opiecżnie zmyślony zdrádą nie dosyć? Nieto z iiste Czytelniku Mczciwy / co w słowách praetenduie /
ná umyśle ten calumniator knuie: Jż z pomienionych od
niego

niego przyczyn intentowánie Máiestátu Krola Je° M.
nieuszánowánie stánąć nie mogło / przyszył do nich potwárz: áby iednego o drugie uderzenie / skrytą zámyszło-
nego przez się / w Oyczyznie pożogu wykrzesił: Ludzi niewinnych / łupánem / więzieniem / y morderstwem podzia-
rzył: y po wszytkich Koronnych y Litewskich Páństwách
y Ruskich rospłomienił / á potym krwią niewinną tuszył y gásił.
W spráwie ábowiem tey / co słusznie Krolá Je° M. záchodzić miáło / nic się z łáski Bożey nie stáło. Wiedzieli to
iáko Indigenæ: iáko Obywátele Koronni / Praw y Duchownych y Swietskich ktoremi się Oyczyzná nászá rządzi y spráwuie) dobrze swiádomi / co w tey spráwie nie
poruszne y nie uczym nietknione przy władzy Krt Je° M.
iáko podawcy Beneficiorum y praelatury Cerkiewney / w-
zględem Iuris Patronatûs Regij zostáwić / á co od Duchowney władze bez nieuszánowánia Máiestátu Krolá
Je° M. wziąć mogli.
Dwie rzeczy w spráwie tey ná Osoby swoie bráne być
náydowáli: Pierwsza y przodkuiąca rzecz / Dostoieństwo
Duchowne: Druga y zá tą z potrzeby nástępuiąca / Beneficia tych Dostoieństw: Nie dostoieństwo ábowiem dla Beneficij / ále Beneficia dla dostoieństwá są uczynione / nádáne / y sporządzone. Dostoieństwo / ktore w spráwie tey náydowáli, było Metropolitáńskie / Archiepiskopskie / y Episkopskie: Beneficia ktore tym dostoieństwom należáły, były máietności / z ktorych Metropolit / Archiepiskop / y E-
piskopowie żyłą / y z swoim się Clerem sustentuią. Rzecz
spráwy tey pierwsza: to iest / Dostoieństwo / te według o-
boiego práwá Duchownego y Swietskiego / widzieli być
w ręku przełożonych Duchownych / miánowicie / Metropolitowi w ręku Pátryárchy Konstántynopolskiego: E-

piskopom

piſkopom w reku tegoż Patryarchy/ y w reku Metropolity wßytkiey Rosſij. Rzecż teyże ſprawy Druga: to ieſt/ beneficia, te według prawa świetſkiego Koronnego y Litewſkiego/ widzieli być w reku Krola Je° M. Pana naße° M. iako właſnego Beneficij tych podawce y obronce.

Że Doſtoienſtwo Metropolitańſkie / y Episkopſkie w Państwach Krola Pana naßego ieſt w reku Przełożonych Duchownych: to ieſt/ Metropolitańſkie/ w reku iakoſmy rzekli/ Patryarchy Konſtantynopolſkiego: a Episkopſkie/ w reku tegoż Patryarchy/ y w reku Metropolity wßytkiey Rosſij: widzieli to z Kanonu 28. praw Duchownych Czwartego Powßechnego Synodu: Ktory Thracie/ Pont/ Aſie / y Barbarie/ pod rząd y władze Konſtantinopolſkiemu Patryarße przyſądza: y z Kanonu 8. Trzeciego powßechnego Synodu/ ktory temu Patryarße w tey krainie rząd Duchowny y władze zoſtawuie/ przez ktorego do wiary Pana Chriſtuſowey ieſt przywiedziona y ochrzczona. Z praw świetſkich/ widzieli ſamy vſtawiczny zwyczay/ y Przywileia Krolow Jch M. Polſkich: Ktorzy rząd y władze Duchowna w Państwach ſwych w Narodzie naßym Ruſkim/ Patryarße Konſtantinopolſkiemu przyznawaia y pozwalaia.

4. Powſzechne: Synodu Canon 28.

3. pow. Synod. Canon 8.

A że Beneficia Cerkiewne ſą w reku y we władzy Krola Je° M. Widzieli to z prawa Iuris Patronatûs właśnie Krolowi Je° M. należącego.

Ktore dwie rzeczy / to ieſt / Doſtoienſtwo y Beneficia: Kanoniſtowie poſpolicie nazywać zwykli Inueſtitura Duchowna y Świetſka: Inueſtitury Duchowney właſność być powiadaia/ Biſkupa z prawa Bożego ſtanowić: Inueſtitury zas Swietſkiey właſność / Biſkupa z prawa świetſkiego karmić. Jnßa/ mowia/ Inueſtitura ieſt ktora Episkopa czyni: a inßa ktora Episkopa karmi: ona z

Iuret: ad Iuonem. Carna. Epiſto. 239.

Boſkiego

Boſkiego prawa nabywana bywa/ a owa z prawa Ludzkiego. Vymi prawo Bozkie / Duchownie Episkop nie ſtaie ſie: vymi prawo Ludzkie / maietności traci / przez ktore cieleśnie karmiony bywa. Nie miałaby abowiem maietności Cerkiew/ by nie były iey od Krolow darowane: od ktorych acz nie Bozkiemi taiemnicami/ ale Ziemſkiemi maietnościami ieſt nadarzona.

Z ktorych przełożonych dwu rzeczy/ Pierwßa: to ieſt/ Prawo o doſtoienſtwach Duchownych / tych ſłow poważnością Jch M. Krolowie Polſcy/ Panowie naßy w przyſiedze ſwey ſtwierdzać zwykli / Obiecuiemy y powinni będziemy doſtoienſtw Duchownych wielkich y małych Graeckiego Zakonu będących nie vmnieyßać/ ani zatłumiać/ y owßem w całe zachować. Rzecż zas druga: to ieſt / Beneficia tym doſtoienſtwom należące / Owych ſłow powaznością w teyże przyſiedze ſwey confirmuia. Beneficia Iuris Patronatûs Regij Praelaturarum Ecclesiaſticarum w Kościołach Graeckich/ Ludziom Graeckiey wiary dawać mamy.

z Przywileiu K. I. M. Zyg: August na Seym waln: Lubelskim. w Rok. 1569. dane°.

Z ktorych Praw owo na oko widzieć ſie daie / że Jch M. Krolowie Polſcy Doſtoienſtwa duchowne nie vmnieyßać y niezatłumiać/ y owßem w całe zachować przyrzekaią: Beneficia zas tych Doſtoienſtw Iure patronatûs, we władzy ſwey maiąc / ludziom Relligiey Graeckiey dawać ie obiecuia. Skąd iako y że wßytkiego przełożonego wiedzieć ſie rzeczywiście daie / że wyżßey pomienione Oſoby/ iedna Metropolitańſkie / a druga Archiepiſkopſkie Doſtoienſtwo od należnego ſobie Duchownego przełożonego/ według Praw ſtarodawnych Cerkiewnych wziąwßy/ na Beneficia ktore iure Patronatûs / ſą w reku Krola Je° M. z rąk Krola Je° M. Pana ſwego M. czekać ſą powinne.

z Confedera: w Rck. 2575. na Sey. waln: Warſz: pod czas interreg: vczyniony

Obtrudu-

O Præsentaciey. Obtrąduią wątpliwość præsentatiey / ktora mowią poświęcenie uprzedzáć zwykłá. A tá áby przed poświęceniem necessario w náßey Relligiey Græckiey [ktora śie sámymi stolkiem Apostolskim contentuie/] być miáłá, nie náyduiemy : y owßem w kilkudźieśiu, ieśli nie we wßytkich Metropolitách to práwo zostáwione w przykłádźie mamy/ że pierwey zá wieku swego Xiążetá Ruscy/ (ktorych Duchowne zwyczáie y Práwá narodowi náßemu Ruskiemu są poprzysiężone) potym sámi Ich M. Krolowie Polscy/ Wiel : Xiążetá Litewscy od Pátryárchy postáne/ iuż poświecone Metropolity/ bez żadney przed poświęceniem ich præsentatiey łáskáwie przyimowáli/ y Beneficia im/ iákoby z potrzeby miłośćiwie conferowáli/ żadne° w tym Maiestatu swego nieuβánowánia/ nierzkąc obrázy nienáyduiąc.

Iuret : ad Iuonem. Carna. Episto. 239. Mowią y w tey spráwie Kanonistowie/ Z práwá Ludzkiego iák wiele Krolom Duchowni winni zostáią/ iák wiele máietnośći miłuią/ ktoremi od nich álbo od Rodźicow ich Cerkiew vbogácona y przyozdobiona bywa znáná. Mogą tedy Krolowie bez obrázy swey po Electiey Práwidlney / y po wolnym poświęceniu / przez Inuestiturę Krolewską w dobrách Cerkiewnych pozwolenie/ pomoc/ y obronę Episkopowi podáć. Ktorego zwykłego stárożytnego Duchowney Inuestitury sposobu zwyczáiem/ y teráźnieyßą rázą dźiśieyßy Błahoczestywy Metropolit poświecony iest pierwey/ niżeli Krolowi Je° M. præsentowany : y inßy Episkopowie.

Ná co iednák ćiż Ich M. Krolowie Polscy/ w Rzymskich Arcybiskupách y Biskupách mimo wiádomość y wolą ich poświeconych nie pozwaláli : á to z tey przyczyny/ iż Biskupowie Rzymskiey Relligiey [ktora śie sámymi Apostolskim stolkiem niecontentuie/] w

páństwách

páństwách Krolow Ich M. Polskich/ nietylko Biskupi/ ále y Senatorsky stolec záśiadáią: Z ktorych ná ieden pierwßy/ to iest/ ná Biskupi/ wsádzány bywa władzą Biskupá Rzymskiego : y Dostoieństwá swego nietráći / by dobrze Krol Je° M. Beneficij conferowáć mu nie zezwolił. Priuatione iednák bonorum/ to iest/ niepodániem Dobr/ y niepozwoleniem rospośćierániá Biskupiey władzy / skárány być może. Stolcá zás Senatorskiego/ mimo wiádomość y wolą Krolá Je° M. nigdy żaden Biskup ośieść/ y Beneficij obiąć nie może. Ono bowiem pierwße, to iest/ poświecenie/ ma Rzymsky Biskup w zupełney władzy swey/ iáko absolutus Inuestitor Duchowny: Owo zás drugie, to iest/ podnieśienie ná Senatorstwo/ y Beneficij conferowánie ma Krol Polski w zupełney władzy swey/ iáko absolutus Inuestitor Swietski.

Záczym (poniewaź Græckiey Relligiey Metropolit/ y Episkopowie Senatorskiego Stolcá nie záśiadáią) y bez præsentatiey/ przed poświeceniem vczynioney/ iuż poświąceni y præsentowáni przez Pátryárchy Konstántinopolskie Metropolitowie/ iáko ab absoluto ich Inuestitore Spirituali Pátryárchy Konstantinopolskiego ná Metropolitáństwo poświeceni/ od Krolow Ich M. łáskáwie przyimowáni/ y do Beneficiy Mśćiwie przypußczáni bywáć zwykli.

Z tey to Dostoieństw y Beneficij roznośći idźie / że w niektorych Woiewodztwách/ wolność obierániá sobie Duchownych przełożonych/ Przywileiem iest wárowána : A że Beneficia ktore iuris patronatûs Regij nie są/ odiete od tych Dostoieństw być mogą : iákowe są te Beneficia / ktore Xiążetá/ Pánowie/ y Szláchtá z własnych swych dobr pod swoią y potomkow swych opieką czynią.

Skąd śie to stáć mogło / że po odstępstwie Ducho-

wnych

F

wnych Ruskich/ od Xiążąt nádáne Máietności są im odięte. Względem ktorych tákowych Beneficiy Xiążąt/ Pániąt y Szláchty/ Krolowie Ich M. Mść/ y Dostoienstw w pomnażániu/ lub vmnieyszániu ich/ władzy vżywáć niezwykli: ále to przy władzy tych Beneficiy Fundatorow y Pánow/ iák Patronow zostáie: stąd Archimándrytstwá w máietnościách Xiążąt Słuckich/ y Ostrozkich: Tákże w máietnościách inszych Xiążąt/ Pániąt/ y Szláchty/ iákowe iest y Archimándrytstwo Wilenskie/ Brátstwá Cerkiewne° Wilenskie°: y tym podobne od Xiążąt/ Pániąt/ y Szláchty ná swych Beneficiach/ zá błogosłáwienstwem władzy duchowney Metropolitáńskiey/ lub Pátryárszey vfundowáne/ Krolowie Ich M. w podawániu Fundatorow Duchownych y Swietskich zostáwuią.

Stąd y to Xiążętá/ Pániętá/ y Szláchtá we władzy swey/ bez żadnego nievszánowánia Máiestatu Krolá Je° M. máią/ że ná swych dobrách/ ktore sie Beneficia zowią/ Episkopy y Metropolity chowáią y sustentuią: Co po wszytkie czásy odszczepstwá Duchownych nászych Ruskich/ czynili Xiążętá Ostrozscy/ Wiszniowieccy/ Koreccy/ y inszy Pániętá y Szláchtá/ y teraz czynią.

Z iczym y teráznieyszi przez Przewielebnego Oycá Pátryárche Jerozolimskie° Legitimè y Canonicè poświeceni Przełożeni duchowni / Metropolit y Episkopowie/ wiedząc iż Krol Je° M. tych Beneficiy/ ktore ich Dostoienstwom w Ruskiey Cerkwi práwnie należą / iest Podawcą y Obrońcą/ nie wrywáią sie do nich / nie rzucáią sie do żadnego gwałtu/ iáko ie niezbożnie potwarcy vdáią: niewydzieráią tych máietności/ teráznieyszych Possessorow z tych Beneficiy mocą nie wypycháią ále ná Beneficiach inszych swych Dostoienstw/ y ná Beneficiach Szláchty/ Pániąt / y Xiążąt żyią/ á ná táskę y ná obietnice Krolá Je° M. P. swe° M. w pokoiu czekáią. A

A Obywátele ták Koronni iáko y Wiel: X: Litew: Ludzie merè Relligiey Graeckiey / zá niemi y zá sobą Krolá Je° M. iáko podawcy Beneficiy tych / y nawyższego po Pánu Bogu praw y swobod nászych Obrence proszą y z skwierkiem żebrzą/ áby według Przywileiow Narodowi Ruskiemu y Litewskiemu/ z dawna od Przodkow Krolá Je° M. nádánych/ á od Je° Kr: M. sámego przysięgą y Przywileiámi stwierdzonych / te Beneficia Dostoienstw Cerkwie Ruskiey/ od iáwnych Apostatow nászych im nienależące wziąwszy/ tym podáć raczył. Przez co wszytko nietylko przeciw Zwierzchności Krolá Je° M. Páná swego M. nic nie czynimy/ ále ráczey z należną przystoynością vszánowánie Máiestatu Je° Kr: M. tákie/ iákie wiernym y Páná miłuiącym Poddánym przystoi/ záchowuiemy.

Jesliby też kto ná nas te winę wkłádał/ iákoby w przod/ nim prosbá o tym do Krolá Je° M. byłá vczyniona/ y doniesiona, Dostoienstwá ná te Beneficia były wzięte: Tedy niesłusznie by nas y w tym winował / iáko sie máło wyższey pokazáło. Bo/ że po wszytkie látá odszczepstwá Duchownych nászych/ Krolá Je° M. o to prosilismy/ y prosimy: á iákosmy rzekli/ z skwierkiem żebrzelismy/ y żebrzemy/ świádkiem iest Solennis ona Krolá Je° M. obietnicá/ zá instantią prosby nászey o tym / ná Seymie w Roku 1607. zá zgodną wszytkich Stanow vchwałą vczyniona / á ná teráznieyszym blisko przeszłym Seymie reassumowána y ponowiona: że nam K. Je° M. obiecowáć raczy/ wedle Fundáciy y dawnego zwyczáiu od Przodkow swych nam nádánych / nászego Nabożenstwá merè Relligiey Graeckiey ludziom/ Dostoienstwá/ y Beneficia Dostoienstw tych conferowáć y dawáć. Ktora to Krolá Je° M. obietnicą iáko Bozkiemu wyrokowi podobnym słowem vpewnieni y vbeśpieczeni, Osoby ná Dostoieństwá te y Beneficia godne / zá occásią przybycia Przewielebnego Oycá Pátryárchy Jerozolimskiego wybráne y poświecone/ Krolowi Je^o M. ná tymże Seymie przeszłym przez List do koła Poselskiego od nas pisány/ podány/ y publice z roskazánia Je^o M. Páná Márszałká koła tego w głos czytány / præsentowáliśmy/ y o podánie im Beneficij Dostoieństwu ich właśnie należących prośiliśmy/ y teraz prosimy.

Bo ieśli zá tą Krolá Je^o M. pewną obietnicą/ zá gránice te Osoby dla wźięćia poświecenia wysyłáć nam przychodźiło: nierowno słuszniey domá to mieć mogąc/ stáráć śie nam o to należáło. A ieśli Krol Je^o Mość Pan nász M. obietnice swoie Krolewską nam wypełniáiąc/ zá gránice do Pátryárchy nászego/ dla otrzymánia poświecenia Osobom pozwolić wolą miał. (ináczey ábowiem obietnicá K. Je^o M. Páná násze^o M. ziśćić śie y stánąć niemogłá) przecby to w gránicách pánstw Kr: Je^o M. otrzymáne/ y zupełnie ná władzy y ná łásce Iego Krol: M. záwieszone ostáć śie niemogło.

Lecz y nagwałtowney nászey duszezbáwienney potrzebie/ y ná tey pewney v nas y nie odmienney / á iákośmy rzekli/ w pewnośći Bozkiemu wyrokowi podobney Krolá Je^o M. Páná nászego M. obietnicy beśpiecznie polegszy: Dey to/ ták mowićie / że Narod nász Ruski ná to / áby Metropolit y Episkopowie pod posłuszeństwem Oycá Pátryárchy Konstántynopolskiego w Ruskiey Cerkwi poświeceni byli/ zezwoliwszy. wystąpił: niebárźiey I. Reg. cap. 21 iednák/ kto szczyrym sercem według Bogá sądźić będźie/ wystąpił nád Dawidá/ ktory gdy łáknął/ y ći wszyscy ktorzy przy nim byli/ wszedł do domu Bożego/ y iadł chleby Matth. cap.12. pokłádne/ ktorych mu śie ieść nie godźiło: áni onym ktorzy przy

rzy przy nim byli/ iedno tylko sámym Kápłanom. Wystąpiły y te Osoby/ ktore od Przewielebnego Pátryárchy Jerozolimskiego poświecenia Błogosłáwieństwo wźięły: Leuit: ca. 24. mniey iednák/ według wyroku prawdy/ niż wystąpił wielki on Pátryárchá Jákob/ v Oycá y Brátá swego stárszego Błogosłáwieństwo podchwyćiwszy. Genes. cap. 27 Tám áczkolwiek zrządzenie Boskie było / ále woli Oycowskiey / nie rzkąc obietnice nie było: Tu zás y zrządzenie iest Boże/ bo ták śie Duchowi S. y świętym Synodom powszechnym podobáło: Jest y wola Kr: Je^o M. y obietnicá/ po dwá wálne Seymy Solenniter vczyniona/ y ogłoszona.

Vfáiąc tedy świetey spráwiedliwośći/ y Oycowskiemu Krolá Je^o M. Páná nászego M. do wiernych poddánych swych miłośierdźiu/ cále widźimy/ że y poświecone Osoby przed Pomázáńcem Bożym Krolem Pánem swym Miłośćiwym niewystąpiły: nie wystąpił y wszytek Narod nász Ruski/ ktory to po nich zgodnie ták iedynym sercem/ y iedynymi vstámi mieć chćiał. Ale daymy simpliciter że wystąpił Narod nász Ruski/ Electow przed poświeceniem Krolowi Je^o M. Pánu swemu M. nie præsentowawszy: Ach niestetyż/ by to śmieć wolno wyrzec/ co serce pozwala: ále łácno káżdy cobym miał rzec/ diuinowáć może. Snádnie káżdy spráwy tey wiádomy może coniectowáć / że ieśli wykonáney rzeczy/ táką oto od Apostátow złośćią w repulsie zábiega śie / że ledwie coniezywo Osoby te połknąć vśiłuią: Coż rozumiesz z præsentowáno w assens czyniliby? O czásy! ó obyczáie! Widźielić po swych Diœcesiách/ że ták oni nászych Swiąszczennikow Cerkiewnemi obchodámi pogardzáli/ ták nászy ich: zácżym ni Chrztu ś. ni Małżeńskiego Błogosłáwieństwá: ni Spowiedźi: ni zbáwiennych ćiáłá y krwie Syná Boże^o Táiemnic: ni ciał zmárłych pogrzebu iedni bu iedni od drugich záżywáć niechcieli/ y nie záżywáli: ráczey iáko nie ludzie/ nie bez gorzkie° duße swey/ y tych ktorzy ná to pátrzyli/ y teraz pátrzą/ y żyć y vmieráć muśieli y mußą. Do czegoż zátym przyść miáło? do vpadku: Záczym sacra necessitas, to co sie wykonáło/ wykonáć przymusiłá: Assens lub repulsę præsentaciey Poświecenia/ y przed poświeceniem y po poświeceniu/ pod Prześwietne nogi Máiestatu Je° K. M. Páná náßego M. oraz rzućić rádziwßy. Nus ták iest rzecz nieużyta / że ochrániáiąc głowy/ częstokroć sámá nátura dźwigniona reká śiebie ná vraz y ná vpád zá głowe podnośi. Czemuśćie mowią te° wßytkie° od Vnitow nie záżywáli? Nim dálße co rzeczemy/ mowiemy: Czemu tegoż wßytkiego y Vnitowie od nas záżywáć swoim zábrániáli? Coż wiec: Wßyscy oraz Duchowni y Swieccy Koronni y W. X. Lit. y Ruskiego Obywátele/ Szláchtá / Rycerstwo/ y wßytek lud pospolity / pod prześwietne Krolá Je° M. Páná swego M. nogi śiebie służebniczo podesławßy/ łzámi ie náßemi oblewamy: iák Páná y Oycá o Oycowskie wystepku tego przebaczenie / á iák świetey spráwiedliwośći/ Praw náßych y swiebod Opiekuná/ Strożá y Obronce vniżonym sercem/ w słowách wßelkiey powolnośći/ wiernośći y poddáństwá prosimy: aby według Krolewskiey swey vczynioney nam obietnice/ Páńsko y Oycowsko/ miłośćiwie y łáskáwie známi obßedßy sie / Forme Duchowieństwá náßego/ w Przełożonych Duchownych Cerkwie náßey Ruskiey/ te nam záchowáć raczył, ktora w Páństwách tych swoich / pod czás scześliwey swey Koronáciey zástał / wolą swą Páńską y przysiegą stwierdźił. Pod tego Przełożonego Duchownym Błogosłáwieństwem y posłußeństwem Metropolity / y Episkopy áby nam mieć pozwolić raczył / ktoremu sam zá scześli-

ßcześliwego Pánowániá swego przez Vniuersálny list swoy/ według Stárożytnych Praw y swobod náßych/ w Osobie świetey pámięci Jeremiaßá Pátryárchy Konstántynopolskiego/ w Roku 1589. tu w Wilnie bytego / władze y dozor w Duchowieństwie od dawnych czásow iemu należący przyznawßy/ wßelkie spráwy Cerkiewne Duchowieństwu iego przysłußáiące odpráwowáć/ sądźić rządźić/ spráwowáć/ wystepne káráć/ y wßytkie Duchowne Zakonu Græckiego od nastárßego áż do naniżßego Stanu/ w władzy y w posłußeństwie swym miec mu pozwaláć raczy. To vspokoienie w Relligiey náßey Græckiey postánowić y do skutku przywieść áby raczył/ ktore w rozdawániu Dostoieństw y dobr Duchownych według náßey Fundáciey / y dawnego zwyczáiu od Przodkow swoich Przodkom náßym y nam nádánych przyrzekáć/ y iuż to po dwá wálne Seymy obietnicą swą Páńską / niechcąc nam Præiudicium w sumnieniu y w práwách náßych czynić/ vpewniáć nas raczy.

Mowić też tego nikt słußnie nie może/ że sie to nád práwo Cerkiewne od Pátryárchy stáło/ ktory pod żywym Metropolitem y Włádykámi/ z porządnego ná to poświecenia podniesionemi/ inße ná te Dostoieństwá Osoby podniosł y poświecił. Ktoż ábowiem inßy zá godne tego Dostoieństwá sądźić może? lub kto inßy ná Ruską Metropolie y Episkopstwá duchowne Przełożone podnośić y poświecáć práwo ma/ procz sámego Pátryárchy Konstántinopolskiego? ktory w kráiách náßych Ruskich od czásu ochrzczenia sie wßytkiey Rusi z stárożytnych zwyczáiow/ práwem Duchownym y świeckim/ od Krolow Ich Mśći Polskich / y w Wiel. Xiążąt Lit: Przywileiámi obwárowánych/ y przysiegámi stwierdzonych iest absolutus Duchowny Inuestitor. On ie osádźił zá niegodne tych

tych dostoienstw/ on ie wyklął: y ma ie Cerkiew święta Wschodnia/ ktorey oni iáko Synowie od niey z Wody y Duchá odrodzeni/ posłusznemi być powinni byli: ma ie/ mowiemy/ prze złość ich Apostasiey/ zá Apostaty/zá wyklete/ y zá nie żywe. Ktoż mimo własne ich Pásterzá/ mimo Pátryárche/ mowiemy/ Konstántinopolskiego o ich godności y niegodności zdánie ma ferowáć? Ten ie á nie kto inszy zá godne y zá niegodne tego Dostoienstwá vznawáć ma: Ten á nie kto inszy/ ná te Dostoienstwá podnieść ie miał y poświecić: On o ich porządnym ná te Stolice y nieporządnym wstąpieniu wyrok dawáć zupełną władzę ma/ á nie kto inszy. Jákąby powáżność miał w Rzymskim Kościele Arcybiskup Gnieznienski/ lub Biskup Wilenski/ y inszy od Pátryárchy Konstántynopolskiego/ mimo wiádomość y wolą Papieżá Rzymskiego poświecęni: táka záiste á nie inákszą powáżność w Cerkwi Wschodniey ma Metropolit Ruski/ y wszyscy inni Władykowie od Biskupá Rzymskiego/ mimo wiádomość y wolą Pátryárchy Konstántynopolskiego poświecęni. Ták bowiem wiele práwá ma Biskup Rzymski do poświecenia Ruskiego Metropolity y Władyk/ iák wiele práwá ma Pátryárchá Konstántynopolski do świecenia Arcybiskupá Gnieznienskiego/ y inszych Biskupow. Niech kto co chce/ z pokątnych Látopiscow wydziera / y ná oszukánie niewiádomych podáie: My sámy vstáwiczny zwyczay: Práwá przytym/ Przywileiá/ listy Krolow Ich M. Polskich/ y Wiel. Xiążąt Litew: Vniuersálne y Priwatne: y Kroniki nie z podłości wydárte/ále pismá Ludźi w Vrodzeniu zácnych/ w Náuce biegłych/ w Dostoienstwie poważnych pokázuiemy/ y przekłádamy: ktorzy przy wszytkim pomienionym/ wyráznymi słowy wiedzieć dáią o tym/ że Ruś od sámego czásu ochrzczenia sie od

Stryko wsky pagin. 141. Gwag-win.

Pátry-

Pátryárchy Konstántinopolskiego / nigdy ni pod czyim inszym posłuszenstwem Duchownym nie byłá/ tylko pod tegoż władzą/ Iurisdictią/ y Rządem Duchownym po wszytkie przeszłe Chrześciánstwá swego wieki zostawáłá, y zostawa: od niego á nie od kogo inszego Przełożone swoie, Metropolity/ á przez nie Episkopy miewáłá y miewa. Ten tedy własny przyrodny Duchownym y Swietskim práwem vznány nasz Pásterz/ Pátryárchá Konstántinopolski (pocż inszy od Michálá Rahozy pierwszego odstepce Metropolity) osadził/ iego sámego y wszytkie ták Ná-śládowce iego w Apostasiey/ iák y Successory, zá Apostaty/ zá wyklete/ y zá nie żywe. Zaczym my teráznieyszego mniemánego Metropolitá/ y wszytkich odstepnych Władykow zá inákszé mieć nie mogszy/ tylko zá iákie nam są od zwierzchnego Pásterzá nászego w Duchu ogłoszeni/ zá własnego nam Metropolite nieználismy go/ y nie znamy. Przetoż zá pozwoleniem Praw Duchownych/ Przełożone od Pátryárchy Jerozolimskiego Duchowne Osoby / ná owdowiáłe Diœcesie nástąpiły: zaczym żadnego y z tey miáry gwałtu Duchownego nie vczyniły: y Legitimè ná Diœcesij tych dostoienstwá à legitimo Pastore & Inuestitore są podniesione y poświecone.

Cożby to byłá zá powáżność práwá Duchownego/ gdyby Rzymskie w Polszcze y w Wielkim Xięstwie Lit. Kościołá Arcybiskupowi y Biskupom/ swego zwykłego Pásterzá Biskupá Rzymskiego (od ktorego są ochrzczeni/ y ktoremu práwem przyrodnym/ iák nász Ruski Metropolit y Episkopowie Konstántynopolskiemu / pod rząd y władzę iák Synowie Oycowi podlegáć powinni/) wolno było impunè odstąpić? A tych/ktorzyby ich w tym ich odstepstwie nie náśládowáli/ musem zá sobą ciągnąć/ y bezpráwnie turbowáć/ y opprimowáć.

rerum Polon. Tom. 1 pa. 213 Kron. e rus de rebus Polon. lib. 3. pag 13.

G

Zadnego

Zadnego záiſte pod ſłońcem drugiego tákiego Narodu nimáß / iákowy náßi Apoſtátowie chcą mieć Narod náß Ruſki/ áby w Wierze był zá Niewolniká. Co v człowieká bácznego ma być naſwobodnieyße / to oni v nas chcą mieć zá zniewoleńße. Nie ták wierzyß iákoć reſkázuie Odſtepcá Metropolit/ toś Buntownik, Turbator pokoiu poſpolitego / Obrażcá Máieſtatu Krolá Je° M. Zdraycá Oyczyzny/ byś był naſkromnieyßy / naſpokoynieyßy/ nawiernieyßy/ y nayczćiwßy. A pokłoniſzli ſie X. Ruckiemu/ toś nie Zdraycá.

Krotka przerzeczonych obiectii Recollectia: przy ktorey pokłada ſie drugi Je° Kr: M. Páná náßego M. Liſt do Swiete° Oycá Pátryárchy piſány: y Liſt Przewieleb. w Bogu Je° M. Xiedzá Biſkupá Krakowſkiego: tudzież Liſt piſany w tym rázie od Swiete° Oycá Pátryárchy do woyſká Zaporoſkiego.

Wiedzieć maß Miłośćiwy y łáſkáwy Czytelniku/ że gdyby Borecki nie Metropolit / á Smotrzyſki nie Archiepiſkop: by dobrze ſowito ták wiele/ z tym Mężem byli conuerſowáli: y ten świety Mąż był by nie Impoſtor/ ále właſny prawdziwy / iáki ieſt/ Pátryárchá Jerozolimſki: y Borecki y Smotrzyſki byliby nie zdraycy. Pogotowiu o te ták okrutne więzienie vczćiwym mießczánom Wileńſkim nie przyßłoby było: ktorzy o Oycu Smotrzyſkim/ że tym czym teraz ieſt / miał był przyiácháć, lub áby po to miał iácháć/ ták wiele wiedzieli/ iák wiele o tym oboim y ſam on wiedział. Wiedzą to ſámi Przećiwnicy náßi/ iák do tego wyſoce známienitego w Cerkwi Bożey Doſtoieńſtwá duſzá ie° ſkłonna byłá: że y pierwßych ſtopniey ſacri Ordinis ná ſie

wziąć/

wziąć/ wielu inſtanciam Cerkiewnym odmawiał. Ják mu też Doſtoieńſtwá tego Beneficia (ktore ſie teraz od niektogos ambitia dobr/ titułow / y Honoru iemu przypiſuią/) ſmákowáły/ ſámi ćiż Odſtepcy náßi y te° dobrze ſą świádomi: ktorych bárzo łácno mogł był doſtąpić tegdy/ gdy mu od ſámych tych/ ná ktorych miedzy niemi należało/ vltro offiárowána byłá tá ſámá Archiepiſkopiey Połockiey Stolicá: Drugiey potym offiárowaney nie wſpominamy. Ale on od ták wyſokich w Cerkwi Bożey/ zwłaſzczá ſumnieniem záwiedzionych/ doſtoieńſtw vbiegał, y áż do końcá żywotá ſwego/ iáko od ſzkodliwey intriki tey wßeláko alienus / vbiegáć w przedśięwzięciu miał. Aby nie rádá Boża/ ktorey ludzka z potrzeby vſtepuie: y nie głos ludzki/ ktory w tákim dziele głoſem ieſt Bożym: nigdyby z woli iego ſámego do tego było nie przyßło. Ktory w ten ſámy czás/ gdy mu iuż Bozkiey y Ludzkiey rády / Bozki y ludzki głos ſámym ſkutkiem / mimo wßelką/ nierzkąc mießczan Wileńſkich/ y ſtárßego ſwego/ od ktorego był poſłan/ ále y mimo ſwoie własną wiádomość pełnić przychodziło / pod to wdzięczne iárzmo/ v lekkie brzemie P. Chriſtuſowe ßyie ſwoie ſkłonić/ y rámioni podeſtáć zá wolą tego muſiał/ ktory ſercá y wnetrznośći człowiecze wypytuie: y ktorego woli w przećiw iść/ nefandum nefas.

Ale iáko ſie kolwiek zſtáło/ zſtáło ſie mowią źle: Bo ſie ná władze Krolá Je° M. tym poświeceniem targnęło. Mowią poſpolićie, Kto nie vmie dobrze/ muśi ten źle mowić. Człowiek Bogá ſie boiący / y w przyiacielſkiey y w nieprzyiacielſkiey ſpráwy vważeniu/ nie przyrodzonemu affectowi miłośći/ lub nienawiśći w ſobie mieyſce dáie / gdy miedzy prawdą y nieprawdą ſpráwiedliwy wyrok wydáć poſtepuie: ále iſtote rzeczy/ ſznurem lub ſka-

lą ſprá-

ią ſpráwiedliwośći świętey rozmierza y rozważa: Nie
ſłuſznie tedy mowią / ktorzy te dexterum naſze negotium
do Krolá Je° M. Páná naſzego ku ſiniſtre oddáią. Záż
Biſkupy poświecáć Krolewſkiego Doſtoieńſtwá ieſt
władza? Tá ſpráwá / gdyby y od ſámych Apoſtátow / ile
im práwo Duchowne y Swietſkie widzieć w niey pozwala / ſzczyra Determinacie y ſpráwiedliwy wyrok / w tym
ich nagłym y bezpráwnym ná nas náſtępowániu odnieść
byłá mogłá: Gdyby / mowiemy / Odſtępcy náſzi ná ſámą tylko rzeczy ſpráwiedliwość poglądáli byli / á nie y
zá affectem nienawiśći ślepym pędem vnośili ſie, nigdyby / nierzkąc do dálſzych bezpráwnych trudnośći / y do tákich nieludzkich oppreſsiy nas byli nie przywodzili: ále
y do ſámych ſproſnych / nienágánione zacnych ludzi vczć-
ćiwe máiących Proteſtaciy nie rzućiliby ſie byli. Ten
zwłaſzczá / ktoremu ná owo dwoie pámiętáć należáło /
ne ſutor vltra crepidam. Y że / candor ludzi vczćiwych
gorącym mozgiem nie miał być ſzpocony: Dobrego ábowiem człowieká zwyczay tego nie nieśie / tylko ná cudzą
wynioſłość porywczego / á ná ſwą ſzczupłość oćietnego.
Głupiego záiſte to rzecz / dziekćiem omieczyſzczonemi re-
kámá roże do noſá podnośić / y chćieć iey wonność po-
czuć: y rożeć ábowiem wdzięczny zapách przykrym dziek-
ćiowym ſwędem czuć mu ſie muśi. Cnotá / ktora iáſno-
śćią ſwoią żadney ná pozornieyſzey nie vſtępuie Cerze / nie
w piecu ożogiem miotáć okázuie śiebie, y tych / ktorzy
męznym Przodkow ſwoich ryćerſkim dźiełem / y chwa-
lebnemi ſławy zarobkámi / wielką ceną wielkiego doku-
piwſzy ſie Kleynotu / pilnieyſze nań w poczćiwym ſercu
ſwym Szláchectwie miią oko / niż ná zdrowie: ále w o-
kázáłych wieczney pámiątki Munimentách / ná mieyſcu
wynioſłym / wzrokiem nie záwiſnym. Gdyby tedy / iá-

koſmy rzekli / w ſpráwie poświecenia nowo podnieśioney
Zwiątyni Przećiwnicy náſzi iák dekretowáć chćieli / iák
im oboie práwo ſpráwiedliwie pozwala: Nigdyby tego
mowić nie ważyli ſie / że ſie tym poświeceniem ná władzę Krolá Je° M. tárgnęło: Ponieważ / iáko ſie máło
wyżſzey przełożyło / inſzy ieſt obchod Inueſtitury Duchowney / ktory ma we władzy ſwey zupełney Inueſtitor Duchowny: á inſzy świetſkiey / ktory w zupełney ſwey władzy ma Inueſtitor świetſki: y ow poſledni / á on pierwſzy. Kánonnie ábowiem Duchowna Inueſtitura vprzedza / á świetſka zá nią z potrzeby náſtępuie. Bo iák nie
pierwey chrzczony bywa człowiek / niż rodzony: ták nie
pierwey bywa karmiony Biſkop / niż creowany. Zwierzchność Duchowna rodzi Biſkupá przez poświecenie / á
Zwierzchność świetſka karmi tegoż przez podánie beneficiy. Piſmo ábowiem Cerkiew Bożą / ile do Przełożonych
iey Duchownych / vpewnia, że pierśiámi Krolewſkiemi
karmiona być miáłá. Suges lac gentium, & mamilla Re- Eſa. 60.
gum lactaberis. A rodzeni ći być mieli nie od Krolow /
ále á Paſtore & Epiſcopo animarum noſtrarum: od Páſte- 1. Petr.
rzá y Biſkupá duſz náſzych: á oſobliwie od świętego y cap. 2.
ożywiáiącego Duchá iego: według niemylnego vpew-
nienia tegoż Ducha świętego przez Błog: Apoſtołá Páwłá mowiącego: Attendite vobis & vniuerſo gregi, in Actor.
quo vos Spiritus S poſuit Epiſcopos, regere Eccleſiam Dei. cap. 20.
Czuycie pilnie o ſobie / y o wſzytkiey trzodźie / w ktorey
was Duch S. poſtánowił Biſkupy / ábyśćie rządźili Cerkiew Bożą. Duch tedy święty ſtánowi Biſkupy przez
Biſkupy / á nie przez Krole.

Mowią ieſzcze / Niech ták będźie / że Poświecenie ieſt
we władzy Duchowney: ále Oſoby do poświecenia wybráne Kr: Je° M. pierwey miáły być præſentowane /

Verificatia

niż poświecone. O tym iák y o pierwszym máło wyższey dość sie iuż rzekło: tu to tylko mowiemy / że w spráwie podnieśioney Swiątyni o dwie rzeczy Przećiwnikom nászym idźie / o Poświecenie Osob: y o nie Præsentowanie ich. Z ktorych pierwsze / to iest / Poświecenie / áby sie zstáło / iest od R. Je° M. P. nászego M. iuż od lat trzynastu / przez Constitucie w Roku 1607. vczyniona pozwolone / w ktorey Je° Kr. M. nie Metropolitá y Władyki nam stárożytney Relligiey Græckiey Ruśi dáć / ále præsupponuiąc poświecone Osoby / Metropolitowi y Władykom Beneficia podáć obiecowáć raczy. Drugie / to iest / Præsentowanie, (ktore w Ruskiey nászey Cerkwi indifferenter y przed poświeceniem / y po poświeceniu obchodzone być pokazáliśmy /) te od Electorow y Electow / to iest / od Capituły Kiiowskiey / ktora te Electie czyniłá: y od Osob wybránych / ktore sie poświecić dáły: nie ná zniewagę / iáko Nienawiśnicy náśi głoszą / Máiestatu Kr: Je° M. P. nász° M. absit, pod ktore° prześwietne nogi powolna y wierna szyie swoie oni schyláią / iest ominione: ále prze sámą czásu ściśłość rychłe° wyiázdu z Pánstw tych Przewiel: Oycá Pátriárchy: chcąc ie præsentowáć iuż poświecone. Wiedźieli ábowiem oboi dobrze / że iák przed poświeceniem præsentowána Osobá / y z otrzymánym Przywilelem bez otrzymánego poświecenia: ták y po poświeceniu præsentowána / z otrzymánym poświeceniem bez otrzymánego Przywileiu / w Dieceśiey Dostoieństwá swego nie iuridicuie. A iż nie rowno wietsza rzecz iest nam od Krolá Je° M. Páná nászego M. pozwolona / niż námi ominiona: vffamy / że Miłośćiwa Jego Kr. M. łáská / y to mnieysze Narodowi nászemu condonowáć raczy: zwłaszcza gdy sie y te poświecone Osoby przed Bogiem y Je° Kr. M. Pánem swoim M. cále o-

świadczá-

Niewinności.

świadczáią / że to vczynili nie ná zniewagę Máiestatu Krol: Je° M. Páná swego Miłośćiwego / nierzkąc ná zmowie iákiey z Turczynem / lub z Szpiegiem iákim Tureckim w zdrádę: czego nie tylko czynić niemogli / ále áni to im ná myśl przyść kiedy mogło. Ktorym iáko y wszytkiemu Narodowi nászemu ták oto szło / co iest ominione, iák y o owo / áby co Je° Krolewska M. Pan nász M. Constitucia woli swey Páńskiey / mieć nam pozwolić raczył / to nam nie vpłynęło: Máiąc z osobliwego o nas przemysłu Bożego domá to / po coby nam do Konstántinopolá iezdźić Je° Kr. M. miał pozwaláć / gdy obietnicy swey Páńskiey w skutku stánąć miał. Dla tego ábowiem poświeconych Osob defectu / po zeyśćiu z tego świátá Xiedzá Poćieiowym / y niektorych po nim Władyk / tey sie Constituciey dosyć zstáć nie przyszło: Poniewasz komuby te vákuiące Metropolskie y Władyckie Beneficia / według obietnice Krolá Je° M. Páná naszego Miłośćiwego conferowane były / ni Metropolitá ni Władyk nie było.

Jeszcze mowią: Osoby te / ktore teraz ná Beneficiach Dostoieństw tych są / Dánine y Przywileia Krolá Je° M. máią. Wiemy to y my że máią / y choć nád Práwá swobod y Przywileiow Narodowi Ruskiemu stárożytney Relligiey Græckiey nádánych to máią: ná dánine iednák ich y Przywileiá nowo podnieśioney Swiątynie Osoby nie nástepuią: ále w pokoiu / ná łáskę Krolá Je° M. Páná nászego M. nie ták dálece oni z swych Osob / iák z Osoby wszytkiego narodu Ruskiego / ktoremu od Krolá Je° M. Páná nászego M. tá obietnicá iest vczyniona / y ktoremu o tym / á nie im / instantia własnie należy / czekáią.

Mowią ieszcze: Pod żywemi ná tych Stolicách

 Episko-

Episkopámi y Metropolitem / dáli się poświęcić. Przełożywszy to: że Krol Je° M. Pan nász M. narodowi Ruskiemu przysięgą swoią Krolewską to stwierdzić raczył / co tu w Páństwach tych Je° K. M. zástał: á zástał Je° Kr. M. Narod nász wszytek ogulnie pod posłuszeństwem Pátriárchy Konstántinopolskiego / á nie pod posłuszeństwem Biskupá Rzymskie z mowieniy / Ap stárowie náfzi / ile są Ludzie / żywi są, á ile są Duchowni / są nam nie żywi: mowiemy tedy / że dáli się poświęcić pod nieżywemi: co da Bog máło niżey dowodnie pokażemy.

Mowią nákoniec y to / ieśli tey zmázy vyść byli chćieli / czemu pod ták ćięszki ná Oyczyzne czás / kiedy ią krwáwa ręká nieprzyiaciel z porážki Wołoskiey záśmięcił / tego dostępowáć ważyli się: á co wierszá / od Szpiegá Tureckiego: A ná to odpowiedamy: że pierwey byli poświęceni / niż to się zstáło: y Mąż ten ktory ie poświęcał / iák przed záśmuceniem tym / z náwiedzenia Bozkiego / Oyczyzny nászey / v Krolá Je° M. Páná nászego Miłościwego / y v Przeoświeconego Je° Kr. M. Senatu był niepodeyrzánym / zacnym y świętym: co się wiedźieć dáło z Przełożynych Jego Krolewskiey Mośći do niego Listow / y Jch M. P P. Senatorow: ták y po záśmuceniu tym / co się z drugiego Krolá Je° Mośći Páná nászeo M. priuatnego listu / y z listu Przewielebnego w Bogu Je° M. X. Biskupá Krákowskiego do tegoż świętego Męžá / w Niedźiel kilkánaśćie po poświęceniu tych Osob / iuż práwie pod sámy iego z Páństw Krolá Je° Mśći. wyiazd / pisánych: ktore tu ná tym mieyscu / do wiádomośći twey Mśćiwy y łáskáwy Czytelniku donośić / pokładamy, ábyś ná oko obaczył / iák dobrym sumnieniem Odszczepcy niszi tego świętego Męży Szpiegiem Tureckim bezecnią.

Kopia

Kopia Listu Drugiego / od Krolá Je° M. do przewielebnego Oycá Pátryárchy Jerozolimskiego pisánego.

SIGISMVNDVS III. DEI GRATIA, REX POLONIÆ, MAGNVS Dux Litvaniæ, Russiæ, Prussiæ, Mazouiæ, Samogitiæ, Liuoniæ: Necnon Svecorum, Gottorum, Vandalorumq; hereditarius REX.

VEnerabilis deuotè nobis dilecte, dedimus ante aliquot Menses ad Reuerentiam vestram literas nostras, quibus libenter postulatis Reuerentiæ vestræ annueramus, eaq; decausa Cubicularium nostrum quò Reuerentia vestra securiùs per Regni nostri dominia optatum consequeretur effectum, ad eam miseramus. Quia verò aliter rationes Reu: vestræ tulerunt, successusq; alius quàm optabamus, & res totius Christianitatis exposcebat, exercitui nostro in Moldauia cessit: diuina voluntate acquiescere æquum ducimus. Contra communem nihilominus hostem Christiani nominis, ne victoria insolescat, eas copias comparamus, quibus auxiliante Domino impetus eius sustineri queat. Ac in præsenti, exercitui nostro Zaporouiensi hostem communem quàm primùm aggredi mandamus: commisimusq; Internuncio nostro, vt Reu: vestram adeat, eamq; nomine nostro hortetur, vt Reu: vestra, non modo regnorum nostrorum, sed totius Christianitatis rem agi intelligens, huic exercitui sit author, quò voluntate nostræ se morigerum & obedientem præstet. Qua de re fusiùs cum Reuerentia vestra

stra

ſtra Generoſus Bartholomeus Obałkowski Internuncius noſter aget, cui plenam fidem Reuerentia veſtra dabit, in iisq; omnibus voluntati noſtræ ſeſe accōmodabit quàm maximè: quam de cætero benè valere cupimus. Datum Varſauiæ die X. Menſis Nouemb: Anno Dñi. MDCXX. Regnorum noſtrorum, Poloniæ, XXXIII. Sveciæ, XXVII. Anno.

SIGISMVNDVS REX.

Inſcriptio.

Venerabili in CHRISTO Patri THEOPHANO, Hieroſolymitano totiusq; Palęſtinæ Patriarchæ/ deuotè nobis dilecto.

Ktory ná ięzyk Polſki przełożony ták ſie w ſobie ma:

ZYGMVNT III. ZBOZEY ŁASKI KROL POLSKI, WIELKIE Xiąże Litewskie, Ruskie, Pruskie, Mázowieckie, Zmudzkie, Inflantskie: á Swedski, Gottski, Windalski, dziedziczny Krol.

WIelebny pobożnie nam miły / przed kilká Mieśiecy dáliſmy liſt náß do Wieleb. wáßey / przez ktory ochotnie żadániu Wieleb: wáßey złożyliſmy: y dla tey ſámey przyczyny Komorniká náßego / áby Wieleb: wáßá tym beſpieczniey przez Kro-

leſtwá náßego Páńſtwá pożądány przeiazd otrzymał / do Wiel: wáßey poſłáliſmy byli. Lecż iż ináczey zámyſł Wieleb. wáßey padł / y succeſs inßy niż ktoregośmy pożądáli / y ná ktory wßyſtko Chrześćiáńſtwo oczekiwáło / w Wołoßech woyſko náße odniosło: co woli Bożey polecamy. Náprzećiw poſpolite° iednák tego / wßyſtkiego Chrześćiáńſtwá nieprzyiaćielá / żeby ſie z zwyćięſtwá nie nádymał / tákie woyſko zbieramy / ktorymby zá pomocą Bożą naiázdom iego wſtręt vczynić ſie mogł: iákoż y teraz zárazwoyſku náßemu Zaporoſkiemu / ná przećiw poſpolite° tego nieprzyiaćielá iáko narychley wyćiągnáć / y w oczy mu ſtánąć roſkázuiemy. Zlećiliſmy też Posłowi náßemu / áby Wieleb. wáße náwiedźił / y to imieniem náßym przełożył / áby Wiel: wáßá wiedząc / że nie tylko o náße Kroleſtwá / ále o wßytko Chrześćiáńſtwo idźie / woyſku temu do tego przyczyna był / áby woli náßey powolnym y posłußnym ſie ſtáwiło. W ktorey ſpráwie obßerniey z Wieleb. wáßą / Posłowi náßemu Vrodzone° Bárthłomieiowi Obałkowſkie° mowić zlećiliſmy. Ktoremu Wiel. wáßá wiárę zupełną daß / y w tym wßytkim do woli ſie náßey iáko nażycżliwiey ſkonijß. Przytym Wieleb. wáßey zdrowia y wßelkiey pomyślnośći życzymy. Dan z Wárßáwy/ dnia 10. Miesiacá Liſtopádá/ Roku P. 1620. Pánowánia náßego / Polſkiego 33. Szwedſkiego 27. Roku.

SIGISMVNDVS REX.

Nápis Liſtu tego.

Wielebnemu w Chryſtuśie Oycu Theophánowi / Hierozolimſkiemu y wßytkiey Pálæſtyny Pátriárße/ pobożnie nam miłemu ꝛc.

Kopia Liſtu piſánego od Przewieleb: w Bogu Je° M. Xiędzá Biſkupá Krákowſkiego / do świetego Oycá Pátriárchy Jerozolimſkiego.

Przewielebny Miłośćiwy Pátriárcho Hierozolimski.

Słyßawßy od Królá Je° M. że Przewielebność wáßá w tym Króleſtwie/ dla pilnych ſpráw Kośćiołá Bożego być raczyß / zdáło mi ſie ozwáć Przewielebnośći wáßey z powinßowániem dobrego w długi wiek zdrowia/ y ßczeſliwego wßytkich pobożnych zamyſłow powodzenia: á przytym / wiedząc że Przewielebność wáßá o pomnożeniu

wiáry Chrześćiáńſkiey maß ſtáránie/ y do tego wßytkie myśli ſwe obracaß / iákoby ludźie Práwowierni od głownego wßyſtkich Chrześćian nieprzyiaćielá potłumieni nie byli: nie mogę iedno wielce ſie z tad ćießyć/ máiąc ná dźieie/ że Pan Bog ták ſpráwiedliwey ſpráwie z łáſki ſwey pobłogoſłáwi. O to tylko Przewieleb. wáßey proßę/ oczym też y Je° Kr. M. przez Posłá ſwego wſkazał: poniewaz Przewielebność wáßá wielką maß v ludźi Vkráinnych Kozakow powagę/ ábyś ich do te° wiodł y ánimował/ iákoby w ták ćięßkim Rzeczypoſ. náßey/ y wßytkiego Chrześćiáńſtwá rázie ſtátecznie Je° Kr. M. Pánu ſwemu wiáry dotrzymawáli/ ná teráźnieyßą przećiwko Pogáńſtwu służbę ochotnie ſie ſtáwili/ y iáko zá Wiárę S. ták y zá cáłość Oyczyzny záſtáwili: wielką z tad Przewielebność wáßá będźieß miał v Páná Bogá przyſługę / y v tey Rzeczypoſp. zálecenie. A iż Pan Chálecki powinny moy/ Szlachćic znáczny/ bliſko tám Przewielebnośći wáßey mießka/ tedy pilnie go zálecam/ prosząc ábyś go znáć raczył / y łáſkę mu ſwą pokázował. Zyczę zátym Przewielebnośći wáßey dobrego zdrowia/ y wßelákich od Páná Bogá

 ßcześli-

ßcześliwośći. Datum w Wárßáwie/ dniá 1. Grudniá. Roku Páńſkiego. 1620.

Przewielebnośći wáßey
Zyczliwy Przyiaćiel

MARĆIN SZYSZKOWSKI, Biskup Krákowski: Xiążę Siewierskie, Ręką ſwą.

Napis tego Liſtu.

Przewielebnemu w Pánu Chryſtuśie Je° M. Xiedzu Pátriárße Hierozolimſkiemu.

TEn ieſt drugi Królá Je° M. do świete° Oycá Pátriárchy Jerozolimſkiego Liſt/ y liſt Przewieleb. w Bogu Xiedzá Biſkupá Krakowſkie°. Coż ná ten wyſoce poważny/ y wßelkiego poßánowánia godny K. Je° M. Páná nåßego M. Liſt : y ná liſt rákowey ż poważnośći Przewieleb. w Bogu Xiedzá Biſkupá Krákowſkiego świety Máż/ Oćiec Pátriárchá : To záiſte/ co wyſokiey tey Królá Je° M. ludzkośći / y Chrześćiáńſkiego Páná pobożnemu ſercu był winien vczynić: z wielką ochotą/ ßczyrym ſercem / życzliwie powolnym ſługą w tym/ co ſobie od Kr. Je° M. Dobrodzieiá ſwego wielkiego/ y przez liſt zlecone/ y vſtnie przez Je° M. P. Obałkowſkiego nákazáne miał/ ſpráwował. Nátychmiaſt, tá/ ktora mu w cudzym Páńſtwie do nie ſwoich poddánych/ ſobie iedn ik życzliwych należáłá powagą/ w to ſie chutliwie wkłádáiac/ iuż práwie pod ſámy czás z Páńſtw Królá Je° M. wyiázdu ſwego/ przez tegoż Je° M. Páná Obałkowſkiego Liſt ſwoy do woyſká Zaporozkie°/ według woli y ſkazánia Jego Krolewſkiey Mśći. Grækim

ckim iezykiem náterminowány/ á ná Ruſki przełożony/ y poſłány nápiſał ták:

THEOPHAN Z MIŁOSIERDZIA BOZEGO PATRYARCHA IErozolymski, Bożego miáſtá Syonu, Syriey, Arábiey, KánáGálileiey, z onę ſtronę Iordana, y wszytkiey Pálæſtiny.

Hetmánowi/ Pułkownikom/ Setnikom/ Aſáwułom/ Atámánom/ y wßytkiemu przezacnemu y przeznámienitemu Woyſku Zaporoſkiemu/ łáſká y pokoy od Bogá wßechmogacego/ y od Páná náßego Jezu Chriſtá : y Błogoſłáwienſtwo żywot dáiacego Grobu Bożego/ y świetego Jákobá Apoſtołá Brátá/ wedle ćiáłá/ Páńſkiego/ Chrześćiáńſkiego pierwßego Archiereia/ y náßey pokornośći/ niech bedzie z wámi ná wieki/ Amen.

WRzezacny y przeſłáwny Pánie Hetmánie/ Przełożeni Woyſkowi/ y wßytko przechrabre Rycerſtwo/ Synowie w Duchu pokornośći náßey vmiłowáni. By dobrze y roſkazánie Przenaiáśnieyßego Królá Páná wáßego, y włożenie ſie w to do was náße / was niezáchodziło: rozumieć powinni zoſtawalibyſmy / żebyśćie pogladáiac cześćią ná powinnosć wáße Rycerſka/ cześćią ná gwałtowna potrzebe Oyczyzny wáßey : to coby z was Rzemiosło wáße Rycerſkie/ ktorym

 ſie ieſie iednym z dawnych wiekow Wy/ y Przodko wie wáßi páraćie/ wyćiągáło, pod nieprzyiaćie lá Bożego y Chrześćiáńſkie⁰ ná Páńſtwá Prze naiáśnieyßego Krolá Páná wáßego krwáwy náſtep / czynilibyśćie ochotnie. Pogotowiu gdy to wßytko przed ſobą maćie. Przenaiá śnieyßy Krol Pan wáß/ roſkázuie wam iáko záwżdy wiernym y poſłußnym poddánym ſwo im: Ja ſię z przyczyny moiá y proſbą w to wkłádam: Rzemioſłá wáßego Rycerſkiego powinność ná was to wyćiąga: gwałt Oy czyznie wáßey od głownego Chrześćiáńſkie go nieprzyiaćielá / ktorego iárzmo ieſt niezno ſne/ vczyniony, po was tego potrzebuie: áby śćie ſie gotowemi ze wßelką ochotą / wßytką siłą wáßą ná te poſługę/ ná ktorą was Pan wáß Przenaiáśnieyßy Krol Polſki przez Poſłá ſwego/ ktory y nam od Przenaiáśnieyßeº Kro lá liſt oddał/ záćiąga y roſkázuie/ ſtáwili. Przez co y v Przenaiáśnieyßego Krolá Páná wáße go ná łáſkę ku ſobie Páńſką znácznie zádźiáła ćie: y mnie zá was y zá wßytko Woyſko wáße Bogomodlce vſtáwicznego znáć bedźiećie: Oy czyznie w czás potrzebny ná pomocy ſtániećie: y ſławie woyſká wáßego známienitośći doda

ćie.

ćie. Co vczynićie/ naniniey nie watpiemy/ ták dla tych pomienionych przyczyn/ iák y dla tego, áby Przenaiáśnieyßy Krol Polſki Pan wáß/ á náß przeboyny y przemiłośierdny Dobrodźiey poznał z tego/ że ieſteſmy zupełnie życżliwym przyiaćielem temu Chrześćiáńſkieº Kroleſtwu: ktore w biedách y vtiſkách náßych od Pogan / vćieczką ieſt niewolą ſtrapionemu narodowi náßemu Greckiemu: y że tá náßá przyczyná powage v was miáłá. Nádto: y to tą ochotną y známienitą poſługą wáßą łácno od Przena iáśnieyßego Krolá Páná wáßego otrzymaćie / że te podnieſiona przez nas w S. Cerkwi wá ßey Ruſkiey Hierárchie/ Metropolitá/ mowie my / y Epiſkopow/ ná mieyſce od S. Apoſtol ſkiey Konſtántinopolſkiey Stolice odpádłych/ od nas poświeconych/ Conſenſem ſwym Kro lewſkim y Przywileymi zmocni y obwáruie. O co pilno á pilno v Naiáśnieyßego Krolá Páná wáßego vsilnemi proſbámi wáßemi ſtáráć ſie maćie. A my iák zá to Przezacne Kroleſtwo: ták zá Naiáśnieyßego Krolá Polſkiego / y zá wßytek Kroleſtwá tego Senat: y zá was prze chrábre Rycerſtwo P. Bogá / tu y ná wßelkim mieyſcu pánowánia iego: y v Grobu Bożego/

ieśli

ieśli nas do Stolice nászey P. Bog zdrowego doniesie/ prośić nie przestániemy. Zátym powtore łáská y pokoy Boży y błogosłáwieństwo pokorności nászey niech zostáie z miłościa wászą. Amen. Dan z Monásterá Terechtimirowá: Roku od stworzenia świátá 7129. á od wćielenia Syná Bożeº 1621. Miesiącá Stycznia 7. dniá/ Indict. 4.

Podpis Reki.

Θεοφάνης ἐλέῳ Θεοῦ Πατριάρχης τῆς ἁγίας πόλεως Ἱερουσαλήμ.

Tákim sie Listem swoim do woyská Zaporozkiego S. Oćiec Pátriárchá Jerozolimski/ ná roskazánie Królá Jeº M. Páná nászego M. á swego przedwiecznego y przemiłosiernego Dobrodzieiá/ iáko on Jeº Krolewská M. w Liśćie tym swym miánuie/ stáwił. Tym zás Połkownikom y Setnikom ktorzy záwżdy przy nim sie náydowáli/ toż á nie insze częstokroć Oycowsko persuádowáł. Osobliwie iednák Pánu Piotrowi Kunászewiczowi Sáydacznemu/ (ktory go zá Vniuersálnym Królá Jeº M. pozwoleniem/ á zá Woyskowym roskazániem/ z wybornym ludu Rycerskiego Połkiem/ áż do Wołoskiey gránice prowádził/) y inszym Setnikom/ y Mołoycom pod ten czás/ gdy sie iuż z niemi ná Gránicy roziezdzał/ y do cáłowánia ręki ieº przybyte przed sobą miał. to/ (Co czym z Relácyey tych ktorzy przytomnemi temu byli/ wiádomo nam iest/) szyrokiemi słowy przez Tłumáczá persuádowáł/ áby sie iárzmá Pogáńskiego/ ktore vkázował być Chrześciánom ćieżkie y

nieznośne/

nieznośne/ pilno strzegli: od ktorego/ ile po łásce y pomocy Bożey ná siłách ich/ przy mocy inszego Państw tych Rycerstwá iest/ áby miłą Oyczyznę swoie/ á w niey y sámych siebie czule bronili/ vpominał y prosił.

Ták sie oto z tym świętym Mężem przez wszytek czás bytności iego w Páństwách tych Krol Jeº Msc. Pan nász M. obchodził: ták y Ich M. PP. Senatorowie/ iáko z przełożonych Listow y wszytkiego postepku wyráźnie Miłościwy y łáskáwy Czytelniku poiąć możesz: ták y ten Przezacny/ y S. Mąż/ Przewielebny w Bogu Oćiec Pátryárchá Jerozolimski/ z Krolem Jeº M. y ze wszytką Rzeczposp: Oyczyzną nászą. Záś kiedy ták sie Krolowie z Szpiegámi y z Zdraycámi Krolestw swych obchodzić zwykli: lub Szpiegowie y Zdraycy z temi Páństwy y Krolámi ktorym ná zgubę stoią: O Boże wszytko wiedzący/ ty wszytko y widzisz y wiesz/ iák niespráwiedliwie tén wielki/ zacny/ y święty Mąż/ mimo wszelką winę swoię/ te hániebną zmázę od człowieká nieiákiegoś złośliwego ponośić musi: ktory go do tego świętego Páná zá Szpiegá y Zdraycę vdáie/ ktory go vstámi swemi zá człowieká zacnego/ wielkiego/ pobożnego/ y niepodeyźrzánego wszytkiemu Páństwu swoiemu/ przez Priwatne y Vniuersálne swoie Listy podał.

Słyszałeś Miłościwy y łáskáwy Czytelniku/ co w liśćie swym do tego Swiętego Mężá Przewielebny w Bogu Xiądz Biskup Krákowski pisze. Vsłyszawszy/ mowi/ od Królá Jeº M. że Przewielebność wászá w tym Krolestwie dla pilnych spraw Kośćiołá Bożego być raczysz. O święta prawdo/ ácz luto tłumiona być możesz/ zátłumiona iednák nigdy być nie możesz: by ludzie milczeli/ kámienie záiste o niewinność tego świętego Mężá mowiłyby. Od Królá Jego Msci. Xiądz

Luc. 19

Biskup

Biskup Krakowski wziął wiádomość/ że Oćiec Pátriárchá Jerozolimski / dla pilnych spraw Cerkwie Bożey w Kroleſtwie Je° K. M. ieſt : á złośliwy ktoryś iezyk nie wſtyda ſie do tegoż Krolá Je° M. P. náſze° M. vdáwác go/ nierzec 3- nie Pátriárche / ni zá Władyke/ ále zá proſtego Cierncá ; á ku temu zá Szpiegá y Zdrayce. O złosci. Pohámuyże Pánie świety te przewrotne iezyki/ áby pomſty od ciebie y niewinnym przyczyną nie były. Obelżyć ták zacnego człowiekā/ Kápłana Wielkie°/ Stroża Grobu Bożego/ Męża Cudow Boſkich, zaś mnieyſza rzecz/ niżli żywotá go pozbáwić: Oby go tá wiádomość doſztá/ iákby ſie z ochotą ten niewinny Mąż y z zágránice przed Máieſtatem Krolá Je° M. Páná náſzego M. ſtánowił: vffámy / że ten ktory nań otworzył iáme/ á wykopał ią, wpádłby ſam w oń doł / ktory náſtroił: o-

Pſal. 7. brociłáby ſie złość iego / ná iegoż głowe : wſtąpiłáby złość iego ná wierzch głowy iego.

Ninácz tedy teraz iáſzego/ w tey ták widoczney y iáwney tego S. Męża niewinnośći/ pilne° oká w zdrowym

Proue: rozſadku nic nie zbywa, tym/ ktorym ſąd ten należy,

cap. 17. tylko Ne condemnetur iuſtus, iáko Mędrzec mowi / áby nie był potępion ſpráwiedliwy. Hæc dicit Dñus. Facite iudicium & iuſtitiam, & liberate vi oppreſſum de manu Ca-

Hiere: lumniatoris, & aduenam, & pupillum & viduam nolite cō-

cap. 22. triſtare, neque opprimatis iniquè. To mowi Pan: Czyńcie Sąd y ſpráwiedliwość/ y wyzwalaycie gwałtownie vćiśnione° z ręki potwarce/ á Przychodnia / y sieroty y Wdowy nie zaſmucaycie/ áni vćiſkaycie niepráwie. A zás w Zakonie : Maledictus qui peruertit iudiciū aduenæ,

Deute. pupilli, & viduæ: & dicet omnis populus, Amen. Przekle-

cap. 27 ty ktory wywraca ſąd Gośćiowi/ sierocie y Wdowie : y rzecze wſzytek lud/ Amen. Stráſzny to záiſte w ſpráwie Przychodnia y Gośćiá wyrok Boży.

PRAWA

PRAWA DVCHOWNE,

KTORE NAM ODSTEPCY METROPOLITA y Władyk nie pozwaláią mieć zá Duchowne.

Powiedźieliſmy máło wyżſzey / że my Odſtepcow náſzych/ Metropolitá y iego náśládowcow Władyk zá Episkopy nigdy nie znali y nie mieli/ mieć y znáć nie mogli/ po onych wyżſzey położonych przyczynách/ y temi oto świetych powſzechnych Synodow/ y Błogosłáwionych Oycow vchwałámi y wyrokámi vpewnieni / náuczeni/ y od świetych náſzych Pásterzow / Pátryárchow Konſtántynopolſkich oſtrzeżeni czyniliſmy to/ y czynimy: ktore przekładamy.

Mowią Błogosłáw: Apoſtołowie w Kanonie práw swych trzydźieſtym ſzostym/ iż w cudzey Diœcesiey, mimo wiádomość włáſnego iey Episkopá poświecáiący Episkop/ y ſam Dostoienſtwá odpada/ y ći ktorych poświeca/ poświecenia nie doſtepuią. Záczym według poważności te° Błog: Apostołow Kanonu/ Odſtepcy náſi zá Episkopy znáni od nas być nie mogą. — Kanon Apoſt: 36.

Pierwſzego Powſzechnego Synodu świeći Oycowie w ſzoſtym swym Kanonie mowią/ iż ieśliby kto nád wiádomość swego Pátryárchy / od inſzego Pátryárchy był poświecon / áby káżdy tákowy zá Episkopá nie był miány. Dla cze° my náſzych Apoſtatow/ według poważności tego świete° Synodu/ ktorzy nád wiádomość włáſnego swego Patryárchy Konſtántinopolſkiego/ od inſzego Diœcesiey Ruſkiey nienależnego Episkopá ſą poświeceni/ zá Episkopy nie mieli/ nie mamy / y mieć nie możemy. — I. Syn: Powſz: Kan. 6.

Wtorego Powſzechnego Synodu świeći Oycowie w Kanonie wtorym y czwartym/ reaſſumuiąc ſzoſty pierwſzego Powſzechnego Synodu Kanon / mowią / áby zá- — 2. Syn: Powſz: Kanon 2. y 4.

den Episkop w nienależną sobie Diœcesię/ pod drugim E-
piskopem będącą/ nie wstępował: Granic sobie założonych áby nie przechodził: Cerkwiey mimo vchwalone
práwá áby nie mieszał/ y nie turbował. Iż tedy Apostátowie nászi nienależnemu Episkopowi posłuszeństwo
oddawszy y záłożone gránice przeszli / y Cerkwie mimo
vchwały Synodálne pomieszáli y poturbowáli/ zá Episkopy od nas miáni nie byli/ y być nie mogą.

3. Syn: Powsz: Kanon 8.

Trzeciego Powszechnego Synodu świeci Oycowie
w Kanonie swym osmym mowią / iż ieśliby ktory Episkop (lub Metropolit/ lub Pátryárchá) krnąbrną pychą
nadęty/ w cudzey Diœcesiey poświecenia odpráwował /
káżdego tákiego poświecenie nie ma być ważne: A że tákim postępkiem nászi Odszczepcy w Cerkiew nászą są wtrá-
ceni/ poświecenie ich v nas ważne nie było / y być nie
mogło.

Ibid:

Dáley cię Trzeciego Powszechnego Synodu świeci
Oycowie/ w tymże osmym Kanonie mowią / áby káżdey
kráiny práwá nieporuszne záchowáne były: A ieśliby
kto inszą praw Forme wprowádzał/ ważna być nie ma:
A że Apostatowie nászi y práwá Kráiny nászey Ruskiey
náruszyli/ y inszą Duchownych praw/ Narodowi nászemu
niezwykłą/ Formę do Cerkwie Ruskiey wprowádzili: Záczym y oni sámi/ y niezwykła tá Forma v nas ważna nie
byłá/ y być nie może.

Ibid.

Tegoż Trzeciego powszechnego Synodu świeci Oycowie w tymże Kanonie y to stánowią / áby te kráiny/
ktoreby przez Chrzest y Przepowiedniki od ktore° Pátryárchy do wiáry Chrześciáńskiey przywiedzione były /
przy nim wiecznie zostawáły/ á od inszego ktorego Biskupá áby nástępu żadnego nie cierpiáły. A ieśliby ktory
y nástąpił / y gwałtownie ie pod władzę swoie podbił /

ma ich

ma ich koniecznie vstąpić / áby się przez to vchwałam
Oycow świętych gwałt nie dział: y żeby w postáci Cerkiewnego rządu potężnośći nádętość nie pánowáłá.

4. Syn. powsz. Kanon 28.

Nad to / Czwartego powszechnego Synodu świeci
Oycowie w Kanonie swym 28. Thrácie / Pont/ Azie/ y
Bárbárie/ w ktorey części násze się kráie Ruskie zámykáią/
Pátryárszę Konstantinopolskiemu pod rząd Duchowny y władzę poddáli. Z ktorey władze y rządu Duchowni nászi iż vpornie wystąpili/ y od tego Pásterzá y Oy-
cá/ ktory ie w Przodkách ich przez Antecessory swoie do
wiáry Chrześciáńskiey przywiodł y ochrzcił Apostátowá-
li/ słusznie od nas ták Apostatowie opuszczeni zostáli / y
zostáwáć muszą/ iáko nie nászi / ále cudzy/ przez gwałt
ná rząd Cerkwie Ruskiey wtrąceni.

S. Cyr. Alexā. Cano: 2.

Dla czego Błog: Cyryllus Trzećiego powszechnego
Synodu Præses/ w wtorym praw swoich/ szostym y siodmym powszechnymi Synodámi przyiętych Kanonie /
Ieśliby/ mowi/ kto co z tych vchwał / ktore Bogonośni
Oycowie vchwalili y postánowili/ znieważył y náruszył/
nie ma to dispensatią być názywano / ále ráczey præuaricatią / zgwałceniem vchwał / y niezbożnośćią ná Bogá.
Y v nas przeto smiána od Duchownych nászych ná przeciw vchwałam Bogonośnych Oycow spráwá / według
Błog: te° Náucżyćiel i zdánia/ præuericatia iest: iest Zá-
konoprzestępstwo/ gwałt vchwał y niezbożność ná Bogá.

Zosem. Episco. Rom: Tomo Conci. 1. pag. 811.

Przytym y sámego Rzymskiego Kośćiołá Biskup
Zosemus/ Ná przećiw vchwałam/ mowi/ świętych Oycow stánowić co/ álbo odmieniáć/ y Stolice Rzymskiey
powáżność nie może. Y my przeto ná przećiw Oycow
świętych vchwałam/ przez Duchowne násze spráwiony
postępek/ zá nieprzystoyny máiąc/ powáżnośći ien u nie
dáiemy/ y dáć nie możemy. A z Zosemem y Błogosłáw:

Lew

Epist: 95. Lew pierwszy Biskup Rzymski / Zadnym / mowi/ sposobem zá Episkopy poczytáni być ći niemogą/ ktorzy nie są od Cleru wybráni/ od Narodu pożądáni. A záś/ Ci/ ktorzy náprzećiw Kanonom świetych Oycow poświecenia dostepuią/ kto to im przywłaszczyć záchce czego oni niedostąpili: Náśi tedy Apostatowie y od Cleru Cerkwie nászey Wschodniey niebyli wybieráni / y od pospolitego ludu Ruskiego nie są pożądáni / y przećiwko Kanonom poświecenia dostąpili: przetoż my ich zá Episkopy niemieli/ y mieć niemogli: y tego czego oni dostąpić niemogli / przyznawáć y przywłaszczáć im niemożemy.

A to wszytko przełożone/ iest vchwałá y Kanony tych S. Gre. lib. 2. Ind: 11. Episto: 10. czterech powszechnych Synodow/ ktore Błogosłá: Grzegorz W: Biskup Rzymski pryimuie iák cztyry Ewángelia. A my tedy máiąc tego świetego przykłádem/ Cztyry powszechne/ od inszych trzech po nich obchodzonych pochwalone y przyięte Concilia / iák cztyry Ewángelia przyimuiąc/ Apostatow nászych zá Episkopy mieć niemoglismy/ y póki práwá Cerkiewne stoią/ mieć niemożemy.

Homi: 11. in cap. 4. Episto. ad Eph. Błogosłáwiony ná koniec Złotousty/ zwykłego Kanonnego porządku poświecánia Episkopow / ták postrzegáć y bronić rádźi y náucza / iáko y sámey wiáry: Ináczey ábowiem / ieśli káżdemu / mowi/ Episkopowi w nienależney sobie Diœcesiy rząd y spráwowánie porywáć wolno będźie: A ieśli káżdemu łupiego sobie zá gránicámi Diœcesiy Poświećićielá szukáć niebędźie bronno: wszytko śię mieszáć będźie. Náprázno y Ołtarz podnoszony bywa: Nádáremnie iest y zupełne Cerkiewnego ciáłá postánowienie: Prożna y Swiąszczeników liczbá. Co ieśli kto z Práwostáwnych zá rzecz lekką poważy/ y mimo siebie puśći/ on vyźrzy: Ja lekce nieważę / ále czuć o tym y dbáć chcę. To Złotousty świety.

Ná ktore to práwá Cerkiewne/ á przy nich ná práwá Swiebod y wolnośći Narodu nászego Ruskiego / Kr. Ie° M. ść Steph. w Liśćie swym Vniuersalnym w Rok. 1584. przeszli Ich M. Krolowie Polscy pogladáiąc/ wyroki o nas dawáć zwykli/ że Ruś bez przyzwolenia Stárszego swego/ Pátryárchy Konstántynopolskiego w spráwách Duchownych nic stánowić nie mogą: Dla czego mimo wiádomość iego/ do żadnych tákowych spraw ni od kogo w Páństwách nászych poćiągáni być nie máią. A że śię do tychże Duchownych nászych nieporuszonych wiecznych spraw/ y do praw Przodkow swoich Krolow Polskich/ y Krol Je° M. Pan nász teráźnieyszy wolą swoią y wyrokámi przychyláiąc/ y nas przy nich ná wieczne potomne czásy nieporusznie záchowuiąc / ábyśmy od tych przełożonych Duchownych/ ktorzy od posłuszeństwá Pátryárchy Konstántinopolskie° odstąpili/ wolnemi byli/ v żadnym ich nád námi Rządom/ Iurisdictiy/ Práwom/ Sądom y Dekretom podlegáć niebyli powinni/ wyiąć nas według oboich pomienionych Praw nászych/ Duchownych y Swietskich/ y wolnymi od nich vczynić raczył: przekładamy Przywileie y Dekretá Trybunálskie y Constitucie: z ktorych łácno káżdy Praw/ Swiebod/ y wolnośći Postrożcá báczny obaczyć może/ iákim práwem Stárszi nászi od Apostatow nászych Zapozwámi turbowáni bywáią: ktorzy/ by śię ná swoie nágość obeyźrzeć chćieli / á obaczyć/ w iákim są w Cerkwi nászey położeniu/ zá práwidlnym Ruskiey Diœcesiey Metropolitowi należnego Konstántynopolskiego Pátryárchy wyrokiem: widźieli by to ná oko/ że iák wiele vmárły/ ták wiele y oni w spráwách Cerkwie Ruskiey mogą/ od należnego sobie Páná w Duchu Pásterzá y Oycá z Cerkwi nászey Ruskiey elimitowáni zostawszy. W czym nie nas/ ktorzy im tey złośći nie dopomagamy/ y w odstepstwie tym nie náśláduiemy ich: ále ſámych śiebie y przodki ſwe winowáć máią: ktorzy ni nam pierwey/ ni nawyżſzey ſwey w Duchu Zwierzchności / Oycu Pátryárſze Konſtántynopolſkiemu o tym wiedzieć nie dawſzy/ podſtepnie nas znagłá odbieżeli: rozumieiąc że nas ták bydło po woli ſwey gdzieby chćieli zápedzić mieli: od Páſterzá też ſwego impunè to vczynić mogli. Ale zá tę ſwą nieopátrzną ná nas Owce y ná Páſterzá ſwego rzuconą zniewagę / od nas owiec ſą ſpráwiedliwie opuſzczeni/ á od Páſterzá excommunicatią z Cerkwie Bożey prawidlnie zoſtáli elimitowáni.

Chćieyćież wiedzieć Práwoſławni Spolwyznawcy náſzi / iákich oto Páſterzow nád ſobą mieliście? Jákich Swiáſzczennikow/ iákich Włádykow y Metropolitá? Kogośćie nád ſobą w Archiereyſkiey ozdobie widzieli? od kogośćie poświecone Swiáſzczenniki mieli? co ten inſzym dawáć mogł/ czego ſam nie miał. Gdźie ienokolwiek w práwá Duchowne weyzrzyćie: wſzedzie ie dziurą w dwor Owiec Chryſtá Páná wlázłe naydźiećie. Wam y Cerkwi wáſzey Ruſkiey Láikámi / ludźmi proſtemi y niepoświeconemi być ie obaczyćie. Apoſtołowie święci y Bogonośni Oycowie / przez ſwe Duchem Bożym nátchnione Vniwerſálnych Synodow vchwały/ tákiemi być ie wam vkázuią. Jgrzyſkoż to być rzecze kto/ że ich oni zá Epiſkopy znáć y mieć nie każą? Żárty to być porozumie kto/ że im oni poświecenia nie przyznawáią? Będą záiſte tym ſpoſobem wſzytkie świetych Apoſtołow y Bogonośnych Oycow Synodálne vchwały igrzyſká y żárty: á zátym wſzelkie Cerkiewne od świetych powſzechnych Soborow vchwalone ordinacie: wſzytkie pobożności Dogmata/ rzucone bedą w zniewagę. Słyſzeliśćie o tym wielkiego Náuczyćielá Cerkiewnego Złotouſtego ś.

poważną

poważną náukę/ y wieczny o náſkákiwániu ná cudzą Dioeceſię nienależnego Páſterzá wyrok/ mowiącego/ Chirotoniey, álbo Rąkowkłádánia Duchownego ſpráwę gdźie podźieieſz? Ktora zá tákim odſtepnikow poſtepkiem vpádywa y ginie. Coż zá pożytek z iey vpadku y zguby? Ktorey ták vprzeymie ſtrzec y bronić potrzebá / iák y ſámey wiáry. Y dáley/ iáko ſie máło wyżſzey/ z tego świetego Náuczyćielá poważney náuki/ przełożyło: ktory rzekſzy to/ iż przez odſtepſtwo Rękopołożenia ſpráwá vpada y ginie: ták Duchem świetym ſporządzoney / y Cerkiewnemi práwámi ſtwierdzoney Rękopołożenia ſpráwy ſtrzec y bronić vczy/ iák y ſámey wiáry. Vchowayże tedy Chryſte Pánie/ ábyſmy zá żárty y igrzyſká świetych Apoſtołow y Bogonośnych Oycow Synodálne powſzechne vchwały rozumieć mieli. O wſzytkich ábowiem tych przełożonych od nas Synodálnych Kanonách rzeczone ieſt/ ták ſie Duchowi ś. podobáło/ y nam. Záchowáli to świątobliwie wſzyſcy pobożni Przodkowie náſzi w ſwey poważnośći: Záchowuią y teraz pobożni ich potomkowie/ y poki bieg ſłońcá/ táſką Duchá ś. wſpomożeni/ záchowywáć będą nieporuſznie. A z Błog: Złotouſtym (mowiącym / Jeśli kto z Błáhoczeſtiwych zá rzecz lekką to poważy/ y mimo śiebie puśći/ on vyzrzy: Ja lekce nie ważę/ ále czuć o tym y dbáć chcę:) ná bezzakonne to Apoſtátow náſzych dźieło / poty wołáć nie przeſtáno/ áż ich zá pomocą Bożą/ álbo do obaczenia ſie przywiodą/ álbo od śiebie zbędą.

Rzecze ſnać kto / zaż od Rzymſkiego Biſkupá poświeceni Biſkupowie Biſkupiego Doſtoieńſtwá y władzy niedoſtepuią? Mowiemy. Nam ná ten czás nie o tym rzecz ábyſmy vważáli/ ieſliże od Rzymſkiego Biſkupá w właſney iego Dioeceſij poświeceni Biſkupowie /

ſą zupeł-

Homi. 11. in cap. 4. Epiſto. ad Eph.

Ibid.

ſą zupełney władze Biſkupowie : ále o tym / ieśliże nád wiádomość y wolę włáſnego naſzego Episkopá / to ieſt / Pátryárchy Konſtántinopolſkiego wtrąceni od Biſkupá Rzymſkiego w iego Diœceſię Rękopołożeney / ſą zupełney władze Biſkupowie : Cákowych my (iákowi ſą y náſzi przez nius y gwałt / pace eius dixerimus, ná kárki náſze od niego wſádzeni / y do Cerkwie náſzey Ruſkiey mimo práwá Cerkiewne wtrąceni /) powáżnością Przełożonych praw Duchownych vpewnieni / zá Episkopy nie znamy / y znáć nie możemy.

A ſkądby Pátryárchá Konſtántinopolſki należny nam był Páſterz / y Oćiec w Duchu : Byſmy nic innego ná to nie mieli / tylko owo / że on nas odrodźił w Chryſtuśie Pánie : że on Przodki náſze przez Wielkiego Włodźimirzá / do poznánia prawdźiwego Bogá z Pogáńſtwá przywiodł / ochrzćił / y wſzytkim dobrem Duchownym opátrzył : Xięgámi rozmáitey pſálmodiey / Hymnow cáłorocznych y codźiennych : Liturgią świętą / Poſtillámi / y wſzelkim inſzym zbáwiennym ſporządzeniem Cerkiewnym opátrzył / y przyozdobił : Doſyćby nam ná pokazánie należności iego do nas było. Ale mamy ná to práwá Synodow powſzechnych : Mamy práwá Pánow náſzych Krolow Polſkich : One przekleſtwem ná Przeſtępniki obwárowáne : A owe przyśięgą ná Gwałtowniki ſtwierdzone. Duchowne práwá ktoreby były / ácz w krotce / prawdźiwie iednák y dowodnie iuż ſię przełożyły : Ażeby y Swietſkie temu / komuby o nich wiedźieć należáło práwá náſze niektore / Narodowi Ruſkiemu względem wolności Relligiey / pod poſłuſzeńſtwem Pátryárchy Konſtántipolſkiego / od Krolow Polſkich nádáne wiádome były / y tych Summáriuſz przekłádamy.

PRAWA

PRAWA SWIETSKIE,

KTORE NAS ZWŁADZY ODSTĘPCY Metropolitá y Władyk wyimuią.

Pierwszy Przywiley.

Swiętey pámięći Krolá Stephaná / pod Datą 1585. Roku / Iż bez pozwolenia Pátryárchy Konſtántinopolſkie / do żadney w Kálendarzu / Ceremoniách y Nabożeńſtwie ſwym odmiány / Ludźie Stárożytney Relligiey Greckiey przyſtąpić niemogą.

Drugi.

Przywiley tegoż S. pámięći Krolá Stephaná / pod Datą 1586. Roku / o wolnym świąt Ruſkich vżywániu y nie vćiążeniu / áni przymuſzániu nas do poſłuſzeńſtwá Rzymſkiego Kośćiołá / nád Stárowieczne náſze práwá y zwyczáie.

Trzeći.

Przywiley teráźnieyſzego Krolá Páná náſzego / pod Datą 1589. Roku / dány Pátryárſze Konſtántinopolſkiemu / Przewielebnemu Hieremiaſzowi / ná wolne w Páńſtwách Iego Kr : M. rządy Duchowne / ſądy / nieposłuſznych karánie / z gruntownym Iurisdictiey iego potwierdzeniem.

I Czwar-

Czwarty.

Tegoż Krolá Je° M. Páná náßego M. Przywiley / pod Data tegoż 1589. Roku / dány temuż S. Oycu Pátryárße Konstántinopolskiemu ná porządki Bráctwá náßego Cerkiewnego Wileńskiego / ktorym y grunty Bráckie z Jurisdictiey / płatow / podátkow / y powinnośći Mieyskich wyimowáć raczy.

Piaty.

Przywiley Seymowy tegoż ßczęśliwie nam pánuiace° Krolá Páná / pod Data 1592. Roku / ktorym Je° Kr: M. Pan náß Miłośćiwy / wßytkie porządki Bráckie / od Pátryárchy Konstántinopolskiego postánowione / stwierdza / pozwaláiąc Cerkiew ná gruncie(c)h náßych Murem y drzewem budowáć / Domy skupowáć / Szkoły y Drukárnia mieć / Ludźi Duchownych dla Nauki Narodu Chrześćiáńskiego / y innych spraw Cerkiewnych odpráwowánia / według potrzeby chowáć / wyimuiąc od podátkow / y Jurisdictiey Mieyskich / tákże iuż kupione domy y plácy / iáko y ktoreby sie nápotym przykupili.

CONSTITVCIA ROKV PANSKIEGO 1607. O RELLIGIEY GRÆCKIEY.

Uspokaiáiąc Relligie Grecką / ktora zdawna ma swoie práwá / wáruiemy: iż Dostoieństw y dobr duchownych inákßym práwem nie mamy rozdawáć / iedno wedle ich fundáciey y dawnego zwyczáiu Przodkow náßych im nádánych: to iest / ludźiom Szláchetskim narodu Ruskiego / y merè Relligiey Græckiey / nie czyniąc im præiudicium w sumnieniu y práwie ich: áni wolnego odpráwowánia nabożeństw / według dawnych obrzędow ich zábraniáiąc y przeßkadzáiąc. Beneficij też Cerkiewnych dwoygá Osobie iedney conferowáć nie mamy. Ale Metropolię Metropolitowi / Władyctwá Władykom / Archimándrytstwá Archimándrytom: y ták subsequenter o drugich rozumieć sie ma / iáko ßerzey o tym Przywiley od nas ná tym Seymie dány obmawia. A ktoby dwoie Beneficia ná ten czás trzymał / tákowy nadáley do Roku iedno puśćić ma / pod zápłáceniem winy tysiącá grzywien Delátorowi / o co forum ná Sey-

nie ad instantiam Posłow Ziemskich. A dobr
Cerkiewnych od Cerkwi alienowánych / we=
dług Constituciey Anni 88. o tym opisáney /
ktora teraz reássumuiemy / dochodzić máią
Dzierżáwcy iednák Kwásowá/Tárnkow/Ja=
niewicz/Liplan/Buremczá/ Moderády/ Te=
remney przy práwie swym zostáć máią. Brá=
ctwá też Cerkiewne Relligiey Græckiey przy
Práwách y Przywileiách ich zostáwuiemy. A
nápisámi przy Ewángeliách dobr Ziemskich
Szláchecktch dochodzić y pozyskiwáć nie máią
te Cerkwie / ktore teraz nie máią w tych do=
brách posessiey. Processy przy tym y postepki
práwney bánnicie / ktore ná Osobách Ducho=
wnych w ktorymkolwiek sądzie zászły y otrzy=
máne są / ták w Koronie/iáko y w Wielkim X.
Litewskim kássuiemy / y pozwánych od nich
wolnemi czyniny.

Ná tymże zaraz Seymie ná vspokoienia nászego w Relligiey vpewnienie wárownieysze / táki Narodowi ná=szemu Ruskiemu / Ludziom merè Relligiey Græckiey Krol Je° M. Pan nász M. Przywiley dáć raczył.

ZY-

ZYGMVNT III. Z BOZEY LASKI KROL POLSKI, WIELKIE Xiążę Litewskie, Ruskie, Pruskie, Mázowieckie, Zmudzkie, Inflantskie: á Swedski, Gottski, Windalski, dziedziczny Krol.

Oznáymuiemy tym Listem nászym wszem w obec y káżdemu z osobná / ko=muby ieno o tym wiedzieć należało / ninieyszym y ná potym bedącym: Iż donosili nam ná Seymie teráznieyszym wál=nym Wárszáwskim / Posłowie Ziemie Kijow=skiey / Wołyńskiey / y Brásłáwskiey imieniem Bráci swey ludzi Relligiey Græckiey / iákoby ná stárodawne Práwá Przywileia od Przod=kow nászych swietobliwey pámieci Krolow Ich Mści Polskich / Wielkich Xiążąt Litew: y Ruskich / Przodkom ich Obywátelom Páństw nászych / wszem Stanom Relligiey Græckiey / Ruskiey nádáne / vbliżenie y beszpráwie w wolnym vżywániu Wiáry swey mieli pono=sić: Cerkwie Ruskie bez porządnych Páste=rzow ná chwale Bożey y ná zwykłym porząd=ku swym schodzić y vmnieyszenie bráć: Slu=bow Małżeńskich / Chrzczenia dziatek / y inych Chrześciáńskich Sákrámentow y nabożeństwá

Jiż według

według zwyczáiu/ porządku/ y obrzędow Græckich/ á Kanonow Oycow Swiętych ná Synodách postánowionych mieć nie mieli/ proßąc nas ábyśmy w tym im krzywdy y vćisku y vbliżenia ponośić nie dopuśćili: ále przy dawnych zwyczáiách práwách y wolnośćiách Cerkwie Zakonu Græckiego/ y Ludźie tey Wiáry w Páństwách náßych záchowáli. Pásterzow y Przełożonych ich Duchownych Archiepiskopá Metropolite/ Władykow/ Archimádrytow y inych Swiaßczennikow według tychże praw y przywileiow nápotym záwżdy podawáli. A tey Wiáry stárożytney Chrześćiáńskiey Græckiey/ we wßem wolnie cále spokoynie y bespiecznie im vżywáć dopuśćili/ wárowáli/ y vpewnili. My prosby ich w tym wysłuchawßy/ á chcąc áby pod ßczęśliwym pánowániem náßym/ iáko káżdy weselit sie z wolnośći/ swobod y práwá swego/ ták osobliwie wßytkie stany y Ludźie tych Páństw náßych/ ktorzy są Relligiey Chrześćiáńskiey Kátholickiey Græckiey/ áby żadnego vbliżenia krzywdy y bezpráwiá nie ponośili/ ále spokoynie wolnie y bespiecznie wiáry y nabożeństwá/ według Zakonu Græckiego y obrzędow swych vżywáli/

żywáli/ wßech Ludźi tey Wiáry Obywátelow Páństw náßych/ według praw Przywileiow y wolnośći/ od Przodkow náßych Cerkwiam y Wierze Græckiey/ tákże stanom y ludźiom tey Relligiey Duchownym y Swietskim z dawna nádánych/ we wßem cále y zupełnie záchowawßy/ tym listem Przywileiem teráznieyßym wáruiemy/ iż wßelákie Stany/ y Osoby ludźie Relligiey Græckiey Duchowne y Swieckie Wiáry swey według stárodawnego zwyczáiu/ porządkow/ obrzędow/ y ceremoniy Cerkwie Græckiey Orientalney/ wolnie bespiecznie y spokoynie vżywáć/ y nabożeństwá swe odpráwowáć maią y wolni będą. A iáko z dawna tá Wiárá/ y stárodawne porządki Cerkiewne náuki y pismá od Oycow Swiętych ná Synodách podáne máiąc/ przez długie látá trwáłá: ták y teraz ni wczym nienáruszenie trwáć y záchowána być ma. Pásterzow też ábo Przełożonych Duchownych/ Władykow/ Archimándritow/ Ihumenow/ y innych Cerkiewnych Náucżyćielow y Przełożonych/ według tychże praw Przywileiow y wolnośći z dawna nádánych podawáć y przekładáć mamy/ y do żadney odmiány obrzędow przymußáć ich nie każemy/

żemy: ále iak zdawna bywáło/ y iáko ſtáre Kanony y Przywileia ich opiſuią/ gwałtu n tym y przymuſzenia żadnego mieć nie máią / y owſzem wolności y dobrey woli ſwey w tym wſzytkim záżywáć máią / według Kanonow SS. Oycow / y dawnych praw Przywileiow/ Swobod/ wolnośći y zwyczáiow ſwych. Y ná to dáliſmy ten náſz Przywiley z podpiſem ręki náſzey Krolewſkiey/ y pieczęćią Koronną. Piſan w Wárſzáwie ná Seymie walnym Koronnym Roku 1607. Mieśiacá Iuniá 18. dniá: Pánowánia Krolestw náſzych/ Polſkiego 20. á Szwedſkiego 14. Roku.

SIGISMVNDVS REX.

Zácháriáſz Iełowicky Sekretarz y Piſarz.

O teyże Greckiey Relligiey Conſtitucih, Roku 1609.

Iż Ludźie Relligiey Greckiey grunto-wnieyſzego vſpokoienia Relligiey ſwey/ y obiáśnienia Artykułu ná przeſzłym Seymie o tym vczynione° potrzebowáli. Tedy teraz prze náwálność ſpraw przyść do tego

niemogąc/ odkłádamy to wteyże mocy do drugiego Seymu bliſko przyſzłe°. A interim záchowawſzy w cále Conſtitucią przeſzłego Seymu/ wáruiemy / áby ći Przełożeni Duchowni/ ktorzy Vnią z Kośćiołem Rzymſkim przyieli/ tym ktorzy przeſtawáć z niemi niechcą / wzaiem z drugiey ſtrony tym co wnieyſą / żadnym ſpoſobem y prætextem oppreſsiey y przenágábánia ieden drugiemu nie czynili. Ale w pokoiu we Władyctwách/ Monáſteriách / Cerkwiách/ y dobrách Cerkiewnych ták w Koronie iáko y w Wiel: Xieſtwie Litew: záchowáni być máią: pod winą dźieśiąći tyśiecy złotych / ktoby co ná potym przećiw temu vczynił: o co forum ne Trybunał/ niewkłádáiąc w to Sędźiow Duchownych / vkázuiemy. Táka byłá námowiona Conſtitucia: Lecz po zawártym Seymie/ owy punct wyrzućiwſzy/ Nie wkłádáiąc w to Sędźiow Duchownych / włożono ná to mieyſce/

Tego dokłádáiąc/ iżieſliby co ktora ſtrona gwałtem/ álbo iákimkolwiek ſpoſobem od Seymu przeſzłego drugiey ſtronie odiętá: tedy o to wolne práwem czynienie przed Trybunałem compoſiti iudicij zoſtáwuiemy. przećiw ktorey odmiánie vchwały Seymowey/ zaraz tegdyż proteſtácie záſzły.

O TEYZE RELLIGIEY GRÆCKIEY
Conſtitucia Roku 1618.

Iz dla náwálnych ſpraw Rzeczypoſpolitey/ nie przyſzło do vſpokoienia doſkonáłego Relligiey Græckiey ná teráźnieyſzym Seymie / tedy to odkładamy do przyſzłego bliżſzego Seymu: pod ktory czás ludźie Relligiey Græckiey / Duchowne y Swietſkie záchowuiemy w pokoiu y w wolnym y zwykłym nabożeńſtwie: do ktorego nie máią być przymuſzáni/ áni práwem pociągáni.

O TEYZE RELLIGIEY GRÆCKIEY
Conſtitucia Roku 1620.

VSpokáiáiąc Relligię Græcką/ Conſtitucie Roku 1607. reaſſumuiemy, y według niey w rozdawániu Beneficij Cerkiewnych/ in futurum záchowáć ſię mamy.

DECRETA TRIBVNALSKIE
ZMOCNIAIACE DEGRADACIE ODSTĘPnego Metropolita y Włádykow, od S. pámięci Meletiuſzá Pátryárchy Alexándryiſkiego: Topotyrity Patryárchiey Konſtántinopolskiey, przez liſtowne Decreta wydáną.

Pierwſzy Decret Roku 1605. w ktorym ſąd głowny Trybunálſki Pocieiá Metropolite odſtepnego

ſtepnego

ſtepnego/ zá ſtárſzego w rozćiągániu Iurisdictiey nád ludźmi Relligiey Græckiey/ pod błogoſłáwieńſtwem Pátryárchy Konſtántinopolſkie° trwáiącemi/ nie vznawa: y Metropoliey go (accommoduiąc ſię decretu Exárſzynemu) Kiiowſkiey y wſzytkiey Roſsij oddala.

Drugi tegoż Roku: w ktorym tenże Sąd głowny Trybunálſki Bráctwo náſze Duchownych y Swietſkich/ wolne czyni od odſtepce Metropolita wiecznymi czáſy: zá zwierzchnego nam nie vznawa go/ y od przyſądu iego nas wyłącza: á nákázuie mu vkrzywdzenia ſwego v Pátryárchy Konſtántinopolſkie° / przyrodnego w tym Páńſtwie Páſterzá Ruſkiey Cerkwie/ lub v Exárchy iego ná nas dochodźić.

Trzeći Roku 1609. w ktorym Sąd głowny Trybunálſki przed ſobą forum vznawa Pocieiowi odſtepnemu Metropolićie: y to słowko compoſiti iudicij odćina: do tego Monáſtei S. Troycy Bráctwu náſzemu ná wieczne cżáſy przyſądza.

Cżwárty tegoż Roku: w ktorym tenże głowny Sąd Trybunálſki/ tákże forum przed ſobą temuż vznawa: á Decretá koła Duchownego

 kſśuie

káſuie/ y wßytkie záDworne Proceſsa znosi.

Piaty tegoż Roku: w ktorym tenże głowny ſad Trybunálſki/ tákże forum przed ſoba odſtepcy Metropolitowi Pocieiowi vznawa: ſámego ná vpad w rzeczy zdawa: Cerkwie wßytkie Wileńſkie Protopopie/ Popom/ Ławicy Ruſkiey/ y wßytkiemu Bráctwu Cerkiewnemu/ ludźiom Relligiey Græckiey przyſadza: á pozwy do koła Duchownego zápozywáiace wyniesione/ káſuie/ y annihiluie.

Szoſty Dekret w Roku teráźnieyßym 1621. w ktorym Sad głowny Trybunálſki/ vznawßy iż Przywileiá/ Liſty Krolow Ich M. Pánow náßych zeßłych/ y Je° Kro: M. Páná náßego M. teraz nam ßcześliwie pánuiacego od nas pokładáne/ ná Cerkwi dobrá y porzadki Duchowne/ nie Vnitom teráźnieyßym/ ále włáśnie ludźiom Relligiey ſtárożytney Græckie/ Metropolitó y Duchowieńſtwu ich/ pod władza y poſłußeńſtwem Pátryárchy Konſtántinopolſkiego bedacym ſłuża/ y nam nádáne vchwálámi Seymowemi potwierdzone ſa. Oznawßy też wedle vchwał Seymowych y Dekretow ſadu głownego Koła wielkie° od nas pokładánych y forum przed ſoba: áby tá

ſprawá

ſpráwá gruntowne vſpokoienie wźiać mogłá/ nas ludźi merè Relligiey Græckiey/ z ſtrona Vnitow przećiwna (záłożywßy wine dźiesieć tyśiecy złotych/ áby iedná drugiey ſtronie żadney oppreſsiey y præiudicium nieczyniłá) ná ſad Je° Kr: M. Páná náßego M. y wßytkich ſtanow Seymowi należacych/ ná Seym bliſko przyßły odeſłał.

Ze Nowopodnieśiona Swiátyni bez nie vßánowánia Máieſtatu Królá Je° M. w Titułách ſwych/ pewnym ſpoſóbem ogłoßona być mogłá.

Pokázawßy tedy Miłośćiwy y łáſkáwy Czytelniku/ z świetſkich y z Duchownych praw náßych dowodnie to/ że nowo podnieśiona Cerkwie Ruſkiey Hierarchia legitimè zá łáſka Boża ieſt podnieśiona: y że wßyſcy ći ßeść Epiſkopow [bo nam śiodmy Błahoczeſtiwy Epiſkop Lwowſki ießcze zoſtawał] á ośmy Hierarcha Metropolit od Przewielebnego Oycá Pátryarchy Jerozolimſkiego poświecení/ ná owdowiáłe (według tychże przełożonych Duchownych y Swietſkich praw náßych) Diœceſie ſa poświeceni. Pokážuiemy y to/ że poświecone ná te Doſtoieńſtwá Osoby/ bez Titułow pewnych ſtolic Epiſkopſkich poświecone być nie mogły: y iże ſwym ſpoſobem Tituły ich bez żadnego nievßánowánia Máieſtatu Kr. Je° M. Páná náßego M. ogłoßone być mogły/ y muśiáły.

Położywßy tedy to zá rzecz pewno/ według wiecznych Kanonow Cerkiewnych/ że żaden Epiſkop bez pe-

 wney

Verificatia

wney Diœceſiey poświecenia doſtepowáć niema/y doſtąpić nie może: Bo nie ográniczonym Diœceſia Episkopem być/ Apoſtolſkiey doſtoyności ieſt właſność/á nie Episkopſkiey. Mowiemy/ Narod náß Ruſki po te dwádzieściá ßeść lat Krolá Je° M. Páná ſwe° M. proßąc o Metropolitá y o Episkopy/nie o inßych Stolic Titułow Episkopy y Metropolitá prosił / tylko o tych ná ktorych z dawnych wiekow Ruſkiey Cerkwie Episkopowie reſidowali/y Metropolit præſidował: bo choćiaż inßych Episkopow y Metropolitánow cudzoziemſkich / po te wßytkie látá / wielu w Páńſtwách Je° Kr. M. porożnych mieyſcách reſiduiacych miał/y teraz ma: iemi ſie iednák iáko nie ſwoiemi [choc teyże y iedney wiáry] contentowáć niechćiał y nie mogł: ále y pod vſtáwiczną tych tákowych Episkopow y Metropolitanow bytność/ vſtáwicznie o ſwe° Duchownym y Swietſkim práwem ſobie należnego Metropolitá y Episkopy/ z tych Stolic Titulámi/ktore iuż práwem/y ſámym ſtárowiecżnym zwyczáiem ſą vprzywileiowáne / prosił. Krol też Je° M. Pan náß M. gdy narodowi náßemu te przełożone Duchowne przywroćić in futurum obiecuie / nie inße nowe Episkopie y Metropolia podnośić/ále do tych z dawná vprzywileiowánych Stolic dáć ie obiecowáć raczy. Zácżym iák Pátryárchá Konſtántinopolſki/ ktory ieſt náßym Inueſtitorem Duchownym/ do nieſtych inych w Páńſtwách Krolá Je° M. Páná náßego M. Stolic Episkopſkich/ nikogo przez poświecenie inueſtiowáć nie mogł: Ták y Krol Je° M. Pan náß M. ktory ieſt Inueſtitor Swiecki/ nie nowe Stolice Episkopſkie y Metropolitáńſko podnieść obiecowáć raczy: ále te zwykłe ſtárodawne przywroćić/y dáć tym Episkopom y Metropolitowi / ktorzyby według wiecżnego w Cerkwi Ruſkiey zwyczáiu od Pátryárchy Konſtántinopolſkiego byli poświeceni. Poświe-

Niewinności.

40.

Poświeca tedy Pátryárchá Konſtántynopolſki przez Brátá y ſpoł Episkopá ſwego Pátryárche Jerozolimſkiego/ Metropolite Ruſkiego y Episkopy/ á poświeca nie bez pewnych Diœceſij: y tych nie nowych / ále ſtárożytnych/ ktorych inueſtitura Duchowna w iego reku/ á inueſtitura świetſka w reku Krolá Je° M. Páná náßego M. Krol ábowiem Je° M. przyrzekáć narodowi náßemu raczy/ że doſtoieńſtw Duchownych wielkich y máłych Græckiego Zakonu bedących niechce vmnieyßáć áni zátłumiáć/ y owßem w cále záchowáć. Pátriárchá zás bez Conſenſu y pozwolenia Krolá Je° M. nowych Diœceſij podnośić władzy nie ma: zácżym poświacáiąc/ według władzy ſwey Duchowney Oćiec Pátriárchá Metropolite Ruſkiego/ muśiał go poświećić do pewney Diœceſiey, ktora ſie tytułuie Metropolia Kijowſka y Hálicka y wßytkiey Ruśi: Rownie poświącáiąc wßytkie inße Ruſkiey Cerkwie Episkopy/ do pewnych ie Diœceſij/ ktore ſie tytułowáć zwykły ná Włodzimirzu y Brześciu: ná Połocku/ Witepsku / y Mśćiſłáwiu: ná Łucku y Oſtrogu: ná Przemyślu y Samborze: ná Chełmie y Bełzie: ná Pińſku y Turowie: do tych/ mowiemy/ pewnych Diœceſij poświećić ie muśiał. Poświecone zás Oſoby/ przy otrzymánym podánym im przez poświecenie doſtoieńſtwie/ otrzymáli záraz z Inueſtitury Duchowney Diœceſie y Tytuły: ponieważ bez pewnych/ iákośmy rzekli / Diœceſij poświecáne być nie mogły: powinne zoſtáiąc czekáć ná inueſtiture Swietſką/ ktora iure Patronatus Regij ieſt we władzy ſámego Krolá Je° M. Y ták ſie działo y dźieie.

A że tá Krolá Je° M. Páná náßego M. inueſtitura doyść ich nie mogłá/ ieśliby inueſtitura Duchowna ktora w ſobie y Diœceſie y Tituły záwiera/ przed Krolem Je° M. pierwey nie byłá ogłoßona: Przeto ná bliſko prze-ßłym ßtym Seymie przez List do Kolá Poſelſkiego podány/ y publicè w głos czytány / ogłośić ſie poſtąpiłá. Proßąc przytym zaraz/ áby to Ich M. PP. Posłowie z powinnośći obmyßláwánia o dobrym Rzeczypoſp. do wiádomośći Je° Kr. M. Páná náßego M. donieść/ y o potwierdzenie tey Inueſtitury Duchowney/ przez conferowanie Inueſtitury Swietſkiey/ ktora we władzy Królá Je° M. zbywáti/ Je° K. M. áby prośili. A to to ieſt coſmy mieli pokázáć/ y pokázuiemy/ że ſwym ſpoſobem Tituły Nowopodnieśioney Hierarchiey w poświeconych Oſobách/ bez żadney obrázy Máieſtatu Królá Je° M. Páná náßego M. ogłoßone być mogły y muśiáły.

Bo ieśliby przed Krolem Je° M. y przed wßytką Rzeczypoſ. tá Duchowna Inueſtitura/ álbo te nowopodnieśioney Swiątyni Oſoby / Metropolit y Episkopowie nie mieli być głoßeni/ w iákiby koniec to poświecenie ná ſobie nośili: Zaż godźiło śie to táić/ co táione być niemiáło: y co śie vtáić nigdy nie mogło? co táione Oſobam tym y Doſtoienſtwu ich zniewagę náwieść muśiáłoby. Ogłoßone tedy były w Titulách ſwych Oſoby napierwey przed Kolem Poſelſkim dla tego/ áby to przez Ich M. P P. Posłow Ziemſkich do wiádomośći Królá Je° M. Páná náße° donieśiono było. Ogłoßono potym y przez Scripta to dla tego/ áby o tym wßytek náß Narod Ruſki wiedząc / że iuż zá łáską Bożą to z inueſtitury Duchowney ma / Co Krol Je° M. Pan náß M. Inueſtiturą ſwoią Páńską. podániem/ mowiemy / Beneficij / [Metropolſkie Beneficium Metropolitowi / á Beneficia Episkopſkie Episkopom/ Krolewſkim ſwym słowem dwu Walnych Seymow Conſtituciámi warowánym podáć przyrzekßy y ſtwierdźić przyobiecáć raczył. Aby/ mowiemy/ Narod náß Ruſki o podnieśioney Swiątyni wiedział/ y Kro-

lá Je°

lá Je° M. Páná ſwego M. o wypełnienie ná niey obietnicy Je° Kr: M. ktorą nam/ iákoſmy powiedźieli/ nie Metropolitá y Episkopy dáć/ ále Metropolitowi Beneficium iego Metropolſkie / á Episkopom Beneficia ich Episkopſkie podáć/ przyobiecáć raczy/ prośił. Záczym z obudwu tych przyczyn nowopodnieśionego Metropolitá y Episkopow Tytuły/ bez żadney obrázy Máieſtatu Królá Je° M. Páná náßego M. ogłoßone być mogły y muśiáły: W czym z vmysłu ták śie poſtąpiło/ że śie tá Swiątyni w Titulách ſwych Krolowi Je° M. Pánu náßemu M. pierwey do wiádomośći podáłá/ niż w tychże ná świát śie wynioſłá: że/ gdźieby támże záraz milczeć z niemi roſkazano iey było/ byłyby pewnie zámilczáne. Ale ách ßczerośći: ktora tegoż dobra w ſercu bliźniego ßukáć zwykłá/ ktore w ſwym bez żadney dwulicznośći czuie.

Krzywdy y Dolegliwośći / ktore nas od Odſtepcow náßych obchodzą.

TE tedy ſą práwá Duchowne y Swietſkie / Swobody Przywilegia (dawnieyßych Przywileiow ná ten czás w teyże Máteriey nie przywiodßy/) Narodowi náßemu Ruſkiemu w Nabożeńſtwie iego ludźiom merè Relligiey Græckiey ſłużące. Ktore Mśćiwy y łáſkáwy Czytelniku przeczytawßy vważáć racz / iák nas ſłußnie Apoſtatowie náßi/ pod iárzmo posłußeńſtwá ſwego nam niezwykłe y nieznośne záciągáią / y záprząc vśiłuią: iák nas ſłußnie Mándatámi y ſwemi Zápozwy turbuią: Vniuerſałámi czći odſądzáią: fałßywie zmyśloney zdrády Tureckiey potwarzą / vczćiwe / zacne/ y niwczym niepodeyzrzáne Oſoby mázą/ lżą / bezczczą. Nas Zakonniki Duchowne/ y wßytek poſpolity miáſtá Wileńſkiego nabożeńſtwá náßego lud / słowámi

L vßczyplivszczypliwemi po domách/ ná Rátußu / z Káthedr/ ná Rynku/ y po Vlicách iák naśmiewcy sromocą / y łáią: iák dziki iáki zwierz ćuráią sie nami y vbiegáią: rozmow z námi/ y wßelkiey zwykłey przed tym conuersatiey/ iákoby nie Chrześćiánie / zákázuią. Przykrośći iákie nawietße mogą słowem y dziełem wyrządzáią: ná Monáster náß kámieńmi z proc rzucáią: strzały z łukow ná grunty y domy/ á ná Cerkiew z knotem śiárczystym zápalonym nápußczáią: Ná płácy tegoż Monásterá zápalone głownie przez mur wrzucáią: Miedzy węgły ścian Cerkiewnych/ ogniem zátleione sukná vwoßczone/ z inßemi ogień żarzącemi przypráwámi y knotámi wtykáią: Ná Rátußu / y po wielu Grodách Protestaciy od nas przyimowáć/ y z Xiąg spraw nam do práwá potrzebnych wydawáć bronią: Woznym w spráwách náßych służyć zakázuią/ á ktorzyby służyli/ pœnuią y więzią: Listy náße po drogách v Kursorow odeymuią: á inße pod náßym imieniem/ ná ośukánie ludźi niewiádomych zmyśláią/ pißą/ y przesyłáią: Inße záśie podstępne fałßu y kłamstwá z poprzyśięgániem śie pełne/ po mieyscách ludnych podmiatáią.

Ażeby ták czyste zacnośći náßey złoto záćmiwßy/ y piękną dobrey sławy wßytkiego Narodu náßego bárwę odmieniwßy/ owßeki nas wnetrzney vćiechy náßey pozbáwili/ Wiárę náße Swiętą z pierśi náßych wyrwáli/ y od zwykłego nam zbáwiennego posłußeństwá Wschodniego oderwáli/ zmyślili y vdáią / iákoby trzey Pátryárchowie Wschodni przysłáli rozgrzeßenie Moskwie ná podnieśienie woyny z Litwą: vdáiąc przytym y to / iż przez te nowo náświecone Duchowne/ wßytkie wiádomość z Páństw Je° K. M. miewa Pogánin. Nád to/ vdáią y to/ iákoby Prz~~ewielebny náß~~ Oćiec Archimándryt/ dla

zbuntowánia y zámießánia w Ludziách przez rozne práktiki. to/ że iest Archiepiskopem Połockim/ w Wilnie y w kráiu Połockim rozßerzáć y vdawáć miał/ iákoby sie to z wolą Krolá Je° M. dziać miáło. O niewstydliwośći: iáko ná wßelkiey czći y vßánowánia godne Nieże/ Krzyż sobie od Chrystá Páná zádány w pokorze y w pokoiu nośić lubuiące/ Krolestwu temu iáko Chrześćiáńskiemu záwżdy sprzyiázliwe / po ktorym iákoby z Chrematismu iákiego / zá pomocą Bożą wyzwolenia swego z tey ćiężkiey niewoli oczekiwáią / mimo wßelki wstyd sromotnie śie rzucaß: Jáko śie ná Sługi Boże wierne / ná grzech nikogo rozgrzeßáć nie zwykłe/ y z pokoiu Chrześćiáńskich Páństw ćießące śie / mimo wßelką boiaźń Bożą złośliwie tárgaß: Przez te wßytkie tey Swiętych Pátryárchow náßych niewoli látá/ zaż kiedy y namnieyße ku Oyczyźnie náßey nieżyczliwośći / nierzkąc zdrády podeyzrzenie pokazáło śie: Ják y ná te nowopoświecone dobrego sumnienia duchowne Osoby / Oyczyznę swoię miłą/ iák Duße swoie miłuiące/ Rodźice / Bráćia / Siostry / y inße krewne y powinowáte w támtych temu Nieprzyiaćielowi bliżßych kráinách / na Wołyniu / ná Vkráinie / ná Podolu/ y ná Podgorzu máiące/ mimo wßelką prawdę/ niebácznie śie miecześ: Aby śie też vdána Osobá/ wolą ná to Krolá Je° Mśći dla zbuntowánia ludźi ßczyćić miáłá/ opácznie y w tym iák we wßem innym iest vdána: Nowßem przećiwna rzecz ná widoku. Zaż śpi ná tákie Calumniatory bystra/ nie vsypiáiącego oká we mśćiwym rámieniu Bożym / pomsty zrzenicá: Táka to twoiá prawdá/ iáka y owá/ ktorąśćie wßytkie Litewskie niemal iuż y Koronne Páństwá zádusili/ vdáiąc/ że śie tu w Wilnie Mießczánie o zdrádę przekonáni / po domách y po więźieniách sámi

trnia. Że we Lwowie o też Zdrádę przekonánych kilku-
dźiestu Mieszczan strácono. Że ludźiom wielkim/ zá-
cnym/ y Rodowitym w záćiągu tym teráznieyszym Oy-
czyznie/ y Krolowi Je° M. Pánu swemu N. służącym/
Rotmistrzom / y Połkownikom chorągwie / prze tęż
zdrády pokazánie sie poodbierano/ y sámych ná gárdle
pokarano: że iákoby y my dwu Bráći z Monástera nászе-
go do Moskwy ná Zdrádę wysłáli : O złośći. Gdźież tu
sumnienie? Gdźie zbożność? Gdyby kto twoim codźiennym piekielney kuźnie nowinam wiárę dawáć
chćiał / żywo duszе puśćićby sie musiał. Już listy zdrá-
dźieckie przeięte : Już ćiągnieni przyználi sie : iuż wielu z Rusi ná szpiegierstwie połápano.

Ale troiákie mowią kłamstwo / (bo ták sie strofo-
wáni z tey złośći Teologowie Apostatscy obmawiáią)
Officiosum, Iocosum, Perniciosum. Zaż ná vczćiwe y ná
Exod. krew Bliźniego kłámáć ktore z tych trzech pozwala? Zaż
Cap. 23 Żártowne y Sprzyiázliwe kłamstwo tey są własnośći/ á-
Iob. 13 by szkodźiły? Szkodliwe to iest kłamstwo/ o ktorym Bog
Leu. 19 mowi/ Nie będźiesz kłamał. Zaż nie z káżdego prożnego/
Matth. nierzkąc kłamliwego y ná krew stoiącego słowá / liczbę
cap. 12 oddamy w dźień sądny Pánu? Zaż czynić mamy złe rze-
Rom. 3 czy/ áby przyszły dobre? Od káżdey rzeczy złemu podo-
1. The. bney/ mowi Zlog: Apostoł Páweł/ wśćiągayćie sie. Krol
cap. 5. záś y Prorok Dawid o Bogu / ktory nienawidźi Kłam-
stwá/ świádectwo wydáiąc/ Nienawidźisz/ mowi/ wszytkich ktorzy nieprawość płodzą : Wytráćisz wszytkie kto-
Psal. 5. rzy mowią Kłamstwo. Człowiekiem krwáwym y zdrádliwym będźie sie brzydźił Pan. Niechże ná zasługe nienawiśći Bożey/ mierźiaczki y wytrácenia mowią kłam-
stwo/ (czego my imnie życzymy/ ále ráczey vpámiętánia
sie/) ponieważ im Teologia ich te° pozwala : My y Cerkiew Boża tego zwyczáiu nie mamy. Ale

Ale zaż tylko tego złego z tey przepáśtney Kuźni ná
nas/ y ná wszytek Narod nász? Ná pápieru záiste pierweyby nam/ niż ná codźiennych nieznośnych/ ktore od
Apostatow nászych ponośimy/ y vszczypliwych przykrośći przekładániu zeszło. Co trzećie ábowiem słowko /
ná ohydę niepokaláney Wiáry nászey Schismatikámi /
á ná hánbę czystey Narodu nászego sławy Náléwáykámi
nas lżą y sromocą. Wczym śie nam od nich wielka
niespráwiedliwość dźieie : Nas Krolowie Ich M. Pol-
scy/ Pánowie nászi/ świetey pámięći Przodkowie Królá
Je° M. Páná nászego M. y sam Je° Kr : M. we wszytkich Práwách nászych/ Wárunkách/ Przysięgách/ Stá-
tutach/ Konstituciách/ w Przywileiách/ Vniwersałách/
y w priwatnych swych Listách nie inácżey názywáć rá-
czą/ tylko ludźmi Græckiey Relligiey: A to ad differentiam ludźi Relligiey Rzymskiey. Względem záś Apostatow nászych/ názywáć nas raczy Krol Je° M. Pan nász
Miłośćiwy/ w przełożoney Roku 1607. Constituciey/ ludźmi mere Relligiey Græckiey : á w przełożonym Przywileiu pod tenże czás nam dánym/ miánowáć nas raczy
ludźmi Relligiey Chrześćiáńskiey Kátholickiey Græckiey. Lud iednák ten/ (że tu iuż tego słowá/ ktorym sie/
iáko słyszemy/ choć niesłusznie/ obrażáią/ nie pokładamy.
Co bowiem to Wschodniego wyznánia/ ktorym sie chlu-
bią/ człowiekowi zá poszánowne imię/ Vniat? Lud iednák ten/ mowiemy) ktory ile do swey Relligiey / imię
swoie sam wie/ mimo wszelką spráwiedliwość y słuszność
Odszczepieńcámi nas potrząsywa/ niechcąc śiebie (miłośći przebog/ miłośći świętey/ y przez ten Script szuka-
my/ dla czego y tu tych słow/ ktoreby nienawiść mnoży-
ły/ poniechywamy: niechcąc/ mowiemy/ śiebie) widźieć/
że ni Græckiey Relligiey nie są / ni Rzymskiey. My

 Rus

Verificatia

Ruś Wſchodniego poſłußeńſtwá y wyznánia / ieſteſmy Ludzie merè Relligiey Græckiey Kátholickiey : Pánowie Polacy y Litwá Zachodniego poſłußeńſtwá y wyznánia / ſą merè Relligiey Rzymſkiey Kátholickiey: Oni miedzy námi y Rzymiány coś non merum, nie ßczyre coś / ále fictum / coś zmyślone / ni to / ni owo. Ich to tedy ráczey názwiſko właſne / nie náße : ktorzy Apoſtatowawßy od zwykłego y przyrodnego ſobie Páſterzá Pátryárchy Konſtántynopolſkiego / Apoſtátow imienia nábyli : odßczepiwßy ſie od świętey Kátholickiey Apoſtolſkiey / ktora ná Wſchodzie Cerkwie / nábyli názwiſká Odßczepieńcow.

Ale ieśliże y Náleiwáykowſkie názwiſko nie im właſnie ſłużi / Miłościwy y łáſkáwy Czytelniku vważyć ráczy: ktorzy właſnemu ſwemu w Duchu Pánu, Pátryárße / mowiemy / Konſtántinopolſkiemu (ktorego Ruſkiey náßey Cerkwie Przełożeni / y z Duchownego y z Świetſkiego práwá powáżności znáć powinni ſą zá Páná w Duchu y Páſterzá) wierności nie dotrzymawßy / przyſięgę mimo wßelką ſłußność / nie rzkąc mimo wßelkie práwo / złamáli : poddáńſtwo Duchowne wypowiedzieli : inßemu ſie w Duchu Pánu poddáli : á náprzećiw pierwßemu woyne pedniozßy / w Duchu poddáne iego gnábią / vćiſkuią / biedzą / y wßeláko ná vpad prześláduią: Sámego też tego pierwßego przyrodnego Páná ſwego lżą / ſromocą / czći y wiáry odſądzáią. Zaż nie tym ráczey to Náliwáykowſkie nazwiſko ſłużi ? My przy zwykłym náßym od Przodkow náßych / przy wzięciu Chrześćiáńſtwá nábytym / y nam Potomkom ich zoſtáwionym Pánie w Duchu y Páſterzu zoſtáiąc / z iákiey ſłußności tym nazwiſkiem lżeni bywamy ? Gdy-

by Wo-

Niewinności. 44.

by Woiewodá ktory ſwemu właſnemu Krolowi przyſięgę złamawßy / poddáńſtwo mu wykazał / á inßemu ſie pogránicznemu Krolowi poddał : woyne przećiw pierwßemu podnioſł / y lud ten ktory w iego Woiewodztwie iemu práwem dozoru / á Krolowi práwem przyrodzonym należał / muſem y gwałtem przez rozmáite przykrośći / y vćiſkowánia od Krolá oddalał / y gwałtem odwodził. Co rozumieć mamy ? Niewiernikiem Krolewſkim [że właſniey nie rzeczemy] tenże lud znány y zwány miał być / ktory opuśćiwßy Woiewode / wiernie przy zwykłym przyrodnym ſobie Krolu y Pánie ſtoi : czyli też Woiewodá / y Ci ktorzyby go w tym náśládowáli ? Toż y tu ſądz: Metropolit w ziemi Ruſkiey ieſt ná kßtałt Woiewody / á Pánem iego w Duchu y ná kßtałt Krolá / ieſt Pátryárchá Konſtántynopolſki : Ktoż tu winnieyßy ? kto Náleiwáykoć ? My ktorzy Pátryárchy Páná ſwego w Duchu przyrodnego / wierność mu cáło záchowuiąc / nie odſtępuiemy : czyli Metropolit / ktory mu wiáry niedotrzymawßy / y ſámego odſtąpił / y w Duchu poddáne iego niektore zá ſobą odwiodł, á niektore odwieść vſiłuiąc gnábi / vćiſkuie / krzywdzi / y rozmáitemi przykrośćiámi vbiedza / áby właſnego ſwego w Duchu Páná odſtąpili / á temu do ktorego ſie on mimo wßelkie práwo krzywoprzyśiężnie przedał / poſłußeńſtwo oddáli ?

Vważay przeto Miłośćiwy y łáſkáwy Czytelniku / á ſądz iákoć Bog twoy y Sumnienie miłe ieſt / prosimy, komu to oboie / y Odßczepieńcem zwánym być / y Náleiwáykiem / ſłußnie y ſpráwiedliwie należy.

Trágœdia ktora ſie dźiałá w Mieśćie Wileńſkim nád Wiernymi / zá inſtantią Apoſtatow.

To/

TO/ mowiemy/ z námi pod ten / y po wßytkie inße cźáſy Apoſtatowie náßi cźynili y cźynią/ zá Dziwowiſko nas świátu y ná vrągánie podáiąc: nie obawiáiąc śię w tym ni boiáźni Bożey/ ni ná wſtyd ludzki nie oglądáiąc śię: ni ná ſámego nawet przyrodzenia/ nierzkąc ná ludzkośći powinność/ ſrogośći práwá poſpolitego nie wſpominamy/ nie reſpectuiąc. Ktorzy/ (że wam żáłoſną teráźnieyßą Tragœdią/ ktora śię z námi w Wilnie toczyłá/ w krotce przełożemy/) pod ten práwie ſámy cźás/ gdy wßytkiemu Chrześćiáńſtwu zbáwienną Krzyżowey Chryſtá P. náßeᵒ śmierći pámiątkę obchodźić przypádło: pod tydźień ktory my Stráſtnym. to ieſt/ Hebdomadam Paſsionis/ męki Páńſkiey tygodniem nazywamy: W ktory Judaß/ Káiphaß/ y Annaß z ſwemi iedynomyślnymi Zdrády knuiąc/ Potwarz zmyślili/ ktoraby niewinnego Chryſtá Páná ſpotwarzonego o śmierć byli przyprawili. Pod ten cźás / gdy ſię káżdy Chrześćiáńſki człowiek wßytek / zewnątrz y wewnątrz do vkrzyżowánego Chryſtá Páná conformuiąc/ całkiem śiebie z nim weſpoł świátu y ćiáłu/ y wßelkim ich pożądliwośćiam w ſercu ſkrußonym y vpokorzonym vkrzyżowáć affectuie. Pod ten / mowiemy / tydźień w ktory Nabożeńſtwá náßego w Mieśćie Wileńſkim Ludźie pobożni / ſercá ſwe przed Pánem Bogiem korząc/ do gorętßey Pokuty / y płácźliwego Męki Páná Chryſtuſowey rozpámiętywánia gotowáli śię: á Sumnienie ſwe proſtuiąc / do Spowiedźi grzechow ſwoich ſporządzáli śię: ná przyięćie żywotdáiących Ciáłá y Krwie Syná Bożego Táiemnic / ſpoſobnymi śię ſtáć zámyśláli: Alić w Sobotę Kwietną wßytkie śię te ich pobożne zamyſły pomießáły. Gdźie

ábowiem

ábowiem ktorego z nich ſłudzy Mieyſcy potkáli/ tám mu ſtáwienia ſie ná Ratußu nagły Zákaz dáli: Gdźie bez żadnego Delatora/ zá inſtigatią Rzecznika Mieyſkiego/ do żadnych obmow y dobrodźieyſtw Práwnych nie dopußczeni/ á niemal oſtátniey condiciey Prokuratorowi w obronę podáni/ wodzeni byli z ſądu Gáynego / do ſądu Rádźieckiego. Potym záraz o iednym y tymże dniu/ poiedynkiem z poſtráchem kátownie ná inquiſiciey pytani/ do więźienia Ratußnego byli podáni. Z miedzy ktorych w Poniedźiáłek wielki wyłącżeni trzey/ do podźiemney Ciemnice/ poodbieráwßym páſy y noże / ſprowádzeni byli: Do ktorey nabezecnieyßi iáwni Złocżyńcy podawáni bywáią: Drudzy w pierwßym więźieniu zoſtáli. We ſrzodę tegoż tydnia z Ratußá ſchodźić niekazano Raycy tegoż Miáſtá Wileńſkiego zá to/ że proſił Piſárzá Mieyſkiego o wypiſy z Xiąg ſpráwy tey. We cżwartek zákazano y z Ratußá ſchodźić niekázano drugiemu tegoż Miáſtá Wileńſkiego Raycy zá to/ że był ná Pogrzebie Collegi ſwego Burmiſtrzá Wileńſkiego/ w Cerkwi náßey chowáneᵒ. Tychże dni Szewcá iednego poſádzono do Ciemnice zá to / że pod cźás świętá Záſnienia Pánny náświętßey do Kiiowá w obroce chodźił. Jnßych zá inße pobożne winy zákázowano/ łápano/ y pod Ratuß bez żadnego práwá y ſądu / przez wßytek ten

Na Ratuſzu poſadzeni P P.
Semen Jwánowicż.
Jan Kotowicż.
Fedor Rußelicż.
Bogdan Boriſowicż.
Wáſyly Báránowicż
Wáſyly Kutakowſky
Wáſyly Druhowiná.
Krzyßtoph Wáſylewicż.
Stephan Zahorſky.

Pod Ratuſzem poſádzeni P P.
Semen Kráſowſky.
Bogdan Symonowicż
Jſáák Wołkowicż.

P. Ierzému Choćieiewiczu.

P. Philippu Sienczyłowiczu.

P. Łukaſzá Sobolá.

M Męki

Męki Páńſkiey tydźień/ y przez dni świete Wielkodźienne trapiono y mordowano: Pod tenże czás Rzemieśnikom od Wolności ich Cechowey klucze poodbierano.

O byś był mogł zacny Narodźie Ruſki/ tey nędzney á bezlitoſney náſzey Tragædiey Spectatorem być przytomnym: obaczyłbyś był vczćiwe Matrony ledwie co żywe z dźiatkámi po rynku biegáiące / á coby śie z miłemi ich Małżonkámi ták nieſpodźiánie dźiało y znagłá ſtáło/ nie wiedzące. Mátki śie o Synách/ Zony o Mężách / Dźiatki o Oycách pytáią, á gdźieby śie náydowáli / y coby śie z niemi ſtáło/ wywiáduią śie. Płácż/ wrzaſk/ nárzekánie/ lámenty ſerdeczne niebioſá przeráżáią: wzdychánia ćiężkie obłoki achmurzáią: łzy krwią ociekłych oczu iák deſzcz twarzy y pierśi oblewáią. Wſzędźie abowiem po domách/ po vlicách/ y ná rynku iedenowy nie Chrześćiáńſki głos/ zdraycy/ zdraycy. Ruś niezbożnicy zdraycy/ ſzpiegierze.

O zácny/ że y powtore rzeczemy/ Narodźie Ruſki/ do iákieyś zá twe wierne y krwáwe/ Krolom Pomázáńcom Bożym Pánom ſwoim Miłośćiwym pokázowáne/ y dźiś pokázuiące śie przez ćię posługi: do iákieyś/ mowiemy/ zniewagi/ pod te nieſzczeſney á ná vczćiwe y pobożne twe ſtoiącey Apoſtaſiey ćięſkie ná ćię czáſy przyſzedł: że ćię iuż lekkiey condiciey Lud mieyſki/ ſąd Rátuſzny nieważny/ bez żadnego práwá y dowodu/ bez żadnego ſądu y wyroku/ zá inſtantią ſurowieiącego Apoſtáty / zdraycą być publicè głośi y wyrokuie. Wſzytko to y ſłyſzałbyś był y obaczył ſam przez śie / byś przez te Niedźiel kilká w Wilnie był nam przytomny.

W Cerkwi Bożey Hymny o męce ſłyſzałbyś Páná Chriſtuſowey: á w domách ludźi pobożnych łkánia z mor-

dow

dow wybranych Páná Chriſtuſowych. W Cerkwi Bożey śpiewano/ Dźiś czuie Judaſz/ iákby wydał Páná: á ná Rátuſzu gáiono/ iákby y ſłudzy tego byli wydáni. Cáły ten oſtatni wielkiego Poſtu tydźień od wſzelkich Sądow wolny / y Rátuſz zámkniony bywáć zwykł: teraz y temu nie vfolgowano. O czułci áż y nádder czuł: iákby był wydał Páná. Czuł áby w domie Bożym kámień ná kámieniu niezoſtał: áby z niego y ſtárſzy y młodſzy byli rozpłoſzeni. Tentował o gwałt/ odważał ná to wielu żywot. Ale ſkim Bog / człowiek co temu vczynić może: Co oczy ludzkie przećiwko Słońcu: Rom.8

Ták nam w ſmutku ſmutny męki Páńſkiey Tydźień przeminął. Przyſzedł dźień chwalebny Wielkodźienny: á Co zá vćiechá biednym Więzniom / ktorzy po wſzytkie przeſzłe látá/ iák ná inſze / ták oſobliwie ná ten známienity Zmartwychwſtánia Páńſkiego dźień/ Zywotdáiącemi Ciáła y Krwie Syná Bożego Táiemnicámi/ Duſze ſwoie karmić w zwyczáiu miawſzy / ná ten czás tego y zá wielkiemi/ do Magiſtratu Mieyſkie° czynionemi prośbámi doſtąpić nie mogli. Ktorzy ná te ludzkość/ nie rzeczemy ná pobożność/ w ſercu ſwym ſpoſobić śie nie mogli / áby tym vczćiwym y Bogá śie boiącym mężom tego byli nie bronili / czego żadnemu w ſwey Religiey człowiekowi od żadnego ſądu broniono nie bywa: nie dopuśćili im tey Duchowney vćiechy ná ten známienity dźień zażyć. O biádáż temu Miáſtu/ gdźie ták żyią/ iż dobrzy miedzy złymi / á źli miedzy dobrymi rozności nie máią. Biádá miáſtu/ ktore śie ſpokoynemi brzydźi/ á w buntownikách śie kocha. Biádá Miáſtu / ktore nieukow mieſzczánámi / á mądrych wygnáńcámi czyni. A być to w tym Mieśćie kążdym muśi / w ktorym lekka młodość ná rządźie / á mądra ſzedźiwość w zniewadze. Diogẽ:

wadze.

wadze. Ná tâki to niektoregoś miástá Rząd/ vmieráiący Diogenes pátrząc / kazał się w nim po śmierci swey nic do ziemie włożyć y pogrześć: Ktoremu gdy nie zwyczay tego ieden z towárzyszow zádał: Powiedział/ Nie dziwuy się / Młodzi á wszyscy iedney Condiciy teraz w mieście tym rządzą / w rychle miásto to ku gorze nogámi obrocą/ w ten czás y mnie ná wznák przewrocą. Czego tu vchowáć racz Pánie Boże. Ale do przedsięwzięcia.

Byli tácy z tych vczćiwych więźniow/ ktorzy Mátki/żony/y dziatki w zakład ná swe mieyscá do więzienia dawáli / byle im tylko ná kilká godzin do Cerkwie stąpić pozwolono było, áby się w sumnieniu swym przez S. Spowiedź/ pod tákie chwalebne Swięto/ przed Pánem Bogiem spráwiwszy/ Zywot-dáiących Ciáłá y Krwie Syná Bożego Táiemnic vczestnikámi godni stáć się byli mogli: ni ták to puszczeni byli. O zbożności. Coż tám ciáłu zá vćiechá/ gdźie Duch smutny?

Ták ći błogosłáwieni/ fałszywym Zdrády płászczem od złośliwych Potwarcow pokryći/ dla Relligiey swey Stárożytney y od cielesnych y od Duszewnych vćiech/ przećiętność nielitośćiwych Sędziow oddaleni Strádálcy/ dni chwalebne w smutku Duchá swego w tym okrutnym więzieniu przeprowadzili / w ktorym ćiemniczne niewczásy ćierpliwie w luby wdzięczności znosząc, Páná Bogá/ że ie dla prawdy swey s. według zdolności sił ich/ cokolwiek vćierpieć godnemi vczynić raczył/ chwalą.

Ktore y sáme/ y wyzwolenie ich/ wszelki Miściwy y Łáskáwy Czytelniku Modlitwie twey do P. Bogá / y pieczołowániu/ ile człowiek o człowieku pieczołowáć może/ polecamy. Twey iednák Społwyznawco osobliwym sposobem / ábyśmy ták ieden drugiego ćiężáry nosząc/
Gala. 6 Zakon Páná Chrystusow wypełnili.

Krotkie

Krotkie do swoich nápomnienie.

A przy Modlitwie zá niemi y zá námi/ y o owo dwoie ćiebie vmiłowány Bogu Społwyznawco/ Zacny narodzie Ruski prosimy/ ábyś ná Páná Bogá Stwo- Zon: lib. 3. in Imperato. Basili. Maced
rzyćielá twego pomniąc vstáwicznie/ pámiętał y ná Wiáre twoie świętą/ y ná sławe twoie zacną: Pánu Bogu twemu służ/ miłuiąc go ze wszytkich sił duße twoiey: á Wiáry strzeż pilniey niż zdrowia / y niż żywotá twego. Tey abowiem świętey Wiáry iesteś náśládowcą y miłośnikiem/ ktora w tobie známienitemi od Bogá cudámi prawdziwą y prawosławną być oświadczona iest. Długo, lib. 2. in An. 990.
Te to twoie Wiáre przez wrzucone w ogień Euangelium zá Przodkow twoich/ á nie zgorzáłe/ Pan Bog prawdziwą y Duszezbáwienną być oswiadczył. Striyk. lib. 4. pagin. 143. & 144
Te wiáre twoie tenże wszechmocny Bog y w oświętym Wiel. Włodzimirzu/ iák w drugim Páwle Apostole/ przez otworzenie oczu iego/ y wzroku przywrocenie / pod czás przyimowánia w świętey Cerkwi twoiey Chrztu świętego/ niepokaláną y prawdziwą być okazał. Te twoie Wiáre / być wiáre Páná Chrystusowe / przez Apostoły święte przepowiádáną/ y nieskáżitelne ćiáłá y Mirotoczywe kośći w świętych Monásterách Kijowskich wyświadczáią. Może się kto cudzym tákowym dobrem chłubić/ álbo y tym czego nie ma: á ty wszytko to v siebie w domu masz. Kto vszymá o tym wszytkim wiádomość chce wziąć/ niech Kroniki wiáry godne czyta: á kto oczymá widzieć prágnie/ do Pieczar Kijowskich niech wstąpi: á tám wiernym sercem ná oko obaczy vwielbionego w Swiętych swoich Páná Bogá nászego. Psalm. 150.

Krolá też Páná twego M. Pomázáńcá Bożego/ do ktorego Máiestatu/ żołćią ná ćie oćiekłe sercá/ y nie

M ij   pohá-

pohámowáne wychełznionych páßczek iezyki vdáią ćie/
zá nieżyczliwego/ zá niewiernego / zázdrayce/ y zá nie=
przyiaćielá / według zwyczáiu twego vſtáwicznego y
przyrodnego/czći iáko Krolá: ßánuy iáko Pomázáńcá
1. Pet. Cap.2. Bożego ; boy ſie iáko Páná : wierność záchoway iáko
Obrońcy : poddáńſtwo oddaway iáko Przełożonemu :
Páná Bogá proś iáko o Strożu pokoiu twego. A ná ſłá=
we zacnych Przodkow twoich pomniąc / y ta teráznieyßą
rázą chćiey okázáć/ żeś ieſt Potomek ich dźielnośći y
wiernośći ku Pánom ſwoim.
Pſal. 6. Niech ſie záwſtydzą nieprzyiaćiele twoi/ niech fał=
Pſal.62 ßywe ſwoie vſtá zátámuią / y porwarliwe słowá záá w
śie niech potykáią/ktorzy ćie bezecnie przed Pánem two=
im Miłośćiwym Krolem Je^o N.pod ktorego przeświet=
ny Máieſtat/ty powolną ſwoie ßyię/we wßelkiey wier=
nośći/pokornośći y życzliwośći záwżdy ſkłániałeś/ ſkłá=
niaß/y ſkłániáć chceß/potwarzą tradukuią.
Znáczne zá łáſką Bożą y okázále / w tey teráznieyßey
ßcześliwey da Bog / náprzećiw przyśięgłemu nie=
przyiaćielowi Chrześćiáńſkiemu Biſurmáninowi ex=
pediciey/ſkrzydło być ćie może. w Porucznikách/w Ro=
tmiſtrzách/w Półkownikách : w towárzyſtwie/ we wßy=
tkich cáłych Rotách y Połkách : y w zupełnym Woyſku
Zaporoſkim. Stáwićći ſie przeto należy iáko Narodowi
dobrey sławy/ cáłey wiernośći/vprzeymey życzliwośći/
powolnego poddáńſtwá/we wßelkim pokoiu w zgodźie/
w miłośći/ w boiáźni Bożey/y w winnym poſłußeńſtwie
nawyżßey Zwierzchnośći/ y zwierzchnemu Regimento=
wi : á Bog wßechmogacy niech ći błogosłáwi / niech ćie
prowádźi/ niech ći pomagat Nieprzyiaćielá tego Chrze=
śćiáńſkiego w hárdym kárku iego / y we wßytkich iego
łupieżem nábytych Chrześćiáńſkich włośćiách / przez
ſpotrá=

Spotrámienie tobie zacnych narodow Polſkiego y Li=
tewſkiego/y twoie śiły pod prześwietne nogi Krolá Pá=
ná náßego M. niech rzući y podśćiele : ktoremu rácz Pſ. 127.
Pánie błogosłáwić z Syonu.
A oſobliwie iák po wßytkie te przeßłe Apoſtáſiey lá=
tá miałeś pilne/ ták teraz pilnieyße ná Odſtepcy Cer=
kwie twey S. mieyoko/ ábyś ſie ich wyſtrzegał/Zwodźić
ſie im dáley y záwodźić nie dał: ktorzy tobie nie zjednoczenie/
o ktore ty Páná Bogá w codźiennych Liturgiey
świetey Modlitwách prośiß, ále confuſię iákąś / prá=
wam twoim Duchownym y Swietſkim wielce ßkodliwą
vczynili : y ná świetą Cerkiew Wſchodnią / ná wierne
iey Syny/ y ná niepodeyrzáną iey wiáre złą niezbożności
hánbe nárzućili. Nigdy/ mowi Złotouſty S. Cer=
kwi Páná Chriſtuſowey ták wielka ßkodá y vraz od iá= Homi.
wnych iey nieprzyiaćiol nie dźieie ſie/iák od własnych iey 11. in
synow odſtepnych. Vraz ábowiem od iáwnych nieprzy= cap. 4
iáćioł/ okázálßą ią czyni y znamienitßą, á vraz od Apo= ad Eph,
ſtatow przed nieprzyiaćioły wſtyd y hánbe iey czyni : iż od
własnych ſwych/ ktorych porodźiłá/ Synow bywa prze=
ſládowána y burzona. Wielki ábowiem pogorßenia
znák nieprzyiaćiołom powſtáwáć ſtąd muśi/ gdy włá=
ſne dźiatki ſwey Mátki Cerkwie/ w ktorey śie rodźili y
wychowáli/ y w ktorey zbáwiennych Táiemnic náuczy=
li śie/ znagłá odbiegą : á Zmiennikámi iey ſtawßy śie /
ták głowni iey Nieprzyiaćiele náprzećiw iey ßturmuią/
biią/ y woiuią. To Złotouſty święty.
Jákoż ták to á nie ináczey być zacny Narodźie Ru=
ſki ſam teraz przez śie doznawaß / gdy te twoie od wła=
ſney twey Mátki zrodzone/y w dußezbáwiennych iey do=
brách wychowáne Odſtepcy/przez te ſwoie nieuważną A=
poſtáſię y Cerkiew twoie świetą Kátholicką/y wiáre two=
ie prá=

ie Práwosławno w podeyzrzenie nieiákieś y w zniewagę podawáć widziß: Ktorzy y ſwoie y twoie Przodki święte wßytkie/ iákoby złowierne y niezbożne do piekłá ſtrącáią: Swietey Wſchodniey Cerkwie Pátriárchy iákoby zá pokonáne Hæretiki ogłoßáią. A iednym słowem rzekßy/ gdy wßytko twoie dußezbáwienne dobro Duchowne/ w ohydę y w zniewagę do wßytkiego Chrześćiáńſtwá podáią. Záś to własność ziednoczenia/ ſwoie y nalepße zgánić/ á cudze y napodleyße nád ſwe y napoważnieyße przełożyć? Ták záprawdę wiele widzieć ten muſi/ ktory pozbywßy Głowy/ oczy mieć w ćiele imaginuie. Co bowiem w tey ſpráwie zá ßczęśliwy ſucces ſpodziewány być mogł/ bez głowy Cerkwie náßey Ruſkiey: bez Pátriárchy/ mowiemy/ Konſtántinopolſkiego, Páſterzá náßego zwierzchnego/ ktory ieſt ćiáłá Cerkwie náßey Ruſkiey Głową. Ktory oto iedną literą y żadnym słowkiem nie był tentowány / áby ſie to zá wiádomośćią iego / pozwoleniem/ y błogosłáwieńſtwem/ y nie bez niego ſámego było zſtáło/ ieśli ſie ſtáć było mogło.

Był tu świętey pámięći Jeremiaß Pátriárchá Konſtántinopolſki przytomny: po ktorego bytności w rychle włáſny iego Rękopołożeniec Odſtępſtwo to/ zá powodem ludzi márnych/ ſpráwił: Záś mu to było oznaymiono? záś mu tego potrzebę y ſłußność przełożono? y o ſpoſob proßono? Nic z tego. Ale záwiniwßy Kanonom Cerkiewnym/ vchodząc káry práwidlney/ że niektorym ßło o cáłe Dostoieńſtwo/ pierwey go odſtąpić / niż ſie z żadnych wyſtępkow ſpráwić przednim vrádzili/ y wykonáli: á iák ßczęśliwie / doznawaß tego ná ſobie nie tylko ty zacny Narodzie Ruſki/ ále wßyſcy oboiey Rzeczypoſ. Obywátele doznawáią y widzą: iákie z dawna po wielu Miáſtách tumulty/ iákie mordy/ iákie pociągi práwne / iá-

kie

kie z dobr y z zdrowia wielu po wielu miáſtách wyzućia: Swiádczy Brześćie wielkie/ Pinſk/ Lwow/ Przemyśl/ Łucko/ Kraſnyſtaw/ Buzko/ Chełm/ Sokal / y inße rámeyßych kraiow Miáſtá y Miáſteczká. A temi czáſy y dawniey Wilno/ Minſk/ Nowogrodek/ Połock/ Witepſk Orßa/ Mohilow/ y innych wiele: gdzie Apoſtatowie náßi z biednymi Religiey náßey ſtárożytney ludzmi bez żadney litośći beſtwią ſie/ biią/ potwarzáią/ więzią/ morduią/ y ná krew inſtiguią. Co gdyby wßyſtko w krwáwych łzách náßych Krolá Je° M. Páná náßego M. dochodzić dopußczono było: Miłośierdne Je° Krol. M. Oycowſkie ſerce/ iużby ſie nád nieznośnemi nędzámi náßymi vlitowáło: iużby nas powolnych y życzliwych poddánych ſwych Pan náß M. z tych ſrogich vćiſkow był rátował. Zdárzyć to Bog wßechmogący niech raczy/ áby tą rázą przynamniey/ w tym náßym ćięßkim omylnym do Je° Kr. M. Páná náßego M. nas vdániu / tá ßczera náßá Verificacia Rok Je° Kr. M. doyść dopußczona byłá: iednym ſámym wyſokiego baczenia w nie weyzrzeniem/ vfamy/ niewinność náße obaczyć / y nas wiernych ſwych poddánych przytym/ o co vniżonym ſercem Jego Kr. M. Páná náßego M. proſimy/ y bez czego żyć nie możemy/ zoſtáwić roſkázáć będzie raczył. Co day święty Pánie/ ku wiecznemu pokoiowi miley Oyczyzny náßey.

Táki to gorący y nagły opał był/ ták nawálnie ßumiący wicher/ ták ſtráßliwa burza/ iákoby pod dźień onv ſtráßny / áni w naokrutnieyßym iákim obleżeniu/ y iuż iuż nád ßyią wiſzącego zwyćięſtwá ßturmie. Biedny lud zdumiáły/ á coby ſie z nim działo niewiádomy/ to ſim to tám/ iák nieprzytomny biega/ á coby to było/ pyta: ſtráchy y tákie nieſłychane głoſy / ſkąd niebywáła tá

N zniewa-

zniewagá/ ſkąd te niezwykłe naśmiewiſká y vrągánia práwie nieprzyiacielſkie / od ſąsiádow od ſpolkupcow y ſpołrzemieśnikow: ták nagłe á ſurowe ściśnienie y nie Chrześciáńſkie opprimowánie/ że ſłuſznie o ſobie w te ſwoie ćieſzkie dni / w gorzkośći ſercá ſwego owe Prorockie słowá głośić byli mogli.

Vćiechá niewinnośći zacnego Narodu Ruſkiego.

Ierem. w Threnách.

PLácząc płáczemy / á łzy náſze ná policzkách náſzych: niemáſz boleśći iáko ieſt boleść náſzá / á nie mamy poćieſzyćielá. Brácia náſzi wzgárdzili námi / á ſtáli śie nam Rozbrácią/ y iárzmo nieprawośći ſwych ſtoczyć y włożyć chcą ná ſzyie náſze. Mieſzkamy miedzy Chrześćiány / á nie náyduiemy odpoczynku dla wielkiego náćiele vtrapienia / y dla ćieſzkiey w ſumnieniu niewoli. Zkamy śćiśnieni gorzkośćią od Odſtepney Brácii ktorzy odięli nam wſzelką ochedożność náſze: wywrocili ſerce náſze w nas/ y pełni ieſteſmy od nich gorzkośći. Wzdychamy/ á niemáſz ktoby nas ćieſzył: Płáczemy / á niemáſz ktoby łzy z oczu náſzych otárł: Mnogie ſą wzdychánia náſze / á ſerce náſze żáłośne: bo ſię zápalili ſię Odſtepcy náſzi iáko ogień pałaiacy/ y pożeráiacy: wyćiągneli zdrádliwe łuki ſwoie/ á poſtáwili nas ſobie iáko cel przećiwko ſtrzale: Wyćiągneli y vmocnili práwice ſwoie/ áby pobili wſzytko/ coby iedno pieknego ná poyźrzeniu w ś. Cerkwi náſzey Ruſkiey widźieli: otworzyli ná nas Potwarliwe vſtá ſwoie/ wydáli rzeczy fałeſzne á głupie: Karmią nas popiołem złey ſławy/ á poią piołunem mártwey zdrády: kliſkáią nád námi rekomá/ pogwizdáią/ á kiwáią głową ſwoią: kſzykáią ná nas/ y zgrzytáią ze-

bámi/

bámi/ á mowią/ połkniemy ie/ pożrzemy ie. Oto dźiś iuż ten dźień/ ktoregoſmy czekáli/ otoſmy go iuż nálezli/ obaczyliſmy go: vczynilíſmy coſmy myslili: wypełniliſmy coſmy w ſercách náſzych vknowáli. Przetoż ſkáżimy ie/ á nie przepuśćimy dobremu ich: vweſelimy ſie ze złego ich/ ná głowy ich od nas rzuconego, á podwyżſzymy rog dumy náſzey / y wykrzykniemy w mocy fałſzu náſzego/ hoy/ iuż pánuiemy.

Przez co rázone od nich ſerce náſze woła do Páná/ wywodzi łzy iáko rzekę: nie dáie ſobie odpoczynku/ y nie przeſtawa źrzenicá oczu náſzych. Wylewamy iáko wodę ſerce ſwe przed oblicznośćią Páńſką: podnośimy k niemu ręce náſze/ y w gorzkośći ſercá náſzego wołamy. Wſpomni Pánie ná to / co ſie nam przydáło, weyźrzy á ogladay zelżywość náſze: Dźiedźictwo náſze Apoſtatowie náſzi obroćić chcą do obcych: Cerkwie náſze do cudzych: chleb náſz własny iemy v nich zá náiem: wodę náſzę własną pić muśiemy zá pieniądze: wiążą nas/ vśiłuią/ y żeną zá ſobą ná zábłądzenie: ſpracowánym nie dáią odpoczynku. Sámi zgrzeſzyli/ á nam ſwoie nieprawośći znośić kążą: z niebeſpiecznośćią duſz náſzych pánowáć chcą nád námi/ rozumieiąc/ że nie máſz ktoby nas z ręki ich wyzwolił.

Obacz przeto Pánie/ obacz prośimy pilnie/ á przypátrz ſie boleśći náſzey: przypátrz ſie/ iák Odſtepcy náśi przyzwáli iák ná vroczyſty dźień tych / ktorzyby nas ſtráſzyli w koło/ áby ſie ktory im wydał / lub to vczynił/ co wiec y niewinnego winnym czynić zwykło: iák budują około nas/ obracżáią nas żołćią ſwoią: Stáli ſie nam/ Nieſtety: [ále y tu ſzczera miłość/ ktora w dźiele tym ś. nie ſzuka ſwego/ nie myśli nic złego/ ráduie ſie z prawdy/ á wſzytkiego ſie ſpodźiewa: y tu/ mowiemy/ ſczyra miłość/ ſtąd zá ſtychnionego rozkwilenia vſtępuie. Stáli ſie

1. Cor. cap. 13.

nam

nam] Ach: á iádeni zápálczywośći ſwey złámáć nas/ y ſpuſtoßonemi vczynić vſiluią. Co my nedzni od nich żądáne czuiąc/ á w ſercách náßych rozpominaiąc/ w tobie Bogu náßym mamy nádzieię/ ktoremu zlitowánia nie vſtáły / y miłosierdzia ſą cáłe: Ty cząſtká náßá/ ná ćiebie ſámego ſtrapiona dußá náßá czeka. Abowiem dobry ieſteś tym/ktorzy w tobie nádzieię máią: dobry ieſteś dußy tey/ ktora ćießuka: ſyćiſmy iuż vrągánia/ále ſie zlituieß Pánie według mnoſtwá litośći ſwoich. Chyla ludzie złoſliwi ſąd podług ſwey żądze / áby przewrócili ludzi niewinne ná ſądzie ſwym. Ale ktoż ieſt tákowym/ ktoryby rzekł/áby ſie zſtáło / gdy Bog nie roſkázuie? Rozdárlić ná nas vſtá ſwoie Odſtepcy náßi/ ſtráchem y żidem / y cogodzinnemi fałßywemi nowinkámi: Ale da ſie Pan Bog náß vprośić / poyrzy y obaczy z niebá/ á obłokiem záſtáwi nas/ áby do nas ſidla ich y ſtráchy nie doßły. Łowiąc łowią nas iáko ptáki/ iámy ná żywot náß kopáią/ y kámienie ktoremiby nas przyłożyli/ gotuią: y wołáią iuż zginęli/ iuż zginęli.

Ale ty niebá y ziemie Pánie / ktorego my święte imię wzywamy / wyſłuchay głos náß: nie odwracay vchá twego od wzdychánia y wołánia náßego. Weyrzyy ná vtrapienie náße / bo ſie zbeſtwili nieprzyiaćiele náßi: weyrzyy ná wßytek lud wzdycháiący y pokoiu ßukáiący. Przybliż ſie w dźień / w ktory ćie wzywamy: rzekni do nas / nieboyćie ſie: ſam oſądź rzecz duße náßey/ Odkupićielu żywotá náßego. Obacż niepráwość Przećiwnikow náßych ná przećiwko nam / á oſądź ſąd náß: bacż ich wßytkę zápálczywość/ wßytkie myśli ich przećiwko nam obacż. Słyßyß Pánie vrągánia ich/ y wßytkie myśli przećiwko nam widźiß. Pieśnką ich ieſteſmy: ktorym ty oddaß wzaiem Pánie/ według vczynkow vſt y ſerc ich. Słu-

Słußnie/ mowiemy/ o ſobie w te ſwoie ćieſkie dni w gorzkośći ſercá ſwego/ te Proroká Bożego słowá głośić byli mogli / iákoż y głośili: ryczeli w boleśći ſmutney duße ſwoiey.

Epilog do Potwarcy.

ALE iuż pod ſkończenie tey przedśięwźiętey niewinnośći náßey / Pytálibyſmy nielitośćiwie nád námi ſurowieiącego Sprawcy tey złośći / w iáki ſie koniec z ták hruba potwarzą ná vczćiwy Narod náß rzućiłeś iáki vmyſł tą brzydką zmázą/ czyſte w ſławie oblicze náße nátrzeć vſiłuie? Rzecz záiſte niedoznána / áby co ná człowieká dobrego ćięższe być mogło/ nád gwałt w ſumnieniu/ á zmáze w vczćiwym. Jedno ábowiem z tych/ doczeſnie żyć nie dopußcza: drugie/ żywot wieczny wydźiera: y by to rzecz można / wielą raz nacięſzą śmierćią vmrzeć tákowy zezwoliłby raczey / niż iednym z tych być lub zniewolonym/lub zmázánym. Co znáć ten tylko może/ktory w vczćiwym lepiey niż w zdrowiu/ w ſumnieniu miley niż w żywoćie lubuie y kocha ſie. Ták wiele Męczennikow narodźiło ſumnienie dobre/że káżdy niemal w Roku dźień piąćiątyśiecy zá wiárę położonych Duß obfituie. Vczćiwego poſtrogá/ zdrowiu y ſámemu żywotowi zfolgowáć częſtokroć nie poſtąpiwßy/ známienite po ſobie przykłády y w Pogáńſkich narodách y w ludu Bożym zoſtáwiłá. Miecże/ ognie / pity / beſtije/ kołá / y tym podobne do mordow inſtrumenta rozmáite zá niczby ſie zdáły/ byle tylko Sumnienie czyſte/ á vczćiwe nie zmázáne było zoſtawáło. Nie rowno ábowiem dobremu milßa ieſt rzecz dobrze vmrzeć / niżeli źle żyć/ lub źle płynąć. Stąd Błogosłáw. Apoſtoł / Chwałá / mowi/ náßá tá ieſt/ świádectwo ſumnienia náßego. Ä

2. Cor. cap. 1. 1. Cor. cap. 9.

záś : Lepiey mi ieſt dáleko vmrzeć / niżliby kto chwałę
moię miał wyniſzczyć. Coż tedy ná Sumnienie ciężßego być może / nád owo, Ták wierz / iáko ia chcę : á ná
vczciwe / nád potwarz co ßkárádßego ?

Pytálibyśmy tedy tego potwarzá dyßącego / y
śmiercią grożącego złości Sprawcy / w iáki to koniec
czyni ? Ieśli pod prætextem calumniey ſiwe źle rozßerzyć
á náße dobre zátłumić : y iákoby w Ruſi być nie miáło
Ruſi vczynić. Może zamyſł táki w reku być iego / ále
ſkutek przy woli Bożey. Ieśliż y Ruś zoſtáwiáć w Ruśi / y Ruſkie ze Wſchodu z przeyzrzenia Bożego záwitáłe
dobro wyſtáwić : przecż táką złością ? Lecz iuż to Rok
dwudzieſty ßoſty / nic iednák ni Cerkwi Bożey dobrego /
ni Narodowi náßemu pożytecznego / nierzkąc Dußam
ludzkim zbáwiennego.

Co zá pożytek nam Duchowny z nieporządnego tego wielce ßkodliwego przedśięwzięcia ? Cerkwie Ruſkie po máietnośćiách PP. Rzymian ná Kośćioły : Vnitowie w Rzymiány : Mieyſcá Ołtarzowe po miáſtách /
ná Kuchnie / ná Kárczmy / y ná Biſurmiáńſkie Meczyty : Nierząd ſromotny w obrzędach Cerkiewnych : Duchowieńſtwo w hrubiáńſkiey proſtocie : Szkoły zániedbáne : Iezyk Słáwieńſki wzgárdzony / Ruſki násmia-
ny : Oſtrość Zakonnicza znieważona : Práwá Duchowne podeptáne : Wiárá ohæretyczona : Sumnienie zdumiáne : Miłość wyniſzczona : Nienawiść gore wynioſłá : Fałß pánuie : przyßłá do rządu potwarz : Zbywa
niewinna krew do rozlánia. Co to tákie zá dziwne dobro Duchowne ? Vmie to záiſte w wiekuiſtych ſpráwách Bozkich nierozmyślny poſtępek.

Diu delibera, cito fac, rádzi ktoś : Mniey ći / co to
ſtroili deliberowáli / niż rychło czynią. Deliberowáli
ledwie

ledwie Rok / á iuż to dwudzieſty ßoſty robią : a iednák
ták oto wnetrznego z roboty ich dobrá wiele. To ieſt /
co mowiemy, ták ſą wielkimi nieprzyiacielmi Wſcho-
dniemu wnas Nabożeńſtwu Apoſtatowie náßi / że Szkoły Słáwieńſkie w Diœcesiach ich owßeki ſą opuſzczone /
zániedbáne / y zátłumione. Cerkwie po Miáſtách y
y Miáſteczkách popuſtoßone : w Wilnie ná tych ſamych
plácách / ná ktorych Swiete bezkrewney ofiáry Ołtarze /
przed kilorocznym pożogiem oczy náße widziáły / widzą
teraz domy Kárczemne / y Kuchnie publiczne pobudo-
wáne. W Minſku zá zbudowány ná Cerkiewnym plácu Tátárſki Meczyt / Biſurmiány támeyße mniemáni
Metropolitowie liſtámi ſwemi ſłużyć ſobie obowiązuią.
Po máietnośćiách Páńſkich nabożeńſtwá Rzymſkiego /
Cerkwie ſwoie Vniſtkie ná Kośćioły przetworzáć dopußczáią. Ná zgube Duß ludzkich Popow chłopiąt nieukow poſyłáią / przez ktore iákoby z vmyſłu przeczyſte
Wſchodnie° Práwoſławija Błahocżeſtije / y ſwoim y obcym
w ohydę podáią : Dwożeńcom y Trzeżeńcom Ołtarzowe
ofiáry y Sákrámentá obchodzić pozwaláią. Po wßytkie wieki / iáko sie Ruś ochrzciłá, Epiſkopom Ruſkim
y Zakonnikom / nigdy mieſá iadáć nie było wolno: Teraz
tego oboim nie zábraniáią. Ták oto wiele á w krotkim
czáśie / wnetrznych nie nádeżonych ßkod / tá nie rozmy-
ślna Apoſtaſſa narodowi náßemu Ruſkiemu nániosłá y
náczyniłá.

Nuż do Szkod zewnetrznych : ſtąd Seymiki w há-
łáſách / y záwieruchách : Sądy wßelkie w záwikłách y
gomonách / Seymy w zátrudnieniu : Pomázániec Boży
w moleſtowániu : Ludzie niewinni w práwnych pácią-
gách / w Bánnicıách / w pœnowániu / w więzieniu / w mordách / w Potwarzy. Stąd Cerkwi pieczętowánie / nabożeńſtwá

ſtwá zábroná : Dźiatek bez Chrztu/ doſzłych bez zbáwienney Ciáłá y Krwie Syná Bożego Swiatośći z tego świátá ześćia : Stąd exceſſá nieſłychánc: Stąd/ mowiemy/ y Scripta vſzcżypliwe. A że iednym słowem rzeczemy/ ſtąd Ruſka náſzá Cerkiew zewnątrz y wewnątrz/ by nie Pan miłośierdźia wſpierał/ w náwpad goniącym opale: Nas gubić vśiłuią/ ſámi też giną. Taborem iákims nieſzcżęſnym ná przećiw Cerkwi Narodu náſzego Ruſkiego/ z nasze ſámych ſztucżnie zátocżonym/ áż názbyt nam ſzkodliwym ſtáli śie nam : z záktorego kto chce ten ná nas bije : á my żadnemu nierzkąc odbić/ ále bronić śie nie możemy/ ledwie co im ſámym. Záczym lud z Cerkwie Bożey/ iák plewy po rożnych Sectach : Choć to zá pewne wiemy/ że nie zginie/ tylko Syn zátrácenia. W Nowogrodku y po wielu inſzych Miáſtach do tey Apoſtasiey przymuſzáni Mieſzcżánie/ niemal co przednieyſzi, y po rożnych Powiátach Szláchtá/ á oſoblíwie w Woiewodztwie Wolinſkim: z odwagą ná zgube Duſze ſwey/ do Ponurzeńcow ráczey rzućić śie zezwolili/ niż Mus Apoſtatski vćierpieć y ponieść. Stąd ie kto/ słuſznieli nie słuſznie nie rokuiemy/ względem nas Sniegiem marcowym názwał : że/ iákośmy rzekli/ y nas topią y ſámi rychley táią : y nas gubią/ y ſámi ſporzey giną. Co rázą/ zátym známi nie ludzkim ſwoim poſtępkiem/ ná oko obaczą/ gdy śie porachuią/ iák wiele ich z tey oto teráźnieyſzey Woyny przybyło/ ktorych ná nie wyiáchało/ iák poſpolićie mowią/ trzy kopy/ á przyiáchało pułkopy. To vmie/ iákośmy rzekli/ w wiekuiſtych ſpráwách Bożſkich nierozmyſlny poſtępek.

By nie to mniey vważáne niż robiące śie przedśiewźięćie/ zażby były ná świećie tákie Apologij, Parigorij, Przeſtrogi/ Zmartwych wſtáłe Náleẃayki. Tákie

Kleriki/

Kleriki, Apocrisy, Antigraphy, Lamenta, y tym podobne : W ktorych ile do słow/ to śie dźiać częſto muśiáło/ co primi w człowieku/ iáko mowią/ motus czynić zwykły: Czego w ludźiách iednego wedle Duchá zrodzenia/ z obrázą ſumnienia/ żal śie Boże.

Zażby y teráźnieyſzy podnieśienia Swiątyni mus/ á mus ták gwałtowny/ żeſmy iuż dłużey bez niey żywi w Duchu zoſtáwáć nie mogli/ w wyſtępek był criminalny podawány/ by śie o tym dłużey/ temu máło vważnemu złych dźiśieyſzych rzecży Sprawcy/ było pomyślito/ niż rychło vczynito? Bezecniącym publicaciam, nienależnym zápozwom/ bezzákonnym wyklinániam/ Mordom okrutnym/ co w tey ſprawie zá mieyſce? Zaż Bozkie dźieło świátu podległo? y Służebnicy Páná Chriſtuſowi o
świátá tego zniewagę/ y o potwarz záż co trwáć máią? Mar.14
Sámáritan ieſt/ Diabelſtwo w ſobie ma/ Krolem śie ie Ioan. 8
czyni/ Kośćioł Sálomonow chce zepſowáć/ Arcykápłá- Matth.
nowie Chriſtá Páná bezecnią y potwarzáią : á zátym y cap. 26
o śmierć go przypráwuią. W czym mali co sługá mieć Luc. 22
nád Páná? Zniozſzy Oycá Smotrziſkiego/ (czego mu Ioan.
Bog/ vſamy/ y władza w ſpráwiedliwośći świętey Po- cap. 15.
mázáńcá Bożego Páná náſzego M. rownie y nam iáko
y onym miłośierdnego nád práwo y prawde nie pozwo-
li/) rozumie że zárąz wſzytkiey Ruśi? Nic z tego: po ſtáremu teyż Vnitſkiey garſtki. Oćiec Smotrziſki w Cerkwi Bożey/ z przeyrzenia iego świętego/ Sługá ácż nie pogárdzony/ ále miedzy wybránemi Bożemi poślednie: Mieyſce iego y Doſtoieńſtwo wákowáć nie będźie: Nie
ieden w Izráelu Heliaſz. Nie przeſzkodcą tedy/ ieśli 3.Reg.
rzecż widźi/ ſpráwy tey zbáwienney bvć mu należáło : cap. 19
ieśli tym legitimè v nas słynąć chćiał/ czym słynie illegi- Roma
timè, ále promotorem : miáłá to Priuata Publice vſtąpić. cap. 11.

O Ci-

O Tituły nic: ktore y w tey świętey nowopodnieśioney
Swiątyni nie ná vpad/ zá łáską Bożą/ gonią: byle tylko powinność Titułow/ zdárzyłby to Bog/ zostáwáłá w
zwykłey Duchownych y Swietskich S. Cerkwie Ruskiey
praw poważnośći. Ná przystoyny Cerkiew S. sposob/
z ßesnastu/ dla pokoiu/ wydźielić w potrzebe osmiu.
Zda się nam záiste/ że się to y w gwałt náturze iego
dźieie/ co się dźiś surowie/ znagłey á nieważney iego In-
stanciey, w Dostoieństwá iego/ ktorym się słyßy/ zniewa-
Leu. 19 ge / y w niemáłą pospolitego náßego Duchownego dobrá
Zach. ßkode/ dźieie. Nie będźieß potwarzał: y nie będźieß stał
cap 8. o gárdło bliźniemu twemu / mowi Zákon Boży. Z tey
Eph. 4 zwłaßczá przyczyny / ktora ku dobremu z Bogá / y od
wßytkich Chrześćiáńskich wßytkiego świátá Cerkwi Má-
tki/ podána być náyduie się. Wczym iesli żądzy swey
nieporządney, y rádźie/ mimo zdrową/ nieważney dosyć
czynić w przedsiewźięciu: mowiemy / Tá święta z woli
y przeyźrzenia Bozkiego podnieśiona Swiątyni/ (z ktorą
on mimo boiaźń Bożą/ y mimo wßelką spráwiedliwość/
iáko y ze wßytkim Narodem náßym to vczynić vsiłuie/
Ester co czásu swe° Hámán z Márdocheem y ze wßytkim na-
cap. 7. rodem Zydowskim vczynić był postąpił: á Achitophel z
2. Reg. Dawidem y ze wßytkim ludem Bożym.) Nowopodnie-
cap. 17 śiona/ mowiemy/ Swiątyni / y my wßyscy zá pomocą
łáski Bożey/ ćierpliwie y wdźięcznie znośić gotowi iesteś-
śmy to/ co nas dla prawdy swey świętey/ zobrzydłey ie°
potwarzy / Christus Pan znośić godnemi być zezwoli.
Baczyć mu należy / y teráźnieyßym nieuważnym/
bo nagłym/ postępkiem swym / do iákiego zámießánia
wßytke Oyczyzne przywiodł: po ktorey wßytkich kątach
zmyślona przezeń potwarz rozśiána / wßędźie Niebo z
Ziemią mießa/ iákoby iuż nie było Bogá Zuzánninego/

Dawi-

Dawidowego/ trzech Młodźieńcow/ Márdocheußowego
Dánielowe° / y tym podobnych. Baczyć miał vważnie,
że/ iesli przez przeßłe ßtuczne Mysteria máło co wprzed-
śiewźięciu swym spráwił/ przez te dźisieyßą okrutną op-
presie nierowno mniey. A by dobrze ták stáneło / iáko
stánąc vsiłuie: (czego mu Pan Bog/ y święta w R. Je°
M. Pánie náßym M. spráwiedliwość/ vfamy/ nie dopuści,) ále by dobrze ták iáko vsiłuie/ zá gniewem nád
nim Bożym stáneło/ przy owym wieczney hánby przysło-
wiu/ Niech to dźiecie rozetną/ niech nie będźie ni mnie ni 3. Reg.
tobie/ To w zysku odnieśie/ że biedne niewinne duße po cap. 3.
roznych Sektach z Cerkwie Bożey rozpędźi/ sam się z nich
nie vćießy. Gwałt ábowiem przywodźi do Desperáciey:
Desperácia zás/ [iáko ią mądrzy ludźie vważáią] nierzkąc ná przystoyność żadną / ále y ná sámego Bogá o-
glądáć się nie záwße zwykłá. Náktory tákowy nieznośny Gwałt poglądáiąc prze Oświecony wßytkiey Ros-
skiey Bláhoczestiwy Metropolit / Przewielebny w Bogu
Oćiec IOW Borecki w Protestáciey swey do vrzędu Gro-
dow podáney/ imieniem wßytkiego Duchowieństwá / y
wßelkich Stanow/ Xiążąt/ Pániąt/ Szláchty y Rycerstwá
Relligiey Stárożytney Græckiey/ pod posłußeństwem ná-
świętßego Oyca Pátriárchy Konstántinopolskiego będących v nieodstępnie trwáiących / w te słowá oświád-
czá się solenniter y protestuie: Iż gdźieby zátym Apostátow náßych bezpráwnym y ćięßkim w obáleniu ná vczćiwe omylnie vdánych Osob niektorych / á przy nich y ná
wßytkiego Narodu náße° Ruskiego bezecney zmázy postępkiem, á pod zmyśloney Tureckiey zdrády prætextem
ná Wiáre náße gwałtownym nástępowániem/ do zámießánia iákiego w Oyczyznie (czego strzeż Boże) przycho-
dźiło/ lub przyiść musiáło: że to ni od kogo inßego / ni

O 4 z inßey

z iszey czyiey przyczyny / tylko z przyczyny Apostatow naszych / y od nich sámych / zá tákowym ich ná nas / ná Wiare / y ná vczciwe násze / y wszytkie° Narodu Ruskiego gwałtownym nástepowániem przyiść / y zstácby sie musiało. To Przewielebny w Bogu Ociec Metropolit. Baczyc tedy / iákosmy rzekli / Sprawcy tey złosci / należy / do iákiey zá mieszánia tym nieuważnym / nagłym á surowym postepkiem swoim teráznieyszym wszytke Oyczyzne przywiodł / y przywodzić nie przestáie. W czym / ták y w sámey od należne° iemu Pásterzá Apostásiey / (co nas w Osobie ie[go] niepoiednánie obraża) zdarzmu świety Pánie wczesne obaczenie sie. Ználaby z itym iego tákowym postepkiem S. Cerkiew Wschodnia / á wniey nászá Ruska / otchłá i ták wielu wiekow / ktora Wschodem y Zachodem dzieli / iákiego nieprzystepu y wagi. Vexatio dat intellectum, mowi Prorok Boży. A sami nie iákim teraz od nas / z żalem nas sámych / według musu ná nas oboich praw nászych, ale iákimi sie od swoich słyszy / słyszány byłby: Qui intrat per ostium, pastor est ouium, & oues vocem eius audiunt, Syn Boży Pan nász y Pásterz mowi.

Ioan. cap. 10

O szczyrey życzliwości Pátriárchow Wschodnich ku zacnemu Krolewstwu Polskiemu.

Ale zaś y to przystoyna / co przez swe vdáie: iákoby prześwietny Krolá P. násze° M. Máiestat ku nam słusznie obrażáć miáło to / że stárszy nász w Duchu Pásterz / Pátriárchá / mowiemy / Konstántinopolski / pod okrutnym Otomáńczykiem iest wniewoli: nie rozumiemy. Co ábowiem nie obraża Bogá / iák to Chrześciáńskiego Krolá ma obrażáć? Pod srogimi okrutnikámi pogáńskiemi przez cále pierwsze trzy stá lat wszytko Chrześciáństwo było: nie obrażało to z cześci Chrześciáńskiey P. Bogá. Przez cále drugie lát trzystá / wrychle potym / wszytká Zachodnia

Diaco: Iorn: d Onuph

dnia

dnia Cerkiew w srogiey okrutnych Gottow / Herulow / y Longobárdow niewoli leżáłá: nie obrażało y to do Chrześcian pobożnych Cesárzow Chrześciáńskich / w Konstántynopolu Máiestuiących.

Oskárżony Syluerius Biskup Rzymski o podeyrzenie wydánia Miástá Rzymu Gottom / owy iednák łágodny od Iustiniana Cesárzá wyrok odnosi: Jesli sie to pokaże że ten list Syluerius pisał / Stolice swey niech odpada / á inszego ktorego Miástá Episkopem niech zostáie: Jesli sie nie pokaże / przy swey stolicy Rzymskiey niech zostawa.

Baron. Anno 524. pagin. 389. Liberatus in Breuiario: ca. 22.

Pátriárchowie Konstántinopolscy zaś kiedy są w nieżyczliwości iákiey ku Páństwam Krolá Je° M. P. nászego M. posłákowáni / áby owszeki własney swey / spráwa y władza Duchá S. im dáney y przysądzoney Diœcesiey / wyrokiem Krolá Je° M. Páná nászego M. osądzáni / y oddaláni być mieli? Nigdy zá łáską Bożą. Záczym iásne oko / y wolny przyiazd do Páństw Krolá Je° M. wszyscy Pátriárchowie nászi Wschodni máiąc / w Roku 1586. Był w Koronie Polskiey y w Wielkim Xiestwie Litew: IOACHIM Pátriárchá Antiocheński: w Roku 1589. Był IEREMIASZ Pátriárchá Konstántinopolski: w Roku 1596. Był Pátriárchá dzisieyszy Alexándriyski CYRILLVS: ná on czás teyże S. Apostolskiey stolice Exárchá: w Roku przeszłym 1620. był THEOPHAN Pátriárchá Jerozolimski. Zá to to swoią cále vprzeyma ku Páństwam tym życzliwością / y zszczyrego ku Je° Kr: M. Pánu swemu Miłościwemu sercá / S. pámięci Pátriárchá Alexándriyski MELECIVS w listách swych do Krolá Je° M. pisánych / Synem w Duchu vmiłowánym Je° K: M. miánuie: Krol też Je° M. z Chrześciáńskiey swey ku nim

Verificatia

skłonności/ Przewielebnego THEOPHANA Pátryárche Jerozolimskiego/ Oycem w Chrystusie Wielebnym názywáć raczy. Zaß ták złe: nierzecze tego żadna Bogá miłuiąca Duszá. Wßyscy cztyrech Wschodnich świętych Apostolskich Stolic Pátriárchowie są Przyiaciele serdeczni Páństwom Krolá Ie^o M. Páná naßego M. y vstáwiczni Bogomodlcy; á wysłuchywa ich Pan Bog: są abowiem Sludzy iego/ y Vczniowie iego w okowach. Nie są Schismáticy/ (zá iákie ie márni ludzie márnie vdáią) mniey Haeretícy: ále są Katholicy/ świętey Kátholickiey Cerkwie Pásterze/ ktorzy dniem y nocą Błogosłáwią Krolestwom Chrześciáńskim/ á osobliwie temu náßemu/ do ktorego we wßytkich swych od Okrutniká nápadłych im biedách/ bespieczna vcieczká. Lepiey nie rowno życia wßelkiey szczęśliwości temu Páństwu/ Oyczyźnie náßey/ niż własney swey Oyczyźnie pod Tyránem biedujacey. Záwżdy milße im woienne Successy te^o Páństwá nád ich własnym Tyránem/ ktoremu hołduią/ niż kiedy ten Okrutnik zwycięzcą odchodzi.

Z iákim serdecznym stękániem y toraza święty Pátriárchá Jerozolimsky Páná Bogá o szczęśliwe Successy temu Páństwu prosił/ kiedy pod czás przybycia swe^o do Páństw Krolá Ie^o M. Páná náßego M. Woysku Zaporozkiemu ná tego Okrutniká błogosłáwił: przed ktorym/ gdy w kilku tysiącach Hetman ná ten czás woyská Zaporozkiego Piotr Kunaßewicz Saydaczny stánął/ á imieniem wßytkiego Woyská o Absolutią/ z wyznánego grzechu rozláney krwie Chrześciáńskiey w Moskwie prosił/ odpowiedział Oycowsko z obláną łzámi twarzą: Cokolwiek w tey Expediciey Moskiewskiey práwem Poddáństwá zá roskazániem Krolá Páná swego czyniliście/ czynić to z powinności posłußeństwá musieliście: ktorego vczyn-

go vczyn-

Niewinnosci. 56.

go vczynku wáßego słußność y nie słußność nie byłá w wáßey władzy, ále w tey/ ktoreyście są z woli Bożey pod rząd poddáni: záczym y występek ten ieśli ktory iest/ mniey was obchodzi. Lecz w czymbyście kolwiek z roziątrzonego (co wiec iákoby z nieiákiego nałogu w żołnierzu bywáć zwykło) á ná krew chciwego serca/ nád roskazánie y nád przystoyność w mordzie ludzi/ y w bestwieniu sie nád białą płcią y dziatkámi surowieli/ y pástwili sie/ wáße to iest własne złe: Dla czego Páná Bogá/ ktorego miłosierdzie y naciężße wßytkie grzechy przewyższa prosząc/ żáłuycie, korzcie sie przed nim/ w łásce iego iednák nie vpywaycie/ y zbáwienia swego nie odczáiwaycie: á broń te/ ktorą Oyczyźnie swey z Przodkow swych wiernie [iákośmy słyßeli] y poręźnie służycie ná Bisurmániná/ przysięgłego Chrześciáńskiego nieprzyiaciela obroćcie: w czym ku skuteczney vsłudze Przezacnemu y Przenaiásnieyßemu Krolowi Pánu wáßemu/ Wßechmocna práwicá Boża niech was wspomaga: y mey pokorności od Cudotwornego grobu Bożego błogosłáwieństwo/ y modlitwy wam niech pospießáią: áby náße Pogáńską mocą zniewolone oczy/ przeoświecona iego prześwietność/ ná wielkiey wielkiego Konstántiná Stolicy Máiestuiącą widzieć godne sie zstáły. Ták/mowiemy/święci Pátriárchowie Wschodni zacney Koronie Polskiey/Oyczyźnie náßey są dobrze affecti.

Jákimże/ prze Bog żywy/ sercem nie ostrożny/ á máło z tey części pobożny ten Delator/ ná tego świętego á Oyczyźnie náßey/ Chrześciáńskiemu Krolestwu cále życzliwego Męża/ z ták bezecną zmázą y háńbą tárgnąć sie poważył: Jeśli go Krolá Ie^o M. Páná náßego M. y przeoświeconego Ie^o K. M. Senatu święte poważnych Listow słowá pohámowáć od tey złości nie mogły:

gły:

gly: tá oto ſámá ku Páńſtwom Krolá Je° M. Oyczyznie náßey miley/ y ku ſámemu Krolowi Je° M. Pánu náßemu M. ßczyra życzliwośc iego pohámowáć go
miálá. Rzeczpoſp. wßytká/ pauló latiùs tego ſłowká
záżywßy: że wßytkich/ mowiemy/ oboiego Páńſtwá Powiátow ná bliſko przeßły Seym przybyli Jch M. PP.
Poſłowie Ziemſcy/ gdy ſie to z czytánego w Kole ich
Liſtu náßego przełożyło/ że Przewielebny Ociec Pátriárchá Jerozolimſki/ Stárożytney Relligiey Greckiey
Ruśi/ według vſtáwicznego Cerkwie Ruſkiey zwyczáiu/
porządkiem S. Wſchodniey Cerkwie/ pod poſłußeńſtwo
Przewielebne° Oycá Pátriárchy Konſtántinopolſkiego
poświęćił Metropolitá y Epiſkopy: żaden ſie tam z ták
wielkiey (rzec możemy) Bozkich dowćipow y nád przyro-
dney rozumu byſtrośći Mężow kupy, táki nienálazł/ ktoryby náprzećiw temu świętemu Mężowi ſłowko choć iedno tákie był wyrzekł/ iákich o nim ten nieváżny Delator pełna gęba/ po wßytkiey Koronie y Wielkim X:
Lit: násiał. Kto bowiem ſługę Bożego/ Stroża grobu Páná Chryſtuſowego/ prawdźiwie świętego Mężá/
zá nieuczćiwego y bezecnego do przeświętnych Krolá
Je° M. Páná náßego M. vßu donieść ważyćby ſie zezwolił: ieśli nie od Bogá y od ludźi zelżony y obezecnio-
ny człowiek? Kto ſie ná tego wielkiego Kápłaná/ ktory iuż to Rok czternaſty ſchodzącym do Grobu Bożego
z Niebá ogniem co rok ręce ſwoie oświeca/ fałß y potwarz zmyślić poważył: ieśli nie y nád Niewierniká w
przymiotách gorßy człowiek? Sámi ábowiem Biſur-
mánie względem tego corocznego przedziwne° Bozkiego cudá/ ktory ſie w ręku iego przy grobie Bożym w kożdą
wielką Sobotę ku wieczorowi obchodźi/ Pátriárchę
Jerozolimſkiego czczą/ ſzánuią/ poważáią/ y dobrze

o nim

o nim mowią. Ten oto tylko bezlitośny Delator okrutniey-
ßym ſie ná nie° niż Biſurmánin poſtáwił/ ktory go omył-
nym ſwym do Kr: Je° M. Páná náßego M. vdániem
lży y bezecni. Pomnieć iednák miał ná owo Mędrcowe/
Oculū qui ſubſannat Patrem, &c. & linguam doloſam, &c. Prouer. cap. 30
Oko ktore ſie pośmiewa z Oycá/ etc. y Język podſtępny/
y dáley. Ociec to ie° ieſt: Zakonem ábowiem tym chlu- Mich.
ſie/ ktory wyßedł z Syonu/ y ſłowem Páńſkim/ ktore cap. 4.
wyßło z Jeruzalem. Boże° miáſtá Jeruzálem/ y święte° Chryſ.
Syonu Páſterz to ieſt/ Succeſſor Brátá Páná Chriſtu- Hom.
ſowego według ćiáłá/ Jákubá Apoſtołá/ ktorego ſam 38. in
Chriſtus Pan ná Epiſkopſtwo Jerozolimſkie poświęćił: Epiſto.
iáko o tym Błog: Złotouſty/ y inßi Náuczyćiele Cer- 1. ad
kiewni wiedźieć dáią. Mátki wßytkich Cerkwi/ iák ſam Corin.
o tym częſto śpiewá/ ieśli śpiewa, Ráduy śię Syonie świę- Dama-
ty/ Mátko Cerkwiam, Bozkie mieſzkánie. Mátki/ mo- ſcen. S.
wiemy/ wßytkich Chrześćiáńſkich Kátholickich Cerkwiey
ieſt przednieyßym Opiekunem/ y Bozkiego mießkánia
pierwßym Dozorcą. Ktoremu nierzkąc w dźiele/ lub w
ſłowie/ áleni we śnie/ ni przez imaginácią to widźieć ſie
nie dáło/ y ná myśl przyść nie mogło/ co ten Náśmiew-
cá ná niewinność iego zmyślił/ y ewiátu podał. By tego świętego Mężá/ (ktory z Celli przy Bożym Grobie
przez cáłe śiedm lat niewychodząc/ vſtáwicznym ſie Bo-
gomyślnikiem náydował: z ktorey y ná ten wyſoki Apoſtolſki Thron ieſt podnieśion: by mowiemy/) ten ná zbawienie ſwe máło pámiętny człowiek/ przytomny widźieć
był chćiał tego świętego Mężá czći godną poſtáć/ pewá-
żne obyczáie/ vkłádną pokorność/ żywot ze wſzech miar
przykłádny/ áżby żeláznego pohárdonowego kárku tyć
muśiał/ ieśliby śládu nog tych/ ktore Zbáwićielá náßego y Bogá/ Jezu Chriſtá Páná przeświętemi nogámi Exod. cap. 10.

P deptáney

deptáney ziemie ślády depcą/cáłowáć nie ſkłonił ſie. A-
le zazdrość rzeczy y napożyteczniey ßych powáżyć nie v-
mie: ślepa ieſt oná ná wßytkie y nazbáwienieyße dobro.
Wy lepak Bogiem vmiłowáni Społwyznawcy ná-
Pſa. 36 ßi/ nie rewnuycie tukáwnuiącym/ áni zayzrzycie czyniá-
Proue. cym niezbożność. Ktorych iezyk / według Sálomoná/
cap. 26. nie lubi prawdy: y ktorych vſtá ſpráwuią vpadki. Nam
Eccleſ. świety ten Mąż / ieſt prawdziwie świety / y niwczym
cap. 27 nie podeyzrzány: Prawdziwie Jerozolimſki Pátriárchá: ſucceſſor Błogoſł. Apoſtołá Jákubá/ Brátá Páńſkiego wedle ciáłá: Bogiem zeſłány vpádłey przez Apoſtáſie Cerkwie náßey Ruſkiey Swiátyni Wznowiciel:
Prawdziwy nam w Duchu Oćiec: ktorego Pan Bog
zdrowego od wßelkich niebeſpieczeńſtw / y od tey niezbożney potwarzy vchronionego/y práwo proſtuiącego ſłowo Boſkiey prawdy ná ſtolicy iego świetey poſtáwić áby
raczył/ życzymy y Páná Bogá zań prośimy. Ten záś
nie vważny Delator, ieśli ſie nie vpámieta / á dáley tey
ſwey ſproſney złośći ßerzyć nie poniecha: pewien nád ſobą gotowey pomſty Bożey niech bedzie: ktorey my mu
nie życzymy/ y owßem Páná Bogá zá nim prośimy/ á-
by vſtá iego y iezyk ku świetey prawdzie náproſtowáć ra-
Zach. czył. Tego ſie ábowiem tknął/ o ktorym miedzy inne-
cap. 2. mi ſam Bog wßechmogący mowić raczy: Kto ſie was
Deute. dotknie / dotknie ſie ten źrzenice oká mego. Moiá po-
cap. 32 mſtá w krzywdzie wáßey: ia oddam wáßym ßkodnikom.
Rö. 12. Poprożnicy tedy ten złośliwy Delator, ná tego świe-
O po- tego Męża/ tė ßkárádą nieznośney hánby zmáże obálić v-
koiu z śiluie: bezwinnie y wnieśienie niepokoiu do Páńſtw
miey- Krolá Je° M. Páná náßego M. w wine mu prætendu-
ſcá po- ie/ z tey przyczyny / że Metropolitá y Epiſkopow Błá-
koiu. hocześtiwych w Ruśi poświećił: y owßem pokoy z ſobą

przez

Przez to do Páńſtw tych pożądány wprowádził. Coż á-
bowiem przez te dwádzieśćiá y ßeść lat / po wßytkie odſtepſtwá tego czáſy/ cześćiey y bárziey wßytkie Rzeczypoſp. ſpráwy zátrudniáło: Co cześćiey y bárziey wßytek Senat obciążáło: Co Krolá Je° M. Páná náßego
M. cześćiey y bárziey moleſtowáło: iáko tá vſtáwiczna
narodu Ruſkiego płáczliwa proźbá / áby Apoſtátowie
náßi z kárkow náßych zśádzeni byli/ á błáhocześtiwy Metropolit y Włádykowie áby nam byli przywroceni. Co
zupełny do Páńſtw Krolá Je° M. Páná náßego M. pokoy wprowádziło/ to oni niepokoiem być ſądzą. Pokoy
záiſte do Oyczyzny náßey z łáſki Bożey záwitał / á nie
niepokoy: ſkoro ábowiem zá tym ßczeſliwym pokoiu tego záłożeniem Cerkwie/ y dobrá Cerkiewne poświeconym
od tego świetego męzá Oſobam/ Metropolitowi/ y E-
piſkopom od Krolá Je° M. przywrocone bedą / (o co
wßytek Narod náß Ruſki Krolá Je° M. Páná ſwego
M. prośi/ y poty prośić nie przeſtánie/ áż miłośierdzie w
oczách Jego Páńſkich náydzie/) nátychmiaſt przez odſtepſtwo wzniecony/ przez vtiſkowánie rozżarzony/ á przez
te niezbedną potwarz płomienieiący niepokoy w Oyczyźnie náßey zgáśnie. Nátychmiaſt Narod náß Ruſki
wßytek w ſumnieniu ſwym vſpokoi ſie. Vſtáną zátym
z Apoſtáſiey pochodzące naśćia / naiázdy/ vtiſkowánia /
morderſtwá/ krwie rozlanie/ y exceſſy nieſłycháne: vſtáną potwarzy/ podſtepki/ y wßelkie z nienawiśći pochodzące iedne° ku drugiemu niecheći: káżdy ábowiem z ſwego
włáſnego dobrá ćießyć ſie bedzie. Vſtáną ſkárgi/ Proteſtácie, zákázy/ inſtigacie, gáienia ſądow/ á zátym vſtáną
pozwy/ Mándaty/ Banniciei vmilkną w ſpráwách Relligiey Ruſkiey wßelkie ſądy. Nie bedzie dáley w tym
moleſtowan Pomázániec Boży: nie bedą zátrudniáne y

P ij ſpráwy

ſpráwy Rzeczypoſp. Wßytko ſpokoynie poydzie/ wßytko ſtánie w pokoiu: Brát brátu wilkiem być przeſtánie.
Pokoy w Cerkwiách/ pokoy w domách/ pokoy w Ratu-
ßách/w Grodách/w Ziemſtwách/w Tribunatach/w ſą-
dách Zádwornych/y Kommiſsárſkich/ ná Seymikách y
Seymách: wßelkie ábowiem y wßytkie niepotrzebne/ z
obliżeniem y wnetrznych y zewnetrznych dobr náßych/
wßytkiemu Narodowi náßemu dzieiące ſie od Apoſtátow náßych práwne proceſſy vſtáną. A zatym Páńſtwá
Je° Kr. M. w zupełny ſie pokoy przyodzieną/ á práwie
pożądánym pokoiem vkoronowáne ſtáną: y nie rowno
wietßą PP. Rzymiánow zgode/ y miłość z námi/ y
ſámego nabożeńſtwá/nierzkąc ſpołobywátelney y ſąſie-
dney przyiáźni względem/ pokoy ten ſpráwi, niżeli Apoſtátow náßych/námi prze odſtepſtwo od poſłußeńſtwá S.
Apoſtolſkiey Konſtántinopolſkiey Stolice Pátriárchy/
przyrodnego ſwego Páſterzá/ niepoiednánie/ iákoſmy
wyżßey rzekli, znienawidziánych wielebna Vnia. Ktorey
po wßytkie przeßłe czáſy oni pobłażáiąc/ á my ſie prze-
ćiwiąc/ czeſtokroć y poważny iezyk z przyſtoynych wzá-
iemnych do siebie y o ſobie mow y ſcriptow/wyżßey brze-
gow ſkromnośći/y tego/kogo y czegoby nie należáło/ sie-
gáiąc/z oboiey ſtrony wynieść ſie muſiał. Czego Chriſte Pánie zá dni náßych rácz nam zdárzyć doczekáć: Serce Krolá Páná náßego M. Pomázáńcá ſwego/ y przeoświeconego iego Senatu/ ktore w reku ſwoich Boz-
ſko maß/rozley iáko wode według świetey twey woli: á
ſpráwiedliwym twoim y iego wyrokiem/ pokoy Cerkwi
twey S. zá dni/ iáko proſimy/ náßych od Wſchodu do Zachodu rácz przywrocić. A my tobie Pánu y Bogu náßemu dzień ten ná wieczną pámiatke poświećiwßy/niewy-
mowney twoiey ku nam dobroći Triumphálne pieśni/

od narodu do narodu śpiewáć bedziemy ná wieki.

Nie ma tedy zá łáſką Bożą w ſpráwie tey Práwoſłáwny Narodzie Ruſki/ y wßelki Miłośćiwy y łáſkáwy
Czytelniku/ nie ma niepokoy żadnego mieyſcá: pokoy gore wynióſł. Pokoy wnetrzny z mieyſcá pokoiu/ do Oyczyzny ſie náßey wniosł: ktory zdárz Boże/ áby ſie ná
wieczne potomne látá w niey vgniezdził/vfundował/ y
rozßerzył. Jeruzalem ábowiem/ widzenie pokoiá wykłada ſie. Máż tedy ten świety z pokoiem z mieyſcá pokoiu do nas/ Bozkim o nas przemyſłem/ záwitał. Tym
ábowiem pokoiem/po łáſce Bożey/z łáſki Krola Je° M.
Páná náßego M. obwárowány Narod náß Ruſki/ záwżdy Pánom ſwym wierny/záwżdy powolny/y záwżdy
ná wßelkie roſkazánie poſłußny: zá dobre zdrowie/ y zá
ßcześliwe pánowánie Je° Kr. M. od máłego do wielkie-
go/dniem y nocą/ po Cerkwiách publicznie/ á w domách
priuatnie Páná Bogá proßac. máietnośći ſwe/ zdrowie
ſwe/ krew ſwoie, zá Honor iego/zá zdrowie iego/zá beſpieczeńſtwo iego ważyć/pokłádáć/ y wylewáć gotowym
siebie ſtáwił/ſtáwi/y ſtáwić chce.

Serce z nas tárgáli Apoſtatowie náßi/gdy nam/
dziwnych nád námi zwykłych ſobie myſteryi záżywáiąc/
wiáre náße z pierśi náßych przez lat dwádzieśćiá y ßeść
okrutnie tárgáli: záż y w takim ćießkim rázie cáłość w
wiernośći/ w powolnośći/ w posłußeńſtwie/ y w życzliwośći narodowi náßemu nie iednoſtáyna? Ktory iák po
wßytkie te przeßłe nieznośnych bied ſwych látá/nie wiecey miał głoſu/tylko áby mu to ſpráwiedliwie było przy-
wrocono/ co nieſpráwiedliwie przez Apoſtaty było mu
odieto: áby/ mowiemy/ záchowano nas w pokoiu: y przy
náßym włáſnym. A teraz nie inßy ſie od wßytkiego
narodu Ruſkiego do Pomázáńcá Bożego Krolá Páná

nászego M. głos náyduie/ y poty áż skutecznie wysłuchan bedźie/ náydowáć sie muśi. Ciezka to záiste/ bá y nieznośna: Narodowi wolnemu/ Narodowi w práwách y wolnośćiách ze wszytkiemi Koronnemi y W. X. Litew. obywátelmi porownánemu/ ktorego żaden drugi zacnośćią vrodzenia/ żaden życzliwośćią ku Oyczyznie nie vprzedza, przez mus kilku Osob/ z praw y wolnośći/ á nákoniec y z Wiáry być wyzutemu. Być w swobodźie sumnienia ták ćieszko zniewolonemu/ że wierzyć ták/ iák nas Zakon Boży vczy nie wolno/ ále wierzyć muśieć ták / iák nam Apostátowie nászi roskázuią. Kogoż to/ prze Bog żywy z narodu nászego Ruskiego boleć nie ma? kogo y z społobywátelow iego do commiseraciey nie poruszy? Swobodnieyszemi są w tey mierze wszyscy y nie Chrześćiáńscy seStarze/ ktorzy z wolnośći Pánstw tych ćieszyć sie żadnego przystepu nie máią/ niżelimy Narod/ iákosmy rzekli wolny/ Narod swobodny/ Narod wiedney Oyczyznie z drugiemi dwiemá vrodzony/ y wszytkie ćieżary zárowno z niemi noszacy: Narod Pomázáńcom Bożym Krolō Pánom swoim M. szczyrze wierny, krew swoie ná wszelákie ich roskazánie ochotnie rozlewáiacy. Co wszytko widźi spráwiedliwe z niebá oko / widźi powolność násze y wierność: widźi y káżde w prawdźie świetey kocháiace sie y z społobywátelow nászych bogoboyne oko: iedne tylko żołćią oćiekłe Apostátskie oczy / dymem nienawiśći ná prawde ochmurzone mieią. Ktorzy nász y swoy szláchetny narod Ruski/ wyzuwáiac go ze wszelkiey wolnośći / Zdrády zmázą obezecnić vsiluią.

Coż to zá nieszczęsny ptak/ ktory czyste Cnoty Przodkow swoich gniazdo ták szkárádnie máże? Sarkáią / y płomieniem dyszą/ że ni tym ni owym / álbo y tym y owym w gorzkośći sercá nászego byli názwáni: á w tym/

że nas

że nas Zdraycámi potrząsywáią. lubuią sobie/ pochutnywáią / áni tego zá nieznośną ćieszkość násze rozumieią. By to dwoie nazwisko szálą sprawiedliwey rozwagi rozłać y vważyć chćieli/ bez pochyby y ni iedno / y oboie być ráczey zezwoliliby/ niż Zdraycámi Oyczyzny być bezecnieni. Coż y o nas niech rozumieią. Vczćiwe násze/ żywot nász iest/ y kto ie szárpa / dusze z pierśi nászych szárpa. Boli y nas zránione hánbą Zdrády vczćiwe násze/ y poty boleć nie przestánie/ áż od sromotney tey zmázy oczyszczone/ w vrázie swym bedźie zleczone.

Jeśli są prawdźiwa Ruś/ iákoż máią być y muszą (bo nie iuż zaraz y ze krwie sie ten wyradza / kto sie w Wierze odmienia: nie iuż kto z Ruskiego Narodu Rzymskiey wiáry zostáie / záraz y z vrodzenia Hiszpanem álbo Włochem zostawa/ Rusin Szláchetny postáremu. Nie wiárá ábowiem Rusiná Rusinem/ Poláká Polakiem/ Litwiná Litwinem czyni: ále vrodzenie y krew Ruska/ Polska/ y Litewska:) Jeśli tedy są prawdźiwa Ruś/ iákoż są: (ktore° narodu y krwie/ y przy boku Pomázáńcá Boże° Kr. P. nászego M. Senatorskim Dostoieństwem vczczoney/ z łáski Bogá wszechmogacego nie podleysza niż inszych/ do tego należnych dwu Narodow liczbá. Ruska przezacna krew temi czásy w Senaćie Litewskim Duchownym y Swietskim przodkuie. Ruska przezacna krew / o tych czásiech w powierzeniu swym nie ocenione Rzeczyposp. Litewskiey kleynoty ma/ Pieczeć/ y Bulawe.) Jeśli tedy są prawdźiwa Ruś/ że y po trzećie rzeczemy / iákoż są: iákim prze Bog sercem ná záwżdy wiernym/ czystym y nigdy niwczym Krolom Jch M. Polskim/ y Wielkim Xiążetom Lit. Pánom swoim M. niepodeyzrzánym narodźie swoim te ták szkárádą zmáze ponośić mogą? Jákiemi vszymá te przeráźliwa / zdrowie oraz y vczćiwe

Narodu

Narodu swego zacnego / náwpad káncerującą hánbe słyszeć znoszą:

O przezacna krwi Ruska / niech cie to záboli / niech cie to poruszy. Coż masz droższego nád vczciwe? co milszego nád sławne? iuż to oraz y sławnymi twoimi y vczciwymi o ziemie vderzyć / y potwarnymi swymi nogámi podeptáć ktoś waży sie. Ile pism Kronickich / nigdys ty zacny Narodzie Ruski krwáwey reki twey ná Głowe twoie / ná Korone sławy y vczciwości twey nie podnosił: zaż teraz w niewinności twey tę bezecną hánbą obelżyć cie dopuścisz? Vchoway cie Christe Pánie. Dochowáli tego oboiego w zupełney cáłości przodkowie twoi tobie: Dochowayże oboiego tego / w teyże nienáruszoney cáłości Potomkom swoim y ty. Iákoż / ile do wszelákich okazáłey cnoty dzielności twoich / dochowywasz: ále cie ktoś pod prætextem czegoś / nieostrożnego podeyść (wąż / iáko mowią / w tráwie) czołga sie. Nie ná to tedy sárkáć y płomieniem dyszeć z przezacney Ruskiey krwie zrodzonym należáło / ále tych nie oszácowánych w zacnym Narodzie swoim kleynotow / Vczciwe°/ mowiemy / y Sławy postrzec przystało: ná to / ceby to dwoie w zniewage podawáło / y sárkáć y płomieniem dyszeć. Głodny to mowią rok / gdy wilk wilká ie: głodnieyszy záiste / gdy Rusin Rusiná połyka: owszeki bezdzietny / gdy ieden Rusin wszytkę Ruś pożyra. W czym ábyś był ostrożny zacny Narodzie Ruski / prze cáłość Sławy y Vczciwego twego ciebie prosząc / postrzegamy cie.

Máło ná tym było / że przed kilká lat / pod czás woyny z Moskwą / w Scripcie swym / Zmartwychwstáłym Nálewáykiem otitulowánym, wszytkę te Ruś ktora pod stárożytnym Pátriárchy Konstántinopolskiego posłuszeństwem zostáie / názwawszy pierwey Niedzwiadkámi / Bá

zilishká-

zyliszkámi / Jaszczorkámi / Krokodylámi: názwali nákoniec szpiegami y Sekretarzmi Tureckiemi: Ale sie iuż z vczciwym teyże wszytkiey Rusi / ktora vniey nie známa y nie zna / y do Xiąg rzucono / przez vszczypliwe protesty: á miánowicie na Brátstwo Wileńskie / ktore iest właśnie z narodu drogim Szlachetskiey prærogatywy kleynotem przyozdobione° ścielone: pełne Ludzi známienitych z Fámiliy zacnych vrodzonych / wszelkich Stanow / Koronnych / y W. X. L. Obywátelow. A przynim ná Szláchte obywátele Wołewodztw y Powiátow / Połockiego / Witepskiego / Mścisłáwskiego / y Orszáńskiego: iakoby oni z szpiegiem nieiakims Tureckim porozumiawszy sie / spisy nieiákie listowne ná bunty y ná zgube Oyczyzny czynili. Tákie oto iuż o tobie zacny Narodzie Ruski Scripta y protesty: z ktorym niech sądzą sámi / iák słusznie na nas sárkáią / że o krzywde swoie w gorzkości sercá nászego / nic w zádny / ále w otwet / mowiemy. Ichże tylko zgániony tumor ma bolec / á nas zelżony honor nic? Im to tylko od nas obelgá / co my w obrone mowiemy / á co oni na nas w zmáze mowią / to nas nie ma dolegáć? Co to za poiedynkowe práwo? skąd tá w iednych swobodách wyietność? Ná ż co Szláchcic nád szláchcicá w tákim rázie? iedno wszytkim vczciwe / iák ieden káżdemu żywot.

Ale wroćiwszy sie do pierwszey mowy nászey / pytálibysmy ieszcze ná tym mieyscu wierni Spolwyznawcy nászi / żołcią oćiekłego ku nam sercá Apostatow nászych / Zá oddaleniem od nás Pátriárchy Konstántinopolskiego Duchowney władzy / y nászego ku niemu posłuszeństwá / coby nam w Práwách nászych y Swobodách Constituciámi y Przywileiámi od Ich M. Krolow Polskich / y W. Xiążąt Litewskich / y Ruskich P P. nászych M. nádánych / wárowánych y poprzysiężonych / zostawáć widzieli:

Protest. od I M P. Wojewodi Połockiego, wniesiona do Xiąg Grodzkich Brasławskich

Q dzieli:

dźieli: my nic zgołá zostawáć nie náyduiemy/ ále wszytko oraz vpádáć widźimy. Gdźie abowiem choć iedno práwo/ choć iedná Constitucia/ choć ieden Przywiley/ ktoryby Narodowi Ruskiemu ná posłuszeństwo Zachodnie/ y ku obronie w nas Relligiey Rzymskiey służył? ni iedno: ále wszytkie służą ludźiom Relligiey Greckiey/ posłuszeństwá Wschodniego. Dla czego zá odmiáná Relligiey Greckiey/ w Rzymską: á posłuszeństwá Wschodniego/ w Zachodnie: nie tylko Duchownych praw y wolności/ ále y Swietskich pozbyć musielibysmy. A słusznie: bo zá odmiáną Relligiey y posłuszeństwá/ y práwá násze odmiánie podlec musiáłyby.

Jesliż kto pozostáłe v Apostatow ritus y Ceremonie Greckie/ zá cáłość Relligiey Greckiey vdáie/ lub rozumie: ták mądrze rozumie/ y ták wiadomie vdáie/ iákoby też Dzwonnice kto Chrzcilnice/ Rádźilnice y tym podobne/ zá Sacramenta Kościelne rozumiał y vdawał. Záczym praw y wolności nászych sámi Gwałtownikámi zostáć musielibysmy/ gdybysmy Wschodniego posłuszeństwá odstąpili. Gdybysmy to/ co Krolowie Ich M. PP. nászi Miłościwi/ pod przysięgą nam swoią stwierdzáią/ sámi gwałcili/ zostálibysmy owszeki ni przyczym: sámibysmy się ze wszytkich wolności nászych wyzuli.

Rożność Vniey Floreńskiey, od teraźnieyszey.

Przypominaią nam Vnie Florentską: Ale tá co do Vniey dźisieyszey? By tám tá własnie Vnia (dawszy iey inszym Circumstanciam ná ten czás/ ták y sámemu Soborowi temu pokoy/) reformowana byłá/ nigdyby się tym nieprzystoynym sobie imieniem Greckiey Relligiey Wyznawcá titulowáć nie pozwolił/ Vnit/ álbo Vniat: ktore Jmie/ Bezimienne rzekłismy było. Teraz pewnie ták się zwáć y máią y muszą: á z Vniey Florentskiey ták Rzymiánin Grekowi zwány mogł być vniatem/ iák

Grek

Grek Rzymiáninowi: przy swych Pásterzach/ y przy swych wiáry Artikułách káżda stroná zostawáiąc. Gdyż to Concilium nie na vyme cáłości y poważności (co to inie vniat/ z potrzeby zá sobą niesie/) ktorey stronie było celebrowane. Nie na to zebráne było/ áby Grecka wiárá w czym odmiáne ponośić miáłá: lub do Rzymskiey iáko by do lepszey/ z odmiáną w sobie cze⁰/ siebie vniowáłá: ále żeby z obu stron to miedzy temi dwiema iedney (iáko słynęły) Wiáry pomiestnemi Cerkwiámi/ á iedną Powszechną vprzątniono było/ wczym się Wschodnia do Zachodniey/ nie Zachodnia do Wschodniey obrażáły. A żeby iedná drugiey (ten sámy do Symbolum Nicæno-Konstántinopolskiego przydátek/ y od Syná, ktory Wschodnia Cerkiew do Zachodniey nabárziey obrážał/ wyrznciwszy/) ták się z vniowáły, áby ni tey ni owey ná cáłości y poważności namniey nie było vymowano. A ták się stáło. Zostáli Grekowie przy swym wszytkim/ á Rzymiánie przy swoim: Rożnice o pochodzeniu Duchá S. dla ktorey sámey ná to Concilium Grekowie się stánowili/ (gdyż o inszych wiáry Artikułách/ wyiąwszy spráwe pochodzenia Duchá S. ták generalney namowy/ tylko priuatna/ ták y vchwały generalney nie było:) Rożnice/ mowiemy/ o pochodzeniu Duchá S. w owych słowách/ po wielu z oboiey strony z pisma Bożego/ y pism Náuczycielow Cerkiewnych dowodách/ przez Syná/ y od Syná: z ktorych pierwsze własne Wschodniey Cerkwie/ drugie Zachodniey/ vprzątnowszy.

Floreńskiey vniey Conteńta.

W Greckiey Cerkwi Symbolum z przydátkiem ták nigdy czytáne nie było/ ták y być niemiáło: ále ták iák było ná Synodźie powszechnym wtorym Konstántinopolskim z pierwu stworzone/ y do vżywánia podáne/ bez przydátku/ y od Syná.

Metro-

Metropolitá y wßytkiego Duchowieńſtwá Ruſkiey Cerkwie Sacra/ y poſłußeńſtwo, ják przed Concilium Florentſkim zoſtawáły przy zwykłym Páſterzu náßym Pátriárße Konſtántinopolſkim, ták zoſtáły przy tymże y po Concilium.

Czyśćiec ogniowy w Græckiey Cerkwi ják nigdy znány niebył, ták y po Synodźie Florentſkim znány być nie miał.

Duß ludźi zeßłych ſpráwiedliwych mieyſce/ Niebo, á grzeßnych Ad/ álbo piekło: Błogoſłáwieńſtwo záś ich y męki zupełnie doſkonáłe / áż po dniu Sądnym / ják przed Concilium Florentſkim Cerkiew Wſchodnia wyznawáłá, ták y po nim wyznawáć miáłá / y wyznawa.

Chleb kwáſny w obchodzeniu zbáwiennych Euchariſtiey Táiemnic/ ják przed Concilium Florentſkim był Cerkwi Wſchodniey w vżywániu, ták tenże á nie Przáſnik y po Concilium zoſtał/ y zoſtawa.

Táiemnic Ciáłá y Krwie Syná Bożego Cerkiew Wſchodnia/ ják teraz pod dwiemá Oſobámi vżywa, ták pod dwiemá Oſobámi záwżdy vżywáłá y przed Concilium Florentſkim.

Rzymſki Biſkup y Wſchodni Pátryárchowie/ ják przed Concilium Florentſkim przy ſwych práwách Synodálney powßechney vchwały/ zoſtawáli, ták w tychże á nie ináкßych káżdy z nich y po Concilium tym zoſtawáć miał.

Vniey teráźnieyßej defecty. Teraz záś z dźiśieyßey Vniey/ Ruś odſtępna/ ſámá tylko Rzymiánom vnity, y ſłußnie: bo śie bez nawyżßego ſwego Páſterzá Rzymiánom/ z vymą cáłośći y poważnośći S. Wſchodniey Cerkwie zvniowáli. Iuż teraz káżdy Włádyká y ſam Metropolit przy inauguroważniu ſwym ná to Doſtoieńſtwo/ Symbolum Nicœno Konſtántinopolſkie czyta publicè z przydátkiem/ y od Syná. A to wielki

wielki Vniey Florenſkiey pogębek. Nierowno większy owo/ że Pátriárchy ſwego własnego kryiomo odſtąpili/ á Biſkupowi Rzymſkiemu poſłußeńſtwo oddáli. Záczym poßło/ że nietylko w inßych priuátnemi rozmowámi/ ná tym Concilium nieiáko vćieránych roznośćiách/ Rzymſkiemu Kośćiołowi ſtáli śię y mußą być przychylnieyßymi: bo ktoby ie od tego záwśćiągał/ á przy ſwey zwykłey ſtárożytnośći zátrzymywał/ niemáią. Czego wßytkiego dla pewnieyßey wiádomośći/ po ſkończeniu tey náßey VERIFICACIEY/ Przyśięgę/ ktorą śię náßi Odſtępcy Biſkupowi Rzymſkiemu w poſłußeńſtwie y w wierze obowiązáli/ tobie Miłośćiwy y łáſkáwy Czytelniku/ y tobie Práwoſłáwny Społwyznáwco położymy.

Bywáią też nam vkázowáne nieiákie liſty Pátriárße/ pozwolenia do zgody y miłośći z PP. Rzymiány: ále ná odmiáne Relligiey Græckiey w Rzymſką, y poſłußeńſtwá Wſchodniego w Zachodnie nigdy żaden liſt pokázány być nie może. Wiáry náßey Wſchodniey / y ſwego poſłußeńſtwá odſtąpić / żaden Pátriárchá nam Ruſkiemu narodowi nie pozwalał / y poki praw Synodálnych y náßych Swiętſkich y Duchownych będźie poſtrożcą/ (iákoż z łáſki Bożey ieſt wiecznym /) pozwolić nie może: wiedząc/ iż zgodá y miłość tych dwu álbo trzech Narodow/ to ieſt/ Wſchodniey y Zachodniey Cerkwie w Páńſtwách Oyczyzny náßey y bez odmiány Relligiey y poſłußeńſtwá/ przyſtoynie y poważnie doſkonáła záchowáć śię może. Ktorzy wßyſcy czterey Pátryárchowie/ Cże śię ná nich więcey / niż im práwá ich Duchowne pozwaláią / w nieiákimś nádzwyczáynym poſłußeńſtwie wyćiągá/) ácz w vraz wiecznych praw Cerkiewnych/ ná zniewagę Doſtoieńſtwá ktore noßą / y mimo powinność powážnośći ſwey chylić śię nád zámiar nie zezwaláią:

láią: Ale żeby miłości Chrześciáńſkiey Kátholickiey
do wßytkich Kátholikow iáko Kátholicy/y świętey Kátholickiey Cerkwie Páſterze nie mieli: álbo żeby nam w
Duchu ſynom ſwoim Zakonne° y przyſtoynego/ według
wiecżnych vchwał Synodálnych/ z PP. Rzymiány ziednocżenia bronili/ kążdy ktoby o nich ták rozumiał/
krzywdeby im wielką/ z obrázą duße ſwey cżynił.

O zdárzyłby to Pan Bog/ aby te pięć ćiáłá Páná
Chriſtuſowe° ſmyſły: pięć/ mowiemy/ świętey Cerkwie
Bożey Kátholickiey Páſterze/ przednieyßych Apoſtol-
Ephes. ſkich Stolic Biſkupowie, Rzymſki/ Konſtántinopolſki/
cap. 4. Alexándryiſki/ Antiochenſki/ y Hierozolimſki/ ták przy-
1. The. ſtoynie/ według Błogoſłá. Apoſtołá Páwłá/ chodźili w
cap. 1. powołániu tym/ w ktorym ſą powołáni/ że wßelką poko-
Col. 1. rą/ y z cichośćią/ y z ćierpliwośćią/ ieden drugiego znoßąc w miłości, pilni będąc áby záchowáli iedność Duchá
1 Cor. w zwiąſce pokoiu. Aby nie mowiło oko ſłuchowi, nie ie-
cap. 12. ſteś z ćiáłá/ záczym nie ieſteś potrzebne: áni ſłuch powo-
Rom. nieniu/ ni powonienie ſmákowániu/ ni ſmákowánie do-
cap. 12 tykániu. Boieśliby wßytko ćiáło było okiem/ gdźieżby
był ſłuch? gdźieby też wßytko było ſłuchem/ gdźież powonienie? y gdyby wßytko było powonieniem/ gdźie
ſmákowánie? gdźie nákoniec y dotykánie/ gdyby wßytko
ćiáło było ſmákowániem? Ale teraz rozłożył Bog ſmyſły te/ kążdy z nich w ćiele iáko chćiał. Co gdyby wßytkie
były iednym ſmyſłem/ gdźież ćiáło? A ták teraz pięć
ſmyſłow/ ále ćiáło iedno. Nie ieden ſmyſł bez inßych/
nie y miáſto wßytkich: boby ták nie było ćiáłá: ponieważ oko nie ma mowić ſłuchowi/ nie ieſteś z ćiáłá/ y nie
ieſteś potrzebne: ćiáło też wßytko iednym okiem być nie
może: ále pięć ſmyſłow ćiáło iedno. O zdárzyłby to P.
Bog/ y powtore ſerdecżnie mowiemy/ gdyby te pięć ſmyſłow

ſłow ćiáłá Páná Chriſtuſowego/ ktore ieſt Cerkiew iego
święta/ táką ieden ku drugiemu iedność w zwiąſce poko- 1. Cor.
iu záchowáli/ áby nic ſwego ieden przed drugim nie v- cap. 1.
ganiał/ ieden ku drugiego zniewadzenie áby nie cżynił/
lubeby nam/ wdźiecżne y przyiemne wßytkie pięć były/
ná kßtałt pięćiu lubych/ wdźiecżnych y zbáwiennych ran
ćiáłá Páná Chriſtuſowego. Ale ách nieſteryß wydźiel-
ney/ mimo práwá/ ßczegulności. Zaż te Chrześciáńſkich
w iednym Páńſtwie Narodow w wierze rozrożnienie
nam miłe? zaż my ſię z tey niezgody ćieſzymy? zaż te ßkodliwe Cerkwie Bożey rozerwánie nam ieſt lube? Cżytamy Błogosł. Złotouſtego mowiącego/ y wierzymy/ że Homil.
ták nic bárźiey Cerkwie rozrywáć nie zwykło/ nád wiel- 11. in
ką pánowánia chćiwość/ ták niemáß nic więtßego cżym cap. 4.
by ſię Pan Bog obráżał/ nád Cerkwie S. rozerwánie. Epiſto.
Bo choćiażbyſmy/ mowi/ niezlicżone dobre vcżynki pocży- ad Eph.
nili/ nie mnieyße iednák karánia poniesiemy nád tych/
ktorzy ćiáło Páná Chriſtuſowe niezbożnie bicżowáli/ o-
plwáli/ y vkrzyżowáli/ ieśli zupełność y cáłość Cerkiewną rozedrzemy. A ieśli my/ mowi/ Duchowni to vcży-
nimy/ ktorzyſmy ſą ná to wyſtáwieni/ ábyſmy inßych z
nas budowáli: ieśli my te Cerkiewne ćiáło rozßárpnąć
poważymy ſię: Co zá dźiw że toż y ći cżynić będą/ ktorzy
nas w tym náśládowáć záchcą. Maż/ pry/ niektory
święty o tákowych Odſtepcách mowi/ ácż śmiele/ wßákże mowi/ że grzech ten ich/ y Męcżeńſką krwią zmázan
być nie może. Powiedz mi/ mowi/ proßę ćię/ dla czego
ſię ná męcżeńſtwo wydáieß? zaż nie dla ſłáwy Páná Chriſtuſowey? Przecż tedy ty/ ktory duße ſwoie zá Chriſtá
Páná położyć chceß/ náprzećiw Cerkwie biieß/ zá ktorą
Chriſtus Pan duße ſwoie położył? Słuchay Páwłá mo- 1. Cor.
wiącego/ Nie ieſtem godźien by mię zwano Apoſtołem/ cap. 15
tom

bom prześládowal Cerkiew Bożą/ y burzył ią. To Złotousty S. ktorego my y czytamy/ y słowam iego wierzymy. Záczyn y powtore mowiemy/ iż kożdy ktoby o świetych nászych Pátriárchách ták rozumiał/ iákoby miłośći Chrześćiáńskiey Kátholickiey do wszytkich Kátholików/ iáko Kátholicy/ y świetey Kátholickiey Cerkwie pásterze nie mieli: álbo żeby nam w Duchu Synom swoim przystoyrego/ według praw Cerkiewnych y vchwał Synodálnych/ z Kośćiołem Rzymskim ziednoczenia bronili/ krzywdeby im wielką/ nie bez obrázy duszę swey czynili.

Prosimy tedy Zacny Narodźie Ruski Páná swego Miłośćiwego/ Królá Pomázáńcá Bożego/ áby w tych pánowánia swego nád námi látách/ y w dálszych/ miłośćiwie á Oycowsko w nas znosić to raczył, co miłośćiwie y Oycowsko w pierwszych/ po szczęśliwym ná te Páństwá nástąpieniu swym/ przez lat ośm znośić zezwolił: y ce Przodkowie Je° Kr. M. Krolowie Polscy PP. náśi Miłośćiwi/ Narodowi nászemu Ruskiemu/ bez żadney swey obrázy/ iuż to przez lat putrerástá y co w niewoli bedácym kráiom Wschodnim/ y Pátriárśe Konstántinopolskiemu/ nie tylko znośić łágodnie/ ále y przy obránych ná Metropolie Ruską Osobách/ Dworzány swe z przyczynnemi swemi ná poświecenie ich listámi do Konstántinopolá posyłáć raczyli. On Narodu nászego Ruskiego w Páństwách Je° Kr. M. Páná nászego M. iest Oycem/ ktory nas z wody odrodźił y Duchá: Cnotliwemu Synowi zaś Oycá odbiegáć godźi sie: On iest y dobrodźieiem nászym/ ktory nas wszelkim dobrem Duchownym nádárzył: Zaś ná vczćiwego człowieká należy/ dobrodźieiowi swemu źle zá dobre oddáwáć: Oboie to wyrodkowie czynić zwykli/ y niewdźięcznicy.

Stąd

Stąd narod nász Ruski/ stárożytney Relligiey titułem od wszytkich Sekt Chrześćiáńskich/ y od Krolow Ich M. Pánow nászych M. w Práwách nam od Ich M. nádánych zdobieni bywamy: że y namnieysza stopą vchwał Cerkiewnych y Wiáry Artikułow świetey Stárożytnośći vstąpić/ grzech być sądzimy. Ten nász stárowieczny Kleynot y w pospolitey dźiś rozmowie/ dźieli nas od Apostátow nászych. Co ábowiem inszego Relligiey stárożytność iest/ tylko Wiáry Páná Christusowey od Apostołow przepowiedáney nieodmienność. Nád ktory nie oszácowány Narodu nászego Kleynot/ co może być ná świecie známienitsze/ okazálsze/ y zacnieysze.

Że sie Ludźiom Stárożytney Relligiey Graeckiey od Odstepcow/ nieznośne w Wierze Praeiudicia dźieią.

Acżkolwiek wiele y dźiś tákich głosow y vdawánia/ iákoby sie żadne Praeiudicium względem Wiáry/ nam Stárożytney Relligiey Graeckiey Ruśi od Apostátow nászych nie dźiało: y iákoby náprásne były nasze wrzaski/ y do Krolá Je° M. Páná nászego M. bez potrzebne dokuki. Vważ prosimy ćie serdeczny nász Spolwyznawco/ y káżdy Miłośćiwy y Łáskáwy Czytelniku/ a sądź według Bogá/ y S. iego prawdy/ iákie może być wietsze praeiudicium nád to/ ktore nam dusze z pierśi nászych żywo targa/ á pod nogi woli Apostárskiey podrzuca. Zaż może człowiek żyć bez duszę: Rownie y Cerkiew bez Episkopow: Albo nas máią zá bezrozumne/ álbo sámi sie zá tákie cenią, ći/ co to mowić zwykli. Pozbáwiwszy nas oczu/ mowią do nas/ nie bronimy wam widźieć: niedopuszczáiąc nam według nászego Zakonu mieć Duchownych Przełożonych/ Episkopow y Metropolitá/

R   á nabo-

á nabożnymi nam być każą. Vkázuią nam Odstepcy
niżsi ná sie / y siebie nam słuchać przez zapozwy roskázuią: O nieznośnego præiudicium. Odstąpił máło przeszłych czásow Biskup Kiiowski swego Biskupa Rzymskiego: czemu Diœcesiey iego Obywátelom nań nie vkázowano? czemu im słuchać go nie roskázowano? y owszem zákázowano. Odstąpił y przed kilką lat Biskupá swego Rzymskiego Arcybiskup Spáláteński: Záż Duchowney iego opiece powierzonym ludziom Rzymski Biskup iść zá nim roskazał? nie rozumiemy. Niechże y z námi przyrodzonym práwem káżdy sie ten sądzi / ktory o nas zwykł to mowić / że náprásno wrzeszczymy: nádáremnie Krolowi Je° M. Pánu nászemu M. dokuczamy. Mowi
Tob. 4 práwo przyrodzone: Quod tibi fieri non vis, alteri ne fe-
Luc. 6. ceris, Coby tobie od inszych czynione nie było miło / y tego inszym nie czyń. Záżby oni náprásno skwierczeli / y nádáremną dokukę czynili, gdyby Arcybiskupowie y Biskupowie ich od Biskupá Rzymskiego odstąpili / á oni bez Duchownych Przełożonych swych zostáli? Zda sie nam pomieszáłyby sie im te gaydki / ktoremi teraz z nas nágrawáią: zwłaszczá gdyby Odstepcy ich impunè per fas & nefas spráwiedliwą ich przysiadáiąc / sámych y ná duszy y ná ciele gnębili y dręczyli: Zda sie nam że chcąc nie chcąc skwierczeć y wrzeszczeć / á nawyższey swey po Pánu Bogu Zwierzchności / w tákim swoim nieznośnym præiudicium dokuczáć musieliby. Záż to nie præiudicium / że nierowno więcey z naszey strony dziatek Chrześciáńskich bez Chrztu vmieráią / niż iest wszytkich vnitow. A choćiaż tá święta táiemnicá y od nich / i iko y od káżdego człowieká de necessitate / ktora leges frangere przymusza / czyniona, nie bez wagi: Coż poczniemy? ták oto Apostátowie naszi Narodowi Ruskiemu są mili / że

niemal

niemal ták Sephorá w Figurze / ták sie oni w Istocie z Exod.
dziatkámi swemi obchodzić zezwaláią ráczey / niż sie z Od- cap. 4.
stepcami swemi w nabożeństwie łączyć. Perfecto odio o- Psalm.
derunt eos, inimici facti sunt eis. Doskonáłą nienawiścią 138.
iáko mowi Krol y Prorok Boży / znienawidzieli ich: stáli sie im nieprzyiacioły. Nec immeritò: á po dziełom / Psal. 27
Oddał im to abowiem Pan Bog wet zá wet / według ich zádziału. Oni swego Stárszego niesłusznie odstąpili / á my ich swoich stárszych słusznie zniewążyli. A idzie ták według Bogá / y według S. iego spráwiedliwości. A
człowiek abowiem pierwszy skoro posłuszeństwo P. Bogu Genes.
wypowiedział / nátychmiast poddánych iemu zwierząt / cap. 3.
rybek / y ptaszat nieposłuszeństwá doznał. Odmierzyło mu sie záraz tąż miárecżką / ktorą zámierzył: że go iuż y liche pchełki dokucznie gryzą / vkázuiąc mu przez to tor náwrocenia sie ná pierwszą drogę posłuszeństwá / ktorego odpadł. A my toż Diuino instinctu / y świętey spráwiedliwości fauore swoim Duchownym czynimy / gryziemy ie ják płoche gnidki, abyśmy ie ná tego posłuszeństwá stopień / ktorego odpádli / záś wstąpić / z ich y z nászym y z sámey tey / ktorey są / spráwy lepszym / przynukáli.

Wolnym iezykiem / á rzec możemy świętym / czási Seymu niektoregoś / Senator ieden wysokiey powagi / z miejscá swego Senatorskiego w głos wszytkiey Rzeczypospol. powiedział / Cztery Osoby ná vnią pozwoliły / á kilkunastu krociom tysiecy / ktorzy ná nię nie pozwaláią / præiudicium sie dzieie. Nie słusznież ten wysokich cnot y dokázow dzielności Senator powiedział? Záż tá ktora sie ná pálcách imiennu wyliczyć może vniey gromadká / niezliczonemu stárożytney Religiey mnostwu nie præiudicuie / gdy im wszelkiego zbáwiennego dzieła zábránia? Vmieráią / iákośmy rzekli / Chrześciáńskie dzia

tki bez

tki beze chrztu : dorosli y rodzice ich bez zbawiennych S. Eucharistiey taiemnic : pogrzeby ciał Chrześciáńskich działy sie bez zwykłych Cerkiewnych obchodow : z owielumi ist ich zápieczetowániem Cerkwi/ żyłá ludzie bez Nabożeństwá : inszych wielu bied/ vtiskow/ y oppressij tu ná tym mieyscu / wspomniawszy ie indzie / nie wspominamy. A by dobrze ninaczym z tego/ cosmy pomienili/ nie schodziło nam : by dobrze wszytko to pomienione przy nas w cále zostawáło : tym sámym / że nam Przełożonych Duchownych Metropolitá y Episkopow/ według świetskich y Duchownych Praw nászych/ (sobą tych dostoieństw mieysca nienależnie y mimo práwo Apostátowie nászi zasiadszy/) mieć nam nie dopuszczáią / tym mowiemy sámym nieznośnie nam praeiudicuią. Skodże bez Episkopow bylibysmy nam Presbyterowie? Do Gáramántow ż y ostátnich Indow po nie? Lub z tych wyzuci/ sámi ná zgubie imie w rozsypce po dzikowinách Nowotnin? Trzecie nam w vcieczke nie zbywáło. Już tu y Szäch y Met. Actum esset : po nas y po świętey Stárożytney Wierze nászey być by musiáło. A toż iesżcze máłe Narodowi nászemu od Apostátow nászych praeiudicium/ rzecze kto? Więtszego záiste my nienaydujemy. Bo kto nam to odeymuie/ co nam więtsze odiąć może? odeymuie nam Wiárę : á kto nam wiárę odeymuie / ten nam Dusze násze z pierśi nászych odiąć y wyrwáć vsiluie. Ktoż prze Bog tego nieznośnego praeiudicium nie widzi? tylko ten ktory sie ná wszytko násze Duchowne dobro oszczera/ y przez spiry ná nie pátrzy : tylko głowny Narodu y Wiáry nászey nieprzyiaciel.

Pozbáwiwszy tedy/ iákosmy powiedzieli/ nas oczu/ pátrzyć y widzieć nam pozwaláią : dusze z nas wytargszy/ żywemi być nam roskázuią. Nie iáwnież to z nas

smiecho-

smiechotworstwo? nie widoczna ż to z nas nágrá? Czestuią nas/ nie tylko nic ná stoł/ ni do rąk nászych nie dawszy : ále y te troche/ ktorąsmy do posilánia dusz nászych w Religiey nászey mieli/ owszeki z rąk nászych wydárszy. Ná ktore pozbáwione nas oczy/ nie pospielismy z niepoiętego przemysłu tego Páná/ ktory właścielsko roskázuie / chce áby a przeyzrzał, záś sie cále strosobić : álić nátychmiast ciż ktorzy vdáią / iákoby sie żadne praeiudicium względem Wiáry nam nie działo. Ciż Apostátowie nászi rozmáitemi sposoby nas vciążáiąc/ záś ie nam wyłupić podskákuią : y ná pomocniki swe wołáią / áby iákiemikolwiek y naszkodliwszemi haczkámi/ by dobrze przy oczách y wszytkiemu sie ciáłu dostáło/ tego im dopomogszy/ Narod nász álbo ráczey S. Cerkiew násze Ruska / záś oczu pozbáwili/ záś áby ią oslepili / y pod nieżyczliwe ich Apostátskie nogi rzucili: ktoraby oni/ według zápędu surowey żądze swey/ deptáli y tłoczyli. Co rzkomo subtelnym misternym nieiákims cudzoziemskim fortelem/ iákoby te° nigdy nikt domowy obaczyć y postrzec nie mogł/ czynią. Lecz w tym ácz żarzystym/ miáłkim iednák popielcu ták haniebnego Zydá zágrześć nie mogszy/ wszytkiemu Koronnemu y Litewskiemu świátu widzieć go podáć musieli/ y oświádczyć/ że sie to owa dobrze y dzieciom wiádoma fábułká wylec nádełá / ktora miedzy Wilkámi y Owcámi wieczny pokoy záwieráłá/ byle tylko w zákładzie Wilkom Psi od owiec byli wydáni : ktore gdy ná to pozwoliły / iákiego pokoiu nieostrożne nábyły/ tegdy doznáły/ gdy y swoią y psow swoich krwią tego przypłáciły. Ktorey to omácney subtelności tey/ á w niey nieznośnego praeiudicium / żywym rozsądkiem / ten tylko nie widzi/ kto zdrowemi oczymá słońcá wpośrzod białego dniá nie widzi. Niechże kto iáko chce ták te násze vstáße vſtáwiczne ſkwierki / wrzáſki/ y dokuki rozumie y vdáie: My ſie z tym przed Bogiem/ y Pomázáńcem Bożym Krolem Je° M. Pánem náßym N. y przed Oświeconym Je° Kr. M. Senatem cále w gorzkości ſerca náßego oświádczamy / że okrutne w dobrym Duchownym y w ſumnieniach náßych praeiudicium od Apoſtátow náßych ponośimy.

Daley pod ten tákowy czás y raz/ coby nam práwoſłáwni Spolwyznawcy czynić należáło/ nie náyduiemy: tylko z dobr náßych wnetrznych/ ktoremi nas dobrotliwy Pan Bog zá podnieśieniem Swiátyni nádárzyć raczył/ że wßytkich duße náßey śił dźięki iemu y chwałe codźienną y cogodźinną czynić: á ieśli y nie w pozwierzchnym/ w ſámym przynamniey wnetrznym pożądánym pokoiu z dobrá tego Duchownego ćießac ſie/ Królá Je° M. Páná náßego N. wßyſcy iednoſtáynie prośić winni zoſtáiemy/ aby nád biednym náßym od Apoſtátow náßych bez litośći/ przez te oto y przez inße praeiudicia/ vtrapionym Narodem zmiłowáć ſie/ y ták długiego niepokoiu náßego wnetrznego y zewnetrznego vlitowáć ſie raczył: á podnieśioney według praw náßych Cerkiewnych Swiátyni / z władzy y Iuriſdictij Doſtoieńſtwá iey / ćießyć ſie dopuśćił: procz ſámey abowiem tey nawyżßey náßey po Pánu Bogu zwierzchności / ni do kogo inßego vdáwáć ſie w tym z płácżliwą proſbą náßą nie zoſtáie nam. Prośimy od lat dwudźieſtu ßeśćiu / y obietnicę zá łáſką Bożą od Je° Kr. M. w Roku 1607. vczynioną / á przeßłym Seymem powtorzoną otrzymáliſmy: ktora áby do ſkutku ßczęśliwie przywiedźiona byłá / prośić nam należy. Máia Apoſtátowie náßi wielu fauor, zá ktorym ták długo nas biedzą/ y wßytke Rzeczpoſ. turbuią y moleſtuią: ále my mamy / z łáſką Bożą / ſpráwiedli-

wiedliwą. Widźi to ſam Pomázániec Boży: záczym y przywrocenie / nieſpráwiedliwie z rąk náßych przez Apoſtáty náße wydártego dobrá náßego / obiecowáć nam raczy/ y ze wßytkiemi ſtány Senatem y Rzecząpoſ. przywrocić to nam chcąc / vpewnia nas. Nie zbywáło Páńſtwu temu Zacnemu ná świetey Spráwiedliwośći / pewni ieſteſmy że y w tey náßey iák słońce iáſney ſpráwie nie zbedźie. To zás koniec ieſt e. Spráwiedliwośći/ áby ſie káżdy z ſwey własnośći ćießył. A że my ſwey własnośći dochodźimy/ wßytek Koronny y Litewſki świát widźi: wßytkie Seymy wálne/ y wßelkie ſądy głowne vznawáią: Krol Je° M. Pan náß N. przywrocenie obiecuie: y my tego po Je° Kr. M. iák słowá Krolewſkiego/ pewni. Zyliſmy my y Przodkowie náßi w tych náßych Práwách y Swobodách/ zá Przodkow Królá Je° M. przez lat kilká ſet / vffamy że y zá ſwego ßczęśliwego nád námi Pánowánia Krol Je° M. Pan náß Miłośćiwy/ iák y w pierwßych ośmiu Pánowánia ſwego nád námi látách/ praeiudicium w nich nam vczynić nie dopuśći, á to co ieſt náße własne / według Stárożytnych Praw náßych / przywrocić nam roſkaże. Co áby ſie w rychle ſtáć mogło/ płáczliwą Inſtancią po miłośierdźiu Bożym/ miłośierdźie nád námi Krola Je° M. P. ná náßego Miłośćiwego vbiedzawmy: vffáiąc/ że ták częſto iterowána proſbá náßá repulſy od Je° Kr. M. nie odnieśie. A Pan Bog / w ktorym wßytká vfność náßá: ktory iák rozdźiały wod / ták y ſerce Krolewſkie w reku ſwoich ma / y gdźie chce tám ie ſkłánia: ſpráwi to w ſercu Pomázáńcá ſwego / że ſie on y nam vtrapionym łáſkáwą Oycowſką twarzą poſtáwi, że nie pohroni v ná żáłuiącym, otworzy ſerce do proßących, ohcząc/ ieśli ktora ieſt/ violentae neceſsitati condonuie: á

łáſką

łáską swoią Páńską nas ogárnawszy / teskliwey prośbie nászey bez effectu swego spełznąć nie dopuści. Ktoremu áby Pan Bog dáć raczył wieloletne / szczęśliwe / bezbolesne / y we wszem pomyślne y błogosłáwione nád námi pánowánie / Nowopodniesiona Cerkwie nászey Swiątyni ze wszytkim Ruskim Narodem / prosi / modli / życzy / y winszuie. Amen. w Wilnie Roku 1621. Czerwcá / dniá 16.

Wmściam swym Mściwym y łáskáwym Pánom wsze° dobra życzliwi / Sludzy y Bogomodlcy.

Zakonnicy Monástera Brátskiego Wileńskiego, Cerkwie Ześcia swiętego Duchá.

Μία ζωῆς ἡμῶν ἐλπὶς Ἰησοῦς ὁ χριστὸς.

Obiecáliśmy po skończeniu tey nászey VERIFICACIEY, położyć Przysiege Apostatow nászych / ktora sie w oddániu posłuszeństwá / y w przyięciu wyznánia Wiáry / Biskupowi y Kościołowi Rzymskiemu obowiązáli: A to dla tego / ábyś ná oko Miłościwy y Łáskáwy Czytelniku / á osobliwie ty Práwosłáwny Społwyznawco obaczył, iák to ich Wyznánie we wszech w przysiedze tey przypominánych wiáry Artykułách / od wyznánia násze° dźisieyszego / y wszytkiey Wschodniey Cerkwie: y od zástánowienia miedzy Wschodnią y Zachodnią Cerkwią / ná Concilium Florentskim / vczynionego / iest bárzo rozne: Záczym y to obaczysz / iák dźisieysza Vnia od Florentskiey iest dáleka / gdy przysiegi tey Puncta, z punctami ná Florentskiey Vniey zástánowionymi / od nas ná kárćie 61. tey VERIFICACIEY nászey położonymi zniesiesz / y vważysz: á w głowách sáme Symbolum / ktore wiecznymi czásy od Grekow y we wszytkiey Cerkwi Wschodniey ták miáło być wyznawáne / bez przydátku, iák było ná wtorym powszechnym Synodźie Konstántinopolskim vczynione / y ná wieczne wszytkiey świetey Apostolskiey Kátholickiey Cerkwi vżywánie podáne. Ktora to przysiegá z Xiąg Rocznych dźieiow Baroniuszowych wyietá / y z Łácińskiego ięzyká ná Polski przełożona / ták sie w sobie ma. Ad finem Tomi 7. Annal: Eccles: Baron: Impressum Moguntię, Anno. 1601.

Naświetszy y Nabłogosłáwieńszy Oycze.

Ja pokorny Hypáty Pociey / z Bożey łáski Protothroni Włodźimirski y Brzescki Episkop w Rusi / Ruskiego Narodu, ieden z Postánnikow Wielebnych w Chrystusie Oycow / Pánow Prælatow tegoż

Narodu: miánowićie/ Michaelá Rahozy Archiepiſkopá Metropolitá Kijowſkiego/ Hálickiego/ y wßytkiey
Ruśi: y Grzegorzá Archiepiſkopá Nominatá/ Electá
Epiſkopá Polockiego y Witepſkiego: Y Jony Hoholá/
Electá Epiſkopá Pinſkiego y Turowſkiego: y Michaelá
Kopyſteńſkiego/ Epiſkopá Przemyſkiego y Sámbor-
ſkiego: y Gedeoná Bálábaná/ Epiſkopá Lwowſkiego:
y Dionyſiußá Zbiruiſkiego/ Epiſkopá Chełmſkiego: od
nich oſobliwie ná to obrány y poſłány/ poſpołu z Wielebnym w Chryſtuśie Oycem/ Pánem Cyrillem Terlec-
kim Exárcha/ Epiſkopem Łuckim y Oſtrozſkim/ tegoż
Narodu drugim Poſłánnikiem/ miánowánych P P.
Prælatow/ Collegą moim, dla záſtánowienia y przyiećia Vniey z świątobliwośćią wáßą/ y z świętym Rzymſkim Kośćiołem: y dla oddánia winnego poſłußeńſtwá
ich ſámych/ y wßytkiego Cerkiewnego ich ſtanu/ y im
poleconych owiec imieniem, tey świętey Stolicy Piotrá
Błogosłáwionego/ y świątobliwości wáßey/ iáko nay-
wyżßemu Kośćiołá powßechnego Páſterzowi: do nog teyże świątobliwości wáßey vpadßy/ niżey opiſáne świętey
Práwosłáwney wiáry wyznánie/ według formy do pomienionego ziednoczenia nawracáiącym sie Grækom o-
piſáney/ vczynić mam y wyznáć/ ták przerzeczonych PP.
Archiepiſkopá y Epiſkopow Ruſkich Principałow mo-
ich/ od ktorych ieſtem poſłány, iáko y moim włáſnym
imieniem/ ſpołecznie z przerzeczonym Pánem Cyrillem Exárcha/ Epiſkopem Łuckim y Oſtroſkim/ Po-
słem y Collegą moim przyrzekam y ślubuie/ iż nánie
P P. Archiepiſkop y Epiſkopowie pozwolą/ ochotnie y
wdzięcznie ie y ogłoßą/ y dzierżeć będą: y czáſu ſwe° zmo-
cnią ie y ztwierdzą/ y znowu według miánowáney For-
my/ słowo w słowo vczynią ie y wydádzą: á rękomá ſwe-

mi

mi podpiſáne/ y pieczęćią pieczętowáne/ świątobliwośći
wáßey/ y tey S. Apoſtolſkiey ſtolicy prześlą: w te słowá.

Wierze w iednego Bogá Oycá wßechmogącego/
Stworzyćielá niebá y ziemie/ widomych wßytkich y niewidomych. Y w iednego Páná Je-
zuſa Chryſtuſá Syná Bożego iednorodzonego: y z Oycá vrodzonego przed wßytkiemi wieki: Bogá z Bogá/
Swiátłość z świátłośći: Bogá prawdziwego z Bogá
prawdziwego/ vrodzonego á nie ſtworzone°/ iedney Jſt-
nośći z Oycem: przez ktorego sie wßytko ſtáło. Ktory
dla nas ludźi/ y dla náßego zbáwienia zſtąpił z niebios.
Y wćielił sie od Duchá świętego z Máriey Pánny: y człowiekiem
ſtał ſie. Vkrzyżowan też dla nas przy Pontſkim
Piłaćie/ vmęczon/ y pogrzebion ieſt. Trzećiego dniá
z martwych wſtał/ według piſm. Y wſtąpił ná Niebo:
siedźi ná práwicy Oycá. Y znowu ma przyść w chwale
ſądźić żywe y vmárłe: ktore° kroleſtwu niebędźie końcá.
Y w Duchá świętego/ Páná/ y ożywiáiącego: ktory od
Oycá/ y Syná pochodźi. Ktory z Oycem y Synem
ſpolnie chwalony y słáwiony ieſt: ktory mowił przez
Proroki. Y iedne świętą Kátholicką y Apoſtolſką Cerkiew. Wyznawam ieden Chrzeſt ná odpußczenie grzechow. Y oczekiwam wſtánia vmárłych. Y żywotá wieku przyßłego. Amen.

Wierze też/ przyimuie/ y wyznáwam to wßytko/
co święty powßechny Synod Florentſki o ziednoczeniu
Zachodniey z Wſchodnią Cerkwią vſtánowił/ y obiáśnił:
to ieſt/ iż Duch S. od Oycá y Syná wiekuiśćie ieſt: y
Jſtność ſwoie y bytność Perſonalną ma z Oycá ſpołem
y z Syná: y od obudwu wiekuiśćie/ iáko od iednego po-
czątku/ y iednego tchnienia pochodźi/ Ponieważ to co

Docto-

Doktorowie y Oycowie śś. od Oycá przez Syná Duchá S. pochodźić mowią/ do tego śie rozumienia ćiągą/ áby śie przez to znáczyło/ że Syn według Grækow/ cauſá álbo przyczyną, á według Łáćinnikow / początkiem bytnośći Duchá S. y iáko Oćiec ieſt. A poniewaź wßytko co ieſt Oycowſkie/ ſam Oćiec Synowi ſwemu iednorodzonemu dał rodząc/ oprocz/ Oycem być: tedy to ſámo/ iż Duch S. od Syná pochodźi/ ſam Syn przed wieki ma od Oycá/ od ktorego przed wieki ieſt rodzony. Owteż/ onych y od Syná, ſłow wykład/ dla obiáśnienia prawdy: y z przypádku ná on czás potrzeby ſłußnie y licite do Symbolum śie włożył.

Do tego: wierzę/ przyimuię/ y wyznawam/ iż w Prząſnym álbo Kwáſnym pßennym chlebie/ Ciáło Chryſtuſowe prawdźiwie śie obchodźi: y Kápłani w iednym z tych/ to ſáme Ciáło Páńſkie poświącáć máią: to ieſt/ káżdy z nich według zwyczáiu ſwego Kośćiołá/ bądź Záchodniego bądź Wſchodniego.

Przytym: wierzę/ przyimuię/ y wyznawam/ iż Duße tych ludźi/ ktorzy prawdźiwie pokutuią/ y w miłośći Bożey/ przed doſyć vczynieniem zá popełnione y opußczone wyſtepki/ w godnych pokuty owocách z te° świátá ſchodzą, Czyſcowym karániem po śmierći wyczyſczáne bywáią: á żeby śie im tákowe karánia vlżáły / ſą im pomocne żywych wiernych ludźi wſpomagánia: To ieſt/ Mßey offiáry/ modły y iáłmużny: y inße pobożne ſpráwy/ ktore od wiernych zá inße wierne/ według poſtánowienia Kośćielnego bywáć zwykły.

Że też Duße tych/ ktorzy po przyięćiu Chrztu żadnym śie grzechem niezmázáły: y ktore duße po zgrzeßeniu/ w ćiele/ álbo po rozłączeniu z ćiáłem/ (iáko śie wyżey rzekło) ſtáwáią śie wyczyſczone, do niebá zárаz przyięte

bywáią:

bywáią: y iáſnie ſámego Bogá w Troycy iedynego/ iáko ieſt/ widzą: záſię iednák rożnośćią ieden nád drugiego doſkonálßym ieſt. Tych záśie Duße/ ktorzy w popełnionym śmiertelnym grzechu/ álbo ſámym pierworodnym z tego świátá ſchodzą/ záraz do Piekłá zſtepuią męki iednák rożne ćierpią, wierzę/ przyimuię/ y wyznáwam.

Ku temu: wierzę/ przyimuię y wyznáwam/ iż święta Apoſtolſka ſtolicá y Rzymſki Biſkup po wßytkim świećie pierwßeńſtwo trzyma: y iż Biſkup Rzymſki Błogoſłáwionego Piotrá Kśiążęćiá Apoſtolſkiego Succeſſorem/ y prawdźiwym Chryſtuſowym Namieſtnikiem/ wßytkiego Kośćiołá Głową/ y wßytkich Chrześćian Oycem y Náuczyćielem ieſt. A że/ iemu w Błogoſłáw: Pietrze/ páść/ rządźić/ y ſpráwowáć powßechny Kośćioł/ od Páná nászego Jezuſá Chryſtuſá/ zupełna władza ieſt dána: iáko śie to w Dźieiách Concilij powßechnych/ y Kanonách śś. zámyka.

Nád to: przyznáwam y przyimuię inße wßytkie rzeczy/ ktore z Dekretow S. powßechnego generálne° Synodu Trydentſkiego/ święty Rzymſki y Apoſtolſki Kośćioł/ y nád Contenta w przełożonym Nicæno Konſtántinopolſkim Symbolum wyznawáć y przyimowáć roſkázał/ y ná piſmie podał: te miánowićie.

Apoſtolſkie y Kośćielne tradicie: y inße tegoż Kośćiołá obrzędy y poſtánowienia/ iáko namocniey pochwalam y przyimuię.

Piſmo święte według tegoż Senſu/ ktory trzymáłá y trzyma S. Mátká Cerkiew/ ktorey ſámey o práwym rozumieniu y wykłádźie Piſmá świętego rozſądek należy/ przyimuię: y nigdy go ináczey/ iedno według iednomyślney zgody śś. Oycow/ rozumieć y wykłádáć niebędę.

Wyznáwam też śiedm być prawdźiwe y włáſne Sacramenta

cramenta nowego Zakonu/ od Jezu Chrystá Páná nászego vstáwione: y ku zbáwieniu ludzkiego rodzáiu / ácż niewszytkie káżdemu/ potrzebne: To iest/ Chrzest/ Potwierdzenie/ Eucharistię, Pokutę/ Oleykiem pomázánie/ Kápłáństwo/ y Małżeństwo: ktore wszytkie łáskę podáią. A powtarzánie Chrztu / confirmaciey/ y Kápłáństwá/ świetokrádstwo byc wyznáwam.

Przyięte też y approbowane Kośćiołá Kátholickiego obrzedy/ we wszytkich pomienionych Sácrámentow poważnym odpráwowániu/ pochwalam y przyimuię.

Wszytko ogułem/ y káżdą rzecż zosobná co o grzechu Pierworodnym/ y o Vspráwiedliwieniu ná S. Tridentskim Synodzie vchwalono iest y obiáśniono / pochwalam y przyimuię.

Rownie y to wyznáwam/ że śię we Mszy prawdziwa/ właśćiwa/ y vbłágálna / zá żywe y vmárłe Bogu offiárá przynosi: y że w naświetszym Sákrámenćie prawdźiwie/ rzecżywiśćie/ y istotnie z Duszą y Bostwem pospołu iest Ciáło y Krew Páná nászego Jezusá Chrystusá. Y że śię wszytká istnosć chlebá w Ciáło/ á wszytká istnosć winá w Krew obrácá: ktore obrocenie Kátholicki Kośćioł translubstantiatia, to iest/ przeistnoczeniem názywa.

Przyznáwam też/ iż pod iedną osobą wszytek y cáły Chrystus/ y prawdziwy Sákráment przyimowány bywa.

Stále dźierże/ iż Cżyśćiec iest: że dusze wnim zátrzymáne wiernych rátunkiem wspomagáne bywáią: że Swietych pospołu z Chrystusem kroluiących / cżćić y wzywáć potrzebá: że oni modły zá námi do Páná Bogá przynoszą: y że Reliquiæ ich w vcżćiwośći być máią.

Mocno twierdzę / iż obrázy Páná Christusowe / Pánny

Pánny naświetszey / y innych Swietych/ miáne y trzymáne byc máią: y że im powinna cżeść y poszánowánie oddawáne być ma.

Władze Odpustow od Chrystusá w Kośćiele zostáwiona byc/ y ich vżywánie Chrześćiáńskiemu narodowi wielce zbáwienne być twierdzę.

Swiety Kátholicki y Apostolski Rzymski Kośćioł/ wszytkich Kośćiołow Mátka y Náucżyćielka być przyznáwam: á Rzymskiemu Biskupowi Błogosłá: Piotrá Xiążeciá Apostolskiego Successorowi. y Jezu Chrystá Namiestnikowi prawdziwe posłuszeństwo przyrzekam y przysiegam.

Rownym sposobem y insze rzecży wszytkie / w Kanon ich ss. ná Conciliách powszechnych: á osobliwie ná S. Tridentskim Synodzie podáne vchwalone/ y obiáśnione/ nie wątpliwie przyimuie/ y wyznáwam. A wszytkie przećiwne rzecży/ Schismy y Hærezie / ktorekolwiek Kośćioł potępił/ odrzućił y wyklął, oraz y ia potępiam/ odrzucam y wyklinam.

A że prawdziwą Kátholicką wiárę / procż ktorey żaden zbáwion być nie może/ ktorą tu dobrowolnie wyznáwam y prawdźiwie trzymam, zupełną y nienáruszoną/ áż do ostátniego tchu żywotá mego/ zá pomocą Bożą/ trzymáć y wyznawáć/ y od mnie poddánych/ álbo tych/ ktorych piecża z vrzedu mego mnie należeć bedzie/ trzymáną/ vcżoną/ y przepowiádáną być/ ile iest námnie/ stáráć sie bede/ ia tenże Hypaty Pociey/ Protothroni / Episkop Włodzimirski y Brzeski/ Postánnik zwysz rzecżonych PP. Archiepiskopá y Episkopow Ruskich zá zleceniem ich/ y moim własnym imieniem/ iáko wyższey/ przyrzekam/ ślubuie/ y przysiegam: Niech mie ták Bog wspomaga/ y to świete Bozkie Ewángelium.

Too d

To od siebie vczynione wiáry Kátholickiey wyznánie/ Hypátiusz Ruski Poset/ tknowszy sie Ewángeliey świetey/ poważnie przysięgą y podpisem ręki stwierdził. Y ná Ruski iezyk spráwiedliwie przełożone Cheirographe swym obwárowáne/ y publicè czytáne/ tákowa też przysięgą stwierdził.

Tegdyż záraz y od drugiego postá Cyrillá/ toż wyznánie/ ták sámym Ruskim iezykiem iáko y Łácińskim/ przez Tłumáczá publicè/ według zwyczáiu odpráwowáne, ponowieniem przysiąg y podpisow vmocnione było. A po odpráwie y skończeniu/ zwykłym w Kanonách ss. opisánym obrządkiem wszytkiego tego/ (iáko publiczne monumenta / ktore świetey inquisitii vrząd przez publiczne sługi publicè odpráwował/ znáć dáią/) znowu do nog Naświetszego przypádli/ y one cáłowáli.

Zatedy iest Miłościwy y łáskáwy Czytelniku/ y Práwosławny Spolwyznawco od Odstepcom nászych/ w oddawániu posłuszeństwá Biskupowi Rzymskiemu vczyniona przysięgá / ktora te wielebna Vnie spráwiłá. Vnia zás do Oyczyzny ńászey co w prowádziłá/ widzisz. Poki ábowiem tey nie było/ poty Narod nász Ruski záwżdy Krolom Pomázáńcom Bożym/ Pánom swoim M. słynął wiernym/ záwżdy życzliwym: á zá iey podnieśieniem / co po wszytkie te látá ćierpieliśmy/ y co teraz ćierpiemy/ y słyszysz y widzisz. Ktora iák iest sámemu P. Bogu miła y przyiemna/ ták on ią nam miła vczynił y przyiemna. A iákby P. Bogu miła byłá/ wielkim y známienitym to cudem/ sam cudowny w spráwách swoich Pan Bog widocznie okázáć y rzeczywiście oświadczyć raczył. Wielki záiste cud pod zámknienie Florentskiey Vniey zstał sie/ gdy Pátry-

árchá

árchá Iosephus/ Mąż aliàs, iáko o nim Historia świádczy/ skromny y pobożny/ miásto podpisu námowionych ná tym Concilium rzeczy, żywotem swym/ przez nagłe świátá tego pożegnánie/ pieczetował. Nie rowno iednák wietszy Cud/ pod zámknienie teráznieyszey Vniey ná Soborze Brzeskim zstáł sie, iż gdy Apostatowie nászi pierwszą/ pod czás ogłoszoney tey Vniey Liturgie, álbo Służbe Bożą/ ná ktorey nas Práwowiernych/ przy świetey Stárożytności y przy posłuszeństwie S. Apostolskiey Stolice Konstántinopolskiey zostáłych przeklinano/ odpráwowáli, ná wieczna odstepstwá ich sromote / á ná iáwne krzywoprzysiężney ich obłudy pohánbienie/ wszytko po woli swey ku zbáwiennemu Dusz ludzkich końcowi spráwuiący Bog/ wino w wode w Bezkrewney Offierze przetworzyć raczył: áby tym sámym pokazał/ że ták dáleki iest smak wodny od smáku winnego / ták dáleka iest zbożność mimo wiádomość Oycá w Duchu y Pásterzá nászego spráwioney Vniey / od pobożności stárożytney. Co áczkolwiek zá wieku swego mąż w Kościele Rzymskim poważny/ ten Cud omyłką wlania podwokrotnego wody miásto winá obmáwia: wszákże iáko tá Obmowá hánbe z Apostatow nászych znosi/ ktorym omyłke te nie inegdy zezwolił Pan Bog podiáć / tylko pod czás przynoszenia pierwszey Bezkrewney w Vniey tey offiáry/ káżdy widzieć może: że ie spráwiedliwy Pan Bog sáma tą omyłką niegodnymi być osądził/ áby iemu od czásu/ tego od przyrodnego im Pásterzá odstepstwá/ te Bezkrewną Offiáre przynośili/ ktora on sobie w winie y w wodzie/ á nie w sámey wodzie przynoszona być zezwolił. Czego mogszy/ nie exaggeruiemy: rzecz ábowiem tá sámá przez sie ná krzywoprzysiestwo Odstepcow nászych głośno woła: ktora iáko y wszytke te násze VERIFICATIE / (ktora

X. Skárgá w obronie Soboru Brzeskiego, pátrz w Xiegách iego przygodnych. pa. 404

T

iáko

Przysięgá Odstęp: S. Wschod: Cerkwie.

iáko słyszymy/ Spráwiedliwości świętey y pokoiu w Oyczyznie nászey Nienawiśnik czytáć zákázuie/) uważne-
mu baczeniu twemu Miłościwy y łáskáwy Czytelniku / y Spowyznawco Práwosławny zostá-
wiwszy/ was y siebie miłości Bożey y
opiece iego Swiętey poru-
czamy.

PSALM 118.

Iustus es Domine, & rectum judicium tuum.

Spráwiedliwy iesteś Pánie/ y vprzey-
my Sąd twoy.

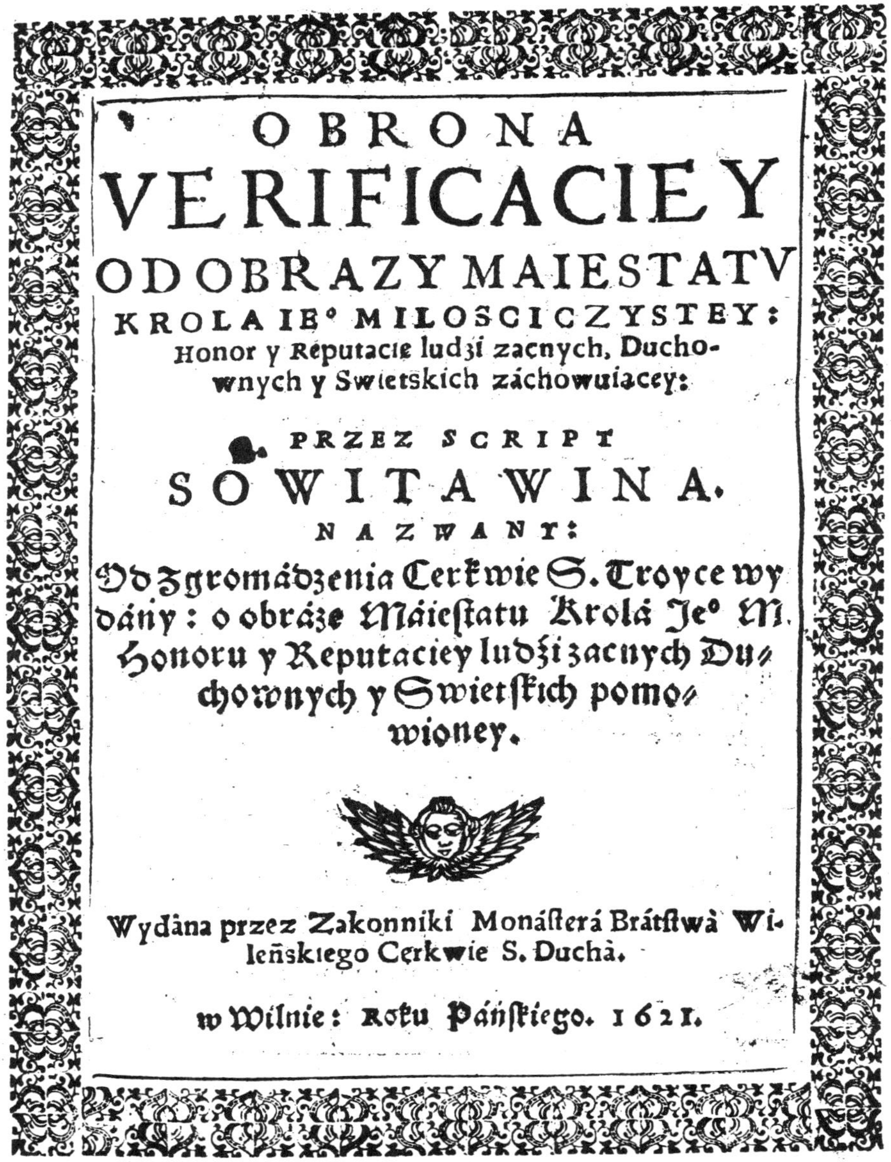

OBRONA
VERIFICACIEY
OD OBRAZY MAIESTATV
KROLA IE° MILOSCI CZYSTEY:
Honor y Reputacie ludzi zacnych, Ducho-
wnych y Swietskich záchowuiacey:

PRZEZ SCRIPT
SOWITAWINA.
NAZWANY:
Od Zgromádzenia Cerkwie S. Troyce wy
dány: o obráze Máiestatu Krolá Je° M.
Honoru y Reputaciey ludzi zacnych Du-
chownych y Swietskich pomo-
wioney.

Wydâna przez Zakonniki Monásterá Brátstwá Wileńskiego Cerkwie S. Duchá.

w Wilnie: Roku Páńskiego. 1621.

MIŁOSCIWY Y LASKAWY CZYTELNIKV.

PRzed kilká Niedziel przez VERIFICACIE náſze/ o nieſłychánym obelżeniu/ y o nieznośney krzywdzie ſwey/ z Potwarzy y oppreſsiey ná nas/ y ná wſzytek Narod náſz Ruſki/ przez Apoſtaty náſze/ przed kilkonaſtą Niedziel wznieſionych y koionych, w krotce/ ile pod ták ſkąpy y ciáſny czás być mogło/ pewną wiádomość Miłości twey dawſzy: y w zadánym nam Criminie przed wſzytką Rz: poſpolitą/ á oſobliwie przed Krolem Je° Miłścią Pánem náſzym Miłośćiwym/ ile gwałtowny y ten nagły Apoſtatow náſzych ná nas náſtep dopuścił/ niewinność náſze verificowawſzy: oddálſzych w tym trudności y prac/ ieſli praca ieſt niewinności ſwey bronić/ ſuperſedowáć zámyſł był. Ale nieſpokoyny człowiek/ ktory y w puſtkách/ (iáko mowią) zwády ſzuka/ pobiwſzy nas/ płákáć nam niedáie: obwiniwſzy/ vſpráwiedliwić ſie niedopuſzcza: ſpotwarzywſzy/ verificowáć ſie broni: obelżywſzy/ dáć ſpráwy o ſobie/ y znieść potwarz y obelge niepozwála. Co wietſze: we wſzech tych ſwoich ku nam niepráwościách/ praw być vsiluie. Tácy ſą Apoſtatowie náſzi/ [choć ſie oto nazwiſko nieſłuſznie gniewáią:] ktorzy mimo Swieckie y Duchowne prawo/ dobro náſze Duchowne v nas wydárſzy: w Sumnieniu náſzym ćieſko nam praiudicowawſzy: w Wolnośćiách náſzych luto nas opprimowawſzy: vczćiwe naſze ſromotnie dishonorowawſzy: áby nas dáley ieſzcze/ wedle zwykłośći ſwey/ krzywdzili y ćiemiężyli, kogoś máło w ſpráwie tey vważne°/ Praw y zwy-

czáiow S. Wſchodniey Cerkwie namniey niewiádomego záżyli/ ktoryby imieniem ich Redargutorem agens [záczym Scribenta te° w tey Obronie naſzey ták nazywáć bedziemy:] afflictionem afflicto dodáiąc/ rzeczy práwe opácznie vdał. Co on przed ſie wziąwſzy/ Script pełny fałſzu/ Cauillacij, Illuſij, y tym podobnych Sarcaſmow y capcy Sophiſtickich/ ktorych in re ſeria záżywáć/ ieſt człowieká márnego/ wydał. Ktoremu/ ile czás znieść mogł/ áby ſie komu niezdał prawde w tym ſwym Scripćie powiadáć/ w oczy ſtáć z potrzeby muſiawſzy/ te oto náſze VERIFICACIEY Obrone do przeczytánia Miłośći twey ná porywczu podáiemy.

Pierwſzego Rozdziału Redargutorowe° nadpis:

„Ze ſie náruſza práwo podawánia/ gdy ſie kto świeći nieodzierżawſzy Prӕſentaciey.

Odpowiedz ná Rozdział. I.

Iż według praw S. Wſchodniey Cerkwie Duchownych/ nam od Krolow Ich M. Polſkich/ Práwem/ Przywileiámi/ y Conſtituciámi wárowanych y przyśięgą ſtwierdzonych/ nie náruſza ſie Práwo podawánia/ gdy ſie kto Canonicè świeći nie odzierżawſzy Prӕſentaciey.

ABy ſie tá náſzá VERIFICACIEY Obroná porządnie/ zá pomocą łáſki Bożey/ począć y ſkończyć mogłá: y żeby ná wſzelkie Redargutorowe zárzuty odpowiedz dowodna ſtáneła: należy Miłściwy y łáſkáwy Czytelniku/ ábyſmy Miłośći twey w przedśiewzietey miedzy námi á Odſtepcámi náſzemi ſpráwie/ w przod Práwá náſze

Duchowne / S. Wschodniey Cerkwi z vchwal Synodalnych zwyczáyne / po wßytkie czásy w niey zá Práwosłáwnych Cesárzow trwáte / y teraz we wßytkich Cztyrech ná Wschodźie Pátriárchiách trwáiące przełożyli: áby ie y Miłość twa przecżetßy porozumiał / iáki ten Redargutor iest Rusin / ktory Wschodniey S. Cerkwie práwá y zwyczáie depce / y wiedźieć o nich nie chce: bo sie ich w tym swoim Scripćie y iedną litera tknąć nieráczył. Kanon Apostolski trzydźiesty: Si quis Episcopus secularibus potestatibus vsus, Ecclesiam per ipsos obtineat, deponatur & segregetur, omnesque qui illi communicant. to iest / Jeśli ktory Episkop vżywßy do tego zwierzchności Swietskiey / Cerkiew przez nie otrzyma / niech będźie z Dostoieństwá zrzucony / y z Cerkwie wyłączony: y ći wßyscy ktorzy z nim społkuią. Kanon záś S. powßechnego śiodmego Synodu trzeći / Omnem electionem quæ fit à Magistratibus Episcopi vel Presbyteri, vel Diaconi, irritam manere ex Canone dicente, Si quis Episcopus Magistratibus secularibus vsus, per eos Ecclesiam obtinuerit, deponatur & segregetur, & omnes qui cum eo communicant. Oportet enim eum qui est promouendus ad Episcopatum, ab Episcopis eligi, quemadmodum à Sanctis Patribus Nicææ decretum est Canone quarto: to iest / Wßelka Electia Biskupá / lub Presbytera, álbo Diakoná / ktora śie dźieie z władzy przełożonych Swietskich / ma zostáwáć nieważna / z Kanonu mowiące: Jeśli ktory Episkop zá vżyćiem ná to zwierzchności Swietskiey / Cerkiew przez nie otrzyma /

Cano. Apost. 30.

Synod. Vniuer. 7. can. 3.

ma / z Dostoieństwá zrzucony niech będźie / y z Cerkwie wyłączony: y wßyscy z nim społkuiący. Ten ábowiem / ktory ná Episkopstwo ma być podniesiony / potrzebá áby od Episkopow był obrány: iák o tym SS. Oycowie ná pierwßym powßechnym Synodźie Niceńskim przez Kanon czwarty postánowili. A co by ći śiodmego Synodu Swieći Oycowie przez Electie rozumieli / ten do ktorego odsyłáią / pierwßego Synodu Kanon czwarty wyráźnie wiedźieć dáie / ktory iest táki: Episcopum oportet ab omnibus Episcopis, (si fieri potest,) qui sunt, in prouincia eius, ordinari: Si verò hoc difficile fuerit, vel aliqua vrgente necessitate, vel itineris longitudine, certè tres Episcopi debent in vnum esse congregati, ita vt etiam cæterorum, qui absentes sunt, consensum literis teneant, & ita faciant ordinationem. Potestas sanè, vel confirmatio pertinebit per singulas prouincias ad Metropolitanum Episcopum. to iest / Episkop ma być poświecány od wßytkich Episkopow tey kráiny: á ieśli to być niemoże álbo z potrzeby iákiey gwałtowney / álbo prze odległość mieyscá: tedy trzy Episkopowie ná to przybyli / máią poświecenie iego odpráwić / ták iednák / áby wßytkich nie przytomnych zezwolenie ná to listowne mieli. A potwierdzenie káżdey kráiny Episkopow / należeć ma Metropolitánowi. Z tych tedy dwu powßechnych Synodow Kanonnow vchwałe te mamy / że y obierániá ná dostoieństwo Episkopskie

Syn. Vniuers. I. Can. 4.

piſkopſkie władza / y władza poświecania przy zwierzchności Duchowney ma zoſtawáć.

A że też y z Záchodniey Cerkwie náprawie w tey Máteriey nam nie ſchodzi / przekładamy Oſmego generálnego (iáko oná vdáie) w Konſtántinopolu obchodzonego Synodu Canon dwudzieſty wtory oto ten: Sancta & vniuerſalis Synodus definiuit, neminem laicorum Principum vel potentum ſemet inſerere electioni vel promotioni Patriarchæ, vel Metropolitæ, aut cuiuslibet Epiſcopi, ne videlicet inordinata hinc & incongrua fiat confuſio vel contentio: præſertim cùm nullam in talibus poteſtatem quenquam poteſtatiuorum vel cæterorum laicorum habere conueniat, ſed potius ſilere, ac attendere ſibi vſq; quo regulariter à Collegio Eccleſiæ ſuſcipiat finem electio futuri Pontificis. Quiſquis autem ſecularium Principum & Potentum, vel alterius dignitatis laicæ, aduerſus communem ac conſentaneam atq; Canonicam Electionem Eccleſiaſtici ordinis agere tentauerit, Anathema ſit. To ieſt / Swiety y powſzechny Synod poſtánowił / áby ſie żaden z świetſkich Xiążąt lub Wielmoż nie wtrącał do Elektiey lub promociey Pátriárchy / lub Metropolity / albo ktoregożkolwiek Epiſkopá: áby z tąd niedziáłá ſie iáka nieporządna mieſzánina lub ſpor: zwłaſzcza iż w tákich ſpráwach żadnemu z Przełożonych y z inſzych świetſkich władzy mieć nie należy / ále ráczey milczeć / y być cierpliwym / áż bedzie prawidlnie od zebránia Cerkiewnego ſkończony Akt Elektiey przyſzłego Prálata. A ktobykolwiek z świetſkich

Conci. Gene z Conſt. cano. 22.

ſkich przełożonych y Wielmoż / lub inſzey iákiey doſtoyności / przećiwko poſpolitey y zgodney á prawidlney Electiey Cerkiewnego doſtoieńſtwá czynić co ważył ſie / Niech bedzie Anathemá.

Te ſą práwá Duchowne świetey wſchodniey Cerkwie náſzey: ktore do wiádomości Miłości twey Miściwy y łáſkáwy Czytelniku donieść / y ſobie zá fundáment ná dowod y poparcie przed ſie wzietey ſpráwy wziąć / należáło nam. Ná ktorym proceſs mowie náſzey y dowodom záłożywſzy / te, z iákichśi / nam y S. Cerkwi náſzey niewiádomych praw / żądáne nam prożnych ſłow plewy / zá pomocą Bożą / po powietrzu nie ſzczerego ich z námi obeyścia ſie rozwieiemy. Co gdy czynimy / to miłość twoie ná vſtáwiczney pámieci mieć chcemy / że tu nam y Cerkwie náſzey Ruſkiey o ſpoſob Electiey y poświecenia przełożonych Duchownych / Metropolity y Epiſkopow idzie ten / ktory zwykłá mieć y ma Wſchodnia S. Cerkiew: ktorey práwá y zwyczáie nam ſą przy krzcie ze Wſchodu z wiárą záraz podáne / od Xiążąt Ruſkich pierwey / potym od Wiel: X. Lith: y od Krolow Ich Mści Polſkich pozwolone / przyznáne / ſtwierdzone / y poprzysiężone. Záczym po nieprzebytych Canoniſtow Catarractach wáłeſáć ſie niemyślimy: z práwámi ábowiem z zwyczáiámi y wolnościámi náſzemi / ták świetſkiemi iáko oſobliwie Duchownymi / Ruſkie narody Ich Mść Krolowie Polſcy Koronie y Wie. X. Lithewſkiemu incorporowáli. Ktorzy w Przywileiách tey ſwey incorporaciey, narodowi Ruſkiemu nádánych rzekſzy pierwey to / że Ruſka ziemiá wſzytká z dawnych czáſow od Przodkow naſzych Krolow Polſkich / miedzy innemi przedniey-

w Konſtituci. pagin. 163.

pagin. 164. przednieyszemi członki / do Korony Polskiey iest przyłaczona : ktorey my Obywátelow zá⸗raz wszytkich y káżdego z osobna ku Krolestwu Polskiemu / iáko rownych do rownych / wol⸗nych do wolnych ludzi/iáko własny á prawdzi⸗wy członek ku własnemu ćiáłu y głowie w spo⸗łeczność/ w cześć/ w własność przywracamy y złaczamy : *Mowić ráczą dáley*/ A iżby ćiż

pagin. 165. przerzeczoney Ruskiey ziemie Obywátele/ rá⸗dy násze Duchowne y świetskie/ Xiażetá/Pá⸗nietá/Szlachtá/Rycerstwo/ tákże y Ducho⸗wne Stany Rzymskiego y Graeckiego Zakonu obfita łáske násza poználi/ postánawiamy : źe. ták iż w tey mierze ich z innemi Koronnemi O⸗bywátelmi porownywamy. y one wszytkich wolnośći swobod y záwołánia Korony Pol⸗skiej vcześnikámi czyniemy/y być znayduiemy.

To oboie generaliter o wszytkich Ruskiey ziemie oby⸗wátelách przerzekszy/o Xiażetách specialiter mowić raczą.

pagin. 167. Ku temu/ obiecuiemy / y powinni bedziemy / wszech Xiażat ziemie Ruskiey Obywátelow y Potomkow ich / ták Rzymskiego iáko y Graec⸗kie° Zakonu bedacych / w ich stárodawney czći y dostoynośći/iáko z Przodkow swoich y do te⸗go czásu byli/ záchowáć/ y one wedle Cnoty y godnośći káżdego á vpodobánia nászego ná

Vrzedy Zamkow/ Dzierżaw/ y Dworow ná⸗szych przekłádáć/ y do ŁAWICE RAD nászych/ iáko y ine szláchecke Narodu Ruskiego ludzie przypuszczáć. *Rownie specialiter máło niżey y o do⸗stoieństwách Duchownych* / Tákimże sposobem o⸗biecuiemy / y powinni bedziemy / Dostoieństw pagin. 167. y Dignitarstw y Vrzedow ziemie Ruskiey Du⸗chownych y Swietskich / wielkich y máłych / ták Rzymskiego iáko y Graeckiego Zakonu be⸗dacych nie vmnieyszáć áni zátłumiáć/ y owszem w cále záchowáć.

Co wszytko przerzekszy concludowáć ráczą / Ná pagin. 168. ostátek vstáwuiemy / że tym wszytkim wyszey nápisánym rzeczom/Artykułom/Swobodom/ y Wolnośćiam/ ktore sie w tym Przywileiu/ z pozwoleniem wszech Rad nászych nápisáły / żá⸗dne wynaydowánia / żadne Przywileie ziem⸗skie/ álbo osobne czyiekolwiek/ żadne Státutá áni Konstitucie Seymowe nie beda nic mo⸗gły / áni moga szkodzić / y niwczym vbliżáć wiecznymi czásy. Y owszem my sámi one ni⸗wczym nienáruszone pod przysiega násza pil⸗nie strzec y dzierżeć obiecuiemy / y powinni be⸗dziemy. y Potomki násze Krole Polskie / te wszytko tákże niwczym nienáruszenie trzymá⸗

y przeſtrzegáć tym Liſtem y Przywileiem ná⸗ʒym obiecuiemy wiecznemi czáſy. To oboie Duchowne y Swietſkie Narodowi náſzemu oboiego ſtanu Duchownego y Swietſkiego nádáne/ do przed ſie wzietey Máteriey należące/ práwo przełożywſzy/ do znieſienia tych Cerkwi Swietey Wſchodniey / á zá tym y náſzey Ruſkiey nieſłychánych praw/ od Redárgutorá ná redárgutowánie náſzey Verificáciey záżytych/ zá pomocą Bożą przyſtepuiemy: á tego co Redárgutor burzy/ bronimy.

Mowi Verificator. Dwie rzeczy ſą w Episkopſtwie/ Doſtoieńſtwo y Beneficium. Doſtoieńſtwo y nominacia ná nie/ ieſt w reku ſámych Duchownych: Beneficium záś ie y podáwánie ná nie w reku Krolewſkich. Przez poświecenie ſwoie wzieli Nowopoświeceni náſzi Duchowni pierwſze/ ktore według oboiego práwá wiedzieli być w reku zwierzchności Duchowney: to ieſt / we władzy Pátriárchi: á drugiego bráć niechcą/ ktore według práwá Swietſkiego Koronnego y Litewſkiego wiedzieli być w reku zwierzchności Swietſkiey: to ieſt / we władzy Krolá Jego Miłości.

Aſertia tá Verificatorowá że ieſt prawdziwa: o pierwſzey iey cześci wydáie nie mylne świádectwo / náprzod przełożone práwo Duchowne / ktore Electię y poświecenie Episkopſkie Metropolitáńſkie y Pátryárſze y inſze mnieyſze od wſzelkiey zwierzchności świetſkiey wyimuie/ á ſámey zwierzchności Duchowney przywłaſzczá. Wydáie potym rownie nie mylne świádectwo o teyże pierwſzey cześci/ y ſámy od támtych dáwnych wiekow y po teráznieyſze czáſy w S. Wſchodniey Cerkwi/ według przełożonych praw trwáiący zwyczay: ktory áczkolwiek od niektorych Ceſárzow nienależnym ſobie práwem porywány był/ á od inſzych tyrańſko/ iáko y ſam Redargutor

nizey

niżey w Rozdziele wtorym przypominá / gwałcony: znieſiony iednák być niemogł / y nie ieſt. Zwyczay/ mowiemy/ oto ten/ iż po zeyściu z tego świátá iákieykolwiek Duchowney zwierzchności/ Pátriárchi/ Metropolity/ Episkopá/ y inſzych Doſtoieńſtw Cerkiewnych przełożonego obieránia y poświecánia władza/ według przełożonych Synodálnych vchwał / przy ſámych Duchownych zoſtawáłá/ y zoſtawá.

Ze zoſtáwáłá/ wydáie o tym iáśnie y niepodeyzrzáne świádectwo Nicephorus Gregoras o támtych czáśiech pożyty Hiſtoryk/ gdzie o podnieśieniu ná Stolicę Pátryárchiey Konſtántinopolſkiey Arſeniuſzá wzmiankę czyniąc mowi: Ten/ (To ieſt/ Nicephorus Blemmides,) gdy offiárowánemu ſobie Doſtoieńſtwu Pátriárchowſtwá odmowił/ mimo wſzytkie inſze Arſenius Mnich/ ktory w Monáſterzu nieopodal od Apolloniey oſtry Zakonniczy żywot prowádził / Doſtoieńſtwá tego godnym vznány ieſt. Záczym pierwey Kápłánem / á potym Pátriárchą/ Communi Pontificum ſententia & ſuffragio creatus eſt, zá zgodnym Duchowieńſtwá zdániem y zezwoleniem poſtánowiony ieſt: Imperatore maximè approbantè, & pontificum illud ſuffragium, vti moris eſt, Confirmante. Ktore poświecenie Ceſárz ápprobował/ y te Prałatow ſpráwe/ iáko tego zwyczay nioſł/ ſtwierdził. Dáie ſie tedy wyráźnie z tego świádectwá wiedzieć/ że Duchowni y obráli y poświecili Pátriárche: á Ceſárz / według zwyczáiu ápprobował y ſtwierdził. A iáko ſtwierdzáć zwykli byli Ceſárzowie / powie ſie máło niżey. Dáie ſie toż wiedzieć y z drugiego

Nice: Grego. Hiſtor. Roma, lib. 3. cap. 2.

B ij przed

Ann: Tom. 3. in imper. Ioã Zimiscæ,

przed Gregorasem pożytego Historyka Jana Zonary/ ktory dawszy o tym wiedźieć/ że Pátryárchá Konstántinopolski Bazilius Scamandrenus przez Duchowne przełożone z stolice/ dla nie iákiey winy był złożon/ á Antonius Studites ná iego mieysce od tychże był postánowiony. Powiáda támże niżey: iż Jan Trzebieniec/ Cesárzá Micháłá Páphlágoná Brát/ chćiwośćią Dostoieństwá Pátriárchalnego pałáiący/ niektore z przednieyszych Duchownych ná to námowił/ że mu obiecowáli Alexiuszá Pátriárchę z Stolice zrzućić/ á iego ná niey posádźić przyczynę zrzucenia te iemu zádawszy/ że naprzećiw Kanonom/ nie zá obrániem y zezwoleniem Duchowieństwá ná te Stolice podniesiony iest/ ále zá mocą Cesárską. Powiáda tenże y owo/ iż zá czásow Pátriárchi Konstántinopolskiego Polyeucta Nicephorus Phocas Cesarz/ odiawszy ze władzy Duchownych ten stárodawny/ prawámi Cerkiewnymi vchwalony / y sámym vstáwicznym vżywániem stwierdzony/ Electiey y asignaciey Przełożonych Duchownych zwyczay / sobie to przywłaszczył/ y táki Przećiwo Kanonny Edict vczynił/ áby mimo roskazánie ie° nikt do żadney Cerkwi náznáczan y posylan niebył.

Libro eodem in Imper. Michael. Paphlagonis.

Ann: Tõ. 3. in imper. Nicepho. Phocæ.

Czemu Polyeuct Pátryárchá y ze wszytkim Duchowieństwem/ nie bez wielkiey trudnośći ná goracy zápał w przećiw iść nie chćiawszy/ Pánu Bogu y szczęśliwszemu czásowi to poruczył: áż gdy po zeyśćiu z tego świátá Cesarza tego Nicephora Phoky / przyszło temuż Pátryársie koronowáć ná Cesárstwo Iana Zimiskę / ktory nie pierwey był koronowány/ áż w przod y Biskupy ná wygnánie zásłáne od Phoká sá zá to/ iż sie do te° przećiwo zakonne° Edictu ie° podpisáć niechćieli/ do Stolic swych przywroćił/ y Edict ten iáko niesłuszny poszárpał. Co oboie nátychmiast obrány Cesarz vczynił / y był koronowány. Te tedy są pewne godnych wiáry Historikow

Ann: Tõ. 3. in imper. Ioannis Zimiscæ.

świá-

świádectwá/ ktore wiedźieć nam iásnie dáią/ że práwo y zwyczay Electiey y podnoszenia ná Dostoieństwo Pátriárchow / Metropolitow / Episkopow / y inszych przełożonych Duchownych/ w S. Cerkwi Wschodniey / we władzy sáme° Dostoieństwá/ wyiawszy gwałtowne rospusnych Cesárzow bezpráwia/ po wszystkie czásy zostawáło.

A że y teraz toż práwo/ y tenże zwyczay y pod Pogáninem cáły został y zostáwa/ bliższi látom nászym Historikowie y o tym wiedźieć nam dáią. Pisze ábowiem w Historiey swoiey Emmánuel Malaxa/ że po nieszczęsnym wźięćiu Konstántinopolá Cesarz Turecki Machomet/ gdy w mieśćie przemieszkiwał, dźiwował sie/ á záraz sie y gniewał/ y pytał Chrześćian co by w tym było/ że sie mu do pokłonu y do oddánia poddáństwá Pátriárchá ich niestáwił: (mieszkáiąc ábowiem w młodszym wieku swoim ten Machomet przy dworze Cesárskim/ przypátrzył sie/ y przysłuchał co iest Pátriárchá/ y co zá poważność iego v Chrześćian/) ktoremu gdy było odpowiedźiano/ że ten ktory iest/ wstąpił do Klasztoru: insze° ná ten czas niemamy. Co vsłyszawszy Machomet/ gniewu poniechał y pozwolił Chrześćiánom / áby sobie według praw swey wiáry postánowili Pátryárche / kogo by chćieli. Co oni záraz/ Synodek duchowny zebrawszy / vczynili: obráli y postánowili sobie Pátriárchę wysoce známienite° Męża one° Gennadium Scholarium. Ktory po odźierżeniu Dostoieństwá/ gdy do pokłonu Cesárskiego ze wszytkim swym przełożeńszym Duchowieństwem przyszedł/ pytał Cesarz Klerikow/ co by zá vczćiwość Cesárze Chrześćiánscy Pátriárche wyrządzáć w zwyczáiu mieli: á wźiąwszy od nich wiádomość / że káżdemu nowo podniesionemu Pátryárche Cesarz zwykł dárowáć kosztowny Kápelusz/ z kosztowną pod nim z dwu stron wiszącą bindą: Mántie álbo płaszcz z strumeńmi i

Emmã Malaxa ná początku swey Histor. ktora sie poczyna w Turkogræ. pagin. 107.

biały

biały koń: y Posoch Páſterſki. Co Máchomet nátychmiaſt wykonáć roſkázał / á Posoch páſterſki ſam z rąk
ſwych Pátryárße podał. Ktory podawánia Páſterſkiego Posochá/ miáſto potwierdzenia / zwyczay y po dziś
dźień zoſtáwa. Stąd śie tedy otoiáwnie wiedźieć dáie y
práwo ſtárodawne/ y zwyczay/ ták obieránia y podno-
ßenia Duchownych Przełożonych w S. Cerkwi Wſchodniey przez Duchowne / iáko y Confirmaciey ich przez
Ceſárze: ktora śie zwykłá wypełniáć przez podánie Pedi
paſtoralis: to ieſt/ Posochá Páſterſkiego.

O drugiey záś teyże Verificatorowey Aſſerciey czę-
śći/ że ieſt prawdźiwa: rzecz ieſt nád ſłońce iáſnieyßa /
co y ſam Redargutor przyznáwa / y práwá Koronne ták
to miećchcą/ gdźie de Beneficijs Iuris patronatûs Regij
Prælaturarum Eccleſiaſticarum, ſtánowią. Cudzoziemſkich y Zachodniego Kośćiołá prywatnych praw nie
przywodźimy/ poniewaź nam Ruśi/ iák one ſą nienale-
żne/ ták náße Koronne y S. Wſchodniey Cerkwie prá-
wáy zwyczáie ſą nam w tey ſpráwie / iáky w káżdey
doſtáteczne. A ktoreby to práwá y zwyczáie były/ przeło-
żyliśmy z Kanonow Synodu Apoſtolſkiego/ y trzech inßych Synodow/ dwu Vniuerſalnych /trzećiego Generalnego. Te/ że ſą nam od Krolow Ich Mśći Pol-
ſkich/ przed niemi od Wielkich Xiążąt Lithew: á przed
tymi od Xiążąt Ruſkich pozwolone / przyznáne / w
vżywániu zoſtáwione / y przysięgą ná wiecżne czáſy
ſtwierdzone/ świádczą Przywileie Narodowi náßemu
Ruſkiemu ná vżywánie praw S. Wſchodniey Cerkwie
ná siedmiu powßechnych Conciliach vchwalonych /
Przodkom náßym y Nam od rożnych Krolow Ich M.
Polſkich/ Wiel: Xiążąt Lith: y Xiążąt Ruſkich nádáne: począwßy od Jároſłáwá Syná Włodźimierá wiel-
kiego/ Xiążęćiá Ruſkie°: od Witołtá Wiel: Xiążęćiá
Lith

Lith: y od Kazimirzá W: Krolá: y od Władysławá
Jágełłá Krolá Polſkie° y Wiel. X. Lith. áż y po teraz
nam ßczęśliwie pánuiące° Krolá Je° M. P. náße° M.

Z ktorego przełożonego duchownego / y świetſkie°
S. Wſchodniey Cerkwie práwá y zwyczáiu Miłośćiwy
y łáſkáwy Czytelniku ná oko widźieć śie dáie / że śie nie
nárußá práwo podawánia gdy śie kto w Ruſkiey Cerkwi świeći nie odźierżawßy od Zwierzchności świetſkiey
Præſentaciey, poniewaź ſpráwá poświecenia ieſt merè
ſpráwá. Duchowna: y ten tey zwyczay/ ieſt práwny y
zwykły. A co Redargutor o præſentaciey wypráwuie /
o ı ſam wie ktorey to Cerkwi należy: náßey Ruſkiey (ieśli y on ieſt Ruśin) ták to należy / iák należy iey być
pod poſłußeńſtwem Rzymſkiego Biſkupá / pod ktorym
nigdy niebyłá / y poki práwá Cerkiewne / v S. powßechnych Synodow vchwały w ſwey klubie zoſtawáć będą /
być niemoże. Co śie od Verificatora iáśnie y dowodnie pokazáło: y od nas da Bog/ zá occaſiami pokázowáć będźie.

Słußnie tedy przy zámknieniu tey náßey/ napier-
wßy Rozdźiał odpowiedźi/ z Baroniußem w tey tákowey Tom.
ſpráwie mowiącym temu/ od kogoś á nie od Wſchodniey II.
Cerkwie prokuruiącemu Redargutorowi odpowiádamy. Ann.
Scabroſiora planè hæc eſſe noſcũtur, cũ de Inueſtituris veti- 1099.
tis nimis abiectè loquatur Iuo: imo deſpectè multa ingerat: nume.
quæ niſi corrigerentur ab alijs eiusdem Authoris Epiſtolis, 7. & 8.
famam ſuam & nomen glorioſum, quod ex defenſione A-
poſtolicæ ſedis & Catholicæ veritatis ſibi dignisſimè com-
parauerat, in diſcrimen maximum induxiſſet. Párßy-
we to być bárzo/ dáie śie widźieć/ co o Inueſtiturach zábronionych nie oſtrożnie mowi Iuo/ y wiele nie vważnie
podáie: Co gdy by z inßych tegoż Authora liſtow popráwione niebyło/ ná ſłáwie ſwey y dobrym imieniu/ kto-
re° z obrony Apoſtolſkiey Stolice y Katholickiey prawdy ſo-

dy ſobie godnie przynábył/ wielce ßkodowáć by muśiał. Jeśli ták Baroniuß do Jwoná / Meżá w Kośćiele Rzymſkim iáko ſam mowi/ wielkiego/ y Stolicy Apoſtolſkiey záſłużone°/ w tey włáſney o Inueſtiturach przełożonym świeckim Krolom/ Xiążetom/ y Wielmożam zábronionych ſpráwie mowi: co by nierzekł do te° márnego Jwáná/ nierzkąc Stolicy Apoſtolſkiey niezáſłużonego/ ále w Kośćiele Rzymſkim álbo máło álbo owßeki nieznáiomego: Kroſtáwe przeto te rzeczy ſą/ o ktorych w tym pierwßym Rozdźiele ten Redargutor/ względem Swiętey Wſchodniey Cerkwie zwyczáiow/ y praw wypráwuie.

Wtorego Rozdźiału Redargutorowego nadpis.

Włádyctwá Ruſkie nie ſą wyiete od podawánia Krolow Jch Mśći Polſkich.

Odpowiedź ná Rozdźiał II.

Beneficia Włádyctw Ruſkich nie ſą wyiete od podawánia Krolow Jch Mśći Polſkich: y nárußa ſie práwo podawánia/ gdy kto Beneficia Cerkiewne zábiera/ nie vczyniwßy Præſentaciey.

STráßny y nieprzyſtepny ten wtory Redargutorow Rozdźiał być zda ſie/ z owych ie° słow/ gdy mowi/ A to nie záleci Verificatora v Krolá Je° Mśći y Rzeczypoſp: że nikt o tym do tad nie mowił/ dopiero ziáwił ſie nowy Reformator/ ktory wielką y głupią śmiáłością chce vczyć Krolow Polſkich/ do czego máią práwá ſwe Krolewſkie/ do czego nie máią. Stráßny, mowiemy/ y nieprzyſtepny/ z tych Redargutorowych słow ten wtory iego Rozdźiał być zda ſie: ále temu/

kto ná

kto ná wielką y głupią Redargutora tego nieuważność pátrzy / á nie ná rzecz przed ſie wźietey ſpráwy. Nie vczy Verificator Krolá Je° Mśći Páná ſwego Miłośćiwego práwá/ ále ſie Krolá Je° Mśći/ y Przodkow Je°. Krolewſkiey Mśći práwy y przywileymi broni,

A toż ieſt Mśćiwy y Łáſkáwy Czytelniku práwá Krolá Je° Mśći vczyć / Co ten Redargutor z Verificatora w Fundáment temu wtoremu Rozdźiałowi zákłádá/ mowiąc: Mowi Verificator, że niemal we wßytkich Metropolitách to práwo zoſtáwione w przykłádźie / że iuż po poświęceniu Metropolitowie od Pátriárchi bez præſentaciey Krolow Polſkich poſyłáni/ y od nich przyimowáni bywáli. Lub owo drugie/ co w tymże Rozdźiále przywodźi / Dwie rzeczy w tey ſpráwie nayduiemy/ Doſtoieńſtwo y Beneficium: pierwße ieſt w reku przełożonych Duchownych/ Metropolitowi w reku Pátriárchi/ Epiſkopom w reku tegoż Pátriárchi y Metropolity: Drugie ieſt w reku przełożonych Swieckich: w Páńſtwách náßych w reku Krolá Je° Mśći. A toż to ieſt Krolá Je° Mśći práwá vczyć: Nie doſyć záiſte máią ći záßkodcy náßy ná tym/ że ſie ſámi ná przyiaźń ku nam niwczym im niewinnym ſpoſobić nie mogą: ále oto y ná tego łáſce zaßkodźić nam zábiegáią/ o ktorego po Bogu/ y o ktorą po łáſce Bożey ni ocż pierwey nie ſtoiemy. Nie reformuie Verificator w tey ſwey Verificatiey żadnych praw/ nierzkąc Krolowi Je° Mśći Pánu náßemu Miłośćiwemu należących / ále y naniżßey Condiciey człowiekowi. Tego życzy y oto prośi / áby nákrzywione przez te Apoſtaty náße/ nam należne práwá były reformowáne: to ieſt/ do kluby ſwey przywiedźione: áby ſie z nich my ćießyli/ ktorym one właśnie/ według świętey ſpráwiedliwośći/ należą: ktora z ſwey właſnośći temu/ co czyie ieſt/ weſelić ſie decretuie. My wiáni / co ſą

C ſwego

ſwego własnego domawiamy: á Apoſtátowie náßy chcą być práwi/ ktorzy náße własne nam odiąwßy/ ießcze o to tym ſwym opácznym vdáwániem o niełáſkę Krolá Je° Mśći Páná náßego Mśćiwego przypráwić nas vsiłuią. Ktorego ſerce w ręku Boſkich będące/ vfamy że ſie ku tey ich płonności námniey nie ſkłoni: choć mogą ſie náleść tákiey lekkości ludzie/ ktorzy te plotki zá prawdę vdáwáć będą: ſtultorum enim plena ſunt omnia: pełen świát głupich: ále o tych Cauillacie y inſulſy dbáć/ iákoby też calcitranti aſino recalcitrare. Tollatur cauſa, tolletur effectus: niech vſtąpią tego præiudicium Apoſtátowie náßy/ ktorym iuż to dwudzieſty ßoſty rok nam præiudicuią, vſtąpią y náße ná nich ſkárgi: y te oto náße Verificatie y obrony ich.

Nie ſtánowi Verificator y tego zá práwo tákie/ iákie ten Redargutor rozumie/ áby z zwyczáiu nástąpienia bez præſentaciey poświęconych kilkudzieſiąt Metropolitánow Ruſkich/ y dziś toż ſie dziać miáło: to ieſt/ áby w podnoßeniu Metropolity żadna præſentacia do zwierzchności Świeckiey czyniona być niemiáłá: ále tego dowodzi/ y to ſtánowi/ że to Metropolitow do Ruſkiey ziemi przyſłánych/ przez liſty Pátriárße Xiążętom præſentowanie, ieſt præſentatia práwom y zwyczáiom Cerkwie Wſchodniey właſne y przyrodne.

Nie ieſt ſobie nieprzytomny Verificator gdy y to mowi/ że w kilkudzieſiu/ ieśli nie we wßytkich Metropolitách to práwo zoſtáwione w przykłádzie mamy/ iż y bez præſentaciey przed poświęceniem vczynioney/ iuż poświęceni y præſentowani przez Pátriárchi Konſtántinopolſkie Metropolitowie/ od Krolow Ich Miłości Polſkich łáſkáwie przyimowáni/ y do Beneficij miłościwie przypußczáni byli. A gdy owo/ że przy obránych ná Metropolią Ruſką oſobách Krolowie Ich Miłość Polſcy

Dworzány ſwe z przyczynnemi ſwemi / ná poświęcenie ich liſtámi / do Konſtántinopolá poſyłáć ráczyli. Ale ten to Redargutor gdzieś był od ſiebie ná ten czás odßedł/ gdy to w Verificatorze czytał/ ktory Verificatorową mowę owák opácznie cituie: Mowi Verificator, że niemal we wßytkich Metropolitách to práwo zoſtáwione w przykłádzie / że iuż poświęceni Metropolitowie od Pátriárchi bez præſentaciey Krolow Polſkich poſyłáni / y od nich przyimowáni bywáli. Verificator mowi o præſentaciey oſoby poświęconey/ Krolowi Je° Miłości dla otrzymánia od niego Beneficij, ktore ſą w podáwániu Krolewſkim/ præſentowaney: A Redargutor ſwoie práwi/ o præſentaciey od Krolá dziáć ſie miáney do Pátriárchi/ Oſoby Pátriárſie dla doſtąpienia od niego Doſtoieńſtwá/ ktore ieſt w podawániu Pátriárßym/ præſentowaney.

A to rzekßy: ácżci/ mowi/ niewiem/ iáko zápomniawßy ſie ku końcowi tego ſkriptu práwi / iákoby Krolowie Polſcy Dworzány ſwe z przyczynnemi liſtámi ná poświęcenie Metropolitow do Konſtántinopolá poſyłáli: y náwodzi / Mogłoby ſie rzec / Verificatorem, (drudzy wiec mowią mendacem) oportet eſſe memorem. Coż tu Miłościwy y łáſkáwy Czytelniku Redargutorowym ſłowam do Verificatorowych? iák ciemności do świátłości: iák fałßu do prawdy: iák obłudzie do ßczerości: Zácżym conuicium ná Verificatora rzucone/ słußniey iemu ſámemu należy/ turpe enim eſt Redargutori, (drudzy wiec mowią Calumniatori,) dum culpa redarguit ipſum. Cokolwiek ábowiem Verificator mowi/ przy wßytkim ſie zá pomocą Bożą oſtoi: y ni od kogo we wßech słowách ſwych dextrè interpretowany, ſiniſtrè rozumiány być niemoże: tylko od tego/ ktory te iego Verificatię oſcitanter czyta/ álbo liuore oćiekłe ná prawdę oczy má.

Jákowych oczu iest y ten Redargutor, gdy po ták vßczypliwych Conciciach/ namniey do tey spráwy nienależne dźiecie iákies przywodźi: że w Græciey áż strách wspomnieć iák hándluią temi Rzeczámi: (Dostoieństwá duchowne rozumie:) kto wiecey da/ choć drugi żyw/ zostáie Pátriárchą: Toż dźiać sie powiáda w Bulgárskiey/ w Serbskiey/ w Wołoskiey źiemi/ y w Moskwie. Nam teraz v prawdźie nie o tym rzecz/ y poprożnicy to Redargutor ten z iádowitego ku nam y ku S. Wschodniey Cerkwi serca práwi/ płochy to Rusin/ Wschodniey wiáry wyznawca obłedny. Wspomniećby miał ná czásy Gottow/ Herulow/ y Longobárdow ná Záchodźie pánuiących: w ktore Záchodnie strony Rzymskie/ iák dźiś Wschodnie Turcogræcia, Gotto Románia zwáne były: ná te czásy miał był wspomnieć/ gdy to o Græciey miał był wyrzec. Ale to rzekę nie dźiw (bo też ták od nas sobie ten Redargutor odpowiáda/) pod Pogány y sprosnym Heretyctwem. Lecz by był wspomniał y naposlędße zá PP. Chrześćiáńskich Cesárzow Kátholickich/ ná ktore wspomniawßy Bellármin zádźiwowány záwołał: Non ignoratis, quas tragædias in Ecclesia Hericus quartus: Henricus 5. Otto quartus: Fridericus secundus: aliiq; non nulli diuersis temporibus excitarint. Et quasi hæc parua fuissent, permisit ad extremum Deus, vt etiam quidam parum probi Pontifices aliquando hanc sedem tenerent & regerent. Wiećie mowi dobrze/ iákie trágedie w Kośćiele Rzymskim Cesárze roznymi czásy stroili: á iákoby to rzecz máła byłá/ dopuśćił Pan Bog/ że też máło dobrzy Papieże niegdy te stolice trzymáli y nią spráwowáli.

In Proœm. Cōtrouer. Rom: Pont.

Á co mo-

Á co mowi/ że w Græciey hándluią Duchownymi rzeczámi/ niechby był sobie przywiodł ná pámięć/ co o Záchodnym onych czásow kośćiele Bároniuß mowi: Plena sunt illa tempora ordinationibus, Paparum exordinationibus, & superordinationib9. Czásy one pełne są Papieskich Ordinacij, Exordinacij, y superordinacij. Co zás mowi/ kto wiecey da/ choć drugi żyw/ zostáie Pátriárchą: miał wspomnieć ná drugie tegoż Bároniußá słowá/ gdźie mowi: Quæ tunc facies Ecclesiæ Romanæ? quam fœdissima? (ále nam nic z Rzymskim Kośćiołem: ktory/ by nie wy w przyczynie/ nigdyby ináczey/ tylko dobrze wspominány od nas był. Czego po wßytkie przed to wielebna wáßa Vnia látá/ po przodkách náßych/ w pokoiu pożyłych doznáwał: dozná w pokoiu náßym y po nas:) wspomnieć/ mowiemy/ ten Redargutor ná te/ y ná bliższe czásy miał/ y ieśli nie oboiey Cerkwi iednáko/ nie gorzey przy namniey tey z ktorey śie rodźił/ niż ktorey przynábył stáwić śie był powinien: co gdy by był vczynił/ wierzamy żeby był wspomniał y ná stul pysk: compesceret labella: pomniąc ná owo Páńskie/ Qui sine peccato est vestrum, primus in illam lapidem mittat. Co przypomina (nierządowi Pátryárchow chcąc nágánić/) czterech Metropolitow w Rusi iedną rázą/ y temu by śie nie ták bárzo był dźiwował/ gdy by był wspomniał ná czterech Biskupow iedną rázą ná Stolicy R. około R. 1044. śiedzących. Nieprzypominałby y złośći/ ieśli byłá/ iáka Photia Metropolity Ruskiego/ gdy by był wspomniał ná tákąż zbrodnie kogoś wyższego. Ale co to prze Bog z ubaczenie tego Redargutora/ dźiecie namniey do tey spráwy nienależne z vmysłu náciągáć y wtrącáć: ktoż by tego nieprágnął/ áby Familię swoię miał bez nágány? Ale to rara auis in terris.

To ták extravaganter, ná hánbe Duchowieństwá

tom. 10. Anno 9 0 8. num. 3.

ibidem Anno 9 1 2. num. 8.

Ioan. c. 8.

Baron: tom. 11. Anno 1044. num. 2. Conc: Remē. & Antonin. lib. 16. cap. 1.

náßego

nászego Redargutor przypomniawszy/ pátrz Miłosciwy y łáskáwy Czytelniku iák iuż dáley cauilluie / to śie tu mowi/ Verificator stał falsificatorem. A wczymże? w tym: co powiáda/ iż w Relligiey Græckiey zwyczay był/ że śie świecili bez żadney przed poświeceniem Præsentaciey: vkazáło śie bowiem/ że ledwo kilko y dwádźieśćiá Metropolitow było/ ktorzy postáni byli iuż poświeconemi od Pátriárchi. Ktoż tu/(ná twe śie uważne zdánie baczny Czytelniku puszczamy) kto mowiemy/ zmiedzy tych dwu powiádáczow Falsificator? Verificator, ktoremu sam oto ten Redargutor suffraguie/ przyznawszy kilku nád dwádźieśćiá Metropolitow bez Præsentaciey poświeconych/ y do Państw Ruskich przysłánych: lub też Redargutor / ktory sam liberè to przyznáwa / czego Verificator dowodźi / iż w Relligiey Græckiey zwyczay był ten/ że śie świecili Metropolitowie bez żadney przed poświeceniem Præsentaciey. O nieżyczliwa zazdrośći / ináczey baczenia nie máiąca złośći / to ty y mądrym (ieśli mądrym iest co to ták ineptè argutuie) oczy záćiekáć vmiesz. Jeśliś swoie assercie prawdźiwą mieć chćiał/ pokazáćieś miał/ że ni ieden Metropolit bez Præsentaciey przed poświeceniem vczynioney nie był: ále dobrowolnie kilku nád dwádźieśćiá przyznawszy/ falsificacie Verificatorowi w prawdźiwey ie°/ ktorą sam twierdźisz/ powieśći przypisuiesz: sam przeto w niey zostáiesz.

Ale drogiego czásu ná tych tego Redargutora márnych cauillaciach/ ktoremi świátłośći Verificaciy officere usiluie / po prożnicy nietrácąc/ uważeniu twemu Miłośćiwy y łáskáwy Czytelniku dálsze ie° tecze cōmenta podáiemy: w ktorych y oto śie ná Verificatora obráża / że lepszą wiárę dáie pewnym/ známienitym / y wiáry godnym/ zacne° imienia/ y dobrey sławy Kronikarzom/ niż spodłáwia wydártym/ bezimiennym nieiákims Látopiscom:

topiscom:

topiscom. Obraża śie y zá to / że śie w Verificaciey według bliższego ku nam czásu pierwiey położył Strykowski niż Kromer: potym przez cáłą niemal kartę to/ co mu lubo prawiwszy / nie bez cauillaciy iednák: bo y tám to w Verificatorze oppugnuie/czego on y myślą nierzkąc Kanonami iákiemi w ten cel/ w ktory ten Redargutor zmierza / nie asseruie, wtory Rozdźiał kończy / y my też kończymy: to zá pewne práwá Cerkiewne położywszy / że podawánie Beneficiy, iest spráwá merè Swietska: że Ruskich Władyctw Beneficia od podawánia Krolow Ich Mść Polskich nie są wyięte: y kto bez præsentaciey Beneficia Cerkiewne zábiera / práwo podawánia narusza. Podawánie záśie Beneficiy w Państwách Koronnych / przez dánie od Krolá Je° M. Przywileiu dźiać śie y obchodźić powiádamy: w ktorym wolę podánia swego Krol Je° M. oznáymować rácży/ y władzy iurisdictiey w tey Diœcesiey/ ile do spraw Duchownych/ według praw Cerkiewnych/ pozwala. Krol ábowiem nic Duchownego w tákim rázie poddánemu swemu dáć niemogąc/ áby iednák/ chociaż iest Duchowny/ znał go sobie zá Páná/ dáie świetskie: to co we władzy swey ma: y co z potrzeby zá Duchownymi iść zwykło. Bo ktoby chćiał w dostąpieniu Beneficiy, iáko mowi Augustin S. rzec /Quid mihi & Regi: vsłyszałby od Krolá: quid tibi & possessioni. Krolowi záś oboie zá iedno/ iák przed poświeceniem náznáczáć osobę do poświecenia/(ieśli iest iákie o tym práwo Duchowne) ták poświeconą confirmowáć, iák práwá y zwyczáie S. Wschodniey Cerkwie vczą. Y to to iest co mowi Verificator, Assens lub repulsę præsentaciey poświecenia/ y przed poświeceniem y po poświeceniu pod prześwietne nogi Máiestatu Je° Kr: M. Páná nászego Mśćiwego oraz rzućić rádźiwszy: wiedząc/ że iák przed poświeceniem præsentowana osobá/

y zotrzyy zotrzymanym przywileiem bez otrzymanego poświecenia/ ták y po poświeceniu præsentowana, zotrzymánym poświeceniem bez otrzymánego Przywileiu w Diœcesiey, Dostoieństwá swego nie iuridicuie.

Poproźimy tedy/ że y powtore rzeczemy / ten Redargutor ná Verificatora woła/że go to v Krolá Je° M:nie ma zálećić: zupełney ábowiem w tym władzy Krolá Je° M. pro sacrosancto τὸ μάιος/Verificator nie tyka sie: y ten iest Cerkwie Bożey zwyczay: ten y prawny ták Duchowny/ iáko y Swiecki postepek. Ztąd Goffrodus abbas Vindocinensis: Possunt, inquit, sine offensione Reges, post electionem Canonicam & liberam consecratione, per inuestituram Regalem in Ecclesiasticis possessionibus concessionem, auxilium, & defensionem Episcopo dare: quod quolibet signo factum extiterit, Regi, vel Pontifici, seu Catholicæ fidei non nocebit. Mogą/ mowi/ bez obrázy swey Krolowie po Electiey Canonney. y powolnym poświeceniu/przez inuestiture Krolewską w Cerkiewnych dáć Episkopowi pozwolenie/pomoc/y obrone. Co przez iákiżkolwiek znák stánie sie: Krolowi/lub Pápieżowi/ álbo wierze Kátholickiey to nie záßkodzi. V nas tedy znák ten / przez ktory Krol Je° Mść. Inuestiture swoie Krolewską/ Przełożonym Duchownym podáwáć ráczy/ iest Przywilej: ktory bez obrázy swey Krolowie Ich M. iuż poświeconym Osobam dáwáć zwykli.

Apud Iuretũ. ad Iuonẽ Epist. 236.

A co ná zámknienie tego swego Rozdźiáłu z Chomátená ten Redargutor przywodźi/ obłudnie sie y z námi y z tym wielkim Mężem obchodźi. Chomáten ábowiem nie o Electiey áni o poświeceniu / ále o przenieśieniu Episkopá z Episkopiey ná drugą zápytány/ we władzy to być Cesárskiey odpowiáda: A żeby poważnemi słowámi Chomatenowemi nas ten przechiry Redargutor vłowił owemi / & vt vno verbo dicã, solo sacrificandi exce-

pro my-

pto mysterio, reliqua Pontificalia Priuilegia Imperator repræsentat: żeby/ mowiemy/ te słowá Chomatenowe sobie należeć pokazał/ á nas chytry ten zmyślony Rusin/ przez nie oszukáł/ owych dálszych támże záraz słow zániechał/ quando legitimè Canonicèq; facit. ô Obłudniku! zaż tu mieysce oszukánia? y my to záiste przyznawamy/ że cokolwiek Cesárze lub Krole νομίμως τε καὶ κανονικῶς, iáko ten wielki Archiepiskop Bulgárski mowi / w Cerkwi Bożey czynią/ wszytkie pontificalne Przywileia/ wyiąwszy sáme táiemnice sacrificandi, representuią. Lecz obieráć y poświecáć Cesárzowi legitimè Canonicèq; nie należy; iáko sie to w odpowiedźi pierwszey dowodnie pokázáło. Otoż mamy szczyrość ku nam Rusi/ tego obłudnego Rusiná. Przypátrzymy sie/ da Bog/ co dáley bedźie.

Rozdźiáłu Redargutorowego trzećiego Nadpis:

Że ná Dostoieństwá duchowne głownieyszym sposobem podáie Krol/ niż ná beneficia.

Odpowiedz.

Iż ná Beneficia Duchowne głownieyszym sposobem Krol podáie/ niż ná Dostoieństwá: ták/ że choćiaż z potrzeby Beneficia idą zá Dostoieństwem/ bez podánia iednák Krolewskiego vżywáne być niemogą.

Pokazáliśmy to z praw y vchwał Synodow powszechnych/ w odpowiedźi ná pierwszy Rozdźiał Redargutorow dostátecznie/ że Electia y poświecenie Przełożonych Duchownych/ iest merè spráwá Duchowna: do ktorey/

D

rey/ ni Cesárze/ ni Krole/ ni Xiążętá / ni żadni Wielmoże/nie należą : Co Canonistowie iáko mowi Verificator názywáć zwykli inuestiturą Duchowną. W odpowiedźi záś ná Rozdźiał wtory/ tośmy pokázáli : że podáwánie Beneficij Cerkiewnych iest spráwá merè Swietská/do ktorey ni Pátriárchowie/ ni Metropolitánowie / ni inszy Przełożeni Duchowni nie należą : Co ćiż Canonistowie názywáć zwykli inuestiturą świetską. Miedzy ktoremi inuestiturami tá iest rozność / że świetská z potrzeby zá Duchowną iść ma : á nie y w sposob przećiwny : poniewasz nie Dostoieństwá dla Beneficij ále Beneficia dla dostoieństw. Teraz zá pomocą Bożą pokázuiemy / że nie ná dostoieństwá/ iáko Redargutor bezrozumnie twierdźi/ ále ná Beneficia Duchowne głownieyszym sposobem podáie Krol. Pokazawszy ábowiem to z Kanonow Cerkiewnych że do Electiey Duchownych Swietská zwierzchność nie należy/ pogotowiu do poświecenia : Co zbywa Redargutorowi do pokazánia tey swey nádpráwney / y w Cerkwi Bożey nie słycháney Asserciey, áby głowniey szym sposobem Krol podáwał ná Dostoieństwo Duchowne niż ná Beneficia : Zbywa to/ że y Electia y poświecenie iest spráwá merè Duchowna / y sámym Duchownym należy : Co w odpowiedźi ná pierwszy Rozdźiał y práwy Duchownymi/ y przykłádámi Swietskimi pokazáliśmy dowodnie. Bo cokolwiek w tym trzećim Rozdźiele ná dowod w swey tey Asserciey Redargutor práwi / nie z praw Swiętey Cerkwie Wschodniey / ále z praw iákichsi iey nigdy nieznánych y niesłycháných: y ták sie ten Málowány Rusin z swoią Cerkwią Ruską obchodźi/ iák gdyby nas przed sąd Ziemski zápozwawszy/ práwem konáć chćiał Máydeburskim/ ábo Moskiewskim. A co ab Ær; mo Beneficij árgumentuie / głupie árgumentuie : nie z nátury słowká tu dowod / ále z fundá-

fundamentu władzy. Cerkiew obiera / Cerkiew przeto y podáie: á Cerkiew obiera primario ná Dostoieństwo/ choć z potrzeby iák śmy rzekli / zá nim idą y Beneficia : iák zá szukániem krolestwá Bożego/ według náuki Páná Christusowey / idą insze wszytkie doczesne potrzeby. Nie Ołtarz ábowiem dla dobr : ále dobrá dla Ołtarzá: áby żył z Ołtárzá ten/ ktory Ołtárzowi służy. Luc. ca. 12. 1. ad Cori n. cap. 9.

Vczy Verificatora áby wiedźiał/ że ktory sie świeći/ záwsze sie świeći do pewnego Beneficium: Niechćiał tego z Verificatora sam sie náuczyć y wiedźieć/ gdźie on mowi/ iż żaden Episkop bez pewney Diœcelij poświecenia dostepowáć nie ma/ y dostąpić nie może. A chcąc dáley te przełożoną swoie assercię wspieráć / zádawszy fałsz y omyłkę Verificatorowi w tym/ że Inuestiturę ná Beneficia, od Krolá być powiádał y że mowi/ priuatione bonorum skáráć Biskupá Krol może. Náwodźi/ zápomniawszy sie podobno Verificator, przyznawa że podáwánie Beneficij ma być przed poświeceniem : y przywodźi z niego/ Biskup Dostoieństwá swego nie tráći / by dobrze Krol Beneficium conferowáć mu nie zezwolił : Niepodániem dobr / y niepozwoleniem rozpośćierania Biskupiey władze/ skárány być może. Słuchay prosiemy ćie Miłściwy y łáskáwy Czytelniku iák ten nieczuły człowiek do rzeczy mowi : że inuestiturę ná Beneficia z dowodu Canonistow, Verificator od Krolá być powiedźiał : omyłkę mu w tym zádawszy/ wspiera ią tym/ że máietności Biskupich nie podáie Krol/ ále Dostoieństwo. Zápomniał ten Rusin/ że z Rusią y o Ruską Cerkiew spráwá : Coś nie swego báie : niechcąc wiedźieć że Ruskich Cerkwi Beneficia Krol Je° Mść. á nie kto inszy/ przez Przywiley swoy podáie: przez ktory Episkopá y máietności pánem/ y iuridicowánia władzcą czyni. A że priuatione bonorum Biskupá od Krolá moc być skáránym powiedźiał ; fałsz

w tym

w tym Verificatorowi zadawszy/ mowi/ że Beneficium od Dostoienstwa odiete być nie może ani przez Krolá. Ktoż tu z nas fałsz powiedział/ sámego cie miły Redargutorze compellaiemy: Verificator mowi/ że priuatione bonorum, to iest/ niepodániem dobr skáráć Biskupá Krol może: á ty z tych iego słow coś inszego práwisz/ że Beneficium od Dostoienstwá odiete być nie może áni przez Krolá: Hic de cepis tu de alijs: á iák naszi mowią/ on o Páwle á ty o Gáwle. Cáłym sercem y Verificator to przyznawa że Beneficium od Dostoienstwá odiete być nie może áni przez Krolá: tego miáłes dowieść/ czego nigdy nie dowiedziesz/ áby Krol skáráć Biskupá niepozwoleniem Beneficij niemogł: My tego co Verificator mowi dowodzimy Iákubem Slenienskim Biskupem Krákowskim/ ktorego Krol Kázimierz niepozwoleniem Beneficij, pokarał. To iuż tu záraz wszytkie twoie długie w tym Rozdziále dowody oślepnie: y sam abowiem niewiesz co w Verificatorze gániss: fallis aut falleris: Tego dowodziss/ czego on nie przy: y owszem libere przyznawa/ gdzie z práwá Koronnego mowi/ że Ich M. Krolowie Polscy przysiegą swą te obietnice stwierdzáć zwykli/ Dostoienstw Duchownych wielkich y máłych nie vmnieyszáć/ áni záćmiáć/ y owszem wcále záchowáć: przez ktore słowá nie vmnieyszáć/ nie záćmiáć/ ále wcále záchowáć/ nie sámie gole Dostoienstwo/ ále y należące do niego Beneficia rozumie: y gdzie wyráźnie y to przyznawa/ że Beneficia Cerkiewne zá Dostoienstwem Duchownym z potrzeby idą. Coż po tych twych długich wywodach: ktore ták sie z prawdą zgadzáią/ iáko y owo coś powiedział/ Zápomniawszy sie podobno Verificator przyznawa/ że podawánie Beneficij ma być przed poświeceniem. Gdzież to miły Redargutorze Verificator przyznawa: vkázuiesz do paginy

Crom. rerum Polon. lib. 15.

Verificaciey 38: ále tám o tym ne gry. Twoie to sny/ á nie Verificatorowa powieść. Ieśli z owych ie° słow to bierzesz/ ktore z niego przywodziss/ Biskup Dostoienstwá swego nie vtráci/ by dobrze Krol Beneficium conferowáć mu nie zezwolił. Nie podániem dobr y nie pozwoleniem rozpościeránia Biskupiey władze skárány być może. Ieśli/ mowiemy/ z tych Verificatorowych słow to/ co twierdziss/ bierzesz/ iákoż z tych/ bo te ná dowod przywodziss: czyniss to/ co wisc zwykł czynić Páiok y ná napoźnieyszym kwiáteczku: w wodzie ogniá szukasz: gdzie ábowiem y iedną litera tu/ y indziey wszedzie/ Verificator o præsentaciey przed poświeceniem? Nie mowi on że Electa álbo nominata Biskupá/ ále Biskupá iáko iest Biskup/ niepodániem dobr skáráć Krol może. Otoż ná swey głowie to masz/ coś sádził ná Verificatora, że sie ymyliss y fałszywie rozumiesz.

Aż nas wstyd/ szczyrze mowiemy/ tey twey prostoty. Ieśli nie nas domowych/ obcych ludzi vważnych y bacznych/ ktorych rekn ten twoy Script doyść rozumiałeś/ miałeś sie był wstydáć te ták márne rzeczy przez druk ná świát wydáwáć. Abo was præsumptia nieiáka/ wysokie o sobie rozumienie ták márnymi świátu podáie/ álbo Boskie ná was skáránie/ prze odstepstwo pádło: że nigdy nic do rzeczy y prawdziwie nie wydáiecie/ Cokolwiek przez Scripta w tey nászey z wámi spráwie wydáiecie: záwżdy y márnie/ y obłudnie/ y fałszywie/ y podstepnie. Ieśli sie też zá mądre rozumiecie/ prze społeczność z Kollegiáty: pátrzcie co czynicie: pochlubił sie chrzan że z miodem smáczny: ále posłyszał: Ia y bez ciebie smerde smáczny. Lepiey sie tedy vczyć potrzebá/ chcecieli y swoie y cudzo rzecz poymowáć: Stulti enim est dicere, putaram. Poymuyże á rozumiey/ ieśli możesz/ co y od kogo Verificator mowi: od Ruskiey S.

Cerkwie mowi/ á mowi práwá y zwyczáie Cerkwie Wſchodniey/ktora ieſt Ruſkiey z Bogá podána márka. Ze Krol ma władze niepodániem dobr ſkáráć Biſkupá : to my iuż y práwy y przykłádem pokazáli : tobie pokazáć zbywa/co conſequenter ztąd przychodzić deducuieſz, á obaczyſz nieboże/ (że twych łágodnieyſzych iednák/ ku tobie słow záżyiemy/) iák ſie z tey ſámy/ ktorąś ná bliźniego kopał wygraboliſz. Ale iuż cie poniechamy / z baczným á rozumnym w tey náſzey y twey ſpráwie mowić wolemy.

Ták te rzeczy inconcinne/Miłościwy y łáſkáwy Czytelniku/ten Redargutor poplotſzy/ racyie Verificatorowe ná Examen ſwoy bierze/ ktoremi on dowodzi / że Doſtoienſtwá duchownego ieſt podawcą Zwierzchność duchowna / á Beneficij Cerkiewnych ieſt podawcą Zwierzchność świetſka : y iedná do drugiey nic práwá niema : wyiawſzy/że z ſámey dla Bogá w pobożności vczynionny conniuenciey/ Ceſárze y Krolowie zwyczáiem práwá ſtáć pozwolili/ áby Beneficia zá Doſtoienſtwem z potrzeby chodziły. Pierwſza tey Aſſerciey Verificatorowá racia ieſt / tá : Z tey to Doſtoienſtw y Beneficij rozności idzie/ że w niektorych Woiewodſtwách wolność obierania ſobie duchownych Przełożonych / Przywileiem ieſt wárowána. Druga : Iż Beneficia ktore iuris Patronatûs Regij nie ſą/ odiete od tych Doſtoienſtw być mogą. Trzecia : Stąd to idzie/ że Szláchtá ná ſwych dobrách/ ktore ſie Beneficia zową / bez żadnego nievſzánowánia Máieſtatu Krolá Jeo Miłości Epiſkopy y Metropolitá chowáią.

Z tych pierwſzą Redargutor examinuiąc y burząc vczy/ verificatorà znáć rozność miedzy Electią, cõſecratią, y miſſią. Y práwi conſecratią y miſſią być w reku ſámych duchownych : á Electię rozdzieliwſzy / ná poſtulacię y ná appro-

bacię

bacię : owe/ przy ſámym Rzymſkim Biſkupie zoſtáwuie : á one przy Krolách. Otoż mamy znáć tego Dzieciotká po ie° noſku : Dáie ſie znáć ten Ruśin/ y iák prawdziwie S. Wſchodniey Cerkwie praw broni : ktorych áto ni literas tylko cos ſwego bez żadnych dowodow/ buduie. Myſmy iuż dowodnie/ zá pomocą Bożą/ w Odpowiedzi ná pierwſzy iego Rozdział pokazáli / że Electia y conſecratia y miſsia zoſtáie przy ſámey zwierzchności Duchowney : á conſens/ ktory ſie ſuo modó confirmacią zowie/prez ktory im Beneficia conferowane być zwykły/ zoſtáie przy zwierzchności Swietſkiey. A pokazáliſmy to y práwy Cerkiewnymi Synodow powſzechnych/ y przykłádámi známienitemi : nie gołosłownie iáko oto ten Redargutor ſwoie opinię / lekkiemi ſwoiemi raciami / bez żadnych z praw Cerkiewnych dowodow/ſtroi. By w ten czás/ kiedy Rzymem Gottowie pánowáli/ tákie racie temu Redargutorowi mozgowáć przychodziło, y mowić/ iáko tu teraz mowi/ Słuſznie Krolowie/ gdzie ſą te owczárnie/ záżywáią tego práwá / żeby niebył Páſterzem ich żaden / iedno ten kogo by oni podáli : Nigdzie záiſte/ iák nátym mieyſcu/ áż nádder niewážny ieſt Redargutor : y świetych Mężow zdániu wielce przeciwny: Coż bowiem Krolom do wiáry poddánych? Czáſu ſwego wielkiey powagi w Cerkwi Bożey mąż Theodorus Baron.
Studites do Michaelá III. Ceſárzá w ſpráwy Cerkiew- in An.
ne wtrącáiącego ſie piſząc, mowi / Cerkiew ſwoie Pan 828.
Bog rządzić przykázał Apoſtołom/ Prorokom/ Ewángeliſtom/ Páſterzom y Náucżycielom / á nie Krolom. Zolnierze tobie Krolu / y ſtan Swietſki poruczon ieſt / nie Cerkiew. Pátrz ſwego Vrzedu : á nam Cerkwie zoſtáwuy. A ieſli niechceſz/ wiedz o tym : by y Anioł Galat.
z niebá zſtąpił/ á nam inaczey powiádał/ niż co iuż w cap. I.
Cerkwi Bożey powiedziano ieſt : nie vſłuchaymy go :

Dáleko

Niceph. lib. 16. cap. 31

Dálcko mniey ćiebie Páná świetſkiego. Cożem zá zgodá ſłow tego S. mężá: z ſłowy márnego Redargutorá?
Rownie o tymże y Blog: Saba Opát Jerozolimſki/ do Ceſárzá Anáſtáſiuſzá/ My, mowi/ w tym Mieśćie / w ktorym śie Wiárá świetá záczetá: to ieſt / w Jeruzalem/ nowey Wiáry vczyć śie y przyimowáć nie możemy: iedno te/ ktoroſmy wzieli od Apoſtołow y Oycow S. ktora ieſt przez Cztery święte Synody wyłożona: O te gotowiſmy zdrowie náſze położyć: by ná nas y co ćieżſzego y ſrogiego przypáść miáło / pierwſzego podánia Wiáry nieodſtąpiemy: ále oney áż do krwie / ieśli tego potrzebá bedźie/ bronić gotowiſmy. Prośimy ćie tedy Ceſárzu ábyś nas do inſzey Wiáry nieprzymuſzał y á pokoy Cerkwi przywroćił. Coż w tych ſłowách zá zgodá hrubemu Redargutorowi z tym świetym Mężem? z ktorego śie to wyráźnie wiedźieć dáie/ że pobożni Ceſárze w ſpráwy Cerkiewne wtrącáć śie nie zezwalálisá. tez Oycowie im tego niedopuſzczáli: By tedy w ten czás/ mowiemy/ kiedy Rzymem Gottowie pánowáli/ te racie iemu mozgowáć przychodźiło / nie bárzoby mu zá to Kośćioł Rzymſki był powinien / bá y Papieżowie. Nie bárzo záiſte y Krolowie: bo pánuiąc rozney Relligiey Narodom: á Narodom ieśli w czym / iáko w Relligiey poprzyśiężoną wolnośćią obwárowánym / iáko by to z záchowániem praw pełnili: á bez krzywoprzyſiestwá y nágniewánia Poddánych ſwych iák by to nárußyli: Záczym ná Páńſtwá ich niepokoie domowe/ woyny wnetrzne/ extrema infortunia, y præſentanea excidia náſtepowáć muśiáły by. Jeśli ábowiem rzeczono ieſt/ Czći Oycá twego y Mátkę twoie: pod czym śie rozumieią y Przełożeni. Rzeczono też ieſt y owo/ wy też Oycowie nie pobudzayćie do gniewu ſynow ſwoich.

Baron. in An. 513.

Exod: cap. 20. Epheſ. cap. 6.

Ale y iedney v tey Relligiey/ że wſzytkiemi poddánemi ſwe-

mi ſwoiemi Krolom / co z tąd zá pożytek? wyietemu ná Rząd Świetſki/ łączyć śie y do rządu Duchownego co zá korzyść? Zaż im máło ná kłopotách władzy świetſkiey? zaż y z tey máłą liczbę czynić przyidźie? Potráfiąż oni zá kim poſtulowáć? Ale mowi Redargutor, poſpolity lud Krolá w tym vpewnia/ że może on beſpiecznie zá tym poſtulowáć / zá kim oni świádectwo wydáią. A ſzcześliważ to głowá/ ktora zá zdániem nie ſwym/ ále członkow ſwych chodźi? zaż ią członki záſtąpią przed Máieſtatem Naywyżſzego? vulgus, beſtia eſt multorum capitum. Czego y ſam on z Chryzoſtomá S. nie chwali. A ſam lud w tákim raźie w niebeſpieczeńſtwie/ y Krolowie w gorſzym: poniewaz poſpolitemu ludowi do ſpraw Duchownych godnego obieráć człowieká/ y Krolowi go zálecáć iák ślepemu ſądźic o fárbách. Kontentuią śie tym Kátholiccy Krolowie/ zá vchwałą S. powſzechney Cerkwie ná powſzechnych Synodách vczynioną / ſtwierdźić to władzą ſwoią świetſką/ co Duchowna wynálázłá: A ná poſpolitego ludu zdániu Krolom polegáć/ rzecz ieſt ná duſze niebeſpieczna. Sámym dobrowolnie tego ſzukáć/ od czego błogosłáwiony Apoſtoł wyſtrzegáć śie vpomina: nie być vczeſtnikiem cudzego grzechu.

Lib. 3. de Sacerdotio.

I. Tim cap. 5.

Drugą ratię Redargutor examinuie y burzy/ owe/ że Beneficia/ ktore Pánowie y Szláchtá z dobr ſwych pod podáwániem ſwym y potomkow ſwych czynią / odiete być od tych Cerkwi/ álbo Doſtoieńſtw/ ná ktore były nádáne/ mogą. Ktorą cytowawſzy/ dekretuie: Głupi to/ mowi / ieſt error / y wymowiony być nie może. A po kilku wierſzách: Co káżdy / mowi/ z fundátorow y ich potomkow dobrowolnie przyznawa/ to ten zły człowiek czyniąc śie nieprzyiaćielem fundácyi Cerkiewnych / y niegodnym ſtanu Duchownego/ ieśli w nim ieſt/ neguie. Concluduiąc zás ten ſwoy ratij tey examen, Do iákiches/

: :
: :
: :
: :
: :

mowi/

mowi/ absurd, ná nogi stáwiąc te wielebną distinctię swoie przyßedł. Już tu iádowitym iest Redargutor: á y słußnie/ bo ma przyczyne/ choć nie wyrozumianą. Ale tego iádu my mu nieco vymiemy/ gdy mu intent Verificatorow w podániu tey rátiey wyrázimy: ktory non simpliciter tey swey rátiey wage dáie/ ále conditionaliter: zgadzáią sie z intentę Fundatorow lub Testatorow, y ich potomkow. Bez liczby vkázálibysmy w Rzymskim Kościele Ewángelickich Zborow ná fundáciách kościołow Rzymskich pobudowánych y z mieysc y z fundácyi zniesionych: á toby iákim práwem: Fundatoris lub Testatoris intentia? ktory te swoie fundácie w Rzymskim Kościele/ á nie we Zborze Ewángelickim mieć chciał. Toż z Verificatorem y my mowiemy/ Poodeymowáli Xiążętá y inßa ßláchtá swoie y Przodkow swych od Cerkwi Apostátskich fundácie: y słußnie: á iákimby práwem? Fundatoris lub Testatoris Intentia? ktory te swoie fundácie w Wschodniey Cerkwi mieć chciał/ á nie w Záchodniey/ mniey w Apostátskiey. Jesliż to wolno Pánom Rzymiánom z temi/ ktorzy Rzymski Kościoł opuścili? Czemu nam Græckiey wiáry ludziom nie wolno z owemi/ ktorzy Græcką Cerkwią pogárdzili? Albo iesli wolno Vnitom bráć ßláchecki fundácie od Ruskich Cerkwi/ z pod posłußeństwá Wschodniego/ pod posłußeństwo Zachodnie: Co bronić będzie y Pánom Rzymiánom toż czynić/ á wßytkie máietności od náßych Cerkwi odebráć/ y swym Kościołom przywłaßczyć? Vnitskie ábowiem Cerkwie/ iáka teraz iest Vnia/ z posłußeństwá Pátriárßego wyietey/ y iey fundáciey: Co zá rozność od Kościołá Rzymskiego y iego fundáciey? Jesli owa/ że to Ruś/ á owo Polacy lub Litwá: to nic do rozności. Z tey tedy Fundatoris álbo Testatoris intentiey, te swoie rácie Verificator pokłada. Ktorey poważ-

nością

nością iáko słußney/ spráwiedliwey/ y práwney/ Narod náß Ruski Krolá Je° M. Páná swego Mściwe°/ o pozwolenie Duchownych Dostoieństw/ y o przywrocenie im Beneficij, Fundatorum vel Testatorum intentione, Cerkwiam/ pod posłußeństwem Wschodnim będącym należących/ po wßytek czás tey obłedney Apostásiey prozbámi swoiemi płáczliwie sollicituie. Coż tu Redargutor? iesli z nieprzestrogi niesmysli/ venia: iesli z vmysłu duruie/ qua mensura mensus est, remetitur illi: Głupiuchny záiste iest/ że ták miáłkich rzeczy nie poiąwßy/ rzuca sie nie ostrożnie ná Kápłáná Bożego: y nieiákies mu absurda absurdus conuoluit. Zna Verificator wielką być niezbożność/ od Cerkwi Bożey to/ iákimkolwiek sposobem ku ßkodzie iey alienowáć, co Przodkowie czyie/ lub oni sami iey conferowali: y ktorzykolwiek tácy sie náyduią/ ktorzy ná Páná Christusowe dziedzictwo drapieżne swe rece podniesli/ zá świetokradce ie Verificator sądzi. Záczym y Constytucie te/ o odyskowániu dobr od Włádyctw alienowanych, iák wyrok Boży czci y waży.

Trzeciey Verificatorowey raciey owey/ że Pánowie y Szláchtá chowáią ná máietnościách swych Metropolitow y Włádykow. Máło co Redargutor wprzeciw idzie/ bo przeciw osobliwemu przemysłowi Bożemu trudno: máło co y zdrożnie mowi: oßczedził sie ná conclusię tego trzeciego Rozdziáłu/ ktory po nieczym iádowitym ták concluduie: Verificator, mowi/ niechce áby ták podło o Nowopodniesioney Swiátyni Osobách rozumiano/ áby one nie vważyły tych rzeczy/ ktore oto tu w tych trzech Rozdziáłách są opisáne: álbo áby nie rádzili sie v drugich/ gdy te poświecenia swego spráwe kończyli: ták bowiem ich zamáwia: Wiedzieli to iáko indigenæ, iáko obywátele Koronni/ Praw Duchownych y świetskich/ ktorymi sie Oyczyzná náßá rządzi y spráwuie/ dobrze

świá-

świádomi. Toć iuż ná Dekrećie ſpráwá záwiſłá/ ktory ex allegatis & probatis nie może być inákßy iedno ten/ Rei ſunt criminis læſæ Maieſtatis. Ták oto ten ſwoy trzeci Rozdział Redargutor concluduie: do czego nim przyßedł przywodzi dobrego Páſterzá mowiącego o Páſterzách niewchodzących drzwiámi do Owczárnie/ ále łażących dziurą/ że ſą Złodźieie y Rozboynicy. ktorzy oboi ſą ßkodnicy/ ále ieden gorßy drugiego: tám ten potáiemnie porwawßy/ vćieka/ á gdy otrzykną choć nie vderzą/ y to porzuca co był porwał. Ale rozboynik bierze iáwnie y przez gwałt/ choć nań wołáią / nic niedba / dźierży co wźiął/ y broni te°: ten pokąd znieśiony nie będźie ßkodliwy bywa. Złodźieymi ſą tám ći/ [cudzoźiemcow Epiſkopow rozumie] Dekretem Páńſkim: ale ći/ [rozumie nowo poświeconych Epiſkopow] rozboynikámi. Tám tym śie pobłaża do ſwego czáſu/ ále owych ćierpieć nie lza. To Redargutor przed tą przełożoną concluſią.

Iuż tu Miłośćiwy y łáſkáwy Czytelniku ſam ten dobry Páſterz wie kto práw/ kto krzyw: wiedzą y ludźie pobożni: wie y ten ſam Redargutor: ále on tái/ ludźie pobożni wyznawáią: Páſterz on dobry przez wiele znákow te w S. iego Ruſkiey Owczárni Złodźieie y Rozboyniki iáwnie vkázuie. Łácnać tá illacia Redargutorowi do wymowienia: Rei ſunt criminis læſæ Maieſtatis: ále trudna do dowodu. A ieśli chćiał być bácznym / miał to był vważyć / ieśli też mu niemiano w tym zádáć/ Reus eſt Redargutor mendacij. Pokazáliśmy/ zá pomocą Bożą/ w Odpowiedźi ná pierwßy y wtory te° Rozdźiał/ y z Swietſkiego náßego Práwá y z Duchownego/ (ktorych nowo poświeceni/ mowi Verificator/ iáko Indigenæ, iáko Obywátele Koronni/ byli dobrze świádomi:) że to vczynili/ co im práwo Duchowne S. Wſchodniey Cerkwie/ ſine vllo Crimine, pozwaláło: á tego nieczy-

nili

nili czego im Práwo cum Crimine broniło. Łácno y zá Rozboyniki náße Duchowne rozumieć Redargutorowi: ále trudno te° dowieść. Bo tu te inuectiuę czyni iákoby iuż przewiodł y wygrał: á ano ießcze lis lub iudice veritate. By tego był przed tym Sędźim dowiodł: nie lzaby przećiwo niemu. Ale ponieważ on w dowodźie tey Inuectiwy vſtał: my ią Odſtepcom náßym/ á nie náßym Duchownym/ należeć dowodźimy práwy Cerkiewnymi oto tymi. Pokázał to Verificator/ gdźie práwá przywodźi duchowne/ ktore nam Odſtepcy Metropolitá y Władyk niepozwaláią mieć zá Duchowne: Iż żaden Epiſkop zámierzonych ſobie gránic przechodźić niemoże: y iż żaden Epiſkop w drugiego Epiſkopá Diæceſij Presbyterow/ Diákonow/ y inßych Klerikow poświecáć/ ważyć śie nie ma: áni Metropolit Epiſkopow w cudzey Metropolij: áni Pátryarchá Metropolitow lub Epiſkopow w nienależney ſobie Pátryarchij. A iż co ktory Epiſkop/ lub Metropolit/ álbo Pátryárchá z ſtárodawna w władzy Duchownego rzadu ma: álbo ktorąbykolwiek kraine przez poſtáne od śiebie Ewangeliey przepowiedniki pozyſkał y okrzćił/ cáła y nieporußna władza iego tám zoſtawáć ma. A iż ktoryby kolwiek Epiſkop/ lub Metropolit/ lub Pátryarchá/ [we wßytkich tych Cerkiewnych práwách pod imieniem Pátryárchy/ wßytkich piaćiu nawyżßych Apoſtolſkich Stolic Epiſkopy rozumiemy/ Rzymſkiego/ Konſtántynopolſkiego/ Alexándryiſkiego/ Antyocheńſkiego/ y Hieroſolimſkiego/] przećiw czemukolwiek z tych pomienionych przećiwnym śiebie ſtáwił/ tákowy y ſam Doſtoieńſtwa ſwe° odpadáć ma/ y ten ktoryby od niego ná iákiekolwiek duchowne Doſtoieńſtwo był rekopołożon / Doſtoieńſtwá tego niedoſtepuie. W co wßytko ponieważ Odſtepcy náßi popadáią/ ktorzy wiecznym zwyczáiem / y prawem, prze krzeſt / przyrodnym

dnym

dnym należnego Ruſkiey Cerkwi Episkopá / Pátryárchy Konſtantynopolſkiego krzywoprzyśiężnie odſtąpili : gránicy Diæceſiey Konſtantynopolſkiey przeſkoczyli : Formę praw nową y nienależnego Narodowi Ruſkiemu Páſterzá w Cerkiew Ruſką wprowadzili. Toć oni dziurą w Owczárnie Cerkwie Ruſkiey weßli: toć ná nich Redagutor te inuectiuę czyni / gdźie przywodźi dobrego / Páſterza / mowiącego o Páſterzách/ nie wchodzących drzwiámi do Owczárnie / ále łażących dziurą / że ſą złodźieie y rozboynicy. Toć iuż / tákim ſpoſobem / iudice veritate, ná Dekrećie ſpráwá záwiſtá / ktory ex allegatis & probatis niemoże być inákßy, iedno ten / pellantur fures & latrones : & in ouile Domini intromittantur Paſtores.

Rozdźiału Cżwartego Redargutorowego nadpis.

Że śie niemogli beſpiecżnie świećić v Cudzoźiemcá / obacżywßy Liſty Krolewſkie y Senatorſkie do nie.

Odpowiedź.

Iż obacżywßy liſty Krolewſkie / y Senatorſkie / mogli beſpiecżnie iácháć do Pátriárchi Jerozolimſkiego : á według praw S. Cerkwie Wſchodniey / y świećić śie v niego mogli.

Dziw nas záprawdę y niemáły / że ni ná rzecży powáżność / ni ná okolicżności ſłußność żadnego vważenia niemiawßy / beſpiecżnie wyroki cżyniß nieſpráwiedliwy Redargutorze / y te ſpráwy exaggeruieſz w náße ſtrone / ktore śie tobie y twey ſpołbráci rácżey przypiſáć máią. Przekłádaß y gániß to nam / żeſmy liſty Krolá Je° M. Páná ſwego Miłośćiwego / y Ich M. PP. Senatorow niektorych / priuatne przez

Druk

Druk wydáli / y do wiádomośći ludzkiey przez nie / to podáli / co podáne być / ſpráwá y mus potrzebowáły : y záraz decretuieß / ż. ſmy ſą winni in foro exteriori & interiori. O nießcżyry cżłowiecże / cżemuż eś ná náß máły wyſtepek / ieśli ieſt wyſtępek / oſtrowidz : á ná ſwoie złość / ktora ieſt pewna złość y niemáła / kret. Wſpomni ieno ná one dni wßytkie / pocżąwßy od Bożego Národzenia áż do Zmartwychwſtánia Páńſkiego / y dáley / cośćie o nas y o wßytkim Narodźie náßym Ruſkim z KátHedr wáßych głośili : iákośćie nas Zdraycámi Oycżyzny potrząſywáli : á my / rozumieiąc że te wáße márne głoſy ßkodźić nam niemiáły : bo to iuż nam od was nie wnowine / y pod cżás Expediciey Moſkiewſkiey : znośiliſmy ie ćierpliwie / nicżym inßym śiebie tylko cżyſtym ſumnieniem / á niewinnośćią przed Bogiem / ktory wßytko widźi / ćießąc y przed ludźmi / ktorych te tákowe wáße o nas y priuatne y publicżne głoſy dochodźiły / przez wßytek ten pomieniony cżás wymawiáiąc.

Ale gdyſmy obacżyli / że te wáße niezbożne y kłamliwe głoſy to ſpráwiły / żeſmy tu iuż w Monáſteru náßym iák w Agrze / iákoby od Pogániná iákiego obleżeni / zdrowia beſpiecżni być niemogli : gdyśćie iuż to ſtroili / że iednym grożono / drugich zákázywano / inßych łápano / ná Ratuß y pod Ratuß ſádzano / ná kołách wyćiągano : klucże Cechom od wolnośći odeymowano : do Cerkwi náßey / według zwykłośći ludźiom nabożeńſtwá náßego chodźić zákazywano / popiſowano tákowych / niektorych zá to ſámo y pœnowano : iáko ſie o tym w Verificaciey náßey obßyrnieyßa dálá wiádomość. Zápytáni od nas / przecżby śie to z námi od was dźiáło : Przeto odpowiádaliśćie / żeſmy z Pátriárchą Jerozolimſkim conuerſowáli : żeſmy do niego / do ßpiegá Tureckiego y do Zdráyey Krolá Je° M. y wßytkiey Rzecżypoſ. poſyłáli /

ſyłáli: y iákobyśmy miedzy ſobą tákiegoż zdráyce przechowywáli. Odmawiáliśmy tym/ ktorzy nam to z was powiádáli/ że Pátriárchá Jerozolimſki ktoremu y ſzpiegierſtwo y zdrádziectwo zádáiecie/ nie był y nie ieſt zá tákiego rozumiány od Krolá Je° M. Páná náſze° M. y od wielu Jch Mści P P. Senatorow/ ták Swietſkich iáko y Duchownych: od ktorych iáko y od ſámego Kr: Je° M. były do niego liſty piſáne poważne/ poczciwe/ poſzánowne / y wielce poczeſtne: w ktorych nierzkąc o ſzpiegierſtwie y zdrádzie nic áni Krol Je° M. áni Jch M. P P. Senatorowie: y owſzem wielką mu przez nie vczciwość wyrządzáią: y ten mu włáſny Tytuł/ Pátriárchi Jerozolimſkiego y wſzytkiey Páleſtiny dáią.

Coż wy ná to: nietylko priwatnie mowám náſzym fałſz zádáwáliście/ ále y z Kátedr publicè to vdawáliście/ że żadne liſty nierzkąc od Krola Je° M. ále áni od żadnego Senatora do Oycá Pátriárchi Jerozolimſkiego nie były piſáne. My tym ktorzy nas oto pytáli/ ták náſzey Religiey ludziom iáko y obcym przepiſy/ á inſzym y Authentyki tych liſtow pokázowáliśmy: ktorzy ie widziawſzy/ fałſz was ná nas y potwarz vznawáli/ y dobrze o nas/ á nie ták iák wy vdáwáli/ rozumieli. Lecz gdyście wy przed ſie wziętych głoſow nie tylko nieprzeſtawáli/ áleście ie z Kátedr Cerkiewnych y ná pulpitá rátuſzne puścili/ y tám ie publikowáć roſkazáli. My ten táki nagły y niebeſpieczny opał nád ſobą widząc/ tośmy vczynili/ co nam y práwo przyrodzone y ſumnienie vczynić pozwaláło: wydáliśmy liſty Krolá Je° M. y Jch M. PP. Senatorow przez Druk nie w inſzy iáki koniec/ tylko ná obronę náſzey niewinności. A vczyniliśmy to tákim nagłym muſem przymuſzeni/ iák gdyby kto z mieczem Krolewſkim przed Krolem Je° M. ſtoiąc/ y żadney inſzey w reku ſwych broni niemáiąc/ obaczył miecz od

nawa-

Nawaśniká ſwego ná głowę ſwoie ſpráwiony/ mieczá Krolewſkiego dobył/ y nieprzyiacielowi ſwoiemu raz odbił. Wyſtepek záiſte/ według Vigoru práwá/ nie máły: ále mus Vigorowi temu ſurowość odeymuie: y ták bywa/ że ten ktory mieczem ſie Krolewſkim przed Krolem dobytym obronił/ zoſtawa bez karánia / á owy nawaśnik tego nieuchodzi/ bá y ſrogiego.

Zaż niewieſz nieważnego roſądku człowiecze. Co mus vmie: ktory y z praw poſpolitych ieſt wyiety: y náden Naturá niema nic ſilnieyſzego. Nie muſze to/ gdy kto vmiera z głodu/ á porwie ſie zá chleb: gdy ſie zbywa z prágnienia / á porwie ſie zá wode: byważ zá to táki winiony y karány? Wielkiey powagi mąż powiedział: Necesſitate quod fit, nec virtus nec vitium eſt: Ty máley powagi człowiek iák to śmieſz zá vitium vdawáć? Ale ty/ nieprzyiacielá/ mowiſz/ iáko moge/ choć przez noge. Ták wy znam záwżdy: nigdy prawdą/ tylko oto táką nieſzczyrością. Rozlałeś ſie morzem w ſłowách ná exaggeratią tego wyſtepku náſzego/ ieśli ieſt wyſtepek iáko ſie pokazáło/ ále w rozumie ni kroplą. My liſtow Krolá Je° M. y Jch Mści P P. Senatorow nie odpieczetowáli: od tego/ komu należały odpieczetowánych/ do obrony ſwey muſem oto tym / ktoryśmy przełożyli / vbiedzeni záżyliśmy. Vniwerſałow o ktore nam przymáwiaſz/ żeśmy ich przez Script ſwoy nie publikowáli/ publicowáć niebyłá nam potrzebá/ dobrzeście wy ie po wſzytkiey Litwie / Ruſi / Wołyniu / y Vkráinie publicowáli / á w káżdym Mieście / według podobánia ſwego/ inákſze: ſkąd ſobie rácżey niż nam to słowko/ ſiglarze/ w tym rázie zádáiecie. Ale iuż cie nieſzczyrego człowieká opuſzczam.

Nicet: Cōme: Greg: Naz: ſuper ora 150.

Ták tedy z námi ná początku tego czwartego Rozdziáłu ten Redargutor, Miłościwy y łáſkáwy Czytelniku/

ſ poſtępoſtąpiwßy : dwu rzeczy dowodźi : Pierwßey/ Ze liſty Krolewſkie y Senatorſkie do Oycá Pátriárchi piſáne/ occázyey żadney do oßukánia nie dáły. Drugiey / że Vniuerſały potrzebnie ſą wydáne. Pierwßey dowodząc/ drwi trzy potrzy / ják w záchwyceniu. Niemádrym/ że nie rzeczemy głupim / v nas tego zową/ Co to ſubdio, w pośrzod białego dniá/ z zápalonym kágáncem chodząc/ wietßego niż ſam/ y tego ná pozornym mieyſcu ſtoiącego/ choć on nogi ociera/ pniá ſzuka/ á ießcze pracowito. Owego zás nieſpráwiedliwym/ ktory nád tym co ſie ominąć niemogłym muſem / á niemal fatali, iáko mowią neceſsitate vbiedzony wyſtąpił/ ſummum ius exequouane być contenduie, á ießcze vśilno. iák bowiem in manifeſtis cœcutire, poſtremæ ſimplicitatis : ták neceſſario delinquentibus ſummum ius intendere, ſummæ eſt iniuriæ. Zaś nie proſtotá/ burzyć to/ co ſie ſamo dobrowolnie ku woli iego podáie ? Nie krzywdaż/ mus zá dobrowolny wyſtepek vdáwáć ? Czego oboiego w tym ſwym Rozdziele ten Redargutor nie vchodźi/ gdy to ná Verificatora przewodźi/ Co on zárowno z nim przyznawa / y w co on niepopáda. Ktoż tego nieprzyznawa / że te liſty occáſiey dooßukánia niedáły ? kto y przeciwko temu mowi/ że Vniuerſały potrzebnie ſą wydáne ? Zaczym ckázowáć to/ co ieſt ſámo przez ſie okazáłe : y dowodźić tego co ieſt ſámo przez ſie conceſſum, oſcitanciey ráczey nieiákiey ieſt ku niewinności dźieło/ y dowćipku ná vendetę proſticiey, á nie obrony prawdy y pokazowánia winy ſpoſob.

Ale w iáki to koniec czyni Redargutor, pokázuie ſie. Dowodząc abowiem pierwßey rzeczy owey/ że liſty te occázyey żadney do oßukánia nie dáły : nádziat ią czym nieforemnym/ y brzydkim/ gdy ſobie ták od nas Argumentuie/ Piſał Krol Je° M. y Ich M. P P. Senatorowie/ liſty do Pátriárchi Jerozolimſkiego/ iák do czło-

wieká

wieká wielkiego/ zacnego/ niepodeyzrzáne/ ⁊c: Ergo beſpiecznie ſie nam było świecić v niego ná Metropolie/ y ná Władyctwá : á tych ktorzy ſą żywemi y ná Kátedrách ſwych siedzą degradować. Nieto podſtepny człowiecże miáles inferowáć, coć ſie podobáło : ále coś był powinien/ y co my dobrą conſequentią inferuiemy : Ergo tego ták známienitego/ wielkiego/ y niepodeyzrzánego męzá/ Pátriárche Jerozolimſkiego y wßytkiey Paleſtiny/ náwiedźić beſpiecznie było. To bowiem my ſámo ná tym náßym Antecedenſie funduiemy/ y to ſámo ſtąd rectè ſequi deducuiemy . ſpráwy poświecenia ná tym nie ſądźimy z ktorey fundámentá głebokie / y ßerokie / bo wieczne/ w odpowiedźi náßey ná pierwßy twoy Rozdźiał doſtátecznie tobie y káżdemu o tym wiedźieć chcącemu przełożyliſmy y vkazáli: A żebyſmy inße miáſtá (iáko vdáieß) po biáłey/ czárney/ y czerwoney Ruśi do tego podßczuwáli/ áby legacie ſiwe do Oycá Pátriárchi wypráwowáli/ dla ſedicij, y dla záburzenia pokoiu w miłey Oyczyżnie/ krzywde nam ná tym czyniß.

Lecz nácoby ten chytry zwierek z tą ſwoią imieniem náßym ſobie opáczną vczynioną conſequentią czyhał : z tey oto wylányey przezeń chytroſtki Miściwy y łáſkáwy Czytelniku ná oko obaczyß: gdźie z podobieńſtwá tákiego rzeczy ſwey dowodźi/ Pytam/ mowi/ kiedyby poddáni Xiążęćiá Je° Mści Zbáráſkiego z roznych máietności/ bliżßych y dálßych : y z tych/ ktoreby dáleko z drogi temu człowiekowi byli/ częścią ſámi przyiácháli/ częścią poſłow wyſłáli/ ſkárżąc ſie ná vrzednikow Xiążęcych : á ten miły gość byłby ták niebáczny / że zá táką ſkárgą z tegoż chłopſtwá do tey máiętności ná vrząd podał iednego/ do drugiey drugiego/ pierwßych od Xiążęćiá podánych degradowawßy: záczymby y poddáni posłußeńſtwo oddáwáć Vrzednikom od Páná podánym

przeſtáli.

przestáli. Czy nie winniby tu byli poddáni Xiążecy? Czy nie słusznie káżdyby ich názwał buntownikámi? Czy nie słusznieby ich karano iáko rebelles? To Redargutor. Gładkieć wprawdzie podobieństwo: y z pierwszego weyrzenia spráwie tey przyliczne być sie zda: Lecz skoro mu máskáre z twarzy zedrzemy: Obaczysz Miłościwy y łáskáwy Czytelniku z tego Redargutora y z tym iego podobieństwem śmiam owe sprosną. Tákież miał pytáć przechyry Redargutorze, kiedyby Popi Xiążęcia Je° M. ści Zbáráskiego/ z roznych máietności/ bliższych y dálszych: Ci/ ktorzy w Vnieynigdy nie byli/ ále vstáwicznie pod posłuszeństwem Pátriárszym/ zá pozwoleniem Xiążęciá Je° M. ści zostawáli/ częścią sámi przyiácháli/ częścią posłow wysłáli/ skárżąc sie ná Protopopy miast Xiążecych: á ten miły Gość/ to iest Pátriárchá: gdyby ták postąpił/ że zá táką skárgą/ z miedzy tychże Popow do tego miástá ná Protopopstwo podał iednego: do drugiego miástá/ drugiego: pierwszych od Episkopow podánych degrádowawszy: záczymby Popowie posłuszeństwo oddáwáć Protopopom od Władyk podánym przestáli/ á tych od Gościá/ to iest/ od Pátriárchi náznáczonych y podánych słucháli: Czy winni by tu byli Popi Xiążecy? Czy słusznieby ie kto zwáć mogł buntownikámi? Czy słusznieby ich karano iáko rebelles? Tákież miał przewrotny Redargutorze pytánie vczynić: á bylibysmy domá. miscuisti sacra profanis, záczym oto stałes sie świátu śmiesznym pozorem. Ták oto Miłościwy y łáskáwy Czytelniku y ten/ y wszyscy inszy Apostatowie nászy z námi sie w tey nászey z niemi spráwie obchodzą: ludziom prostym oto tákiemi másskár podobieństwy mydlą oczy: á tym ktorzy ná twarz rzeczom pátrząć zwykli/ stáią sie básnią.

Coż ieszcze dáley w tey pierwszey do pokazánia wziętey rzeczy Redargutor? Daymy mowi/ to wam/ cze° nie

pozwa-

pozwalamy/ że zá táką/ z listow Krolewskich y Senatorskich o Oycu Pátriársze wziętą wiádomością mogliście do niego posyłáć/ y ieżdżić do niego w náwiedzenie/ ále nie consecrowáć sie od niego: nie nową formę vrzędow Duchownych w prowádzáć do Oyczyzny / z náruszeniem pokoiu pospolitego. Słyszysz Miłościwy y łáskáwy Czytelniku/ co ten Redargutor mowi/ ták w ięzyku swym onemu dawnemu przysłowiu dosyć czyni/ sæpe lingua aberrans vera loquitur: niechcąc záiste / prawdę wymowił. Forma, mowi / Vrzędow duchownych nowa w prowádzona do Oyczyzny / nárusza pokoy pospolity. Po wszytkie te cztyry Rozdziały mowy twey/ nigdzieś prawdziwiey nierzekł miły Redárgutorze. Bo skoroście vrzędow Duchownych nową Formę do Oyczyzny wprowádzili: nátychmiast pokoy sie pospolity nárusził: á że wy Apostatowie nászi / nowey Formy vrzędow Duchowni/ pokázał to wam dowodnie Verificator: y my w odpowiedźi ná trzeci wász Rozdział/ zá pomocą Bożą pokazáliśmy. Lecz y bez dowodow/ ieden głos/ nierzkąc nászey Græckiey Relligiey ludzi/ ále y wszytkich inszych: że wy nowa Ruś/ nowo Duchowieństwá Formę w Oyczyznie nászey nigdy niesłycháną/ do Cerkwi Ruskiey w prowádziliście: przez ktorą pokoy pospolity náruszywszy/ iuż to dwudziesty szosty Rok miłą Oyczyznę vstáwicznym niepokoiem karmićie: y poki was/ karmić nieprzestániećie. Zaś y dźiśieyszego niepokoiu nie tá wászá nowa Duchowieństwá Forma przyczyną? Byście wy przy posłuszeństwie zwykłey wam Zwierzchności duchowney zostáwali/ w ktorey áż po sámych was trwáli Przodkowie wászy: byłżeby ten teráznieyszy w Oyczyznie niepokoy? Nigdy. Tá nowa Forma powstániē swym niepokoy ten w Oyczyznie porodziłá: tá go vpádkiem swym y zniesie. Poki ábowiem przyczyná tego niepo-

koiu

koin trwáć będzie/ poty y effecta iey zoſtáwáć muſzą: y co dzień nowe/ á iáko doznáwamy/ gorſze: bo ieſt/ iáko ſie widzieć dáie/ áż názbyt plodowita.

Ale iuż poſtąpiemy do rzeży drugiey/ ná pokazánie od Redargutora wziętey/ owey/ że Vniuerſaty potrzebnie ſą wydáne. Tu záś Redargutor ſkokocze: á y ſurowie: ále nieſpráwiedliwie. Bo mowi/ by ſie pſeudo Patriarcha wáß (ták go miánuie nietylko dla Schiſmy/ ále że żyw Pátriárchá Jerozolimſki Sophroni/ y ieſt w Jeruzalem tymże/ czym y przed tym był) záchował w tym Kroleſtwie iáko przed tym/ niż liſty piſał do Królá Je° M: y byście ſie wy nie ważyli rzeczy tákich/ iákich ſie do tąd nikt/ iáko Polſká Polſką/ á Ruś Ruśią/ nieważył: y on by był człowiekiem vczćiwym/ y wy obcuiący z nim/ wolni od podeyzrzenia. etc. Słuchayże y tu Miłośćiwy y łáſkáwy Czytelniku/ á vważay co ten nieprzytomny ſobie Redargutor práwi/ Tu mowi/ By ſie ten wáß Pátriárchá záchował w tym Kroleſtwie/ iáko przedtym/ niż liſty piſał do Królá Je° M. byłby człowiekiem vczćiwym. á máło niżey mowi/ że ten Pátriárchá był wyſłány vmyślnie ná rozerwánie przymierza z Moſkwą: ják to zgodne rzeczy ten Redargutor ſtoſuie: Kronikárzem by mu być przyſtáło/ bo by wierßego náden— —świát niemiał. Ociec Pátriárchá liſty ſwe do Królá Je° M. iuż wrok y dáley po záwártym przymierzu z Moſkwą piſał: iednák/ by ſie był ták záchował w tym Kroleſtwie/ mowi Redargutor, iáko przed tym/ niżli liſty do Królá Je° M. piſał/ byłby człowiekiem vczćiwym. Jeśli był człowiekiem vczćiwym áż do piſánia liſtow ſwoich do Królá Je° M. to on nie był wyſłány vmyślnie ná rozerwánie przymierza z Moſkwą: A że nie był wyſłány/ y opácznie w tym

do Królá Je° M. ieſt vdány/ wyświádcza go tá Euidens demonſtracia, że pierwey niż to przymierze z Moſkwą ſtáneło/ iuż Ociec Pátriárchá był w Moſkwie: dobrze przed tym. Dá w tym niewinności iego wierne świádectwo ſámo żołnierſtwo Koronne y Litewſkie/ ktore z Krolewicem Je° M. w Moſkwie ſłużyło: y w Tule o nim ſłyſzało.

A że tego świętego Męża/ ten brudny Proſtak Pſeudopatryarcha z tych przyczyn nazywa/ iákoby był Schiſmátikiem/ iże żyw Pátriárchá Jerozolimſki Sophroni: Aby był ten święty Ociec Pátriárchá Jerozolimſki Schiſmátikiem/ nieprawdá z tych ſłow w vſtách Redargutorowych: ieſt ábowiem w iedności drugich trzech Pátriárchow: Nápełnia ſwoią oſobą czwartą S. Apoſtolſką ſtolice Pátriárchálną: Ma wiárę S. Práwoſławną: ieſt w Cerkwi iedyney S. Kátholickiey y Apoſtolſkiey: ieſt ieden z pięciu nawyżßych Apoſtolſkich ſtolic Páſterz/ y Pátriárchá: że trzemá pobliżniemi w przytomney miłości Bráterſkiey/ z czwartym odálnym w pożądáney cáłym ſercem przyiáźni y miłości/ ná iáką od niego wzáiemną z otwártym ſercem ochotnie dni/ y inßy trzey czekáią/ y Páná Bogá o to proßą.

A że żyw Przodek iego Sophroni, żal mie tego nieoſtrożnego Redargutora, że z tey przyczyny Pſeudo Pátriárchą go nazywa/ bo śmiertelnie grzeßy. Pytamy cie miły Redargutorze, Auguſtyná S. iák nazowieß/ ktory żywy z Váleriußem żywym/ obá Biſkupi pod ieden y tenże czás/ ná iedney y teyże Biſkupiey ſtolicy Hippońſkiey: iák y S. Grzegorzá Theologá/ ktory żywy z żywym Grzegorzem Oycem ſwoim ná iedney ſtolicy Biſkupiey Náziánſkiey: A dawßy wielu inßym ſtrone/ iák nazowieß/ pytamy/ Liberiußá y Felixá obá ná iedney y teyże ſtolicy/ iednego y tegoż czáſu Biſkupy Rzymſkie: iák y S.

Poſſidonius de vita Auguſtini. cap: 8.

Naz: in Carm: de vita ſua.

Euſeb: lib: 6 cap. 9.

Alexándrá Pátriárche/ktory z przeſtárzáłym Tárkiſzem Pátriárchą/ żywy z żywym/ o ieden czás/ iedney y teyże Ierozolimſkiey ſtolice Pátriárchámi byli: Y ciż v ćiebie Pſeudoepiſcopi y PſeudoPatriarchæ? myliſz ſie niebożę Redargutorze, y bárzo myliſz: Prawdziwi ſą Biſkupowie/ prawdziwi Pátriárchowie y świeci. Prawdziwy záiſte y S. y Theophan Pátriárchá Ierozolimſki/ ktory przy przeſtárzáłym Sophroniuszu Pátriárśie/ktory mu ſtolice ſwey Ierozolimſkiey prze zeſzłość lat ſwych (bo iuż ma lat wieku ſwego kilkanaśćie nád ſto/) y prze nieſpoſobność zdrowia/ od lat cztyrnaſtu vſtąpił; ná S. Apoſtolſkiey ſtolicy Ierozolimſkiey godnie śiedźi/ y tą pobożnie ſpráwuie.

A co mowiſz/ iáko Ruś Ruśią/nikt ſie rzeczy tákich do tąd nie ważył. Y my to przyznawamy: że iáko Ruś Ruśią nigdy tego nie było / áby Ruśi Rzymſki Biſkup Metropolitá poświecał y podawał: A Pátriárchá Ieremiaſz/ nierzkąc iáko Ruś Ruśią/ále oto zá wieku náſzego/zá ſzczęśliwego Pánowánia Krolá Ie° M. Páná náſzego teráźnieyſzego/ tu w Wilnie będąc/ Metropolitá Oneſiphorá Dziewoczkę zrzućił/ á Michaylá Ráhozę ná Metropolſtwo poświećił/ y nam Ruśi podał. Przecż tedy mowiſz/ iáko Ruś Ruśią: iákobyś też rzekł/ iáko Ruś Ruśią/żaden Metropolit Ruſki od Pátriárchi Konſtántinopolſkiego poſłuſzeńſtwá/ do tąd Apoſtatowáć nie ważył ſie: Pierwſzy dopiero Michael Ráhozá. Coż dáley? Wam/ mowi Redargutor, iáda bużie wolno ná Máieſtat Krolá Ie° M. náſtepowáć; á Krol Ie° M. przez ſpáry miał pátrzyć ná to? Wamby wolno cudze bráć/ á Poſſeſſorowi bronić ſie nie wolno? O bezrozumne głowy. Ták oto Redargutor: Bez Conuicii nic: Sarcaſm tuż: ále tuż zaraz y potwarz. Nád dobregoć człowieká zwyczay/ ten zły człowiek nas bużuie:

ále że

ále że nieważnie/ tym máło o to dbamy: á że potwárnie/tym ieſzcze mniey. Aby kto z nas ná Máieſtat Krolá Ie° M: Páná ſwe° M. náſtepował/ mowiſz to omylnie: y nigdy da Bog nie dowiedzieſz: zoſtánie ten otechły kąs nie połknięty w prześmiárdłym wáſzym gárdle. Lykáćie/ krztuſáćie ſie z tym ſwym iádowitym vomitem ná zacny Narod náſz Ruſki / Pánom ſwoim Krolom Ich M. Polſkim wierny/ y ſzczyry: ále go nie pierwey wyrzygniećie/áż ſie im podnośćie. Dawnoż ześćie tákiemiż zdraycámi/ktorzyby ná Máieſtat Krolá Ie° M. náſtepowáli/ poczynili byli ludźi zacnych/ nigdy w żadney winie lub do Oyczyzny/ lub do Krolá Ie° M: Páná ſwego M. niepodeyzrzánych / Michaelá Kopyſteńſkiego Episkopá Przemyſkiego: y Hedeoná Báłábáná/ Episkopá Lwowſkiego. Záżeśćie ich zá tákie przez Vniuerſały do ksiąg nie wnieśli? O niezbożne głowy z tym wáſzym piekielney raci poſtepkiem.

A co mowiſz/ potrzebno było K. Ie° M. roſkázáć Vrzedom żeby tákich karano/ iáko obráźićielow Máieſtatu Ie° K: M. Obráźićielmi Máieſtatu K. Ie° M. ludźie niewinne názywáiąc/ toż á toż krwie żądliwy kruku krákaſz. Táć to wáſzá bálámutnia te° Tumultu w Wilnie y po wſzytkich Lith: y Ruſkiey źiemie miáſtách narodźiłá: ktory śie y po dźiś dźień ieſzcze koi: y po dźiś dźień ludźie vczćiwi iedni zá pareką y w ſequeſtrze/ drudzy ná Ratuſzu. Vdáliśćie bez wſtydu y fałſzywie do Pomazáńcá Boże° Kr: Ie° M. Páná náſze° M. iákoby Oćiec Boreckiz Kozakámi iuż około Wilná/ w kilku ſtu koni leżał po máietnośćiách Ie° M. Kniáźiá Ogińſkie° Podkomorze° Trockie° / chcąc przez gwałt ná Metropolią náiácháć: á Oćiec Smotrzyſki toż czyni około Połocká. O czym śie im obudwu áni przez ſen widźieć kiedy dáło: nierzkąc áby ná myśl kiedy przychodźiło. Záczym Krol

G Ie°

Je° M. Pan náß M. iáko ſtroż w Páńſtwách ſwych po- koiu poſpolitego: te tákowe/ zá wáßym vdániem / dla pohámowánia ſwowoleńſtw/ y tumultow w Páń- ſtwách ſwych/ Vniuerſaly wydáć roſkázáć raczył: y do pewnych Perſon piſáć / áby tego hultáyſtwá / ktoreby było około Boreckiego y Smotrzyſkiego / y ich ſámych nieprzechowywáli: ále iák Buntownikow y Zdráycow z ich pomocnikámi łápáli / y do więzieni ták Grodo- wych iáko y Mieyſkich dawáli. To to wáßá rozumna głowá/ (boście iuż náße bezrozumnemi poczynili) ſprá- wiłá. Tákimeście oto wáßym opácznym vdániem wßy- tko Rzeczpoſp: w zádumienie nieiákies byli przywiedli/ że ledwie do siebie przychodzi/ gdy iuż oto te wáße nie Chrześciáńſkie známi poſtepki ná oko widzi.

Co o obietnicách nam od Krolá Je° M. vczynio- nych/ y wálnymi Seymámi ſtwierdzonych práwiß: po- prożnicy teraz z tobą o tym gadká: okaże to ſpráwiedli- wość świeta: ieśli gwáłtu ſobie vczynić niedopuści. Ale y teraz cie ſucha nogą nieprzeminie. Mowiß do nas/ ô Szálbierzowie przewrotni / inßego wam náźwiſká nieprzybiore / iáko to śmiecie ták beſpiecznie wmá- wiáć á miánowicie Poddáni w Páná. Gdzież to wam obiecáno: w Conſtituciey / powiádacie/ 1607: y Sey- mu Niſko przeßłego. A ieſt że tám wzmianká poſłu- ßeńſtwá Pátriárßego? A ieſt że tám wzmianká o ode- bránu Doſtoieńſtw/ y dobr ná te Doſtoieńſtwá przynale- żacych: y Krol Je° M. niezna sie do tákiey obietnice: y literá tey Conſtituciey nie ma tego w ſobie: y owßem v- każe sie coś właśnie przećiwne° tey Aſſerciey. Ták do nas Redargutor: ktoremu my odpowiádamy/ że nie wmá- wiamy my tego w Páná/ ále Pan dobrowolnie te nam obietnice Páńſko vczynić raczył/ y zna sie do niey: Bo te obie

obie Conſtitucie / ná właſne Krolá Je° M. roſkazánie ſą wydáne: y Przywilejem od Krolá Je° M. przy pier- wßey Conſtituciey nam dánym ſtwierdzone: Przeciwo ktorym mowić/ ieſt tykáć sie Pomázáńcá Bożego/ kto- re° słowo/ słowo. Pytaß/ ieśli ieſt w tey Conſtituciey wzmianká poſłußeńſtwá Pátryárße°: powiádamy ieſt: Naprzod/ gdzie Krol Je° M. mowić rácży/ Vſpokaiáiąc Relligie Græcką/ ktora zdawna ma ſwoie práwá: Prá- wo tedy miedzy náßemi práwy/ pierwße y przyrodzone ma Relligia Græcka / poſłußeńſtwo Pátryárße: od S. po- wßechnych Synodow/ ſobie nádáne: iáko o tym dowodnie Verificator. Powtore/ gdzie rácży mowić/ iż Doſtoieńſtw y dobr Duchownych inákßym práwem niemamy rozdá- wáć/ iedno wedle ich Fundáciey / y dawnego zwyczáiu przodkow náßych im nádánych. A coby to zá práwo Fundáciey było: y coby to był zá zwyczay dawny: támże záraz wyráża mowiąc: Rozdawáć Doſtoieńſtwá y dobrá Duchowne ludziom Szláchetnym Narodu Ruſkiego: to pierwße práwo Fundáciey/ y zwyczay dawny. Mowi dáley/ y merè Relligiey Græckiey: á to drugie práwo Fundáciey/ y zwyczay dawny. Práwo zás Fundáciey Relligiey Ruſkiey/ nie inße ieſt tylko mieć Rusi Relli- gia od Pátriárchi Konſtántinopolſkiego / y iemu być poſłußney: Wieczny ábowiem to Rusi zwyczay być pod poſłußeńſtwem Pátriárßym. A co mowic rácży / zwy- czay dawny/ toż wyráża: bo chociaż sie to pokázáć mo- że/ że dla wielkiego zámießánia w Oyczyznie/ był kto- ry Metropolit Ruſki ná Stolice mimo wiádomość Pátriárchi Konſtántinopolſkie° / podnieśiony: iák był podnieśiony Hilarion Metropolit około Roku Páńſkie° 1051. dla woyny/ ktorą ná ten czás Ruś z Grækámi wio- dłá: o czym Páterik Kiiowſki Pieczerſki: ále wyrá- źniey Zonaras Hiſtorik Græcki. Y iák był podnieśiony około

Serm. 7
Tom. 3
fol. 169
Col. 4.
in Imp.
Conſt.
mono-
machi.

okolo Roku Páńſkiego. 1146. Kliment Metropolit
dla wnetrzney woyny Xiążąt Ruſkich miedzy ſobą/ Jzá
lib. 3 ſłáwá Xiążecia Kiiowſkiego y Pereaſłáwſkiego / z in-
cap. 21. ßemi Xiążety/ náprzećiwko ktorym vżyty był od Jzáſłá-
fol. 96. wá y Krol Pelſki Bolesław Kedzierzáwy/ y Henrik brát
lib. 6. Krolewſki/ Xiążę Sedomirſkie. O czym Miechowiuß/
fol. 99. Kromer y Strykowſki. Chociaż bowiem / mowiemy/
lib. 6. to pokazáć śie może/ że dla wielce ważnych przyczyn /
pag. 221 był ktory Metropolit mimo wiádomość Pátriárchi
Konſtántinopolſkiego podnieśiony/ ále to śie nigdy pokazáć niemoże/ áby ktory pod iego posłußeńſtwem nie
był: álbo/ żeby ktory mimo Pátriárche / posłußeńſtwo
oddáwał Biſkupowi Rzymſkiemu / ták płonnie bez żádnego dowodu ze ſnow ſwych Kreuzá práwi. Czemu
poświádczá to ſámo/ że y po Hilárionie byli Grækowie
Metropolitowie od Pátriárchow posyłáni/ iáko záraz
po nim Georhi / Joan wtory/ Efrem / o ktorym coś
Kreuzá ſtolicę coniectuie: bo y po nim záraz Grækowie/
Mikolay/ Nikiphor/ Nikitá/ y Michayl/ po ktorym ná-
Stryk: ſtąpił wyżßey pomieniony Kliment: ći wßyſcy od Pá-
lib 5. triárchi byli posyłáni: Ktoż wątpić bedźie/ że iemu by-
Pag. li y posłußni: Rownie po Klimentim náſtąpił Theodor
179. Græk od Pátriárchi posłány/ Joan trzeći/ Konſtántin/
Nikiphor wtory/ Márſiey/ y inßi: Zácżym co y o Ki-
rille Ruśinie/ ktory po tym Márſieiu náſtąpił Kreuzá
báie/ ſen báie: po ktorym záraz przez Kyrillá wtorego
Ruśiná/ náſtąpił Joſiph Græk od Pátriárchi przyſłány:
y po nim inßy/ ták/ áż do náßych wiekow: przed ktorych oczymá S. pámięći Oćiec Jeremiaß Pátriárchá
Konſtántinopolſki Oniſiphorá Dziewoczkę Metropolitá zrzućił/ ktorego też był y poświećił / á poświećił ná
mieyſce iego Michaelá Ráhoze. Poświádczá y owo/ że
żáden z Hiſtorykow Polſkich/ ludźi wielkich / wßytkich

Relligiey Rzymſkiey/ iáko Kadłubek, Długosz, Miechowita, Wapowski, Kromer, Herbort, y Strykowski / ktory ſwoie Kronike pißac zbierał iø wiernie ze wßytkich przed ſobą pożyłych Hiſtorikow: y wiedźieć o ſobie dáie/ że przypomienionych Hiſtorikach / y inßych ktore on ſam wylicza/ miał Hiſtorie Jana Tárnowſkiego / Zygmuntá Herbeſteyná / Bielſkiego: Ceſárzow Konſtántinopolſkich dźieiow Kroniki dwie: Ruſkie Kroniki ſtáre: Kroniki Sławieńſkie: Moſkiewſkie dźieie: Kiiowſkie Kroniki ſtáre cztyry: Litewſkich Látopiſcow dwánaśćie: Zaden iednák ze wßyſtkich tych pomienionych nie piße o tym/ áby kiedy Metropolitowie Ruſcy byli pod posłußeńſtwem Biſkupá Rzymſkiego: álbo żeby ktore Metropolite Ruſkiego Papież miał poświećić y Ruſkiey Cerkwi podáć. A że Ruś od ſámego tego czáſu/ iáko Krzeſt S. od Pátriárchi Konſtántinopolſkiego przyiełá/ nigdy Metropolitow ni od kogo inßego tylko od Pátriárchi / niemiáłá: y nigdy nikomu inßemu posłußeńſtwá Metropolitowie Ruſcy nie oddáwáli / tylko Konſtántinopolſkiemu Pátriárſze: to wyráżnymi słowy twierdzą/ po wßytkich inßych Kromer Biſkup/ á Strykowſki Kanonik/ pilny Ruſkich dźieiow Hiſtorik/ y Gwágnin: ieden Kreuzá / człowiek wártny ſkądyś nam wywártował HREHORA nieiákiegoś Metropolite Jhumená Cárogrodſkiego od Piuſa wtorego Papieżá poświeconego/ y Ruśi podánego. A miał ten nierozſądny człowiek vważyć to/ że ieśli Ruś Jſidorá/ ktory od Pátriárchi Joſiphá był poświecony/ ſtátecznie pod posłußeńſtwem Pátriárßym zoſtawał / dla ſámey tylko Vniey wygnáłá: ják by oto tego Hrehorá przez tegoż Jſidorá z Vnią y z poświeceniem Papieſkim do Ruſkiey źiemie [iáko práwi Kreuzá] przyprowádzonego/ y ná ſtolicy Metropolit Kiiowſkiey poſádzonego ćierpiátá: Opuściwszy ták zacnych y stárodawnych Historikow wiáry godnych / Kreuzie wiáry w tym namniey niegodnemu / iáko bez dowodnemu wiáre dáć záchce kto: temu podobny.

To tedy istotnie/ iáko sie ma rzecz/ powiedziawszy: Gdźie Krol Je° M. w Konstituciey obiecowáć ráczy/ Dostoienstwá y dobrá Duchowne rozdáwáć wedle nászey fundáciey/ y wedle dawnego zwyczáiu: te fundácie/ y ten dawny zwyczay dáie rozumieć. Co sie y temi támże záraz nástepuiącemi słowy wyraża/ Ludziom merè Relligiey Græckiey: A kogoby Krol Je° M. ludźmi merè Relligiey Græckiey być rozumieć raczył/ támże záraz pomienia być tych/ ktorzy prosżą Je° Krol: M. áby im nie było czynione præiudicium w sumnieniu y práwiech ich: to iest/ áby nie byli od was przez gwałt záciągáni y przymuszáni do posłuszenstwá Biskupá Rzymskiego: y niebyło bronione y przeszkadzáne wolne odpráwowánie nabożenstwá według dawnych obrzędow ich: to iest/ áby zostáwáli przy zwykłym sobie posłuszenstwie Duchownym Pátriárchi Konstántynopolskiego. Co im Krol Je° M. obiecowáć ráczy. Ci zás ktorzy o to K. Je° M. prosili/ y ktorzy byli y są vćiśnieni: My iestesmy ktorym sie od was Apostatow nászych prze odstepstwo od Pátriárchi Konstántinopolskiego / iuż od lat dwudziestu sześciu nieznośne præiudicium w sumnieniu y w práwiech dźieie: y ktorzy nam wolnego odpráwowánia nabożenstwá pod posłuszenstwem Pátriárszym bronićie / y przeszkadzaćie. Ktora te obietnice swoie Krolewska Przywileiem swoim Pánskim tedyż záraz ná tymże Seymie nam dánym/ y w tey sámey Constituciey przypomniánym/ Krol Je° M. Pan nász M. wárowáć y stwierdźić raczył: y vpewnić/ żesmy iuż od one° czásu w pokoiu/ wiáry swey/ według stárodawne° zwy-

czáiu/

czáiu/ Cerkwie Græckie Orientalney / wolnie / bespiecznie / y spokoynie vżywáć/ y nabożenstwo swe odpráwowáć mieli: á to wiáry nászey stárożytney zwyczay/ być nam pod posłuszenstwem Pátriárchi Konstántinopolskiego. Náco wy niedbáiąc y podźiśdźień niepokoie w Cerkwi nászey Ruskiey/ pod posłuszenstwem Pátriárszym będącey/ zá to sámo/ że pod tym iest/ czynićie/ w sumnieniu nászym præiudicuiećie, nabożenstwá nam zwykłego záżywáć bronićie. Czego wszytkiego świádkiem są widocznym po wielu miástách Cerkwie popieczetowáne/ od lat dwu á indźie od trzech/ iáko w Orszy y w Mohilewie. Gdźie ludźie Chrześciánscy żyią od ták wielu lat bez żádnego nabożenstwá: Dźiatki vmieráią beze Chrztu/ stársi bez zbáwiennych Eucharistiey táiemnic: Ciáłá Chrześciánskie bez pogrzebow Chrześciánom zwykłych. To tedy ná twoie pytánie odpowiedamy/ w ktorym nas pytász/ ieśliże wzmiánká w Constituciey Roku 1607. ferowaney/ Posłuszenstwá Pátriárszego iest vczyniona.

A co dáley támże záraz pytász/ á ieśtże tám wzmiánká o odebrániu Dostoienstw/ y dobr ná te Dostoienstwá przynależących: Odpowiádamy/ iest. Pytász gdźie: Ato tám gdźie Krol Je° M. Pan nász M. w tey Constituciey mowić ráczy/ **Wáruiemy/ iż Dostoienstw y dobr Duchownych inákszym práwem niemámy rozdawáć/ iedno wedle ich fundáciey / y dawnego zwyczáiu:** Coż inszego z słow K. Je° M. ieśli nie to wiedźieć sie dáie/ że wy Apostátowie nászy te Dostoienstwá Duchowne/ inákszym práwem/ nie wedle fundáciey nászey/ y nie według dawnego zwyczáiu trzymaćie. Co wyráźniey w Przywileiu swym to Konstytucią stwierdzonym / nam dánym / obiáśniáć ráczy/

gdźie

gdźie ták mowi/ Prośili nas ná Seymie teráźnieyszym Wálnym Wárszáwskim Posłowie Ziemie Kiiowskiey/ Wołyńskiey y Bráctawskiey/ imieniem Bráći swey ludźi Relligiey Græckiey ábyśmy im krzywdy/ y vćisku/ y vbliżenia ponośić niedopuśćili/ ále przy dawnych zwyczáiách/ práwách/ y wolnośćiách Cerkwi Zakonu Græckiego/ y ludźie tey wiáry w Páństwách nászych záchowáli. Pásterzow y Przełożonych ich Duchownych/ Archiepiskopá Metropolite/ Władykow/ Archimándritow/ y inszych świąszczennikow/ według tychże praw y Przywileiow nápotym záwżdy podawáli. My prosby ich w tym wysłuchawszy/ &c. wszech ludźi tey wiáry/ Obywátelow Páństw nászych/ według praw ich/ Przywileiow/ y wolnośći/ &c. wewszem cále y zupełnie záchowuiemy/ &c.

Otworz że vchá Redargutorze/ ze wszytkiemi twemi complicami/ ć słuchay K. Je° M. co mowić ráczy/ wysłuchawszy mi...ośćiwie prozby ludźi Relligiey Græckiey/ przy dawnych ich zwyczáiách/ práwách/ y wolnośćiách záchowuiemy. Pásterzow y Przełożonych ich Duchownych/ według tychże praw y Przywileiow nápotym záwżdy podáwáć im obiecuiemy: Jeśli nápotym/ według praw nászych/ Przywileiow/ y wolnośći/ przełożonych Duchownych/ podáwáć nam Krol Je° M. obiecowáć ráczy: tedy wy pod ten czás nie według praw ná-

szych/

szych/ zwyczáiow/ y wolnośći/ iesteśćie przełożeni Duchowni: á po was/ álbo ráczey po przed wámi poźnych mieli być nam dáni przełożeni Duchowni/ według zwyczáiow/ praw/ y wolnośći nászych.

Ale iesżcże iáśniey Constitucya Seymu prześzłego/ w ktorey Krol Je° M. reassumuiąc, tę Roku 1607. Constitucyą/ mowić ráczy: vspokáiáiąc Relligie Græcką/ Constitucye Roku 1607. reassumuiemy, y według niey w rozdáwániu Beneficij Cerkiewnych in futurum záchowáć śie mamy. Jeśli według praw Przywileiow/ y wolnośći nászych/ iáko Constitucya roku 1607. opiewa/ w podawániu Beneficij Cerkiewnych/ Krol Je° Mość. záchowáć śie in futurum obiecowáć ráczy: tedy wy in præsens nie według praw/ Przywileiow/ y wolnośći nászych/ Constitucyą roku 1607. y Przywileiem tegdyż dánym pomienionych Beneficij Cerkiewnych záżywaćie: á zátym bezpráwnie y stolicy Episkopskie/ y Metropolitáńską sobą zásádzaćie. A tożeśmy tobie zá łáską Bożą/ czegoś chćiał/ y ocoś pytał Redargutorze pokázáli y powiedźieli: że Krol Je° M. według praw/ Przywileiow/ y wolnośći nászych/ Metropolitá y Władyki pod posłuszeństwem Duchownym nam zwykłym Pátriárszym mieć pozwolić/ y wszytkie dobrá ná te Dostoieństwá przynależące im przywroćić miłośćiwie przyobiecáć raczył. Nie wmáwiamy my tego w Páná nászego: ále sam on iák dobrowolnie/ práwem vpomniony/ zá prośbą náßą ná to pozwolić raczył/ ták y zna śie do tego. Pokazáliśmy przy tym/ że iest wzmianká y o posłuszeństwie Pátriárszym y o odebrániu Dostoieństw y dobr ná te Dostoieństwá przynależących. Coż ieszcże do conuicij v illusij: iesżcże my szálbierze przewro-

tni?

tni? bo wy scie mowiß sobie tinie przybráli. Ale y to sá-
dá przekupki vmie.

Co z institucij o Beneficiach, y z praw o Expectati-
wach przypominaß: nie czekamy ná wáße smierci/ bo
y swemu żywotowi zámiáry vczynić niemożemy. Zyi-
cie choć do stu lat/tylko nas w pożądánym nam pokoiu/
poki nam Bog żywotá przedłuża/ zániechaycie. Potomkowie náßy o sobie y o Cerkwi Bożey mowić bedą: á to
co spráwiedliwość swieta vkaże / rozumiemy/ stánie.
Pokázał to wam z praw Cerkiewnych Verificator dowodnie / że niespráwiedliwie tych dobr / bo nie należnie/
záżywácie: Vfamy/ że ich spráwiedliwym wyrokiem
lub Bożym/ lub Páńskim vstąpicie. My ich wam z rąk
nie wydzieramy: weźmie ten ktory władze ma: Bo kto
co nie słußnie y nád práwá otrzymawa / słußnie to ten
według práwá tráci. Co gwalt przypominaß: Práwem swietskim y Bożym my poczawßy/żadnego do spráwy tey gwałtu nie przymießywamy: bo iák ná Boski
wyrok/ná pewną Miłosciwą Krolá Je° M. obietnice/
nie wątpliwie czekamy/ y o skutek iey prosimy. Ale y
prosbá wáßá/mowi Redargutor, własna grozbá: ták bowiem mowicie/ Coż wiec? wßyscy o raz Duchowni y
swietscy/ Koronni y W. X. Lith. y Ruskiego obywáte-
le/ Szláchtá/ Rycerstwo/ y wßytek lud pospolity/ pod
przeswietne Krolá Je° M. nogi siebie podstawßy/ łzámi ie náßemi oblewamy/á iák S. spráwiedliwosci praw
náßych y swobod opiekuná/ strożá/ y obrońce vniżonym
sercem/ w słowách wßelkiey powolnosci/ wiernosci / y
poddáństwá prosimy: áby według Krolewskiey swey
vczynioney nam obietnicy/ Páńsko/ y oycowskie/ Miłosci-
wie y łáskáwie z námi obßedßy sie/ Forme Duchowieństwá náßego/ w przełożonych Duchownych Cerkwie náßey Ruskiey/te nam záchowác raczył/ktora w tych Páństwách

stwách swoich / pod czás ßczesliwey swey Koronácyey
zástał/ wola swą Páńską y przysięgą stwierdził. To z
Verificatora Redargutor przełożywßy / sens tego táki
być wykłáda: Słowá zdádzą sie być przyiemne: ále
ład w nich gorzki Sens ich táki / iáki od was sámych słychamy / że sie spißecie / wßytkich pobuntuie-
cie: w Páństwie y ná Vkráinie/ ná Páná y ná Rzeczposp. nástąpicie/ y vprosić myslicie/ własnie iákoby ná
kárk nástąpiwßy: wczym wam Pan Bog nie pomoże/
y rády wáße niecnotliwe pomießa. To wyrzekßy / y
mowe swoie/ y ten czwarty Rozdział owemi słowy concluduie: Że ten co mieni sie być Pátriárchą/wysłány iest
od Cesárzá Tureckiego vmyslnie ná rozerwánie Przymierza z Moskwą/y ná vczynienie turbácyi w tym Kro-
lestwie/ &c. macie wy temu bez zakonni Zakonnicy Monástera Bráckiego wierzyć: bo grzech mowić/ potwarz
to. Ná te słowá twe Redargutorze skromnemi być nie
możemy: álec z nich fałß zádáiemy: z ktorych poki sie
nie wypráwiß/ poty v nas y v káżdego Miłosciwego y łáskáwego tych náßych Skriptow Czytelniká kłámcą zostáwáć będzießz: á nie wypráwiß sie pewnie pokis żyw/
bo z ßczyrych náßych w Verificaciey słow nigdy tego cos
ty przełożył/ áż peknieß/ nie wyßsieß: bys y naiádowit-
ßym p iákiem być chciał. Nie wykłádáć to/ ále przy-
kłádáć swoie złe do cudzego dobrego. iák tedy sens twoy
fałßywy/ ták y vdánie twoie o nim fałß/ ábys go kiedy
od nas miał słyßeć: iákżeć prze tákie twoie fałße / nie
mamy mowić/ potwarz to? A że nas łżyß / ábys tego
dáley nie czynił/ nie drążnimy cie: bo to ßtuká ná iádo-
witego/ nie rzucáć nań/ áni sie oglądáć/ y sam wárczeć
przestánie.

O Pátriárße S. z siebie sądzimy: bo iesli on táki
zdrácá iákie my: sumnienie náße onim inácżey rozumieć

niedopuszcza / tylko iák o nas sámych: iák o człowieku vczćiwym / zacnym / y niepodeyzrzánym. Ma w tey spráwie / ile to tego świetego meżá káżde bogoboyne serce Páná Bogá prosić / áby mu niedopuśćił mowić ná niewinnego niespráwiedliwośći. Bog wszechmogący sam świádkiem iest / ktory wszytkie skrytośći ludzkie wie / że grzechu káżdy ten nie vchodźi y śmiertelnego / ktory tego zacnego Meżá / w żadney zdrádźie niepodeyzrzánego / zá Zdráyce do Królá Jego Mśći vdał. Poczuie káżdy tákowy spráwiedliwą pomstę z niebá ná ten czás / skoro sie ten święty Máż grobu Bożego / ktorego iest strożem / według zwyczáiu swego / w cudownych spráwách Boskich / dotknie. Ktorego iuż w drodze bedącego S. modlitwam przewielebny w Bogu Je° Mość Xiądz Biskup Kiiowski siebie poruczáiąc / miedzy inszemi ták do niego w liśćie swym pisáć raczy / Diuinæ maiestati indignus supplico, vt tuam illustrissimam & Reuerendissimam Celsitudinem Angelico septam præsidio, ad locum destinatum incolumem reducere dignetur: id quoq; à tua Celsitudine in locis sanguine Redemptoris nostri irrigatis & consecratis, mihi vicissim rependi peto. Páná Bogá niegodny ze wszytkiego serca mego proszę / áby on twoie Oświecona y przewielebną wyniosłość Anielskim zastepem otoczoną / do mieyscá náznáczonego doprowádźić raczył: Wyniosłośći też twoiey proszę / áby mi to od niey ná mieyscách krwią odkupićielá nászego oblánych y poświeconych wzáiem oddano było. Błogosłáwić rácżey y ty Redargutorze temu S. Meżowi chćiey / y iego o wzáiemne v grobu Bożego zá tobą Błogosłáwieństwo prosić. Wczymći day Christe Pánie vpámiętánie.

Boguslaus Radoszewski. Bokßa Episcopus Kiiouiensis, &c.

Rozdźiału Redargutorowego Piatego Nadpis:

Przywileie / Constitucye / y Dekretá Trybunalskie / ktore oni przywodzą / nie były tákie / żeby sie bespiecznie mogli świećić bez præsentaciey Królá Je° M.

Odpowiedź.

Przywileie / Constitucye / y Dekretá Trybunalskie / przez verificatora przywiedźione wiedźieć dáią / że do nas wszytkich / ktorzy iesteśmy pod posłuszeństwem Pátriárszym / żadnego Práwá Apostatowie nie máią.

NA Odpowiedź ná ten piąty Rozdźiał niedługo ćie Mśćiwy y łáskáwy Czytelniku zátrzymamy. Z sámego abowiem tego Rozdźiału nádpisu / z nádpisem o tey rzeczy od Verificatora vczynionym znieśionego obaczyć możesz / iáko ten fałeszny naśmiewcá oszukiwa. Redargutorow nádpis táki iest / widźisz: á verificatorow w tey rzeczy nádpis táki iest. Práwá świetskie / to iest Przywileie / Constitucye / y Dekretá Tribunalskie / ktore nas z władzy odszczepce Metropolitá y Władyk wyimuią. Coż tu Mśćiwy y łáskáwy Czytelniku tym nádpisom / á w iedney y teyże rzeczy / iednemu do drugiego? Nie iest záiste ták przećiwna zimnosć gorącosći / iák nádpis Redargutorow przećiwny iest Verificatorowemu. A iednák chce sie zdáć / że directè w Verificaciey opisáne spráwy redarguie. Mowią pospolićie / mow Wilku Paćierz: á on mowi / Báran. Verificator przekłádá że Apostátowie nászy do nas Duchownych y świetskich / y do Cerkwi nászych / pod posłuszeństwem Oycá Pátriárchi bedących: żadnego práwá / y żadney władze niemáią: Czego oto temi prawy/ Przywileymi/ y Constitucyami dowodzi: ktore tak dawne są/ iak dawna iest y ta Apostasia. a Redargutor prawi/ Prawa te wam nie pozwalali swiecić sie/ Rei estis Criminis. Ktoż tak marny/ aby wolnosci Relligiey naszey/ praw y Przywileiow/ dopiero od S. pamięci Krola Je° M. Stephana początku szukał: iako ten Redargutor mieć chce/ y czyni: ktora ma swoie prawa tak dawne/ iako iest sama dawna w Ruskiey ziemi/ Oyczyznie naszey. Gdyby kto zapytał Duchownych Rzymskich/ iak dawne maią prawa Duchowne: posłyszałby pewnie od nich/ w Rzymie tak dawne/ iak dawna iest tam wiara Chrzescianska/ y iak ktore dawno są ferowane: a w Polszcze/ też a nie insze Duchowne są prawa tak dawne/ iak dawno Polska wiarę w Christusa P. y krzest S. przyięła. Toż kożdy sobie y od Rusi odpowiedziane być niech rozumie: w Græciey tak dawne być prawa Duchowne/ iak dawna iest tam wiara Chrzescianska/ y iak ktore w niey dawne są ferowane: a w Rusi też a nie insze Duchowne prawa tak być dawne / iak dawno Ruś wiarę w Christa Pana y krzest s. przyięła. y z tad iak Polskie prawa Duchowne/ nazywane bywaią Prawy Relligiey Rzymskiey: tak nasze Duchowne Prawa Ruskie/ nazywaią sie prawy Relligiey Græckiey. Jak tedy głupia rzecz iest pytać o nowotninie praw Polskich/ i ikoby w Polszcze ferowanych Duchownych; tak iest rzecz głupia pytać y Rusi o nowotninie praw ich Duchownych/ iakoby w Rusi ferowanych: Wyiąwszy oboich swobody Przywileymi warowane.

To wkrotce przełożywszy / mowiemy: Prawa w Oyczyznie naszey Narodowi Ruskiemu / iesżcze zaraz od początku wiary w nas Chrzescianskiey/ zostały dwoiakie/ Swietskie y Duchowne: Swietskie były od Xiażąt Jch Mści Ruskich ferowane/ y na pismie podawane: ia-

ne: ia-

ne: iako od samego Włodzimirza/ od syna iego Jarosława/ y od inszych. Duchowne wszytkie ohułem od S. Wschodniey Cerkwie z Wiarą zaraz pzyiete są/ y do vżywania Cerkwi Ruskiey podane. Wiec gdy Narod nasz Ruski pierwey od części był przyłączony do Wiel: X: Lith: y Korony/ a potym y zupełnie stał sie Incorporowany Krolestwu Polskiemu: przypuszczony iest na tych miast zupełnie do wszytkich Praw/ Swobod / y wolności Swietskich/ Koronnych y Litewskich/ ktorych miał zażywać / iako y zażywa / swoich praw Swietskich/ od Xiażąt Jch M. Ruskich iemu podanych/ owszeki zaniechawszy: ale przy prawach Duchownych swoich a nie inszych wszytkich/ iest całe y zupełnie zostawiony/ tych/ ktore miał zaraz przy Chrzcie sobie od S. Wschodniey Cerkwie podane: Z tym od Krolow ich Mści vwarowaniem/ że Ruś takiey wolności w swoich Prawach Duchownych zażywać miała / iakiey wolnosci w swoich prawach zażywa w Państwach Koronnych Kosciół Rzymski. Cosie widzieć daie z Przywileiow Narodowi Ruskiemu/ przy Incorporowaniu iego do Korony nadanych: y inszych wielu roznemi czasy danych: z ktorychesmy nieco wodpowiedzi naszey na pierwszy Redargutorow Rozdział/ przypomnieli.

A iż to prawo Duchowne Ruskie iest wieczne/ Kanonami Synodow powszechnych vchwalone/ od Wschodniey Cerkwie Rusi przy Chrzcie podane/ a od Rusi tegdyż zaraz przyiete/ y od Krolow Jch M. Polskich pozwolone/ Przywileiami y przysięgą stwierdzone / być nam pod tego Pasterza Duchownego posłuszeństwem/ od ktorego Wiary Chrzescianskiey iesteśmy nauczeni / y ochrzczeni: Coż tedy nas o tym pytać/ iakie prawo na to mamy/ abyśmy zostawali pod posłuszeństwem Patriarchi Konstantinopolskiego: Co samy zwyczay wyświad-

cza:

cża: gdyż y pod ten ſámy czás/ w ktory ſie to Incorporowánie dźiáło: Ruſkiey Cerkwie Duchowni/ y wſzytká Ruś/ byli pod poſłuſzeńſtwem Pátriárchi Konſtántinopolſkiego/ iáko y ſámi Adwerſarze náſzi w Kreuzie pryznawáią. Coż nas bez potrzebnie o práwá náſze Duchowne pytáią? lub ná co y o Swietſkie? Zá S. ábowiem pámięci Krolá Zygmuntá pierwſzego/ ktorego wolą y ſtarániem tá ſie Páńſtw Ruſkich Incorporacia do Korony ſtáłá/ Metropolitem wſzytkiey Roſsij był Joná Protáſowicz/ od Metrophána Pátriárchi Konſtántinopolſkie°: po nim náſtąpił Jliá Kucżá: obá y po nich wſzyſcy áż po Rahozę/ pod poſłuſzeńſtwem Pátriárſzym: Rahozá pierwſzy/ y ten od Pátriárchi poświęcon/ zmienił.

A że náſz Narod przy práwách Duchownych świętey Wſchodniey Cerkwie zwykłych zoſtáwiono: po pomienionym zwyczáiu/ ktory iákoby ieſt práwem przyrodnym: po przywiedźionych od Verificatora y od nas/ w odpowiedźi ná Rozdźiał trzeći/ práwách Synodálnych: y poprzypomniánych Przywileiách pod czás Incorporaciey nam dánych/ y to ſámo rzeczywiście wyświádcża: że ſie Cerkiew náſzá práwy Duchownymi Rzymſkiego Kośćiołá nigdy nierządźiłá/ áni ſądźiłá: Y że wielo Przywileiow y po Incorporaciey y przed Incorporacią Xieſtw Ruſkich do Korony/ práwá Duchowne Relligiey Greckiey ſą ſtwierdzone. Ktore práwá máiąc w ſobie powſzechnych Synodow vchwały y Kanony opiſáne/ máią ten Kanon/ áby káżdey Kráiny práwá nieporuſzne záchowáne były. Ma y te vchwałe/ áby temi Narodámi ten Pátriárchá Iuridicował y Duchownie władnął/ ktory ie do Wiáry Chrześćiáńſkiey przywiodł y ochrźcił. Co oboie że w Narodźie náſzym Ruſkim/ záwolą Bożą y przeyźrzeniem iego S. cudownie Konſtántinopolſki Pátriárchá ſpráwił: iego przeto Du-

chowney

chowney władzy y Iurisdictiey Narod náſz Ruſki Boſkim y Ludzkim práwem należy. Krole tedy Jch M. Greckiey Relligiey práwá Duchowne Ruſi przyznawáiąc/ ſtwierdzáiąc/ y poprzyſięgáiąc/ te á nie inſze przyznawáć/ ſtwierdzáć y poprzyſięgáć ráczą. W ktorych poprzyſiędze wyiątek iáki czynić/ bez krzywoprzyſięſtwá ſtáć ſie niemoże. Jákoż y niedźiał ſie żaden/ y nie dźieie: Ponieważ Krol Je° M. Narodowi náſzemu Ruſkiemu pod zwykłym nam Pátriárchi Konſtántinopolſkie° poſłuſzeńſtwem y teraz zoſtawáć/ bronić nieraczy: y owſzem wedle dawnych náſzych zwyczáiow/ y Fundácij/ praw przywileiow/ y wam Apoſtatom náſzym praeiudicowáć nád námi niedopuſzczáć/ przyobiecáć raczy. Co ſie z przełożonych od Verificatora Przywileiow/ Conſtitucij/ y Decretow Trybunalſkich ná oko widźieć dáie: w ktorych ſie rzeczywiście wyráża poſłuſzeńſtwo náſze Duchowne Pátriárſie Konſtántinopolſkiemu należące/ bez ktorego my woli y pozwolenia w ſpráwách Duchownych nic ſtánowić niemożemy: y wſzyſcy náſzey Ruſkiey Cerkwie Przełożeni Duchowni.

To ták ſie mieć przełożywſzy: do obrony Przywileiow świętey pámięci Krolá Je° M. Stephaná Narodowi náſzemu Ruſkiemu dánych przyſtępuiemy: Mowi Redargutor/ w Przywileiách iáko y w káżdey ſpráwie práwney/ Iuriſtowie dwie rzeczy vpátruią/ Principale & acceſſorium: to ieſt rzecz głowną/ y rzecz przypádkową/ bez ktorey rzecz głowna może być. Pierwſzą vtwierdzá Przywiley/ y dowod ná táką rzecz ieſt dobry z Przywileiu. Druga do Przywileiu właśnie nienależy/ y nie może ſie dowodźić z Przywileiu: Przyczyná tego tá/ że nie byłá intentia Krolewſka/ iedno to dáwáć oco ná on czás proſzono. Rádźi to ſłyſzymy/ y pozwalamy ná to co z Iuriſtow powiádaſz. Vffamy zá pomocą Bożą że te-

J go Rego Redargutora przez to prawde być po nas / przyznáć vel inuitum vczynimy : w tym / że te Przywileie / Práwá náßego Duchownego wielce ſtrzegą / y wielce ie ſtwierdzáią : y że iurisdictie w Cerkwi Ruſkiey Pátriárſie Konſtántynopolſkiemu wyráźnie przyznawáią.

Pytamy cie Redargutorze : w Przywileiách tych od S. pámięci Krolá Je° M. Stephána nam dánych / Co ty rozumieß Principále, á co Accessorium : Accessorium być powiádaß Kálendarz / áby do niego Ruś nie byłá przymußána : principale nie pokłádaß / ieśli z niewiádomośći / znośna rzecz : ieśliż z vmyſlu / karánia od Bogá przez nießczyrość twoie nie vydzieß. Abyś tedy y ty wiedział / y ten komu należy / my pokłádamy. Principale tych Przywileiow ieſt / Práwo náße Duchowne wieczne od S. Wſchodniey Cerkwie (iákośmy wyżey powiedzieli) nam przy krzcie S. podáne : od Krolow Ich M. pozwolone / Przywileiámi y przyśięgą ſtwierdzone : á Accessorium, to co ty być powiádaß / ktore ſie funduie ná tym Principalnym, y ſtwierdza ie. Krol tedy Je° M. S. pámięci Stephan poglądáiąc ná práwo náße wieczne owe / że mamy práwá ſwoie Duchowne S. Cerkwie Wſchodniey własne / od nawyżßey zwierzchności ſtolice Konſtántynopolſkiey nam podáne / ſtwierdzáć to ráczy : á przez nie y to Accessorium znośi / ábyſmy do nowego Kálendárza nie byli przymußáni : y dáie tego przyczynę táką : bo tego / mowi / oni bez wiádomośći nawyżßego Duchownych praw ſwych Poſtrożce Pátriárchi Konſtántynopolſkiego vczynić niemogą : Zátzym ſłuſznie my tych Krolá Je° M. Stephána Przywileiow ná dowod iurisdictiey w Cerkwi náßey Ruſkiey Pátriárchi Konſtántinopolſkiego vżywamy. Czego tymże ſámym przez cie záżytym przykłádem / ták ſtáć máiącym dowodzimy. Roku 1582. ſtáłá ſie odmiána Kálendárza zá roſkazániem

niem Grzegorzá 13. Pápieżá Rzymſkiego : przyietá ieſt po niektorych Kroleſtwách Chrześciáńſkich : przyietá y w Kroleſtwie Polſkim : y zá roſkazaniem Krolá Stephána wßedzie obwołána. Ludzie nabożeńſtwá Greckiego / ktorzy práwám y vchwaláni priuatnym Pápieſkim podlegáć niepowinni / przyimowáć iey niechcieli. Vrzędy zás nabożeńſtwá Rzymſkiego przymußáli ich do niey. Vćiekłá ſie Ruś do Krolá Je° M. przekłádáiąc, iż práwo ich Duchowne / od Krolow Ich M. Polſkich y od niego ſámego przyśięgą ſtwierdzone / ktore máią że Wſchodniey Cerkwie / nie pozwala im tego / ábymi mo wiádomosć Páſterzá ſwego Pátriárchi Konſtántinopolſkiego / w ktore° ręku poſtrogá praw ich Duchownych / Kálendarz przyiąć mogli : y záraz proßąc / żeby do Kalendárza nowo odmienionego / y do odpráwowánia świąt wedle nie° / mimo wiádomosć Pátriárßą przymußáni nie byli. Krol ná to pozwala / y Przywileiem vtwierdza / oznáymuiąc przezeń / że Ruś tákie práwo Duchowne wieczne ma / od nas y od Przodkow náßych po przysiężone : ktore im mimo wiádomosć Páſterzá ich nawyżßego / Pátriárchi Konſtántinopolſkiego Kálendárza przyimowáć nie pozwala. Zátzym / z zdánia Iuriſtow y Principale y Accessorium tego Przywileiu to mieć chce / áby Greckiey Religiey ludzie w wiecznych Duchownych práwách ſwy[ch] bezpráwia nie ponośili : y żeby przepoważność y ſtáłość praw ſwoich własnych / ktorych ſtrzec powinni / do żadnych oboich praw przymußáni nie byli : boby ſie przez to wielkie im bezpráwie y nárußenie praw ich działo / ieśliby to mimo wiádomość y pozwolenie Pátriárchi ſwego vczynić przymußeni byli : czego im on / iáko ſtroż praw ich nie pozwala.

Maß tedy to / z tych Przywileiow czegoś niechciał y co rad nie rad przyznáć muśiß. Zátzym y to co náwodziß /

Jij

wodziß/ ináczey śie niż ty prawiß/ náyduie: Pokázuie śie ábowiem to widocznie że Krol Je° M. ná to imiennie w Przywileiách swych Pátriárche wyraża / áby go okázał y determinował być y stárßym Duchownym náßym/ y pierwßym strożem praw náßych Duchownych: zá tákiemi náßemi/ktorzyśmy Kro: Je° M. o to prosili/ ráciámi/ że my Ruś mamy swoie práwá włásne: mamy swoie Duchowną Iurisdictię własną/ cudzych praw ßukáć/ y nienależney Iurisdictiey podlegáć nie iesteśmy powinni: y prosimy áby śie nam w tych práwách náßych bezpráwie nie działo. y tá byłá własna controuersia. Zá czym Krol Je° M. temi Przywileiámi swemi determinowáć y vmocniáć raczy/ áby my Ruś nád stárożytne wieczne náße práwá y zwyczáie Duchowne / mimo posłußeństwo Pátriárße/ do Rzymskie° posłußeństwá/ y do Kálendárza nie byli przymußáni: gdyż tego bez národzenia praw swych / y bez wiádomości swego Pátryárchi vczynić nie mogą. Wiedzieć tedy masz/vel inuitus iákośmy rzekli / Redargutorze, że te Przywileia z własney Intenciey S. pámięci Królá Je° M. Stephána Iurisdictię Pátriárchi Konstántinopolskie° stwierdzáią/ y słußnie od Verificatora ná dowod są przywiedzione/ nie tego co ty z omysłu opácznie nádpisuieß/ że te Przywileie niebyły tákie / áby bespiecznie śie mogli świecić: ále owo/ co nápisuie Verificator, że te Przywileiá nas z władze odstępcy Metropolitá y Władyk wyimuią: á zátym y to/ że te Przywileiá są tákie/ iż śie według wiecznych Duchownych praw swych / bespiecznie mogli świecić.

Co śie dotycze Vniuersału (ktory stoi nam zá Przywiley) Królá Je° M Páná teraz nam ßcześliwie pánuiącego/chce go Redargutor nieważnym do wieczney w Cerkwi Ruskiey Iurisdictiey Pátriárßey / vczynić z owych

wych w nim położonych słow / Prosił nas Hospodárá / ábyśmy iemu tego (to iest rządu Duchownego) w Páństwách náßych pozwolili: Co przełożywßy/ dálße po woli swey rospościerá proporce / połknąwßy to wßytko / co mu vstá záwieráło/ y záwrzeć miáło. Práwi tedy/ że ten będąc sam Pátriárcha Konstántinopolskim/ nie ważył śie nic záczynáć w tym Krolestwie / áż vprośiwßy v Królá Je° M. pozwolenie. Záż ći to Redargutorze z tego Przywileiu pokázáć należáło/ co pokázuieß/ że śie nieważył poczynáć bez pozwolenia Iuridicowáć: oßukáć y tu chceß: ále ćie przechytrstwo twe / ktorym zámydlaß głupich ludźi oczy / niewspomoże. Toś miał pokázáć/ że niemiał żadnego práwá do Iurisdictiey/ y do rospościerániá władzy swey Duchowney w tych Páństwách. Bo to/co o pozwolenie bespieczne° záżywániá wiecznych praw swych w Cerkwi Ruskiey Pátriárchá Królá Je° M. prośi/ Humanitatis est: Ludzkośći y poßánowániá powinnośći dosyć czyni: Co y Krol Je° M. przez to niebronienie Iuridicowania w zaiemnie iemu oddáwáć raczy. Niedáie ábowiem Krol Je° M. nowego iákiego práwá Pátriársie Jeremiaßowi nád Ruśią: ále stárożytnego/ prez Antecessory ie° nań spádłego / vżywáć mu/ y niego to vżywáć/ ále bespiecznie vżywáć/ pozwaláć raczy. Jeśli bowiem władze wßelką Duchowną ten że Jeremiaß Pátriárchá rospościeráć mogł / zá pozwoleniem iemu tego wiecznych ie° praw Duchownych / przez Exárchi swoie/ lub przez listy: iákoż niemogł mieć tey władzy sam przytomny w tych Páństwách? ieśli miał władze nieprzytomny poświecić ná Metropolie Kiiowską y wßytkiey Ruśi Jlie Kucze/ á po nim Oniśiphorá Dziewoczke: co niemiał władzy przytomny tegoż Dziewoczke zrzućić/ á ná mieysce ie° Michaiłá Ráhoze poświecić? Poczęść tedy to tylko iest / ktora czyni

 Kro-

Krolowi Je° Miłości iáko nawyżßey Zwierzchności Państw tych/ á nie nowe práwo. Záczym y Krol Je° Mść dáiąc mu ten Vniuerſał/ mowić w nim ráczy/ Iż co Przeoświecony Jeremiaß / Pátriárchá Konſtántinopolſki (o świete czáſy w ktore ták Krol Jego Miłość/ Pan náß Miłościwy o Pátriárſe Konſtántinopolſkim rozumieć y piſáć ráczy:) z Stolice ſwey przyiáchał vmyślnie do tych kráiow Państw náßych/ chcąc Cerkwie Zakonu Græckiego / y ſłużących w nich / to ieſt / Archiepiſkopow / Epiſkopow / Archimándritow/ Ihumenow/ Popow/ Diakonow/ y inßych ſług Cerkiewnych/ pod władzą (otworz tu Redárgutorze vßy/ á ſłuchay co Krol Je° M. o Oycu Pátriárße Konſtántinopolſkim mowić ráczy: pod władzą) Je° M. bedących : (nie nowe práwo dáie/ ále przy wiecznym go zoſtáwowáć ráczy: gdy mowi / bedących pod władzą Je° M.) Iż powinności ſwey náwiedźić / y Duchowieńſtwá ich doyźrzeć / iákoby ſie wßelákie ſpráwy Cerkiewne/ według Zakonu ich Chrześćiáńſkiego poſłußeńſtwá Græckiego [Słuchay y tu Redárgutorze Krolá Jego M. mowiącego : według poſłußeńſtwá / mowi/ Græckie°/ to nie inßego iákie° Poſłußeńſtwá/ ále Græckie°.] Y máło niżey: A ták my te° Je° M. pozwolili/ według władzy (Słuchay y ieſzcze Redárgutorze ſłow Krolá Je° M. á niebądź im Niewiernikiem / ále wierzay: według władzy/ mowi/) y Zakonu ſwego

Græ-

Græckiego/ wßytkie ſpráwy Cerkiewne Duchowieńſtwá Je° Mści z dawnych czáſow (ſłyßyß że z dawnych czáſow / á nie teraz świeżo) Duchowieńſtwu Je° M. w Páńſtwách náßych należące odpráwowáć, ꝛc. Y ten tedy Krolá Je° M. Páná náße° M. teraz nam ßcześliwie pánuiące° Vniuerſał / wieczne Rządu y iurisdictiey Duchowney práwo Konſtántinopolſkiemu Pátriárße w Páńſtwách Je° Kr: M. przyznawa / y zmácnia. W ktorym choć ſie Succeſſorowie iego nie wſpominaią/ ále ſie wſpomina władza iurisdicowania / powinność náwiedzánia / poſłußeńſtwo Græckie: á to wßytko troie / z dawnych czáſow iemu ſłużące/ y należące. Dawne te czáſy: ták Antecessorow Jeremiaßowych/ iáko y Succeſſorow iego w nim ſámym być vkázuią. Nievplotłeś tedy y z tego Przywileiu/ tey ſwey nießczerości/ ktoreś plotł. Toż ſie mowi y w obrone drugie° przywileiu od Krolá Je° M. Páná náßego M. temuż Błog: pámięci Oycu Jeremiaßowi Pátriárſie ná porządki Brátſtwá náßego/ Cerkiewnego Wileńſkiego nádánego. Toż y w obrone Przywileiu trzeciego od Krolá Je° M. Páná náßego M. Brátſtwu Cerkiewnemu Wileńſkiemu dánego: w ktorym Je° Kr: M. wßytkie porządki Bráckie od Pátriárchi Konſtántinopolſkie° Błog: pámięci Jeremiaßá poſtánowione ſtwierdzáć ráczy.

A co dziwuiąc ſie práwiß Redárgutorze / że ſie ták śmiele z tymi Przywileiámi wyrywamy / ktore mowiß/ że nas więcey confundowáć niż weſprzeć mogą: á to z tey przyczyny / że ten Przywiley ná Bráctwo S. Troyce ieſt nádány / á nie ná S. Duchá. Prożno ſie dziwuieß y márnie: Słychałżeś kiedy v ſwoich owe y ſłußną Regułke: Vbi Papa, ibi Roma. Tám ten Przywiley

wiley

ley mity Redargutorże náleżeć y zoſtáwáć ma/ gdźie zoſtáwa y komu należy błogoſłáwieńſtwo Pátriárſze / y poſłuſzeńſtwo kuniemu. A co przypominaſz Verificatorowi áby śie v ſwoich dowiedźiał / że te obádwá Przywileie Bráckie iuż ſą pokáſowáne Decretámi Krolá Jego M. w Roku 1600: y 1609: wie to dobrze Verificator/ że bezpráwnym poſtepkiem od was Apoſtatow náſzych były ruſzone/ ále iż bezpráwnie: záś te Decretá wolą Krolá Je° M. y práwnym wyrokiem ſą caſsowáne: á Przywileiá przy mocy ſwey zupełney zoſtáwione. Decret Roku 1600. caſsowány ieſt Conſtitucią Roku 1607: Decret záś Roku 1609: Jeśli iáki w tey ſpráwie ferowány był: znieśiony y Caſsowány ieſt Conſtitucią tąż w Roku przeſzłym 1620. reaſſumowaną. Otoż máſz vpewnienie/ że Verificator lepiey o żywoćie y cáłości Praw ſwoich wie / niżeli ty Redargutorze, ktory martwe rzeczy zá żywe vdáieſz.

W tych pieciu pomienionych Przywileiách ták wiele Redargutor korzyśći nábywſzy / porwał śie zá ſzosty áż nádder iádowito / y nie bez przyczyny: Bo go też on wziął zá żywe: Záczym inaczey go zbyć niemogſzy / iuż bez wſtydu ważył śie gwałtem ná nas rzućić/ á z niego nas obnáżyć y wydrzeć pokuśić śie / ſobie go przywłaſzczyć/ y ſwoie nágość nim przyodźiáć. ále go to bárzo omyli: bo go zbyć muśi/ y ſproſną ſwoie nágość świátu okázáć: z cudze° wozu (poſpolićie mowią) y w pośrzod błotá z śiadáią: á z chwatáney ſukmánki y w Kośćiele rozbieráią. Ale/ mowi Redargutor, náſz to wozek y náſzá to ſukmánká: myśmy ſą Kátholicy: nas to w tym Przywileiu Krol Jego M. rozumieć raczy/ choć wam Przywiley dáie/ gdźie w nim mowi/ Wſzytkie ſtany y ludźie Páńſtw náſzych/ ktorzy ſą Relligiey Chrześćiáńſkiey Kátholickiey Greckiey/ áby żadnego vbliżenia/ krzywdy/ y

dy / y bezpráwia nieponośili / ꝛc. Niewſtyd że ćie nie bácżny Redargutorze ták nieoſtrożnie/ á rzec śmiele możemy żwawie Zwierzchność nawyżſzą / w nieſzczerość do ludźi/ przez oto te ſwoie niebácżne Commenta podáwáć? Zaż to ná wynioſłość ták wyſokiey Doſtoyności páść może? inſze mowić / á inſze myślić: inſze záś mowić/ á inſze czynić: iákiemuż to cżłowiekowi należy? Cżuy śie niebácżniku/ co mowiſz: dobrze w tákich rázięch mieć iezyk zá zebámi. Byś miał w oczu wſtyd / á w iezyku powśćiągliwość/ nigdy tego mowić niewáżyłbyś śie. Słuchay co ieden z poważnych á mądrych meżow mowi / Non debet Rex erga ſubditos ſuos alius, quàm verax eſſe: neq; quiſquam ſubditorum aliter affectus eſſe debet, quàm vt Regem veracem eſſe credat. Nie ma być Krol ku poddánym ſwoim inákſzy / tylko prawdomowny: y żaden z poddánych inákſze° rozumienia być niema/ tylko że Krol ieſt prawdomowny. Nie ieſt przeto záiſte Krol Je° M. Pan náſz M. we wſzytkich słowách ſwoich inákſzy / tylko prawdźiwy: y żaden z nas Poddánych iego inaczey o nim nierozumie / tylko że ieſt w słowách ſwych prawdźiwy. Z tym mądrego meżá mądrym wyrokiem my trzymamy / y tey o Je° Krol: M. wiáryieſteśmy: Zemy przekłádáli krzywdy náſze/ ktore od was Apoſtatow náſzych ponośimy: Myśmy śie ná was przez Jch M. PP. Posłow ziemie Kijowſkiey/ y Wołyńſkiey/ y Bráſłáwſkiey przed Krolem Je° M. ſkárżyli/ że nam Cerkwi pieczetuiećie/ Swiąſzczenniki pod poſłuſzeńſtwem Pátriárſzym bedące wieźićie / morduiećie, y z miáſt wygániaćie: Záczym wiele dźiatek po Miáſtách vmiera beze Chrztu S. wiele dorosłych y ſtárych bez żywordáiących táiemnic Ciáłá y Krwie Syná Bożego: wiele bez zwykłych Chrześćiáńſkich pogrzebow ná mieyſcách niezwykłych grzebione bywáią: y tym

Arriā. Hiſtor. lib. 6.

K

rym podobne nam od was dzieiące ſię oppreſsie y præiudicia myſmy przekładáli: Myſmy też záráżem przez tychże PP. Posłowy o to Krolá Jego M. prosili/ aby nas Przywiliiem ſwoim Páńſkim od waßych perſecuciy obronić raczył: Co Je° Kr: M. od nas przełożone/ zá vkrzywdzenie náße Miłościwie przyiąwßy/ tym nas Przywileiem od was ochronić zezwolić raczył: Ktory nam do rąk ieſt podány/ tey ſtronie ktora tego potrzebowáłá. W ktorym Krolá Je° M. poſtępku inácżey my nierozumiemy/ tylko że Krol Je° M. známi poddánymi ßczyrze obeyść ſię rácżył/ y nam należeć y Przywiley/ wydáć nam roſkázáć raczył. A że nam y to rzecżywiście wſpiera/ iż w nim Cerkiew náße Ruſka zoſtáwowáć rácży przy Wierze Chrześciáńſkiey Græckiey Stárożytney: przy práwách/ Przywileiách/ y wolnościách zdawná nádanych: y do żadney odmiány obrzędow przymußáć nas niekáżáć/ ále záchowáć nas/ iáko ſtáre Kanony y Przywileia náße opiſuią: według Kanonow śś. Oycow/ y dawnych praw/ Przywileiow/ Swobod/ Wolności/ y zwycżáiow náßych. A tym ten ſwoy Przywiley kończyć rácży.

Coż wy do ktorey z pomienionych rzecży w tym Przywileiu macie? Vkáżcie nam choć iedne práwo świecſkie lub Duchowne/ ktore was Apoſtátow náßych od posłußeńſtwá Pátriárchi Konſtántinopolſkiego wolnymi czyni: lub pod posłußeńſtwo Rzymſkiego Biſkupá poddáie. Vkáżcie nam choć ieden Przywiley/ ktoremu Metropolicie/ przed tą dziśieyßą Apoſtáſią/ pod posłußeńſtwo Biſkupá Rzymſkiego dány: A my pod posłußeńſtwo Pátriárße (chociaście ich y inßych liſtow y Przywileiow dobrą cząſtkę/ wiecie ſámi gdzie y przez kogo/ bo ſą ná to proteſta, popálili) pokażemy. Co więtßa? Cżego iuż wy nie połkniecie: bo ieſt ná gárdło wá-

ße kością/ to/ co Krol Je° M. w tym Przywileiu przy ſtárych Kanonách ś. Oycow záchowywáć y zoſtáwowáć nas rácży/ iák wam należy: poniewaź w tych to ſtárych Kanonách ieſt náßey Cerkwi Ruſkiey podáno/ áby ſię w cudzey Diœceſię mimo własnego ich Epiſkopá inßy Epiſkop nie wtrącał: y ieśliby kto mimo wiádomość ſwego Pátriárchi/ od inßego Pátriárchi był poświęcony áby káżdy táko wy zá Epiſkopá nie był miány. Zeby żaden Epiſkop w nienależnej ſobie Diœceſię, pod drugim Epiſkopem bedąc nie wſtępował: Granic ſobie przełożonych áby nie przechodził: Cerkwiey mimo vchwalone práwá áby nie mießał/ y nie turbował: pod niewágą poświecenia iego: y pod ſámego degrádácią. A żeby káżdey kráiny práwá nieporußne záchowáne były: á ieśliby kto inßą praw formę wprowádzał/ ważną być nie ma. A żeby te kráiny ktoreby przez krzeſt S. y przepowiedniki od ktore° Pátriárchi do wiáry Chrześciáńſkiey przywiedzione były/ przy nim wiecżnie zoſtáwáły: á od inßego ktorego Biſkupá/ áby naſtępu żadnego nie ćierpiáły. A ieśliby ktory ynáſtąpił/ y gwałtownie ie pod władzę ſwoie podbił/ ma ich koniecżnie vſtąpić: áby ſię przez to vchwálam śś. Oycow gwałt nie dział/ y żeby w poſtáći Cerkiewnego rzadu/ potężności nádętość nie pánowáłá. To tedy/ mowiemy/ w tych ſtárych Swietych Oycow Kanonách Synodálnych/ y przy ktorych nas ten Przywiley zoſtáwuie/ ieſt wßytko wyráźnymi słowy opiſano: iákimże ſpoſobem wam ktorzyśćie to wßytko połamáli/ y pogwałcili/ należeć może? Poniewaź ienie nálamánine/ áni ná gwałt/ ále ná záchowánie y vżywánie ten Przywiley Cerkwi náßey Ruſkiey zoſtáwuie: Przychodzi tedy wam/ albo Przywileiu tego w ręku náßych odbieć: álbo tego dworu w ktoryśćie ſię mimo wßytkie te pomienione/ y inße śś. Oycow Kanony przenieśli/ zrzec ſię. Zácżym/ po-

Canõ: Apo: 32.
1. Syn: powßechny. Can: 6.
2. Syn: powßechny. Can: 2. y 4.
3. Syn: Can. 8. ibidẽ.

prożnicy ſie ná ten cudzy wozeczek wſádzacie: każą wam z niego y wpośrzod błotá: wydźieią was z tey cudzey ßátki/ y w pośrzod kośćiołá.

Ale Redargutor dáley coś/ pochutnywáiac ſobie/ arguuie: y ktoby/ mowi/ ták máło vważny był/ coby to twierdźić śmiał/ żeby Krol Je° M. Pan Kátholicki miał przyznawáć tym/ ktorzy Papieżá Rzymſkiego niemáią zá głowę wßytkiego Chrześćiáńſtwá/ że oni ſą wiáry Kátholickiey: boby tym ſámym śiebie ſámego odſądzał wiáry Kátholickiey. O náß miły Redargutorze, toześ márny. Ciemus to domowego wychowánia człowiek: zdaß ſie iákoby z niebá głowá ſwoią śiegał/ á ty iák ieden z nich. Wiedzże o tym/ że w lepßey opátrznośći ſwey ſerce Krolewſkie P. Bog mieć zwykł/ nierzkac niż twoie Proſtackie/ ále niż y namędrßych w iego Páńſtwie. A że oſobliwſza łáſka Boża Duch iego rządzony bywa/ niż y naprácowitßych/ nierzkac ćiebie márnego ßpárgáliſty/ Xięgárzow/ y w piśmie vczonych ludźi. Torem Przodkow ſwych, Krolá Je° M. Páná náßego/ Duch Boży ktory w nim y przy nim ieſt prowádząc/ ták ızmu nas názywáć vkázuie/ iák nas názywáli Przodkowie iego: y iák właśnie názywáni być mamy. Weyźrzy we wßytkie práwá y Przywileie/ ile ich od Krolow Jch Mśći mamy/ przed wáßą Apoſtáſią/ pod poſłußeńſtwem Pátriárßym będącym/ nam y przodkom náßym nádáne: á doznaß że gdźie ienokolwiek Rzymſkiey y Græckiey Relligiey ludźi wzmianká ſię dźieie/ wßędźie iednáko oboich wſpomináć rácza: Ludźie Religiey Rzymſkiey, Ludźie Religiey Græckiey: Kośćioły Zakonu Rzymſkiego/ Cerkwie Zakonu Græckie°: Spráwy Kośćielne Zakonu Chrześćiáńſkie° poſłußeńſtwá Rzymſkie°/ ſpráwy Cerkiewne zakonu Chrześćiáńſkie° poſłußeńſtwá Græckie°. My zwierzchny Obron-

cá Ko-

cá Kośćiołow y Cerkwi Bożych. Słyßąc Krole Jch M. o náßey Cerkwi Bożey/ pod poſłußeńſtwem Pátriárßym będącey/ ták iáko y o Kośćiele Bożym pod poſłußeńſtwem Pápieſkim będącym mowiące/ Co ſie dźiwuieß Redargutorze, że Krol Je° M. názywáiąc ludźi Religiey Rzymſkiey Chrześćiány y Kátholikámi: nas ludźi Religiey Græckiey zárowno tymże tytułem zdobiąc/ Chrześćiány y Kátholikámi názywáią? Zaż Cerkiew Boża/ nie ieſt imie Cerkwie Chrześćiáńſkiey Kátholickiey? Przeć nie możeß. Lecz Krol Je° M. Pan náß M. w Vniwerſále Oycu Pátriárße Jeremiaßowi (o ktorym tu wzmiankę czyniliſmy) dánym/ Cerkwi náße Ruſkie pod poſłußeńſtwem Pátriárßym będące/ Cerkwiámi Bożymi názywa: Cożci zá dźiw że y w tym ſwoim nam dánym Przywileiu/ ludźmi nas Relligiey Chrześćiáńſkiey Kátholickiey miánowáć rácży? Boby ták/ mowiß/ śiebie ſámego odſądzał wiáry Kátholickiey. Myliß ſie Pánie Redargutorze. Rzekłbym/ lepiey Krol Je° M. vmie/ co ieſt iedyná S. Kátholická y Apoſtolſka Cerkiew definiowáć, niżli ty: ále repośći twey ták wyſokiemu rozumowi comparowáć nieważe ſie. Wiedźieć Krol Je° M. rácży/ że nas oboią ſtronę/ y Wſchodnią/ mowiemy/ Cerkiew pomieſtną y Zachodnią/ Cerkiew S. Kátholicką/ ktora ieſt iedyná/ w wnętrznośćiach ſwoich/ w ktorych ſie one zácżęły/ nośi: do ktorey iedno y toż práwo obie máią: á iednośćią miłośći wzáiemnie będąc ziednoczone/ Páná Bogá oto z oboiey ſtrony proßąc/ áby on to/ co ie dźieli/ to ieſt/ coſiekolwiek non per defectum, ále per exceſſum w rożnicę miedzy nie podáło/ oycowſko vprzątnął/ y zniosł. A iż defectus, iáko mowią/ fide non vtitur, exceſſu fide abutitur: Nie náyduie przeto Krol Je° M. defectu w świętey wierze náßey Græckiey/ nie náyduie y w ſwey Rzym-

ſkiey.

skiey: záczym gdy nas ludźmi Relligiey Chrześciánskiey Kátholickiey Græckiey názywáć ráczy: siebie sámego tegoż tytułu Chrześciáńskiego Kátholickiego nie odsądza: wczym się Redargutor, rzecz przeciwną stánowiąc/ bárzo myli/ niechcąc wiedźieć/ że ני in excelsu nec in defectu (iesli y o swey toż rzec może) S. Cerkiew Wschodnia z Kátholickiey Cerkwie nie wystąpiłá. Atoż widźisz miły Redargutorze, żesmy wiedźieli zá łáską Bożą/ cosmy sobie wypráwili. Rozum ktory wam Apostásia tá odiełá/ został przy Cerkwi Bożey/ że wy tego poiąć nie możećie: tráfiáć się wam muśi/ baczymy iáko tonącemu/ chwytáć się y záwysz. Nie strász nas y tym/ że Krol Je° M. Przywileiow swych zostáie wierny interpres: táki nam iest Pan/ Krol Je° M. P. nász M. iáki y wam: táki nász obrończá/ iáki y wász: Vfamy my Pánu nászemu M. y ná S. iego wyrok pusczamy.

Ale iuż do Constitucij / ktore Redargutor znosząc/ mowi / Co się tknie Constitucyi Seymowych śmieie się káżdy bezumstwu wászemu / iáko się wykłádáczámi ich czynićie/ ćiągnąc choć przez gwałt ná swoie strone/ y rozumiećie że intencia Krolá Je° M. y wszytkiego Senatu tá byłá/ znośić Vnie/ Co iest przećiwo sumnieniu ich/ mieliby ná to pozwaláć y vchwaláć gwoli wam: wielką im záiste krzywdę w tym czynićie. Przyznawamy y my Redargutorze, że káżdy z nas się śmieie / ále tobie podobny bezumnik / ktory tryumphy zwykł obchodźić przed zwyćięstwem. Z czegoż się naśmiewasz oszukány naśmiewco? z tego/ iákobysmy nie ku intentiey Krolá Je° M. y Prześwietnego oboiego Je° K. M. Senatu/ y wszytkiego Rycerstwá te Constitucye wykłádáli: y iákobysmy ie przez gwałt ná swoie strone náciągáli: y śmiechem záiste swoim/ y tą mową swoią krzywdę nam w oboim tym czynisz: intenciey Krolá Je° M. Páná

nászego

nászego M. w serowaniu tych Constitucyi nie tykamy się/ w tym ią położeniu zostáwuiemy/ w ktorym y w podawániu Przywileiow máło wyżey zostáwilismy. Co się zás wykłádu nászego tych Constitucyi/ y gwałtownego ich od nas ku stronie nászey náćiągánia dotycze: odsyłamy ćie y łáskáwego Czytelniká do Odpowiedźi nászey ná Artykuł twoy czwarty. Gdźiesmy o tych Constitucyách/ y obietnicách nam przez nie od Krolá Je° M. vczynionych przełożyli dowodnie/ z włásnym ich wyłożeniem/ bez żadnego ku stronie nászey gwałtownego ich náćiągánia: Co y sám rad nie rad przyznáć muśisz.

Ale się ty nátretuiąc dźiwuiesz się: y zá rzecz przećiwo sumnieniu podáiesz/ znośić Vnie. Ja się zás mowiey twey niedźiwuię: káżdy ábowiem ktory niepokoiu Oyczyznie życzy/ to mowi. Już to przez dwádźieśćia sześć lat te Vnie stroićie: powiedźćież nam prosimy/ iákośćie ią bárzo y Pozwámi/ y Mándatámi/ y pœnowániem rozmáitym / y bićiem / y więźieniem/ y morderstwy/ y Bániowániem/ y Cerkwi pieczętowániem/ y nábożeństwa zábranianiem/ (bo to wászá w Vniey przepowiedź/ tym ią y szyrzyćie) iákośćie ią/ mowiemy/ bárzo rozszyrzyli? Porownaz wászá kilkunástu osob Vnia/ z ták wielkiemi z niey pochodzącemi Oyczyzny kłopotámi/ biedámi/ turbáciámi/ y niebespieczeństwy? Jesli zbáwienia szukasz/ vkázuiesz ná Vnie/ czemu nie idźiesz prosto ráczey ná wszytkie nabożeństwo Rzymskie? á niż ták miedzy Pánem y Poddánemi niesnáski y záwieruchi stroić? Bys chćiał te swoie wielebną Vnie porownáć z szkodámi y kłopotámi Oyczyzny/ ktorych oná iest przyczyną/ y nálazszy/ ná śmiećiu ią odszedłbyś. Co nas Ruś z Rzymiány bárźiey poiątrzyło/ ieśli nie tá obłudna Vnia? że oni nászych Cerkwi obiegáią/ á my ich Kośćiołow: że oni násze nabożeństwo gánią/ á my ich: choć

niemal

niemal toż iest y iedno: Co tych miedzy námi á Rzymiány/ ná wnętrzno máło potrzebną wasn Scriptow vszczypliwych narodziło/ ieśli nie Vnia? Co Królá Jego M. częściey molestuie/ co Rzeczp. bárziey turbuie/ co większe skwierki y płácze w Oyczyznie czyni/ ieśli nie Vnia? Co przyczyną y niesłychánym excessom/ y niebywáłym odwagam/ iákie sie dziś w Oyczyznie dzieią/ ieśli nie Vnia? Jeśliż w ten koniec przećiwo sumnieniu być/ pozwala Vnie znośić/ práwiß/ że idzie o duszy ludzkie. Wiedzieć máß że nie zginie tylko syn zátrácenia. Jeśli też w Vnie ogniem przepowiádáć/ y mieczem szyrzyć/ czego Chryste Pánie rácz vchowáć/ wyidzie to iuż z własnośći Ewángelskiey przepowiedzi: iákoż bácżymy ná tym teszcie. Nowiß tedy/ pozwaláć y vchwaláć znośić Vnie/ iest to przećiwo sumnieniu Królá Je° M. y wßytkiego Senatu duchownego/ y Swietskiego/ y stanu Rycerskiego. My o to niestoimy: áni iesteśmy ná tym ták bárzo áby Vnia znoßona byłá: poniewaz w Pánstwách tych wolno káżdemu iáko chce wierzyć. Oto Narod nász Ruski Królá Je° M. Páná swego M. prośi/ áby Je° Krolewska M. przy Práwách náßych y wolnośćiách ták Swietskich iáko y Duchownych nas zostáwić raczył: áby nam były przywrocone Dostoieństwá Duchowne z należącemi do nich Beneficiami: żeby nam oddáne były Cerkwie: ábyśmy zostáwáli pod zwykłym nam posłußeństwem: áby nam wolne było nabożeństwo: o to Narod nász Ruski Królá Je° M. prośi/ á wy sobie ták raczycie: Vstąpiwßy nam własnych náßych Duchownych y Swietskich dobr/ by was było tysiącámi/ zayrzeć nie będziemy.

Ioan. ca. 17.

Prośimy cię mily Redargutorze/ iákie to wam Apostatom náßym práwo pozwala/ ieździć by v do Charonta ná duszach náßych? Skąd my v was Narod ták bárzo

bárzo pogárdzony/ że nas iák woły do pługu wole wáßey zaprząc vsiłuiecie? Dziwuiecie sie náßym niuśowym postępkom: á niechcecie sie temu zádziwić/ ieśliżeśmy powinni ták nieznośne oppressie od was ponośić? y nászemu nieprzyiácielowi náßemu ćierpieć tego/ nigdybyśmy ná sobie nieprzewiedli/ co wam ćierpiemy? czekáiąc lub ná wáße obaczenie sie/ lub rácżey ná Miłośćiwą łáskę Królá Je° M. Páná nászego M. że wżdam kiedy nas z niewoli wáßey ćięßkiey wyrokiem swym Páńskim rátowáć będzie raczył. Macie záiste vważyć/ co to czynićie? ieśliśćie o podobną rzecz kuśićie/ álbo nie: nam sie zda o niepodobną: bo ieśliśćie przez te ták wiele lat łágodnie idąc nic nie spráwili/ záczęto Tyránią tesżcze mniey. Gdźie abowiem tu/ prze Bog/ słusznośc/ kroli Apostacie/ ktory sie dziś słebizowáć po Rusku vczy/ mámy Wiáry náßey przed wßytkim świátem Cudami známienitemi ogłoßoney odstąpić? Gdźie tu baczenie? gdźie tu rozum? Rozleieß krew/ y rozumieß że przez to miłośći v Narodu Ruskiego nábędzieß/ áby ćie miał zá Metropolitę lub zá Episkopá? Nie tuszymy. Jeśli tedy iáko práwiß Redargutorze sumnienie niepozwala Krolowi Je° M. pozwaláć Vnie znośić: á wam nád nami zbytkowáć dopußczáć/ pozwala sumnienie? Wola tedy Królá Je° Mśći. Páná nászego M. wznieśieniu tey wáßey Vniey niech śie dźieie: my Królá Je° M. Páná nász° M. o doskonáłe vspokoienie nas w Relligiey náßey prosimy.

Ale iuż ku obronie Decretow Tribunalskich ktore Redargutor burząc/ obßzyrnie postepuie: Rozumie że gdy sie násmieie/ to iuż záraz z potrzeby y wygra: Ano ták sie stáć muśi/ iáko święta prawdá mieć chce. Naśmiewa sie w przod z nádpisu nád tymi Decretámi położonego owego/ Decretá Tribunálskie zmacniáiące De-

ce Degrádacia Odſtepnego Metropolitá y Wládykow. &c. Niemáiąc Redargutor/ czymby kárty tego wielebnego ſwego Scriptu nápełnił/ niemáiąc zá co by ſie ſłußnie w Verificaciey wziął/ chwyta ſie zá słowká/ y w nich záżywa Rybáłtſkich Cauillacij. Lecż ſpráwi to S. prawdá/ że y ná tym mieyſcu ten Cauillator confuſo ſtánie. Porwał przed ſie słowo owe Zmacniáiące: z ktorego ták argutuie/ Zmacnia Tribunał degradacię/ to y degradowáć może: to wyrzekßy/ roſtopił ſie ná naśmiewiſká. Jákież to/ mowi/ przebog abſurdum/ w ktore wpádáią zá ſpráwiedliwym ſądem Bożym/ in pœnam ták wielkiego grzechu Odßczepieńſtwá: y dáley to co mu ſie podoba/ drwi. Verificatora názywa Ludificatorem: á Trybunaliſty vbiera w Jnfuły/ Decretá ich ßácuie/ y Tureckie° Ceſárzá w tákich ſwych Decretách Fauorizantami ie czyni. Ale ô abſurde Redargutor, o márny Naśmiewco: nierázći iuż to mowie/ że in rebus ſerijs w rzeczách poważnych/ żárty mieyſcá nie máią. Záż w tym winien Verificator że zwykłego ſądom słowá/ w tákim rázie zażył? lub ty winnieyßy że w nim z vmyſłu/ dla náczoſánia vßu tobie podobnych Cauillatorow ludificuieß? Jeśli ten twoy Argument ważny/ Zmácnia Trybunał Degradácię/ ergo y degradowáć może. Tedy ważny będzie y owy. Zmácnia Trybunał te dánine Krolewſkq: ergo y dáć może: Zmacnia Trybunał ten przywiley: Ergo Trybunał y Przywileie dawáć może. Stwierdził Trybunał to práwo Kośćielne: Ergo Trybunał práwá Kośćielne ſtánowić może. Táki tedy ten twoy pierwßy Argument; Abſurde Cauillator/ ieśli ſie Bogá nie boiß/ (iákoż nie boiß ſie: Coć máło niżey rzeczywiśćie pokaże/) ludzi ſie wſtyday: ále y wſtyduć puſto: płochá dziecina/ y tá ſie tey twoiey nießczerośći dziwowáć

muśi.

muśi. A iákoby iuż ten pierwßy wygrał/ drugi z nie° deducuie táki: Jeśli może Trybunał degradowáć/ to może y conſecrowáć: y wykrzyknął/ o ßaleńſtwo o niezbożnośći: ták by też kto deducował/ może Trybunał Przywileie dawáć/ to może y Szláchte creowáć. O márny człowiecze ná śiebie to ty Exclamacie te czyniß: Ná ſwoie nießczerość wykrzykaß/ ktora y ßaleńſtwo popáda/ y niezbożność pokupuie. Mogłbys tu záprawdę od nas mieć ſwoy Sarcaſmik y słußny: boś nań oto temi twoiemi márnymi Cauillaciami záſłużył: ále calcitranti Aſino recalcitrare niemyślimy. A to ieſt twoy niewſtyd. Co zás dáley práwiß/ Pátriarśie Konſtántinopolſkiemu dáie Trybunał Decretem ſwym Iuriſdictią zupełną nád wßytkim Duchowieńſtwem Ruſkim/ po wßyſtkich Páńſtwách Korony Polſkiey/ y Wiel: X: Lith: By o tákich Decretách wiedział Ceſarz Turecki/ pewnie by przyſłał vmyślnie Czaußá ſwego/ podziekowáć zá to/ że mu Sędziowie nawyżßi Wel: X: Lith: w Oſobie poddánego ie°/ ktoremu on ſpráwiedliwośći dowodzić/ iáko Pan powinien/ ieśliby kto przeßkode w tey Iuriſdictiey przyſądzoney czynić chćiał: wſtep do tych Páńſtw publica autoritate dáli. Záiſte error to nieládáiáki. A to ieſt twa Redargutorze/ niezbożność: To to ieſt comći rzeczywiśćie miał pokázáć/ że ſie Bogá nie boiß. Záż to boiaźń Boża w ſercu twym ſpráwuie/ z biednych y nędznych poymáńcow Chrześćian náśmiewáć ſie? záż Boiaźń Boża niewolnikom bráći ſwey/ Chrześćiánom Bogá w Troycy iedyne° práwoſławnie chwalącym vrągáć? Páná Chrześćiáńſkiego ná nie do gniewu pobudzáć? á Biſurmiáninowi ſerce ku nim záiątrzáć? Zá mnieyße naśmiewiſká przekłął Eliſæuſz dźiatki/ y ſtáli ſie karmią Niedzwiedziom. O ſerce przeklęte: Coż ći záwinił Pátriárchá Konſtántinopolſki/ Oćiec twoy włá- 4. Reg. cap. 2.

sny / ktory ćię in lumbis Przodkow twoich porodźił:
że ták ná niego y przed okrutnikiem Pogáńskim / y
przed Chrześćiáńskim Pánem surowie Instiguieß:
Coć záwiniłá y S. Wschodnia Cerkiew Mátka twoiá
własna/ ktora ćię z wody y Duchá odrodźiłá/ że ią y pod
Pogáńskie y pod Chrześćiáńskie nogi w podept pod-
śćielaß: A my z iednego Oycá y z iedney mátki rodzeni bráćia twoi / cośmy tobie záwinili / że nas y z ćielesnych y z duchownych dobr wyzuć vsiłuieß: Coż Turczyn ma do náßych Zakonow Cerkiewnych/ y Kanonow
Synodálnych/ áby tu do Oyczyzny náßey Czáußy swoie posyłáć miał: Co y do Pátriárchi w spráwách iego
Duchownych/ choć iego niewolnikiem iest według ćiáłá:
Morzu záłożył Pan Bog gránicy piasek/ ktorychby ono
Psal. 31 nie przechodźiło: temu Koniowi y Mułowi/ ktory rozumu Boskiego nie ma / ogłowia á vzdá czeluśći iego
nie zewrze? Już to lat nád połtorásta Pátriárchowie
náßy w tey Pogáninà tego niewoli/ coż on w spráwách
Duchownych lub do Pátriárchi/ lub przez Pátriárche do nas: O radbyś ty to widźiał nießczęsny człe-
wiecze/ żebyś co był mogł ná przykład podáć / áleś
śię sposobić niemogł. Bys był chćiał ná żáłobne w
srzednich onych wiekách Cerkwie Zachodniey oblicze
weyrzeć/ nie vragałbyś dźiś ozáłobione lice máiącey
Cerkwie Wschodniey. Bys był wspomniał ná one Rzym
burzące/ wládnące im/ y Chrześćiány támeyße y Przełożone ich Duchowne trapiące y morduiące okrutniki/
Gottskie/ Herulskie/ y Wándálskie/ Aláriki/ Aráulphy/
Odoákry / Theodoryki/ y tym podobne: nie vragałbyś
Bráći náßey/ przez podobnego tym okrutniká z niewolo-
ney: y ná Pátriárchi náße y swoie insullow nie strelbyś.
Bys był/ mowiemy/ ná to wspomniał / obaczyłbyś co
vnie niewola/ Co vnie okrutnik/ y co vnie z niewolo-
nemi

nemi y z okrutnikámi Pan Bog: záczym rozumiemy żebyś tych nie Chrześćiáńskiego sercá exaggeracij ná Przełożonego náßego/ y swego/ y ná Cerkiewne náße práwá/
y ná nas Bráćią swą zániechał był. Jesli niemaćie
baczenia ná wnetrznośći/ ktore nas y was iedne nosiły:
iesli wam zbywa ná politowániu krwie/ ktora śię w nas
y was iedná rozlewa: iesli y ná te/ ktora nas y was iednego ćiáłá członki záchodźi / condolencie sposobić
śię niemożećie: Communi naturæ condescenduyćie: á
trápić y mordowáć nas iák inßemi / ták oto y tymi
niezbożnymi exaggeraciami lub wstyd/ lub grzech być
osądźćie. Zydźiżeśmy wam lub Bisurmiánie / czyli co gorßego? że mimo te / nas iednych wßeláko vty-
skuiećie: nas sámych gnębićie: nam sámym nieznośne praeiudicia czynićie: sámym nam y ná vczćiwe y ná
pobożne nástępuiećie: sámych nas bráćią swoie vczćiwy Narod Ruski zdrády zmázą bezecnićie: y oniełá-
ske Pomázáńcá Bożego/ Krolá Je° M. Páná náße° M.
przypráwić stáráćie śię: sámym nam Bogá w Troycy iedyne° Práwosłáwnie wyznawáiącym Chrześćianō
wiárę wydźieraćie. Miawßy wiedźieć zápewne/ że nam
serce náße z pierśi náßych rychley wyrwiećie/ niżli z duße náßey S. wiárę náße wydrzeć zmożećie. Nieiuż to
y nád duszą przemogą / iesli nád ćiáły w tym wolnym
Chrześćiáńskim Páństwie nád wolnym/ práwy y swo-
bodámi obwárowánym Chrześćiáńskim narodem krwá-
wo pástwić śię dopußczono wam będźie. Ná co wy dniem
y nocą/ iáwnie y krytomo/ opácznie y bezpráwnie / oto
tákiemi y tym podobnemi Exaggeraciami y calumniami, y
krwie woniáiącemi Instantiami czyhaćie. W czym nádźieiá náßá Bog wßechmogący/ w ktorym sámym tylko wßytká vfność náßá: nádźieiá náßá y Pomázániec
Boży/ Krol Je° M. Pan náß M. pierwßa náßá po

Pánu

Pánu Bogu / od ßkodliwego ná cáłość praw y ſwobod náßych zápedu wáßego/ obroná. Nádzieiá y ſámá náßá niewinność / ktora y zedná Morzá rátowáć zwykłá. Nádzieiá y ſpráwiedliwość świeta / ktorey własność kázdemu z ſwego ſie ćießyć dopußczáć. Ze ſwego bronimy: że ſwego własnego z rąk náßych wydrzec nie dopußczámy: zá niezbożne y zá zdráyce od was vdáwáni bywamy. Ktora ſpráwe náße ſam wßytkowidzący Bog náß niech rozſądzi/ Amen.

Rozdźiału Redargutorowego Szoſtego Nadpis:

Zé nie ná wákuiące Władyctwá ći nowo poświeceni náſtąpić vśiłowáli: y że Pátriárchá Konſtántinopolſki do kráiow Ruſkich práwá nie ma.

Odpowiedź.

Ze nowo poświeceni Metropolit y Epiſkopowie / ná wákuiące Stolicy Metropoliey y Epiſkopſtw poświećić ſie dáli: y że Pátriárchá Konſtántinopolſki do Kráiow Ruſkich práwo przyrodne/ Kanonámi Synodow powßechnych ſtwierdzone ma.

W Rozdźiále tym ßoſtym Redargutor trzy Verificatorowe Párágráphy burzyć przed ſie bierze: Ktory/ ná iáką ſie poiedynkową woienną Armáte do burzenia ich ſpoſobił/ przed oczymá twemi Mśćiwy y łáſkáwy Czytelniku poſtáwie / z ktorey łácno obaczyß/ iák ieſt ſpoſobny nierząc do burzenia/ále do boiu. Pierwßy Párágraph Verificatorow, iż Pátriárchá Konſtántinopolſki ieſt w kráiách Ruſkich práwem Duchownym y świetſkim/ y zwyczáiem/ Páſterz przyrodny. Drugi Párágraph

Párágraph: iż Pátriárchá Konſtantinopolſki Apoſtáte Metropolitá Ráhoze y iego náśládowce Epiſkopy oſądził/degradował, y wyklął. Trzeći Párágraph: iż zátym tákowym degradowaniem, ſtolicy Epiſkopſkie wakowáły/ ná ktore owdowiáłe nowo poświeceni ſą podnieśieni.

Burząc tedy y znoßąc Redargutor párágraph pierwßy/ ná Kanonách powßechnych Synodow záłożony y vmocniony / od dwudzieſtego oſmego Kanonu Synodu powßéchnego czwartego poczyna / przez ktory náznáczáne bywáią do rządu Duchownego Pátriárśie Konſtántinopolſkiemu Pont / Aſia / Thrácia / y Narody Barbárſkie: Gdźie o narodách Bárbárſkich wyprawuiąc/ cáłą kárte napráſno poterał. My iemu z Bálſámonem Kanonow tych wykładaczem/ w wykłádźie tego 28. Kanonu/ ten Intent śś. Oycow być powiádamy/ że ſie przezeń wßytkie Bárbárſkie narody/ iáko Bulgárſkie/ Słowáckie/ Serbſkie/ Ráckie/ Boſmienſkie/ Kárwárſkie/ Dálmárſkie/ Illirickie/ Multáńſkie/ Wołoſkie/ Węgierſkie/ Czeſkie/ Polſkie/ Ruſkie/ Moſkiewſkie/ y inße tego Bárbáriey nazwiſká/ ták względem ich ná on czás hrubiánſtwá/ iáko y względem Pogáńſtwá Bárbárámi/ názwáni w rząd y ſprawowánie podáią. A podáią iemu Pogáńſkie te narody ná táki rząd: áby poświecáiąc Epiſkopy/ poſyłał ie w te narody ná przepowiedź Ewángeliey S. A czemuby iemu á nie inßemu? Nie dla inßey iákiey przyczyny iemu / tylko dla ſámey przyległośći. Záczym tu nic niewáży/ co ten Redargutor báie: że práwá ſie nie pißą / tylko ná podległe. W ten ſpoſob ábowiem podáne mu były te narody od tego Synodu/ áby on ie pozyſkiwał Pánu Chriſtuſowi/ y poſyłáiąc do nich przepowiedniki Epiſkopy/ czynił ie ſobie podległe/ ktorymby potym práwá te należáły. Márny tedy to Argument Redargutorow, gdźie mowi/ Ieśli w kráw kráiách Ruſkich onych czáſow y początkow wiáry Chrześciáńſkiey nie było: to Konſtántinopolſki nie miał kogo święcić. Ták miał inferowáć, to Konſtántinopolſki miał tám przepowiedniki Ewánieliey posłáć/ á zá posłániem ich przez nie do wiáry Chrześciáńſkiey/ miał im Episkopy poświęcić y práwá Cerkiewne podáć.

Márna y owá powieść/ Co práwi/ że byłoby to práwo nieſpráwiedliwe: przyczynę tego dáie/ iż záoczazyło tego Kanonu Dusz ludzkich wielkie mnostwo ginąć musiáłoby: gdyby z Konſtántinopolá prze zámieszánie iákie/ á bo prze iáko źinſzey wiáry nieſpoſobność Przepowiedniki Ewángieliey posłáni być niemogli/ á drugimby nie volno było. Mowiemy że ná te zámieszánia Oycowie śś. niepoglądáli/ bo temu wſzyſtkie Páńſtwá iednáko podległy: ále pogladáli cześcią ná to, że/ by dobrze y zámieszánia były/ słowo Boże y więzieniu y zámieszániu niepodlega: Cześcią y więtſza/ iż do tych narodow/ prze ich do Konſtántinopolſkiey ſtolice przyległość nikt rychley Przepowiednikow Ewánieliey posłáć nie mogł/ y nikt ſpoſobniey y zręczniey nimi Duchownie rządzić niemogł/ iáko Pátriárchá Konſtántinopolſki/ iáko wſzytkim tym Narodom nabliżſzy. Ktory temu Kanonowi dosyć czyniąc/ wſzytkie te wyżey pomienione Barbárſkie narody Pánu Chryſtuſowi pozyſkał.

A gdy mowie wſzytkie/ żadnego niewyimuię. Ale rzecze Redargutor/ dámy mieysce Przepowiedzi Ewángelſkiey od Pátriárchi Konſtántinopolſkiego w tych narodách/ w ktorych y teraz Wiárá wſchodniey Cerkwie/ y poſłuszeńſtwo Konſtántinopolſkiey Stolice zostáwa: iáko w Bulgárſkim/ w Serbſkim/ w Sławáckim/ w Ruſkim/ w Moſkiewſkim/ y w inſzych: lecz gdzie w Polſzcze od Pátriárchi Konſtántinopolſkie°/ Ewángelſka przepowiedź: Gdzie w Węgrzech? gdzie w Czechách?

gdzie

gdzie w Litwie? Ponieważ y to Narody były Bárbárſkie Pogáńſkie? Niechże wie o tym Redargutor y iego complices/ że we wſzytkich tych Narodách byłá Ewángelſka Przepowiedź od Pátriárchi Konſtántinopolſkie°/ S. Wſchodniey Cerkwie: ſą Munimenta pewne y okázáte/ przeciwo ktorym nikt ſłuſznie mowić nie może. Bo y Przepowiádácze Ewángeliey Methodius y Cyrillus Episkopowie od Pátriárchi Konſtántinopolſkiego Methodiuſza, mieli S. ná przepowiedź do tych narodow posłáni: iáko ieſt czytáć o Methodiuſie Maij 11: á o Cyrille 14. Februarij, Żywotow świętych iezyká Sławieńſkie°. Ztąd Stryjkowſki/ A nawięcey mowi/ około ćwiczenia y náuczenia w nowey wierze tych to narodow Sławieńſkich świeżo ochrzczonych/ Cyrillus y Methodius Biſkupowie święci prácowáli. lib: 4. pag: 148.

Ci tedy śś. Episkopowie między innemi narodámi Sławieńſkimi/ przywiedli do wiáry Chrześciáńſkiey Roku Páńſkiego ośmſet ośmdziesiąt piątego/ Swiętopługá/ álbo ráczey Swiátopołká Krolá Morawſkiego/ iáko piſze z Cromera y z Wenceslauſa Hageka Kronikárzá Czeſkiego Stryjkowſki: Skąd náſze Menologia Sławieńſkie Methodiuſza, tego Episkopem Morawſkim tytułuią. Krol Morawſki Swiętopług w lat po ſwym krzcie pięć/ to ieſt/ Roku dziewięćſetnego do teyż wiáry/ ktorą od tych świętych Episkopow przyiął/ przywiodł Boriwoiá Xiążęciá Czeſkiego/ y żonę iego Ludmilę. Ibidē.

W lat potym ſześćdzieśiąt y pięć/ też że Wſchodu do Morawy/ z Morawy do Czech záwitáło wiárę Chrześciáńſką/ dla Xiężny Czeſkiey Dąbrowki Siostry Wácłáwá y Bolesłáwá Xiążąt Czeſkich/ gdy ią zá żonę ſobie poślubić chciał/ przyiął Mieczysław Xiąże Polſkie Roku dziewięćſet ſześćdzieśiątego piątego. Dowod tego/ że ten Swiętopług álbo Swiátopołk Krol Morawſki/ że Wſchodu

 od Grze-

od Graekow wiáre Chrześciáńską przyiął / ten iest pierwszy z Długoszá / ktory o nim y o inszych dwu Narodu Słáwieńskiego Xiążętách ták mowi / Troie Xiążąt Słáwieńskich / Rościsław / Swiátopołk / y Kocżel / od Graekow wiáre Chrześciáńską y Ceremonie przyieli. Dowod tego drugi ztąd / że Cerkiew Wschodnia y nászá Ruská / Ludmiłę Krolową Moráwską / żonę Swiatopołká Krolá Moráwskiego / pierwszego Chrześcianina / ma zá świętą / y pámiątkę iey męczeńską obchodzi dniá 16. Septembrá. tákże y Wáclawá (po Rusku Wiácżesławá) Brátá rodzonego Dąbrowki Xiężny Żony Miecżysłáwá Xiążęciá Polskiego / dla ktorey on wiáre też Chrześciáńską / ktorey oná byłá / przyiął / Cerkiew Wschodnia y nászá Ruska ma zá świętego / dzień pámiątce ie° 29. Septembrá poświęciwszy. Te tego iásne dwá dowody położywszy / inducuiemy, że Xiąże Polskie Miecżysław tę wiáre przyiął / ktorey byłá Dąbrowká: Dąbrowká byłá wiáry tey / ktorey byłá Bábká iey Ludmiłá: Ludmiłá tey byłá wiáry / ktorey był Swiátopołk Krol Moráwski: Swiátopołk wiáry był tey / ktorey się náucżył od Methodiuszá y Cyrillá: Methodiusz y Cyrillus tey wiáry náucżyli Swiátopołká / ktorey byli náucżeni od Methodiuszá Pátriárchi Konstántinopolskiego / ktory ie posłał. Polacy tedy też wiáre przyiąwszy / ktorey był Miecżysław Xiąże Polskie / y Dąbrowká Xiężná żoná iego / Graecką ze Wschodu od S. stolice Apostolskiey Konstántinopolskiey szcżęśliwie záwitáłą wiáre Chrześciáńską przyieli.

lib. 1. Tom: I

A że y Węgrowie od Konstántinopolskiego Pátryárchi Wiáre Chrześciáńską przyieli / dáie o tym wiedzieć Zonaras Historyk Graecki: ktory pisze / że Xiąże Węgierskie Bologudes: y cżęści niektorey tegoż Páństwá drugie Xiąże Gylas wiáre Chrześciáńską przyieli / zá Cesárzá Konstántinopolskiego Konstántiná syná Leonowego:

Zon: Tom 3 fol. 158 in Im. Cōstantin:

wego: á zá Pátriárchi Theophylactá w Konstántinopolu ochrzcżeni: ktorzy wzięli z sobą y Episkopá ná Przepowiedź náuki Ewángelskiey do Węgier od tegoż Theophylactá Pátryárchi podánego.

Filij Leonis

O Litwie żadney wątpliwości niemász / że napierwey Wiáre Chrześciáńską ze Wschodu od Konstántinopolskiey Stolice przyieli zá tą occázią: Olgierd Xiąże Litewskie / miawszy dwie żenie iedne po drugiey / pierwszą Xiężnę Ulianę / Corkę Xiążęciá Witepskiego: drugą Xiężnę Marię / Corkę Xiążęciá Twierskiego: oboie Religiey Graeckiey: gwoli ktorym y sam Olgierd Wiáre Graecką przyiął / y w Witepsku dwie Cerkwie kosztowne / w nizním Zamku iedne / á drugą zá Rucżáiem zmurował. y syny swoie wszytkie / ktorych miał / z Julianny sześciu / z Mariey drugich sześciu / w Grecką Wiáre pokrzcił. Zápyta snać zdumiáły Redargutor / skąd że Rzymska w tych Páństwách teraz Wiárá: Chceli wiedzieć / odsyłamy go do trzecich Xiąg Kromerowych / y do Xięgi dwunastey Strykowskiego. Otożesmy / zá pomocą Bożą / pokázáli to Redargutorowi / że y w Moráwie y w Ciechách / y w Węgrzech / y w Polszcze / y w Litwie / że Wschodniey S. Cerkwie / od Konstántinopolskiey Stolicy ktorey do náuki według przerzecżonego Kanonu przepowiedź Ewángeliey S. zástewek hoyny swoy wzięłá / chociaż dziś inszy kto w nie sierp swoy posyła: Jákim práwem / inszym to do uważenia puszczam. Ná to tedy tym dwudziestym osmym Kanonem ŚŚ. Oycowie cżwartego powszechnego Synodu te Narody Konstántinopolskiemu Pátriársze pod rząd duchowny poddáli: y to / co się pokázáło / on w nich zá postępkiem czásu szcżęśliwie spráwowáł.

Stryk: lib. 12. pag: 424.
Idem: lib: eo. Pa. 46.
Pag 33 y 34.
Pag. 461.

Już do Kanonu osmego Synodu powszechne° trzeciego / w ktorym długo się zábáwić nie przyidzie: ále pokázawßy to / co Verificator o nim prawdziwie verificuie / á co Redargutor fałßywie Redarguie / to ná nim przewiedziemy/ że nie ieſt to comment niepotrzebny Verificatorow/ iáko on báie/ od niego ſámego zmyßlony: ále ieſt comment iſtotny Synodu pomieſtne° zá Ceſárzá Zenoná Konſtántinopolſkiego / á zá Pátriárchi Akaciußá w Konſtántinopolu obchodzonego. Niech czyta ieśli mu ſie podoba/ w Suriuśie żywot Błog: Bárnaby Apoſtołá/ dniá 11. Junij: niech czyta y Hiſtorie Baroniußowe w Roku 485. w liczbie ßoſtey: á obaczy że w tey ſwey około oſmego Kanonu S. powßechnego Synodu trzećiego powieśći Verificator prawdziwie Verificuie / á on fałßywie Redarguie: Ták ſie tedy tá rzecz ma. Piotr Fullo Pátriárchá Antiocheńſki / chcąc pod władze ſwoie Cerkwie wyſpy Cypru záćiągnąć/ vśiłował im Biſkupy poświecáć y poſyłáć. Ktoremu gdy ſie ſprzećiwił Episkop Salaminy Anthemius/ pozwolić mu tego niechcąc: ſpráwá tá / według 9. y 17. Kanonu Synodu powßechnego Chalcedonſkie°/ przed Akaciußa Pátriárche Konſtántinopolſkiego/ zá zapozwem wytoczyłá ſie: gdźie Piotr Fullo ſpráwe te producuiąc/ tym práwem ſobie y wßyſtkim Antiocheńſkim Pátriárchom do Episkopow Króleſtwá Kypryſkiego władzy dowodźił/ że do tey Wyſpy Cypru od Pátriárchi Antiocheńſkiego/ przez Przepowiedniki od niego poſłáne/ Wiárá Chrześćiáńſka ieſt zánieśiona/ y rozkrzewiona. y mowi Hiſtoria/ by tego był Fullo dowiodł, tego/ náczym był/ pewnieby był dokázał. Ale Anthemius pokázał mu to z obiáwienia ſobie od Błog: Apoſtołá Bárnáby/ że Króleſtwo Cypryſkie od niego ieſt wiáry Chrześćiáńſkiey náuczone/ á nie od inßego kogo: dla czego/ iáko Pátriárchá Antiocheńſki/ ták żaden inßy pod rząd ſwoy y władze/ záćiągáć Episkopow Króleſtwá tego nie

go nie

go nie może. A dowiodł tey ſwey powieśći pod ten ſámy czás/ y dla tey ſámey ſpráwy/ od tegoż ſáme° Błog: Bárnáby Apoſtołá / zá zrządzeniem Boſkim cudownie obiáwionym ćiáłem iego: y Ewángelią ná pierśiách iego ználeziona / ná deßczkách z Thyenu drzewá pisáną. Záczym decret po ſobie otrzymał. Otoż ma Redargutor to przed oczymá/ oczym nie wſtydał ſie mowić/ że te° nigdźie w żadnym Kanonie y w żadnym Conciliũ niemáß.

To zás co mowi / że ich Kátholicy Pátriárchowie chrzćili/ á teraz Schiſmátykom podlegáć nie powinni: Fałß mowi: Nigdy tego ze wßytką ſwoią Apoſtatſką Ordą niepokaże/ áby y teráźnieyßy ktory ze czterech náßych Pátriárchow od świętey/ iedyney/ Kátholickiey/ y Apoſtolſkiey Cerkwie był w Schiſmie. A to drugie/ teyże ieſt ceny/ co támże záraz mowi / Żeśmy Chrześćiánie/ Cerkiew ma do nas práwo/ nie tá/ nie owa / ále Cerkiew powßechna: ktora w ſobie záwiera te y owe. Tá bowiem powßechna Cerkiew / ktora záwiera y te / y owe / tobie roſkazáłá / ábyś podlegał władzy Konſtántinopolſkiego Pátriárchi: Ponieważ Synod powßechny / ieſt powßechney Cerkwie lice. Przykład też Redargutorow z Páráfiy Popowſkich do Páráfiy Episkopſkich y Pátriárchálnych od niego vczyniony/ ieſt wielka pleć ná Redargutora y niezbyta. Wolnoć miły Redargutorze, okrzćiwßy ſie w iedney Páráfiey/ przenieść ſie ná vſtáwiczne mießkánie do drugiey/ y tám podlegáć nie temu Presbyterowi/ áni temu Episkopowi gdźieś ſie chrzćił: ále temu gdźie mießkáć bedźieß. Wolnoć/ że y powtore rzeczemy/ przenieść ſie: ále w tegoż Presbyterá Páráfiy mießkáiącemu/ od ktoregoś ſie ochrzćił/ drugiego Presbyterá władzy/ mimo niego/ podlegáć/ niewolno: nierządby to był w Cerkwi Bożey/ Redargutorze, á nie Rząd. Wynieś ſie y ty z

M iij Páráfiy

páráſiy Pátriárchi Konſtántinopolſkiego / wolnoć bedźie w cżyiey rácżyß Páráſiey/ y pod cżyią lubuieß władzą mießkáć : ále poki w Páráſii iego trwaß/ iego poſłußnym być/ iemu podlegáć/ y iego nád ſobą władze znáć muſiß. Cożes z tego przykłádu odnioſł : To coć y w drugim náſtepuiącym przykłádźie pokażemy. Gdźie z przykłádu od Heretykow álbo od Schiſmátikow odrzcżonego náwodząc/ mowiß/ że gdyby odrzcżonemu Schiſmátyká álbo Heretyká odſtąpic niewolno było/ práwo tákie niezbożne być muſiáłoby : ieſt iedney z pierwßym ceny. Niechceß Tyránowi w niezbożnych iego ſpráwách być powolnym/ wynieś ſie z iego Páńſtwá. Niechceß Schiſmátykowi álbo Heretykowi ktory ćie odrzćił podlegáć/ vſtąp z iego Páráſii: Jnácżey władzy Tyráńſkiey nie zbedźieß : w iego Páńſtwie mießkáiąc powoli iego być muſiß. Alemći iuż ná to máło wyżßey reſolutè odpowiedźiał : áby náß Pátriárchá Konſtántinopolſki / co przez ten twoy przykład intenduielz / był Heretykiem álbo Schiſmátykiem/ fałß ieſt.

Jdzmyż ießcże do tey Redargutorowey powieśći/ ktorą zá dźiwną Verificatorowi vdáć chce. Dźiwowiſkoć záiſte/ ále Verificatorowi nie ták bárzo dźiwne/ iák márne. Coż tákowe ? Ja, mowi / Redárgutor/ z Kanonu pierwßego Epheſkiego/ vkáże/ że Pátriárchá Konſtántinopolſki nie ma władzy Pátriárßey. O márny blupniu. Coż dáley ? A co/ mowi/ bedźie ſie Verificatorowi widźiáło dźiwnieyße / ma Pátriárchá Konſtántinopolſki podlegáć Metropolićie Kiiowſkiemu. To iuż wyßło záiſte z dźiwnego. Słuchayże Miłośćiwy y łáſkáwy Czytelniku tego Kanonu / ktorym tych ſwych áſſercyi ten Redargutor, dowodźi. ktory táki ieſt : Jeśliby ktory Metropolitá (że ten od niego citowány

wány

wány Kanon z Græckiego położymy) Od świetego wſeleńſkiego Soboru odſtąpił/ y do Hæreſiey ſie iákiey przyłącżył/ álbo z Cæleſtiußem trzymał/ tákowy przećiwo Prowinciey tey Przełożonym y Epiſkopom nic cżynić niemoże / odćiety przez ten Sobor od wßelkiego Cerkiewnego ſpołkowánia / y do żadnego vrzedu odpráwowánia mocy niema: y owßem / ſámym tey Prowinciey Epiſkopom/ y bliſkim Metropolitom práwoſławną Wiáre wyznawaiącym zgołá podległym być ma / y z godnośći Epiſkopſkiey zrzucony.

Ten Kanon Redargutor przełożywßy ták argumentuie : Jeśli Pátriárchá Konſtántinopolſki / (iáko go ludźie vdáią/) nieprzyimuie Soboru Florentſkiego: á Sobor Florentſki ieſt prawdźiwym powßechnym Soborem : przez to ſámo tráći władze ſwoie/ y podlegáć Metropolitom/ tym ktorzy ten Sobor przyimuią / powinien : táki ieſt Metropolit Kiiowſki. Otoż mamy y ſkárge y dowod/ y Decret záraz : że Oćiec Pátriárchá Konſtántinopolſki/ y Pátriárchą nie ieſt/ y Metropolity Ruſkiego ſłucháć powinien . Cżymże tego dowodźi: Kanonem fałßywie citowánym / ktory z natury ſwey ieſt dicti ſecundum quid : á on go przeformował w náture dicti ſimpliciter : co ſie z ſpecificowánia Cæleſtiußá Heretyká/ ná przećiwo ktoremu y Neſtoriußowi ten Synod był obchodzony/ łáśnie wiedźieć dáie. Aliás/ ná wßytkich Synodách/ żadney inßey Hereſiey ſtrzec ſie nikt powinien niebyłby/ tylko Cæleſtiußowey : y żadnego inßego Here-

go Herego Heretyká tylko Cęlestiuszá. Kanonu tego coby zácel był/ Cõmentator teo támże zaraz wiedźieć dáie/ mowiąc: Ponieważ od Synodu Ephesskiego odstąpiło do trzydźiestu Przełożonych duchownych/ ktorzy iednomyslnymi Nestoriuszowi y Cęlestiuszowi naydźieni byli/ y vszli od Synodu/ niechcąc wespoł z inszemi Oycámi Nestoriuszá potępić: przeto Synod ten S. od wszelkiey społeczności odłączył ich/ y Kápłáńskie im dostoieństwo odiął: y ten/ mowi/ cel iest tego Kanonu. Ktorego celu Redargutor że nie niewiedźiał/ dochodźimy stąd: iż od tego przerzeczonego celu ku swey woli y potrzebie gwałtem go náciągáiąc/ musiał go z fałszowáć w tym mieyscu/ gdźie mowi/ y do Hæresiey sie iákiey przyłączył/ álbo z Cęlestiuszem trzymał: vczynił go speciálnego generalnym: miawszy ták rzec/ **Jesliby ktory Metropolit od S. tego Soboru odstąpił/ y do Apostatskiego się zgromádzenia teraz lub nápotym przyłączył/ y z Cęlestiuszem teraz lub nápotym trzymał.** y dáley. Aby go mowiemy ku swey potrzebie sprawił vczynił z niego specialnego generalnym/ przydawszy owe dwie słowká/ iákiey/ y álbo: á miásto Apostatskiego zgromádzenia/ Heresie położywszy. Z ktoreo Kanonu ták był powinien argumentowáć: Ponieważ Pátriárchá Konstántinopolski pierwszeo powszechnego świętego Synodu trzeciego Ephesskiego odstąpił/ y do Apostatskiego zgromádzenia przyłączył się/ y z Cælestiuszem trzyma. Przeto przeciwo Diæcesiey swey Przełożonym Metropolitánom y Episkopom nic czynić niemoże: y do żadnego vrzędu odpráwowánia mocy nie ma: y owszem sámym swey Diæcesiey Episkopom y bliskim Metropolitom/ Práwosławną wiárę

wyzna-

wyznawáiącym zgołá podległym być ma. Toby iuż mogł słusznie inferowáć: Przeto Pátriárchá Konstántinopolski/ nie iest Pátriárchą: y Metropolitowi Ruskiemu ma podlegáć. Ale poki Pátriárchá przyimuie trzeci powszechny Synod/ do gromády Apostatskiey nie łączy sie/ Herezye ná nim potępione potępia/ y Cælestiusza przeklętego przeklina/ poty zostawa Pátriárchą: y Metropolit Ruski poty podlegáć mu musi. Ták in forma miałes był árgumentowáć Redargutorze: á nie łápaczki stroić/ co dobrym ludźiom nieiest przyzwoito.

Ale daymy (czego iednák niepozwalamy) temu Kanonowi y ták stać/ iáko gi Profanator tego stać chce. Wszákże poki tego niepokaże/ czego wiecznymi czásy nie vczyni/ áby Synod Florentski Wschodniey Cerkwie miał być Synodem Powszechnym/ ktora nád siedm powszechnych Synodow nie zna wiecey: poty y Pátriárchá Konstántinopolski Pátriárchą/ y Metropolit Ruski podlegáć mu winien.

Około szostego Kanonu pierwszego Powszechnego Synodu Redargutor kręcąc sie/ dźiury w nim szuká/ z ktorey by go szpocić począć mogł: á nienalazszy/ zá słowko sie viął: ktore radby rozkasił/ niemoże: połknąć go też nie śmie. Nieprzeszedł dźiesiąciu wierszow/ Kanonu ták známienitego wielkiego Synodu Sacrilegè zprofanowawszy: Verificatora z tego strofuie/ że miásto Metropolity/ położył imie Pátriárchi: á to/ mowi/ z vmysłu ná to vczynił/ áby niebył swymże biczem vchłostan: że bez woli Metropolity Ruskiego święcili sie ná Władyctwá Ruskie. By Metropolitá był z swych zámierzonych iemu gránic niewystąpił/ czynić by sie oni teo byli nieważyli: ále zły Metropolitow postępek/ wolność im do tego táką dał/ iákiey sobie Redargutor z pierwszego Kanonu Synodu powszechnego máło wyższey dowodźił.

N A to,

A co pierwszey tego Kanonu części Redargutor dowodząc wykrzyknął/ Iużeż mi się więcey nienáwiţiay z tymi Kanonámi/ zabrániáiącemi iedne[v] Episkopowi wstępowáć sie w drugą Episkopie. Rozumiałby kto/ że to on vczynił/ dobrze sobie tusząc/ áno z wielkiego stráchu: bo te swą płonną powieść czymby wspárł / y iedney litery w práwách Cerkiewnych náleść niemogł / y nienaydźie: záczym/ głosem/ ponieważ słow nitu /-verificatorá bieden odstrásza.

Ten Párágráph verificatorow pierwszy Redargutor ták pomyślnie odpráwiwszy/ do wtorego przystępuie owego/ iż Pátriárchá Metropolite Apostáte/ y iedynomyślnych iego Episkopow osądził / degradował, y wyklął. Ktory znosząc/ długi záwod rospuścił: wywodząc tákim sposobem zwykli sie sądy odpráwowáć: y nie przyznawa áby kiedy Apostatowie do sądu byli citowáni: nieprzyznawa należnych Sędziow: y tego náwet nie przyznawa áby byli sądzeni. Ale o tym szkodá poprożnicy słow płodzić/ co wszytkiemu świátu náiáwił Swieżá ábowiem tá spráwá / z pámięci ludzkiey ták rychło wyślizgnąć nie mogłá. My ią zá pewną mamy: y nikt iey nam zá podeyrzáną vdáć nie może.

Co práwi z Kanonu trzećie[o] Synodu Sárdicenskie[o] Pomiestne[o]: (choć go mimo prawde powszechnym Redargutor tituluie:) niech wspomni ná Synod Kárthaginski szosty: wspomni záraz z iáką kobiałką ten pomieniony Kanon/ od ták zacne[o] Synodu/ ná ktorym był y Augustyn S. iest ná zad odesłan. Mamy też my przećiwo temu coś známienitsze/ y ná prawdziwie powszechnym Synodźie ferowáne/ y prawdziwemi powszechnymi Synodámi stwierdzone /co się ták w sobie ma: Ieśli ktory Klerik bedźie miał spráwe z drugim Klerikiem/

kiem/ Episkopá swego niech nieodstępuia/ y do świetskich Sędziow niech się nieudáia: ále niech się pierwey przed swoim własnym Episkopem: álbo przedkim oni / zá pozwoleniem Episkopim záchcą/ spráwá toczy: á ktoby nád to vczynił /Kanonnym pœnam podlega. A ieśli Klerik z swoim/ álbo z drugim Episkopem spráwe bedźie miał / do Exárchi Diœcesiey onney: álbo do Stolice Konstántinopolskiey kroluiącego Miástá niech idźie: á przed nią niech się sądźi. To powszechne[o] Chálcedonskie[o] synodu Kanon dźiewiąty. Ieśli tedy Pomiestny Synod Sárdicenski Appellacie námienił do Iuliuszá Papieżá: Chálcedonski Powszechny Synod nie Osobie/ ále Stolicy Konstántinopolskiey ią przysądza. Z tego też Kanonu ma się náuczyć Redargutor co zá powagá Exárchi Stolic pátriárchálnych: że przećiwo osnowi wierzgáć poniechá.

Trzeći Párágráph verificatorow ow/ że zá degradacia y klątwą od Pátriárchi ná Apostaty wniesiono wákowáły Stolice/ y iáko ná wákuiące podniesieni są nowo poświeceni: Znosi dwiemá rzeczámi: iedną podłą/ drugą ládáiáką: Podła iest / ktorą przywodźi z tegoż pomiestnego Synodu Sárdicenskiego. Podłą názywámy/ iż ią znośimy rzeczą známienitą Synodu Powszechnego. Kanonom ábowiem Synodu pomiestnego ći tylko podlegáć powinni / ktorzy w tey Prowinciey lub pomiestności żyią: Kanony záś Synodow powszechnych wszytka powszechna Cerkiew záchodza. A temu tedy czwarte[v] Sárdicenskiego Synodu Kanonowi w twarz / przełożony dźiewiąty Chálcedonskiego Synodu Kanon stáwiemy.

ſtáwiemy. Lidáiżka zá ſie rzecz ieſt / co mowi / że Apoſtatowie ſą w Poſſeſsiey Beneficiy Cerkiewnych: Ergo nie ſą degradowáni y wyklęci. Ták to conſequentia dobra / iák gdyby kto o vmárłym człowieku w ręku chuſtkę máiącym rzekł: ma w ręku chuſtkę / Ergo żyw ieſt. A ná tym te niżey ná ßoſty Rozdźiał Odpowiedz kończymy: pokázawßy to zá pomocą Bożą / dowodnie: że y Pátriárchá Konſtántinopolſki ieſt Pátriárchą: y Metropolit Ruſki podlegáć mu powinien.

Rozdźiałow Redargutorowych 7°. y 8° Nadpiſy.

O krzywdách ktore mieni mieć Verificator od nas w słowiech / y w ſámey rzeczy.

Rozdźiałow Redargutorowych 9°. y 10°. nadpiſy:

O krzywdách / ktore my ponośimy od was w słowiech / y w ſámey rzeczy.

PRzeßedßy te ßeść pierwße Rozdźiały / Miłośćiwy y łáſkáwy Czytelniku: w drugich poślednich ßeśćiu ná czymbyſmy ſie báwili nie mamy: te ábowiem od Odſzczepcow náßych zachodzące nas krzywdy / ktore ſie iuż po doſtátku w Verificaciey położyły / powtore przekłádáć / byłoby wrzod niejáko podżyły refricowáć: w tym też co ſie zá wolą Krolá Je° M. Páná náßego M. w Páńſtwách Je° K. M. dźieie / nie náßá rzecz práwney y bezpráwney słußnośći y nieſłußnośći ßukáć. Rownie y ná rzeczách od ſpráwy teráźnieyßey odległych / báwić ſie tą rázą precz zdrożna być ſądźiliſmy: dla czego ná te ßeść Redargutorowych Rozdźiałow: dwiemá náßemi / y temi krotkiemi / zupełnie zá pomocą Bożą odpowiemy: wtym zwłaßczá / co ku tey ſpráwie potrzebnie należeć widźimy. Bo co práwi Redargutor w śiodmym Rozdźiele o Schiſmie: rzecz tá nie tey ieſt krotkośći: y

nie

nie tákich przykłádow: tákiey y tákich záżywßy Redargutor / rozumie że y ſobie y nam y Czytelnikowi doſyc vczynił / y wygrał. Dłużße ſą práwá o tym Cerkiewne / niż to iedno z Błog: Chryzoſtomá y to opácznie / nie w włáſnym ſenſie intentiey Złotouſtego / przywiedźione: co ſie zá inßą occaſią Redargutorowi pokázáć może: álbo y ſam to przyzna / gdy ſie bliżey te° świádectwá ſenſowi z contextu / y z ſámey włáſnośći Greckiego iezyká / przypátrzy. Gdźie Błog: Złotouſty Baſiliußá świeżo ná Epiſkopſtwo poświeconego pocießáiąc / iemu to / iák iednemu z Succeſſorow Błog: Apoſtołá Piotrá przywłáßcza / co o miłośći do Chryſtá Páná / y od Páná Chryſtuſowym o Cerkwi ſwey s. przemyśle vważał. Podobieńſtwá też te ſtározakonne / nic do rzeczy: ieden ábowiem w ſtárym Zakonie Aaron Kápłan / y potomkowie iego: á w nowym Zakonie dwunáſtu mamy / y ich potomki. Co z Hieronymá o Vitáliſie / Meleciußu / y Pawlinie przywodźi / y to nie ku rzeczy: bo ći trzey iedne ſtolice Antiocheńſko / iednego y tegoż czáſu oſiadßy / [co z vmyſłu Redargutor tłumiąc / iákoby ſie to pod czás pokoiu Cerkiewnego dźiáło / mowi / Pátriárchowie to byli Orientalni:] y ßkodliwą Schiſme w Cerkwi Antiocheńſkiey vczyniwßy / dáli mowienia occáſie Hieronymowi do Dámáſá / przy ktorym on pierwey przez długi czás mießkał / iáko owcy do Páſterzá: poniewáż w Rzymie Hieronym s. był ochrzczony: y áby owego Apoſtolſkiego vßedł / iám ieſt Páwłow / ia Apollow / ia Cephin / z żadnym z tych trzech Antiocheńſkich Epiſkopow pod czás tey Schiſmy przeſtawáć nie chcąc / przeſtáie z Epiſkopem Rzymſkim Dámáſem. Ale y o tym obßyrna mowá / nie tego ieſt mieyſcá.

Hiero. Epiſto. 77.

1. Cor. cap. 1.

W tymże śiodmym Rozdźiele obráże Máieſtatu Krolá Je° M. Páná náßego M. ná nas przewodząc

Nij

ták

ták argumentuie/ Regália bráć ná śiebie ieſt crimen læſæ maieſtatis: ále wy Regália wzięli ná śiebie/ świećiwſzy ſie bez podawánia tego komu to należy. Ergo Rei eſtis læſæ maieſtatis. My neguiemy minorem, y znieſliſmy ią w odpowiedźi ná Rozdźiał pierwſzy/ y drugi: do ktorey ćie Miłćiwy y łáſkáwy Czytelniku odſyłamy. Co ſie dotycże zdrády po wſzytkich Páńſtwách Je° Kr: M. ná pewne oſoby/ á względem ich/ ná wſzytek Národ náſz Ruſki rozśiáney: ieſli Sprawiedliwość S. w ſwey wadze zoſtáwáć bedźie. Delator ma być. Mowy publiczne Oycá Pátriárchi Jerozolimſkie° do Kozakow Redargutor fałſzywie vdáie: Przełożył ie/ iáko ſie miáły/ prawdźiwie Verificator w Verificaciey, do ktorey ſie odzywamy.

Mowi ku końcu tego śiodmego Rozdźiáłu o Verificatorze: Ale chytra to beſtya / pod płaſzczykiem ktośia / wſzytkie te Inuectiwy czyni ná Kro: Je° M. Ná to nic wiecey mowić przenieznoſny náſz od niego vraz nie możemy: bo iuż te ſłowá iego wyſzły z zmogi śił náſzych. Płákáć może człowiek poty/ y łzy toczyć poki go żal lub bol znośny dotyka: ále gdy go ktore z tych nád śiły iego imie ztretwieie rácżey/ niż płácże. Bogiem ſie ſámym/ ktory ſkrytośći ſerdeczne wie / Verificator oświádcza: y temi pobożnymi ludźmi / ktorzy ſana mente Verificatię czytáią: że Pomázáńcá Bożego Krolá Je° M. Páná ſwego M. żadnym płáſzczem/(iáko ten zły człowiek vdáwáć śmie/) ku tákiemu ná prześwietny Je° K.M. Máieſtat rzucániu ſie nie przyodźiewa. Zle go á niezbożnie ten Redargutor podáie. Delator ieſt Verificatorowi, Ktoś: choćiaż bowiem longas eſſe Regibus aures powiádáć muśi iednák być ſonus: muśi być głos/ vox ſignificatiua: ktoryby vſzu dochodźił: muśi być y ten / ktory go wypuſzcza. Co my ſámemu Pánu Bogu w obronę poruczamy/ ktorym ſie iednym wtych náſzych biedách y ćieſzymy.

Mowi

Mowi w Oſmym Rozdźiele Redargutor, O mieſzczánách Wileńſkich/ że ktorzy ſie z inquiſiciey Hiſzpáńſkiey nálezli być winnemi/ zádźierżeni ſą iedni ná Rátuſzu/ drudzy pod Rátuſzem. By ći inquiſitorowie choć w tym byli nie wydáli y nanieſpráwiedliwſzego ſędźiego: bo ten wżdam tytuł winy nápiſał/ á oni y ná wielko inſtantia ludźi wielkich tey ſwey inquiſiciey z rąg wydáć nie pozwaláią: Wſtyd ich tey nieſłychaney w Oyczyznie náſzey ſkwápliwey nieſpráwiedliwośći. Ktorzy że ná ludzkie ſłuſzne głoſy / iáko mowi Redargutor, niedbáią: Coż w tym nád Terenciuſzowego Traſona máią? Poſpolita powieść/ Bog wyſoko/ Krol dáleko: ále ten Mágiſtrat tym vczćiwym ludźiom Sąśiádom y ſpołmieſzkáńcom ſwym był bárzo bliſko. Wiedźieli co zá ludźie/ iákiego vrodzenia/ iákiey ſtawetnośći/ iákiego záchowánia / y obeyśćia: ktorych w tym wſzytkim nikt w Mieśćie Wileńſkim nie vprzedza: zażby niemogli beſpiecznie ſámi o ich vczćiwym y niepodeyzrzánym záchowániu ſie w tym mieśćie/ Krolowi Je° M. świádectwá dáć? Nie mogliż y bez ták okrutnego więźienia zá pareko ich do dánia oſobie ſpráwy zátrzymáć? Nie toyto wtym/ Co gmátwaſz Redargutorze, ále ich nie oſtrożna/ iáko ludźi młodych lekkość: á was Apoſtatow náſzych/ iáko ludźi nieſpokoynych iádowite podſzczuwánie.Ześćie y świętym dniom nie folgowáli: Nie wyćiągáliśćie to w ten święty Szábát wołu z ſtudnie/ áleśćie go topili: [Luc. ca. 14.] Nie gáśiliśćie domu w święto/ áleśćie go palili. Zábiiał Dawid/ ále grzeſzniki ziemie: á wyśćie ná gárdło ſtáli ludźiom niewinnym. [Pſalm. 100.] A Konſtántinus Ceſarz Konſtántinopolſki co tu ma zá mieyſce? ktory poterał ſwoie ſpráwiedliwie/ nábywáiąc cudzego nieſpráwiedliwie. [Zon: in Imp: Conſta. Filij Leonis] Mowiſz/ ná to: że mora w tákich rzeczách nociua, á przyczynę tey noxy podáieſz te ná głowniey ſza/ że Mieſzczánie

Mieſzczánie

szánie Wileńskiey Oycá Boreckiego do Miástá Wileńskiego ná Metropolie wprowadzáć mieli. O płochi rozumie z twoiey przyczyny ? podobnaż to twa powieść do
wierzenia ? Nie wstydźe cie vdáwáć to do ludźi zá szczyro prawdę / Coś sie Oycu Boreckiemu ni przez sen niewidźiáło ? Mieliście wszák y Oycá Smotrzyskie° w Wilnie przed oczymi / w Monásteru : iednák y tegoście v-
dáli / iákoby z kupą ludźi swowolnych kilkosetną Archi-
episkopię Połocką záieźdźał. Niemieliście inszego przewrotnicy do niewinności Boreckiego y Smotrzyskiego
przystępu : áżeście ie oto tym swoim złym pokropili.
Prożno tedy tey swey złości noxę, ktoreybyście zábiegáiąc ludźi trapić y mordowáć mieli / w przyczynę bierzecie.
Záwieruchow tych / mowisz / wszytkich zły człowiek
Smotrzyski był przyczyną : y Mieszczan Wileńskich do
tákich trudności przywiodł / y do wiekszych ieszcze przy-
wiedźie. Ale to miły Redárgutorze trzecie słowa y fałszywe : Smotrzyski nie z woyskiem śiedźi w Monásteru Wileńskim Brátskim / ale z kilkunastą tylko Bráći Zakonnikow : nie z ármáta iáko / tylko z posochem.
Coż z niego zá záwieruchy ? mowisz / czytay dźiewiąty
Rozdźiał / á dowiesz sie przez co ią tych záwieruchow ná
Smotrzyskiego dowodźe. Ná to tobie Oćiec Smotrzyski ták odpowiáda : gdybyś był miedzy prawdę fałszu
nie námieszał / wszytkoby to obułem / czymes o nim ten
dźiewiąty twoy Rozdźiał nárkał / przyznał. Ale że iest
ni co od ciebie ták zdrożnie powiedźiáne / że gdyby przy-
stoyno odpowiádáć nie było zniesione / Reputaciey iego
dobrey / v tych zwłaszczá / ktorych stawá tylko vczćiwych
iego postępkow / y zbáwiennych iego w Cerkwi Bożey
prac / á nie y poważna w sprawách stáłość záchodźi / sko-
dźić by mogło. Dla czego tych sámych wzgledem / táka
ná te twoie powieść / my zá niego donośimy. Oćiec
Smotrzy-

Smotrzyski / ktory młode láta swe áż do lat męża / y tu
w Oyczyźnie / y w Cudzoziemskich kráiách / ná náukách
wyzwolonych vczćiwie przewiodł / gdy mu po kilorocz-
nych dwornych zabáwách / miásto niejákiego odetchu po
prochu szkolnym przeżyłych / żywot postánowić / y przez
ták wiele lat zbieránego studiorū sprzetu w pożytek swoy
y bliźnich záżyć przychodźiło. Miał to w vstáwicznym
przedśiewźięciu / áby nie pierwey do Zakonu Mniskiego
(do ktore° od lat niemal dźiecinnych ochotną duszę miał /)
wstąpił / áżby o námierzonym w rozroznioney bráći (bo
go to wielce po wszytkie czásy trápiło) obudwu stron celu
wźiął wiádomość pewną : swey strony tákowe° celu nie
wiádom niebył : Drugiey strony / był niewiádom : y
gdy mu iuż to świete przedśiewźiecie stanu Zakonniczego skutkiem wypełnić do zámysłu przychodźiło : do Wilná przyiáchał / y do Monásterá nászego Wileńskiego
wstąpił / áby sie w nim y swey do Zakonu tego sposobno-
ści / y nászemu pożyciu przytomny przez iáki czás (iáko
to zwyczay Monásterski niesie) bez przyodźienia przypátrzył. Gdźie od wszelkich tegoświetnich zabáw vwol-
niony mieszkáiąc / do wźięcia wiádomości od przećiwney
strony námierzonego w ich przedśiewźięciu celu / vmysł
skłonił / záczym tákowych sposobow szukał / áby y im do
niego / y iemu do nich chodzenie y z sobą rozmowá od stárszego (ktorego woli y władzy iáko posłusznik podlegał)
byłá pozwolona. Co łácno otrzymawszy / iák wiele rázow był náwiedzány od strony przećiwney z młodszych /
wiedząc to sámi dobrze : gdźie y z nim y z Błog: pámieći Przodkiem iego Archimándritem nászym bywáłá im
rozmowá Duchowna częsta. A że mu nie do młodźiezy
w tym przedśiewźięciu był intent / ktora go w tym / w
czym on potrzebował / pewnym vwiádomieniem spráwić niemogłá. Widźiał sie z Xiedzem Ruckim dwá rá-

rázy / z trzećiego condictaminu / że sie X. Rucki nie stáwił / widział sie z X. Iosaphatem / y Kreuzą. Po ktore trzykrotne z tymi Oycami widánie sie / znosił sie z niemi / nieiákoby ia n / iáko vdáie Redargutor / przyść y gromáde swoie mogł przywieść do zgody z niemi: ále coby zá cel był Vniey / y iák sie w niey Wiárá wyznánia náßego Wschodnie° / ieśliby do zupełney wßytkiemu Narodowi náßemu Ruskiemu przyßło / cáło ostáć może: Ponieważ bez Pátriárchi / ktoredysiekolwiek tá Vnia obroći / wßelako hakiem sie ku nam stáwi. A z iákich przyczyn, pomnieć mogą. Okázywał im zniewage y od swych y od náßych: okázywał nißczenie przez nie / y przez ich Vnie wyznawcow ich / że sie cálemi domámi z Vniey do Rzymskiego Kośćiołá Vnitowie przenoßą: że Cerkwie po máiętnośćiách PP. Rzymian ná Kośćioły sie przemieniáią: że z Ruskiey Relligiey do Rzymskiey przystepowáć wolno: á z Rzymskiey do Ruskiey zakázano: że was z Ruskich miast wyćiskáią / tám ßkoły swoie zákłádáiąc / gdzieby wáße Vnickie być miáły: y tym podobne. O tym był Oycu Smotrzyskiemu z niemi zá po trzykrotnym tym z stárßymi widániem sie rozmowá. A co sie Zbáwienia dotycże wyznawcow wiáry Rzymskiey / mogł to bespiecżne rzec / że defectus fidei non excessus condemnat: á zátym / kto to od niego słyßał / to co sie iemu podobáło / według swego pożądánia inferowáć mogł. Ile zás do Disputáciey / o re publiczną wßytkiey náßey stronie z stroną przećiwną / bez żadnego przymießánia sie PP. Rzymian byłá namowá: ále gdy przyßło do sędziego tey Disputáciey / y miedzy sámymi sobą rádá zdrowá niebyłá naleziona: o ktorą gdy przedśie instantia byłá czyniona / táki respons od nas ná piśmie im był podány.

Przycżyny / dla ktorych sie w Disputacie ná ten czás wdáwáć niemożemy.

PIerwßa / ktorey záżył in simili causa S. Ambroży / iż sędziow z swey strony należnych y sposobnych nie widzimy. Bo co sie tknie świeckich; Ci / iáko támże S. Ambroży piße / o Táiemnicách Wiáry sądzić / y Duchownych ludzi Mistrzámi być niemogą. A co sie tknie Przełożonych Duchownych: to iest / Metropolity y Władykow: o tych nietylko my / ále y wßytká Rzecż pospolita Kroła Ie° M. y stanow Seymowi należących od lat dwudziestu prosi / abyśmy ich według praw y swobod / y zwyczáiow stárodawnych otrzymáć mogli.

Druga / iż końcá tey mowy ßcżesliwego vpátrzyć niemożemy / á to nieprze defect prawdy znáßey strony: iedno cżećia przewietßa w rzecżách świetskich strony przećiwney potege: ná ktorą czásow swych Práwosławni pogladáiąc / do Cesárzá Konstántinopolskiego Leoná Armeńá piśąc / mowią: My otym disputowáć / y tego z i wątpliwość mieć niechcemy / Co z podánia Cerkwie mamy: y co ná Soborách Powßechnych iest stwierdzono. Y też wiemy Cesárzu / że ći / ktorych známi zwieść chceß / wygráią / gdy im ty pomagaß: á nas mocą przyćiskáć bedzieß. Bo nam iák záchceß / milcżeć roskażeß. Cżećią też prze zwykły ich známi obchodzenia sie / w tákim rázie / sposob: ktorym nie tylko do przyięćia pokázow ieney sobie prawdy niepochopnemi się stáwią: ále y do wietßey nienawiśći y niesnasek powod z tąd bráć zwykli.

Bar: in Anno. 513. Nice: lib 15. cap. 31

Nád to: chociażby y tych / ktore sie wspomniáły / Consyderacij nie było: tedy iednákbyśmy tego vczynić niemogli / bez wiádomośći y pozwolenia stárßych w Duchowień-

chowienstwie nászych: to iest/ Pátriárchow: ták sie bowiem y przed laty/ świeći przodkowie nászy w tákich instanciách strony przećiwney/ wymawiáć byli zwykli: iáko o tym Theodorus Studita do Cesárzá Michayłá/ III. ktory stronę Prawosławnych z inowiercámi ná disputácie zwieść vsiłował/ piszac mowi/ Cerkiew swoie Pan Bog rzadźić kazał Apostołom/ Prorokom/ Ewángelistom/ Pásterzom y vczyćielom/ á nie Krolom. Táki tedy ile do Disputáciey Respons/ stronie przećiwney był od nas podány.

Bar: in Anno 823.

Co sie dotycze Theses o Pochodzeniu Duchá S. były/ y sa exercitium Oycá Smotrzyskiego Scholasticum: nie ná Disputácie/ ále ná vważenie ich zebráne y nápisáne: ma on tego z vstáwicznych swych lucubraciy wiele. z ktorych że y przećiwna strona vżyłá co/ wolno to iey było. Widział ie abowiem Oćiec Smotrzyski być potrzne/ á przećiwney strony własnie: widział ie też záraz y bárzo corrupte záżyte: mimo wolę y sens Doktorow Swiętych: indźie w słowiech/ indźie w punktách / indźie w przekłádźie z Greckiego ná Łáćinski: áby ztad iáśniey prawdá okazałá stánełá: gdyby y te Theses w swey corrupteli były poznáne y zniesione. Niech sie przypátrzy Redargutor iák wra trzećia Propositia v Kreuzy Corruptelami, gdźie miásto Greckiego ὃ ἐκπέμπων, położono/ spiratio: z Athánázyusza S. A co z Grzegorzá Nisseńskiego przywodzi się distinctio personarum ratione originis, Filij ad Patrem: Spiritus S. ad Filium: punctem tego S°. sententie porwawszy: ktory te distinctia kładźie ratione originis Filij & Spiritus S. ad Patrem, huius ratione processionis, illius ratione generationis: Toż widźieć máia y w Dámáscenie támże przywiedzionym/ gdźie ten S. Doctor rzekszy/

Ἀφο

Ἀφοριζ τῷ ὃ αἴτιον καὶ αἰτιατὸν: náwodźi máło niżey/ ὡς ἐν αἰτιατὸν υἱοῦ καὶ πνεύματος ἀναφερομένων. Niech obaczy ktoś y owa Propositia piata / spiratio actiua tám Patri quám Filio aduenit, iam constitutis in esse personæ: ktora S. Athánázyuszowi omylnie przypisano. Położylibyśmy tego więcey: ále y czás y occázya nam tego nie pozwala. Niech sie sámi bliżey temu przypátrzą/ Co od Oycá Smotrzyskiego podáne máia: á obaczą/ w iáki koniec im sa od niego podáne. To tedy y początek y koniec znoszenia sie z niemi Oycá Smotrzyskie°. Skadże mu ten Medrela iák máło wyższey rozruchy/ ták tu teraz Apostázye przypisuie: Stad/ że z iego stárszymi o tym námowe czynił/ y pokázował/ iż bez Pátriárchi nászego Konstántinopolskiego Vnia żadnym sposobem poważnie stánać: trwáło/ y nam pożyteczną Cerkwi Ruskiey być nie może: ktoż ták iest.

A co przypominaiac vczćiwe męże Narodu nászego Ruskiego/ ktorzy munimenta miłośći swey ku Bogu y Wierze iego S. w Cerkwi nászey Ruskiey/ po sile swey/ ná w spárcie rożnych Sektarzow/ zostáwili: przypominasz Herásimá Popá/ y mienisz go być Oycem Smotrzyskiego: ô Licemierny Rusinie: rozumiesz żeś to miał záwstydźić y obelżyć Smotrzyskie°/ synem go Popowskim być powiedziawszy gdy przez to ráczey małżeństwu Presbyterskie°/ przymawiasz. Zá iedno dobro/ miedzy inszemi vczćiwego vrodzenia swe° dobry ważyłby to sobie Oćiec Smotrzyski/ by sie był z Meżá ná służbe Bożą wydźiełonego vrodźił: Ale ponieważeś ty to ku wzgárdźie iego powiedział/ niewadźi/ żeć w tym odprawdy omyłke zadamy. W lochu kto siedzac/ możesz słusznie rzec/ słońce nie świeći/ że on go niewidźi: że tobie pokatnie° człowiekowi wysokich cnot Mąż ten niewiádomy: masz ná swey Szlá-

checkiey

chećkiey poważnośći co ßkodowáć? Znáło Heráſimá Dánilowiczá Smotrzyſkiego Podole ktore y rodźiło go/ y wychowáło: y Grodſkim Piſárzem Kámienieckim zá trzech Stároſtow Kámienieckich miáło. Znáłá Wołyn/ gdźie od S. pámięći Jáśnie Oświecone° Xiążęćiá Oſtrozkie°/ Woiewody Kiiowſkiego/ przy ſwym ziemiáńſkim ná Podolu ßpláchćiku/ nie pogárdzoną máietnośćią w Konſtantynowſkim Trákćie opátrzony mießkał. Ten wielki ſwego cżáſu w Ruſkim narodźie mąż/ widząc náchyloną do vpádku Cerkiew náßę Ruſką/ przeproſtotę y hrubiáńſtwo tych/ ktorym mądrym być należáło y vczonym/ zoſtáwił Muniment ſwoy wiecżney pámięći godny: Przełożonymi go Ruſkiey Cerkwie wßytkim ſámą rzeczą/ choć iednemu znich imiennie dedicowawszy/ potym y drugi/ y trzeći. Nie zá łáſką Bożą Hæreticè/ tylko pie, Orthodoxè, Catholicè. To ná tym mieyſcu zá occáſią od Redargutora podáną o Smotrzyſkim náßym.

A co/ chcąc zbyć Redargutor ſłuſznie nábytego Apoſtaty imieniá/ wypráwuie ſie iák ſkurat ná ogniu. Odſtępſtwo/ mowi/ od wiáry nam przypiſano być nie może: bo my publicè & priuatim záwße declaruiemy ſie z tym/ że święte Sobory powßechne y pomieſtne przyimuiemy. Oycow ss. Græckich náuki ſłuchamy/ y ták wierzymy iáko oni vczyli/ ẑć. Syn márnotráwny/ poki ſie wałęſał po ſwey woli/ był Oycu ſwemu Synem/ ále márnotráwnym. Przyimuiećie wy y Sobory/ ále poki wam ſą pomyśli. Záś ſie przećiwo Powßechnym Wtoremu/ Cżwartemu / y Szoſtemu nie proteſtuiećie: ieśli nie: Tedy ieſteśmy zá łáſką Bożą ſwoi/ y náprásno ſie rożnimy! Jeśliż ſie proteſtuiećie/ to obłudnie mowićie/ ábyśćie wßytkie Sobory przyimowáli: y ieſteśćie ſtąd Apoſtaty: Oycow ss. Wſchodnich náuki ſłuchaćie: ále ie ná ſwe kopyto przez Expurgatorios indices przerobiwßy.

Ták

Ták wierzyćie iáko oni vczyli/ ále z cżyſtey y iedynotney ich wiáry/ dźiwowiſk nieſłychánych nadźiáławßy/ inácżey publicè wyznawaćie/ vżywaćie/ y vczyćie: á inácżey priuatim. Publicè ábowiem przy káżdey Liturgiey wyznawaćie/ że Duch S. pochodźi od Oycá: á priuatim y od Syná. Publicè ſámi vżywaćie w Sákrámencie Eucháriſtiey S. kwáſnego chlebá: á priuatim vżywaćie Przáśniká. Publicè táiemnice ćiáłá y krwie Páńſkiey pod dwiemá oſobámi záżywaćie: á priuatim pod iedną oſobą. Publicè ná on cżás dußam zeßłym poćießenia prośićie/ gdy przyidźie Pan ſądźić żywych y vmárłych: á priuatim przez ogień ie in Inſtanti cżyśćićie. Publicè tegdy oddáć ſie mieć káżdemu według vczynkow zupełnie/ gdy przyidźie Syn cżłowiecży w ſławie Oycá ſwoiego / z Aniołámi świętymi wyznáwaćie: á priuatim iuż záraz oddáne być pobożnym Kroleſtwo niebieſkie: á grzeßnym/ Piekło: Publicè troiákim w wodźie pogrążeniem chrzćićie: á priuatim iednym. Publicè Chriſmę S. záraz po chrzćie obchodźićie: á priuati ią ná doroſłe látá odkłádaćie. Publicè wy Czerncy mięſá nieiadaćie: á priuatim ho ho. Publicè Kálendarz ſtáry obchodźićie: á priuatim nowy. Publicè Weſel ſie Syonie S. Mátko Cerkwiam/ śpiewaćie: á priuatim Rzym Mátką Cerkwiam być wyznáwaćie. Ták tedy wy Oycow ss. Wſchodnich náuki ſłuchaćie: tych y tym podobnych Cerkwi ſwey dźiwowiſk nadźiáławßy. Náktore poglądáiąc / nie náßy / iáko Redargutor vdáie/ ále wáßy Vnitowie/ tyle wiar ſobie nárobili/ ile głow. Wiele tákich ieſt / co v Rzymian ſie ſpowiádáią/ á Sákrámentem ich Eucháriſtiey / zá niezupełny go máiąc/ pogárdzáią. Niektorzy wßytko Rzymſkie chwalą: á pochodzenia Duchá ś. y od Syná nieprzyimuią. Niektorzy v Rzymian wßytko dußą á w Vniey tylko pro forma ćiáłem. Są y tácy/ ktorzy wßytko

Rzym-

Rzymskie gánio/ iedno posłußeństwo chwalo. Zapytá-cieli nas kto táki: pálcem ie wam vkażemy. Słußnie tedy z tych y z tym podobnych monstr/ w Cerkwi Ruskiey nigdy nie słychánych/ prze odstepstwo od s. Konstánti-nopolskiey Stolice wámi wyległych/ Apostáśia wam by-wa przywłaßczá ia/ słußnie y wy słyniećie Apostatámi.

Co o Relligiey merè Græckiey Redargutor w dzie-wiątym Rozdziele tym wypráwuie: ćiebie Miłośćiwy y łáskáwy Czytelniku do odpowiedzi náßey ná czwar-ty y piąty ieo Rozdział odsyłamy: gdzie zá pomocą Bo-żą/ pokázáliśmy/ że to / merè: nas wyráża: ktorym śie ni przez wywody názwisk ritus Græckiego / Relligiey Græckiey/ nabożeństwá Wschodniego okázowáć niepo-trzebá. Bo máiąc to wßytko w cále/ skoro vkażemy Apostatom náßym/ że te nazwiská y przed Odstepstwem ich/ od Krolow Ich M. Polskich nam Rusi były przy-pisowáne: nátychmiast y to stánie/ że te nazwiská nie im świeżo wynikłym/ ále nam / ktorzy śie od sámego chrztu / y prawie v náßych początku ludźmi Relligiey Greckiey titułuiemy: kiedy ießcze tey tákiey Vniey było pusto.

A co w dziewiątym ku końcu: á w dźiesiątym ná początku ten Redargutor o rozśiewániu od nas kłamli-wych Nowin wypráwuie: y my ie záiste kłamliwemi ná-zywamy / bo kłamliwie śie nam przypisuią. Nigdy tego Redargutor niedowiedzie / áby przyiazd do Wilná Oycá Boreckiego przez nas z Kátkedry głoßony był. Vmiećie wy y sámi złe Nowiny knowáć y bez nas: choć to wrzkomo nam poćießne / áby tym bárziey nápotym nam szkodziły: tákieśćie wy y to zmyślili y vdáli / iá-koby Oćiec Borecki do Wilná ná Metropolie/ á Oćiec Smotrziski do Polocká ná Archiepiskopie / przysposo-biwßy sobie Hultáystwá náieżdżáć mieli: á tośćie

rzkomo náßemu ludowi prostemu rzecz wdźieczną czy-nili: ále Osobam tym bárzo szkodliwą: bo zá tym wá-ßym kłamliwey Nowiny tey rozśianiem y vdaniem/ y do tákich ná nie Vniwersałow przyßło. Toż czynićie y te-raz / gdy iuż nie tylko słownie / ále y ná piśmie oto tym przez Druk/ kłamliwie nas vdáiećie/ iákobyśmy Conces Krolá Jego M. ná Episkopstwá ná piśmie nam dány/ głośić mieli: nigdy y tego nie dowiedźiećie/ waße to są płonne Commenta: á to w ten koniec/ ábyśćie nam ná łáscę Krolá Jego M. Páná náßego M. bárźiey zá-szkodźili. Ktoż tych waßych złośliwych przebiegow nie-wie? wybornie tu sobie przypisáć możeß/ ile chytrkow/ tyle medrkow. Zmyślaćie y to opácznie ná nas áby od nas miáło sie rozniesc/ ieśli sie kiedy roznośiło/ co o roś-posáżeniu Przełożonych wáßych/ po przeßłym Seymie: y o zamyśle przeniesienia śie do Rzymskiego nabożeń-stwá wielkiey częśći swoich pißećie. Niech ták będźie że te Nowiny iáko prawićie (nie od nas iednák roznie-śione/ ieśli były.) wielka część wáßych do przenieśienia śie od was poruszyli byli: pytamy/ teraz gdy iuż wáßá gorá/ wáßá wygrána/ wáße Triumphy/ co w tym/ że iák pław od was ich płynie? żeśćie śie iuż niemal tylko z Mázurámi y z Prusakámi/ ktorychesćie náczernczyli/ zostáli? y teraz że ich náße Nowiny od was wystráßáią: miłość Cerkwie Wschodniey: miłość nabożeństwá po-rządnego / miłość przyrodnego im posłußeństwá to w sercách ich spráwuie/ że śie zá stám/ skąd wyśli byli/ przenoßą: nigdy wolnego sumnenia miedzy wámi mieć niemogßy/ gdźie ni o czym inßym pilnieyße rády/ iá-ko ábyśćie nas ćiemiężyli: á stárożytność wywroćili.

Pißećie w dźieśiątym swym Rozdźiele / (że iuż przy Redargutorze y ze wßytkiemi wámi mowić nam lubo/) iż w Polocku zá łáską Bożą/ á stárániem śie Pásterzá támeyszego/ do tákiey doskonáłośći zewnętrzney y wnętrzney rzeczy były przyszły/ że iuż ninaczym nie schodziło. etc. Ale że Smotrzyski rozesłał Vniuersały swe po wszytkiey támtey Diœcesiey pełne iádu ku nam/ pełne Buntow przećiwko Przełożonym naszym: przydawszy y Czerncow/ ktorzy te Vniwersały roznośili. A sam osiadszy w Wilnie w Monásteru Bráckim/ ták hárdźie sobie poczynał/ iákoby Bogá w niebie: Krolá y żadney Zwierzchnośći Duchowney y Swietskiey ná ziemi niebyło. Publikował śiebie Władyką/ drugiego Metropolitą. etc. Popy/ Diákony nietylko do Władyctwá Połockiego/ ále y do Metropoliey/ iáko vniuersális Pastor świećił. etc. Już po publicáciey Vniuersałow Smotrzyski przedśie omnia Episcopalia odpráwowáł/ iáko y przed tym. etc. A w Kiiowie co wász mniemány Metropolitá Borecki kłoćił z Vrząd Krolá Je° M. po miástách przybiiá Vniersáty Krolá Jego° Miłośći áby go łápano/ á on támże przybiiá swoie grozne żeby Popi do niego ná Sobor iácháli: Już ieden Sobor odpráwował ná Popy w Kiiowie/ Drugi ná Szláchtę w Zytomierzu. A nie rebellia to? To wy: álbo ty Redargutorze. Co śie tedy Oycá Boreckiego dotycze: odpowiádáć niemożemy; odległi iesteśmy: coby śie w Kiiowie dźiáło o tych czáśiech/ niewiemy: to iednák wiemy/ że ten wysokiego baczenia Mąż nic/ coby nierzkac (iáko ty płonnie vdáiesz) ná rebellie pochodziło/ ále áni ná namnieysze w Oyczyznie zámieszánie nie czyni. Mamy zá to/ iest go zá łáską Bożą z to/ że sam da o sobie/ przed kim będźie należáło/ spráwę. Jle do pokoiu/ á potym niepokoiu Połockiego/ z ktorych ony przypisuiesz Pásterzowi támeyszemu/ á niepokoy Smotrzyskiemu. O tym nie známi rozmowá. PP. Połoczánie máią látá/ sámi zá śiebie odpowiedzą. Mieli pokoy zá Hermáná/

bo był

bo był tylko ćieniem w Vniey: Popow ni do czego nie przymuszał: y owszem gdy śie im ná Vnie podpisowáć kázał/ á Protopopá miástá tego Solomon imieniem/ y drugi z nim vczynić tego niechćieli: Poszárpał to/ gdźie śie iuż byli inszi podpisáli: izy puśćił/ tych Popow ktorzy śie ná Vnie podpisáli byli/ strofował: á tych dwu státeczność pochwaliwszy/ Protopope sobie wziął zá Spowiedniká: y ták trwał iáko wiádomi powiádáią/ áż do śmierći. Go listy iák był od wielu ná pominan/ áby w Vniey zostáwał: on iednák z tym śie záwżdy przed ludźmi declarował/ że tego/ co vczynił/ żáłował. Mieli pokoy y zá Hedeoná Brolnickiego: ten publicè to głośił/ że mu mierźiáłá Vnia: y listownie miástom Diœcesiey swoiey pod posłuszeństwem Pátriárszym być pozwalał.

Co záś zá pokoy mieli/ ktory ty ták bárzo wynośisz/ zá tego twego świetobliwego/ iáko gi miánuiesz Pásterzá: dáią znáć słowá ktoremi go PP. Połoczánie witáli/ gdy do niego miedzy inszemi to wgłos mowili. Jeśli do nas nie z Vnią/ iák Aniołá Bożego ćiebie przyimuiemy: Jeśli z Vnią/ iák Przepaśniká czuramy śie. Táki pokoiu tego był początek/ ktory trwał po wszytkie te trzy látá nie inákszy/ w vstáwicznych od Mieszczan przymowkách/ y niesnáskách/ z ktorą śie on po wszytkie te czásy przed niemi táił: y posłuszeństwá Pátriárszego iáwnie niezrzekał śie: áż gdy przyszło temu twemu złotu ad lydium lapidem otrzeć śie/ tegdy go miedźią być PP. Połoczánie doználi: nie z vdánia Vniwersałow iákichsi niebyłych od Smotrzyskiego rozesłánych/ iáko Redargutor fałszywie vdáie/ ále z owey przyczyny: Po ćiestych rozmowách y wybádániách z Władyką swoim PP. Mieszczánom Połockim/ gdy go zápewne wyrozumieć nie mogli: coby zacz był/ Vnit/ lub Práwosławny. Occasie do doświadczenia tego/ przybyćie Oy-

cá Pá-

cá Pátriárchi Jerozolimskie° podáło im: o ktorym oni
posłyszawszy/ co przednieyszi nietylko P P. Połoczánie/
ále y PP. Mohilewcy/ do Włádyki śli/ oznáymili mu
o przybyciu Pátriárszim/ prosili go/ ieśli iest Práwosławnym ich Episkopem/ zá iákiego sie vdáie/ áby
z niemi ná ich kośćiele Oycá Pátriárche náwiedźił: po-
zwolił/ przyrzekł/ reke im ná tym dał: Vćieszył ich przez
te swoie obietnice wszytkich: rozniosł sie wyiazd Włá-
dyczy do Oycá Pátriárchi/ po wszytkim mieśćie: lud
pospolity wszytek w rádośći: że sie nieoszukał ná Pásterzu Práwosławnym. Ci ktorzy mieli z nim iácháć / o
strugách/ (bo Dnieprem ku Kijowu puśćić sie/ znamo-
wy stáneło było:) y o podrożnych potrzebách myślili:
O Hoy: gdy przyszło do skutku reki dániem stwierdzone-
go słowá: áż ich Włádyká przerzeczone dumy w miech:
záleciáły go skądys inąd muchy: że mu głowe rozbrzuká-
ły/ y przedsiewźięćie rozdmucháły. Nie Smotrzyski
tedy przez swoie iákie Vniuersały (iáko ty niebylice
iákas powiádasz) do ohydy: y do iáwnego okazánia sie
tym czym iest/ Pásterzá (iáko gi ty mienisz) Potockiego
PP. Połoczánom y wszytkiey iego Dyceesiey podał: ále
oto ten iego podstepny postepek. Zywe sobie wszytko miásto: żywi y ci/ ktorym to on był przyrzekł/ y reki dániem stwierdźił: przyznawáią/ y zeznáią. Nie wrzucay-
ćież swoich nieostrożnych postepkow/ (że nie rzeczemy
podstepkow) ná ludźi niewinnych: y ná łásce im Pánskiey przez swe fałszywe Commenta niechćieyćie szkodźić.
Sámi zbrodniećie/ á potym niewinnych pomawiáćie. Vniuersałow swych Oćiec Smotrzyski żadnych
nie rozsyłał. Pisał do PP. Połoczan: ále resalutował,
nie sálutował. Był ten Oycá Smotrzyskiego list pokázowány Je° M. Pánu Woiewodźie Połockiemu/ był wo-
żony dla pokazánia/ y dáley: w ktorym nic z tego zá łá-

ską Bożą

ską Bożą/ Co ty Redargutorze omylnie vdáiesz. Pisy-
wano z mieyscá tego/ ná ktorym on Przełożonym iest/
y przed tymi listy do Szláchty y do Mieszczan we wszytkie powiáty/ ktorzy sie im z listámi swoiemi pierwey
præsentowali, á o ráde y náuke iáko Duchowną prosili:
Niechrzczono iednák listow ich Vniuersałámi/ áni rády
y náuki ich turbácyą. O Czernce/ co przypominasz/ ro-
zestáne: meczyliśćie wszák/ áż niemal do śmierći w tegoż Dyceesiey iednego Czerncá/ zaż sie przyznał od Oycá
Smotrzyskiego być zestánym:? ktorey krwie z rąk wászych Pan Bog poiskiwáć bedźie. A co vdáiesz o Oycu
Smotrzyskim iákoby Popy nie tylko do Włádyctwá Po-
łockiego/ ále y do Metropoliey poświecał: wyiąwszy
tych/ ktorzy ná gruntách Bráckich są/ y Zakonnikow/
fałsz vdáiesz.

Ná to/ że iuż po publicáciey Vniuersałow Krolá Je° Miłośći Oćiec Smotrzyski służby Boże/ y insze
Episcopalia odpráwował: to/á szczyrze iáko nam sumnienie násze iest miłe/ powiádamy/ żesmy wiáry tym Vni-
uersałom nie dodáwáli: á to z tych przyczyn/ że ich żáden práwny postepek nie vprzedźił: y namnieysza litera
o tym nam znáć nikąd nie dano: Y że co miásto to inszey formy były: Bo choćiaż byli Jch Mść PP. Sená-
torowie (iáko mowi Redargutor) od Królá Je° Mśći
Páná nászego M. ná to zesłáni: My słyszeliśmy o bytnośći Jch Mśći w Wilnie/ ále w iákiby koniec/ wie-
dźiećiesmy nie mogli. Co wietsze:? Práwie pod sámy
ten czás/ oddány był do Monásterá nászego list/ imie y
tytuł Jáśnie Wielmożnego Je° M. Páná Kánclerzá
Lith. ná sámym wierzchu: we wnątrz noszacy ná ksztalt
Vniuersału do Oycá Smotrzyskiego pisány/ o tym/ áby
sie po dźierżáwách y máietnośćiach Je° M. Popow
poświecáć nie ważył: ktoremu gdysmy sie z wielą ná

P iij ten

ten czás ná Trybunał przybytych ludzi zacnych/ przypátrowáli : postrzegliśmy świeże pisánie / postrzegli Stylu y rápture Czerncow od S. Troycy : Co trzeciego/ pieczęć Je° M. od inszego listu oddárta y we wnątrz quadratem przylepiona postrzegliśmy. Stáliśmy z tym listem do Gospodarzá Kámienicy Je° M. Páná Kánclerzowey/ przez ktorego był ten list do Monásterá nászego w rece Presbyterowi iednemu podány : przyznał przed Woznym y Szláchtą/ żem ia przysłány do mnie od Je° M. Páná Kánclerzá P. me° M. fásttykuł listow odniosł do Monásterá S. Troycy/ gdźie y należał : skąd potym do mnie ten list był przysłány/ y ábym go do Monásterá S. Duchá oddał/ roskazány byłem : Com ia y uczynił. Te tedy wásze Apostatow nászych / pod ten strapionych nas ćieżki czás/ igruszki spráwiły : żesmy y Vniuersatom Kr : Je° M. Páná násze° M. wiáry nie dodawáli. Máiąc przeto was y lewem y práwem / per fas & nefas ná nas surowie nástepuiących/ głownych nieprzyiaćioł : ktorzyśćie nam wszelką poćiechę oraz byli odieli/ y stráchi áż ku śmierći zádáli / byśmy sie ieszcze Duchowney w służbie Bożey/ ktorey nam záyzrzyćie/ ućiechy byli puśćili : żywobyśmy sie pogrześć dáć muśieli.

Nimes tedy to Redargutorze miał być o Meżách uczćiwych w ohydę ná świát podáć / miałeś był owo Phalerij pierwey przeczytáć/ Mendaces tantùm lucri habere, quòd eis ne vera quidem dicentibus deinceps fides adhibeatur. Niemać zátym wiárá być dána y w tym/ Co ku końcu dźieśiątego Rozdźiału mowisz / Ze dźiatki beze chrztu/ á dorośli bez świątośći Ciáłá y krwie Páńskiey umieráią/ że bez Małżeństwá żyią/ wász smotrzyski ták roskazał w Połocku/ ić Potwarz to ná Smotrzyskiego : Czynią to P P. Połoczánie przykłádem inszych Miast / ktore od wászych Popow sácrámentow záżywáć

żywáć

żywáć niechcąc/ przy Obywátelách Páństw tych stanu Szláchecktiego/ Królá Je° M. zdawná o to prosza/ áby to im czynić według Religiey ich/ wolno było : y w Roku 1607. Constitucya Wárowáne w tym upewnienie od Królá Je° M. Páná swego M. odnieśli. Temu podobne y owo co támże mowisz / że żadne Miásto bez Cerkwi otworzonych y nabożeństwá nie iest. Boć w tych miástách y Kośćioły otworzone : ále my o otworzenie nászego nabożeństwá Cerkwi prośimy : ktore w Mohilewie y w Orszy od lat trzech stoią y podźiśdźień popieczętowáne.

Rozdźiałow Redargutorowych 11°. y 12°. nadpisy : Apostrophe do Narodu Ruskiego/ że zły teráznieyszy postepek Smotrzyskiego : á dobry iest postepek Vnitow.

Odpowiedź.

Apostrophe do Narodu Ruskiego / że dobry stárożytnośći iego postepek / á zły postepek Vnitow.

CJebie/ Zacny Narodźie Ruski/ lub Redargutora w tey Apostrophie Collocutora obráć mamy/ uważamy : do ćiebie iest nádpis/ záczym mowa nászá do ćiebie też być/ miáłaby : ále ponieważ w twey Osobie z Redargutorem nam rozmowá/ słuchączem ćie ráczey zostáwiamy : á skimesmy poczęli rozmawiáć/ z tym y kończyć sądźimy. Dźiw nas Redargutorze, że te spráwe/ ktora sie dźiś toczy/ Smotrzyskiemu/ iákoby nád ludźie co miedzy námi y Stárszemi nászemi máiącemu przypisawszy/ ták sie áż nádder wielkim hrubianem pokázuiesz / iákobyś ni praw w Oyczyznie nie świádom / ni powinnośći człowieká dobrego niewiádom / ni władzy nawyższey

zwierchność/

zwierzchności nád námi y wámi nie czuł. Vix enim, aut ne vix quidem vel nobile, vel honeſtum w tym Rozdziele ſapis. Wiedzieć maſz o tym pewnie / że co ſie dźiś w Cerkwi nászego Narodu Ruſkiego poſłuszeńſtwá Wſchodniego dźieie / nie ludzkiemu przemyſłowi być przypiſowano / tylko ſámego Bogá. Ktoż tu Pátriárchę z Jeruzalem zwiodł / ieśli nie Bog? ktoremu zdárzył náleść łáſkę / poki tu był / przed oblicznośćią Pomázáńcá Bożego Krolá Je° M. Páná nászego M. y v Przeoświeconego Je° Krol: M. Senatu / á oſobliwie Duchownego / iedno ſam Pan Bog? Jeszcze Smotrzyſki był w Wilnie / y nie słyszał ieszcze o przybyciu Pátriárszym / (bo ledwie dźieśiątey niedźieli po przybyciu iego pewną wiádomość wziął /) á iuż głos ludzki / á zátym y głos Boży Metropolitá nominował, y Władyk: Smotrzyſki támni ná myśli. Aż gdy mu z roſkazánia ſtárszego (ktoremu ſámemu obłożna chorobá nie dopuściłá:) náwiedzić Oycá Pátriárchę przyszło / to / Co z roſkazánia muśiał / vczynił. Bogu tedy ráczey to wszytko iákoſmy powiedźieli / ma być przypiſano nie Smotrzyſkie° / nie człowiekowi. Ten gdźie chce / vſtępuie tám porządek przyrodzony: vſtępuią rády ludzkie: nieprzeszkodzi temu żadna złość ni ludzka, ni szátáńſka. Spráwić raczył ten ſam nie doścignionym námi przemyſłem ſwoim rzecz zbáwienną / bez ktorey my iuż dáley żyć nie mogli: nie ku záturbowániu Oyczyzny nászey / ále ku wnieśieniu w nie pożądáne° pokoiu: á świetym y poważnym śrzodkiem tym / przez ktory ten miły pokoy ſtał w Oyczyźnie nászey przez lat sześć ſet. Do vſpokoienia Relligiey Greckiey / nigdy poważnieyszy śrzodek dáć ſie niemogł / iáko mieć Duchowne Przełożeńſtwo Relligiey Greckiey. Gdákáć Kápłun ná piſkletá / gdy ie wodząc ziarnko naydzie: ále ich pod ſie zágárnywáć y ſkrzydłámi obeymowáć nie v-

mie:

mie: bo ich nád niemi nie rozpościerał / ták wiec Kokoſz wylegáiąc ie czynić zwykłá: záczym one ná Wodze ſwe ſkacząc / ná grzbiećie ich pokoiu y beſpieczeńſtwá szukáią. Duchownemi wy Ruſkiemi / iáko ſie mienićie: ále piſklety tymi / Duszámi Ludſkiemi ktore wodźićie / nie boleliśćie / záczym gdy wy ſkrzydłámi ſwemi ich nie ogárnywaćie / one ná grzbiety wásze ſkaczą / y ſtáią ſie praſtwu podniebieſnemu połowem.

Tumultow z ſpráwy tey Boſkiey my ſie nieſpodźiewamy / ſkoro ſpráwiedliwość świeta káżdemu z ſwego ſie ćieszyć wyrok vczyni. Jedne práwo oboi mamy: iedney władzy podlegamy: niepozwoli tá nászym Duchownym nástąpić / znośimy ćierpliwie: każe wam raz vſtąpić / y nierádzi muśićie: bez żadnego tumultu / bez żadnego krwie rozlania / ktorym groziſz. O gwałcie ſtroná nászá nie myśli / Pánu Bogu to / y ſpráwiedliwemu Krolá Je° M. Páná ſwe° M. Dekretowi porucza. Náuczyliśmy ſie my w Cerkwi Bożey ćierpieć gwałt / á nie czynić.

Lwiat y Lwow wászych nie lękamy ſie / mamy ná nie zá łáſką Bożą Dániele / zá vſczą ie: mamy y mieszkańce Jordánu / ktorzy im te od was zábite zá páznokty głogowe oście powybieráią / á powolnemi ie ſobie / y do paſtwy Ośiołkow nászych ſpoſobnemi / zá pomocą Bożą / vczynią.

Rugowánia nászych od Rády Mieyſkiey / y z Cechow / y od wolności práwo nie dopuśći. Niemáſz abowiem ták rozumieć / że zá vpádło wászą Vnią / y práwá w Oyczyźnie nászey y ſpráwiedliwość świeta vpáść miáłá. Terenciuszow Duren Thráſo ták to rozumiał / że zá vpádłym im / y niebo záraz vpáść miáło. Weyzrzy ieno w práwá miáſtá tuteysze° Wileńſkiego / ieśli niezárowno ludziom Religiey Greckiey y Rzymſkiey we wszy-

O tkim

tkim ják do Mágistratu/ ták do wolnośći kupieckich y Cechowych służą: á tegdy nádáne/ kiedy wszytká Ruś pod posłuszeństwem Pátriárszy byłá. A gdzieby sie stáć miáło/ ták ty práwisz: nie byłoby to vspokoić Ruś/ ále rospokoić/ bánitámi ią y wygnańcámi z Oyczyzny vczynić. Oddáłaby to Litwá Ruskiemu Narodowi ták czyśćie/ á Polská Græckiemu/ (od ktorych/ zá łásko Bożą/ wiáry Chrześćiáńskiey świátłośćią napierwey oświecone są: iáko sie dowodnie w odpowiedźi ná Rozdźiał szosty pokazáło/) ták zły syn dobrey mátce zá vczćiwe wychowánie/ nóż w serce iey wrázíwszy. Záczym słusznie sie tu ná tym mieyscu przypomnieć to może, Coś powiedźiał/ Non sunt facienda mala, vt eueniant bona: bo y my z Páwłem ś. ták rozumiemy. Płocheby to vspokoienie Rusi: przywroćić im według praw ich Relligie/ á potym práwá odiąć. A ktożby ćie ták márnego Porádcy vsłuchał? záś w Senaćie/ rozumiesz iáko w Conuenćie? Praw tám y wolnośći postrzegáią/ rzekłbym iáko oká/ ále iáko dusze swoiey. Záś to nie Ruskie práwo / gdźie Krol Polski mowić ráczy, Przyimuiemy Narody Ruskie/ iáko rownych do rownych/ wolnych do wolnych ludźi: wszytkich Stanow káżde według záwołánia swe stanu/ dostoieństwá y obeśćia/ wszelkich Przywileiow/ wolnośći/ swobod Krolestwá Polskiego / ták iáko inni wszyscy obywátele Korony Polskiey/ zárownie vżywáć znayduiemy y czynimy. To násze Ruskie práwo/ á nádáne tegdy/ kiedy wszytká ohułem Ruś pod posłuszeństwem Pátriárchi Konstántinopolskiego byłá: kiedyśmy mieli Metropolite Jone Protásowiczá od Metrophaná Pátriárchi Konstántinopolskiego poświeconego. Komuż tá Láwicá Rátuszna właśnie należy? vkáżćie wam należeć choć iednym słowem: á my vkázuiemy gdźie Krol Polski y Wielkie Xiąże Lith. ták mowi/ My Hospodar/ Krol

Przywiley Zyg. I. w Constitut. pag. 164.

Polski

Polski y Wielkie Xiąże Lith. vstanáwiamy w Mieśćie nászym Wileńskim dwádzieśćia y cztyry Rádźieć/ á dwu nastu Burmistrzow: Połowicá tych rádźiec y Burmistrzow Zakonu Rzymskiego: á Połowicá Zakonu Græckiego: ták iáko obudwum Zakonom Práwo Máydeburskie iest dáne. A ná káżdy Rok dwá Burmistrzy: ieden Rzymskiego Zakonu/ á drugi Græckiego. á cztyry Rádcy: dwá Græckiego / á dwá Rzymskiego / siedzącymi máią być. A to iest práwo násze Ruskie Mieyskie: ktore nászym być dowodźimy: iż tegdy iest Rusi nádáne/ kiedy wszytká Ruś pod posłuszeństwem Pátriárchi Konstántinopolskiego byłá. Vkażćież wy swoie/ zá ktorym Narod nász Ruski/ pod posłuszeństwem Pátryárszym będący od práwá tego oddálony moc być/ rozumiećie? przez gwałt? to nie práwo: tego też wam tá zwierzchność nie dopuśći / ktora iest strożem praw / swobod / y wolnośći nászych. Záczym diu deliberowana tá v narodu nászego spráwá / y citò wykonána: pomnieć ná wieczność praw swoich / y ich swobodnie vżywáć / ták świetskich iáko y Duchownych. ktore / komu degradácię vkázuią/ prożno sie pnie: ieśli wam wpotęge nádźieiá: nam w spráwiedliwą. Miáłá by sie też to nie degradácia / (bo hrubie ták) rozumieć/ ále dobrowolne vstąpienie.

Dwunasty Rozdźiał/ w ktorym o dobrym swym postępku prawićie/ ná dwie częśći rozdźieliwszy: pierwszą znośić/ byłoby nie insze/ tylko zápásy z Rzymskim Kośćiołem chodźić: ktory nam álbo máło álbo nic niewinien. O ktorym rádźibyśmy nic/ nád dobre słowo. W drugiey częśći cobyśmy w was gánili/ nie náyduiemy: wyiąwszy/ że to/ náczymkolwiek śiły swe konićie/ ku zniszczeniu nazwiská y sławy narodu Ruskiego czynićie. Mowiemy iednák/ czym náipoważnieyszym te spráwe násze kończyć rozumiemy/ że y długo Antecessorowie wászi deliberowáli

byty.

by byli/ y cito byli by vczynili/ by do tey ſwey deliberaciey tego byli wezwáli/ktory ſpráwiedliwym wyrokiem według Boſkiego y ludzkiego práwá/ excludowany zniey nie miał być. By y naylepßy Synowie naygorßego Oycá/ w złośći go tákiey poſocżywßy / nie napomniawßy go pierwey pokornie Synowſko/ nie oznaymiwßy mu o tym/ że ćie zániechamy / ieśli tego niepoprzeſtánieß: bo nam wſtyd cżyniß: ieśli go ty nie widziß/ lub on nie dbaß: my y widzimy y dbamy: proſto ták opuśćili: á ku więtßey iego zniewadze y wzgárdzie/ náśmiewáliby śie z niego/ wyſtepek iego głośili/ y vrągáli. Záżby z powinnośći dobrych ſynow niewyſtąpili: nierzecże tego ináczey dobry nikt. Dáliż Anteceſſorowie wáßi choć iedną litterą Oycu ſwemu/ Pátriárſie Konſtántinopolſkiemu o tey ſwey trzyletniey/ iáko mowićie/ deliberaciey wiedzieć: wzywáli go ſynowſko ku niey? przełożyli mu przycżyne/ dla ktorey przy nim być niemogli? prośili áby złośći tey / ktorąby wniem widzieli poniechał? Oznáymili mu że go zá Oycá miec niechćieli: ieśliby on tego złego/ktoreby śie w nim gániło/ nieprzeſtał? że go mieli zániechác/ opuśćić/y zá Oycá nie znáć? Nic z tego: Zácżym choć długo deliberowáli/ y rychło vczynili/ źle deliberowáli/ y źle vczynili.

Wiemy my to/ że y Bulgárſki/ y Serbſki/ y Illiricki/ y Iberſki ſui iuris ſą Pátriárchowie: y Moſkiewſki piąty: Ale támći cztery ſpecialne ſwe práwá zdawná máią. A Moſkiewſkiemu być tákim Ieremiaß ś. pámięci Pátriárchá Konſtántinopolſki pozwolił y práwo dał. Co żeby śie v nas ſtáć nie mogło/ nieprzemy: ále cum licentia, cum venia: z pocżcżeniem Oycá: z poßánowániem dobrodzieiá: ktoremu æquiualens, nigdybyśćie poważnieyßego náprzyſtoynieyßego oddáć nie mogli: iáko gdybyśćie od śiebie go nie oddaliwßy/ przez śiebie

y temu

y temu iego złącżyli/komubyśćie go złącżonym być rzecż zbáwienną vpátrzywáli. Że on by ná to nie pozwolił/ mowić nie możećie: boście y namnieyßym záchodem tego nie tentowáli. Klerykowie świetſcy tám wáżą tegdy / gdy o rzecż priuatną iáko idzie: publicżne idą ſwym torem. Wielkie náße Páńſtwo: ßerokie Episkopſtwá: ma śie vważny cżłowiek ná co oglądáć: Nie vważnymi pogárdzić / wnáßey zoſtáie władzy. A zátym / nie záwártyby śie były wrotá vćieczki do miłey Oycżyzny náßey zniewolonemu náßemu miłemu Oycowi/ iák nie ſą záwárte do Moſkwy/ choć im ſwego Pátriárche mieć pozwolił. Ritus náße Græckie iákoby naturaliter tego po was potrzebuią: ábyśćie śie od Grækow byli nie odłącżáli.

Co gdybyśie ták było ſtáło: byśćie y nakrotcey deliberowáli / długo byśćie byli deliberowáli: y dobrze/ choć nierychło/ vczynili. Niebyłoby w miłey Oycżyźnie náßey tych záwieruchow: niebyłoby w iednym y tymże Narodźie Ruſkim tákowych nieſnáſek: nabożeńſtwá zoſtawáłyby iednákie: Chwałá Boża w Cerkwiách náßych Ruſkich mnożyłáby śie: Szkołyby kwitnęły: Xięgi Cerkiewne zoſtáłyby ſpráwione/ Hirmologia ad concinnitatem textus ſimul & vocis byłyby przywiedźione: Mielibyſmy ſwoy właſny Káthechiſm: mielibyſmy ſwoie właſne y Poſtille: nie iák dźiś śie z rożnych nie náßych biedny Narod náß Ruſki potrui y truie. Cœnobia z właſnośći ſwey wyrodzone/ byłyby do ſwey kluby przywiedźione. Teraz wßytko to w prochu: y w wielkim zániedbániu: y muśi być: My przed wámi/ wy niemożećie przed námi. W ten czás obie rece cżyſte/ z doświádcżenia/ być obacżamy/ gdy iedná drugą omywa: gdy Duchowni Swietſkim/ á Swietſcy Duchownym w rozßyrzeniu chwały imienia Bożeº pomagáią. Może

Q iij

śie

sie znich káżda w wodzie omoczyć y ograzić / ále ſie nie omyie / y owßem bárziey sie zábrudzi: czemu ſtrzeż Chryſte Pánie nieſtáć ſie y známi. Bo co przypominacie o ſwey ſetnicy / ktorych ná nas / lub ráczey ná ſwoy Narod wychowywácie: nie iuż to Amen. Z dziesiątek ich vmrze niż przyidą do roboty: z dziesiątek mogą być nieſtátkámi / ktorzy wam bárziey ßkodzić będą / niż pomagáć: z dziesiątek do vczenia inßych nieſpoſobnymi: z dziesiątek roſpuſtnymi: co więcie ieśli sie iáki dziesiątek y nam niedoſtánie. Owo zgołá wßytko to ießcze ſtomá / nie chleb: á Narod náß Ruſki iuż zdycha od głodu: iuż sie truie / chwytáiąc sie miáſto karmi zá truciżne. Tám to sie nierychło ſtánie: á owego Narod náß Ruſki dziś potrzebuie.

Co więtßa potrzebá nam y ná Chriſtá Páná / ktory w ſłowiech ſwoich ieſt prawdziwy / z wielką pilnością w tym rázie pogladáć / mowiącego / Omnis domus diuiſa contra ſe non ſtabit. Káżdy dom rozdwoiony przeciw ſobie / nieoſtoi sie. Potrzebá / mowiemy / y ná to pogladáć / ábyſmy rozdwoione° y rozroznionego przeciw ſobie domu náßego do vpádku nieprzywiedli. E więcie ći ſie zdáiemy / ále kto sie temu bliżey vmie przypátrzyć, dogorywamy: y báć sie potrzebá / áby te Kągánczyki obá rázem niezgáſły: ábyſmy z obu ſtron z wielką hánbą y z oſtátnią duße ſwey ßkodą / o vpádek ze wßytkim domem nieprzyßli. Vważayże teraz ſerdeczny náß Redargutorze y Smotrzyſkiego [ponieważći sie iemu to przypiſáć podobáło /] poſtępek / y ſwoy: á obaczyß, że / wy ſwoim poſtępkiem tákim / iákim idziecie rychley do vpádku zacny náß y wáß Narod Ruſki przywiedziecie: niż do powſtánia. Gwalt y mus / Vniey nierzkąc nieſpráwi / ále áni pomnoży. A że pokoiu Cerkwi Páná Chryſtuſowey vprzeymie życzymy / miłości Bráterſkiey

Matth. cap. 12.

z wámi ſerdecznie prágniemy / ná znák tego iedynymi y tymiż słowy / ktoremiście wy ſwoie SOWITA WINE ſkończyli / my te náße VERIFICATIEY obrone kończymy. Rácz do te° / cze° vprzeymie życzymy / y czego ſerdecznie żądamy / oboiey nas ſtronie dopomoc Chriſte Jezu / odkupićielu náß krolujący z Oycem y Duchem świętym w wieczney y doſkonáłey iedności ná wieki wiekow / Amen.

Wm̃ściam ſwym Miłośćiwym y łáſkáwym Pánom wße° dobrá życzliwi / Sludzy y Bogomodlcy.

Zakonnicy Monáſterá Brátskiego Wileńskiego. Cerkwie zeyścia świętego Duchá.

Μία ζωῆς ἡμῶν ἐλπὶς Ἰησοῦς ὁ χριστός.

ELENCHVS.

pism vszczypliwych:

Przez Zakonniki Zgromadzenia Wileńskiego świetey Troyce wy-
danych.

NAPISANY.

PRZEZ ZAKONNIKI
MONASTERA BRATSTWA
Cerkiewnego Wileńskiego, Cerkwie Zeyścia S. DVCHA,
przez Smotrzyckiego

w Wilnie Roku Pańskiego/1622.

Salomon Prouerb. Cap. 18.

Cùm obseruationibus loquitur pauper, & diues effabitur rigidè.

Vbogi pokornie mowi/ á Bogacz przykro odpowiáda.

Plutarchus.

Cuius in gloriam cedit sui status obseruatio.

D. Ambrosius de offic.

Malè se rectum putat, qui regulam summæ rectitudinis ignorat.

Zle ten o swey prawoćie rozumie / ktory prawidłá nawyższey prawośći nierozumie.

Salom. Prouer. Cap. 12.

Labium veritatis firmum erit in perpetuum.

Prawdziwe wárgi / trwáłe bedą ná wieki.

MIŁOŚCIWY YŁASKA-

WY CZYTELNIKV.

KTO miedzy nami stárożytney Græckiey Relligiey Rusią á miedzy Rusią odstepną / to iest / Apostatámi náßymi spráwy iest wiádomy / Scripta przez Zakonniki zgromádzenia Wileńskiego S. Troyce świeżo náprzećiwko nam wydáne / ná ktore succinctè odpisáć nam przyßło / przecżetßy / żadnego nánie odpisu / mamy zá to / nie bedzie potrzebowáł; bo mu nie rzkąc kożdy w nich Paragraph / ále káżde słowko iákiey wagi iest / y w iáki ktore cel zmierza / sáme przez sie vkázuią. Ieśli to prawdá / że ex vnguibus cognoscitur Leo, inße zás zwierzetá kożde z swey własnośći; słowá y rzeczy pism tych vważáiąc / áby były Osob ktorych modrych, poważnych / y bácżnych, nigdy żaden wiáry dáć nie bedzie mogł. Docti enim viri, vel si aliqua vna in re fallantur existimant suam authoritatē imminui: A tego w Pismách tych máło co mniey niż słow. Vir tes prudens victoriam honestis rationibus quærit, turpibus ne salutem quidem. A tym pismom w pośrodze tego nimáß nigdźie. Ktore owymi (vsq; ad nauseam) cżestymi interpunctiami [odpuśććie nam] parenthesowane / wiedźieć o sobie dáią / iákiey są w powieśći veritatis, & in rationibus honestatis. Obiecuią po sobie ku nam charitatem, nie zágtrzenie / życżliwość / bráterską miłość / ohulem iednák są atra bilis tricæ, ták

Procop. de bello Gott. l. Plut. in Sertor.

 mowią /

mowią/ & rapinæ. Zołdkuią ſie/ gniewáią ſie/ łżą/ ſromocą/ bezecnią/ à veritate deuiant, honeſtatem contemnunt, calumnias congerunt, ſanguini inhiant, á żeby w nich nic tego widząne nie było/ grożą/ y nie iáko obteſtacią vſtá niewinnośći/ áby niemowili prawdy/ támuią. Miáły te piſmá pierwey/ niż ſie ná świát były puśćiły/ to vważyć/ że ten qui loquitur ea quæ vult, audit illa quæ non vult: y iż reſalutatia podobna bywa ſalutationi. Védáią nas złe: á chcą po nas mieć/ ábyſmy ſie tego nieſpráwowáli/ nie verificowali, nie oczyſzczáli/ y nie iuſtificowali. Náſtepuią ná nas y obrażáią: á chcą po nas mieć/ ábyſmy ſie im niebronili/ ále wewſzem y naniesłuſznieyſzym vſtepowáli/ y tył podawáli. Lecż ná to co ſie w nich náprzećiwko wierze náſzey y honorowi náyduie/ nieodpowiedzieć/ tacitè przyznáć byłoby/ tákiemi nas być/ zá iákie oni nas racżą/ y do ludzi podáią. Czego oboiego iáko nikt nigdy ná nas ſpráwiedliwie dowieść nie może: ták żądánego nam/ y my dobrym ſumnieniem ſilentio przenośić nie możemy. Wſzytko świátá te° ćięſkie z pokory Zakonniczey ćierpliwie znośić powinniſmy: Zdrády y Hæretictwá potwárzy znośić nieieſteſmy powinni. A tym oboim te Scripta Zakonnikow tych nieſłuſznie nas pomawiáią. y sámi do śiebie poſtrzegſzy/ z nieſłuſzney tey z námi contentiey ſordiciem popáść obawiáią ſie: áno ipſa vilia & obſcæna verba, inſultacię, dishonory, opprobria, dálſzych w nich/ w ktore ſie náprzećiwko nam przyodziáły/ à recto vero & iuſto exorbitanciy nie wſpowináiąc/ ták ſie to nápełnili/ że z nich wymázáne/ nic tylko goły pápier zoſtáćby muśiáły. Co gdy dla máło wiádomſzych tey miedzy niemi y námi ſpráwy/ iáka należy Zakonniczey náſzey ſkromnośći/ táka poważnośćią/ nie w

ſpoſob

ſpoſob contentiey: Seruos enim Domini non oportet litigare: Ale áby zámilczána prawdá/ quæ etſi opprimi no poteſt, premi tamen poteſt, vżymy iákiey ná dobrym ſwym nieponioſłá/ pokazáć poſtepuiemy: Miłśći twey miłośćiwy y łáſkáwy Czytelniku/ o ochotne przeczytánie/ y o báczne vważenie proſimy. 2. Tim cap. 2.

W O wſzytek przeſzły czás bied náſzych/ vtyſkow/ y prześládowánia/ ktoreſmy od Przećiwnikow náſzych ćierpieli/ y dźiś ćierpiemy/ o ktoreſmy śie przez dwoie Scripta náſze/ VERIFICACIą y OBRONę ich ná nie przed Krolem Je° M. Pánem náſzym Miłośćiwym/ przed Oświeconym iego Kro. M. Senatem/ y przed wſzytką Rzeczapoſpolitą obteſtowali/ y z żądáney nam przez nie potwarzy verificowali/ ni w iedney z tymi ſpráwy mieć nie ſzukáliſmy/ od ktorych nam (ile my zewnątrz widźieć możemy) nic złego. Do tych nam záwżdy mowá byłá/ tycheſmy compellowali/ ná teſmy ſie obteſtowali/ ktorzy nam ná Honor náſz ſurowie náſtąpiwſzy/ o raz go y z zdrowiem y z wiárą potłocżyć vśiłowáli z vtiſkowáli nas/ prześládowáli: roznymi ſpoſobámi nas y Bráćią náſze trapili/ y okrutnie mordowáli. Z Apoſtatámi náſzymi nam ſpráwá: ktorych genuinus, ich ſámych godny fœtus, ten niezbożny ná nas potwarzy o zdrádę Comment. Záczym y w tym teraz/ ná te vſczypliwe Zakonnikow tych náprzećiwko nam wydáne piſmá/ odpiśie náſzym/ mimo nie/ niko° nie ſzukamy: tym odpiſuiemy/ ktorym nieodpowiedźieć/ grzech być ſądźimy: ktorzy nas nicżym/ tylko ſzczyrymi calumniami/ z bezćiwego y z wiáry wyzuć vśiłuią. To mowią/ czego nigdy dowieść niemogą. Zádaią nam Crimen falſi:

ſſ:

ßi: Crimen læsæ Maiestatis: Crimen perduellionis. Pisma náße/ y suggiestowe nauki nicuią/ y podáią zá Criminały. Idą z nami wewßem offensiuè, że sie im rádzi nierádzi stáwic musiemy defensiuè. Mowią o nas/
iákobysmy w listách Krolá Je° M. Sophisticè y słowá
podchwytywáli/ y sens ná swą strone ciągneli. Jákobysmy Páná do Poddánych złośliwym nieiákims wymy-
słem hydźili: á Poddánych ná Páná iątrzyli. Serca
ich do Krolá Je° M. Páná náßego M. psowáli y obo-
strzáli. Jákobysmy ie do sediciy y do tumultow/ á Rzecz
pospolitą do záburzenia przywodźili: á zámießánie y
zátrudnienie obrony przeciwko Tureckie° nieprzyiacielowi vścilali. Jákobysmy w ziednoczeniu z inowiercámi ktorymis vffnosć iákąs mieli: y práktiko swoią/ rá-
dą/ y buntem Kozakow concitowali / y Turbatorámi
byli publicæ ich disciplinę. Jákobysmy ie tumultuo-
wali, irritowali, podżegali / y iątrzyli: y zbroyną ich
reką przez gwałt ná kogo nástępowáli. Co wietße:
iákobysmy my Krolowi Je° M. Pánu náßemu M.
słowá pełne wzgárdy zadáwáli: od Je° Kr: M. zwierzchności, władze, y posłußeństwá Apostatowáli: á do nieprzyiaćielá Je° Kr: M. Páná náßego M. przyłączáli sie. Jákobysmy ná koniec (Proh scelus) od Syná
Bożego/ ktory nas krwią swoią nadrożßą odkupił / v-
właczáiąc mu Consubstantialitatem, apostatowáli. Te
niezbożne potwarzy w tych swych pismách ná nas zmy-
sláią/ przy ktorych sie nigdy daBog nie ostoią/ nigdy nic
z tych pomienionych Calumniy ná vczćiwe y pobożne náße y Stárßych náßych Zakonnicze życie nie przewiodą:
vpewnia nas w tym czyste od tych niezbożności sumnienie náße. Ale co zá dźiw tym ich tákowym pismom:
Bubones non alit nisi desertum. Przeklęstwo od świętey

Apo-

Apostolskiey Stolice Konstántinopolskiey / ktorey krzywoprzysieżnie odstąpili/ ná nie pádłe/obezumiło ie. Te
zás świeżo teraz od świętey Jerozolimskiey Apostolskiey
Stolice ná nie ponowione / stáło sie im ono Jozuego/
Sit ciuitas hæc Anathema, & omnia quæ in ea sunt Dño. Iosu. 6.
Miásto to niech będzie przeklęte/ y to wßytko co w nim
iest kwoli Pánu. Stáli sie ábowiem przez nie ták z Esai. 6.
gruntu vważne° baczenia wywroceni / iż nátychmiast Mat. 13
pádłá ná nie moc skáránia Boże°/ że y słyßąc nie mogą Mar. 4
słyßeć/ y widząc nie mogą widźieć. Anathema est in me- Luc. 8.
dio eorum: Przeklęctwo od ś. tey Stolice skoro ná nie pá- Act. 28
dło/ záraz podał ie Pan Bog in sensum reprobum, áby Rom.
czynili rzeczy nieprzystoyne: zmyślili ná nas zdrádę / cap. 1.
rzecz miedzy námi zá łáską Bożą ni słycháną/ ni myßlo-
ną. Ktorey względem/ co z námi y z narodem náßym
Ruskim po Litwie y po wßytkiey Białey Ruśi broili:
więźienia Bráći náßey / Morderstwá / Inquisitiæ, Cō-
misiæ od nich wywodzone / Bannicie instancią ich wy-
noßone/ y Proscriptie przez nie Actikowáne wiedźieć dáią. Ażeby to złe vdwoili y vtroili / poczęli malis adde-
re mala vt eueniret bonum: Potwarz potwarzą / Roma.
accumulowáć począwßy / Nu do Sowitych Win, do cap. 12.
Prob, do Examinow, & ad alia sexcenta, áby tylko to
ná nogách stánęło / co sie calumniosè wymowiło: Qui Cic. in
enim vel semel pudicitiæ fines transgressus fuerit, semper Epistol.
eum impudentem esse necessum est. Vćiążáią że náßych fam. li.
Scriptow wyrozumieć nie mogą / zágmátwáiny w nich 5.
sens być suspicuią: á tey gmátwániny we łbách swych/
z pœny excommunicatiey ná nie pádłey widźieć nie mo-
gą/ iż choć sens y słowá dobrze poymuią/ ináczey iednák
niż sie one máią z vmysłu do ludźi złe vdáią: Co sie da
Bog/ ná oko w pismách ich tych ná ktore nam odpowiedźieć należy/ okaże.

Ile

Ile tedy do przyczyny powtorzoney nászey VERIFI-
CACIEY: tá byłá y iest słuszna: bo im wiecey posobie
w nagłym ná nas nástąpieniu obrony mieć mogliśmy /
tym mesmy bespiecznieyszy zostawáć mogli: By tez ocbrze
do skutku niezbożny wász zámysł był przyszedł/tumult ná
Monáster nász vczynić/ áby stąd wiedział kożdy ten/ koby o tym wiedzieć należáło / iákby sie to od was z słuszney przyczyny było stáło: y nam zá tákowym o sobie dániem spráwy/omnem fortunæ aleam, z dopuszczenia Bożego / znosić niebyłoby cieżko. Publicowáliśmy listy
Królá Je° M. Páná nászego M. y pierwsze y drugie:
á przy nich / y listy niektorych z Ich M. PP. Sena-
torow/ nie ná żadną zdrádę/ iáko omylnie vdáiecie: á-
le ná obronę niewinności nászey. Wiedział Dawid że 1. Reg. cap. 21.
mu sie Panes propositionis ieść niegodziło: ále Sacra necessitas vczynić go to bez żadnego występku przymusiłá. Niegodziło sie y Zwolennikom P. Chrystusowym Matth. cap. 12.
w Szábat ocierác kłosy / ále ie z występku sám Chrystus Pan necessitate wymawia. Nie należáło [illegible]iste y
nam listow tych Kr: Je° M. do Pátriárchy [illegible]rozo-
limskiego pisánych publicowáć / ále necessitate coacti
musieliśmy: Ktoremiśmy sie/ zá łáską Bożą/ publicowá-
nymi wam Apostatom nászym obronili/dawszy przez nie
wiedzieć y tym / ktorzy zá fałszywym wászym o zdrádę
nas vdániem suspicowali o nas: y ieżeli to prawdá iest/
iákoście wy nas vdawáli/ spráwoty od nas potrzebowá-
li/ták nászi własni społ wyznawcy/iáko y insi. Nie idzie/
iáko widzimy/ wilkowi o wodę/ ále o nie zgodę: nie oto
wam idzie/ żeśmy Listy Królá Je° M. P. nászego M.
y Ich M. PP. Senatorow niektorych publicowáli / ále żeśmy tym nászym postepkiem wszytkim wam
Odstepcom nászym vstá o raz zátámowáli/ y te zdrádę

z nas

z nas ná wásze głowy przez to odwrocili. Niechże z te° P.
Bog błogosłáwiony bedzie/ ktory nas nie podał ná łup
w zeby wásze. Duszá nászá iáko ptászek vszłá z sidłá was Ps. 123
ptásznikow/ potárgáło sie sidło/ á mychmy go/ zá pomocą Bożą/ vszli. Rátunek nász w imieniu Páná / kto- Ibid.
ry stworzył niebo y ziemie. Z listow iednák tych Królá
Je° M. Páná nászego M. iáko poważnych/ byście dobrze y ná Bezestan/ ktory przypominacie / (o ktorym
my teraz od was słyszymy / nigdy o nim przed tym nie-
słyszawszy / nierzkac niewiedziawszy) VERIFICACIE
násze przesłáli byli / niby Nieprzyiaciel był niewysłał/
tylko gotowość woyská Je° Kr: M. náprzeciwko niemu. Nybyśmy bárziey z listu Oycá Pátryárchy do
woyská Je° Kr: M. Zaporoskiego / y z Błogosłáwieństwá iego temu Woysku ná przeciwko Pogáninowi /
niebespieczeństwá iákiego od Tyráná tego społwyznaw-
com nászym spodziewáć sie byli mogli. Nászi abowiem z łáski Bożey z kożdym swym nieprzyiacielem /
aperto Marte: á oni są pod władzą iego. Ale że Boskie- 2. Reg. cap. 14
mu o nas przemysłowi vffamy / mimo ktorego wolą y Mat. 10
włos z głowy człowieczey niespádywa / To co prawdá Act. 27
byłá y iest/ bespiecznieśmy pisáli. Y dobrze: bo szcze-
śliwy zá pomocą Bożą z nieprzyiacielem tym woienny
skutek pismo násze approbował. Aby tedy publicatia listow Kr. Je° M. P. násze° M. ná obronę niewinności
nászey vczyniona/ná zdrádzie ku Oyczyznie nászey przez
nas czyniona byłá: fałsz iest ná nas y potwarz: ktorych
nigdybyśmy byli nie publicowáli / (czegośmy nigdy y
w przodkach nászych czynić niezwykli) by nie tym od
was zádánym nam musem przynukáni/ gdzie nie tylko ná te listy/ ále y ná insze niewinności nászey obrony
sposobiáć sie musieliśmy.

B A co

A coż odległośći mieyſcá/ z ktoregoſmy drugie liſtu Je° K. M. Páná náßego M. czekáli/ Konſtántinopol/ ábo Jáſy rozumiećie: y ſtąd obrázy Máieſtatu Krolá Je° M. y zdrády ná nas dowodźićie: w oboim ſie tym z vmyſłu mylićie: Do Jas ánі do Konſtántinopolá nie ieſteſmy wieżdży: ku temu ná ten czás y nie było po co: gdyż liſt ten drugi Je° Kr: M. Páná náßego M. y liſt wielebnego w Bogu X. Biſkupá Krákowſkiego nie w Jáśiech były / mniey w Konſtantinopolu/ ale w Kiowie/ ſkądeſmy nánie czekáli / ſkądeſmy ie y otrzymáli: y to tedy falß ieſt ná nas y potwarz. Záczym poprożnicy y náße y Rzymſkie práwá y ſławne Iurisconſultÿ ná popárćie ſwey potwarzy záćiągaćie. Gdyżeſmy nigdy z żadnym Krolá Je° M. Páná náßego M. nieprzyiaćielem żadnych przyiaźni / commercÿ y mow nie mieli: Pokazáć ſie to ná nas nigdy nie może.

Co ſie też ku końcu te° ſwe° punctu ſtąd ná nas obrážaćie/ że Oycá Pátriárche Jerozolimſkie°/ świętym Meżem według ie° godnośći / w piſmách ſwych zowiemy: dawßy náprzećiwko nam rácie, że dici beatus, ante obitũ nemo ſupremaq; funera debet: Bácżnieyßi my zá práwdy w tym/ przyznaćie to nam ſámi/ ktorzy ſie namniey ná was o to niegniewamy/ gdy od was nierzkąc świećkie/ ále y naświętße Oycy zá żywotá bez żadney Kánonizáciey titulowane ſłyßymy: In alienis cur lynces eſtis, in propriis talpæ: Nie dźiw: inimicus & inuidus vicinorum oculus.

Dáley poſtępuiąc/ Reflexię zdrády exaggeruiećie: dowodząc tego/ że tá tylko ná Boreckiego y Smotrzyſkiego ieſt nácelona/ y Vniuerſałámi Je° Kr: M. ná tych tylko dwu publicowána ieſt/ y pytaćie/ gdźieby to było w Vniuerſale o narodźie Ruſkim / ábo z tych Osob/

ktore

ktore Je° Kro: M. zá zdrayce w Rzeczypoſpolitey / liſty ſwemi ogłośił/ reflexiuè nań táż zdrády zmázá ſpádálá; y o raz ná zdrowiu y ná vczćiwym go ráźiłá/ tłumiłá/ y gubiłá. A iákoby wygrawßy náwodźićie: że my przez to zdrády tey / z dwu ábo trzech Osob / ná wßytek narod Ruſki náćiągánie / ſwym plugáwym płaßczykiem/ y toż páłecżyna wßytek przy ſobie zacny narod Ruſki nieſłußnie okrywamy: że tym Páná do Poddánych złośliwym wymyſłem hydzimy: y do Sediciy, do tumultow, do wzburzenia Rzeczypoſpolitey/ do zámießánia y zátrudnienia obrony przećiwko nieprzyiaćielá drogę śćielemy. Poddánych ná Páná iątrzemy/ ſercá ich do Krolá Je° M. Páná náße° M. pſuiemy/ y obośtrzamy. To wy.

Ná co my wam odpowiádamy: byśćie z ſobą y z tymi, ktorych ſłowy tylko ośukiwaćie/ y z námi ßczyrze byli poſtąpili/ nie pytálibyśćie nas byli o to/ miawßy ná to w przedmowie verificatiey náßey gotową odpowiedź/ gdźie rzekßy my/ z ktorych osob reflexiuè wßytek zacny narod náß Ruſky táka zmáże / ktora o raz y zdrowie y vczćiwe iego ráźi/ tłumi / y gubi / bezwinnie ponośi y ćierpi: náwodźimy záraz / iáko ſie z głoſow Magiſtratu Wileńſkiego / y z Kathedr Apoſtatow náßych / tudźieß y z Proteſtaciy po niektorych Grodách poczynionych ſłyßeć dawáło/ y teraz dáie wiedźieć. Słyßyćie/ że my tey Reflexiey nie w Vniuerſale Je° Kr: M. ßukáć vkázuiemy: ále w słowách Magiſtratu Wileńſkiego: ktory wßytkiemu gminowi do Ratußá kázawßy ſie ſtáwić/ przez Burmiſtrzá tego rocznego łáwice Litewſkiey/ wßytkę Ruś miáſtá Wileńſkiego/ poſłußeńſtwá Wſchodnie°/ zá zdraycy wßytkim wſłuch publicowáł. Ale w słowiech was Apoſtatow/

Anno. 1621. Mai, 28. 8. wesrode wielk:

B ij

ſtarow náſzych: ktorzyśćie bez żadnego wſtydu publice z kázálnice ſwey wolywáli y głośili/ nie te tylko Ruś/ ktora w Wilnie Archiapoſtáćie wáſzemu niepodległá/ ále y inſza wſzytká/ ktora iego Collegow/ po inſzych wſzytkich Wiel. X. Lit. y Biáłey Ruśi miáſtách y powiátách nieſłucháłá/ zá zdraycy ieſt oſądzona. Szukáć tey reflexiey vkázuiemy y w słowách Proteſtaciy/ przez Apoſtate Połockiego pod cudzym imieniem náczynionych/ y do Xiąg Grodu Bráſłáwſkiego podánych: w ktorych też zdráde wkłádá ná cáłe niektore Powiáty Biáło Ruſkie/ y ná cáłe miáſtá/ ná Szláchte Vkráinną: y ná Bráctwo Wileńſkie. Co rozumiećie byśćie byli ſczyrze chćieli známi y z ſobą poſtąpić/ pytálibyśćie nas byli o te Reflexie: Szukálibyśćie iey byli w Vniuerſale: nierozumiemy. Wyśćie tedy to ſwoią nieprzyſtoyną śmiáłośćią/ wiecey z narodem Ruſkim w nieſławe y w zá turbowánie iego ważywſzy ſie niż wam Vniuerſał Je° Kr: M. pozwalał/ tym plugáwym zdrády płaſzczem przy dwu w Vniuerſale tym miánowánych osobách/ wſzytek zacny narod Ruſki okrywáli/ á nie my. Wy przez ten ſwoy niezbożny poſtepek/ ktorymeśćie wſzytkie Wiel: Xieſtwo Lit: z wſzytek Wołyń y Vkráine byli zátrześli/ Páná do poddánych hydźili/ á Poddánych ná Páná iątrzyli: Sercá ich do Krolá Je° M. psowáli y oboſtrzáli/ á nie my. Wy tym ſwoim gwałtownym ná nas y ná wſzytek narod náſz Ruſki/ pod Wſchodnim poſłuſzeńſtwem Duchownym bedący náſtepowániem/ y nieznoſnemi morderſtwy/ lud poſpolity do sediciy, do tumultow/ do zábużenia Rzeczypoſpolitey/ y do zátrudnienia obrony przećiwko nieprzyiaćielá droge vścieláli/ á nie my. Fałſz tedy y to ná nas od was y potwarz/ dolo malo ſpráwiona: przez cośćie

ſámi

Anno. 1621. Mai 5. die.

ſámi ná ſie falſi Crimen, ktorymeśćie nas przyodziáć byli poſtąpili/ dobrochotnie náćiągneli. Juž tu nápráſno Tertuliana przywodźićie. Nic tu było y po lámentách: Nic y po tey niecnoćie ktora ſie ná Páná zdrádźiecko byłá wyrwáłá. A że Oycá Boreckiego y Oycá Smotrzyſkiego Męże vczćiwe w narodźie Ruſkiem/ fecē populi & abiectionem plebis názywaćie/ niedźiwuiemy ſie. Coż bowiem ſługá ma mieć nád Páná: Chryſtus Pan ich/ od wam podobnych ták miał być názywány: iáko o nim w osobie ſwey Prorok Boży mowi/ Ego autem ſum vermis non homo, opprobrium hominum & abiectio plebis. Ja ieſtem robak á niecżłowiek/ pośmieiwiſko ludzkie y odrzucenie poſpolſtwá.

Mat.10 Pſal.21

Z tego punctu wyſtąpiwſzy/ pod niebo wyléćieć v śiłuiećie. Jeśli cnotá ſzláchći/ co ſie twarzy przypátrućie: wieluż ná ſtolicách Epiſkopſkich tákowych máćie/ ktorych śie poczęu być chlubićie: My Zákonnicy/ Szláchtá y Plebei/ w Chryſtuśie Pánie iedno ieſteſmy/ y Barbarus v nas, y Scytha, y Grek/ y Żydowin/ byle tylko Chryſtuſowi Pánu Jmie ſwe dał/ y był ie° wiernym: rodzáiem ieſt wybránym/ Krolewſkim Kapláńſtwem/ narodem świetym/ ludem ktorego ſobie Bog zá właſny poczytá. Jeſt ſynem Bożym/ dźiedźicem kroleſtwá niebieſkiego/ ſpołdźiedźicem Páná Chryſtuſowym/ á náſzym brátem. Jeśli ſie o to ná nas obráżaćie/ nie z præſumptiey, ále z ſczyrey ſkromnośći Zákonnicżey/ vſtepuiemy wam tey wynioſłośći/ ſámi ná ſámym vczćiwym vrodzeniu/ y ná pobożnym żyćiu zoſtáwſzy. A gdy ſie wy wſzyſcy ſámi miedzy ſobą poráchowawſzy/ Nobiles cum plebeis, Szláchte z chłopſtwem ná ſzale włożyćie: á iedni z drugiemi we krwi iednoczyć ſie/ y w vrodzeniu rownáć ſie odmowićie: tegdy

Galat. cap. 2. 1. Pet. cap. 2. Gal. 4.

gdy my/ ieśli te° po nas słusznie potrzebowáć będziecie/
raz rozwagą z wámi iednoczyć się wekrwi/ yrownáć nie
odmowimy/ Szláchtá szláchcie/ chłopstwu chłopstwo.
O to się iednák oboi pierwey tym czásem stáraymy / bez
czego nobilitas stercus est.

A co mowićie: Dalby to Pan Bog/ áby stárszi wá-
" " szi od nas ták vráżeni y szkálowáni niebyli / ó dalby to
" " był P. Bog áby sie oni od tey Potwarzy byli záwścia-
gneli/ iáko im niektorzy z młodszych rádzili/ á ná ludzi
niewinnych zdrády byli niewnośili: nigdyby do tákich
w oyczyznie turbacyi / y tumultow było nieprzyszło : y
spráwá tá Boża / o ktorą miedzy námi y wámi idzie /
ták wielkiego zátrudnienia nigdyby byłá nieponiosłá.
Zárde serce onych/ do tey niezbożnośći ie rzućiło/ ktorą
Zaretycy Kátholikow konáć zwykli. Potwarzą był
kondny Athánásiusz świety: Potwarzą ś. Ambrozy /
potwarzą ś. Złotousty/ potwarzą ś. Márim / potwarzą ś. Dámáscen/ y inszi. Tey się Zaretickiey niezbożnośći oni náprzećiwko nam iowszy / potwarzą Stárszych nászych konáią : w czym przećiwnikow nászych /
Baro. in ufamy / Pan Bog nie poćieszy. Ktorym stárszi nászi
Anno, odpowiádáió/ Co czásu siwe° zpotwarzony Blog: Má-
65 o. rim potwarcom swym / gdy go zdrayca Cesárskim y
num. 4. Rzeczypospolitey zwáli / y iákoby Sáracenom Alexán-
Idem, in drią y Egipt / y Pentápol wydał/ świadczyli / odpo-
Anno. wiedział: To coná mie mowićie/ták iest do prawdy podo
657. bno/ iáko gdyby kto diabłá Bogiem czynił. Co iż iest
num. 2. niepodobno: Ták y to/ co mi zádáiećie/ fałsz iest. Mowio Arcykápłanowie żydowscy/ná Páwłá ś. y ná insze
Act. 24 Apostoły/ że so violatores templi & sancti loci . że są turbatores publicæ pacis, homines pestiferi : Concitatores
populi, & authores seditionum, omnibus Iudæis in vni-
uerso

uerso orbe. Mowią ciż y ná Chrystá Páná / Samarita- Ioá. 8.
nus est, dæmonium habet: est homo vorax & potator. Luc. 7.
Prawdaż to? Táka/ iáko wászi Arcykápłanowie nas y
Stárszych nászych názywáią ambitiosos, seditiosos, &
tumultuarios. Niedziwuycie się tedy: Non est enim di- Luc. 6.
scipulus supra Magistrum, nec seruus super Dominum su- Ioa. 13.
um. Sufficit discipulo vt sit sicut Magister eius, & seruo & 15.
sicut Dominus eius. Jeśliże sámego Gospodarzá Beel- Mat. 10
zebubem názwáli / iákoż dálko więcey Domowniki ie°.
Ják tedy in vitæ honestate, & in læsione alterius ambitio, seditię, y bunty mere sunt Calumniæ : ták y to abyśmy sobie Regalia arrogowali / y Korone z głowy Kr:
Je° M. Páná nászego M . iákowemikolwiek rekámi
zdzierali/ merum est commentū: odpowiedzi niegodne :
bo gdybyśmy wam ná to wásze głupstwo odpowiadali/
podobnym wam/ według Salomoná ostáć się musieli. Prou. 9
byśmy. To iedno mowiemy/ że pod wiádomośćią tego
ktory wszytko wie / Christus Domini non est tactus à no- 1. Reg.
bis: Pomázániec Boży nie iest od nas nirczym do- cap. 26
tkniony. Co sam da Bog czás y niewinność nászá okáże. Kupi was y Honor Przełożonych nászych Duchownych: crepat Iudas medius : Rumpantur ilia codro:
ten iednák Wielebnym y Przewielebnym nászym Oy-
com/ y Pásterzom czyniony być od nas nie vstánie.
Wászym vprzywileiowánym szyrokie mimo nas wrotá
dáiemy: ni my ich czepamy/ ni od nich czepáni być prá
gniemy. Bo qui tetigerit picem inquinabitur ab ea: & Eccles.
qui communicauerit superbo, induet superbiam. cap. 13

Co się dotycze Metropolity wászego Hypatia/ tośmy
o nim w Przedmowie nászey pisáli/Cośmy iedno/ z tych/
w liście iego do iednego zacnego Senatorá pisane czytáli: Drugie/ cośmy z vst wiáry godnych ludzi słyszeli:
ktorzy

ktorzy z tego właſnych vſt to ſłyſzawſzy / Apoſtáſie iego y wáſzę zbrzydziwſzy ſie/ do nas zás ſie wrocili.

Metropolit wáſz / ktorego żywym być powiádaćie/ (ieśli żywy ieſt/) dziśieyſzy y Władykowie: co ſo nam intus & incuti, okázał ie ten rok przeſzły: ktorym/ by ták ná władzy nie ſchodziło / iák ná woli: nie trzebáby ćięższey niewoli ſzukáć y miedzy Pogány. Wyćiągnioną mieli rękę ná zyſk lub ná ſtrátę: by temu złemu ich zamyſłowi ſam dobrotliwy P. Bog / Boſkim ſwym przemyſłem nie zábieżał. Łatáły niebácznych tych ludzi / oſobliwie tego ktorego żywym być powiádaćie / po roznych mieyſcách do Wielkich ſtanow / o Stárſzych náſzych / pełne ná nie o zdrádę potwarzy: tákie liſty / ktorych kłamliwſzych y ná niewinność ich potwarliwſzych/ ſam on z wiekow kłamcá y potwarcá Diabeł zmyślićby nie mogł. A iednák śmiećie zá rzecz pewną to piſáć/ że my w zmyśloney tey od nie° náStárſze náſze zdrádzie/ potwarzamy go. Zápytayćie go/ ieśli żyw ieſt/ y ieśli ſie iuż zebrał z ſobą/ rozumiemy/ że ſie te° niezáprzy/ w czym mu właſne ſumnienie zayrzeć muśi. On to ieſt/ ktory ſtárſze náſze zá zdraycy vdał Tureckie/ ktorzyby ſmákowáli ſobie pánowánie Moſkiewſkie/ lepiey iednák Tureckie: y ktorych zamyſły pewne/ ná zgubę Oyczyzny. on Oycá Boreckiego wiazd do Wilná ná Bohoiáwlenie: á Oycá Smotrzyſkie° do Połocká ná Epiphanię rozgłośił: ktorym ták ſie wiele śniło o tym/ iák y o zdrádzie. W czym oboim ſámy czás y ſkutek/ niewinność ich/ á potwarz tego złośliwego Potwarce wyświadczył: z ktorą ſie on y do Krolá Je° M. rády ſobie inſzey dáć niemogſzy/ vdáć obiecował/ y vdał. Ktoremu odpuść P. Boże/ y dáć mu rácz mentem saniorem, áby iuż nápotym prawdy ſwey / dla ktorey ná nas / y

Ioan. cap. 8.

ná

ná Stárſze náſze niebo y ziemię rádby obalił/ mendacijs & calumnijs ſtánowić y wſpieráć nie przyzwalał: Calumnijs enim quid, quàm innocentia impetitur? mendacijs autem quid quam calumnia ſtruuntur? Czego gdy zániecha / lepiey od nas ſłyſzeć będźie / y v ſwoich ná więtſzą ſie pocżoſtkę ſpoſobić może. Ktora od kogoby oćhylona poniosł/ y bez obowiązánia cnotą / ſam powie: doſyć ná Verificaciey wydáwáe było przypomnieć. Nie káżdy ábowiem dziś to łágodnym ſercem ponieść może/ Co ſie z dawná obnośi w powieśći: Jam twemu chłopcu wczorá wierzył / że ćie domá nie było / á ty dziś mnie ſámemu wiáry nie dáieſz/ że mie/ domá niemáſz/ choćiem ſam z domu ſwego przez okno odpowiádał. Záłuiećie iáko Politicy/ że ſie tumulty y ſedicie / w Oyczyznie przez nas wſzczynáią: záłuiećie bárzo/ y nie chwalićie nam te°. A my iáko Ethici, záłuiemy/ że ſie w tey ſwey o nas y do nas powieśći mylićie: y vczćiwych nas ludzi tym potwarzaćie/ czego ze wſzytká wáſzá Ordá nigdy nie pokażećie: záłuiemy záprawdy bárzo / y gániemy to wam.

Pytaćie/ iezeliſmy prágneli ſtolic Duchownych: odpowiádamy/ prágneliſmy: Boſmy iuż ie od lat dwudźieſtu ſześciu Apoſtatámi náſzymi oſádzone vacuiące mieli. Pytaćie/ iezeli śie Przełożeni náſzi Duchowni świećili v tego Græczyná: odpowiádamy / świećili ſie v Oycá Pátryárchi Jerozolimſkiego Wielebne° w Bogu THEOPHANA: Cerkiew ábowiem náſzá Ruſka bez Duchownych/ iák ćiáło bez duſze żyć niemogłá. Pytaćie/ iezeli Krol Je° M. liſtámi ſwymi święćić ſie im v niego pozwalał: odpowiádamy/ temi liſtámi ſwemi ktore do Oycá Pátriárchy piſáć raczył/ ni bronił/ ni pozwálał: źle obietnicą ſwą Páńſką po kilku Seymow

C czynio-

cżyniona/ według praw náßych y zwyczáiow/ y według práwá Fundaciey, ktore ieſt / mieć nam przełożone Duchowne od zwykłego nam Páſterzá poświecone / dawáć nam Przełożone duchowne obiecawßy/ pozwalał. Pozwalał y potwierdzeniem praw Narodowi Ruſkiemu/ z ktorych to ieſt iedno / , Electow Cerkwie náßey Ruſkiey præſentatiey od Krolá Jego M. do Pátriárchy Konſtántinopolſkiego / á nie do Biſkupá Rzymſkiego. Poświecenia tego Krol Je° M. Pan náß Miłośćiwy pozwalał im / y ſámym tym pozwoleniem / ktorym Michájłowi Ráhozie od Błogoſłáwioney pámięci Oycá IEREMIASZA Pátriárchy poświęćić ſie pozwolić racżył. Pytaćie ná koniec / ieżeli ná Epiſkopſkie ſtołki náſtępowáć im Krol Je° Miłość pozwalał: odpowiádamy/ nie pozwalał: y oni też náynie nie náſtępuią/ ále ná łáſkę w tym Krolá Je° M. (będzieli ná to wola Boża/ y wola Je° Kr: M.) w pokoiu cżekáią. Vtworzyli ſie tedy Epiſkopámi / y Metropolitem/ nie ſámi/ iáko ie wy potwarzaćie/ ále ie vtworzył tákiemi ten/ ktory tego władze miał.

Przy ktorym ſwym Metropolitáńſkim y Epiſkopſkim Doſtoieńſtwie áby oſtáwowáli / w ziednocżeniu z Jnowiercámi/ (ktorych przyłącż Boże do Cerkwie ſwey S: Cże° ktoby im niezycżył/ boday ſwe° zbáwienia nie miał/) vfnośći nie pokłádáią. Potęgi Kozakow ná ochrone ſwoie nie záćiągáią: Cżym ie wy oboim pomawiáćie. W piſmách náßych Kozakom nieprzypochlebiamy: ále iáko ludzie Rycerſkie/ ludzie teyże z námi y iedney Stárożytney Religiey Gręckiey/ według godnośći ich wſpominamy; Ktorzy zá pomocą Bożą/ y ßcżeśćiem Kr: Je° M. pierśiámi ſwemi Junáckiemi/ świeżo teraz Pogáninowi Tureckiemu znácżny wſtręt vcżynili/ y do

Oycży-

Oycżyzny naßey miley/ Pogáńſkim krwáwym ſtopam prześćia/ ſwemi głowámi niedopuśćili. Zaś z tym Krolowi Je° M. Pánu ſwemu M. wßytkiey Rzecżypoſpolitey / y miley Oycżyźnie ſwey dobrze dźiś záſłużonym żołnierzem lepiey ſie wy obchodźićie/ gdy go przez Scripta ſwe/ do ohydy wßytkim podáiećie ?

Tumultow Połockich co ſie dotycże/ ſedicyey y concitaciey populi, tego wßytkiego nie w Oycu Meletym Canonicè poświeconym Epiſkopie/ ktorego tym pomawiáćie/ ále w oycu apoſtaćie y intruzie ſwym maćie ßukáć. Ten z Pány mießcżány Połockimi obłudnie poſtąpiwßy / ſam przycżyne do tego dał áby był od nich pogárdzon y opußcżon/ iáko nátret y dźiurą wlázły do owcżárnie tey wilk. Ioã. 10 Ktory po wßytkie cżáſy vdáwał ſie być zá poſłußnego Pátriárſie/ (Pátryárchę obłudnie rozumieiąc Biſkupá Rzymſkie°) ludźie prze to mamił/ y przy ſobie zatrzymywał. Lecż gdy obiecawßy ſie do Oycá Pátriárchy Jerozolymſkiego z niemi do Kiiowá iácháć/przy słowie nie zoſtał/ był od nich w nießcżyrośći/ posłákowan. Gdy zás w rychle potym przez publicżne ná Ratußu liſtu ſwego/ od Krolá Je° M. ná to Władyctwo iemu dánego cżytánie z Vnią ſie obiáwił/ wßeláko zoſtał opußcżon y odbieżan.

Co ſie legaciey Kozáckiey przez P. Piotrá Konáßewicżá Sáhaydacżne° od woyſká Zaporozkie° do Kr. Je° M. cżynioney dotycże/ o ktorey vdáiećie zápewne/ iákoby od nas Wileńſkych Zakonnikow byłá piſána. Nowimy: że ſie w tym mylićie. Chrześćiánie ſą/ y bez nas domyślić ſie z ták wiele mogą. Bo co ten lud ſam widźi/ namową cżyią vwodzony do te° być niepotrzebnie. Ktoż tego iuż dźiś niewidźi/ cośćie wy ſámi wßytkim nam widźieć vkazáli: że w narodźie Ruſkim przez was wiá-

rá Græcrá Græcka ieſt naruſzona : y że Przywileie ná wiárę Ruſką nádáne / przez was ſą połamáne. Wyście ábowiem Práwo narodu Ruſkiego wieczne oboiey Præſentaciey złamáli : Pierwſzey præſentaciey práwo náſze ieſt / áby Elect ná Metropolię Kiiowſką od Obywátelow Ruſkich nabożeńſtwá Græckiego / y Capituły Kiiowſkiey był obierány / y Krolowi Je° M. præſentowány. Pytamy Ruckiego wáſzego / kto go ná Metropolię Kiiowſką obierał / y præſentował: Pociey y Kápitułá świeto Jáńſka. Drugiey præſentaciey práwo náſze ieſt / áby Elect Krolowi Je° M. præſentowany / od Krolá Je° M. był Konſtántinopolſkiemu Pátriárſze ná poświecenie præſentowany. Rucky wáſz / pytamy powtore / komu był præſentowany : Papieżowi. Nie złamánesz to ieſt práwo præſentaciey wierze Ruſkiey ſłużące / przez was Odſtępce náſze : przeć tego záiſte nie możecie. A że Przywileie ná wiárę Ruſką nádáne / ſą przez was złamáne / wiedzieć ſię dáie z Rozdziału piątego Sowſtey Winy wáſzey / gdźie Conſtitucię Roku / 1607. y Przywiley tegoż nam dány z właſnego ſenſu niszcząc / Zwierzchność nawyższą / bez żadney boiázni Bożey / w nieſzczyrość ku Poddánym do ludźi podáiecie ; á nas z właſnego Przywileiu nam dáne° / y náſzey Wierze ſłużącego gwałtownie wyzuwácie : Niechcąc wiedzieć / że iuż miedzy Ruſią Wſchodniego y Zachodnie° poſłuszeńſtwá dawno rozdział ieſt vczyniony : y ná czym ktora przeſtáwáć ma / gruntowne práwo ieſt ferowane. S. ábowiem pámięci Krol Zygmunt Auguſt Przywiley narodowi Ruſkiemu pod czás incorporaciey dáiąc / Ludźie narodu Ruſkiego ná dwá zakony dźieli : Jedne być mieni zakonu Rzymſkiego / Drugie zakonu Græckiego : A oboiego tego zakonu Ruś wſzytkich Praw / ſwobod / y

wolnośći y záwołánia / Korony Polſkiey vczeſtnikámi czyni. Ludźie zakonu Græckie° ći / ktorzy zá pánowánia ie° / iáko y po wſzytkie przeſzłe Chrześciáńſtwá ſwego wieki / pod poſłuszeńſtwem Pátriárchy Konſtántinopolſkiego były : Tákiey iáko wy ieſteście Vnitſkiey Ruśi / y práwá náſze nieznáią : nieznał y Krol Je° M. Auguſt / ktory to práwo ferował / y Rozdział ten miedzy Ruśią á Ruśią poważny vczynił : bo o niey żadney zmianki w tym ſwym Narodowi Ruſkiemu dánym Przywileiu nie czyni : ále czyni o Ruśi zakonu Rzymſkiego / y o Ruśi zakonu Græckiego. Jeśliż wy Ruś Vnitſka / ieſteście Ruś zakonu Rzymſkie° / maćie przeſtáwáć ná práwie y wolnośćiách Ruśi zakonu Rzymſkiego dánych / á nam Ruśi zakonu Græckiego / y práwom náſzym maćie dáć czyſty pokoy : bo do nich nienáleżyćie : ponieważ nie ieſteśćie tego zakonu Græckiego Ruś / ktorego byli ći, ktorym to práwo ieſt dane. A ieśli ſię gárniecie pod práwá náſze / y náſzemi wolnośćiámi ćieſzyć śię chcećie / zoſtáwáć maćie te° zakonu Græckiego Ruśią / ktorego Zakonu byli ći / ktorym to práwo ieſt dáne. Zoſtańćie mowimy / Ruśią Græckiego zakonu pod poſłuszeńſtwem Pátriárchy Konſtántinopolſkiego. Ponieważ to náſze práwo non ſimpliciter Ruśi náleży : ále Ruśi zakonu Græckiego / to ieſt / Ruśi poſłuszeńſtwá Wſchodniego. Zoſtáie ktory Ruśin zakonu Græckiego / Ruśinem zakonu Rzymſkiego / tym ſámym przechodźi z práwá Ruśi zakonu Græckiego dánego / do práwá / dánego Ruśi zakonu Rzymſkiego. Y w przećiw : zoſtáie Ruśin zakonu Rzymſkiego / Ruśinem zakonu Græckiego / tym ſámym ſwym poſtępkiem przechodźi z práwá Ruśi zakonu Rzymſkie° dánego / do práwá dánego Ruśi zakonu Græckiego. Co ſámo do świadczenie vſus quotidianus wyświadcza. Záczym y wy iedno z tego vczynic powinni ieſteście / ieśli Práwá ktoreyżekolwiek Ruśi dánego záżywáć chcecie. Zoſtawáć Ruſią zakonu Rzymſkiego cále / ábo cále Ruſią zakonu Græckiego / y záżywáć práwá cále tey ábo owey Ruśi dánego. Ieśliż wy Ruſią ni Rzymſkiego zakonu cále ni Græckiego nie ieſteście / tedy do práwá ni tey ni owey Ruśi dánego nienależycie. A ieśli y Rzymſkiego y Græckiego zakonu Ruſią być chcecie: o tákiey Ruśi práwá náſze Ruſkie owſzeki niewiedzą. Ták tedy y práwá y Przywileie ná wiárę Ruſką nádáne przez wáſze ſtárſze ſą złamáne. Ktorzy tym ſwym gwałtownym ná práwá náſze náſtąpieniem / pacem & tranquillitatem publicam violant, ſeditiones commouent, tumultus excitant: że iuż ná nie zewſząd narod náſz Ruſky / iáko ná wilki huka / áby z nieczułości w nieoſtrożność nie padł / y przez nie z práwá owſzeki wyzuty nie zoſtał. Tácy tedy ſeditionum & tumultuum authores, praw / ſwobod / y wolności violatores, tym práwem Rzymſkim pro qualitate dignitatis, aut in furcam tolluntur, aut beſtijs obijciuntur, aut in inſulam deportantur: A nie defenſores ich y Cuſtodes. Ktorym gdy przyrodzony zakon zá Oyczyznę vmieráć pozwala: zá práwá to / ſwobody y wolności ſwe pozwalą im vmieráć. Wolnoż wam Apoſtatom náſzym práwá náſze łamáć / á nam nie ma być wolno ich bronić? Wy ie impudenter & violenter łamiecie / bo nas práwem obwárowánych Inquiſitiami, Commiſsiami, Baniciami bez práwnie turbuiecie / więźicie / mordujecie / z máietności y z zdrowia y z vczćiwości wyzuwaćie / Krolá Ie° M. Páná náſzego M: ku nam wiernym Ie° Kro: M. poddánym potwarzámi wáſzymi ná gniew przywodźicie / nabożeńſtwo nam náſze y wiáre

Diogen. de pæn: lib. 38. ff. 2.

przez

przez gwałt odiąć vśiluiecie / pośłuſzeńſtwo ku wam / ktoregośmy wam niepowinni / per omne nefas ná karki náſze wkłádacie. A my wſzytko to cierpliwie znoſząc / ſámą tylko proſbą náſzą do Krolá Ie° M. Páná náſzego M. co Seym czynić śie od nas zwykło / bronimy śie: áby nas od was / łáſką ſwoią Krolewſką y obroną / ktorą nam práwem Boſkim y práwem Zwierzchności ſwey winien / rátowáć raczył. Záczym exaggieracie / podżogi y irritatie wáſze / áby nas duſznie kárano / áby nam pœna nie byłá odpuſzczona: nie nas Propugnatores y Defenſores praw náſzych y wolności pátrzą / ále was oppugnatores ich y violatores: ktorzy przez ſwe odſzczepſtwo wſzytkiemu temu w Oyczyznie náſzey authores y promotores ieſteście. Byście wy tego byli niewſzczynáli / do ták wielkich trudności Oyczyzná náſzá / ſtrony Relligiey Græckiey nigdyby byłá nieprzychodźiłá: Mieliście byli to pilno vważyć / Pernicioſas eſſe Rebuſpublicis legum & Relligionum mutationes: mota enim Relligionis anchora, ſimul turbari Reipublicæ nauim neceſſe eſt. Nie wáſzá to rzecz byłá / áni Anteceſſorow wáſzych.

Lipſius.

Słowá náſze z Káthedry Cerkiewney y w Scriptach wydáne / áby były verba Catilinaria, in perniciem Reipublicæ prolata y exarata, nie przyznáwamy: Ale tákie o nich świádectwo wydáiemy / (noſtrum enim eſt, noſtra verba interpretari:) że ſą verba Chriſtiana, in perniciem veſtræ Apoſtaſiæ prolata y exarata.

A co iterum atq; iterum, toties quoties inculcatis & repetitis, że my z Vniuerſału Ie° Kro: M. dwom tylko oſobam żądáney zdrády háńbe nieſłuſznie ná wſzytek Ruſky narod náćiągamy / y ſwoią go ſądzą cżernimy. My też wam iterum atq; iterum, toties quoties inculcamus

mus, & repetimus, że Vniuersału Krolá Je° M. Páná
nászego M. nád dwie osoby przez was spotwarzone/ dáley nie záciągamy: ále wy go/ iákośmy máło wyższey
dowodnie powiedźieli/ ná wszytek narod nász ten Ruski/
ktory pod posłuszeństwem Wschodnim iest/ záciągá-
ćie: y to/ ktoryśćie z potwarzy swey náklocili sądzo/
máżećie go. Puśććie ieno oczy do Xiąg Grodu Polocz-
kiego y Brásłáwskie°/ támi w Protestáciách naydźiećie
czego z Vniuersału Krolá Je° M. nigdy nie wyśśiećie.
3. Reg. Non nos itaq; turbamus Israel, sed tu & domus patris tui:
cap. 10 ktorzy opuśćiliśćie przykazánie Páńskie owe/ Non fa-
Deu. 28 cies calumniam proximo tuo. Nie będźiesz potwarzy
Leu. 10 kłaść ná bliźniego twego: á wźieliśćie się zá oycá kłam-
Ioa. 8. stwá y z wiekow potwarce: ktory był mężoboycą od początku y w prawdźie niezostał.

Nie podoba się wam/ iáko się widźieć dáie/ y v-
ćiechá niewinnośći narodu Ruskiego w VERIFICACIEY
opisána. Ast malo quid boni potest probari? tylko co
on w swey złośći vknuie: Ktora vitio vestræ naturæ, ná
tumulty/ bunty y sedicie vczyniona być práwićie. My
to vczynioną być oświádczamy ná pohámowánie wy-
chełznioney złośći wászey/ w ktoreyśćie ná ten czás nád
narodem Ruskim/ po wszytkiey Białey Rusi/ y po wielu miástách Litewskich/ á w głowách w Wilnie y w Polocku okrutnie furowáli: á ná poćiechę swoim/ y do
dálszey ćierpliwośći powabienie.

Protestácia Oycá Boreckiego w Verificaciey przy-
pomniona quid sibi vult, pytaćie: y náwodźićie: nie
buntli to gotowy? nie obiecána seditio? Odpowiádá-
my: z oboiego tego ni iedno. Ale iest przestrogá y vpomnienie was Odszczepcow nászych/ á nászey niewinnośći
oświadczenie. My Bogiem y sumnieniem nászym/
ktore

ktore przed nim czyste mieć prágniemy/ oświadczamy
sie/ że w tey zbáwienney ktorą zwámi mamy/ spráwie/
y bići ráczey y obcinani y zábiiáni być wolimy/ niż by
to was od nászey strony obchodźić kiedy miáło: Zakon
ábowiem nász Euangelski náuczył nas/ y obowiązał/
ferre iniurias, & non facere iniurias, Lecz iż w ták wielkiey á práwie niezliczoney gromádźie ludźi/ quisque
abundat suo sensu: ábyśćie ná to pámiętáć mieli/ Oćiec
Borecky postrzega was y vpomina. Zaż Rusin był ten
háyduk/ ktory żywot swoy zá żywot Hypatiow był odwa-
żył? My iednák ten ie° vczynek nam niewstydliwie zádáiećie: ktoremu ieżeliśmy przywinni/ niech błogosłáwieństwá Bożego nie vznamy. Abyśćie tedy do tákich nie-
bespieczeństw/ przez swe okrutne známi postępki nieprzy-
chodźili/ y ná niewinność nászę kłamliwymi swymi po-
mowiskámi ábyśćie niegrzeszyli/ tá Protestácia vczyniona być muśiáłá.

Pytaćie też nas: Przykład murow od Nehemiá-
szá/ y sposob w erectiey tey fábriki ná co? ábo ták chcećie
swoie świetynie podnośić/ vna manu facere opus, & alte-
ra tenere gladium? y náwodźićie/ Należy Je° Kr: M.
Pánu nászemu M. należy y wszytkim/ ktorzy Rzeczpospolitą przy boku iego Páńskim piástuią/ Notare verba,
signare mysteria. Odpowiádamy: poprożnicy ná ten
swoy irritament ták wysokie stany/ iákoby ná co poważnego wzywaćie. Jeśli ná to/ áby wásze ku nam niechęć notowali, á nieszczyrość signowali: nimász iśćie ná
co. Mowi Verificator: Nie to w scripćie tym nászym/
ktory iákoby w ćięszkim á okrutnym obleżeniu iákim/
ná kształt budowánych przy Nehemiászu murow miástá Bożego/ zránione serce násze w zbolálych wnętrznośćiách vrodźiło/ náyduie się. Ktorez tu słowá vká-
D zuiećie

zuiecie notowáć? Co tu zá mysteria signowáć? Nie Swietynie tedy ták budowáć chcemy / iedną reką robić robote/ á drugą reką broń trzymáć: Bo iuż Swietynia/ zá łáską Bożą/ bez żadney broni stánetá/ y ná łáskę Królá Je° M. Páná náßego M. po łásce Bożey w pokoiu czeka cále zupełna. Ale te VERIFICACIE náße tákeśmy budowáli: bośmy od was w Monástyru náßym/ gdyśmy ią pisáli/ w cięszkiem obleżeniu byli / że przy obronie Boskiey vis vi repellenda co dźień musiáłá być nam præ manibus.

Co sie dotycze Canonow w Verificaciey y w Obronie iey od nas citowanych / stoią te immoti, póki stáć bedzie prawdá. Záczym repetowáć ich tu potrzeby nie widzimy. Generalnego Episkopá / ktorego zwierzchnym Biskupem názywacie/ Cerkiew Boża nie znáłá nigdy towo iednák znáłá záwżdy: co Błogosł: Grzegorz Papież o tákim Biskupie mowi / Absit à cordibus Christianorum nomen istud blasphemiæ, in quo omnium sacerdotum honor adimitur, dum ab vno sibi dementer arrogatur, Nullus Romanorum Episcoporum vnquam hoc singularitatis vocabulum assumpsit, nec vti consensit: ne dum priuatum aliquid daretur vni, honore debito sacerdotes priuarentur vniuersi. To iest/ Oddal Boże od serdcá Chrześciáńskiego imie to bluźnierskie / przez ktore wßytkim Kápłanom cześć sie odeymuie / gdy od iedne° sobie bezrozumnie bywa przywłaszczáne. Żaden z Biskupow Rzymskich tego wydzielności słowá nigdy nie przyiął/ y używáć nie przyzwolił: áby/ gdyby sie iednemu co zá własne dáło/cześci powinney wßyscy Kápłanowie niebyli pozbáwieni. To Grzegorz święty / y my z nim. Generalnego tedy my Episkopá żadnego nie znamy/ y znáć niemożemy. Póki z świetymi Bożymi w

Gregor. lib. 4. ind. 13. Epist. 32

Cerkwi

Cerkwi P. Chrystusowey iesteśmy. Záczym y prywiedziony Canon Synodu pierwowtorego stárßych wáßych niewspomaga: Ktorzy iáko y Antecessorowie ich w Cerkwi náßey Ruskiey Episkopámi nie są/ ále są zpiuatæ ábo inuasores: á z ktorychby przyczyn w Verificaciey y w Obronie iey / dáliśmy wam dostátecznie wiedzieć. fol. 29. pag. 37. Bo są od nienależne° Ruskiey Cerkwie Pásterzá inaugurowani, y do Cerkwie Ruskiey przez gwałt wtrąceni. Ktore tákowych Nátretow od nienáleżnych Episkopow do cudzych Diœcesij wtrącánie/ iż iuż Kanonámi Apostolskimi y Synodámi powßechnymi/ Pierwßym/ Wtorym/ y Trzecim iest definiowane: áby Nátretowie tácy zá Episkopy nie byli zwáni. Sądow dálßych ná náße Apostaty niepotrzebuiemy: Miawßy też iuż ná nie y swoy pomiestny Synod w Brześciu/ gdzie oni in lumbis Antecessorow swoich są z Cerkwie Ruskiey eliminowáni: y z Episkopskiego Dostoieństwá władzą własnego ich/ Cerkwi náßey Ruskiey práwidlnie należnego Pásterzá złożeni. Z ktorymi pomienionych Synodow Kanonámi Przełożeni náßi poráchowawßy sie / są zá łáską Bożą/ sumnieniu y sławie swey práwi/ iáko ludzie chwały Bożey/ rzewliwi: ktorzy dawßy sie ná Archiereyskie Dostoieństwá poświecić / wydáli sie zá imie Chrystusowe/ y Cerkiew iego świetą.

Cano. 37. Can. 6. Can. 2. & 4. Can. 8.

Psa. 68.

Dáley postepuiąc/ słowko vsilnych prosb z listu Pátriárße° do Woyská Je° Kr: M. Zaporoskie° pisánego / porwawßy / iákobyśmy zátym przez gwałt/ y zbroyną Kozácką potego nástepowáli/ odáiecie nas: vsilną prosbe zá vsilny mus położywßy: powinni bywßy wzgląd mieć nie ná słowo vsilny/ ale ná słowo prosbą. Co kowiek mus ma z prosbą concurrencis: ktorym epitheton, vsilny/ przydáne/ táko niebo od ziemi/ ták od siebie dá-

lekie

lekie rzeczy znaczą. Pospolicie ábowiem dźiś mowić śie zwykło: Vsilnie mie o to prosił: iákoby rzekszy/ pilno wielce ápokornie mie prosił: iáko śie to słowko w Greckim Pátriárszym liście záwiera/ ἀγιώδεσι παρακλήσεσι, incessabilibus petitionibus, to iest/ nieprzestánnymi/ álbo vstáwicznymi prosbámi. A muśiem ábo przez mus kogo prośić/ nikt nie rzecze/ tylko wam podobny. Zá czym owá wászá conclusia: co z większą wászą sromotą y hánbą/ większey też kárze godno/ im niebespieczeństwo większe/ y záwierúchy w Rzeczypospolitey zá sobą ciągnie/ ták ná nas nic nie concluduiecie: ták wam sámym z nieszczyrośći sromotę y hánbę czyni.

O Kozákách/ y o Duchownych nászych przełożonych ambiciey, (w czym oboim vltra modum chćiwie częśći iesteśćie) iuż śie máło wyższey odpowiedźiáło dostáteczńie: Odpowiádamy iednák y tu/ że Kozacy choćiaż są lud Rycerski/ są iednák Chrześćiánie: á Chrześćiánie Orthodoxi, Práwosłáwni: Ktoż ich do spraw wiáry nienáleżne być osądźi? ktorych Cerkiew nászá Ruska zá członki P. Chrystusowe á zá syny swoie ma: Záż to w Cerkwi Bożey nowiná/ Zołnierzom poiedynkiem/ rotámi/ y połkámi zá wiárę/ zá imię P. Chrystusowe/ ná wylanie krwie swey y ná śmierć śiebie wydawáć? y Kozácki tedy ten żołnierz iest lud dobrze w szkole wiáry/ y w szkole dźiełá Rycerskie wyćwiczony/ że śie iuż o nim quid pensi, quid cōsiderati ma/ mowić słusznie nie może. Boiázń ábowiem Boża iuż w nich okázałá/ rzewnoć w Wierze goretszą/ disciplina militaris ostrożnieysza: Wielu śie w Rycerstwie tymiest przypátrzyć/ ktorzy położnośćią swą nie vstępuią y napodobnieyszemu! á dźielnośćią Scypiony one Rzymskie y Hánibale Kárthagińskie przechodzą. Zaporoski ábowiem ten Zołnierz co

Mál-

Máltenski we Włoskiey źiemi/ to przezacnemu Krolestwu Polskiemu od pogránicznego nieprzyiaciela Pogáńiná iest w poważnym porządku swym stoi: y odważne Káwalery Oyczyźnie nászey rodźi. Szkodá go tedy/ ná cáłość wiernośći iego pogladáiąc/ y známienite ná morzu y po rożnych Kráynách źiemie odwagi: á teraz świeże w Wołoszech dźielnośći iego przed oczymá máiąc/ nil pensami zniewáżáć y zánil considerati do ludźi podawáć.

Przełożeni nászy Duchowni w iáki śie koniec tey zbáwienney pośwęcenia swego spráwy ważyli/ iuż śie powiedźiáło/ że narod nász Ruski bez duchownych dáley iuż zostáwáć nie mogł/ y nie był powinien. Zaden ábowiem Krol Polski/ iáko dawno Ruskie narody Krolestwu Polskiemu są incorporowáne/ po Przodkách nászych tego niepotrzebował/ áby bez Duchownych Relligiey swey żyli: toż y my Potomkowie ich o Krolu Je^o M. Pánie nászym M. teráźnieyszym rozumiemy. Wyśćie iednák do te^o iuż narod nász Ruski przez swe odstępstwo przywiedli byli/ że nam tylko iedē Episkop miásto śiedmiu á osme^o Metropolity/ zostáwał. Was odstępcow żeśmy zá duchowne násze przełożone niemieli/ y mieć niemogli: po wszytkie przeszłe dwádźieśćiá y sześć lat Je^o Kr: M. Pánu nászemu M. wiedźieć dawáliśmy. Mnieyszeyże my narod Ruski condiciey w tym Páństwie/ w Oyczyźnie swey własney/ niż Ormiánie/ Zydowie y Bisurmiánie/ do Páństw tych záwitálcy: y niż Luteranowie/ Kálwinistowie/ y Nowokrzczeńcy: Ktorym wolno mieć swoie Superattendenty, Ministry, Biskupy/ Káznodźieie/ Rabiny/ Mołły: á nam niewolno mieć swe^o Metropolity y Episkopow? Jeśli te narody do żadnego im niezwykłego posłuszeństwá przymuszáni nie bywáią/ my iákim bezpráwiem ten mus

D iij cier-

cierpieć od was powinni: My żeśmy tylko iedni w tym Páńſtwie bezpráwni/ áby nas kożdy ktoby chćiał krzywdził / y do posłuſzeńſtwá ſwego / ná kark náſtąpiwßy / przymuſzał: Rychley záiſte nas/ zá łáſką Bożą/ o mieczenſką Koronę przypráwicie / niż ná narodzie Ruſkim to przewiedziećie / áby ſwych Duchownych odſtrádał. Doſyćieśćie ſie iuż nád biednym narodem náßym dowoli nápáſtwili: Czás przeſtáć/ á Oyczyzny ſwemi przewrotnośćiámi dáley nie turbowáć. Ambicię duchownym náßym Przełożonym zárzucaćie / ktorzy máiąc z

1. Tim. cap. 6.

Boſkie°o ſobie przemyſłu victum & amictum, tym ſie contentuią. By wam ſkrzydłá obćieto/ nie tákbyśćie wyſoko latáli: by/ mowiemy/ Beneficia te Cerkiewne/ ktorych nieſpráwiedliwie vżywaćie / ſpráwiedliwie były wam wzięte/ nie bárzo byśćie o tę wielebną ſwoię Vnię zdrowie ſwoie y krew ronili. Syte to Præbendy w was bęczą/ á nie miłość iey. Ieśli Stárßi náßi ambicioſi/ ktorym Beneficia te iure należą: Wáßi ſtárßi iáko nie ſą ambicioſi, ktorzy ie iniuſtè poſsiduią. Pungite cor, pro-

Eccleſ. cap. 22

feretis ſenſum: Zábodźcie ſie ieno w ſerce / á poczuiećie boleść/ y przyznaćie/ żebyśćie nie iednáko záśpiewáli głodni/ iáko dźiś śpiewaćie ſyći. Lecz iż w ſpráwie tey miedzy námi á wámi nie o ambicię nam idźie: ále o vpádek Cerkwie náßey Ruſkiey/ y o wyßpoczenie wiáry náßey Práwoſłáwney: [do czego obie° w narodźie náßym zá wáßą Apoſtáſią przychodźi/] pobożni z poſrzodku Duchownych náßych męże / nie ná tłuſte Præbendy wáße wzgląd máiąc/ áni chućią Beneficij powábieni / ále miłośćią wiáry y Cerkwie ſwey świętey to wdźięczne iárzmo P. Chryſtuſowe ná ſie wźięli: ktore ćiągnąc/ názad/ to ieſt, ná wáße Præbendy nieoglądáią ſie: byle tylko duße wámi áż ku śmierći przegłodzone odżywili/ y w zwykłym ie świętey Cerkwie wſchodniey ſtanie poſtáwili:

li: Wczym im zbáwienie ludzkie miłuiący Pan Bog/ známienićie poſpießáć raczy/ że iużeśćie zewſząd/ z łáſki Bożey/ iáko oſoczeni wilcy wyhukáni: ſámych ſie tylko Præbend [bo ieſt cze°] prze ſáme ambicią dzierżyćie.

O przyczynách Záiątrzenia.

Przyczyny záiątrzenia náße° do Odſtępcow náßych: Pierwßa/ iż oni nas o zdrádę rozſławili: Druga/ iż oni nas Schiſmatikámi názywáią/ nie ſą przyczyny náße/ ále ſą wáße fallacie nō ſecundum cauſam vt cauſam. Przyczyná ábowiem záiątrzenia náßego do ſtárßych wáßych ieſt/ Apoſtáſia ich od práwey Kátholickiey wiáry: Odſtępſtwo ich od ſpołeczności S. Wſchodniey Cerkwie: Odſtępſtwo ich od należne° im Páſterzá Pátriárchy Konſtántinopolſkiego: ktore wßytkiemu temu złemu / coſiekolwiek pote dwádźieśćia y śiedm lat z námi y z narodem náßym Ruſkim od was y ſtárßych wáßych dźiáło y dźieie/ ieſt przyczyną: A zátym y przyczyną / nie záiątrzenia náßego / [bo ſie iątrzyć nie vmiemy] ále rzewliwości po Pánu Bogu/ y po świętey iego prawdźie / ktorąſmy mieć powinni. Acżkolwiek y temi z odſtępſtwá tego wyßłymy złośćiámi nie pomawiamy odſtępcow náßych/ ále prawdę ná nie powiádamy/ że oni narod náß Ruſky o zdrádę rozſławili. Oni ábowiem naipierwey przez bárwiáne ſwe liſty / do Wielkich ſtanow po rozſyłáne / pełne niebylic: á potym przez tákoweż Proteſtácie/ to vczynili.

Co ſie drugiey przyczyny dotycże / tá nas od was niedolega: Mowiemy my ná te z Seneką / Malè de nobis loquuntur homines ij, qui benè loqui neſciunt, faciunt non quod nos meremur, ſed quod ipſi ſolēt. Wiemy ábo- Epiſt. 22

wiem

wiem że to wam z tegoż ku nam ſerca pochodzi/ z ktore° y tá zdrády ná nas potwarz wyßłá. Nieprzemy tego że co było miedzy Vigiliußem y Syluериußē wRzymie/ to było miedzy Phociußem/ y Jgnáciußem w Konſtán: Ale to negamus & pernegamus, przemy tego y nieprzyznáwamy/ áby Phocius zoſtawał Schiſmatikiem/ á my od niego Schiſmatikámi. Poniewaž záwárty zá Phociuſza Pátriárchy y zá Janá Papieżá/ miedzy Wſchodnią á Zachodnią Cerkwią pokoy trwał/ nietylko zá Phociuſza/ ále y zá iego Succeſſorow niemal przez lat dwie ście/ poty, poki tá cząſtká / Filioq;, do Symbolum nie byłá wkładána: y poki Biſkupowie Rzymſcy / według zwyczáiu y powinności/ zá náſtąpieniem ſwym ná ſtolice Rzymſką/ Epiſtolas communicatorias, liſty ſiwe z wyznániem wiáry do Wſchodnich poſyłáli. O ktorym zwyczáiu przeczytáć może kto záchce w Baroniußu / y

Baro. in Anno, 561. num. I.

w Zywotách ss. przez Xiedzá Skárge wydánych/ w żywoćie Grzegorzá Wielkiego Papieżá / gdźie o nim ták mowi: Jż Grzegorz Papież ná wſtępie y początku Papieſtwá ſwego/ wyznánie Wiáry świętey wedle zwyczáiu (wedle zwyczáiu/ mowi:) do cztyrech Pátryárchow/ Jana Cárogrodſkiego / Eulogiußá Alexándryſkiego/ Grzegorzá Antiocheńſkiego/ y Janá Jerozolimſkiego rozeſłał. To oboie ſkoro ſie náruſzyło: to ieſt/ ſkoro ten przydátek/ Filioq;: do Symbolum był włożon: y Papieże liſtow wyznánia wiáry ſwey do Pátriárchow poſyłáć przeſtáli: Schiſme od Wſchodniey Cerkwie zachodniemu Kośćiołowi ſpráwili, te/ w ktorey on trwa y po dziśdzień. Niema to tedy żadney ſłußności áby nas ábo od Phociuſza, ábo dla Phociuſza Schiſmatikámi zwáć kiedy kto báczny miał. Ten Schiſmy zmáze popada y nosi/ kto ią vczynił/ y kto/ iáko ſie po-

kazało/

kazało/ w niey ieſt. Cerkwi S. Wſchodniey od ſtárych Rzymian nigdy to zadáwano nie było: ále wáßá to ieſt ku S. Wſchodniey Cerkwi nieprzyiazn. Nie Kátholiccy przeto piſarze Phociuſza Pátryárche Schiſmatikiem názywáią: Ale Librorum ſacrorum & Hiſtoriarum Eccleſiaſticarum expurgatores, ábo ráczey prophanatores: Ktorzy y tego świętego/ zá Phociuſza z poſtánnikámi Janá Papieżá obchodzonego Synodu / do xiąg Conciliorum inſerowáć nieraczyli. Ludzie mądrzy y báczni w Rzymſkim Kośćiele / ináczey go nie zowią tylko Pátriárchą Konſtántinopolſkim / człowiekiem wyſoce vczonym / weyzrzyćie ieno niedáley / tylko w przedmowy Xiąg tego Męża/ przez Rzymſkie° Kośćiołá Alumny piſáne/ y do Druku podáne/ á ná oko to/ co mowimy obaczyćie.

O Schiſmie.

Nie ießcze co ná te/ ktorą nam zádáiećie/ Schiſme rzeczemy/ Rozdźiał siodmy z Sowitey Winy wáßey / ná pámieć ſobie przywodzimy: Gdźie wy słowo to Schiſmá/ to ieſt, Rozerwánie/ poſpolićie odſzczepieńſtwo vważáiąc / tośćie niektorych piſmá świętego świádectw y przykłádow ku ſwey woli z opákowániem / poſtáwić vsiłowáli/ że ktokolwiek w poſłußeńſtwie Papieſkim nie ieſt/ kożdy tákowy Schiſmatikiem ieſt. Cze° dowodźićie definitią Schiſmy ową/ iż Schiſmá ieſt oderwánie ſie członkow nie od iákieykolwiek głowy/ ále od głowy powßechney od ſámego Bogá poſtánowioney: á táką głową ieſt Papież. Ná co my odpowiádáiąc/ rozdźielamy miedzy członkámi á członkámi / głową á głową: ſą głowy particularne / ſą y członki Particularnych tych głow:

"
"
"

E iáko

Cano. 34. iáko ſie z Kanonu owe° Apoſtolſkie°, wiedźieć dáie/ ktory mowi/ Epiſcopos vniuscuiusq; gētis noſſe oportet eum, qui in eis eſt primus, & exiſtimare eum vt caput. Wiedźiec ſie tedy z Kanonu tego dáie / że w Jerárchiey Cerkiewney kożdy Episkop ſwey Diæceſiey ludźiom Duchownym inferioris gradus y świeckim ieſt głową według Duchá: á oni ſą ie° członkámi. Metropolitan tákoważ ieſt głową tym wßytkim/ á przy nich y Episkopō: Pátryárchá przy wßytkich świetſkich/ y wßytkim Duchownym Episkopem y Metropolitanom ieſt tákaż głową. Jeſt też y Głowá generalna ábo powßechna/ ſą y członki iey wßytko ciáło Cerkiewne: Membrum enim Eccleſiæ vniuerſalis, quælibet Eccleſia particularis. O głowie ciáłá tego Błog: Apoſtoł Páweł mowi: Omnia ſubiecit ſub pedibus eius, & ipſum dedit Caput ſupra omnem Eccleſiam. Wßytko poddał pod nogi ie°: á ie° dał Głową nád wßytką Cerkwią. A zás tenże: Et ipſe eſt caput corporis Eccleſię: A on ieſt głową ciáłá Cerkwie. O ciele zás głowy tey/ tenże Błog: Apoſt. pro corpore eius quæ eſt Eccleſia: oſtátki, mowi/ vćiſkow Chryſtuſowych wypełniam w ciele moim/ zá ciáło iego ktore ieſt Cerkiew. To ták przełożywßy/ mowimy/ iż Chryſtus Pan ieſt generalna Głową powßechney Cerkwie. Głowy zás particularne/ ſą Episkopowie/ Metropolitowie/ y Pátryárchowie: kożdy według ſwey præeminenciey. ☞ Człowieká głowy powßechney nieznamy/ y znáć niemożemy: bo iey ni w piſmie świetym/ ni w vchwałách Cerkiewnych Synodow powßechnych nie náyduiemy. Owßem tożo powßechney głowie człowieku rozumieć możemy/ co rozumiemy o człowieku powßechnym Biſkupie: że to ieſt imie / iáko mowi wielki Grzegorz Papież/ Profanū, nomen ſuperſtitioſum, & ſuperbum, nomen blaſphemū: Jmie márne/

Ephes. cap. 1.

Colo. 1

ibidem.

pyßne/

pyßne/ przewrotne/ bluźnierſkie. Bo iák Episkopem/ Páſterzem/ y Náuczyćielem powßechnym ieden y ſam ieſt Pan Chryſtus / ták y głową: Ktorymi wßytkimi nazwiſkámi kożdy przełożony duchowny zwány y zdobiony być może. Lecz przydániem owego drugie° słowá/ powßechny, nie może żaden. Nam ſi vnus Vniuerſalis Epiſcopus eſt, reſtat vt cæteri non ſint Epiſcopi. Jeſli bowiem ieden z ludźi powßechnym Biſkupem będźie zwány/ mowi tenże Grzegorz ś. inśi Episkopowie nie będą Episkopámi. A zás tenże/ Si vnus Epiſcopus vocatur Vniuerſalis, vniuerſa Eccleſia corruit, ſi vnus Vniuerſalis cadit. Jeśli mowi / ieden Biſkup zwány będźie powßechnym / gdy on pádnie / koniecznie wßytká powßechna Cerkiew páść muśi. Záczym z poważne° zdánia tego S. Papieżá/ My tákiey głowy znáć niechcemy/ z ktorey vpádkiem wßytko ćiáło o vpádek przychodźi: á ná nieśmiertelney y páść niemogącey głowie / ktora ieſt Chryſtus Pan/ polegßy, z tymże Grzegorzem świetym ni przećiw powßechney głowie człowieku / obreſtuiemy ſie/ Abſit hæc ſtultitia, abſit hæc leuitas ab auribus noſtris. Niech nam to głupſtwo vſtąpi/ niech ſie o vßy náße nie ocierá. A wy ábowiem prozną dumą ćieleſnośći ſwey nádeci/ z Błog: Apoſtołá przywiedźione przez was świádectwo/ ná członki y ná głowę ſwey zádze zopákowáli: ktore Błogosł: ten Apoſtoł o głowie Chryſtuśie / y o członkách iego powßechney Cerkwie/ rozumie. Chryſtus ábowiem ieſt tą Głową/ z ktorego wßytko ćiáło przez ſpoienia y złączenia związáne y ściągnione rośćie/ z pomnożenia Bożego. Ktorey głowy względem/ y Pátriárchowie wßyſcy członkámi ſą w ćiele Páná Chryſtuſowym: A głowámi względem powierzonych ſobie Diæceſiy. Od ktorey Głowy kto odſtepuie/

lib. 7. epiſt. 69

lib. 6. epi. 24.

Ibidē.

Coloſ. cap. 1.

nie

Mat 25 nie Schiſme popada / ále ábo Apoſtaſie / ábo Hæreſie.
Act. 6 Tak odſtąpił Judaß / ieden z dwunaſtu: ták y Nikolaus /
Apo. 2 ieden z siedmiodźiesiąt: ták Arius / Neſtorius / Eunomius / Eutiches / Honorius / y inßi. Wiedźieć iednák należy / że Schiſma facit, iáko mowią ss. Apoſtołowie
Conſtit. Cleme. lib. 6. cap. 4. v Clemenſá / Non qui ſeparat ſe ab impijs, ſed qui ſeparat ſe à pijs: Nie ten Schiſime czyni co ſie odłącza od niezbożnych / ále ten co ſie odłącza od pobożnych. Záczym / vważywßy wáße Schiſmy definicie: iáko Sacræ ſcripturæ y zakonom Cerkiewnym przećiwną odrzucamy: Ni piſmo bowiem święte / áni práwá Cerkiewne głowy po-
Colo. 1 wßechney Cerkwi inßey nie znáią / krom Chryſtá P.
A z Błog: Złotouſtym táką Schiſmy definicie czynimy /
Hom. 11 in cap. 4 ad Ephe. Σχίσμα ἐστὶν ἡ τῆς φιλαρχίας ἐν τῇ ἐκκλησίᾳ τῶν χείστου νόσος. Odßczepienſtwo / mowi / ieſt, chćiwe przodkowánia w Cerkwi Chryſtuſowey choroba. Dla ktore Kore / Dáthámá y Abironá / y tych ktorzy z nimi prze-
Nume. cap. 16 ſtawáli / żywych źiemiá pożárłá. To ieſt / iáko siebie ſam tenże Błog: Náucżyćiel támże záraz wykłada /
ibidem. mowiąc / Gdy ktory Episkop opiſáney ſobie władze gránicy przeſtąpiwßy / do inßego Episkopá gránic wſtępuie / y w cudzey Paræciey niepokoy wnętrzny ſpráwiwßy / Cerkiew Chryſtuſowe turbuie: właſne owce od należne im Páſterzá cudzołożnie odwodźi / á do siebie chytrze y zdrádliwie záwodźi. Cerkiew ábowiem rozerwáć /
Nic mnieyßá ieſt złość / niżeli w Hæreſim wpáść. Tám tedy / według Błog: Złotouſtego Schiſmá ieſt / gdźie ieſt νόσος φιλαρχίας: morbus primatus: gdźie ſie vganiáią zá ſámowładſtwem / y zá powßechnym páſterſtwem. Máćie ſie tedy w tym od Błog: Złotouſtego wyſtá-
wionym

wionym zwierciedle przypátrzyć: ieżeli nie żywą Schiſmy poſtáć w wáß wyconterfectował / ktorzyśćie w Cerkiew náße Ruſką / żadnego przyſtępu do niey niemáiącego y mieć niemogącego Páſterzá / mimo práwá Cerkiewne wprowádźili. To to ieſt / φιλαρχίας νόσος, choroba Lubonáczália / po Græcku Σχίσμα, á po náßev odßczepienſtwo: w ktorym ták bárzo ſobie lubuiećie / że ſie Moyżeßowi wodzowi y Aaronowi Kápłanowi: to ieſt / Chryſtuſowi P. wodzowi nášemu y Kápłanowi po- Hæbr:
wßechnemu / drugiego wodzá y kápłaná powßechniego cap. 4.
Cerkwi Bożey nieznáiomego w przećiw ſtáwić niewſtydźićie. Záczym według Złotouſtego świętego y tá ratia ſłußnie idźie / że rácżey ieden Biſkup Rzymſky odſtąpił od czterech Pátriárchow / niż cztery Pátriárchowie od niego iednego. A ieśli Schiſmy ſpráwá nie w wielkośći należy / iáko mowićie: należy tedy w máłośći: to ieſt / gdy ieden ábo kilká wierßey gromády odſtępuią: Táką
Schiſme vczynił ieden Judaß od iedenaſtu Apoſtołow: Mat. 26
ták y przed nim vczynił Schiſme ieden Sátánáel od Esai. 14
dźiewiąćiu Chorow Anielſkich.

O nazwiſku / powßechny Biſkup.

A Co mowićie / Biſkup Rzymſky tym ſámym / że ieſt Biſkupem powßechnim / ſłußnie Krolem názwány być może. Odpowiádamy ná to ießcże z Błog: Grzegorzem Papieżem / ták o po- lib. 4.
wßewnym Biſkupie mowiącym. Triſte val- Epi. 34
de, vt patienter feratur, quatenus deſpectis omnibus prædictus frater & Epiſcopus meus, ſolus conetur appellari Epiſcopus. Sed in hâc eius ſuperbia quid aliud, niſi propinqua iam Antichriſti eſſe tempora deſignantur: Quia

 illum

illum videlicet imitatur, qui ſpretis in ſociali gaudio Angelorum Legionibus, ad culmen conatus eſt ſingularita-
Eſai. 14 tis erumpere, dicens, ſuper aſtra cœli exaltabo ſolium meum, ſedebo in monte teſtamenti, in lateribus aquilonis:
& aſcendam ſuper altitudinem nubium, & ero ſimilis
altiſsimo. To ieſt: Bárzo rzecż ieſt przykra / áby ſie to
cierpliwie ponieść mogło / iż pogárdziwßy wßytkimi
przeżeczony brát y ſpoł Epiſkop moy/ uśiłuie ſam tylko zwan być Epiſkopem. Ale w tey iego hárdośći co inßego znáczy ſie/ tylko że iuż cżáſy Antichriſtowe ſą bli-
ſkie. Tego ábowiem náśláduie / ktory pogárdziwßy
wſpolnym weſelu Angielſkimi chorámi/ ná wynioſłość
wydzielnośći pokuśił ſie wylećieć / mowiąc / wſtąpię
ná niebo/ á wywyżße ſtolice moie nád gwiazdy Boże/
uśiędę ná gorze przymierza ná Połnocy/ wſtąpię ná wy
ſokość obłokow/ á bede rowny nawyżßemu. A otitu-
łowawßy to imie powßechny Epiſkop/ słowy ćwymy /
lib. 6. że ieſt nomen prophanum, peruerſum, ſuperſtitioſum, ſu-
epiſt. 30 perbum, priuatum, blaſphemum, y tym podobnymi/ náwodzi / Ego autem fideliter dico, quia quiſquis ſe Vniuerſalem ſacerdotem vocat, vel vocari deſiderat, in elatione
ſua Antichriſtum præcurrit. To ieſt / Ja tedy beſpiecżnie mowie / iż ktokolwiek ſie powßechnym Kápłanem
názywa / álbo zwány być prágnie / w pyśie tey ſwey
Antichriſtowi droge gotuie.

Słyßyćieſz iuż/ co ten święty Papież o Biſkupie tym/
ktoryby ſie powßechnym zwał / ábo zwan być pożądał/
decretuie? Słyßyćie że kożdego tákiego Biſkupá/ præcurſorem Antichriſtowym być miánuie. Ieśli tedy v-
Gregor. ßy macie do ſłuchánia / ſłucháyćie. A dla czegoby ten
lib. 4. Ś. Biſkup/ ták ſie bárzo temu tákowemu Jmieniowi
Epi. 32. w przećiw ſtáwił/ te przyczyny dáie; Pierwßa / iż kto
śie

śie názywa y cżyni Epiſkopem powßechnym/ inßym
wßytkim Epiſkopom/ y imie/ y cżeść / y Doſtoieńſtwo
odeymuie/ á wßytko to ná śiebie ſámego obráca. Dru- lib. eod.
ga / iż rzecż to ieſt Luciperſka / iednemu Epiſkopowi Epi. 34
nád wßytkie inße Epiſkopy chćieć ſie podnieść/ ktorzy lib. eod.
ſą gwiazdy niebieſkie/ y obłoki Cerkiewne. Trzećia/ iż to cap. 38.
imie tákowe Schiſmy rodzi/ y wprowádza: co Bł: Apo. 1. Cor.
Páwel y w Korynczykach gáni. Czwarta / iż ſam P. cap. 1.
Chryſtus ieſt głowa powßechna Cerkwie/ á wßyſcy E- lib. eod.
piſkopowie ſą cżłonki Chryſtuſowe: ten tedy Epiſkop / epiſt. ea.
ktory ſie názywa powßechnym y cżyni/ to, co ieſt Páná Chryſtuſowe właſne / ſobie przywłaßcza. Piąta / lib. 4.
iż áni Piotr święty/ áni żaden inßy ktory Apoſtoł / lub epiſt. 32
ktorykolwiek święty Epiſkop powßechnym ſie nie mie-
nił/ áni zwał. Szoſta/ iż to ieſt właſność Antichriſtowe lib. 6.
preditecży/ pychą ſie nád wßytkie wynośić. Siodma / Epi. 30.
iż ieśliby był w Cerkwi ktory Epiſkop powßechny / zá lib. 4.
vpádkiem iego w Hæreſim/ wßytká Cerkiew w też vpáść Epi. 32.
by muśiáłá / y oniecżyśćić ſie. Te dáie przycżyny ten święty Papież/ dla ktorych żadnemu Epiſkopowi zwáć ſie powßechnym niedopußcza.

Rzecżećie/ piße to ten ś. Biſkup przećiwo Pátry-
árſie Konſtántinopolſkiemu Joannu/ ktory ſie powßechnym napierwey otitułował/ ktory titul y po dziśdzień Pátriárchom Konſtántinopolſkim ieſt w vżywániu? Odpowiádamy: ták ieſt / przećiwko temu piße. A choćiaż tá wáßá obiectia poważnie znieśćby
ſie mogłá owo ſolutia, iż inßá rzecż ieſt názywáć ſie powßechnym Pátriárchą/ á inßa powßechnym Epiſkopem: ponieważ władza Pátriárchy/ ieſt obhutem de iure poſitiuo: Władza záś Epiſkopá / ieſt ßczegulna de
iure Diuino. Wßákże krociuchno ták / iáko ſie rzecż
ma /

ma/ odpowiadamy: iż Pátriárchá Konſtántinopolſky názywa ſie powſzechnym Pátriárchą/ nie w hárdy iáki ſens y wynioſły/ áby iáko abſolutam poteſtatem & ſupremum præſulatum, nád wſzytkiemi wſzytkiego świátá Epiſkopámi y Cerkwiámi/ ſobie prætendował: iáko o tym imieniu w nim ſuſpicował y Grzegorz święty y Pelagius. Rzeby ták powſzechnym ſie Pátriárchą zwał/ áby iáko iuriſdictionalem, & authoritatiuam ſupereminentiam, quo ad ipſum Patriarchale ius, ſobie przywłaſzczał: ále w ſens ſkromny y pokorny/ względem/ mowiemy/ niektorych nád inſze Pátriárchy prærogatiw y Przywileiow/ przez Synody y Ceſárze ſtolicy tey pozwolonych. Lecz Epiſkop powſzechny wſzytko to zá ſie zágárnywa/ y abſolutam poteſtatem, y ſupremum Præſulatum, y ſupereminentiam iuriſdictionalem, & autoritatiuam ná inſze wſzytkie wſzytkiego świátá Epiſkopy y Cerkwie: iákowym ſie mieć chce Biſkup Rzymſki/ gdy ſie Biſkupem powſzechnym názywa y czyni. Ktore imie w Cerkwi Bożey/ przypomienione námi z Blogo: Grzegorzá przyczyny/ mieyſcá nigdy nie miáło/ y mieć nie może/ iáko niezbożne y bluźnierſkie.

Rzeczecie powtore/ w Pátriárſie to tylko Konſtántinopolſkim, gánił Blog: Grzegorz Papież/ á nie y w Biſkupách Rzymſkich? Odpowiádamy/ że gáni to ten święty Biſkup y w ſobie/ á w oſobie ſwey/ y we wſzytkich ſwych Succeſſorach, gdy mowi/ Certè pro Beati Petri Apoſtolorum Principis honore, per venerandam Chalcedonenſem Synodum, Romanorum Pontifici nomen illud blaſphemiæ oblatum eſt, ſed nullus eorum vnquam hoc ſingularitatis vocabulum aſſumpſit, nec vti cōſenſit: ne, dum priuatum aliquid daretur vni, honore debito ſacerdotes priuarentur vniuerſi. To ieſt/ w cześć

Blog:

Blog: Piotrá wierzchownego Apoſtołá/ przez poważny Synod Chalcedonſky/ Rzymſkiemu Biſkupowi imie to bluźnierſkie ofiárowáne ieſt. Lecz żaden z nich nigdy tego wydzielności słowá/ nieprzyiał/ y używáć nie przyzwolił: áby/ gdy by co wydzielnego iednemu było dano/ powinney czci wſzyſcy Kápłani nie odſtradáli. Skąd widzieć/ że Grzegorz ś. Titul powſzechne°/ wſzeláko odrzucił/ y nágánił/ w ſobie y we wſzytkich inſzych. Dla cze° słuſznie z przerzeczonych słow Grzegorzá wielkiego Gratianus. Nec Romanum quidem, inquit, debere vniuerſalem appellari. y ſam Rzymſky/ mowi, Biſkup/ powſzechnym Biſkupem zwány być niema. Dist. 99 Conc. 3. s. Vniuerſalis.

Máło tedy podziękowánia tego/ zá podobieńſtwo wam od nas podáne/ nieprzyidzie wam pożáłowáć/ że go przeciwko nas ſámychże/ iákoście ſobie tuſzyli/ áni máło (nierzkąc bárzo ſpoſobnie) záżycieście nie mogli: Ante victoriam certe non erat triumphandum.

Ale wy ſnáć ieſzcze ná tym nie przeſtawſzy/ ad ſacram veſtram anchoram, do Decretałow ſwych vdáć ſie z námi záchcecie? W czym my baczenia ku wam záżywſzy/ ne oleum & operam perdatis, poſtrzegamy was w czás/ że my te Epiſtoły/ vt nullius autoritatis ficta commenta, ze tſzczym orzechem porownywamy. Ieśli bowiem w nich niewiele ſmáku prawdy náyduie Bellarminus: Baronius mniey: Cuſanus zgołá nic: my pogotowiu. Zácżym z tymi trzemá Cárdinałámi (in ore enim trium teſtium ſtabit omne verbum) y my o tych baśniách concluduiemy/ non innitendum Apocryphis. De Rom. Pontifi. lib. 2. cap. 14. Tom. 2. Anno. 102. nu. 6. & 7. concor. Cathol. libro, 3. cap. 2.

A to pro colophone tey náſzey z wámi o Schiſmie rozmowy przydáiemy/ że poki wy nam tego nie pokażecie/ áby Papież Biſkupem był powſzechnym/ czego ná wieki nie vczynicie: poty te° od nas náprzeciwko wam

F podáne

podane Krolá y Woiewody podobienstwo w swey wádze stoi: y zostawáć musićie (że ná ten czás inszego co nierzeczemy) Schismáticy: y ma sie to imie was trzymać / boście sie rozroznieniem niesłusznym / od Bráterskiey miłości y iedności oderwáli / y odpádli. W ktorey po wszytkie Chrześciáństwá swego wieki Narod nász Ruski Wschodniego posłuszeństwá zostáwał. Co też nam Epistolam Nicolai P. P. w Baroniuszu czytáć vkázuiećie / my ią / iáko surreptitio iure turbidam, nil moramur.

O Apostásiey.

JAk tedy poprożnicy ná nas sie bedźiećie gniewáć gdy was Schismatikámi názowiemy: ták ná prásno gniewaćie sie / gdy was zowiemy Apostatámi: wszákeśćie to notowali sámi / że cōueniunt rebus nomina rectè suis. Rzecz Schismy y Apostásiey maćie / o nazwiská przecobyśćie sie gniewáli / niemaćie. Ze maćie rzecz Schismy: y iesteśćie Schismáticy / dowodnie pokazáliśmy. Ze maćie rzecz Apostásiey y iesteśćie Apostatę: y to zá pomocą Bożą z tegoż Apostásiey opisánia / ktoreśćie przywiedli / pokażemy. Ktore tu dla Czytelniká inseruiemy. Apostasia est temerarius à statu fidei, vel obedientiæ Ecclesiasticæ, vel Religionis recessus. To iest / odstepstwo iest nieważne od stanu wiáry / álbo posłuszeństwá Cerkiewnego / ábo Relligiey zakonniczey wystąpienie. Co gdy czynimy / przez to sámo y Schismatikámi y Hæretikámi / procz żadnych inszych dowodow / zostáwáć was przekonywamy: poniewaz schisma species być może Hæreseos: à Hæresis Apostasiæ.

Iż Apo-

Iż Apostatowie nászi / są Apostatámi od Wiáry.

NOwićie / nieodstąpili stárszi nászy od wiáry / ále wy: bo nie wierzyćie de processione Spiritus S: odpuśććie / ták o was rozumiemy / Katholicy wszyscy / żeśćie wy w tym Apostatámi / że nie wierzyćie tego / áby Processio Spiritus S. à Filio być miáłá. Czymeśćie Apostatowáli od Syná Bożego / vwłocząc mu Consubstantialitatem. Odpowiádamy: Po onych trudnych y ciężkich trzesetnych niepokoiách Chrześciáńskich: gdy Cerkiew P. Chrystusowá / zá ochrzsczeniem sie Cesárzá Rzymskiego wielkiego Konstántiná / do wytchnienia choć ná krotki czás przyszłá: czás pogody swey poznawszy / vpátrzywáłá y dawno przeszłe mnogie miedzy Chrześciány rozne opinie / rozroznienia sie / y świeżo wynikłe / z vymą chwały Bożey / y z obluznieniem imienia Páná Chrystusowego / á z wielkim wiáry Chrześciáńskiey od pogan zniewáżeniem. Już sie bowiem wylegli byli Ebionitæ, Cerintiani, Manichæi, Donatistæ, Montanistæ, Samosateni, Sabelliani, Ariani / y inszy tym podobni ktorzy turmatim zá sobą zwiedziony lud wodzili / y práwosławnym byli ciężcy. Ták iednák / że z pospolitego gminu ledwo kto rozeznány być mogł / ktorey ktory Secty náslądowcą był / pewnego Symbolum wiáry swey nie miawszy. Czemu wszytkiemu Práwosławni tempestiuè zábieżawszy / áby y wiárá w iednego Bogá w Troycy byłá iedná y iednáka: Ro wćieleniu iednorodzonego Syná Bożego wyznánie iedno było / y iednákie: y żeby wiecznymi czásy znák rozności miedzy wier-

nymi

nymi y inowiercámi/ to ieſt, miedzy Práwoſławnymi y Hæretikámi zoſtáwał: ná Synod pierwßy powßechny w Nicænie zebráni świeći Episkopowie / zá pomocą Duchá świetego/ ktory w nich ſpráwowáł / námowili/ nápiſáli/ y do vżywánia wßytkim podáli / ſtatum fidei, Stan wiáry: y ſymbolum fidei Orthodoxæ to názwáli. A zá náſtępieniem w rychle potym inßych Hæretikow/ Eunomiußá/ y Mácedoniußá z ich Sequakámi/ zebráni w Konſtántinopolu ná Synod wtory powßechny świeći Episkopowie/ zá tegoż Duchá świete° pomocą y nátchnieniem/ o ktore° Boſko chwale ná tym Synodzie ßło/ pochwalili ten Stan wiáry w Nicænie námowiony/ nápiſány / y podány: á obiáśniwßy go y rozßerzywßy/ wydáli, nápiſáli/ y do vżywánia wßytkiey Kátholickiey Cerkwi podáli: áby ták w niey BOG w Troycy chwalony był. y o Wćieleniu iednorodzonego Syná Bożego áby nie inaczey było wyznawáno: y przez to Wiáry wyznánie áby był rozeznáwan Práwoſławny od Hæretiká / ktoryby nie tákie Wiáry poſtánowienie przynosił. Y názwáli ten ſtan wiáry/ Symbolum fidei: iákoby Háſło wiáry: przez ktoreby rozeznawáni byli Wierni od Jnowiercow/ gdyby mienic Háſło zápytáni byli. Ktorey to wiáry ſtan / ábo Symbolum fidei, to ieſt/ Háſło wiáry ná tym świetym Wtorym powßechnym Synodzie ferowane/ prze powage dwu powßechnych Synodow/ ná ktorych ieſt złożone/ Symbolum Nicæno Konſtántinopolſkim ieſt názwáne / y do vżywánia wßytkim narodom podáne. Ktore y dźiś w Cerkwi Wſchodniey przy kożdey Lyturgiey ś. bywa czytáne: á w Kośćiele Rzymſkim przy kożdey Mßy bywáło ſpiewáne. Ten Fidei ſtatus / ábo to wiáry Symbolum od wßytkich inßych Synodow było przyimowáne / y zá

znák

znák iedynomyslne° wyznánia od kożdego Práwoſławnego było chowáne. Wzieto było y ná to/ że kożdy Episkop przy poświeceniu ſwym publicè go czytáć był powinien: Dzieie ſie to w Cerkwi Bożey y po dziśdzień. Było y w vżywániu wßytkim piąćiu nawyżßych Stolic Episkopom/ ábo Pátriárchom/ to ieſt, Rzymſkiemu/ Konſtántinopolſkiemu/ Alexándriyſkiemu/ Antiocheńſkiemu/ y Jerozolimſkiemu / że kożdy z nich / ſkoro po wſtąpieniu ſwym ná Stolicę / powinien był do wßytkich inßych czterech Apoſtolſkich Stolic liſty / ktore ſie náżywáły Epiſtolæ communicatoriæ, z tym wiáry wyznániem poſyłáć / y przez nie iedynomyslnosć wiáry ſwey z niemi oświadczáć: y w communicatiey wßytkich ſpraw Cerkiewnych/ zá ieden z niemi członek zoſtawáć. Co ſie y po dziśdzień miedzy czterma Wſchodnimi Pátriárchámi náßymi záchowywa. A to Symbolum po wßytkie wieki/ iáko ieſt podáne/ było y ieſt Status fidei: Ktore/ kto ſie kiedykolwiek nárußyć poważył/ zá Apoſtáte wiáry ſądzony był. Nárußył go napierwey Neſtorius, zá co od Trzećiego powßechne° Synodu Epheſkiego zá Apoſtate był oſądzon/ y z Cerkwi Bożey był elimitowan. Nárußyli go po Neſtoriußu Dioſcorus y Eutyches: dla cze° rownie iáko y on/ od Cżwartego powßechne° Synodu zá Apoſtaty byli oſądzeni. Toż ſie w rychle potym ſtáło z Honoriußem Biſkupem Rzymſkim / z Sergiuſem/ Pirruſem/ Páwłem/ y Piotrem Pátryárchámi Konſtántinopolſkimi/ ktorzy zá nárußenie tegoż świetego Symbolum od Szoſtego powßechne° Synodu zá Apoſtaty byli oſądzeni/ y z Cerkwie Bożey wygrániczeni. Wy/ ponieważeśćie tenże Stan wiáry/ toż świete Fidei Symbolum nárußyli: vigore tych świetych powßechnych Synodow ex receſsu â ſtatu fidei, zá Apoſtáty ie-

E iij ſteśćie

ſteście oſądzeni/ y z Cerkwie Bożey wyłączeni. Maior noſtra negari non poteſt, minor probatur. Náruszyliście wy tego świetego Symbolum w bliższych wieku náſzemu Anteceſſorach wászych: ktore° nie ták vżywáćie/ iáko go vżywał Damaſus, Cæleſtinus, Leo wielki/ Agatháo, Martinus, Leon trzeći / Ian oſmy / y inſzi miedzy niemi y po nich Biſkupowie Rzymſcy/ áż niemal po tyſiącny Rok Národzenia Páńſkiego. Pomienieni świeci Biſkupowie Rzymſcy ták go vżywáli/ iáko my dźiś vżywamy: to ieſt/ iáko go nie odmiennie vżywa świeta Cerkiew Wſchodnia/ mowiąc w trzećiey tego Symbolum cżęśći/ Et in Spiritum ſanctum, Dominum viuificātem ex Patre procedentem, cum Patre & Filio adorandū & conglorificandum: Wy dźiś przydáiećie/ ex Patre Filioq;. Zacżym my przy ſtárożytnym S. przodkow náſzych wiáry Stanie zoſtáiąc/ nie odſtepuiemy á Statu fidei: A dowod wász przez was ná nas/ położony/ iákoby my tym náſzym ſtárożytnym/ niwcżym nieodmiennym Wiáry wyznániem ſpoliſtność Bogu Synowi vwłacżáli/ á przez to od Bogá/ ktory nas krwią ſwoią naydroższą okupił/ odſtepowáli, ieſt fałszywy. Ták bowiem ten wiáry Stan wyznawáli wszyſcy Biſkupowie ná wszytkich Siedmiu powszechnych Synodách: Ták wszyſcy świeći Náucżyćiele Wſchodni záwżdy: á Zachodni / ktorzy około Wtorego powszechnego Synodu/ y po nim áż do Roku Páńſkiego tyśiącnego żyli. Puſtelnicy, Anachoretowie/ Wyznawcy, y od Hæretikow pomordowáni Męczennikowie. Ieśliż my dla te° tákowego náſze° Wiáry wyznánia / Conſubſtantialitatem Synowi Bożemu/ iáko wy vdáiećie/ vwłácżamy/ y od Bogá odſtepuiemy: Tedy ten wiáry Stan wyznawáiąc/ pomienieni wszyſcy Swieći/ toż cżynili. Coiż ná nie

nie rzec ſie nie može: tedy y ná nas. Ale wy / iżeśćie ten wiáry Stan náruszyli/ á ſtatu fidei świetych Przodkow wászych odſtąpiliśćie: zá cżym ſtáiećie ſie y zoſtáiećie Apoſtatæ.

A żeśćie ten Stan/ ábo Symbolum wiáry náruszyli: świadcży o tym na was ten świety powszechny Synod Wtory/ ktory ie złożył/ nápiſał. y do vżywánia podał bez tego słowá/ Filioq;. Swiadcżą przy nim pieć powszechne po nim obchodzone Synody/ Epheſki/ Chálcedońſki/ dwá Konſtántipolſkie/ y Niceńſki. Swiadcżą tegoż ná was/ przy wszytkich tych Synodách wyszpomienieni świeći Papieżowie Rzymſcy/ y Błogoſłáwieni Náucżyćiele Cerkiewni / Anachoretæ, iákoſmy rzekli/ Confeſſores, y Męczennicy: ktorzy o tym przydátku w Symbolum wiáry zá wieku ſwe° niewiedźieli. Strofuie was z tego náruszenia wásze własny (ieśli wy iego) Páſtyrz/ Biſkup Rzymſki/ Leo trzeći/ ktory po wielu o tym przydátku z Poſłánnikámi od Synodu Aquisgránſkiego do niego zeſłánymi rozmowách/ owo im przekłożywszy / iż wolno vcżąc śpiewáć Symbolum / á śpiewáiąc vcżyć: ále niewolno do zákazánych rzecży/ ni piſząc/ ni śpiewáiąc, tego / cżego ſie niegodźi / wkłádáć. Ia, mowi/ o świetych Oycách tych / ktorzy to symbolum ſkłádáli / nieśmiem mowić, áby oni mniey zá nas w tey rzecży widźieli: y mniey rzecż te niżeli my/ vważáli: Dla cżego by ten przydátek opuśćili/ á opuszcżony áby nie był przydáwan / zákázáli. Wy, y wászi vważáycie co o ſobie rozumiećie: Ia śiebie nietylko nád te świete Oycy nie wynoszę: ále/ vchoway Boże/ áni ſie porownywáć z nimi wáżę. Gdyż nie w ten koniec śś. Oycowie vważnie zákazáli przydátku nie cżynić/ áby śie te° zły tylko ktoniewążył/ á dobry mogł ſie wáżyć

w łáćinſkiem Baroni. Tom. 9. Anno 8 o 9. circa fin. impreſ. Antuer. Anno, 1601.

ważyć: ále owſzeki nikt áby ſie nieważył. To Leo trzeci. Strofuie tedy was / iákoſmy rzekli / z tego nárußenia wiáry Symbolū y ten Leo Papież: ktory iáko cáły świętey stárożytności ſtroż/ y zbáwiennych vchwał Cerkiewnych obrońcá pilny / ná wieczną tego świętego wiáry symbolum nieporáżność / á ná zábieżenie nápotym dziać ſie mogącey tey ſwey woli / ná dwu Srebrnych tablicách/ ná iedney po Grecku/ á ná drugiey po Láćinie wyryć ie roſkázał: przydawßy támże záraz y Anátheme/ áby kożdy tákowy był przeklęty / ktobykolwiek przydátkiem álbo vięciem święte Nicæno Konſtántinopolſkie Symbolum ßpoćić ważył ſie. A dla więtßey tego ś. wiáry symbolum powáżności / y ná okázáłße vczynione przeklęſtwá ogłoßenie/ Tablicy te ná ścienie ołtarzowey w Kośćiele Piotrá ś. záwieśić roſkázał / kożdego w Rzymſkim Kośćiele mieć / y miánym być chcąc zá wyklętego: ktoby ſie kolwiek nápotym przydátek ten / Filioq, do wiáry symbolum przydáć poważył. O czym czytáy chceßli / Baroniußá Láćińſkiego/ w Tomie dziewiątym/ w Roku ośmſetnym dziewiątym/ przy końcu.

Baro. in Anno, 809. num. 6.

Przy tym świętym Papieżu Leonie trzećim/ ſtrofuie was z tegoż symbolum wiáry nárußenia / y drugi Papież Jan oſmy / ktory do Phociußá Pátriárchy Konſtántinopolſkiego piſząc mowi/ Wie twoie bráterſtwo/ iż gdy máło przed tym przyieżdżał do nas Legat Bráterſtwá twe, y o świętym symbolum od nas ſie wywiádywał / doznał iż ie w cále iáko nam zrázu podáne było, záchowuiemy / áníſmy mu co przydáli / áni też odięli: Wiedząc o tym pewnie/ iż ćiężkie tákich/ ktorzy by to czynić śmieli / potępienie czeka. Jáwno tedy czynimy Wielebności twoiey / ábyś w rzeczách tych / ktore

ktore wielkie pogorßenia w Cerkiew BOżą wprowádziły / pewną wiádomość od nas miał/ iż nietylko tego niemowiemy/ ále y tych / ktorzy to hárdośćią ſwoią wnieść śmieli/ zá przeſtępce ſłow Páńſkich / á zá wyßpoćićiele Theologiey Chryſtá Páná / y Oycow świętych: ktorzy ſie zebrawßy/ to święte Symbolum wydáli/ ſądzimy, z Judaßem poſpołu policzamy. To Jan oſmy. Pokázawßy tedy/ zá pomocą Bożą/ ná was dowodnie to / że Anteceſſorowie wáßi niedawni wiáry Symbolum nárußyli: y że wy dziś nárußonego vżywaćie: iákowego kto vżywa / Jan Papież tego kożdego názywa/ przeſtępcą ſłow Páńſkich / wyßpoćićielem Theologiey Chryſtá Páná y Oycow świętych/ y z Judaßem go zá rowno policza. A Leo Papież czyni / y ma kożdego tákie zá przeklętego. Wy tedy tákie fidei symbolum záżywáiąc pod wßytko to podpádaćie: przez co/ y á ſtatu fidei odſtąpiwßy/ Apoſtatámi zoſtáwaćie.

A to też was nie mniey á ſtatu fidei odſtępnymy/ á zátym Apoſtatámi czyni/ że tego o nas niezbożnie y Apoſtatſko mowić niewzdrygaćie ſie / iákobyśmy iednorodzonemu Synowi Bożemu ſpoliſtność z Bogiem Oycem vwłaczáli: ktorego my iedynoiſtotnym y iedynoieſteſtwennym Bogu Oycu wyznáwamy. Tąż niezbożną y Apoſtatſką niewſtydliwośćią Cerkiew naße BOGV Duchowi świętemu w cześć y chwałę poświęconą/ złym duchem [odpuść Stworzyćielu náß/ że te ich niezbożność/ niezbożnie vſty náßymi mowimy] názywaćie / y do ludzi niewiádomych vdáiećie/ iákobyśmy w Bogá w Troycy iednego niewierzyli: in Deum ſtąd blaſphemi eſtis: y godniśćie tego/ ábyśmy was zá to od wiáry y od Bogá zá Apoſtaty mieli. Blog: Páweł Apoſtoł obaczywßy w Athenách ná ołtarzu nádpis / Ignoto DEO: Actor. cap. 17

Actor. cap.17 Niewiadomemu Bogu: mowi / Co wy nieznáiac chwalicie / to ia wam opowiádam. A wy słyszycie y widźicie ná Ołtarzu nászym ten nádpis BOGV Duchowi świetemu / á iednák bluźnicie: Záczym y ztąd blasphemi Apostatæ iesteście.

Iż Apostatowie nászi są Apostatámi od Posłuszeństwá.

Mowićie powtore: nie iesteśmy Apostatámi od Posłuszeństwá: bo iáko z wiekow byliśmy Ecclesiastico & seculari supremo Magistratui, iesteśmy posłuszni. A zátym ná nas od posłuszeństwá Apostásiey dowodząc / práwićie o nas / żeśmy się wyłamáli y odstąpili od posłuszeństwá w przod tego / ktory iest według práwá Bożego przełożonym wszytkiego Chrześćiáństwá: potym drugiego / ktory wedle praw Cerkiewnych / y zwyczáiow teo Krolewstwá / iest przełożonym Kráiow Ruskich. Ale y od posłuszeństwá Jeo Krolewskiey M. Páná nászego M. apostátowáliśćie: gdyż y to własna Apostásia iest / odstąpić Páná swego / á do nieprzyiaciela się przyłączyć. To wy. Odpowiádamy: we wszytkich tych trzech od posłuszeństwá Apostasiách / ktore nam zádáiećie / że wam ná dowodách schodzi / ták to łatwiuchno pokázuiemy. Od posłuszeństwá tego / ktory iest według práwá Bożego przełożonym wszytkiego Chrześćiáństwá / o ktorym pismo świete mowi.

Psa.77 Et dominabitur à mari vsque ad mare: & à flumine vsque ad terminos orbis terrarum. Y bedźie pánował od morzá do morzá / á od rzeki áż do końcá źiemie.

Mar.28 Y ktory sam o sobie mowić raczy. Data est mihi omnis potestas in cælo & in terra: Dána mi

mi iest wszelka władza ná niebie y ná źiemi. Od posłuszeństwá tego Przełożonego wszytkiego Chrześćiáństwá ábyśmy kiedy odstepowáć mieli; dowod to omylny. Jnszego też my Przełożonego tákowego nigdy nieználi / y znáć niemożemy.

Jeśli też y przełożonym wszytkiego Chrześćiáństwá inszego kogo rozumiećie / my pod iego posłuszeństwem nigdyśmy nie byli / áni Przodkowie nászi: záczym y odstepowáć od niego niemogliśmy. Abyśmy też tego kiedy Przełożonego odstepowáć mieli / ktoryby według praw Cerkiewnych y zwyczáiow tego Krolewstwá był Przełożonym kráiow Ruskich: y to dowod omylny. A ieśli Xiedzá Ruckiego według praw Cerkiewnych / y zwyczáiow tego Krolewstwá kráiow Ruskich przełożonym być vrączaćie: y z práwem Bożym y zwyczáiem Krolewstwá tego / okrąy świátá się rozmiáćie. y práwo ábowiem Boże / y zwyczay Krolestwá tego / Przełożone tákie od własnego nászego zwierzchnego Pásterzá mieć nam roskázuie. iákośmy wam o tym y w Verificaciey nászey / y w Obronie iey dowodnie pokázáli.

Abyśmy też y od posłuszeństwá Krolá Jeo M. Páná nászego M. odstepowáli / á do nieprzyiaciela się Jeo Kr: M. przyłączáli: w oboim tym wielką krzywdę od was ponosimy. Przyidźie / ná was / vfamy Bogu y niewinności nászey / przyidźie strászny ony dźień Páński / w ktory inuiti ieśli tego nierzeczećie: Os nostrum locutum est mendacium, & lingua nostra concinnauit dolos. Psa. 49
Vstá násze mowiły kłamstwo / á iezyk nász płot zdrády. tedy rzec bedźiećie muśieli / Nunquid Deus indiguit nostro mendacio, vt pro illo loqueremur dolos? Iob, 13
Jeśliśmy prawdy Bożey bronili / czemuśmy to przez kłamstwo y potwarz czynili?

A że

Á że wy y z Recesſu à ſtatu obedientiæ ieſteście Apoſtatæ, my ná was tego nie gołoſłownie / iáko wy czynicie / ále demonſtratiuè dowodzimy przez to / żeście odſtąpili od poſłußeńſtwá Pátriárchy Konſtántinopolſkiego / Przełożonego ſwego zwierzchowne° / według praw Cerkiewnych y zwyczáiu Kroleſtwá te° / własnie wam należącego: pod ktorego przełożeńſtwem wy / iák byli Przodkowie wáßi przez lat ßeść ſet / być ieſteście powinni. Przeć tego niemożecie / áby Metropolitowie Ruſkiey Cerkwie nie byli wßyſcy ile ich było / (wyiąwßy drugiego dziś Apoſtate / ktory ſie tym titulnie /) pod poſłußeńſtwem Pátriárchy Konſtántinopolſkiego: Co wy ſámi liberè przyznáwacie. Dziśieyßy wáß y z ſwoimi collegami: iż w tym poſłußeńſtwie nie ieſt / tedy go odſtąpił: á zatym y ex recesſu à ſtatu obedientiæ ſpiritualis on ſam / y ſwoi iemu Sequakowie ſą Apoſtatowie. Záczym y te ktoreście prywiedli słowá / nie nam służą ále wam / że ieſteście transfugæ, deſertores, deſectores, y Apoſtatæ.

A co dáley w tym ſwym punkcie o nas / ábo o Stárßych náßych práwicie / że oni od poddánego nieprzyiaciela Krolá Je° M. y Rzeczypoſpolitey poświecenie ſwe wziąwßy / życzliwością ſwoią iemu / to ieſt, Pátriárſie Jerozolimſkiemu / & per conſequens (ſtrzeż Boże) y Pánu iego / to ieſt, Turczynowi / nieprzyiacielowi iuż odkrytemu y náſtępuiącemu ná Rzeczpoſpolitą / y Je° Kr. M. Páná náßego M. obowiązáni być muszą / á przy nich y my. Odpowiádamy: táka to conſequentia wáßá / iákobyście też rzekli / ortus eſt ſol, ergo ruet cœlum. Oto bowiem od lat iuż to wiecey niż pułtorásta od poddánego Tureckiego Metropolitowie Ruſkiey Cerkwie ſwoie poświecenie biorą / według wro-

dzoney

dzoney iednák ſwey cnoty / y poſłußeńſtwá ſwego Duchownego dotrzymawáią Przełożonemu ſwemu w Duchu / Pátriárſie Konſtántinopolſkiemu: á poddáńſtwo záchowuią Przełożonemu ſwemu według ciáłá Krolowi Polſkiemu wiernie / we wßelkiey czci / życzliwości, powolności / y poſłußeńſtwie. Krzątáliście ſie / odymáli / bylebyście iákimżekolwiek ſpoſobem / by y naßkodliwßym Oyczyźnie / y nániezbożnieyßym ku niewinności Stárßych náßych / dokázáć tego byli mogli / áby ſie z narodu náßego Ruſkiego / pod ten gwałtownego nieprzyiacielſkiego ná Rzeczpoſpolitą y Krolá Je° M. Páná náßego M. náſtepowánia czás / pokázáć było co mogło. Dziwne á rozmáite nowiny po wßytkim Páńſtwie tym rozśiewáliście / ábyście przez ten ſwoy niezbożny zamyſł / co tákiego w tym narodzie ſpráwić byli mogli / zá coby sie wziąwßy / zdrády tey / ktoreście ná Stárße náße zmyślili / y událi / y ná wßytek narod ią z nich rozláli / dopináli, y wßytkich o raz / ktorzy ſą pod poſłußeńſtwem Wſchodnim / gnębili, tłumili / á pod ſtre nam niezwykłe poſłußeńſtwo nápędzáli / y iárzmem dußney niewoli ciemiężyli. Ale was Bog wßechmogący, niwecżym, wtych tákowych złych zamyſłách wáßych niepociesßył: znieśliśmy to wßytko ſkromnie / choc nas ciężko dolegáło: y Woyſko to Krolá Je° M. Zaperozkie / ná ktoreście te chitre śiewky / przez ſwe geſte á płonne nowiny / zaſtáwiáli / ßto według powinności wiernego poddáńſtwá ſwego ná poſługę Rzeczypoſpolitey Oyczyzny ſwey / y Krolá Je° M. Páná ſwego M. á zniosło to z śiebie / zá łáſką y pomocą Bożą, ſcześliwie / czymeście ie ná on czás pomawiáli: y teraz oto tymi y tym podobnymi Scriptami wáßymi / mimo wßelką bojaźń BOżą / pomawiacie. Okázáli to dźiełem ſwym

G iij Rycerſkim

Rycerſkim/ że áni Stárſzi náſzi / áni my obwiązáni ieſteſmy życżliwośćią ſwoią odkrytemu nieprzyiaćielowi Oyczyzny náſzey: ále obowiązáni ieſteſmy y życżliwośćią/ y wiernośćią/ y poſłuſzeńſtwem Krolowi Je° M. Pánu náſzemu N. y Rzecżypoſpolitey. Zácżym ábyſmy á ſtatu obedientiæ Máieſtatowi Krz Je° M. Pánu náſzego M. od nas powinney odſtąpić mieli: potwarz to wáſzá ná nas. Nie náſzi tedy Stárſzi/ ále wáſzi rácżey w tym receśie á ſtatu obedientiæ naydują ſię: Ktorzy vcżyniwſzy gwałt/ y náruſzenie práwom náſzym/ gwałt ten vcżynili ipſi Legiſlatori: á ten v nas ieſt Krol Polſky. Ktoremu kto gwałt cżyni / á ſtatu ten obedientiæ iego recedit. Ferowánemu od Krolow Jch M. Polſkich dwoiákiey Præſentaciey práwu / y w ręku Jch M. iáko ſtrożow y obrońcow praw náſzych zoſtáwionemu/ iż Stárſzi wáſzi gwałt vcżynili: per conſequens, vcżynili y ſámemu Krolowi / iáko Legiſlatori, ſtrożowi praw tych y obrońcy.

A że vcżynili gwałt prawu oboiey Præſentaciey, dowodzimy: Práwo pierwſzey Præſentaciey Metropolitaná Ruſkiey Cerkwie ieſt / áby zgodnie y od Kápituły Kiewſkiey był obrány/ y Krolowi Je° M. præſentowany. Temu præſentaciey práwu wáſz ſtárſzy gwałt vcżynił/ ktorego Kápituła Kiewſka nietylko nie obieráłá/ y Krolowi Je° M. nie præſentowáłá/ ále áni go zna. Vcżynił gwałt y práwu præſentaciey drugiey/ ktore ieſt/ iż præſentowana ná Metropolitáńſtwo Ruſkiey Cerkwie Krolowi Je° M. oſobá/ ná poświecenie ſwoie od Krol: Je° M. præſentacis, od Pátriárchy Konſtántinopolſkie° bráć powinna / y od nie° ſię świećić. Lecż ſtárſzy wáſz Pátriárſie ſię nie præſentował / y od kogos inſzego/ mimo práwo præſentaciey / poświecenia ſobie ſukał/

ſukał/ á nie od Pátriárchy. Gwałt przeto y tey wtorey Præſentaciey práwu vcżynił: á zátym y Práwodawcy. Iniuria enim legum reſultat in Legiſlatorem. Wáſz tedy ſtárſzy y z ſwymi collegami Apoſtatował od Práwodáwcy/ y ſą wſzyſcy ex receſſu á ſtatu obedientiæ legalis Apoſtatámi.

A że oboiey Præſentaciey pomienione práwo / ieſt Ruſkiey Cerkwie nie inákſze / ſámy wiecżny zwycżay wyświadcża: że nigdy żaden Metropolitan Ruſky od żadnego Krolá Polſkiego præſentaciey nie brał/ y bráć niemogł/ ieśli Przełożonym Ruſkiey Cerkwie zoſtáwáć chćiał/ tylko od Konſtántinopolſkie° Pátriárchy. Ktorego práwá Cerkwi Ruſkiey należące°/ że wáſz ſtárſzy/ gwałt iemu z wielkim præiudicium náſzym vcżyniwſzy/ odſtąpił/ náſzym Apoſtatą ſtał ſię/ ieſt, y zoſtawáć muśi: y proźno ſię o to gniewa.

Jż Apoſtatowie náſzi ſą Apoſtatámi od Relligiey Zakonnicżey.

NOwićie potrzećie: Nie apoſtatowáli náſzi ſtárſzi á ſtatu Relligionis, quam profeſſi ſunt: od Zakonu nie odſtąpili: Czerncámi ſą poſtáremu. &c. Ku nam záśie obroćiwſzy śie / Wy, mowićie / Zakonnicy Bráćſcy z ſwey zakonnicżey ſkromnośći/ & voto obſtricti, Apoſtatowie właſni ieſteśćie od Relligiey / y profeſſij, y Reguły / y przywilegi y czerniectwá ſwego. Odpowiádamy: mowi Medrzec / Laudet te alienus, & non os tuum: extraneus, & non labia tua. Abo / Pro:27

Cur maculas alios maculoſior omnibus, albis *Martia. lib. 1. cap. 1.*

Et carpi dignus, carpere non metuis.

Zácżym

Záczym my w żywocie Zakonnicżey do ſkonáłości bez zá-
dney chluby/ nie bez vćiechy iednák tym sie ſámym con-
tentuiemy/ y Bogu dźięki vſtáwicżne cżyniemy / że co
dźień to w lepſzość práwy Monáſterá nászego poſtepu-
iące widzimy/ zá ktorych dobrym porządkiem y progreſ-
ſem, y dobrego końcá ſpodźiewamy ſie. Zadnych/ zá łáſką Bożą / po ſobie tákich niezoſtáwuiemy exceſſow /
ktoreby nas po iákichżekolwiek publicżnych / Zakonowi
niecżeść cżyniących mieyſcách głośić mieli. Trudźi-
my sie w Monáſterku nászym / w chwale y cżeść imieniowi Bożemu. Stárámy ſie miedzy ſobą o żywot porządny: y záchowuiemy go zá pomocą Bożą według sił
nászych: Cerkiewnych ſpraw obchod záchowuiemy poważny: Ambona z łáſki Bożey v nas niewákuie: Szkoły dla ćwicżenia dźiatek w iezyku Greckim/ Łáćińſkim,
Słowieńſkim / Ruſkim y Polſkim / ſą nam ſporządzone. Burſe niſzczych Pauperow pracą nászą ſuſtentuiemy.
A w krotce rzekſzy/ z tego ſie w Monáſteru nászym / ku
ozdobie Cerkwie narodu Ruſkie°/ zá lat śiedm ćieſzymy/
zcże° ſie wy Apoſtatowie náſzi zá lat kilkánaśćie w ſwym
nie ćieſzyćie. Cieſzymy ſie y z tego/ y Bogu dźięki nieśmiertelne cżyniemy / że ſie w Monáſteru nászym tey
pobożności Nieże náydnią / ktore Bog wſzechmogący
Archiereyſkim doſtoieńſtwem vcżcżone być ſądźił/ y
zezwolił. Co wam iáko bacżymy/ milo, iák ſol w oku.
Esa.40 Ale Boſkim rádam zábieżeć trudno: ták być muśi ko-
Sap.9. niecżnie / iáko on ſporządźił / y mieć chce. Przy-
Rō. 11, tym wſzytkim: oddáiemy wſzelkie poſłuſzeńſtwo tym
ktorym do nas należy: Duchownym Przełożonym
nászym/ y świetſkim: Votom ábo obietnicam nászym
Zakonnicżym wſzytkim / ták cżule/ zá łáſką y pomo-
cą Bożą / cżynimy doſyć/ że ſie nam receſsus á ſtatu
Relligio-

Relligionis ni od kogo żądáć niemoże/ tylko od zazdro-
śliwcá / qui alienæ laudi inhiat, & putat ſibi demi, quod
tribuitur alij. Was [dáley niezáchodząc] to ſámo re-
ceſſum á ſtatu Relligionis wyświadcża/ że abſtinentiey,
comitem perpetuam caſtitatis, in voto cżyſtośći przyſiąg-
ſzy/ odſtąpiliśćie. A ſtátá abowiem wiárá Chrześći-
ánſka w narodźie Ruſkim/ nigdy Zakonnicy, Graccy/
Ruſcy/ áni Epiſkopowie/ mieſá nie iadáli: á wy ie teraz cáłą gebą iadaćie. Regula fundatoria etiam á vobis
obſeruanda erat. Záczym y ex receſſu á ſtatu Relligionis,
Apoſtatowie ieſteśćie: y koniecżnie nieſłuſznie ſie ná
nas zá to obrážaćie / gdy was tym cżym ieſteśćie / zo-
wiemy/ y zwáć według wiáry y dźieł wáſzych/ muśimy.
Conuenit enim operantibus ſecundum merita remunera- *Caſsiodorus.*
tionis optata concedere.

Iż Apoſtatowie náſzi ſą Apoſtatámi od Zakonnicżey ſkromnośći y niewinnośći.

Mowićie dáley: Apoſtatowáliśćie Zakonnicy Brátſcy/ od zakonnicżey ſkromnośći y
niewinnośći/ gdy turby y ſedicie w Oycżyźnie wſzcżynaćie / y gdy ſtárſzych nászych y
nas wſzytkich w Vniy bedących niewinnie
ſzkálniećie/ ſromoćićie/ plugáwie názywaćie/ y iáko bezzakonnych potepiaćie. Odpowiádamy: Iuż śie ná to
wam doſtátecżnie odpowiedźiáło / że to od was ná nas
potwarz: y iż wáſze to ſą własne ſpráwy/ ktorzy nicżym
inſzym / tylko oppreſsiami / y potwarzą te ſwoie Vnie
funduiąc/ do buntow y ſedicij lud poſpolity wzruſzaćie
y przywodźićie: Gdy nam ná práwá náſze y wolnośći
náſtepuiećie: gdy nas nieſłychánymi inquiſitiami trapi-
ćie:

ćie: gdy więźićie/ gdy ná koła rozćiągaćie / gdy z V-
rzędow ruguiećie/ gdy zCechow oddálaćie/ gdy Cerkwie
pieczętuiećie, gdy wolne° nam nabożeńſtwá niedopuszczá
ćie. Nie buntyż to wy y ſedicie w ludu poſpolitym w
zrußaćie: y gdyby nie Bogá wßechmocne° opátrznosć v-
ſtáwiczna/ rádźibyśćie ná krew náße rozláną pátrzáli: á
gdy nas czynićie defectorami, transfugami, y zdraycámi.
nieniewinnieyż to nas w vczćiwe náße tykaćie? Nie iák
bezzakonnych to wy nas potepiaćie? gdy o nas to bez wſty
du mowićie / iákobyſmy my iednorodzonemu Synowi
Bożemu ſpoliſtnosć z Bogiem Oycem vwłaczáli: nie
ßkálueciecie to wy nas/ gdy nam lenonum pueros y incer-
to patre natos, vulgo quæſitos, quocunq; in fornice ſatos
zárzucaćie? Nieplugáwie to wy o nas mowićie / gdy
Androginæos v nas ßukaćie? Swoim to tedy wy nas
wewßytkim od was nam zádanym/ płaßczykiem przy-
odziewaćie. Komuż to przyſtoyniey/ ná ſámych ſie was
zdáiemy/ nád was y od pomienionych ſkromnośći y niewinnośći cnot / odſtepſtwo należy/ ábyśćie y od nich
Apoſtatámi zoſtawáli: ktorzy/ y łáiećie, y łżyćie, y bezecnićie, y morduiećie / prawi iednák być chcećie / á
nas mieć zá winne: ále to być nicma: Homines enim
frugi, iáko ſie poſpolićie mowi/ omnia iuſtè faciunt.

A z zbytniey ćiekáwośći Przełożone náße przezowy-
wáiąc/ przydáiećie ná koniec y to/ co was ſámych ledwie przy iednym Władyce zoſtáwić by muſiáło: gdy
o Oycu Smotrzyſkim mowićie/ Władyctwá ſie Połockiego dopina/ á tego niewidźi/ że w teyże Conſtituciey
1607. nápiſano / iż ludźiom ßláchetkim te Doſtoieńſtwá dawáne być máią. By/ mowimy ná ten Conſtituciey przetak ſwe Władyki prześiać chćieliśćie/ vważćie iákby ich wam wiele w przetaku zoſtáło / y dobrześćie

śćie mało niżey powiedźieli / carere debet omni vitio,
qui in alterum paratus dicere. Oycu Smotrzyſkiemu
wźiąć tego nikt y z Władyctwem ſłußnie nie może / co
mu vczćiwe te° Szláchecekie vrodzenie bez Władyctwá
ſłußnie dało. A chociaż w czáſy te dźiśieyße Cerkiew
Boża potrzebowáłá Paſtyrzow/ y Náuczyćielow / E-
piſkopow y Metropolity/ ktorych iuż od lat dwudźieſtu
ßeśćiu niemiáłá: iednák z oſobliwego o niey przemyſłu
Boſkie° y Szláchecekiem záwołániem vczczonych nábyłá.

Po wßytkim tym/ pytaćie nas ná koniec/ ieżeli to nie
o was ábo o tákich Apoſtatách mowi Duch ś. przez Sa-
lomoná/ Homo Apoſtata, vir inutilis, graditur ore per-
uerſo, annuit oculis, terit pede. digito loquitur, prauo cor-
de machinatur malum, & omni tempore iurgia ſeminat.
Odpowiádamy: Nie o nas / ále o was y o wam podobnych: Ktorzy w narodźie Ruſkim miedzy nim á Lác-
kim rośćie ſą/ co nieprzyiaciel Boży y ludſky/ miedzy
Bogiem á człowiekiem: ktorzy nic inßego miedzy niemi
nieczynićie/ tylko ieden przećiwko drugiemu iątrzyćie.
Iątrzyćie narod Ruſky ná przećiw Polſkiemu / gdy
nas w przeßłym punkćie náßym położonymi ſpoſobá-
mi/ do wiáry Láckiey/ (iáko Ruś poſpolićie mowie-
my/) zaćiągaćie. Narod záś Polſky iątrzyćie ná przećiwo Ruſkiemu/ gdy nas do niego vdáiećie/ iákobyſmy
to z roſkazánia Pátriárßego mieli / ábyſmy was Vni- w Prob.
tow gwaltem y mocą wßeláko znośili: á Láchom/ ie- Roz: I.
śliby wtym przeßkody iákiey nieczynili / láſkáwie ſie
ſtáwili: ináczey/ tákimże zniemi ſpoſobem iáko y z V-
nitámi/ ábyſmy poſtepowáli. Coáczkolwiek ná Oycá
Pátriárche ieſt potwarz: Ale narodowi Polſkiemu ku
Ruſkiemu / ßkodliwy roziątrzenia ſpoſob. A to wáß
Symonowicż/ ábo ráczey Apoſtatá Steckowicż z dru-

ku wy-

ku wydáć nie wstydał się. Wáßym to przemysłem y stárániem Vkráiná ludźmi nápełniona/ z miast y miásteczek dla Vniey wygnáńcámi. Puściwßy mimo się Połock/ Witepsk, Orßę/ Mohilew/ náße Wilno/ Pińsk/ Grodno / Brzeście/ Łuck/ Krasnystaw/ Sokal/ Przemyśl/ Busko/ y ińße Krolá Je° M. miástá: co się dźieie po miástách/ y miásteczkách Xiążęcych y Páńskich / w Bychowie/ w Szkłowie/ w Bielicy/ w Dąbrowney/ w Klecku/ w Grodku Dawidowym: w Járosławiu / w Rownym/ w Dłyce/ w Olesku/ w Berdyczowie: y wielu ińßych: gdźie dla tey wáßey Vniey/ zá wáßą instantią ludźie biedni y więźieniem/ y postronkowániem mordowáni/ y pieniężnym pœnowaniem ćiemiężeni/ vtyski y prześládowánia ćierpią: przez co słußnieśćie ná to zárobili/ co o wam podobnych / iákośmy rzekli / Me-
Pro: 6. drzec nápisał. Huic ex templo veniet perditio sua, & subito corruet, nec habebit vltra medicinam. Ale wam day Pánie Boże (Chrześćiáńskim te° sercem życzymy) medicinam, vpámiętánie.

Nádewßytko mowićie / w Apostásiey wáßey wydáie iad / y záiątrzenie/ y wzgárdá / ktorą stárßym náßym/ y nam wßytkim w Vniey będącym pokázuiećie. Co rozumiećie/ ieżeli nie zá rowne wáße to się wam od nas odpłáca? Wyábowiem nas odbiegßy/ á tám nas widźieć chcąc/ gdźie sámi iesteśćie/ bez odpoczynku nas turbuiećie / iątrzyćie / znieważaćie. Ze we wßytkim tym/ ile práwo Boże y ludzkie nam pozwala/ czuiemy o sobie, bronimy się / y ośieść się wam nie dopußczamy: to wy te náße obronę iádem / záiątrzeniem/ y wzgárdą sobie być rozumiećie. Wroććie się ieno do nas / obaczyćie iákiego poßánowania y miłośći od nas doznaćie: ábo przynamniey poniechayćie nas w pokoiu.

pokoiu: Czemu do Rzymskich Duchownych nie iątrzymy się? Bo czysty od nich pokoy mamy: á czystßy mielibyśmy/ by y ći náprzećiwko nam/ nie od was byli podußczáni. Wy nas Schismatikámi/ Haeretikámi/ Turbatorámi/ zdraycámi mimo wßelką spráwiedliwość raczyćie: My spráwiedliwą po sobie máiąc zámierzone nam od was miáry wáße odmierzamy/ według rzeczo-
nego/ Qua mensura mensi fueritis, remetietur vobis: Wie- Mat. 7
dźiec to iednák od nas maćie/ pod świádectwem miłośći nád námi Bożey/ bez ktorey żyć y niemożemy/ y nie prágniemy / że to nie zezłośći czynimy: ále prze sámę miłość Wiáry náßey/ ktorą mamy ták po dźiś dźień czystą/ iák byłá czysta, spráwiona/ y nam podána. Nie máiąc nic ni w wyznániu wiáry náßey o Bogu w Troycy iedynem: ni w wyznániu wiáry náßey o Wćieleniu iednorodzone° Syná Bożego/ ni przydánego co/ ni odietego: Ale iáko nas święte powßechne Synody/ ktorych mamy Siedm/ náuczyły, ták y dźiś o tym oboim / y o Táiemnicách Cerkiewnych wierzymy / y wyznáwamy: tego bronimy/ y zá to vmieramy.

Pytaćie nas/ czemubyśmy w Symbolum wiáry / nieprzydawáli Duchá ś. pochodzącego y od Syná: odpowiádamy wam/ że tego święći Oycowie/ ktorzy to Symbolum ná Wtorym powßechnym Synodźie námowili y nápisáli/ nie przydáli: y sám Rzymski Kośćioł pod tysiąc lat bez tego przydátku Symbolum tego vżywał: A wy się ná nas zá te prawdę gniewaćie. Pytaćie nas powtore / czemubyśmy prząśniká w Táiemnicy zbáwienney Eucharistiey nievżywáli? Odpowiádamy wam/ że w kwáśnym chlebie Chrystus Pan ią odpráwował: Czemu y sám Rzymski Kośćioł poświádcza/ ktory chlebá kwáßonego w Sákrámenćie tym/ niemal do tyſiącá lat vżywał: A zá te prawdę gdy wam odpowiádamy/ gniewaćie ſie ná nas. Pytaćie nas/ dla czego byſmy teyże świętey Euchariſtiey dußezbáwiennych táiemnic pod dwiemá oſobámy vżywáli / á nieráczey pod iedną: Odpowiádamy wam/ iż ták Chryſtus Pan vżywáć/ iáko my vżywamy/ pod dwiemá oſobámy Zwolennikom ſwoim podał/ y nam nieinaczey vżywáć vząkonił: y że ták tych Táiemnic vżywáłá Primitiua Eccleſia, y Rzymſky Kośćioł przez kilkánaśćie ſet lat: á wy ſie y zá te prawdę ná nas obrażaćie.

Pytaćie nas po inßych niektorych miedzy námi y wámi rożnicách/ czemubyſmy Rzymſkiego Biſkupá powßechnym wßytkiego Chrześćiáńſtwá Biſkupem nie przyznawáli: Odpowiádamy wam/ że go zá tákiego po wßytkie śiedm powßechne Synody Cerkiew powßechna nievznáłá: ktora o tey tákowey iego zwierzchnośći/ y iedną litery w ſwych Kanonach Synodálnych wzmianki nievczyniłá. A dla ktorychby przyczyn Cerkiew S. tego nievczyniłá/ máło wyżey z Grzegorzá S. Biſkupá Rzymſkiego przełożyliſmy: ktory o tym imieniu, Powßechny/ miedzy wiela inßych poważnych mow/ mowi y to/ że in iſto ſceleſto vocabulo conſentire, nihil eſt aliud, quàm fidem perdere. to ieſt/ ná to przemierzłe imie pozwolić/ nic nie ieſt inßeo/ tylko wiárę vtráćić. Ná ktore że y my/ według zbáwienney tego S. Papieżá náuki nieprzyzwalamy/ obrażaćie ſie zá to ná nas/ y gniewaćie ſie. Wiedzieć tedy od nas/ iákoſmy rzekli/ zápewne maćie/ że to z ſámey pobożnośći czynimy/ co czynimy. dla zátrzymánia tey S. ſtárożytney wiáry náßey/ ktora przodkom náßym ze Wſchodu/ á nam od Przodkow náßych cáła/ y nienárußona ieſt podána/ áby y my w teyże cáłośći/ y nieporußnośći po nas będącym

Gregor. lib. 4. Epi. 39.

wiáry

wiáry tey naśládowcom z rąk w ręce niezmiennie podáli. Stoiąc ábowiem my ná tym tákowym nieodmiennym wiáry fundámenćie/ ni od kogo/ Dogmat wiáry y ſpraw Cerkiewnych wiádomego pytáni być nie możemy/ dla czego my ták wierzymy: dla czego ták vżywamy: dla czego ták czynimy: bo widzą ná oko recurs náß prawdziwy do S. ſtárożytnośći. Ale ráczey nam pytáć należy/ dla czego wy ták wyznawaćie/ ták vżywaćie, ták czynićie/ iák niewyznawáłá, nievżywáłá, nieczyniłá święta Cerkiew ſtárożytna po tyśiąc/ y nád to lat. Y pytálibyſmy/ iáko pytali Przodkowie náßi: ále roziątrzone oboiey nas ſtrony ſercá/ przez ſurowe/ ſproſne, y nikczemne/ iednym ku drugim słowá to w nas y v was ſpráwiły/ że niemowiąc bez náczoſánia vßu y ięzyká/ y bez nágrawánia iedná ſtroná drugiey/ zda ſie wam iákobyſmy ábo nic niemowili/ ábo niedowodnie mowili/ gdy ieden drugiemu nie náłáiemy. Czegoſmy z ſtrony náßey/ gdźiebyśiekolwiek co tákiego náydowáło/ iáko rzeczy ßkodliwey przed Bogiem z żáluiemy, wiedząc/ że ſie ſwego kożdy poczćiwie domowić może y bez złych słow: y że prawdá iáko rzecz poczćiwa/ poczćiwemi słowámi ma być broniona. Y zdarz święty Pánie/ ktory wßytko dobre zdárzaß/ áby inż od tych czás/ tá słow lekkość w vſtách śie oboiey nas ſtrony nienaydowáłá/ ktora nic miedzy námi dobrego nie buduie/ y budowáć niemoże/ tylko nieprzyiaźń/ y swary. 2. Tim. cap. 2.

Poſtepuiąc tedy dáley/ iáko naſkromnieyßymi w słowiech być ſobie życzymy: tego iednák ná ſobie przewieść niemożemy/ bá y niegodzi ſie/ ábyſmy gorzkiemu rzekli/ że ieſt słodkie: á słodkiemu że ieſt gorzkie. Eſa. 5. Do prawdy ieśli co wniey do nas od was będźie/ przyznamy śie: á płonne słowá y opáczne właſnymi im nazwiſkámi

zwiſkámi

zwiſkámi zwáć bezbożnemi. Wy też obłudy w słowách náſzych ſzukáć poprożnicy niemaćie: gdyżeſmy iey zá łáſką Bożą/ w słowách náſzych wſzeláko prożni. Z zgromádzeniu ich niedziwuyćie ſie: czás ná czás nieſłużył/ poſpolićie mowią: Czás tego potrzebował: zaczym tempori obſecundare viſum eſt. O niepoiętość mieſzániny ſenſus inſenſati, nieprzeczymy: z tym zwłaſzczá/ ktoremu nie wſzytko domá: niech przyidzie á zápyta: pewni ieſteſmy że ſie mu Author ich wypráwi.

Fol.37

Mowićie, ſąd obiecie Kromu/ iż po záwártym Seymie z Conſtituciey punct ktorys wyrzucono/ y włożono ná to mieyſce co inſzego. To wyrzekſzy/ puśćiliśćie ſie w długą tych słow exaggieracie: czynić tego ſłuſznie nie miawſzy: ponieważeśćie mieli támże zaraz przed oczymá przez kilko wierſzow owe od nas vpewnienie / przećiwko ktorey odmiánie vchwały Seymowey zaraz tegdyż Proteſtatie Posłow ziemſkich záſzly. Nie my tedy to zádáiemy: ále ći co ſie o te odmiáne proteſtowali.

Mowićie powtore: Takaż wáſzá iádowitośćią ná Papieże Rzymſkie náſtepniećie/ á ſzkáluiąc przełożeńſtwo Papieżow Rzymſkich/ zdrádą Sylueriuſza Papieżá pomawiaćie. Odpowiádamy / że nie ieſt ták: To bowiem miedzy námi y naćieżſzá / że słowá náſze po czeſtokroć z vmyſłu niemal opáknuiąc/ áby ſie tylko wiecey materiey do mowienia miáło / y nas ſie v tych/ o ktorych rzecz hydziło/ mimo włáſny ich ſens, ku ſwemu vpodobániu náćiągaćie. Rzekliśćie wy gdzieś/ że Papież błądzić niemoże: odpowiadáiąc wam/ że może: przywiedziono/ miedzy inſzymi/ ná przykład Marcellina Papieżá/ ktory Báłwanom ofiárował: Liberiuſza, ktory ſie ná Hæreſim Arriańſką podpiſał. W ten ſámy koniec/ áby ſie okázáło/ że ieśli ći Papieże w wierze po

błądzili/

błądzili/ pobłądzić mogą y drudzy. Maiąc iednák ie zá święte: ktorzy iáko ludzie, poſliznęli ſie byli/ ále powſtawſzy / Jeden o meczeńſką Koronę przyſzedł: Drugi świątobliwie w wierze Práwoſławney vmárł. A wy/ chocaśćie ſnać wiedzieli wiáki ſie to tám koniec odpowiedziáło: vdawáliśćie/ iákoby my tym á. Biſkupō czći im náleżney vwłoczyli. Toż czynićie y z Sylueriuſem: ktore° my ná to tylko w przykład przywiedli/ ábyſmy vkázáli, że zdrády / pomowiſká, y wielcy ludzie nievchodzą. Záczym / by dobrze kiedy co tákiego y ná Pátriárchow náſzych wznoſzono było/ zá tákąż potwarz rozumiano á, by było. A wy to ſzyrzyćie/ y vdáiećie/ iákobyſmy ná ſławe tego niewinnego Biſkupá náſtepowáli.

Baro. in Anno, 302. num. 6.

Życzliwość ſzczyra ku Páńſtwom Chrześćiáńſkim Pátriárchow náſzych przez nás opiſano: á oſobliwie/ ku tey Rzeczypoſpolitey/ w podeyzrzenie nieſzczyrości podáć poſtąpiwſzy: mowićie/ Skąby to dowod życzliwośći ich/ iż kiedy dla quæſtu ſwego przyiádą. Pociągá ich do tego dobrá chęć ich/ do nábyćia pieniedzy / czymby opłacáli Pátriárchowſtwá / ktore przez ſymonie v pogániná kupowáć y opłacáć muſzą. Byśćie byli pogládáli cośćie dobrodzieiom / ábo ráczey/ cośćie miłośći bliźniego powinni: niemowilibyśćie te° byli ná dobrodzieie ſwoie Pátriárchy Wſchodnie: y nie inſultowálibyśćie Oycom w duchu ſwym: Jeślibyśćie co im dáli/ iáłmużne byśćie dáli: ktora nie pátrzy ná oſoby: Ale wiemy/ że ná ten quæſt ktorym im przymawiaćie/ niewielceśćie ſie wydáli. By quæſt/ ktory im zádáiećie do te° ie záćiągał/ czeſtſzymyby tu byli bywáli: ato przez lat nád pułtoráſtá / iáko ſą pod pogány / czterey Pátriárchowie po rázu w oyczyźnie náſzey bylu á z wielkiemiż z niey ſkárby wyieżdżáli: z nierowno mnieyſzymi

J

niżli

niżli przyieżdżali: bo ich y tu nikt dárem nie kármił/ nikt nic dárem nie dáwał. Ale niechay/ (co nie bez grzechu mowićie) dla quæstu przyieżdżali. Quæst ten nie w inszy koniec przez nie zbierány byłby/ tylko ná okupienie sie z potwarzy/ ktorymi częstymi od pogan insimulowáni bywáią/ y pœnami pieniężnymi okłádáni/ z ktorych sie okupowáć muszą. Mowićie/ że dla tego ten quæst zbieráią/ áby przez Symonie v pogániná/ Pátriárszestwá kupowáli y opłacáli. Jest ták/ że płáci kożdy Pátriárchá pewny Tribut doroczny: y pewny dárunek dáie ná wstąpieniu swym ná Pátriárchowstwo: á osobliwie Konstántinopolsky. Ale zaż to symonia/ co oni poniewoli czynić muszą/ á nie z dobrey woli? Coby była

Actor. cap. 8. Symonia Łukasz ś. Ewángelistá w Dźieiách Apostolskich opisał ią, mowiąc/ Gdy widział Symon/ że przez wkłádánie rąk Apostolskich był rozdáwan Duch ś. przyniosł im pieniądze, mowiąc/ daycie y mnie też te moc/ iż ná kogo bych rece włożył/ áby brał Duchá ś. Tedy rzekł Piotr do niego/ srebro twoie niech z tobą zginie/ ktorys mniemał/ áby dáry Boże miały być zá pieniądze nábywáne. To iest Symoniey opisánie/ z ktorego wiedźieć sie dáie/ że przychodźi prosty człowiek do te°/ ktory ma w száfowániu swym dáry Boże/ y kupić od niego chce/ áby ie też on od niego miał. Kupnie Symon v Piotrá Apostolá/ ktory ie ma: á v Herodá ktory ich nie miał/ kupowáć niemogłby, by dobrze był y chćiał: bo nie było czego owemu przedáć/ á onemu kupić. Ktoż tedy/ według tego Symoniey opisánia/ Cesárzá Tureckiego zá száfárzá dárow Bożych poczytáć będźie? ktory Bożym nieprzyiaćielem y Chreśćiánskim będąc/ niema ich/ y mieć niemoże: á czego sam niema/ inszym iáko to przedáć? lub iáko sie to v niego kupić może? y owszem

owszem zá dobre to im mamy/ y pochwalamy to im/ że iákimżekolwiek sposobem mogą/ vbostwá swe° niesczędząc/ o zátrzymánie pod tym Tyránem chwały imienia Páná Chrystusowego/ stáránie czynią. Coż? czyby lepiey gdyby to tám Chrześciánstwo zgołá Pásterzow nie miáło? gdyby żadnego rządu Chrześciánom miedzy sobą czynienia Tyran niepozwalał? gdyby zgołá wszelkie° Chrześciánskiey Relligiey zażywánia im zákazał? y ták Chrześciánską wiárę cáłą znosił/ y z gruntu wywracał? nic z te°. Niech w imie Boże pokoy sobie v te° Tyráná kupuią/ ieżeli inaczey mieć go niemogą: niech iáko mogą zábiegáią dobru wiáry Chrześciánskiey/ y Tributem y czynszem, y dárunkámi/ bez ktorych obyść sie niemogą. Częstokroć y v nas Presbyterom vbogim/ ktorzy czymby pobory płáćili niemáią/ Cerkwie pieczętuią, á oni sposobiwszy sie nieboże tá ná kopę/ ołtarze swe/ ktoremu służą/ y z ktorego żyią/ okupuią: Symoniaż to?

I. Cor. cap. 9. Nie iest to tedy Symonia y v Pátriárchow nászych; nie iest świętokupstwo: bo oni rzeczy świętych v przeklęte° pogániná niekupuią: Ale kupuią sobie pokoy/ kupuią wolność Cerkiewną/ kupuią wolność nabożeństwá swego. Nie iest to záprawdy dźiw/ że w niewoli będącym Chrześciánom nie wszytko sie wedle myśli dźieie: ále to dźiw/ że wy to zniewolonym Chrześciánom zá Symonie ná oczy wyrzucacie: w czym oni nie tylko niewinni: ále co z wielkim żalem/ zá musem á niewolą nieboże tá ćierpią/ żyiąc w Chrześciánskiey Relligiey ták iáko mogą/ gdy ták iákoby rádźi/ niezdárzá sie. Ale to prośtek w

Matth. cap. 7. oku Pátriárchow nászych/ naydźiecie w swym tram/ á ten haniebny/ tylko sie mu w zwierćiedle dobrego sumnienia przypátrzyć chćieyćie.

Mowićie w tymże punkćie: Pátriárchow Greckich my szánuiemy. Ná co my wam odpowiadamy: By was ták vszánowano/ iákoście wy przeszłego roku vszánowali w Kijowie tym Pátriárche Ierozolimskiego/ wszyscybyście oraz Impostorami vraczeni byli: boście go wy ták vszánowáli.

Mowićie temże záraz: y bylibyśmy pod władzą Konstántinopolskiego/ by on sie wrocił do posłuszeństwá stolice Rzymskiey: á od niey Rosśia spráwował. Dziwna to záiste co tu práwićie: Myśmy czytali Kanony Apostolskie: czytáliśmy y wszytkich siedmiu powszechnych y pomiestnych miedzy niemi Synodow/ á żadnegośmy tákiego nienáczytáli/ ktoryby Rzymskiey stolicy poddáwał pod posłuszeństwo Stolice Konstántinopolskie: Ale we trzech Synodách powszechnych / náyduiemy powieśći ważney rzecz przećiwną: to iest / że iá świeći Oycowie rowną czynią z Rzymską / we wszelákich iey prærogatiuach, y præeminenciach, á nie poddáną. Mowią bowiem świeći Oycowie powszechne° Synodu wtorego/ w Kanonie swym trzećim / Constantinopolitanus Episcopus habeat priores honoris partes post Romanũ Episcopum, eò quod sit ipsa noua Roma. To iest/ Konstántinopolski Episkop niech ma pierwszość częći po Rzymskim Biskupie/ á to dla tego/ iż Konstántinopol iest nowy Rzym. A to iest pierwsze porownánie Konstántinopolskiey stolice z Rzymską. Mowią y świeći Oycowie powszechnego Synodu czwartego w Kanonie swym dwudziestym osmym. Sanctorum Patrum decreta vbiq; sequentes & Canonem qui nuper lectus est cẽtum & viginti Dei amantissimorum Episcoporum agnoscentes, eadem quoq; & nos decernimus & statuimus de Priuilegijs sanctissimæ Ecclesiæ Constantinopolis nouæ Romæ. Et enim antiquæ Romæ throno, quod vrbs illa impera-

imperaret, iure Patres priuilegia tribuere. Et eadem consideratione moti centum quinquaginta Dei amantissimi Episcopi, Sanctissimo nouæ Romæ throno æqualia priuilegia tribuêre: rectè iudicantes, vrbem, quæ & imperio & senatu honorata sit, & æqualibus cum antiquissima Regina Roma priuilegijs fruatur, etiam in rebus Ecclesiasticis, non secus ac illa extolli ac magnifieri, secundam post illam existentem: &c. To iest / Swietych Oycow vchwał wszedzie násláduiąc / y Kanon teraz czytány stu y piećdziesiąt Bogálubiących Episkopow przyznawáiąc/ toż y my vchwalamy y stánowimy o Przywilegiách naświętszey Cerkwie Konstántinopolskiey nowe° Rzymu. Starego álbowiem Rzymu stolicy/ iż miásto to Máiestatem Cesárskim vczczone było/ słusznie Oycowie Przywilegia nadali/ á tymże vważeniem wzruszeni/ sto y piećdziesiąt Bogá miłuiących Episkopowie naświetszey nowe° Rzymu stolicy/ rowne przywilegia nádali/ słusznie sądząc, aby miásto to/ ktore y Máiestatem Cesárskim/ y Senatem iest vczczone/ y rownych z stárym kroluiącym Rzymem przywilegiow záżywało y w Cerkiewnych spráwách tákże iáko ono podnosiło sie y wielbiło/ będąc po nim drugie. A to iest drugie stolice Konstántinopolskiey z Rzymską porownánie. Przywodzimy ieszcze Kanon 36. świetego powszechnego Synodu szostego/ ktory ták sie w sobie ma. Renouantes, quæ à Sanctis centum & quinquaginta Patribus in hac Dei obseruatrice & regia vrbe conuenerunt: & sexcentorum triginta, qui Chalcedone conuenêre, constituta sunt; decernimus, vt thronus Constantinopolitanus æqualia priuilegia cum antiquæ Romæ throno obtineat, & in Ecclesiasticis negocijs, vt illa magnifiat, vt qui sit secundus post illum: post quem magnæ Alexandrinorum ciuitatis numeratur

meratur thronus: deinde Antiochiæ: & post eum Hierosolymitanæ ciuitatis. To iest/ Ponawiáiąc to/ co od świętych sto y pięćdzieśiąt Oycow w tym od Bogá chowánym krolującym mieście zebránych / y od ßesciu set y trzydziestu zebránych w Chálcedonie / iest postánowiono: vchwalamy/ áby stolicá Konstántinopolska rowne Przywilegia z stolicą stárego Rzymu trzymáłá: y w Cerkiewnych spráwách iáko y oná/ wielbiona áby byłá: iáko tá/ ktora iest wtora po niey: po ktorey wielkiey Alexándriey miástá stolicá niech sie liczy: po tey Antiocheńska: á po tey miástá Jeruzalimskiego. To iest trzećie porownánie Konstántinopolskiey stolice z stolicą Rzymską. A to żesmy te Kanony świętych powßechnych Synodow przełożyli/ z ktorych to sie ná oko widźieć dáie, cosmy powiedźieli/ że stolicá Konstántinopolska Rzymskiey iest wewßystkim rowna/ á nie poddána. Záczym mowić to y vdawáć/ żeby kiedy Pátriárchá Konstántinopolsky był pod posłußeństwem Biskupá Rzymskiego/ y od nie° Rosia spráwowáł: iest powieść owych wáßych Decretalnych listow y Arápskich Kanonow prawdźie podobna: Duch ábowiem święty ktory ná tych świętych Synodách w S. Oycách spráwowáł/ przećiwnym sobie być niemogł: Porownawßy tu Konstántinopolską stolicę z Rzymską/ indźie gdźie poddáną czynić
Ioan. cap 15. iey niemogł. Duch ábowiem ś. iest Duch prawdy. Záczym coście tu powiedźieli o posłußeństwie stolice Konstántinopolskiey do Rzymskiey/ zdrożna rzecz od prawdy powiedźieliśćie. My zás pokazálismy to/ że byłá iey wewßem rowna: á rowną będąc/ posłußna iey być niemogłá: ále ták iáko Rzymska iey. Posłußna tedy iey niebywßy / z posłußeństwá iey odpádáć niemo-

gła:

gła: á záczym do ktoregoby sie iey posłußeństwá wroćić miáłá/ niema. A wy przeto/ ktorzy mniemawßy o Konstántinopolskiey stolice posłußeństwie / ku stolicy Rzymskiey odstąpiliśćie iey / ażby sie oná zás do niey náwroćiłá: powinniśćie zás do Konstántinopolskiey wroćić sie/ ktora od posłußeństwá Rzymskiey nieodstępowáłá/ bo pod nim nigdy niebyłá / y od ktorey Rosia niespráwowáłá: ále spráwuie nią iáko Mátká/ iáko tá ktora ią porodźiłá: spráwuie, mowimy/ Rosia Konstántinopolska stolicá jure Hæreditario.

APPENDIX

APPENDIX NA EXAMEN OBRONY VERIFICACIEY.

Z Rozdziału Pierwßego.

ŻE nas we wßytkich ſwych Scriptách / z nieiákieys iákoby zbytniey słow petulanciey karzećie / y do moderaciey ich á modeſtiey nas exhortuiećie / choćiaśćie ſámi w Scriptach ſwych nie inákßi: byliſmy iednák te° pewni, że coście po nas mieć chćieli / ſámiśćie to z śiebie pierwey podáć nam byli mieli. Ale iáko mowią / Fontes ipſi ſitiunt. Jeśli tedy wy Doktorowie / ktorzy nas moderaciey y modeſtiey w słowiech vczyćie / immoderati w nich & immodeſti ieſteśćie: Niemielibyśćie ſłuſznie y nam mieć zá złe / ieślibyſmy w nich wam gdźie podobnymi być muśieli / gdy y to wáße ná Obronę Verificaciey náßey Examen Examinuiemy. Acżkolwiek byſmy dobrze te° wáße° iuż wyßte° / á náßego wyść miáte° Examinu byli y poniechali / nie bárzo byſmy byli zgrzeßyli : ále iákośćie ſámi z

R Salomo-

Salomoná dobrze rzekli/ że choćiaż niemamy odpowiádáć głupiemu/ według głupſtwá ie[o] ábyſmy ſie niezdáli być ie[o] podobnymi : mamy iednák głupim odpowiádáć według głupſtwá ich / áby ſie ſobie mądremi być niezdáli. Co gdy czynimy : tetylko puncta ná ten ſkory czas pod náß Examen z wáſze[o] bierzemy / ktore wam w nádętych ſłowách gorną myſl czynią/ ábyśćie ſie obaczyli/ y poználi, żeśćie ſą Icarowie / á nie Dædaluſowie.

Prouer cap. 26

Puśćiwßy tedy mimo wßytkie trząſki y chroſty / oſchłe ćiernie y oſty, ktore ſam wioſny pożar/ ſamo mowiemy náße milczenie bez prace pożrzeć może: nie oćioſánych kilka kłod przedśie bierzemy/ ktoremiśćie nas obwáliwßy, rozumieli / że áni prawdy ogniem pożyte być miáły/ áni námi przebyte. Bo co śie dotycze náruſzenia práwá podawánia/ ábo Iuris patronatus : kręććie śie iáko chcećie/ to w Verificaciey naßey y w Obronie iey ſtoi immobile. Obálone przez wáße ſtárße oboiey [iákoſmy wam wyßey powiedźieli y pokazáli/] præſentatiey práwo/ obáliło przez też y práwo podawánia : ktorzy śie nie od tych/ áni tám ná te ſwe doſtoieńſtwá / od kogo y gdźie należáło/ præſentowáli. Co ſtáło przez lat ßeść ſet/ y dłużey, práwo to było/ y ieſt : co ſie ſtáło temu w przećiw od lat kilkánaſtu/ náruſzenie to práwá było/ y ieſt. Skoro tedy w ſwey klubie Práwo oboiey præſentatiey ſtárßi wáßi poſtáwią : Ius patronatus nátychmiaſt/ iáko dźiś z náßey ſtrony hæret immobile, hærebit y z ſtrony wáßey. W ćiele ieden boleiący członek vleczony/ wßytko ćiáło od bolu wybáwia : y to præſentaciey práwo przez ſtárße waße náruſzone/ w ſwey klubie poſtánowione / wßytkie práwá w ſwym ſtánie poſtáwi. Záczym wßytko to/ czymeśćie pierwßy tego ſwego Examinu Rozdźiał nátkáli/ ſobieśćie w vkor y w ſromotę

ſromotę tkáli / ktorzy złámawßy práwo Præſentatiey/ y Ius patronatus obáliliśćie : Ktorego ſtárßi wáßi/ mimo práwá narodowi y Cerkwi Ruſkiey pod poſłuſzeńſtwem Wſchodnim będącey nádáne/ vżywáią. Rozumiećie/ że gdy wam według potęgi świátá tego ſłow ſtáie/ słowá te być y w obronie prawdy: Lecz gdy ſie ná powagę praw/ ktoremi ſie po wiek wáß Cerkiew Ruſka rządźiłá / obeyzrzyćie/ y bez náßego vkázowánia obaczyćie ie w łamániu praw Cerkwie Ruſkiey z vmyſłu ſporządzone. Złámał ſtárßy wáß ſtárożytne Ruſkiey Cerkwie práwo/ od Kápituły Kiewſkiey ni obierány, ni præſentowany ná Metropolią Kiewſką niebywßy. Złámał drugie/ temu ná poświęcenie ſwe præſentowany niebywßy/ ktoremu wßyſcy Metropolitowie Ruſcy/ ile ich w Ruſkiey źiemi było/ præſentowani byli/ y być powinni: A iednák práwym y Cerkwi y narodowi Ruſkiemu być chce : y żeby zá gwałtowniká praw náßych Duchownych nie był rozumiány/ vchyla śię : ktorego z tey winy wy przez te oto ſwoie ſowite Winy, Proby, y Examiny, iáko ſkurat ná ogniu wypráwuiećie. Vkażćie nam iedne[o] zá táką præſentatią ná Ruſkiey ſtolicy Metropolite/ łámániny y gwałtu praw Ruſkiey Cerkwie zádáwáć wam niebędźiemy : á poki Poćiey pierwßy / á wáß teráźnieyßy drugi przez táką præſentacię ná Ruſkim Metropolitáńſtwie/ poty zá ſkázcy y gwałtowniki praw Cerkwie Ruſkiey od nas/ y od wßytkiego narodu Ruſkiego/ ktorzyſmy ſą w Cerkwi Ruſkiey / y ktorym to práwo właſnie ſłuży y należy / z námi y z wámi być muſzą.

Ku końcu tego pierwßego Rozdźiału / gdźie intencię dawnych Fundatorow wykładáć / nie náße rzecz być powiádaćie : ále wáße : bo te nam wiádome być niemogą/ á wam ie insusurrował ater an albus, sámi to wiećie. Ktorey swey wiádomośći dowodząc, Wiemy, mowićie/ to, z X. ąg swoich Ruskich/ wiemy y od ludzi stárych wiáry godnych/ ktorzy ieszcze żyią: Widzieli to sámi ná oko/ czyniwáli / y od stárszych swoich/ że tákże czynili, słycháli/ to iest, że Ruś stára zá iedno miáłá Cerkwie y Kośćioły. A tey powieśći swey ták dowodźićie: w Wilnie wysłucháwszy służby Bożey ráney v świetey Przeczystey/ ná kazánie wszytek lud chadzał do Bernárdynow. Odpowiádamy: Mogłyby sie záwże v nas teraz to táka Fundatorow intentiey swoią wiádomośćią/ iednośći z nami domawiáć/ á zátym y Beneficij Cerkiewnych, y Ministrowie Zborowi/ ktorzy to nie od ludzi stárych/ ale iuż y od młodych wiedzą, y co sámi swymi oczymá widáli, y czynili / że gdy sie przysádził pod bok Cerkwie ś. Przeczystey w Wilnie ich Zbor/ Ruś Wileńska wysłucháwszy ráney służby Bożey / ná kazánie mał niewszytká (bo wy też wszytke zágárnąwszy / puste Cerkwie przy wielkiey służbie Bożey vczyniliśćie) do Zboru ná kazánie chodzywáłá: przez co iey tám wiele y zostawáło. A z tákiego ludu Ruskiego w Wilnie postepku / intenciey Fundatorow świetey Przeczystey w Beneficiach iey dowodźić/ ciż stąd / iáko y wy mogli by, y náwodźić! Jeśli zbor y kazánie [kośćie y wy toż mieli byli położyć] Ewángelickie w tákim v Ruśi poszánowaniu było / iákoż nadáiąc ná Cerkwie niemieli mieć choć non expressam, saltem virtualem intentionem, żeby ći ktorzy służyć będą w Cerkwiách Ruskich/ niebyli nigdy w iednośći z Zborem Ewángelickim. Nuż zá tym swym Fundatorow intenciey wykłádem / nas do swey Jednośći, do Praw/ y do Beneficij Cerkwi nászey: A my żebyśmy tylko ná to pátrzyli / á tám gdźieby nas

cni

oni prowádzili / ták bezrozumni z własnym swym dobrem prowádzić sie dopuśćili. Oni przeto/ y wy z teo tákowego intentiey Fundatorow wykłádu / wyzucia nas z praw nászych/ po nas nie czekaycie / poki w tym Krolestwie Polskim spráwiedliwość ś. mieysce mieć będzie. Chodzywáłá Ruś do Kośćiołá Rzymskiego / w Wilnie/ chodzywáłá y do Zboru: chodzi po wielu miástách y teraz: ále nie miłośćią nabożeństwá vwiedziona/ tylko częśćią dla widoku/ częśćią curiositatis gratia: nie mniey też y dla Orgánow: co pospolićie gmin/ lud prosty czynić zwykł. Ale co zá dziw że to lud prosty czynił. Poniewaź y Antecessorowie wászi / nászi Apostatowie/ odstepstwem swoim y nieczułośćią po Kośćiołách y Zborách lud Ruski rozpuśćiwszy y Jnowiercow nauką potruć mu sie dopuśćiwszy, (czego świádkiem iest w Wiel: X: Lit: miásto Nowogrodek/ w ktorym zá nástąpieniem Vniey wászey / ludzie stárożytney Ruśi w Nowochrzczeńce niemal wszyscy sie obroćili/) y sámi o zátrácenie swe przyszły. Ná ktore gdy prze nieczułość ich crassa ignorantia Dogmatum świetey Cerkwie wschodniey pádłá/ y roznym w Krolestwie Polskim náyduiącym sie sectam w posmiech y w vrągánie podáłá / rádzić o sobie iáko nieukowie niemogszy / nie vdáli sie do nápráwy śiebie y swoich: ále oślep w odstepstwo sie rzucili, tám/ gdźie fauor wielkich stanow / świetá teo cacky/ nádźieie wyniosłośći: á nie zbáwienie widźieli: y gdźie ostátnia leżnia ie powabiáłá. Że ták o raz v żytko swoie podeptawszy / chwycili sie zá cudze: przez co y sámi iákośmy rzekli/ o zátrácenie przyszli / y lud biedny záwiedli. Niemiłość tedy nabożeństwá do Kośćiołow y Zborow Ruś záciągáłá: ále Nowotniny, widoki/ Comœdiæ, Orgány, Rotyski, Krzekotki, wygá-

Kiij mánia

Tacitus, Histori. lib. 1.

niánia Judaszá: zrzucánia iego z niebá/ y insze tym podobne lekkości. Vulgus enim iáko niektos powiedział/ nouitatum est cupidum.

z Rozdziáłu Wtorego.

Wrzyrzekliśmy modestiey w słowiech záżywáć: czego pámiętni/ choć dosyć ostrymi wászymi słowámi ráženi iesteśmy / iákoby to nas nie dolegáło/nie obrážamy sie: A to co sie z praw Duchownych w Obronie Verificaciey nászey / w nienáruszenie Práwá podawánia / gdy sie kto canonice świeci / nieodzierżawszy præsentaciey / rzekło, w swey wadze iáko nieprzebyte zostáwiwszy do dziwu wászeᵒ przystępuiemy/ktorym zdumieni/ rozumieiąc żeście wygráli nierozsądnie triumphuiecie. Potrwaycie ieno máło/ á z pilnością nas posłuchaycie/ ná oko obaczycie Obrońce Verificaciey oślicą być [że sie wam ták podobáło] Báláámową / bo prawdę mowi: á sámi zostániecie mułem / cui non est intellectus: Dziwuiecie sie iákoby my w Obronie Verificaciey nászey/ Sobor nieiáki zá Ignáciuszá Pátriárchy/ y zá Theophilá Cesárzá w Konstántinopolu obchodzony / názywáli Generálnym: A my sie bárziey dziwuiemy wászey w przypominániu pism nászych nieszczyrości/ że nas nieprawdą pomawiácie. Gdzieżeście to w Obronie Verificaciey nászey náczytáli/ z czego triumphuiecie: Gdzie choć iednym słowem wzmianká o Ignáciusie Pátriársie/ ábo o Theophilu Cesárzu/ zá ktorych ten Synod obchodzony być práwicie: Abyście tedy obaczyli/ że sie známi nieszczyrze obchodzicie / przekłádamy wám násze słowá z Obrony Verificaciey, gdzie mowiemy/ A że też y z zachodniey Cerkwie ná práwie w tey máteriey nam nieschodzi /

Nume. cap. 22

Psal. 31

dzi/ przekłádamy ośmego Generalneᵒ (iák oną udáie) w Konstántinopolu obchodzoneᵒ Synodu/ Kanon/ 22. Gdzież tu wászey powieści z tych nászych słow do prawdy co podobnego: Ale abyśmy y tym/ ktorzy nas mowiących słucháią/ nieszczyrość wászę ku nam w tey powieści okazáli/ Powiádamy: iż pod czás rozności miedzy Ignáciuszem Pátriárchą / y Phociuszem / obchodzone były w Konstántinopolu Synody trzy: á czwarty po śmierci Ignáciuszowey / zá sámego iuż Phociuszá Pátriárchy. Pierwszy przez niezgodę Biskupow rozerwány / niestánął: iáko o tym w Przedmowie tego Synodu Bálsamon wiedzieć dáie. Drugi w rychle potym y w teyże spráwie zebrány stánął: y w spráwach pod ten czás Cerkwi należnych Kanonow 17 ście ferowáł: y názwány iest ten Synod pierwowtorym / iż ná pierwszym Synodzie proponowáne rzeczy/ ná tym wtorym stánęły. Trzeci Synod był obchodzony w spráwie Ignáciuszowey przeciwko Phociuszowi / ktorego ácie y Kanony náyduią sie opisáne w Xięgách Concili- orum. Czwarty Synod obchodzony był po śmierci Ignáciuszowey/ gdy iuż Phociusz Pátriárchą zostáwał. A ten ostátni czwarty / my názywamy / z powážności spráwy nánim obchodzoney / Synodem Generalnym ośmym. Rzymiánie záś zá ośmy generálny/ pryimuią Synod w liczbie tey trzeci, Ale nie dziw że sie wy do teᵒ czwartego zá Phociuszá Pátriárchy/ á zá Janá ośmeᵒ Papieżá obchodzonego Synodu nieznácie/ choć mvście. Ponieważ ná tym Synodzie y przydátek wSymbolum, Filioque, zgániony iest/ y ktokolwiek go przydáwał/álbo przydánego vżywał/ przekleństwu iest poddány. A że owy czwarty zá Janá Papieżá/ y zá Phociuszá Pátriárchy/ á nie ony trzeci zá Adrianá y Ignáciuszá

Tom. 4. Concil.

ćiuſzá obchodzony Synod generalnym znamy, y zwány być ma/ ſkąd ſię wiedźieć dáie: iż generalna ſpráwá generálny titul Synodowi dawáć zwykłá. Ná tym od was generalnym otytułowánym Synodźie / obchodzona byłá ſpráwá priuatna / ktora iedne tylko Konſtántinopolſką ſtolicę obchodźiłá: y nie w ſpráwie wiáry/ ále w ſpráwie vkrzywdzoney iedney oſoby. A ná owym ktorego my Generalnym zowiemy / obchodzona byłá ſpráwá wſzytkę Wſchodnią Cerkiew/ wſzytko, mowiemy / Chrześćiáńſtwo záchodząca. Szło ábowiem ná nim o ſpráwę śiedmią powſzechnymi Synodámi vchwaloney wiáry. O zgwałcénie y ſprophanowánie symbolum powſzechnego: y o Schiſmę z tey przyczyny miedzy wſchodnią á zachodnią Cerkwią. Záczym ten Synod prawdźiwie Generalnym ieſt: y zá táki od wſzytkiego Chrześćiáńſtwá / po wſzytkie czáſy miány był y przyznawány. Nie dźiw tedy/ iákośmy rzekli, że śię wy do tego Synodu nieznaćie: ponieważ y po dziśdźień w przekleńſtwie iego ieſteśćie. y poki tego przydátku w Credzie vżywáć będźiećie / przekleńſtwo Synodu te° ná ſobie nośić muśićie. Ktory ná przećiwko wam táki Decret ferował/ Ieśli kto od świetego Symbolum Niceno Konſtántinopolſkiego odeymie co/ ábo do nie° co przyda/ á symbolum to názywáć będźie: tákowy niech będźie potępiony: z doſtoienſtwá ſwe° zrzucony: y od wſzelkiey Chrześćiáńſkiey ſpołecznośći wyrzucony/ y przeklety. Nie bez przyczyny tego Synodu y w Xięgi Conciliorum inſerowáć nieráczyliśćie.

Skądże tedy wam to rozumieć przyſzło/ iákoby my w gorzkośći duſze ſwey/ (gdy nam o tym Soborze mowić przychodźi) miánowáli go Soborem generalnym? o ktorym to liberè y ochotno duſzą mowiemy, że ieſt Generalny

neralny/ choć nie ieſt z pocztu śiedmiu powſzechnych: Oſmym go iáko y Generalnym prze ſame poważność ſpráwy nánim obchodzoney názywáiąc / że ſię nánim wſzytkie śiedm powſzechne Synody ſtwierdźiły / Hæreſie y Schiſmy podeptáły/ y zniosły. A że Zachodniey Cerkwie práwem Kanon ten názwáliſmy: toſmy nie dla tego vczynili/ ábyſmy przez to wſchodniey Cerkwie powagi vymowáli/ á Zachodniey wage tym iáko przyznawáli: ále że wy ten trzeći w liczbie Synod zá Generalny maćie / ná ktorym ten od nas przywiedźiony Kanon ieſt ferowány: y dla tegoſmy przydáli te parentesim: (iáko oná wáte/) to ieſt, iáko Rzymſka Cerkiew ten Synod Synodem oſmym Generálnym názywa.° Prożnośćie tedy z ſwey ku nam nieſzczyrośći triumphowáli: gdyż práwá od nas przywiedźione ſtoią nieporuſzne.

Páſtyrz powſzechny Cerkwie Bożey kto ieſt/ y kogo my rozumiemy/ rzekliſmy inſzná przedźie: mowiemy y tu z Błogoſł: Apoſtołem Piotrem / że ieſt Chry- 1. Petr.
ſtus Pan: ktorego on názywa Principem Paſtorum, cap. 5.
Ἀρχιποιμένα, to ieſt przednieyſzym Páſtyrzem: o ktorym y Prorok Boży Ezechiel z oſoby Bożey/ Et ſuſcitabo cap. 34
ſuper oues meas Paſtorem vnum: Y wzbudzę, mowi/ nad owcámi memi Páſterzá iedne°. Y ſam o ſobie Chryſtus Pan/ Ego ſum Paſtor bonus: Ja mowi/ ieſtem Páſtyrz Ioan.
on dobry. Y záś, y drugie też owce mam/ ktore nie ſą cap. 10
z tego dworu / á potrzebá żebych też y one przywiodł / bo głoſu mego ſłucháć będą: y będźie iedna owczárnia y ieden Páſtyrz. Sámego tedy Chryſtá Páná my Páſtyrzem powſzechnym znamy/ mamy, y wyznawamy: Ezech.
ktory ieſt y Rządcą y Páſtyrzem powſzechnym ſwey Cer- 37.
kwie: Ktory pod ſobą ma Páſtyrze wſzytkie / iáko

ſwo-

L

swoie sługi y robotniki: ktorym nie pánowánie nád swymi owcámi zlecił: bo te sámemu sobie zostáwił: ále zlecił im sáme prace pástyrstwá.

Lecz ná tym co wszytkiemu świátu iest dobrze wiádomo niebáwiąc sie / idźiemy do owych w tymże Rozdźiele słow wászych / gdźie mowićie / że Obronca Verificaciey przyznawa ludźiom nabożenstwá Rzymskie° / że oni są w Cerkwi ś. Katholickiey: Przyznawa / iż tá iest iedyna: przyznáwa y to / iż Rzymiánie są tákiey wiáry / w ktorey zbáwieni być mogą. Ná co my wam z Obronca Verificaciey odpowiádamy / że z tego troygá ktoreśćie tu położyli. Pierwsze iest was sámych o sobie świádectwo / á nie násze ni Obronce Verificaciey: ktory te słowá z Przywileiow przywodźi nie iáko swoie / ále iáko tego / kto te przywileie dawał. Mowi ábowiem Obronca do Redargutora, pag. 77. Co sie dźiwuiesz Redargutorze, że Krol Je° M. nazywáiąc ludźi Relligiey Rzymskiey Katholikámi / nas ludźi Relligiey Greckiey zá rowno tymże titulem zdobiąc / Chrześćiány y Katholikámi názywa, Rzáś, pag. 78. Záczym gdy nas Krol Je° M. ludźmi Relligiey Chrześćiáńskiey Katholickiey Greckiey názywáć raczy / siebie sámego tegoż titulu Chrześćiáńskiego Katholickiego nie odsądza. Trzećie z tego troygá / też iest wásze własne / nie násze, ni Obronce Verificaciey: ktory pag. 106. ták mowi / á co sie zbáwienia dotycże Wyznawcow wiáry Rzymskiey / mogł to bespiecżnie rzec / że defectus fidei non excessus condemnat: á záczym kto to od nie° słyszał / to co sie iemu podobáło / według swe° pożądánia inferowáć mogł. Wyśćie tedy od Obronce [że iuż wam dla zgody w tym złożymy] to słyszeli / y to co sie wam / á nie co iemu podobáło / według żądze

wászey

wászey inferowaliśćie ná ten czás / y dźiś y inferuiećie. Wtore z tego troygá / gdźie pag. 77. Obronca Verificaciey mowi / Wiedziec Krol Je° M. raczy / że nas oboie strone y Wschodnią, mowiemy / Cerkiew pomiestną y Zachodnią / Cerkiew ś. Katholicka / ktora iest iedyna / wewnetrznościách swoich / w ktorych sie one záczęły, nosi: do ktorey iedno y toż práwo obie máią: á iednością miłości wzaiemnie będąc ziednoczone / Páná Bogá o to z oboiey strony proszą / áby on to, co ie dźieli: to iest, co sie kolwiek non per defectum, ále per excessum w rożnice miedzy nie / podáło, Oycowsko vprzątnął y zniosł. To wtore / iest Verificaciey Obronce / y násze. Ponieważ bowiem iák cztyry Wschodnie perticulárne nawyższych czterech Pátriárchalnych stolic / y wszytkie pod niemi náyduiące sie Katholickie Cerkwie / ták piąta y Zachodnia Rzymskiey stolice / y wszytkie pod rządem iey byłe / y ktore teraz są pomiestne Cerkwie / iedná święta Powszechna Cerkiew we wnetrznościách swych nosiłá / tá ie y porodźiłá / tá y do wzrostu wychowáłá / skąd Verificaciey Obronca / y my bespiecżnie to mowiemy / że nas oboie strone / y Wschodnią Cerkiew pomiestną y Zachodnią / Cerkiew S. Katholicka / ktora iest iedyna / we wnetrznościách swoich / w ktorych sie one záczęły / nosi. Mowi ábowiem Augustin ś. Ecce Roma, ecce Carthago, ecce aliæ & aliæ ciuitates, filiæ Regum sunt, & delectauerunt Regem suum in honore ipsius, & ex omnibus fit vna quædam Regina. Oto mowi Rzym / oto Kárthago / oto insze y insze miástá corki Krolow są / y vrozkoszyły Krolá swego we czći iego: y że wszytkich stáie sie iedná niektóra Krolowa. Rownie Venerabilis Beda, Non latret, inquit, rabies Hæreticorū de angulo: toto terrarum orbe Ecclesia diffusa est, omnes gentes habent Ecclesiam, nemo

S. Aug. in Psal. 44.

libro. 6. in Luc. cap. 93.

nos

nos fallat: ipsa est vera, ipsa est Catholica, capit ab Hieru-
salem, peruenit ad nos: & ibi est, & hic: non enim vt huc
veniret, inde discessit: creuit, nō migrauit. Niech, mowi/
libro.6, wściekłość Hæreticka z kotą nieszczeka: po wszytkim
in Luc. świecie Cerkiew sie rozlała: wszytkie narody máią Cer-
cap. 93. kiew/ nikt nas niech nie oszukiwa: tá iest prawdziwa/
ták iest powszechna. Poczęła od Jeruzalem/ doszła do
nas; y tám iest/ y tu: nieżeby stámtąd odeszła/ áby tu
przyszła: vrosłe/ nieprzeszła. Ná te tedy czásy/ y áż
niemal pod sáme tysiącne narodzenia Páná Chrystu-
sowe° látá poglądáiąc Obronca Verificaciey, y my/ te° słowá bespiecznie in præsenti vżywamy, nosi. Poglądáiąc
zás ná látá dálsze po tysiącne/ w ktore iedność Cerkiewna w rozerwanie przyszła/ to in præsenti rzeczone słowo/
nosi, per Grammaticū zeugma, [bo sie też wy ná dawo-
nych Grámmátykách/ á nowych Theologách zuácie/]
słániamy in præteritum. nosiłá: y dla tego przydáie-
my zaraz: do ktorey obie iedno y toż prawo máią/ iáko
z niey vrodzone/ od niey y wychowáne: nie obie iednák
wewnętrznościách iey zostáłe. Ale zá podániem od Za-
chodniey/ iákośmy dowodnie pokazáli/ do rozłączenia
ich przyczyny/ rozrożnione będąc/ iednością miłości Páná Bogá z oboiey strony o to proszą/ aby on to co iedzie-
li Oycowsko vprzątnął/ y zniosł. A coby zá rozrożnienie y rozłączenie było/ excessum fidei pokładamy, & non
defectum: y to nie względem nas/ ktorzy wam nie tylko excessum ále y defectum fidei, ták względem Biskupá
powszechnego człowieká/ iáko y względem Kátholiki/
ábo Orthodoxiey excessami, y defectami wyszpoconey/
przyznawamy: ále względem sámych Rzymian/ ktorzy
o nas ták mowić zwykli, że nam tylko ná sámym poslu-
szeństwie Rzym kie° Biskupá schodzi: záczym nas Schi-

smati-

smatikami racza, wiárę nam iednák przyznawáią Práwosławną Kátholicką. Mowi w przedmowie Prze-
strogi swey X: Skárgá o Ruskiey nászey wierze/ Ja z
mojey wielkiey skłonnośći do Græckiego świętego nabo-
żeństwá/ y czći Bożey pełnych obrzadow Cerkiewnych/
od lat trzydzieśćiu pięci/ pisániem moim do iednośći
Kościelney wzywałem násze Ruskie narody: áby sie stárodawna świętych Oycow ich Wschodnich miłość do
nich wroćiłá/ á Kátholicką wiárę ich/ ktora bez miłośći
y iednośći Kościelney Chrystusowey vmiera/ ożywiłá.
To Skárgá. Orzechowski záś Kánonik Przemyski/ Stanisł.
o nas Rusi y o wszytkiey Wschodniey/ cztyrem Pátri- Orze:
árchom podległych narodow Cerkwi/ leszcze poważniey. in Diatr.
Ktory rzekszy to o Grækách y Rusi/ że są Chrześćiánie/ contra
y że są w Kośćiele Bożym: náwodzi/ Konstántinopol- calumn.
ska stolica z inszemi stolicami/ ktore Apostolskimi wszy- Anno,
scy stárzy názywáli: My co bliżey Thráciey mieszká- 1540.
my/ wiemy że iest cáła: ktorey Bog dał náleźć łáskę w edita.
oczu Solimáná Tureckiego Tyráná/ iákoby drugiemu
poymánemu Jozephowi/ áby ták byłá záwsze prawdziwa oná obietnicá/ że bramy piekielne niemáią przemoc
przeciwko Kośćiołowi/ áni przeciwko iego Apostolskim
stolicam. Ktore to cztyry Pátriárchalne ná wschodźie
Stolice Lyranus Rzymski Doctor przed trzema sty lat/ in 3. par
iuż w tym rozerwániu pożyły/ w táiemnicy onych czty- Lyræ.
rech zwierząt v Ezechielá Pro: pięknie wykłáda/ tym Comme.
sámym ie do cztyrech Ewángelistow comparuiąc. 1. we Ezechi.
źmie, rozumie być stolicę Jerozolimską/ dla śmiáłego cap. 1.
tám Apostołow Ewángeliey przepowiádánia 2. w Wo- Act. 4.
le, Antiocheńską dla posłuszeństwá wiárnych/ pod iárzmo Apostolskie idących. 3. w Obliczu człowieká, Ale-
xándriyską: dla wielkie vczonych tám mężow/ Athána-

ziusza,

ſiußa, Clemenſa, Cyrilla. &c. 4. w Orle/ Konſtantinopolſka: dla mężow tám Bogomyslnych/ onego Chryzoſtomá, Grzegorzá Náziánzená/ y innych. Względem tedy ſámych Rzymian/ ktorzy nam ſáme tylko nie poſłuſzeńſtwo Papieżá Rzymſkiego zá exceſs zádáią/ á wiáre náſzę/ wiáre być prawdziwą Kátholicką przyznawáią. Báczniceyſzi iednák y bez poſłuſzeńſtwá Pápieſkiego w Cerkwi Bożey nas być / y zbáwienie nam przyznawáią / iáko y ſam wyſz pomieniony Stániſław Orzechowſky. My ábowiem względem nas áni Obronca verificaciey / tego wam Apoſtatom náſzym nieprzyznawáliſmy / ábyśćie wy in exceſſu fidei náyduiąc ſie/ in defectu iey iuż ſie nienáydowáli. Co ſie iuż wam wiele rázow z ſtrony náſzey dowodnie pokázáło/ pokáżáć da BOg, y zá inſzą okázią może. Záczym ná ten czás y z Syllogiſmem ſwym ſuperſeduyćie/ á iákoby od nas wam był zádány/ ſobie go ſolwuyćie. Bo nas ſámi Rzymiánie / iákoſmy oto cżtyrmá wyſokich ſtanow y Doſtoieńſtw ludzi świádectwy pokazáli/ Krolewſkimi z Przywileiow/ Lyrana Doctorá Rzymſkiego/ X: Orzechowſkie° Káplaná y Kánonika/ X: Skárgi Káplaná y Káznodzieie/ z piſm ich/ że oni nas Chrześciány wiáry Kátholickiey názywáią: y w Cerkwi Bożey/ ktora ieſt iedyna/ być nas przyznawáią: y zbáwienia duſzne° pewnymi nas być niewątpią. Támże bowiem tenże Orzechowſky mowi / że Grekowie y Ruś ná ſtronie niepobożnych/ y w liczbie nieprzyiacioł Bożych pocżytáni być nie máią: y owſzem rozumiem to o nich / że ſą Chrześciánie: y że ſą w Kośćiele Bożym. Co gdy vczynićie/ gdy, mowimy / ten Syllogiſm ſobie ſolwuiećie: obacżyćie rzecżywiśćie/ że ſie y z Ezawem náydziećie/ ktorzy Jákobá ná śmierć prześládowiećie: y do wnetrznośći Cerkwie

Gen. 32

świętey

świętey/ ktora ieſt iedyna: y zewnątrz ktorey nikt zbáwion być niemoże/ nienależyćie. ktorzy y w exceſsach y w defectach fidei obſtituiećie. Cerkiew iedyną maiąc/ Cerkiew świętą Wſchodnią cżtyrech Apoſtolſkich ſtolic Pátriárchow poſłuſzeńſtwu podległą / y iedynomyślnie w wierze / Cerkwią po rożnych narodach / w rożnych świátá częściach rozumiemy. Z ktorą świętą Cerkwią ktorekolwiek w wierze nie communicuią / y w exceſſach y w defectach wiáry náydowáć ſie muſzą.

A cośćie po długim z Philoſophiey moralney/ y Theologiey dawney diſcurſie/ coby był exceſsus in fide, nániesli / y owo. że Neſtorius propter exceſsum in fide był condemnowany: bezrozumnieśćie nánieśli/ miawſzy wiedźieć / że vna quæq; Hæreſis non exceſsus eſt in fide, ſed defectus. Zlewa trzy oſoby Boſkie Sabellius w iedne oſobe/ defectum fidei patitur. Rozdziela trzy oſoby Arius/ w trzy rożne natury/ defectum & is patitur. Rozdziela Chriſtá P. Neſtorius we dwie oſoby y dwie nátury/ defect wiáry ponośi. Zlewa dwie przyrodzenia Eutiches w iedno iedney perſony przyrodzenie/ wiáry defect y ten ponośi. Prożnośćie tedy ták laborioſe deſudowali w rzecży tákiey prácowawſzy/ ktora was y z exceſsu y z defectu fidei niewypuſzcza. Bo według wáſzey dawney/ iáko wyſą mienićie Theologiey/ pod iedną oſobą S. Euchariſtiey Táiemnice záżywáć byłoby ex defectu fidei: á Duchá S. wyznawáć pochodźić y od Syná/ ex exceſsu. My záś mowimy, ieſli to oboie exceſsus eſt, non eſt de eſſentia fidei, ieſli oboie eſt eſſentiale fidei: iákoż ták ieſt/ defectus eſt. Dźiw nas záprawdy, żeśćie y owych obronce ſłow nie cztowáli/ gdźie pag. 79. mowi, co nas Ruś z Rzymiány bárźiey poiątrzyło/ ieſli nie tá obłudna Vnia: że oni náſzych Cerkwi vbiegáią/ á my ich Kośćiołow: że oni náſze na-

bożeńſtwá

bożeństwo gánią / ná myśl ich: choć niemal toż iest y iedno. Dziw nas, mowimy / żeście tych słow nie citowali / y tákiego z nich Argumentu nie vformowáli. Obrońcá Verificáciey Kośćiołow Rzymskich obiegáć niechce / y nabożeństwá ich nie gáni: ále mowi / że Rzymskie y Greckie nabożeństwo niemal toż iest y iedno: Przeto y wiárá Rzymska y Grecka niemal táż iest y iedna: & per consequens; z zdánia Obrońce Verificáciey / Vnia dobra. Ale snáćieśćie porozumieli / że wam tá cząsteczká / niemal, wiele do tey consequentiey przeszkodźić miáłá: bá y sámey conclusiey. Bo ieśli nabożeństwo / to iest Ceremonie, ktore przez to słowo / Nabożeństwo, Verificáciey obrońcá rozumie / niemáć są też y iedne: ták oby [illegible] rzeczy / Nie są też: ále pochodźiły ná też y ták daleko bárziey wiárá nie iest táż y iedná / ále pochodźiłá ná też y iedne. Bo choćiaż ná pozor w Ceremoniach y w Obrzędách nieiáko toż y iedno Rzymski Kośćioł ze Wschodnią nászą Cerkwią być zdáie się / w rzeczy iednák sámey wielka rożnicá, ponieważ wszytek iest w innowaciach / to iest w odmiánach: iák dáleko bárziey nie iest toż y iedno w Wierze / ponieważ wszytek iest ἐν καινοτομίαις, w innouatiach, to iest / w nowotnictwach. Dawszy abowiem ten w nabożeństwie Rzymskim odmiánie stronę że Post sobotny odrzućił / ktory stárodáwnemu Kośćiołowi Rzymskiemu był w zwyczáiu: że post Soboty przyiął / ktorego zprzeciwá stárodáwny nie trzymał: że przyiął orgány, trąby, bębny / y inszą instrumentálną Muzykę / ktorey stárodáwny nie vżywał: że przyiął brody y wąsy Duchownym strzyc / ábo golić / czego ni Apostołowie święći nie czynili / ni stárodáwny Kośćioł Rzymski: że w dni Niedźielne / w dni Pięćdźieśiątne / y we wszytkie święta vroczyste / ná kolaná vpadáiąc modlić się w publicznych

Can. Apo. 68.
Cā. 65.
Cleme. Constit. Apost. l. 1. cap. 3.
1. Syno. Nic. vn. can. 20.

zgromádzeniách pozwala / czego stárodáwny niepozwálał: że trzech Postow owych / Apostolskiego, [ktory pospolićie Piotrowym zowią /] Pánny naświętszey / przed iey Zaśnięniem: y postu przed narodzeniem Páná Chrystusowym niezáchowuie / ktore stárodáwny záchowywał. Dawszy / mowimy, tym y wielu inszym tym podobnym / w nabożeństwie teráźnieyszego Kośćiołá Rzymskiego odmiánam stronę / ná owe sáme Kálendárzá odmiánę spoyrzawszy / dosyć ná pokazánie tego / że teráźnieysze nabożeństwo Rzymskie° Kośćiołá y wschodniey Cerkwie nie iest toż y iedno. Rzymski Kośćioł w tym Roku obchodźić będźie Pásche społem z Zydámi ktorym w tenże dźień niedźielny przypada Páschá / w ktory y Rzymskiemu Kośćiołowi: ieśli Zydowie swoie Pháse według nowego Kálendárzá obchodźić będą. A iezeli obchodźić będą według Kálendárzá stárego / iák y obchodźić powinni / tedy Rzymski Kośćioł vprzedźi ie niedźielmá cztyrmi: á Wschodnia Cerkiew swoie Pásche po nich obchodźić będźie w dni sześć: ponieważ Pháse żydowska z strástney niedźieli / to iest z tydnia śiodme° wielkopostnego / wychodźić niema. Y gdy Wschodnia Cerkiew rospámiętywa mękę Páńską: Rzymska tedy rospámiętywa Zmartwychwstánie: owá się weseli / á Wschodnia się smući. Niesworne to záiste / toż y iedno nabożeństwo / ktore y Kanonom Apostołow ss. y vstáwicznym Cerkiewnym vchwałam y zwyczáiom iest przećiwne.

Mowimy / tedy, że tá sámá Kálendárzá odmiáná / dosyć iest ku pokazániu tego / iż nabożeństwo Rzymskiego Kośćiołá z nabożeństwem Wschodniey Cerkwie nie iest toż y iedno. W czym sam Pan Bog nas rozsądza / y czyni wyrok / ktore nabożeństwo iest iemu przyiemne / á ktore nie iest. A czyni ná tym świętym mieyscu

Nicola. PP. in respon: ad cons. Bulgar. cap. 4.

Cano. Apost. 7.

Baro. in Anno, 1101. num. 2.

ten wyrok/ na ktorym bedzie czynił wyrok on sprawiedliwy/ gdy przyidzie sadzić żywym y vmarłym: toiest/ w Jeruzalem / przy Grobie swym s. Gdzie na kożdy dzien wigiliey Wielkodzienney : to iest / w wielką Sobote ogien z nieba cudowny do Grobu swego swietego spuszczać raczy/ rozlewa go iakoby wode płomienistą/ wewnątrz Grobu po tle/ na ktorym leżało ciało iego przeswiete : y wszytkie wnetrzną Grobu swego swiete° Kaplice ogniem tym napełnia/ y lampy zapala. Gdzie na kożdy rok w wielką Sobote nad wieczor z wielkim nabożenstwem czyni około Kaplice tey grobu Boże° Processią Patriarcha nasz Jerozolimsky : obchodząc ią trzykroć z owego Hymnu spiewaniem / Zmartwychwstanie twoie Chryste zbawicielu, Aniołowie chwalą na niebiesiech y nas na ziemi vdostoy czystym sercem ciebie chwalić y wysławować. A gdy trzeci raz Clerus (pod ktory czas ex voto, abo y z samego nabożenstwa zbieraią sie do grobu Boże° z rożnych krain rożnych narodow/ wszytkich czterem Patriarchom podległych Diecesij Diakonowie. Archimandritowie, Presbyterowie, Episkopowie, Metropolitanowie : bywaią częstokroć y sami Patriarchowie : kożdy z nich w należnym sobie vbierze duchownym / przy Patriarsie Jerozolimskim te Processie obchodzą.) Gdy tedy trzeci raz Clerus Cerkiewny grob Boży obchodzi/ wstepuie do wnetrzney Kaplice grobu tego swietego Patriarcha Jerozolimsky/ (a ieżeli bywa y drugi ktory / wstepuie y ten/) y zapala od ognia tego swiece wosku iarzecego białego : a należny mieyscu temu swietemu pokłon swoy vczyniwszy/ wychodzi. Ktory gdy z przysionku wnetrzney Kaplice z zapalonymi swiecami wychodzi / zaspiewa piesn owe Cerkwi naszey zwykłą/ Chrystus zmartwych wstał iest,

smiercią

smiercią swoią smierć zwyciężywszy, y tym ktorzy są w grobach żywot darowawszy. Na ktore° głos wszytek Clerus toż spiewa/ y wszytko Chrzescianstwo: ktore sie z rożnych krain pod ten czas schadza. A Patriarcha z ogniem tym cudownym prowadzon bywa y postawion na mieyscu z marmuru miedzy Cerkwią a Kaplicą wyniosłym: y poty na nim trwa / aż wszyscy od nie° swiecy sobie pozapalaią. Co czynią nietylko Prawosławni / ale y rożni sektarze, y sami Turcy. To skoro sie obeydzie: wstepuie Ociec Patriarcha w Cerkiew / Zmartwychwstania Panskiego : ktora iest w zawiadywaniu Patriarszym/ y codzien w niey nabożenstwo od Greckich Zakonnikow, ktorzy tam vstawicznie żyią/ obchodzone bywa. A gdy od ognia tego swiecy y lampy/ ktore są wewnątrz Cerkwi bedą zapalone: y ogien w weglu do Kadzilnice rozżarzony/ przed otwartymi drzwiami Ołtarzowymi/ ktore my pospolicie Carskimi zowiemy/ stanąwszy Patriarcha kadzi, a podniozszy głos swoy/ w słuch wszytkiemu narodowi, mowi / Chwała swietey iednoistney żywotdaiącey y nierozdzielney Troycy: Oycu y synowi y Duchowi swietemu : teraz y zawżdy y na wieki wiekow. A clerus rzekszy na to/ Amen. Poczyna Wieczernią : to iest/ Nieszpor wielkodzienny.

Sam tedy, mowimy / Bog wszechmogący rozsądza nas w nabożenstwie, y pokazuie cudownie, ktore przyimuie/ a ktore° nieprzyimuie: gdy pod czas obchodu chwalebnego Zmartwychwstania swe° pamiątki według stare° Kalendarza ten znamienity Cud sprawuie/ a nie według nowe°. By tedy inszych w nabożenstwie Rzymskie° Kościoła od nabożenstwa Wschodniey Cerkwie odmian y rożnic nie było/ to samo do pokazania czyni/ że Rzymskie y Greckie nabożenstwo nie iest toż y iedno. Na co

pogląda-

poglądáiąc Obrončá Verificaciey rzekł/ niemal toż ieſt y iedno: Iákob7 też rzekł/ toż ieſt y iedno: ále ábo ſie nie te° cżáſu obchodźi: ábo ſie obchodźi odmiennie. Co iák ſie łácno zepſowáło / ták ſie łácniey náprawić może: wielka ábowiem byłá praca pſowáć Kálendarz/ á náprawić go może/ ieden Edict. Cżego wſzytko Chrześciáńſtwo cáłą duſzą/ iákoby nieiáko wnetrzną chutáły Bożey rzewliwością pobudzone/ pożąda: w ten ſámy cżas/ CHRyſtus zmartwych wſtał ieſt / ſpiewáć prágnąc/ kiedy to ſpiewano być ſam Pan Bog po nich potrzebuie: y cżas cudownie pokázuie. Lecż zá tą occáſią o tym doſyć.

Rozumiáwſzy tedy/ że wam pomyśli ná tym powieść ſie miáło/ coście z dawney ſwey Theologiey práwili / pochutnywáiąc ſobie / przyodźiány námi wam ſkárániá Bożego/ y przeklęſtwá Pátriárſzego ná was pádłego płaſzcż zewlec z śiebie/ y nam go oddáć vśiłuiecie: ano/ coſmy wam raz dáli/ słowniſmy/ nieodbieramy: ſemel valeat pro ſemper. Ták bowiem on wam podoba/ iáko ni żaden inſzy: bo ná was według miáry y ſzyty/ ktory iáko bacżymy/ ták kośćiom waſzym przyległ/ iákobyśćie ſie z nim y vrodźili.

A że my Zakonnicy náyduiemy ſie ow ná pracy Cerkiewney/ ow ná zábáwách Szkolnych/ inſzy ná trudách Drukárniey/ cżym wy nam vragaćie, inſzy w przemyśle goſpodárſkim/ kożdy według zmogi y śiły ſwey: pſzczołek náśládowáć w tym vśiłuiemy / ábyſmy gáydámi ná miedźie y leżnią w vlach vkołyſánym trutniom podobnymi ſie nie ſkáli. Wiec dáley o mądrość náſze przeſpołecżność z Zborowemi/ chcąc nam przymowić, przysłowia záżyliáćie nie niewydwornego: ktore świadcży być was może roſtropne. Pochlubił ſie mowićie dźie-

gieć/ że z ſmołą cżyni má z dobra: iákobyśćie też cżęśćiey około máźnic niż około kálámarzá naydowáli ſie / że ták foremne vmieietności ſwey przyſłowia formowáć vmiecie.

To ſpráwiwſzy / puśćiliśćie ſie do dálſzych ná nas exaggeraciey y inſulſow: ná ktore żeſmy my milcżeniem odpowiadáć w ſobie vprzątnęli, ſucho ie nogą przechodźimy: exaggeraciey iednák ktoreyśćie w przykłádźie Sienienſkie° zażyli/ tkniemy ſie máło. Mowićie: przykład Sienienſkie° z Kromerá od Obronce przywiedźiony/ nie tylko nie obronił Verificatora w tym/ wcżym go do obrony vżywano/ ále wſzytkie obrony inſze iego iednym zápędem z gruntu zniosł. A po ſkończeniu hyſtoriey náwodźićie/ Pátrz iákoś przećiwko ſobie Sienienſkie° tu przytocżył. Odpowiádamy: Pátrzymy my y widźimy/ zá łáſką Bożą / że przytocżenie Sienienſkie°/ ktore ſie z vmyſłu y rozmyſłu ſtáło / nic náprzećiwko przełożonym náſzym. Ktoż te° niewidźi/ że tu y námnieyſzey rownośći w wyſtępku Sienienſkie° z poſtępkiem przełożonych Duchownych náſzych niemáſz. Sienienſkiemu do tego wyſtępku powodem byłá dobra wola / przycżyną dobre mienie/ á końcem wynioſłość Senatorſka. A náſzym Przełożonym do ich poſtępku / powodem był mus zbáwienny: przycżyną opprimowána Hierarchia: á końcem/ podnieśienie ſpraw pobożności w Cerkwi narodu Ruſkiego. Sienienſkiemu práwá zoſtawáły cáłe/ ktore on ſwym poſtępkiem náruſzył: á nam práwá ſą náruſzone/ ktore poſtępkiem ſwym wy Apoſtatowie náſzi náruſzyli. Sienienſkiemu nieſchodźiło ná duchownych Przełożonych/ y Kośćiołowi Krákowſkiemu nieſchodźiłoby ná Biſkupie / by ſie on był y nieświećił: á nam y Przełożonym náſzym/ y wſzytkiemu narodowi náſzemu

Ruſkiemu Religiey Græckiey ſchodziło ná przełożonych Duchownych: y gdyby ſie oni nie dáli byli poświe-
cić/ ná Metropolicie Błáhoczeſtywym y ná Episkopách
zeſzłoby nam było: á zátym żyć byſmy muſieli bez nábożeńſtwá iáko nieme bydło. Sienienſkiemu ſzło o Xię-
ſtwo Siwirſkie y inſze dobrá Biſkupſtwá Krákowſkie°/
y o ſtolec Senatorſky: A náſzym Przełożonym ſzło o
Wiárę/ że iuż nam Præsbyterow nieſtawáło. Że iuż
po wielu powiátách y miáſtách/ ludzie przez was Apoſtaty ściśnieni/ po rożnych Sektách rozbiegáć ſie byli
poczęli: dziatki vmieráli beze Chrztu ś. á dorośli bez
táiemnic zbáwienney Euchariſtiey. A iednym słowem
rzekſzy: Sienienſky to vczynił/ czego mu práwo niepo-
zwáláło: bo miał præſentaciey práwo w ręku Krolewſkich zupełne/ cáłe, nienáruſzone: A przełożeni náſzi v-
czynili to czego im práwo niebroniło/ bo práwo Præſentaciey przez was Apoſtaty náſze mieli náruſzone / y tám
obrocone/ ſkąd wiárá náſzá/ zá odmiáną Páſtyrzá/ odmiáne ponieść muſiáłáby. By ſie był Sienienſky w tákim gwałcie te° ważył/ w iáki ſie náſzi Przełożeni wáżyć te° muſieli/ pewnieby był tákowey łáſki ku ſobie nie łáſki
Królá Kázimierzá/ zá ochroną práwá/ ktoreby go niewinnym być vkázowáło/ nieodnioſł. By, mowiemy/
wſzyſcy Biſkupowie w Kroleſtwie Polſkim Præſentacią
ſwoię obrocili do inſze° ktorego nienáleżne° ſobie Páſty-
rzá/ mimo Biſkupá Rzymſkie°/ á zá odmiáną Páſtyrzá
y wierze odmiáne czyniliby. A pod ten czás / od tych
tákowych właſnego Páſtyrzá ſwego odſtępcow / Sie-
nienſky/ wyznawcow poſłuſzeńſtwá Biſkupá Rzymſkie°
chciawſzy rátowáć/ vdałby ſie bez wiádomości Krolew-
ſkiey/ ktoryby mu tego był niepozwolił/ zás do zwykłe°
ſwego Páſtyrzá Biſkupá Rzymſkiego / y od niego poświecenie

świecenie wziął: á w tym / coby ad Ius patronatus ná-
leżáło/ w pokoiu z rąk Krolewſkich czekał: ponioſłżeby
był táką Królá Je° M. Kázimierzá nie łáſkę: nierozumiemy. A ieśliby poniosł: nád práwoby ſie to z nim
dziáło/ ponieważ práwo Præſentaciey Biſkupow Rzymſkiego nabożeńſtwá / nie indzie ſłuży/ tylko do Rzymſkiego Biſkupá. Alias/ zá odmiáną Páſtyrzá/ práwo
præſentatiey náruſzyć ſie muſiáłoby. In tali caſu, tali neceſsitate przymuſzeni náſzi Duchowni przełożeni / rátu-
iąc wyznawce poſłuſzeńſtwá Wſchodniego od was od-
ſtępcow/ vczynili/ dawſzy ſie temu ſwemu Páſtyrzowi
poświecić/ ktoremu w Cerkwi Ruſkiey rząd właſnie ná-
leży/ y do ktorego Duchownym Ruſkim práwo præſentaciey ſłuży/ ktorego wy odſtępcy náſzi ſwowolnie odſtąpili. Sienienſkiemu tedy ſzło o dobro docześne/ á nam
idzie o Práwoſławną wiárę. Záczym iák Sienienſky
potym (choć nierowno cięſzy był iego przeciwko Krolowi Kázimirowi wyſtępek/) do łáſki Krolewſkiey przy-
ſzedł/ y Biſkupſką ſtolicę od niego otrzymał: y náſzi
Przełożeni teyże łáſki po Je° Kr: M. Pánie ſwoim
M. z łáſką Bożą ſą pewni. Mitiguycież ſie prośimy/
á ſpráwiedliwością rzeczy wykonáney vbiedzeni/ prze-
ſtańcie tey ſwey nieprá wości: Wiecie ábowiem kto to
rzekł. Mea eſt vltio, ego retribuam eis in tempore, vt la-
batur pes eorum.

Deute. cap. 32.

z Rozdźiału/ trzeciego.

W Tym Rozdźiele náczymbyſmy ſie báwili/
niemamy: Bo co ſie tknie Diſputaciey, iniuriam ſanè faceremus ſanctis ſynodis, ſi ſemel
iudicata & rectè diſpoſita reuoluere, & iterum
diſputare contenderemus. Mądry też to /

Niceph. lib. 16. cap. 31. Baro. in Anno, 513.

bá y

bá y swiety mąż był/ ktory to czásu swego powiedział/
co my dźiś mowiemy/ iż my o tym disputowáć / y tego
zá wątpliwość mieć niechcemy/ co z podánia Cerkwie
mamy : y co ná Soborách powszechnych iest stwierdzono. A co mowićie / kiedyby Mágistrat świetski miał
záżyć potegi swey/ (á spráwiedliwie miałby to czynić)
dawnoby był pokoy miedzy wámi á námi. Ták záiste
norunt aristarchi cornicum oculos configere , & Deo le-
Theodorus Studites. ges ponere. Ná te tákowo/ ktorą wy sobie pochutny-
wácie/ przećiwnikow Cerkwie Bożey disputacie / czá-
sow swych Práwosławni pogladáiąc, mowią/ Wiemy
Cesárzu/ że ći ktorych z námi zwieść chcesz / wygraią/
gdy im ty pomagasz/ á nas mocą przyćisk áć bedźiesz.
pieśćią/ á kiiem/ á ieśliby do tego miecz przystąpił y
ogień/ máło by śćie nieprzedisputowáli : synow iednák
Ioã. 17 zátrácenia/ á nie synow Bożych. Zaś to w Páństwie
Tureckim mowićie ? ále y tám być temu Bog wszechmogący niedopuszcza. By też dobrze / według woli
swey świetey tám/ lub y tu dopuśćił: nád rozláną krew
Chrześćiáńską męczeńską/ ućiechy inszey nieodnieślibyś-
śćie. My się tedy áni ná potęgę was przećiwnikow
nászych nieogladamy : ále ogladamy sie te° w wątpliwość podawáć/ co z podánia Cerkiewnego mamy/ y co
ná Soborách powszechnych iest stwierdzono. Nie ogladamy sie áni ná wáze mądrość / ni ná wáze crassam
Concil. Chalce. Act. 6. & apud Bernar. epistol. 194. ignorantiam & diffidentiam causæ : (iáko wy o sobie y o
nas rozumieć raczyćie.) Bo o Dogmatách wiáry di-
sputuią nieukowie Bogomyślni Spiridonowie / á nie
Philosophscy przemądrzy coridonowie : ále ogladamy
sie/ Semel iudicata & recte disposita reuoluere , & iterum
disputare : quod etiam legibus cautum est & prohibitum.
O znoszeniu sie z wámi Oycá Smotrzyskiego nie
contro-

controuertuiemy : pium intentum ad optimum finem ,
przez iákiezkolwiek media, tylkoby honesta szło / gánio-
ne być niwktim niezwykło. By był w ten koniec z wámi
conferował, áby z wámi zostáwał/ uczyniłby to był: ále
że conferował / áby z was wyrozumiał / ieżeliby kiedy
nádźieia wászego ná zad wrocenia sie było, zás tám /
skądeśćie odpádli. Ktorey po was nieobaczywszy/ zániechał was : á sam to uczynił/ co mu należáło. Co sie
Lamentu dotycze/ (poniewaz iego Authorem mieć go
chcećie/) y on y my wszyscy wydánia iego nieżáłuiemy:
y owszem cieszymy sie z niego / y czytáć go wszytkim
Práwosławnym y inowiercom zálecamy.

A co práwićie / że náwroćił ná Wołyniu do Vniy
iednego/ ktory potym przeszedł do nabożeństwá Rzymskiego. iák insze rzeczy ták y to omylnie nań práwićie.

To nákoniec/ áby sie on ostrego iákiego od Brátstwá ná sie nástepowánia ulekszy / hábit Zakonniczy
wziął/ są wásze zwykłe plotki : ktory, by do tego sam
dobrego sercá y dobrey woli niemiał / nietylko Wileńskie Brátstwo / ále y wszytkie insze nápedźić go ná to
musem niemogłyby. Zaś mu náczym schodźiło ? zaś
nie był człowiek wolny / tu y gdźie indźie żyć swobode
máiący ? y Zakonniczo y świetsko. To po długim z wámi conferowaniu sie, dobrowolnie uczynił/ co duszy swey
zbáwienne być/ z łáski Bożey/ sądźił : y ná tym sie dźiś
w Cerkwi Bożey szczyrym przedsiewźieciem náyduie/ co
by ku pomnożeniu czći y chwały imienia Bożego : ku iedności Bráterskiey/ ku miłości Chrześćiáńskiey/ y ku
Práwosławney iedynomyślności w narodźie nászim Ruskim przystoynie służyło. Ktorego Bog wszechmogący práwicą swoią świetą / od wszytkich przećiwności
zastániáć niech raczy.

Zámykáiąc Examen ſwoy/ przed Pánem Bogiem y wſzytkim Chrześciáńſtwem żáłośnie ná nas ſkárżycie się / iákoby ſię wam od nas wielkie bezpráwie dziáło / y iákobyſmy miłośćią bráterſką ogułem pogárdzáli. Czego oboiego dowodząc / kołom młynu ſwego czyśćie wygádzaćie/ wſzytkie nieſzczyrości ſwey wode nánie puśćiwſzy : rozumieiąc/ że tá, kołá wáſze ná długo obrácáć miáłá : áno poty pokiby ſie iey prawdá w támie nie záſtánowiłá. Abyſmy miłośćią Bráterſką ogułem pogárdzáli: abo żeby ſie wam bezpráwie iákie od nas dziać miáło : krzywde nam wielką ná tym oboim / to ſwoią nieſzczyrośćią czynićie. Ny to was niemiłuiemy / my to wam y bezpráwie czynimy: gdy od was z Cerkwi náſzych włáſnych y z dobr ich wyzuci zoſtáiemy: gdy ná połamáne przez was práwá náſze ſwobody y wolności pátrzymy. My to was niemiłuiemy / y bezpráwie wam czynimy/ gdy nam święta wiáre náſze ſtárożytną z pierśi náſzych wydzieráiąc Mándatámi nas/ Bánnicjámi, Inquiſiciami, commiſsiami, Decretami zádwornymi kołá máte: turbuiećie, moruiećie/ o ſzkody y o nieczeſć przywodźićie. My to was niemiłuiemy/ y bezpráwie wam czynimy / gdy z miedzy nas ludźie niewinne zdrády potwarzą ſzyćie / z Mágiſtratu ratuſznego Mieſzczány uczćiwe wyſádzaćie / z Cechow rzemieśniki ruguiećie/ y o niełáſke Páńſką wſzytek narod Ruſky przypráwuiećie. My to was niemiłuiemy/ y bezpráwie my to wam czynimy/ gdy nam wolność nabożeńſtwá przez gwałt odeymuiećie/ Cerkwie náſze pieczętuiećie/ Præsbytery náſze łápaćie / z dobr ich z ſádzaćie/ y Cerkwie im odeymuiećie : Co wietſza : gdy Scriptami ſwymi oto tymi y tym podobnymi/ do Pomázáńcá Bożego Krolá Je° M. Páná náſze° M. y do wſzyt-

kiey

kiey Rzeczypoſpolitey vdáiećie nas / zá turbatory pokoiu poſpolitego/ y zá zdraycy Oyczyzny: miłuiećie to wy nas. Táka to v was miłość? Byśćie wy to wſzytko od kogo ponośili: zda ſie nam/ niemiłośćią byśćie to raczyli. A że my tak luto od was vćiśnieni y ſkrzywdzeni / vdáiemy ſie po święta ſpráwiedliwość ná Tribunały / ná Seymiki, y Seymy/ winę w nas ſtąd náyduiećie: y że przez ten ſpoſob ná wierzſze wáſze záiątrzenie niż ná pokoy zárábiamy / vćiążaćie. Lecz my inſzey po Pánu BOgu w niewinności ſwey vćieczki niemáiąc / tylko Trybunały, Seymiki, y Seymy/ co mamy inſzego czynić? ná tych vſtáwicznie żebrzemy ſpráwiedliwości prosimy o pokoy/ y o vwolnienie nas od was zaſzkodcow náſzych: y muſiemy to czynić poty/ áż was Prześládowcow náſzych ktorzy nam ná kárki náſze przez gwałt náśládaćie / ſpráwiedliwy ſąd Boſky / y wyrok Krolá Je° M. Páná náſzego M. z nich zniesie. A to / záż z miłośći wáſzey ku nam pochodźi / że opaſz puſzczonym iezykiem piſmá náſze opácznym wykłádem / iáko wam iádowite ſerce wáſze rádźi / niczuiąc / obrácaćie y podáiećie zá Criminały: Pomawiaćie nas/ iákobyſmy w nich Krolá Je° M. Páná náſzego M. nieuſzánownie wſpomináli : y ná tákie ſłowá zbieraćie ſie/ iákie ſie w Scriptach náſzych nigdy nienáyduią.

Bráctwo ná koniec náſze vdáiećie/ iákoby coś nie ku czći á ku chwale imienia Bożego / y nie ku pobożnemu w piſánych w nie pomieſzkániu/ ſporzadzone : ktoremu mowićie/ Szláchtá zá Protectory tylko bywa brána. My wam/ y tey miłośći wáſzey odpowiádamy / że to Bráctwo náſze ieſt pozwolone / Seymowymi przywileiámi wárowáne : y ieſt primario Szláchetſkie Bráctwo. Záczym ktokolwiek ſie w Wierze ſtárożytney/ pobożnośćią ſwoią do onego wćiela/ iedność wiáry y na-

Nij bożeńſtwá

bożeńſtwá tego iemu pozwala. Ktore ſporządzone y ſpráwione ieſt nie ná to czym wy ſie omylnie z miłośći ſwey ku nam pomawiaćie: Ale ſam ie Bog wſzechmogący podnieść/ ſporządzić y ſpráwić raczył, ná v żynki pobożnośći: ktore zá łáſką y pomocą Bożą ſkutki iey ma okazáłe/ wyświadcza to Monáſter w ktorym żyiemy/ Cerkiew, Szpitale. Szkoły. y inſze tu w Wilnie y indzie pobożnośći munimenta / przemyſłem Bráctwá tego y koſztem podnieśione y vdoſtárczone/ w ktorych ſie chwali y wielbi przenachwalebnieyſze imie Bogá w Troycy iedyne°/ Oycá y Syná y Duchá ś. náwieki wiekow kroluiącego.: Amen. Ktorego my / kończąc te náſze z wámi rozmowe do przeświętych ie° nog vpadáiąc/ prośimy: áby nas Boſkim ſwym przemyſłem rządząc / ieśli nátym świeta ie° wola ieſt/ w krzyżu tym mieć nas y dáley raczył: reki iednák pomocy ſwey y vćiechy oddaláć od nas áby nieraczył. A ieśliże z doświadczeniem tym y koniec záraz chce vczynić / y w tym iego świetey woli podlegamy. A wam ktorzy z dopuſzczenia
2. Cor. nia iego Boſkiego dáni nam ieſteśćie zá bodziec ćiáłá /
cap. 12. ktorzybyśćie nas policzkowáli / v przeymym Chrześćiáńſkiey miłośći ſercem vpámietánia/ y ſkądeśćie wypádli/ náwrocenia życzymy. *z Wilna. Febr. 4. die.*

Miłośći Wașzey życzliwi, Słudzy y Bogomodlcy.

Zakonnicy Monáſterá Bráctwá Wileńſkiego/ Cerkwie zeyśćia świetego Duchá.

Μία ζωῆς ἡμῶν ἐλπὶς Ἰησοῦς Χριστός.

APOLOGIA PEREGRINATIEY do Kráiow Wschodnych,

Przez mię

MELETIVSZA SMOTRZYSKIE°,

M. D Archiepiskopá Połockiego / Episkopá Witepskiego y Mściſtáwſkiego / Archimándrytę Wileńskiego y Dermáńskiego. Roku P. 1623. y 24. obchodzoney / przez fałszywą Bráćią słownie y ná piśmie spotwarzoney / do przezacnego Narodu Ruskie° / oboiego stanu / Duchowne° y Swietskie° sporządzona y podána.

A. 1628. Augusti, Die 25.

w Monásteru Dermaniu.

Ecce quàm bonum, & quàm iucundum, habitare fratres in vnum. *Psal. 132.*

Pater Sancte, serua eos in nomine tuo quos dedisti mihi, vt sint VNVM, sicut & nos VNVM sum⁹. *Ioan. 17.*

Meæ vitæ vnica Spes, IEsus Christus.

Cum Licentia Superiorum.

Dom ZAMOYSKICH w Herbie ſwym noſi trzy kopie.
Ktorymi nieprzyiaćiol Oyczyzny ſwey bije.

Iáſnie Wielmoznemu Pánu,
Iego Mośći P.

THOMASZOWI ZAMOYSKIEMV

NA ZAMOSCIV,

Podcanclerzemu Koronnemu, Krákowskiemu, Knyſzynskiemu, Goniądzkiemu, &c. &c. Stároście. Pánu ſwemu Miłośćiwemu.

MELETIVS SMOTRZYSKI M. D. Archiepiſkop Połocki/ Epiſkop Witepſki y Mśćiſłáwſki/ Archimándrytá Wileńſki y Dermáńſki.

Láſki Bogá wßechmogącego / przy vniżonym ſwym pokłonie życzy y winſuie.

W Roku 1597. niéiákiś ćiemny Autor Krzyßtoph Philalet, (ćiemnym go náżywam, iż przezwiſko ſwe włáſne vtáiwßy, zmyślenie náswał ſię Philáletē) ważył ſię o dwie rzecży wielkie y twárde otráćić, że im miał ábo vytrwáć, ábo też podołáć: rozumieiąc ále nie rozſądnie: bo z motyką nie rzuca ſię ná ſłonce nikt, tylo głupi,

✱ 2

lo głupi, y opoki głową krußyć nie kuśi ſie, tylo ʒ ilony. Pierwßa rzecz. S. Cerkiew Wſchodna; Rzecz druga, S. pámięći IAN ZAMOYSKI. Kánclerz y Hetman wiel: Koronny, Oyćiec Wielm: twey. O rzecz pierwßa ták ſie otraćić poważył, iż Hæretykiem z wiáry będąc, ważył ſie pokryć lárwą wyznánie Práwosławney wiáry S. Wſchodney Cerkwie. O rzecz druga, iż Hæretyckie ſwe bluźnierstwi poddał pod obronę cyſtemu Kátholikowi, mężowi wyſokich cnot y okazáley pobożnośći. Z ktorym to ſie ſtáło, Co ſie zwykło ſtáwáć y z owym, Ktory ſie otrąca in lapidem offenſionis, & petram ſcandali. Bo go y S. pám: Pan Oyćiec wielm: twey znał być zmyſlonym Ruśinem, á własnym Hæretykiem: y Cerkiew Ruſka áni Wſchodna, zá Syná go ſwego nie ználá, ále miáłá y ma zá podrzutá. Záczym iák od wezwánego obrońcy, nie odnośił obrony. Ták áni od tey, ktorey nikomo bronił, odniosł podźięki: ále od obu to odniosł, ná co záſłużył, háńbę y ſromotę, y Sumnienie ábowiem Kátholickie cyſte Hæreziy bronić nie pozwala: y Cerkiew Kátholicka rozſtewcom bluźnierſtw dźiękowáć nie podnośi ſie. Odrętwiáłe ſumnienie nie czuie y młyńſkiego kámienia ná nie pádłego, á ſumnienie łáſką Bożą vpieſczone y namnieyßego pußeczku nie znosi. Tym ſie chćiał przypodobáć Hæretyk Kátholikowi, co on niezbożnośćią miánuie. Tym y Cerkwi Kátholickiey, Co oná ánáthemą notuie, y nie dźiw: poſpolićie ábowiem to ſie przytráfia temu, co to zbytnie lárwą oczy náſuná, że nie tylko ná ſażeń, ále y ná pięćdź przed ſobą widźieć nie może. Hæretyk iák ſwoie nośi oźiębłe ku pobożnośći ſerce, bo czczy ieſt łáſki Duchá S. ták tosz rozumie y o gorącośći ſercá Kátholickiego, przetoż kuśi ſię o nie, y mniema że mu może podołáć, á ku obronie ſwych ná maiestat Boży bluźnierſtw pociągnąć. Kátholik zás czuie y ſwoię gorącość, bo pełny ieſt duchá Bożego: zna y Hæretycką oźiębłość, y záraz, żáłuie tego iáko bliźniego vpadku, á śmieie ſie głupſtwu iego, że ſie o to waży czemu śiły iego wydołáć żadnym ſpoſobem nie mogą. Wie ábowiem prawdźiwy Kátholik, że iák wyznawcá Hæreziy, ták y obrońcá tych, w iedney cenie chodzą, y iedna ſie cechą oznáczáią, Hæretycką, nie Kátholicką. Wyznawá kto Hæreſin, Hæretyk ieſt: broni kto Hæreziey, Hæretyk ieſt. Ták ſą potępieni ná Czwartym powßechnym Synodźie Eutyches y Dioſcorus: ony iák Hæretyk, á ow iák obrońcá iego. A że ten to Philálet był Hæretyckiego błędu á nie Ruſkiey wiáry, dowodzę tego nań z właſnego iego Scriptu Apokriſis otytułowánego, y Sproſne iego Hæretyckie błędy pokázuię iáſnie, áby kto nie rozumiał że to ieſt Ruſkiey, albo rzecz y Wſchodney Cerkwie wiárá, ktorą ten Hæretyk opiſuie, y zá dogmátá tey S. Cerkwie przypiſuie, skądby oná y od ludźi háńbę y od Bogá karánie nośić muśiáłá. A tę táką moię pracą Kátholickim ſercem ná tego, y ná temu podobne Hæretyckiego ięzyká od Ruśi náßey práwiące Scribenty, zánwźiętą y rodźiętą, pod opiekę y obronę, Miłośći twey Iáśnie wielmożny Młśćiwy P. Podkánclerzy podáć vſadźiłem: Kátholicki ſcript, Kátholikowi: obronę prawdy obrońcy Prawdy: iſtotne Ruſkiey Cerkwie wiáry wyznánie z Przodkow iſtotnego Ruſkiey Cerkwie wiáry wyznánia, Vrodzonemu Potomkowi: pobożnego Oycá, pobożnemu Synowi. Aby co ten Hæretyk poddał obłudnie pod obronę oycowi, co Syn w obronie iego nigdy nie było okazał świátowi. Mowi ten Hæretyk do S. Pám: Oycá wielmoż: twey zganiłeś to W. M. raz, że my Græckiey reliey ludźie w nabożeństwie náßym przenágábáne bywamy. To co w tym ſwym przemierzłym ſcripćie opiſuie, nabożeńſtwem náßym Ruſkim názywa. y możeß ſie ták ſlepey duße Græckiey Religiey Ruśin náleść, ktoryby to co on nápiſał, y zá Ruſkie vdał, Ruſkim nabożeńſtwem názwał y wyznał? Możeß ſie ták niſkiego rozſądku náleść Kátholik, Coby tego tákiego nabożeńſtwá ludźi nie przenágabał? muśiałby głuchym być ná owe ſłowá Apoſtolſkie, Fratres mei, Si quis ex vobis errauerit à veritate, & conuerterit quis eum: Scire debet, quoniam qui conuerti fecerit peccatorem ab errore viæ ſuæ, Saluabit animā eius à morte, & operiet multitudinem peccatorum. By ten Philálet, á przed nim Zyzáni, po nim [illegible]tholog, narodu Ruſkiego Hæretycką náuką z drogi náuki Kátholickiey byli nie zwiedli. przend-

Iacob, 5.

gábánia, to iest, náwrocenia ich ná drogę prawdy z drogi błędow ludzkie wißy niby cierpieli, ni potrzebowáliby. Sámá tylko miłość ponich byłáby ßukána, á nie y wiárá. w ktorym postępku co Kátholicy náwracániem nászywáią, y są rzecz máią zbáwienna, to Hæretycy rzecza miánuia nieprzyiázliwa, y przenagábániem tytułuią. Ale iáko rzecz, ták sobie świątobliwe w tym násze Kátholickie postępki Hæretycy niech słowy nicuią. Ia to com ná okazánie y ná zniesienie błędow y Hæresiy tego Philáletá, á przy nim dnu inßych máło wyżey násmiśkiem położonych, zá pomocą Bożą, Orthodoxè y Catholicè nápisał, przezacnemu Wielmożności twey Imieniowi y obronie pośwןiecam. wiedząc záto, że Wielm: twoiá z tego krotkiego Scriptu o ś SS Przodkow swych wierze dowodnie y właśnie uwiádomiony, kocháć się w niey, y tych prawdziwe wyznawce iáko Bráciá, y iedney á tey że wiáry spolnywyznawce miłowáć, Przećiwniki Conuinkowáć, y do obácenia się wmawiáć, y od tych bronić, ktorzy ná Zachodny Kośćioł powstáwßy oraz y Wschodną Cerkiew w iednym y tymże oboyga wiáry dogmat wyznániu, wywroćić vśiluią: á mnie Młściwym Panem y dobrodzieiem y obrońcą náydowáć się, dźiwić będzieß raczył. Ktorego się ia M łásce y opiece z vniżonymi służbámi moiemi Kápłáńskiemi pilno zálecam, y Bogá wßechmogącego proßę, áby on wielmożność Wáßę ku cći y chwale Imienia swego S. á ku wierney rádzie prześwietnego Krolestwá Polskiego wieloletnie w dobrym zdrowiu chowáiąc, Błogosłáwionymi pomyślnośćiámi, ktorych sobie y wßytkim przezacnym domownikom swym, wielm: Wáßá od niego, w nádziei wiecznych niebieskich roskoßy życzy y pożąda, nádárzáć y błogosłáwić raczył. Z Monásterá Dermaniá, Dniá 25. Sierpniá, Anno Dñi, 1628.

Jest wątpliwość wielka o Ruskich Władykach i Popach wśli są x[illegible]. Bo niegdy Joseph niejaki grecżyn, przyszedł do Polskiey Rusi udając się za Patriarchę (czyli za Nuncjusza jego) a był tylko Dyjakiem, poświęcał na władyctwa, y na Popy. Którego potym spalono na Polskim seymie: [illegible] (podobno księga tak nazwana) [illegible] To mi powiadał [illegible] [illegible] Ochylewicz [illegible] [illegible] Terlecky [illegible] w Przemyślu Anno 1665 [illegible] gdy concertował o [illegible] Przemyskie [illegible] Terlecky [illegible]

APOLOGIA PEREGRINATIEY do Kráiow Wschodnych,

Przez mię

MELETIVSZA SMOTRZYSKIE°, M. D. Archiepiskopá Połockiego / Episkopá Witepskiego y Mścisłáwskiego / Archimándrytę Wileńskiego y Dermáńskiego Roku P. 1623. y 24. odbywáney przez fałßywą Bráćią słownie y ná pißmie spotwarzoney; do przezacnego Narodu Ruskie° / oboiego stanu / Duchowne° y Swietskie° sporządzona y podána.

A. 1628. Augusti, Die 25.

w Monásteru Dermaniu.

Ecce quàm bonum, & quàm iucundum, habitare fratres in vnum. Psal. 132.

Pater Sancte, serua eos in nomine tuo quos dedisti mihi, vt sint VNVM, sicut & nos VNVM sum°. Ioan. 17.

Meæ vitæ vnica Spes, IEsus Christus.

Cum Licentia Superiorum.

Pro Conuentu Socaliensi PP Bernardinorum

Offero Cassianus Sakowicz Archimandrita [illegible]

Czym ieſt Xiężyc ná niebie z świetnymi gwiazdámi/
Tym Dom Xiążąt ZASŁAWSKICH miedzy Trionámi.

Iáśnie Oświeconemu Xiążęćiu
Iego Mośći X.

ALEXANDROWI
z Oſtrogá Zaſłáwſkiemu,
Woiewodzie Kiiowskiemu, &c.
Pánu y Dobrodzieiowi ſwemu
Miłośćiwemu.

MELETIVS SMOTRZYSKI M. D.
Archiepiſkop Połocki/ Epiſkop Witepſki
y Mśćiſłáwſki/ Archimándrytá Wileńſki y Dermáńſki.

Láſki Bogá wſzechmogącego/ przy vniżonym
ſwym pokłonie życzy y winſzuie.

TA ſławá, ktora mię powabiłá vdáć ſie
pod ſkrzydłá opieki W. X. M. y doży-
wotne⁰ w niey, będźieli náto wola Boża,
pomieſzkánia ſzukáć, pierwey zdáleká
przez trzećie oſoby, á teraz iuż ſámemi
moiemi vſzymá ſłyſzána, y oczymá widźiá-
na, ochotnego mię do tego przywiodłá,
átym ſie w ſpráwie tey ſámym dźiełem náydowáł, ktorąm od lat
kilku ná vmyśle moim noſił. Slynąłeś W. X. M. y ſłynieſz
v Narodu náſzego Ruſkiego, że ſie w SS. Przodkow ſwych

* 2 Greckim

Græckim nabożeńſtwie kochaſz, mowiąc o nim poważnie, y przy obchodzięch iego świątobliwych częſtokroć nabożnie bywáiąc. To com ſłyſzał o W. X. M. zdáleká, obaczyłem iuż z bliská, y doznałem, że w iedney cenie v W. X. M. chodźi Wſchodna Cerkiew y Zachodna, w świętych ich obrządkách, y zbáwiennych Táiemnic obchodzách, ktory dobrze wiedźieć racżyſz, że to ieden y tenże Duch S. w obuiey Cerkwi przez męże święte zrządźił y ſpráwił. Prze ktorą oboiego S. nabożeńſtwá Græckiego y Rzymſkiego miłość, radby W. X. M. z duſze ſwey widźiał, ieden y tenże Kośćioł Boży ná dwoie mizernie rozdźielony, zaś w ieden y tenże być ſcielony y w iedno ćiáło ſpoiony, ták przez iedność wiáry, ná ktorey Wſchodnemu ſchodźi: iák y przez iedną miłość, ktora ſie Zachodney od wielkiey częśći Wſchodney dennie ... y temu śćieleniu poſtępek w uczynionym iuż przez narod Ruſki począatku, widźieć pożądaſz, poważnych do tego, z częśći ſwey zażywáiąc ſpoſobow, ktoreby y Kośćiołá Rzymſkiego ku W. X. M. nie obrażáły, y Wſchodney Cerkwie moleſtne być nie zdáły ſie: idąc medio tutiſsimus. Częſte ſą w uſtách W. X. M. Owe ſłowá, oby dał Pan Bog Ruſkiemu narodowi zſobą ziednoczenie, rychłoby zá pomocą iego S. przez ten ieden narod przyſzło Kośćiołowi Wſchodnemu y Zachodnemu zgodą do S. iedności. Práwie Słowiáńſkiego rozumu. Widźi ábowiem W. X. M. Religiey Græckiey narody Ruſkimi niepoięty mi ſądámi, ná trzy ſtany być rozdźielone. Ná ſtan niewolnicży: ná ſtan wolny, á nieuki ná ſtan wolny y uczony. Dobrá tego zbáwiennego nie ſpodźiewa ſie W. X. M. ni zniewolnikow, ni znieukow, tylo z ſámey náuki, á tey ná świebodźie będącey. W ktorym Trzećim poſtánowieniu W. X. M. Narod náſz Ruſki zá łáſką Bożą być ſądźi. Bo niewolnik, chodźi iák nie ſwoy: Nieuk, iák ślepy: mądry á ſwobodny, y ſobie dobrym być może, y bliźniemu. Te iaſłowá ſuſt W. X. M. po wielu raz ieſzcze gośćiem v W. X. M. bywáiąc, ſłyſzawſzy, zádźiwiłem ſie dźiwnym ſądom Boſkim, że to ſuſt W. X. M. uſłyſzałem, com od niemálego cżáſu ná ſercu moim vgrzetowáne nośił: y ſtałem

ſtałem ſie pewien tey nádźieie, że Bog wſzechmogący W. X. M. ſporadźa samyſłom moim promotorá. Ktory to bácznie ſądźić racżyſz, że Cerkiew Wſchodna, Sic ſtantibus eius rebus, nigdy żadnym inſzym ſpoſobem do tego przyść nie może, áby miłość ſwoię przyrodną záś ku Zachodney náwroćiłá, ieśli nie przez Cerkiew Ruſką: A to z tey ważney przycżyny: iż te wſzytkie narody, ktore ſą pod oterma Wſchodney Cerkwie Pátriárchámi, będąc ku Łáćinnikom zdawná nieprzyiáźnią záważnione, á teraz iuż y niewolą pogáńſką śćiśnione, y grubą ignorántią opánowáne, przez ſie ſáme widźieć tego dobrego, y pożądáć go nie mogą. Boraz ſobie to o Zachodnym Kośćiele vdawſzy, że ieſt wiele Hæreziy, (iáko to Mánicheyſką. Sabelliáńſką, Mácedoniáńſką, Apollináriyſką, y Origeniáńſką,) zárażony, ná miłość ſie ku niemu zebráć, y o iednośći z nim myſlić, tym tákim mniemániem uwiedźione, niechcą, á niewolą y nieumieiętnośćią śćiśnione y opánowáne, áni mogą. y ieżeli to co nań wkłádáią, ieſt prawdá, lub też fałſz, áni wiedzą, áni pytáią: y Kśiąg tych, ktore od Łáćinnikow, snoſząc te tákie ná nich obrzydłe potwarzy, wydawáne bywáią, ábo nie czytáią, ábo ieſli czytáią, vporowi ſwemu więcey v śiebie mieyſcá dáią, niż tey ich w obronie niewinnośći ſprawoćie. W czym przodek odnośi narod Moſkiewſki, á chocia to świebodny, nieuki iednák, przecży tey wſzeláko niewiádomy, y w tey o Rzymiánách opiniey zátwárdźiáły. Narod záś náſz Ruſki ktory z cżęſtey z Rzymiány Côuerſáciey, y z rozmow dowodnie prawdę pokázuiących o tych między Wſchodną y Zachodną Cerkwią wiáry Rożnicách niemal codźiennych, do śiebie przychodźić, y ták grubo o Rzymiánách rozumieć od częśći przeſtawáć pocżął: Máiąc zá łáſką Bożą w ſobie męże w ludzkiey y w Boſkiey Philoſophiey dobrze vmieietne. Hiſtoriy dawnych, y dźieiow Cerkiewnych wiádome, rozumne, Bogá y prawdę iego S. znáiące y miłuiące, rychley to ná ſobie przewieść może, że dobrze o Rzymiánách rozumieć náwyknie, y do miłośći z Zachodną Cerkwią nie trudno poćiągnąć ſie dopuśći: á tym ſwym poſtępkiem inſzym

miley iednośći powodem ſtánie ſie. Iákoż iuż ſie to święte
dźieło ſpráwowáć przed lat 40. poczęło, y nieládá poſtępek zá
łáską Bożą wźięło, y co dźień snácżny bierze. Bo ſkoroby wßyt-
tek narod Ruſki S. iednośći záwárł, piſmy ſwymi poważnymi,
á oſobliwie wydániem porządnego Kátbechizmu Dogmat S. wiáry Cerkwie Wſchodney, ięzykiem Græckim, Słowieńſkim, Ruſkim, y Wołoſkim. Łácnoby mogł do poznánia prawdy y do S.
iednośći przywieść wßytkie Wſchodnego poſłußeńſtwá narody, y to ſpráwić, co zá SS. Przodkow náßych w Cerkwi Bożey
kwitnęło. Co sdarz Pánie IEzu Chriſte zá dni náßych. Ná
to W. X. M. pogladáiac, narodowi Ruſkiemu z ſobą ſámym
ziednocżenia pożądáć racży. Ktory teraz rozdwoiony ſam
śiebie gryźie, y o vpadek ſam śiebie przywodźi, mogąc zá pomocą Bożą ták wielą narodom, do powſtánia od vpadku w Wierze y w miłośći, być przycżyną. Toż widzą y inßy z narodu
náßego Ruſkiego ludźie pobożni: widzę y ia: á że oni widząc
milczą, ia przemowić, á okázáć to, według śiły mey, narodowi memu przez ten moy ſcript, ná pobudkę inßym poważyłem
ſie, boiąc ſie owego ſtráßnego wyroku Páńſkiego, Serue male
& piger, ſciebas quia meto, vbi non ſeminaui, & congre-
go, vbi non ſparſi: oportuit ergo te committere pecuniam
meam numulariis, & veniens ego recepiſſem vtique quod
meum eſt, cum vſura. Tollite itaque ab eo Talentum, & in-
vtilem ſeruum eiicite in tenebras exteriores: illic erit fle-
tus & ſtridor dentium. Leßcże przy wyżey pomienionych wiecżney pámiątki godnych W. X. M. słowách, ieſt mi tákże dobrze pámiętna, w matery pożądánego tego pokoiu Kośćielnego, áby go dał P. Bog przez ziednocżenie ſie Wſchodney Cerkwie
z Kośćiołem Zachodnym, cżęſta W. X. M. mowa, tey godźiny,
w ktorą podałem ſie przytomny, do zadiomośći W. X. M. przy
wielu Kátholickich pobożney duße diſcurſách wyrzecżona, iż
Rzymſki Kośćioł. ßukaiąc iednośći z Kośćiołem Wſchodnym,
nic ztąd ſobie pożytku, procz wiecżney w niebie odpłáty, odo-
nieść nie prágnie, ále pierwßą wnętrzną y zewnętrzną ozdobę,
ktorą

Matt. 25.

ktorą on przez odźielenie ſie od Kośćiołá Zachodnego ſtráćił,
Kośćiołowi Wſchodnemu przywroćić vśiluie. Vpadł Wſchodny
Kośćioł ná wolnośći y ná náukách. Przez co dwoie nápadł nań
w niekárnośći nierząd miedzy Przełożone Duchowne, y głod
słowá Bożego. Vtráćił miłość, y wiárę náruszył: á przez to dwoie
wpadł wpokazánie, ktore ponośi: y w niepolitowánie, ktorego
doznawa. Bo ſtráćiwßy miłość, ſtał ſie niegodnym miłośći: á
nárußiwßy wiáry, wypadł z łáſki Bożey, y wpadł w gniew iego.
ktory ná nim znácżny zoſtawa, że iuż więcey ni rodźi, ni karmi:
Bo nie ma słowá Bożego żywego y ſkutecżnego, przenikáiącego áż do rozdźielenia duße y duchá, ktorymby rodźił: y ro-
zeznawáiącego myśli y przedśięwźięćia ſerdecżne, ktorymby
karmił. Co wßytko y inße przy tym vtrácone dobrá Zachodny
Kośćioł Wſchodnemu áby przywroćił, á pádłe nań złe, áby z niego ſtráćił, ſtáráiąc ſie, o ziednocżenie iego z ſobą pieczołuie, á
nie dla inßych reſpektow: Te y inße poważne diſcurſy W. X.
M. vważywßy, á z moim ſercem zgodne być ie obacżywßy, po-
chwaliłem w ſobie ſámym Bogá wßechmogącego, że mi z łáſki
ſwey S. to w ſprawie tey zbáwienney obacżyć zdárzyć racżył, co
tákże zdárzył widźieć przede mną ſtanom wyſokim, ludzkiey y
Boſkiey mądrośći pełnym. iśćie bowiem nic ſwego docżeſnego
w tym Zachodny Kośćioł nie ßuka, gdy Wſchodną Cerkiew do
iednośći z ſobą záciąga, tylko cżći y chwały Bożey ſpolney, y miłośći Bráci w zalemney. Swiádkiem tego ſą. Alumnát w Rzymie dla Grækow, ábo rácżey dla Wſchodney Cerkwie y wiáry Synow y Wyznawcow wßelkiego narodu, wielkim koßtem wy-
ſtáwiony, y wßeląkimi doſtátkami y potrzebámi opátrzony.
Swiádkiem y Collegium w Konſtántinopolu ná Gáłaćie, gdźie
v Oycow Societatis IEsv, vczą ſie dźiatki Græckie po Łáćinie
y po Græcku bez żadney płace y nagrod. A ná okazálßym
świádkiem tego ieſt ludne ono Concilium Florenſkie, ná ktorym przez cżternaśćie Mieśięcy, nawyżßy Biſkup Rzymſki,
ſwym koßtem ſuſtentował Ceſárzá Konſtántinopolſkiego y Brátá iego Deſpotá, z oboygu dworámi; Pátriárchę Konſtántinopolſkiego

Hebr. c. 4.

polſkiego, s Legátámi inſzych trzech Wſchodnych Pátriárchow, y ze wſzytkim iego ná Synod ten przybyłym Duchowieńſtwem. Skąd wiedźieć ſię dáie, że nie ſzukał ten pożytku iákiego doczeſnego, táki koſzt wielki wazywſzy przez cáłe połtorá látá: (Bo też ie, áż do Weneciey ſwym koſztem záprowádźił,) ále ſámę miłość Bráći, y iedność chwały Bożey ták drogo kupował; nie oglądáiąc ſię ná złoto, ni ná inſze temu świátowi ſłużące dostátki, áby mu ná nich nie zbyło. Ieſt ná koniec świádkiem y teráźnieyſzego S. Oycá, quem amoris & honoris cauſa nomino, Vrbaná VIII. pobożny, známienity, wieczney pochwały od ludźi, á od Páná Bogá niebieſkiey odpłáty godny, w tákimże ku Wſchodney Cerkwi dobrodźieyſtwie poſtępek, ktory (iáko zá pewne ſłyſzym) z oſobliwey ſwey ku narodowi Ruſkiemu, ktory też ieſt częśćią Cerkwie Wſchodney, miłośći, nowy Alumnát dla ſámey Ruśi w Rzymie koſztem známienitym podnośi, doſtátki do niego wſzelákie z pewnych intrat ná wieczne potomne czáſy náznáczywſzy, áby w nim nabożeńſtwo przez zakonniki Zákonu S. wiel: Báſiliuſzá, ięzykiem Słowieńſkim, ták włáſnie bez żadney odmiány obchodzone było, iák ſię obchodźi tu v nas, po Monáſterách Ruſkich, y żeby ſię w nim przeſyłáne z Ruśi Alumny w náukách oboiey Philosophiey ćwiczyli, y narodowi Ruſkiemu, wychodząc ztámtąd, w tym ſłużyli. nie ſzuka y ten pobożny Oćiec, przez ten ſwoy zbáwienny, á od nas nieśmiertelney podźięki godny koſzt doczeſnego pożytku. (bo mu Ruś ztąd zá to nic nie przynośi, á koſzt iego známienity ná ſobie odnośi, y dá Bog odnośić będźie.) ále ſámey iedney chwały Bożey, y miłośći Bráći, ſzuka przez ten ſwoy S. poſtępek pożytku w niebie. Zkąd dowodnie to ſię okázuie, y iá wnie widźieć dáie Coś W. X. M. pod onę godźinę do mnie mowić raczył, że wzywáiąc Zachodny Kośćioł Cerkiew Wſchodna do S. iednośći, nie ſzuka ſwego pożytku doczeſnego, ále Cerkwi Wſchodney vczynić prágnie pożytek y doczeſny y wieczny. Zá ktory narod náſz Ruſki (Si ſapere vellet) obiemá rękomá vięczby ſię miał,

miał, á tákiemu o ſobie y o ſwym S. nabożeńſtwie miłoſnemu pierwołownikowi dźiękowáć, y do pocáłowánia nog iego, poſpołu z oycem ſwym oblicze iego cáłuiącym, miałby ſię vdáć. Do czego ia z części mey drogę iemu iuż vtárto, y ſpoſob iuż záwźięty pokázuiąc, tę moię Apologią ſpołem z Conſideratiami tych Rożnic, ktore ſię w rozdźiał tych dwu Cerkwi, Wſchodney y Zachodney od nas y Grækow zánoſzą, ſporządźiłem, Bogá wſzechmogącego w niegodnych modlitwách moich proſząc, áby on ſam wnętrzne oczy narodu náſzego Ruſkiego otworzyć, y to ſnadź zbáwienne dobro obaczyć, sdarzyć raczył, przez ktoreby ſmy Hæretickiey záraz y Schiſmátickiey przymowki zbyli, y zá Bráćią á ſpołnyznáwce od Kátholikow vznáni, ſpołecznie z niemi z tychże ſię duchownych y świetſkich dobr, praw, swobod y wolnośći, według Bogá, ćieſzyli. Abyſmy ſię ſámi, gdy nas Bog mieć chce ná świádectwie, ozdoby te, ktoremi nas y Bog wſzechmogący przez práwą wiárę, y Przodkowie náſzy przez krwáwe ſwe zaſługi przyozdobili, ná ſobie zátrzymawáiąc, w niewolą chłopſką dobrowolnie nie nátrącáli. Ná co ſię nam przez nas ſámych znácznie zánioſło, y nie mieſzkále to nas potka, ieſli ſobie záwczás zbáwienno nie porádźimy. Ktorą dla więtſzey vwſzytkich práwowiernych powagi, pod przezacnym W. X. M. imieniem, iáko miłośniká S. SS. Przodkow ſwych wiáry y nabożeńſtwá, y ták dobrodźieiá mego Miłościwego ná świát przez druk wydáię, máiąc zá to, że W. X. M. z tymi ſtrony náſzey, ná ktorych ták z duchownego, iák y świetkiego ſzlácheckiego ſtanu należy, oportune & importunem wſpomnie tey (iáko to W. X. M. zá podániem ſię wſzelkiey occaziey czynić nie zániechywa,) conferuiąc, z powážnośći ſwey Xiążęcey y Senatorſkiey, do wźięćia ſię zá ten, ktory ſię podáie, poráto wánia ſię y zábieżenia od ták wielkiego podług duſze y ćiáłá vpadku ſpoſob, w nádźieię odpłáty z niebá, powabem y pobudką być, chćieć będźieſz raczył ochotnieyſzym. w czym Bog wſzechmogący, zbáwienia ludzkiego nienáſycony miłośnik W. X. M.

X. M. ná pomoc niech sie stáwi. Ktorego ia w niegodnych moi-ich modlitwách proßę, áby W. X. M. ku czći y chwale imię-nia swego S°, y ku wierney modzie prześwietney Korony Pol-skiey wieloletnie chowdiąc, sdrowiem dobrym, y wßelákiemi blogosłáwionymi pomyslnośćiámi, według woli swey, y woli sá-mego W. X. M. nádarzáiąc, z tego ziednoczenia, ktorego W. X. M. narodowi Ruskiemu życzyć y pożądáć raczyß, w rychle ćießyć sie sdárzyć raczył. Amen. Oddawam sie przytym z vniżonymi służbámi moiemi Kápłáńskiemi Miłćiwey łásce W. X. M. Páná y Dobrodźieiá swego Miłćiwego. Z Monástyrá Dermanią. Anno D. 1628. Augusti die 25.

Czytelnikowi łáskáwemu.

Láski Bozey.

Za zdániem blogosłáwieństwem y roskazániem Oycá y Bráći w duchu / Pánow moich wysoce vczczonych / to / co mi rozum rádźił / ná co wola pozwaláłá / czego sumnienie dopußczáło / y co zbáwienia pożądánie musem ná mnie wyćiągáło / w tey moiey Apologiey podáię Miłości twey do przeczytánia Czytelniku łáskáwy. Apologia ten moy Script ztąd miánowawßy / iż go pußczam częśćią ná zátkánie vst Lżebráći / ktorzy mie ná Wschodne strony pielgrzymowánie / iuż to trzeći rok zazdrośćiwym Theonowym zębem gryzą. Nie żebym sie przed tymi ozuwcámi sprawowáł: bo nie są tácy: ále ábym káżdemu pobożnemu / ktorych vßu to dochodźi / wiedźieć dał / żem to pod to opłakáne Cerkwie náßey Ruskiey postánowienie Kápłáńskiego mego dostoieństwá powinnośćią vbiedźiony vczynił. Częśćią ná okazánie y zniesienie błędow y Haerezyi ktorymi nowi náßi Scribentowie od lat więcey trzydźiestu Cerkiew náßą Ruską zmázáć poważyli sie / y wßytek narod náß Ruski wpodeyrzenie sprosnych ná máyestat Boży Haeretyckich bluźnierstw do wßytkiego świátá podáli. Do ktorey Apologiey / przydałem y Considerácie / stanowi Cerkwie náßey Ruskiey teráźnieyßemu należnie służące / zá tychże wysoce vczczonych Pánow moich / Oycá y Bráći zdániem blogosłáwieństwem y roskazániem / ktory dom narodu náßego Ruskiego / (dla ktorego zbáwienia ánáthemą od Christá Páná swego bydź pożądáłby /) ná dwie częśći żáłośnie rozwálony / y w częśći iedney przećiwo drugiey nieprzyiaćielsko ná sie stoiący: á owe Zbáwićielowe słowá / Omnis Domus diuisa cõtra se, non stabit: iuż sámą rzeczą ná nim ißczące sie widząc / pierwey / niżby mu do tego (vchoway Christe Pánie /) nieoztoienia sie przyßło / z powinnośći swey Pásterskiey w zábieżenie temu złemu puśćić sie zá pomocą Bożą postápili / y mnie mnieyßemu z pośrzodku siebie brátu y słudze swemu do ogłoßenia to zlećili. Co ia ták ex debito posłußeństwá / ták y ex officio dostoieństwá mego czynie tákim sposobem / iáki iest w tey Apologiey y w przydánych do niey Consideratiách opisány. Zaczym káżdego łáskáwego Czytelniká z Matt. 12.

ćelnikáz á oſobliwie W. W. ktorych z narodu Ruſkiego / ktoremu to napierwey y napilniey wiedźieć należy / Bog wßechmogący wyſokim vrodzeniem / rozumem y Kápłáńſtwem poczćił : y ktorym ſámym rzędźić o tym należy / pilno proßę ábyśćie W. W. (máło co odemnie pod świádkiem Bogiem / to ſobie oznáymione / że nic ſwego przez to nie ßukamy / procz ſámego Cerkwie nášey Ruſkiey zbáwiennego pokoiu : y oświádczone / że ná ſpolney zdrowey o tym rádźie przeſtáwáć chcemy:) to co mowię / ták bráterſkie zdánie lubym ſercem przyiąwßy / káżdy według powołánia ſwego powinnośći wáßey ná was ſámych zbywáć w tym nie dopuśćili. Może ćię ládá iákiego człowieká / ktory dáry Boskie pied ſwe mierzy / ábo owego natrętá / Co ſie nie w ſwe rzeczy wtrąca / ládá iákie o tym bydz rozumienie y mowá. po W. W. tego oczekiwánia ieſtem że to ode mnie łáſkáwym vchem vſłyßawßy / o ktorym poráto wániu iuż vpadáiących rzeczy náßych cáła duſzo przemyśláć zechcećie. Pánu Bogu W. W. poruczam.

MELE-

✤ ✠ ✤

MELETIVS SMOTRZISKI

z miłośierdźia Bożego Archyepiſkop Połocki / Epiſkop Witepſki y Mśćiſláwſki / Archymándrytá Wileńſki y Dermáńſki : Przezacnemu narodowi Ruſkiemu / poſłußeńſtwá Wſchodniego / wßem wobec Duchownym y świetſkim / wßelkiego ſtanu Oycom / Bráći y Pánom ſwoim wyſoce vczczonym / y wielce miłym / łáſki / pokoiu y miłośći od Bogá Oycá y Páná náßego IEZVSA CHRISTVSA, w Duchu S. vprzeymie modli / życzy y winßuie.

Iuż to rok idźie trzeći Przezacny narodźie Ruſki / iákom ſie z przedwźięcey do wſchodnich kráiow / y vćießnie nie bez dußnego y ćieleſnego pożytku mego zá łáſką Bożą przez dwá roki obchodzoney peregrinaciey / do Oyczyzny záś wroćił : miawßy to w vmyśle moiem dobro pámięći obiete / ábym w ták dálekie / niebeſpieczne / á ná moie podeßłe látá y płoche zdrowie trudne kráie zápuśćiwßy ſie nie powietrze tylo odmienić ßukał / y odległość mieyſcá ſobą zmierzył / ále oto w nich / ábym ſie poſtárał / ták dla śiebie / iák więcey dla ćiebie / coby mnie v Bogá łáſkę v ćiebie miłość / á tobie przed Bogiem / y przed wßyſtkim świátem Chrześćiáńſkim / zbáwienie y nieśmiertelną ſłáwę ziednáło. Po to w kráie támeyße zápuśćiłem ſie / po co

Dále ſie przyczyná pielgrzymowánia ná wſchodne ſtrony od Authorá.

A

modry

Eccl. c. 6. Deuteron c. 32

Mądry ſyn Syrachow porániáć ſie rádźi nam / y drzwi mężow rozumnych progi nogámi náßemi trzeć : Bogowidcę Moyżeßá vſłuchawßy / chodźiłem Oycá niegdy twego pytáć / áby mi ozáymił / y ſtárßych náßych / áby nam powiedźieli / o słowie żywotá przez słowo Boże przedwieczne z niebá przynieśionym / piſmy Prorockiemi / Ewángeliſkimi y Apoſtolſkimi ogłoßonym trádycyámi z rąk w ręce od Oycow Synom przepodawánymi vpewnionym y świętymi Bogonośnych Oycow náßych Soborowemi vchwałámi obiáśnionym przodkom náßym podánym / od nich przyiętym y po wieki náße w proſtocie ſerdeczney czyſto y niepokaláno trzymánym y chowánym. Po to mowię do Oycá náßego y do ſtárßych náßych Cerkwie Wſchodney chodźiłem / ábym ſie od nich dowiedźiał y náuczył / o dogmatách pobożnośći / o wierze nádźieie náßey / w ktorey y doczeſna ſczęśliwość y wieczne błogoſłáwieńſtwo náße záłożone y vfundowáne bydź rozumiemy y wierzymy. to ieſt / o to pytáć chodźiłem / ieżeli táż ieſt náßá teraz / ktora zá przodkow náßych wiárá byłá / ktora od nich z woley Bożey do nas byłá záwitáłá / ktora nie odßedßy od nich / nas byłá w przodkách náßych doßłá. Ieźli my z wyćiekłego od nich do nas Ewángelſkiego źrzodłá duße zbáwienną wodę pijemy / ktorą pili Oycowie náśi Ruſkiey Cerkwie fundatorowie / y budowniczé. Tákli czyſtá świátło przezroczyſtá : Tegoźli ſmáku / tey wdźięcznośći y teyże zdrowośći : Abym o tym od nich prawdźiwie vwiádomiony bywßy / Ciebie o tymże Przezacny narodźie Ruſki w nieząyrzącym mi ſumnieniu moiem vwiádomił. A vczyniłem to nie z żadney lekkośći iákiey / áni prożney w tym ſławy ßukáiąc / nie day tego Boże : bo mi iuż y látá moie w rzeczách poważnych żártowáć y Doſtoieńſtwo / w ktorym mie Bog moy nád godność moię mieć / zezwolić raczył /

czył / w ſprawách Boſkich gráć nie dopuſzczáły / ále ta ſámá poważna y zbáwienna przyczyna / ktora ſie pomieniłá powabionę y poruſzony bywßy. Co bowiem człowiekowi w tym docżeſnym żywoćie / nád ten nie oceniony kleynot koſztownieyße bydź może : Wiárá ieſt duß náßych / y ćiał zdrowie / ni / vćiechá / ozdobá / bogáctwem / y żywotem doczeſnym y wiecżnym. Bez wiáry kto chodźi / chodźi w ćiemnośći / chodźi bez rozumu / chodźi bez żywotá : żywo vmárły chodźi : Wiárá ieſt w człowieku / moc Boża / ktora go y ożywia y vmacnia / y trzyma. Bez wiáry człowiek / beſtyi ieſt podobny / y nád wßyſtko ſtworzenie ieſt nanieſczęśliwßy / y nanedznieyßy. Quid enim prodeſt homini, ſi mundũ vniuerſum lucretur, animæ vero ſuæ detrimentũ patiatur? Aut quam dabit homo cõmutationem pro anima ſua? Mowi Zbáwićiel náß IEzvs Chriſtus. Człowiek wiáry Bożey niemáiący / ná duſzy ſzkodę ponośi : czymże tę ſzkodę nágrodźić może? z wyroku Zbáwićielowego / áni wſzytkiego świátá pozyſkániem. Bo y wßytek świát zá ſwoy gdyby kto otrzymał / przed ſie koniec ienu śmierć / á po śmierći zátrácenie : to ieſt ogień wieczny Dyabłu y Anyołom iego zgotowány. Tylko pożytku z pozyſkánia wſzytkiegó świátá : á zutráty duße tylko zyſku / że z Dyabłem y Anyołámi iego wieczną w piekle mękę ponośić muśi. A ieſzcze z owym przydatkiem. Quantũ glorificauit ſe & in deliciis fuit tantũ date illi tormentũ & luctũ. Ta tedy ták poważna y známienita przyczyna poruſzony y pobudzony bywßy / do Oycá iákom rzekł náßego / y do Stárßych Cerkwie wſchodney chodźiłem tobie przezacny narodźie Ruſki / ták y ſwoiey duſzy tego zbáwiennego pożytku ßukáiąc / ktoryby nam y ná tym świećie / y ná onym w vżytku zoſtawał wiecżnymi czáſy nieodmiennym. Ktorymby my vbeſpieczeni y vpewnieni tu ná tym świećie duße

Wiáry praw dźiwey ſkutki y owoce.

Matt. c. 9.

Apoc. c. 18.

Koniec peregrinátiey Authorowey.

Marc. c. 8.

cie duße náße dla Chriſtuſá Páná Zbáwiciela náßego / y dla zbáwienney iego Ewángeliey trácili / á ná onym zbáwione być ie náleźli. Qui enim voluerit animam ſuam ſaluam facere, perdet eam: qui autem perdiderit animam ſuam, propter me & Euangelium, ſaluam faciet eam. A ß wiárá to ſpráwuie czyſtá y niepokalána P. Chriſtuſowá / że ná tym świecie duße ludzkie zátrácá / á ná onym zbáwione czyni: tu ie ná ziemi morzy / á tám w niebie żywe ie znáyduie: Wiáry przeto nie ßukáć / bo iuż ieſt z łáſki Bożey od przodkow náßych nálezioná / ále doznáwáć chodziłe ieżeli táż ieſt / y iedna teraz nam w vżywániu z tą / ktora byłá w vżywániu przodkom náßym / y tám iey doznáwáć chodziłem / gdzie byłá od przodkow náßych nálezioná / á nie gdzie indzie. W tym źrzodle z ktoreg wyćiekłá / á nie w inßym. Ná wſchod chodziłe do Koſtántinopolſkiey ſtolice Pátryárchi / od ktorey ty przezacny narodzie Ruſki / Wiáre y Krzeſt S. przyiąłeś. Táiemnic Swiętych Obchod y vżywánie / y wßyſtko Cerkiewna Wobrzadkach y Ceremoniách ozdobe. Do Pátryárchi Koſtántynopolſkiego / ktorym ieſt tymi dniámi w Bogu Przewiel: Cyrillus on / po dwá kroć Legatem do ciebie od S. p. Mattheußá Konſtántynopolſkiego / y Meletiußá Alexándriyſkiego / Pátryárchow w ſpráwách Cerkiewnych przyſyłány / dobrze tobie znáiomy. Ktoremu moy y twoy pokłon oddawßy / y to co mnie należało po niektorey części ſpráwiwßy / dálße też ſpráwowánie wolnieyßemu czáſowi niżli tám tegdy z wielą przyczyn ná niego był zoſtáwiłem / A tym czáſem poruczywßy ſie Pánu Bogu / puściłem ſie w dálßy wſchod / y ná tych mieyſcách SS. byłem ná ktorych Zbáwiciel náß IEzus Chriſtus wßyſtkiemu narodowi ludzkiemu zbáwienie ſpráwić raczył. Byłem w Syonie S. zkąd wyßedł zakon Boży: y w mie-

Opiſánie puſzczenia ſie Authorowego z Konſtántinopolá do ziemie S.

ście Jeruzalem zkąd wyßło słowo Páńſkie. Ná tym S. mieyſcu Stworzyćielowi memu Bogu pokłon moy vczyniłem / ná ktorym ſtały prześwięte iego nogi. Do tych SS. mieyſc duße moiá y ćiáłem przypadáłe / y niegodnemi moiemi vſtámi cáłowałem ie / ná ktorych niewidomy Bog / w ćiele człowieczym widziánym być zezwolił. Tám byłem / gdzie ſie iednorodzony Syn Boży / Bog Słowo z Przeczyſtey Pánny národził / gdzie ſie Krzćił / gdzie zbáwienna ſwoie Ewányelią przepowiádał / gdzie náuczał y cudá ſpráwował / gdzie vćierpiał y vmárł / y trzećiego dniá zmartwychwſtał / y zkąd wzniosł ſie ná niebo / y ná práwicy Bogá Oycá ſweg vsiadł. Te S. mieyſcá náwiedziłem / á myelne boty z nog duße moiey zzuwßy cáłowániem świętym / iák ſie cáłuią ſpráwiedliwość y pokoy / zá potkániem ſie miłosierdziá y prawdy / cáłowałem ie. Cáłowałem tę iáſkinią / w ktorey ſie przedwieczny Syn Boży w ćiele národził / y żłob w ktorym pieluſzkámi powity / był położony. Kropiłem ſie wodą Jordáńſką w ktorey ſie Krzćił / y one z vćiechą moią duchowną piłem. Cáłowałem mieyſce vkrzyżowánia iego / zdiećia z krzyżá / pogrzebu y wniebowſtąpienia: to ieſt Golgotę świętą / y grob iego Prześwięty / y świętą Gore oliwną. A przytym y inße mieyſcá od Zbáwićielá mego zwiáſtuiącego pokoy deptáne cáłowałem. Cáłowałem y grob Przeczyſtey świętey Pániey náßey Bogárodzice záwżdy Pánny Máriey w Gethſemáni / y ná wßyſtkich tych mieyſcách o tobie y o ſobie Przezacny narodzie Ruſki do Páná náßego y Bogá JEzuſá Chriſtuſá modlitwy przynosiłem / áby nam to z łáſki ſwey świętey dárowáć raczył / o co on ſam zá námi miłosiernego Bogá Oycá ſwego prosił.

Affekt poboźny Authorá do narodu ſwego.

Prosiłem áby rozdwoiony narod náß Ruſki / wßytek był iedno

Ioan. c. 17. iedno iáko on z Oycem ſwym niebieſkiem iedno ieſt y żebyſmy wßyſcy tám byli/ gdźie on ieſt/ przynośiłem ná od-
puſzczenie moich y twoich grzechow Pánu Bogu náſzemu bezkrewna ofiáre ná oltarzu Cerkie národzenia Páná
Jezuſowego w Bethlehem: Ná oltarzu Cerkwie żywo-
tworzącego grobu Páńſkiego w ogrodku: ná oltarzu
vkrzyżowánia Páná Chriſtuſowego/ ná Golgoćie. O
bym mogł słowy moimi to wyráźić/ iáka vćiecha tegdy
duſzá moiá byłá nápełniona/ w iákiey rádośći/ wßytkie
duſze y ćiáłá mego zmyſły były tám tegdy zánurzone/
gdym ia nedzny ná vbłagánie miłośiernego Bogá ná od-
puſzczenie grzechow moich/ y wßytkiego narodu Ruſkie-
go/ ná tym ſámym S. mieyſcu bezkrewna ofiáre przyno-
śił/ ná ktorym ſiebie iednorodzony Syn Boży Báránek on
niepokaláný krwawa ofiáre ná vbłagánie Bogá Oycá
ſwego zá grzechy wßytkiego świátá ofiárował. Nie był
wemnie żaden wnetrzny y zwnetrzny zmyſł/ ktoryby ſie
nie ćießył/ nie rádował/ nie weſelił: ktoryby nieiák przytomnego ná mieyſcu tym vkrzyżowánego Zbáwićielá
ſwego czuł. Wßyſtek duſza moia w myslách moich rádość byłem y vćiechá. Ray mi byłá tegdy S. Golgotá.
Psal. 83. Tám mi doznáć było iák ſa wdźieczne y miłe przybytki
Páná Zaſtepow: iák śliczne y ozdobne páłace Páńſkie/
do ktorych pożada/ y vſtáie duſzá ſpráwiedliwych. A
przynośiłem ná tym zbáwienia náſzego mieyſcu y ná inſzych bezkrewna ofiáre iezykiem Słowieńſkim/ mogßy zwy-
czáynym tám iezykiem ofiárowáć Greckim/ w ſámy koniec ow/ żem zá ćiebie przenamilßy moy narodźie Ruſki y zá wßytkie te narody/ ktore iezykiem Słowieńſkim Stworzyćielá ſwego chwala/ wyſławiáia/ y wielbia/ vbłagal-
nia y grzech oczyſzczaca bezkrewna ofiáre zoſobliwey mey
intentiey przynośił. W ten dobry koniec zumyſłu to
czyniłem

czyniłem ábym wßytkie Słowieńſkie narody oraz z P. Bogu Zálecenie Jednośći S.
memu w świety iego Oycowſki Przemyſł z czeſći mey
Kápłáńſkiey podał y poruczył/ proßac iego świetey do-
broći/ áby wßytkim nam iákiemi on wie ſpoſobámi proßone
przez niego v Bogá Oycá ſwego IEDNO być/ y iák iednymi vſtámi y iednem ſercem wewnatrz Cerkwie iego
świetey Przechwalebne y Przeuwielbione Jmie Oycá y
Syná/ y S. Duchá chwalić/ y wyſławiáć/ dárowáć raczył. Gdźie záraz śiebie podawßy cała duſza y czyſtym
ſercem moiem w to proßone przez niego v Oycá ſwego
IEDNO, iemu iák Pánu memu y Bogu/ ná te w Cerkwi iego S. poſługe śiebie ofiárowałem/ poślubił/ y od-
dał/ ábym zbáwienne iego to IEDNO w narodźie moiem opowiádał: y do zákochánia ſie w nim/ iák w rzeczy
tey/ bez ktorey zbáwienie nie bywa/ według dánych mnie
od niego ſámego śił/ zá pomoca iego świeta pozyſkował: Procz iednośći świetey zbáwienie być niemoże.
namniey nie watpiac/ że zmiluie ſie nád námi miłośierny
P. Bog/ y to proßone IEDNO da nam/ gdy tylko ſámi
prawdźiwym ſercem y wßytka náſza duſza ſtáráć ſie o nie/
łáſka ego S. wſpomożeni bedźiemy/ nie kławliwy abo-
wiem ieſt ten/ ktory rzekł. Petite & dabitur vobis, quærite Matt. c. 7.
& inuenietis: pulſate & aperietur vobis. Y záś/ Si quid Ioan. c. 16.
petieritis Patrem in nomine meo, dabit vobis. Da y pewnie da/ ieśli go oto prośić bedźiemy goracemi modlitwámi náßymi/ w pośćie y w iáłmużnie. Gdy zápali-
wßy świece miłośći/ ſtráconey nam tey dráchmy ßukáć v
niego bedźiemy/ w pokorze y w ćichośći. Gdy ſie do
drzwi pokoiu Cerkwie iego S. od niego dánego zgodźie
y iednomyślnośći poſpießymy. nim my do niego zakolá-
tamy/ iuż go przy drzwiách ſtoiacego/ ná nas czekáiacego/
y kołácacego naydźiemy mowiacego/ Ecce ſto ad oſti- Apoc. c. 3.
um & pulſo: ſi quis audiuet vocem meam, & aperuerit mihi ianuam,

hi ianuam, intrabo ad illum, & cenabo cum illo: & ipse
mecum. Da nam to IEDNO, ábyśmy w Cerkwi iego
S. iák iednym sercem iedno wierzyli / ku spráwiedliwośći / iák iednymi vsty iedno wyznawáli ku zbáwieniu: Bo
iesli on przy drzwiách serc nászych stoi / y koláta do nas / á-
byśmy mu otworzyli / w dom sercá nászego wniść mu dopuśćili / y iemu z námi á nam z nim wieczerzáć pozwolili:
iák nierowno skorszeg łágodnieyszego / łáskáwszeg / á do dá-
tku ochotnieyszego naydźiemy go / gdy my iego szukáć / my
do iego miłośiernych drzwi kołátáć / my iego prosić będźiem oto / co on sam mieć nas zezwala / y Bogá Oycá
[Ioan. c. 17.] swego / áby nam dal prosi mowiąc / Pater Sancte serua
eos in nomine tuo, quos dedisti mihi: vt sint VNVM, sicut & nos VNVM sumus. Prośmy tylko iego o to bez
przestánku / kołácaymy iedno we drzwi miłosierdźia iego
nieodstepnie / szukaymy z pilnośćia / á szukaymy z zápalo-
na / iákom rzekł / świeca miłośći / wroświeconey świátłośći pokoiu: bo bez tey tákiey świecy / żadnym sposobem
tego iednego nienaydźiemy: á on ie nam da y nádda.
Da / że my Ruś y wszyscy Słowieńskieg iezyká narodowie
szukáne to IEDNO naydźiemy: á nádda / że zá to táka
násza do niego pilna á vprzeyma modlitwa / y wszytkiem
iedney z námi wiáry narodom toż przez nas szukáne y ná-
lezione IEDNO da náleść. Bog ábowiem wszytkich
wszytkiego świátá ludźi zbáwienia prágnie / wszytkich szuká / wszytkich wzywa / y prosi / owegdy áby on z námi wie-
czerzał / á iegdy áby my z nim obiádowáli y wieczé-
[Luc. 14.] rzáli. Beatus qui manducabit panem in regno Dei. Blogosławiony / ktory bedźie iadł obiad w krolestwie Bozym.
O szcześliwiś y nádder szczesliwi / Przezacny narodźie Ruski / Blogosłáwieni y nádder blogosłáwieni bedźiem y my
iesli wzywáiacemu Bógu od áż nádder kosztowneg tego

obiádu iego niewymowiemy sie / ni kupionemi wśiámi / ni
niedoświádczonymi wołámi / ni też poietemi żonámi.
Blogosłáwieni bedźiemy / że sie nam dostánie / á z łáski iego S. Krolestwá iego niebieskiego obiad ieść. Co iesli
skutecznie od niego otrzymáć chcemy / y niewatpliwie sie
w tym vpewnić prágniemy / prośmy iego / áby nam iák
swoim domownikom / w iedney wierze y w iedney miłośći dal ná wysławowánie Imienia iego s. iedne vstá y
iedno serce: Vir enim duplex animo inconstans est in o- [Iacob. 1.]
mnibus viis suis: Mąż vmysłu dwoistego / niestáteczny
iest we wszech drogách swoich. Rozdártych vst człowieká
pieśń nieprzyiemna. Jákowa niestyty iest teraz pieśń ro-
zdwoionego serca / y rozdártych vst iednego narodu nászego Ruskiego: Bogu y Swietym iego nie luba y nie
przyiemna: w tych ktorzy vszymá słyszac / nie słyszą / oczymá widząc / nie widzą / sercem rozumieiąc / nie rozumieią.
Szpetnych vst iest cześć tá / iák zmieysca swego wywro-
conych / y skrzywionych: brzydkiego sercá iák nienawiśćia oźiebłego / á nieprzyiáźnia okolátego.

To tedy było peregrinácyey moiey Przedśiewźiećie / [Duszny nieprzyiaciel dobremu záwżdy zayrzy.]
ten iey Cel / tá y przyczyna. Zá co iák bacze y doznawam
ciężko sie poruszył ná mię dobrá nienawistnik / nie wsmák
sobie poczuł to moie pielgrzymowánie / y nie pośpiałem
ia iescze był zá prog Oyczyzny / á on iuż nalazszy sobie
sposobne do swego dźiełá naczynie / zámieszánie przez nie
w Cerkwi nászey w narodźie (mowie) nászym Ruskim tákie vczynil / ktore y podźiś iák w piekle / dźień od dnia wre
y szumicie / á on przytym iákoby niebo z źiemia zmieszáć
mogł / vdáie sie. Wźięłá z wiekow miłosći Bráciey nie-
nawiśce zá nieprzyiáźliwe iego serce przełożona mna Peregrinácyey moiey zbáwienia sprawá: nie luba mu sie stáłá / luba Bogu w wierze y w miłośći iednomyslność y
B zgodá

zgodá Bráciey. Dla czeº zá zwroceniem sie moim do Oyczyzny przynábywszy sobie mnogszego/ y iesżcze sposobnieyszego naczynia/ wszytka Cerkwia zátrząsnał ták/ że wszyscy ludzie stáneli iák zdumiáli: iákoby siebie samych odeszli/ stáli sie wszyscy: y iesżcze y podźisieyszy dźień trząść nie nieprzestáie. Skąd iedni/ á ći miálkiego rozumu dźiwnia sie temu tylko: drudzy á ći niedbáli/ pożiewáia ná to: trzeći/ á ći pobożni ták poważeni chodzą/ rády w tym dáć sobie niemogąc. Niemogąc chytrey tey przewrotności szátáńskiey wyrozumieć/ á obaczyć/ że to iemu o ostátnie w narodźie nászym poszło/ dla czego on wszytko piekło náprzećiw dźieiącemu sie/ zá przemysłem Boskim dobremu poruszyć/ piętę podnieść/ y rogi nastáwić muśiał. Wszákże by dobrze wszytkie swoie piekielne mocárstwá y władzy ze wszytkimi ich chytrośćiámi dźwignął/ nic nie vspieie. Durum enim est contra stimulum calcitrare. nie spieszno szátánowi z Pánem Bogiem iść wzapásy. Co ábowiem pod niebem ták mocne iest/ iák iest mocna prawdá? kámień to iest ná niego táki/ o ktory gdy sie on otráći/ rostrąći śie/ á ieśli ten ná niego pádnie/ zetrze go.

Act. 9.

Obiectia przeciw peregrinátiey.

Rzecze mi ktory z tey niespokoyney cháśćy: iákoż y mowią/ co ćie dolegáło żeś chodźił? żeś pielgrzymował wschodnie kráie/ żeś náwiedźał Oycá y Stárszych? Poniewaź wszytko z łáski Bożey ile do wiáry v nas cáło: y ile do wyznánia tey wszytko domá zupełno. vczyniłeś to bez żadney słuszney ile do Ruskiey Cerkwie przyczyny. Ná swoię szkodę lub pożytek vczyniłeś to: á my y bez tey ták trudney y prácowitey peregrinátiey twoiey obeyść sie mogli. Coteº n/ to przed wszytkimi w tym przezacny narodźie Ruski odpowiem nie bez wszelkiego v ćiebie podźiwienia być to muśi y ynni si. tey rzeczy/ y spráwie dobrze przypa-

Solutia obiectiey.

przypa-

przypátrzysz/ y vważysz/ bárźiey niepodobna to rzecz zdáć śie będźie/ niż podobna: y nie bez słuszności. Bo morze poki iest morzem/ y źrzodło poki iest źrzodłem/ nie iest rzecz podobna/ aby były bez wody. Rownie słońce poki iest słońcem/ y ogień poki iest ogniem/ nie iest rzecz prawdźiwa aby nie świećili. To mie dolegáło/ odpowiem temu/ że ia Episkop/ bá y Archiepiskop w Cerkwi narodu mego Ruskieg nie wiedźiałem com wierzył. Niepodobnaś to rzecz zdáć ći śie będźie/ że Biskup iák wierzy nie wie? że mistrz czego inszych vczyć powinien/ bá y vczy/ tego sam nie vmie? Ták śie to niepodobna rzecz być zdá/ iák gdyby kto człowieká bez dusze żywym być twierdźił: ábo wprzećiw żywego vmarły. Ale że to co mowię y podobna iest rzecz/ y prawdźiwa/ iásnie y dowodnie tobie to pokáżę/ gdyć vkáżę/ żem ia wiecey błedy y haeresye niżli prawdźiwa ze Wschodu do nas záwitáło wiárę P. Chrystusowa wierzył: tey nauczałem/ te y przepowiádał. A bo śie przezacny narodźie/ żebyś y ty wszytek od nog do głowy (przebacz mi) w tey ziemnej chorobie nie był. O by to zdárzył był P. Bog/ áby zmyślona y niepodobna to rzecz byłá/ że ia Episkop/ tak wysokiego w Cerkwi Ruskiey dostoieństwa człowiek/ com wierzył nie znałem: ábo ieśli znałem: tedy źle znałem/ y źle wierzyłem. Niemiałoż mię to Episcopá dolegáć? y nie byłoż mnie słuszney do tey moiey ták prácowitey peregrinátiey przyczyny? Bażem głuchy ná owe/ Blog. Apostołá Páwłá słowá zostáwáć miał mowiącego. Oportet Episcopum esse doctorem. Jákżem ia miał insze náuczáć/ gdym sam tego nie wiedźał czego ich vczyć byłem powinien. Jeśli tego vczyć ich miałem/ áby byli dobremi y pobożnymi: tedy wprzod owego áby byli wiernymi/ y práwowiernymi. Wiárá bowiem iest fundáment/ nádźieiá fundámentu

Trudno temu wiáry vczyć inszego/ ktory śie sam nie nauczył/ ábo śie tey źle nauczył.

1. Timo. c. 3.

Nikt niemoże

dámentu

być prawdźiwie dobrym/ ieśli nie będźie prawdźiwie wiernym.

dámentu tego/ ściány: á miłość/ oboiego tego/ pokryćie. Iák tedy pokryćie ábo dách bez fundámentu y bez ścian ostać sie nie może: ták áni miłość bez nádźieie / y bez wiáry. Zaczym áby był kto dobrym y pobożnym/ wiernym pierwey ma bydź: czego żem ia vczyć nie mogł/ bom y sam/ cobym práwo wierzył nie wiedźiał/ y dobrymi przeto y pobożnymi bydź ini/ vczyć ich nie mogłem/ v oni prawdźiwi: tákimi stáć sie niemogli. Bo iák ia bez fundámentu y bez ścian pokryćie wystáwić postepowałbym/ ták y oni bez tego oboiego dách záwiesić pokusiliby sie. co iest rzecz nieprzystoyna y niepodobna. Bo ktoż bez iezyká mowić może: ábo bez oczu widźieć: ták áni bez fundámentu y ścian pokryćie stánowić. Nie iest to rzecz przystoyna/ nie iest y podobna/ áby kto rzecz iáka pierwey vlubił/ niżliby ią iakożkolwiek poznał/ áby iey pierwey pożadał/ niżby o niey wiádomość iáka wźiał. Nie iest záiste y to rzecz przystoyna/ nie byłá rzecz y podobna/ ábym ia kogo dobrym y pobożnym bydź náuczył/ nie náuczywszy go pierwey bydź wiernym/ y práwowiernć/ bo bez wiáry/ á wiáry Práwosławney Katholickiey/ dobroć y pobożność wszelka zmyslona iest dobroć y pobożność/ á nie prawdźiwa: ktora ná tym tylo świećie iest odpłácna/ á ná onym wiecznym mekom podleże. Sine fide enim inpossibile est placere Deo. Ieszczeż mi rzecze żem nie miał słuszney do pielgrzymowánia mego przyczyny: że nie było coby mie dolegáło y do ták prácowitey drogi przymuszáło: ták ile do mnie sámego/ iák ile do wszytkiey Cerkwie Ruskiey: Kto słuszności á tey gwałtowney w tym nie widźi/ ták ten wiele świátłości myslnego słońcá widźi/ iák wiele widźi kret świátłości słońcá zmysłu podległego. Miałem tedy y słuszna miałem przyczyne. miałem co mie dolegáło/ miałem co mie ná Wschod do Oycá y do Starszych musem práwie było wysłáte.

Hebr. c. 11.

Obiectia.

Rzecże powtore: to mowiac/ nie tylko śiebie y nas/ ále też y wszytkie Przodki násze świete y Błogosłáwione Ruskiey Cerkwie Oyce háńbisz. Bo niewiedźieć nam iák wierzymy iest háńbá/ nád wszelkie háńby. Przytym y sam sie z sobą niezgadzasz/ rzekszy máło wyżey/ że czysta y niepokalána wiará Przodkom nászym ze Wschodu byłá podána od nich przyieta/ y po wieki násze czysto y niepokaláno trzymána y chowána. Odpowiem mu/ że y to prawdá com ná przedźie powiedźiał: gdyż czysta tá y niepokalána wiará/ po násze tylko wieki czysto y niepokaláno byłá chowána/ á zá nászych nieszczesliwych czásow/ nieczysta stálá sie y pokalána. A to druga prawdá/ że mowiac ia to/ háńbie y śiebie przezacny narodźie Ruski (przebacżni prawde mowiacemu) y ćiebie: ále iák Cerkwie świetey Ruskiey/ ták y świetych y Błogosłáwionych Ruskiey Cerkwie Oycow nie háńbie: y owszem ná głowie moiey poczesnie ie noszę: poniewaź oni podána sobie czysta y niepokalana Christusowa wiáre/ czysto y niepokaláno trzymáli y chowáli: w tey tákiey czystey y niepokaláney wierze/ y swiát ten pożegnáli.

Solutia.

A my czysta záiste y niepokalana wiáre od tych SS. Przodkow nászych przyieli/ alesmy ią sámi/ iuż zá dni nászych onieczyśćili/ y pokalána vczynić dopuśćili: co sie máło niżey dowodnie pokaże. Czemu iesliby sie wczás nie zábiegało/ w wielkim niebespieczeństwie Cerkiew násze zostáwiona náydowáć byłoby. Obawiáć sie álbowiem należy nam/ aby sie ten szkodliwy káncerowy wrzod zá czásem y do czystego ćiáłá czystey Cerkwie Ruskiey nieprzyrznćił: ktorym ono (czego Christe rácz vchowáć) záráżone bywszy o bezduszone bydź/ páść/ y wniwecz obroćić sie musiáłoby. O ktorym swym Przeczystym ćiele Przeczysty Oblubieniec iednorodzony Syn Boży mowi. Tota pulchra es amica mea & macula

Cantici Cant. c. 4.

Epheſ. c. 5. macula non eſt in te. Y Blogosłáwiony Apoſtoł Páweł/
Chriſtus dilexit Eccleſiam, & ſe ipſum tradidit pro ea, vt
illam ſanctificaret, mundans lauacro aquæ, in verbo vitæ,
vt exhiberet ipſe ſibi glorioſam Eccleſiam, non habentem
maculam aut rugam aut aliquod huiuſmodi. ſed vt ſit Sancta & immaculata. Nieme zá prawdę vſtá / y vſchły iezyk w tym tákiem rázie / wielkośćią rzeczy podźwigniony
ruſzyć ſie mogłby/ y przemowić/ gdźie idźie o cześć Boża
y o duſz ludzkich zbáwienie: O záráze y vpadek w niemáley cześći Cerkwie iego S. Ináczey/ ieśliby my zwłaſzczá
duchowni/ o tym czuć y dbáć niechćieli/ á mimo śiebie
iákoby z vmyſłu/ te ták wſzytkiey Cerkwi náſzey ná vpadek ſtoiace rzecz puſzczáli/ przez to ſámo naymitámi być
w niey okazálibyſmy ſie. Widźieć abowiem/ że duſze trácacey wilk piekielny/ nie iedne/ ktora zſtádá náſzego owce
porwáć y vduśić/ ále wſzytko ćiáło Cerkwie náſzey Ruſkiey połknać ſtára ſie/ owym piekielnym wrzodem zárá-
źić ią vśiluiąc/ ktorym ſie świeći náſz ſ Przodkowie/ iák nim
ſámym brzydźili: to nam do wiáry podáć vbiegáiąc co
Błogosłáwieni náſzy Ruſkiey Cerkwie Oycowie porzu-
ćiwſzy deptáli. Widźieć to mowię á milczeniem tył po-
dáwáć/ nie tylko naymitowe ieſt dźiełó/ ále złodźieiowe y
rozboynicze. Co abowiem záráźliwſzym y ná duſzy ſzkodliwſzym ná duſzy człowieczey wrzodem być może/ nád
Hæreſim? Czym ſie naſpoſobniey y ná łátwiey ná zátrácenie w zeby piekielnego wilká podáć może duſzá człowie-
cza/ iák bluźnierſtwem ná Bogá? To oboie tyśiacochy-
try wilk ten piekielny/ w záráże ćiáłá Cerkwie náſzey Ruſkiey nágotowáł/ áby ie nim onieczyśćił y oniezbożył/ od
Bogá wſzytkich nas áby odwroćił/ y łáſki iego áby nas
pozbáwił. Co my iuż iáwnie y obkrytćie widźimy/ y w ſámych nas to/ im dáley tym głębiey vkorzeniáiące ſie czuiemy

iemy y doznawamy. widźiec tedy to/ á milczeć/ więcey
ieſt niż kámieniowi niemym być. znośniey záiſte bedźie Matt. c. 55.
źiemi Sodomitow w dźień on ſądny/ niżliby nam Cer-
kwie Ruſkiey Páſterzom było/ dla ták wielkiego wielu/
nieoceniona Syná Bożego krwią okupionych duſz/ ie-
wnego zatrácenia. Hæreſis człowieká każdego / gdy go
opánuie/ y z wiáry Práwoſławney wyzuwa/ y od Bogá
oddala. Herezya záráżona Duſzá żywoumárła. O hæreziey kożdey iedney to ſie mowić może/ Co B. Apoſtoł
Iákub rzekł o niezáchowániu iednego ktoregokolwiek
przykazánia Bożego/ mowiąc Quicunq; totam legem Iac. c. 2.
ſeruauerit, offendat autem in vno, factus eſt omnium reus.
iedney abowiem hæreſiey doſyć do zátrácenia: dwie/
trzy/ y dáley/ do więtſzego zátrácenia. y ieſt Człowiekowi nie rowno ſzkodliwſza/ niż naćięższy grzech śmiertelny. Hæreſis abowiem nie tylko od Bogá człowieká
oddala/ Co czyni y grzech śmiertelny: ále y Wiáry go po-
zbáwia/ Czego grzech y naćięższy nie czyni. A co mowię
o iednym Człowieku/ toż rozumiem y o pomieſtney Cer-
kwi/ że tey do odpádnienia od ćiáłá Cerkwie Powſzech-
ney/ á do zoſtánia zborzyſkiem Hæretyckim/ ná iedney he-
reziey doſyć/ ktora ią z wiáry wyzuwſzy/ wyzuwa záraz
y z obecnośći łáſki Bożey/ y od Bogá oddala/ á czyni ią
wſzeláko złowierną y niezbożną. Vwaſz że Przezacny narodźie Ruſki/ iák ią wielką do teſz mego ná Wſchod piel-
grzymowania miałem przyczynę: iák ſłuſznie śiebie y
ćiebie bánie. Vważ przy tym y Owo/ iáko to ieſt wielce
ſzkodliwy vpadek/ wpáść w Hereſim: ktora im ieſt na-
głębſza/ tym ieſt naſzkodliwſza. Z iákiego vpadku człowiekowi do powſtania tak ieſt trudno/ iák trudna rzecz
ieſt martwemu chodźić/ ieśli nie z oſobliwey łáſki Bożey
poruſzony bedźie. Voluntariè peccantibus nobis, mowi Hebr. c. 10.
B. Apo-

B. Apostoł Páwel / post acceptam notitiam veritatis, iam non relinquitur pro peccatis Hostia, terribilis autē quaedam expectatio Iudicij, & ignis aemulatio, quae consumptura est adversarios. Irritam quis faciens legem Moysi, sine vlla miseratione, duobus vel tribus testibus moritur: quanto magis, putatis, deteriora mereri supplicia, qui Filium Dei conculcauerit, & sanguinem Testamenti pollutum duxerit, in quo sanctificatus est, & spiritui gratiae contumeliam fecerit? Scimus enim qui dixit: Mihi vindicta, & ego retribuam. Et iterum, Quia iudicabit Dominus populum suum. Horrendum est incidere in manus Dei viventis. Przez przyięcie abowiem w śiebie Hęrezyi / á przez opuszczenie wiáry Práwosławney / ten strászny Duchá ś° wyrok ták ieden człowiek / ták y cała Cerkiew pomiestna popada / że ią strászliwe iákieś oczekiwánie sądu / y żarliwość ogniá Czeká / ktora iáko przećiwnice Boże pożrzeć ma / ieśli sámá śiebie pilnowáć y strzec nie zechce / ieśli sie pierwey nie obaczy / poki ieszcze pomsty Bożey ná sobie nie odnieśie: poki w rece żywego Bogá nie wpádnie. Bo iuż po tym żadney zá śiebie ofiáry nie naydźie. y gdźkolwiek mowić zwykli Hęretikowie / My Syná Bożego nie depcem / ále go ná głowach swych nosimy: y krwie iego świętey / przez ktorą iesteśmy poświeceni / pokaláną bydź nie rozumiemy / ále ią ták przeświętą y zbáwienną ná dusz nászych zbáwienie z boiáźnią y z strachem piiemy: y tak Duchá ś° nie lżymy: ále o nie Páná Bogá vstáwicznie prosimy / y przyznawamy / że bez nich żyć nie możemy. Odpowie im P. Bog / Populus hic labijs me honorat: cor autem eorum longè est à mè: ktorzy máią pozor pobożnośći / á mocy iey záparli sie. Choćiasz bowiem káżdy Hęretyk ták mowi / káżdy iednák depce Syná Bożego / pod nogámi swemi ma go. Krew iego święta / przez

Pokusátia hęretycka.

przez ktorą był oświecony / ma zá pokaláną / y łáski Duchá ś° lży / ponieważ przyiete prawdy poznánie / y vżywáne prawdźiwey wiáry wyznánie odrzućił / y podeptał: ponieważ z pośrzodku tych śiebie wyłączył / ktorzy Syná Bożego ná głowách swych noszą / y ktorzy krew Testámentu znáią y wyznawáią bydź czystą: y łáski Duchá ś° máią w poczćiwośći tym stał sie przećiwnikiem / á w nich sámemu Bogu. Hęretyká człowieká po pierwszym y wtorym strofowániu / tenże Błog. Apostoł Páwel / strzec sie wiernym roskázuie. A iák sie strzec t Christus Pan sam nauczá / iák pogániná y Celniká. Ktoż nád pogániná bárziey Syná Bożego depce / krew iego świętą nie czyći / y łáski Duchá S. lży? A temu tákiemu Bożemu y prawdy iego S. przećiwnikowi podobnym Hęretyká sam Syn Boży czyni. Tenże Błog. Apostoł Hęretyki názywa sługámi szátáńskimi / gdy o nich mowi / *Sam Szátan przemienia sie w Anyolá świátłośći, nie iest tedy rzecz wielka, ieśli y sługi iego przemieniáią sie, iákoby sługi spráwiedliwośći.* Sługi szátáńscy IEzu Christá Syná Bożego ná głowách swoich noszą? Krew iego ná oczyszczenie grzechow wszytkiego świátá wylaną bydź rozumieią? y łáski Duchá S. máią w vczćiwośći? Nic záiste. Człowiek Hęretyk / iest sługá szátáński / syn iest Dyabłow / według rzeczonego przez Christusá Páná / Wy z oycá Dyabłá iesteśćie. Nie poydźie tedy tá obmową żadnemu Hęretykowi / nie poydźie: ále rácżey kożdy táki stáráć sie winien / áby tego ták srogiego dekretu Bożego vszedł / náwroceniem sie zás ná prostą prawdźiwey wiáry drogę / z ktorey szkodliwie spadł / raz poznáną wiáry prawdę znieważywszy y podeptawszy. *Niepodobna bowiem, áby ći, ktorzy raz są oświeceni, y skosztowáli dáru niebieskiego, y vczestnikámi stáli sie Duchá ś°, y skosztowáli dobrá Bożego słowá,*

Tit. 3.
Matt. 18.
2. Cor. 11.
Ioan. 8.
Hebr. c. 6.

C *y mocy*

y moty przysłego wieku, á vpadszy, znowu odnowili sie w pokásie, po wtore krzyżuiac sobie Syná Bożego y wpokasániu máiac.
Nie iest rzecz podobna namileyszy/ áby zá Heretyká po wtore Syn Boży miał vmieráć; ále iest rzecz podobna/ áby Heretyk w vmárłym zań raz Synu Bożym zás z vpadku powstał/ y do pierwszey wiáry práwośći zás sie náwroćił.
Wszytko to/ w ktoryby koniec przez mie przełożono było/ mądremu vkázywáć nie potrzebá/ iáwnie ábowiem/ y bez vkazánia káżdy váki widźieć y rozumieć to może/ ky po nas mus duszozbáwienny to wyćiaga/ ábysmy nowo powstáley miedzy námi omylney Hereticktey przez násze nowe Theologi násiáney náuce/ nie tylko z Káthedr Cerkiewnych vstapić kazáli; ktora czásow teráźnieyszych niektorzy suggestowi przepowiádácze vstá sobie máza/ y násze vszy y dusze szkárádza: ále y z domow swych precz wyrzućili/ y w niepámiećí ia zágrzebli/ ieśli prawdźiwa Páná Christusowa wiáre mieć nas znáć sie/ y znáni bydź chcemy: y ieśli Heretickiego vpadkn ná dusze swe/ y ná wszytka Cerkiew Ruská námieść niechcemy. Tárgneli sie ábowiem ći Theologizautowie niezbożnie ná Máyestat Boży: rzućili sie bluźniersko ná Táiemnice wćielenia Syná Bożego: Zniewáżyli heretycko przez Páná nászego JEzu Christá podáne Cerkwi swey Sákrámentá; á to wszytko wiára nászá bydź ogłosili. Oczym Troygu Kátholickiego wyznánia pozbywszy/ Co im y nam dusze zbáwiennego zostáć mogło? Jeśli to wszytkim prawdźiwym Theologom iest w wyznaniu/ że o tym Troygu prawdźiwa wiárá/ to iest o Bogu/ o Wćieleniu Syná Bożego y o zbáwiennych Táiemnicách/ czyni człowieká práwowiernym y Kátholickiem: Oni wszytko to troie náruszywszy/ o káżdym z tych troygo/ y o wielu inszych/ z Kátholi-

ckiey wiáry Dogmát nie kátholicko wierzac y vczac iák sie Kátholikámi znáć y zwáć bedo mogli? Tárgneli sie ná Máyestat Boży/ gdy istnosć Boská od osoby Boskiey realiter dźielac/ osobe Boská káżdo w sámey sobie nie rozdźielna/ rzeczywiśćie rozdźielono bydź vczynili y gdy przyrodzony Boskich Osob/ ile do ich Bytnośći/ porządek znieśli. Gdy Syná Bożego Bogá Słowo nie bydź z istnośći Bogá Oycá vrodzonym zbluźnili. Rzućili sie ná nieodmienno wćielenia Syná Bożeg Táiemnice, gdy Christá Páná Kápłanem y pośrzednikiem nie bydź náuczáio. z opoczytego ná nim wiecznymi czásy y ná wieki nieodmiennie trwáiacego dostoieństwá iego Kápłáńskiego y pośrzedniczego zdárli go. Zniewáżyli y zbáwienne Sákrámentá Cerkiewne/ dwá tylko od Christá Páná bydź podáne wyznawáiac/ á nie siedm. Jeśliż to troygo Przezacny narodźie Ruski w bluźnierstwie y w Herezyey; Co nam zbáwiennego przez nich cáło zostáło? stawszy sie iedno Herezyo záráżonymi/ háńbo názwiská Heretickiego od Cerkwie ná nie záłożonego/ nośić muśieliby: á to ták wielu. iáwnymi Herezyámi (nie tylko ábowiem tego złego iest) záráženi y zeszkárádzeni stawszy sie. Czego sie po Cerkwi Bożey/ ktora y po śmierći ták ie przeklináć zwykłá/ spodźiewáć sie máia?

Bluźnierstwá miáuie Ruskich Sertobentom.

Oni Dusz spráwiedliwych w niebie z Pánem Christusem bydź nie przyznawáia Poiedynkowy Sad báśnie bydź rozumieia.
Dostoieństwo Kápłáńskie y Episkopskie toż y iedno bydź sadza/ Pietrá s. z przełożeństwá ieg nád wszytko Cerkwio zdźieráia. Chlebá y winá w Sákrámenćie Eucháristiey w ćiáło y krew Christusowo istotne przemienienie/ rzecz zmyślona bydź powiádáia. Zprzeistnoczenia sie náśmiewáia y insze tym podobne bluźnierstwá ná łonie serc swoich wa-

táione/

dżone / á przez Scriptá ná iaw wynurzone obnoßą. Nie Hęrezyieß to? Nie bluźnierstwáż to ná máyestat Boży / y ná podáne od niego Práwo / ktore Wiárą / iák nie mo- ga bydź większe gorße y ßkodliwße. Arius, Sebellius, Eu- nomius. Nestorius, Eutyches, y tym podobni Hęretykowie / dla iedney tylko káżdy z nich Hęreziey / y Hęretykiem od Bogonośnych Oycow iest názwány / y z Cerkwie wy- gnány. Oni Syná Bożego nie bydź vrodzonym / z istno- ści Oycowskiey bluźniąc / Co mniey bluźnią nád Ariußá? Przyrodzonego miedzy Boskimi Osobámi porządku nie przyznawáiąc / Czym sie w tey Hęreziey mniey máią ná Eunominßá? Kápłaná z Biskupem y wstopnia dostoieństwá. y w Prerogátiwie iuriedictiey porownywáiąc / czym mniey nád Aeriußá Hęretyká bładzą.

Lecz ábyśmy sie oczywiście przypátrzyli / w czym oni świetych Oycow náßych wiáry vstąpili / trzech przednieyßych y pierwßych náukę fałßywą / mieysca y kárty w scriptách ich z druku wydánych notowawßy / przekłádam. áby kto ták z więkßych / iáko y z mnieyßych nie rozumiał / że to co mowię / słowá są bez dowodu. Visus enim pospolicie mowią / certior est auditu.

Pierwßy táki Theolog Ruski Stephan Zyzáni.

Zyzaniego błędy y Hęrezye.

TEgo Mátheologá Stephaná Zyzániego / wydána iest náuká z druku po Rusku y Popolsku w iedneyże ksiażce. Anno 1596. Ten w náuce swoiey náprzećiwko Czyśću / sąd poiedynkowy przyznáwáć / bład mieni bydź Hęretycki. Támże nie przyznawa / áby duße z tego świátá zeßłe spráwiedliwe tám były / gdźie iest Pan Chrystus ále ie w źiemnym Ráiu bydź powiáda. Támże nie przyznawa

znawa y tego / áby ᾅδης po Grecku / á po Łácinie Infernus, było piekło / żeby sie iuż grzeßni y Dyabli w piekle mieszkáli.

Ná kárćie 32. Christá Páná y teraz widomą głową Cerkwie swoiey bydź powiáda. Ná kárćie 56. Cœlestiná Biskupá Rzymskiego / mężá świętego / przeklętym Hęretykiem názywa. Ná kárćie 40. Nie przyznawa / áby przáśnik názywał sie prosto chlebem. Ná kárćie 101. Bluźni o P. Christusie / iż iuż nie iest dáley ni Kápłanem / ni Pośrzednikiem: gdyż Kápłáństwo mowi Christusowe / nie zostáło w Christusie / ále sie z niego zlało ná kápłany / y ná nich oprzyło. Opußczam drugie bluźnierstwá iego przećiwko pochodzeniu Duchá S°. y przećiw Episkopá Rzymskiego y inße błędy y hęrezye iego. Postępuię do drugiego Theologá Krzyßtophá Philáletá.

Drugi Theolog Ruski Krzyßtoph Philálet.

TEn Philálet wydał náukę swoię z druku. Año 1597. ἀπόκρισις, názwána. Ktory pagina 66. zmyślá y potwarza Grekow / iákoby oni ná Cócilium Florenckim Tránsubstántiey / to iest Przeistnoczenia chlebá y winá w ćiáło y w Krew Páná Christusowe w Sákrámenćie Eucháristiey nie przyználi.

Pag. 298. Z wyznánia tego tákiego przeistnoczenia náśmiewa sie y rzeczą zmyśloną ie bydź powiáda.

Pag. 87. Biskupi y kápłáński vrząd tenże y ieden bydź rozumie.

Pag. 81 y 90. Twierdźi iż ludźie świecey máią práwo suffragij decisiui czynić y stánowić dekretá o wierze.

Pag. 93. Bogowidce Moyżeßá / áby był kápłanem nie przyznawa / ále go człowiekiem świeckim bydź mieni.

Pag.

Pag. 94. Kápláństwo duchowne z kápláństwem Sákrámentálnym mießa/ y owego wtorego nie przyznawa.
Pag. 111. Władze obieránia ná stan duchowny ludźiom świeckim iure diuino należeć przywłaßcza.
Pag. 114. y 124. Twierdźi/ że Biskupowi nád kápłany w dostoieństwie swym większymi ſą/ non iure diuino, ále z zwyczáiu ludzkiego.
Pag. 142. Nie przyznawa/ áby S. Apostoł Piotr był postánowiony od Chrystá Páná Pásterzem Cerkwie powßechney.
Pag. 147. Nie przyznawa/ áby Pan Chrystus Piotrá ś. Kámieniem názwał.
Támże. Nie przyznawa/ áby Chrystus Pan Cerkiew swoię ná S. Apostole Pietrze zbudował/ y áby kiedy Cerkiew Wschodna to wyznawałá.
Pag. 151. Nieprzyznawa/ áby owe słowá Pan Chrystus do Piotrá ś mowiąc/ páś owce moie/ wßystkie swoie owce do pásienia iemu porucził.
Pag. eadem. Nieprzyznawa/ áby dwoiákie były dáne Apostołom od Chrystá Páná klucze; to iest ordinis y iurisdictionis.
Támże/ mießa pásterstwo Arcykápláńskie/ z pásterstwem kápláńskim.
Pag. 206. Nieprzyznawa/ áby z zwyczáiu stárodawnego/ iż vchwały praw Cerkiewnych/ Appellácia do Biskupá Rzymskiego należáłá.
Pag. 216. Twierdźi/ iż wspráwách Duchownych Appellácya Biskupom należy do Cesárzow.
Pag 219. Władze nákázywánia Synodow przywłaßcza Cesárzom.
Pag. 223. Nieprzyznawa/ áby ná koncyliách powßechnych Biskupowie Rzymscy pierwße mieysce záśiadáli.

To y

To y tym pobobne bledy y Hæresyæ Theologá drugiego náßego Philaletá.

Ortologowe bledy / y Hæresye.

Nastempuie trzeći takowy Cerkwie náßey Ruski Theolog Theophil Ortholog/ ktory w scripcie swym Lámentem názwanym R. 1610. z druku wydánym/ wßytek o pochodzeniu Duchá ś Tráktat ná rozdźieleniu rzeczy w istym istnośći Boskiey od osoby záłożył y zbudował.

Folio 111. 2. Wyráźnymi słowy nieprzyznawa/ áby Duch S. z istnośći Oycowskiey był A Folio 113. 2 mowi że sie Syn nie z istnośći Oycowskiey rodźi/ á Duch S. pochodźi; ále z Persony Oycowskiey/ co wßytko ná Syná Bożego/ y ná Duchá S. z istnośći Bogá Oycá onego wrodzonego/ á owego pochodzącego iest bluźnierstwo Hæretyckie.

Folio 99. 2. Duchá S. według porządku Boskich person wtorym być mieni/ iák y Syná.

Folio eodem y 101. y 122. 2. Przyrodzony miedzy Boskimi Osobámi porządek psuie/ y rwie.

Tráktat náprzećiw Czyscu wßytek iest Hæretycki/ nie Græcki/ bo sie wnim folio. 161. y 163. Swietym náuczyćielom Cerkiewnym Ambrozyußowi/ Augustinowi; á osobliwie Grzegorzowi Nyßeńskiemu/ y Grzegorzowi Wielkiemu Biskupowi Rzymskiemu Hæretycko przymawia; á folio 162. y Irinæußowi y Dionyzinßowi Alexándriyskiem/ czego Cerkiew Wschodna ktorey sie ten Tráktat od Orthelogá przypisuie/ czynić niezwykłá.

Folio 151. 1. Duß Swietych z tego świátá zeßłych mieysce/ Ray źiemny być powiáda.

Folio 164. y 165. Rácye położone znoßa/ áby komu

po zeo

pożądliwe złe świata grzechow odpuszczenia było potrzeba.

Folio 160. 1. mowi iż hoyny Pan Bog / przeniewymownie łaski swoie z łaski / darem / y krom zasług grzechy odpuszcza.

Folio 157 y 176. twierdzi że grzechy Venialne z tego świata schodzącym duszom odpuszczane bywáią gratis / hoynym dobrotliwego Bogá miłosierdziem.

Fol. 177. 1. Sadu Particulárnego nieprzyznawa.

Fol. 212. 1. mowi. iż grzech śmiertelny oddala od człowieka wiernego / y wiáre.

Folio 213. Znáczenia człowieczego dusze rozumne bydź stánowi.

Folio 214. 2 Dwá tylko Sákrámentá od Chrystá Páná podáne bydź twierdzi / Krzest y Eucharistiæ.

Fol. 206. 2 y fol. 5. 1. 3 Trádiciey się náśmiewa.

Opuszczam insze błedy Hæreziey bluźnierstwá tego miłego Krzywologá Cerkwie nászey.

Przypátrzże się przezacny narodzie Ruski / iákie to błedy y Hærezie od tych nowo wynikłych nászych Theologow / w Cerkiew nászę są wprowadzone / y nam iákoby zá prawdziwe wiary dogmátá podáne / y przez nas przyięte y approbowáne. Pátrzmy á obaczmy / iák bluźnierską náukę zádáżić siebie dopuścilismy: á ták nieostrożnie / że przed Zizániámi Philáletami / Orthologámi Antigráphistami / Klirykámi / Suráskimi / Azáriámi / y tym podobnymi Metheologámi zwodcámi nászymi z prawdziwey wiary t máło nam znácznie zostáli święci náuczyciele nási Cerkiewni Athánázyusowe / Cyrillowie Bázyliusze / Grzegorzowie / Chryzostomowie / Dámáscenowie / y inszi święci Doktorowie. A gdyby nam kto Rusi z tey przyczyny y okázyi ono rzekł co niegdy B. Apostoł Páwel do Gálatow pisząc mowił. *O głupi Gálatowie, kto was omá-*

mił, ábyście prawdzie niebyli posłuszni, A niżey *Tákzeście głupi, że poczawszy duchem, teras ciálem bywácie wykonáni.* Nie mielibyśmy się słusznie ná niego zá to obráżáć / poniewász y my prawdzie nie bedac posłusznymi zá falszámi Theologow nászych vdálismy się. Co abowiem ná Bog żywy nas do ták wielkiey prostoty przywiodło / żesmy ták znáczne błedy / y iáwne Hærezye / bez żadnego doświádczenia / iákoby wszytká Cerkiew / bo wszytkiem narodem przyieli / y niemi bez żadnego vważenia iák swemi własnymi chlubimy się? Zaż niebyliśmy w tym od B. Apostołow Páwłá y Janá przestrzeżeni / ábyśmy wszystkiego doświádczáli / á co dobrego iest dzierżeli iżebyśmy nie káżdemu duchowi wierzyli / ále pierwey doświádczáli / ktoryby był z Bogá. Poniewaz mowi / wiele falszywych Prorokow wyszło ná świát. Jeśli nie co inszego / tedy to sámo tych Ciemnych Authorow náuki y pismá wpodeyrzenie nieprawdy podáć nam było miáło / że żaden z nich imienia swego do tych swych bálámutni niepodpisał / ále tylko zmyślone. Ktory kiedy rodzic poczciwego swego splodku wstydził się / iák się ci swoich zrodkow wstydáli / że się do nich znáć nie zezwolili przez co zá pewne to o sobie / y o nich wiedzieć dáli / że niepoczciwego łożá splodki ná świát puścili. Ale iuż iákożkolwiek się to złe z nieostrożności nászey stáło / day Boże / áby się z postrogi nászey iuż rozstáło. Bo nie to złe / co się może náprawić / ále owo co się nigdy ku dobremu mieć niechce / Skoro te ich mierziono Bogu náuke z náuka stárożytnych Theologow Cerkiewnych znieśiemy / nátychmiast z tey sámey ich od Doktorow świetych w náuce dogmat wiáry rożności / da nam Pan Bog w siebie przyść / y poznáć sámych siebie / poniewasz nie zdomniemánia dobrey wiáry człowiek / ále prawdziwie tákiey / zbáwienia swego iest bespieczen: y to

D w miło-

Gal. 3

1. Thess. c. 5.
1. Ioan. c. 4.

w miłośći / bez ktorey może być człowiek wiernym / y prawowiernym / ále martwowiernym / y żadney nádźieie zbáwienia nie máiącym. Może być y męczony / śieczony / palony / ále zbáwiony być nie może. Jeśliż tákiey ſłábośći ieſt wiárá bez miłośći / iákiey bedźie marnośći / gdźie ni wiáry / ni miłośći? Coż rzeczemy o tym gdźie pod płászczem wiáry błędy Hærezye y bluźnierſtwá?

Nie bluźnierſtwoż to y ſprośne Hæretyckie / przez Stephaná Zyzániá w Cerkwi náſzey Ruſkiey záśiane / Sadu poiedynkowego nie przyznawáć? Duſzy ſług Bożych ſpráwiedliwe z niebá ſtrácáć / y ſpołecznośći z Pánem Chriſtuſem oddaláć? Chriſtá Páná z wiecznego iego Kápłáńſkiego y Pośrzedniczego doſtoieńſtwá zdźieráć? iákie záiſte wiekow náſzych ſprośnieyſze ledwie wynurzyć ſie mogły. Co ná to rzeczemy / że on w tymże ſwoim ſcripcie Chriſtá Páná zowie Cerkwie ſwey być Głową widomą? że duſze święte w Ráiu ziemnym pomieſzcza? że B. Apoſtołá Páwłá od przytomnośći Chriſtuſowey oddala? Że Infernus áby był piekło / nie przyznawa? że áby Przáśnik zwány był chlebem negnie? Że do textu s° Złotouſtego owe słowá tám Przáśnik / á tu chleb / zmyślenie przyłożył? Że tegoż s° Złotouſtego świádectwo o Kápłanie y Pośrzedniku Jezuśie Chriſtuśie nie wiernie przywiodł? Że owe pod czás krzcu Páńſkiego ſtáło ſie Táiemnice w głośie / w Gołebie / y w krzczącym ſie Chriſtuśie Pánie Aryáńſko wyłożył? że Biſkupá Rzymſkieg Cæleſtiná Trzeciego powſzechnego Synodu ſpráwce: ktorego ná tym Synodźie / Cyrillus s Alexándriyſki Pátryárchá oſobe noſzac / Neſtoriuſzá Pátryárche Koſtántynopolſkieg zá Hæretyká oſadźił / doſtoieńſtwá Kápłáńſkiego obſadźił / y od Cerkwie oddalił: y oweg ſtad Tytułu nábył / że ſie wſzyſcy iego Potomkowie Pátryárchowie Alexándriyſcy Papieżámi

Fol. 5.
Fol. 15.
Fol. 101. 102.
Fol. 31.
Fol. 14.
Fol. eodem.
Fol. w nauce o Cyręcu.
Fol 44.
Fol. 47.
Fol. 101. y 102.
Fol. 38 y 55.
Fol. 56.
Theod: Balſa. addecr: Conſt:

żámi y ſedźiámi powſzechnymi tytułuią: y nád inſze Pátryárchy in Trigio ſtnżo. Oboie to od tego s° Cæleſtyná máia Pátryárchowie Alexándriyſcy: á náſz mądry Zizáni Hæretykiem być zpotwarzył / ná trzecim powſzechnym Synodźie przeklętym. Dźiwna rzecz záprawde / Hiſtoryey Cerkiewney / nierzkąc piſmá s° y iego głębokich ſkrytośći nie być wiádomym / á Bogoſłowić ważyć ſie. Coż Cerkwi náſzey Ruſkiey z tym nowym Theologie we wſzytkim cym zá zgodá? Co náſzey czyſtey duſzozbáwienney pſzenicy / z iego nieczyſtym duſzotrácącym kąkolem? przez ktory on nas do wſzytkiego Katholickiego świátá zá Hæretyki podał / iákoby ták / według tey iego nowey Theologiey Cerkiew náſzá Ruſka y wierzyłá y wyznawáłá. Ano on ſam we wſzytkich tych od śiebie opiſánych wiáry Artykułách / ták ieſt od Ewányeliſkiey prawdy / y od náſzego práwoſławnego wyznánia dálekim / ták ieſt dálekim fałſz od prawdy / á Beliál od Chriſtá Páná.

m. in Photi y nomocanonie Tit 8. c. 1. y Niceph. Calliſtus eccl. Hiſt. lib. 14. c. 34.

O ſadźie poiedynkowym.

A Czkolwiek dźiwna to rzecz przezacny narodźie Ruſki / że ten Człowiek ták beſpiecznie ważyć ſie tego śmiał / czego mu żadnym ſpoſobem wydołáć nie mogł: ále nie rowno dźiwnieyſza rzecz / że ták iáwnych iego błedow y Hærezyi my nie poſtrzegli. Że ták łácnych rzeczy / ktore ſie przez ſámę przyrodzony rozum do widzenia podáią / obaczyć nie mogliſmy. Jle ábowiem do ſadu Poiedynkowego / poſtánowiwſzy to v śiebie káżdy z nas zá rzecz pewną / że po rozłączeniu ſie od ćiáłá / iedne duſze odchodzą ná mieyſcá świátłe y ſpokoyne / á drugie ná mieyſcá ćiemne y nieſpokoyne / pytáć śiebie ſámych mieliſmy / kto te duſze ták roſporządza / áby owe ſzły ná mieyſcá weſołe / á owe ná mieyſcá ſmutne? A gdybyſmy to poieli / że ſie to im nie

Fol. 82

przydáie

przydźie zprzypadku / ni z ich ſámey woli / ni zwłádzy iákiey nád niemi ßátáńſkiey / lub Anyelſkiey / áni ze złych ich
ábo dobrych vczynkow / bez vczynionego ná nie ſądu. Bo
może wiedźieć y Anyoł y dyabeł o vpadku człowieczym /
ále o powſtániu wiedźieć záwße nie mogą ktorzy ſkru-
chy ſerdeczney / bez ktorey pokutá / by dobrze y byłá powie-
rzchowna / nic nie waży / wiedźieć nie mogą. Gdyż to
Pan Bog iáko ſercowiedcá ſámemu ſobie zoſtáwił. Mu-
ſielibyſmy z iſtte zá tym tákowym rzeczy tey vważeniem /
z potrzeby ná to przypáść / że ſie to im przydáie z oſobliwego niejákiego ſądu Bożego / według vczynkow ich ná
nie vczynionego / iż ſpráwiedliwe doſtáią ſie rękam An-
yelſkim / przez ktore odnoßone bywáią ná mieyſcá świátłe y weſołe: á grzeßne doſtáią ſie do rąk dyabelſkich przez
ktore odnoßone bywáią ná mieyſcá ćiemne y ſmutne.
A to tákie Boſkie vſądzenie názwálibyſmy ſądem Párticulárnym / ábo Poiedynkowym. Ktorego ieslibyſmy
nie wyznáwáli / z potrzeby wierzyć muśielibyſmy / że y
ſpráwiedliwe y grzeßne duße ná iedno iákie mieyſce ku-
pią ſie. Ale Ablá pomießczáć z Kaimem / Lotá z Sodomczykámi / Piotrá Apoſtołá z Iudaßem zdraycą / y tym
podobnych: nie ieſt rzecz zbożna. Przyrodzony tedy rozum człowieczy vkázáć to nam był miał / że ieſt ſąd Poiedynkowy Duszam / á zá tę Zyzániego Heretická opinia nie
chwytáć ſie. Tym tákiem poiedynkowym ſądem ſądźił
Chriſtus Pan onego rozumnego Zboyce / rzekßy do niego / *Dźiśia ze mno bedźieß w Ráiu.* Tym tákowymże ſądem
ſądźił y Iudáßá rzekßy o nim / *Biádá człowiekowi temu,
przez ktorego Syn człowieczy wyda ſie.* O tym tákowym ſądźie Auguſtyn ś. Bárzo / mowi / ſłußnie / y wielce zbá-
wiennowierzono bywa o tym / że duße z ćiáłá wychodzące / ſądzone bywáią przed tym / nim ná on ſtráßny ſąd
przyidą /

Wielki błąd / nie przyzwáć ſądu párticulárnego.

Luc. 23.

Matth. 26.

Lib. 2. de propagatione animæ c. 4.

przyidą / ná ktorym iuż z przyietymi ćiáły ſądzone bydź
máią. Ale poſłuchaymy namileyßy o tym tákim ſądźie
bliżßego wiekom náßym domowego nam Doktorá Cerkiewnego ś° Iná Dámáſcená / ktorego Zyzáni ábo nie
ſłuchał / ábo głuchymi vßymá ſłuchał: ktory ſermone de
ijs qui ob dormierunt in fide, w Cerkwi náßey czytáć ſie
zwykłym / ták o nim mowi. Powiádáią Bogiem nátchn-
nieni mężowie / że przy ſkonániu káżdego człowieká / iákoby ná wagách wßytkie ludzkie ſpráwy y vczynki ważone
bywáią / gdźie śiebie y dobrotliwy Pan Bog [ſłuchay-
my namileyßy otwártymi vßymá / co S. ten Doktor powiádá / gdźie mowi / śiebie y dobrotliwy Pan Bog] wielmożnośćią mocy ſwey ſtáwi / ktory ieſt ſpráwiedliwy /
mądry / dobry / y śilny / ábo prawdźiwiey rzekßy / ſámá
ſpráwiedliwość / mądrość / dobroć / y moc Hypoſtatna.
Iáko ſpráwiedliwy tedy opußczonemu bogactw ſwych v-
dźiela / iáko mądry / niedoſtátki vbogiego nápełnia / iáko
dobry / ſtworzenie rąk ſwoich zbáwia: iáko śilny / mocnego zwyćięża / á oſłábiáłego vmacnia: wyiawßy iáwnie
potępionego / y od práwey wiáry odpádłego / ktorego ßálá áż náder od rownośći wagi vſtępuie. Gdy tedy ná
wagách práwa ßálá lewa przeważa / iáwna rzecz / że zważony z świętymi Bożymi pomießczony bywa: ieśli obie
rowno ważą / łáſkáwość Boża zwyćięża: ieśli y przeważa trochę lewa / y ták według Bogonośnych Oycow náuki / miłośierdźie Boſkie nápełnia niedoſtátek. Trzy ſą
Boſkie Páná ſądy / pierwßy ſpráwiedliwy / drugi łáſkáwy / trzeći miłośierny: przydam ku tym y czwarty / gdy
źle vczynki wiele przeważáią / y tegdy ſpráwiedliwie ſpráwiedliwym ſwym ſądem náprzećiw winnemu dekretuie.
To S. Dámáſcenus. Wyráźnie tedy ten S. Doktor o
ſądźie Poiedynkowym. y nie z śiebie ſámego / ále iáko ſam
o ſobie

S. Damaſcen⁹ in Sermone de ijs qui in fide obdormierūt.

o sobie támże wiedzieć dáie / z świętych przed nim pożyłych Doktorow náuki wziął. Sąd tedy tákowy / káżdey duszy poiedynkowey Cerkiew nászá Ruska od Wschodniey o nim náuczona / záwżdy znáłá y przyznawáłá: y teraz zna / wierzy / y wyznawa / á Zyzániego od Heretykow po wzięte Herezye depce y tłumi.

O błogosłáwieństwie Dusz tego świátá zeszłych spráwiedliwych.

Nie zás do dusz spráwiedliwych z tego świátá zeszłych / ktorym Zizani nieprzyznawa / áby tám były / gdźie
Fol. 14. iest Pan Christus: y B. Apostołá Páwła od przytomnośći Páná Christusowey oddala: á wszytkie dusze święte w Ráiu ziemnym bydź powiáda. Ile / mowię / do tey Zizaniego náuki / nieudáiąc sie w dalsze z świętych Doktorow Cerkiewnych o tym wybádywánie / sáme codźienne Cerkiewne Hymny / miáłyby nas były tego náuczyć / że tá Zizániego opinia / Haeresis iest á nie Cerkiewna náuká. Zaż możemy to dobrym sumnieniem o Cerkwi nászey Ruskiey / ábo ráczey o wszytkiey Wschodney rozumieć / że oná ináczey vczy y wyznawa / á ináczey wierzy? Bynamniey.
Rom. c. 10. Gdyż cokolwiek Cerkiew Páná Christusowá sercem wierzy ku spráwiedliwośći / toż wszytko wyznawa usty ku zbáwieniu: y wprzeciw / cokolwiek usty wyznawa ku zbáwieniu / toż y sercem wierzy ku spráwiedliwośći. A ponieważ te prawdę Cerkiew nászá Ruska wyznawa / iż święći są w niebie / gdźie iest Christus Pan ćielesnie / á nie w Ráiu ziemnym / y iż błogi Apostoł Páweł / iák y wszyscy święći / iest iuż z Christusem: tedy to fałsz iest y Haeresis / czego Zizáni Cerkiew násze Ruska wierzyć vczy / ná ktore my nieostrożnie pozwolili. Aże Cerkiew nászá

nászá Ruska o Duszach świętych / z tego świátá zeszłych tak vczy / iákom przełożył / wiedźieć sie to dáie zewszytkich tey Hymnow y Homiliey w xięgach Cerkiewnych opisánych / w Octoichu / Triodiach / y Mineách / w Sobornikách / y wewszytkich nákoniec Doktorach Cerkiewnych / ktorym o tey máteriey pisáć dostało sie. Ná vwierzenie tego co mowię / przekłádam Swiętych Hymnopiscow Cerkiewnych świádectwá / w ktorych Cerkiew Ruska o Duszach świętych Bożych ná káżdy dźień wyznawáć zwykłá / iż one są w niebie / y vkoronowáne koronámi doskonáłymi / stoią przed Máyestatem Bożym: są z Pánem Christusem: są z P. Bogiem: widzą Christá Páná:
1. Cor. 13. widzą Bogá twarzą w twarz. A widzą nie przez podobieństwo / nie iákoby przez zasłone iáką: áni przez zwierćiadło / ni iákoby w konterfekćie iákim: ále twarzą w twarz / iák sam w sobie iest. Ták widzą / iák widzą go Anyołowie. Bez liczby ábowiem tákiego sensu w Cerkwi nászey Hymnow iest / iákiego iest ten / Teraz twarzą w twarz Christusá widząc święći / świátłośći niewysłowioney w roskoszy záżywaćie. y záś: oto otworzone wam iest Krolestwo niebieskie / gdźie wy po wykonánym biegu swoim / widźićie Bogá / iák widzą Anyołowie / ktory w nagrodę prac wászych / korony wam dáie. y záś / Męczennicy twoi IEzu Christe / ktorzy dla ćiebie wielkie męki vćierpieli / doskonáłych koron dostąpili ná niebie. A osobliwie o świętych Apostołách Pietrze y Páwle ták wyznawa: Teraz nie przez podobieństwo / áni przez zwierćiadło Christá Páná widźićie: ále twarzą w twarz / ktory wam Bostwá swego doskonáłą znáiomość odkrywa. To słysząc Przezacny narodźie Ruski / Zostáie nam wiárę dáć / ábo Cerkwi nászey niepokaláney Ruskiey / ábo Herezyą oszkárádzonemu Zyzániemu. Bo iedno z tego dwoygá bydź

z Kan: pospolite° swie Męczenomicz: pieśn 5.
z Kan: pospol. prepodobnym: pieśni 9. 1.
W octoichu / w piątek ná stich Głosu 6.
z Kan: SS. Apost: P. y P. pieśni 9.

gá bydź muśi/ że ábo Cerkiew nászá w tym błądźi/ ábo Zyzáni zbłądźili: ktory słucháć iey niechćiawszy/ oto śie pokusił/ áby iego oná usłucháłá. Czego w nieżułych ná prawdę Bożą sercách po wielkiey cżęśći y dokazał. Poniewaz/ iák śie wiedźieć dáie/ że Zyzáni z to swoią Hęrezyą w vstách nászych/ á náuká prawdy Bożey wzániedbániu zostáłá. A że to co twierdzę/ iest prawdá Bożą/ y z inszych Doktorow Cerkiewnych náuki/ z codźienną náuką Cerkiewną zgodney/ pokázuię. Błog: ábowiem Złotousty sermon: de omnibus sanctis Parænetico, wyráźnymi słowy náucżá/ iż święći z źiemie ná niebo przeszli/ y przez Anyoły Boże tám doprowádzeni bywszy/ przed Thronem Bożym stoią. S. Básilius wiel. Serm: Paræn: in 40. Martyres. mowi onich/ że ie nie źiemiá vcáłá/ ále niebo przyięło/ przed ktorymi otworzone są drzwi Rayskie. Do ktorych tego świętego słow Cerkiew owe słowá przydawszy/ y wewnątrz bádąc z drzewá żywotá rozkoszuiećie: Częstokroć to śpiewa y wyznawa. Niebo ten święty Ráiem názywa/ w ktorym święći z drzewá żywotá/ ktorym iest sam Pan Bog/ roskoszuią. S. Athánázyusz w żywoćie ś° Antoniuszá wiel. powiáda o nim/ że widźiał Dusze ś° Ammoniuszá niesioną ná niebo. S. Grzegorz Nisseński Serm. Paræn. ś° Ephremowi/ mowi/ że duszá iego w niebieskich páłacách ośiádłá/ gdźie są cżyny Anyelskie/ gdźie pátryárchow narodowie/ gdźie chory prorokow/ gdźie stolicy Apostołow/ gdźie rádośći Męczennikow/ gdźie pobożnych wesele/ gdźie Doktorow świátłość/ gdźie známienite pierworodnych zgromádzenia/ gdźie cżyste roskoszuiących głosy. Słyszymy námileyszy/ że ten S. Doktor Cerkiew/ y Ephremá ś° iák y S. Athánásius ś° Ammoniuszá/ nie w Ráiu źiemnym pomieszcżáią/ ále w páłácách niebieskich/ gdźie są Anyołowie/ Pátryárchowie/ proro-

Sermo iste w Cerkwi nászey co rok bywá cżytány w niedźiele wszech świętych.

Prorokowie/ Apostołowie/ Męczennikowie/ y wszyscy społecżnie święći. S. Grzegorz Theolog/ w żywoćie ś° Bázyliuszá wielk powiedźiawszy o nim/ że iest w niebie/ przyznawa mu/ że on widźi Troycę świętą ták/ iák wsobie iest. Toż mowią y tegoż vczą Doctorowie Cerkwie Wschodney y Zachodney/ Cyrillowie/ Hierozolimski/ y Alexándryiski/ Epiphanius, Ambrosius, Hieronymus, Augustinus, y inszy. Damascenus ś. w Historiey o Bárláámie/ mowi o Iosáphácie Krolewicżu/ iż on oblicżu Páńskiemu bez strachu y nágo przytomny stał śie/ y chwały oney/ iuż przed tym obiecána sobie korona ozdobiony zostáie. Theophilactus/ in exegesi owego przez Christá Páná rzecżonego/ Hodie mecum eris in Paradiso: Rzecż/ mowi/ należy/ że też to iest y iedno/ Ray y Krolestwo niebieskie. indczey ábowiem/ nie záżywałby [zboycá] doskonáley szcżęśliwośći. To SS. Doctorow Cerkiewnych náuká/ z náuką Hymnow Cerkiewnych zgodna: ktorey Zyzáni ábo nie słuchał/ y omylił śie/ ábo słuchał/ y rozumieć z vmysłu niechćiał. Przykłádem y pismá ś. o tym Cerkwie nászey Ruskiey práwosławnym wyznániu świádectwá/ ktorymi vpewnieni SS. Doktorowie Cerkiewni/ tę nam tákową o postánowieniu z tego świátá zeszłych świętych dusz náukę podáli. Mowi Błog. Apostoł Páweł/ Wiemy, że ieśliby źiemski dom nász te° mieszkánia był zepsowány, iż budowánie mamy od Bogá, dom nierękomá robiony wiekuisty w niebiesiech. Y záś tenże/ Smiemy tedy záwsze, wiedząc, że pokismy w ćiele, pielgrzymuiemy od Páná (przez wiárę bowiem chodźimy, á nie przez widzenie) á śmiemy y dobra wola mamy pielgrzymowáć rácży od ćiáłá, á przytomnemi być Pánu. Ktore oboie świádectwá tego sámego nas náucżáią/ że my po zepsowániu ćiáłá nászego/ w ktorym duszá iák w domie iákim mieszkáłá zepsowánym/ po wyśta-

E

Cyr. Hieros. Katech: 13. Alex: lib. 1. cá 56. In Ioanné Epiph. Hęr. 78 Ambr. lib. 7. Epist. 19. ad Thessal. Hier. Epist. ad marcellam de obitu leg. Aug. lib. medit. ca 22.

2. Cor. 5. 8.

ibid.

po wystąpieniu z niego dusze stawa się / dostępujemy nas tychmiast w duszach naszych mieszkania inszego nie rękoma robionego / wiecznego / ktore iest w samym nie rękoma robionym wiecznym Bogu. Do ktorego my w duszach / z ciała wyszedszy / odeyść spieszymy się. y Christus Pan do zboyce / Hodie mecum eris in Paradiso. Błog. y Jan Apostoł y Ewanyelista / *Widziałem powiada dusze pobitych dla słowa Bożego, &c.* Y niżey. *Y dane były każdey z nich szaty białe.* Y zaś tenże. *Potym widziałem tłuszcze wielką ktorey żaden niemogł policzyć, ze wszech narodow y pokolenia, y ludzi y ięzykow, stoiące przed Stolicą y przed oblicznością Baranka, przyobleczeni w szaty białe, y palmy w ręku ich.* Y ieszcze tenże tamże, *a ci są ktorzy przyszli z ucisku wielkiego. y omyli szaty swoie y wybielili ie we krwi Barankowey. Dla tegoż są przed Stolicą Bożą. y służą mu we dnie y w nocy w Cerkwi iego.* Już tedy dane są duszom świętym szaty ich: iuż są w nie przyodziane / w ktorych nie zewnątrz nieba stoią / ale wewnątrz nieba przed Thronem Bożym y Barankowym. y tam w niebie służą mu we dnie y w nocy. S. pierwszy Męczennik Stephan umieraiąc / mowi do Christa Pana / *Panie IEzu przyimi ducha moiego.* A Błog. Apostoł Paweł / *Pragnienie mam rozwiązanym być, y być z Christusem.* To są pisma s° mieysca ktorymi SS. Doctorowie Cerkiewni upewnieni / bespiecznie uczyli / że święci służebnicy Boży są w niebie / są z Christusem / są w Raiu / to iest w krolestwie niebieskim. y tym podobne. S. Złotousty w wykładzie słow Błog. Apostoła Pawła / owych / *Mnie żyć Christus iest, a umrzeć zysk. A ieśliż żywym być w ciele, ten mi iest owoc pracy. y cobym miał obrać niewiem.* Otoż B. Apostole Pawle / przed ktorym Zyzani niebo zamknął / y do Christa Pana niedopuścił go / tak mowi: Co mowisz Pawle? Gdy ztąd odchodząc / na nie, bo przyydź

Luc. c. 23.
Apoc. c. 6.
Philip. c. 7.
Ibid.
Act. 7.
Philip. c. 1.
Ibid.

bo przyydź masz / y z Christusem być / nie wiesz cobyś obrał? Niechże w heretickiey swey opiniey stano się zawarte usta tych / ktorzy mowią nieprawdę.

A co S. Złotousty y Theophilactus / y niektorzy insi na te słowa Apostolskie. *A ci wszyscy świadectwem wiary doświadczeni, nieodniesli obietnice, iż Bog o nas coś lepszego przeyrzał, aby nie bez nas byli doskonałymi.* wykład czyniąc / zdaią się mowić / iż sprawiedliwi ieszcze zapłaty za swe zasługi nieodnieśli: wiedzieć mamy / iż oni nie o Koronach y Doskonałości Błogosławieństwa Dusz mowią / ale o koronie y błogosławieństwie ciała o ktorym na mieyscu tym mowi y Błog. Apostoł Paweł. Przez obietnice abowiem rozumie się / doskonałe Błogosławieństwo y dusz y ciał: z ktorego ieszcze ni Abel / ni Noe / ni Abraham / ni Paweł / ni inszy kto nie miał / y teraz nie ma. A to dla tego / żeby nie bez nas mieli. Co się widzieć daie y z samych słow Apostolskich / owych / vt non sine nobis consummarentur. Nie rzekł abowiem / mowi B. Złotousty / aby nie bez nas byli koronowani / ale żeby nie bez nas doskonałości dostąpili. To iest / żeby bez nas doskonałey zapłaty nie tylko w duszach / ale y w ciałach nie otrzymali. Z nauki tedy świadectw Bożych: z nauki pism Doktorow świętych: y z nauki codzienney Cerkiewney obaczyliśmy Przezacny narodzie Ruski / y nauczyli się / że dusze świętych służebnikow Bożych są w niebie z Christusem Panem swoim y Bogiem / y z przytomności iego rozkoszuią / czekaiąc na doskonałą po zmartwychwstaniu ciał swych szczęśliwość / gdy iuż pospołu z świecącymi się iak słońce ciały swymi używać będą tego / czego oko nie widziało / ucho nie słyszało / y co człowiekowi na serce nie wschodziło: gdy iuż ustanie w nich oglądanie się na Bracią w modlitwach / y na ciał swych zmartwychwstanie: ale wszelako też są

Hebr. c. 11. To mieysce Pawła s°. przeciwnicy źle rozumieią / usiłuiąc pokazać że ieszcze sprawiedliwych dusze niemaią zapłaty w niebie.

ná ſámeg tylko Páná Bogá pozor im bedźie/ y ná ſámego
ſie tylko P. Bogá obroca/ y w nim ſámym osieda. Ktora doſkonáłość náſtapi w dźień powßechneg zmartwych-
1. Cor. c. 15. wſtánia. gdy wsiane ćiáło dußewne / Powſtánie ćiáło
duchowne/ ná ktorych wypełnia ſie tegdy owe piſmá ś°
Ioan. c. 14. wyroki/ Chriſtá Páná mowiacego / *Ieśli odeyde, y zgotu-*
ię wam mieyſce; przyde záśię, y wezmę was domnie ſámego,
Coloſſ. c. 3. *iżbyśćie gdzie ia ieſt, y wy byli.* Y Błog. Apoſtołá Pá-
władá / opowiádáiacego / *Gdy Chryſtus pokáże ſię żywot wáß,*
Hebr. c. 11. *tegdy y wy pokażećie ſię z nim w chwale.* y owo tegeż B. Apoſtołá máło wyżey przełożone / Et hi omnes teſtimonio fi-
dei probati, non acceperunt repromiſsionem &c. Tegdy
ábowiem w ćiáłách ſwych / w doſkonáłość vżywánia
dobr onych niebieſkich przyida / ktorych teraz przedtym
Apoc. c. 7. czáſem bez ćiał doſkonále záżywáia. Co im ieſt ßáta ona
biáła/ od Bogá im dána/ w ktora przyodźiane ſa przed
Máieſtatem Bożym / y ſłużo iemu we dnie y w nocy.

Wierzmyż my Przezacny narodźie z ſámem Pánem
Chriſtuſem / z Swietemi iego Apoſtołámi / z Bogiem
nátchnionym Oycámi náuczyćielmi Cerkiewnemi / ktorych ſie tu náuká ná dowod Práwoſłáwnego Cerkwie náßey Ruſkiey wyznánia przywiodłá / y z świetymi Cerkiewnymi Hymnopiſcámi / Andrzeiem Biſkupem Kreteń-
ſkim / Ioannem Damaſcenem, Kozmo ſpołuczniem iego/
Theodorem Studita / y Jozephem brátem iego/ z The-
phanem Piętnowánym / y z Jozephem Pieśniopiſcem /
y z inßemi tego poczcu. A Zizániemu z ta iego Haeretic-
ka omylno náuká do Cerkwi náßey Ruſkiey przyſtempu
nie dáymy.

Iż Infernus ieſt Piekło.

DOtkne ſie wkrotce y owe° haereticki° błedu Zyzánieg
w ktorym nieprzyznawa/ w náuce náprzećiwo czyſcu
áby

áby Infernus był Piekło y żeby grzeßni y Diabli iuż ſie mie-
czyli Zdośwuádczenia to miedzy ludźmi zá rzecz pewna vdá-
wać ſie zwykło/ że człowiekowi temu ktory ſie raz zdrogi
práwey zbiie/ á imieſieg bład/ niczego w oczu inße° nie ieſt/
tylko bład: y właſna iego práwa drogá/ nie iego drogá
bydź zda ſie mu. Toż ſie dźiać widźimy y z tymi/ ktorzy
w ieden Haeretićki bład zdrogi práwey Cerkiewney náuki
vdáia ſie / á imie ſie ich vpor / że iuż y dobrze vtorowáne-
go prawdźiwey wiáry gośćińcá widźieć nie chca: lub też
zá pokarániem Bożym y nie moga. Sam Pan Chriſtus
mowi w Ewángeliey / *Y w Piekle podniozßy oczy ſwoie,* Luc. c. 16.
gdy był w mękách. Ieśliż w Infernie on Bogacz/ y w mekách: tedy w Piekielnych mekách: gdyż mimo meki Piekielne / inßych mak niepokutuiacym grzeßnikom nád piekielne nimáß. Infernus przeto ieſt Piekło. Bo choć to
w przypowieśći rzeczono bydź przyimiemy/ mieyſcá mak
ináczey rozumieć nie możemy/ tylko że ieſt Infernus; ináczey / Chriſtus Pan złe mowiacym rozumiány być by muśiał: co ráczey Zyzáni popáda: ktory miał w tym vſłu-
cháć Błog. Krolá y Prorocká Dawidá/ mowiacego. *Nie* Pſal. 113.
vmarli będa ćię wychwáláć Pánie, áni wßyſcy ktorzy zſtęmu-
puia do Piekłá. Bo ći / ktorzy zſtepo-
wáli ná łono Abráhámowe / ná ktore potym doſtał ſie
był y Dawid / chwalili Páná / y záś tenże / *Niech ſię záś*
wſtydza niezbożnicy, y niech będa prowádzeni do piekłá. Má- Pſal. 30.
xym Mnich Graek/ ktory v Moſkwy in exilio bedac pi-
ſał / piſm ſwoich Capite 50. owe Błogi Pſalmiſty ſło- Pſal. 9.
wá / *Niech ſię grzeßnicy obroca do piekłá.* vważáiac/ Dwu
mowi/ rzeczy z ſłow tych náuczaymy śie: pierwßey/ iż aż
do wtorego przyśćia Sedźiego/ w Infernie zatrzymáne ſa
niezbożnych y grzeßnych duße: drugiey/ iż też duße záś
támże śie obroca / áby ná wieki meczone były. Ieśliż y
teraz

teraz przed sobem obchodzą niezbożnikowie do Adu/ według Graeckiego/ á do Infernu/ według Łacińskiego/ y po strogznym sądzie tegoż Adu/ ábo Infernu ná wieczne męki obrocą sie: Infernus przeto y według Graekow/ iest Piekło.

Iż sie iuż męczą y grzeszni ludzie/ y diabli.

A co mowi/ że sie iescze grzeszni ludzie áni Diabli nie męczą: Gdy by sie był y w tym tegoż Maxyma Graeká/ ieśli niechćiał inszych/ poradźił/ nie mowiłby był tego: ktory w liśćie swym do Iana Ludwiká/ pism swych capite 73. ták w tey máteriy mowi/ ogien iest pod źiemią záchowány od Stworzyćielá ná męki niezbożnikow: ktory y Gehenną Pismo święte názywáć zwykło: w ktorym nie miłosierny on Bogacz [słucháć go tu miał Zyzáni] skwarząc sie/ prosił Pátryárchi Abráhámá/ áby posłał do niego vbogiego Lázárzá/ żeby ochłodźił wodą ięzyk iego/ skwárzący sie w płomieniu podźiemnego nieugaszáiącego ogniá. A że ten ogień iest podźiemny/ niech ćie w tym przemoże ogień gory Aethny/ zespodu źiemskich przepáśći w wierzch wynurzáiący sie: y tych niezbożnikow/ ktorzy sie tám męczą/ głosy y wrzaski strászliwe. Abo nie słyszysz Zbáwićielá mowiącego/ vmarł też y bogacz/ y pogrzebion iest: á w piekle podniozszy oczy swoie/ gdy był w mękách. To Graek włásny/ y mąż tych wiekow w Gręciey rzadki/ á wyráźnymi słowy to wyznawa/ że sie iuż niezbożnikowie w ogniu Adowym/ to iest/ piekielnym męczą. y nie dźiw/ náuczył sie ábowiem tego w Cerkwi Wschodney Gręckiey/ ktora o Męczennikách y o ich Męczyćielách przez náuczyćiele swe mowiąc/ ták o nich mowę swoię zámykáć zwykła/ ták zámknął mowę swoię

Luc. c. 16.

swoię Abráhám o Lázárzu y o Bogaczu mowiąc/ teraz on ma poćiechę/ á ty męki ćierpisz. Miał był záiste y Zyzáni tegoż od swey Ruskiey Cerkwie náuczyć sie/ á Obłędney w tey máteriey nauki w nię wtrącáć nie ważyć sie: ktora temiż słowy tákie swe o męczennikách y o ich okrutnikách powieśći zámykáć zwykła/ że sie oni wesela y roskázuią/ á owi sie smecą y męczą.

Tamże.

Ták mowi o SS. Hlebie y Borysie Kiążętách Ruskich/ y o ich okrutniku Brátoboycy/ że oni w niebie koron dostąpili/ á Zaboycá ich w piekle sie męczy. W tey ták iásney y iáwney rzeczy iák Zyzániemu nas záwodźić/ ták y nam dopuśćić záwieść sie nie należáło.

W Stichersch sławá.

Słucháć mieliśmy w tym Błog. Apostolá Piotrá náuczáiącego/ *Vmie Pan pobożnych z pokuszenia wyrwáć, á niesprawiedliwych ná dźień sądny, áby męczyli sie záchowáć* w Gręckim Kolazomenos, in presenti, ktorzy sie iuż męczą.

2. Petr. 2.

Skąd S. Złotousty o Sodomczykách/ cztery tyśiące mowi/ lat przeminęło/ á Sodomczykom męká iákoby sie teraz nowo záczynáłá. Przytym/ ieśli spráwiedliwi iuż w niebie z wiecznych dobr roskoszuią/ z potrzeby zátym idźie/ że też iuż y niezbożnikowie męki wieczne w piekle ponoszą. Ieśli wźiąłeś o tym z pismá ś. náukę pewną/ mowi wielki Grzegorz Papież/ że dusze świętych są w niebie/ z potrzeby zá tym wszelako wierzyć masz/ że niespráwiedliwych dusze są w piekle. Leċz my iuż o tym pierwszym wźięli pewną náukę/ y pełnymi vstámi w Cerkwi nászey wyznawamy ią: ták sie to mało wyższey dowodnie przełożyło. należy przeto z potrzeby/ ábyśmy przyięli y drugą/ y tákowymiż ią vstámi wyznawáli.

Serm: quod pœna inferni est æterna.
wysł Margar pag. 71. to. 2.:
Lib. 4. Moral cap. 28.

A że męczą sie iuż y dyabli/ wiedźieć sie to dále miedzy inszymi dowodámi y z owego/ co mowi S. Złotousty/ iż żadney męki ćięższey niemász/ y nie będźie w piekle nád owę/ Błogosłáwioney sławy odpáść. A iż iuż sławy tey dyabli

Że sie iuż męczą y dyabli.

dyabli odpadli / y stali sie z niey wyzutymi / żadney przywrocenia siebie do tey sławy nadzieie nie maiac: przez co w vstawicznych iuż sa mękach / w vstawicznym nárdunia sie piekle / choć sa wprzepaściach podziemnych / choć w wodach / choć na ziemi / choć na powietrzu / piekło to takie wszedy zsoba noszą. Położ mi kto / mowi Złotousty S.

Hom 34 in Matt.

dziesięć tysięcy piekłow / nic takiego nie położysz / iak iest od Błogosławioney sławy odpasdz. A iż / iakom rzekł / sławy tey Dyabli bywszy Anyołami światłości / á stawszy sie Anyołami ciemność / iuż odpadli: w cięższych przeto / według Złotoustego ś. mękach sa / niż w tysiacu ognistych piekłach.

Matt. c. 8.

Dalsie podobno Zyzani do tey Herezey pociągnąć Dyabłom / mowiacym / *co nam y tobie Iesusie Synu Boży? przyszedłeś tu przed czásem męczyć nas?* miechciał wiedzieć / że Dyabeł iest oćiec kłamstwá / ktory wprawdzie sam nie zostawszy / prawdy náuczyć go nie mogł. Ktorym Cerkiew nasza Ruska / Cerkwia Pana Christusowa bydź siebie znáiac / słuchać go w tym niema / tamże zaraz náuczona bywszy od Błogosł. Ewányelistow / Coby to była za męka / ktora áby ich Pan Christus nie męczył / Dyabli prosza.

Ibid.

Máthe⁹sz S. mowi. *Prosili go Dyabli mowiac, ieśli nyrzucasz nas stąd, poślisz nas w stado wieprzow.*

Marc. c. 5.

Márek S. mowi. *Mowił bowiem ie⁹ Iesus, wynidź duchu nieczysty z człowieká, y prosił go (legio) barzo, áby ich nie wyganiał z kráiny.*

Luc. c. 8.

Łukasz S. mowi. *Przykazał Pan Iesus duchowi niecżystemu, áby wyszedł z człowieká, y prosił go áby im nie roskazał iść do przepáści.* Nie trudno dáie sie zt d wiedzieć / że męká / ktora áby nie byli męczeni / dyabli prosza / iest wygnánie ich z człowieká. y gdy mowia do Christá Páná / nie męcz nas: tákoby też mowili / nie wyganiay nas. wygnánie swoie z człowieká / zá męki sobie przyznawáiac. Iák bowiem zá naprzednieysza sobie vćieche máia dya-

Wygnánie z człowieká zá wielka męke poczytáia sobie dyabli.

la dyabli szkodzić ludziom / á osobliwie / zá dopuszczeniem Bożym / wchodzić w nie / trapić ich y mordowáć / tak zá ciężką męke to sobie máia / gdy z tego przez nich zátego mieszkánia wygániáni bywáia: y dla tego prosza Christá Páná / mowiac / Ieśli nas z tego człowieká wyganiasz / nie wyganiay nas z miedzy ludzi / z kráiny tey vstepić nam nie kaz: nie roskaz nam y do przepáści iśdz: bo komuby sam szkodzili / prożcz iuż zászkodzonych / nie mieli. niocz / iáko sie wiedzieć dáie / dyabłom nie szło / tylko áby im nie kazał ná to mieysce odeyść / zkadby iuż wynisdz / y ludziom szkodzić niemogli. To tedy iest męká tá / ktora áby nie byli męczeni / prosza Dyabli: á nie męká ktora w nich nieodstępnie zostáie / ktora nápadła ná nie z przestępstwá / y z oddalenia ich od łáski y przytomności Bożey / ktora sie oni draża y męcża / iák nacięższa piekielna męka: nád ktora według Błog. Złotouste⁰ / żadney cięższey męki w piekle niemász / y nie bádzie. Wolna tedy zá łáską Bożą Cerkiew nasza Ruská / y od tey Zyzániego Herezey zostawa.

Iż Christus iest Kápłanem y pośrednikiem ná wieki.

Gwozás tegoż Theologá / kto z práwosławnych łágodnymi sercem znosić może / że on Christusá Páná z Kápłáńskiego y z Pośrzedniczeg vrzedu zebrzeć y obnáżyć poważył sie / ktore Pánu Christusowi ták iest wieczne / iák iest temu wieczne y człowieczeństwo. Ná wieki abowiem iest Kápłanē według porządku Melchisedechowego: ná wieki y pośrzednikiem / ná wieki Bogiem y człowiekiem. Y ácz Złotoustego S. náuki w podpore tey swey omylney opiniey świádectwo przywodzi / ále obłudnie. Gdyż sie ni nácym przez ń vkazaný nieyscu / y nigdzie indziej w pismach ś. Złotouste⁰. ták / prożna Heretická opinia

Fol. 101. y 102.
Psal. 109.

y namnieysz

y namnieyſzym słowem nie náyduie. Táko wiernośćią
on tu z Błog. Złotouſtym poſtąpił/ przypiſawſzy mu vy-
mo wiecznego vrzędu Páná Chriſtuſowego Kápłáńſkiego / iáko wiernośćią w tymże ſwym ſcripćie/ owo do
piſm iego przydał/ tám Przáśnik/ á tu chleb. iákoby to
wolno było temu ś. Złotouſtego popráwowáć / ábo ráe
czey pſowáć/ y to czego on nie mowił y nie piſał/ do piſm
iego iák od niego mowione przydawáć. Toż tákaż
wiernośćią y o Táiemnicy/ ktora ſie pod czás krztu Páná
Chriſtuſowego dźiáłá/ wypráwuie: tákaż zaráza Here-
tycka/ ále z więkſzym ná Syná Bożego Chriſtá Páná
bluźnierſtwem. Dowodząc ábowiem tego/ że Duch ś.
od ſámego Oycá pochodźi/ á nie y od Syná / pierwſzey
mowi/ oſoby Oycowſkiey głos z niebá był ſłyſzány. Druga oſobá Syn/ ſtał w Iordánie. Trzećia oſobá Duch ś.
w poſtáći gołębinney ſchodźił y náwodźił z ſámego przeto Oycá ná Syná zſtąpił. Ergo od ſámego Oycá Duch
ś. pochodźi. Z ktorego Argumentu dáie ſie widźieć owo
Zyzániego Heretyckie rozumienie / że do tego z niebá ſłyſ-
zánego Głoſu Syn Boży nic nie należał/ áni do poſtáći
gołębinney. A ták to rozumiejąc/ rozumiał przy tym y o-
wo / iż to Duchá ś. ná Syná człowieczego zeyśćie/ nie było ták od ſámego Syná / iák y od Oycá ſporządzone y zeſłáne. Przytym dwaim omylnym / rozumiał Zyzáni y
owo rzećie bluźniwe/ że Duch ś. od Oycá zſtąpił / nie iák
ná ſyná człowieczego / ále iák ná Syná Bożego. Ponieważ z tego iego Argumentu táka conclusia wyſtępuie/
zá przełożeniem praemiſſarum o Przedwiecznym Duchá ś.
pochodzeniu / ile on od Oycá iſtotnie pochodźi / á nie ile
godnym ludźiom bywa poſyłány y dawány. przez co/ iedno y też w tym rázie Oycowſkie y Synowſkie ſpráwowánie rozłączywſzy/ rozłączył Syná od Oycá / ile do te-

dnego ich Boſtwá: ponieważ differentia operationis diuinarum Personarum essentialis ad extra. náwodźi im rożność przyrodzenia. Quorum enim est vna & eadem essentia, vna eademq; est essentialis operatio. tákże y w prze-
ćiw/ quorum est vna eademq; essentialis operatio, vna e-
ademq; illorum est & essentia. Záczym / co bluźniwſze ná
Przedwiecznego Syná Bożego od niezbożnych Arianow
mowić ſie mogło y może: nádmowione ná mieyſcu tym
przez Zyzániego. Z ktorego Argumentácyi owo z potrzeby wychodźi/ że Syn ile ieſt Bogiem/ pod czás krztu ſwego / przyiął Duchá ś. od Oycá / ile on z Oycá przedwiecznie pochodźi. Przetoż Syn ile ieſt Bog/ niemiał Duchá
ś. przed wieki z Oycem/ ále go zá wćieleniem ſię pod czás
krztu ſwego nábył: co ieſt nowe nieſłychánie ná Syná
Bożego bluźnierſtwo / ktory od żadney eſſenciálney Oycowſkiey operátiey nie ieſt odłączony. Cerkiew záś Páná Chriſtuſowe ſpráwe te wſzytka wſzytkiey S. Troycy
poſpolita bydź zna / ná Synie człowieczym wykonáne.
Poſyłał Oćiec Duchá ś. ná Syná człowieczeg/ poſyłał go
poſpołu z nim / iedno poſłánia operátio / y Syn Boży iáko Bog ná ſiebie / nie iák ná Bogá / ále iák ná człowieká:
y Duch ś. zſzedł w poſtáći gołębinney ſwą władzą/ iákoby
ſam ſobie poſpołu z Oycem y z Synem potrzebe poſłánia
ſiebie nałożywſzy/ ná nápełnienie wſzytko zupełnośćią Duchowną Syná człowieczego. Zkod Auguſtyn S. Przy
krzćie/ mowi/ Páná Chriſtuſowym głos ow ſłyſzány/ od
wſzytkiey S. Troyce ieſt vformowány/ ále do znákowá-
nia ſámego Oycá: iákim ſpoſobem y gołąb od wſzytkiey
Troyce S. ieſt vformowány/ ále do znáczenia ſáme Duchá ś. Záczym operátio zá prawdźiwa y rzeczywiſta/
przez ktorą te ſie rzeczy ſtáły/ poſpolita byłá: á ſámo zná-
kowánie było właſnym iednego. Okazáły ſie ná Ior-
danie

F 2

Damasc. serm. qui inscribitur Quoniam ad Imaginem Dei facti sumus. pag. 495.

Bluźnierſtwo wielkie Zyzániego ná Syná Bożego.

Lib. 2. de Trinitate c. 10.

Nal. 67.

Fol. 54. 782.

bánie trzy Boſkie rozdźielne oſoby/ ále rozdźielnych tych trzech oſob, w głoſie/ w gołebie/ y w tym/ że Syn Boży/ iáko człowiek widźiány był/ iedná y táż wſzytkiey S. Troyce byłá operatio. y ták to rozumiano bydź ma/ Co Athánázius S. mowi/ Przydź do Iordanu/ á obaczyſz iáwną moc S. Troyce/ w iedney iſtności bedącey: Oycá z wyſokości świádczącego/ Syná ná źiemi krzczącego ſie/ á Duchá S. w poſtáci gołebinney ſchodzącego. Obiáwił ſie tym tedy tákim Argumentowániem od prawdy nie tylko Zyzáni/ ále y inſzy niektorzy z náſzych ſcribentow. Co przypadáć zwykło ná ludźie wyſokiego o ſobie rozumienia/ z ſámego złego brzydkiego uporu/ ktory choć prawdę widźi/ brnie iednák oślep. Co ſie y z inſzych rzeczy/ w ktorych ſie Zyzáni podrwił/ iáwnie widźieć może.

Pátrz Antigráphen Fol. 24. y 25.

Iż Przáśnik názywa ſie chlebem/ y ieſt.

Zdá mi ſie to rzecz bydź niepodobna/ áby Zyzáni tego nie wiedźiał/ co iuż y dźieći v nas wiedzą/ że Przáśnik názywa ſie chlebem/ á iednák z ſámego dobrowolnie ślepego uporu w tym ſwym ſcripcie y tego on nie przyznawa/ áby Przáśnik názywał ſie proſto chlebem/ bez przydátku owego słowá/ przáſny: iákoby nigdy ni czytał/ ni ſłyſzał Błog. Ewányeliſty Łukaſzá o oney Emmauſkiey wieczerzy wypráwuiącego y mowiącego/ *Y ſtáło ſie, gdy uśiadł z niemi IEzus wźiął chleb y błogosłáwił, y łamał y dawał im. y zá tym y iáko go poználi w łamániu chlebá*. Lub mu ſie też tráfiło było ná tákiż ſcript nápáść/ iáki y mnie przed trzemá láty w Ieruzalem bedącemu czytáć przydáło ſie po Grecku/ pod imieniem niejákiegoś Leontego Metropolity Ruſkiego/ (ieżeli on był náſz/ tego niewiem) wydány: gdźie tymże ſpoſobem/ ják po nim Zyzáni/ wypráwuiąc náprzeciwo Łácinnikow o Przáśniku/ zádáie ſobie z ſtrony Łácińſkiey/ owo z Błogoſł. Łukaſzá Ewányeliſty przypomnione/ y iáko go poználi w łamániu chlebá: Przypiſawſzy przeciwney ſtronie niewiádomość piſmá Bożego/ odpowiáda/ że to Ewányeliſtá chlebem názywa/ chleb kwáſny/ á nie przáſny: ponieważ/ mowi/ dźiało ſie to nie w Ieruzálem/ ále w Emmauśie: A zakon Boży/ tylko w Ierozolymie ſámym przáśnikow przez śiedm dni záżywáć Zydom przykazał/ á nie y w inſzych krom Ieruzalem miáſtách.

Fol. 44 Luc. c. 24.

Boie ſie Prześwietny narodźie Ruſki/ ábyś mi nie rzekł/ że nágość Oycowſka odkrywána bydź niema. Rzekę: Gdy by ſie tá nágość o wſzytkich nas duſzne zbawienie nie opieráłá/ milczałbym; ále milczenie tákie náwodźi duſzy/ *Biádá, biádá świátu od zgorſzenia, biádá temu człowiekowi przez ktorego zgorſzenie pochodźi; biádá, ktory mowią złemu dobre, á dobremu złe, pokłádáiąc ćiemność zá świátłość, á świátłość zá ćiemność, pokłádáiąc gorzkie zá ſłodkie, y ſłodkie zá gorzkie*. Ieśli ia nie rzekę: ieśli áni ten co przedemną/ áni ow co zá mną: Rzecze nieme ſtworzenie: Kámienie miáſto nas wołáć będźie: iednák rzeczono będźie. A my nie tylko zapłáty odpádniemy/ ále y ćieżkiego karánia nieuydźiemy. Pytałem ia drugim Hierárchálney włádze ſtopniem w doſtoieńſtwie moim pierwſzym/ wyżſzego nád mię/ czemu by w ſwym Kátechizmie offiáry y modlitwy záduſzne niepotrzebne bydź nápiſał? odpowiedźiał: że Czyśćiec Łáćińſki ináczey zniesiony bydź niemoże. Pytałem drugiego/ w drugim moim doſtoieńſtwie mnie rownego/ czemuby przez Syná Duchá Swietego pochodźić wyznawáiąc/ ćzáſteczkę to/ Przez: do cześne Duchá Swietego w dárách pochodzenie rozumiáne bydź/ náuczał? odpowiedźiał: że wyznánie pochodzenia

Matt. 18. Iſai. 5.

p. C.

chodzenia Duchá Swiętego y od Syná ták sie łácniey
Rom. c. 7. ochylić może. A powinniżesmy czynić złe rzeczy/ áby ná
nas przyszły dobre? przystoili bronić prawdy fałszem ý
nierozumiem. Bo w nieczyste náczynie/ y naczystsze co
wlawszy/ oszkárádzi sie: rownie kłamstwem prawdy bro-
Fol. 36. nić/ y prawdá o nieprawdzi sie. Záż tym pozyskał co Zy-
záni/ że przy ták iáwnych swych błędách y Hęrezyách/ Cze-
lestyná Biskupá Rzymskiego/ męża świętego/ przeklętz
Fol. 32. Hęretykiem názwał/ y nam iego zá tákiego nieuważnie
podał? lub teś owym/ że Christá Páná Cerkwi swey
Fol. 47. widziálna y teraz bydź głowa/ zmyślił? że S. Złotoustego text/ ják sie pokazáło/ w kilku mieyscách z wáriowáł?
Nierozumiem. Kámień to iest táki/ ktory sie obráca
ná głowę tego/ ktory go rzućił. Coż? niestáloli iuż prawdzie słow y rzeczy prawdziwych do obrony siebie/ że sie y
ná słowá y na rzecz nieprawdziwa sposobiwszy/ rzeczy nie-
byłe vdáie zá istotne? Nie iest to prawdy dźieło/ ktora
iáwna iest/ iásna/ szczyra/ y prosta. Ale tego to iest ro-
botá/ ktory w prawdźie sie niezostał/ oycá kłamstwá y
Ioan. c. 8. wszelkiey nieprawdy. Záczym w spráwách tákich okázowáć oycowską omyłkę/ pokrywáć iest nágość iego/ á nie
odkrywáć: pocy odkryta zostáwała/ poki záprawdę rozumiána bywszy/ nápádáiace ná sie niewiádomie/ pogor-
száłá: obiáwiona zostawszy/ stáłá sie zákryta: bo sie iuż
nią więcey z nas nikt pogorszáć niemoże/ tylko ten/ ktory
upornymi powiekámi zazdrośćią ośleple oczy nápuściwszy/
niczego dobrego widźieć niechce.

TO ZYZANI y z vrodzenia y z wiáry Rusin/
Wierze nászey Ruskiey ták áż náder płocho.

PHILALETOWE BLEDY Y HÆ-
REZYAE NASTEPVIACE REFVTVIA SIE.

Po

O PHILALECIE ktory był y z vrodzenia y z wiáry Hęretyk: czego sie o wierze nászey dobrego spodziewáć mamy? Ták wiele záiste dobrá/ iák go wiele wiárá
iego Hęretycka ma. Naymniey nie pátrzy więcey/ tylko áby
wźiął: á czásu potrzeby/ żeby vciekł. Jákoż y on wźiął
od nas dobrze/ y odbiegł nas rychło. y by nas był nie
oszukał/ rzecz by byłá znośnieysza. Ale to y wźiął/ y oszu-
kał. Trzymał zá te swoie Hæretycka/ ná oszukánie nas Wielka siłe
Rusi wydána/ Apokrysis názwána Xiążkę miásteczko potá leszcze
z kilka wśi/ dożywotnie sobie legowáne/ á nam zá to z płáćić zá to/
Institucij Kálwinowych wypisána wiárę do wierzenia ktory nie sczę-
podał. Drogosmy záprawdę to ládá co kupili. y nie ptámi swemi
wiem kto z nas mędrszym/ czy on że przedał? Czy my/ ná wieczne
żesmy kotá w worze zá miást Rysiá kupili. Nieszczęsny zátrácenie
nas: do czegoż to iuż nam owieczkom Páná Christusowym prowádził.
przyszło/ że sie wilku wpásciwszy dobrowolnie podáiemy?
że sámi sobie drogo kupuiemy nędzę. Ná to náymuiemy/
áby nas kto oszukał/ y z drogi práwey zwiodł: zá to płá-
ćimy/ áby nas kto w wierze nászey podszedszy/ dusze násze
z zbáwienia okradł/ y o zátrácenie nas przypráwił. Ciężka to záiste ślepotá: á táka iáka człowieku nie bywa/ tylko od ćiężko rozgniewánego Páná Bogá dopuszczona.
Ktory spráwiedliwym swym sądem posyła tám skutecz- 2. Thes. 2.
czność oszukánia. gdźie ábo podáney od niego prawdźie
wierzyć niechca: ábo przyięta y wierzona/ zá nástępem
nieprawdy/ bárźiey zezwoliwszy wierzyć nieprawdźiwie/
niż prawdźiwie/ opuszczáia. Podał nam Zyzáni błędy
y Hęrezye/ My ie/ opuśćiwszy swoie prawdę/ miásto E-
wányelskiey náuki przyięli. Czego ná pokaránie/ posłał
nam Bog skuteczność oszukánia Philáletá: przyięlismy
y tego. Ták záiste z tymi dźiać sie zwykło/ ktorzy w zbáwiennych spráwách pośiewáiąc chodzą. y gdźie głowá

chodzi

chodźi zá nogámi/ á nie nogi zá głową/ rząd tám płochy
bydź musi. Bysmy záraz Zyzániego kąkol/ z náßą od Oycow nászych zostáwioną nam pszenicą/ puścili byli ná E-
wányelską wagę/ y zważony świniam w żyr byli podáli:
nie zágrzałby był v nas mieyscá y Philálet: bo byśmy y
tego mioto ná też spaś byli puścili. Prze nie czułość náße w spráwách Boskich/ złŷ źle w nas iest pokaráne. Záczym ni ná kogo inszego/ tylko ná sámych nas nárzekáć
mamy: ktorym dał Pan Bog y oczy/ widźieć/ y vszy/ sły-
szeć/ my iednák sámochotnie y vchá zátkawszy/ y oczy
zámrużywszy/ ślepym y głuchym wodzom prowádźić nas
powierzyliśmy: ktorzy nas wodzą po kámieniách obrá-
2. Petr. 2. żenia y opokách zgorszenia. Vchowáć nas rácz przedo-
bry Christe Pánie od iámy. Co pewnie zá ślepymi wodzámi idących nas nie minie/ ieśli sie wczás/ to iest zá żywotá nászego nie obaczymy/ y nie popráwimy/ y tym oto
nowym świn: Theologom z kathedr Cerkiewnych/ y z
domow nászych wnętrznych y zewnętrznych vstąpić nie
roskażemy. Prawdźiwy ábowiem iest ten/ ktory rzekł/
Matt. c. 15. *Slepy ślepego wodząc, obádwá w doł wpádáią.* Ja miálkiego rozumu człowiek ták wiele błędow y Hęrezyi w tym
Philálecie postrzegłem: co gdy kto z was głębszego roz-
sadku pod censure go swoie weźmie: snadź y iednego
wierszu we wszytkim iego tym scripćie nie naydźie/ ktoryby nie był fałsz: wpomoc. Bo ieśli fałsz w fundámenćie
mowy: Cokolwiek sie wpodporę ley mowi/ fałsz bydź muśi: poniewaz prawdy nie broni/ tylko prawdá: rownie y
fałszu/ tylko fałsz.

Przeistnoczenie chlebá y winá w ćiáło y krew Páná Christusową Cerkwie Wscho-dniey iest w wyznániu: y iest z wiáry.

Nie fałsz

Nie fałsz że to w fundámenćie mowy Philáletowey
wszytko com tebie z niego przezacny narodźie Ruski
máło wyżey przełożył? y táki fałsz/ ktorym sie iuż że zá
wielu y ćięzkich Hæretykow nástępowániem Wschodna
nászá Cerkiew nigdy niepomázałá/ iáko sie teraz z części
nászey/ (bośmy części/) pomázáć dopuśćiłá sie/ kiedyż Cerkiew Wschodna w Sákrámenćie Eucháristiey
chlebá y winá w ćiáło y krew Páná CHRISTVSO-
WA przeistnoczenia nieprzyznawáłá? kiedy ktory w
niey Hæretyk z tego sie naśmiewał/ á rzeczą zmyśloną
Pag. 66. y 298. bydź to powiádał? My przez tego oto zwiedźce pierwszy
w niey nie przyznawamy tego/ áby sie pod czás obchodu
Liturgiey ś. chleb y wino w ćiáło y krew Páná CHRI-
STVSOWA istotnie przemieniáły: y naśmiewamy sie
z tego tákiego rozumienia: y rzecz zmyśloną od kogoś
bydź to powiádamy/ á nie od Bogá podáną. Do ták sromotnego bluźnierstwá przywiódł nas ten Hæretyk/ iákie
zá Przodkow nászych SS. ná nászey ś. Cerkwie prog
nigdy nie wstępowáło. Doktorowie nászy Cerkiewni/
Duchá ś° łáski pełni/ pełnymi vstámi nas tego náuczáią/
że istotá ćiáłá y krwie/ iest w táiemnicy Eucháristiey/ á
nie Figura: istotne przemienienie chlebá y winá w ćiáło
y krew Páná Christusową/ á nie Figurálne. Chleb y wi-
Lib. 4. cap. 14. no/ mowi Damascenus S. nie są figurą ćiáłá y krwie
Christusowey/ nie day tego Boże: ále sáme istotne ćiáło
Christusowe obożone/ zá świádectwem sámego Chri-
stusá/ mowiącego/ To iest nie figurá Ciáłá mego/ ále
Ciáło moie: nie figurá krwie ále krew. A przewrotny Phi-
láler tey nas niezbożności náuczył/ że sie z tey zbáwienney
SS. Oycow nászych náuki y naśmiewamy/ y rzeczą zmyśloną bydź ią twierdźimy. O żalże sie Boże prostych dusz
wpadku. Nie dźiw że te° ták grube° bluźnierstwá y Bogu

G mierźiomierzioney Hęrezyey lud świetski pospolity iáko málowki nie postrzegł: dziw / że my lud Duchowny / uczony bydź powinny / ná to ták długo oczy ábo zmrużone mieliśmy / ábo ślepe. A com rzekł o tym pierwszym / z náuki iego wyczerpnionym Punkcie: mowię toż y o wszytkich inszych przez mię zniego przełożonych / że wszytkie są / owe błędámi / owe Hærezyámi. Záczym wszytkie w tym iego scripcie páginy / wiersze / y słowá / błędow y Hærezyy są máterya / ná fundámencie fałszu nábudowána.

Iż Dostoieństwo Biskupie y Presbiterskie nie iest iedno / y toż.

Pag. 88. Dam: lib. de Hæresis,

NIe Hęresis że y owo / od przekletego Hęretyká Aeryuszá napierwey zmyslona / y w nim potępiona: twierdźić y náuczáć / że Dostoieństwo Episkopskie y Presbiterskie toż iest y iedno: y iż z práwá Bożego Episkop nád Presbyterá in gradibus ordinis & in Iurisdictione nic nie ma? A owo Apostolskie gdźie podźieiemy. *Dla tegom ćię zostáwił (Tytie Episcopie) w krećie, ábyś to czego niedostawa náprawił, y żebyś postánowił po miástách Kápłany.* A záś: (Timothee Episcope,) *przećiw Presbyterowi nie przyimuy skárgi, chybá zá dwiemá ábo trzemá świádkámi.* Gdźie záraz y względem stopniá Ordinis, y względě Iurisdictiey Episkop nád Presbyterá przełożonym bydź iest oznaymiony. Episkop Presbyterá y poświeca y sádźi: y sądu swego Dekret ná nim exequuie: á nie wprzećiw.

Tit, cap. 1.

1. Tim, 5.

Nie błądli y owo gruby / Bogowidce Moyzeszá / áby kápłanem był nie przyznawáć? O ktorym Błog. Krol y Prorok Dawid mowi; *Moyżesz y Aaron miedzy kápłany iego.* ktory ofiáry przynośił / náuczał / ubiory kápłáńskie poświęcił. co więtsza / sámego Arcykápłaná Aaroná ná Arcykápłáństwo pomázał y poświęcił y insze kápłany.

Pag. 97. Psalm. 98,

Iż

Iż lud świetski niema władzy suffragij decisiui de Fide.

KV temu / co zá práwo Boskie Lud świetski ma czynić y stánowić dekretá O dogmátách wiáry? ktoremu z ust kápłáńskich Zakonu uczyć się Pan Bog przykázał. Błog. Apostoł Páweł / Kápłánom o ludźiach świetskich stáránie mieć w rzeczách zbáwiennych duchownych náucza / á nie ludźiom świetskim o Kápłanach.

Pag. 88. 990. Malach. c. 2. Act. c. 20.

Rownie / co zá práwo Boskie ludowi świetskiemu náyduie się do władzy obierániá osob ná stan Duchowny? Moyżesz Aaroná wybrał ná Arcykápłáństwo / bez żadney rády y zezwolenia ludu Izráelskiego. y Christus Pan / wybieráiąc sobie Apostoły y Zwolenniki / nikogo się w tym z pospolitego ludu nie rádźił / ni dokłádał. Toż y Zwolennikom swoim czynić roskazał / rzekszy do nich / *Iáko mię posłał Oćiec y ia was posyłam.* Co też z władzy swey czynili Apostołowie / bez żadnych rad y namow wybieráiąc sobie Vcznie Biskupámi ich stánowili / y po rożnych kráinách rozsyłáli. Co świeći y Bogonośni Oycowie nászy roztądnie uważywszy / pierwey ná Concilium Pomieśnym Láodyceńskim / w Kanonie trzynastym / á potym ná Synodźie powszechnym śiodmym / w Kanonie trzećim zákazáli / áby świetski lud pospolity nie obierał ná dostoieństwo Kápłáńskie wstąpić máiącego. y ktorykolwiek Biskup / ábo Presbyter lub Dyakon od świetskiey władzy był obrány / obránie tákie áby nie było ważne. Też tu zá tákim SS. Oycow wyrokiem máią ludźie świetscy z práwá Boskiego władzy do obierániá osob ná stan duchowny? A my iednák w tym z Iednym Philáletem y przećiwo Oycom / y przećiwo Apostołom / y przećiwo sámemu Pánu Christusowi.

Iż lud świetski práwá Bożego do obierániá ná stan duchowny niema. Pag. 111. Ioan. c. 20.

Co

Iż Kápłáństwo duchowne / y Kápłáństwo Sákrámentalne nie iest iedno y toż.

Co też z iedność y tożstwo Kápłáństwá Duchownego / względem ktorego wszyscy pobożni ludźie mężczyzny y niewiásty / ofiáre chwały / ná káżdy dźień w duchu skruszonym Bogu przynośić zwykli / z Kápłáństwem własnie rzeczonym / ná ofiárowániu własnie rzeczoney ofiáry / y ná wsłudze słowá Bożego / y zbáwiennych Táiemnic záległym / Biskupom y Kápłanom własnym: gdy wszyscy pobożni y w stárym Zakonie byli / y teraz w Nowym są / mężczyzny y niewiásty / Regale sacerdotium, Krolewskie Kápłáństwo: ieden iednák Aaron y iego Potomkowie / byli ofiar powierzchownych ofiárownicy: máiąc przy tym záraz y Kápłáństwo duchowne / w skruszonym sercu ćiele swe w ofiárę chwały Bogu przynoszący.

1. Petr. 2.

Iż Piotr S. iest od Páná Christusá postánowion powszechnym Pásterzem.

Nie sprosnyli też y to błąd / że nie rzekę heresis, nie przyznawáć, áby S. Apostoł Piotr był postánowiony od Christá Páná powszechney Cerkwie powszechnym Pásterzem: Bo cokolwiek Christus Pan / lub podał / lub vstánowił / lub náuczył / w Cerkwi iego iest to z wiáry. Záczym / przyznawáć to w Cerkwi Páná Christusowey / z wiáry iest: nie przyznawáć heresis. Przetoż nássá S. Wschodnia Cerkiew w náuczyćielách swoich záwżdy ználá to / wierzyłá y wyznáwálá: zna / wierzy / y wyznawa / iż Błog. Apostoł Piotr iest powszechney Cerkwie powszechnym Pásterzem. Zkąd S. Złotousty názywa go Głową Cerkwie Christusowey y Pásterzem. Cerkiew záś sámá w Hymnách swych względem śiebie názywa go Pásterzem / á względem inszych Apostołow pásterzow Arcypásterzem. Cożzá mieysce w Cerkwi nászey Ruskiey tey Herezjey Philáletowey?

In Matt. Hom. 55.

W świetylni 11.

Ngo-

Iż Pan Christus Piotrá S. názywał Kámieniem. Matt. c. 16.

Negowáć też tego / áby P. Christus Piotrá S. Kámieniem názywał / nie iest y to bez błędu. Mowiwszy ábowiem Christus Pan do Piotrá S. ięzykiem Syryiskim / ták / Tu es Cepha: & super hoc Cepha ædificabo Ecclesiam meam. co inszego mowił / tylko owo / Ty iesteś Kámień / y ná tym Kámieniu zbuduię Cerkiew moię. Ták te Páná Christusowe słowá wyrozumiawszy Złotousty S. o Pietrze S. mowi tymi wyráżnymi słowy ktorymi mowił do niego Pan Christus: Ty iesteś Kámień / y ná tym Kámieniu zbuduię Cerkiew moię. Zárowno z Złotoustym S. słowá te Páná Christusowe y inszy SS. Doktorowie Cerkiewni / ták / iák mowię / mieć sie wyrozumiawszy / Piotrá S. Apostołá / bez żadnego ochylánia sie názywáią Kámieniem. S. Grzegorz Theolog Piotr / mowi / Kámieniem názwány iest / y Cerkwie fundámentá wierze swey ma powierzone. S. Epiphánius Pan mowi / postánowił Piotrá pierwszym miedzy Apostołámi / kámieniem mocnym / ná ktorym Cerkiew Boża iest zbudowána. S. Hieronym / nie tylko / mowi / Christus iest kámieniem / ale y Apostołowi Piotrowi to dárował / áby był zwány kámieniem. Augustyn S. Piotr / mowi / miánuie sie kámieniem / Prze nabożność / á Pan Kámieniem názywa sie Prze mocność. S. Ambrosius / Kto / mowi / nie zna tego áż nádder mocnego Kámieniá / ktory vczestnictwo mocy y názwiská przyiął od onego początkowego Kámieniá. Hilárius S. O wnáłożeniu / mowi / nowego imieniá szczesliwy Cerkwie fundámenćie / y godny budowánia iey kámieniu. Soboru też powszechnego czwartego 630. SS. Oycowie / Piotrá S. názywáią Kámieniem y opoká Cerkwie Powszechney. Zkąd Cerkiew nássá Ruska / od Cerkwie Wschodney náuczona / in Panægiricis Piotrowi S. Apostołowi Hymnách / wyráżnymi

Serm. in festo exaltationis S. Crucis, qui incipit, Quid dicam, quid loquar?

Serm. de moderat.

Serm. in disput.

in Aucorato.

Lib. 3. in cap 16. Hierem.

Serm. 16. de sanctis.

Lib. 2. de vocatione gentiū cap. 28.

In Matt. c. 16

słowy

słowy názywa go Kámieniem/ á Kámieniem wiáry. Záczym Hęresia dáleka iest od Cerkwie nászey Ruskiey.

Iż Cerkiew swoie Pan Christus ná Pietrze S. zbudował.

Z Ktorymi przełożonymi SS. Doktorow świádectwy/ dálekim iest od Cerkwie nászey Ruskiey y błędow nieprzyznáwáć/ áby Pan Christus Cerkiew swoie ná S. Apostole Pietrze zbudował. A Cerkiew Wschodna záwżdy to wyznawáłá. Do ktorych przydam S. Złotoustego mowiącego/ Ty iesteś piotr/ á ia ná tobie zbuduie Cerkiew moię. Y Theophiláctá/ náuczáiącego/ Dar zá dar oddáie Pan Piotrowi/ dáiąc mu wielką zápłátę/ że ná nim zbudował Cerkiew. Swiętego Ephremá rozmáwiáiącego/ ieśli tu zostániemy Pietrze/ to co mći rzekł/ iák sie wypełni? Cerkiew ná tobie iák stánie sie zbudowáná? obá tedy te błędy nowo w Cerkiew nászę Ruską wtrącáne bydź poczęły: ktora pełnymi to vstámi wyznawá/ że Christus Pan Cerkiew swoie ná Pietrze Swiętym zbudował.

Hom. 55. in Mattheum: In cap. 16. Matt.

Serm. in Tráns. fig. Domini.

W Zimnách nász: Apostolách Piotr: y Páw:

Iż wszytkiego świátá Owce Pan Christus Piotrowi świętemu do pásienia poruczył.

NIEst ciężki błąd Hęretycki y owo nieprzyznáwáć/ áby rzekszy Pan Christus do piotrá ś. słowá owe/ Pasce oues meas: wszytkie swoie owce do pásienia iemu poruczył. Wczym vstá Philáletowe támże S. Theophiláct od ś. Złotoustego náuczony/ w wykłádźie tych słow Páńskich/ Pás owce moie mowiąc/ skończywszy Pan Chrystus obiad/ nád wszytkiego świátá owcámi przełożeństwo pio-

In cap. 21. Ioá.

Piotrowi poleca: nie inszemu komu/ ále iemu ie dáie. A Swięty Złotousty też Páná Chrystusowe słowá wykłádáiąc/ Iákub/ mowi/ otrzymał Stolicę Ierozolimską/ á Piotr wszytkiego świátá náuczycielem iest postánowiony. y záś: o Bráciech mowi/ y o wszytkim świecie pieczołowánie iemu [Pan] zlecił/ y poruczył. Rownie y Theophiláktt ś. nád wszytkiego/ mowi/ świátá wiernymi y nád Bráćią poruczył mu przełożeństwo. Zátyká mu Hęretyckie iego vstá y Cerkiew násza Ruska od Wschodniey Cerkwie o tym wyznáwáć náuczona/ że/ przytomnym siebie stáwiwszy przed swymi zwolennikámi Zbáwiciel po zmartwychwstániu/ Piotrowi o owcách swych pásstwo poruczył.

In cap. 21. Ioá.

Támże.

Támże.

Switilng. ił.

Iż Pan Chrystus dwoiákie dał Apostołom SS. klucze/ Ordinis & Iurisdictions.

BLąd Hęretycki iest y owo/ nieprzyznáwáć/ áby dwoiákie dáne były od Chrystá Páná Apostołom klucze. Iedne/ Ordinis to iest czynu: drugie Iurisdictionis, władzy. Poniewasz iest to Cerkwi Wschodniey/ á wniey y nászey Ruskiey wniewątpliwym wyznániu/ y w codźiennym vżywániu/ że Episkopowie y wzgledem czyná/ co iest ieden klucz: y wzgledem władzy/ co iest klucz drugi/ więtszymi y wyższymi są nád Presbitery. Sámi też Episkopowie y Iurisdictiey więtszych y wyższych miedzy sobą nád siebie znáia. Pan Chrystus ábowiem rzekszy do Apostołow swych/ Pax vobis, Pokoy wam: *iáko mię posłał Oćiec, y ia posyłam was.* dał im ieden klucz/ to iest/ potestatem Iurisdictionis: władze rządu Cerkiewne. Przez słowá ábowiem te vczynił ie swoiemi ná wszytek świát postánnikámi/ y z rámienia iego sprawcámi Cerkwie tego.

Ioan. c. 20.

go. Rzekł y záraz potym/ *Ktorych odpuśćićie grzechy będą im odpuszczone, á ktorych zátrzymaćie, zátrzymane będą.* dał im klucz drugi/ to iest/ Potestatem Ordinis / władzę czyná. Rzekł y zás potrzećie do sámego Piotrá S. Pasce oues meas, Pás owce moie: Iurisdictiey y to tenże klucz dał iemu / z zágárnieniem pod tego władzę/ y sámych tych wszytkiego świátá z rámieniá iego postánowionych sprawcow Apostołow/ iákośmy o tym máło wyżey słyszeli s. Theophiláctá z s. Złotoustego/ mowiącego / Ze Pan Christus przez te swoie do Apostołá Piotrá rzeczone słowá/ Pás owce moie: nád wszytkiego świátá wiernymi/ y nád Bracią/ poruczył iemu przełożeństwo.

Ibid.

Idem, c. 21.

In c. 21. Ioan.

Iż y z práwá Bożego/ y z práwá Cerkiewnego Appellácya do Biskupá Rzymsk: należy.

Błąd y to heretycki/ w Cerkiew nászę Ruską przez tego heretyká wtrącony/ nie przyznáwáć / áby iák z dawnego zwyczáiu/ ták y z vchwały praw Cerkiewnych/ Appellácya do Biskupá Rzymskieg należáłá. Przed práwem Cerkiewnym zwyczáiu tego są przykłády / w Márcionie z Pontu: w Fortunaćie y Felixie z Afriki: w Atánázyuszu S. z Ægyptu: ktorzy w krzywdách sądowych ápellowáli do Biskupá Rzymskiego. Práwo zás Appelláciey opisáne iest w Kanonie trzećim / czwártym / y piątym Soboru Sárdyceńskiego / iásnymi y wyráźnymi słowy. ktore potym w vżywániu było Appelláciach do Papieżow Rzymskich s^o Złotoustemu y s^o Flawiánowi/ Pátryárchom Konstántynopolskim od Pátryárchow Alexándriyskich Theophilá y Dioscorá vkrzywdzonych. y w Appelláciey s. Theodoritá Biskupá Cyrskiego. y inszych. Záczym iesli y z zwyczáiu stárodáwnego/ ktory ma swoy początek

początek z práwá Bożego/ y z práwá Cerkiewnego wiedźieć sie to dáie/ że w sądách spraw Duchownych Appellácya do Biskupá Rzymskiego / á nie do Cesárzá Rzymskiego zawżdy należáłá/ y należy: idźie zá tym y owo błąd być heretycki / twierdźić / iż w spráwách duchownych Appellácya należy do przełożonych świeckich / do Krolow / ábo Cesárzow. Co y sáma praxis Cerkiewna / po wszytkie czásy w Cerkwi záchowána / ták mieć sie temu wiádomia / że w spráwách duchownych ni bez Appelláciey ni zá Appellácyą nie sądzi żadnego duchownego żaden sędźia y przełożony świecki.

Iż władza nákázywánia Synodow powszechnych należy Biskupowi Rzymskiemu.

Przytym błąd ćieżki iest y owo / w nas przez tegoż Philaletá vmowiony / władzę nákázywánia Synodow przywłaszczáć Krolom y Cesárzom. Jeśli práwámi Cerkiewnymi Sobory pomiestne Episkopowie y Metropolitáńskie / od Episkopow y Metropolitanow á nie od Krolow y Cesárzow skłádáne być/ vchwalone są y nákazáne: pogotowiu do skłádánia Synodow powszechnych świecka władza / ni Krolewska ni Cesárska nic nie ma. Ale ma do tego władza zwierzchnieysza duchowna. Zá iáko po wszytkie śiedm powszechne Synody od wszytkiey Cerkwie znány był Biskup Rzymski: do ktorego iák wszytek powszechny Rząd Cerkiewny / ták y nákázywánie powszechnych Synodow / co też iest tegoż rządu własną powinnośćią/ należáło: według owego od czásow Apostolskich opáczyteg ná nim práwá iego. Μὴ δεῖν παρὰ γνώμην τοῦ Ῥώμης ἐπισκόπου κανονίζειν τὰς ἐκκλησίας to iest/ iż Synody Cerkiewne mimo zdánie Rzymskiego Biskupá

Cá. Apll. 37. 4. Syn. Can. 19 1. Syn. Cá. 5. 7. Syn. Cá. 6.

Socrat: Hist. Eccl. lib. 2. c. 8 & 13. Sozom. lib. 3 c. 9. Niceph. Call. lib. 9. c. 5.

Biskupá zbieráne y zámykáne bydź niemáią. Ktoręż práwá wzgledem Swiecki y Bogon: oni Oycowie / ná czwartym powszechnym Synodzie / Dioscorowi Pátriárśe A- *Act. 1.*
lexandriyskiemu miedzy Biskupámi siedzieć niedopuścili /
że sie ważył mimo wiádomość Biskupa Rzymskiego Sobor odpráwowáć. Co / mowię / nikomu nigdy czynić
nie było wolno: y niebyło ni od kogo czynione. Co też wie-
dźieć znácznie dáie sie y z słow S. Stephaná nowego / do *Symeon Metáphr. w żywocie iego.*
Heretykow obrazoborcow mowiącego. Iák wy śmiećie
ten wász Synod Powszechnym názywáć / ná ktory Rzymski Prefidens niepozwolił: bez ktoreż wszeláka rzecz iest
niemożna w sprawách Cerkiewnych bydź czemu stáno-
wionemu. Przytym sam rozum przyrodzony y miálkiego dowćipu człowiekowi ukázáć to może / że Synod powszechny od tego nákázywány ma bydź / kto y niechcacych ná nim bydź / áby byli / przymusić może. Lecz żaden Krol / y żaden Cesarz táki niebył / ktoryby wszytka
Cerkiew swym pánowániem záymował / áby y niechcacych ná Synod przybyć / przymusić mogł: co ma zwierzchność Duchowna: ktora wszedźie pod rożnymi Krolámi y Monárchámi władzę swoię zupełną iednáko rospo-
ściera / nákázuie / przymusza / á nieposłusznikí karáć może /
y karze. Zá wiekow Przodkow nászych ieden Metropolit Kijowski / y Ruskimi / y Moskiewskimi Episkopámi /
y wszytkim oboygu tych Páństw Duchowieństwem władnął / czego nigdy ni Xiąże Litewskie w Moskwie / ni
Kniáź Moskiewski w Rusi dokázáć / práwá ná to od Bogá niemáiąc / nie mogł y niemoże. y Pátryárchá Konstántynopolski / niemal po wszytkie przeszłe wieki / iáko sie
Ruś okrzćiłá / zá Cesárzow Chrześćiáńskich / Metropolitem Ruskiey Ziemie władnął / y wszytkim tego duchowieństwem. Czego świecki Pan / Cesarz Konstántynopolski

polski we władzey swey nigdy niemiał / y mieć niemogł.
Nákazalli kiedy Pátryárchá Synod pomiesny / stáwić
sie ná nim był powinien Metropolit: á nákazalliby go
Cesarz / Metropolit by Ruski ná to áni hunął. Bo skárác
go / władzy niemiał / y w cudzym Páństwie mieć niemogł.
Ktorego władza poty / poki gránicy Páństwá iego. A
zwierzchnośći Duchowney władza / poki gránicy Cerkwie
powszechney: to iest / po wszytkim świećie. Należy do
Soboru powszechnego y Cesarz / należą y Krolowie / ále *Jákim sposobem należą Cesarze / y Krolowie do Soborow.*
iák obrońcy Cerkwie władza świecka: iák wspomożce
iey / y porátownicy ubogich Biskupow podwodámi / Ri-
tyłkiem / y wszelákiemi w tákich sprawách potrzebámi
y dostátkámi: y w pośrodze pokoiu ná nim pospolitego. Ale iák do Rády Episkopskiey y námow w sprawách
Duchownych / ták pogotowiu do nákázywánia Synodu /
nie należał właśnie nigdy / y niemogł należeć ni Krol ktory / ni Cesarz: ponieważ roskázowáć y nieposłusznych ká-
ráć w cudzym Páństwie niemogł / y władze dáney sobie
od Boga niemiał: iáka dána iest zwierzchnemu Cerkiewnemu przez owe słowá / Pasce oues meas. Pás owce moie. Moie / rzekszy / nád wszytkimi wszedźie / ták pod Ká-
tholickimi iák pod Hæretyckimi y Pogáńskimi pánámi /
gdźie sie ieno kolwiek owce iego náyduią / władze rospo-
ściéráná bydź dał / nákazał / y roskazał.

Iż ná Synodách Powszechnych Rzymski Biskup pierwsze mieysce záśiada.

Błąd nákoniec Philáletow iest y owo / nieprzyznawáć áby ná Synodách Powszechnych Biskupowie
Rzymscy pierwsze mieysce záśiadáli. Co w Cerkwi śś.
Przodkow nászych było w codziennym wyznániu / od ktorych y

rych y my to w Księgách náßych práwidlnych mamy/ że w wyliczániu stárßych Soborowych/ ná pierwßym Soborze powßechnym/ pierwßym stárßym pokłada sie Biskup Rzymski Sylwester: ná wtorym Dámásus/ ná trzecim Cælestinus: ná czwártym/ Leon: ná Piatym/ Vigilius. ná ßostym/ Agáthon/ ná siodmym Adryanus. y acz żaden Biskup Rzymski ná żadnym Synodzie Powßechnym sam przytomny niebył: ále/ że był ábo przez posły/ y praesidował: ábo przez zezwolenie/ y vchwał potwierdzenie: przyznawáią iednák im Synodopisci/ iákoby sámi byli przytomnymi/ y miedzy stárßemi Soborowymi przodkowáli. Czego ná dowod/ pełne náße księgi Cerkiewne/ w ktorychkolwiek siedm powßechne Synody náyduią sie opisáne.

To są z miedzy wielu innych Hæretyckie błędy/ ktore w Cerkiew náße Ruską Hæretyk Philálet wtrácić poważył sie. Ná ktorych záś nam iescze máło/ ábyśmy sie poználi/ co iesteśmy? iák dálekośmy od prawdy: á iák blizko iesteśmy w Hæresyách? Jeden błąd/ czyni człowieká obłądzonym: Jedná Hæresya/ czyni go Hæretykiem: á tu ich v nas/ zá ßkodliwym tych náßych Zyzániow y Philáletow przemysłem náckáło sie kilká dziesiąt: á iednák snać iescze/ czystymi y niepokalánymi w wiáry Dogmátách być znać sie záchcemy? Pámietáć mamy náto Oycowie y Bráćia namileyßy/ że chory/ ktory do siebie choroby nieznà y nieprzyznawa/ trudny iest do vleczenia/ y bliższym iest śmierći táki/ niż żywotá. Poty z Philáletá.

ORTHOLOGOWE BLEDY Y HÆREZIE REFVTVIA SIE.

PRzypátrzmyż sie iesćże Przezacny narodzie Ruski/ y Ortholo-

gowemu Lámentowi. Ten ázali przykrymi swoiemi łzámi/ y nam Zyzánim y Philáletem ociekłych oczu powieki/ odlepcze y przeyrzeć vczyni/ á do obaczenia nas ták Zyzániego y Philáletowych/ iák y swoich błędow y Hæreziy pobudzi y przywiedzie. Boć i trzey świátłkowie náßy/ Lámpy są wiekow náßych Ruskie: boday sie były nigdy nierozświecáły. nigdyby ábowiem Cerkiew náßá Ruska do tákich omácnych ćiemnot/ do ták ßkárádney zmázy/ y do ták znácznego vpadku byłá nieprzyßłá. Ci trzey świátłkowie zbáwili nas Oycowskiey práwey wiáry: ći ná siali w Bogiem násiana czystą náße Pßenice kąkolu błędow y Hæreziy: ći nas pozbáwili zacnych Familiy? ći nam práwá swobod y wolnośći z rąk wydárli: ći nas teráźnieyßych náßych biedą nábáwili: ći narod náß Ruski rozrożnieli: ći ieden dom ná dwoie rozdzielili: że on sobie sámemu teraz náupadek stoi: y według nieklamliwych słow Páná Chrystusowych/ ieśli sie záś z miłosierdzia iego ś. nie ziednoczy: o ćieżki á nam żálosny vpadek siebie przyprawi. Bo skoro sie záwzięłá Rola Cerkwie náßey kąkolem zárástać/ nátychmiast pßenicá iey poczęłá tánieć: y ták z tániáłá/ że iey nie tylko nikt postronny niekupił/ y niekupuie: ále iák zgniłą sol/ mnodzy y swoi właśni z domow swych serdecznych wysypáli ią/ y podeptáli. Do czego gdy sie potym przyłożył drugi Siewiec Philálet/ á po nim trzeći Ortholog/ á swoiemi błędámi y Hærezyámi ießcże ią bárziey záplewili/ ták sie tánia stáłá/ że y spoyrzeć ná nie ták iuż niemal w poły zkąkoláłą nikt niechce z obcych: á wielu y swoim niewßelako miła. Użalże sie nád sámym sobą Przezacny narodzie Ruski/ á nie day sobie y doczesnie y wiecznie ginąć: niedopuszczay tym nierozumnym slepcom oslep siebie wodzić. Miey swoy Bogiem nátchniony rozum: á ná-

á nátrzech ludźi / ábo y drugich trzech omylce zbáwienia
ſwego nie fundny: boć to idźie o duſzę / Obacz to / coć ci tu
z tych dwu iuż przełożył / y co ieſzcze z trzećiego przełożyć
poſtepuię. Owa ieżeli to nie iáwne ſą błędy y Haereſye /
w Cerkwi twey Ruſkiey nigdy przedtym nieſłycháne. Lubo / y wſzelkiey nienawiśći prożna duſza / bez żadnego v-
poru przypátrz ſie przy tych dwu iuż przełożonych / y Lá-
mentowemu ſcriptowi: á ſadź powieśći iego / nie wzá-
wáśnionym ná Bráćią ſercu / ále według prawdy Bożey /
á obaczyſz zá oświeceniem rozumu twego łáſką Bożą / ná
czym ieſt záłożony / z czego zbudowány / y czym przykryty.
naydźieſz w fundámenćie iego nienawiść: w śćiánach fałſz:
á wpokryćiu potwarz. Wyiawſzy ábowiem to / co ſie z niego ná przedźie odemnie przełożyło w czym on ieſt obła-
dźiły y Haeretycżny: owemu ſie ſámemu napierwey przypátrzmy / o co płácze: o czym lámentuie / ná kogo narzeka: y
o kogo / ábo w czyiey oſobie. O iák snadź nie rowno ſłuſzniey
przyſtało mu było w tey oſobie tey ſámey y ſwey płakáć /
zwłaſzcza przeczetſzy iuż przed ſobą wydáne błędy y Haere-
zye Zyzániego y Philáletowe: iuż były ná ten czás wyſzłá y Antigráphe. w ktorey Philálet z Klerykiem Oſtrogſkim / tákimże bluźnierca / zá naſzey ſtrony Cerkiewniki ſą
przyznáni y przyięći. Bo y ten Kleryk Philáletá zá ſwego
tyż prawdomowce przyiął y przyznał. Jednym cſzukánia
duchem oni z ſobą iák ieſt widźieć / powiązáli ſie. ſwoiey
tedy rączey / y w ktorey ſie oſobę vbrał / płakáć przyſtało
było Ortologowi / niżli od nich ná kogo lámentowáć. ſwey
dla tego / że ták Bogu brzydkich bluźnierſtw zmázą ſwoim
Cerkiewnikom ſzkáradźić śiebie dopuśćiłá: á oney / dla o-
wego / iż powinna bywſzy / iák mátká w tym złym corce
ſwey nie przeſtrzegłá: ále milczeniem ſwym przez ták wiele lat / y po dźiś dźień / iákoby zezwaláiąca y pochwaláiąca
co znána

Ná początku kátáſzki ſwoiey / lámentuiącey płácze Ortholog że Synowie iedney mátki Cerkwie / przedtym rozdwoieni y rozroſzeni / do zgody y miłośći z ſobą przychodzą / że błędy y Haereſye opuſzczáią á zá prawdźiwą ſie wiárę vymuią: Dyabelſki to płácz.

co znána być podáłá ſie. Toby był iemu płácz y lámentt
ſłuſzny y zbáwienny: byby ták lámentuiąc / y śiebie ſámego / y ſwoię od tych Zyzániego Philáletowych Klerykowych y tym podobnych niezbożnych bluźnierſtw był v-
ſtrzegł / y vwárował / y oná ná tež niezbożnośći nie ták łácno powabić ſie dopuśćiłá by byłá. w ktorych teraz obie
ták głęboko / przez ſwe oto tákie Theologi zátonąć podáne ſą / że ieśli nie z oſobliwey nád niemi miłośierdźia Bożego łáſki tego złego vwáruią ſie / człowieczy przemyſł / od
tego nágotowánego ná nie zatopu / vſtrzedź ich nie może.
Przypátrzmy ſie przy tym temuż Ortologowi / iák
ieſt w słowach vſzczypliwy / przykry y nieznośny. Ktory
z przećiwną ſtroną / ieśli ieſt przećiwna / ták ſie obchodźi /
iákoby poczćiwymi słowy krzywdy ſwey / ieśli ieſt iáka /
domowić ſie niemogł. Ludźie ſánowite oboiego ſtanu /
wſzeláckiey czći y poſzánowánia godne łáie / ſromoći / łży /
wiáry y czći odſadza / Słow tego iádowitych z vmyſłu nie
powtarzam / ábym ſmrodliwego tego ſtrupu nie zdał ſie
rozczoſywáć / y iatrzyć. Z ktorego wſzytká duſza moia bo-
leie / y niewłádnośći mey miłośierdnym być Páná Bogá mego proſzę. Zal y bol gdy miárę przechodźi / czyni
człowieká iákoby oćretwiáłym: záymuie mu głos / záſtá-
nawia y łzy. Temu oboiemu w ſercu moim dźiać ſie czuie. Dźięki iednák czynię Pánu Bogu / ktory ſie nádemną
zmiłował / że ieſzcze ná tym świećie z oſobliwey ſwey łáſki to moie o kámień obráženia potknienie ſie / poſtrzedz / y
w śiebie przyiąć / zbárzyć mi raczył.
Rzekłem / że vſzczypliwych y przykrych słow lámen-
towych powtarząć niechce. Ponieważ cokolwiek w nim
słow ieſt / wſzytkie oraz ſłużą nieprawdźie. To z niego
po wtore przypomnię / w czym ieſt wierze świętey Práwoſłáwney nieprawo. Błędy iego y Haereſye przypomnię /
áby ná

po vznániu ſie w ſwoich błędách / lámentuie / y żáluie ſerdecznie / Lámentopiſcá / że kiedy ten Lámęt wydał / tákoż y ieſt czego żáłowáć y płákáć / bo ſie wiele tym Lámentowym ięgo ſcriptem ná duſzy pozábiiáło.

áby ná potym nikomu škodźić nie mogły. nie powtarzam
[2. Cor. c. 12.] ich tu nowo: ále po wtore y po trzećie/ (in ore enim duorum vel trium testium stabit omne verbum:) to o nich do wiádomośći twey/ Przezacny narodźie Ruski donoszę/ że sa własny społek Hęretycki. A że sa sáme przez śie odkryte y iáwne/ nie biorę ich y ná Examen. Komu ábowiem to z Práwowiernych nie iest wiádomo/ że nászá Cerkiew Wschodna záwżdy śiedm Sákramentow od Christá Páná Cerkwi swey podáne bydź wyznawáłá/ y wyznawa: Czemu świádek Censurá ná błędy y Hęrezye Luterskie od God. pám. Jeremiaszá Pátryárchi Konstántinopolskiego vczyniona: y wydáne przez/ ś. p. Gábryelá Archiepiskopá Philádelphiyskiego O záwiennych śiedmi Táiemnicách Syntágmá. A ortolog odrzućiwszy pięć/ dwá tylko Sákrámentá od Páná Christusá podáne
[Fol. 214. b.] bydź przyimuie/ y twierdźi. Co iest Hęrezis nieznośna.
[Fol. 155. a.] Hęrezis y to Ortologowá/ z Zyzánim temu pospolita/ duszam spráwiedliwym z tego świátá zeszłym/ Ray źiemny mieysce bydź/ stánowić. w czym/ mimo insze wyżey ná Zyzániego błędy przełożone ode mnie dowody/ owo pospolite/ od nas sámych o vmárłych ludźiách mowiące śie/ náuczyć by nas mogło/ że my z tego świátá zeszłych
[Błąd vmárłych nazywamy niebosczykámi.] niebosczykámi názywamy: przez co nie ná źiemi/ ále ná niebie bydź ie rozumiemy y wyznawamy. Bo ieśli z tego świátá zeszli/ tedy nie sa w Ráiu źiemnym/ ktory iest ná tym świećie/ ná źiemi: y ieśli sa niebosczykámi/ tedy sa w niebie/ iák iuż niebiescy mieszkáńcy/ á nie ná
[Z tym świádectwem iákoby od ś. Athanázego rzeczonym Schismátycy ná plác wyie...] źiemi. Jeśli Orthologá/ á przed nim Zyzániego/ y Autorá Antigráphe/ odpowiedź dźiewiętnasta w Quęstyách do Antyochá S. Athánázyuszowi przypisánych/ vwiodłá/ gdźie śie powiáda/ że dusze spráwiedliwe sa w Ráiu. Co w odpowiedźi tey rzeczone/ ábo iest podeyrzáne: ponieważ

waż Athánásius S. w żywoćie ś. Antoniuszá wiel. pisze/ że on Dusze ś. Ammoniuszá przez Anyoły niesiona widźiał/ nie do Ráiu źiemnego/ ále ná niebo. Abo też od nich nie dobrze wyrozumiáne: ponieważ Autor tych odpowiedźi w tymże Ráiu y Páná Christusá przytomnym bydź powiáda: przy ktorym Dusze świete/ iák przy krolu swym ráduia śie y wesela. Lecz my Christá Páná nie w źiemnym Ráiu bydź wierzymy/ ále w niebieskim: záczym w tymże Ráiu y dusze spráwiedliwe y Athánásius S. rozumiał/ wierzył/ y wyznawał: y my rozumieć/ wierzyć/ y wyznawáć mamy.
[Sźdźáłá twierdźić że dusze spráwiedliwych áż do sądnego dniá w Ráiu źiemnym/ á nie w niebieskim przebywáią.]

IZ Y PO ZESZCIV Z TEGO SWIATA NIEKTORE GRZECHOW KARANIA BYWAIA ODPVSZCZANE.

[Fol. 166. a.] Hęrezye Ortologowe znáczne sa y owo/ twierdźić zá rzecz bydź niepotrzebna/ áby komu po zeyśćiu z tegó świá-
[Fol. 157. a. y 216. b.] tá grzechow karánia były odpuszczáne. y iż ná tym świećie żyiacym gratis/ krom żadnych zásług/ sáma miłośierdna dobrotliwego Bogá łáská grzechy odpuszczáne bywáia. Pierwsza z tych dwu Hęrezya/ znośi śie Cerkiewnymi zá vmárłe w Cerkwi nászey modlitwámi. A druga Sákrámentem pokuty: ktorey częśćia istotna iest dosyćczynienie. Bo ieśliby to byłá prawdá/ czego nas y Cerkiew násze náucza Ortolog/ ofiáry zádusżne zá vmárłe/ Pámiatki/ iáłmużná/ y inne zá nie dźieiace śie od Cerkwie dobrodźieystwá/ bydź by muśiáły nádár mne y niepotrzebne. y pobożnych ludźi włośiennice/ posty/ iáłmużny/ ránne wstawánie/ długie ná modlitwách stánie/ ćiáłá vdręczenie rozmáite: á wkrotce rzekszy/ Táiemnicá

pokuty/ ktora zależy ná ſkruße ſerdeczney/ ná ſpowiedźi vſtney/ y ná doſyćczynieniu pobożnych vczynkow ćieleſnych/ bydź by muśiáłá w Cerkwi Páná Chriſtuſowey nádáremna/ y wßelako niepotrzebna. Ale nádáremne to rácżey y niepotrzebne ſą/ przez Ortologá Cerkwi naßey podáne Herezye/ y świátu zá własne iey vdáne.

Fol. 177. a.

Omijam owe/ iuż w Zyzánim zgánioną Herezye/ ſądu Pártikulárnego nie przyznawáć.

Iż wiárá dla grzechu nie tráći ſie/ y Iż duſzá od Bogá bywa tworzona/ y w człowieká wlewána/ á nie z naśienia rodźicow idźie.

Fol. 112. a. — Fol. 213. a. — Luc. c. 9. & 12 — 2. Tim. c. 4.

A Co mowi/ że grzech śmiertelny odgania od człowieká wiárę: Herezis ieſt y to. iák y owo druga/ Duße człowiecza ex Traduce bydź ſtánowiona. wiárá abowiem według náuki Páná Chriſtuſowey/ ni przez co tráćona nie bywa/ tylko przez niewiárę/ gdy ſie wierny ſtawa niewiernym: to ieſt/ Heretykiem abo Pogáninem. Gdźie przy wierze/ tráći záraz y łáſkę Bożą/ y ſpráwiedliwość y Duchá S. przytomność: według rzeczonego/ *Duch iáwnie mowi, iż w oſtáteczne czáſy odſtąpią niektorzy od wiáry, przyſtawáiąc do duchow obłędlinych, y náuk czártowſkich, w pokrytośći kłamſtwo mowiących, y piętnowáne máiących ſumnienie ſwoie.* Lecż gdy ſpráwiedliwy w grzech śmiertelny wpada: wypadáć on z ſpráwiedliwośći/ Duchá S. odpada/ y łáſki Bożey zbywa/ áż do pokuty: wiáry iednák nie tráći ktora go y z śmiertelnym grzechem w Cerkwi zátrzymywa: á niewiernikowie nie ſą w Cerkwi. Ile zás do duße tworzenia: te Cerkiew Páná Chriſtuſowa káżdemu człowiekowi od Bogá nowo ſtworzona bydź náucza/ á nie po rodźicu z naśienia wywodzona. Owo pi-

wo piſmá ś. náuka vpewniona/ *Vtworzył tedy Pan Bog człowieká z mułu źiemie, y nátchnął w oblicze iego dech żywotá, y ſtał ſie człowiek w duße żywiącą. Y niech ſie wroći proch w źiemię ſwoie ſkąd był, á duch niech odeydźie do Bogá, ktory go dał. Y tem nád to ćiáłá nᾴßego oyce, mieliſmy náucżycielmi, y báliſmy ſie ich. Zaż nie dáleko więcey poſłußni będźiem Oycowi duchow, á żyć będźiemy?* Tego tedy Cerkiew Páná Chriſtuſowa/ według przełożoney piſmá S. náuki/ rozumienia ieſt/ że Pan Bog káżdemu człowiekowi duße nowo tworzy/ y w ćiáło onym w Ráiu vczynionym Błogoſłáwieńſtwem iego/ z naśienia w żywoćie mácżynym záczęte y poſtánowione wlewa. Gdyż iák duch duchá nie rodźi/ ták pogotowiu ćiáło duchá vrodźić nie może. Zkad Złotouſty S. Dußá/ mowi/ áni rodźi/ áni ſie rodźi. y żadnego nie zna oycá/ procz tego/ ktorego wolą ieſt ſtworzona. S. Cyrillus Alexandriyſki/ wypráwuiąc poważnie z piſmá ś°. O wćieleniu Syná Bożego/ y o imieniu tym/ Bogárodźicá/ ile do tey naßey przełożoney o poſtánowieniu duße máćierzey/ z podobieńſtwá/ mowi/ Tá wćielenia Bogá ſłowá táiemnicá/ niemáło z człowieczym rodzeniem ma bliżkość. Gdyż źiemſkich ludźi mátki przyrodzeniu do rodzenia vſługuiące/ ácz w żywoćie ćiáło noſzą/ ktore zlekká/ zá poſtępkiem czáſu zraſtáiąc ſie/ y ſkrytymi niektorymi Stworzyćielowymi ſpráwami pomnożenie po máłu biorąc/ w doſkonáłość przywiedźione/ człowieczego wyobráżenia doſiępnie. Lecż ćiáłku iuż doſkonálemu y ożywionemu/ tym ſpoſobem/ ktorym on ſam wie/ duchá wlewa. On abowiem tworzy duchá człowieczego w nim iáko mowi Prorok. y choćiaż one źiemnych tylko ćiáł mátkámi ſtáią ſie/ iednák ſie o nich mowi/ że nie iedne tylko ktorą człowieká część/ ále wßytkiego człowieká/ z duße y ćiáłá złożonego/ rodzą. Nikt ábowiem

Gen. 2. — Eccl. 12. — Hebr. c. 12. — Hom. 29. in varia loca Matt. — Epiſt. ad Monachos Aegypti tom. Concilij 1. pag. 865 — Zach. 12.

Bowiem (że rzecż moie przykłádem obiáśnię) Elżbiety ćiáłá rodźicá tylko / á nie y duße rodźicá bydź rzecże. Poniewaz oná nie sáme ćiáło rodźiłá / ále krzćićielá / z duße y ćiáłá postánowionego. Z tey wyráźney y okázáłey Doctorá tego náuki wiedźieć sie dáie iáwnie / że káżdą dußę Pan Bog nowo tworzy y w ćiáło iuż doskonále dußa żywo ożywione wlewa. Methodius S. Biskup Pámphiliyski / niema / mowi / bydź wierzono / áby wcżyć nas tego miał Apostoł S. iákoby z śmiertelnym ćiáłem y duße przyrodzenie było zásiewáne. Nieśmiertelne abowiem y niestárzeiące sie sám wdycha Stworzyćiel / ktory iest sám nieśmiertelny / y nieskáżitelnych rzecży Stworzyćiel. Augustyn S. Dußá mowi / wlewána bywa tegdy / kiedy bywa tworzona: á tworzona tegdy / kiedy wlewána. Hieronym S. Dosyć / mowi / godni naśmiewiská ći / ktorzy rozumieią / że sie duße z ćiał rozśiewáią. nie od Bogá / ále z ćiał rodźicow pochodzą. Godźien záiste y Ortolog naśmiewiská / ktory ten náśmiania godny błąd w Cerkiew náße Ruską wtráćić pokusił sie.

Cap. 16.

Lib. de origine animæ. in cap. 12. Eccl.

ZE ISTNOSC BOSKA OD OSOBY BOSKIEY NIE DZIELI SIE RZECZYWISCIE.

OWo ná koniec błąd Ortologow nád wßytkie błędy iego / y Heresis nád wßytkie iego Herezye / że istność Boska od osoby Boskiey dźieli rzeczywiśćie: gdy mowi / iż Syn y Duch S. ile do doskonáłey istnośći / [iákoby też iáka niedoskonáła Boska istność náydowáłá sie /] są od siebie sámych: á względem personálney swey bytnośći / są od Oycá. y gdy twierdźi / Duchá S. nie bydź z istnośći Oycowskiey. y że sie Syn nie z istnośći Oycowskiey rodźił / ále z persony. Z ktorych iego nieważnych mow

owe

Fol. 66 a 98. b 9?. b 102. a 102. b 190. a 210 b. Fol. 101. a 122 b

Wielkie to bluźnierstwo Ortologowe.

owe bluźnierstwo z potrzeby wychodźi / że Oćiec rodząc Syná / y wywodząc Duchá S. nie vżyczał im swey istnośći / ále tylko Osoby ich postánowił: bo oni mieli z sámych siebie istność. zkąd insze bluźnierstwá występuią owe: Pierwße / iż káżda Boska osobá rozdźielna iest w sobie sámey / ile do swey istnośći y osoby / rzeczywiśćie. Wtore / iż osobá bez istnośći consistere rozumiána bywa. Trzećie / iż iák wiele osob iest w iednym Bostwie, ták wiele iest początkow. Co záiste z gránic Kátholickiego Práwosławnego wyznania występuie.

Fol. 99. 6.

To nie mądrze y bluźnierśko postánowiwßy Ortolog / znośi Boskich osob przyrodzony / ile do bytnośći ich porządek / y trzećim Duchá S. wyznawáć Eunomiußowa Heresim bydź powiáda. iż tedy iest miedzy Boskimi osobámi / ile do początkowey ich bytnośći porządek / Básilius S. (ktory o sobie tę pochwałę od czwartego powßechnego Synodu odniosł / że on o Duchu S. náukę obiásnił /) náucza nas o tym / mowiąc / Ják sie godźi nieprzyznáwáć sám porządku / gdźie iest Pierwße y wtore? A że ten porządek iest przyrodzony / tenże wielki Doctor támże záraz náwodźi / mowiąc / miedzy ktorymi iest Pierwße y wtore / nie według náßego położenia / ále z Consequentiey / náyduiącey sie w nich według przyrodzenia. y tego tákiego porządku względem / tenże S. Syná mieni bydź od Oycá wtorym: á Duchá S. inegdy wtorym od Syná: á niegdy trzećim od Oycá y Syná. Záczym nie prawdą Ortologowa ná iáwie / Eunomiußowa Heresim bydź powiádáiącego trzećim Duchá S. wyznawáć. Ktorego trzećim y S. Epiphani wyznał / mowiąc / Duch S. Duch iest prawdy / świátłość trzećia z Oycá y Syná. A my pospolićie ták wyznáwáć zwykli / iż miedzy Boskimi osobámi / Oćiec iest osobá pierwßa / Syn wtora / Duch

S. trze-

Serm. 1. in Eunomium.

Ibid.

Serm. 5. in Eunom.

in Anchorato.

S. trzećia. y gdźieby kto rzekł / zá wzgląd tego przyrodzonego Boskich osob w bytności porządku / Ojcá być wtorą ábo trzećią osobą: Syná pierwszą ábo trzećią: Duchá S. pierwszą ábo wtorą: bluźniłby / iák bluźni w tym Ortolog: nie znáiąc rożności miedzy liczbą Boskich osob / y miedzy ich porządkiem. Zá wzgląd liczby wariowáć sie może Boskich osob wyliczánie: iák gdy sie mowi / iedná osobá Boska Oćiec / druga Syn / trzećia Duch S. mogąc mowić sie y wprzećiw / iedná ábo pierwsza (wźiąwszy słowo to / pierwsza / w znáczenie quantitatis numeri,) osobá Duch S, ábo Syn: druga Oćiec / ábo Duch S. trzećia / Oćiec, ábo Syn. zá wzgląd záś przyrodzonego / ile do bytności Boskich osob porządku / bez iáwney niezbożności Syn Oycowi / á Duch S. Oycowi / ábo Synowi / mowi Basilius S. przekłádány być nie może. Ktory rzekszy owo / Duch z Oycá y z Syná liczony bywa / iż nad stworzenie iest: á trzeći porządkiem [słuchaymy co mowi ten wielki Doktor / trzeći mowi porządkiem Duch S.] położony iest: iák o tym z Ewányeliey vczeni bywamy. To / mowię / Basilius S. rzekszy / náwodźi: przekłádáć Duchá S. Oycowi ábo Synowi według czásu ábo porządku / rzecz iest niezbożna. y záś kto / mowi / Duchá S. przekłáda Synowi / lub według czásu / lub według porządku: ábo dawnieyszym go być powiáda / niż iest Oćiec / ten sie sprzećiwia Boskiemu sporządzeniu / y dálekim iest od Bożey wiáry. Sam tedy ráczey Ortolog Ennomiuszową Herezyą popada / gdy miedzy Boskimi osobámi porządku przyrodzonego / żadnemu poruszeniu y wáryáciey niepodległego nie przyznawa: y trzećim być Duchá S. według bytności porządku / nie przyimuie. Przez co / zá świádectwem iáwney y iásney o tym wielkiego náuczyćielá Cerkiewnego náuki / Bożemu sporządzeniu

Epist. ad canonicas.

Támże. Támże.

sprzećiwia sie / y stánowi rzecz niezbożną: y dálekim iest od Bożey wiáry.

ABSVRDA WIELKIE ORTOLOGOWE RZETELNIE VKAZVIA SIE.

Bacżmy Oycowie y Bráćia namileyszy / iák my tego wszytkiego vchodźimy / ktorzy lámentowy scrypt / ták brzydkimi ná máyestat Boży bluźnierstwy zágeszczony / ná głowách nászych nosimy: y Cerkiew swoię Ruską nim oniezbożáć dopuszczamy. Nierozumiey Przezacny narodźie / ábym co niewiernie z niego przywodźił: ábo nieprawdźiwie te iego Hæretyckie Bogu mierźione bluźnierstwá znoáił. masz przed sobą kárty w nim przez mie notowáne. masz oto y moię náprzećiw iemu mowę. Czytay / y znoś á obacżysz / nie tylko głowy twey nie być godnym / ále áni reki: pod nogi rzucony być zásłużył / iák y pierwsze dwá / Zyzániego y Philáletow / y drugich oplwány y podeptány. Ktory / ten bluźnierski Rozdźiałowi swemu o Pochodzeniu Duchá ś. tu oto / y mało wyżey mną z niego przełożony fundáment záłożywszy / owe ná nim bluźnierstwá podniosł y vbudował. Pierwsze / że Duch ś. nie odnośi sie do Oycá / iáko dotknącego. Wtore że względem istności Syn y Duch święty są sobie táką przyczyną / iáko iest sobie y Oćiec. Trzećie / iż względem istności wszytkie osoby Boskie sáme z śiebie sprawuią. Czwarte / że Syn y Duch święty ile do doskonáłey ich (iáko on mowi) istności / są / sine principio, sine causa, ták iáko y Oćiec. Piąte / iż Syn y Duch ś. według porządku obá wtorymi są. Szoste / że Duch ś. odnośi sie do Oycá iák do Produktorá / nie środkownie. Siodme że Syn do Oycá iák do Produktorá / odnośi sie środkownie.

Fol. 95. a.
Fol. 97. b.
Fol. 98. a.
Fol. 99. b.
Ibid. & fol. 101. a.
Ibid.

Fol. 101. a. nie. Osme / iż nieprzyznawa / áby owá liczbá / Pierwßy /
Wtory / Trzeći / Przyrodzony Boskich Osob / ile do po-
Ibid. czątkowey ich bytnośći / porządek znaczyłá. Dziewiąte /
iż tá liczbá w przemiane káżdey Boskiey Osobie przyzwoi-
Ibid. ćie przykładáná bydź może. Dziesiąte / iż porządek mie-
dzy Boskimi Osobámi owy bydź stánowi / Oycowi do
Syná y ś. Duchá : y w przećiw / Synowi y ś. Duchowi
Ibid. do Oycá. Jedenaste / że Duchá ś. trzećim od Oycá bydź
Ibid. wßeláko odmawia. Dwanaste / że od Syná / wtorym
Ibid. bydź Duchá ś. nieprzyznawa. Trzynaste że Duchá / kto-
Fol. 107. b. rego Syn od Oycá posłáć obiecał / niebydź Osobe Duchá
Fol. 108. a. ś. twierdźi. Czternaste / że dáry te / ktore sie teraz wier-
nym Bożym dáruią / niestworzeniem / ále samym onym
Fol. 113. a. Prawdy Duchem bydź stánowi. Pietnaste / iż Sy-
ná dwoiák przyczyną stworzenia świátá bydź powiada /
pierwßą według istnośći : á środkuiącą według Osoby.
Ibid. b. Szesnaste / iż nieprzyznawa / áby z istnośći Oycowskiey
Syn sie rodźił / á Duch ś. pochodźił : ále z Osoby Oycowskiey. Co gdy piße / znowu bluźnić máiestat Bogá mego / Bogá słowá y Duchá iego S. zdam sie / że te sprosne
bluźnierstwá powtarzam : ktore Boskiemu ich máyesta-
towi w Boskiey istnośći / ktora oni máia z Oycá / ow przez
rodzenie sie / á ow przez pochodzenie / Heretycko vymu-
ia. A czynię to dla tego / ábym tobie Przezacny narodźie Ruski iáwnie okazał / iákie to bluźnierskie ábsurdá /
y Bogu mierzione Hæreżye Ortolog / przez lámentowy
swoy scrypt y sam popadł / y nas popáść podał. Kto
bowiem z nas łaską Bożą oświecony łátwiuchno tego o-
obaczyć nie może / że wßytkie te przełożone przez mię z Lámentowego scryptu / o Duchá ś. pochodzeniu punktá /
błędy są / y Hæreżye. Jle ábowiem do pierwßego ábsurdum : zaż Athánázyus ś. Duchá ś. Oycowym y Syno-

wym tchnieniem nie nazywá? Jeśliż Duch S. iest ich Epist. ad Serap.
tchnieniem / tedy z potrzeby idźie / że Oćiec y Syn / przetożstwo y iedynosć siły tchnienia ich / ieden y tenże iest iego spirator / tchnący. A zátym nietylko do Oycá odnośi
sie Duch ś. iák do tchnącego / ále y do Syná. ile do ábsurdum wtorego. Jeśli kto pierwßym siebie sámego
bydź może / tedy też y to poydźie słußnie / że sam sobie przyczyną bydź może : á ieśli pierwße impossibile / tedy y drugie. ile do trzećiego : zaż Syn może co sam od siebie czy- Ioan. c. 5.
nić / iedno co vyrzy Oycá czyniącego? ile do czwartego:
zaż Syná y Duchá ś. sine principio, sine causa wyznawáć /
iest sposob wyznánia śś. Doktorom Cerkiewnym zwy-
czáyny? ktory Ortologowi iest omylnie zá pospolity. Bo
áczkolwiek wßytek Syn / iest we wßytkim Oycu : y wßytko Oycowskie / iest Synowskie : tak iednák / iák od Oycá :
á nie z siebie sámego. Skąd Dámáscenus ś. Syn / mo- Lib. 1. c. 11.
wi / nie iest ἄναρχος, sine principio, bez początku : od Oycá bowiem iest. A ieśli według czásu początek przyiąć
chceß / iest y Syn bez początku. Lecz Ortolog nie zá
wzgląd czásu / ále zá wzgląd bytnośći od Oycá / ἄναρ-
χον ἀναίτιον, καὶ αὐτόθεον, Syná y Duchá ś. bydź mieni :
záczym bluźni Bogá á nie wielbi. Jle do Piątego: wyráźnymi słowy Basilius ś. náucza / iż Syn / według przyrodzonego Boskich Osob porządku / wtory iest od Oycá : Serm. 3. in
á Duch ś. wtory iest od Syná : á trzeći od Oycá. Jle do Eunom.
ßostego y śiedmego / wyznawamy y to / że y Syn y Duch
święty odnoßą sie do Oycá / on / iák ad Genitorem immediatè, á ow iák ad spiratorem mediatè. ponieważ y Syn
od Oycá / y Duch ś. od Oycá. Syn iednák tak immediatè, że sie iego rodzenie poczyna od Oycá / á ná nim sie kończy.
Duchá záś ś. pochodzenie poczyna sie od Oycá / przez
Syná á kończy sie na Duchu świętym. A żeby sie Syn do

K Oycá /

[Epist. ad Canonicas.] Oycá / lubo to Oycem / lubo Productorem názwánego
odnosił mediate, to iest środkowonie. teǵ y niewyznawá-
my / y z S. Básiliuszé wyznánie tákie niezbożnośćia nazy-
[Serm. 3. in Eunom.] wamy. Ponieważ Duch S. według tegoż wiel: Doktorá náuki / nie iest od Syná pierwszym: to iest / nie u-
przedza bytnośćia swoia Syná. Ale porządkiem y do-
[Ibid.] stoieństwem pokłada sie niżey Syná: y iest wtorym po
Synie / iák iest wtorym / według porządku / Syn po Oycu. y ktoby przekłádał / według porządku Duchá S. Sy-
[Idem. Epist. Eadem.] nowi / (iáko to czyni Ortolog /) niezbożność czyniłby: y
przećiwiáiac sie w tym Boskiemu sporządzeniu / dálekim
byłby od Bożey wiáry. Jle do ośmego / dźiewiątego /
y dźieśiątego: O porządku Boskich osob / iuż sie máło
wyżey dowodnie pokazáło / że owo liczba / pierwszy / wtory / trzeći / ile do porządku bytnośći ich in differenter o-
znáczáne bydź niemogą: á względem liczby Quantitatem
znáczący / mogą. Ják ná przykład / o trzech Synách A-
dámowych mowiąc: Gdyby kto zápytány / wiele iest Synow Adámowych? odpowiedźiał trzy: y wyliczałby:
ieden / ábo pierwszy / Seth: wtory / Abel: trzeći / Kain:
tá liczba wielość ich pokazawszy / prawdeby rzekł. Ale
gdyby był zapytány o porządku productiey ich w bytność: ináczey prawdźiwie odpowiedźieć niemogłby /
tylko / iż Kain iest pierwszy / Abel wtory / Seth trzeći.
Coż rozumieymy záchowywáć sie y w wyliczániu Quantitatis, to iest wielośći Boskich osob / y w wyrażániu porządkowey ich bytnośći. ktorey względem / iest Syn od
Oycá: á Duch S. od Oycá przez Syná. A Syn przez
Duchá ś. nigdy (tylko niezbożnie) rzéc sie niemoże. tákowy nákoniec porządek / iáki nam Ortolog / iákoby z Básiliuszá ś. omylnie przełożył / Oycá do Syná y do S Duchá: á Synowi y ś° Duchowi do Oycá / SS. Doctorow
Cerkie-

Cerkiewnym nie iest znáiomy / ále iest nowo zmyślony.
Oycowie święći cwy nam miedzy Boskimi osobámi / ile
[Epist. ad Serapi.] do bytnośći ich porządek przekłádáią. Athánázyus S.
Jáki mowi / porządek ma Syn do Oycá / táki porządek
ma Duch S. do Syná. A Básilius wielk iák / mowi / iest
[Serm. 3 in Eunomium.] Syn do Oycá porządkiem y dostoieństwem wtory / ták y
Duch S. do Syná porządkiem y dostoieństwem wtory
iest: á do Oycá trzeći. To iest włásny przyrodzony Boskich osob / ile do bytnośći ich porządek / á nie inszy. Jle
do Absurdum iedenastego / dwunastego / y trzynastego:
Mowiło sie ná przedźie dowodnie iuż y otym: że Duch S.
Trzeći w porządku Boskich osob / ile do bytnośći ich początkowey / y názywa sie / y iest. Omyliło Ortologá snadź
owo / że Doctorowie święći Heretykom owym / ktorzy
w iedney istnośći Boskiey porządek niezbożnie stánowiąc /
iedne istność Boską ná troie dźieląc: y w iedney istnośći
[Idem: Serm. ἀνεκδότω] Boskiey iedno / drugie / trzećie stánowili / usta zátykáiąc /
znáć w iednym Bóstwie / pierwsze / drugie / trzećie / blu-
źnierstwo bydź to miánowáli. Lecz ile do porządku Boskich osob przyrodzonego / znáć miedzy niemi pierwszego /
wtorego / y trzećiego / żaden z SS. Doctorow Cerkiewnych nie negował / y nie neguie. y owszem Básilius
wiel: y Epiphánius S. wyráżnymi słowy ták sie temu
mieć náuczáią: iák sie máło wyżey z ich pism przełożyło.
[Geni. c. 24.] y Złotousty S. w Homiliey ná owe pismá s° słowá. Położ rękę twoię pod biodrę moię: ták temu bydź poświadczá /
mowiąc / Boskie osoby rozsądzáiący porządek święty mi
był znány / á ktory w S. Troycy przyrodzenie rozdźiela /
owszeki odrzucony ma bydź. Jle do czternastego y piętnastego: Jest to Cerkwi Páná Chrystusowey y świętym iego Náuczyćielom Cerkiewnym / z náuki sámego
Christá Páná w codźiennym wyznániu / że w dźień Pięć-
 dźiesiąt-

dźieśiątny w ogniſtych ięzykách ná Apoſtoły Duch S. perſonálnie zſtąpił. nie dáry / ále oſobá Duchá S. nie ſtworzenie iákie / ále ſam Stworzyćiel. wierzyć ábowiem należy nam ſłowom Páná Chryſtuſowym / że tego poſłał / ktorego poſłáć obiecał. Lecz obiecał poſłáć tego / ktory od Oycá pochodźi: tego przeto y poſłał / Duchá prawdy. Dáry záś te / ktore od Duchá S. ná on czás w ogniſtych ięzykách ná Apoſtoły perſonálnie zeßłego / były wylane: y ktore ſie teraz y záwżdy ná wierne Boże wylewáią / y dáią / ſtworzenie ſą. Oczym oboim wypráwuiąc Ortolog / przenoßenie ſie teraz w owo / teraz w to opinie / áby był ná ten czás ſobie przytomny / nie zda ſie. Jle do ßeſnaſtego: co ſámo przez ſie / okázáłe ieſt bluźnierſtwo.

A co iuż niechay będźie Lámentowym błędem y Hęrezyom przez mnie od częśći notowánym / w tey moiey Apologiey koniec. Bo mi y przedśięwźięta wpowieść máterya / więcey ſie z niemi ßerzyć nie pozwala: y ſam też rozum ukázuie / że iednym ſwoim błędem / iedna Hęrezyą / nierzkąc ták wielą / ná co w Cerkwi náßey záſłużył / áby przy Zyzánim y Philálećie / ſobie iedynomyślnych niepráwdy rozśiewcách / y záſkepcách / w piſmách tych ſwych Heretyckich / był zniewáżony y podeptány / z ręk pobożnych y z domow Kátholickich wyrzucony: ábo rácżey / iákom y máło przed tym rzekł / ogniowi ná popráwę áby był / podány: máiąc co ſobie káżdy z nas zá zbáwienie / bluźniercom máyeſtatu Bożego z ſobą ſpołkowánia mieć / y progow domu ſwego prawoſławnego trzeć nie dopu-
2. Cor. 6. śćić. *Co bowiem zá zgodá Chriſtuſowi z Beliálem, ábo co zá część wiernemu z niewiernym?* Dayćie mi w tym wiárę Oycowie moi y Brácia / że nierownoby ſie było lepiey z narodem náßym iuż od dawná ſtáło / gdyby tym Zyzániom / Philáletom / Ortologom / y tym podobnym / w Cer-

kwi náßey Ruſkiey Hæreſiárchom były uſtá zátámowáne tákim ſpoſobem / iákimby y Boże / y ludzkie práwo pozwaláło / nie byłáby záiſte Cerkiew náßá w ták niezbożnych ná máyeſtat Boży bluźnierſtw podeyrzenie do nas ſámych podána: y narod náß Ruſki do tákiego ná upádek ſwoy goniącego rozdwoienia nieprzyßedłby był. Ale ieśli im ßło o wiárę / á mieli ią Bożą prawdźiwą / prawdą Bożą bronić iey mielit niętylko błędow y Hærezyi nie wnoßąc / ále y ná ſłowá ußczypliwe / á ná cześć ludźi wßelkiey czći godnych náſtępuiące nieſpoſabiáiąc ſie. Prawdá ábowiem y naproſtßymi ſłowy może bydź obroniona / y nałágodnieyßymi obiáśniona y do wiádomośći podána.

To tedy ieſt Przezacny narodźie Ruſki / co mię ná Wſchod do oycá y do Stárßych / ná ták dáleką niebeſpieczną / y ná podeßłe látá moie prácowitą drogę wyſyłáło. Wiáry náßey Prawoſławney przez te / y tym podobne nowe náße Theologi ſproſánowánie: á miáſto niey błędow oto tych y Hærezyi náśianie. Ktore tym bárźiey mnie zá duße bráli / imem ia im z częśći mey napilniey ſłużył.

Refutácya Klerika Oſtrogſkiego / ktory fałßywie Sobor Florencſki opiſał.

BYŁ mi przyczyną do tey mey drogi y Klerik Oſtrogſki / ktory nam w kłamliwym opiſániu fałßywey ſwey powieśći o Soborze Florencſkim ták ieſt nie praw / iák y ktory z wyż miánowánych. Co bowiem mniey ow z woli y przykazánia Bożego wyſtępuie / ktory Drzewem zábiia człowieká / nád owego / ktory zábiia żelázem? y w czym tego ćięzßy náprzećiwo bliźniemu wyſtępek nád onego? Obá záiſte zá rowno mężoboycy. Ki iemći bije Klerik / y zábija / grubßym / mowię nád inße / á práwie omácnym kłamſtwem duße ludzkie záráża / y do zguby

Sap. c. 1. zguby przywodźi: zábija iednák. *Vſtá bowiem ktore kłá-
máia (mowi mędrzec) zábiiáią duſzę. Grubſzym dla tego/
ß inśi iego w tym dźiele towárzyßze nie wßeláko z dobrey
ſwey woli o falß otráčili ſie/ ále po wietßey części niewy-
rozumienim rzeczy/ y mniemániem prawdy vwiedźieni/
kłamſtwo zá prawde y ſámi przyieli/ y nam podáli. A
klerik z vmyſłu/ bez wiáry godnego świádká tákie kłamſtwo zmyślił/ iákie ni w rzeczy/ ni w powieśći/ ni v nas/ ni
w przodkow náßych/ ni v poſtronnych narodow/ áni v Hęretykow lub opiſano/ lub słowy podano/ nie náyduie ſie.
A vczynił to wſámy koniec ow/ áby przez ten ſwoy drze-
wiány instrument/ ták dobrze proſtych ludźi niewinne
duße zábijał/ iák drudzy w tym dźiele ſpołprácownicy iego instrumentámi żeláznymi. Jákoż y nie niepomyśli mu
ſie powiodło. Bośmy ſie zá te iego bábie Bazki ták
chwyćili/ iákoby byłá Ewányelſka prawdá. y nie ináczey
o Soborze Florentſkim dźierżymy/ y wierzymy/ tylko ják nam bezimienny ten klerik do wiádomośći o nim
podał. Ták ná tey iego baśni polegßy/ iákoby ináczey o
tym dźierżac/ zbáwienia ſwego nie bylismy pewni. Záczym nam y ow náß vpadek/ ktory co dźień znáczny ná
ſobie ponośimy/ nizacz. Bo rzeczy/ iáko ſie nam widźi/
tákiey wierzyć zdamy ſie/ iáka duſznemu zbáwieniu ſłużyć zwykłá niezaboycáż y to duß náßych ? Ktorego
kłamſtwu my vwierzywßy/ duße wſobie przez nie pozá-
bijáne nośimy. Ktory iákoby z niebá w tey ſpráwie po-
ſłániec/ zwinawßy obłoki/ gwiazdy z niebá ſkárgnowßy/
słońce y mieśiac záćmiwßy/ morzá y rzeki omgliwßy/ niebo ochmurzywßy/ źiemie očiemniwßy/ y wßytek świát o-
gniem y krwia nápełniwßy/ á przeto wßytko mgłe w o-
czy nam puśćiwßy/ to nam práwi/ co iákoby od Bogá
do ſpráwowánia z námi powierzone ſobie otrzymał. W
táko

táko ſie ná początku tey ſwey powieśći żáłobe przyodźiał/
iákoby łácno/ nie tylko máło vważne/ ále y wiele rozſá-
dne słucháčze do żalu pobudźił/ y do vwierzenia tey ſwey
powieśći przywiodł. Jákoż y nie trudno ſpráwił to v
wßytkich nas/ co był zámyślił: że my zá rowno y tego
z inßemi/ miedzy Boſkich táiemnic wiáſtonośámi nie-
poślednim máiac/ wßytkiemu temu/ co nam w ſwym
tym poſelſtwie práwi/ wierzymy ták/ że vchoway Boże
y iedno wprzećiw iemu od kogo słowo ſłyßeć. Ano/ gdybyſmy nie dáley chodzac/ tylko z ſámymi ſoba poradźić
ſie/ y w ſámych nas vważyć chćieli to iego powieść/ nie
bylice bydź/ łácno znáßlibyſmy. vważylibyſmy ábowiem
ſámi w ſobie/ zkad to on ma co nam do wierzenia zá prawde podáie: zwłaßczá rzecz táka/ ktora y docżeſny pokoy
miedzy Bráćia turbuie/ y ná pokoy wieczny/ zá oßuká-
niem ludźi niewiadomych/ náſtepuie. Pytálibyſmy o tym
napierwey Rusi/ Przodkow náßych. Potym Grekow/
rodźicow náßych w Duchu. Po tych Rzymian/ Bráći.
A ná koniec y ſámych Heretykow. Ktorzy iesliby nam
wßyſcy w iedno słowo odpowiedźieli/ á w te słowo/ iákie
nam Klerik do wiádomośći doniosł/ godźien wiáry v nas
náleść by ſie miał/ y z pochwała. Jesliżby ſie náydował
od wßytkich rożny/ y wßytkim przećiwny/ tymże instru-
mentem/ z ktorym ná nas przyßedł/ wygnany bydź záſłużył był. On vdáie iákoby Florencki Synod/ nie tylko nie
doßedł/ nie ſkońčżył ſie wpokoiu/ y nie zoſtał w miłośći
z oboiey ſtrony Greckiey y Rzymſkiey zámkniony. Ale
że ſie rozerwał tumultem/ gwałtem/ morderſtwem. Z
ktorego iákoby iedni Oycowie Gręccy poućiekali. drudzy
od Papieżá poymáni/ do podpiſu przymußeni byli: á ktho-
rzy podpiſáć niechćieli/ ći rozmáitym więźieniem/ ćie-
mnicámi pętámi/ ránámi głodem byli trapieni. Sześć- Sam dyabeł
dźieśiat/

z piekła powstawszy nie mogłby więcey kłamáć o Soborze Florenckim nád tego Klerikà. Pátrz czytelniku iákie po twarzy tego złośliwego Klerikà.

dziesiąt/ mowi/ Biskupow/ á połtorástá Presbyterow/ Syngielow y Protosyngielow/ y Dyakonow w ciemnicách zámknawszy/ rozmáite im meki zádawano. Iednych głodem pietnaście dni morzono: inszych ogniem pieczono: Drugich duszono y dawiono: Ciáłá ich potáiemnie nocą chowano: á rece ich do tey swey Vniey po śmierci ich podpisowano. Pátryárchę też Iosephá/ ktory okrutne tyráństwo nád swymi widząc/ żáłował tego niepomáłu y iáwnie przed wszytkimi począł sie był tego káiáć/ y wyznawáć/ á od tey Vniey odstepował/ y rzekł do niey niepodpisował/ nápráwiwszy mowi/ trzech swych Mnichow/ ktorzy wrzkomo wposelstwie od Papieżá do niego w nocy przyszedszy/ y zámknawszy sie ná rozmowie vdusili do śmierci. A odchodząc od niego/ Testáment w rece mu wtkneli/ ktorym iákoby te Vnia/ y wszytkie ná niey vchwalone Artykuły przyiął/ potwierdził/ y ostátnia wola swoia/ odchodząc z tego świátá/ zápieczetował. Nie mniey też y Cesarz Páleolog/ acz był vdárowány wielkimi podárkámi/ y zniewolony iesżcze wietszymi obietnicámi/ trwożył sie ná myśli/ y niemogł wolnego y bespiecznego sumnienia mieć. A z niepociesznych nowin/ ktore do niego przychodziły/ o gwałtownych wtárgkách w Páństwá Greckie Turkow/ poznał swoy występek/ ktorym Bogá obráził/ przedawszy zá złoto sumnienie swoie. Támże w Syllibriey wpadszy wrospácz/ nagle zdechł.

To Klerik. Co z vmysłu/ tego własnymi słowy przełożyłem/ ábym káżdemu z chcących wiedzieć/ vkázał/ ná iáka to on powieść gotuiąc sie/ niebo y ziemie w początku mowy swey zámieszáne przed nami postáwił. Rzecz záiste cáła przekłádá/ ktora nierzkąc pobożne serce przeráźić/ do żalu y do płáczu pobudzić/ ále y z kámienia łzy wytoczyć mogłáby: zwłasżczá v nas/ tym iedynowiernych/

nych/

nych/ nád ktorymi tá/ nierzkąc niesłycháná/ ále Chrześćiánom náprzeciwo Chrześćian y niezwyczáyna tyránnia/ wykonywána bydź powiádá sie. Coż ná to wszelákim powieśćiam łácno wiáre dáiącemu sercu/ przeczytawszy to/ y insze przez niego niemnieyszym do żáłośći pobudzeniem opisáne/ rzec przychodzi nád owo Psálmistowe/ co ná on czás od Mnichow Athońskich rzeczone bydź/ tenże Klerik przypisuie/ Deus venerunt gentes in hæreditatem tuam, &c. Psalm, 78
Serce záś/ ktore wszelákiey rzeczy doświádcza/ y dobra rzecz záchowuie/ á zła odrzuca/ wszytko to przez Klerikà opisáne przeczetszy y vważywszy/ z tymże Błogosł: Psálmistą owo rzec vkocha sie/ *Niech zániemieią vstá zdrádliwe, ktore mowią nieśpráwiedliwość przeciw śpráwiedliwemu w pysze y w pomiernániu.* Psalm, 10
Wszytko ábowiem to/ y w tych przez mie przywiedzionych/ y w inszych przedtym/ y potym przez tego Klerikà opisánych powieśćiách/ fałsz iest ná dusze tego/ y kłamstwo ná głowe iego. Zadnym tey swey kłamliwey powieśći/ ni Graeckim/ ni Láćińskim/ ni nászym Ruskim/ ni inszey ktorey nátiey wiáry żadnym Historykiem nie dowiedzie. Ják ia mogę zápewne wiedzieć/ co sie przed wiekiem moim działo/ ieśli nie z vstney powieśći/ ábo opisánia tego/ zá czyiego sie to wieku działo? Lat około dwuset iáko Synod Florentski iest obchodzony/ á żadney narod nász Ruski wiádomośći o tey tákiey ná nim stáłey sie tyrániey/ áż po wiek nász nie słychał: teraz oto przez Klerikà/ y tego bezimiennego słyszy. A záraz ni z twarzy/ ni z imienia tego człowieká nieznawszy/ zá nim/ iákoby zá iákim z niebá zesłáńcem idzie/ wierzy mu/ y nie indziey mieć sie temu/ iest vpewniony: przepomniawszy owego mędrzcowego/ *Kto predko wierzy, lekki iest sercem.* Eccles. c. 9.
Podobnismy záiste w tym swym postepku owemu/ ktory sie zá ćienią

L swoia

swoia vgániáiac / wierzy temu nie watpliwie / że to istotny iest człowiek / á nie mará. Ale nie dziw żesmy iemu wwierzyli / z nalogu to nam przyszło / ktory vrasta in alteram naturam: bosmy to iuż przed nim inszym vczynili / dawszy wiáre zmyslonemu Krzysztophowi Philaletowi / á po nim Theophilowi Ortologowi: ktoby oni byli / áni znawszy / áni pytawszy. Záczym poszło to iuż nam ze zwyczáiu w nalog że / by niewiedzieć kto on był / y by niewiedzieć co nie nasze / zá nasze vdawał / byle tylko Papieżá lżył / wiáre iego y Kośćioł gánił: dobry to nam człowiek / poczćiwy mąż y świety / madry y słáwny. Ano iák iemu cześć tá y sławá / y madrość y świątobliwość ku zátráceniu / ták y nam ten iego obrodek nie ku wielkiemu ćielesnemu y dusznemu pożytkowi. Christonoscámić sie oni / Práwdolubcámi / Bogolubcámi / y Práwosłáwcámi ponázywáli / ále prawdźiwiey / według spraw swych / Krzywosłowcámi sa y Lżelubcámi. My iák niemowiatko zá cacke / niedbáiac choć to oná sk̄ole / choć opárzy / choć obe- rznie / zá piekne te názwiská porwawszy sie / rozumielismy / że oni tákowi sa y wewnatrz / iákowi zwierzchu: áno pokrywá im nazielenieysza / tym nagoretsza. Dobrzeć postąpił w tey mierze Zyzáni / ktory nam o sobie / co by był / rzetelnie dał wiedźieć. My iednák nie vważywszy / że według názwiská iego miáło bydź y dźieło iego / zá ten kąkol / iák zá nayczystszą pszenicę chwyćilismy sie / y teraz sie nim z szkodą dusz nászych bez ohydy cuczymy. Zdárzyłby to Pan Bog pálacowi vst nászych / áby ten smák kąkolowy bydź á nie pszenny poczuwszy / nauseą do niego nam vczynił / y iuż wiecey do vst bráć go nam niedopuśćił / zdrowszemi bysmy wrychle ná duszach nászych stáli sie. Bobysmy nátychmiast y chorobe swoie / ná ktora ćiężko chorzelemy / áże chorzelemy nieznamy / poználi / y do vleczenia zupełnego nád spodźiewánie przyszlibysmy.

Potrzebá wiedzieć komu wierzyć.

Ják sobie płaknie imioná ći pseudologowie przywłaszcz, &c.

Kąkol zá pszenicę kupić wielka slepotá.

O So-

O Soborze Florentskim / że w pokoiu w miłośći y w zgodźie Rzymian y Grekow doszedł.

Rzekłem máło wyżey / że sie te Kleriká tego do nas vdáne powieśći / ni v Grekow / ni v przodkow nászych / ni v Rzymian / ni v postronnych nie náydują / tylko v nas sámych / á bez żadnego y namnieyszego dowodu / bez żadney y namnieyszey słusznośći: dosyć ná owym mieć nam kazac / że to Klerik nieiákis powiedźiał. Ninie záś przećiwnym sposobem vkázáć należy / z swych przodkow Rusi / z Grekow / z Rzymian / y z postronnych świádectwá / że ten Florentski Synod bez żadnych musow / y gwałtow / nierzkac vciskowánia y Tyránniey w pokoiu był obchodzony: w pokoiu y w miłośći z oboiey strony Greckiey y Rzymskiey stał sie y zámkniony. co pokázáne záćká vstá mowiacemu nieprawde Klerikowi. Bo ieśli w pokoiu y w miłośći doszedł y zámkniony był / mus tám y gwałt żaden bydź niemogł / á zatym ani więźienia iákie / áni morderstwá y śmierći. Dochodze tego / co mowie / z Rusi / naprzod tym / że o tym żaden Rusin po wszytkie przeszłe czásy / áby ten Synod Florentski nie doszedł / y iedną litera nie zostáwił: y z Tradiciey z rak w rece podáwáć sie zwykley / narod nász Ruski tego niemiał / y niema. Powtore dochodze z Dekretu zobopolney zgody / oboiey Cerkwie Wschodniey y Zachodniey ziednoczenia. Ktory do ksiag nászych Cerkiewnych Práwidlnych Słowienskim iezykiem wpisány náyduie sie. Czego przodkowie nászy przez lat wiecey niż połtorásta w ksiegach swoich mieć niećierpieliby byli / gdyby ten Synod w pokoiu y w miłośći był nie doszedł. Ani podobno byly tak dárzkie rece / ktore ie z ksiag y wyszárpywały / (co vczynił zá nászego wieku

Dowod z Ruskich pism o Soborze Florentskim.

wieku Zyzáni Theolog náß pierwßy/ w Monásteru Wil:
S. Troyce/) ále Pan Bog ná wßytko śmiáłe rece sam
hámowáł/ y wyniszczył ich tym/ ktorzy niemogßy przećiwo prawdźie iezykiem/ targáć sie ná nie wáża rękámi/
áż y do nászych dni niedopuśćił. Po trzećie dochodze/
Listem pisánym od wßytkiey Rusi Sobornie do Sixtá
4. Papieżá/ w roku 1476. Ktory list áczy u niektorych
nas iest máłey wagi/ u ludźi iednák znáiacych sie ná rze-
czách/ y ná wieki one niezazdrośćiwym okiem pátrzáiá-
cych tákiey iest wagi/ iákiey godźien: iák ten ktory prawdźiwie od Rusi pisány y posłány. Ktorego przepis/
po náleźionym w Krewie/ náleźiony był w Cerkwi śiołá
Wielboyná pod Ostrogiem/ pismá stárego/ molem iuż
niemal wpoł obiádły. o czym mi powiádał ten ktory go
był tám z trafunku nálazł/ niebosczyk Alexánder Putyá-
tycki/ wielu nam znáiomy. W Liśćie tym od wßytkiego
narodu Ruskiego pisánym/ przyznány iest Synod Flo-
rentski/ pochwalony/ y przyięty zá doßły/ y w miłośći
spokoynie zámkniony. Po czwarte dochodze z przywileiu Duchowieństwu narodu nászego Ruskiego/ od Włá-
dysłáwá Krolá Polskiego w roku 1442. w lat po Synodźie Florentskim czterý nádánego. To pierwßy náprzećiw fałßywemu opisániu Soboru Florentskiego Kleri-
kowemu dowod o dnászey Rusi.

Dowod z Greckich pisárzow o Soborze Florentskim/ że w po koiu doszedł.

Wtory dowod od Grękow: naprzod Láonik Chal-
cocondyl Grek/ ktory práwie o tym sámym czáśie żył/ ná
począţku Historiey swey pełnymi vstámi to przyznawa/
iż Synod Florentski w pokoiu doszedł/ y wzgodźie Grękow z Rzymiány zámkniony iest. Ná ktorym zámknione zgodne wiáry wyznánie/ Grękowie nowi/ rozerwáli iuż do domu zwroćiwßy sie. Powtore dochodze tego od
Grękow/ Listem Pátryárchi Konstántynopolskiego Niphoná.

phoná. Roku od stworzenia świátá według Grękow
7000. do Metropolity Ruskiego Jozephá [Sołtaná/]
pisánimi ktory w Wil: w Monásteru S. Troyce po Grecku ná párgáminie pisány czytałem/ w ktorym pomieniony
Pátryárchá/ poważnymi słowy/ Synod Florentski wy-
sławia/ y chwali/ y to wyráźnie przyznawa/ (bo o to
był pytány od Jozephá Metropolity Ruskiego) że sie w
pokoiu skończył/ y w miłośći z oboiey strony iest zámkniony. Po trzećie dochodze od Grękow/ iż oni y teraz Synod ten po Grecku drukowány przechowywáią/ táki słowo do słowá/ iáki iest po Polsku v nas przełożony: czytáią go/ y rozsadnieyßy w poszánowániu máią/ y nikt z po-
ważnieyßych przećiw niemu/ po czásiech Márkowych.
y iedna litera nápisáć co niepoważył sie. Po czwarte dochodze tego od Grękow/ iż Márek Metropolit Ephe ski/
ktory sam tylko ieden ná ten Synod podpisáć sie niepo-
zwolił/ iáwny Florenskiego Synodu nieprzyiaćiel/ pisawßy wiele przećiwo niemu: o tym iednák/ co ten Klerik
do nas klamliwie podał/ w żadnym swym scripćie/ y iedna litera niezmiánkuie. Nie mogł sie otkryty ten nieprzyiaćiel Synodu ná táką niewstydliwość zebráć/ ná iáką sie przysposobił náß bezimienny Soboropiscá/ máß-
kara kleryctwá pokryty. Po piąte od Grękow dochodze:
iż wiele dostoieństwem poważnych y náuką známienitych
Grękow Synodu tego Florentskiego bronią/ y zá doßły
w pokoiu y wzgodźie zámkniony/ oznáymuią. Jáki iest
Georgius Scholárius Pátryárchá Konstant. Bessárion
Metropolitá Niceński: Jozeph Episkop Methoński:
Grzegorz Hieronomách wiel: protosyngiel: Georgius
Trapezontski/ y insi. A to drugi dowod/ od Grękow
że Synod Floreński w pokoiu y w miłośći oboiey strony
Grękow y Rzymian iest obchodzony/ y skończony/ y
zámkniony.

Dowod

Rzymscy pisarze wszyscy twierdzą o zgodnym zámknieniu tego Soboru.

Dowod tego trzeći od Rzymian/ ktorzy sie szczyrze známi y z soba/ to iest/ że Wschodna y Záchodna Cerkwia w tym obchodząc/ iednostáynie przyznawáia wszyscy/ że w pokoiu Synod ten Florencki obchodzony był/ w zgodźie y w miłośći od wszytkich spolnie Rzymian y Grękow skończony iest y zámkniony.

Y heretycy piszące świádczą że Sobor Florencki w zgodźie doszedł. Fol. 244. b Owey ná Alexandryskim pap: drukow: Lac: Kroniki.

Dowod tegoż czwarty od postronnych: z Janá Funcciusá Chronographá Noriberskiego/ ktory żył około Roku 1570. Ten w Kronice swey pisze o Synodźie Florenckim/ że w pokoiu y w miłośći był obchodzony. Ná ktorego ile do wiáry vchwały/ Greckie/ mowi/ y Ruskie Posły pozwolili/ y oboi po swoich narodách też obiecali. A przed nim otymże/ też Chronograph Norimberski Hártman Schedlius/ ktory żył około roku 1473. blisko po Soborze Florenckim/ wyraźnymi słowy też prawdę wyznawa że doszedł Synod Florencki i w pokoiu y w miłośći od Rzymian y Grękow/ w zgodźie y w iednomyślnośći wiáry skończony iest y zámkniony.

To tedy iest/ co sie mnie zdáło w przećiw Klerikowym omylnym powieśćiam pokázáć sie mogło/ y z nászey Ruśi świádectwe/ y z Grękow/ y z Rzymian/ y z postronnych że Synod Florencki w pokoiu y w miłośći był odpráwiony/ y skończony/ y w zgodźie á iedynomyślnośći o wierze zámkniony y zápieczętowány. Z tego sámego iáwnie wiedźieć sie dáie/ że wszytkie Klerykowe o Synodźie tym wyrażone przez mię y niewyrażone powieśći/ báśnie sa y sny/ fałsze y potwarzy/ ktore ták sa grube/ że y prosty człowiek rękomá niemal omáć ie może/ nierzkac człowiek w rozumie státecznie postanowiony. Kto ábowiem dobrym sumnieniem wiáre temu dáć może/ áby przy ták mnogiey ludźi znamienitych przytomnośći/ mogł Biskup Rzymski nad Biskupami/ Kaplanami/ Hiero-

moná-

monáchámi Wschodney Cerkwie/ y nád sámym Pátryárchą/ przy Cesárzu wschodnym/ y przy Despoćie Bráćie Cesárskim Tyránniey ták wielkiey/ o prawie bestyálskiey zażyć? A iesli zażył/ kto vinowić to w siebie da/ áby to nie miáło było bydź opisáne/ od ktoregożkolwiek známienitego pobożnego męża/ lub Greká/ lub Rzymiánina/ lub Niemcá/ lub nákoniec nászego Ruśiná/ ktorzy też tám tey nędzy (iáko vdáie Kleryk) vczestnikámi stáli sie. Jeśli kto z synow oycá ich Dyabłá/ z synow mowie/ kłamstwá to zmyślił/ y ná świát puśćił/ mysz co naygłupszymi ná świećie bydź mamy/ ktorzy pierwszymi tey iáwney Bałamutni wiáre dáiącymi naydźiemy sie? Głowni nieprzyiaćiele Papiescy Luter y Kálwin/ y ich Sekretarze/ ktorzy rádźiby co y z piekłá ná ohydę Biskupá Rzymskiego byli wydárli/ y wszytkiemu świátu podáli/ y iednym słowkiem o tey tákiey/ ábo iákiey y namnieyszey bytey ná Soborze Florenckim tyránniey niezmiánkuią. y owszem Norymberzánie iuż Luterańską Heręzyą zárażeni stawszy sie/ przez swego Látopiscá/ iákosmy słyszeli/ świádectwo wydáią/ że Synod Florencki doszedł w pokoiu/ w zgodźie/ y w miłośći. My tylko Ruś/ iákobysmy sie sprzysięgli/ ludźiom bez imiennym/ Kłamcom owo zgołá niewiedźieć komu/ Człowiekowi/ lub też márze iákiey/ wiáre nierozsądnie dáwáć/ siebie sámych zwodźić/ w naśmiewisko do ludźi/ prawdę od nieprawdy rozsądźić vmieiącym podáć/ á zátym y duszy swoie o zátrácenie przypráwić. Jeszcze-ż twierdźić będźiemy/ przezacny narodźie Ruski/ że to iest Prawda? Jeszcze z Zyzániámi/ Philáletámi/ Ortologámi/ Klerikámi/ y tym podobnymi/ sámi przed sobą ná plác wyieżdżáć będźiemy? á prawdy swey ich fałszámi/ kłamstwy/ błędámi y bluźnierskimi Heręzyámi dowodźić zezwolimy? Będźiemy záiste w tey mie-

To wielki dowod.

rze ná

rze nád wßytkie wßytkiego świátá Chrześćiány márniey-
ßymi/ ktorzy ládá plotkam bez żadnego uważenia wiáre
dáiemy/ y w spráwách duße zbáwiennych ná tych pole-
gamy/ ktorzy iák sámi nie wiedźieli co wierzyli/ ták to co
nam przez pismá swoie do wierzenia podáli/ swoie bydź/
mniemániem tylo dochodźili. w czym y sámi sie oßukáli/
y nas zwiedli.

Niemożemy tego negowáć / ábyśmy tych pseudologow zá swoich Bogosłowow nie mieli.

Rzeklibyśmy snadź/ że my iák tych Authorow nie ználi/ ták y o tych bluźnierskich ich scriptách máłośmy wie-
dźieli/ záczym przyczyná ták kłamstw ich błedow y Herezyi
nas dośiegáć nie może. Zdárzył by to był P. Bog prze-
zacny Narodźie Ruski/ ábyśmy byli iák osob tych nieználi/ ták y do pism ich iák do swoich własnych nieprzyzná-
wáli sie. Ale spoyrzawßy ná to sámo/ gdźie są z dru-
ku wydáne/ y od kogo są zá náßey strony ucżyciele y obrońcy przyznáne/ stulić vstá muśimy. Do ktorych my y teraz iák do swoich własnych wiáry náßey obrońcow pel-
nymi vstámi znamy sie. Kto gdźie kiedy z náßey strony y
iednym słowem lub z Kathedry/ lub ná piśmie Autory
te/ lub te ich pismá nie bydź náßemi ogłośił/ bluźnierstwá
ich/ falße/ błedy y Herezye/ Cerkwi náßey obiáwił/ y
wystrzegáć sie ich iák Heretyckiey zárázy vkázał? Nikt/
nigdźie/ nigdy. wßyscy iák ieden człowiek zá swoie mieliśmy ie/ y mamy. Ale day to/ żeśmy o tych bluźnierstwách
falßach błedách y Herezyách w tych scriptách/ miásto
náßey wiáry dogmat wydánych y publikowánych nie wie-
dźieli/ y tym ktorzy nas w tym przestrzegáli/ máiąc ich
sobie zá podeyrzánych/ nie tylko wierzyć/ ále y pism ich
czytáć niechćieliśmy: záczym mniey y przed Pánem Bogiem

giem grzeßyliśmy/ mniey y sámym sobie wynnymi zostá-
wáliśmy Teraz iuż oto z łáski Bożey sámym nam obácząć
to przychodźi/ w czym od Bráciey przestrzegáni bywßy/
wiáry im dáć niezezwolilismy. Záż nie od pisano nam ná
Zyzániego/ ná Philáletá/ ná Lament/ y náżego Kleryká? y ták kłamstwá te/ bluźnierstwá/ błedy y Herezye
vkázono nam dowodnie/ żeśmy z náßey strony nic ná to y
podźiś dźień nie odpowiedźieli: ániśmy też mogli. Bo trudno było przećiwo oćcieniowi wierzgáć. My wiecey
iáko sie z sámego doświádczenia wiedźieć dáie/ nie umie-
my nic/ tylko zágábnąć: á zágábnąć niepoważna iáka/
iáka sie w spráwách zbáwiennych záchowywáć zwykłá/
máteria/ ále łżeniem/ łáiániem/ sromoceniem/ vßczy-
powániem/ falßami/ kłamstwy/ potwarzą/ błedámi/
bluźnierstwy/ Herezyami/ złym ná koniec wykłádem
y wywrotámi świádectw pismá Bożego y pism Oycow
SS. wymázowániem też z kśiąg Cerkiewnych/ co sie nam
niepodoba: á przydawániem tego/ co sie podoba. Co
wßelako nam/ ktorzy sie mamy zá práwowierne/ nieprzy-
stało/ y nieprzystoi. Wymáżmy ieno z swych Zyzániow/
Philáletow/ Ortologow/ Klerykow/ y tym podobnych
to wßytko/ com tu teraz pomienił/ nie naydźiemy záiste
w nich/ tylko sáme litery/ á goły pápier. Bo cokolwiek
oni znuánki czynią o Bogu/ o wierze/ o Sákrámentach/ o
Pánnie naświetßey/ o Swietych sługách Bożych/ y o inßych spráwách zbáwiennych/ ku tey końcowi sporządzone
to wßytko máią/ áby wßytko bluźnierstwu ich/ ktore przez
błedy y Herezye stánowią/ służyło/ á nie Bożey prawdźie.

TE BLEDY PRZYMVSILY MIE NA
WSCHOD PIELGRZYMOWAC,
Y TE APOLOGIA WROCIWSZY
SIE PISAC.

M   To tedy

Apologia

TO teby mnie zá duſze moie było wźiało/ y do Wſchodnich kráiow było záſtało: abym tám/ temu duſze moie oſiadłemu złemu vlżenia ſzukał/ zkąd nas zá przeſzłych
wiekow wſzytko dobro Chrześćiáńſkie było záſzło. Aby
ztąd y naprawá zepſowánemu od nas temu dobremu ſtáłá ſie/ zkąd ono do nas cáłe święte y niepokalane było záwitáło. Bo przez lat niemal ośm cáłe z ſámym ſoba y z tymi oto Authorow tych bluźnierſtwy domá biedźiłem ſie:
Czego świádomo dobrze Wilno/ świádomy Kijow/ świá-
doma Kápitułá Oſtrogſka/ y wiele z tych/ ktorzy ſie zdáli być czym w Narodźie naſzym: z ktorymi ia o tym
conferowáł/ z vmyſłu do nich dla tego ſámego źieżdżá-
iąc. Ażem domá tego/ czego ſzukałem/ nie naſzedł. ſzukáć
tego v ſwoich że ná Wſchod puśćiłem ſie: y com tám
náſzedł/ o tym da Bog potym. Teraz co przez te moie
Apologia czynie/ ſumnieniem przymuſzony czynie: ktore
ćiężſzym mi ieſt bodźcem nád tyśiąc świádkow. Czekał-
łem ná Sobor domowy/ abym to był vſtnie przed temi/
ktorymby o tym wiedźieć należáło/ przełożył/ y do vważenia podał. Lecż widząc nas do tego Soboru bárzo nie
ſpieſznych/ ná ktory iuż to trzeći rok/ po zwroceniu ſie moim z tey peregrinatiey/ zbieramy ſie/ zebráć ſie iednák
niemożem. Máiąc tez y to przed ſoba/ że ná przeſzłych
náſzych Soborách Epiſkopſkich/ przez te lat ośm/ do żádney poważney/ o ſpráwách Cerkwi náſzey/ cząſy terá-
źnieyſzymi należnych namowy/ prze ſwoie miedzy námi
iednego człowieká dobru ni przyiaćielá priwate/ niemo-
gliſmy przyść: ktory y podźiśdźień Sedekiaſzowymi żeláznymi rogámi źiemie kopa/ y proroká Bożego niewſtydliwie policzkuie/ do tákiego vpadku biedny narod ſwoy
Ruſki przywieść vśiłuiąc/ do iákiego vpadku lud Izráel-
2 Paralip. c. 18 ſki/ y Judſki zá zło á niezbożno tego przeklętego Lżeproro-
wá

Do Narodu Ruſkiego.

reká Sedekiaſzá/ y iego drużyny był przyſzedł. K temu
vważáiąc y owo/ że ſpráwá tá/ ieſt ſpráwá wſzetká naſze
Ruſka Cerkiew záchodząca/ Duchowne y świetſkie/ wielkie y máłe/ mężczyzny y niewiáſty/ ták poſtąpić/ vſądźi-
łem: cżęśćia z powinności doſtoieńſtwá mego Archierey-
ſkiego/ częśćia z powinności ſámey pobożności/ ktora nie
tylko duchownemu/ ále y świetſkiemu vſtá otwiera/ y
cżáſu potrzeby mowić pozwala/ y przymuſza. Co wſzytko Przezacny narodźie Ruſki dla ćiebie czynie: y tobie do
pilnego vważenia podáie: y proſze/ ábyś vważnie prze-
czetſzy/ nie niedbał o ſobie/ y o ſwym zbáwieniu: ále czuł/
y iák narychley z tych niezbożnośći otrząſnąć poſpieſzył
ſie. Bo poki twoy tobie ieſt Zyzáni/ Philalet/ Ortolog/
Klerik/ Azáry/ Elenchus/ Antygráph/ Suráſki/ y tym
podobni/ poty ty w wyſtępku fałſzu/ kłamſtwá/ potwa-
rzy/ bluźnierſtw/ błędow/ y Hárezyi.

Weźmiſz ieno przed ćiebie (do tych mowie/ ktorzy
máia cáły rozum duchowny/) á z pilnośćia/ wſzytke duſze do tego przyłożywſzy/ ſámi w ſobie vważmy/ ták/ iákoby ſie z wola náſza vważenie to náſze ſzczyrze/ w niemyl-
nym ſumnienia náſzego świádectwie/ zgadzało mowiąc
w ſobie ſámych owo/ Ponieważ my dla Páná Bogá/ y
dla prawdy iego S. to ieſt dla wiáry ſwey/ y ſwoie wſzyt-
ko/ y ſámych nas zá podániem ſie ſłuſzney occázyey y przy-
czyny/ ná rozgrábienie/ y ná śmierć wydáć powinni ieſteśmy: gdyby nam do tego przychodźiło/ ieżeliby beſpie-
cznym y vſpokoionym/ w pewney zbáwienia nádźiei ſumnienia vczynić to mogliſmy: czyli nie? wiedząc/ iż ieśli
kto y męczony bywa á nie zakonnie/ to ieſt/ nie dla prawdy
Bożey/ koronowány nie bywa. Ty Przezacny narodźie/
według świádectwá ſumnienia twego/ iákći Bog y zbáwienie twoie ieſt miłe/ dekretuy. Ja pod tymże ſámym

Człowiek Chrześćiáńſki pierwey ma wważyć/ co ma ćierpieć.

M 3 Bogá

Bogá y zbáwienia mego miłośći obowiązkiem / z cżeśći mey káżdego z was przestrzegam / vwiadomiam / y vpewniam / Ze ktokolwiek z narodu nászego Ruskiego dla tey wiáry / ktorą násze bydź Zyzáni / Philalet / Ortolog / Klerik / Azár / Elenchus / y tym podobni opiſáli / tráci zo / ábo vmiera: ná ſwoie ßkode tráci: y nadáremnie vmiera: zátráca duße ſwoie / á nie zbáwia. Zgorzał w Konſtántynopolu ſpalony od Grękow / Bázyli Bogomił. Zgorzał w Konſtánciey ſpalony od Rzymian / Jan Hus. Zgorzał Michael Serwet ſpalony od Kalwiniſtow w Genewie: Lißył ſie żywotá ścięty mieczem od Zwinglian Walentyn Gentiles w Bernie. Kuropálates y Cedrenus Hiſtorikowie Gręccy pißą / że zá przemyſłem Honoryußá Ceſárzá Práwoſławnego / y Zony iego Theodory / to ſtá tyśięcy Mánichey-czykow rozmáitymi ſpoſobámi y z máietnośći y z żywotá ſą wyzuci. Coż im z tego / że y máietność y żywot dla Hęreziey trácili? owo w pożytku odnieśli / że rychley niż ſie ſpodźiewáli / do piekłá ſie doſtáli. Káżdy ábowiem Schiſmátyk / ábo Hęretyk może bydź y ścięty y ſpalony / ále koronowány bydź nie może. Korony ábowiem Krolewſkie / ſynom Kroleſtwá należą / á nie wywołáńcom z Kroleſtwá: iákimi ſą wßyſcy Schiſmátykowie y Hęretykowie. Máłoż Hęretykow / y proż tych pomienionych / poginęło przez miecz / przez ogień / y przez inße śmierći: á z opiniey ich dla wiáry / wiárę bydź Hęrezyą ſwoię ſądźiwßy: ni ieden iednák z nich biegiem tym ſwoim Korony niedoſtąpił. Bo nie Krolewſkim od Bogá vtorowánym gośćincem biegł / przy ktorego końcu ſą Korony: ále ſwoią od śiebie / ábo od inßego ſobie podobnego człowieká przełożoną drogą: przy ktorey końcu ieſt męká wieczna. Jáka ieſt y tá / przez te nowe Theologi nowo przełożona drogá / ktora idąc

pátrz co zá pożytek Schiſmátycy y Hęretycy z śmierći dla wiar ſwoich odnoßą.

idąc bez pochyby tám ſie káżdy nią idący oprze / (czego nas Chryſte Pánie racz vchowáć.) ieśli ſie wcżas nie obaczy / gdźie ſie opáli wßyſcy od Cerkwie Chriſtuſowey przeklęći Hęretykowie.

Rozumem przyrodzonym y doświádczeniem nie mieliśmy dochodźić / że inßa náuká o wierze ieſt tych pſeudologow / á inßa SS. Oycow.

PRzyrodzona rozumu ludzkiego świátłość / to nam vkázuie / poznáć wołá / ceſłá / drzewo / kámień / y tym podobne: y ktoby tego znáć śiebie nieprzyznawał / muśiałby ſam oſłem bydź ábo pniem. Przyrodzony rozum y to nam vkazał / wiedźieć náczij ſie głos odezwáć: y do czego ſie zá iáka potrzeba rzućić. Zaden z nas áni ná wilczy głos nie odzywa ſie / áni ná ſowi: ni też tłuſtośćią kto ogień zálewa / ábo miáſto chlebá kámień do vſt przynośi. Jeśliż w tych rzeczách potocżnych świátłośći przyrodzonego rozumu záżywßy obchodzimy ſie / czemuby y w rzeczách zbáwiennych nie tymże rozumem / zwłaßczá co mu w rzeczách tych poznawáć dáno ieſt / obchodźić ſie mieliśmy? Christophor y Theophil ſą v nas imioná poſpolite / ále Philálet / Ortholog / Klerik / ſą náźwiſká nowe y niezwyczáyne / y we wßytkim narodźie Ruſkim / pierwße / ná ktorych głos my odezwawßy ſie nie bárzo mądrzey vczyniliſmy / niż gdybyſmy ſie ná ośli ryk odezwáli / á zá człowieczy go głos przyznawßy / zá nim vdáli ſie / bywßy iuż náuczeni / bydź mądrymi iáko wężowie / á proſtymi iáko gołębice. Nie mądra tá záiſte odpowiedź / kto ćie tego náuczył / pytáiącemu odpowiedźieć / niewiem. Gdybyſmy niewiádomość tę nászę ná náuce Ewányelſkiey / y ná śś. Oycow nászych wierze záwießáli / mogłoby nam y przed Bogiem y przed Bożymi poyść zá obmowe

Matt. c. 10.

obmowe/ iák tym ktorzybyśmy miálkim nászym rozumé
glebokich wiáry dogmat niepoymuiac / ták wierzyć siebie odpowiádáli / iák wierzył Złotousty ś. Básilius wielk
ś. Jan Dámáscen/ ábo inszy ktory z Swietych: lub iák ći
Swieći Przodkowie nászi / ktorzy sie z narodu nászego w
Cerkwi nászey Ruskiey świątobliwośćia rozświećili. Ale
nam tá táka odpowiedź w wymowkę poydź nie może: z
bośmy iuż wiáre swą / iáka iest ogłośili y publikowá-
li przez Zyzániego/ Philáletá/ Ortologá/ Klerika/ Azáriá
y tym podobnych. A tá wiárá od wiáry S Złotouste-
go/ y inszych SS. Doktorow Cerkiewnych/ y nászych
Ruskich SS. Oycow ták iest rożna / iák rożna iest nieprawdá od prawdy/ y hęresis od wiáry. Aczkolwiek
gdy nas kto pyta / iákbyśmy wierzyli/ wkázuiemy my ná
Cerkiew Wschodnia y ná śś. iey náuczyćiele. Lecz gdy
nas kto prosi o zsumowáne wiáry nászey opisánie do przeczytánia / podáiemy mu te swoie nowe Theologi/ w czym
ták sie z soba ostrożnie obchodzimy / iák gdybyśmy komu
rzekli mieć v siebie Balsam / á vkazáli dziegieć: z nim záś
ták rostropnie postepuiemy / iák gdyby nas kto prosił o
chleb y o ryba / á mybyśmy iemu dáli kámień y gádzine.
Bo y siebie przez ten dány iemu do czytánia script podáiemy zá hęretyki / dawszy sie słowy słyszeć zá práwowierne: y iego tymi bluźnierstwy ták szkodliwa dusze trácaca
trucizna záráżamy. Z potrzeby tedy zostáie nam / ábo
Zyzániow tych odbiec / á świetych stároźytnych Cerkiewnych náuczyćielow trzymáć sie: ábo owych poniecháć/
á one mieć. Bo iák Christusowi y Belialowi spolem z soba bydź nie iest rzecz podobna / ták áni śś. Doktorow náuce / z náuka tych nászych Vczyćielow. Rozumiem Przezacny narodzie Ruski / żem iuż iák mi sie zda / dowodnie
pokazał / iż miáłem słuszna woley ná Wschod peregrinaciey

Prawdá to własną.

ciey przyczyne / y że ia / nie rzekę y wy / cobym wierzył/
nie znałem: bo ieslibyśmy byli ználi/ mieyscá w siebie tym
prawosławney wiáry nászey wyszpoćićielom niedáliby-
śmy byli.

Skad vpadek ten stał sie w błedy y Hęrezye.

TO ták wiernym sercem / co nas od nas sámych obchodźi / po częśći przełożywszy / przypátrzmy sie Prześa-
cny narodzie Ruski / zkad to tym nászym nowym Theologom przypádło / że oni zá dni nászych ták Bogu mierźionymi bluźnierstwy siebie obezecźić dopuśćili / y przez
nie ták dáleko siebie od śś. Przodkow nászych Prawosławney / ze Wschodu do nas / zá wola Bożą / záwitáley
wiáry oddalić pozwolili. Co nierzkac zá dálszych Przod-
kow/ ale áni zá Oycow nászych w Cerkwi nászey Ruskiey
nie náydowáło sie. Pierwszy oni ze wszytkich Ruskiego
Chrześćiańskwá wiekow / ták niezbożnymi błedámi y Hęrezyámi ná Ruska Cerkiew tárgnać poważyli sie. Ja
z częśći moiey / ile ná mnie iest żadney przyczyny nie náyduie inszey / tylko stały sie zá dni nászych miedzy námi á
Rzymskim Kośćiołem wzgledem przyietey z nim przez
násze stárse Duchowne iednośći poswar. Ten nas tego złego nábáwił / y tego niezbednego piwá nam náwá-
rzył/ ktore my/ iuż to przez lat trzydźieśći y trzy w gorzkośći dusz nászych pijemy z niemáła y wnetrzney y ze wnetrzney Cerkiewney ozdoby szkodą. Zá tego poswaru przyczyna vtrácilismy z Cerkwie nászey Xiażat / Paniat / y
wielmoż. bez liczby. Pozostále teyże wyniosłośći fámilie/
od ozdob Szláchecskiey ich swiebody/ y od nagrod krwáwych ich zasług oddalilismy. Mieszczánom láwicy práwá y wolnośći máło przystepnie bydź vczynilismy / y niemal oraz wszytkiego ćielesnego y duszneg dobrá odpádli-
śmy.

Poswar z nászey strony nie słuszny / wszego złego nas nábáwił.

smy. Jesliz ono tákie iest sámo w sobie zá młodu/ co sie z námi dziać będzie/ gdy to złe do drozdzy przyidzie? Zdarz Pánie Jezu Christe/ ábysmy ták rozumnie postąpili/ á z przyczyno y skutek/ z poswarem mowie y piwo to przeklete/ pierwey niż nam drożdże iego pić przyidzie/ do dná piekielnego ná vpoy oycowi nieprzyiáźni y niezgody wylali/ á miedzy sobą miłość y zgode koronowáli. Bez ktorey y Prawosławney wiáry Chrześćiánie ni doczesney/ ni wieczney szczęśliwośći niedostąpią.

Poswar tedy ten/ złego tego náßego iest przyczyna/ w ktory my z nierownią záwśiawßy sie/ á niezdolnosćią swoią sprostáć mu niemogßy/ do nieprzyiaćioł iego o porádę y o rátunek vdálismy sie: ktorego od nich nabywßy/ sobiesmy go zá cáłsem przyswoili/ wstąpiwßy mowie/ dla przyczyny od stárßych náßych Duchownych z Rzymskim Kośćiołem iednośći/ ták z Rzymiány/ iák y z ßwcámi/ zá ktorymi iść niechćieli smy/ w poswar/ á zdołáć ich niemogßy/ vdálismy sie o pomoc y o rátunek do Luteran y do Kálwinistow/ od ktorych błędow ich y Hærezyi pożycżká wźiąwßy/ przećiwney stronie w przećiw zástáwiálismy sie/ á potymesmy sámych śiebie tymiż ich błędámi y Hæreziámi zárázili. Zá ktorymi iużesmy teraz y swey przyrodzoney wiáry zápomnieli/ y to co z nich wyczerpnione nam iest podáno/ wiáre być ś. Wschodniey Cerkwie rozumiemy. Ktoż był Krzysztoph Philalet/ ktory napierwey przećiw ßtey stárßych náßych iednośći pisał? Kálwinistá ktory ni wiáry náßey Greckiey nieznał/ ni pismá Ruskiego nieumiał: záczym to pisał/ y tym nas bronił/ czego sie z instituciy Kálwinowych/ á nie z náßych Cerkiewnikow náuczył. Kto był Theophil Ortolog? Lutrow zwolennik ktory w Akademiey Lipskiey y Witemberskiey/ przy grobie Lutrowym wiek swoy młody ná ná-

Kto był Krzysztoph Philalet co Apocrisis pisał.

ná náukách trawiwßy/ skwárow Luteráńskich dymem okopćiáły do Lytwy przybył/ y Ruś Lámentuiac tymże czadem záráźił. Zyzáni kto? nieuk. Ktory rozumieiac/ że ták łácna iest rzecz/ dobrze o wiáry dogmátách wyprawowáć/ iák nie iest rzecz trudna lábáiáko kaznodźieić/ w te swoie nam podáne błędy y Hærezye wpadł/ y nas o Hæretyczył. Co zacż y Klerik? podobny Zyzániemu Dydaskał/ do ktorego sie przyłożył y przemierzły Ponurzeński Dydaskał/ ktorego przeklęty Ariáński duch znáczny iest w syllogismách ná przećiw pochodzeniu Duchá ś. y od Syná/ v tego Klerika położonych. Z ktorymi iednák wßytkimi ták sie obchodze/ iák amicus personæ, á inimicus causæ: sobie y im wßytká duszą moią modląc/ zwłaßczá iedyno Cerkiewnym/ miłośiernym zá to okázáć sie ku nam Pánu Bugu w dźień sądny.

Zyzáni kto był.

Ná Arkußu: 10.

IZ MY VCHODZAC Z RZYMIANY IEDNOSCI W BLEDY Y HEREZYE WPADLISMY.

POswar tedy z swymi Stárßymi/ o sprawiona przez nie z Rzymiány iedność/ w ták Bogu mierźione błędy y Hærezye nas wprawił/ y Cerkiew náße Ruską do tákiego podeyzrzenia podał. Z ktorą nierowno y według duße zbáwienniey/ y według ćiáłá pożyteczniey stałoby sie było/ gdyby iedność z Kośćiołem Rzymskim zobopolnie w miłośći byłá koronowáłá/ niżeliby śiebie wpoydeyzrzenie niezbożnych tych Hæretyckich bluźnierstw podáć byłá dopuśćiłá. Z Rzymiány nam/ to iest Cerkwi Wschodniey nie idźie/ tylko o ßeść głownieyßych miedzy sobą rożnośći/ z ktorych żadna Hærezyą nie iest. A tu teraz z tey od iednośći vchylánia sie/ w kilku dźiesiąt błędow y Hæ-

rezyi

reziy wpádlismy/ tákich/ iákie nas do Bogá/ y do wszytkich Práwowiernych zá Hæretyki podáią. y poki w nich iestesmy/ zá tákie znáć sie y znánymi bydź/ y niechcacych nas obiedzáią. Pytałbym nas sámych/ ná co było zbozniey nam pozwolić/ czy Duchá swietego od Oycá y od Syná pochodzić/ práwosłáwne bydź wyznánie/ z Rzymiány przyznáć? czyli też owo z Ortologiem bluźnić/ że

Fol. 113. b.

Duch S. z istnosci Oycowskiey niepochodźi? máiac to przed oczymá/ co powszechny Sobor Niceński pierwszy w Symbole swoim mowi. Ktory rzekszy owe słowá: Wierzymy y w iednego Páná Jezusá Christusá/ Syná Bożego iednorodzonego/ od Oycá vrodzonego: náwodźi: to iest/ z istnosci Oycowskiey. Jákiego mowienia sposobu záżyli potym SS. Náuczyćiele Cerkiewni/ Epiphánius y Cyrillus Alexándriyski w swych Symbolach. zkad wiedźieć dáie sie/ że nieprzyznawáiac Ortolog Duchá S. pochodźić z istnosci Oycowskiey/ nieprzyznawa/ áby pochodźił z Oycá: Poniewaź pochodźić z Oycá y pochodźić z istnosci Oycowskiey/ iest toż y iedno. bedźie toż y iedno/ niepochodźić z istnosci Oycowskiey/ y niepochodźić z Oycá. nád ktore bluźnierstwo iákie może bydź niezbożniejsze? S. Básilius wiel: z istnosci/ mowi/ Oycowskiey Syn sie rodźi: A Ortolog y tego nie przyznawa/ áby sie Syn z istnosci Oycowskiey rodźił. Coż? záż sie lepiey nam stáło/ z Ortologiem ták bluźnić/ niźli z Rzymiány y od Syná wyznáć? Rzeczemy. że y to y owo iednákie iest bluźnierstwo. odpowie sie nam od Rzymian/ że to słowo bez dowodu od nas ná nich iest. y żaden z swietych náuczyćielow Cerkiewnych/ około szostego y siodmego powszechnych Synodow/ choć sie to iuż ná Wschodźie (iák sie z listu Błogosł: Máximá do Márina Cypryskiego Presbyterá pisánego wiedźieć dáie/) o tych czásiech było rozgło-

Epiph: in Anchorato.
Cyr: lib. 15. Thesaur: c. 1.

Lib. aduersus Sabellianos & Arium: c. 8. Fol. eodem.

śiło/ tego Rzymskiego wyznánia nierzkac bluźnierstwem ábo Hęrezya nie názwał/ ále áni błedem. Bliższy wiekom nászym Grękowie/ to Rzymskie wyznánie w podeyrzeniu máiac/ iákoby Rzymiánie z niego dwá w iednym Bostwie Początki stánowili: ábo iesli nie to/ tedy dwie Boskie osoby w iedne zlewáli: bluźnierstwo bydź ie rozumieli. Lecz gdy im Rzymiánie/ z tego sie podeyrzenia oczyszczáiac/ y ná Synodźie Florentskim. Anáthemy wznieśienie ná te/ ktorzyby ábo dwá w iednym Bostwie początki stánowili/ ábo dwie Boskie osoby w iedne zlewáli/ obmowe vczynili/ wyznánie swoie od pomowiská bluźnierstwá y v Wschodnich oczyśćili/ y práwosłáwne zostáwáć spráwili. ták/ że iuż teraz nikt y z Grękow Rzymiánom w tym bluźnierstwá zádáć niemoże/ iesli przez to nie záraz sam bluźnić bedźie. Znieśmyż iesżcze owe Ortologowa náuke/ w ktorey bluźni/ dwoiáka bydź w káżdey Boskiey osobie bytność realiter/ iedne według istnosci/ druga według osoby: z náuka Rzymska lub o czyscu: lub o Przásniku: lub o postánowieniu dusz z tego swiátá zeszłych: lub z Stárszeństwem Biskupá Rzymskiego. (w tych ábowiem wiáry Artykułách od Rzymian rożnymi:) Abo y zewszytkimi oraz te iedne. Jedne te zewszytkimi owymi nieporownána bydź naydźiemy. Bo Ortologowa náuká/ iest bluźnierstwo: á z tych piaćiu náuk Rzymskich/ ni iedná nienáyduie sie bydź tákowa. Nie bluźnia Rzymiánie w náuce o czyscu: bo wyiawszy ogień Máteriálny/ ktory też v Rzymiánom nie iest z wiáry/ we wszytkim iestesmy/ ile do náuki o czyscu/ z nimi zgodni: y rzecz sáma máiac/ słowá tylo przyznáć ochylamy sie. Nie bluźnia w náuce o Przásniku: bo im Oycowie Gręccy wiekow srzednich/ stárodawny w tym zwyczay przyznawszy/ poświecona w Przásniku táiemnice Eucháristiey/ czći go-

Fol. 208. b. Loci.

dnoy

dna y święta był: przyznawáią/ cźći godny y święty y Liturgiey ich ábo Mßé obchod. Przyznawáią im y to / że iednego y tego ż Báránká Bożego/ktory zgłádźił grzechy wßytkiego świátá / y oni w Prżáśnym chlebie ofiáruią/ ktoreż ofiáruie Cerkiew Wſchodna w chlebie kwáśnym. A stárożytni SS. Oycowie / Christá Páná / zá wzgląd iego bezgrzeßnośći/chlebem Prżáśnym/ niemáiącym kwásu grzechownego/ názywáią. Nie bluźnią o Postánowieniu duß z tego świátá zeßłych. ináczey/ muśiályby náße Oktoichy / Trodyá / Mineiá w káżdym trzećim słowku bluźnić. iáko ſie iuż o tym ná przedźie ßeroce y dowodnie mowiło. Nie zbádza ſie bluźnić y wprzyimowániu Sákrámentu Eucháristiey pod iedna osoba: ponieważ y my tákie Táiemnice tey vżymánie w zwyczáiu máiąc/ bluźnilibyśmy. A mamy ie z zwyczáiu wiekow pierwßych. nie bluźnią nákoniec y w náuce o Stárßeństwie Biſkupá Rzymſkiego: boby y w tym my ſámi rownymi z Rzymiány bluźniercámi náydowáli ſie/ Rzymſkiemu Biſkupowi co w ſwey Cerkiewney náuce przypiſáne máiąc / że on ieſt pierwoprzeſtolnikiem / to ieſt pierwßym ſpráwcą świętey Páná Christuſowey Cerkwie: Głową práwosłáwney Cerkwie Christuſowey. Arcybiſkupem wßytkiego świátá: Oycem wßytkiego świátá. Archipáſterzem Cerkwie/ ktora ieſt pod niebem. Biſkupem Cerkwie/ y wßytkiego Chrześćiáńſkiego ſtádá. y tym podobnymi. Przez co wßytko wyráźnymi słowy y my wyznawamy Stárßeńſtwo Biſkupá Rzymſkiego: y iego Páſterſkie dostoieńſtwo nád wßytkie inße w Cerkwi P. Christuſowey Páſterſtwá z Práwá Bożego przodkuiące bydź przyznawamy.

Anaſt. Sinai. Serm. in Tráſ. fig. Dni. qui incipit. Quam terribilis eſt locus hic.

W żywo. S. Grzeg: w. wſtych: 5. Leon Pp. w So boru. o ś. Celeſtinás Pap. W Żywo ś. Aleego. W Żyw: św Theod: Studity. W Żywo ś. Sylw: Pap.

Rzymiánie tedy / iákoſmy ſie przypátrzyli/ w tych wiáry Artykułach/ dla ktorych my iednośćią z nimi pogárdźili/

gárdźili / nie bluźnią: á náßi Zyzániowie / Philáletowie/ Orteologowie / Klerikowie / y tym podobni / ktorych my obrońcámi ná przećiw iednośći nábyli/ bluźnią: gdy dwie tylko od Christá Páná podáne bydź Táiemnice náuczáią. Gdy ſie z przeiſtnoczenia w Sákrámenćie Eucháriſtiey dźieiącego ſie nátomiewáią. Gdy Páná Christuſá z Dostoieńſtwá Kapłáńſkiego wyzuwáią. Gdy Swiętych Bożych do Nieba niedopußczáią. Gdy ſądu poiedynkowego nieprzyznawáią. Gdy Piotrá S. Apostołá z własnego iemu dostoieńſtwá iego Páſterſkiego zdźieráią/ gdy Presbytera w dostoieńſtwie Ordinis, y w wyniosłośći Iuriſdictiey z Biſkupem porownywáią. Gdy oto / iák ſie przełożyło / iſtność Boſka od Osoby rzeczywiśćie dźieło. Gdy dwie bytnośći káżdey Boſkiey Osobie realiter ſtánowią. Gdy Syná y Duchá Swiętego z iſtnośći Oycowſkiey nie bydź / onego vrodzonego / á owego pochodzącego bluźnią / y tym podobnymi ná przedźie z káżdego z nich przełożonymi/ y w mieyſcách oznáczonymi bluźnierſtwy. Co oboie/ to ieſt/ Rzymſkie nie bluźnierſtwo / á ſwoie bluźnierſtwá vważáiąc/ widźieć ſie nam dáie / że nierownoby y zbáwienniey y pożyteczniey z námi wßytkimi ſtáło ſie było / gdybyśmy poſpołu z Przełożonymi Duchownymi náßymi ſeruatis, iáko mowią / ſeruandis, záchowawßy wßytko ſwe Cerkiewne w cále / do iednośći byli wſtąpili/ niżliby ſie oto tymi Bogu mierźionymi bluźnierſtwy ze wßytká oraz Cerkwią byli zárázili/ boby śmy y ná zbáwiennym ſwoim nic byli nieſzkodowáli / áni ná pożytecznym: ták względem tego świátá iák względem onego. Vboiáliſmy ſie ſtráchu/ gdźie go nie było: á gdźie on był / támeſmy ſie cálkiem bez bojáźni podáli / przecośmy y wnętrzney y zewnętrzney ozdoby Cerkiewney pozbyli / y wßytkę Cerkiew do wielkiego vpadku przywiedli.

Day Boże po tkodźie nam bydź mądrymi.

bli. Na ktory niektorzy pobożni narodu náſzego ludzie pátrząc / á rády temu y pilnym ſwym ſtárániem dáć nie mogąc / wzdychániem tylko te ſwoie biede w ſobie cieſzą / á ná zmilowánie ſie Boſkie czekáią / zá wżdam zmiluie ſie kiedy nád námi / y da rozdwoionemu iednemu domowi / ná nieporátowny ſwoy vpadek ſtoiącemu / z iednoczenie. Ktore to iednego domu náſzeg ná dwoie w ſobie rozdzielenie / iákom y málo wyżſzey powiedźiał / á rozdźielonego ná dwoie w ieden dom złączenia pożadánie / Przezacny nas rodźie Ruſki / przy wyż przełożoney przyczynie mnie ná Wſchod wyſlálo / ábym iemu ſám y w tym pomocy poſzukał / ábo od ludźi y Bogá ábo od Bogá bez ludźi. Czegom tedy w tey ſpráwie od ludźi nábył / o tym da Bog zá inſzą occázya. A co mi z łáſki dobrotliwego Bogá przyſzło / to tobie teraz przekladam. A z częśći mey Archieſkiey przez miłość zbáwienia mego y twego / proſzę ćie y Oycow iáko Syn / Bráći iáko brát / ſynow iáko oćiec / przyiaćiolom iáko przyiaciel w miłośći przypominam / mieymy ſie ná Bog żywy do porátowania ſie / mieymy ſie do rády / mieymy ſie do zábieżenia co dźień nas czekáiacemu wietſzemu / á niemal iuż oſtátniemu tákiemu złemu / zá ktoregoby náſtąpieniem rzeczono o nas / był z niem. Nie mowmy Cerkiew zginąć nie może / ieſt ták / że Cerkwie bramy piekielne nieprzemogą: y iż Pan Chriſtus z Cerkwią ſwoią ieſt áż do ſkończenia świátá. Ale hoc opus, hic labor, pokázáć ná ſobie y vpewnić ſie / żeſmy Páná Chriſtuſowá Cerkiew. że nas oto te náſze Herezye z tey ſzáty niewyzuły / y zewnątrz Cerkwie bydź nie vczyniły. Nie może bydź ſpołecznosć Pánu Chryſtuſowi z Beliálem: ták áni Cerkwi z Herezya. Poty Heretyk ieſt wewnątrz Cerkwie / y ieſt członkiem Chryſtuſowym / ácz zgniłym / poki nie będźie z Herezyey tey ſądzony / od ćiáłá

Vpomina Autor do zgody.

ćiáłá Chriſtuſowego / ktore ieſt Cerkiew iego / odćięty / y z Cerkwie wyrzucony. Lecz te przez nas przyięte Herezye / wſzytkie iuż ſą od Cerkwie ſądzone / y zá Herezye vznánie. Záczym poki my w nich / á one w nas / iákbyſmy ſie prawdźiwie Chriſtuſowa Cerkwia znáć chćieli / przy vważnym káżdego z was baczeniu zoſtáwuie.

Vważenie o Cerkwi powſzechney y pomieſtney.

ALE day my to ſobie / żeſmy Cerkiew. Záraz iednák przytym owo dwoie zá rzecz pewna wiedzmy. Pierwſze żeſmy cześć Cerkwie / á nie Cerkiew: to ieſt / żeſmy pomieſtna Cerkiew ieſteſmy / á nie powſzechna. Cześć powſzechney / á nie wſzytká. Drugie / że Cerkiew / ile do ſwey cáłośći / vpáść y zginąć nie może: ile záś w cześćiách ſwoich / owegdy máleiąc / á owegdy ſzerząc ſie / y vmála ſie y vpada. Czego przykłády przed oczymá mamy. Był ten czás / że niemal wſzytek świát był z Aryániat: y rzadka byłá Cerkiew prawdźiwa. Toż ſie dźiało y zá náſtąpieniem Herezyey Monothelitſkiey: á potym y zá Obrázoborcow. Ale dawſzy przykładom dawnieyſzym / bliżſzym ſie przypátrzmy / Pátryárchá Jerozolimſki tytułuie ſie Syriey / Arábiey / z oney ſtrony Jordanu / Kana Galileæ, Siona, y wſzytkiey Páleſtiny: A w ták wielkich ſzerokiego tytułu tego Prowintiách / ledwie co nád trzy tyśiące pogłowia Chrześćian ma. Pátryárchá Alexándryiſki po Libiey / Pentapolu / Aethyopiey / y po wſzytkim Aegypćie titul ſwoy roſpośćierat á we wſzytkiey tey ſwey Indiyſkie y Murzyńſkie kráiny y páńſtwá záymuiącey Pátryárchiey / nierzkąc Metropolity ábo Epiſkopá / ále ledwo iednego ma Preſbyterá. wſzytko pożár nieſzczeſny Má

Vważay czytelniku / iáko Cerkiew zmáláłá pod Pátryárchámi.

Máchomet. A czego on nie dozár / pożárte Chrześćiáńſtwo to wpáſzczekách ſwoich máia przeklęći Kácerze Eutyches y Dioſcorus / y Vczeń ich Jákobus. Coż zá dziw bedźie / ieśli ſie to y z náſzą Cerkwią ſtánie / co ſie ſtáło z pomieſtnymi tych Pátryárchiy Cerkwiámi ? A pewnie ſtánie ſie / bo ſie iuż dobrze ná to zánioſło / ieśli ták czule y dbále około śiebie chodźić bedźiemy y wprzod / iák chodźimy teraz. Bez pochyby przyidźie nam Páſterzom zá ták pilnym owiec dozorem / owo poſpolite w rychle záśpiewáć / *Páſi páſi owczki do wieczorá ni iednoi.* A zá tym iákiey zápláty od tego / ktory nam ten nád ſwoimi owcámi dozor poruczył / my Páſterze ſpodźiewáć ſie mamy / nie trudno domyślić ſie możemy. Trąbić / w ták nedznym Cerkwie náſzey poſtánowieniu / rogáty Sedekiáſz przez Vniwerſáły ná wnetrzną woynę : Kopá źiemie żelaznymi rogámi ná vpadek biednego náſzego narodu. A ia z częśći mey Przezacny narodźie Ruſki / to moiá Apologia / wzywam ćie do pokoiu / proſzac Páná żniwá / áby on choć iuż pod iedennáſtą godźine náżniwo ſwoie robotniki wyſłał / ktorzyby ná żadną rzecz docześną nie oglądáiąc ſie / wſzytką duſzą ſwoią / iák dobrzy y wierni ſłudzy / iák czuli y własni Páſterze rozbiegłe ſie owieczki Chriſtuſowe do kupy zebráli / y w iedney ie owczárni Páná Chriſtuſowey zámknęli. Był ten czás iżem nád miáre prześládował Cerkiew Bożą / y burzełem ią / y poſtepowałem w Roſsyſtwie nád wiele rowienników moich w narodźie moim bedąc więtſzym miłośnikiem niż zakonu Bożego / áni vſtaw moich oyczyſtych / ktore były czyſte / y ſą / świete y niepokaláne : ále oto tych bledow y Hęrezyi / przez owe náſze Zyzánia w Cerkiew náſzę Ruſką / gdy ludźie ſpáli / náśianych. w ktorych obaczenie y poznánie / ſáme prácy moie ktorem ná obrone ich przed ſie brał / zá dobrotliwa m

Wielka to pokutá przed wſzytkim śwátem wyznáwáć grzech ſwoy. Ták y Páwel S. czynił.

wa miłośiernego Bogá łáſką / przywiodły mie / żem iuż wiecey piſmy moimi / wprzećiw Cerkiewney prawdźie iść niemogł / tylo / áż ieślibym ſie wſzelako ná przyiećie tych bledow y Hęrezyi / był roſpáſał : y wiecey Synem Cerkwie Wſchodniey áni ſie znał / áni ſie zwał. ná co ſłuſznie moie / nie bez oſobliwego miłośierdźia Bożego / wiela rázow / iákoby wzápáſy z powołániem Bożym iść kuśiwſzy ſie / owſzeki pozwolić nie zezwoliło. Zá co żywiącemu PAnu / śmierći grzeſznikowey niepożądáiącemu / niech bedźie odemnie nedznego iego ſtworzenia / wieczne podźiekowánie. Przed ktorym / iák y przed Cerkwią iego świetą / wſzytką duſzą moią / y wſzytkim ſercem moim / wſzytkich máłych y wielkich bledow y Hęrezyi Zyzániego / Philáletowych / Ortologowych / Klerikowych / y tym podobnych náſzych Scribentow zrzekam ſie : á też wſzytką moią duſzą przedtymże Bogiem moim y przed świetą ie° Cerkwią oświadczam ſie / że ieſtem prawdźiwy / prawdźiwey oney Cerkwie iego Wſchodniey Syn / ktora ſie z Cerkwią Zachodnią nie dźieliłá / y wniey Epiſkop / y Archiepiſkop. Z tą S. Kátholicką Cerkwią zbieram. wczym mi Pan moy y Bog JEzus Chriſtus pomocnym niech bedźie.

Zrzeczenie ſie Autorowe wſzytkich Schiſmátickich bledow y Hęrezyi.

Zábiega ſie obiectiom ktore kto może Autorowi zádáć.

Rzecze mi ſnáć kto : miáłeś z tym poczekáć do Soboru / przy iuż powiedźiáney przyczynie / zápytam go / iżeli mie on mogł vpewnić w tym / żem przedtym / nimie y wſzytkim nam niewiádomym Soborem vmrzeć niemiał ? Rzecze powtore : czemużeś nieuczynił tego dawniey ? odpowiem mu y ná to. Vczyniłem to tegdy / kiedy Pan Bog

O

Bog zezwolił / y zdárzył. A vczyniłem po wielkim moim wybádywániu / y doświádczániu. Swiádomi ſą tego
dobrze ci / ktorym wiádome były moie lucubrácie náprzeciw ſcriptu Vnia otytułowánego. ná przeciw rozmowie
Brześciániná z Bráteżkiem. ná przeciw zmartwych-
wſtáłego Nalewáyká. náprzeciw Politice ignorantiam
y nabożeńſtwu nowo Cerkwian Wileńſkich nápiſáne y
do publikowánia przez druk iuż po wydániu Lámentu/prze-
ſączone bydź / nágotowáne. niewſpominam verificátiey/
obrony iey / Elenchu / Iuſtificátiey / y tym podobnych.
w ktorych iedney po druku / im dáley / tym rzádſzy byłem
w náſtępowániu ná dogmátá prawdziwe / ſzerſzy w rzeczách potocznych / pod te czáſy nágle przypádłych. Niemal y teraz náyduie ſię w Bibliotece Monáſterá Bráctwá Cerkiewnego Wileńſkiego Tráktat o pochodzeniu
Duchá S. ſpoſobem ſyllogiſmow od Grekow Rzymiánom / y wzáiem Grekom od Rzymian zadáwáć ſię zwykłych / polſkim ięzykiem nápiſány / y Przodkowi memu
ná mieyſcu tym Archimándritowi do czytánia podány.
Z ktorym ná ten czás mieyſce to ták ſię było poruszyło / że
áż / ná więkſzy zaſzkodny gomon / niż ná zbáwienny pożytek zániosłey ſię ſpráwie / milczeniem złożyć muſiałem.
Przyſzło było czáſu ſwego y do tego / żem był y Pálinodia
ná Lámentnápiſał / ktora do rąk Kápitule Oſtrozſkiey w
tym Monáſterzu / w ktorym teraz reſiduię y co piſzę / podána odemnie bywſzy zaległá. Bog moy / podobno zá
vczynioną iemu przez Lámentwielką obrazę / w tym do-
świádczeniu dłużey nie mieć chcąc / przyść mi ni do owego / ni do tego publicátiey nie dopuścił. Powſzytkim tym /
w Roku 1621. Lámontowe błędy y Hęrezye porzucić v-
ſadziwſzy / wziąłem przed ſiebie / nie bez woli Bożey /
ktorego w pracy tey oſobliwey łáſki / nád godność y gotowość

Swiádkámi tego ſą wiele z Brátſtwá Wileńſkiego Duchowni y świeccy.

towość moię doznawałem / poważny ſpoſob dochodze-
nia tey prawdy / ktorą my w Przodkách náſzych z Cerkwie S. Wſchodniey przyięli: to ieſt / ſpoſobem Dialogu
Kátechiſin wiáry dogmat piſáć / Páná Bogá mego ná
pomoc wziąwſzy / począłem. Ktory we wſzytkich wiáry
dogmátách ſwoim methodem ſporządzony / zá tegoż dobrotliwego Bogá pomocą / w Roku 1623. ſkończyłem;
A záraz o correctiey y o cenſurze iego pomyśliwſzy / gdym
iuż był dobrze wziął wiádość o czterech księgách prze-
godney pámięci Meletiuſzá Pátryárche Alexandryiſkie-
go o wiáry dogmátách nápiſánych / chcąc ie mieć ſwemu Kátechiſmowi zá Cenſorá / Directorá / y Correctorá:
A w głowách ſámego ná ten czás S. Konſtántinopolſki
Pátriárchálny Thron práwiącego / puściłem ſię z nim
ná Wſchod. y gdym w Konſtántinopolu od Oycá Pátriárchy wiádomiony był / że pod czás zeſzcia ſwego z tego
świátá / wſzytkie ſwoie te cztery o wiáry dogmátách kſię-
gi przed ſobą Meletius Pátriárchá popalić kazał / obá-
czyłem z niemáłym moim żalem / żem iuż iednego Cenſorá
pozbył. Zoſtáłá mi iednák byłá ieſzcze nádzieiá w Cenſo-
rze drugim / ſámym Oycu Pátriárſze. ktory proſzony o-
demnie / dał mi był ſwey prace Kátechiſmi do przeczytánia. w ktorym to / czegom ſię iá mniey ſpodziewał / ná-
czytawſzy / z moim Kátechiſmem ozwáć ſię nie vſadziłe:
obawiáiąc ſię / áby w te forme / w iákiey wſzędy po wſzytkiey Graeciey obnoſi ſię / y tu ſię v nas náyduie Kátechiſm świeżo w Roku 1622 przez nieiákiegoś Greká Zá-
cháriáſzá Gergáná / po Graecku z druku wydány / nie
był reformowany: przeto vſnie w niektorych potrze-
bnieyſzych Conferomawſzy / wrociłem ſię z nim do domu:
tu go Przełożonym Cerkwie náſzey Ruſkiey Duchownym
do przeczytánia y pod cenſurę poddáć vſadziwſzy / z powinnym

D 2

Łatwo ſię domyśle / co tám w tym Kátechizmie było nápiſano.

winnym conſiderácly do tey Kátechiſmowey ſpráwy należnych vprzedzeniem ná co pozwolenie od miłośći ich otrzymawßy / po ſkończeniu / da Bog / tey moiey Apologiey / przełożyć ich zá pomocą Bożą / nie zániecham. Tym moim tákowym wſpráwie Lucubrácyi moich Kátechiſmowych poſtepkiem / y Zyzániow náßych / Philáletow / Ortologow / Klerikow / y tym podobnych bledy y Hęreſye poſtrzegłem / y prawdźiwe / iák ſie mnie zda / wiáry dogmat wyznánie / łáſką Bożą wſpomożony opiſałem / y Kátechiſmem ś. Wſchodniey Cerkwie otytułowałem: ktory zdarz Pánie Boże! ieśli ſie to woli iego ś. podoba: áby w rychle świát oglądał / y rękámi práwowiernych we wßytkich narodách / ku duſznemu ich pożytkowi / á Hęretykom ku poznániu Kátholickiey prawdy / był tárty. Tego tylko nám Przezacny narodźie Ruſki potrzebá / áby nam ná nas ſámych niezbywáło: ábyſmy ſłußnych / od ſámego Bogá nam podánych popráwy ſwey occáſiy mimo śiebie / prze ſáme niedbálſtwo niepuſzczáli.

Mowiłbym do káżdego znácznieyßych M. wáßey poiedynkiem: ále temu nie wydołam. ni też moiey to ieſt powinnośći. Rzekę iednák z cześći moiey / cześći wyżßey powolność moię z poſłuſzeńſtwem zoſtáwiwßy. Rzekę do Duchownych iák do Pánow moich / Oycow / y Bráci / przebaczenia śmiáłośći mey vproſiwßy / gotowym śiebie im / ku dobremu Cerkiewnemu Exhortácyi ich / obiemá vßymá moiemi ſłucháć poſtáwiwßy / y otym przed niemi / pod ſámym ſumnienia me° świádkiem Bogiem / oświádczywßy ſie / że to czynię prze ſámy wzgląd ſczyrey miłośći ku Cerkwi Ruſkiego náßego narodu. Ktora iuż iuż przyzdáliſzym / iákoby náśmierć zániosłym ſie vpádku bydź widząc / milczeć nie mogłem / ná owo Zbáwićielámego pámiętáiąc / że on w rázach tákich y bez duſznym kámieniom mowę dáć / przyobiecáć raczył.

Exhortátia do Duchownych wßelkiego Stanu.

W Bogu Przewielebny moy Pánie / y Bogá miłuiący Oycowie / Bráćia w Pánu Chryſtuſie przenamileyßy. Wáße y moie ná ſtan Epiſkopſki od nas nieſpodźiewáne / ni oczekywáne poświecenie / zá dobre y ßcześliwe Ruſkiey Cerkwi náßey OMEN wźiawßy / pewien tego po łáſce Bożey zoſtawam / że wyßły z Syonu Zakon / y Słowo Páńſkie z Jeruzalem / y náßey Ruſkiey źiemie cżáſow ſwych doßły / czyſty święty / niepokalány / á zá wiekow náßych o nieczyßczony / pokalány y nie oświecony; przez was nieczyſtość ſwoię zniázie / y nieświatość z śiebie zrzući / á záś ſie w ſwoie czyſtość / niepokalánosć / y świątobliwość przyodźieie. Co zdarz Pánie Jezu Chryſte dla modlitw świętych Oycow náßych / zá dni náßych. Nie zda mi ſie namileyßy w Chriſtuſie Bráćia / żeby Pan Bog dźiwnymi ſądámi ſwymi ná tym ſtopniu doſtoieńſtwá Epiſkopſkiego w Cerkwi náßey Ruſkiey dla tego tylko nas poſádźić raczył / ábyſmy tylko w niey Presbytery poświácáli / á na co inßego w Cerkwi iego máły pozor mieli: gdyż doſyć y bez nas Cerkiew náßá Ruſka miálá ná poświacánie Presbyterow inßych przybyłych z Wſchodnich kráiow Epiſkopow / y teſcze ná nigdźiey nie zbywáło ná Swieſzczennikách / choćiaż co poświęcenia nie bráli od Epiſkopow tych / ktorzy iedność z Kośćiołem Rzymſkim oświećili / gdyżeſmy ſie iuż z tym przed wßytkimi ludźmi byli ogłośili / żeſmy Vnitow Epiſkopow zá ſwoie Epiſkopy mieć niechćieli. Ale nas dla tego ſnadź Bog wßechmogący z narodu náßego ná to doſtoieńſtwo podnieść raczył / ábyſmy my z ſtrony náßey te wßytkie rozności Cerkiew náße Ruſką / od Cerkwi Zachodney dźielace /

lace/ przed ſie wziąwßy/ one pilno vważyli/ y ieśli ſa tako
otchłánia/ ábo przepáśćia miedzy námi y Rzymiány/ żebyśmy zſoba do zgody y iedności nie mogli przyść rozſadzi-
li/ ktore ieśli nie ſa/ iákoż moim zdániē pewnie nie ſa/ przetoż żebyśmy zniozßy ſie w duchu krotości z drugiey ſtrony
Epiſkopámi Bráćia ſwoia/ zobopolna ráda oporátowá-
niu Cerkwi náßey Ruſkiey iuż nápadek zánioſłeyſie rádzili/
y ley do końcá vpádáć nie dopuśćili/ ále y owßem pomoca Boża do pierwßey oney wiáry y miłośći/ zá świetych
Oycow náßych kwitnęłey/ przywieść ia vśilowáli. Zá co
hoynego błogoſłáwieńſtwá Bożego ſobie doſtapić obie-
cuymy/ y imie náße od narodu do narodu dobra pámiećia
ſłynać tußmy. Czego ieśli my nie vczyniny/ inßy nikt
mimo nas Epiſkopow do tego nie ieſt ták bálece obowia-
zány. A ieśli też kto inßy mimo nas to vczyni. My háńby świeckiey v ludzi/ á karánia wiecznego od Bogá nie
wydziemy. Bo bráć z owiec mleko y welne/ á nárzeż ie
wilku piekielnemu wydáwáć/ nie páſterſkie ieſt dźieło/ á-
le naiemnicze. Boie ſie żeby nie było złodźieiowe y rozboynicze. Przypátrzmy ſie ieno wyſoce vczczeni moi Pá-
nowie/ y ćieleſnymi y dußnymi oczymá tey oto Zyzániow
náuce/ ieśliże ieſt z SS. Doktorow Cerkiewnych náuka
zgoda? tali my paßa z tych Kakolsiewcow Owce Páná
Chriſtuſowe páſterſtwu náßemu powierzone páśiemy/
ktora páśli Przodkow ich Przodkowie náßy? Ci Páſte-
rze/ ktorzy duße ſwoie zá owce Páná Chryſtuſowe y ſwoie pokłádáli? Bo ieśli ten pokarm/ ktorym my ie karmi-
my/ trućizná/ truiemy ie/ á nie karmimy. Záczym krew
ich z rak náßych ßukána bedźie. Daymy to/ że poruczeni
Przemyſłowi náßemu ludźie proſći widźieć tego łácno nie
moga: z nas Epiſkopow bedźieli ktory ták bárzo oćiekłych oczu wnętrznych/ y rozumu duchownego prożny/
ktoryby

ktoryby tych iáwnych bluźnierſtw/ Cerkwi Prodkow náßych nieſłychánych nie widźiał? Doſyć żeśmy do tego
nieczule ſie mieli przez te lat ośm/ iákeśmy Epiſkopami
zoſtáli: y tego śmy lub nie widźieli/ lub z vmyſłu przebá-
czáli czym ſie powierzone nam duße ludzkie karmili. Czás
záiſte obaczyć. Bog to wie co zá liczbe y z tych dawny ktore tymi ná Páná Bogá/ ná máyeſtat iego S. y ná ſtárożytna od Bogá nam dána wiáre náße/ bluźnierſtwy áż
do náſycenia tuczone bywßy/ z tego świátá zeßły. Jeśli
one wiecznemu ogniu ná zátrácenie wydáne beda/ my
gdźie ſie naydźiemy? záż to nam żárt/ iedne powierzona
nam duße zátráćić/ zá ktora iednorodzony Syn Boży hániebna śmierć vćierpiał? y ktorey wßytek ten świát nie
ieſt godźie? A coż rzeczemy/ gdy wielu tákich duß zátrá-
cenia/ przez ſwe niedbálſtwo przyczyna naydźiemy ſie?
Jeśli dbáć o nich niechcemy przeſtáńmyż mlekiem ich
śiebie karmić y wełna odźiewáć. Zániechaymy nád nimi
Epiſkopſkiego tytułu záżywáć: y chleb tē duchowny/ ktory
iemy/ iákikolwiek on ieſt/ Cerkiewny ieſt/ czulegßym páſterzom ieść vſtapmy. Gdyby one ná nas ćieleſnych y
dußnych ßkod ſwych poiſkiwáć chćiáły/ iedno ćiáło y iedne duße máiac/ ták wielu káżdy z nas czymbyśmy ſie v-
iśćili/ nierzkac we czwornaſob wroćili/ nie náydzie.

Mieymy ſie przeto/ wßelkiey czći godni Oycowie moi/
y Pánowie do czułośći/ mieymy ſie do miłośći y poko-
ſu á nie do trab woyny wnętrzney miedzy bráćia: mieymy ſie do ſpolney rady/ á nie vfaymy káżdy ſámemu ſobie. Ibi ſalus, vbi multa conſilia. O nas ſámych idźie. Prou. c. 11.
idźie y o wßytke Cerkiew. wßytkich oczy/ Xiażat/ Pá-
now/ Szláchty/ Rycerſtwá/ Mießczan/ á w krotce
rzekßy/ wßytkiey ſtrony náßey Ruśi ná nas ſa obrocone:
y tedy ſie wßyſcy wiodá/ ktoredy my ich wiedźiemy. A
przy

przy nas wodzach tuż im záraz ábo niebo / ábo piekielna
iámá. od ktorey ich y nas racz Christe Pánie vchowáć.
Náßey powinności iest / ták tego doyźrzeć / áby wiárá
Przodkow náßych / żadney zmázy nieponośiłá: iák y o-
wego / áby powierzona paśtwie náßey owiec Páná Christusowych trzodá nie máláłá / á osobliwie pod ten ná biedny náß narod áż názbyt ćieżki czás / ktoremu w káżdym
trzećim słowku zádáwána bywa Schismá / y Hęrezye.
A zá tym ponośimy náśmiewiská y vrągánia. Komuż sie
to z nas podobáć może / że nas ná pierwßym z námi pot-
kániu sie witáią Schismátykámi / y w káżdym trzećim słowie / czcą nas odßczepieńcámi. Tego wßytkie° w Cerkwi narodu náßego doyźrzeć nikomu nie należy / tylko nam:
niespráwiedliwie ieśli to ponośimy / lub też spráwiedliwie.
Poniewaz rozeznáć miedzy czystem y nieczystym / mie-
Deut. c. 17. dzy trądem y nietrądem / kápłáńskie iest dźiełó. Náße
dźiełó iest / rozeznáć miedzy Schismą y nie Schismą / Hęrezyą y nie Hęrezyą. y ieśli iesteśmy w Hęrezyey / pewnie iesteśmy y w Schismie. Poniewaz Schismá bez Hęrezyey
bydź może / ále Hęrezya bez Schismy nie bywa. Od spráwy tey / nam własnie należącey / niech nas nieodwodzą
Nie poydźie nam tá wymowká. owe wßytkim Hęretykom zwykłe vćieczki / że y Chrystus
Pan názywány był Sámáritanem / obżercą / pijánicą /
y tym podobnymi. Pan Christus był potwarzány: my
záś sámi to dobrze widźimy / że bez potwarzy Hęrezye
w zánádrzu náßym nośimy / piástuiemy ie / y wßytkiey
Cerkwi náßey mázáney bydź nimi dopußczámy. A dáymy to / że my Zyzániow tych odstąpimy z ich Hęrezyámi /
y scriptom ich z Cerkwie y z domow náßych precz káżemy:
záż ták przy práwey wierze náßey / Schismy przystoy[?] a
zbędźiemy? Nie tuße. Bo Przodkowie náśi tych Zyzánio-
ow / Philáletow / Ortologow / Alerikow / y tym podobnych

bnych nieználi: wiáre mieli czystą y niepokaláną / Schismy iednák háńby nieuchodźili. Nie wydźiem y my. Zyzániow z ich Hęrezyámi odrzućiwßy / wydźiemy háńby
názwiská Hęretyckiego / ále nie y Schismátyckie° / w czym
rozeznánie vczynić / nam przełożonym Cerkiewnym należy: y náße to iest własne dźiełó.

Nie iuż przysłowia Schismy wydźiemy chociaż pomienionych Scribentow z Cerkwi náßey precz wyrzućimy. ále áż gdy sie w iedności z powßechnym Pásterzem náydźiemy.

Aczmy mamy gotową zwykłą swoię y w tym vćiecz-
kę / że nie my iesteśmy Schismátykámi / ále Rzymiánie: t
A że ich zwierzchność świetska / ta oni bespieczni / sobie
własnie należną háńbą nas háńbią / y swoią sromotą nas
sromocą. Sámi odßczepieńcámi od Cerkwie Wschodniey
będąc / nas tym náżwiskiem z potęgi swey / á nie zwła-
sności náßey lżą y háńbią. Dobrze ták. Lecz ta náßa
mowa / nierzkąc Rzymiánie / ále y my sámi nie contentuiemy sie: bo to słowá tylko są / á nie y rzecz: to iest / mowimy to tylko / á nie y dowodźimy tego. A ieśli y dowodźimy / ták dowodźimy / że sie sámi tymi dowodámi nie-
contentuiemy. Dowody náße w sámych nas vkázuią
nam odwody. Gdyż / poki my Rzymian nie vkáżemy
bydź Hęretykámi / y zá Schismátyki mieć ich niemożemy.
My Rzymiánom y z Hęrezyą y bez Hęrezyey odßczepieńcámi bydź możemy: nam Rzymiánie tylko z Hęre-
zyą: A bez Hęreziey odßczepieńcámi od nas znáni y zwá- *Z ktorych przyczyn Rzymiá Schismátykámi niemożemy zwáć.*
ni słußnie bydź nie mogą. A to z owych dwu przyczyn.
Pierwßey / iż Rzymski Biskup iest Cerkwie Páná Christusowey Pierwßym spráwcą / y ná czálnym Pásterzem / ktorego / ieśli niema Hęreziey / trzymáć sie / miłowáć / czćić /
y zá Przodkuiącego Cerkwie Christusowey Pásterzá znáć
y mieć / káżdy wewnątrz Cerkwie Powßechney będący /
duchowny y świetski / wßelákiego stanu y przełożeństwá
człowiek / powinien iest. Z przyczyny wtorey: iż nas
Rzymski Episkop co dźień do iedności Cerkiewney wzy-

wat: á my nie tylko wzywánia iego nie ſłuchamy / ále ieſzcze znieważamy go / łáiemy / łżymy / ſromocimy / Antychriſtuiemy. W rozerwániu ſie ábowiem iedney Cerkwie od Cerkwie / tá pomieſtna Cerkiew grzech y háńbe Schiſmy ponosi / ktora niemáiac ſłuszney przyczyny / zrozerwána druga pomieſtna Cerkwia / y wzywána bywszy / ziednoczyć ſie niechce. A ſłuszna przyczyna tego inſza bydź nie może / tylko ſámá Hęreſis. Lecz / zebrawszy ſie iuż nám z łáſką Bożą / y Zyzániow nászych / Philáletow / Orthologow / y tym podobnych / duch od ſiebie odrzuciwszy / upátrywáć nam w Rzymſkiey Cerkwi Hæreziey / ieſt upátrzywáć iey / moim zdániem / w ſámey nászey Cerkwi. w ktorey co do namnieyszey kreſki to wszytko náyduiemy y widzimy / (ile do wiáry dogmat / ktorych práwości náraża / Hęrezye rodzić zwykłá /) co ſie náyduie y widzi w Cerkwi Rzymſkiey. Rownie y w tey co do namnieyszey ioty náyduiemy y widzimy / co ſie náyduie y widzi w Cerkwi Wſchodney. Kto ábowiem z nas tego nie widzi / że nam inszy ſpoſob rozumienia o Rzymiánách podány ieſt / y zoſtáwiony / á nie ten ktory zoſtawał Przodkom nászym: á oſobliwie Grækom:

Dla czego Grækowie pochodzenia Duchá S. y od Syná / nieprzyimowáli: á dla czego my przyiać powinni.

GRækowie z ſłusznośći tákiey tákiey rozumieć mogli / że przydadkiem tym do Symbolum / y od Syná / dwá początki w iedno Boſtwo Rzymiánie wwodzat ábo dwie Boſkie oſoby w iedne oſobe zlewáiat y zadawáli im ztad Hęrezye Mánicheyſką / zá wzgląd dwu początkow / y Sábelliáńſką / zá wzgląd zlićia dwu oſob w iedne. Czego my iuż o nich dobrym ſumnieniem rozumieć

zumieć nie możemy: ponieważ oni ſámi ná Synodzie Florentſkim iákom y máło wyżey powiedział. Anathemę ná tych włożyli / ktorzyby ábo dwá początki w iednym Boſtwie ſtánowili / ábo dwie Boſkie oſoby w iedne zlewáli. My też áni Grękowie / ni iedney z tych dwu niezbożnośći / żadnym ſpoſobem ſłusznie ná nich dowieść nie moglismy / áni możemy. Gdyż oni z SS. Oycámi ſwymi Zachodnymi wyznawáiac Duchá S. pochodzić od Oycá y od Syná / nie inſze co rozumieia / tylko co rozumieia Grękowie z ſwoimi SS. Oycámi Wſchodnymi / wyznawáiac pochodzić duchá S. od Oycá przez Syná. Zá czym / inſze nam ieſt teraz / z przyczyny tego przydadku / y od Syná / o Rzymiánách rozumienie / á inſze było Grękom. Oni przed wźięćiem o tym wiádomośći / ſłusznie w Rzymiánách bluźnierſtwá poſtrzegáć mogli: á my wźiąwszy iuż od nich iſtotne o tym wiádomienie / bluźnierſtwá w rzeczy tey / bez iáwnego ſwego bluźnierſtwá / ſzukáć nie możemy.

Dla czego Grækowie nieprzyimowáli czyscu: á dla czego my przyiać mamy.

CZYSCV zás rozumieli Grękowie / że Rzymiánie przez wyznánie miał w nim doczeſnych / wieczne męki piekielne znoſzą / y ták rozumieią / iák rozumiał Origenes / że nietylko wszyſcy ludźie / ále y dyabli zmiłowánia ſie nád ſobą Bożego doſtąpią: á piekło zoſtánie puſte. y zadawáli im ztąd Hęrezye Origeneſową. Lecz gdy Rzymiánie Grękom to o ſobie wiedźieć dáli / że oni wszytkim Pogánom niewiernikom Heretykom Schiſmátykom / dyabłom / y ſámym Katholikom w grzechu śmiertelnym bez pokuty z tego świátá zeszłym przyznawáią męki wieczne / nieodzowne / miłośierdźiu Bo- piekło dla kogo.

Párty dla iá-kich grzechow Czyſciec / że nie dla śmiertelnych / nie-ſpowiádá-nych / iáko A-záry nádru-kował.

dźiu Boſkie^o wßeláko niepodległe. Abowiem wieczne męki ſtano-wią tym wiernym / ktorzy w weniálnych grzechách / abo y w grzechách śmiertelnych ſpowiádánych / á nieodpo-kutowánym / z tego świátá ſchodzą. przeſtáli ná tym Grę-kowie / y my przeſtáwáć iák ná ſwoim włáſnym wyzná-niu mamy / y powinni ieſteſmy: wyiąwßy / ieśli ma bydź wyięty / ſámy ogień materialny / ktorzy / iáko to często po-wiádam / y Rzymiánom z wiáry nie ieſt.

Co w tym / że Graekowie Przáśnik w Rzymſkiey Cerkwi ganili / á czemu my gánić go niemamy.

Przyimowá-nia zwyczay Táyny Eu-chárystiey pod iedna o-ſoba gánio-ny bydź od nas niema.

O Przáśnik / pomawiáli Graekowie Rzymian / iákoby oni przez vżywánie w Sákrámencie Euchárystiey przáśnego chlebá / duße w Chriſtuſie Pánie nie przyzna-wáli: z kąd im Apollináriußowa Herezye przypiſowáli. Ale gdy im Rzymiánie dáli wiedźieć / że ten vżywánia przáśnego chlebá w táiemnicy Euchárystiey zwyczay / má-ia od ſámych czáſow Apoſtolſkich / z podánia B. Apoſtolá Piotrá: iże ſie to dźieie w Kośćiele ich ná znák niekwáſno-śći to ieſt bez grzeßnośći człowieká Chriſtá P. ktory kwá-ſu grzechu w ſobie niemiał y niema. przeſtáli ná tym Grę-kowie. y my przeſtáć powinni ieſteſmy. Przyimowánia Sákrámentu Euchárystiey pod iedna oſoba Grękowie Rzymiánom po wiek náß / y iedna litera nigdy nie przy-mawiáli / áni im to ganili / máiac przed oczymá v śiebie ten tákowy pod iedna oſoba Táiemnice tey przyimowá-nia zwyczay w vżywániu codźiennym. O czym w Conſi-derátiách będźie ſie mowiło dowodniey. My też im w tym przymawiáć y zwyczáiu ich gánić niemamy: ponie-waż bez przymowki y przygány ſámym ſobie / czynić tego nie możemy. O poſtánowieniu duß z tego świátá zeßłych y o Stár-

Niemámy przymawiáć

y o Stárßeńſtwie Biſkupá Rzymſkiego / że Rzymiánie Kátholicko wierzą / ſáme náße Cerkiewne Kśięgi wie-dźieć nam o tym dáia: y o nas że o oboiey tey rzeczy nie ináczey wierzymy / świádectwo wydáia.

Rzymiánom o poſtánowie-nie duß z te-go świátá ze-ßłych / á nie o ſtárßeńſtwo papieskie.

Inßy tedy / iáko ſie wiedźieć dáie / rozumienia o wierze Rzymſkiey ſpoſob nam ieſt podány / á inßy zoſtá-wał Graekom. Záczym poki Grękowie o wßytkim tym od Rzymian nie byli vwiádomieni / ſami ſoba wyznania ich tákiego iſtoty poiąć niemogßy / mogli im zádáwáć bluźnierſtwá Mánicheyſkie / Sábelliáńſkie / Apollinár-ſkie / Origienſkie / y tym podobne. Ale my / doſtáte-cznie iuż o tym vwiádomieni od nich zoſtawßy / y wßytko toż á nie inße w dußách náßych / y w Cerkwi náßey wiá-rą y wyznániem zápieczętowáne obaczywßy / ieśli to im zádáwáć záchcemy / niewſtydliwie ná duße náße kłamáć będźiemy. Vpátrzywáć tedy w Rzymſkiey Cerkwi He-rezyey / ieſt vpátrzywáć iey w czyſtey Cerkwi Wſcho-dniey / iedno y toż z Rzymſka wiáry wyznánie ſáma rzeczą máiacey / choć słowy poniekąd rożniace. Lecz v prá-wowiernych / według S. Grzegorzá Theologá / nie ná słowách zálega wiárá / ále ná rzeczy. Z kąd ś. Złotouſty. Niepotrzebá / mowi / ná słowách ſie záſádzáć / ále ná intent tego / ktory co piße / pátrząć. Bo ieśli intentiey pißącego niepoymiemy / wiele nieſwornośći popáść mo-żemy / y wßytko rozrożnimy: tám zádrżawßy od boiá-źni / gdźie niemáß ſtráchu. To ſie włáśnie teraz miedzy Wſchodnia y Záchodnia Cerkwia dźieie / że my w gołych słowách á nie w rzeczy ſámey / wiáry ßukáiac / gdy Rzy-mian y od Syná Duchá S. pochodźić / wyznawáiacych słyßymy / támi drżymy od ſtráchu / gdźie go nimáß: boi-my ſie tám bluźnierſtwá / gdźie go nie náyduiemy. Nie ſłuchamy ich / iáko oni ſwoie wyznánie obiáśniáia / ále coż ſwocoż ſwoie zmyślamy / y im calamniosè zá ich włáſne zádáiemy: ztąd miedzy námi nieſworność y nienawiść; y wſzytko náſze / doczeſne y wieczne dobro poſzło ná wywrot. Nie ieſt to rzecz dobrego człowieká / winić bliźniego w tym / wczym on nie ieſt winny. Rownie y obwinionego ſpráwoty nieſłucháć / ále toż á toż náń wkłádáć / kłamſtwá y potwarzy ieſt poſtępek.

Iż Rzymſka Cerkiew żadną Hærezyią nie ieſt zmázána.

Máiąc tedy to my przed oczymá / y w pewney wiádomośći / że Rzymſka Cerkiew żadną Hærezyą nie ieſt zárázona. A przytym y owo / że oná nas ná káżdy dźień do iedności świętey zſobą wzywa / á my nią pogárdzamy: ieśli Schiſmy háńby vchodźimy / sámych was Przewielebnych moich Oycow y Bráći zdrowemu vsądzeniu zoſtáwuie. Co iákom máło wyżey rzekł / nie inſzemu komu wiedźieć y vprzątnąć należy / tylko nam Episkopom / z Bráćią Cerkiewnikámi / Archimándrytámi / Igumenámi / y ze wſzytką ſpolnie Cerkwią / według káżdego poważności / y do tey ſpráwy należności. Máiąc záraz w wiádomośći ſwey zá rzecz pewną / owo / że Turcy ziednoczenie Grækow z Rzymiány / coniurátią ná przećiwo nim wſzytkich Chrześćian bydź ſądząc / ták tego poſtrzegáią / áby Pátriárchowie / zwłaſzczá Konſtántynopolſki / żadnych o tym namow y Tráktátow z Papieżem nie czynili / iák poſtrzegáć zwykli cáłośći ſwego Páńſtwá. Że / by dobrze y życzyli y chćieli Pátriárchowie / práwośćią y pobożnośćią ſpráwy powábieni / to vczynić / nie mogą. Zwłaſzczá máiąc lud proſty zdawná z wielu przyczyn ná Rzymian zawáśniony / y teraz tymi czáſy teſzcze bárziey

Choć by podobno y chćieli Pátriárchowie do zgody y iedności z Papieżem / tedy dla bojáźni Tureckiey nie śmie

bárziey zawáśniáiący ſię / przez podobne náſzy kátolośiewce Zyzánie: przez nowo wydáiące ſię miedzy Grækámi Hæretyckie / náſzym Philaletom y Ortologom podobne ſcriptá, iáki ieſt ow máło wyżey przez mię przypomniány / Záchariaſzá Gergáná Grækà / proſtym iezykiem Greckim z druku wydány Kátechiſm. w ktorym miedzy inſzymi / owe błędy y Hæreżye wyráżnymi słowy ſą położone / y zá práwosłáwne Greckiey wiáry dogmátá vdáne.

Iſz. Ale my Ruś liberè to vczynić możemy á potym y Grækom pomoc do iedności przyść.

Błędy y Hęrezyie Zácháryaſzá Gergáná Gręká / w iego kátechiſmie drukowánym. A. 1622.

Że do pokazánia y do dowodow wiáry / doſyć ieſt ná piśmie S. Że piſmo ś. ieſt ſámo przez ſię iáſne y odkryte. Że piſmá ś. wykłádáczem / ieſt toż ſáme piſmo. Że Máchábeyſkie księgi wſzytkie ſą Apokryphne. Że Tráditie ſą niepotrzebne. Że Dawid przez zábićie Vryaſzá / ſtráćiłby wiárę. Że duſzá bez ćiáłá ćierpieć nie może. Że Cerkiew ieſt zebránie świętych. Że Pan Chryſtus / ile ieſt głową Cerkwie / ieſt wſzedźie. Że Rzymſki Biſkup nie ieſt Piotrá S. Apoſtołá Succeſſor. Że Papież pogárdza Epiſtołámi S. Apoſtołá Páwłá / y odrzuca ie. Że śś. Doktorowie Cerkiewni nie mowią tego / áby ná Pietrze Cerkiew ſwoię zbudował Pan Chryſtus. Że Anyołowie Swięći Bogá widźieć nie mogą. Że Papież ieſt przećiwnikiem Páná Chriſtuſowym / Piotrowym / y wſzytkich SS. Że duſz z tego świátá ſchodzących dwie tylko ſą mieyſcá. Że dwá tylo ſą od Chriſtá Páná vſtánowione y podáne Sákrámentá. Że Jáwnogrzeſznik Kápłan Sákrámentu Euchárystiey ſkutecznie nie obchodźi. Że Rzymſcy Kápłani nie ſą prawdźiwie Kápłanámi. Że ſą zewnątrz Cerkwie. Że w mękách będący wſzyſcy / Páná Chriſtuſá widzą.

Pag. 4.
Ibid.
Ibid.
Pag. 5
Pag. 6.
Pag. 54.
Pag 122. y 140
Pag. 149.
Pag. 150.
Támże.
Pag. 151.
Ibid.
Pag 152.
Pag. 166.
Pag. 179.
Pag. 197.
Pag. 223
Ibid.
Pag 271.

Te

Te oto ſą Heretyckie bluźnierſtwá / ktore z Niemiec do Greciey náßey zálećiawßy / Grćki y od práwey o tych wiáry dogmátach odwodzą / y náprzećiwo Rzymſkiey Cerkwie dźień od dniá bárziey záwáśniáią / że o Cerkiewnym pokoiu / y wnetrzney iey zgodźie / ni Grękowie / ni Pátriárchowie / by dobrze y pożądáli / odkryćie ſtáráć śie nie mogą wyiąwßy / że gdźieby do ſercá ſwe° ßczyrą miłość / ktora wßelką z niego boiaźń wygnánia / dopuśćili / á P. Bogu śiebie y zbáwienną tę ſpráwę porzućiwßy / tákimi ſpoſobámi w iedynomyślność wiáry y w zjednoczenie Cerkwie poſtąpili / tákie by im ſam Pan Bog ſwymi niewypowiedźianemi ſądámi do ſercá podał.

Jákimby ſpoſobem Grękowie z Kośćiołem Rzymſkim do iednośći mogli przyść.

Moim zdániem / nie mogł by ſpoſob łácnieyßy y poważnieyßy bydź / iák przez nas Ruſki narod / zá łáſką Bożą / swiebody Chrześćiáńſkiey / pod Pánem Chrześćiáńſkim Kátholickiem / pobożnym záżywáiący. Przez náße Cerkiew / ſwoim zezwoleniem / śiebie y wßytkę pod wßytkimi cztermá Pátriárchámi ná Wſchodźie náyduiącą śie Cerkiew / z Cerkwią Zachodną ziednoczyć. O czym z náßey ſtrony nie inßemu komu przemyśláć / ſtáráć śie / y pieczołowáć bliżey należy / iák tobie prze Oświecony w głowách / przy tobie nam Episkopom / Archimándrytom / Igumeniom / y wßytkiemu Cerkiewnemu Klerowi. Też Xiążętom / pánom / Szláchćie / Rycerſtwu / y Brátſtwám. Záwiádomośćią y pozwoleniem Naiáśnieyßego Krolá Páná náßego Mćiwe° ßczęśliwie nam pánuiącego. Bo poki my / niezáżywßy tego tákiego ſpoſobu / będźiem y krukowe / Cras, Cras, wołáć / poty śie y

Grę

Grękow y nas Ruśi wßytko złe będźie trzymáć. Poki my / mowię / świátłośći dniowey ochyláiąc śie / prawdźie wiáry prawdźiwey przećiwić śie nieprzeſtániemy / á nocnym nie miłośći mrokiem oćiemnieni / toż á toż Papá Heretyk / Papá Antichriſt / wrzeßczeć będźiemy iák kruk / choć to ſobie iutro białym bydź obiecuie / nie vbieleiemy nigdy. Zaż to iuż máły początek do ćiężßey niewoley Grękom / nád tę ktorą teraz ćierpią? Bo choć nędzę tę niewolniczą pod okrutnikiem człowiekiem ćierpieli y ćierpią / wiárę iednák czyſtą y niepokaláną máiąc / ćießyć śie wewnątrz śiebie / y do politowánia nád nimi inße Chrześćiáńſkie Kátholickie narody przywodźić mogli. A z Heretyczawßy / y ſwey wnetrzney vćiechy odſtradáią / y ludzkiego pożałowánia odpadną / y przy tey ćiężkiey okrutniczey / pod nierowno ćiężßą Dyabelſką niewolę śiebie poddádzą. Káżdy ábowiem Heretyk ieſt niewolnikiem ßátáńſkim / iemu hołduie / pod nim nędzuie; z nim y wiecznych mąk zápłáty ſpodźiewáć śie ma. Już to więcey niż dwádźieśćia błędow y Herezyi / iák śie widźieć dálej / przez tego Gergáná Gręká Gręcye przed piąćią lat zálećiały / do tych czas co śie támi dźieie / Pan Bog to wie; My śie o tym / choć to y z powinnośći należy nam wiedźieć / nie pytamy. Kátechiſm ten wydány ieſt z Druku w Roku P. 1622. A ia w Konſtántynopolu w Roku P. 1623. będąc / publicè z Káthedry / przez nie tákiegoś Hieromonáchá Benedictá / Konſtántynopolſkiey Cerkwie Wiel: Didiſcálá / ktory przytym był tytułowány y Archimándritem Monáſterá Watopedſkiego Wſw. Gorze. Przez tegoż tedy wielkiego wielkiey Cerkwie Konſt. Didáſkalá publicè z Káthedry przepowiádáne ſłyßałem / owo / że modlitwy zá vmárłe / iák pożytku zeßłym z tego świátá Dußam żadnego nie czynią / ták też y w Cerkwi

Q

nie ſą

Ciężßa niewola y vdręczenie będźie Grękō Schiſmátikom od Czártá w piekle / niż teráznieyßa od Turczyná.

Cum P.

nie ſa potrzebne. Oczym gdym z tym / zkim należáło /
conferowal / nie tylko ten Didáſkal z tego ſtrophowány
nie byl / ále y ia odpowiedziáne odnioſlem / że ináczey żadnym
ſpoſobem Czyściec Rzymſki znieśiony bydź nie może. A to
ieſt początek przyßlych na Grecyą boleśći / ieśli Pan Bog
nie będźie z nią. To mowię / ſa początki ćieżßey Greckiey
niewoley. Tu náße zadußne o zmárłych Liturgie / pámiątki / modlitwy / iálmużny / y inße o nich dobrodźieyſtwá
Cerkiewne pod ławę. A to ſie nie z niepoſtrzogi tego Didá-
ſkálá ſtáło / ále z vmyſłu y cheśćią. Z ktorym znáiomość
máiąc / w rozmowie z nim bywałem / y poznałem / że
poſpolu z tym Gerganem w Witembergu Száſkim ſtu-
dowáli / y tám ſie tego / czym tu dycháli / nápili: á przy
náukách ßkolnych Heretyckich / oraz y náukę Theologiey
Heretyckiey zſobą do Greciey przenieśli. Ktora ieśli ſie
tám rozdymi / áby y nas tymże ſwym ſmrodliwym dymem
ćießeze bárziey / niżeſmy iuż przez ſwoie nowe tám tym podobne Theologi okopćieli / nie zárázilá / pilne nam ná to
oko mieć potrzebá. Bo by to od Thronu / od ktoregoſmy Práwoſlawną w Przodkách náßych wiárę wźieli / tá-
ſie niezbożność zákurzyłá / y ßkodliwie nas y Cerkiew náße rázić mogłáby. Iły to záiſte śmiertelney zárázy ná
nießczeßną Grecyą ſporządzony raz / vpadek iey ćieżßy niż
w ktorym ieſt / ominuiący: w ktorey prze zbycenia iey nie-
uke / y oſtátnia ſpraw zbáwiennych niewiádomość zwłá-
ſzcza od tego / ktory ma powierzony ſobie w niey klucz wiádomośći / promowowánemu Heretyctwu łácna przy-
ſzczepá.

O by mąż ten / w narodźie tym wźięty / y náßey Cerkwi luby / przemyſł y prace te ſwoie obrocił do zpoſzycia
rozdárliny tey miedzy Wſchodną y Zachodną Cerkwią zá-
ſkárżáley: mym zdániem / zá Bożą ku dobremu pomocą /
goto-

Do Narodu Ruſkiego.

gotowey do tego náyduiącey ſie Cerkwi Zachodney / łácno y ßcześliwie dokazałby tego; náßey Ruſkiey Cerkwie
miáſto wápná / miedzy rozwálone te dwie ściany / do ſpoienia ich záżywßy. A czynić to áby chćiał / dźiśia. Bo
co iutrzeyßy dźień przynieśie / ſam to Bog wie. do czego niktt
inßy beſpiecźniey y ſłußniey przyczyną bydź iemu nie mogła-
by / iák my Przewielebni w Bogu Oycowie moi: iák náß
ni owie / narod Ruſki. Nam też v śiebie / zá pomocą Bożą / oto nie trudno. Dálßeż w tey ſpráwie poſtępku náſzy / nie ßukáiąc / prośić Pomázáńcá Bożego Krolá Je-
Mći Páná náßego Miłośćiwego áby nam / náßey ſtronie ſámey
pozwolić raczył Sobor mieć ná ktorymby ſie my Duchowni wßyſcy ſtáwiwßy / máiąc ná nim przytomne z káżdego Wojewodztwá y Powiátu Szláchećkiego ſtanu od
Bráći zeſłáne Poſły: y z Brácetw vprzywileiowánych / z
Miaſt Krolewſkich / Xiążęcych y Páńſkich. w miłośći
y w zgodźie / ni oczym inßym / tylko opokoiu Cerkiewnym /
zá pomocą Bożą tráctowáli. Do ktorego nam łáſká Bożá łácno w rychle przyść może / máiącym v śiebie te rożnicy wiáry vważone / y vprzątnione. Ktorey nießczę-
ſliwey tey miedzy Wſchodną y Zachodną Cerkwią Schiſmy ſą przyczyną. Poniechaymy przeto my Duchowni
wßyſcy / ná ktorych ku tey ſpráwie w Cerkwi náßey
Ruſkiey należy / y ktorym Pan Bog dał rozum do głowy /
á ſłowo do vſt / wßytkich inßych pod ten czás náßych zábaw / á zá te iedne ták iedna duſzą wßyſcy raz weźmimy
ſie / ktora y doczeſney y wieczney ßcześliwośći ćiał y duß
náßych ma poſłużyć.

Exhortátia do Stanu Szláchećkiego.

M: W. Przezacny wybornieyßy Narodu Ruſkiego
Stanie / Xiążętá y Pánowie / Szláchtá y Rycerſtwo / o-
Q 2 bywátele

bywátele Koronni / y Wielk. X. Lit z ktorym nátura sáma wswiebodźie y wolnośćiách vrodzona y vkochána / widźieć z przyrodzenia dáłá / co iest poczćiwego z y rozeznawáć miedzy tym y pożytecznym. Ktorzy w przodkách swoich zacnych wiáre świetą Chrześćiáńską / ze Wschodnich kráiow od Cerkwie y Stolice Konstántynopolskiey przyiowszy / ná tośćie szláchetney Chrześćiáńskiey krwie wászey roźlaniem służyli / y służyćie / abyśćie z káżdym w tych Koronnych y Wielk. X. Litewskich Páństwách obywátelem vrodzeniem y zá dźiałámi porownywáiąc / nie tylko w Ziemskich vrzedách y Grodskich przełożeństwách mieysce Krolá Je° M°ći Páná swego M°ćiwe° záśiadáli / ále y o bok iego Páńskim śiedźieć / y dostoieństwy Senatorskimi / wierney iego rády tytułámi czczeni y zdobieni bydź / vpośledzáni nie byli: ieśli to W. M. w postrodze / do tákiego śćie w máłym czáśie poniżenia / y vpośledzenia miedzy szláchtą Bráćią przyszli / że nie tylko zá dźiałámi w rzeczy tey pospolitey / ále iákoby y vrodzeniem z zacnych fámiliy wászych / inszym nie porownáliśćie. Jeśliśćie to postrzegli / (iákoż nie widźieć tego iest śiebie sáme° nie widźieć / y być wszeláko bez oczu rozumu /) ieśliśćie to mowię / postrzegli / y coby tego byłá zá przyczyná / ieśliśćie szukáli / szukána / ieśliśćie ná szli / náydźiona ieśliśćie vważyli / vważona ieśliśćie ná tym zástánowili / że to was lub według Bożego / lub według ludzkie° práwá / słusznie y spráwiedliwie potyka. To ieśliśćie ták mieć śię postrzegli szukáli / náleźli / vważyli / postánowili; Vżalćież śię prze Bog żywy / sámi nád sobą / y nád potomkámi swymi: á pożyteczne znáć / y poczćiwe nád nie przekłádáć przywykszy / oboiego tego zá wászego wieku postrzeżćie / áby po żywoćie wászym Potomkowie wászy y tego oboiego nieodstradáli / y pobożnego swego przy otcim tym / áby nie odpádli. Oczy násze ná-

pátrzyły

pátrzyły śię w Oyczyźnie nászey / z narodu y wiáry nászey Senatorow przezacnych / Kásztellanow y Wolewod / á teraz iuż z tákich w narodźie záraz y w wierze nászey nie widźimy ni iednego. A nie tylko ná tych ták wysokich przy boku Páńskim mieyscách / ále y naniższych dostoieństwách / ieśli nieco zdawná zászło / z swoich iedynowiernych rzadko kogo widźimy. Coż tego tákiego was poniżenia y vpośledzenia zá przyczyná? Czyli wy nie ták wiernie / y nie ták prácowito miley Oyczyźnie służyćie / iák wiernie y prácowito służyli Przodkowie wászy? Czyli też Krol Je° Mość Pomázániec Boży / Pan nász Mśćiwy okiem swym łáskáwym was przenośi / y ná wierne ták Przodkow wászych / iák y was sámych zasługi / z vmysłu pámietáć niechce. Ni iedno / z tego. y Krol Pan nász Mćiwy káżdemu według zasług / y według kondyciey nágradzáć iest gotowy / y nágradza. y wászá wierność y praca nie mnieysza iest nád wierność y prace Przodkow wászych. Ale ten to ták spráwuie / ktory w rece swey serce Krolewskie ma / y iák wode rozlewa ie tám / gdźie chce. Ktory mocarze zsadza z máyestatow / á bierze z gnoiu y posadza z Xiążety.

Co zá przyczyná poniżenia stanu Szláchecktiego Ruskiey Religiey.

A ieśliśćie tego swego ták znácznego poniżenia nie postrzegli / y co by tego byłá záprzyczyná / nie szukáliśćie / (iákoż podobno ták iest. Bo gdybyśćie to swoie zászkodne byli postrzegli / y przyczyne iego náleźli y vważyli / pewnie byśćie śiebie / sámym szláchetnym vrodzeniem przynukáni bywszy / do tych czas w tym tákim złym byli nie mieli / ále dawno byśćie iuż z niego śiebie byli wynieśli:) Jeśliśćie tedy y niepostrzegli / y przyczyny nie szukáli: czás záiste postrzedz / y przyczyne náleść / y vważyć: á śiebie sámych y nas duchownych swych zápytáć / słusznieli y spráwiedliwie / ták według Bożego / iák y według ludzkiego práwá was to potyka.

Ja

Ja z części mey/ zoſtáwiwßy wyzßym śiebie wyżße vważenie/ według miáłkie° mego rozumu miáłko vpátrnie/ przyczyny inßey nie náyduie/ nád wyrážona/ przez

Deut. 11. ſámego Bogá owe/ *O to kłádę przed oczy wáße dźiś błogoſłáwieńſtwo y przeklectwo: Błogoſłáwieńſtwo: ieśli poſłußni będźiecie przykazaniu P. Bogá wáßego, ktore ia wam dźiś przykázuię: Przeklętwo, ieśli nie będźiecie poſłußni mándátom Páná Bogá wáßego, ále vſtąpićie z drogi, ktorą ia wam teraz vkázuię, y poydźiećie zá Bogámi cudzymi, ktorych nieznaćie.* Te przyczyne obaczćie/ á vważćie/ Przezacny Szláchecki Stanie/ ieśli przez te oto Zyzánie/ Philálety/ Ortologi/ Kleriki/ y tym podobne ſcribenty náße Ruſkie zwiedźieni bywßy/ z práwey drogi wiáry náßey Práwoſławney/ ktorą wam y Przodkom wáßym ſam Pan Bog ze Wſchodu był podał/ nie ſpádliśćie? y ieśliśćie ſie nie wdáli ſłużyć Bogom cudzym/ ktorych nie ználiśćie: to ieſt/ ieśliśćie ſie nie wźięli zá bluźnierſtwá/ błędy/ y Hęrezye/ ktorych y przodkowie wáśi/ y wy máło przedtym ſámi/ nie ználiśćie. ktorych nam ći nowi náśi Theologowie násiali/ y cudzym Bogom chwalonym bydź w narodźie náßym/ podmioczynili: ſądźćie ſámi. Jeśli ſie w tym przez mie pomienionym náyduiećie/ przyczyná poniżenia wáßego ná woboku. ieśliż ſie nie náyduiećie? Vpátrzćie ſámi przyczyny inßey. Mnie doſyć ſie dźieie z mey poſtrogi. Bo wiem co zá mieyſce máią v was ći ſcribentowie. Zyzáni/ Philálet/ Ortolog/ ták drudzy trzey świećićiele nowi: ná ktorych wy y prochu páść nie dopuſzczaćie. y cokolwiek oni piſzą/ ták temu wiáre dáiećie/ iákobyśćie co z Bożych vſt ſłyßeli. Doznána rzecz mowię. Gdyż ſie iuż y mnie od wielu/ nie bárzo dobre ſłowo dla nich ſłyßeć doſtało. Przygánić w tym Lámentowi/ iákoby też zá duße ſłyßącego wźiąć. ktory od wielu y potomkom zá nieoßácowany kleynot

chowány bydź głosi ſie. A no podobne ſie z tymi dźieie/ iákoby też záśiebią Echidne ná to w zánádrzu ſwoim rozegrzewáli/ aby potomkowie ich od niey ukąßeni żywo pomárli: á zá tym y doczeſney y wieczney ßczęśliwośći nigdy aby nie doználi. Nie miły mi kleynot: bodayby ſie był nie zdźiáłał/ ktory mie w wyſtępek bluźnierſtwá do Bogá mego podáie/ á przez to y o doczeſne nießczęśćie/ y o wieczną męke przyprawuie. Te to nießczęſne kleynoty y tego poniżenia M. W. nábáwili. iże od ſpoł obywátelow Heretykámi ſłyniećie/ ſpráwiły. Zá ktorych przyczyną wiárá Oycowſka Práwoſławna w zniewagę puſzczona/ y w niepámięći zágrzebiona ſtáłá ſie/ á błędy y Hęrezyie wiárą bydź náßą ogłoßone zoſtáły. Te nam záſłużyły nie błogoſłáwieńſtwo Boże: ktore ſpráwiło M. W. to poniżenie.

Kto ná Lámencie wiárę ſwą będźie fundowáć. Ten w piekle z Lutrem wieczńie muśi lámentowáć.

Oſobliwa Exhortátia do Stanu Szláchećkiego.

PRzypátrzćie ſie ieno/ Przezacny Stanie Szláchecki/ tey o to przez Zyzánie/ Philálety/ Ortologi/ Kleriki/ y przez inße tym podobne/ nowe Theologi opiſáney/ y przez druk ná świát publikowáney wierze y wy ſámi/ á vważćie ią w káżdym błędow ich y Hęrezyi punkćie/ ieśliże ieſt z wiárą Przodkow wáßych zgodna? Bez pochyby ták dálekie bydź ie naydźiećie/ iák dálekimi ſą od śiebie Práwowierny y Hæretyk. Może kto rzec. Słowo to/ ieſt ſłowo przykre. Rzekę. Swiátłośći ćiemnośćią nie názywa/ tylko ślepy: y prawdy nie prawdą/ tylko kłamcá. Ktoby Hęretyká názwał Kátholikiem/ y ślepy ná rozumie/ y kłamcá w ięzyku/ bydź by muśiał. Ale my nie biorąc ſie zá ſłowá/ przyczyne ich odrzućmy/ á nábycha tych miaſt y ſkutkow przyczyny tey zbedziemy. Poniechaymy tych Zyzániem. Bledy ich y Herezye pod nogi náße rzućmy/ á zárázſtapia od nas y ſłowá przykre. Do wiáry Práwoſławney práwowiernych Przodkow náßych znaymy ſie/ á zá rowno z nimi Práwowiernymi ſłynać bedziemy. A ieśli przytym przykre ná nas/ y owo ſłowo/ że M. W. ſpoł obywátele wáśi y witáia y żegnáia Schiſmátykámi/ ábo odßczepieńcámi. Moiá rádá/ á rádá/ moim zdániem/ zdrowa nie ćierpćie y tey háńby. Heretykiem ſłynać w práwie Duchownym/ ieſt w práwie świetſkim ſłynać wywołáńcem. A odßczepieńcem ſłynać/ ieſt ſłynać perduellem y pokoiu poſpolitego turbatorem. Oboie bezecne. Czego oboie godnemu wßelkiey cżći godney wierze wáßey nie ćierpćie/ ále od bledow y Herezyi czyſta y niepokalána miłośćia ią koronuyćie. Poniewaz bez miłośći do Bráći/ do iedynowiernych/ y wiárá niewiárá/ y Schiſmá w ſpráwiedliwey przymowce. Zażyyćie M. W. ábo przez mie máło wyżey podáney rády/ ábo ſwoie lepßa ſobie wynaydźćie: tylo ku zbáwieniu ſwemu dźieyćie co: á proſćie (bo to M. W. tymi czáſy świebodniey/) Proſćie/ mowie/ Pomázáńcá Bożego/ Królá Páná ſwego Miłośćiwego o Sobor táki/ iáki ſie máło wyżey vkazał/ á bedziemy da Bog w rychle wßyſcy w iednym domu/ ktory teraz ná dwoie mizernie rozerwány ná ſobie noſimy. Nie ieſt ábowiem to rzecz podobna/ áby P. Bog nam proßacym/ ßukáiacym/ y kołáczącym nie dał/ nie otworzył/ y náleść nie zdárzył tego dobrá/ ktore ßukáne námi bydź z nakázu iego Boſkiego należy. Ieśli dwom ábo trzem/ ná imie iego zebránym/ przyobiecał bydź z nimi: á gdźieby ſie nas zebráło w imie iego świete więcey/ o przytomnośći Zbáwićielá náßego Chriſtá Páná kto bedźie wątpił? Mamy z ſwey ſtrony Hierárchie zupełną. Mamy przy niey Archimándrity/ Igumeny/

Igumeny/ Hyeromonáchi y Presbytery. Mamy y M. W. przezacnych Fámiliy Xiążąt/ Pánow/ Szláchte Rycerſtwo. Mamy y z miaſt poważne Bráctwá: że ſie da Bog Sobor ten/ iák w imie Páńſkie w koniec zbáwienny zebrány/ porządnie pocznie/ ſpokoynie obeydźie/ y powoli Bożey ſkończy. Wßelákie ábowiem rozruchy/ niepokoie/ y Schiſmy Cerkiewne/ ni przez co inße/ po wßytkie Chrześćiáńſkie wieki/ vſpokoiwáne nie bywáły/ tylko przez Sobory. Czego ieśli M. W. nie vczynićie/ ná ſkonánie ták bárzo zboláłey z cześći náßey Cerkwie Ruſkiey/ w rychłym czáśie/ nie bez ćieżkiego duß náßych ſmutku y żalu/ pátrząc bedźiemy. wiele ż iuż M. W. ßláchecſkiego záwołánia w ſtronie náßey? chćieyćie/ proße/ widźieć/ á łácno obaczyćie/ że tyśiacámi mniey niż było przed lat dźieśiaćią. A po was/ nie rowno mniey bedźie: boć ießcze zá żywotá wáßego/ dźieći wáße/ iuż nie wáße.

Wßelkie Schiſmy y Hereſye przez Sobory vſpokoione bywáły.

Ták tedy poſtąp/ Przezacny ſtanie ßláchecki/ á wćießyß ſie da Bog w rychle ze wßytkiego twego dobrego: y wßytek narod Ruſki poćießyß. Rzecz ábowiem y Bogu miłą/ y ſobie zbáwienną ſprawiß. Bo co może bydź Bogu milße w wiernym człowieku/ nád miłość z Bráćia y z iedynowiernymi? Bez ktorey wiárá/ iák ćiáło bez duße/ martwa. Oczyśćmy od Heretyckich zmaz czyſtą Przodkow wáßych wiáre/ á miłośćia ią ziedynomyślnymi w wierze koronuymy: że ták Pan Bog bedźie z námi: y przywroći nam wßytko náße według ćiáłá y według duße dobre/ ktoregośmy przez ták długi czás nie záżywáli. wißacy nád Cerkwią náßą vpadek oddáli. narod náß Ruſki ná ſtárożytney iego świebodźie poſtánowi. Tobie ſtanowi ßláchecklemu do Vrzedow Ziemſkich/ y do Senatorſkich doſtoieńſtw drzwi otworzy. Mießczánom do obchodzenia Vrzedow Láwice ratußney przy

Zdrowaß to y zbáwienna rádá Autorá.

R

ney przy

ney przystęp spráwi. Pobuduie nam szkoły. Cerkwie przyozdobi. Monasterze sporządzi. Presbytery od ćiężarow niewolniczych vwolni. wszytkiemu ná koniec dla tey sámey przyczyny biednie vtrapionemu narodowi Ruskiemu, po miástách y wśiách codzienne łzy od oczu otrze. Pokoiu onego niebieskiego iescze ná ziemi záżywáć nas vczyni. y inszemi niezliczonymi dobry nádárzy nas. A po doczesnych vćiechách y onych wiecznych w krolestwie swym niebieskim roskoszy vdośći. Imie násze wpotomne wieki chwalebne vczyni. Ktorzy Bozko iego spráwe sprawimy, gdy ták mnogiemi wiekámi otworem leżącą, y iákoby nie przebytą przeklętey Schismy otchłań, miłośćią y iednośćią Bráći zámalimy, y wyrownamy. y to spráwimy że w tym prześwietnym Krolestwie Ruś, Polacy y Litwá imie Bogá w Troycy iedynego, wszyscy iák iednymi vstámi y iednym sercem chwalić y wielbić będziemy. Amen, stań sie. Day to BOże.

A to niechay będźie Koniec moiey Apologiey. Do przełożenia obiecánych Consideráciy postępuię.

CON:

CONSIDERATIÆ:

Abo

VWAZANIA SZESCIV Roznic, miedzy Cerkwią Wschodnią y Zachodnią strony Wiáry zászłych.

POwiedźiałem ći Przezacny Narodźie Ruski, náprzedźie, w Apologiey, że ieśli Zachodnia Cerkiew iest bez Herezyey, tedy Wschodnia koniecznie być musi ábo w Herezyey, ábo y z práwym práwey wiáry wyznáwániem, w Schismie. Aby obie były w Herezyey, rzecz iest niepodobna, ponieważ bramy piekielne, to iest, Herezye, Cerkwie zwyćiężyć nie mogą. Aby Wschodna byłá w Herezyey, zá wzgląd práwosławnego iey wiáry wyznánia, ktore oná w práwym wyrozumieniu ma czyste swiete y niepokaláne, nie iest rzecz podobna. Bo ieśli kto nieprawo wyrozumiawszy wiáry iey dogmátá, nieprawo o nich mowi y pisze, á przez swoy błąd w podzor sie Hærezyey podaie, ten táki sam w wyrozumieniu swym nie práwym háńbe ponośi: á Cerkiew w wyznániu swym práwym zostawa bez nágány. Zachodnia ieżeli iest w Herezyey, nie z inszego ktorego wiáry dogmatu być w niey miáłaby, tylo ábo ze wszytkich tych sześćiu, ktore sie miedzy nią y Wschodną biorą w rożnice; Abo z kilku: lub z iednego z nich. Gdyż w inszych wiáry dogmátach wszytkich, wyiawszy te sześć, iest miedzy niemi iednomyślna zgodá. A że ná nas pod ten czás muśi wyćiąga bárzo gwáltowny, abyśmy vważániu tych

K 2 rożnic

rożnic czásu nie co vżyczyli: vważyli ie y poználi / ieżeli ſą tákie / że z ſłuſzności ſwey miedzy temi z iedney rozdwoionemi Cerkwiámi ſpráwiedliwie dżielą / y iedne od drugiey odłączáią / y nieprzyſtepne bydź ku ſobie / czynią : cżyſtey od Hęrezyey z oniecżyſzczona przez Hæręzyą ſpołeczności zgody y iedność / bez ſwey też Hęrezyą zmázy / mieć niemogącey. Abyſmy tedy iáwnie y iáſnie obaczyli y vználi / że Zachodna Cerkiew / (ktora / Cerkiew Wſchodna / á w niey oſobliwie náſze Ruſka do iedności z ſobą od wielu lat wzywa) nie ieſt w Hęrezyey. Prze ten ſámy wzgląd / te ſześć rożnic do vważenia biorę / y tobie Przezacny Narodżie Ruſki pod cáłe vważenie poddáię : ábyſmy doſtáteczńie w Rożnicách tych prawdę wyrozumiawſzy / beſpiecznie w nádżiei zbáwienia náſzego Rzymſkiey Cerkwi / iák czyſtey od Hęrezyey do iedności dáli ſie pociągnąć / y z nią ſie ziednoczyli : á tych nędz / bied / vtyſkow / niepokoiow / y práwnych záciągow / ſzkody wnetrznych y zewnetrznych dobr náſzych / w odpoczywáiącym ná nas gniewie Bożym / y w nie łáſce ku nam Bráći / nádáremnie nie ćierpieli. Pomieniłem támże ná przedżie nie poiedno kroć / coby to były ſześć miedzy temi dwiemá Cerkwiámi zá Rożnice / zmiánkuię o nich w krotce y ná tym mieyſcu : choć iuż niemal wſzytkim nam ſą dobrze wiádome. Pierwſza Rożnicá kierze ſie / z wyznánia przez Rzymian pochodzenia Duchá S. y od Syná. Druga / z wyznánia Czyscá. Trzećia / z vżywánia w Sákrámenćie Euchàriſtiey Prząſnego chlebá. Czwarta / z wyznánia doſkonáłego Błogoſłáwieńſtwá duſzom ſpráwiedliwym z tego świátá zeſzłym. Piąta / z wyznánia ſtárſzeńſtwá Biſkupá Rzymſkiego. Szoſta / nowo náſzych wiekow od Grękow y od tae Ruſi zá Hæręzyą zádawa ſie podnieśiona Rożnicá / w vżywániu táiemnic Euchàriſtiey pod iedną

iedną oſobą chlebá. W tych ſześćiu Rożnic dowodnym vważániu porządnie poſtępuiąc / o pierwſzey : to ieſt / o pochodzeniu Duchá S° y od Syná / vważenie przekłádam pierwſze / owo.

CONSIDERATIÆ,
Abo
VWAZENIA ROZNICE, Z wyznánia pochodzenia Duchá S. y od Syná:

Ze Duch S. pochodżi od Oycá przez Syná : náucżáią SS. Doktorowie Wſchodni; Że tenże Duch S. pochodżi od Oycá y od Syná : náucżáią SS. Doktorowie Zachodni. Ktory oboiáki mowienia ſpoſob / ni przez Syná : ni od Syná w piſmie S. tymi wyráźnymi słowy rzeczony nie náyduie ſie. y oboi ći Doktorowie święći oboiákim mowienia ſpoſobem / Przedwiecżne Duchá S. pochodzenie : to ieſt / od Oycá przez Syná : lub od Oycá y od Syná / bytność mieć Duchá S. rozumieiąc. Záczym oboie to wyznánie pokázuie ſie bydź rownoważne : oboie práwoſławne y Kátholickie.

Vważenie wtore. wyznáwáć Duchá S. pochodżić przez Syná / zá wzgląd tylko ſámych dárow / ieſt náprzećiw wyráźney SS. Doktorow Cerkiewnych náuce wyznáwáć / náucżáiących / że Duch S. przez Syná pochodżi naturaliter, eſſentialiter, nie ſpoſobem rodzenia ſie. ꝛc.

Vważe-

Vwáżenie trzećie. wyznawáć Duchá S. przez Syná pochodźić/ zá wzgląd iedney iſtnośći bez wzgledu Boſkich oſob przyrodzonego porządku/ tłumi Boſkich oſob porządek/ y zá rowno wyznawano być ſtánowi/ że ſie Syn od Oycá przez Ducha S. rodźi. Co oboie ieſt niezbożne.

Vwáżenie czwarte. Neſtorius Hæretyk pierwszy ieſt/ ktory nie przyznawał/ áby Duch S. bytność ſwoie miał przez Syná. Do ktorego przyłączywszy ſie Theodoretus/ ni od Syná/ ni przez Syná/ áby miał Duch S. bytność ſwoie/ nie przyznawał. Tym obu ſprzećiwił ſie Cyryllus S. Alex: wyráźnymi słowy to wyznawszy/ że Duch S. ták ieſt od Syná/ iák ieſt y od Oycá. Lecz od Oycá Duch S. bydź dla tego mowi ſie/ iż od niego bytność ſwoię ma. Ktorego bytność w tenże ſpoſob y od Syná Cyryllus S. wyznawszy/ Neſtoriuszow y Theodoretow błąd zátłumił.

Lib. 4. ad Pallad. y w wykł: owego. Effundam de ſpiritu meo. in Ioḗlé proph.

Vwáżenie piąte. Że Neſtorius y Theodoretus nie przyznawáiąc/ áby Duch S. miał bytność od Syná/ lub przez Syná/ zbłądźili: łácno ieſt zkąd iż ſie temu ichnie przyznawániu SS. Doktorowie Cerkiewni ſprzećiwili: Zachodni/ náuczáiąc/ iż Duch S. bytność ſwoię ma/ y od Syná: Wſchodni przez Syná.

Vwáżenie ſzoſte. Zá świádectwem S. Máximá Wyznawce/ ieszcze przed ſzoſtym powszechnym Synodem doszło to do wiádomośći Cerkwi Wſchodney/ że Zachodnia Cerkiew Duchá S. y od Syná pochodźić wyznawáłá. wyznániu iey iednák temu nie ſprzećiwił ſie ni ſzoſty powszechny Synod/ ni śiodmy. y owszem Synod powszechny śiodmy wyráźnymi słowy to wyznał/ że Duch S. pochodźi od Oycá przez Syná. Czego przedtym żaden inszy Synod nie uczynił.

Epiſt. ad Marinum Cypris Presbyterum.

Vwáżenie Siodme. Żaden z SS. Doktorow Wſchodnich/

nich/ pod ten czás pożyłych/ gdy ſie iuż to y od Syná wyznánie Wzachodney Cerkwi było rozgłośiło/ Hæretykiem go ábo błedem nie názwał. Czego záiſte żywiący w nich Duch S. nie ćierpiáłby był/ iesliby wyznánie to bluźnierſtwem ná máyeſtat ſwoy Boſki bydź/ ſądźił był. Dotyka ſie wyznánia tego S. Dámáſcen/ gdźie mowi/ ex Filio Spiritum non dicimus, iednák mowienia tego/ y od Syná/ áni Hæreżyą nie názwał/ áni błędem. Czego y ten Swiety y mądry mąż nie poniosłby był/ ktory w piſmach ſwych wszelákie Hęreżye ſtroſuie y znośi/ iesliby w tym wyznániu bluźnierſkie co ná Páná Bogá był náydował. Ale tylko zá wzgląd propoſitiey tey/ ex. od/ ktora Przodkuiącą Przyczynę w ięzyku Greckim znáczyć zwykłá/ mowi/ że Duchá S. od Syná nie mowiemy/ miáſto iednák tey propoſitiey/ ex, præpoſitiæ, per, ktora znáczy przyczynę z porządkiem/ Synowi przywłaszcza/ mowiąc. Názywa ſie Duch S. y Synowſkim/ nie iák z niego/ ále iák przez niego z Oycá pochodzący: zkąd dáie ſie wiedźieć/ że ten mowienia ſpoſob S. Dámáſcená/ nie to ſtánowi/ áby rzecz tá nie miáłá ſie ták/ ále że ſie ták dla Hęretykow nie mowi. Ták on ná inszym mieyſcu mowi/ że Chriſti param nequaquam dicimus, Sanctam Virginem. indźie iednák wyráźnymi słowy to wyraża/ mowiąc/ A przetoż y Bogárodźićielką bydź Swiętą dźiewicę przepowiádamy: iák tę/ ktora właśnie y prawdźiwie wćielonego z niey Bogá rodźiłá. y Chriſtorodźićielką bydź ią znamy/ Chriſtusá ábowiem porodźiłá. Ale ponieważ niezbożny Neſtorius słowá tego záżył ná zniesienie imienia tego/ Bogorodźićielká: nie Chriſtorodźićielká/ ále z poważnieyszego/ Bogorodźićielką ią názywamy. Prze tákiże wzgląd Hęretyctwá Eunomiuszowego/ ktory Duchá S. od ſámego Syná bydź náuczał/ rzekł ten święty od Syná Duchá S. nie mowimy.

Lib. 1. c. 15.

Lib. 1. c. 15.

Lib. 3. c. 12. Serm: qui inſcribitur, ſermo exactiſsimus cõtra Deo inuiſam Hæreſim neſtorianorum: Qui incipit, Ad Neſtorij ſequares. Pátr: zá tákí wzgląd S. Dámáſcen rzekł. Ex Filio Spiri-

tū non dicimus
Lib. 1. c. 15.

mowimy. Y dla tego ná inszym mieyscu / iáko sie iuż wyżey położyło / rzekszy owo / náźywa sie Duch S. y Synowskim. nie iák od niego z náwodźi zaraz / ále przez niego od Oycá pochodzący. Dotyka sie tegoż y od Syná wyznánia y Theophiláctus / y przypisuie Láćinnikom nie rozum / ktorzy z tchnienia Páná Chrystusowego ná Apostoły / od Syná Duchá S. pochodzenie stánowili / Zárezyą iednák wyznánia tego názwáć nie ważył sie. Acz postrzega on áby z tego wyznánia dwá początki nie były wniesione / ále tego ni iednym słowem nie dowodźi. Wszákże w czym Theophiláctus Láćinnikom przypisuie głupstwo / w tym im Augustin S. y S. Cyrillus Alexándryiski przyználi przed nim mądrość. ktorzy obá wiedźieć dáią / iż przez te tchnienia ná Apostoły ceremonie Pan Chrystus to pokázáć chćiał / że iák z vst ie° ćielesnych to tchnienie wyszło / ták Duch S. ktorego im przyiąć dał / pochodźi z vst to iest / z istnośći iego Boskiey. Tchnienie ono ćielesne / mowi Augustin S. nie byłá istność Duchá S. ále było okazánie przez przystoyne znáczenie / że nie tylko od Oycá / ále y od Syná pochodźi Duch S. O tymże y S. Atánásius / Dla tego / mowi / Pan tchnąwszy ná vstá Apostolskie / rzekł / weźmićie Duchá S. ábyśmy rozumieli / że z zupełnośći Bostwá iego Duch ten iest / ktory vczniom iego był dawány. Przytym owo w máteriey tey o Theophiláktćie wiádomo być należy / że on ná mieyscu tym tego negował / co známienići SS. Náuczyćiele Cerkiewni przed nim wyználi / iák Epiphánius / Cyrillus Alexán. y insi: iásno náuczáiąc / y pełnymi vstámi wyznawáiąc / iż Duch Swięty iest od Syná: y ták od Syná iák iest od Bogá y Oycá. A Theophiláctus mowi / iż żadne o tym pismo nie świádczy / áby Duch S. był od Syná. Co záiste wprzeciw Swiętych Oycow pismu stánowi sie.

Lib. 5. Cont. Maximinum. cap. 14.
Lib. 12. in Ioannem. c. 56.

Lib. 2. de S. Trinitate. Serm: de in Serm: de in Carnat. verbi Dei & cont. Arianos. tom. 1. pag. 469.

In Aucôrato, Lib. in Ioel. Prophetam in hoc, effundam de Spiritu meo y lib. 4. ad Pallad.

Vwá-

Vważenie Osme. Propositiones te / ex t y Per z w piśmie świętym pobożnie wzáiem miásto śiebie pokłádáne bywáią: y iedná drugiey znáczenie in differenter przyimuią. Mowi pismo ś. Scientes non iustificari hominem ex operibus legis, nisi per fidē Iesu Christi, & nos in Christum Iesum credidimus, vt iustificemur ex fide Christi, & non ex operibus Legis. Per fidem, &, ex fide: przez wiárę / y z wiáry / toż y iedno Blog. Apostołowi Páwłowi znáczą. Mowi pismo śś. Náuczyćielow Cerkiewnych / Duch S. iest Bogá Oycá y Syná / istotnie od obudwu: to iest od Oycá przez Syná pochodzący. od Syná / y przez Syná / toż y iedno znáczą y SS. Náuczyćielom.

Gal. 2.

Cyril. Alex: lib. ad Pallad:

Vważenie dźiewiąte. Poniechawszy Synodow dwu / Bárskiego w Roku 1088. y Láteráńskieg° w Roku 1215. obchodzonych / w spráwie rożnic tych miedzy Wschodną y Zachodną Cerkwią / y zá wzgląd iednośći ich / nie bez przytomnych / ile ony czás pozwalał / Grækow. Do vważenia biorę y podáię drugie dwá Synody Generálne / á nie rowno známienitsze / Lugduński w Roku 1273. y Ferárski / ábo Florentski w Roku 1439. odpráwowáne. Z ktorych ná pierwszym był Cesárz Grácki Michael Páleolog z wielą Grækow / y iedność z Rzymiány vczynił. iednośći tey z początku bárzo sprzećiwił sie Pátryárchá ná on czás Konstántynopolski Ioánnes Bekus: y wiele dla tego bied od Cesárzá vćierpieć / z stolice zrzucony / y do więźienia wsádzony być zezwolił rácżey / niżli ná vczynioną przez Cesárzá Vnią pozwolić. Ale gdy postáne sobie od Cesárzá SS. Doktorow Cerkiewnych o pochodzeniu Duchá S. y od Syná / świádectwá z pilnośćią przeczytał. y z ksiąg Doktorskich o rzeczy tey SS. Oycow náuce vważnie sie przypátrzył Vnią przyiął y wyznánie o pochodzeniu Duchá S. Rzymskie Práwosławne y Kátholickie

Becus Pátryárchá pierwey Vniey przećiwny á potym ią przyiął.

S

tholickie bydź wyznał: dla ktorey Vniey/ y prawosławnego w tym Rzymskiego wyznánia/ od Andronika Cesárzá/ syná Michaelowego/ z stolice strácony bydź/ do więzienia podány/ y vmrzeć ráczey zezwolił/ niżli raz poznáney Prawdy odstąpić. A ná drugim z tych Synodow/ to iest/ ná Soborze Florentskim był Cesarz Grecki Jan Páleolog/ z brátem swym Demetriußem/ Despotem/ z Jozephem Pátryárchą Konstántynopolskim/ y z inßych trzech Pátryárchow posłánnikámi/ mężámi wysoce vczonymi y pobożnymi. Gdźie po wielu obojey strony publicznych dysputácyách/ y priwatnych znoßeniách sie/ Grekowie wyznánie pochodzenia Duchá S°. y od Syná/ práwosławne bydź/ wyználi/ przyieli/ podpisáli/ y Vnia z soba zobopolnie zámknęli. Ktorey nie sprzećiwił śie żaden zbyłych ná Soborze tẏ Grękow/ tylko ieden Márek Epheski

Podobno tenże to ostátek po piekle sie kłoci.

Przydáie do Márka Láonik Chálcokondyl Grzegorzá Scholáryußá/ ktory zostawßy Mnichẽ/ názwány iest Gennádyußẽ/ y był po wźieciu przez Turki Konstántynopolá Pátryárchą Kõstántynopolskim. Lecz z ktorą stroną tẽ przeznámienity mąż przestawał okazále wiedźieć o tym dáia pismá ie° ná przećiwo swych Grękow zá Rzymiány wydáne.

Vważenie dźieśiąte. Jest okazáły znák prawdy Rzymskiego wyznánia y z tąd/ że wiele Grękow poznawßy prawdę/ zá Rzymiány ná przećiwo swoich Grękow/ o pochodzeniu Duchá S° y od Syná/ pisáli. Jacy są/ Joánnes Beccus: Gregorius po Jozephie we Florenciey vmárłym nástąpiły/ y Genádius Scholarius/ wßyscy trzey Pátryárchowie Konstántynopolscy/ Mężowie y pobożni y vczeni. Georgius Trápezuntius: Demetrius Cynodius: Hugo Aetheriánus: Mánuel Cáleca: Nicephorus/ Blemmides/ Josephus Episcopus Metoński/ Bessárion Metropolitá Nyceński. y ieśli ktorzy inßy: wßyscy wiel-

Grecey Pátryárchowie y Historycy wierzyli y pisáli o pochodzeniu Duchá S. y od Syná.

wielkiey sławy/ y známienitey mądrośći. A z Láćinnikow zá Grękámi ná przećiwo siebie y swego wyznánia/ nigdy żaden áni pisnął.

Vważenie Jedenaste. Jest y drugi nie máły znák prawdy wyznánia Rzymskiego/ o Duchá S° y od Syná pochodzeniu/ że czterdźieśćia niemal lát przed Soborem Florentskim/ wiele Philosophow Gręckich/ iáko Mánuel Chrisolorás/ Konstántinus/ Laskárius/ Philelphus/ Musurus/ Theodorus Gázá/ Georgius Trapezuntius/ Mánuel Moschopulus/ Demetrius Chalkokondytes/ Márullus Konstántynopolitanus/ y inßy/ okrućieństwá Tureckie° boiąc sie/ á Oyczyzny swey Gręckie° páństwá zniewolenie/ iákoby iuż przytomne widząc/ do źiemi Włoskiey vdáli sie/ y tám/ (pod czás Schismy miedzy Grękámi y Rzymiány/) iedność z Cerkwią Rzymską przyiąwßy/ żywotá swego dokończyli. Z miedzy ktorych Georgius Trápezuntius/ iáko sie wyżey przypomniáło/ wydał script do Mnichow y Przesbyterow Kreteńskich zá Láćinnikámi/ o pochodzeniu Duchá S. naprzećiwo swoim Grękom. Po ktorych Mędrcow z Gręciey vstąpieniu/ vstąpiły záraz y Atheny Gręckie/ á do Włoch sie zá niemi przeniosły/ y tám sie vfundowáły. Ci ábowiem Grękowie po wßytkich záchodnych Kráinách náuki Gręckie/ ktore y podźiś dźień kwitną/ vkorzenili.

Vważenie Dwunaste. Że Synod Florentski w zgodźie y w miłośći doßedł y zámkniony iest/ gdźie Grękowie pospolu z Rzymiány praepositiae te dwie/ ex. y Per. iedno y toż znáczącemi bydź vważywßy/ y vsądźiwßy/ od Syná/ y przez Syná Duchá S. pochodźić/ iedne y tęż rzecz znáczyć wyználi/ świádczą o tym poważni Autorowie iáko sie o tym ná przedźie dowodnie przełożyło ktorym wiáry nie dáć/ á ná vdánych Báśniách polegáć/ nie zda sie bydź rzeczą rozumnego człowieká.

Vważenie Trzynaste. List Niphoná Pátryárchy Konstántynop. do Jozephá Metropolity Ruskie° pisány. y Poselstwo od Rusi do Sixtá PP. obchodzone: o ktorych ná przedźie zmiankowałem: bez poważnego vważenia mimo nas lekkim vmysłem puszczone bydź nie máią / iák do tey nászey spráwy pożytecznie y zbáwiennie náleżące śrzodki. Rowniey List teráźnieyszego Oycá Pátriárchy Cyrillá / w Roku 1601. we Lwowie pisány / y w reku Arcybiskupá Lwowskiego Demetriuszá Solikowskiego zostáwiony / w przeszłodze ná Lament wydáney / przez druk publikowány. w ktorym miedzy wielą inszymi vważenia godnymi rzeczámi / owo dwoie iest położono: Pierwsze / że Grekom y Rzymiánom y teraz iedná iest wiárá / y iedne Sákrámentá. Drugie / iż pobożniey ći z nas Rusi vczynili / ktorzy do Jednośći z Rzymiány wstąpili / niżeli owi / ktorzy ogladáiac sie ná swe Pátryárchy / wstąpić do niey niechca.

Jeśli y teraz ten Pátryárchá toż rozumie / y twierdźi / ma bydź słuchány.

Vważenie Czternaste. Dámáscenus S. po nim S. Nikon / ktory żył iuż po czásiech Micháłá Ceruláryuszá Pátryárchy Konstántynopolskiego: ktory ostátnio Cerkiew Wschodnia od Zachodniey oderwał / niemal w lat dwieśćie po Phocyuszu: y Nicephorus Kállistus Xántopolus Historyk Cerkiewny / Hęrezye / ktore do ich wieku w Cerkwi powstawáły opisniac / żadney Hęrezyey / ktoraby Rzymiánie byli o Hęretyczeni / nie przypominaia. Czego mimo śiebie pierwsze dwá sámey pobożnośći powodem nie o znáczywszy / niepuśćiliby: á trzeći iuż pod czás Schismy o tym piszac / nie zámilczałby był.

Vważenie Piętnaste. Náuke te o Pochodzeniu Duchá S. y od Syná / nie wyznánie iey / ponieważ iest Práwosławne / ále sámá niepráwość Phocyuszowá do Grekow zá nie Práwosławną vdáłá. Co miedzy inszemi y z owego

owego wiedźieć dáie sie / że Grekowie / y sam Márek Ephески ná Soborze Floreńskim wyznánie to / y od Syná / práwosławne bydź wyználi: tylko zá wzgląd poszánowánia SS. wtorego powszechnego Synodu Oycow przydatek ten z ich Symbolum wymázány bydź v silowáli / á gdźie indźie w pisány bydź pozwaláli.

Sesione: 5. 55. & 123

Vważenie Szesnaste. Augustyn S. lib. 15. de Trinitate: cap. 26. ex professo o SS. Troycy dispvtuiac / wyráźnimi słowy Duchá S y od Syná pochodźić y sam wierzy y wyznawa / y nas ták wierzyć y wyznáwáć náucza. y ná inszych wielu mieyscách pism swoich / temu ták sie mieć dowodźi. Ktorego Doktorá imiennie przyimuia dwá powszechne Synody / piaty y szosty / y z SS. Doktorámi Cerkwie Wschodniey w świątobliwośći żywotá / y w poważnośći pism porownywáia.

Powagá S. Augustyná w Cerkwi Wschodney od Soborow dwu ma swoie zálecenie.

Vważenie Siedmnaste. Mamy to zá rzecz pewną mieć y nie watpliwą / iż nie iest rzecz zábroniona w Cerkwi Páná Christusowey Symboly obiáśniáć szyrszymi słowy / niż były opisáne. Ktora szyrszość / nie przydatkiem / ále obiáśnieniem y znána bydź ma y zwána. Co iest widźieć z Symbolum Nicenskiego / przez Symbolum Konstántynopolskie wielą słow vietego / wielą y roszerzonego. wiedźieć iest toż / iż odpowiedźi S. Máxymá Wyznawce Mánicheyczykowi od powiádaiacego / y przyznáwáiacego / że przydáli świeći Oycowie Synodu powszednego wtorego do Symbolum Nicenskiego / ále nie rzeczy przećiwne. Te rzeczy ná potym obiáśnili / ktore przed tym w pytánie były nie przyszły. Dla czego Sobornіacy ná trzećim powszechnym Soborze SS. Oycowie / gdy przydatku zábrániáia w Symbolum / táki przydatek rozumieia / ktoryby był wierze Práwosław ney przećiwny. ináczey / mowiac o Symbolum Nicenskim / y o nieprzydawániu do niego do niego niczego / potepialiby przez to SS. Oycy Soboru Powszechnego wtorego / ktorzy przez swoie Symbolum / Nicenskie Symbolum w wielu y skroćili vymámi / y rozszyrzeli przydatkámi. y sámi ći / ktorzy ten táki dekret vczynili SS. Oycowie / swemu Dekretowi podpadaliby / Personálna w Chrystusie Pánie iednosć ná tym swym Soborze vznawszy. Co ni ná pierwszym / ni ná wtorym Powszechnych Synodách nie było vznáne. Ale y potym iuż

Lib. Anthologium rerum selectorum názwáney.

Trzećim Powszechnym Soborze y po czwartym / Eulogius Pátryárchá Alexándriyski Heretykom / ktorzy czwarty Synod Powszechny z przydatku strofuiac / ten trzećiego Soboru dekretowy zákaz ná podpore swoie przywnośili / odpowiádáiac mowi / záś sie Heretyckie głupstwo ná czwartego Synodu ográniczenie vskarża / twierdzac / że pierwszy Synod Ephezki bydź temu wszeláko zákazał. Co ieśli Synod / iáko oni plota / wszeláko nic nie przywnośić zákazał / záiste sam ná przećiwo sobie Dekret vczynił: poniewaz on to vchwalił / czeg przed nim inszy ni ieden vchwalał. Jego abowiem powaznośćia przyiete iest słowo owe / Personálne ziednoczenie. Cze° przed nim byłe Sobory nie vchwaláły.

In eodem lib. Euloij Anthologio.

Podobne temu w teyże Máteryey odpowiáda Heretykom y wiele: Ephremius / mowiac. Záś Heretykowe czwarty Synod potwarzáia / twierdzac / iż vchwalon iest y postánowiono / áby nie było nikomu wolno wnośić / abo pisáć / abo skłádáć / abo trzymáć inszey wiáry / nád te / ktora iuż byłá złożona. Czego záiste Sobor nie vchwalał / y nie stánowił / ále oni niewstydliwie kłamáia. wiáre on od trzech set y ośmnastu SS. Oycow złożona w wielkiey czći máiac / zákazał / áby inszey wiáry nie ważył sie nikt przywnośić. Przywodza w teyże máteryey po wtore s° Máxymá wyznawce / do tych / ktorzy czwarty powszechny Synod burzyli / mowiacego /

Incompediosa Apologia pro Synodo Chalcedonensi.

wiacego / Jeśli wolno prawde w obrone prawdy wymowić / wszyscy SS. Oycowie / y wszelki Práwosławnych y świetych mezow Synod żadnym sposobem inszego wiáry ográniczenia / swych słow zażywszy / nieprzywnośli / iák wy áż názbyt głupie / á práwie száleiac / mowićie / ále toż y iedno ono pierwsze / ktore od trzech set y ośmnastu świetych Oycow iest vchwalone bárziey zmocnili / obiáśniáiac ie / y iákoby odkryćiey wykłádáiac / dla tych / ktorzy ie / y iego dogmátá złymi wykłádániem ku swey niezbożney opiniey náćiagáia. Jákim tedy sposobem / y z iákiey słusznośći świety Chálcedońśki Synod winuiećie / poniewaz on świetych Oycow słow záżył. y iákoby nowe wiáry ográniczenie przywniosł / Sam y tám przez pismo y przez mowe potwarzáćie? Nie sadźćie według widzenia mowi Pan / ále sadźćie sadem spráwiedliwym. Co w tym / że w iedney y teyże Máteryey Oycy Synodu Chálcedońśkiego winuiećie / á dalsze od tey winy wolne czyniće? Bo ieśli wolno winowáć Oycy Synodu Chálcedońśkiego / iák insze wiáry ográniczenie przywnoszace / z tey przyczyny / że słow záżyli tych / ktorych nimász w ográniczeniu Oycow Niceńskich. Jdźie zá tym z potrzeby / że y teyże sámey przyczyny / może sie to mowić y náprzećiwo Cyryllusowi / y przećiw stu y piaciudźiesiat Oycom. Jesliż náprzećiw owych mowić nie godźi sie / przećiwo onemu mowić / coby zá słusznosć byłá / nie náyduie.

Ioan: 7.

Vważenie Ośmnaste. Po Soborze Florentskim / gdy po śmierći Janá Pálęologá / nástapił był ná Cesárstwo Konstántynopolskie Konstántyn brát iego / y zámkniona ná Synodźie Florentskim Jednosć zniewazył / y rozerwał / pisał do niego Mikołay Papież / tego imienia piaty / strofuiac go z tego / y grożac mu karániem / iákie sie stáło nád onym niepłodnym figowym drzewem / ktore do trzech

Duch Protocki w Papieżu Mikołáiu.

bo trzech lat okopáne / y gnoiem obłożone bydź / pozwolone było. A potym iesliby zostáwało niepłodne / áby po trzech lećiech było wyćiete / żeby y źiemie nadáremnie nie zástepowáło. Rzecz z vważeniem podźiwienia godná. Papież to pisał do Grækow w Roku 1451. A Turczyn Konstántynopol opánowáł w Roku 1453.

Vważenie Dźiewietnaste. Pospolićie mowić sie zwykło / przez co kto ná przećiwo Bogu grzeszy / przez to od Bogá bywa y karány. Niczemu ták bárzo Grækowie z wiáry Dogma: Rzymskich nieprzeczyli / iáko pochodzeniu Duchá S. y od Syná. A niemal z sámego / bez słusznych przyczyn sporu. Coż ztad zá pokaránie? Ná sáme Zeysćia Duchá S. Turczyn szturm ná Konstántynopole nákazał / á názáiutrz ráno to iest / ná dźień S. Troyce otrzymał go.

Pilnie czytay to dwudźieste vważenie.

Vważenie Dwudźieste. Sa niektore od Rzymian ná przećiw nam w máteryey wyznánia pochodzenia Duchá S. y od Syná / Argumentá tákie / że my ná nie bez iáwnego ná máyestat Boży bluźnierstwá y vst otworzyć nie możemy. Iákie iest y owo: Oćiec iest pierwsza w Troycy Osobá / iż iest drugich Osob przyczyna początkie y zrodłem. Syn iest Osobá wtora / iż iest / nie według czásu / ále według początku / poślednj od Oycá / á pierwszy od S. Duchá. Duch S. iest Osobá Trzećia / iż obudwu tych / względem początku / iest poślední. To ieśli nie bedźie dano / Porzadek miedzy Synem y Duchem S. zá wzgląd początku wszeláko żaden nie bedźie. y nie bedźie słusznośći / dla ktorey by Syn wtora / á Duch S. trzećia w Troycy Osoba byli przekładáni / zwáni / y wyznáwáni. Lecz y pismo S. y SS. Oycow náuká porzadek miedzy Troyce S. Osobámi bydź náucżáia / á nie nierzad. To przełożywszy / z owych słow Páná Christusowych Ego, & Pater vnum sumus

mus, ták Argumentuia / poniewaś Oćiec y Syn iedno są względem istnośći: Syn záś zá wzgląd początku vprzedza Duchá S. nástepuie / iż Duch S. z istnośći Oycowskiey pochodźić nie może / ieśli nie záraz pochodźić bedźie y z Syná. To Rzymiánie. Czego my ieśli nie przyznamy / tedy niezbożnie Oycá y Syná w iedney y teyże ich istnośći dźielić muśimy: y bluźnić / że insza iest istność Oycowska / z ktorey Duch S. pochodźi á insza Synowska / od Oycowskiey odłaczona / z ktorey Duch S. nie pochodźi. My ná ten ich Argument odpowiádáiac / zwykliśmy náwodźić / poniewaś przetożsamo y iedność istnośći Oycá y Syná Duch S. wierzony bywa pochodźić od Oycá y Syná. Przetożstwo y iedność istnośći Oycá y S. Duchá / Syn od Oycá y od Duchá S. rodźić sie / wierzony bedźie. odpowiádáia nam ná to Rzymiánie / iż sie to ták nánośić nie może. Poniewaś Duch S. względem Początkowego porządku poślednim od Syná bedac / nie może schodźić sie z Oycem w rodzeniu Syná. w Táiemnicy ábowiem tey / nie tylko tożstwo y iedność istnośći ma sie vważáć / ále záraz przy tym záchowywány ma bydź y porządek. Co dwoie w Boskich osobách rozwiązániu nie podległym zwiąskiem iest zwiazáne. Rzucamy sie po wtore w odpowiedź / z rozdźieleniem istnośći od osoby: ále iż tá nászá solutia przywnośi rzeczywisty rozdźiał istnośći od osoby: y osobe stánowi bez istnośći: niezbożna iest y bluźnierská.

Insztántia nászych Identitatem.

Respons Rzymiánow.

Identitas.

Vważenie dwudźieste pierwsze. Nie przyznáwáć / áby Duch S. pochodźił / y od Syná / á wyznawáć / że pochodźi od sámego Oycá / owe dwie bluźnierskie Absurdá / przywnośi. Pierwsze: iż iedne y tę Boská istność w Oycu y w Synie rwie ná dwoie: lub też insza bydź istność Oycowska / á insza Synowska stánowi. Drugie Absurdum: iż istność ß iſtność od oſoby dźieli ták / iák ſie dźieli rzecż od rzeczy y Oſobe Boſka bez iſtnośći Conſiſtere ſtánowi.

Ile tedy do Rożnice wyznánia przez Rzymian pochodzenia Duchá S. y od Syná / te ſa rozſadkowi twemu zdrowemu / przezacny narodźie Ruſki / podáiace ſie vważenia. Ktore iáwnie vkázáć nam moga / ieżeli ieſt Zachodniey Cerkwi z tego iey wyznánia hęreſis: y czy może ſłuſznie zá wzglad tego wyznánia w iednośći od nas bydź vbiegána. Poſtepuie do Rożnice wtorey / ktora ieſt miedzy Wſchodna y Zachodna Cerkwia z wyznánia Czyśćá. O ktorey vważenie przekładam pierwſze / owe.

CONSIDERATIÆ, Abo Vważenia Roznice Zwyznánia Czyśćá.

Wiele poważnych Náucżyćielow Cerkiewnych w piſmách ſwych ogień Czyśćowy / tym ſámym ſłowem wyráźnie położyli / y duſze przezeń cżyſzczone bydź wierzyli. Iácy ſa dwá Grzegorzowie / ieden Rzymſki / drugi Nyſſeńſki Biſkupowie. Ieden Zachodniey Cerkwie / drugi Wſchoney Náucżyćiele. On w Dyalogách ſwych z Piotrem / á ów Sermone de Mortuis. Oycowie y Swięći y Madrzy. A bliſzych wiekom náſzym Ucżyćielow / Anáſtáſius Synáitá. Cap. 12. kśiegi ſwey. y Nikon kśiegi ſwey Cap. 52. y 56.

Vważenie wtore: Vſtáwiczne / codźienne Cerkwie Wſchodney zdánie ieſt / duſze z tego świátá odchodzace ná dwá

ná dwá ſtany dźielone bydź. Ná ſtan zbáwionych / y ná ſtan zátráconych. Stá zbáwionych z ow / y rozdźielenie / tych / ktore proſto ná niebo do Chriſtá Páná odchodzą / żadnych zá ſoba modlitw nie potrzebuiac: zá ktore Cerkiew ś. dźięki Pánu Bogu cżyni. y owych / ktore modlitw / ofiar / iálmużn / y inſzych dobrodźieyſtw Cerkiewnych zá ſoba do Páná Bogá od żywych potrzebuia. Zá ktoremi Cerkiew S. modlitwy do Páná Bogá cżyni. Ják o tym dowodnie Dámáſcenus S. Serm: de iis, qui in fide obdormierunt.

zbáwionych vmieráiacych dwoiáki ſtan.

Vważenie Trzećie. Modlitwy zá vmárłe w wierze / ofiáry / iálmużny / pámiatki / ábo pominki trzećiodniowe / dźiewiećiodniowe / cżterdźieſtodniowe / Rokowe / y inſze zá niemi Cerkiewne dobrodźieyſtwá obchody / nie proſto Czyśćiec / ále ogień znácżnie rozumiány bydź podáia: gdy w nich proſzony bywa P. Bog / áby duſzam zeſzłym grzechy odpuśćił / y pomieśćił ie ná mieyſcu świátłym / świetnym / ſpokoynym / chłodowitym: Gdźie niemáſz boleśći ſmutku / y wzdychánia. Zkad daie ſie wiedźieć / że duſze te / o ktorych porátowánie proſzono bywa / náyduia ſie w boleśći / w ſmutku / y wzdychániu: ná mieyſcu ćiemnym / gnuśnym / nieſpokoynym / goracym. Chłodowite ábowiem mieyſce w przećiw kłádźie ſie goracemu. Zá ktoremi Cerkiew Páná Bogá proſzac / mowić zwykłá / o tych ktorzy płácza / y boleia / y ná Chriſtuſowe poćieſzenie cżekáia: áby im folgá ſtáłá ſie od wſzelkiey boleśći / y ſmutku / y wzdychánia: y áby prześielone były tám / gdźie nawidza świátłość oblicża Bożego. Boleść w duſzy / znácży zewnętrzne iey vdręczenie: á ſmętek y wzdychánie / znácża wnętrzne iey w ſobie grzyźienie ſie.

Vważenie Cżwarte. Duſz / męki w ogniu ćierpiacych / y z támtad przez mżow Swietych modlitwy wyzwolozwolonych/ od Cerkwie náßey Wschodniey przyięte/ mężom pobożnym od Bogá obiáwione być wierzące się/ y od godnych wiáry Cerkiewnikow ná wieczną pámięć y náuke opisáne Reuelátiæ: iák owidziány gorzeć w ogniu czyscowym/ pierwey poßyie/ potym do połowice: o owym/ ktory sobie ogniem Czyscowym rękę opalił/ y do śmierći swey smrodliwą ią w tey bliźnie nosił. y o tym podobnych: práwie iákoby ręką nas do poznánia Czyscowego ogniá wiodą. Iákie są opisáne przez S. Dámáscená serm. codē. y v S. Sophroniußá Pátryárchy Ierozolimskiego in Prato Spirituali. y w S. Nikoná Cap. 52. y 56.

Vważenie piąte. My brzydźimy się Czyscem nie z inßey przyczyny/ tylko iż rozumiemy/ że Rzymiánie wierzą przez ogień Czyscowy czyscżone bydź duße niezbożne. Smiertelnymi grzechámi obćiążone/ bez żadney pokuty z tego świátá schodzące/ y z świętymi pomießcżáne. A ogień ony nieustáiący Piekielny wßeláko czásu swego zniesiony bydź y wniwecz obrocony/ y piekło vczynione bydź puste. Z ktorego swego o nich rozumienia/ przypisuiemy im Hęrezyę Origenesową: iákoby oni wierzyli/ że mękom wiecżnym będźie kiedy koniec. Co ná Rzymian iest ßczera potwarz.

Miedzy niebem y piekłem trzecie mieysce przyznáwáć z wiáry iest.

Vważenie Szoste. Poniechawßy ogniá Máterialnego/ ktory y Rzymiánom nie iest Artykuł wiáry/ konieczna zbáwienna potrzebá ná nas Wschodney Cerkwie wyznawcách wyciąga/ ábyśmy wyznawßy niebo/ ná ktorym spráwiedliwe duße bydź wierzymy: wyznawßy y piekło/ w ktorym duße potępione náydowáć się wyznawamy: wierzyli y wyznawáli mieysce bydź trzećie Czyscowe/ ná ktorym od grzechow swych ocżyscżenia dostępuią duße cżyscżenia potrzebuiące: ná ktorym mieyscu zátrzymáne duße/ nie tylko ná nadder ćiężkie smutki y wzdychánia wewnątrz

wnątrz siebie ćiásnoty/ z oddalenia widzenia Bogá ponoßą y ćierpią/ y gorzko się grzyzą y smażą. Ale się też y zewnątrz siebie áż názbyt ćięzkim bolem trapią y męczą: á to z tey przyczyny/ iż się ná to mieysce dostáły/ ná ktorym vbłagány bydź zostawa im P. Bog/ Cerkwie dobrodźieystwy/ y wiernych dobrocżynnośćiámi: á ich ćierpliwośćią/ á nie zasługámi. y to to iest co się od nászych stárßych mowić zwykło: że my w tym Artykule wiáry/ to iest/ o Czyscu/ we wßytkim iesteśmy z Rzymiány zgodni/ wyiąwßy ogień Máterialny. Ktory iákom rzekł/ y Rzymiánom nie iest z wiáry.

Wiedźieć tedy z trzech Considerátiy dáie się/ że y w Cerkwi Wschodney iest Czyśćiec/ y słowy od Rzymskiego nie rożny/ y rzeczą/ tenże y ieden. Ktorego nie przyznawáć/ z potrzeby iest/ y dosyćcżynienie z Cerkwie wyrzucáć: y rożność grzechu śmiertelnego y veniálnego znośić. Czego oboiego Cerkiew Wschodnia poki iest prawosłáwna/ z Dogmat wiáry swey wymázáć nie dopuśći. Postępuię do Rożnice trzećiey/ z vżywánia od Rzymian w Sakrámenćie Eucháristiey Przáśnego chlebá/ miedzy Wschodną y Zachodną Cerkiew zachodzącey. O ktorey vważenie podáie pierwße/ owe.

CONSIDERATIÆ,

Abo

Vwazenia z vzywánia Przaśnego Chleba.

Chleb Przáśny/ názywa się prosto chlebem: ták/ że y chleb

y chleb kwáśny / bez przykłádánia tego słowá / Przáśny. Co ſie wiedźieć dáie z owych słow / iáko ſie o tym y w Apologiey dowodnie mowiło / Błogoſł. Ewányeliſty Łukaßá / mowiącego / y ſtáło ſie / gdy siedźiał z nimi v ſtołu / wźiąwßy chleb / y błogosłáwił / y łamał / y podawał im. y zás / y iáko go poználi w łamániu chlebá. Dźiało ſie ábowiem to w ten ſámy dźień Niedźielny w ktory P. Chriſtus wſtał zmartwych. to ieſt / pierwßego dniá przáśnikow. w ktory dźień iák y w inße / áż do siedmiu dni / we wßyſtkiey Zydowſkiey Ziemi przez Zakon zákazány chleb kwáśny nie náydował ſie. Zaczym y dowody náße owe ßerokie / ktorymi dowodźić zwykliſmy / że Przáśnik áni ieſt chleb / áni ſie ſimpliciter názywa chlebem / ſą nádáremne.

Luc. cap. 24. Ibid.

Vważenie Wtore. Hiſtorikowie Rzymſcy / Plátiná / á przed nim Hártmánnus Schedelius / Kronikarz Norimberſki / y ieśli kto inßy. A z náßych ſcribentow Ruſkich / Zyzáni / Wáśili Surázki / Antygraphe / Azárias / pißą y przyznawáią / że zwyczay poświącánia Sákrámentu Eucháriſtiey w Przáśnym chlebie do Rzymſkiey Cerkwie wwiedźiony ieſt z vſtáwy Alexándrá Papieżá / tego imienia / pierwßego / ktory żył około Roku P. 111. y vżywánie chlebá kwáśnego odmienił w Przáśny. Co ieśli ſie ták ma / á żaden z SS. Doktorow Cerkiewnych / y ni ieden Synod lub powßechny / lub pártykulárny tego w Rzymſkiey Cerkwi vżywánia / po wßytkie przeßłe siedm powßechne Synody / nie gánił / y Rzymiánom z tego ni błędem ni Hærezyą nieprzymawiał. My dla czegobyſmy co ich Przáśnego chlebá vżywánie gánili / y Hærezyą Apollináriußową názywáli / ſłußność ſie nam ná to nie podáie.

Fol. 43. 202. 47. 287.

Vważenie Trzećie. Po ták wielu wiekách świętych / po tyśiącu iuż niemal / od tey chlebá kwáśnego ná Przáśny w Cerkwi Rzymſkiey przemiány lat: po ták wielu y wielkich

wielkich Wſchodney Cerkwie / w Reyeſtr świętych wpiſánych Náuczyćielách / y Bogonośnych Oycách: po wielu pomieſtnych / y po wßytkich siedmiu Powßechnych Soborách: iuż około Roku 1053. Michael Cerulárius Pátryárchá Konſtántynopolſki / ná pierwßy Rzymiánom o Przáśny chleb przymáwiáć począł / á zwłaszcza ten ich Sákrámentu Eucháriſtiey w Przáśniku y poświącánia y przyimowánia Hærezyą názwawßy / ſámych Azymitámi oczynłował. O czym wźiąwßy wiádomość Biſkup Rzymſki Leo Dźiewiąty piße do niego / y do Leoná Archiepiſkopá Achridońſkiego / y mowi / o iák to nie oſtrożne ſtrofowánie wáße / gdy vſtá wáße wſpinácie ná niebo / á ięzykiem wáßym pełzáiącym po źiemi / ludzkiemi Argumentáciámi y domyſłámi ſtárożytną wiárę zrázić y obálić pokußaćie ſie. o to iuż po tyśiącu y niemal dwudźieſtu po vmęczeniu Zbáwićielá náßego lećiech / poczyna przez nas vczona bydź Rzymſka Cerkiew / iákiem ſpoſobem pámięć męki tegoż / ma bydź rozſpámiętywána. W teyże Máteriey / gdy tenże Michael Cerulárius do inßych Pátryárchow piſał / od Piotrá Antyocheńſkiego Pátryárchy miedzy inßymi o Przáśniku Rzymſkim táki odnioſł odpis. Ná pytánie / mowi / o Przáśnikách / iuż / iák mi ſie zda / doſyć dobrze odemnie w liśćie do Archiepiſkopá Weneckiego piſánym ieſt odpowiedźiano / y pokazono że ſie to v nich nie według Tráditiey Cerkiewney dźieie. Ieśli tylko vżywánie to ſwoie / poważnośćią Kánonu wymawiáć będą / mowiącego / podobáło ſie / áby ſtárożytne zwyczáie były trzymáne. Rzeką ábowiem y oni / że ten Przáśnikow vżywánia zwyczay / ieſt im z Tráditiey ſtárożytney. Ponieważ tedy zwyczay Przáśnikow vżywánia Rzymiánom ieſt ſtárożytny / ktory / iák ſie z przywiedźionego przez Piotrá Antyocheńſkiego Pátryárchę / pierwßego po-

Epiſt. 5.

go powßechnego Synodu Kánonu wiedźieć dáie/ ieśże przed tym Synodem w vżywániu był/ á żadney od świetnych y Bogonośnych Wschodney Cerkwie Oycow y Doktorow/ áni od żadnych Soborow ni iákiey nágány nie doznał/ áby od nas doznawał/ ieśli tych swych Oycow SS. stopámi idąc/ więcey miłośći brátniey/ niż swey własney dumie skłádáć będźiemy chćieli/ prawdę rzekßy/ nie zásłuzuie.

Vważenie Czwarte. Iuż po czásiech miánowánego Ceruláriußá/ ná pytánie przez Archiepiskopá Dirachijskiego Konstántyná Kábásiły vczynione/ owe/ w iákiey wadze miáne być należą poświecone od Łácinnikow Przáśniki iák święte/ czyli też iák proste. Tákże też y służowánia ich tego naczynie/ y kápłáńskie odźienie/ y ieśli co inße tákowe. odpowiedź od Archiepiskopá Bulgárskiego Demetriußá Chomátená dána/ mimo inße/ czytámy/ owe/ ktory zdánia przodká swe[o] Theophiláctá Bulgárskiego Archiepiskopá pokázawßy to/ że przykro od niego y od inßych strofowáni byli ći z Grękow/ ktorzy nie ważnie y bez wstydu Łáćińskie zwyczáie strofuią/ y błędy im nieznośne przypisuią y nánośi odpowiedź owe/ áni poświecone od Łácinnikow Przáśniki/ áni vsługowániu ich w obchodźie Táiemnice Euchárystiey/ służące naczynie/ ni też inße co/ nieczyste y ßkárádne być rozumiemy. Iákim ábowiem sposobem czynilibyśmy to? ponieważ y w nich Bożego Imienia wzywánie wßytko to zápieczętowuie/ y ofiáre ich Błog. Iákubá/ Brátá Páńskiego według ćiáłá/ Swięta Hierurgia poświeca. Ieśli tedy poświecony Rzymski Przáśnik czysty iest y święty/ ták rowno iák y náß poświecony chleb kwáśny/ dáie sie łácwno widźieć/ że w przyczyne Schismy przáśnego chlebá vżywánie bráno było nie słußnie.

Vwa-

In Iure Græco Rom: pag. 318

Vważenie Piate. Przywodzone bywa z S. Grzegorzá Wielk. Biskupá Rzymskiego/ ktorego my Dwoieslowem zowiemy/ strony vżywánia w Sákrámenćie Euchárystiey chlebá kwáśnego od Wschodniey/ á Przáśnego od Zachodney Cerkwie zdánie owe/ mowiącego/ Wielu trwożyć zwykło/ czemu w Cerkwi niektorzy chleb kwáśny/ á inßy przáśny w ofiáre przynoßą. Cerkiew Rzymska przynośi chleb Przáśny/ dla tego/ iż Pan Christus bez żadnego przymießánia przyiął ná sie ćiáło: á inße Cerkwie przynoßą chleb kwáśny: znácząc/ iż słowo Boże pokryte iest ćiáłem/ y iest prawdźiwy Bog y prawdźiwy człowiek. Wßákże choć w przáśnym/ choć w kwáśnym chlebie Sákráment ten bywa obchodzony/ ćiáło Páná y Zbáwićielá náßego przyimuiemy. Ieśliż dla tych przyczyn Cerkiew Páná Christusowá w Sákrámenćie Euchárystiey indźie/ iák ná Wschodźie/ vżywa chlebá kwáśnego/ á indźie/ iák ná Zachodźie chlebá przáśnego/ y ni iedne z tego dwoiego stárożytnego vżywánia od żadnego z świetych Náuczyćielow Cerkiewnych y Bogonośnych Oycow nie iest nágánione: oboie przeto zárowno chwalebne iest czći godne y święte.

Cennad: Scholarius Patr. Konst. lib. 2.

Vważenie Szoste. S. Anástásius Synáyski. Serm: in Transfigurationem Domini, P. Christusá názywa chlebem przáśnym/ mowiąc/ Ty iesteś azymus panis, bezkwáśny chleb/ niemáiący kwásu grzechownego. Ty iesteś Báránek prawdźiwey Páschy. A Błogosł. Apostoł Páwel wierne Boże azymámi/ to iest/ Przáśnikámi/ ábo bezkwáśnymi názywa.

Serm: qui in Epit. Quam terribilis est locus iste, &c.

1. Cor. 5.

Vważenie Siodme. Żadna wątpliwość być w tym nie może/ iż Apostołowie święći w dni Przáśnicże w Ieruzálem będąc/ w tákim chlebie Sákrámentu Euchárystiey vżywáli/ iáki był tymi dniámi w vżywániu pospolitym

V

tym-

tym: chlebá kwáśnego / ktory ſie we wſzytkiey ziemi Zydowſkiey przez śiedm dni przáśniczych nie náydowal /
mieć nie mogąc.

Vważenie Osme. Mowią Rzymiánie / ieſt to rzecz
nie watpliwa / że PAn Chriſtus we wſzytkim áż do namnieyſzey kreſki zakon Boży záchowal / y wypelnil. Lecz
Zakon Boży przykázuie / áby po iedzeniu Páſchy ſtározá-
konney / to ieſt / Báránká / záraz náſtepowáły dni Przá-
śniczne / w ktore Kwás nierzkąc w Jeruzálem / ále y we
wſzytkich gránicách ziemie Zydowſkiey náydowáć ſie nie
miał. Jeśliż Pan Chriſtus zakon ſtáry we wſzytkim záchowal / y niwczym go y namnieyſzym nie náruſzył / kto
wierzyć temu záchce / áby pod czás obchodu Páſchy zá-
konney / to ieſt / pod czás iedzenia Báránká páſchálnego
miał mieć przy tey wieczerzy chleb Kwáśny / ktorego y
posłáni ná przygotowánie tey wieczerzy Apoſtołowie go-
towáć / y mieć go pod ten zákazány czás nie mogli. Po-
Exod. c. 12. niewaž zakon Boży przykázuie / áby dniá czternaſtego
ku wieczorowi / miesiącá pierwſzego iedzony był Báránek z przáśnikí. Tolletis, mowi Pan Bog, agnum ſeu
hædum, & ſeruabitis eum vſq; ad quartam decimam diem
menſis huius: immolabitq; eum vniuerſa multitudo filio-
Ibid. rum Iſrael ad veſperam. y záś. Primo menſe, quarta de-
cima die menſis ad veſperam, comedetis azyma, neq; ad
diem vigeſimam primam eiuſdem menſis ad veſperam.
Septem diebus non inuenietur fermentum in domibus
veſtris: Qui comederit fermentatum, peribit anima eius
de cætu Iſrael. A że Báránek y przáśniki iedzione bydź
miáły przy teyże y iedney wieczerzy záraz / przykázuie Pan
Ibid. Bog / Et edent Carnes nocte illa aſſas igni, & azymos
Panes cum lactucis agreſtibus.

Vważenie Dziewiąte. Jeśli Pan Chriſtus / ábo
wedlug

wedlug czáſu pochybił / y nie w czternaſty dzień ku wieczorowi iadł Páſche Zakonną / w ktory czás Zakon Boży ieść
ią roſkázowal: ábo ieśli miał przy tey wieczerzy ſwey chleb
Kwáśny: tedy ábowiem w iednym z tych / ábo w obudwu
okazałby ſie Zakonoprzeſtepcą: y Zakonu Bożego do námnieyſzey kreſki nie záchowałby był / y nie wypelnił. Co
Matt. 5. y pomyślić / nierzkąc twierdzić / ieſt rzecz niezbożna / poniewaž ſam o ſobie mowi Zbáwiciel / nolite putare quoniam veni ſoluere legem, aut Prophetas: non veni ſolue-
Deut. c. 27. re, ſed adimplere. Piſmo też S. mowi / Maledictus o-
y Gal. c. 3. mnis qui non permanſerit in omnibus, quæ ſcripta ſunt in
libro Legis, vt faciat ea.

To ſą vważenia / ile do trzećiey miedzy Wſchodną
y Zachodną Cerkwią Rożnice. Ktore áby mieyſce / względem iey / Schiſmie w Cerkwi Páná Chriſtuſowey pozwa-
lály / nie zda ſie. Przekládam vważenia Rożnice czwartey / ktora ieſt miedzy tąż Wſchodną y Zachodną Cerkwią /
z wyznánia doſkonálego zeſzłym z te° świátá duſzam ſpráwiedliwym błogoſłáwieńſtwá / á grzeſznym męki. w czym
podáie vważenie pierwſze / owo.

CONSIDERATIÆ,

Abo

Vwazenia Roznice z wyznánia Duſzam ſpráwiedliwym w niebie doſkonáłey ſczęśliwośći, á złym y niewiernym w piekle doſkonáłey męki.

Ze Swietych ſług Bożych Duſze ſą w niebie: y że
doſko-

doskonáłey szczęśliwości iuż záżywáią / oboiego tego práwosławnego wyznánia pełne są księgi nasze Cerkiewne / co dziennemu nászemu Publicznemu y Priwatnemu nabożeństwu służące / od meżow w Cerkwi Wschodniey poważnych y pobożnych mądrych y świętych / imiona swoie dla coroczney pámiątki w Reiestr Swiętych Bożych wniesione máiących / złożone / Cerkwi podáne / y od niey przyięte : iákie są Oktoichi / Mineia / Triodia. w ktorych owo co się przypomni / wyráźnymi słowy od nas czytáne bywa / y wyznawáne : á zátym ma być y wierzone : ieśli serce w tym rázie z vstámi zgodne mieć záchcemy. To iest / iż dusze spráwiedliwe iuż się więcey ná ziemi nie náyduią / ále są w niebie : ktore przez otworzone sobie drzwi do niebieskiego onego Raiu wszedszy / y wewnątrz tego mieszkáiąc / z drzewá onego żywotá Jezusá Christusá rozkoszuią. Nominatim iednák y Communiter o Prorokach y Pátryárchách / o Apostołach y Ewányelistách / o Męczennikách y Spráwiedliwych / owe elogia y wyroki częstymi rázámi czytane y śpiewáne bywáią / iż dusze ich ná niebo są przez Anyoły przeniesione : iż ná wysokości z Pánem Christusem żyią : iż przed Máyestatem Bożym stoią społecznie z Anyołámi : iż twarzą w twarz Christá Páná widzą : iż ták Bogá widzą / iáko go widzą Anyołowie : iż zupełnie doskonáłey radości iuż dostąpili : iż im P. Bog doskonále Bostwá swego poznánie odkrył : iż doskonáłą zápłátę zá zasługi swe / doskonále zá pracy y trudy korony ná niebie od Bogá wzięły. Te / mowię / y tym podobne o spráwiedliwych dusz zupełnie doskonáłey szczęśliwości Swiętych Cerkiewnikow iásne y wyráźne / codzień w Cerkwi nászey czytáć się zwykłe wyroki w wątpliwość przywodząc / A ktorym ich z poważności świątobliwości ich wyzuwáć byłoby. Dalsze tey Rożnice vważenia

żeniu należące dowody / przełożyłem ná przedzie / gdzie Jezaniowe błędy y hęrezye Cerkwie Wschodniey wyznániu przeciwne być pokázowałem. Zkąd káżdy z nas poiąć może / że przeciwnemi nam w tym wyznániu Rzymiánom być / będzie błąd ábo cáło hęrezye w częśćie swe wiary wyznánie w mowić. Przekładam vważenia Rożnice piątey / z wyznánia stárszeństwá Rzymskiego Biskupá wzięty. O ktorey vważenie piersze niech będzie owe.

CONSIDERATIÆ,

Abo

Vwazenia Roznice z wyznánia Stárszenstvvá Biskupá Rzymskiego.

Jeśli miedzy Páná Christusowymi Vczniámi Apostołámi Błogosł. Apostoł Piotr / dla záchowánia w Cerkwi porządku / y dla vwárowánia się odszczepieństw od Christá Páná był vstánowiony pierwszym y głową : to iest / wybornieyszym y przodkuiącym pásterzem y Rządzcą ták Apostolskiego onego choru / ták y wszytkiey Cerkwie Páná Christusowey : potrzebá záiste byłá / áby się toż po wszytkie czásy / aż do skończenia świátá w teyże Páná Christusowey Cerkwi záchowało / żeby ieden ktory Biskup (ponieważ w Rządzie y sprawowániu Cerkwie / Biskupowie Apostołom są Successorámi /) miedzy wszytkimi Biskupámi przodkował / y iác nád nimi / ták y nád wszytką Cerkwią przełożonym zostawał / dla záchowánia tegoż sámego porządku / y dla vwárowánia się odszczebezpieństw. Ponieważ bowiem wszytko stworzenie Bożkie porządkie y stoi y záchowuie sie dom Boży / Cerkiew mowie Páná Christusowá / ktora w pismie ś. názywa sie woyskiem vszykowánym / bez porządku iáko sie estoiáć może? Abo kto y miáłkiego rozumu człowiek / w siebie to wmowić da / áby Pan Christus z ziemi ná niebo odchodząc / y od widomey przytomności siebie Cerkwi swey obnosząc / zostáwić ią miał w nierządźie: to iest / bez tákiego iednego przełożonego / ktoryby ná mieyscu iego zostáiąc / porządek ten záczynał y od niego sámego y od siebie. od niego / to iest / od Páná Christusá / iż względem niego był by członkiem wyborniejszym z ciáłá iego / ktore iest Cerkiew. A od siebie / iż względem inszych członkow / byłyby Głową. Pan Christus táka głowa / ktora nogam rzec może / nie iesteście mi potrzebne. A on Głowá táka / ktoraby nie mogłá rzec nogam / nie iesteście mi potrzebne. Táka tedy Głowe ná mieysce swoie / ktoraby ćiáło iego vpráwowáłá / y nim rządźiłá / áby vstánowił Pan Christus / rzekł do Piotrá S. Tu es Petrus, & super hanc Petram ædificabo Ecclesiam meam. Ktore mieysce / S. Złotousty według własności Syrskiego iezyká / ktorym mowił do Piotrá s. Zbáwićiel / Ty iesteś Cephá / y ná tym cephie: wykłáda / mowiąc / Ty iesteś Kámień / y ná tym Kámieniu zbuduie Cerkiew moię. y záś do tegoż. Petre, pasce Oues meas. O ktorych obu Páná Christusowych mowách ile przełożona Apologia moiá zmieśćić mogłá / iuż sie w niey dowodnie przełożyło / y vkazáło / że według zdánia Złotoustego świetego / ná pierwsze słowá Páná Christusowe wykład czyniącego / Piotr święty nád wszytkim świátem przełożonym iest vczyniony: á z wykłádu mieyscá drugiego / że y nád Bráćia / to iest / nád Apostołámi / y nád wszytkiego świátá Cerkwie pieczołowánie iest iemu poruczone.

Cantic. Cant. 6.

1. Cor. c. 12.

Serm: pro festo Exaltationis S. Crucis qui incipit: Quid dicam? quid loquar? w Soborniku sławi In Cap: 16. Matt: Hom. 55 Hom: vii. in Ioan. cap. 12. y Hom: 80. ad popul. Antiochen.

Vwa-

Vważenie pierwsze. Iż P. Chrystus Cerkwie swey iest Fundámentem / Kámieniem y Głową przedniejszą sam przez sie. A Piotr S. teyże Cerkwi iest fundámentem / kámieniem / y głową nie z sámego siebie / ále od Páná Christusá przedniejszey głowy powtorna głową postánowiony. Spráwuie tedy y rządźi Cerkwią y P. Christus y Piotr święty / Pan Christus wnętrznie y niewidomie / á Piotr S. zewnętrznie y widomie. P. Christus iest sam tey siły y władzy głową / że wlewa wnętrznie w ćiáło swe dáry łáski swey / przez ktore nim rządźi y spráwuie: á zewnętrznie y widomie ten rząd swoy władzy y spráwowánia / iuż nie sam przez sie odpráwuie / ále przez swego namiestniká widomego / tákiego Cerkiew widoma potrzebuie.

Vważenie Wtore. Gdy one słowá rzekł Pan Christus / do Piotrá S. Pasce oues meas, nie z tákim ográniczeniem ie wymowił. áby sie tylko w sámym Pietrze S. zámykáli y kończyli / á ná Successorow iego nie śćiągáli / gdyż Piotr S. niemogł záwsze ná ziemi żyć. á owce Páná Christusowe záwsze przytomnego y widomego Pásterzá potrzebowáli. Ale mowiąc te słowá Pan Christus do Piotrá S Pás owce moie / záraz w niem mowił y do Successorow iego. Czego poświadcza y Chrizostom święty w pismach swoich Lib. 2. de Sacerdotio circa principium. Dla iákiey mowi przyczyny on (to iest Christus PAN) krew swoie wylał? pewnie dla tego / żeby owce te odkupił / o ktorych stáránie ták Piotrowi / iák y Piotrowym następcom zlećił.

Vważenie Trzećie. Poki Pan Christus był ná ziemi / oboy Rząd / wnętrzny y zewnętrzny sam obchodźił: gdyż sam y wnętrzną wiernym dawał łáskę / y po zwierzchownym spráwowániem rádźił nimi y spráwował: y był wi-

dźiálny

dźiálna Cerkwie Głowa. A wſtapiwßy ná niebo / y nie widomym nam prze odległość mieyscá zoſtáwßy / á przez to woiuiacey Cerkwie Głową niewidzma ſtawßy ſie / wnetrzny rzad obchodźi ſam / á zewnetrzny odpráwuie przez ſwego namieſtniká.

Vważenie Czwarte. Pan Chriſtus Głowa Cerkwie ieſt / iáko człowiek. Bo chociaż pierwßy ſwoy Rząd obchodźi / to ieſt / łáſkę ſwoie Boſka / w ciáło ſwoie Cerkiew wlewa y iák Bog / y iáko człowiek. iák Bog / naturaliter, co ieſt iemu z Bogiem Oycem / y z Duchem Swietym poſpolite: A iák człowiek meritoriè. Co ieſt iemu iego właſne. Głową iednák Cerkwie názywa ſie y ieſt / nie iák Bog / ále iáko Człowiek. według tego przyrodzenia záſłużył bydź wywyżßonym. To ieſt / według człowieczeńſtwá / á nie Beſtwá. Chriſtus według poſtáci Bozey / ieſt pierworodnym wßego ſtworzenia / mowi Auguſtin S. á według poſtáci ſłużebniey / ieſt Głowa ćiáłá Cerkwie.

Vważenie Piate. Bez tákiey Głowy / iáka bydź vſtánowiony ieſt od Páná Chriſtuſá Piotr Swiety Cerkiew P. Chriſtu owá obeyść ſie nie mogłá żadnym ſpoſobem / ieśli taż iedna Cerkwia / ktora zá przytomnego ná tym świećie Páná Chriſtuſá / y po odeśćiu iego zoſtáwáć miáłá : z potrzeby rzadu y ſpráwowánia ſwego też forme znáć mieć y záchowáć powinna zoſtawßy. Poniewaz zá odmiáno Formy rzadu z potrzeby náſtapić muśiáłáby y iey ſámey odmiáná / ták / iák zá odmiáno formy rzadu Monarchálnego / w Ariſtocráticum ábo Democráticum / nie zoſtawa táż Rzecz poſpolita. Lecz zá przytomnego ná tym świećie Páná Chriſtuſá / Formá rzadu Cerkwie byłá Monárchálna / y przez widoma iedne Głowe ſáme° Páná Chriſtuſá / ile do obolego rzadu / wnetrznego y ze-

Lib. 1. de SS. Trinit. c. 12.

go y zewnetrzne° byłá rzadzona y ſpráwowána. Z potrzeby przeto zá tym poßło / áby táż rzadu Formá / to ieſt / Monárchálna w Cerkwi byłá zoſtáwiona / y tákże widomia Głowa w nieprzytomnośći Páná Chriſtuſowey rzadzona áby byłá / iáka iey byłá Formá / y iáko Głowa rzadzona náydowáłá ſie zá przytomnośći iego / ieśli cáłość ſwoie nie odmienna zátrzymáć y záchowáć miáłá. ináczey / zá odmiána Formy / y Głowy / y oná w odmiánie zoſtáwáć muśiáłáby : y bydź nie táż y iedná / ále druga y inßa. Z potrzeby tedy / zda ſie / ſtáło ſie to / że Piotr S. od Páná Chriſtuſá Głowa Cerkwie táka / o iákiey ſie przełożyło / ieſt vſtánowiony y podány. Chriſ. Hom. 55. in Cap. 16. Mat. *Ieremiaßá nád iednym narodem, á Piotrá nád wßytkim świátem Chriſtus przełożonym vczynił.*

Vważenie Szoſte. Poniewaz wiela Doktorow SS. świádectwy / y piſmá ś. wyráżna náuka to nam iáwnie wiedźieć dáie ſie / że P. Chriſtus odchodzac do Oycá ſwego / zkad był przyßedł / nowo vfundowáney Cerkwie ſwey nie zoſtáwił bez ſpráwcy iednego / nád inße wybornieyßego y przodkuiacego. Nie zda ſie bydź rzecz ſłußna / áby tenże Pan Chriſtus po zeyśćiu zkad tego tákiego od niego vſtánowionego y zoſtáwionego Cerkwie ſpráwcy / zezwolić miał / áby táż iego Cerkiew zoſtáwáć kiedy miáłá bez tákiegez rzadzcy y ſpráwcy y Páſterzá / ktoremuby o niey przemyśl y pieczołowánie należáło / ták ile do záchowánia w niey porzadku / iák y dla vwárowánia ſie odßczepieńſtwá. Jeſt tedy Cerkwi Wſchodney to w codźiennym wyznániu / że Piotr S. Apoſtoł był tákim pierwßym po Pánu Chriſtuśie w Cerkwi iego S. Páſterzem. Ktorago / wzgledem inßych Apoſtołow Páſterzow / Archypáſterzem / nácżálnikiem páſterzow / obrońca y wodzem Cerkwie Páná Chriſtuſowey názywáć zwykłá. Jeſt przytym

X

tym terże w wyznániu y owo / że Piotr S. był Biskupem Rzymskim. y że Rzymska Cerkiew iest Piotrá S. Apostolá Stolicá. A Biskupowie Rzymscy / są Piotrá S.^o Successorowie. A Successorowie tak w dostoieństwie Biskupim / iák y w Pásterskim przetoż ństwie. zkąd Cerkiew nászá Wschodna Rzymskiego Biskupá / prze te iego w Cerkwi Páná Chrystusowey przełoż ństwá wyniosłość / názywáć zwykłá / Głowa Práwosławney Cerkwie Christusowey: Oycem wszytkiego świátá. y tym podobnymi przyznawáiąc mu że on zdobi Bozka stolice Piotrowa: y że Piotrá S. Apostolá przodkowániem obogácony zostawa.

Vważenie Siodme. Prerogátiw Rzymskiey Cerkwie y tey Biskupá wyniosłość / przez Synody powszechne / przez Náuczyciele świete / przez Historyki Cerkiewne poważne oznaymiona iest bedz cáłá / w iákiey z nią żadna Cerkiew y z Rzymskim Biskupem żaden Biskup nie porownywa. Swieti Náuczyciele Cerkiewni náuczáia / iż do Rzymskiey Cerkwie / dla poteżnieyszego iey przodkowánia wszytkie insze Cerkwie / to iest / wszyscy wszytkiego świátá wierni zgromadzáć sie powinni. y iż wiáry Cerkwie Rzymskiey bydż / iest bydż Katholikiem. y iż z Rzymskim Biskupem bydż w społeczności / iest bydź w społeczności Cerkwie Powszechney. y kto z Rzymskim Biskupem nie zbiera / ten rozprasza / y tym podobne. Historykowie záś Cerkiewni o terże Cerkwi Rzymskiey y o iey Biskupie częstymi rázy w pismách swych oważ mowić náyduia sie.

SOCRATES: Rzymska Cerkiew nád insze Cerkwie ma Przywileie. Tenże / Kanon / mowi / Cerkiewny zákázuie / áby żadne duchowne Dekretá / mimo wola Rzymskiego Biskupá w Cerkwiách czynione nie były. Tenże / práwid-

Iren. lib. 3. c. 3

Hier. in Apolog: cōt. Ruff. Cypr. lib. 4. Epist. 3. ad Antonim: Hier: Epist. ad Damasum: Epist. Rom.

Lib. 2. c. 11.

Lib. eod. c. 17

práwidło / mowi / Cerkiewne przykázuie / áby bez woli Biskupá Rzymskiego Sobory odpráwowáne nie były.

THEODORETVS. Biskupowie / mowi iedni ná drugich Biskupowi Rzymskie^o skarżą sie: á on oskarżonym / áby sie ná pewny czás stánowili / roskázuie. Tenże / Theodosius / mowi / Cesarz / zá instantia Biskupá Rzymskiego Flawianowi Pátryarsze Antiocheńskiemu do Rzymu iácháć roskázuie / y spráwe sobie w obwinieniu dáć. Zá ktory y Theophilus Pátryarchá Alexándriyski do Papieżá pisze przyczyniáiąc sie / y áby był do społeczności przyiety / y ná stolicy záchowány / prosi. Flawian tedy przez iety / y ná stolicy záchowány / prosi. Flawian tedy przez posły swe Biskupy / zá zezwoleniem ná tákie poselstwo Papieskim / spráwe o sobie dał / y do społeczności był przyiety.

SOZOMENVS. W rożnych mowi winách obwinione Biskupy Wschodnie Rzymski Biskup sadzi / y dekretuie. Tenże Rzymskiemu mowi / Biskupowi prze poważność tey Stolice / o wszytkich Episkopach pieczołowánie należy. Tenże Rzymski mowi Biskup roskázuie / áby niektorzy z oskárżonych Biskupow Wschodnych / ná czás pewny ná sąd y dánie o sobie spráwy do Rzymu przybywáli. Tenże Biskup Rzymski grozi pomstą władzy swey Biskupom Wschodnim / ieśliby rzeczy nowych wszczynáć nie przestáli. Tenże / Biskupowie mowi Wschodni do Iuliusza Papieżá pisząc / przyznawáia Cerkiew Rzymską iesz cze od poczatku miedzy wszytkimi Cerkwiámi przodnieyszą bydź / iák te ktora iest szkołá Apostolská / y pobożności mátką. Tenże práwo / mowi iest do kápłáńskiego dostoieństwa należące / ktore opowiádá / że spráwy te nie są ważne y trwáłe / ktore bez zdánia Biskupá Rzymskiego stánowione bywáia. Tenże / w skłádániu / mowi / wiáry Symbolum / zdánie Biskupá Rzymskiego / nád wszytkie insze Biskupy iest.

Ibid. c. 5.

Lib. 2. c. 8.

Lib. 5. cap. 23.

Lib. 3. c. 7.

Ibidem.

Ibid.

Ibid.

Ibid.

Lib eod. c. 9.

Lib 6. c. 23.

Lib. 2. c. 18. EVAGRIVS, Namiestnicy, mowi, Biskupá
Rzymskiego, ná czwartym Powszechnym Synodzie, z ro-
skazánia Biskupá swiętego Leoná, Dioscorowi Pátryársze
Alexándriyskiemu z koła Biskupow wstáć, y stáć przed
Ibid. Synodem, á nie siedzieć, roskázuią, y otrzymywáią. Ten-
że, Dioscorus, mowi, obwiniony bywa, y winien zostá-
ie, że bez pozwolenia Biskupá Rzymskiego vrząd Sędziego
Ibid. ná Synodzie Ephezkim wtorym obchodził. Tenże, Bi-
skupom, mowi, ktorzy ná Soborze Ephezkim wtorym z
Dioscorem Soborowáli, Biskup Rzymski występek przebacza, y do społeczności powszechney Cerkwie przyimuie.
Ibid. Tenże, Czwartego, mowi, Powszechnego Synodu SS.
Oycowie, Dioscorá iák złośliwcá y niezbożniká zá to sá-
Lib. 3. c. 14. & cap. 20. dzą, że sie Biskupá Rzymskiego ważył wyklináć. Tenże,
we wszelákich, mowi, spráwách swych wszytko ze wszech
stron Duchowieństwo do sądu Biskupow Rzymskich vdá-
Ibid. c. 21. wáło sie, y przed nim sie spráwowáło y sądziło. Tenże,
kogo, mowi, Stolicá Rzymska heretykiem bydź osądziłá,
od wszytkich Biskupow ten zá heretyká sądzony był
y miány.

Lib. 2. collectaneorum. THEODORVS Anagnosta, Collector Historiey
Cerkiewney, Pátryárchá, mowi, Konstántynopolski S.
Mácedonius Cesárzowi Anástáziuszowi, ktory go do pod-
pisánia sie ná zgodę Zenoná Cesárzá námawiał, (zgodá
tá Synod Powszechny Czwarty Chálcedoński znosiłá,)
odpowiedział, Ja ná zgodę te bez Powszechnego Synodu, ná ktorymby wielkiego Rzymu Biskup prezydował,
nie pozwolę.

Lib. 4. Hist. tripartitae c. 9. Cassiodorus, Práwidło, mowi, Cerkiewne roskázuie, áby mimo wiádomość Rzymskiego Biskupá Syno-
Lib. eod. c. 19 dy obchodzone nie były. Tenże, Rzymskiey, mowi, Cerkwi Apostolskiey o inszych stáránie należy, poniewasz ona
stáro-

zstárodáwna mátką iest pobożności. Tenże, Práwidłá,
mowi, roskázuią, áby bez Rzymskie° Biskupá ná Synodách w spráwách Cerkiewnych nic stánowiono nie było.

Nicephorus Callistus Xantopulus, iuż pod czás Schi- Lib. 9. c. 8.
smy, około Roku 1300. pożyły historik Cerkiewny, Biskup, mowi, Rzymski Julius przez wyniosłość Stolice ☞
swey, z stárodáwnego przywileiu y prerogátywy zá pewną to rzecz máiąc, że przełożowánie y sąd o wszytkich
wszędzie Biskupach iemu należał, Athánáziuszowi Pátryársze Alexándriyskiemu, y Pawłowi Pátryársze Konstántynopolskiemu, y inszym wielu Episcopom, dawszy im
listy, Cerkwie ich przywrocił, y ná Wschod odesłał. Tenże, Julius, mowi, obwinionym niektorym Biskupom Ibid.
Wschodnym do siebie przybydź, y spráwę o sobie dáć roskazał. Czego ieśliby vczynić nie chcieli, á nowych rzeczy wszczynáć nie przestáli, Duchownym od siebie stárániem groził im. Tenże, Jest, mowi, Práwidło Cerkie- Lib. eod. c. 10
wne, ktore wszelką powagę odeymuie od spraw Du- ☞
chownych, ktoreby mimo zdánie Biskupá Rzymskie° stánowione były. Tenże historik w wielu swych historiey
Cerkiewney Xięgách, o wielu Biskupách wiedzieć dáie,
ktorzy ze wszech kráin z żałobámi y skárgámi do Biskupow Rzymskich w rożnych swych krzywdách vdawáli sie,
y zá ich Dekretámi spráwiedliwość odnosili. To są vwáżenia godne powieści z historikow Cerkiewnych poważnych o stárszeństwie Biskupá Rzymskiego. Ktorych słowá y rzecz z pilnością vwáżáć nam należy.

Z Synodow powszechnych owo dwoie ná ten czás
do vwáżenia biorę, y podáię. Pierwsze: sześć set y trzy- Ex actis 3. Relatio S. Syn. Chalc. ad B. Leonem PP.
dzieści Swięci y Bogonośni Oycowie, ná Synod Po-
wszechny czwarty do Chálcedonu zebráni, do Leoná Biskupá Rzymskiego od wszytkiego Soboru pisząc, nazywá-
ią go

Ibid.

ia go Głowa / á śiebie iego członkámi y Synámi. Drugie: iż ći SS. Oycowie w tymże liśćie wyráźnymi słowy to przyznawáią że Biskupowi Rzymskiemu straż winnice Páná Chrystusowey od Zbáwićielá iest powierzona.

Photius y Cerulárius Pátryárchowie Konstantynopolscy Autorowie wielkiey Schismy.

Przy tych Przełożonych przez mie vważeniách pámietaymy y ná owo / że Photiusza Pátryárchę Konstántynopolskiego támże w Konstántynopolu sadził / y z stolice z sádził Adriánus tego imienia wtory / Biskup Rzymski. Zkąd sie zákurzyłá nieszczesliwa teráźnieysza Schismá á przez Michaelá Cerulárius á teyże stolice Pátryárchę od Leoná Dźiewiątego Biskupá Rzymskiego sadzonego / zápaliłá sie / y po dźiś dźień z niemáło dusz ludzkich szkodą płomienieie.

Pokaránie ich y ná tym świecie.

Notuymy przytym y owo / że ći pomienieni Pátryárchowie Konstántynopolscy / ktorzy z Rzymskim Biskupem y z Cerkwią Zachodnią Cerkwi Wschodniey rozerwánia Jednośći przyczyną byli / Photius y Cerulárius / ná stolicy swey do śmierći nie siedźieli / ále obá sromotnie z niey stráceni bywszy / ná wygnániu przez swe zbrodnie ten świát pożegnáli.

Autorowie Schismy nie przyięći do Kálendarzá.

Mieymy przy pámięći y owo trzećie vważenia godne / że áni ći / áni Márek Ephezki / Autorowie te° Cerkiewnego rozerwánia / prze ten swoy postępek / zá ktorymi my iák zá wodzámi w spráwie tey idźiemy do Kálendarzá ná wieczną pámiątkę nie są wnieśieni. A to snadź PAn BOg ták mieć chćiał: áby nie mieli ći społeczności w pámiątce z Swietymi / ktorzy to / co ie oświećiłá / ná sztuki rozerwáli.

To wszytko w krotce / vważeniu twemu / ile do stárszeństwá Biskupá Rzymskiego / Przezacny národźie Ruski przełożywszy / przekładam Vważenia Rożnice szostey z vżywánia w Rzymskiey Cerkwi Sákrámentá Euchárystyey

chárystyey pod iedną osobą chlebá / przed tym od Graków Rzymiánom / ni iedną litera nie zádawáney / teraz nowo nászymi wiekámi / więcey od nas / niżeli od Greków zá Rożnicę znána bydź pocżętey. Względem ktorey / vważenie biorę y podáię pierwsze / owe.

CONSIDERATIÆ,

Abo

Vwazenia Roznice z vżywánia Sákrámentu Euchárystiey pod iedną osobą chlebá.

EVchárystya dwoiáko vważána bywa / iák Sákráment / y iák ofiárá. Jle do ofiáry / nigdy Cerkiew w tym odmiány żadney nie czyniłá / y czynić nie mogłá / áby ią w iedney ktorey z tych dwu osobie / w chlebie ábo winie przynosiłá. A to dla tego / áby sie przez to rzeczywiśćie wyrażáłá krwáwa P. Chrystusowá przez śmierć / w vkrzyżowánym ćiele iego / y w rozlaney krwi przyniesiona ofiárá. Jle zás do Sákrámentu: ktory iest spráwowa / w ktorey sie obchodźi Táiemna wieczerza Páńska / to iest / chlebá y winá w Ciáło y krew Páná Chrystusowe / poświecenie / Cerkiew Páná Chrystusowá pozwala vżywáney bydź Euchárystiey / owegdy pod osobą sámą chlebá / iáko chorym / Anáchoretom / y podrożnym. owegdy pod osobą sámą winá / iák niemowiątkom / y bárzo zboláłym. A zdrowym / pod dwiemá osobámi. A to dla tego / iż wierzy y wyznawa / że nie więcey ten przyimuie / ktory vżywa pod dwiemá osobámi: áni mniey ów / ktory pod iedną iedna ktorążkolwiek / tylko cáłego żywego JEzusá Christusá: nie z mnieyszym áni z więtszym pożytkiem duchownym: ále z iednym y tymże. Záczym iść zda sie: Że obchod Eucháristiey iák ofiáry pod dwiemá osobámi / iest z práwá Bożego / z vstáwy / mowię / Páná Christusowey: á obchodzenie iák Sákrámentu / to iest / pożywánie pod dwiemá osobámi / nie bydź z vstáwy P. Christusowey: ponieważ tá / bez iáwney niezbożnośći / żadnym sposobem náruszona bydź / nie mogłáby.

Uważenie Wtore. Aby Eucháristya / ile iest Sákráment / z potrzeby zbáwienia pod dwiemá osobámi przyimowána byłá / nie zda sie to bydź z vstáwy Páná Christusowey y z przyczyn owych. Naprzod: że Pan Christus potrzeby vstáwe czyni nie po podániu od siebie / y nie po záżyćiu od Uczniow oboiey osoby / ále po podániu y po wźięćiu sámego chlebá / mowiąc / *To czyńćie ná moię pámiątkę.* Czemu poświádczáć zda sie y Błog. Apostoł Páweł / ktory wspomień vczynioney od Christá Páná vstáwy záżywánia Sákrámentu Eucháristiey przyszedszy / y owe słowá Zbáwićielowe / przełożywszy. *Bierzćie á iedzćie: to iest ćiáło moie; ktore zá was będźie wydáne.* náwodźi / *to czyńćie ná pámiątkę moię.* Po owych záś Zbáwićielowych słowách / *Ten kielich nowy testáment iest we krwi moiey. To czyńćie ilekroć pić będźiećie, ná moię pámiątkę,* w pierwszych słow náwodzeniu / vkázowáć zda sie B. Apostoł potrzebę vważenia z vstáwy P. Christusowey / zá wzgląd zbáwienia. A w náwodzeniu słow drugich / zostáwowáć zda sie vżywánie z woli tylko sámey ludzkiey. To iest / chleb / áby od káżdego był pożywány: á kielich od zezwáláiącego tylko. Po wtore dáie sie to wiedźieć iż owego / że Cerkiew P. Christusowá wszytká ták ná Wschodźie / iák y ná Zachodźie przyimowánia Sákrámentu tego pod iedną

1. Cor. c. 11.

Ibid.

Ibid.

iedną osobą zwyczay ma. Co ieśliby było z vstáwy Páná Christusowey / y z potrzeby zbáwienia / nie przyimowáć ináczey / tylko pod dwiemá osobámi / Cerkiew iego wszytká ináczeyby áni czyniłá / áni czynić komu w sobie gdźie pozwoliłá. Ponieważ ábo czyniąc to / ábo czynić pozwaláiąc przestępcą zbáwienney nie porusżney vstáwy P. Christusowey / y gwałtownicą wiecznego Testámentu iego názwáłáby sie. y szłoby záczym / że Cerkiew Páná Christusowá wszytká oraz / z práwego Táiemnice Eucháristiey vżywánia / od sámych czásow Apostolskich / ieśli nie y w sámych iescze Apostołách zbłądźiwszy / od bram piekielnych zwyćiężona y po dźiś zostawáłáby. Co iest rzecz y do mowienia nie przystoyna / y do wierzenia nie podobna. Záczym zda sie / iż ze zwyczáiu raczey iest vżywánie Sákrámentu Eucháristiey pod dwiemá osobámi / niż z vstáwy Páná Christusowey.

Uważenie Trzećie. Owe słowá Páná Christusowe. *Ieśli nie będźiećie ieść ćiáłá Syná człowieczego, y nie będźiećie pić krwie iego. nie będźiećie mieć żywotá w sobie. Y kto pożywa ćiáłá mego, y pije krew moię, ma żywot wieczny: we mnie mięszka, á ia w nim.* nie zdádzą sie czynić necessitatē przyimowánia pod dwiemá osobámi / z potrzeby vstáwy y zbáwienia. Co sie wiedźieć dáie z owych vprzedzáiących słow Zbáwićielowych. *Ia iestem chleb żywy, ktorym z niebá zstąpił: ieśli kto będźie pożywał z tego chlebá, będźie żył ná wieki y chleb ktory ia dam, ćiáło moie iest, ktore ia dam zá żywot świátá.* Potym toż wiedźieć dáie sie y z słow Zbáwićielowych nástępuiących / owych / *A kto mnie pożywa, y on będźie żył dla mnie. Ten iest chleb, ktory z niebá zstąpił, nie iáko iedli oycowie wáśi mánnę, y pomárli. Kto pożywa tego chlebá, będźie żył ná wieki* Sam Zbáwićiel y przez vprzedzáiące / y przez nástępuiące słowá dáwáć wiedźieć zda sie /

Ioan. c. 6.

Ibid.

Ibid.

zda sie/ iák sie to rozumieć ma/ co miedzy temi słowy mo-
Ibid. wi/ *Kto pożywa ciáło moie/ y pije krew moię, y Ciáło moie prawdźiwie iest pokarm, y krew moiá prawdźiwie iest napoy* Iákoby rzekł/ ieść ciáło moie/ y pić moie krew/ iest/ ieść chleb/ ktory zstąpił z niebá: iest mnie ieść. Ktory ia/ iestem prawdźiwie pokarm/ y prawdźiwie napoy. y kto ie chleb ten/ ktory z niebá zstąpił/ to iest/ kto mnie ie/ ie ten ciáło moie/ y pije krew moię/ y nie vmrze/ ále żyw będźie ná wieki. A to dla mnie. ktory ia/ iestem ciáło/ ktore on ie/ y krew/ ktorą on pije. Nie zda sie przeto y ztąd/ áby z vstáwy Páná Christusowey/ y w potrzebie zbáwienia/ pod dwiemá osobámi Sákrámentu Eucháristiey przyimowánie było/ ále z sámego tylko zwyczáiu. Ponieważ y w sámego tylko chlebá pożywániu iest żywot wieczny. y kto ie tylko Christusá/ żyw iest dla niego.

Vważenie Czwarte. Słowá te Páná Christusowe/
Ioan. c. 6. Nisi manducaueritis carnem Filij hominis, & biberitis eius sanguinem, non habebitis vitam in vobis: zda sie/ że y ták mogą być rozumiáne/ ieslibyście nie iedli ciáłá Syná człowieczego: ábo nie pili krwie iego. Y/ miásto/ ábo/ zda sie: ták y owo iest w Zákonie/ według Hebreyskiey istoty/ Qui percusserit Patrem suum & Matrem, morte moriatur, &, miásto/ aut, iest położono. iák przełożył y Grecki
1. Cori. c. 11: przekładacz y Łáćiński. Ták te słowá Páná Christusowe rozumiáne bydź/ y Błog. Apostoł Páweł podáwáć zda sie: gdy mowi/ *Ktobykolwiek iadł chleb ten álbo pił kielich Páński niegodnie, winien będźie ciáłá y krwie Páńskiey.* Iákoby rzekł/ kto/ lub tylko sáme ciáło Páná Christusowe ie niegodnie/ lub tylko sámą krew ie° pije niegodnie/ z káżdego tego osobno y poiedynkiem záwtego/ ciáłá y krwie Páńskiey iest winien. Także y owo Páná Christusowe w sposob przeciwny/ kto lub ciáłá Syná człowie-

czego nie ie/ lub krwie iego nie pije/ żywotá w sobie nie ma. Ale kto lub tylko sáme ciáło iego ie godnie/ lub tylko sámą krew iego pije godnie/ żywot ten w sobie ma. y ia w nim mieszkam/ á on we mnie. Zkąd Cerkwi Wschodniey/ iák sie iuż máło wyżey przypomniáło/ zwyczay stárodawny w sámym tylko chlebie Sákrámentu Eucháristiey podawánia y pożywánia iest pozwolony/ Anáchoretom/ podrożnym/ y chorym/ ták Duchownym iák y świetskim. A podawánia y pożywánia w sámey tylko krwi/ niemowiątkom nowo okrzczonym/ y dorosłym bárzo zboláłym: z ktorzy oboi chlebá połknąć niemogą. Bo co támże záraz Błogosł. Apostoł Páweł mowi/
Probet autem seipsum homo: & sic de pane illo edat, & de Ib:d.
calice bibat. Qui enim manducat & bibit indignè iudicium sibi manducat & bibit: iuż przed tym obiásnił y vkazał że y to/ &: przy dwu owych słowách/ & de Calice, y z kielichá: & bibit, y pije: miásto owey cząstki/ aut, może bydź wźięte. y ták to/ zda sie/ Cerkiew Páná Christusowá rozumiejąc bespiecznie rozdźiału tey Táiemnice pozwoliłá/ y pod iedną osobą záżywáć iey zwykłá. wierząc/ że nie mniey sie przyimuie pod iedną osobą/ ni wiecey pod dwiemá: ále tenże y ieden Pan Christus ták pod iedną ktorą oddźielnie/ iák y pod dwiemá spolnie. oboiáko zupełnie y doskonále. Záczym ták dobrze Wschodney Cerkwi tego pod iedną osobą Sákrámentu Eucháristiey vżywánia/ od Heretykow bronić należy/ iák y Zachodney. Poniewaz iesli sie to dźieie ná przeciw nieodmienney vstáwie Páná Christusowey/ zárowno obie są wystepne.

Vważenie Piąte. y niemowiątek y chorych (to iest/ lub pod sámą iedną osobą winá/ lub pod sámą iedną osobą chlebá/) Communie/ Cerkiew násá Wschodna/ rozumie doskonáło bydź ciáłá y krwie Páná Christusowey Cōmunia / nie przeto / iż w poświeconym winie / ieſt poświecony chleb / á w poświeconym chlebie było poświecone wino: Abo / nie iż w tymże kielichu ieſt pod osoba chlebá ćiáło / w ktorym ieſt pod osoba winá krew: y nie przeto / iż chleb bywa nápoiony wink. Bo to ſą máterie rozdzielne. Wino bywa pite / oddzielone od osoby chlebá: á chleb z máteriey winá wyſußony / bywa pożywány. Lecz gdzie w Sákrámenćie tym widoma máteria vſtáie / tám y nie widomá rzecz bydź przeſtáie. Gdzie widomey máteriey w pożywániu nimáß / to ieſt / ábo chlebá / ábo winá / tám nimáß y niewidomego / ábo ćiáłá / ábo krwie Páná Christuſowey pożywánia / ſwym ſpoſobem: to ieſt / względem poświecenia. Gdy ábowiem cząſteczká winá łyżeczką z kielichá oddzielona bywa / y cząſtká chlebá z máteriey winá wyſußona: ſámo tám / względem słow Páná Christuſowych / owych / Hoc eſt Corpus meum, y / Hic eſt ſanguis meus: to ieſt / względem poświecenia / ćiáło w oſobie chlebá zoſtáie / y krew w oſobie winá. Lecz względem ἀλλήλουχίας to ieſt / Concomitántiey / ieſt w oſobie winá záraz y krew y ćiáło: á w oſobie chlebá / y ćiáło y krew: ponieważ Pan Christus po zmartwychwſtániu ſwym od duße y od Boſtwá ſwego / wiecznymi iuż czáſy oddzielony y odłączony bydź nie może: Omnis enim Spiritus, qui ſoluit Ieſum, ex Deo non eſt: & hic eſt Antichriſtus.

1. Ioan: c. 4. Náuką przeto SS: Doktorow Cerkiewnych vpewnieni / wyznawamy / iż w oſobie chlebá nierozdzielnie ieſt ćiáło / y Krew P. Chriſtuſowá / y Duſzá iego y Boſtwo: á w oſobie winá poſpolu ieſt / krew / y ćiáło / y duſzá / y Boſtwo. Záczym / ták w oſobie winá dána niemowiątkom Euchárißtia / ták y w oſobie chlebá dána chorym / ćiáłá y krwie Páná Chriſtuſowey doſkonáła bydź Communia / Cerkiew náſzá Wſchodnia wierzy y wyznawa.

Vważe-

Vważenia Szóſte. Rozumieiac my ziednoczenie w Pánu Chriſtuſie Ciáłá y Krwie y Duße przyrodzone / á Boſtwá Perſonálne / nie rozumiemy zá tym / áby to ich ziednoczenie w Sákrámenćie Euchárißtiey / z pomießánia ábo złączenia Sákrámentu tegż máteriey ſtáwáło ſie. Bo to cząſtki te z przyrodzenia / iákom rzekł / y z Perſonálnego ziednoczenia máią. A máterye / iák ſlime ſą rożnymi znákámi: ták y rożne rzeczy znáczą: ktore poty w znákách ſwych trwáią / poki znákow tych Accidentia nieodmienne zoſtáią. Chleb znáczy ćiáło / á wino znáczy / krew / według słow Páná Chriſtuſowych: ále nie bez właſnych ſwoich oboie przyrodzonych y rozłączeniu nie podległych częśći. nie względem iednák złączenia znákow w rzeczách ſobą znáczonych / ná słowiech Páná Chryſtuſowych záſádzonego / ktore nie wiecey w Sákrámenćie tym zrządzáią / tylko pod oſoba chlebá ćiáło / á pod oſoba winá krew: ále względem przyrodzoney y Perſonálney / iáko ſie rzekło / Concomitánciey. ktora ták ćiáło nie bez krwie / Duße / y y Boztwá / ták Krew nie bez ćiáłá duße y Boztwá bydź / náucza / dowodzi y pokázuie. Zkąd iáwnie dáie ſie widzieć / że y w iedney ktoreykolwiek oſobie / ták y we dwu ſpołecznie ieden żywy iuż wiecey vmrzeć y rozdzielony być ták w przyrodzonych / iák y w perſonálnych ſwych częśćiách nie mogący / w Sákrámenćie Euchárißtiey bráný bywa y pożywany Pan Chriſtus: nie wiecey we dwu oſobách: ni mniey / w ktoreykolwiek iedney.

Vważenie Siodme. Był zwyczay Cerkwi Wſchodney y Zachodney w rękę bráć chleb święty / y do domu zſoba odnośić / á czáſu wolnego pobożnie pożywáć. Lecz ći ktorzy odnośili cząſtkę poświeconego chlebá do domu / pić z kielichá nie mogli: Ponieważ im przed przyięćiem y pożyćiem ſo chlebá / z Kielichá pić nie byłoby dopußczono. Bo

Cyrill: Hieroſol: Katech: 5. Miſtag.

nie. Boby to było przeciwo vstáwy P. Christusowey/ ktory Ciáło swe pierwey Vczniom swoim ieszcze dał/ á potym Krew swoię pić im podał. zkąd iest wiádomo/ że oni wźiętego w Cerkwi s° chlebá w domu záżywáiąc/ miásto doskonáłego Sákrámentu Eucháristiey záżywáli. Lub iesli też im w Cerkwi z kielichá pić było dopuszczono/ tedy ná iedną záżytą przez nie osobą/ doskonáłym im byłá w pożytku duchownym Eucháristiey Sákrámentem.

Vważenie Osme. Wierzy y wyznawa Cerkiew Wschodna/ że w Communiey Sákrámentu Eucháristiiey/ podawáne bywa do pożywánia Ciáło to. ktore słáwne/ nieśmiertelne/ y nieskáżitelne siedźi ná práwicy Bogá Oycá: Ktore od krwie swey/ ktora iest w nim per Connexionem: od dusze swey/ ktora iest w nim per Coniunctionem: od Bostwá swego/ z ktorym one iest per vnionem personalem, rozdźielić sie iuż więcey y rozłączyć nie może. Záczym przytym tákim wyznániu wierzy záraz y wyznawa/ że w Communiey od káżdego człowieká przyimowány bywa wszytek Christus nierozdźielny/ cáły/ żywy/ z ćiáłá/ Krwie/ dusze/ y z Bostwá postánowiony. Ciáło ábowiem Christusowe y Krew bez dusze y bez Bostwá iego dáwáć/ ábo bráć/ nie iest Christusá dáwáć y bráć/ ktory od dusze y Bostwá swego odłączyć sie nie może nigdy. zkąd iest wiádomo/ że y pod dwiemá osobámi społecznie/ y pod iedną ktorąkolwiek oddźielnie dánymi y przyiętymi/ dáie sie y bierze sie nierozdźielny/ wszytek/ cáły/ żywy Christus. ináczey/ áni niemowiątek Communio, ktora bywa pod iedną osobą winá/ áni Communio chorych/ ktora sie dźieie pod sámą osobą chlebá: áni Communio dorosłych zdrowych/ ktora sie obchodźi pod dwiemá osobámi/ prawdźiwego Christusá Communia byłáby. Poniewaz niemowiątkom niedostawáłoby do przyto-

przytomności prawdźiwego Christusá/ Ciáłá/ Dusze/ y Bostwá. chorym krwie/ dusze/ y Bostwá. A zdrowym niedostawáłoby dusze y Bostwá.

Vważenie Dźiewiąte. Tá pod iedną osobą chlebá Communio Záchodney Cerkwi od Wschodney zá błąd nie byłá zádawána nigdy/ choć to inegdy y namnieysze iey od Wschodney Cerkwie wzwyczáiach rożności/ nie były zámilczywáne. iáko y sámy chleb przásny. Co więtsza. Ná Concilium Konstánciyskim/ Jan Hus miedzy inszymi/ y dla tey przyczyny był spalony/ że náuczał/ obie osobie y Láikom z Bożego práwá do vżywánia należne bydź. Czego iednák zá występek Rzymiánom Grekowie ni przedtym kiedy/ ni ná Synodźie Florenckim y iednym słowem nie zdawáli: świeża tego przed sobą pámięć máiąc. A to/ zda sie/ nie z iákiey inszey przyczyny Grekom w milczeniu było/ tylko że y w swey Wschodney Cerkwi ten táki pod iedną osobą Communiey zwyczay w codźiennym vżywániu był im widźiány. Nie zda sie przeto/ áby y z tego tákiego pod iedną osobą Sákrámentu Eucháristiey vżywánia/ Cerkiew Záchodna od Wschodney iák Herezyą/ ábo błędem rożniłá. Ktorey iák y Wschodney ten zwyczay iest stárodawny/ Apostolski/ Christusow/ w łamániu chlebá y w Communiey obchodzony.

Te tedy w sa sześć rożności ktore miedzy Záchodną y Wschodną Cerkwią w przyczynę rozrożnienia sie/ y ták dawney Bogu mierźioney miedzy niemi Schismy/ bráne bywáią. Ktorych w tey spráwie wagę pod twe rostropne/ Przezacny narodźie Ruski/ vważenie/ tym ktorym to w tobie vważáć należy/ podáie/ y prze miłość zbáwienia twego proszę cie/ ábyś w to wszytko ode mnie tobie/ zá pozwoleniem/ ábo ráczey zá roskazániem y Błogosłáwieństwem stárszych przełożone/ nie ospáłym okiem/ áni otwa-

chłáłym

chlákym sercem/ ále trzežwym vmysłem/ y cżerstwo duszą
weyrzeć zezwolił. Bo iák te nowych nászych Theologow Błedy y Hęrezye o násze sie dusze opieráią/ ktorych
my y po dźień dźiśieyszy nie bydź nászymi/ y iednym sło-
wem/ ni przez iedne y namnieysza z miedzy nas osobe/ iesli
nie wszytkim práwowiernym/ przynamniey Cerkwi nászey
sámey Ruskiey/ nie oznaymili. Ták y te oto Rożnośći
nas że zá dusze biora/ lub to my cżuiem/ lub nie cżuiem.
ktorych my po te cżás y iedna litera pod vważenie swe
nie bráli/ y w tym śiebie sámych/ y wszytkiey Cerkwi ná-
szey/ ni przez kogo/ że to pobożnie y zbáwienno cżynimy/
nie vpewnili/ án vwiádomili. Oboie to ná zátrácenie
Dusz nászych náp[illegible]ete widźimy/ á iákobyśmy y nie widźieli/
vdáiemy sie. Ale day to/ żeśmy tego/ zá pokarániem nieiá-
kimśi Bożym spráwiedliwym y nie widźieli/ y nie postrzegli. Widźmyż iuż teraz/ á niedbále mimo śiebie tego złego/ ktore nas o zátrácenie dusz nászych przypráwić
chce/ nie postrzegonego y nie vważonego nie puszcżaymy.
Obacżmy iákośmy sie dáleko oto przez te mna przełożone.
Zyzániow nászych błedy y Hęrezye od Ewángelskiey prawdy vstronili. Vważmy iák słusznie dla tych oto Rożnośći przycżyn/ od rodzoney Bráći rozłącżyliśmy sie/ y przekletey Schismy zániedbe w kázdym trzećim słowku od nich
ponosimy. Iesli iest zá co y máietnośći zbywáć/ y dobrey sławy odstrádywáć/ y vrzedow odpádywáć/ y biedy
ćierpieć/ y vmieráć/ trzymaymy sie zá wszytko to/ iák zá
zbáwienia nászego śrzodki. Iesliż nimász zá co/ y hálerzá
ná to nie ważny. Márnego to záiste cżłowieká płochy
rozum/ nie wiedźieć ná cżym swoie dobra sławe/ Honor/
máietność/ y zdrowie/ bá y zbáwienie sádźić. Iuż to
lat około trzydźiestu/ nas tych Zyzániow nászych Hęrezye/
iák wrzody iákie piekielne osiádáć pocżęły. A my tegdyż
ták do-

iák docżesnego iák y wiecżnego dobrá odpádáć postąpili/
tego nie watpliwie vnimánia bedac/ żeśmy to dla Bogá/
dla Prawdy iego. y dla práwosławney Przodkow nászych
wiáry ćierpieli y znośili. Ano tákieśmy sie w tym omyli-
li/ iákeśmy sie omylili ná prawdźie/ fałszu miásto niey
mieysce y wiáre v śiebie przez nie dawszy. Co iuż oto iáwnie y odkryćie widźimy/ iák wiele/ y iák ćiężkimi bluźnierstwy śiebie tym ludźiom zmázáć nie ostrożnie dopu-
śćiliśmy: weźmimyż namileysze z tego miáre á vważmy/
ieżeli y w tych záćiegnionych miedzy Wschodna y Zachodna Cerkiew rożnicách nie toż sie z námi dźieie. Nie v-
faymy iuż w tym ni Zyzániom/ ni Philáletom/ ni Orto-
logom/ ni Klerikom/ y ni żadney ná prawde niepotrze-
bno nienawiśćia zárażnioney duszy/ ále sámi przez sie Synodaliter tego doświádcżmy/ swoim złe przez ták długi
czás nákaráni bywszy. widźimy wszytko to/ iesli widźimy: że vmáleni iestesmy. y znácżnie poniżeni/ á dla cżego
tego áni wiemy/ áni sie też o tym badamy. wiedźieć iednák zá pewne mamy/ że to (iáko sie wyżey dowodnie
przełożyło.) spráwiedliwym swoim Bozkim sądem nád
námi wykonał Pan Bog/ iák nád tymi/ ktorzy zá nienawiść Bráći/ Bożą nienawiść popáść zásłużyliśmy. Co sáme tobie widźieć zostáwuie/ ktory masz y látá y rozum y
słuszny czás znáć sie ná rzecżách dusze zbáwiennych. Obacży-
liśmy swoie błedy y Hęrezye/ ktorych po ten dźień widźieć
niemogliśmy. Obacżmyż przy tym y te oto przez mie przełożone miedzy Wschodna y Zachodna Cerkwia rożnośći:
á vważmy/ sali tákiey od śiebie dálekośći/ że żadnym sposo-
bem/ bez iáwnego ná máyestat Boży bluźnierstwá bliskiemi
bydź sobie nie moga. iákoż prawdy Bożey náśládviac á zá
swymi sądzámi nie vdáiac sie/ gdy szczera Dusza w boiáźni
Bożey/ y w miłośći Bráći/ oboiey tey Cerkwie prawdźie/

Kto brátá nie miłuie y Bogá nie może miłowáć.

zdrowymi

zdrowymi sercá nászego oczymá przypátrzyć sie záchcemy/ tákiemi bydź ie/ moim zdániem/ nie naydźiemy. Gdy to/ co Zyzániowie/ Philáletowie/ Ortologowie/ Klerikowie/ y tym podobni nászy Scribentowie ná Zachodną Cerkiew Heretyckim iezykiem Calumniose rzućili/ z niey Kátholickim sercem w miłośći zrzućimy/ y od śiebie oddalimy: á wszystkim iey wiáry wyznániu/ Máchieuszowey/ Sábelliuszowey/ Mácedoniuszowey/ Apollináriuszowey/ Origenesowey/ y tym podobnych Herezyi szukáć przestániemy. Gdy z Klerikowymi ná złe y duszetrátne rzeczy mimo wolą Bożą/ skłáey sie iedności y zgody/ po woli Bożey ná dobre y dusze zbáwienne spráwy wykonáney zgodźie y iedności nie vważnie w przećiw stáwić sie nie záchcemy. Gdy onych sámouczonych/ nowo iákas nie w piśmie S. áni w piśmie Oycow SS. opisáno wiárę/ ále swoie sny przepowiádáiących Káballistow/ w sobie mędrych świátkom ślachác poniechamy. ktorzy iákoby ex oraculo Apollinis wszystko vmieć/ wszystko wiedźieć/ wszystko znáć/ w hárdey y wysokomyślney dumie swey chlubią sie: á oni y wewnątrz y zewnątrz są prawdźie Bożey przećiwni Jánniowie y Ambriowie/ ludźie rozumu skáżonego/ y z strony wiáry odrzuceni. To czworo gdy vczynimy/ nie tylko żadnego ná máy stát Boży bluźnierstwá w wyznániu Cerkwie Rzymskiey nie naydźiemy: ále bliskimi zgodnymi iednomyślnymi im śiebie w wierze práwosłáwney Kátholickiey obaczywszy/ wrychle zá łáską y pomocą dobrotliwego Bogá/ ktory Dusz nászych zbáwienia prágnie/ owego sámo rzeczą dostąpić vdostoimy sie/ o co w codźiennych modlitwách nászych przy S. Liturgiey wszyscy iednostáynie prośimy go że nam da iednymi vsty/ y iednym sercem sławić/ chwalić/ y wielbić przechwalebne y przesłowuce imie swoie/ Oycá y Syná y S. Duchá/ dźiś záwżdy y ná wieki wiekow. Amen.

Azarias intelligitur.

2. Tim. 3.

Pytałby nas kto namilejszy/ gdy ták soleniter Páná Bogá prośimy/ o co to my prośimy? odpowiedźieć máczey práwdźiwie nie moglibyśmy/ tylko/ że prośimy o iedność z tymi w miłośći/ z ktorymi iest nam iedność w wierze. iesliż Wschodney y Zachodney Cerkwi iest w wierze iedność/ czemu by mi nie miáłá bydź iedność y w miłośći? Poniewaś onie ták gorliwie przy bezkrwawney ofiáry otchodźie P. Bogá nászego prośimy? A że iest im w wierze iedność z tych oto przez mię przełożonych w roznicách Considerácyi/ wżiecz iest nád słońce iáśnieysza. Zaczym vbiegáć ieden y od drugiey w miłośći iedności/ máiąc z sobą iedność wiáry/ iest od nádźieie zbáwienia swego vćiekáć. Poniewaz wiárá bez miłośći nie tylko iest nádźieie prozna/ ále y martwa: w miłośći y iedności/ żywa iest y częstszwa. o to co nam iedność Zbáwićiel P. nász JEzus Christus y Bogá Oycá swego prośił/ abyśmy my byli iedno/ iák on z Oycem swoim iest iedno. Jedno to/ od Zbáwićielá nászego/ w osobie Vczniow iego y nam v Bogá Oycá proszone/ y vproszone/ iest Cerkiewna iedność. Te to s. iedność Cerkiew nászá Wschodna z Cerkwią Zachodną miáłá y záchowywáłá przez lat tyśiąc. w tey to s. iedności Cerkiew Wschodna Swiętymi Náuczyćielámi/ y spráwiedliwymi Oycámi słáłá sie sławna. Tá s. iedność y nász narod Ruski do Krztu przywiodłá/ y Cerkiew nászę w pobożne y święte męże/ Oycy násze/ płodowitą vczyniłá. Tá s. iedność nábudowáłá nam Cerkwi y Monásterow/ dobrámi ie nadárzyłá/ y wolnośćiámi przyozdobiłá. Te to że iedność miedzy tymi dwiema Cerkwiámi przez Duchá S. spráwiona/ skoro przeklęta Schismá rozerwáłá/ nátychmiast Cerkiew Wschodna/ iákoby zá śćiáne zástąpiłá/ y ze wszytkich swoich wnętrznych y zewnętrznych ozdob obnażona bydź poczęłá. nátychmiast ludźie świecki/ Cesá-

Joan. 17.

Choniat. lib. 6. c. 3.

rze Grecy wźięli sobie moc ná Duchowne y ná Cerkwie/ práwá im stánowiąc iáko chćieli. Záraz iey y żywot y pierśi iákoby zák i nieniáły. Ze od tego sámego cżásu iuż więcey nikogo ni vrodźiłá, ni nákarmiłá. To mowię/ że po oderwániu sie od Zachodney Cerkwie/ żadnego pogáńskiego narodu do wiáry Páná Chrystusowy y nie przywiodłá: y wpádłá w głod słowá Bożego z stráćiłá żywe słowo Boże y skuteczne. Ostátni pátryárchá Konstántynopolski w iedności świętey/ Ignátius/ świętym iest w Cerkwi nászey: ktorego my pámiątkę Octobris 23. obchodźimy. Po żywoćie iego stáło sie iedności Cerkiewney rozerwánie/ y iuż stolice tey pátryárchá żaden w Reyestr świętych Bożych od Cerkiewnikow nászych nie iest wnieśiony. Bez iedności ábowiem Cerkiewney człowiek/ by sie on zdał y nalepszym y napobożnieyszym/ prożnym łáski Bożey náyduie sie. Máteż iest tych co prácuią/ poszczą/ świát ten opuszczáią/ y w ostátniem vbostwie żywot swoy ex voto Bogu poświęconego żyią/ v Armenow/ Kophtow/ Syrianow/ Abyssinow/ Nestoricow/ y tym podobnych Heretykow/ y v sámych Turkow y teraz/ á iednák bez práwey wiáry cżęzmi są łáski Bożey/ y nádáremne są prácy ich ćielesne. Toż á nie insze mamy rozumieć y o Schismátykách. o ktorych Błog. Apostoł Páweł mowi/ Si distribuero in cibos Pauperum omnes facultates meas, & si tradidero corpus meum ita vt ardeam, charitatem autem non habuero, nihil mihi prodest. Błog Augustyn S. o tychże mowi/ że/ by dobrze oni wszytkę máietność swoie vbogim rozdáli/ y zá práwosłáwną wiárę/ ktorą wyznawáią/ ćiáło swe ná ogień wydáli/ zbáwienia dostápić nie mogą. A Cyprian S. grzech ten Schismy táki bydź powiáda/ że y męczeństwa śmierćie zgłádzony bydź nie może: tákoż zmázá/ że y krwią zá P. Chrystusá wylaną omyta bydź

nie może. Męczennikiem/ mowi/ ten bydź nie może/ kto wewnątrz Cerkwie nie iest: y do krolestwá niebieskiego wniść ten nie stánie sie godnym/ kto te/ co ma krolowáć/ opuszcza. Zábity ten bydź może/ kto w Cerkwi Bożey iedynomyślnym bydź nie chce/ koronowány bydź nie może. S. Złotousty/ pokazawszy przykłádem/ że okrutnieysza rzecz iest ná członki rozerwáć krolá/ niżli go odstápić: náwodźi/ Heretyk odstępuie od Chrystusá/ á odszczepieniec ćiáło ie° targa. Nie ma tedy iák Heretyk ták y odszczepieniec/ by sie on zdał moraliter y napobożnieyszym/ y naświątobliwszym/ łáski w sobie Bożey/ ná ktorym gniew Boży záwżdy zostawa/ y zbáwiony bydź nie może. Poniewáż obá są zewnątrz Cerkwie. Heretyk iák wywoźániec/ á Schismátyk iák zbieg/ y ćiáłá Páná Chrystusowego rozdercá. Ktorzy do żadnego wnętrznego Cerkiewne° dobrá/ y wszytkie ná tym siły swoie sadźiwszy/ przyść nie mogą: gdyż w żadnym ich y napobożnieyszym dźiele Pan Bog nie lubuie. A w Schismátyckim tym znácżniey/ niż w Heretyckim/ im oni do zámknienia Cerkiewney iedności są bliższymi. wszytkie insze zborzyská od Wschodney y Zachodney Cerkwie są dálekie. Te dwie ták sobie bliskie są y podobne że nikt zdrowym okiem przypátruiący sie nie rzecże/ tylko że są iedná. wyiąwszy że sie ową z miłośći rusza yprećiwe á ową z nienawiśći wżalog leży/ y prożnuie: ową iest świetna y okazała/ á ową ze wszytkiey ozdoby wyzuta. y nie bez Bożego/ iáko sie widźi/ w gniewie dopuszczenia. Cokolwiek w niey było SS. Relliqui. wszytkie od niey odebrał Pan Bog/ á przesłał ie do Cerkwie Zachodney. Cokolwiek było náuk ná Wschodźie/ przeniosł ie Pan Bog wszytkie ná Zachod. y cokolwiek może mieć Wschod człowiek od niego/ z Zachodu tego nábywa y temi czásy w Konstántynopolu ná Gáláćie Patres Socie-

Hebr. c. 4.

Pátrz á vważay.

1. Cor. 13.

Lib. 1. de Baptismo c. 9.

Lib. de Vnitate Ecclesiae.

Hom. 11. in Epist. ad Ephes.

Ma sie tu czego bać y Heretyk y Schismatyk.

Czytay z vważeniem y z żalem.

Societatis Iesu, dziatki Greckie y po Graecku y po Łácinie vczą. (ieśli ich niezbeżność Kálwińska przez powod náßych stárßych / iáko sie dáie słyßeć ztámtąd nie wypędziłá.) A v Grekow ieśli są ktorzy domownikowie / ábo we Włoskich Akádemiách vczeni Didáskálowie wznieważe są v swoich y wzgárdzie. W Przełożeństwách Duchownych mnieyßych ku więtßym nie posłußeństwo tákie / że poty Presbyter Episkopá / Episkop Metropolity / Metropolitowie Pátryárchy / y nißy Pátryárchowie czwártego wyżßego / poki chcą / y wczym chcą / słucháią. Od lat iuż kilkunastu dwá Pátryárchowie ná stolicy Antyocheńskiey Ignácyus / y Cyrillus. Ignácius poświecony od Timotheußá Pátryárchy Konstantinopolskiego. A Cyrillus tegdyż poświecony od Cyrillusá teráznieyßego Konst: ná on czás Alexándryiskiego Pátryárchy. A do tego przyść nie może vpádły rząd Cerkiewny / áby ieden vstąpić kazány / vsłuchał. Vpádła przełożonym ku podległym władza / że iey iuridice zażyć nie mogą: á podległym ku Przełożonym niekárność duße osiádłá / że sie im vpokarzáć niechcą. nieuká ná duchowne táka padłá / że prze swa wiáry dogmat y spraw zbáwiennych niewiádomość / nie tylko ludzie świeccy nie wiedzą co wierzą / ále áni oni sámi. Temu świádkiem wiáry godnym iesteśmy my Cerkwie Ruskiey duchowni: ktorzy gdybyśmy wiárę swoię ználi / błędem ták ciężkim / v sprosnym hærezyam Zyzániow náßych / iák oni swych Gergánow / mieyscá w sobie zágrzać / y przez ták długi czás w nas trwáć / niedopuścilibyśmy. w Moskwie / w Wołoßech / w Multanách / w Bołgárskiey ziemi y Serbskiey / Káznodzieie grzech śmiertelny. Grzech ten y z náßey Cerkwi Ruskiey zá wieku náßego ledwie zniesiony iest. O miłości ku zbáwieniu bliźniego oziębłey w Cerkwi náßey świádczą owi / co vmierália

Ktore narody zá grzech poczytáią słuchác w Cerkwi kazánia

mierálą v nas po vlicách / po gnoiách / po turmách / y zdáni ná gárdło bez spowiedzi y communiey: á w Turcech niewolnicy / bez żadney spowiedzi y pokuty. Dálßych nędz nißych duchownych z pokarániá Bożkiego ná nas y ná wßytkę Cerkiew Wschodną pádłych y spomináć nie chcę: bym sie nie zdał komu / że to czynię z dobrey chuci / á nie sumnieniem przymußony.

Co wßytko vważáć mamy Przezacny narodzie Ruski / ieżeli to nie przeklętey Schysmy / są przeklęte spłodki. Iedność ábowiem błogosłáwiona / błogosłáwione z sobą skutki nosi: iák rzecz tá ktora iest z Bogá / y Bog.

Schismy złe skutki. A Iedności dobre.

Przykład Vniey świeckiey / dwu rożnych páństw pod iednym Krolem: z Vnią duchowną dwu Narodow pod iednym Pásterzem.

Zda sie Ruskiemu náßemu narodowi coś to dziwnego Iedność: ktora sie v nas Vnią názywa: y bydź Vnitem / iákoby też bydź Zydem / rowno v nas y zá iedno: bodayby v niektorych nie było y zá co gorßego rozumiáne. Ale to nász / przebaczmy sobie / v iednych domowy nierozum / á v drugich hæretycki rozum. Przykład weźmimy z Vniey świeckiey / Korony Polskiey y Wiel: X. Litewskiego / á obaczymy co to zá stworzenie iest / Vnia. To fundáment tych dwu páństw Vniey / obudwu tym páństwom znáć iednego Páná: w Rádzie y wprzemyśle o nich / społkowáć: á káżdemu swych iemu włásnych praw swobody wolności záżywáć. Duchowney zaś Vniey fundáment / iednego Cerkwie Páná Christusowey znáć zwierzchnieyßego Pásterzá / z nim w wierze y w miłości społkowáć: á swoich káżdey pomiestney Cerkwi zwyczáiow / Praw / Ceremoniy, y obrządkow / ile do porządku Cerkiewnego záżywáć.

Ludzi głupich rozumienie o Vniey.

Ná:

Ná zámknienie z ſoba Jednośći Cerkiewney / więcey Rzymſka Cerkiew Condiciy po Cerkwi Wſchodniey nie potrzebuie / tylko Jednomyſlnośći w wierze á ſpołeczności w miłośći / Jedynnomyſlność w wierze / iáko ſie z przełożonych Conſiderátiy wiedźieć dáie / iuż ieſt. Czemuby y nie w miłośći? Lecż nam / to ſie ſámo y niepodoba / ábyſmy iedynomyſlnymi bli z Rzymiány w wierze: ktorych mamy zá Heretyki: O ktorych w káżdym trzećim słowku mowić zwykliſmy / że co Papież / to nowá wiárá. Co iednák ná nich od nas ieſt słowo bez dowodu. wiáry abowiem Dogmatá / iák ſie z Conſideraciy wiedźieć dáło / nie poruſza ni ma y Papież: ktorych człowiek iák ſtánowić / ták y odmieniáć nie może. ſam Pan Bog wiáry ieſt Podawcá á nie człowiek ktory: ná ktorą z odmianą / ábo z nárázá iáko targnąć ſie / ieſt poważyć ſie ná ſámego Páná Bogá. Czego iśćie Papież nie czyni. Ale ieſli co ſtánowi w Cerkwi / to ſtánowi / co do iey porządnego należy. co nie tylko Papieżowi wolno / ále wolno i y Wſchodnym Pátryárchom: y niemal káżdemu w ſwey Dyœceſiey / według potrzeby / byle tylko bez pogorſzenia / Biſkupowi. Wolno było S. Bázylemu wielk: ſpoſob obchodzenia Liturgiey S. od Blogeſt: Apoſtołow opiſáney opuśćić / á opiſáć iey ſwoy ſpoſob. wolno było potym toż vczynić S. Złotouſtemu. Papieżowi toż y temu podobne czynić / kto y iáko ſłuſznośćią zábronić może? Náſzá Cerkiew Wſchodna / niemal do tyſiącá lat nie znáłá poſtow / Pietrowego / Salvatoris, y Philipowego: ktore my záchowuiemy. A teraz z nowey / ná śiedmiu powſzechnych Synodách nieſłycháney vchwały / zna / y záchowuie. Mnichom / to ieſt / Czerncom Cerkwi Wſchodney tákże niemal do tyſiącá lat wolno było mięſo iadáć: teraz nie wolno: to też z nowey vſtáwy / ná żadnym z śie-

dmiu

Czego potrzebuie Cerkiew Zachodnia po Wſchodniey.

Balſamo in Reſponſ. ad interrog. 4 Monachorum pag. 119. Græcolat. editionis. Kronika Greckā w opiſániu ſpraw Ceſárzá Leoná

dmiu powſzechnych Synodow nieſłycháney. Biſkupom w Cerkwi Wſchodney niemal po ſzoſty powſzechny Synod wolno było miewáć żony: teraz iuż nie wolno. Oktoichow / Miney / Treody Cerkiew Wſchodna / tákże pod tyſiac niemal lat nie znáłá / á teraz z niedawnego podánia / zna. Jerozolimſka y Alexándriyſka Cerkiew nád tyſiac lat Bázyliuſzá wielk: y S. Złotouſtego Liturgiy w zwyczáiu nie miáły: ále owá vżywáłá Liturgiey S. Ewányeliſty Márká: á Jerozolimſka S. Jákubá Apoſtołá / Brátá Páńſkiego. Przez lat niemal tyſiac S. Chleb Euchariſtiey w Cerkwi Wſchodney Communikuiącym do rąk był dawány / á z kielichá było pito: á teraz záchowuie ſie zwyczay inákſzy. y wiele inſzych tym podobnych zwyczáiow ieſt w Cerkwi Wſchodney / ná inákſze odmienionych / ábo nowo przyiętych. iákie ſą / nie dźiele Wśiciedne. Sierkiźnicát Máslánicá: poſt ná dźień Przemienienia Zbáwićielowego: y inſze. A iednák ſie to náſzym ſtárſzym nie przypiſuie / áby onigdy to nowo tworzą / nową wiáre tworzyli. Aże ow Papież vſtánowił / áby Kápłani włoſow nie rośćili: Drugi / áby z przymieſzána ſolą byłá świecona wodá: Trzeći / áby Láikowie ołtarzowego naczynia nie tykáli ſie: y inſzy inſze / ile do porządku / Cerkiewnego: á nie ile do wiáry: wźięło ſie od Heretykow w potwarz / że co Papież to inſza wiárá. Co nie mniey pogladáiac ná świeże náſzey Wſchodney Cerkwie vſtáwy / y o náſzych Pátryárchách Heretycy mowić mogą. Ale głupie. Gdyż obrzadkow y porządkow Cerkiewnych vſtáwá lub odmiáná wiáry trwáłośći nie pſuie / ni náraża.

Rzecze kto. Tákim ſpoſobem / iáki ty przekładaſz / muśielibyſmy obſtąpić Konſtántynopolſkiego Pátryárchy / ktory ieſt náſzym w Duchu Oycem / y zwierzchniey-

Aa ſzym

modrego y żony iego Theophán: Blaſ. in explic: Can: Apoſtol: 1. & Can: 74. Conc: Cartagin.

Te nápiſáne około Roku 840.

Bolſ. w wykłádźie Can. 32. Syn: in Trullo: A w Editiey Græcolat: pag. 119 Dam: lib. 4. b. 14 y Nic: Choniates in Imper. Alex: Comn: qui vixit Circa, A. Dni, 1183.

ßym Páſterzem. Odpowiádam. Nie proſto / ták áby ſie ſtáło / námierzam. y owßem trzymáć ſie go iáko Oycá / rádze: ábyſmy ráčuiac śiebie z tych Bogu brzydkich / wierze náßey przećiwnych bledow y Hereziy / przez náße Yzyzánie / w Cerkiew náße Ruſka wtraconych / rátowáli záraz y iego z tych tákichże bledow y Hereziy / przez iego Gergány w Cerkiew Grecka wrážonych. Po ktorey Páſterſkiey czułośći y Archiereyſkiey pobożnośći pewien ieſtem / że ſie wßytkim tym Gerganowym Heretyckim / ták y náßych Yzyzániow ſcriptom / przećiwnym poſtáwiwßy / do dálßego poſtepku w zámknienie iednośći święttey trudnym nie bedźie. Tym zwłaßczá ſpoſobem / iáki ſie ode mnie námienił: lub táki nápowáżnieyßy od niego ſámego / ábo od kogo z pobożnych inßego / vpátrzony bedźie. Powáżnośćia ábowiem meżá / y náuka y doſtoieńſtwem wßytek Wſchod vprzedzáiacego vpewnieni / rozumieć o nim możemy / że raz gorącym do ſpráwy tey zbáwienney ſtawßy ſie / oźiebnać nie mogł: też Duchá S. łáſke y teraz w duſzy ſwey ſpráwuiaca mieć mogac / ktora ſerce iego z dawná do tey zbáwienney ſpráwy zápalilá. Swiádek tego ieſt pewny / liſt iego w oyczyznie náßey / w Roku 1601. Ianuarij 24. die, własna reka iego we Lwowie piſány / y Bog. pám. X. Demetriußowi Solikowſkiemu Arcybiſkupowi Lwowſkiemu do rak podány. w ktorym dawßy wiedźieć / że od dwu Pátryárchow / Máttheußá y Meletiußá Alexándriyſkiego / Exárcha ábo Legat zeſłány był do tego prześwietnego Kroleſtwá Polſkiego / w ſpráwách y potrzebách Cerkwie Ruſkiey: y o Ewányelikách / ktorych on Heretykámi názywa / owo przełożywßy / że oni znienawidźi do Rzymſkiego Kośćiołá / y Piotrowey Stolice / kuſili ſie ze Wſchodnemi o zgode / ále nigdy przyiać nie byli. Bo ſie w tym tylko z námi zgadzáia /

dzáia / w czym Zydowie y Machometáni. Iák ná przykład rzekßy / iż Bog ieden ieſt. Stworzyćiel y ſpráwcá świátá / ſpráwiedliwy / dobry / złych karzacy / á dobrym płácacy: y w inßym tákim wyznániu. Ale ſie w przednich Chrześćiáńſkiey wiáry Artykułach z námi nie zgadzáia. O ſtárowiecznośći czynow / ábo świecenia Kośćielnego / o Trádiciách ábo podániách Apoſtolſkich / o poradze SS. Oycow y Doktorow oboiey Cerkwie / ktore ábo wßytkie / ábo niektore ſekty ich odmiátáia / y o liczbie y Kánonie kśiag piſmá ś. / y o zwyczáiách Cerkiewnych / y o vſpráwiedliwieniu / y o Liturgiey S. y ofierze: o czći / y Reliquiách Swietych o Bogárodźicy / o Troycy Przenaświetßey / z námi zgody nie máia / á nowe z głowy ſwey rozumienia piſmá ś. wyrywáia. Tá rzecz iż ma wielkie niebeſpieczeńſtwo / ſamo doznánie świádczy. Ponieważ tedy oni ták dáleko od nas odſádzeni ſa / z námi zráſtáć ſie nie moga. Te mowie dwie rzeczy / teráźnieyßy Konſtant. Pátryarchá w Bogu Przewielebny Oćiec / Cyrillus w tym liśćie ſwoym przełożywßy / owo trzećie záraz náwodźi / á miedzy Wſchodna y Zachodna Cerkwia / to co ieſt ſpornego nieuczone y proſte odrážáć może: [czy ſłyßym / co o tych ßeśćiu miedzy Wſchodna y Zachodna Cerkwia Rożnicách ktorem ia máło wyżey do vważenia przełożył / Pátryarchá náß mowi / że te Rożnicy nieukich tylko ludźi od iednośći odrážáć moga:] ále vczeni / łácno iedno rozumienie w miłośći Chriſtuſowey wywodza. My ſie nie brzydzim Stolica S. Piotrá / ále iey powinna vczćiwość / y po cześć oddáiemy / y zá pierwßa ia / iák zá mátke / przyznawamy. Iedne y też wiáre mamy / [ſłuchaymy przezacny narodźie / że Pátryárchá náß S. Piotrá Stolice / to ieſt / Rzymſka Cerkiew / zá mátke zna / y to przyznawa / że my Ruś z Rzymiány iedne wiáre mamy]

Zbacz Boże áby y teraz ten Pátryárchá toż rozumiał y wierzył.

 Jeden

Jeden krześt z Bogiem Oycem / y Synem / y Duchem S. iedną náturą / iedną wszechmocność / iedno Bóstwo / iedną nádźieią wezwánia / iedną miłość: Jedne spolne zá Krole / Rządźićiele / vrzędy / modlitwy y prośby / iedne Sákrámentá / [iesli iedne / to śiedm / á nie dwá:] iedne czyny święte / y poświęcenia Kośćielne / mnieysze y więtsze / iedną Ewányelią / iedne Prorockie y Apostolskie pismá / iednąż powagą SS. Kośćielnych Prawowiernych Oycow Greckich y Láćinskich. Coż mamy mieć spolnego z innemi sektámi? To Pátryárchá nász teráźnieyszy Konstánt: ktory iesli też / iákom powiedźiał / Duchá S. łáskę y teraz w duszy swey ma / y tymże ogniem miłośći do S. Jednośći Cerkiewney pała / ktorym pałał / gdy ten list pisał / Rzymską Cerkiew w powinney ley części máiąc / y zá mátkę znáiąc / iedne wiárę / y iedne Sákrámentá Wschodney y Zachodney Cerkwi przyznawáiąc / łácno ná to pozwoli / że zá łáską Bożą społecznie z námi przez nas do iednośći Cerkiewney z Rzymiány wstąpi. O ktorey on w tymże liśćie swym ku końcowi / ták mowi / Ja wychodzę z tego Krolestwá / y do swoich się wracam / y w tym się oświadczam / iżem w tey stronie / o nic się inego kusić nie chćiał / iedno áby miedzy tymi ktorzy iednośći prágną / y w nię iuż wstąpili / y miedzy tymi / ktorzy w niey nie są / mniemáią / iż to nabożnie czynią. [Otworzmy tu Przezacny narodźie Ruski obie vszy / á słuchaymy Pátryárchy swego / ktory nam gáni to / że my / rozumiéiąc iż to pobożnie czyniemy / że w Vniey bydź nie chcemy. Dáley postępuiąc mowi:] á sámi się z sobą / ná przednie głowy swe pátrząc / nie zgadzáią / y ná Heretyckie błędy przyzwaláią. Pokoy iáki y zgodá postánowić się mogłá. Oto y Pátryárchá to nam przyznawa / że się my z Oycámi y z Bráćią Vnitámi nie chcąc zgodźić / ná Heretyckie błędy przyzwa-

przyzwa-

lamy / Ten tedy list Przezacny narodźie Ruski / wszytek pobożny / miłość nam Rusi / pokoy / zgodę / y iedność z Cerkwią Rzymską zálecáiący / upewnia nas / że to / co widźim Cerkwi nászey Ruskiey y według Bogá zbáwienne / y według ludźi poczćiwe / łácno od niego otrzymamy: tylko sámi się do tego mieymy / á w zbáwienney tey spráwie nie ospále postępuymy: bo to iest spráwá Bożá / ktorą kto spráwuie niedbále / maledictus est. Hier: c. 48. A gdźieby on dla iákich swych priwatnych / nam według duszę / y według ćiáłá szkodliwych respektow / w tey odszczepieństwá háńbie / ktorą y sam z háńbił / przy sobie trzymáć nas chćiał. Jesli iest spráwiedliwa rzecz przed oblicznośćią Bożą / iego rácżey / niżeli Bogá słucháć / sam niechay rozsądźi. y ty Przezacny narodźie Ruski rozsądzay / bo o ćiebie idźie.

Wszákże iákokolwiek z tey strony pádnie / nam zániedbywáć nie potrzebá. Nádźieiá w Zbáwićielu nászym Pánu Christusie / że on sam y ieo serce według woley swey S. iák zbáwienie dusz nászych potrzebuie / ták spráwi / y nam pomyślny pośpiech w stárániu tym nászym zdárzyć będźie raczył. Pocznimy tylko od śiebie / mocen Pan Bog przez Ruską Cerkiew wszytkie insze Wschodney Cerkwie narody świátłośćią prawdy oświećić / y do Jednośći Cerkiewney przywieść. My Duchowni sámi nád sobą zmiłuymy się / użalmy się biednie / nie tylko ná máiętnośći / ná poczćiwym / ná dostoieństwách / ná swiebodźie y wolnośćiách / ale y ná krwi vtrapioneg narodu nászego. Ktorey z nászych ręku poyskiwáć będźie Pan Bog. My ábowiem przyczyną rozlania tey iesteśmy. Poniewasz ná nas iákoby ná własną wiárę swoię pátrząc / wszyscy wszędźie po miástach y po wśiách / Szláchtá y lud pospolity y Rycerstwo / zá wiárę vmieráć wykrzykáią: y rozumieią

mieią

mielaże to dla wiáry/ iedni ná máietnośćiách/ drudzy ná zdrowiu ßkoduia/ inßi ná vcżćiwym/ á niektorzy y ná żywoćie. Ano prosto rzekßy/ ná wßytkim tym ßkoduiemy nie zá wiárę Práwosławną/ ále zá złowierstwo Heretyckie. Nie zá wiárę Przodkow nászych/ ále zá błędy y Herezye Zyzániow/ Philáletow/ Ortologow/ Klerikow/ y tym podobnych/ Mistrzow y Doktorow náßych. Ná przećiwo ktorych bluźnierstwom tymi dniámi rozumnemu człowiekowi rzec co/ iest w nas/ iákoby też źrzenice oká sámey Cerkwie tknąć sie. O by ći Mistrze y Doktorowie zdrowego duße wzroku/ y zupełnego Duchownego rozumu byli/ nigdyby sie byli ná tę Cerkiew nie rzućili/ ktorą według stárożytnego SS. Przodkow swoich zwyczáiu/ y terázniey ßy náß Pátryárchá/ iákosmy słyßeli/ mátką názywa. Nie wykrzykáliby ták hárdo niż Syonem/ z ktorego wyßedł Zakon: niż z Jerozolimem/ z ktorego wyßło słowo Páńskie. Poniewaź iák widźimy/ stáło sie nam/ ách niestety/ y w Syonie y w Jerozolimie iák owym/ ktorzy tám przyśiedzoc gniazdá strzegą/ á inni z wyległego sie Szczenięćá ćießą. nie więcey záiste y my y Syonem y Jerozolimem chlubić sie możemy/ nád tych/ ktorzy Tablicy trzymáią/ á pisáne ná nich słowo Boże inßi záchowuią. Co sie oto wielą dowodnie pokazáło. Nie bluźniliby świętey świętych Przodkow náßych wiáry/ błogosłáwieństwá Máćierzyńskiego/ y miłośći Bráciey nie vbiegáliby. y Cerkwie swey w ohydę do ludźi pobożnych nie podawáliby byli. Ktora niemi iákoby bielmy iákiemi oczy swe náwlokßy/ ni złego swego/ w ktorym iest/ ni dobrego. ktorego odpádłá widźieć nie może. y poki bielmá te nießczęsne z czystych iey źrzenic po kámieniu wiáry/ Christusie Pánie/ kámieniem wiáry Piotrem S. stárte nie będą/ poty oná dáleko od prawdźiwey wiáry/ y od swego

swego zbáwienia po rospadlinách y przepáśćiách Heretyckich błąkáć sie musi. Tych zbywßy/ á miłośći prawdźiwey nábywßy/ z brácią pokoy vczyniwßy/ z Oycem/ Oycu Oycow pokłon oddawßy/ Jedność wiáry Páná Christusowey z nim iák iedynymi vsty wyznawßy/ tedy może sie y z mátką swoią prawdźiwie pochlubić/ iák sie teraz v tego bezimiennego Kleriká gołym mniemániem wwiedźiona chlubi/ że oná pierworodne swoie syny/ ná potkánie y przywitánie z dálekich á wysokich niebieskich Páłacow/ Krolá nád krolmi/ do iásleć Bethlehemskich idącego/ przez ostrą kosę Sáturnowátego Herodá wyrośćiłá. Teraz chlubá nam z tego máło nie nádáremna/ nádáremna y vćiechá. y boię sie áby sie my z tego nie ták włáśnie chlubili y ćießyli/ iák gdyby kto spádßy z wozá w błoto ćießył sie z tego/ że śiedźiał ná woźie. Ták sie z tego chlubimy iák sie zwykł chlubić márnotráwcy/ toż á toż o sobie práwiąc/ miáłem: ná ktore ich/ miáłem/ nikt im nie dáie ni hálerá. O zdarz Pánie Boże/ áby sie to náße/ *MIAŁEM* odmieniło nam w/ *MAM*: tedy sie prawdźiwie y chlubić y ćießyć będźiemy. Poki wschodni Polikárpowie/ zá Oycy y Pásterze swe ználi y mieli Zachodne Awicety/ Athánazyußowie Julluße/ Chryzostomowie/ Innocentiuße/ Cyrillowie/ Celestiny/ Theodoritowie/ Leony/ Máximowie/ Márciny/ Studitowie/ Lwy/ Jgnátiußowie/ Adryány/ poty sie ze wßytkiego tego y chlubić y ćießyć prawdźiwie mogli oni sámi/ y wßyscy co przy nich/ ze wßytkiego tego/ cokolwiek Cerkiew Páná Christusowá wewnątrz y zewnątrz śiebie ozdoby swey miáłá. Poty nie tylko po cztérnastu tyśięcy Wschodnia nászá Cerkiew Synow/ Zołnierzow Pánu Christusowi rodźiłá: ále y po czterdźiestu tyśięcy y po więcey. Lecz skoro sie vdáłá zá wschodnymi Pho

Kto inßy ráczy á nie my Ruś odßczepiona możem sie teraz ćießyć Zakonem wyßłym z Syonu y słowe páńskim z Jeruzalem.

mi Photiußámi / Sergiußámi / Michaiłámi / y tym podobnymi / zá Oyce y Pásterze sobie Zachodnych Mikołáiow / Janow / Leonow / y tych Successorow niemáiącymi / nátychmiast / ách nadzy nászey biedney / przestáłá rodźić syny / Zołnierze Páná Christusowi / á poczęłá rodźić syny / Zołnierze bezecnemu Máchometowi. Nie posłyszyß iuż w niey o nowym dobrowolnym męczenniku / Zołnierzu Páná Christusowym: á owo y vszymá nászemi słyszymy / y oczymá widźimy / że niezbożny Othomáńczyk do Zołnierstwá swego / niemal iuż ná káżdy rok / Syny Chrześciáńskie ze wszytkiey Græckiey / Serbskiey / y Bołgárskiey źiemie wybiera / y ná swoię Máchometáńską brzydkość tureczy ie. Nuż co tego z tychże narodow / ná káżdy dźień ćiśnie się do teyże brzydkośći / nie tylko z ludu świeckiego / ále y z duchownych.

Jáko teraz Syny rodźi Cerkiew Wschodnia.

Tákie teraz rodźi nieszczęsne syny / nieszczęśliwa Cerkiew nászá Wschodnia / zá tymi swymi Photiußámi / Sergiußámi y Michaiłámi / pokoiu Cerkiewnego Poturbatormi / y Ciáłá Páná Christusowego ná dwie częśći Rozdercámi vdáwszy się. Mowię to przezacny narodźie Ruski / nie vrągáiąc tey / ktora wszytko Cerkiew nászę / y mnie w niey z wody y Duchá odrodźiłá / ále społboleiąc iey / y głupie wyniosłe násze dumy y chluby poniżáiąc / ábyśmy wżdy kiedy obaczyli to swoie / *ACH:* ktorym się ná Wschodźie ćieszymy / á tknąwszy się w sumnienie w śiebie przyszli / y zdrowo o sobie rádźić chćieli / ják byśmy y śiebie / á przez śiebie y w sobie wszytkę Cerkiew Wschodnią dźwignąć mogli / y z tą Cerkwią poiednáć / z ktorą skoro oná poczęłá wnętrzny swoy duchowny pokoy rozrywáć / záraz w Duchowny y w ćielesny niepokoy wpádáć poczęłá: przez to skarána od Páná Bogá stawszy się / przez co zgrzeszyłá.

Godny vwáżenia ten list.

O czym Piotr Pátryárchá Antyocheński / mąż y náuką sławny / y żywotá po-bożnośćią

bożnośćią známienity / ktory żył około Roku P. 1150. pod sámy czás ostátniego oderwánia się Cerkwie Wschodney od Zachodney / w liśćie swym ná żądánie Rzymiánow od Grękow błędy y Hęrezye / á od Michaiłá Ceruláriuszá pátryárchy Konstántynop: do niego przysłáne odpisuiąc / mowi: od onego czásu / iákośmy się poczęli rozdźielać z nászą S. Cerkwią od wielkiey tey przednieyszey Apostolskiey stolice / nástąpiło wszytko złe zá żywotow nászych / y ná wszytek świát nástępuie nieszczęśćie. Baczmy iáko wszytkiego świátá Krolestwá w zámieszániu są. wszędźie lámęt y biádá wielka: głody y powietrza częste w káżdey kráinie y po miastách: y woysku nászemu we wszytkim namniey się nie szczęśći. To Pátryárchá Antyocheński.

Kálegi swey cap. 15.

Posłuchaymyż o tymże y Pátryárchy Konstantinopolskiego Gennádyuszá Scholáryuszá / do swych Grękow / iuż po wźięćiu przez Turki Konstántinopolá piszącego / y mowiącego / Cárogrod wźięto: płákáć y wołáć y ryczeć / tylo wspomniawszy ná to / muszę. Ołtarze pomázano / Cerkwie poburzono / krew rozlano / Mniszki posromocono / Pánny pokáżono / Dźieći wyścinano / Pány wybito / Mnichy / Kápłany / y niewiásty: Małżeństwá porozrywano / naczynia S. połamano / obrázy przezacne podeptano y ślinámi poszpecono. O iá nieszczęśliwy y nędzny / á kto może ten vpadek wypowiedźieć? Wszytko Máchomet pożárł. Nie tylo Krolowa miast wszytkich / ále y do niey służące kráiny / co dźień więtsze y gorsze rzeczy ćierpią / o ktorych słyszym / y ná nie pátrzym. Ale dla czego to wżdy? Mowićie: Dla grzechow nászych. A iá: nie więcey my / á niżli inne narody Chrześćiáńskie Bogá obrażamy. y owszem więtsze v nich grzechy. Czemuż ich ták Pan Bog nie karze / iáko nieszczęśliwy y mizerny narod nász karze? Nieszczęsny mnie nędznemu / muszę płákáć /

 y nárze-

y nárzekáć / á pytáć sie o przyczynę / dla ktorey co ćierpimy? Ja inszey nie mogę náleść: bo narod nász w cnoćie nád insze narody posledni nie iest / y owszem lepszy / ktory inne narody w Cnoćie y w obyczáiách przechodźi. insza tedy nie iest przyczyná vpadku nászego / iedno Schismá y odszczepieństwo: iż sie oddalili od posłuszeństwá y poddáństwá Rzymskiego kośćiołá. Te sáme náyduie bydź przyczyna zguby nászey. Bo skorosmy sie oddźielili od niego / wźielismy przeklectwo: y to ćierpim / co ćierpim. A iednák nie żáłuiemy / ále gorszymi zostáiem / y złorzeczym temuż Kośćiołowi. Poty ten S. pátryárchá. O bodaysmy my / Przezacny narodźie Ruski / bodaysmy / tym Bráći nászey złym nákarali sie / á przed szkodą / to iest / przed nászym vpadkiem / ktory też tuż nád námi / zá pomstą z niebá / wisi / obacżyli sie: w tych słowách męzá tego S. iák we źwierćiedle teyże przyczynie nászych nedz y bied przypátrzywszy sie / ktora byłá y ich vpadkowi. Tá to przeklęta przyczyná Ruś násze nedzna y Moskwę z teyże nedzney Greciey kubká pić przyprawuie / że sie ich w teyże niewoli Tureckiey bez liczby náyduie. Gdyż sprawiedliwie y tá z tym S. pátryárchą o swym Ruskim narodźie rzec mogę / że on w cnoćie nád inne narody poslednim nie iest / y owszem lepszy / ták w skromnośći / iák y w pobożnośći. A że to ćierpi / co ćierpi: nie z inney przyczyny ćierpi / tylo z przyczyny przeklętey Schismy. Tá to nas co dźień niżi / tá nas co godźiná vmnieysza. z ktorey ieśli sie teraz záraz nie wyrátuiemy / w rychle tego doznamy / choć sie to zda bydź ko⁰ rzecz niepodobna / że w Rusi nie stánie nam Rusi. nie ile do Rodzáiu / ále ile do wiáry / y nabożeństwá. Bo ácz może sie kto z nas / zá osobliwą łáską Bożą dostáć y iednośći S. Cerkiewney / ále przeciwny vpor wielu porwie Luter / porwie Kálwin / porwie

rwie y przeklęty ponurzeniec. Czego doznáć nam ná sobie nie życzmy namilszy / y nie czekaymy / ieśli wiárę swoię y zbáwienie swe miłuiemy. Poniechaymy zálecáć sobie niepokoiu / nie miłośći / nieprzyiáźni: ále wprzećiw / w miłośći / w przyiáźni / w zgodźie / y w pokoiu roskochaymy sie: á te cnoty sobie zálecaymy. słow owych B. Apostołá Páwłá / Cùm dixerint pax & securitas: tunc repentinus eis superueniet interitus: źle ná zátrácenie sobie nie vżywaymy. y owymi nam nie służącymi P. Christusowymi słowy / nolite timere, pusillus grex: nie ćieszmy sie. Ktorych nie rzadczey / ná swoię máłość pogladáiac / w nas ponurzeńcy ku swemu im zátráceniu záżywáią / niżli owi nászy z domu do domu biegáiący Lápikusłowie: Homines Corrupti mente, reprobi circa fidem. W pokoiu y w iednośći z Rzymiány żyiąc / nie mamy sie báć nágłego zginienia. Bo nas nie wzywáią do zgody y pokoiu ná nieczystość / ná námietnośći żądze / ná porubstwo / ná mężoboystwo / ná wydźierstwo / na pijaństwo / ná czárownictwo / y ná tym podobne złośći: ktorych czynićielom / ták synom nocy y ćiemnośći / czeka nagłe zginienie. Ale nas wzywáią ku poświęceniu / ku trzymániu naczynia nászego w świątobliwośći y vczćiwośći / ku záchowániu woli Bożey / y vstaw Apostolskich / ku miłośći Bráći / ku miłośierdźiu / ku pokoiu / y ku tym podobnym cnotam. Ktorych wykonywáiące / iák Synowie dniá y świátłośći / nágłego zginienia áni sie spodźiewáią / áni boią sie: ále czekáią nie bespiecznie / y pokoy zá przyśćiem Páná nászego JEzusá Christusá. Tá to Cerkiew nas / ábo ráczey Cerkiew násze do iednośći z sobą wzywa / ktorey wiárá od dźiinnych pielusiek po wszytkim świećie opowiádana bydź poczęłá. ktora w náuce y w spráwowániu Piotrowi S. / od Christá Páná wyięthym práwem iest poruczona / á w nim

1. Thes. c. 5.

Luc. c. 12.

2. Tim. c. 3.

Do iedney iedności nas Rzymiánie wzywáią.

Rom. c. 1.

w nim iego Successorom. Do ktorey po wszytkie przeszłe Chrześciáńskie wieki wszyscy Práwowierni Cesárze y Pátryárchowie oczy obrocone mieli. Ktorey przywileie sa nád wszech innych Cerkwi przywileie. Ktora iest szkołá Apostolska y pobożności mátka. Tá to Cerkiew nas do swey iedności wzywa, ktora Słowáckim narodom ięzykiem Słowieńskim S. Liturgie odpráwowáć, y wszytkiego nabożeństwá nim záżywáć pozwoliłá. Z tá Cerkwią Jedność S. nam zálecána bywa, ktora y to y nie dawnymi czásy słowem Bożym żywym y skutecznym, y przerázliwszym niżeli wszeláki miecz po obu stron ostry, y przenikáiącym aż do rozdzielenia duszę y duchá, stáwow też y szpikow, y rozeznawáiącym myśli y przedsięwzięcia serdeczne, pozyskáłá Bogu swemu Pánu Christusowi wniezliczonych duszách wiele Indiyskich narodow. Ktora przemyśl czyni y pieczołuie máćierzyńsko, o powstánie wszech wszedzie w rożne Hęrezye y odszczepieństwá wpádłych Chrześćian, áby y te temuż Pánu Christusowi, iák Oblubienicá Oblubieńcowi swemu y Pánu luba duszá pozyskáłá, niechcąc áby y iedná duszá byłá zátrácona.

In visita SS: Cyrilli & Methodij Apostołow Słowieńskich, Febr. 14.

Hebr. c. 4.

Jeśliby nas od tey S. Cerkwie iedności niektorych iey Biskupow rospusny żywot odrácał, dawszy to słábości skłonnemu do wszytkiego złego przyrodzeniu człowieczę, owym sámym in amorem & amplexum eius, powabić sie daymy, że iesli y był ktory Biskup Rzymski zły y niezbożny żywotem, ále wiárą zły y niezbożny nie był ni ieden. Márcellinus iesli sie poślizgnął, powstał, y męczeńską śmierćią tego, prze miłość iego sámego, wyznał, ktorego sie był przestrách mąk doczesnych záprzał. Jeśli też vćierpiał był y Liberius, y ten Pánu swemu był padł, Pánu swemu y zás powstał. Honorius po śmierći od Hęretykow Monothelitow zá iedynomyslniká y społ wyznawce calumniosè záćiągány, ma od potwarzy tey obrońcy známienite, męże święte, Agáthoná Biskupá Rzymskiego, Máximá Wyznawce, y Jána Dámáscená, tymi sámymi czásy pożyte. Ktorym wiárá ma bydź od nas wiernych dána słuszniey, niżli tysiącom Hęretykom, ktorzy rádziby y wszytek świát swoią zmázą pomázáli. To tedyż człowiecy pádli człowieczo, grzechu podlegli, zgrzeszyli, społeczności z Rzymską Cerkwią, áby nam nie dopuściło, słuszności y wagi zto nie ma. Owa zás ná tey Cerkwi dopoźrzłá y iszcząca sie obietnicá Pána Christusowá, & portæ inferi non præualebunt aduersus eam, y, Petre, ego rogaui pro te, ne deficiat fides tua: Sámo do zámiłowánia iákom rzekł, y do obiećia iey powabić y pociągnąć nas, iesli rozum Duchowny mamy, iest dostáteczna.

Jeśliby też y owo komu z nas, ábo y wszytkim nam niespołkowna Cerkiew Rzymska czyniło, żeby sie nam nabożeństwá nászego odmienić nie chćiáło, á do sobie máło znáiomych obrzadkow y Ceremoniy, y Sákrámentow vżywánia przystáć, y z Rzymiány, opuśćiwszy swoie, ná wszytkim ich przestáwáć. A to nam sercá dobrego do Jedności S. psowáć nie ma. Gdyż iák Rzymski Biskup tego po nas nie potrzebuie, áby my do iedności z nim wstępuiąc, wiárę swoię Oycowską świętą, ktora z Rzymską iest táż y iedná, y świątobliwe w niey obrzadki, Ceremonie, porządki, y zwyczáie, y zbáwiennych Táiemnic vżywánie zostáwili, opuśćili, y ábo wszytko ogułem, lub część ich ták ná Rzymskie odmienili: ták y nam z wielką trudnośćią y z niemáłym Cerkwie zámieszániem czynić to przychodziłoby. Ale iák my tego nie uczynim, ták y Papież tego po nas nie potrzebuie. Ktory o obrzadkách, ceremoniách, porządkách, obchodách, y o Boskich Táiemnic vżywániu, w Cerkwi Wschodniey záchowuiących sie dobrze ro-

brze rozumie / mowi o nich poczćiwie / chwali ie / lubi / y przyymuie / iák poważne / poczeſtne / świątobliwe / y święte. Nazywa ie świętym Græckim nabożeńſtwem / y czći Bożey pełnymi obrzadkámi. y nie to po nas mieć chce / ábyśmy od Pátryárchy nászego Konſtántynopolſkiego odſtąpili / zoſtáwili go / y zániechali: á mimo niego / iego ſobie zá pomieſtnego / Pártykulárnego Pátryárchę y Páſterzá przyięli: ále owego ſámego po nas potrzebuie / ábyśmy poſpolu z Pátryárchem nászym / (możnali to rzec) by y ze wszytkimi czterma do ſpołeczności wiáry y miłości / y do iedności Cerkiewney z nim wſtąpili / iák było zá onych SS. Athánázyow / Bázillow / Grzegorzow / Złotouſtych / Cyrillow / Máxymow / Táráziow / Methodiow / Ignátiow / Dámáſcenow / Studitow: y iák ſię ſtáło było zá Jáná Beká / y zá Josephá pátryárchow Konſtántynopolſkich / z vchwały Synodow / Lugduńſkiego y Florenſkiego: áby Cerkiew Wſchodna ſwego nabożeńſtwá w obrzędach y ceremoniach y w obchodách táiemnic ni wczym / ni w Symbole / nie nárußáiąc / wiárę ſwoię z wiárą Rzymſką iedną być wyznawáłá y miłości ſpołeczności áby ią zápieczętowáłá. Wiecey Biſkup Rzymſki / iák po wszytkie przeſzłe czáſy po Grækách / ták y teraz po nich y po nas niepotrzebuie. Zoſtáwuie nam náſze wszytko: á tylko iedności WIARY y MIŁOSCI z námi potrzebuie: rzeczy ſłußney / świątobliwey / y nam zbáwienney. Gdyż á to y ſámi iuż iáwnie widzimy / żeśmy bez tey S. Jedności z práwey wiáry / ták nie właſnym náuki SS Doktorow Cerkiewnych wyrozumieniem / iák y nieoſtrożnym náuki Heretyckiey w Cerkiew nászą wprowádzeniem / wyſtąpili / á błędámi y Herezyámi śiebie y wszytką Cerkiew nászę záráżáć dopuśćili / ták / iak o to Jzánowie náſi Ruscy / y Gerganowie Græccy / wierzyć Cer-

Cerkiew Wſchodna opiſáli / y wszytkiemu świátu przez druk do wiádomośći podáli. Nie wiecey po Wſchodney Cerkwi Zachodnia y ná Florenſkim Soborze potrzebowáłá: nie nawiecey y Wſchodna Zachodney pozwoliłá: tylo ná to / co ſię práwey wiáry wyznánia z oboiey Cerkwie dotykało. Miánowićie. naprzod / áby Rzymſkie / OD SYNA, á Græckie / PRZEZ SYNA, Duchá S. pochodzenie / iednomyślnie było rozumiáne y wykłádáne. Powtore / áby Rzymſkie w Przáſnym / á Græckie w Kwáſnym chlebie Sákrámentu Euchárystiey obchodzenie / rowno ważne miáno było. Potrzećie / áby Rzymſki ogień / á Grecki cháos / ábo otchłań / zá ieden y tenże Czyśćiec były znáne. Poczwarte / áby Rzymſki y Græcki Ray / ieden y tenże niebieſki Ray był rozumiány / z doſkonáłym w nim duſz ſpráwiedliwych błogosłáwieńſtwem. Po piąte / áby Rzymſki Biſkup w powszechney / á Græcey Pátryárchowie w ſwey im właſney Cerkwi Cerkiewnego ſpráwowánia y rządu poważnośći zoſtáwáli. Ná tym ſtánął Synod Florenſki: to ná nim á nie wiecey y námawiáno było / y poſtánowiono. Coż tu zdrożnego lub od Zachodney Cerkwie po Wſchodney było potrzebowano / lub od Wſchodney było pozwolono Zachodney á nic tylko wszytko ſtárożytne / wszytko Oycowſkie / wszytko święte / wszytko zbáwienne: to tylo ſáme co wiárę P. Chriſtuſowę czyſtą y niepokaláną w oboiey Cerkwi pokázuie / y miłość nie obłudną Bráći od Bráći oświádcza. Niemamy ſię záiſte czego obáwiáć / coby nas od iedności Cerkiewney odćiągáło: co by nam do tego zbáwiennego dźiełá przeſzkádzáło. tylo ſam duſzny nieprzyiaciel / dobre zá złe oddáwáć zwykły / z wiekow kłamcá y Brátoboycá / ktorego to nayprzednieyſza robotá / w tym ſię náydowáć / przez co by ćiáło Páná Chryſtuſowe / Cerkiew iego S. tárgał /

targał/ rwał/ szarpał/ niszczył/ y wniwecz obracał. Chocz to wie/ że iey od Christá Páná vpewnioney zwyciężyć nie może. Kusi sie iednák piekielnik ná zátracenie Dusz ludzkich/ áby ie od iedności Cerkiewney odwiodszy/ ábo do iedności nie dopuściwszy/ zewnątrz Cerkwie zostáłe powoli swey miał/ y iáko swe brał/ połykał/ y tám ztracał/ gdźie sam z ćiemnymi Anyołami swymi wiecznymi wiekami zostáwáć będźie.

Może też nákoniec kogo z nas/ ábo y wszytkich od Iedności Cerkiewney odstrászáć/ obchodzony iuż po Synodźie Florenskim Synod Tridenski. Ale y to był by nam strách tám gdźie go nimász. y owszem Cerkiew násza Wschodna Cerkwi Zachodney wielce zá to ma bydź powinna/ y nieśmiertelne iey zá to podźiękowánie czynić/ że oná swego czystego wiáry wyznánia od Luterskich y Kalwinskich świeżo wynikłych bluźnierstw przez ten Synod broniąc/ y Wschodney Cerkwie Práwosławne wiáry wyznánie obroniłá: w owych mianowićie wiáry Dogmatách. De libero Arbitrio, de peccato Originali, & Actuali, de Originali Iustitia, de Prouidentia, de præsciẽtia, de prædestinatione, de Gratia, de Fide, de Iustificatione, de Ecclesia, de Sacramentis, de Scriptura S. & de eius Canone, de Traditionibus, y w inszych niektorych. w czym wszytkim/ cokolwiek tych czásow Cerkiew Wschodna okázáley znáczney y wyráźney/ z pismem S. y z SS. Doktorow Cerkiewnych nauka zgodney wiádomości ma/ y mieć może/ Trydenskiemu Synodowi iest/ y ma bydź powinna. Záczym nie było w przyczynie boiáźni ku odchyleniu sie iedności z Cerkwią Zachodną Synod Trydenski od nas y od wszytkiey Cerkwie Wschodney bráńy bydź nie miał/ ale przećiwnym sposobem/ w powod iednomyślności w wierze/ y w przyczynie zgody y miłości y iedności Cerkiewney wźięty

wźięty bydź należy: Iák ten/ ktory nam te zbáwienne wiáry Artykuły prawdźiwym práwosławnym wyrozumieniem obiáśnił. ináczey o tym Synodźie rozumieiąc/ Luterowáć y Kálwinizowáć/ to iest/ Hæretyzowáć musielibysmy. Owo zgołá y z vmysłu przez nas szukáne/ nic tákie w Cerkwi Rzymskiey náleść sie nie może/ coby nas od iedności z nią słusznie odrażáło. Z ktorą tedy nam Bog/ iedná wiárá/ iedne Sákrámentá/ iedná nádźieia zbáwienia/ ieden żywot/ iedná śmierć z zwyczáiny sobie z nią/ przez środek miłości/ y iedney Cerkwie z á záttym y iednego Krolestwá Niebieskiego: áby go wszytkim nam Wschodney y Zachodney Cerkwie synem dostąpić/ prze niewymowne miłosierdźie swoie zdárzyć raczył/ dobrotliwy Pan Bog. Ktorego my w káżdych dniowych y nocnych modlitwách nászych Cerkiewnych publicznych/ y domowych priwatnych/ wszytká duszá nászá prośić powinni iestesmy/ áby nas chcące y niechcące zbáwił: y ná kosztowną swoię wieczerzą/ ktorymi on sam wie sposobami wniść przymusić raczył. Amen.

Stań sie. Day to Boże.

In Honorem & gloriam vnius trini Dei Patris, & Filij, & Spiritus S. Et in salutem omnium Legentium.

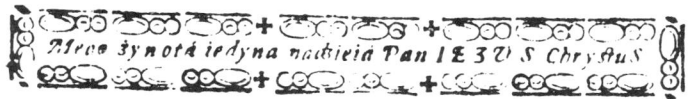

Alecc żywotá iedyna nádźieia Pan IEZVS Chrystus

Cc

Przydatek do Consideraciy.

Iż kártá ostátnia od druku prożna zostáwáłá/ vmyśliłem ią tym ostátnim vważeniem wypełnić/ y Ruskiemu memu Narodowi w krotce vkázáć: że bliższa nam zgodá z Rzymiány/ niżli z Hęretykámi.

Sam rozum przyrodzony miał by to nam vkázáć/ że bliższa nam z tymi zgodá z ktoremi sie w Artykułách wiáry/ w liczbie Sákrámentow/ w przyimowániu Tráditiy zgadzamy/ (choć nieco w Ceremoniách z sobą rożnimy/ ktore nie biorą sie w rozdział wiáry) ániżeli z temi/ ktorzy we wszytkim tym od nas są rożnymi y przećiwnemi. Z Rzymiány zgadzamy sie w Artykułách wiáry. Bo tákże wierzymy w Bogá w Troycy iednego/ w Oycá nierodzonego/ w Syná od Oycá przed wieki/ á z Máriey P. Mátki pod láty vrodzonego/ y w Duchá S. od Oycá y od Syná/ á według nas przez Syná (iedno żto) pochodzącego. A Hęretycy rożni/ rożnie o Przenáświętszey Troycy wierzą y náuczáią/ álbo Syná nierownym w Bostwie Bogá Oycu czynią/ álbo nie po Katholicku o wćieleniu/ męce/ Zmartwychwstániu/ y o rzeczywistey bytnośći ie° w Sákrámenćie Eucharistiey wierzą/ álbo też drudzy Duchá S. Bogiem prawdźiwym być nie wierzą. To iuż tu nam zgodá trudna z Hęretykámi/ Rzymiánie 7. Sákrámentow w Kośćiele swym wyznawáią. Y my tákże 7. w Cerkwi nászey. A Hæretycy álbo dwá/ álbo ieden/ álbo trzy/ álbo ieden z nich/ y o tych dwu álbo iednym nie po Katholicku wierzą. To y w tym z nimi nam niezgodá. Rzymiánie Tráditie álbo podánia Kośćielne przyimuią. Y my ie w Cerkwi nászey zá święte mamy. A Hęretycy wymysłámi ie názywáią. Rzymiánie Reliquię/ to iest kośći S. [illegible]/ obrázy w Kośćiołach máią/ y onym sie kłániáią. Swiętych nápomoc wzywáią/ zá vmárłe sie modlą/ służby Zákonne/ y czystość wieczną w Zákonnikách/ y w Kápłanách y w Pánnách P. Bogu przyiemnie być náuczáią/ Posty/ mortificatiæ, to iest rozmáite vdręczenia ćiáłá/ pielgrzymowánia do mieysc S. Spowiádánie sie grzechow przed Kápłanem do vchá/ wielce potrzebne być do zbáwienia náuczáią y wierzą. Y my w Cerkwi nászey toż wszytko mamy/ y zá pewne srodki zbáwieniu nászemu służące ie kłádźiemy. A Hęretycy ze wszytkich tych srodkow zbáwieniu memu służących/ śmiech czynią/ wymysłámi y zabobonámi ie názywáią/ á niektore y niepodobne do záchowánia być powiádáią/ ták o to czystość w poświęconych ludźiách. Rzymiánie/ Iutrznie/ Godźiny/ Msze/ Nieszpory/ Komplety/ Żałomsze w Kośćiele swym máią. Y my tákże Iutrznie/ Czásy/ Liturgię/ Wieczernie/ Pawieczernice/ Pánáchidy ꝛc. w Cerkwi nászey mamy. A Hęretycy iesli kilká psálmow/ á iesli kiedy Wieczerzą swoie odpráwuią/ á wiecey nic nie máią. Krzyżá áni obáczysz w zborze ich/ iák czárci go sie boią. Rzymiánin pobożny/ gdy przyidźie do nászey Cerkwie vczyni Venerácią Naświętszemu Sákrámentowi/ cáłuie Krzyż/ kłánia sie obrázom S. kropi sie święconą wodą. Toż czyni y Rusin pobożny do Kośćiołá przyszedszy. A Hęretyk gdy przyidźie do Cerkwie/ miásto vczynienia iákiey Venerácy Naświętszemu Sákrámentowi álbo vczczenia Krzyżá Páńskie° y pokłonienia przed obrázē Naświ: Mátki Bożey y inszych S. obrázom/ ieszcze sie zemnie ná śmieie/ nászydźi/ y názowie mie Artolátra chlebochwálca Báłwochwálca/ nátrząsa sie ze wszytkich moich ceremoniy y obrządkow Cerkiewnych/ powie/ że nie potrzebá P. Bogu świećić/ nie potrzebá mu kádźić/ ꝛc. A nayważszy Biskup Rzymski w swoich pismách wszytkie ceremonie y obrządki násze/ pochwala názywáiąc ie święte/ y wszelkiey częśći godne. Vważże tu pobożny Czytelniku Religiey Ruskiey/ z kim sie nam łączyć y iednoczyć przystoi/ czy z Hæretykámi wszytkim niebem od nas rożnymi/ y násze wszytko bluzniącymi. Czyli z Rzymiány iedno y toż z námi [illegible]rzącymi/ w Kośćiele swym máiącymi.

K. S. A. D.

Omyłki ták popráwiß.

FOl. 2. Ozaymił / Oznáymił. Fol. 5. z łáski / z łáski. Fol. 6. vblagalnie/vblagálne. Fol. 8. iák / Ták. Fol. 9. á z łáski / z łáski. Fol. 10. wßelkiego / wielkiego. Fol. 11. vmárły/vmárłym. Fol. 12. Práwowiernem/ Práwowiernym. Fol. 14. Trácacey / Trácacy. Fol. 15. vwaß / vważe. Fol. 22. Nysse wskiemu / Nyssenskiemu. Fol. 26. Hæretykiem / Hęretykiem go. Fol. 31. przykłádem / przykładam. Fol. 37. Tegoż / do tegoż. Fol. 38. Collazomenos, Collazomenæ. Fol. 49. Tycie / Tiċie. Fol. 53. przyday Ktá Hæresya. Fol. 55. Appellatiách / w Appelláciách. Fol. 56. γυμνν, γυμνν. Fol. 61. od nich / od niey. támże cork corki. Fol. 87. Błogosłowow / Bogosłowow. Fol. 99. Prásnym / Orzásnym. Fol. 104. ná Concordántiey zrzeżenie sie / z rzeczenie sie. Fol. 115. żen / że do iednośći / do iednośći. Fol. 118. by / był. Fol. 119. nas / nász. Támże Anchimá / Archiman. támże Kleroni / Klerowi. Fol. 123. Jeśli / Jeśli. Fol. 127. nie ćierpie / Nie ćierpieć. Fol. 128. wáßych / náßych. Fol. 134. ná márines / Jopilem / Jobeleum. Fol. 137. propositiones, præpositiones. Fol. 138. calcea, caleca. F. 139. krinách / kráinách. F. 141. syrßymi ßyrßymi / y drugie támże. Fol. 142. vchwalon / vchwalono. Fol. 143. y teyże / z teyże. Fol. 151. przez nas / przez wás. Fol. 155. Abowiem / ábo. Fol. 162. Rzymskim / z Rzymskim. Fol. 164. onaß / oná. Fol. 166. oświećiłá / oświećiłá. Fol. 168. v ważánia / vżywánia. Jnße omyłki Lector postrzeże.

WE LWOWIE,

W Drukárniey Janá Szeligi, I. M. X. Arcybiskupa Lwowsk. Typográphá, R. P. 1628.

PROTESTATIA

Przećiwo Soborowi w tym Roku 1628. we dni Auguſta Mieśiącá, w Kiiowie Monáſteru Pieczerſkim obchodzonemu, vczyniona przez vkrzywdzonego ná nim.

MELETIVSA SMOTRZISKIEGO,

Nuncupowánego Archiepiskopá Połockiego / Epiſkopá Witepſkiego y Mśćiſláwſkiego / Archimándrytę Wileńſkiego y Dermáńſkiego: do Przezacnego Narodu Ruſkiego.

Rom. Cap. 14, ver. 4.

Tu quis es, qui iudicas alienum ſeruum? Domino ſuo ſtat, aut cadit: ſtabit autem: potens eſt enim DEVS ſtatuere illum.

Matth: c. 26.

Et egreſſus foras, fleuit amarè.

Meę vitę vnica & ſola ſpes, IESVS CHRISTVS;

Cum Licentia Superiorum.

We Lwowie, W Drukárniey Ianá Szeligi, I. M. X. ARCYBISKVPA Lwowſk. Typográph. Roku Páńſkiego 1628.

MELETIVS SMOTRZISKI NVNCVPATVS ARCHIEPISKOP POŁOCKI, EPISKOP

Witepſki / y Mśćiſláwſki: Archimándrytá Wilenſki y Dermánſki / Przezacnemu Narodowi Ruſkiemu poſłußenſtwá Wſchodnego /

Oboiego Stanu,

Łáſki Pokoiá y Miłośći od Páná Bogá życzy y winßuie.

Słyßałeś Przezacny Národzie Ruſki / że był w tym terázniey ßym 1628. Roku / w dniách Mieśiącá Auguſta obchodzony w Kijowie Duchowny Sobor? Słyßałeś / mam zá to / y owykonánym ná nim przez twe Hierárchi w Cerkwi Pieczerſkiey Anáthemátiźmie? Nie bez tego. Bo rzecz nie porządna / ábo ſłuſzniey rzekę / niezbożna / ieſt głośna. Nie porządna ſtąd / iż co dwá Presbyterowie w głowie ſwey vknowáli / to cztery Epiſkopowie do exequutiey przywodźili. Niezbożna zowąd / iż przez tey vknowáney rzeczy exequutie Katholickie práwoſłáwne wyznánie ieſt pod nogi rzucone / á kácerſkie błędy y Hęrezye ná Ambone ſą podnieśione. A to iákim ſpoſobem / poſłuchay: krotkiemi ſłowy przełożę.

A ij Roku

Roku przeßłego 1627. nákazány był nam Episkopom
Sobor / o Swięcie Národzenia Panny Nayświetßey w Kijowie. Gdźie gdym ſie z powinnośći dostoieńſtwá mego ſtáwił / byłem od tych ni ktorych tám przodkowánie należáło / á
osobliwie od Ie° Mśći Oycá Iowá Boreckiego (inßi Epiſkopowie ná ten Synod nie przybyli) y od teráznieyßego Ie°
Mśći Oycá Archimándrity Pieczerſkiego / na on czás ießcze
człowiekiem świeckiego / proßony y sollicitowány / ábym ten
moy Kátechiſm / z ktorymē do Wschodnych kráiow dla cen-
ſury y Correctury iego iezdźił / (poniewaz on tego tám nie-
dostąpił /) podał pod Censure Cerkiewnikom narodu náßego
Ruskie° / áby zá tym niemießkáiąc do vżywánia Cerkwie Ruſkiey / przez druk mogł bydź podány. Ná co ia Ich Mośćiom
odpowiedźiałem / żem to gotow vczynić / tylko o to iedno
proßę / áby pierwey / niż go pod vważenie y Censure podam /
wolno mi było wydáć Consideratiæ tych ßeśćiu rożnic / ktore
ſie miedzy Cerkiew Wschodna / y Zachodna przywnoßą / áby
tym łácniey y ßczęśliwiey tá Censurá obeyść ſie mogłá. Ná co
od Ich Mśćiow : y od inßych ná ten czás przytomnych pozwolenie łácno otrzymałem. Z tym pozwoleniem czekałem
ná pogodę. Ali iákoby w půłtoká potym / ßostey Niedźiele
w Post wielki / obie te wyż miánowáne osoby / Oćiec Borecki /
y Oćiec Archimándrita / iuż w ſtánie Duchownym / máiac z
ſoba dwu Episkopow Oycá Isákiego y Oycá Paiſiá / przybyli tu ná Wołyn do Grodká máiętnośći Pieczerſkiey : do ktorych zá nákázem ich / przybyłem y ia. Gdźie o Cerkiewnych
duchownych ſpráwách námowe miawßy / vpátrzyliſmy wielka potrzebę Synodu pomieſtnego wßytkiey Cerkwie Ruſkiey
ták z ſtanu duchownego / iák y z świetſkie° / záwołánia Szlá-
checkiego y Mieyſkiego. Ná ktorego zwołánie Oćiec Borecki liſty miał rozesłáć prywátne / á mnie zlećił to nápisáć /

przez co

przez co by ſie kożdy łácno dał poćiągnąć / ná ten wielce gwałtowney potrzeby ziazd / ſtánowić ſie. A w ten naprzedniey ßy
koniec / ábyſmy miedzy ſoba ná tym Synodźie w miłośći y w
pokoiu / vważyć y obaczyć mogli / ieżeli by ſie mogł iáki ſposob /
bez náruszenia wiáry náßey Praw y Przywileiow / wynáleść
zjednoczenia Rusi z Rusią : to ieſt / nie vnitow z Vnitámi.
Z ktorey przyczyny támże záraz od wßytkich tych pomienionych czterech osob / pozwolono mi było / przy ogłaßániu przyczyny Synodu / nápisáć y te wyż pomienione / ßeśćiu miedzy
Wschodna y Zachodna Cerkiew záchodzacych rożnic Consideratiæ, ktoreſmy z ſoba tám vważali / y zá nie wielkie rożnice bydź ſadźili : y pospołu oboie wydáć. y to ták z ſoba postánowiwßy / roziechálismy ſie w miłośći.

Ja zápomocą Bożą / záraz po wielkieynocy / vrywáiąc
ſobie czásu od zabaw gospodárskich Monáſterſkich / zá polecona prace wźiąłem ſie / á około Swiątek tegoż P. Bogá łáſką
skończyłem ią / y Apologia otytułowałem. A záraz kazá-
wßy ią náczyſto przepisáć / ſkoro wſtąpiwßy w post Apoſtolſki / do Kijowá ią przesłałem / pisawßy przy niey do Oycá
Boreckiego w te słowá.

Kopia Liſtu do Oycá Borec-kiego.

TO co mi wielebność twoiá / y inßi Brácia w pobudkę ſpią-
cego z nieczułośći narodu náßego nápisáć roſkázáć raczył /
nápisáne Wielebnośći twey / owdźie Drukárnie mieć nie mogą-
ßy posyłam. y mam zá to / że zá Niedźiel trzy ná dwu Prá-
ſách wyćiſnąć ſie może / y puśćić w Narod : áby kożdy
z nas / przed przyßłym / da Bog Soborem / iáśnie obaczyć

mogł /

mogł, ná co to my wszytkim narodem chorzeiemy: y iák sie z tey choroby vleczyć możemy pobudki tey, Przewielebny moy Pánie nie sądź według człowieká, ále Bożym sądź io sądem. Biádá ábowiem tym, ktorzy mowią dobremu złe, á złemu dobre. Ciężka chorobá nászá, á práwie iuż śmiertelna, pilnego po nas Lekárzach pieczołowánia o sobie potrzebuie: O Dusze ábowiem idźie, ktorych zátrácenie ná nászych duszach Episkopskich od sędźiego Bogá poiskywána będźie. Zeszłoć by sie w prawdźie było Lekárstwo przykrzeysze, ná táka złą chorobe, ktore by rány násze lecząc, do czułości nas przywiodło, y poznáć vczyniło, nas to, że chorzeiemy. Gdyż natrudnieysza to do vleczenia chorobá, ktorey chorzeiący do siebie nie zna, y chodźić koło siebie Lekárzowi nie dopuszcza. Przynamniey my Lekárze chorobe te znaymy, y z sámych fundámentow duszą tracące te záráże ruszyć y znieść by dobrze chorzeiący y nie chćieli, postáráymy sie. Szkodliwy wrzod niegdy wyrzynan bywa, niegdy wypalon, a patient ćierpieć to musi. A ieśli ktory ćierpieć nie chce, ále ráczey vmrzeć od tego wrzodu zezwala, wiązan tákowy od tych, ktorzy o nim pieczołuią, bywa, y poniewolnie krotko trapiony, áby przez nie długą ćierpliwość, wdalszy swoy żywot vleczony zostawszy sie, bolu iuż więcey nie ćierpiał. Jeśliż by sie miáło zdáć komu w tákim trzy nászey choroby, iák y lekárstwá iey o pisániu co zdrożnego, ia ná śiebie to y ná moie dusze biorę: y przed Wielebnośćią twoią przez ten moy list, zá świádectwem Bogá sercowidce, ręce moie ná tym vmywam, że od dálszego zátrácenia nie wiádomych, á przez sáme tego swego złego niewiádomość, do zátrácenia przychodzących narodu nászego dusz, czysty bydź oświadczam sie. Biádá wam zakonnym Doktorom, mowi Pan nász JEzus Chrystus, iżeśćie odieli klucz wyrozumienia: sámiśćie nie weszli, á tych ktorzy w

chodźil.

chodźili, hámowáliśćie. To co mi należáło, do wielebnośći twey wkrotce rzekszy, życzę y Páná Bogá mego proszę, áby on sam, przyszły nász od Wielk. twey náznáczony Sobor, ku częśći y chwale imienia swego S. á ku pokoiowi, ktory nam sam Jednorodzony Syn Boży w Vczniách swoich dał, sporządźić, y wszystkiemu naszemu Ruskiemu narodowi do chwalenia siebie iedne vstá, y iedno serce spráwić, y dáć raczył. A zátym oddawám sie W. W.

A do Ie^o Mśći Oycá Archimándrity pisałem w słowá owe.

Kopia Listu do Ie^o Mśći Oycá Archimándrity P.

POruczone mnie od Przewielebnego Páná mego, y od inszych wielebnośći nászych dźieło, zá pomocą Bożą, skończywszy, posyłam. W ktorym prácowałem ták, iák ná mnie sám, pod ten nász znáczny vpadek czás potrzebował, y sám y zbáwienia nászego mus wyćiągał. Pewien będąc po kożdey Bogá, bliźniego, y zbáwienie swoie miłuiącey duszy, że sie tego ták znácznego vpadku swego vżaliwszy, chorobę tę, bez żadnego ná człowieká oglądania sie, obaczyć zezwoli, y do zábieżenia iey o lekárstwo cáłą duszą stáráć sie, pieczołowáć będźie. Wysoce Vrodzonego, wysokim rozumem nádárzywszy, nawyższe gotuiąc, ná wysokim w narodźie nászym Ruskim mieyscu Wielk. twoię posádźić raczył Pan Bog nász: áby Wielk. twoá zwysoká dáley, niżli kto niżey siedząc, widźiał, y o dobrym nie częśći iego, ále wszytkiego narodu Ruskiego czuł, pieczołował, przemyślał y rádźił. Zá czym Wielk.

ciow two.

twa to / co sámo sumnienie / ktore prze miłość Bogá twego / czyste w czystey duszy swey nosisz / Wielk: twey rádźi y pozwala / z częśći swey wspráwie tey czynić / by dobrze dawnośćią choroby ná rázone we wzroku oczy násze insze co Wielk: twey wykazowáły / y do porátowánia sie / ruszyć sie bronić pokuszáły sie / stań im w twarz / á záwśćiągni tych ktorzy by ná Bogá y ná przećiw iego prawdy nieprzyiaćielsko powstawáli. W dźiele tym moim / ieśli co iest nie prawdźiwe / według mego sumnienia / ná moie głowe pod miłośierdźiem Bożym / niech sie obroći. A ieśli wszystko prawdá / zástępca y obrońca iey bydź racz / Przewielebny moy Pánie. Narod nász ćieszko chorzeiący / ieśli nie tákim nożem od wrzodow / ktore ćiáło iego odiadły / oczyszczony bedźie / w zgubość nigdy nie przyydźie / ále dźień od dniá iák piekielnym ogniem psowány zniszczeie / y wywroceniem w przewrotnośći wykorzeniony bedźie. Wszystek sie ábowiem wnetrznymi wrzodámi / nowych nászych Theologow / hęretycka záráza osádzony obnosząc / á sprośnośći tey swey nie tylko nie widząc / ále w niey / iákoby w ślicznośći iákiey / slepo pochutnywáiąc / rychley do ostátnego nie porátowanego upadku poiedynkiem przyydźie / niżli to swoie wyniszczenie postrzeże. Co ia wszytko / wysokiego rozumu bácżney rostropnośći wielk: twey poruczywszy / siebie y powolność w..

Ná te Listy Ich Mość: przez mego posłáńcá do mnie odpisáli / że skoro po przeczytániu tey prace mey / mieli swe o niey zdánie nároczyto / y dostátecznie / (ich słowá są) mnie oznáymić. Ja czekawszy ná to Jch Mośćiow zdánie Niedźiel trzy / á mieć go nie mogszy / tego rozumienia bedac / że sie to Jch Mośćiom podobáło / iáko zemną częstokroć o tym rozmawiáiąc / dobrze wyrozumieć mi sie byli dáli / posłałem ÷ dla wydrukowánia iezykiem Polskim.

Wszytko

Wszytko to dla tego Przezacny narodźie Ruski przełożyłem či / ábyś wiedźiał o przyczynie / prze ktorą tá moiá Apologia ná świećie stánełá. A gdy czás Soborowi te° nádspiał / iechałem nań / tey persłwáśiey bedac / że w iáki koniec miedzy námi w Grodku był námowiony / w ten miał sie był y obchodźić / odmiáná osob tych w przedśiewźiećiu pobożnym áni ná myśli. Ali 13 dniá Augusta podpołudnie / gdym sie był prosto ku Monásterowi Pieczerskiemu zápuśćił / y do Jego Mośći Oycá Archymándrity / ktory mie solenniter przez list swoy z Bráćia swoią ná ten Záśnienia Pánny naświetszey fest prosił / czeládniká swego posłał: iácháć mi tám nie pozwolono: wkazano mi do Monásterá Michałowskiego: Ja bedac tego rozumienia / że to Jego Mość Oćiec Archymándritá wchyla sie mey przytomnośći / dla podeyrzenia v ludźi / (bo sie to w rozmowách nászych tráfiáło często:) á wietszą częśćią rozumiałem / że sie tego ochrániał vczynić: áby sie nie podał wnie ták ško Krot Jego M. obcuiac z námi: bo to czynił przed nim przodek iego Archymándritá Pieczerski: ná odmiáne vmysłu tego wspráwie tey námowioney ánim pomyślił. y iáchałem do Monásteru Michałowskiego. Gdźie od namiestniká y Bráći przyiety byłem w Cerkwi iák Archyerey. Potym iáko by w pułgodźiny / przybyli do mnie przysłáni z tego Soboru / ktory sie obchodźił w Monásteru Pieczerskim / czterey Presbyterowie: ći mie witáli / nie iák Archyereiá: bo reki mey nie cáłowáli. Oćiec Protopopá Słucki / ieden z nich / mowił do mnie: ktore° wszytkich słow owy był koniec / Pytáćie Sobor przez nas / ieśli stoisz przy tey swey Apologiey / ktoraś wydał: ábo nie? Odpowiedźiałem po inszych słowách moich / á to ia ide do Soboru / y tám o sobie y o tey moiey Apologiey przytomny spráwe dam. Rzecze: tu sie przed námi masz pierwey w tym / oczym pytamy resolwowáć / toż do Soboru bedźiesz

D

dopuszczo

dopuszczony/ ábo nie. Odpowiedziałem/ że przy niey iák przy
scripćie Práwosławnym / stoie: gdyż sie w niey nic zdrożnego y wierze S. Kátholickiey przećiwnego nie náyduie. Rzecze: Sobor ia osadźił od głowy do nog / od pierwszey kárty áż
do ostátniey wszytká bydź przećiwna náuce Cerkwie Bożey / y
wierze práwosławney/ nie czysta/ y niezbożną. Odpowiedziá-
łem: odpuść ći Pan Bog że ledá co mowisz niech mi nie broni Sobor stánąć przed soba/ á ia ia z tego pomowiská / y ze złego vdánia/ zá Boża pomoca / wywiode. Rzecze: to chcesz
disputowáć. Odpowiedziałem: nie disputowáć: ále to pismo moie práwosłáwne / ábo źle wyrozumiáne/ ábo z potwá-
rzone / z podeyrzenia tego opácznego chce wywieść. Rzecze: Sobor twych wywodow nie potrzebuie / bo sie iuż w tym
dobrze informował/ ále ćie o Resolutią w tym pyta / cośmyć
iuż przełożyli/ Odpowiedziałem: ia moie Resolutie te dáie/
że przy tym moim scripćie/ ile do opisánych w nim przez mie
wiáry dogmat/ cále stoie. A iesliby co sobie Oycowie bráli zá
przykre / w opisániu niektorych vłomności Cerkwie Wschod-
dney/ wiec ná to namowá y zabieg. Odpowie: Ale o to iuż
w druku. Rzekłem/ coż z tego? temu sie łácno zábiec może. A zátym po wielu inszych z oboiey strony mowách/ poczęli
łágodniey/ vkázuiąc mi co zátym poydźie/ że sie po Miástách/
á osobliwie w Wilnie bedźie oppressia od przećiwney strony
dźiáłá: pokázuiąc te od ćiebie Archiepiskopá strony nászey/ á
od Archymándrity Wileńskiego nápisána Xiążke/ w ktorey sie
Vnia chwáli. Ale y z tymi swymi łágodnymi mowámi ode-
śli ode mnie z ta moia Resolutia/ że przy tym moim práwosłáwnym scripćie/ zá Boża pomoca stoie.

A w tym pod wieczor przez subordinowáne snać od śiebie osoby/ puśćili miedzy czeladź moie/ pogrożki/ łáiánia/
pálcámi ie sobie vkázuiąc/ y Vnitámi zowiąc/ że sie y z Mo-
nászterá

násterá wychylić sie obawiáli/ y do mnie to co sie około nich y
mnie dźiało / donośili. Ja poruczywszy sie Pánu Bogu/ te
noc przebyłem. Náźáiutrz poránu posyłam do Oycá Boreckiego / Brátá iego Diákoná Porphyriá pytáiąc go o przyczyne
tey zniewagi / ktora mie od nich potyka: y posłe do niego táki list.

Kopia Listu do Oycá Boreckiego ná Sobor.

WIelebytności Gospodarzá / chleb iego niesmákuie. Jeśli sie to ták dźieie z trafunku / że sie lżam przytomności
Wiel: twey / rzecz iest znośna: iesliż z vmysłu / rzecz záiste
iest wzgardy pełna. Ja zá nakazem Wiel: twey brałem sie/
y przyiechałem do Wiel: twey iák do Oycá / dla spolney o dobrym Cerkiewnym rády / ábym społecznie z inszemi ktorzy do
tego należą námawiał. Nie przez trzećie osoby w tym v-
máwiáć sie chcąc/ ále przytomnie. Jesliż iákie nie Oycowskie zámysły Wiel: twey ku mnie bydź by miáły / znośnieysza rzecz by dź sadze / tám sie wroćić skadem przyiechał/ niżli
te° nie dostąpić/ pocom przyiechał. Sumnienie mi iest świad-
kiem czystym / że przyczyny Wiel: twey do tey mey zniewagi
nie dałem. Jesli zá to/ żem błedy y Hęrezye scribentow ná-
szych/ ktorzy sie w pismách swoich Haeretyckich od prawdy
obłádźili/ do wiádomośći Cerkwie nászey Ruskiey podał /
przestrzegáiąc ia/ áby sie kiedy ná ten kámień pogorszenia nie-
potknełá. Lub też zá owo/ że Bráći znágniewána Bráćia
do poiednánia sie sposob pokázuie. Niewiem. Trzećiey ia
winy mey w tym scripćie moim / ktory iest czysty z łáski Páná
Chrystusowey / od błedow y Haerezij/ nie náyduie. A ieslim

wczym

w czym excessiuus, wiec ná to lekárstwá szukáć / nie wgniewie / áni w nienawiśći / ále w miłośći / ktora wszytko dobre y budnie y kończy. Bo tákim postepkiem nie lecza sie choroby / ále sie poruszáia / y do śmiertelne° vrázu zdrowie przywodza. Ro-zdemu Dekretowi ma bydź práwna przyczyná / y sedzia należny. A bez tego dworgá obwiniony y sadzony / bedźie miał słuszna wymowe. Prosze tedy Wielebnośći twey / ábym nie był od Wielebnośći twey ták vrázony / iák by iuż potym y lekárstwo temu vrázowi náleść sie nie mogło. W.

Ten táki list nápisawszy / do Oycá Boreckiego przez wyż pomienionego Diákoná posłałem / 14. Augusti, ráno / Po ktorego przesłániu / czeladź moiá rozmáite nowiny donosiłá mi / ktore miedzy nie rozśiewano: miedzy inszemi y to / że o iutrzeyszym dniu y Pan wász / y wy z nim iák Vnitowie bedźiećie przeklęći: nie ieden sie z was y Sławuty nápije. A práwie pod obiedna godzine / przyłaczywszy sie do Oyca Protopy Dubieńskiego / ktory tám zemna iezdźił / y Diákoná mego Isáij / przy inszych niektorych osobách Duchownych / rodzony Brát Oycá Boreckiego Andrzey rzecze do nich. Dla Bogá niech o sobie Jego Mość Oćiec Archyepiskop rádźi: gdyż iadac teraz ze wsi Monásterskiey / nádiáchałem kupe niemáła Kozakow / ktorzy w rádźie swey / mnie iáko sobie dobrze znáiomego nie wystrzegáiac sie / sprzysięgli sie nie żywić go / ieśli co o Vnia nań od Soboru przewiedźiono bedźie. Ja posłyszawszy to / od pomienionego Diákoná mego mnie doniesione / wezwałem do śiebie Oycá Protopopy Dubieńskiego / y zápytawszy v niego / ieżeliby iuż on o tym słyszał: odpowiedźiał / że to z vst sámego powiádáiacá / pod przysięga ie° słyszałem. Rzekłem: trafiłem / iáko bacze ná nierząd: boć mie ták ći Oycowie moi y Bráćia przez te ludźie łácno przedisputuią. Coż by w tym czy-

nić ? Vchyliłbym sie im / iáko ludźiom w tey mierze nie báczny y nie vżytym. Ale niewiem iák / y dokad. Z szedłbym do Zamku / Páná Podwoiewodzego nie mász. iáchałbym názad / obawiam sie zásacki / bo iuż o niey głosza. Do Miástá do Klasztoru / ále ie bárźiey záiątrze: bo iuż mie iesżcze przed przyiázdem tám bydź głośili / bać sie też potrzebá ieżeli mie y dopuszcza: bo iuż ludźi swowolnych / pijánych iáko ná kiermászu / pełno wszedźie. To ták z soba po tey nowinie rozmowiwszy / rzekłem / dźiw mie / że ná moie pisánie żadney wiádomośći ták długo nie mam / á iuż iest podpołudnie. y wziawszy pápieru / pisze do Oycá Boreckiego powtore w te słowá.

List do Oycá Boreckiego drugi ná Sobor.

Spodźiewałem sie iáczwykley przytomney vsty do vst z Wielk. twoia / y z insza poczesnymi w Chrystusie Bráćia w sprawách Cerkiewnych namowy / á nie przez trzećie osoby / dla czego w kray ten náznáczony od Wielk. twey czás y przybyłem: o tym / ábym co z śiebie sámego w Cerkwi / nierzkac przećiwo Cerkwi stánowił / áni myslac. Bo nie w [illegible] / w ktorey sie vrodźiłem Chrystusowey Cerkwi vmrzeć / nigdym sobie nie życzył y nie życze. y pewienem po łásce Bogá mego / że mie Wschodna S. Cerkiew grobnymi pieluchámi powije / ktora mie z wody y Duchá porodźiłá. Záczym prosze Synowsko / przezoru Oycowskiego ćieższego niż iest winá moiá / niech nie ponosze / ták od Przewielk. twey / iák y od inszych w Bogu Wielk. Oycow y Bráći: Bo to nie bedźie / wrzod / ieśli iest iáki / leczyć / ále go roszczosywáć y iatrzyć. To co sie iuż stáło przez druk / rozstáć sie nie może: wszákże áby sie to po wszytkim tym Páństwie nie rozlećiáło / zábiec się temu ieśćże może / zá zobopolna w tym namowa y rádá náßá. Nie ßerząc rzeczy tych tu / tám im zábiec skąd one ßyrßemi stáć się mogą. Dla czego przez postánniki od Wielł twey / y inßych Oycow y Bráći do mnie przysyłáne vpomniony / wßelako wßytkiemu temu / co by ku záturbowániu Cerkiewnemu bydź miáło / zábiec chcac / proße Wielł twey y wßytkich tych / ktorzy się przy boku Wielł twey náyduią / poczestnich Pánow moich y w Chrystusie Bráći / áby do pospolitey miłośći wáßey rády był dopußczony: y o srzodku zábieżenia námowiwßy się / to ábym vczynił dźiśia / nie pußczáiac w dálßy czás przeodległość mieyscá / ná ktorym się Drukuie / coby przez mię zá pospolitem wßytkich do tey rády należacych wynálazkiem / bez żadnych ná ten czás zawodow disputácyinych / vczynione bydź należáło. Bo gdźiebyśćie mię w tym tákim ráżie odbiegli y zostáwili / á do rády swey dopuśćić mię nie zezwolili / zá odbieżonego y zostáwionego sadźić śiebie bede / á nie zá odbiegáiacego y zostáwuiacego: y był by to we mnie od Wielł twey táki vraz / ktoryby się ná potym w wrażonym sercu moim ledwie mogł doskonále vlecżyć. A wokátiey y Wielebności twey dźieło iest / zránione bráć ná swoie bydle / á nie przebáczáć y omijáć.

Ten list áby mię do rády swey spolney dopuśćili / łzámi oblany prośąc pisałem. Gdyż dla tego nád tym moim scriptē y prácowałem: po to tám y iáchałem / ábym o opisánych w nim rzeczách z nimi námawiał. Ku temu / pewien tego po wielu Bráći byłem / że skorobym choć z dźiesiatek z Apologiey moiey przez nie notowánych punktow / ktorych mieli 105. náwatlił / y zniosł / ochotniey o wßytkich słucháliby mię. Po ktorych wyprawieniu vfam Bogu memu / y prawdźie tey iego świetey że wßytkie przechyrego Achitophelá / ktory mi się

iuż dał

iuż dał był posocżyć / złe rády ná głowe iego obrećiłyby się były. Ale on pospołu z tymi ktorzy te moie Apologia pospołu z nim przed Soborem opácżnie vdáli / temu ábym ia tám nie był / y żebym do spolney ich rády / przed ta námowionego od nich dekretu exeqnutia nie był dopußczony / ták zábiegáli / iák zdrowiu y żywotowi swemu. Czego y dokazáli. y gdy niektorzy z miedzy nich / zá tymi moimi listámi rádzili / ábym był dopußczony / y spráwe o sobie dali y żeby zemna o tym mowim scripcie Sobornie mowili: Oćiec Borecki (iáko mię wiedźieć doßło) ná to się odezwał / Niechay z nim Dytko mowi. O toż maß Oycá: y krotko / y niekrzecży. Ja też / ponieważem wczás mowić o tym nie był dopußczony / y zmiánkowáć iuż o tym potym niechćiałem.

Po odesłániu tego mego przez swego Diákoná listu / iuż z południa / przydźie do mnie ieden Kijowski Kozak / przezwiskiem Solenik. Ktory po przywitániu się zemna / vczynił do mnie po kozácku / iák się mu podobáło / długa lekcye: á záhończył ia tym / że my tey Swiátynie nábyli krwia náßa: krwia też náßa piecżetowáć ia chcemy: ábo y tych / ktorzy by ia nam iákokolwiek znieważáli / y od niey odstepowáli. Jam pomyslił / że ieśli z Duchownymi przeßłego dniá zła byłá w mowá / z tym nie rowno bedźie gorßa / w rzecż długa z nim nie vdawałem się. Báwił się v mnie z drugim kozakiem z godźine. Po odeyśćiu iego w máley chwilce / dádza mi znáć / że Oćiec Borecki przyiáchał z trzemá Władykámi: y ßedł do Cerkwie. Ja ßedłem támże. y przywitálismy się nie pobrátersku / ále iákoby máło sobie znáiomi. Gdy kazano tym wystapić wßytkim / co byli w Cerkwi. ći dwá kozacy / ktorzy v mnie byli / zostáli. Prosiłem áby y ći przy náßey mowie nie byli Oćiec Borecki przystapiwßy do nich prosił ich o to / y po drugiey álterkátiey / ledwie vstapili. Wyßedßy iednák z Cer-

kwie S/o

kwie Solenik / te ſłowá mowił / nu bieſu wáßey mátery / máchluyte máchluyte : doſtánet ſiá tut y Páwłu y Sáwłu. A potym o iákimsi Chruściełu przed ludźmi práwił / dáiąc przez te ſwoie powieść znáć / klatke ná mie. Ktore ſłowá miedzy wielą inßych ludzi / ktorych przed Cerkwią było bárzo wiele / ſłyßał y mnie potym powiedźiał / Oćiec Protopopá Dubieńſki / y inßi. Po vſtąpieniu ich / záśiadßy ná rozmowe / Oćiec Borecki począł ią od modlitwy : á potym obroćiwßy do mnie rzecz / po przemowie rzecze do mnie ták proſto / w tey Apologiey / ktoras teraz wydał / duch nieczyſty hárdy z ćiebie mowił / Oycze Archiepiſkopie : co ſie ſtąd iáwnie widźieć dáie / iż ná ſámym początku pisánia twego wniey chlubiß ſie / żeś ná mieyſcách Swietych Páleſtyńſkich Páná Bogá prosił narodowi ſwemu Ruſkiemu o Vnie : y w ten koniec ofiáry bezkrwne ná tychże świetych mieyſcách przynośiłeś. Powiádaß / że po ten wßytek przeßły wieku twego czás / coś wierzył nie wiedźiałeś. y inße w tey moiey Apologiey opiſáne rzeczy przytaczáiąc / długo ie exágerował. Ktore ia krotkośći folguiąc iák máło potrzebne / opußczam. A po wßytkim pro Colophone inferował / że przez te ſwoie niezbożna Apologie w Cerkiew naße Ruſką przeklete Hęrezye Papieſkie wprowadzaß / (mowie włáſne iego ſłowá) Mánicheyſka / Sabelliáńſka / Apollináriſka / y inße. y ná tym mowe ſwoie ſkończył.

Ja ſłyßawßy to / práwie otretwiałem / znowośći ſłow tego człowieká nie vważnych / ktory przez lat mießkánia mego z nim cztyry (powiádam to o nim pod świádectwem Bożym) máło w czym Rzymſkiemu Kośćiołowi / o ktorymeśmy cześte z ſoba mowy miewáli / przymawiał / y w wierze iego żadney Hęretyckiey przygány nie náydował : y o zgodźie z nim Rusi záwße dobrze ſłowił : y ſpoſob do Jednośći s. bárzo łácny bydź vkázował / by ſie tylo mogło w ſámym Kalendarzu

pomiárko-

pomiárkowáć : ktory do poćiągnienia proſtych ludźi narodu náßego / iest nie przyſtepny. Záczym w Roku 1625. o tym pomiárkowániu Kalendarzá prácował / y powiádał / że ſpoſob tego łácny wynalazł : y przed wiela ſtrony ſwey ludźi / zá ocáſiámi / przekładał go. Wielka tedy człowieká tego w pobożnym pierwßym przedśiewźięćiu iego / nieſpodźiewána odmiáne pod ten czás vſłyßawßy / mowiłbym był co inßego / ále widźiałem z zapalonych áffektow iego / że poproźnicy w gorße záiatrzenie / miały bydź te ſłowá / rzekłem zdumiały. Oycowie moi wielce vczczeni / y Brácia w Pánu Chryſtuſie namileyßy / Ja zá łáską Bożą Cerkwie S. Wſchodney ſynem bedąc / y po wßytek moy wiek / według ſpoſobnośći lat moich ná tym iey dźiele náydowáć ſie prágnąc / prez ktore ſtárßy przedemną ſynowie iey / á brácia naßy / ktorych my Swietymi Oycámi náßymi / przepoważność zaſług ich názywamy / przysłużyli ſie iey / y wieczna w niey pámiątka zá to ſą vczczeni / niczymem ſie z duſzy mey bárźiey nie brzydźił iák pychą : y niczegom ſie pilniey nie wyſtrzegał / iák hárdośći : ktorą mi Wielkiemu przypiſowáć raczyß / żem o to zbáwienne Jedno Páná Bogá mego narodowi Ruſkiemu prośił / ná tych ss. mieyſcách / ná ktorych on ſam Swietym ſwoim Vczniom dáć to Jedno raczył / y nam ie mieć pod zbáwieniem náßym przykazał. Co ia záiſte ſobie zá wielką przed Pánem Bogiem moim pokore poczytam. Gdyżem w tym pokornego Chryſtá Páná náśládował : y iák w ſercu moim kiedym to czynił / pychy nie miałem / ták w tym ſcripćie moim hárdźie nic nie piſałem : Rownie y tych pomienionych od Wiel. twey Hęrezyi / iák w Rzymſkim Kośćiele nie náyduie / ták ich y w Ruſką náße Cerkiew przez ten moy ſcript / nie wprowádzam. A co powiedźiałem / żem nie wiedźiał / co pote látá moie wierzyłem : prawde powiedźiałem. Swiádkiem tego ſą ſcriptá moie Lá-

C

ment

ment / Elenchus / y insze: w ktorych to pisałem / com wierzył: á pisałem w nich Heretycko / Heretycko przeto y wierzyłem. Zaczym y źle wierzyłem / iżeby tá moiá zła wiárá byłá práwosłáwna S. Wschodney Cerkwie wiárá / domniemałem / á nie istotnie wiedziałem. y mowiłem w tey máteriey / y ná insze iego słowá / obszerniey. A w tym dádzą wiedźieć / że vmárłego dla pogrzebu przynieśiono / y w Cerkiew go prowádzą. Dla czego my z Cerkwie do Celli iego vstąpili: y tám mowę moię continuiąc rzekłem / Ponieważ sie wam Oycowie moi ten moy script ták bárzo nie podoba / rádbym od Wielmożnych specificè wiedźiał / cobyśćie ták wielce niezbożnego w nim náydowáli / że nań / á przy nim y ná mię ták ostro nástępuiećie. A záraz máiąc kilká árkuszow tego mego scriptu z Drukárnie nábytych / w ręku swych / Oćiec Protopopá Słucki / (bo też był z niemi) począł w nim kárty przewrácáć / y owe z niego nádpisy czytáć / o Sądźie poiedynkowym. O Błogosłáwieństwie Dusz z tego świátá zeszłych spráwiedliwych. Iż Infernus iest Piekło. Iż sie iuż męczą grzeszni ludźie y Dyabli. Iż Chrystus iest Kápłánem ná wieki. Iż Przaśnik názywa sie chlebem. A zá káżdym z tych przyrzásywa / Ho: Ho. Potym kilká kart przewroćiwszy czyta / iż Piotr S. iest od P. Chrystusá postáwion powszechnym Pásterzem. Iż Cerkiew swoię P. Chrystus ná Pietrze S. zbudował. Iż wszytkiego świátá owce Pan Chrystus Piotrowi S. do pásienia poruczył. Iż y z Práwá Bożego / y z Práwá Cerkiewnego Appellácia do Biskupá Rzymskiego należy. Iż władza nákázywánia Synodow Powszechnych / należy Biskupowi Rzymskiemu. A ná tym záwárszy kśiążkę / rzecze / á zaż to máłe przećiwieństwá Cerkwi nászey / y bluźnierstwá ná wiárę nászę.

Co ia słysząc / á sercem moim ná vmyślną tego człowieká vporną ślepotę boleiąc / (bo niepodobna áby tey iáwney y iásney prawdy nie miał widźieć) rzekłem mu / Przeczytay Bráćie co sie pod tymi podpisami náyduie / á obaczysz to wszytko zbáwienne S. Wschodney Cerkwie dogmátá bydź / á nie bluźnierstwá. Y mowię ponieważ iuż v was spráwá moiá ták źle idźie / że y prawdá moiá v was nie prawdá: y własne S. Cerkwie Wschodney Práwosłáwne wiáry Artykuły sądzą sie od was zá przećiwieństwá iey y bluźnierstwá: Proszę niech o tym mowię z wámi lub tu priwatnie / lub ná Soborze publice / boć to / poprostu rzekszy / nie iest rzecz táka / ktoraby sie zbożnie głucho mimo nas puśćić mogłá / áby táki scrupuł ni w moim ni w wászym sumnieniu nie zostawał / ktoryby nas nápotym gryzł / że tá prawdá Boża / bez żadnego exáminu przez was iest zniewazona y potłumiona. Ali tenże Protopopá wymie z zanádrzá kártę pápieru / y mowi do mnie / oto to z tobą Sobor y priwátnie y publice mowi / więcey mowić niechce y nie myśli / ieśli chcesz bydź w Soborze / y znány bydź zá swego / te trzy conditie námowione ná Soborze pierwey masz wykonáć. Pierwsza: Przyśiądz ná tym / że iuż od tego czásu Cerkwie Ruskiey ni mową / ni pismem swym turbowáć / y odszczepowáć iey nie masz. Druga: Tego scriptu swego Apologiey publice masz sie zrzec / y to coć będźie od nas w potępienie tego / y w wyznánie swego grzechu podano / z Ambony czytáć. Trzećia: do Dermánia iuż sie wrácáć nie masz / ále tu w Kiiowie zostáwáć. Rzekłem ná to: większa mi to od was Bráćie pokutá / niż moy do was grzech. Krzyknął wszyscy oraz: wszytka Cerkiew ćiężko obráziłeś / przedewszytkim też ćiężki swoy grzech masz wyznáć. Mowię do nich: nie o tym rzecz moiá do was Oycowie / żebym sie o takie conditie z wámi vmáwiáł: ále o owym / ábym w tey spráwie mey ná Soborze od was / y od inszych wszytkich był słucháyny / y przytomnie z spráwoty mey był sądzony. Gdźie dá Bog / dá sie iáwnie obaczyć / ie-

żelim

želim ia tym moim ſcriptem Cerkiew Ruſka obražil / čżyli też
wy ia obražaćie / ktorzy ſie iemu / mym zdániem / nie ſłußnie
przećiwićie. y gdym ſie źniemi o tym roſpierał / nádeydźie w
tym Jego Mość Pan [redacted] Litinſki / A po nim w rychle
Jego Mść Pan Jan Stetkiewicz: po máłey chwilce Piſarz
Kozácki: bo ſie ták ná mie / iáko ſie porozumieć dáło / z vmyſl-
ney námowy byli diſponowáli. Miałem od kożdeg z nich ſwe
oſobne kazánie. y choćiam widźiał / że ia ich vczyć miałem /
á nie oni mnie: ále máiac to przed ſoba / że iuż w tey Cerkwi /
z pokaránia Božego / oddáwnego czáſu duchowni zá wola y
zdániem ludźi świeckich poßli: y nie Duchowni w ſpráwách
Duchownych rzadza / tylo świetcy: Duchowni ieno pro forma /
w tumiſia słow długich zniemi po prožnicy nie wdawałem ſie.
Alem mowił / áby tych nie potrzebnych conditiy ná mnie nie
wyćiagali / y mnie mimo wyſtepek moy wohyde do narodu
Ruſkiego nie podawáli / podáiac im do zábieženia tey rzeczy /
ieśli ſie w czym exceſſus ſtał / ten ſpoſob / ktory im do Oycá
Boreckiego w drugim moim liśćie opiſał / że ia o to poßle do
Lwowá / y bede piſał do Oycá Kaſsianá / proßac / áby żáden exemplarz z Drukárnie nie był nikomu wydány. y wiem
pewnie że to on vczyni / te przyczyny / ktore ia do niego wypi-
ſe / vważywßy. A my tym czáſem tu miedzy ſoba Articulatim
ten moy ſcript vważáć bedźiemy: y gdźie co zdrožnego nay-
dźiem / vtrzemy. Lecz mowá tá do nich moiá / ſurdis (iáko
mowia) byłá fabulá. Ktorzy ná ſwym przedśiewźiećiu zá-
ſádźiwßy ſie / mowy mey máło ſłucháiac / iuż ſie też było przy-
poźniło / wſtawßy odeßli. Ja ludźi tych nieużytośćia / że mi
ſłußney rzeczy nie ſłußnie odmowili / y do Soboru przed ta ná-
mowioneg ná mie od śiebie dekretu exequutia bydź nie pozwolili / z turbowány bywßy fráſowałem ſie. żem nieſpodźiewánie
wpadł w táki raz / ſkad mi nie było wolno (iáko mowia) ni

wprzod

wprzod / ni názad. A w tym iákoby w godźine potym / iuż
o zmierzku nápiſány z rzeczenia ſie ſpoſob / ieżelibym ná nim
zezwolił przeſtáć / y do nich przybydź / przyſłáli do mnie. Ja
też tey nocy w Monáſterzu Michałowſkim / z wielu ważnych
przyczyn / ktorych ná ten czas niewyrażam / zoſtáwáć niechcac /
á przytomnośćia moia miedzy niemi / záiatrzone ich ku mnie
ſercá chcac vmitygowáć / ten przyſłány do mnie kárteluß / z
wielu twárdßych nie przyſtoynośći oćioſány / zły iednák / y prze-
piſány / á nie podpiſány / Poſłańcowi ich dałem: y ſam záraz
zánim do Monáſterá Pieczerſkiego ná wſenocne iáchałem: máiac iż iuż tám zá to / w gromadce / á ile w Cerkwi ná mieyſcu
ſpokoynym vbłágáć miałem / że tego ſwego około mnie dźiećinnego igrzyſká mieli zániechać. Ale iáko mowia / Aethyo-
pem dealbare difficile: wilkiem oráć trudno. Gdym iuż był
w Cerkwi y w ołtarzu / przyſłáli do mnie / ábym ten kárteluß
podpiſał / iżebym záraz pod ſumnieniem przyrzekł / iuż z Kijowá do Dermániá nie iácháć. Prośiłem ich áby tych lekkośći
ze mna ſtroić poniecháli: iże ia ná ten podpis / y ná te ich conditie dobrym ſumnieniem pozwolić nie moge. W tym záraz /
támże w ołtarzu / słowámi niepoczćiwemi ſurowie rzućił ſie
ná mnie Oćiec Archymándritá Pieczerſki (ktory niedawno przed
tym dobrze y pobožnie o tey ſpráwie / ktoram ia w tey moiey
Apologiey opiſał / y rozumiał y mowił; y liſt ten / ktory im do
Jego Mśći Oycá Pátriárchy Konſtántynopolſkiego w przeßłym roku piſał / w ktorym ſummatim wßytko to / y ießcze
wiecey ieſt wyrażono / co iuſt w tey Apologiey opiſano / chwalił: bom go v mnie w Dermániu przed nim czytał: y ná tym zie-
źdźie náßym Grodkowym / gdyſmy o tych rzeczach miedzy námi
y Rzymiány Rożnicách rozmawiáli / zmiánke przed tymi przełożonymi Duchownymi / ktorzy tám byli / czynił / y dobre ſłowo iemu dawał.) Ten mowie / ták dobrego o tey ſpráwie ro-

C iij

zumienia

zumienia człowiek indźie gdźie / á nie w ołtarzu / y to od ládá-
kogo / ná ludźie poczćiwe mowić śie zwykłymi słowy / iádowito rzućił śie ná mie. Záczym stał śie táki háłás / że śie y ći co
w ołtarzu / y ći co ołtarzowi bliższemi byli / iákoby ná gwałt iáki poruszyli. Poszedł po wszytkiey Cerkwi szmer / że śie iuż tylo
co bliższym do ołtarzá było sunąć / á tey około mnie trágediey
Duchownÿ dopomoc. Bacząc to niektorzy z tych / co mi iákoby z przyiáli / pozwolić ná to ná ten czás / á ten tumult pokiby
więtszy nie powstał / przez to vmitigowáć / rádźili mi. Ja
też widząc / że śie do niepohámowánego złego rzecz tá nieśie / y
aby do wielkiego rozruchu / y krwie rozlania winney y niewinney (iáko śie w tákich rázach / á ile w nocy / dźiać zwykłá) w
Cerkwi tey Przezacney Pieczerskiey nie przyszło / kárteluß ten
według woli ich / mimo wolą moię podpisałem: y do Dermániá nie iácháć / przyrzekłem. y ták śie ten huk y szmer vśmie-
rzył.

Ażebym ludu prostego przez ten záránkowy duchownych
náprzećiwo mnie postępek / y ich sámych zawaśnione ná mie
sercá vkoił / szedłem z niemi ná Procesśie: á potym / nic śie nád
to co śie iuż stáło / więcey niespodźiewáiąc / y ná Liturgię.
Ali po przeczytániu Ewángeliey / nád oczekywánie moie / zesłány był ná Kázálnicę Wileński moy namieśnik. Duchowni
też z Ołtarzá ku Ambonie wystąpili. Rozdał káżdemu z Wlá-
dyk Oćiec Archymándritá Pieczerski kárty y świece. W tym-
ten co był ná kátedrze kárteluß ten czytał / á potym dáną sobie
z mey Apologiey kárte rozszárpnął / y rzućił. Zátym Oćiec
Borecki / z ktorym stał ná Ambonie ten co śie nazywa Łuckim /
ná też Apologię / á przy niey záraz / y ná Oycá Kássiáná Ar-
chymándritę Dubieńskie° / człowieká w wierze Práwosławney
nie podeyrzánego / y ni iednym Práwem Duchownym w żádnym Heretyctwie nigdy nie konánego / áni posoczonego / bez

práwá

práwá y bez sądu Anáthemá rzućił: kárte rozszárpnął / y świece zgáśił. Toż zá nim czynili wszyscy Władykowie. y ták śie
to Liturgiey S. nie śmiechu / ále płáczu godne intermedium
skończyło: ktore Ruska tey strony Cerkiew z Práwosławney
wiáry wyzuło / á w Heretyckie błędy y bluźnierstwá przyodźiá-
ło / początek swoy miawszy zowąd / iż ći ktorym do przeczytánia y vważánia tá moiá Apologia odemnie byłá przesłána /
przysposobiwszy sobie Oycá Zyzániego z Korcá / á Oycá Mu-
zylowskiego z Słucká / Jednośći S. głownych nieprzyiaćioł:
á zátym ich Heretyckim o tey moiey Apologiey wydánym wyrokiem / słusznie śie rzecz może / że y ná Práwosławne Kátholickie wiáry dogmátá wielkich bluźniercow: przez Niedźiel
cztery zniemi w tey spráwie tráktowáli y námawiáli: y to co
zemną y z tym moim scriptem vczynić / postanowili. A potym w Wigilię Swiętá Záśnienia przenaświętszey Panny / o
iedney godźinie tę spráwę we stu y piąciu punktách Episkopom
trzem / ktorzy o tym dniu tám do Pieczerskiego Monásterzá
byli wezwáni / przełożyli: y ieden z nich po swym zdániu zdánie wszytkich Episkopow concludowáł: A drugi zdánie wszytkich Presbyterow: wołáiąc ná nie: czy ták Swięći Oycowie /
czy ták Hospodynowie? A Swięći Hospodynowie niewiedźieli sámi ná co odpowiedáli / TAK: wszytko to iednák od tych
dwu w ten cel dźiało śie / ábym ia był zdostoieństwá mego degrádowány. Episkopowie sámi tey moiey Apologiey nie czytali / ni czytána słyszeli / nierzkąc opisánych w niey rzeczy nie v-
ważáli / y coby śie w niey zámykáło / niewiedźieli / (bo Oćiec
Páisy przyiáchał do Kijowá we wtorek dniem przed mną /
Oćiec Jsáki we środę / tego dniá ktorego y iá: Oćiec Jsáiá
przy tey namowie miedzy niemi nie był: Oćiec Awrámi kilkomá dniámi wprzod przyiáchał. lecz tákże o tym wiele y ten
wiedźiał / iáko y drudzy: á iuż śie ten Sobor przez swe do mnie

postáńce

Postáńce ieszcze we środe z tym odezwał / że moie Apologie od głowy do nog nieczysta bydź osądził. Mowie tedy / że Episkopowie tey moiey Apologiey nie czytáli / y opisánych w niey rzeczy nie vważáli: bo czásu z to nie mieli:) ale nátych punktách przed tym z tey Apologiey / przez ktoregoś z tych dwu wypisánych / czytánych / y iáko on rozumiał y chćiał / sinistrè po ministrowsku interpretowánych przestáli / y za dosyć nátym mieć / skutkiem okazáli. Záczym iák ten interpres náćiagnał / y iák iuż z soba przed tym te wyż pomienione cztery osoby były námowiły / stánał ten niezbożny dekret. Lecz ná inszey osobie / iákom powiedźiał / á ná mey Apologiey iest exequowány. Przez ktorego wykonáno exequutie scribentow tych nowych / Zyzániego / Philáletá / Ortologá / Kleriká / y tym podobnych / w tey moiey Apologiey notowáne wyliczone y wyrażone / kłamstwá bluźnierstwá błedy y Hęrezye / sa Cerkwi strony tey Ruskiey / á Gerganowe Greckiey / zá własne ich wiáry Artykuły / wszczepione y przyznáne. A te Kátholickie Práwosłáwney wiáry dogmátá / przez ktore sie te Autorow tych bluźnierstwá / błedy Hęrezye y kłamstwá znoszą / sa z niey wyszczepione y odrzucone.

A to nábárziey stáło sie / iáko sie widźieć dáie / z pokarániá Bożego / zá nieporządnym y w Cerkwi Bożey niezwyczáynym Soborniac ich tám postepkie. Nie słychána to ábowiem rzecz w Cerkwi Páná Chrystusowey / áby ná Synodźie Episkopskim Presbyterowie rzeczy wiáry mimo Episkopy vważáli / sądźili / y dekretá ná nie ferowáli / á Episkopowie áby ferowáne od nich dekretá do exequutiey przywodźili. Rząd to záiste nierządny / y spráwá nie spráwna. Pomiestnych y powszechnych Synodow Kánony / y Apostolskie náuczáią / że Episkopom o Dogmátách wiáry sąd należy / á nie Presbyterom. A v nich sie w przećiw pod ten pomieniony przeszły

Sobor

Sobor stáło / Presbyterowie / y to dwá tylo ábo trzy / o wiáry Dogmátách sądźili / y dekretowáli / á Episkopom dekretá swe do exequutiey podáli á ći ie bez swego im właśnie należącego exáminu nie tylko nie ostrożnie / ále y niezbożnie exequowáli. Záczym iák Popowie niewiedźieli / ná co zá Zyzánim wołáli / T A K: rownie y Władykowie niewiedźieli / ná co zá Oycem Boreckim mowili / Anáthemá. Rzec śmiele mogę / że y podźiś oboi niewiedzą. A gdyby kto Episkopow y tych Popow / potym ich Soborze zápytał był / dla czego Apologie Oycá Smotrzyskiego przeklęto: spráwiedliwie powiádam / żaden z nich spráwy o tym dáć nie vmiałby: bo żaden z nich iey nie czytał: rzadki / y to w tych porywczych punktách / czytáno słyszał. y dobrym sumnieniem żaden ináczey odpowiedźieć nie mogłby / tylko iż táka im o tym Oćiec Zyzáni / y Oćiec Muzylowski spráwe dáli / że iest Hęretycka / nieczysta / y niezbożna. A stáło sie to tám / że Zyzáni po Zyzánim / iáko by też Cygan po Cygánie y świádczył / y sądźił. Ták sie tám dźiać zwykło / gdźie oczy / iáko mowią / wyże łbá chodzą: gdźie świeccy Popámi / á Popi Władykámi rządzą. Czego sie było z żáłośćia násłucháć y nápátrzyć ná tym Soborze: gdźie Popi rey wodźili / y Władyk znieważáli. O inszych mowie nie o sobie. o sobie to powiádam / że ná żadne Consultátie / cokolwiek było spraw y podpisow / wzywány nie byłem / toż y o inszych Episkopách rozumiem: ále co Popowie gdźieś uknowáli / to Władykom nam do podpisu podáli: á my to / by dobrze byłá Kabállá / lub też Muzulmáná / podpisowáli. Co sie wiedźieć y z owego sámego dáie / że ná przećiwo iáwnym y iásnym Práwam Cerkwie Wschodney w dyshonor dostoieństwá Episkopskiego / y w derogátie Jurisdikciey ich / podpisáliśmy Práwo Apelláciey do Archymándrity Pieczerskiego / że wszytkich wszytkiey źiemie Ruskiey Monásterzow przełożony

D

y Brácia

y Bráći: á z Archymándritá Pieczerſkim ná Práwo zá morze. Przychodźiło y do tey zniewagi/ że przyporywániu ſie do pogębkowánia/ y tym imieniem Włádyk Popowie cżćili/ ktorym ſie poſpolićie cżeſte/ co po podſtolu kośći gryzą: á ießcze przy wßytkim celnieyßych zgromádzeniu. A záto im nie Boć to tám przez te Soborowe dni poßło coś było v nich ná owe przypowieść náße Ruſka/ Nie czuić ß Korolá w zemli. Cerkwi iednák Ruſkiey ſtrony tey wielka ßkodá/ iß zátym tákim Popow tych ná Soborze tym rzadem/ do tego przyßło/ że zbáwienne práwey wiáry dogmátá Anáthemie ſą oddáne/ á Hzeretyckie bluźnierſtwá ſą obłogoſłáwione. Spráwił to przez nie przećiwnik Prawdy/ ktory widźiał/ że oni o te twárdą opokę zęby ſobie pokruſzyć mieli/ iey iednák gryźieniem ſwoim nic vßkodźić nie mieli/ áby ſie ią całkiem połknąć pokuśili/ porádźił im: żeby ták przez to y śiebie ſámych od odpowiádánia ná to y wßytek ſtrony ſwey lud od czytánia y poznánia tey prawdy odſádźili: á zátym to/ co kożdemu człowiekowi/ zá wzgląd zbáwienia ſwe° wiedźieć należy/ od nich vtáili. A ſtáło ſie ták. Ale ia vfam obrońcy Prawdy/ że on w dobrych áż ſámey niewiádomośći ná te ßátáńſka ráde przypádłych Dußách/ z dobrotliwego ſwego miłośierdźia ſpráwić będźie raczył/ że oná y połkniona/ pożytek wnich vczyni: á vpornym y z vmyſłu ią tłumiącym: ſkánie wgárdle. Spráwi to mowię Bog wßechmogący/ ktory łáknie y prágnie zbáwienia wßytkich ludźi/ że to Anáthemá ſtráßydłem będźie ſynom zátrácenia: á ſynom Bożym będźie śrzodkiem do zbáwienia. Prawdá ábowiem tłumiona bydź może/ á zátłumiona nie może bydź. A ieśli wiele ma Szátan chytrośći do tłumienia Bożey prawdy/ nierowno więcey ſpoſobow ma Bog do zátłumienia tego chytrośći.

Ja/ ponieważ Bog moy/ iákiemi on ſam wie ſądámi/

nieſą dźił

nie ſądźił przy tey prawdźie duße mey ná on czás polec/ o krzywdę iey poki tá dußá w ćiele moim będźie/ mowić y vbiiáć ſie/ według zmogi dánych mnie od Bogá mego śił/ nie przeſtáne. Pomázáńca Boże° Krolá Je° Mśći Páná Náße° Mi obrońcy w tym Páńſtwie wßelkiey vkrzywdzoney niewinnośći/ y kogo przy tym będźie należáło/ będę prośił/ áby mi do obrony tey Anáthemátizowáney Prawdy y czás y mieyſce náznáczyć/ y tym ktorzy ią Anáthemátyzowáli/ ku popárćiu tey ich nie prawdy/ ſtáwić ſie nákázáć raczył: iákoby ludźi proſtych y ſpráwy tey nie wiádomych dáley nie zwodźili: y od przyſtępu do záwárćia Jednośći S. potwarzą y fałßámi nie odwodźili: vdáiąc przed niemi Rzymian zá ſproſne y Bogu obrzydłe Hzeretyki/ Mánicheyczyki/ Sábelliánczyki/ Apollinárysty/ Mácedończyki/ y Origenisty: (głośno to mowię/ áby wiedźieli Kátholicy/ iákie onich rozumienie ći ludźie máią:) rozmijáiąc ſie w tym od prawdy ná ſwoie duße/ y ná Rzymſkiego Kośćiołá od tych kácerſkich ſproſnośći czyſtość y niewinność. A żeby te Zyzániow ich kácerſkie błędy y Hzerezye miáſto Práwoſłáwnych wiáry Dogmat w Cerkiew tey ſtrony Ruſka przez nie wtrącone nie były. Ten mię ſámy reſpekt y żywotowi memu podány moy czás pobłáżyć przynękał/ ábym czáſu ſwego te moie práwdę przed oczymá ich ſłownie poſtáwił/ y to rzeczywiśćie im pokazał/ że iák to ieſt ßczera prawdá/ że Zyzáni/ Philálet/ Ortholog/ y tym podobni w ſcriptách ſwych/ ſą iáwni ná práwe Práwoſłáwney wiáry Dogmátá bluźnierce: ták owo/ áby Kośćioł Rzymſki Mánicheyſka/ Sábelliáńſka/ Mácedoniáńſka/ Apollinárſka/ Origeniáńſka/ wßytkiemi lub iedną zních Hzerezyią zárażony był/ ieſt ßczera nie prawdá.

Ktoż ma władzę więtßą w Cerkwi Bożey/ vczyć wiáry/ Epiſkop lub Presbyter? wolno Popowi/ z drogi prawdy

D ij z wodźi

zwodźić / á nie wolno Episkopowi ná drogę prawdy náwodźić? Bezpráwie to Episkopowi wielkie / y wielki nierząd Cerkiewny. Episkopow sądowi podlega Episkop / y náuká iego / á nie sądowi Popowskiemu. Sądźić náukę Popowską ma we władzy Episkop / á nie wprzećiw. Jesli mieli spráwiedliwą dopuśćić mie było do Soboru á ieden by nas dźień / że nie rzekę iedná godźiná / był rozpráwił. Co więtsza? wolno było ludźiom prostym Láikom / y z wiáry Heretykom / sprosne błędy / Herezye / y ná Máyestat Boży brzydkie bluźnierstwá pisáć / y do druku ná záráżę ludźi niewiádomych / miásto Dogmat wiáry Cerkwie Wschodney podáwáć: o co nikt ich nie karał / ni sądźił / ni winił / áni pytał / y owszem wszyscy nie mał y podźiś dźień lubuią w nich y korzystuią: á mnie w Cerkwi Ruskiey Archyepiskopowi nie wolno mowić / pisáć / y do druku podáwáć prawdy tey / ktora y te Herezye znośi / y Práwosławne wiáry dogmátá dowodnie stánowi. Co zenwczynił / obwiniony byłem / á o siebie y o swoią niewinność / y o krzywdę tey ktoram pisał prawdy / mowić ná Soborze tym y zá wielką moią instántią y prośbą nie iestem dopuszczony: ále bez práwá y ładu záocznie / od sędźiow nie należnych byłem zdány: á pospołu z emną y tá prawdá / ktora mie od ich bez práwia swoią krzywdą okupiłá. Kiedym był człowiekiem świetskim / Láikiem / á Herezye Luteráńskie y Kálwińskie do nich przepiłem / kubek ten we łzách lámentuiącey mátki swey / trućizny pełny wdźięcznie odemnie przyieli / pili z niego / y ná duszách swych / nieszczęty / z ochotą truli się. Nie gniewáli się oto ná mię / áni się pytáli / skądem go im był náczerpnął / z Cerkiewney winnice / lub też z Heretyckiey Trućilnice. A teraz gdym zá łáską Bożą został ich Archiereiem / człowiekiem zá wzgląd Archyepiskopskiego dostoieństwá mego w Cerkwi ich nie poślednim / kiedy do nich zá łáską Bożą / ná te żądáno im

odemnie

odemnie truciznę ἀντίδοτον przepiją / łáią mię / łżą / y ná śmierć prześláduią. Nie uważáiąc / że pierwey pisałem iáko człowiek priwatny / á teraz piszę iáko Kápłan y Arcykápłan / łáski Bożey przez sáme ná mię rąk Kápłáńskich pokłádánie bliższy niż przed tym. Máież to Episkopowi w Cerkwi bez práwie? My zdániem więtsze być nie może. Bo dáć winę komu záocznie / á potym nie dopuśćić mu spráwić się / y wyrok nań uczynić / bezpráwie to tákie iest / iákie ni v Pogan iest kiedy słycháne. Ktore mię do tego com uczynił musem wielkim przywiodło / máiąc nádźieię / że wyżebrzę náte praw Cerkiewnych gwałtowniki / y prawdy Bożey znieważce czás y mieysce v tego / ktory to y z Boskiego y z ludzkiego práwá w tym Páństwie we władzy swey ma / do obrony tey skrzywdzoney Kátholickiey prawdy / ktora Anáthemá nie spráwiedliwie iest obelżona / á Heretyckie bluźnierstwá są w błogosłáwione.

To tedy ten przeszły Episkopski tytułem / á rzeczą sámą Popowski nierządny Sobor / miawszy ná sobie Popy sędźiámi / á Episkopy sądu ich exequutorámi / spráwił / że Cerkiew tey strony Ruska y Graecka od nog do głowy o Herezye wył. Bo uczyniłem ia ćiebie ostrożnym bydź Narodźie Ruski / przez te moie Apologię prosił y nápominał / áby kiedy zá nieostrożnośćią twoią Cerkiew twoia Ruska tymi nowych twoich dogmatopisców błędámi y Herezyámi ze sromocona bydź / nie byłá dopuszczona / to ná nię ten Sobor te sromotę / Práwosłáwne tey wiáry dogmátá przez mnie opisáne wyklawszy á kácerskie błędy y Herezye w niey tym sámym postępkiem pochwaliwszy / cálkiem obalił.

Z ktorey przyczyny iák wielce ważney / z poważnośći y powinnośći dostoieństwá mego Archyereyskiego ná przećiw temu nie porządnemu / y wierze ś. Práwosłáwney przećiwnemu / á Cerkwi Bożey Kátholickiey wielce szkodnemu Soborowi

D iij

borowi

borowi/ przed wßytkim toba/ Przezacny narodzie Ruſki/ przez te moie Proteſtatie (bywßy od nich oto ſollicitowany/ ábym ſie nie proteſtowal: izebym to byl przed namieśnikiem Grodowym Kijowſkim/ ktorego iuz ná to byli wezwáli/ wyznal/ ze mi ſie w tym ich poſtepku zaden gwalt niedzial:) ſolenniter proteſtuie ſie/ y oświadczam ſie/ ze chociam co dal ná piśmie/ choć co podpiſalem/ chociam co przytomny z niemi bedac/ náprzećiw temu Katholickiemu Práwoſlawnemu ſcriptowi moiemu/ z niemálym ludzi ſpráwy tey niewiádomych pogorßeniem mowil ábo czynil/ cála dußa moia przed Pánem Bogiem moim nieba y ziemie Stworzyćielem wßytkiego z rzekam ſie/ y zá niebyle czynie. Grzechu tego mego przed tym ze Pánem Bogiem moim/ y przed wßytka iego S. Cerkwia iák śmiertelnie ćiezkiego ſpowiádam ſie/ zaluie/ y plácze zań gorzko. Y o modlitwe zá ſoba Káplanow Bozych/ y wßytkich wiernych w gorzkośći ſercá mego proße/ temu ſie wſkruſzonym moim ſercu pod Abſolutie podeſlawßy/ ktory ia iure Diuino, z wladze ſwey Duchowney ku mnie zupelna ma. Gdyzem Bogu memu dány/ y iemu per obedientiam ßlubiona wiáre moie y pod ten ſámy czás cálo záchowal: y ſerce moie nád ich/ ná ten moy ſcript nie práwowiernym ſercem rzuczone Anátheme nigdy nie zezwalálo/ y zboznie zezwolić nie moglo. Skad bylo/ ze oni kleli moy práwoſlawny Kátholicki ſcript/ ktory im ia z wielkim vwazeniem piſal/ y kazda rzecz moie w nim piſmem S. y Doktorow Cerkiewnych Wſchodnych y Zachodnych náſzko dowodnie y powaznie ſpárl/ obiáśnil y z mocnil. A iam klal ich kakoſoſiewcow Zyzániow/ reflutowáne przez mie w tym moim ſcripćie/ bluznierſtwá bledy y hęrezye: te dárlem/ ná te świece zgáſilem/ te y pod nogi moie rzućilem. Puśćilem ſie w to ćiezkie pogorßenie nie dla ſtráchow tych/ ktore ná mie zewßad iák chmurámi byly nápußzone:

ßzone:

ßzone: bo doſkonála miłość precz wyrzuca boiazn: áni dla owego gwáltownego náſtepu/ iákom málo wyßey przypomnial/ iádowitych ludzi tych Duchownych/ ktorzy ſie ná mie y záocznie y w oczy wßedzie przy ſwych namowách/ á oſobliwie w Oltarzu Cerkwie Pieczerſkiey/ pod czás wnętrznego nabozenſtwá/ nie poczćiwymi ſlowámi rzucáli/ háláſy ná mie zniewazne ſtroili/ tumultowáli ſie/ y lud proſty ná mie w pomſte iákoby vczynioney przez mie wierze ś. Kátholickiey Wſchodney obrázy/ hukiem ſwym pobudzali/ vdawßy mie pierwey do niego zá zniewazce S. Kátholickiey Cerkwie Wſchodney Świetych y zbáwiennych wiáry dogmat: nie práwdniac w ty ſámochotnie z ſámych śiebie ná ſwoie duße/ y ná moie niewinność. Nie dla tych/ mowie ſtráchow y zniewag w to pogorßenie/ miloſierdziu Bozemu poruczywßy ſie puśćilem ſie: ále cześćia dla tego/ áby to mieyſce ś. krwia/ iákom rzekl/ niewinna y winna nie bylo oblane. A wietßa cześćia/ ze ſpráwcy mey ſluchác niechćieli: y mowić mi nic w obrone tego mego ſcriptu nie dopuśćili/ ſwoie iednák námowiona ráde do exequutie y przywodzić nagle poſtepowáli: miedzy dwoim zlym mnieyße zle/ mym zdániem/ obrawßy. Máiac zá to/ ze Bog wßechmogacy ná ten moy nie dobrowolny/ y do ſercá mego nieprzyſtály/ á nawietßy zbáwienny przyßly pozytek/ niz to bylo pogorßenie pátrzacy grzech nie pámietáiac/ ták ku mnie/ iáko y ku temu ſcriptowi memu nieſlußnie rozgniewáne y zápalone ich ſercá ſámym czáſem vśmierzywßy/ da mi wolny czás do vſtney przed niemi obrony tego mego Prawoſlawnego Kátholickiego ſcriptu: y to vczynić im zdárzy/ co w tákim Cerkwie narodu náßego poſtánowieniu czynić im nalezy. Byláć mi zá tym ich tákim ná mie náſtepem Wyznawce/ ieśli nie y Meczeńſtwá zárаz korona/ do rak moich podána/ ále nieſtety/ Bog moy/ w ktorego reku y śmierć moiá y zywot/ zá tym tákim moim

kim moim

kim moim reſpektowániem ſtawie Máyeſtatu iego / iáko bacze / nie milym / wypáść mi iey z rąk moich pod ten czás dopuścił. Czego ia z duſze mey ciężko żáłuię / y poki żywotá we
mnie / żáłowáć y prośić o nie nie przeſtánę.

A przy tey tákiey moiey przed toba Przezacny narodzie
Ruſki / uczynioney Proteſtácyey / do zupełnego Cerkwie naſzey
Ruſkiey Pomieſtnego / zá pozwoleniem zwierzchney Páńſtw
tych władze / ná mieyſcu bespiecznym nákazánego Soboru t
ná ktorymby ten moy Apologia otytulowány script trybem
Swiętych / zwyczáiem ſtárodawnym utorowánych / y Káno-
nem Swiętych Oycow naſzych obwárowánych Synodow był exáminowány / według Bogá y prawdy
iego Swiętey decretowány / iák wielce u-
krzywdzony w Cerkwi Ruſkiey Archyepiſkop z wielce ukrzyw-
dzona w niey prawda
Boża Appelluię.

Ná cześć Bogu w Troycy iedynemu.

W Dermániu Roku Bożeg 1628. Sept: 7. Dniá.

Mego żywotá iedyna Nádźieiá Pan IESUS CHRYSTUS.

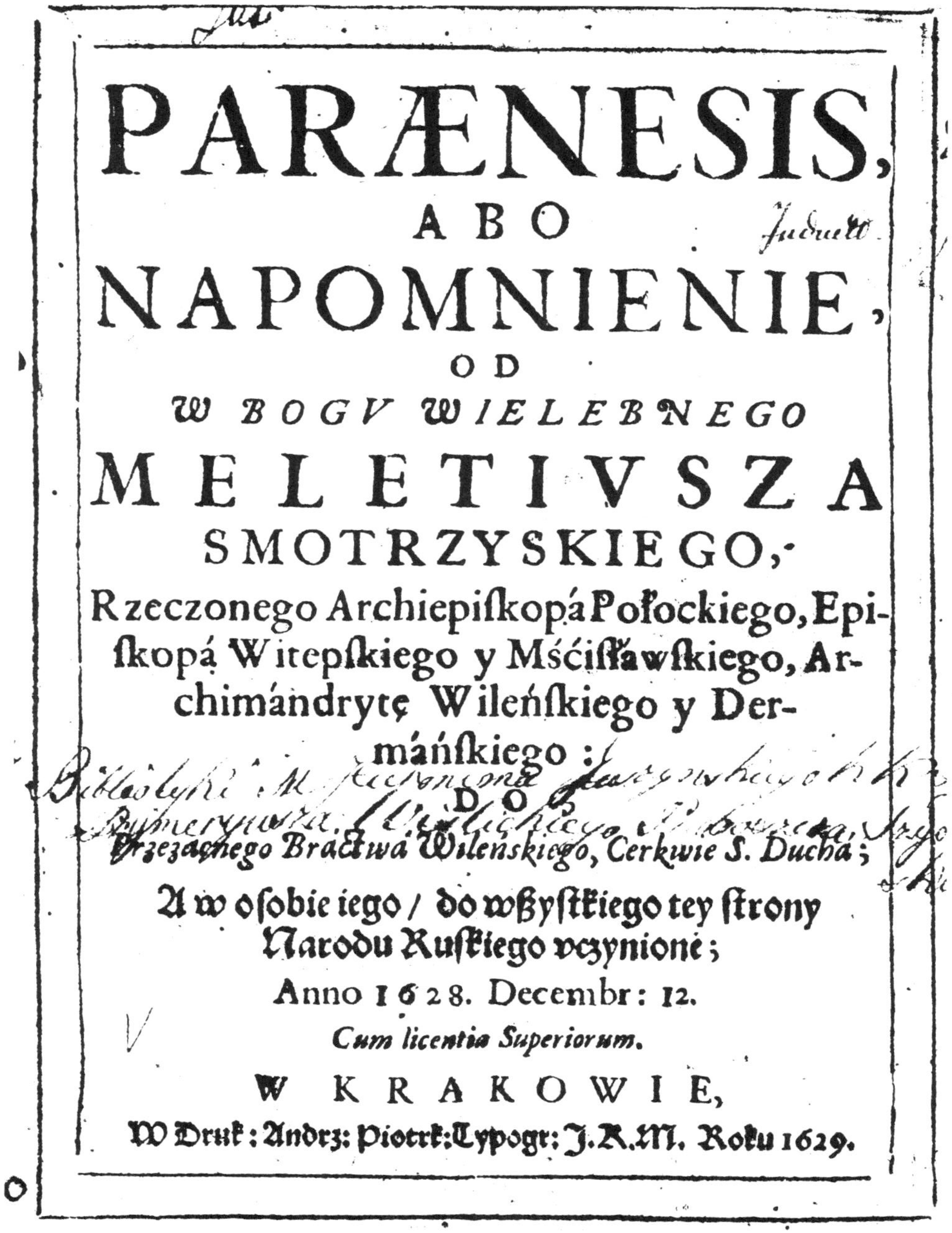

PARÆNESIS,

ABO

NAPOMNIENIE,

OD

W BOGV WIELEBNEGO

MELETIVSZA

SMOTRZYSKIEGO,

Rzeczonego Archiepiskopá Połockiego, Episkopá Witepskiego y Mśćisławskiego, Archimándryte Wileńskiego y Dermáńskiego:

DO

Przezacnego Bractwa Wilenskiego, Cerkwie S. Duchá;

A w osobie iego / do wszystkiego tey strony Narodu Ruskiego vczynione;

Anno 1628. Decembr: 12.

Cum licentia Superiorum.

W KRAKOWIE,

W Druk: Andrz: Piotrk: Typogr: J. K. M. Roku 1629.

Pełne Lilie garśćią sypáć roskázuie
Maro/ kiedy Márcellá cnego opisuie:
Przed ktorym naprzod strászny Pánus vstępował/
A Rzym/ ták národzony znowu/ tryumphował.
Tu ná przezacne imie Domu ZASLAVVSKIEGO;
Coś ta teszcze dáleko wodze zacnieyszego.
Bo nie tylko Lilie przed nim zákwitáią/
Ale Miesiąc y gwiazdy temu sie klániáią.
Nawet y cuda morskie przed nim wyskákuią/
Y niebieskie dworzánie z bestiy tryumphuią:
Dáiąc znáć iż go ziemiá y morze miłuie/
Y Niebo iego dzielnym sprawom applauduie.
Przeto bedzie Oyczyznie/ morzu/ niebu/ miły/
Pod niebie sie bądą pochodnie swiecily.

M. GREG. GOLINSKI, Coll: Minor.

Jáśnie Oświeconemu Xiążęciu,

X. I. M.
ALEXANDROWI,
Z OSTROGA
ZASLAWSKIEMV,

Woiewodźie Kiiowskiemu, &c.

KATHOLIKOWI.

Czułemu, Pobożnemu, Zarliwemu.

CERKWIE S. WSCHODNEY, IAKO Y ZACHODNEY,
Miłośnikowi gorącemu.

WIARY S. KATHOLICKIEY PRAWYCH DOGMAT
Náśládowcy práwowiernemu.

IEDNOSCI S.

Nád dobrá, nád zdrowie, y nád ten-swoy doczesny żywot; zgode, miłość, y pokoy, Bráciey, żáłośnie rozerwánego Narodu Ruskiego, przekłádáiącemu, poważáiącemu, y miłuiącemu,

FAVTOROWI, PROMOTOROWI,
Y PROTEKTOROWI:

Ná o-

Ná oświádczenie

Vprzeymey swey życzliwośći;

Y ná powinszowánie

W tym zbáwiennym dźiele pomocy, w postępku błogosłáwieństwá, w skutkách pożądáney vćiechy od Páná Bogá, w pewney nádźiei z niebá, y w niebie; doczesney y wieczney odpłáty, y nagrody;

Iáko Pánu swemu M. Dobrodźieiowi, y Pátronowi:

AVTHOR Skryptu tego, w szczerym sercu, w cáłey powolnośći, y w codźiennych Modlitwách,

Ofiáruie, Dedykuie, y Oddáie.

Hoc scriptum Paraenesim legi, approbaui, vtile ad conuersionem Schismaticorum esse iudicaui; ac proinde dignum esse vt imprimatur, censeo.

IOSEPHVS VELAMIN RVTSKI, Metropolita Kiiouien. Halicien. totiusq; Russiae, m. p.

Ia X. SEBESTIAN NVCERYN, *Pismá ś. Doktor, Kośćiołá Káthedrálnego Krakowskiego Káznodźieiá, Censor Kśiąg w Biskupstwie Krák: do Druku idących; ten Skrypt W. Przewielebnego* MELETIVSA SMOTRZYSKIEGO, *Archiepiskopá Polockiego, &c. od 1. Przewielebnego: I. M. X.* IOZEPHA RVTSKIEGO, *Metropolity Kiiowskiego, &c. approbowány, áby był drukowány, pozwoliłem: Dniá 19. Styczniá, 1629.*

Palam est, quod in re dubia ad fidem & certitudinem valeat authoritas Ecclesiæ Catholicæ, quæ ab ipsis fundatissimis Apostolorum sedibus, usq; ad hodiernum diem succedentium, sibimet, & Episcoporum serie, & tot populorum consensione confirmatur. *D. Augustinus contra Manichæos.*

[illegible] uczynił [illegible] Smotrzycki [illegible] Liszki [illegible] schizmatorom [illegible] z Lutrami [illegible] nie chcę z Bogiem, niech będą z diabłem [illegible]

MELETIVS SMOTRZYSKI,

Rzeczony Archiepiskop Połocki, Episkop Witepski y Mścisławski, Archimandrytá Wileński y Dermański;

Bráciey Bráctwá Cerkiewnego Wileńskiego, posłuszeństwá Wschodnego, wszem wobec y káżdemu zosobná, Duchownym y Swietckim, Bráciey swey w Chrystusie; y Synom w duchu namilszym;

Láski, pokoiá, y miłości, od Páná Bogá uprzeymie życzy, y winszuie.

Náz List WMM. Wászych, Dniá 13. Augusti, Roku tego teráznieyszego 1628. mnie w Kijowie przez Oycá Jozephá Namiestniká mego oddány; ná on czás prze niesposobność mieyscá y czásu, dostátecznie odpisáć nie mogszy (w ktorym mię WMM. WW. o wyráźną Rezolucyą proszą, abym wyznał te o sobie suspicyą, ktora się z sławy w vstach ludzkich noszącey się, w sercách WMM. WW. o mnie vrodziłá; że mię owi vdáią zá Vnitá; á drudzy, że coś nowego zámyślam: y ták ná trzecią część Ruś rozerwáć pokuszam się, skądby bydź musiáło oszukánie osttátnie gorsze, niż było pierwsze) teraz zá łáską Bożą, czásu y mieyscá wolnieyszego nabywszy, WMM. WW. ná to odpisuię obszernicy, niżem iuż odpisał.

A puszczam

A puszczam ten moy List przez druk in publicum, iáko w spráwie publiczney: áby nie tylko MM. Wáße Bráctwo Wilenskie / ále wßystká oboiego posłußenstwá Ruś / z osoby mey nie tylo iáko Archimándryckiey / ále y iáko Archiepiskopskiey / o tym wiádomość miáłá. Co zá Rezolucya / ná to od MM. WW. do mnie vczynione pytánie / y MM. Wáßym / y káżdemu wiedzieć o tym chcącemu / czynię.

Pámiętam dobrze / że w pierwßym moim do MM. Wáßych liście / miedzy inßymi / ná to pytánie / owymi krotkimi słowy odpisałem. Po mnie MM. WW. tego / ábym troił Ruś / obawiáć się nie ráczcie / ktory y tey rozdwoioney cáłą moią duszą ziednoczenia pożądam / y ßukam. Płácze wnętrznie / y powierzchnie (kto ma rozum) ßkodliwego iey rozdwoienia; nierzkąc áby ießcze o roztroienie iey stáráć się miał. Nie błogo Rozdwoicielowi iey: á Roztroicielá coby w pociesze sumnienia zátrzymywáło? Lecz my / iáko bacze / tegdy o ziednoczeniu rozdwoloney stáráć się / y pieczołowáć zachcemy / kiedy oná w wiele częśći rozrozniona / iuż się do Vniey podáć nie zmoże. Zá iáko spráwá / máło nie przyidzie y nam po ßkodzie mądrymi bydź. Co sam Pan Bog vprzątnąć / y podług woley swey ś. ku zbáwieniu náßemu / sporządzić áby raczył / modlę się rzeć. To iuż ná to pytánie MM. WW. odpisałem. A żebym się dostátecznie w przedsięwzięciu moim ná pytánie MM. WW. rezolwował / nieco ießcze do tego pierwßego pisánia mego przydáię: y áczkolwiek ná one pospolitą sentencyikę pámiętáiąc: Veritas odium parit: á nienawiści v MM. WW. vchodząc / ktorych po te przeßłe czásy miłość znalazłem ku mnie wielką / y vprzeymą; milczećby mi ráczey przychadziło / niżeli co ná to MM. WW. pytánie odpowiádáć! wßákże wiedząc że o prawdę nienawiść przypada ná ludzie nikczemne y nieuważne / mnie zás mowá o nię do ludzi wielkich y bácznych / á kutemu do Bráciey (że nie rzekę do Synow) á Bráciey młodßey. Do tych ludzi / ktorzy w swey pobożnośći nád inße w Narodzie Ruskim / naygorętßemi oká-

mi okázáć się chcąc / & dextris, iáko mowią / & sinistris; y prosto idąc / y z práwey drogi zstępuiąc / prawdy Bożey ßukáć sobie zdádzą się / y tey násládowáć mniemáią. Záczym prawdy obrońcy poruczywßy się / to co mi w spráwie tey MM. WW. odpowiedzieć należy / iáśnie odpowiádam. A proßę / nie pierwey się w iáki lubo áffekt porußaycie / áż tey mey odpowiedzi do końcá wysłuchacie: ktora y MM. WW. Duchowny pożytek do serc / iesli ziemię dobrą naydzie / podáć może / y mnie z suspicyey / ábym dwoił ábo troił Ruś / v MM. WW. wyimie.

Jesli komu iáko MM. WW. spráwá tá / o ktorą mi temi czásy w narodzie moim idzie / iest wiádoma (iáko tá / ktora się v MM. WW. w Bráctwie mowię Wilenskim wylęgłá / z niego wyßłá / z niego y wßystek Ruski strony tey narod / śmiertelnie ná ćiele y ná duszy záráziłá. Ná ćiele / zdárßy go z swobod y wolnośći; ná duszy / zdárßy go z wiáry y miłośći. A to iákim sposobem / z Apologiey moiey / kto záchce / dowodnie zrozumie.) A iednák MM. WW. pytáią się v mnie / coby zá przyczyná tey o mnie w narodzie Ruskim wielą vst noßącey się słáwy / ktora skrupuł suspicyey w sercu MM. WW. vczyniłá / iákobym się zdał niektorym / że się do Vniey mam; niektorym / że ießcze w trzecią sztukę / mimo Vnią / narod moy Ruski targáć y drzeć postępuię: ano skoroby MM. Wáße ná te swoie nowe Theologi wspomnieli / ktorycheście pisma z drukárnie swey Wilenskiey / po wßystkim Narodzie Ruskim rozsiáli / á przez nie bluźnierstwá / błędy / y Herezye / w Cerkiew swey strony Ruską wtrácili; pytáćby mię o to MM. Wáße nie potrzebowálić boby ták przyczyná stánęłá ná widoku. O czymem ia w Monásterze MM. Wáßych Wilenskim / y świecko y zakonniczo mieszkáiąc / często z tym / z kim należáło / mawiał / y z wielą inßymi / po inßych Ziemie Ruskiey kráinách / poważnymi mężámi konferowałem: vkázuiąc to rzeczywiście / że Bráctwá náßego Wilenskiego / przez druk wydáni Skrybentowie / wielką ßkodę Cerkwi Ruskiey czynią;

nią; Wiáry práwoſláwney práwe dogmátá / ná Luterſkie y Kálwińſkie błędy / y Herezye / zmieniáią / y nimi lud tego złego niewiádomy / y poſtrzedz nieumieiący / ná duſzy zábiiáią. Oſtrogſkiey też Kápitule / Klerykáich / o Florentſkim Synodzie omylne powieśći / przed oczy ſtáwiłem / y záraże te Cerkwi náſzey Ruſkiey wielce ſzkodliwą bydź / vkázowałem.

O tym wſzyſtkim ácz czeſto po támte czáſy / iednák nie głośno máwiałem: á to z tey przyczyny; żem był Láik / Zakonnik proſty. Dla czego w to / co mię mniey obchodziło / wtrącáć ſię rzecz mnie nie należną bydź ſądziłem: przed tymi iednák iákom rzekł / ktorym o tym / y w tobie Bráctwie Wileńſkim / y indzie wiedzieć należáło / nie milczałem. Swiádkowie tego ieſzcze ieśli pomárli / drudzy ſą ieſzcze żywi / y tám w Wilnie / y w Kiiowie / y w Oſtrogu / y indzie. Lecz zoſtáwſzy z woley Bożey w Cerkwi Ruſkiey Epiſkopem / znáiąc powinność ſwoię / y w niey ſię zá pomocą Bożą poczuwáiąc / á temu pomienionemu / ná wſzyſtek Ruſki świát przez ćię náśianemu złemu / áby więcey duſzom ludzkim ná zbáwieniu ich nie ſzkodziło / zábiegáiąc / (bom ſię też y ſam do tego złego / przez lámentowy moy ſkrypt / znácznie był przyłożył: co mię nabárziey boláło) głośno o tym mowić począłem. Przed wielą / imiennie Zyzániego / Philáletowe / Orthologowe / y Klerykowe ſkryptá ganiłem / y Heretyckie bydź ie mieniłem: á gdzie tego potrzebá byłá / y dowodnie pokázowałem. Co wielu nieukow / á niektorych rzkomo to vczonych / vsiło zá duſzę: ktorzy ábo przez grubą proſtotę ſwoię widzieć tego nie mogąc / ábo prze óćietny vpor przyznáć prawdy niechcąc / tę o mnie ſławę / o ktorey ſię MM. WW. pytáią / puśćili. Ktora tę ſuſpicyą o mnie do ſerc MM. Wáſzych podáłá; nie z inſzey przyczyny / tylko żem tych nowych Theologow Heretyckie ſkryptá ganił: ktorzy v narodu tey ſtrony Ruſkiey / iákoby Boſkie tákie oracula byli; nie ták dálece z wiádomośći piſm ſwych (bo nie káżdy czytáć vmie / wiele też y tákich ktorym ſię czytáć ich nie doſtáło) iáko dáleko więcey z wiádomośći owey ſámey / że z ták

známie-

známienitego Bráctwá / piſmá te przez druk ſą wydáne y zálecone: Przećiwko ktorym mowić co / nietrzkąc piſáć / iákoby też przećiwko ktorym z onych świętych ſtárożytnych Doktorow náuce mowić / áni dopuſzczono / áni ſłuchano.

Przeſzłego Roku zſzedł z tego świátá tu w tym kráiu / mąż w narodzie Ruſkim / ták w pobożnośći żywotá / iáko w wiádomośći Dogmat wiáry / nie ládá exyſtimácyey: ſą iednák żywi ći poważni mężowie / z Oſtrogſkiey Kápituły Swięſzczennicy / przy ktorych obecnośći / w głos o Lámentowym ſkrypćie to mowił / że ieſt w poważnośći opiſáney w nim prawdy Bożey / piſmom ś. Złotouſtego rowny: zá ktory krew ſwoię nam wylewáć / y duſzę zań pokłádáć godzi ſię. Nuż co tych tym podobnych głoſow było / przed wyśćiem tego Lámentowego ſkryptu / o Skrypćie Zyzániego y Philáletowym: O ſkrypćie Klerykowym / z vſt tegoż zeſzłego męża ſłyſzałem / że go nie chwalił: y iż on był / ktorym odwiodł od tego / że ſię imiennie do tego Skryptu nie podpiſał ten / czyie było to miáſto / ktorym ſię ten Kleryk otytułował; (ná czym iuż przez Authorá Skryptu tego / rzecz byłá ſtánęłá) dáiąc tę przyczynę: że gdy wielkiemu y zacnemu imieniowi twemu / ládá Klechá kárczemne ſłowo záda / czym tę ſwoię powieść weſprzeſz? A ták ten ſkrypt zá iego rádą / ná bezimiennym Kleryku Oſtrogſkim ſtánął: że by dobrze Klechá Kleſze co nie w ſmák przymowił / nie wielki miał bydź vraz. Żem tedy ia te tych tákich Skrybentow piſmá / głośno iuż / zá káżdą o tym okázyą / mienił bydź Heretyckiemi / bluźnierſtw przećiwko wierze práwowierney / á zá tym y ná Páná Bogá / y ná Máieſtat iego ś. pełnymi / (á nabárziey to czyniłem / gdym ſię iuż z Peregrynácyey moiey do Ziemie ś. obchodzoney zwroćił: gdzie ſię Pánu Bogu ſtworzyćielowi / y ná tych świętych mieyſcách odkupićielowi memu / według dánych mnie od niego śił / ná ſtłumienie / y z Cerkwie Ruſkiey elimitowánie ich / zá pomocą iego świętą / ofiárował y poślubił) te tákie głoſy fałſzywie od nieumieiętnych Bráciey rozśiane / ſławę táką o mnie po wſzy-

Zdánie niebośczyká Oycá Dámianá Nálewáyká, o ſkrypćie Lámentowym.

Tegoż zdánie o ſkrypćie Klerykowym.

ſtkiey

wßyſtkiey Ziemi rozniosły: ktora o tym / o czym mieł MM. Wáße pytáią / iákobym ia dwoić / ábo troić miał Ruś / ſuſpicyą do ſerc MM. WW. wráziłá.

Okázuie ſię ovludá Pohibelopiſnego ſtanu Duchownego Schiſmátyckiego.

Co ſie potym w teyże ſpráwie ſtáło / dáie wiedzieć Apologia moiá. Co ſie záś z Apologią zkoiło / wiedzieć dáie publiczna do narodu Ruſkiego donieśiona Proteſtácya moiá / z ktorey MM. Wáß: pewną poſtepku tego wiádomość wziąć mogą: o ktorey w wydáney tymi dniámi przez druk Kiiowſki Apologiey / po Ruſku *Pohibeli*, ſtan Duchowny woſtocznoho Práwoſłáwia / zá błogoſłáwieńſtwem / y pozwoleniem Stárßych Cerkwie Ruſkiey / omylną rzecz zá prawde vdáie. A dawßy temu ſtronę / że ten Duchowny ſtan / w napiśie tey ſwey *Pohibeli*, ábo Epiſkopy / y ich Przełożonego z ſtanu Duchownego nie mądrze wyzuwa / ábo ludziom świeckim Stárßeńſtwo Cerkiewne nierozſądnie przypiſuie: owo zá miáre opácznego vdánia bierze / że przyczynę ziázdu náßego do Kiiowá ná Sobor / nie te dáie / ktora ſie miedzy námi w Grodku / máiętnośći Monáſterá Pieczerſkiego / byłá námowilá / y poſtánowilá; y iákoby ſie ia dla tey od nich pomienioney przyczyny / do Kiiowá ſtáwił: o ktorey ia ánim wiedział / ánim ſłyßał. W czym mie y ſáme tego liſty / ktory mnie / y inße narodu Ruſkiego oſoby / kilká Niedziel przed ſkończeniem / bá y przed záczęciem Seymu / nierzkąc przed wydániem y wyśćiem Conſtitucyey / ná ten Sobor wzywa / wyświádcza. Bierze y owo drugie / co w tey ſwey *Pohibeli* ten ſtan Duchowny práwi: że z Apologiey moiey byłem poſocony y poſlákowány / zá rozumieiącego rzeczy przećiwne Wierze Práwoſłáwney. Bog odpuść temu márnemu ſtanowi / że w rzeczy ták iáwney chcąc obaczyć ſie nie chce. Ten v nas bywa poſocony y poſlákowány / ktory w ſpráwach ſwych tuláiąc ſie / y ná ßkodę czyię czyháiąc / kryiomo chodzi: czego ná mię ten ſtan nie dowiedzie. Szedłem w tey ſpráwie ßczerze / y odkryto: nie gminowi / (Vulgus enim cupiditatibus agitur, non ratione) ále temu te ſpráwę kommunikuiąc / kto do niey należał. Z Ducho-

wnego ſtanu meżámi / w Cerkwi tey ſtrony pierwßymi / to ieſt z Epiſkopámi / y z ich Archiepiſkopem / w tey ſpráwie konferowałem: od nich ná nápiſánie tych rzeczy / nie tylo pozwolenie / ále y proźbe / y błogoſłáwieńſtwo miałem; o czym że ten ſtan niewiedział / fex muśi bydź ſtanu Duchownego / y do tego legitimè nie należał. A nápiſawßy te Apologią / nie tułałem ſie z nią / ále nátychmiaſt poſłałem ią do tych / ktorzy mi ią nápiſáć pozwolili: ktorych w Duchownym ſtanie do tey ſpráwy przodkownie należeć rozumiałem. Nie czyhałem też ninaczyie ßkode / ále o dußozbáwienny narodowi Ruſkiemu pożytek przez mie / ſtárałem ſie. Porządnie tá ſpráwá / według Praw y zwyczaiów Cerkiewnych / bez żadnego gomonu y záwieruch / áby poßłá / ſtárałem ſie: ktorą iáko bacze / ten ſtan według ſwey woley / ták iáko mu ten rádził / ktory pierwßa Brácią powadził / przekierował. A owßem iábym te nießczyrość / tulánie ſie / y ná złe brátnie czyhanie / tym ktorzy mi ten Skrypt piſáć pozwolili / mogł ſpráwiedliwie zádáć: ktorzy ten moy Skrypt odemnie im przeſłány otrzymawßy / przyrzekli mi przez liſty ſwe / oznáymuiąc mi zdánie ſwoie o nim / naroczyto; iáko ieden z nich do mnie piße: y doſtátecznie / iáko piße drugi. Czego iednák nie ziśćili / máiąc ten moy Skrypt v śiebie przez Niedziel śiedm: ále vmyślnie ná przyiazd moy kryiomo zápádli / chcąc zá przyiázdem moim ná mię / záſádzki tey ich niewiádomego / y nic złego po nich nie ſpodziewáiącego ſie / áni ſuſpikuiącego / nápáść; y to czynić / co ku wielkiey ßkodzie nie tylko mey / ále wßytkiey ſtrony ich Cerkwie Ruſkiey bydź miáło: czego złymi ſpoſobámi / wiecznym Bożym chwalcom / y dobrym Cerkiewnikom niezwyczáynymi / dokazáli.

Ale iák ſobie raczy ten Duchowny ſtan / y z ſwoią Pohibelą: y ten káżdy / ktoryby o ſpráwie Soboru tego Kiiowſkiego inaczey / niż ſie oná toczyłá / vdawał: Mnie rzecz do MM. Waßych o tym; że ia iedney Ruśi / áni dwoie / áni troie: y że ták w złym poſtánowieniu / w ktorym o zátrácenie du-

Z iákiey przyczyny wydána ieſt Apologia.

ſze idzie/ MM. WW. to ieſt ćiebie Przezacne Bractwo Wilenſkie/ bydz widzac/ (z ktorego ſie/ iákom powiedział/ przez te twoie Zyzánie/ Philálety/ y Orthologi/ w Cerkiew Ruſką ſproſnych błedow y Herezyi nátkáło; y biede tobie owe przed Pánem Bogiem/ o ktorey Syn Boży mowi: *Biádá tym, przez ktorych pogorſzenie przychodzi*, ſpráwiło/) vważałem/ iákimby ſie to ſpoſobem z ćiebie znieść/ y iákby ſie ty od ták wielkiego/ przez wſzyſtkę Cerkiew Ruſką/ o pomſtę ná ćię do Páná Bogá wołaiacego/ złego/ vwolnić mogło: iáko Głowá/ iáko Archimándrytá Monáſterá twego/ z ktorego ſie to złe ná wſzyſtek narod ſtrony tey Ruſkiey wylało/ wziąłem to ná ſie: zá naprzyſtoynieyſzą rzecz bydź ſądziwſzy/ ztąd temu złemu ná vpad iego zabieg vczynić/ zkąd ono powſtáło. Zá czym gdy mi ći Stárſzy Cerkiewni/ co w Grodku Pieczerſkim o przyſzłym Soborze rokowáli/ y przyczynę dla ochotnieyſzego ná ten Sobor oboiego ſtanu ludzi ſtáwienia ſie/ mnie nápiſáć/ y miedzy narod podáć pozwolili; iá więtſzey y ſłuſznieyſzey przyczyny ná to mieć nie mogac/ nád tę ktora ſie w Apologiey przełożyłá/ wypiſałem ſpeciatim co naſproſnieyſze błedy/ y Hereżye/ y falſze/ z tych twych trzech Skrybentow/ Zyzániego/ Philáletá/ y Orthologá/ y z czwartego Kleryká: vkázuiac to dowodnie z Piſmá ś. y z náuki Doktorow Cerkiewnych/ że ſą błedy/ y Hereżye/ y falſze; á proſzac/ y vpominaiac narod Ruſki/ áby ſie dla ták wielkiey potrzeby ná Sobor zebrał/ á o tym złym zá wczáſu rádził/ iákoby ſie zá tym codziennym/ przez ták wiele lat Skrybentow tych vżywániem/ y zá ſwoie mianiem y przyznawániem/ do Cerkwie Ruſkiey nie wtráciło/ á zá poſtepkiem czáſu/ miáſto Práwoſławnych Cerkwie wſchodney Dogmat/ ná potomne wieki áby w niey nie záległo. A ná mieyſce tych ich błedow y Hereziy/ prawdziwe Práwoſławney Wiáry ś. powſzechney Cerkwie Dogmátá opiſałem; przypiſawſzy do tego/ zá tychże pochwaleniem y błogoſłáwienſtwem/ y Conſiderácye ſześciu rożnic/ miedzy wſchodną y zá-

dną y záchodną Cerkiew záſzłych/ ktore ná tym przyſzłym Soborze vważáne bydź miáły. A ten moy ſkrypt Apologią otytułowałem/ y przez druk ná świát puśćiłem.

Sobor Kiiowſki tegoroczny, narodowi Ruſkiemu wielce ieſt niepráwy.

Tu ſie tedy iuż/ Przezacne Bráctwo Wileńſkie/ przypátrz vważnie/ á ſądź ſpráwiedliwie/ ktoć krzyw/ á kto práw: Ja/ ktorym ćiebie od tego wielkiego złego vwolnił: czyli ći/ ktorzy to złe ná ćię/ y ná wſzyſtek ſtrony twey narod Ruſki obálili/ y temi twych Zyzániow/ Philáletow/ y Orthologow/ błedámi/ y Hereżyámi/ Cerkiew twey ſtrony Ruſką zeſzomoćili? Acz wymawia ſie máło wyżſzey miánowány ſtan Duchowny/ że ći Skrybentowie nie ſą od Cerkwie ápprobowáni: ále miał ten ſtan to był vkázáć/ że ſą reprobowáni; przez kogo/ gdzie/ y kiedy; ináczey tego co áffirmuie/ probowáć nie mogac: bo w rzeczách tych ktore bywáią ſercem wierzone ku ſpráwiedliwośći/ á vſty wyznawáne ku zbáwieniu; milczenie ſtoi zá pozwolenie. Niech mi ten Stan vkaże/ o ktorego ſie Epiſkopá wiádomość y rzec (cokolwiek ich przez te látá po Dorohobużách/ Stepániách/ Kortách/ Bráhimách/ y po inſzych miáſtách było) ći Skrybentowie nie opárli? Lwowſcy Epiſkopowie zaś o nich niewiedzieli? My też iuż to od lat ośmi nowo poświeceni Epiſkopowie/ wiádomośći o nich przeć ſie nie możemy. Ktoryż kiedy z nas/ y z támtych/ po ten wſzyſtek czás/ y iednym słowem/ lub z Ambony w Cerkwi publicè, lub przez piſmo choć iáknal/ oznáymuiac o tym narodowi Ruſkiemu/ że tych Skrybentow piſm Cerkiew Ruſka/ iák tych ktore ſą pełne błedow y Hereziy/ nie ápprobuie/ y nie przyimuie; ále ie iák Heretyckie/ bluźnierſkie/ vel in toto, vel in parte, odrzuca/ y potepia: y áby ſie kto nimi ná duſzy nie záráził/ czytáć ich zákázuie? Nikt/ nigdzie/ nigdy. Teraz kiedym ia pierwſzy/ błedy te y Hereżye/ falſze y bluźnierſtwá/ Skrybentow tych ſpecyfikował/ refutował/ ogłośił/ y publikował/ y przez druk wſzyſtkiemu narodowi Ruſkiemu do wiádomośći donioſł: ten Stan nie ápprobowániem ich wymawia ſie. Tego ſnadź do okazánia ápprobácyey ich potrzebuie/ áby

bnie/ áby byli z Ambony miáſto Epiſtoly/ ábo Paræmiey / w
Cerkwi publicè czytáni. Nie czyta ſie v nas w Cerkwi nigdy
ziáwienie Janá ś. Apoſtolá / y niektore piſmá ſtározakonne:
iáko Hester, Ruth, Iudith, Pieśni Pieśni / y inſze: á iednák
nieápprobowánia od Cerkwie temu ś. piſmu / ten ſtan zádáwáć podobno nie zezwoli. Ale niech będą y nie approbowá-
ni/ y reprobowáni: dáie. Coż ztąd? owo dwoie: Pierwſze;
że gdy ſie ten ſtan Skryptorow tych ſwych wſtydzi/ bo w ten
ie ſpoſob nie ápprobowánymi mieni; przyznawa mi to / że ia
rzeczy Wierze Práwoſlawney przećiwnych nie rozumiem:
choć mi to on golymi ſlowy przećiwko ſobie ſámemu/niewſty-
dliwie zádáie. Drugie; żeś ty Bráctwo Wileńſkie / iáko oto
tenże ſtan wyráżnymi ſlowy przyznawa / bledámi y Herezyámi nápelnione Skryptory / z Drukárnie ſwey / ná záráżę duſz
ludzkich/ wydálo; y iuż to od lat trzydzieſtu / przez nie narod
Ruſki ſzkodliwie záráżaſz.

Coż tu rzeczeſz Przezacne Bráctwo? żem ia tobie niepráwy / ktorym ćie z ták wielkiego / á tobie wielce ſzkodliwe-
go/ y ſromotnego zlego/ przed Pánem Bogiem / y przed iego
wiernymi oczyśćil/ y oniewinnil? czyli ráczey ći/ ktorzy ćie w tey
nieczyſtoćie y winie przed Pánem Bogiem / y przed wſzytkim
Ruſkim narodem zoſtawáć ſpráwili? Gdyż poty ty w tym
Pánu Bogu / y wſzytkim prawdziwym prawdziwey świętey
wſchodney Wiáry/ y Cerkwi náśládowcom zoſtáieſz / y zoſtáwáć muſiſz winno: poki te twoich od ćiebie z druku wydánych Skrybentow piſmá w tey wadze zoſtáią / y zoſtawáć będą; w ktoreyeś ie ty ná świát do narodow Cerkwie wſchodney puśćilo. Coż więc ty vczyniſz / ábyś tego zlego iuż
dáley ná ſwe od Páná Bogá ćiężkie pokaránie / ktore tego
ták dlugo ćierpiał/ y ćierpi/ ná ſobie nie dźwigalo: Bo ácz len-
to gradu ad vindictam ſui diuina ira procedit, ále tardi-
tatem ſupplicij, grauitate pœnæ compenſat. Maſz látá/ y
rozum: iużći ſie czás znáć ná ſwey wierze/moiá rádá / á rádá
zdrowa: Apologia moie z iey konſyderácyámi przeczytay / á

vważ: pewienem po láſce Bożey / żeć ſie vkaże / coć w tym
rázie vczynić należy: niech to Brutum Anathema, ſyny zá-
trácenia/a nie ſyny Boże od czytánia iey odſtraſza. Mam w
Pánu Bogu nádzieię / iż za vważnym iey czytániem / y temu
co ſie koi w nieſzczeſney Grecyey / y owemu / co ſie w biedney náſzey Ruśi kloci; czyſtym duſze twey wzrokiem / bez
żadney nienawiśći y zazdrośći / y bez ślepego/ á rzeczy náyle-
pſze zá zle vdáiącego vporu / w miłośći zbáwienia ſwego /
y w modlitwie do Páná Bogá/ przypátrzywſzy ſie; vyzrzyſz
to wſzyſtko iáwnie w obudwu narodách / com w tey Apologiey moiey wiernie przelożyl. A ták zá pomocą tobie Bo-
żą/ ſámo przez ſie ſwoie/ przez ćie ſobie / y wſzyſtkiey Cerkwi
Ruſkiey / zá wyſłániem w narod Ruſki tych Herezośiew-
cow Zyzániow/ ſpráwione zle z śiebie zmieśieſz/ y pokoy Cerkwi Ruſkiey (co day Boże/ bo ieſteś tanti) ſpráwiſz: A iák
z rzeczy plácżu godnych / nie tryumphuy; (bo ſie tu v nas
głośi/ że Duchowni twoi/ Brácia moi / iákoby z wygráney
de ſuggeſtu, Cerkwie ſwey Wileńſkiey tryumphuią; y to co
ſie przez zły Soboruiących ſpoſob zemną w Kiiowie ſtálo/
ináczey niż ſie rzecz miálá/ do ludzi podáią/ y publikuią. czegż
ia o nich iáko o ludźiach rozſądnych / á mnie miluiących / y
mnie miłych/ áby z rzeczy dlugiego / y gorzkiego ſmutku / y
płáczu godney/ tryumphowáć mieli/ nie trzymam: bo z v-
ćiśnioney prawdy / á wzgore wyniośley nieprawdy / tryumphowáć / ieſli po proſtu rzekſzy/ ſzálec.) Mowię tedy / że iák
z rzeczy płáczu godnych/ nie tryumphuy: ták ládá ludźiom /
Zyzániom twoim podobnym/ iuż ſie więcey wodzić / y zwo-
dzić nie dopuſzczáy. Dálo to ábo twoią nieoſtrożnośćią do-
łoś ſie vwieść / y z drogi práwey Wiáry zwieść / tym
ſwym Skrybentom / ktorych oto iuż y ſámi twoi Duchowni
ny wſtydzi ſie: y ty ie z żáloſćią twoią pokośić muſiſz. Bo
pewnie z owego dwoiego / iedno ztadim zoſtáwáć muſi:
ábo ſie puśćić tych piſm/ y P. Bogá zá grzech ten bláгáć/
ábo Heretykámi bydź/ y ſłynąć.

Ruś Schizmátycka, nie śiedszy do Iednośći s. zá Duchownymi swymi; záraz zá pokaraniem Boskim, Herezyámi zárażáć śię poczełá.

Vważ to ćięſzkie / á znáczne ſwoie od P. Bogá ná nas dopuſzczone pokaránie: że ſkoro my zá Przełożonymi ſwymi Duchownymi iśćeſmy nie zezwolili / záraz nam dopuśćił Pan Bog ſwoią drogą iść / y wpáść w ſtomotną otchłań ſproſnych błedow / y Herezyy. Záraz pierwſzy náſz náprzećiwko Vniey obrońcá Zyzáni / z nowymi w Cerkiew Ruſką błedámi / y Herezyámi. Záraz po nim drugi ná przećiwko teyże / obrońcá Philálet / z inſzymi nowymi w tęż Cerkiew błedámi / y Herezyámi. W rychle potym trzeći náſz obrońcá náprzećiw teyże / Kleryk Oſtrogſki / z nieſłychánymi kłámſtwy y bluźnierſtwy. Niemieſzkále po tych wſzytkich y czwarty / przećiwko teyże Vniey obrońcá / Ortholog / z nowymi w Cerkiew Ruſką kálumniámi / falſzámi / bluźnierſtwy / błedámi / y Herezyámi: á po nich inſzy nowych błedow y Herezyi tożśiewácze / ktorzy oraz y Papieżá lżyli / y Herezyy vczyli: iák oni ktorzy oraz y Moyżeſzowi złorzeczyli / y ćielcá vlali. Dziwna to záiſte / prędkiey pomſty Boſkiey ſpráwá! ſkąd rozdwoiona ſtawſzy śię Ruś / ſámá ſobie dźiś ćięſzko návpad goni: ſámá śiebie gryźie / ie / gnábi / niſzczy / łży / wyklina / y do tego áby iey nie ſtáło / przywodźi. y pewnie (bedźieli ten gniew Boży ná niey dłużey zoſtáwał) ziſzczą śię ná niey w krotce owe Zbáwićielowe słowá: że śię nie oſtoi / że vpádnie. A iákom w Apologiey moiey powiedźiał / że ią zá te láſki Bożey niewdźięczność / w wáſzey vpárttey ſtronie / po Heretyckich Zborzyſzkách rozpłoſzy / á one ſtronę Rzymſkiemu Kośćiołowi wćieli: y ták Ruśi z oboiey ſtrony oſtáć śię nie dopuśći. Bo gdźie śię ku czemu ſercem bárźiey ſkłániamy / to śię też nam podług żądz náſzych / zá ſpráwiedliwym dopuſzczeniem Bożym / ſtáie. Zá wáſzym przez Orthologá vdániem / ktory w Lámencie ſwym pożytecznieyſzą rzecz powiáda / być w niewoley Tureckiey / niż być pod władzą Papieſką; ludźie w owych ſtronách / kiedy im Vnią przekłádano y zálecano / mawiáć byli zwykli: Wolimy do Meczetow

Tátár-

Tátárſkich / niż z Kośćiołem Rzymſkim do iedności: iák to P. Bog niepoiętymi ſwymi / ſpráwiedliwymi iednák ſądámi ſpráwić raczył / że ie z Podola / Pokućia / Podgorzá / Wołyniá / niezliczona liczbá (á ieſzcze / nieſtety / duſz niewinnych) do Meczetow zápędźić dopuśćił. Widźi to ten káżdy / ktory po Meczetách Tátárſkich y Tureckich / w támtych kráiách Ruś niewolniki / dźiatki doroſłe / młode y ſtáre / oboiey płći / Bogá w Troycy iedynego / y ſyná Bożego wćielonego / Chryſtá Páná / zárzekáiące śię / á ná wieczne ſwe zátrácenie / przeklętemu Máchometowi ná ćiele ſwym pieczętuiące śię / widźi. V nas też tymi czáſy poſpolićie mowić śię zwykło / że ráczey do Zborow Kálwińſkich vdáć śię wolimy / ieſliby do oſtátniego przychodźiło; niż śię z Kośćiołem Rzymſkim ziednoczyć: záczym podczás vpadku ſtrony wáſzey / to też was potka. Od czego Pan IEZVS Chryſtus niech was obroni / á ſerce wáſze z Bráćią Kátholikámi / á nie z Rozbráty Heretykámi / ku iedności ś. nákłoni: y ſpráwi / ábyśćie ná Heretyckie błedy Anátheme wkłádáli / y te pod nogi ſwe rzucáli / á nie ná Kátholickie Dogmatá: iáko śię y temi czáſy ná tym Kijowſkim Soborze / nieoſtrożnie y niezbożnie ſtáło. Gdźie ſłuſzniey y ſpráwiedliwiey / miáły były te Anátheme vćierpieć Skryptá Zyzániego / Philáletowe / Orthologowe / y Klerykowe / iák obłedne y Heretyckie / á nie moiá Apologia: ktora Skryptow tych błedy y Herezye vkázuie / refutuie / znośi / y publikuie. Záiſte z niewinną moią Apologią / od tych Sędźiow ſtáło śię owo / co śię v Ruśi náſzey w poſpolitym przyſłowiu mowi: *Chto wkram, toy praw*; á v kogo vkrádźiono / tego obieśić. Apologia ſkárży ná Zyzániego / y iego pomocniki / że oni Mátkę iey z kleynotow oyczyſtych koſztownych / złupili y zebráli; á ná to mieyſce ládá czego w iey ſkárbnice nátkáli: y dowodźi tego ná nie licem / y wielą wiáry godnymi świádkámi. A Sobor ten Zyzániego / y iego drużyne / przez Dekret ſwoy vwolnia: á Apologią niewinną / y

vkrzy-

vkrzywdzona/ ná śmierć hániebna ſkázuie. Coż tu rzec z tymi Sędziámi! ktorzy tego ſwego Dekretu práwośći (przez ktory zbáwienie z rąk náśládowcow ſwych wydárli/ á Pohibel/ ktora im y przez druk wydáli/ do rąk ich wtráćili) ná moie Apologią tedy dowioda/ kiedy kśiegi Cerkiewne przez Anátheme/ do ktorey ſą iż názbyt łácni/ z Cerkwie Ruſkiey wywioda.

Skaránie Boſkie ſtráſzne, ná Schizmátyckiey Ruśi pádłe, że práwemi wiáry Dogmátámi pogárdzą, á zá Hęrezyą ſie chwytá oślep.

Przypátrzże ſie iedno Przezácne Bráctwo/ dziwnemu temu ná wſzyſtkim twey ſtrony národźie Ruſkim/ zá dopuſzczeniem Bożym pádłemu pokaraniu: że kiedym ia do niego nápiſał ſzczere falſze/ y potwarzy ná Kośćioł Rzymſki/ ná wiárę iego/ y ná iego Przełożone; y kiedym mu podał do wiáry iego ſzczere błędy/ y Hęrezye Luterſkie y Kálwińſkie/ y nowe nieſłycháne ná Boſki Máieſtat/ Syná Bożego/ y Duchá iego ś. bluźnierſtwá: tedy mie iák Anyołá Bożego do nich mowiącego/ vſłucháli/ vlubili/ y przyieli: piſmo to moie cálowáli/ y ná głowę ie ſwoie podnośili. A gdym teraz nápiſał ſzczera Prawdę/ ſzczere Práwoſławney Wiáry Dogmátá; ſzczera chwałę Boſkiego Máieſtatu/ Syná Bożego/ y Duchá iego ś. to mie zá to wſzyſcy Duchowni y świetcy/ nienawidzą/ łáią/ lżą/ ſromocą: piſmo to moie gánią/ odrzucáią/ przeklináią/ depcą. Co ſámo niewątpliwym znákiem bydź może/ to moie Lámentowe piſmo/ ktoremu błędy y Hęre[illegible]/ oto iuż y twoy ſtan Duchowny przyznawa/ bydź Wierze Práwoſławney przećiwne/ że ná nie y iedney duſze z poyśrzodku narodu twey ſtrony Ruſkiego/ ktoryby ſie mu był ſprzećiwił/ ſzátan nie poruſzył: iák vczynił Apologiey piſmu teráźnieyſzemu/ náprzećiwko ktoremu wſzyſcy wſzędzie wołáią/ tolle; choć to ſłyſzą/ że winy nie máſz: żrzego mowię ſámego poznay/ iż to moie Apologiey piſmo ieſt Kátholickie/ ktore ták mocno wzięło piekielniká zá duſze/ że nie przeſtał/ áż ie zá ſwym powodem/ przez to Káplanow y Arcykáplanow zgromádzenie/ zdał ná ſtrácenie. Ale ia wierze Pánu

rze Pánu Bogu memu/ że on prawdy ſwey zátłumić im nie dopuśći. O tobie też/ ábyś tey ſzátáńſkiey chytrośći/ ſpárzywſzy ſie ná tych ſwych Heretyckich Skrybentách/ nie przedmuchálo/ nie tuſzę: y owſzem to ſobie po tobie obiecuię/ że z tey przyczyny wielkiey y poważney/ z vkrzywdzoney mowie prawdy Bożey/ prośić będźieſz Pomázáńcá Bożego/ Krola J. M. Páná náſzego M. o Sobor/ ná ktorymby to/ co w tey Apologiey ieſt opiſáno/ poważnie/ y porządnie/ w boiáźni Bożey/ vważono było/ y do ſkutku przywiedźiono: áby ſie to zbáwienne dobro od ćiebie poczęło/ przez ktoreby ſie w národźie twey ſtrony Ruſkim/ záſtárzáłe złe zátłumiło y zniosło. Ináczey ty grzechu tego ſwego ćięſzkiego nie zbędźieſz: y poki Zyzáni/ Philálet/ Ortholog/ ſłyną twoiemi; poty ty błędow ich y Hęrezyi/ kłamſtw y bluźnierſtw rozśiewcą/ náśládowcą/ y obrońcą/ ſłynąć będźieſz. Bo ieśli dla tey wiáry/ ktorą tobie opiſáli twoi Zyzániowie/ Philáletowie/ Orthologowie/ ty tákie koſzty ważyſz/ moleſtye ponośiſz/ biedy ćierpiſz/ do ſzkod wielkich przychodźiſz/ y codźiennych trudnośći záżywaſz: ieśli dla tey znieważa ſie w tobie ſtan Szláchecki/ w doſtoieńſtwie według powołánia ſwego: á ſtan mieyſki w Przełożeńſtwie/ według ſwey kondicyey; poſtánow to ſobie zá rzecz pewną/ iż nie tylko nádáremnie te nieoſzácowáne ſzkody ponośiſz (czego żal ſie Pánie Boże) ále y z ſzkodą zbáwienia twego: ponieważ wieſz to dobrze/ że by dobrze kto y vćierpiał co/ á nie zakonnie/ koronowan nie będźie: y iż żaden Heretyk nie oglądá oblicza Bożego. A wy ták wielu/ y ták wielce bluźnierſkich Hęrezyi (przebaczćie mi Bráćia/ prawdę mowiącemu) we wſzyſtek narod Ruſki Rozśiewcy/ co ſobie obiecowáć możećie? Máćie to iśćie zá rzecz pewną wiedźieć/ że przez wſzyſtkie te ſwoie biedy/ koſzty/ intraty/ ná wieczne męki zárabiaćie. Nie doſyć ná tym/ mowić/ że wſchodney Práwoſławney Cerkwie wyznawce ieſteśćie: To wam ná to odpowiedźiano be-

Iż Ruś Schizmátycka nieſłuſznie ſie

ś. wiáry wschodney wyznawcámi tytuluie.

no będźie/ /co y onym / ktorzy śie synámi Abráhámowymi
bydź chlubili. Oni by byli synámi Abráhámowymi/vczynki
Abráhámowe pełniliby byli: á wy byśćie Wiáry ś. wscho=
dney Cerkwie wyznawcámi byli; błędow y Herezyi Luter=
skich / y Kálwińskich(ktorych prawdźiwa Cerkiew wscho=
dna nie zna/ tylo iák Heretyki /) do wiáry swey nie łączyli=
byśćie. Nie dosyć że ná potępienie y zátrácenie wásze / y o=

W czym śie Ruś Schizmátycka nie zgadza, y przećiwi zbawiennym ś. wschodney Cerkwie wiáry Dogmatom.

wego iednego bluźnierstwá/że wy z Zyzánim swoim/ Syná
Bożego / Chrystá Páná / z wiecznego iego Kápłáństwá y
pośrzednictwá / zdźieraćie: Nie dosyć y owego drugiego:
że wy z swym Philáletem / z przeiśnoczenia chlebá y winá w
Ciáło y Krew Syná Bożego/ w Táyme Eucháryst yey/ná=
śmiewaćie śie: Nie dosyć ná toż wásze potępienie y owego
trzećiego: że wy z Orthologiem swym nie przyznawaćie/ á=
by z istnośći Oycowskiey Syn śie rodźił / á Duch ś. pocho=
dźił: Nuż co tám tego ieszcze w tych wászych Skrybentách!
co krotko zebráno w Apologiey moiey / obaczyć możećie.
Jeszcze powiádam: że nie tylko nienależnie ten tytuł sobie
przywłaszczaćie / poki te Herezośiewce zá swoie maćie / áby=
śćie wschodney oney Cerkwie Wiáry wyznawcámi bydź
mieli / ále y z grzechem: że przez to tákie tytułowánie śię / ś.
wschodney Wiáry Dogmátá / do wszystkich práwowier=
nych w podeyźrzenie błędow y Herezyi/ podáiećie; do kto=
rych śie oná nie zna. Swięta wschodna Cerkiew / Siedm
Sákrámentow od Chrystá Páná podánych / zna / y wyzna=
wa: á wy z Orthologiem / tákich tylo dwá przyznawaćie.
Oná sąd poiedynkowy przyimuie: á wy go z tymże / y z Zy=
zánim/odrzucaćie. Oná błogosłáwione dusze z Pánem Chry=
stusem pomieszcza ná niebie: á wy z Zyzánim / w Ráiu ie
ziemskim zápieraćie; y od przytomnośći Páná Chrystuso=
wey/ ták dáleko ie odsądzaćie/ iák iest dálekie niebo od ziemie.
Oná rożnosć zna miedzy Episkopem y Prezbyterem/ z Prá=
wá Bożego: á wy z swym Philáletem / w iednym ie y tymże

poczćie

poczćie stáwiaćie. Wy z tymże / ludowi świetckiemu wła=
dzą / Suffragij decisiui de fide, mieć przyznawaćie: á oná
to sámym przyznawa Episkopom. Wy z tymże / Piotrá ś.
Apostołá Powszechnym Pásterzem od Chrystá Páná postá=
nowionym bydź/ nie przyznawaćie: á oná przyznawa. Wy
z tymże/ áby Cerkiew swoie Pan Chrystus ná Pietrze zbudo=
wał/ nie przyznawaćie: á oná przyznawa. Wy z tymże nie
przyznawaćie / áby dwoie klucze były dáne ś. Apostołom /
Ordinis, & Iurisdictionis: á oná przyznawa. Wy z tym=
że / áby Pan Chrystus wszystkie wszystkiego świátá owce
swoie/ ś. Apostołowi Piotrowi do páśienia poruczył / nie
przyznawaćie: á oná przyznawa. Wy z tymże nie przyzna=
waćie y tego / áby áppellácya do Biskupá Rzymskiego na=
leżáłá z dawnego zwyczáiu / y z vchwały Cerkiewney: á o=
ná przyznawa. Wy władzą nákázywánia Powszechnych
Synodow/z tymże przyznawaćie Cesárzom: á oná Biskupo=
wi Rzymskiemu. Wy/ áby Rzymski Biskup pierwsze ná
Synodźie mieysce záśiadał/nie przyznáwaćie z tymże: á oná
przyznawa. Wy z Orthologiem śmiertelnogrzesznikí z wiá=
ry wyzuwaćie: á oná im wiáre przyznawa. Wy z tymże /
istnosć Boską od Persony Boskiey dźielićie rzeczywiśćie:
á oná to dwoie/ że vnum idemque, bydź wyznawa / á
dźieli ie solo intellectu. Wy z tymże / y innych kilkunaśćie
bluźnierskich ábsurd / w Táiemnicy Przenaświętszey Troy=
ce popádaćie / iáko śię to w Apologiey moiey dowodnie po=
kazáło: á oná od wszystkiego tego czysta. Prze te tákie wá=
sze od ś. wschodney Cerkwie Wiáry rożnośći/nie służy wam
należnie ten tytuł / ábyśćie śie świetey / á prawdźiwey
Wiáry wyznawcámi bydź tytułowáli: odpádliśćie rzeczy /
odpádliśćie przez to záraz y tytułu. Bo iáko śie ćiemnosć
świátłośćią / á fałsz prawdą / słusznie tytułowáć nie może:
ták áni Hæresis Práwowiernośćią / áni Herétyk Kátholi=
kiem. A odpádliśćie tey rzeczy tedy záraz / skorośćie te błę=

Kiedy Ruś Schizmátycka Herezyami

dy y He=

zárażáć ſie poczęłá, y z iákiey przyczyny.

dy y Herezye/ przez ſwe Zyzánie ná świát puśćili / y zá ſwe bydź ie ogłośili. Przez to y Wiáry Práwoſławney / y tytułu tego/ ábyśćie ſie ś. oney wſchodney Cerkwie wiáry Dogmat / wyznawcámi ználi / odpádliśćie. Wſchodne może bydź wam poſłuſzeńſtwo: ále Wiárá nie ieſt wſchodna. Nie oná śś. Oycow ná wſchodźie zákwitłych Wiárá: ále tá Heretycka/ ktora tymi czáſy y wſchodną Cerkiew nędznie ośiádywa. A to ſie przydáło wam tedy záraz / ſkoro ſie świetcy ná ſtanu Duchownego iurydykę wſpináć/ y w ich ſie duchowny / ſobie nie należyry rząd y ſpráwy / ſacrilegè wtrącáć poczęli. Skorośćie ze Duchownych ſwych Stárſzych zdániem nie poſzli/ nátychmiáſt Pan Bog dopuśćił wam iść zá zdániem tych to wáſzych Skrybentow Láikow/ y w ſproſne wpáść błędy y Herezye: ktorych / poki imiennoy ſpecificè, (co y rádze / y proſzę / vczynić) y wy przed wſzyſtkim świátem nie zárzeczećie ſię ták/ iákośćie ie ná wſzyſtek świát przez druk ſwoy puśćili: poty nigdy ſie ſłuſznie y ſpráwiedliwie / wſchodney oney Cerkwie ſynámi znáć/ y Práwoſławney Wiáry wyznawcámi zwáć nie będźiećie mogli. Stárym ſie zákonem tytułuią dźiśieyſzy Rábinowie ; ſą iednák nowi Rábáliſtowie/ ktorym ták należnie ſłuży ten tytuł / iák ſłużył Káiphaſzowi tytuł Proroctwá : oddał to narodowi twey ſtrony Ruſkiemu/ Pan Bog wet záwet. On ſie w Láikach rzućił ná ſtan Duchowny / y ná ich rząd / y vrząd: Bog też nań rzućił wodze Láiki/ ktorzy go z Wiáry práwey wywiedli. Wáſz wodz Zyzáni: wáſz Philálet: wáſz Ortholog. Wy wiećie kogo w ſwym domu chowaćie / y czyie piſmo z ſwey Drukárnie wydáiećie. Wáſz y Kleryk Oſtrogſki / w ktorego omylne powieśći tákeśćie vwierzyli/ że ná prawdźiwą o Soborze Florentſkim Hiſtoryą / y poyrzeć nie chcećie. A poniewaz to złe od ćiebie powſtáło / boś ie ty ná świát przez ſwoy druk wydáło : przez ćię niechay będźie y zátłumione. Ato ia Archim indrytá twoy/ w początek dźiełá twego/ ſtłumi-

Poważne

ſtłumiłem zá pomocą Bożą / te Klechy tego bałámutnie. Stłumiłem błedy/ y Herezye / y wſzelkie bluźnierſtwá Zyzániego / Philáletowe / y Orthologowe. Day w tym mnie twoy áſſens : á opiſáne przez mie ś. wſchodney Cerkwie Dogmátá / iák ſwoie/ y Przodkow twych włáſne/ wyznay : Sobor Florentſki / iák w zgodźie y w miłośći Grekow y Rzymian/ doſzły y zámkniony bydź / przyznay : á ták ſłuſznie y należnie/ ś. wſchodney Cerkwie ſynámi/ y Práwoſławney Wiáry iey wyznawcámi/ y znáć ſie/ y zwáć będźiećie. Obáczćie ſie/ ná żywy Bog MM. Wáſzych proſzę/ obáczćie ; Duchowni y świetcy / ſtárſzy Brácia y młodſzy : boć to iuż te wáſzych Zyzániow od práwey Wiáry Dogmat/ á Klerykowe od prawdy obłądzenie ſie/ ieſt omacne. Daliśćie mi wiáre Láikowi/ gdym wam powiádał Heretyckie fałſze : dayćie teraz wiáre Archiereowi/ gdy wam powiádam Kátholicką prawdę. Byłem to trzeći Rok tám / ſkąd narod náſz Ruſki Chrześćiáńſką Práwoſławną Wiáre otrzymał : ále nieſtety/ y tám temi dniámi toż kácerſtwo Duchowny ſtan opánowáło: pod świádkiem Bogiem/ prawdę wam powiádam. Bom to nie tylko głośno tám z Káthedr noſzące ſie ſłyſzał / ále y w Káthechizmowym Skrypćie nawyżſzey támeczney zwierzchnośći / czytáłem. O czym da Bog niemieſzkále / głośniey.

od Autorá do Schizmatykow nápomnienie.

Dźiwuie ſie wſzytek ſtrony wáſzey Ruſki narod / że ia Vnią chwale / y do niey ſie gárnę : y niektore zacne z poſrzodká wáś oſoby piſzą do mnie / że ſie śmierći ná ſie pierwey ſpodźiewáłyby / niżeli po mnie tey odmiány. Niedni mi przypiſuią łakomſtwo / żem to vczynił dla Dermániá : drudzy zádáią pychę / żem to vczynił / ábym ſie w narodźie moim nieco bydź vkazał : inſzy inſze przyczyny wynáyduią / y przymawiáią / żem Cerkwie y wiáry bez wſtydu ná ſtárość odſtąpił : á wſzytko ſwoie zganiwſzy / vdałem ſie zá świátem. Przedtym / mowią/ co wierzył / niewiedźiał : á teraz

Dáie Autor o ſobie ſpráwę w tym, z czym ſie przećiwnicy iego nań rzucáią.

D

go Dergo Derman wierzyć náuczył: Ja záś szczerze czystym przed Pánem Bogiem/ sercewidzcą/ sumnieniem moim mowię/ że nic złego we mnie nie iest: ni łákomstwo/ zá łáską Bożą/ ni pychá: y áni Cerkwie/ áni Wiáry/ nie odstąpiłem. Derman mnie/ Bog moy/ dla prawdy iego ś. od Bráciey pogárdzonemu/ y wygnánemu (kiedy o te Zyzánie/ Philálethy/ Orthologi/ Kleryki/ y o swoy o wierze Skrypt/ ktorem ia w błędách ich y herezyách/ w kłamstwách/ y w kálumniách iáwnie gánił; á przytym y o List/ ktorym był od Oycá Pátryárchy przywiozł: rozgniewány ná mie przeszły Archimándrytá Pieczerski/ ná to sie był vsádził/ ábym w żadnym Monásteru Kiiowskim pomieszkánia nie miał/) ná przepokoienie podeszłych lat moich/ poki wola iego święta/ podáć raczył: Ktory ná ten czás/ kiedym sie ia do wschodnych kráiow iuż z vmiłowáná z łáski Bożey Vnią puszczał/ miał swego Residentá pewnego/ żywego/ y zdrowego; pod ktorym żywym/ ábym go miał kiedy dostąpić/ iák rzeczy v mnie niepodobney/ y ná myśli nie miałem. Zárdość záś nie szuka co iest Bożego: á iedność święta/ ktorą ia chwalę/ y ktorey szukam/ y ktorą zá pomocą Bożą iuż y nálazłem/ iest dar Boży: bo wiárá y miłość/ dáry są Boże. y ieslibym tego przez chwałę Vniey szukał/ ábym sie nieco w narodzie moim bydż okázał/ czyniłbym to præpostere, y nádáremnie: ponieważ dosyćiem sie iemu iuż był przez Láment/ werifikácyą/ obronę iey/ Elench/ iustyfikácyą/ y insze prace moie znáczne/ bydż nieco okázał; y przyczyny tey sławą/ łáską/ y miłością narodu mego áż pod niebo/ iáko mowią/ wynoszony byłem: czego z pochwały Vniey/ wiedząc/ iák on iest iey áffekt/ od niego nie spodziewałem sie/ y owszem nienawiśći/ łáiánia/ y hánby więtszey/ niż inszy Vnitowie czekałem: ktore iuż z vćiechą duszę mey/ bo o nie nie dbam/ ponoszę. Jednák dla tey mniemáney sławy/ ktorą od niego z niewiádomośći iego/ dla czegoby to czynił/ miałem; sławy prawdziwey niebieskiey

ostradáć/

ostradáć/ nierowną rzecz bydż sądziłem: y dla tego tą iák márną/ dla zbáwienia mego pogárdziłem/ á owey/ iák wieczney/ w łásce Bożey szukam; y ná nię/ poki duszę w ćiele moim/ zá pomocą Bożą/ w Cerkwi narodu mego Ruskiego/ zárabiáć prágnę. Byłoć mi od niektorych z Przodkuiących strony wászey/ ná tym Kiiowskim Soborze suggerowano; że mię owá/ do ktorey sie łącze/ stroná/ niżey posádzi/ niż v nich śiedzę: że że mnie Archiepiskopá vczyni Episkopá/ y to iákiegoś zátchłego tytułu: zkąd mi ná poniżenie w Cerkwi narodu Ruskiego pyść miało/ nie ná powyszenie. Odpowiedziałem: iż wiedząc ia to dobrze/ że pożytecznieysza iest rzecz bydż w Cerkwi Katholickiey Láikiem/ niż w Cerkwi Schizmátyckiey Archiepiskopem/ namniey o to nie trwam. Láicy ábowiem w Cerkwi Bożey/ legitimi iey są synowie/ y krolestwá niebieskiego przyrodni dźiedźice: á Episkopowie w Schizmie y legitimi nie są/ y dźiedźictwá do krolestwá niebieskiego nie máią: Non potest Deum habere Patrem, qui Ecclesiam non habet Matrem; mowi Cypryan ś. y záś tenże o Episkopách Schizmátykách: Qui nec vnitatem Spiritus, nec coniunctionem pacis obseruat, & se ab Ecclesiæ vinculo, atq; à Sacerdotum collegio separat; Episcopi nec potestatem potest habere, nec honorem. Przetoż wiedząc ia o tym/ ná to co mi przekłádaćie/ namniey sie nie oglądam/ dosyć máiąc ná owym powyszeniu/ że sie w Cerkwi Bożey náyduię; á przez to/ mam Cerkiew Páná Chrystusową zá mátkę/ á Bogá zá oycá: czego w Schizmie y Archiepiskopem będąc/ mieć nie mogłem. Rzekłem do nich/ ná insze ich do mnie słowá; że nie iestem omártwiáły/ ábym nie czuł od strony swey honoru/ poszánowánia/ sławy/ y dobrego imienia: y żebym nie vważał/ żem iuż w tey stronie látá moie do szedziwego włosu przepędził: że ku obronie iey wiele pisałem: wiele y ná inszych Cerkiewnych Duchownych pożytkách prácowałem; przez co v wielu z narodu

Pożytecznieysza iest rzecz według duse, bydż w Cerkwi Kátholickiey Láikiem, niż w zborzysku Schizmátyckim Episkopem.

Lib: de simplic: Prælat.

Lib: 4. Epist: 2.

D 2 mego

mego w ták okazálá miłość porwány byłem / że ná oświadczenie wielkiey swey zá te prace y vsługi moie ku mnie wdzięczności, konterfety osoby mey / áby mie przed sobą záwżdy mieli / w domách swych wystáwiáć poruszyli sie. Czułem ia to wszytko ná sobie / y widziałem: á widząc dobrze vważałem / y vważam. Ale co? Vfałem ia Pánu Bogu memu / y prawdzie iego świetey / przy ktorey w obronę stoie: y teraz nieosłábiále vfam / że przez ten teráznieyszy moy postepek / (lubo to on zda sie przykry / Prawdá bowiem gorzka iest) nie tylo tey ku mnie narodu mego miłości nie vtrácę / ále wietszey / iesli w czym przybydz iey może / da Bog dostąpię: Gdyż / ieslim v niego tey tákiey nabył miłości / broniąc od niego Schizmy / tłumiąc prawdę Bożą / woiuiąc náprzećiwko Cerkwi Páná Chrystusowey / záwodząc ludzie ná zátrácenie nauką Heretycką: nierowno wietszey nabydz v niego spodziewałem sie / y spodziewam / gdy iuż prácuię dla niego w spráwie iedności świetey / w okázowániu prawdy Bożey / w obronie Cerkwie Páná Chrystusowey / w opisowániu ku zbáwieniu iego práwych Práwosławney Wiáry Dogmat. v ktorego / iesli ták wiele miłości ku mnie to złe spráwić mogło; owo dobre nie rowno wiecey spráwić może: gdy on prawdzie Bożey w tey spráwie dawszy śiebie zwyciężyć / wietszych dárow Boskich lud ostoi sie / y wietszą ku tym / ktorzy w niey prácuią / miłość pokázowáć bedzie. Jeslizby ináczey (czego Boże nie day) o iedność ś. v niego padło / tedy y ia / zá zniewazoną od niego iednością ś. o swoie zniewagę stać nie bede; postrzegáiąc / áby tá moiá v niego doczesna sławá / wieczney v Páná Bogá sławie mey nie szkodziłá: czego ia ná sobie áni sam nie przewiodę / áni kto inszy.

Przyczyny dáie Autor, dla ktorych odstepuie

Zem tedy pod zeszły moy wiek / pod látá moie stáre / gdy iuż iedną nogą stoie w grobie / y gdy z tym świátem co godziná rozstáć mi sie przychodzi / poniosłem odmiánę: vczyniłem to z miłości Bogá mego / y z pożądánia zbáwienia me-

go / tedy / kiedy Bog moy dobrotliwym swym miłośierdziem weyzrzał ná mie: kiedy mi to moie złe / ktore mie o zátrácenie duszę mey przywodziło / wszytkowidzące oko obaczyć zdárzyło. Zá co ia dobrotliwemu iego miłośierdziu nieśmiertelne dzięki czynię / że sie nádemną / choć iuż stárym / zmiłował: że mi / choć iuż pod zeszły moy wiek / czásu do pokuty / ktora nigdy nie iest pozna / vżyczył. Mnie dosyć ná tym / żem sie z łáski Bożey obaczył / ráno / lub pozno: młodo / lub stáro; tylo żem sie obaczył. Mym zdániem / obaczyłem sie dość młodo / kiedym sie ieszcze w tym moim doczesnym żywoćie obaczył. Ten sie pozno y stáro obacza / ktory áż z tego świátá zeszły / swoią nędzą nákarány ostawszy sie / złe swoie obacza / y obacza sie / ále nie wczás: bo w piekle pokuty nie masz; gdźie y młodo zeszły / stáry: á w niebie y stáry odmłodziewa.

pism swoich, tych ktore po Schizmie pisał.

Poniewaź bowiem wiecznymi mękámi groziły mi opisáne przez mie w Lámenćie moim / y w inszych moich Skryptách ná máiestat Boży / bluźnierstwá / błędy / y Herezye; ná Práwosławne wiáry Dogmátá / odmienić ie muśiałem. Przez ktorą odmiánę / nie odstąpiłem ia ś. wschodney Cerkwie: Boże mie tego vchoway. Nieprzyiaćiele to moi / ták mie opácznie vdáią: ále w niey zostawam táki / iáka oná pierwsze moie w narodźie Ruskim Przodki porodźiłá: w iedności ś. z Rzymską Cerkwią będąc vrodźiłá ie: ziednoczona też mie z ś. zachodną Cerkwią ma / y będźie miáłá / áż mie w sobie grobnymi da Bog pieluchámi powiie; bá y po śmierci w niey táki żyć / nádźieią. Nie odstąpiłem ia wiáry / Boże mi tego nie day; głupi to ták o mnie rozumieią: ále zostawam y stoię przy wierze. Tychem to ia od śiebie odłączył / ktorzy strácili wiárę; á z tymi zostałem / ktorzy nigdy wiáry nie trácili. Zyzániegom ia / Philáletową / Orthologową / Klerykową / y tym podobnych Skrybentow wiárę; to iest bluźnierstwá / kálumnie / kłamstwá / błędy / y Herezye od śiebie odtrácił: á zbáwienne ss. Przodkow moich ś. wschodney Cerkwie / prá-

Oświádcza sie Autor, że przez to swe pism swoich odstąpienie, áni ś. Cerkwie wschodney, áni wiáry iey práwosławney, nie odstąpił: y iáko oboiey rzeczy, świętey y zbáwienney, odstępowáć nie myśli.

wosławne Wiáry Dogmatá trzymam; wierzę ie/ y wyznawam: zá ktore ná tym przeszłym w Kijowie Zborzysku duszę moię położyć należáło mi. Lecz nie z inszey przyczyny / tylo z dopuszczenia Boże° /zá moie/ iáko bacze/długą/zbáwienney spráwy tey/ dyssymulácyą: y zá respektowánie ná rzeczy / mym zdániem / wielkie; ále Bożym/ iáko doznałem/ sądem/ áż názbyt máłe; vfolgowáć mi żywotowi memu przydáło się. czego żáłuię / y z Boskiey iego dobroći proszę / áby mi to przebaczył/ á korony przez śmierć moię/ zá tę ieg przez mię opisáną prawdę/ teg czásu/ w ktory on zezwoli/ ponieść / vliszáć mię nie raczył. Tey wiáry iestem / ktorą Ruś záwżdy przedtym wierzyłá: á iák vczy Zyzáni/Philálet/ Ortholog; nigdy Ruś ták nie wierzyłá/y ia ták nie wierzę. A kto ták wierzy/ iáko ći vczą: przed P. Bogiem mowię/ dálecy są od krolestwá Bożego / iák sprośni Heretycy / y obrzydli bluźniercę: ktorychem ia przez ten sam wzgląd od siebie odtrąćił / y bez żadnego wstydu ná stárość moię odstąpiłem ich/ niechcąc áni wierzyć ták iáko oni vczą / áni náuki ich tey słowem / lub dźiełem bronić: com po te przeszłe czásy z obrázą duszę moiey czynił. Bydź złym/ iest wstyd: wiáry prawey odstąpić / iest wstyd: bydź záś dobrym ze złego / Katholikiem z Heretyká/ nie iest wstyd / ále wielká przed Pánem Bogiem / y przed ludźmi pochwałá. y większy wstyd / gdy kto w młodych lećiech bywa rozumny/á w stárych głupi: niż gdy kto w lećiech młodych bywa głupi/ á ná stárość rozumny: bo młodym látom iákoby przyrodne iest głupstwo / á látom stárym przyzwoity iest rozum. Ja w młodych lećiech moich / ślepom szedł zá ślepymi wodzámi: á w lećiech stárych/ide widząc zá wodzámi widzącymi; y zrućiwszy precz od siebie błędy/ y Herezye Zyzániowe/ Philáletowe/ y Orthologowe/ trzymam wiárę Przodkow moich/Grekow y Ruśi/ Práwosławną: w ktorey Wierzę wstydu nie náyduiąc/ czynię to bez wstydu. Bo ieśli wstyd rodźi się z występku / á chwałę rodźi cnotá: tedy

zła wiá-

zła wiárá/ rodźi wstyd; á wiárá dobra/rodźi pochwałę: poniewáż dobrze wierzyć/ iest cnotá: á źle wierzyć/ iest występek: Vczyniłem tedy to bez hańby z pochwałą/ co mi nie vczyniło wstydu/ ále pochwałę. Tákim sposobem / gdy ś. Athánázyusz zá wieku swego/odstąpił wschodnych Biskupow Heretykow/á z Konstántynopolskim Episkopem Páwłem/ do Rzymskiego Biskupá Juliuszá vdał się do wiáry: mogłby kto iemu był z przećiwnych zádáć / że on bez wstydu ná stárość odstąpił Wiáry y Cerkwie: ále iśćie kłámałby nań. Toż się teraz dźieie y zemną/ gdyż y ia Cerkwie ś. wschodney nie odstąpiłem; y odmieniłem nie wiárę ná Herezye / ále Herezye ná wiárę: ktorey mię nie vczył Derman / ále ten mię iey náuczył / ktorego oná iest dárem: y dobrze przedtym/ niż w Dermániu żyię.

Dowodnie pokázuie Autor, że poki był z Ruśią Schizmátycka, tedy niewiedźiał co wierzył

To też nikogo z WM. WW. w podźiw niech nie bierze/ com w Apologiey moiey o sobie powiedźiał: że pokim był w Cerkwi tey strony Ruskiey/ ktora nie iest w iedności ś. niewiedźiałem com wierzył: gdyż to istotna iest prawdá. Szedłem zá ślepymi / iákom máło wyższey rzekł / wodzámi: ktorzy iák sámi niewiedźieli dokąd szli/ ták o tym niewiedźiałem y ia/ dokąd mię oni prowádźili. Oni się nátkneli ná kámień błędow / á ia zá nimi: oni wpádli w iámę Heretyctwá/ á z nimi y ia. Co rozumie ten/ ktoremu te moie słowá w podźiw: bym ia był znał com wierzył / szedłbym ia był ták dáleko zá Zyzánim? słuchałbym ia był ták długo Philáletá? dałbym ia był ták mocną wiárę Klerykowi? pisałbym był duszę mey szkodliwe ná máiestat Boży bluźnierstwá? Nic z tego. do wszytkieg tego to mię sámo przywiodło/żem niewiedźiał/ com wierzył. Wierzyć abowiem błędy y Herezye / iest niewiedźieć co wierzyć. Ják y dźiś ći / co te Zyzániow swych/ Philáletow/ Orthologow / Klerykow,/ y tym podobnych błędy y Herezye / falsze y kłamstwá / kálumnie y blásphemie wierzą/ niewiedzą záiste co wierzą. Niech mi ten co to się

tym mo-

tym moim słowom dziwuie / pismi ś. y śś. Doktorow Cerkiewnych nauką dowiedzie: że te błedy y Herezye / falsze y kłamstwa / bluźnierstwa y potwarzy / ktorem ia w Apologiey moiey z Zyzániego / y z iego tám przypisáney druzyny notował / nie są tákie: w ten czas tey moiey mowie / słusznie sie bedzie dziwował: czego poki nie vczyni / dziwić sie temu bedzie / iák ten ktory to Pismo ś. ślepym názywa. W czym dáć Skrybentom tym wiáre / nie ich imie / ktore v mnie máłey wagi było: ále twoiá / Przezacne Bráctwo / powazność / wielce v mnie wázna / do tego mie pociągneła: ktorey pod Censure y ia swoy Lámentowy Skrypt / wiecey w tey spráwie / gdzie o Práwosławney Wiáry zbáwienne Dogmatá szło / tobie vfáiąc / niz sobie / poddáć zezwoliłem. Ano w tym wszytkim y tyś sie omelilo / y ia: á to stad / że áni ty ták známienite / á w narodzie Ruskim Przodkuiące Bráctwo / áni ia / niewiedzieli smy cosmy wierzyli. Ináczey tych tákich błedow y Herezyy / ániá / áni ći co pisáli przedemna / pisáć / áni ty ich y moich / tákich nád Práwosławną wiáre bluźnierstwá pełnych pism / w swey Drukárni drukowáć / y zá swoie przyznawáć nie pozwoliłoby: boby to twoie słowo było przećiwko Duchowi ś. ktore tobie nie byłoby odpuszczone / áni w tym wieku / áni w przyszłym: Jeslibyś ty / wiedząc zápewne / że to są bluźnierstwá / błedy / y Herezye / á nie twoiá Práwosławna wiárá / świátu ie publikowáło. Odmieniłem tedy / iákom rzekł / zá tą moią odmiáną / oto te przez ćie ná świát puszczone błedy y Herezye / na Práwosławną wiáre: á niewiáre práwosławną ná Herezye y błedy. Day Pánie Jezu Chryste / ábyś y ty zá powodem łáski iego ś. wespoł zemną toż vczyniło: y wszyscy ći / co to sie chlubią znáć co wierzą / á iednák w błedách y Herezyách Zyzániow swych po vszy sie nurzáią.

Przeszłego Soboru Kitowskiego lekkość. Wierz temu Przezacne Bráctwo / że iák Zyzániom twym vwierzywszy zbładziłoś: zbłádzisz y teraz / ieśli sie nie postrzeżesz / á zátym prawdy Bozey / y práwych wiáry Do-

gmao-

gmat (niech mi przebaczą Oycowie y Brácia) wykli náczámi vdász sie. Bym zá twe wielkie ku mnie dobrodzieystwá nie był tobie powinien: bym nie był Monástera twego Wileńskiego Archimándryta: bym nie był Cerkwie Ruskiey Archiereiem / milczałbym: boby mie to nic / ábo bárzo máło obchodziło. Ale wszytkiego tego troygá powinność to ná mnie wyćiąga / ábym ćie w tym vpomniał / y przestrzegł. Boć to tám nie był táki Sobor / ktoryby ná tym z vmysłu zásiadł: ktoryby o tym námawiał: ktoryby te moie Apologią articulatim rozbierał y vwazał. Zá zdániem dwu / ieśli nie iednego / y tego codzień vraczonego człowieká / wszytko zgánił. A ia pod zakłádem Archiereystwá mego / mowie / że tám w Práwosławney wiáry Dogmatách / coby zgánić godno było / y iednym słowem / nie znayduie sie. A dowodzić tego da Bog / y bronić ná káżdym mieyscu / zá wszelką okázyą gotowem. Codzień tám od tego człowieká / máło co inszego / iáko mi powiádano / było słyszeć / tylo: Co sie my Práwosławni z Heretykámi w wierze iednoczyć mamy? Wyszło to ná to / iák gdy tymi nie dawnymi czásy Pátryárchá Konstántynopolski Tymothey / stárał sie do iedności zsobą przywieść Ormiáńskie narody / toż od nich vsłyszał: że ieśli prágnie známi Pátryárchá iedności / niech sie swych Herezyy zárzecze / bo my z Heretykámi w wierze iednoczyć sie nie możemy. Skad daie sie wiedzieć / że y trzezwiemu o tych rzeczách z vważeniem mowić; iest to w zwyczáiu ludziom z Heretyczálym / śiebie mieć zá Rátholiki; á swoie Herezye / zá práwe dogmátá. Nie insze záiste o sobie z swymi Zyzániámi może rozumieć / y ten iedności ś. nienawisny dissuasor. Niech postáwi przed sobą wszelkiey Sekty człowieká / Rátholiká / Schizmátyká / Heretyká / Zydá / Máchometaná / Báłwochwálce / á pyta o wierze ich; ieśli nie káżdy z nich rzecze: day Boże w tey wierze mnie vmrzeć / w ktoreyem sie národził. Káżdy swoie sekte chwali: káżdy śiebie z swoią Bráćią w swey

synago-

Synágodze zbáwiennym bydź rozumie / á insze potepia. Ano to wiedzieć ma káżdy / że iedná łodká Páná Chrystusowá / y sámi w niey Kátholicy plywáią : inszy wszyscy przez on ognisty dniá ostátniego potop / koniecznie pogina.

Znoszenie sie Nieunitow z Vnitámi, o Iedność s. iest rzecz y zbáwienna narodowi Ruskiemu, y pożyteczna.

Rádziśmy byli / że sie od Roku 1623. zánośić było poczęło ná tráktaty / do vgody miedzy Ruśia Nieunitámi z Vnitámi : y pewniśmy byli w rychle / zá pomoca Boża / pożądánego pokoiu Cerkiewnego. Ale oto tácy humidi suasores (bo by im iedność świeta rozpustnych tych humorow vielá) y to nam rozproli / y w tym zagnilym Heretyckim rosole kiśnać wam spráwili : Boday áni v Páná Bogá / áni v ludzi dobrych / iesli sie nie obacza / á tey zbáwienney spráwy tłumić nie przestáną / ná zbáwienie swe niepámietni ludzie / szczęścia nie mieli. W Roku 1626. przykłádáłoś sie do tey zbáwienney spráwy / y ty Przezacne Bráctwo : lecz co cie od záwárćia iey odmowilo / ia niewiem. Jesli owá resolucya Vnitow / że pod posłuszeństwem Stárszego twey strony bydź nie moga : z doświadczenia sámego mowie / że dla tey ich Resolucyey / vmowy z nimi o zgode odbiegáć / słusznie nie miáłoś : wiedząc / że dobrowolnie w niewola nie podáie sie nikt / tylko ábo desperat / ábo szalony. Coż ? zażeś ty / áby sie oni pod posłuszeństwo twego Stárszego z Heretyczałego poddáli / tego po nich chćiało ? áby przez łáske Boża vwolnieni od Schizmy / záś do duszotrácacego iey iárzmá kárki swe wtráćili ? Vczyniliby to záiste / gdyby iskierki rozumu w sobie nie mieli / y nic / áni ná Boskie / áni ná ludzkie Práwá nie ogladáli sie : záczym niesłuszney rzeczy słusznie odmowili. Ale słuchay iedno : Czym narod Moskiewski záwinił sobie / że sie z posłuszeństwa tego vwolnił ? Czym y Wołoscy / y Multáńscy Metropolitowie / są sobie / y narodom tym / zászkodni / że Palliuszow swych od Pátryárchy Konstántynopolskiego nie szukáią ? Toż czyni Archiepiskop Cypryski : toż Archiepiskop Jberski : toż Serbski y Illiryku / ábo Achry-

donski /

donski / Archiepiskopowie ; ktorzy posłuszeństwá twey strony Stárszemu nie oddáią : ále iák vdzielni Rządzcy y Sprawcy swych pomiesnych Cerkwi / żyią / y nimi rządzą / y sprawuią. Oto y Moskiewski Pátryárchá przed oczymá. Ale nádáremnie w tey spráwie cudzoziemskicy przykłády przywodze : Oto y nászá Ruska Cerkiew / około Roku P. 1051. wziawszy wiádomość / że Michael Cezuláry / Pátryárchá Konstántynopolski / iedność z Rzymskim Papieżem rozerwał / niechćiáłá áby ten odszczepieniec Metropolite iey poświecał : sámá sobie / nie bez osobliwey nád soba opátrzności Boskiey / Hiláryoná ná Metropolitáństwo poświećiłá. Oto y powtore / około Roku P. 1146. nie posyłáiac do Pátryárchy / sámá sobie Cerkiew Ruska poświećiłá Metropolite Klementá ? Oto y potrzećie / około Roku P. 1407. sámá sobie Cerkiew Ruska poświećiłá ná Metropolitáństwo Kiiowskie / y wszystkiey Russyey / Hrehorego Cemiwlaká / ktorego Pátryárchá Konstántynopolski do śiebie od Rusi posyłánego / poświećić niechćiał. Ato / y owo spráwy tey okazały przykład / że Cerkiew Ruska Hryhorya Jhumieną Konstántynopolskiego / od Piusá Wtorego Papieżá Rzymskiego / ná Metropolia Ruska poświeconego miáłá. Coż ná tym Cerkwi Ruskiey zbyło / że tych Metropolitow / nie tylo nie od Pátryárchy / ále y nád wola Pátryárchow / sobie poświecáłá / y od Papieżá poświeconego słucháłá ? Co to narodowi Ruskiemu / y Práwosłáwney iego Wierze / Práwom iego y swiebodom (co wy sobie teraz pretenduiećie) zászkodziło ? Nic. Co zászkodzić może y teraz / gdy sie dla wielu / wielce słusznych y ważnych / przyczyn / z posłuszeństwá támtego vchyli : á przykłádem tych oto pomienionych narodow / swego sobie Archiepiskopá / ábo y Pátryárche vdzielnego vczyni ? Nie tylo nic mu to nie zászkodzi / ále mu wielkie á zbáwienne pożytki z soba poda / oto te : Ziednoczy go z narodem Kátholickim / Polskim y Litewskim / w wierze / y

Pożytki zbáwienne, ktore

E 2 w miło-

Iedność z narodowi Ruſkiemu zſobą przynośi.

w miłośći / á przez to o zyśći go od tych błędow y Hereziy / Zyzániow twoich. Szkoły iemu podnieśie: Seminárya pobuduie: Cerkwie dobremi Káznodźieiámi y Spowiednikámi opátrzy: Monáſtery ſporządźi: Kátechizm zgodnego wyznánia wyda: Spiewánie y melodye ſpráwi: Kśięgi Cerkiewne zrewiduie / y do druku przeyźrzáne poda: Złe zwyczáie y obyczáie / Duchownych y świeckich / nápráwi; y w rychłym czáśie / mym zdániem / Cerkiew Ruſka w zewnętrzney y powierzchney tákiey ozdobie poſtánowi / iákiey oná oboiey rázem w narodźie Ruſkim nigdy nie miáłá. Nie wſpominam Praw / swobod y wolnośći / ták Duchownemu iáko y świeckiemu ſtanowi: otwárćia śię drzwi do wßelkich vrzędow y doſtoieńſtw / y do záwárćia wiecznego w narodźie ſwym pokoiu. Máłez to / y według ćiáłá / y według duße / pożytki? Mym zdániem / nieoßácowáne.

Iż narod Ruſki z poſłußeńſtwá ktore oddawał Pátryárße Konſtántynopolſkiemu, żadnego Duchownego pożytku nie odnośił, y nie odnośi: á to dla obrzydłey Bogu schizmy.

Pod tym teráznieyßym tákim twoim poſłußeńſtwem / przez ták wiele ſet lat / ná co śię dobrego narod náß Ruſki zapomogł? Było to / że Przodkom náßym kiedyś pod tym poſłußeńſtwem błogosłáwił Pan Bog; ále tedy / kiedy ono nawyżßey Cerkiewney Zwierzchnośći było posłußne: teraz ni w czym mu nie błogosłáwi / ni w czym iego nie lubuie. Nie pośpieie / co gdźie rzkomo to dobre wznieći śię / záraz y zgáśnie. Gdźie one Szkoły / Oſtrogſka / Lwowſka / Brzeſka / y inße? Wáßá Wileńſka z iákim młodźi poſtępkiem / zá ták wielkim koßtem wáßym / iákoby przez ßczebline iáką ćiáſną ćiśnie śię / że z niey iák z kámienia / przez ták wiele lat áni ogniá / áni wody. A to nie z wáßey niedoſtátku y niedbálſtwá / bo y ná czułośći prácuiących nie zbywa / y ná koßćie wáßym: ále prze sámo polegle ná narodźie tey ſtrony Ruſkim / niebłogosłáwieńſtwo Boże / ktory mu nie dobre° / áni wnętrznego / áni zewnętrzne° mieć nie dopußcza: nie z inßey iście przyczyny / tylo iż on to / w czym P. Bog lubuie / y ná co zezwala / ſtráćił / wiáry miłość. Gdźie v niego Káznodźieia dobry / bá y mierny?

gdźie

gdźie Spowiednik rozſądny? gdźie w Monáſterách kárność? gdźie miedzy Duchownymi posłußeńſtwo? gdźie w Przełożonych czułość? gdźie o zbáwieniu duß pieczołowánie? gdźie kto w ſpráwách Duchownych / z miłośći nie dla brzuchá / prácuie? gdźie nákoniec pokarm ludźiom przegłodniáłym Duchowny? gdźie vćiechy Chrześćiáńſkie dußne? Smiele mowię / bo rzecz ná widoku: od dawnego czáſu we wßytkiey Cerkwi wſchodney / w Greckiey ziemi / w Serbſkiey / w Bulgárſkiey / w Multáńſkiey / w Wołoſkiey / w Iberſkiey / w Kárámáńſkiey / w Arábſkiey / w Moſkiewſkiey / tu w náßey Ruſkiey / lud proſty po wśiách / Miáſtách y Miáſteczkách / niewie co to ieſt wiárá Chrześćiáńſka; co to świątośći Cerkiewne; co to vmieć *Oycze náß. Wierzę w Bogá.* co to znáć Dźieśięćioro Boże przykazánie; y co inße / káżdemu Chrześćianinowi należące. Nigdy żaden z nich nie doznawa vćiech wiáry Chrześćiáńſkiey / ktore zwykły bywáć z ſłuchánia słowá Bożego: żyią iák bydło. Ieſli tu v nas do Cerkwie áż zá winámi / do zbáwienney kommuniey kiedy iuż konáią: po inßych tego poſłußeńſtwá pomienionych ziemiách / gdźie tych win nie máß / co rozumiemy? á to ni zkąd śię inąd nie dźieie / tylo że w oboim tym ſmáku nie czuią / y iego wßeláko nie znáią: rzeczy zás niewiádomych pożądánie nie bywa. Nie tylko tedy to narodowi Ruſkiemu / gdyby ſobie przykłádem inßych náciy Archiepiſkopá / ábo Pátryárchę vdźielnego podnioſł / nie ßkodźiłoby / ále wieleby mu to / y według duße / y według ćiáłá / pożyteczno było: boby zá tym tákim domowym / Cerkiewnym ſpráwcą / Sobory odpráwowáły śię poważnie / niedoſtátki Cerkiewne vdoſtátczyłyby śię: y to cobykolwiek Cerkwi było pożyteczno y zbáwienno / bez żadnych przeßkod byłoby námawiano / y do ſkutku przywodzono: y w rychle / dá Bog / do tegoby przyßło / że z Duchownych Cerkwie Ruſkiey obfitośći / y inßy tegoż ięzyká y nabożeńſtwá narodowie / vdoſtátczyliby śię. A to teraz /

E 3 czyr

czy v nas Káthechizmi? czy v nas Poſtylle? czy v nas Zywoty Swietych? czy v nas iákie Exercitia Duchowne zbáwienne? Jeſzcze onego ś. wieku prace Soborniki czytáią ſie/ czytáią ſie Prologi; ále y tych áni ten co czyta / nie rozumie/ áni ći co ſłucháią: y dźieie ſie/ iákoby też głodnemu kąſkiem iákim ſmácznym ći czytelnikowie koło geby/ y ſwey/ y ſłucháiących/ vwiiáli / ále go áni im / áni ſobie ſmákowáć y ześć nie dáią.

Przyczyny dwie głowne, dla czego ſie narod Ruſki o vdźielnego w narodźie ſwym Pátryárche, ſtáráć winien.

Co wietſza: coby nas o ſtáránie ſie vdźielneg ſobie Pátryárchy pobudźić miáło/ ieſt owo/ iż tráfiáią ſie/ y często/ Pátryárchowie świetokupcy; iáko y ten / ktory po wielu inſzych teráznieyſzego z ſtolice był zſadźił/ y ná wygnánie záſtał. Tráfiáią ſie y Zeretycy / iák miedzy wielą inſzych y teráznieyſzy/ o ktorym ſie to teraz nie tylo po Konſtántynopolu/ ále y wſzedźie głośi. A to nákoniec nagłownieyſza/ co nas o vdźielnego Przełożonego Cerkiewnego pieczą mieć przywodźi / Schizmá. Jeſt to abowiem w Cerkwi Bożey tritum & vulgare, firmum & ratum; że Episkop od Episkopá rozdwoieniem iedney Cerkwie/ dźielić ſie bez Schizmy nie może/ gdźie nie záchodźi Hæreſis. Zá czym / nie bydź Pátryárſze Konſtántynopolſkiemu z Papieżem nie Zeretykiem w iedności / ieſt bydź mu w ſchizmie: Schizmy zás właſność táż co y Zerezyey/ że w niey nikt zbáwiony bydź nie może. Ze odrywa człowieká od Ciáłá Páná Chryſtuſowego / y czyni go bydź członkiem ſzátáńſkim: wyzuwa go z ſynowſtwá/ że iuż więcey ſynem Bożym nie ieſt / ále zoſtáie ſynem oycá ſwego dyabłá: á w krotce rzekſzy / iż Schizmátyk zá Práwoſławną Wiáre / ktorą wyznawa / vmęczony bydź może / zbáwiony bydź nie może. A to to ieſt ſámo / co mie do iedności ś. zá łáſką Bożą pobudźiło/ y w niey poſtánowiło: że mi iuż więcey ſumnienie zmyśláć Zereziy/ y nini Rzymſki Kośćioł potwárząć/ nie pozwoliło.

Aug. lib. 1. de Baptiſ. c. 9.

Z ktorych przyczyn/ iák wielce ważnych / miey ſie Przezacne Bráctwo/ do tey záczetey o vgodźe z Bráćią namowy.

Nie miey

Nie miey tego ſobie zá grzech / áni zá wſtyd / co inſzy narodowie y bez grzechu / y bez wſtydu vczynili. Ty iedno/ iák wiele mogłoś pociągnąć narodu Ruſkiego do wierzenia tym twym nowym Skrybentom/ y do záſtánowienia ſie náprzećiwko Vniey: ták wiele możeſz ich odćiągnąć od tego/ á do iedności ś. przyciągnąć. Vważ to / com máło wyżſzey powiedźiał/ y co ieſt rzeczą nie mylną: że Episkop Práwowierny od ſpołeczności y miłości wzáiemney/ drugiego Episkopá rownie Práwowiernego/ y iego pomieſtney Cerkwie/ bez noty ſchizmy/ śiebie/ y ſwey Cerkwie pomieſtney / odłączyć nie może.

Vważenie poważne, ſkąd Ruś Schizmátycká, ſą vere Schizmátycy.

Vważ záraz przy tym y owo / iż te Zerezye / ktore ſie od tych twoich Skrybentow / y od was ſámych / Rzymiánom zádáią; ſą ſzczera potwarz: iáko to Mánicheyſka/ Sábelliáńſka/ Mácedoniáńſka/ Apollináriyſka / y Orygeniáńſka. Rzymiánie abowiem / y tym ktorzy dwá początki w iednym Boſtwie ſtánowią; y tym ktorzy Przenaświetſzey Troyce oſoby zlewáią / Anáthemá mowią.

Iż Rzymiánie nie máią Herezyey Mánicheyſkiey.

Znáią / y wyznawáią ieden Synowi y Duchowi ś. początek Oycá: onemu według rodzenia / á owemu według pochodzenia. A ácz Duchá ś. y od Syná pochodźić wyznawáią: to iednák wyráznymi słowy wierzyć śiebie przyznawáią / że Duch ś. τὴν ὕπαρξιν, ſubſiſtentiam, iáko y Syn / od Oycá ma: y iż Syn τὴν ὕπαρξιν, ſubſiſtenciey Duchá ś. nie ma. To ieſt / iáko ſie oni ſámi ná Soborze Florentſkim wykłádáią / że Syn τὴν προκαταρκτικὴν αἰτίαν, Primordialem, Pierwonáczalney przyczyny Duchá ś. nie ma: bo przyczyna táka ieſt ſám Oćiec.

Seſſ: 25.

Gdźież tu/ w ták Práwoſławnym ich wyznániu / Hæreſis Mánicheyſka? Wierzą y wyznawáią Rzymiánie/ iż Oćiec ieſt inſza Boſka oſobá/ Syn inſza/ Duch ś. inſza: iedná od drugiey y liczbą/ y przyrodzonym Początkowym porządkiem rozdźielne: y iż iedná drugiey imieniem nie názywa ſie/ áni Syn Oycem/ áni Oćiec Synem/ áni Duch ś. Oycem lub Synem; áni też Oćiec y Syn/ Duchem ś. Gdźież y tu w

Iż Rzymiánie nie máią Herezyey Sábelliáńſkiey.

ták Rá-

ták Kátholickim ich w wyznániu Hæreſis Sábelliáńſka? Ieſli ztąd Mánicheyſkie dwá początki / ztąd y Sábelliáńſkie dwu oſob / Oycowſkiey y Synowſkiey / w iedne zlićie: że Oćiec y Syn dwie ſą oſoby od śiebie rozdzielne / od ktorych Duch ś. pochodźić wierzony bywa. Tedy to oboie ztąd nieſłuſznie. Trzy ſą oſoby / Oćiec / Syn / y Duch ś. á ieden Bog / ieden ſtworzyćiel / ieden wſzechmocny: á to dla tego / iż wſzyſtkich trzech Boſkich oſob iedno Boſtwo / iedná wſzechmocność / y iedná śiłá tworzenia. A że Oycá / y Syná / iedná ieſt śiłá tchnienia Duchá ś. iedny przeto ſą dwie te oſoby Duchá ś. początkiem. Ták Argumentuie Auguſtyn ś. Mowi Bázyliuſz W. Kto dwá Początki wnośi / ten dwá Bogi opowiádá: á dwá Bogi opowiádá / kto dwie iſtnośći wyznawa. Skąd idźie: że kto iedne iſtność w trzech Boſkich oſobách wyznawa / ten áni dwu / áni trzech / ále iednego Bogá wyznawa. Rownie y ten / ktory iedne dwu oſob / Oycá y Syná / moc tchnienia Duchá ś. wyznawa / ieden ten Początek wyznawa. Poniewaź do poſtánowienia dwu rożnych początkow / nie tylo dwu rożnych oſob potrzebá / ále y dwu rożnych przyrodzenia / á zátym y dwu rożnych śił: iák śię to z náuki W. Bázyliuſzá wiedźieć dáie. Iák tedy trzy Boſkie rozdźielne oſoby / przez iedność śiły tworzenia / ieden ſą ſtworzeniu początek / nie trzey: ták y dwie oſoby Oćiec y Syn / przez iedność śiły tchnienia Duchá ś. ieſt ieden Początek / á nie dwá: y co tám wſzyſtkim trzem Boſkim oſobom ieſt coś rożnego ad extra, to tu dwom Boſkim oſobom ieſt cōmune ad intra. y iáko Syn y Duch ś. ſpolkuią bez ſwych oſob zlićia / w tych ſwych perſonálnych właſnośćiách / że ſą od Początku: ták Oćiec y Syn bez zlania ſwych oſob / ſpolkuią w owey ſwey perſonálney właſnośći / że ſą Początek. Ku temu: Oycá Rzymiánie od Syná dźiełá Oycoſtwem / á Syná od Oycá Synoſtwem / temi właſnośćiámi / ktore ie ſtánowią. Gdźież tu z tego tákiego prawdźiwego Kátholickiego ich

Lib: 5. de S. Trinit.

Hom: 27. in Arriū, & Sabellianos. &c.

wyznánia

wyznánia / lub Mánicheyſkie dwá początki / lub Sábelliáńſkie dwu oſob zlićie? Záiſte / nie Rzymſkiey to wiáry Herezya / ále twego Orthologá / ábo y przed nim czyie inſze wymyſły y kálumnie: ná ktorych wy z wielką máieſtatu Bożego / y ſumnienia ſwego obrázą / polegſzy / toż á to / bez żadney ſłuſznośći ná Rzymian / z ſwymi wołaćie / że ſą Mánicheyczycy / że ſą Sábelliánczycy.

Przytym / co temu tákiemu Rzymſkiemu o Bogu w Troycy iedynym Práwoſławnemu wyznániu / zá poſpolitość y z Mácedoniuſzem Heretykiem: ktory Duchá ś. ſtworzeniem Synowſkim bydź mienił. Aby ták Rzymiánie wierzyli y náuczáli / gdźieśćie o tym w Rzymſkich piſmách / ábo z Kátedr choć iedno iotá / lub czytáli / lub ſłyſzeli? ábo ten ktory wſzytko to troie im zádáie / wáſz Ortholog. Rzymiánie Duchá ś. Bogá / z Bogá Oycá y Syná / to ieſt tyże / y iedney z Bogiem Oycem y Synem iſtnośći / tegoż Boſtwá bydź / y wierzą / y wyznawáią.

Iż Rzymiá nie nie máią Herezyey Mácedoniáńſkiey.

Co do Rzymian y Hæreſis Apollináryuſzowa / że ie ćiż wáſzy Skrybentowie Apollináryſtámi ſzkáluią? Zaż máią w ſwym wyznániu o Wćieleniu Syná Bożego / iáka z Apollináryuſzem ſpołeczność Rzymiánie? zaż Phántázmá / á nie prawdźiwe Ciáło z Pánny naświętſzey / od Syná Bożego do ſwey Boſkiey poſtáći przyięte bydź wierzą y wyznawáią? Czyli Boſtwo miáſto duſze Synowi Bożemu iáko człowiekowi przypiſuią: czyli człowiecze przyrodzenie od Boſkiego w Chryſtuśie Pánie pożárte bydź rozumieią? Co troie o Synu Bożym y człowieczym / Pánu IEZVSIE, ten przeklęty Heretyk Apollináryus / wierzył y bluźnił: áni iedno ze wſzytkiego. Ztąd mowićie / Apollináryſtámi ſą / że w Przáſnikn Táiemnice Euchárystyey záżywáią: ktory chleb iż ieſt bez duſze / coś podobnego z tą Herezyą nośi. Ale to co do rzeczy? Podobno ći Skrybentowie tego wiáry wyznánia / o Przeiſnoczániu śię chlebá w ćiáło / byli / y wy wſzyſcy ieſteśćie /

Iż Rzymiá nie nie máia Herezyey Apollináryſkiey.

F ktorzy

ktorzy te Herezya Rzymiánom zádáiecie / że ſie nie iſtność chlebá / ábo nie ſámá iſtność / ále záraz z nią y accidentia w Ciáło Páńſkie przemieniáią. Lecz oczy y palatum, Cenſory y Sedzie tego doſtowierne / ktorzy o tych w poświeconym y przeiſnoczonym chlebie / Quantitatis y Qualitatis, zoſtáiących áccydencyách / euidenter & palpabiliter ſądzą. Smák abowiem / to ieſt kwáśność / ábo przáśność / iáko y białość ábo czarność / máłość y wielkość / quadrangul y okrągłość; Accidentia ſą / á nie iſtność. Ieſli tylo nie był ktory z tych Skrybentow wáſzych / ábo ieſli y teraz kto nie ieſt / coby ták głupie rozumiał / że ſie iſtność chlebá przemienia w iſtność ciáłá; á kwás chlebá tego accidens, przemienia ſie w duſze: bo wy Przaśnik bezduſznym chlebem názywácie / bezduſzne Ciáło v Rzymian w Táymie Eucháryſtyey bydź; odpuśćcie mi / bluźnicie. A iáko ſie wiedzieć dáie / nie z inſzey / tylko z tey ſámey przyczyny: bo co ieſt ἀλληλεχία, to ieſt Concomitantia, rzadkiemu z was w wiádomości. Położywſzy tedy po Katholicku ták orthodoxè, że accidētia chlebá w poświeconỹ y przeiſnoczonym chlebie / zoſtáią nieporuſzne w ſwey własności / á ſámá iſtność chlebá przeiſnocza ſie w iſtność ciáłá: ták nam wiele potrzebne y pożyteczne to kwáſu náſzego accidens, iák wiele potrzebne y pożyteczne Rzymiánom ich accidens, Przaſność iſtności tego y owego chlebá pſzennego / teyże y iedney w oboiákim tym chlebie zoſtáiącey / y iednemu á temuż przeiſnoczeniu zárowno y iednáko podlegáiącey. O czym ſpor wieść / (wyiąwſzy w miłości / owo / w iákim z tych dwu chlebie / Pan Chryſtus ten Sákráment podał) ieſt o cieniu litygowáć / á nie o ſámey tego cieniá rzeczy.

Iż Rzymiánie nie máią Herezyey Origenoſowey.

Co ſie też zádáie tymże Rzymiánom / od tychże wáſzych Skrybentow Hæreſis Origenis: ktorey względem / przypiſuie ſie to im od nich / że ſáme tylko niewierniki w piekle zoſtáwuią / á wierne y naniezbożniey pożyłe / y w grze-

chách

chách śmiertelnych bez pokuty zeſzłe / przez ogień czyścowy do niebá przeſyłáią / y w żywocie ie wiecznym pomieſzczáią / y tym ſwym Czyścem piekło czynią puſte: ieſt to ná Rzymian / y ná náuke ich o Czyścu / niewſtydliwych ludzi potwarz ſzczera. Origenes vczy / że nie tylko wſzelcy y wſzyſcy złośnicy z wiernych / ále y niewiernicy wſzyſcy / y bałwochwálcy / y ſámi náwet czárći miłośierdzia Bożego czáſu ſwego doſtąpią / y z mąk piekielnych wyzwoleni będą; przez co y męki wieczne czynił doczeſne / y piekło puſte. Ale co temu Orygeneſowemu Heretyckiemu bluźnierſtwu do czyścá Rzymſkiego? Rzymſki czyściec / piekłá y mąk wiecznych nie znośi / y nie czyni go puſtym. Rzymiánie inſze mieyſce wiecznych mąk / ktore ſie názywa Piekłem / Tártárem / Gehenna / bydź náuczáią / y wierzą: á inſze mąk doczeſnych czyścowych. Y o piekielnych mękách Rzymiánie náuczáią / y wierzą że ſą wieczne: y ktokolwiek ſie do piekłá raz doſtánie / nigdy iuż z niego ná wieki nie wynidzie / y miłośierdzia Bożego nigdy nie doznа. A pomieſzczáią w nim wſzyſtkie niewierniki / bałwochwálce / Heretyki / Schizmátyki; y te wſzyſtkie z wiernych y Katholikow / ktorzy w grzechách śmiertelnych bez pokuty z tego świátá zchodzą. W czyścu záś pomieſzczáią ſáme tylo wierne Katholiki / z tegż świátá w grzechách powſzednich ábo y w grzechách śmiertelnych ſpowiádánych / á nie odpokutowánych / zeſzłe: zá ktorymi Páná Bogá pozoſtáłych bliźnich / y Kościelnymi dobrodzieyſtwy błagáią / y mękom tym vlżenia / á ſkorego z nich wyzwolenia / proſzą. A zá tymi ktorzy ſie doſtáią do piekłá / nie modlą ſie / ále ie w niepámięci ſwey / iák od Páná Bogá zápámietáne / zoſtáwuią.

Te to ſą pięć Herezyi / ktore ſie poſpolicie w vſtách ludzi Duchownych ſtrony twey / náprzećiwko Rzymſkiemu Kośćiołowi noſzą: ktore iák przylicznie Rzymiánom ſłużą / y iáko ſpráwiedliwie im od nich zádawáne bywáią; oni vyzrzą. Báczny / á Bogá ſie boiący człowiek / iáwnie widzieć

może /

może/ że się wszystkie pięć calumniose Rzymiánom od nich przypisuią/ y z sámey przyrodzoney iákieyś wam sámym/ y v Bogá/ y v ludzi / więcey niżeli im szkodzącey nienawiśći / od was żądáią.

Iż Rzymiánie z przyimowánia Sákrámētu Euchárystiey pod iedną osobą, nie máią Herezyey.

Zádawána bywa Hæresis Mánicheyska Rzymiánom od strony twey / y z przyczyny przyimowánia pod iedną osobą Sákrámentu Euchárystyey / ktorą Mánicheyczykowie pod sámą osobą chlebá przyimowáć zwyczay mieli / ztąd iż winá prze iákiś swoy błąd/ máiąc ie zá żołć wężową/ pić nigdy nie pozwaláli/ áni w Sákrámenćie. Aby tedy to tákie pod iedną osobą chlebá Sákrámentu Euchárystyey pożywánie/ á niepożywánie pod osobą winá Mánicheyczykom od Kátholikow zá Herezyą było kiedy zádawano / y przyznawano; wiedźieć się to nizkąd nie dáie. Swięty Epiphánius/ y ś. Augustyn/ ex professo, szeroce błędy y Herezye Mánicheyskie opisuią y refutuią / á tego tákiego pod iedną osobą Sákrámentu Euchárystyey przyimowánia / ktore im w vstáwicznym zwyczáiu było/ áni ieden z tych Doktorow Cerkiewnych áni iednym słowkiem nie dotknął / y zá Herezyą im nie zádawał. Czego pewnie / ieśliby to pod iedną osobą przyimowánie Sákrámentu Euchárystyey było Hæresis, nie zámilczeliby byli: áleby ią miedzy przednieyszymi ich Herezyámi położyli byli / y refutowáli. czego że nie vczynili/ wiedźieć przez to iáwnie dáli / że tego tákiego pod iedną osobą Sákrámentu Euchárystyey przyimowániá / iák zachodney y wschodney Cerkwi / passim zwyczáynego / Herezyą bydź nie sądźili: á to nie zinąd / tylo / iż pierwsze one świete wieki y sáme czásy Apostolskie wierzyły / iż nie więtszy pożytek duchowny przyimowány bywa ze dwu osob / niż z iedney / y nie mnieyszy z iedney ktorey / niż ze dwu: ponieważ lubo to pod iedną ktorąkolwiek osobą / lubo pod dwiemá przyimowány bywa ten Sákráment / pożywány w nim bywa cáły y żywy Chrystus / ze wszytkimi skutkámi / pożytkámi / y o-

mi / y owocámi Duchownymi / tey świątośći przyrodnie włásnymi. Zwykł się ten tákiego pod iedną osobą tey Táiemnice w Cerkwi wschodney vżywánia/ zwyczay miánowáć nápoieniem:ále ná tym ich miánowániu przestáć może nie Kátholickiego rozumu człowiek / ále Kápernáitá : ábo ten ktory mártwe Ciáło / á nie żywego Chrystá Páná w tey Táiemnicy pożywánego bydź wierzy. Napoić ábowiem / y y wysuszyć / y to co się zwykło wierzyć / bydź pod osobą winá/ wierzyć náydowáć się pod osobą chlebá/ nie z mocy konkomitáncyey / ále z mocy intynkcyey / gdźie iuż nulla accidentia, áni quantitas żadna/ áni żadna qualitas, áni widźi się / áni czuie się: iest to nieprzystoyna wiárá / to co nie iest/ wierzyć / że iest. Nie masz żadney wilgotnośći winá poświeconego; nie masz y żadnego iego smáku / y żadnego koloru: á iednák ći/ co się intynkcyą otmawiáią/ to co pod tymi áccydencyámi po poświąceniu bydź zwykło / bez áccydenciy zostawáć/ wierzono bydź perswáduią/ y tákąż tu wiárę przez wzgląd intynkcyey mieć/ niesłusznie nákázuią owego; że gdźie iest Ciáło/ tám y Krew: iáko się nákázowáć zbożnie zwykłá / prze sámy wzgląd konkomitáncyey. Co sámo vkázuie świeżość zádawánia tey Herezyey Rzymiánom od Grekow/ y od Rusi / że iák owe słowá Páná Chrystusowe: *Kto mnie pożywa, żyć będźie dla mnie : y/ Ia iestem Chleb on , ktorym z niebá zstąpił: ieśliby kto pożywał tego Chlebá, żyć będźie ná wieki. &c.* rozumieć się máią / niewiedzą. Pod káżdą ábowiem y naymnieyszą krchtyną poświeconego Chlebá / y pod káżdą y naymnieyszą kroplą poświeconego Winá / pod káżdą zosobná osobą / cáłego y żywego Chrystá Páná w tey táiemnicy pożywáć wierząc / niewiedzą że owo z potrzeby wierzyć y wyznawáć im przychodźi / że gdźie iest Ciáło / tám y Krew: alias, mártwe Ciáło pożywáliby / co iest y przećiw ich sámych wierze. Bo ták náucza błogosłáwiony Apostoł Páwel: że Chrystus iuż więcey nie vmiera. y Błogosłáwiony Apostoł Rom: 6.

 Jan: iż

1. Ioan. 4.

Jan: iż káżdy Duch / ktory rozwięzuie Jezuſá / z Bogá nie ieſt. Zá czym / ponieważ Chryſtus Pan / iák iuż ieſt ná niebie / y vmrzeć / y w ſwych przyrodzonych częściách rozłączony być nie może: my przeto wßyſcy Práwoſławni wierzymy / iż w Táyme Eucháryſtyey cáłego Chryſtá Páná pożywamy y żywego / Syná Bożego iedynorodzonego / ná práwicy Bogá Oycá śiedzącego. Bo ieſlibyſmy ták nie wierzyli / tedy y pod obiemá oſobámi cáłego Chryſtá Páná / áż zátym y żywego nie przyimowálibyſmy: boby nam do Ciáłá / ktore bierzemy pod oſobą chlebá / y do Krwie / ktorą przyimuiemy pod oſobą winá / duße Páná Chryſtuſowey y Boſtwá iego / nie doſtawáło: bez ktorych częśći / ták obu / iák y iedney / Chryſtus Pan nietylko żywy y cáły nie ieſt; ále áni to tákie Ciáło ieſt Chryſtus. ztąd wiedźieć dáie śie / że ieſli Rzymiánie z przyimowánia pod iedną oſobą tey świętey Táiemnice Mánicheyſką Herezyą popadáią: tedy nie mniey y Cerkiew Wſchodna przez ten ſwoy (nie wſpomináiąc inßych iey pod iedną oſobą tego Sákrámentu pożywánia zwyczáiow) codźienny pod iedną oſobą ſámego chlebá / á niegdy ſámego winá / kommunikowánia chorych / zwyczay.

Chryſoſt: Hom: 24. in 1. Epiſt. ad Corin. & lib: 3. de Sacerdotio.

Ze ſie Ruś Schizmáty[c]ska w ſkryptách ſwo[ich] náprzećiwko Kátholikom, nigdy ſczerze nie obchodźi, ále piſmá ś. y náuke śś. Doktorow Cerkiew-

Ato ſą te ßeść Herezyi / ktorych względem wſchodna Cerkiew od zachodney śiebie odłącza / y ſpołeczności z nią ſtroni śie: á wy w niey toż z nią czynićie; dla ktorych my Ruś iedni drugich przeklinamy: Oycowie ſynow / Brácia / brácią / ſynowie oycow / łżymy / y bezecnimy. Jedni drugimi / iákoby pogáńcámi iákimi brzydźimy śie: Jedni drugich iák nagłownieyßych nieprzyiaćioł áż y ná śmierć prześláduiemy. A iák to wy z ſtrony ſwey ſłußnie czynićie / rzecz ſámá opiewa. Ponieważ ich Rzymſki Kośćioł nie ma / ále wy ie nań obłudnie zmyślaćie / y calumniosè nań rzucaćie / ábyśćie tylo ten prætext vkázáli / że śie go dla Herezyi ſtronićie: wiedząc to zápewne / że nie rzućiwßy ná Rzymſki Kośćioł Herezyi / śiebie przez rozrożnienie śie od niego / w Schizmie znáć muśielibyśćie śie:

śielibyśćie śie: inaczey Schizmy ſwey pokryć nie mogąc. Ano iák śie widźieć dáie / czynićie to ku złemu ſwemu / z nieiákiey ku Rzymſkiemu Kośćiołowi záſtárzáłey nienawiśći: z ktorym iuż od dawnych lat nigdy śie ßczyrze nie obchodźićie / ále iák ieno możećie / ták go łżyćie / y Przełożone iego / y obrzadki iego / y wiárę iego / y przed ſobą ie hydźićie; á wßytko to przećiwko ſumnieniu czynićie. Owegdy zmyśláiąc nań rzeczy nieprzyſtoyne / iák gdy go z Orthologiem / nierządnicę Bábilonſką / á Papieżá Antychryſtem tytułuiećie. Owegdy przydáiąc do piſmá ś. Oycow śś. to / co śie w nich nie náyduie / ále iż tylo ná rękę ſobie przećiwko temu bydź to rozumiećie: iák owo z Zyzániego; tám Przáśnik / á tu chleb. Owegdy z vmyſłu ſens włáſny w nich zátłumiáiąc: iák owo v tegoż o táiemney iedynoſtney ſpráwy przenáświętßey Troyce / w obiáwieniu śię gołębice podczás Chrztu Páná Chryſtuſowego. Owegdy vymuiąc od textu piſm tychże świętych / co ſobie nie w ſmák w nim bydź mniemaćie: iák owo w Trebniku Oſtrogſkim / á to prze iedność iſtnośći / y iż ztąd pochodźi. Owegdy wywrotnie tychże śś. Oycow piſmá cituiąc: iák owo v Azáryaßá ś. Grzegorzá Theologá: ábo Syná ſpráwę od Oycá / ábo od Syná iſtność Duchá wyrzekę. Owegdy pomawiáiąc: iáko v tegoż co mowi / iż Rzymiánie przez Czyśćiec czyßczą grzechy śmiertelne / y nieſpowiádáne / mężoboyſtwá / złodźieyſtwá / cudzołoſtwá / porubſtwá / czárodźieyſtwá / y tym podobne. Owegdy piſmo ś. źle wykłádáiąc / iáko owo z Błogoſłáwionego Apoſtołá Jákubá v Kleryká: Wßelki dátek dobry. etc. ktory pochodźi od Oycá świátłośći: to ieſt / przez Syná. Przeto Duch ś. od Syná nie pochodźi. Owegdy rzeczy iáwnych / y iáſnych neguiąc / ktore ſą Cerkwi wſchodney w codźiennych iey Hymnách zwyczáyne; y ſą z wiáry: iákie ſą / pierwßeńſtwo Piotrowe / Duß śś. pomießczenie w niebie / y doſkonáłe ich vbłogoſłáwienie / á grzeßnych duß poſtánowienie w piekle / y doſkoná-

nych; iáko śie iey podoba, nicuie.

doskonałe ich męki. Sąd poiedynkowy: mieysce trzećie dusz tych / zá ktoremi zadużne obchody Cerkiew czyni. Pierwszeństwo Biskupá Rzymskiego / y tym podobne: bo wy gniewáiąc się ná pierwszeństwo Papieskie / wymuiećie pierwszeństwo Błogosłáwionemu Apostołowi Piotrowi: Nie przyimuiąc pochodzenia Duchá ś. y od Syná/ przydaiećie owo słowo/ od sámego: y źle wykłádaćie owo / Przez Syná; niechcąc przyznáć Duszom śś. doskonálego błogosłáwieństwá/ do niebá ich nie dopuszczaćie / ále ie w Ráiu ziemnym posádzaćie; gániąc czyśćiec / mieyscá trzećiego z tego świátá w weniálnych grzechách zchodzącym duszom nie przyznawaćie: nie przyimuiąc áby się grzeszni w Adźie/to iest w Infernie męczyli: Ad bydź pieklem neguiećie. Przyimowániu Táiemnicy Euchárystyey pod iedną osobą przymawiáiąc / kommunią/ niemowiątek Sákrámentem bydź odmawiaćie: Przaśnikiem się brzydząc / áby Przaśnik chlebem zwáć się miał/ przyćie. y tym podobne. Co wszytko iest przećiw iáwney / iásney/y wyráżney pismá ś. y pism Doktorow śś. náuce / ná to sámo przez was y wáżnych sporządzone / y negowáne/ ábyśćie się w czym zgodnymi z Rzymiány náydowáć nie zdáli: Bo im się od nich dálszymi w wiáry Dogmat wyznániu odsádzaćie/ tym się Práwosláwnieyszymi bydź mniemaćie. Máiąc wiedźieć/ iż tá to iest Cerkiew / z ktorą przez iey y wszytkiey powszechney Cerkwie Powszechnego Pásterzá w wierze/ y w miłości/ káżdemu práwey wiáry człowiekowi/ ieśli chce vyść Schizmy/ społeczność mieć należy. Poniewaz iák iedná iest owczárnia / ták ieden iest Pásterz: niewidomy Pan Chrystus/ á widomy Piotr ś. y iego Successorowie/ Biskupowie Rzymscy. Ták o tym náuczáią Doktorowie Cerkiewni / mowi Złotousty ś. Ze Pan Chrystus dla tego krew swoię wylał / áby owce te odkupił; o ktorych stáránie Piotrowi y iego Successorom zlećił: z ktorym Pásterzem / mowi Jeronym ś. *Kto nie zbiera, rozprasza.* o czym

Poważność ś. Cerkwie zachodney, y iey Pásterzá.

Lib: 2. de Sacerdotio.

obszernie

obszernie y dowodnie w mey Apologiey. Ktorey z nią społeczności ia od lat iuż kilku pożądáiąc / á ná tę swoię w narodźie Ruskim opłákáną rozdárlinę poglądáiąc/ á że go oná do ostátniego vpadku przywodźi/widząc; Bráćiey nie po ieden kroć z częśći mey rádźiłem / áby się tey nieszczęsney rozerwániu przedtym zábiegło/ pokiby oná do szczętnego rozdrobienia ieszcze nie przyszłá. Ktorzy Sobor dla tego sámego ten nie dawno przeszły byli nákazáli/ ábyśmy o tym byli námawiáli/y temu złemu szerzyć się dáley nie dopuśćili: ále zbáwienia dusz ludzkich zazdrośliwiec/miłośći bráćiey od wiekow nieprzyiaćiel/ y Cerkiewney cáłośći nienawidzcá/ przez owego co to głośił;co się my Práwosławni z Heretykámi w wierze iednoczyć mamy/ rychley temu zábiegł/ áby o tym ná Soborze tym áni námawiano/ áni rádzono. Co się y stáło/ ná owych przytym pierwszym głośie polegszy / co to wołáią/ niech będźie wszytko postáremu. Iákoby też to postáremu było/ w nowe się Herezye plątáć / á stárych Práwosłáwney Wiáry Dogmat odstępowáć: Rozszárpáną P. Chrystusową szátą zdobić się/ á cáłośćią iey pogárdzáć. Zyzáni/ Philálet/ Ortholog/ Kleryk/y tym podobni/z swymi błędámi y Herezyámi są v nich stárowieczni: á iedność ś. Cerkiewna nowowieczna. Ia záprawdę y o tych ludźiách / co to wołáią/ niech będźie wszystko postáremu; tego iestem rozumienia / że gdyby się to im poiąć y wyrozumieć dáło / co to iest stárożytność: iże twoi Zyzániowie / Philáletowie/ Orthologowie/ Klerykowie /y tym podobni / nowych á owey ś. stárożytnośći / zá ktorą ći ludźie głowy swe pokłádáć oświadczáią się / niesłychánych błędow y Herezyi / w Cerkiew Ruską náprowádźili: pewien tego po nich iestem / że z swymi tey ich stárożytnośći strożámi tákby się obeszli / iák się obszedł Prorok on Boży Heliasz/z ofiárownikámi Báálowymi; á sámi się do tey ś. stárożytnośći / to iest / do iednośći ś. Cerkiewney vdáliby. Stárożytność/ stárożytność: á oni w

Co iest ś. stárożytność.

nowoży-

nowożytnośći po ſzyie. Day Pánie Boże ſtárożytność : y my o to Páná Bogá nászego vſtáwicznie prośimy. Ale rzeczą ſtárożytność/ á nie ſłowy: iſtotą/ á nie mniemániem / y tym omylnym. Záż iedność Cerkiewna nie ieſt ſtárożytna? coż nád nie w Chrześćiáńſtwie ſtárożytnieyſzego? O coż ſię śś. Oycowie nászy po wszyſtkie przeszłe pomieſtne/ y powszechne Synody nabárziey vgániáli/ ieſli nie o tę zbáwienną ſtárożytność? Rozerwánie oni Cerkiewne nowożytnośćią sądzili/ á iedność Cerkiewną ſtárożytnośćią.

A dawszy onym pierwszym tyśiacu lat wiekom ſtronę/ w ktore tá ś. ſtárożytność ná wſchodźie y zachodźie/ w Cerkwi Páná Chryſtuſowey pánowáłá : w ſwey Ruſkiey y w Rzymſkiey Cerkwi/ tey ś. ſtárożytnośći/ to ieſt/ Cerkiewney iednośći przypátrzmy ſię : bez pochyby / sześćia ſet lat dawnieyszą ią obaczymy / niż ſą Zyzániowie / y niż tá przeklęta ſchizmá. Jedność ś. tedy byłá Cerkwi wſchodney z zachodnią / kiedy ſię chrzćiłá Ruś pierwey Háliczka / około Roku Páńſkiego / 872. zá czáſow Pátryárchy Konſtantynopolſkiego/ Jgnácyuszá ś. ktory żył w iednośći ś. Cerkiewney z Mikołáiem Pierwszym/ y Adryanem Wtorym/ Papieżámi Rzymſkimi. A potym kiedy ſię chrzćiłá Ruś Kiiowſka / około Roku P. 980. zá czáſow Pátryárchy Konſtántynopolſkiego / Mikołáiá Chryzobergá / ktory żył w iednośći ś. Cerkiewney z Papieżámi czáſu tego żyiącemi. Jedność ś. byłá Cerkwie Ruſkiey z Rzymſką / tedy / kiedy około Roku P. 1096. vchwalone od Vrbáná Wtorego Papieżá / świeto przeniesienia śś. Reliquiy ś. Mikołáiá z Miry Likaonſkiey/ do Báru Miáſtá Włoſkiego/ Metropolitá Ruſki Ephrem przyiął/ y Hymnámi ten dźień ś. przyozdobił: ktore y podźiś dźień po wszyſtkiey Ruſkiey Ziemi obchodzimy 9. Máiá. Jedność ś. byłá Cerkwie Ruſkiey z Rzymſką / tedy / kiedy około Roku P. 1283. Máxym Metropolitá/ od Jáná Beká Pátryárchy Konſtántynopolſkiego / Vnitá pobożnego/

Iáko ieſt dawna ś. iedność Cerkwie Ruſkiey, z zachodną Cerkwią, to ieſt od ſámego chrztu.

poświe-

poświęcony/ Cerkwią Ruſką ſpráwował. Jedność ś. byłá Cerkwie Ruſkiey z Rzymſką y tedy / kiedy około Roku P. 1411. Metropolitá Ruſki Hrehory Cemiwlak/ od Xiążęćia Litewſkiego y Ruſkiego/ Alexándrá Witołdá poſyłány/ iezdźił do Rzymu / dla potwierdzenia iednośći Cerkwie Ruſkiey z Rzymſką. Jedność byłá Cerkwie Ruſkiey z Rzymſką y tedy/ kiedy w Roku 1439. Synod Florentſki przyięłá. Jedność byłá Cerkwie Ruſkiey z Rzymſką y tedy / kiedy w Roku 1442. Hrehory Jhumien Konſtántynopolſki / od Piuſá Wtorego Papieżá poświecony / śiedźiał ná Metropoliey Kiiowſkiey. Jedność byłá Cerkwie Ruſkiey z Rzymſką y tedy / kiedy w Roku P. 1476. do Syxtá IV. Papieżá / wszyſtek narod Ruſki/ z Miſáilem Metropolitą ſwym/ Sobornie piſał/ y poſły ſwe do niego poſyłał. Jedność ś. byłá Cerkwie Ruſkiey z Rzymſką y tedy/ kiedy w Roku P. 1490. śiedźiał ná Stolicy Metropoliey Kiiowſkiey / Mákáry: ktory/ będąc Archimándrytą Wileńſkim/ do Liſtu piſánego od Ruśi do Syxtá Papieżá/ podpiſał ſię: ktorego Ciáło w Cerkwi ś. Zophiey w Kiiowie/ ná dobre świádectwo Vniey ś. á ná wſtyd Nieuniey / cáłe leży. Jedność ś. byłá Cerkwie Ruſkiey z Rzymſką y tedy/ kiedy Jozeph Sołtan/ Metropolitá Ruſki / od Niphoná Pátryárchy Konſtántynopolſkiego / przez liſt wiádomość wźiąwszy / że Sobor Florentſki w pokoiu/ w zgodźie y w miłośći/ doszedł/ iedność ś. záchował. Toż ſię z ważnych niektorych coniectur wiedźieć dáie; że y owi Metropolitowie Ruſcy / Klimenty / ktory żył około Roku P. 1146. Joánn / ktory żył około Roku P. 1176. ś. Alexy/ ktory żył około Roku P. 1364. Joná Hlezná/ ktory żył około Roku P. 1482. zá pobożnymi / y w iednośći ś. z Papieżámi będącemi/ Pátryárchámi Konſtántynopolſkimi idąc/ iedność ś. záchowáli. Ruś też wszyſtká/ iák owych / ták y onych pierwszych / zá Páſterze ſwe máiąc / we wszem poſłuszna im byłá : y tę ś. iedność/ zá tę ś. ſtárożytność/

tność/

tność/ w ktorą się oná z wody y Duchá odrodźiłá/ miáłá. Jedność ś. Cerkwie Ruskiey z Rzymską/ oto y teraz iest od lat trzydźiestu y kilku ; y iuż to trzeći Metropolitá Ruski/ szczęśliwie ią zá pomocą Bożą/ promowuie/ y pomnaża : gdźie nie widźimy niwczym żadney y namnieyszey odmiány/ żadney nowotniny ; wyiąwszy owo iedno/ że Metropolitá Vnicki in Primis, to iest/ wo Perwych/ przypomina temi dniámi Vrbaná Papieżá Kátholiká : á Nieunicki przypomina wo Perwych/ Cyryllá Pátryárchę Heretyká. O skaránia Bożego! o ślepoty tych ludźi! Pytałbym zá tą okázyą siebie sámych/ co nam ta ś. iedność Duchownego/ ná czym my swe zbáwienie funduiemy/ wydźiera ? co nam w nabożeństwie nászym odmienia ? co w zwyczáiach/ Ceremoniách y obrzadkách Cerkiewnych/ nárusza ? Cáłe nam zostáwuie násze nabożeństwo : cáłe Symbolum Konstántynopolitáńskie : cáłe w kwáśnym chlebie/ y pod dwiemá osobámi/ Táyny Euchárystiey poświącánie y pożywánie. Do wyznánia ogniá Czyśćowego nas nie przymusza/ bo y sámá ná się Cerkiew zachodna/ w tym musu nie nákłáda : Káplanow tez swych/ Popow nászych Popádyámi źenić nie myśli : y wszystko insze/ cokolwiek iest Cerkwie wschodney/ cáło nam zostáwuie. Mowićie : Kálendarz stáry zá czásem zostáwić nam przyidźie. Lecz wiemy to dobrze : naprzod że to nie iest Artykuł wiáry. Złotousty święty/ ná tych/ ktorzy zá iego wieku w iedney y teyże Cerkwi wschodney/ iednego y tegożdniá/ odpráwowáli dwie świętá owe ; Národzenie Páná Chrystusowe/ y Theophánią : że to nieporządnie czynią/ dowodźi ; do swych iednák/ ktorzy z nim porożniey/ iáko my teraz/ te świętá obchodźili/ mowi : Rozumienia tych nie potępiaymy/ á idźmy zá swoią náuką/ káżdy przy swym mniemániu zostáway my : Obiáwi to snadź káżdemu Pan : y ći ktorzy powiádáią/ że się tedy národźił Chrystus ; y my ktorzy mowimy/ że się dźiś národźił/ iednego Páná chwalimy/ ie-

Iż nam Ruśi iedność ś. áni w Wierze Práwosłá-wney, áni w Ceremo-niách, áni w obcho-dách Cer-kiewnych, odmiány żadney nie czyni.

O odmie-nie Kálen-darzá.

Homil. in Epiph.

my/ iedno dźieciątko przyimniemy. Toż y my z tym świętym/ o swym dniu Páschy/ y o dniu Páschy Rzymskim/ mowimy ; że y my/ y oni/ iednego Páná chwalimy/ y iednego zmartwychwstáłego Syná Bożego przyimuiemy. Były kiedyś temu známienitemu świętu pewne od Páná Bogá/ ná niektorych mieyscách dáne cudowne znáki ; iáko oná w Sycyliey wystepuiąca ná ten dźień z źiemie wodá ; y iáko on z niebá zstępuiący w Jeruzálem ná grob Páński ogień : ále to oboie zá grzechy násze iuż vstáło. Wiemy powtore y to/ że wschodni widząc/ iż Kálendarz z kluby swey dáleko wystąpił/ popráwić go pożądáli kilká set lat przedtym/ niż go popráwił Papież. O czym Historyk Grecki Nicephorus Gregorás/ lib : 8. Hist : Eccl : cap : 18. wyráznymi słowy wiedźieć dáie ; ktory y skáze iego vkazał/ y sposob popráwy opisał : y mowi/ że to dobre przedsięwźięćie skutku swego nie odniosło/ przez niepokoie domowe woienne. Wiemy potrzećie/ iż y my Páschy swey/ iuż od dáwnego czásu/ według vchwały Soboru Niceńskiego nie obchodźimy. Ale ponieważ to iest rzecz variabilis, y popráwie podległá/ sporu o tym szkodá wieść/ popráwmy go my lepiey/ y okażmy : przyrzekłam po Rzymiánách/ że popráwa násza nie pogárdzą.

Mowićie y to/ á tego się też y nabárziey boićie/ że zá tą wszytkiego narodu Ruskiego Vnią/ zginie nam Metropolia/ y Episkopie/ poniewaz Kanony Cerkiewne dwom Metropolitanom/ y dwom Episkopom w iedney Dyæcezyey bydź nie pozwaláią. Ale y to nierozsądny wász strách/ ktorzy niechcećie wiedźieć/ że ob rituum & cæremoniarum à se inuicem independentium, mogą bydź dwá Episkopi w iedney y teyże Dyæcezyey/ ábo w iednym y tymże mieśćie/ à se inuicem independentes. y że to Ruská Cerkiew z Rzymską/ ktore ritus diuersus dźieli ; y ktore są dwie Cerkwie partiales, iedna totalis, nie vnitatem czyni/ ále vnionem : nie zlewa się w iedne Cerkiew Pátryálchálną/ ále się iedno-

Vkázuie się sposob, ktorym się Ruska Cerkiew z Cerkwią zachodną ziednoczy-łá, y iż zá tym tákim ziednocze-niem się Metropo-liey y Epi-

ſię iednoczy w iedne Cerkiew Páná Chryſtuſowę. Dałem
w Apologiey moiey przykład Vniey Wielk: X. Lit. z Koroną Polſką; ktorym vnitas ieſt w iednym Przełożonym / á
Vnio w práwách/świebodách y wolnośćiách/káżdemu Páńſtwu zoſobná/ſwoich/ y ſobie iednemu należących: gdyż nas
Vnia nie przemienia w zachodną Cerkiew / ále nas z nią ie-
dnoczy/á zoſtáwuie nas przy Cerkwi/y w Cerkwi wſchodney;
y ma nas zá Cerkiew wſchodną / á nie zá zachodną: y nabożeńſtwo náſze ma Kośćioł Rzymſki zá wſchodne / á nie zá
zachodne: rownie y Metropolitę náſzego Ruſkieg° y Społe-
piſkopy iego / ma zá Metropolitę ś. wſchodney Cerkwie /
ktoremu ieſt z nią vnitas, wćielonego; á zſobą/ ktoremu znim
ieſt vnio, ma zá ziednoczonego. Przełożeni ábowiem Duchowni Vnitcy/Papieżá zá Stárſzego ſobie przyimuią/ zná-
ią/ y przyznawáią; nie ile Papież ieſt Biſkupem Rzymſkim/
ále ile ieſt Powſzechney Cerkwie Páſterzem. Tym tákim ſpoſobem y Papież Stárſzym ſię ich znawie iák ſwych Dyæcezy-
anow/ ále iák częśći tych Páná Chryſtuſowych owiec / ktore
iemu do páśienia/ w Pietrze ś. od Chryſtá Páná ſą poruczone. Zá czym áby nam przez Vnią Metropolia y Epiſkopie
ginąć miáły/ z Kanonow Cerkiewnych to nie idźie / ktore y
w iedney á teyże Dyæcezyey diuerſi ritûs Cerkwiom / bez żádney rituum & cæremoniarum/ á zátym Prælatorum, E-
piſcoporum & Archiepiſcoporum, ad inuicem depen-
dencyey / ſwe práwá / prærogátywy y zwyczáie / Prælatury wyżſze y niżſze/ w cále záchowywáć przyzwaláią / y nákå-
zuią: zkąd nigdy też żaden Papież po Grekách nie potrzebo-
wał/ y nie potrzebuie / áby ſię oni Cerkwie wſchodney zárze-
kli/ y śś. Oycow wſchodnych vſtaw / praw y nabożeńſtwá/
áby zániechali: Ale tego prágnął y prágnie / áby ſię z zachodnią Cerkwią Cerkiew wſchodna / w cáłośći nabożeńſtwá
ſwego/y praw ſwych Synodálnych/ziednoczyłá. Tego też y
po náſzey Ruſkiey Cerkwi teraz prágnie / ktorey Klemens

ſkopiey, z vigoru Kanonow Synodálnych, trácić nie możemy.

VIII.

VIII. przy obrzędách iey zwykłych / konfirmuie práwá iey/
y záżywánie dawne / wſzelákich zwyczáynych iey Duchownych wolnośći; non obſtantibus contrarijs quibuſuis de
hac re Conſtitutionibus, & definitionibus: y Metropolitowi iey dáie władzą poświącánia Epiſkopow Ruſkich in-
dependenter à Curia Romana, dáleko mniey ab Epiſco-
pis ritus Latini: zá czym też Epiſkopowie po Sakrę do Rzymu nie poſyłáią/ále ſam tylo Metropolitá. Z czego wſzytkiego dáie ſię niewątpliwe vpewnienie / że tego / czego ſię wy
boićie/ ſłuſznie bać ſię nie możećie: y owſzem rychley to národ náſz bez Vniey potka / czego ſię wy boićie / niż z Vnią.
Vnia wſzytkie náſze Duchowne y świeckie práwá/świebody
y wolnośći zátrzymáć może / ktore teraz nowo Conſtitucyá-
mi renowowáne(iák te/ ktore Vniey/á nie Nieuniey należą)
y wárowáne bywſzy/przyśięgą náſtępuiących Krolow Polſkich ſtwierdzone będą: á bez Vniey wſzytko to nam ſnadno
vpádnie/ prze to/ iż tá wáſzá Nieunia Szláchtę nam pewnie
y wrychle zwiedźie. Zá ktorych z náſzey ſtrony ześćiem/ káżdy Rzymſkiey Religiey Xiążę/Pan/Szláchćic/po máiętnośćiách ſwoich/ z Cerkwiámi/ y z nabożeńſtwem náſzym/ w
poddánych ſwych to vczyni / co ku pomnożeniu Kośćiołá
Rzymſkiego/z vćiechą ſumnienia/będźie lubo. Vczyni toż y
Zwierzchność nawyżſza/ po tytulu iey Miáſtach / żadnym
práwem ludzkim / áby tego nie czyniłá / nie będąc zátrzymy-
wána: á práwem Bożym áby to czyniłá/pod duſze ſwey zbáwieniem / obowiązána bywſzy. A ieśli y ták w zátrzymywániu Metropoliey y Epiſkopi / nie vpewniamy ſię; brze-
giem ſámym / że w tym mniemánym wiru nie vtoniemy / v-
pewnimy ſię. Pátryárchią Konſtántynopolſką do ziemie
Ruſkiey przenieśmy: do czego czas / y pogodę / y przyczynę/
á wſzytko troie według Bogá/ y prawdy iego/ſłuſzne mamy.
Czás do tego ſłuſzny / iż ſię tymi dniámi w ſwym od práwey
Wiáry obłędliwym złym/ zá łáſką Bożą obaczamy. Pogodá

ſłuſzna

słußna / iż nam pomocznymi do tego Pátryárche Pátryárchow / y KROLA J. Mći / Páná náßego M. pomocnymi / iáko ia rozumiem / rznamy. Przyczynę do tego mamy słußną / iż Pátryárchá Heretyk. Nowy to záprawdę śrzodek ku pokoiowi Cerkiewnemu / ále narodowi náßemu Ruskiemu wysoce pocześny: á wßytkiey Cerkwi wschodney (bo oná w tym swym teráznieyßym postánowieniu zostawáiąc / nigdy się z Schizmy ruszyć / y o swych zbáwienno rádzić nie może) wielce dußy zbáwienny; gdy się z władze Pogáńskiey okrutniczey Cerkwie wschodney Głowá / w Páństwie Chrześcijáńskiey swiebody Kátholickim postánowi y posádzi.

Rezolucya Autorowá ná pytánie Bráctwá Wileńskiego.

Co ia wßytko dobrze odemnie vważone / pod vważenie twoie dawßy / ná pytánie twoie / Przezacne Bráctwo Wileńskie / ták się resolwuię / że ia Zyzánie twoie / Philálethy / Orthologi / iák obłudne y Heretyczne odrzuciwßy; á Kleryckowym powieściom / iák fałßywym y potwarnym / wiárę odiąwßy / z to Bráciá / ktorzy prawdę Bożą wyklináią / pod nogi ią swoie rzucáią y depcą / y iuż nie tylo w Schizmie / ále y w Herezyách są / y z ich zheretyczáłym Pásterzem dáley przestáwáć niechcę: á przez śrzodek ś. powßechnego Florentskiego Synodu / y tu w náßey Oyczyznie Brzeskiego / do tey się Bráciey / ktorzy tę zbáwienną prawdę cáłuią / y ná głowách swych noßą / łączę; á przez nię z ś. Kośćiołem Rzymskim iednoczę się. Przez co iedney Ruśi nietylo nie troię (czego się ty po mnie obawiaß) ále y rozdwoioną z osobyśmey iednoczę: prosząc P. Bogá / ábym się ćiebie w tey ś. iedności / ze wßytkim strony twey narodem Ruskim doczekał. A przez vprzeymą ku tobie miłość moię / pod zámknienie tego mego listu / owoc Przezacne Bráctwo / zá rzecz pewną intymuię / że / długoli / krotkoliby się ty temu / bá y kto inßy / niewiedzieć iák przećiwiło / bydź narodowi Ruskiemu w tey ś. iedności. Gdyż / iáko się widzieć dáie / spráwá tá iest z Bogá: y dzień od dniá znáczne postępki bierze: záczym z strony niey miey się

Przestrogá y nápomnienie do Ruśi Nieunitow, áby się mieli do iedno-

ná bacze-

ná baczeniu / á rozumiey co czynić maß. Gamálielowá rádá niech ći przy pámięci będźie / że iey zepsowáć nie możeß / á przetoż zániechay iey przeczyć. Co więtßa: Walcząc náprzećiwko niey / náprzećiwko Pánu Bogu walczyß: ktory wßelkie nieprzyiaćioły swe łácno zćiera / y snádnie wytraca. Nie rozumiey / ábyś to ty tym swym ostrym ná nię nástępowániem (bo ćiebie sámego náprzećiwko tey spráwie / wßelkie Sądy / Seymiki / y Seymy / pełne) nißczyć ią miáło / ábo iáki wstręt czynić; nic z tego: y owßem ią tym swym postępkiem okázálßą czyniß / á śiebie tłumiß; ią wywyżßaß / á śiebie poniżaß; ią pomnażaß / á śiebie nißczyß. Puść iedno vßy y oczy / po domách Xiążęcych / Páńskich / Szláchecckich / bá y mieyskich; á vsłyßyß / y obaczyß / od czásu tey spráwy podnieśienia / zá te látá iák ćię wiele przybyło? Ják mowię wiele / z inßych Religiy ludźi / do ludu Religiey twoiey / przez te lat trzydźieśći y kilká / náwroćiło się. Tyśiącámi iáko bacżymy / mniey w nim náyduie się teraz / niż ich było pierwey. Nieládá postępek: dźiś ćię mało / iutro mniey / trzeći dźień ießcze mniey; á potym dźień po dniu co sobie obiecowáć możeß? Kiedyś pátrzyło ná cáłe Domy Xiążęce / Páńskie / Szláchecckie; Woiewody / Kaßtellany / Starosty / Dzierżawce / y inße Dworných y Ziemskich dostoieństw y Przełożeństw Vrzędniki / w Cerkwi nabożeństwá twego: o tym tákim ich zmáleniu / że nie rzekę wynißczeniu / ná ktore teraz pátrzyß / snadź ániś pomyśliło. Teraz iuż wielu zacnych Fámiliy v śiebie do ßczętu nie widząc / wielu widząc poniżonych / wielu rozdwoionych. Rodźice Ruś twey strony nabożeństwá / á synowie y corki Kátholicy. Po vstąpieniu Rodźicow ich / co o swym pomnożeniu rozumieß? Rodźice Ruś nabożeństwá wáßego / rodźili w tegoż nabożeństwá pomnożenie potomki: po potomkách ich Kátholikách / wy w pomnożenie swego nabożeństwá Ruśi / ich potomkow spodźiewaćie się? Nie tuße: iuż to vpłynęło. Bo ieśli y to nie zápewne moie /

ści ś. z dobrey woley, poki to im vczynić przyidźie poniewoley.

h

w tákim

w tákim rzeczy mey poſtánowieniu/ co v mnie; coż moie być może/ co iuż ieſt cudze? do czego ia żadnego práwá y przyſtępu nie mam. Pátrzże iedno Przezacne Bráctwo/ że gdy náſzego nabożeńſtwá narod/ przed niewielą lat/ zacnymi Fámiliámi/ y wyſokimi Dygnitárſtwy był vtuczony; był tedy cieliſty y hruby/ y mocno ozdobnie koſztowny: Praw/ świebod/ y wolności/ tey prześwietney Korony pás ná ſobie noſił: on też ná nim pieknie y przyſtale leżał/ y dużo ſie go trzymał. Gdy zás iuż pod ten náſz wiek ſpádło go niemáło/ ták mu bárzo ten Pás oſłábiał/ że ledwie áby mu przyſtał/ widzi ſie: á co nie wiecey tylo w látách trzydzieſtu; w drugich trzydzieſtu (wiele zákładam) kto żyw doczeka/ iákiego ſie w nim ciáłá ſpodziewácie? pewnie ták zcieczálego/ że ſie ná nim ten Pás otrzymáć nie bedzie mogł: ále ſám o ſobie z przechudych biodr iego opádnie. Pás abowiem ten záwſze w ſwey iedney mierze ſtoi: á ciáło narodu twego/ ile do tych/ ktorzy ſie tym Páſem należnie zdobią/ ták chudnieie y ćienczeie/ że tego doſtátniego y roſkoſznego Páſá ná ſobie vtrzymáć nie bedzie mogło. y choć go nikt z niego roſpáſowáć nie bedzie/ hruboſcie y ſile tráćiwſzy/ ſámo ſie go przez ſie liſzy: Tego zbywſzy/ áni poć ći bedzie ná Seymy/ áni ná Trybunały. Láwicá Mieyſka wſzyſtká twa vćieczká: z ktorey też y ćiebie/ y wielu inſzych/ od dziś poczawſzy/ do tego cżáſu wyſadzą: á zá tym przyidzie narodowi twey ſtrony Ruſkiemu rozpáſánemu/ y niechcacy to vczynić/ coby teraz opáſány po dobrey woley mogł vczynić. y co dziś/ poki ieſzcze ná nim ten Pás iáko táko trzyma ſie/ z poważnym Páſá tego ſwego ná ciele ſwym zátrzymániem/ y obwárowániem/ vczynić może: to pozbywſzy go/ iuż bez żadney Páſá tego nábyćia nádzieie/ vczynić bedzie muſiał. A ziſzczą ſie ná nim niektorego meżá pobożnego godne pámieci ſłowá/ ktore w niemáłym narodu ſwego Ruſkiego Szláchty zgromádzeniu/ miedzy inſzymi ſwymi do nich mowámi/ rzekł: Narod náſz Ruſki/

tedy do

tedy do Vniey przyſtąpi/ kiedy zchłopieie: iákoby rzekſzy; kiedy mu Szláchty nie zſtánie/ kiedy mu wolności ſłużyć nie bedą: do czego iście znácznie y ſporo ſie bierze. Bo co było o początku Vniey w iednym Woiewodztwie/ trudno zliczyć Domy Religiey Ruſkiey Szláchecki: to iuż we wſzyſtkich Ruſkiey Ziemie kráinách/ ná iedney reki pálcách wſzyſtkie niemal wyliczy: y tedy iuż kupuiąc iedność ś. nie łácno ią kupimy/ co teraz nią z nakupnem pogardzamy.

Pátrzmyſz Przezacne Bráctwo tey ſpráwy/ ktora ieſt z ćiebie náprzećiwko ſpráwie/ ktora ieſt z Bogá podietey/ co zá koniec? Łácno go widzieć możeſz. Rzeczeſz: A Pan Bog co? Odpowie ſie: A z tymi co/ dokąd ſie ty z poſłuſzeńſtwem odzywaſz? Temu narodowi/ v ktoregoście teraz wolni/ bo opáſáni/ rozpáſánych da was w świebodę/ iákiey ſą po Wśiách kmiecie/ á po Miáſtách gminy. Skarze was Pan Bog/ przez ten wáſz ná vpad ſtoiący vpor/ że wáſzych Páleologow/ Komnenow/ Kántákuzenow/ ⁊c. imiony/ lex populi, iáko to tám ſłyſzymy/ zwáć ſie bedzie: á nie ſkąd inąd/ tylko z was/ z ſámego ná ſie ſtrony wáſzey narodu Ruſkiego. Máiąc tedy ieſzcze potemu pogodę/ á teraz ią práwie maćie naprzyſtoynieyſzą/ kiedy zwierzchniemu Páſterzowi ſwemu Heretykowi podlegácie: wznieććie to w narodzie ſwey ſtrony Ruſkim/ zgáſłe iedno/ ktore Pan Chryſtus w vcżniách ſwych rozpłomienił. Przeſtańćie niepokoiow/ oczyśććie ſwą wiárę/ ſpráwćie Cerkwi Ruſkiey iednomyślność: w ſpráwie tey zbáwienney nie pátrzćie áni ná Multany/ áni ná Wołochy/ áni ná Greki/ áni ná Moſkwę: Tyránnia tám wſzedzie. Co pod Turczynem/ tym iedność konſpirácya: á co pod Moſkwićinem/ tym krzywoprzyśieſtwo. Boiak Turczyn Grekom o iedność z Rzymiány y ſłowá nie da rzec: ták Moſkiewſkiemu iego Duchowieńſtwo podczás chirotoniey przyśiegá/ że áni od Papieżá Rzymſkiego/ áni od Pátryárchy Konſtántynopolſkiego poświeconych/ y do nich

Skutki nie zbedney Shizmy.

Máxym Græk, Ser: 38.

poſłánych

postánych Episkopow y Metropolitow / ktorymby podlegáli / przyimowáć nie máią. To wy czyńcie / co ku wáßemu dußezbawiennemu pożytkowi należeć widźićie: z Bráćią o vgodę znośmy się: sposob ziednoczenia rozroźnioney Ruśi vpátrzmy y námowmy / á przez ten iedność ś. Cerkwi Ruskiey przywroćmy; á z tą przywroconą Pátryárchią z Heretyczáłą w nász Ruski Kátholicki narod przeniesmy. Pátryárchá Alexándriyski tymi czásy w Kairze rezyduie / á iednák Alexándriyski. A iesli to prawdá / że ibi Roma, vbi Papa: zstánie się y to prawdá / że ibi Constantinopolis, vbi œcumenicus Patriarcha: á Bog nam będźie błogosłáwił. Pokiś służyło niezgodźie y rożnośći / poty ćię Pan Bog dźiwnie / Zyzániow twych błędámi y Herezyami / karał: á skoro się na służbę Bożą wßystkimi duße twey śilámi obroćiß / natychmiast náuczy ćię Pan Bog práwych Práwosławney Wiáry Dogmat. Acz gdy się wam mowi / że przez Zyzánie swe stráćiliśćie wiárę: odpowiádaćie owo Páná Chrystusowe; wßákże Syn człowieczy przyßedßy / izali znaydźie wiárę ná ziemi? Jesli się tym w tey swey odpowiedźi chlubićie / żeśćie stráćili wiárę ná to / áby iey Syn człowieczy przyßedßy / v was nie nálazł: to też on wam będźie płáćił iáko niewiernikom. Jesliż mowićie to w chlubę zdrobniáłośći swey wiáry wyznawcow: chlubá y to prozna. Tenże ábowiem Pan Chrystus mowi: A będźie przepowiádána tá Ewángelia Krolestwá po wßystkiey ziemi / ná świádectwo wßystkim narodom: á tedy przyidźie koniec / kiedy y Syn człowieczy przyidźie. Stąd ták Argumentowáć maćie: Ponieważ tę Ewángelią krolestwá w tych narodách / do ktorych ná świádectwo oná ieszcze byłá nie zászłá / przepowiáda Cerkiew zachodna Rzymska: (świádkiem tego Ameryká / nowy iáko się pospolićie zowie / świát) w tey przeto Cerkwi / ktora tę Ewángelią / to iest wiárę iego ostátkowi świátá przepowiáda / będźie ßukał tey wiáry swey ná ziemi Pan Chry-

Luc: 18. Tłumi się prozna chlubá Schizmátyckiey Ruśi. Math: 24.

stus przy-

stus przyßedßy. To iest w Cerkwi Zachodney Rzymskiey / á nie w Greckiey Wschodney / od czásu rozłączenia się od zachodney zámátorząłey / áni rodzącey więcey / áni kármiącey. á ták z tą swą chlubą pádniećie domá. Przy tym y to wiedźieć maćie / że Pan Chrystus wiárę będźie náydowáł żywą / nie martwą: lecz wiárá bez miłośći / to iest bez iednośći ś. Cerkiewney iest martwa / iáka iest w okoláley Schizmie.

Vpominam przeto y proßę / áni z tego się chlubćie / żeśćie przez Zyzánie swoie stráćili wiárę: áni z owego / áby wáße wiárę Pan Chrystus przyßedßy miał náydowáć ná źiemi. Jesli wy iey stráconey przez iedność ś. pierwey nie znaydźiećie / (bo ináczey żywey nie znaydźiećie) nie będźie iey v was y Pan Chrystus znáydował. Tego też áni chćieyćie / áni prágnićie / áby iedność ś. w narodźie Ruskim korzenić się nie miáłá: bo tego / bez zátrácenia duß wáßych / y chćieć y prágnąć nie możećie. Ani też temu wierzćie / áby kiedy w oyczyznie náßey Nieunia Vnią podoláć miáłá. Sny to są tych / ktorym ie nieprzyiaćiel miłośći / y iednośći Bráćiey / w vchá náßeptywa. Położywßy ábowiem to zá rzecz niewątpliwą / że iednośći tey ś. Chrystus Pan iest obrońcą nieodstępnym / iák ten ktory ią Vczniom swym zalećił y dał; ktory ią zátrzymáwa y pomnaża. Ma też tá iedność ś. obrońcę y Promotorá Papieżá: Oycá Oycow / powßechnego powßechney Cerkwie Pásterzá: ma Przewielebne iego Consistorium: ma vigilantissimam eiusdem de propaganda fide Catholica, grauissimorum Patrum S. Congregationem. Ma y Nuncium Apostolicum, ktoremu iednośći ś. w tym Páństwie obroná / iest w osobliwym zleceniu / iák rzecz kośćielna y Boża. Ma obrońcę y promotorá Pomázańcá Bożego / Krola J. M. Páná náßego M. Ma prześwietny oboiego stanu Senat / y wßystkie tu w przezacney Koronie / y w Wielkim Xięstwie Litewskim / Duchownego y świeckiego stanu / Kátholiki. Nie mnieyßey záiste sobie iedność

Iák wielce powáżna y pewna obmowe ma iedność ś. ziednoczoney Ruśi.

H 3 ś. vsnie

ś. vsnie obiecuie obrony y promocyey / y po Naiáśnieyszych
Jego KROLEWSKIEY M. Potomkách/ iákiey po sámym
KROLU J. M. doznawa; (choć to sobie coś podußnego
przez márne susurrony fáscinowáni / imáginuiećie) ktorzy
pewnie pomnażáć Kośćioł Boży w tym Páństwie będą /
á nie niszczyć: áby prze to ná Bożą łáskę y błogosłáwieństwo
záslużyli / y ná miłość wiernych chwálcow Bożych zadziáłá-
li. Nie iest to ábowiem Krolow Kátholickich / áni ich pobożnego Potomstwá zwyczay/ pobłażáć y szerzyć Schyzmę/
ábo Herezye. Przykłádem są oni pobożni Cesárze / Kon-
stántynowie/ Konstántowie / Theodozyußowie/ Grácyá-
nowie/ Márcyanowie/ Honoryußowie / Iustinianowie/ y
inszy. Ma przytym iedność ś. obrońce swe y promotory/
legitimos Ruskiey Cerkwie Episcopos, Metropolite/ Archiepiskopy / y Episkopy / męże wielce pobożne / y wysoce
uczone: w wokáciey swoiey pilno czułe / y insze swe wszelkiego stanu náśládowce. A w głowách iákom rzekł / obrońcę
y promotorá ma sámego Páná Bogá / v ktorego iey ná tym
sámym stánęło / áby się od niego w ten / ktory on sam postánowił czás/ przez nawyższą Cerkiewną zwierzchność rzekło/
ozwáł się; y nátychmiast słowo ostánie się dziełem. A wy ku
obronie swey Nieuniey co maćie? vpor. A ku promocyey?

Coźá obrone má przeklęta Schizmá.

błędy y Herezye. Mowićie: my z iednym Bogiem náprzeciwko wszytkim swym nieprzyiaćiołom; iákobyśćie też mowili: my z Pánem Bogiem Páná Bogá tłumić będziemy.
Nie k rzeczy záiste: ktoż niewie / że Pan Bog z swymi / nie
z obcymi; z Kátholikámi / nie z Heretykámi/ áni też z Schi-
zmátykámi? Bo iák Herezyi Pan Bog nie pomnaża / ták y
schizmie nie pomága; oboie to v niego w nienawiśći; oboie
to on tłumi; oboiego tego iák Autory/ ták y promotory o-
gniem wiecznym karze.

Iż owo P. ána Chry

Ma nákoniec iedność ś. przy tych wszytkich / y nas /
z strony wászey / iuż iednák zá łáską Bożą/ nie wászey/ wielu
obroń-

obrońcow y promotorow / ktorzy dniem y nocą przy wszelkich modlitwách nászych/ Páná Bogá cáłą duszą nászą prośimy; áby on nas y was/ chcących y niechcących/ po woley
nászey y poniewoli/ zbáwił; y ná kosztowną swoię wieczerzą/
ktoremi on sam wie sadámi/ wnić przymusił; y sposob táki/
iáki on sam wie nałácnieyszy/ do sercá Pomázáńcowi swemu/
KROLOWI J. M. Pánu nászemu M. y Prześwietnemu iego oboiego stanu Senatowi / podáć áby raczył: żeby z miło-
śći/ ktorą zá wzgląd zbáwienia swego/ máią do Páná Bogá/
też y do bliźniego mieć powinni będąc / przykłádem Sámá-
rytaná onego miłośiernego/ zmiłowawszy się nád námi/ ná-
rodem Ruskim / bliźnimi swymi / miedzy zboyce Heretyki
wpádłymi/ y wiela ran błędow y Herezyi od nich zránione-
mi / y w poł iuż martwymi / wźięli nas ná swoie bydle / ná
swoy przemysł / y do gospodarzá gospody Sámárytanowey
doprowádźili/ y iemu wźiąć nas ná swoie opiekę/ áby poru-
czyli y oddáli. Bo iesli bliźniego swego z roskazánia Bożego
ták lubić powinni/ iák lubią śiebie sámych / nie wykonawszy
tego / winni będą wszytkiemu zakonowi: Aby życząc sobie z
Pánem Bogiem wiecznego pomieszkánia/ życzyli tego y nam
nie słowy tylo / ále y sámą rzeczą; owego zbáwićielowego
pámiętni / Compelle intrare, przymuś wnić; wszeláką
nas z sobą tąż y iedną Krolewską drogą do wiecznego żywotá wiodącą / iść / ktorą idą sámi / áby vbiedźił: boćie-
śmy się poprzecznicách y rozdrożu błędow y Herezyi/ áż názbyt
porozbłąkiwáli. W czym pobłażáć nam/nie iest miłość/y łáskę nam pokázowáć; ále iest / záyźrzeć nam tego dobrá / ktorego się sámi pewnie w łásce Bożey spodziewáią. Bo y po
odrzuceniu przez nas nowych wászych błędow y Herezyi /
Cerkiew násze wschodnią czystą / w práwey Wierze dobrze
postánowioną widząc / ábo tę zá Cerkiew Páná Chrystusową znáć będą; ábo swoię zachodną. Jesli wschodną; tedy z potrzeby zbáwienia swego / z nią się ziednoczyć są powinni.

słuszne, compelle intrare, náprzećiwko Heretykom y Schizmátykom záżyte, iest wielce pożyteczne y zbáwienne.

winni. Jesliż swoie znáią zá Pana Chrystusowe; z potrzeby nászego zbáwienia zsobą nas ziednoczyć máią: poniewaž zewnątrz Cerkwie Páná Chrystusowey nikt zbáwiony bydź nie može. Postępek ten świety po wszytkich Miástách ze wszytkim narodem naszym vczyniony / nie będzie / y słusznie nie može / zá mus y gwalt bydź sądzony / áni od Bogu miłych / áni od sámego Páná Bogá. Nie gwałt czyni lekarz gdy pacyentowi swemu wywinioną z stawu rekę abo nogę / z niemáłym iego bolem náciąga: toż się będzie dziać y z námi. Bo ieśli wy y nie przyznawáćie sobie z Cerkwie Páná Chrystusowey wywinienia się / to iest / z schizmy / wwierzyć was y vpewnić iśćie w tym máią puchliny y strupy / staw ten wywiniony ośiádłe / to iest / błędy y Herezye: ktorych wy też sobie przez lat dwádzieśćiá y ośm / ták się poczęły wysádzáć / nie przyznawáli; teraz ie rádzi nie rádzi przyznáć muśićie / kiedy iuż áni sámi ich nie widzieć / áni przed inszymi vtáić / żadnym sposobem nie možećie: bo ná wierzchu ćiáłá są / wszystkiemu świátu przez druk / widziáne bydź / podáne są. Był tego zdánia Augustyn ś. áby nikt do iedności Cerkwie Páná Chrystusowey nie był przymuszány / ále áby się to spráwowáło słowy; dysputácyámi áby się dowodziło / y rácyámi áby się zwyćiężáło: żebyśmy mowi / zmyślonych Katholikow nie mieli z tych / ktorychesmy iáwnemi ználi Heretykámi. Wszákże zdánie to swoie ten ś. Doktor odmienił / y mowi: że to moie zdánie nie słowom tych / ktorzy się mnie w tym sprzećiwiáli / ále sámym rzeczywisto vkázánym przykłádom vstąpić muśiáło. Napierwey ábowiem pokłádano było náprzećiwko mnie Miásto moie / ktore wszystko z częśći Donatowey bywszy / do iedności Katholickiey boiáźnią Praw Cesárskich náwroćiło się; ktore teraz tą Donátystow zginienia śmiáłośćią / ták brzydzące się widzimy / że nikt temu wierzyć niechce / áby kiedy ono w tym zginienia błędzie było. Przypomináne też mi były tymże sposobem imiennie

insze

insze Miástá / ztąd też z sámych rzeczy wyrozumiał / iż y do tey spráwy owo słusznie ściągáć się može; co iest nápisano: Da sapienti occasionem, & addetur ei sapientia; day mądremu przyczynę / á prawdźiwa mu będźie mądrość. Ktorego poważne / świete / y duszezbáwienne tego w Cerkwi Bożey wielkiego Doktorá zdánie / nád nászym narodem Ruskim od tey władze / ktorey nas Pan Bog w sprawowánie / w przemysł / w opiekę / y w obronę podał / áby sámym w dziele postępkiem chwalone było / zdárzyć rácz Pánie Jezu Chryste. Zá ktorey przyczyny dániem / áby y wy przydáney wam mądrośći nábywszy poczuliśćie / á do poznánia prawdy przyszli: y tá nászá zwierzchnieysza władza pobożnego o nas przemysłu swego w dzień on / zápłáty swey / przez łáskę spráwiedliwego Sędziego áby się vdostoiłá / z onemi pobożnemi Cesárzami y Krolmi / ktorzy to zbáwienne / Compelle intrare, w Heretykách y w Schizmátykách / pobożnie y ostropnie do skutku przywodząc / wielką liczbę Heretykow y Schizmátykow Pánu Bogu pozyskáli. Co zdárz nam Pánie Jezu Chryste zá dni nászych: ktorego miłość / y mey pokornośći błogosłáwieństwo niech będzie z wámi. Amen. z Dermánia / Roku P. 1628.

A to co nástepuie / własną reką moią nápisałem.

Pokoy Páná Chrystusow przesyłam wam Brácia, ktory ieśli przyimiećie, zostánie z wámi: ieśli go nie przyimiećie, wroći się do mnie. A wy wiedźćie, żeśćie go nie byli godni. Ia też wychodząc z domu wászego, otrząsuię proch z nog moich, ná świádectwo ná was w dzień strásznego sądu Bożego.

MM. WW. wszelkich dobr życzliwy Brát, w P. Chrystusie, y po Duchu Oćiec,

Meletius Smotrzyski, Archiepiskop Polocki, &c. Archimándrytá Wileński y Dermáński.

J Posyłam

Posyłam też przy tym WMM. WW. do przeczytánia y Kopią listu mego/ ktory do J. M. Oycá Cyrylla/ Pátryárchy teráznieyszego Konstántynopolskiego pisałem/ á przez Páná Andrzeiá Krásowskiego Mieszczánina y kupcá Lwowskiego/ w Roku przeszłym/ 1627. Miesiącá Augustá 23. dniá posłałem. Ktory tak iego od daty zá Niedziel sześć/ pewnie doszedł: á odpisu nań y podziśdzień nie miałem/ y nie mam. Záczym (saluo eius honore) czynię to/ co mi ku zbáwieniu dusze mey/ y tych ktorzyby się w spráwie tey ná mię oglądáli/ sumnieniem przynáglánemu czynić należáło/ y należy.

Kopia Listu,

Pisánego od w Bogu Wielebnego

MELETIVSZA SMOTRZYSKIEGO,

Rzeczonego Archiepiskopá Połockiego, &c. Archimándryty Wileńskiego, y Dermáńskiego;

Do Ie° Mći

OYCA CYRYLLA

Pátryárchy Konstántynopolskiego.

Ktory z Láćińskiego ná ięzyk Polski przełożony, ták się w sobie ma.

Nawielebnieyszy Oycze,

Po oddániu Pásterskiemu twemu dostoieństwu winnego pozdrowienia, y po pokornym nog Wieleb: twey pocáłowániu:

Od czásu/ ktoregom się od Wielebności twey odiáchániem moim z Konstántynopolá oddalił/ y iednego dniá/ że nie rzekę godziny/ nie miałem/ y nie mam/ ktoregobym ná nieszczęście moie nie nárzekał/ y ná żal moy nie wzdychał/ á to z tey przyczyny/ że ták wiele podrożnych ná szedziwy moy wiek/ y ná strudzone zdrowie/ z vymaiego niemáła/ prac/ niebespieczeństw y bied/ ná ziemi y ná morzu podiąwszy/ do tegom nie przyszedł/ ábym ten moy ciężar był tám złożył/ ktorymem sie był tu domá obciążył: ábym był to tám sprawił/ po com sie był zápuscił: ábym mowie/ ná sumnieniu moim przez Wielebność twoie vwolnił sie/ czymem sie miał áż názbyt zániewolone: Tám v Wielebności twey/ gdźie temu było y mieysce/ y okázya/ zwłaszczá żem sie nie inszą intencyą w támten kray zápuszczał/ tylko dla tego sámego/ ábym wiela wątpliwości vskrupułowána dusze moie/ á gmátwáninámi rożnych opiniy/ iákoby mołem iákim gryzliwym/ rozkárcerowáne myśli moie/ zdrową rádą/ y żywą náuką/ z vst Wieleb: twey był vprzątnął/ vleczył/ y vleczył. Coż tedy? Támem nic nie spráwił/ á tu gdym sie do Oyczyzny zwrocił/ od zazdrośćiwych niewdźięcznikow tylko co vkrzyżowány nie byłem: niezbędna ábowiem zazdrość z plugáwą nieuką pomieszawszy sie/ á ná mie/ y według ćiáłá/ y według dusze pożytecznego/ nie oglądáiące sie/ skorom sie ziáwił/ nátychmiast bez żadney przyczyny słuszney/ opáłem sie rzucili ná mie tákim/ że by mie

niewinność moiá/ y sumnienia mego w tym rázie práwość/ poćiechámi wnętrznymi/ zá pomocą osobliwey łáski Bożey/ nie były zátrzymáły: zámysł był biednie vpádłego/ á mnie serdecznie miłego narodu mego odbieżeć/ y do Wieleb: twey/ lubo ná ss. mieyscá Pálestyńskie/ ktore mnie prze pożyćie ná nich Zbáwićielá nászego/ iák duszá moiá miłe są; zás odwrot vczynić/ y tám grzechow sie mych ćięszkich/ przykłádem pobożnych mężow ss. Oycow nászych/ pokiby duchá mego w ćiele moim Bog moy/ ktory mie stworzył/ mieć mi pozwalał/ płákáć. Lecz sámá miłość bliźniego dopuśćić mi tego żadnym sposobem/ y pozwolić ná to niechćiáłá: vkázuiąc mi rzeczywiśćie vpadek odbieżánych w ták złym rázie/ y w śmiertelney toni/ bliźnich moich/ moim bydź vpadkiem y zátráceniem. Poniewaź Bog moy/ lubo to y niegodnego/ ná tey straży postáwić mie raczył/ ábym czuł o iego ś. trzodźie/ o iego owieczkách/ ktore on przenadroższą krwią swoią ś. okupił/ y mnie ich po inszych w niemáley liczbie do pástwy poruczył ták/ áby prze niecżułość moie ná nie przypádła zgubá/ moią zgubą byłá; ich zbáwienie/ moim zbáwieniem: Dla czego ieśli nie ćiáłem moim do Wiel: twey odwrot czynię/ czynię iednák; bo to v mnie ostátnia/ że bez zázytey o tey dobie rády Wieleb: twey/ żyć zbáwiennie nie mogę.

Czynię tedy odległy piorem / niemogßy przytomny być ; á do nog Wieleb : twey vpadßy / odkłonić ſie y odſtąpić od nich nie myśle/ áż mie miłość y požáłowánie Wieleb : twey od nich vćießnego podźwignie. Nie mam ſie do kogo vćiec inßego: Oyczyzná náßá z ſtrony náßey w meże vczone puſta : człowieká/ iáko mowią/ áni z świecą. A choć wßyſcyſmy nieukowie/ iednák nád ſie medrßego nigdźie żaden z nas áni znáć chcemy/ áni rozumiemy : y choć co głowá to ſwoy w ſpráwách zbáwiennych (ách ćiężkiey biedy náßey) rozum / iednák iednomyślnymi ſłynáć chcemy. Gdy nas bywa nie z poſpolitey chałáſtry / ſed ex ijs qui videntur aliquid eſſe, dźieśieć ; ták wiele bywa opiniy o iednym y tymże wiáry Artykule : pomießał nam P. Bog rozumy náße bárźiey/ niż przy Babel wieży Olbrzymow onych głupich iezyki / á w rzeczy tákiey / w ktorey gdy kto głupi / niwczym nieglupi náydowáć ſie muśi. Zgłodnieliſmy / y przegłodnieli ták / że ſie iuż iedni prze oſłábiáłość y nie czuiemy: drudzy ledwie ſie co ruſzamy. A ten głod ćierpimy/ ktory mdli człowieká nie ná ćiele / ále ná duſzy ſłowá Bożego głod ćierpimy ; á ten ták ſrogi y nieznośny / że nas codźień przezeń co godźiná mniey : bowiem iedni z nas do Rzymian / Vnitow / y drudzy do Ewángelikow ; wiele tákich ieſt co y Arryánizuią / ták codźień

mniey

mniey : że by Wieleb : twey ná lice Ruſkiey Cerkwie teraz pátrząć (ná ktoreś przed kilká y dwudźieſtą lat pátrzał) przyßło/ zdumiáły nie bez rzewliwego vpłákánia ſie/ z podźiwieniem rzekłbyś: O quantum ab illa ! Mira enim eſt eius, Pater Beatiſſime, Metamorphoſis: ktora iey codźień / cogodźiná / śmiertelną ruine grozi. Bo co gdźie dźień po dniu poſtępek w ſobie bierze / lubo w iedney porze ſtoi/ nádźieiá ieſt tám trwáłośći y zoſtawánia : ále gdy codźień / cogodźiná / czego vbywa/ pewnie zbydź ná tym wßyſtkim czáſu ſwego muśi/ y bać ſie potrzebá pewnego rzeczy tey vpadku y znißczenia. A tá táka boiaźń ieſt po nas/ po Cerkwi mowie náßey Ruſkiey/ ktorey áni przybywa/ áni w iedney porze ieſt iey / ále mnoga liczba codźień vbywa iey / ták znácznie y niepohámowánie ; że ten tylko vpadku iey y znißczenia bliſkiego nie widźi/ ktory nie zna/ że po zachodźie ſłońcá noc náſtępuie. Coż w tákim rázie począć ? Jam inßey rády nie náydowal/ procz tey / ktoreyem był záżył. Ale iák mi ſie w niey po myśli powiodło/ Wieleb : twey táyno nie ieſt : ponieważ bowiem to mie zápewne wiedźieć było záßło / że ſie v Wielebnwey náydowáły Lucubrationes piæ memoriæ Gennadij Scholarij, Patriarchæ Conſtantinopolitani, contra quinque diſſenſiones ad Latinos: Meletij Alexandrini Libri 4. de Dogmatibus.

y Wieleb :

y Wieleb: twey Catechesis orthodoxæ Fidei. To
ktoie otußna vćieczke mieć rádziło mi do twey
Wieleb: przy owym czwartym / żem miał o wßytkim w tychże Skryptách náyduiacym sie / vstnie
z Wieleb: twoia konferowáć / y dobrze we wßytkim tym od Wieleb: twey informowány / do
swoich sie wroćić / y swoich iákoby z vst Wieleb:
twey informowáć. co iák mi po myśli poßło / że
to y powtore rzekę / Wieleb: twey dobrze tego
wiádomemu nie przekłádam / to tylko przekłádam / y mowie: Zdarz Pánie Boże / áby sie to zá
záwitániem tego moiego do Wieleb: twey / miásto mnie / listu kompensowáć mogło / co sie zá
przytomna bytnośćia moia opuśćiło: czego ia
niewatpliwie po Wieleb: twey pewien iestem:
ktorego ku mnie osobliwa łáská / á ku narodowi
náßemu Ruskiemu przyrodna / á práwie Oycowska miłość / watpić mi w tym nie dopußcza. Bo
gdźiebym w tey moiey do Wieleb: twey vćieczce
repulsę od Wieleb: twey odniosł / gdźiebym sie z
tym vdał / Wieleb: twey vkazáć mi przychodźi.
Lecz mimo siebie / áby Wieleb: twoiá v kogo innego rády mnie w tym szukáć vkazał / nie tußę:
z właßczá iżem ia też (iáko z młodych lat Dyscy-
puł Wieleb: twey) Wielebnośći twey skryptow-
nie mnieyßym powodem / w te táka myśli wstá-
gnine / y opiniy gmatwániny przyßedł / com był

pierwey/

pierwey / nim do wiádomośći mey doßedł List
Wieleb: twey / przy X. Demetryußu Solikowskim / godney pámięći Arcybiskupie Lwowskim /
(v ktorego y mnie z Wieleb: twoia czásu iednego bydź zdárzyło sie) Roku 1601. Ianuarij 24.
die, we Lwowie zostáwiony / świádczy Skrypt
moy Lámentowy / Wieleb: twey y wiádomy / y
świádomy / iáko ten / ktory był do Wieleb: twey
przesłány. A czym mie potym vczynił do wiádomośći mey podány ten Wieleb: twey List / łácno
Wieleb: twoiá koniektowáć może: Moie ábowiem Skryptá Lámentowe in toto ferè redolent
Luteranismum & Caluinismum, passim we wßytkich Rozdziałách; á osobliwie in Catechesi pro
Colophone w tym Skrypćie moim addita. A
Wieleb: twey pomieniony List Romanæ profes-
sioni in tantum fauet, że we wßytkich wiáry Artykułách wschodney Cerkwie z zachodna iedynomyślność rzetelna vkázuie. W ktorym Wieleb:
twoiá o Ewángelikow wyznániu ták liberè rzekßy: Wiem to dobrze / y wiedza moi Pátryárchowie / y z náuki y postępki Ewángelikow / nie tylo
Kośćiołowi wschodnemu y zachodnemu zgubę y
zámießánie wzbudzáia; iáko to teraz czynia w
Niemcech / we Fráncyey / w Angliey / y indziey:
ale też znáczne zepsowánie dobrych obyczáiow /
do krolestw Chrześćiáńskich wprowadzáia / y

K dáley.

dáley. A choćiaż Heretykowie z Europy / z nienawiśći ku Rzymſkiemu Kośćiołowi/ y Piotrowey ſtolicy kuśili ſie ze wſchodnemi o zgode / ále nigdy przyięći nie byli / bo ſie tylo w tym známi zgadzáią / w czym Zydowie y Máchometani : iż Bog ieden ieſt ſtworzyćiel / y rządźićiel świátá/ ſprawiedliwy/ dobry/ złe karzący/ á dobrym płácący/ y w inßym tákim wyznániu / ále ſie w przednich Chrześćiáńſkiey wiáry ártykułách známi nie zgadzáią. O ſtárowiecznośći czynow Cerkiewnych / o trádycyách Apoſtolſkich / o powadze śś. Oycow y Doktorow oboygá Kośćiołá / ktore ábo wßytkie/ ábo niektore ſekty ich odmiátáią/ y o liczbie y Kanonie kśiąg piſmá ś. y o zwyczáiách Cerkiewnych/y o vſpráwiedliwieniu/ y o Liturgiey ś. o czći y Reliquiách świetych/ o Bogárodźicy/ o Troycy przenaświetßey/ známi zgody nie máią / á nowe z głowy ſwey rozumienia piſmá ś. wyrywáią. Tá rzecz iż ma wielkie niebeſpieczeńſtwo/ ſámo doznánie świádczy. Gdy tedy oni ták dáleko od nas odſądzeni ſą/ známi zraſtáć ſie nie mogą.

To tedy Wieleb : twoiá w Liśćie tym ſwoim o Ewángelikách wyrzekßy/o wſchodney y zachodney Cerkwi/ ták mowi: A miedzy wſchodną y zachodną Cerkwią/to co ieſt ſpornego/nieuczone y proſte odrażáć może : ále vczeni łácno iedno

rozumienie w miłośći Chryſtuſowey wywodzą. My ſie nie brzydźim Stolicą ś. Piotrá/ále iey powinną vczćiwość y poczte oddáiem / y zá pierwßą ią/iáko zá mátkę przyznawamy: Jedne y też wiáre mamy/ ieden Chrzeſt z Bogiem Oycem/ y Synem / y Duchem ś. iedná náturá / iedná wßechmocność / iedno Boſtwo / iedná nádźieiá wezwánia / iedná miłość / iedne ſpolne zá Krole/ Rządźićiele/ y Vrzedy / modlitwy y proſby : iedne Sákrámenty/ iedne czyny świete/ y poświecenia Cerkiewne mnieyße y wietße: iedná Ewángelia/iedne Prorockie y Apoſtolſkie piſmá/ iednáż powagá Swietych Cerkiewnych Práwowiernych Oycow/Greckich y Láćińſkich. Coż mamy mieć ſpolnego z innemi ſektámi ? ktore iedná Cerkiew zá Heretyki miáłá ; druga też zá tákież ie záwżdy ma/ wyklina/y Anátheme ná nie kłádźie. Pierwße Sobory poſpołu obie/ábo rácżey iedná Cerkiew oboygá obrzadku miáły / ták/ iż w fundámentách náuki Chrześćiáńſkiey żadney miedzy nimi przećiwnośći nie było/ rożność tylo ábo rozmáitość byłá / y oſobne ceremonie miedzy narodem Greckim/ y Láćińſkim.

Ták mowie : Liſt Wieleb : twey / ábo rácżey ſam Wieleb : twoiá Ewángelikow/ ktorych Heretykámi názywa / od ſpołecznośći y iednomyſlnośći Cerkiewney dálekim bydź okazawßy y wyznawßy / Azymian iedynomyslnymi Grekom bydź okázuie y wyznawa. Co ia z vſt Wieleb: twey przez ten Liſt ſłyßąc; z vſt mowie/ bo mi go oczymá moimi widzieć / y czytáć / y dziś codzień wolno: á charákteru Wieleb: twey dobrze świádomy bedąc/ iákoby z vſt Wieleb: twey mowiące ſie/ á mowiące ſie przy inßych/ y do mnie/ przyiałem/ y poważyłem. A zátym ná ſwoy Lámentowy ſkrypt obeyrzawßy ſie / y przeciwnym go słowem Wieleb: twey ták / iák ieſt przeciwna ciemność świátłości/ y nieprawdá prawdzie/ náláßy/ to w ſobie ſtánowiłem / że gdyby ten Wieleb: twey Liſt pierwey do wiádomości mey był ſie doſtał/ nimem ia był Lament ná świát wydał; bez pochyby ábo tym go był nie wydał / ábo ieslibym wydał/ conſonum temu Wieleb: twey liſtowi wydałbym go był. Ale iż iuż ná moy Lament odpiſuiący Autor w ſwym ſkrypcie ſpecificè słowo do słowá położył go / y do wiádomości wßem nam podał; dla tego ia/ iáko rzeczy tey niewiádomy/ od tego Wieleb: twey Liſtu ták bárzo diſſonans, Lámentowy moy ſkrypt wydałem: z ktorego nápotym oboiego tego ſkryptu / tárgánin w myślách/ y gmátwánin w opiniách moich nábywßy/ y ſumnienie moie ćieżko oſkrupułowawßy / ná wczeſność czáſu pogladałem / ktoregobym Wieleb: twey / dla vlekczenia y złożenia te-

go tákie-

go tákiego ćieżaru z rámion duße moiey / bieżał. Bo przywodząc ſobie częſto ná pámięć ták te z Liſtu Wieleb: twey przełożone słowá/ iák y owe drugie támże z oſoby Wieleb: twey mowiące ſie: Co ſie mnie dotycze / ia vpomniony od Máieſtatu Krola J. M. iáko posłußny wychodzę z tego kroleſtwá/ y do ſwoich ſie wracam; y w tym ſie oświadczam/ iżem w tey ſtronie o nic ſie innego kuſić niechćiał/ iedno áby miedzy temi/ ktorzy iedności prágną/ y w nie iuż wſtąpili / y miedzy temi ktorzy w niey nie ſą/ á mniemáią iż to nabożnie czynią / á sámi ſie z ſobą / ná przednie głowy ſwe pátrząc/ nie zgadzáią / y ná Heretyckie błędy przyzwaláią / pokoy iáki y zgodá poſtánowić ſie mogłá.

One/ mowie / pierwße / y owe drugie Wieleb: twey słowá ná pámięć ſobie przywodząc / tárgałem ſie wnętrznościámi myśli moich / y vſpokoić ſie żadnym ſpoſobem nie mogłem / ażbym ſie był z vſt Wieleb: twey informował / á z piſm ie przerzeczonych Pátryárchow / Gennadij y Meletij, y Wieleb: twey vſpokoił. Lecz gdym z vſtnego oznaymienia Wieleb: twey vwiádomiony zoſtał / że ſie Gennády ſkryptá nie náyduią / wyiawßy Tráktat / De Proceſſione Spiritus S. aduerſus Latinos: y ten iednák od potomkow iego y Sukceſſorow dobrze wyłączony. A że też

 Meletij

Meletij quatuor de Dogmatibus libri, zá poprzy-
siężonym roſkazániem iego ſámego / pod godziną
śmierći iego / od Wieleb: twey ſą popalone: Zá-
ſmucony ſerdecznie o Wieleb: twey ſkryptá/ ieſliby iákie w tey máteryey były/ pytałem: y podány
mi był od Wieleb: twey do czytánia / ſpoſobem
Dyálogu nápiſány wykład Symboli Nicœnocō-
ſtantinopolitani: ktory ia z ochotą pilno czytáiąc/
nád ſpodziewánie moie / w zwyż pomienionemu
Wieleb: twey liſtowi/ przećiwne rzeczy/ z niemáłym podziwieniem moim/ nálazłem / y náczytał;
gdzie Wieleb: twoiá Sákrámentow nie wiecey/
tylko być dwá/ ſtánowi/ y twierdzi: y modlitwy
zaduſzne niepotrzebne / y vmárłym niepożyteczne
bydź ſądzi. Znośi przytym dwoim y Iudicium
particulare, śś. Oycom náſzym / á oſobliwie Dá-
máſcenowi ś. w wyznániu poſpolite. Znośi tány-
że Wieleb: twa y Czyściec / ktory przyczyna ku
złemu żyćiu náſzemu bydź powiáda. A indzie to
ieſt / w odpowiedzi ná pytánia niektorego z ná-
ſzych/ z mego Lámentu wyczerpnione/ y do Wieleb: twey przed kilkomá láty weſpoł z nim przeſłá-
ne/ w odpowiedźi ná Punkt czwarty / ktory ieſt
táki: Grzechy człowiekowi odpuſzczáne bywáią
láſką / y dáremnie / bez zaſług. Wieleb: twa ták
odpowiáda: Dobrze ſie to ná Cedulce náznáczy-
ło / że ten punkt ieſt Luteránſki: bo ácz wielkie
ieſt ku

ieſt ku człowiekowi Boſkie miłosierdzie / ále biádá tym/ ktorzy rozumieią / że bez vczynkow zbáwieni bydź mogą. Zá czym długo ſie ná tym nie
báwię / pełne bowiem po nas ieſt świádectwo
piſmo ś. pełne y piſmá Oycow śś. á ieżeli ſnadź
ná to to Ortholog rzekł / áby Rzymſki czyściec
zniośł; nie chwalę go. Cerkiew náſzá w tym wiáry Artykule wierzy zgodnie / nie z Lutrem / ále z
Rzymiány ſie zgadza/ wyiąwſzy ogień máteryálny czyścowy. To ſą Wieleb: twey słowá/ ktory
wiedźieć raczyſz / że ſtánowić ogień máteryálny
w czyścu/ y ſámym Rzymiánom nie ieſt z wiáry.
Przywodzę przy tym y owo dwoie/ z vſt też Wieleb: twey do mnie mowione / y w vſzy moie ſłycháne. Pierwſze: Vśiłowáć oto chce wſzeláki-
mi ſpoſobámi/ áby Spowiedź prywátna / ktora
ſie obchodźi z wyliczániem káżdego grzechu / w
Cerkwi wſchodney byłá poniechána/ y z niey wy-
rzucona. Wtore: Iż rożnicá o pochodzeniu Duchá ś. ktora ieſt miedzy wſchodną y zachodną
Cerkwią/ ieſt táka / ktora łácniuchno zgodzona
bydź może.

Ono tedy Liſtowe/ y te Kátechizmowe/ z o-
wym vſtnie wyrzeczonym / gdym ſobie ná myśl
przywodził/ y w ſobie rozbieráiąc vważał/ trwo-
żyłem ſie: á że były rzeczy wielkie / (bo coż może
bydź v człowieká nád wiáry Dogmátá wietſzego?) lek-

go:) lekkom sie do rozmowy o nich z Wieleb: twoią nie wdawał: Aż mie potym zá dopuszczeniem Bożym zá grzechy moie/ chorobá támże zieła/ przez ktora/ y przez wielkie Wieleb: twey ná ten czás trudności/ do poważney o tym rozmowy z Wieleb: twoią przyść nie mogłem; ále zá rádą Wieleb: twey/ y nie wyzdrowiáły dobrze/ do Pálestyny puściłem sie/ rzeczy te moie do rozmowy z Wieleb: twoią oznáczone/ ná zwrocenie da Bog moie z Pálestyny/ odłożywszy. Ale poniewaz według pospolitego przysłowia: Homo proponit, Deus disponit; Bog wszechmogacy to moie com był postánowił/ ináczey/ nie iákom ia chciał y rozumiał/ odmienił/ á przyiazd moy z Pálestyny do Konstántynopolá pod ciężkie á strászliwe powietrze bydź rządził/ dla ktorego ia do tych przedsięwziętych/ y we mnie postánowionych z Wieleb: twoią rozmow/ przyść żadnym sposobem nie mogłem/ y z niczym/ kilká kroć z Wieleb: twoią iákoby mimo chodem widziawszy sie/ odiácháć musiałem. Záczym bárziey ieszcze teraz roztárgniony myślámi/ y opiniámi rożnymi/ znáczniey vgmátwány po wyieździe z Konstántynopolá/ zostawszy/ niż kiedy przed záwitániem moim do Wieleb: twoiey/ byłem rostárgnion y vgmátwan; á tu domá rády wyplatánia sie z tych plotek/ y vspokoienia sie w myślách mo-

ich/ nie nálazszy/ zás sie do Wieleb: twey wrácam/ nie z vstna iákom rzekł rozmowa/ ále z tym oto listownym pytániem/ prosząc Wieleb: twey vniżenie y pokornie/ iáko Syn Oycá/ y pytáiac pilno iáko vczeń náuczyciela/ áby mie Wielebność twoiá z tego záwikłáne° lábiryntu/ madra swoia rádą/ y zbáwienna náuka wywiodł/ czego sie mam trzymáć/ y iáko mam nie tylko o tych pomienionych/ ále y o inszych wiáry Artykułách rozumieć/ iáko te są: De Arbitrio seruum, ne illud sit an liberum: de Peccato, tum Originali, tum Actuali; de Gratia, de Fide, de Iustificatione, de bonorum operum Iustitia, de Prouidentia, de Præscientia, de Prædestinatione, de Ecclesia, de Sacramentis, de Scriptura Sacra, de Traditionibus, & de statu animarum, &c. &c.

Trydentskiegoli Synodu o tych Boskich rzeczách vchwalá ma mi bydź w náśládowániu/ lub też tá stroná/ náprzećiwko ktorey ten Synod w tych wiáry Artykułách prácował: rad sie tego od Wieleb: twey pod zbáwieniem moim/ iáko od Pásterzá y náuczyciela náuczyć chce: á náuki w tym wszytkim y w inszym dálszym szukam nie bez przyczyny. Ale dla tego/ że pogladáiac ia ná czásow teráznieyszych zwyczay/ y postánowienie/ á widzac iż mimo wszytkie insze Chrześciáńskie Sekty/ ktore iedno kolwiek są w Oyczyznie náßey/ſámá tylko náßa Kuſka Wſchodniego poſłußeńſtwá Cerkiew/porządnego wiáry wyznánia/ſpoſobem Kátechizmu opiſánego/nie miáłá/ y nie ma: Dla czego / chociażem widział ſpráwe te być nád siły moie/ vfność ná tym położywßy/ ktory y ślepe madrymi czyni / y oślicam mowić dopußcza/ ważyłem ſie/ y nápiſałem Kuſkim iezykiem Kátechizm/ktory miáłem zſoba y w Konſtántynopolu/ álem ſie z nim Wieleb: twey nie obiáwił/ dla tego / iż to miáłá bydź praca nie iednodniowa; zá czym odkłádałem y to ná vwolnienie ſie Wieleb: twey/ y moie/ ktoregom nie doſtapił/ przez wzwyż pomienione przyczyny. Teraz tedy vsiłowány bywáiąc/ ták od siebie ſámego / iáko y od Bráciey Duchownych y świetckich / ktorzy tey prace mey ſa wiádomi / z tym w czymem nie doſtátni/ do Wieleb: twey vciekam ſie / á o ráde y o náuke proße / vwiádomić mie rácz: w tych wßyſtkich wyżßey pomienionych wiáry Artykułách / z Rzymiány lub z Ewángelikámi nam ieſt zgodá / lub też co trzeciego śrzedniego my trzymamy y wyznawamy. Przytym proße o poráde y w owych wiáry rożnicách / ktore ſie zdawná miedzy Wſchodnia y Zachodnia Cerkwia obnoßa: iáko to o pochodzeniu Duchá ś. o Czyścu / o Przaſniku/ o duß błogoſłáwionych y grzeßnych / poſtánowieniu: y o owym co ſie iuż zá náßego

wieku żądáwáć im w rożnice poczeło / de Communione ſub vna ſpecie. Bo ieſli pierwßy z owych (com ſłyßał z vſt Wieleb: twey) punkt ieſt conciliabilis: Drugi zás we wßem z nimi zgodny/ ſaluo igne materiali; iáko Wieleb: twoiá do niektorego z ziemkow náßych piße: Trzeći w zachodney Cerkwi ſtárożytny / iáko o nim rozumie Piotr Pátryárchá Antyocheńſki: Czwarty z náßymi Cerkiewnymi Hymnámi rzetelnie zgodny: Piaty nie bez konkomitáncyey / iáko przyznawa w liśćie ſwoim do Poćieiá Meletius: Pytam przeto y proße Wieleb: twey / ieżeli nie iednym y tymże ſpoſobem/ wßyſtkie te punktá ſa conciliabilia? y ták ſpor ráczey bydź miedzy námi y owemi / á nie przećiwność? według wyżßey położonych słow Wieleb: twey owych; że w fundámentách náuki Chrześćiáńſkiey / żadney miedzy nimi przećiwności nie máß / ále tylko ieſt rożność nieiáka / y rozmáitość / y oſobne Ceremonie miedzy narodem Greckim y Łáćińſkim. Jákobyſmy my prze niepotráfienie w rzecz w owey dwoiey od Wieleb: twey w tymże liśćie wyrázoney háńbie nie zoſtawáli. Pierwßey / gdźie Wieleb: twoiá mowi / iż to / quæ inter Orientalem & occidentalem Eccleſiam aliquam diſceptationem retinere vidētur, indoctiorum quidem illuſio eſſe videtur; doctiores verò facilè eundem, aut proximum ſenſum in dilectione Chriſti eliciunt. Drugiey / gdźie Wieleb: twoiá z oſoby ſwey mowi: Profiteor, me nihil his in locis nec agere, nec conari voluiſſe, quàm vt inter eos, qui vnitatem cupiunt ac profitentur, atq; illos qui in ea non ſunt, & piè ſe facere credunt, & ſumma illa capita ſua reſpicientes, nec inter ſeipſos conueniunt; & potius Hæreticis erroribus conſentiunt, pax aliqua & συμφωνία inſtitui potuiſſet. Zebychmy mowie/ dwoiey tey háńby/ od Wieleb: twey wyrażoney / ná ſobie nie ponośili. Pati enim illuſionem, & piè ſe facere credere, hoc in ſenſu, illudi eſt, atq; errare. Jákobyſmy tedy my vśilnym náſzym náprzećiwko/ znácżny w Cerkwi náſzey dźień od dniá poſtępek / z niemáłym náſzey ſtrony codźiennym vſzczerbkiem/ bioracey Vmieyſzánia zachowánim ſie/ nieuki y obłądzenia ſie / y v ſámego Wieleb: twey nie ponośili; vniżenie Wiel: twey prośimy/ chćeć krotkimi ſłowy wyráźić nam rácz/ czego ſie trzymáć mamy: gdyż nie ieden tylko ia / ále wſzyſtká náſzá Ruś we wſzyſtkim tym peregrynámi ieſteſmy. Chciey Wieleb: twoiá poważyć difficultatem rei, & diſtantiam loci vważyć; że ſie nie káżdemu z nas zdárzyć może iść/ lub piſáć y przeſyłáć do Wieleb: twey: wſzyſtko to nam bárzo trudno/ á wielom y niepodobno.

Okaż tedy Wiel: twoiá Oycowſka ku nam miłość/ á rátuy nas/ iákobychmy my inſzych náu-

cżycielow nie ſzukáli. Spraw ábyſmy ſie ſámi z ſoba/ y z Wieleb: twoia/ w Wiáry Artykulách zgadzáli/ ná ktorych zbáwienie duſz náſzych záwiſło. Przeſli nam Wieleb: twoiá ſwoy Kátechizm/ á day nam przezeń / y przez liſtowa rádę ſwoie/ o wſzyſtkim pytánym iednomyślność do ſercá y do vſt/ ábyſmy to vſty wyznawáli ku zbáwieniu / cobyſmy ſercem wierzyli ku ſpráwiedliwośći. Niechciey Wieleb: twoiá pomyśláć / że to ia ieden do Wieleb: twey piſze. Jedenci / ále ták ieden/ ktorego Archiepiſkopſka Dyecezya/ ták ieſt w Chrześciány zá łáſka Boża bogáta / iáka w kráiách támecznych áni pod dźieśiaćia Metropolitanow. Wiele też ieſt tákowych y z inſzych Dyeceziy / Duchownych y świeckich / ktorzy ſie ná mie oglądáia / y z vſt moich wiáry ſwey ſzukáia: ktorych moim przykłádem/ iáko niewiádomy niewiádomych/ mogę y zátráćić/ y zbáwić. Nie ſkłámam záiſte / ieſli y ták rzekę / że ſie ogląda ná mie poniemáley cżeśći y wſzytká Cerkiew Ruſka. Mowię to nie w chlubę/ áni w hárdośći (nie day tego Boże) ále mowię według dawney przypowieśći: Inter cœcos, & monoculus Rex. Zá czym/ gdźiebym od Wieleb: twey w tey prośbie moiey był przebaczon/ y z niczym odepchnion / Bogiem Stworzyćielem / wnętrznośći ludzkich wybádáczem/ oświádczywſzy ſie/ tobym / ſaluo tuo Paterno honono honore, czynić muśiał/cobym ſwey duſzy zbáwiennego bydź/ zá łáſką y pomocą Bogá mego / śmierći grzeſznikowey nie pożądáiącego / y náwrocenie człowiekowi dáruiącego / vpátrzył. Czekam tedy od Wieleb: twey Oycowſkiey /Páſterſkiey/ y Náuczyćielſkiey vćiechy/ rády / y náuki: ktorego Bog wſzechmogący / ku práwemu ſłowá prawdy ſwey práwieniu / y ku vſłudze ziednoczenia biednie rozerwáney Cerkwie Bożey / áby chowáć raczył ná wiele potomnych lat / dobrze zdrowego/ y beſpiecznego.

Y iużem był ná tym ſkończył / ále mi pod ſáme tego liſtu mego dokończenie / przypádło ná myśl / że Bog to wie / ieżeli mi ſie przyda kiedy / druga táka okázya pisánia do Wieleb: twey; záczym vprośiwſzy v Wieleb: twey / tey tákowey moiey długośći przebaczenia / przydáie do tego wſzyſtkiego ieſzcze niektore ſumnienia mego mole. Máłeć/ iáko ſie zdádzą/ ále gryzliwe / ktore pod bytność moie w támtych Wſchodnych kráiách ná duſzy mey pádły / y nie bez vſtáwicznego iey ſzczypánia / y po dziśdźień w niey zoſtáią. Tych ieſt cztery. Pierwſzy: Spalenie kśiąg de Dogmatibus, godney pámięći Oycá Meletiuſzá Pátryárchy Alexándryiſkiego. Drugi: popalenie piſm Metropolity Mirſkiego Mátthеuſzá. Trzeći: Spowiedź Gábryelá Archiepiſkopá Philádelphiſkie-

go/ vczy-

go / vczyniona pod czas zeſzcia iego z tego świátá/przed Mnichem Religiey Rzymſkiey. Czwarty: Ogień on Wielkoſobotny w Jeruzálem. Te mowie / cztery mole / ktore ſie primo intuitu máłe bydź zdádzą / y nieſzczypliwe; ále vważone y rozbaczone / wielkie ſą y bárzo gryzliwe: ktore ia przy inſzych Przełożonych ſumnienia mego ſzczypániách przed Wieleb: twoią rozćieram / y zdrowa rádą Wielebnośći twey zniesione bydź z duſze mey/ vprzeymie prágnę/ y vniżenie proſzę. Gdy ábowiem pierwſze one dwá mole vważam/ owo mi Owidiuſzowe ná myśl przypáda: Conſcia mens vt cuiq; ſua eſt, ita concipit intra pectora pro facto, Spemq; metumq; ſuo. Mowi mi ábowiem ſumnienie / że ſie to oboie kśiąg tych popalenie ſstáło / z iedney y teyże przyczyny / y w ieden á tenże koniec; z przyczyny ſámego Bogá/ ktory nie pożąda śmierći grzeſzniká / á w koniec miłośierdzia Bożego / ktore ieſt nieogárnione / y złośći náſze wſzelkie przewyżſzáiące. Słyſzałem to pierwey w Konſtántinopolu/ przy wielu poważnych Metropolitanow przytomnośći/ z vſt Oycá Metropolity Sozopolſkieğ Theodozyuſzá/ Wieleb: twey dobrze znáiomego / vczniá Metropolity onego Mirſkiego: á potym toż ſłyſzałem y z vſt Oycá Pátryárchy Jerozolimſkiego Kiiz Theophaná w Jeruzálem; ktoremu o tym w Multán-

ſkiey zieskiey ziemi / gdy tám z náßey kráiny Ruskiey był záwitał / sam vstnie ten Metropolit Mirski powiádał / z iákiey przyczyny swoie skryptá popalił / w ktorych zachodniemu Kościołowi y Religiey Rzymskiey / względem tych miedzy wschodną y zachodną Cerkwią rożnic / vsq; ad nauseam był molestny: ktoremu o południu / przez senli / lub przez extasim, y sam wiedzieć nie mogł / okázował sie ś. Apostoł Piotr po trzykroć / pierwßa rázą y drugą mowiąc do niego: Mattheußu / coć ták bárzo przewiniłá Stolicá moiá / że ia ták niewstydliwie łżyß? nápominam ćie / poprzestań tego. A to rzekßy / nie było go. A zá trzecim rázem do tych słow pierwßych przydał y owe: gdzie tego nie poprzestánieß / ná sąd ćie on strášny Boży pozywam / tám mi sie tego przed nielicemiernym Sędzią spráwowáć będzieß. Czym przestráßony bywßy Metropolitá / á k sobie przyßedßy / y tey tákowey swey prace / zá ktorą grożny sąd Boży miał był ponieść / złorzeczywßy / popalił ią przed swymi. Co powiádáne gdym ia vsłyßał / vsłyßáne w sobie vważał / vrodził mi sie w sumnieniu moim gwałtowny mol / y rázliwie toczyć począł serce moie / to mi przy mych tákowychże skryptách vkázuiąc / że nie z inßey przyczyny / (o ktoram ia też Wieleb: twoiey pytał / álem odnośli / że tá v od Wieleb: twey vtáiona iest) y nie w in-

ßy koniec Wieleb: twoiey / pod poprzysiężeniem swoie cztery de Dogmatibus Orthodoxæ fidei, księgi popalić kazał / pod czás śmierci swey y Melecyus Pátryárchá Alexándriyski / Przodek ná tey Stolicy Wieleb: twoiey / ktory iákowym w tych swoich skryptách Religiey Rzymskiey / y Papieżowi miał sie náydowáć / wiedzieć dáie okázále / list iego owdzie do Hipácyußá Pocieiá / ná on czás Episkopá Włodzimirskiego / w Roku od stworzenia świátá 7108. z Alexándryey pisány. Lecz poniewasz / iáko mowią: βασιλεῖς ἅπασιν ἢ σωτεῖδης ς θεῷ, wołał to snadź ten pobożny mąż zá spráwą w sumnieniu swym láski Bożey / temi swymi pracámi ogień doczesny nákarmić / niżliby siebie przez nie miał był wiecznemu onemu ogniowi ná pokarm podáć. Spowiedź zás przed Mnichem Rzymskiey Religiey od Philádelphiskiego Archiepiskopá vczyniona / ná tom miásto trzećiego molu położył / iżem od poważnych Zakonnikow Grekow w Jeruzálem y w Konstántynopolu słyßał / że ten mąż λείψανον Ciáłá swego zostáwił: náßy zás tu y czásu naygwáłtownieyßego spowiedź przed Rzymskiemi Kápłany czynić iák piekłá stronią sie / y władzey wiązánia y rozwiązánia im nie przyznawáią. Ogień nákoniec w grobie Bożym Wielkosobotny / mol duße moiey czwarty; z iákiey przyczyny / mam zá to / że Wie-

leb: twoiá ma to przy dobrey pámięći: że gdym
ia owo do Wieleb: twoiey pytánie vczynił / coby w tym / że Meletius Antecessor Wielebnośći
twey/ pisząc náprzećiwko nowemn Kálendarzo-
wi Kzymskiemu wiele cudownych dzieiow /
ktore sie temi czásy iuż y nie dzieią / áby lepszym stáry Kálendarz nád nowy pokazał / ná-
przywodził / á tego ták známienitego corocznego
cudá przebaczył; ktore iedno przywiodszy/ Kálendarz nowy/ przed stárym wszeláko szwánkowáć-
by musiał: ná co mi Wieleb: twa przy dwu zácnych meżách Dworu swego/ Protosingiele Hie-
romonáchu Leoncyuszu / y przy Archidyákonie
Oycá Pátryárchy Alexándriyskiego / odpowiedział: że gdyby to cudo v nas tymi czásy sie działo/
wszyscyby Turcy w Chrystusá Páná dawno iuż
byli vwierzyli. Atom też y coś dowodnieyszego
o tymże ogniu / y od sámego Oycá Pátryárchy
Jerozolimskiego/ ktory go o tym czásie bierze / y
wynośi/ y rozdáie/ słyszał: záczym mol mi stał ztąd
ná duszy niemáły / że nászy Práwosławni w tey
rzeczy/ ktora niegdy byłá/ á teraz iuż dla grzechow
nászych vstáłá / przestáwáć ráczey wolą z Heretykámi / Eutychiány / Dyoskorytany / y Jáko-
bitany/ ktorzy łáski Bożey są czczymi; niż z Rzymiány / ktorzy z słusznych przyczyn / y z iáwnych
pod ten czás tám od Heretykow Abissynow dzie-

iacych sie postepkow / tego ogniá nie przyyimuią.
Z tych tedy przyczyn te czterу mole wielkie y szko-
dliwe/ dusze moie opánowáły w kráiách támecznych wschodnych/ ktoremie y podźiśdźień srodze
ná sumnieniu gryść nie przestáią; bo mi iák mło-
tem w głowe biiąc / á osobliwie dwá pierwsze/
mowić do mnie co godziná nie przestáią: Po-
pal też ty swoie Skryptá / przykłádem tych wielkich meżow / ktoreś z teyże miedzy wschodną y
zachodną Cerkwią rożnic przyczyny náprzećiwko Rzymskiemu Kośćiołowi pisał / chceszli pod
czás śmierći swoiey spokoyne dusze z ćiáłem roz-
stánie sie mieć / y łáske Bożą po rozstániu sie ich
náleść. Bo ktoż kiedy z narodu twego Ruskiego/
iáko ty/ y Kośćiołowi Rzymskiemu / y Religiey
Rzymskiey / y Papieżowi / y iego náśládowni-
kom stałeś sie skryptámi twymi dokucznym y o-
bełżnym? To mi pierwsze dwá mole codźień / co
godziná do vszu sercá mego mowić zdádzą mi
sie: záczym są mi młyńskim ná duszy mey kámie-
niem/ ktory mie ná sumnieniu moim tym bárdziey/
nád one duśi/ imem ia wiecey w tey robocie winnieyszy niż oni. Bo oni záczęte swe ná Kzymski
Kośćioł spłodki / w żywoćie iescze swym podu-
sili / bez żadnego bliźnich swych pogorszenia: á
moie vrodzone / y ná świát pusczone / wielu po-
błaźnić mogły. Záczym iuż przy tym iednym/ y ná

drugi inákßy z wy:oku Wieleb: twey / ogień záſłużyły ; ktory máiąc ſąd rzeczy tákowych w ręku ſwoich / ferowałeś w liście ſwym do Bráctwá Wileńſkiego/w Ko:ku 1620. piſánym/ ten tákowy wyrok y ná Skryptá Stephaná Zyzániego: nieußłyby też záiſte tego tákiegoż wyroku y inßych náßey ſtrony Skrybentow piſmá/ gdyby ſie rękom Wieleb: twoiey doſtáły: w ktorych nie wiárá ss. Oycow náßych ieſt opiſána/ ále nowa iákaś y nieſłychána wiárká ieſt vtworzona: czego ná pokazánie/ miáſto wielu/przypomnie Wieleb: twey kilku z ich błędnymi opiniámi: W głowách Zyzáni Stephan/ten miedzy inßymi ſwemi błędámi/Chryſtuſá Páná z doſtoieńſtwá iego pośrzedniczego wyzuł / y Swiętych Bożych z niebá ſtrácił. Potym Chryſtophor Philálet / ktorego wiele z nas iáko świádká iákiego w iego ſkryptách z podziwienięm ſie weneruią / choć to dobrze wiedzą/ że był Heretyk. Ten w ſwym ſkrypcie Apocryſis názwánym/ z Tránſubſtántiácyey náśmiewa ſie: Presbiterſki y Episkopſki vrząd/ tenże y ieden bydź powiáda. Bogowidzce Moyzeßá Káplanem bydź nie przyznawa/ále go człowiekiem świeckim bydź twierdzi. Kápláńſtwo Duchowne z Kápláńſtwem Sákrámentálnym pomießywa: y owego drugiego nie przyznawa. Powiáda że ludzie świetcy máią władzą Suffra-

gij deciſiui ſtánowić o wierze: władzą obierániá ná Duchowny ſtan / ludziom świeckim Iure Diuino należeć przywłaßczą. Ja áffirmuię/że Biſkupowie nád Káplany w doſtoieńſtwie ſwym więtßymi ſą/ non Iure Diuino,ále ze zwyczáiu ludzkiego. Nie przyznawa / áby Piotr ś. był poſtánowion od Chryſtuſá Páná Páſterzem Powßechney Cerkwie. Nie przyznawa/ áby Pan Chryſtus Piotrá ś. opoką názwał. Nie przyznawa y tego/ áby Pan Chryſtus ná Pietrze Cerkiew ſwoie zbudował. Nie przyznawa/áby dwoiákie były dáne ss. Apoſtołom od Chryſtá Páná klucze: to ieſt/ Ordinis & Iuriſdictionis. Nie przyznawa / áby owe słowá Pan Chryſtus do Piotrá mowiąc: *Páś owce moie*; wßyſtkie ſwoie owce do páśienia iemu poruczył. Nie przyznawa / áby ze zwyczáiu ſtárodawnego/y z vchwały Cerkiewnych Praw/ áppellácya do Biſkupá Rzymſkiego należáłá : twierdzi / iż w Duchownych ſpráwách áppellácya Biſkupom należy do Ceſárzow. Nie przyznawa / áby ná Koncyliách Powßechnych Biſkupowie Rzymſcy pierwße mieyſce záśiadáli. Po tym Philálecie / toż czyni nieiákiś bezimienny Kleryk Oſtrogſki/ktory pełniey ßy ieſt bluźnierſtw náprzećiwko przedwieczności Syná Bożego/y fałßu o Synodzie Florentſkim/ niż náuki y prawdy. Toż czyni potym Autor ſkry-

ptu miánowánego/ Antigraphe, ktory (alias homo pientiſſimus) przy inſzych inkonweniencyách/
Duchá ś. y od Syná pochodźić/ wyznáwáć/ Hæreſim bydź mieni. Kleryká owego/ y onego Philáletá ſkryptá chwali/ przyimuie/ y zá ſwey ſtrony
Skrybenty przyznawa. Potym czynie toż y ia w
ſwym ſkrypćie Lámentowym / ktory totus ferè
Caluinizat. Ták tedy tymi gryzliwymi molámi
vſzczypány / y wielce ná czerſtwośći ſercá mego
zemdlony / iák y onymi rożnych opiniy gmátwá-
ninámi/ y wiela wątpliwośći ná duszy mey vſkru-
pulowány/ y zkáncerowány ia / do nog Wieleb:
twey vpadam/ y vniżenie á pokornie w gorzkośći sercá mego proſzę/ rácz rádźić o mnie/ y wſzyſtkim narodźie Ruſkim/ ktory bliżſzy ieſt ku vpad-
ku/ niż ku powſtániu. Jeſli nie miłosierdźie Bo-
ſkie/ á Wielebnośći twey Bogiem pośilony przemyſł / nas nie porátuie y nie weſprze ; poniewáż
ieſteś zá łáſką Bożą tanti, y powagą / y mądro-
śćią/ y doſtoieńſtwem/ y tym nawyżſzego Pátry-
árchowſtwá ná Wſchodźie Apoſtolſkim Thronem ; ná ktory my wſzyſcy oczy náſze obrocone
mamy/ y iáko ex cæleſti aliquo Diuino oraculo, ná
Chremátyzm w tey náſzey ſpráwie z niego ná porá
towánie czekámy: y to ná oko widźimy/ ktorzy wi
dźimy/ że w reku/ to ieſt W. twey/ Páść nam do
puśćić/ y dáć ná ſtáć. Páść/ gdy o nas rádźić nie
zácheeſz:

zácheeſz: ſtáć/ gdy o nas należne Páſterſkie pieczołowánie vczyniſz. Gdy mowie páść/ to rozumie/
że nas Ruśi od poſłuſzeńſtwá ſwego etiam inuitus
Wieleb: twoiá oſtrádaſz: á w oſobie Wielebnośći twoiey / y Succeſſory Wielebnośći twoiey
rozumiem / ieżeli ták długo to śie pociągnie / ná
co śie zánioſło. Jeſli Wielebność twoiá niewie-
rzy tym słowom moim / rácz pytáć ſwoich / ktorzy tu v nas bywáią: Rácz pytáć o tym y tych /
ktorzy tám z náſzych záieżdżáią / iáko tych wiele
przy poſłuſzeńſtwie Wieleb: twey / ktorym práwá / swiebody / y wolnośći / przezacnego tego
Kroleſtwá służą / ná lud poſpolity rzeczona będźie / Compelle intrare: á máło y nie ſłuſznie śię
ſtánie. Jeſli nas w tákim rádźie Wieleb: twoiá
nieſpráwnych odbieży / zámkną śie wrotá Koronne ludźiom támecznym do nas / á náſzym do
támtąd / zwłaſzczá Zakonnikom y Przełożonym
Duchownym; ktorzy vlekczáiąc ſwych bied y
nędze/ y tu/ y do Moſkwy z támtąd przez te Páńſtwá zieżdżáią. Vczynił to Car Moſkiewſki/ ktory ze wſzytkim ſwym narodem pod poſłuſzeńſtwem był Stolice tey / ná ktorey dźiś Wieleb:
twoiá siedźiſz : że tám do Grecyey poddánym
ſwoim wſzytkim / y Duchownym / y Swieckim /
przeiázdu zábronił / y z poſłuſzeńſtwá Pátryárchow Konſtántynopolſkich Cerkiew támeczna
Moſkie-

Moskiewską wyłączył; á to z nią vczynił / co mu się w iego Páństwie podobáło. Krolowi Polskiemu toż w swym Páństwie vczynić kto zábroni? zwłaßczá poglądáiąc ná wielką nieprzyiáźń temi czásy ku temu Przezacnemu Krolestwu tego Páná / ktorego Tyránią Grecya iest vćiśnioná. Rácz przeto Wieleb: twoiá vwáżyć co mowię: Bog / przed ktorym to mowię / duchu memu świádek / że z vprzeymey ku Wieleb: twey życzliwośći / y z serdeczney ku narodowi memu miłośći / mowię to / á mowiłem to y vstnie przytomny Wieleb: twoiey w Konstántynopolu: że gdźie o nas pieczołowićie przemyśláć Wieleb: twoiá nie będźieß / wrychle nas od posłußeństwá swego odstrádaß. A to z tey przyczyny / że co przednieysza náßá Ruskiey Religiey Szláchtá / to ábo prosto do Rzymian / ábo do Vnitow / á przy nas iuż rzadki: y to ták / że rodźice známi / á syny ich y corki / ábo z Vnitámi / ábo z Rzymiány. To iuż tu płocha nádźieiá ostoienia się: z potrzeby przyść musi do tákiego / iákom námienił / vpadku: do ktorego áby nie przyßło / Wieleb: twoiá iesli zechceß / skoro y szczęśliwie zábieżeć temu możeß / tym sámym poważnym y świątobliwym sposobem / dla iákiegoś tu máło przedtym od dwu przednieyßych Stolic Pátryárchow / Konstántynopolskiego / y Alexándryiskiego / Legatem był

zesłány/

zesłány / iák o tym sam Wieleb: twa w zwyż pomienionym liśćie swym / przy Księdzu Arcybiskupie Lwowskim zostáwionym / wiedźieć dáie / (że to y potrzećie z słußney potrzeby słowy Wieleb: twey wyráżę /) mowiąc: Co się mnie dotycze / ia vpomniony od Máiestatu Krolá J. M. iáko posłußny wychodzę z tego Krolestwá / y do swoich się wrácam / y w tym się oświadczam / iżem w tey stronie o nic się innego kusić niechćiał / iedno áby między tymi ktorzy iedności prágną / y w nię iuż wstąpili; y między temi ktorzy w niey nie są / á mniemáią iż to nabożnie czynią / á sámi się z sobą / ná przednie głowy swe pátrząc / nie zgádzáią / y ná Heretyckie błędy przyzwaláią / pokoy iáki y zgodá postánowić się mogłá. Wieleb: tedy twoiá iest nam teraz tá przednia głowá / ná ktorą my pátrzymy / y mniemamy / że to pobożnie czynimy / że w iedności nie iesteśmy: á ztąd y sámi z sobą nie zgadzamy się / y ná Heretyckie błędy pozwalamy. Chćiey tedy Wieleb: twa Oycze kusić się / y vczynić / ábyś między temi / ktorzy do iedności wstąpili / y owymi / ktorzy w niey nie są / pokoy y iedynomyślność spráwił / y postánowił / ábyśmy iuż dáley y z sobą się nie zgadzáli / y ná Heretyckie błędy nie pozwaláli. Swięty Páweł Apostoł náucza nas / że się słowo Boże nie wiąże /

N choć on

choć on ſam był zwiazány:może tedy Wielebnosć
twoiá nam wolnemu/ zá łáſką Bożą/ y pod Chrze
ściáńſkim Káthołickim Krolem mießkáiace-
mu narodowi/ te iednomyslnosć vczynić/ y ßcześliwie: á przez nię/ nie tylko od wißacego też nád
nim vpadku/ łátwiuchno go ratowáć/ ále poſtá-
nowiß go ná ſtárożytney świebodźie; otworzyß
ſtanowi Szláchecкiemu drzwi do vrzędow Ziem
ſkich/ y do Senatorſkich doſtoieńſtw: Mießczánom przyſtęp ſpráwiß do obchodzenia vrzędow
Mieyſkich Ratußnych: Pobuduieß nam ßkoły:
Cerkwie przyozdobiß: Monáſtery ſporządziß:
Presbitery od trybutu vwolniß: Polakom/ Li-
twie/ y Ruśi/ miłość bráterſką ziednaß: wßytkiemu nákoniec nędznie dla tey sámey przyczyny vtra
pionemu narodowi Ruſkiemu/ codźienne łzy od
oczu otrzeß. Pokoiu onego niebieſkiego ießcze ná
ziemi zażywáć go vczyniß/ y inße niezliczone dobrá iemu według Bogá nádárzyß. Sam ná wieczną twoię pámiątkę to tobie przypiſano być ſprá
wiß/ że pokoiu Cerkwie P. Chryſtuſowey/ ktora
mu ieſt w tym Przezacnym Kroleſtwie Polſkim/
reſtitutor, y iuż práwie vtráconey wolnośći w na
rodźie Ruſkim reſtaurator, ſłynąć będźieß. Ná źiemi y ná niebie rádość vczyniß/ y imię twoie w potomne wieki wielebne zoſtáwiß. Bożą ábowiem

ſpráwe

ſpráwę ſpráwiß/ gdy przepáść te przeklętey Schi-
zmy/ miłośćią y zgodą Bráciey záwáliß y wyro-
wnaß: y zrządziß/ áby Ruś/ Láchowie/ y Litwá/
imię Bogá tworce ſwego/ wßyſcy iák iednemi v-
ſtámi/ y iednym ſercem chwalili y wielbili. Maß
ábowiem Wieleb: twoiá/ iáko mąż mądry y ro-
ſtropny/ to rozſądnie vważyć/ że to ieſt rzecz iuż
iákoby niepodobna v ludźi/ áby narod náß Ruſki
iednośći Cerkiewney vyść miał. Ktora iż w rychłym czáśie przyiąć y niechcąc będźie muśiał; obie
ráć mu zá wczáſu należy/ tedy ią ma dobrowolnie
przyiąć/ poki ießcze ieſt ná świebodźie; lub tedy
kiedy tey wolnośći zbędźie: y cokolwiek z tego
dwoiego poniesie/ tobie Autorowi przypiße.
Mowię to/ á mowię wiernie/ co iuż y oczymá wi
dźimy/ y rękomá tykamy ſię. Niechże ſpráwi to
nam Bog wßechmogący przez ćiebie O. W. zá
dni náßych: á tobie do wykonánia tey ś. vſługi y
vmyſł niech poda/ y śiły doda/ Amen.

Zá czym śiebie/ y vniżone powolnośći moie/
z pokornym nog Wieleb: twey pocáłowániem/
Oycowſkiey łáſce/ y Páſterſkiemu błogoſłáwień-
ſtwu polecam. Dan z Dermánia. Anno 1627.
Auguſti 21.

N 2 Tom pi-

Tom pisał do Oycá Pátryárchy: ná ktore moie pisánie, gdy sie pomieniony Pan Andrzey Krasowski o odpis po kilkakroć vpominał, odpowiedz odniosł, że z rozmysłem ná to odpisáć potrzebá. y iuż sie to drugi rok rozmyśla: skąd perozumiewam, że ábo ná owo wyydzie, parturiunt montes: *ábo też odpis ten będzie* ad Kalendas, *iáko mowia*, Græcas.

Ná Cześć Bogu w Troycy iedynemu: á ku duszę zbáwiennemu pożytkowi, Narodu Ruskiego.

ΜΑΙΣΤΟRΟS

Νικολάυ Ζοραβίυ τῆς φιλοσοφίας διδασκάλυ εἰς τὸν τῷ ἐν θεῷ αἰδεσίμυ Μελετίυ Σμοτρισκιυ, εἰρημένυ Ἀρχιεπισκόπυ Πολοζκίυ, Ἐπισκόπυ Βιτευσκίυ, καὶ Μσκισλαβίυ, Ἀρχιμανδρίτυ Βιλνωυίαθι. Παραίνεσιν ἔπος ἐγκωμιαστικόν.

Οἱ μὲν δράξαντες πολέμυς, ἐπὶ πατρίδος αἴας,
Χαίρυσιν διὰ τῦ αἷμα φόνοιο χέειν.
Ἄλλος μαρμαρέῳ βελαρὰν χθόνα σχίζει ἀρότρῳ,
Καρπὺς εὐτροφέυς, ὅσις ἰδεῖν γλίχεται.
Ἄλλος προσβάλλει κενέῳ τῷ πνεύματι λαῖφος.
Ὕδατος ἐνδέχεται, καὶ κακὰ πολλὰ τάλας.
Ἐσὶν ὁμιγέρεές τινες ὑψηλοῖς ἐν ὄρεσσι,
Λίσροις ἀργαλέοις, χρυσὸν ὀρυττόμενοι.
Εἰσὶν τοῖς ἡ μέλει κίθαρις μαλακὴ, καὶ ἀοιδή.
Τοῖς τέρπει κῆρ, καὶ δαῖτας ὀλέσαι ἀεί.
Ἀλλ᾽ οὐκ Σμοτρικίυ λίαν ταυτ᾽ ἥνδανε θυμῷ,
Μηδὲ λιλαιόμενος γηϊνὰ δὴ πέλεται.
Ἔργον κεινος ἔχει τὸ ἄξιον ἐστὶ ἀμοιβῆς,
Αἰδίυ, κ᾽αὐτὸν πάντοτε δόξα μένει.
Ἔργον ὅπερ μὴ μῦνον ἐπευφήμησαν ἅπαντες,
Ἄνθρωπ᾽ ὠκύμορ, ἀλλ᾽ ἀθανάτοισι δοκεῖ.
Ο μὲν γὰρ ὁρόων ἔχθιστον δαίμονα ψυχάς,
Ἑλλήνων πολλὰς ἑλκέμεναι ἀΐδη.
Οὓς ἔρυσεν περὶ τὴν πίσιν τὰ σφάλματα πολλὰ,
Σχίσματε πρὸς Πάππαν, καὶ ἔρις ἀσκελεῶς.
Καὶ ἀμαθία παχὺς, δυσρήκτον δὴ μάλα φλαῦρον,
Καὶ βάσισ ἐν κόσμῳ, ἔπλεθαι ὅτι κακῦ.
Πρῶτον ἐρυσάμενος κινδύνυ ἑλκεθ᾽ ἑαυτον,
Ζεύγνυται καὶ Ῥώμῃ, δογμ᾽ ἐχεπευκὲς ἀφεὶς.

Ἦτα

Ἥδε παραίνεσιν ποδὶ Ῥώσσης ἔγραψε ταύτην
ἢ θέλγητρον δρᾶ ὄφρα σέβεσθαι θεόν.
Αὐτὸς ἐὼν κεφαλὴ πρότερον τοῦ σχίσματος οὔλου
Εἰρήνης καὶ νῦν, αὐτός ἐστι κεφαλή
Ὧδε πάτερ βέλτιστε περιέχεο παντὸς αὐτοῦ
Ἐκ τοῦ ἐλπίζων, οὐ μικρὸν ἆθλον ἔχειν.

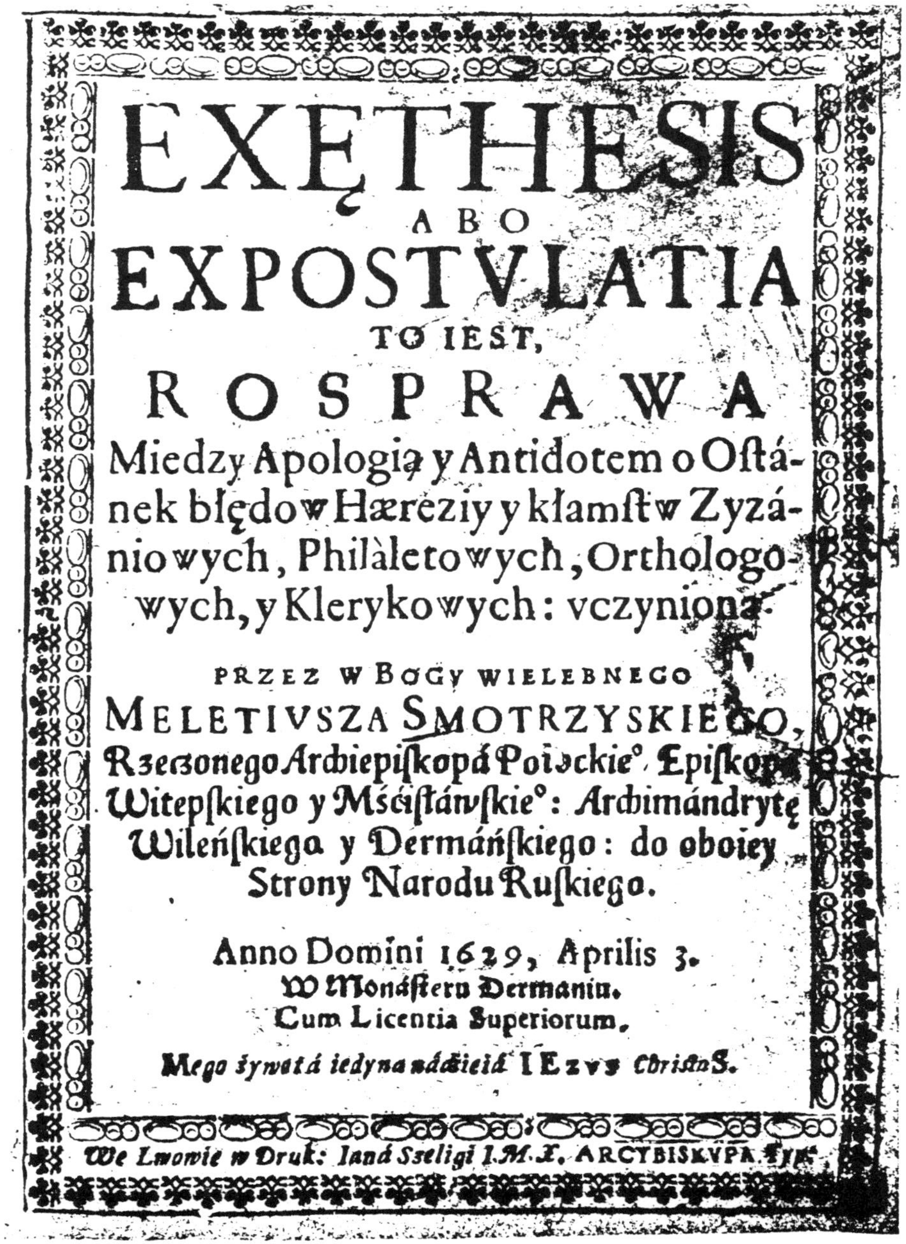

EXĘTHESIS
ABO
EXPOSTVLATIA
TO IEST,
ROSPRAWA

Miedzy Apologią y Antidotem o Ostánek błędow w Hæreziy y kłamstw Zyzániowych, Philáletowych, Orthologowych, y Klerykowych: vczyniona

PRZEZ W BOGY WIELEBNEGO
MELETIVSZA SMOTRZYSKIEGO,
Rzeczonego Archiepiskopá Połockie°. Episkopá Witepskiego y Mścistáwskie°: Archimándrytę Wileńskiega y Dermáńskiego: do oboiey Strony Narodu Ruskiego.

Anno Domini 1629, Aprilis 3.
W Monásteru Dermaniu.
Cum Licentia Superiorum.

Mego żywotá iedyna nádzieiá IEZVS ChristuS.

We Lwowie w Druk: Janá Szeligi I.M.X. ARCYBISKVPA Typ.

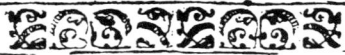

Iáſnie Oświeconemu Xiążęćiu
IEGO MOSCI X.

ALEXANDROWI
Z OSTROGA
ZASŁAWSKIEMV,
Woiewodzie Kiiowskiemu, &c,
Pánu y Dobrodzieiowi ſwe-
mu Miłośćiwemu.

MELETIVS SMOTRZYSKI
Rzeczony Archiepiskop Połocki,
Epiſkop Witepſki y Mśćiſłáwſki, Archi-
mándrytá Wileńſki y Dermáńſki.

Láſki Bogá wßechmogącego / przy vniżonym
ſwym pokłonie życzy y winßuie.

W Spráwie Iedności S. ná ktorey daßludz-kich zbáwienie záwiſło, áby mi Dźień iáki tranſiret ſine linea, niechćiałbym: cześćia dla tego, żeby mi ſámemu ná ſobie nie zbyło, ktoremu impēdet Obroná práwey Wiáry to Cerkwi Bożey nágrodźić, Co ſie przez mie błędow Hæretyckich ßczycieniem iey záwiniło: Tanto e-

)(2   nim manim maiora quęrenda sunt mihi lucra per penitentiam, quanto grauiora intuli damna per culpam, częścią áby nie zbyło y Bráći mey ná mnie, ktorym ēm tȳ oboim ták wiele winien y powinen, iáko sobie sámemu: máiąc zá to, że są częstym nászym do P. Bogá wzdychániem, á zá nieustawáiącym záwiedzioney Bráći nászey vpominániem, da to nam vnica hora, quod denegauerat totus annus. Rzecz ábowiem iest doświádczena, że etiã minima guttula sæpè cadendo, excauat iapidem. Iesli nie wszytkich oraz, ieno po iednemu po dwá: y ták wiele da Bog będzie dobrego. Po kámieniu znosząc po bierwnu y muruiemy y buduiemy wielkie Máchiny, y w zupełność przywodźimy. To też wiemy, iż wielka rádość bywa w niebie nád iednym grzesznikiem pokutuiącym. y ten ktory iednego grzesznika od błędney drogi ie° náwraca, zákrywa wielkość grzechow, iego y swoich.

Lucæ. 15.
Iac. 5.

Wiedźieć raczysz Jásnie Oświecone Xiążę, Pánie y Dobrodźieiu moy Mćiwy z iákiey przyczyny wydałem w przeszłym Roku pod przezacnym W. X. M. Imięniem do Narodu mego Ruskiego Apologie: á potym wrychle Parænesin. Ktorych cel y koniec nie inszy, tylo ábym ćiężkie pokaránie Boże, ná Cerkwi Wschodney wszytkiey, á w teyy ná Ruskiey nam przećiwney spráwiedliwym sądem Bożym, pádłe vkazał: á zátym opuszczenie iey od Páná Bogá, y łáski swey od niey odięćie. Ktora pierwey przez kilká set lat przeklęta Schismá zewszytkich iey zewnętrznych dobr y ozdob wyzuwáłá poty, áż ią nákoniec y z Cesárstwá wyzutą, w niewolę temu bluźnierzowi podáłá, ktory Páná y Zbáwićielá nászego IEzusá Christusá, z wieczney iego sławy y chwały Boskiey zdźierá. Co sie iey nie z inszey ktorey przyczyny stało: tylo iż oná temu, ktory IEzusá Chrystusá Páná y Zbáwićielá nászego prawdźiwym Bogiem y prawdźiwym człowiekiem być zna, wierzy y wyznawa, sławi y chwali: y ktory od niego sámego iest podány y postánowiony Cerkwi iego Swiętey Pásterzem, posłuszna być niechćiáłá. A temi czásy zá wieku nászego, iuż y z dobrá wnętrznego: z Wiáry mowię, Práwosławney Kátholickiey, wyzuwáć ią poczęłá ták znácznie, że iesli nie miłośierdźie Boże, y przemysł Boskich mężow temu złemu zá-

bieży,

birży, actum eit: wrychle będźie po niey. áni sie obaczy ábowiem iák pádnie ná nią nie rowno ćięższa, niż iest teráźnieysza niewola. Byłem przed pięćią lat w Kostántinopolu, widźiałem teráźnieyszego Pátriárchę Cyrillá: mieszkałem przy nim Niedźiel kilkánaśćie: przychodźiłem z nim do rozmowy po częstokroć: Czytałem nápisány przezeń Káthechism: wyrozumiałē zupełnie ták z tego iego Scriptu, iák y z częstych rozmow, że iest Hæretyk. widźiałem tám prostym ięzykiem Græckim wydáne Káthechismy, Hæresiy Luterskich y Kálwińskich pełne: Słyszałem wielkie° Wielkiey Cerkwie Kostántinopolskiey Dydáskałá publicè z Ambony Hæresiy vczącego. Przychodźili do rozmow ze mną niektorzy Hieronomáchowie pobożni, ktorzy ná to płákáli, ále poradźić nic nie mogli. Co wszytko tym, ktorym w Schismie wiedźieć o tȳ należáło, Sobornie Kōmunikowáć chćiałē: ále przez ich ku spráwam zbáwiennȳ oćiętne oburstwo, przyść słusznie do te° nie mogłem, iż po zwroceniu sie moim ze Wschodnych Kráiow, przez cáłe dwá roki ná iedno mieysce skupić sie niechćieli. Ná trzeći rok gdy iuż tego dłużey zá instántią sumnienia mego, vmilczeć nie mogłem, iák rzecz wielce wierze Práwosławney szkodliwą, y duszom ludzkim záráźliwą, w Częśći przez Script moy Apologia otitułowány, á w częśći przez list odemnie do niego pisány, publikowałem. Co bácznych zá łáską Bożą do poczuwánia sie poruszyło: á vpornych ieszcze w większą nieczułość rzućiło. Ktorzy ták są ślepi y głuszy ná oboie te swoie zmysły, że tego ni widźieć nie chcą, ni słyszeć, choć iuż są tersczy y omácne, y ná wszytek świát głośne. y ták bezstudni, że tey prawdźie szczyrymi kłamstwy, potwarzą, y Hæretyckimi obłudámi w przećiw iść nie wstydzą sie. Ktorzy y tymi dniámi wydáli ná przećiwo Apologiey moiey Script, iádu Schismátyckiego y Hæretyckiey trućizny pełny, á swym go Násládowcom cukruiąc, Antidotem go otitułowáli, wiedząc, iż ináczey Szátan ludźi ná złe nie łowi, tylo sub specie boni: pod mászkárą rzeczy iákoby pożyteczney. Bogámi być pierwszey parze ludźi przyobiecał, gdy Im w Antidoćie iábłká, Smierći wieczney trućiznę ten zwiekow kłamcá y Mężoboycá w Ráiu przepisał.

Gen. 2.

Co iż

)*( )*( )*(

Co iż mię obchodźiło, zwłaſzcza ile do Oſtánkow tych błędow y Hæreziy,
y kłamſtw, ktorem ia przez tę moię Apologię w Zyzánim, Philálecie,
Orthologu, Kleryku, y w tym podobnych Scribentách Schiſmátyckich,
ztłumił: (zoſtáwiwſzy ſpráwy tey Diacriſim przyſzłemu da Bog Oboiey
Strony Synodowi) zá pozwoleniem Stárſzych wydawam tę moię Exæteſin, w ſámy ten koniec: ábymſię o ten oſtánek błędow tych Hæręty-
ckich, ktore ſobie ieſzcze tá Schiſmátycka ſtroná, z pomienionych ſwych
Scribentow, ná zgubę duſz ſwych zoſtáwiłá, roſtránił. Zácżymby y ná
przyſzłym da Bog Synodźie mniey o nie trudnośći było. Y ácz nſzeláko
nie było godne to Antidotum odpowiedźi, iako to ktore całkiem z ołłu-
dy: z Sárcáſmow, z Scommat, z kłamſtw, z potwarzy y bluźnierſtw ieſt
ſpráwione, ták iáwnych, że ie káżdy vważny, y zdrowy Duchowny wzrok
máiacy człowiek, łácno obaczyć może. Ale áby ten ożuwcá, Calumniator, y bluźnierz nie zdał ſię ſobie, że to co mowi, prawdę mowi: y żeby
kto z nieoſtrogi ná tey Truciźnie niepadł, nápiſáć to ná przeſtrogę, y
w Odpor temu duſzegubnemu Phármákopæowi, zá Bożą pomocą, ſądźiłem: A dla więtſzey v ludźi Katholickich powagi pod przezacnym W.
X. M. Imięniem, w ten ſámy zbáwienny cel y koniec, ná świát puſzczam:
w ktory puśćiłem y Dwá wyż pomienione Scriptá moie: ábym w Schiſmie gináiacey Bráći mey vkazał, że w ták złey toni ſą, z ktorey ieśli ſię
dźiś nie rátuią, iutro iuż będźie niewczás. Ieden człowiek był Ariuſz,
á niemal wſzytek świát ſwoią Hærezią był záráźił. Ieden człowiek
był Eutyches, á y podźiś niezliczone narody, Abyſsini ábo Aethyopes,
Aſsirij, Babilonij, Chaldæi, Pentapolitani, Meſopotámiani, Maronitæ,
Cárámitani, Armeni y inſzy iego Hærezią záráżeni giną. Ieden człowiek
był Luter, á iák mnogie Kroleſtwá Europſkie zá ſwoią Bogu y prawdźie
iego Swiętey przećiwną náuką do zguby pociągnął. Ieden człowiek
ieſt Cyrillus, ktory ná tym wſzytek ieſt, áby Lutrá y Kálwiná po dźiś
dźień ledwie ſłycháne w niey Hæretyki, do Wſchodney Cerkwie Schiſmátyckiey wprowádźił. Co rozumieymy; ieſli ſię w niezbożnym tym dźiele, zá dopuſzczeniem Bożym, co myśli powiodło tym pomienionym Hære-
ziárchom, ktorzy nie byli tylo Presbyterowie: ony Biſkupſkie doſtoień-

ſtwo

)*( )*( )*(

ſtwo máiąc, y Pátriárchiey ná Wſchodźie pierwſzey Stolicę ośiadáiąc,
nád tymi zwłaſzcza narodámi, ktore o tę przeklętą Schiſmę od wielu ſet
lat, zá vczynionym ná nie od Nawyżſzego Cerkwie Bożey Páſterzá prze-
klęctwem, rozgniewánego ná śiebie Páná Bogá znáią, Czego przewieść
y dokázáć nie zmoże? Co iż nas wſzytkich Práwoſławnych y Kátholikow obchodźi, aby tá niezbedna Schiſmá y tu w te náſze Schiſmátyki, przez
tego człowieká ſzkodliwiey niż przez Zyzánie, teyże Hæretyckiey zárázy
nie wniosłá, głośić to nam należy, do wiádomośći donośić, y ná rátunek
P. Bogá y ludźi Bożkich wzywáć. Iákoż iuż zá łáską Bożą wiele zacnych
Ludźi ſtanu Szláchecкiego y Mieyſkiego oboiey ſtrony, to złe poſtrzegſzy,
zgodnie ná przeſzłym Seymie Pomázáńcá Bożego Krolá Iego Mći Páná náſzego Mćiwego, o złożenie Synodu Oboiey ſtronie ſpolnego prośili:
Ná ktorymby ſię nieſnaſki miedzy nie záſzłe vtárły, pokoy, zgodá y miłość między Bráćią námowiły, y Iedność S. z Kośćiołem Rzymſkim záwárłá: y o tym przemyſł vczyniony áby był, iákoby tám ten człowiek
z tey przedśięwźiętey tropy był ſtrácony, pokiby te iego niezbożne zamyſły do ſkutku nie przyſzły tákie, iákiemu by ſię iuż potym y zábiec
nie łácno mogło: Sæpè enim parua ſcintilla contempta, magnum
excitauit incendium. Ná co Krol Iego Mość Pan náſz Mśćiwy zezwolić: Synody káżdey ſtronie oſobne, á potym oboiey ſtronie ſpolny we
Lwowie nákázáł raczył. Quod Fælix Fauſtum Fortunatumq; ſit:
Ku czći y chwale Imięnia Bogá wſzechmogącego: ku rozſzerzeniu Kośćiołá iego Swiętego: Ku nieśmiertelney ſławie Krolá Iego Mći Páná náſzego Mśćiwe: Ku wnętrznemu pokoiowi tego przezacnego Kroleſtwá:
á ku zbáwiennemu pożytkowi Schiſmą záwiedźionych duſz. Ná ktorym
áby W. X. Mość Moderatorem dány, y z Oboiey nas ſtrony Media-
torem Vproſzony był, Cáłą duſzą moią życzę, y Páná Bogá mego o to
proſzę, áby on ſerce Pomázáńcá ſwego Páná náſzego Mśćiwego ku temu
vproſtowáć raczył. Krew ieſteś Przezacna, Przezacnych Xiążąt Ruſkich, Miłuieſz Narod ſwoy Ruſki: iego ſławę, ſwoią ſławą być mieniſz:
z iego Vpadku iák z ſwego własnego ſmućiſz ſię. Łáſki y miłośći Bożey,
zbáwienia, y błogoſłáwieńſtwá iego S. życzyſz iemu iák ſobie ſámemu.

W czyſtey,

Wſzyſtkiey Wierze Swiętych Przodkow ſwoich w Iednośći S. bytych
lubuieß: w Porządkách S. Wſchodney Cerkwie, w Hymnologiách
w Doxologiách, y we wßytkich iey cáći Bożey pełnych Ceremoniách,
iák w dußy ſwey kochaß ſie: Przy obchodźiech ich nabożnie często by-
waß: ſpominaß ie św ątoblimie: Mowiß o nich poważnie. Boie
ſie, by ſie nie náydowáli dźiś ták okrzepli Kátholicy, ktorym Abo
zágrábione Máiętnośći Cerkiewne: ábo Popowſkie Czynße, Poboo-
ry y Podwody lepiey ſmákuią, niż Iedność S. Záczym y ſłowy y
postępkámi Opprimuią rácey Iedność S. niż promowuią: gánią ią
poddánym ſwym rádniey, niż chwalą: niechcąc wiedźieć, że nie ſporo z Pánem Bogiem, y prawdą iego S. żártowáć: Ze Væ Homini
illi, per quem Scandalum venit: Ze duſzá iego zá duße pogorßo-
nego poddánego iego nácżona bedźie. W. X. M. Iedność S. o
ktorey gdy zmiánkę czyniß, przegorącą ku niey miłość tzy z pobożnego ſercá twego wyciąkaß, nád wßytkie ſwe dobrá, y nád ſáme
zdrowie ſwoie przekłádaß, ceniß, ważyß y dźiełem y ſłowem chwa-
liß, y promowuieſz. Záczym Xiążęca y Senatorſka powaga ſwoia,
bedąli łáſki tey Bożey uczeſtnicy, y vſługi W. X. M. godni, wiele
v Ludźi tych przemożeß.

Niechże to zdárzy W. X. M. Bog wſzechmogący, áby nie
záwárł oczu twych, áżbyś oglądał tę pożądáną Narodu ſwego vćiechę, o ktorą y My w vtrapionych ſercách náßych boleśćią z vpadku
Bráći ſwey zięći ſtękamy, żeby przed Oczymá W. X. M. mediante
ſolerti, przy łáſce Bożey W. X. M. Prudentia, Wßelkiey ku
nam nieprzyiáźni ſwey Brátia náßy poniechawßy, Miłość ſwoie
nam przywrócili: á tą przykłádem nas, Iedność S. z Swiętym Kośćiołem Rzymſkim koronowáli: ku wiecznej nagrodźie w niebie, á
ku nieśmiertelney ſławie ná źiemi W. X. M. Ktorego ſie Mćiwey
łáſce z vniżonymi ſłużbámi moiemi, przy codźiennych Modlitwách
moich Kápłáńſkich pilnie oddáię. z Monáſterá Dermaniá. Anno 1269. Aprilis 3.

PRZEDMOWA
do Práwoſławnego Czy-
telniká Narodu Ruskiego.

Zbáwienne/ Duchem S. przez Ezáiaßá Proroká wy-
rzeczone/ y świátu w piśmie Bożym ogłoßone zdá-
nie/ Czytelniku Narodu Ruſkiego Práwoſławny/ ieśli kiedy y w kim / ták tymi czasy w ſtronie przećiwney ſkutek ſwoy bráćby miáło / y ſáma experientia ná nim/ ták
ſie ná wielu inßych narodách ſtáło / bydz miáłoby werificowá-
ne / owe / Vexatio dat intellectum. Już ábowiem od lat bliżu
czterdźieſtu w tey codźienney ieſt vexáciey / Ktora ſam ku ſobie
czyni/ w rozeznawániu prawdy od nieprawdy/ zbáwienney drogi od drogi zátrácenia/ wiáry prawdźiwey od błedow Hæretyckich á iednák nie tylo ná Intellectum rzeczy zbáwiennych przez
to ták długo y prácowita vexátia nie zebrał ſie / ále nie rowno
w głębße y grubße ćiemnoty rozumu ſiebie wráził: Ze áni wie
co mowi/ áni zna czego ßuka: Ani rozumie przyczym ſtoi/ y czego broni. Co z tąd ſie mu przytráfia/ iż gra w ſpráwách zbáwiennych: w rzeczách Boſkich żártuie: ſerio nie nie obchodźi:
ále wßytko odpráwuie w porywczą. Wßytko robi przez ſmro-
dy / przez dźieiſká / przez nieuki ábo niedouki: czáſem y przez
Hæretyki. W porywczą ſpráwę tę zbáwienną odpráwił przez
Philáletá: w porywczą przez Antigráphę: w porywczą odpráwuie y przez tego Antidotyſtę. Zkąd to / co by mu miáło bydź
immutabile & perpetuum, Tárgá / ßárpá / rwie / y czyni mutabile
& ephemeron. Ten dźiś tego vczy/ drugi iutro czego inßego: Trzeći wczora od obu tych rożnego. Tego co piße/ y ná co odpi-
ſuie / non voluunt, non reuoluunt: Ale transitorie y mowię y od-
powiádáią. Záczym mowię / co im Spiritus vertiginis ná myśl
podáie: A odpowiádáią/ co iádowita ślinká do nie wypárzo-
nych vſt nie powśćiągliwy ich ięzyk przynośi. Ludźie poczćiwe

Eſai. 28.

(*))*((*)

y pobożnę lża / ſromocą: niewinność ich potwarzáią: Dogmata práwoſłáwne ná Hæretyckie błędy odmieniáią: rzeczy ſwe
rzkomo zbáwienne / kłamſtwy wſpieráią: ták / że gdy to czworo
z piſm ich Cenſoria veritatis ſpongia wymázáno bywa: nád ſłowá prożne / y nád goły pápier inßego nic w nim nie zoſtáie.
Co káżdy cáłego rozumu człowiek łácno obaczyć może / ſkoro
ſcriptá nie Vnitſkie z Vnitſkiemi zniesie / Apocryſin z Antirreſim:
Lament z Párigorią / ábo z przeſtrogą: Kleryká z obroną Synodu Florenskiego: Elench z Antelenchem: y to teráźnieyße
Antidotum z Apologią. Niemáiąc ábowiem ći Ludźie / piſm
ſwych cenſorow / co ſie komu z nich podoba / piße y do druku
podáie: Ktoremu oni co á ź nádèr mędrego / by też był y Fæti-
dus Hircus, przypiſawßy / ſwego rozumu zápominaią / y oſlep
zá nim idą: nie wiedząc áni pytáiąc / co to zá duch do nich y od
nich mowi: ßátan / ábo Anioł: człowiek / czyli też beſtya táka
bleKoce: Miawßy ná owo Apoſtolſkie pomnieć / Nolite omni — 1. Ioan. 4.
ſpiritui credere, ſed probate ſpiritus, ſi ex Deo ſint. Táto Apoſtolſká Spirituum probatio, ieſt owá Prorocka Vexatio, ktora dáie Intellectum: á Intellectum, auditui. nie proſto zgołá dáie Intellectum
vexatio, ále auditui. Słucháć potrzebá temu / ktory chce z vexáciey rozumu nábyć / duchu tego / ktory do niego lub od niego
mowi doświádczyć / y prawdę od nieprawdy rozeznáć. á ſłucháć
według náuki Chriſtuſá Páná mowiącego / Qui habet aures audi- — Matt. 11.
endi, audiat. Nie ták ſłucháć / áby ſie nie czuł mieć aures audien-
di: ále Audire & Intelligere: ſłucháć / ſłyßeć / y rozumieć. Lecz
oni / y ſłyßąc nie ſłyßą. y rozumieiąc nie rozumieią. Okámie-
niáło do poznánia prawdy ſerce ich. Co ſie y z tego nowo wydánego ich Antidotu otytułowánego ſcriptu łáwnie widźieć dáie.
W ktorym po zwykłemu pełno błędow y Hæreziy / ſtárych y nowych: pełno bluźnierſtw / pełno cálumniy / pełno kłamſtw / pełno ſárkáſmow / ſcommat / łáiánia / ſromocenia / y tym podobnych niewſtydliwośći. Co wßytko nie náco inße ieſt chytrze
przypráwiono / y Venenatè przygotowano / tylo ná záráze / y
ná zátrácenie duß ludzkich. Zácżym áby tá tego przemierzłego
Doktorá ławna / pod Imieniem Antidotu wydána / y ná świát
pußczona / dußom ludzkim wielce záßkodna trućizná byłá poznána y oblegána / Exæteſin te dla rozeznawánia w nim Panacis

á conio,

(*))*((*)

á conio, Panchreſti ab Aconit... Lekárſtwá mowię od trućizny:
y dla przeſtrogi y ochrony zdrowia duße wiernych ludźi / zátym
Antidotem ná świát pußczam. Przez ktore wßytkie tego trućizny / y iádowite przypráwy łáwnie vkázuie: y pod owymi li-
miony / fałß / potwarz / kłamſtwo / obłudá / bluźnierſtwo / błąd
Hæretycki / fortel ſchiſmatycki / y tym podobnym wyrázam / ták /
że káżdy ie łácno obaczyć / poznáć y wyrozumieć / vſtrzedz / y v-
wárowáć ſie ich może: y tego Doktorá pro venefico & voluntario
homicida mieć będźie: ták tego / ktory ſie teraz in praxi obiáwiá-
iąc pierwßą rázą / ob rei medicæ imperitiā, loco præſentiſsimi medica-
menti nie rozſądnie præſentiſsimū Venenū, ná záráze y ná ſtrucenie
duß niewinnych wydał / y ná świát puśćił. Przychodźiło też mi
y względem rzuconych ná mię ſcommat y Calumniy / áczkolwiek
przychodźiło mi / áby máło / tè nie wſtydliwego iezyká potwa-
rzey / według iego głupſtwá ná tym mieyſcu odpowiedźieć: ále
vſłucham ná ten czás Mędrcá mowiącego / Noli reſpondere ſtulto — Prov. 26.
iuxta ſtultitiā ſuā, ne efficiaris illi ſimilis. Wßákże będźieli ták głupim ten tego drużyná / ktorym po ſobie groźi: ábo y ſam ná ßyr-
ßym tym plácu / ktory v ścieła zázywßy tegoż Mędrcá rády oney / — Ibidem.
Reſponde ſtulto iuxta ſtultitiā ſuā, ne ſibi ſapiens eſſe videatur. Odpowiem obiemá iáko głupcom. W cierpliwośći iednák y wſtro-
mnośći. Wiedząc z ſamego doświádczenia / że tey ſtrony ludźie /
ináczey ſwych zbáwiennych rzeczy ſtánowić zdobić / y bronić nie
mogą / tylo łáianiem / potwarzą y kłamſtwy. Swiádkiem tego ſą wyß pomienione ich ſcriptá / y to Antidotum. w ktorego
Przedmowie potwarza mię / iákobym ia w niektorych mieyſcách
powagę piſmá S. y Doktorow Cerkiewnych zniewáżył / ábym
ſie przez to Kośćiołowi Rzymſkiemu pochlebić mogł. (iákoby
też Kośćioł Rzymſki piſmo Boże / y piſmá Doktorow Cerkiewnych zniewáżáiąc / prawdę wiáry ſwey ſtánowił.) Czego iednák ná mię we wßytkim tym ſcripćie ſwym prawdźiwie nie pokazał. Ia mu to dá Bog w tey moiey Expoſtulácyey dowodnie okáżę / że on we wßytkim tym Antidoćie nic inßego nie czyni / tylko kłámá / potwarza / bluźni / ſtáre błędy Hæretyckie v-
twierdzá / á nowe wnośi. w czego pokázowániu tym mniey ßy-
rokim będę / iż inße iego obiectiæ, Parænesis moiá doſtáteczníe
vprzątnęłá. Miey ſie dobrze Czytelniku Práwowierny.

* * * * *

1

DO RVSI GRÆC-KIEGO NABO-ZENSTWA

Ná Rozdział Antidotu Schismátyckiego, I. w ktorym Tráktuie Antidotistá o Fortelách Odstępnikow Cerkwie CHRISTVSOWEY.

EXPOSTVLATIA I.

W ktorey śie Tráktuie o Fortelách Antidotisty Schismátyká.

Pospolita to v Ludźi w Cnotę vbogich/ że gdy z swych postępkow ozdoby nie máią/ áby śie przyozdobili/ cudza porywáią: ále ták im oná przystoi/ ták świni/ według Salomoná/ złote kolce w pyśku złoczyńcá by y ná wyrutnieyszy/ poki swe złośći v ludźi niewiádomych pokrywa/ zda śie bydź dobrym: á gdy sobie cnoty przypisze/ vchodźi zá świętego. Heretyk gdy śie v nieznáiomych názowie Kátholikiem/ bywa zá tákiego rozumiány: á gdy y mowi po Kátholicku/ bywa y miány zá Kátholiká. *Fortele Haeretyckie, y Schismátickie.* Prou. 11.

A iij Rownie-

Rowníe y Schiſmátyk / gdy iedność święta chwali / ſchi-
ſmy podeyrzenia vchodźi: á gdy w niey bydź oświadcza ſie / zá Práwowiernego bywa poczytány. Co po ſpo-
licie od tey tákiey cechy ludźi dźiać ſie in Hypocryſi zwykło: bo ináczey y w ſwoich y w siebie è diametro opposi-
tis, ná cene ſpoſobić ſie nie mogą. Lecż gdy káżdy z nich
z osobná z tey zmyśloney / á ſobie nienależney ßáty roze-
bráńy bywa / iáwia ſie ná nim piętno / po ktorym łácno
poznány bywa / cżym ktory ieſt. Dobry / z iego złych
przymiotow poznawa złośniká: Kátholik w rozerwáney iedności Cerkiewney poznawa Schiſmátyká: á zro-
zrożnioney iedney práwey wiáry / poznawa Heretyká.
Sámi też ći owey iedności wiáry / oney iedności Cerkwie
nie mieć pokazáni bywßy / rádzi nie rádzi znáć ſie muſzą-
ią tak im to przyſtáło / co ſobie przywłaßczáli / y czym ſie
zdobić zmyślali. Ná tákie to ßátáńſkie przewrotniki
Błogoſłł Apoſtoł Páwel nárzekáiąc / mowi: iż ći tákowi
2. Cor. 11. fałßywi Apoſtołowie ſą robotnicy zdrádliwi / ktorzy ſie
przemieniáia w Apoſtoły Chriſtuſowe: y vdáią ſie iákoby byli ſługámi ſpráwiedliwośći:

Fortel y o-błudá Antidotiſty Schiſmátiká, ktory ſie vdáie zá Kátholiká: á ſwoię ſchiſmę zá Cerkiew P. Chriſtuſową.

Tákim ieſt we wßytkim tym ſwym ſcripćie ten Antidotiſtá / ktory máiąc siebie zá Kátoliká á ſwoię Schiſmę / zá Cerkiew powßechną / to ſobie przywłaßcza / y
tym ſie zdobi / Co ieſt włáśnie Cerkwi P. Chriſtuſowey /
y ſámym Kátholikom: co mowi piſmo S. o Cerkwi P.
Chriſtuſowey / y o práwey wiáry wyznawcach: to ten ſobie y ſchiſmátykiem będąc y heretykiem przywłaßcza.
Poki ábowiem ći ludźie ſą w tych błędach y herezyach
wßytkich / lub też Jedney z tych / ktore ná nie Apologia
moiá przewodźi y dowodźi / ſłużyć im to iáko ſchiſmáty-
kom y heretykom / co ſłuży ſámym Katholikom / nie może. A że ießcże ná nich nie tylko ſchiſmátyckie / ále y he-

retyckiej

retyckie piętno zoſtáie / opiſáne od tego Antidotiſty Rozdźiały iáwnie wiedźieć dáią. Záczym / w czymkolwiek
on we wßytkim tym ſwoim ſcripćie nam Kátholikom /
iákoby Heretykom przymawia / ſobie y ſwey cechy Oycom y Bráći przymawia / siebie y ich názywa Hereſiár-
chámi / Prorokámi fałßywymi / odſtępcámi / wilkámi
drapieżnymi / y tym podobnymi / według ſpraw ich tytułámi ſławi ie. Czynił to Aryuß z ſwymi ſektarzmi:
czynił Eunomiuß / czynił Neſtorius / y Eutiches / y Dyo-
ſkorus: czynia y teraz pozoſtali do tych czas potomkowie
ich / Aryani / Neſtoritę / Dioſcoritę / y inßy: ktorych
pełne wſchodne kráie. Czynia y tu w Europie / Anába-
ptiſtę / Huſſytę / Luterani / Kaluiniſtę / y inßy: ktorych
pełne Zachodne ſtrony. Ktorzy tą ſie Kátholictwá ßátą przyodźiawßy / poſadzáią ſie w Cerkwi P. Chriſtuſowey; y mowią y piſzą o ſobie: iákoby byli właśni Kátholicy / y iákoby byli domownicy P. Chriſtuſowi: tych
własnośći / ktore ſámey Cerkwi P. Chriſtuſowey y iego
wybránym należą / záżywáiąc. A oni ſą ſámy ony piekielnik / ktory z wiekow wprawdźie nie zoſtáł: y ſą piekielney ſynágogi mießkánce / á nie Cerkiewnicy Boże. Są Ibid.
ći ktorzy ſie przemieniáią y vkázuią / iákoby byli ſługámi
ſpráwiedliwośći / á oni ſą ſługámi ßátáńſkimi: ſprawcámi wßelákich niezbożnośći ná przećiwo Cerkwi Páńſkiey
Chriſtuſowey. V ktorych miłość / po ſobie podobne: á
nienawiść / wßędźie y ku wßytkim Bożym. Ktorzy zá- 2. Timot. 3.
wżdy ſie vczą / á nigdy ku vznániu prawdy nie przychodzą:

Fortel drugi Antidotiſty: ktory y biie y płácze.

Nie nátoć wyſtąpił y ten Antidotiſtá ná plác / áby
ſie czego náuczył / áby prawdę vznał / áby wiáry y miłośći ßukał / ále żeby tym / czym nie ieſt pochlubił ſie: y tym
co nie ieſt iego / áby zwiodł ſyny zátrácenia: máiąc otu-
che / że y w ſynách Bożych te iego fałßywe powieśći y

Here-

Hęretycka nauka według myśli iego ſkutek odnieść miáły. Ano ktoryż z Synow Bożych w ſpráwie zbáwienia ſwego ták otrętwiáłym być záchce? áby przy tych iego o Odſtepſtwo y o Hęretyctwo ná náße práwoſłáwna ſtrone przymowkách/ nie ßukał w tymże iego ſcripcie náto y dowodow/ á ná żądane im od nas w Apologiey słußnych wywodow? ktorych nie nálazßy/ żáda mu ſchiſmátycka lekkość/ y Hęretycka obłude: á ſam vczyni to/ co mu łáſka Boża wſpomożone dobre ſumnienie porádźi. Ironizuie/ wrzeßczy/ łáie/ vraga/ (przymawia)/ obteſtuie ſie: y tym ſámym rozumie że ná nogách nieprawde ſwoie poſtáwi. Ano prawdá niczym/ tylko proſta á ßczyra powieśćią contentuie ſie: Falßu/ potwarzy/ ſcommatûm przyſad nie potrzebuie. A ocoż wrzeßczy? zá co łáie? oco nárzeka? y ná kogo? Zelżyleś mowi Apologiaru nam Cerkiew náße y Grecka á w nich wßytke wſchodnia: zmázałeś ią y zeßpecił. Pytam/ czym? Odpowiáda/ błedy iey zádałeś/ y Hęrezye? Mowie/ ieśli ſą w niey: czemu mie łáieß? Jeśli nimáß/ czemu ſie do nich przyznawaß? Odpowiáda/ że w wiáry Dogmatách pobładźiwßy niektorzy ſcribentowie/ ná ſwoy karb zbładźili. Pozwalam/ niech ná ſwoy karb: ále gdźie? Zyzáni/ Philalet/ y Ortholog w wáßey Cerkwi ſchiſmátickiey: á Bergan/ y kto inßy w Gręckiey. Mowi/ zbładźili/ ále z ſiebie/ nie z Cerkwie. Do, & Concedo, że nie wáßey to ſchiſmátyckiey Cerkwi ni Græckiey błedy y Hærezye/ ále tych osob/ ktore ie w wáßey y w Græckiey Cerkwi położyły. Cerkiew ſámá w ſobie czyſta/ ále przez złożenie w niey tych błedow y Hærezyy/ ieſt onieczyßczona Ná przykład: podáie kto Cerkiew Máteryálna nowo wyſtáwiona Presbyterowi wewßem ozdobna y czyſta. Ktora w niey ludźie raz y drugi: ná-

Błędy y Hærezye ſcribentow ſchiſmátickich ſą w Cerkwi ich.

śmiećie

śmiećo ia. śmiećie to nie ieſt Cerkwie/ áni z Cerkwie/ ále tych/ ktorzy ie z nadworza w Cerkiew wnieśli: Jednák ieſt w Cerkwi: poniewaź ieſt w Cerkwi zoſtáwione. Záczym/ cżyiekolwiek ieſt/ w Cerkwi ieſt. y ieśli w nim Cerkiew nie korzyſtuie/ nie ieſt iey: Jeśli w przećiw/ tedy ieſt y w niey/ y iey. Ale kto w śmiećiu korzyſta? winienże ten Párochiánin/ ktory to śmiećie z niey/ by dobrze y bez wiádomośći Swießczeniká iey/ vmiáta/ y z niey wyrzuca? nie rzecześ. czemuż ty ná mie o to wrzeßczyß: y zá to mie łżyß/ że ia to nie wáßey Schiſmátyckiey/ áni Græckiey Cerkwie/ ále w wáßey y w Græckiey Cerkwi/ z nog Czyichś/ z nadworza przyniesione/ opádłe śmiećie vmiotł/ y z Cerkwie ták Græckiey/ iáko y wáßey wyrzućił? Mowiß: Przy śmiećiu y własna wnetrzna Cerkwie náßey y Græckiey/ á zátym wßytkiey wſchodney Cerkwie ozdobe vmiátaß/ y z niey wyrzucaß. Ta ná tym Antidotiſko ſtoi. A ták ſie z toba roſpieram/ że cokolwiek ia w tey moiey Apologiey w wáßey Cerkwi y w Græckiey śmiećiem/ to ieſt/ błedem ábo Hærezya oznáczyłem/ co do iednego z tych tákie być názywam twierdze y publikuie. Jeśli według ćiebie nie wßytko: y ten plác/ ná ktorym z tym Antidotem wyſtąpiłeś: y da Bog ßerßy/ ná przyßłym oboiey ſtrony Narodu náßego Soborze/ (Jeśli mi BOg moy ták długo y żywotá y zdrowia vżyczy) to pokaże/ y nas roſprawi.

Wkłádaß ná mie/ żem vlubił świát/ zákochałem ſie w nim/ y iemum ſie w niewola oddał. co wßytko troie/ zá łáſka Boża/ ták ieſt dálekie odemnie/ iáko ieſt dáleka złość od dobroći. Wiedźiałem ia/ że v teráźnieyßey mey ſtrony miałem być oſtátni/ ten ktory byłem v was niemal pierwßy: y tożem vlubił świát? Własniey by mi to przypiſano być mogło/ bym był v was zoſtawał:

Potwarza Antidotiſtá.

Ktory żadnego gospodárskiego ćiężaru y pieczołowánia nie doznawáiąc/ á tym/ żem iest Archiepiskop/ pierwszy po Metropolićie w Cerkwi/ strony wászey Archierey/ chlubiąc sie y ćiesząc/ w świećie tym y w sobie sámym kocháłbym sie. Ktore ná każdy rok z pewnych mieysc/ od pewnych y zacnych z miedzy was osob/ po trzy tyśiącá złotych gotowego groszá/ ná tym zborze swym w Kijowie ofiárowáliśćie/ y wychowánie ná ośm przy mnie Duchownych y świetckich osob przystoyne/ z pomieszkániem w Monásteru Pieczerskim. Co Ja od Strony wászey iák w ręku máiąc/ bym sie zá świátem vganiał/ y teraźnieyszy wiek vmiłował/ ná tym bym był vśiadł/ y cám propozice moie w prożnośćie szyrszę niż tu rosprośćiráłbym. Zwłaszczá dobry iuż zádátek sławy y v swoich y v obcych ku máteriey kochánia sie w sobie y w świećie/ przez scriptá moie spráwiony máiąc. Ale nie chcąc sie przeklętą Schismą dusić/ nie chcąc Haeretickich błędow dáley śiać y mnożyć/ áni ich bronić: niechcąc ná koniec bydź Kaimem/ czym ty násze strone klamliwie pomawiasz/ ábym brátá mego Ablá zábijał: áni Esawem/ ábym Jakobá prześládowáł: ni też Bráćią Josephowa/ ábym go przedawał. Co z wámi nákłádáiąc/ czynićbym musiał. Zaż nie woła ná twoie Kaimy niewinna krew Brátá nászego Ablá: Błogosłáwioney pámięci Josaphatá Archiepiskopá Połockiego? Bá y tych/ ktorych zá to parricidium pákaráno? Nie woła y drugiego Brátá nászego Hieromonáchá Antoniego Graekowiczá? Nie woła dwu Kápłanow iednego w Szárogrodźie/ drugiego w Kijowie okrutnie zámordowánych? Nie woła y poczćiwego Mężá Fedorá Chodyki woytá Kijowskiego? A tá krew/ ktora nie dawnych lat rzekámi ćiekłá/ zaż ná was nie woła? Ktorzy zá instinktem

Zbrodnie schismátyckie nád Unitámi.

was

was Kaimow/ zá wiáre vmieráć rozumieli. Nie spominá też ná was wołáiącey niewinney wpośrzod rynku Wileńskiego rozlaney krwie S. pámięci Oycá Hipáciuszá Poćieiá Metropolity Kijowskiego. Onych trzech Zakonnikow od S. Troycy w Roku 1622. z Wilná do Kijowá przybyłych/ bym ia im był do Męczeńskiey korony nie przeszkodźił/ twoi Kaimowie zá inszą ich Bráćią záżby byli nie posłáli? Przyznać to y ten twoy oćiec/ z ktorymem ia ná Bog żywy iednego z Kaimow oto ledwie vprośił.

Myż to Ezawowie? My Kaimowie? My Bráćia Josephowi? Pytam ćie Antidotisto przed Bogiem y ludźmi/ kto te mężoboystwá/ kto te fratricidia/ kto te parricidia porobił? Unity nád wámi? Wy nie lutośćiwi Kaimowie nád Unitámi/ Bráćią ze krwi swoią. Ze Unit/ nuż go pod lod: nuż go pod miecz: nuż go pod berdysze. O nie miłośierdni Oyco y Brátobiyce/ okrutnieyszy niż Esaw: y nád Bráćią Josephowa nie miłośćiwszy: bo ći iákiey tákiey litośći nád swoią Bráćią záżyli. Wy/ byśćie ták mogli/ iákośćie ná to źle chćiwi/ wszytkich oraz Unitow/ iák oni przodkowie wászy S^o Proteriuszá Episkopá w Alexándriey/ żywo pożárlibyśćie: trzewá ich z nich włocząc żárlibyśćie: Czego máło nie czynili/ ktorzy sie nád wyż pomienionym S. Archiepiskopem pastwili. A kiedyby też to ták wzaiem/ zá zádátkiem wászym poszło: że nie Unit nuż go też pod lod/ pod miecz: pod berdysz. ále vpewniam was: nie boyćie sie: nie godniśćie wy tego. Onego Sápticyuszá wy Bráćia. zábiiáć wy gotowi/ á nie dáć sie zábić. Nie ma tey łáski Bozey Schismá/ áby Męczenniki rodźiłá. Fratricidy oná rodźi/ Parricidy/ y tym podobne piekielney odchłáni głowánie:

porá

Pieczołowánie pobożne Unitow o schismátykách.

Porachuyże się iuż teraz z sumnieniem Antidotisto kómu to Káimem / Esáwem / y Iozephowá Bráciá przymawiasz? Komu prześládowánie przypisuiesz? Komu Dymásem vrągasz? Kogo synámi świátá názywasz? Kogo odszczepcámi szkáluiesz. Tych ktorzy pieczołnia ćiebie y oycy twoie dużyć zábijáć y mordowáć Tych ktorzy dusze swoie zá dusze wásze pokłádáia / áby was z przeklętey schismy wyrátowáli. Tych ktorzy się dniem y nocą przed Bogiem y przed ludźmi o to vbijáia / áby was od dusze trácacych błedow Hæretyckich vwolnili / á ná práwym Kátholickim wiáry wyznániu postánowili. Ktorzy święta Wschodna Cerkiew / wiárę iey / obrządki / y Ceremoniæ / w Narodźie Ruskim záchowáć / obwárowáć / y ná wieczne potomne czásy zátrzymáć / stáraia się. Tych to wy niewdźięcznicy prześláduiećie / tych bijećie / siecżećie / zábijaćie / topićie / y morduiećie. Ieszcze wam z rąk wászych krew pozábijánych od was Bráći wászych ćiecze / á wy iednák świętymi Ablámi / Iákobámi / y Iozephámi zwáć się nie wstydźićie się. Krzywdę nieznośna tym świętym mężom / imioná ich święte sobie przywłaszczáiac czynićie: Ktorzy postępkámi swymi Esawá y Bráciá Iozephowa prześliśćie / á z Káimem fratricido y Iudaszem Patricydą porownáliśćie. Ze prawdę ná was mowie wszytká tá przezacna Korona y W. X. Litewskie dobrze te są wiadome / bo się to w ich gránicách dźieie. A by dobrze chćiałeś się wymowić że nie wy: ále ktoś z was. Wiedz o tym liczemierniku że gdyby nie wy / nigdy by się ten KTOS tego nie ważył: y sercá by mu z tego nie stáło. wy to zá Cerkiew swoie schismátycka / y zá błedy swe Hæretyckie ták vmieráć / swych náuczaćie / Oto tymi swymi Antidotámi / Elenchámi / Apocrisisámi / Lámentámi / Antigráphámi / Azáriaszámi; y tym podobnymi ná krew Brátnia podżogámi.

Po-

Porzuć ieno schismátyku ten táki kiy / z ktorym się náprzećiwo mnie zá sko mił wysadzasz. stáw plac (iáko obiecuiesz) w racz: A doznasz co ma prawdá nád nieprawde: z ktora się wtył moy rzucasz ná mię. Názywasz nas Hæretykami. skądże? żesmy do iedności S. z Kośćiołem Rzymskim wstąpili? Nie ináczey. bo bez tey niczym od was nie rożnilibysmy. Ale słuchayno: Ktoż z was ábo z przodkow wászych schismátykow lub Hæretykow / ná Rzymski Kośćioł to kiedy spráwiedliwie przewiodł / choć się z tym nań wiele rázow / wiele ich porywáło? nigdy żaden. Bo to y ná schismatyki y ná Hæretyki ten iest kámień / o ktory się oni nárażáiac / kruszą się. A Ia przez moie Apologie / iáwnie / iásnie y dowodnie pokázałem / że ty Antidotisto z swymi Oycámi y Bráćia iestes y Schismátyk y Hæretyk. ktory iák mi się z tego w tym swym Antidoćie wypráwisz / káżdy rozumny łácno obaczyć może. Vbrałeś się w száte / ktoras iuż dawno vtráćił przez błędy Hæretyckie: posádziłeś się w pálacu / z ktoregoś iuż dawno wypadł przez schismę. Co dwoie poki w tobie iest / poty ty y száty wiáry práwey / y pálacu Cerkwie Kátholickiey sobie przywłaszczáć nie możesz / byś się y tysiącámi rázow mieć to dwoie chlubił / y zá swe vdawał. poniewaz schismátycy y Hæretycy dźiedźictwá do tego dwoiego nie máia / choć się przez gwałt do oboiego tego nátracáia / y wdźieráia.

Iż schismátycy nigdy żadney Hæresiey ná Rzymski Kośćioł nie przewiedli.

Vdaiesz w tym swoim Antidoćie / Iákoby te twoie wiárę Pan Chrystus podał / Apostołowie przepowiádáli / świát przyiął / Oycowie święći opisáli / Concilia stwierdźili: y iákoby te w przodkách swych Swiętych ze wschodu Narod nász Ruski przyiął pod czás Schismy. w czym záiste & falleris & fallis. Iedność święta wschodney Cerkwi z Zachodnia byłá tegdy / kiedy się Narod Ruski

Iż schismátićy wiárę przodkow swych vtrácili.

B iij ochrzćił /

ochrzćił/ y świetemi zákwitł. Nie ma tey łáski Bożey przeklęta Schismá/ áby nowe narody do wiáry P. Christusowey pozyskowáłá: y áby lub Swiętymi lub cudámi słáwioná od P. Bogá byłá. Byłoć zápráwdy y to/ że sie poczestokroć wtrácáli ná Metropolie Ruską Metropolitowie schismáticy: ále niewiel więcey tákich było/ ktorzy w iedności S. żywot swoy świątobliwy kończyli. Jáko sie to z Látopiscow Ruskich y Moskiewskich iáwnie y iáśnie widźieć dáie: y iákom ia to tobie w mey Paraenesi dowodnie przełożył. A żeby też Pan Christus te twoie teráźnieysza Hæretycka wiáre podał/ y Apostołowie przepowiádáli/ iest to nád wszytkie twoie kłamstwá/ kłamstwo naniezbożnieysze. wszelako áż do ostátniey ode mnie w Apologiey Hæretycka notą oznáczoney ioty/ Zyzániow swych Philaletow/ Klerykow/ Orthologow/ y tym podobnych/ przed Bogiem y ludźmi zrzec sie/ A co do namnieyszey w Apologiey opisáney/ ále do práwey wiáry Dogmat kreski/ wyznáć wam potrzebá/ ieśli tey wiáry wyznawcámi naydowáć sie chcećie/ Ktorey Pan Christus náuczył/ Apostołowie przepowiádáli/ świát wybránych Bożych przyiął/ Oycowie SS. opisáli/ Synody approbowáły; y My Ruś w SS. przodkách nászych ze wschodu przyięli. Co zdárz wam Duchu S. zá dni nászych;

Ná Rozdźiał Antidotu Schismatyckiego, II. w Ktorym Tráktuie Antidotista o niesłuszney Intentiey

Apolo-

Apologiara ná Pielgrzymowánie do Ziemi S.

EXPOSTVLATIA II.

W ktorey Peregrinátia do Ziemie S. Apologiarowá uwolnia sie od Cálumniy Antidotisty Schismátyká:

Położywszy Antidotistá/ w pierwszym swym tego Antidotu Rozdźiale zá rzecz w śiebie pewną/ że on y iego Oycowie y Bráćia są Kátholicy: y że oni są Cerkiew P. Christusowá: A my Unitowie z Oycámi y Bráćią nászą Rzymiány/ iesteśmy Hæreticy/ y zewnątrz Cerkwie P. Christusowey. W Drugim tym Rozdźiale/ ná Mie/ y ná Moie do S. Ziemie Peregrinátie wychełznął sie. Te wespoł y nnie/ iáko mu lubo/ gáni/ łży/ nicuie/ tráduknie: ále iam mu dá Bog muństuk przybiorę y vkáżę mu to/ że rospustnie po tey pobożnego mego Pielgrzymowánia zbáwienney Intentiey hercuie. Poniewąż niemász człowiekowi we wszytkich iego postępkách bliższego y spráwiedliwszego świádká y sędźi/ nád swoie káżdemu sumnienie. to komu nie zarzęzy/ by y tyśiącámi pomowił/ duszny lub też v ćielesny nieprzyiaćiel wyrzucał/ fraszká są: słowá są dáley nic. Byłem zá pomocą Bogá mego w S. Ziemi: w Jeruzalem: y nie tylko byłem/ ále y dobrze w nim zá łáską Bożą żyłem. Żyie y tu ták iák żyłem w Jeruzalem. Jeślim źle żył/ y żyie: day Antidotisto świádectwo o złym. Jeśliż dobrze/ przeczo mie złośniku łżysz? Com

Obłudá schismátycka.

Peregrinátie pobożna do Ziemie S. Authorowá Antidotistá tráduknie.

Prożna chlu-bá ſchiſmá-tycka.

Com piſał do Oycá Pátriárchi / z kopią tego możeß nie západáć: wydałem in publicum. Bo ſie to Oycom mo-im w Duchu y Pánom podobáło: y mnie tego żáłowáć nie przychodzi / co mi vćiechę w ſercu moim rodzi. Mo-wiß o ſobie; Azaż nie mamy Páſterzow? ázaż nie ma-my Káznodźieiow? ludźi mądrych y godnych? Wie-ła to y bez tey chluby twey Antidotiſto dobrze / że v was ludźi mądrych / Káznodźieiow vczonych / Páſterzow czu-łych áż názbyt: záktorych czułośćią náuka y mądrośćią / narod ſtrony wáßey / ták chlebem słowá Bożego rozżył. że iuż drudzy w ſ lách ſwych / prze zápłáſkle duße ſwey boki / zá ledwie ſie ruſzyć mogą. O nießczeſny czuły Pá-ſterzu / mądry náuczycielu: Co zá ſlady maß mądrośći ſwey teraz: y przodkow ſwych Schiſmátykow przed ty-mi láty? Czym ſie chlubiß: czym ſie wynośiß? To-ć to twoi naymędrßy Káznodźieie / coć tych Hæretyckich błędow národźili. By nie Rzymſkie Poſtille / nie pokwá-płbyś ſie Kráſomowcá ná Kazálnice: y gęby Mędrło rozdźiewić nieumiałbyś. Cáłuy Beſſeußé / ktory ćie z ka-zálnicy twey mowić vczy: czegom dobrze świádom. bez ktorego kołá twoie ſkrzypią / iák v woźnicy bez mážnicy: á przedśię ty mądry / y twoi wßyſcy. Ow ná ſuggeſt z Oſoryußem / ow z Fábriciußem / ow z Skárgą / inße z inßemi Rzymſkiego Kośćiołá Káznodźieiámi / bez kto-rych wy ni tchnięćie. A iednák ći Miſtrze y Náuczyćie-le wáßy / v was Hæreticy: á wy ktorzy bez nich ſwych kazáni (wyiąwßy Hæretyckie /) mieć nie możećie / Ká-tholicy? Obłudnikowie z wáßą mądrośćią y przodkow wáßych / zá ktorych czułośćią wßytká ſie Ruś po rożnych nabożeńſtwách rozlałá. A co ćięższa / y po Hæretyckich. Co widźieć możeß ná oko po wßytkich Ziemie Ruſkiey Kramách. y Dziś z mądrośći wielkiey wáßey / przegło-

głodniáły Narod ſtrony twey / prze głod słowá Bożego ledwie ſie iuż czuie / choć to was przemądrych Kázno-dźieiow / iáko ſie chlubiß / v niego bez liczby.

Vkaż mi iednego z przodkow twoich Schiſmá-tykow męża vczonego / ktorego by mądrość piſmá ſwego wyświadczáły? A My przodkow náßych Vnitow / Me-tropolitow Ruſkich oto vkázuiemy / Hryhoria Cemi-wlaká / Ktory żył około Roku Páńſkiego 1415: y Dru-giego Hryhoria Humená Konſtántinopolſkiego / Kto-ry śiedźiał ná Stolicy Metropoliey Kijowſkiey / około Roku P. 1442: Mężow y pobożnych y wyſoce vczonych: Ktorych obu y wy / y My / w Cerkwi Ruſkiey mamy ka-zánia (ktore my poſpolićie słowy zowiemy) w Soborni-kách náßych / ná rożne vroczyſte świętá. Jeßcże ſie ſwy-mi przemądrymi Kaznodźieiámi chlubić będźieß. V-czyniß to tegdy / kiedy ich nowo národźiß: á teraz y ty Rábulá / y drudzy wßyſcy: Naiemnicy á nie Páſterze: ktorzy ßpoćićie náukę Bożą / á nie wypráwuiećie / gdy ſwe kazánia práwićie. Mnie nie vrągay. Ja ſie dáną mnie od P. Bogá miáreczką Contentuię. w czym z łáſki iego S. przemagam / w tym poſtępuię: czemu niepodo-ływam / od tego ſuperſeduię. y Bog moy czego mi nie dał / requirowáć ode mnie nie będźie. V was / iáko ba-czymy / większa chlubá / niż rzecz. we wßytkiey Ruſkiey ziemi / ták ßerokiey / trzech Káznodźieiow niemaćie: á ie-dnák pełną gębą tyśiącámi mieć ich chlubićie ſie / iáko-byśćie gdźieś ná inßym świećie żyli. wiedzą Schiſmá-tyku ſąśiedźi / iáko kto śiedźi: Widźimy doſtátki wáße Duchowne.

Po wßytkie ſwe wieki Ruś ſchiſmá-tycka mądre-go człowieká nie miáłá, y nie ma: á V-nitowie mie-li, y máią.

Náſtępuieß ná Peregrynátią moie do Ziemi S. ob-chodzoną. Aleć oná iáko obręcz áni ſie poſtrzeżeß / dá po noſie. bo ieſt zá łáſką Bożą v pobożna y zbáwienna / y

Broni powá-żnie Author ſwey do Zie-

mi S. Peregrinátiey.

pożyteczna / mnie / y z wielu miar wßytkiemu narodowi Ruſkiemu: Ktoremu/ bym ztámtad nic inßego nieprzynioſł nád owo IEDNO, co ſie tu iemu w podziw od ludzi márnych podáie: doſyć mu ode mnie ná tym: áby przez ten nie dzieiacy ſie cud/ w Schiſmie ſwey nie zátwárdziawał. Dziwuieß ſie/ żem Wiáry náßey Ruſkiey w te ſtrone ßukáć y doświádczáć chodził / z ktorey oná do nas byłá záwitáłá/ y ktora po náße tylo wieki byłá czyſta y nienáruszona. Dziw ten z głowy ſwey ták ſobie wybiy. iż gdy ia te Wiáre/ ktora do Przodkow náßych ze Wſchodu záwitáłá/ przyznawam zá czyſtą y niepokaláną/ mowie to ex præſuppoſitione cognitionis eius generalis. Gdy záś mowie/ żem ia o wierze ſwey nie znał/ y com wierzył nie wiedziałem: mowie to ex Conſideratione Cognitionis eius ſpecialis. Poniewaź wiedziałem ia to iák rzecz pewną y tegdy/ kiedym nowo wyßłe ſcriptorow náßych piſmá czytał/ y kiedym Lámentowy moy ſcript wydawał. wßákże/ gdym czytał Zyzániego/ Philáletá/ y inße: y gdym Lament Moy piſał/ te od nich y odemnie opiſána Wiáre/ rozumiałem bydź one Wiáre/ ktora byłá in primordijs Fidei do Narodu Náßego záßłá. Lecz gdy potym ná te náße ſcriptá od ſtrony Vnitſkiey wydáne były reſcriptá / ktore mnie czytáć y uważáć z potrzeby przychodziło: ktore vkázowáły nam/ że tá Wiárá/ ktora my w ſcriptách náßych opiſáli / nie ieſt wiárá tá / ktora Narod náß ná poczatku ſwego Chrześciáńſtwá przyiał: ále ieſt to Wiárá nowa/ S. Wſchodney Cerkwi nie ſłychána: Hæretycka. A ktora oni nam w ſwych ſcriptách przekłádáli / te być powiádáli/ to Wiára náßa/ ktora do Narodu náßego pod czás krztu iego záwitáłá. Záczym pewność wiádomości Wiáry/ iuż mi ſie tu pomießáć muśiáłá: Gdyżem Cognitione ſpeciali nie wiedział/ ktora-

Mowi Autor o Cudu zſtepowánia ognia z niebá do grobu Páńſkie°: ktory ſie tymi czáſy nie dźieie.

Nie wątpi Author, iż Wiárá S. Wſchodney Cerkwi, ktora z poczatku do Ruśi záßłá, ieſt práwowierna Ale tylko o tey wątpi, ktora teraz nowi ſcriptorowie opiſuia y prædykuia.

by wia-

by Wiárá/ ta czyſta y nie pokalána wiára byłá. Tá/ ktora ia/ y Ci náßy przedemna ſcriptorowie opiſáliſmy: lub tá/ ná ktora nam vkázowáły reſcriptá Vnitſkie: Abo tež ktora inßa/ trzecia. Tákiey wiádomości Wiáry nie miałem. Ktora moie wiáry mey wiádomość y niewiádomość ták y ty fraudulente Sophiſta rozdzieliwßy/ linguam tuam doloſam powśćiagni: y Ważney przyczyny Peregrynátiey Moiey Cauillis perſtringere poniechay: Alieno malo ſapere edoctus. Ktora ia obchodziłem nie ſwowolnie/ iáko ty mie ſwowolnie pomawiaß: ále zá wiádomośćia zezwoleniem y błogoſłáwieńſtwem tego/ ná On czás ſtárßego mego/ ktoremu o tym wiedzieć nálezáło: y zá wiádomośćia tego czáſu Archimándrity Pieczerſkiego/ y iego Kápituły. Od ktorych dwu oſob y liſty miałem podrożne. á od pierwßey y do Oycá Pátriárchi. W czym iák w inßym/ nie kwoli tobie potwarcy te ſpráwote czynie: ále kwoli tym/ przed ktorymi ty przez ten ſwoy kłamliwy ſcript/ rzeczy moie dobre/ vdáieß zá złe.

Chlubiß ſie y w tym Rozdziale iák w przeßłym/ Wiáro P. Chriſtuſowa: BB. Apoſtołow/ y SS. Oycow: S. Cerkwie Wſchodney. maß wiedzieć Hæretyku/ że tá twoiá teráźnieyßa Wiárá ni Oycom SS. ni BB. Apoſtołom/ ni P. Chriſtuſowi wiádoma nie byłá. Zyzáni On/ Ktory z wiekow w prawdźie nie doſtał/ miedzy czyſta pßenice P. Chriſtuſowa/ náśiał tego kąkolu/ ktorym ſie wy dźiś tuczyćie:

Prożna chlubá Sbiſmátycka z wiáry Práwoſławney.

Co ſie Kátechiſmu mego/ y liſtu przez mie od Oycá Pátriárchi przynieśionego dotycze. Ten był Narodowi náßemu Ruſkiemu pożyteczny: mnie áni z Oſoby mey áni z doſtoieńſtwá mego namniey nie wywyżßał. Exárchowie wáßy/ ktorych było w Kijowie Dwá: w Stepániu trze-

Ddie Author ſpráwę powa zna o liśćie od Pátriárchy przynie-

nia trze-

śionymi y o ſwym Kátechiſmie.

niu trzeći: we Lwowie czwarty: (to czworogłowne Monſtrum miałeś nierzadniku z tego ich nierządu y ámbitiey ſtrofowáć iż ie ten liſt znośił/ A od wßytkiey Cerkwie Ruſkiey obránemu bydź Exárchowi nákázował: rußył ie wſadno/ zwłaßcza Kijowſkich: Ci rozeſłáli po wßytkiey źiemi Ruſkiey przepowiedniki/ co do ludźi zá rzeczy pewne vdáwáć/ co w tý liśćie y iedna litera nie náydowáło śie. Przez ktore łákomſtwá ſwe/ y liſt ten do podeyrzenia y zniewagi podáli: y mnie oń potwarzáć y po dźiś nie przeſtáiecie. Wyrzygnałbyś złośliwy potwarco/ byś tám ku nieczći mey y iedna kreſka co był náczytał. Jle do Kátechiſmu; Pátriárcha ia z ześćych przez niedźiel kilkánaśćie mießkánia mego w Konſtántinopolu rozmow/ doznawßy bydź Hæretykiem/ nie bárzom mu vfał. á zátym y z Kátechiſmem moim ná niego nie náćierałem: obawiáiąc śie áby mi go nie przeformował ná táki/ iáki tám dźiś ieſt w vżywániu Gerganow: Ktorego Hæreziæ maß odemnie w Apologiey ſpecificowáne y ná táki/ iáki ſam nápiſał: ktorego mi do czytánia dawał. w ktorym iákie Hæreziæ z łákun Hęretyckich podnośi/ y do Cerkwie ſwey wtraca/ maß ie odemnie w liśćie moim do niego piſánym/ y z druku wydány ſpecifikowáne.

Co zá mądrość dźiś w Duchowieńſtwie Grækow Schiſmátykow.

Ná te słowa twoie/ co mowiß ná mie/ żeś tám nie ná Ruś tráfił/ áli ná tych ktorzy śie ná rzeczách dobrze znáią: nieco dźiwnego powiem. Byli temi dniámi kiedy ia był w Konſtántinopolu/ w Pátriárchiey dwa Didáſkáłowie/ Máthfiey Hieromonach Atheńczyk: y Mikołay Presbyter bez żeny/ Kreteńczyk. pierwßy y Grek był y Łáćinnik: drugi po Łáćinie nie vmiał: ći z Konſtántinopolá z tákich przyczyn vſtąpić muśieli. Mikołay przymowił Pátriárße przy bytnośći wielu Metropolitow/ że tákich wiáry Dogmat vczy/ y vczyć pozwala/ iákie w Cerkwi

Wſcho-

Wſchodney ſłycháne nie były nigdy. Zá co mu zaraz z Pátriárchiey vſtąpić kazano. Máthfiey/ ten miedzy wielą też Metropolitow/ vſkarżáiąc śie ná złe zwyczáie nießczęſney ſtolice Konſtántinopolſkiey/ y ná iey przełożone: że w tym wybioru y baczenia nie máią/ áby ná ſtolcách Epiſkopſkich y Metropolitáńſkich ſádzeni byli męże w Zakonie Bożym ćwiczeni/ y w náukách vmieietni: ktorzy tu ſą w zniewadze y w nienawiśći: ale byle ieno kto miał brodę á kálete/ wnet Epiſkop/ y Metropolitan. Záczym ták nań Metropolitowie o ſwe kálety y brody náſtąpili: że muśiał y ten zá pierwßym z Pátriárchiey wędrowáć. z ktorymi obiemá názad iádąc widźiałem śie w Jáśiech. Toć przełożywßy: przyznawamći/ żem tám tráfił nie ná Ruś. Bo w Ruśi ſtrony náßey zá łáſką Bożą świeći ſłońce prawdy: y z ſtrony wáßey ießcze coś dobrego przy nádźiei. ty tám nieco imáginuieß iákoby zá onych Konſtántynow/ Theodozyußow/ Juſtinianow/ Márcianow/ y tym podobnych: á ná to ni wſpomniß/ że to tám nieznośne iugum Othomanicum: niewola Máchometáńſka ćięzka. w Liśćie tym ktory tu od Oycá Pátriárchi przywiozłem był/ trzech Metropolitow było/ ktorych imie y ręke inßy proßeni podpiſáli: że oni piſáć ſami nieumieli. Słuchayno: Dźiwnieyßać powiem: (świádek mi Pan Bog/ że we wßytkim tym nie kłámam.) widźiałem tám y to/ że ktory był dźiś błaznę/ ten názáiutrz zoſtał Metropolitem Serrońſkim. Wiedzże o tym ślepy Schiſmátyku/ żem tám ná tych tráfił/ ktorzy śie ná rzeczách zbáwiennych nie znáią: y tego/ że Pátriárchá ieſt Kálwiniſtá Hæretyk/ pośrzedz nie vmieią. bo ni o ſwey/ ni o inßych wiárách znáiomośći żadney nie máią. A choć śie niektorym z nich o tym y námieniło: nie śmieli gęby rozdźiewić: boć to

O Schiſmátykow ieſt wielka Simonia.

Monſtrum Schiſmátyckie.

C iij   tám

Exætesis / ábo

tám kogo Turczyn topi / z dźiáłá háſło dáiąc: á ten ktorego ty ták wyſoce wielbiſz / nád Metropolitámi czyni coż bez háſłá:

Ioan Epiſkop Mukáczowſki.

Nieszczesna Schiſmátycka Ruś / tegoli czekaſz / áż ſie twoy Pátriárchá pobiſurmáni? do czego iuż bliżey niż dáley. Dobrze ieden ſąsiedny nam Epiſkop w tymże Roku / w ktorym y ia piſałem / w liście ſwym do niego dánym nápiſał: Ambigitur, vtrum Patriarcha noster ſit Christianus. y ia dá Bog w tey moiey Expoſtulátiey to ná tobie przewiodę / że ſie ty tego ſwego nawyżſzego Páſterzá / z ktorym ták wyſoce wylataſz / będźieſz wſtydźił. y czáſu ſwego / tego dá Bog dokaże / że ábo on ſwych Hæreziy będźie ſie zrzekał / ábo go ty z Hæreżyámi iego niżey poſádźiſz / y znáć go nie zechceſz. Coż? Tráfiłem tám nie ná Ruś? Bona verba quæſo. niemaſz ſie z czego y tám cieſzyć Schiſmátyku. Rychley ſie ia dá Bog czego dobrego w Cerkwi Wſchodney po Narodźie náſzym Ruſkim ſpodźiewam / niżeli po tych / ktorych ty ták wyſoce ważyſz.

Odpowieda Author ná kłamſtwo. Antidotiſti

Zem Liturgią S. w Wielką Sobotę / Jezykiem Słowieńſkim odpráwował ná S. Golgocie / do ſwego Schiſmátyku vczyń ſumnienia áppellátią / nie do mego: Byli tám ná ten czas dwáy Józephowie / ktorzy obá przy was ſą: Dźierżę o Obu / że cie zá tá twoią Appellátią obá o kłamſtwo zdádzą. A inſzymi SS. Dniámi ná inſzych mieyſcách świętych. Oczymem ia ni z kim ináczey nie mowił nigdy.

Odpowiada ná potwarz tego.

Przodka mego Archimándrity Wileńſkiego: iáka byłá ku mnie duſzá / po wſzytkie czáſy mieſzkánia mego z nim / słowá iego gdy mie pod bytność Pátriárchi Jerozolimſkie° do Kijowá wyſłał / mowione świádczą: Ktory przekłádáiąc mi chorobę ſwoię ciężką / (bo w tey choro-

bie

Expoſtulátia. 10

bie świát tē pożegnał /) y Sukceſſora potrzebę vkázuiac exhortował mię y proſił / ábym do Wilná nie wrácał ſie / ieno iuż Presbyterem. Czego gdym mu odmowił: nápadſzy przed Bráciá / ná ſzyię moię łzámi oblany / proſił mię o to. Gdźież tu kłamſtwom twoim mieyſce niewſtydliwy kłamco? Ktory ninácz tych potwarzy nie zgromadzaſz / ieno ábyś mię ſwey ſtronie w ohydę podał. Wczym wierz mi tenći wiárę da / ktory ábo mnie y ciebie nie zna: ábo prawdy od falſzu rozeznáć nie vmie:

Miáſto S. Jeruzalem / nie ná to zálecam / ábym was od niego odwiodł / iák mię ty opácznie vdáieſz: ále żebym ie wam ieſzcze lepiey oſłodźił: y przy nim duſze wáſze zoſtáwáć w myślách ſwych ſpráwił. Ani też ná to zálecam ie wam / ábym was od Wſchodu gdźie indźiey odwiodł: Bo ſam w S. Wſchodney Cerkwi zoſtáwáiąc / nie tylko od niey nikogo odwieść nie zámyślam / ále y tych / ktorzy ni w niey / ni w Zachodniey nie ſą / do niey záprowádźić pożądam / prágnę / ſzukam / y pieczołuię. Ale ieślibym cię y do S. Zachodney Cerkwie / z ktorą my mamy S. Cerkwie náſzey Wſchodney Jedność / záciągał / iák rozumieſz / coż byś ty przez to w Jeruzalem trácił? Zaż rozumieſz żebyś te SS. Mieyſcá opuścił / Ná ktorych zbáwienia Náſzego Táiemnicá odpráwowána ieſt? Ták ty / iáko wiedźieć o ſobie dáieſz / rozumieſz: Lecz ſie ná tym áż názbyt myliſz. Nie tylkobyś ich nie trácił / ále byś ie pozyſkał. Ktoż w Názárecie to Mieyſce S. trzyma / ná ktorym ſie weſołe zwiáſtowánie ſtáło? Rzymiánie. Kto w Bethlehem trzyma Jáſkinię S. w ktorey ſie Chriſtus P. národźił: y żłob / w ktorym był położon? Rzymiánie. Kto trzyma w Jeruzalem żywotdáiący Grob P. Chriſtuſow? Nie tylko tedy nie vtrácił byś Wſchodu / y Mieyſc SS. Jerozolimſkich: ále byś

A Mieyſcá SS. co przednieyſze w Páleſtynie Rzymiánie trzymáią.

ie bliżey

ie bliżey nalazł/ niż ie maß. A sam przeto tý sie nie vważnym rozumienié nie vwodź/ y drugich nie wiádomych/ ktorzyby cie słuchali/ nie zwodź. W Swietey Wschodney Cerkwi ia zostawam: w tey ábyś y wy zostáli żyćże/ y Páná Bogá o to proßę.

Jedność Cerkwie Wschodney z Zachodna stárodawna.

Vragaß prze vrotna Dußo/ z tego/ żem nátych SS Mieysćach o Jednosć świetą Narodowi memu Schismátyckie[p] P. Bogá prosił. y w słowie tym/ Jednosć glupie graß. O te táka Jednosć Narodowi me[p] ia prosiłem/ zá ktoraby on Schismy przeklętey pozbył: á nie o te ktoraby go Schisma dusiłá. Lecż ty wieß/ ieśli wieß/ że Cerkiew nie tylko wáßá/ ále y wßytká Wschodna/ by dobrze y wßytkich nowo w sie wśiánych błedow hæretyckich pozbyłá/ bez Jednośći z Cerkwia Zachodna Schismy zbyć żadnym sposobé nie może. W tákiey iednośći S. żyli oni Athánáziußowie/ Bázyliußowie/ Grzegoryußowie/ Cyryllowie/ Joánnowie/ y inßy Wschodni SS Oycowie nászy/ z SS. Oycámi Zachodnymi Sylwestrámi/ Juliußámi/ Leonámi/ Marćinámi/ Cyprianámi/ Jeronimámi/ Ambrosiußámi/ Augustynámi/ y z Jnßymi. Ktorych byłá y wiárá iedná y miłość iednáż w tey tákiey właśney rożnicy/ iáka sie dźiś miedzy Wschodna y Zachodna Cerkwia náyduie. Jeßcże ná ten czás ći Zachodni SS Oycowie pisáli/ y náucżáli/ że Duch S. Od Oycá y od Syná pochodźi/ á Wschodni przez Syná: dla tey iednák w słowách rożnośći/ á w wyrozumieniu iednośći/ do Schismy sie nie vdawáli. Na on czás ießcże Zachodna Cerkiew w przásnym/ á Wschodna w kwásnym chlebie Sákrámetu Euchárystiey záżywáły: Jednák z tey rożnośći Schismy miedzy soba nie czyniły. Communia pod iedna Osoba y ná on czás ießcże w Oboiey Cerkwi w codźiennym vżywániu byłá. W czym o-

S. Maximus Epist. ad Marinum Cypri. presbyterum.

ne áni

ne áni rożnośći/ áni Schismy nie ßukáły. Kálendarzá Onych pierwßych SS. wiekow w obchodzeniu páschy/ Cerkwie Asiátyckie inßego záżywáły/ á Zachodne y Egyptskie inßego: prze te iednák rożność Schismy nie podnosiły. Tákiey ia Jednośći S. Narodowi memu Ruskiemu życzę: y o táko mu ná SS. Onych mieysćách Páná Bogá prosiłem. Coż wiec ty na to? Tákiey mowiß/ zgody Narod náß Ruski nie potrzebował/ y nie potrzebuie. Muta fiant labia tua Schismatica, mendatia & dolosa. Potrzebował/ y otrzymał ia był z Synodu Florenskiego: á potym około Roku 1476. posyłáiac do Oycá Swietego Sixtá/ 4. Papieżá/ ponawiał ia. Że też iey potrzebuie: iest to w Narodźie náßym rzecż nád słońce iáśnieysza. O ktora my sie dniem y noca vbijamy. bez ktorey on/ ieśli cáłość Wiáry swey záchowáć chce/ y zbáwienia swego bespiecznym bydź prágnie/ obeyśdź sie żadnym sposobem nie może.

Socrat. lib. 1. cap. 8. & lib. 5 cap. 22. Sozom. lib. 7. cap. 19. Kłáma Antidotistá.

Odsyłaß te Jednośći S. spráwe do Oycá Pátriárchi z Oycem świetym. By temu stáć sie Turczyn pozwalał: dawno by sie to iuż stáło. ále maß to wiedźieć/ że ziednoczenie Chrześćian/ vpadkiem swym Turczyn sądźi dla czego Jednośći S. pod władza swoia bedacym Chrześćianom/ y Pátriárße w spráwie tey z Papieżem Conferowánia/ nie pozwoli Przytym wiedźieć maß zápewne/ że Pátriárchá twoy teráźnieyßy iest iáwny Heretyk: (coć da Bog w Expostulátiey ná Rozdźiał twoy VIII. wyráźnie pokaże) Ktory woli Jedność mieć z Heretykámi niż z Kátholikámi.

Z cżęśći Pátriárchi Kon: Jedność publicżna stáć nie może Cerkwi Wschodney z Zachodna.

Strony turbatorow w spráwie Jednośći S. przez meże pobożne ßcześliwie promowuiacey sie graß przechytro obłudo. Ciebie ia y tobie podobnych/ instrumentem dyabelskim názywam ktorzy spráwe S. Jednośći turbuiecie/

Antidotistá Turbator Jednośći S.

D

buiecie/

buiećie/ y wniwecz ia obroćić pokuszaćie sie. Cożeś o tym
y w Desiderozusie náczytał? Żem ia dla vspokoienia rozdwoioney Rusi/ y dla ziednoczenia rozerwáney Cerkwie
do Oycá Pátriárchi ieździł: to ty turbátia nazywasz?
Z tych ktorzy sie o to cáła duszą stáráią/ turbatorámi?
Ták sądzi piekielnik on/ ktoremu Imie/ mężoboycá/
klamcá/ y pokoiu miedzy Bráćia turbator. Ziyże z nim
mierziony Schismátyku/ kiedyć sie ten táki v niego pokoy
podobał. My Jednośći S. z Bráćia nászą szukamy/ y O-
nie dusze násze położyć winni iesteśmy: vfáiąc Pánu Bogu nászemu/ że on nas grzesznych sług swych/ iákimi on
sam wie sądámi/ nie mieszkale w tym poćieszy. Nie záwre
oczu nászych/ áż sie tego Anyolom/ y ludziom pożądánego widoku nápátrzymy.

Iż Schismáticy poki są w Schismie do dobrá wnętrznego Duchownego przyść nie mogą.

Kończąc ten swoy Rozdział/ mowisz; Poczęło było
w Narodźie nászym ku dobremu iść. Pytam ćie: ku iákiemu dobremu? Dobro to snadź rozumiesz/ nowo podniesiona wásze Hierárchia/ ktora ty ku Obronie przemierzłey swey Schismy kierowáć chćiałbyś: ia záś te Hierárchia w ten koniec stánąc od Páná Bogá dopuszczona
bydź rozumiem/ áby oboiey strony rozerwánego Narodu
Ruskiego Hierárchia ku vsłudze Jednośći S. stánełá/ y
swoią powáżnośćia záwárłá ią. Czego gdy tá/ co iest z
strony twey nie vczyni/ niech wie/ że iák przećiwnicá woli Bożey/ y pámięć iey z tego Kátholickiego Krolestwá
w rychle z wichrem zäginie. Jesliż przy tym/ dobro to
rozumiesz bydź/ Szkoły: Monástery: Cerkwie. Ale y to
troie w swey przyrodzoney klubie stánąć nie może/ poki
ie nieszczesna Schismá z stáwu wywija/ y ná mieyscu
swym stánąć nie dopuszcza. Nie tylko wy tego dokázáć
nie możećie/ ále áni potomkowie wászy: ponieważ tego
wprzod nie dokazáli przodkowie wászy/ Xiążętá/ Pániętá/

Monár-

Monárchowie. A to by dla czego? Przyczyná ná widoku. dla przeklętey Schismy. Zá ktorey powodem P.
Bog ni w czym wászym nie lubuie: ni iedney wászey spráwie nie błogosławi. Vważ/ co sie dobrego tu w Ruskiey Ziemi zá wielmożnych onych Pániąt y Xiążąt Narodu y wiáry twoiey w tobie stáło? Nic. y sámi poszli:
y pámięć ich zá nimi. Pátrz co stánęło dobrego y zá tey
podnieśioney twoiey Hierárchiey? Nic: wszytko wszedzie postáremu. ni Szkoł: ni w Cerkwiách/ ni w Mo-
nasterách rządu. Monárchá Moskiewski w Páństwie
swym/ choć to sie Episkopámi/ Metropolitámi/ y Pátri-
árcha/ zupełna swoią Hierárchią osádził/ iákie ma dobro
Duchowne? ni iednego. Záż go z to nie stáie? y bárzo.
Ale Pan Bog nie zezwala/ y nie dopuszcza mu nic dobrego Cerkiewnego wystáwić: prze niezbedna Schismę ktora Cerkiew káżda/ y płodu pozbáwia/ y pokármu: czyni
żywot iey zámátorzáły: á pierśi záschłe: że ni rodźić nie
może/ ni kármić. Ku temuż to tákiemu dobru Narodowi twey strony Ruskiemu iść było poczęło? Płoche
to iśćie dobro. Dobro to/ o ktorym ia rozumiem/ tegdy
w Narodźie nászym Ruskim stánie/ kiedy sie nád nim P.
Bog zmiłuie: á zgode mu y miłość w nim sámym dáruie: y Jednośćia go S. Cerkiewna vkoronuie. Co zdárzyć nam niech raczy zá dni nászych.

Ná Rozdział Antidotu Schismátyckiego, III. w ktorym Tráktuie Antidotistá o niesłusznym zádániu od Apologiara Cerkwie Ruskiey Prá-

 wosł[a]-

woſławney, iakoby nie miała wiedzieć iáko wierzy.

EXPOSTVLATIA III.

W ktorey ſie to pokázuie y Dowodźi/ iż Schiſmátycka Ruś nie wie/ iáko wierzy.

Iáko ſie w ſwym Antidocie obchodźi Antidotiſtá z prawda S. y z Authorē.

WYrzyodźiawſzy ſie w ſtáte Kátholictwá/ y w Cerkwi powſzechney poſádźiwſzy ſie Antidotiſtá/ iákoby go nikt w tym/ że on ieſt y Schiſmátyk y Hæretyk/ pozoczyć nie miał/ Inſolescit. Aby go nic inſzeg nie wydawało/ ſam w piſániu tym wychełznion ięzyk/ że ieſt táki/ wydáie go. Gdyż we wſzytkich tych dwunaſtu Rozdźiałách nic inſzego nie czyni/ tylko mnie łáie: y rozumie/ że gdy mię złáie/ iuż záraz y wygrána otrzyma. Ano ſam Pan Bog illuſores deludet. Ja te iego Sárkáſmy/ moiá ſkromnośćią; á nieprawdę iego/ prawdą Bożą pokonam. Rumparis Schiſmatice, o twe Sárkáſmy nie trwam. Ták ábowiem zá łáſką Bożą miedzy wámi żyłem/ y dźiś żyię/ że mię ante-actę vitę nec pænitet, nec pudet. wſzetecżna gębo/ ieśliś ſie Páná Bogá niebał/ (ále gdźie v Schiſmátyká boiaźń Boża:) ludźi ſie wſtydźić/ miałeś/ ták bezecne słowá z vſt twych popowſkich/ ieśli ieſteś pop/ niewſtydliwie wyrzygáć. wiedz przewrotniku/ że BOg wſzechmogący/ twego/ y meg ſercá ſcrutator iuſtiſsimus, tu ná tym świećie/ przez ćię ná moie pobożne y poczćiwe rzucone ſárkáſmy/ miedzy mną y tobą rozſądźi. Parata enim ſunt deriſoribus iudicia & mallei percutientes ſtultorum Corporibus.

Prou. 3.

Prou. 19.

Gnie-

Gniewaſz ſie o to ná mie/ żem rzekł w Apologiey moiey/ iż pokim był w ſtronie wáſzey Schiſmátickiey/ Com wierzył nie wiedźiałem. O te moie prawdę/ tobą ſámym ćiebie pokonywam: Ktory w Rozdźiele twym dźieśiatym przyznawſzy Orthologowi błędy y Hæreżye z o Lámentowym iego ſcripćie mowiſz/ iż ſie w nim wiele Dogmat Cerkiewnych náruſza. wierząc ia tedy błędy y Hęrezye/ y práwoſławne Dogmatá náruſzáiąc/ zaż wiedźiałem com wierzył: nie tuſzę. y owſzem ſámá niewiádomość wiáry mey/ to we mnie ſpráwiłá/ że to/ co iey Dogmatá náruſzáło/ piſałem z á iák wierzyłem/ ták y piſałem. Záczym idźie/ żecom wierzył/ nie wiedźiałem z poniewaź Hęretyk co wierzy/ choć ſobie zda ſie wiedźieć/ nie wie. Ten wie iáko wierzy/ kto dobrze wierzy. Ten zná Bogá/ kto go ták zna/ iáko on śiebie znáć náuczył. Ználi Pogánie Bogá/ ále iż nie ták go chwalili/ iák chwalonym śiebie bydź ſam on chćiał y náuczył: Záczym áni go chwalili/ áni go ználi. Wierzą y Hęreticy z ále iż nie ták/ iák Bog chce y náucża/ wierzą/ Wiárá ich Niewiárą/ y coby wierzyli nie wiedzą. Chodzą w ćiemnośći. Przecoż ſie tedy ná mie o te moie prawdę ták ſurowie pękaſz? Wſtyd ćię podobno/ że y o ćię y o twoie Oycy y Bráćia idźie/ Ktorzy tákże wiele o tym iáko wierzyćie/ wiećie/ iák wiele ia wiedźiałem/ kiedym ſie z wámi w Schiſmie wáſzey náydował. Wſzákże/ byś ſie iáko chćiał/ gniewał/ tego co ná ćię mowię/ pokazuię/ y dowodzę/ nie wydźieſz: bo piętno ná czele/ á lico maſz ná ſobie. nie tylko dáwne przez mię w Apologiey obiáwione/ wyrażone/ y refutowáne/ ále iuż y nowe przez ćię w tym tw[?]o ſcripćie z piekielnych Hęretyckich opiniy/ podnieśione błędy y Hęrezye. Coć dá Bog niżey po wſzytkie náſtępuiące Rozdźiały y bez ordu ſequaków moich/ rzeczywiśćie vkáże.

Author poki był w Schiſmie, co wierzył nie wiedźiał.

Schiſmáticy nie wiedzą iáko wierzą.

Záczym

Záczym owo dwoie poydźie: Pierwße/ że oblubienicá Páná Christusowá nie iest pokalana: Ale twoiá Schismátycka miłośnicá áż y názbyt. Drugie/ iż ty według własnych swych słow/ iesteś ták ślepy/ y ták bezrozumny/ ktory sie ná prawdźie nie znaß: y widźieć nie możeß/ że Archiepiskop w Cerkwi Ruskiey Schismátyckiey wiáry swey nie zna.

Dowod wiádomości i wiáry Schismátyckiey márny.

A co dowodźiß mey y swey wiádomośći Wiáry z czytánia y z słuchánia Ewányeliey S. y Inßych pism Zakonnych: nie ináczey swey wiádomośći Wiáry dowodźi y Luter/ y Kalwin y Minzer: iednák áby oni wiedźieli co wierzą/ przyznáć im snadź nie raczyß. Gdyż z tego czytánia y słuchánia Ewányeliey S. y inßych pism Zakonnych/ káżdy z nich swoię wiárę ma. A gdźyby z Zakonney náuki wiedźieli Co wierzą/ bez pochyby ná iedney Wiárę zgodźiliby sie. A co mowiß/ iż z recitowánia Symbolu Wiáry/ wiádomość y prawość Wiáry pochodźi: myliß sie.

Dowod drugi tákiż.

Eutychitæ y Dioskorytæ/ ktorych pełen Wschod/ toż Symbolum Konstántinopolskie recituią Sa iednák y z tymże Symbolum/ y z tąż Ewányelią/ y z temiż pismy Zakonnymi/ Haretycy. Rownie y wy toż wßytko máiąc/ nie tylko niedowiárkowie/ co ty mnie mimo wßelki dowod y słußność zádáieß/ ále y złowiárkowie iestesćie. Co ia iuż ná was w Apologiey moiey/ ktora ty połknąć páßcżeką rozwárłeś/ pokazałem y dowiodł: y w tym da Bog scripćie moim pokaże y dowiodę/ y od rozwárteg ná nie pßczęcá twego. Apologia moie obroni.

Iż Schismátycy turbuią S. Cerkiew Wschodnią/ y sie z Kośćiołem Zachodnim wásnią.

Mowiß ná mie/ że turbuię lud Chrześćiáński/ y Cerkiew Wschodną z Kośćiołem Zachodnim wáśnię. Odpowiádam. Nie ia to czynię/ ále ty y Oycowie twoi/ ktorzy w spráwie tey zbáwienney záwżdy Duchowi Swiętemu sprzećiwiaćie sie. Z pokoiem ia y moiá przy mnie Apolo-

Apologia do was przyßliśmy/ á nie z turbátią: z miłośćią ku S. Zachodniemu Kośćiołowi/ z S. Wschodną Cerkwią/ á nie z poważnieniem. Wy y mnie oraz/ y pokoy/ y miłość/ y zgodę/ y Jedność świętą/ z ktorymi ia do was przyßedłem był/ ná zborzysku wáßym Kijowskim zniewáżywßy y lud Chrześćiáński poturbowáliśćie/ y Cerkiew Wschodną z Kośćiołem Zachodnym ießcżeśćie bárźiey powáśnili: Práw. sławne Wiáry iego wyznánie przekláwßy. Skąd sie was oto tákich iáki ty Antidotisto Theologow/ nie z niemowiątek/ áni z rybitwow/ ále z plewy y z beßtiy/ z kozłow/ y z kąkolow/ y z tym podobnych śmiodow námnożyło. Ktorzy nic do rzeczy nie mowićie/ ni piśećie. A gdybym drogiemu czásowi nie folgował á ná inße moie Cerkiewne pożytecżnieyße zabáwy nieoglądał sie/ w tym twoim scripćie/ nierzkąc w káżdym iego periodźie/ ábo wierßu/ ále w káżdym słowie wyrázniec bym to vkazał. że ku mey Apologiey Intentowi/ nic do rzeczy nie odpowiádaß. A cokolwiek mowiß/ iest ábo Haretycka cbludá ábo fałß/ ábo potwarz. á to nie zkąd inąd nie pochodźi/ tylo iż nie wieß Co wierzyß: zátym też nie wieß co O Wierze swey y prawiß. A iáka ty o Wiáry swey Dogmatách wiádomość maß/ táka máią y wßyscy Oycowie twoi y Bráćia: á zátym też á nie inßa y wßytká wáßa Schismátycka Cerkiew. Prawdá tedy to iest/ com w Apologiey moiey powiedźiał/ że Schismátycka Ruś nie wie iáko wierzy. Co sie y w tym da Bog scripćie moim nád słońce iáśniey pokaże.

le Rzymskim wáśnią.

Pytaß/ ná co mie Cerkiew Wschodna vrodźiłá: y przez Krzest z Bogiem poiednáłá: Ciáło y krew Páná Christusowę ná ocżyßczenie duße y ćiáłá podáłá: ná co w Chorze Zakonnikow mieć chćiáłá/ Jereystwo podáłá y Pásterzem mieć zezwoliłá: Odpowiádam. ná to/ co

Pobożne dźiało Authorowe.

teraz

teraz zá miłosierdziem Bożym/ y zá pomocą iego S. czy- nie. Na to mie Cerkiew Wschodna vrodziłá / y pomie- nionymi dobry swymi nadárzyłá y przyozdobiłá / ábym w niey był czystey y niepokáláney: ábym iey od Schismy y Hæreziy bronił: áby w niey Swiatości iey ile ná mnie profánowáć niedopuszczał: ábym skromność Zakonniczą z części mey w swey klubie záchował: ábym Iereyską po- ważność przystoynie obchodził: ábym pásł części mey owce Páná Chrystusowe / ná to Cerkiew Wschodna ácz Schismátycka z intenciey iednák S. oney Jedności Cer- kiewna Vrosczoney y Ukocháney Cerkwie Wschodney / ktora mie dziś in gremio suo materno fouet, te známienite dáry ná mnie włożyłá / W czym ia wszytkim / á osobliwie w Owym ostátnim Pásterskim dárze poczuwáiąc sie / Schisme iey Jedności S. zrościć przy Oycách moich stáram sie: zássłe y záchodzące w nie Hæreze przy Brá- ci mey wyplonić pieczołuie: ábyście w niey słusznie ze wszy- tkich miar verificowáło / co iest o niey nápisano. Tota pulchra es amica mea, & macula non est in te: w czym á- bym szczęśliwiey z postępkiem prácował / z odszczepy iey omartwiáłey / przeszczepiło mie sámo zmiłowánie sie ná- demna Boże do żywey mácice / do prawdziwey świetey Wschodney Cerkwie y Wiáry / że sie teraz ze mnie nie pogorszáć / ále budowáć Schismaticy mogą: Ci / kto- rych Imię iest wpisane w Księgi żywotá.

Mowisz / że mi twoiá Schismatycka Cerkiew wszy- tko to odeymuie. wiedz że o tym / że Schismátycka twa Cerkiew bez intentiey Cerkwie Powszechney / iák dáć mi tego nie mogłá / co mi dałá: ták bez teyże S. Cerkwie intentiey wziąć mi tego nie może. Ia też w S. Cerkwi Wschodney iuż nie martwym z Schismy przeklętey / ále żywym z Jedności świetey Członkiem zostawáiąc / ná to

Prout 6.

Schismàticka Cerkiew bez intentiey ku Cerkwi powszechney żadnego dobrá wziąć nie może [Łacińskiego]

sie nie

sie nie oglądam. Bo mowi pismo S. Maledicent illi, & tu benedices. Kogo niezbożnik/ Schismátyk mowię á- bo Hæretyk klnie / tego P. Bog błogosławi: Tákich klą- twá obráca sie ná głowy ich. Wdzięcznem tey nádé- mną łáski Bożey / iák y wszytkich inszych. Zkąd przed Boskim iego wszytko wiedzącym Máyestatem oświád- czam sie że S. oney Wschodney Cerkwi y Wiáry iey zbá- wienney / nigdy nie odstępowałem / y nie odstąpię iey ni w tym wieku / ni w przyszłym: pod zákłádem zbáwienia duszé moiey.

ni dáć nie może nikomu, ni wziąć.

Psal. 108.

Psal. 7.

Przy zámknieniu Tego trzeciego Rozdziału / prze- kłádasz trzy znáki tego / żem was Schismátykow miał odstąpić / y Schismátycką wáśę Cerkiew záturbowáć. Znákow tych by było nawięcey / tym by was nabárziey one ku Jedności S. z tey przeklętey Schismy ruszyć miá- ły. W czym nádzieiá Pan Bog / zbáwienia záwiedzio- nych ludzi miłośnik. Znam to / że gdy przybywszy do Wilná do Monásterá Brátskiego S°. Duchá / z przed- sięwzięciem dostanu Zakonnięzego / nápisałem był y po- dałem miedzy Zakonniki Tráktat o pochodzeniu Duchá S. chcąc o tym y z Stárszym y z Młodszymi / ktorzy by- tey rzeczy Capaces byli / Conferowáć: bo mie iuż Lá- mentowe w Tráktacie o pochodzeniu Duchá S°. ná Máyestat Boży / rzucone bluźnierstwá zá duszę były wzięły. Z czego gdym postrzegł / że większy gomon / niż- li szukány przez mię pożytek wyniść miał / poniechałem. A z tego mego Tráktatu propositiow nápisawszy / do te- ráznieyszego Jáśnie Oświeconego y w Bogu przewie- lebnego Oycá mego w Duchu y Páná / do S. Troycy Monástyrá Wileńskiego odesłałem: ktore perpolite przy obronie Jedności S. z druku sa wydáne. A potym mie- szkáiąc w Monásterzu tym blisko niż rok po świetcku / było

Dáie spráwę Author o spotwarzonym przez Antidotistę wstąpieniu swym w stan Zakonny.

E   cześło-

częſtokroć ſollicitowány y proßony tak od wßyſtkiego
Bráctwá/ iák oſobliwie od Niebośczyká Przodká mego
ná tym Archimándrytſtwie/ o przyięcie hábitu Zakonne°:
Czego dobrze świádom Wárláám/ bywßy Wasili pop
Bráckie y wiem że inácżey nie rzecze za ktorego pro-
śba y perſwázya/ iáko ná ten czás Duchowniká mego/
obietnice vczynilem/ y dzień wſtapienia do Zakonu ná-
znáczylem. Z iáka zás rádośćia/ z iákim weſelem y vcie-
cha wßyſtkiego Bráctwá Duchownych y świetckich/
bylem do Cerkwie pod ten Akt y z Cerkwie prowádzony/
Sálutowány/ honoriſikowány/ y Feſtem vczczony/ świá-
domes tego Iniquiſsime obtrectator y ty dobrze. A iednák o bledy y Hęrezye ſwych Zyzániow ná mie rozgnie-
wány/ niewſtydliwie klámaß/ y ten poważny wſtepu-
mego do Zakonu Akt Theonino, że nie rzekę canino dente proſcindis.

Antidotiſt á z Káplánſkie go doſtoienſtwá wyzuty, pod czás Chirotoniey ná Presbyterſtwo Autorá.

Pámietam y to/ że ty (iák owá ßkáráda twarz/ co
to iák mowia gdy konie kuia/ ſwoie też tápe do vkowánia
podáie/ y tám ſie wßczepiaß/ gdźie wzywány nie by-
waß/) pod czás poświacánia mego ná Jereyſtwo/ to o-
dzienie Jereyſkie ktore dla mnie nágotowáne bylo/ po-
rwaleś/ y śiebie nim przyodziáleś. Lecz gdy tego przy-
chirotoniey potrzebá vkazálá/ ábym ná wierzch ſtychá-
rá Dyákońſkiego Jereyſka Ryzę byl przyodziány/ to co
mnie á nie tobie należálo/ z grzbietá twego bylo zewle-
czono/ á ná mie wlożono. Co záiſte ku ſwey á nie ku mey
hánbie/ z ta/ ktora czyniß exággerátia/ to proſagium
proſtowáć maß. Ktory od onego ießcze czáſu z odzienia
Káplánſkiego wyzuty/ vſlugi Oltarzowey niegodnym
bydź diuino nutu okazány zoſtáleś. Ja pokim byl Dya-
konem/ miálem ßáte weſelna Dyákońſka; á gdym zo-
ſtawal Presbyterē/ przyodziány bylem ßáta weſelna Pre-

obyterſka/

ſbyterſka tak/ że y iednego punktu bez należney mnie we-
ſelney ßáty nie náydowalem ſie. A ty pod ſame Krolewſkie przyßćie zeſtáleś iák oßárpány knecht. Z cudzego
z licem y w Oltarzu ćie rozebráno. Záczym to/ co mnie
dziś przypiewaß ſobie ná on czás záśpiewáćieś byl mogl/
Krolá tego/ ktory te gody ſpráwowal/ do śiebie mowiacego ſlyßawßy/ Przyiaćielu iákoś tu wßedl/ nie máiac odzienia weſela? Gdyż práwie pod ten ſámy czás/
Gdy Krol ten przychodźil oglądáć śiedzace/ ßáty tey
weſela iáko ſobie nienależytey/ pozbyleś/ y w czás przy-
ßćia iego nie miáleś iey: y obaczyl ćie tám czlowieká
nie odzianego odzieniem weſela. Widźiß obludniku/
iákoś to ná bliźniego cálość Lynceus, á ná ſwoie hánbe
calpat

Matt. 22.

Filar ten ktorego przypominaß/ fortuitò an pro-
digioſè pádly/ ſam to P. Bog wie. Atoliśćie/ iáko przy-
znawaß/ z Cerkwi ſwey Schiſmátyckiey vtráćili Filará:
to ieſt/ Authorá obrońce y promotorá bledow ſwych y
Hærezyy nie poślednego: Bo ieśli przyznawaß w Náuce mey Lámentowey Errory: y iż w tym ſcripćie moim
wielu Dogmat Cerkiewnych nárußylem/ tedyć tych bledow Authorá/ y Dogmat wáßych nárußyćielá vtráćić
mieliśćie/ y vtráćiliśćie tákim ſpoſobem/ Że wyśćie zoſtáli przy tych iego bledách y nárußonych Dogmátách/
á on ábyśćie y wy tych ſie iego bledow/ y nárußonych
przezeń Wiáry Dogmat poſpolu z nim byli zrzekli: Wiela
ſpoſobow/ y ta ſwoia/ ktoraśćie kleli/ Apologia przywieść do tego nie mogßy/ vltimum wam y tym ſwoim
y wáßym bledom y nárußonym Dogmátom/ vale dixit.
Ktorym iego bledow tych y Hęrezyy pożegnániem/ że ſie/
iáko mowiß/ wiele ludźi obacżáia/ y Schiſma wáße po-
gardzáiac/ do Jednośći S. Cerkiewney vdáia ſie/ niech

Præſagium, iż Author miał Schiſmę opuśćić, á do Jedności S. wſtapić.

Fol. 13. Pag. 1.
Fol. 15. Pag. 1.

ztąd będźie pochwalony BOg wszechmogący/ Ktory zginienia człowieczego nie pożąda. Zdarz Pánie IEzv Christe/ ábyśćie sie wżdam choć oto tymi prodigiámi nákaráli/ á te swoie Schiśmę z iey błędámi y Hęrezyámi pożegnawszy/ ná Jedność S. podpisáli sie. Boć oto iuż sam Pan Bog miedzy mna y wámi w spráwie tey oká-zále y dźiwnie/ kto z nas praw/ á kto krzyw/ sądźi y De-kretuie. Rzecz przełożę świeża y nowa/ podźiwienia y v-wáżenia godna: nie dla ciebie ktory o tym dobrze wiesz: ále dla tych/ ktorzy o tym iescze nie wiedza. Ktora sie stá-łá w pierwsza Niedźiele S. wielkiego Postu/ w tym te-rázniejszym Roku 1629. w stołeczney Cerkwi Kijo-wskiey mieysckiey. PANNIE Naświętszey poświeconey: że gdy sie do niey Duchowni wászy z stárszym swoim ná przeklinánie nas w Jedności świętey bedacych Archi-ereiow ná ten dźień zebráli/ y po obeyściu służby Bo-żey/ do tego przeklęcia godnego Aktu swego sporządźáli sie: zesłáli iednego z miedzy swych ná Ambone/ áby przy-tomnemu ná to spectaculum ze wszytkiego Miástá y z o-koliczney Szláchty zebránemu Narodowi/ o tey nástę-puiacey spráwie przełożył/ y do widoku ochotnieyszym go vczynił. Ten miedzy inszemi swymi ná nas inuektywá-mi/ gdy specialiter o mnie mowił: y porownawszy mie z onym ludu Żydowskiego prześlàdowcą Hámánem ná-zwał mie Narodu Ruskieg prześlàdowcą/ y S. Wscho-dney Cerkwie y Wiáry odstepcą: po te iego słowá (o no-wey dźiwney y vważenia godney spráwy Bożey:) z mie-dzy tego wielkiego ludzi gminu/ pácholę iedno głosem wielkim ná nich záwołáło: stoy/ nie prawdę mowisz/ kłámasz. Záwar rá tych miast P. Bog vstá temu kłam-cy/ y potwarcy/ Kápłanow Bożych niewstydliwemu Naśmiewcy/ że musiał tey swoiey powieśći poniecháć/

Cud Boski v-ważenia godny.

Imię temu ná Ambonę zestánemu o-śuwity z Gręcka Taras: z Łáćińska Turbator: według imięnia iego y dźieła iego. Conueniunt enim rebus nomina sæpe suis.

☞ *Oniemiáły Taras z Ambony zstąpił.*

y iák

y iák oniemiáły z Ambony zstąpić. Zaczym wszczał sie w Narodźie zgiełk: szukáć/ pytáć/ kto to wymowił: y ztąd to mu przyszło: wystąpi Dźiecie/ y rzecze Intrepidè: iam to mowił. á zkadby mi to przyszło/ tego nie wiem. Pytáią/ czyie dźiecie/ odpowie Oćiec BOrecki: moie. Powiedli wszyscy/ iákoby im wpoł dusze nie stáło. Atoż maćie prodigia: maćie y cudá: maćie Schiśmáty-cy Dánielá wymawiáiaceg niewinność Zuzánny. Ma-ćie vpádłego Idolá swego wyrozumienie. Bog miedzy mna y wámi w Soborney Cerkwi Metropolitáńskiey/ ná tym mieyscu gdźie sie Ruskiey Cerkwie wszytkie Cer-kiewne zbáwienne Spráwy/ námawiáć/ sądźić/ y con-cludowáć z dawna zwykły/ Sam sądźił y dekretował/ że o Odstępstwo od S. Wschodney Cerkwie y od Wiáry iey Práwosławney/ ktorym mie pomawiaćie/ nie pra-wdę ná mie mowićie: Cokolwiek tedy Antidotisko y ty w to swoie Antidotum o mnie ku obelżeniu memu/ prze wzgląd iákoby odstępstwá mego od S. Wschodney Cer-kwie y Wiáry iey Práwosławney nágmátwał/ we wszyt-kim tym iáko y ten twoy ná Ambonie oniemiáły druzy-ná/ ktorego spráwy według imienia iego/ nieprawdę mo-wisz. W czym daycie Pánie Boże vpámietánie/ iáko y o-nemu: áby ty z kozłá stał sie owcą/ á ten z turbatorá miłośnikiem pokoiu. Maćie to z tey occásiey pismá me-go o tym/ ode mnie Schismáticy wiedźieć/ że ia/ iák y przodkuiacy przedemną legitimi Ruskiey Cerkwie Archie-reiowie: choć to szczyrym sercem wyznawamy/ że w S. Zachodnym Kośćiele y Wiárá iest zbáwienna/ y wszytkie ritus iego y Ceremoniæ są czći Bożey pełne: Ták iednák do świętey Wschodney Cerkwie/ w ktorey iák y w Za-chodney/ táż y iedná iest Wiárá/ y do wszytkich iey czći Bożey pełnych obrzadkow y Ceremoniy iestesmy przy-

 wiązáni/

wiązani/ że duszę swoie położyć/ y krew swoię wylać gotowi iesteśmy rácżey / niż Co z tego / co iest w niey z dawná/ od SS. Oycow Wschodnych świątobliwie podánego y ustáwionego odmienić/ pozwolić. Ná tym przysięga káżdy Metropolit Ruski. Słuchaćie w tym Heretykow/ ktorzy wdáią do was/ iákoby zá czásem wszytko Wschodne odmienić sie miáło ná Zachodne: przez co wás miásto tarcże/ swym Heretyckim błedom máią: ktorym wiáry w tym iáko oboiey nas strony głownym nieprzyiáćiołom nie dáiąc/ mieyćie sie do pokoiu/ á Jedności S. Cerkiewna z nami Wiáry y miłośći Jednośćią / iák niebieskimi wieńcem Koronuyćie. Zdarz to Pánie Boże zá dni nászych.

Ná Rozdział Antidotu Schismátyckiego, IV. w ktorym Antidotista Scribentow, Zizániego, Philaleta, y Orthologa, zá swe Theologi nie przyznawa: błędow ich iednák broni: Gdzie zaraz y ná przećiwo sądu Poiedynkowego právvi.

EXPOSTVLATIA IV.

W ktorey sie pokázuie y Dowodzi / iż ći Pomienieni Scribentowie są Theologámi Schismátyckiey Cerkwie. y iż sąd Poiedynkowy iest

Dziw

Z mnie zá ście tego człowieká że w wypráwowániu tych swych błedow y Herezyi/ ktore sobie ieszcże dla Schismátyckiey swey zabáwy (bo go mierziało bez nich) zostáwił/ áż náżbyt iest fałeszny y obłudny / ták w swych ássertiách/ iák y w odpowiedziách ná zádáne: że iák sam nil solidè proponit, ták mnie ninacz directè nie respondnie. Co sie y tu ná sámym wstepie błedow tych obrony widźieć łáwnie dáie. Przedsięwźięteģ ábowiem fortelu y w tym Rozdziele iák y w przeszłych záżywszy/ z Cudzey Kátedry/ y w cudzey Sukmánce prorokuie: y iáko by to oboie/ iego własne było/ wdáie sie. Ano iák Krzyżownikom Bożym Káthedrá Moyżeszowá/ y szátá Zakonu Bożego przystałá/ ták przystoi y temu Krzyżownikowi prawdy Bożey Káthedrá P. Christusowá/ y szátá Zakonu ieģ S. Krzyżuie ábowiem y ten Páná Christusá w podáney/ y náuczoney przezeń prawdźie: gdy Heretyckiemi błedámi zbáwienną iego náukę bluźni / y od Schismy iákoby od Cerkwie Katholickiey prokuruie: miawszy to pierwey pokázáć/ że iego Schismá iest Cerkwia Powszechna/ y oblubienica Páná Christusowa. Prokuratia ábowiem iego tá nie mniey służy y naybluźniwszemu Heretykowi: niż iemu: poniewaź ni ieden ták márny Heretyk nie iest ktoryby Sobie to przyznawał/ że zborzysko ieģ nie iest Cerkwia Kátholicka y Oblubienica P. Christusowa: á on sam nie iest Katholikiem: y że błedy ieģ Heretyckie/ nie są dogmátá Práwosławne. Lecż dowieść Mu tego pierwey potrzebá że y On sam y zbor ie° tákimi są/ iákimi sie bydź mienia: toż tych przywileiow/ prerogátyw/ y Ozdob záżywáć/ y sobie przywłaszcżáć/ ktore własnie Cerkwi Kátholickiey y Wierze Práwosławney należą. inácżey z tą

Fortele y obłudy w tym Rozdźiele Antidotisty Schismátyká,

swo

swa gołosłowna chluba / owemu podobnym stánie sie / Co to położywszy vstá swoie ná niebo / ięzykiem swym pełzáiącym po ziemi wola / wstąpię ná wysokość obłokow / będę podobny Nawyższemu. To záiste czyni y ten Schismátyk / gdy ták hárdo wola / wstąpię ná Kátedrę Cerkiewną / vczynię sie podobny Katholikowi. A tego do siebie znáć niechce / że iuż ztąd do przepáści / to iest / do Schismy spadł / y w głębokość dołu Heretyckich błędow / ktorymi Máyestat Nawyższego bluźni / wráził sie. nie iego to Schismy ozdoby są / y przywileia / ále Katholickiey Cerkwie.

Omylne persuasiæ Antidotisty o Apologiey Authorowey. 1.

Słuchaymyż ieno iego własnych tego Rozdziału słow. Wszytek mowi / vmysł swoy záśadził ná tym Apologiæ / áby Cerkiew Katholicka y iey stárożytność mogł wywrocić. Mowa to twoia Schismátyku głupia / á nie dowod słuszny; y owszem wszytká cáłkiem moiá Apologia / y ia z nią ná tym iesteśmy / y ná tym sie zá pomocą Bożą záśadzamy / ábyśmy Kátholicka Cerkiew y iey stárożytność vmocnili / y vtwierdzili; á twoie Schisme y iey Luteráńskie y Kálwińskie nowotniny / ábyśmy wywrocili.

2. Persuasia omylna.

Wziął / mowi / przed sie trzech Scribentow / do ktorych pism náukę Cerkiewną łączy. ieśli cie ich nie wstyd: czemu ich odstępuiesz / y do Schismy swey złączonymi bydź nie dopuszczasz? Jeśli wstyd / czemu błędow ich Hæretyckich trzymasz sie y bronisz?

3. Omylna Persuasia.

Mniema / mowi / iż kiedy onych zniesie / Cerkiew powszechna práwosławna zburzy. Nie to ia mniemam Schismátyku / Co sie tobie śni; ále owo / iż kiedy ie zniosę / tedy Schisme twoie od błędow Heretyckich oczyszcze / ná Práwosławney ią Wierze postanowię: A Cerkiew Katholicka / ieśli sie ták będzie Pánu Bogu podobáło /

y w to /

y w tobie przez Jedność S. zbuduie.

4. Gdźie zárazy y glupia opinia tego Schismátyká.

Ale *w tey Máteriey*, mowi, *nie mądrze sobie postąpił, rozumieiąc o Cerkwi, iákoby sie oná ná ludziách miáłá fundowáć.* Kto to będzie czytał / ten nas Schismátyku rozsądzi. Ja ták rozumiem / iż Cerkiew S. powszechna / ná Bogoczłowieku Pánu Christusie vfundowána bywszy / według rzeczonego / Zaden nie może fundámentu Jnszego położyć / oprocz tego / Ktory iest położony / IEZVS Christus: Funduie sie też y ná ludziách według rzeczonego: A przetoż iuż nie iesteście goście y przychodnie / Ale ście spolmieszkáńcy z Swiętymi y Domownicy Boży / wy fundowáni ná fundámencie Apostołow y Prorokow. Jeśli Apostołowie y Prorokowie są ludzie: tedy bez pochyby po węgielnym kámieniu Christusie Pánie / ná ktorym wszytko budowánie iest spoione / budowána bydź Cerkiew y ná ludziách rozumieć / nie iest przećiwo pismu Bożemu rozumieć. Záczym gdybym ia o twey Schismátyckiey Cerkwi to powiedział y twierdził / że sie oná ná tych trzech Scribentách vfundowáłá / nie od rzeczy bym powiedział: poniewaź oná y P. Christusowey Náuki / y Apostolskiey przepowiedzi / y Doktorow Cerkiewnych pism odstąpiwszy / vdáłá sie zá tymi trzemá swymi Scribętámi / iák zá swymi nowymi náuczycielámi / nowey Náuki fundámentámi / ná ktorych sie vfundowáłá.

1. Cor. 3.

Ephes. 2.

Błędy Hæretyckie, ktorych sie Schismáticka Cerkiew od swych Zizániow náuczyłá.

Ktora od nich tego sie náuczyłá / że poiedynkowego sądu nimász: że Dusze święte w Ráiu są ziemnym: Ze nie są vbłogosłáwionet á grzeszne nie są w mękách. że trzeci stan srzedni dusz / żadnego karánia nie ćierpi: że (iáko ty teraz Nowy też iey fundáment vczysz /) wszystkie dusze y spráwiedliwe y grzeszne / pod iedno strażą do sądnego dniá są zátrzymáne: Ze Christus Pan Cerkwi swey y teraz widomym iest Pásterzem: że Piotr S.

F widomo

widoma głowá Cerkwie Páná Chriſtuſowey nie ieſt : że
Biſkup Rzymſki Appellátiey do śiebie od wſzyſtkiey Duchowieńſtwá Sądow wolney nie ma : że nad inſze Pátriárchi z Bozkiego práwá nic nie ma : y że iſtność Bozka
od Bozkich oſob rzeczywiśćie dźielona bywa : Zkad (iáko
to w Apologiey moiey dowodnie pokazałem) ſzeſnaśćie
Hæretyckich bluźnierſtw ná Máyeſtat Boży wychodźi.
Że tedy tego wſzytkiego y wiele inſzego Schiſmátycka
twoiá Cerkiew od tych trzech/ y tym podobnych Doktorow ſwych/ náuczáłá ſie/ y ná nich iáko ná fundámentách
ſwych w tym wſzytkim wſpárłá ſie y poległá : ſłuſznie ſie
iey to zádáie/ że ſie oná ná tych ſwych Scribentách Hære-
zośiewcách vfundowáłá. Słuſznie y ia iey w tym przy-
mowiłem y przymawiáć o te Hæretyckie błędy/ poki z
woley Bogá mego żyć/ nie przeſtáne. Ktorá nie dla
tych błędow y Hæreziy opuśćiłem : bo mi doſyć było ná
tym/ żem ie zá tákie publikował : ále opuśćiłem ia dla
Schiſmy/ w ktorey oná ieſt : w ktorey nikt zbáwiony być
nie może/ by też ſie zdał bydź y naypobożnieyſzym. Iákiey pobożnośći y v Hæretykow wſzytkich Sekt/ y v Ży-
dow/ y v Máchometanow pełno.

W Rzeczách Wiáry Cerkiew Schiſmátycka nie ma v ſiebie Forū.

Przypomina mi do rozpráwy o te błędy y Hærezye
tych Scribentow/ Forum Eccleſiaſticum, Iudice exiſten-
te Eccleſia. Táć mie to teraz Schiſmátyku rozpráwuie/
że mi przećiwo nim y mowić y piſać pozwala. Czyli też
to ty ſwoie Schiſmne Cerkwia y ſędźia bydź rozumieſz?
A Forum Eccleſiaſticum, ſwoie Inwáſory? ô te Iudicem
iniquiſsimum ! ô Forum importuniſsimū ! Pomniſz Coś
wyrządzał tym/ Ktorzy tám y Forum ná przyſzłym Ki-
iowſkim Zborzyſku nie mieli : y zá ſędźiego ćie nie ználi ?
wyrządzałbyś był więcey/ by to oboie w ſpráwie tey y z
częśći mey całkiem było tobie podano. Ale Sędźia on

Sędźiow/ podług woli ſwey ináczey to ſporządźił.

Cerkiew Kátholicka obrony Hæretyckiey nie potrzebuie.

Dáley poſtępuiąc/ Cerkwi P. Chriſtuſowey przy-
piſuie/ *iákoby oná w obronie Hæretyckiey korzyſtowáłá,
y iako łáſkáwa Mátká te wyrodki ſwe y nie pokutuiące
przyimowáłá.* Zapomniawſzy też/ że nieprzyiaćiel Bo-
ży/ iáki ieſt káżdy Hæretyk/ do Cerkwie przyiaćiołki Bożey przymowany nie bywa : y w Obronie ich oná nie korzyſtuie. Twey to Schiſmátyckiey zámátorzáłey mátki

Hæretyká do Cerkwi Kátholickiej nie przyimuia, áż ſie Hęreziy ſwych wyrzecze.

właſność ieſt/ wyrodki Cerkiewne przyimowáć/ y tym
pod obronę ſie poddawáć : Ktora Synow iuż więcey nie
płodząc/ muśi y od nieprzyiaćioł Bożych ná przećiwo
prawdźie Bożey obrony zażywáć. ktorzy ia y z tey/ ktorą
miáłá/ czyſtey wiáry wyzuli/ á ſwymi ia Hæretyckimi bluźnierſtwy przyodźieli. Gdźież w czym Aryuſzowym/ á-
bo Sábelliuſzowym/ lub Mácedoniuſzowym/ y tym podobnych Hæretykow Cerkiew Páná Chriſtuſowá korzyſtowáłá? Gdźie ie ábo Obronę ich przyimowáłá? Zaż
nie wſzytkie ich oraz piſma przeklęłá? choć to dobrze wie-
dźiáłá/ że z Mácedoniuſzowych piſm przedwieczności
Syná Bożego ná przećiw Aryuſzá : Neſtoryuſzowych
Bozkich iednoiſtotnych rozdźielonych trzech Oſob ná
przećiwo Mácedoniuſzá y Sábelliuſzá bronić mogłá : y
Inſzych ſwey Wiáry dogmat z Inſzych. Ale ie oná o-
bułem y z náuką y z obroną/ odiąwſzy im iák wyrodkom
Synoſtwo/ od śiebie oddalíłá/ y znáć ich dáley nie chćiáłá.

Cerkiew Schiſmátycka od Hæretykow obrony nábywáiąc, w wiáry práwoſławney Dogmá

Tá to wáſzá benigna Mater, Maledictum Schiſma, przyimuiąc wyrodki Cerkiewne/ y Obrony ich zażywáiąc/
(iák ſie o tym dowodnie przełożyło w Apologiey) S.
Cerkwie Wſchodney was pozbáwiłá/ y błędami Hære-
tyckiemi potrułá. Tá benigna wáſzá Mater y tego/ ktorym ſie chlubiſz/ Supremum Paſtorem Veſtrum Hæretyká przyimuie/ y w Obronie iego korzyſtuie. Czegž Wſcho-

tách poblądźiłá.

dna Cerkiew Mátká nászá nie czyni: ále czyni przekleta wászá Schiſmát cż názbyt łáſkáwa Mátká: Ktora kárnośći ná złe/ á ná dobre nie ma miłośći. Ktora ty niewſtydliwie y niezbożnie *oblubienica Krolewſka* názywaſz/ *nie máiąc w ſobie nie tylo wyſtępku, ále áni żadnego podeyrzenia.* Byś w niey inſzego wyſtępku ślepy Schiſmátyku nie widźiał: tylko ten że ieſt w Schiſmie: nád ten iákiegobyś więtſzego potrzebował? y byś żadnego inſzego podeyrzen a w niey ſzukáć nie chćiał/ tylo oto te máłowyżſzey przez mnie wyliczone/ Hæretyckie iey błedy widźieć: doſyć ná tych byłoby. Zaż v ciebie Schiſmá/ nie wyſtepek? A błedy Hæretyckie nie podeyrzenie? Ale wam benignæ Matris, benignæ proli. Ktorzy komory cedźićie/ á wielbłady połykaćie/ Schiſmá/ Cerkwią Kátholicką: á práwoſławnymi dogmatámi/ Hæreżye. Stupide mentis ſtolidum Iudicium. y śiedźiſz krzywo/ y ſadźiſz niepráwo Schiſmátyku.

O ſądzie poiedynkowym iż ieſt.

Przyſtepuieſz zátym do znieśienia poiedynkowego ſądu/ á nágrawſzy ſie ſcurriliter Scommatibus, ſámym przyrodzonym rozumem pokázáć poſtepuieſz/ iż ſądu párticulárnego nimaz: ták tego dowodząc: *Gdźiekolwiek ieſt ſad iákiżkolwiek, tám muśi bydź, ábo nagrodá, ábo karánie, poſláduiące ſadowi: Gdźie tedy niemáſz áni karánia, áni nagrody, tám áni ſąd żaden bydź nie może.* Ja zás przećiwo tobie ták to obrácam/ Gdźiekolwiek ieſt karánie/ ábo nagrodá/ tam y ſąd bydź muśi/ to karánie ábo nagrode uprzedzáiący. A że ieſt y karánie y nagrodá/ przeto ieſt y ſąd. Że ieſt nagrodá/ wiádomo że zboycy/ do ktorego rzeczono/ Dźiś będźieſz ze mną w Ráiu. Że też ieſt y karánie/ wiádomo z owego bogaczá/ ktory w Adźie będąc w mękách/ do Abráhámá wołał. [illegible]omo też to tobie okazále z piſm Doktorow SS. y

z Hymnow codźiennych Cerkiewnych. nád Co dwoie/ ledwie co ma Cerkiew Boża wiádomſze. Jáko ſie to obſzernie y dowodnie w Apologiey moiey pokazáło. Bo ieśliby Ray nie był nagrodą/ á Ad nie był karániem/ oboie to ſzłoby zá iedno/ bydź komu w Ráiu/ iák też bydź w Adźie: y w przećiw/ bydź w Adźie/ iáko też bydź w Ráiu. Ale iż w Ráiu ſą roſkoſzy/ á w Adźie męki: Ray przeto ieſt nagrodą zá vczynki dobre/ á Ad karánie zá vczynki złe. zkąd idźie. Poniewaz Jeſt iuż nagrodá y karánie/ ieſt przeto y ſąd. Dla czego Złotouſty S. o bogaczu tym y o Lázárzu wypráwuiąc mowi/ *choćiaż ſie to przed ſądnym onym dniem dźiało, iednák nie bez ſądu ſie to ſtáło, że ſie ow nálazł ná łonie Abráhámowym, á on w Adźie w mękách ogniſtych.* Zácżym Scommatá te twoie Schiſmátyckie/ ktoreś ná tym mieyſcu ná mie rzućił/ odrzucá ze mnie ná twoie głowe Złotouſty S. y Jnſzy świeći náucżyćiele Cerkiewni: y czynią turpe tibi Doctori, quem culpa redarguit ipſum.

Złotouſty S. O ſądzie poiedynkowym Hom. in Cap. 16. Lucæ.

Z ktorego co ty ná dowod ſwego Argumentu przywodźiſz/ nic ćie nie wſpomaga. Mowiąc ábowiem ten S. Doktor/ Anima Citra carnem mirabilibus illis bonis non fruetur. y owo/ Nam ſi Corpus non reſurget, anima noſtra in coronata iacebit: nie to rozumie/ ná co ty te iego świádectwá/ okaſawſzy ie po Hæretycku/ náćiągaſz: ále rzecz tobie przećiwną: Nie o tey ábowiem máteriey ná mieyſcu tym ten święty wypráwuie/ że ni święte duſze nagrody/ ni grzeſzne karánia nie odniosły. Ale o owym/ że/ Jeśli ćiáło zmartwych nie wſtánie/ tedy y duſzá koronowána nie będźie. Mowili Hæretycy/ że ćiáło raz vmárſzy/ wniwecż ſie obráca/ y iuż nie powſtánie. Mowi náprzećiwo nim Złotouſty S. Jeśli ćiáło nie powſtánie/ duſzá bez niego przedźiwnych onych dobr záżywáć nie będźie,

Hom. 39. in 1. Corinth. Ibid.

dźie, áni też będźie karána; ále zostánie niekoronowána. Jákoby rzekßy / Ty Hæretyku, ćiał zmartwych wstánia nie przyznawaß / ále ná tym tylko przestawaß / że sámá dußá będźie Koronowána. A ia tobie powiádam / że ieśli ćiało nie powstánie / tedy też wiecznymi czásy ni przed Sądnym ni po Sądnym dniu dußá koronowána nie będźie: ále ná wieki wieczne y bez nagrody y bez karánia zostánie. Poniewaß bowiem ták ćiało / iáko y dußá prácowáły / należy áby káżde z nich swoie zapłáte odniosło. Ieśliż iedno nie odnieśie: nie odnieśie záiste áni drugie. Ale ieśli ćiáło czásu swego powstánie y koronowáno będźie / dußá koronowána zostáie. Dla czegoż tenże S. Doktor / zá occázyą wypráwowánia / o Owey máteriey / iżeli święte duße nagrodę odniosły / á grzeszne karánie / ták mowi; *Ieśli sámo tylko rozmyślánie o Onych* [wiecznych niebieskich dobrách /] *choć iest przyzákrytße, ták wielką podáie rozkoßt Uważ iák wielką nam rádość przyniesie iánne dobr tych poięćie. Szczęśliwi y po trzy kroć ßczęśliwi są ći, ktorzy dobr tych záżywáią.* [Słuchay Antidotisto co w máteriey státy sie nagrody dußom / ten święty mowi: y co o pokarániu duß grzesznych:] *Szczęśliwi*, mowi / *y po trzy kroć ßczęśliwi są ći, Ktorzy dobr záżywáią: Ták też nędzni, y áż násbyt nędzni ći, Ktorzy tym dobrom przeciwne rzeczy ćierpią.* y ná inßym mieyscu tenże S. wyráżnymi słowy to powiáda / *Ze spráwiedliwi z Krolem swym* [Pánem Chrystusem] *są twarzą w twarz.* Nie maß tedy tego záprzeczne / czym sie chlubiß obłudniku: że poiedynkowe nagrody y karánia duß po śmierći nie potykáią: ále maß rzecz przećiwna / ták z nauki pismá S. iák y z nauki Doktorow Cerkiewnych / y tu: y w Apologiey moiey obßyrnie y dowodnie pokázána / że ie y nagrody y karánia potykáią. A poniewaß to oboie / káżda we-

dług

Hom: 10. In Epist. 2. ad Corinth.

Hom: 5. in Epist. ad Philip.

Augustyn S.

dług zasług potyka; uprzedza przeto sąd: á ten poiedynkowy. o ktorym Augustyn S. iam illud rectissimè & valde salubriter credit, iudicari animas Cum de corporibus exierint, antequam veniant ad illud Iudicium, quo eas oportet iam redditis Corporibus iudicari. Bárzo, mowi / słusznie / y wielce zbáwiennie wierzy o tym / że duße z ćiáłá wychodzące / sądzone bywáią przedtym / nim ná on strasny sąd przydą: ná ktorym iuż z przywiętymi ćiáły sądzone bydź máią. Ná ktore tego świętego Náuczyćielá świádectwo ty nic odpowiedźieć nie mogßy / potwarz ná nie rzućiłeś: y iákoby sie do niego Augustyn S. nie znał / skłámałeś. Ktore on w pismách Vincentij victoris náczytáne przyiął / pochwalił / y w swym piśmie wyráżone miásto swego zostáwił.

Náwodźiß przytym z Belármina / *że on nie wie iákim sposobem ten sie sąd od PAná BOGA odpráwuie: Przetoż*, mowiß *sądu párticulárnego niemáß.* Nie potrzebáś Philosoph. Nie wieß ty Schismátyku iákoś sie záczął y vrodźił / przeto ćie nimáß A boday ćie było y nie było / Ieśliś tákim ná przećiwo prawdźie BOżey niewstydliwym kłamcą zostáwáć miał / bonum tibi erat, według słow Zbáwićielowych / si non esses natus. Slepyżeś był obłudniku / v tego wielkiego (iákim go ty per Ironiam Sugilluieß) Cerkwie P. Chrystusowey obrońcy / że on euidentissimis pismá S°. testimonijs, y náuką SS Náuczyćielow Cerkiewnych tego clarissimè dowodźi / y sam firmissime Wierzy / że Sąd poiedynkowy choć sie nie wie od ludźi / iák sie od Páná Bogá obchodźi / Iest: y z káżdą tego świátá schodzącą dußą obchodźi sie.

Stąd rußywßy sie / á owo sobie zádawßy / *że ieśli sądu párticulárnego niemáß, skądże to bywa, że duße iedne idą ná mieyscá świátłe y spokoyne: á drugie ná mieyscá*

ćiemne

o Sądźie poiedynkowym Lib. 2. de Origine animæ.

Marc. 14.

Slepy Schismátyk wiedzatego Kátholiká wodźić chce.

Bellar: lib. 2. de Purg. c. 4.

ćiemne y ſ á́ſawie: ná co odpowiedáiąc/ toż práwiß/ coś prawił z onego pierwßego náturalneg dowodu. *Ieśli* mowiß *przy śmierći y záraz po śmierći ſámey dußy ſąd Boży* Impreſsionem *karánia ábo zapłáty czyni, tedy ieſt ſąd pártikulárny: á ieśli nie czyni, tedy go niemáß.* A dowodźiß tymże wyß położonym świádectwem Złotouſtego S. że nie czyni. A Ja oto tobie tu/ z tegoż S. á w Apologiey y z inßych Dowodnie vkazałem/ że ſąd Boży ſámey dußy záraz przy śmierći ábo karánia ábo zápłáty impreſsionem czyni. y iż ty Złotouſtego świádectwo ktore przywodźiß/ y ſam źle rozumieß/ y do ludźi źle ie vdáieß. Wyráźnymi ábowiem to słowy/ mowiąc o bogaczu y o Lázárzu Złotouſty S. wyznawa/ Jż to z ſądu Bożego bywa/ że duße iedne idą ná mieyſcá świątłe y ſpokoyne do Ráiu: á drugie ná mieyſcá ſmutne y fráſowite/ do piekłá. Jeſt tedy y ſąd/ ponieważ ſą præmia, y pænæ: y w przećiw/ ſą pænæ y præmia, ponieważ ieſt ſąd/ á ſąd pártikulárny/ o ktorym przy Złotouſtym S. ſłyßałeś y Auguſtyna S. nauczáiącego. Ktorych to zdánie y náuká poki ſtoi/ poty ty ſądu pártikulárnego/ Bożey y Swiętych iego Náuce przećiwniku/ nie zniesieß.

Hom. in c. 16. Luc.

Ná owo záś Apoſtolſkie/ co przywodźiß/ repoſita eſt mihi Corona, &c. Odłożon mi ieſt wieniec ſpráwiedliwośći/ ktory mi odda Pan/ w ony dźień/ ſpráwiedliwy ſędźia. A nie tylko mnie/ ále y tym wßytkim ktorzy miłuią przyſcie iego. Odpowiádam/ iż to Błog: Apoſtoł mowi O wieńcu ćiáłá ſwego/ ktory ie ma potkáć o ſądnym dniu. á o wieńcu duße ſwey ták ten święty Apoſtoł mowi: Cupio diſſolui, & eſſe cũ Chriſto. Prągnienie nam rozwiązánym bydź/ y bydź z Chryſtuſem. to ieſt/ ćiáło ſu ná ziemi zoſtáwić chce/ áby czekało ná wieniec/ ktorym będźie vkoronowáne pod ony dźień ſądny/ wſpoł

2\. Tim. 4.

Philipp. 1.

z Jnßemi ćiáły: á dußa iżdż prągne do Páná Chriſtuſá/ tam gdźie on ieſt/ ná niebo/ y z nim bydź. O czym że to ćiał wiecu ich: Złotouſty mowi/ *Co tedy rzeknie Abel, ktory przed wßyſtkimi zwyćiężył, á ießcze śiedźi bez korony.* y záś/ *Ieden czás náznáczył wßytkich koron: y ktory przed ták wiela lat zwyćiężył, z tobą oraz weźmie koronę.* A o wieńcu duße Błog: Apoſtołá Páwła tenże S. mowi/ *iż dußá iego ieſt ná nawyżßym niebie, przy ſámym Máyeſtaćie Krolá CHriſtá PAná tám, gdźie ſą Cherubinowie y Seráphinowie.* Cerkiew też náßá S. Wſchodna: bá y wáßá Schiſmátycka o S. Apoſtole Páwle wyznawa/ że on Chriſtá Páná nie przez zwierćiádło pod zaſłoną/ iák tu widźiał ná tym świećie w ćiele będąc/ ále iuż twarzą w twarz widźi. Wiedźieć tedy y z tąd dáie ſię/ że duße święte impreſsionem zapłáty iuż odnioſły: á zátym iż były ſądzone: & per Conſequens, ieſt ſąd pártikulárny. Zápłáty duß tych impræſsiæ iáśnie y Jan S. Apoſtoł wyraża/ gdźie mowi/ Ze dußom dla ſłowá Bożego pobitym ktore ſą przed ſtolicą Bożą/ y ſłużą mu we dnie y w nocy w Cerkwi iego/ dáne ſą káżdey z nich ßáty białe. to ieſt wieńce im należące.

Hom. 28. in Epiſt. ad Hebr.

Tamże.

Hom. 32. in Epiſt. ad Rõ.

w Kan: SS. Apoſtoł. Piot. y Páw: Pieśń 9.

Apoc. 6.

Przećiwo ktorym piſmá Bożego/ y SS. Doktorow Cerkiewnych/ iáko y przećiwo ſámey przyrodzonego rozumu/ przez mie w Apologiey podáney ſłußnośći/ nic przyſtoynie/ poważnie y ſpráwiedliwie odpowiedźieć nie mogßy/ do potwarzy iákom y máło wyżey rzekł/ ná przywiedźione z S. Auguſtyná o poiedynkowym ſądźie świádectwo rzućiłeś ſię: y teraz ſię dźiwuieß/ że z ták wielkiego Doktorá Cerkiewnego ledwie ſię ná iedno świádectwo ſpoſobił. A bárziey máß ſię temu dźiwowáć/ że ty ná wſpárćie ſwego przećiwnego zdánia/ z tego Wielk. Cerkiewnego Doktorá/ ni ná iedno świádectwo ſpoſobić ſię nie mogłeś.

Dźiwuie ſię Antidotiſtá głupſtwu ſwemu.

Lepße moie iedno/ niż twoie ni iedno. Bo ia choć iedno/ mam iednák: á twoie ni iedno / nic ćie nie wſpiera. A to żemći do tego iednego / przydał y drugie / z wielkiego też Náucżyćielá Cerkiewnego/ Złotouſtego S. A mowi piſmo świete: Że in ore duorum vel trium teſtium ſtabit omne verbum. mieyże ná tych doſyć: máiąc z właſzcżá y z piſmá s. o tym świádectwá iáwne iáſne y wyráźne. Że ábowiem zboycá ieſt w Ráiu/ ieſt to iemu præmium: á że Bogacz ieſt w piekle, ieſt mu to pæna. Z kąd Eccleſiaſticus Przy ſkońcżeniu, mowi: człowiecżym, odkryćie vcżynkow iego. y záś / Łácno mowi / ieſt przed Bogiem w dżień śmierći zápłáćić káżdemu, według drog iego. By dobrze tedy y ták było/ że ieſzcże duſze świete nie ſą doſkonále vbłogoſłáwione/ ták wy mowićie: przyznawáćie iednák że iuż ſą od cżęśći vbłogoſłáwione: Tedy y to od cżęśći ſtáło ſie im vbłogoſłáwienie bez ſądu być nie mogło: ále z wyroku Bożego/ y z ſądu iego pártikulárnego. Aby ták particularem retributionē, vprzedżáło Particulare iudicium. Poniewáż Nullo modo eſt credibile (iáko y ty przyznawáß) prius diſtribui præmia & pænas, quàm fiat iudicium.

2. Corinth. 13.

Luc. c. 23.

Ibid c. 16.

cap. 11.

Ibid.

Przyznawáiąc Schiſmátycy od cżęśći vbłogoſłáwienie duß przyznáć muſzą, że ſie to im z od wieſnego, to ieſt, partikulárnego ſądu ſtáie.

Przekłádáß przećiwo doſkonáley præmiorum retributiey świádectwo z Dámáſcená S. Wßákże Com cżi máło wyżey odpowiedźiał ná przywiedźione przez ćie z S. Złotouſtego Świádectwá/ toż miey odpowiedźiánie y ná to z S. Dámáſcená przełożone. Ktoremu nie ieſt w tey Kápitule o ſtánie duß z tego świátá zeßłych tu wypráwowániu Máteria: ále o nie przyznawániu ćiał zmártwychwſtánia. Co ſie ze wßyſtkiego tey Kápituły contextu iáśnie wiedźieć y widźieć dáie: Ktorą ták pocżyna / Wierzymy, mowi / y martwych wſtánie; Będźie ábowiem iśćie, będźie martwych wſtánie. A potym cżeſtokroć dwo iterniąc / ieśli niemáß smartwych

Bellar. lib. 2. De purg. c. 4.

Wyrozumienie práwe świádectwá z S. Dámáſcená od Antidotiſty Citowánego.

Lib. 4. c. 28.

wſtánia

wſtánia, w cżymże rożnimy od bydląt? Ieśli nie máß zmartwychwſtánia, ſzcżęśliwe być dźikie źwierzętá rzeczy, nie pierwołowity żywot máiące &c. Ieśli niemáß zmartwychwſtánia, tedy niemáß BOGA! Będźie tedy, będźie zmartwychwſtánie: BOG ábowiem ſpráwiedliwy ieſt: y tym ktorzy ná nim polegáią, odpłaycą ſie ſtáie. Y záraz to/ co ty z niego przywodźiß náwodźi mowiąc / *ieśli tedy duſzá ſámá w ćwicżeniu Cnot potykáłá ſie, ſámá y koronowána będźie: á ieśli ſámá tylo w roſkoſzách opływáłá, ni Cnoty ni złośći nie vcżyniłá duſzá bez ćiáłá: przeto ſłuſznie oboie oraz do odbieránia zápłáty ſą ſtworzone.*

Nie to tedy ſimpliciter náwodźi ten S. Doktor / że duſzá bez Ciáłá koronowána być nie może: ále z owo Conditia ieśli Ciáło zmártwych nie wſtánie. Zácżym, my ktorzy ćiał zmártwychwſtánie wierzymy/ y tey Conditiey nie podlegamy/ ſłuſznie wierzymy / że choć y duſzá y ćiáło do odbierániá zapłáty oraz oboie ſą ſtworzone: iednák duſzá zapłátę te odbiera pierwey, iák nieśmiertelna/ y zápłáty tey Capax: á Ciáło weźmie pod cżás ſwego zmártwychwſtánia. Potwierdza to tákie ſwoie zdánie ten S. Náucżyćiel owym. Co o Ioſáphácie Indiyſkim Krolewicu mowi / Táki żywot ten człowiek prowádźiwßy/ y ták ſwego wezwánia godne pracy temu/ ktory go wezwał oddawßy/ y ſobie świát/ á śiebie świátu vkrzyżowawßy w pokoiu do Bogá pokoiu idźie/ y do tego Páná/ Ktorego záwżdy pożądał odchodźi: y obliczu Páná ſwego iáśnie y cżyſto præſentuie ſie: y iego ſławy iuż dawno przed tym obiecána ſobie korona/ zwycięzko dobiony bywa. y Páná Chriſtuſá widźieć godnym ſie ſtáie / z Ktorego pięknośći záwße weſeli ſie. Ieſt tedy z tąd iáwno. że ten S. náucżyćiel / y w Onym przez ćię przywiedźionym

Zdánie Dámáſcená S. o poſtánowieniu duß z tego świátá zeßłych.

In Vita eius.

onym

tym świádectwie/ nie tego nie przyznawa/ áby duſze świete nie miáły być bez ćiáłá vbłogoſłáwione: ponieważ to vbłogoſłáwienie/ y vkoronowánie Ioſáphátowey y Bárłáámowey duſzy iáwnie y iáśnie przyznawa. Ale tá Conditia ten S. mowi to/ iákom rzekł/ że ieśli ćiáłá nigdy zmartwych nie wſtáną: tedy y duſzá nigdy koronowána nie będźie. Ieśliż według tego S. iuż ſą vkoronowáne duſze tedy ſie to im ſtáło z Sadu Bożego: á Sadu pártikulárnego. Zátym/ gdy ty mowiſz/ że duſze bywáią prowádzone ná mieyſcá pewne bez zápłáty y bez karánia: á Dámáſcen S. mowi/ że Iozáphátowá duſzá korona ſławy iuż ieſt vkoronowána: Co mowia y inſzy náuczyćiele Cerkiewni o inſzych duſzách świetych: Przychodźi mnie owym dáć widrę iáko świetym Bożym: á tobie w tym iáko Schiſmátykowi falſz zádáć; y to ná tobie przewiedźione zá pozwoleniem tychże Swietych/ y zá twym właſnym wyznániem/ otrzymáć/ że ieſt ſad pártikulárny. ktory y ty ſam y rzeczą y ſłowy przyznawaſz/ gdy mowiſz że zá zrządzeniem Bożym duſze bywáią prowádzone ná mieyſcá pewne. Ia to zrządzenie Boſkie/ Sadem pártikulárnym názywam: zá ktorym náſtepuie impreſsio zapłáty y karánia/ według ćiebie particulariter, á według mnie totaliter: náſtepuie iednák. y by niwczym inſzym/ tedy w tym ſámym impreſsio præmij znáć ſie ma/ że owe odſyłáne bywáią ná mieyſcá roſkoſzne: A owe ná mieyſcá ſmutne. Iáko wiec czyni káżdy ſedźia/ nim oſadźi winnego generaliter, według winy iego ná karánie/ ktore záſłużył: priuatim go w ſobie ſadźi/ gdy go do więźienia wziąć każe. A bez tákiego ſadu ni ſedźia kazáć ni winny iśdź do więźienia nie może.

Schiſmátycy ſad poiedynkowy y ſłowy wyznawáią, y rzeczą wierzą: á iednak przećiwo niemu (grzeſząc przećiw Duchowi S.) mowią.

Co też támże záraz/ ná żądáne ode mnie odpowiádaſz: że gdy zbowcy rzeczono było / *Dźiś ze mną bedźieſz w Ráiu:*

Luc. c. 23.

Ráiu: á Iudaſzowi/ *biádá temu człowiekowi, przez ktorego Syn człowieczy bedźie wydány:* nie był to/ mowiſz ſad/ ále tylko opowiádánie tego/ czego godni byli/ zá ſwe ſpráwy. Coż ty proſze ćie inſzego ten poiedynkowy ſad być rozumieſz/ ieśli nie ſáme oznáymienie tego/ czego ktora duſzá godna ieſt zá ſwe ſpráwy? Sámá záraz duſzá w ſobie obaczy/ ábo złośći ſwe ábo dobroći: á P. Bog opowiáda iey/ Ty zá ſwe dobroći idź do Ráiu ná vżywánie roſkoſzy: á ty zá ſwe złośći idź do Adu/ ná ćierpienie karánia. A to ieſt iey ſad Pártikulárny. Czemuż ſie temu przećiwiſz obłudniku vpornie/ co y ſłowy y rzeczą ſámo być przyznawaſz? To ma bezecny vpor własność/ że y obaczoney/ y wyznáney rzeczy widźieć y przyznáć nie dopuſzcza. Rozum wáſz głupi/ vporni ludźie/ łácno ſie przekonywa/ ále vpor trudno. idźćieſz zá nim vel ad ſtygias tenebras, dokad ſie wam podoba: ieśli nie chcećie in perpetuam lucem, do Bogá.

Mate. c. 14.

Nákoniec: nie vfáiac (bo nie było czemu) przyrodzonego rozumu ſwego dowodom: y obłudnie ná ſtwierdzenie ich z piſmá Bożego y z SS. Doktorow Cerkiewnych Złotouſtego/ y Dámáſcená przywiedźiony świádectwom. Vdáleś ſie po zámknienie błedu ſwego nie máłego/ do błedu wietſzego: y wołaſz ná mie/ że tá Sad poiedynkowy ſtánowiac/ nie Zyzániego znoſze/ ále Láctántiuſzá/ ktorego (ábyś ten ſwoy błąd iego błedem vſowitował/) głupie w tey mierze wynoſzac/ owo z niego przywodźiſz: Ne quiſquam putet, animas poſt mortem protinus iudicari, &c. Niech żaden nie rozumie/ áby duſze po śmierći záraz ſadzone były: gdyż wſzyſtkie pod iedną poſpolitą ſtrażą zátrzymáne bywáią: Aż czás przyydźie: w ktory Nawyżſzy Sedźia zaſług vczyni ráchunek. A toż to pánie Práwoſławniku Cerkiewne Kátholickie

Błąd Hæretycki ſproſny Antidotiſty Schiſmátiká.

Lact. de diuino Principio: lib. 7. cap. 11.

lickie iest Dogmá; y z tey że to tákiey náuki Láktántinß w ćiebie ná ták wielkie y wysokie Enkomia záslużył: że go wielkim meżem y Doktorem/ świecą y Filarem dawnym Kośćiołá Zachodnego być głosiß & Slepyś Schismátyku y ná ćiáłá twego y ná duße twey oczy zácżym sie/ po teź o zbáwiennych Dogmátách sadźiß. By ten Doktor (pace tanti Doctoris) obłednie był nie wierzył/ że wßytkie y dobre y złe/ spráwiedliwe/ y grzeßne duße/ po zeyśćiu z tego świátá: ná iedno mieysce sie kupia/ y ná nim iák pod strażą iáka wßytkim pospolita/ aż do Sądnego dniá zátrzymawáne bywáią: nigdy by był tego nie rzekł/ Niech żaden nie rozumie/ aby po śmierći zá raz duße sądzone były. Boby Sámá mieysc rożność Sąd poiedynkowy wyznáć vmowiłá go/ zá ktorego wyrokiem spráwiedliwe duße ßłyby ná mieysce Inße: á duße grzeßne ná inße. Leć rozumieiac/ że wßytkie duße ná iedno sie mieysce zbieráią: rozumiał też y to że sie to im bez żadnęg Sądu przytráfia: iák wßytkim iedna y tak drogá ná iedno y toż mieysce pod pospolita straż odchodzącym. Co z tym Doktorem Sądu pártikulárneg nie przyznawáiąc/ rad nie rad y ty popádáć musiß.

Glupi Argument Antidotisty Schismátyká.

Zkad káżdy Práwowierny/ nie tylko Zyzániego w tey mierze/ ále y ćiebie/ iák stárych błedow odnowićielá gánić będźie. y Owey twey bezrozumney Argumentáciey náśmieie sie/ Co mowiß: *niemáß poiedynkowego Sądu w Kredźie wyrázonego: przetoż go y niemáß.* Bo ták árgumentuią Hæretycy: nie położyli SS. Oycowie w Symbolum Wiáry/ zstąpił do piekłá. Przetoż P. Christus do piekłá nie zstępował niemáß z Symbolum Wiáry że sie Pan Christus Krzćił: przetoż Pan Christus nie był Krzczony y tym podobne. Nie dźiw tedy/ że ty phrenesi errorum Captus Doctor, in Aconitico tuo isto An-

ridoto

ridoto pártikulárnego Sądu nie przyznawaß: poniewaz wierzyß/ że wßytkie duße y Spráwiedliwe y grzeßne/ y pogáńskie y Chrześciáńskie/ y zbożne y niezbożne/ y Kátholickie y Hæretyckie/ Gdźieś do Jákieyś turmy/ iákoby do onego podźiemnego Plutonowego mießkánia przez Charonow przewoz duce infernali Furia zlatáią sie. Bo ieslibyś ie ná rożnych mieyscách być wyznawał: spráwiedliwe w Ráiu/ á grzeßne gdźie indźiey: Sąd poiedynkowy z potrzeby przyznáć byś musiał/ z ktorego wyroku/ iáko mowi Złotousty S. Owe duße ßłyby do Ráiu. á owe gdźiebyś rozumiał. Ale to/ chcąc euitare Syrtim, incidisti in Charybdim: vchyláiąc sie Sądu poiedynkowego/ Práwosławnym z Náuki Cerkiewney wstáwicznym wyznániu będącego/ wpadłeś w iáme sprosnego/ Nowego/ Rusi niesłycháneo błędu.

In cap. 16. Lucæ.

Gdźie y s kim SS. Duße pomießkáią Schismátycy.

Słuchayćie nie Vnitowie tego swego przemierzłego doktorá. Jeżeli nie posádźił duße Ablowey z Ráimowa/ Lotá z Sodomczykámi/ Piotrá Apostolá z Judaßem zdraycą/ Prorokow Bożych/ z Prorokámi Báálowymi/ Apostołow páná Christusowych z Apostołámi fałßywymi/ Męczennikow z tymi ktorzy ie męczyli/ Dźiewic z nierządnicámi/ Jáná Krzćićielá z Herodem/ Pánny náświetßey ze wßytkimi tymi: gdy mowi: że wßytkie duße/ pod iedna pospolita strażą/ áż do onego Sądnego dniá są zátrzymáne. Co iest błąd nowy/ ni Zyzániemu wáßemu/ ni Philáletowi/ ni Orthologowi nie słycháný. Tego pozdawßy iáko obacze/ będźie wiecey: bo tákie są przeklętey Schismy Owoce. Siedźćieß według tego wáßego wielkiego Doktorá náuki/ pod ta iedną pospolita strażą/ z Káimé/ z Sodomczykámi/ z Kore/ Dáthánem y Abironem/ z Judaßem zdraycą y z Jnßymi Krzyżownikámi Bożymi/ dokąd was ten wáß ślepy wodz

z sobą

z soba doprowádźił / y wy wszyscy Oycowie iego y Bráciat kiedy sie wam z nim ták rozumieć / wierzyć y wyznáwáć podoba. A my te wszytkie y tym podobne w piekielney Straży bydź przyznawszy / droga SS. Oycow Nászych idac / Ablá / Noego / Piotrá Apostolá / y wszytkie Swiete / ná niebie / przy Christusie Pánie / po zeysciu z tego świátá: za łáską y pomoca iego S. náleść wierzymy / wyznawamy / y spodziewamy sie. y mowimy ná to: Amen. Rzeczieś / ieśli temu swemu Doktorowi vfacie / ná to iego wyznánie / y wy sobie: Amen. A on wam przypiecie: secundum fidem vestram fiat vobis: według Wiáry wászey niech sie wam stánie.

Gadká Schismátykom.

Ná Rozdział Antidotu Schismátyckiego, V. wktorym wypráwuie Antidotista, ze niesłusznie zádáie Apologiar błąd Hæretycki Zizániemu, Gdy nie przynawa doskonáley zapłaty Duszom SS.

EXPOSTVLATIA V.

W ktorey pokázuie sie y wywodźi / iż nieprzyznawáć Dusze SS w niebie bydź y Doskonáłey szczęśliwości záżywáć / iest błąd Hæretycki.

Mowi

Mowi S. Grzegorz I. PP. Satanæ semper voluntas iniqua est, sed nunquam potestas iniusta: quia à semetipso voluntatem habet, sed potestatem à Deo. Rzekłbym był / że to ták po swey woli rospustnie szátan po tey Schismie Narodu nászego Ruskiego dziwy stroi: y co mu sie ieno podoba / w Schismátykách broi: zwodzi ie / mami / oszukawa / podplatywa / obala: błedy przez nie śieie: hærezye podnośi: bluźnierstwá ná Máyestat Boży rzuca: Wiáre práwosławna wyniszcza: Cerkiew Kátholicka prześláduie: Miłośniki / Wyznawce y obrońce prawdy Bożey zniewaza / łży / sromoći / potwarza / y w niemiłość do Bogá y do ludźi podáć vśiluie. Ale ponieważ ieno wola iest szátánowi / áby to czynił / á władza / że to czyni / iest od Bogá: Ktory mu tego dopuszcza: nie rzekę tego: owo tylo mowię / Iustus es Domine & iusta sunt iudicia tua.

Lib. 2. Moral.

Złego swego ták wnętrznego iák y zewnętrznego przyczyna, sámi sa Schismátycy.

Dźieieli sie to w Ktorey sekćie Hæretyckiey y nayspróśnieyszey / Co sie w tey Bogu y ludźiom dobrym przemierzłey Schismie dźieie: áby Wiáry ich opinie przez ludźie nikczemne do podzoru miedzy nimi w Wierze roznośći / y do zniewagi Zborzyská ich były podawáne: Iák kiedy gdźie miedzy rospustna háłástra w sámopásnym domie zápásy ná swoie szkode chodźić nie bywa bronno: Ták w Schismie tey poiedynki stroić z obráza Máyestatu Bożego / z zniewaga zbáwienney prawdy iego / y z vtráta wszytkich ich zbáwienia / káżdemu wolno. Ludźie ábowiem ći / Ktorzy z gránic Cerkwie P. Christusowey wypádli / żadnymi gránicámi vtrzymáni bydź nie mogą. áby ták przez co zgrzeszyli / przez to y sámi od P. Bogá byli karáni. Wiádomo to iák z Zizániow ich / Philaletow / Orthologow / Klerykow / y tym podobnych / ták y

Psalm. 118.

Schismátycy w Wiáry Dogmátách sámi z soba nie zgadzáia sie.

z tego Antidotisty: Ktory poiedynkuie z swey woli/ iáko sie oświádcza/ á iednák ku wielu dusz prostych/ sprawy tey poiać nie mogacych zátráceniu. Ktory Oświadcza sie w tym swym Antidoćie z tym/ iż nie imieniem wszytkiey swey Schismy/ ále sam od siebie ná to mieysce o Wiáry dogmatá szránkowáć wystapił. Jákoby rzekac/ gdy wygram/ sam pochwałe odniose: gdy przegram háńby ná Schisme moie nie nániose. Ano nie ták. w założku priwatnym idźie to/ że kto guz ná sobie odnieśie/ ten go w zysku swego poiedynku sam y nosi. A gdźie kto od wszytkiego Woyská/ od cáłego Krolestwá lub Xiestwá poiedynkuie/ tám bywa/ że on ábo zdrowiem nakłáda/ ábo y żywotem płacze tuie/ á inszy wszyscy zá iego vpadkiem Hołd przećiwney stronie popadáia. Co y tu Ecclesia iudice, veritate instigatore, & supremo seculari brachio exequutore, iurè, iustè, piè, stáćby sie miáło. Wystapiłem ia ku obronie zbáwiennych Dogmat ná plác poiedynku. A wystapiłem nie sam z śiebie/ áni sam od śiebie/ iák mie ten obłudny Antidotystá opácznie vdáie/ ále zá zezwoleniem/ pozwoleniem y błogosłáwieństwem stárszych: y nie sam od śiebie/ ále od wszytkiey Swietey Cerkwie Wschodney/ przećiwo Herezośiewcom Zyzániom/ Philáletom/ Orthologom/ Klerykom/ y tym podobnym. Przećiwo mnie iuż to drugi Schismátycki Hercerz wysádza sie/ z pogrożka po sobie y trzećiego iákiegoś olbrzymá ludoiádá. Ale da Bog chupáwe te Goliathy miáłká Dawidowá proca położy. Prawdy ábowiem sam P. Bog obrońca. człowiekowi też o nie zástáwiáć sie/ y łácna rzecz y vćieszna.

Potwarza Antidotystá śś. Doktory Cerkiewne.

Wstapiwszy tedy ten Antidotistá w tym piatym Rozdźiale w obrone błedu Zyzániego owego/ *Ze Dusze Swięte ieszcze nie sa vbłogosłáwione*: przypisuie ten bład

Dokto-

Doktorom wielkim y świetym Cerkiewnym/ iákoby Zizáni z ich to náuki miał/ w czym bładźił. A że y ten Antidotystá y Zyzáni Krzywde czynia w tym świetym Doktorom Cerkwiewnym/ błedem ie tym sprosnym pomawiáiac/ dálei ia o tym dostáteczny wywod z pismá świetego y z náuki Náuczyćielow Cerkiewnych w Apologiey moiey: y w przeszłey czwartey Expostulátiey. Dáie zá pomoca Boża y tu.

Powod idsiey iż Zizáni Dusze SS. od przytomnośći Bożey oddala.

Mowi Antidotistá/ *że sie to w pismách Zizániego nie náyduie, áby on Dusze Swięte odłaczał od Páná Bogá: ále tylko nie przyznawa zapłáty Duszom Swiętym doskonáłey.* A ia mowie/ iż Zyzáni nie tylko zapłáty Duszom Swietym doskonáłey nie przyznawa: ále prosto wyráznymi słowy powiáda/ *że nie sa w niebie: nie sa z Pánem Christusem: że gdźie iest Pan CHristus, tám one ieszcze nie dostapiły. A ieśli sa z Pánem Christusem, tedy ták,* mowi/ *sa y iák były ná tym świećie: wiára y nádźieia.* To sa słowá Zyzániowe. Tu rozsadźi czytelnik káżdy miedzy mna y toba: miedzy moia prawda y twoia nieprawda Antidotysto/ ieżeli nie ták dáleko Zyzáni twoy odsadza dusze SS. od Páná Bogá/ iák były odlegle od niego/ kiedy y w ćiele były. y ieżeli ich nie odłacza od Páná Bogá/ gdy ie od przytomnośći P. Christusowey oddala ták dáleko/ iák iest dálekie niebo od źiemie. y ieżeli zostáwuie im iáka insza roskosz y vćieche nád te/ ktora tu w ćiáłách miáły/ gdy im przez wiáre tylko y nádźieie P. Christusá przytomnym być zostáwuie/ iák przytomnym był im y tu w ćiele. Bładźi tedy y Zizáni twoy y ty z nim pospołu: Ktorzy z Cerkwia Páná Christusowa/ y ze wszytkimi iey Swietymi Wschodnymi y Zachodnymi Náuczyćielmi wyznáwáć nie chcećie/ że Dusze świete sa w niebie: sa z Pánem Christusem przytomnie: y widza go nie wiára y

Fol: 9.

Fol: 14.

nádźieia/

nádźieią/ iáko go tu ná ziemi widźiáły w ćiáłách ále twarzą w twarz: y ktora oná niebieska vblogosłáwione y vkoronowáne/ zázywáiąc rádośći y vćiech niewymownych/ z wiekow dla nich zgotowánych: cżekáiąc przy nim ná ćiał swych zmartwychwstánie/ y ná doskonáłe cáłeg człowieká vblogosłáwienie. Ktore sie im pod ony stráwny strásznego Sądu dźień/ od Sędźi Christá Páná stánie.

Fortelny Discurs Antidotisty Schismátyká.

Dáley w obronie tego swego błędu postępuiąc/ to Affirmuie/ czego mu nikt nie neguie że P. Christus/ ile Bog/ iest przytomny człowiekowi káżdemu iáko Stworzyćiel y przemyślnik y dáwcá łáski według káżdeg sposobnośći. A przytomność tego ile iest człowiek/ według ktorego ná samym tym mieyscu iest ná ktorym po wstąpieniu ná niebo/ náprawicy Bogá Oycá vśiadł/ w milczeniu podstępnie zágrzebł. Podstępnie/ mowię/ iż przytomność P. Christusowá iáko Bogá/ z przytomnośćią iego iáko człowieczo mieszá: y Bozka według ktorey iest wszędźie/ Miáste człowieczey/ według ktorey iest tylo ná niebie/ subdolè pokłáda.

Glupi discurs Antidotisty Schism.

Chćieyżeno y ty sam Schismátycki Narodźie Ruski tego swego przemierzłego Doktorá/ ktoryć ten pierwszego iádu pełny Antidot przygotował/ głupiemu w tym Rozdźiele/ o tym co to iest bydź z Christusem/ discursowi sie przypátrzyć/ á obacżysz że sie wstydźić będźiesz/ iáko to niktemnego masz w zbáwienia twego spráwie Prokurátorá/ Ktory w niey drwi iák ná mękách/ byle sie ieno mowiło/ choć nic do rzeczy. Wywodząc á bowiem Co to iest/ bydź z Christusem: Dźieli to słowo/ *bydź*: ná *bydź* simpliciter: y ná *bydź* iákoś inákor czego on nie wyraża. To záś/ bydź z Christusem simpliciter, Mowi iest bydź iáko z Bogiem. A tego nie dokłáda/ że bydź z Christusem/ iest też bydź iáko y z człowiekiem: poniewaž

Chri-

Christus iest/ Bogoczłowiek. y imie to Christus/ iest Jmie osoby nie istnośći. iáka mowy Confusia/ ábo Luterska wszędy bytność/ ábo Eutychiáńskie człowieczey nátury w Boską przemienienie niezbożnie stánowi.

Obludny Discurs Antidotysty Schism.

Potym záraz wypráwuie/ *że Bog ludźiom iest przytomny dwoiáko: naprzod iáko Stworzyćiel stworzeniu: á tákiego*, mowi/ *sposobu przytomnośćia zá żywotá y po śmierći dobrym y złym przytomny iest Christus. Drugim*, mowi/ *sposobem przytomność Christusowá iest iáko Bozka, nie tylko iáko Stworzyćielá, ále y iáko Oycá dobrotliwego.* Y tu przytomność Christusá Páná iáko człowieká/ zágrzebywa/ o ktora nam w tey máteryey idźie: poniewaž bydź z Christusem Páwel S. Apostoł pożądáiąc: nie dźieli Christusá Bogá od człowieká/ áni Christá człowieká od Bogá: iák ten Antidotistá to niezbożnie czyni: ále z Bogoczłowiekiem/ to iest z Bogiem y człowiekiem Pánem Christusem bydź pożąda.

Bluźnierski Discurs Antidotisty Schismátyká.

To ták przełożywszy Antidotistá/ náwodźi/ *iż gdy Błog: Apostoł Páwel mowi, chcę bydź z Christusem: nie prágnie áby był z nim iák stworzenie z Stworzyćielem: bo tákim sposobē y tu ná tym świećie był z Christusem. Nie prágnie áby był z nim y Drugim sposobē* simpliciter. *Poniewaž záwsze táką przytomność onego przy sobie miał.* Pátrzże Schismátyku iáka to niezbożność tego twe° Doktorá/ iákie bluźnierstwo: wkłádáć ná tego S. Apostołá/ iákoby on prágnąc bydź z Christusem/ nie prágnął bydź z nim iáko stworzenie z Stworzyćielē: áni iáko Syn z Oycē: A iákby prágnął/ tego nie wyraża. Kto ták będźie bez rozumny/ á práwie szalony/ áby nie miał przyznáć/ (czego ten niezbożnik nie przyznawa) áby S. Apostoł Páwel prágnąc bydź z Christusem/ nie prágnął bydź z nim iáko stworzenie z Stworzyćielem: y iák Syn z Oycem? Coż może bydź naymnieyszego/ nay-

poczći-

poczćiwszego / y naypożądáńszego człowiekowi / iák pożądáć y prágnąć bydź mu z Pánem Bogiem / iák stworzeniu z Stworzyćielem: y iák Synowi z Oycem? Może
śie człowiekowi dáć co od Páná Bogá poczćiwszeg y zná-
mienitszego nád to / Co mu iest dano / że iest Synem Bożym? Może y człowiek czego wietszego y známienitsze-
go v Páná Bogá pożądáć y prágnąć nád to / żeby był
przytomny BOgu Oycu? nigdy nic; v owszem oto śie
to ten S. Apostoł ták prácowito y vbijał: o to przez
wszytek swoy żywot ták pieczołowito stárał śie / áby z P.
Bogiem był / áby był z Pánem Christusem Bogoczło-
wiekiem / iák stworzenie z swym Stworzyćielem / y iák
Syn z Oycem: Tego pożądał / tego prágnął. y ácz był
mu P. Christus y iáko Stworzyćiel stworzeniu swemu /
y iáko Oćiec Synowi swemu przytomny: z czego śie ten
S. Apostoł ćieszył y chlubił / głosząc o sobie / *że w nim żył
Pan Christus*; y że też *on żył Bogu w Pánu Christuśie: w nim
śie y ruszał y był*. y choć to iuż miał / że y żył w Pánu Christuśie / y był w nim: ále był opodal / był przez zasłonę:
był w nim przez wiárę y nádźieię: prágnął iednák áby
był z nim nowym sposobem / blizkoć áby go widźiał twá-
rzą w twarz: áby sámey wierzoney y spodźiewáney rzeczy istotnie záżywał / to iest / áby był z nim y iák stworzenie z swym Stworzyćielem / y iák sługá z Pánem / y iák
Syn z Oycem: ále nie ták dáleko / iák daleko był ná ten
czás / kiedy był w ćiele: kiedy tego prágnął: Lecz áby był
z nim bliżey: áby był z nim przytomnie: áby támże był
gdźie iest Pan Christus: áby był z nim nie przez zasłonę
iáką / áni przez wiárę: ále twárzą w twarz: iák są z nim
Anyołowie iego / y Dusze Swięte Przodkow iego tych /
Ktorzy śie P. Bogu podobáli. Zkąd Błogi: Złotousty /
Iusti, inquit, siue hic, siue in futuro sæculo fuerint, cum Re-

ge sunt,

Iák prágnął S. Apostoł Páweł bydź z Christusem.

Gal. 2.
Rom. 6.
Act. 17.

1. Cor. 13.

Hom. 3. in Epist. ad Philip

ge sunt, illic tamen magis & propius: non per ingressum
ac fidem, sed facie ad faciem. *Spráwiedliwi*, mowi / *choć
tu są, choć ná ony świát przeydą, z Krolem są: tám iednák bárziey y bliżey: nie przez weyśćie y wiárę, ále twarzą w twarz.* y tu tedy był S. Apostoł Páweł / z Pánem
Christusem: ále tám bárziey y bliżey bydź z nim prágnął.

To ták ten bluźnierz náwiodszy / obiectią przytomnośći / mowiąc; *Rzeczesz, Poniewaź z tego świátá zeszłe Swięte Dusze tákże są bez ćiáłá przytomne Pánu Christusowi y
tákże im iest przytomny Pan CHristus, iák był im przytomny on, y one iemu tu ná tym świećie w ćiele, tedy żadney rożnicy nie máią te Swięte Dusze z przytomnośći Páná Christusowey po wyśćiu z ćiáłá, od tey ktorą mieli w ćiele:
y od nászych duß w ćiele iescze będących:* Te obiectią sam-
że ták solwuie. *Odpowiemći*, mowi / *że to iest prawdá,
iż względem przytomnośći pierwszey:* [to iest / iák iest P.
Bog przytomny / stworzeniu swemu iáko Stworzyćiel:]
y wtorey: [to iest / iák iest Pan Bog przytomny stworzeniu swemu iák Synom Oćiec:] *nie máią rożnicy od nas.
Ale máią rożność względem stopniow wtorey przytomnośći: iż Duszom Swiętym BOG przytomny iest iáko Stworzyćiel stworzeniu, y iáko Oćiec Synom więtszey łáskawośći
niż nam:* Poniewaź, mowi / *Drogá násza iest w niebespieczeństwie, żywot w wywołániu, á koniec w wątpliwośći.
A one od tego wszytkiego iuż są wolne. záczym Coś więtszego nád nas máią: ále iednák nie doskonále bez nas: Tegdy doskonáłą zapłátę przyimą, kiedy śie liczbá spełni wybránych Bożych.*

Pytamże ćię márny Schismátyku co to zá więtsza
łáskáwość Boża ku Duszom z tego świátá zeszłym świetym / niż ku Duszom świętym ná tym iescze świećie bo-
iuiącym / że owych drogá iest w niebespieczeństwie / Ży-

wot

Discurs niezbożny Antidotisty Schismátyká.

O łáskáwośći Bożey ku człowiekowi Discurs pobo-

ìny Kátho-licki.

wot w wywołániu/ á koniec w wątpliwośći: á one iuż ćego o wßytkiego vßły? Zaż nie táż y iedna łáſkáwośćia Pan Bog chce/ y dáie y pomaga owym/ áby tego troigá vßły/ ktora onym chćiał y dał y pomogł/ że tego troigá vßły? y choć tá łáſká tá Boża nád onymi Swietymi/ iuż ſie wykonáłá/ á nád owymi ießcże ſie wykonywa: łá-ſkáwośći to iednák w BOgu ni wietßey ku onym/ ni mnieyßey ku owym nie czyni. Spráwiedliwy ieſt Pan Bog/ rowney ku wßytkim miłośći/ y iedney ku wßytkim łáſkáwośći: Ktora człowiek ſobie w ſobie mnożyć y więtßyć/ málić y mnieyßyć może: á w Bogu oná w ie-dney y teyże porze záwżdy nieporußona ſtoi. Nie te prze-to Duße świete z tego świátá zeßłe/ od duß ná tym świećie w ćiele P. Chriſtuſowi boiuiacych rożnicę máia/ o ktorey ſie tobie śni: ále ktorey Páwel S. prágnał/ y doſtąpił: że bywßy dálekim od Chriſtá Páná/ ſtał ſie mu bliżkim by-wßy odległym/ ſtał ſie mu przytomnym: widźiawßy go iák przez zwierćiádło pod záſłoną/ widźi go teraz twá-rzą w twarz.

w Diſcurſach wáwyż poło-żonych Antidotiſtá ma rzeki ſłow, á w tym mani krople.

A to ieſt ten twego Doktorá o tym ſłowie/ *byćż z Chriſtuſem* bluźnierſki diſcurs. Pytamże ia iuż ćiebie Prze-zacny narodźie Ruſki/ czegoż ſie ty/ o poſtánowieniu duß z tego świátá zeßłych świętych od tego ſwego przemier-złego Doktorá/ w tych ták długich iego ſłowách náu-czył? Powiedz mi Co to on práwi/ *byćż* ſimpliciter z Chriſtuſem: y *byćż iáko ináko?* Náucz mie Co to on mowi/ Nie prágnie Páwel Apoſtoł/ áby był z Chriſtu-ſem iáko ſtworzenie z Stworzyćielem/ áni iáko Syn z Oycem? Roſpraw mi/ Co to mieć chce/ gdy mowi/ że *PAN CHriſtus y iáko Stworzyćiel ſtworzeniu y iák Oćiec Synowi, y tu n[a] tym świećie był, y tám ná onym świećie ieſt T[ą]... świętemu?* y Cboim tym ſpoſobem tu ná

źiemi

źiemi Páwel Apoſtoł był z Chriſtuſem? y co to ieſt/ że duſzá Páwłá S. nie ma rożnice od duß naßych/ ile do przytomnośći Páná Chriſtuſowey oboiákim ſpoſobem wźiętey: á ma tylko rożność względem ſtopniow wtorey przytomnośći? Coż tym ſwym diſcurſem Apoſtolſkiey S. Dußy zoſtáwił/ nád Duße świeta w ćiele będąca Ká-thelicka? My zás iemu/ y wßytkim wam ukázuiemy/ że ten ktory to mowił o ſwey dußy/ via noſtra eſt in pe-riculo, vita in exilio, & finis in dubio: O Páwłowey du-ßy mowi/ *że on w zádwyceniu ſwym do niebá widźiał iſtność Bożą*, ieſliż w ćiele? pogotowiu bez ćiáłá. A o inßych świetych Dußách; *ßczęśliwa*, mowi/ *tá duſzá ieſt, Ktora od źiemnego ćiáłá rozlączona, wolna ná niebo idźie; beſpie-czna ieſt, y ſpokoyna: nie boi ſie nieprzyiáćielá, áni śmierći: ma ábowiem przytomnego, y widźi beſprzeſtánku napięknie-yßego Páná, ktoremu ſłużyłá, ktorego miłowáłá: y do ktore-go iuż iuż weſoła y ſławna doßłá.* Nie te tedy tylko ro-żność ten świety kłádźie miedzy Dußámi świetymi z te-go świátá zeßłymi/ y dußámi w ćiele zoſtáiacymi/ kto-rą ten wáß premudry Doktor námienił: ále oto powiá-dá/ że Duße Swiete wyßedßy z ćiáłá/ idą nie do Ráiu źie-mnego/ ále ná niebo; y ná nim do Chriſtuſá Páná przy-chodzą: nie ná beſpiecżeńſtwo tylko/ y ſpokoyność/ ále ná przytomność y ná widzenie Páná ſwego: Ná rádość vſtáwiczną/ y ná rozkoßne náſycenie ſie pięknośći P. Chri-ſtuſowey. Ták ten Swiety o poſtánowieniu z tego świá-tá zeßłych SS. Duß rozumie/ ták rozumie Swięta Po-wßechna Apoſtolſka Cerkiew: nie po Hæretycku áni po Schiſmátycku/ ále po Katholicku. Ták wedlug náuki S. Wſchodney Cerkwie y wam wierzyć należy/ ponie-waż ták w Cerkiewnych wáßych náukách wyznawaćie? Chcećieli/ abyśćie to ſercem wierzyli ku ſpráwiedliwo-

Auguſtyn S. o Dußy Pá-włá Apoſtolá

Idem. Epiſt. 5.

lib. Meditat: cap. 22.

Rom. 10.

I

śći/ Co

731

ści / Co rzyy wáßemi wyznawácie ku zbáwieniu. Ináczey: Serce od vst rozróżnione máiąc / podobni bedźiećie mężowi vmysłu dwoistego / Ktory niestáteczny iest we wßech drogách swoich.

Iac. 1.

Ták ten swoy o stánie Duß świętych z tego świátá zeßłych discurs Antidotistá wypráwiwßy / pyta mie / *iákim sposobem Páwel Apostoł z Christusem bydź prágnie?* y odpowiáda sobie sam zá mie / *nie inácey* mowi / *tylo iák stworzenie z Stworzyćielem: y iák Syn z Oycem.* Ale mu ia tey odpowiedźi / iáko głupiey nie pozwalam. Poniewaź On rozumie że Páwel Apostoł z Pánem Christusem prágnie bydź tylo iáko z Bogiem: á ia rozumiem, że prágnie bydź iáko y z człowiekiem: Ktore człowieczą przytomność ograniczona iest ná niebie tym Mieyscem / ná ktorym vsiadł wstąpiwßy ná niebo. y ná to iego pytánie ták my sam zá śiebie odpowiádam / że Páwel S. máiąc iuż Páná Christusá sobie przytomnego iáko Stworzyćielá / y iáko Oycá / y sam wzáiemnie przytomny iemu będąc iáko stworzenie y syn: nie potrzebował też prágnąc tákim sposobem też mieć / Co iuż miał / iákim miał: ale potrzebował y prágnął nowy sposobá śiebie mieć przytomny P. Christusowi / nie tylo iáko Bogu / ále y iáko człowiekowi. A że Christus Pan ile człowiek ná niebie tylo iest dokąd wstąpił / á nie gdźie indźiey: tám przeto z Christusá bydź y Błog. Apostoł Páwel prágnął. Czemu S. Złotousty świádectwo wydáiąc / mowi o Páwle S. Quid ais Paule, &c. *Co mowiß Páwle? Gdy z tąd odchodzie ná niebo* [słyßyß Schismátyku co Złotousty S. mowi o S. Páwle /] Gdy mowi / ztąd odchodząc ná niebo [ná niebo mowi / á nie do Ráiu źiemnego] *przyść maß, y z Christusem bydź, nie wieß Cobyś obrał?* Jáśnie tu y wyráźnymi słowy ten S. Doktor Cerkiewny dáie wiedźieć / iákiey przytomnośći

O tym, iák Páwel S. Apostoł z Christusem bydź prágnął, Dissers Kátholicki.

Hom. 4. in Epist. ad Philip.

Páná

Páná Christusowey Páwel S. prágnął. y że nie do Ráiu źiemskiego odeyść prágnął Páná Christusá widźieć / ále ná niebo: y nie iáko BOgu tylo bydź mu przytomnym / ále y iáko człowiekowi. Jáko więc pospolićie Duße Swiętych wybránych Bożych Bogu przytomne S. Cerkiew náßá Wschodna w hymnách swych bydź náucza: y my wierzymy y wyznawamy. w słowách tey náuki Swiętych Oycow náßych / Tropow áni Figur / iáko ty głupie in luce magis quàm talpa cæcutiens czyniß / nie ßukamy.

To pytánie mnie zádawßy / y ták zá mie sobie odpowiedźiawßy / z śiebie náwodźi: *A ia, mowi / tobie odpowiádam, że tákim oboim sposobem, to iest, y iák stworzenie z Stworzyćielem, y iák Syn z Oycem, tu ná źiemi mießkáiąc był Páwel S. z Christusem.* Jeśliż ná to ták odpowiedaß / y ták bydź to przyznawaß: czemuż tego nie wyznaß / że iuż to oboie máiąc S. Apostoł Páwel / Coż nowego dostąpić pożadał? Bo bydź z Christusem / á bydź z nim prágnąć / nowy bytiá sposob w prágnieniu bydź vkázuie. Jeśli iuż miał / że był z P. Christusem / y że z nim był P. Christus iák Stworzyćiel z swym stworzeniem / y iák Oćiec z swym Synem: czemuż nie wyrażaß Obłudniku / czego więc ten S. Apostoł prágnął / kiedy z ćiáłem rozwiązáć śie á z Pánem Christusem bydź prágnął? A poniewaź ty obłuda y ßatáńskim vporem záślepiony tego nie wyrażaß / ia wyrażam y z SS. Złotoustym / y Augustynem mowię / Był ten S. Apostoł z Pánem Christusem / kiedy bydź z nich prágnął: Ale był ták dáleko / iák iest dálekie niebo od źiemie: á prágnął bydź bliżey / áby był z nim ná niebie: áby stał przed Máyestatem iego przytomny: A wespoł z Anyołámi y ze wßytkimi Swię-

Nie wie Antidotistá co mowi.

Vbi supra

Apoc. c. 7.

tymi

tymi pátrząc ná przekrasną twarz iego/ służył mu obecny we dnie y w nocy.

Po wßytkim tym/ iákobyś Bożey y ludzkiey náuce w tey máteriey przeciwnego co ná mię przewiodł/ inwectiwę ná mię czyniß. potwarzaß mię/ ábym przez to moie Kátholickie wyznánie bluźnił Máyestat Boży. A ty sam y bluźnierca y Schismátyk y Hæretyk/ iák z wielu inßych błedow twych Hæretyckich/ ták y z owey sámey Hæretyckiey opiniey/ ktorą ty bluźnierśko wyrzygaß/ *gdy rzecz tę śmiechu godną być powiedaß, áby Duße Swięte tám być miáły, gdźie iest Pan Christus według ćiáłá.* O niezbożna głowo/ zawiedźiony rozumie/ iezyku bluźnierśki/ do tegoż ćię Schismátyckie ßaleństwo przywiodło/ że sie iuż z zbáwiennych S. Wschodniey Cerkwie Wiáry dogmat bez wstydu nászczewáß. Słuchayże ieno tu Przezacny Narodźie Ruski swego tego niezbożnego wykretácza. Mowi ná mię/ *Miły rzecźniku, iáka to twoiá prostotá: iákie bluźnierstwo ná Boży Máyestat.* Słuchay Co zá bluźnierstwo. *Bluźniß,* mowi/ *Máyestat Boży, gdy powiádaß że Christus nie iest przytomny w Ráiu ziemnym.* To ten twoy bluźnierca. w ktorych kilku słowách popada záraz y kłamstwo y bluźnierstwo. Bo ieśli przytomny w Ráiu ziemny być teraz powiáda P. Christusá/ iáko człowieká/ czego ia nie przyznawam: tedy on ná P. Christusá bluźni. Ieśli iáko Bogá/ Co ia przyznawam: tedy on ná mię kłámie. Záś mowi ná mię/ *iáką dobroć oná przedwieczna y wßedźie będąca y wßytko nápełniáiąca ćierpi y dopuszcza siebie bluźnić?* Słuchayże co y tu mnie zá bluźnierstwo. *Azáli,* mowi/ *nie ták iest Pan Bog przytomny w niebie, iáko y w Ráiu ziemskim y náwodźi. Smiechu by tá rzecz byłá godná, tám duße wiernych wyznawáć być, gdźie Christus według ćiáłá tylo iest. Gdyż Christus według Ciáłá y tu ná ziemi, iest w Sákrámencie.*

Bluźni Antidotistá Schismátyk.

Kłáma Antidotistá y bluźni.

Odpowiádam: Ieśli twierdźi/ że ták iest Pan Christus człowiek iáko y Bog w Ráiu ziemnym: czego ia nieprzyznawam: tedy to ná Páná Bogá bluźnierstwo. Ieśliż tylo iáko Bogá: co ia wyznawam: tedy to ná mię kłamstwo z ábym ia nie przyznawał ták być P. Bogá przytomnym w Ráiu ziemnym/ iák iest przytomny w niebie. Trzy tedy tu sprosne Hæretyckie błedy v tego bluźnierce táią sie pod tym discursem. Pierwßy Luteráński: ktory stánowi Christusá iáko człowieká być wßedźie przytomny. Drugi Eutichiáński: ktory rożnosć Przyrodzeni w Pánu Christuśie y ich własnośći znośi. Trzeći Nestoriáński: Ktory człowieká Christusá oddźiela od BOgá słowá: y iedność persony w nim dwoi. Bo bráć indistincte Christi nomen: & sub eodem Christi nomine vt & Dei, indiscrete tribuere Christo vt Homini Omnipræsentiam, iáko bluźniercá ten czyni: Vbiquitatis Luteranæ, & vnitatis naturarum Euthychetis Hæreticos errores est incurrere. Tákże stánowić gdźie Christá Páná tylo według ćiáłá być: co też ten bluźniercá czyni: iest Nestorij personarum dualitatis Hæresim ab inferis reuocare. Komuż tedy Antidotysto to twoie miłego nędzniká Scommá przyliczniey służy: tobie nędznemu łáski Bożey czczemu Hæretykowi lub mnie w łásce Bożey Kátholikowi: Komu dobroć oná przedwieczna wßedźie będąca y wßytko nápełniáiąca Cierpi/ y bluźnić siebie dopuszcza: Mnie práwosławnemu wyznawcy/ ábo tobie niezbożnemu bluźniercy? muta fiant labia tua blasphema. Niech omienieią vstá twe bluźnierśkie/ Ktore mowią ná Páná Bogá niespráwiedliwość.

Słuchayćież Schismátycy tego swego Doktorá bluźnierza Smiechu/ ieśli nie y Plagi godney náuki ktory iednego błedu broniąc iuż co drugi/ trzeći/ y czwarty/

Bluźni y kłáma po wtore Antidotistá.

Trzy błędy sprosne Hæretyckie Antidotistá w Cerkiew Schismátycką wprowadza, Nestoryáński, Eutichiáński, y Luteráński.

Schismátycy oślep idą ná zátrácenie

zá ſwymi ſlepymi wodzámi Kozłámi.

nowe y nieſłycháne błedy Hæretyckie w tym ſwem przeniiezłym Antidocie do was przeszła. O nieſczeſna Schiſmátycka Ruśi/ iáko ſie to nie czuieſz y czuć niechceſz: lub też ſpráwiedliwym gniewu Bożego ſadem pokárana bywſzy/ iuż ſie y czuć nie możeſz. Ják cie to Bogu brzydkim á duſzy twey wielce ſzkodliwym Antidotem ten nieuki Doktor záraża; á ty te trućizne miáſto lekárſtwa beſpiecznie połykaſz. *Smiechu*, mowi / *tá rzecz byłáby godná. Duſze Swięte tám bydź rozumieć, gdźie ieſt Chriſtus według ćiáłá.* O niezbedna nie śmiechu / ále płáczu godna Schiſmo. Ty to zbáwienne Dogma Kátholickie rzecza śmiechu godna názywaſz: á Złotouſty S. z Náuki piſmá S. náuczony/ nie ma tego zá rzecz śmiechu godna / gdy duſze S. Páwłá Apoſtołá ná niebie poſadza tám / gdźie ieſt Chriſtus według ćiáłá: Jże ieſt z nim nie przez Wiárę / ále twarza w twarz. że ieſt ná ſamym ſámym nawyżſzym niebie przy Máyeſtaćie Páná Chriſtuſowym/ gdźie ſa Cherubinowie y Seráphinowie. A nie tylko o duſzy S. Páwłá Apoſtołá ten S. Doktor ták rozumie wierzy y wyznawa/ y nas rozumieć wierzyć y wyznáwáć náucza/ ále y o wſzytkich ſpołecznie/ y o káżdey z oſobná Swietey Duſzy: że przez Anyoły bywáia nieśione proſto ná niebo / y przed Máyeſtatem Páná Chriſtuſowym poſtáwiáne. Toż z tym świetym Doktorem wierza y wyznawáia y inſzy náuczyćiele Cerkiewni: Ktorzy ſa nominatim przy ſwey náuce w Apologiey moiey położeni. Ktorzy o Swietych Duſzách z tego świátá zeſzłych iáſnymi y wyráźnymi słowy náuczáia że ſa w niebie/ przed Máyeſtatē Bożym; á z Anyołámi y Archányołámi obcuiac / widza Páná Bogá / iák widza go Anyołowie: widza Páná Chriſtuſá twarza w twarz. że iuż ſa vkorowáne y á vkoronowáne koronámi doſkonáłymi. że zá-

Hom. 4. in Epiſt. ad Philip. Ibid. Hom. 3.

Hom. 32. in Epiſt. ad Rom. Lib. 5. de Sacerdotio: & Sermone Encomiaſtici in omnes Sanctos.

żywáia

żywáia rádośći vćiech y roſkoſzy Króleſtwá niebieſkiego zupełnych y doſkonáłych.

Coż mowi ná to Antidotiſtá? *Chriſtus*, práwi/ *ieſt według ćiáłá w Sákrámenćie. Záczym ieśli duſze vmárłych ſa przy Chriſtuśie w niebie, iſćby zá tym miáło że przy nim y w Sákrámenćie bydź muśiáłyby.* Ná co temu obłudnikowi odpowiádam/ iż Duſze Swiete tám do Chriſtá P. ida gdźie on śiedźi ná Máyeſtáćie/ y Mieyſce Ciáłē ſwym nieodſtepnie záymuie: á gdźie y poczyna/ y przeſtáie Ciáło iego S. bydź bez záymowánia mieyſcá iáko w Sákrámēćie/ tám Chriſtá Páná ſzukáć/ ábo z mieyſcá ná mieyſce przenośić ſie duſzom nie potrzebá. Bo máiac go ná niebie/ máia go y bedacego w Sákrámenćie: iák tegoż y iednegż/ iednym tym mieyſcem/ ktore ma ná niebie/ ogárnionego. Tám go náyduia: tám przy nim y zoſtáia/ gdźie on áż do wtorego słáwnego przyśćia ſwego ná práwicy Bogá Oycá ieſt śiedzacym. Ciáło ábowiem P. Chriſtuſowe ná niebie ma motū exiſtendi naturalem, á w Sákrámenćie non naturalem, ſed Sacramentalem. y w niebie ieſt iáko in termino, & in patria, gdźie wſzyſcy viatores, iáko potnicy ná źiemi tám doyść prágniemy. Záczym choć one ſa przy P. Chriſtuśie iák on ieſt y w Sákrámenćie: w Sákrámenćie iednák áby bydź muśiáły / nie idźie. A ponieważ Sákráment/ w ktorym Pan Chriſtus ieſt ad modum ſubſtantiæ, non quantitatis, nie ieſt mieyſce ćiáłu Páná Chriſtuſowemu/ ále niebo: y to ſáme ná niebie mieyſce/ ktore on Quantitate Ciáłá ſwego záymuie. Ponieważ tedy mierźi ćie Schiſmátyku niebo y przytomność P. Chriſtuſowá/ y roſkoſzy Drzewá onego żywotá. Szukayże ná źiemſkich Ráiu twego Schiſmátyckiego Ruſkich z onym márnotrawnym ſynem Kaſztánách / kiedyć ták lubo. My zá łáſka y pomoca Boża po śmierći naſzey w niebie

Ná bluźnierſka obiectia Schiſmátycka Solutio.

Zbáwi-

zbáwićielá náſzego náydowáć / przy nim y oſtátniego dniá Sadu doczekáć / ieśli go tu nie doczekamy / nádźieie mamy.

Zmyślá Antidotiſtá figury.

Hymnow w tey máteriey Cerkiewnych co ſie dotycze, mowi / Antidotiſtá: *że ſie to w nich figurálnie mowi, cokolwiek ſie o przyſzłych duſz świętych koronách, iákoby iuż dánych y wźiętych, mowi.* Co iezeli orthodoxè y z rozumem mowi / łácno obaczyć: poniewaz ieſt to ſzkole Theologickiey dobrze wiádomo / że w przykazániách y w Dogmátách Wiáry / ni piſmo Boże / ni Oycowie święći w ſwych piſmách Tropow y Figur nie náżywáią: ále iáſnymi y włáſnymi słowy od Páná Bogá ſą podáne / y od SS. Doktorow Cerkiewnych opiſáne. A to dla tego / áby ſie przezákrycie y niewyrozumienie ich nie podáłá occázya do zgwałcenia Zakonu y Wiáry. wyiąwſzy piſmá Prorockie w ktorych Duch S. z vmyſłu rzeczy przyſzłe Figurámi pokazał. záczym ſzukáć w Wiáry Dogmátách Tropow y Figur / nie tylko rzecz ieſt nie ſłuſzna / ále y ſzkodliwa / y niezbożna. Bo rychley ták Herezye naydźiemy / niż práwoſławne Wiáre przez nie zátrzymamy.

Zbiia go Author z tey zmyſloney opiniey.

Te to w Wiáry Dogmátách ſzukáne Tropy y Figury národźiły miedzy Chrześciány ták wiele rożnych Sekt y opiniy Hæretyckich. Owe iedne słowá Páná Chriſtuſowe / *To ieſt Ciáło moie: y, Tá ieſt Krew moiá*: Ták ſą Hæretyckimi Tropámi y Figurámi rozkánćerowáne / że cokolwiek ieſt Hæretyckich Sekt / káżdey niemal ſwoie rożne tych słow ieſt wyrozumienie. Swoiá o nich y wiárá: ábo ráczey błąd y Hæreſis. Ale ktoż rozumny w słowách iáſnych / w Náuce piſmá S. wyráźney Figur ſzukáć záchce? Mowi / Pan Chriſtus do zboyce: *Dźiś będźieſz ze mną w Ráiu.* Coż tu zá Figurá? Poniewaz wierzymy / że tego dniá zboycá zoſtał w Ráiu. Mowi Páweł S. o ſobie: *Pragnienie*

Luc. 23.

Philip. c. 1.

gnienie mam rozwiązánym być, y być z Chriſtuſem. Co y tu zá Figurá? poniewaz wierzymy że rozwiązány będąc ten Apoſtoł S. ieſt z Chriſtuſem. Mowi P. Chriſtus / *Oycze, ći, Ktoreś mi dał, chcę, áby gdźiem ia ieſt, y oni byli ze mną, áby oglądáli chwałę moię, ktoraś mi dał.* Coż y w tych słowách zá Figurá? Poniewaz winniſmy wierzyć / że tám ſą Swięći / gdźie ieſt Pan Chriſtus. y widzą chwałe iego / ktora iemu dał Oćiec iego. Tám vdáiemy ſie do Figur / gdźie ábo text ie ſámy wyćiąga: ábo z słow proſtych iákie abſurdum powſtáie. A co by to był zá Ray / Apoſtoł S. wyraża: być z Chriſtuſem. A z Chriſtuſem być Co? tám ſie náydowáć / gdźie ieſt Pan Chriſtus: y widźieć chwałe iego. ieſt tedy Páweł z Zboycą w Ráiu: á zboycá z Páwłem ieſt z Pánem Chriſtuſem. A gdźie? Tám w niebie: gdźie ieſt Pan Chriſtus. Co czynią? Pátrzą ná chwałe iego / ktora iemu Oćiec iego dał. Coż tu po Figurách / w ták iáſnych y odkrytych P. Chriſtuſowych y Apoſtolſkich słowách? Mowi Jan S. Apoſtoł że *dawáne bywáia káżdey świętey Duſzy ſzáty białe: y ſą przed ſtolicą Bożą: y ſłużą mu we dnie y w nocy.* Vbrány być duſzy w ſzáte biała / Co ieſt? nic inſzego záiſte / tylko być vbłogoſłáwioney. A być przed ſtolicą Bożą? nic inſzego / ieno być tám / gdźie ieſt Máyeſtat Boży. to ieſt / w niebie ſtolicá ábowiem Boża / ieſt niebo. á ſłużyć mu we dnie y w nocy / Co znáczy? Chwalić go / y weſela w nim zażywáć bez przeſtánku. Ná te iáſne y odkryte piſmá Bożego świádectwá SS. Oycowie náſzy poglądáiąc / y żadnych w nich Figur nie náyduiąc / bez Figury też o Swiętych przodkow ſwoich duſzách proſto mowią / że po rozſtániu ſie od ćiáłá / idą ná niebo: tám ſą z Pánem Chriſtuſem / przyodźiane ſzáta doſkonáłego Błogosłáwieńſtwá: widzą Bogá twarzą w twarz: y rádo-

Ioan. 17.

Apoc. cap. 7.

ści Onych wiecznego Kroleſtwá niebieſkiego w pokoiu
záżywáia. Szukáć tedy w tey iáſney náuce Figur/ ieſt
w świátłośći ßukáć ćiemnośći. Schiſmá piekielna y to
wam w tym żywoćie vćiechą wydártá/ ábyśćie mogli
pożądánie mieć rozwiązáć ſie/ y być z Pánem Chriſtuſem. Pod ſtrażą ráczey czyiąś/ y gdźieś/ z tego świátá
zßedßy być pozwalaćie/ niż ſtánąć przed Máyeſtatem
Bożym/y ſłużyć mu we dnie y w nocy. Abodaj nie w tey
to ſtraży/ (boć zá kozłem idąc/ w chlewie być muśićie/)
z ktorey wyßedßy názad vſłyßyćie: (czego was P. Jezu
Psalm. 9. Chriſte rácz vchowáć:) Conuertantur peccatores in in-
Exod. 32. fernū. *Niech ſie obroca grzeſznicy do piekłá*: z ktoreȳ wyßli.
Num. 19. Nád Schiſmátyká ábowiē/niemáß więtßego grzeßniká.
Báłwochwálce Pan Bog ná puſzczy mieczem pokarał.
Schiſmátyki ktore Dáthāná/ y Abironá/ ze wßytkimi
ich náśládowcámi ziemiá żywo pożárłá. Pytam ćię zá
tá twych Figur occázyą/ márny Schiſmátyku/ pod tąż
to ty poſpolitą ſtrażą/ o ktoreyeś w czwartym Rozdźiale
bluźnierſko báiał/ zátrzymáne być wierzyß Pátryárchi/
Proroki/ Apoſtoły/ Męczenniki/ Wyznáwce/ Męczenni-
ce/ Dźiewice/ y inße Swięte? W tey to turmy párſku
y Przenaświętßą Pánnę/ (przebacz mi przeczyſta Dźie-
wico/ z potrzeby to tego bluźnierzá mowiącemu/) záſa-
dzaß? y onego przy niey rowno Anyelſkiego człowieká
Janá Chrzćićielá? Figuryż y to v ćiebie bedą/ Co o tey
wßytkie Anyelſkie chory czćią przewyżßáiącey Pánnie S.
Wſchodna Cerkiew/bá y twoiá Schiſmátycka w owym
Hymnie/ Bohonáczálnym mánowenyiem &c. śpiewa?
Sen to czy o tey Pánnie w tym Hymnie wypráwuie ſie/
czyli iſtotá?

Ożywánie fi-gur, w tym Przyznawam, mowi Antidotiſtá/ *że náuczyćiele Cer-kiewni mowią ták o Duſzách Swiętych, iż ſą w niebie że ſą tám*

gdźie

gdźie ieſt P. Chriſtus, że vkoronowáne ſtoią przed Mayeſtatem *wyznániu An-*
Bożym: że widzą Bogá, twarzą w twarz, iák widzą go An- *tidotiſty, ieſt*
yołowie. Ale w tym ich mowieniu ieſt Figurá Owá, że oni mo- *dawny błąd*
wią o przyßłych rzeczách, iáko o przytomnych y o przeßłych *Hæretycki.*
że to Co ma duße potkáć po Sądnym dniu, to oni mowią Fi-
guratè, *że iuż ie potkáło: że iuż ſą w Kroleſtwie niebieſkim:*
y iuż ſą koronowáne. Rzeczy nie byłe, ále bydź máiące,
prze ich pewność, y obietnice Páná *Chriſtuſowey nieomylność,*
vdáią zá byłe y ſtáłe ſie, y podpiera to owym S. Złotouſtego zdániem/ mowiącego/ Hæc eſt conſuetudo Scri- Hom. 14. In
pturæ, etiam futura aliquando quaſi deinceps facta dici Acta. Ap.
Lecz Antidotiſtá ten/ toż czyni z tymi SS. Oycow wy-
rokámi/ Co czynili dawnieyßych wiekow tácyż niewko-
wie z ſłowy wyroku P. Chriſtuſowego owymi/ *dźiś bę-*
dźieſz ze mną w Ráiu. O ktorych w wykłádźie teo mieyſcá
S. Theophiláktus ták piße/ *Inßy*, mowi/ *ták to miey-* In Luc. c. 23.
ſce wykłádáli, że zbojcá ießcze niedoſtąpił w Ráiu pomie-
ßkánia. Ale ponieważ nieodmienna, y kłámáć nie mogąca
ieſt Páńſka obietnicá, dla tego rzeczono ieſt, dźiś będźieß ze
mną w Ráiu, ieſt ábowiem mowia. (z tych to niewkow wźiął
te ſwoie opinie Antidotyſtá:) *y ten ſpoſob mowienia w ſło-*
wách Páńſkich, że o rzeczách przyßłych mowi, iák o tych kto-
re ſie iuż dźieią: y iuż ſie ſtáły: iák gdy mowi. Kto nie wie- Ioan. 5.
rzy, iuż potępiony ieſt. Y záś, kto ſłow moich ſłucha y wie- Ibid. cap. 8.
rzy, ná ſąd nie przydźie, ále przeßedł z Smierći do żywotá.
Lecz/ iák S. Theophiláktus czáſu ſwego ten onych nieukow omylny wykład odrzućił/ ták y my tego ich náśládowce Antidotiſty tákiże wykład odrzucamy: ktory z v-
myſlnego vporu/ ieśli nie z głupſtwa/ w iſtoćie ßukáiąc
figur/ ßuka we dnie nocy. Cokolwiek tedy o poſtánowieniu z tego świátá zeßłych Duß SS. Oycowie mowią/

 bezżabez żadnych tropow y Figur/ iák mowił do zboyce Pan Christus/ mowiá. y ták my wierzymy.

Co to ieſt zá Ray do ktorego P. Christus zboyce wprowadźił.

Mowi Antidotiſtá/ *że też y my ták w tym wierzymy, iák od ſámego Páná Christusá wierzyć o tym náuczeni ieſteſmy, Pan Christus mowi do zboycy, dźiś będźieſz ze mną w Ráiu. My też mowimy, że w tym Ráiu, w ktorym z ſobą P. Christus zboycy być przyobiecał, ieſt y zboycá y Wſzyſcy Swięći.* Zkad idźie miedzy námi rożnicá/ o to słowo/ *Ray*: do ktorego Pan Christus Zboyce wprowadźił: y w ktorym dźiś ſą wſzyſcy Swięći. On twierdźi że to mowi Pan Christus o Ráiu źiemſkim: A ia mowię/ że y o źiemſkim y o niebieſkim. O źiemſkim ták/ że poki Pan Christus po zmartwychwſtániu ſwym zostawał ná źiemi/ poty z nim y zboycá/ y ći wſzyſcy SS. Oycowie/ Ktorzy byli z iectwá Adowego przezeń wyſwobodzeni/ zostawáli przy nim w Ráiu źiemſkim. A o niebieſkim/ że pod czás wſtąpienia ná niebo/ wźiął P. Christus y Zboyce/ y te wſzytkie SS. Oyce z ſobą/ y ná niebo ie przewiodł/ áby támże byli y zostawáli/ gdźie on ſam ieſt/ y zostawa: Iák o tym S. Apostoł Páweł wiedźieć daie/ mowiąc/ Christus aſcendens in altum; captiuam duxit captiuitatē. *Wſtąpiwſzy P. Christus ná wyſokość, wiodł ięctwo poimáne.* A ná iáką to wyſokość P. Christus wſtąpił/ y to iectwo z ſobą záprowádźił/ Támże S. Apostoł obiáśnia mowiąc: *A to, że wſtąpił coż ieſt, iedno iż pierwey był zſtąpił do niższych części źiemie? Ktory zſtąpił, tenże ieſt, ktory też wſtąpił nád wſzytkie niebioſá, áby nápełnił wſzytko.* Iákoby też rzekł/ zſtąpił P. Christus do Adu/ y Duſze z támtąd Swiętych/ ktore tám były poimáne wywiodł/ y z ſobą ie záprowádźił tám zkąd był zſtąpił: to ieſt/ ná niebo. Ták to Apostolſkie mieyſce Ambroſius S. wykłáda. Zkąd y S. Theophiláktus y Ray y Króleſtwo niebieſkie/ iedno y też rzecz

Eph. 4.

Ibidem.

Ray y Kroleſtwo niebieſkie iedno ieſt y toż.

bydź ro-

bydź rozumie/ y náucza. Ktory przełożywſzy niektorych przed ſobą pożyłych ná owe P. Christuſowe słowá/ Dźiś ze mną będźieſz w Ráiu/ zdánie owe/ *Niektorzy* mowi/ *ták to mieyſce wykłádáią, iż obiecáne nam od P. Bogá dobrá, nie ſą weśćie do Ráiu, ábo wſzyśćie ále Kroleſtwo niebieſkie: dla czego y modlimy ſię, przydź kroleſtwo twoie, á nie mieſzkánie one Rayſkie. niech ábowiem mi nikt nie mowi, że iedno to y toż ieſt, Ray, y Kroleſtwo. Dobr ábowiem Kroleſtwá ni vcho nie ſłyſzáło, ni oko nie widźiáło, y ni ná ſerce człowiekowi nie wſzedło: á Ray y oko Adámowe widźiáło, y vcho ſłyſzáło o nim. Zboycá tedy Ray otrzymał: á Kroleſtwá nie doſtąpił: doſtąpi go tegdy kiedy doſtąpią wſzyſcy, ktore Páweł wyliczył. &c.* To tákie niektorych o tych P. Christuſowych słowách/ Dźiś będźieſz ze mną w Ráiu/ Czwarte zdánie Theophiláktus S. przełożywſzy/ ſwym ie zdániem/ iák y Inſze trzy zdánia/ ták znoſi/ *Mam tedy,* mowi/ *rzec, że toż ieſt y iedno, Kroleſtwo niebieſkie, y Ray. Záczym nic nie przeſzkadza, że y Pan Christus, y Páweł S. prawdę mowią. Abowiem Zboycá ieſt w Ráiu, to ieſt, w Kroleſtwie* [niebieſkim.] *y nie ſam on, ále też y ći wſzyſcy Ktore wylicza Páweł, ináczey ábowiē, nie zázywałby* [zboycá] *doſkonáłego dobr onych vczeſtnictwá.* To Theophylákt S. z ktorego náuki ieſt to wiádomo/ że toż y iedno ieſt Ray/ y Kroleſtwo niebieſkie/ w ktorym y zboycá y wſzyſcy inſzy świeći záżywáią iuż dobr onych niebieſkich doſkonáłego vczeſtnictwá.

In cap. 23. Lucæ.

A co ten Antidotyſtá z S°. Theophiláktá/ wedle przyrodzoney ſobie obłudy przywodźi/ nec enim mihi dicat aliquis, quod idem ſit paradiſus & Regnum. Nie ſą słowá Theophiláktá S°. ále podobney temu obłudnikowi obłudy: iák áni owe drugie/ eſt enim & hæc ſpecies Phraſeos. &c. *Ieſt ábowiem y ten ſpoſob mowienia w słowách Páńſkich:* y dáley: Iák ſię to máło wyżey z S° Theophiláktá

Antidotiſtá Theophiláktowi S. cudze zdanie obłudnie przypiſuie.

przeło-

przełożyło. Ktore on podstępnie ná oszukánie swey cechy ślepych Schismátykow / zá Theophylaktowe vdáie.
niechćiawszy vporem oćiekłych oczu swych Schismátyckich przedrzeć/ że to Theophylaktus S. inszych słowá
y rozumienie przekłáda/ y znośi ie / á nie swe zdánie tákie
bydź stánowi. Owo zgołá/ Radby był ten obłudnik y sámego Christusá Páná spotwarzył / ná Swięte iego z iáwną potwarzą rzućiwszy sie: że to on Zborce tego w Ráiu ziemskiem pomieśćił y zostáwił / społecznie z inszymi
Swiętymi: á nie do Ráiu niebieskiego przewiodł / Ale
mu duch prawdy vstá zátámował / áby dusz niewinnych
swym opácznym rzeczy zbawiennych vdawániem nie
zwodził/ y o zátrácenie nie przywodził. Tąż obłudą z te-

Po wtore Antidotistá Theophiláktá S. obłudnie ćietnie.

goż Theophyláktá S. przywodźi y świadectwo trzećie
owe / Hoc opinor verissimum omnium. y dáley. Ten
punkt należy do przed idącego zdánia / y własnego tych
słow / dźiś będźiesz ze mną w Ráiu, wykłádu Theophilá-
ktowęgi á on go przyszył do wykłádu tychże słow Anágo-
gicznego: y tu go nie należnie przywodźi / iák y wszytko
to świádectwo. Ták mu sie dobrze Tropy y Figury w
tym rázie podobáły / że go iuż ná własnym textu wyrozumieniu zostáwáć mierźi. Allegoricè, mowi/ to Athá-

Głupie Allegoriæ Schismátickie.

násyusz S. o wielkim Antoniuszu, powiáda że on widźiał duszę S. Ammoniuszá niesioną ná niebo. O márny Figurálisto:
Godźieneś zá to! Toć Athánázyusz S. Kłáma: Ktory
to o S. Antonim zá rzecz pewną Historicè powiáda / á
nie Allegoricè. Rzućiż sie ty pozbawszy z tymiż Figurámi / iáko bacę / y ná wzywánie świętych? Co czynią
Luteráni / y Kálwiniste. Kłama y Básiliusz S. Ktory
przyznawa/ że czterdźiestu SS. Męczennikow nie źiemiá vtá-
iłá, ále niebo przyięło? Kłáma y Gregorz Nyzeński/ Kto-
ry/ mowi że duszá S. Ephremá w Niebieskich Pálacách ośiá-

dłá ; tłá

dłá ? kłáma y Grzegorz Theolog Ktory powiáda / że Básilius S. w niebie widźi Troycę S. iák w sobie oná iest ? kłáma
Złotousty S. Ktory mowi / że S. Apostoł Páweł ná niebo
iest przeniesiony, y tám iest z Pánem Christusem? Kłámáią

Hom. 4. In Epist. ad Philip.

ná koniec wszyscy Swięći náuczyćiele Cerkiewni / Ktorzy nam Historicè moraliter & dogmaticè powiádáią /
że dusze Swięte są w Ráiu niebieskim: w niebie? y doskonále v-
błogosłáwione, Ktore widzą Bogá twarzą w twarz. Zaż wolno Swiętym Bożym pod Figurą kłámáć? Tobie sie to
zeydźie obłudny Antidotysto/ y twym iednomyślnikom/
á nie prawdźiwym chwalcom Bożym y Swiętych ieszcze pogotowiu nie Swiętym Bożym. Bacz zheretyczały Schi-
smátyku/ ktoredy ćię to duchy twe Hæretyckie noszą/ że iuż
iáwnie ná P. Bogá y ná Swięte iego bluźnisz/ pismá ich
Figurniesz ? kłámáć im każesz/ kłamcą sam będąc/ y Figur
y godny Figurálistá. Ktory zamyślney twey ślepoty widźieć y rozumieć niechcesz iż gdy náuczyćiele Cerkiewni ieden raz mowią że dusze SS. są w Ráiu ? Drugi raz/ że są
w niebie: coż y iedno mowią ieden y tęże Ray/ iedno y toż
niebo rozumieią. nie Ray niebem názywáiąc/ ále niebo Ráiem. Bo Ray może bydź w niebie? á niebo w Ráiu bydź
nie może: Przetoż y sam zwątpiwszy w spráwie ktorą
wypráwniesz: nie dármo mowisz Swięći Ray wspomináią,
snadź że w nim możná rzec duszom bydź do dniá Sądnego. Do-
brześ rzekł / że snadź można rzec? y ia mowię / że snadź
można: ále nieprzystoyna. Ray źiemny/ iest mieysce roskoszy ćiáłu należących/ á nie duszy. widźieć drzewá/ wody? pátrzáć na iábłká / gruszki / y tym podobne owoce/
Co duszy z tąd zá roskosz/ y vćiechá? Duszy Ray przystoynie należny iest owy? Ktorego obaczywszy pierwszy Mę-

Act. 7. Tám są Dusze SS. gdźie Ste

czennik Stephan S. záwołał/ Domine IEsv, suscipe spiritum meum. Pánie Iezu, przyimi duchá moiego. Tá chwałá

Boża

phan S. pierwszy Męczennik widział P. Christusá.

Boża ktorą vyrzał ten Męczennik święty / y Iezusá stoiącego po práwicy Bożey, iest Ray dusze własny: do ktorego
y ten Swięty przyszedł: y zboycá przed nim / z inszymi
świętymi. Ni poc mu ná iábłká / y gruszki do Ráiu ziemnego było / obaczywszy Ráiá niebieskiego chwałe Bożą / y drzewo ono żywotá z owocem iego. Schismátykom wam Ráiá ziemnego owoc podoba sie / żyruyćieß ná
nim: My z Stephanem S. do widzenia chwały Bożey
y IEzusá stoiacego po práwicy Bożey / w nádziei łaski
iego S. spieszymy sie. O iákby sie y temu świętemu
Męczennikowi / obaczywszy chwałe Bożą / y Zbáwiciel á
swego Páná IEzusá: iákby sie mowie / y temu świętemu chćiáło ná te iábłká y gruszki / mimo ony żywotá o-
woce? nie Ray mu to był ten ziemny Ray / ále piekło:
gdyby z tákiey duże swey roskoszy / spadł ná roskosz ćiáłu
służąca / á oney pozbył. W tym tedy Ráiu my tego S.
Męczenniká z inszymi Swiętymi bydź wierzymy / ktory
sie iemu otworę postáwił: y w ktorym on widźiał Stworzyćielá swego Páná IEzusá. Nic nam iuż po przy-
sionkách / kiedy wolno bydź w Pátacu: nic y po owocách drzew ćiáło tuczacych / kiedy wolno vżywáć owocu
drzewá żywotá duszę roskosznie weselacego. Wam Fi-
gurálistom tych drzew Figi: nam wszelkie owoce / z iednego y sámego drzewá żywotá:

Argument Schismátycki obłudny.

Ale słuchaymy no Co práwi dáley. *iż rzeczono iest, wewnatrz was iest Krolestwo niebieskie:* *Zátym,* mowi / *słusznie pocżie, że gdziekolwiek Pan Christus náyduie sie Pá-
nuiacym, tám Krolestwo niebieskie iest. A że w Ráiu nikt inszy nie pánuie nád Christusá, słusznie sie mowi, Ray może názwáć Krolestwem niebieskim.* Ja też według iego Argumentátiey Argumentuie ták: że Krolem wszytkiey ziemi
y wszytkiego świátá iest Pan Bog: bo ták mowi pismo

2. Mach. 7.

Swięte / Rex mundi: Rex omnis terræ Deus. Rex magnus super omnem terram. Przetoż wszytká ziemiá: wszytek świát / iest Krolestwo niebieskie: y zás toż pismo S. *Psal. 46.*
mowi o Christusie Pánie / Ego autē Constitutus sum Rex *Psal. 2.*
ab eo, super Sion montem Sanctum eius. Przetoż Syon /
ábo Jeruzalem iest Krolestwo niebieskie. y zás / P. Jezus Christus iest Krolem Izráelskim: Przetoż Izráel iest
Krolestwo niebieskie. Przetoż Antidotistá Schismátyk
drwi. Jákie to są tego Philosopháſtrá Argumentá:
gedźien iście od swych Auditorow wziąć wieniekiem z ple-
ći. Boć to prożno / Magni delicti Magnam oportet esse
pœnam.

Potym swym tákim Argumenćie *nágrawa zemnie
iákoby ia nie wyrozumiawszy intentiey S. Theophiláktá, ważyłem sie coś przećiwnego náuce iego náwodźić: to iest, że iákoby Theophilákt S. Ray y Krolestwo ono niebieskie, w ktorym one roskoszy naydoskonálsze są, toż y iedno miał rozu-
mieć,* co mowi / *nigdy w vmyśle tego S. nie było.* Aza sadźił *Obłudá y niecnotá [?] Antidotisty Schismátyká.*
to swoie Scommá ná zdaniu z świetego Theophiláktá /
nie Theophiláktowym / ále cżyimś od S. Theophiláktá
przywiedźionym / (iák sie to iuż máło wyżey dowodnie
pokazáło:) Owym / nec enim mihi dicat aliquis, quòd
idem sit Paradisus & Regnum. Toć to obłudny Anti- *Antidotyská potwarza S. Theophiláktá.*
dotisko y w vmyśle S. Theophyláktá nie było / áby on
ták miał rozumieć / że nie toż iest Ray / Co iest Krolestwo. Ty to mu obłudnie imponisz: Ty go tym potwarzasz: Bo z cudzych / á nie z iego własnych słow ná niego to kłamliwie wkłádasz. A ia z iego własnych słow /
w iego duszy Concypowánych / y z iego vst wyszłych mowie to / Co on mowi / że idem est Regnum cælorum &
Paradisus: *toż iest Krolestwo niebieskie co y Ray.* y w zá-
sem: To iest Ray / co iest Krolestwo niebieskie. Co S.

Theophiláktus w kilknástu wierszách/ po trzy kroć wyraża. Rzekłbymći obłudny Schismátyku ábyś sie wstydził swey piekielney obłudy: ále przy práwey Wierze y miłośći/ zgubiłeś záraz y boiaźń Bożą/ y wstyd ludzki. Zwierćiádłoś to ty wydał mądrośći Antidotisko swey strony narodu Ruskiego/ w ktorym snádnie káżdy obaczyć może/ że ieśli wszyscy ták mądrzy/ iák ty/ tedy wszytkie oraz podáieß zá bezrozumne grubiány. Bo iesliby byli rozumni/ nigdy tych plotek ná świát przez druk publikowáć tobie nie dopuśćiliby byli. Ci zwłaszcza ktorych ten od Lámentu nieodeszły druk iest. moglić vtáić mieysce: ále nie vtáili głupstwá ćiebie swego Korydoná:

2. Cor. 5.
Wyrozumienie Kátholickie słow Apostolskich.

A co ná świádectwo z Błogosł: Apostołá Páwłá przez mie przywiedzione iednym słowem odpowiádaß/ *iż to rozumie on o wiernych onych po sądnym dniu domách náßych, gdy to ćiáło náße śmiertelne w nieśmiertelne sie oblecze, skáżitelne w nieskáżitelne.* Nie iest ták. Bo iesliby to o nieśmiertelnośći y nieskáżitelnośći ćiáłá rozumiał Błogosł: Apostoł Rzekłby był In futuro, mieć będziemy: bo Swiete Duße nie máia ćiał swych w niebiesiech/ nie tylo nieśmiertelnych/ ále y śmiertelnych. Ale to mowi in presenti. *Mamy budowánie od Bogá: dom nie rękomá robiony, wiekuisty w niebiesiech:* to iest/ żywot wieczny/ widzenie Bogá/ szczęśliwość one doskonáła. y iesliby to o ćiele rozumiał S. Apostoł nieśmiertelnym y nieskáżitelnym/ nie mogłby nas vpewniáć/ że nigdy ná domie y po wyśćiu z tego ćiáłá schodźić nam nie miáło. A że schodźi: dáie sie z tad wiedźieć/ że o tym domie rozumie/ ná ktorym záraz po wyśćiu z tego ćiáłá Dußam SS. nie schodźi: *a náder y wysoce wielkiey ná wysokośći wiekuistey wadze chwały:* to iest/ o sámey nawyższey w niebiesiech szczęśliwośći. Ktora Jan S. Apostoł/ w Apokálipsim oznáczył *szátą biała, dá-*

Ibid. cap. 4.

Apoc. 6.

na ká-

na káżdey dußy pobitych zá słowo Boże. Ktore są przed stolicą Bożą/ y służą mu wednie y wnocy w Kośćiele iego.

Apoc. 7.

Nákoniec: *distinctię* moię práwą *o Koronáciey Duß, y o koronáciey ćiał, krzywa márna y ládáiáka* ládáiaki ten człowiek márny/ y krzywy/ názywa: Ktora nie z inad/ tylo z pismá S. y z Swietego Złotoustego/ y inßych iego w Komentowániu ná pismo S. náśládowcow iest wzięta. Bo gdy P. Christus mowi/ *Dźiś będźieß ze mną w Ráiu:* y S. Apostoł Páweł/ *A ći wszyscy świádectwem Wiáry doświádczeni; obietnice nieodnieśli.* Rownie y gdy Złotousty S. z Cerkwią mowi/ że *S. Apostolá Páwłá dußá iest w niebie przy Máyestáćie P. Christusowym gdźie są Herubinowie, y Seráphinowie.* A zás gdy mowi że *S. Apostoł Páweł iescze śiedźi bez zapłaty, czekáiąc áż y ty dokonáłość swą weźmiesz:* Co inszego wiedźieć dáie/ tylko/ iż Páweł Swięty według duße iuż iest vkoronowány: á według ćiáłá po generálnym zmartwychwstániu będźie vkoronowány. Te mowię/ z náuki Oycow SS. y z pismá S. wźięta distinctię moię ten krzywy Doktor/ iáko mu sie według nieprawego rozumu iego podobáło názwawßy/ pyta mię/ Coby mu rzekł ná dwie słowá Chrisostomowe/ si Corpus non resurget, Anima in coronata iacebit. to iest/ iesli ćiáło nie powstánie/ dußá niekoronowána zostánie. Ná to Jużem mu dowodnie/ z intentiey tego S. odpowiedźiał: iż My Práwosławni/ wierząc/ że ćiáłá zmartwych czásu swego powstáną/ wierzymy że zeszłych tych ćiał duße ná niebie iuż koronowáne ná ćiał swych wstánie y korone czekáia. A Haeretycy/ Ktorzy ćiał zmartwychwstánia nie wierzáia/ nie máia zátym wierzyć/ áby kiedy y duße zmárłych ich koronowáne być miáły/ by y tysiącámi rázow były nieśmiertelne: poniewaź bowiem y dußá y ćiáło ná swe korony zárabiáły/ y dußá przeto y ćiáło korono-

Distinctia koronácyey Duß y koronáciey ćiał, fũduie sie ná náuce pismá S. y pism Doktorskich.
Luc. 23.
Hebr. 11.
Hom. 32. in Epist. ad Rom.
Hom. 25. in Epist. ad Hebr.

Hom. 25. in cap. 11. Matt.

rono,

ronowáne áby były / należy. ieśliż ćiáłá giną y dusze zewnątrz krolestwá Bożego zostáną. A ieśli ćiáłá powstá-
ną / dusze koronowáne zostáią. Co że sie ták z intentiey/
iákom rzekł S. Złotoustego ma Theophyláktus to Apostolskie mieysce wykłádáiąc / wiedźieć dáie: Gdźie mowi / Si ad hanc vsq; vitam nostra se se extendant, &c. Ieśli,
mowi / *dobro násze w tym tylko żywoćie záwisło, y ieśli po-
ten tylko żywot wszytkie spráwy wáżą, nas tych, ktorzy sie
spodźiewamy ná Chrystusá, to iest, nas ktorzy w Chrystusie nádźieię mamy, y niemász tám inszego żywotá, nędznieyszy iesteś-
smy niż wszyscy inszy ludźie: ponieważ my áni przytomnych
dobr nie záżywamy, iák sie o tym wyżey przypominało, áni
przyszłych nie dostąpimy: przeto iż y zmartwych nie wstánie-
my: iáko niektorzy mowią. Ale snadź rzecze kto, że duszá
sámá dobr tych będźie záżywáłá. Lecz iák to być może, ponieważ nie sámá oná prácowáłá, ále też iey y ćiáło poma-
gáło: Gdźiesz tu iest spráwiedliwość, áby to ćiáło ktore wiele prac podięło, wniwecz sie obroćiło, y żadnego dobrá nie zá-
żyło, á sámá duszá korony áby dostępowáłá.* Poty S. Theophyláktus. Toć tedy ná te S. Złotoustego w pytánie
podáne słowá mowię / że ná tych sie to śćiąga / ktorzy
zmartwychwstániu ćiał nie wierzą / áby też żadney ná-
dźieie nie mieli y o koronowániu swych dusz. A my ktorzy wierzymy ćiał zmartwychwstánie / wierzymy iuż y
dusz ukoronowánie. A ná tym kończę moię o stánie Dusz
Swiętych z tego świátá zeszłych mowę: máiąc zá to / że
Oycowie y Brácia twoi / ktorych ty tu w piątym Rozdźiele posádzasz miedzy drzewy Ráiu źiemskiego: (niele-
dá ućiechá Duszom!) á w przeszłym Rozdźiele czwartym posádźiłeś ie pod iedną strażą (boś bárzo z sobą zgodny /) z Káimem / z Sodomczykámi / z Iudaszem y z dyá-
bły / (gdyż to iedney Cechy drużynát) obacz plotki twoie

In cap. 15. 1. Epist. ad Corint.

le Hære-

ie Heretyckie / poczuią sie: A tobie zá przypráwę tego
trućizny Heretyckiey pełnego / y ná dusze ludźie zábiiáią-
cego Antidotu / vt venefico per ter malum podźiękowá-
wszy / rzekę: Schismie vltimum vale: A Iedności S. dex-
tras Societatis podáwa. Co zdarz Pánie Iezu Christe
zá dni nászych.

Puntk Rozdziału tego, Wtory: w Ktorym Antidotista nie słusznie wymawia Zizániego, ze on ᾅδην, ábo Infernum nie przyznawa być Pieklem.

NA te obmowy Antidotysty nic nie mowiąc / odsyłam go do Apologiey / áby mi directe ná to odpowiedźiał / co sie w niey z pismá S. iáwnie y iásnie przełożyło O tym / iż ᾅδης, iest piekło. Mieysce ábowiem
to ktore my z Grecká náżywamy / Ad / (Rzymiánie zowią ie Infernus:) podobne czynimy Kárcerowi / ábo wieży: ktora ma w sobie głęboką ćiemę: w ktorey posádzeni czekáią ná śmierć. Nád to iáma śień bez widná:
w ktorey posádzeni / z win y długow swych wypłácyćwá-
ią sie / y wychodzą. Nád to śienią sálę: w ktorey posádzeni bywáią zá wystepki iákie do czásu pewnego. Ták
tedy to mieysce ᾅδης, rozdźielone máiąc / wierzymy y wyznawamy / pismem S. y Doktorow Cerkiewnych náuką upewnieni / iż ná mieyscu tego wierzchnim / iákoby
ná sáli iákiey / z ktorey im schodźić nie było wolno / byli ći
práoycowie nászy / ktorych Pan Christus pod czás zmartwychwstánia swego z Adu wyprowádźił. O tym wierz-

Opisánie mieysca Adu, to iest, Inferni.

chnym

chnym mieyscu Adowym/ mowi pismo S. Eduxisti ab inferno animam meam. *wywiodłeś z Adu duszę moię.* y Indżie/ Ero mors tua o mors, morsus tuus ero inferne. *Będę śmiercią twoią o Smierći: vkąszeniem twoim będę o Adźie.*

Psal. 29.
o See. cap. 13.

O mieyscu Adowym śrzednim wyznawa Cerkiew S. gdy in Solemni genu flexionis Ceremonia, ktora sie w dźień Zeyśćia Duchá S. obchodźi/ w Modlitwie publiczney Páná Bogá prośi/ *áby sie zmiłował nád temi duszámi, ktore so w Adźie zátrzymáne.* O mieyscu tego Adu spodnim/ mowi pismo S. In inferno quis confitebitur tibi? *w Adźie kto ćię wysłáwiáć będźie?* y záś/ Erubescant impij & deducantur in infernum. *Niech sie záwstydzą niezbożnicy y niech będą prowádzeni do Adu.* y Indźiey/ Et in inferno (iák w Greckim texćie stoi) eleuans oculos suos, Cùm esset in tormentis. A *w Adźie podniozszy oczy swoie, gdy był w mękách.* Ná to mi odpowiedźiec ma Antidotistá/ ieśli z Zyzánim postánowić chce/ áby Ad nie był Piekło.

Psal. 6.
Psal. 36.
Luc. 16.

Tegoż Rozdziału piątego, Punkt trzeći: W ktorym nie słusznie dowieść vsiłuie Antidotistá, iz sie grzeszni ludźie y dyabli iescze nie męczą.

Na to krociuchno odpowiádam: pokazawszy á bowiem y dowiodszy tego/ że Dusze Swiete so z Pánem Christusem w niebie/ y błogosłáwieństwá swego doskonáłego záżywáio/ Mowimy z S. Grzegorzem W. Dwoiesłowem/ Papieżem Rzymskim/ Ktory rzekszy ná iednym mieyscu. Beatitudo & animabus Sanctorum

In psal. 4. Pænitential.

ante

ante resurrectionem tribuitur, & Corporibus nihilominus post iudicium conferetur. To iest/ *Szczęśliwość oná niebieska Duszom Swietych przed zmartwychwstániem dawána bywa, á Ciáłom po sądźie dána będźie.* Ná inszym mieyscu mowi/ si accepisti: &c. *Ieśli wźiąłeś, o tym z pismá S. náuke pewną, że dusze SS. są w niebie, z potrzeby sá tym wszeláko wierzyć masz, że niesprawiedliwych dusze są w piekle.* Ná co w Apologiey moiey położone Antidotistá nic nie odpowiedźiawszy/ to com ia z Máximá Greká przywiodł ná dowod tego/ że Ad iest piekło/ on pożwał y wywroćił/ iákobym ia tym Greká tego świádectwem/ dowodźił/ że sie iuż grzeszne dusze męczą. Swiádectwo záś te/ ktore ia z tegoż Máximá przywodze ná dowod tego/ że sie iuż grzeszne dusze męczą/ polknął. Z ktorych pierwszego tego Greká świádectwo/ że Ad iest piekło/ iest tákie/ Dwu, mowi/ *rzeczy z słow owych* [niech sie obrocą grzesznicy do Adu;] *Náuczamy sie: pierwszy, że áż do Wtego przyśćia Sędźiego, w Adźie zátrzymáne są niezbożnych y grzesznych dusze. Drugiey: że też dusze záś támże sie obrocą, áby ná wieki męczone były.* A że sie iuż dusze grzeszne męczą/ świádectwo tego Greká iest tákie/ *Ogień iest pod źiemią zachowány od Stworzyćielá ná męki niezbożnikowe w ktorym niemiłośierny on bogacz skwárząc sie, prosił Pátryárchi Abráhámá, aby posłał do niego vbogiego Łázárzá, żeby ochłodźił wodą ięzyk iego, skwárzący sie w płomieniu podźiemnego nieugászonego ogniá. A że ten ogień iest podźiemny, niech ćię w tym przemoże ogień gory Aethny, ze spodu źiemskich przepáśći w wierzch wyrzucáiący sie: y tych niezbożnikow, ktorzy sie tám męczą głosy, y wrzaski strászliwemi. Abo nie słyszysz Zbáwićielá mowiącego, vmárł też y bogacz y pogrzebion iest: á w Adźie podniozszy oczy swoie, gdy był w mękách.* Poty ten Grek. Owe tedy poślednie świádectwo Antidotistá zgadł: á o-

Lib. 4. Moral. cap. 28.

Obłudá Antidotisty Schismátyká.

Maxim Grek przyznawa, że Ad iest piekło.

w Pismách ie[o]
Cap. 5.
Psal. 9.

Tenże Grek wyznawa, że sie iuż dusze męczą.

In Epist. ad Ioannem Ludouicum Cap. 74.

Luce 16.

ne zmá/

re zmáchlował: nie miawszy ná nie co odpowiedzieć. Bo iesli y teraz przed sadem/ według tego Græká/ dusze niezbożne odchodzą do Adu/ y po sadzie do tegoż sie Adu obrocáć tedyć według tego zdánia iego/ Ad iest piekło. A że też niezbożnicy iuż sie męczą/ wyráźnymi to słowy ten Græk wyznał. Jednák Antidotistá/ áby sie do siebie podobnych niemkow wdał zá mędrcá/ ná mie y z tego insulsi stroi/ iákoby mi ná żądáne dosyć vczynił: á on po stáremu wespoł z Zizánim y w Schismie / y w tych dwu Hæretyckich błędách. Ktoremu day Pánie Boże vpámietánie. A Cerkwi strony tego Schismátyckiey/ z Cerkwią Bożą zá dni nászych ziednoczenie. Amen.

Ná Rozdział Antidotu Schismátyckiego, VI. w Ktorym wyprawuie Antidotista Zizániego z nieprzyznánia Kapłánstwá y Pośrzednictwá P. Christusowi wiecznego.

EXPOSTVLATIA VI.

W ktorey pokázuie sie y Dowodźi: iż to iest włásny błąd Zyzániego / y że on P Christusá z wiecznego iego Kápłáństwá y Pośrzednictwá zdźiera y ná insze iego Niektore błędy.

S Człowiekiem tym / Ktory w przemierzłym tym Antidocie nic Jnszego nie czyni/ tylko mie łáie á potwarza / w szránki kárczemne nie záchodzę: bom z nim w tey szkole nie zásiadał: á kogo sie z nas dwu nieprawdá iák rdzá żelázá ieiá / czytelnikowi bacznemu ná vważenie przypuszczam. Zádaie mi / że ia w tym Zyzániego, áby on Christá Páná z pośrzednictwá y Kápłáństwá zdzierał, potwarzam. A ia mu to rzeczywiście vkáże / że on w tey ná mie o Zizániego rzuconey potwarzy / iest sám potwarcá. A dowodzę tego nań własnymi Zizániego słowy / ktore formalia te są. *A Syn ten [ty Páná Christusá bydź] Archiereiem, nie mniemay go záwżdy bydź Archierem: ábowiem to przeyrzenia Boże go sprawą było: y vczyniwszy to ieden raz, á więcey iuż siadł ná Oycowskiey stolicy: iuż więcey nie przebywa Pośrzednikiem.* To Zizáni. Jesliż nie záwżdy Christus Pan iest Archiereiem: y iuż więcey nie przebywá Pośrzednikiem: iák brzmią słowá Zyzániego: Tedyć Pan Chrystus ni Archierem iuż więcey nie iest, ni pośrzednikiem. Gdyż mowiąc Zyzáni, że *nie záwżdy iest Pan Christus Archiereiem*, nie w ten sens mowi to / áby rozumiał / że wczorá był P. Christus Archiereiem/ dźiś nie iest: iutro zás będźie. Bo tego y náglupszy nie rzecze. Ale owo / że pod czás śmierći swey krzyżowey / kiedy te zá grzechy wszytkiego świátá Bogu Oycu ofiáre przynosił / był Archiereiem: á po wykonániu tey ofiáry/ iuż więcey Archiereiem nie iest; nie iest y Pośrzednikiem. y ták / według náuki Zyzániego / zdárty zostawa P. Christus z Pośrzednictwá y Kápłáństwá. w ktorą omyłke Hæretycką podał Zyzániego źle wyrozumiány y nie właśnie citowány wykład S. Złotoustego/ ná słowá Apostolskie owe / *Abowiem przystało áby táki był nász Arcykápłan,*

Dowod iásny iż Zyzáni P. Christusá z Kápłáństwá y z Pośrzednictwá zdźiera. Fol. 100. & 101

Hebr. 7.

Swięty, niewinny, niepokalány, &c. Ktory ná te Apostolskie słowá S°. Złotoustego wykład ták się właśnie ma/ Noli igitur putare, Cùm Pontificē eum audis, quod semper Pontificali fungatur officio: semel quippe functus est Pontificatu, deinde consedit Patri. &c. to iest/ *A słyszac go być Kápłanē, nie rozumiey áby záwżdy vrząd Kápłáństwá obchodził: ieden ábowiem raz vrząd ten Kápłáński obszedł: á potym vśiadł.* A to co przydał Zyzáni/ *że nie záwżdy iest Pan Christus Archiereiem, y iuż więcey nie przebywa Posrzednikiem:* y iedna kreská/ w Swiętym Złotoustym nie zmiánkuie się. Masz tedy potwárz te swoię ná mnie od ciebie rzucona Antidotisko/ ná twoię potwarną głowę odpádła. Ktory z przyrodzoney tobie obłudy/ nie ná to odpowiádasz/ coć żądano: áni to mieysce w Zyzánim od omyłki y błędu wymawiasz/ ktoreć vkazano: Ale to wyprawuiesz/ y to z Zyzániego przywodzisz/ czego ia w nim nie gánię/ y Co żadney wymowki nie potrzebowáło. To záś ná coć przychodziło odpowiedzieć/ że ná cię byłá kość/ y twárda/ obłudnie ochyliłeś. Co iest Impostori & Sycophantę właśnie: á nie dobremu y prawdomownemu człowiekowi.

Obłudá Zyzániego w przydániu do textu S. Złotoustego owych słow/ tám Przáśnik, á tu Chleb.

Postępuiac dáley/ wypráwuiesz Zizániego z winy przydátku słow owych/ *tám Przáśnik, á tu chleb*: do textu S. Złotoustego od niego przydánych. Ktore twoie wypráwowánie tákie iest: *Krupski ták nápisał: Przetoż y Zizáni ták nápisawszy nie zgrzeszył. Iák też, kiedy kto toż po Zizánim nápisze: Obrońcá tego, broniac go rzecze, Zizáni ták nápisał, przetoż y ten dobrze pisze.* Mocny dowod/ godny kozley głowy. Bo się tey tákiey Formy Sillogismem łácno szczycić może y owo/ Luter y Kálwin dwá tylko Sákrámentá od Christusá Páná podáne być náuczáią. Ergo y Cyryllus Pátryárchá Konstántinopolski

gdy

gdy tákże o tym náucza nie błądzi. czystyś Hirce Philosoph. nie o tym przewrotniku rzecz/ że ták Zizáni ábo Krupski/ lub kto inszy nápisał: ále o owym/ że tego Złotousty S. nie pisał. To negowánie pokázáć masz/ á nie błędem błąd wymawiać. Zemuś tym swym Krupskim obłudniku ná Pieczerskich Oycách (wszákież wnich nieládá ceny) nie przewiodł/ áby drukuiac Homiliæ Złotoustego S. ná Epistoły Błogsł. Apostołá Páwłá z Græckiego przełożone/ ten twoy przydatek do textu Złotoustego S. byli wtrácili? Co wiedzieć ieśli się ty oto & sine expurgatorio Indice w nich nie kusił? Byś był pod ten czás/ kiedy ie drukowano/ Correktorem/ przyszłybyś co ty był ná swoie duszę do textu tego S. Doktorá/ y mimo wiádomość támecznych Oycow: y poszłoby to w wasz w potomne wieki zá czystą/ iáko mowią bielkę.

Toż obłudą wyprawuiesz się/ y z zádawánych bluźnierstw/ ktore wyszły z Argumentátiey Zizániego Duchá S°. od sámego Oycá pochodzić z táiemnice pod czás Krztu Páná Christusowego od wszytkiey Przenaświętszey Troyce/ w głosie z niebá od Oycá: w kształcie gołębiny m od Duchá S. w postáci człowieczey od Syná Bożego obeszłey/ dowodzącego. ná coś mi nic do rzeczy nie odpowiedziawszy/ y żádánego nie folwdowawszy bierzesz się gdzieś z tym dalem. Tám też y ia/ ieśli obiecáne zyściś (ále watpię/) obłudę twoię vkáżę. Mowi Athánázyusz S. *Przyszedł do Iordanu, á obácz rzecz sámą moc S. Troyce w iedney istności: Oycá z wysokości świádczacego, Syná ná ziemi Krzczącego się, y Duchá S. w kształcie gołębice zstępuiącego.* Ktorym świádectwem trzech rozdzielnych Boskich w iedney istności Osob dowodzi/ ále nie náwodzi ztad/ tego/ Co náwodzi Zizáni mowiąc/ *Duch S. w widzeniu gołębice od Oycá zstąpił ná Syná.* &c. *Duch S. od sá-*

mego

Drwi Antydotystá.

mego Oycá pochodźi. Czego gdy ty w nim głupie broniß/ vnâ cum illo Desipis.

To ták zwinąwßy/ dáley idźieß y *Zysániego, ktory tego nie przyznawa, áby* Prząśnik *zwáć śie kiedy miał chlebem,* wypráwuieß/ iż te on w ten koniec neguie/ że tákim chlebem być nie może prząśnik: tákim chlebem iest kwáśnik. y w dowodźie tego rozßyrzyłeś śie áż do Nemrudum, y do śobie podobnych Rábállistow. Obłudniku. Ktoż y bez tego twego ták ßyrokiego wywodu nie wie/ że Prząśny/ y Kwáśny chleb pßenny nie iest tákiż y tákiż chleb: ále ták od śiebie rożny/ iák rożne są od śiebie prząśność y kwáśność. To miałeś prześmiárdła głową pokázáć/ że Prząśnik chlebem simpliciter nie názywa śie: ále záwżdy z owego słowá przydatkiem/ Prząśny. Co Zizáni neguie: á ia áffirmuie/ y dowodzę.

Zakonu Bożego Antidotistá niewiádom.

Exodi. 13.

Exodi. 12.

A co támże záraz práwiß/ że *iáki chleb w Emáuśie* P. *Christus łamał, Prząśny lub kwáśny, wiedźieć tego nie możemy.* Tu ne es fæce Hæde Rabinus In schismate & hæc ignoras? Czemuż śie w tym Philosopháśtrze o wiádomość Zakonu Bożego nie porádźił? Ktory mowi/ *Prząśniki iesć będźiećie przez śiedm dni: Nie vkaże śie v ćiebie nic kwáśnego: áni we wßytkich gránicách twoich. y Ktoby iadł kwáśne w te dni, zginie duszá iego z gromády Ismáelskiey, ták z gośći, iáko z obywátelow źiemie.* Ieśliż to Miásteczko Emaus było w gránicách Izráelskich/ ktore było ná ßeśćdźieśiąt stáiow od egłe od Ieruzalem: y ieśli ten dźień/ w ktory śie to w tym Miásteczku chlebá łamánie od Christusá Páná dźiało/ był dźień Prząśnikow wtory: A tydniowy pierwßy. My práwosławni żadney w tym niepewności nie mamy/ że to tám pod ten dźień chleb był prąśny/ á nie kwáśny. Wy Schismátycy y w rzeczách nád słońce iáśnieyßych/ z obłudy swey prawdy Bożey

widźieć

Antidotyská po Hebræysku bredźi.

widźieć nie możećie. Coż? Choć to y po Hæbreysku z Rábbinie/ niepospolićie vmieß/ iednák ato y z Lechchomecámi swymi prostotę swoię/ y Zakonu Bożego nie wiádomość/ przed tymi/ od ktorych prokurnieß obnáżaß; że w rzeczách zbáwiennych vfáć ći/ si sapiunt, nie máią komu. Bo ieśli w tey rzeczy iáwney Cæcutis, y Ich do wstydu przywodźiß: Coż In abstrusioribus? Wypráwuieß obłudniku o tym/ co do rzeczy náßey nie należy: gdyż ná mieyscu tym nie o tym mnie z Zizániem rospráwá/ ieżeli Wieczerza Emauska oney Wieczerzy Sákrámentálney w Wieczerniku Ierozolimskim odpráwowáney obchodem byłá. Ale prosto o owym sámym/ *ieżeli ten chleb ktory ná tey wieczerzy Emauskiey był łamány, prząśny był lub kwáśny:* Według Zakonu Bożego twierdzę/ że był prząśny: ty Rábinie Zakonu o tym Bożego niewiádomość śobie przyznawßy/ mowiß iż *iáki by tám był chleb,* nie wieß. Iákobyś też ślepiu nie widźiał/ że to v nas tegdy dźień/ kiedy nam słońce świeći.

Chorzeie te bárzo Antidotistá.

Tymi ták znácznymi obłudámi śiebie vplatnowawßy/ á okázáłßo nießczyrośći swey cechą vliczkowáć śiebie przedśię wźiawßy/ P. Bogie y ludźmi/ iák ten co záraz y bije/ y płácze obteśtnieß śie: Szczyrość śobie y prawdę/ á mnie złość/ śidłá/ y pismá S. słow wywrácánie przypisuieß/ á oraz niebo ná mie y źiemię obálić pokußaß śie: á iednák támże záraz/ y w swych rzeczách inácżey nie postępuieß/ tylko z zwykła tobie obłudą. *Ná ták niewstydliwe*, mowiß/ *żądánie twoie, Co ma rzec Zyzani, ábo y ia z nim? tylko słowá one* Prorockie *głosem záwoławßy, odpowiemy, Osądź nas Boże y rozeznay sprawę náßę, od narodu nie Swiętego, od człowieká niespráwiedliwego y zdrádliwego wyrwi nas: strzeż nas od śidłá ktore ná nas zástáwili, y od Obrazy tych, ktorzy broią złośći. Azaż to,* mowiß/ *nie złość y*

M iij

nie Si.

nie Sidłá, opáčnie vdáiąc słowá, y wywracáiąc text pismá S. y pismá Mężow pobożnych, zádáwáć rány ná vczćiwym. A komuż? wszytkiemu przezacnemu y sławetnemu Narodowi Rossieyskiemu: á to z gniewu ná kilká (iákom rzekł) wyżey osob, Ktorzy złość y pychę w Apologiaru gánili. Przebog żywy, Co może bydź niesprawiedliwszego. O Boże litośćiwy: iáko ćierpisz, iáko dopuszczasz Oblubienicy twoiey od ták szkárádnych ludźi Sromoćić się y háńbić? Użal się y poszli ręki twey pomocy: sátámuy vstá kłamliwe, y iezyk potwarzliwy niech niemy będźie. Użal się o Boże y Pánie nász: nie day Syonu twego S. w pośmiewisko nieprzyiaćiołom twoim: pomż słowem twoim moc ich dyabelską: nie dopuszczay nád Siły nászę przesłádowánia: ratuy opuszczonych od wszytkich narodow: przywroć łáskáwą twarz twoię ná ośierociáłe: niech oko twoie weyrzy ná nászę nędze: á niech wyrwie práwicá twoiá O IEzu Pánie nász od pászczek Lwá okrutnego: ktory krąży rycząc, áby mogł ktorego z nas połknąć. Nie dopuszczay O Boże dziedźictwá twego Synom wyklętym ná mieszkánie, á zánurzone sercá w nieprawdźie obiaw iáko naprędzey t y wyday kłamliwych ná pośmiewisko wieczne, áby więcey Oblubienice twey nie turbowáli.

Kona Antydotistá,

To ty Antydotisto. Co z vmysłu twymi własnymi słowy przełożyłem, áby obaczyli ludźie pobożni, ná co sie to ták zbytnie wydymasz: ná co to przebog żywy gwałtu wołasz; co sie to ták nagle dusze puszczasz, ná co to litośćiwego P. Bogá wzywasz. co to zá niesprawiedliwość ták wielka Apologiárowá? co zá złość iego? co zá sidłá? co zá pychá? co zá gniew? iákie sławetnemu narodowi twemu od niego ran ná vczćiwym zádawánie? iákie textu pismá Bożego wywracánie? y pismá mężow SS. opákowánie? co to P. Bog od niego ćierpi? w czym y oblubienicá P. Chrystusowá przezeń Sromote y háńbe ponośi? słucham ćie dáley Obłudniku, Co zá piorunny

z tego

z tego twego gromu ná mie bedą. Zaś, mowisz, przebog żywy, nie potwarz to ná Zyzánie[o], iákoby on to pierwszym miał bydź, ktoryby wnośił, że Christus Pan iest Cerkwi swey widoma głowa: Co iuż dáley niżeli tysiąc lat od Clemensá Alexándriyskiego powiedźiano iest. En mendaciter tonantis Rabini fulmen brutum. Pátrzćie duchem kłamstwá tego omamieni Schismátycy, co to tá wászá parturiens, ták bárzo odętá gorá vrodźi. En nobis riduculus, vobis flebilis mus. Zaś, mowi, przebog żywy nie potwarz to ná Zyzániego? Nie potwarz niezbedny Schismátyku? nie potwarz Obłudniku, nie potwarz Diuinæ & SS. Patrum Scripturæ fraudulentissime falsator.

Dusze sie puszcza Antydotistá,

To, co ty mowisz, iest potwarz. Ty y mnie y Clemensá Alexándriyskiego potwarzasz, nie od Clemensá przed tysiącem lat, ále od S. Apostołá Páwłá, z początku wiáry Chrześćiáńskiey, iest to powiedźiano, że Cerkwie swey, ktora iest ćiáło iego, Głową iest Pan Christus. y ták my wierzymy. A tego co twoy Zyzáni powiáda, y ty w nim twierdźisz y bronisz, áby Pan Christus, po wstąpieniu swym ná niebo, militanti suæ Ecclesiæ, widomemu swemu ćiáłu, Widoma Głową był y teraz, ni od Apostołá Páwłá, ni od Clemensá Alexándriyskiego nie iest powiedźiano: y my ták nie wierzymy. ále ty to iemu callidè imponis: y iest to nie Clemensowá powieść, ále twoiá Schismátycka obłudá: iest twoiá nań Szczera potwarz. w ktorego pismách to co twoy Zyzáni powiedźiał, y co ty w nim chwalisz, y twierdźisz, áby P. Christus y teraz Widomą od nas Głową Cerkwi swey był, y iedna litera nie naydźie sie. w Kálwinie gdźieś to ty ná czytał márny per Anagramatismum minister, á z przyrodzoney swey obłudy Clemensá tym pomawiasz, o czym sie mu áni śniło.

Zdechł w potwarzy Antydotistá.

Cożeś wyprzysiegał obrzydły Krzywoprzysiezco? Co

co? Co

co? Co wywrzeszczáłeś przewrotny Rábuláe Coś wytre-
stotał. Dei & hominum Contemptor impudentissime?
wy Schismátycy zdy nabárziey sktámáć chcecie / tegdy
śie P. Bogiem nabárziey obteśtuiecie. Obłudnikowie. Jeśli
śie w tey mierze P. Bogá nie boicie ktory Jmienia swe-
Exodi. 20. go S. bráć nádáremno zákázuiac/ mowi/ Non enim in
sontē habebit Dominus eum. qui assumpserit nomen Domini Dei sui frustra. Ludźi śie wżdam wstydaycie: v
ktorych mendacium nō veterascit. Ale iuż jeś? Lupus, vt
fertur, pilos mutat non mores: ze złego nałogu trudno wą
ku Pánu Bogu. Jednák my o náwroceniu śie wászym ku
prawdźie Bożey nádźiei owszeki nie trácimy. Wiedzcie
Num. 16. iednák przytȳ y to: że/ byśćie wy dniem y nocą po wszytek
3. Reg. 18. wász żywot wołáli/ ták wiele wysłuchani bedźiecie/ iák byli
wysłuchani Kore. Dáthan/ y Abiron. ták wiele wywo-
łácie/ iák wiele wywołáli oni/ do ktorych Prorok Boży
mowi/ Clamate voce maiore: Deus enim est, & forsitan
loquitur, aut in diuersorio est, aut in itinere, aut certè dor-
mit, vt excitetur. A toby dla czego? przyczyná ná widoku: żeśćie w Schismie / żeśćie w Hæresyách / żeśćie
Jmie P. Bogá Tworce swego przez te oto swoie y tym
podobne Antidoty zbluźnili: zaczym poki w tey złośći
zostáwáć bedźiecie / poty nie tylo vżálowánia śie Bożego / y reki pomocy iego nád sobą nie doznaciet ále co
dźień wietszy iego gniew ná sobie znáć bedźiecie: vmnoży
nedze wásze: y wyda was ná wieczne pośmiewisko wszytkim narodom. Bo ták Pan Bog swym znieważcom y
prawdy swey náśmiewcom płáći. Kruszy kośći ich/ y
pámięći ich z wichrem zátraca. Do czego ábyśćie nie
przyszli/ day wam Pánie Boże vpámietánie/ y złośći tych
poniechánie. Stronę nászę Kátholicką: nas mowie/
Iák áći Rzy- Vnitow y Rzymian w tey swey niezbożney ná mię exclá-

mácíey

máciey názywász niewstydliwcze ludźmi szkárádnymi/ kła- Iák áći Rzy
mliwymi/ potwarzliwymi/ dyabelskimi/ nieprzyiaćioły mian y Vni
Bożymi/ Synami wyklętymi/ Oblubienice Páná Chri- tow Antido
stusowey turbatorámi/ y tym podobnymi. Ni ná Bo- tistá,
skiego ni ná ludzkiego práwá srogość nie ogladáiac śie.
Schismátyku / w Kátholickim Krolestwie ták bezecnie
lżysz Kátholiki. Wáruy/ postrzegam: áby kiedy ná to- Niewáściło
wod tego/ Co mowisz/ rokuć nie dano: á wiesz pænam by ták posta
talionis. Sæpe enim læsa patientia fit furor. y tyżeś to pić z Schismá
z swym Gniázdem Syon Boży? ty to bluźnierzu Dźiedźi- tykámi y z
ctwo Boże? ty sprośny Hæretyku Oblubienicá P. Chri- Heretykámi
stusowá: Nic mniey. Niedźnikeś ty iáko śie przyzna-
wasz/ od P. Bogá y od Boskich ludźi opuszczony. Phá-
ráo ony zátwardziały: ktory łaskę Bożą / ku dobremu
twemu skłonioną ná złe swe obracasz: y poty / przesła-
wiąc posłánniki do ćiebie Boskie/ obrácáć snadź bedźiesz
á w morzu świetszym ná wieczną śmierć zátoniesz. A-
leć żyże cale prawdy Bożey poznánia / Schismy prze-
tleś. y zamiechánia iedności S. zámiłowánia. Y w tym Obłudnie wy
też obłudá twoiá ná iáwi gdy Zyzániego twego zowey mawia Zyzá
pomyłki wymawiasz że Cælestiná Papieżá názwał Hæ- niego Anti
retykiem co ty z Zyzániego wáliż ná Gárárze. Obłudni- dotistá z po
ku / niech śie myli iáko powiádasz / Gáránzá w tym J- twarzy, że Cæ
mieniu / że Cælistium Hæreticum, názywa Celestinem: lestiná Papie
ále go nie zowie Papieżem Rzymskim/ iáko go zowie z v- żá S. spotwa
mysłu twoy Zyzáni. Co iuż wyszło z omyłki. Owo zgo- rzył bydź Hæ
ła: ktoredy śie ieno obroćisz obłudny Schismátyku/ wsze- retykiē prze
dźie po sobie kłamstwá / bluźnierstwá / potwarzy / y Hæ- klętym.
tyckie błedy śieiesz. Z czego twym Oycom y Bráciey iák
wielka cześć y vciechá / przeczytawszy te moie Exætesim
powiedząc.

Wypráwiłeś śie tedy w tym Rozdźiele z swym Zy-

N zánim

zanim Antidotiſto/ iáko mowia/ iák ſkurat ná ogniu:
práwyz y czyſty: poſtepuieß z ſiły w ſile: z fałßu w fałß/
z obłudy w obłude. w czymći wiáre da podobny tobie
fałßerz/ y obłudnik. A prawdy miłośnik káżdy/ w oczy
Schiſmie twey te obłudy twoie rzući/ á ſam ſie Jedności S. podpiße. Co zdarz PAnie JEzu Chriſte wßytkim wam zá dni náßych.

Ná Rozdział Antidotu Schi-ſmatyckiego VII. w Ktorym práwi Antydotiſta iz Cerkiew Wſchodnia nigdy piſmy Hæretyckiemi prawdy ſwey nie broni, áni ná nich polega.

EXPOSTVLATIA VII.

W ktorey pokázuie ſie y Dowodźi/ iż Cerkiew Schiſmátycka ná Wſchodźie y tu w Ruśi z piſm Hæretyckich błędow nábyłá/ temi ich broni/ y ná nich polega.

Odſtepuie Antidotiſtá Philáletá: iednák w tym tylko/ w czym ſie iemu podoba.

Bawiáiac ſie Antidotiſtá/ áby nań o błedy y Hærezye z Philáletem nie náſtepowa-
no/ czyni go Hiſtorykiem: iákoby też Hiſto-
rykowi z prawdo w powieściách ſwych ro-
zmijáć ſie było wolno. Ja záś z intentiey Moiey/ ktora te moie Apologie piſałem/ nie tylo o Philáletá ábo
Orthologá lub ktorego z podobnych im w czymkolwiek

on ich odſtepuie náſtepowáć nań niechce/ ále radbym był
po nim obaczył/ żeby był y Zyzániego błedy uczyniwßy
go też Hiſtorykiem/ porzućił. Niech mi wierzy/ żebym ich
nie podnośił: álebym ie lepiey ießcze przydeptał/ gdyż nie
w tenem ia koniec/ te Scribentow tych błedy y Hærezye
wypiſał/ ábym ie w Ruſkiey/ ſtrony ich Cerkwi/ ták mieć
chćiał/ iákobym ie ná nie/ y mimo wole ich wálił: ále ná
to/ áby ſie ich oná iáko nie ſwych/ choć iey przypiſánych y
w niey ſie náyduiacych zrzekłá. Co gdyby ſie w Kijowie/
nie záchodzac w niepotrzebna nieprzyiaźń/ było ſtáło/ y
ty byś Antidotiſto o tym iuż milczał/ y ia: á ten drogi
czás/ ktory ná Antidoćie tym przemierzłym tráćiłeś/ na-
czym inßym zbáwiennym/ y Cerkwi Narodu náßego
Ruſkiego pożytecznym trawiłbyś. A oſobliwie ná tym/
coby ku iey pokoiu należáło/ á nie ku dálßemu gorßemu
niepokoiowi. Niechże iuż ták ten Philálet lubo to on był
Hiſtoryk/ lubo twoy Theolog/ iák ten ktory Hiſtorye
ſwoie błedámi Hæretyckimi otkał/ y ode mnie y od ćiebie w trzech/ pierwßych/ przez mie w Apologiey notowánych Hæretyckich błedach potłumiony leży. Ktorego ták głeboko w piekielna otchłań wrázić potrzebá/ á-
by do Ruſkiego narodu Cerkwie nigdy ſie iuż nie wroćił:
ni ſam/ ni w ſobie podobnych potomkách.

Pátrz Schiſmátyku/ Co twoy Pátryárchá Cyrylus w Cerkwi twey Schiſmátyckiey robi.

O táka czułość ſtrony tego Philáletá przymawiam
ſie nie bez przyczyny. Bo gdy my tu tego/ w pierwßym
z pomienionych iego błedow tłumimy/ ßátan drugiego
nie rowno ßkodliwßego podnośi y ná wáße głowy ſádźi-
go. Ná ktoreg nam/ (rzekłbym y wam: ále wy w ſpráwách zbáwiennych veternum ſpićie.) wielce ieſt potrze-
bá/ áby iák okazálßy y poważnieyßy/ wiecey niż ten pierwßy nie ßkodźił. Ktorego ſam Pan Bog y z zamyſłámi
iego złymi/ od Cerkwie Narodu náßego Ruſkiego Du-

chem vst swych niech odrażi. Wyprawuiac ty, że o Przytomności Páná Christusowey w Sákrámenćie Euchá-
ristyey, to iest, o Tránsubstántiátiey ábo przeistnoczeniu
sie chlebá y winá, w Ciáło y Krew P. Christusowa, nie
zbożnie po Hæretycku Philálet nápisał, Owe náprzećiw
temu SS. Oycow świádectwá przywodźisz: z S. Aná-
stázyusza, nie mowił Pan Christus, iż to iest Figurá, ábo co Inszego miásto ćiáłá y krwie moiey: ále iż to iest prawdźiwe ćiáło y krew moiá. y z S. Dámáscená, Chleb y wino y wodá,
przez wzywánie Duchá S. nád przyrodzenno przemienia sie w ćiáło y krew Christusowa: y nie są dwie [ćiele] ále iedno, y tož
nie iest chleb Figurą ćiáłá? ni wino Figurą krwie Christusowey: Nie day tego Boże: ále iest Ono sáme ćiáło Páńskie.
Przydáie ia y z S. Złotoustego, mowiacego, O iák wiele tych teraz iest, Co mowia, chćiałbym widźieć kształt y postáć
iego: chćiałbym odźienie iego widźieć. Atoż iego sámego widźisz, iego sie dotykasz, iego iesz: y zeby swoie w ćiáło iego
wgrażasz: Przy tych dwu od ćiebie, á ode mnie iednego
przywiedźionych SS. Oycow pokłádam y czwartego
v was naświetszego Oycá, á v nas ieszcze áni Swietego
w teyże máterley świádectwo, mowiaceg, Διὰ τοῦτο
ἡμεῖς οἱ χριστιανοὶ εἰς τὰς ἱερουργίας καὶ θυσίας καὶ
λειτουργίας ὅπου καθεκάστην κάμνομεν δὲν εἶναι
θαῦμα, ἂν ἴσως καὶ πιστεύοντας καθαρὰ καὶ μὲ τὴν
καρδίαν μᾶς μεταλαμβάνομεν τὴν σάρκα καὶ πί-
νομεν τὸ αἷμα τοῦ κυρίου Ἰησοῦ· ἐκείνην τὴν ἰδίαν
σάρκα καὶ ἐκεῖνο τὸ ἴδιον αἷμα, ὅπου ἐχύθη καὶ
ἐκαρφώθη εἰς τὸν σταυρόν· ὄχι ποῦ νὰ τὸ μασοῦμεν
μὲ τὰ δόντια μας τὰ αἰσθητὰ καὶ νὰ τὸ καταπί-
νωμεν μὲ τὸν λαιμόν μας, μόνον μὲ τὴν πίστιν καὶ μὲ
τὸ πνε-

Náuká SS. Doktorow Cerkiewnych o przytomnośći Ciáłá y Krwie Páná Christ. w Sákrám: Euch:

Hom. 1. c. 28.
Lib. 4. de Fide. cap. 14.

Hom. 51. in Matth.

Hom. 45. in Ioan.

Cyrillus Pátryárchá Konstantinopol: ἐν συντόμῳ πραγματείᾳ. Aduersus Iudæos. pag. 12

πνεῦμα μεταλαμβάνοντας τοῦ ἁγίου ἄρτου καὶ τοῦ
ποτηρίου ἀπέρ εἰσὶ συμβόλαιως βλεπόμενα· μᾶς
κάμνει ἡ πίστις καὶ μεταλαμβάνομεν τοῦ σώματος
τοῦ ἁγίου καὶ τοῦ τιμίου αἵματος. [illegible]
żyćiem tak sie ma. A przetoż my Chrześćiánie, przy obchodźie spraw Swiętych, ofiar y służb Bożych, Ktore ná káždy
dźień czynimy, nie dźiw, iż chociá czystym sercem nászym wierzymy, że przyimuiemy ćiáło, y piiemy krew Páná IEzu-
sowa: to włásne ćiáło, y tę włásną Krew, ktora iest wylana, y ktore było przybite ná krzyżu. Iednák nie iżbysmy ie
zmysłowymi nászymi zębámi śćiemli, y gárdłem nászym poły-
káli: ále wiárą tylo y duchem vczesnikámi bywamy S. chlebá
y kielichá: Ktore są znákámi widomymi. Widźmy czyni nas,
że vczesnikámi stáiemy sie Ciáłá S. y nadroższey krwie. To
dwoie przez ćie y przez mie przywiedźione Swiádectwá,
O iedney y teyże rzeczy, to iest, o Rzeczywistey przytomności Páná Christusowey w Sákrámenćie Eucháristiey: abo przeistnoczeniu sie chlebá y winá w Ciáło y
Krew Páná Christusowa, przełożywszy: Pytam ćie
Antidotiste zgodneli są z sobą, czy nie? Iśćie ná owe
swoie słowa pomniac, ktore mowisz, iż Cerkiew Práwosławna záwsdy nieodmiennie wierzyłá, y wierzy, że w Sákrámenćie Eucháristiey S. osobá [głupiś nieboże, miałeś rzec,
istnośći] chlebá przemienia sie istotnie w Ciáło Christ[illegible]we. y
osobá [istnosć] winá przemienia sie istotnie w Krew Christusowa
ná te, mowie, słowa swoie pamietáiac, przyznasz pewnie
te świádectwá z sobą ták być zgodne: iák iest zgodna
nieprawdá z prawdą, opinia Hæretycka z wyznániem
Práwosławnym. A toż to masz Hæretycka náuke, iuż
przez druk publikowána, (Ktorać pokázáć obiecałem)
Wielebnego twego Cyrylla Pátryárchi: Ktorym sie ták
wysoce chlubisz. On mowi, że Wiárą tylo y duchem, ćiá-

 łá y

Heretycka náuká Cyrillá Pátriárch: Konst: ile do istotney rzeczywistej przytomnośći P. Christusowey w Sákrámenćie Eucháristiey.

Miał dureń nápisáć istność, nie Osobá: bo oná sie przemieniá, á tá zostáie.

la y krwie Syná Bożego vcześnikámi ſtáiemy ſie: że áni ciáłá zębámi nie trzemy, áni krwie gárłem nie piiemy. A Złotouſty S. mowi/ że ciáło y krew Syná Bożego oczymá náßymi widźimy, rękomá dotykamy ſie, vſtámi iemy y piiemy: y zęby náße w ciáło iego wgrażamy. Poniewaz tedy wiára tylo y duchem/ á nie y vſtámi y gárłem/ tedy iuż tu prawdźiwa rzeczywiſta y iſtotna przytomnosć Ciáłá y krwie precz: á zátym y Przeiſtnoczeniet & per conſequens, chleb y wino poświecone gole ſą znáki tegoż ciáłá y krwie/ ktore ieſt vkrzyżowáne/ y ktora ieſt wylana/ y ná práwicy Bogá Oycá w niebie śiedźi. Ktoż tu z tych dwu Hæretyzuie? Ktory z nich wiáre Páná Chriſtuſowa/ y SS. Oycow Náßych o tey Táiemnicy wyznánie bluźni? Bez pochyby ten/ ktory opuśćiwßy w rzeczy tey SS. Oycow Cerkwie Wſchodney wiáre y wyznánie z Kálwinem ſie zpobrátymował/ y z iego inſtitutiy te ſproſna Hęrezya w Cerkiew Wſchodna wyrzygnał. Nie wſtydże ćie tego twego tákiego naywyżßego Páſterzá y náuczyćielá? że ſie iuż ex oppoſito SS. Oycow Wſchodnych náuce ſwoia náuka ſtánowi? Nie wſtyd ćie ták ſproſnego Hæretyctwá iego? Non redarguram linguam, & frontem per frictam mieć byś muśiał Antidotiſto/ ieślibyś ſie tego lub nie wſtydźił/ ábo náprzećiwo temu reklámował. A gdyć ießcze rzeczywiśćie y to pokaże/ á pokaże da Bog nie mießkale/ (Bo my zá pomoca Boża/ á zá przemyſłem zwierzchnego Powßechney Cerkwie Páſterzá zśuiemy náto/) że ten twoy Pátryárchá *Zbory y narody Heretyckie Angielſki y Holándſki násywa Oną iedyną Swiętą Kátholicką y Apoſtolſką Cerkwią: y z ſwoią Wſchodną Konſtántinopolſką, y Inßych Pátryárchálnych ſtolic Cerkwią porownywa y iednoczy: y też á iedną bydź twierdźi, y wyznawa.* co ná to rzeczeß? co z nim vczyniß? iedno zda mi ſie z owego dwoiego/

Cyryllus Pátriárchá Konſtántz w Kátechiſmie ſwẏ Zbory Hære. tyckie Angliy

iego/ ábo ſię go zrzecześ: ábo zá nim poydźieß. ieśli ſtánie pierwße: tym ſámym dokázuie tego co w Expoſtulátiey wzorey powiedźiałem. Jeśliß ſie vdaß po nim: tedy twoie obrázy báłwány/ á ty Báłwochwálcá. Tedy twoie Swietych Bożych wzywánie Wielo Boztwo/ á ty Pogánin Wielo Bozcá. Tedy twoiá Reliquiy Swietych pocześć ſuperſtitiæ, á ty ſuperſticioſus. Tedy twoie poſty/ włośiennice/ Pokłony/ legánia ná źiemi gołey/ niedoſpánia/ pielgrzymowánia/ długie Modlitwy ráne wſtánia/ żywot bezżenny Zakonnicży y wßelkie ich prácowite trudy ſą zabobony: á ty zabobonnik. wymyſły ſą ludzkie/ ktorymi ſie PAn BOg brzydźi: á ty ten ktory tymi brzydkośćiámi P. Bogu podobáć ſie ßukaß. Tedy przy dwu Sákrámentách zoſtawßy/ Pieć z Cerkwie precz. Tedy twoiá bez krewna ofiará obrzydliwość/ á ty ten ktory ią ſtáwiß ná mieyſcu Swietym. Tedy od Ołtarzowego twego chlebá y kielichá/ ták bedźie dáleki P. Chriſtus/ iák ieſt dálekie nawyżße niebo od nanizßey źiemie. Tedy twoie liberum Arbitrium, bedźie ſeruum. Tedy Sola fide iuſtifficante, twoie dobre vczynki beda náuka dyabelſka: Tedy Pan Chriſtus nie bedźie wßytkiego świátá Zbáwićielem/ ále wybránych tylko. Tedy Báránek on Boży niewinny nie wßytkie wßytkiego świátá grzechy ná ſobie poniosł/ ále tey tylo cześći ludźi/ ktorych wybrał. Tedy Krzyżowa ſwoia śmierćia Syn Boży nie zá wßytkie wßytkiego świátá grzechy Bogu Oycu ſwemu doſyć vczynił/ ále tylo zá niektorych. Tedy Pan Bog wietßa część ludźi ſtworzył/ áby ie ná wieczne meki zdał: y do tego ie ſam prowadźi/ áby byli zátráceni. Tedy kto raz wybránym ſie ſtał/ ten z łáſki Bożey wypáść nigdy iuż nie może á kto raz od łáſki Bożey ſtał ſie odrzucony/ ten nigdy zbáwion bydź nie mo-

ſkiey Holãdſkie Cerkwią Kátholicką násywa: y wiárę narodow tych práwoſławną bydź mieni. Hæretyckie kiedy Zborow Angielſkich y Holãdſkich z ktorymi Cyryl: Pátr: ſwoie Wſchodna Schiſmátycka Cerkiew iednoczy.

nie może / by też nabárziey duſznego zbáwienia pożądáł / y o nie ſie ſtárał.

Tey tym podobne niezbożności do wyznánia Wiáry twey przyiąć muśiſz / ieśli zá tym ſwym Doktorem poydźieſz / Ktory Zbory Angielſkie y Holándſkie S. Katholicką y Apoſtolſką Cerkwią nazywa / zá takie ie ma / wierzy y wyznawa / y piſmy ſwymi publikuie. Toć to ſą przeklęcey waſzey Schiſmy owocy / ktore ſie z niey wam tu w Ruśi / y w nieszczęſliwey Greciey rodzą. Doznaſz tego więcey / (coś pewnie nie doznał) niech ſie tylko ci ſtolecowie z Angliey / y z Hollandiey do gniazd ſwych zlecą / Ktorych kilká dźieśiąt / ieśli nie kilka ſet ná tey złe ten twoy przemyślny Paſterz z Greciey do tych Kraiow ná Heretycka náuke poſyłał. Jeden Hergan z Luterſki y trulnice Co zbroił nabroia ći przy tákim Miſtrzu y Promoterze ſzeroko więcey. A iuż y ták doſyć złego. Pod tákim to Zwierzchnym Páſterzem nędzna twoiá Schiſmátycka ná Wſchodźie Cerkiew / od ktorey ty prokuruieſz ... Ktory ſą dźiś od dniá nowymi Hæretyckimi błędami ... iednák w nim lubuiećie / y o zbáwieniu ſwoim przy nim ſobie pochutnywaćie. Ano zá ślepym wodzem idąc / bydź pewnie weſpoł z nim w iámie. Nie kłáma ten / ktory to mowi.

Iákiego fortelu záżywa Cyrillus ná rozkrzewienie Caluiniſmu w nieſzczeſney Græciey

Matth. 25.

Chcieyćie to wiedźieć / Ktorzy zá tym tákim Páſterzem z przezacnego narodu Ruſkiego idźiećie á o zbáwieniu ſwym radźiecie záwczáſu: Wielka ſie to ná wasze Wſchodu otchłań rozwártá / y połknąć was nágotowáła ſie. Jákoż iuż nie dáleko od tego / boście ſie do niey przez ſwe Zyzánie / Philáletу / Orthologi / Klerыki / y przez tego Antidotiſtę znácznie náchylili. Zkąd iuż trudna będźie popráwá: Facilis enim deſcenſus Auerni: ſed reuocare gradum Hoc Opus, Hic Labor. Tá przyczyná wiel-

Vpomnienie do narodu Schiſmátyckiego w Ruśi aby ſie ocknął

ce wa-

ce ważna y do tego mie pobudźiłá / żem piſány do niego liſt ſwoy publikował / ábyśćie Páſterzá ſwego y Wiáre y zámyſły wyrozumiawszy rádźili o ſobie. W czym wam P. Bog / y uchá ku uſłyſzeniu / y oczy ku obaczeniu otworzyć niech raczy. Ja w tym Rozdźiele twoim Antidotiſto owymi trzemá od ćiebie przyiętymi Punktámi ukontentowawszy ſie: Pierwſzy / iż Przeiſtnoczenie chlebá y winá w Ciáło y Krew Páná Chriſtuſowo Cerkwi Wſchodney ieſt w Wyznániu: y ieſt z Wiáry. Drugim / Iż Doſtoieńſtwo Epiſkopſkie y Presbyterſkie nie ieſt iedno / y toż. Trzećim / iż Lud świecki nie ma władze ſuffragij deciſiui de Fide. Poſtępuię do czwártego: w Ktorym ty ná przećiwo temu Páſterzowi roſpiąłeś ſie / Ktory y Cerkiewnym y nie cerkiewnym kozłom rogow przyćiera. Nie długo da Bog tego czekáć / że tenże ktory dźiś z tobą ieſt o rámię / te twoie Hæretyckie błędy będźie przecedzał / iáko ty przecedzaſz przez mię refutowánych Scribentow twych błędy. odſtąpi ćiebie y znáć ſie do twych błędow nie będźie. Prawdá abowiem Boża / ktora premi poteſt, ſed non opprimi, wielu ma obrońcow. Stánie oná czáſu ſwego da Bog iáko zwyćiężcá ná twym kárku / á Narodowi Ruſkiemu Jedność S. ſpráwi. Ktorą day mu Pánie Boże zá dni náſzych. Amen.

W tych trzech Hæreſyách Antidotiſtá odſtępuie Philáletá.

Ná Rozdział Antidotu Schiſmatyckiego, VIII. w Ktorym práwi Antidotiſta o tym, iż niemáſz kromia Chriſtuſá wſzytkiey Cerkwi Páſterzá

O

Powſze-

Powſzechnego, y iż nà nim ſamym
Cerkiew ieſt Zbudowána.

EXPOSTVLATIA VIII.

W ktorey Pokázuie ſie y Dowodźi/ iż po Pánu Chriſtuśie ná ten cżás niewidomym Powſzechnym Powſzechney Cerkwi ſwey Páſterzu / ieſt widomym Páſterzem Powſzechnym/ ná Mieyſcu P. Chriſtuſowym Piotr S. ná ktorym Cerkiew ſwoię Pan Chriſtus Zbudowat : á po nim iáko Náſtępcá iego/ Biſkup Rzymſki.

NIE rzadny człowiek rzadowi przyiacielem bydź nie może: Rzad abowiem to w záchowániu y w vżywániu mieć chce / co Zakon Boży y práwá Ludzkie nákázuią: á nierzadnik w Záchowániu y w vżywániu ma/ czego y Bozki Zakon y ludzkie práwo broni. Roſkochał ſie ten Antidotyſtá w Nierzadźie ſwym Schiſmátyckim/ záczym ták go Rzad mierźi/ iák roſpuſtniká owá klatecżká/ ktora zá ſwoie zbrodnie zwykł y niechcacy noſić ná ſobie: lub też Co przyćieżſzego inegdy ćierpieć. Jednák ná tym zá łáſka Boża v porzadnych ſtánelo/ że nierzadnicy rzadowi ieſli powoli nie chca / tedy poniewoli ſkłádáć y vſtepowáć muſza. vſtapić da Bog cżáſu ſwego y ten nierzadnik Rzadowi Bozkich Zakonow y praw Ludzkich muśi.

Ná czym ſie fundnie pierſzeńſtwo Biſkupá Rzym.
Ioan. 21.
Chryſ. H. 5. 51.

Rzekł pan Bog: *Pietrze, Páś owce moie.* Mowia ludźie/ á ludźie Bozſcy. Piotrá P. Chriſtus Cerkwi ſwey

Páſte-

Páſterzem poſtánowił iednego ze dwunaſtu ná to Obrał/ áby zá poſtánowieniem głowy/ vwárowáć ſie mogłá oċázya Schiſmy. Rząd to ieſt Cerkwie P. Chriſtuſowey od Bogá ſámego vſtánowiony: od ludźi Bozkich przyięty / y vżywániem wielu ſet wiekow láty zmocniony. Náprzećiwo ktoremu ten Antidotiſtá wárczy: przez co y P. Bogá / Ktory ten Rząd vſtánowił bluźnit y Boſkie Meże / ktorzy ten Rząd záchowáli / hánbi: Jáko ten/ ktory w roſpuśćie dni ſwe prowádźić przywykſzy / y Drugim toż záleca: choć to dobrze widźi / iáż ſie tey iego Schiſmátyckiey ná Wſchodźie Cerkwi bez tego rządu powodźi: Że ná Antyocheńſkiey ſtolicy dwá Dźiá Pátryárchowie / á niemáſz komu ſporządźić/ áby illegitimus (ieśli y nie obá tácy ſą /) legitimo vſtapił iáko był vczynił S. Dámáſus PP. miedzy Fláwiánem y Ewágriuſzem Antyocheńſkiemi oraz Pátryárchámi. Ná Konſtántinopolſkiey ſtolicy Pátryárchá Hæretyk / á niemáſz ktoby go z tego pokarał. czego poki Rząd ten Cerkiewny / od Chriſtá Páná w Cerkwi ſwey vſtánowiony te ſtolice znáły/ nigdy przez ták długi czás tákim nierzadnikom Impunè osiádáć ſie nie dopuſzczáły. O czym ieſt przykłádow iáſnych niemáło v Hiſtorykow Cerkiewnych poważnych. O Neſtoriuſzu y Anthimie Pátryárchách Konſtántinopolſkich. O Dyoſkoryuſzu Pátryárſze Alexándriyſkim. y o inſzych.

In Matth.
Hier. lib. 1.
In Iouinianũ.

Rząd Cerkwie P. Chriſtuſowey.

A Nierzad Cerkwie Schiſmátykiey.

Theodoretus lib. 5. cap. 23.

Euag. lib. 1 c. 4.
Conc. Chalc. Act. 3.

Ktoremu Boſkiemu w Cerkwi iego S. Rządowi Inſultuiąc Antidotiſtá/ A zaś, mowi/ *przebog żywy niżſze Philálet radźił miedzy Wſchodną Cerkwią y Záchodnym Kośćiołem nie było o tym dyſputowano?* Było Schiſmátyku dyſputowano: ále nie od oney S. Wſchodney Cerkwie/ Ktora rząd ten od Chriſtuſá Páná vſtáwiony w ſwey poważności záchowuiąc/ Jedności S. Cerkiewney iák źrzenice o-

O Rząd Cerkiewny było diſputowano miedzy Wſchodną y Záchodną Cerkwią y przy ktorey wygrána zoſtáłá.

nice onice oká náruszyć wyśrzegáłá się: Lecz od tákiey Schismátyckiey od iákiey ty prokurui:sz. Ktora iednośc S. ma w nienawiśći. Dysputowáły o tym miedzy soba t. obie Cerkwie publicè w Lugdunie: około Roku Páńsk: 1275. ále ássertiey tey swey/ iáko obłudney Wschodna vstąpić musiáłá. Dysputowáły po wtore publicè około Roku P. 1439. we Florentiey: y tám te spráwe Wschodna przegráłá. Disputowáli/ o tymże priuatim Phociusz: y Michael Cerulárius/ Pátryárchowie Konstántinopolscy. ále doználi tey swey fałszywey ássertiey sámi ná sobie: Photiusz od Adryaná PP. sadzony/ y z Stolice zsadzony. á Michael od Leoná IX. sadzony y wyklety. Ktorych obu zátym pomstá Boża potkáłá/ że obá nie ná stolicy swey/ ále in exilio zá spráwiedliwym/ o te nie słuszna ich dyspútácie/ od Páná Bogá pokarániem/ z świátem tym się rozłączeni.

Rząd Biskupá Rzymskie go po wszytkie pierwsze swoie wieki do tysiacá lat znátá nád soba Cerkiew Wschodna.

Zaś po proźnicy, mowi/ Antidotistá *miedzy niemi rozroźnienie vrosło: iest. nie o to sámo, iż ći mimo Christulá nád soba żadnego miásto głowy Cerkiewney mieć nie chćieli?* odpowiádam/ że y bárzo po proźnicy. Jeśliby tego Rządu nigdy nád soba Cerkiew Wschodna nie znátá: á ná sobie nie doznawáłá: rozroźnienie to miedzy niemi poproźnicy by było vrosło. Ale znawszy ten táki Rząd nád soba Cerkiew Wschodna przez lat niemal tysiac/ po sáme cżásy tey dźiśieyszey Schismy/ vrośćiłá to rozroźnienie poproźnicy. Ktorey Antesignani, iákoś to słyszał/ y od Páná Bogá y od naywyższego Cerkiewnego Rządzcy/ ná przykład inszym ich Successorom/ są znacżnie pokaráni. Znáłá ten rząd Zachodney Cerkwie nád soba Cerkiew Wschodna po wszytkie śiedm powszechne Synody: Co ia w Apologiey mo ey pokazał dowodnie. Nád ktory dowod inszego Okázálszego nie potrzebá. Poniewaź od

Kogo

Kogo bywa rządzona po wszytkim świećie rozroszona powszechna Cerkiew Páná Christusowá: tego rządowi oná y w kupę zebrána podlega. y w przećiw: Kto do kupy zgromádzona wszytka powszechna Cierkwia rządźił/ ten ią rządźił y po wszytkim świećie rozśiana: A tákim Rządzca po wszytkie powszechnych Synodow wieki znány y miány był Papież. Cerkiew tedy Wschodna powszechney Cerkwie bedac cześćia ten Biskupá Rzymskiego nád soba Rząd z potrzeby znáć musiáłá.

Wypráwuiesz przed námi o tym/ *że Christus iest* Princeps Pastorum. A ktoż tego z nas nie przyznawa? Dowodźisz/ *że SS. Apostołowie są Pásterzmi, y Fundámentámi.* Kto z nas przećiwo temu mowi? My kiedy Piotrá S. y wszytkie insze Apostoły z Pásterzem P. Christusem znośimy/ owcámi bydź ie znamy. A gdy ie bierzemy iáko Pásterze: Christá Páná Xiażećiem Pásterzow tych názywamy. Gdy záś znośimy Apostoły Pásterze z Pásterzámi nie Apostołámi/ to iest/ z Episkopámi/ Archiepiskopámi/ Metropolitámi/ y Pátryárchámi/ Xiażęty pásterzow ie názywamy. A gdy znośimy Apostoły iáko Pásterze z Pásterzem Apostołem Piotrem/ Xiażećiem go pásterzow tych znamy. O Xiażećiu Pásterzow Pánu Christusie/ mowi pismo S. & Cùm apparuerit princeps Pastorum. A *gdy się okaże Xiaże Pásterzow.* O Xiażećiu Pásterzow Pietrze S. Cerkiew Wschodna od sámego Christá Páná przez owe słowá/ *Pietrze pás Owce moie*, názwona bywszy/ y ná tym fundámenćie zásádźiwszy się/ śpiewa. *To Bożkim swym zmartwychwstániu, Owcō swym stánowi Xiażećia Pásterzow* Pan Christus Piotrá S. według textu Græckiego P. Christus názywa się ἀρχιποίμην, Xiaże Pásterzow. A Piotr S. názywa się πρωτοποίμην, Przednieyszy Pásterz: lub też Xiaże Pásterzow: iák názywa

O iij

Tákim Pásterzem Cerkwi swey iest P. Christus.

Iákimi Pásterzámi Cerkwie P. Christusowey są Apostołowie.

Iákim Pásterzem teyże Cerkwie iest Piotr Apost. 1. Petr. 5.

Swietilnam.

Zywa sie káżdy Episkop / ἱεράς Χlus, Xiąże Káplanow: πατριάς Χhs, Xiąże Duchownych Oycow. Miánuie ie Xiążety iż iák Episkop nád wßytkimi Diecesiey Káplanámi / Xiążecey práwie władze y Jurisdictiey záżywa: poświąca ie / sądzi / karze suspenduie / deponnie / excommunikuie: á Pátryárchá nád Archiepißkopámi swey Diecesiey / y nád Metropolitámi: ták ποιμενάς Χlus, Piotr S. á po nim iego Successorowie Biskupowie Rzymscy / (Ktorych Diecesia / ile są Rzymscy Biskupowie / y Zachodney Cerkwie Pátryárchowie / iest Cerkiew Zachodna: á ile są powßechney Cerkwie Pásterze / Diecesia ich iest wßytek świát:) teyże Duchowney władze y Jurisdictiey záżywáia nád wßytkiemi Pásterzámi / nie wyymuiąc żadnego / sądzą ie / karzą suspenduią / deponuią / y Excommunikuią: Nie iest tedy fałßywe / iáko ty vdáieß / citowánie moie świádectwá tego w Apologiey z Swietilen: ále iest twoy oczetny vpor / ktory tego słowá ták / iáko ono brzmi / przyimowáć nie chceß. Hierárchá nie tylo iest pierwßy miedzy Presbyterámi / ále y nád Presbyterámi. Pátryárchá / nie tylo iest pierwßy miedzy Oycámi / ále y nád Oycámi. Rownie Pomenárchá / iest nie tylo pierwßy miedzy Pásterzámi / ále y nád Pásterzámi.

Iákim Pásterz iest teyże Cerkwie P. Christusowey Biskup Rzymski.

Ty mowiß / *że nád Apostołámi tylo sam* Pan Christus *Głowa*: á Cyrillus Alexándryiski od Wschodnych: Hieronim S. od Zachodnych SS. Oycow mowią *że Piotr iest Głowa Apostołow*. Z ktoremi iż sie ty nie zgadzaß / Cożá dziw że sie y ze mną ich náśládowcą niezgadzaß. Tobie w tym zgodá z Lutrem y Kalwinem: á mnie z Cyrillem y Hieronymem: á przez nich y z inßymi Oycy Swietymi.

Iż nád Apostołámi y Piotr S. iest Głowa. Lib. 12. in Ioan. cap. 64. lib. 1. in Iouinianum.

Mowiß przytym / *iż podáiąc* P. *Christus Piotrowi Owce, Apostołow sámych iemu nie poruczył.* Lecz Złotousty S. mo-

Iż P. Christus Apostoły

S. mowi / *iż Rzekßy Pan Christus do Piotrá owe słowá, Pás Owce moie, o Bráciach,* [to iest / Apostołách] *y O wßytkim świećie,* [to iest / o powßechney Cerkwi /] *pieczołowánie zlećił mu y poruczył.* Toż z nim mowi / y S. Theophiláctus / *Nád wßytkiego*, práwi / *świátá wiernymi, y nád Bráćia poruczył mu przełożeństwo.* Coż z tobą rzec Schismátyku: Poniewáż sie ty w tym ráczey z Haeretykámi zgadzáć woliß / niż z Oycámi świetymi? A iednák mi o to prawde bez wstydu przymawiaß. Porownywaß z Piotrem S. Jákubá / Janá / y Páwłá / Apostoły SS. Ale słuchay Co mowią o tym Oycowie SS. *Iákub,* mowi Złotousty S. *otrzymał Stolicę Ierozolimską, á Piotr wßytkiego świátá náuczycielem iest postánowiony.* O porownániu z Piotrem S. S° Janá / mowi Hieronym S. *czemu nie Ian S. Dziewicá wybrány iest ná to áby był głową dwu nastu Apostołow? ná látá,* mowi / *wzgląd iest miány. iż Piotr był w lećiech stárßy: áby będąc práwie iesce młodzieńcem, á niemal chłopięćiem, nád dośpiełßych lat ludzi nie był przeniesiony.* Ile zás do porownánia z Piotrem S. Páwłá S. mowi Máxim S. *Błogosłáwieni Piotr, y Páweł, nád inße* [Apostoły] *wßytkie są wyniesleyßymi, y osobną nieiáką prerogátiwą okazálßymi. Lecz miedzy nimi dwomá, ktory nád Ktorego przekłádány ma być nie iest wiádomo. Mniemam że są obá rowni zasługámi, poniewáż rowni są meczeństwem.* To o porownániu wyniosłości tych dwu Apostołow w Cerkwi Páná Christusowey z zasług ich. Co sie zás tknie preeminentiey ich z dostoieństwá Jurisdictiey w Cerkwi Páná Christusowey / tenże S. mowi / *iż Piotrowi dány iest klucz zwierzchności: á Páwłowi klucz Mądrości.* Złotousty S. gdy Piotrá S. z Swietym Páwłem porownywa / Piotrá názywa sprawcą y wodzem Apostolskim: A Páwłá náuczycielem niedowiádomych táiemnic: y wßystkiemu

świátu

swoie do pásienia Piotrowi S. poruczył. In cap. 21. Ioá. In cap. 21. Ioá.

Co są porownánie Apostołow SS. Iákubá, Ianá y Páwłá z S. Apostołem Piot. In cap. 21. Ioá. Lib. 1. in Iouinianum.

Serm. vlt. de SS. Apostol: Petr, & Paul.

Ibid.

Złotou. Serm. in DD Apost. Petr. & Paul. qui incipit.

świátu Ewányeliey S. Przepowiednikiem. Cerkiew záś nászá Wschodna Swiete Apostoły Piotrá y Páwłá porownywáiąc/ názywa ie Coriphæos: to iest wierzchownymi miedzy Apostołámi. Gdy záś w porownániu tym ich rożnosć czyni/ Piotrá S. názywa wierzchownȳ iák tego/ ktory iest Apostolskim naczálnikiem: to iest Xiążęciem Apostołow: á Páwłá S. iák tego/ Ktory nád Insze prácował.

Cæli & terræ bellū video. &c

W stichirách Ná dzień SS. Apost. Piot. y Páwłá.

Porownywa tedy z Piotrem y Iákub. y Ian/ y Páwel w Apostolstwie: przechodzi Piotrá Páwel w prácách: przechodzi Piotr y Páwłá/ y Ianá/ y Iákubá/ y wszytkie insze Apostoły w Pásterstwie: iák ten/ ktory wszytkich ich/ iák mowi Złotousty Swiety miał w rece swoiey. to iest pod władzą swoią. Wszyscy Apostołowie są Pásterze: á Piotr S. iest naczálny Pásterz: Pásterzow tych Pásterz. On wszyscy są Pastores delegati: á Piotr S. iest Pastor Ordinari⁹. O ktorȳ Złotousty S. P. *Christus* mowi/ *o Owcách swoich Ktore krwią swoią okupił, stáránie slecił Piotrowi S. y iego Successorō.* Są tedy wszyscy Apostołowie SS. y Fundámentámi Cerkwie/ y Filarámi/ y twierdzámi/ y Pierwoprestolnikámi/ y Koryphæámi/ y wszytkiego świátá Nauczycielámi/ Sprawcámi/ Pieczołownikámi y rządzicielmi. A Piotr S. y to wszytko ze wszytkiemi iemi ma zá pospolite/ y owo nád wszytkie własne ma y osobne: że iest y wszytkiey Cerkwie y ich Pieczołownikiem/ wodzem y sprawcą.

Rożność Pásterzá Piotrá od Pásterzow inszych Apostołow.

Homi. 5. in Acta Apostol.

Libr. 2. de Sacerdoti.

Ty o tych rzeczách wypráwuiąc wszytko w kupę/ bez żadnego rozsadku/ y rozdziału gmátwasz y w iedno tłoczysz: miawszy wiedzieć: że ácz iest Presbyter Pásterzem/ iest Pásterzē Episkop y Archiepiskop/ y Metropolit/ y Pátryárchá/ y Papież: ale nie iednákim Pásterzem. Presbyter Pásterz/ pásie swoie párochiány: á Episkop Pásterz

Opisánie porządne rożnych Pásterzow Cerkiewnych y ich ku sobie subordinátia.

pásie

pásie y iego sámego y Párafiany iego. Archiepiskop Episkopá/ y iego Diœcezyány. Metropolitan Archiepiskopy. Metropolitanow Pátriárchowie/ Pátriárchow y ich wszytkich Párafiany pásie Papież. Papieżá y wszytke przy nim powszechną Cerkiew pásie P. Bog. Ten iest w Cerkwi widomey P. Christusowey rząd widomy. Insze° y inákszego niemász: áni go pokażesz. Ná tym tákim rządzie Cerkiewnȳ ktokolwiek nie przestáie/ nie przyimuie go y nie przyznawa/ by dobrze y práwosławną Wiárę miał/ Schismatyk iest: odszczepieniec iest: zewnątrz Cerkwie powszechney iest. Niema Cerkwie zá Mátkę: nie zna y Bogá zá Oycá: est exhæres, wydziedziczony iest z Krolestwá Bożego: y żadnym sposobem zbáwiony bydź nie może. By y Cudá czynił: by y wszytkę máietność swoię rozdał ná vbogie/ by y ciáło swe dla tey práwey Wiáry/ ktorą wyznawa/ dał ná spalenie/ nic mu to nie pomoże: przedsię on iest Synem zátrácenia. Bo sie od ciáłá Páná Christusowego oderwał: y iuż więcey Członkiem ciáłá iego nie iest: á zátym áni Synem Bożym: á ztąd áni dziedzicem Krolestwá niebieskiego. Ponieważ ten táki Rząd Cerkwie Bożey funduie sie ná miłości Bogá/ á tá funduie sie ná miłości bliźniego: ktorey kto niema y z práwosławną swą Wiárą/ iest czczy łáski Bożey. nádáremna tákich Wiárá: nádáremne prace: nádáremne vtráty/ nádáremne pieczołowánia/ ráne wstánia/ Długie modlitwy/ włosiennice/ posty/ iáłmużny/ y insze pobożne vczynki. wszytko sie to obráca im w cięższe ich potępienie: że przy tych známienitych Cnotách/ przy Wierze nákoniec práwey/ y przy nádziei/ iedney tey Cnoty nie máią miłości. Bez ktorey/ iák woła Páwel S. *Miedź ięsłá brzakáiąca, ábo cymbał brzmiący.*

Kto od P. Bogá sporządzonemu Rządowi Cerkiewnemu niepodlega by był y nabożny y dobrey wiáry, zbáwiony być nie może.

1. Cor. 13.

Wiem Co ná to Odpowiedacie. *Mamy My,* mowicie/

Miłość Schi.

P

cie/

Exætesis/ ábo

1

cie/ tę od Páná Bogá przykazána, od Christá Páná dana, od Apostołá S. zálecona cnotę, miłość. ále iey do prawowiernych tylo vżywamy, (bo ták ma być in bene ordinata charitate, ktora sie ná iedności wiáry funduie:) á nie y do Hæretykow. Lecz Hoc Opus: Hic labor. tut ſtáti/ tá hádáti. Zowiecie Rzymian Sábelliáńczykámi/ Mácedończykámi/ Mánicheyczykámi/ Apollinárystámi/ Origenistámi: ále to ná nie kłam y vmyślna potwarz: ktorey wy iedno litera ná nie przewieść nie możećie. Tym to wy kłástwem ślepi wodzowie ślepych swych náśládowcow przy sobie zátrzymywaćie/ że te im Hærezye w Rzymskiey Wierze bydź calumniose przekłádaćie. Oni też mniemáiąc że to prawdá stoia przy was/ y przy tey swey przekletey Schiśmie zostáwáia sie: niechcąc wiedźieć/ że to im/ by dobrze y práwosławna mieli Wiárę/ o duszę idźie: że im y Wiárá tá ich nic nie pomoże. Bo gdybyśćie wy tą náprzećiwo Rzymian potwarzą nie szli/ pewnie Schiśmę sámi sobie przyznáć muśielibyśćie: á zátym od tych ktorzy was náśládnia/ opuszczeni bylibyśćie. Ano prawdá Boża náiáwi/ że iák ieden Bog/ ták iedná Wiárá/ iedná Cerkiew Jeden tey Cerkwie y Pásterz. niewidomy iey Pásterz iest Pan Christus/ á widomy/ Papież/ Pátryárchowie/ Metropolitowie/ Archiepiskopowie/ Episkopowie/ Presbyterowie: bá według Błog: Apostołá/ y Gospodarze. y iák nád Domową Cerkwią/ widomym Pásterzem iest/ káżdy domu swego Gospodarz. nád wielo domowych Cerkwi/ y nád ich pásterzámi gospodarzámi Pásterzem iest/ ieden Presbyter. nád wiela Cerkwi presbyterskich/ y nád ich Pásterzámi Presbyterámi Pásterzem iest/ ieden Episkop. nád wiela Cerkwi Episkopskich/ y nád ich Pásterzámi Pásterzem iest/ ieden Archiepiskop ábo Metropolit. nád wiela Cerkwi Metropolitáńskich/ y nád ich Pá-

sterzámi

Smaięcká, nie przyiázna miłość.

Iákim sposobę iest ieden Pásterz w Cerkwi P. Christusowey przy subordinatiey niższego Pásterzá ku wyższemu.

Expostulátia.

56

sterzámi Metropolitámi Pásterzem iest/ ieden Pátryárchá. nád wiela Cerkwi Pátryárchálnych/ y nád ich Pásterzámi Pásterzem iest/ ieden Papież. nád wszytką Cerkwią Papieską/ y nád sámym Papieżem iey/ iest Pásterzem ieden sam Pan Christus. y ták sie to iści/ że vnum est ouile, & vnus Pastor. Ták sie Cerkiew Boża stánowi/ Castrorum acies ordinata, widoma z iednym widomym Pásterzem/ iák iedno Krolestwo z iednym Krolem/ iák iedne porządne woysko z iednym Hetmánem. Płochy tám rząd/ gdźie w iednym woysku dwá Hetmáni: ábo w iednym Krolestwie dwá Krole: nierzkąc czyry ábo pięć we wszem sobie rowni: Multos imperitare malum est: Rex vnicus esto. Zły tám rząd gdźie wiele w iednym domie pánow. κάλλιον ἡ μοναρχία: Naylepszy rząd iest/ iedynowłádztwo. ieden iest Bog wszytkiego świátá Rządźcá. ieden Archányoł Michael wszystkich niebieskich woysk Sprawcá. Cerkiew Stározakonna od iednego záwżdy byłá rządzona. Cerkiew Nowozakonna/ ktora iest táż y iedná z stározakonną/ z postánowienia P. Christusowego tenże táki rząd ma: y záchowáć go powinna. Do ktorego iednego naywyższego Cerkwie Páná Christusowey Rządźcy/ poniewaz wy bez żadney słuszney przyczyny/ miłości nie maćie: Miedźią iesteśćie według Błogosł: Apostołá Páwłá brząkáiącą/ ábo Cymbałem brzmiącym:

Mowićie. *iednego y my iedney Cerkwie Pásterzá vważá znamy: ále Christusá, á nie Piotrá, pogotowiu nie iego Successorow.* Odpowiádam. Jest P. Christus Rządźcá y Sprawcá/ y Pásterz Cerkwie swey/ ále od Oczu iey oddalony. ieżeli owo Philosophicum est prawdźiwe/ że quale quid est in suis partibus, tale est etiam in toto. Domowa Cerkiew presbyterska/ Episkopska/ Metropolitáńska/

P ij

Ioan. 10.
Cant. cap. 9.

Monárchia Rząd naylepszy.

Iż Cerkiew P. Christusowá powszechna, bez powszechnego iey widomego Pásterzá, żadny sposobem ostoieć sie nie może,

cáńska/ Pátryárchalna/ máia swoy Rząd y Rządźce widome: Papieżka czemu by z swym Rządē y Rządźcą widomym nie byłá znána? Ponieważ bowiem Cerkiew iák rzecz widoma/ bez widomeğ Pásterzá w częściách swych/ to iest/ w tych pártikulárnych Cerkwiách/ żadnym sposobem ostoiáć sie nie może/ bez tákiegoż widomego Pásterzá iák sie ostoi Cerkiew Powszechna? Vymi Presbyterom Episkopy/ Vymi Episkopom Metropolity. Vymi Metropolitom Pátryárchi: áliż miedzy nimi Confusio: á zátym nierząd: zá nierządem vpadek. Toż záiste dźiać sie musi y zá wieciem Pátryárchom Papieżá: bez ktorego nigdźie w żadney z tych inszych Cerkwi nic dobrego dźiać sie nie może. wszędźie w tákich Cerkwiách musi być Confusio: musza być tenebræ. Co ich tákich od Papieskiey Cerkwie Powszechney oderwánych pomiestnych Cerkwi w Europie? Co w Asiey? Co w Africe? á wszytkie/ wypadszy z tego rządu/ onierządźiły sie ábo Schismá/ ábo Hærezyámi: ále iuż y Schismy tákiey żadney niemász/ Ktoraby Hærezyámi nie owrzodźiálá. Puść my sie ieno Antidotisto do Angliey/ do Szkociey/ do Dániey/ do Norwegiey/ do Szwecyey/ Helweciey/ do Holándyey/ do wielu Xięstw Rzeszy Niemieckiey/ do Czech/ y do Węgier? przyznászże mi tám w Husitách w Luteranách y w Kálwinistách Kátholicka Cerkiew? Nie tusze. Stąpmyż do Onych źiem Murzyńskich/ Arábskich/ do Nestorow/ do Jákobitow/ do Armenow/ y tym podobnych. Ktore Chrześćiáńskie Sekty z dawney succesiey máia swe Presbytery/ Episkopy/ Metropolity/ Pátryárchi: przyznászże y tám Cerkiew Kátholicka? Nie rozumiem. Bo y támći y owi iáwni są Hæreticy.

Iż Cerkiew

Puśćmyż ieszcze Oczy násze ná Wschodna teráźniey-

szą Cerkiew: ktora też ma z dawney od sámych Apostołow succesiey swoie Pátryárchi/ Metropolity/ Archiepiskopy/ Episkopy/ y Presbyteryt pytałbym ćie/ przyznászli tám Cerkiew Kátholicka? Lecz ty mimo te inszey zá táka nie znász. Ale ponieważ toż o sobie rozumieia Luterani/ Kálwinistæ/ Anábáptistæ/ Armeni/ y tym podobni Hæretykowie/ że inszey mimo swoie Cerkiew/ Powszechney Cerkwie nie znáia/ dowieść ći tego/ co o sobie rozumiesz potrzebá. Co nim ty vczyniż/ ia tobie rzecz przećiwna pokaże: iż zá pogárdzeniem tego/ Ktory iest w Papieżu nád wszytka Powszechna Cerkwia/ Rządu/ y Wschodna teráźnieysza z niemi/ Ktorych ty zá Kátholickie Cerkwie nie przyznawász/ iuż sie porownálá. Już sie ábowiem od Oney Wschodney Cerkwie/ Ktora byłá po wszytkie śiedm powszechne Synody/ bá y po tyśiac lat/ wyrodźiłá y Wiára y Miłośćia. Zátym/ przez wyrodzenie sie z niey/ Miłośćia/ wpádłá w Schisme: á przez wyrodzenie sie Wiára/ wpádłá w Hærezye: y stáłá sie rożna od Oney siebie pierwszey/ y insza. bo Bywszy Cerkwia Kátholicka/ stáłá sie Cerkwia Schismátycka y Hæretycka.

Wschodna wystąpiwszy z Pásterstwá Rzymskiego, wyrodźiłá sie z tey Cerkwie ktora byłá.

Że sie wyrodźiłá Wiára/ dowodem tego są pewnym wszytkie Hæretyckie bledy/ ktorych ty w tym swym Antydoćie broniż. Że sie wyrodźiłá Miłośćia: to sámo iáwnie y iáśnie wiedźieć y widźieć dáie/ iż nie iest w tey zgodźie iednośći y miłośći z Cerkwia Zachodna/ ktora z nia iedność zgody y miłość zachowáłá oná pierwsza Swięta Wschodna Cerkiew/ po wszytkie śiedm powszechne Synody/ y po sáme tysiąc lat. Do ktorey stárodawney zgody iednośći y miłośći/ y częstokroć od Zachodney wzywáná bywszy/ iż nia pogárdźiłá/ w Schismie zostáłá. Ktora ia/ insza do oney Siebie pierwszey vczyniłá: y win-

Że sie Cerkiew Wschodna wyrodźiłá z siebie sámey wiárą y miłośćią.

Zkąd Wschodney Cerkwi z siebie sámey wyrodo

ney przyszło do Schismy.

ßym stanie iák oderwána od żywego ciáłá Cerkwie S. Powßechney postánowiłá. to iest uczyniłá ią martwą/ y postánowiłá ią w Schismie. Bo iák Wiárá/ták y Cerkiew bez Miłości martwa iest. Miłość y Wierze duszą y Cerkwi. Miłość áboẃiem tá/ funduie się ná iedności Cerkiewney: iedność Cerkiewna ná stárszeństwie Biskupá Rzymskie°: od ktorey Cerkiew teráźnieysza Wschodna odpadszy/ zbyłá y iedności Cerkiewney y miłości práwey Chrześciáńskiey: y od oney Siebie pierwszey wyrodziłá się. Ze pierwsza oná Cerkiew S. Wsch dna ten Rząd znáłá y przyimowáłá/ świádczą Náuczyciele tey Swięci wiekow onych przeszłi: Swiádczą Concilia powßechne: świádczy dostátecznie y dowodnie Historya Cerkiewna: Swiádczą nákoniec sáme známienite przykłády spraw/sądow/Appellácyi/Dekretow/Exequucyi/ po wßytkim Chrześciáńskim świecie/ nád wßelákiego przełożeństwá Duchownymi záżyłych/ y do skutku przywiedzionych: Jáko w Polychroniuszu Jerozolimskim/ Flawiánie Antiochieyskim/ Dyoskorze y Theophile Alexándriyskich/ w Athimie y Photiuszu Konstántinopolskich Pátryárchách: przez Sixtá/ Dámásá/ Leoná/ Innocenciuszá/ Agápitá/ y Adryaná Biskupy Rzymskie obchodzonych. Zkąd S. Cerkiew Wschodna iák Piotrá S. prze wzgląd wßytkich Apostołow/ Pásterzow/ nazywa Pæmenárchem/ Xiążęciem Pásterzow: ták Biskupá Rzymskiego/ prze wzgląd wßytkich po wßytkim Chrześciáńskim świecie pomiestnych Arcykápłanow/ názywa Arcybiskupem wßytkiego świátá. Ktoremu winnicę swoię do straży sam Zbáwiciel powierzył. Co iedno ták iest známienitym dowodem stárßeństwá Biskupá Rzymskieg° iák ledwie co insze. ukaż mi tytuł táki dány od Cerkwie ktoremu Biskupowi/ iáko ten dány iest Rzymskie-

Cyrill. Alex. Serm: Iulij 16. w Sob: Słow. in Actione. 3. Syn: Chalced.

mu

mu/ Ktory oraz y Rzymskim iest Biskupem/ y wßystkiego świátá Arcybiskupem. to iest wßystkich po wßystkim świecie w powßechney Cerkwi Páná Chrystusowey Biskupow/ Arcybiskupow/ Metropolitow/ y Pátryárchow/ Biskupow/ Arcybiskupow/ Metropolit y Arcypátryárchá: to iest Papież: pásterz y sprawcá.

Co zá sposob Argumentácyi Schismátyckich przeciwo Pásterstwu Piotrá S. y Biskupá Rzymskiego

Coż wy ná przeciwo tym ták iáwnym y iásnym dowodom? Ciężko to zdiśle ná was słyßeć się wyrodkámi bydź z Wiáry SS. przodkow swoich: y te Cerkiew teráźnieysza/ Wschodna wyrodzona bydź od oney pierwßych wiekow S. Wschodney Cerkwie: odpowiádácie/ ále dáć ná zbyt nie do rzeczy: bo mießácie niebo z ziemią/ grácie Sophistiámi/ Ktorymi y siebie sámych y ludzi prostych oßukiwácie: że Piotr/ Przetoż Kámień: A táki kámień/ Piotr Episkop Alexándryski: iáki Kámień Piotr Apostoł. Ze fundáment: Przetoż táki fundáment Cerkwie Páná Chrystusowey káżdy z Apostołow/ iáki iest Fundáment tey Cerkwie Piotr Apostoł: że Pásterz káżdy Apostoł/ y Piotr przeto rowny z niemi Pásterz: Ze Filar iest káżdy Apostoł: przeto tákże Filar iest y Piotr Apostoł. Ze Apostołowie Piotr y Páwel Coryphæi. Piotr przeto nád Apostołá Páwłá nic nie iest. Ze Głową Cerkwie/ ktora iest Ciáło iego/ iest Pan Chrystus: przetoż Piotr nie iest iey Głowa. A iesli iest/ tedy táka iest iey Głową/ iáka y káżdy z Apostołow. Te tákie y insze tym podobne są wáße Sophistickie plotki: ktorymi się wy z zádánego wam z Miłości wyrodzenia się/ wyplatywácie. ále ták sporo/ iák martwy z grobu. Kámień Piotr Biskup Alexándriyski ex Actiymo: niech będzie ex Constantia fidei, y Kámień wiáry: Ale nie rzeczono tego/ & super hác Petram ædificabo Ecclesiá meam. Fundámentá są SS. Apostołowie/ iáko fundatorowie po wßytkim świecie

Rożność mi- ... fundámę-

Cer-

Cerkwie: iáko przepowiádáiąc Ewányeliey P. Chriſtuſowey ná wßytek świát: iáko ſprawcy y Rządzcy wßytkiey ná wßytkim świećie Cerkwie. Wßytkieß teß troieg wzglede/ y S. Apoſtoł Piotr/ zá rowno z inßymi Apoſtołámi/ ieſt fundámentẽ. Ale iż żadnemu z inßych tego nie rzeczono/ ná tobie zbuduię Cerkiew moię: przetoż nád inße Fundámentá Apoſtoły/ ieſt fundámentem Piotr Apoſtoł/ iáko wodz ich y Głowá. Zkąd Hieronym S. Licet, inquit, ſuper Omnes Apoſtolos ex æquo Eccleſiæ fortitudo ſolidetur: tamen propterea inter duodecim vnus eligitur, vt Capite conſtituto Schiſmatis tolleretur occaſio: Wßyſcy Apoſtołowie Páſterze/ y káżdy z nich Owo Apoſtolſkie ſłuſznie o ſobie mowić mogł/ Inſtantia mea quotidiana ſollicitudo Omnium Eccleſiarum: Ale ſam Piotr Apoſtoł Páſterz/ do ſiebie rzeczone ſłyßał/ Paſce oues meas. Przez ce ſłyßáne on poſtánowiony ieſt Paſtor ordinarius: po ktorym ſámym náſtepowáć mieli powßechney Cerkwie Páná Chriſtuſowey powßechni Páſterze. A inßy Apoſtołowie/ ſą Paſtores Extra ordinarij. Ktorzy po ſobie podobnych ſobie Páſterzow Succeſſorow zoſtáwiáć nie mieli. Co ſie z owad okázále widźieć dáie: iż od ſámych czáſow Apoſtolſkich/ nie inßego ktorego Apoſtołá Succeſſor Epiſkop/ ále Succeſſor Apoſtołá Piotrá Epiſkop Rzymſki/ O wßytkie Kośćioły ſtáránie ma. iego ſámego ieſt tá quotidiana Inſtantia. Jego Stolicá/ ſtolicá Apoſtolſká. iego vrząd Apoſtolatus: on maż Apoſtolicus: iego cześć Apoſtolſká. iákich tytułow żadna inßa ſtolicá/ y żaden Epiſkop nigdy nie miał y nie ma. Miályby były bez pochyby gdyby Apoſtołowie inßy w tey Páſterſtwá preeminentiey były Piotrowi S. Rowni. Filarem ieſt Cerkwie P. Chriſtuſowey káżdy Apoſtoł: Jeſt káżdy y Głową iey: ále Piotr S. Fi-

larem

tem Cerkwi z Piotrem S, y miedzy fundámentem teyże inßemi Apoſtołámi.

a Lib. 1. Contra Iouinianum.

2. Cor. 11.

Rzymſkiego Biſkupá w Cerkwi Bożey poważność.

larem y tych filarow: Głowá y tych głow. iáko ſie to dowodnie pokázáło. Ktoremu iáko pieczołownikowi y ſprawcy poruczył Pan Chriſtus winnice ſwoie/ Owczárnie ſwoie/ Owce ſwoie y iágniętá: á iednym ſłowem rzekßy/ wßytkę Cerkiew: w ktoreyſie znáydowáli y te Filary y Głowy. iák Náprzykład: ieſt prze wzgląd ordinis Sacramentalis Páſterzem Cerkwie Páná Chriſtuſowey/ Fundámentem/ Filarem/ Głowá/ y tym podobnym/ káżdy Presbyter/ y Káżdy Epiſkop: ále nie zá rowno. ieſt tymże wßytkim prze wzgląd Hierárchiæ Iuriſdictionis, y Presbyter/ y Epiſkop/ y Archiepiſkop/ y Metropolit/ y Pátryárchá/ y Papież. Ale nie iednáko. Toż mamy ſądźić y miedzy Swiętymi Apoſtołámi/ Gdy ich wßytkich názywánie ſłyßymy/ Páſterzámi/ Filarámi/ Fundámentámi/ Głowámi/ y tym podobnymi. Coriphæus Piotr S, Coriphæus y Páwel S. Coriphæus y káżdy Apoſtoł. Ale z inßego á inßego wzgledu. Coriphæi wßyſcy zá rowno Apoſtołowie. iák zwierzchni wßyſcy zá rowno Ewányeliey S. przepowiednicy y náuczyciele. Coriphæus Apoſtoł Páwel nád inße Apoſtoły/ iż w Ewányeliey Páná Chriſtuſowey nád inße prácował. Coriphæus Apoſtoł Piotr S. nád Coriphæum Apoſtolum Paulum: iż ieſt naczálnikiem/ to ieſt Xiążęciem y wodzem Apoſtolſkim. miedzy ktorymi y Páwel Apoſtoł.

A żeby Piotr nie miał bydź Głową Cerkwie/ przeto iż Pan Chriſtus ieſt Głową iey: á oná ćiałem iego: nie idźie. P. Chriſtus ieſt Głowá Niewidoma: á Piotr S. Głową iey ieſt Widoma. w czym y ty Antidotiſto y wßyſcy twoi bładźićie/ gdy Chriſtá Páná y teraz Widomą głową Cerkwi ſwey bydź/ bezrozumnie twierdźićie. Poki był P. Chriſtus ná źiemi y z Ludźmi obcował/ Widomą ná ten czás był głową: ále teraz Vśiadßy ná niebie/

G ná prá-

Głowá Cerkwie ſwey P. Chriſtus nie człumi vſtánowionej od ſiebie głowy tejże Cerkwie ſwiętego Piotrá S. Rowniey Gło wá Cerkwie Piotrá S. nie znośi Głowy teyże Cerkwie Christá Páná.

Y o Rownośći tych dwu Głow.

ná práwicy Bogá Oycá/ ieſt Głową niewidoma. w czym wy ieſteśćie/ inſtánciámi ſwymi z vmyſłu obłudnymi/ nam áż názbyt moleſtni/ gdy o nas do ſwych vdáiećie/ iákoby my y Rzymſki Kośćioł Christá P. Głową Cerkwie iego S. bydź nie przyznawáli. A Sto Apoſtołowi Piotrowi/ zdárßy to z Christá PAná przywłaßczáli. Bo wy ináczey márnych ſwych Opiniy w błedách wáßych weſprzeć nie możećie/ poki ná Rzymſki Kośćioł/ ábo potwárzy/ ábo kłamſtwá nie rzućićie. Lecż my iáko záwżdy ták y teraz/ pełnymi vſtámi to wyráźnie mowimy/ że P. Christus ieſt Cerkwie ſwey Głową/ále Niewidomą. Wy záś/ vtáiwßy to obłudnie/ Co My o Widomey Głowie Pánu Christuśie mowimy/ że teraz militanti ſuæ Ecclesiæ widomie przytomny nie ieſt: vdáiećie do ſwych/ że my Christá Páná Głową Cerkwie bydź nie przyznawamy: iákoś y ty w ßoſtym tego ſwego Antidotu Rozdźiele o tym náwrzeßczał. Gdźie zádawßy mnie o to Widomą Głowę Páná Christuſá fałß/ rzucaß ſie/ trząſkaß ſie/ obteſtátiæ do litośćiwego P. Bogá czyniß/ proſphonemata do Páná Jezuſá Páſterzá/ iákoby duße puſzczáiąc ſie wyſtękiwaßt. A iednák obłudnie. Bos y Clemenſá Alexándriyſkiego ſpotwarzyłt y tego áby był P. Christus y teraz woiuiącey ſwey Cerkwi Widomą Głową/ y iedną litera nie pokazałeś. Wy ábowiē Schiſmátycy ten

Obłudá Schiſmátycka.

Fortel Schiſmátycki ßtuczny.

fortel maćie (przypomniałē ći o nim y máło przed tym/) że gdźie naiáwniey ſkłámáć maćie/ tám ſie nabárźiey niebem y źiemią obteſtuiećie: rozumieiąc/ że gdy tego co wam prawdę mowi/ lub poprzyśięgániem lub kárczemnymi ſłowy potkaćie/ záraz go tylē ku ſobie obroćićie. Ano y tego Ktory o prawdę Bożą duße ſwoie pokłáda/ nie vſtráßyćie: y poſtępkiem tym niezbożnym/ Jmię Páńſkie nie tylo nádáremnie bierzećie: ále y bluźnićie: śie-

bie też w ten podzor do ludźi rozumnych vdáiećie/ że iuż wam/ byśćie y prawdę mowili/ wiárá dána nie będźie. Ten ábowiem zyſk ma Kłamſtwo: że obrońcom iey inposterum etiam vera dicentibus non creditur.

Z tego ták przełożonego/ łácno twoie obłudy Antidotiſto vpadáią: á náße Práwoſławne áſſertiæ w ſwey powáżnośći zoſtáią. Jeſt y Pan Christus Páſterz: (dla tego to ták czeſto tobie inculkuie/ ábyś nas iuż oto więcey nie potwarzał:) ieſt Páſterz y Piotr S. Są Páſterze y wßyſcy inßy Apoſtołowie/ ſą Fundámentá/ ſą Głowy/ ſą Filary/ Ale káżdy z ſwego doſtoieńſtwá powáżnośći: ow wyżßy/ ow niżßy. To ieſt wßyſcy Apoſtołowie/ ieden ku drugiemu/ y ku Cerkwi P. Christuſowey/ w ſtánie ſą rownym. Piotr S. ku Bráći ſwey Apoſtołom/ y ku wßytkiey Cerkwi/ w ſtánie wyżßym. Pan Christus ku wßytkiey ſwey Cerkwi/ w ktorey ieſt y Piotr S. w ſtánie nawyżßym. Záczym y to/ co iákoby z intenciey S. Złotouſtego o rowność w doſtoieńſtwie inßych Apoſtołow z Piotrem S. przymawiaß/ twoie ſą plotki/ á nie tego S. Doktorá intentia/ ktory wßedźie o Pietrze S. mowi powáżnie/ ták/ iákim go znał bydź z iego przełożeńſtwá. Zowie go tē S. nauczyćiel opokąt y owe ſłowá P. Christuſowe/ *Ty ieſteś Piotr, y ná tym kámieniu, &c.* Ták wykłáda/ *Ty ieſteś opoká: y ná tey opoce zbuduię Kośćioł moy.* A Jndźiey mowi/ *Ty ieſteś Piotr: á ia ná tobie zbuduię Cerkiew moię.* y co mowiß z tego S. że ná wierze y wyznániu Cerkiew ſwoię Pan Christus zbudował: maß rozumieć/ iż ná wierze: y nie proſto ná wierze: ále ná wierze Piotrá S. á Piotrá/ nie iák iednego z poſpolitych/ ále iák powßechney Cerkwie Páſterzá. Ktory ieſt Filarem y Fundámentem Cerkwie tákim/ ná ktorym ią P. Christus zbudował: y Ktoreo Wiárá vſtáć nigdy nie

Páſterz Pan Christus: Páſterze Apoſtołowie. Páſterz Piotr S. ále w rożnicy od śiebie nie máły.

Serm: in Feſt. Exaltat. S. Crucis qui incipit. Quid dicam, quid loquar? Hom. 55. in Matth.

Jákim ſpoſobem ná Wie-

miáłá. ná co ty odpowiedźieć (bo kośc) nie mogac/ po Schismátycku o świádectwách S. Złotoustegi Cawilluieß: y sprofánowánie im zádáieß: máiąc sam głowe swoie Schismátycká / cześcią spráwy tey niewiádomośćią / cześcią uporem áż názbyt sprofánowána. Tákże teź rozumiey / y o słowách S. Thomáßá z Aquinu: gdy w nim ná wyznániu Piotrowym Kośćioł P. Christow vfundowány bydź czytaß.

rze Piotrá S. zbudowána iest Cerkiew. Matth. 16. Luc. 22.

Co też o S. Augustynie práwiß / *iákoby on dźiwnie tego żáłował y odpłákiwał, że kiedy w pismách swych Piotrá S. názwał Fundámentem Cerkwie, y żeby ná nim Cerkiew byłá zbudowána.* Mirabiliter hallucinaris Dñe Doctor. Dźiwnie sie myliß impostor iniquissime: żalu y opłákiwánia godny zwodźco. Rábiny Słuckie / że nie rzekę Wileńskie w Zebráismie / iákoś sie dał nie dáleko ztąd porozumieć z Kálepiná przechodźiß: A tego słowká / Cephás/ coby znáczyło / nie rozumieß: Nierozumieß że to słowo własnie znáczy Kámień/ á nie kámiennego/ ni też kámienistego? Ale ty maß po sobie inpromptu wymowkę / że to słowo iest Syrskie/ nie Zebreyskie. Słuchayże no dźiwnie márny Rábinie / iák to obłudnie w rzeczy tey żal y łzy Augustynowi S.[o] imponis.

Obłudá Antidotisty Schismátyká ku Augustynowi Swiętemu.

Ktory przełożywßy wprzod / zdánie Ambrosiußá S. náuczáiącego/ zbudowány bydź Kośćioł P. Christusow ná Pietrze/ iáko ná kámieniu. y że y on ná wielu mieyscách pism swych tákże o tym rozumieiąc pisał: Lecz ná wielu też mieyscách y ták/ mowi/ rozumiáno bydź wyłożyłem / że kámieniem tym/ ná ktorym iest zbudowány Kośćioł/ Jest P. Christus. wßákże (náwodźi Augustyn S.) *Ktore z tych dwu zdáni moich iest dowodnieysze: ná tym czytelnik niech przestáie.* Słowá so Augustynowe. y Toż co obłudniku dźiwnie/ iáko go ty vdáieß / żáłuie Augustyn S. y Opłákiwa te-

Lib 1. Retract. cap. 21.

wa tego / że kiedy ná Pietrze S. zbudowány bydź Kośćioł P. Christusow náuczał. Dźiwniey ty Antidotisto Kłámaß / niż Augustyn S tego żáłuie. Dźiwniey go ty w tym potwarzáß/ niż on tego płácze. Ty to iáko bacżemiásto Augustyná S. śliniß / ábyś tym snádniey zápieniwßy sie/ iák on co pierwey płácze niż zźie/ iádowitym twoim kłem kogo ná śmierć poráźił. Ktory poniewáź przy czytelniku zostáwił władze obieránia/ ktoreby z tych dwu iego zdáni było dowodnieysze: Kośćioł Kátholicki/ iáko z pismá S y náuki inßych Oycow SS. zgodno y dowodnieyßo/ obrał pierwßo. A wy Dioborales trzymayćie sobie/ kiedy sie wam ták podoba te Triki/ y Apiny. Wykrzykaß ná plác ßyrßy: pámiętáć maß Schismátyku/ w czym ćie częstokroć vpominam / że tá to iest opoká / o ktora kto sie otraca Krußy sie: á ná kogo oná páda / krußy. przy ktorey bez liczby tobie podobnych poiedynkow rostraconych obaczyß. z Piotrem Kámieniem/ Goliaćie da Bog tylo sie okaż / potkam ćie pogárdzony Dawid. Atoż maß y to wyráźnie tobie y twoim pokazáno / iż po Pánu Christusie Niewidomym Powßechnym Pásterzu/ Jest Widomym Pásterzem Powßechnym Powßechney Cerkwie Páná Christusowey Piotr S. á w osobie iego / Biskup Rzymski. y iż ná Pietrze S. Cerkiew P. Christusowá iest zbudowána. Do ktorey dayći Pánie Boże/ y wßytkim tym/ od ktorych prokuruieß/ náwrocenie.

Ná Rozdział Antidotu Schismatyckiego IX. w Ktorym práwi Antidotista, iz władza Biskupá stárego

Rzymu ográniczona, y iz w Cerkwi P. Christusowey, kromia samego Páná Christusa, niemász Monarchy.

EXPOSTVLATIA IX.

W ktorey pokázuią się Fałsze y Kłamstwá tych dwu Rozdżiału tego Assertiy. y Dowodźi się / iż Biskupá Rzymskiego władza iest częścią ográniczona / częścią nieográniczona y iż on iest widomy Cerkwie Monárchá.

Iż wszytek dźiewiąty swoy Rozdźiał dział Antidotistá z kłamstw y spotwarzy.

Aczkolwiek po wszytkie te prz. szłe ośm Rozdźiałow / sam się iáwnie okazał ten Antidotistá że w Citowániu świádectw pismá S. y SS. Oycow iest obłudny / Praw Bożych y ludzkich nie wiádomy / Historiey Cerkiewney nie świádomy: á przytym y niewstydliwy w powieściach swych kłamcá. W tym iednák Rozdźiele dźiewiątym / we wszytkim tym śiebie sámego przeszedł. W ktorym y iednego Periodu prawdźiwie / do tey rzeczy / o ktorą mu idźie / nie przytoczył: ále y czásy y osoby y spráwy ták pomieszał / iáko nigdy nikt głupicy / ieśli z prostáctwá: y chytrzey / ieśli z obłudy: mieszáć nie mogł. Co káżdy Praw Synodálnych / y Historiey Cerkiewney świádomy widźieć może / y bez mego okazánia. Ktory w przeszłym Rozdźiale ośmym / owo wieczne práwo Boże do tego / Oczywpráwuie / właśnie należące / Pietrze, pás owce moie, ochyliwszy: Owego też drugiego w tęyże spráwie práwá Bo-

Serm in Festo, exaltationis, S. Crucis.

Bożego / Ty iesteś opoká. (... Złotousty Swiętym w przeszłey proximè Expostulátiey Citowánym /) y ná tey opoce zbuduię Cerkiew moię: ledwie się co tknąwszy tu w tym dźiewiątym Rozdźiele chłubi się / iákoby tego z práwá Bożego dowiodł / że żadnego ná świećie z ludźi niemász / ktoryby mogł Głową y Pásterzem powszechnym Cerkwie Páná Christusowey názwáć się. Ktorych dwu Práwá Bożego Artykułow poki Kto nie znieśie: (A nie może tego nigdy żadnym sposobem dokázáć ni Boży Anyoł / ni Anjoł Szátánow) poty w spráwie tey wygráną z práwá Bożego chłubić się nie może. Z ktorym o te kłamstwá Ták się Rospráwuię.

Kłámstwo Antidotisty 1.

Pierwsze Kłamstwo / Co mowi / Iż ográniczenie Diecezy piąćiu naprzednieyszych Episkopow, postánowione iest, nie z práwá Bożego, ále z práwá Synodálnego. Tego Assertie bydź kłamstwo / ták dowodzę. Co ieszcze przed Synodámi w zwyczáiu było / tego Synody stánowić nie mogły: ináczey Synody te przed sobą bydź / To iest Siebie sáme uprzedzáć Musiáłyby: Co iest Absurdum & Impossibile. Tákie iest práwo trzech pierwszych Episkopskich stolic / ile do ich gránic / Rzymskiey Alexándryiskiey y Antyocheńskiey. Przetoż od Synodow stánowione bydź nie mogło. Maior est per se manifestè vera: minorem dowodzę. Pierwszego Generálnego Niceńskiego Synodu Swięći Oycowie / práwo ográniczenia tych pomienionych Stolic referuiąc / mowią Canone sexto, Antiqua Consuetudo seruetur per Aegyptum, Lybiam, & Pentapolim, ita vt Alexandrinus Episcopus horum omnium habeat potestatem: quia & vrbis Romæ Episcopo parilis mos est. Similiter autem & apud Antiochiam, cæterasq; Prouincias sua priuilegia, seruentur Ecclesijs. To iest: Dawne zwyczáie niech się záchowuią, áby we wszytkich

Kráinách

Kráinách tych, Ktore są około Aegyptu, Lybiey y Pentápolá Alexándriyski Episkop miał władzę: Poniewaz y Rzymskiemu Biskupowi ten táki zwyczay iest. Zárowno y Antiocheński władzę niech ma nád swoią Kráiną. Toż y w inszych Prowincyách y Cerkwiách według ich przywileiow záchowáć sie ma. Ieśli tedy to / co Oycowie SS. ná pierwszym Synodźie powszechnym o tych Trzech Stolicách referuią / iuż w dawnym zwyczáiu było: oni przeto tego nie stánowili: pogotowiu inszy ni inszych potym nástąpiłych Synodach stánowić tego nie mogli: ále tylko to co iuż było w zwyczáiu y w vżywániu / pochwalili / przyięli / y stwierdźili. Ieśliż nie stánowiły tego práwá y Synody poniesiszne / ktore przed pierwszym Generálnym były / (iákoż pewnie nie stánowiły /) zostáie tedy ná iáwi / iż tá ássertia Antidotistowá iest Kłamstwo / á on z niey kłamcá.

Co sie dotycze / áby to tákie Stolic tych ográniczenie było z práwá Bożego / nie stánowie: á Tego żydá / ktorego tu obłudny Antidotistá zágrzebywa / ták náiáwi czynię. Ile do Gránicy Rzymskiego Biskupá / iák Pátryárchi / áby to Diecesiey iego ográniczenie było z práwá Bożego: iáko też áby było z práwá SS. Oycow: nie twierdzę. Ile záś do Gránic Biskupá Rzymskiego iák powszechnego Pásterzá / ktoremu w Pietrze S. iest rzeczono / Pás Owce moie: to tákie ográniczenie stolice Rzymskiey z práwá Bożego bydź twierdzę: ktorego / przez ten wzgląd / Diecesia wszędźie gdźiekolwiek są owce Páná Christusowe: to iest / wszytek świát: á on Monárchá. Skąd Błogosł: Theophylaktus: Finito inquit, prandio, præfecturam Ouium totius mundi Petro commendabat, non autem alij, se huic tradidit: Skończywszy, mowi, obiad, Przełożeństwo nád wszytkiego świátá owcámi Piotrowi [Pan Christus] zleca: y nie inszemu komu, ále temu ie po-

Władze Bisk: Rzymskiego gránice dwoiákie: iák Pátryárchi, Cerkiew Záchodna: iák Pásterzá powszechne° wszytek świát.

In cap. vlt. Ioan.

ruczył.

ruczył. Rownie o tymże y S. Bernárdus / Cui, inquit, nō dico Episcoporū, sed etiā Apostolorū, sic absolutè & indiscretè totæ comissæ sunt oues? Si me Amas Petre, pasce Oues meas. Quas? Illius vel illius populos Ciuitatis, aut Regionis, aut certè regni? Oues meas inquit. Cui nō planū, non designasse aliquas, sed assignasse omnes? Nihil Excipitur, vbi distinguitur nihil. Komu, mowi, nie tylo z Episkopow, Ale też y z Apostołow ták nie záwiśle y bez wydźiału, wszytkie Owce są poruczone? Ieśli mię miłuieß, Pietrze, pás owce moie? Ktore? owego, ábo owego narodu miástá, ábo Kráiny, ábo Krolestwá? Owce moie mowi. skąd komu to nie ná iáwi, że nie oznáczył niektorych tylo, ále náznáczył wszytkie. nic tám nie bywa wyimowano, gdźie nie bywa nic dźielono. Piotrá tedy S. á w nim Biskupá Rzymskieg pásterskiey Stolice gránicá / wszytek świát: y to nie z ludzkiego / ále z Bożego práwá. A on Monárchá.

Lib. 2. de Cōsiderat.

Drugie Kłamstwo / Co mowi / iż Biskupowie, Successorowie Apostolscy od sámych czásow Apostolskich, áż do Konstántiná wielkiego, Diecesiy nie ználi: y o nie sporu nie wiedli. Tey Assertiey kłamstwo z tegoż szostego Kánonu Synodu powszechnego pierwszego pokázuie sie ták. Poniewaz SS. Oycowie tego Synodu / ktory był obchodzony zá dni Konstántyná wielkiego przyznawáią / zwyczay ten bydź dawny / iż Episkop Alexándriyski ma władzę w Aegyptcie / Lybiey / y Pentápolu: Rzymski w Kráinách Zachodnych: Antyocheński w Kráinách Wschodnych. Kto nie widźi iż ći Episkopowie diecesie swoie rozdźielone mieli / y ználi ie? Ieśliż y pomieśni Episkopowie diecesiy swych áż do Konstántiná wielkiego nie ználi: czemu ná tych Synodách pártikulárnych / Ktore sie dobrze przed Konstántynem wielkim / á w rychle po czásiech Apostolskich obchodźiły / iáko ná Antyocheńskim przeciwo Páwłá Sámosátskiego Epi-

Kłamstwo Antidotisty. 2.

R skopá

ſkopát iáko w Africe zá Cypryaná S. w Rzymie zá Márcellina Papieżá/ y indźie: Episkopowie káżdy ſwey Diæceſiey Jmieniem miánuia ſie y podpiſuia. ow Kárthágińſkim/ ow Cæſareæ Paleſtinæ, ow Cęſareæ Cappadociæ, ow Tárſenſkim/ ow Philádelphiſkim/ ow Nikomidyſkim/ ow Láodyceńſkim/ y inſzy inſzych? Jeśli ſwych Diæceſiy Episkopowie nie ználi/ y o nie ſporu nie mieli: ná co owy Apoſtolſki Kanon ieſt vczyniony y od Synodu Ancyrſkiego przed Konſtántynem wielkim obchodzonego powtorzony/ Ne Epiſcopo liceat, dimiſſa Paræcia ſua, ad aliam tranſilire. y owy drugi. Epiſcopus ne Audeat extra fines ſuos in ciuitatibus, aut locis non ſuæ ditionis ſubiectis ordinationes facere: A ieśliby ſie tego ważył/ deponatur ipſe, & ij quos ordinauit. Znaż ſie tezy/ iáko bacze/ Antidotiſko ná Kanonách Cerkiewnych/ iák świnia ná perłách. Rozumieſz/ że ták to po wſzytkie wieki Chrześćiáńſkie wolno było impunè náſtepowáć pod żywymi Episkopámi/ drugim ſwowolnikom Episkopom/ iák vczynili y czynia twoi Wielebni Oycowie.

Canon Apoſt. 10. & Ancyra 18.
Cant Apoſt. 27

Klamſtwo Antidot: 3.

Trzećie Klamſtwo/ Co mowi/ iż *tegdy, kiedy Ceſárzowie Wiárę Chrześćiáńſką przyięli, Episkopom w dozor pewne Diæceſie zá zgodą Synodálną dáne były.* Tá áſſertia że ieſt klamſtwo/ tymiż ná pierwſze y ná drugie klamſtwo przywiedźionymi przez mie dowodámi/ pokázuie ſie. Gdźie ieſzcze byli tegdy Ceſárze Chrześćiánie/ kiedy Rzymſcy Biſkupowie od ſámego Piotrá Apoſtolá/ áż y do Kōſtántyná wielkiegō pierwſzegō Ceſárzá Chrześćiániná/ Succeſsiuè iedē po drugim náſtepowáli. Toż ſie dźiało w Alexándriey/ w Antiochiey/ w Jeruzalē/ w Cæſáriey Páleſtinſkiey: iáko Stolic tych Episkopy wylicza Hiſtorya Cerkiewna. Toż ſie dźiało y po inſzych Miáſtách. Od ſámych ábowiē czáſow Apoſtolſkich zwyczaj tē Cerkiewny

ieſt/ áby iák dwá Presbyterowie/ ábo dwá Episkopowie do iedney Páræciey poświacáni nie byli: ták áby áni Presbyter/ áni Episkop bez pewney Diæceſiey nie byli poświacáni. Okazálſze ſtáć ſie mogły/ zá Ceſárzow Chrześćiáńſkich Diæceſie Episkopſkie/ ſzyrſze y ludnieyſze: ále żeby áż po tad ſwych włáſnych Episkopow Miáſtá y Kráiny nie znáły/ y bez dozoru Episkopá ſobie należnego zoſtawáły/ twoie to Antidotiſko obłudne vdánie/ á nie Euſebiuſzowá/ ktoremu to ty przypiſuieſz/ powieść. Jeſt to/ że wſzyſcy Episkopowie in cōmuni regebant Eccleſiam Dei: iáko ſie dźieie y teraz: á iednák iák teraz/ ták y ná on czás káżdy ſwoie vdźielna ſobie Diæceſie znał.

Klamſtwo Antidot: 4.

Czwarte Klamſtwo/ Co mowi/ *iż to było przywłaſzczy Oycow SS pierwſze ábo oſtátnie w roſporządzeniu mieyſce temu ábo owemu Episkopowi dáć.* Gdyż to we władzy Oycow SS. niegdy nie było: y mieyſc Episkopſkich według woli ſwey nigdy oni nie ſporządzáli. Dáie wiedźieć Kanon 89. Kárthágińſkiego Synodu/ iż pierwſzych onych po Apoſtołách wiekow mieyſcá záśiádywáli Episkopowie/ według pierwſzośći tego doſtoieńſtwá doſtápienia: ták/ iż nie medrſzy/ áni láty ſtárſzy mieyſcá pierwſze záśiadáli: ále ktory po ktorym Episkop/ według czáſu Episkopſkiego doſtoieńſtwá doſtapił/ ten potym y mieyſce záśiádywał. Co zá poſtepkiem czáſu w Cerkwi Wſchodney ſporządźił/ iák ſie mu podobáło/ Lew on Philozoph Ceſarz á nie SS. Oycowie: y to w tych Episkopſkich Stolicách ná Wſchodźie/ ktore ſa pod Metropolitámi: á Metropolitáńſkie/ ktore ſa pod Pátryárchámi. Owych trzech pierwſzych w roſporządzániu ſwym áni ſie tknał/ Rzymſkiey/ Alexándriyſkiey y Antyochenſkiey: do ktorych iuż tegdy były przyłączone/ y Kōſtántynopolſka/ y Jerozolimſka. Jedney ſie Konſtántinopolskiey Stolicy Episkopskiey / tá táka pierwszość mieyscá przed trzemá inszymi Pátryárchámi / nie bez náruszenia ze zwyczáiu vrosłych praw ich pozwolitá. Ktora iednák bez przyzwolenia ná to Biskupá Rzymskiego / stáć nie mogłá / według owey Cerkiewney Reguły : o ktorey Sokrátes Historyk Cerkiewny : Canon, Inquit, Ecclesiasticus iubet, ne Decreta absq; sententia Episcopi Romani Ecclesijs Sanciantur. To iest / Kanon Cerkiewny przykázuie / áby Dekretá Cerkiewne mimo zdánie Rzymskiego Biskupá stánowione nie były.

Lib. 2. cap. 5. *Prawo zwierzchności Bisk. Rzymskiego.*

Klamstwo Antidot: 5.

Piate Klamstwo / Co mowi / *iż przy władzy Oycow SS. było, iednego Episkopá drugiemu rownáć.* Episkopá z Episkopem rownáć ile do dostoieństwá y władze / bá y Jurisdictiey Episkopskiey / nigdy przy władzy swey Oycowie SS. nie mieli : ponieważ to káżdy Episkop do káżdego z Episkopow iure Episcopalis suæ dignitatis ma / że iest iemu we wszem rowny. Rownáć zás Episkopá z Episkopem / ile do Hierárchálney præeminentiey : iáko to Episkopá porownáć z Metropolitem / vczyniwszy go też Metropolitá : y tego SS. Oycowie we władzy swey nie máią : ále ma to káżdy w swey Diæcesiey Pátryárchá. y iáko rownáć Episkopá ábo Metropolitę z Pátryárcha / vczyniwszy go Pátryárcha / y tego Oycowie SS. ná Synod zebráni we władzy swey nie máia / ále ma to według praw swych káżdey Pátryárchiey Clerus. Jeśliż stolice Episkopska porownywáć z Stolica Pátryárchálna / to przyznawam być we władzy Sobornie zebránych SS. Oycow / wszákże nie bez tych Oycow Oycá. Bez ktorego woli żadne vchwały y Dekretá Soborowe w swey powadze / iáko máło wyższey przełożone przez mię práwo Cerkiewne opiewa / stánać nie moga.

Vbi supra.

Klamstwo Antidot: 6.

Szoste Klamstwo / Co mowi / *iż ná przyczynę Konstántyná*

stántyná wielkiego pierwszym mieyscem Biskupá Rzymskiego SS. Oycowie poczcili. To y bez pokázowánia iest áż názbyt okazáłe klamstwo. ma ábowiem to Biskup Rzymski z Boskiego práwá w Swietym Apostole Pietrze sobie dánego / owego / Pás owce moie : to iest / rzadź / spráwuy / władni / y rospárzadzay Owcámi moimi.

Klamstwo Antidot: 7.

Siodme Klamstwo / Co mowi / *iż ná wtorym Synodzie Episkopá Konstántynopolskiego porownáli SS. Oycowie Episkopowi Rzymskiemu.* Synodu teg Kanon o tym ten iest / Constantinopolitanus Episcopus habeat priores honoris partes, post Romanum Episcopum, eo quòd sit ipsa noua Roma. Gdźież tu porownánie ? Post. mowia iesżcze ći Oycowie / Post Romanum : po Rzymskim : á nie wespoł z Rzymskim. Goracyś do fałszu Antidotisto : pospieszesz / nie kwáp sie : poydźiesz y ztámtad iák opárzony.

Kłámstwo Antidotisty 8.

Osme Klamstwo / Co mowi / *iż ná wtorym Synodzie SS. Oycowie táki Kanon ferowáli, áby Konstántinopolski Episkop, tychże przywileiow záżywał, Ktorych záżywa Episkop Rzymski.* Atożemći przełożył Antidotisto wtorego Synodu / o tym Co ty práwisz / Kanon : Gdźiesz w nim O porownaniu Konstántinopolskiego Episkopá Episkopowi Rzymskiemu w iego przywileiách by iedno słowo : chćiałbyś coś postánowić / widzę ia : ále zá gestymi kłámstwy / y do prawdy swey przyść nie możesz.

Klamstwo Antidot: 9.

Dźiewiate Klamstwo / Co mowi / *iż wyżey miánowány, ná wtorym Powszechnym Synodzie ferowány Kanon ták sie w sobie od słowá do słowá ma.* Bał sie nieborás Antidotistá / áby mu czego o Trullánskie Kanony nie zádano / Synodu teg Kanon / Synodem Powszechnym wtorym pokrył. Jákoż bacże nie bárzo y sam w nim korzysta. Bo wyliczáiac máło niżey w tymże Rozdźiale wszytkie śiedm Powszechne Synody / tego Quini sexta Piatoszostego Synodu (iáko gi sámi Grækowie πενθέκτη názywáia) wspomnieć poniechał. Wszákże iáko chceß/ ták sie rzucay Antidotisto/ bydź przedsie prawdźie ná wierzchu. Kanon ten od ciebie przywiedźiony / tedy w powadze swey zostánie/ iáko y Trzeci wtorego/ y dwudźiesty osmy czwartego/ kiedy im ten powage przyzna/ o ktorym Kanon Cerkiewny mowi / μὴ δεῖν παρὰ γνώμην τοῦ ρώμης Ἐπισκόπου κανονίζειν τὰς ἐκκλησίας.

Práwo powagi Bisk: Rzymskiego Socr. Hist: Eccless. lib 2. c. 5.

Dźiesiąte Klamstwo / Co mowi / *iż sie to żadnym pewnym dowodem stwierdźić nie może, áby miáłá bydź wolna Apellatia do Biskupá Rzymskiego.* Nie tylo wolna Antidotisto / ále y przykazána/ przez trzeći / czwarty y piąty Kanon Synodu Sárdiceńskiego. Aczkolwiek ty ten Synod / pro more tuo Schismatico Cauillis proscindis, ná ktorym byli Juliuszá Biskupá Rzymskiego posłowie/ był S. Athánásius Pátryárchá Alexándriyski: był y Páweł Episkop Konstántinopolski: á z niemi inszych Episkopow było trzystá. Wszákże y v Grækow / y v nas Rusi Kanony tego Synodu / choć on iest Synod pomiestny/ w wielkiey sa powázności. Pierwszy ie ty z Rusi wszelkiego dobrá zniewazcá / bez wszydu zniewazaß: co sámym tylo złoczyńcom / iest w zwyczáiu/ práwá nie tylko ludzkie/ ále y Boże znieważáć. Z Kanonow wyż pomienionych ná trzeći Bálsámon Pátriárchá Antyocheński wykład czyniąc/ nie bluźni przećiwo nim / iáko ty ożurwco czyniß/ ále mowi / Erat eo tempore Iulius Apostolicæ sedis Episcopus, & in eius potestate posita est Appellatio. Przewierć sobie vchá/ á słuchay Tátki swego/ (boć y to ćieżki Schismátyk / y Rzymskiemu Kośćiołowi głowny nieprzyiáćiel/ iednák ná tákie bezstudstwo/ iák mieś sie ty okryt/ ná przećiwo temu Synodowi y Kánonom iego sprzećiwić sie niemogł:) słuchay mowie / co o Appellá-

Kłamstwo Antidot: 10. Iż Appellácia y z Práwá Cerkiewnego od wszelkich sądow należy do Biskupá Rzym:

ciey do

ciey do Biskupá Rzymskiego, z vstáwy tego Synodu ten twoy Pátryárchá mowi / *Był*, pry/ *czásu tego Iulius Apostolskiey Stolice Biskup, y w iego władzy postáwiona iest Appellácia.* Atoż to dowod y z Dekretu trzech set SS. Oycow Kátholikow/ y z Swiádectwá twego Pátryárchi Schismátyká / że Appellácia do Biskupá Rzymskiego y wolna y pozwolona : y Synodaliter przykazána. Oczym tenże Bálsámon támże / esse autem in potestate Papæ vt seruetur, vel non seruetur Appellatio, est proprium in Ecclesiasticis. Słyszyß że to twoy Pátryárchá zá rzecz pewną przyznawa/ iż pozwolenie y niepozwolenie Appellácyey iest rzeczą w práwách Cerkiewnych właśnie Biskupowi Rzymskiemu należąca. Nieszcze tenże y o teyże do Biskupá Rzymskiego Appellácyey/ práwie/ y przywileiu/ Si autem, inquit, hoc quoq;, id est, eum qui appellauit, non trãsmittere ad aliam appellationis disquisitionem, vt priuilegium Papæ datum esse dixeris, nihil nouum. *Ieśli też y to,* mowi/ *to iest, áby ten ktory Apellował, nie był dopuszczon do powtorzonego Appellowánego Sądu, iák przywiley Papieżowi dány bydź rzeczeß: nie nowa iáka rzecz rzeczeß.* Sżme te Kanony tego Synodu ieśli przeczytáć záchceß/ máß Tomos Conciliorum.

Jedennáste Klamstwo / Co mowi / *iż rozdwoienie stáło ná Synodźie Sárdiceńskim.* Niewiádomyś tey spráwy Antidotisto/ y przetoż w powieśći iey myliß sie. od trzech set SS. Oycow záczęty iest ten Synod/ przez ták wielu y obchodzony iest / y skończony. Ze w Philipiech kilká dźiesiąt Aryáńskich Biskupow nie zásiadawszy w Sárdyce pod tęże czás soborowáli/ niechcąc sie łączyć do Práwosławnych / rozdwoienia to temu Synodowi nie czyni/ y Cáłośći iego nie vymuie by namniey.

Kłamstwo Antidot: 11. Idem Socr. lib. 1. cap. 16.

Dwunaste Klamstwo / *iż spráwę Appiáryuszową do*

Kłamstwo Antidot: 12

Synodu

Synodu Sárdyceńſkiego przylepia, Ktora ſie Toczyła w Afryce ná Synodách Kárthágińſkich / á nie w Sárdyce. y niema tu ten Appiárius iáko kápłan Co czynić. poniewaz ſpor temu Antidotyśćie o Appellátie Epiſkopow á nie Presbyterow: Ktorych Sády bez dopuſzczenia im Appellátiey / od ſwych Epiſkopow kończyć ſie mogą.

Klamstwo Antidot: 13. **Trzynaſte Klamſtwo** / Co mowi / *iż Rzymſki Biſkup nie miał mocy ſkłádáć Synodu ſam, tylo sá Conſenſem wßytkich naprzedniey ßych Cerkwie* P. *Christuſowey Páſterzow, nie bez wiádomośći iednák. y Ceſárſkiey.* Zkąd to ma / Antidotyſtá / ſam on wie. *Ja záś to wiem, że tego* Co mowi / ni práwem żadnym / ni zwyczáiem nie pokaże: ſámey co zwierzchney władze Duchowney / ktora ieſt Papież / y władze zwierzchney Swietſkiey / ktora ieſt Ceſarz / ieſt dźieło. Papież ma władzą nákázywáć Synody / á Ceſarz Mieyſce náznáczáć / Liſty Papieżſkie y ſwoie po wßytkim Chrześćiáńſtwie rozſyłáć / Biſkupy podwodámi y Viátykiem wſpomágáć y zbieráć. A wßytkim y naprzednieyßym w ſpráwie tey Epiſkopom / gotowego pátrzyć / y tám przybywáć poſpołu z inßymi / gdźie bywa Synod nákazány. Ták á nie ináczey należą Epiſkopowie wßyſcy do nákázywánia Synodow / y Ceſarz y Papież.

Klamstwo Antidot: 14 **Czternaſte Klamſtwo** / Co mowi / *iż ieśli ná Synodách pierwße mieyſce Biſkup Rzymſki miał, dźiało ſie to nie ſprawą Bożego, ále ſprawą ná Synodách poſtánowionego.* To klamſtwo podobne ieſt klamſtwu ßoſtemu. Ktore ia owym práwem Bożym znoßę; Petre, Paſce oues meas: Ioan, 22. ποίμαινε, pás / rządź / ſpráwuy. lecz káżdy rządzcá y ſpráwcá pierwße mieyſce ma y záśiádywa miedzy tymi ktorymi rządźi y ſpráwuie. On winien pokázáć práwo ludzkie: ná ktore iemu zgody odpowiem.

Zteý

Z tey tedy godney śiebie nieprawdy / ten klamliwy Antidotiſtá / dźiewiąty ten Rozdźiał ſklećiwßy / y ni wiednym peryodźie do prawdy ták praw Bożych / iáko y praw Cerkiewnych nic nie rzekßy: klamſtwy tymi nádęty ná mie ſie z potwarzą rzućił / y woła / *że ty złota śiećia vłowiony ieſteś, że źrzenicę oká twego wnętrznego łákomstwo zábielmiło: że w dußy twey ogień piekielny rydy y hárdośći rozżarzył ſie.* Obmuteſce maligne Schiſmatice, przeſtań duchu nie czyſty potwarzy / á idź prawdą. Záś ſam ty tego obłudniku nie wieß / że Wileńſki wáß Schyſmátycki Monáſter / wietßa złota moiá śieć byłá / ktory mie vbrał od głowy do nog we złoto / niż Monáſter Dermáńſki. Więtße moie tám by miáło być łákomſtwo / niż tu: Bo tám ze wßytkiey Białey Ruśi Archyepiſkopiey Połockiey Párochyanie / pámietáli ná mie. Tám co rzekłem / to słowo moie ná tychmiaſt dźiełem ſie ſtáło / bez żadnego mego kłopotu y pieczołowánia / od tych ktorzy ná mie y prochu iáko mowią / páść nie dopuśćili. Tám w Wilnie pychá y hárdość opánowáć by mie miáły były. Gdźie y do Cerkwie y z Cerkwie Setnicámi wprzod y o zad idących prowádzony bywáłem. Gdźie przy obchodźie nabożeńſtwá mego śpiewánie Figurálne było ná Chory czyry: Dyákonow y Preſbiterow bławatno y złoto odźiánych oboſtronnie gromádámi: Gdźie ludźi frequentia niezliczona otaczáłá mie: Gdźie mie Rodowita Szláchtá pod ręki wodźili. Ale iákoś ná on czás ze wßytkiego tego troygá nic we mnie nie widźiał / y czyſta z łáſki Bożey miałem duße moie od tego wßytkiego: toż rozumiey o mnie y dźiś. y owßem poſtánowionego iuż ná drodze prawdy Bożey przez iedność Swiata: mniey mie to wßyſtko obchodźi. Ktorego y dźienne y nocne do Páná Bogá / przy łzách zá grzechy

Potwarza Antidotyſtá Autorá.

Dáie ná te potwarz reſplike.

S

chy

chy moie / wzdychánie o tym ſámym ieſt / áby miłoſierdźie ſwoie nád Narodem náſzym pokázáć / á rozerwánych nas w Jedność Swiętą ſkupić raczył : ábyśćie iuż nas Bráći ſwey ſromoćić / lżyć / Wiáry y czći odſadzáć / gryść / ieść / y zábiiáć poprzeſtáli / á o to zobopolnie ábyſmy ſie ſtáráli / coby było ku czći y chwale Jmienia iego Swiętego : á ku zbáwieniu wſzyſtkiego Narodu Ruſkiego. Wieſz / że mi wolno było y do tych czas w Wilnie tey tákiey Duchowney pompy / doſtátkow wſzelákich / y Codźienney ludźi oboiego ſtanu aſſyſtencyey záżywáć. Oco mie częſto ſámo Brátſtwo Wileńſkie y przez liſty / y przez poſłánniki ſwe ſollicytowáło. Owey też teráźnieyſzey moiey ſtrony Zwierzchność Duchowna / zá prośbą Brátſką mieſzkánia mi w Monáſteru ich / z záwieſzeniem ná ten czas ſpraw Archyereyſkich / nie broniłá. Ale mnie toż y iedno co dźiś ieſt / zá łáſką Bożą było ná myśli. Nieſzczeſna tá Narodu náſzego rozdárliná iádłá mie widzącego / że ſie ná nim co dźień / co godźiná ſłowá Páná Chryſtuſowe / o rozdwoionym y rozdźielonym náprzećiwo ſobie Domie y Krolewſtwie rzeczone / znácznie iſzczą. Że w tey ſpráwie / wźiąwſzy Páná Bogá ná pomoc / puśćić ſie miałem ná Wſchod / do Wilná iácháć odmowiłem. Ale gdźiekolwiek żyię / tá złota v mnie śieć ieſt / ábym Bráćią moię / narod moy Ruſki / do Jedności Swiętey łowił. Tym łákomſtwem źrzenicá oká mego wnętrznego oćiekłá / że łáknę y prágnę zgody y miłośći Bráći rodzoney. Ten w Duſzy mey pychy y hárdośći ogień rozżarzył ſie / że goram wſzytek ná ſpalenie przeklętey wáſzey Schyſmy / y iey Heretyckich błedow. W czym mi Bog Wſzechmogący / iák w ſpráwie chwały ſwey / á zbáwienia wáſzego pomágáć niech raczy. Day Pánie Boże y Tobie obaczenie ſie / ábyś te

Pobożne intentum Autoris.

pracy

pracy ſwoie obroćił ná obronę Jedności Swiętey : á ná wykorzenienie przeklętey Schyſmy / y Heretyckich iey błedow. Beatus alieno periculo cautus : Moim ſie złym nákáray : ktory do śiwego włoſu mego z wámi żyiąc / miáſto zbáwienia ná zátrácenie mey / y wáſzych duſz prácowićie zárabiałem. Teraz zá łáſką Bożą / ná łáſkę iego Swiátá w Jedności Cerkwie iego Swiętey zárábiáć poczynam : tym ſámym vkontentowány / że Bogu pracuię / á nie przećiwo Bogu : y choć iuż w iedenaſtą godźinę / tylo iż w iego winnicy : z owa iedyna duſze mey vćiecha / że mi Bog moy vżyczył / ieſzcze czáſu do pokuty. Nie czyniąc iáko bacżę v ćiebie temu co śiedźi w Monáſteru Micháłowſkim Kijowſkim : ni owemu / co śiedźi w Monáſteru Stepáńſkim : ni temu / co w Milcách / ni onemu co ſobie poza Dnieprſkich Monáſterách dín-duie / Monáſterze ich ni bielm / ni kłamſtwá / ni ogniá piekielnego / pychy y hárdośći ni w świećie Dymáſowego roſkochánia ſie : Tylo ieden Monáſter Dermáńſki to wſzytko z ſobą nosi. A że nosi v ćiebie ſámego Licomiernika / ktory w oku Brátá twego proſzek widźiſz / á w ſwem nie widźiſz y bierwná : Mniey mie to obchodźi. Ci abowiem ktorzy mie przed tym w pożyćiu moim dobrze ználi / znáią y teraz / o te ná mie háńbe / etiam me tacente, nie prawdę zádádzą.

Ná Rozdźiał Antidotu Schiſmátyckiego X. w ktorym práwi Antydotyſtá, iż Cerkiew wſchodna dla pobłądzenia Orthologowego błę-

S ij demy

dem y Hæręzyą pomawiána być nie ma. Gdzie y ná przećiwo Czyſcu.

EXPOSTVLATIA X.

W ktorey pokázuie ſie to y dowodźi / iż Cerkiew Schyſmátycka / idąc zá ſwymi Scribentámi / tę błędow y Hęreziy hánbę ſłuſznie ponośi: Gdźie záraz y o Czyſcu / iż ieſt.

Zrzeka ſie Antidotiſtá Orthologá ſłowy, á rzeczą ſámą trzyma ſie go iák piiány płotá.

BRż był Antydotyſtá wſzyſtkim o raz Orthologiem vderzył o ziemię / yżá iego zła narodu Ruſkiego Cerkwi przyſtngę nogámi przydeptał / iákom ia iuż vczynił: nie máła by tobie byłá od niepotrzebnego ſwaru máterya vbyłá: y pámięć iego záczáſem poſłáby z wichrem. Ale ponieważeś ieſcze ná nim owiaſł / y podnośiſz go: muſzę go y ia ieſcze / á z nim y ćiebie weſpoł o wáſze nieprawdę cłowczyć / poty / áż go do podźiemney nocy wrážę / á ćiebie niebieſkiemu dniowi / ieśli ſie go godnym naydźieſz / pozyſzczę. A w ten cżas tego dniá / godnym ſie oſtánieſz / gdy co do śiebie poznaſz / że ieſteś w nocy. A poznaſz tę noc do śiebie / gdy ſie w Schyſmie bydź wyznaſz: y Cerkwie ſwey w ſzáte / ktora iey nie przyſtoi y nie należy / vbieráć pomiechaſz. Bo iáko żywo twey Cerkwi to nie należy / co ty iey przywłaſzczaſz / iákoby oná błądźić nie mogłá. Schyſmátyckiey bo Cerkwi nie ſłużę pogotowiu áni

wiu áni Hæretyckiey. Sámey iedney Kátholickiey ten Przywiley ieſt dány. Aże twa Cerkiew Schiſmátycka / ieſt y Hæretycka / mimo inſze w tey moiey Expoſtuláciey położone dowody / twoia ćie tego mieyſcá Aſſertia pokonywam / gdźie mowiſz / *iż ieśliby iáka oſſobá prywatna Swiecka, w Cerkwi żadney Iurisdikciey nie máiaca. wydáiac Xięgi w czym ſie omyliłá, to nie má bydź nigdy przypiſowano wſzytkiey Cerkwi. &c.* Skąd ia w przećiwny ſpoſob owę pokładam Propoſitia / iż / ieżeliby iáka oſſobá publiczna Duchowna / w Cerkwi nawyżſzą Iurisdictią máiaca / wydáiac Xięgi w czym omyliłá ſie / ma to záwżdy wſzytkiey Cerkwi bydź przypiſowano. Do ktorey Propoſitiey aſſumo Minorem. Cyrillus Pátryárchá Konſtántynopolſki ieſt táka oſſobá: Publiczna / Duchowna / Iurisdictią / w Cerkwie Wſchodney Schyſmátyckiey máiaca nawyżſzą. ktorá w wydánych od śiebie Xięgách myli ſie / to ieſt / Hæreziy vczy. zátym inferuie: przetoż cá omyłká iego / Te iego Hærezye wſzytkiey Cerkwi Wſchodney máia bydź przypiſowáne. Minor probata eſt dowodnie w Expoſtuláciey ná Antydot Rozdźiału śiodmego. Ergo Cerkwi twey miánuiacey ſie Wſchodney Schyſmátyckiey omyłká / To ieſt / błedy Hæretyckie máia bydź należnie przypiſowáne. & per Conſequēs, Cerkiew twoiá Wſchodna / ieſt Cerkiew Hæretycka: á ty iey członek / ieſteś Hæretyk. Siedźże Domine Doctor w koycu / ktoryś ſam ná ſie vplotł: z ktorego poty mi ſie nie wyplątaſz / poki ſie ábo Cyrillus twoy ſwey náuki / ábo ty iego ſámego nie zrzeczeſz. Sameś to przyznał / te ſwoie Aſſertie owa Philoſophſka regułą ſtábilitwiąc / że à particulari ad vniuerſale non valet Conſequētia: valeat itaq; ab vniuerſali ad Particulare. Záczym ex ore

Argumētuie Antidotiſtá.

Swym Argumentem wiąże ſie Antidotiſtá.

tuo Iudico te, ex ore tuo & condemno te. Sames ná śię ten Decret wydał.

Rzekłbym/ uczyć śię ieszcze było śmrodowi/ A nie Philosophią profitowáć y pogotowiu po náuce Bozkiey nie gmyráć w ktorey etiam diuina diuturno quotidiano vsu exercitata ingenia, máią z sobą co czynić: Stupida, imo plus quàm asinina, nic w niey y z niey nie pocznà.

Iáka iest Ci- śieyßa Cer- kiew Wschodnia Schismá- tycka.

Iest tedy ná widoku/ że to com pisał o twey Wschodney Cerkwi w mey Apologiey/ iest istotna prawdá: y iż nie iest iuż oná (iáko ty ią bydź zálecasz) czysta y nie poderzana przed Bogiem y wszytkimi świátem: nie iest ná śiedmi Synodách onych Generálnych gruntownie stoiąca/ áni ná pismách Oycow Swietych/ áni ná Náuce Chrystusowey y Apostolskiey. Ale stoiąca iest ná bládách y Herezyách Luterskich y Kalwińskich. Oycy swe máiąca Zyzánie/ Philálety/ Orthologi/ Wenedikty/ Gergany/ Cyrilli/ y ich náśládowce. ktorzy sa iey lámpy/ ogniem piekielnym zápalone. Zá ktorych ćiemnotámi oná teraz idźie.

Iáki był nie dawno przed tym Cyrillus Pátr: Konst: á iáki iest teraz.

Mowiß/ *że gánił scriptá Orthologowe Cyrillus Pátriarchá.* Ozdárzyłby to Pan Bog/ áby był tákim teraz Cyrillus/ iákim był gdy Orthologá gánił: bez żadnego gomonu był by y ty/ y wszytká tey strony Ruś iuż dawno w Swiętey iednośći. Tegdy Orthologá gánił Cyrillus/ kiedy Iedność S. chwalił/ á wam ktorzy nie iesteśćie w Iednośći przymawiał. iáko śię to wam przez list moy/ z listu iego przy I. M. P. X. Demetriuszu Solikowskim Arcybiskupie Lwowskim zostáwionego/ dowodnie wiedźieć dáło. Ale teraz Quantum ab illo: Iák Heretyk od Kátholiká. Ia záprawdy z częśći mey życzę/ áby go ten człowiek wszytkiego ohułem zgánił: áby y ty y tobie podobni do obrony błedow iego przystępu nie mieliśćie.

liśćie. Ale iák Ortholog Luteranizat, Ták Cyrillus Caluinizat: & è conuerso. Lecz kruk krukowi/ vt fert vetus prouerbium; oká nie kluie. Głodny by to rok bydź musiał/ kiedy by wilk wilká iadł. Acz v Páná Bogá Omnia sunt possibilia. Czyni on y z niepodobnych rzeczy podobne.

Co zás mowiß/ *iż wiele ludźi pobożnych y Swiętobliwych ná Kazániách y w namowách o dobrym Cerkiewnym reprehendowáli, iż Orthologowi tákiey swowoli dopußczono, że bez Censury Cerkiewney pod imieniem wßystkiey Cerkwie Chrystusowey wydáć ważył śię Lámént:* Dwie w tym punkćie kłamstwá popadaß. Pierwsze iż nigdy/ nigdźie/ nikt/ publicè z Kázálnice tego nie gánił. Drugie iż ten Lámentowy script wiecey niż rok ná Censurze był Brátstwá Wileńskiego/ y miał nie ládá Censorá. Poniewasz bowiem coby zacz był Ortholog/ ktory to pisał/ nikt ná on czas/ procz niektorych z Brátstwá Wileńskiego przednieýszych ossob: niewiedźiał: Aże ten Lámént/ z Drukárnie Wileńskiey był wydány/ káżdy to z nádpisu wiedźiał. Záczym tá przygáná/ iesliby śię gdźie y od kogo dźiáłá/ nie o Orthologá by śię byłá opierálá/ ále o Brátstwo Wileńskie: To zás w rzeczy tey kto by gdźie gánić poważył śię? Sámo też śiebie/ wiem dobrze/ w tym ono nie gániło/ ni priuatim, ni publicè. Lecz w iákiey Cenie nie v ládá ludźi/ ále v wybornieyßych Narodu Ruskiego Lámentowy ten script był/ y iesczé iest/ pokazałem to dowodnie w mey Parænesi.

Kłámstwo Antidot: drugie

Punkt Tego Antidotowego Rozdziału o Czyscu.

Antidotistá Czyśćiec y słowy y rzeczą wyznawa: tylo teo słowá, Czyśćiec, *wyrozumieć nie chce.*

Przyznawa trzy mieyscá dusz z tego świátá schodzących.

Co zá rożność miedzy Kátholickim Czyścem, *y Schizmátyckim niczyścem. Iż duße ktore są w Czyscu ćierpią* pænam damni.

W TYmże Rozdźiele Práwi Antydotystá Przećiwo Czyścu; á rzeczą go wyznawáiac / słowem nie przyznawa. Lecz ia mu z iego włásnego opisánia tego iego mieyscá / y słowem y rzeczą bydź czyśćiec okázuię. *Przyznawa* on expresse, *dwie drogi bydź, z tego świátá schodzących dusz.* Przyznawa expresse *y dwie mieyscá tychże: trzećie mieysce przyznawa* subobscure: przyznawa *iednák tákie, ná ktorym bywáia duße zátrzymywáne y ktore iest ná tey drodze, ktora idźie do Ráiu. iże z niego Duße wychodzą: á wychodzą, Modlitwámi y Iálmużnámi żywych wyzwolone.* dźeby ná tym mieyscu iáko męke ábo vtrapienie zátrzymáne duße ćierpiáły / tego nie przyznawa. W czym wszytkim / że y dwie drogi tylo są: y trzy mieyscá: y iż drogá do Czyscá iest drogá do niebá: według niego / do zátrzymánia y do Ráiu: y iż z Czyscá duße Suffragiis viuorum rátowáne wychodzą: z oboiey strony nie iest zgodá: w owym sámym rożność iezeli zátrzymáne ná mieyscu tym duße / ćierpią co / ábo nie. On nie przyznawa: ia przyznawam / że ćierpią / & pænam damni, & pænam sensus. Pænam damni: iż będąc zátrzymáne ná drodze / oddalone są od przytomnośći Bożey: y ieszcze nie są ná tym mieyscu / ná ktorym są Duße Swięte. Záczym / nie iest rzecz podobna / áby te Duße nie miáły tego żáłowáć / że dla grzechow swych nie są dopußczone do społeczności Swiętych: á osobliwie iż nie záżywáią tego dobrá / ktorego záżywáią Duße Swięte. Ktorych żal ták ćiężki w nich bydź może / iáki wszytkie tego świetne żale / smutki / y frásunki przechodźi. Ponieważ z tákiey rzeczy niedostąpienia tego żalu nábywáią / ktora wszytkie pożądáne tego świátá dobrá przewyzßa. y by dobrze inßego vtrapienia pozwierzchownego nie miáły / dosyć by im ná tym tákim żalu smutku y bolesći

było.

Iż ćierpią y pænā sensus.

było. Ktoremi by sie / iák srogim ogniem wewnątrz sie bie mecząc trápiły. Ale nie dosyć ná tym: Cierpią przytym y pænam sensus: Naprzod: z położenia sámego tego / ná ktorym są mieyscá: bo są nád piekłem: miedzy piekłem / á Lymbem / ná ktorym Prá Oycowie náśi do przyśćia Páná Chrystusowego w Adźie byli zátrzymáni / A potym y z iego niewczesnośći: ponieważ Mieysce to iest źiemne / plugáwe / niespokoyne / iesli nie y gorące: Mieysce karánia y vtrapienia. Dla czego Cerkiew Swięta Wschodna Páná Bogá zá zátrzymánymi ná tym Adowym mieyscu duszámi prosząc / prośi áby z obu tych kaźni damni & sensus. Bog wyzwolić ie raczył / gdy mowi / *Wspomni Pánie ná tych, ktorzy w nádźiei smartwych* [wstánia] *y żywotá wiecznego zásnęli Oycowie y Bráćia náśi, &c. Y odpuść im wßelkie grzechy, &c. Pomieść ich ná mieyscu świátłym. roskoßnym, spokoynym y ochłodnym; skąd vstąpiłá wßelka boleść, żal, smutek, y wzdychánie: y gdźie záchodźi świátłość oblicza twego, y wesela wßytkie z wiekow Swięte twoie.* Cerkiew Páná Chrystusowá prośi zá zátrzymánymi ná Mieyscu tym trzećim / áby ie pomieśćił Pan Bog ná tym mieyscu / skąd vstąpiłá wßelka boleść / żal / y smutek / y wzdychánie: tedyć to wszytko duszom tym / ná mieyscu tym / ná ktorym są zátrzymáne / iest ku vtrapieniu ich y vdręczeniu. Y iesli prośi áby ie pomieśćił ná mieyscu świátłym / spokoynym / roskoßnym / y ochłodnym / tedyć te duße ná tym mieyscu są / ná ktorym ie obchodźi y dolega / ćiemność y niepokoy / y plugáwość y gorącość. A przy káżdym záś pospolitym pogrzebie / y ná wßelkich pominkách / zá tymiż duszámi Cerkiew Wschodna Páná Bogá ták prośi. Ießcze *Modlimy sie tobie Pánu Bogu náßemu o tych, ktorzy płácza, y bolezia, á od ćiebie Pánie Iesu*

Ectenia pogrzebna.

T *Chryste*

Chryſte ná vćiechę czekáią: áby były wyzwolone od wßelkiey boleśći, ſmutku, y wzdychánia: y pomieſzcone áby były ná mieyſcu świátłym, kwitnącym, ſpokoynym y ochłodnym z gdźie zácnimi a świátłość oblicza twego Boſkie°. w modlitwách záś/ ktore w dźień zeyśćia Duchá S. ſolenniter obchodźi/ o tym duß ná tym trzećim mieyſcu bedących vtrapienia wyznawa/ *że one w dźień ten chwálebny zá modlitwámi iey vlżenia y vfolgowánia doznawáią od tych nędz ktorymi ſą ściśnięte y vtrapione: y dostępuią roſkoßy y vćiechy. prześielane bywáią miedzy duße święte, ná mieyſce świátłe ſpokoyne weſołe y roſkoßne.* Bo ieſliby ná tákich mieyſcách zátrzymáne były/ ná tákie prześielane bydź ie Cerkiew prośi/ nádáremnieby o to/ co one iuż y bez proźby iey máło prośiłáby. Tym tedy ſámym pokázuie to/ y dowodźi/ że to trzećie mieyſce/ ná ktorym te duße zátrzymawáne bywáią/ ieſt z vdreczeniem y z mekámi/ á nie bez nich: ná ktorym te duße ćierpią y pœnam damni, y pęnam ſenſus. to ieſt/ y wewnątrz śiebie y ze wnątrz męczą ſie. y táka ieſt oćż S. Wſchodney Cerkwie y Wiárá y Wyznánie/ od ſámych cżáſow Apoſtolſkich. Iáko y ná Synodźie Florenſkim Grękowie przyználi/ choć ogniá Máteryálnego/ nie przyieli. y my go zá Wiáry Artykuł nie mamy/ choć to z piſm Oycow SS. y z Reuelácyi Boſkich/ mężom świętym okazánych/ dowodnie colligujemy. o czym ſie obßyrnie w Apologiey położyło. Co áż náder iáſnymi ſłowy Swieta Wſchodna Cerkiew przez Swietego Grzegorzá Nyſſeńſkiego wyznáłá/ mowiącego/ *Nie bedźie mogł ten, ktory w teráźnieyßym żywoćie Modlitwámi, y mądrym ſtárániem oczyſzcony nie bedźie, z ćiáłá wyßedßy, vczeſtnikiem bydź Boſtwá, poki zmázy z duße nie zmiecie.* A przez co? támże záraz ten święty vwiádomiał *przez oczyſzczący*, mowi/ *piec: przez ogień oczyſzczáiący.*

In oratione Mortuis.

Ktorá

Ktorá oczy Antydotyśćie tá prawdá/ że to duß ná tym trzećim mieyſcu/ ktore przyznawa/ zátrzymawánie y wypußczánie/ bez vdreczenia/ ktore ſie kázdey tám dußy dźieie ex pęna damni, & ex pęna ſenſus bydź nie może. chcąc ſie z tego wyplątáć/ mowi/ *day to, że duße zátrzymywáne bywáią: iednák nie męczą ſie.* Rátia tego dáley; gdyż mowi/ *ſámá dußá po śmierći zá to nie ćierpi, co z ćiáłem vczyniłá:* Rátiey tey błąd/ zowąd wychodźi/ iż przećiwo iáſnemu piſmu Swietemu/ y Cerkiewnych Doktorow náuce/ nie przyznawa ni Swietym dußom vblogoſłáwienia/ ni grzeßnym męki/ Lecz ſie to iuż oboie w Expoſtulátiey ná Antydot Rozdźiału V. dowodnie pokazáło. Pokaże ſie da Bog máło niżey y tu/ iż y bogacz ony ieſt w mękách y zboycá ony ieſt w Ráiu. A iák ow w Ráiu niebieſkim ták ony w mękách piekielnych ogniá wiecznego. A gdźie ſą ći/ tám ſą y ich Conſortes.

Rátia Antydotyſty czemu ſie duße w czyſcu męczą.

Rátia tá zniesiona ieſt w Expolátiey moiey V.

Co ſie dotycze w tey mierze S. Bernárdá/ ten o dußách Swietych z tego świátá zeßłych iákby rozumiał/ támże dowodnie przełożyło ſie. Ktory wyráźnymi ſłowy to wyznawa/ *że iuż wßiety [duße] poiedney ßáćie, ále nie będą przyodźiane dwiemá ßátámi, áż tegdy, kiedy y my przyodźiani będźiemy.* Tá rzecz ná iáwi/ że iuż bez nas wßiety duße iedne ßáte/ to ieſt ſwoie vblogoſłáwienie: á drugą ßátą nie będą odźiáne bez nas: to ieſt/ vblogoſłáwieniem ćiáłá bez nas przyodźiáne nie będą. Káżda ábowiem dußá ſkoro ſtąd odchodźi/ ſwey ſczęśliwośći doſtępuie/ á ßczęśliwośći wedle ćiáłá doſtąpi po zmartwychwſtániu/ kiedy y my w ćiáłách nászych przed Sędźią ſtániemy. Coż wßiety duße bez nas zá ßáte? Pokoy wieczny/ y wieczne vblogoſłáwienie. A co weźmą w ćiáłách ſwych weſpoł z námi? Nieśmiertelność y ſławę ćiał: y iuż zupełnie vblogoſłáwione ſtáną ſie. Ktore máiąc ieſzcze o-

Serm. 3. in feſtum omnium Sanctorum. Bernard: S. przyznawa iż duße SS. wßiety iuż ſwoie ßáte to ieſt vblogoſłáwienie ſwoie.

beyrzenie ſie ná ćiał ſwych zmartwychwſtánie y vbłogoſłáwienie / nie otwierkiſie zupełnie o Páná Bogá opieráią / ále pożądániem ſwym oglądáią ſie ná ćiał ſwych vbłogoſłáwienie : mniąc to iákoby ściáne iáka : ktora ſie im odeymie zá vbłogoſłáwieniem ćiáłá. *Duſze świete*, mowi Bernárdus Swięty / *Ktore Pan Bog włáſnym ſwoim známionował obrázem, ćiebie* [ćiáło] *pożądáią. Ich bez ćiebie nie może ſie wypełnić rádość, vdoſkonálić ſławá, y wykonáć błogoſłáwieńſtwo. Zbytnie ábowiem w nich pánuie to przyrodzone pożądánie, że áni wſzytká ich affectia świebodnie nieść ſie do Bogá, ále ſie nieiáko kurczy y marſzczy, gdy ſie ſkłánia pożądániem ćiebie.* To Bernárdus Swięty / Prożno tedy y w tym Swiętym mężu / y w Athánázius ie y w Dámáſcenie ſzukaſz ſwey obłudźie pomocy / ktorych o tym náuká po mnie ieſt / á przećiwo ćiebie. Ty ſie táko bácząc słowy tylo contentuieſz / á rzecz ſáme ochylaſz. Gdyż y Athanaziuſz Swięty w tym Ráiu duſze Swiętych pomieſzcza / w ktorym ieſt Pan Chryſtus / Damáſcen Swięty Duſze Jozáphátá Krolewicá obliczu Páná Chryſtuſowemu przytomną bydź powiáda. Ażeby duſze miáły czekáć w Ráiu ziemnym ná zapláte wiekuiſtą / tego ni Athánáziuſz / ſine impoſtur ani Damaſcenus nigdźie nie piſze.

Abſurdá ktore zádáie Antydotyſtá Apologiarowi.

Mowiſz / *ieſliby ſie duſza po śmierći ſámá w czyścu męczyć miáłá, poſzłoby zátym, owo czworo: Pierwſze, iż nie dobrze wierzył Złotouſty y Bernárdus: y iż Duſzy krzywdá. Drugie, iż duſze po śmierći mogłyby ſobie záſługiwáć ná zapláte, ktora ich ma podkáć z ćiáłem. Trzećie, iżby męki po śmierći były docześne : co wyklęto ieſt w náuce Origineſowey. Czwarte, iżby nie trzebá było zá vmárłe modlić ſie, ni iáłmużny czynić: boby ſáme zá śiebie duſze męczeniem doſyć vczyniły: Co wſzytko czworo*, mowiſz, *ieſt przećiwo piſmu świętemu*

mu y zdániu Oycow Swiętych. Łácniey podobno Antydotyſto / aſſerere quàm aſſerta probare : lecz aſſerere & non probare, eſt propria ſomnia narrare. Jeſliby mowiſz / duſzá po śmierći ſámá w Czyścu męczyć ſie miáłá / tedy poſzłoby zá tym / że źle wierzył Złotouſty / y Bernárdus : y vkázuieſz mi po dowod tey ſwey mowy / do Hom: in caput Luc 16. de diuite S. Chryſoſtomi. Karze ćie iáwnie Pan Bog nie wſtydliwy y Bogá w tey mierze nie boiacy ſie obłudniku / że tu temetipſe tuo gladio iugulas : że ſam zátym ná ſzyi twey wiſzącym licem / ſidło ná ſie wkłádaſz / & infernali ſuſpendio / o te w tym świętym mężu / Złotychuſt Cerkiewnym Doktorze / kradźiesz dignum facis. To ſwoie wierutne kłamſtwo temu Swiętemu mężowi przypiſáć ważyłeś ſie / y czyſtą iego Katholicką náukę twym Heretyckim błędem pokryć nie vſtráſzyłeś ſie : ále gdźie w oćiekłych vporem Schyſmátyckich oczu wſtyd ludzki / ábo ſtrách Boży. Przez te Złotouſtego Swiętego Homilie / ktoreś ty tu ku obronie ſwemu błędowi záciągnął / vpada y ſzyie łamie / nie tylko ten X. twoy rozdźiał / ále y przeſzłe IV. y V. w ktorych ty nie przyznawaſz Sadu poiedynkowego : y Duſzom Swiętym Błogosłáwieńſtwá; á Grzeſzny mak: y gdźie te o Bogaczu y o Łázárzu od Chriſtá P. powiedźiána Hiſtoria przypowieść bydź mieniſz. Co twoie wſzytko ten Doctor S. w tey Homiliey tłumi y znośi / á náukę moie o tym w Apologiey opiſáną approbuie y ſtwierdza. Czemu áby ty / y ten káżdy ktory ten twoy Antydot y te moie Exetesin bedźie czytał / wiáre dał / włáſny Złotouſtego tey od ćiebie citowáney Homiliey text przekłádam. ktory owe z Błogoſłáwionego Łukaſzá Ewángeliſty słowá przełożywſzy. Był niektory Człowiek Bogáty &c. Táki ná nie wykład czyni : *Poniewaź* mowi / [*Pan Chriſtus*] *rzekł był, Sąden*

Pierwſze Abſurdum znośi ſie.

O Bogaczu y Łázárzu powieść, nie iest przypowieść, ále istotna, y cáła swego był d Historia.

ługá dwiemá Pánom służyć nie może: nie możećie Bogu służyć y mámonie: y był zá to od Phárisæußow łakomcow strofowány: dlategoż pokłáda przykład: ábo ráczey, ná przykład przypowieśći prawdę. w przypowieśći ábowię, [Słuchayże tu obłudny Schyzmátyku, bá y wßyscy twey Cechy vporni Oycowie y Bráćia, co ten Swięty Doctor mowi,] w przypowieśći, mowi, Imioná wyrażáne nie bywáią. To są przypowieśći. gdźie przykład bywa położony, á imioná zámilczáne. A gdźie bywa mowiono, Abráhám, y Prorokowie, y Łázarz, y Moyseß: prawdźiwy támiest Łázarz. Bo ieśli iest prawdźiwy Abráhám, tedy prawdźiwy y Łázarz. Coby był sam Abráhám, czytáliśmy to: á coby sam był Łázarz, tegośmy nie czytáli. Iednák ktory stworzył Abrahámá, tenże stworzył y Łázárzá. Ieśli prawdźiwego powiáda być Abráhámá, prawdźiwego rozumieć mamy y Łázárzá. Cień ábowiem z Ciáłem, y kłamstwo z prawdą zgodźić śię nie może. To Złotousty S. o tey Historyey. Rownie zá Hystorię rozumieią tę powieść Páná Chrystusowę Ambrozyusz, Ieronym, Augustyn, Grzegorz Dwoiesłow, y inśi. Nie vdaway że obłudniku rzeczy tey zá przypowieść, ktorą Oycowie Swięći Wschodni y Zachodni przyznawáią bydź Hystoryą, rzeczą było y prawdźiwą.

In c. 16. Luc. lib. 2. in Ioan lib. de cura pro mortuis c. 14. lib. 4. Dialog. c. 29.

Toć śię tedy iuż pokazało, że tá powieść o Bogaczu y Łázárzu nie iest przypowieść, ále szczera istotá y prawdá. Słuchayże przytym, dokąd obá ći, Bogacz y Łázarz, po śmierći swey byli nieśieni, y od kogo, y náco. mowi tedy, *Słyßeliśmy Co obá ći ná źiemi vćierpieli, pátrzmyż co ćiż obá ćierpią w Adźie, To co było im doczesne, przeminęło; á to co nástąpiło, iest wieczne. obá vmárli, onego* [Łázárzá] *Anyołowie, á Tego* [Bogaczá] *męki przyimuią.* [Słuchay Co mowi, że Bogaczá przyimuią męki.] *Ony nieśiony był ná ramionách Anyelskich, á ten bywa nieśiony do mąk.*

Bogacz w piekle męki ćierpi.

Onego

Onego Abráhám ná wesołe łono przyimuie, á tego pożyra Tártar. Roskoßy iego ná ták wielkie męki znagłá odmieniáią śię. Łázarz był ná mieyscu wyżßym: á Bogacz ná niżßym. Gdźie podniozßy oczy swoie, gdy był w mękách. wßytek był w mękách, á tylo oczy miał wolne, áby ná inßego rádość pátrzáć mogł. Dlatego mu wolne zostáwione są oczy, áby śię tym bárźiey męczył: iż tego on nie miał, Co drugi miał. Widźiał Abráhámá zdáleká, y pátrzył nań, áby śię ieno męczył. Ray vbogiego, łono było Abráhámowe. Niechże mi rzecze kto: zaż w Adźie iest Ray? Ia to mowię. Gdyż łono Abráhámowe Ráiá prawdą iest: y owßem naświetßym Ráiem bydź go przyznawam. A on záwoławßy rzekł, (wielkie ábowiem kaźnia, wielki głos wydawáły:) Oycze Abráhámie smiłuy śię nádemną. Oycze Abráhámie, choćiaż mię męki opánowáły, iednák ćię Oycem názywam. Iák ony Syn, ktory vtráćił wßytkę máiętność swoię; Oycem názywa: ták y ia, choć w kaźniách iestem, Ciebie Oycem názywam. Nádáremnie [Bogaczu] *ná tym mieyscu czyniß pokutę, gdźie nie iest pokuty mieysce. męki ćię przymußáią czynić pokutę, á nie dobra twoia wola.* To Złotousty Swięty z tych ták wyráźnych słow tego Swiętego Doktorá iest náiáwi, że ten Bogacz odnieśiony był do Adu: to iest do Piekłá: á iáko mowi ten Swięty do Tártáru, ná męki: y w nich śie iuż od tego sámego czásu męczy. Prożno tedy ná tego Swiętego Doctorá wkłádáć, áby on nie przyznawał, że śię iuż grzeßne duße męczą. bo to bedźie nań potwarz.

Łono Abráhámowe iest Ray.

Maß przytym y to náiáwi, że Ráiem názywa śię, nie tylko ten Ray w ktorym był Adam: ále oto y w Adźie łono Abrahámowe Ray. Coż bárźiey Ray Niebo, gdźie iest P. Chrystus, y gdźie teraz iest Abráhám. Słuchayże ieszcze tego Swiętego: tamże y o poiedynkowym Sądźie rozumieć nie zákryto náucząiącego, *Może*, mowi,

Kto

kto [z tego/ cośmy o Bogaczu y Lázárzu mowili] Rzec, y Tákie przewrotne Dogmá nánieść, [Pytáiac] To to sie [miedzy Bogaczem y Lázárzem dzieiace sie] widźi, przed Sadem wiedźi sie, czyli po Sadźie. Niech kto odpowie, że po Sadźie. Abowiem Sad to iest że ieden iest w mekách, á drugi w ochłodźie. [A to iest Sad poiedynkowy/ z ktorego Bogacz dostał sie ná meki/ á Lázárz w ochłode] A iesli mowi Rzecze, że sie to dźieie przed zmartwych wstániem Generálnym, przetoż y przed Sadem? Odpowiedź, że choć nie przyszedł ieszcze dźień Sadu, [á to iest Sad Generálny] iednák iuż wie co w piekle ma vćierpieć.

Sad poiedynkowy S. Złotousty wyznawa,

Masz tedy Antidotisto z tego mieysca Złotoustego S. Ktorego ty rázniesienie meki czyścowey nienależnie záżyłeś/ y Sad poiedynkowy/ y Meki dusz grzesznych w piekle: y że Ray tám iest gdźie iest Abráham: Zkad idźie że y wszytkie S. Dusze sa w Krolestwie niebieskim: y w przećiw/ wszytkie dusze grzeszne sa w Piekle pospolu z Bogaczem. Záczym gdy my wierzymy/ że duszá sámá w Czyścu meczy sie/ nie idźie zátym/ áby Złotousty S. źle wierzył/ ktory dusze Bogaczewa/ według náuki Zbáwićielowey w mekach być y meczyć sie powiáda. z Ktorym poniewaz my y to y insze wszytko z niego przełożone wierzymy/ á wy nie wierzyćie. Przetoż według was Złotousty S. źle wierzył: bo nie ták wierzyćie wy/ iák wierzył on: á według nas wierzył dobrze/ bo my ták wierzymy/ iák on wierzył/ y przez to pismo swoie wyznawał.

Sermone 9. de omnibus Sanctis.

Toták o S. Złotoustym postánowiwszy/ toż mowie y o S. Bernárdźie/ że to Sequelle ná niego Obłudnie nawodźisz. Ktory wyráźnymi słowy w swey náuce to wyznawa/ że iuż Dusze S. w száte swoie/ szczesliwość y pokoy y sławe y rádość/ przed obliczem Bożym sa vbráne. w przećiw tedy/ grzeszne dusze ubráne sa w száte

ich nie-

ich nieszcześćie/ niepokoy háńbe/ y smutek/ y to co iest przećiwne Rádośći Páńskiey/ w przytomnośći Szátáńskiey.

A co też mowisz/ *Duszy byłáby ztad krzywdá, że oná z ćiáłem wespoł grzeszywszy, sámáby sie meczyłá.* Nie do rzeczy mowisz. Masz wiedźieć/ iż grzech iest spráwa liberi arbitrij: ktory y wykonywa sie wola/ y náyduie sie w woli: wola zás iest nie w ćiele/ ále w duszy: záczym duszá y przyczyna iest grzechu tá/ ktora go spráwuie: y podstáwem tym/ ktory go ná sie przyimuie. Po vstapieniu tedy dusze od ćiáłá/ grzech nie zostáie w ćiele/ ále w sámey duszy przez wola. Coż przeto zá krzywdá duszy/ że w niey bywa grzech karány/ w ktorey sie náyduie: á nie w ćiele/ w ktorym sie nie náyduie.

2. Absurdum znośi sie

Duszy nimász ztad krzywdy że sie bez ćiáłá meczy.

Mowisz powtore: *iesliby sie duszá sámá w czyścu po śmierći meczyć miáłá, szłoby zátym, iż dusze po śmierći mogłyby sobie záslugiwáć ná zapłáte, ktora ich ma potkáć z ćiáłem.* Nie idźie y to Antydotysto: Poniewaz duszá w Czyścu prze swoie to vtrapienie/ nie ná nowe iákie podwyższenie záslugiue/ ále dług przeszłych win wypłácywa. Ktory skord sobe sámá/ iáko sie pospolićie mowi/ swym grzbietem/ áż do ostátniego hálerá wypłáći/ z niego wychodźi. Czyśćiec abowiem nie iest mieysce zásługi/ ále wypłáty. Wypłacáia sie ná nim dusze z záwiedźionych ná sie długow/ á nie ná iáko wyższa y wietsza zapłáte/ niż tu ná tym świećie zásłużyły/ zárabiáia. Po żywoćie tym niemász czásu do zásług: ále tylo do przyiećia ábo zapłáty ábo kárania. Quæ enim seminauerit homo [in hoc mundo,] hæc [in illo mundo] & metet: Mowi Błogosłáwiony Apostoł Páweł. Y sam Pan Chrystus/ Redde Rationem villicationis tuæ, iam enim non poteris amplius villicare. Skad Ieronym S. *Vmárli* mowi/ *ni*

Znośi sie absurdum 3.

Duszá w czyścu męczarniami nie zásługuie, ále z záwiedźionego ná sie długu wypłaca sie.

Gall. 6.

Luc. 16.

In cap. 9 Eccl.

sprá-wie-

spráwiedliwie nie moga czynić, ni grzeszyć. Ják tedy My
wierzymy / że po zeyściu z tego świátá nikt iuż nic nie zá-
służuie: Ták y w Czyścu żadney zasługi nie pokłádamy:
y z duß tych vtrapienia iść oná nie może. ieśli nie ták:
co intenduieß / powiedz: á dány będźie respons:

Znośi sie absurdum 4. Ze Czyścowe męki sa docżesne nie iż dźie zátym áby y piekielne docżesne być miáły,

Mowiß potrzećie / Ieśliby sie duszá sámá w czyścu męczyć miáłá ßłoby zátym, iżby męki po śmierći były docżesne.
Odpowiádam Idźie zátym / że męki Czyścowe po śmierći sa docżesne / á piekielne męki sa wieczne. Coż zátym?
wykleto mowiß to w náuce Origenesowey. Wyklinamy to
y My / áby piekielne męki / były docżesne / iáko niezbożnie rozumiał Origenes: zá co y wyklęty iest. Coż dáley?
nic. ßtulże pyśk. My wieczne męki piekielne w swym położeniu zostáwuiemy: ktore odźiedźiczáia ná wieczne
wieki / nie w Czyścu ále w piekle / niewiernicy y złowiernicy y Schismátycy / y sámi Kátholicy w grzechách
śmiertelnych bez pokuty ześli / z Diablem y z Anyołámi
iego.

5. absurdum znośi sie. Zá duße w czyścu będące nie dla tego sie modlimy, áby one sámy zá się swym karániem dosyć vczynić niemogły, ále áby im co ras ostábiwálá, y rychley sie skó

Mowiß poczwarto / Ieżeliby sie duszá sámá w Czyścu męczyć miáłá. ßłoby zátym, iżby nie trzebá było zá vmárłe modlić sie, ni iálmużny czynić. boby sáme zá siebie duße męczeniem dosyć vczyniły. Odpowiádam / Modlitwy zá te duße / ktore sa w zátrzymániu / nie dla tego sie dźieia w
Cerkwi Páná Chrystusowey / iákoby sáme duße przez
swoie vtrapienie z tego długu wypłáćić sie nie mogły / y
zmaz swych pozbyć: ále dla tego áby im pomogły / żeby
one iák narychley tey swey nędze pozbyły / y miedzy wybráne Boże przeniesione ostáły sie: O czym ták nas náucża Złotousty Swięty nie bez słusznośći mowi / to od Apostołow iest postánowiono, áby przy obchodźie strásznych Táiemnic, zmárłych ćiáło sie przypominánie. Wiedza ábowiem, iż
wiele oni stąd máia zysku, wiele pożytku. Y 348 / pomagaymy

smártym

zmárłym nie łzámi, ále modlitwámi, offiárámi, y iálmużnámi. Nie mowi ten święty że przez te offiary / Modlitwy
Jálmużny / vwolniamy z zádźierżenia zmárłych duße: ále
pomagamy im: wiele im przez to zysku / y wiele pożytku
czynimy. Skąd wiedźieć dáie sie / że y one prácuia / y my
im w tych ich pracách pomagamy: y one na zysk y ná pożytek zárabiáia / y my im w tym dopomagamy. Jákoż:
one ćierpliwośćia karánia swego: á my suffragijs. Toż
mowi y S. Cyrillus Jerozolimski / że z Modlitw, Offiar
y iálmużn, wielka dźieie sie pomoc dußom z tego świátá zeßłym. Jeśli pomoc / tedy nie bez prace tego ktoremu sie
tá pomoc dźieie. Gdyż temu pomagamy / ktory sie sam
rußa y prácuie: á tego ktory sie nie rußa / iákiemi wy
duße te w tym zádźierżeniu czynićie dźwigamy y nośimy.

Czyż iá tá męká

Hom. 69. ad Popalum Antiochb. Hom. 41. In 1. Ad Corint.

Catheh. 5. Mystagog.

Rzeczeß ty: nie proznuia tám y według nas duße /
Ale modla sie / á my też im pomagamy nászymi modlitwámi. Odpowiádam / nie bez tego / áby sie tám duße
te nie modliły: áby w tym swym ćieżkim vdręczeniu o
miłośierdźie do Páná Bogá nie wołáły: ále iuż tám nie
modlitw / ni zasług mieysce / ále męki y ćierpieniu: od ktorych my im vlżenia y vwolnienia prośimy / y otrzymywamy. Już to im tám nie modlitwá ich ná pomocy / ále
Czyścacego ogniá piec / iáko mowi Grzegorz Swięty
Nisseński. Gdźie one / według błogosłáwioneg Ambrożyußá / & si non exuruntur, tamen vruntur: wybáwione
bywáia / z tego swego zátrzymánia / sic tamen quasi per
ignem, mowi z Apostołá S. Błogosłáwiony Augustyn: przez ćierpiec á nie przez swe modlitwy. y Cerkiew
Swięta Wschodna / gdy zá temi dußámi Páná Bogá
prośi: nie modlitwy iey z ich modlitwámi áby Pan Bog
przyiął / y z tego ie zátrzymánia vwolnił prośi: ále / żeby is z mieyscá ćiemnego / płáczliwego / niespokoynego /

Czyśćiec nie iest mieysce pokuty ále dosyćczynienia przez karánia znoßenie,

Orátt pro mortuis in Psalm: 56.

Hom. 26. ex lib: 50. Homil.

V ij geracego

goracego: ziete smutkiem/ żalem/ boleśćia/ wzdychániem y płaczem: y przez to wszytko vdręczone/ vwolnił/
y pomieśćił ná mieyscu świátłym/ wesołym/ spokoynym
ochłodnym: gdźie nie máß płáczu/ ni wzdychánia/ ni żá-
lu/ ni smutku/ ni boleśći: ec. Wßytko tedy to cokolwiek
ty Antydotyśćo o tey cztworey consequentiey rozumiał
bydź y pismu Swietemu y zdániu Oycow Swietych
przećiwne/ iest y wedle pism Bożego/ y wedle náuki
Oycow Swietych z Cerkiewną náuką zgodne.

Znośi śie ábsurdum 6. Sext:3.fol.6.p.1 Przy tych czterech obiecniach/ żádáwáć zwykliśćie
wy/ y owa Piata/ iż *náuká o Czyscu iest drogá do rospusty,*
bo ták w swym Kátechyśmie mowi wáß Pátryárchá, καθαρτή-
ριον φθορᾶς ἡμῖν ἐστιν αἴτιον. Ná co my odpowiádá-
my/ iż ráczey nie przyznawánie Czyscá/ niż przyzná-
wánie iest drogá do rospusty/ y ßeroka. Co y nay-
płochßa dźiećiná widźieć może. Bo gdy mię w tym
Wiárá moiá vpewnia/ że y zá namnieyße moie wystę-
pki/ y zá słowko prożne/ zá ktore tu ná tym świećie dosyć nie vczynię/ sám po zeyśćiu z tego świátá/ muße
zá nie w Czyscowych mękách dosyć vczynić: y dobrze
tego karánia ná sobie doświádczyć: ktore wierzymy
bydź w ćieżkość nie mał rowne karániu piekielnemu.
Záczym boiáźnią tey męki/ choć to doczesney/ źięty/ v-
przątywam śię: stáram śię/ zá pomocą Bożą/ ábym ná
nie nie przyßedł. Tu ná tym świećie zá grzechy moie y
namnieyße dosyć czynię/ przez te pobożne vczynki/ y ćiáłá swego trapienie/ ktore śię Pánu Bogu w człowieku
podobáią: y ktore Duchowni cy nákázywáć zwykli. Ten
zás/ (O Schismátykách mowię: bo Heretycy sola fide
iustificari buccinant:) Co to wierzy/ iż máłe grzechy:
ábo y śmiertelne spowiádáne á nie odpokutowáne/ bez
żádnego iego vtrapienia y mąk/ offiárámi y modlitwá-

Nie przyznawánie czyscu iest drogá do rospusty.

mi záń Cerkiewnymi/ pomináńmi y Jáłmużnámi będą
zgłádzone: tá on prosto ná łono Abráhámowe poydźie/
o vprząnienie y o przygotowánie śię: dbáć nie będźie. y
ćiężárow ná śię nákłádáć nie zezwoli. poniewáż wierzy/
że po śmierći iego Cerkiew y bliźni iego/ wßytko to z niego zniosą: á on tym czásem z druzyną támeyßą hulki stroić będźie. Komuż tu bliżßa do Rozpusty drogá/ y do
máło zbożnego ná tym świećie pożyćia? Temu co śię y
zá namnieyßy grzech wedlug nakázu Wiáry swey/ boi
karánia ćieżkiego: lub też owemu ktory wedlug Wiáry
swey/ nie powinien mieć żadney boiáźni karánia zá grzechy tákie? y dźiećię to máłe/ iákom rzekł/ rozsądźi: że
bliżßa do rozpusty drogá/ nie wierzyć Czyscá. niż wierzyć. Zádá Duchownik pokutuiacym dwom człowie-
kom zá iednáki grzech/ iednáką pokutę: przykaże im w
dni postne raz iedzenie po záchodźie słońcá/ w suchym
chlebie y wodźie. nákaże im spánie ná gołey źiemi/ iáł-
mużnę z pracy rąk swych: włośiennicę: modlitwy długie: pokłony prácowite: zdeymie z nich świetne odźienie:
oddali ie od wßelkich biesiad dobromyślnych: vymie im
zwykłego snu: náłoży n i nie drogę prácowitą dla nábo-
żeństwá/ ná ktore mieysce zá kilkádźieśiąt mil: zábroni
im smákowitych potraw y napoiow. y tym podobnymi
ćiásnego żyćia pobożnymi vczynkámi obłoży ie. Będźie
ieden z nich ktory to zá pomocą Bożą spełni. Drugi/
dźień zá dźień odkłádáiąc/ w odwłokę tę spráwę puśći.
Smierć przyßłá ná obu. Pytam/ co temu pierwßemu
pomogły te iego prácowite trudy? á co owemu drugiemu záßkodźiło to iego niedbálstwo? wedlug Wiáry wáßey Schysmátyckiey nic; Poniewáż y ten prosto/ y ow
máło zátrzymány/ zá rowno ná łono Abráhámowe idą
bez żadney przeßkody? Bo tám ten sam zá śiebie pokut-

Podobieństwo, ábo przykład. ktorym śię pokázuie ßyrßa drogá do rospusty z nie wyznáwánia czyscá. Zakonnicy z Scetu.

te odpráwił. á zá owego Cerkiew wáßá Schyzmátycka pokutuie. Obłudnicy. Tež to Wiára Swiętych Oycow / Swiętey oney Cerkwie Wschodney? Tož to powagá Pokuty iey? Tož to ćiásna do niebá drogá? iedz / piy, wesołuy / prožnuy / dosypiay / nic to; bá y swowoluy / rospustuy / á spowiáday się / y vmrzyi nie boy się / nic ći zá to nie będźie. Cerkiew zá ćię odpokutuie. Ná coż Epitimia iesli y bez nich drogá do niebá? ná co Wyłaczenia od społeczności wiernych w modlitwie / y w Communiey / iesli mu po śmierći iego bez dosyć vczynienia zá to mieszkánie z Swiętymi? y wy to Cerkwia Wschodna tytułowáć się chcećie / ktorzy bezpieczniey niż Heretycy potey Swiętych zwyczáiách / trádycyách y wiáry dogmatách depcećie? Odpuśććie mi / Tákżeśćie wy / á to z tych wászych Heretyckich opiniy / Cerkiew Wschodna łáka sa ná Wschodźie y insze Heretyckie sekty: ktorych iest tám do kilkunástu. Nie słycháć było przed tym ná Wschodźie Luteráńskiey y Kálwińskiey obłudney Sekty; á tymi czásy nie Ormiáńska / nie Nestoryáńska nie Entychiáńska / áni insza ktora; ále wászá Schyzmátycka Cerkiew znácznie się w nie przyodźiewa. czegż też wy z iey nagośći swey przez te oto Antydoty iák y przez przeszłe Zyzánie broić nie ládá iáko pomagaćie. A tych ktorzy wam to vkázuia nienawidźićie / złorzeczyćie / y wyklinaćie. O ćięzkiey ślepoty. Pan Bog wam Sędźia / y temu wászemu niebácznemu wodzowi / ktory (ách niestety) pierwszy ná Wschodna áż Schyzmátycką / ledwie iednák Heretycka Cerkiew / Luterskich y Kálwińskich bluźnierstw piekielny kubek wylewa. Piszá do mnie niektorzy z pobożnych y nabożnych Zakonnikow wászych / że dla mey Apologiey z owa stronę wásze Ruska Katholicy nie tylo iuż Schyzmátykámi / ále y Heretykámi. Prze Bog

żywy

żywy / iáż w tym winien / ktory te Herezye z Ruskiey Cerkwie y Wiáry oddaláiąc był przez te moie Apologia: lubo ći / ktorzy ich pierwszy w Cerkiew Ruską nánośili y w Wiárę nátkáli: y ktorzy teraz ich bronia / y w Cerkwi zátrzymywáia? iáko czyni oto ten niezbożny Antydotystá. Ktoż ták ćiężko w swey Wierze Ruskiey ślepy będźie / że tego obiedneß Vczyćiel złodziow nie omáca? Ja mowię / y pewienem tego po łásce Bożey że on Kámienie pobudźi / áby ná te piekielney náuki przepowiádácze wołáli / y z Gránic te Ruskiey / bá y wszystkiey Wschodney Cerkwie wywołali.

A co mi przyganiaß / żem w Zyzániách twoich Philáletách / Orthologách / Klerykách y tym podobnych wászych Herezośiewcách náuki nie przecedźił / y dobrego od złego nie oddźielił / álem wszytko o raz zgánił / y podeptał. Vczyniłem to dla tego / żem w nich nic dobrego nie náydował; y ty / tego co w nich broniß / nie zádługo da Bog wstydźić się będźießz. Y nie mieszkále kto z twoich że tobie to zgáni. Pobudźi Pan Bog y nieme stworzenie ku obronie swey prawdy. Ażem nie postąpił ták / iáż postąpił / S. Augustyn z swymi pismy przez Retractatiæ, Przyczyná tego tá / iż Augustyn Swięty był w Cerkwi Katholickiey / á iam był w Schyzmie. w ktorey nic pomogły by mi nic y Retractatiæ. Postáremu był bym táki / iáki ty iesteś Schyzmátyk.

Wczym tobie / y wszytkim wam / day Pánie Boże zá dni nászych obaczenie się / A do Jednośći Swiętey náwrocenie się.

Dáie Author przyczynę, czemu pism swych, ábo nie przecedźił á, bo nie retráctował, ktore pisał w Schizmie, ále ie ohulem zgánił y podeptał.

Ná Rozdział Antidotu Schismatyckiego XI. w Ktorym zrzeka

się

sie Antidotista Orthologa: y Práwi iż Duch S. od Oycá sámego pochodzi.

EXPOSTVLATIA XI.

W ktorey sie dowodzi y pokázuie / iż Duch S. pochodzi od Oycá przez Syná / ábo od Oycá y od Syná.

Iedenasty rozdźiał Antydotysty wßytek iest z bluźnierstw v. klecony.

Wyznawam to tobie Antidotysto / że Ortholog twoy y z swymi błedámi zá Certźiewnego náuczyćielá mienić sie nie może: ále zá twego Schismátyckiego áby sie nigdy nic nie mogł y nie miał: poki iego błedow y Hęrezyy náśládowcámi iesteśćie: y ty y ia rozgowáć tego nie możemy. Bo choć to ty go wrzeczy ganiß / bluźnierstwo iednák iego trzymaß sie iák zły niedobrego. Iák on bluźni Máyestat Boży dźieląc istność Boską od Boskich osob rzeczywiśćie / y to rozumiano bydź supponuie / iákoby osobá bez istnośći stánąć mogłá. Porządek też Boskich osob / ktory iest ratione originis, tłumi: przez co y Syná y Duchá S. owegdy Wtora / owegdy Trzecia Boska Osoba rozumiáne bydź podáie. też wßytko niezbożnie czyniß y ty. Záczym wßytkie iego w Apologiey moiey wyrażone bluźnierstwá / ktore popadł on / popadaß y ty. Coć sie da Bog niżey dowodnie pokaże-

Autydotystá co inßym gáni to sá robi.

Przystepuiąc do dowodow tego swego błednego rozumienia / że Duch S. od sámego Oycá pochodzi / co inßym ganiß / to sam záraz popadaß. Vkázuieß / że scrutator Maiestatis opprimetur à gloria. A iednák sam Máiestatem Scrutaris: á ießcze bluźnierśko. Vpominaß / ne quis decipiat per Philosophiam & inanem fallaciam: A iednák sam oßukawaß przez twoie Philosophie / y prożne omamieniet á ießcze obłudnie. Przykázuieß / ne quis fascinet, nō obedire veritati: Sam iednák twoie Schismátyki omamiaß / áby prawdźie nie byli posłußnymi: á ießcze bezrozumnie. A zátym Concluduieß / *że Oycowie SS. wypráwuiąc o skrytych táiemnicách Boskich rátiámi, rátiy swych fundáment ná piśmie S. zakłádáią: v Bádáczow zás Máyestatu Boskiego, czesto y gesto rátie żadnego fundámentu w piśmie nie máią, tylo z sámey ludzkiey ich ćiekáwośći pochodzą. Ná ktorych rátiách nie tylko sádźić sie rzecz iest niebespieczna, ále y studiáć pod czás nie bez grzechu.* To tyt y słußnie. A że twoie w tym Rozdźiele wßytkie ásſertie ná tej tákiey ludzkiej Ciekáwośći rátiách sa vfundowáne / iáwnieć to y iáśnie okazáć / zá pomocą rátiy w piśmie S. fundáment swoy máiących / postepuie. Do czego sie też ty y sam łácno przyznawaß / gdy y Apologiarowe y swoie rácie w iedney wadze zostáwiwßy / nie wiecey ná nich / niż ná piśmie S. polegáć / przyrzekaßt. Ieśli bowiem Apologiarowe rátie sa v ćiebie ćiekáwośći ludzkiey / zá tákież iemu y twoie rozumiáne bydź podáieß.

Colos. 2.

Galat. 3.

Rátie ćiekáwośći Antidotisty.

Pierwßa twoiá w piśmie S. fundámentu nie máiącey ráciey Asſertia iest / ktora ty w nadpiśie tego Rozdźiału pokłádaß / *iż Duch S. od sámego Oycá pochodźi.* Druga / gdy prawdźiwe to zdánie bydź powiádaß / *iż Duch S. od Oycá tylko pochodźi.* Trzećia / gdy *pochodzenie Duchá S. przez Syná, nie wieczne ále doczesne bydź twierdźiß: Ktore sie dźieie do ludźi pobożnych.* Y to ábowiem przydáne / *od sámego*: y owo drugie / *tylko*: y owo trzećie / áby *przez Syná dawány tylo był ludźiom, á nie przedwiecznie przez Syná pochodźił*, to iest bytność swoie miał Duch S. Co ty ná-

X ym

tym mieyſcu ſtánowiß: a máło niżey áffirmuieß: *fundámentu w piſmie S. nie ma: y náuce Oycow Swiętych ieſt przećiwne.* Ktorych ty piſmá w tey mierze w podeyźrzenie ſprofánowánia przez Rzymian calumnioſe podáieß: ábyś ſobie v ſwych do kłamſtwá przez te calumnie łácny przyſtęp vſtał. Ktoż tobie podobnym kretem bedźie/ ktory też ták w inßych Doktorow Cerkiewnych piſmách/ ták oſobliwie w piſmách S° Máximá Wyznawce/ y Jana Dámáſcená nie widźi/ że oni bez żadnego piſm świętych ſprofánowánia/ Duchá S. przez Syná pochodźić/ z owych terminow przydániem/ naturaliter, eſſentialiter, non modo generationis wyznawáia. A ten terminus, *pochodźić*, toż może/ Co y *mieć bytność.* A ponieważ Duchá S° bytność ieſt przedwieczna: przetoż nie doczeſnie tylo/ ále y przedwiecznie Duch S. przez Syná pochodźi. Solùm też twoie/ to ieſt/ *tylko*: y Owo à Solo, od *Sámego*: Ktorym wy potrząſywaćie á Rzymiánom piſm Doktorſkich ſprofánowániem przymawiaćie/ przed Synodem Florentſkim nigdźie ni v iednego Doktorá Cerkiewnego piſmie nie naydowáło ſie: Czemu y Anteſignanus Schiſmy wáßey teráźnieyßey Márek Epheſki nie przeczy: Ktory w Liśćie ſwym do tych co ná Wyſpách żyią piſánym/ tey cząſtki/ ex Solo. záżywał: świádectwy iednák tymi/ ktore ſie dźiś obnoßą/ tey nie wſpiera: ále z inßych Conſequentiy/ z piſm Oycow SS. wźiętych/ ią dedukuie. Rownie toż y z piſm więcey niż ſtem lat przed Florentſkim Synodem pożyłych/ Grzegorzá Solańſkiego y Nilá Kábázyle/ y inßych wiedźieć dáie ſie/ Ktorzy tych świádectw w piſmách ſwych/ náprzećiwo Rzymian o pochodzeniu Duchá S° y od Syná wydánych/ nigdźie nie záżyli. Záczym wy ſwym Schiſmátykom Grækom profánowánie w tey cześći piſm

à Solo: *od ſámego Oycá pochodźić Duchá S. żaden z Oycow* SS. *nie piſał.*

SS. Oycow przyznawßy/ wiedźieć maćie/ że one Dyalogi o S. Troycy S° Athánázinßowi: y Sermones S. Cyrillowi Alexándriyſkie° przypiſáne/ w ktorych to słowo/ ex Solo, wyráźnie ieſt położone/ nota ſunt, ſpuria ſunt, podrzutne ſą. w czym ie przy inßym/ y ſámy ſtylus, onym wiekom niezwyczáyny/ arguit. Chćieyćie teno niezbożnym vporem oćiekłe oczy wáße wyznániem prawdy Bożey przemyć/ á miłośćią Jednośći S. Cerkiewney otrzeć/ łácno ten ſwych/ iuż po Florentſkim Synodźie w Schiſmie pożyłych Márkow ná was nárzucony podſtępek obaczyćie/ y duß ſwych tymi ich podſtępnymi báłámutniámi záwodźić poniechaćie. Wyznawáiac ábowiem S. Wſchodna Cerkiew przez ſwe Doktory/ że Duch S. przez Syná pochodźi nigdy te° ſłußnie wyznáć przez też nie mogłá/ áby pochodźił od ſámego Oycá. Boby w tym ſámá ſobie byłá przećiwna; Præpoſitie te Dvcie/ ex: y/ Per: máiac æquipollentes: iáko o tym Báſilius Wielk y Jan Złotouſty/ y inßy Doktorowie Cerkiewni náuczáią. Gdy tedy in Parentheſi o SS. Oycách mowiß owo/ (*Ktorych piſmá ießcze ſprofánowáne nie były,*) od twych Schiſmátykow maß rozumieć.

Lib. ad Amphiloch. c. 5: Chriſoſt: Hō: 53. in Matth: Cyrill: Alex. in Epiſt: ad Neſtor: Guius Initium, Audio quoſdā exiſtimationi meæ detrahere.

A co do Márká Epheſkiego po wiádomość ſtrony iſtnośći y Perſon w Boztwie/ y iák ieſt iedná/ y iák ſie dźieło odſyłaß: Jeśli on ták iſtność od oſoby realiter dźieli/ iák ty dźieliß: y ták Perſone bez iſtnośći ſtánowi iák ty ſtánowiß: y ták każda Perſone w niey ſámey twie/ iák ty twieß: Co ſie da Bog niżey z twych głupich áſſertiy ná ćie przewiedźie: poprocnicy y ſam zá nim idźieß/ y nam nań okázuieß. Jácyśćie wy tego Vcznie/ táki też y on Miſtrz wáß. wy bluźnierce/ on pogotowiu táki/ ktory was bluźnić náuczył. Iſtius enim patris eſtis filij. Obiecuieß Antidotyſko/ że to roztrząſnąć y vważyć chceß/ Co Apologiár z Básiliuszá Wielki przytacza/ lecż obietnicy swey iáko y w ßostym Rozdźiale vczynioney dosyć nie czyniß. Wiele to snadź ná ćie iednego/ y obiecowáć/ y ziśćić. Bo Apologiár o Porządku Bozkich Person z Básiliuszá Wielki wypráwuiąc/ po inßym owo też tám z tegoż wielkiego S. mowi/ *iż tego przyrodzonego porządku względem, Syn od Oycá iest wtorym. A Duch S, od Syná wtorym: á od Oycá Trzećim.* Zkąd táki Argument supponuie/ Syn od Oycá porządkiẽ wtory iest. iż od niegoż iest. y iż początek y przyczyná bytnośći iego Oćiec iest. Przeto y Duch S. porządkiem wtory od Syná bedąc z potrzeby to ma/ że też od Syná iest. y iż Syn początkiẽ y przyczyná bytnośći iegoż iest: Abo ták. Duch S. porządkiẽ od Oycá trzeći iest/ á od Syná wtory: A Trzeći porządkiẽ od Oycá dla tegoż porządku sposobu. ktory nie z náßego położenia iest/ ále z sámey idźie náturyr iáko ogniu do tey ktora z niego wynika/ świátłośći: To iest/ propter causã & Causatũ. Przeto y od Syná wtory porządkiem iest dla tegoż porządku sposobu: ktory nie z náßego położenia iest/ ále z sámey idźie nátury/ iák ogniu do tey ktora z niego wynika/ świátłośći: to iest propter Causam, & Causatum. Mowi táież Apologiár z Błogosł: Básiliuszá Wielk: y owo/ *Kto Duchá S. przekłáda Synowi według porządku, ten się sprzećiwia Boskiemu sporządzeniu, y dálekim iest od Bożey Wiáry:* Zkąd też owy Argument supponuie/ Oćiec w porządku przyrodzonym przekłáda się Synowi/ Tym porządkiem ktorym przyczyny nád te rzeczy/ ktore z nich pochodzą przekłádáią się. Przeto y Syn gdy się w porządku przyrodzonym przekłáda Duchowi S. tym się mu porządkiẽ przekłáda/ ktory przyczyny tym się rzeczõ przekłádáią ktore z nich pochodzą. Zácżym idźie/ że iák Oćiec względem przyrodzonego porządku iest Początek

Pierwßy Argument Authorow iż Duch S. od Oycá y Syná pochodźi.

Basi. lib. 5. In Eunom. Idem ibidem.

Idem ibid.

Idem. lib. 1. in Eunom.

Idem Epist. ad Canonic.

Argument 2. Idẽ. lib. 1. in Eunom.

Idem. lib. 5. in Eunom.

bytnośći Synowskiey/ ták Syn tegoż przyrodzonego porządku względem Duchá S. bytnośći iest Początek.

To Apologiárowe/ ieśliś się chćiał zá mądrego wydáć/ miałeś rostrząsiáć Antydotysto/ á nie Sárcásmy stroić/ y nie to co do rzeczy nie należáło/ wypráwowáć. Ktoż tego nie wie/ że nie tylko o Duchu Swiętym/ ále y o Synie/ y o Oycu báć się tego mowić potrzebá/ co w piśmie Swiętym iest zámilczano. iednák pobożni meże co co im sám Duch Swięty/ Sámá Przenaświetßa Troycá o Sobie suggerowáłá/ mowić vbespieczyli się: subtelnie/ to iest/ zbożnie/ po Katholicku: iák mowimy my Práwosławni/ nie grubie/ to iest/ niezbożnie po Zydowsku: iák mowićie wy Schysmátycy. Ktorzy y początkowego miedzy Boskimi ossobámi porządku nie przyimuiećie/ y docżesne Duchá Swiętego pochodzenie ná wiecznym bydź záwießonẽ/ nie przyznawaćie: y Jsność od Ossoby rzeczą dźielićie. Co troie błedow wáßych w tey Máteryey iest przyczyná. Tákim o Boskich trzech w iedney Jstnośći ossobách mowić/ iest rzeczą zbawienna. A Katholikom nie iest zdrożna. W ten sposob Bázylius Wielki nie wzdrygał się Bogá Oycá názwáć Pierwßym/ Syná Wtorym/ Duchá Swiętego Trzećim. według przyrodzonego porządku: choć tego w piśmie Swiętym nápisánego nigdźie nie náydował. Wiedząc/ iż Pierwßy Oćiec iák początek: Syn wtory/ iák z tego początku: Duch Swięty trzeći iák z początku przez tego/ ktory względem przyrodzonego porządku/ pierwey z tego początku.

Posłuchaymyß ieno Co ty w tey rzeczy mędrkuieß. Przyznawaß to z S. Bázyliuszá Wielk: że w owych słowách P. Chrystusowych *idźćie Krzćićie, w Imię Oycá, y Syná, y Duchá Swiętego:* zámyka się Boskich Osob porządek.

Mężom vczonym Kátholikõ o Bogu mowić y pisáć nie iest zábroniono.

O Porządku Boskich Osob Práwosławne wyznánie.

dek. A porządek przyrodzony ani znásześ wynálasku/ ále z przyrodzoneg nástepku. Táki/ iáki iest ogniowi do iwey świátłości. to iest/ secundum causam & causatum. W ktorym porządku/ Oćiec iest pierwßa Ossobá/ Syn wtora/ Duch Swiety trzećia. ábo/ Oćiec iest pierwßy: Syn wtory: Duch Swiety trzeći. Ktorego porządku względem/ ták sie Syn przekłáda Duchowi Swietemu: á Oćiec Synowi y Duchowi Swietemu: że bez bluźnierstwá y práwey Wiáry nárußenia/ máczey ieden drugiemu przekłádáć sie nie może y gdźieby Duch Swiety Synowi/ ábo Syn y Duch Swiety Oycowi według tego tákiego porządku przekłádány był: byłáby to/ iák Bázylius Wielki/ mowi/ niezbożność. Táki ty porządek w náuce tego Swietego choćiaż go iáśnie wyráźić niechćiał/ widźiawßy/ náwodźiß pytánie owe/ iáź to. mowiß/ wiem, że z tych miar Oćiec iest pierwßym, iż iest przyczyná: Syn wtorym, iż iest z przyczyny. Duch Swiety dla czego iest Trzećim według porządku przyrodzonego, powiedz mi: y odpowiádaß sam sobie. Dla tego, iż Syn iest od Oycá, przez sposob rodzenia, á Duch Swiety od Oycá, przez sposob pochodzenia. y rozumieß ony sposob być pierwßym/ á owy wtorym/ Przeto/ iż w Oycu siłá rodzenia/ uprzedza siłę tchnienia. Jáko o tym máło niżey owo pytánie sobie zádawßy/ Czemu wżdy Duch Swiety trzećim iest, á nie wtorym iáko Syn: Ponieważ zárowno obá są od Oycá? ták wypráwuiesz. Oćiec do persony swey to dwoie ma, iż rodźi, y wypuszcza. wzgledem iednego pierwßego, referuie sie do niego Syn, iáko rodzony: y ták iest wtora persona w Bostwie po Oycu. Duch zás Swiety odnośi sie do Oycá według wtorego, iáko pochodzący: dla czego przed Oycem kłáść sie nie może, iáko causatum ante causam: przed Synem nie może sie kłáść, iáko ten, ktory nie w pierwßey, ále wtorey własności do Oycá odnośi sie. Skąd

Conclu-

Epist. ad Canonicas.

O Porządku Boskich osob Antidotysta Kátholicko mowi: á bluźnierśko te swoie mowe wykłáda.

Conclouduleß/ ponieważ pierwßym sposobem iest Syn od Oycá, przeto iest wtorym po Oycu. Duch zás S. Ponieważ iest sposobem wtorym od Oycá, przetoż iest trzećim po Oycu. A ták nie omylnie Duch S. trzećia w Bostwie Persona iest. y tákież to zádáne sobie pytánie swe solwował.

Zátym twoim tákim wyznániem/ ia náprzećiwo tobie ták postepuie. Oćiec iest pierwßa Bozka Osobá: iż Przyczyna Korzeniem/ Zrzodłem y Początkiem iest dwu inßych Osob/ Syná y Duchá S. Syn iest Bozka Osobá wtora; iż według początkowego porządku iest poślednia/ niż Oćiec/ á pierwßá niż Duch S. Duch zás S. iest Trzećia Boska osobá: iż y od Oycá/ y od Syná według początkowego porządku iest poślednia. A zstąd ták Argumentuie: Ponieważ Oćiec y Syn zá wzgląd istnośći/ są iedno: Syn zás prze wzgląd początkowego porządku pierwßym iest/ niż Duch S. idźie zátym/ że Duch S. z istnośći Oycowskiey pochodźić nie może/ ieśli nie záraz y z Syná bedźie pochodźił. Ieśliß nie ták/ tedy Oycá y Syná istnośćiámi dźielić muśiałbyś. Inßa być istność Oycowska/ z ktorey Duch S. pochodźi: á inßa Synowska od Oycowskiey oddźielna/ z ktorey Duch S. Nie pochodźi. przez co czyniłbyś rzecz niezbożną.

Ieśli to iest Bozkich Osob Porządek/ że ow iest pierwßym/ ow wtorym/ ow trzećim: tedy to co ty mowiß/ iż pierwßa moc Oycowska Rodźi. á druga wywodźi: zátym ten co iest z śiły pierwßey, iest wtory: á co iest z śiły wtorey, iest Trzeći: ma sie ták rozumieć. iż to dwoie/ Rodzenie mowie y wywodzenie, brano ma być cum Communicatione essentiæ, & cum Obseruatione prioritatis originis. Ponieważ w Táiemnicy Prześwietey Troyce/ nie tylko essentiæ Communitas, ále też Osob Bozkich/ prze wzgląd początkowego porządku/ iedney przed drugą

przodko-

Iák sie to ná Orthodoxe rozumieć, Co Antidotistá práwosłáwnie mowi. á bluźnierśko rozumie.

Communicatio essentiæ in productione diuinarū Personarum, non fit sine obseruatione prioritatis & posterioritatis originis.

Exetesis / ábo

przodkowánie záchowywano ma bydź. To iest/ Rodźi Oćiec Syná iák przodkuiącego przed Duchem S. vżyczáiąc mu swoie istność: (In diuinis enim processio est secundùm communicationem diuinę naturæ:) wywodźi Duchá S. iáko pośledniey szego po Synie/ vżyczáiąc mu swoie istność. (Przodkowánie to y pośledność rozumiem nie według czásu/ ále według początkowego porządku: według ktorego / vprzedza w bytnośći Oćiec Syná/ Syn Duchá S.) Jesliż prze wzgląd tey originalis prioritatis & posterioritatis istnośći swey nie vżycza Syn/ iák ten ktory iest według początkowego porządku przodkuiącym/ Duchowi S. iák temu ktory iest według początkowego porządku pośledniey szym / gdy mu też istność vżycza Oćiec: tedy z potrzeby iedná z dwuch drugi niezbożnośći z tąd wystąpić muśi: że / ábo iedná istność Bozka rowna bedźie: ábo Syn nie iedney istnośći z Oycem rozumiány bedźie. Jesliż sine Cōmunicatione essentiæ bytność Syná y Duchá S°. rozumiána by byłá / tedy ni Syn ni Duch S. prawdźiwym Bogiem nie bedźie. A iesli bytność Syná y Duchá S. z vżyczánia istnośći bedźie rozumiána/ ále bez záchowánia prioritatis & posterioritatis: tedy miedzy Synem y Duchem S. żaden początkowy porządek nie bedźie/ y wiádomo nie bedźie ktora z nich wtora/ ktora trzecia iest Osobá. Lecz ty iáko bacżę y essentię Cōmunicationem, y prioritatē & posterioritatē originis przyznawasz: zbywe/ ábyś ábo Cōmunicari à Filio Spiritui S. vnica cum Patre Communicatione, essentiam, Kátholicko wyznał; ábo Syná Bożego 'ἑτεροούσιον' bydź Aryáńsko zbluźnił; lub też iedną Oycá y Syná istność ná dwie cżęśći niezbożnie rozerwał. Jesliż ná koniec dla tego Syn wtory/ że go pierwsza Oycowska własność iák ty mowisz/ w bytność przywodźi: á Duch S. dla tego

Sine obseruatione prioritatis Originis, nullus ordo in Diuinis stare potest, nec sciri, alter sit secundus vel tertius, secundum immutabilem ordinē naturalem, Filius an Spiritus S.

Trzeći/

Expostulátia. 83

Trzeći/ że go wtora Oycowska własność w bytnośći postánawia/ bez żadnego originalis ordinis záchowánia/ (w cżym ty iáko bacżę żydá grzebiesz) miedzy Synem y Duchem S: tedy to nie bedźie porządek miedzy Synem y Duchem S. ále miedzy Oycem y Synem/ y miedzy Oycem y Duchem S. Ktorych obu względem / Oćiec iest pierwszym: á Syn y Duch wtorym: A ktoryby z miedzy nich był trzeći / nie iest wiádomo.

Occurritur Obiectioni: 1.

Mowisz ty: *ten iest trzeći, ktore° w bytnośći postánowia wtora śiłá.* Odpowiádam: stać to nie może: ponieważ ten że y ten iest/ ktory y pierwszą y wtorą śiłą spráwuiet y nie bedźie wiádomo/ cży rodźi wprzod/ cży wprzod wywodźi.

Occurritur Obiectioni, 2.

Rzecżesz. *y stánie ták, ponieważ choć ten że y ieden to oboie spráwuie, ále dwoidka rożna śiła, y wiádomo iest, że wprzod rodźi niż wywodźi: ponieważ Oćiec wprzod Oycem názywa się A nie tchnącym.* Odpowiádam. Jesli nie bedźie wzgląd miány ná początkowy porządek/ wolno bedźie názwáć pierwszą Bozka Osobe tchnącym/ á potym Oycem/ bez żadnego bluźnierstwá. Ják się ná wielu mieyscach pisma S° przekłáda Duch S. Synowi/ A Syn Oycowi.

Stad się to, mowisz/ *pokázuie, że pierwsza Osobá Bozka pierwey rodźi, y pierwey iest Oycem: niż wywodźi, y niż iest tchnącym: y iż Syn iest Obrázem Oycowskim, á Duch S. iest obrázem Synowskim.* Te ty rátie tego dáiesz: ná ktora ia pozwalam: słucham ćie iednák dáley. Ty mowisz: *iż Syn obrázem Oycowskim názywa się nie dla tego, że się z Oycá Rodźi, ále iż iedney istnośći z Oycem bedąc, Oycá w sobie ná świećie ludźiom wymśił, y obiáwił: rownie y Duch S. Synowskim obrázem názywa się nie dla tego, áby miał bydź z niego: ále iż iedney z Synem istnośći bedąc, w sercách ludzkich Syná wyobráża.* Ná Rátie tedy te twoie pozwalam/ iák ná słuszne: ná wykład iey iák niesłuszny nie przyzwalam. Bo bym muśiał wespoł z tobą przeżeń Páná

Boskich osob Porządku rátie dáie Antidotystá Suśna: á gdy ią wykłáda iák ią rozumie, bluźni Máiestat Syná Bożego y Duchá S.

R Bogá

Bogá ćięſko bluźnić. Jeśli bowiem Syn Boży ztąd ieſt obrázem Bogá Oycá ſwego/ że ná tym świećie będąc ludźiom wyráźił Oycá w ſobie: tedy przed tym nim ſtał ſię człowiekiem nie był obrázem Bogá Oycá ſwego: ále tego nábył przez ſwe wćielenie ſię. A ieśli nie był przed tym nim ſię ſtał człowiekiem obrázem Oycowſkim: tedy áni ludźiom Oycá wyráźić mógł: nie będąc tegó exemplarzu/ to ieſt/ Oycá obrázem. Rownie ieśli y Duch S. ztąd ieſt obrázem Synowſkim/ iż w ſercách ludzkich Syná wyobráża: tedy przed tym/ nim ſię Syn Boży ſtał człowiekiem/ nie był y Duch S. obrázem Synowym/ ále tego nábył przez wćielenie ſię iegó. Szalonegó to rozumu wykład. Nábywaſz ze Bog od człowieká? O Corydō Corydon, quæ te dementia cæpit? Dokąd ćię ten niezbożny vpor záprowádźił márny Schiſmátyku? My Práwoſłowni z SS. Náuczyćielámi Cerkiewnymi Syná Obrázem Oycowſkim/ á Duchá S. Obrázem Synowſkim názywamy/ nie tylo prze tożſtwo iſtnośći/ ále prze początkowy porządek bytnośći Syná od Oycá/ á Duchá S. od Oycá przez Syná: ábo/ od Oycá y od Syná. Obraz ábowiem vkázuie odnoſzenie rodzonegó do rodzącego: á wywiedźionego do wywodzącegó. Zkąd S. Báſiliuſz Syná Bożego názywa obrázē Bogá niewidomegó á Duchá S° názywa obrázem Synowſkim/ prawdźiwȳ y przyrodzonȳ. Jeśli prawdźiwy? tedy niezmyślony: táki ty bydź zmyślaſz. Jeśli przyrodzony? tedy nie nábyty: táki ty bydź bluźniſz. Confuzyą tedy ty czyniſz miedzy Synē y Duchē S. á nieporządek miedzy niemi ſtánowiſz: nie dáiąc pewney y ważney ſłuſznośći/ Dla czego Duch S. Trzećia Bozka oſoba ieſt/ á nie Syn: y dla czego nie Duch S. Wtora/ ále Syn. w Ktorym błędźie poty wy Schiſmátycy bydź muśićie/ poki początkowegó porządku Bozkich

oſob

Rátiey Antidotiſtowey Kátholickie wyrozumienie.

Damaſ. lib. 1. cap. 18.

Lib. ad Amph. cap. 7. Lib. 5. Contra Eunom. c. 8.

oſob nie przyznaćie. Ktorego nieprzyznawánie wſzytkie te w ſprawie pochodzenia Duchá S. w Apologiey wyrázone bluźnierſtwá wam powiło/ y z Práwoſławnego wás wyznánia wyzuło/ y z S. Cerkwie Wſchodney wyrodźiło. Nie ná piśmie tedy S. y też ſwoie rátio vfundował Antidotyſto; ále ná ſámey własney twey ćiekáwośći. záczym obietnicy ſwey doſyć nie vczyniwſzy/ Crimen deliberati mendacij poniosłeś.

A żebyś ſię w tym ſwym nieporządnym porządku lepiey vpewnił/ y bárźiey zmocnił/ y ſwym ſpołwyznawcom to ſwoie bluźnierſkie zdánie okazałſze ábyś vczynił aſſerciey ſwoiey O wey/ Dla czego ſię Oćiec Pierwſza Bozka Oſobą názywa/ Syn Wtorą/ Duch S. Trzećia/ dáieſz rátię druga One/ Oćiec, Mowiſz/ *pierwſzym ieſt, od ktorego Syn. Syn w ktorym ieſt, Przez Ktorego wſzytkie zeay ſtworzone ſą Duch S. Trzeći, w ktorym wſzytko ieſt.* Poprawiteś ſię Bluźnierzu z gory ná ſzyie z pismáć S. ſłowá/ ále głupie przytoczone. Ile rátiy/ tyle boleśći ná twoię Schiſmátycką głowę. Jeśli ztąd Syn Wtorą ieſt Bozka Oſoba/ że przez niego rzeczy ſą ſtworzone: tedy przed tych rzeczy ſtworzeniem/ nie był Wtorą Bozka Oſobą? Nie był y Duch S. Trzećia? Zá pomieſzániem Bozkich Oſob początkowego porządku/ mieſza ſię tobie we łbie Schiſmátyku. y ſłuſznie. Ják bowiem ten ma co mieć w ſiebie porządnego/ Ktory nawyżſzy porządek tłumi.

To ták ná początku y przy końcu tego ſwego XI. Rozdźiału/ o Porządku Bozkich Oſob bluźnierſko poſtánowiwſzy/ miedzy tym cobyś ieſzcze wiecey bluźnił/ vkázácći poſtępuie A vkaże da Bog dowodnie/ że y w tē Rozdźiele co tchnieſz/ iáko mowią to łgnieſz: co ſłowo to falſz: Káżda áſſertia/ bluźnierſtwo. Muſzęć ták mowić

Rátia Antidotiſty o Porządku Bozkich oſob druga: ále bluźnierſka.

 iko

iáko ná Bozki Máyestat ktancy y bluźniercy.

1. Bluźnierstwo Antidotisty. Fol. 34. 2.

Naprzod Bluźniß/ gdy *Boskich Osob porządek przyrodzeniu przypisuieß.* Poniewaź porządek Boskich Osob nie iest według przyrodzenia / ále według Osob. y choć iest przyrodzony: iednák Osob / nieprzyrodzenia.

Fol. 35. 1. Bluźnierstwo. 2.

Po wtore Bluźniß/ Gdy Affirmuieß / *iź czym Syn. y Duch S: są od Ojcá rożni, tym miedzy sobą rożnymi być nie mogą.* Poniewaź ßtoby zátym / iź Syn y Duch Swięty od Oycá rożni będąc filiatione & procesione: miedzy sobą w tym nie był by rożnymi. Et per consequens, Jeden w osobie byliby.

Fol. 35.2. Bluźnierstwo. 3.

Po trzecie Bluźniß. Gdy *z wyznánia pochodzenia Duchá Swiętego: y od Syná, dwá początki w iednym Bostwie występowáć twierdziß.* Poniewaź Oćiec y Syn in producendo Spiritu Sancto iedno są/ prze iedność potentiæ producendi: ktorą Synowi Oćiec dał przez rodzenie: iáko o tym wyráźnymi słowy Swięty Augustyn náucza/

Lib. 15. de Trinitate.

mowiąc: à quo habet Filius, vt sit D E V S: ab illo habet vtique, vt etiam de illo procedat Spiritus Sanctus: Od kogo ma Syn/ źe iest Bogiem. od tego záiste ma y to/ źe też z niego pochodzi Duch Swięty.

4. Bluźnierstwo.

Po czwarte Bluźniß. Gdyź Wyznánia Pochodzenia Duchá Swiętego: y od Syná: dwá początki w iednym Bostwie pozostáwáć dowodząc: mowiß: *Oćiec iest bez początku. Syn iest od początku: Jesliź Oćiec y Syn iednym są Duchowi Swiętemu początkiem, tedy też to dwoie bez początku y z początkiem będzie iedno. lub też, Początek bez początku, y początek od początku, dwá będą początki.* Odpowiádam / ßtoby to ták / gdy by tá zyczona od Oycá przez rodzenie Synowi Duchá Swiętego wywodzenia śiłá. wßytkie Oycowskie włásności ná Syná przenośiłá/ y w nim ják w Oycu zostáwáć czyniłá / w czym śie ty bluź-

źnierstko lub z vporu / lub z niewiádomośći mylíß: ále poniewaź / choć przeiedność śiły wywodzenia Duchá S. Oćiec y Syn są iedno / nie są iednák ztąd we wßystkim swym iedno: nie idźie przeto ták. Ale Oćiec zostáie Oycem / á Syn Synem. Oćiec zostáie nie rodzonym / á Syn rodzonym. Oćiec zostáie bez początku / á Syn od początku. Zostáie Oćiec przyczyna prymordyálna / á Syn przyczyna od przyczyny. iest Oćiec przyczyna / iest y Syn przyczyna: wßákźe ni Oćiec táka przyczyna / iáko Syn. ni Syn táka iáko Oćiec. Oćiec abowiem przyczyna iest y Synowi y Duchowi Swiętemu: á Syn sámemu tylo Duchowi Swiętemu. y to / źe iest Oćiec przyczyna / ma z sámego śiebie: á Syn / ma to z Oycá. Co wßytko rozdźielnie máia Oćiec y Syn / y niwczym tym nie spolkuią. A tá sámá moc wywodzenia Duchá Swiętego / áby śie to w Osobách tych mießáło / nie czyni: ále to tylo sámo czyni y spráwuie / źe Syn zá rowno iáko y Oćiec Duchá Swiętego wypuscza: y ze obá ieden są Duchá Swiętego Spirator. A ty co inferuieß / bluźnierstko inferuieß / iákoby zá iednośćią tey potencyey / iedno y toź być muśiáło bez początku y z początkiem: & per consequens, Oćiec y Syn. y iákoby prze wzgląd początku bez początku / y początku od początku / dwá były początki. Poniewaź tá Spiritum Sanctum producendi potentia, iák Oycá y Syná realiter od śiebie rozdźielne Ossoby w swych im włásnośćiách nie iednoczy / ták w sámey sobie iedno być czyni: Toź rozumiey y o tym dwoim / bez początku y od początku. Jest Oćiec Początek bez początku: iest Syn początek od początku; ieden iednák początek / prze wzgląd iedney producendi potentiey: ktora y ieden czyni początek we dwu. y dwu nie zlewa w iedno: ni dwu rzeczy rożnych / czyni toź á toź.

5. Bluźnierstwo.

Po piąto Bluźnisz / Gdy mowisz / Iedno Oćiec z Synem nie iest, w tymby y Duch święty nie był iedno z Oycem y z Synem. Odpowiádam. Oćiec posyła Duchá S. personaliter: zá rowno Personaliter posyła tegoż Duchá S. Syn: Bo Oćiec, y Syn tego Duchá S. posyłáią / Ktory od Oycá pochodźi: to iest, Bogá Duchá S. iáko o tym SS. Doktorowie Cerkiewni Wschodni y Zachodni náuczáią, Złotousty, Cyrillus Alex: Ambrosius, y Augustynus. y są w tym Oćiec y Syn iedno: Duch S. iż personaliter śiebie sámego nie posyła, nie iest przeto w tym z Oycem y Synem iedno. Záczym to Co asseris, blasphemè asseris: y to Quod negas, áby Syn był z Oycem w początku iedno, blasphemè negas.

In cap. 5. ad Rom.
In cap. 16 Ioã.
Lib. 1. de Spiritu S. c. 4. & 5.
Lib. 5. de Trinitate. cap. 26

6. Bluźnierstwo.

Po Szosto Bluźnisz / Gdy mowisz / że Actio w Bogu quo ad intra ad duo supposita brác się nie może. Odpowiedam. Missio est Actio, & actio ad intra: Ktora iż iest iedna y táż Oycowska y Synowska, á Oćiec y Syn duo supposita, arguunt te blasphemię. Missio enim quo ad terminũ à quo, æterna est, & ad intra, licet quo ad terminũ ad quem, sit temporalis, & ad extra. Stąd Błog: Augustyn / bydź postánym Synowi toż rozumie, co y bydź mu rodzonym: á postánym bydź Duchowi S. toż, co y bydź wywiedźionym w bytnośćí. á S. Grzegorz PP. Rzymski, według nas Dwoiestow / Spiritus S. Missio, ipsa processio est, qua de Patre procedit & Filio. Duchá S. mowi postánie, iest ono sáme pochodzenie: Ktorym od Oycá pochodźi y Syná. Záczym / ieden rodźi / dwá posyłáią: Dwá przeto vna actione y mogą producere, y produkują. A ty że tego In diuinis nie przyznawasz / bluźnisz.

Lib 4. de Trinitate. cap 19. & 20.
Hom. 26: Super illud Euág. Cum sero esset die illa vna Sabbatorum.

7. Bluźnierstwo.

Po Siodmo bluźnisz / Gdy owe Apologiarowa práwosławna ássertie bluźnierska bydź pomawiasz / iż ieśli Duch S. od Syná pochodźić nie będźie rozumiány, tedy Trzećia o-

ćia w Bostwie osobá rozumiány bydź nie może. Coże się ták mieć muśiáło by / máło wyżey dowodnie pokazałem: Poniewaź Syn y Duch S. ieśliby ták iák ty rozumiesz / bez żadnego względu początkowego miedzy nimi porządku, od Oycá pochodźili, ktory z nich Wtory, á Ktory według porządku Trzeći, wiadomo by nie było. Gdyż nie szłoby zá tym z potrzeby, áby rodźić pierwsza, á tchnąć wtora potentia Oycowska były: y nie szłoby z potrzeby, áby nie pierwey Oćiec tchnął, niż rodźił. Záczym też poszłoby, że owo, Synli ábo Duch S. Wtory lub Trzećim był, w niewiádomośći naszey położono bywszy, áby Duch S. pewnie Trzećim był, isdź z potrzeby nie mogło by. Relatio ábowiem Originis Boskie osoby dźieli: Ktora miedzy Synem y Duchem S. nieprzyznána, Przodkowánia Synowi przed Duchem S. w bytnośći, ktorey względem on był by wtorym, á Duch S. Trzećim, nie zostáwi.

Według ktorego mego rozumienia, iż Ieśli Duch Swięty od Syna pochodźić nie będźie rozumiány, tedy trzećia w Bostwie Osoba rozumiány bydź nie może. Po Osmo bluźnisz, gdy te moie ássertie po wtore bluźnierstwem pomawiasz. Bo choćiaż Oćiec y Syn prze wzgląd iedney producendi potentiey iedno są: prze wzgląd Iednák Relationum Paternitatis, & Filiationis Dwá są. Oćiec ratione originis, Pierwszy; Syn Wtory. Po ktorym Synie gdy Duch S. z Oycá y z niego pochodźi, iest z potrzeby Originis ratione Trzeći. Origo Patris à nullo: Origo Filij à Patre: Origo Spiritus S. à Patre per Filium, vel à Patre & Filio. Ztąd originis istius ratione, ktora w sobie necessario originem prioritatis & posterioritatis zámyka, Oćiec z potrzeby iest Pierwszym, Syn z potrzeby Wtorym. á Duch S. z potrzeby Trzećim. Ztąd twa pomowá bluźnierstwo ná Apologiará, w bluźnierstwie.

8 Bluźnierstwo.

Blu-

9. Blaznierſtwo.

Bluźniſz po Dźiewiąte / y Gdy owo Mowiſz / *iż wproductiey Duchá S. ieśliby był pierwſzy Oćiec , wtory Syn. (á wiemy to dobrze , gdźie pierwſzy , y wtory, tám dwá:) muſiałbyś dwá poczatki Duchowi S. ſtánowić.* Odpowiedam. Wierzymy My Kátholicko/ y wyznawamy orthodoxè, iż w productiey Duchá S. Oćiec y Syn zostáia nieodmiennie on pierwſzym/ á ow wtorym/ ratione originis. y wiemy to dobrze / że pierwſzy Oćiec / y wtory Syn ſą dwá/ ratione Relationum: ratione záś iedney y teyże producendi potęciey ſą iedno: czego wzgledem dwie oſobie ieden ſą poczatek/ nie dwá poczatki.

10. Bluznierſtwo.

Po Dźieśiąte bluźniſz / gdy mowiſz/ *Ieśli iednym poczatkiem Oycá Syná Duchowi S. vczyniſz: to iedno Oćiec y Syn, nie trzećie co, ále ktore od śiebie wypuśći.* Odpowiedam. Czynię ia Oycá y Syná Duchowi S. iednym poczatkiem/ prze iedność wywodzacey ich śiły: to iednák / to ieſt Oycá y Syná / prze wzgląd iednośći tey ich śiły / iedno / á prze wzgląd Relationum ich rożnośći/ dwu: to ieſt/ Pierwſzego y wtorego / á od nich Duchá S. wypuſzczonego/ Trzećie co/ nie wtore być rozumiem/ wierzę y wyznawám.

11. Bluznierſtwo.

Po Jedenaſte bluźniſz/ Gdy mowiſz / *nie vważna to ieſt Rátia: z pochodzenia Duchá S. przez Syná, dowodźić pochodzenia Od Syná.* Odpowiádam. Rátia tá/ y vważna ieſt y Solidiſsima: Ponieważ iey zážyli Swięći Náuczyćiele Cerkiewni. Wschodni SS. Oycowie mowią/ *przez Syná:* á Zachodni/ ceby to było przez Syná /, obiáśniáiac/ (iáko o tym Máxim S. Wyznawcá vwiádomia/) mowią; *od Syná.* Præpoſitia ábowiem tá/ *przez*; toż znáczy/ co y *od*; z ową ſámą rożnośćią/ że *od*, znáczy przyczynę bytnośći Duchá S. bez żadnego wzgledu: ktorą S. Dionyſius názywa/ πηγαίαν θεότητα, Primordialem. Pierwonáczálną: á *Przez*, znáczy też y przyczynę y iedne / ále

Epiſt. ad Marinum Cypri. Presbyterum. Præpoſitiones ex. & per, ſunt æquipollentes,

że wzgle-

że wzgledem poczatkowego porządku do przyczyny tey / ktora ieſt bez żadnego wzgledu: to ieſt/ Pierwonáczálney. Záczym iedná miáſto drugiey Indifferenter y w Piśmie S. y od Oycow SS. vżywána bywa. Mowi Piſmo Swięte. *Wiedząc, iż nie bywa vſpráwiedliwiony człowiek z vczynkow Zakonu, iedno przez Wiárę Iezuſá Chriſtuſá: y my w Chriſtuſá Iezuſá wierzymy, ábyſmy byli vſpráwiedliwieni z Wiáry Chriſtuſowey, á nie z vczynkow Zakonu.* Przez Wiárę y z Wiáry / zá iedno y toż ieſt vżyte. Mowi Cyrillus S. Alexándryſki (ktorego iednego miáſto wſzyſtkich Oycow/ krotkośći folguiac/ przywodzę) *Duch S. ieſt Boży Oycowſki, y też Synowſki,* οὐσιωδῶς, eſſentialiter, *iſnoſtnie od obudwu: to ieſt, od Oycá przez Syná pochodzący.* Rzekſzy ten S. Doktor / że Duch S. przyrodzenno od obu pochodźi: præpoſitie te/ *od*, wykłádáiac náwodźi, to ieſt/ *od Oycá przez Syná.* Zkąd y S. Máxim wyznawcá/ *v nas,* mowi/ *według piſmá Swiętego ſporządzenia, toż ieſt, Przez: co y, od.* Ponieważ tedy Præpoſitia tá / *przez*, wyiąwſzy (iákom rzekł) to ſámo/ że przyczynę znáczy z porządkiem: á Præpoſitia / *od*, znáczy przyczynę bez porządku / we wſzytkim ma rowne znáczenie z præpoſitią/ *od*, y iedne z nią y też znáczy przyczynę/ idźie zá tym/ że nienieuważna to ieſt Apologiarowá rátia / iż z pochodzenia Duchá S. przez Syná/ dowodźi pochodzenia Duchá S. od Syná.

Gal. 2.

In Tract. ad Pallad.

In Explicatione huius dictio: & in Spirauit. in facie eius.

In Dialogo aduerſus Anomæum.

12. Blaźnierſtwo.

Po Dwunaſte bluźniſz / Gdy mowiſz / *Pochodzenie Duchá S. przez Syná, nie ono przedwieczne pochodzenie rozumieią Oycowie SS. ále dánie nam Duchá S.* Wiem iż Oycowie SS. niektorzy zażyli tey præpoſitiey *przez*, do znáczenia pochodzenia Duchá S.: Cum termino ad quem: lecz wiem przytym y to dobrze / że teyże præpoſitiey iż SS. Oycowie zażyli do znáczenia pochodzenia Duchá S.: Cum termino à Quo. Ták záżył tey præpoſitiey S.

Lib. 5. Contr. turum. cap. 12.

Básiliuß Wielki. gdźie owe pytánie vczyniwßy/ dla czego Duch S. nie iest Synem Synowskim? *Nie dla tego*
mowi/ *nie názywa śie Synem Synowskim, áby nie był od Bogá*
przez Syná: ále żebysmy nierozumieli, iż Troycá S. iest mnostwo
Lib. qui inscribitur, Repręhensio Meletij & Eusebij. *bez liczby.* Ták záżył teyże Athánáziuß S. Gdźie mo-
wi/ *niepodobna iest rzecz áby Duch S. sławá Troyce Swiętey*
był wysławowány, gdyby nie pochodźił od Bogá przez Syná.
In Expositione Zachariæ Proph. Ták záżył S. Máxym Confessor, gdy mowi/ *Duch S. iák*
przyrodzenno przez istność Bożym iest y Oycowym: ták też iest
Synowym według istności: iák ten, ktory od Oycá istnostnie
przez rodzonego Syná, niewypowiedźiánym sposobem pochodźi:
Lib. 1. cap. 13. Ták záżył Dámáscenus S. ná wielu pism swych miey-
scách/ gdźie, mowi/ *Bog Oćiec iest rozum, słowá bez dnia, sło-*
wá rodźićiel, y przez słowo obiáśniáiącego Duchá wywodźićiel.
Ibid. *y záść Duch S. iest Obiáśniáiąca skrytośći Bostwá Oycowá śi-*
łá, z Oycá przez Syná pochodząca, iáko on wie sam: nie sposo-
Ibid. *bem rodzenia.* Y záś; *y Synow iest Duch, nie iák z niego, ále*
In Dialogo aduersus Manichæ. *iák przez niego z Oycá pochodzący.* Jeßcze/ *Nie mowię ia*
tego, áby Oćiec nie bywßy pierwey, potym stał śie Oycem: Ale
záwżdy Syná swego z śiebie rodzonego, y Duchá swego przez
In Epist. Synodali. *słowo swoie z śiebie pochodzącego miał.* Ták ná koniec záżył
tey præpositiey Táráśius S. y wßytek powßechny Sy-
nod Siodmy/ w Symbole swym mowiąc/ *Wierzę y w*
Duchá S°: ktory *od Oycá przez Syná pochodźi: Ktory też zá*
Bogá iest poznány. Gdy tedy ty/ to tákie tey præpositiey/
od Oycow SS. o przedwiecznym Duchá S. pochodzeniu záżyte wyznánie tłumiß/ á sáme tylo doczesne do ludźi Duchá S°. okazánie śie znáczyć przez to vkázuieß/
z bliźniemi swymi obchodźiß śie podstępnie/ á z Pánem
Bogiem bluźnierstwo: Bo przez to twoie opáczne vda-
wánie duszy niewinne przywodźiß o zátrácenie: á Prawdę Bożą tłumiąc/ P. Bogá hæretycko bluźniß. Jdą

Syn y

Syn y Duch S. od Oycá iák dwá strumienie z iednego
źrzodłá/ przez sposob vważenia przyczyny Náczálney Synowi y Duchowi S^u: ktora iest sam Oćiec. Jdźie też
Duch S. Od Oycá przez Syná/ iák Strumień przez kry-
nice/ z źrzodłá/ przez sposob vważenia przyczyny początkowego porządku Synowi ku Oycu/ á Duchowi S. ku
Oycu y Synowi. iáko przyczyna iest Oćiec y Syn. Jdą Podobieństwá bytnośći Syná y Duchá S. od Oycá: y też, Syná od sámego Oycá: á Duchá S. od Oycá przez Syná.
Syn y Duch S. iáko dwie látorośle z iednego korzenia:
idą też iák kwiatecżek przez látorośl od korzenia/ idą iáko dwie słońcá od iednego Trzećiego słońcá: idą też iák
świátłość przez promień od słonecznego krągu. Rozmá-
ićie zá rozmáita potrzeby occázya SS. Oycowie o tym
mowią: Práwosławnie/ iednák mowią: A ty iák w in-
ßym/ ták y w tych podobieństwách/ mowy ich według
intentiey ich ku potrzebie swey záżyć niechcąc/ iák iádowity pająk y dobrą rzecz w truciznę obrácaß.

Po trzynasto bluźniß/ Gdy mowiß. *mamy to z pi-* 13. Bluźnierstwo.
smá świętego: y z Bázyliußá wielkiego: co bywa przypisowa-
no Oycu y Synowi, to y Duchowi świętemu. Vkazałem ći to
w Piątym y w ßostym moim ná ćie bluźnierstwá przewo-
dźie/ że Oćiec y Syn máią iedne y też moc posyłánia personálnie Duchá Swiętego: á zátym tegoż Duchá S°
y productie tego Duch Swięty nie ma. Záczym y pismo S. y S° Bázyliußá wielk: Ktory o tym co mowi/
limitate mowi/ potwarzaß: y Páná Bogá bluźniß.
Ma wßytko Syn/ cokolwiek ma Oćiec: iednák áby był
Oycem/ ábo żeby był sobie przyczyna/ tego Syn nie ma.
Rownie cokolwiek ma Oćiec/ ma y Duch S. ále wyiąwßy áby był Oycem/ lub Synem: lub rodzącym/ ábo ro-
dzonym/ lub przyczyna: ktoreyby względem śiebie posy-
łał/ ábo wywodźił; lub inßa ktora z pierwßych Osob.
Co Oćiec y Syn máią/ á Duch S. nie ma. iáko śie to

wielo

wiela spósobow máło przed tym pokazáłot

14. Bluźnierstwo.

Po czternásto Bluźniß/ gdy mowiß/ *kiedy przypisuie wypuszczánie Duchá Swietego: Oycowi y Synowi, ieśli wzgledem person, ábo wzgledem istności. ieśli wzgledem istności, tedy Ociec y Syn od Duchá S. nie máią rożnice: A ieśli wzgledem person, tedy Ociec y Syn nie iest iedno.* Odpowiádam. w tym punkcie naprzod bluźniß/ iż rozdźiela ß istność od Osoby/ iák rzecz od rzeczy. Po wtore bluźniß/ gdy actionē istności tribuendam supponis. Odpowiádam powtore: iż wypuszczánie Duchá świetego przypisuie sie Oycowi y Synowi/ nie wzgledem iedney istności/ ále wzgledem iedney wypuszczánia śiły. y máią miedzy sobą Ociec y Syn od Duchá świetego t táką rożnicę iáko ma/ Causa à Causato. Przypisuie sie też to Oycowi y Synowi y wzgledem person: ktorzy prze iedność produkowánia śiłyśą iedno t záczym Ociec y Syn Duchowi świetemu są iedno Principium y iedná Causa. Práwosłáwnie tedy wyznawamy/ gdy mowimy/ Ociec iest zrzodłem y przyczyną Bostwá t nie rozumieiąc áby Syn y Duch świety był przyczyna Bostwá/ ktore iest w Synie y w Duchu świetym. Bo táka przyczyna iest sam Ociec. Bostwá zás ktore iest w Duchu świetym t y Syn wespoł z Oycem iest przyczyną. Bo ácz y Syn iest od Oycá y Duch świety od Oycá t iednák Duch świety przez Syná/ á nie Syn przez Duchá świetego. Záczym y owo/ co z świetego Bázyliußá Wielkiego przywodźiß/ Quæ communia sunt Patri & Filio, eadem communia sunt Spiritui: Verificnie sie limitatione. Dowiodłem ábowiem tego iáśnie/ iż Duch S. nie mniey od Syná niż od Oycá bywa posyłány. Ktore Duchá S. posyłánie Oycu y Synowi iest Commune t á nie y Duchowi S. iák to/ ktore ex æterna dependet processione t imo est ipsa processio. Tá á-

Lib. 5. Contra Eunom.

bowiem Bozka Osobá druga posyłáć może t ktora iey dáie bytność. Ináczey miedzy Bozkimi Osobámi processus mittendi nie idźie/ y isdź nie może. Nie inßa ábowiē iest przyczyná/ że Syn w dźień piećdźiesiątny posyła Duchá S. Apostołom/ nie mniey niż Ociec/ Tylko iż tenże Duch S. ktorego są te dáry zá rowno od Syná iák y od Oycá pochodźi. Aby ták iedná y táż byłá w rzeczy tey Wielmożność Synowá y Oycowá/ ktorzy obá do serc ludźi wiernych dáry Duchá S. ktory od Obu pochodźi/ posyłáią.

15. Bluźnierstwo.

Po piętnásto bluźniß/ Gdy mowiß/ *ieżeliby dla tego miał być Syn obrázem Oycowskim, iż od niego iest máśiałby Duch S. według Apologiarowego mniemánia być obrázem Oycowskim y Synowskim oraz: A stąd nie był by trzećim: gdyż obráz od tey rzeczy ktorey iest obrázem wtorym iest á nie trzećim.* Dźiwnaß to tobie bluźnierco rzecz zda sie być áby Duch S. zwał sie oraz Oycowskim obrázem y Synowskim: iák sie oraz zowie Duchem Oycowskim y Synowskim. Nam Práwosłáwnym znáuki Oycow náßych SS. iest rzecz zwyczáyna. Ktorzy wiemy/ że Syn dla tego iest obrázem Oycowskim/ iż z niego iest/ iák Imago ex suo exemplari: Duch zás S. dla tego iest Obrázem Oycowskim y Synowskim/ iż iest z obudwu/ iák ex suo Prototypo, z swego pierwoobráżnego. A choćiáż Duch S. oraz iest Oycowskim y Synowskim obrázē/ iák oraz Ociec y Syn są Duchá S° exemplarzē: nie idźie iednák z tąd/ áby Duch S. nie był Trzećim: poniewáż Ociec y Syn ile są exemplarzem Duchá S°: Są iedno/ iák są iedno ile są Duchowi S^y. przyczyná t y iák Duch S. ile tey Causy Causatum, iest wtore/ ták iest wtore ile iest obrázem. Lecz Ociec y Syn ile są Ociec y Syn/ są pierwßy/ y wtory: záczym Duch S: ile Duch/ iest Trzeći. Originis Ratio, á ták my mowimy/ początkowego porządku wzgląd ták ie rozporządza/ áby Oćiec záwżdy był pierwszym/ ile iest Oćiec: Syn záwsze wtorym/ ile iest Syn: Duch S. ile iest Duch/ áby też był záwżdy Trzećim.

16. *Bluźnierstwo.*

Po Szesnasto bluźnisz/ Gdy mowisz/ *iż dla społistnośći z Oycem, iest Obrázem Oycowskim Syn, á nie dla tego, iż z niego: ják y Duch obrázem Synowskim iest.* Bo iesliby to prawdá byłá: rowny záiste sposobem názywáć by sie też miał Oćiec obrázem Synowskim/ á Syn obrázem Duchá S°: coessentialia enim sunt Conuertibilia: czego nigdy żaden z Doktorow Cerkiewnych nie rzekł: áni zbożnie rzec mogł: Poniewaź obraz właśnie nie bywa/ tylko swego Exemplarzu: Exemplarz záś ma praeexistere: ják Oćiec ratione originis praeexistit Filio, á Syn Duchowi S. Tákim też sposobem názywa sie Syn obliczem Oycowskim/ á Duch S. obliczem Synowskim. Oćiec prima forma, ábo πρωτότυπον, pierwo obrázne Synowot á Syn pierwo obrázne/ to iest Exemplarz Duchá S°. Co nie w inszy záiste koniec mowi sie/ tylo/ iż Syn iest z Oycá/ á Duch S. z Oycá przez Syná: to iest/ iż Oćiec Synowi iest przyczyna/ á Syn wespoł z Oycem przyczyna Duchá S. bytnośći.

Cyril. Alex: li. 5. ad Heremiá, Greg: Neocaes. Serm. Cuius initium, Inimicissimi [illegible] lieni est Apostolicae Cõfessionis.

Absurdum, *ktore Antidotystá przenosi ná wyznánie Kátholickie Pochodzenia Duchá S. y od Syná*

Mowisz ty ná przećiwo temu: *Ieśli ták iest iák ty Apologiaru Rozumiesz, wielkieby stąd* absurdum *urosło: ábowiem iesliby Syn referowal sie do Oycá, á Duch S. do Syná względem relaciy* originis, *musiáłoby być naprzod to, iż niczym inszym miedzy soba nie dźielą sie, tylo* Relatione. *A ták Syn, kromia tego iż Oćiec rodzi, wszytko ma pospolite z Oycem: zdáym wedlug twego mniemánia, y Duch S. zá rowno od Oycá y Syná bywa puszczány. Pytamże ćie,* mowisz/ *gdy Duch S. pochodzi od Oycá y Od Syná, niczym sie inszym nie dźieli od Oycá y Syná, iedno tym iż od nich pochodzi; á Kromia*

tego

tego wszytko iemu iest pospolito z Oycem y Synem. A ták Oćiec ma kromia tego że Duchá wypuszcza, iż rodzi Syná: Co będźie pospolito Duchowi S. z Oycem, rodźić Syná. Przytym: Syn kromia tego że wypuszcza Duchá, ma iż sie rodzi od Oycá: skąd Synowi z Duchem S. pospolito będźie, rodźić sie od Oycá. y ták Duch S. z Oycem Syná Rodźi, á z Synem sam sie rodźi od Oycá. A to iest wielkie absurdum. We wszytkim tym

Znośi sie to Antidotysto we Absurdũ *ná ie° głowę.*

X I. Rozdźiale byłeś nieznośnym bluźnierzem Antidotisto: Ják masz to odemnie dowodnie ná ćie przewiedźiono: przy zámknieniu iego stałeś sie totus illa ipsa blasphemia: wszytek obroćiłeś sie w bluźnierstwo: ktory z Kátholickiego Prawosławney Wiáry fundámentu/ nie rzkąc iezyká Chrześciáńskiego niegodne/ ále y wszom ludźi pobożnych brzydkie bluźnierstwá wyrzygnąłeś. Iest Kátholicka Prawosławney Wiáry prawdá/ że omnis distinctio in Deo nascitur ex relationibus originis. Poniewaź w Bogu nic trzećiego nie iest nád owo dwoie/ nád istność y Relátie. istność/ y wszytkie istnostne własnośći/ sunt Communicabiles; Są pospolite: Zbywa iż sámá tylo relatio Boskie Osoby dźieli. Oczym nie ináczey Wschodni y Zachodni SS. Oycowie rozumieli y náuczáli: Grzegorz Theolog: y Grzegorz Nysseński. Zkąd to twoie bluźnierskie absurdum ná twoie bluźnierską głowę odrażam: Ják to ktore tobie bluźniercy właśnie służy/ ktory względowego porządku miedzy Boskimi Osobámi nie przyznawasz: á nie nam Prawosławnym/ ktorzy wedlug náuki SS. Oycow wyznawamy y náuczamy/ iż ják sie ma Syn do Oycá/ ták sie ma Duch S. do Syná. y táki porządek y przyrodzenie ma Duch S. do Syná: táki porządek y przyrodzenie ma Syn do Oycá. A ná pytánie twoie ták odpowiádam: iż Syn ma wszytko to/ co ma Oćiec/ wyiowszy to/ że nie iest Oycem: to

Serm: 5. de Theolog: lib. 1. de Trinit: cap. ultim: & lib. 15. c. 14.

Bas. Serm. de Spiritu. c. 17. Athan: Epist: ad Seraphionẽ

iest/ iż

iest / iż nie rodzi. Duch też S. ma wßytko to / co ma Oćiec y Syn / wy áwßy to / iż nie wywodzi / nie rodzi / ni rodzi sie. Bo pierwße iest iego propriũ Constitutũ. Wtore / iest Cõstitutiuũ Oycowe. Trzećie / iest Cõstitutiuũ Synowe / ktore Trzy własnośći / sunt prorsus incõmunicabiles, o ktorych Grzegorz Theolog / proprietas, inquit, si esset Communicabilis, non esset proprietas. Te własnośći wyiąwßy / werificuią sie owe Theologica Axiomata, Omnia sunt Patris & Filij & Spiritus S. Communia, vbi non intercedit oppositio Relatiua. y Owe / Omnis distinctio in Deo nascitur ex Relationibus originis. Zá czym / nic to nie idzie / áby Duch S. wespoł z Oycem rodził Syná: ni Owo / áby sie wespoł z Synem rodził z Oycá. Wyssałeś to absurdum z Spálátensá: łykayże ie z nim wespoł. Nie rownoć by Schismátyku należáło báwić sie w tey máteriey ná dysputáciey Soboru Florentskiego: ná Tratiey Dogmátyczney Bessarionis: ná Responsách Iosephi Episcopi Methonensis, y Gregorij Heromonachi Magni Protosyncelli, uczynionych przećiwo Listowi Márká Epheskiego / Ktory on / gániąc Synod Florentski / y zámkniona miedzy Rzymiány y Grækámi iedność S. targáiąc / pisał do Grækow tych / ktorzy po rożnych wyspách żyią: y też ná Controwersiey o tym Bellárminowey. A w czym by oni tobie dosyć nie czynili: toby ieno miałbyś y mowić y pisáć: poty iednák / pokibyś ná swe zádánia y pytánia solutiey / y responsu nie odniosł. Ci dálic iuż słußny Respons y dowodna solutie ná wßytkie te twoie obiectie / y ná Tablice Leonowe. Ktore też ty w tey máteriey maß zá dowod: choć wieß to sam dobrze. że Tablice te nie ná to były wystáwione / áby ten przydatek y od Syná / iák Hæretycki znosiły / ále żeby Symbolum Konstántinopolskie w swoiey Cáłośći ná

W dowodzeniu tego Absurdum zá: był Schismátyk Antidotistá Schismátyká Spáletensá.

wiecżno

wiecżno pámiątkę było zostáwione: by dobrze gdźie y z przydatkiem tych słow / *y od Syná* było záżywáne. Ale wolisz sie ty Schismátyku rádźić Schismátyká / similis enim simili gaudet, niż Scriptorow Kátholickich. Ieśliś w opisániu tego Absurdum záżył rády Spálátensowey: czemu też w tym iego rády nie náśláduieß / że on tego Rzymskiego wyznánia Hærezyą / iák wy bluźnićie / nie názywa; ále ie ma zá Práwosławne. że on Wiárę Kátholicką Rzymskiemu Kośćiołowi przyznawa / choć mu excessy w tych Wiáry Dogmatách / ktore sa temu z Cerkwią Wschodną pospolite / obłudnie przypisuie. Iákie są Sacrificium incruentum, Propitiatorium. Transubstantiatio in Sacramento Eucharistiæ panis & vini. Adoratio Sacramẽti Eucharistiæ. Numerus septenarius Sacramentorum, Ieiunia ab Ecclesia instituta. Imaginum adoratio: Sanctorum Inuocatio: Sacrarum reliquiarum veneratio: y tym podobne. Co on wßytko excessámi z Wiáry Kátholickiey názywa / y Rzymskiemu te Kośćiołowi przypisuie: Wiárę iednák y zbáwienie w Kośćiele Rzymskim iák Kátholickim przyznawa. W czym ieśli Rzymski Kośćioł excedit: we wßytkim tym też przygáne nośi y Cerkiew Wschodna. Czemu też y w tym rády iego nie słuchaß: że on Papieżá / choć że władze primatus Sacrilegę zdźiera / zá Kátholickiey Cerkwie Kátholickieg Biskupá zna. władze mu Biskupią y Iurisdictią przyznawa: Sam sie zá Biskupá iego Diæcesiey ma: od Hæretyctwá ochrania: do Iednośći z nim wßytkie Chrześćiáńskie Sekty y sámych Grækow / á z niemi wßytkie Wschodnego posłußeństwá Narody / Inuituie: á do tych Ktorzy go zá Antichrystá calumniosè tradukuią / mowi / Antichristus esse non potest, qui Christum prædicat, exaltat, verum Deum, verumq; Hominem agnoscit, seq; eius

Co Spálátczyk excessámi w wierze Rzymskiey Kátholickiey názywa.

Zbáwienie w Kośćiele Rzymskim iák Kátholickim Spálátensis przyznawa.

Rzymskiego Biskupá Spálánt: niema zá Antichrystá: zá iákie go gi máią Schismátycy. Lib. 7. cap. 10 num: 155,

A a famu

famulū Confitetur, qui totā suam dignitatē ex sola Christ suprema excellentia & diuinitate agnoscit, Confitetur & profitetur. To iest: *Antichristem ten bydź nie może, ktory przepowiáda* Christusá, *wywyższa, prawdźiwym Bogiem y prawdźiwym człowiekiem bydź wyznawa, śiebie sługą iego bydź przyznawa: Ktory wszytko swoie dostoieństwo z sámey Christusowey nawyższey wyniosłośći y Bostwá zna, przyznawa, y wyznawa.* y z tey tedy tego twego poradźcy rády / do Jednośći S. bráć byś sie miał Antidotysto: á nie w głębszą przepáść przemierżłey Schismy śiebie y insze záwodźić. od Ktorey was P. Bog zá dni nászych vwolnić / á do Jednośći S. przywroćić niech raczy.

Ná Rozdział Antidotu Schismátyckiego, XII. w Ktorym práwi Antidotystá ná przećiwo Synodowi Florentskiemu.

EXPOSTVLATIA XII.

W ktorey pokázuie śie y Dowodźi / iż Synod Florentski w pokoiu Doszedł / y záwárłá śie ná nim Iedność Swięta Wschodney Cerkwie z Zachodną.

Ná wszyśtkie dwunastego swego Rozdźiału Antidotystá po trzy kroć kláma.

Nabluźniwszy śie ná przećiwo pánu Bogu w przeszłym Rozdźiele multarū Machinationum versipellis Artifex Antidotista, De techna ad technam, z bluźnierstwá do klamstwá łácny przeskok czynit y záraz w trzećim te° Rozdźiału wierszu

iu wierszu po trzy kroć kláma: Pierwszy raz gdy mowi / że *Grækowie Synodu Florentskiego nieprzyięli.* Drugi raz gdy mowi / *iż ná nim stánowiono wbrew przećiwko dogmatō Cerkwi Wschodney.* Trzeći raz gdy mowi / *iż nie było ták wolno disputowáć, iákby śie godźiło.* Pierwsze kłamstwo / przewodzą nań położone w Apologiey dowody o tym iásne / że Synod Florentski doszedł: ktorych on y iednym słuszny słowem nie znośi: á to ztąd / iż iuż przećiwo iáwney prawdźie oniemiał. Drugie kłamstwo przewodzą nań Aktá tego Soboru / gdźie czytamy / iż Grækowie ná Czysćiec / ácz nie w ogniu máteryálnym / ále iákoby w iákiey otchłáni czyszczących śie dusz pozwolili. Pozwolili ná Dusz Swiętych doskonáłe Błogosłáwieństwo. pozwolili ná Stárszeństwo Papieskie. Pozwolili y ná wyznánie Duchá S° *y od Syná,* ták iednák / áby ten przydátek do Symbolum Konstántinopolskiego nie był v nich wkłádány. Trzećie kłamstwo przewodzą nań ták Aktá tegoż Synodu / iáko y Historykowie Ktorzy o tym Synodźie pisáli: w Apologiey pomienieni. z Ktorych wiedźieć śie dáie / że ták wolno było mowić y Dysputowáć Grækom / iáko y Łáćinnikom / y nigdy żadna w tym przeszkodá im nie dźiáłá śie, y owszem częśćiey do rozmow y Dysputáciy od Rzymian zzywáni byli / niż sámi do tego chuć mieli / w pokoiu / w miłośći / y w poszánowániu Grecowskim y Bráterskim.

Postąpiwszy ztąd przez kilká wierszow o Kleryká Ostrogskiego Apologiarowi przymawia / iákoby go nie słusznie o te przezeń o Florentskim Synodźie opisáne báłámutnie strofował: y dowodźił tey niesłusznośći świádkiem Márkie Ephesskim: *ktorego,* mowi, *Kleryk ma po sobie.* Nie potrzeby świádek. Wszákże y ten świádek nigdy tego nie pisał / co pisał ten Kleryk / bo śie nie mogł ná tá-

Márek Ephe-ski głowny Syn: Florēt:

kie bez-

nieprzyiaciel nie ważył się o nim ták fałszywych rzeczy vdá. wáć: iáki o nim bá łámutnie z. myślił Schismátyk, bezimienny Kleryk Ostrogski.

kie bezstudstwo sposobić / áby te rzecz świeżą ták opácznie vdawáł / ktora wszytkiemu świátu ieszcze w oczu / y przed oczymá przytomno byłá. A żeby z tey przyczyny Sobor Florentski zá niedoszły miał bydź rozumiány / iż przećiwko niemu Márek Ephezki pisał: przyczyná nie tylko nie wáżna: ále bárziey dowyście tego Soboru vkázuiaca. Gdy ábowiem Márek ná ten Sobor w Liśćie swym okolicznym / po wyspách Gráckich rozesłánym / protestuie sie wine ná to Duchowieństwo / ktore ná Soborze tym było / y ná Cesárzá o ziednoczenie sie z Láćinnikámi wkłáda; błędy im y Hæreżye Láćińskie przypisuie: Przez to sámo wiedźieć dáie / y przyznawa / że ten Sobor doszedł. ináczey nie miałby żadney słuszności protestowánia sie ná Synod / y nárzekánia ná swe społ Soborowniki / y przymawiánia im o błędy Láćińskie.

Kożdy Synod Powszechny miał swoie Reklamenty Hæretyki. nie dziw że y Synod Flor: Powszechny miał Reklamá. tá Márká Ephezkie° Schismátyká.

A że ná Soboru tego o iedność Cerkiewną vchwale Márek nie został / powáżności to Soboru tego nie derogvie by námniey. Nie było żadnego Soboru / Powszechnego / ktoryby swego reclámatorá nie miáł. miał swego przećiwniká Sobor pierwszy Ariuszá. Wtory Mácedoniuszá. Trzeći Nestoriuszá / Czwarty Dioskorá; y inszy insze z swymi sequakámi. A iednák Sobory Soborámi: á przećiwnicy ich y Reclámatorzy Hæretycy / y z Cerkwie Bożey wygnáńcy. Toż rozumiey y o tym swym świádku / Florenskiemu Synodowi Reclámatorze. ktoremu w tym Kleryk y ty wiáre dawszy / dálekośćie sie z prawdą obeśli. A tym bárziey wy niż on / iestesćie winni: ktory o czym sie Márkowi áni śniło / to twoy klechá o tym Synodźie nábáiał / á ty ter iego bálámutni wiáre y obronę dał; choćiaż to nie bylicę przed twymi oczymá zmyślona bydź słyszał / ieśli nie y widźiał. Záczym mnieysczey w tym wierzyć masz / ktory tobie pewność tey rzeczy nie

czy nie z podrzutow iákich ciemnych / ále z wiáry godnych Hystorykow / w Apologiey moiey wiernie przekłádam: á nie temu bez imiennemu Klesze: y Márkowi pokoiu Cerkiewnego Turbatorowi / y Jedności Swietey Rozrywcy.

Mowisz / *że porządnie moich o Soborze tym ráciy słuchać, y vważáć ich chcesz.* idę ia z tobą / żeć z drogi prawdy spáść nie dopuszczę: A ieśli y spádniesz / náwrocę ćie. Co sie tedy dotycze dowodow z Rusi o tym / iż ten Sobor w pokoiu y w zgodźie oboiey strony doszedł: te zostáło w swey powáżności. Nie masz ty Schysmy swey opisánia / ni przez iednego Rusiná / kiedy y dla czego oná w Ruską Cerkiew wlázłá / á iednák choć à testimonio humano, iáko mowisz / negatiuè non valet Consequentia: ty temu ták wierzysz / iákoby ia tysiąc Rusinow opisáli. Dobrze Sobor ten Ruś opisáłá / gdy Dekret Soboru tego o zámknienie Jedności S. w Księgi Cerkiewne wpisáłá. Dobrze go y stwierdźiłá Siedmia Metropolitámi Ruskiemi / iednego po drugim nástepuiacymi / Jsidorem / Hrehorem / Misáilem / Semionem / Joną / Mákárym / Josephem Soltanem. Ktorzy wszyscy w tey S. Jedności ná Florentskim Synodźie námowioney zámknioney y przyietey żyli: á z nimi wszytká Ruś przez lat więcey niż siedmdźiesiat. A gdyby nie z Moskwy tá pie- kielna iedzá / przekleta mowie Schismá z Krolową Heleną do Ruskich nászych Králow byłá wlázłá / y po dni násze Florentskiego Soboru Jedność w Cerkwi Narodu naszego Ruskiego zostawáłaby. Tá páni Monáster w Mińsku Litewskim vfundowawszy / y Jone sobie podobnego Schismátyká Archimándryta nád nim przełożywszy / tego potym przyczyna swoia dokázáłá / że po śmierci Metropolity Josephá Soltaná / ná Metropolią Ru-

Synod Florentski wzgledem świádectw w Apologiey wyrázonych z Rusi, w swey powádze zostáie.

ska był podnieśiony: A z nim y Schismá w Ruską Cerkiew stáłá śie wtrącona: Ktora v was y po dźiśdźień ná kártkach wáßych żywa śiedźi: á v nas od lat iuż czterdźieśtu pod nogi Jednośći S. rzucona zdechłá. Day Pánie Boże áby te dußogubna poczwáre y od was też przekáło.

Mowiß: *Dźiw wielki, że śie ledwie ná iedne Kśiążkę we wßytkiey Ruśi zdobył Apologiár, w ktorą ten Soboru Florentskiego Dekret był wpisány.* Ba to dźiw wielki Antidotysto / że przez ták wiele dźieśiąt lat / tá syta Owcá między głodnymi wilkámi scalálá. że mowię / ten pochwálney vchwały Dekret od was Schismátykow ze wßytkich po wßey Ruśi Kśiąg wyßárpány nie zostáł. Pan Bog ná wáße záwstydzenie / á ná náße vćiechę ták temu bydź spráwił. Dźiwuyże śie swey prostoćie Antidotysto / y ni ostrożnośći w pisániu rzeczy płonnych / á nie rzeczy ták znáczney y Okazáłey. Oto przez drogę tylko vkázuiąc Oycowie Monásterá S. Troyce w Wilniu trzy Kśięgi: w ktore zdawná Dekret ten iest wpisány. Przybadź do mnie vkażę go tobie y ia tu w moim Monásteru. Naydźieß też bez liczby y po inßych Monásterách. W Twey Bibliothęki Kśięgách by dobrze y bel / dał byś go typo Zyzániowsku swym rękom ná strawienie. To dźiwna rzecz powiedźiałeś: Powiadaß ießcże Dźiwnieyßa. Jesliby mowiß / *Ruś Sobor Florentski byłá przyięłá, muśiáłoby iuż w Wyznániu Wiáry to słowko, y od Syná / być.* O przemierzły Hystoryku. Ale nie dźiw / natrudniey raz z drogi prawdy spáść: potym im dłużey ßćia / tym dáley w lás. Zaż ślepy Schismátyku / nie ná tym ná Soborze Florentskim stánęło / áby Wschodna náßá Cerkiew Symbolum Konstántinopolskiego / bez tego przydadku vżywáłá? Tákież w Domodvná zmocnienie twey Schismy / á ná znieśienie Jednośći S. begáty / że ieśli nie kłámaß / cobyś

cobyś mowił? nie maß. *Przydam.* Mowiß / *y to: By był Sobor Florentski doßedł y od Cerkwie Wschodney był przyięty, Ruś pod posłußeństwem Pátryárchi Konstántinopolskiego zostawáłáby.* Przydałeś: ále nie mniey dźiwne kłamstwo / niż dwie pierwße. Zaż y po dźiśdźień pod tegoż Pátryárchi posłußeństwem nie zostáieß? Zaż y zá żywotá máło wyżey pomienionych ode mnie Metropolitow Ruská Cerkiew nie zostawáłá? ponieważ y Pátryárchowie Konstántinopolscy swym złym nákaráni / przeciwni temu nie byli / iáko śie to z Listow Dionyzego y Niphoná pátryárchow Cárogrodzkich do Ruśi pisánych iáśnie wiedźieć dáie. y Dźiśieyßy Metropolitá Ruski / gdyby Pátriárchá Konstántinopolski ná Jedność S. pozwolił / przy posłußeństwie pátriárßym zostawał by: miał by go sobie zá Oycá: á Papieżá miał by zá Oycá tego swego Oycá. Rzeczy tey nie ßyrząc: spraw to / áby twoy pátryárchá teráźnieyßy ná Jednosć S. pozwolił: y to pozwolenie y zezwolenie swe / zwyczáiem praw Cerkiewnych / áby ogłośił: y ná potomki swe Pátryárchi záchowánie Jednośći S. pod Anáthemá áby wlał: Obaczyß że śie do posłußeństwá iego Metropolitá Ruski fauore Summi Pastoris náwroći. Ale woli wáß pátryárchá / iáko to iuż y słyßymy y widźimy / z Haeretykámi iednoczyć śie / nie z Kátholikámi: y was do teyże zgody prowádźić: á Metropolit nász woli tym cżásem Oycowi Oycow przyśiedźieć / iemu śie korzyć / y o Jednosć S. w Cerkwi Narodu swego Ruskiego z społ Episkopámi swymi pieczołowáć.

Co záś strony Listu od wßytkiey Ruśi do Sixtá IV. PP. pisánego *prawiß, iákoby go pisał iákiś Moskwićin do Metropolity Moskiewskiego Mákáryußá, á nie Ruś do Papieżá.* Głupi durniu. Zaż to v ćiebie iedno / Papież Rzymski / y Metropolit Ruski? Sixtus / y Mákáry: Moskwićin iákiś

Iż list do Sixtá IV. PP. pisány od Ruśi iest prawdźiwy, wie.

smyślony. čin iákiś bez imienny/ y Misáił Metropolitá Kiiowski: á przy nim inße zacne Duchowienſtwo: Xiążętá y Pánowie/ Ktorzy ſie do tego Liſtu podpiſáli? Co temu Moſkwičinowi było/ Synod Florencki chwalić? Jedność ná nim vchwaloną przyimowáć? Záż Ruſkiemu to Metropolitowi ten Moſkwičin nád cztermi Pátryárchámi Wſchodney Cerkwie zwierzchność/ władzę y Páſterſtwo przypiſuie? Ruſkiż to Metropolit ná Kathedrze SS. przednieyßych Apoſtołow od Chriſtuſá Páná poſádzony śiedźi? Cur ćiełat Schiſmátyku: á podźietom. Bo bluźnierſtwá y fáłße ták ſwym rozśiewcom y obrońcom płáca. Ruś, mowiß/ *nie byłá nigdy ták nie vważna, áby miáłá ták nieoſtrożnie piſáć, rzeczy wielkie człowiekowi przypiſuiąc, ktore ſámemu tylo Bogu bywáią przypiſáne.*

Obłudá Schiſmátycka wyrtna. (margin)

O owym Mężu co rzeczeß márny Antidotyſto/ Ktory owák do Papieżá piße: *Nu, poßukaymyż ieſzcze pilniey Co ty ieſteś, co zá oſobę w* Cerkwi Bożey *nośiß? Coś zacz? Kápłan ieſteś wielki, naywyżßy* Papież. *Ty ieſteś Xiążę Biſkupow, ty Dźiedźic Apoſtołow. Ty* Pierwßeńſtwem *Abel, rządem Noe, Pátriárchowſtwem Abráhám, rzędem Melchiſedek, doſtoynośćią* Aaron, *Powágnośćią Moyżeß, ſędźtwem Sámuel, władzą* Piotr, *Pomázániem* CHriſtus. *Ty ieſteś. Ktoremu klucze ſą dáne, ktoremu Owce ſą powierzone. Sąć y inßy niebu odźwiernicy, y ztąd* Páſterze, *ále ty tym ſłáwniey im rożniey oboie to imię nád inße odźiedźiczyłeś. Máią oni naznáczone ſobie ſtádá, káżdy s nich iedno, á tobie wßytkie te ſtádá ſą powierzone: iednemu, ze wßytkich iedno ſtádo.* W*edług praw tedy twoich, inßy* Páſterze *w cżęść pieczołowánia, á ty w zupełność władze wezwány ieſteś. Inßych władza pewnymi ściśnia ſie gránicámi: á twoiá rozpośćiera ſie y ná te ſáme ktorzy władzą ná inße wźięli.*

S. Bernardus. lib. 2. de Conſideratione. (margin)

O tym mowie Mężu co to ták do Papieżá/ y o Papieżu piſał/ Co rzeczeß?

czeß? Nie ieſt li vważny? y nie oſtrożnie li co on piße? Rzec tego nie możeß: Boć Swięty ieſt/ Kośćioł Boży o tym świádczy. Swiádczy dla ćiebie y wáßá Antigraphe.

Fol. 60. (margin)

Rzeczeß/ Rzymiánin *to, co ćiw że o ſwym* Rzymſkim Papieżu *ták wyſoce nápiſał.* Jeſt ták/ że Rzymiánin: ále Swięty; nieprawdy piſáć nie mogł. Ale niech Rzymiánin. Poſłuchayże Schiſmátyku Gręká/ y nie ládá Gręká ále tego/ ktorego S. Wſchodna Cerkiew y wáßá Schiſmátycka Corocznym wyſtáwowániem pámiątke w Mieśiącu Nowembru Dniá XI. obchodźi/ Ten tákie Papieżowi w Liśćie ſwym do niego piſánym tituły dáie/ *Naświętßy, Nawyżßy Oycze Oycow, rowny Anyołom, przenáblogoſłáwieńßy, Apoſtolſki* Papieżu, *Boska nád wßytkie Głowy Głowo, od Bogá ſporządzony Páſterzu Owiec* Chriſtuſowych, *Klucznika Kroleſtwá niebieſkiego, wierzchu Błogoſłáwieńſtwá, Lámpo wßyſtkiego świátá, źrzodło Práwoſławney Wiáry, czyſta y niepokalána Apoſtolſka Głowo, Oycze wierzchowny,* Xiążę *Kápłanow pierwße, opoko Wiáry, ná Ktorey zbudowána ieſt powßechna Cerkiew. Sádzoway nas Archipáſterzu Cerkwie, ktora ieſt pod niebem, giniemy. Náśláduy w tym Náuczyćielá* CHriſtuſá *á rękę pomocy Cerkwi náßey poday.*

Iák Grękowie Orthodoxi do Papieżá piſzą. (margin)

S. Theodorus, Studita in Epiſt. ad Leonē III. PP. (margin)

To Gręk do Papieżá. Coż ná to Antidotyſto: Nieuważnyli y ten święty Mąż w ćiebie będźie/ co to ták wielmożnie do Papieżá piße? Doxologia/ ábo ták ko wy mowićie/ ſłáwoſłowyiеż to on nie oſtrożnie do niego śpiewa? Bluźnił li on przez to Máyeſtat Boży? Vchylał li ſie z drogi prawdy? Nic z tego. Coż ſądź Antidotyſto y o Liśćie od Przodkow náßych/ Swiętych y wyſoce poczćiwych Mężow Duchownych y Swieckich vważnie y poważnie do Papieżá Sixtá IV. piſánym. Od tego ſie S. Mężá/ iák y od inßych Græckich Náuczyćielow/

Przydźie ta ſtulić pyſk Antidotyśćie Schiſmátykowi. (margin)

Przywiley Narodowi Ruskiemu w Iedności S. będącemu, od Wladysławá Kr: Polsk: Węg: dány Antidotysta rodit.

cielow / Cerkiew nászá Ruska nauczyłá / że o Papieżu do
Papieżá ták wysoce pisałá: Przypisuyże ty więźniu oycá kłamstwá / ten list więźniowi Cárá Moskiewskiego/ á
my go przypisuiemy Swietym Przodkom nászym / Narodowi Ruskiemu. Twoy z podláwia wydárty pod łáwą y dźiś leży: á nász w Cerkwi Krewskiey/ w Domu Bożym miedzy Cerkiewnymi Kśiegámi náleziony/ ná świát
przez druk známienito iest puszczony.

A nie mogąc prawdźie Jedności Swietey miedzy
inszemi dowodámi z Rusi / Przywileiem ziednoczoney ná
Florentskim Synodźie Rusi/ od Krolá Polskiego y We-
gierskiego Wládysławá dánym/ probowáney/ w oczy stánąc / Przywiley ten Schismatica tua præsumptiosa arro-
gantia ánnihiluieß / z tey przyczyny / że przez lat sto nigdźie ni od kogo nie był pokázowány y widźiány. Wieleby ná ćie Antydotysto / káżdego tego z práwá swego wyzuć / ktoby Przywileiu ná co sobie dánego przez sto lat
sobie nie pokazał. Práwá wszelkie y przywileie tedy
produkowáne y pokázowáne bywáią; gdy tego potrzebá vkázuie: bez potrzeby leżą w schowániu. Poki wy
Schysmátycy Praw y swiebod wam nie należnych sobie
nie przywłaszczáli / poty y te práwá w milczeniu leżáły:
á skoro tá potrzebá przypada / áby was z tey sukienki
wyzuto / ktoraśćie sie nie należnie zdobić byli poczeli / záraz przy inszych Práwách y ten Przywiley producowá-
no / y pokazano. Ktory ty podmiotem gdy mienisz/ czny
Schysmátyku / że to ieszcze Jágiełłowe / y Wládysłáwo-
we przezacne Potomstwo námi szczęśliwie pánuie. Rychley przewrotniku to / czym dyszesz trácisz / niż go zniesiesz. Dla dálszey dostáteczniejszey twey o tym Przywileiu informácyey / odsyłam ćię Schysmátyku do Xiążecz-
ki o przywileiách w Jedności Swietey bedącemu náro-

dowi Ruskiemu nádánych/ wydáney przez S. p. Hipá-
tiesz Poćieiá Metropolite Ruskiego. A co powagá Dowodow z Rusi/ iż Sobor Floreński doszedł: á doszedł w
pokoiu w zgodźie y w miłośći.

Ná dowody od Graekow nic Antydotysko nie odpo-
wiádasz: zácżż one w swey cáley wádze zostáiąc/ przewodzą ná ćie w pokoiu w zgodźie y w miłośći Floreńskiego
Synodu záwárćie: Bo co poważnych zacnych y pobożnych mężow / ktorzy / iáko mowi Historya Immanita-
tem Thurcicam pertimescentes, & instans excidium Græ-
ciæ præsagientes, Italiam petiuêre, tránsfugámi názywasz:
Krzywde im táka / ktora sie z podláwia á detractoribus
bonę famę nágradzáć zwykłá/ czynisz: Co też list Niphoná Pátryárchy Konstántinopolskiego w suspicie falszu
podáiąc / mowisz / *nie podobna to v nas, aby Niphon zale-
cáć miał Synod Floreński: Ponieważ Grękowie tego Synodu nie przyięli.* nie dorzeczy mowisz. Náuczyłá byłá swa
szkodá Greki/ bydź medrszymi: ktorzy cudzą nákaráć sie
niechćieli. Czego znákiem my dwá Listy dwu Pátryar-
chow Konstyntynopolskich pokázuiemy Dyonyzego y tego Niphoná: Trzeći List Teráźnieyszego Pátryárchy
Cyrillá / ktory pisał kiedy był w rozumie Katholickim.
Czwarty tegoż znak pokázuiemy/ popalenie Kśiąg swych
przez Meletiuszá Pátryárche Alexándriyskiego: Ktoremu sumnienie nie dopuśćiło pism tych publikowáć/ Ktore przećiwo Rzymskiemu Kośćiołowi y prawdźie iego
był nápisał. A wy Co przećiwo temu? nic tylo / że v
was to są rzeczy niepodobne. Byli pobożni Mężowie w
Graeciey y rozumni/ w Náukách Bozkich y Ludzkich v-
mieietni / ktorzy y przed zniewoleniem Konstantinopolá
y po zniewoleniu iego przez Turczyná widźieli te potrzebe ziednoczenia rozerwáney Cerkwi Páná Chrystuso-

wey: y ile mogli / poki byli ná swiebodźie / piorem y Listy pomagáli: niewoleni stawszy sie / nedze swoie opłákiwáiąc inszym do Jednośći tey S. Droge vkázowáli. Co widźimy Dźiś po nich / czytamy / y wiáre im dawszy w Jednośći S. náyduiemy sie.

Co Rozumiesz Antidotysto / iák wiele teraz y v nas Ruśi iest tákich pobożnych y rozsądnych / Duchownych y Swietskich Ludźi / ktorzy ták znáczny Narodu swego Ruskiego vpadek widząc / á ná codźienne zniszczenie iego pogladáiąc / dusza boleią y sercem wzdycháią: á począć co ku porátowániu y ku zábieżeniu / vpadkowi temu iesz / nie mogą: iednák / choć w Schismie z nieiákichs respektow káwczą: zápytáni o Vnie / dobre iey słowo dáią. Wźiela pospolstwo gore: ták plasáć musza dźiś Popi / iáko im gráia chłopi. Nie záchceszli z vkázuia obuchi: stráża niebespieczeństwy: groza śmierćią. Popi niebożetá służąc im z chlebá: choć y dobrze wiedzą / że Jedność Cerkiewna iest rzecz świeta y zbáwienna: milczeć muszą: gdy iednák tego potrzebá vkázuie / wiele z nich dobre o niey świádectwo wydáia. Toż masz rozumieć y o tych Pátryárchách / Ktorzy sumnieniem y niewola vćiśnieni bedąc / Zápytáni O Sobor Florentski y o zámknioną ná nim Jedność / oboiemu temu dobre świádectwo / według istoty rzeczy wydáli.

Schismátyckie Hásło w zátrzymywániu swey Schismy.

Nie odpowiedźiawszy tedy nic do Rzeczy ná te od Grækow przywiedźione przez Apologiará poważne Dowody o tym / iż Synod Florentski w pokoiu / w zgodźie / y w miłośći doszedł: nie odpowiedźiałeś áni ná przywiedźione od postronnych y od Hæretykow: Zá czym / trácisz te spráwe / Prawdźie S. sprzećiwić sie nie mogszy. Wszákże kto od prawdy zwyćieżony bywszy / iey sie vpokorzy / wygrawa / nie przegrawa. Co y tobie vczynić rádze.

Kazesz

Każesz mi sie o te S. prawde wstydźić / á oná tey własnośći nie ma. Fałsz / kłamstwo / potwarz / bluźnierstwo / czego wszytkiego ty w tym swym Antidoćie pełen / wstyd rodzą: ktore ćie y poniewolnego / vt salua res sit, erubescere da Bog vczynią / iáko obrońce błedow y Hæreziy. Zálecasz vchwałe swego Kijowskiego Synodu / że ná nim zákazano / áby bez Censury Kśiegi o Wierze nie wychodźiły: y áby sie iuż to v was wiecey nie dźiało / co sie przed tym dźiało / że kto co chćiał to pisał. Bárzo / iáko bacze v ćiebie tá vchwałá w powadze / ktory przyznawasz że ten swoy páskwil / bez Censury wydáiesz. Zá czym náckaleś go y tákimi błedámi / iákie sie ni w Zyzánim / ni w Philálećie / ni w Orthologu / ni w Kleryku nie náydowáły. Máiąc zá co twoi stárszy bydź powinni: ále plećionko. Maćie wy v śiebie posłuszeństwo poty / poki sie wam roskazánie Stárszego podoba. y to do progu. Zá progiem to czynićie / Co wam lubo: nie co chćiał mieć Stárszy. Wszákże de ijs qui foris sunt, mihi iudicare non est: Zá twym skończeniem / y lá kończe / Dálszym twym ná moie listy y wásze kárteluszé Mowom / iuż wprzod przez moie Protestácya y Páræneśim dostátecznie odpowiedźiawszy. 1. Cor. 5.

EXPOSTVLATIA XIII.

W ktorey Rosprawuie sie Apologiar z Antidotystą o Niesłuszną y kłamliwą obronę błedow / y Hæreziy y kłamstw Zyzániowych / i bilálétowych / Orthologowych / y Klerikowych.

Tamykáiac te moie z toba Rozpráwe Antydotyſto / ktokolwiek ty ieſteś: owo Medrcowe przypominamći / Non contradicas verbo veritatis vllo modo, & de mendacio eruditionis tuæ confundere. *Nie ſprzećiwiay ſie ſłowu prawdźiwemu żadnym ſpoſobem: y ſromay ſie kłamſtwá nie umiejętnośći twoiey.* W ſpráwie obrony oſtánku błedow y Hærezyi ktoras w tym ſwym Antydoćie obchodźił / ieſliś pamietał ná to medrcowe / y ná owo drugie / że verbum legis consummabitur sine mendatio: bez kłamſtwá bedźie wykonano ſłowo zakonu / á madrość w uśćiech prawdźiwego bedźie wyrownána: Sam ſie rozſadź. Cokolwiek abowiem w tym ſwym Antydoćie mowiłeś. Prawdźiwemu ſłowu ſprzećiwiałeś ſie / wiela ſpoſobow / y kłamſtwem / y obłudá / y bluźnierſtwem / y potwarza: tak / iákobyś rozumiał / że ſłowo zakonu y wykonywa ſie tymi złośćiámi / y broni ſie. O Sárcaſmy y ſcommatá ná mie przez ćie rzucone nie trwam: bo też y ia to Oycom moim y Bráći czyniłem / gdym poſpolu z wámi przekletey Schyſmie hołdował. Oddáie mi ſie ſprawiedliwie táż miárká pełna y przeſypána teraz od was: ále to ćierpliwość moiá / ábo ná boleść głowy twey obroćit ábo ná tákie / da Bog / prawdy poznánie / iákie ſie z łáſki Bożey przydáło v mnie. Nie trwa y o przymowiſká o Dermań: bo przed ludźmi / y z ludźmi w nim żyie / że co przed tym po waſzych Monáſterách żyiac / iedze te piekielna / od ktorey też ty prokurnieß / ßerzyłem błedy w niey y Hærezye ßczepiłem / duße ludzkie bluźnierſtwy zarażałem / ćiáłem y duſza służyłem nieſnaſkom w narodźie moim / niezgodźie y nieprzyiaźni. To teraz w Dermaniu żyiac / ßerze zá pomocá Bożá / ile ná mnie ieſt / Cerkwi w Bożey Dogmat Wiáry Prá-

Eccl. 4.

Ibid. 34.

Co przebacza Author Antidotyśćie.

ry Práwoſławney w niey bronie: duſzom záwiedzionym chwałe Bożá prawdźiwa pokázuie: ćiáłem moim y duſza moia we dnie y w nocy ſłuże pokoiowi w Narodźie moim Ruſkim / Jednośći / y Miłośći. Oto / mowie / Dwoie / przez ćie ná mie rzucone / nie ſtoie: ále że mie názywaß Apoſtáta / odſtepca ſtoie oto y bárzo: y o tym da Bog ſámym / vżyczyli nam Pan Bog żywotá y zdrowia do tego czáſu / ná przyßłym Lwowſkim / od Pomázáńcá Bożego Krolá Je° Mći Páná náßego Miłośćiwego nákazánym nam Synodźie / z toba roſpráwe mieć chce. Jeſt to w zwyczáiu wßytkim Chrześćiáńſkim Sektam Apoſtátámi / ábo odſzczepnikámi zwáć tych / ktorzy ich Sekte opuśćiwßy / do Drugiey ſie przyłaczáia. Y Zydźi tych / Ktorzy ſie z miedzy nich wyłaczáia / á przez Krzeſt do ſpołeczności z Chrześćiány wſtepuia / odſtepcámi też náżywáia. Lecz nam nie o gołe ſłowo Apoſtáty idźie / ále iákim S. Powßechna Cerkiew Wiáry Práwoſławney Desertores, Apoſtatámi miánowáć / y zá tákie mieć zwykłá: Jáki był Julianus ow niezbożny: ábo też Hæretycy oni / Arius, Macedonius, Eunomius, Neſtorius, Apollinarius, y inßy: iákim ty mnie bydź mieniß / gdy mie z niemi porownywaß: y tákim mie odſtepca od Wiáry Práwoſławney bydź pomawiaß / y do Ludźi przez ten ſwoy Script vdáieß. O tákiego ia Apoſtáte biore ſie: O tákiego ná ten blizko da Bog przyßły Sobor / do pokázánia y dowodu tego Co ná mie wkładaß / y prowokuie ćie / y cituie: vfáiac prawdźie Bożey / że tego ná mie nie dowiodßy / Sam iák Hæretyk / cecha Apoſtáziey notowány bedźieß. Y temu ſie zábieży / áby z nas dwu człowieku nieſnaſki y niezgody / wßytek Narod Ruſki ßkody tákiey nie poniosł / ktoraby ſie iemu nie łácno nagrodźić mogłá / y v Páná Bogá y v Katholickich ludźi. Ja

Oco ſie bierze Author w Antydoćie.

com w Apologiey piſał / wßytkiego tego zá pozwoleniem Stárßych moich bronię: Ktorzy to piſmo moie y opiſáne w nim Wiáry Dogmatá / Práwoſławne bydź przyznawáia / y przyimuia. Ty Twych błedow kogo będźieß miał náśládowca y obrońcá / to tám mieyſce da Bog pokaže. A żebyś wiedział / o czym nam da Bog rospráwa tám będźie / rekolliguie ćie z trzymi błedámi / aby y ty sam / y káżdy ktory zbáwienie swe miłuie obaczył / żeś ſie ná to tylo sámo Apologiey moiey ſprzećiwił / ábyś świerzbiący ſwoy náprzećiwo prawdźie ięzyk kłamſtwem potwarzą / obłudą / y bluźnierſtwy náczosał: á Schiſmie przypodobał. Abyś práwey Wiáry Dogmatá / ile ni to bie było / zniewazył / á Heretyckie nowo przez wáſze Herezośiewce Zyzánie podnieśione błedy ábyś wyſtáwił: ná ktore exitialis ruina, zá Boża pomocą / tu w Ruśi nie mieſzká / ále czeká.

O te Dogmatá chce mieć Author rozpráwe z Antidotyſta ná przyſzłym da Bog Synodźie. Dogmá 1.

Naprzod poydźie nam / O ſad poiedynkowy: Ktory ia przyznawam: ty nie przyznawaſz: iednák ná trzy mieyſcá duſze z tąd ſchodzące rozsadzaſz / ná iedno Duſze Swięte / Ktore modlitw náſzych zá ſobą nie potrzebuią: ále ſie zá námi modlą. Ná drugie duſze przeklęte: Ktorym modlitwy nic iuż pomoc nie mogą: Cerkiew też zá niemi nie modli ſie. Ná trzećie duſze śrzednie: Ktore modlitw zá ſobą náſzych potrzebuią / y Cerkiew Boża zá niemi ſie modli. y Mowiſz / iż ná te mieyſcá pewne / prowadzone bywáia duſze zá zrządzeniem Bożym. Ktore to zrządzenie Boże / ia názywam Sadem Bożym pártykulárnym. Co ták / z twego przyznánia y wyznánia poſtánowiwſzy / Mowię pierwey: Iż prowádzone bywáia duſze ná te rożne mieyſcá / ábo wſzytkie indifferenter przez Anioły / ábo wſzytkie przez Dyabły. Ale ták nieczyſtey duſze czyſty Anioł / ták czyſtey nieczyſty duch nie tyka ſie. Stáć muśi

według

według Práwoſławnego wyznánia Cerkiewnego / że świeta / y śrzednia ná ich mieyſcá prowádźi Anioł: grzeſzna ná iey mieyſce prowádźi Szátan. Mowię powtore: Zrządzenie to Boſkie / ábo to ieſt / ktore ſie z wiekow w Bogu ſtało / ktory wie In præſenti, ktora duſzá ktorego mieyſcá godná: ábo owe / ktore ſie pod wyśćie káżdey duſze z ćiáłá dźieie. Nie pierwſze; bo o tákim Boſkim zrządzeniu ni Dyabli nie wiedzą / ni Aniołowie: záczym nie wiedźieliby też / ktora duſzá ktorego mieyſcá / y czyich z miedzy nich ták byłáby godná. Stáć muśi wtore: Ktore ſie dźieie z wyroku Bożego / áby te duſze wźiął Anioł / y prowádźił ná to / ábo ná to mieyſce: á one áby wźiął Dyabeł / y prowádźił ia ná ſwoie iey mieyſce. Ten záś wyrok Boży nie dźieie ſie tylo z ſadu Bożego / ktory z vczynkow káżdey duſze ſadźi / ktorego mieyſcá ktora duſzá godná: y świetą roſkázuie wźiąć Aniołowi y prowádźić: á grzeſzną pozwala wźiąć Szátánowi / y záprowadźáć. Ktory Sad Boży my zowiemy Sadem Poiedynkowym. Y choć tego zápewnie nie wiemy / iákim ſpoſobem ten Sad Chriſtus Sędźia odpráwuie / ktory tyśiacámi ná to ſpoſobow mieć może: To iednák wiemy zápewne / y ták wierzymy / że bez zrządzenia Bożego: to ieſt / bez ſadu y Dekretu Bożego żadna duſzá Mieyſcá ſwego / ktore záſłużyłá / nie dochodźi. To ták odemnie y ſwoie y moie zdánie wyrozumiawſzy Antidotyſto / pátrz iák mię z tego mego Práwoſławnego Wiáry Artykułu Apoſtáta vczyniſz.

Powtore poydźie nam o duſz Swiętych byćie w niebie, y o doſkonáłe ich vbłogoſłáwienie: Co ia oboie przyznawam: ty nie przyznawaſz z tych ni iednego. Że Oycowie Swięći wyznawáia duſze Swięte bydź w niebie / przyznawaſz ty: y to / że ſą z Pánem Chryſtuſem: y widzą go twarzą w twarz: ſkąd y zupełney doſkonáłego Dogmá 2.

błogoſłá-

błogosłáwieńſtwá ßcżesliwośći záżywáia. Ale powiá-
daß/ że to oni mowia figuratim, pod figurámi. to ieſt/
nie to mowia/ co ieſt: ále to/ co ma bydź. W wyznániu
tedy tym zgodni ieſteśmy. á w wyrozumieniu iego rożnimy przez zmyślone od ćiebie Figury. Ktore w tym Wiáry Artykule/ tákim ſpoſobem iákim ty ich vżywaß/ záży-
te/ zgánił (przypátrz ſie ieno temu dobrze) Swięty Te-
ophyláctus w podobnych tobie obłudnych wykretaczách/
y zniosł iák márne y głupie. Przy ktorych ty iáko bacżą/
zá świádectwem tego Swiętego oſtoiać ſie nie możeß.
Przytym wiedz y to/ że w piśmie S. názywa ſie figuraliter niebo Ráiem: á Ray ziemny niebem/ nigdźie. Zácżym y z tego Práwosławnego mego wiáry Artykułu iák
mie Apoſtáta vczyniß/ pátrz Antydotyſko.

Dogmá 3. Potrzećie/ poydźie nam o Czyśćiec: ktory ia wy-
znawam/ ty nie przyznawaß: wyráźnymi iednák słowy
zátrzymáne Gdźieś te duße/ ktorym Cerkiewne offiáry
ſa pomocne/ bydź przyznawaß. Nie w Ráiu: bo te duße modlitw nie potrzebuia. Nie w Adźie nániżßym: bo
tym modlitwy nie pomagáia. Zbywa z twego własnego wyznánia przyznáć im oſobne mieyſce Trzećie. ktore
mieyſce według nas náucżyćiele Swięći w Adźie nád Gehenna bydź rozumieia. W tym tedy ieſteſmy zgodni.
Rożnimy ſie: iż ia ná tym Trzećim mieyſcu bedacym dußom przyznawam vtrapienie: Ty nie przyznawaß. Ja
mam po ſobie iáwny y iáſny dowod/ że cierpia pænam
damni; bo ná tym mieyſcu bedac Bogá nie widza. Skad
Cerkiew S. modlac ſie zá niemi/ proſi áby ie Pan Bog
z mieyſcá tego/ ná támte mieyſce miedzy Swięte prze-
ſielił: gdźie ie oſłania iáſność oblicża Bożego. cżego ty
żadnym ſpoſobem zbożnie przeć nie możeß. A że ćierpia
y pænam ſenſus, dowodzę y tego demonſtratiuè. cżesćia

mieyſcá

Mieyſcá tego położeniem/ w ktorym ieſt ćiemność/ gniew
niepokoy/ y iákiś zewnetrzny vpał. Cżesćia z ſámey
wnetrzney duße boleśći/ płácżu/ ſmutku/ y wzdychánia:
ktore dußy bez ćiáłá bedacey ſa ćiezße/ niż byłey w ćiele:
ták ile do rozumu iey/ ták y ile do woli. Co oboie ieſt S.
Cerkwi Wſchodney w codźiennym wyznániu. To gdy
ia po ſobie z Cerkiewney náuki/ y z twego pozwolenia
mam/ pátrz Antydotyſko iák mie y z tego mego práwosławnego Wiáry Artykułu Apoſtata Wiáry Práwosławney vczyniß.

Po cżwarto/ Poydźie nam o Stárßeńſtwo Biſku- *Dogmá 4.*
pá Rzymſkiego: Ktorego ia wyznawam bydź Biſkupem Rzymſkim: y Páſterzem wßytkiey Powßechney
Cerkwie/ Ty mu Biſkupſtwo Rzymſkie przyznawaß:
Páſterſtwá nád wßytka Páná Chriſtuſowa Cerkwia nie
przyznawaß. Wßákże/ gdy Náuka SS. Doktorow
Cerkiewnych vbiedźiony przyznáć bedźieß muśiał/ że ná
Pietrze Swiętym buduiac Cerkiew ſwoie Pan Chriſtus/
vczynił go Cerkwi ſwey Fundámentem to ieſt/ Rzadźca
y ſprawca/ náucżyćielem y Páſterzem wßytkieg wßedźie
ludu Chrześćiáńſkiego: lubo to ná nim: lubo ná Wierze
iego tákiego zbudowána Cerkiew bydź przyznawßy.
Rownie/ y gdy Piotrowi S. páść Owce ſwoie przyká-
zał/ że mu przez to dozor/ piecżołowánie/ rzad y ſpráwowánie wßytkich ſwych Owiec zlećił y porucżył: nie wyiawßy nikogo/ coby ſie ieno Owca Páná Chriſtuſowa
mienił. Przyznaß záraz że to wßytko z Piotra S. ſpádło ná Biſkupá Rzymſkiego/ y ná nim opocżyło/ gdy te
słowá od Oycow SS. iemu przypiſáne obacżyß/ że y ná
nim ieſt Cerkiew Páná Chriſtuſowá zbudowána: że y
iemu páść owce ſwoie/ tymże wybornym ktorym y Piotrowi S. ſpoſobem Chriſtus porucżył. Skad mu ći Oy-

Cc ij

cowie SS. przyznawáią / że on ieſt Oćiec Oycow / Páſterz Páſterzow: że iemu ſtraż winnice ſwey Pan Chriſtus powierzył: że on ieſt Xiążęciem Kápłanow pierwßym. Że on ieſt nie tylko Rzymſki Biſkup/ ále y wßytkiego świátá Arcybiſkup. Nie tylko Zachodney Cerkwie Páſterz / ále y wßytkiey Cerkwie ktora ieſt pod niebem Archipáſterz. A te wßyſtkie o Papieżu Rzymſkim Encomia, y Elogia, od Oycow náßych SS. ſą mu przyznáne/ y nam ná wieczną tego pámięć/ náukę/ używánie y záchowywánie przez piſmá ich podáne. Ktorym Bożym práwem ográniczony / y ubeſpieczony będąc Biſkup Rzymſki / żadnego ná to ludzkiego práwá / ni od Oycow SS. ni od Ceſárzow Chrześćiáńſkich nie máiąc/ używa go właſtelſko/ gdy owe Pátryárchi (nemine cõtradicente) zſtolic zrzuca/ owe ná Stolice przywraca: owe od ſpołeczności odłącza/ owe wyklina: owe ſam Sądzi/ owe przez ſwe legaty. W Diæcezyách też ich wßytkich/ Rządu Cerkiewnego y ſądow zá Apellátiámi dogląda. Obwinionym do śiebie ná ſpráwote przykázuie: Sądzi/ Dekretuie / y Dekrtá ſwe do exequutiey przywodźi. Gdy mowię wßytko to ukazáne ſobie obaczyß / uważyß y wyrozumieß/ we wßytkim tym Władze iemu z Práwá Bożego należeć przypißeß: á zátym y to / czego teraz znáć niechceß pleno ore iemu przyznaß. Czego ieśli nie uczyniß: mnie z tego mego Práwoſławnego Wiáry Artykułu Apoſtáta być iák dowiedźieß: ty wyżrzyß.

Dogmá 5. Po piąto y oſtáeno z tego twego Scriptu pobudźie nam o Pochodzenie Duchá S°: Ktore ia wyznawam od Oycá przez Syná/ według náuki SS. Oycow Græckich/ á od Oycá/ y od Syná / według náuki SS. Oycow Láćińſkich. A ty wyznawaß od ſámego tylo Oycá. Przyznawaß iednák w Oycu dwie śiły. Przyznawaß y

to że pierwey Oćiec rodźi / potym wywodźi. Skąd mowiß Syn ieſt Wtorym/ á Duch S. Trzećim. Jeśliż tá pierwßa Oycowſka śiłá/ ták ieſt pierwßa/ że Wtora według przyrodzonego porządku żadnym ſpoſobem bydź nie może/ iák y Wtora pierwßą/ tedy z potrzeby owo iść zátym muśi/ że rodząc pierwey Syná / użycza mu przez rodzenie/ ſwoie Jſnośći (bo to to ieſt / rodźić:) wywodźi po urodzonym Synie Duchá S°: użycza mu też ſwoie iuż Synowi użyczona Jſność: Ktorey ieśli y Syn záraz z Oycem nie użycza: rwie ſię miedzy Oycem y Synem iedná y táż Jſność: áby Synowá Jſność od Jſnośći Oycowſkiey odmiánę ponośi. Co oboie ieſt / Impium. Jeśliże te śiły ſine reſpectu originis wáryowáć ſię będą / tedy tez wáryátię y Oſoby Syná y Duchá S° ponieść muſzą. że to nie z potrzeby będźie Synowi áby zoſtawał záwżdy nieodmiennie Wtora Bozka oſobą: áni Duchowi S. áby zoſtawał záwżdy oſobą Trzećią. Co też ieſt Impium. Może ſię zbożnie rzec / bez względu ná początkowy porządek/ Duch S. ieſt Oſobá Bozka pierwßa/ Syn wtora/ Oćiec Trzećia: ále zá względem originis rzec ſię ták/ niſi Impie, nie może. Rownie zbożnie rzec ſię może bez tego originis względu/ Rodźić/ ieſt śiłá Oycowá wtora/ á wywodźić pierwßa: á ze względem początkowego porządku rzec ſię ták zbożnie nie może. Zkąd pojdźie / że użyczywßy Oćiec Synowi przez rodzenie ſwoię Jſność. użycza też y iedne weſpoł z Synem Duchowi S. Co ty z potrzeby/ uchodząc tych niezbożnośći/ przyznáć muśiawßy / od Oycá y od Syná / iáko od iednego początku / prze iedność wypußczánia śiły / iedney y teyże Synowi od Oycá użyczoney/ Duchá S° pochodźić Práwoſławnie wyznaß. Jeśli nie ták: maß pátrzyć iák mię y z tego mego Práwoſławnego Wiáry Artykułu Apoſtá-

to vczyniß.

Tá ieſt twych błedow Recollectia Wiecey rożnośći miedzy Wſchodna y Zachodna Cerkwia y ty nie pomieniaß/ y ia ich w tobie nie ßukam. Ponieważ y te wiecey z mniemánia/ y z niektórieyś opácżney záſtárzáley perſwáziey/ á przez Schiſme w ſercá ludzkie wpoioney ſuſpiciey/ niż w ſámey rzeczy/ ſa rożnośćiámi. Co káżdy rozumny á Bogá y Jednośc Wiáry y Miłośći miłuiacy łácno widźieć może.

Vpomnienie Bráterſkie od Authorá do Schiſmátykow.

To ták przełożywßy z cżeśći mey iák ćiebie Antidotyſto/ Ták y wßytkie ſtárße y rowienniki twoie proße/ Przed ktore przez to moie piſánie/ przy pokłonie moim ſtáwie ſie. A proße ná Jmie tego Páná/ ktory nas ſtworzył/ okupił/ y oświećił: ránkory prywatne do Oſob ktore ſa w Jednośći S. wzad śiebie rzućiwßy/ O ſpráwie ziednoczenia rozerwáney Cerkwie Wſchodney od Zachodney/ przez Srzodek Jednośći Cerkwie Ruſkiey/ w Miłośći zbáwienia ſwego/ y ludu tego/ ktory zá wámi idźie/ piecżołowáć chćieyćie; y rádźić/ áby przez te/ ktorych PAn BOg ná podnieśienie przez Jednośc S. Swietey Wſchodney Cerkwie/ z vpadku Schiſmy/ mieć zezwolił/ to Swiete y zbáwienne/ á wßytkiey Bożey Cerkwi od wielu wiekow pożadáne dźieło ſkutek ſwoy ßcżeśliwy odnioſło.

Skutki przeklętey Schiſmy.

Nie pátrzac ná dawnośc Schiſmy/ ále vważáiac przycżyny powſtánia iey/ poſtepku y zmocnienia ſie/ y iák ia P. Bog niewola/ nierzadem/ niepłodſtwem y głodem słowá Bożego ćieżko pokarał. iák iey niwcżym nigdźie/ ná swiebodźie ni w niewoli nie błogoſłáwi/ y ni wcżym iey nie lubuie: Tenże ábowiem vpadek ná wßytko dobro duchowne ćierpi w świebodźie Moſkiewſkiey/ Ktory ponosi w niewoli Tureckiey. Wßedźie w niey vćiechy Duchowne vpádły: Wßedźie ſpráwy Cerkiewne zbáwienne oźiebły. Wßedźie rzecży y ſpraw zbáwien-

nych

nych obchod iák z naymn y muſu: byle tylo było/ byle ſie odpráwiło. Monáſtery wßedźie poſárábáićiáły. Poſłußeńſtwo Zakonnicże okrzepło: piecżołowánie ſtárßych zámárzło. Duchowniká Meżá miedzy Zakonnikámi z świecka: á miedzy Swietſkimi ni ßukay. Szkoły vpádły. Napiło Cerkiewne vſtáie: piſmo Skoropiſne zwodźi ſie: (ná cżym nam wiele dla praw Litewſkich y Ruſkich należy:) o Dyáká dobrego trudno: o Swieſzcżniká vcżonego trudniey: o Káznodźieie madrego ni pytay. Te Narody Chrześćiáńſkie/ ktore ſo w niewoli Tureckiey/ po wietßey cżeśći iuż z Turcżáły: náßego też Narodu po niemáłey cżeśći wźiął Kośćioł Rzymſki/ po niemáłey pourywáły go Hæretyctwá/ Kálwińſtwo/ y Aryáńſtwo/ bá y Máchometáńſtwo. Domow Xiażecych odpádliſmy: Szláchty máło: Paniat mniey. Duchowieńſtwo wyżße y niżße v ſwoichże przyßło do zniewagi/ w Moſkwie ie Boiárowie/ ieśli pomyśli ich w ſpráwach Duchownych nie chodzo/ knuco. y nie Páſterze páſo trzode/ ále Trzodá Páſterzow. A zkad do tákiego poniżenia pokaránie? Nie z inad záiſte: tylo iż oni máia w zniewadze Oycá Oycow/ dla tego ie też Pan Bog podał w zniewage ludźiom świetſkim: Národźiłá wam tá piekielna iedzá nowych błedow y Hæreziy: nowych piſmá Bożego/ y piſm SS. Doktorow Cerkiewnych wykłádow. Náſzcżeniłá wam tá przeklęta Schiſma Schiſmek. Co známienitße ábowiem w Episkopiách Miáſto/ to w nim Schiſemká ſtauropegium: Gdźie Episkop ná ſwe owieczki tylo przez ſpáry muśi pátrzyć: One też kiedy chca/ tedy go pośánuia. Co wßytko/ nie z przypadku ſie dźieie/ áni z potocżnego iákiego miedzy ludźmi biegu: ále z iáwnego gniewu Bożego: z ſrogiego pokaránia iego. Były doſtátki w Narodźie náßym Ruſkim:

Stauropegia ſa odrodki przeklętey Schiſmy.

ſkim:

skim; Sa y teraz w Moskiewskim; Szkołom iednák po-
dniesionym być/ ni tu v nas/ ni tám w Moskwie/ P. Bog
nie zezwolił. y gdźiekolwiek co sie w podniesieniu ich
záymuie/ dymi sie/ á nie gore. Dźiatki w nich tylko pożytku odnosza/ że z ćielat wyrastáia w woły. Szkoły sa
Zytnicámi Cerkwie; te obogacáia Miástá/ Miásteczká/
y wśi w Ludzie madre/ w Dyáki vmiejetne/ w Ducho-
wniki rostropne/ w Ráznodźieie vczone. Bez szkol Cer-
kiew/ iák ćiáło bez duszę. A tego dobrá po wszytkiey
Wschodniey wászey Schismátyckiey Cerkwi mieć wam
Pan Bog nie dopuszcza/ nie z inszey iákiey iście przyczy-
ny/ tylo z przyczyny obrzydłey Máiestatowi iego Schismy. y byśćie sie wy niewiedźieć iák stáráli/ y pieczoło-
wáli a dźien ie y nocne przy nawietszych sumptách wászych do tego przykłádáli/ dobrá tego bez Jednośći S.
Pan Bog wam nie da. Pozwala tego dobrá Hære-
2. Thes. 2. tykom/ iák pozwalał przed tym pogánom/ ná omamie-
nie nieprawośći w tych/ ktorzy ginat Przeto/ iż Milo-
śći prawdy nie przyieli/ áby byli zbáwieni. Nie pozwala Schismátykom/ przeto/ áby oni Wiáre máiac z Cerkwia powszechna iedne y też: od niey sie y Miłośći iedney y teyże vzyli. Co zdarz pánie Boże y wam. Wołaćie: o Licha Vnia/ Licha Vnia. Dawnoześćie tákże wołáli. o licho Kazánie/ o licho Figurálne Spiewánie: o licho z Dzwonkiem chodźić przed Sákrámentem.
Láckie to wszytko. A teraz toż iuż w vżywániu wszytko
tá dobre. Z tymże rozumiem wołaćie ná Jedność S.
iákośćie wołáli nie dawno ná to wszytko: y iák dźiś wołaćie ná popráwe Jimołoiow/ ták w tecie iák y w no-
ćie: y ná popráwe Med/ y złego przekłádu w Kśiegách
Cerkiewnych. Wszytko to v was Hæreżye Láćinskie.
A gdy sie z soba w rzeczách tych obeyźrzyćie: Ali toż/

coście wczorá gánili/ Dźiś chwalićie. Co wczorá było
licho: to iuż dźiś dobro. Toż sie stánie y z Jednośćia S.
Ktora maćie teraz zá licha/ á skoro ia da Bog przyimie- Pożytki Iedności S.
ćie bedźiećie mieli zá dobra. Ktora wam nic wásze ni
z Wiáry czystey Wschodney/ ni z Nabożeństwá nie odmienia: wszytko po stáre zachowuie. A nad to/ w czymkolwiek teraz nie błogosłáwieństwo Boże/ zá spráwiedliwym
iego gniewem nád soba znaćie/ obroći sie wam w Błogosłáwieństwo. Stána Szkoły/ stána Seminárya. stánie Cerkiew Ruska ták/ że z obfitośći dobr iey wnetrznych y ze-
wnetrznych/ y insze Wschodnego nabożeństwa Narody o-
pláwićie sie vbogáca. Sámy Kátechism z Ruskiey nászey Cerkwie rozmáitemi iezykámi wydány/ y w Narody
Wschodnego nabożeństwá puszczony/ nieoszácowány w
Duszách ludzkich pożytek vczyni. Nuż Postille/ nuż Zywoty Swietych/ y insze tym podobne Cerkiewne dobrá.
Co wszytko widźićie dobrze y wy sámi: ále niezbedna
Schismá zniewazáć to wam pozwala. Wiedźieć iednák
maćie Bráćia/ że bedźiećieli ták dáley y Páná Bogá y
Swiete iego w tym Kátholickim Krolestwie przed wszystkim świátem/ przez tákie oto swoie Antidotysty bluźni-
li/ á prze sámy oćietny vpor ná te głośne nas Bráći swey
wielorázne głosy dbáć y obaczyć sie nie zachcećie: Pánem Bogiem y Cerkwia iego Swieta oświadczywszy sie/
stánie ćie sie nam/ wszytkim Kátholikom sicut Aethnici
& publicani. Zaż to wam żárty sa te tákie bluźnierstwá
ná Máyestat Boży: te tákie kłamstwá ná práwá Cerkiewne: te tákie potwarzy ná Kátholiki: te tákie Scommatá ná ludźie poczćiwe/ przez te wásze Páskwille/ sub
titulo specioso rzucáć: impunè z to mogą w Kátholickim Krolestwie czynić blasphemi, Calumniatores, inter-

næ & externę pacis turbatores, extra Ecclesiam Dei positi Schismatici: Gdźie ábowiem iest Schismá / niemász tám Cerkwie Bożey: niemász tám y Kápłáństwá: niemász tám y Dźiedźictwá Króleſtwá niebieſkiego. Schismá odeymuie człowiekowi Synoſtwo Boże / wyłącza go z miedzy członkow Ciáłá Páná Chriſtuſowego. Dobro Duchowne wszytko do vpadku przywodźi. Zábitym bydź może Schismátyk / koronowánym z Smierći tey bydź nie może. Wolá ábowiem táki człowiek owym wszetecznym głoſem záwżdy: Rozetni / niech ni tobie nie bedźie / ni mnie / nic po zgodźie Bráći rodzoney: nic im po Miłośći od Páná Chriſtuſá przykazáney: nic po Jednośći Cerkiewney. Oycowie zás moi w Duchu y iá przy nich wołamy / do zgody Bráćia / do Miłośći / do pokoiu / do Jednośći S. Bo to wszytká záchowáć Pan Chriſtus nam przykazał / y bez tegoć czworgá / nikt nigdy zbáwiony nie był / y bydź nie może. Mowićie My chcemy po ſtáremu. My też mowimy Co y wy. y o to to ſtáre my ſie vbijamy. A że wy ie ſobie przywłaszczaćie / á my ie v śiebie bydź vkázuiemy: y iedná ſtroná drugiey w tym wiáry nie dáiemy: Ależ teraz / zá łáską y pomocą Bożą / ná przyszłym Lwowſkim Soborze o to ſtáre polubownie w pokoiu rozeprzemy ſie: á zobopolną miłośćią Jednosć S. Cerkiewną vkoronuiemy. Contremiscant in vobis viscera misericordiæ: że z Auguſtynem Swiętym do was w ſpráwie tey Zbáwienney rzekę: Niech ſie w Was poruszą wnętrzności miłośierdźia / ábyśćie wzdam kiedy ſpráwę te rozeznáć zezwolili: Pánu Bogu ſie goroco modląc / á o wszytkim w pokoiu miedzy ſobą znosząc ſie: áby nędzne poſpolſtwo / ktore ná wászey cźći poległo / powolnośćią ſwoią ná Sądźie Bożym was nie tłoczyło:

ále ra-

Marginal notes:

Cypr. de ſimplicit. prælat.

3. Reg. 3.

Oto ma bydź roſpráwá Unitom z Schismátykámi ná przyszłym dá Bog Synodźie Lwowſkim.

Epiſt. 147.

ale raczey wászą niezmyśloną miłośćią od błędow y nieſnaśek odwrocone / z námi ná prawdy y pokoiu drogę było náwiedźione. Co nam oboiey ſtronie ſpráwić / zdárzyć racz pokoiu y Miłośći / zgody y Jednośći dawco Pánie IEzv Chriſte / ná tym przyszłym w Imię twoie Swiete zgromádźić ſie máiącym Soborze. Ná co y Wy / y My / y káżdy Práwowierny rzeczmy Amen / Amen: Day to Pánie Boże.

Ná cześć Bogu w Troycy Iedynemu / á Ku duszozbáwiennemu pożytkowi Narodu Ruſkiego.

Meæ vitæ vnica ſpes IEsvs ChriſtuS.

✠

IOACHIM MOROCHOWSKI Proto-
throny Episkop Włodzim. y Brzeski / zá osobliwym zleceniem Jáśnie Oświeconego y Przewielebnego w Bogu Jego Mći Oycá Iozephá Welá-
miná Rudskie° Archiepiskopá Metropolity Kiiowskiego / Hálickiego / y wszytkiey Ruśi Te
Scriptá od Wielebnego / w Bogu Jego Mośći
Oycá Meletiuszá Smotrzyskiego / Archiepiskopá
rzeczonego Połockiego nápisáne / y Exætesis / á-
bo Expostulátią tytułowáne: ná przećiwko piekielnym iádem nápełnionemu Antidotu wydáne: iáko we wszytkim z Wiáry Práwosławney
náuką / y z práwdą powszechną zgadzáiące sie:
z przekonániem iáwnym Hæretyckiego bluźnierstwá; z záwstydzeniem upornu Schismáty-
ckie° / ápprobuię. A dla wiádomośći pospolitey
y náuki wielce być potrzebne áby były drukiem
ná świát wydáne uznawam / y zezwalam.
Z Włodzimierzá 10. Iunij, 1629.

Idem qui supra.